K. Schmidt/Lutter (Hrsg.) · **Aktiengesetz Kommentar**

Aktiengesetz
Kommentar

herausgegeben von

Prof. Dr. Dres. h.c. Karsten Schmidt

und

Prof. Dr. Dres. h.c. Marcus Lutter

II. Band
§§ 150 - 410

2008

Verlag
Dr. Otto Schmidt
Köln

Bearbeiter

Prof. Dr. Walter Bayer
o. Professor, Universität Jena
Richter am Thüringer OLG
Mitglied des Thüringer VerfGH

Prof. Dr. Tilman Bezzenberger
o. Professor, Universität Potsdam

Prof. Dr. Tim Drygala
o. Professor, Universität Leipzig

Prof. Dr. Holger Fleischer, LL.M.
(Ann Arbor)
o. Professor, Universität Bonn

Prof. Dr. Dres. h.c. Peter Hommelhoff
o. Professor em., Universität Heidelberg
Richter am OLG a.D.

Prof. Dr. Detlef Kleindiek
o. Professor, Universität Bielefeld

Prof. Dr. Gerd Krieger
Rechtsanwalt, Düsseldorf
Honorarprofessor, Universität Düsseldorf

Prof. Dr. Katja Langenbucher
o. Professorin,
Universität Frankfurt am Main

Dr. Gerd H. Langhein
Notar, Hamburg

Prof. Dr. Dres. h.c. Marcus Lutter
o. Professor em., Universität Bonn
Sprecher des Zentrums für Europäisches
Wirtschaftsrecht der Universität Bonn
Rechtsanwalt, Berlin

Prof. Dr. Hanno Merkt, LL.M.
(Univ. of Chicago)
o. Professor, Universität Freiburg

Prof. Dr. Hartmut Oetker
o. Professor, Universität Kiel
Richter am Thüringer OLG

Prof. Dr. Karl Riesenhuber,
M.C. J. (Austin/Texas)
o. Professor, Universität Bochum

Dr. Viola Sailer
Rechtsanwältin, München

Prof. Dr. Dres. h.c. Karsten Schmidt
o. Professor em., Universität Bonn
Präsident der Bucerius Law School,
Hamburg

Dr. York Schnorbus
Rechtsanwalt, Frankfurt am Main

Prof. Dr. Martin Schwab
Professor, Freie Universität Berlin

Dr. Christoph H. Seibt, LL.M. (Yale)
Rechtsanwalt, Hamburg,
Fachanwalt für Steuerrecht

Prof. Dr. Gerald Spindler
o. Professor, Universität Göttingen

Dr. Klaus-Dieter Stephan
Rechtsanwalt, Frankfurt am Main

Prof. Dr. Rüdiger Veil
o. Professor, Bucerius Law School,
Hamburg

Dr. Jochen Vetter
Rechtsanwalt, Düsseldorf

Dr. Carl-Heinz Witt, LL.M. (Georgetown)
Privatdozent, Universität Heidelberg

Dr. Hildegard Ziemons
Rechtsanwältin, Frankfurt am Main

Prof. Dr. Daniel Zimmer, LL.M. (UCLA)
o. Professor, Universität Bonn

Zitierempfehlung:
Bearbeiter in K. Schmidt/Lutter (Hrsg.), AktG, 2008,
§ ... Rz. ...

*Bibliografische Information
der Deutschen Nationalbibliothek*

Die Deutsche Nationalbibliothek verzeichnet diese
Publikation in der Deutschen Nationalbibliografie;
detaillierte bibliografische Daten sind im Internet
über http://dnb.d-nb.de abrufbar.

Verlag Dr. Otto Schmidt KG
Gustav-Heinemann-Ufer 58, 50968 Köln
Tel. 02 21/9 37 38-01, Fax 02 21/9 37 38-943
info@otto-schmidt.de
www.otto-schmidt.de

ISBN 978-3-504-31173-5

©2008 by Verlag Dr. Otto Schmidt KG, Köln

Das verwendete Papier ist aus chlorfrei gebleichten
Rohstoffen hergestellt, holz- und säurefrei, alterungs-
beständig und umweltfreundlich.

Einbandgestaltung: Jan P. Lichtenford, Mettmann
Satz: WMTP, Birkenau
Druck und Verarbeitung: Kösel, Altusried-Krugzell
Printed in Germany

Inhaltsverzeichnis

Band II

		§§	Seite
Fünfter Teil	**Rechnungslegung. Gewinnverwendung**		
Erster Abschnitt	Jahresabschluss und Lagebericht. Entsprechenserklärung..............	150–161	1783
Zweiter Abschnitt	Prüfung des Jahresabschlusses		
Erster Unterabschnitt	Prüfung durch Abschlussprüfer.......	162–169 (weggefallen)	1835
Zweiter Unterabschnitt	Prüfung durch den Aufsichtsrat	170, 171	1835
Dritter Abschnitt	Feststellung des Jahresabschlusses. Gewinnverwendung		
Erster Unterabschnitt	Feststellung des Jahresabschlusses....	172, 173	1853
Zweiter Unterabschnitt	Gewinnverwendung	174	1865
Dritter Unterabschnitt	Ordentliche Hauptversammlung	175, 176	1870
Vierter Abschnitt	Bekanntmachung des Jahresabschlusses	177, 178 (weggefallen)	1882
Sechster Teil	**Satzungsänderung. Maßnahmen der Kapitalbeschaffung und Kapitalherabsetzung**		
Erster Abschnitt	Satzungsänderung...................	179–181	1883
Zweiter Abschnitt	Maßnahmen der Kapitalbeschaffung		
Erster Unterabschnitt	Kapitalerhöhung gegen Einlagen......	182–191	1948
Zweiter Unterabschnitt	Bedingte Kapitalerhöhung............	192–201	2020
Dritter Unterabschnitt	Genehmigtes Kapital.................	202–206	2058
Vierter Unterabschnitt	Kapitalerhöhung aus Gesellschaftsmitteln	207–220	2091
Fünfter Unterabschnitt	Wandelschuldverschreibungen. Gewinnschuldverschreibungen.......	221	2131
Dritter Abschnitt	Maßnahmen der Kapitalherabsetzung		
Erster Unterabschnitt	Ordentliche Kapitalherabsetzung.....	222–228	2173
Zweiter Unterabschnitt	Vereinfachte Kapitalherabsetzung	229–236	2203
Dritter Unterabschnitt	Kapitalherabsetzung durch Einziehung von Aktien. Ausnahme für Stückaktien	237–239	2225
Vierter Unterabschnitt	Ausweis der Kapitalherabsetzung.....	240	2241

		§§	Seite
Siebenter Teil	**Nichtigkeit von Hauptversammlungs-beschlüssen und des festgestellten Jahresabschlusses. Sonderprüfung wegen unzulässiger Unterbewertung**		
Erster Abschnitt	Nichtigkeit von Hauptversammlungs-beschlüssen		
Erster Unterabschnitt	Allgemeines	241–249	2244
Zweiter Unterabschnitt	Nichtigkeit bestimmter Hauptver-sammlungsbeschlüsse	250–255	2422
Zweiter Abschnitt	Nichtigkeit des festgestellten Jahres-abschlusses	256, 257	2451
Dritter Abschnitt	Sonderprüfung wegen unzulässiger Unterbewertung	258–261a	2478
Achter Teil	**Auflösung und Nichtigerklärung der Gesellschaft**		
Erster Abschnitt	Auflösung		
Erster Unterabschnitt	Auflösungsgründe und Anmeldung . . .	262, 263	2503
Zweiter Unterabschnitt	Abwicklung	264–274	2513
Zweiter Abschnitt	Nichtigerklärung der Gesellschaft	275–277	2544
Zweites Buch	**Kommanditgesellschaft auf Aktien**	278–290	2551
Drittes Buch	**Verbundene Unternehmen**		
Erster Teil	**Unternehmensverträge**		
Erster Abschnitt	Arten von Unternehmensverträgen . . .	291, 292	2631
Zweiter Abschnitt	Abschluss, Änderung und Beendigung von Unternehmensverträgen	293–299	2664
Dritter Abschnitt	Sicherung der Gesellschaft und der Gläubiger	300–303	2728
Vierter Abschnitt	Sicherung der außenstehenden Aktionäre bei Beherrschungs- und Gewinnabführungsverträgen	304–307	2773
Zweiter Teil	**Leitungsmacht und Verantwortlichkeit bei Abhängigkeit von Unternehmen**		
Erster Abschnitt	Leitungsmacht und Verantwortlichkeit bei Bestehen eines Beherrschungs-vertrags	308–310	2854
Zweiter Abschnitt	Verantwortlichkeit bei Fehlen eines Beherrschungsvertrags	311–318	2881
Dritter Teil	**Eingegliederte Gesellschaften**	319–327	2981

		§§	Seite
Vierter Teil	**Ausschluss von Minderheitsaktionären**	327a–327f	3026
Fünfter Teil	**Wechselseitig beteiligte Unternehmen**	328	3093
Sechster Teil	**Rechnungslegung im Konzern**	329–393 (weggefallen)	3099

Viertes Buch   **Sonder-, Straf- und Schlussvorschriften**

		§§	Seite
Erster Teil	**Sondervorschriften bei Beteiligung von Gebietskörperschaften**	394, 395	3101
Zweiter Teil	**Gerichtliche Auflösung**	396–398	3129
Dritter Teil	**Straf- und Bußgeldvorschriften. Schlussvorschriften**	399–410	3136
Stichwortverzeichnis			3169

Fünfter Teil. Rechnungslegung. Gewinnverwendung

Erster Abschnitt. Jahresabschluss und Lagebericht. Entsprechenserklärung

Vorbemerkung zu § 150
Recht der Rechnungslegung: Strukturübersicht

I. Normative Grundlagen 1

II. Buchführungspflicht, Jahresabschluss und Lagebericht 4

1. Buchführungspflicht 4
2. HGB-Bilanzrecht 5
3. Jahresabschluss und Lagebericht . . . 8

III. Konzernrechnungslegung 9

1. Kapitalmarktorientierte Gesellschaften 9

2. Nicht kapitalmarktorientierte Gesellschaften 12

IV. Aufstellung und Feststellung des Jahresabschlusses; Aufstellung und Billigung des Konzernabschlusses . . . 14

V. Prüfung und Offenlegung 19

1. Prüfung 19
2. Offenlegung 23

Literatur: *Ammedick/Strieder*, Zwischenberichterstattung börsennotierter Gesellschaften, 2002; *d'Arcy/Meyer*, Neue Anforderungen an die Zwischenberichterstattung durch die Transparenzrichtlinie, Der Konzern 2005, 151; *Bosse*, Wesentliche Neuregelungen ab 2007 aufgrund des Transparenzrichtlinie-Umsetzungsgesetzes für börsennotierte Unternehmen, DB 2007, 39; *Buchheim/Ulbrich*, EU-Transparenz-Richtlinie: Neuregelung der periodischen und laufenden Berichterstattung kapitalmarktorientierter Unternehmen, KoR 2004, 273; *Clausnitzer/Blatt*, Das neue elektronische Handels- und Unternehmensregister, GmbHR 2006, 1303; *Deilmann*, EHUG: Neuregelung der Jahresabschlusspublizität und mögliche Befreiung nach § 264 Abs. 3 HGB, BB 2006, 2347; *Grashoff*, Offenlegung von Jahres und Konzernabschlüssen nach dem in Kraft getretenen EHUG: Sanktionen und steuerliche Folgen, DB 2006, 2641; *Klein/Klaas*, Die Entwicklung der neuen Abschlussprüferrichtlinie in den Beratungen von Kommission, Ministerrat und Europäischem Parlament, WPg 2006, 885; *Kleindiek*, Rechnungslegung in Europa – Gestaltungsaufgaben im Bilanz-, Gesellschafts- und Steuerrecht, in *Hatje/Terhechte* (Hrsg.), Unternehmen und Steuern in Europa, EuR 2006, Beiheft 2, S. 91; *S. Müller/Stute*, Ausgestaltung der unterjährigen Berichterstattung deutscher Unternehmen: E-DRS 21 im Vergleich mit nationalen und internationalen Regelungen, BB 2006, 2803; *Nonnenmacher*, Zwischenberichte, in Marsch-Barner/Schäfer (Hrsg.), Handbuch börsennotierte AG, 2005, § 54; *Oversberg*, Übernahme der IFRS in Europa: Der Endorsement-Prozess – Status quo und Aussicht, DB 2007, 1597; *Pirner/Lebherz*, Wie nach dem Transparenzrichtlinie-Umsetzungsgesetz publiziert werden muss, AG 2007, 19; *Seibert/Decker*, Das Gesetz über elektronische Handelsregister und Genossenschaftsregister sowie das Unternehmensregister (EHUG) – Der „Big Bang" im Recht der Unternehmenspublizität, DB 2006, 2446.

I. Normative Grundlagen

In Umsetzung europäischer Richtlinienvorgaben[1] hatte das **Bilanzrichtlinien-Gesetz** **(BiRiLiG)**[2] für alle Kaufleute, darunter auch die AG (§ 6 Abs. 1 HGB, § 3 Abs. 1   1

---

1 Zu nennen sind v.a. die Richtlinien 78/660/EWG (JahresabschlussRL) und 83/349/EWG (KonzernabschlussRL); spätere Änderungen u.a. durch die Richtlinien 2001/65/EG (Fair-ValueRL) und 2003/51/EG (ModernisierungsRL).

2 Gesetz zur Durchführung der Vierten, Siebenten und Achten Richtlinie des Rates der Europäischen Gemeinschaften zur Koordinierung des Gesellschaftsrechts vom 19.12.1985, BGBl. I 1985, 2355.

AktG), ein völlig neues Recht der Rechnungslegung geschaffen (§§ 238 ff. HGB). Es wird durch spezielle Bestimmungen zur Bilanzierung, Prüfung und Publizität der Kapitalgesellschaften, also auch der AG, ergänzt (§§ 264 ff. HGB). Die AG kann zudem als Mutterunternehmen zusätzlich zur Konzernrechnungslegung verpflichtet sein (§§ 290 ff. HGB).

2   Die bilanzrechtlichen Bestimmungen des HGB werden flankiert von einigen **rechtsformspezifischen Vorschriften im AktG**, insbesondere in §§ 150, 152, 158 und 160 (zur Bildung und Verwendung von gesetzlicher Rücklage und Kapitalrücklage, zum Ausweis in der Bilanz, in der Gewinn- und Verlustrechnung und im Anhang), in §§ 170 -173 (zur Prüfung des aufgestellten Jahres- und Konzernabschlusses durch den Aufsichtsrat sowie zur Feststellung des Jahresabschlusses bzw. Billigung des Konzernabschlusses), schließlich in §§ 256, 257 (zur Nichtigkeit des festgestellten Jahresabschlusses).

3   Für den Konzernabschluss konsolidierungspflichtiger Mutterunternehmen besteht unter der Voraussetzung der Kapitalmarktorientierung eine Verpflichtung, im Übrigen ein Wahlrecht zur Konzernrechnungslegung nach IAS/IFRS vor dem Hintergrund der **IAS-Verordnung**[3].

II. Buchführungspflicht, Jahresabschluss und Lagebericht

1. Buchführungspflicht

4   Die AG unterliegt als Handelsgesellschaft (§ 3 Abs. 1) den für Kaufleute geltenden Vorschriften des Handelsrechts (§ 6 HGB) und damit auch der **Buchführungspflicht** nach Maßgabe der §§ 238 ff. HGB. Verantwortlich für die Erfüllung der Buchführungspflicht ist der Vorstand (§ 91 Abs. 1).

2. HGB-Bilanzrecht

5   Die AG ist – vorbehaltlich der Konzernrechnungslegung nach IAS/IFRS (dazu unten Rz. 9 ff.) – zur **Rechnungslegung nach Maßgabe der Vorschriften des HGB** verpflichtet; wobei die allgemeinen Bestimmungen der §§ 242 ff. HGB durch die auf Kapitalgesellschaften anwendbaren Vorschriften der §§ 264 ff. HGB ergänzt und modifiziert werden. Die HGB-Bestimmungen zur Rechnungslegung enthalten umfassende und eingehende Vorschriften zur Gliederung des Jahresabschlusses sowie zum Ansatz und zur Bewertung. Nach § 264 Abs. 2 Satz 1 HGB muss der Jahresabschluss aller Aktiengesellschaften (unabhängig von ihrer Größenklasse) unter Beachtung der Grundsätze ordnungsmäßiger Buchführung ein den tatsächlichen Verhältnissen entsprechendes Bild der Vermögens-, Finanz- und Ertragslage der Gesellschaft vermitteln. Tochterunternehmen eines konsolidierungspflichtigen Mutterunternehmens sind unter den näheren Voraussetzungen des § 264 Abs. 3 HGB von der Anwendung der §§ 264 ff. HGB befreit.

6   Im Rahmen der §§ 264 ff. HGB unterscheidet das Gesetz (§ 267 HGB) **drei Größenklassen von Gesellschaften** (kleine, mittelgroße und große Gesellschaften) und verbindet damit größenspezifisch gesteigerte Anforderungen an Intensität und Umfang der Rechnungslegungspflichten. Die Größe bemisst sich nach den Kriterien Bilanzsumme, Umsatzerlöse und Arbeitnehmerzahl[4], wobei für jeweils zwei dieser Krite-

---

3 Verordnung (EG) Nr. 1606/2002 des Europäischen Parlaments und des Rates vom 19.7.2002 betreffend die Anwendung internationaler Rechnungslegungsstandards, ABl. EG Nr. L 243 v. 11.9.2002, S. 1.
4 Aktuelle Schwellenwerte in § 267 HGB nach Maßgabe der Richtlinie 2003/38/EG; Änderung (Umsetzungsfrist September 2008) durch die Richtlinie 2006/46/EG.

rien die Schwellenwerte zur höheren Klasse nicht überschritten sein dürfen (§ 267 HGB). Eine börsennotierte AG – d.h. eine solche, die einen organisierten Markt i.S.d. § 2 Abs. 5 WpHG durch von ihr ausgegebene Wertpapiere i.S.d. § 2 Abs. 1 Satz 1 WpHG in Anspruch nimmt oder die Zulassung zum Handel an einem organisierten Markt beantragt hat – gilt stets als große Gesellschaft (§ 267 Abs. 3 Satz 2 HGB).

Das Rechnungslegungsrecht des HGB ist Bestandteil eines ausgefeilten Gesamtsys- 7
tems des Unternehmensrechts, das durch enge **Verzahnungen von Bilanz- und Gesellschaftsrecht** gekennzeichnet ist. Dem regelgerecht erstellten HGB-Jahresabschluss kommt eine zentrale Funktion bei der gläubigerschützenden Sicherung der Kapitalerhaltung (Ausschüttungsbegrenzung) zu; die Ausgestaltung des Rechnungslegungsrechts trägt dem bilanzbasierten Kapitalschutzkonzept des AktG Rechnung, wie es – jedenfalls noch – von der Kapitalrichtlinie 77/91/EWG (Art. 15 und 16) vorgegeben wird. Diese Funktion der Rechnungslegung steht in einem Zielkonflikt zu den kapitalmarktorientierten Rechnungslegungsregeln der IAS/IFRS[5]. Jene sind nicht auf Zahlungsbemessung ausgerichtet, sondern suchen über die Ressourcen des Unternehmens zu berichten und sollen die von den Kapitalgebern benötigten prognosegeeigneten Informationen liefern. Weil die IAS/IFRS grundkonzeptionell nicht dazu geeignet sind, jenen Aufgaben gerecht zu werden, die dem Einzelabschluss in einem bilanzrechtlich geprägten System des Kapitalschutzes zugewiesen sein müssen, hat der deutsche Gesetzgeber bei Umsetzung der in Art. 5 IAS-VO gewährten Mitgliedstaatenwahlrechte entschieden, für alle Unternehmen – auch für kapitalmarktorientierte Gesellschaften – an der **Verpflichtung zur Erstellung eines HGB-Jahresabschlusses** festzuhalten. Nur in einem Randbereich wird hier den Unternehmen die Option zum befreienden IAS/IFRS-Abschluss eingeräumt: nämlich bezogen auf die Bekanntmachung im elektronischen Bundesanzeiger (sog. Einzelabschluss nach § 325 Abs. 2a HGB; näher unten Rz. 27). Im Übrigen stehen die **IAS/IFRS nur für die** – ausschließlich Informationszwecken dienende – **Konzernrechnungslegung** offen (näher unten Rz. 9 ff.).

3. Jahresabschluss und Lagebericht

Der Jahresabschluss einer jeden AG besteht gem. §§ 264 Abs. 1 Satz 1, 242 Abs. 1 8
und Abs. 2 HGB aus der **Bilanz**, der Gewinn- und Verlustrechnung (**GuV**) und dem **Anhang**. Mittelgroße und große Gesellschaften (oben Rz. 6) haben den Jahresabschluss zwingend um einen **Lagebericht** zu ergänzen (§ 264 Abs. 1 HGB), für dessen Inhalt § 289 HGB gilt. Zu Aufstellung und Feststellung s. unten Rz. 14 ff.

III. Konzernrechnungslegung

1. Kapitalmarktorientierte Gesellschaften

Die **IAS-Verordnung** verpflichtet in ihrem Art. 4 für die nach dem 31.12.2004 begin- 9
nenden Geschäftsjahre alle nach EG-Recht konsolidierungspflichtigen Gesellschaften, ihre Konzernabschlüsse nach internationalen Rechnungslegungsstandards aufzustellen, wenn am jeweiligen Bilanzstichtag ihre Wertpapiere in einem beliebigen Mitgliedstaat zum Handel in einem geregelten Markt zugelassen sind. Internationale Rechnungslegungsstandards in diesem Sinne sind allein die *International Accounting Standards (IAS)* bzw. – wie alle vom International *Accounting Standards Board (IASB)* seit dem 1.4.2001 veröffentlichten Regelungen heißen – die *International Financial Reporting Standards (IFRS)*. Voraussetzung ist freilich ihre vorherige förmliche Anerkennung durch die Kommission im sog. Regelungsverfahren (Komitologie-

---

5 S. dazu *Kleindiek*, Rechnungslegung in Europa, S. 91, 103 ff. m.w.N.

verfahren) nach Maßgabe des Ratsbeschlusses vom 28.6.1999 zur Festlegung der Modalitäten für die Ausübung der der Kommission übertragenen Durchführungsbefugnisse (1999/468/EG)[6] – *„endorsement"*[7].

10 **Das deutsche Recht** zwingt – mit erstmaliger Wirkung für die nach dem 31.12.2006 beginnenden Geschäftsjahre – auch dann zur Konzernrechnungslegung nach IAS/IFRS, wenn für das Mutterunternehmen der Wertpapierhandel in einem geregelten Markt zum Bilanzstichtag erst beantragt worden ist (§ 315a Abs. 2 HGB). Im Interesse von kapitalmarktorientierten Muttergesellschaften, deren Wertpapiere zum öffentlichen Handel in einem Nichtmitgliedstaat der EU zugelassen sind und die zu eben diesem Zweck bislang einen (befreienden) Konzernabschluss nach US-GAAP aufgestellt hatten, gewährt die IAS-Verordnung den Mitgliedstaaten das Recht, die zwingende Umstellung auf IAS/IFRS um zwei Jahre hinauszuschieben, also erst für die nach Ende 2006 beginnenden Geschäftsjahre vorzusehen (Art. 9 lit. b). Ein zeitlich entsprechendes Mitgliedstaatenwahlrecht hat der europäische Gesetzgeber zugunsten solcher konsolidierungspflichtigen Gesellschaften eingeräumt, von denen lediglich Schuldtitel zum Handel in einem geregelten Markt zugelassen sind (Art. 4 IAS-VO). Der deutsche Gesetzgeber hat von diesen Optionen nach Maßgabe von Art. 57 Satz 1 Nr. 1 und 2 EGHGB Gebrauch gemacht. Mit Ablauf der Übergangsfrist haben sich diese den Mitgliedstaaten noch verbliebenen Gestaltungsmöglichkeiten aber erledigt. Für die nach dem 31.12.2006 beginnenden Geschäftsjahre sind alle konsolidierungspflichtigen *kapitalmarktorientierten* Gesellschaften kraft europäischen Rechts gezwungen, ihre Konzernabschlüsse einheitlich nach IAS/IFRS aufzustellen.

11 Im Übrigen sind **die maßgeblichen Vorgaben für die IAS/IFRS-Konzernrechnungslegung** wie folgt abzugrenzen: Die IAS-Verordnung regelt das Rechnungslegungssystem, nach dem der konsolidierte Abschluss aufzustellen ist. Die Konsolidierungspflicht selbst und etwaige Befreiungen davon ergeben sich auch weiterhin aus den (durch Richtlinienrecht harmonisierten) nationalen Bilanzrechten der Mitgliedstaaten, für die AG also aus §§ 290 ff. HGB (§ 315a Abs. 1 HGB). Für den Konsolidierungskreis, die Ansatz- und Bewertungsregeln sowie die Berichtselemente der Konzernrechnungslegung gelten indes die Vorgaben der IAS/IFRS. Die Pflicht zur Aufstellung eines Konzernlageberichts nach Maßgabe von § 315 HGB bleibt hingegen auch für solche Gesellschaften bestehen, die nach IAS/IFRS konsolidiert Rechnung legen. Darüber hinaus gelten auch für den Konzernabschluss nach IAS/IFRS die Vorgaben in § 298 Abs. 1 HGB i.V.m. §§ 244, 245 HGB (Abfassung in deutscher Sprache, s. aber auch unten Rz. 25; Unterzeichnung durch die gesetzlichen Vertreter) sowie die Verpflichtung zu ergänzenden Angaben im Anhang nach Maßgabe der §§ 313 Abs. 2–4, 314 Abs. 1 Nr. 4, 6, 8, 9, Abs. 2 Satz 2 HGB (zum Ganzen § 315a Abs. 1 HGB).

2. Nicht kapitalmarktorientierte Gesellschaften

12 Nicht kapitalmarktorientierte Muttergesellschaften haben die **Wahl, entweder nach IAS/IFRS** (mit den darin geregelten Berichtsinstrumenten, ergänzt um den Konzernlagebericht und die weiteren Angaben nach Maßgabe des in Rz. 11 Gesagten) **oder nach §§ 290 ff. HGB** konsolidiert Rechnung zu legen (§ 315a Abs. 3 HGB). Ein Unternehmen, das von seinem Wahlrecht zugunsten der IAS/IFRS-Konzernrechnungslegung Gebrauch macht, hat die internationalen Standards und die durch § 315a Abs. 1 HGB für anwendbar erklärten Vorschriften des HGB (s. Rz. 11) vollständig zu befolgen (§ 315a Abs. 3 Satz 2 HGB).

---

6 ABl. EG Nr. L 184 v. 17.7.1999, S. 23.
7 Zur Implementierung der IAS/IFRS in das europäische (Rechnungslegungs-)Recht *Kleindiek*, Rechnungslegung in Europa, S. 91, 95 ff.; zu aktuellen Entwicklungen s. *Oversberg*, DB 2007, 1597 ff.

Der **Konzernabschluss nach HGB** besteht aus der Konzernbilanz, der Konzern-Ge- 13
winn- und Verlustrechnung, dem Konzernanhang sowie der Kapitalflussrechnung
und dem Eigenkapitalspiegel (§ 297 Abs. 1 Satz 1 HGB); er kann um eine Segmentbe-
richterstattung erweitert (§ 297 Abs. 1 Satz 2 HGB) und muss um den Konzernlagebericht ergänzt werden (§ 315 HGB).

IV. Aufstellung und Feststellung des Jahresabschlusses; Aufstellung und Billigung des Konzernabschlusses

In der AG ist der **Vorstand** als gesetzliches Vertretungsorgan (alle Vorstandsmitglie- 14
der) für die **Aufstellung** von Jahresabschluss und Lagebericht sowie Konzernabschluss und Konzernlagebericht zuständig (§§ 264 Abs. 1 Satz 1, 290 Abs. 1 HGB).
Jahresabschluss und Lagebericht mittelgroßer und großer Gesellschaften müssen binnen dreier Monate nach Ende des Geschäftsjahres aufgestellt werden; kleine Gesellschaften haben, soweit es einem ordnungsgemäßen Geschäftsgang entspricht, für die
Aufstellung ihres Jahresabschlusses maximal sechs Monate Zeit (§ 264 Abs. 1 Satz 2
und 3 HGB). Konzernabschluss und Konzernlagebericht sind innerhalb von fünf Monaten nach Geschäftsjahresende aufzustellen (§ 290 Abs. 1 HGB).

Der Vorstand hat nach § 170 Abs. 1 Satz 1 Jahresabschluss und Lagebericht – gemein- 15
sam mit seinem Gewinnverwendungsvorschlag nach § 170 Abs. 2 – unverzüglich
(d.h. ohne schuldhaftes Zögern, § 121 Abs. 1 Satz 2 BGB) nach der Aufstellung dem
Aufsichtsrat zur Prüfung (dazu § 171, zu den zeitlichen Vorgaben § 171 Abs. 3) vorzulegen. Entsprechendes gilt für einen Einzelabschluss nach § 325 Abs. 2a HGB (s. oben
Rz. 7) sowie bei konsolidierungspflichtigen Mutterunternehmen für den Konzernabschluss und den Konzernlagebericht (§ 170 Abs. 1 Satz 2). Der Einzelabschluss nach
§ 325 Abs. 2a HGB darf vom Vorstand erst nach dessen Billigung durch den Aufsichtsrat offen gelegt werden (s. unten Rz. 27). Zur Vorlage des Prüfungsberichts des
Abschlussprüfers s. sogleich Rz. 16.

Mit **Billigung des Jahresabschlusses durch den Aufsichtsrat** (Erklärung am Schluss des 16
Aufsichtsratsberichts nach § 171 Abs. 2 Satz 4) ist dieser **festgestellt**, sofern nicht Vorstand und Aufsichtsrat beschließen, die Feststellung des Jahresabschlusses der Hauptversammlung zu überlassen (§ 172 Satz 1). Haben Vorstand und Aufsichtsrat dies beschlossen oder hat der Aufsichtsrat den Jahresabschluss nicht gebilligt, so stellt die
Hauptversammlung den Jahresabschluss fest (§ 173 Abs. 1 Satz 1). Die Feststellung
kann in prüfungspflichtigen Gesellschaften nicht ohne vorherige **Abschlussprüfung** erfolgen (s. unten Rz. 19). Der Prüfungsbericht des Abschlussprüfers wird dem Aufsichtsrat vom Abschlussprüfer übermittelt (§ 321 Abs. 5 Satz 2 HGB); der Aufsichtsrat trifft
seine Entscheidung über die Billigung des Jahresabschlusses erst nach Vorlage des Prüfungsberichts. Zu Einzelheiten s. die Erläuterungen zu §§ 170–173.

Ebenso entscheidet die Hauptversammlung über die **Billigung des Konzernabschlus-** 17
ses, wenn der Aufsichtsrat eines Mutterunternehmens dem Konzernabschluss die
Billigung (Erklärung nach § 171 Abs. 2 Satz 5) versagt hat (§ 173 Abs. 1 Satz 2); s. näher die Erläuterungen zu §§ 171, 173. Das in Rz. 16 Gesagte gilt entsprechend.

Jahresabschluss und Konzernabschluss sind von allen Vorstandsmitgliedern, ein- 18
schließlich der Stellvertreter (§ 94), zu **unterzeichnen** (§§ 245, 298 Abs. 1 HGB), wobei sich die Zeichnungspflicht auf den festgestellten Jahresabschluss (bzw. den gebilligten Konzernabschluss) bezieht[8].

---

8 Heute ganz h.M.; BGH v. 28.1.1985 – II ZR 79/84, BB 1985, 567; *Hennrichs* in Baetge/Kirsch/
Thiele, Bilanzrecht, § 245 HGB Rz. 23; *Hüffer* in Großkomm. HGB, § 245 Rz. 5; *Kleindiek* in
Lutter/Hommelhoff, GmbHG, § 42 Rz. 14, je m.w.N.

V. Prüfung und Offenlegung

1. Prüfung

19 **Jahresabschluss und Lagebericht** in **mittelgroßen** und **großen Aktiengesellschaften** sind zwingend der **Abschlussprüfung** unterworfen[9]. Hat keine Prüfung stattgefunden, kann der Jahresabschluss nicht festgestellt werden (§ 316 Abs. 1 HGB); ein gleichwohl festgestellter Abschluss ist entsprechend § 256 Abs. 1 Nr. 2 nichtig. Tochterunternehmen eines konsolidierungspflichtigen Mutterunternehmens sind unter den näheren Voraussetzungen des § 264 Abs. 3 HGB von der Prüfungspflicht befreit. **Obligatorische Konzernabschlüsse** und Konzernlageberichte sind in jedem Fall prüfungspflichtig; ohne vorherige Prüfung ist die Billigung des Konzernabschlusses ausgeschlossen (§ 316 Abs. 2 HGB). Werden Jahresabschluss, Konzernabschluss, Lagebericht oder Konzernlagebericht nach Vorlage des Prüfungsberichts geändert, so ist eine **Nachtragsprüfung** erforderlich (§ 316 Abs. 3 HGB). Die Vorschriften zur Prüfung des Jahresabschlusses (§§ 316 ff. HGB) sind auf den **Einzelabschluss nach § 325 Abs. 2a HGB** (s. Rz. 7) entsprechend anzuwenden (§ 324a HGB).

20 Ihrem **Umfang** nach erstreckt sich die Prüfung auf den Jahresabschluss, den Konzernabschluss, den Lagebericht sowie den Konzernlagebericht; die Buchführung ist in die Prüfung einzubeziehen. Prüfungsmaßstab (**Gegenstand der Prüfung**) ist die Übereinstimmung mit den gesetzlichen Vorgaben und den sie ggf. ergänzenden Bestimmungen der Satzung. Einzelheiten zu Umfang und Gegenstand der Prüfung sind in § 317 HGB normiert.

21 Die Abschlussprüfung in der AG können einzelne **Wirtschaftsprüfer oder Wirtschaftsprüfungsgesellschaften** durchführen (§ 319 Abs. 1 Satz 1 HGB; §§ 15, 27 ff. WPO), sofern sie über eine wirksame Bescheinigung über die Teilnahme an der Qualitätskontrolle (§ 57a WPO) verfügen (§ 319 Abs. 1 Satz 3 HGB) und kein Ausschlussgrund nach §§ 319 Abs. 2–5, 319a HGB (Gefährdungen der Prüferunabhängigkeit) vorliegt. Der Abschlussprüfer wird von der Hauptversammlung der prüfungspflichtigen AG gewählt (der Konzernabschlussprüfer von der Hauptversammlung der konsolidierungspflichtigen Muttergesellschaft), § 318 Abs. 1 Satz 1 HGB, § 119 Abs. 1 Nr. 4 AktG. Der **Prüfungsauftrag** wird durch den Aufsichtsrat erteilt (§ 111 Abs. Abs. 2 Satz 3), wobei der Vorsitzende handelt. Der Prüfungsauftrag ist unverzüglich nach der Wahl zu erteilen (§ 318 Abs. 1 Satz 4 HGB).

22 Jahresabschluss und Konzernabschluss, Lagebericht und Konzernlagebericht sind dem Abschlussprüfer unverzüglich nach der Aufstellung durch die gesetzlichen Vertreter der Gesellschaft vorzulegen (§ 320 Abs. 1 Satz 1 HGB); Letztere sind dem Prüfer gegenüber auskunftspflichtig nach Maßgabe von § 320 HGB. Der Abschlussprüfer berichtet über Art und Umfang sowie über das Ergebnis der Prüfung schriftlich nach näherer Bestimmung des § 321 HGB und fasst das Ergebnis der Prüfung in einem **Bestätigungsvermerk** nach Maßgabe von § 322 HGB zusammen. Empfänger des **Prüfungsberichts** ist der Aufsichtsrat (§ 321 Abs. 5 Satz 2 HGB). Der Abschlussprüfer hat an den Verhandlungen von Aufsichtsrat bzw. Verwaltungsrat über den Jahres- und Konzernabschluss teilzunehmen (§ 171 Abs. 1 Satz 2). Im Falle der Eröffnung des Insolvenzverfahrens über das Vermögen der Gesellschaft (oder bei Ablehnung des Eröffnungsantrags mangels Masse) hat jeder Gläubiger ein Einsichtsrecht in die Prüfungsberichte der drei zurückliegenden Geschäftjahre nach Maßgabe von § 321a HGB.

---

9 Zur gesetzgeberischen Aufgabe einer Novellierung des Abschlussprüfungsrechts in Umsetzung (Frist: Juni 2008) der Abschlussprüferrichtlinie 2006/43/EG vom 17.5.2006 (ABl. EU Nr. L 157 v. 9.6.2006, S. 87) s. etwa *Klein/Klaas*, WPg 2006, 885 ff.

2. Offenlegung

Jahresabschluss und Konzernabschluss, Lagebericht und Konzernlagebericht unter- 23
liegen der **Offenlegungspflicht** nach den Bestimmungen der **§§ 325 ff. HGB**, die mit
dem – zum 1.1.2007 in Kraft getretenen – Gesetz über elektronische Handelsregister
und Genossenschaftsregister sowie das Unternehmensregister (**EHUG**) vom
10.11.2006[10] erhebliche Änderungen erfahren haben[11].

Die gesetzlichen Vertreter der AG haben für diese den Jahresabschluss (Bilanz, GuV, 24
Anhang) und den Konzernabschluss sowie Lagebericht und Konzernlagebericht, jeweils mit dem Bestätigungsvermerk des Abschlussprüfers (oder dem Vermerk über
dessen Versagung), nunmehr **beim Betreiber des elektronischen Bundesanzeigers einzureichen**[12], und zwar erstmals für das nach dem 31.12.2005 beginnende Geschäftsjahr. Ebenso einzureichen sind der Bericht des Aufsichtsrats über die Prüfung
(s. Rz. 15)[13]. Das hat unverzüglich nach Vorlage des Abschlusses an die Gesellschafter,
spätestens jedoch vor Ablauf des zwölften Monats des dem Abschlussstichtag nachfolgenden Geschäftsjahres zu geschehen (§ 325 Abs. 1 und 4 HGB); für kapitalmarktorientierte Gesellschaften verkürzt sich diese Höchstfrist auf vier Monate (§ 325 Abs. 4
HGB mit der Einschränkung nach Maßgabe von § 327a HGB i.d.F. von Art. 1 Nr. 21 u.
22 EHUG). **Form und Inhalt der Offenlegung** bestimmen sich nach § 328 HGB.

Die **Rechnungslegungsunterlagen können zusätzlich** zu ihrer deutschsprachigen Fas- 25
sung **auch übersetzt** in jede Amtssprache eines Mitgliedstaates der EU **übermittelt**
werden (§ 325 Abs. 6 i.V.m. § 11 HGB i.d.F. von Art. 1 Nr. 2 u. 21 EHUG). Sie **sind elektronisch einzureichen** (§ 325 Abs. 6 i.V.m. § 12 Abs. 2 HGB i.d.F. von Art. 1 Nr. 2 u. 21
EHUG); gestützt auf Art. 61 Abs. 2 EGHGB i.d.F. von Art. 2 EHUG hat das Bundesministerium der Justiz jedoch durch Rechtsverordnung bestimmt, dass die beim Betreiber
des elektronischen Bundesanzeigers einzureichenden Rechnungslegungsunterlagen
bis zum 31.12.2009 alternativ auch noch in Papierform eingereicht werden können[14].

Kleine Gesellschaften (s. Rz. 6) haben von den in Rz. 24 bezeichneten Unterlagen nur 26
die Bilanz und den Anhang beim Betreiber des elektronischen Bundesanzeigers einzureichen; der Anhang braucht die die GuV betreffenden Angaben nicht zu enthalten.
Mittelgroße Gesellschaften können Erleichterungen für den Ausweis in Bilanz und
Anhang nach Maßgabe von § 327 HGB in Anspruch nehmen. **Tochterunternehmen**
eines konsolidierungspflichtigen Mutterunternehmens sind unter den näheren Voraussetzungen des § 264 Abs. 3 HGB von der Verpflichtung zur Offenlegung ihres Jahresabschlusses befreit. Zur Publizitätspflicht der inländischen **Zweigniederlassung**
einer Kapitalgesellschaft mit Sitz in einem anderen EU-Staat oder Vertragsstaat des
Abkommens über den europäischen Wirtschaftsraum s. § 325a HGB.

Die gesetzlichen Vertreter der AG haben die Rechnungslegungsunterlagen jeweils 27
unverzüglich nach der Einreichung **im elektronischen Bundesanzeiger bekannt machen** zu lassen (§ 325 Abs. 2 HGB). Für diese Offenlegung im elektronischen Bundes-

---

10 BGBl. I 2006, 2553; dazu *Seibert/Decker*, DB 2006, 2446.
11 Art. 1 Nr. 21 EHUG; hierzu einführend etwa *Clausnitzer/Blatt*, GmbHR 2006, 1303, 1306 ff.;
   Deilmann, BB 2006, 2347; *Seibert/Decker*, DB 2006, 2446, 2450 f.
12 www. ebundesanzeiger.de; Betreiber des elektronischen Bundesanzeigers ist die Bundesanzeiger Verlagsgesellschaft mbH, Köln (Handelsregister AG Köln, HRB 31248).
13 Außerdem sind einzureichen die nach § 161 für börsennotierte Gesellschaften vorgeschriebene Erklärung zum Corporate Governance Kodex, der Vorschlag des Vorstands zur Gewinnverwendung (§ 170 Abs. 2) sowie der Verwendungsbeschluss der Hauptversammlung.
14 S. § 4 der Verordnung über die Übertragung der Führung des Unternehmensregisters und die
   Einreichung von Dokumenten beim Betreiber des elektronischen Bundesanzeigers vom
   15.12.2006, BGBl. I 2006, 3202.

anzeiger (und nur dafür) **kann** an die Stelle des HGB-Jahresabschlusses ein **Einzelabschluss nach** den übernommenen **IAS/IFRS** (s. oben Rz. 9) treten, für den ergänzend die in § 325 Abs. 2a HGB aufgeführten Bestimmungen des HGB-Bilanzrechts gelten.

28   Der **Betreiber des elektronischen Bundesanzeigers prüft**, ob die einzureichenden Rechnungslegungsunterlagen fristgemäß und vollzählig eingereicht worden sind; andernfalls unterrichtet er die für die Durchführung eines Ordnungsgeldverfahrens nach **§ 335 HGB** zuständige Behörde (zu Einzelheiten s. § 329 HGB i.d.F. von Art. 1 Nr. 26 EHUG). Zuständige Behörde ist das Bundesamt für Justiz, das **von Amts wegen** (also ohne dass es noch eines Antrages bedarf) ein **Ordnungsgeldverfahren** (mit Festsetzung eines Ordnungsgeldes zwischen 2.500 und 25.000 Euro, ggf. auch wiederholt) gegen die Mitglieder des Vorstands der AG einleitet, wenn diese die gesetzlichen Pflichten zur Offenlegung der Rechnungslegungsunterlagen nicht befolgen; ebenso kann das Ordnungsgeldverfahren gegen die Gesellschaft selbst eingeleitet werden (§ 335 HGB i.d.F. von Art. 1 Nr. 27 EHUG)[15].

29   Die Unterlagen der Rechnungslegung und deren Bekanntmachung sind – wie alle wesentlichen publizitätspflichtigen Unternehmensdaten – auch über die **Internetseiten des** (elektronisch geführten) **Unternehmensregisters**[16] zugänglich; die entsprechenden Daten werden vom Betreiber des elektronischen Bundesanzeigers dem Unternehmensregister übermittelt (s. § 8b HGB i.d.F. von Art. 1 Nr. 2 EHUG)[17].

30   Von der Jahresabschlusspublizität im skizzierten Sinne zu unterscheiden sind im Übrigen ggf. zu erfüllende **unterjährige Berichtspflichten** zu Lasten **kapitalmarktaktiver Unternehmen** kraft kapitalmarktrechtlicher Vorgaben, namentlich nach Maßgabe des jüngst in Kraft getretenen Transparenzrichtlinie-Umsetzungsgesetzes (TUG) vom 5.1.2007[18]; Einzelheiten der Zwischenberichterstattung sind in diesem Kommentar nicht zu erörtern[19].

§ 150
Gesetzliche Rücklage. Kapitalrücklage

(1) In der Bilanz des nach den §§ 242, 264 des Handelsgesetzbuchs aufzustellenden Jahresabschlusses ist eine gesetzliche Rücklage zu bilden.

(2) In diese ist der zwanzigste Teil des um einen Verlustvortrag aus dem Vorjahr geminderten Jahresüberschusses einzustellen, bis die gesetzliche Rücklage und die Kapitalrücklagen nach § 272 Abs. 2 Nr. 1 bis 3 des Handelsgesetzbuchs zusammen den zehnten oder den in der Satzung bestimmten höheren Teil des Grundkapitals erreichen.

---

15   Zu Einzelheiten s. *Grashoff*, DB 2006, 2641 ff.

16   www.unternehmensregister.de; die Führung des Unternehmensregisters ist durch § 1 der in Fn. 14 genannten Verordnung der Bundesanzeiger Verlagsgesellschaft mbH, Köln, übertragen worden. S. zum Unternehmensregister einführend *Clausnitzer/Blatt*, GmbHR 2006, 1303, 1304 f.; *Seibert/Decker*, DB 2006, 2446, 2449 f.

17   Einführend *Seibert/Decker*, DB 2006, 2446, 2449 f.

18   BGBl. I 2007, 10.

19   Übersicht bei *Ammedick/Strieder*, Zwischenberichterstattung; *Nonnenmacher*, Zwischenberichte. Zu den Vorgaben der Transparenzrichtlinie 2004/109/EWG s. etwa *d'Arcy/Meyer*, Der Konzern 2005, 151 ff.; *Buchheim/Ulbrich*, KoR 2004, 273 ff.; zum TUG einführend etwa *Bosse*, DB 2007, 39 ff.; *S. Müller/Stute*, BB 2006, 2803 ff.; *Pirner/Lebherz*, AG 2007, 19 ff.

(3) Übersteigen die gesetzliche Rücklage und die Kapitalrücklagen nach § 272 Abs. 2 Nr. 1 bis 3 des Handelsgesetzbuchs zusammen nicht den zehnten oder den in der Satzung bestimmten höheren Teil des Grundkapitals, so dürfen sie nur verwandt werden

1. zum Ausgleich eines Jahresfehlbetrags, soweit er nicht durch einen Gewinnvortrag aus dem Vorjahr gedeckt ist und nicht durch Auflösung anderer Gewinnrücklagen ausgeglichen werden kann;

2. zum Ausgleich eines Verlustvortrags aus dem Vorjahr, soweit er nicht durch einen Jahresüberschuss gedeckt ist und nicht durch Auflösung anderer Gewinnrücklagen ausgeglichen werden kann.

(4) Übersteigen die gesetzliche Rücklage und die Kapitalrücklagen nach § 272 Abs. 2 Nr. 1 bis 3 des Handelsgesetzbuchs zusammen den zehnten oder den in der Satzung bestimmten höheren Teil des Grundkapitals, so darf der übersteigende Betrag verwandt werden

1. zum Ausgleich eines Jahresfehlbetrags, soweit er nicht durch einen Gewinnvortrag aus dem Vorjahr gedeckt ist;

2. zum Ausgleich eines Verlustvortrags aus dem Vorjahr, soweit er nicht durch einen Jahresüberschuss gedeckt ist;

3. zur Kapitalerhöhung aus Gesellschaftsmitteln nach den §§ 207 bis 220.

Die Verwendung nach den Nummern 1 und 2 ist nicht zulässig, wenn gleichzeitig Gewinnrücklagen zur Gewinnausschüttung aufgelöst werden.

I. Allgemeines 1
1. Gegenstand der Regelung. Begriffliche Abgrenzungen 1
2. Regelungszweck 3
II. Pflicht zur Bildung und Dotierung der gesetzlichen Rücklage (§ 150 Abs. 1 und 2) 4
1. Bildung der Rücklage (§ 150 Abs. 1) . 4
2. Zuweisungen in die gesetzliche Rücklage (§ 150 Abs. 2) 5
a) Jährliche Einstellung 5
b) Gesetzliche Obergrenze 6

c) Weitere Zuweisungen im Gewinnverwendungsbeschluss 10
III. Verwendung des gesetzlichem Reservefonds (§ 150 Abs. 3 und 4) 11
1. Verwendung des Mindestbetrages (§ 150 Abs. 3) 11
a) Ausgleich eines Jahresfehlbetrages (§ 150 Abs. 3 Nr. 1) 12
b) Ausgleich eines Verlustvortrages (§ 150 Abs. 3 Nr. 2) 14
2. Verwendung des Mehrbetrages (§ 150 Abs. 4) 15
IV. Rechtsfolgen bei Verstoß 17

Literatur: *Ebeling*, Die Verwendung der Kapitalrücklage der Aktiengesellschaft gemäß § 150 Abs. 3 und 4 AktG, WPg 1988, 502; *Haller*, Probleme bei der Bilanzierung der Rücklagen und des Ergebnisses einer Aktiengesellschaft nach neuem Bilanzrecht, DB 1987, 645; *Schäfer*, Zuweisungen zu den Rücklagen nach altem und neuem Aktienrecht, ZfK 1966, 266.

I. Allgemeines

1. Gegenstand der Regelung. Begriffliche Abgrenzungen

Die Vorschrift verpflichtet jede Aktiengesellschaft (und KGaA, § 278 Abs. 3) zur Bildung und jährlichen Speisung einer **gesetzlichen Rücklage**, in die bestimmte Beträge (nämlich 5% des um einen Verlustvortrag aus dem Vorjahr geminderten Jahresüberschusses) einzustellen sind, bis die gesetzliche Rücklage und die Kapitalrücklagen nach § 273 Abs. 2 Nr. 1 bis 3 HGB zusammen eine bestimmte Grenze (nämlich den zehnten Teil des Grundkapitals oder einen in der Satzung bestimmten höheren Teil) erreichen (**§ 150 Abs. 1 und 2**). Außerdem trifft die Vorschrift Bestimmung über die mögliche Rücklagenverwendung (Auflösung), je nach dem, ob die gesetzliche Rücklage und die Kapitalrücklagen den zehnten Teil des Grundkapitals oder einen in der Satzung bestimmten höheren Teil noch nicht erreichen (**§ 150 Abs. 3**) oder diese Grenze schon übersteigen (**§ 150 Abs. 4**).

2 Die **gesetzliche Rücklage** nach § 150 ist Teil der nach § 266 Abs. 3 A III HGB auf der Passivseite der Bilanz auszuweisenden **Gewinnrücklagen**, die aus dem Jahresergebnis gebildet werden (§ 272 Abs. 3 HGB) und Bestandteil des Eigenkapitals der Gesellschaft sind. Ebenso zum Eigenkapital gehören die **Kapitalrücklagen** (§§ 266 Abs. 3 A II, 272 Abs. 2 HGB), in welche Einzahlungen, die über den Nennbetrag oder den rechnerischen Wert der Aktien hinaus geleistet werden, sowie bei der Ausgabe von Schuldverschreibungen erzielte Beträge, sonstige Zuzahlungen der Gesellschafter oder Bucherträge bei Kapitalherabsetzungen (§§ 229, 232, 237 Abs. 5) eingestellt werden. Mit diesen Rücklagen nicht zu verwechseln sind die **Rückstellungen** nach § 249 HGB, welche (neben den Verbindlichkeiten) Schuldposten darstellen und damit zum Fremdkapital der Gesellschaft gehören.

2. Regelungszweck

3 Die Vorschrift dient dem **Aufbau und** dem **Erhalt eines gesetzlichen Reservefonds**[1], welcher der Ausschüttung an die Aktionäre entzogen ist (Ausschüttungssperrbeträge[2]) und mit dem ein Polster (Puffer) gegen spätere Verluste in schlechten Jahren aufgebaut wird. Vor diesem Hintergrund leistet § 150 einen Beitrag zum gesetzlichen System der Kapitalerhaltung in der AG, indem zunächst Vermögen gebunden wird, um damit Jahresfehlbeträge oder Verlustvorträge aus dem Vorjahr ausgleichen zu können, ohne das Grundkapital anzugreifen[3]. Der daraus resultierende tatsächliche Nutzen für den Gläubigerschutz ist angesichts der gesetzlichen Marge – 10% des Grundkapitals – allerdings von der Höhe des konkret festgesetzten Grundkapitals (und der Risikostruktur der Gesellschaft) abhängig. Da das Gesetz insofern – abgesehen vom Mindestkapital nach § 7 – keine Vorgaben macht, ist die faktische Leistungsfähigkeit des Instituts der gesetzlichen Rücklage für den Kapitalschutz nicht allzu groß[4].

II. Pflicht zur Bildung und Dotierung der gesetzlichen Rücklage (§ 150 Abs. 1 und 2)

1. Bildung der Rücklage (§ 150 Abs. 1)

4 Nach § 150 Abs. 1 ist die gesetzliche Rücklage von jeder Aktiengesellschaft (und KGaA) „in der Bilanz des nach §§ 242, 264 HGB aufzustellenden Jahresabschlusses" zwingend zu bilden. Die Dotierung der gesetzlichen Rücklage ist also schon **bei Aufstellung des Jahresabschlusses** (nicht erst bei seiner Feststellung oder gar im Zuge der Gewinnverwendung) vorzunehmen. Sie liegt deshalb in der Zuständigkeit des Vorstands (§ 264 Abs. 1 Satz 1 HGB), selbst wo die Feststellung des Jahresabschlusses ausnahmsweise (§ 173) der Hauptversammlung obliegt[5].

---

1 *ADS*, § 150 AktG Rz. 2.
2 *Brönner* in Großkomm. AktG, § 150 Rz. 1.
3 Grundlegend *Lutter*, Kapital, S. 469; außerdem etwa *ADS*, § 150 AktG Rz. 15; *Brönner* in Großkomm. AktG, § 150 Rz. 1 ff.; *Hüffer*, § 150 Rz. 1; *Kropff* in MünchKomm. AktG, § 150 Rz. 4 f.
4 Vgl. auch *Kropff* in MünchKomm. AktG, § 150 Rz. 6.
5 S. nur *Hüffer*, § 150 Rz. 4; *Kropff* in MünchKomm. AktG, § 150 Rz. 11.

2. Zuweisungen in die gesetzliche Rücklage (§ 150 Abs. 2)

a) Jährliche Einstellung

§ 150 Abs. 2 **Halbsatz 1** schreibt die Einstellung des zwanzigsten Teils (5%) des um   5
einen Verlustvortrag aus dem Vorjahr (§ 158 Abs. 1 Nr. 1) geminderten Jahresüberschusses (Betrag, um den die Erträge die Aufwendungen übersteigen; § 275 Abs. 2
Nr. 20 bzw. § 275 Abs. 3 Nr. 19 HGB) in die gesetzliche Rücklage vor. Die Vorgabe ist
zwingend. Es darf also weder ein geringerer noch ein höherer Teil dieser Berechnungsgrundlage in die gesetzliche Rücklage eingestellt werden; auch die Satzung
kann nicht wirksam einen anderen Prozentsatz festlegen[6]. Ein Gewinnvortrag aus
dem Vorjahr ist bei der Berechnung nicht erhöhend in Ansatz zu bringen[7]. Für Gesellschaften, die sich einem Gewinnabführungs- oder Beherrschungsvertrag unterworfen
haben, bemisst sich die Einstellung in die gesetzliche Rücklage – abweichend von
§ 150 Abs. 2 – nach § 300 (s. die Erläuterungen dort).

b) Gesetzliche Obergrenze

Nach § 150 Abs. 2 **Halbsatz 2** ist die jährliche Einstellung in die gesetzliche Rücklage   6
so lange vorzunehmen, bis die Summe der gesetzlichen Rücklage und der Kapitalrücklagen nach § 272 Abs. 2 Nr. 1 bis 3 HGB den zehnten Teil (10%) oder den in der
Satzung bestimmten höheren Teil des Grundkapitals erreicht. Zu Abweichungen für
Gesellschaften, die sich einem Gewinnabführungs- oder Beherrschungsvertrag unterworfen haben, s. § 300 und die Erläuterungen dort. Zu eingegliederten Gesellschaften
s. § 324 Abs. 1 und die dortigen Erläuterungen.

Bei Berechnung jener Obergrenze sind die Kapitalrücklagen nach § 272 Abs. 2 Nr. 4   7
HGB (andere Zuzahlungen der Gesellschafter in das Eigenkapital) angesichts des klaren Wortlauts des Gesetzes nicht in Ansatz zu bringen[8]. **Zuführungen in die Kapitalrücklagen bei Kapitalherabsetzungen** (§§ 229, 232, 237 Abs. 5) werden in § 150 Abs. 2
– anders als in der vor dem BiRiLiG geltenden Fassung der Norm – zwar ebenfalls
nicht erwähnt. Ihre Nichteinbeziehung in den gesetzlichen Reservefonds (und damit
in die Verwendungsbeschränkungen nach § 150 Abs. 3 und 4) liefe jedoch dem bezweckten Gläubigerschutz entgegen und wird deshalb zu Recht als bloßes Redaktionsversehen des Gesetzgebers angesehen. Die im Rahmen einer Kapitalherabsetzung in die Kapitalrücklagen einzustellenden Beträge sind bei Berechnung der Obergrenze nach § 150 Abs. 2 deshalb ebenfalls in Ansatz zu bringen[9].

Im Übrigen kommt es für die Berechnung der gesetzlichen Obergrenze nicht auf das   8
quantitative Verhältnis zwischen der gesetzlichen Rücklage und den Kapitalrücklagen zueinander an. Erreichen die **Kapitalrücklagen** aber schon **allein** die Grenze, so
ist die Bildung einer gesetzlichen Rücklage nicht mehr nötig[10].

§ 150 Abs. 2 Halbsatz 2 gestattet, in der **Satzung** einen „höheren Teil" als 10% des   9
Grundkapitals für die Summe aus gesetzlichen Rücklagen und Kapitalrücklagen als
Obergrenze der Zuweisungen festzusetzen. Die Festsetzung eines geringeren Teils ist
unzulässig. Ebenso wenig darf die Satzung einen über das Grundkapital hinausgehen-

---

6 *ADS*, § 150 AktG Rz. 33; *Brönner* in Großkomm. AktG, § 150 Rz. 18; *Kropff* in MünchKomm.
   AktG, § 150 Rz. 13.
7 Dazu *ADS*, § 150 AktG Rz. 24.
8 Allgem. M.; statt anderer *Kropff* in MünchKomm. AktG, § 150 Rz. 17.
9 Ausführlich *ADS*, § 150 AktG Rz. 37 ff; *Ebeling*, WPg 1988, 502, 503 ff.; ebenso etwa *Brönner*
   in Großkomm. AktG, § 150 Rz. 30; *Hüffer*, § 150 Rz. 6; *Kropff* in MünchKomm. AktG, § 150
   Rz. 18.
10 *ADS*, § 150 AktG Rz. 4.

den Betrag als Obergrenze festlegen; denn das wäre mehr als nur ein „Teil"[11]. Eine Festsetzung gerade auf den Betrag des Grundkapitals selbst ist aber zuzulassen; stattdessen auf (minimaler) Unterschreitung dieses Betrages bestehen zu wollen[12], wäre formalistisch[13].

c) Weitere Zuweisungen im Gewinnverwendungsbeschluss

10 Der Hauptversammlung ist es unbenommen, im Gewinnverwendungsbeschluss „weitere Beträge in die Gewinnrücklagen", und damit auch in die gesetzliche Rücklage einzustellen, § 58 Abs. 3[14]; s. aber § 254 Abs. 1.

III. Verwendung des gesetzlichem Reservefonds (§ 150 Abs. 3 und 4)

1. Verwendung des Mindestbetrages (§ 150 Abs. 3)

11 Übersteigt die Summe aus gesetzlichen Rücklagen und den Kapitalrücklagen (nach Maßgabe des in Rz. 6 ff. Gesagten) nicht den zehnten oder den in der Satzung bestimmten höheren Teil des Grundkapitals, darf dieser „Mindestbetrag" (die „Mindestreserve") nach Abs. 3 der Vorschrift ausschließlich zum Ausgleich eines Jahresfehlbetrages (Nr. 1) oder zum Ausgleich eines Verlustvortrages aus dem Vorjahr (Nr. 2) verwandt werden.

a) Ausgleich eines Jahresfehlbetrages (§ 150 Abs. 3 Nr. 1)

12 Die Verwendung der Mindestreserve zum Ausgleich eines Jahresfehlbetrages (§ 266 Abs. 3 A V HGB; § 275 Abs. 2 Nr. 20 bzw. § 275 Abs. 3 Nr. 19 HGB) ist nur möglich, soweit der Fehlbetrag weder durch einen Gewinnvortrag aus dem Vorjahr (§ 158 Abs. 1 Nr. 1) gedeckt ist noch durch die Auflösung anderer Gewinnrücklagen ausgeglichen werden kann. Der Begriff der „anderen Gewinnrücklagen" meint hier nicht nur die Gewinnrücklagen, die unter dem Posten § 266 Abs. 3 A III Nr. 4 HGB in der Bilanz aufgeführt werden, sondern alle auflösbaren Gewinnrücklagen[15]; eingeschlossen sind auch solche satzungsmäßigen Rücklagen, die zur Verwendung für andere Zwecke als zum Ausgleich eines Jahresfehlbetrages bestimmt sind und deshalb erst nach einer Satzungsänderung herangezogen werden können[16].

13 Nicht zum Ausgleich eines Jahresfehlbetrages herangezogen werden darf indes die **Rücklage für eigene Anteile** (§§ 266 Abs. 3 A III 2, 272 Abs. 4 HGB), die der Neutralisierung des für eigene Aktien gebildeten Aktivpostens dient; ihr Bestehen hindert den Zugriff auf den gesetzlichen Reservefonds nicht[17]. Gleiches gilt beim Bestehen stiller Reserven sowie von Sonderposten mit Rücklagenanteil (§§ 247 Abs. 3, 273 HGB), da diese nicht zu den Rücklagen zählen[18].

---

11 *ADS*, § 150 AktG Rz. 31; *Brönner* in Großkomm. AktG, § 150 Rz. 25; *Hüffer*, § 150 Rz. 7.
12 So wohl *Kropff* in MünchKomm. AktG, § 150 Rz. 19 (Grundkapital dürfe nicht erreicht werden).
13 Zur Behandlung von Satzungsänderungen s. *Kropff* in MünchKomm. AktG, § 150 Rz. 20 f.
14 Dazu *ADS*, § 150 AktG Rz. 43 ff; *Brönner* in Großkomm. AktG, § 150 Rz. 28; *Haller*, DB 1987, 645, 645; *Kropff* in MünchKomm. AktG, § 150 Rz. 22 f.
15 *ADS*, § 150 AktG Rz. 55; *Kropff* in MünchKomm. AktG, § 150 Rz. 29.
16 *ADS*, § 150 AktG Rz. 57; *Hüffer*, § 150 Rz. 9; *Kropff* in MünchKomm. AktG, § 150 Rz. 29.
17 *ADS*, § 150 AktG Rz. 56; *Brönner* in Großkomm. AktG, § 150 Rz. 39; *Hüffer*, § 150 Rz. 9; *Kropff* in MünchKomm. AktG, § 150 Rz. 30.
18 *ADS*, § 150 AktG Rz. 57 f.; *Brönner* in Großkomm. AktG, § 150 Rz. 39 f.; *Hüffer*, § 150 Rz. 9; *Kropff* in MünchKomm. AktG, § 150 Rz. 32.

b) Ausgleich eines Verlustvortrages (§ 150 Abs. 3 Nr. 2)

Die Verwendung der Mindestreserve zum Ausgleich eines Verlustvortrages aus dem   14
Vorjahr (§ 158 Abs. 1 Nr. 1) ist möglich, soweit er nicht durch einen Jahresüberschuss
(§ 266 Abs. 3 A V HGB; § 275 Abs. 2 Nr. 20 bzw. § 275 Abs. 3 Nr. 19 HGB) gedeckt ist
und auch nicht durch die Auflösung anderer Gewinnrücklagen (zum Begriff s. Rz. 12)
ausgeglichen werden kann.

2. Verwendung des Mehrbetrages (§ 150 Abs. 4)

Übersteigt die Summe aus gesetzlichen Rücklagen und den Kapitalrücklagen (nach   15
Maßgabe des in Rz. 6 ff. Gesagten) den zehnten oder den in der Satzung bestimmten
höheren Teil des Grundkapitals, so darf der übersteigende Betrag (Mehrbetrag) nicht
nur zum Ausgleich eines Jahresfehlbetrags (**Nr. 1**) oder Verlustvortrags aus dem Vorjahr (**Nr. 2**) verwandt, sondern nach **Nr. 3** auch zu einer **Kapitalerhöhung aus Gesellschaftsmitteln** nach den §§ 207 bis 220 eingesetzt werden.

Die an die Verwendung des Mehrbetrags geknüpften **Bedingungen** unterscheiden sich   16
von den Bedingungen der Verwendung der Mindestbetrages nach § 150 Abs. 3. Einerseits ist das Bestehen anderer auflösbarer Gewinnrücklagen (s. Rz. 12) für die Verwendung des Mehrbetrages unerheblich; sie müssen nicht zuvor aufgelöst werden. Andererseits verbietet **§ 150 Abs. 4 Satz 2** die gleichzeitige Auflösung von Gewinnrücklagen zum Zwecke der Gewinnausschüttung und eine Verwendung des Mehrbetrags zu
Ausgleichszwecken nach Nr. 1 und Nr. 2; denn die Ausschüttung von Gewinn soll
nicht auf Kosten des gesetzlichen Reservefonds erfolgen[19].

IV. Rechtsfolgen bei Verstoß

Ein Verstoß gegen § 150 führt zur **Nichtigkeit des Jahresabschlusses** entweder nach   17
§ 256 Abs. 1 Nr. 4 (Verstoß gegen die Bestimmungen über die Einstellung in die
Rücklage oder über die Entnahme aus der Rücklage), ggf. auch nach § 256 Abs. 1
Nr. 1 (Verstoß gegen Gläubigerschutzvorschriften). Gläubigerschützend sind dabei
die Einstellungspflicht aus § 150 Abs. 2, aber auch die Verwendungsbeschränkungen
nach § 150 Abs. 3 und 4. Wird also weniger als der zwanzigste Teil des Jahresüberschusses eingestellt oder werden dem Reservefonds Beträge zu anderen als den festgelegten Zwecken entnommen, so ist § 256 Abs. 1 Nr. 1 erfüllt (Heilung gem. § 256
Abs. 6 erst nach drei Jahren)[20]. Bei der Einstellung von mehr als dem zwanzigsten
Teil des Jahresüberschusses und bei der Überschreitung der gesetzlichen Obergrenze
ist § 256 Abs. 1 Nr. 4 einschlägig (Heilung gem. § 256 Abs. 6 schon nach sechs Monaten)[21]. Gleiches gilt in jenen Fällen, in denen die gesetzlichen Mindestvorgaben zwar
nicht verletzt wurden, aber gegen darüber hinaus gehende Satzungsbestimmungen
verstoßen worden ist[22].

---

19 Dazu etwa Begr. RegE bei *Kropff*, Aktiengesetz, S. 222; *ADS*, § 150 AktG Rz. 63; *Kropff* in
MünchKomm. AktG, § 150 Rz. 33.
20 *ADS*, § 150 AktG Rz. 71; *Brönner* in Großkomm. AktG, § 150 Rz. 54; *Kropff* in MünchKomm.
AktG, § 150 Rz. 37.
21 Ebenso *Brönner* in Großkomm. AktG, § 150 Rz. 56; *Kropff* in MünchKomm. AktG, § 150
Rz. 38; anders noch *Schäfer*, ZfK 1966, 266.
22 *ADS*, § 150 AktG Rz. 72; *Hüffer*, § 150 Rz. 13; *Kropff* in MünchKomm. AktG, § 150 Rz. 39;
Poll in Küting/Weber, HdR, §§ 58, 150 AktG Rz. 14.

§§ 150a, 151

(weggefallen)

§§ 150a, 151 wurden durch Art. 2 Nr. 22 BiRiLiG vom 19.12.1985 (BGBl. I 1985, 2355) aufgehoben. § 150a enthielt Bestimmungen zur Rücklage für eigene Aktien (jetzt §§ 266 Abs. 3 A III 2, 272 Abs. 4 HGB), § 151 regelte die Gliederung der Jahresbilanz (jetzt § 266 HGB).

§ 152
Vorschriften zur Bilanz

(1) Das Grundkapital ist in der Bilanz als gezeichnetes Kapital auszuweisen. Dabei ist der auf jede Aktiengattung entfallende Betrag des Grundkapitals gesondert anzugeben. Bedingtes Kapital ist mit dem Nennbetrag zu vermerken. Bestehen Mehrstimmrechtsaktien, so sind beim gezeichneten Kapital die Gesamtstimmenzahl der Mehrstimmrechtsaktien und die der übrigen Aktien zu vermerken.

(2) Zu dem Posten „Kapitalrücklage" sind in der Bilanz oder im Anhang gesondert anzugeben

1. der Betrag, der während des Geschäftsjahrs eingestellt wurde;

2. der Betrag, der für das Geschäftsjahr entnommen wird.

(3) Zu den einzelnen Posten der Gewinnrücklagen sind in der Bilanz oder im Anhang jeweils gesondert anzugeben

1. die Beträge, die die Hauptversammlung aus dem Bilanzgewinn des Vorjahrs eingestellt hat;

2. die Beträge, die aus dem Jahresüberschuss des Geschäftsjahrs eingestellt werden;

3. die Beträge, die für das Geschäftsjahr entnommen werden.

I. Regelungsgegenstand 1

II. Ausweis des Grundkapitals (§ 152 Abs. 1) 2

1. Ausweis als gezeichnetes Kapital (§ 152 Abs. 1 Satz 1) 2

2. Trennung der Grundkapitalbeträge nach Aktiengattungen (§ 152 Abs. 1 Satz 2) 3

3. Vermerk bedingten Kapitals (§ 152 Abs. 1 Satz 3) 4

4. Vermerk von Mehrstimmrechtsaktien (§ 152 Abs. 1 Satz 4) 5

III. Angaben zu den Kapital- und Gewinnrücklagen (§ 152 Abs. 2 und 3) 6

1. Ausweis der Kapitalrücklage (§ 152 Abs. 2) 6

2. Ausweis der Gewinnrücklagen (§ 152 Abs. 3) 7

I. Regelungsgegenstand

1   Die Vorschrift enthält rechtsformspezifische Bestimmungen zum Bilanzausweis sowie zu Angaben im Anhang und ergänzt so die allgemeinen Vorgaben nach §§ 238 ff., 264 ff. HGB, insbesondere nach §§ 266, 272, 284 ff HGB[1].

---

1 Zur Normentwicklung näher *Brönner* in Großkomm. AktG, § 152 Rz. 1 f.

II. Ausweis des Grundkapitals (§ 152 Abs. 1)

1. Ausweis als gezeichnetes Kapital (§ 152 Abs. 1 Satz 1)

Das in Aktien (entweder Nennbetragsaktien oder Stückaktien, § 8 Abs. 1) zerlegte 2
Grundkapital ist eine in der Satzung (§ 23 Abs. 3 Nr. 3) festzulegende Bilanzziffer, die
auf einen Nennbetrag in Höhe von wenigstens 50.000 Euro lauten muss (§§ 6, 7). Das
Grundkapital wird nach § 152 Abs. 1 Satz 1 in der Bilanz als **gezeichnetes Kapital**
(wenig glückliche Umschreibung dieses Begriffs in § 272 Abs. 1 Satz 1 HGB) ausgewiesen, und zwar auf der Passivseite als erster Posten im Eigenkapital: § 266 Abs. 3
A I HGB. Zum Ausweis der Kapitalanteile der persönlich haftenden Gesellschafter
der KGaA (gesondert nach dem Posten „Gezeichnetes Kapital") s. § 286 Abs. 2 Satz 1
und die Erläuterungen dort.

2. Trennung der Grundkapitalbeträge nach Aktiengattungen (§ 152 Abs. 1 Satz 2)

Der auf **jede Aktiengattung** (Aktien mit gleichen Rechten und Pflichten bilden eine 3
Gattung, s. § 11 Satz 2 und die dortigen Erläuterungen) entfallende Betrag des Grund-
kapitals ist **gesondert anzugeben**. Unterschiedlich auszuweisen sind also etwa
Stammaktien und stimmrechtslose Vorzugsaktien (vgl. § 12 Abs. 1), nicht aber Na-
mens- und Inhaberaktien (§ 10 Abs. 1) oder Aktien mit verschiedenen Nennbeträgen.
Die Frage des unterschiedlichen Ausweises von Nennbetragsaktien und Stückaktien
stellt sich nicht, weil die Gesellschaft entweder nur die einen oder die anderen hat.
Der auf jede Aktiengattung entfallende Betrag des Grundkapitals (s. auch § 23 Abs. 3
Nr. 4 zu den Festlegungen in der Satzung) ist in der **Bilanz** auszuweisen; ein Ausweis
im Anhang (entsprechend § 160 Abs. 1 Nr. 3) genügt nicht.

3. Vermerk bedingten Kapitals (§ 152 Abs. 1 Satz 3)

Bedingtes Kapital (§ 218) ist mit dem Nennbetrag in der **Bilanz** zu vermerken, damit 4
der Umfang einer möglichen Kapitalerhöhung infolge der Ausübung von Umtausch-
und Bezugsrechten sichtbar wird; maßgeblicher Zeitpunkt ist die Beschlussfassung
der Hauptversammlung über die bedingte Kapitalerhöhung[2].

4. Vermerk von Mehrstimmrechtsaktien (§ 152 Abs. 1 Satz 4)

Wenn Mehrstimmrechtsaktien bestehen (Vorzugsaktien, die ein mehrfaches Stimm- 5
recht je Aktie gewähren), so sind nach § 152 Abs. 1 Satz 4 beim gezeichneten Kapital
die Gesamtstimmzahl der Mehrstimmrechtsaktien und die der übrigen Aktien in
der **Bilanz** zu vermerken. Die Schaffung von Mehrstimmrechten ist generell nicht
mehr zulässig (§ 12 Abs. 2 i.d.F. von Art. 1 Nr. 3 KonTraG[3]), früher geschaffene Mehrstimmrechtsaktien können aber nach Maßgabe von § 5 EGAktG fortbestehen (s. dazu die Erläuterungen bei § 12). Soweit sich das fortbestehende Mehrstimmrecht nur
auf bestimmte Beschlussgegenstände bezieht, ist ein entsprechender Vermerk zwar
nicht notwendig, aber sinnvoll[4].

---

2 *ADS*, § 152 AktG Rz. 9; *Brönner* in Großkomm. AktG, § 152 Rz. 18; *Hüffer*, § 152 Rz. 4; *Kess-
ler/Suchan* in MünchKomm. AktG, § 152 AktG, § 266 HGB Rz. 145.
3 Gesetz zur Kontrolle und Transparenz im Unternehmensbereich vom 6.3.1998, BGBl. I 1998,
789.
4 *ADS*, § 152 AktG Rz. 14; *Hüffer*, § 152 Rz. 5.

III. Angaben zu den Kapital- und Gewinnrücklagen (§ 152 Abs. 2 und 3)

1. Ausweis der Kapitalrücklage (§ 152 Abs. 2)

6 Die während des Geschäftsjahrs in die Kapitalrücklage eingestellten Beträge (§ 152 Abs. 2 Nr. 1) und die für das Geschäftsjahr entnommenen Beträge (§ 152 Abs. 2 Nr. 2) sind gesondert in **Bilanz oder Anhang** anzugeben. Damit werden alle Bewegungen der Kapitalrücklage erfasst; zum Begriff der Kapitalrücklage s. § 150 Rz. 2. Die **Einstellungen** in die Kapitalrücklage richten sich nach § 272 Abs. 2 HGB sowie (für Einstellungen im Zuge von Kapitalherabsetzungen) nach §§ 229 Abs. 1, 232, 237 Abs. 5. **Entnahme** aus der Kapitalrücklage ist jede Verwendung derselben[5], wobei die Verwendungsbeschränkungen aus § 150 Abs. 3 und 4 auf die gesamte Kapitalrücklage mit Ausnahme der nach § 272 Abs. 2 Nr. 4 HGB eingestellten Beträge (andere Zuzahlungen der Gesellschafter in das Eigenkapital) Anwendung finden (näher § 150 Rz. 11 ff.). Zur Ausweispflicht in der **Gewinn- und Verlustrechnung** (GuV) s. § 158 und die Erläuterungen dort, insbesondere zu Rz. 2.

2. Ausweis der Gewinnrücklagen (§ 152 Abs. 3)

7 Auszuweisen sind **in Bilanz oder Anhang** schließlich auch Veränderungen der Gewinnrücklagen (zum Begriff s. § 150 Rz. 2). Dabei sind anzugeben die von der Hauptversammlung aus dem **Bilanzgewinn des Vorjahres** eingestellten Beträge (§ 152 Abs. 3 **Nr. 1**), wobei sich der Beschluss der Hauptversammlung über die Einstellung (§ 58 Abs. 3 Satz 1, Alt. 1) nicht mehr auf den Jahresabschluss des Beschlussjahres auswirkt[6]. Ferner sind aus dem **Jahresüberschuss des Geschäftsjahrs** eingestellte Beträge auszuweisen (§ 152 Abs. 3 **Nr. 2**). Dies umfasst Einstellungen durch Vorstand und Aufsichtsrat nach § 58 Abs. 2, 2a, Einstellungen in die gesetzliche Rücklage nach § 150 Abs. 2, in die Rücklage für eigene Anteile nach § 272 Abs. 4 und in satzungsmäßige Rücklagen nach § 58 Abs. 1[7]. Schließlich sind die für das Geschäftsjahr **entnommenen Beträge** anzugeben (§ 152 Abs. 3 **Nr. 3**). Dies betrifft insbesondere Entnahmen zum Ausgleich eines Jahresfehlbetrages, zur Gewinnausschüttung oder zur Kapitalerhöhung aus Gesellschaftsmitteln (§ 208)[8]. Zur Ausweispflicht in der **GuV** s. § 158 und die Erläuterungen dort, insbesondere zu Rz. 2.

§§ 153 bis 157

(weggefallen)

§§ 153 bis 157 wurden durch Art. 2 Nr. 24 BiRiLiG vom 19.12.1985 (BGBl. I 1985, 2355) aufgehoben. Sie enthielten Ansatz-, Bewertungs- und Gliederungsvorschriften, die sich nunmehr im Dritten Buch des HGB (§§ 238 ff.) finden.

---

5 *Hüffer*, § 152 Rz. 6.
6 *Kessler/Suchan* in MünchKomm. AktG, § 152 AktG, § 266 HGB Rz. 152.
7 *ADS*, § 152 AktG Rz. 28; *Brönner* in Großkomm. AktG, § 152 Rz. 26.
8 *ADS*, § 152 AktG Rz. 29 f.; *Brönner* in Großkomm. AktG, § 152 Rz. 27 f.

§ 158
Vorschriften zur Gewinn- und Verlustrechnung

(1) Die Gewinn- und Verlustrechnung ist nach dem Posten „Jahresüberschuss/Jahresfehlbetrag" in Fortführung der Numerierung um die folgenden Posten zu ergänzen:

1. Gewinnvortrag/Verlustvortrag aus dem Vorjahr

2. Entnahmen aus der Kapitalrücklage

3. Entnahmen aus Gewinnrücklagen

   a) aus der gesetzlichen Rücklage

   b) aus der Rücklage für eigene Aktien

   c) aus satzungsmäßigen Rücklagen

   d) aus anderen Gewinnrücklagen

4. Einstellungen in Gewinnrücklagen

   a) in die gesetzliche Rücklage

   b) in die Rücklage für eigene Aktien

   c) in satzungsmäßige Rücklagen

   d) in andere Gewinnrücklagen

5. Bilanzgewinn/Bilanzverlust.

Die Angaben nach Satz 1 können auch im Anhang gemacht werden.

(2) Von dem Ertrag aus einem Gewinnabführungs- oder Teilgewinnabführungsvertrag ist ein vertraglich zu leistender Ausgleich für außenstehende Gesellschafter abzusetzen; übersteigt dieser den Ertrag, so ist der übersteigende Betrag unter den Aufwendungen aus Verlustübernahme auszuweisen. Andere Beträge dürfen nicht abgesetzt werden.

I. Regelungsgegenstand; Verhältnis zu § 152 Abs. 2 und 3 1

II. Ergänzungen der GuV nach § 158 Abs. 1 4

  1. Gewinnvortrag/Verlustvortrag aus dem Vorjahr (§ 158 Abs. 1 Nr. 1) 4

  2. Entnahmen aus der Kapitalrücklage (§ 158 Abs. 1 Nr. 2) 5

  3. Entnahmen aus Gewinnrücklagen (§ 158 Abs. 1 Nr. 3) 6

  4. Einstellungen in Gewinnrücklagen (§ 158 Abs. 1 Nr. 4) 7

  5. Bilanzgewinn/Bilanzverlust (§ 158 Abs. 1 Nr. 5) 8

III. Sonstige Ergänzungen der GuV und Ausweiswahlrecht nach § 158 Abs. 1 Satz 2 9

IV. Ausweis von Ausgleichszahlungen (§ 158 Abs. 2) 11

I. Regelungsgegenstand; Verhältnis zu § 152 Abs. 2 und 3

Abs. 1 der Vorschrift schreibt rechtsformspezifische Ergänzungen der Gewinn- und Verlustrechnung (**GuV**) vor, in deren Mittelpunkt Entnahmen aus der Kapitalrücklage sowie Entnahmen aus den Gewinnrücklagen sowie Einstellungen in die Gewinnrücklagen stehen. Während nach § 275 HGB die Gliederung der GuV sowohl nach dem Gesamtkostenverfahren (§ 275 Abs. 2 HGB) als auch nach dem Umsatzkostenverfahren (§ 275 Abs. 3 HGB) mit dem Posten „Jahresüberschuss/Jahresfehlbetrag" endet, werden ihr durch **§ 158 Abs. 1 Satz 1** fünf weitere Positionen angefügt. Diese ergänzenden Angaben können nach **§ 158 Abs. 1 Satz 2** der Vorschrift wahlweise aber auch im **Anhang** gemacht werden.

2   Die Ausweispflichten nach § 158 Abs. 1 überschneiden sich mit den Vorgaben nach **§ 152 Abs. 2 und 3**, die den Bilanzausweis von Einstellungen und Entnahmen zu den Posten Kapital- und Gewinnrücklagen betreffen und wahlweise ebenfalls einen Ausweis im Anhang gestatten (s. § 152 Rz. 6 f.). Die Ausweispflichten nach §§ 152, 158 stehen grundsätzlich nebeneinander. Nur wenn jeweils die Ausweisoption im Anhang gewählt wird und die nach § 152 sowie § 158 zu machenden Angaben ausnahmsweise vollständig übereinstimmen, sind doppelte Angaben entbehrlich[1].

3   **Abs. 2** der Vorschrift regelt den Ausweis von Ausgleichszahlungen beim Bestehen eines Gewinnabführungs- oder Teilgewinnabführungsvertrages.

II. Ergänzungen der GuV nach § 158 Abs. 1

1. Gewinnvortrag/Verlustvortrag aus dem Vorjahr (§ 158 Abs. 1 Nr. 1)

4   Ein **Gewinnvortrag** wird gebildet, wenn und soweit der Bilanzgewinn nicht an Aktionäre ausgeschüttet, in die Gewinnrücklagen eingestellt oder nach § 58 Abs. 3 Satz 2 anderweitig verwandt wird: Dieser Restbetrag (im Verwendungsbeschluss der Hauptversammlung ausgewiesen nach § 174 Abs. 2 Nr. 4) wird auf das Folgejahr vorgetragen[2]. § 158 Abs. 1 Nr. 1 verlangt den Ausweis eines solchen Gewinnvortrags aus dem Vorjahr in der GuV oder im Anhang. Ein Bilanzverlust des Vorjahresabschlusses wird hingegen zum auszuweisenden **Verlustvortrag**, auch wenn er zwischenzeitlich durch Zuschüsse der Gesellschafter ausgeglichen worden ist[3].

2. Entnahmen aus der Kapitalrücklage (§ 158 Abs. 1 Nr. 2)

5   Entnahmen aus der Kapitalrücklage (nicht auch Einstellungen[4]) sind ebenfalls in der GuV oder im Anhang zu vermerken. Sie sind **zulässig nach Maßgabe von § 150 Abs. 3 und 4** (s. § 150 Rz. 11 ff.). Soweit sie nicht der Abdeckung von Verlusten dienen, sondern (gem. § 150 Abs. 4 Satz 1 Nr. 3) zur Kapitalerhöhung aus Gesellschaftsmitteln herangezogen werden, erfolgt allerdings kein Nachweis in der GuV (sondern nur ein Ausweis nach § 152 Abs. 2 Nr. 2). Denn eine solche Verwendung stellt lediglich eine Umbuchung von einem Passivposten auf einen anderen dar, so dass nur eine „Umwandlung" von Kapital, nicht aber eine die GuV berührende Entnahme i.S.d. § 158 Abs. 1 Nr. 2 vorliegt[5].

3. Entnahmen aus Gewinnrücklagen (§ 158 Abs. 1 Nr. 3)

6   Entnahmen aus Gewinnrücklagen sind in der GuV oder im Anhang getrennt nach Entnahmen (a) **aus der gesetzlichen Rücklage** (zulässig nach § 150 Abs. 3 und 4), (b) **aus der Rücklage für eigene Aktien** (§ 272 Abs. 4 Satz 2 HGB), (c) aus satzungsmäßigen Rücklagen (die nach der jeweiligen statutarischen Zwecksetzung entnommen werden können) sowie (d) aus anderen Gewinnrücklagen auszuweisen. Verwendungen zum Zwecke der Kapitalerhöhung aus Gesellschaftsmitteln sind entsprechend dem in Rz. 5 Gesagten nicht in der GuV nachzuweisen.

---

1   *ADS*, § 158 AktG Rz. 30; *Brönner* in Großkomm. AktG, § 152 Rz. 27.
2   *Brönner* in Großkomm. AktG, § 152 Rz. 4; *Poll* in Küting/Weber, HdR, § 158 AktG Rz. 3.
3   *ADS*, § 158 AktG Rz. 8; *Brönner* in Großkomm. AktG, § 152 Rz. 5.
4   Vgl. *Hüffer*, § 158 Rz. 3.
5   *ADS*, § 158 AktG Rz. 10; *Brönner* in Großkomm. AktG, § 158 Rz. 7; *Hüffer*, § 158 Rz. 3; *Kessler/Freisleben* in MünchKomm. AktG, § 158 AktG, §§ 275–277 HGB Rz. 219; *Poll* in Küting/Weber, HdR, § 158 AktG Rz. 6.

4. Einstellungen in Gewinnrücklagen (§ 158 Abs. 1 Nr. 4)

Einstellungen in Gewinnrücklagen bedürfen ebenfalls eines Ausweises in der GuV 7
oder im Anhang entsprechend der soeben (Rz. 6) skizzierten **Aufschlüsselung**, soweit
sie schon bei Auf- bzw. Feststellung des Jahresabschlusses berücksichtigt werden;
Einstellungen durch Gewinnverwendungsbeschluss der Hauptversammlung werden
von § 158 Abs. 1 Nr. 4 indes nicht erfasst[6]. Sie wirken sich im Abschluss des Folgejahres aus und sind dort nach § 152 Abs. 3 Nr. 1 auszuweisen (s. § 152 Rz. 7)[7].

5. Bilanzgewinn/Bilanzverlust (§ 158 Abs. 1 Nr. 5)

Den letzten der in § 158 Abs. 1 angeordneten Ergänzungsposten stellt die Position 8
„Bilanzgewinn/Bilanzverlust" dar. Ein solcher ergibt sich aus dem **Saldo aus Jahres-
überschuss/Jahresfehlbetrag und den Posten nach § 158 Abs. 1 Nr. 1 bis 4** sowie im
Einzelfall weiterer Positionen[8]. Der hier ausgewiesene Betrag muss mit dem entsprechenden Posten der Bilanz (vgl. § 268 Abs. 1 Satz 2 HGB) übereinstimmen.

III. Sonstige Ergänzungen der GuV und Ausweiswahlrecht nach § 158 Abs. 1 Satz 2

§ 158 Abs. 1 Satz 2 erlaubt, die ergänzenden Angaben nach Satz 1 statt in der GuV 9
wahlweise auch im Anhang zu machen. Wird von dieser Option Gebrauch gemacht,
so müssen alle Angaben dort in der von Satz 1 vorgeschriebenen Form und Folge erscheinen[9], wobei ein Beginn mit „Jahresüberschuss/Jahresfehlbetrag" empfehlenswert ist[10].

Neben den in § 158 Abs. 1 angeordneten Ergänzungen verpflichtet **§ 240 Satz 1 und 2** 10
zum gesonderten Ausweis der aus einer Kapitalherabsetzung gewonnenen Erträge in
der GuV (s. zu Einzelheiten die Erläuterungen § 240 Rz. 3 ff.). Umstritten ist, ob sich
das **Ausweiswahlrecht** nach § 158 Abs. 1 Satz 2 auch auf die nach § 240 auszuweisenden Posten erstreckt. Weil der Ausweis andernfalls – sofern § 240 einschlägig ist –
insgesamt zwingend in der GuV zu erfolgen hätte, das Wahlrecht aus § 158 Abs. 1
Satz 2 in diesen Fällen also faktisch leer liefe, wird seine Erstreckung auf den Ausweis nach § 240 Satz 1 und 2 teilweise befürwortet[11]. Indes steht dem der eindeutige
Wortlaut des § 240 entgegen, wo der Gesetzgeber eine dem § 158 Abs. 1 Satz 2 entsprechende Bestimmung gerade nicht aufgenommen hat. Diese Entscheidung ist
vom Rechtsanwender zu respektieren[12].

IV. Ausweis von Ausgleichszahlungen (§ 158 Abs. 2)

§ 158 Abs. 2 enthält eine Bestimmung zum Ausweis von Ausgleichszahlungen im 11
Falle eines **(Teil-)Gewinnabführungsvertrages** (§§ 291 Abs. 1, 292 Abs. 1 Nr. 2), und

---

6 *ADS*, § 158 AktG Rz. 17.
7 Zu Detailfragen der Einstellung in Gewinnrücklagen s. *ADS*, § 158 AktG Rz. 18 ff.; *Brönner*
 in Großkomm. AktG, § 158 Rz. 13 ff.
8 Zu Einzelheiten *ADS*, § 158 AktG Rz. 22 ff.; *Brönner* in Großkomm. AktG, § 158 Rz. 19 ff.
9 *ADS*, § 158 AktG Rz. 22.
10 *Brönner* in Großkomm. AktG, § 158 Rz. 26 im Anschluss an *ADS*, § 158 AktG Rz. 29, die freilich (arg § 243 Abs. 2 HGB) eine entsprechende Verpflichtung annehmen.
11 *ADS*, § 158 AktG Rz. 24; *Brönner* in Großkomm. AktG, § 158 Rz. 21; *Poll* in Küting/Weber,
 HdR, § 158 AktG Rz. 22.
12 In diesem Sinne etwa *Hüffer*, § 158 Rz. 8 und § 240 Rz. 3; *Oechsler* in MünchKomm. AktG,
 § 240 Rz. 3; *Wahlers* in Küting/Weber, HdR, § 240 AktG Rz. 6; i.E. auch *Steiner* in Heidel,
 § 158 Rz. 9; *Terbrack* in Heidel, § 240 Rz. 3.

zwar aus der Perspektive des herrschenden Unternehmens. Die Bestimmung knüpft an § 277 Abs. 3 Satz 2 HGB an, wonach erhaltene Gewinne und Aufwendungen bei Gewinnabführungsverträgen gesondert unter der entsprechenden Bezeichnung in der GuV auszuweisen sind. § 158 Abs. 2 Satz 1 führt zu einer Saldierung: Nach Halbsatz 1 ist vom Ertrag ein vertraglich zu leistender Ausgleich für außenstehende Gesellschafter abzusetzen; nach Halbsatz 2 ist, wenn der Ausgleich den Ertrag übersteigt, nur der übersteigende Betrag unter den Aufwendungen aus einer Verlustübernahme in der GuV auszuweisen[13]. Für alle anderen Beträge enthält § 158 Abs. 2 Satz 2 ein Saldierungsverbot[14].

§ 159

(weggefallen)

Die Vorschrift wurde aufgehoben durch Art. 2 Nr. 26 BiRiLiG vom 19.12.1985 (BGBl. I 1985, 2355). Sie verpflichtete zu einem Vermerk für Pensionszahlungen, wobei die zugrunde liegenden Pensionsverpflichtungen nach der seinerzeitigen Rechtspraxis als nicht passivierungspflichtig (bloßes Rückstellungswahlrecht) angesehen wurden. Heute ist Rückstellungsbildung (§ 249 Abs. 1 HGB) erforderlich; Ausweis in Bilanz und GuV nach § 266 Abs. 3 B 1, 275 Abs. 2 Nr. 6 bzw. 275 Abs. 3 Nr. 5 HGB. Überwiegend fiskalpolitisch motivierte Übergangsregelung in Art. 28 EGHGB.

§ 160
Vorschriften zum Anhang

(1) In jedem Anhang sind auch Angaben zu machen über

1. **den Bestand und den Zugang an Aktien, die ein Aktionär für Rechnung der Gesellschaft oder eines abhängigen oder eines im Mehrheitsbesitz der Gesellschaft stehenden Unternehmens oder ein abhängiges oder im Mehrheitsbesitz der Gesellschaft stehendes Unternehmen als Gründer oder Zeichner oder in Ausübung eines bei einer bedingten Kapitalerhöhung eingeräumten Umtausch- oder Bezugsrechts übernommen hat; sind solche Aktien im Geschäftsjahr verwertet worden, so ist auch über die Verwertung unter Angabe des Erlöses und die Verwendung des Erlöses zu berichten;**

2. **den Bestand an eigenen Aktien der Gesellschaft, die sie, ein abhängiges oder im Mehrheitsbesitz der Gesellschaft stehendes Unternehmen oder ein anderer für Rechnung der Gesellschaft oder eines abhängigen oder eines im Mehrheitsbesitz der Gesellschaft stehenden Unternehmens erworben oder als Pfand genommen hat; dabei sind die Zahl dieser Aktien und der auf sie entfallende Betrag des Grundkapitals sowie deren Anteil am Grundkapital, für erworbene Aktien ferner der Zeitpunkt des Erwerbs und die Gründe für den Erwerb anzugeben. Sind solche Aktien im Geschäftsjahr erworben oder veräußert worden, so ist auch über den Erwerb oder die Veräußerung unter Angabe der Zahl dieser Aktien, des auf sie entfal-**

---

13 *Hüffer*, § 158 Rz. 9; *Kessler/Freisleben* in MünchKomm. AktG, § 158 AktG, §§ 275–277 HGB Rz. 239; *Poll* in Küting/Weber, HdR, § 158 AktG Rz. 27; zur Bilanzierung in den Fällen, in denen der Ausgleich vom beherrschten Unternehmen zu leisten ist, s. *Kessler/Freisleben* in MünchKomm. AktG, § 158 AktG, §§ 275–277 HGB Rz. 240.

14 Vgl. dazu etwa *Poll* in Küting/Weber, HdR, § 158 AktG Rz. 28.

lenden Betrags des Grundkapitals, des Anteils am Grundkapital und des Erwerbs- oder Veräußerungspreises, sowie über die Verwendung des Erlöses zu berichten;

3. die Zahl und bei Nennbetragsaktien den Nennbetrag der Aktien jeder Gattung, sofern sich diese Angaben nicht aus der Bilanz ergeben; davon sind Aktien, die bei einer bedingten Kapitalerhöhung oder einem genehmigten Kapital im Geschäftsjahr gezeichnet wurden, jeweils gesondert anzugeben;

4. das genehmigte Kapital;

5. die Zahl der Bezugsrechte gemäß § 192 Abs. 2 Nr. 3, der Wandelschuldverschreibungen und vergleichbaren Wertpapiere unter Angabe der Rechte, die sie verbriefen;

6. Genussrechte, Rechte aus Besserungsscheinen und ähnliche Rechte unter Angabe der Art und Zahl der jeweiligen Rechte sowie der im Geschäftsjahr neu entstandenen Rechte;

7. das Bestehen einer wechselseitigen Beteiligung unter Angabe des Unternehmens;

8. das Bestehen einer Beteiligung, die nach § 20 Abs. 1 oder Abs. 4 dieses Gesetzes oder nach § 21 Abs. 1 oder Abs. 1a des Wertpapierhandelsgesetzes mitgeteilt worden ist; dabei ist der nach § 20 Abs. 6 dieses Gesetzes oder der nach § 25 Abs. 1 des Wertpapierhandelsgesetzes veröffentlichte Inhalt der Mitteilung anzugeben.

(2) Die Berichterstattung hat insoweit zu unterbleiben, als es für das Wohl der Bundesrepublik Deutschland oder eines ihrer Länder erforderlich ist.

I. Regelungsinhalt	1	6. Genussrechte, Rechte aus Besserungs- scheinen und ähnliche Rechte (§ 160 Abs. 1 Nr. 6) 8
II. Angaben im Anhang nach § 160 Abs. 1	2	
1. Vorratsaktien (§ 160 Abs. 1 Nr. 1) . . .	2	7. Wechselseitige Beteiligungen (§ 160 Abs. 1 Nr. 7) 9
2. Eigene Aktien (§ 160 Abs. 1 Nr. 2) . .	4	
3. Aktiengattungen (§ 160 Abs. 1 Nr. 3)	5	8. Mitgeteilte Beteiligungen (§ 160 Abs. 1 Nr. 8) 10
4. Genehmigtes Kapital (§ 160 Abs. 1 Nr. 4)	6	
5. Bezugsrechte nach § 192 Abs. 2 Nr. 3, Wandelschuldverschreibungen und vergleichbare Wertpapiere (§ 160 Abs. 1 Nr. 5)	7	III. Schutzklausel (§ 160 Abs. 2) 11

I. Regelungsinhalt

Die Vorschrift trifft rechtsformspezifische **Ergänzungen zu den Ausweis- und Erläute-** **rungspflichten im Anhang,** wie sie sich aus den allgemeinen Bestimmungen der §§ 284 ff. HGB, daneben aber auch aus §§ 240 Satz 3, 261 Abs. 1 Satz 3 und 4 AktG sowie (wahlweise statt des Ausweises in der Bilanz bzw. der Gewinn- und Verlustrechnung) aus §§ 58 Abs. 2a Satz 2, 152 Abs. 2 und Abs. 3, 158 Abs. 1 Satz 2 AktG ergeben. Die in § 160 Abs. 1 genannten Angaben sind zwingend im Anhang des Jahresabschlusses jeder Aktiengesellschaft (und KGaA) zu machen, selbst wenn sich keine Veränderungen gegenüber dem Vorjahr ergeben haben; auch ein bloßer Verweis auf das Vorjahr genügt nicht. Die Angaben dürfen nur unterbleiben, wenn entsprechende Gegenstände überhaupt nicht vorhanden sind; „Fehlanzeige" ist dann nicht notwendig[1]. 1

---

1 *ADS,* § 160 AktG Rz. 6; *Brönner* in Großkomm. AktG, § 160 Rz. 4.

II. Angaben im Anhang nach § 160 Abs. 1

1. Vorratsaktien (§ 160 Abs. 1 Nr. 1)

2   Nach § 160 Abs. 1 Nr. 1 sind auszuweisen **Bestand und Zugang** an Aktien, die (als Gründer oder Zeichner oder in Ausübung eines bei einer bedingten Kapitalerhöhung eingeräumten Umtausch- oder Bezugsrechts) ein Aktionär für Rechnung der Gesellschaft oder eines abhängigen oder im Mehrheitsbesitz der Gesellschaft stehenden Unternehmens (Fall des § 56 Abs. 3) oder ein abhängiges oder im Mehrheitsbesitz der Gesellschaft stehendes Unternehmen (Fall des § 56 Abs. 2) übernommen hat (sog. Vorratsaktien; s. die Erläuterungen zu § 56). Anzugeben sind Zahl, Gesamtnennbetrag und gegebenenfalls die Verteilung auf die verschiedenen Aktiengattungen, außerdem die unterschiedlichen Übernahmefälle sowie der Ausgabegrund (Gründung, Kapitalerhöhung, Ausübung eines Umtausch- oder Bezugsrechts)[2], nicht aber per se auch die Identität des jeweiligen Übernehmers[3].

3   Für den Fall der **Verwertung** der Vorratsaktien ist auch darüber unter Angabe des Erlöses und seiner Verwendung[4] zu berichten. Verwertung meint jeden Vorgang, der zum Inhaberwechsel führt, unabhängig davon, ob dies entgeltlich oder unentgeltlich erfolgt; erfasst wird auch der Erwerb durch die Aktiengesellschaft selbst oder die Übernahme der Aktien auf eigene Rechnung durch den Gründer oder Zeichner[5]. Ein saldierender Ausweis von zugegangenen und verwerteten Aktien ist unzulässig.

2. Eigene Aktien (§ 160 Abs. 1 Nr. 2)

4   Die Berichtspflicht nach § 160 Abs. 1 Nr. 2 erfasst alle Aktien, welche die Gesellschaft (oder ein nach § 160 Abs. 1 Nr. 2 gleichgestellter Dritter) als eigene Aktien derivativ erworben oder als Pfand genommen hat (s. dazu auch § 71 und die dortigen Erläuterungen). Anzugeben sind nach **Satz 1** der Bestand an eigenen Aktien, der auf sie entfallende Betrag des Grundkapitals sowie der prozentuale Anteil am Grundkapital; ferner beim Zuerwerb eigener Aktien der Erwerbszeitpunkt sowie die Erwerbsgründe. Zeitpunkt und Grund einer Pfandnahme sind hingegen nicht anzugeben. Bei Erwerb und Veräußerung im Geschäftsjahr verlangt **Satz 2** einen konkretisierenden gesonderten Ausweis sowie zusätzlich Bericht über den Erwerbs- oder Veräußerungspreis und die Verwendung des Erlöses[6].

3. Aktiengattungen (§ 160 Abs. 1 Nr. 3)

5   Die Aktien jeder Gattung (§ 11 Satz 2) sind nach § 160 Abs. 1 Nr. 3 Halbsatz 1 in ihrer **Zahl und** bei Nennbetragsaktien in ihrem **Nennbetrag** anzugeben, sofern sich diese Angaben nicht schon aus der Bilanz ergeben (dazu § 152 Rz. 3). § 160 Abs. 1 Nr. 3 Halbsatz 2 verlangt die gesonderte Angabe solcher Aktien, die bei einer bedingten Kapitalerhöhung (§§ 192 ff.) oder einem genehmigten Kapital (§§ 202 ff.) im Geschäftsjahr gezeichnet wurden.

---

2   *ADS*, § 160 AktG Rz. 19; *Hüffer*, § 160 Rz. 5; *Poll* in Küting/Weber, HdR, § 160 AktG Rz. 4.
3   Weiterführend *ADS*, § 160 AktG Rz. 19; *Hüffer*, § 160 Rz. 5, je m.w.N.; strenger etwa *Brönner* in Großkomm. AktG, § 160 Rz. 9; *Kessler* in MünchKomm. AktG, § 160 AktG, § 285 HGB Rz. 249; *Poll* in Küting/Weber, HdR, § 160 AktG Rz. 4.
4   Dazu *ADS*, § 160 AktG Rz. 21.
5   *ADS*, § 160 AktG Rz. 20; *Hüffer*, § 160 Rz. 6; *Kessler* in MünchKomm. AktG, § 160 AktG, § 285 HGB Rz. 252.
6   Zu weiteren Einzelheiten s. etwa *ADS*, § 160 AktG Rz. 23 ff.; *Brönner* in Großkomm. AktG, § 160 Rz. 12 ff.; *Hüffer*, § 160 Rz. 7 ff.; *Kessler* in MünchKomm. AktG, § 160 AktG, § 285 HGB Rz. 254 ff.

4. Genehmigtes Kapital (§ 160 Abs. 1 Nr. 4)

§ 160 Abs. 1 Nr. 4 verpflichtet zu Angaben über das noch nicht genutzte (Angaben 6 zum schon gezeichneten genehmigten Kapital ergeben sich bereits aus § 160 Abs. 1 Nr. 3) genehmigte Kapital (§§ 202 ff.). Auszuweisen sind der Nennbetrag des genehmigten Kapitals sowie Datum und Inhalt des den Vorstand ermächtigenden Beschlusses der Hauptversammlung[7].

5. Bezugsrechte nach § 192 Abs. 2 Nr. 3, Wandelschuldverschreibungen und vergleichbare Wertpapiere (§ 160 Abs. 1 Nr. 5)

Nach § 160 Abs. 1 Nr. 5 ist zu berichten über die Zahl der (noch nicht ausgeübten; 7 vgl. § 160 Abs. 1 Nr. 3) Bezugsrechte gem. § 192 Abs. 2 Nr. 3 (Aktienoptionen; dazu die Erläuterungen zu § 192 Abs. 2 Nr. 3). Entsprechend berichtspflichtig sind Wandelschuldverschreibungen (§ 221 Abs. 1 Satz 1 Alt. 1) und vergleichbare Wertpapiere, die ebenfalls Umtausch- oder Bezugsrechte verbriefen (Optionsanleihen und auch Gewinnschuldverschreibungen, soweit sie mit einem solchen Recht ausgestattet sind). Neben den Gattungen der Wertpapiere sind die Anzahl der im Umlauf befindlichen Stücke und die durch sie verbrieften Rechte anzugeben[8].

6. Genussrechte, Rechte aus Besserungsscheinen und ähnliche Rechte (§ 160 Abs. 1 Nr. 6)

Der Begriff der **Genussrechte** (im Gesetz nicht definiert, in § 221 Abs. 3 und 4 viel- 8 mehr vorausgesetzt; s. die Erläuterungen dort) umschreibt Gläubigerrechte schuldrechtlicher (nicht kooperativer) Art, die typischerweise mit dem Gewinn oder mit Vermögensteilen verbunden sind und auch Rechte eines Aktionärs sein können. Rechte aus **Besserungsscheinen** (die nicht verbrieft sein müssen) werden Gläubigern eingeräumt, die in der Krise der Gesellschaft – zur Abwendung der Insolvenz – auf ihre Forderungen verzichten; sie gewähren einen Anspruch unter der Bedingung, dass sich die Vermögens- und Ertragsverhältnisse des Schuldnerunternehmens wieder bessern[9]. **Ähnliche Rechte** sind solche schuldrechtlichen Positionen, die sich ebenfalls am Gewinn (oder am Liquidationserlös) der Gesellschaft orientieren[10]. Die nach § 160 Abs. 1 Nr. 6 bestehende Berichtspflicht über solche Rechte soll über Belastungen eines etwaigen Gewinns informieren; sie erstreckt sich auf den Bestand der jeweiligen Rechte nach Art und Zahl sowie auf die im Geschäftsjahr neu entstandenen Rechte[11].

7. Wechselseitige Beteiligungen (§ 160 Abs. 1 Nr. 7)

Nach § 160 Abs. 1 Nr. 7 sind Angaben über das **Bestehen von wechselseitigen Beteili-** 9 **gungen** (§ 19, s. die dortigen Erläuterungen) unter **Nennung des Unternehmens** zu machen. Eine genaue Bezeichnung der Höhe der Beteiligung wird von der Vorschrift nicht verlangt[12].

---

7 Weiterführend *ADS*, § 160 AktG Rz. 49 f.; *Brönner* in Großkomm. AktG, § 160 Rz. 22 f.; *Kessler* in MünchKomm. AktG, § 160 AktG, § 285 HGB Rz. 277 ff.

8 Zu Details s. *ADS*, § 160 AktG Rz. 53; *Brönner* in Großkomm. AktG, § 160 Rz. 25; *Kessler* in MünchKomm. AktG, § 160 AktG, § 285 HGB Rz. 282 ff.

9 Vgl. etwa *ADS*, § 160 AktG Rz. 56; *Brönner* in Großkomm. AktG, § 160 Rz. 28; *Hüffer*, § 160 Rz. 15; *Kessler* in MünchKomm. AktG, § 160 AktG, § 285 HGB Rz. 289.

10 *ADS*, § 160 AktG Rz. 57.

11 *ADS*, § 160 AktG Rz. 58 ff; *Kessler* in MünchKomm. AktG, § 160 AktG, § 285 HGB Rz. 284 ff.

12 *ADS*, § 160 AktG Rz. 64; *Ellrott* in BeckBilKomm., § 284 HGB Rz. 46; *Hüffer*, § 160 Rz. 17.

8. Mitgeteilte Beteiligungen (§ 160 Abs. 1 Nr. 8)

10 Nach § 160 Abs. 1 Nr. 8 besteht schließlich – in Ergänzung zu § 285 Nr. 11 HGB – eine Pflicht zum Bericht über (mitteilungspflichtige) Beteiligungsverhältnisse nach § 20 Abs. 1 und 4 AktG sowie § 21 Abs. 1 oder 1a WpHG, sofern eine entsprechende **Mitteilung nach § 20 Abs. 6 AktG bzw. § 25 Abs. 1 WpHG** tatsächlich gemacht worden ist; dabei ist der veröffentlichte Inhalt der Mitteilung anzugeben. Ist der Gesellschaft keine Mitteilung gemacht worden, entsteht die Berichtspflicht selbst bei anderweitiger Kenntniserlangung nicht[13].

III. Schutzklausel (§ 160 Abs. 2)

11 § 160 Abs. 2 der Vorschrift stellt eine **Schutzklausel zugunsten des Staates** dar. Soweit es zum Wohl der Bundesrepublik Deutschland oder eines seiner Länder erforderlich ist, hat eine Berichterstattung nach Abs. 1 zu unterbleiben; eine entsprechende Bestimmung enthält § 286 Abs. 1 HGB. Liegt ein Anwendungsfall des § 160 Abs. 1 vor (was in Anlehnung an die Schutzgüter der §§ 93 ff. StGB zu bewerten ist), darf auch nicht das Gebrauchmachen von der Schutzklausel offenbart werden[14].

§ 161
Erklärung zum Corporate Governance Kodex

Vorstand und Aufsichtsrat der börsennotierten Gesellschaft erklären jährlich, dass den vom Bundesministerium der Justiz im amtlichen Teil des elektronischen Bundesanzeigers bekannt gemachten Empfehlungen der „Regierungskommission Deutscher Corporate Governance Kodex" entsprochen wurde und wird oder welche Empfehlungen nicht angewendet wurden oder werden. Die Erklärung ist den Aktionären dauerhaft zugänglich zu machen.

I. Grundlagen	1	2. Normadressat	17
1. Regelungsgegenstand und Normzweck	1	3. Umsetzung der Erklärungspflicht	19
		a) Beschlussfassung von Vorstand und Aufsichtsrat	19
2. Entstehungsgeschichte; Übergangsvorschriften	3	aa) Getrennte Beschlussfassung	19
3. Europäische Entwicklungen	5	bb) Beschlussgegenstand	20
		cc) Zusammenführung der Beschlüsse	23
II. Deutscher Corporate Governance Kodex	6	dd) Beschluss	24
1. Rechtsnatur und Verbindlichkeit	6	ee) Mitwirkung der Hauptversammlung	27
2. Verfassungskonformität	11	b) Erklärungsinhalt	28
III. Entsprechenserklärung	12	aa) Vergangenheitsbezogener Teil	28
1. Allgemeines	12	bb) Zukunftsbezogener Teil	29
a) Erklärungsgegenstand	13	cc) Formulierung der Erklärung	30
b) Rechtsnatur	14	(1) Übernahmemodell	31
		(2) Ablehnungsmodell	33

---

13 *Hüffer*, § 160 Rz. 18; *Kessler* in MünchKomm. AktG, § 160 AktG, § 285 HGB Rz. 302; *Poll* in Küting/Weber, HdR, § 160 AktG Rz. 22.
14 Vgl. *Brönner* in Großkomm. AktG, § 160 Rz. 40; *Hüffer*, § 160 Rz. 19; *Hüttemann* in Großkomm. HGB, § 286 Rz. 8; *Merkt* in Baumbach/Hopt, HGB, § 286 Rz. 1; *Poll* in Küting/Weber, HdR, § 160 AktG Rz. 25.

(3) Selektionsmodell   34
(4) Alternative Standards   38
c) Zeitpunkt der Erklärung und
    Wirkungszeitraum   39
d) Kein Begründungszwang   42
e) Unterjährige Aktualisierung der
    Erklärung   43
f) Form der Erklärung   45
g) Interne Umsetzung der Verhaltens-
    empfehlungen   47
    aa) Satzung   48
    bb) Geschäftsordnungen   49
    cc) Dienstverträge   50
4. Dauerhafter Zugang   51
a) Bekanntmachung im Internet . . .   52
b) Handelsregisterpublizität   53
c) Bekanntmachung im Geschäftsbe-
    richt   54
d) Sonstige Formen des Zugänglich-
    machens   55

5. Prüfung der Entsprechenserklärung . .   56
6. Mängel der Entsprechenserklärung . .   58
IV. Sanktionen, insbesondere Haftung . .   63
1. Haftung   63
a) Innenhaftung   64
b) Außenhaftung   67
    aa) Allgemeines   67
    bb) Anspruchsgrundlagen   69
    (1) Deliktische Ansprüche   70
    (2) Prospekthaftung   74
    (3) Kapitalmarktrechtliche Ver-
        trauenshaftung   75
    (4) Vertragliche Haftung   76
    (5) Haftung aus vertragsähnlicher
        Beziehung   77
2. Ordnungswidrigkeiten und strafrecht-
    liche Sanktionen   78

Literatur: *Abram,* Ansprüche von Anlegern wegen Verstoßes gegen Publizitätspflichten oder den Deutschen Corporate Governance Kodex?, NZG 2003, 307; *Arlt/Bervoets/Grechenig/Kalss,* Die europäische Corporate-Governance-Bewegung (Frankreich, Niederlande, Spanien, Italien), GesRZ 2002, Sonderheft, S. 64; *Bachmann,* Der „Deutsche Corporate Governance Kodex": Rechtswirkungen und Haftungsrisiken, WM 2002, 2137; *Baetge/Lutter,* Abschlussprüfung und Corporate Governance, 2003; *Becker,* Die Haftung für den Deutschen Corporate Governance Kodex, 2005; *Berg/Stöcker,* Anwendung- und Haftungsfragen zum Deutschen Corporate Governance Kodex, WM 2002, 1569; *Bernhardt,* Corporate Governance statt Unternehmensführung?, RIW 2004, 401; *Berrar,* Die Entwicklung der Corporate Governance in Deutschland im internationalen Vergleich, 2001; *Bertrams,* Die Haftung des Aufsichtsrats im Zusammenhang mit dem Deutschen Corporate Governance Kodex und § 161 AktG, 2004; *Borges,* Selbstregulierung im Gesellschaftsrecht – zur Bindung an Corporate Governance-Kodizes, ZGR 2003, 508; *Claussen/Bröcker,* Der Corporate Governance-Kodex aus der Perspektive der kleinen und mittleren Börsen-AG, DB 2002, 1199; *Druey,* Corporate Governance, Einige allgemeine Überlegungen, GesRZ 2002, Sonderheft, S. 14; *Ehrhardt/Nowak,* Die Durchsetzung von Corporate-Governance-Regeln, AG 2002, 336; *Ettinger/Grützediek,* Haftungsrisiken im Zusammenhang mit der Abgabe der Corporate Governance Entsprechenserklärung gemäß § 161 AktG, AG 2003, 353; *Fischer,* Entsprechenserklärung und Entsprechensentscheidung 2005/2006 – Vorschläge zur Haftungsminimierung der erklärungspflichtigen Unternehmen, BB 2006, 337; *Förster,* Europäische Corporate Governance – Tatsächliche Konvergenz der neuen Kodizes, ZIP 2006, 162; *Gelhausen/Hönsch,* Deutscher Corporate Governance Kodex und Abschlussprüfung, AG 2002, 529; *Gelhausen/Hönsch,* Folgen der Änderung des Deutschen Corporate Governance Kodex für die Entsprechenserklärung, AG 2003, 357; *Gottschalk,* Die deliktische Haftung für fehlerhafte Ad-hoc-Mitteilungen – Zugleich eine Besprechung der BGH-Entscheidung vom 9.5.2005 – EM.TV, DStR 2005, 1648; *Götz,* Corporate Governance multinationaler Konzerne und deutsches Unternehmensrecht, ZGR 2003, 1; *Haufland,* Haftungsrisiken im Zusammenhang mit § 161 AktG und dem Deutschen Corporate Governance Kodex, 2006; *Hefendehl,* Corporate Governance und Business Ethics: Scheinberuhigung oder Alternativen bei der Bekämpfung der Wirtschaftskriminalität, JZ 2006, 119; *Heintzen,* Der Deutsche Corporate Governance Kodex aus der Sicht des deutschen Verfassungsrechts, ZIP 2004, 1933; *Hommelhoff,* Die OECD-Principles on Corporate Governance – ihre Chancen und Risiken aus dem Blickwinkel der deutschen corporate governance-Bewegung, ZGR 2001, 238; *Hommelhoff/Hopt/v. Werder,* Handbuch Corporate Governance: Leitung und Überwachung börsennotierter Unternehmen in der Rechts- und Wirtschaftspraxis, 2003; *Hopt,* Gemeinsame Grundsätze der Corporate Governance in Europa?, ZGR 2000, 779; *Hopt,* Corporate Governance in Europa: Neue Regelungsaufgaben und Soft Law, GesRZ 2002, Sonderheft, S. 4; *Hopt/Kanda/Roe/Wymeersch/Prigge,* Comparative Corporate Governance, 1998; *Ihrig/Wagner,* Reaktion börsennotierter Unternehmen auf die Änderung des Deutschen Corporate Governance Kodex, BB 2003, 1625; *Ihrig/Wagner,* Coporate Governance-Kodex-Erklärung und ihre unterjährige Korrektur, BB 2002, 2509; *Institut der Wirtschaftsprüfer,* Prüfungsstandard: Auswirkungen des Deutschen Corporate-Governance-Kodex auf die Abschlussprüfung, WPg 2003, 1002; *Kiethe*, Falsche Erklärungen nach § 161 AktG – Haftungsverschärfung für Vorstand und Aufsichtsrat?, NZG 2003, 559; *Kirschbaum*, Entsprechenserklärungen zum englischen Combined Code und zum Deutschen Corporate Governance Kodex, 2006; *Kirschbaum/Wittmann*, Selbstregulierung im Gesellschaftsrecht: Der Deutsche Corporate Governance Kodex, JuS 2005, 1062; *Kirsten*, Deutscher Corporate Governance-Kodex: Die rechtmäßige Besetzung von Aufsichtsratsausschüssen am Beispiel des Prüfungsausschusses, BB 2004, 173; *Körner*, Comply or disclose – Erklärung nach § 161 AktG und Außenhaftung des Vorstands, NZG 2004, 1148; *Kort*, Die Außenhaftung des Vorstands bei der Abgabe von Erklärungen nach § 161 AktG, in FS Raiser, 2005, S. 203; *Krieger*, Interne Voraussetzungen für die Abgabe der Entsprechenserklärung nach § 161 AktG, in FS Ulmer, 2003, S. 365; *Littger*, Deutscher Corporate Governance Kodex – Funktion und Verwendungschancen, 2006; *Lutter*, Die Erklärung zum Corporate Governance Kodex gemäß § 161 AktG – Pflichtverstöße und Binnenhaftung von Vorstands- und Aufsichtsratsmitgliedern, ZHR 166 (2002), 523; *Lutter*, Das Europäische Unternehmensrecht im 21. Jahrhundert, ZGR 2000, 1; *Lutter*, Kodex guter Unternehmensführung und Vertrauenshaftung, in FS Druey, 2002, S. 463; *Lutter*, Deutscher Corporate Governance Kodex, in Dörner/Menold/Pfitzer/Oser (Hrsg.), Reform des Aktienrechts, der Rechnungslegung und der Prüfung, 2. Aufl. 2003, S. 67; *Lutter*, Corporate Governance und ihre aktuellen Probleme, vor allem: Vorstandsvergütung und ihre Schranken, ZIP 2003, 737; *Lutter*, Vergleichende Corporate Governance – Die deutsche Sicht, ZGR 2001, 224; *Lutter*, Der Deutsche Corporate Governance Kodex, GesRZ 2002, Sonderheft, S. 19; *Maesch*, Corporate Governance in der insolventen Aktiengesellschaft, 2005; *Mann*, Corporate Governance Systeme, 2003; *Merkt*, Zum Verhältnis von Kapitalmarktrecht und Gesellschaftsrecht in der Diskussion um die Corporate Governance, AG 2003, 126; *Mostböck*, Corporate Governance aus Sicht des Kapitalmarktes, GesRZ 2002, Sonderheft, S. 41; *Nagel*, Unabhängigkeit der Kontrolle im Aufsichtsrat und Verwaltungsrat: Der Konflikt zwischen der deutschen und der angelsächsischen Konzeption, NZG 2007, 166; *Nowak/Rott/Mahr*, Wer den Kodex nicht einhält, den bestraft der Kapitalmarkt? – Eine empirische Analyse der Selbstregulierung und Kapitalmarktrelevanz des Deutschen Corporate Governance Kodex, ZGR 2005, 252; *Pellens/Hillebrandt/Ulmer*, Umsetzung von Corporate-Governance-Richtlinien in der Praxis, BB 2001, 1243; *Pelzer*, Corporate Governance als zusätzliche Pflichtenbestimmung für den Aufsichtsrat, NZG 2002, 10; *Peltzer*, Handlungsbedarf in Sachen Corporate Governance, NZG 2002, 593; *Peltzer*, Deutsche Corporate Governance – Ein Leitfaden, 2003; *Pfitzer/Oser/Walder*, Die Entsprechenserklärung nach § 161 AktG – Checkliste für Vorstände und Aufsichtsräte zur Einhaltung der Empfehlungen des Deutschen Corporate Governance Kodex, DB 2002, 1120; *Preußner*, Deutscher Corporate Governance Kodex und Risikomanagement, NZG 2004, 303; *Radke*, Die Entsprechenserklärung zum Deutschen Corporate Governance Kodex nach § 161 AktG, 2004; *Ringleb/Kremer/Lutter/v. Werder*, Kommentar zum Deutschen Corporate Governance Kodex, 2. Aufl. 2005; *Roth/Büchele*, Corporate Governance: Gesetz und Selbstverpflichtung, GesRZ 2002, 63; *Ruhnke*, Prüfung der Einhaltung des Deutschen Corporate Governance Kodex durch den Abschlussprüfer, AG 2002, 371; *Schüppen*, Der Kodex – Chancen für den Deutschen Kapitalmarkt!, DB 2002, 1117; *Schwarz/Holland*, Enron, WorldCom ... und die Corporate-Governance-Diskussion, ZIP 2002, 1661; *Seibert*, OECD Principles of Corporate Governance – Grundsätze der Unternehmensführung und -kontrolle für die Welt, AG 1999, 337; *Seibert*, Zeitliche Reichweite der Entsprechenserklärung, WPg 2004, 341; *Seibt*, Deutscher Corporate Governance Kodex: Antworten auf Zweifelsfragen der Praxis, AG 2003, 465; *Seibt*, Deutscher Corporate Governance Kodex und Entsprechenserklärung (§ 161 AktG-E), AG 2002, 249; *Seidel*, Der Deutsche Corporate Governance Kodex – eine private oder doch eine staatliche Regelung?, ZIP 2004, 285; *Seidel*, Kodex ohne Rechtsgrundlage, NZG 2004, 1095; *Semler/Wagner*, Deutscher Corporate Governance Kodex – Die Entsprechenserklärung und Fragen der gesellschaftsinternen Umsetzung, NZG 2003, 553; *Spindler*, Deregulierung des Aktienrechts?, AG 1998, 53; *Spindler*, Corporate Governance und Kapitalmarkt – Bemerkungen zum Bericht der Regierungskommission „Corporate Governance", in VGR, Gesellschaftsrecht in der Diskussion 2001, 2002, S. 91; *Spindler*, Das Gesetz über die Offenlegung von Vorstandsvergütungen – VorstVG, NZG 2005, 689; *Spindler*, Die Empfehlungen der EU für den Aufsichtsrat und ihre deutsche Umsetzung im Corporate Governance Kodex, ZIP 2005, 2033; *Stein*, Haftung aus in Anspruch genommenem Marktvertrauen, in FS Peltzer, 2001, S. 557; *Strieder*, Offene Punkte bei der Entsprechenserklärung zum Corporate Governance Kodex, DB 2004, 1325; *Teichmann*, Corporate Governance in Europa, ZGR 2001, 645; *Ulmer*, Der Deutsche Corporate Governance Kodex – ein neues Regulierungsinstrument für börsennotierte Aktiengesellschaften, ZHR 166 (2002), 150; *Ulmer*, Aktienrecht im Wandel – Entwicklungslinien und Diskussionsschwerpunkte, AcP 202 (2002), 143; *E. Vetter*, Deutscher Corporate Governance Kodex, DNotZ 2003, 748; *E. Vetter*, Update des Deutschen Corporate Governance Kodex, BB 2005, 1689; *v. Werder*, Der Deutsche Corporate Governance Kodex – Grundlagen und Einzelbestimmungen, DB 2002, 801; *v. Werder/Talauli-*

car, Kodex Report 2005: Die Akzeptanz der Empfehlungen und Anregungen des Deutschen Corporate Governance Kodex, DB 2005, 841; *v. Werder/Talaulicar*, Kodex Report 2007: Die Akzeptanz der Empfehlungen und Anregungen des Deutschen Corporate Governance Kodex, DB 2007, 869; *Windbichler/Bachmann*, Corporate Governance und Mitbestimmung als „wirtschaftsrechtlicher ordre public", in FS Bezzenberger, 2000, S. 797; *Wolf*, Der Import angelsächsischer „Self-Regulation" im Widerstreit zum deutschen Parlamentsvorbehalt, ZRP 2002, 59.

I. Grundlagen

1. Regelungsgegenstand und Normzweck

Die Vorschrift verpflichtet Vorstand und Aufsichtsrat kapitalmarktorientierter Aktiengesellschaften zur Abgabe einer **Erklärung** über die **Einhaltung der Verhaltensempfehlungen** des Deutschen Corporate Governance Kodex in der Vergangenheit und für die Zukunft. Normzweck ist die **Information** der Kapitalmarktteilnehmer darüber, ob sich das Unternehmen, das den Kapitalmarkt in Anspruch nimmt, an die Verhaltensstandards des Kodex zu Unternehmensleitung und -kontrolle hält oder – wenn das Unternehmen vom Kodex abweicht – wie diese Abweichung aussieht und deren Gründe[1]. Gleichzeitig zwingt die Pflicht zur Abgabe einer Entsprechenserklärung die börsennotierte Gesellschaft zur unternehmensinternen **Reflexion über** die **eigene Unternehmensverfassung**. Damit sollen Effizienz, Transparenz und Glaubwürdigkeit der Unternehmensführung und -überwachung verbessert werden[2]. Schließlich enthält die Norm eine Pflicht, den Aktionären die Erklärung dauerhaft zugänglich zu machen (§ 161 Satz 2), um die **Publizität der Erklärung** in ihrer jeweils aktuellen Fassung zu gewährleisten[3]. 1

Über diese Publizität soll „sanfter Druck" auf die Gesellschaft ausgeübt werden, ihre Corporate Governance zu verbessern. Denn erwartet wird, dass der **Kapitalmarkt** bzw. der Investor bessere Regelungen zur Unternehmensverfassung entsprechend durch höhere Bewertungen der Aktien honoriert[4]. Ob sich diese Hoffnungen erfüllen, ist jedoch durchaus fraglich, da der Kapitalmarkt nach ersten empirischen Untersuchungen anscheinend nicht in signifikanter Weise darauf reagiert, ob und wie eine Gesellschaft sich dem Kodex anschließt[5]. An der Übertragbarkeit gegenteiliger Ergebnisse ausländischer Studien auf den deutschen Kapitalmarkt bestehen Zweifel[6]. Auch hält der Gesetzgeber selbst nicht immer diese Linie der Selbstregulierung ein, etwa hinsichtlich der Einführung des gesetzlichen Zwangs zur Offenlegung von Vorstandsvergütungen[7]. **Rechtspolitische Zweifel** ergeben sich schließlich vor dem Hintergrund, dass anstelle eines Kodex und eines „Comply-or-Explain"-Ansatzes der einfachere Weg einer **Lockerung der Satzungsstrenge** (§ 23 Abs. 5) hätte beschritten werden können[8]; warum eine Gesellschaft über Vorstand und Aufsichtsrat sich einem Kodex unterwerfen können soll, aber schärfere Satzungsbestimmungen nicht zulässig sein sollen, ist nicht nachvollziehbar, zumal diese durch die Entscheidung der Ge- 2

---

1 Begr. RegE BT-Drucks. 14/8769, S. 21.
2 *Semler* in MünchKomm. AktG, § 161 Rz. 4.
3 Begr. RegE BT-Drucks. 14/8769, S. 22; *Hüffer*, § 161 Rz. 1.
4 *Claussen/Bröcker*, DB 2002, 1199, 1205; *Cromme*, ZgK 2002, 502; *Lutter* in FS Druey, 2002, S. 463, 467; *Peltzer/v. Werder*, AG 2001, 1 f.; Uwe H. *Schneider/Strenger*, AG 2000, 106, 107; *Berg/Stöcker*, WM 2002, 1569, 1571 f.; *Ulmer*, ZHR 166 (2002), 150, 176.
5 *Nowak/Rott/Mahr*, ZGR 2005, 252, 273 ff.; s. auch *Pellens/Hillebrandt/Ulmer*, BB 2001, 1243, 1249: keine Quantifizierbarkeit; *Claussen/Bröcker*, DB 2002, 1199, 1200 f., 1205.
6 *Claussen/Bröcker*, DB 2002, 1199, 1205; *Ihrig/Wagner*, BB 2002, 2509, 2514.
7 S. bereits *Spindler*, NZG 2005, 689, 692; *Baums*, ZIP 2004, 1877, 1879.
8 S. dazu ausführlich *Spindler*, AG 1998, 53, 54 ff.; ähnlich *Hirte*, ZGR-Sonderheft Nr. 13, 1998, S. 61 ff.

sellschafter legitimiert und auch keinen verfassungsrechtlichen Bedenken ausgesetzt wären.

2. Entstehungsgeschichte; Übergangsvorschriften

3   Die deutsche Corporate Governance Debatte setzte im internationalen Vergleich erst relativ spät ein[9]. Erst nachdem einige andere Staaten bereits Corporate Governance Kodizes eingeführt hatten[10] und die OECD 1999 einen Richtlinienvorschlag zur Corporate Governance[11] veröffentlicht hatte, wurde die Debatte von zwei privaten Initiativen (**„Grundsatzkommission Corporate Governance"** und **„Berliner Initiativkreis"**) angestoßen, die unabhängig voneinander einen Formulierungsvorschlag für einen deutschen Kodex erarbeiteten[12]. Die von der Bundesregierung eingesetzte **Regierungskommission** „Corporate Governance – Unternehmensführung – Unternehmenskontrolle – Modernisierung des Aktienrechts" verabschiedete schließlich als Empfehlung den comply-or-explain-Ansatz nach dem Vorbild des britischen Combined Code[13], der unverbindliche Empfehlungen für eine gute Unternehmensverfassung gibt[14]. Die Kommissionsempfehlung bildete die Grundlage für das TransPuG und den heutigen § 161[15].

4   Das Bundesjustizministerin setzte für die Entwicklung des Kodex die **Kommission „Deutscher Corporate Governance Kodex"** ein, bestehend aus 13 hochrangigen Vertretern aus Wirtschaft, Wissenschaft und Gesellschaft[16]. Der Kodex wird laufend überprüft und geändert, seine aktuellen Fassungen werden im elektronischen Bundesanzeiger publiziert[17].

3. Europäische Entwicklungen

5   Die **Corporate Governance-Debatte** ist auch **in den übrigen europäischen Staaten** geführt worden[18] und hat hier dem Deutschen Corporate Governance Kodex vergleichbare Regelwerke hervorgebracht[19]. Die Europäische Kommission folgt in ihrem Aktionsplan den Vorschlägen der High Level Group of Experts on Corporate Law, die von einer Vereinheitlichung der europäischen Kodizes von einem europaweit einheit-

---

9   *v. Werder* in Ringleb/Kremer/Lutter/v. Werder, DCGK, Rz. 6.

10   *Berg/Stöcker*, WM 2002, 1569.

11   http://www.oecd.org/dataoecd/38/9/2071909.pdf; mit einer Einführung von *Seibert* auch abgedruckt in AG 1999, 337.

12   *Grundsatzkommission Corporate Governance*, DB 2000, 238; *Berliner Initiativkreis*, DB 2000, 1573.

13   Abrufbar unter http://www.fsa.gov.uk; vert. zum DCGK in Anlehnung an den Combined Code *Nagel*, NZG 2007, 166.

14   *Lutter* in KölnKomm. AktG, § 161 Rz. 3.

15   Gesetz zu Transparenz und Publizität, BGBl. I 2002, 2681; Begr. RegE BT-Drucks. 14/8769, s. dazu auch Referentenentwurf eines Transparenz- und Publizitätsgesetzes, abgedruckt in NZG 2002, 78.

16   Unter http://www.corporate-governance-code.de sind die Mitglieder namentlich aufgeführt.

17   Der Wortlaut der aktuell gültigen Fassung des DCGK sowie eine Übersicht über alle Änderungen des Kodex finden sich unter http://www.corporate-governance-code.de.

18   *Lutter* in KölnKomm. AktG, § 161 Rz. 5; *Arlt/Bervoets/Greching/Kalss*, Die europäische Corporate-Governance-Bewegung (Frankreich, Niederlande, Spanien, Italien), GesRZ (Sonderheft Corporate Governance), 2002, 64; *Berrar*, Die Entwicklung der Corporate Governance in Deutschland im internationalen Vergleich, 2001; *Mann*, Corporate Governance Systeme, 2003; *Spindler*, ZIP 2005, 2033; *Teichmann*, ZGR 2001, 645; *Hommelhoff*, ZGR 2001, 238.

19   *European Corporate Governance Institute*, http://www.ecgi.org/codes/all_codes.php mit einer Übersicht über Corporate Governance-Regelwerke ausländischer Rechtsordnungen; rechtsvergleichende Abhandlung zum englischen Combined Code und zum Deutschen Corporate Governance Kodex, *Kirschbaum*, Entsprechenserklärungen, 2006.

lichen Regelwerk abgeraten hat und die Formulierung der Kodizes auf der Ebene der Mitgliedstaaten angesiedelt sehen will[20]. Gleichwohl sprach sie sich dafür aus, die einzelstaatlichen Bemühungen auf dem Gebiet der Corporate Governance und insbesondere die Erarbeitung der einzelstaatlichen Kodizes zu koordinieren[21]. Dem ist die Europäische Kommission mit der Etablierung des European Corporate Governance Forums nachgekommen[22].

II. Deutscher Corporate Governance Kodex

1. Rechtsnatur und Verbindlichkeit

Der Deutsche Corporate Governance Kodex ist ein Regelwerk mit Verhaltensmaßstä-   6
ben für eine gute Unternehmensleitung und -überwachung[23], das zum einen die **Kommunikation bzw. „Übersetzung" gegenüber Investoren**, vor allem aus dem Ausland durch Zusammenfassung der zwingenden deutschen Regelungen erleichtern soll[24], zum anderen **Verhaltensempfehlungen** und **Anregungen** gibt[25]. Damit stellt der Kodex rechtlich ein „Novum"[26] im System der deutschen Rechtsquellen dar:[27]

Die Verhaltensstandards des Kodex entfalten **keine Gesetzeskraft**[28], da sie nicht in ei-   7
nem parlamentarischen Verfahren zustande gekommen sind, sondern nur von einem rein privaten Gremium gesetzt werden[29]. Die Standards des Kodex sind weder durch eine vertragliche Regelung zwischen der Kodexkommission und dem Staat (wie etwa beim DIN) oder eine gesetzlich geregelte Akzeptanz (wie bei den Rechnungslegungsstandards) legitimiert[30]. Zwar werden die Standards im elektronischen Bundesanzeiger veröffentlicht und zuvor durch das Bundesjustizministerium geprüft; doch beschränkt sich diese Prüfung auf ein ordnungsgemäßes Zustandekommen des Kodex, seine inhaltliche Ausgewogenheit und die Frage, ob gegen geltendes Gesetzesrecht verstoßen wird[31]; sie erstreckt sich nicht auf die Zweckmäßigkeit der inhaltlichen Ausgestaltung des Kodex[32]. Schon aus diesem Grund kann etwa der **rechtsbeschrei-**

---

20 Abschlussbericht der *High Level Group*; http://europa.eu.int/comm/internal_market, S. 83.
21 Abschlussbericht der *High Level Group*; http://europa.eu.int/comm/internal_market, S. 83; sich dem Vorschlag anschließend die Europäische Kommission in ihrem Aktionsplan zur Modernisierung des Gesellschaftsrechts und Verbesserung der Corporate Governance in der Europäischen Union, Mitteilung KOM (2003) 284 – http://europa.eu.int/comm/internal_market.
22 http://europa.eu.int/comm/internal_market/company/ecgforum/index_de.htm.
23 *v. Werder* in Ringleb/Kremer/Lutter/v. Werder, DCGK, Rz. 1.
24 *Lutter* in KölnKomm. AktG, § 161 Rz. 8; *Spindler* in VGR, Gesellschaftsrecht in der Diskussion 2001, 2002, S. 91, 93; *v. Werder* in Ringleb/Kremer/Lutter/v. Werder, DCGK, Rz. 83, der den Begriff der Kommunikationsfunktion wählt.
25 Begr. RegE BT-Drucks. 14/8769, S. 21; *Lutter* in KölnKomm. AktG, § 161 Rz. 8; *Semler* in MünchKomm. AktG, § 161 Rz. 26.
26 *Ulmer*, ZHR 166 (2002), 150, 152.
27 Ausführlich zur Rechtsnatur des Kodex *Haufland*, Haftungsrisiken im Zusammenhang mit § 161 AktG, S. 58 ff.
28 *Semler* in MünchKomm. AktG, § 161 Rz. 29; *Lutter* in FS Druey, 2002, S. 463, 468; *Seibt*, AG 2002, 249, 250; *Ulmer*, ZHR 166 (2002), 150, 159; *Claussen/Bröcker*, AG 2000, 481, 482; *Poll* in Küting/Weber, Handbuch Rechnungslegung, § 161 AktG Rz. 9; *Haufland*, Haftungsrisiken im Zusammenhang mit § 161 AktG, S. 59; *Hommelhoff/Schwab* in Hommelhoff/Hopt/v. Werder, Hdb. Corporate Governance, 2003, S. 56.
29 *Hüffer*, § 161 Rz. 3; *Ringleb* in Ringleb/Kremer/Lutter/v. Werder, DCGK, Rz. 42; *Semler* in MünchKomm. AktG, § 161 Rz. 29; *Hommelhoff/Schwab* in Hommelhoff/Hopt/v. Werder, Hdb. Corporate Governance, 2003, S. 60; *Borges*, ZGR 2003, 508, 518.
30 *Ulmer*, ZHR 166 (2002), 150, 163 f.; zu der verfassungsrechtlich notwendigen Verfahrensverantwortung des Staates *Hommelhoff/Schwab*, BFuP 1998, 38, 47 ff.
31 *Lutter* in KölnKomm. AktG, § 161 Rz. 9; *Seibert*, BB 2002, 581, 582.
32 *Lutter* in KölnKomm. AktG, § 161 Rz. 10.

bende Teil des Kodex nicht formale Gesetze, die aus sich heraus für die Normadressaten verbindlich sind[33], verdrängen oder modifizieren[34].

8 Auch wenn die Standards daher rechtstechnisch gesehen „Normen" darstellen, da sie Verhaltensanforderungen hinsichtlich ihres Empfehlungsteils enthalten[35], können sie nicht als Rechtsnormen im Sinne von Art. 2 EGBGB zu qualifizieren wären[36]. Daran ändert auch nichts, dass sie häufig als **„soft law"** bezeichnet werden[37]. Eine verbindliche Wirkung der Verhaltensempfehlungen als **Handelsbräuche** im Sinne des § 346 HGB scheidet ebenfalls aus[38]. Die Befolgung der Vorschriften durch eine Vielzahl von Gesellschaften[39] führt noch nicht zu einem Handelsbrauch; dieser entsteht erst durch **gleichmäßige, einheitliche** und **freiwillige Übung** der **beteiligten Kreise** über einen **angemessenen Zeitraum** hinweg[40]. Daran fehlt es aber hier gerade[41], zumal ein solcher Handelsbrauch erst durch den sanften Druck des § 161 entstünde. Schließlich wäre es schwer zu begründen, wie die Gesellschaft von einem Handelsbrauch, der selbst Teil der Rechtsordnung ist, abweichen könnte.

9 Ebenso wenig kommt eine Verbindlichkeit der Kodexempfehlungen durch **zivilrechtliche Unterwerfung** in Betracht[42]; abgesehen davon, wer Vertragspartner überhaupt wäre, fehlt es an einer zivilrechtlichen Anerkennung[43]. Vielmehr gibt ihnen das Instrument der Entsprechenserklärung die Gelegenheit sich im Sinne eines „opt out" gegen die Befolgung einzelner oder sämtlicher Verhaltensempfehlungen zu entscheiden[44], was als **„Geltungsanspruch mit Ausstiegsklausel"** charakterisiert wird[45].

10 Letztlich ist mit dieser Regulierungsform zwischen (normalerweise unverbindlicher) Selbstregulierung, Kapitalmarkt und zwingendem Recht ein neues Instrument geschaffen, dessen sich der Staat außerhalb der traditionellen rechtsstaatlichen Rechtssetzungsformen bedient[46]. Zwar besteht einerseits **kein rechtlicher Zwang**, die Wohlverhaltensempfehlungen des Kodex zu befolgen[47]. Andererseits sind die Verwal-

---

33 *v. Werder*, DB 2002, 801, 802.
34 *Ringleb* in Ringleb/Kremer/Lutter/v. Werder, DCGK, Rz. 42.
35 *Hüffer*, § 161 Rz. 3; s. auch *Borges*, ZGR 2003, 508, 517 f. mit einer Einordnung als den DIN-Normen vergleichbare Fachnormen.
36 Ganz h.M., s. *Hüffer*, § 161 Rz. 3; *Lutter* in KölnKomm. AktG, § 161 Rz. 11; *Semler* in MünchKomm. AktG, § 161 Rz. 27 ff.; *Ringleb* in Ringleb/Kremer/Lutter/v. Werder, DCGK, Rz. 63 ff.; *Seibert*, ZIP 2001, 2192; *Ulmer*, ZHR 166 (2002), 150, 158 ff.; *Kirschbaum/Wittmann*, JuS 2005, 1062, 1064; *Hommelhoff/Schwab* in Hommelhoff/Hopt/v. Werder, Hdb. Corporate Governance, S. 57; gegen Rechtsnormqualität, aber für Einordnung als der Exekutive zuzurechnender Akt *Seidel*, ZIP 2004, 285, 289.
37 *Lutter*, ZGR 2000, 1, 18; *Lutter*, ZGR 2001, 224, 225; *v. Werder*, DB 2002, 801; den Begriff kritisierend *Ulmer*, ZHR 166 (2002), 150, 161; *Ulmer*, AcP 202 (2002), 143, 168 f.
38 So aber *Peltzer*, NZG 2002, 10, 11; ablehnend wie hier *Lutter* in KölnKomm. AktG, § 161 Rz. 11; *Semler* in MünchKomm. AktG, § 161 Rz. 32 f.; *Seibt*, AG 2002, 249, 251; *Ulmer*, ZHR 166 (2002), 150, 159; *Berg/Stöcker*, WM 2002, 1569, 1571; *Borges*, ZGR 2003, 508, 515 ff.; *Claussen/Bröcker*, AG 2000, 481, 483; *Hommelhoff/Schwab* in Hommelhoff/Hopt/v. Werder, Hdb. Corporate Governance, S. 56.
39 *v. Werder/Talaulicor*, DB 2007, 869 ff.; *Peltzer*, NZG 2002, 10, 11.
40 RG v. 10.1.1925 – I 106/24, RGZ 110, 47, 48; BGH v. 27.10.1951 – II ZR 102/50, NJW 1952, 257; *K. Schmidt* in MünchKomm. HGB, § 346 Rz. 11 ff.
41 So auch *Lutter* in KölnKomm. AktG, § 161 Rz. 11; *Semler* in MünchKomm. AktG, § 161 Rz. 33; *Berg/Stöcker*, WM 2002, 1569, 1576; *Hommelhoff/Schwab* in Hommelhoff/Hopt/v. Werder, Hdb. Corporate Governance, S. 56.
42 *Semler* in MünchKomm. AktG, § 161 Rz. 34; *Ulmer*, ZHR 166 (2002), 150, 159.
43 *Semler* in MünchKomm. AktG, § 161 Rz. 34; *Ulmer*, ZHR 166 (2002), 150, 159.
44 *Semler* in MünchKomm. AktG, § 161 Rz. 34; *Ulmer*, ZHR 166 (2002), 150, 159.
45 *Hüffer*, § 161 Rz. 3.
46 *Spindler* in VGR, Gesellschaftsrecht in der Diskussion 2001, 2002, S. 91, 93.
47 Statement of the European Corporate Governance Forum on the comply-or-explain principle v. 22.2.2006, http://europa.eu.int/comm/internal_market/company/docs/ecgforum/ecgf-com-

tungsorgane einer börsennotierten Gesellschaft aber gem. § 161 verpflichtet, eine Entsprechenserklärung abzugeben und zu veröffentlichen[48]. Über dieses Instrument wird zumindest ein **wirtschaftlicher Zwang** vermittelt[49], indem der Kapitalmarkt seinerseits einen gewissen Erwartungsdruck aufbauen soll[50].

2. Verfassungskonformität

Das Normsetzungsverfahren in einem privaten Gremium entspricht nicht den An- 11 forderungen des **Demokratieprinzips**[51], zumal auch gesetzliche Vorgaben zu Besetzung und Verfahren der Kommission fehlen[52]. Das **verfassungsrechtliche Legitimationsdefizit liegt auf der Hand**[53]. Dagegen wird zwar eingewandt, dass § 161 Satz 1 selbst verfassungsrechtlich einwandfrei zustande gekommen sei und die Bindungswirkung auf einem freiwilligen Akt beruhe[54]; damit wird aber das Regulierungsmodell des § 161 künstlich aufgespalten. Nicht die freiwillige Unterwerfung unter den Kodex steht in Rede, sondern der von § 161 angeordnete Zwang, sich gegenüber den Kodex-Standards zu erklären. Warum ein Privatrechtssubjekt sich rechtfertigen muss, dass es Normen, die nicht von einem staatlichen, sondern einem privatrechtlichen Gremium gesetzt werden, befolgt oder nicht, ist nicht ersichtlich. Dies gilt erst recht, wenn mit der Verletzung der nach § 161 abgegebenen Erklärungen rechtliche Sanktionen verbunden werden, auch wenn sie nur innergesellschaftlicher Natur sein mögen[55]. Selbst bei anderen vergleichbaren Verweisen auf privatrechtlich gesetzte Normen – wie DIN-Regeln oder Rechnungslegungsstandards – werden entweder entsprechend bestimmte Verweise in der jeweiligen Norm gefordert (statische Verweisung, DIN-Normen) oder formelle Verfahren der Anerkennung von Standards verwandt (Rechnungslegungsstandards, Produktsicherheitsrecht)[56].

III. Entsprechenserklärung

1. Allgemeines

Börsennotierte Aktiengesellschaften haben jährlich die Entsprechenserklärung über 12 die Anwendung der im Deutschen Corporate Governance Kodex statuierten Verhal-

---

ply-explain_en.pdf (abgerufen am 02.05.2006); *Spindler* in VGR, Gesellschaftsrecht in der Diskussion 2001, 2002, S. 91, 93; *Semler* in MünchKomm. AktG, § 161 Rz. 28.

48 Statement of the European Corporate Governance Forum on the comply-or-explain principle v. 22.2.2006, http://europa.eu.int/comm/internal_market/company/docs/ecgforum/ecgf-comply-explain_en.pdf (abgerufen am 2.5.2006).

49 *Semler* in MünchKomm. AktG, § 161 Rz. 28.

50 *Hüffer*, § 161 Rz. 3.

51 Allg. zum Gesetzesvorbehalt *Herzog* in Maunz/Dürig, GG, Art. 20 Rz. I 10, II 83 ff., VI 33 ff., 55 ff.; *Böckenförde* in Isensee/Kirchhof, Hdb. Staatsrecht, Bd. I, 1987, § 22 Rz. 14 ff., 21; *Ossenbühl* in Isensee/Kirchhof, Hdb. Staatsrecht, Bd. III, 1988, § 61 Rz. 19; *Kirchhof*, ZGR 2000, 683 ff.

52 *Hommelhoff/Schwab* in Hommelhoff/Hopt/v. Werder, Hdb. Corporate Governance, S. 59 f.

53 *Hüffer*, § 161 Rz. 4; *Wolf*, ZRP 2002, 59, 60; a.A. *Lutter* in KölnKomm. AktG, § 161 Rz. 12; *Semler* in MünchKomm. AktG, § 161 Rz. 44; *Heintzen*, ZIP 2004, 1933, 1938; *Ringleb* in Ringleb/Kremer/Lutter/v. Werder, DCGK, Rz. 52 ff.; *Haufland*, Haftungsrisiken in Zusammenhang mit § 161 AktG, S. 85; *Kirschbaum/Wittmann*, JuS 2005, 1062, 1064 f.; analoge Vorbehalte für den § 342 HGB aufwerfend *Ulmer*, ZHR 166 (2002), 150, 162 f.

54 *Lutter* in KölnKomm. AktG, § 161 Rz. 12; *Semler* in MünchKomm. AktG, § 161 Rz. 43; *Heintzen*, ZIP 2004, 1933, 1938.

55 *Ulmer*, ZHR 166 (2002), 150, 164.

56 Die verfassungsrechtliche Legitimation auch der Rechnungslegungsstandards verneinend *Hommelhoff/Schwab* in Großkomm. HGB, § 342 Rz. 89; *Budde/Steuber* in FS Peltzer, 2001, S. 39, 49 ff.

tensempfehlungen abzugeben. Die Erklärung enthält Angaben darüber, ob den Verhaltensempfehlungen in der Vergangenheit entsprochen wurde und in der Zukunft entsprochen wird[57] sowie als Ausfluss des **comply-or-explain-Prinzips**[58] von welchen Empfehlungen gegebenenfalls abgewichen wurde oder wird.

a) Erklärungsgegenstand

13 Gegenstand der Entsprechenserklärung sind die **Verhaltensempfehlungen** des Deutschen Corporate Governance Kodex, wie er im elektronischen Bundesanzeiger bekannt gemacht worden ist. Der Kodex selbst definiert „Empfehlungen" als die in ihm enthaltenen „**Soll**"-**Vorschriften** (Präambel Abs. 6 DCGK)[59]. Die Erklärungspflicht erstreckt sich nicht auf die ebenfalls im Kodex enthaltenen Anregungen, die als bloße „Sollte"- oder „Kann"-Vorschriften formuliert sind (Präambel Abs. 6 DCGK). Die nur rechtsbeschreibenden Kodexteile unterliegen nicht der Erklärungspflicht, da sie ohnehin zu befolgen sind[60].

b) Rechtsnatur

14 Die Abgabe der Entsprechenserklärung entfaltet **keine rechtliche Bindungswirkung**[61]. Das Gesetz legt den Verwaltungsorganen der Gesellschaft nur die Pflicht zur fehlerfreien Auskunftserteilung auf. Die Entsprechenserklärung gliedert sich in einen **retrospektiven** und einen **zukünftigen Erklärungsteil**[62]. Sofern der zukunftsgerichteter Aspekt der Erklärung geleugnet wird[63], steht dem die deutliche Gesetzesbegründung entgegen[64].

15 Ob und inwieweit die Gesellschaft den Kodexempfehlungen in der Vergangenheit entsprochen hat, ist eine Tatsachenfrage. Diese Information beruht auf dem Wissen der erklärungspflichtigen Organmitglieder und ist somit eine **Wissenserklärung**[65], die lediglich über das tatsächliche Verhalten der Gesellschaft und ihrer Organe in einem abgeschlossenen Zeitraum **berichtet**[66].

16 Die Erklärung über die zukünftige Entsprechung ist dagegen nur eine **Absichtserklärung**[67], die nur die Vorstellungen zum Zeitpunkt der Abgabe über die zukünftige Un-

---

57 Anders *Schüppen*, ZIP 2002, 1269, 1273, der den Gesetzeswortlaut rein auf die Gegenwart bezogen interpretiert.

58 *Europäisches Corporate Governance Forum* zum Begriff des comply-or-explain-Prinzips http://europa.eu.int./rapid/pressReleasesAction.do?reference=IP/06/269&format=HTML& aged=0&language=DE&guiLanguage=en (abgerufen am 28.6.2006).

59 *Lutter* in KölnKomm. AktG, § 161 Rz. 35 mit einer Auflistung aller Empfehlungen.

60 *Hüffer*, § 161 Rz. 8.

61 *Semler* in MünchKomm. AktG, § 161 Rz. 52; *Hüffer*, § 161 Rz. 20.

62 *Lutter* in KölnKomm. AktG, § 161 Rz. 36; *Semler* in MünchKomm. AktG, § 161 Rz. 50 f.; *Hüffer*, § 161 Rz. 14, 20; *Semler/Wagner*, NZG 2003, 553, 554; *Ihrig/Wagner*, BB 2002, 789, 790; *Krieger* in FS Ulmer, 2003, S. 365 f.; *Hirte*, Das Transparenz und Publizitätsgesetz, 2003, Rz. 40; *Berg/Stöcker*, WM 2002, 1569, 1572 f.; *Knigge*, WM 2002, 1729, 1735; *Pfitzer/Oser/ Wader*, DB 2002, 1120, 1121.

63 *Schüppen*, ZIP 2002, 1269, 1273; *Seibt*, AG 2003, 465, 467; *Seibt*, AG 2002, 249, 251; ähnlich auch *Seibert*, BB 2002, 581, 583, der aber im Ergebnis eine Zukunftsgerichtetheit aus dem Charakter als „Dauererklärung" ableitet und bejaht.

64 Begr. RegE BT-Drucks. 14/8769, S. 22; so auch *Lutter* in KölnKomm. AktG, § 161 Rz. 36.

65 *Lutter* in KölnKomm. AktG, § 161 Rz. 36; *Semler* in MünchKomm. AktG, § 161 Rz. 50; *Hüffer*, § 161 Rz. 14; *Borges*, ZGR 2003, 508, 528; *Bachmann*, WM 2002, 2137, 2139; *Gelhausen/ Hönsch*, AG 2002, 529, 533; *E. Vetter*, DNotZ 2003, 748, 755; *Krieger* in FS Ulmer, 2003, S. 365, 371; *Semler/Wagner*, NZG 2003, 553, 554.

66 *Semler* in MünchKomm. AktG, § 161 Rz. 53.

67 Begr. RegE BT-Drucks. 14/8769, S. 22; *Lutter* in KölnKomm. AktG, § 161 Rz. 36; *Semler* in MünchKomm. AktG, § 161 Rz. 51; *Hüffer*, § 161 Rz. 20; *Semler/Wagner*, NZG 2003, 553, 554.

ternehmensverfassung enthält und keinen rechtsgeschäftlichen Charakter hat, insbesondere **keine rechtliche Pflicht**, sich dauerhaft entsprechend zu verhalten[68]. Die erklärenden Organe sind jederzeit frei in der Entscheidung, von dem erklärten Verhalten abzuweichen[69].

2. Normadressat

Die **Börsennotierung** der Aktiengesellschaft gem. § 3 Abs. 2 ist Voraussetzung für die 17
Erklärungspflicht nach § 161. Näher dazu § 3 Rz. 2. Die Definition ist nicht auf inländische Börsen beschränkt[70], so dass auch ausschließlich an **ausländischen Börsen** notierte inländische Aktiengesellschaften als börsennotiert i.S. des § 3 Abs. 2 gelten und deren Organe der Erklärungspflicht nach § 161 unterliegen. Auch durch die Richtlinie über Märkte für Finanzinstrumente[71] hat sich keine Änderung ergeben, die nicht zwischen Börsen und Nicht-Börsen wie die börsenähnlichen Einrichtungen (§§ 58 f. BörsG) trennt. Die europarechtlichen Regelungen für die geregelten Märkte und die multilateralen Handelssysteme (MTF) weisen aber eine so hohe Transparenzdichte[72] auf, dass sich im Hinblick auf § 3 Abs. 2 und der dort geforderten Überwachung durch die Aufsichtsbehörden keine Änderungen ergeben. Demgegenüber sind Organe vergleichbarer Gesellschaften ausländischen Rechts **nicht erklärungspflichtig**[73]. Anknüpfungspunkt der Erklärungspflicht ist die Rechtsform der deutschen Aktiengesellschaft.

Zur Abgabe der Entsprechenserklärung verpflichten sind allein **Vorstand** und **Aufsichtsrat** börsennotierter Gesellschaften[74], nicht aber die Gesellschaft selbst[75]. Der 18
Wortlaut der Norm lässt offen, ob die Mitglieder von Vorstand und Aufsichtsrat **in ihrer Person**, als **Angehörige** eines erklärungspflichtigen **Organs** oder ob **Vorstand und Aufsichtsrat als Organe** zur Erklärung verpflichtet sind: Eine höchstpersönliche Erklärungspflicht der Organmitglieder scheidet von vornherein aus, da der Wortlaut der Norm eindeutig auf die Organe insgesamt abstellt, nicht auf die einzelnen Mitglieder[76]. Eine solche Pflicht wäre zudem unsinnig, da jedes Organmitglied eine eigene persönliche Erklärung formulieren müsste. Ebenso wenig kann jedes einzelne Mitglied als befugt angesehen werden, das Organ als ganzes zu verpflichten[77]. Demgemäß sind Vorstand und Aufsichtsrat als **Organe der Gesellschaft** zur Abgabe der Erklärung verpflichtet[78]. Zwar ist die Gesellschaft als juristische Person Zuordnungs-

---

68 Begr. RegE BT-Drucks. 14/8769, S. 22.
69 *Lutter* in KölnKomm. AktG, § 161 Rz. 36; *Semler/Wagner*, NZG 2003, 553, 554; *Gelhausen/Hönsch*, AG 2003, 367, 368.
70 Begr. RegE BT-Drucks. 13/9712, S. 12; *Lutter* in KölnKomm. AktG, § 161 Rz. 14; *Hüffer*, § 3 Rz. 6; *Lingemann/Wasmann*, BB 1998, 853, 854; *Böcker*, RNotZ 2002, 129, 131.
71 Richtlinie 2004/39/EG des Rates und des Europäischen Parlamentes vom 21.04.2004 über Märkte für Finanzinstrumente, zur Änderung der Richtlinien 85/611/EWG und 93/6/EWG und der Richtlinie 2000/12/EG des Europäischen Parlaments und des Rates und zur Aufhebung der Richtlinie 93/22/EWG, ABl. Nr. L 141 v. 30.4.2004, S. 1.
72 S. nur die Transparenzverpflichtungen nach Art. 44 MiFID für die regulierten Märkte, dagegen Art. 29 MiFID für die multilateralen Handelssysteme. Insgesamt zur Transparenzverpflichtung umfassend *Kumpan*, Die Regulierung außerbörslicher Handelssysteme im deutschen, europäischen und US-amerikanischen Recht, 2006.
73 *Lutter* in KölnKomm. AktG, § 161 Rz. 14; *Hüffer*, § 161 Rz. 6; a.A. *Claussen/Bröcker*, DB 2002, 1199, 1204, aber ohne nähere Begründung.
74 *Hüffer*, § 161 Rz. 6; *Lutter* in KölnKomm. AktG, § 161 Rz. 13; *Semler* in MünchKomm. AktG, § 161 Rz. 66 ff.; *Borges*, ZGR 2003, 508, 527; *Seibt*, AG 2002, 249, 252.
75 *Lutter* in KölnKomm. AktG, § 161 Rz. 13.
76 *Semler* in MünchKomm. AktG, § 161 Rz. 69; *Semler/Wagner*, NZG 2003, 553, 554.
77 *Semler* in MünchKomm. AktG, § 161 Rz. 71; *Hüffer*, § 161 Rz. 6.
78 *Lutter* in KölnKomm. AktG, § 161 Rz. 18; *Hüffer*, § 161 Rz. 6.

subjekt für Rechtspflichten; soweit sich gesetzliche Vorschriften aber ausdrücklich an einzelne Organe wenden, sich diese auch selbst verpflichtungsfähig[79]; entsprechende Normen konkretisieren die Pflichten der Organe gegenüber der Gesellschaft. Mit der Abgabe der Erklärung erfüllen die Gesellschaftsorgane somit eine eigene Pflicht, nicht eine solche der Gesellschaft[80]. Zur Haftung Rz. 63 ff. **Rechtspolitisch** ist dies höchst zweifelhaft, da die Struktur der Gesellschaft (Corporate Governance) Sache der Gesellschaft bzw. ihrer Aktionäre ist.

3. Umsetzung der Erklärungspflicht

a) Beschlussfassung von Vorstand und Aufsichtsrat

19   **aa) Getrennte Beschlussfassung.** Die Pflicht zur Abgabe der Entsprechenserklärung besteht für Vorstand *und* Aufsichtsrat. § 161 trifft jedoch keine Regelung zum internen Kompetenzgefüge beider Organe bei der Willensbildung[81]. Formell ist zunächst fraglich, ob die beiden Organe getrennt voneinander oder gemeinsam einen Beschluss fassen[82]. Ein **gemeinsames Beschlussorgan** aus Vorstand und Aufsichtsrat ist dem Aktienrecht jedoch fremd[83], was sich etwa in § 124 Abs. 3 zeigt (näher § 124 Rz. 14 ff.)[84]; auch § 161 führt nicht ein solches Organ ein[85]. Demgemäß muss die Beschlussfassung von Vorstand und Aufsichtsrat **getrennt** nach den allgemeinen Regeln erfolgen[86]. Beide Organe sind indes nicht gehindert, **freiwillig** zusammen in einer gemeinsamen Sitzung einen entsprechenden Beschluss zu fassen und diesen dann auch gemeinsam zu verkünden[87].

20   **bb) Beschlussgegenstand.** Die Wohlverhaltensempfehlungen des Deutschen Corporate Governance Kodex' betreffen zum Teil ausschließlich den Aufsichtsrat, teilweise aber auch nur den Aufsichtsratsvorsitzenden, während wieder andere Empfehlungen sich ausschließlich mit dem Vorstand befassen. Jedes Organ kann indes nur über diejenigen Verhaltensempfehlungen des Kodex beschließen, die seinen Kompetenzbereich betreffen[88]. Alles andere verstieße gegen das strenge aktienrechtliche Kompe-

---

79 *Hüffer*, § 161 Rz. 6.
80 *Lutter* in Ringleb/Kremer/Lutter/v. Werder, DCGK, Rz. 1516; *Hüffer*, § 161 Rz. 6; *Seibt*, AG 2002, 249, 252 f.; *Peltzer*, NZG 2002, 593, 595; *Borges*, ZGR 2003, 508, 527; a.A. *Semler* in MünchKomm. AktG, § 161 Rz. 73: Erklärung der Organe für die Gesellschaft.
81 *Semler* in MünchKomm. AktG, § 161 Rz. 75; *Hüffer*, § 161 Rz. 10; *Ihrig/Wagner*, BB 2002, 789, 790; *Ulmer*, ZHR 166 (2002), 150, 173.
82 *Lutter* in KölnKomm. AktG, § 161 Rz. 18; *Semler* in MünchKomm. AktG, § 161 Rz. 75; *Semler/Wagner*, NZG 2003, 553, 554.
83 *Lutter* in KölnKomm. AktG, § 161 Rz. 18; *Semler* in MünchKomm. AktG, § 161 Rz. 83; *Hüffer*, § 161 Rz. 11; *Semler/Wagner*, NZG 2003, 553, 554; *Borges*, ZGR 2003, 508, 527; *Ihrig/Wagner*, BB 2002, 789,790; *Pfitzer/Oser/Wader*, DB 2002, 1120, 1121; *Schüppen*, ZIP 2002, 1269, 1271; *E. Vetter*, DNotZ 2003, 748, 755; *Krieger* in FS Ulmer, 2003, S. 365, 369.
84 *Semler* in MünchKomm. AktG, § 161 Rz. 76; *Hüffer*, § 124 Rz. 12; *Eckardt* in G/H/E/K, § 124 Rz. 27; *Semler* in MünchHdb. AG, § 35 Rz. 53; a.A. *v. Falkenhausen*, BB 1966, 337, 339.
85 *Lutter* in KölnKomm. AktG, § 161 Rz. 18; *Semler* in MünchKomm. AktG, § 161 Rz. 83.
86 *Semler* in MünchKomm. AktG, § 161 Rz. 83 f.; *Hüffer*, § 161 Rz. 11; *Lutter* in KölnKomm. AktG, § 161 Rz. 18, 24; *Lutter* in Ringleb/Kremer/Lutter/v. Werder, DCGK, Rz. 1516; *Borges*, ZGR 2003, 508, 527; *Pfitzer/Oser/Wader*, DB 2002, 1120, 1121; *Schüppen*, ZIP 2002, 1269, 1271; *Semler/Wagner*, NZG 2003, 553, 555; *Seibt*, AG 2002, 249, 253; *Gelhausen/Hönsch*, AG 2002, 529, 533; *Ulmer*, ZHR 166 (2002), 150, 173 f.; *E. Vetter*, DNotZ 2003, 748, 755.
87 *Lutter* in KölnKomm. AktG, § 161 Rz. 24; *Lutter/Krieger*, Rechte und Pflichten des Aufsichtsrats, Rz. 491; *Hüffer*, § 161 Rz. 11; *E. Vetter*, DNotZ 2003, 748, 755.
88 *Semler* in MünchKomm. AktG, § 161 Rz. 87 f.; *Hüffer*, § 161 Rz. 10; *Ulmer*, ZHR 166 (2002), 150, 173 f.; *Semler/Wagner*, NZG 2003, 553, 555; *Pfitzer/Oser/Wader*, DB 2002, 1120, 1121; so für den zukunftsgerichteten Teil der Erklärung *Lutter* in KölnKomm. AktG, § 161 Rz. 39; eine Übersicht über die Zuständigkeit für die Abgabe der Entsprechenserklärung zu den einzelnen Empfehlungen gibt *Semler* in MünchKomm. AktG, § 161 Rz. 530.

tenzgefüge[89]. Bezüglich der an den Vorstand gerichteten Verhaltensempfehlungen ist danach zu differenzieren, ob sie inhaltlich in die aktienrechtliche Zuständigkeit des Vorstands fallen oder – wie etwa die Zusammensetzung der Vorstandsvergütung (Ziff. 4.2.3 DCGK) – ohnehin dem Kompetenzbereich des Aufsichtsrates zuzuordnen sind[90]. Diese Kompetenz besteht einerseits, wenn das Organ ausdrücklich Adressat der Erklärung ist, andererseits wenn das Organ eine interne Umsetzungspflicht für eben diese Erklärung trifft[91].

Der Aufsichtsrat kann aber Erklärungen des Vorstandes nach §161 einem **Zustim-**   21
mungsvorbehalt nach §111 Abs. 4 unterwerfen. Zwar hat der Gesetzgeber einen solchen Vorbehalt trotz entsprechender vorheriger Empfehlungen[92] nicht eingeführt, aber auch nicht ausdrücklich verworfen. Zwar wird bezweifelt, dass es sich bei der Entsprechenserklärung um „Geschäfte" nach §111 Abs. 4 Satz 2 handele, sondern vielmehr eine dem Vorstand zugewiesene Einzelaufgabe sei[93]. Indes kann die Entsprechenserklärung nicht als Leitungsentscheidung verstanden werden, da sie sonst entgegen §161 allein in die Zuständigkeit des Vorstands nach §76 fiele; außerdem ist der Begriff des „Geschäfts" in §111 Abs. 4 denkbar weit[94]. Auch kann ein Zustimmungsvorbehalt nur dazu dienen, die Einheitlichkeit der Erklärungen jedenfalls im Ansatz zu sichern[95].

Schließlich fallen einige Empfehlungen in die **Zuständigkeit beider Organe**, weil sie   22
etwa das **Zusammenwirken** von Vorstand und Aufsichtsrat betreffen[96]. Diese Empfehlungen sind Gegenstand der Beschlüsse beider Organe. Gleiches gilt für solche Verhaltensempfehlungen, die sich an die Hauptversammlung richten. Ein Entscheidungsvorrang zu Gunsten eines der beiden Organe besteht hier nicht, so dass beide Organe unabhängig voneinander entscheiden können, ob die Entsprechung insoweit uneingeschränkt oder mit Einschränkungen abgegeben werden soll[97]. Die Verwaltungsorgane werden der **Hauptversammlung** im Anschluss entsprechende **Vorschläge** über ein der Erklärung entsprechendes Verhalten unterbreiten[98]. Die Vorschläge sind einzig ein Instrument, um auf ein entsprechendes Verhalten der Hauptversammlung hinzuwirken; eine Bindungswirkung gegenüber der Hauptversammlung entfalten sie nicht[99].

cc) Zusammenführung der Beschlüsse. Zwar sieht §161 eine gemeinsame Erklä-   23
rungspflicht von Vorstand und Aufsichtsrat vor; doch besteht **keine Pflicht** zur **Zusammenführung beider Erklärungen** oder ein **Einigungszwang** im Fall von inhaltlichen Di-

---

89 *Semler* in MünchKomm. AktG, §161 Rz. 86; *Semler/Wagner*, NZG 2003, 553, 555; *Pfitzer/Oser/Wader*, DB 2002, 1120, 1121; *Ulmer*, ZHR 166 (2002), 150, 173; *Peltzer*, NZG 2002, 593, 595; für den zukunftsgerichteten Erklärungsteil *Lutter* in KölnKomm. AktG, §161 Rz. 39.

90 *Semler* in MünchKomm. AktG, §161 Rz. 86; *Ulmer*, ZHR 166 (2002), 150, 173; *Krieger* in FS Ulmer, 2003, S. 365, 373; *Bertrams*, Haftung des Aufsichtsrates, S. 99 ff.

91 *Lutter* in KölnKomm. AktG, §161 Rz. 39.

92 *Baums*, Bericht Regierungskommission, Rz. 11; *Ulmer*, ZHR 166 (2002), 150, 174.

93 *Ulmer*, ZHR 166 (2002), 150, 174; *Lutter* in KölnKomm. AktG, §161 Rz. 45; *Lutter* in Ringleb/Kremer/Lutter/v. Werder, DCGK, Rz. 1533; *Hüffer*, §161 Rz. 12; *Krieger* in FS Ulmer, 2003, S. 365, 375; *Semler* in MünchKomm. AktG, §161 Rz. 94.

94 *Spindler* in Spindler/Stilz, §111 Rz. 7 ff.; *Hopt/Roth* in Großkomm. AktG, §111 Rz. 638 ff.; *Semler* in MünchKomm. AktG, §111 Rz. 397 ff.; *Hommelhoff* in FS Werner, 1984, S. 315, 316 ff.

95 Wie hier *Seibt*, AG 2002, 249, 253; *Semler/Wagner*, NZG 2003, 553, 555; a.A. *Semler* in MünchKomm. AktG, §161 Rz. 89; *Krieger* in FS Ulmer, 2003, S. 365, 375; offen *Ulmer*, ZHR 166 (2002), 150, 174.

96 Etwa Ziff. 3.4 Abs. 1, 3.8 Abs. 1, 3.10 DCGK.

97 *Krieger* in FS Ulmer, 2003, S. 365, 374.

98 *Semler* in MünchKomm. AktG, §161 Rz. 96; *Krieger* in FS Ulmer, 2003, S. 365, 373 f.

99 *Krieger* in FS Ulmer, 2003, S. 365, 373.

vergenzen[100]. Denn das AktG sieht keine gemeinsame Willensbildung beider Organe vor[101]. Auch erfüllt die Entsprechenserklärung selbst bei divergierenden Erklärungen ihre **Informationsfunktion** gegenüber dem Kapitalmarkt[102]. Allerdings dürfte diese Frage eher theoretischer Natur sein, da Vorstand und Aufsichtsrat kaum je einen **Reputationsverlust** durch eine offensichtliche Uneinigkeit in Kauf nehmen werden[103].

24   **dd) Beschluss.** Für den Beschluss des Vorstands gelten die allgemeinen Regeln zur Besetzung und Beschlussfähigkeit[104]. Eine Besonderheit gilt für Empfehlungen, die nicht den Vorstand als Gesamtorgan betreffen, sondern an einzelne Vorstandsmitglieder gerichtet sind[105]. Hier ist eine individuelle zustimmende Erklärung jedes Mitglieds erforderlich, die auch Bestandteil des Anstellungsvertrages zwischen der Gesellschaft und dem Vorstandsmitglied sein kann[106]. Beim Ausscheiden eines Mitglieds hat der Vorsitzende eine rückwirkende Erklärung dieses Mitglieds einzuholen, die in den retrospektiven Teil der nächsten Entsprechenserklärung einzufließen hat[107]. Ebenso hat ein neu eintretendes Vorstandsmitglied sich mit dem Inhalt der zuletzt abgegebenen Entsprechenserklärung (zukünftiger Teil) einverstanden zu erklären, will die Gesellschaft nicht zu einer Aktualisierung ihrer Erklärung verpflichtet sein[108].

25   Erlässt der Aufsichtsrat gem. § 77 Abs. 2 Satz 1 eine **Geschäftsordnung** für den Vorstand, so kann er hierin die den Vorstand betreffenden Kodexempfehlungen aufnehmen. Faktisch wird dem Vorstand somit eine Pflicht zu einem bestimmtem Verhalten auferlegt. Zwar berührt das nicht die Zuständigkeit des Vorstands, über diese Empfehlungen einen Beschluss zu fassen. Tatsächlich ist die Frage der Befolgung oder Nichtbefolgung der betreffenden Empfehlung dann aber durch den Aufsichtsrat vorentschieden.

26   Für den Aufsichtsrat ist die **Delegation** des Beschlusses auf einen **Aufsichtsratsausschuss nicht zulässig**[109]. Zwar ist § 161 nicht im Katalog des § 107 Abs. 3 Satz 2 aufgeführt; der Beschluss über die Entsprechenserklärung gleicht aber in seiner Bedeutung den im Katalog genannten Maßnahmen[110]. Der Kodex enthält zahlreiche Empfehlungen zu Maßnahmen, deren Delegation dem Aufsichtsrat untersagt ist[111]. Zulässig ist dagegen die Einsetzung eines Ausschusses, der kein beschließendes Mandat hat, sondern lediglich mit der Überwachung der Einhaltung der Empfehlungen

---

100 So aber *Lutter* in KölnKomm. AktG, § 161 Rz. 41; *Seibt*, AG 2002, 249, 253; *Radke*, Entsprechenserklärung, S. 84 f.
101 *Hüffer*, § 161 Rz. 11; *Krieger* in FS Ulmer, 2003, S. 365, 369 f.; *Ihrig/Wagner*, BB 2002, 789, 790; *Pfitzer/Oser/Wader*, DB 2002, 1120, 1121; *Bertrams*, Haftung des Aufsichtsrates, S. 107 ff.; *Kiethe*, NZG 2003, 559, 560.
102 *Hüffer*, § 161 Rz. 11; *Krieger* in FS Ulmer, 2003, S. 365, 370; *Radke*, Entsprechenserklärung, S. 84; a.A. *Lutter* in KölnKomm. AktG, § 161 Rz. 40, wonach divergierende Erklärungen dem Kapitalmarkt nicht dienen.
103 *Krieger* in FS Ulmer, 2003, S. 365, 370.
104 *Hüffer*, § 161 Rz. 12; *Semler* in MünchKomm. AktG, § 161 Rz. 90.
105 Etwa Ziff. 4.3.4 S. 1 DCGK.
106 *Lutter* in KölnKomm. AktG, § 161 Rz. 26; *Hüffer*, § 161 Rz. 12; *Krieger* in FS Ulmer, 2003, S. 365, 374; *Lutter*, ZHR 166 (2002), 523, 536; *Seibt*, AG 2002. 249, 259.
107 *Lutter* in KölnKomm. AktG, § 161 Rz. 29.
108 *Lutter* in KölnKomm. AktG, § 161 Rz. 31.
109 *Semler* in MünchKomm. AktG, § 161 Rz. 93; *Hüffer*, § 161 Rz. 13; *Seibt*, AG 2002, 249, 253; *Lutter* in KölnKomm. AktG, § 161 Rz. 20; *Lutter* in Ringleb/Kremer/Lutter/v. Werder, DCGK, Rz. 1536; *Lutter/Krieger*, Rechte und Pflichten des Aufsichtsrats, Rz. 497; *Krieger* in FS Ulmer, 2003, S. 365, 376; *Semler/Wagner*, NZG 2003, 553, 555.
110 *Hüffer*, § 161 Rz. 13; z.B. Ziff. 5.5.1, 5.5.2 DCGK.
111 *Lutter/Krieger*, Rechte und Pflichten des Aufsichtsrats, Rz. 497, die folgende Beispiele geben: Ziff. 4.2.1, 5.1.3, 5.3.1, 5.3.2, 5.4.1, 5.5.3 DCGK.

des Kodex' betraut ist[112]. Auch hier bedarf es der **individuellen Zustimmung** des einzelnen Aufsichtsratsmitglieds, sofern es um eine Empfehlung an einzelne Mitglieder geht[113]. Mangels Anstellungsvertrages[114] scheidet eine vorweggenommene Zustimmung aus[115]. Praktischerweise ist aber von jedem neu eintretenden Aufsichtsratsmitglied eine Zustimmung zur Entsprechenserklärung in ihrer aktuellen Version einzuholen, um nicht zu einer aktualisierenden Erklärung verpflichtet zu sein[116].

ee) Mitwirkung der Hauptversammlung. Die Hauptversammlung ist nicht zur Abgabe der Entsprechenserklärung nach § 161 verpflichtet, demgemäß auch **nicht zuständig**[117], auch nicht für Empfehlungen, die sich mit dem Verhalten der Hauptversammlung befassen[118]. Vorstand und Aufsichtsrat haben **keine Möglichkeit**, die Erklärungspflicht auf die Hauptversammlung zu **delegieren**[119]. Eine Vorlage nach § 119 Abs. 2 soll ausscheiden, weil die Entsprechenserklärung nicht unmittelbar auf die Verfolgung des Gesellschaftszwecks gerichtet sei[120] und somit keine Geschäftsführungsmaßnahme, sondern eine Leitungsaufgabe darstelle[121]. Dies erscheint indes zum einen hinsichtlich der Qualifizierung als Leitungsaufgabe zweifelhaft (s. Rz. 21), zum anderen aufgrund der Bedeutung der Entsprechenserklärung, die im Prinzip die Struktur der Gesellschaft betrifft und eigentlich als Satzungsaufgabe (rechtspolitisch) hätte strukturiert werden müssen. Die Hauptversammlung kann aber im Rahmen von § 23 Abs. 5 in die Satzung verbindliche Regelungen aufnehmen, die sich an den Verhaltensempfehlungen des Kodex orientieren (Rz. 48 ff.)[122].   27

b) Erklärungsinhalt

aa) Vergangenheitsbezogener Teil. Der vergangenheitsbezogene Teil der Entsprechenserklärung bringt als Wissenserklärung[123] zum Ausdruck, ob den Verhaltensempfehlungen des Kodex entsprochen worden ist. Informationen über das vergangene Verhalten der Organe bzw. der einzelnen Organmitglieder müssen sich Vorstand und Aufsichtsrat gegebenenfalls beschaffen, wobei die einzelnen Organmitglieder dem gesamten Organ zur Auskunft verpflichtet sind[124]. Jedes Organmitglied muss für die Richtigkeit der abgegebenen Erklärung entsprechend den allgemeinen Grundsätzen   28

---

112 *Semler* in MünchKomm. AktG, § 161 Rz. 93.
113 *Lutter* in KölnKomm. AktG, § 161 Rz. 26; *Hüffer*, § 161 Rz. 13; *Krieger* in FS Ulmer, 2003, S. 365, 374.
114 *Lutter/Krieger*, Rechte und Pflichten des Aufsichtsrats, Rz. 27.
115 *Hüffer*, § 161 Rz. 13; *Krieger* in FS Ulmer, 2003, S. 365, 374 f.; *Lutter*, ZHR 166 (2002), 523, 537.
116 *Lutter* in KölnKomm. AktG, § 161 Rz. 33.
117 *Lutter* in KölnKomm. AktG, § 161 Rz. 20; *Semler* in MünchKomm. AktG, § 161 Rz. 94.
118 *Semler* in MünchKomm. AktG, § 161 Rz. 96; *Ulmer*, ZHR 166 (2002), 150, 174; a.A. *Seibt*, AG 2002, 249, 253, der eine Beschlussfassung der Hauptversammlung über einzelne Empfehlungen für zwingend erforderlich hält.
119 *Semler* in MünchKomm. AktG, § 161 Rz. 94.
120 *Kubis* in MünchKomm. AktG, § 119 Rz. 24 zur Definition des Begriffs der Geschäftsführung.
121 *Lutter* in KölnKomm. AktG, § 161 Rz. 20; *Semler* in MünchKomm. AktG, § 161 Rz. 94; a.A. *Seibt*, AG 2002, 249, 253, der ohne auf die Unterscheidung zwischen Geschäftsführungs- und Leitungsaufgaben einzugehen, ein Vorlagerecht des Vorstands nach § 119 Abs. 2 anerkennt.
122 *Semler* in MünchKomm. AktG, § 161 Rz. 95; *Ihrig/Wagner*, BB 2002, 789, 790; *Ulmer*, ZHR 166 (2002), 150, 174 f.
123 *Semler* in MünchKomm. AktG, § 161 Rz. 50; *Hüffer*, § 161 Rz. 14; *Borges*, ZGR 2003, 508, 528; *Bachmann*, WM 2002, 2137, 2139; *Gelhausen/Hönsch*, AG 2002, 529, 533; *E. Vetter*, DNotZ 2003, 748, 755; *Krieger* in FS Ulmer, 2003, S. 365, 371; *Semler/Wagner*, NZG 2003, 553, 554.
124 *Hüffer*, § 161 Rz. 14.

(§ 93) einstehen[125], so daß aber auch im Rahmen der **gegenseitigen Überwachung**[126] der Vertrauensgrundsatz eingreift[127]. Es liegt im unternehmerischen Ermessen (§ 93 Abs. 1 Satz 2) ob das Organ dauerhaft einen Mitarbeiter zur Prüfung der Einhaltung der Empfehlungen vorsieht (**Corporate-Governance-Beauftragten**)[128]. Diesem können vielfältige Befugnisse eingeräumt werden, um die Einhaltung der beschlossenen Corporate Governance-Grundsätze sicherzustellen[129], wobei die Kompetenzgrenzen, insbesondere zum Aufsichtrat, einzuhalten sind[130]. Eine Erstreckung auf den Aufsichtsrat bedarf eines einstimmigen Aufsichtsratsbeschlusses[131].

29   **bb) Zukunftsbezogener Teil.** Der zukunftsbezogene Teil stellt eine **Absichtserklärung** dar[132]. Trotz Zweifeln wegen des nicht eindeutigen Wortlauts[133] und seiner Praktikabilität[134] bezieht sich dieser Teil der Erklärung nach der eindeutigen Gesetzesbegründung auf das zukünftige Verhalten[135]. Der **Vorstand** genießt **keinen Entscheidungsvorrang**[136], da jedes Organ für seinen Bereich die Erklärung abzugeben hat[137]. Die Absichtserklärung bindet weder Vorstand noch Aufsichtsrat, erst recht nicht neu eintretende Organmitglieder. Die Organe können daher von der ursprünglichen Erklärung **abweichen**, müssen dies aber nach § 161 Satz 2 bekanntmachen, da die frühere Erklärung damit unrichtig geworden ist[138].

30   **cc) Formulierung der Erklärung.** Die Organe genießen bei der Wahl der Formulierungen einen **Ermessensspielraum** im Rahmen der §§ 93, 116 und des zu beachtenden Unternehmensinteresses, müssen jedoch auch die Auswirkungen auf die Kapitalmärkte und die Finanzierungsmöglichkeiten der AG bedenken[139].

31   **(1) Übernahmemodell.** Bei gänzlicher Entsprechung kommt die in der Gesetzesbegründung vorgeschlagene **Formulierung** in Betracht: „Den Verhaltensempfehlungen der von der Bundesregierung eingesetzten Kodex-Kommission zur Unternehmensleitung und -überwachung wurde im Berichtsjahr entsprochen und soll auch künftig entsprochen werden."[140] Zu ergänzen ist lediglich ein Verweis, auf welche Fassung des Kodex' sich die Erklärung bezieht (sog. Übernahmemodell)[141].

---

125 *Kiethe*, NZG 2003, 559, 561.
126 Dazu *Fleischer* in Spindler/Stilz, § 93 Rz. 85; *Hefermehl/Spindler* in MünchKomm. AktG, § 93 Rz. 71 f.
127 *Hüffer* § 161 Rz. 14.
128 So *Ringleb* in Ringleb/Kremer/Lutter/v. Werder, DCGK, Rz. 1603.
129 *Seibt*, AG 2003, 465, 469.
130 *Seibt*, AG 2003, 465, 469 f.; *Ringleb* in Ringleb/Kremer/Lutter/v. Werder, DCGK, Rz. 1604.
131 *Seibt*, AG 2003, 465, 469 f.
132 Begr. RegE BT-Drucks. 14/8769, S. 22; *Lutter* in KölnKomm. AktG, § 161 Rz. 36; *Semler* in MünchKomm. AktG, § 161 Rz. 51; *Hüffer*, § 161 Rz. 20; *Semler/Wagner*, NZG 2003, 553, 554; *Krieger* in FS Ulmer, 2003, S. 372; *Lutter* in FS Druey, 2002, S. 463, 467; *E. Vetter*, DNotZ 2003, 748, 755; dagegen aber *Seibt*, AG 2002, 249, 251, *Seibt*, AG 2003, 465, 467.
133 *Seibt*, AG 2002, 249, 251; *Seibt*, AG 2003, 465, 467; *Schüppen*, ZIP 2002, 1269, 1273.
134 *DAV-Handelsrechtsausschuss*, ZIP 2002, 186, 187 f.
135 Begr. RegE BT-Drucks. 14/8769, S. 22; *Lutter* in KölnKomm. AktG, § 161 Rz. 36.
136 Anders *Seibt*, AG 2002, 249, 253.
137 *Lutter* in KölnKomm. AktG, § 161 Rz. 39; *Krieger* in FS Ulmer, 2003, S. 365, 373; *Hüffer*, § 161 Rz. 10, 20.
138 Begr. RegE BT-Drucks 14/8769, S. 22; *Lutter* in KölnKomm. AktG, § 161 Rz. 53; *Hüffer*, § 161 Rz. 20; *Semler* in MünchKomm. AktG, § 161 Rz. 117; *Lutter*, ZHR 166 (2002), 523, 534; *Pfitzer/Oser/Wader*, DB 2002, 1120, 1121; *Ihrig/Wagner*, BB 2002, 789, 791; *Semler/Wagner*, NZG 2003, 553, 556; *Bertrams*, Haftung des Aufsichtsrates, S. 140 ff.; a.A. *Schüppen*, ZIP 2002, 1269, 1272, *Seibt*, AG 2002, 249, 254: nur jährliche Korrektur erforderlich.
139 Im Ergebnis ähnlich *Krieger* in FS Ulmer 2003, S. 365, 379; *Seibt*, AG 2002, 249, 253 f.; *Hüffer*, § 161 Rz. 21; *Lutter* in KölnKomm. AktG, § 161 Rz. 43 ff.
140 Begr. RegE BT-Drucks. 14/8769, S. 21.
141 *v. Werder*, DB 2002, 801, 810.

Die Entsprechung muss **vollständig** sein; ist es zu vereinzelten, nichts ins Gewicht 32
fallenden Abweichungen gekommen, ist trotz der anders lautenden Gesetzesbegründung[142] keine Übernahme möglich. Einem solchen Verständnis steht jedoch – abgesehen von dem nicht eindeutigen Wortlaut[143] – der Publizitätszweck der Erklärung entgegen, die gerade Investoren und der Öffentlichkeit ermöglichen soll, die „Corporate Governance" der AG zu bewerten. Zudem ist eine trennscharfe Abgrenzung zwischen wesentlichen und unwesentlichen Abweichungen nicht möglich[144] und würde letztlich in der Einschätzung der betroffenen Organe stehen[145].

(2) Ablehnungsmodell. Vor dem Hintergrund des Reputationsverlusts am Kapital- 33
markt wenig realistisch scheint die pauschale Erklärung, den Kodex insgesamt nicht anwenden zu wollen (Ablehnungsmodell)[146]. In Anlehnung an den Formulierungsvorschlag des Gesetzgebers zur vollständigen Übernahme genügt in diesem Fall die Feststellung, dass den Verhaltensempfehlungen einer bestimmten Kodexfassung im Berichtszeitraum nicht entsprochen wurde und auch künftig nicht entsprochen werden soll[147].

(3) Selektionsmodell. Will die Gesellschaft nur einen Teil der Verhaltensempfehlun- 34
gen befolgen, im Übrigen aber von ihnen abweichen (Selektionslösung[148]) muss aus der Entsprechenserklärung eindeutig hervorgehen, welche Empfehlungen übernommen werden und welche nicht[149]. Erklärungspflichtig sind ausschließlich **negative Abweichungen** von den Verhaltensstandards, also deren Unterschreitung oder Nichtanwendung[150]. Derartige Abweichungen können, müssen aber von Rechts wegen nicht erläutert und begründet werden (s. Rz. 42 f.)[151].

Sind **einzelne Organmitglieder** vom Kodex abgewichen, bedarf es keiner namentli- 35
chen Nennung der Organmitglieder[152]. Die Norm bezweckt nur, dem Kapitalmarkt Informationen über die Unternehmensverfassung der betreffenden Gesellschaft zu vermitteln, nicht aber über die einzelnen Organmitglieder[153].

Dagegen sind **positive Abweichungen**, also die Übererfüllung der Standards nicht er- 36
klärungspflichtig[154]. Regelmäßig werden Gesellschaften, die die Standards des Kodex übererfüllen, aber aus eigenem Antrieb eine Publizierung dieser Tatsache anstreben[155].

---

142 Begr. RegE BT-Drucks. 14/8769, S. 21; so auch *Lutter* in KölnKomm. AktG, § 161 Rz. 46; *Hüffer*, § 161 Rz. 16; *Semler* in MünchKomm. AktG, § 161 Rz. 135; *Ihrig/Wagner*, BB 2002, 789, 790; *Seibt*, AG 2002, 249, 252.

143 So noch *Lutter*, ZHR 166 (2002), 523, 529; *Hüffer*, § 161 Rz. 16 spricht von einem uneindeutigen Wortlaut.

144 So noch *Lutter*, ZHR 166 (2002), 523, 529; *Ettinger/Grützediek*, AG 2003, 353, 354.

145 So noch *Lutter*, ZHR 166 (2002), 523, 529; *Seibt*, AG 2002, 249, 252.

146 *Lutter* in KölnKomm. AktG, § 161 Rz. 50; *v. Werder*, DB 2002, 801, 810; *Seibert*, BB 2002, 581, 583; *Seibt*, AG 2002, 249, 252.

147 *Semler* in MünchKomm. AktG, § 161 Rz. 133.

148 *v. Werder*, DB 2002, 801, 810.

149 *Semler* in MünchKomm. AktG, § 161 Rz. 136; *Seibert*, BB 2002, 581, 583.

150 Begr. RegE BT-Drucks. 14/8769, S. 21; *Ihrig/Wagner*, BB 2002, 789, 790.

151 *Lutter* in KölnKomm. AktG, § 161 Rz. 47.

152 *Ringleb* in Ringleb/Kremer/Lutter/v. Werder, DCGK, Rz. 1598; dem folgend *Hüffer*, § 161 Rz. 17.

153 *Ringleb* in Ringleb/Kremer/Lutter/v. Werder, DCGK, Rz. 1599.

154 Begr. RegE BT-Drucks. 14/8769, S. 21; *Ihrig/Wagner*, BB 2002, 789, 790; *Seibert*, BB 2002, 581, 583.

155 Begr. RegE BT-Drucks. 14/8769, S. 21; *Semler* in MünchKomm. AktG, § 161 Rz. 144; *Seibert*, BB 2002, 581, 583.

37   Anstelle einer Teilabweichungserklärung können Vorstand und Aufsichtsrat auch **insgesamt die Nichteinhaltung** des Kodex erklären[156]. Diese Auffassung lässt sich mit dem Normzweck des § 161 begründen, der schlechterdings nicht verhindern will, dass sich eine Gesellschaft nach außen hin ungünstiger darstellt als nötig[157]. Gleichwohl wird eingeräumt, dass diese Praxis einerseits wegen der negativen Öffentlichkeitswirkung gemieden werden dürfte[158] und andererseits im Hinblick auf die Sorgfaltspflichten von Vorstand und Aufsichtsrat bedenklich wäre[159].

38   **(4) Alternative Standards.** Einzelne Gesellschaften sind zur Formulierung und Befolgung eigener Standards der Unternehmensführung übergegangen (Alternativlösung[160]). Soweit beide Regelwerke inhaltlich nicht deckungsgleich sind, müssen Vorstand und Aufsichtsrat die Nichtbefolgung der Verhaltensempfehlungen des Deutschen Corporate Governance Kodex' erklären[161]. Dagegen besteht keine Pflicht, in der Entsprechenserklärung darauf hinzuweisen, dass an Stelle des Deutschen Corporate Governance Kodex' adäquate unternehmensindividuelle Standards befolgt werden, oder gar eine synoptische Gegenüberstellung beider Regelwerke zu veröffentlichen[162]. Gleichwohl wird es im Interesse der Gesellschaft liegen, gleichzeitig auf die Alternativlösung hinzuweisen[163]. Eine Entsprechenserklärung im Sinne der Alternativlösung ist folglich nicht gesetzeswidrig[164]. Der Gesetzgeber wollte mit seinem „comply-or-explain"-Ansatz den Unternehmen gerade auch ermöglichen, „einen auf die unternehmensindividuellen Verhältnisse zugeschnittenen eigenen „Code of Best Practice" zu entwickeln und dem Kapitalmarkt gegenüber offen zu legen[165].

c) Zeitpunkt der Erklärung und Wirkungszeitraum

39   Der Gesetzeswortlaut ordnet eine jährliche Erklärungspflicht an, als Zeitraum zwischen zwei aufeinander folgenden Entsprechenserklärungen mit 12 Monaten[166]. Das Gesetz lässt offen, ob auf das **Kalenderjahr** oder das **Geschäftsjahr** Bezug genommen wird[167]. Weder lässt sich aus dem Wortlaut zwingend ein Bezug auf eine kalenderjährliche Pflicht[168] noch auf ein geschäftsjährliches Verständnis der Erklärungspflicht

---

156 *Krieger* in FS Ulmer, 2003, S. 365, 371; *Ulmer*, ZHR 166 (2002), 150, 172; *Hüffer*, § 161 Rz. 17.
157 *Krieger* in FS Ulmer, 2003, S. 365, 371.
158 *Krieger* in FS Ulmer, 2003, S. 365, 371; *Ulmer*, ZHR 166 (2002), 150, 172; *Hüffer*, § 161 Rz. 17.
159 *Krieger* in FS Ulmer, 2003, S. 365, 371.
160 *v. Werder*, DB 2002, 801, 810.
161 *Lutter* in KölnKomm. AktG, § 161 Rz. 49; *Semler* in MünchKomm. AktG, § 161 Rz. 141; *Hüffer*, § 161 Rz. 18.
162 *Semler* in MünchKomm. AktG, § 161 Rz. 141, 143.
163 *Hüffer*, § 161 Rz. 18; *Ulmer*, ZHR 166 (2002), 150, 172.
164 *Hüffer*, § 161 Rz. 18; *Ulmer*, ZHR 166 (2002), 150, 172.
165 Begr. RegE BT-Drucks. 14/8769, S. 21; *Ringleb* in Ringleb/Kremer/Lutter/v. Werder, DCGK, Rz. 1558; *Lutter* in KölnKomm. AktG, § 161 Rz. 49; krit. dagegen *Hüffer*, § 161 Rz. 18; *Ulmer*, ZHR 166 (2002), 150, 172.
166 *Semler* in MünchKomm. AktG, § 161 Rz. 120; *Lutter* in KölnKomm. AktG, § 161 Rz. 52; s. auch IDW Ps 345, WPg 2006, 314, 316, Nr. 10.
167 *Hüffer*, § 161 Rz. 15; *Ringleb* in Ringleb/Kremer/Lutter/v. Werder, DCGK, Rz. 1582 f.; von einem kalenderjährlichen Verständnis ausgehend *Lutter* in KölnKomm. AktG, § 161 Rz. 52; *Seibert*, BB 2002, 581, 584; *Kiethe*, NZG 2003, 559, 560; *Lutter*, ZHR 166 (2002), 523, 527 f.; *Seibt*, AG 2002, 249, 257; *Schüppen*, ZIP 2002, 1269, 1272; *Ettinger/Grützediek*, AG 2003, 353, 354.
168 So aber wohl *Seibert*, BB 2002, 581, 584.

ableiten[169]. Ebenso wenig definiert das Gesetz einen Erklärungsstichtag[170]. Es liegt im Ermessen der Organe, sich an den handelsrechtlichen Vorschriften der §§ 285 Nr. 16, 314 Abs. 1 Nr. 8, 325 Abs. 1 Satz 1 HGB zu orientieren[171]. In der Praxis lässt sich die Tendenz erkennen, die Abgabe der Erklärung mit dem Abschluss des Geschäftsjahres im Dezember zu verbinden[172].

Erfährt der Deutsche Corporate Governance Kodex unterjährig eine Änderung, so 40 folgt hieraus keine Pflicht zur **Aktualisierung** der Entsprechenserklärung[173]. Die Pflicht zur jährlichen Abgabe einer Entsprechenserklärung spricht für eine **statische Verweisung** der Erklärung auf den Kodex in der zum Abgabezeitpunkt gültigen Fassung[174]. Dieses Vorgehen entspricht auch dem IDW-Prüfungsstandard[175].

Der **vergangenheitsbezogene Teil** der Erklärung umfasst vorbehaltlich anderweitiger 41 Formulierungen den seit Abgabe der vorherigen Entsprechenserklärung vergangenen Zeitraum. Dabei kann es nötig werden, diesen Zeitraum in mehrere Intervalle zu untergliedern, falls die Gesellschaft ihre Verhaltensgrundsätze im abgelaufenen Jahr geändert hat[176]. Soweit die Erklärung für die **Zukunft** abgegeben wird, richtet sie sich grundsätzlich auf einen unbestimmten künftigen Zeitraum und gilt „bis auf Weiteres", sofern nicht Vorstand und Aufsichtsrat ihrerseits die zeitliche Reichweite der Erklärung begrenzen[177]. Um die vom Gesetzgeber angestrebte ununterbrochene Erklärungskette[178] nicht zu gefährden, ist aber zu fordern, dass die Begrenzung **eindeutig erkennbar** ist und nach ihrem Ablauf die alte durch eine neue Entsprechenserklärung ersetzt wird[179].

d) Kein Begründungszwang

Die Entsprechenserklärung muss nach dem Willen des Gesetzgebers trotz gegenteiliger 42 Empfehlungen der Regierungskommission Corporate Governance[180] nicht mit einer **Begründung** versehen werden[181]. Darüber hinaus empfiehlt der Deutsche Corporate Governance Kodex selbst eine Begründung für eventuelle Abweichungen von Kodexempfehlungen (Ziff. 3.10 Satz 2 DCGK). Diese **Begründungsempfehlung** ist ihrerseits wiederum Gegenstand der Entsprechenserklärung, allerdings als solche selbst nicht begründungspflichtig[182]. Allerdings wird sich hier die **Rechtslage demnächst**

---

169 *Hüffer*, § 161 Rz. 15; *Ringleb* in Ringleb/Kremer/Lutter/v. Werder, DCGK, Rz. 1583.
170 *Lutter*, ZHR 166 (2002), 523, 527 f.; *Seibt*, AG 2002, 249, 257; *Gelhausen/Hönsch*, AG 2003, 367, 368.
171 *Hüffer*, § 161 Rz. 15; *Lutter* in KölnKomm. AktG, § 161 Rz. 52; *Lutter*, ZHR 166 (2002), 523, 528, Fn. 16; *Kiethe*, NZG 2003, 559, 560; *Pfitzer/Oser/Wader*, DB 2002, 1120, 1121.
172 *Lutter* in KölnKomm. AktG, § 161 Rz. 52; *Ringleb* in Ringleb/Kremer/Lutter/v. Werder, DCGK, Rz. 1585.
173 *Hüffer*, § 161 Rz. 15; *IDW* Ps 345, WPg 2006, 314, 316.
174 *Semler* in MünchKomm. AktG, § 161 Rz. 64; *Gelhausen/Hönsch*, AG 2003, 367, 368; *Hüffer*, § 161 Rz. 15.
175 *IDW* Ps 345, WPg 2006, 314, 316, Nr. 10.
176 *Semler* in MünchKomm. AktG, § 161 Rz. 120.
177 LG Schweinfurt v. 1.12.2003, WPg 2003, 339, 340 f.; *Ringleb* in Ringleb/Kremer/Lutter/v. Werder, DCGK, Rz. 1586; *Semler* in MünchKomm. AktG, § 161 Rz. 120.
178 *Ringleb* in Ringleb/Kremer/Lutter/v. Werder, DCGK, Rz. 1585.
179 *Ringleb* in Ringleb/Kremer/Lutter/v. Werder, DCGK, Rz. 1586.
180 *Baums*, Bericht Regierungskommission, Rz. 10; *Lutter* in KölnKomm. AktG, § 161 Rz. 6.
181 Begr. RegE BT-Drucks. 14/8769, S. 21; *Lutter* in KölnKomm. AktG, § 161 Rz. 6, 51; *Semler* in MünchKomm. AktG, § 161 Rz. 148; *Hüffer*, § 161 Rz. 14, 17; *Lutter*, ZHR 166 (2002), 523, 530 f.; *Borges*, ZGR 2003, 508, 525; *Berg/Stöcker*, WM 2002, 1569, 1571; *Ihrig/Wagner*, BB 2002, 789, 791; *Schüppen*, ZIP 2002, 1269, 1271; *Seibert*, BB 2002, 581, 583; *Ulmer*, ZHR 166 (2002), 150, 171 f.; *v. Werder*, DB 2002, 801, 802.
182 *Lutter* in KölnKomm. AktG, § 161 Rz. 51; *Ihrig/Wagner*, BB 2002, 789, 791.

ändern, da in die Richtlinie 78/660/WEG ein neuer Art. 46a (b) durch die Änderungs-Richtlinie 2006/46/EG[183] eingefügt wird, der die Gesellschaften dazu verpflichtet, auch die Gründe anzugeben, warum sie von einem nationalen Kodex abweichen.

e) Unterjährige Aktualisierung der Erklärung

43 Obwohl nach dem Wortlaut der Norm nur eine jährlich einmalig erfolgende Erklärung erforderlich ist[184], ist eine unterjährige Aktualisierung erforderlich, wenn die Gesellschaft ihre Absicht zur Einhaltung des Kodex ändert. Denn der Gesetzgeber will den zukünftigen Erklärungsteil als „unverbindliche Absichtserklärung" verstanden wissen, die „jederzeit korrigiert oder zurückgenommen werden kann"[185]. Soll aber die Entsprechenserklärung der Information der Kapitalmarktteilnehmer dienen[186], müssen diese über Abänderungen der Umsetzungsabsicht auf dem Laufenden gehalten werden, um ihre Einschätzungen gegebenenfalls zu ändern[187]. Zur Änderung des Kodex' selbst s. Rz. 40.

44 Ferner wird vorgebracht, dass die einmal abgegebene Erklärung einen **Vertrauenstatbestand** nur bezogen auf den Stichtag der Erklärungsabgabe schaffe, was einer Aktualisierungspflicht ebenfalls entgegenstünde. Diese Argumentation lässt unberücksichtigt, dass eine „dauerhafte" Zugänglichkeit der Entsprechenserklärung zu gewährleisten ist, die sich unmöglich auf eine ggf. revidierte oder überholte Erklärung beziehen kann.

f) Form der Erklärung

45 Nach der Vorstellung des Gesetzgebers sollte die Entsprechenserklärung in einem **gesonderten Bericht** abgegeben werden[188], was aber keinen Niederschlag im Gesetz gefunden hat. Auch die Pflicht, den Aktionären einen dauerhaften Zugang zur Erklärung zu ermöglichen (§ 161 Satz 2) lässt keine Rückschlüsse auf ein bestimmtes Formerfordernis zu[189]. Ebenso wenig enthält § 161 die Pflicht zur Unterzeichnung des Berichts durch alle Organmitglieder, analog zum Abhängigkeitsbericht (§ 312) oder dem Bericht über den Unternehmensvertrag (§ 293a)[190]; vielmehr genügt die Unterzeichnung der Erklärung durch die Vorsitzenden der Organe[191].

46 Die Entsprechenserklärung ist gem. § 325 Abs. 1 Satz 3 HGB zusammen mit dem Jahresabschluss zum Handelsregister einzureichen, so dass **sie deren Formerfor-**

---

183 Richtlinie 2006/46/EG des Europäischen Parlaments und des Rates vom 14.6.2006 zur Änderung der Richtlinien des Rates 78/660/EWG über den Jahresabschluss von Gesellschaften bestimmter Rechtsformen, 83/349/EWG über den konsolidierten Abschluss, 86/635/EWG über den Jahresabschluss und den konsolidierten Abschluss von Banken und anderen Finanzinstituten und 91/674/EWG über den Jahresabschluss und den konsolidierten Abschluss von Versicherungsunternehmen, ABl. Nr. L 224 v. 16.8.2006, S. 1 ff.

184 Gegen unterjährige Aktualisierung *Lutter*, ZHR 166 (2002), 523, 534; *Seibt*, AG 2002, 249, 254; *Schüppen*, ZIP 2002, 1269, 1272.

185 Begr. RegE BT-Drucks. 14/8769, S. 22.

186 Begr. RegE BT-Drucks. 14/8769, S. 21.

187 *Lutter* in KölnKomm. AktG, § 161 Rz. 53; *Semler* in MünchKomm. AktG, § 161 Rz. 117; *Lutter*, ZHR 166 (2002), 523, 534; *Pfitzer/Oser/Wader*, DB 2002, 1120, 1121; *Ihrig/Wagner*, BB 2002, 789, 791; *Semler/Wagner*, NZG 2003, 553, 556; *Bertrams*, Haftung des Aufsichtsrates, S. 140 ff.; a.A. *Schüppen*, ZIP 2002, 1269, 1272; *Seibt*, AG 2002, 249, 254.

188 Begr. RegE BT-Drucks. 14/8769, S. 21; so auch bereits die Regierungskommission Corporate Governance, *Baums*, Bericht Regierungskommission, Rz. 10.

189 *Hüffer*, § 161 Rz. 22.

190 So aber *Seibt*, AG 2002, 249, 253.

191 *Lutter* in KölnKomm. AktG, § 161 Rz. 59; *Hüffer*, § 161 Rz. 22; *Lutter* in Ringleb/Kremer/Lutter/v. Werder, DCGK, Rz. 1539.

nissen entsprechen muss[192]. Sie ist daher beim Betreiber des elektronischen Bundesanzeigers in elektronischer Form einzureichen. Der Zwang zur schriftlichen Verkörperung ist mit der Einführung des elektronischen Handelregisters zum 1.1.2007 entfallen.

g) Interne Umsetzung der Verhaltensempfehlungen

Nachdem Vorstand und Aufsichtsrat die Entsprechenserklärung abgegeben haben, müssen sie gesellschaftsintern sicherstellen, dass die Verhaltensempfehlungen entsprechend der Erklärung umgesetzt werden. Innerhalb der Gesellschaftsverfassung kommen die Satzung, die Dienstverträge der Vorstandsmitglieder bzw. die Geschäftsordnungen von Vorstand und Aufsichtsrat als Regelwerke in Betracht, innerhalb derer die Verhaltensweisen der Verwaltungsorgane bestimmt werden kann[193]. 47

aa) Satzung. Die Satzung kann Vorstand und Aufsichtsrat nicht pauschal zur Befolgung des Kodex' verpflichten, da das AktG keine derart weitgehende Einflussnahme auf die Funktionsausübung von Vorstand und Aufsichtsrat zulässt[194]. Grundsätzlich ist aber denkbar, dass entweder die Verhaltensempfehlung selbst zur Satzungsbestimmung wird[195] oder dass die Satzung eine Vorgabe für die Ausgestaltung der Geschäftsordnungen von Vorstand und Aufsichtsrat enthält[196]. Allerdings sprechen praktische Gründe für eine restriktive Handhabung von Satzungsvorgaben, da die **Flexibilität** der Unternehmensleitung eingeschränkt würde[197]. 48

bb) Geschäftsordnungen. Die Mitglieder von Vorstand und Aufsichtsrat können auch durch eine Aufnahme von Verhaltensstandards in ihre **Geschäftsordnungen** auf ein kodexkonformes Verhalten verpflichtet werden[198], beschränkt indes auf diejenigen Verhaltensempfehlungen, die an das jeweilige Organ adressiert sind. 49

cc) Dienstverträge. Für Verhaltensempfehlungen, die sich an einzelne Vorstandsmitglieder richten, besteht die Möglichkeit der Umsetzung im **Anstellungsvertrag**[199]. Diese Variante scheidet für Aufsichtsratsmitglieder naturgemäß aus. Sinnvoll ist diese Umsetzungsvariante insbesondere für solche Wohlverhaltensempfehlungen, die sich auf das Dienstverhältnis zwischen Gesellschaft und Vorstandsmitglied beziehen[200]. 50

4. Dauerhafter Zugang

Die Entsprechenserklärung ist den Aktionären **dauerhaft zugänglich** zu machen (§ 161 Satz 2), wobei der Gesetzgeber davon abgesehen hat, eine bestimmte Form der Bekanntgabe oder ein bestimmtes Medium des Zugänglichmachens zu fordern. Die Formulierung „zugänglich machen" eröffnet der Gesellschaft umfassendere Kommu 51

---

192 *Hüffer*, § 161 Rz. 22; *Schüppen*, ZIP 2002, 1269, 1272; *Lutter* in KölnKomm. AktG, § 161 Rz. 58 spricht aber von einer faktischen Schriftform.
193 *Semler* in MünchKomm. AktG, § 161 Rz. 98; *Radke*, Entsprechenserklärung, S. 139.
194 *Lutter* in KölnKomm. AktG, § 161 Rz. 70; *Semler* in MünchKomm. AktG, § 161 Rz. 98, 101; *Radke*, Entsprechenserklärung, S. 139; *Ihrig/Wagner*, BB 2002, 789, 790; *Ulmer*, ZHR 166 (2002), 150, 174 f.
195 *Pfitzer/Oser/Wader*, DB 2002, 1120, 1121; *Radke*, Entsprechenserklärung, S. 139.
196 *Ihrig/Wagner*, BB 2002, 789, 790; *Radke*, Entsprechenserklärung, S. 140.
197 *Radke*, Entsprechenserklärung, S. 140.
198 *Lutter* in KölnKomm. AktG, § 161 Rz. 71; *Semler* in MünchKomm. AktG, § 161 Rz. 105 ff.; *Radke*, Entsprechenserklärung, S. 143 ff.; *Ihrig/Wagner*, BB 2002, 789, 790.
199 *Lutter* in KölnKomm. AktG, § 161 Rz. 72; *Semler* in MünchKomm. AktG, § 161 Rz. 108; *Radke*, Entsprechenserklärung, S. 146.
200 Zum Beispiel: Ziff. 3.5 Abs. 1 Satz 2, 3.8 Abs. 1, 4.3.1, 4.3.3 Satz 2, 4.3.4 Satz 1, 4.3.5; *Semler* in MünchKomm. AktG, § 161 Rz. 99; *Semler/Wagner*, NZG 2003, 553, 558.

nikationsmöglichkeiten gegenüber ihren Aktionären als der Begriff des „Mitteilens"[201]. Maßgeblich ist, dass die Aktionäre jederzeit Zugang zu den Informationen der Entsprechenserklärung haben, wobei die bloße **Zugangsmöglichkeit** genügt[202]. Von den Aktionären ihrerseits wird ein gewisses Maß an **Eigeninitiative** bei der Informationsverschaffung erwartet, indem sie die ihnen zur Verfügung zu stellende Zugangsmöglichkeit nutzen[203]. Allerdings darf die Möglichkeit der Kenntnisnahme nicht unangemessen erschwert sein.

a) Bekanntmachung im Internet

52   Das **Internet** ist ein geeignetes Medium zur Gewährleistung des dauerhaften Zugangs[204]. Auch der Gesetzgeber[205] und die Kodexkommission[206] lassen erkennen, dass sie eine Veröffentlichung der Entsprechenserklärung auf der **Website** der Gesellschaft für das Mittel der Wahl halten. Kurzzeitige Unterbrechungen des Zugangs durch etwaige technische Störungen oder Überlastungen schaden nicht[207].

b) Handelsregisterpublizität

53   Allein die nach § 325 Abs. 1 Satz 1 HGB erforderliche **Handelsregisterpublizität** genügt nicht, um den dauerhaften Zugang zur Entsprechenserklärung im Sinne des § 161 zu gewährleisten[208]. Zwar steht jedem Aktionär die Einsichtnahme in die Registerakten offen, was grundsätzlich einen dauerhaften Zugang ermöglicht; doch wollte der Gesetzgeber mit dem Begriff des „Zugänglichmachens" umfassendere Kommunikationsmöglichkeiten eröffnen[209], zumal es unangemessen erscheint, jeden Aktionär einer börsennotierten Aktiengesellschaft für die Kenntnisnahme der Entsprechenserklärung auf die Registereinsicht zu verweisen. Auch hätte § 161 Satz 2 dann keine eigenständige Bedeutung[210].

c) Bekanntmachung im Geschäftsbericht

54   Nach den handelsrechtlichen Vorschriften der §§ 285 Nr. 16 und 314 Nr. 8 HGB ist im Anhang des **Jahreseinzelabschlusses** sowie im Anhang des **Konzernabschlusses** anzugeben, dass die Entsprechenserklärung abgegeben und den Aktionären zugänglich gemacht worden ist. Die **Pflichtangabe** erfüllt nicht die Voraussetzungen an ein „Zugänglichmachen"[211]. Hier ist nur die Tatsache der erfolgten Entsprechenserklärung, nicht aber deren Inhalt Gegenstand der Pflichtangabe[212].

---

201 *Ringleb* in Ringleb/Kremer/Lutter/v. Werder, DCGK, Rz. 1575; *Schüppen*, ZIP 2002, 1269, 1272.
202 *Hüffer*, § 161 Rz. 23; *Radke*, Entsprechenserklärung, S. 103.
203 *Hüffer*, § 161 Rz. 23; *Ringleb* in Ringleb/Kremer/Lutter/v. Werder, DCGK, Rz. 1575.
204 *Lutter* in KölnKomm. AktG, § 161 Rz. 62; *Semler* in MünchKomm. AktG, § 161 Rz. 161; *Ringleb* in Ringleb/Kremer/Lutter/v. Werder, DCGK, Rz. 1575; *Hüffer*, § 161 Rz. 23; *Radke*, Entsprechenserklärung, S. 102.
205 Begr. RegE BT-Drucks. 14/8769, S. 22.
206 Ziff. 6.8 Satz 1 DCGK.
207 *Lutter* in KölnKomm. AktG, § 161 Rz. 62; *Lutter*, ZHR 166 (2002), 523, 528.
208 So aber *Schüppen*, ZIP 2002, 1269, 1272; *Seibt*, AG 2002, 249, 257; dagegen *Ringleb* in Ringleb/Kremer/Lutter/v. Werder, DCGK, Rz. 1575; *Radke*, Entsprechenserklärung, S. 104.
209 *Ringleb* in Ringleb/Kremer/Lutter/v. Werder, DCGK, Rz. 1575.
210 *Radke*, Entsprechenserklärung, S. 104.
211 A.A. *Lutter*, ZHR 166 (2002), 523, 528, der den Geschäftsbericht als geeignetes Publikationsforum ansieht.
212 *Baumbach/Hopt*, HGB, § 285 Rz. 17.

d) Sonstige Formen des Zugänglichmachens

Die Bekanntmachung der Entsprechenserklärung in den **Gesellschaftsblättern** nach 55
§ 25 allein gewährleistet nicht bereits den dauerhaften Zugang für die Aktionäre. Die
einmalige Publizierung im elektronischen Bundesanzeiger und ggf. in anderen Blät-
tern oder elektronischen Informationsmedien ist nicht geeignet, sicherzustellen, dass
der interessierte Aktionär im Verlauf der Jahresfrist hierauf zuverlässig Zugriff nehmen kann. Der Kenntnisnahme der Informationen müsste eine unangemessen auf-
wändige Recherche des Aktionärs vorausgehen. Auch die alleinige **Hinterlegung** des
Erklärungstextes am Ort der Erklärung genügt nicht, den dauerhaften Zugang zu gewähren[213]. Der Gesetzgeber hat ausdrücklich darauf hingewiesen, den technischen
Fortschritt für die Informationsvermittlung nutzen zu wollen[214]. Dieser Intention
widerspricht die konventionelle Kenntnisnahmemöglichkeit am Ort der Hauptverwaltung. Zudem dürfte es einen unangemessenen Aufwand bedeuten, jedem interessierten Aktionär die Anreise zum Ort der Hauptverwaltung zuzumuten.

5. Prüfung der Entsprechenserklärung

Eine **inhaltliche Prüfung** der Entsprechenserklärung durch eine gesellschaftsexterne 56
Instanz ist vom Gesetz nicht vorgesehen[215]. Gegenstand der regulären **Abschlussprüfung** ist allerdings die Tatsache der Abgabe der Entsprechenserklärung und die Gewährleistung ihrer dauerhaften Zugänglichkeit, weil diese Angaben gem. §§ 285
Nr. 16 und 314 Nr. 8 HGB in den Einzel- und Konzernabschluss aufzunehmen sind[216].
Damit beschränkt sich die Prüfung auf formale Gesichtspunkte[217]. Sind die Pflichtangaben fehlerhaft, weil die Entsprechenserklärung nicht abgegeben oder den Aktionären nicht dauerhaft zugänglich gemacht worden ist, so hat der Abschlussprüfer seinen **Bestätigungsvermerk** einzuschränken[218]. Offenbaren sich dem Abschlussprüfer
während der formalen Prüfung Unregelmäßigkeiten hinsichtlich des Inhalts der Entsprechenserklärung, so hat er diese im Prüfungsbericht darzustellen, auch wenn der
Inhalt grundsätzlich nicht Prüfungsgegenstand ist[219]. Darüber hinaus hat der Abschlussprüfer im Rahmen der Redepflicht gem. § 321 Abs. 1 Satz 3 HGB oder auf
Grund einer nach Ziff. 7.2.3 Abs. 2 DCGK mit dem Aufsichtsrat getroffenen Vereinbarung solche Tatsachen zu berichten, die er bei der Durchführung der Prüfung festgestellt hat und die erkennen lassen, dass die Entsprechenserklärung inhaltlich unzutreffend ist[220].

Die Entsprechenserklärung unterliegt gem. § 325 Abs. 1 Satz 1 HGB der Handelsre- 57
gisterpublizität. Dem **Registergericht** obliegt gem. § 329 Abs. 1 HGB die Prüfung der

---

213 A.A. *Hüffer*, § 161 Rz. 23, der die Bekanntgabe in den Gesellschaftsblättern bei gleichzeitiger
Verfügbarkeit am Ort der Hauptverwaltung für ausreichend hält.
214 Zu § 126 Abs. 1 Begr. RegE BT-Drucks. 14/8769, S. 20.
215 Begr. RegE BT-Drucks. 14/8769, S. 25.
216 Begr. RegE BT-Drucks. 14/8769, S. 25; *Semler* in MünchKomm. AktG, § 161 Rz. 169 f.; *Hüffer*, § 161 Rz. 24, 32; *Gelhausen/Hönsch*, AG 2002, 529, 533; *Seibert*, BB 2002, 581, 584; *Ulmer*, ZHR 166 (2002), 150, 175.
217 *Gelhausen/Hönsch*, AG 2002, 529, 533; *Ulmer*, ZHR 166 (2002), 150, 175.
218 Begr. RegE BT-Drucks. 14/8769, S. 25; *Semler* in MünchKomm. AktG, § 161 Rz. 170; *Ihrig/
Wagner*, BB 2002, 789, 791; *Ruhnke*, AG 2003, 371, 374; *Schüppen*, ZIP 2002, 1269, 1272;
Poll in Küting/Weber, Handbuch Rechnungslegung, § 161 AktG Rz. 22.
219 Begr. RegE BT-Drucks. 14/8769, S. 25; *IDW* PS 345, WPg 2006, 314, 317, Nr. 22 und 34; *Semler* in MünchKomm. AktG, § 161 Rz. 168; *Hüffer*, § 161 Rz. 24; *Ihrig/Wagner*, BB 2002, 789,
791; *Ruhnke*, AG 2003, 371, 374.
220 *IDW* PS 345, WPg 2006, 314, 319, Nr. 33; Begr. RegE BT-Drucks. 14/8769, S. 28; *Hüffer*, § 161
Rz. 24; *Kremer* in Ringleb/Kremer/Lutter/v. Werder, DCGK, Rz. 1367 ff.

Vollständigkeit und soweit vorgeschrieben die Prüfung der ordnungsgemäßen Bekanntmachung der einzureichenden Unterlagen. Zudem ist der dauerhaft zu gewährleistende **Zugang** als besondere Form der Bekanntmachung zu überprüfen.

6. Mängel der Entsprechenserklärung

58 **Wesentliche Verfahrensfehler** im Rahmen einer Beschlussfassung der Organe haben dessen Nichtigkeit mit ex tunc-Wirkung zur Folge[221]. Damit entfiele die Rechtsgrundlage der Entsprechenserklärung. Aus diesem Grunde wird man den Vorstand wie auch im Rahmen des § 83 Abs. 2 verpflichten müssen, vor Bekanntmachung der Entsprechenserklärung sowohl den Beschluss des Aufsichtsrats als auch denjenigen des eigenen Gremiums zu überprüfen. Auch **materielle Fehler** in der Beschlussfassung können die Nichtigkeit der Beschlüsse nach sich ziehen, etwa wenn gegen gesetzliche Vorschriften oder Satzungsvorgaben verstoßen wird.

59 Gibt der Vorstand eine Entsprechenserklärung bekannt, ohne dass dem eine Erklärung im Innenverhältnis zu Grunde liegt, ist nach allgemeinen Grundsätzen die Entsprechenserklärung im **Außenverhältnis** ab dem Zeitpunkt ihrer Verlautbarung wirksam[222]. Folgt auf eine intern ordnungsgemäße Beschlussfassung der Organe eine fehlerhafte Bekanntgabe, so ist der Vorstand verpflichtet, umgehend nach Feststellung des Fehlers, den korrekten Beschlusstext bekannt und den Aktionären zugänglich zu machen[223].

60 Fassen Vorstand und Aufsichtsrat einen inhaltlich unrichtigen Beschluss über den vergangenheitsbezogenen Teil der Entsprechenserklärung, so verletzen sie ihre gesetzliche Pflicht aus § 161 Satz 1, die auf die Abgabe einer **wahrheitsgetreuen retrospektiven Entsprechenserklärung** gerichtet ist[224].

61 Ob die Hauptversammlung trotz Kenntnis von Mängeln im Zusammenhang mit der Entsprechenserklärung den Organmitgliedern die **Entlastung** erteilen darf, ist umstritten. Während eine Meinung von einem vollständigen Ermessen der Hauptversammlung ausgeht, stellt die Gegenansicht jeden Gesetzes- oder Satzungsverstoß als zwingenden Versagungsgrund für die Entlastung heraus. Richtigerweise dürfte ein Mittelweg zu befürworten sein, der auf die Schwere des Verstoßes abstellt. Während ein umfassendes Ermessen der Hauptversammlungsmehrheit die Freiheit gäbe, selbst schwerste Rechtsverstöße zu billigen, stellte ein striktes Entlastungsverbot im Fall nur geringfügiger Verstöße eine unverhältnismäßige Rechtsfolge dar.

62 Zur Entlastung durch die Hauptversammlung bei Rechtsverstößen s. § 120 Rz. 30. Hat die Hauptversammlung in Unkenntnis der Gesetzesverletzung einen **Entlastungsbeschluss** zu Gunsten des Vorstandes gefasst, so ist dieser Entlastungsbeschluss **anfechtbar**[225]. Bei einer Gesetzesverletzung, die nicht den Vorstand als gesamtes Organ betrifft, sondern nur einzelne seiner Mitglieder, erstreckt sich die Anfechtbarkeit nicht auf den gesamten Entlastungsbeschluss, sondern reicht nur soweit, wie der Be-

---

221 *Semler* in MünchKomm. AktG, § 161 Rz. 176.
222 *Semler/Wagner*, NZG 2003, 553, 554; *Gelhausen/Hönsch*, AG 2002, 529, 533; zur Rechtskraft mangelhafter Beschlüsse *Mertens* in KölnKomm. AktG, § 77 Rz. 27, § 108 Rz. 82 ff.
223 *Semler* in MünchKomm. AktG, § 161 Rz. 182.
224 *Semler* in MünchKomm. AktG, § 161 Rz. 151; *Ulmer*, ZHR 166 (2002), 150, 165; *Kiethe*, NZG 2003, 559, 563.
225 *Lutter* in KölnKomm. AktG, § 161 Rz. 67; *Semler* in MünchKomm. AktG, § 161 Rz. 185; *Hüffer*, § 161 Rz. 31; *Claussen/Bröcker*, DB 2002, 1199, 1204; *Ulmer*, ZHR 166 (2002), 150, 165 f.; *Kiethe*, NZG 2003, 559, 567; *Schüppen*, ZIP 2002, 1269, 1272.

schluss das jeweilige Vorstandsmitglied betrifft[226]. Etwas anderes kann aber gelten, wenn die übrigen Organmitglieder den Verstoß erkannt und gebilligt haben[227].

IV. Sanktionen, insbesondere Haftung

1. Haftung

Das Gesetz trifft keine Vorgaben hinsichtlich der Haftung im Rahmen der Abgabe von Entsprechenserklärungen. Dementsprechend können die Mitglieder beider Organe sowohl im **Innenverhältnis** gegenüber der Gesellschaft selbst haftbar sein (§§ 93, 116) als auch gegenüber **außenstehenden Dritten** wie etwa Investoren oder Aktionären. Voraussetzung eines jeden Schadensersatzanspruchs ist ein **Schaden** des Anspruchstellers, für den die Pflichtverletzung adäquat kausal war. Eine mangelhafte oder nicht abgegebene Entsprechenserklärung wird regelmäßig zu einem Rückgang der Börsenkurse und damit zum einen aus der Perspektive der Innenhaftung zu einer schwierigeren Refinanzierung der Gesellschaft führen, zum anderen aus der Sicht der Anleger und Aktionäre in einem Wertverlust der Aktien bestehen[228]. Beide Schäden werfen in der Praxis erhebliche **Beweisschwierigkeiten** auf, weil Kursschwankungen nur selten monokausal erklärbar sind[229], Einzelheiten dazu bei § 93 Rz. 31 ff. Alternativ können allenfalls für die Außenhaftung im Bereich der kapitalmarktrechtlichen Haftung für fehlerhafte Informationen entwickelten Beweiserleichterungen oder die Naturalrestitution (bei Anlageentscheidungen) herangezogen werden[230]. Die Rechtsprechung hat hier jedoch eine umfassendere Beweiserleichterung abgelehnt. So hat der Anspruchsteller stets zu beweisen, dass die falschen kapitalmarktrechtlichen Informationen seinen Entschluss zum Kauf der Anlage verursacht haben. Das allgemeine enttäuschte Anlegervertrauen in die Integrität der Marktpreisbildung (**fraud-on-the-market-Theorie**) reiche jedenfalls nicht[231].

63

a) Innenhaftung

Die Nichtabgabe der Entsprechenserklärung verstößt gegen die gesetzliche Pflicht gem. § 161 Satz 1[232], auch wenn keine **vollständige und mangelfreie Erklärung** abgegeben wird[233]. Gleiches gilt für sonstige Mängel der Erklärung, die etwa auf Verfahrensfehlern der zu Grunde liegenden Beschlüsse beruhen oder für den Fall, dass die Erklärung den Aktionären entgegen der gesetzlichen Verpflichtung nicht dauerhaft zugänglich gemacht wird[234], ebenso bei einer wahrheitswidrigen Erklärung für die Vergangenheit[235] oder einem Verstoß gegen die Aktualisierungspflicht (Rz. 43 f.)[236]. Wenngleich die Entstehung eines Schadens in der Praxis für unwahrscheinlich gehal-

64

---

226 *Lutter* in KölnKomm. AktG, § 161 Rz. 67; *Semler* in MünchKomm. AktG, § 161 Rz. 185.
227 *Hüffer*, § 161 Rz. 31; *Ulmer*, ZHR 166 (2002), 150, Fn. 56.
228 *Semler* in MünchKomm. AktG, § 161 Rz. 202.
229 *Semler* in MünchKomm. AktG, § 161 Rz. 202; *Bertrams*, Haftung des Aufsichtsrates, S. 229.
230 BGH v. 19.7.2004 – II ZR 218/03, ZIP 2004, 1599 = AG 2004, 543; BGH v. 19.7.2004 – II ZR 217/03, ZIP 2004, 1604.
231 BGH v. 2.2.2007 – II ZR 153/05, DB 2007, 628 f. = ZIP 2007, 326 f. = WM 2007, 486 f. = AG 2007, 169 f.
232 *Lutter* in KölnKomm. AktG, § 161 Rz. 83; *Semler* in MünchKomm. AktG, § 161 Rz. 197; *Hüffer* § 161 Rz. 25.
233 *Lutter* in KölnKomm. AktG, § 161 Rz. 83.
234 *Hüffer*, § 161 Rz. 25; *Lutter*, ZHR 166 (2002), 523, 543.
235 *Lutter* in KölnKomm. AktG, § 161 Rz. 84; *Semler* in MünchKomm. AktG, § 161 Rz. 199.
236 *Lutter* in KölnKomm. AktG, § 161 Rz. 76; *Ringleb* in Ringleb/Kremer/Lutter/v. Werder, DCGK, Rz. 1572.

ten wird[237], so ist er theoretisch doch immerhin denkbar; wichtiger sind indes die Konsequenzen für eine Abberufung nach § 84.

65   Der **zukunftsgerichtete Teil** der Entsprechenserklärung entfaltet jedoch keine **Bindungswirkung** im Sinne einer rechtlichen Verpflichtung, sich an die Erklärung in der Zukunft tatsächlich zu halten[238]. Vielmehr sind die Organe jederzeit frei, in ihrem tatsächlichen Verhalten von der Erklärung abzuweichen oder ihre **Umsetzungsabsicht** zu ändern[239]. Die bloße Nichtbeachtung der eigenen Erklärung stellt somit keine Sorgfaltspflichtverletzung, also kein haftungsbegründendes Verhalten dar[240]. Erst eine schuldhafte Verletzung der **Pflicht zur Aktualisierung** der Erklärung stellt ein haftungsbegründendes Verhalten dar[241].

66   Die erklärte **Nichtbeachtung von Kodexempfehlungen** stellt kein haftungsbegründendes Verhalten von Vorstand und Aufsichtsrat dar[242]. Der Deutsche Corporate Governance Kodex statuiert unverbindliche Verhaltensempfehlungen[243]. Üben die Organe nun eben diese Möglichkeit aus, kann dies nicht sorgfaltswidrig sein. **Ebenso wenig** kann aus diesem Grund den Kodexstandards eine **Konkretisierungs- oder Indizfunktion** im Rahmen der Bestimmung der **Sorgfaltspflicht** nach § 93 Abs. 1 beigemessen werden[244]. Denn anders als bei DIN-Normen, die auf einem standardisierten Erfahrungswissen beruhen und deren technische Lösungen stets reproduzierbar sind, so dass sie als Erfahrungsgrundsätze für einen Anscheinsbeweis in einem Prozess herangezogen werden können[245], sind Verhaltensanforderungen und normative Aussagen kaum einer solchen Vermutungsregel zugänglich[246]. Auch die **Einhaltung der Kodex-Standards** stellt **kein Indiz** für pflichtgemäßes Verhalten dar; das Gesetz hat es bei der Beweislastumkehr zu Lasten der Organmitglieder belassen, so dass diese auch nicht über die Einhaltung des Kodex ausgeschaltet werden kann[247]. Dies gilt erst recht vor dem Hintergrund der verfassungsrechtlichen Problematik[248]. Etwas anderes gilt nur, wenn die Verhaltensempfehlungen gesellschaftsintern umgesetzt worden sind; das einzelne Organmitglied mithin intern zu einem entsprechenden Verhalten verpflichtet ist[249]. In diesem Fall kann ein abweichendes Verhalten eine Schadenser-

---

237 *Hüffer*, § 161 Rz. 25; *Claussen/Bröcker*, DB 2002, 1199, 1205; *Thümmel*, Persönliche Haftung von Managern und Aufsichtsräten, Rz. 138; *Kiethe*, NZG 2003, 559, 564; *Seibt*, AG 2002, 249, 255, der den Kausalitätsnachweis für problematisch hält.
238 Begr. RegE BT-Drucks. 14/8769, S. 22; *Lutter* in KölnKomm. AktG, § 161 Rz. 85; *Semler* in MünchKomm. AktG, § 161 Rz. 198.
239 Begr. RegE BT-Drucks. 14/8769, S. 22; *Lutter* in KölnKomm. AktG, § 161 Rz. 76; *Semler/ Wagner*, NZG 2003, 553, 554; *Gelhausen/Hönsch*, AG 2003, 367, 368.
240 *Semler* in MünchKomm. AktG, § 161 Rz. 198; *Hüffer*, § 161 Rz. 27.
241 *Lutter* in KölnKomm. AktG, § 161 Rz. 85.
242 *Hüffer*, § 161 Rz. 27; *Bachmann*, WM 2002, 2137, 2138; *Berg/Stöck*, WM 2002, 1569, 1575 ff.; *Ettinger/Grützediek*, AG 2003, 353, 354 f.; *Kollmann*, WM 2003, Sonderbeilage 1 S. 14 f.; a.A. *Lutter*, ZHR 166 (2002), 523, 542.
243 *Ettinger/Grützediek*, AG 2003, 353, 355.
244 So aber *Lutter*, ZHR 166 (2002), 523, 542; *Seibt*, AG 2002, 249, 251, der eine Umkehrung der Beweislastregel des § 93 Abs. 2 Satz 2 zu Gunsten der Organmitglieder befürwortet.
245 S. dazu jüngst *Reiff* in Hendler/Marburger/Reinhardt/Schröder, Technische Regeln im Umwelt- und Technikrecht, 2006, S. 155 ff. m.w.N.
246 Im Ergebnis wie hier *Bachmann*, WM 2002, 2137, 2138 f.; *Berg/Stöcker*, WM 2002, 1569, 1575 ff.; *Hüffer* § 161 Rz. 27.
247 Wie hier *Hüffer* § 161 Rz. 27; *Ettinger/Grützediek*, AG 2003, 353, 355; *Bachmann*, WM 2002, 2137, 2138 f.; dagegen *Schüppen*, ZIP 2002, 1269, 1271; *Seibt*, AG 2002, 249, 251.
248 *Ettinger/Grützediek*, AG 2003, 353, 355.
249 *Lutter* in KölnKomm. AktG, § 161 Rz. 88.

satzpflicht begründen, weil die Organmitglieder nunmehr strengeren Sorgfaltsanforderungen unterliegen[250].

b) Außenhaftung

aa) Allgemeines. Eine Haftung der Gesellschaft oder der Organmitglieder gegenüber 67
außenstehenden Dritten scheidet aus, wenn und soweit es sich um einen **Reflexschaden** handelt (dazu § 92 Rz. 10)[251]. Der mittelbar geschädigte Dritte kann den Schädiger jedoch auf Zahlung an die Gesellschaft in Anspruch nehmen[252].

Als **Anspruchsgegner** eines Außenhaftungsanspruchs kommen sowohl die Gesell- 68
schaft selbst in Betracht, sofern und soweit sie sich haftungsbegründende Pflichtverletzungen ihrer Organe gem. § 31 BGB zurechnen lassen muss, als auch die Organmitglieder selbst[253]. Einer Haftung der Gesellschaft gegenüber eigenen Aktionären steht auch nicht das **Kapitalerhaltungsprinzip** entgegen, sofern die Ersatzansprüche der Aktionäre nicht auf der mitgliedschaftlichen Sonderrechtsbeziehung als Aktionäre beruhen, sondern deliktisch begründet sind[254]. Grundsätzlich kann für Anleger, die erst aufgrund einer fehlerhaften Entsprechenserklärung Aktionär geworden sein sollten, von einem Vorrang ihres Anspruchs vor der Kapitalerhaltung ausgegangen werden, da nur die spezifisch mitgliedschaftsrechtlich begründeten (nicht die deliktischen) Ansprüche von dem Vorrang der Kapitalerhaltung betroffen sind[255]. In einem obiter dictum deutet der BGH darüber hinaus an, dass dies auch für haltende Altanleger gilt, „die nachweisbar von dem zu einem bestimmten Zeitpunkt fest beabsichtigten Verkauf der Aktien Abstand genommen haben"[256]. Allerdings ist nicht zu verkennen, dass damit erhebliche Nachweisprobleme entstehen, so dass nach wie vor dafür plädiert wird, an dem Erfordernis einer konkreten Transaktion festzuhalten[257].

bb) Anspruchsgrundlagen. Die Grundlagen für eine Außenhaftung aufgrund fehler- 69
hafter Information sind an anderer Stelle dargelegt (§ 93 Rz. 64 ff.), so dass hier nur auf spezifische Fragen zu § 161 eingegangen werden kann.

---

250 *Lutter* in KölnKomm. AktG, § 161 Rz. 88; *Hommelhoff/Schwab* in Hommelhoff/Hopt/
    v. Werder, Hdb. Corporate Governance, 2003, S. 68; *Ettinger/Grützediek*, AG 2003, 353, 355.
251 BGH v. 22.10.1984 – II ZR 2/84, NJW 1985, 1900; BGH v. 29.6.1987 – II ZR 173/86, NJW
    1988, 413, 415; BGH v. 10.11.1986 – II ZR 140/85, NJW 1987, 1077, 1079 f.; OLG Düsseldorf
    v. 28.11.1996 – 6 U 11/95, AG 1997, 231, 236; *Hefermehl/Spindler* in MünchKomm. AktG,
    § 93 Rz. 184; *Lutter* in KölnKomm. AktG, § 161 Rz. 94; *Hopt* in Großkomm. AktG, § 93
    Rz. 484; *Semler* in MünchKomm. AktG, § 161 Rz. 203; *Hüffer*, § 93 Rz. 19; *Mertens* in Köln-
    Komm. AktG, 2. Aufl. 1996, § 93 Rz. 170; *Wiesner* in MünchHdb. AG, § 26 Rz. 32; *Müller* in
    FS Kellermann, 1991, S. 317 ff.; *K. Schmidt*, GesR, § 28 II 4 b.
252 BGH v. 5.6.1975 – II ZR 23/74, BGHZ 65, 15, 18; BGH v. 22.10.1984 – II ZR 2/84, NJW 1985,
    1900; BGH v. 10.11.1986 – II ZR 140/85, NJW 1987, 1077, 1079 f.; BGH v. 29.6.1987 – II ZR
    173/86, NJW 1988, 413, 415; OLG Düsseldorf v. 28.11.1996 – 6 U 11/95, AG 1997, 231, 236;
    Hefermehl/Spindler in MünchKomm. AktG, § 93 Rz. 184; *Lutter* in KölnKomm. AktG,
    § 161 Rz. 94; *Semler* in MünchKomm. AktG, § 161 Rz. 203; *Hüffer*, § 93 Rz. 19; *Hopt* in
    Großkomm. AktG, § 93 Rz. 484 ff.; *Mertens* in KölnKomm. AktG, § 93 Rz. 170; *Mertens* in
    FS Fischer, 1979, S. 461, 473 ff.; *Mertens* in FS Lange, 1992, S. 561, 569 ff.; *Brandes* in FS
    Fleck, 1988, S. 13 ff.; *Müller* in FS Kellermann, 1991, S. 317, 318; *Martens*, ZGR 1972, 254,
    278 ff.; *Winter*, ZHR 148 (1984), 579, 596; *Baums*, ZGR 1987, 554, 557 ff.; *Hopt* in FS Mest-
    mäcker, 1996, S. 909, 925 f.
253 *Hüffer*, § 161 Rz. 28 ff.
254 BGH v. 9.5.2005 – II ZR 287/02, NJW 2005, 2450; abl. aber gegenüber einem Anspruch gegen
    die Gesellschaft: *Hüffer*, § 161 Rz. 29; *Baums*, Bericht Regierungskommission, Rz. 186; *Rei-
    chert/Weller*, ZRP 2002, 49, 52 ff.; *Ulmer*, ZHR 166 (2002), 150, 169; *Seibt*, AG 2002, 249,
    256.
255 *Gottschalk*, DStR 2005, 1648, 1652; *Spindler*, WM 2004, 2089, 2094.
256 BGH v. 9.5.2005 – II ZR 287/02, DStR 2005, 1326, 1329.
257 *Gottschalk*, DStR 2005, 1648, 1652.

70 **(1) Deliktische Ansprüche.** Hinsichtlich des Schutzes des **Mitgliedschaftsrechts**[258] fehlt es bereits an einem **unmittelbaren Bezug** der Entsprechenserklärung zur einzelnen Mitgliedschaft[259]; in der Regel werden reine Vermögensschäden vorliegen, die nicht über § 823 Abs 1 BGB zu ersetzen sind.

71 Eine Haftung nach **§ 823 Abs. 2 BGB i.V.m. dem Kodex** scheitert an der mangelnden Rechtsnormqualität der Kodexnormen (Rz. 6 ff.)[260]. Darüber hinaus würde es am Schutzgesetzcharakter fehlen, da die in § 161 Satz 1 statuierte **Erklärungspflicht** im wesentlichen die Information des Kapitalmarktes und damit die Stärkung des Marktvertrauens bezweckt, nicht aber den Individualschutz einzelner Anleger, der allenfalls reflexartig vermittelt wird[261]. Die Vorschrift des **§ 331 Nr. 1, 2 HGB**, die die unrichtige oder verschleierte Darstellung der Verhältnisse der Gesellschaft sanktioniert, ist als Schutzgesetz nicht einschlägig, weil die Entsprechenserklärung nicht Bestandteil des Jahresabschlusses wird[262]. In Einzelfällen kann allerdings **§ 400 Abs. 1 Nr. 1** in Betracht kommen: Zwar ist die Entsprechenserklärung keine Darstellung oder Übersicht über den Vermögensgegenstand der Gesellschaft[263]; doch kann die Auskunft über die künftige Einhaltung des Kodex ein für die **künftige Entwicklung der Gesellschaft** relevantes Datum sein, was den Straftatbestand bereits erfüllt[264].

72 Der Straftatbestand des **Betruges** gem. § 263 Abs. 1 StGB entfaltet ebenfalls Schutzgesetzcharakter für die Anleger[265]. Regelmäßig wird es jedoch an der **Unmittelbarkeit** des Vermögensschadens fehlen[266]. Die Abgabe einer unrichtigen Entsprechenserklärung führt nicht zwangläufig zu einem Vermögensschaden beim Anleger[267]. Darüber hinaus wird dem einzelnen Organmitglied nur selten eine Bereicherungsabsicht nachzuweisen sein[268].

---

258 BGH v. 12.3.1990 – II ZR 179/89, NJW 1990, 2877; OLG München v. 2.4.1990 – 17 U 2411/89, ZIP 1990, 1552; RG v. 26.11.1920 – VII 286/20, RGZ 100, 274, 278 (zur GmbH); RG v. 21.9.1938 – II 138/37, RGZ 158, 248, 255; *Spindler* in Bamberger/Roth, BGB, § 823 Rz. 100; *Lutter* in KölnKomm. AktG, § 161 Rz. 104; *Kort* in FS Raiser, 2005, S. 203, 206; *Bertrams*, Haftung des Aufsichtsrates, S. 251; *Habersack*, Die Mitgliedschaft – subjektives und „sonstiges" Recht, 1996, S. 117 ff.

259 *Hüffer*, § 161 Rz. 28; *Abram*, ZBB 2003, 41, 44 f.; *Berg/Stöcker*, WM 2002, 1569, 1578; *Kiethe*, NZG 2003, 559, 565; *Kort* in FS Raiser, 2005, S. 203, 206 f.; *Ulmer*, ZHR 166 (2002), 150, 168; *E. Vetter*, DNotZ 2003, 748, 762.

260 *Lutter* in KölnKomm. AktG, § 161 Rz. 106; *Semler* in MünchKomm. AktG, § 161 Rz. 208; *Ulmer*, ZHR 166 (2002), 150, 168; *Kiethe*, NZG 2003, 559, 566; *Abram*, ZBB 2003, 41, 45; *Kort* in FS Raiser, 2005, S. 203, 207 f.; *Bertrams*, Haftung des Aufsichtsrates 2004, S. 254 f.; *Haufland*, Haftungsrisiken im Zusammenhang mit § 161 AktG, 2006, S. 92.

261 *Lutter* in KölnKomm. AktG, § 161 Rz. 107; *Semler* in MünchKomm. AktG, § 161 Rz. 210; *Spindler* in Bamberger/Roth, BGB, § 823 Rz. 156; *Kiethe*, NZG 2003, 559, 566; *Seibt*, AG 2002, 249, 256; *Schüppen*, ZIP 2002, 1269, 1272; *Abram*, ZBB 2003, 41, 45 f.; *Kort* in FS Raiser, 2005, S. 203, 208 f.; *Bertrams*, Haftung des Aufsichtsrates, S. 255 f.

262 *Lutter* in KölnKomm. AktG, § 161 Rz. 108; *Semler* in MünchKomm. AktG, § 161 Rz. 219; *Kiethe*, NZG 2003, 559, 566; *Bertrams*, Haftung des Aufsichtsrates, S. 256 ff.; a.A. *Hommelhoff/Schwab* in Hommelhoff/Hopt/v. Werder, Hdb. Corporate Governance, 2003, S. 51, 71 f.

263 *Lutter* in KölnKomm. AktG, § 161 Rz. 109; *Kiethe*, NZG 2003, 559, 566; *Kort* in FS Raiser, 2005, S. 203, 213.

264 *Otto* in Großkomm. AktG, § 400 Rz. 28; *Kiethe*, NZG 2003, 559, 566.

265 LG München I v. 28.6.2001 – 12 O 10157/01, ZIP 2001, 1814, 1815; *Palandt/Sprau*, BGB, § 823 Rz. 69; *Semler/Schaal* in MünchKomm. AktG, § 161 Rz. 214; *Kiethe*, NZG 2003, 559, 566.

266 *Kiethe*, NZG 2003, 559, 566; *Abram*, ZBB 2003, 41, 47; *Kort* in FS Raiser, 2005, S. 203, 209; *Schlitt*, DB 2007, 326, 329.

267 *Kiethe*, NZG 2003, 559, 566; *Abram*, ZBB 2003, 41, 47.

268 *Semler* in MünchKomm. AktG, § 161 Rz. 214; *Kort* in FS Raiser, 2005, S. 203, 209.

Ferner kann nach allgemeinen Grundsätzen (§ 93 Rz. 66) eine **Haftung der Organe ge-** 73
genüber außenstehenden Geschädigten aus § 826 BGB bestehen[269], wobei die Organmitglieder jedoch nachweisbar bei Abgabe der unrichtigen Entsprechenserklärung in
dem Bewusstsein gehandelt haben müssen, einen Schädigungserfolg bei einzelnen
Anlegern herbeizuführen und diesen auch zumindest billigend in Kauf genommen
haben[270].

(2) Prospekthaftung. Außenstehende Dritte können die Mitglieder von Vorstand und 74
Aufsichtsrat nicht unmittelbar oder analog nach den Vorschriften der **Prospekthaf-**
tung, wie etwa §§ 44 ff., 55 BörsG, § 127 InvG und § 13 VerkProspG, für Schäden in
Anspruch nehmen, die aus einer unrichtigen Entsprechenserklärung erwachsen
sind[271]. Diese spezialgesetzlichen Vorschriften nehmen auf konkret definierte Pros-
pekte Bezug[272]. Die Entsprechenserklärung unterfällt damit bereits nicht ihrem Anwendungsbereich. Darüber hinaus weisen Verkaufsprospekte und die Entsprechenserklärung deutliche **Unterschiede im Informationsgehalt** auf. Während erstere über
die wirtschaftlichen Verhältnisse einer Gesellschaft, ihre Renditeerwartungen und
Anlagerisiken informieren, gibt letztere Auskünfte über die Unternehmensverfassung, die nicht im selben Maße auf die Anlageentscheidung von Investoren Einfluss
zu nehmen geeignet sind[273].

(3) Kapitalmarktrechtliche Vertrauenshaftung. Eine **allgemeine kapitalmarktrechtli-** 75
che Vertrauenshaftung für Schäden, die dem Anlagepublikum daraus erwachsen, dass
es auf eine fehlerhafte bzw. unwahre Entsprechenserklärung vertraut, ist abzulehnen[274]. Abgesehen davon, auf welche **Rechtsgrundlage** solche Ansprüche zu stützen
wären[275], scheidet ein schützenswertes Vertrauen auf die einmal bekannt gemachte
Entsprechenserklärung bereits vor dem Hintergrund aus, dass Vorstand und Aufsichtsrat die Erklärung jederzeit **aktualisieren** und veränderten Umsetzungsabsichten an-
passen können. Darüber hinaus trägt die Entsprechenserklärung zwar zur Transparenz
des Kapitalmarktes bei, richtet sich mit ihrem Erklärungsgehalt aber nicht an den einzelnen Anleger, so dass dieser hieraus einen Vertrauensschutz ableiten könnte[276].

---

269 BGH v. 9.5.2005 – II ZR 287/02, NJW 2005, 2450; BGH v. 19.7.2004 – II ZR 218/03, BGHZ
160, 134; *Hüffer*, § 161 Rz. 29; *Semler* in MünchKomm. AktG, § 161 Rz. 220.
270 *Lutter* in KölnKomm. AktG, § 161 Rz. 101; *Semler* in MünchKomm. AktG, § 161 Rz. 220;
zu den subjektiven Tatbestandsvoraussetzungen BGH v. 19.7.2004 – II ZR 218/03, BGHZ
160, 134; BGH v. 11.11.2003 – VI ZR 371/02, NJW 2004, 446; BGH v. 14.6.2000 – VIII ZR
218/99, NJW 2000, 2896; BGH v. 20.11.1990 – VI ZR 6/90, NJW 1991, 634; BGH v. 14.4.1986
– II ZR 132/85, WM 1986, 904; BGH v. 5.3.1975 – VIII ZR 230/73, WM 1975, 559; *Spindler* in
Bamberger/Roth, BGB, § 826 Rz. 10.
271 *Semler* in MünchKomm. AktG, § 161 Rz. 221 ff.; *Hüffer*, § 161 Rz. 30; *Kort* in FS Raiser,
2005, S. 203, 223; *Berg/Stöcker*, WM 2002, 1569, 1580 ff.; *Kollmann*, WM 2003, Sonderbeilage 1, S. 15 f.; *Kiethe*, NZG 2003, 559, 565; a.A. *Seibert*, BB 2002, 584; *Seibt*, AG 2002, 249,
256 f.; *Ettinger/Grützediek*, AG 2003, 353, 360.
272 *Kort* in FS Raiser, 2005, S. 203, 223; *Berg/Stöcker*, WM 2002, 1569, 1582; *Kiethe*, NZG 2003,
559, 565; *Ettinger/Grützediek*, AG 2003, 353, 357 f.
273 *Semler* in MünchKomm. AktG, § 161 Rz. 223; a.A. *Lutter* in KölnKomm. AktG, § 161
Rz. 101; *Lutter* in FS Druey, 2002, S. 463, 474, der die Voraussetzungen für eine allgemeine
zivilrechtliche Prospekthaftung für gegeben sieht.
274 *Semler* in MünchKomm. AktG, § 161 Rz. 225; *Hüffer*, § 161 Rz. 29; *Lutter* in KölnKomm.
AktG, § 161 Rz. 96, der eine Haftung aus culpa in contrahendo ablehnt.
275 *Semler* in MünchKomm. AktG, § 161 Rz. 225, gerade das Fehlen einer Rechtsgrundlage beto-
nend; *Hüffer*, § 161 Rz. 29; *Lutter* in KölnKomm. AktG, § 161 Rz. 101: Haftung aus culpa in
contrahendo, im Ergebnis ablehnend; grundlegend zur kapitalmarktrechtlichen Vertrauenshaftung: *Canaris*, Die Vertrauenshaftung im deutschen Privatrecht, 1971, S. 411 ff.; unentschieden in Bezug auf die Rechtsgrundlage und die Anwendbarkeit allgemeiner Haftungstatbestände auf die Entsprechenserklärung *Seibt*, AG 2002, 249, 256 f.
276 *Semler* in MünchKomm. AktG, § 161 Rz. 225.

76 **(4) Vertragliche Haftung.** Für eine **vertragliche Außenhaftung** der Organmitglieder für eine unrichtige Entsprechenserklärung fehlt es an vertraglichen Beziehungen zu den geschädigten Anlegern[277]., Die Gesellschaftsorgane haben bei der Abgabe ihrer Erklärung keinen rechtlichen Bindungswillen, weil sie den zukunftsgerichteten Teil in dem Bewusstsein abgeben, jederzeit zur Änderung der Erklärung berechtigt zu sein[278].

77 **(5) Haftung aus vertragsähnlicher Beziehung.** Die Mitglieder von Vorstand und Aufsichtsrat haften geschädigten Anlegern nicht gem. §§ 311 Abs. 3, 241 Abs. 2, 280 Abs. 1 BGB. Voraussetzung für diesen **vertragähnlichen Anspruch** wäre, dass das einzelne Organmitglied durch die Abgabe der Entsprechenserklärung besonderes Vertrauen für sich in Anspruch nimmt und dadurch erheblichen Einfluss auf das Vertragsverhältnis zwischen Gesellschaft und Anleger nimmt. Einerseits richtet sich die Entsprechenserklärung an ein unbestimmtes Anlegerpublikum, so dass dieses Instrument nicht geeignet ist, ein besonderes **Vertrauensverhältnis** zu einzelnen Anlegern zu begründen[279]. Zudem wird die Erklärung von Vorstand und Aufsichtsrat als Kollegialorgane abgegeben, so dass ein auf einzelne Mitglieder bezogener Vertrauenstatbestand per se nicht begründet wird[280]. Darüber hinaus ist der Aussagegehalt der Entsprechenserklärung nicht darauf gerichtet, für ein besonderes Vertrauen zu einzelnen Verwaltungsmitgliedern zu werben, sondern lediglich abstrakt-generelle Informationen über die Unternehmensverfassung zu vermitteln[281].

2. Ordnungswidrigkeiten und strafrechtliche Sanktionen

78 Mitglieder von Vorstand und Aufsichtsrat begehen gem. § 334 Abs. 1 Nr. 1d) und Nr. 2f) HGB eine **Ordnungswidrigkeit**, wenn sie bei der Aufstellung oder Feststellung des Jahres- bzw. Konzernabschlusses die Pflichtangabe über die Abgabe und Zugänglichmachung der Entsprechenserklärung unterlassen.

79 Eine **strafrechtliche Verantwortlichkeit** der Mitglieder von Vorstand und Aufsichtsrat ordnet § 331 Nr. 1 HGB für den Fall an, dass eine der Pflichtangaben im Jahresabschluss unrichtig wiedergegeben oder verschleiert wird. Zu diesen Pflichtangaben zählt auch die Erklärung gem. § 285 Nr. 16 und § 314 Abs. 1 Nr. 8 HGB über die erfolgte Abgabe und Bekanntmachung der Entsprechenserklärung. Strafbewehrt ist gem. § 400 Abs. 1 Nr. 1 auch die unrichtige Wiedergabe oder Verschleierung der Verhältnisse der Gesellschaft. Dieser Tatbestand kann durch unrichtige Angaben im Zusammenhang mit der Entsprechenserklärung erfüllt sein[282]. Da der Tatbestand aber an Vorträge oder Auskünfte über die in der Hauptversammlung anknüpft, dürfte die praktische Relevanz gering sein.[283] Ein Kreditbetrug (§ 265b StGB) kommt in Betracht, wenn eine falsche Entsprechenserklärung abgegeben und die Bewertung des Kreditrisikos und folglich die Kreditentscheidung zumindest auch davon abhängig gemacht werden, inwieweit das Unternehmen den Standards des Kodex folgt.[284] Da-

---

277 Anders *Peltzer*, NZG 2002, 10, 11; *Stein* in FS Peltzer, 2001, S. 557, 568.
278 *Semler* in MünchKomm. AktG, § 161 Rz. 228.
279 *Semler* in MünchKomm. AktG, § 161 Rz. 230; *Lutter* in FS Druey, 2002, S. 463, 471; *Ettinger/Grützediek*, AG 2003, 353, 357.
280 *Lutter* in KölnKomm. AktG, § 161 Rz. 96; *Semler* in MünchKomm. AktG, § 161 Rz. 230; *Lutter* in FS Druey, 2002, S. 463, 471 f.
281 *Lutter* in KölnKomm. AktG, § 161 Rz. 96; *Kort* in FS Raiser, 2005, S. 203, 217; *Ettinger/Grützediek*, AG 2003, 353, 357.
282 *Semler* in MünchKomm. AktG, § 161 Rz. 242; *Schlitt*, DB 2007, 326, 328.
283 *Körner*, NZG 2004, 1148, 1150; *Lutter* in KölnKomm. AktG, § 161 Rz. 109.
284 *Schlitt*, DB 207, 326, 327 f.

rüber hinaus kann den Empfehlungen des Kodex bei der Bestimmung der Pflichtwidrigkeit des Organhandelns im Rahmen des Untreuetatbestandes (§ 266 StGB) Bedeutung zukommen.[285]

Zweiter Abschnitt. Prüfung des Jahresabschlusses

Erster Unterabschnitt. Prüfung durch Abschlussprüfer

§§ 162–169

(weggefallen)

Zweiter Unterabschnitt. Prüfung durch den Aufsichtsrat

§ 170
Vorlage an den Aufsichtsrat

(1) Der Vorstand hat den Jahresabschluss und den Lagebericht unverzüglich nach ihrer Aufstellung dem Aufsichtsrat vorzulegen. Satz 1 gilt entsprechend für einen Einzelabschluss nach § 325 Abs. 2a des Handelsgesetzbuchs sowie bei Mutterunternehmen (§ 290 Abs. 1, 2 des Handelsgesetzbuchs) für den Konzernabschluss und den Konzernlagebericht.

(2) Zugleich hat der Vorstand dem Aufsichtsrat den Vorschlag vorzulegen, den er der Hauptversammlung für die Verwendung des Bilanzgewinns machen will. Der Vorschlag ist, sofern er keine abweichende Gliederung bedingt, wie folgt zu gliedern:

1. Verteilung an die Aktionäre;

2. Einstellung in Gewinnrücklagen;

3. Gewinnvortrag;

4. Bilanzgewinn.

(3) Jedes Aufsichtsratsmitglied hat das Recht, von den Vorlagen und Prüfungsberichten Kenntnis zu nehmen. Die Vorlagen und Prüfungsberichte sind auch jedem Aufsichtsratsmitglied oder, soweit der Aufsichtsrat dies beschlossen hat, den Mitgliedern eines Ausschusses zu übermitteln.

I. Allgemeines	1	1. Notwendige Unterlagen	3
1. Regelungsgegenstand	1	2. Verpflichteter und Berechtigter	5
2. Entstehungsgeschichte	2	3. Rechtzeitigkeit	6
II. Vorlagen an den Aufsichtsrat	3	III. Vorschlag zur Gewinnverwendung	8

---

285 *Schlitt*, DB 2007, 326, 330.

1. Ausschüttung an Aktionäre 9

2. Einstellung in Gewinnrücklagen . . . 12

3. Gewinnvortrag 13

4. Bilanzgewinn 14

5. Weitere Positionen, abweichende
   Gliederung 15

IV. Rechte der Aufsichtsratsmitglieder . . 16

1. Regelfall: Individueller Anspruch auf
   Kenntnisnahme und Übermittlung . . 16

2. Einschränkung: Übermittlung an
   Ausschuss 18

3. Rechtsfolgen bei Verstößen 20

Literatur: *Altmeppen*, Der Prüfungsausschuss – Arbeitsteilung im Aufsichtsrat, ZGR 2004, 390; *Bea/Scheurer*, Die Kontrollfunktion des Aufsichtsrats, DB 1994, 2145; *Bormann/Gucht*, Übermittlung des Prüfungsberichts an den Aufsichtsrat – ein Beitrag zu § 170 Abs. 3 S. 2 AktG, BB 2003, 1887; *Ebeling/Schmidt*, Individuelle Informationsrechte von Aufsichtsratsmitgliedern einer Aktiengesellschaft, BB 2002, 1705; *Hommelhoff*, Die neue Position des Abschlussprüfers im Kraftfeld der aktienrechtlichen Organisationsverfassung, BB 1998, Teil I S. 2567; *Lenz/Ostrowski*, Kontrolle und Transparenz im Unternehmensbereich durch die Institution Abschlussprüfung, BB 1997, 1523; *Lutter*, Information und Vertraulichkeit im Aufsichtsrat, 3. Aufl. 2006; *Scheffler*, Die Berichterstattung des Abschlussprüfers aus der Sicht des Aufsichtsrates, WPg 2002, 1289; *Strieder*, Zur Frist der Prüfungs- und Berichtspflicht des Aufsichtsrats hinsichtlich des Jahresabschlusses einer AG oder KGaA, AG 2006, 363; *Wilde*, Informationsrechte und Informationspflichten im Gefüge der Gesellschaftsorgane, ZGR 1998, 423; *Ziemons*, Erteilung des Prüfungsauftrages an den Abschlussprüfer einer Aktiengesellschaft durch einen Aufsichtsratsausschuss?, DB 2000, 77.

I. Allgemeines

1. Regelungsgegenstand

1 Die Norm soll, gemeinsam mit § 171, die **Grundlage für eine sachgerechte Überprüfung des Jahresabschlusses** durch den Aufsichtsrat schaffen. Zu diesem Zweck sind dem Aufsichtsrat die erforderlichen Unterlagen zuzuleiten. Die Prüfung durch den Aufsichtsrat steht wiederum in engem Zusammenhang mit der Überwachungsaufgabe nach § 111, die sich gerade auch auf die Ordnungsmäßigkeit und Zweckmäßigkeit der Rechnungslegung bezieht[1]. Die Norm enthält zudem, ebenso wie § 171, Elemente, die auf eine Verfahrensbeschleunigung bei der Feststellung des Jahresabschlusses zielen, um die Einberufung der Hauptversammlung (§ 175 Abs. 1) nicht unnötig hinauszuzögern und die Einhaltung der Frist von acht Monaten (§ 175 Abs. 1 Satz 2) nicht zu gefährden.

2. Entstehungsgeschichte

2 Die Vorschrift ist im Kern seit 1965 unverändert und fasste damals die im AktG 1937 verstreut geregelten Normen über die Information des Aufsichtsrats in Bezug auf den Jahresabschluss erstmals in einer zentralen Vorschrift zusammen[2]. Seit 1965 wurde sie **in drei wesentlichen Punkten** geändert: Eher technischer Natur ist die Einfügung der auf den Konzernabschluss bezogenen Regelung des Abs. 1 Satz 2 durch das TransPuG von 2002[3], denn die Regelung ist nicht neu; sie stand vorher in § 337 HGB. Gewichtiger ist, dass im Gegensatz zur Ausgangsfassung der Aufsichtsrat den Prüfungsbericht des Abschlussprüfers nicht mehr vom Vorstand nach § 171 erhält (diesbezüglicher Abs. 1 Satz 2 aufgehoben durch das KonTraG von 1998[4]), sondern unmittelbar vom Abschlussprüfer nach § 321 Abs. 5 HGB. Diese Bestimmung trägt

---

1 *Hüffer*, § 111 Rz. 6; *Semler* in MünchKomm. AktG, § 111 Rz. 189; *Semler*, ZGR 1983, 1, 16 ff.; *Bea/Scheurer*, DB 1994, 2145, 2149.

2 Näher *Kropff* in G/H/E/K, § 170 Rz. 1.

3 Art. 1 Nr. 17 Transparenz- und Publizitätsgesetz vom 19.7.2002 (BGBl. I 2002, 2681).

4 Art. 1 Nr. 24a Kontroll- und Transparenzgesetz vom 27.4.1998 (BGBl. I 1998, 786).

der Tatsache Rechnung, dass nunmehr nach § 111 der Aufsichtsrat den Prüfungsauftrag erteilt; daher ist er auch der natürliche Empfänger der Berichte[5]. Die Neuregelung ist Teil der gesetzgeberischen Bemühung, die Stellung des Aufsichtsrats im System der Corporate Governance zu stärken. Vor dem Hintergrund des heutigen Diskussionsstandes kaum noch verständlich ist die ursprüngliche Regelung, nach der den Aufsichtsratsmitgliedern die Aushändigung der Sitzungsunterlagen, insbesondere des Prüfungsberichts, durch Beschluss des Gesamtgremiums verwehrt werden konnte (Abs. 3 Satz 2 a.F.)[6]. Die entsprechende Änderung durch das KonTraG[7] entspricht ebenfalls dem gewandelten Verständnis von Aufgabe und Funktion des Aufsichtsrats.

II. Vorlagen an den Aufsichtsrat

1. Notwendige Unterlagen

Die Vorlagepflicht erfasst in jedem Fall den **Jahresabschluss**, bestehend aus Bilanz sowie Gewinn- und Verlustrechnung und dem Anhang (§§ 242 Abs. 2, 264 Abs. 1 HGB) und den Lagebericht nach § 289 HGB. Ist das Unternehmen Mutterunternehmen nach § 290 HGB, kommt der Konzernabschluss hinzu (näher dazu Rz. 2). Hat das Unternehmen, obwohl es kein Konzernunternehmen ist, von der Möglichkeit zur Aufstellung eines Abschlusses nach internationalen Rechnungslegungsgrundsätzen Gebrauch gemacht, so tritt dieser Abschluss nach § 325 Abs. 2a HGB zum Jahresabschluss hinzu, da der IFRS-Abschluss nach § 325 Abs. 2a HGB befreiende Wirkung nur hinsichtlich der Publizität, nicht aber hinsichtlich der übrigen Pflichten des Unternehmens hat[8]. Ist das Unternehmen ein abhängiges Unternehmen im faktischen Konzern, kommt zu den bis hierher erforderlichen Unterlagen weiterhin der **Abhängigkeitsbericht** hinzu (§ 314 HGB, näher dazu die Komm. zu § 314 HGB). Dieser muss zwar nicht rechtlich zwingend in derselben Sitzung wie der Jahresabschluss geprüft werden, das Ergebnis der Prüfung des Abhängigkeitsberichts ist aber Teil der Erklärung des Aufsichtsrats nach § 171 Abs. 2, ohne die wiederum der Vorstand die HV nicht einberufen kann (§ 175 Abs. 1 Satz 1). Faktisch muss daher der Abhängigkeitsbericht gemeinsam mit dem Jahresabschluss geprüft werden, wenn die HV zeitgerecht stattfinden soll. Hinzu kommt ferner der Vorschlag zum Gewinnverwendungsbeschluss nach § 170 Abs. 2 (näher Rz. 8 ff.).

Prüfungsberichte des Abschlussprüfers sind nicht mehr vom Vorstand dem Aufsichtsrat zuzuleiten, sondern unmittelbar durch den Abschlussprüfer, sofern der Prüfungsauftrag vom Aufsichtsrat erteilt wurde (§ 321 Abs. 5 Satz 2 HGB). Das ist beim Jahresabschluss der Fall (§ 111 Abs. 2 Satz 3), ebenso beim Konzernabschluss, zuständig ist hier der Aufsichtsrat des Mutterunternehmens[9]. Der Vorstand hat Gelegenheit, vor der Zuleitung an den Aufsichtsrat gegenüber dem Abschlussprüfer Stellung zu nehmen (§ 321 Abs. 5 Satz 2 HGB); macht er von diesem Recht Gebrauch, so wird die Stellungnahme Teil des Prüfungsergebnisses und ist gegenüber dem Aufsichtsrat offen zu legen[10]. Die bisherige Praxis, die Vorstand und Prüfer ohne Kenntnis des

---

5 BT-Drucks. 13/9712, S. 22.
6 Zu den damaligen Gründen *Kropff* in G/H/E/K, § 170 Rz. 37, zu den praktischen Auswirkungen der Norm *Kropff* in Semler (Hrsg.), Reformbedarf im Aktienrecht, ZGR-Sonderheft 12, 1994, 3, 19 f.
7 Geändert durch Art. 24 Nr. 1 Kontroll- und Transparenzgesetz vom 27.4.1998 (BGBl. I 1998, 786); s. dazu auch BT-Drucks. 13/9712, S. 22.
8 *Morck* in Koller/Roth/Morck, HGB, § 325 Rz. 6; *Steiner* in Heidel, § 170 Rz. 2.
9 *Hüffer*, § 111 Rz. 12b; *Hopt/Roth* in Großkomm. AktG, § 111 Rz. 501.
10 *Semler* in MünchKomm. AktG, § 111 Rz. 343; *Zimmer* in Großkomm. HGB, § 321 Rz. 49.

Aufsichtsrats eine Abstimmung des Berichts bis zur gegenseitigen Zufriedenheit ermöglicht, ist angesichts der verstärkten Stellung des Aufsichtsrats im System der Corporate Governance und als Auftraggeber des Prüfers bedenklich[11]. Der Bericht über die Prüfung des Abhängigkeitsberichts ist ebenfalls direkt durch den Abschlussprüfer dem Aufsichtsrat zuzuleiten[12]. Da der Prüfauftrag für den Abhängigkeitsbericht zusammen mit dem Auftrag für den Jahresabschluss durch den Aufsichtsrat erteilt wird, gilt § 321 Abs. 5 Satz 2 HGB auch für diesen Bericht. Die Vorlagepflicht entsteht auch, wenn eine nicht prüfungspflichtige kleine AG sich freiwillig prüfen lässt.

2. Verpflichteter und Berechtigter

5 Verpflichtet aus § 170 ist der **Vorstand** als Kollegialorgan. Da es sich um eine interne Organisationsmaßnahme handelt, sind die Vorschriften über die Vertretung nicht anzuwenden; jedes Vorstandsmitglied ist berechtigt, die Vorlage vorzunehmen[13]. Die Vorlage erfolgt gegenüber dem **Aufsichtsrat**, ebenfalls als Kollegialorgan. Daher genügt Zuleitung an den Aufsichtsratsvorsitzenden[14]. Das Recht des einzelnen Mitglieds auf Kenntnisnahme nach § 170 Abs. 3 steht nicht entgegen, da es ohne Weiteres auch als ein Recht des Mitglieds gegen den Vorsitzenden auf Weiterleitung der erhaltenen Unterlagen verstanden werden kann; dazu ist der Vorsitzende auch aus seiner Pflicht zur Organisation der Aufsichtsratsarbeit heraus verpflichtet. Gegen eine direkte Zuleitung vom Vorstand an die einzelnen Mitglieder bestehen keine Bedenken[15]; wegen der Möglichkeit, bestimmte Schriftstücke nur einem Ausschuss zur Kenntnis zu geben (§ 170 Abs. 3 Satz 2), ist aber die Zustimmung des Aufsichtsratsvorsitzenden zu dieser Verfahrensweise erforderlich[16].

3. Rechtzeitigkeit

6 Die Pflicht zur Vorlage entsteht mit der **Aufstellung** des Jahresabschlusses. Damit gemeint ist die unterschriftsreife Fertigstellung des erforderlichen Rechenwerks einschließlich der Vornahme bilanzpolitischer Überlegungen, mit der die Führung der Handelsbücher ihren periodischen Abschluss findet[17]. Sie ist von der nachfolgenden Feststellung des Abschlusses streng zu unterscheiden. Wegen der Frist in § 175 Abs. 1 Satz 2 und den Einberufungs- und Prüfungsfristen muss die Zuleitung an den Aufsichtsrat auf jeden Fall innerhalb der ersten sechs Monate des Geschäftsjahres erfolgen[18]. Der Vorstand darf diese Pflicht jedoch nicht nach Belieben ausschöpfen, sondern muss **ohne schuldhaftes Zögern** den Jahresabschluss vorlegen, sobald der Prozess der Aufstellung abgeschlossen ist. Die Vorlage muss zudem in jedem Fall so zeitig vor der Bilanzsitzung nach § 171 erfolgen, dass eine sachgerechte Vorbereitung der Mitglieder möglich ist. Das Vorliegen des Prüfungsberichts ist anders als nach früherer Rechtslage für das Entstehen der Pflicht nach § 170 nicht mehr erforderlich, da die Zuleitung des Prüfberichts unmittelbar durch den Prüfer erfolgt (oben Rz. 4). Da die Äußerungsfrist des Aufsichtsrats nach § 171 Abs. 3 erst mit dem Eingang der vollständigen Unterlagen beginnt, spricht nichts dagegen, die Zuleitung des Jahresabschlusses möglichst frühzeitig vorzunehmen. Die Vorschrift ist nach § 407 mit

---

11 *Lutter*, Information und Vertraulichkeit, Rz. 339; *Hommelhoff*, BB 1998, 2625, 2628; *Lenz/Ostrowski*, BB 1997, 1523, 1524 f.
12 *Hüffer*, § 170 Rz. 2 a.E.; *Steiner* in Heidel, § 170 Rz. 3.
13 *Adler/Düring/Schmaltz*, § 170 AktG Rz. 10.
14 *Adler/Düring/Schmaltz*, § 170 AktG Rz. 8; *Kropff* in G/H/E/K, § 70 Rz. 5.
15 Vgl. *Hüffer*, § 170 Rz. 13; *Kropff* in MünchKomm. AktG, § 170 Rz. 75 ff.
16 Zutr. *Claussen/Korth* in KölnKomm. AktG, § 170 Rz. 5.
17 *Hüffer* in Großkomm. HGB, § 242 Rz. 17; *Ulmer* in FS Hefermehl, 1976, S. 207, 210.
18 *Steiner* in Heidel, § 170 Rz. 5.

Zwangsgeld bewehrt. Ferner stellt die nicht rechtzeitige Zuleitung eine Pflichtverletzung des Vorstands dar, die zur Abberufung und (Schaden vorausgesetzt) zur Schadensersatzpflicht der Vorstandsmitglieder führen kann.

Aufstellung und Feststellung des Jahresabschlusses sind ein mehraktiger Entschei- 7
dungstatbestand. Bei diesen ist fraglich, ob bereits der erste Teil (also die Aufstellung) der **ad-hoc-Publizität** nach dem WpHG unterliegt, wenn und soweit der aufgestellte Jahresabschluss kursbeeinflussende Informationen enthält. Die Frage ist nach der nunmehr geltenden Fassung[19] des § 15 WpHG im Grundsatz zu bejahen[20], jedoch kommt meist eine Ausnahme nach § 15 Abs. 3 WpHG in Betracht. Dessen Voraussetzungen liegen regelmäßig vor, da eine vorzeitige Veröffentlichung das Prüfungsrecht des Aufsichtsrats beeinträchtigen würde[21]. Die Ausnahme greift jedoch nur, solange die Gesellschaft die Geheimhaltung gewährleisten kann. Sickern Informationen durch, ist die Gesellschaft zur Publizität verpflichtet, auch wenn der Aufsichtsrat noch nicht entschieden hat. Ansonsten entsteht die Publizitätspflicht unmittelbar nach der Entscheidung des Aufsichtsrats.

III. Vorschlag zur Gewinnverwendung

Der Prüfung durch den Aufsichtsrat unterliegt nach § 171 Abs. 1 Satz 1 auch der Vor- 8
schlag für die Verwendung des Bilanzgewinns, d.h. vor allem die Frage, inwieweit der erwirtschaftete Gewinn zur Ausschüttung einer **Dividende** verwendet werden soll. Dabei können Vorstand und Aufsichtsrat, wenn sie den Jahresabschluss feststellen, schon vorab nach § 58 Abs. 2 Satz 1 beschließen, bis zur Hälfte des Jahresüberschusses in die anderen Gewinnrücklagen einzustellen. Ein entsprechender Betrag ist nicht mehr Teil des nach §§ 170, 174 zur Verteilung anstehenden Bilanzgewinns. Daher wird in der Vorlage an den Aufsichtsrat und in dem Beschlussvorschlag an die Hauptversammlung nur der nach Anwendung des § 58 Abs. 2 Satz 1 verbleibende Betrag eingesetzt. Dafür macht das Gesetz eine Gliederungsvorgabe, von der nur aus begründetem Anlass abgewichen werden kann. Dabei ist der frühere Gliederungspunkt Nr. 4 (zusätzlicher Aufwand bei Beschluss nach dem Vorschlag) durch das BiRiLiG von 1985 aus steuerrechtlichen Gründen entfallen[22].

1. Ausschüttung an Aktionäre

Die Gliederung beginnt mit dem Ausschüttungsbetrag, der regelmäßig in einem 9
Geldbetrag besteht und in diesem Fall die Gesamtsumme und die Dividende pro Aktie ausweisen muss. Hat die Gesellschaft von der Möglichkeit zur satzungsmäßigen Einführung einer **Sachdividende** Gebrauch gemacht (§ 58 Abs. 5), ist § 170 sinngemäß anzuwenden. Die Gliederung beginnt dann mit der Tatsache der Sachausschüttung und ihrem Gesamtwert. Stattdessen das Gliederungsschema nach § 174 Abs. 2 anzuwenden, das die Sachdividende ausdrücklich erwähnt, ist möglich, aber nicht zwingend notwendig[23].

---

19 Geändert durch das Gesetz zur Verbesserung des Anlegerschutzes (Anlegerschutzverbesserungsgesetz – AnSVG) vom 28.10.2004 (BGBl. I 2004, 2630).
20 Insbesondere enthält auch ein noch nicht festgestellter JA bereits präzise Informationen, und auf den Begriff der Tatsache kommt es nicht mehr an. Insofern ist die Kritik von *Happ/Semler*, ZGR 1998, 116, 133 f. nach der neuen Fassung des WpHG gegenstandslos.
21 Das erkennt nunmehr auch die BaFin an, vgl. Emittentenleitfaden von 2005, Ziff. IV.2.2.7, näher dazu *Merker/Sustmann*, NZG 2005, 729, 737; *Buck-Heeb*, Kapitalmarktrecht, Rz. 199.
22 Gesetz vom 19.12.1985 (BGBl. I 1985, 2355), zu den Gründen *Claussen/Korth* in KölnKomm. AktG, § 179 Rz. 12; *Hüffer*, § 170 Rz. 6.
23 A.A. *Hüffer*, § 170 Rz. 7.

10 Der Vorschlag zur Ausschüttung muss rechtmäßig sein, was der Aufsichtsrat nach § 171 zu prüfen hat. Der Vorstand muss daher die Regeln der Gewinnverteilung, aber auch der Kapitalerhaltung, bei seinem Vorschlag beachten. Das betrifft insbesondere § 60 Abs. 2 im Fall der teileingezahlten Aktien, einen Nachzahlungsbetrag auf Vorzugsaktien, für die in Vorjahren keine Dividende gezahlt wurde (§ 139 Abs. 1), sowie die besondere Situation im Anschluss an eine vereinfachte Kapitalherabsetzung, § 233. Ferner sind die bilanzrechtlichen Ausschüttungssperren nach §§ 269 Satz 2 und 274 Abs. 2 Satz 3 HGB zu beachten. Bei wechselseitig beteiligten Unternehmen (§ 328) darf ein Gewinnanteil an das andere Unternehmen nur insoweit gezahlt werden, als dessen Beteiligung 25% nicht überschreitet.

11 **Eigene Aktien** sind nach § 71b nicht gewinnberechtigt und daher beim Verteilungsvorschlag nach § 170 Abs. 2 nicht zu berücksichtigen. Dabei kommt es nicht auf den Bilanzstichtag und auch nicht auf den Tag der Feststellung des Jahresabschlusses an, sondern auf den Tag des Gewinnverwendungsbeschlusses durch die HV. Bei unvorhergesehener Änderung der Besitzverhältnisse bis zum Zeitpunkt der HV muss der Vorstand ggf. seinen Vorschlag in der Hauptversammlung nach § 176 Abs. 1 Satz 2 korrigieren. Aktien, deren Mitgliedschaftsrechte wegen **unterlassener Mitteilung der Beteiligung ruhen** (§ 20 Abs. 7 oder – praktisch wichtiger – § 28 WpHG), verursachen besondere Probleme. Zum einen kann der Vorstand nicht sicher wissen, ob die Meldung nicht noch kurz vor der HV nachgeholt wird[24]. Zum anderen ordnen die betreffenden Vorschriften in Bezug auf den Gewinnanspruch für den Regelfall nur ein Ruhen der Rechte an; ein endgültiger Rechtsverlust tritt nur ein, wenn die Mitteilung vorsätzlich unterlassen wurde. Daher sollte der Vorstand Aktien, die unter Verstoß gegen die Meldepflicht erworben wurden, bei seinem Vorschlag grundsätzlich berücksichtigen[25], es sei denn, es ist ihm bekannt, dass vorsätzlich gegen die Meldepflicht verstoßen wurde, und er ist sicher, dass der Aktionär seine Meldung auch nicht nachholen wird.

2. Einstellung in Gewinnrücklagen

12 Die Einstellung in Gewinnrücklagen betrifft weitere Beträge (d.h. über 50% des Jahresüberschusses) im Rahmen des § 58 Abs. 3 und darf nicht mit dem Recht von Vorstand und Aufsichtsrat zur Thesaurierung nach § 58 Abs. 2 verwechselt werden. Bei einem solchen Vorschlag ist das (allerdings nur schwach ausgebildete) Recht auf Anfechtung wegen übermäßiger Rücklagenbildung (§ 254 Abs. 1) zu beachten. Einen Vorschlag zur weiteren Thesaurierung wird der Vorstand nur machen, wenn dazu besonderer Anlass besteht, jedoch ist eine solche Begründung kein Teil des Gewinnverwendungsvorschlags[26], sondern die Gründe sind dem Aufsichtsrat nach § 90 zu berichten und in der Hauptversammlung nach § 176 zu erläutern. Zudem kommt eine Angabe im Lagebericht in Betracht[27]. Wird ein Vorschlag zur Rücklagenbildung nicht

---

24 Eine solche Mitteilung vor dem Gewinnverwendungsbeschluss lässt den mitgliedschaftlichen Anspruch ohne Weiteres beim betreffenden Aktionär entstehen; der Verstoß bleibt folgenlos, vgl. für das WpHG *Uwe H. Schneider* in Assmann/Uwe H. Schneider, WpHG, § 28 Rz. 33; zum Aktienrecht *Bayer* in MünchKomm. AktG, § 20 Rz. 81.

25 So im Ergebnis auch *Adler/Düring/Schmaltz*, § 170 AktG Rz. 16; *Kropff* in G/H/E/K, § 170 Rz. 11; *Claussen/Korth* in KölnKomm. AktG, § 170 Rz. 9.

26 Zu weitgehend *Adler/Düring/Schmaltz*, § 170 AktG Rz. 20; *Kropff* in G/H/E/K, § 170 Rz. 9. Der Streit um die materiellen Grenzen zulässiger Rücklagenbildung sollte nicht über ein derartiges Erfordernis in den doch eher formalen Inhalt des Vorschlags nach § 170 hineingetragen werden.

27 Dafür *Hüffer*, § 170 Rz. 8.

gemacht, enthält der Vorschlag an dieser Stelle entweder einen Leerposten oder die Position fällt weg[28].

3. Gewinnvortrag

Die Vorschrift betrifft den Gewinnvortrag „auf neue Rechnung", mit dem ein Ge-   13
winn weder ausgeschüttet noch thesauriert, sondern auf das neue Geschäftsjahr übertragen wird. Ein Gewinnvortrag auf neue Rechnung kommt in Betracht, wenn sich nicht verteilbare Spitzen ergeben oder insgesamt nur ein ganz geringer Gewinn gemacht wurde (schwarze Null). Die Befugnis zum Gewinnvortrag folgt ebenfalls aus § 58 Abs. 3 Satz 1.

4. Bilanzgewinn

§ 170 Abs. 2 nennt den Bilanzgewinn am Ende; er ist der insgesamt zur Verteilung an-   14
stehende Betrag, auf den die Aktionäre Anspruch haben, § 58 Abs. 4. Der Betrag nach Ziff. 4 muss sich daher aus einer Addition der vorherigen Positionen ergeben.

5. Weitere Positionen, abweichende Gliederung

Die Vorgabe einer gesetzlichen Gliederung ist bei einer (zudem relativ kurzen) Vorla-   15
ge an den Aufsichtsrat, dessen Mitglieder immerhin eine gewisse Sachkunde aufwei-
sen müssen[29], zumindest ein Ausdruck der Detailverliebtheit des AktG 1965, wenn nicht sogar der Überregulierung. Zu Recht werden daher an den **sachlichen Grund**, aus dem heraus eine abweichende Gliederung zulässig ist, nur geringe Anforderungen gestellt. Ein solcher Grund besteht namentlich dort, wo die Satzung Zuwendun-
gen aus dem Gewinn an Dritte oder die besondere Förderung gemeinnütziger Zwecke aus dem Gewinn heraus besonders zulässt; gleiches gilt für andere, von § 170 Abs. 2 nicht vorhergesehene Arten der Gewinnverwendung. Grund zur Abweichung liefern ferner die in Rz. 9 genannten Fälle. Ferner müssen Leerpositionen nicht gebildet werden. Insgesamt sollte die benutzerfreundliche und übersichtliche Darstellung auch als die sachlich richtige angesehen werden.

IV. Rechte der Aufsichtsratsmitglieder

1. Regelfall: Individueller Anspruch auf Kenntnisnahme und Übermittlung

Das Gesetz unterscheidet in § 170 Abs. 3 zwischen dem Recht auf **Kenntnisnahme**   16
von Vorlagen und Prüfungsberichten einerseits und dem Recht auf **Übermittlung** dieser Dokumente. Kenntnisnahme ist dabei die Möglichkeit, die betreffenden Doku-
mente in den Geschäftsräumen zu lesen, zu durchdenken und sich Notizen dazu zu machen[30], wobei ein Mitbringen von Hilfspersonen oder gar die Ausübung des Rechtes durch Stellvertreter ausgeschlossen ist[31], da es sich um ein individuelles, aber zu-
gleich höchstpersönliches Mitgliedschaftsrecht handelt. Das Recht erstreckt sich auf alle von § 170 erfassten Unterlagen (oben Rz. 3) und kann weder entzogen noch auf andere Organe übertragen werden[32]. Da eine Pflicht der Mitglieder besteht, sich auf

---

28 Das Vermeiden von Leerposten stellt stets einen sachlichen Grund zur Abweichung vom gesetzlichen Gliederungsschema dar; zutr. *Adler/Düring/Schmaltz*, § 170 AktG Rz. 25; *Kropff* in G/H/E/K, § 170 Rz. 29.
29 Vgl. vorn bei § 116 Rz. 7.
30 *Hüffer*, § 170 Rz. 12; *Kropff* in MünchKomm. AktG, § 170 Rz. 92; *Brönner* in Großkomm. AktG, § 170 Rz. 21; *Kropff* in G/H/E/K, § 170 Rz. 34.
31 BGH v. 15.11.1982 – II ZR 27/82, BGHZ 85, 293, 295 ff. = AG 1983, 133.
32 *Hüffer*, § 170 Rz. 12; *Adler/Düring/Schmaltz*, § 170 AktG Rz. 51; *Kropff* in MünchKomm. AktG, § 170 Rz. 91; *Hommelhoff*, ZGR 1983, 551, 579; *Bormann/Gucht*, BB 2003, 1887, 1888.

die Sitzung angemessen vorzubereiten, genügt eine Kenntnisnahmemöglichkeit in der Sitzung selbst nicht[33]. Die Gesellschaft muss rechtzeitig vorher die Kenntnisnahme ermöglichen, wobei die Länge der Einberufungsfrist als Richtschnur dienen kann[34].

17 Das Recht auf Kenntnisnahme ist für den Berechtigten beschwerlich, denn er muss, da das Aufsichtsratsmandat zumindest auf der Anteilseignerseite von externen Personen ausgeübt wird, zur Wahrnehmung dieses Rechts eigens die Geschäftsräume der Gesellschaft aufsuchen, was Zeit und Mühe verursacht. Zudem besteht nicht die Möglichkeit, sich zu jedem genehmen Zeitpunkt mit den Unterlagen zu befassen. Das kann Mitglieder davon abhalten, sich hinreichend mit den Unterlagen auseinander zu setzen. Daher sieht § 170 Abs. 3 Satz 2 als Regelfall die **Übermittlung der Dokumente** vor, was sowohl die Papierform als auch die elektronische Form abdeckt[35]. Es handelt sich ebenfalls um einen Individualanspruch des einzelnen Mitglieds. Die Übermittlung erfolgt entweder durch den Vorsitzenden des Aufsichtsrats oder in Abstimmung mit diesem direkt durch die Gesellschaft. Auch hierfür ist eine angemessene Frist zur Vorbereitung der Sitzung einzuhalten. Ein Verlangen nach Übermittlung ist anders als bei § 90 Abs. 5 nicht Voraussetzung; dies soll ebenfalls der Effektivität der Sitzungsvorbereitung dienen[36]. Nicht geregelt ist der Verbleib der Dokumente nach der Sitzung; hier kann die Geschäftsordnung oder ein Beschluss des Gesamtgremiums aber vorsehen, dass sie zurückzugeben sind[37].

2. Einschränkung: Übermittlung an Ausschuss

18 § 170 Abs. 3 Satz 2 lässt zu, dass das Recht auf Übermittlung dem individuellen Mitglied entzogen und auf einen **Ausschuss übertragen** wird. Das individuelle Recht eines jeden Aufsichtsratsmitglieds bleibt davon unberührt. Die Beschränkung der Übermittlung setzt einen Beschluss des Aufsichtsrats voraus, dass entweder generell oder im Einzelfall so verfahren werden soll. Die Entscheidung kann nicht auf den Vorsitzenden delegiert werden[38]. Die Beschränkungsmöglichkeit ist durch das KonTraG beschnitten worden; früher konnte die Übermittlung ganz ausgeschlossen werden, heute ist sie beschränkbar auf bestimmte Mitglieder, nämlich diejenigen, die dem Ausschuss angehören. Sie wurde früher mit den Geheimhaltungsinteressen der Gesellschaft gerechtfertigt, während heute der Gedanke der Selbstorganisation im Vordergrund steht[39].

19 In jedem Fall ist die **Norm zu weit formuliert**. Sie erfasst nach dem Wortlaut alle von § 170 erfassten Unterlagen, also etwa auch den Vorschlag zur Gewinnverwendung. Dass dieser nicht dem ganzen Gremium zugeleitet werden soll, ist weder mit dem Gedanken der Geheimhaltung noch mit dem der Selbstorganisation zu rechtfertigen. Insbesondere ist zu beachten, dass nach § 107 Abs. 3 Satz 2 die Prüfung des Jahresabschlusses nicht auf einen beschließenden Ausschuss delegiert werden kann. Gleichzeitig ist aber eine Vorbereitung dieser Prüfung ohne sorgfältige Einarbeitung in die Unterlagen nicht möglich, und dazu genügt im Hinblick auf den Jahresabschluss die Möglichkeit der Einsichtnahme nicht. Zudem wird der festgestellte Jahresabschluss nach der Aufsichtsratssitzung ohnehin alsbald publiziert. Daher war zur alten

---

33 *Adler/Düring/Schmaltz*, § 170 AktG Rz. 33; *Claussen/Korth* in KölnKomm. AktG, § 170 Rz. 17.
34 *Hüffer*, § 170 Rz. 14; *Kropff* in MünchKomm. AktG, § 170 Rz. 90, 93.
35 Begr. RegE, BT-Drucks. 13/9712, S. 22.
36 Begr. RegE, BT-Drucks. 13/9712, S. 22; *Wilde*, ZGR 1998, 421, 454 f.
37 Zutr. *Lutter*, Information und Vertraulichkeit, Rz. 206.
38 *Lutter*, Information und Vertraulichkeit, Rz. 199; *Mertens* in KölnKomm. AktG, § 90 Rz. 46.
39 *Hüffer*, § 170 Rz. 14; kritisch dazu *Strieder/Graf*, BB 1997, 1943, 1945.

Rechtslage weitgehend anerkannt, dass die Einschränkung des § 170 Abs. 3 Satz 2 teleologisch auf die **Prüfungsberichte zu beschränken** war[40], zumal diese auch unter dem Gesichtspunkt der Vertraulichkeit die größten Probleme aufwerfen. Das entsprach auch der Intention des historischen Gesetzgebers[41]. Da das KonTraG die Rechtstellung des AR verbessern und nicht verschlechtern wollte, ist an dieser Einschränkung auch nach der neuen Rechtslage festzuhalten, so dass sich § 170 Abs. 3 Satz 2 nur auf die Prüfungsberichte, nicht aber auf die übrigen unter § 170 fallenden Unterlagen bezieht.

3. Rechtsfolgen bei Verstößen

Bei einer Verletzung der Rechte aus § 170 sind diese durch das betroffene Aufsichtsratsmitglied durch Klage gegen die Gesellschaft durchsetzbar[42]. Daneben besteht die Möglichkeit des Zwangsgeldverfahrens nach § 407.

20

Die Verletzung der in § 170 enthaltenen Rechte des Aufsichtsrats begründet einen **schwerwiegenden Mangel** der nachfolgenden Beschlussfassung über den Jahresabschluss; dies gilt sowohl für eine unvollständige Zuleitung der Unterlagen nach § 170 Abs. 1, das Fehlen eines Gewinnverwendungsvorschlags nach § 170 Abs. 2 Satz 1 als auch für die Verletzung der individuellen Einsichts- und Aushändigungsrechte nach § 170 Abs. 3. Lediglich Verletzungen der Gliederungsvorschrift nach § 170 Abs. 2 Satz 4 stellen einen geringfügigen Mangel dar. Die Mitwirkung des Aufsichtsrats, die im Beschluss über die Billigung und der Billigungserklärung nach § 172 liegt[43], bedarf der ausreichenden Befassung mit dem Jahresabschluss und dem Prüfungsbericht[44]. Jedes Mitglied muss die Möglichkeit der Durcharbeitung und Beschäftigung mit den Berichten vor der Bilanzsitzung haben[45]. Besteht diese nicht, wird der Pflicht zur Übermittlung nicht entsprochen, insofern die bloß kurzfristige Auslegung zur Einsicht nicht ausreichend ist (s. Rz. 16 sowie Nachweise in Fn. 33). Nach allgemeinen Grundsätzen (vgl. § 108 Rz. 31 ff.) führt dies zunächst zur Unwirksamkeit der gefassten Aufsichtsratsbeschlüsse. Hierbei ist unbeachtlich, ob die Informationsrechte der Aufsichtsratsmitglieder durch unterlassene Übermittlung, nicht rechtzeitige Übermittlung oder durch einen zu weit reichenden (Rz. 19) Delegationsbeschluss an einen Ausschuss beschränkt bzw. beeinträchtigt wurden[46].

21

Ob daraus auch die **Unwirksamkeit des Jahresabschlusses** folgt, richtet sich nach § 256. Einschlägig ist in diesem Zusammenhang namentlich § 256 Abs. 2, der die Nichtigkeitsfolge an die nicht ordnungsgemäße Mitwirkung des Vorstands oder Aufsichtsrats knüpft. An einer ordnungsgemäßen Mitwirkung fehlt es auch dann, wenn zwar eine Beschlussfassung stattfindet, diese aber an Verfahrensmängeln leidet, die so gravierend sind, dass sie zur Unwirksamkeit des Beschlusses führen[47]. Dies ist bei einer Verletzung der Rechte aus § 170 der Fall[48].

22

---

40 Ganz h.M., vgl. *Claussen/Korth* in KölnKomm. AktG, § 170 Rz. 19; *Adler/Düring/Schmaltz*, § 170 AktG Rz. 31; *Kropff* in G/H/E/K, § 170 Rz. 38; *Bormann/Gucht*, BB 2003, 1887, 1888; a.A. *Hommelhoff*, BB 1981, 946;
41 Ausf. Darstellung bei *Kropff* in G/H/E/K, § 170 Rz. 36 ff.
42 BGH v. 15.11.1982 – II ZR 27/82, BGHZ 85, 293, 295 = AG 1983, 133; *Hoffmann-Becking* in MünchHdb. AG, § 44, Rz. 12.
43 BGH v. 15.11.1993 – II ZR 235/92, BGHZ 124, 111, 116 = AG 1994, 124; *Hüffer* in MünchKomm. AktG, § 256 Rz. 9; *Adler/Düring/Schmaltz*, § 172 AktG Rz. 13.
44 *Bormann/Gucht*, BB 2003, 1887, 1892.
45 *Adler/Düring/Schmaltz*, § 170 AktG Rz. 28.
46 *Bormann/Gucht*, BB 2003, 1887, 1892.
47 *Hüffer* in MünchKomm. AktG, § 256 Rz. 41. Offenbar nur auf die formale Ordnungsgemäßheit abstellend hingegen *Adler/Düring/Schmaltz*, § 256 AktG Rz. 56.
48 *Bormann/Gucht*, BB 2003, 1887, 1892.

§ 171
Prüfung durch den Aufsichtsrat

(1) Der Aufsichtsrat hat den Jahresabschluss, den Lagebericht und den Vorschlag für die Verwendung des Bilanzgewinns zu prüfen, bei Mutterunternehmen (§ 290 Abs. 1, 2 des Handelsgesetzbuchs) auch den Konzernabschluss und den Konzernlagebericht. Ist der Jahresabschluss oder der Konzernabschluss durch einen Abschlussprüfer zu prüfen, so hat dieser an den Verhandlungen des Aufsichtsrats oder eines Ausschusses über diese Vorlagen teilzunehmen und über die wesentlichen Ergebnisse seiner Prüfung zu berichten.

(2) Der Aufsichtsrat hat über das Ergebnis der Prüfung schriftlich an die Hauptversammlung zu berichten. In dem Bericht hat der Aufsichtsrat auch mitzuteilen, in welcher Art und in welchem Umfang er die Geschäftsführung der Gesellschaft während des Geschäftsjahrs geprüft hat; bei börsennotierten Gesellschaften hat er insbesondere anzugeben, welche Ausschüsse gebildet worden sind, sowie die Zahl seiner Sitzungen und die der Ausschüsse mitzuteilen. Ist der Jahresabschluss durch einen Abschlussprüfer zu prüfen, so hat der Aufsichtsrat ferner zu dem Ergebnis der Prüfung des Jahresabschlusses durch den Abschlussprüfer Stellung zu nehmen. Am Schluss des Berichts hat der Aufsichtsrat zu erklären, ob nach dem abschließenden Ergebnis seiner Prüfung Einwendungen zu erheben sind und ob er den vom Vorstand aufgestellten Jahresabschluss billigt. Bei Mutterunternehmen (§ 290 Abs. 1, 2 des Handelsgesetzbuchs) finden die Sätze 3 und 4 entsprechende Anwendung auf den Konzernabschluss.

(3) Der Aufsichtsrat hat seinen Bericht innerhalb eines Monats, nachdem ihm die Vorlagen zugegangen sind, dem Vorstand zuzuleiten. Wird der Bericht dem Vorstand nicht innerhalb der Frist zugeleitet, hat der Vorstand dem Aufsichtsrat unverzüglich eine weitere Frist von nicht mehr als einem Monat zu setzen. Wird der Bericht dem Vorstand nicht vor Ablauf der weiteren Frist zugeleitet, gilt der Jahresabschluss als vom Aufsichtsrat nicht gebilligt; bei Mutterunternehmen (§ 290 Abs. 1, 2 des Handelsgesetzbuchs) gilt das Gleiche hinsichtlich des Konzernabschlusses.

(4) Die Absätze 1 bis 3 gelten auch hinsichtlich eines Einzelabschlusses nach § 325 Abs. 2a des Handelsgesetzbuchs. Der Vorstand darf den in Satz 1 genannten Abschluss erst nach dessen Billigung durch den Aufsichtsrat offen legen.

I. Allgemeines	1		III. Teilnahme- und Berichtspflicht des Abschlussprüfers	9
1. Regelungsgegenstand	1		IV. Bericht an die Hauptversammlung (§ 171 Abs. 2)	11
2. Gesetzgebungsgeschichte	2		V. Fristen	17
II. Prüfungspflicht des Aufsichtsrats	3		VI. Konzernabschluss und kumulativer Einzelabschluss (§ 325 Abs. 2a HGB)	19
1. Allgemeines	3			
2. Prüfungsgegenstand	4			
3. Sorgfaltsmaßstab	5			

Literatur: *Baums*, Kontrolle und Transparenz in Großunternehmen. Stellungnahme für den Rechtsausschuss des Deutschen Bundestages, Die Aktienrechtsreform 1997, AG 1997, 26 (Sonderheft); *Drygala*, Aufsichtsratsbericht und Vertraulichkeit im System der Corporate Governance, AG 2007, 381; *Forster*, Fragen der Prüfung des Jahresabschlusses durch den Aufsichtsrat, in FS Kropff, 1997, S. 71; *Forster*, Abschlussprüfung nach dem Regierungsentwurf des KonTraG, WPg 1998, 41; *Forster*, Zur Teilnahme des Abschlussprüfers an der Bilanzsitzung des Aufsichtsrats und zur Berichterstattung in der Sitzung, in FS Sieben, 1998, S. 375; *Gelhausen*, Reform der externen Rechnungslegung und ihrer Prüfung durch den Wirtschaftsprüfer, AG 1997, 73 (Sonderheft); *Gelter/Haberer*, Aufsichtsrat und Konzernabschluss, GesRZ 2001, 169; *Hommelhoff*, Die Autarkie des Aufsichtsrats, ZGR 1983, 551; *Hommelhoff*, Die neue Position des Abschlussprüfers im Kraftfeld der aktienrechtlichen Organisationsverfassung, Teil I, BB 1998, 2567, Teil II, BB 1998, 2525; *Kiethe*, Anfechtbarer Beschluss über die Entlastung des Aufsichtsrats der AG durch unzureichende Berichterstattung, NZG 2006, 888; *Krawinkel*, Die Neuregelung des Aufsichtsrats- und Abschlussprüferrechts nach dem Kontroll- und Transparenzgesetz, 2000; *Lieder*, Der Aufsichtsrat im Wandel der Zeit, 2006; *Kropff*, Der Abschlussprüfer in der Bilanzsitzung des Aufsichtsrats, in FS Welf Müller, 2001, S. 481; *Maser/Bäumker*, Steigende Anforderungen an die Berichtpflicht des Aufsichtsrats?, AG 2005, 906; *Neuling*, Präsenzpflicht in der Bilanzsitzung des Aufsichtsrats, AG 2002, 610; *Neuling*, Die Teilnahmepflicht des Abschlussprüfers an Bilanzsitzungen des Aufsichtsrats im Aktienrecht, BB 2003, 166; *Nonnenmacher*, Möglichkeit zur weiteren Verbesserung der Zusammenarbeit zwischen Aufsichtsrat und Abschlussprüfer, WPg Sonderheft 2001, S. 15; *Portisch*, Überwachung und Berichterstattung des Aufsichtsrats im Stakeholder-Agency-Modell, 1997; *Schiessl*, Deutsche Corporate Governance post Enron, AG 2002, 593; *Spindler*, Die Empfehlungen der EU für den Aufsichtsrat und ihre deutsche Umsetzung im Corporate Governance Kodex, ZIP 2005, 2033; *Strieder*, Zur Frist der Prüfungs- und Berichtpflicht des Aufsichtsrats hinsichtlich des Jahresabschlusses einer AG oder KGaA, AG 2006, 363; *Theisen*, Die Überwachungsberichterstattung des Aufsichtsrats, BB 1988, 705; *Theisen/Salzberger*, Die Berichterstattung des Aufsichtsrats, eine empirische Analyse, DB 1997, 105; *Trescher*, Überwachungsberichte des Aufsichtsrats, DB 1989, 1981; *Uhlendorf*, Zur Frage der Anforderungen an den Bericht des Aufsichtsrates in der Hauptversammlung über dessen Überwachungstätigkeit in Bezug auf die Geschäftsführung der Gesellschaft in Zeiten wirtschaftlicher Schwierigkeiten, BB 2006, 1024; *E. Vetter*, Die Berichterstattung des Aufsichtsrates an die Hauptversammlung als Bestandteil seiner Überwachungsaufgabe, ZIP 2006, 257; *Westhoff*, Glaubwürdigkeit des Jahresabschlusses: Brauchen wir eine Kontrolle der Kontrolleure bezogen auf die Abschlussprüfer und wenn ja, welche?, Teil I, DStR 2003, 2086, Teil II, DStR 2003, 2132; *Wilde*, Informationsrechte und Informationspflichten im Gefüge der Gesellschaftsorgane, ZGR 1998, 423; *Wirth*, Anforderungsprofil und Inkompatibilitäten für Aufsichtsratsmitglieder, ZGR 2005, 327.

I. Allgemeines

1. Regelungsgegenstand

Die Norm regelt, anschließend an die Vorschrift über die Zuleitung der erforderlichen Unterlagen, die eigentliche Prüfung des Jahresabschlusses sowie der zusätzlich erforderlichen Dokumente (§ 170 Abs. 3). Am Schluss des Prüfungsvorgangs steht die **Billigung** des Jahresabschlusses durch einen entsprechenden Beschluss, der im Fall des Jahresabschlusses in der Regel zu dessen Feststellung führt (§ 172). Konzernabschluss, Einzelabschluss nach § 325 Abs. 2a und Abhängigkeitsbericht (§ 314) werden nicht festgestellt, sondern ausschließlich gebilligt (näher Rz. 19). Die Norm regelt ferner den **Bericht des Aufsichtsrats** an die Hauptversammlung, mit dem diese über das Ergebnis der Prüfung und die Tätigkeit des Aufsichtsrats während des Geschäftsjahres informiert werden soll (§ 171 Abs. 2) und enthält in § 171 Abs. 3 eine Fristenregelung zur **Verfahrensbeschleunigung**. 1

2. Gesetzgebungsgeschichte

Die Norm ist seit 1965 im Wesentlichen unverändert. Im Zuge der Corporate-Governance-Debatte ist im Jahre 1998 die Möglichkeit, den Abschlussprüfer auf Verlangen des Aufsichtsrats an der Sitzung teilnehmen zu lassen, zu einer **Teilnahmepflicht** aufgewertet worden (§ 171 Abs. 1 Satz 2)[1]. Zur Zusammenarbeit zwischen Aufsichtsrat und Abschlussprüfer enthält der DCGK zusätzliche Empfehlungen (Ziff. 7.2 DCGK). Ferner hat das TransPuG von 2002 die Vorschrift ausdrücklich auf den 2

---

1 Art. 1 Nr. 25 KonTraG vom 27.4.1998, BGBl. I 1998, 768.

Konzernabschluss erstreckt[2], während die Vorschrift des § 171 Abs. 4 über den IFRS-Einzelabschluss durch das BilReG von 2004 neu hinzugekommen ist[3]. Nur kurzlebig war die Pflicht des Aufsichtsrats zu den **Stimmrechtsverhältnissen** und zu Übernahmehindernissen nach § 289 Abs. 4 und § 315 Abs. 4 HGB[4]. Der Gesetzgeber hat aufgrund von Hinweisen aus der Praxis eingesehen, dass diese Hinweise sinnvollerweise durch den Vorstand zu machen sind und dass diese Verfahrensweise auch der Übernahmerichtlinie[5] entspricht (vgl. jetzt § 120 Abs. 3 Satz 2)[6].

II. Prüfungspflicht des Aufsichtsrats

1. Allgemeines

3   Die Prüfungspflicht hinsichtlich der Rechnungslegung ist ein **Kernbestandteil der Aufsichtsratstätigkeit**, soweit sich diese auf die Überwachung der Geschäftsführung bezieht (§ 111 Rz. 4 ff., 9), denn der Jahresabschluss ist finanzielles Abbild des geschäftlichen Erfolges oder Misserfolges des Unternehmens[7]. Ferner hat sich gezeigt, dass fehlerhafte Rechnungslegung oft dazu dient, Risiken und Fehlschläge im Unternehmen zu verschleiern; werden diese verspätet aufgedeckt, ist die nachfolgende Krise umso tiefer. Daher ist die Verantwortung des Aufsichtsrats für eine ordnungsgemäße Überwachung erheblich. Soweit dabei auch Entscheidungen über bilanzpolitische Maßnahmen und die Ausschüttungspolitik zu treffen sind, ist zugleich die Beratungsaufgabe des Aufsichtsrats berührt. Der Bedeutung der Entscheidung entspricht es, dass sie nicht auf einen beschließenden Ausschuss übertragen werden kann (§ 107 Abs. 3 Satz 2), auch ein Prüfungsausschuss nach Ziff. 5.3.2 DCGK kann den Jahresabschluss nicht billigen, sondern nur die Beschlussfassung im Plenum vorbereiten[8]. Die Einrichtung eines solchen Ausschusses wird vom DCGK empfohlen und ist auch für größere nichtbörsennotierte Gesellschaften zur Vorbereitung der Entscheidung nach § 171 sinnvoll.

2. Prüfungsgegenstand

4   Prüfungsgegenstand ist sowohl die **Rechtmäßigkeit** als auch die **Zweckmäßigkeit** des Jahresabschlusses. Die Rechnungslegung und der Gewinnverwendungsvorschlag müssen den gesetzlichen Vorschriften entsprechen, wobei sich die Anforderungen an die Rechtmäßigkeit aus den Vorschriften des HGB ergeben (§§ 238 Abs. 1 Satz 1, 243 Abs. 1; 264 Abs. 2 HGB); dies betrifft die Rechtmäßigkeit. Hingegen sind die Ausübung von bilanziellen Wahlrechten, die Bildung und Auflösung von Reserven, soweit nicht gesetzlich vorgeschrieben, sowie die Frage der Ausschüttungspolitik Aspekte der Zweckmäßigkeit. Hierbei trifft der Aufsichtsrat, anders als bei gesetzlich gebundenen Entscheidungen, seine Entscheidung im Rahmen seines unternehmerischen Ermessens.

---

2 Art. 18 TransPuG vom 19.7.2002, BGBl. I 2002, 2681.
3 Art. 4 Nr. 3 BilReG vom 4.12.2004, BGBl. I 2004, 3166.
4 Eingeführt durch Gesetz zur Umsetzung der Übernahmerichtlinie vom 8.7.2006, BGBl. I 2006, 1426; wieder aufgehoben durch das Zweite Gesetz zur Änderung des Umwandlungsgesetzes vom 19.4.2007, BGBl. I 2007, 542.
5 Art. 10 III der Richtlinie 2004/25/EG vom 21.4.2004 betreffend Übernahmeangebote (ABl. Nr. L 42 v. 30.4.2004, S. 20) verlangt einen Bericht des Leitungs- bzw. Verwaltungsorgans, damit kann im dualistischen System nur der Vorstand gemeint sein.
6 Näher dazu Handelsrechtsausschuss des DAV, NZG 2006, 183; *Neye*, BB 2007, 389 f.
7 Zutr. *Hüffer*, § 171 Rz. 3; *Kropff* in G/H/E/K, § 171 Rz. 13 f.
8 *Nonnenmacher* in Marsch-Barner/Schäfer, Börsennotierte AG, § 52, Rz. 30 m.w.N.

3. Sorgfaltsmaßstab

Die Bedeutung der Angelegenheit hat Rückwirkungen auf die **Sorgfaltspflicht** der ein- 5
zelnen Mitglieder. Soweit es dabei um die Zweckmäßigkeitskontrolle geht, handelt
das Mitglied in der Regel pflichtgemäß, wenn es seine Entscheidung aufgrund sorgfältiger Entscheidungsvorbereitung, ohne Eigeninteressen und mit Rücksicht auf das
Unternehmenswohl trifft (§ 93 Abs. 1 Satz 2). Demgegenüber handelt es sich bei der
Rechtmäßigkeitskontrolle der Rechnungslegung um eine gesetzlich gebundene Entscheidung; der Aufsichtsrat muss die Rechtmäßigkeit sicherstellen und darf einen
rechtswidrigen Jahresabschluss nicht billigen. Gleiches gilt dann, wenn die erforderlichen Unterlagen zur Beschlussfassung (§ 170) nicht vorliegen. Der anzuwendende
Sorgfaltsmaßstab muss sich an diesem Ziel orientieren, aber auch berücksichtigen,
dass die Aufsichtsratsmitgliedschaft im Nebenamt ausgeübt wird und dass die Rechtmäßigkeit des Abschlusses bereits vom Abschlussprüfer untersucht wurde, dessen
Tätigkeit nicht wiederholt werden muss.

Eine **pflichtgemäße Rechtmäßigkeitsprüfung** setzt zunächst voraus, dass das Auf- 6
sichtsratsmitglied zu ihr überhaupt persönlich im Stande ist. So handelt insbesondere derjenige pflichtwidrig, der ein Aufsichtsratsmandat annimmt, ohne die für die
Prüfung nach § 171 erforderlichen Kenntnisse zu besitzen oder sich diese alsbald
(d.h. noch innerhalb des laufenden Geschäftsjahres) anzueignen[9]. Denn der Aufsichtsrat muss sich, wie sich aus § 171 Abs. 2 Satz 3 ergibt, ein eigenes Urteil zum
Jahresabschluss bilden und darf sich auf die Meinung anderer nicht blind verlassen[10].
Das setzt nicht voraus, dass das einzelne Mitglied in der Lage sein muss, selbst den
Jahresabschluss zur erstellen oder die Abschlussprüfung vorzunehmen[11]; die Aufsichtsratsmitglieder müssen nicht die Kenntnisse und Fähigkeiten eines Abschlussprüfers haben[12]. Auch die Überprüfung der Bilanzansätze durch eigene Stichproben
ist nur geboten, wenn sich Anhaltspunkte für eine Unrichtigkeit ergeben[13].

Pflichtwidrig handelt aber das Aufsichtsratsmitglied, das den Prüfungsbericht des 7
Abschlussprüfers und die sonstigen nach § 170 übermittelten Unterlagen nicht hinreichend zur Kenntnis nimmt. Denn der Bericht ist, wie sich aus der Gesetzesge-
schichte ergibt, gerade eingeführt worden, um die beschränkte Fähigkeit des Aufsichtsrats zur Prüfung durch eigene Anschauung zu kompensieren[14]. Er ist der Ausgangspunkt der Prüfung nach § 171. Das einzelne Aufsichtsratsmitglied genügt
seiner Pflicht daher, wenn es den Bericht des Abschlussprüfers und die übrigen Unterlagen durcharbeitet, kritisch würdigt und Unklarheiten durch Nachfrage bei Prüfer oder Vorstand nachgeht[15]. Zusätzlich haben die Mitglieder des Aufsichtsrats Um-

---

9 *Brönner* in Großkomm. AktG, § 171 Rz. 3; *Hüffer*, § 171 Rz. 9; *Kropff* in G/H/E/K, § 171
   Rz. 7 ff.; *Kropff* in MünchKomm. AktG, § 171 Rz. 78.
10 RGZ 93, 338, 340.
11 *Kropff* in MünchKomm. AktG, § 171 Rz. 78.
12 In Gesellschaften, die dem DCGK unterliegen, soll wenigstens ein Mitglied (nämlich der Vorsitzende des Prüfungsausschusses) über besondere Kenntnisse und Erfahrungen im Bereich
   der Rechnungslegung verfügen. In Gesellschaften, die dem DCGK nicht unterliegen, ist bei
   den Wahlvorschlägen an die Hauptversammlung daran zu denken, nach Möglichkeit ein entsprechend qualifiziertes Mitglied zu gewinnen, vgl. *Lutter/Krieger*, Aufsichtsrat, Rz. 23.
13 Wie hier *Brönner* in Großkomm. AktG, § 171 Rz. 6; *Claussen/Korth* in KölnKomm. AktG,
   § 171 Rz. 5; *Adler/Düring/Schmaltz*, § 171 AktG Rz. 16 f.; *Heidel* in Heidel, § 171 Rz. 16, jeweils m.w.N.; inzwischen weitgehend einhellige Meinung, a.A. zuletzt *Prühs*, AG 1970, 347,
   351.
14 Näher *Kropff* in G/H/E/K, § 171 Rz. 5; *Hommelhoff*, ZGR 1983, 551, 552 („zentrales Hilfsmittel"); *Hüffer*, § 171 Rz. 5; vgl. auch *Nonnenmacher* in Marsch-Barner/Schäfer, Börsennotierte
   AG, § 55, Rz. 143.
15 *Hüffer*, § 171 Rz. 9; *Hüffer*, ZGR 1980, 320, 334; *Rürup* in FS Budde, 1995, S. 543, 550 f.

 stände und Risiken zu bedenken, die dem Prüfer nicht auffallen müssen, dem Mitglied aber bekannt sind[16]. Dabei muss jedes Mitglied bei ihm persönlich vorhandenes Sonderwissen einbringen. Bei Zweifeln an der Richtigkeit des Abschlusses sind weitere Nachforschungen nach § 111 nicht nur möglich, sondern geboten. Untätigkeit gegenüber möglicherweise rechtswidrigen Verhaltensweisen anderer Unternehmensorgane stellt gegenwärtig den hauptsächlichen Haftungsgrund für Aufsichtsratsmitglieder dar[17] und kann sich im Bereich des § 171 ganz besonders fatal auswirken.

8 Die Pflicht ist vom Aufsichtsratsmitglied **in Person zu erfüllen**. Vor der Sitzung zugeleitete Unterlagen sind regelmäßig als geheimhaltungsbedürftig im Sinne des § 116 Satz 2 zu betrachten. Das einzelne Aufsichtsratsmitglied kann sich bei der Prüfung der Unterlagen im Vorfeld der Sitzung der Hilfe Dritter bedienen, wenn der Dritte zur Verschwiegenheit verpflichtet ist[18]. Demgegenüber kommt bei der Erörterung der Angelegenheit im Plenum die Hinzuziehung eines sachverständigen Dritten nur unter den Voraussetzungen des § 111 in Betracht (vgl. dort Rz. 26)[19]. Vor der Inanspruchnahme Dritter ist stets zu prüfen, ob die betreffende Frage nicht auch durch ein Mitglied des Aufsichtsrats oder den Bericht eines Ausschusses geklärt werden kann[20].

III. Teilnahme- und Berichtspflicht des Abschlussprüfers

9 Seit der Reform des § 171 durch das KonTraG besteht für den Abschlussprüfer auch ohne besonderes Verlangen des Aufsichtsrats eine **Teilnahmepflicht** im Hinblick auf die Bilanzsitzung des Plenums und/oder eine entsprechende Sitzung des Prüfungsausschusses. Das gilt nur, wenn die Gesellschaft prüfungspflichtig ist. Besteht ein Prüfungsausschuss, so bestimmt der Aufsichtsrat, ob der Prüfer an der Plenarsitzung, an der Ausschusssitzung oder an beiden Sitzungen teilnehmen soll[21]. Wird eine Prüfungsgesellschaft tätig, so ist die Pflicht durch den verantwortlichen Prüfungsleiter zu erfüllen[22]. Der Prüfer ist nicht teilnahmepflichtig, wenn der Aufsichtsrat ausdrücklich erklärt, ihn nicht dabei haben zu wollen[23], und verstößt insoweit auch nicht gegen seine Pflichten gegenüber der Gesellschaft. Pflichtwidrig handelt jedoch der Aufsichtsrat, da die gesetzliche Teilnahmepflicht nicht disponibel ist[24]. Fehlt es an einer ausdrücklichen Ausladung des Prüfers, liegt ein Pflichtverstoß sowohl bei diesem als auch beim Aufsichtsrat vor[25]. Die Gültigkeit des Jahresabschlusses wird von einem Verstoß gegen die Teilnahmepflicht nicht berührt[26].

---

16 *Kropff* in G/H/E/K, § 171 Rz. 4 mit Beispielen.
17 Vgl. Urteil des BGH v. 11.12.2006 – II ZR 243/05, ZIP 2007, 283 ff. zum unterlassenen Einschreiten gegen eine mögliche Untreue des Geschäftsführers.
18 *Forster* in FS Kropff, 1997, S. 71, 81 f.; *Hüffer*, § 171 Rz. 9.
19 BGH v. 15.11.1982 – II ZR 27/82 – „Hertie", BGHZ 85, 293 = AG 1983, 133.
20 *Hüffer*, § 171 Rz. 10; *Kropff* in MünchKomm. AktG, § 171 Rz. 94; *Claussen/Körth* in KölnKomm. AktG, § 171 Rz. 6.
21 *Kropff* in MünchKomm. AktG, § 171 Rz. 109, 142; *Hüffer*, § 171 Rz. 11 f.; *Kropff* in G/H/E/K, § 171 Rz. 23 ff.
22 *Kropff* in G/H/E/K, § 171 Rz. 25; *Claussen/Korth* in KölnKomm. AktG, § 171 Rz. 12.
23 BT-Drucks. 13/9712, S. 22.
24 Überwiegende Meinung, vgl. *Hüffer*, § 171 Rz. 11a; *Baums*, AG 1997, Sonderheft, S. 26, 32; *Forster*, WPg 1998, 41, 55; *Kropff* in MünchKomm. AktG, § 171 Rz. 142; a.A. aber *Gelhausen*, AG 1997, Sonderheft, S. 73, 79.
25 *Hüffer*, § 171 Rz. 11a.
26 *Hüffer*, § 171 Rz. 11a; *Kropff* in MünchKomm. AktG, § 171 Rz. 143; *Lutter/Krieger*, Aufsichtsrat, S. 73, Rz. 84; *Forster* in FS Sieben, 1998, S. 375, 381.

Der Prüfer muss in der Sitzung über wesentliche Ergebnisse seiner Prüfung mündlich 10
berichten und den Mitgliedern für ergänzende Fragen und Diskussion zur Verfügung
stehen. Der mündliche **Bericht** muss nicht übermäßig detailliert sein; hier kann im
Wesentlichen auf den schriftlichen Bericht verwiesen werden. Diskussion und ergänzende Berichterstattung auf Nachfrage sollten im Vordergrund stehen[27]. Nach Ziff.
7.2.3. DCGK soll der Abschlussprüfer schon vor der Bilanzsitzung den Aufsichtsrat
über wesentliche Feststellungen und Vorkommnisse informieren.

IV. Bericht an die Hauptversammlung (§ 171 Abs. 2)

Der Aufsichtsrat muss über seine Feststellungen im Hinblick auf den Jahresab- 11
schluss, aber auch über seine Tätigkeit im Geschäftsjahr insgesamt, **schriftlich** gegenüber der Hauptversammlung **berichten** (§ 171 Abs. 2 Satz 1–3). Der Bericht gehört
zu den vorbereitenden Unterlagen der Hauptversammlung (§§ 120 Abs. 3, 175 Abs. 2)
im Hinblick auf die Entlastung des Aufsichtsrats. Fehlende oder inhaltlich unzuläng-
liche Berichte können eine Anfechtbarkeit des Entlastungsbeschlusses wegen Formmängeln begründen[28]. Dagegen ist die Frage, ob der Aufsichtsrat insgesamt genug
prüfend tätig geworden ist, eine inhaltliche Frage[29], bei der eine Anfechtung nur in
Betracht kommt, wenn der Entlastungsbeschluss von der Mehrheit willkürlich gefasst wurde[30].

Inhaltlich umfasst die Berichtspflicht das **Ergebnis der eigenen Prüfung** des Jahresab- 12
schlusses, des Lageberichts und des Vorschlags für den Bilanzgewinn sowie der ggf.
nach § 171 Abs. 1 weiterhin zu prüfenden Unterlagen. Der Bericht erstreckt sich ferner auf die **Prüfungstätigkeit des Aufsichtsrats** im Geschäftsjahr insgesamt (§ 171
Abs. 2 Satz 2), also auf die Frage, wie er die Tätigkeit des Vorstands überwacht hat.
Ferner ist zur **Prüfung des Jahresabschlusses durch den Abschlussprüfer** Stellung zu
nehmen (§ 171 Abs. 2 Satz 3), insbesondere also zu der Frage, ob Einwendungen gegen
den Jahresabschluss zu erheben sind (§ 171 Abs. 2 Satz 4). In allen Fragen bestehen erhebliche Meinungsunterschiede, wie weit die Berichtspflicht im Einzelnen reicht
und welche Angaben erforderlich sind.

Hinsichtlich des **Ergebnisses** der eigenen Prüfung und der Auseinandersetzung mit 13
den Feststellungen des Abschlussprüfers geht die ganz überwiegende Meinung davon
aus, dass eine kurze und formal gehaltene Stellungnahme genügt, wenn gegen den
Jahresabschluss und die Feststellungen des Abschlussprüfers Einwendungen nicht zu
erheben sind und der Aufsichtsrat auch in den vom Abschlussprüfer nicht zu thema-
tisierenden Zweckmäßigkeitsfragen (z.B. Bildung und Auflösung stiller Reserven;
Ausschüttungs- und Thesaurierungspolitik) keine andere Meinung als der Vorstand
vertritt[31]. Nur vereinzelt werden Detailangaben dazu gefordert, wie der Aufsichtsrat

---

27 BT-Drucks. 13/9712, S. 22.
28 OLG Stuttgart v. 15.3.2006 – 20 U 25/05, WM 2006, 861, 864 = AG 2006, 379; LG Berlin v.
12.12.2004 – 101 O 124/04, DB 2005, 1320.
29 Das übersehen LG Berlin v. 12.12.2004 – 101 O 124/04, DB 2005, 1320 und LG München v.
10.3.2005 – 5 HKO 18110/04, AG 2005, 408, 409.
30 Vgl. zur Unterscheidung von Inhalts- und Formmängeln bei der Anfechtung des Entlastungsbeschlusses BGH v. 4.3.1974 – II ZR 89/72, BGHZ 62, 193, 194; BGH v. 18.10.2004 – II ZR
259/02, WM 2004, 2489 = AG 2005, 87; OLG Stuttgart v. 11.8.2004 – 20 U 3/04, AG 2005,
94 f.; *Kubis* in MünchKomm. AktG, § 120 Rz. 47; *Mülbert* in Großkomm. AktG, § 120
Rz. 121.
31 *Hüffer*, § 171 Rz. 13; *Adler/Düring/Schmaltz*, § 171 AktG Rz. 71; *Kropff* in MünchKomm.
AktG, § 171 Rz. 149; *Kropff* in G/H/E/K, § 171 Rz. 37 f.; *Claussen/Korth* in KölnKomm.
AktG, § 171 Rz. 16.

zu seiner Bewertung der Sach- und Rechtslage gekommen ist[32]. Ausführlichere Angaben werden hingegen für erforderlich gehalten, wenn der Aufsichtsrat den Jahresabschluss nicht billigt, wesentliche Feststellungen des Abschlussprüfers nicht teilt oder wenn das Testat des Abschlussprüfers eingeschränkt oder verweigert worden ist[33]. In diesem Fall muss die Begründung so ausführlich sein, dass die Hauptversammlung, auf die ja im Falle der Nichtbilligung auch das Feststellungsrecht übergeht, sich ein Bild von der Sachlage und den widerstreitenden Argumenten machen kann[34]. Die einschränkende Auslegung überzeugt, da vom Gesetz mehr nicht gefordert wird und die Pflicht zu weitergehenden Angaben für den Fall, dass keine Einwendungen erhoben werden, zu keinem Erkenntnisgewinn für die Hauptversammlung führt. Zudem ist die Vertraulichkeit der Aufsichtsratsberatungen besonders zu beachten.

14   Der Bericht nach § 171 hat zudem die Funktion, die Hauptversammlung über die **Tätigkeit des Aufsichtsrats im vergangenen Geschäftsjahr** zu informieren. Diesem Ziel dient die Angabepflicht nach Satz 2[35]. Damit soll zugleich, wie auch bei den Berichten nach §§ 186, 314 AktG und § 8 UmwG, Rechtfertigungsdruck gegenüber einem zu passiven Amtsverständnis der Aufsichtsratsmitglieder aufgebaut werden. Vor allem dieses Anliegen veranlasst die in Literatur und Rechtsprechung anzutreffende zunehmende Forderung nach ausführlicheren Tätigkeitsberichten des Aufsichtsrats; gefordert wird ein detailliertes Eingehen auf Einzelmaßnahmen, die Art und Umfang der Tätigkeit erkennen lassen[36]. Sowohl Überwachungsgegenstand als auch Überwachungsmethode seien anzugeben[37]. Teilweise wird auch gefordert, anzugeben, warum bestimmte Maßnahmen (insbesondere außerordentliche Überwachungsmaßnahmen oder Personalmaßnahmen) nicht ergriffen wurden[38]. Das läuft auf eine Pflicht zur Gesamtrechtfertigung der Aufsichtsratstätigkeit gegenüber der Hauptversammlung hinaus. Man hofft offenbar, auf diese Weise eine Verbesserung der Aufsichtsratstätigkeit durch Pflicht zur eigenen Rechtfertigung zu erreichen und einem zu passiven Amtsverständnis vorzubeugen[39]. Demgegenüber waren früher verbreitet sehr kurze und formelhafte Berichte anzutreffen[40]; diese Art der Berichterstattung wird in der Literatur nur noch zum Teil und nur noch mit Bedenken für ausreichend gehalten, wenn die wirtschaftlichen Verhältnisse der AG gut sind, die Zusammenarbeit zwischen Vorstand und Aufsichtsrat konfliktfrei verlaufen ist und besondere Vorkommnisse nicht zu melden waren[41].

---

32 *Theisen*, BB 1988, 705, 710; *Trescher*, DB 1989, 1981, 1982.

33 *Nonnenmacher* in Marsch-Barner/Schäfer, Börsennotierte AG, § 52, Rz. 33; *Claussen/Korth* in KölnKomm. AG, § 171 Rz. 16; *Hüffer*, § 171 Rz. 13; *Hoffmann-Becking* in MünchHdb. AG, § 44, Rz. 18.

34 Zutr. *Kropff* in MünchKomm. AktG, § 171 Rz. 149; *Portisch*, Überwachung und Berichterstattung des Aufsichtsrats im Stakeholder-Agency-Modell, 1997, S. 199.

35 *Kropff* in MünchKomm. AktG, § 171 Rz. 146; *Hüffer*, § 171 Rz. 12.

36 LG München v. 10.3.2005 – 5 HKO 18110/04, DB 2005, 878; OLG München v. 25.7.2005 – 7 U 2759/05, AG 2006, 592; OLG Stuttgart v. 15.3.2006 – 20 U 25/05, WM 2006, 863; *Nonnemacher* in Marsch-Barner/Schäfer, Börsennotierte AG, § 52, Rz. 33; *E. Vetter*, ZIP 2006, 257, 259; *Steiner* in Heidel, § 171 Rz. 32 ff.

37 LG München v. 10.3.2005 – 5 HKO 18110/04, AG 2005, 408; OLG Stuttgart v. 15.3.2006 – 20 U 25/05, WM 2006, 863, 865 f. = AG 2006, 379.

38 OLG Stuttgart v. 15.3.2006 – 20 U 25/05, WM 2006, 863 f. = AG 2006, 379.

39 Instruktiv insoweit der in OLG Stuttgart v. 15.3.2006 – 20 U 25/05, WM 2006, 863, 866 = AG 2006, 379 wiedergegebene Parteivortrag, der Aufsichtsrat habe den Vorstand angesichts der Unternehmenskrise nicht „mit zusätzlichen Anforderungen traktieren wollen"; das ist in der Tat ein eigenwilliges Verständnis von den Pflichten des Aufsichtsrats.

40 *v. Godin/Wilhelmi*, § 171 Anm. 3; *Kropff* in G/H/E/K, § 171 Rz. 32; dafür auch heute noch *Claussen/Korth* in KölnKomm. AktG, § 171 Rz. 14.

41 So insbes. *Hüffer*, § 171 Rz. 13; *Hoffmann-Becking* in MünchHdb. AG, § 44, Rz. 18; *Adler/Düring/Schmaltz*, § 171 AG Rz. 69; *Kropff* in MünchKomm. AG, § 171 Rz. 156; *Maser/Bäumker*,

Bei der **Stellungnahme** ist zu beachten, dass die Vorgänge im Aufsichtsrat, insbesondere die Abstimmungen und die Beratungen, einer umfassenden Vertraulichkeit unterliegen[42]. Diese unterscheidet sich vom Recht zur Auskunftsverweigerung nach § 131 dadurch, dass sie für den Fall des Bekanntwerdens der fraglichen Tatsache keinen konkreten Nachteil für die Gesellschaft voraussetzt. Sie besteht unabhängig davon, weil nur durch Vertraulichkeit die unbefangene Beratung im Aufsichtsrat zu gewährleisten ist. Dieser Aspekt wird in der bisherigen Diskussion weitgehend übersehen; wenn er überhaupt diskutiert wird, wird § 131 analog angewendet, der aber aus den genannten Gründen auf die Beratungen des Aufsichtsrats nicht passt. Daher muss von vornherein eine Lösung ausscheiden, die vom Aufsichtsrat die Angabe von Gründen verlangt, warum er bestimmte Maßnahmen nicht ergriffen hat; diese Angabe ist ohne Aufhebung der Vertraulichkeit des Beratungshergangs nicht möglich[43]. Daran ändert auch die krisenhafte Lage des Unternehmens nichts. Problematisch ist unter diesem Gesichtspunkt auch die Angabe von außerordentlichen Überwachungsmitteln, jedenfalls soweit sie Misstrauen in die Amtsführung des Vorstands erkennen lassen (Einsicht in Bücher und Schriften, Sonderberichte). Problematisch ist hier insbesondere der Fall, dass die Maßnahme zwar ergriffen wurde, aber nichts Relevantes zu Tage gefördert hat. Dann nützt die Angabe der Hauptversammlung wenig und schadet zugleich der Vertraulichkeit[44].   15

Insgesamt ist daher der Bericht nach § 171 Abs. 2 Satz 2 auf die **regelmäßig eingesetzten Überwachungsmittel** zu beschränken. Hinzu kommt bei der börsennotierten AG die Angabe über die Zahl der Sitzungen und eingerichteten Ausschüsse (§ 171 Abs. 2 Satz 2). Bei allen weiteren Angaben ist zu prüfen, inwieweit das Beratungsgeheimnis des Aufsichtsrats gefährdet wird[45]. Das wird regelmäßig eine Veröffentlichung ausschließen, sofern nicht die fragliche Tatsache ohnehin bekannt geworden oder das Geheimhaltungsbedürfnis weggefallen ist[46]. Insgesamt sollte die an sich begrüßenswerte Tendenz zu intensiverer Aufsichtsratstätigkeit auf andere Weise gefördert werden als mit dem schwer abgrenzbaren und anfechtungsanfälligen Instrument des Aufsichtsratsberichts nach § 171 Abs. 2; zu denken ist hier insbesondere an die Pflicht zur Selbstevaluierung der Tätigkeit[47].   16

V. Fristen

Das Gesetz ordnet in § 171 Abs. 3 besondere **Fristen zur Verfahrensbeschleunigung** an, um die zeitgerechte Einberufung der Hauptversammlung nicht zu gefährden. Zugleich soll der (eher abstrakten) Möglichkeit vorgebeugt werden, dass der Aufsichtsrat überhaupt keine Entscheidung trifft und damit das weitere Verfahren lahm legt, da weder ein Feststellungsbeschluss zustande kommt noch wegen verweigerter Billi-   17

AG 2005, 906, 908; *E. Vetter* in Marsch-Barner/Schäfer, Börsennotierte AG, § 26, Rz. 57; vgl. auch OLG Hamburg v. 12.1.2001 – 11 U 162/00, AG 2001, 359, 362.

42 *Hüffer*, § 116 Rz. 6; *Hoffmann-Becking* in MünchHdb. AG, § 33, Rz. 51; *Lutter*, Information und Vertraulichkeit, Rz. 495 ff.; *Drygala*, AG 2007, 381, 384.

43 Das übersehen OLG Stuttgart v. 15.3.2006 – 20 U 25/05, WM 2006, 861, 864 = AG 2006, 379 und *Maser/Bäumker*, AG 2005, 906, 909.

44 *Drygala*, AG 2007, 381, 388; *E. Vetter*, ZIP 2006, 257, 261.

45 In diese Richtung auch *Lutter*, Information und Vertraulichkeit, S. 189 f.; *Wilde*, ZGR 1998, 440.

46 Näher *Drygala*, AG 2007, 381, 388.

47 *Lieder*, Der Aufsichtsrat im Wandel der Zeit, 2006, S. 938 ff.; *Hopt/Roth* in Großkomm. AktG, § 111 Rz. 831; *Spindler*, ZIP 2005, 2033; *Maul*, BB Beilage 2005, Nr. 19, 2; *Schiessl*, AG 2002, 593, 600.

gung die Zuständigkeit zur Feststellung des Jahresabschlusses auf die Hauptversammlung übergeht[48].

18 Der Bericht des Aufsichtsrats nach § 171 Abs. 2 muss innerhalb eines Monats dem Vorstand zugeleitet werden, wobei die fristgerechte Absendung genügt. Die Frist beginnt mit der Zuleitung der erforderlichen Unterlagen, wobei der Eingang beim Aufsichtsratsvorsitzenden genügt. Zu den erforderlichen Unterlagen gehören auf jeden Fall die in § 170 genannten Dokumente, aber auch der Bericht des Abschlussprüfers. Dass der Aufsichtsrat diesen nicht mehr vom Vorstand, sondern unmittelbar vom Abschlussprüfer erhält, ändert daran nichts, da ohne den Bericht der Jahresabschluss nicht wirksam festgestellt werden kann und § 171 nicht explizit auf § 170 verweist, sondern neutral von „den Vorlagen" spricht[49]. Damit ist ersichtlich gemeint, dass der Aufsichtsrat innerhalb eines Monats Beschluss fassen und seinen Bericht erstellen muss, wenn er alles dazu Erforderliche erhalten hat. Die Überschreitung der Frist begründet eine Pflichtverletzung des Aufsichtsrats[50]. Der Vorstand muss dem säumigen Aufsichtsrat eine Nachfrist von einem weiteren Monat setzen; geht der Bericht auch dann nicht zu, wird eine negative Entscheidung fingiert, wodurch die Zuständigkeit zur Feststellung des Jahresabschlusses auf die Hauptversammlung übergeht. Eine Nachholung der Pflicht kann daran nichts ändern.

VI. Konzernabschluss und kumulativer Einzelabschluss (§ 325 Abs. 2a HGB)

19 Zu prüfen sind nach § 171 nicht nur der Jahresabschluss selbst, sondern ggf. auch der Konzernabschluss und, wenn die Gesellschaft davon Gebrauch macht, auch der nach internationalen Rechnungslegungsstandards erstellte Einzelabschluss nach § 325 Abs. 2a HGB. § 171 Abs. 4 ordnet für diesen die Geltung der § 171 Abs. 1–3 an; während sich die Prüfungs- und Berichtspflicht für den Konzernabschluss unmittelbar aus § 171 Abs. 1 Satz 1 sowie § 171 Abs. 2 Satz 5 ergibt. Dadurch wird der Konzernabschluss sowie der IFRS-Abschluss dem Jahresabschluss in seiner Bedeutung gleichgestellt[51]. Insbesondere sind, wenn es sich um ein Mutterunternehmen im Sinne des § 290 HGB handelt, sowohl die Prüfungspflichten nach § 171 Abs. 1 als auch die Berichtspflichten nach § 171 Abs. 2 auf den Konzernabschluss und den Konzernlagebericht zu erstrecken. Allerdings wird der Konzernlagebericht ebenso wie der IFRS-Einzelabschluss nicht festgestellt, sondern nur gebilligt[52], da er keine Auswirkung auf die Gewinnverwendung hat und in §§ 172, 173 nicht erwähnt wird. Wird er nicht gebilligt, geht das Billigungsrecht auf die Hauptversammlung über. Die Prüfungsdichte entspricht in voller Hinsicht der des Jahresabschlusses. Insbesondere muss sich die Prüfung auf die Rechtmäßigkeit der Konzernrechnungslegung beziehen; ferner ist ihre Zweckmäßigkeit vor allem hinsichtlich möglicher Konsolidierungswahlrechte zu beurteilen[53]. Der Bericht dazu nach § 171 Abs. 2 folgt den oben dargestellten Grundsätzen und kann demnach kurz ausfallen, wenn die Billigung erteilt wurde.

48 Näher zur Gesetzgebungsgeschichte *Kropff* in MünchKomm. AktG, § 171 Rz. 173.
49 A.A. *Kropff* in MünchKomm. AktG, § 171 Rz. 172: Fristbeginn ungeachtet des möglicherweise fehlenden Berichts; Aufsichtsrat muss selbst für rechtzeitigen Eingang sorgen.
50 *Kropff* in MünchKomm. AktG, § 171 Rz. 178; *Kropff* in G/H/E/K, § 171 Rz. 45; *Brönner* in Großkomm. AktG, § 171 Rz. 40, 45.
51 *Baums*, Bericht der Regierungskommission Corporate Governance, 2001, Rz. 274; Begr. RegE zum KonTraG, BT-Drucks. 14/8769, S. 22.
52 *Hüffer*, § 171 Rz. 14a.; *Kropff* in MünchKomm. AktG, § 171 Rz. 70; *Nonnenmacher* in Marsch-Barner/Schäfer, Börsennotierte AG, § 53, Rz. 16 f., § 55, Rz. 294.
53 *Nonnenmacher* in Marsch-Barner/Schäfer, Börsennotierte AG, § 53, Rz. 14; *Adler/Düring/Schmaltz*, § 171 AktG Rz. 2 f.; *Kropff* in MünchKomm. AktG, § 171 Rz. 62, 67, 120.

Dritter Abschnitt. Feststellung des Jahresabschlusses. Gewinnverwendung

Erster Unterabschnitt. Feststellung des Jahresabschlusses

§ 172
Feststellung durch Vorstand und Aufsichtsrat

Billigt der Aufsichtsrat den Jahresabschluss, so ist dieser festgestellt, sofern nicht Vorstand und Aufsichtsrat beschließen, die Feststellung des Jahresabschlusses der Hauptversammlung zu überlassen. Die Beschlüsse des Vorstands und des Aufsichtsrats sind in den Bericht des Aufsichtsrats an die Hauptversammlung aufzunehmen.

I. Allgemeines 1	IV. Aufnahme in den Bericht des Aufsichtsrats (§ 172 Satz 2) 21
1. Regelungsgehalt 1	V. Änderung festgestellter Jahresabschlüsse 22
2. Zeitlicher Ablauf 4	1. Grundlagen 22
II. Feststellung des Jahresabschlusses durch Vorstand und Aufsichtsrat ... 7	2. Nichtfestgestellte und nichtige Jahresabschlüsse 24
1. Begriff und Rechtswirkung 7	3. Änderung eines fehlerhaften Jahresabschlusses 26
2. Feststellung als Rechtsgeschäft 10	4. Änderung eines fehlerfreien Jahresabschlusses 28
a) Grundlagen 10	
b) Beschluss des Vorstands 13	
c) Beschluss des Aufsichtsrats 14	
3. Beschlussmängel 16	
III. Kompetenzzuweisung an die Hauptversammlung 18	

Literatur: *Balthasar*, Die Bestandskraft handelsrechtlicher Jahresabschlüsse. Änderungen und Berichtigungen handelsrechtlicher Jahresabschlüsse nach deutschem Recht, US-amerikanischen GAAP und IAS, 1999; *Barz*, Abänderung festgestellter Jahresabschlüsse einer Aktiengesellschaft, in FS Schilling, 1973, S. 127; *Erle*, Unterzeichnung und Datierung des Jahresabschlusses bei Kapitalgesellschaften, WPg 1987, 637; *Küting/Kaiser*, Aufstellung oder Feststellung: Wann endet der Wertaufhellungszeitraum? – Implikationen für die Anwendung des Wertaufhellungsprinzips bei Berichtigung, Änderung und Nichtigkeit des handelsrechtlichen Jahresabschlusses, WPg 2000, 577; *Kropff*, Auswirkungen eines Jahresabschlusses auf die Folgeabschlüsse, in FS Budde, 1995, S. 342; *Kropff*, Der Konzernabschluss – eine Randerscheinung im Gesellschaftsrecht?, in FS Claussen, 1997, S. 659; *Kropff*, Der Jahresabschluss – ist er ein Jahresabschluss?, in FS Peltzer, 2001, S. 219; *Ludewig*, Möglichkeiten der Bilanzierung, insbesondere bei Fehleinschätzung der Entwicklung eines Unternehmens, DB 1986, 133; *Lutter*, Der Streit um die Gültigkeit des Jahresabschlusses einer Aktiengesellschaft, in FS Helmrich, 1994, S. 685; *H.P. Müller*, Rechtsfolgen unzulässiger Änderungen von festgestellten Jahresabschlüssen, in FS Budde, 1995, S. 431; *W. Müller*, Die Änderung von Jahresabschlüssen, Möglichkeiten und Grenzen, in FS Quack, 1991, S. 359; *Mutze*, Prüfung und Feststellung des Jahresabschlusses der Aktiengesellschaft sowie Beschlussfassung über die Gewinnverwendung, AG 1966, 175; *Priester*, Aufstellung und Feststellung des Jahresabschlusses bei unterbesetztem Vorstand, in FS Kropff, 1997, S. 591; *Prinz*, Die handels- und steuerrechtliche Änderung von Bilanzen – Gemeinsamkeiten und Unterschiede, aktuelle Entwicklungen, in FS Welf Müller, 2001, S. 687; *Schön*, Bestandskraft und fehlerhafte Bilanzen – Information, Gewinnverteilung, Kapitalerhaltung, in FG 50 Jahre BGH, 2000, S. 153; *Weirich*, Bilanzänderungen aus Sicht der Handelsbilanz, WPg 1976, 625.

I. Allgemeines

1. Regelungsgehalt

1 § 172 Satz 1 regelt die **Zuständigkeit** für die **Feststellung des Jahresabschlusses**. Diese liegt grundsätzlich bei Vorstand und Aufsichtsrat. Mit Billigung des dem Aufsichtsrat zur Prüfung (vgl. § 171) vorgelegten Jahresabschlusses ist dieser im Regelfall[1] festgestellt. Vorstand und Aufsichtsrat können jedoch trotz Billigung beschließen, die Feststellung des Jahresabschlusses der Hauptversammlung zu überlassen. Die Hauptversammlung ist ferner dann zuständig, wenn der Aufsichtsrat den Jahresabschluss nicht billigt (§ 173 Abs. 1) oder seine ihm gemäß § 171 Abs. 2 obliegende Berichtspflicht auch innerhalb der Nachfrist nicht erfüllt, da in diesem Fall gem. § 171 Abs. 3 Satz 3 die Nichtbilligung fingiert wird (s. dazu § 171 Rz. 17 f.).

2 § 172 Satz 2 **erweitert** die **Berichtspflicht** des Aufsichtsrats. In den Bericht an die Hauptversammlung sind die Beschlüsse von Vorstand und Aufsichtsrat aufzunehmen, durch die die Feststellungskompetenz auf die Hauptversammlung übertragen wird. Die Regelung ergänzt § 175 Abs. 4 und soll wie dieser einer nachträglichen Änderung vorbeugen.

3 **Förmlich festgestellt** wird nur der Jahresabschluss, also die Bilanz, die Gewinn- und Verlustrechnung sowie der Anhang gemäß § 264 HGB. Für den Konzernabschluss ist eine Feststellung gesetzlich *nicht* vorgesehen[2]; dieser ist durch Aufsichtsrat oder hilfsweise durch die Hauptversammlung lediglich „zu billigen" (§§ 171 Abs. 2 Satz 5, 173 Abs. 1 Satz 1). Auch der Lagebericht ist vom Anwendungsbereich des § 172 erfasst, da er nicht festgestellt wird; der Aufsichtsrat muss zu ihm jedoch Stellung nehmen (§ 171 Abs. 2 Satz 1).

2. Zeitlicher Ablauf

4 Der Feststellung des Jahresabschlusses gehen dessen Aufstellung, die Prüfung durch den Abschlussprüfer, die Vorlage an den Aufsichtsrat (§ 170) sowie dessen Prüfung (§ 171) voraus. Feststellung und Aufstellung des Jahresabschlusses sind strikt voneinander zu unterscheiden. Während die Feststellung auf die Verbindlichkeit des Jahresabschlusses zielt, ist die **Aufstellung** lediglich ein technischer Vorgang, bei dem der Jahresabschluss aus der periodischen Buchführung (§§ 238 ff. HGB) entwickelt wird und in dem das Geschäftsführungsorgan seine bilanzpolitischen Vorstellungen vorlegt[3]. Zuständig für die Aufstellung des Jahresabschlusses ist demgemäß grundsätzlich allein der Vorstand (§§ 242, 264 HGB). Der Vorschlag des Vorstands (Aufstellung) bildet sodann die Grundlage für die Billigung des Jahresabschlusses durch den Aufsichtsrat und damit für die Feststellung des Jahresabschlusses. Da es sich bei der Aufstellung des Jahresabschlusses lediglich um einen Entwurf handelt[4], kann dieser vom Vorstand bis zur Feststellung noch verändert werden, so dass insbesondere nachträglich gewonnene Erkenntnisse über zum Abschlussstichtag bestehende Risiken (sog. Wertaufhellungen) noch berücksichtigt werden können[5].

---

1 *Kropff* in MünchKomm. AktG, § 172 Rz. 1.
2 Dazu *Kropff* in FS Claussen, S. 659, 674.
3 *Brönner* in Großkomm. AktG, § 172 Rz. 4; *Hüffer*, § 172 Rz. 2; *Kropff* in MünchKomm. AktG, § 172 Rz. 16.
4 *Kropff* in FS Peltzer, S. 219 ff.; *Kropff* in MünchKomm. AktG, § 172 Rz. 17; *W. Müller* in FS Quack, S. 359, 363; *Priester* in FS Kropff, S. 591, 598; *Brönner* in Großkomm. AktG, § 172 Rz. 4.
5 *Kropff* in MünchKomm. AktG, § 172 Rz. 17; a.A. *Küting/Kaiser*, WPg 2000, 577.

Nach der Feststellung des Jahresabschlusses ist dieser gem. § 245 Satz 1 HGB vom 5
Kaufmann **zu unterzeichnen**. Für die Aktiengesellschaft müssen sämtliche Vorstandsmitglieder die Unterzeichnung vornehmen[6]. Da erst der festgestellte, nicht aber der nur aufgestellte Jahresabschluss zu unterzeichnen ist[7], kommt es darauf an, wer am Tag der Feststellung Vorstandsmitglied ist[8]. Die Unterzeichnung ist lediglich öffentlich-rechtliche Pflicht, durch die die Verantwortung für die Buchführung und den Jahresabschluss dokumentiert wird[9]; gesellschaftsrechtrechtlich ist sie ohne Bedeutung.

Unverzüglich nach Eingang des Aufsichtsratsbericht muss der Vorstand die **Haupt-** 6
versammlung einberufen (§ 175 Abs. 1). Danach ist der Jahresabschluss zum Handelsregister einzureichen (§ 325 Abs. 1) und nach Maßgabe des § 325 Abs. 2 HGB ggf. im elektronischen Bundesanzeiger zu veröffentlichen[10].

II. Feststellung des Jahresabschlusses durch Vorstand und Aufsichtsrat

1. Begriff und Rechtswirkung

Die **Feststellung** ist die formelle Erklärung, dass der Jahresabschluss den gesetzlichen 7
und statutarischen Anforderungen an die Rechnungslegung genügt. Mit der Feststellung wird der **Jahresabschluss** für die Gesellschaftsorgane, Aktionäre und die sonstigen Inhaber gewinnabhängiger Ansprüche[11] **verbindlich** und grundsätzlich **endgültig**[12] (zu Ausnahmen s. Rz. 22) und somit die Grundlage für die Fortführung der Geschäfte im neuen Geschäftsjahr[13]. Die Feststellung des Jahresabschlusses ist – ebenso wie die Aufstellung – sowohl öffentlich-rechtliche Pflicht der Gesellschaft als auch gesellschaftsrechtliche Pflicht der Organe[14].

Mit der Feststellung des Jahresabschlusses werden die vom Vorstand in der Aufstel- 8
lung getroffenen **bilanzpolitischen Entscheidungen** wirksam[15]. Gem. § 252 Abs. 1 Nr. 1 und 6 HGB sind die im festgestellten Jahresabschluss getroffenen Ansatz- und Bewertungsentscheidungen auch zukünftig zu beachten (Grundsatz der Bilanzkontinuität[16], § 252 Abs. 1 Nr. 1 HGB). Durch die Bildung oder Auflösung offener Rücklagen (§§ 58 Abs. 2 und 3; 158 Abs. 1) können Vorstand und Aufsichtsrat bereits bei der Feststellung des Jahresabschlusses begrenzt über die Gewinnverwendung entscheiden[17].

Weist der Jahresabschluss einen Bilanzgewinn aus, bewirkt die Feststellung des Jah- 9
resabschlusses einen **mitgliedschaftlichen Gewinnanspruch**; d.h. die Aktionäre kön-

---

6 *Hüffer*, § 172 Rz. 6.
7 BGH v. 28.1.1985 – II ZR 79/84, AG 1985, 188, 189; *H.P. Müller* in FS Budde, S. 431, 433; *Balthasar*, S. 46 ff.; *Adler/Düring/Schmaltz*, § 245 HGB Rz. 7 f.; *Hüffer*, § 172 Rz. 6; *Kropff* in MünchKomm. AktG, § 172 Rz. 43 f.; a.A. *Küting/Kaiser*, WPg 2000, 577, 585 ff.; *Erle*, WPg 1987, 637, 643 f.
8 *Hüffer*, § 172 Rz. 6.
9 BGH v. 28.1.1985 – II ZR 79/84, AG 1985, 188, 189; OLG Karlsruhe v. 21.11.1986 – 15 U 78/84, WM 1987, 533, 536; *Hüffer*, § 172 Rz. 6.
10 *Kropff* in MünchKomm. AktG, § 172 Rz. 47.
11 *Hüffer*, § 172 Rz. 2; *Hüffer* in Großkomm. HGB, § 242 Rz. 19, 46.
12 *Hüffer*, § 172 Rz. 2; *Kropff* in MünchKomm. AktG, § 172 Rz. 11.
13 *Brönner* in Großkomm. AktG, § 172 Rz. 4.
14 *W. Müller* in FS Quack, S. 359, 360; *Kropff* in MünchKomm. AktG, § 172 Rz. 16.
15 *Hüffer*, § 172 Rz. 5; *Kropff* in MünchKomm. AktG, § 172 Rz. 12.
16 *Adler/Düring/Schmaltz*, § 252 HGB Rz. 9 ff. verwenden inhaltsgleich die Bezeichnung „Bilanzidentität".
17 *Kropff* in MünchKomm. AktG, § 172 Rz. 14.

nen die Herbeiführung eines Gewinnverwendungsbeschlusses verlangen[18], aus dem sodann konkrete Dividendenansprüche erwachsen können (für Einzelheiten s. § 174 Rz. 12 sowie die Kommentierung zu § 58).

2. Feststellung als Rechtsgeschäft

a) Grundlagen

10   Die Feststellung des Jahresabschlusses ist ein **korporationsrechtliches Rechtsgeschäft sui generis**[19], das aus den zustimmenden Beschlüssen von Vorstand und Aufsichtsrat besteht. Umstritten ist, ob die Beschlüsse als Willenserklärungen im Sinne der §§ 116 ff. BGB zu qualifizieren sind, die erst mit Kundgabe an das jeweils andere Organ wirksam werden[20]. Dies ist zu verneinen. Organbeschlüsse sind mehrseitige Rechtsgeschäfte, die zwar aus einer Mehrzahl von Willenserklärungen (Stimmabgaben) bestehen, ihrerseits aber keine Willenserklärung sind[21]. Ein Beschluss ist als solcher somit nicht anfechtbar. Angefochten werden können lediglich die einzelnen Stimmabgaben durch die Organmitglieder. Indes beeinträchtigt deren Anfechtung die Wirksamkeit des Beschlusses nur, wenn sich durch den Wegfall der Stimmen die Mehrheitsverhältnisse ändern[22].

11   Die Beschlüsse bedürfen zudem **keiner weiteren Ausführung**, um wirksam zu werden. Insbesondere lässt sich nicht das Erfordernis einer zusätzlichen Willenserklärung gegenüber dem anderen Organ konstruieren, die sodann angefochten werden könnte[23]. Gelegentlich wird hiergegen eingewandt, dass § 171 Abs. 2 Satz 4 und Abs. 3 die Aufnahme in den Bericht an die Hauptversammlung und die Weiterleitung an den Vorstand verlangt, also ersichtlich die bloße Beschlussfassung nicht genüge[24]. Zutreffenderweise handelt es sich jedoch dabei lediglich um die Wiedergabe eines bereits gefassten Beschlusses, nicht aber um ein neues Rechtsgeschäft. Die Mitteilung an das andere Organ ist nicht Wirksamkeitsvoraussetzung für die Beschlüsse von Vorstand und Aufsichtsrat[25]. Der Jahresabschluss ist folglich bereits mit dem billigenden Beschluss des Aufsichtsrats festgestellt[26].

12   Dessen ungeachtet ist es natürlich dennoch *erforderlich*, **dass sich Vorstand und Aufsichtsrat wechselseitig in Kenntnis setzen**. So muss der Vorstand den Jahresabschluss dem Aufsichtsrat von Gesetzes wegen zur Prüfung und Billigung vorlegen; und aus § 171 Abs. 2 Satz 4 und Abs. 3 ergibt sich die entsprechende Verpflichtung des Aufsichtsrats. Es ist jedoch weder notwendig noch geboten, in diese Mitteilungen weitere *konkludente* Willenserklärungen zu lesen[27].

---

18 *Hüffer*, § 112 Rz. 5; *Kropff* in MünchKomm. AktG, § 172 Rz. 10.
19 BGH v. 15.11.1993 – II ZR 235/92, BGHZ 124, 111, 116 = AG 1994, 124; *Schön* in FG 50 Jahre BGH, S. 153, 159; *Adler/Düring/Schmaltz*, § 172 AktG Rz. 13; *Hoffmann-Becking* in MünchHdb. AG, § 45 Rz. 1; *Brönner* in Großkomm. AktG, § 172 Rz. 12; *Hüffer*, § 112 Rz. 3; *Kropff* in MünchKomm. AktG, § 172 Rz. 18; kritisch *Heidenhain*, LM § 111 AktG Nr. 4 Bl. 726.
20 Dafür *Adler/Düring/Schmaltz*, § 172 AktG Rz. 11 f.; *Claussen/Korth* in KölnKomm. AktG, § 172 Rz. 11; *Hüffer*, § 112 Rz. 3; *Kropff* in MünchKomm. AktG, § 172 Rz. 18; dagegen *Mutze*, AG 1966, 173, 175; *Brönner* in Großkomm. AktG, § 172 Rz. 11; ferner auch *Balthasar*, S. 182 ff., der aber die Anfechtbarkeit dennoch bejaht.
21 Vgl. nur *K. Schmidt*, Gesellschaftsrecht, § 15 I 2 m.w.N.
22 Zutreffend *Brönner* in Großkomm. AktG, § 172 Rz. 11.
23 Allg. dazu *K. Schmidt*, Gesellschaftsrecht, § 15 I 4.
24 BGH v. 15.11.1993 – II ZR 235/92, BGHZ 124, 111, 116 = AG 1994, 124; *Hüffer*, § 112 Rz. 3.
25 Wie hier *Mutke*, AG 1966, 173, 175; *Brönner* in Großkomm. AktG, § 172 Rz. 11.
26 A.A. *Priester* in FS Kropff, S. 591, 600; *Balthasar*, S. 185; *Hüffer*, § 112 Rz. 3; *Kropff* in MünchKomm. AktG, § 172 Rz. 18.
27 Exemplarisch für die Gegenauffassung *Kropff* in MünchKomm. AktG, § 172 Rz. 21 f.

b) Beschluss des Vorstands

Die Feststellung des Jahresabschlusses setzt zunächst voraus, dass der Vorstand be- **13** schließt, den Jahresabschluss in der aufgestellten und von ihm für gesetzes- und satzungskonform erachteten Form an den Aufsichtsrat weiterzuleiten, damit dieser ihn billigen kann. Soll die Feststellung der Hauptversammlung übertragen werden, so muss dies ausdrücklich beschlossen werden[28]. Bei Fehlen einer Mehrheitsregelung in der Satzung muss der Beschluss einstimmig gefasst werden (§ 77 Abs. 1). Da es sich bis zur Feststellung nur um einen Entwurf handelt (s. Rz. 4), kann der Vorstand bis zur Billigung durch den Aufsichtsrat seine Vorlage noch abändern. Erforderlich hierfür ist ein erneuter Beschluss, über den der Aufsichtsrat wiederum in Kenntnis gesetzt werden muss.

c) Beschluss des Aufsichtsrats

Der Billigungsbeschluss muss vom **Gesamt-Aufsichtsrat** gefasst werden; § 107 Abs. 3 **14** Satz 2 verbietet die Übertragung auf einen Ausschuss. Üblicherweise wird der Beschluss in der Bilanzsitzung des Aufsichtsrats bei Anwesenheit des Vorstands gefasst[29]. Falls die Feststellung nicht der Hauptversammlung überlassen wird (dazu Rz. 18 ff.), ist mit der billigenden Beschlussfassung der Jahresabschluss festgestellt[30].

Der Beschluss muss auf die Billigung des Jahresabschlusses gerichtet sein, also in- **15** haltlich auf den konkret vorgelegten Abschluss Bezug nehmen. Eine **Billigung unter Vorbehalt oder Auflagen** ist aus Gründen der Rechtssicherheit **nicht möglich**[31]. Daher kann der Aufsichtsrat nicht den Jahresabschluss unter der einschränkenden Voraussetzung billigen, dass der Vorstand sich damit einverstanden erklärt, der Hauptversammlung die Feststellung zu übertragen oder bestimmte Posten noch abzuändern[32]. Der Aufsichtsrat kann versuchen, sich vorab mit dem Vorstand zu verständigen. Führt dies nicht zum Erfolg, so kann er zwischen der vorbehaltlosen Billigung oder der Nichtbilligung wählen; in letzterem Fall entscheidet die Hauptversammlung gem. § 174 Abs. 1.

3. Beschlussmängel

Leiden die erforderlichen Beschlüsse an einem Mangel, so gelten zunächst die allge- **16** meinen Grundsätze, wonach je nach Art und Schwere des Mangels die Beschlüsse nichtig oder eingeschränkt nichtig sein können (eingehend hierzu § 108 Rz. 31 ff.). Indes wird dies durch § 256 erheblich eingeschränkt, der einen enumerativen Katalog von Gründen enthält, die zur Nichtigkeit des festgestellten Jahresabschlusses führen (für Einzelheiten siehe die Kommentierung zu § 256). Ein Beschlussmangel führt somit nicht unbedingt zur Unwirksamkeit der Feststellung des Jahresabschlusses. Führt hingegen ein inhaltlicher Verstoß des Jahresabschlusses zur Nichtigkeit, so betrifft diese das gesamte korporationsrechtliche Rechtsgeschäft[33].

Die Nichtigkeit des festgestellten Jahresabschlusses kann gem. § 256 Abs. 6 nur bis **17** zu sechs Monate nach der Bekanntmachung im elektronischen Bundesanzeiger gel-

---

28 *Kropff* in MünchKomm. AktG, § 172 Rz. 20.
29 *Kropff* in MünchKomm. AktG, § 172 Rz. 22.
30 Wie hier *Brönner* in Großkomm. AktG, § 172 Rz. 14.
31 So auch *Brönner* in Großkomm. AktG, § 172 Rz. 15; *Hüffer*, § 172 Rz. 4; *Kropff* in Münch-Komm. AktG, § 172 Rz. 23 ff.
32 Hierfür *Adler/Düring/Schmaltz*, § 172 AktG Rz. 18.
33 BGH v. 15.11.1993 – II ZR 235/92, BGHZ 124, 111, 116 = AG 1994, 124; *Kropff* in Münch-Komm. AktG, § 172 Rz. 29.

tend gemacht werden. Erfolgt diese nicht, etwa weil nach § 325 HGB eine entsprechende Pflicht nicht besteht, tritt die **Heilung** nach 3 Jahren ein. Die Heilungswirkung erfasst auch die einzelnen Beschlüsse[34].

III. Kompetenzzuweisung an die Hauptversammlung

18   Vorstand und Aufsichtsrat haben gem. § 172 Satz 1 die Möglichkeit, die Feststellung des gebilligten Jahresabschlusses der Hauptversammlung zu überlassen. Notwendig hierfür ist ein entsprechender **Beschluss beider Organe**[35]. Insbesondere kann der Aufsichtsrat nicht den Jahresabschluss billigen und einseitig die Feststellungskompetenz der Hauptversammlung zuweisen; auch eine Billigung unter einem entsprechenden Vorbehalt ist unzulässig (s. bereits Rz. 15). Weigert sich der Vorstand mitzuwirken, muss sich der Vorstand entscheiden, ob er den Jahresabschluss billigt, wodurch dieser automatisch festgestellt wird, oder ob er die Billigung verweigert, so dass die Zuständigkeit der Hauptversammlung gem. § 173 Abs. 1 Satz 1 Alt. 2 begründet wird.

19   Die Übertragung kann nur für den **konkreten Jahresabschluss**, nicht für die Folgejahre erfolgen[36]. Bis zur Einberufung der Hauptversammlung können Vorstand und Aufsichtsrat auch noch nach Billigung die Feststellungskompetenz der Hauptversammlung zuweisen oder die Zuweisung wieder zurücknehmen[37] (arg. ex § 175 Abs. 4; s. auch die Ausführungen bei § 175 Rz. 15 f.).

20   Der Beschluss des Aufsichtsrats kann **nicht** auf einen **Ausschuss** übertragen werden. Zwar führt § 107 Abs. 3 Satz 2 diesen Fall nicht auf, doch besteht ein enger Zusammenhang mit der grundsätzlichen Feststellungskompetenz von Vorstand und Gesamt-Aufsichtsrat[38].

IV. Aufnahme in den Bericht des Aufsichtsrats (§ 172 Satz 2)

21   Gem. § 172 Abs. 2 sind die Beschlüsse von Vorstand und Aufsichtsrat in den Bericht des Aufsichtsrats an die Hauptversammlung aufzunehmen. Da die Billigung selbst nach § 171 Abs. 2 Satz 4 ohnehin Bestandteil des Berichts ist, können hier nur die Beschlüsse gemeint sein, die die Feststellungskompetenz der Hauptversammlung zuweisen[39] (s. bereits Rz. 1).

V. Änderung festgestellter Jahresabschlüsse

1. Grundlagen

22   Vorstand und Aufsichtsrat haben unter bestimmten Voraussetzungen die Möglichkeit, **einvernehmlich**[40] einen bereits festgestellten Jahresabschluss zu ändern. Die Zulässigkeit von Änderungen hängt maßgeblich davon ab, zu welchem Zeitpunkt sie vorgenommen werden soll und ob der Jahresabschluss fehlerbehaftet ist oder nicht

---

34 *Kropff* in MünchKomm. AktG, § 172 Rz. 30.
35 *Hüffer*, § 172 Rz. 7.
36 *Adler/Düring/Schmaltz*, § 172 AktG Rz. 21; *Hüffer*, § 172 Rz. 7; *Kropff* in MünchKomm. AktG, § 173 Rz. 13.
37 *Adler/Düring/Schmaltz*, § 172 AktG Rz. 14; *Hoffmann-Becking* in MünchHdb. AG, § 45 Rz. 3; *Hüffer*, § 175 Rz. 8.; a.A. *Kropff* in MünchKomm. AktG, § 173 Rz. 15 ff.
38 *Brönner* in Großkomm. AktG, § 172 Rz. 9; *Hüffer*, § 172 Rz. 7; *Kropff* in MünchKomm. AktG, § 173 Rz. 14.
39 *Hüffer*, § 172 Rz. 8.
40 *Hüffer*, § 172 Rz. 9.

(dazu sogleich Rz. 24 ff.). **Vor Einberufung der Hauptversammlung** soll nach verbreiteter Auffassung eine Änderung des Jahresabschlusses grundsätzlich uneingeschränkt möglich sein und zwar unabhängig davon, ob der Jahresabschluss fehlerhaft ist und Mängel korrigiert werden sollen oder ob lediglich neue Erkenntnisse berücksichtigt oder andere bilanzpolitische Entscheidungen getroffen werden sollen[41]. Bis zur Einberufung fehle es an einem schutzwürdigen Interesse der Aktionäre und der Öffentlichkeit an der Aufrechterhaltung des festgestellten Jahresabschlusses. Dies trifft jedoch nur zu, wenn durch die Einberufung und die damit verbundene Auslegung des Jahresabschlusses nach § 175 dessen Inhalt erstmalig publik gemacht wird. Indes werden die wesentlichen Zahlen oftmals bereits vorher veröffentlicht; börsennotierte Gesellschaften sind hierzu nach § 15 WpHG sogar verpflichtet. Die freie Abänderbarkeit des Jahresabschlusses ist daher richtigerweise nur bis zur **Veröffentlichung** seines Inhalts ohne Einschränkungen möglich[42].

Die Änderung des bereits geprüften und festgestellten Jahresabschlusses macht eine **Nachtragsprüfung** gem. § 316 Abs. 3 HGB erforderlich.   23

2. Nichtfestgestellte und nichtige Jahresabschlüsse

Fehlt es bereits an einer Feststellung des Jahresabschlusses, etwa weil der Beschluss   24
von Vorstand oder Aufsichtsrat unwirksam ist, und soll lediglich eine **scheinbare Feststellung** korrigiert werden, so handelt es sich richtigerweise um eine erstmalige Feststellung[43].

Auch wenn der festgestellte Jahresabschluss mit Mängeln behaftet ist, die gem. § 256   25
zur **Nichtigkeit** führen, ist eine Neuvornahme nötig. Vorstand und Aufsichtsrat sind regelmäßig dazu verpflichtet, diese eine wirksame Feststellung des Jahresabschlusses vorzunehmen. Ausnahmsweise kann es zulässig sein, die Heilung nach § 256 Abs. 6 abzuwarten[44]. Nach erfolgter Heilung kommt lediglich eine Änderung nach den unten in Rz. 26 dargestellten Grundsätzen in Betracht.

3. Änderung eines fehlerhaften Jahresabschlusses

§ 175 Abs. 4 untersagt nicht inhaltliche Änderungen nach Einberufung der Hauptver-   26
sammlung; die angeordnete Bindung betrifft lediglich die Feststellungskompetenz (s. § 175 Rz. 16). Daher können Fehler, die keine Nichtigkeit gem. § 256 begründen, auch nach Veröffentlichung des Jahresabschlusses korrigiert werden[45], sofern sie nicht in der laufenden Rechnung behoben werden können[46]. Durch eine Änderung kann jedoch nicht in bereits entstandene Rechte von Aktionären oder Dritten einge-

---

41 *W. Müller* in FS Quack, 1991, S. 359, 363; *Adler/Düring/Schmaltz*, § 172 AktG Rz. 47; *Hüffer*, § 172 Rz. 10; *Claussen/Korth* in KöknKomm. AktG, § 172 Rz. 18; a.A. *H.P. Müller* in FS Budde, 1995, S. 431, 433 f.; *Baumbach/Hueck*, § 172 Anm. 3; *Brönner* in Großkomm. AktG, § 175 Rz. 26.
42 Ebenso *Hoffmann-Becking* in MünchHdb. AG, § 45 Rz. 13; *Kropff* in MünchKomm. AktG, § 172 Rz. 40.
43 *Adler/Düring/Schmaltz*, § 172 AktG Rz. 36 ff.; *Hüffer*, § 172 Rz. 9; *Hüffer* in MünchKomm. AktG, § 256 Rz. 35 ff.
44 *Lutter* in FS Helmrich, 1994, S. 685, 691 f.; *Kropff* in FS Budde, 1995, S. 341, 357; *Kropff* in MünchKomm. AktG, § 172 Rz. 50; *Schön* in FG 50 Jahre BGH, 2000, S. 153, 159; *Adler/Düring/Schmaltz*, § 172 AktG Rz. 39; a.A. *Balthasar*, S. 219 ff.
45 *Lutter* in FS Helmrich, 1994, S. 685, 694; *W. Müller* in FS Quack, 1991, S. 359, 367; *H.P. Müller* in FS Budde, 1995, S. 431, 434; *Adler/Düring/Schmaltz*, § 172 AktG Rz. 43; *Hüffer*, § 172 Rz. 10; *Kropff* in MünchKomm. AktG, § 172 Rz. 67; restriktiver *Claussen/Korth* in KölnKomm. AktG, § 172 Rz. 22.
46 *Kropff* in MünchKomm. AktG, § 172 Rz. 67 mit Fn. 179.

griffen werden[47]; insbesondere darf der Bilanzgewinn nicht so vermindert werden, dass er für eine beschlossene Ausschüttung nicht mehr ausreicht. Im Zuge der Berichtigung eines Fehlers können und müssen auch mittlerweile erkennbare Wertaufhellungen (s. Rz. 4) berücksichtigt werden[48]. Die Lage der Gesellschaft soll nämlich zum Zeitpunkt der abschließenden Bilanzierungsentscheidung nach bestem Wissen dargestellt werden[49].

27 Auch nichtige Jahresabschlüsse, deren Nichtigkeit nach § 256 Abs. 6 **geheilt** wurde, sind weiterhin als fehlerhaft anzusehen und unterfallen daher den soeben dargestellten Grundsätzen[50]. Die Heilung beseitigt nur die Nichtigkeit, nicht aber den Fehler. Es ist kein Grund ersichtlich, diese – typischerweise schweren – Mängel anders zu behandeln als die nicht zur Nichtigkeit führenden Mängel.

4. Änderung eines fehlerfreien Jahresabschlusses

28 Ein fehlerfreier Jahresabschluss kann auch nach seiner Veröffentlichung (s. Rz. 22) noch geändert werden, wenn hierfür **wirtschaftliche Gründe** vorliegen, die so gewichtig sind, dass bei verständiger Würdigung das Interesse der Aktionäre und der Öffentlichkeit an einer Aufrechterhaltung zurücktritt[51]. Erforderlich ist mithin stets eine Abwägung. Wichtige Gründe für eine Abänderung können auch steuerliche Erwägungen (etwa die Ausnutzung von Verlustvorträgen) sein. Auch die Vornahme von Wertaufhellung ist zu Recht als Änderungsgrund anerkannt[52], sofern nachträglich erheblich höhere Risiken oder Verluste erkennbar werden.

29 Auch bei der Änderung fehlerfreier Jahresabschlüsse gilt, dass in bereits entstandene Ansprüche von Aktionären und Dritten **nicht eingegriffen** werden kann. Zudem ist eine Änderung unzulässig, wenn eine Berichtigung in laufender Rechnung zu ähnlichen Ergebnissen führen würde[53].

§ 173
Feststellung durch die Hauptversammlung

(1) Haben Vorstand und Aufsichtsrat beschlossen, die Feststellung des Jahresabschlusses der Hauptversammlung zu überlassen, oder hat der Aufsichtsrat den Jahresabschluss nicht gebilligt, so stellt die Hauptversammlung den Jahresabschluss fest. Hat der Aufsichtsrat eines Mutterunternehmens (§ 290 Abs. 1, 2 des Handelsge-

---

47 *Ludewig*, DB 1986, 133, 136; *Hüffer*, § 172 Rz. 10; *Kropff* in MünchKomm. AktG, § 172 Rz. 57 ff.; a.A. *W. Müller* in FS Quack, 1991, S. 359, 364 ff.

48 *Balthasar*, S. 222; *Adler/Düring/Schmaltz*, § 172 AktG Rz. 53; *Kropff* in MünchKomm. AktG, § 172 Rz. 73; a.A. *Küting/Kaiser*, WPg 2000, 577, 591.

49 *Kropff* in MünchKomm. AktG, § 172 Rz. 73.

50 *Adler/Düring/Schmaltz*, § 256 AktG Rz. 89; *Kropff* in MünchKomm. AktG, § 172 Rz. 68; a.A. *Hüffer* in MünchKomm. AktG, § 256 Rz. 69.

51 *Barz* in FS Schilling, 1973, S. 127, 139; *Ludewig*, DB 1986, 133, 134 ff.; *W. Müller* in FS Quack, 1991, S. 359, 364; *H.P. Müller* in FS Budde, 1995, S. 431, 435 f.; *Adler/Düring/Schmaltz*, § 172 AktG Rz. 49; *Hoffmann-Becking* in MünchHdb. AG, § 45 Rz. 17; *Hüffer*, § 172 Rz. 10; *Kropff* in MünchKomm. AktG, § 172 Rz. 56 f.; einschränkend *Balthasar*, S. 226 ff. (Zustimmung der Hauptversammlung erforderlich); ablehnend *Brönner* in Großkomm. AktG, § 172 Rz. 22; *Claussen/Korth* in KölnKomm. AktG, § 172 Rz. 19.

52 *Adler/Düring/Schmaltz*, § 172 AktG Rz. 54; *Kropff* in MünchKomm. AktG, § 172 Rz. 60; a.A. wiederum *Küting/Kaiser*, WPg 2000, 577, 591.

53 *Kropff* in MünchKomm. AktG, § 172 Rz. 62; dazu *W. Müller* in FS Quack, 1991, S. 359, 361.

setzbuchs) den Konzernabschluss nicht gebilligt, so entscheidet die Hauptversammlung über die Billigung.

(2) Auf den Jahresabschluss sind bei der Feststellung die für seine Aufstellung geltenden Vorschriften anzuwenden. Die Hauptversammlung darf bei der Feststellung des Jahresabschlusses nur die Beträge in Gewinnrücklagen einstellen, die nach Gesetz oder Satzung einzustellen sind.

(3) Ändert die Hauptversammlung einen von einem Abschlussprüfer auf Grund gesetzlicher Verpflichtung geprüften Jahresabschluss, so werden vor der erneuten Prüfung nach § 316 Abs. 3 des Handelsgesetzbuchs von der Hauptversammlung gefasste Beschlüsse über die Feststellung des Jahresabschlusses und die Gewinnverwendung erst wirksam, wenn auf Grund der erneuten Prüfung ein hinsichtlich der Änderungen uneingeschränkter Bestätigungsvermerk erteilt worden ist. Sie werden nichtig, wenn nicht binnen zwei Wochen seit der Beschlussfassung ein hinsichtlich der Änderungen uneingeschränkter Bestätigungsvermerk erteilt wird.

I. Allgemeines	1	3. Nachtragsprüfung	12
II. Feststellung des Jahresabschlusses durch die Hauptversammlung	3	a) Erleichterung gegenüber § 316 Abs. 3 HGB	12
1. Zuständigkeit	3	b) Bestätigungsvermerk	14
2. Feststellungsbeschluss	4	c) Folgen bei negativem Prüfungsergebnis	16
a) Verfahren	4		
b) Aufstellungsvorschriften	5	III. Billigung des Konzernabschlusses durch die Hauptversammlung	18
c) Rechtsmängel	10		

Literatur: Vgl. die Literaturnachweise bei § 172; ferner *Claussen*, Zum Bilanzfeststellungsrecht der Hauptversammlung, AG 1964, 183; *Junker*, Feststellung des Jahresabschlusses durch Verwaltung oder Hauptversammlung, AG 1966, 179; *Kropff*, Sind neue Erkenntnisse (Wertaufhellungen) auch noch bei der Feststellung des Jahresabschlusses zu berücksichtigen?, in FS Ludewig, 1996, S. 577; *H.P. Müller*, Satzungsregeln für die Bildung von Rücklagen durch die Hauptversammlung, WPg 1969, 245.

I. Allgemeines

§ 173 betrifft die Feststellung des Jahresabschlusses durch die Hauptversammlung. **1** **Abs. 1** statuiert zum einen eine Notkompetenz[1] für die Fälle, in denen Vorstand und Aufsichtsrat nicht zu einer einvernehmlichen Entscheidung gelangen oder die Feststellung bewusst der Hauptversammlung überlassen. Die Feststellung des Jahresabschlusses erfolgt praktisch nur ausnahmsweise durch die Hauptversammlung. Liegt jedoch ein Fall des § 173 Abs. 1 vor, so kommt der Feststellung durch die Hauptversammlung die gleiche Bedeutung zu wie die Feststellung durch Vorstand und Aufsichtsrat; auch sie ist mithin ein Akt der Rechnungslegung. **Abs. 2** stellt in Satz 1 demgemäß klar, dass auch der durch die Hauptversammlung festgestellte Jahresabschluss den bilanzrechtlichen Vorschriften genügen muss; Satz 2 beschränkt die Möglichkeiten der Rücklagenbildung durch die Hauptversammlung. **Abs. 3** ordnet bei Änderung eines geprüften Jahresabschlusses durch die Hauptversammlung eine Nachtragsprüfung an, um sicherzustellen, dass das Testat des Abschlussprüfers sich auf den endgültigen Abschluss bezieht. Zugleich wird dadurch das Prozedere erleichtert, weil eine weitere Hauptversammlung nach erfolgter Nachprüfung nicht erforderlich ist.

---

1 *Hüffer*, § 173 Rz. 1; *Kropff* in MünchKomm. AktG, § 173 Rz. 6.

2   Die Vorschrift ist **zwingendes** Recht, enthält aber keine abschließende Kompetenzzuweisung an die Hauptversammlung (s. Rz. 3).

II. Feststellung des Jahresabschlusses durch die Hauptversammlung

1. Zuständigkeit

3   Der Hauptversammlung obliegt die Feststellung des Jahresabschlusses, wenn (1.) Vorstand und Aufsichtsrat dies gem. § 172 Abs. 1 beschlossen haben (dazu § 172 Rz. 13), (2.) der Aufsichtsrat den Jahresabschluss nicht gebilligt hat oder (3.) die dem Aufsichtsrat gem. § 171 Abs. 3 Satz 3 gesetzte Nachfrist fruchtlos verstrichen ist und die Nichtbilligung fingiert wird. Eine Sonderkompetenz besteht zudem gem. § 234 Abs. 2 Satz 1 bei der rückwirkenden Kapitalherabsetzung, ferner im Liquidationsverfahren gem. § 270 Abs. 2. Bei der KGaA beschließt generell die Hauptversammlung über die Feststellung des Jahresabschlusses (§ 286 Abs. 1); der Beschluss bedarf aber der Zustimmung des persönlich haftenden Gesellschafters.

2. Feststellungsbeschluss

a) Verfahren

4   Die Feststellung des Jahresabschlusses erfolgt in der **ordentlichen Hauptversammlung** durch Beschluss mit einfacher Stimmmehrheit. Ist die Hauptversammlung zur Feststellung berufen, weil Vorstand und Aufsichtsrat kein Einvernehmen herstellen konnten, namentlich wenn der Aufsichtsrat den Abschluss nicht gebilligt hat, so müssen Vorstand und Aufsichtsrat in ihrem Beschlussvorschlag die Meinungsdifferenzen erläutern[2]. Dem anwesenden Abschlussprüfer muss die Gelegenheit zur Stellungnahme eingeräumt werden.

b) Aufstellungsvorschriften

5   Gem. § 173 Abs. 2 Satz 1 gelten die bilanzrechtlichen Aufstellungsvorschriften. Die Hauptversammlung ist an die Vorlage des Vorstands **inhaltlich nicht gebunden**. Vielmehr kann sie den ihr vorliegenden Abschluss auch **autonom** abändern und somit abschließend gestalten[3]. Sie kann abweichende bilanzpolitische Ermessensentscheidungen als die Verwaltung treffen. Dies wird zwar gelegentlich kritisiert, da den Aktionären oftmals die Sachkunde und Tatsachenkenntnis fehlen werden[4]. Doch ermangelt es an einer tragfähigen Alternative. Insbesondere in Fällen, in denen der Aufsichtsrat den Jahresabschluss nicht gebilligt hat und damit die Bilanzierungsentscheidung des Vorstands nicht mittragen will, wäre eine verbindliche Entscheidungsvorgabe durch den Vorstand unannehmbar[5]. Zur Erleichterung der Bilanzierungsentscheidung besteht in den Fällen des § 173 ein erweitertes Auskunftsrecht (§ 131 Abs. 3 Nr. 3 und 4).

6   Die Hauptversammlung darf nach dem Bilanzstichtag bekannt gewordene bilanzerhebliche Umstände (**Wertaufhellungen**) berücksichtigen[6]; für das Bilanzbild erhebliche Veränderungen *muss* die Hauptversammlung korrigieren[7]. Im Anhang sind die

---

2 *Kropff* in MünchKomm. AktG, § 173 Rz. 35.
3 *Adler/Düring/Schmaltz*, § 173 AktG Rz. 15; *Hoffmann-Becking* in MünchHdb. AG, § 45 Rz. 4; *Claussen/Korth* in KölnKomm. AktG, § 173 Rz. 8; *Hüffer*, § 173 Rz. 4; *Kropff* in MünchKomm. AktG, § 173 Rz. 26, 33 (auch zur Doppelnatur des Jahresabschlusses).
4 *Adler/Düring/Schmaltz*, § 173 AktG Rz. 16 ff.
5 *Hüffer*, § 173 Rz. 4; *Kropff* in MünchKomm. AktG, § 173 Rz. 34.
6 *Kropff* in MünchKomm. AktG, § 173 Rz. 27 f.; a.A. *Küting/Kaiser*, WPg 2000, 577, 587.
7 Vgl. *Kropff* in FS Ludewig, 1996, S. 577 ff.

Bilanzierungs- und Bewertungsmethoden des von der Hauptversammlung festgestellten Jahresabschlusses zu erläutern (§ 284 Abs. 2 Nr. 1 und 3 HGB).

Die Hauptversammlung darf gem. § 173 Abs. 2 Satz 2 nur die Beträge in **Gewinnrück-** 7 **lagen** einstellen, „die nach Gesetz oder Satzung einzustellen sind". Dazu zählen namentlich die gesetzliche Rücklage im Sinne von § 150 und nötigenfalls Rücklagen für eigene Aktien (§ 272 Abs. 4 HGB). Die Einstellung anderer Gewinnrücklagen ist nur möglich, wenn die Satzung dies vorschreibt, also eine dem § 58 Abs. 1 entsprechende Klausel vorliegt; eine statutarische Ermächtigung vergleichbar derjenigen § 58 Abs. 2 genügt hingegen nicht. Insofern bleibt die Feststellungskompetenz der Hauptversammlung hinter der von Vorstand und Aufsichtsrat zurück. Die Hauptversammlung kann somit höchstens die Hälfte des Jahresüberschusses in andere Rücklagen einstellen. Allerdings kann der Gewinnverwendungsbeschluss die Einstellung weiterer Gewinnrücklagen vorsehen (§§ 174 Abs. 2 i.V.m. 58 Abs. 3). Ziel dieser gestuften Regelung ist es, der Aktionärsminderheit die Anfechtung des Gewinnverwendungsbeschlusses in Fällen übermäßiger Rücklagenbildung zu ermöglichen[8].

Sieht der Jahresabschluss **Rücklagen** vor, die die Hauptversammlung nicht zulässig 8 einstellen kann, weil der Vorstand mit der Billigung durch den Aufsichtsrat gerechnet hat, müssen diese zurückgeführt werden. Vorstand und Aufsichtsrat müssen dafür Sorge tragen, dass der der Hauptversammlung vorgelegte Jahresabschluss von dieser auch beschlossen werden kann. Daher muss die unterschiedliche Kompetenz zur Rücklagenbildung bereits bei der Vorlage berücksichtigt werden.

Die **Auflösung von Rücklagen** ist der Hauptversammlung in gleicher Weise möglich 9 wie Vorstand und Aufsichtsrat. Insbesondere kann die Hauptversammlung nach Maßgabe des § 150 Abs. 3 und 4 auch Entnahmen aus der gesetzlichen Rücklage und der Kapitalrücklage beschließen[9].

c) Rechtsmängel

Bei **Fehlen der Feststellungskompetenz** ist ein dennoch gefasster Feststellungsbe- 10 schluss nichtig[10] (§ 256 Abs. 1 Nr. 3).

Im Übrigen sind Feststellungsbeschlüsse nur nach Maßgabe des § 256 nichtig; ins- 11 besondere kann die Nichtigkeit des Feststellungsbeschlusses nicht mehr geltend gemacht werden, wenn die **Nichtigkeit des Jahresabschlusses** geheilt ist[11] (§ 256 Abs. 6). Die Feststellung des Jahresabschlusses kann ferner nur nach Maßgabe des § 257 angefochten werden. Die **Anfechtung** wegen inhaltlicher Mängel des Jahresabschlusses ist durch § 257 Abs. 1 Satz 2 ausgeschlossen. Für Einzelheiten siehe die Kommentierung zu den §§ 256 f.

3. Nachtragsprüfung

a) Erleichterung gegenüber § 316 Abs. 3 HGB

Bei prüfungspflichtigen Gesellschaften im Sinne des § 316 Abs. 1 Satz 1 HGB bedarf 12 es für die Feststellung des Jahresabschlusses zwingend einer Prüfung durch einen Abschlussprüfer (§ 316 Abs. 1 Satz 2 HGB). Prüfungspflichtig ist im Grundsatz jede Aktiengesellschaft, es sei denn, es handelt sich um eine kleine Kapitalgesellschaft, die die Kriterien des § 267 HGB erfüllt. Ein ohne erforderliche Prüfung festgestellter Jah-

---

8 *Kropff* in MünchKomm. AktG, § 173 Rz. 31; kritisch *Adler/Düring/Schmaltz*, § 173 AktG Rz. 24; *Hüffer*, § 173 Rz. 5.
9 *Kropff* in MünchKomm. AktG, § 173 Rz. 32.
10 *Hüffer*, § 256 Rz. 20; *Kropff* in MünchKomm. AktG, § 173 Rz. 22.
11 *Kropff* in MünchKomm. AktG, § 173 Rz. 40.

resabschluss ist nichtig (§ 256 Abs. 1 Nr. 2). Jede nach testierter Prüfung vorgenommene Änderung des Jahresabschlusses (oder des Lageberichts) macht eine Nachtragsprüfung erforderlich (**§ 316 Abs. 3 HGB**). Der Feststellung muss danach stets eine Prüfung vorausgehen. Ändert die Hauptversammlung im Feststellungsbeschluss zulässigerweise (Rz. 5) den ihr zur Feststellung vorgelegten Jahresabschluss, dann ist dieser zwar festgestellt, nicht aber geprüft. Nach allgemeinen Grundsätzen wäre zur Vermeidung der Nichtigkeit mithin eine Nachtragsprüfung sowie daran anschließend eine weitere Hauptversammlung erforderlich, in der der erneut geprüfte Abschluss endgültig festgestellt werden müsste. Dieses Prozedere soll § 173 Abs. 3 **vereinfachen**[12].

13   Danach ist eine Nachtragsprüfung nur geboten, **soweit es die von der Hauptversammlung vorgenommene Änderung erfordert**. Auch nur marginale Änderungen machen eine Nachtragsprüfung erforderlich[13]. Eine erneute Prüfung des gesamten Jahresabschlusses ist somit nicht erforderlich. Die Prüfung ist auch dann nicht auf nicht geänderte Teile zu erstrecken, wenn zwischenzeitlich erkannte, von der Hauptversammlung aber nicht berücksichtigte Wertaufhellungen von erheblicher Bedeutung sind[14].

b) Bestätigungsvermerk

14   Feststellungs- und Gewinnverwendungsbeschluss (§ 174) werden nur wirksam, wenn innerhalb von **zwei Wochen** ein **uneingeschränkter Bestätigungsvermerk** erteilt wird (§ 173 Abs. 3 Satz 2). Anders als bei § 316 Abs. 3 HGB ist also nicht der ursprüngliche Bestätigungsvermerk zu ergänzen, sondern ein auf die Änderungen beschränktes Testat zu erteilen. Der Bestätigungsvermerk muss §§ 322 Abs. 1 und 3 HGB genügen, also erkennen lassen, dass keine Einwendungen erhoben wurden[15]. Ort und Tag sind bei der Unterzeichnung anzugeben, da nur so deutlich wird, ob die Zweiwochenfrist gewahrt wurde. Ergänzende Bemerkungen nach § 322 Abs. 2 HGB sind möglich, sofern sie keine Einschränkung der Bestätigung darstellen[16].

15   Der in der Hauptversammlung **anwesende Abschlussprüfer** (vgl. § 176 Abs. 2 Satz 1) muss sich sein abschließendes Urteil nicht in der Hauptversammlung bilden, er kann sich aber auf Nachfrage äußern. Eine positive Äußerung ersetzt aber weder den förmlichen Bestätigungsvermerk noch bindet sie den Prüfer[17]. Auch eine negative Stellungnahme ist, sofern sie nicht in der Form des § 322 Abs. 4 HGB erfolgt ist, für sich gesehen ohne Bedeutung; Rechtswirkungen entfaltet dann erst das Verstreichen der Zweiwochenfrist. Die Hauptversammlung kann aber die negative Äußerung des Prüfers zum Anlass nehmen, einen neuen Feststellungsbeschluss herbeizuführen und in diesem den Bedenken Rechnung zu tragen. Auch kann der Vorstand in der Hauptversammlung einen neuen Jahresabschluss aufstellen und dabei deren Änderungswünsche berücksichtigen; dann handelt es sich jedoch nicht um einen Fall des § 173 Abs. 3, vielmehr gelten die allgemeinen Grundsätze[18] (Rz. 5).

---

12 *Adler/Düring/Schmaltz*, § 173 AktG Rz. 29 ff.; *Hüffer*, § 173 Rz. 7.
13 *Claussen/Korth* in KölnKomm. AktG, § 173 Rz. 14; *Kropff* in MünchKomm. AktG, § 173 Rz. 44.
14 *Kropff* in MünchKomm. AktG, § 173 Rz. 45 f.
15 *Adler/Düring/Schmaltz*, § 316 HGB Rz. 73; *Hüffer*, § 173 Rz. 8; *Kropff* in MünchKomm. AktG, § 173 Rz. 47.
16 *Hüffer*, § 173 Rz. 8.
17 *Hüffer*, § 173 Rz. 9; *Kropff* in MünchKomm. AktG, § 173 Rz. 48.
18 *Hüffer*, § 173 Rz. 9; *Kropff* in MünchKomm. AktG, § 173 Rz. 56, der zudem auf Anfechtungsrisiken hinweist.

c) Folgen bei negativem Prüfungsergebnis

Bis zur Erteilung eines uneingeschränkten Bestätigungsvermerks sind Feststellungs- und Gewinnverwendungsbeschluss **schwebend unwirksam**. Solange dürfen sie nicht ausgeführt werden[19].   16

Versagt der Prüfer den Bestätigungsvermerk, erteilt er ihn lediglich mit Einschränkungen oder verstreicht die Zweiwochenfrist des § 173 Abs. 3 Satz 2 aus anderen Gründen, so sind beide Hauptversammlungsbeschlüsse **unheilbar nichtig**[20]. Der Jahresabschluss muss dann neu aufgestellt und eine Nachtragsprüfung gem. § 316 HGB vorgenommen werden.   17

III. Billigung des Konzernabschlusses durch die Hauptversammlung

Sofern der Aufsichtsrat den Konzernabschluss (§ 290 Abs. 1 und 2 HGB) gem. § 171 Abs. 3 Satz 4 und 5 nicht gebilligt hat, ist die Hauptversammlung hierfür zuständig nach § 173 Abs. 1 Satz 2. Es handelt sich hierbei **nicht** um die **Feststellung**, sondern lediglich um die Billigung des Konzernabschlusses (s. auch § 172 Rz. 3). Die Hauptversammlung kann die Billigung mit einfacher Stimmenmehrheit beschließen. Auch bei Verfehlen der Mehrheit ist die Billigungskompetenz ausgeübt. Das Gesetz sieht lediglich eine positive oder negative Entscheidung der Hauptversammlung über die Vorlage des Vorstands vor; ein weitergehender Entscheidungsspielraum besteht nicht[21].   18

Zwar zwingt die Nichtbilligung ohne weiteres zur **Verweigerung der Entlastung** des Vorstands der Muttergesellschaft, doch dürften die zur Nichtbilligung des Konzernabschlusses führenden Gründe regelmäßig auch im Zusammenhang mit der Entscheidung nach § 120 von Bedeutung sein[22].   19

Zweiter Unterabschnitt. Gewinnverwendung

§ 174

(1) Die Hauptversammlung beschließt über die Verwendung des Bilanzgewinns. Sie ist hierbei an den festgestellten Jahresabschluss gebunden.

(2) In dem Beschluss ist die Verwendung des Bilanzgewinns im Einzelnen darzulegen, namentlich sind anzugeben

1. der Bilanzgewinn;

2. der an die Aktionäre auszuschüttende Betrag oder Sachwert;

3. die in Gewinnrücklagen einzustellenden Beträge;

4. ein Gewinnvortrag;

5. der zusätzliche Aufwand auf Grund des Beschlusses.

(3) Der Beschluss führt nicht zu einer Änderung des festgestellten Jahresabschlusses.

---

19 *Adler/Düring/Schmaltz*, § 173 AktG Rz. 36; *Claussen/Korth* in KölnKomm. AktG, § 173 Rz. 17; *Kropff* in MünchKomm. AktG, § 173 Rz. 54.
20 *Adler/Düring/Schmaltz*, § 173 AktG Rz. 37; *Hoffmann-Becking* in MünchHdb. AG, § 45 Rz. 10; *Claussen/Korth* in KölnKomm. AktG, § 173 Rz. 17; *Hüffer*, § 173 Rz. 8; *Kropff* in MünchKomm. AktG, § 173 Rz. 53 ff.
21 Kritisch hierzu *Kropff* in in MünchKomm. AktG, § 173 Rz. 69 ff.
22 *Hüffer*, § 173 Rz. 2a.

I. Allgemeines	1	2. Anspruch auf Zahlung der Dividende	12
II. Beschluss der Hauptversammlung (§ 174 Abs. 1)	3	V. Änderung des Beschlusses	13
III. Inhalt des Beschlusses (§ 174 Abs. 2) .	5	VI. Nichtigkeit und Anfechtbarkeit des Beschlusses	15
IV. Wirkung des Beschlusses	11	1. Nichtigkeit	15
1. Keine Änderung des festgestellten Jahresabschlusses (§ 174 Abs. 3)	11	2. Anfechtbarkeit	17

Literatur: *Eßer*, Gliederungsvorschriften, Bewertung, Gewinnverwendung und Pflichtangaben nach dem Aktiengesetz 1965, AG 1965, 310, 360 sowie AG 1966, 24; *Frey*, Zur Problematik der aktienrechtlichen Gewinnverwendung, BB 1968, 275; *Härtlein*, Vorstandshaftung wegen (Nicht-) Ausführung eines Gewinnverwendungsbeschlusses mit Dividendenausschüttung, ZHR 168 (2004), 437; *Mutze*, Prüfung und Feststellung des Jahresabschlusses der Aktiengesellschaft sowie Beschlussfassung über die Gewinnverwendung, AG 1966, 173 und 212; *Nauss*, Probleme bei der Verwendung des Jahresüberschusses und des Bilanzgewinns nach dem Aktiengesetz 1965, AG 1967, 127; *Priester*, Änderung von Gewinnverwendungsbeschlüssen, ZIP 2000, 261.

I. Allgemeines

1   § 174 betrifft den von der Hauptversammlung zu fassenden Gewinnverwendungsbeschluss. Er regelt damit das **formelle Recht der Gewinnverwendung**, während sich § 58 mit dem materiellen Gewinnverwendungsrecht befasst[1]. **Abs. 1** weist in Bestätigung des § 58 Abs. 3 die Kompetenz zur Beschlussfassung über die Verwendung des Jahresgewinns der Hauptversammlung zu. Der ihr eingeräumte Entscheidungsspielraum wird dabei allerdings weitgehend eingeengt, weil die Hauptversammlung an den festgestellten Jahresabschluss gebunden ist. **Abs. 2** sieht für den Verwendungsbeschluss im Interesse der Klarheit eine Gliederung vor. Sie lehnt sich an die Gliederung des Verwaltungsvorschlags nach § 170 Abs. 2 Satz 2 an. Schließlich ordnet **Abs. 3** in Abweichung zur früheren Rechtslage (§ 126 Abs. 3 Satz 2 AktG 1937) an, dass der Beschluss zu keiner Veränderung des festgestellten Jahresabschlusses führt. Bilanzielle Auswirkungen des Gewinnverwendungsbeschlusses zeigen sich deshalb erst im nächsten Jahresabschluss.

2   Die Norm wurde zuletzt durch das Transparenz- und Publizitätsgesetz (**TransPuG**) geändert, wobei in Abs. 2 Nr. 2 nach dem Wort „Betrag" die Wörter „oder Sachwert" hinzugefügt wurden[2]. Es handelt sich dabei um eine durch die Einführung der Sachausschüttung (§ 58 Abs. 5) bedingte Folgeänderung.

II. Beschluss der Hauptversammlung (§ 174 Abs. 1)

3   Nach § 174 Abs. 1 **Satz 1** beschließt die Hauptversammlung über die Verwendung des Bilanzgewinns. Diese **Kompetenzzuweisung** ist **zwingend** und einer satzungsmäßigen Modifikation nicht zugänglich[3]. Auch eine Aufgabenübertragung auf ein anderes Organ durch Hauptversammlungsbeschluss ist unzulässig. Die Satzung kann den Vorstand allerdings nach § 59 Abs. 1 ermächtigen, nach Ablauf des Geschäftsjahres einen Abschlag auf den voraussichtlichen Bilanzgewinn an die Aktionäre zu zahlen.

---

1 *Hüffer*, § 174 Rz. 1; *Kropff* in MünchKomm. AktG, § 174 Rz. 3.
2 Art. 1 Nr. 20 Transparenz- und Publizitätsgesetz vom 19.7.2002, BGBl. I 2002, 2681.
3 *Brönner* in Großkomm. AktG, § 174 Rz. 10; *Hüffer*, § 174 Rz. 1; *Kropff* in MünchKomm. AktG, § 174 Rz. 4.

§ 174 Abs. 1 **Satz 2** ordnet die **Bindung der Hauptversammlung** an den festgestellten 4
Jahresabschluss an. Sie darf im Verwendungsbeschluss also weder von einem höheren Bilanzgewinn noch von einem niedrigeren Bilanzgewinn als im festgestellten Jahresabschluss ausgehen[4]. Auf diese Weise werden die Kompetenzen von Verwaltung
und Hauptversammlung bei der Entscheidung über Ausschüttung oder Einbehaltung
von Gewinn abgegrenzt[5]. Die Hauptversammlung ist auch dann gebunden, wenn sie
den Jahresabschluss gem. § 173 selbst feststellt. Demgegenüber ist sie in der Entscheidung über die Verwendung des Bilanzgewinns grundsätzlich[6] frei und nicht an
den Gewinnverwendungsvorschlag des Vorstands (§ 170 Abs. 2) gebunden[7]. Zu Erweiterung und Einschränkung dieses Ermessenspielraums vgl. § 58 Rz. 18 ff.

III. Inhalt des Beschlusses (§ 174 Abs. 2)

Der Beschluss hat mindestens die in § 174 Abs. 2 enthaltenen Angaben zu enthalten. 5
Auf diese Weise soll Klarheit darüber geschaffen werden, wozu der Bilanzgewinn im
Einzelnen verwandt werden soll. Sollte nach dem Inhalt des Beschlusses eine der dort
genannten Arten für die Gewinnverwendung nicht in Betracht kommen, so braucht
diese Verwendungsart nicht angegeben werden[8]. Beschließt die Hauptversammlung
demgegenüber eine Verwendung, die nicht in § 174 Abs. 2 genannt ist, so muss diese
Verwendungsart im Beschluss aufgeführt werden[9].

Nr. 1: Bilanzgewinn. Der anzugebende Bilanzgewinn, der hier als Kontrollgröße[10] 6
dient, entspricht dem nach § 158 Abs. 1 Satz 1 Nr. 5 AktG, § 268 Abs. 1 Satz 2 HGB
auszuweisenden Betrag. Er wird als letzter Posten der aktienrechtlichen Gewinn-
und Verlustrechnung in § 158 Abs. 1 Satz 1 Nr. 5 genannt. Der Bilanzgewinn entspricht nicht dem betriebswirtschaftlichen Jahresergebnis, sondern ergibt sich als
Saldo aus Jahresüberschuss/Jahresfehlbetrag (§§ 275 Abs. 2 Nr. 20, Abs. 3 Nr. 19
HGB) **und den in § 158 Abs. 1 Satz 1 Nr. 1–4 genannten Posten**[11]. Dabei handelt es
sich um den Gewinn-/Verlustvortrag aus dem Vorjahr, Entnahmen aus der Kapitalrücklage bzw. aus Gewinnrücklagen und Einstellungen in Gewinnrücklagen (vgl. dazu §§ 150, 58 Abs. 2, 2a). Vgl. auch oben § 170 Rz. 8 ff.

Nr. 2: Der an die Aktionäre auszuschüttende Betrag oder Sachwert. Da die Hauptver- 7
sammlung nur über den Gesamtbetrag der Ausschüttung entscheidet[12], ist nur dieser
anzugeben. Der auf die einzelne Aktie entfallende Betrag oder Sachwert ergibt sich
aus dem Gesetz oder der Satzung. Eine nachrichtliche Ausweisung des Einzelbetrages
schadet nicht, ändert aber auch nicht den beschlossenen Gesamtausschüttungsbe-
trag[13]. Wird von der Möglichkeit Gebrauch gemacht, einen Sachwert an die Aktionäre auszuschütten, so muss der auszuschüttende Gegenstand genau bezeichnet und
der Wert der Ausschüttung angegeben werden. Zur Problematik, wie Aktien zu behandeln sind, deren Mitgliedschaftsrechte wegen unterlassener Mitteilung der Beteiligung (§ 20 Abs. 7 AktG, § 28 WpHG) ruhen, vgl. schon oben § 170 Rz. 11.

---

4 *Hüffer*, § 174 Rz. 3.
5 *Kropff* in MünchKomm. AktG, § 174 Rz. 8.
6 Ausnahmen gelten nach einer Kapitalherabsetzung (§§ 225 Abs. 2 Satz 1, 230, 233 Abs. 1, 3)
    sowie nach entsprechender Anordnung der Aufsichtsbehörde bei Kreditinstituten (§ 45 KWG).
7 *Brönner* in Großkomm. AktG, § 174 Rz. 12; *Kropff* in MünchKomm. AktG, § 174 Rz. 11.
8 *Kropff*, Aktiengesetz, S. 282.
9 *Brönner* in Großkomm. AktG, § 174 Rz. 20; *Kropff*, Aktiengesetz, S. 282.
10 *Brönner* in Großkomm. AktG, § 174 Rz. 21.
11 *Kropff* in MünchKomm. AktG, § 174 Rz. 6; *Hüffer*, § 174 Rz. 2.
12 BGH v. 28.6.1982 – II ZR 69/81, BGHZ 84, 303, 311 = NJW 1983, 282, 284; *Lutter* in Köln-
    Komm. AktG, § 58 Rz. 102; *Horbach*, AG 2001, 78, 98.
13 *Kropff* in MünchKomm. AktG, § 174 Rz. 22.

8   **Nr. 3: Die in Gewinnrücklagen einzustellenden Beträge.** Als Gewinnrücklagen sieht
     § 272 Abs. 3 Satz 2 HGB die gesetzliche Rücklage, auf Satzung beruhende Rücklagen
     und andere Gewinnrücklagen vor. Die Hauptversammlung ist in ihrer Entscheidung
     frei, welche dieser Rücklagen sie aus dem Bilanzgewinn begünstigt. Im Interesse der
     Klarheit sind Einstellungen in die gesetzliche Rücklage gesondert zu kennzeich-
     nen[14].

9   **Nr. 4: Gewinnvortrag.** Ein Gewinnvortrag entsteht, wenn der Bilanzgewinn nicht in
     vollem Umfang ausgeschüttet wird, nicht in die Gewinnrücklagen eingestellt wird,
     nicht als Aufwand auf Grund des Beschlusses gemindert wird oder nicht durch die
     Hauptversammlung gem. § 58 Abs. 3 Satz 2 einer anderweitigen Verwendung zuge-
     führt wird[15]. Er kommt regelmäßig nur dann in Betracht, wenn sich nicht verteilbare
     Spitzen ergeben oder insgesamt nur ein ganz geringer Gewinn gemacht wurde
     (schwarze Null). Die Befugnis zum Gewinnvortrag folgt aus § 58 Abs. 3 Satz 1.

10   **Nr. 5: Zusätzlicher Aufwand auf Grund des Beschlusses.** Da der bei Annahme des
     Gewinnverwendungsvorschlags entstehende Aufwand bereits im festgestellten Jah-
     resabschluss berücksichtigt ist, kann ein zusätzlicher Aufwand nur entstehen, wenn
     die Hauptversammlung vom Vorschlag des Vorstands abweicht[16]. Gemeint ist neben
     dem **Körperschaftsteuer-Aufwand** derjenige Aufwand, der durch **variable Verpflich-
     tungen der Gesellschaft** entsteht, die an die Höhe der Dividende geknüpft sind (Tan-
     tiemen von Vorstand und Aufsichtsrat; Ausschüttung auf Gewinnschuldverschrei-
     bungen oder Genussscheine).

IV. Wirkung des Beschlusses

1. Keine Änderung des festgestellten Jahresabschlusses (§ 174 Abs. 3)

11   Nach **§ 174 Abs. 3** führt der Gewinnverwendungsbeschluss nicht zu einer Änderung
     des festgestellten Jahresabschlusses[17]. Der festgestellte und offen gelegte Jahres-
     abschluss zeigt damit nicht die erst im Gewinnverwendungsbeschluss gebildeten
     Rücklagen. Sie sind aber im Jahresabschluss des darauf folgenden Jahres gesondert
     auszuweisen, § 152 Abs. 3 Nr. 1. Bis dahin wird die Publizität durch den gem. § 325
     Abs. 1 HGB beim Handelsregister einzureichenden und gem. § 325 Abs. 2 HGB im
     Bundesanzeiger bekannt zu machenden Gewinnverwendungsbeschluss selbst gesi-
     chert[18].

2. Anspruch auf Zahlung der Dividende

12   Ist im Gewinnverwendungsbeschluss eine Ausschüttung vorgesehen, so entsteht mit
     der Beschlussfassung ein **unentziehbarer Anspruch** des Aktionärs gegen die Gesell-
     schaft auf Zahlung der Dividende, der ab dem Zeitpunkt des Beschlusses vom Mit-
     gliedschaftsrecht getrennt und separat verkehrsfähig ist (ggf. Verbriefung in einem se-
     paraten Gewinnanteilsschein)[19]. Seine Fälligkeit richtet sich nach der Wirksamkeit

---

14 *Kropff* in MünchKomm. AktG, § 174 Rz. 26.
15 *Brönner* in Großkomm. AktG, § 174 Rz. 35.
16 *Kropff* in MünchKomm. AktG, § 174 Rz. 28.
17 Anders noch § 126 Abs. 3 Satz 2 AktG 1937, der bestimmte, dass der Vorstand die nötigen Än-
    derungen vorzunehmen hatte, vgl. *Kropff,* Aktiengesetz, S. 282.
18 *Hüffer,* § 174 Rz. 8; *Kropff* in MünchKomm. AktG, § 174 Rz. 37.
19 BGH v. 24.1.1957 – II ZR 208/55, BGHZ 23, 150, 154 = WM 1957, 282, 283; BGH v. 3.11.1975 –
    II ZR 67/73, BGHZ 65, 230, 234 = WM 1976, 12, 14; BGH v. 12.1.1998 – II ZR 82/93, BGHZ
    137, 378, 381 = NJW 1998, 1559; *Hüffer,* § 174 Rz. 4; *Kropff* in MünchKomm. AktG, § 174
    Rz. 38 sowie § 58 Rz. 28; *Lutter* in KölnKomm. AktG, § 58 Rz. 97, 103.

des Gewinnverwendungsbeschlusses. Der Beschluss kann einen späteren Fälligkeitszeitpunkt oder die Auszahlung in Raten festlegen[20].

V. Änderung des Beschlusses

Noch weitgehend ungeklärt ist die Frage, ob der Gewinnverwendungsbeschluss 13 nachträglich eine bereits beschlossene Einstellung in **Rücklagen zugunsten einer Ausschüttung** beseitigen oder verkürzen kann. Teile der Literatur halten einen solchen Beschluss für unzulässig[21]. Soweit dabei die Unzulässigkeit allerdings darauf gestützt wird, dass es sich um eine Änderung des festgestellten Jahresabschluss handeln würde, trifft dies wegen § 174 Abs. 3 nicht zu. Die Kompetenz zur Auflösung von Rücklagen ist zwar Vorstand und Aufsichtsrat zugewiesen, die darüber im Rahmen der Feststellung des Jahresabschlusses befinden (§ 172 Satz 1). Der zugrunde gelegte Jahresabschluss bleibt durch den Gewinnverwendungsbeschluss jedoch unberührt. Deshalb wird eine Änderung teilweise generell für zulässig gehalten[22]. Richtigerweise muss die Änderung des Beschlusses solange möglich sein, bis der nächste Jahresabschluss unter Einbeziehung der zugewiesenen Rücklagen festgestellt worden ist[23]. Sie bedarf aber der Zustimmung von Vorstand und Aufsichtsrat, da sie in die Geschäftsführung eingreift und die Liquidität der Gesellschaft mindert.

Nur in seltenen Ausnahmefällen kommt eine Änderung in Betracht, die eine **höhere** 14 **Einstellung in Rücklagen** bezweckt. Da mit dem Gewinnverwendungsbeschluss, der eine Ausschüttung vorsieht, für die gewinnberechtigten Aktionäre ein unentziehbares Recht auf Dividendenzahlung begründet wurde, bedarf es für diese Änderung der Zustimmung jedes einzelnen Aktionärs[24]. Darin liegt ein Angebot aller Aktionäre auf Abschluss eines Erlassvertrages und die Anweisung an den Vorstand, dieses für die Gesellschaft anzunehmen[25].

VI. Nichtigkeit und Anfechtbarkeit des Beschlusses

1. Nichtigkeit

Der Gewinnverwendungsbeschluss ist zunächst dann nichtig, wenn einer der allge 15 meinen Nichtigkeitsgründe des § 241 erfüllt ist. Darüber hinaus ordnet **§ 253 Abs. 1 Satz 1** die Nichtigkeit auch für den Fall an, dass die **Feststellung des Jahresabschlusses**, auf dem der Gewinnverwendungsbeschluss beruht, **nichtig** ist. Damit wird der enge Zusammenhang zwischen dem Beschluss über die Feststellung des Jahresabschlusses und dem Gewinnverwendungsbeschluss bestätigt[26]. Vgl. im Einzelnen § 253 Rz. 3ff.

Die **Erhebung der Nichtigkeitsklage** führt nicht dazu, dass die Auszahlung der Divi 16 dende unzulässig ist. Der Vorstand hat in diesem Fall jedoch die Nichtigkeit des Gewinnverwendungsbeschlusses sorgfältig zu prüfen. Gelangt er dabei zu dem Ergebnis, dass der Beschluss nichtig ist, darf er die Dividende nicht auszahlen[27]. Ansonsten begibt er sich in die Gefahr persönlicher Haftung (§ 93 Abs. 3 Nr. 2)[28].

---

20 *Hüffer*, § 58 Rz. 28; *Kropff* in MünchKomm. AktG, § 174 Rz. 40.
21 So *Adler/Düring/Schmaltz*, 5. Aufl., § 174 AktG Rz. 24; *Zöllner* in KölnKomm. AktG,
   1. Aufl., § 133 Rz. 115.
22 Vgl. *Priester*, ZIP 2000, 261, 263; *Ellrott/Ring* in BeckBil. Komm., Vor § 325 HGB Rz. 97.
23 So schon *Kropff* in MünchKomm. AktG, § 174 Rz. 43.
24 Vgl. *Kropff* in MünchKomm. AktG, § 174 Rz. 44; *Priester*, ZIP 2000, 261, 263.
25 So *Priester*, ZIP 2000, 261, 263.
26 Vgl. *Kropff*, Aktiengesetz, S. 339; *Brönner* in Großkomm. AktG, § 174 Rz. 53.
27 *Kropff* in MünchKomm. AktG, § 174 Rz. 49.
28 Vgl. dazu im Einzelnen *Haertlein*, ZHR 168 (2004), 437.

2. Anfechtbarkeit

17 Neben den allgemeinen Anfechtungsgründen begründet auch das **Aushungern der Minderheit**[29] die Anfechtbarkeit des Gewinnverwendungsbeschlusses. Gem. **§ 254 Abs. 1** kann der Beschluss bei einer übermäßigen Bildung von Gewinnrücklagen bzw. übermäßigem Gewinnvortrag angefochten werden, wenn dadurch eine Mindestausschüttung i.H.v. 4% verfehlt wird. Vgl. dazu im Einzelnen § 254 Rz. 3.

18 Zur Auszahlung der Dividende gilt das oben bei Rz. 12 Gesagte. Der Gewinnverwendungsbeschluss ist zwar im Falle der Anfechtung nicht unwirksam, er wird aber durch ein stattgebendes Urteil rückwirkend vernichtet, weshalb eine Dividendenauszahlung gesetzwidrig wäre[30]. Der Vorstand hat deshalb das Vorliegen von Anfechtungsgründen sorgfältig zu prüfen.

Dritter Unterabschnitt. Ordentliche Hauptversammlung

§ 175
Einberufung

(1) Unverzüglich nach Eingang des Berichts des Aufsichtsrats hat der Vorstand die Hauptversammlung zur Entgegennahme des festgestellten Jahresabschlusses und des Lageberichts, eines vom Aufsichtsrat gebilligten Einzelabschlusses nach § 325 Abs. 2a des Handelsgesetzbuchs sowie zur Beschlussfassung über die Verwendung eines Bilanzgewinns, bei einem Mutterunternehmen (§ 290 Abs. 1, 2 des Handelsgesetzbuchs) auch zur Entgegennahme des vom Aufsichtsrat gebilligten Konzernabschlusses und des Konzernlageberichts, einzuberufen. Die Hauptversammlung hat in den ersten acht Monaten des Geschäftsjahrs stattzufinden.

(2) Der Jahresabschluss, ein vom Aufsichtsrat gebilligter Einzelabschluss nach § 325 Abs. 2a des Handelsgesetzbuchs, der Lagebericht, der Bericht des Aufsichtsrats, der Vorschlag des Vorstands für die Verwendung des Bilanzgewinns und bei börsennotierten Aktiengesellschaften ein erläuternder Bericht zu den Angaben nach § 289 Abs. 4, § 315 Abs. 4 des Handelsgesetzbuchs sind von der Einberufung an in dem Geschäftsraum der Gesellschaft zur Einsicht der Aktionäre auszulegen. Auf Verlangen ist jedem Aktionär unverzüglich eine Abschrift der Vorlagen zu erteilen. Bei einem Mutterunternehmen (§ 290 Abs. 1, 2 des Handelsgesetzbuchs) gelten die Sätze 1 und 2 auch für den Konzernabschluss, den Konzernlagebericht und den Bericht des Aufsichtsrats hierüber. Die Verpflichtungen nach den Sätzen 1 bis 3 entfallen, wenn die dort bezeichneten Dokumente für denselben Zeitraum über die Internetseite der Gesellschaft zugänglich sind.

(3) Hat die Hauptversammlung den Jahresabschluss festzustellen oder hat sie über die Billigung des Konzernabschlusses zu entscheiden, so gelten für die Einberufung der Hauptversammlung zur Feststellung des Jahresabschlusses oder zur Billigung des Konzernabschlusses und für die Auslegung der Vorlagen und die Erteilung von Abschriften die Absätze 1 und 2 sinngemäß. Die Verhandlungen über die Feststellung des Jahresabschlusses und über die Verwendung des Bilanzgewinns sollen verbunden werden.

---

29 Vgl. *Kropff*, Aktiengesetz, S. 340; dazu *Nauss*, AG 1967, 127.
30 *Kropff* in MünchKomm. AktG, § 174 Rz. 50.

(4) Mit der Einberufung der Hauptversammlung zur Entgegennahme des festgestellten Jahresabschlusses oder, wenn die Hauptversammlung den Jahresabschluss festzustellen hat, der Hauptversammlung zur Feststellung des Jahresabschlusses sind Vorstand und Aufsichtsrat an die in dem Bericht des Aufsichtsrats enthaltenen Erklärungen über den Jahresabschluss (§§ 172, 173 Abs. 1) gebunden. Bei einem Mutterunternehmen (§ 290 Abs. 1, 2 des Handelsgesetzbuchs) gilt Satz 1 für die Erklärung des Aufsichtsrats über die Billigung des Konzernabschlusses entsprechend.

I. Allgemeines   1
1. Regelungsgegenstand   1
2. Entstehungsgeschichte   3
II. Vorbereitung der Hauptversammlung bei festgestelltem Jahresabschluss (§ 175 Abs. 1 und 2)   4
1. Einberufung der Hauptversammlung   4

2. Informationspflichten der Gesellschaft   7
III. Vorbereitung der Hauptversammlung zur Feststellung des Jahresabschlusses (§ 175 Abs. 3)   13
IV. Bindungswirkung der Erklärungen zum Jahres- und Konzernabschluss (§ 175 Abs. 4)   15

Literatur: *v. Gleichenstein/Stallbaum*, Zum Informationsrecht des Aktionärs nach § 175 Abs. 2 AktG, AG 1970, 217; *Leuering*, Die Erteilung von Abschriften an Aktionäre, ZIP 2000, 2053; *Mutze*, Prüfung und Feststellung des Jahresabschlusses der Aktiengesellschaft sowie Beschlussfassung über die Gewinnverwendung, AG 1966, 173.

I. Allgemeines

1. Regelungsgegenstand

§ 175 regelt die **Vorbereitung der ordentlichen Hauptversammlung.** Ihre Aufgabe ist   1 die Entgegennahme des von Vorstand und Aufsichtsrat nach § 172 festgestellten Jahresabschlusses und des Lageberichts bzw. die Feststellung des Jahresabschlusses (§§ 173, 175 Abs. 3). Daneben hat sie über die Verwendung des Bilanzgewinns (§ 174) zu entscheiden, wobei diese Verhandlung gem. § 120 Abs. 3 Satz 1 mit der Verhandlung über die Entlastung der Vorstands- und Aufsichtsratsmitglieder verbunden werden soll.

Abs. 1 betrifft den Regelfall[1], wonach die Hauptversammlung den festgestellten Jahresabschluss und den Lagebericht lediglich entgegennimmt und über die Verwendung des Bilanzgewinns beschließt. Dazu normiert die Vorschrift den **Zeitpunkt für die Einberufung** und gibt damit einen Endtermin vor, an dem sich alle Planungen auszurichten haben[2]. **Abs. 2** dient der Information der Aktionäre, indem er ein Recht auf Einsichtnahme und Abschrifterteilung statuiert. **Abs. 3** ordnet die Geltung des gleichen Verfahrens für den Fall an, dass die Hauptversammlung den Jahresabschluss feststellt bzw. über die Billigung des Konzernabschlusses zu entscheiden hat. Zugleich enthält er eine Soll-Vorschrift über die Verbindung der Verhandlungen zur Feststellung des Jahresabschlusses mit denen zur Verwendung des Bilanzgewinns. Schließlich spricht **Abs. 4** zum Schutz der Feststellungskompetenz der Hauptversammlung die Bindung von Vorstand und Aufsichtsrat an die in dem Aufsichtsratsbericht enthaltenen Erklärungen über den Jahresabschluss (§§ 172, 173 Abs. 1) aus.

1 *Brönner* in Großkomm. AktG, § 175 Rz. 5: „Normalfall".
2 *Hüffer*, § 175 Rz. 1; *Kropff* in MünchKomm. AktG, § 175 Rz. 10.

2. Entstehungsgeschichte

3   Die Vorschrift fasst die §§ 125, 126 Abs. 2 AktG 1937 zusammen. Augenfälligster Unterschied zu den Vorgängerregeln ist die von § 175 Abs. 1 Satz 2 getroffene Anordnung, wonach die Hauptversammlung nicht mehr in den ersten fünf, sondern den ersten acht Monaten des Geschäftsjahres stattzufinden hat. Seit ihrem Inkrafttreten wurde die Norm mehrfach geändert: Die durch das **Bilanzrichtlinien-Gesetz**[3] veranlassten Änderungen dienten lediglich der sprachlichen Anpassung an die 4. Richtlinie („Lagebericht" statt „Geschäftsbericht"). Durch das **Transparenz- und Publizitätsgesetz**[4] wurden der Konzernabschluss und der Konzernlagebericht, durch das **Bilanzrechtsreformgesetz**[5] auch der vom Aufsichtsrat gebilligte IFRS-Einzelabschluss (§ 325a HGB) in die Regelung einbezogen. Die bislang letzte Änderung erfolgte durch das **Gesetz über elektronische Handelsregister und Genossenschaftsregister sowie das Unternehmensregister**[6], das den § 175 Abs. 2 Satz 4 einfügte, wonach die Pflichten zur Unterlagenauslage und Abschriftserteilung entfallen, wenn die Dokumente über die Internetseite der Gesellschaft zugänglich sind.

II. Vorbereitung der Hauptversammlung bei festgestelltem Jahresabschluss (§ 175 Abs. 1 und 2)

1. Einberufung der Hauptversammlung

4   Der Vorstand muss die Hauptversammlung **unverzüglich** (§ 121 Abs. 1 Satz 1 BGB) **nach Eingang des Berichts des Aufsichtsrats** (§ 171 Abs. 2) einberufen. Bei getrennter Berichterstattung des Aufsichtsrats einer Konzernmuttergesellschaft zu Jahresabschluss und Konzernabschluss ist der zuletzt zugehende Bericht maßgebend[7]. Kommt der Aufsichtsrat seiner Berichtspflicht auch innerhalb der Nachfrist des § 171 Abs. 3 Satz 2 nicht nach, so ist die Hauptversammlung zur Feststellung des Jahresabschlusses unverzüglich nach Ablauf der Nachfrist einzuberufen[8]. Sie beschließt in diesem Fall über die Feststellung des Jahresabschlusses (vgl. oben § 173 Rz. 3).

5   Die Hauptversammlung muss gem. § 175 Abs. 1 Satz 2 **in den ersten acht Monaten des Geschäftsjahres** einberufen werden. Diese Frist kann nach ganz einhelliger Meinung durch die Satzung nicht verlängert werden[9]. Umstritten ist demgegenüber die Zulässigkeit einer satzungsmäßigen Fristverkürzung. Sie wird von Teilen der Literatur unter Hinweis auf den abschließenden Charakter der Norm und die durch die Fristverkürzung entstehende Gefährdung einer sorgfältigen Abschlussprüfung verneint[10]. Richtigerweise wird man angesichts der enormen Fortschritte bei der elektronischen Datenverarbeitung auch eine Verkürzung der Frist als zulässig erachten können, soweit ein ausreichender Zeitraum für die Abschlussprüfung gewahrt bleibt[11].

---

3 BiRiLiG v. 19.12.1985, BGBl. I 1985, 2355.
4 TransPuG v. 19.7.2002, BGBl. I 2002, 2681.
5 BilReG v. 4.12.2004, BGBl. I 2004, 3166.
6 EHUG v. 10.11.2006, BGBl. I 2006, 2553.
7 *Kropff* in MünchKomm. AktG, § 175 Rz. 8.
8 *Hüffer*, § 175 Rz. 3; *Kropff* in MünchKomm. AktG, § 175 Rz. 8.
9 Vgl. *Kropff*, Aktiengesetz, S. 283; *Kropff* in MünchKomm. AktG, § 175 Rz. 12; *Hüffer*, § 175 Rz. 4.
10 *Brönner* in Großkomm. AktG, § 175 Rz. 10; *Hüffer*, § 175 Rz. 4; *Knur*, DNotZ 1966, 324, 339.
11 So schon *Kropff* in MünchKomm. AktG, § 175 Rz. 12, der allerdings an der Zulässigkeit einer Übernahme der 90-Tage-Frist der Ziff. 7.1.2 des DCGK zweifelt; *Semler* in MünchHdb. AG, § 34 Rz. 51; *Claussen/Korth* in KölnKomm. AktG, § 175 Rz. 7; für Zulässigkeit jedenfalls bei der nicht prüfungspflichtigen kleinen AG auch *Adler/Düring/Schmaltz*, § 175 AktG Rz. 9.

Verstößt der Vorstand gegen seine Pflicht zur unverzüglichen Einberufung der 6
Hauptversammlung oder wird diese nicht innerhalb von acht Monaten einberufen,
hält das Registergericht von Amts wegen[12] oder auf Anregung eines Aktionärs hin[13]
den Vorstand durch die Festsetzung eines Zwangsgelds zur Einberufung an, § 407
Abs. 1 i.V.m. § 175 Abs. 1. Entsteht durch die schuldhaft verursachte Verzögerung
ein Schaden der Gesellschaft, so haften die Mitglieder des Vorstands (§ 93) und des
Aufsichtsrats (§ 116 Satz 1) sowie der Abschlussprüfer (§ 323 HGB). Schadensersatzansprüche der Aktionäre kommen nach Maßgabe des § 117 Abs. 1 Satz 2, Abs. 2 und
des Deliktsrechts in Betracht[14]. Die Wirksamkeit von Hauptversammlungsbeschlüssen wird durch die Verzögerung jedoch nicht berührt; die verspätete Abhaltung der
Hauptversammlung berechtigt nicht zur Anfechtung[15].

2. Informationspflichten der Gesellschaft

Nach **§ 175 Abs. 2 Satz 1** sind der Jahresabschluss, u.U. der vom Aufsichtsrat gebillig- 7
te Einzelabschluss nach § 325 Abs. 2a HGB (IFRS-Abschluss), der Lagebericht, der
Aufsichtsratsbericht sowie der Gewinnverwendungsvorschlag des Vorstands in deutscher Sprache und in der Währung Euro[16] zur Einsicht der Aktionäre auszulegen. Der
Bericht des Abschlussprüfers ist hingegen nicht auszulegen. Die Auslagepflicht erstreckt sich auch auf den Konzernabschluss, den Konzernlagebereich sowie den Prüfungsbericht des Aufsichtsrats, wenn die Gesellschaft Mutterunternehmen i.S.d.
§ 290 Abs. 1, 2 HGB ist, § 175 Abs. 2 Satz 3. Die Gesellschaft kommt ihrer Pflicht
durch die Auslage von Abschriften nach; die Originalvorlagen müssen nicht ausgelegt werden[17]. Die Auslegung hat **in dem Geschäftsraum der Gesellschaft** zu erfolgen.
Damit ist richtigerweise ein Raum im Gebäude der Hauptverwaltung der Gesellschaft[18] und nicht der satzungsmäßige Sitz oder der Sitz des Vorstands[19] gemeint.
Zur Vermeidung von Anfechtungsklagen sollte die Auslegung aber auch in den Geschäftsräumen des Vorstands und bei örtlich auseinander liegenden Verwaltungen in
jedem der fraglichen Gebäude erfolgen[20].

Um den Aktionären die Kenntnisnahme der o.g. Unterlagen zu erleichtern, gewährt 8
§ 175 Abs. 2 Satz 2 jedem Aktionär das Recht, eine **Abschrift der Vorlagen** zu verlangen. Das Recht auf Erteilung einer Abschrift steht auch den Inhabern stimmrechtsloser Vorzugsaktien zu[21]. Seine Ausübung ist an keine Form gebunden, so dass auch ein
mündliches Verlangen ausreicht[22]. Nach überwiegender Ansicht kann das Verlangen
auch schon vor Einberufung der Hauptversammlung geäußert werden[23]. Es muss in
diesem Fall allerdings erst nach der Einberufung erfüllt werden. Da die Abschriften
der Vorbereitung auf die Hauptversammlung dienen sollen, muss das Verlangen zeitlich so gestellt werden, dass die Unterlagen dem Aktionär noch vor der Hauptver-

---

12 Vgl. *Hüffer*, § 407 Rz. 17; *Kropff* in MünchKomm. AktG, § 175 Rz. 13.
13 *Kropff* in MünchKomm. AktG, § 175 Rz. 13, 33.
14 Vgl. *Kropff* in MünchKomm. AktG, § 175 Rz. 15.
15 *Hüffer*, § 175 Rz. 4; *Kropff* in MünchKomm. AktG, § 175 Rz. 15.
16 *Kropff* in MünchKomm. AktG, § 175 Rz. 22.
17 *Brönner* in Großkomm. AktG, § 175 Rz. 13.
18 *Kropff* in MünchKomm. AktG, § 175 Rz. 25; *Hüffer*, § 175 Rz. 5; *Reichert/Schlitt* in Semler/
   Volhard, ArbeitsHdb. Hauptversammlung, Rz. 551.
19 So aber *Gleichenstein/Stallbaum*, AG 1970, 217, 218.
20 Vgl. *Kropff* in MünchKomm. AktG, § 175 Rz. 26 (in allen örtlich getrennten Verwaltungsge-
   bäuden); *Hüffer*, § 175 Rz. 5 (auch Geschäftsräume des Vorstandes).
21 *Hüffer*, § 175 Rz. 6.
22 RG Recht 1924 Nr. 463; *Brönner* in Großkomm. AktG, § 175 Rz. 14; *Mutze*, AG 1966, 173,
   175.
23 Vgl. *Hüffer*, § 175 Rz. 6; *Kropff* in MünchKomm. AktG, § 175 Rz. 30.

sammlung zugehen können[24]. Die Gesellschaft muss dem Verlangen des Aktionärs unverzüglich, d.h. ohne schuldhaftes Zögern (§ 121 Abs. 1 Satz 1), nachkommen. Das Verlangen wird dadurch erfüllt, dass dem Aktionär eine Vervielfältigung des Originals – ggf. auch ins Ausland – zugesandt wird. Es ist Sache des Aktionärs, die zugesandten Unterlagen auf Vollständigkeit zu prüfen[25]. Das Überlassen eines elektronischen Datenträgers oder die Übermittlung per E-Mail genügt nur bei Einverständnis des Aktionärs[26]. Die Gesellschaft hat die Kosten der Vervielfältigung zu tragen. Im Hinblick auf die sich aus §§ 293f Abs. 2, 319 Abs. 3 Satz 2, 327c Abs. 4 AktG, §§ 62 Abs. 3 Satz 6, 63 Abs. 3, 230 Abs. 2 Satz 2 UmwG ergebende Wertung des Gesetzgebers hat die Gesellschaft zutreffenderweise auch die Kosten der Versendung zu tragen[27].

9   Vor Einsichtnahme in die Unterlagen bzw. Überlassung einer Abschrift kann die Gesellschaft verlangen, dass der Aktionär seine **Aktionärsstellung nachweist**[28]. Bei Namensaktien genügt allerdings der Nachweis, dass die Rechte von dem im Aktienregister eingetragenen Aktionär geltend gemacht werden[29].

10   Die Pflichten zur Auslage der Unterlagen und zur Erteilung einer Abschrift entfällt, wenn die Dokumente für denselben Zeitraum **über die Internetseite der Gesellschaft zugänglich** sind, **§ 175 Abs. 2 Satz 4**. Diese auf Anregungen aus der Wirtschaft hin durch das EHUG[30] zum 1.1.2007 in das Gesetz eingefügte Regelung reagiert auf den Umstand, dass die Aktionäre in der Praxis keine Einsichtnahmen oder Anfragen auf Erteilung von Abschriften verlangen[31]. In Anlehnung an die Auslegung des § 131 Abs. 3 Nr. 7 müssen die Unterlagen **öffentlich allgemein zugänglich** sind. Es dürfen keine geräteseitigen, anbieterseitigen oder programmseitigen Zugangsbeschränkungen existieren. Der interessierte Aktionär muss die Informationen nach Aufrufen der Startseite der Gesellschaft ohne größere Suchanstrengungen entweder direkt oder durch eindeutige Verknüpfungen auf die jeweilige Folgeseite (Links) problemlos finden können[32].

11   **Verletzt der Vorstand seine Verpflichtungen** aus § 175 Abs. 2[33], so steht dem Aktionär neben der praktisch wenig bedeutsamen Leistungsklage auch die einstweilige Verfügung (§§ 935, 940 ZPO) offen[34]. Da die einstweilige Verfügung die Hauptsache

---

24   *Kropff* in MünchKomm. AktG, § 175 Rz. 30: Versendung per Eilbrief kann nicht verlangt werden.

25   LG Frankfurt a.M. v. 13.11.2001 – 3/4 O 14/01, AG 2002, 356.

26   *Kropff* in MünchKomm. AktG, § 175 Rz. 28; *Leuering*, ZIP 2000, 2053, 2056; *Noack*, ZGR 1998, 592, 612.

27   So auch *Hüffer*, § 175 Rz. 6; *Kropff* in MünchKomm. AktG, § 175 Rz. 32; *Reichert/Schlitt* in Semler/Volhard, ArbeitsHdb. Hauptversammlung, Rz. 554; *Leuering*, ZIP 2000, 2053, 2057; a.A. *Brönner* in Großkomm. AktG, § 175 Rz. 15; *Baumbach/Hueck*, § 175 Anm. 8; *Mutze*, AG 1966, 173, 176.

28   Vgl. *Hüffer*, § 175 Rz. 5 f.; *Kropff* in MünchKomm. AktG, § 175 Rz. 20.

29   *Lutter/Drygala* in KölnKomm. AktG, § 67 Rz. 30; *Kropff* in MünchKomm. AktG, § 175 Rz. 20; *Leuering*, ZIP 2000, 2053, 2055.

30   Gesetz über elektronische Handelsregister und Genossenschaftsregister sowie das Unternehmensregister (EHUG) vom 10.11.2006, BGBl. I 2006, 2553, dazu *Liebscher/Scharff*, NJW 2006, 3745.

31   Vgl. BT-Drucks. 16/2781, S. 173.

32   So RegE eines Gesetzes zur Unternehmensintegrität und Modernisierung des Anfechtungsrechts (UMAG), BT-Drucks. 15/5092, S. 17 f.

33   Vgl. LG Hagen v. 8.12.1964 – 8 HO 132/64, AG 1965, 82: Unterlagen vorhanden, aber nicht zugänglich; OLG Stuttgart v. 14.5.2003 – 20 U 31/02, AG 2003, 527, 530; LG Frankfurt v. 25.5.1998 – 3/1 O 8/98, AG 1999, 96: Fehlen des Konzernabschlusses.

34   *Hüffer*, § 175 Rz. 5; *Brönner* in Großkomm. AktG, § 175 Rz. 18; an der Zulässigkeit einer einstweiligen Verfügung zweifeln *Kropff* in MünchKomm. AktG, § 175 Rz. 33; *Adler/Düring/Schmaltz*, 5. Aufl., § 175 AktG Rz. 16; *Mutze*, AG 1966, 173, 176.

vorwegnimmt, sind an die Glaubhaftmachung strenge Anforderungen zu stellen[35]. Außerdem kann der Aktionär beim Registergericht ein Zwangsgeldverfahren (§ 407 Abs. 1 i.V.m. § 175) anregen.

Verstöße gegen die Pflicht zur Auslegung der Unterlagen nach § 175 Abs. 2 Satz 1 12 stellen eine relevante Verletzung von Informationspflichten i.S.d. § 243 Abs. 4 Satz 1 dar, die stets die **Anfechtbarkeit der in der Hauptversammlung gefassten Beschlüsse** nach sich zieht[36]. Demgegenüber ist bei Verstößen gegen die Pflicht zur Erteilung von Abschriften nach § 175 Abs. 2 **Satz 2** die erforderliche Relevanz zu verneinen, wenn feststeht, dass der Beschluss auch ohne die Stimmen des übergangenen Aktionärs zustande gekommen wäre[37].

III. Vorbereitung der Hauptversammlung zur Feststellung des Jahresabschlusses (§ 175 Abs. 3)

Die in § 175 Abs. 1 und 2 aufgestellten Grundsätze über die Einberufung der Haupt- 13 versammlung sowie die Auslegung der Vorlagen und Erteilung von Abschriften gelten sinngemäß, wenn die Hauptversammlung ausnahmsweise (vgl. dazu oben § 173 Rz. 3) den Jahresabschluss festzustellen hat oder über die Billigung des Konzernabschlusses[38] entscheiden muss, **§ 173 Abs. 3 Satz 1.** Die Tagesordnung der Hauptversammlung (§ 124 Abs. 1) und die Beschlussvorschläge von Vorstand und Aufsichtsrat (§ 124 Abs. 3) sind entsprechend zu formulieren. Das Informationsrecht der Aktionäre aus § 175 Abs. 2 betrifft hier auch die Beschlussvorlage des Vorstands, die deshalb auszulegen ist[39].

Aus Gründen der Zweckmäßigkeit soll die Verhandlung über die Feststellung des 14 Jahresabschlusses und über die Verwendung des Bilanzgewinns verbunden werden, **§ 173 Abs. 3 Satz 2.** Außerdem soll zugleich über die Entlastung der Mitglieder des Vorstands und des Aufsichtsrats verhandelt werden, § 120 Abs. 2 Satz 1. Damit ist im Regelfall über drei Gegenstände *eine* ordentliche Hauptversammlung abzuhalten[40]. Ein Verstoß gegen diese Sollvorschriften zieht allerdings keine Rechtsfolgen nach sich[41]. Eine **verbundene Verhandlung** ist gegeben, wenn die Gegenstände in der gleichen Hauptversammlung und in zeitlichem Zusammenhang behandelt werden. Weder ist eine gleichzeitige Aussprache noch eine gleichzeitige Abstimmung erforderlich[42]. Allerdings empfiehlt sich die Verbindung der Tagesordnungspunkte zu gemeinsamer Aussprache.

IV. Bindungswirkung der Erklärungen zum Jahres- und Konzernabschluss (§ 175 Abs. 4)

Gem. **§ 175 Abs. 4 Satz 1** sind Vorstand und Aufsichtsrat an die in dem Bericht des 15 Aufsichtsrats enthaltenen Erklärungen über den Jahresabschluss (§§ 172, 173 Abs. 1) gebunden, sobald die Hauptversammlung zur Entgegennahme des festgestellten Jah-

---

35 *Brönner* in Großkomm. AktG, § 175 AktG Rz. 18
36 *Hüffer*, § 175 Rz. 5 sowie § 243 Rz. 47a.
37 *Hüffer*, § 175 Rz. 6 sowie § 243 Rz. 47a.
38 Eingefügt durch Art. 1 Nr. 21c TransPuG vom 19.7.2002, BGBl. I 2002, 2681, vgl. dazu auch RegE TransPuG BR-Drucks. 109/02, S. 56.
39 *Brönner* in Großkomm. AktG, § 175 Rz. 20.
40 Vgl. auch *Brönner* in Großkomm. AktG, § 175 Rz. 21.
41 *Kropff* in MünchKomm. AktG, § 175 Rz. 18.
42 Vgl. *Hüffer*, § 175 Rz. 7; *Kropff* in MünchKomm. AktG, § 175 Rz. 18.

resabschlusses bzw. die Hauptversammlung zur Feststellung des Jahresabschlusses einberufen worden ist. Als Erklärungen in diesem Sinne kommen in Betracht (1) der Beschluss des Aufsichtsrats, mit dem er den Jahresabschluss billigt, (2) der Beschluss des Aufsichtsrats, mit dem er den Jahresabschluss nicht billigt und (3) die Beschlüsse von Vorstand und Aufsichtrat, die Feststellung der Hauptversammlung zu überlassen. Nach der Gesetzesbegründung soll mit der von § 175 Abs. 4 angeordneten Bindung verhindert werden, dass Vorstand und Aufsichtsrat den Beschluss, die Feststellung des Jahresabschlusses der Hauptversammlung zu überlassen, nur deshalb rückgängig machen, weil sie annehmen, die Hauptversammlung werde ihren Vorschlägen nicht folgen[43]. Da die Vorschrift die **Unsicherheit über die Befugnis der Hauptversammlung zur Feststellung des Jahresabschlusses ausschließen** soll, besteht die Bindungswirkung auch dann, wenn der Aufsichtsrat den Jahresabschluss gebilligt und diesen festgestellt hat[44].

16 Nach Einberufung der Hauptversammlung ist ein **Widerruf oder Änderung der Erklärungen** durch den Vorstand oder den Aufsichtsrat **unzulässig**. Eine Anfechtung gem. §§ 119, 123 BGB kommt dann nicht mehr in Betracht[45]. Weil § 175 Abs. 4 lediglich die Feststellungskompetenz der Hauptversammlung betrifft, sind inhaltliche Änderungen des Jahresabschlusses von der Norm nicht erfasst (vgl. oben § 172 Rz. 26).

17 Für Mutterunternehmen (§ 290 Abs. 1, 2 HGB) ordnet **§ 175 Abs. 4 Satz 2** die entsprechende Geltung des § 175 Abs. 4 Satz 1 für die Erklärung des Aufsichtsrats über die Billigung des Konzernabschlusses an[46]. Die nach § 173 Abs. 1 Satz 2 begründete Hauptversammlungszuständigkeit kann deshalb hinsichtlich der Billigung nicht nachträglich entfallen. Die Hauptversammlung ist inhaltlich jedoch nicht gebunden, so dass sie den Konzernabschluss billigen kann, obwohl sich der Aufsichtsrat gegen ihn ausgesprochen hat[47].

§ 176
Vorlagen. Anwesenheit des Abschlussprüfers

(1) Der Vorstand hat der Hauptversammlung die in § 175 Abs. 2 angegebenen Vorlagen vorzulegen. Zu Beginn der Verhandlung soll der Vorstand seine Vorlagen, der Vorsitzende des Aufsichtsrats den Bericht des Aufsichtsrats erläutern. Der Vorstand soll dabei auch zu einem Jahresfehlbetrag oder einem Verlust Stellung nehmen, der das Jahresergebnis wesentlich beeinträchtigt hat. Satz 3 ist auf Kreditinstitute nicht anzuwenden.

(2) Ist der Jahresabschluss von einem Abschlussprüfer zu prüfen, so hat der Abschlussprüfer an den Verhandlungen über die Feststellung des Jahresabschlusses teilzunehmen. Satz 1 gilt entsprechend für die Verhandlungen über die Billigung eines Konzernabschlusses. Der Abschlussprüfer ist nicht verpflichtet, einem Aktionär Auskunft zu erteilen.

---

43 *Kropff*, Aktiengesetz, S. 284.
44 *Kropff* in MünchKomm. AktG, § 175 Rz. 41.
45 *Hüffer*, § 175 Rz. 8; *Kropff* in MünchKomm. AktG, § 175 Rz. 42.
46 Eingefügt durch Art. 1 Nr. 21d TransPuG vom 19.7.2002, BGBl. I 2002, 2681.
47 *Hüffer*, § 175 Rz. 8.

I. Allgemeines	1	**V. Pflicht des Abschlussprüfers zur**	
II. Pflicht zur Vorlage	2	**Teilnahme**	10
III. Erläuterungen durch Vorstand und		1. Teilnahmepflicht	10
Aufsichtsratsvorsitzenden	4	2. Teilnahme in sonstigen Fällen	13
1. Erläuterung durch den Vorstand	5	3. Schuldner der Teilnahmepflicht	15
2. Erläuterung durch den Aufsichtsrats-		4. Rechte und Pflichten des Abschluss-	
vorsitzenden	8	prüfers in der Hauptversammlung . . .	16
IV. Rechtsfolgen bei Verstößen	9	5. Rechtsfolgen eines Verstoßes	18

Literatur: *Hommelhoff*, Die neue Position des Abschlussprüfers im Kraftfeld der aktienrechtlichen Organisationsverfassung (Teil II), BB 1998, 2625.

I. Allgemeines

§ 176 betrifft den **Ablauf der ordentlichen Hauptversammlung** und ergänzt die allgemeinen Vorschriften der §§ 118 ff., 129 ff. Dabei sichert **Abs. 1** die **Information der Aktionäre**, indem er eine Pflicht zur Auslegung des Jahresabschlusses und des Lageberichts usw. statuiert und die Verwaltung verpflichtet, die Vorlagen und Bericht zu erläutern. **Abs. 2** sieht die **Anwesenheit des Abschlussprüfers** vor, wenn die Hauptversammlung den Jahresabschluss festzustellen hat. Dadurch wird eine umfassende Unterrichtung der Hauptversammlung über die Rechnungslegung ermöglicht[1]. Die Norm wurde zuletzt durch das Bilanzrechtsreformgesetz (BilReG) geändert, wodurch § 176 Abs. 2 Satz 2 eingefügt wurde, der die Anwesenheit des Prüfers auch bei der Verhandlung über die Billigung des Konzernabschlusses vorsieht[2]. 1

II. Pflicht zur Vorlage

Nach **§ 176 Abs. 1 Satz 1** muss der Vorstand der Hauptversammlung die in § 175 Abs. 2 genannten Vorlagen (Jahresabschluss, Lagebericht, Bericht des Aufsichtsrats und Vorschlag für die Verwendung des Bilanzgewinns) vorlegen. Damit soll jedem Aktionär ermöglicht werden, während der Hauptversammlung die Unterlagen ohne Probleme einzusehen. Der Vorlagepflicht ist durch die Auslegung von **mit den Originalvorlagen übereinstimmenden Abschriften** genügt[3]. Sie müssen in einer Anzahl vorhanden sein, die es allen erschienenen Aktionären ermöglicht, in angemessener Zeit Einsicht zu nehmen[4]. Eine vollständige oder auch nur auszugsweise Verlesung der Vorlagen ist weder erforderlich noch zweckmäßig und sollte wegen der drohenden Anfechtung auch nicht vom Versammlungsleiter angeboten werden[5]. 2

---

1 *Brönner* in Großkomm. AktG, § 176 Rz. 2.
2 BilReG v. 4.12.2004, BGBl. I 2004, 3166.
3 *Kropff* in MünchKomm. AktG, § 176 Rz. 5.
4 *Hüffer*, § 176 Rz. 2; *Kropff* in MünchKomm. AktG, § 176 Rz. 6.
5 So auch die ganz überwiegende Meinung, vgl. *Hüffer*, § 176 Rz. 2; *Kropff* in MünchKomm. AktG, § 176 Rz. 6; *Adler/Düring/Schmaltz*, § 176 AktG Rz. 6; *Clemm/Ring* in BeckBilKomm., Vor § 325 HGB Rz. 111; *Schlitt* in Semler/Volhard, ArbeitsHdb. Hauptversammlung, § 12 Rz. 58 f.; a.A. aber *Brönner* in Großkomm. AktG, § 176 Rz. 4: Verlesung der entscheidenden Stellen.

3 Die Vorlage hat **im Versammlungsraum** selbst oder einem für alle Aktionäre zugänglichen Nebenraum zu erfolgen[6]. Die Pflicht zur Auslage besteht bis zur abschließenden Behandlung der Tagesordnungspunkte „Entgegennahme des Jahres- bzw. Konzernabschlusses" oder „Feststellung des Jahresabschlusses und Billigung des Konzernabschlusses". Wird die Verhandlung mit derjenigen über die Gewinnverwendung und über die Entlastung von Vorstand und Aufsichtsrat verbunden (Sollvorschriften §§ 175 Abs. 3 Satz 2, 120 Abs. 3 Satz 1), so müssen die Unterlagen während der gesamten verbundenen Verhandlung ausliegen[7]. Bei Vertagung der Verhandlungen und Fortführung in einer anderen Hauptversammlung sind die Vorlagen auch in dieser vorzulegen.

III. Erläuterungen durch Vorstand und Aufsichtsratsvorsitzenden

4 Gem. **§ 176 Abs. 1 Satz 2** soll zu Beginn der Verhandlung der Vorstand seine Vorlage und der Vorsitzende des Aufsichtsrats den Bericht des Aufsichtsrats erläutern. In der Praxis wird auf eine Erläuterung nur selten verzichtet. Dennoch stellt die Norm die Erläuterung in das Ermessen von Vorstand und Aufsichtsratsvorsitzenden. Auch der von der Vorschrift genannte Zeitpunkt der Erläuterungen zu Beginn der Verhandlungen ist nicht zwingend.

1. Erläuterung durch den Vorstand

5 Zu Beginn der Verhandlung soll der Vorstand den Jahresabschluss, den Lagebericht und den Gewinnverwendungsvorschlag (bei Muttergesellschaften auch Konzernabschluss und Konzernlagebericht) erläutern. Zuständig ist der **Vorstand als Organ**, die Erläuterung erfolgt durch den Vorstandsvorsitzenden oder das durch die Geschäftsordnung dazu bestimmte Vorstandsmitglied[8]. Meinungsverschiedenheiten über die Art und Weise oder den Inhalt der Erläuterung bzw. Stellungnahme werden durch den Gesamtvorstand entschieden, § 77 Abs. 1.

6 Die Erläuterung soll **keine bloße Wiederholung**, sondern eine **schwerpunktmäßige Zusammenfassung der Vorlagen** sein[9]. Dabei empfiehlt es sich, auch über die seit der schriftlichen Berichterstattung eingetretenen wesentlichen Vorgänge zu berichten und zu angekündigten Oppositionen und bereits bekannten Aktionärsfragen Stellung zu nehmen[10]. Bei der Erläuterung des Gewinnverwendungsvorschlags sollte auch auf die Notwendigkeit einer vorgeschlagenen Rücklagenbildung und eines über Spitzenbeträge hinausgehenden Gewinnvortrags eingegangen werden[11].

7 Nach **§ 176 Abs. 1 Satz 3** soll der Vorstand auch zu einem Jahresfehlbetrag oder einem Verlust Stellung nehmen, der das Jahresergebnis wesentlich beeinträchtigt. Der **Jahresfehlbetrag** (§§ 275 Abs. 2 Nr. 20, Abs. 3 Nr. 19 HGB), der im Rahmen der Gewinn- und Verlustrechnung einem Jahresverlust gleichzusetzen ist, ist ein deutliches

---

6 *Kropff* in MünchKomm. AktG, § 176 Rz. 8.
7 *Hüffer*, § 176 Rz. 2; *Kropff* in MünchKomm. AktG, § 176 Rz. 9.
8 *Hüffer*, § 176 Rz. 3; *Kropff* in MünchKomm. AktG, § 176 Rz. 16.
9 *Kropff* in MünchKomm. AktG, § 176 Rz. 10.
10 *Kropff* in MünchKomm. AktG, § 176 Rz. 10.
11 *Hüffer*, § 176 Rz. 3; *Kropff* in MünchKomm. AktG, § 176 Rz. 10.

Alarmsignal, zu dem die Aktionäre eine Stellungnahme erwarten. Insoweit drückt die Vorschrift nur eine Selbstverständlichkeit aus[12]. Daneben soll auch zu einem eingetretenen **Verlust** Stellung genommen werden. Die selbständige Erwähnung des Verlusts neben dem Jahresfehlbetrag macht deutlich, dass hierbei solche Verluste gemeint sind, die nicht zu einem Jahresfehlbetrag führen (z.B. Verluste einer Sparte, die im Jahresergebnis durch Gewinne anderer Sparten ausgeglichen werden)[13]. Vom Gebot der erweiterten Rechenschaftslegung sind **Kreditinstitute nach § 176 Abs. 1 Satz 4 ausgenommen**[14], weil eine Verlusterläuterung das Vertrauen in die Solidität der Bank gefährden kann (vgl. auch § 131 Abs. 3 Nr. 6 AktG, § 340f HGB)[15].

2. Erläuterung durch den Aufsichtsratsvorsitzenden

Der Vorsitzende des Aufsichtsrats, im Falle von dessen Verhinderung sein Stellvertreter (§ 107 Abs. 1 Satz 3), soll den nach § 171 Abs. 2 abgefassten Bericht des Aufsichtsrats erläutern. Da es sich um den Bericht des Gesamtaufsichtsrats handelt, ist der Vorsitzende **an dessen Inhalt und Tendenz gebunden**[16]. Eine ergänzende abweichende Stellungnahme des Vorsitzenden wird hierdurch nicht ausgeschlossen. Er muss in diesem Fall aber ausdrücklich erklären, dass es sich um seine persönliche Ansicht handelt. Auch die Erläuterung des Aufsichtsratsvorsitzenden sollte keine bloße Wiederholung des Aufsichtsratsberichts darstellen, sondern diesen **schwerpunktmäßig zusammenfassen**. Dabei bietet es sich an, dass im Rahmen der Erläuterung auch auf die Lage und Entwicklung der Gesellschaft aus Sicht des Aufsichtsrats eingegangen wird.

8

IV. Rechtsfolgen bei Verstößen

Verstößt der Vorstand gegen seine Vorlagepflicht aus **§ 175 Abs. 1 Satz 1**, so macht dies nach einhelliger Meinung die zu den Tagesordnungspunkten gefassten Beschlüsse anfechtbar[17]. Eine Verletzung des Erläuterungsgebots aus **§ 175 Abs. 2 Satz 2, 3** führt hingegen nicht zur Anfechtbarkeit der Beschlüsse[18]. Die vereinzelt geäußerte Gegenmeinung[19] setzt sich über den Sollcharakter der Vorschrift hinweg und übersieht, dass der Aktionär von seinem Auskunftsrecht (§ 131) Gebrauch machen kann, wenn ihm die Erläuterungen nicht ausreichen.

9

---

12 *Kropff* in MünchKomm. AktG, § 176 Rz. 11.

13 *Brönner* in Großkomm. AktG, § 176 Rz. 9; *Hüffer*, § 176 Rz. 5; *Kropff* in MünchKomm. AktG, § 176 Rz. 12; *Adler/Düring/Schmaltz*, 5. Aufl., § 176 AktG Rz. 11.

14 Eingefügt durch das Bankbilanzrichtliniengesetz vom 30.11.1990, BGBl. I 1990, 2570, der dem früheren § 26a Abs. 2 Satz 3 KWG entspricht.

15 Kritisch dazu *Kropff* in MünchKomm. AktG, § 176 Rz. 15.

16 *Kropff* in MünchKomm. AktG, § 176 Rz. 17.

17 *Hüffer*, § 176 Rz. 6; *Hüffer* in MünchKomm. AktG, § 257 Rz. 8; *Kropff* in MünchKomm. AktG, § 176 Rz. 19; *Adler/Düring/Schmaltz*, 5. Aufl., § 176 AktG Rz. 24.

18 Im Anschluss an die herrschende Meinung, vgl. *Hüffer*, § 176 Rz. 6 sowie § 257 Rz. 8; *Kropff* in MünchKomm. AktG, § 176 Rz. 20 f.; *Adler/Düring/Schmaltz*, 5. Aufl., § 176 AktG Rz. 25; *Rodewig/Schlitt* in Semler/Volhard, ArbeitsHdb. Hauptversammlung, I E Rz. 70.

19 Vgl. *Claussen/Korth* in KölnKomm. AktG, § 176 Rz. 12; *Zöllner* in KölnKomm. AktG, 1. Aufl., § 243 Rz. 64.

V. Pflicht des Abschlussprüfers zur Teilnahme

1. Teilnahmepflicht

10 Gem. **§ 176 Abs. 2 Satz 1** hat der Abschlussprüfer in den seltenen Fällen, in denen der **Jahresabschluss von den Aktionären feststellt** wird (§ 173), die Pflicht zur Teilnahme an der Hauptversammlung. Seine Verpflichtung erstreckt sich nur auf die Verhandlung über die Feststellung des Jahresabschlusses. Weitergehende Vorschläge des RegE, den Abschlussprüfer auch zur Teilnahme an der Verhandlung über die Verwendung des Bilanzgewinns zu verpflichten, sind nicht Gesetz geworden, weil der Gegenstand dieser Verhandlung ihre Teilnahme nicht unbedingt erfordere und eine Teilnahmepflicht den Abschlussprüfer zeitlich zu stark belasten würde[20]. Werden die Verhandlungen über die Feststellung des Jahresabschlusses mit denen über die Gewinnverwendung und die Entlastung von Vorstand und Aufsichtsrat verbunden (§§ 175 Abs. 3 Satz 2, 120 Abs. 3 Satz 1), so muss der Abschlussprüfer zutreffenderweise während der gesamten Verhandlung anwesend sein, da während der gesamten Verhandlungszeit Fragen und Anträge zum Jahresabschluss gestellt werden können[21].

11 Zur Teilnahme ist der Prüfer nur verpflichtet, wenn der **Jahresabschluss zu prüfen** ist. Das ist nach **§ 316 Abs. 1 HGB** der Fall, wenn die Gesellschaft keine kleine im Sinne des § 267 Abs. 1 HGB ist.

12 Die Pflicht zur Teilnahme besteht nach **§ 176 Abs. 2 Satz 2** auch dann, wenn die Hauptversammlung über die **Billigung des Konzernabschlusses** verhandelt (§ 173 Abs. 1 Satz 2)[22].

2. Teilnahme in sonstigen Fällen

13 Nimmt die Hauptversammlung – wie im Regelfall – den Jahresabschluss nur entgegen, so ist der Prüfer **nicht zur Teilnahme verpflichtet**. Seine Teilnahme ist aber sinnvoll und in der Praxis auch üblich[23].

14 Dem Abschlussprüfer kann durch die **Satzung** ein **Recht zur Teilnahme** eingeräumt werden[24]. Unterschiedlich wird demgegenüber beurteilt, ob der Prüfer auch dann einen Rechtsanspruch auf Teilnahme hat, wenn keine Regelung in der Satzung getroffen wurde. Ein derartiges **Teilnahmerecht** ist mangels gesetzlicher Grundlage und praktischer Durchsetzbarkeit **abzulehnen**[25]. Der Vorstand und der Versammlungsleiter können aber ihrer Gesellschaft gegenüber verpflichtet sein, dem Prüfer die Teilnahme zu ermöglichen, wenn diese zweckmäßig erscheint[26].

---

20 Vgl. Ausschussbericht bei *Kropff*, Aktiengesetz, S. 285.
21 So auch *Kropff* in MünchKomm. AktG, § 176 Rz. 23; *Semler* in MünchHdb. AG, § 36 Rz. 5; *Claussen/Korth* in KölnKomm. AktG, § 176 Rz. 15: bzgl. Gewinnverwendungsbeschluss; a.A. *Hüffer*, § 176 Rz. 7; *Adler/Düring/Schmaltz*, 5. Aufl., § 176 AktG Rz 30 bzgl. Entlastung.
22 Eingefügt durch Art. 4 Nr. 5 BilReG vom 4.12.2004, BGBl. I 2004, 3166.
23 *Hüffer*, § 176 Rz. 8; *Kropff* in MünchKomm. AktG, § 176 Rz. 28.
24 *Kropff* in MünchKomm. AktG, § 176 Rz. 28; *Bärwaldt* in Semler/Volhard, ArbeitsHdb. Hauptversammlung, I C Rz. 43.
25 So zutreffend *Hüffer*, § 176 Rz. 8; *Kropff* in MünchKomm. AktG, § 176 Rz. 29; *Bärwaldt* in Semler/Volhard, ArbeitsHdb. Hauptversammlung, I C Rz. 43 f.; *Zöllner* in KölnKomm. AktG, 1. Aufl., § 118 Rz. 26; a.A. *Adler/Düring/Schmaltz*, 5. Aufl., § 176 AktG Rz. 32; *Brönner* in Großkomm. AktG, § 176 Rz. 6; *Claussen/Korth* in KölnKomm. AktG, § 176 Rz. 14; *Semler* in MünchHdb. AG, § 36 Rz. 5; *Mutze*, AG 1966, 176.
26 So *Kropff* in MünchKomm. AktG, § 176 Rz. 30.

3. Schuldner der Teilnahmepflicht

Die Teilnahmepflicht trifft den **Prüfungsleiter**, bei seiner Verhinderung ein Mitglied 15
seines Prüferteams[27]. Das Gleiche gilt, wenn eine Prüfungsgesellschaft zum Abschlussprüfer bestellt wurde. Der Prüfungsleiter ist berechtigt, sich von Mitgliedern
seinen Prüferteams begleiten und unterstützen zu lassen[28].

4. Rechte und Pflichten des Abschlussprüfers in der Hauptversammlung

Der Abschlussprüfer ist gem. **§ 176 Abs. 2 Satz 3** nicht verpflichtet, einem Aktionär 16
Auskunft zu erteilen, weil eine Unterrichtung der Aktionäre nicht im Rahmen seiner
Prüfungsaufgabe liegt[29]. Daran ist in der Vergangenheit vereinzelt berechtigte Kritik
geübt worden, die aber noch keine Gesetzesänderung nach sich gezogen hat[30]. Dem
Abschlussprüfer steht auch kein eigenes Rederecht zu. Vielmehr hat er den Vorstand
intern auf eine eventuelle Falschdarstellung hinzuweisen[31]. Der Vorstand kann den
Abschlussprüfer aber zur Auskunftserteilung an einen Aktionär ermächtigen. Gleiches gilt für den durch seinen Vorsitzenden vertretenen Aufsichtsrat, da dieser nach
Inkrafttreten des KonTraG den Prüfungsauftrag erteilt, § 111 Abs. 2 Satz 3[32]. Vor der
Befreiung des Prüfers von seiner Verschwiegenheitpflicht hat der Aufsichtsratsvorsitzende selbständig zu erwägen, ob ein der Befragung entgegenstehendes Geheimhaltungsinteresse der Gesellschaft besteht.

Der Prüfer ist aufgrund seines Prüfungsvertrages verpflichtet, auf Fragen des Vor- 17
stands und im Kompetenzbereich des Aufsichtsrats auf Fragen des Aufsichtsratsvorsitzenden zu antworten[33].

5. Rechtsfolgen eines Verstoßes

Die Nichtteilnahme des Prüfers an der Verhandlung über die Feststellung des Jahres- 18
abschlusses macht den **Feststellungsbeschluss anfechtbar** (§ 257)[34]. Der Prüfer ist den
Aktionären gegenüber zwar nicht zur Auskunft verpflichtet. Die Relevanz des Verstoßes ergibt sich aber aus dem Umstand, dass er im Falle seiner Anwesenheit auf
Fragen der Verwaltung hätte antworten können, und die Erläuterung der Vorlagen
durch die Verwaltung möglicherweise anders ausgefallen wäre.

---

27 *Kropff* in MünchKomm. AktG, § 176 Rz. 26.
28 *Kropff* in MünchKomm. AktG, § 176 Rz. 26.
29 *Kropff*, Aktiengesetz, S. 285.
30 Vgl. *Hommelhoff*, BB 1998, 2625, 2630 f.
31 *Kropff* in MünchKomm. AktG, § 176 Rz. 34; a.A. *Bärwaldt* in Semler/Volhard, ArbeitsHdb.
    Hauptversammlung, I C Rz. 71.
32 Für ein Fragerecht des Aufsichtsrats auch *Kropff* in MünchKomm. AktG, § 176 Rz. 37, der es
    allerdings auf solche Auskünfte beschränkt wissen will, die das Handeln des Aufsichtsrats
    selbst betreffen.
33 *Hüffer*, § 176 Rz. 9; *Kropff* in MünchKomm. AktG, § 176 Rz. 40; *Claussen/Korth* in Köln-
    Komm. AktG, § 176 Rz. 17; *Adler/Düring/Schmaltz*, 5. Aufl., § 176 AktG Rz. 38.
34 *Hüffer*, § 176 Rz. 10; *Brönner* in Großkomm. AktG, § 176 Rz. 18; *Adler/Düring/Schmaltz*,
    5. Aufl., § 176 AktG Rz. 34; *Zöllner* in KölnKomm. AktG, § 257 Rz. 11; diff. *Kropff* in Münch-
    Komm. AktG, § 176 Rz. 42: a.A. *Reiß* in Bonner Handbuch Rechnungslegung, § 176 Rz. 17

19 Die Haftung des Prüfers gegenüber der Gesellschaft richtet sich nach **§ 323 HGB.** Hat der Prüfer seine Teilnahmepflicht schuldhaft verletzt, so ist er der Gesellschaft zum Ersatz des Schadens verpflichtet, der sich aus einer darauf gestützten Anfechtung des Feststellungsbeschlusses ergibt[35].

Vierter Abschnitt. Bekanntmachung des Jahresabschlusses

§§ 177, 178
(weggefallen)

---

35 *Kropff* in MünchKomm. AktG, § 176 Rz. 44.

Sechster Teil. Satzungsänderung. Maßnahmen der Kapitalbeschaffung und Kapitalherabsetzung

Erster Abschnitt. Satzungsänderung

§ 179
Beschluss der Hauptversammlung

(1) Jede Satzungsänderung bedarf eines Beschlusses der Hauptversammlung. Die Befugnis zu Änderungen, die nur die Fassung betreffen, kann die Hauptversammlung dem Aufsichtsrat übertragen.

(2) Der Beschluss der Hauptversammlung bedarf einer Mehrheit, die mindestens drei Viertel des bei der Beschlussfassung vertretenen Grundkapitals umfasst. Die Satzung kann eine andere Kapitalmehrheit, für eine Änderung des Gegenstands des Unternehmens jedoch nur eine größere Kapitalmehrheit bestimmen. Sie kann weitere Erfordernisse aufstellen.

(3) Soll das bisherige Verhältnis mehrerer Gattungen von Aktien zum Nachteil einer Gattung geändert werden, so bedarf der Beschluss der Hauptversammlung zu seiner Wirksamkeit der Zustimmung der benachteiligten Aktionäre. Über die Zustimmung haben die benachteiligten Aktionäre einen Sonderbeschluss zu fassen. Für diesen gilt Absatz 2.

I. Allgemeines	1	b) Unterschreitung des Unternehmensgegenstands	18
1. Regelungsgegenstand und Normzweck	1	2. Satzungsdurchbrechung	19
2. Anwendungsbereich	2	a) Begriff	19
3. Zwingende Abänderbarkeit	5	b) Rechtliche Behandlung	20
II. Satzungsänderung	6	IV. Beschlussfassung über Satzungsänderung	22
1. Tatbestand	6	1. Zuständigkeit	22
a) Satzung und Satzungsänderung	6	a) Hauptversammlung (§ 179 Abs. 1 Satz 1)	22
b) Änderung materieller (echter) Satzungsbestandteile	7	b) Aufsichtsrat (§ 179 Abs. 1 Satz 2)	23
c) Änderung formeller (unechter) Satzungsbestandteile	8	c) Rechtsfolgen von Verstößen	26
2. Einzelne Beschlussgegenstände	10	2. Mehrheitserfordernisse	27
a) Änderung des Gesellschaftszwecks	10	a) Gesetz	27
b) Änderung des Unternehmensgegenstands	11	b) Satzung	29
c) Änderung des Grundkapitals	12	3. Weitere Erfordernisse	31
d) Formwechsel	13	V. Zulässigkeitsschranken	34
e) Gesellschaftsdauer	14	1. Allgemeines	34
f) Weitere Beschlussgegenstände	15	2. Bedingung und Befristung	35
III. Satzungsverletzung und Satzungsdurchbrechung	16	a) Echte Bedingung	35
1. Satzungsverletzung	16	b) Unechte Bedingung	38
a) Überschreitung des Unternehmensgegenstands	17	c) Echte Befristung	39
		d) Unechte Befristung	40
		3. Rückwirkung	41

4. Weitere Schranken 44

VI. Erzwingung von Satzungsänderungen 45

1. Positive Stimmpflicht der Aktionäre 45

2. Ansprüche Dritter gegen die AG . . . 46

VII. Aufhebung und Änderung von Satzungsänderungsbeschlüssen 47

VIII. Sonderbeschlüsse 48

1. Allgemeines 48

2. Anwendungsbereich und Verhältnis zu anderen Sonderbeschlüssen 49

3. Voraussetzungen des Zustimmungserfordernisses 50

a) Existenz verschiedener Aktiengattungen 50

b) Veränderung des Verhältnisses mehrerer Aktiengattungen 51

4. Benachteiligung einer Gattung 52

5. Verfahren 54

a) Gesonderte Versammlung oder gesonderte Abstimmung 54

b) Zeitpunkt 55

c) Mehrheiten und weitere Erfordernisse 56

d) Fehlen und Fehlerhaftigkeit von Sonderbeschlüssen 57

Literatur: *Asmus,* Die vinkulierte Mitgliedschaft, 2001; *T. Bezzenberger,* Vorzugsaktien ohne Stimmrecht, 1991; *Börner,* Verbindung von Kapitalerhöhung aus Gesellschaftsmitteln und Kapitalerhöhung gegen Bareinlagen bei Aktiengesellschaften, DB 1988, 1254; *Brombach,* Zum Problem der Rückwirkung von Satzungsänderungen, 1965; *Dempewolf,* Die Rückwirkung von Satzungsänderungen aktienrechtlicher Gesellschaften, NJW 1958, 1212; *Fett/Förl,* Die Mitwirkung der Hauptversammlung einer KGaA bei der Veräußerung wesentlicher Unternehmensteile, NZG 2004, 210; *Fleischer,* Zur Leitungsaufgabe des Vorstands im Aktienrecht, ZIP 2003, 1; *Fleischer,* Tracking Stock – Spartenaktien als Finanzierungsinstrument für deutsche Aktiengesellschaften, ZGR 2003, 167; *W. Groß,* Zuständigkeit der Hauptversammlung bei Erwerb und Veräußerung von Unternehmensbeteiligungen, AG 1994, 266; *Grunewald,* Rückverlagerung von Entscheidungskompetenzen der Hauptversammlung auf den Vorstand, AG 1990, 133; *Hirte,* Grenzen der Vertragsfreiheit bei aktienrechtlichen Unternehmensverträgen, ZGR 1994, 644; *Horbach,* Der Gewinnverzicht des Großaktionärs, AG 2001, 78; *Huep,* Die Renaissance des Namensaktie, WM 2000, 1623; *Jacobs/Woeste,* Satzungsänderungen mit rückwirkender Gültigkeit?, AG 1958, 211; *Krieger,* Vorzugsaktie und Umstrukturierungen, in FS Lutter, 2000, S. 497; *Lawall,* Satzungsdurchbrechende Beschlüsse im GmbH-Recht, DStR 1996, 1169; *Luchterhandt,* Deutsches Konzernrecht bei grenzüberschreitenden Konzernverbindungen, 1971; *Lutter,* Die entschlussschwache Hauptversammlung, in FS Quack, 1991, S. 301; *Lutter,* Zur inhaltlichen Begründung von Mehrheitsentscheidungen, ZGR 1981, 171; *Lutter,* Die Treupflicht des Aktionärs, ZHR 153 (1989), 446; *Lutter,* Gescheiterte Kapitalerhöhungen, in FS Schilling, 1973, S. 207; *Martens,* Stimmrechtsbeschränkung und Stimmbindungsvertrag, AG 1993, 495; *Mertens,* Unternehmensgegenstand und Mitgliedschaftsrecht, AG 1978, 309; *Priester,* Satzungsänderung und Satzungsdurchbrechung, ZHR 151 (1987), 40; *Priester,* Nichtkorporative Satzungsbestimmungen bei Kapitalgesellschaften, DB 1979, 681; *Reuter,* Verbandszweck und Rechtsfähigkeit im Vereinsrecht, ZHR 151 (1987), 237; *Senger/Vogelmann,* Die Umwandlung von Vorzugsaktien in Stammaktien, AG 2002, 193; *Siebel,* Fassungsänderungen einer Satzung, insbesondere zu § 145 Abs. 1 S. 2 AktG, DNotZ 1955, 299; *Sieger/Hasselbach,* „Tracking Stock" im deutschen Aktien- und Kapitalmarktrecht, AG 2001, 391; *Sonnenberg,* Die Änderung des Gesellschaftszwecks, 1990; *Tieves,* Satzungsverletzende und satzungsdurchbrechende Gesellschafterbeschlüsse, ZIP 1994, 1341; *Timm,* Hauptversammlungskompetenzen und Aktionärsrechte in der Konzernspitze, AG 1980, 172; *Timm,* Der Missbrauch des Auflösungsbeschlusses durch den Mehrheitsgesellschafter, JZ 1980, 665; *Volhard/Goldschmidt,* Nötige und unnötige Sonderbeschlüsse der Inhaber stimmrechtsloser Vorzugsaktien, in FS Lutter, 2000, S. 779; *Wirth/Arnold,* Umwandlung von Vorzugsaktien in Stammaktien, ZGR 2002, 859; *Witt,* Mehrheitsregelnde Satzungsklauseln und Kapitalveränderungsbeschlüsse, AG 2000, 345; *Wolff,* Der Anwendungsbereich der Satzungsänderungsvorschriften im Aktien- und GmbH-Recht, WiB 1997, 1009; *Wolff,* Die Zulässigkeit einer rückwirkenden Änderung des Geschäftsjahres bei Kapitalgesellschaften, DB 1999, 2149; *Zilias,* Rückwirkende Satzungsänderungen bei Kapitalgesellschaften?, JZ 1959, 50; *Zöllner,* Inhaltsfreiheit bei Gesellschaftsverträgen, in FS 100 Jahre GmbHG, 1992, S. 85.

I. Allgemeines

1. Regelungsgegenstand und Normzweck

Die Aktionäre als eigentliche Träger der Verbandsautonomie[1] können die Satzung als [1] normative Grundordnung der Gesellschaft jederzeit (Ausnahmen: § 26 Abs. 4 und 5, § 27 Abs. 5) und in allen Punkten abändern[2]. § 179 setzt dies voraus und regelt die erforderliche Mehrheit. Daneben behandelt die Vorschrift die Besonderheiten, die für eine Änderung des bisherigen Verhältnisses mehrerer Aktiengattungen im Wege der Satzungsänderung gelten (Abs. 3)[3]. Die Vorschrift wird ergänzt durch die Regelungen der §§ 180, 181, 124 Abs. 2 Satz 2, 23 Abs. 3 bis 5. Für bestimmte Satzungsänderungen enthält das AktG Sondervorschriften, z.B. für die Kapitalerhöhung (§§ 182 ff.) und Kapitalherabsetzung (§§ 222 ff.), für Unternehmensverträge (§§ 293 ff., insbesondere § 293 Abs. 1 Satz 4), die Eingliederung (§§ 319 ff., insbesondere § 319 Abs. 1 Satz 2) und die Auflösung (§§ 362 ff.)[4].

2. Anwendungsbereich

a) § 179 findet erst **ab Eintragung der AG im Handelsregister** Anwendung. Satzungs- [2] änderungen in der **Vorgesellschaft** sind nur bei einstimmig gefasstem Beschluss (der eine Änderung der Urkunde über die Feststellung der Satzung nach § 23 Abs. 1 Satz 1 zum Inhalt haben und wie diese notariell beurkundet werden muss) und mit Zustimmung aller Gründer (s. § 41 Rz. 6) wirksam[5].

b) Nach **Auflösung** der Gesellschaft (§ 262) sind Satzungsänderungen gem. § 264 [3] Abs. 3 grundsätzlich zulässig[6], Einschränkungen können sich allerdings aus dem Zweck der Abwicklung ergeben[7]. Anerkanntermaßen zulässig ist eine Satzungsänderung über die Firma (insbesondere nach Unternehmensveräußerung)[8] oder eine Sitzverlegung[9]. Auch gegen eine Änderung des Unternehmensgegenstands im Abwicklungsstadium bestehen keine Bedenken, sofern nicht der Zweck der Liquidation dem entgegensteht[10]. Unzulässig wäre etwa eine Ausdehnung des Unternehmensgegenstands auf bisher nicht verfolgte Geschäftsfelder[11], während hingegen eine Änderung

---

1 Vgl. *K. Schmidt*, GesR, § 5 I 3b (S. 84); *Wiedemann* in Großkomm. AktG, § 179 Rz. 5 ff.; *Zöllner* in Baumbach/Hueck, GmbHG, § 53 Rz. 3.
2 *Wiedemann* in Großkomm. AktG, § 179 Rz. 3.
3 *Hüffer*, § 179 Rz. 1; *Stein* in MünchKomm. AktG, § 179 Rz. 1.
4 *Hüffer*, § 179 Rz. 2; *Stein* in MünchKomm. AktG, § 179 Rz. 3.
5 *Hüffer*, § 179 Rz. 2; *Stein* in MünchKomm. AktG, § 179 Rz. 68; *Wiedemann* in Großkomm. AktG, § 179 Rz. 166; *Zöllner* in KölnKomm. AktG, § 179 Rz. 201; a.A. *K. Schmidt* in Großkomm. AktG, § 41 Rz. 54, 126 f.; für die Vor-GmbH *K. Schmidt* in Scholz, GmbHG, § 11 Rz. 48; *Priester*, ZIP 1987, 280, 283.
6 BGH v. 23.5.1957 – II ZR 250/55, BGHZ 24, 279, 286; *Hüffer*, § 179 Rz. 2; *Stein* in MünchKomm. AktG, § 179 Rz. 71; *Wiedemann* in Großkomm. AktG, § 179 Rz. 167; *Zöllner* in KölnKomm. AktG, § 179 Rz. 202.
7 *Hüffer*, § 179 Rz. 2; *Wiedemann* in Großkomm. AktG, § 179 Rz. 167; *Zöllner* in KölnKomm. AktG, § 179 Rz. 202.
8 RG v. 8.6.1928 – II 18/28, RGZ 121, 246, 253 (zur Genossenschaft); *Hüffer*, § 264 Rz. 16; *Stein* in MünchKomm. AktG, § 179 Rz. 72; *Wiedemann* in Großkomm. AktG, § 179 Rz. 167; *Zöllner* in KölnKomm. AktG, § 179 Rz. 202.
9 *Hüffer*, § 264 Rz. 16; *Stein* in MünchKomm. AktG, § 179 Rz. 72; *Wiedemann* in Großkomm. AktG, § 179 Rz. 167.
10 *Stein* in MünchKomm. AktG, § 179 Rz. 73; *Wiedemann* in Großkomm. AktG, § 179 Rz. 167; *Zöllner* in KölnKomm. AktG, § 179 Rz. 202; a.A. *Hefermehl/Bungeroth* in G/H/E/K, § 179 Rz. 58; *Baumbach/Hueck*, vor § 179 Anm. 2.
11 *Stein* in MünchKomm. AktG, § 179 Rz. 73.

des Unternehmensgegenstands zulässig ist, mit der zugleich die Fortsetzung der aufgelösten Gesellschaft (§ 274 Abs. 1) beschlossen wird[12].

4 **c)** Auch in der **Insolvenz** sind Satzungsänderungen zulässig, soweit dem der Zweck des Insolvenzverfahrens nicht entgegensteht[13]. Für eine Änderung des Unternehmensgegenstands bleibt damit praktisch kein Raum[14]. Zu Kapitalveränderungen s. § 182 Rz. 44 ff. Im Fall der Unternehmensveräußerung kann der Insolvenzverwalter die Abwicklungsfirma auch ohne Gesellschafterbeschluss ändern[15].

3. Zwingende Abänderbarkeit

5 Die Vorschrift des § 179 ist insoweit zwingender Natur, als eine **Satzungsänderung stets möglich** sein muss[16]. Eine Satzungsregelung, die die Satzung insgesamt oder in einzelnen Teilen für unabänderlich erklärt, ist nichtig[17]. Möglich ist dann eine **Umdeutung** der nichtigen Bestimmung in eine Regelung, die erschwerende Anforderungen an das Zustandekommen von Satzungsänderungen stellt (vgl. § 179 Abs. 2 Satz 2)[18]. Teilweise wird in solchen Fällen die Zustimmung aller, auch der in der Hauptversammlung nicht erschienenen Aktionäre gefordert[19], teilweise Einstimmigkeit der an der Abstimmung teilnehmenden Aktionäre[20], ggf. verschärft durch das zusätzliche Erfordernis der Teilnahme des ganzen stimmberechtigten Grundkapitals[21]. Im Zweifel entspricht es dem hypothetischen Willen des Satzungsgebers, im Wege der Umdeutung die am weitesten gehende noch zulässige Erschwerung der Satzungsänderung anzunehmen, also das Erfordernis der Zustimmung aller Aktionäre. Da Erschwerungen der Satzungsänderung nicht zu einer faktischen Unabänderlichkeit der Satzung führen dürfen[22], tritt bei (kapitalmarktnahen) Publikumsgesellschaften an die Stelle der Zustimmung sämtlicher Aktionäre im Regelfall das Einstimmigkeitserfordernis.

II. Satzungsänderung

1. Tatbestand

a) Satzung und Satzungsänderung

6 Als Satzungsänderung i.w.S. ist jedes Einwirken auf den Text der Satzungsurkunde (§ 23 Rz. 5) durch Einfügen oder Aufheben von Bestimmungen sowie deren inhaltliche

---

12 *Stein* in MünchKomm. AktG, § 179 Rz. 73; *Wiedemann* in Großkomm. AktG, § 179 Rz. 167; zur GmbH *Zöllner* in Baumbach/Hueck, GmbHG, § 53 Rz. 87.

13 *Hüffer*, § 179 Rz. 2; *Stein* in MünchKomm. AktG, § 179 Rz. 74; *Wiedemann* in Großkomm. AktG, § 179 Rz. 167.

14 *Stein* in MünchKomm. AktG, § 179 Rz. 74.

15 *Hüffer* in MünchKomm. AktG, § 264 Rz. 58 f.; *K. Schmidt*, Handelsrecht, 5. Aufl. 1999, § 12 I 3c (S. 349f.).

16 *Hüffer*, § 179 Rz. 3; *Stein* in MünchKomm. AktG, § 179 Rz. 55 f.; *Wiedemann* in Großkomm. AktG, § 179 Rz. 3; *Zöllner* in KölnKomm. AktG, § 179 Rz. 2.

17 *Baumbach/Hueck*, § 179 Anm. 2; *Wiedemann* in Großkomm. AktG, § 179 Rz. 3; *Zöllner* in KölnKomm. AktG, § 179 Rz. 2.

18 *Hüffer*, § 179 Rz. 3; *Stein* in MünchKomm. AktG, § 179 Rz. 58; *Wiedemann* in Großkomm. AktG, § 179 Rz. 4.

19 *Baumbach/Hueck*, § 179 Anm. 5; *Stein* in MünchKomm. AktG, § 179 Rz. 59; *Zöllner* in KölnKomm. AktG, § 179 Rz. 169; ebenso für die GmbH *Priester* in Scholz, GmbHG, § 53 Rz. 39 und 88.

20 Für den Regelfall *Wiedemann* in Großkomm. AktG, § 179 Rz. 4; wohl auch *Hüffer*, § 179 Rz. 3.

21 *v. Godin/Wilhelmi*, § 179 Anm. 1.

22 Vgl. *Hüffer*, § 179 Rz. 3; *Stein* in MünchKomm. AktG, § 179 Rz. 144; *Wiedemann* in Großkomm. AktG, § 179 Rz. 4.

oder formale Veränderung zu verstehen[23]. Für die Anwendbarkeit der §§ 179, 180 f. ist zwischen der Änderung echter und unechter Satzungsbestandteile zu differenzieren[24].

b) Änderung materieller (echter) Satzungsbestandteile

Echte Satzungsänderungen sind alle Änderungen materieller (echter) Satzungsbe- 7
standteile (§ 23 Rz. 5), gleichgültig, ob es sich um notwendige, fakultative oder indifferente Satzungsbestandteile handelt[25]. Ihre inhaltliche Änderung, Aufhebung oder Hinzufügung hat rechtsgestaltenden Charakter und kann daher nur unter Beachtung der §§ 179, 180 f. wirksam vorgenommen werden[26]. Da es sich zugleich um eine teilweise Neuregelung des Gründungsaktes durch Beschluss handelt, sind alle Sacherfordernisse und Schranken, die nach Gesetz für die Gestaltungsfreiheit der Gründer gelten, auch bei satzungsändernden Beschlüssen nach § 179 zu beachten, insbesondere muss die Satzung auch nach der Änderung die notwendigen Bestandteile nach § 23 Abs. 3 und 4 enthalten[27]. Auch bloß redaktionelle Änderungen materieller Satzungsbestandteile sind nur im Verfahren nach § 179 Abs. 1 Satz 1 möglich, wenn nicht die Hauptversammlung den Aufsichtsrat durch Beschluss zu bloßen Fassungsänderungen ermächtigt hat (§ 179 Abs. 1 Satz 2; näher Rz. 24 ff.)[28].

c) Änderung formeller (unechter) Satzungsbestandteile

Demgegenüber ist bei Bestimmungen, die als formelle (unechte) Satzungsbestandtei- 8
le (§ 23 Rz. 6) Aufnahme in die Satzungsurkunde gefunden haben, zwischen Inhaltsänderungen und Fassungsänderungen zu unterscheiden.

(1) Auf die **Aufhebung, Begründung oder inhaltliche Änderung formeller Satzungsbestandteile** finden die §§ 179, 180 f. grundsätzlich keine Anwendung, und zwar unabhängig davon, ob diese Regelungscharakter haben oder nicht[29]. Beispiele für formelle Satzungsbestandteile *ohne* Regelungscharakter sind die Bezeichnung der Gründer, die Nennung des Einzahlungsbetrages auf das Grundkapital (§ 23 Abs. 2 Nr. 3), die Angabe der Namen der ersten Aufsichtsrats- oder Vorstandsmitglieder in der Gründungssatzung[30] oder solche Satzungsbestandteile, die durch eine außerhalb der Satzung erfolgte Änderung der zugrunde liegenden rechtlichen (z.B. Gesetzesänderung) oder tatsächlichen Verhältnisse obsolet oder unrichtig geworden sind[31]. Formelle Satzungsbestandteile *mit* Regelungscharakter sind demgegenüber z.B. rein schuldrechtliche Vereinbarungen zwischen der Gesellschaft und ihren Aktionären oder der Aktionäre untereinander, die in der Satzungsurkunde lediglich verlautbart werden[32]. Für eine sachlich-inhaltliche Änderung bedarf es hier ausnahmsweise dann der Einhaltung der §§ 179, 180 f. bedarf[33], wenn die Aufnahme der zu ändernden Bestimmung

---

23 *Hüffer*, § 179 Rz. 4; *Stein* in MünchKomm. AktG, § 179 Rz. 22.
24 *Stein* in MünchKomm. AktG, § 179 Rz. 22; *Wiedemann* in Großkomm. AktG, § 179 Rz. 49 ff.; *Zöllner* in KölnKomm. AktG, § 179 Rz. 74.
25 *Stein* in MünchKomm. AktG, § 179 Rz. 23.
26 *Hüffer*, § 179 Rz. 4; *Stein* in MünchKomm. AktG, § 179 Rz. 23; *Zöllner* in KölnKomm. AktG, § 179 Rz. 74.
27 *Hüffer*, § 179 Rz. 24; *Wiedemann* in Großkomm. AktG, § 179 Rz. 48.
28 *Hüffer*, § 179 Rz. 4; *Stein* in MünchKomm. AktG, § 179 Rz. 29; *Zöllner* in KölnKomm. AktG, § 179 Rz. 74.
29 *Hüffer*, § 179 Rz. 5; *Stein* in MünchKomm. AktG, § 179 Rz. 31; *Zöllner* in KölnKomm. AktG, § 179 Rz. 82 ff.
30 *Hüffer*, § 179 Rz. 5; *Stein* in MünchKomm. AktG, § 179 Rz. 18; *Zöllner* in KölnKomm. AktG, § 179 Rz. 55.
31 *Stein* in MünchKomm. AktG, § 179 Rz. 31.
32 *Stein* in MünchKomm. AktG, § 179 Rz. 19; *Zöllner* in KölnKomm. AktG, § 179 Rz. 86.
33 *Hüffer*, § 179 Rz. 5; *Priester*, ZHR 151 (1987), 40, 41; *Priester*, DB 1979, 681, 685; *Semler* in MünchHdb. AG, § 39 Rz. 55; *Stein* in MünchKomm. AktG, § 179 Rz. 31; *Zöllner* in Köln-

in die Satzungsurkunde mit dem klar erkennbaren Willen erfolgte, die inhaltliche Gestaltung des Rechtsverhältnisses insoweit der Hauptversammlung zuzuweisen[34]. Dabei kann der Hauptversammlung eine Gestaltungsbefugnis für individualrechtliche Vereinbarungen zwischen Gesellschaft und Aktionären wegen der alleinigen Leitungs- und Geschäftsführungsbefugnis des Vorstands (§§ 76 Abs. 1, 77) nur in engen Grenzen, nämlich als Zustimmungserfordernis eingeräumt werden[35]; demgegenüber können individualrechtliche Vereinbarungen der Aktionäre untereinander der inhaltlichen Gestaltung oder Aufhebung durch die Hauptversammlung unterworfen werden, wenn alle Vertragsparteien diesem Verfahren zustimmen[36]. Die einvernehmliche Aufhebung oder Änderung des Rechtsverhältnisses ohne Einschaltung der Hauptversammlung bleibt stets möglich. Es ist durch Auslegung zu ermitteln, ob der Hauptversammlung durch die Aufnahme der zu ändernden Bestimmung in die Satzung eine solche Gestaltungsbefugnis eingeräumt werden soll[37].

9   (2) Bei **reinen Fassungsänderungen** des Satzungstextes *ohne* rechtsgestaltende Wirkung wird teilweise aus Gründen der Rechtssicherheit und im Hinblick auf die Formstrenge des Aktienrechts (§ 23 Abs. 5) die uneingeschränkte Anwendung der §§ 179, 180 f. gefordert[38], während andere bei grundsätzlicher Anwendung dieser Normen die einfache Mehrheit genügen lassen[39]. Der Grundsatz der Satzungsstrenge (§ 23 Abs. 5) erfordert die Durchführung des Verfahrens nach §§ 179, 180 f. auch bei reinen Fassungsänderungen, allerdings besteht im Hinblick auf den fehlenden materiellen Regelungsgehalt der Änderung kein Grund, für die Beschlussfassung eine Dreiviertelmehrheit zu fordern[40]. Dieses verspricht keine zusätzliche Rechtssicherheit, da bestehende Unsicherheiten bei der Abgrenzung zwischen echten und unechten Satzungsbestandteilen sowie bloßer Textanpassung und inhaltlichen Änderungen nicht durch das Vorliegen einer qualifizierten Mehrheitsentscheidung beseitigt werden können. Der erforderliche Rechtsschutz vollzieht sich hier wie auch sonst durch Anfechtungs- und Nichtigkeitsregeln[41]. Unverzichtbar ist allerdings im Hinblick auf die erforderliche Satzungspublizität die Anmeldung und Eintragung der regelmäßig rein deklaratorischen Änderung zum Handelsregister; § 181 Abs. 1 Satz 2 ist anzuwenden.

Komm. AktG, § 179 Rz. 86 f.; für die GmbH *Priester* in Scholz, GmbHG, § 53 Rz. 17; *Ulmer* in Hachenburg, GmbHG, § 53 Rz. 27; *Zöllner* in Baumbach/Hueck, GmbHG, § 53 Rz. 24.

34 *Hüffer*, § 179 Rz. 5; *Stein* in MünchKomm. AktG, § 179 Rz. 31; *Zöllner* in KölnKomm. AktG, § 179 Rz. 59 und 86.

35 Dazu *Zöllner* in KölnKomm. AktG, § 179 Rz. 60, 86.

36 *Zöllner* in KölnKomm. AktG, § 179 Rz. 59, 86.

37 *Zöllner* in KölnKomm. AktG, § 179 Rz. 86.

38 *Hüffer*, § 179 Rz. 6; *Priester*, ZHR 151 (1987), 40, 41 f.; *Priester*, DB 1979, 681, 685; *Stein* in MünchKomm. AktG, § 179 Rz. 33; für die GmbH ebenso OLG Celle v. 24.7.1958 – 9 U 37/58, GmbHR 1959, 113; BayObLG v. 5.7.1971 – BReg. 2 Z 93/70, DB 1971, 1612; *Priester* in Scholz, GmbHG, § 53 Rz. 18 f., 21; *Zimmermann* in Rowedder/Schmidt-Leithoff, GmbHG, § 53 Rz. 15; *Groß*, RPfleger 1972, 241, 242 f.; tendenziell anders BGH v. 6.6.1988 – II ZR 318/87, NJW 1989, 168, 169.

39 *Wiedemann* in Großkomm. AktG, § 179 Rz. 51; *Zöllner* in KölnKomm. AktG, § 179 Rz. 84; für die GmbH ebenso *Lutter/Hommelhoff*, GmbHG, § 53 Rz. 29; weitergehend *Ulmer* in Hachenburg, GmbHG, § 53 Rz. 27 (zusätzlich Unzulässigkeit der Eintragung und Bekanntmachung der Fassungsänderung nach § 181).

40 Zutreffend daher *Wiedemann* in Großkomm. AktG, § 179 Rz. 51; *Zöllner* in KölnKomm. AktG, § 179 Rz. 84.

41 *Zöllner* in KölnKomm. AktG, § 179 Rz. 84.

2. Einzelne Beschlussgegenstände

a) Änderung des Gesellschaftszwecks

Eine Änderung des Gesellschafts- oder Verbandszwecks (zum Begriffsverständnis § 23   10
Rz. 34) liegt jedenfalls im gänzlichen oder teilweisen Übergang einer erwerbswirtschaftlichen zu einer gemeinnützigen Tätigkeit und umgekehrt[42] vor, in der Neueinführung einer Ermächtigung nach § 58 Abs. 3 Satz 2 in die Satzung einer erwerbswirt-
schaftlich ausgerichteten AG[43] sowie die beherrschungsvertragliche Unterstellung
unter fremde Leitungsmacht (§ 291 Abs. 1 Satz 1; dazu näher Rz. 19)[44]; die Unterstellung unter die Leitungsmacht eines herrschenden Unternehmens ist nur nach § 291
durch Unternehmensvertrag zulässig, nicht durch Satzungsänderung (arg. e § 23
Abs. 5). Die Änderung des Gesellschafts- bzw. Verbandszwecks erfordert neben dem
stets erforderlichen Mehrheitsbeschluss nach § 179 Abs. 1 Satz 1, Abs. 2 Satz 1 auch
die **Zustimmung aller (auch der in der Hauptversammlung nicht erschienenen oder
vertretenen) Aktionäre**[45]. Dies folgt aus § 33 Abs. 1 Satz 2 BGB, der Ausdruck eines
allgemeinen verbandsrechtlichen Prinzips ist und auch im Aktienrecht entsprechende Anwendung findet[46]. Die Satzung kann jedoch auch für Zweckänderungen Mehrheitsentscheidungen zulassen (arg. e § 33 Abs. 1 Satz 2, § 40 BGB)[47]. Die Einführung
einer solchen Satzungsklausel (i) bedarf ihrerseits der Zustimmung aller Aktionäre,
(ii) muss dem Bestimmtheitsgrundsatz genügen, d.h. klar zum Ausdruck bringen,
dass für Zweckänderungen von dem Zustimmungserfordernis abgesehen wird[48], und
(iii) als Untergrenze für Zweckänderungen neben der einfachen Stimmenmehrheit
(§ 133 Abs. 1) die qualifizierte Kapitalmehrheit des § 179 Abs. 2 Satz 1 vorsehen[49].

b) Änderung des Unternehmensgegenstands

Eine Änderung des Unternehmensgegenstandes (§ 23 Rz. 32 ff.) kann wirksam nur   11
im Wege der Satzungsänderung nach §§ 179, 180 f. vorgenommen werden[50]. Dabei
sind dieselben Maßstäbe zugrunde zu legen, die auch im Rahmen der Gründungssatzung für die Umschreibung des Unternehmensgegenstands gelten, insbesondere
muss die Tätigkeit in der Satzung in individueller und umgrenzender Beschreibung
bezeichnet werden (§ 23 Rz. 35 f.)[51]. Als Gegenstandsänderung ist jede Modifizierung

---

42 *Hüffer*, § 179 Rz. 33; *Stein* in MünchKomm. AktG, § 179 Rz. 131; *Zöllner* in KölnKomm.
   AktG, § 179 Rz. 40.
43 *Kind*, NZG 2000, 567, 571; *Philipp*, AG 2000, 62, 66; *Röhricht* in Großkomm. AktG, § 23
   Rz. 103; *Stein* in MünchKomm. AktG, § 179 Rz. 131; *Zöllner* in KölnKomm. AktG, § 179
   Rz. 107 und 114.
44 Näher *Voigt*, Haftung aus Einfluss, S. 280 f. m.w.N.
45 *Hüffer*, § 179 Rz. 33; *Kind*, NZG 2000, 567, 571; *Philipp*, AG 2000, 62, 66; *Röhricht* in Großkomm. AktG, § 23 Rz. 91; *Stein* in MünchKomm. AktG, § 179 Rz. 132; *Zöllner*, Schranken
   mitgliedschaftlicher Stimmrechtsmacht, S. 30; *Zöllner* in KölnKomm. AktG, § 179 Rz. 113;
   a.A. *Timm*, Die Aktiengesellschaft als Konzernspitze, S. 31 ff.; *Wiedemann* in Großkomm.
   AktG, § 179 Rz. 56; *Wiedemann*, GesR Bd. I, 1980, § 6 III 2b) (S. 337).
46 Vgl. *Röhricht* in Großkomm. AktG, § 23 Rz. 91; *K. Schmidt*, GesR, § 4 II 3a (S. 65); *Sonnenberg*, Änderung des Gesellschaftszwecks, S. 121; *Zöllner* in KölnKomm. AktG, § 179 Rz. 113.
47 *Hüffer*, § 179 Rz. 33; *Stein* in MünchKomm. AktG, § 179 Rz. 132; *Zöllner* in KölnKomm.
   AktG, § 179 Rz. 114.
48 *Hüffer*, § 179 Rz. 33; *Pentz* in MünchKomm. AktG, § 23 Rz. 76; *Stein* in MünchKomm. AktG,
   § 179 Rz. 132; *Zöllner* in KölnKomm. AktG, § 179 Rz. 114; vgl. ferner BGH v. 11.11.1985 –
   II ZB 5/85, BGHZ 96, 245, 249 für den e.V.
49 *Hüffer*, § 179 Rz. 33; *Stein* in MünchKomm. AktG, § 179 Rz. 132; *Zöllner* in KölnKomm.
   AktG, § 179 Rz. 114.
50 *Hüffer*, § 179 Rz. 34; *Pentz* in MünchKomm. AktG, § 23 AktG Rz. 85; *Stein* in MünchKomm.
   AktG, § 179 Rz. 100.
51 *Stein* in MünchKomm. AktG, § 179 Rz. 102.

des Wortlauts der Satzungsbestimmung über den Unternehmensgegenstand anzusehen, sofern sie sich auch sachlich auswirkt und nicht auf eine reine Fassungsänderung beschränkt (Rz. 25)[52]. Die Gegenstandsänderung ist insofern herausgehoben, als das Erfordernis der qualifizierten Kapitalmehrheit durch die Satzung nicht gesenkt, sondern nur erhöht werden kann (Abs. 2 Satz 2)[53]. Der Zustimmung aller Aktionäre gem. § 33 Abs. 1 Satz 2 BGB bedarf es nicht[54]. Die Satzung kann jedoch ein solches Zustimmungserfordernis vorsehen (§ 179 Abs. 2 Satz 3).

c) Änderung des Grundkapitals

12 Die §§ 179 ff. finden auf Kapitalerhöhungen und -herabsetzungen nur insoweit Anwendung, als die §§ 182 bis 240 keine abweichenden Sonderregelungen vorsehen[55]. Keine Anwendung findet insbesondere § 179 Abs. 2, da die **Mehrheitserfordernisse** der auf Veränderung der Kapitalziffer gerichteten Hauptversammlungsbeschlüsse gesetzlichen Sondervorschriften unterliegen (vgl. §§ 182 Abs. 1 Satz 1 und 2, 193 Abs. 1, 202 Abs. 2 Satz 2 und 3, 207 Abs. 2, 222 Abs. 1, 229 Abs. 3, 237 Abs. 2 Satz 1, Abs. 4)[56]. Ob eine Satzungsbestimmung, die für Satzungsänderungen eine vom Gesetz abweichende Mehrheit vorsieht, auch Kapitalveränderungen erfasst, ist durch (objektive) Auslegung zu ermitteln[57] und im Zweifelsfall zu verneinen[58]. Auch bei Vorhandensein mehrerer Aktiengattungen (§ 11 Rz. 2 ff.) findet § 179 Abs. 3 keine Anwendung, da insoweit ebenfalls Sondervorschriften bestehen (vgl. §§ 182 Abs. 2, 193 Abs. 1 Satz 3, 222 Abs. 2, 229 Abs. 3)[59].

d) Formwechsel

13 Satzungsänderung ist auch der Formwechsel gem. §§ 238 ff. oder §§ 226 ff. UmwG, da der Formwechsel die inhaltliche Änderung materieller (echter) Satzungsbestandteile erforderlich macht (*arg. e* § 243 Abs. 1 UmwG)[60]. Gleichwohl gelten weitgehend umwandlungsrechtliche Sondervorschriften, die die §§ 179 ff. als *lex specialis* verdrängen (vgl. §§ 233, 240 UmwG).

e) Gesellschaftsdauer

14 (1) Enthält die Satzung eine Regelung über die Dauer der AG (vgl. §§ 39 Abs. 2, 262 Abs. 1 Nr. 1) und soll die **Dauer verkürzt** oder (2) **nachträglich** eine Bestimmung über die Gesellschaftsdauer **eingefügt** werden, so kann dies wirksam nur im Wege der Satzungsänderung erfolgen[61]. Auf den Beschluss über die Verkürzung oder nachträgliche Einfügung einer Bestimmung über die Gesellschaftsdauer findet § 262 Abs. 1 Nr. 2 entsprechende Anwendung, wonach nur eine höhere als die in § 179 Abs. 2 Satz 1 vorgesehene Dreiviertel-Kapitalmehrheit vorgesehen werden kann[62]. Wird umgekehrt die Dauer der AG vor Erreichen des satzungsmäßigen Endtermins wirksam

---

52 *Stein* in MünchKomm. AktG, § 179 Rz. 102.
53 *Stein* in MünchKomm. AktG, § 179 Rz. 100; *Zöllner* in KölnKomm. AktG, § 179 Rz. 116.
54 *Hüffer*, § 179 Rz. 34; *Wiedemann* in Großkomm. AktG, § 179 Rz. 59; *Zöllner* in KölnKomm. AktG, § 179 Rz. 116.
55 *Hüffer*, § 179 Rz. 35; *Wiedemann* in Großkomm. AktG, § 179 Rz. 83.
56 *Hüffer*, § 179 Rz. 35; *Stein* in MünchKomm. AktG, § 179 Rz. 132; *Zöllner* in KölnKomm. AktG, § 179 Rz. 132.
57 *Hüffer*, § 179 Rz. 35; *Zöllner* in KölnKomm. AktG, § 179 Rz. 132.
58 *Hüffer*, § 179 Rz. 35; *Zöllner* in KölnKomm. AktG, § 179 Rz. 132.
59 *Hüffer*, § 179 Rz. 35; *Zöllner* in KölnKomm. AktG, § 179 Rz. 133.
60 *Hüffer*, § 179 Rz. 37; *Zöllner* in KölnKomm. AktG, § 179 Rz. 140.
61 RG v. 6.3.1907 – I 329/06, RGZ 65, 264, 266; *Hüffer*, § 179 Rz. 38; *Stein* in MünchKomm. AktG, § 179 Rz. 116; *Wiedemann* in Großkomm. AktG, § 179 Rz. 81.
62 *Hüffer*, § 179 Rz. 38; *Stein* in MünchKomm. AktG, § 179 Rz. 116.

(§ 181 Abs. 3) verlängert oder eine entsprechende Fristbestimmung wirksam aufgehoben, kann die Satzung in vollem Umfang von den Möglichkeiten des § 179 Abs. 2 Satz 2 Gebrauch machen (§ 262 Rz. 6)[63]. § 274 Abs. 1 Satz 3 greift in diesem Stadium noch nicht[64].

f) Weitere Beschlussgegenstände

Die Aufnahme oder Änderung einer Bestimmung über das **Geschäftsjahr** der AG ist   15
Satzungsänderung[65]. Ebenfalls Satzungsänderung ist die Einführung neuer **Aktiengattungen** oder die Änderung oder Beseitigung vorhandener Aktiengattungen[66]. Sie wird nur wirksam, wenn der Hauptversammlungsbeschluss durch Sonderbeschlüsse der vorhandenen Aktiengattungen ergänzt wird (§§ 141 Abs. 3, 179 Abs. 3)[67]. Weiterhin ist die **Umwandlung von Inhaber- in Namensaktien** und umgekehrt eine Satzungsänderung[68]. Für die nachträgliche **Einführung von Nebenpflichten und Vinkulierung** sieht das Gesetz in § 180 besondere Zustimmungserfordernisse vor (§ 180 Rz. 1). Die Einführung, Änderung und Aufhebung von Satzungsbestimmungen, die gem. § 179 Abs. 2 Satz 2 und 3 gesetzliche Mehrheitserfordernisse absenken oder erhöhen bzw. weitere Erfordernisse aufstellen, bedürfen ihrerseits einer Satzungsänderung[69]. Schweigt die Satzung darüber, mit welcher Mehrheit die Hauptversammlung die **Einführung von höheren oder geringeren Mehrheitserfordernissen** beschließen kann, so gilt die gesetzliche Mehrheit des § 179 Abs. 2 Satz 1[70]. Bei der Frage, welche Mehrheitserfordernisse gelten, wenn in der Satzung enthaltene **Mehrheitserfordernisse für Satzungsänderungen geändert oder aufgehoben** werden sollen, ist zu unterscheiden: Satzungsbestimmungen, die die Mehrheitserfordernisse uneingeschränkt für alle Satzungsänderungen regeln, können (nur) unter Beachtung der von ihnen selbst festgelegten Erfordernisse geändert oder aufgehoben werden, gleichgültig, ob diese höhere oder geringere als die gesetzlich vorgesehenen Mehrheitserfordernisse vorschreiben[71]. Enthalten die Satzungsbestimmungen demgegenüber nur für bestimmte Satzungsänderungen vom Gesetz abweichende Mehrheitserfordernisse, so wird die Auslegung in aller Regel ergeben, dass bei der Festlegung von höheren Mehrheitserfordernissen diese nur unter Beachtung der höheren Mehrheitserfordernisse aufgehoben oder gemildert werden können, da sie anderenfalls praktisch bedeutungslos wären[72]. Stellt die Satzungsbestimmung für bestimmte Satzungsänderungen geringere Mehrheitserfordernisse als die gesetzlich vorgesehenen auf, bedarf eine Änderung dieser Satzungsbestimmung selbst der gesetzlichen oder sonst allgemein geltenden statutarischen Mehrheitserfordernisse[73].

---

63 *Hüffer*, § 179 Rz. 38; *Kraft* in KölnKomm. AktG, § 262 Rz. 11; *Stein* in MünchKomm. AktG, § 179 Rz. 116.
64 *Kraft* in KölnKomm. AktG, § 262 Rz. 11; *Stein* in MünchKomm. AktG, § 179 Rz. 116.
65 *Hüffer*, § 179 Rz. 39; *Wiedemann* in Großkomm. AktG, § 179 Rz. 85; *Zöllner* in KölnKomm. AktG, § 179 Rz. 34; a.A. bei Neueinführung eines satzungsmäßigen Geschäftsjahres noch *Baumbach/Hueck*, § 179 Anm. 2.
66 *Hüffer*, § 139 Rz. 11; *Wiedemann* in Großkomm. AktG, § 179 Rz. 84.
67 *Wiedemannn* in Großkomm. AktG, § 179 Rz. 84.
68 *Wiedemann* in Großkomm. AktG, § 179 Rz. 84.
69 *Hüffer*, § 179 Rz. 117 f.; *Stein* in MünchKomm. AktG, § 179 Rz. 117.
70 *Hüffer*, § 179 Rz. 39; *Stein* in MünchKomm. AktG, § 179 Rz. 117; *Wiedemann* in Großkomm. AktG, § 179 Rz. 123.
71 *Hüffer*, § 179 Rz. 19; *Stein* in MünchKomm. AktG, § 179 Rz. 119; *Wiedemann* in Großkomm. AktG, § 179 Rz. 123 f.
72 *Hüffer*, § 179 Rz. 20; *Stein* in MünchKomm. AktG, § 179 Rz. 121; *Wiedemann* in Großkomm. AktG, § 179 Rz. 123; *Zöllner* in KölnKomm. AktG, § 179 Rz. 157; offengelassen von BGH v. 13.3.1980 – II ZR 54/78, BGHZ 76, 191, 195 = AG 1980, 187.
73 *Hüffer*, § 179 Rz. 19; *Stein* in MünchKomm. AktG, § 179 Rz. 122; *Zöllner* in KölnKomm. AktG, § 179 Rz. 160.

III. Satzungsverletzung und Satzungsdurchbrechung

1. Satzungsverletzung

16   Die tatsächliche **Abweichung** der Verwaltungsorgane **vom statutarischen Unternehmensgegenstand** führt selbst bei langjähriger Übung nicht zu einer sog. faktischen Satzungsänderung[74], sondern schafft einen satzungswidrigen Zustand[75], der nur durch tatsächliche Rückkehr zum satzungsmäßigen Unternehmensgegenstand oder durch förmliche Satzungsänderung beseitigt werden kann[76].

a) Überschreitung des Unternehmensgegenstands

17   Eine Überschreitung des Unternehmensgegenstands liegt vor, wenn die tatsächliche Tätigkeit der Gesellschaft auf ein Gebiet ausgedehnt wird, das von der Beschreibung des Unternehmensgegenstands in der Satzung nicht umfasst ist[77]. Der Eintritt in neue Geschäftsfelder, Produktionsmethoden oder Märkte erfordert noch keine Änderung des satzungsmäßigen Unternehmensgegenstands, solange nicht in die Phase dauerhafter Ausübung eingetreten ist[78]. Ebenfalls keine Überschreitung des Unternehmensgegenstands, sondern Geschäftsführungsmaßnahme, ist die Errichtung oder Aufgabe von rechtlich unselbständigen Zweigniederlassungen[79]. Bei der Frage, ob Beteiligungserwerb und -veräußerung sowie Ausgründungen im Einzelfall einer Satzungsänderung bedürfen, ist zu unterscheiden[80], und zwar (i) zwischen dem Erwerb bzw. der Veräußerung von rein kapitalistischen, d.h. der reinen Finanzanlage dienenden Beteiligungen einerseits und unternehmerischen Beteiligungen andererseits[81] sowie (ii) danach, ob die Gesellschaft eine Holding-Gesellschaft[82] ist oder der Vorstand aufgrund einer satzungsmäßigen Konzernklausel zum Erwerb von Beteiligungen ermächtigt ist[83].

---

74   Kritisch zum Begriff *Hüffer*, § 179 Rz. 9; *Stein* in MünchKomm. AktG, § 179 Rz. 103; *Zöllner* in KölnKomm. AktG, § 179 Rz. 109; ähnlich *Semler* in MünchHdb. AG, § 39 Rz. 59.

75   *Hüffer*, § 179 Rz. 9; *Lutter/Leinekugel*, ZIP 1998, 225, 229; *Semler* in MünchHdb. AG, § 39 Rz. 59; *Wiedemann* in Großkomm. AktG, § 179 Rz. 96; *Zöllner* in KölnKomm. AktG, § 179 Rz. 110; zur GmbH OLG Köln v. 11.10.1995 – 2 U 195/94, NJW-RR 1996, 1439, 1441.

76   BGH v. 25.2.1982 – II ZR 174/80, BGHZ 83, 122, 130 = AG 1982, 158; BGH v. 26.4.2004 – II ZR 155/02, ZIP 2004, 993, 995; OLG Stuttgart v. 7.2.2001 – 20 U 52/97, DB 2001, 854, 856; OLG Hamburg v. 5.9.1980 – 11 U 1/80, AG 1981, 344, 346; *Mertens*, AG 1978, 309; *Timm*, AG 1980, 172, 177; *Wiedemann* in Großkomm. AktG, § 179 Rz. 96; *Zöllner* in KölnKomm. AktG, § 179 Rz. 110;

77   BGH v. 25.2.1982 – II ZR 174/80, BGHZ 83, 122, 130 = AG 1982, 158; OLG Hamburg v. 5.9.1980 – 11 U 1/80, ZIP 1980, 1000, 1006; *Hüffer*, § 179 Rz. 9; *Stein* in MünchKomm. AktG, § 179 Rz. 107; *Wiedemann* in Großkomm. AktG, § 179 Rz. 60.

78   *Mertens* in KölnKomm. AktG, § 82 Rz. 17; *Stein* in MünchKomm. AktG, § 179 Rz. 107; *Tieves*, Unternehmensgegenstand, S. 281 f.

79   *Barz*, AG 1966, 39, 40; *Stein* in MünchKomm. AktG, § 179 Rz. 107; *Zöllner* in KölnKomm. AktG, § 179 Rz. 80; a.A. *Wiedemann*, ZGR 1975, 385, 416.

80   Überblick über den Diskussionsstand bei *Stein* in MünchKomm. AktG, § 179 Rz. 109 ff.; *Zöllner* in KölnKomm. AktG, § 179 Rz. 120.

81   *Stein* in MünchKomm. AktG, § 179 Rz. 109; zum (umstrittenen) Begriff der unternehmerischen Beteiligung *Mülbert*, Aktiengesellschaft, Unternehmensgruppe und Kapitalmarkt, S. 381 f.

82   *Stein* in MünchKomm. AktG, § 179 Rz. 110.

83   Näher zu sog. Konzernklauseln *Groß*, AG 1994, 266, 269; *Krieger* in MünchHdb. AG, § 69 Rz. 10; *Stein* in MünchKomm. AktG, § 179 Rz. 111; zur Praxis der Klauselgestaltung *Tieves*, Unternehmensgegenstand, S. 413 ff.; Beispiel in BGH v. 26.4.2004 – II ZR 155/02, ZIP 2004, 993.

b) Unterschreitung des Unternehmensgegenstands

Füllt der Vorstand das durch einen weiten Unternehmensgegenstand geprägte Tätig- 18
keitsprofil nicht voll aus, bedarf es *in der Regel* keiner Satzungsänderung. Je enger eine satzungsmäßige Gegenstandsbeschreibung hingegen gefasst ist, desto eher kann
der Vorstand verpflichtet sein, den satzungsmäßigen Gegenstand tatsächlich auszu-
füllen[84]. Hiernach liegt eine Unterschreitung des Unternehmensgegenstands z.B. vor,
wenn (i) alle Aktiva und Passiva der Gesellschaft veräußert werden[85], (ii) sich die Gesellschaft aus der werbenden Tätigkeit oder aus in der Satzung genannten Tätigkeits-
gebieten (objektiv und subjektiv) endgültig zurückzieht, ohne dass eine Liquidation
oder Insolvenz vorliegt[86] oder (iii) die AG eine Beteiligung an einem anderen Unternehmen veräußert und einziger satzungsmäßiger Unternehmensgegenstand der Erwerb und die Verwaltung eben dieser Beteiligung ist[87].

2. Satzungsdurchbrechung

a) Begriff

Weicht ein Hauptversammlungsbeschluss von den materiellen Vorgaben der Satzung 19
ab, ohne dass die Satzung eine solche Abweichung unter bestimmten Voraussetzungen zulässt[88] oder die Vorschriften über formelle Satzungsänderungen eingehalten
werden, liegt eine rechtswidrige Satzungsverletzung vor, deren Rechtsfolgen sich
nach den §§ 241, 243 richten[89]. Es ist umstritten, ob dies auch für sog. **satzungsdurchbrechende Hauptversammlungsbeschlüsse** gilt, d.s. Beschlüsse, die für eine
konkrete Einzelsituation bewusst von materiellen Satzungsregelungen abweichen,
ohne dass diese generell und auf Dauer geändert werden sollen[90]. Hierzu gehören z.B.
die Bestellung von Organmitgliedern unter bewusstem Verstoß gegen die statutarischen Anforderungen an den jeweiligen Amtsinhaber (z.B. Aktionärseigenschaft, Vor-
kenntnisse)[91], die einmalige Abweichung von Vergütungsmaßstäben für Organmit-

---

84 OLG Stuttgart v. 14.5.2003 – 20 U 31/02, ZIP 2003, 1981, 1987; *Habersack* in Großkomm.
   AktG, § 82 Rz. 25; *Hüffer*, § 179 Rz. 9a; *Stein* in MünchKomm. AktG, § 179 Rz. 106; *Tieves*,
   Unternehmensgegenstand, S. 300 ff.; *Wiedemann* in Großkomm. AktG, § 179 Rz. 60; *Zöllner*
   in KölnKomm. AktG, § 179 Rz. 118.
85 *Mertens* in KölnKomm. AktG, § 82 Rz. 25; *Stein* in MünchKomm. AktG, § 179 Rz. 108.
86 OLG Stuttgart v. 14.5.2003 – 20 U 31/02, ZIP 2003, 1981, 1987 f.; LG Bonn v. 15.2.2001 – 14 O
   54/00, AG 2001, 367, 370; *Becker/Fett*, WM 2001, 549, 551; *Fett/Förl*, NZG 2004, 210, 215;
   Groß, AG 1994, 266, 269; *Lutter/Leinekugel*, ZIP 1998, 225, 227; *Timm*, AG 1980, 172, 178;
   Stein in MünchKomm. AktG, § 179 Rz. 108; *Wallner*, JZ 1986, 721, 729; *Wiedemann* in Großkomm. AktG, § 179 Rz. 60.
87 LG Bonn v. 15.2.2001 – 14 O 54/00, AG 2001, 367, 370; *Stein* in MünchKomm. AktG, § 179
   Rz. 108.
88 Dazu *Hüffer*, § 179 Rz. 7; *Priester*, ZHR 151 (1987), 40, 41; *Stein* in MünchKomm. AktG,
   § 179 Rz. 38; *Wiedemann* in Großkomm. AktG, § 179 Rz. 94; krit. zu sog. Öffnungsklauseln
   Zöllner in Baumbach/Hueck, GmbHG, § 53 Rz. 26.
89 *Stein* in MünchKomm. AktG, § 179 Rz. 38; *Tieves*, ZIP 1994, 1341; *Wiedemann* in Großkomm. AktG, § 179 Rz. 95; *Zöllner* in KölnKomm. AktG, § 179 Rz. 96, 99; offen gelassen von
   BGH v. 7.6.1993 – II ZR 81/92, BGHZ 123, 15, 19.
90 Zum Begriffsverständnis *Habersack*, ZGR 1994, 354, 356, 363 f.; *Hüffer*, § 179 Rz. 7; *Priester*,
   ZHR 151 (1987), 40 f.; *Stein* in MünchKomm. AktG, § 179 Rz. 38; *Tieves*, ZIP 1994, 1341,
   1342; *Wiedemann* in Großkomm. AktG, § 179 Rz. 93; *Lutter/Hommelhoff*, GmbHG, § 53
   Rz. 23; zur uneinheitlichen Terminologie *Zöllner* in KölnKomm. AktG, § 179 Rz. 91; (nur) für
   die Begriffsbildung auf das Merkmal des bewussten oder unbewussten Satzungsverstoßes verzichtend *Zöllner* in KölnKomm. AktG, § 179 Rz. 90; *Zöllner* in Baumbach/Hueck, GmbHG,
   § 53 Rz. 39 gegen *Lutter/Hommelhoff*, GmbHG, § 53 Rz. 24, 26.
91 *Baumbach/Hueck*, § 179 Anm. 3; *Hüffer*, § 179 Rz. 7; *Priester*, ZHR 151 (1987), 40, 42; *Semler*
   in MünchHdb. AG, § 39 Rz. 58; *Stein* in MünchKomm. AktG, § 179 Rz. 38; *Zöllner* in Köln-
   Komm. AktG, § 179 Rz. 93.

glieder[92] oder von Satzungsregelungen über die Amtszeit von Aufsichtsratsmitgliedern[93], die Einstellung eines größeren als des durch die Satzung zugelassenen Teiles des Jahresüberschusses in die Gewinnrücklage (§ 58 Rz. 14 ff.)[94], die Einberufung der Hauptversammlung an einen anderen als den von der Satzung bestimmten Ort (§ 121 Rz. 34)[95] oder der Verzicht auf ein Höchststimmrecht bei nichtbörsennotierten Gesellschaften (§ 134 Rz. 12 ff.)[96]. Die satzungsdurchbrechenden Hauptversammlungsbeschlüsse können weiter nach solchen unterschieden werden, die Dauerwirkung entfalten (z.B. Wahl eines Aufsichtsratsmitglieds, das nicht die notwendigen persönlichen Voraussetzungen i.S.v. § 100 Abs. 4 aufweist) (sog. **zustandsbegründende Satzungsdurchbrechung**), und solchen, die sich in einer ad hoc-Maßnahme erschöpfen (z.B. Einstellung von Beträgen in die Gewinnrücklage in Abweichung von § 58 Abs. 1 Satz 1; Bewilligung einer von der Satzungsregelung abweichenden Aufsichtsratsvergütung) (sog. **punktuelle Satzungsdurchbrechung**)[97].

b) Rechtliche Behandlung

20   Im Aktienrecht können aus Gründen der Rechtssicherheit, des Kapitalanlegerschutzes und der registerrichterlichen Kontrolle sowohl zustandsbegründende als auch punktuelle Satzungsdurchbrechungen **wirksam nur im Wege der förmlichen Satzungsänderung** beschlossen werden (§§ 124 Abs. 1, Abs. 2 Satz 2, 179 Abs. 2, 130 Abs. 1, § 181 Abs. 1 Satz 1)[98], wobei die Eintragung im Handelsregister im Regelfall wie bei allen Satzungsänderungen durch Bezugnahme erfolgen kann (§ 181 Abs. 2 Satz 1). Lediglich in den Fällen des § 39 ist auch eine inhaltliche Eintragung erforderlich, was hier allerdings nur beim Erwerb eines gegenstandsfremden Tochterunternehmens[99], Aufgabe des einzigen Unternehmensgegenstands[100] oder im Falle einer von der Satzung abweichenden Vertretungsbefugnis der Vorstandsmitglieder in Betracht kommen dürfte. Da der Text der Satzungsurkunde für künftige Entscheidungsfälle maßgeblich bleiben soll, ist die Beifügung eines die Durchbrechung verlautbarenden Satzungstexts gem. § 181 Abs. 1 Satz 2 nach zutreffender Ansicht nicht erfor-

---

92 *Stein* in MünchKomm. AktG, § 179 Rz. 38; *Zöllner* in KölnKomm. AktG, § 179 Rz. 93.
93 *Stein* in MünchKomm. AktG, § 179 Rz. 38; vgl. für die GmbH BGH v. 7.6.1993 – II ZR 81/92, BGHZ 123, 15.
94 *Semler* in MünchHdb. AG, § 39 Rz. 58.
95 *Semler* in MünchHdb. AG, § 39 Rz. 58.
96 *Semler* in MünchHdb. AG, § 39 Rz. 58.
97 Zur Unterscheidung BGH v. 7.6.1993 – II ZR 81/92, BGHZ 123, 15, 19; *Hüffer*, § 179 Rz. 7; *Priester*, ZHR 151 (1987), 40, 52; *Stein* in MünchKomm. AktG, § 179 Rz. 39; für die GmbH *Priester* in Scholz, GmbHG, § 53 Rz. 29; *Lutter/Hommelhoff*, GmbHG, § 53 Rz. 24 ff.; kritisch hinsichtlich der Unterscheidbarkeit *Habersack*, ZGR 1994, 354, 363; *Semler* in MünchHdb. AG, § 39 Rz. 58; *Zöllner* in Baumbach/Hueck, GmbHG, § 53 Rz. 50; *Zöllner* in FS Priester, S. 879, 882 ff.
98 *Semler* in MünchHdb. AG, § 39 Rz. 58; *Stein* in MünchKomm. AktG, § 179 Rz. 40; *Wiedemann* in Großkomm. AktG, § 179 Rz. 99; *Zöllner* in KölnKomm. AktG, § 179 Rz. 96 ff.; *Habersack*, ZGR 1994, 354, 365 und 367 f.; *Lawall*, DStR 1996, 1169, 1173; *Hüffer*, § 179 Rz. 8; *Zöllner* in Baumbach/Hueck, GmbHG, § 53 Rz. 52 (mit Formulierungsbeispiel); *Lutter/Hommelhoff*, GmbHG, § 53 Rz. 25, 27; a.A. *Priester*, ZHR 151 (1987), 40 (53 f. und 55); offenlassend für punktuelle Satzungsdurchbrechungen *Boesebeck*, NJW 1960, 2266, 2267; OLG Köln v. 11.10.1995 – 2 U 159/94, NJW-RR 1996, 1439, 1440 f.; LG Bonn v. 15.2.2001 – 14 O 54/00 – „DSL Holding", AG 2001, 367, 371; zur Zulässigkeit von punktuellen Satzungsdurchbrechungen bei der GmbH BGH v. 7.6.1993 – II ZR 81/92, BGHZ 123, 15, 19; *Priester* in Scholz, GmbHG, § 53 Rz. 30a; differenzierend *Lutter/Hommelhoff*, GmbHG, § 53 Rz. 26 (Beachtung der Satzungsänderungsvorschriften nur zum Ausschluss der Anfechtbarkeit erforderlich).
99 *Zöllner* in Baumbach/Hueck, GmbHG, § 53 Rz. 52.
100 Vgl. OLG Köln v. 26.10.2000 – 18 U 79/00, AG 2001, 426, 427.

derlich[101]. Die Satzungsdurchbrechung wird nach § 181 Abs. 3 erst dann wirksam, wenn sie im Handelsregister eingetragen wird (Rz. 21)[102]. Bei nichtkapitalmarktnahen AG greifen bei lediglich punktuellen Satzungsdurchbrechungen die Gründe der Rechtssicherheit, des Kapitalanlegerschutzes und der notwendigen registergerichtlichen Kontrolle indes nicht in einem annähernd gleichen Maße durch, so dass hier – wertungsmäßig vergleichbar mit der GmbH-Rechtslage – von einem zulässigen und lediglich anfechtbaren Hauptversammlungsbeschluss auszugehen ist.

Ein bewusst als Satzungsdurchbrechung gewollter Hauptversammlungsbeschluss erlangt nach § 181 Abs. 3 bis zu seiner Eintragung im Handelsregister keine Wirksamkeit[103]. Einer Anfechtung bedarf es hier nicht, die Unwirksamkeit kann von jedermann geltend gemacht werden. Verstößt der Beschluss hingegen objektiv gegen die Satzung, ohne dass eine Satzungsdurchbrechung gewollt ist oder ist die Anmeldung und Eintragung der bewussten Satzungsdurchbrechung nicht intendiert, so liegt eine einfache Satzungsverletzung vor, die zwar nicht zur Unwirksamkeit, wohl aber zur Anfechtbarkeit des Beschlusses nach § 243 Abs. 1 führt[104]. Dies bedeutet zugleich, dass der Beschluss bei Eintritt der Unanfechtbarkeit volle Wirksamkeit erlangt, ohne dass es hierzu seiner Eintragung in das Handelsregister bedarf[105].

21

IV. Beschlussfassung über Satzungsänderung

1. Zuständigkeit

a) Hauptversammlung (§ 179 Abs. 1 Satz 1)

Zuständig für Satzungsänderungen ist **ausschließlich** die Hauptversammlung (§ 119 Abs. 1 Nr. 5, s. § 119 Rz. 10)[106]; weder durch Satzung noch durch Hauptversammlungsbeschluss kann einer anderen Person oder anderen Gremien diese Zuständigkeit übertragen werden (*Delegationsverbot*)[107]. **Ausnahmen** von diesem Grundsatz bestehen nur bei reinen Fassungsänderungen (§ 179 Abs. 1 Satz 2, Rz. 24 f.)[108], bei Kapitalerhöhungen unter Verwendung genehmigten Kapitals (§ 202 Abs. 1, Rz. 12)[109], bei Kapitalherabsetzung durch Einziehung von Stückaktien (§ 237 Abs. 3 Nr. 3,

22

---

101 *Zöllner* in Baumbach/Hueck, GmbHG, § 53 Rz. 53; a.A. *Priester*, ZHR 151 (1987), 40, 55 f.; unklar BGH v. 7.6.1993 – II ZR 81/92, BGHZ 123, 15, 19.

102 *Habersack*, ZGR 1994, 354, 361; *Hüffer*, § 179 Rz. 8; *Stein* in MünchKomm. AktG, § 179 Rz. 41; *Wiedemann* in Großkomm. AktG, § 179 Rz. 100.

103 *Habersack*, ZGR 1994, 354, 369; *Hüffer*, § 179 Rz. 8; *Stein* in MünchKomm. AktG, § 179 Rz. 41; *Wiedemann* in Großkomm. AktG, § 179 Rz. 100; *Zöllner* in KölnKomm. AktG, § 179 Rz. 99; differenzierend *Priester*, ZHR 151 (1987), 40, 54, 57 (Eintragung Wirksamkeitsvoraussetzung nur bei zustandsbegründender, nicht aber bei punktueller Satzungsdurchbrechung).

104 *Hüffer*, § 179 Rz. 8; *Wiedemann* in Großkomm. AktG, § 179 Rz. 95; *Zöllner* in KölnKomm. AktG, § 179 Rz. 99.

105 *Hüffer*, § 179 Rz. 8; *Wiedemann* in Großkomm. AktG, § 179 Rz. 95; *Zöllner* in KölnKomm. AktG, § 179 Rz. 99; a.A. *Stein* in MünchKomm. AktG, § 179 Rz. 42; *Tieves*, ZIP 1994, 1341, 1344.

106 *Hüffer*, § 179 Rz. 10; *Stein* in MünchKomm. AktG, § 179 Rz. 77; *Wiedemann* in Großkomm. AktG, § 179 Rz. 102; *Zöllner* in KölnKomm. AktG, § 179 Rz. 143.

107 LG Frankfurt/M. v. 29.1.1990 – 3/1 O 109/89, AG 1990, 169, 170; *Hüffer*, § 179 Rz. 10; *Lutter/Leinekugel*, ZIP 1998, 805, 807 f.; *Stein* in MünchKomm. AktG, § 179 Rz. 77; *Wiedemann* in Großkomm. AktG, § 179 Rz. 102; *Wirth/Arnold*, ZGR 2002, 859, 889; *Zöllner* in KölnKomm. AktG, § 179 Rz. 143.

108 *Hüffer*, § 179 Rz. 10; *Stein* in MünchKomm. AktG, § 179 Rz. 78; *Wiedemann* in Großkomm. AktG, § 179 Rz. 103; *Zöllner* in KölnKomm. AktG, § 179 Rz. 146.

109 *Hüffer*, § 179 Rz. 10; *Stein* in MünchKomm. AktG, § 179 Rz. 79; *Wiedemann* in Großkomm. AktG, § 179 Rz. 103; *Zöllner* in KölnKomm. AktG, § 179 Rz. 144.

s. § 237 Rz. 41 f.)[110] sowie bei Versicherungs-Aktiengesellschaften, wenn die Hauptversammlung den Aufsichtsrat nach § 156 Abs. 1 i.V.m. § 39 Abs. 3 VAG im Zusammenhang mit einer von ihr beschlossenen Satzungsänderung ermächtigt, etwaige von der Aufsichtsbehörde verlangte Modifizierungen der beschlossenen Satzungsänderung vorzunehmen[111]. Nach § 4 Abs. 1 Satz 2 EGAktG ist der Aufsichtsrat befugt, die für die Euro-Umstellung des Grundkapitals, der Aktiennennbeträge sowie weiterer satzungsmäßiger Betragsangaben erforderlichen Fassungsänderungen vorzunehmen.

b) Aufsichtsrat (§ 179 Abs. 1 Satz 2)

23   **Reine Fassungsänderungen** kann die Hauptversammlung durch Beschluss **dem Aufsichtsrat** als Organ **übertragen**, nicht aber einzelnen Organmitgliedern oder einem Ausschuss des Aufsichtsrats[112]. Dies gilt gleichermaßen für den konkreten Einzelfall wie auch generell[113]. In letzterem Fall ist allerdings, da es sich um die Einfügung einer materiellen (echten) Satzungsbestimmung handelt, eine förmliche Satzungsänderung einschließlich Registerverfahren erforderlich[114], sofern nicht bereits die Gründungssatzung eine entsprechende Ermächtigung enthält[115]. Handelt es sich um eine Delegation im Einzelfall, so bedarf der Beschluss der Hauptversammlung nicht der qualifizierten Mehrheit nach § 179 Abs. 2 Satz 1, da auch die Hauptversammlung selbst reine Fassungsänderungen mit einfacher Mehrheit beschließen könnte (oben Rz. 8 f.), so dass für einen Übertragungsbeschluss keine höheren Anforderungen gelten sollten[116].

24   Als **reine Fassungsänderung** in Betracht kommt z.B. die Anpassung der Satzung an eine zwischenzeitliche Gesetzesänderung, insbesondere die Streichung von Bestimmungen, die hierdurch unrichtig, überflüssig oder gegenstandslos geworden sind[117]. Ermöglicht die Gesetzesänderung hingegen unterschiedliche Gestaltungsvarianten gesetzeskonformer Umsetzung, so kann die Entscheidung hierüber nicht dem Auf-

---

110 *Hüffer*, § 179 Rz. 10; *Stein* in MünchKomm. AktG, § 179 Rz. 79; *Zöllner* in KölnKomm. AktG, § 179 Rz. 144.

111 *Hüffer*, § 179 Rz. 10; *Stein* in MünchKomm. AktG, § 179 Rz. 79; *Wiedemann* in Großkomm. AktG, § 179 Rz. 103; *Zöllner* in KölnKomm. AktG, § 179 Rz. 144.

112 *Hüffer*, § 179 Rz. 11; *Stein* in MünchKomm. AktG, § 179 Rz. 167, 170; *Zöllner* in Köln-Komm. AktG, § 179 Rz. 148 f.; a.A. *Baumbach/Hueck*, § 179 Anm. 5; *Wiedemann* in Großkomm. AktG, § 179 Rz. 108 f.

113 *Baumbach/Hueck*, § 179 Anm. 5; *Hüffer*, § 179 Rz. 11; *Pentz* in MünchKomm. AktG, § 23 Rz. 161; *Semler* in MünchHdb. AG, § 39 Rz. 57; *Siebel*, DNotZ 1955, 299, 300; *Stein* in MünchKomm. AktG, § 179 Rz. 164; *Werner*, AG 1972, 137, 140; *Wiedemann* in Großkomm. AktG, § 179 Rz. 108; a.A. *Zöllner* in KölnKomm. AktG, § 179 Rz. 148; *Fritzsche*, WM 1984, 1243, 1244.

114 *Bungeroth* in G/H/E/K, § 179 Rz. 154; *Baumbach/Hueck*, § 179 Anm. 5; *Stein* in Münch-Komm. AktG, § 179 Rz. 168; *Wiedemann* in Großkomm. AktG, § 179 Rz. 108; missverständlich *Hüffer*, § 179 Rz. 11; vgl. für das österreichische Recht öOGH v. 27.9.2001 – 6 Ob 221/01w, AG 2002, 583, 584.

115 Zur Zulässigkeit *Eckardt* in G/H/E/K, § 23 Rz. 119; *Baumbach/Hueck*, § 179 Anm. 5; *Hüffer*, § 179 Rz. 11; *Stein* in MünchKomm. AktG, § 179 Rz. 168; *Wiedemann* in Großkomm. AktG, § 179 Rz. 108; *Werner*, AG 1972, 137, 140; ebenso für das österreichische Recht öOGH v. 27.9.2001 – 6 Ob 221/01w, AG 2002, 583, 584; a.A. *Zöllner* in KölnKomm. AktG, § 179 Rz. 148.

116 A.A. *Henn*, Aktienrecht, Rz. 192; *Hüffer*, § 179 Rz. 11; *Stein* in MünchKomm. AktG, § 179 Rz. 167; *Zöllner* in KölnKomm. AktG, § 179 Rz. 148.

117 *Barz*, AG 1966, 39, 44; *Semler* in MünchHdb. AG, § 39 Rz. 56; *Siebel*, DNotZ 1955, 299, 301; *Stein* in MünchKomm. AktG, § 179 Rz. 162; *Wiedemann* in Großkomm. AktG, § 179 Rz. 107; *Zöllner* in KölnKomm. AktG, § 179 Rz. 147; a.A. *Henn*, Aktienrecht, Rz. 193.

sichtsrat überlassen werden[118]. Ebenfalls reine Fassungsänderungen sind die Anpassung des Wortlauts der Satzung an geänderte tatsächliche Verhältnisse[119], die Anpassung der Satzung an die vollständige oder teilweise Durchführung der Erhöhung des Grundkapitals entsprechend der jeweiligen Inanspruchnahme des genehmigten Kapitals einschließlich der Streichung einer durch Zeitablauf gegenstandslos gewordenen Ermächtigung zur Ausgabe genehmigten Kapitals (§ 202)[120] sowie die Anpassung der Satzung entsprechend der jeweiligen Durchführung der Kapitalerhöhung aus bedingtem Kapital (§ 200) einschließlich der Streichung eines durch Ablauf der Ermächtigungsfrist (§ 221 Abs. 2 Satz 1) oder durch Ablauf der für die Ausübung der Options- oder Wandlungsrechte festgelegten Frist gegenstandslos gewordenen bedingten Kapitals. Obsolet sind ferner Regelungen über erledigte Sondervorteile, Sachübernahmen und Sacheinlagen sowie gezahlten Gründungsaufwand (zur Beseitigung s. § 26 Abs. 5 und § 27 Abs. 5)[121].

Über eine Fassungsänderung entscheidet der **Aufsichtsrat durch Beschluss**, für den 25 die allgemeinen Regeln der §§ 107, 108 gelten[122]. Der Aufsichtsrat braucht nicht als Gesamtorgan zu beschließen, sondern kann die ihm übertragene Befugnis zu Fassungsänderungen auch auf einen Ausschuss delegieren (*arg. e* § 107 Abs. 3 Satz 2), worüber ebenfalls durch Beschluss zu entscheiden ist[123]. Eine beschlossene Fassungsänderung ist vom Aufsichtsrat oder dem zuständigen Ausschuss dem Vorstand mitzuteilen, damit dieser die Handelsregisteranmeldung vornehmen kann (§ 181 Abs. 1)[124].

c) Rechtsfolgen von Verstößen

Überschreitet ein Hauptversammlungsbeschluss die durch § 179 Abs. 1 Satz 2 gezo- 26 genen Grenzen, in dem hierdurch der Aufsichtsrat zu inhaltlichen Änderungen der Satzung ermächtigt wird, so ist der Beschluss nach § 241 Nr. 3 nichtig[125]. Gleiches gilt für einen ohne oder auf Grund einer nichtigen Ermächtigung ergangenen Änderungsbeschluss des Aufsichtsrats oder eines von ihm beauftragten Ausschusses, für eine Überschreitung des durch die Ermächtigung gezogenen Rahmens sowie jede inhaltliche Änderung der Satzung[126]. Die Nichtigkeit einer vom Aufsichtsrat oder einem Ausschuss beschlossenen Satzungsänderung wird durch die Eintragung in das Handelsregister (§ 181) **nicht geheilt**[127], ebenso wenig berechtigt ein nach § 242 Abs. 2 Satz 1 geheilter Hauptversammlungsbeschluss den Aufsichtsrat zu inhaltli-

---

118 *Barz*, AG 1966, 39, 44; *Semler* in MünchHdb. AG, § 39 Rz. 56; *Siebel*, DNotZ 1955, 299, 301; *Stein* in MünchKomm. AktG, § 179 Rz. 162; *Wiedemann* in Großkomm. AktG, § 179 Rz. 107; *Zöllner* in KölnKomm. AktG, § 179 Rz. 147.

119 *Hefermehl/Bungeroth* in G/H/E/K, § 179 Rz. 149; *Siebel*, DNotZ 1955, 299, 302; *Stein* in MünchKomm. AktG, § 179 Rz. 163; *Wiedemann* in Großkomm. AktG, § 179 Rz. 107; *Zöllner* in KölnKomm. AktG, § 179 Rz. 147.

120 *Stein* in MünchKomm. AktG, § 179 Rz. 163.

121 *Zöllner* in KölnKomm. AktG, § 179 Rz. 147.

122 *Hefermehl/Bungeroth* in G/H/E/K, § 179 Rz. 160; *Baumbach/Hueck*, § 179 Anm. 5; *Hüffer*, § 179 Rz. 12; *Stein* in MünchKomm. AktG, § 179 Rz. 174; *Wiedemann* in Großkomm. AktG, § 179 Rz. 110; *Zöllner* in KölnKomm. AktG, § 179 Rz. 150.

123 *Hüffer*, § 179 Rz. 12; *Stein* in MünchKomm. AktG, § 179 Rz. 173; *Zöllner* in KölnKomm. AktG, § 179 Rz. 149.

124 *Hüffer*, § 179 Rz. 12; *Stein* in MünchKomm. AktG, § 179 Rz. 175; *Wiedemann* in Großkomm. AktG, § 179 Rz. 110; *Zöllner* in KölnKomm. AktG, § 179 Rz. 150.

125 *Baumbach/Hueck*, § 179 Anm. 5; *Stein* in MünchKomm. AktG, § 179 Rz. 177.

126 *Hüffer*, § 179 Rz. 12; *Stein* in MünchKomm. AktG, § 179 Rz. 177; *Wiedemann* in Großkomm. AktG, § 179 Rz. 111; *Zöllner* in KölnKomm. AktG, § 179 Rz. 150.

127 *Baumbach/Hueck*, § 179 Anm. 5; *Stein* in MünchKomm. AktG, § 179 Rz. 177; *Wiedemann* in Großkomm. AktG, § 179 Rz. 111; *Zöllner* in KölnKomm. AktG, § 179 Rz. 150.

chen Änderungen[128]. Das Registergericht, nicht der Vorstand im Rahmen der Handelsregisteranmeldung (§ 181), ist zur Prüfung der Einhaltung der Grenzen des § 179 Abs. 1 Satz 2 verpflichtet[129].

2. Mehrheitserfordernisse

a) Gesetz

27 § 179 Abs. 2 regelt die Mehrheitserfordernisse nur unvollständig. Neben der **Kapitalmehrheit** des § 179 Abs. 2 Satz 1 ist nämlich – von gesetzlich bestimmten Ausnahmefällen abgesehen[130] – kumulativ auch die **einfache Stimmenmehrheit** des § 133 Abs. 1 erforderlich[131]; die in § 179 Abs. 2 Satz 1 geforderte Kapitalmehrheit ist „weiteres Erfordernis" i.S.d. § 133 Abs. 1 Halbsatz 2[132]. Praktisch bedeutsam wird die Kumulation von Kapitalmehrheit und Stimmenmehrheit nur bei Aktien, deren Stimmgewicht nicht ihrem Nennbetrag oder bei Stückaktien ihrer Zahl entspricht (Fälle der Mehrstimmrechtsaktien, (§ 12 Abs. 2 AktG, § 5 EGAktG, Stimmrechtsbeschränkungen, § 134 Abs. 1 Satz 2 und teileingezahlten Aktien, § 134 Abs. 2)[133].

28 Für die **Berechnung der Kapitalmehrheit** des § 179 Abs. 2 Satz 1 kommt es entgegen dem Wortlaut der Vorschrift nicht auf das in der Hauptversammlung schlechthin vertretene, sondern das an der konkreten Abstimmung durch Abgabe von Ja- oder Nein-Stimmen teilnehmende Kapital an (näher § 133 Rz. 22 ff.)[134]. Stimmenthaltungen zählen ebenso wenig mit[135] wie Kapital, das freiwillig oder aus gesetzlichen Gründen an der Beschlussfassung nicht mitwirkt (z.B. Fälle des §§ 20 Abs. 7, 21 Abs. 4 AktG, § 28 WpHG, § 59 WpÜG, § 56 Abs. 3 Satz 3, § 71b, § 134 Abs. 2, § 136 Abs. 1 AktG)[136]. Auch stimmrechtslose Vorzugsaktien bleiben bei der Ermittlung des vertretenen Grundkapitals unberücksichtigt (*arg. e contrario* § 140 Abs. 2 Satz 2)[137].

---

128 *Stein* in MünchKomm. AktG, § 179 Rz. 177.
129 *Hüffer*, § 179 Rz. 12; *Stein* in MünchKomm. AktG, § 179 Rz. 176; *Wiedemann* in Großkomm. AktG, § 179 Rz. 111.
130 Einführung neuer Satzungsbestimmungen über Zusammensetzung des Aufsichtsrats, wenn die Satzungsbestimmungen nicht mehr den anzuwendenden gesetzlichen Vorschriften entsprechen (§§ 97 Abs. 2 Satz 4, 98 Abs. 4 Satz 2 AktG, § 37 Abs. 1 Satz 2 MitbestG); Herabsetzung (nicht: Erhöhung) der satzungsmäßigen Aufsichtsratsvergütung (§ 113 Abs. 1 Satz 4); bestimmte Fälle der Kapitalherabsetzung durch Einziehung von Aktien (237 Abs. 4 Satz 2); s. *Hüffer*, § 179 Rz. 15; *Stein* in MünchKomm. AktG, § 179 Rz. 87; *Wiedemann* in Großkomm. AktG, § 179 Rz. 115.
131 Unstr., RG v. 24.9.1929 – II 26/29, RGZ 125, 356, 359; BGH v. 28.11.1974 – II ZR 176/72, NJW 1975, 212; *Baumbach/Hueck*, § 133 Anm. 3; *Hüffer*, § 179 Rz. 13; *Semler* in MünchHdb. AG, § 39 Rz. 66; *Stein* in MünchKomm. AktG, § 179 Rz. 85; *Wiedemann* in Großkomm. AktG, § 179 Rz. 112 und 114; *Zöllner* in KölnKomm. AktG, § 179 Rz. 152.
132 *Eckardt* in G/H/E/K, § 133 Rz. 41 und 43; *Hüffer*, § 179 Rz. 14; *Stein* in MünchKomm. AktG, § 179 Rz. 85; *Wiedemann* in Großkomm. AktG, § 179 Rz. 112; *Witt*, AG 2000, 345, 346; a.A. *Zöllner* in KölnKomm. AktG, § 179 Rz. 152.
133 *Hüffer*, § 179 Rz. 14; *Stein* in MünchKomm. AktG, § 179 Rz. 86, 94; *Zöllner* in KölnKomm. AktG, § 179 Rz. 152.
134 *Hüffer*, § 179 Rz. 14; *Stein* in MünchKomm. AktG, § 179 Rz. 82; *Zöllner* in KölnKomm. AktG, § 179 Rz. 151.
135 *Hüffer*, § 179 Rz. 14; *Stein* in MünchKomm. AktG, § 179 Rz. 82; a.A. *v. Godin/Wilhelmi*, § 133 Anm. 4.
136 *Stein* in MünchKomm. AktG, § 179 Rz. 83; zu § 136 Abs. 1 ferner *Schröer* in MünchKomm. AktG, § 136 Rz. 51.
137 *v. Godin/Wilhelmi*, § 140 Anm. 5; *Hefermehl* in G/H/E/K, § 140 Rz. 4; *Baumbach/Hueck*, § 140 Anm. 2; *Hüffer*, § 179 Rz. 14; *Senger/Vogelmann*, AG 2002, 193, 194; *Stein* in MünchKomm. AktG, § 179 Rz. 83; *Werner*, AG 1971, 69, 74; *Wiedemann* in Großkomm. AktG, § 179 Rz. 113.

b) Satzung

Die Satzung kann nach § 179 Abs. 2 Satz 2 allgemein oder für einzelne Regelungsge- 29
genstände[138] eine von § 179 Abs. 2 Satz 1 abweichende **größere oder geringere Kapitalmehrheit** vorsehen, soweit nicht das Gesetz zwingend andere Mehrheiten vorschreibt. Hierhin gehören die Fälle der §§ 97 Abs. 2 Satz 4, 98 Abs. 4 Satz 2, 113
Abs. 1 Satz 4 AktG und § 5 Abs. 2 Satz 2 EGAktG (oben Rz. 39), nicht aber § 237
Abs. 4 Satz 2 AktG, wie Satz 3 der Vorschrift zeigt[139]. Für eine Änderung des Unternehmensgegenstands kann die Satzung nach § 179 Abs. 2 Satz 2 nur eine größere Kapitalmehrheit vorsehen (Rz. 11)[140], gleiches gilt in den Fällen der §§ 182 Abs. 2 Satz 2,
202 Abs. 2 Satz 3 und 222 Abs. 1 Satz 2. Zur Änderung des Gesellschaftszwecks siehe
Rz. 10. Eine Kapitalmehrheit, d.h. die Zustimmung von mehr als 50% des bei der Beschlussfassung vertretenen Grundkapitals, ist unverzichtbar[141]. Eine **größere** als die
in § 179 Abs. 2 Satz 1 vorgesehene **Kapitalmehrheit kann bis hin zur Einstimmigkeit**
der an der Abstimmung teilnehmenden bzw. aller an der Hauptversammlung teilnehmenden stimmberechtigten Aktionäre vorgeschrieben werden[142]. Im Zweifel
wird sich ein satzungsmäßiges Einstimmigkeitserfordernis lediglich auf die Abstim-
mungsteilnehmer beziehen, so dass Stimmenthaltungen eine Satzungsänderung
nicht scheitern lassen[143]. Hiervon zu unterscheiden ist das Erfordernis der Zustimmung auch der nicht erschienenen Aktionäre, da es sich hierbei nicht um ein Mehrheitserfordernis handelt, sondern um ein weiteres Erfordernis i.S.d. § 179 Abs. 2
Satz 3 (Rz. 33)[144]. Verlangt die Satzung Einstimmigkeit der an der Beschlussfassung
teilnehmenden oder der in der Hauptversammlung anwesenden stimmberechtigten
Aktionäre, darf dies nicht zur faktischen Unabänderbarkeit der Satzung führen
(Rz. 5, 34). In (kapitalmarktnahen) Publikumsgesellschaften scheidet daher das Einstimmigkeitserfordernis regelmäßig aus, in (kapitalmarktfernen) Familiengesell-
schaften hingegen kann es sich u.U. als zweckmäßig erweisen[145].

Für eine **Aufhebung oder Herabsetzung des Mehrheitserfordernisses** gilt, dass ein un- 30
terschiedslos für alle Satzungsänderungen geltendes Mehrheitserfordernis auch bei
der Aufhebung oder Herabsetzung des satzungsmäßigen Mehrheitserfordernisses
selbst zu beachten ist[146]. Gilt das erhöhte Mehrheitserfordernis nur für einzelne Beschlussgegenstände, so wird die Auslegung im Zweifel ergeben, dass das Mehrheitserfordernis selbst nur unter Beachtung der erschwerten Bedingungen aufgehoben oder

---

138 RG v. 3.2.1891 – III 258/90, RGZ 27, 69, 70 zu Art. 215 ADHGB; *Hüffer*, § 179 Rz. 17; *Stein*
in MünchKomm. AktG, § 179 Rz. 88; *Wiedemann* in Großkomm. AktG, § 179 Rz. 116;
Witt, AG 2000, 345, 347; *Zöllner* in KölnKomm. AktG, § 179 Rz. 116.
139 *Hüffer*, § 179 Rz. 17; *Stein* in MünchKomm. AktG, § 179 Rz. 88; *Zöllner* in KölnKomm.
AktG, § 179 Rz. 161.
140 *Hüffer*, § 179 Rz. 17 und 34; *Stein* in MünchKomm. AktG, § 179 Rz. 100, *Zöllner* in Köln-
Komm. AktG, § 179 Rz. 116.
141 BGH v. 28.11.1974 – II ZR 176/72, NJW 1975, 212; *Hüffer*, § 179 Rz. 19; *Semler* in
MünchHdb. AG, § 39 Rz. 67; *Stein* in MünchKomm. AktG, § 179 Rz. 90; *Wiedemann* in
Großkomm. AktG, § 179 Rz. 117; *Zöllner* in KölnKomm. AktG, § 179 Rz. 153.
142 *Hüffer*, § 179 Rz. 20; *Semler* in MünchHdb. AG, § 39 Rz. 67; *Stein* in MünchKomm. AktG,
§ 179 Rz. 95 und 97; *Wiedemann* in Großkomm. AktG, § 179 Rz. 121; *Zöllner* in Köln-
Komm. AktG, § 179 Rz. 156.
143 *Baumbach/Hueck*, § 179 Rz. 4; *Stein* in MünchKomm. AktG, § 179 Rz. 97.
144 *Hüffer*, § 179 Rz. 20; *Zöllner* in KölnKomm. AktG, § 179 Rz. 156.
145 *Hüffer*, § 179 Rz. 20; *Stein* in MünchKomm. AktG, § 179 Rz. 99; *Zöllner* in KölnKomm.
AktG, § 179 Rz. 156.
146 *Hüffer*, § 179 Rz. 20; *Stein* in MünchKomm. AktG, § 179 Rz. 119; *Zöllner* in KölnKomm.
AktG, § 179 Rz. 157.

herabgesetzt werden kann[147]. Für eine weitere Erhöhung gilt das gesetzliche oder satzungsmäßig allgemein vorgesehene Mehrheitserfordernis[148]. Eine Satzungsbestimmung, die Mehrheitserfordernisse für Hauptversammlungsbeschlüsse regelt, muss klar und eindeutig zum Ausdruck bringen, dass sie auch für Satzungsänderungen gelten soll (*Bestimmtheitsgebot*)[149]. Nicht hinreichend bestimmt ist eine allgemein gefasste Satzungsbestimmung, die für Hauptversammlungsbeschlüsse regelt, dass die „einfache Mehrheit der abgegebenen Stimmen ausreicht, soweit nicht zwingende gesetzliche Vorschriften etwas anderes bestimmen".

3. Weitere Erfordernisse

31 a) Für bestimmte Beschlussgegenstände sieht das **Gesetz** neben der Stimmen- und Kapitalmehrheit (Rz. 28) weitere Wirksamkeitserfordernisse vor. So bedürfen etwa die nachträgliche Begründung von Nebenverpflichtungen von Aktionären (§ 55) oder die Vinkulierung von Aktien oder Zwischenscheinen (§ 68 Abs. 2, Abs. 5) ebenso der Zustimmung der betroffenen Aktionäre (§ 180) wie ein Eingriff in Sonderrechte (§ 23 Rz. 6) oder ein Verstoß gegen das Gleichbehandlungsgebot (§ 53a Rz. 31, 37)[150]. Auch kann eine Satzungsänderung der staatlichen Genehmigung bedürfen (§ 181 Abs. 1 Satz 3)[151].

32 b) Nach § 179 Abs. 2 Satz 3 kann die **Satzung** für Satzungsänderungen über die erforderliche Stimmen- und Kapitalmehrheit hinaus „weitere Erfordernisse" aufstellen (vgl. auch §§ 182 Abs. 1 Satz 3, 202 Abs. 2 Satz 3, 222 Abs. 1 Satz 2)[152]. Diese können ebenso wie abweichende Mehrheitsanforderungen (Rz. 41 ff.) allgemein für alle oder nur für bestimmte Beschlussgegenstände gelten[153], nicht jedoch für solche, bei denen das Gesetz zwingend eine geringere Mehrheit als die in § 179 Abs. 2 Satz 1 vorgesehene genügen lässt (Überblick Rz. 30), da die Aufstellung „weiterer Erfordernisse" i.S.d. § 179 Abs. 2 Satz 3 die damit bezweckte Erleichterung von Satzungsänderungen konterkarieren würde[154].

33 Als „weitere Erfordernisse" kommen ferner die wiederholte Beschlussfassung der Hauptversammlung in derselben oder einer nachfolgenden Hauptversammlung in Betracht oder die Einhaltung eines bestimmten Beratungs- oder Abstimmungsverfahrens[155]. Die Satzung kann auch verlangen, dass der Satzungsänderung bestimmte Aktionäre oder die Inhaber bestimmter Aktien oder Aktiengattungen (§ 11 Satz 2, z.B. Inhaber von Vorzugsaktien) **zustimmen** müssen[156]. Das Erfordernis der Zustimmung

---

147 *Stein* in MünchKomm. AktG, § 179 Rz. 121; *Wiedemann* in Großkomm. AktG Rz. 123; *Zöllner* in KölnKomm. AktG, § 179 Rz. 157; missverständlich *Hüffer*, § 179 Rz. 20; a.A. *v. Godin/Wilhelmi*, § 179 Anm. 6; offen gelassen in BGH v. 13.3.1980 – II ZR 54/78, BGHZ 76, 191, 195 = AG 1980, 187.
148 *Hüffer*, § 179 Rz. 20.
149 BGH v. 29.6.1997 – II ZR 242/86, NJW 1988, 260, 261; *Stein* in MünchKomm. AktG, § 179 Rz. 91; *Wiedemann* in Großkomm. AktG Rz. 118; weniger streng *Hüffer*, § 179 Rz. 18; *Witt*, AG 2000, 345, 348; *Zöllner* in KölnKomm. AktG, § 179 Rz. 154 („hinreichend deutlich").
150 *Hüffer*, § 179 Rz. 21.
151 *Hüffer*, § 179 Rz. 21, *Stein* in MünchKomm. AktG, § 179 Rz. 135 f.; *Wiedemann* in Großkomm. AktG, § 179 Rz. 130.
152 *Hüffer*, § 179 Rz. 22; *Stein* in MünchKomm. AktG, § 179 Rz. 137; *Wiedemann* in Großkomm. AktG, § 179 Rz. 133; *Zöllner* in KölnKomm. AktG, § 179 Rz. 169.
153 *Hüffer*, § 179 Rz. 22; *Stein* in MünchKomm. AktG, § 179 Rz. 138.
154 *Hüffer*, § 179 Rz. 22; *Stein* in MünchKomm. AktG, § 179 Rz. 138.
155 *Hüffer*, § 179 Rz. 23; *Stein* in MünchKomm. AktG, § 179 Rz. 155.
156 *Hüffer*, § 179 Rz. 23; *Stein* in MünchKomm. AktG, § 179 Rz. 142; *Zöllner* in KölnKomm. AktG, § 179 Rz. 169.

aller Aktionäre ist ebenfalls grundsätzlich zulässig[157], wenn nicht dadurch im konkreten Fall Satzungsänderungen faktisch ausgeschlossen werden[158]. Stets unzulässig wäre jedoch eine Satzungsbestimmung[159], die die Wirksamkeit der Satzungsänderung von der Zustimmung Dritter abhängig macht. Dies gilt sowohl für die Zustimmung des Vorstands[160], des Aufsichtsrats[161], fakultativer Organe wie Beiräte und Verwaltungsräte[162] oder verbandsfremder Dritter[163] einschließlich der öffentlichen Hand[164]. Die Hauptversammlung soll ihre Stellung als oberstes Organ wenigstens in Fragen der Grundverfassung behalten und nicht selbst aufgeben können (*Satzungsautonomie*)[165].

V. Zulässigkeitsschranken

1. Allgemeines

Bei Satzungsänderungen sind inhaltlich die allgemeinen Normen einzuhalten, die 34
für die Satzungsgestaltung gelten[166]. Satzungsändernde Hauptversammlungsbeschlüsse sind bei Gesetzesverstoß anfechtbar (§ 243 Abs. 1) oder nichtig (§ 243 Nr. 3 und 4)[167]. Insbesondere gilt der Grundsatz der Satzungsstrenge (§ 23 Rz. 53 ff.), d.h. nur solche Bestimmungen können im Wege der Satzungsänderung beschlossen werden, die auch in der Gründungssatzung hätten vereinbart werden können[168]. Notwendige Satzungsbestimmungen i.S.d. § 23 Abs. 3 und 4 dürfen durch Satzungsänderungen nicht ersatzlos gestrichen werden und müssen nach ihrer Änderung den gesetzlichen Vorgaben entsprechen (§ 23 Rz. 30 ff.)[169]. Weitere Schranken finden Satzungsänderungen in dem Verbot der Verfolgung einseitiger Sondervorteile (§ 243

---

157 *Baumbach/Hueck*, § 179 Anm. 4; *Hüffer*, § 179 Rz. 23; *Priester*, ZHR 151 (1987), 40, 49 mit Fn. 135; *Stein* in MünchKomm. AktG, § 179 Rz. 143; *Zöllner* in KölnKomm. AktG, § 179 Rz. 169; a.A. v. *Godin/Wilhelmi*, § 179 Anm. 1; *Henn*, Aktienrecht, Rz. 180 mit Fn. 120.
158 *Hüffer*, § 179 Rz. 23; *Stein* in MünchKomm. AktG, § 179 Rz. 144; a.A. offenbar *Wiedemann* in Großkomm. AktG, § 179 Rz. 121 mit Fn. 225.
159 Hiervon zu unterscheiden ist die Frage, ob die Hauptversammlung in einem konkreten Fall die Wirksamkeit eines Satzungsänderungsbeschlusses von der Zustimmung eines außenstehenden Dritten abhängig machen darf; ablehnend LG Frankfurt/M. v. 29.1.1990 – 3/1 O 109/ 89, AG 1990, 169, 170; *Grunewald*, AG 1990, 133, 138 f.; *Stein* in MünchKomm. AktG, § 179 Rz. 152; *Wiedemann* in Großkomm. AktG, § 179 Rz. 162; *Zöllner* in KölnKomm. AktG, § 179 Rz. 196; bejahend v. *Godin/Wilhelmi*, § 179 Anm. 3.
160 *Hüffer*, § 179 Rz. 23; *Stein* in MünchKomm. AktG, § 179 Rz. 148; *Wiedemann* in Großkomm. AktG, § 179 Rz. 122; *Zöllner* in KölnKomm. AktG, § 179 Rz. 172.
161 *Baumbach/Hueck*, § 179 Anm. 4; *Hüffer*, § 179 Rz. 23; *Lutter* in FS Quack, 1991, S. 301, 313; *Semler* in MünchHdb. AG, § 39 Rz. 64; *Stein* in MünchKomm. AktG, § 179 Rz. 148; *Wiedemann* in Großkomm. AktG, § 179 Rz. 122; *Wirth/Arnold*, ZGR 2002, 859, 889; *Zöllner* in KölnKomm. AktG, § 179 Rz. 171; zur GmbH *Ulmer* in Hachenburg, GmbHG, § 53 Rz. 84.
162 *Hüffer*, § 179 Rz. 23; *Stein* in MünchKomm. AktG, § 179 Rz. 148; *Wiedemann* in Großkomm. AktG, § 179 Rz. 122; *Zöllner* in KölnKomm. AktG, § 179 Rz. 172.
163 *Hüffer*, § 179 Rz. 23; *Stein* in MünchKomm. AktG, § 179 Rz. 149; *Wiedemann* in Großkomm. AktG, § 179 Rz. 122; *Zöllner* in KölnKomm. AktG, § 179 Rz. 170; zur GmbH RG v. 12.10.1940 – II 33/40, RGZ 169, 65, 80 f.; *Hüffer* in Ulmer, GmbHG, § 47 Rz. 34; *Zöllner* in FS 100 Jahre GmbHG, 1992, S. 85, 119 f.; a.A. *Beuthien/Gätsch*, ZHR 156 (1992), 459, 477 f.
164 Ausführlich *Stein* in MünchKomm. AktG, § 179 Rz. 150 f.
165 *Hüffer*, § 179 Rz. 23; *K. Schmidt*, GesR, § 5 I 3 (S. 83 f.); *Zöllner* in KölnKomm. AktG, § 179 Rz. 170.
166 *Hüffer*, § 179 Rz. 24; *Stein* in MünchKomm. AktG, § 179 Rz. 60 f.; *Zöllner* in KölnKomm. AktG, § 179 Rz. 202.
167 *Hüffer*, § 179 Rz. 24.
168 LG Köln v. 7.3.2001 – 91 O 131/00, ZIP 2001, 572, 574; *Hüffer*, § 179 Rz. 24; *Stein* in MünchKomm. AktG, § 179 Rz. 60; *Zöllner* in KölnKomm. AktG, § 179 Rz. 24.
169 *Hüffer*, § 179 Rz. 24; *Stein* in MünchKomm. AktG, § 179 Rz. 60.

Abs. 2), dem Gleichbehandlungsgebot (§ 53a) sowie den mitgliedschaftlichen Treue-pflichten[170].

2. Bedingung und Befristung

a) Echte Bedingung

35   Die **aufschiebende oder auflösende Bedingung** eines satzungsändernden Hauptver-sammlungsbeschlusses ist nach h.M. zulässig[171]. Bis zum Eintritt der aufschiebenden Bedingung ist der Beschluss dann schwebend unwirksam und kann nicht zur Eintra-gung in das Handelsregister eingetragen werden[172]. Auch auflösend bedingten Haupt-versammlungsbeschlüsse steht das Gebot der Rechtssicherheit nicht entgegen, da sich der jeweils geltende Satzungsinhalt für alle Beteiligten erkennbar aus dem Han-delsregister ergibt. Tritt die auflösende Bedingung ein, so ist der Vorstand verpflich-tet, die Satzungsänderung zur Eintragung in das Handelsregister anzumelden (§ 181 Abs. 1 Satz 1), wobei Gegenstand der Anmeldung die Wiederherstellung des ursprüng-lichen Satzungsinhaltes ist.

36   Hingegen ist es aus Gründen der Rechtssicherheit unzulässig, eine Satzungsbestim-mung dergestalt unter eine **Bedingung** gem. § 158 BGB zu stellen, dass sie **als Sat-zungsinhalt** mit in das Handelsregister eingetragen wird[173]. Die Grundordnung einer Organisation, die auf die Teilnahme unbestimmt vieler Mitglieder ausgerichtet ist, muss in ihrer Geltung aus sich heraus festzustellen sein[174]. Allerdings ist die Eintra-gung einer bedingten Satzungsänderung dann möglich, wenn die Bedingung eingetre-ten ist, da die Satzungsklausel infolge des Bedingungseintritts unbedingt geworden ist und Rechtssicherheitsbedenken nicht länger entgegenstehen[175].

37   Die **Unterscheidung zwischen (zulässigen) bedingten Hauptversammlungsbeschlüs-sen** einerseits **und (unzulässigem) bedingtem Satzungsinhalt** andererseits bietet der Praxis wegen der vielfältigen Gestaltungsmöglichkeiten allerdings häufig nur eine Schein-Trennschärfe. Entscheidend ist daher allein, dass (i) die Bedingung nicht In-halt des Satzungstextes wird und (ii) der Eintritt der (aufschiebenden oder auflösen-den) Bedingung für alle Beteiligten ohne Schwierigkeiten anhand eindeutiger Krite-rien bestimmbar ist.

b) Unechte Bedingung

38   Eine Satzungsänderung kann auch zusammen mit der Anweisung an den Vorstand be-schlossen werden, den Beschluss nur im Falle des Eintritts eines ungewissen künftigen Ereignisses (z.B. einer Gesetzesänderung oder vorrangige Eintragung im Handelsregis-

---

170 *Hüffer*, § 179 Rz. 24; *Stein* in MünchKomm. AktG, § 179 Rz. 67.

171 LG Duisburg v. 9.12.1988 – 12 T 8/88, GmbHR 1990, 85, 86; *Hüffer*, § 179 Rz. 26; *Stein* in MünchKomm. AktG, § 179 Rz. 50; a.A. *Wiedemann* in Großkomm. AktG, § 179 Rz. 161.

172 LG Duisburg v. 9.12.1988 – 12 T 8/88, GmbHR 1990, 85, 86; *Hüffer*, § 179 Rz. 26; *Stein* in MünchKomm. AktG, § 179 Rz. 51.

173 *Börner*, DB 1988, 1254, 1255; *Hüffer*, § 179 Rz. 26; *Stein* in MünchKomm. AktG, § 179 Rz. 50; *Wiedemann* in Großkomm. AktG, § 179 Rz. 161; *Wirth/Arnold*, ZGR 2002, 859, 888; *Zöllner* in KölnKomm. AktG, § 179 Rz. 199.

174 *Börner*, DB 1988, 1254, 1255; *Grunewald*, AG 1990, 133, 138; *Hüffer*, § 179 Rz. 26; *Lutter* in FS Quack, 1991, S. 301, 309 f.; *Stein* in MünchKomm. AktG, § 179 Rz. 50; *Wiedemann* in Großkomm. AktG, § 179 Rz. 161; *Wirth/Arnold*, ZGR 2002, 859, 888; *Zöllner* in Köln-Komm. AktG, § 179 Rz. 199.

175 *Hüffer*, § 179 Rz. 26; *Lutter* in FS Quack, 1991, S. 301, 310; *Priester*, ZIP 1987, 280, 285; *Stein* in MünchKomm. AktG, § 179 Rz. 50; *Wirth/Arnold*, ZGR 2002, 859, 888; wohl auch *Zöllner* in KölnKomm. AktG, § 179 Rz. 199; a.A. *Wiedemann* in Großkomm. AktG, § 179 Rz. 161.

ter) zur Eintragung in das Handelsregister anzumelden (§ 181 Abs. 1 Satz 1)[176]. Die Voraussetzungen, unter denen der Beschluss zur Eintragung in das Handelsregister anzumelden ist, müssen klar gefasst sein[177] und dürfen dem Vorstand keinen Ermessensspielraum (Ermessungsreduzierung auf Null) über die Anmeldung einräumen[178]. Auch darf der Eintritt der Bedingung weder vom Willen eines Dritten noch eines anderen Gesellschaftsorgans abhängen, da die Befugnis zu Satzungsänderungen zwingend der Hauptversammlung vorbehalten ist (Rz. 51)[179]. In zeitlicher Hinsicht ist zu berücksichtigen, dass der Zeitpunkt der Anmeldung nicht nach der nächsten ordentlichen Hauptversammlung der Gesellschaft liegen darf; anderenfalls ist erneut Beschluss zu fassen[180]. Wurde die Satzungsänderung trotz Nichteintritts der Bedingung zum Handelsregister angemeldet und eingetragen, so ist sie gleichwohl wirksam[181].

c) Echte Befristung

Satzungsänderungen können ferner dergestalt befristet werden, dass sie entweder erst von einem bestimmten Zeitpunkt an oder nur bis zu einem bestimmten Zeitpunkt oder lediglich für einen bestimmten Zeitraum wirksam sein sollen (echte Befristung)[182]. Zulässigkeitsvoraussetzungen sind, dass (i) sich der Inhalt der Befristung auch für außenstehende Dritte eindeutig aus der entsprechenden Satzungsklausel ergibt[183] und (ii) der Fristeintritt anhand eindeutiger Kriterien ohne Schwierigkeiten bestimmbar ist. Die befristete Satzungsänderung kann, auch wenn sie erst später in Kraft treten soll, sofort in das Handelsregister eingetragen werden[184].   39

d) Unechte Befristung

Ein Satzungsänderungsbeschluss der Hauptversammlung kann auch in dem Sinne befristet sein, dass der Vorstand angewiesen wird, ihn erst zu einem bestimmten künftigen Zeitpunkt zur Eintragung in das Handelsregister einzutragen (unechte Befristung)[185]. Die Rechtmäßigkeitsvoraussetzungen sind dieselben wie im Falle der unechten Bedingung (Rz. 39), d.h. dem Vorstand darf keine freie Entscheidung über   40

---

176 *Grunewald*, AG 1990, 133, 138; *Hüffer*, § 179 Rz. 26; *Lutter* in FS Quack, 1991, S. 301, 315; *Lutter/Leinekugel*, ZIP 1998, 805, 810; *Stein* in MünchKomm. AktG, § 179 Rz. 49; *Wiedemann* in Großkomm. AktG, § 179 Rz. 162; *Zöllner* in KölnKomm. AktG, § 179 Rz. 195.

177 *Grunewald*, AG 1990, 133, 139; *Lutter/Leinekugel*, ZIP 1998, 805, 810; *Stein* in Münch-Komm. AktG, § 179 Rz. 49.

178 LG Frankfurt/M. v. 29.1.1990 – 3/1 O 109/89, AG 1990, 169, 170; *Hüffer*, § 179 Rz. 26; *Grunewald*, AG 1990, 133, 138; *Lutter* in FS Quack, 1991, S. 301, 315; *Wiedemann* in Groß-komm. AktG, § 179 Rz. 162; *Zöllner* in KölnKomm. AktG, § 179 Rz. 196.

179 LG Frankfurt/M. v. 29.1.1990 – 3/1 O 109/89, AG 1990, 169, 170; *Grunewald*, AG 1990, 133, 138 f.; *Stein* in MünchKomm. AktG, § 179 Rz. 49 und 152; *Wiedemann* in Großkomm. AktG, § 179 Rz. 162.

180 *Hüffer*, § 179 Rz. 26; *Lutter* in FS Quack, 1991, S. 301, 316; *Stein* in MünchKomm. AktG, § 179 Rz. 49; *Wiedemann* in Großkomm. AktG, § 179 Rz. 162; *Zöllner* in KölnKomm. AktG, § 179 Rz. 196.

181 *Hüffer*, § 179 Rz. 26; *Stein* in MünchKomm. AktG, § 179 Rz. 49; *Wiedemann* in Großkomm. AktG, § 179 Rz. 162; *Zöllner* in KölnKomm. AktG, § 179 Rz. 195.

182 *Börner*, DB 1988, 1254, 1255; *Dempewolf*, NJW 1958, 1212, 1213; *Eckardt*, NJW 1967, 369, 372; *Hefermehl/Bungeroth* in G/H/E/K, § 179 Rz. 67; *Hüffer*, § 179 Rz. 25; *Lutter* in FS Quack, 1991, S. 301, 311; *Stein* in MünchKomm. AktG, § 179 Rz. 47; *Wiedemann* in Groß-komm. AktG, § 179 Rz. 159; *Zöllner* in KölnKomm. AktG, § 179 Rz. 197.

183 *Eckardt*, NJW 1967, 269, 372; *Hüffer*, § 179 Rz. 25; *Stein* in MünchKomm. AktG, § 179 Rz. 47; *Wiedemann* in Großkomm. AktG, § 179 Rz. 159; *Zöllner* in KölnKomm. AktG, § 179 Rz. 197.

184 *Hüffer*, § 179 Rz. 25; *Stein* in MünchKomm. AktG, § 181 Rz. 80; *Zöllner* in KölnKomm. AktG, § 179 Rz. 198.

185 *Hüffer*, § 179 Rz. 25; *Stein* in MünchKomm. AktG, § 179 Rz. 46; *Wiedemann* in Großkomm. AktG, § 179 Rz. 160; *Zöllner* in KölnKomm. AktG, § 179 Rz. 195.

das Ob und den Zeitpunkt der Anmeldung zustehen[186] und die Frist darf nicht über den Ablauf der nächsten ordentlichen Hauptversammlung hinausreichen[187]. Wird die Satzungsänderung entgegen der Anweisung vorzeitig angemeldet und eingetragen, so ist sie gleichwohl sofort wirksam[188].

3. Rückwirkung

41   Die Zulässigkeit von rückwirkenden Satzungsänderungen bestimmt sich nach **allgemeinen Grundsätzen**, soweit nicht Spezialvorschriften eine (begrenzte) Rückwirkung ausdrücklich zulassen (z.B. §§ 234, 245) oder verbieten (z.B. §§ 189, 200, 203 Abs. 1 Satz 1, 211 Abs. 1, 224, 238 Satz 1 AktG, § 202 Abs. 2 UmwG)[189]. § 181 Abs. 3 steht einer Rückwirkung von satzungsändernden Beschlüssen nicht entgegen, da die Norm nur den Zeitpunkt bestimmt, zu dem die Satzungsänderung wirksam wird, nicht jedoch, ob und inwieweit sich eine Satzungsänderung Rückwirkung beilegen kann[190]. Enthält der Beschluss selbst keine ausdrückliche Bestimmung über sein Inkrafttreten, ist im Zweifel anzunehmen, dass die Satzungsänderung erst mit der Eintragung in das Handelsregister wirksam werden soll[191]. Maßgebliches Kriterium für die Beurteilung der Zulässigkeit von rückwirkenden Satzungsänderungen ist der **Vertrauensschutz**, mit der Folge, dass eine rückwirkende Satzungsänderung im Grundsatz dann unzulässig ist, wenn das rechtlich schutzwürdige Vertrauen der Aktionäre, betroffener Dritter oder der Allgemeinheit in den Bestand der Satzungsbestimmung verletzt wird[192].

42   Änderungen von Satzungsbestimmungen, die **Wirkung gegenüber Dritten** entfalten, insbesondere organisationsrechtliche Maßnahmen, können daher nicht rückwirkend in Kraft gesetzt werden[193]. Unzulässig sind danach die rückwirkende Änderung z.B. (1) des Geschäftsjahres[194], (2) der Vertretungsmacht der Vorstandsmitglieder nach

---

186 *Stein* in Münchkomm. AktG, § 179 Rz. 46; *Wiedemann* in Großkomm. AktG, § 179 Rz. 160; *Zöllner* in KölnKomm. AktG, § 179 Rz. 196.
187 *Grunewald*, AG 1990, 133, 139; *Hüffer*, § 179 Rz. 25; *Lutter/Leinekugel*, ZIP 1998, 805, 810; *Stein* in Münchkomm. AktG, § 179 Rz. 46; *Wiedemann* in Großkomm. AktG, § 179 Rz. 160; *Zöllner* in KölnKomm. AktG, § 179 Rz. 196.
188 *Stein* in MünchKomm. AktG, § 179 Rz. 47; *Zöllner* in KölnKomm. AktG, § 179 Rz. 195.
189 Begr. RegE bei *Kropff*, Aktiengesetz, S. 291; *Hüffer*, § 179 Rz. 27; *Stein* in MünchKomm. AktG, § 181 Rz. 74 ff.; *Wiedemann* in Großkomm. AktG, § 179 Rz. 163; *Zöllner* in KölnKomm. AktG, § 179 Rz. 206; zur Unzulässigkeit rückwirkender Beherrschungsverträge OLG Hamburg v. 6.10.1989 – 11 W 91/89, NJW 1990, 521; OLG Hamburg v. 13.7.1990 – 11 U 30/90, NJW 1990, 3024; OLG Karlsruhe v. 12.10.1993 – 11 Wx 48/93, AG 1994, 283; *Hüffer*, § 294 Rz. 19; *Koppensteiner* in KölnKomm. AktG, § 294 Rz. 34; *Krieger* in MünchHdb. AG, § 70 Rz. 67; *Hirte*, ZGR 1994, 644, 663; a.A. *Altmeppen* in MünchKomm. AktG, § 294 Rz. 53 ff.; offen lassend BGH v. 5.4.1993 – II ZR 238/91, BGHZ 122, 211, 223 = AG 1993, 422.
190 Begr. RegE bei *Kropff*, Aktiengesetz, S. 291; *Hüffer*, § 179 Rz. 27; *Zöllner* in KölnKomm. AktG, § 179 Rz. 206.
191 Ähnlich *Stein* in MünchKomm. AktG, § 181 Rz. 78; a.A. *Wolff*, DB 1999, 2149, 2150 (Zeitpunkt der Beschlussfassung).
192 *Dempewolf*, NJW 1958, 1212, 1214; *Jacobs/Woeste*, AG 1958, 211, 212; *Hüffer*, § 179 Rz. 28; *Stein* in MünchKomm. AktG, § 181 Rz. 76; *Semler* in MünchHdb. AG, § 39 Rz. 61; ähnlich *Wiedemann* in Großkomm. AktG, § 179 Rz. 164 f.; *Zöllner* in KölnKomm. AktG, § 179 Rz. 207 f.
193 OLG Schleswig v. 17.5.2000 – 2 W 69/00, NJW-RR 2000, 1425; OLG Frankfurt/M. v. 9.3.1999 – 20 W 94/99, GmbHR 1999, 484; OLG Karlsruhe v. 30.1.1975 – 11 W 142/74, RPfleger 1975, 178; LG Mühlhausen v. 28.11.1996 – 2 HKO 3170/96, GmbHR 1997, 313, 314; BFH v. 18.9.1996 – I B 31/96, GmbHR 1997, 670 f.; *Stein* in MünchKomm. AktG, § 181 Rz. 77; *Wiedemann* in Großkomm. AktG, § 179 Rz. 164; *Zöllner* in KölnKomm. AktG, § 179 Rz. 207; allgemein zur Rückwirkung von Rechtsgeschäften *Uwe H. Schneider*, AcP 175 (1975), 279, 297.
194 OLG Schleswig v. 17.5.2000 – 2 W 69/00, NJW-RR 2000, 1425; OLG Frankfurt/M. v. 9.3.1999 – 20 W 94/99, GmbHR 1999, 484 (jedenfalls nicht nach Ablauf des entstehenden Rumpfge-

§ 78, gleichgültig ob von Einzelvertretungs- in Gesamtvertretungsbefugnis[195] oder umgekehrt[196], (3) des Gesellschaftszwecks oder des Unternehmensgegenstands[197], (4) der Firma der AG, (5) des Sitzes der Gesellschaft[198] sowie (6) des Katalogs zustimmungspflichtiger Geschäfte nach § 111 Abs. 4 Satz 2, und zwar weder erweiternd noch einschränkend[199]. Bei Satzungsänderungen mit **rein gesellschaftsinterner Wirkung** ist eine Rückwirkung hingegen grundsätzlich möglich[200].

Aus Gründen des Vertrauensschutzes unzulässig bleiben rückwirkende Änderungen 43 in der mitgliedschaftlichen Rechtsposition des Aktionärs (z.B. rückwirkende Vinkulierung oder Umwandlung von Inhaber- in Namensaktien)[201] sowie Veränderungen in den Grundlagen des Satzungsänderungsbeschlusses selbst (z.B. Einberufung und Beschlussfähigkeit der Hauptversammlung, Mehrheitserfordernisse)[202]. Auch die in der Satzung festgesetzte Vergütung der Aufsichtsratsmitglieder (§ 113 Abs. 1 Satz 2, 1. Fall) kann aus Vertrauensschutzgründen nicht durch Satzungsänderung rückwirkend herabgesetzt werden[203], wohl aber mir Wirkung für das laufende (oder das vergangene) Geschäftsjahr erhöht werden[204].

4. Weitere Schranken

Umstritten ist, ob Satzungsänderungen darüber hinaus stets einer am Unterneh- 44 mensinteresse ausgerichteten **sachlichen Rechtfertigung** bedürfen, und der gerichtlichen **Inhaltskontrolle** unterliegen[205]. Dies ist zu verneinen. Zwar schließt das Mehrheitsprinzip die Anerkennung beweglicher Schranken der Mehrheitsherrschaft

---

schäftsjahres); BFH v. 18.9.1996 – I B 31/96, GmbHR 1997, 670 f.; LG Mühlhausen v. 28.11.1996 – 2 HKO 3170/96, GmbHR 1997, 313, 314; *Hefermehl/Bungeroth* in G/H/E/K, § 181 Rz. 76; *Hüffer*, § 179 Rz. 28; *Stein* in MünchKomm. AktG, § 181 Rz. 77; *Wiedemann* in Großkomm. AktG, § 179 Rz. 164; *Zilias*, JZ 1959, 50, 53; *Zöllner* in KölnKomm. AktG, § 179 Rz. 207; kritisch *Kleinert/v. Xylander*, GmbHR 2003, 506, 507; a.A. *Meilicke/Hohlfeld*, BB 1957, 793, 797.

195 *Dempewolf*, NJW 1958, 1212, 1215; *v. Godin/Wilhelmi*, § 179 Anm. 11; *Hefermehl/Bungeroth* in G/H/E/K, § 181 Rz. 76; *Hüffer*, § 179 Rz. 28; *Jacobs/Woeste*, AG 1958, 211, 212; *Stein* in MünchKomm. AktG, § 181 Rz. 77; *Wiedemann* in Großkomm. AktG, § 179 Rz. 164; *Zöllner* in KölnKomm. AktG, § 179 Rz. 207.

196 *Hefermehl/Bungeroth* in G/H/E/K, § 181 Rz. 76; *Hüffer*, § 179 Rz. 28; *Stein* in MünchKomm. AktG, § 181 Rz. 77; *Wiedemann* in Großkomm. AktG, § 179 Rz. 164; *Zilias*, JZ 1959, 50, 53; *Zöllner* in KölnKomm. AktG, § 179 Rz. 207; a.A. *Dempewolf*, NJW 1958, 1212, 1215; *v. Godin/Wilhelmi*, § 179 Anm. 11; *Semler* in MünchHdb. AG, § 39 Rz. 61.

197 *Dempewolf*, NJW 1958, 1212, 1215; *Hüffer*, § 179 Rz. 28; *Jacobs/Woeste*, AG 1958, 211, 212; *Stein* in MünchKomm. AktG, § 181 Rz. 77.

198 *Stein* in MünchKomm. AktG, § 181 Rz. 77; *Zöllner* in KölnKomm. AktG, § 179 Rz. 207.

199 *Hefermehl/Bungeroth* in G/H/E/K, § 179 Rz. 76; *Hüffer*, § 179 Rz. 28; *Stein* in MünchKomm. AktG, § 181 Rz. 77; *Wiedemann* in Großkomm. AktG, § 179 Rz. 164; *Zilias*, JZ 1959, 50, 53; a.A. *Dempewolf*, NJW 1958, 1212, 1215.

200 *Stein* in MünchKomm. AktG, § 181 Rz. 78; ähnlich *Zöllner* in KölnKomm. AktG, § 179 Rz. 208.

201 *Hüffer*, § 179 Rz. 28; *Stein* in MünchKomm. AktG, § 181 Rz. 79; *Zöllner* in KölnKomm. AktG, § 179 Rz. 208.

202 *Brombach*, Zum Problem der Rückwirkung, S. 176 ff.; *Stein* in MünchKomm. AktG, § 181 Rz. 79; *Zöllner* in KölnKomm. AktG, § 179 Rz. 208.

203 *Hüffer*, § 179 Rz. 28; *Stein* in MünchKomm. AktG, § 181 Rz. 79; *Wiedemann* in Großkomm. AktG, § 179 Rz. 165.

204 Zur Änderung im laufenden Geschäftsjahr *Baumbach/Hueck*, § 181 Anm. 4; *Dempewolf*, NJW 1958, 1212, 1214; *Hefermehl/Bungeroth* in G/H/E/K, § 181 Rz. 76; *Wiedemann* in Großkomm. AktG, § 179 Rz. 165; *Zöllner* in KölnKomm. AktG, § 179 Rz. 209.

205 Bejahend *Wiedemann* in Großkomm. AktG, § 179 Rz. 169 ff.; *Wiedemann*, ZGR 1980, 147, 156 f.; ablehnend *Hüffer*, § 179 Rz. 29; *Lutter*, ZGR 1981, 171, 174 f. und 180 f.; *Timm*, JZ 1980, 665, 667 f.

ein[206]. Der darin eingeschlossene Minderheitenschutz würde jedoch überspannt, wenn für Satzungsänderungsbeschlüsse grundsätzlich eine sachliche Rechtfertigung verlangt würde[207]. Zu den Einzelheiten der materiellen Beschlusskontrolle und ihren Grenzen s. § 243 Rz. 10.

VI. Erzwingung von Satzungsänderungen

1. Positive Stimmpflicht der Aktionäre

45   Aktionäre sind nur ausnahmsweise verpflichtet, das Zustandekommen eines satzungsändernden Beschlusses positiv zu unterstützen, nämlich dann, wenn eindeutig übergeordnete Interessen der AG das Zustandekommen der Satzungsänderung notwendig machen, die Verweigerung der Zustimmung treuwidrig wäre und die AG auf die Stimme des Aktionärs angewiesen ist, um die Satzungsänderung wirksam beschließen zu können[208]. Rechtsgrundlage dieser Pflicht zur positiven Stimmabgabe ist die mitgliedschaftliche Treuepflicht gegenüber den Mitaktionären sowie der Gesellschaft[209]. Liegen die (seltenen) Voraussetzungen einer positiven Stimmpflicht nicht vor, verpflichtet die mitgliedschaftliche Treuepflicht den Aktionär nur, eine Stimmabgabe für schädliche oder gegen dringend erforderliche Hauptversammlungsbeschlüsse zu unterlassen[210]. Verweigert ein Aktionär treuwidrig seine Zustimmung zu einer notwendigen Satzungsänderung, so kann die für die Änderung erforderliche Stimmen- und Kapitalmehrheit bereits dadurch erreicht werden, dass der Versammlungsleiter die treuwidrig abgegebenen Stimmen nicht mitzählt und auch nicht dem „bei der Beschlussfassung vertretenen Grundkapital" i.S.d. § 179 Abs. 2 Satz 1 hinzurechnet[211].

2. Ansprüche Dritter gegen die AG

46   Die AG kann sich außenstehenden Dritten gegenüber aus Gründen der Satzungsautonomie nicht wirksam zur Änderung ihrer Satzung verpflichten[212]. Zwar können Ansprüche Dritter gegen die AG die **Notwendigkeit einer Satzungsänderung** auslösen, indem sie der AG ein ihrer Satzung entsprechendes Verhalten verwehren oder sie zu einem ihrer Satzung widersprechenden Verhalten verpflichten[213]. Aber auch diese Ansprüche gewähren dem Dritten keinen Anspruch gegen die Aktionäre auf Vornahme einer Satzungsänderung, sondern lediglich das Recht, von der AG ein bestimmtes Tun oder Unterlassen und ggf. Schadensersatz zu verlangen[214].

---

206 Grundlegend *Zöllner*, Schranken mitgliedschaftlicher Stimmrechtsmacht, S. 287 ff.
207 *Hüffer*, § 179 Rz. 29.
208 *Brändel* in Großkomm. AktG, § 1 Rz. 88; *Bungeroth* in MünchKomm. AktG, Vor § 53a Rz. 23; *Hüffer*, § 179 Rz. 31; *Lutter*, ZHR 153 (1989), 446, 468; *Säcker* in FS Lukes, 1989, S. 547, 553 ff.; *Stein* in MünchKomm. AktG, § 179 Rz. 218 f.; *Zöllner* in KölnKomm. AktG, § 179 Rz. 214.
209 *Bungeroth* in MünchKomm. AktG, Vor § 53a Rz. 17 ff.; *Hüffer*, § 179 Rz. 30; *Stein* in Münch-Komm. AktG, § 179 Rz. 218 f.
210 BGH v. 20.3.1995 – II ZR 205/94 – „Girmes", BGHZ 129, 136, 153 = AG 1995, 368; *Bungeroth* in MünchKomm. AktG, Vor § 53a Rz. 23; *Stein* in MünchKomm. AktG, § 179 Rz. 219.
211 *Hüffer*, § 179 Rz. 31; *Stein* in MünchKomm. AktG, § 179 Rz. 219; *Wiedemann* in Groß-komm. AktG, § 179 Rz. 157; *Zöllner* in KölnKomm. AktG, § 179 Rz. 213.
212 *Lutter* in FS Schilling, 1973, S. 206, 228; *Stein* in MünchKomm. AktG, § 179 Rz. 212; *Wiedemann* in Großkomm. AktG, § 179 Rz. 136 und 155.
213 *Hüffer*, § 179 Rz. 32; *Stein* in MünchKomm. AktG, § 179 Rz. 213; *Wiedemann* in Groß-komm. AktG, § 179 Rz. 156.
214 *Hüffer*, § 179 Rz. 32; *Stein* in MünchKomm. AktG, § 179 Rz. 214; *Wiedemann* in Groß-komm. AktG, § 179 Rz. 155.

VII. Aufhebung und Änderung von Satzungsänderungsbeschlüssen

Ein satzungsändernder Beschluss wird erst mit seiner Eintragung in das Handelsre- 47
gister wirksam (§ 181 Abs. 3; dort Rz. 39). Bis zu diesem Zeitpunkt kann daher die
Hauptversammlung den Satzungsänderungsbeschluss ohne Rücksicht auf die nach
Gesetz oder Satzung erhöhten Anforderungen an Satzungsänderungen mit einfacher
Stimmenmehrheit **aufheben**, sofern die Satzung nicht etwas anderes bestimmt[215].
Soll hingegen ein satzungsändernder Beschluss vor seiner Eintragung **geändert** (auch:
teilaufgehoben) werden, muss der Änderungsbeschluss die für Satzungsänderungen
geltenden gesetzlichen oder statutarischen Mehrheitserfordernisse sowie etwaige
weitere Erfordernisse i.S.d. § 179 Abs. 2 Satz 3 erfüllen, da die nunmehr angestrebte
Satzungsänderung nicht mehr vom ursprünglichen Hauptversammlungsbeschluss legitimiert wird[216]. Nach Eintragung der Satzungsänderung kann diese nur durch eine
erneute Satzungsänderung wieder rückgängig gemacht oder modifiziert werden.

VIII. Sonderbeschlüsse

1. Allgemeines

§ 179 Abs. 3 normiert eine *zusätzliche* Wirksamkeitsvoraussetzung der Satzungsän- 48
derung für den Fall, dass mehrere Gattungen von Aktien bestehen und die Satzungsänderung nachteilig in die Rechte einer Gattung eingreift. In diesem Fall ist neben
dem satzungsändernden Hauptversammlungsbeschluss ein Sonderbeschluss der benachteiligten Aktionäre erforderlich[217]. Der **Zweck** der Vorschrift besteht darin, **Satzungsänderungen** zum Nachteil einer Aktiengattung **zu erleichtern**, da die Satzungsänderung bei Fehlen einer entsprechenden Regelung nach allgemeinen Grundsätzen
zu ihrer Wirksamkeit der Zustimmung jedes einzelnen benachteiligten Aktionärs bedürfte[218]. Stattdessen lässt § 179 Abs. 3 eine Mehrheitsentscheidung der betroffenen
Gruppe genügen und schafft so einen Ausgleich zwischen den individuellen Schutz-
interessen der benachteiligten Aktionäre und dem Interesse der AG an der Durch-
führbarkeit notwendiger Satzungsänderungen[219].

2. Anwendungsbereich und Verhältnis zu anderen Sonderbeschlüssen

Das **allgemeine Gleichbehandlungsgebot** des § 53a wird durch die speziellere Rege- 49
lung des § 179 Abs. 3 verdrängt[220]. Bei der **Kapitalerhöhung bzw. -herabsetzung** wird
§ 179 Abs. 3 durch die Sondervorschriften der §§ 182 Abs. 2 bzw. 222 Abs. 2 ver-

---

215 *Baumbach/Hueck*, § 181 Anm. 4; *v. Godin/Wilhelmi*, § 181 Anm. 10; *Hüffer*, § 179 Rz. 40;
Stein in MünchKomm. AktG, § 179 Rz. 53; *Wiedemann* in Großkomm. AktG, § 179
Rz. 183; *Zöllner* in KölnKomm. AktG, § 179 Rz. 162.
216 *Hüffer*, § 179 Rz. 40; *Stein* in MünchKomm. AktG, § 179 Rz. 54; *Zöllner* in KölnKomm.
AktG, § 179 Rz. 162.
217 *Hüffer*, § 179 Rz. 41; *Stein* in MünchKomm. AktG, § 179 Rz. 178; *Wiedemann* in Großkomm. AktG, § 179 Rz. 138; *Zöllner* in KölnKomm. AktG, § 179 Rz. 173.
218 *T. Bezzenberger*, Vorzugsaktien im Stimmrecht, S. 118 ff.; *Fuchs*, ZGR 2003, 167, 189;
Hüffer, § 179 Rz. 41; *Stein* in MünchKomm. AktG, § 179 Rz. 178; *Senger/Vogelmann*, AG
2002, 193, 207; *Wiedemann* in Großkomm. AktG, § 179 Rz. 138; *Zöllner* in KölnKomm.
AktG, § 179 Rz. 174.
219 OLG Celle v. 30.10.2002 – 9 U 83/02, NZG 2003, 184, 185; *Stein* in MünchKomm. AktG,
§ 179 Rz. 178; vgl. auch *Wiedemann* in Großkomm. AktG, § 179 Rz. 138; *Zöllner* in Köln-
Komm. AktG, § 179 Rz. 174.
220 *Stein* in MünchKomm. AktG, § 179 Rz. 179; *Zöllner* in KölnKomm. AktG, § 179 Rz. 175;
ähnlich *Heider* in MünchKomm. AktG, § 11 Rz. 43; *Hüffer*, § 179 Rz. 41 (jeweils „modifiziert").

drängt, die bei Vorhandensein mehrerer Gattungen stimmberechtigter Aktien einen Sonderbeschluss der Aktionäre jeder Gattung verlangen, ohne dass es dabei auf eine Benachteiligung einer der vorhandenen Aktiengattungen ankäme[221]. Die **Aufhebung oder Beschränkung des Gewinnvorzugs bei Vorzugsaktien ohne Stimmrecht** bedarf nach § 141 Abs. 1 eines Sonderbeschlusses der Vorzugsaktionäre (§ 141 Rz. 4 ff.); es handelt sich um eine Spezialvorschrift, die in ihrem Anwendungsbereich das Sonderbeschlusserfordernis nach § 179 Abs. 3 verdrängt[222]. Ein Beschluss über die **Ausgabe von Vorzugsaktien** bedarf nach § 141 Abs. 2 Satz 1 der Zustimmung der Vorzugsaktionäre im Wege des Sonderbeschlusses, wenn die neuen Vorzugsaktien den bestehenden Vorzugsaktien bei der Gewinnverteilung oder der Verteilung des Gesellschaftsvermögens vorgehen oder gleichstehen[223]. Die **Beseitigung von Mehrstimmrechten** (§ 12 Rz. 19 ff.) bedarf nach § 5 Abs. 2 Satz 3 EGAktG keines Sonderbeschlusses der betroffenen Aktionäre[224], darüber hinaus nach Sinn und Zweck der Vorschrift auch keiner Einzelzustimmung der betroffenen Aktionäre[225]. Außenstehende Aktionäre, die z.B. nach §§ 295 Abs. 2, 309 Abs. 3 einer **Konzernmaßnahme** im Wege des Sonderbeschlusses zustimmen müssen, bilden keine eigene Aktiengattung, so dass § 179 Abs. 3 nach allgemeiner Ansicht anwendbar ist, sofern auch dessen Voraussetzungen ausnahmsweise erfüllt sind[226].

3. Voraussetzungen des Zustimmungserfordernisses

a) Existenz verschiedener Aktiengattungen

50 Nach seinem klaren Wortlaut findet das Sonderbeschlusserfordernis des § 179 Abs. 3 nur Anwendung, wenn im Zeitpunkt der Beschlussfassung über die Satzungsänderung **mehrere Aktiengattungen** (§ 11 Rz. 2 ff.) vorhanden sind[227]. Das Zustimmungserfordernis nach § 179 Abs. 3 besteht daher nicht, wenn durch die Satzungsänderung unterschiedliche Aktiengattungen erst eingeführt werden[228]. Allerdings können sich in diesem Fall Zustimmungserfordernisse aus anderen Gründen ergeben, z.B. wenn die neue Gattung durch Umwandlung eines Teils der vorhandenen Aktien geschaffen wird (Zustimmung aller Aktionäre, deren Aktien von der Umwandlung betroffen sind) und die Aktionäre dabei nicht gleich behandelt werden (Zustimmung der von der Ungleichbehandlung betroffenen Aktionäre)[229].

---

221 *Hüffer*, § 179 Rz. 42; *Wiedemann* in Großkomm. AktG, § 179 Rz. 139; *Zöllner* in KölnKomm. AktG, § 179 Rz. 177.

222 OLG Köln v. 20.9.2001 – 18 U 125/01 – „Metro AG", ZIP 2001, 2049, 2050; *Hüffer*, § 179 Rz. 42; *Stein* in MünchKomm. AktG, § 179 Rz. 181; *Wiedemann* in Großkomm. AktG, § 179 Rz. 140; *Zöllner* in KölnKomm. AktG, § 179 Rz. 178.

223 *Hüffer*, § 179 Rz. 42; *Krieger* in FS Lutter, 2000, S. 497, 508; *Stein* in MünchKomm. AktG, § 179 Rz. 182; *Volhard/Goldschmidt* in FS Lutter, 2000, S. 779, 799; *Wiedemann* in Großkomm. AktG, § 179 Rz. 140; *Zöllner* in KölnKomm. AktG, § 179 Rz. 179.

224 *Hüffer*, § 179 Rz. 42; *Stein* in MünchKomm. AktG, § 179 Rz. 183.

225 *Stein* in MünchKomm. AktG, § 179 Rz. 183.

226 *Hüffer*, § 179 Rz. 42; *Stein* in MünchKomm. AktG, § 179 Rz. 184; *Zöllner* in KölnKomm. AktG, § 179 Rz. 180.

227 *Hüffer*, § 179 Rz. 43; *Stein* in MünchKomm. AktG, § 179 Rz. 185; *Wiedemann* in Großkomm. AktG, § 179 Rz. 142; *Zöllner* in KölnKomm. AktG, § 179 Rz. 181.

228 *Hefermehl/Bungeroth* in G/H/E/K, § 179 Rz. 165; *Hüffer*, § 179 Rz. 43; *Lutter/Uwe H. Schneider*, ZGR 1975, 182, 190; *Stein* in MünchKomm. AktG, § 179 Rz. 185; *Wiedemann* in Großkomm. AktG, § 179 Rz. 142; *Zöllner* in KölnKomm. AktG, § 179 Rz. 181.

229 *Hüffer*, § 179 Rz. 43; *Lutter/Uwe H. Schneider*, ZGR 1975, 182, 190; *Stein* in MünchKomm. AktG, § 179 Rz. 185; *Wiedemann* in Großkomm. AktG, § 179 Rz. 142; *Zöllner* in KölnKomm. AktG, § 179 Rz. 181.

b) Veränderung des Verhältnisses mehrerer Aktiengattungen

Aus dem Normzweck des § 179 Abs. 3 (Rz. 49) folgt, dass die Satzungsänderung das 51 Verhältnis mehrerer Aktiengattungen unmittelbar ändern muss (d.h. unmittelbar eine Aktiengattung beeinträchtigt)[230]. Eine **unmittelbare Veränderung** des Verhältnisses mehrerer Aktiengattungen ist anzunehmen (i) bei der Vergrößerung oder Verkleinerung des Umfangs einer Gattung, (ii) der Veränderung der rechtlichen Ausstattung einer Aktiengattung durch Beseitigung, Beschränkung, Verstärkung oder Hinzufügung von Rechten[231] und (iii) im Falle der sofortigen und endgültigen Verschlechterung der Einfluss- und Vermögensposition der Gattung, ohne dass es des Hinzutretens weiterer Beschlüsse oder Maßnahmen bedarf[232]. *Keine* unmittelbare Veränderung des Verhältnisses der Aktiengattungen liegt dagegen vor, wenn sich die Satzungsänderung lediglich auf den Aktienwert einer Gattung, auf ihre Gewinnchancen (z.B. wegen Dotierung von Gewinnrücklagen, § 58 Abs. 1 Satz 1, abs. 2 Satz 2)[233] oder ihre allgemeine Machtposition in der Gesellschaft[234] auswirkt. Entscheidend ist, dass die Satzungsänderung gerade in diejenigen gattungsbegründenden Rechtspositionen[235] nachteilig eingreift, die der Gattung ihre bevorrechtigte Stellung im Verhältnis zu anderen Gattungen sichert[236]. Das ist z.B. auch der Fall bei der Neufestsetzung der Gewinnbeteiligung einzelner Gattungen[237], Veränderungen des relativen Stimmgewichts einzelner Gattungen (z.B. künftiger Verzicht auf Erfordernis der qualifizierten Kapitalmehrheit bei Vorhandensein von Mehrstimmrechtsaktien unter Verkürzung des Gewichts der Stammaktien)[238] sowie im Falle der Aufhebung des Gewinnvorzugs, wenn durch die damit einhergehende Beseitigung einer ursprünglichen Höchstdividende der Vorzugsaktien die Gewinnberechtigung der Stammaktionäre beeinträchtigt wird[239].

---

230 RG v. 25.9.1912 – I 6/12, RGZ 80, 95, 99; RG v. 24.9.1929 – II 26/29, RGZ 125, 356, 361; OLG Celle v. 30.10.2002 – 9 U 83/02, AG 2003, 505, 506; OLG Köln v. 20.9.2001 – 18 U 125/01 – „Metro AG", ZIP 2001, 2049, 2050; *Hefermehl/Bungeroth* in G/H/E/K, § 179 Rz. 166 ff.; *Senger/Vogelmann*, AG 2002, 193, 195; *Stein* in MünchKomm. AktG, § 179 Rz. 187; *Wiedemann* in Großkomm. AktG, § 179 Rz. 144; zurückhaltend *Hüffer*, § 179 Rz. 44; *Zöllner* in KölnKomm. AktG, § 179 Rz. 183; a.A. v. *Godin/Wilhelmi*, § 179 Anm. 8.

231 *Krieger* in FS Lutter, 2000, S. 497, 507; *Stein* in MünchKomm. AktG, § 179 Rz. 187; *Wiedemann* in Großkomm. AktG, § 179 Rz. 145; *Zöllner* in KölnKomm. AktG, § 179 Rz. 182; vgl. auch RG v. 25.9.1912 – I 6/12, RGZ 80, 95, 98 f.; OLG Köln v. 20.9.2001 – 18 U 125/01 – „Metro AG", ZIP 2001, 2049, 2050.

232 *Senger/Vogelmann*, AG 2002, 193, 195; *Stein* in MünchKomm. AktG, § 179 Rz. 187; *Wiedemann* in Großkomm. AktG, § 179 Rz. 145.

233 OLG Celle v. 30.10.2002 – 9 U 83/02, AG 2003, 505, 506; *Wiedemann* in Großkomm. AktG, § 179 Rz. 427; *Zöllner* in KölnKomm. AktG, § 179 Rz. 183.

234 *Zöllner* in KölnKomm. AktG, § 179 Rz. 183; ebenso unter stärkerer Betonung des zeitlichen Aspekts der späteren Auswirkung *Wiedemann* in Großkomm. AktG, § 179 Rz. 145.

235 Vgl. *Zöllner* in KölnKomm. AktG, § 179 Rz. 185.

236 *Stein* in MünchKomm. AktG, § 179 Rz. 187; *Wiedemann* in Großkomm. AktG, § 179 Rz. 145;

237 RG v. 25.9.1912 – I 6/12, RGZ 80, 95, 98 f.; *Stein* in MünchKomm. AktG, § 179 Rz. 188; *Wiedemann* in Großkomm. AktG, § 179 Rz. 145; *Zöllner* in KölnKomm. AktG, § 179 Rz. 182.

238 RG v. 24.9.1929 – II 26/29, RGZ 125, 356, 361; v. *Godin/Wilhelmi*, § 179 Anm. 8; *Stein* in MünchKomm. AktG, § 179 Rz. 188; *Wiedemann* in Großkomm. AktG, § 179 Rz. 145; a.A. *Zöllner* in KölnKomm. AktG, § 179 Rz. 183.

239 v. *Godin/Wilhelmi*, § 11 Anm. 8; *Senger/Vogelmann*, AG 2002, 193, 195; *Wiedemann* in Großkomm. AktG, § 179 Rz. 145; a.A. LG Berlin v. 1.10.1937 – 408 T 8652/37, JW 1937, 2835 f.

4. Benachteiligung einer Gattung

52   Ein das Sonderbeschlusserfordernis auslösender **Nachteil** liegt vor, wenn durch die
Satzungsänderung gattungsspezifische[240] Rechte einer Gattung aufgehoben oder eingeschränkt werden[241] bzw. umgekehrt entsprechende Rechte der anderen Gattung
verstärkt oder erweitert[242] bzw. Pflichten der anderen Gattung aufgehoben oder eingeschränkt werden, wodurch die Rechte einer anderen Gattung geschmälert oder
sonst beeinträchtigt werden[243]. Maßstab für das Schutzniveau ist dabei der bisherige
rechtliche Status einer Gattung, wie er sich aus der Satzung ergibt und der nicht ohne die Zustimmung der Gattungsangehörigen verschlechtert werden darf[244].

53   Begründet die Satzungsänderung Nachteile für mehrere Aktiengattungen, so ist ein
Sonderbeschluss jeder der betroffenen Gattungen erforderlich; ein einheitlicher Sonderbeschluss aller benachteiligter Gattungen genügt nicht[245]. Auch ein einstimmig
gefasster Satzungsänderungsbeschluss, der nachteilig in die gattungsspezifischen
Rechte einer Aktiengattung eingreift, bedarf zu seiner Wirksamkeit eines Sonderbeschlusses der benachteiligten Gattung, da dem Beschlusserfordernis eine **Warnfunktion** zukommt[246]. Sind neben Stammaktien nur Vorzugsaktien ohne Stimmrecht
(§§ 139 ff.) vorhanden, so ist ein Sonderbeschluss der Stammaktionäre entbehrlich,
wenn sich die Rechtsposition der Vorzugsaktionäre durch die Satzungsänderung lediglich verbessert, da der Sonderbeschluss dann lediglich eine Wiederholung des ersten Beschlusses wäre[247].

5. Verfahren

a) Gesonderte Versammlung oder gesonderte Abstimmung

54   Der Sonderbeschluss nach § 179 Abs. 3 Satz 2 kann in einer **gesonderten Versammlung** der beeinträchtigten Gattung oder in einer **gesonderten Abstimmung** im Rahmen der Hauptversammlung gefasst werden[248]. Eine Zusammenfassung der Beschlussfassung der Hauptversammlung über die Satzungsänderung mit dem Sonderbeschluss der benachteiligten Aktionäre in einer einheitlichen Abstimmung ist nicht
zulässig, da anderenfalls die Warnfunktion des Sonderbeschlusserfordernisses nicht
gewährleistet wäre[249]. Für das Verfahren gilt der auf alle Arten von Sonderbeschlüssen anwendbare § 138 (dort Rz. 1, 10 ff.).

---

240   *Stein* in MünchKomm. AktG, § 179 Rz. 193; *Zöllner* in KölnKomm. AktG, § 179 Rz. 185.
241   *Hüffer*, § 179 Rz. 44; *Stein* in MünchKomm. AktG, § 179 Rz. 189; *Zöllner* in KölnKomm.
          AktG, § 179 Rz. 185; vgl. auch OLG Köln v. 20.9.2001 – 18 U 125/01 – „Metro AG", ZIP
          2001, 2049, 2050.
242   OLG Celle v. 30.10.2002 – 9 U 83/02, AG 2003, 505, 506; OLG Köln v. 20.9.2001 – 18 U 125/
          01 – „Metro AG", ZIP 2001, 2049, 2050; *Hüffer*, § 179 Rz. 44; *Stein* in MünchKomm. AktG,
          § 179 Rz. 189.
243   *Stein* in MünchKomm. AktG, § 179 Rz. 189.
244   OLG Celle v. 30.10.2002 – 9 U 83/02, AG 2003, 505, 506; *Stein* in MünchKomm. AktG,
          § 179 Rz. 189.
245   *Hüffer*, § 179 Rz. 45; *Senger/Vogelmann*, AG 2002, 193, 195; *Stein* in MünchKomm. AktG,
          § 179 Rz. 192; a.A. v. *Godin/Wilhelmi*, § 179 Anm. 9.
246   *Hüffer*, § 179 Rz. 45; *Senger/Vogelmann*, AG 2002, 193, 195; *Stein* in MünchKomm. AktG,
          § 179 Rz. 195; *Wiedemann* in Großkomm. AktG, § 179 Rz. 148; *Zöllner* in KölnKomm.
          AktG, § 179 Rz. 187.
247   *Hüffer*, § 179 Rz. 45; *Stein* in MünchKomm. AktG, § 179 Rz. 195; *Wirth/Arnold*, ZGR 2002,
          859, 871; *Werner*, AG 1971, 69, 74.
248   *Stein* in MünchKomm. AktG, § 179 Rz. 195; *Wiedemann* in Großkomm. AktG, § 179
          Rz. 148.
249   *Stein* in MünchKomm. AktG, § 179 Rz. 195; vgl. auch *Wiedemann* in Großkomm. AktG,
          § 179 Rz. 148.

b) Zeitpunkt

Der Sonderbeschluss selbst kann sowohl **vor wie nach dem satzungsändernden** 55
Hauptversammlungsbeschluss gefasst werden[250]. Folgt der Sonderbeschluss dem
Hauptversammlungsbeschluss zeitlich nach, hat der Vorstand in entsprechender An-
wendung von § 83 Abs. 2 die erforderlichen organisatorischen Maßnahmen zu tref-
fen, um der Satzungsänderung in angemessener Frist (Einzelfallbestimmung[251]) durch
Herbeiführung des notwendigen Sonderbeschlusses zur Wirksamkeit zu verhelfen[252].
Die Satzung kann verlangen, dass ein Sonderbeschluss innerhalb einer bestimmten
Frist zu fassen ist („weiteres Erfordernis" i.S.d. § 179 Abs. 3 Satz 2 i.V.m. Abs. 2
Satz 3)[253].

c) Mehrheiten und weitere Erfordernisse

Für den Sonderbeschluss gelten nach § 179 Abs. 3 Satz 3, Abs. 2 Satz 3 grundsätzlich 56
dieselben Mehrheitserfordernisse wie für den satzungsändernden Hauptversammlungsbeschluss selbst, d.h. erforderlich ist eine **Dreiviertel-Kapitalmehrheit** und zusätzlich die **einfache Stimmenmehrheit** der an der Abstimmung teilnehmenden benachteiligten Aktionäre (§ 138 Satz 2 i.V.m. § 133 Abs. 1)[254]. Die Satzung kann nach
§ 179 Abs. 3 Satz 3 i.V.m. Abs. 2 Satz 2 sowie § 138 Satz 2 i.V.m. § 133 Abs. 1 hiervon
abweichende Mehrheitserfordernisse oder nach § 179 Abs. 3 Satz 3 i.V.m. Abs. 2
Satz 3 weitere Erfordernisse festlegen[255]. Dabei sind allerdings die auch für Satzungsänderungen geltenden Grenzen (oben Rz. 35 ff.) zu beachten[256]. Zulässig ist es auch,
für Satzungsänderungen und Sonderbeschlüsse unterschiedliche Mehrheiten zu bestimmen[257]. Sieht die Satzung allgemein für Satzungsänderungen von § 179 Abs. 2
Satz 1 abweichende Mehrheitserfordernisse oder weitere Erfordernisse i.S.d. § 179
Abs. 2 Satz 3 vor, so gelten diese im Zweifel auch für Sonderbeschlüsse[258].

d) Fehlen und Fehlerhaftigkeit von Sonderbeschlüssen

Fehlt ein nach § 179 Abs. 3 Satz 1 erforderlicher zustimmender Sonderbeschluss der 57
benachteiligten Aktionäre, ist der satzungsändernde Hauptversammlungsbeschluss
schwebend **unwirksam**[259]. Erst wenn ein die Zustimmung verweigernder Sonderbeschluss ergeht oder ein zustimmender Sonderbeschluss nicht innerhalb angemessener oder satzungsmäßig vorgesehener Frist (Rz. 57) gefasst wird, tritt die endgültige

---

250 *Hefermehl/Bungeroth* in G/H/E/K, § 179 Rz. 177; *Hüffer*, § 179 Rz. 46; *Wiedemann* in Großkomm. AktG, § 179 Rz. 149; *Zöllner* in KölnKomm. AktG, § 179 Rz. 194.
251 *Stein* in MünchKomm. AktG, § 179 Rz. 200; *Wiedemann* in Großkomm. AktG, § 179
Rz. 149.
252 *Hüffer*, § 179 Rz. 46; *Stein* in MünchKomm. AktG, § 179 Rz. 199.
253 *Hüffer*, § 179 Rz. 46; *Stein* in MünchKomm. AktG, § 179 Rz. 200 und 205; *Wiedemann* in
Großkomm. AktG Rz. 149.
254 *Hüffer*, § 179 Rz. 47; *Stein* in MünchKomm. AktG, § 179 Rz. 202; *Wiedemann* in Großkomm. AktG, § 179 Rz. 150; *Zöllner* in KölnKomm. AktG, § 179 Rz. 190.
255 *Hüffer*, § 179 Rz. 47; *Stein* in MünchKomm. AktG, § 179 Rz. 203, 205.
256 *Stein* in MünchKomm. AktG, § 179 Rz. 203; *Wiedemann* in Großkomm. AktG, § 179
Rz. 150.
257 *Hüffer*, § 179 Rz. 46; *Stein* in MünchKomm. AktG, § 179 Rz. 204; *Wiedemann* in Großkomm. AktG, § 179 Rz. 150; *Zöllner* in KölnKomm. AktG, § 179 Rz. 190; a.A. *v. Godin/Wil-
helmi*, § 179 Anm. 10.
258 *Hüffer*, § 179 Rz. 46; *Stein* in MünchKomm. AktG, § 179 Rz. 204, 206, *Wiedemann* in Großkomm. AktG, § 179 Rz. 138, 150; *Zöllner* in KölnKomm. AktG, § 179 Rz. 190.
259 RG v. 21.6.1935 – II B 5/35, RGZ 148, 175, 184 ff.; OLG Stuttgart v. 11.2.1992 – 10 U 313/90,
AG 1993, 94; LG Mannheim v. 15.12.1966 – 9 O 20/66, AG 1967, 83, 84; *Hüffer*, § 179
Rz. 49; *Stein* in MünchKomm. AktG, § 179 Rz. 207; *Wiedemann* in Großkomm. AktG,
§ 179 Rz. 152; *Zöllner* in KölnKomm. AktG, § 179 Rz. 191.

Unwirksamkeit ein[260]. Liegt ein zustimmender Sonderbeschluss nicht vor, so darf das Registergericht die Eintragung der Satzungsänderung in das Handelsregister nicht vornehmen[261]. Eine gleichwohl vorgenommene Eintragung führt zunächst nicht zur Wirksamkeit der Satzungsänderung[262]. Die fälschlich eingetragene Satzungsänderung kann jedoch analog § 242 Abs. 2 mit Ablauf von drei Jahren nach Eintragung der Satzungsänderung in das Handelsregister geheilt werden[263]. In der Zwischenzeit kann jeder Aktionär, dessen Rechte betroffen sind, die Unwirksamkeit im Wege der Feststellungsklage geltend machen[264].

58   Ist ein Sonderbeschluss mangelbehaftet, so ist er je nach Art des Mangels **nichtig** (§ 241) oder **anfechtbar** (§ 243) und kann selbstständig Gegenstand einer Nichtigkeits- oder Anfechtungsklage sein (vgl. § 138 Satz 2)[265]. Anfechtungsbefugt sind allerdings in sinngemäßer Anwendung von § 245 Nr. 1 bis 3 nur die Inhaber von Aktien der benachteiligten Gattung[266]. Ist ein Sonderbeschluss nichtig, so gelten dieselben Grundsätze wie im Falle des Fehlens eines Sonderbeschlusses (Rz. 58 f.)[267]. Einem nichtigen Sonderbeschluss steht ein anfechtbarer Sonderbeschluss gleich, der auf Anfechtungsklage durch Urteil für nichtig erklärt wurde (§ 138 Satz 2 i.V.m. § 241 Nr. 5)[268]. Bis zur Rechtskraft des Anfechtungsurteils liegt ein wirksamer Hauptversammlungsbeschluss vor, der grundsätzlich eintragungsfähig ist. Das Registergericht kann jedoch, sofern ein Anfechtungsprozess läuft oder die Anfechtungsfrist noch nicht abgelaufen ist, die Eintragung der Satzungsänderung nach § 127 FGG aussetzen[269].

§ 179a
Verpflichtung zur Übertragung des ganzen Gesellschaftsvermögens

(1) Ein Vertrag, durch den sich eine Aktiengesellschaft zur Übertragung des ganzen Gesellschaftsvermögens verpflichtet, ohne dass die Übertragung unter die Vorschriften des Umwandlungsgesetzes fällt, bedarf auch dann eines Beschlusses der Hauptversammlung nach § 179, wenn damit nicht eine Änderung des Unternehmensgegenstandes verbunden ist. Die Satzung kann nur eine größere Kapitalmehrheit bestimmen.

---

260 OLG Stuttgart v. 11.2.1992 – 10 U 313/90, AG 1993, 94; *Hüffer*, § 179 Rz. 49; *Stein* in MünchKomm. AktG, § 179 Rz. 207; *Wiedemann* in Großkomm. AktG, § 179 Rz. 152.

261 RG v. 21.6.1935 – II B 5/35, RGZ 148, 175, 187; *Stein* in MünchKomm. AktG, § 179 Rz. 208; *Wiedemann* in Großkomm. AktG, § 179 Rz. 153; *Zöllner* in KölnKomm. AktG, § 179 Rz. 192.

262 *Baumbach/Hueck*, § 179 Anm. 12; *Stein* in MünchKomm. AktG, § 179 Rz. 208; *Wiedemann* in Großkomm. AktG, § 179 Rz. 153.

263 *Baumbach/Hueck*, § 179 Anm. 12; *Hüffer*, § 179 Rz. 49; *Stein* in MünchKomm. AktG, § 179 Rz. 209; *Wiedemann* in Großkomm. AktG, § 179 Rz. 153; *Zöllner* in KölnKomm. AktG, § 179 Rz. 192.

264 OLG Stuttgart v. 11.2.1992 – 10 U 313/90, AG 1993, 94; *Stein* in MünchKomm. AktG, § 179 Rz. 208; vgl. auch *Wiedemann* in Großkomm. AktG, § 179 Rz. 131.

265 *G. Bezzenberger* in Großkomm. AktG, § 138 Rz. 30; *Baumbach/Hueck*, § 179 Anm. 12; *Hüffer*, § 179 Rz. 48; *Stein* in MünchKomm. AktG, § 179 Rz. 210; *Wiedemann* in Großkomm. AktG, § 179 Rz. 154; *Zöllner* in KölnKomm. AktG, § 179 Rz. 193.

266 *G. Bezzenberger* in Großkomm. AktG, § 138 Rz. 30; *Hüffer*, § 179 Rz. 48; *Stein* in Münch-Komm. AktG, § 179 Rz. 210.

267 *Hüffer*, § 179 Rz. 48; *Stein* in MünchKomm. AktG, § 179 Rz. 211.

268 *Hüffer*, § 179 Rz. 48; *Stein* in MünchKomm. AktG, § 179 Rz. 211.

269 *Stein* in MünchKomm. AktG, § 179 Rz. 211.

(2) Der Vertrag ist von der Einberufung der Hauptversammlung an, die über die Zustimmung beschließen soll, in dem Geschäftsraum der Gesellschaft zur Einsicht der Aktionäre auszulegen. Auf Verlangen ist jedem Aktionär unverzüglich eine Abschrift zu erteilen. In der Hauptversammlung ist der Vertrag auszulegen. Der Vorstand hat ihn zu Beginn der Verhandlung zu erläutern. Der Niederschrift ist er als Anlage beizufügen.

(3) Wird aus Anlass der Übertragung des Gesellschaftsvermögens die Gesellschaft aufgelöst, so ist der Anmeldung der Auflösung der Vertrag in Ausfertigung oder öffentlich beglaubigter Abschrift beizufügen.

I. Allgemeines	1	1. Zustimmungserfordernis	13
1. Regelungsgegenstand und Normzweck	1	2. Mehrheitserfordernisse; Stimmrecht	15
2. Anwendungsbereich	3	3. Keine materielle Beschlusskontrolle	16
3. Entsprechende Anwendung auf andere Gesellschaftsformen	4	4. Beschlussmängel	17
4. Verhältnis zur Satzungsänderung	5	**IV. Informationspflichten (§ 179a Abs. 2)**	18
5. Verhältnis zur Holzmüller/Gelatine-Doktrin	6	1. Pflicht zur Auslegung in den Geschäftsräumen (§ 179a Abs. 2 Satz 1)	18
II. Tatbestand des § 179a	7	2. Pflicht zur Erläuterung (§ 179a Abs. 2 Satz 4)	21
1. Übertragung des ganzen Gesellschaftsvermögens	7	3. Beifügung als Anlage zur Niederschrift (§ 179a Abs. 2 Satz 5)	22
2. Abschluss, Inhalt und Form des Übertragungsvertrags	9	**V. Vermögensübertragung und Auflösung (§ 179a Abs. 3)**	23
3. Wirksamkeit des Übertragungsvertrags und Erfüllung	11	1. Beifügung des Übertragungsvertrags zur Anmeldung der Auflösung	23
III. Zustimmungsbeschluss der Hauptversammlung (§ 179a Abs. 1)	13	2. Sonderfall: übertragende Auflösung	24

Literatur: *Adolff/Tieves*, Über den rechten Umgang mit einem entschlusslosen Gesetzgeber: Die aktienrechtliche Lösung des BGH für den Rückzug von der Börse, BB 2003, 797; *Bauer*, Zur Zulässigkeit der übertragenden Auflösung, NZG 2000, 1214; *Bungert*, Ausgliederung durch Einzelrechtsübertragung und analoge Anwendung des Umwandlungsgesetzes, NZG 1998, 367; *Fleischer*, Das neue Recht des Squeeze out, ZGR 2002, 757; *Friedrich*, Auflösung einer Kapitalgesellschaft und Übernahme des Unternehmens durch einen Gesellschafter, BB 1994, 89; *Grunewald*, Die neue Squeeze-out-Regelung, ZIP 2002, 18; *Grunewald*, Das Recht zum Austritt aus der Aktiengesellschaft, in FS Claussen, 1997, S. 103; *Hanau*, Der Bestandsschutz der Mitgliedschaft anlässlich der Einführung des „Squeeze Out" im Aktienrecht, NZG 2002, 1040; *Henze*, Erscheinungsformen des squeeze-out von Minderheitsaktionären, in FS Wiedemann, 2002, S. 935; *Henze*, Der Schlusspunkt des Bundesverfassungsgerichts unter den Streit um die „übertragende Auflösung", in FS Peltzer, 2001, S. 181; *Henze*, Auflösung einer Aktiengesellschaft und Erwerb ihres Vermögens durch den Mehrheitsgesellschafter, ZIP 1995, 1473; *Henze*, Minderheitenschutz durch materielle Kontrolle der Beschlüsse über die Zustimmung nach § 179a AktG und die Änderung des Unternehmensgegenstandes der Aktiengesellschaft?, in FS Boujong, 1996, S. 233; *Kallmeyer*, Ausschluss von Minderheitsaktionären, AG 2000, 59; *Kort*, Squeeze-out-Beschluss: Kein Erfordernis sachlicher Rechtfertigung und bloß eingeschränkte Rechtsmissbrauchskontrolle, ZIP 2006, 1519; *Kossmann*, Ausschluss („Freeze-out") von Aktionären gegen Barabfindung, NZG 1999, 1198; *Krämer/Theiß*, Delisting nach der Macrotron-Entscheidung des BGH, AG 2003, 225; *Krieger*, Squeeze-Out nach neuem Recht: Überblick und Zweifelsfragen, BB 2002, 53; *Land/Hasselbach*, „Going Private" – und „Squeeze-out" nach deutschem Aktien-, Börsen- und Übernahmerecht, DB 2000, 557; *Mecke*, Konzernstruktur und Aktionärsentscheid, 1992; *Mertens*, Die Übertragung des ganzen Vermögens ist die Übertragung des (so gut wie) ganzen Vermögens, in FS Zöllner, Band I, 1998, S. 385; *Mülbert*, Abschwächungen des mitgliedschaftlichen Bestandsschutzes im Aktienrecht, in FS Ulmer, 2003, S. 433; *Peters*, Übertragung von Gesellschaftsvermögen und „Freezeout", BB 1999, 801; *Priester*, Die klassische Ausgliederung – ein Opfer des Umwandlungsgesetzes 1994?, ZHR 163 (1999), 187; *Roth*, Die übertragende Auflösung nach Einführung des Squeeze-out, NZG 2003, 998; *Rühland*, Die Zukunft der übertragenden Auflösung (§ 179a AktG) – Die Konsequenzen des gesetzlichen Ausschlussrechts, der geplanten Reform des Spruchverfahrens und der MotoMeter-Entscheidung des BVerfG für die übertragende Auflösung, WM 2002, 1957; *K. Schmidt*, Vermögensveräußerung aus der Personengesellschaft: ein Lehrstück am Rande des neuen Umwandlungsrechts, ZGR 1995, 675; *Schön*, Der Aktionär im Verfassungsrecht, in FS Ulmer, 2003, S. 1359; *Schwichtenberg*, Going Private und Squeezeouts in Deutschland, DStR 2001, 2075; *Selzner*, Kein Abfindungsanspruch des Minderheitsaktionärs bei Auflösung der Gesellschaft wegen Vermögensübertragung – MotoMeter II, WiB 1997, 585; *Wiedemann*, Minderheitsrechte ernstgenommen – Gedanken aus Anlass der Magna Media-Entscheidung BayObLG, ZIP 1998, 2002, ZGR 1999, 857; *Wilhelm/Dreier*, Beseitigung von Minderheitsbeteiligungen auch durch übertragende Auflösung einer AG?, ZIP 2003, 1369; *Windbichler*, Eie Rechte der Hauptversammlung bei Unternehmenszusammenschlüssen durch Vermögensübertragung, AG 1981, 169; *Wolf*, Der Minderheitenausschluss qua „übertragender Auflösung" nach Einführung des Squeeze-Out gemäß §§ 327a–f AktG, ZIP 2002, 153; *Wollburg/Gehling*, Umgestaltung des Konzerns – Wer entscheidet über die Veräußerung von Beteiligungen einer Aktiengesellschaft?, in FS Lieberknecht, 1997, S. 133.

I. Allgemeines

1. Regelungsgegenstand und Normzweck

1 **a)** Die durch das UmwBerG 1994[1] eingefügte Vorschrift hat einen **Sonderfall der Strukturveränderung** zum Gegenstand, nämlich die Begründung einer vertraglichen Verpflichtung der AG zur Übertragung ihres ganzen Vermögens auf einen anderen Rechtsträger im Wege der Einzelrechtsnachfolge[2]. Für die Gestaltungspraxis war bis zur Einführung des Squeeze-out durch die §§ 327a ff.[3] insbesondere die fehlende Beteiligung der Altgesellschafter am aufnehmenden Rechtsträger interessant[4]; die Minderheitsgesellschafter partizipieren lediglich am Liquidationserlös der AG, der wesentlich von der erbrachten Gegenleistung abhängt[5]. Diese Fallgruppe wird in unterschiedlicher Terminologie als übertragende Auflösung[6], auflösungsbedingte Übertragung[7], auflösende Übertragung[8] oder *sale of assets squeeze out*[9] bezeichnet. Aus § 179a Abs. 3 folgt ferner, dass weder die Zustimmung der Hauptversammlung zum Übertragungsvertrag noch die Vermögensübertragung selbst zur Liquidation der Gesellschaft führt (unten Rz. 34)[10].

2 **b)** Der **Zweck** der Vorschrift besteht im Schutz der **Vermögensinteressen** der Aktionäre[11], verwirklicht durch (i) das in Abs. 1 Satz 1 geregelte Mitwirkungserfordernis

---

1 Art. 6 Nr. 3 des Gesetzes zur Bereinigung des Umwandlungsrechts vom 28.10.1994, BGBl. I 1994, 3210, 3260 f.
2 *Hüffer*, § 179a Rz. 1 f.; *Stein* in MünchKomm. AktG, § 179a Rz. 1.
3 Eingeführt durch Art. 7 Nr. 2 des Gesetzes zur Regelung von öffentlichen Angeboten zum Erwerb von Wertpapieren und von Unternehmensübernahmen vom 20.12.2001, BGBl. I 2001, 3822, 3838 ff.
4 *Roth*, NZG 2003, 998.
5 BayObLG v. 17.9.1998 – 3 Z BR 37/98 – „Magna Media", AG 1999, 185, 187; *Lutter/Drygala* in FS Kropff, 1997, S. 191, 193; *Wolf*, ZIP 2002, 153, 154.
6 *Lutter/Drygala* in FS Kropff, 1997, S. 191 ff.
7 *Wiedemann*, ZGR 1999, 857, 860.
8 *Roth*, NZG 2003, 998 (Fn. 1).
9 *Wolf*, ZIP 2002, 153, 154; vgl. auch *Merkt/Göthel*, US-amerikanisches Gesellschaftsrecht, Rz. 1278.
10 *Hüffer*, § 179a Rz. 1, 20; *Stein* in MünchKomm. AktG, § 179a Rz. 68.
11 *Henze* in FS Boujong, 1996, S. 233, 247; *Hüffer*, § 179a Rz. 1; *Kraft* in KölnKomm. AktG, § 361 Rz. 3; *Küting*, DStR 2003, 838, 841; *Mertens* in FS Zöllner, Bd. 1, 1998, S. 385, 390; *Mülbert*, Aktiengesellschaft, Unternehmensgruppe und Kapitalmarkt, S. 174 ff., 180; *Noack*, ZIP 2002, 1873, 1878; *Stein* in MünchKomm. AktG, § 179a Rz. 7.

der Hauptversammlung (Rz. 15)[12] und (ii) durch die Informationspflichten nach Abs. 2, die den Aktionären den nötigen Aufschluss über die Vertragsbedingungen geben sollen (Rz. 28)[13]. Daneben schützt § 179a auch die **Dispositionsfreiheit** der Aktionäre, indem er sie vor einer ungewollten Preisgabe des Gesellschaftsvermögens und damit der Grundlagen der unternehmerischen Tätigkeit der Gesellschaft durch die Verwaltung bewahrt[14]. **Nicht geschützt** ist hingegen das **Bestandsinteresse** der Aktionäre am Erhalt ihrer Mitgliedschaft in der AG[15]. Wie die Ausschlussregelungen der übertragenden Auflösung (§ 179a) und des Squeeze-out (§§ 327a ff.) belegen, gibt es kein (verfassungsrechtlich abgesichertes) Recht der Minderheit auf Verbleib in der Gesellschaft gegen den Willen der Aktionärsmehrheit[16]. Damit stellt die **übertragende Auflösung** ein **prinzipiell zulässiges Verfahren zum Erwerb des Unternehmens durch den Mehrheitsaktionär** dar (dazu Rz. 25 ff.)[17].

2. Anwendungsbereich

§ 179a gilt für die **werbende Gesellschaft**[18]. Der Schutz der Aktionäre vor einer unangemessenen Vertragsgestaltung erfordert darüber hinaus die **Geltung des § 179a auch im Liquidationsstadium**[19]. **Keine Anwendung** findet § 179a hingegen **im Insolvenzverfahren**[20]; die notwendige Kontrolle des Insolvenzverwalters erfolgt hier durch den Gläubigerausschuss (§§ 69, 160 InsO)[21]. Auf **Vermögensübertragungen nach dem UmwG** (Verschmelzung, Spaltung, Vermögensübertragung) findet § 179a ebenfalls **keine Anwendung**[22].

3

---

12 BGH v. 16.11.1981 – II ZR 150/80 – „Hoesch/Hoogovens", BGHZ 82, 188, 195 = AG 1982, 129; BGH v. 9.1.1995 – II ZR 24/94, NJW 1995, 596; *Henze* in FS Wiedemann, 2002, S. 935, 939; *Hüffer*, § 179a Rz. 15; *Mertens* in FS Zöllner, Bd. 1, 1998, S. 385, 389; *K. Schmidt*, GesR, § 13 I 4b (S. 367), § 30 V 2a (S. 929); *K. Schmidt*, ZGR 1995, 675, 680; *Stein* in MünchKomm. AktG, § 179a Rz. 40; *Windbichler*, AG 1981, 169, 171.

13 BayObLG v. 17.9.1998 – 3 Z BR 37/98 – „Magna Media", AG 1999, 185, 186; *Stein* in Münch-Komm. AktG, § 179a Rz. 7.

14 BGH v. 16.11.1981 – II ZR 150/80 – „Hoesch/Hoogovens", BGHZ 82, 188, 195 f.; BGH v. 25.2.1982 – II ZR 174/80 – „Holzmüller", BGHZ 83, 122, 128 = AG 1982, 158; *Henze* in FS Boujong, 1996, S. 233, 244; *Hübner* in FS Stimpel, 1985, S. 791, 792; *Mertens* in FS Zöllner, Bd. 1, 1998, S. 385; *Rehbinder*, ZGR 1983, 92, 95; *Stein* in MünchKomm. AktG, § 179a Rz. 6; *Timm*, AG 1980, 172, 175; *Timm*, Die Aktiengesellschaft als Konzernspitze, S. 104 f.; vgl. auch Begr. RegE BT-Drucks. 12/6699, S. 177.

15 *Henze* in FS Boujong, 1996, S. 233, 247; *Stein* in MünchKomm. AktG, § 179a Rz. 8.

16 BVerfG v. 30.5.2007 – 1 BvR 390/04, BB 2007, 1515 f.; LG Osnabrück v. 5.7.2002 – 13 O 177/02, AG 2002, 527; *Stein* in MünchKomm. AktG, § 179a Rz. 73; *Wolf*, ZIP 2002, 153, 156; kritisch *Wiedemann*, ZGR 1999, 857, 865 ff.; a.A. *Hanau*, NZG 2002, 1040 ff.

17 BVerfG v. 23.8.2000 – 1 BvR 68/95 und 1 BvR 147/97 – „MotoMeter", NJW 2001, 279, 281; OLG Stuttgart v. 4.12.1996 – 8 W 43/93 – „MotoMeter II", AG 1997, 136, 137; BayObLG v. 17.9.1998 – 3 Z BR 37/98 – „Magna Media", AG 1999, 185; LG Stuttgart v. 2.11.1993 – 2 KfH O 113/92, AG 1993, 471; *Hüffer*, § 179a Rz. 10; *Kossmann*, NZG 1999, 1198, 1200; *Lutter/Drygala* in FS Kropff, 1997, S. 191, 213; *Reichert* in Habersack/Koch/Winter, Die Spaltung im neuen Umwandlungsrecht, S. 25, 30 ff.; *Roth*, NZG 2003, 998, 999 ff.; *Rühland*, WM 2002, 1957, 1965; *Stein* in MünchKomm. AktG, § 179a Rz. 73; *Wolf*, ZIP 2002, 153, 154 ff.; a.A. *Hanau*, NZG 2002, 1040, 1042 ff.; *Wilhelm/Dreier*, ZIP 2003, 1369, 1372 f.

18 *Hüffer*, § 179a Rz. 20; *Stein* in MünchKomm. AktG, § 179a Rz. 12.

19 *Baumbach/Hueck*, § 361 Anm. 5; *Hüffer*, § 179a Rz. 21 und § 268 Rz. 14; *Kraft* in KölnKomm. AktG, § 361 Rz. 7, 16; *Kropff* in G/H/E/K, § 361 Rz. 12; *Noack*, ZIP 2002, 1873, 1878; *Schilling* in Großkomm. AktG, 3. Aufl. 1975, § 361 Anm. 6; *Stein* in MünchKomm. AktG, § 179a Rz. 12.

20 *Baumbach/Hueck*, § 361 Anm. 5; *Kraft* in KölnKomm. AktG, § 361 Rz. 16; *Noack*, ZIP 2002, 1873, 1878; *Stein* in MünchKomm. AktG, § 179a Rz. 13.

21 *Stein* in MünchKomm. AktG, § 179a Rz. 13.

22 BayObLG v. 17.9.1998 – 3 Z BR 37/98 – „Magna Media", AG 1999, 185, 186; *Hüffer*, § 179a Rz. 6; *Stein* in MünchKomm. AktG, § 179a Rz. 22.

3. Entsprechende Anwendung auf andere Gesellschaftsformen

4 § 179a ist Ausdruck des allgemeinen verbandsrechtlichen Prinzips, dass die Übertragung des gesamten Gesellschaftsvermögens von der organschaftlichen Vertretungsbefugnis nicht gedeckt ist und deshalb eines Beschlusses der Gesellschafter bedarf[23]. Die Vorschrift findet daher nicht nur auf die AG und kraft Verweisung des § 278 Abs. 3 auch auf die KGaA Anwendung, sondern darüber hinaus analog auch auf die GmbH[24] und Personengesellschaften[25].

4. Verhältnis zur Satzungsänderung

5 Entgegen der systematischen Stellung im Recht der Satzungsänderung ist eine solche mit einer Vermögensübertragung keineswegs notwendig verbunden[26]. Die Vorschrift soll die Einbindung der Hauptversammlung auch dann sicherstellen, wenn die Vermögensübertragung nicht schon aus anderen Gründen eines Hauptversammlungsbeschlusses mit qualifizierter Mehrheit bedarf[27]. Für die Praxis bedeutet dies: Erfordert die Vermögensübertragung eine Satzungsänderung, dann muss die Änderung der Satzung zusätzlich zur Zustimmung nach § 179a Abs. 1 Satz 1 beschlossen und gem. § 181 zur Eintragung in das Handelsregister angemeldet werden[28]. Umgekehrt bedarf es auch dann eines Zustimmungsbeschlusses zur Vermögensübertragung, wenn die Vermögensübertragung mit der zuvor geänderten Satzung in Einklang steht[29]. Lediglich dann, wenn der satzungsändernde Beschluss der Hauptversammlung den Übertragungsvertrag oder seinen Entwurf in seinen Inhalt aufnimmt und überdies die Erfordernisse des § 179a Abs. 2 (u.a. Auslage des Vertrags(entwurfs) vor/während der Hauptversammlung, Erläuterung durch den Vorstand) gewahrt sind, ist damit zugleich dem Zustimmungserfordernis Genüge getan[30].

5. Verhältnis zur Holzmüller/Gelatine-Doktrin

6 Ohne das spezialgesetzlich geregelte Zustimmungserfordernis des § 179a Abs. 1 Satz 1 unterläge die Übertragung des ganzen Vermögens der AG regelmäßig dem (ungeschriebenen) Zustimmungserfordernis der Hauptversammlung nach den sog. Holzmüller-Grundsätzen[31], die der BGH zwischenzeitlich rechtsfortbildend von einer Ermessensschrumpfung des nach § 119 Abs. 2 bestehenden Vorlageermessens hin zu einer auf das Innenverhältnis beschränkten Sonderzuständigkeit der Hauptversammlung bei

---

23 BGH v. 9.1.1995 – II ZR 24/94, NJW 1995, 596; *K. Schmidt*, ZGR 1995, 675, 680; *K. Schmidt*, GesR, § 30 V 2c (S. 929), § 13 I 4b (S. 367); *Stein* in MünchKomm. AktG, § 179a Rz. 14.

24 *Priester* in Scholz, GmbHG, § 53 Rz. 177; *Reichert* in Habersack/Koch/Winter, Die Spaltung im neuen Umwandlungsrecht, S. 25, 48; *Stein* in MünchKomm. AktG, § 179a Rz. 14; *Ulmer* in Hachenburg, GmbHG, § 53 Rz. 38; *Ulmer* in FS Werner, 1984, S. 911, 929; *Zöllner* in Baumbach/Hueck, GmbHG, § 53 Rz. 25.

25 BGH v. 9.1.1995 – II ZR 24/94, NJW 1995, 596; *Habersack* in Großkomm. HGB, § 126 Rz. 16; *Hüffer* in Großkomm. HGB, § 22 Rz. 30 f.; *Priester*, ZHR 163 (1999), 187, 194; *K. Schmidt*, ZGR 1995, 675, 679 ff.; *K. Schmidt*, GesR, § 13 I 4b (S. 367); noch offen gelassen von BGH v. 8.7.1991 – II ZR 246/90, NJW 1991, 2564, 2565; a.A. *Grunewald*, GesR, 1 B III 2c Rz. 23; *Hadding* in FS Lutter, 2000, S. 851, 862 ff.; *Kraft* in KölnKomm. AktG, § 361 Rz. 4; *Kropff* in G/H/E/K, § 361 Rz. 11.

26 *Stein* in MünchKomm. AktG, § 179a Rz. 11; kritisch *Wiedemann*, ZGR 1999, 857, 864, der § 119 für den besseren Standort hält.

27 *Stein* in MünchKomm. AktG, § 179a Rz. 45.

28 *Hüffer*, § 179a Rz. 8; *Mülbert*, Aktiengesellschaft, Unternehmensgruppe und Kapitalmarkt, S. 174 ff., 378; *Stein* in MünchKomm. AktG, § 179a Rz. 46 f.

29 *Stein* in MünchKomm. AktG, § 179a Rz. 45.

30 *Hüffer*, § 179a Rz. 1, 9; *Reichert* in Habersack/Koch/Winter, Die Spaltung im neuen Umwandlungsrecht, S. 25, 42.

31 BGH v. 25.2.1982 – II ZR 174/80 – „Holzmüller", BGHZ 83, 122 = AG 1982, 158.

eng begrenzten satzungsnahen Ausnahmesachverhalten entwickelt hat (Gelatine-Doktrin)[32]. Neben § 179a finden diese Rechtsprechungsgrundsätze keine Anwendung.

II. Tatbestand des § 179a

1. Übertragung des ganzen Gesellschaftsvermögens

Der Zustimmung durch die Hauptversammlung bedürfen nach § 179a Abs. 1 Satz 1   7
nur solche Verträge, durch die sich die AG zur Übertragung ihres ganzen Vermögens
im Wege der Einzelrechtsnachfolge verpflichtet[33]. Dem Zustimmungserfordernis unterliegt also nur das **obligatorische Verpflichtungsgeschäft**, nicht auch die einzelnen
dinglichen Erfüllungsgeschäfte (Rz. 20)[34]. Für sie gelten die allgemeinen Vorschriften
der §§ 398 ff., 413, 873, 925, 929 BGB[35].

Für die Annahme einer Verpflichtung **zur Übertragung des ganzen Vermögens** ist es   8
ist zunächst ausreichend, dass sich die Verpflichtung auf die Übertragung des **Aktivvermögens** beschränkt[36]. Ferner greift die Vorschrift auch dann ein, wenn das Gesellschaftsvermögen nur fast vollständig auf den Erwerber übertragen werden soll, der
Gesellschaft also einzelne, verhältnismäßig unbedeutende Vermögensgegenstände
verbleiben[37]. Für die nähere Abgrenzung zwischen zustimmungsfreier und zustimmungspflichtiger Vermögensübertragung ist alternativ auf qualitative (Sachnähe zur
faktischen Satzungsänderung; Rz. 5[38]) oder quantitative Kriterien abzustellen. Bei
qualitativer Betrachtung liegt keine Übertragung des ganzen Vermögens vor, wenn
die übertragende Gesellschaft in der Lage ist, mit dem zurückbehaltenen Betriebsvermögen ihren satzungsmäßigen Unternehmensgegenstand selbstständig weiterzuver-
folgen, wenn auch in eingeschränktem Umfang[39]. Maßgeblich für diese Beurteilung

---

32 BGH v. 26.4.2004 – II ZR 155/02 – „Gelatine", BGHZ 159, 30 = AG 2004, 384; dazu § 119
    Rz. 28 ff.
33 *Hüffer*, § 179a Rz. 4; *Stein* in MünchKomm. AktG, § 179a Rz. 16.
34 *Hüffer*, § 179a Rz. 4; *Stein* in MünchKomm. AktG, § 179a Rz. 16, 39, 41.
35 *Hüffer*, § 179a Rz. 4.
36 Unstr., *v. Godin/Wilhelmi*, § 361 Anm. 1; *Kraft* in KölnKomm. AktG, § 361 Rz. 9; *Kropff* in
    G/H/E/K, § 361 Rz. 14; *Schilling* in Großkomm. AktG, 3. Aufl. 1975, § 361 Anm. 4; *Stein* in
    MünchKomm. AktG, § 179a Rz. 17; *Timm*, AG 1980, 172, 176); ebenso öOGH v. 11.3.1996 –
    1 Ob 566/95, AG 1996, 382, 383.
37 Unstr., BGH v. 25.2.1982 – II ZR 174/80 – „Holzmüller", BGHZ 83, 122, 128 = AG 1982, 158;
    OLG Düsseldorf v. 9.12.1993 – 6 U 2/93, WM 1994, 337, 343; *Hüffer*, § 179a Rz. 5; *Kropff* in
    G/H/E/K, § 361 Rz. 14; *Kraft* in KölnKomm. AktG, § 361 Rz. 9; *Henze* in FS Boujong, 1996,
    S. 233, 244; *Lutter/Leinekugel*, ZIP 1998, 225, 226; *Mecke*, Konzernstruktur und Aktionärs-
    entscheid, S. 155.
38 H.M., vgl. BGH v. 25.2.1982 – II ZR 174/80 – „Holzmüller", BGHZ 83, 122, 128 = AG 1982,
    158; OLG München v. 10.11.1994 – 24 U 1036/93, AG 1995, 232; OLG Düsseldorf v.
    9.12.1993 – 6 U 2/93, WM 1994, 337, 343; *Heckschen/Simon*, Umwandlungsrecht, S. 103;
    Henze in FS Boujong, 1996, S. 233, 245; *Hüffer*, § 179a Rz. 5; *Raiser/Veil*, Kapitalgesellschaf-
    ten, § 49 Rz. 5; *Reichert* in Habersack/Koch/Winter, Die Spaltung im neuen Umwandlungs-
    recht, S. 25, 42; *Schilling* in Großkomm. AktG, 3. Aufl. 1975, § 361 Anm. 4; *Timm*, AG 1980,
    172, 176 f.; a.A. *Mertens* in FS Zöllner, Bd. 1, 1998, S. 385, 286 ff.; *Stein* in MünchKomm.
    AktG, § 179a Rz. 18 (quantitative Merkmale, ggf. unter Heranziehung eines Wertvergleichs).
39 BGH v. 25.2.1982 – II ZR 174/80, BGHZ 83, 122, 128 = AG 1982, 158; OLG Düsseldorf v.
    9.12.1993 – 6 U 2/93, WM 1994, 337, 343; OLG München v. 10.11.1994 – 24 U 1036/93, AG
    1995, 232; *Heckschen/Simon*, Umwandlungsrecht, S. 103; *Henze* in FS Boujong, 1996, S. 233,
    244 f.; *Hüffer*, § 179a Rz. 5; *Raiser/Veil*, Kapitalgesellschaften, § 49 Rz. 5; *Reichert* in Haber-
    sack/Koch/Winter, Die Spaltung im neuen Umwandlungsrecht, S. 25, 42; ähnlich öOGH v.
    11.3.1996 – 1 Ob 566/95, AG 1996, 382, 383 (maßgeblich ist, ob Veräußerung materiell eine
    Änderung des Unternehmensgegenstandes der AG bewirken würde oder sachlich eine Ab-
    wicklung der Gesellschaft praktisch vorwegnimmt).

ist dabei der bisherige Unternehmensgegenstand, der nicht aus Anlass oder im Vorfeld des Veräußerungsvorgangs neu gefasst wurde[40]. § 179a ist daher – umgekehrt formuliert – auch bei Verbleib von wesentlichem Vermögen bei der AG anwendbar, wenn der bisherige Unternehmensgegenstand nicht (auch nicht in eingeschränktem Maße) weiterverfolgt werden kann[41]. Dem steht nicht entgegen, dass die Hauptversammlung in derartigen Fällen bereits wegen einer sog. faktischen Gegenstandsänderung nach § 179 Abs. 2 zu beteiligen sei[42], da anders als ein Verstoß gegen § 179a lässt eine faktische Gegenstandsänderung die Vertretungsmacht des Vorstands im Außenverhältnis unberührt (Rz. 15). Zum Schutz der Dispositionsfreiheit der Aktionäre vor einer ungewollten Preisgabe des Gesellschaftsvermögens (Rz. 2) und entsprechend dem Wortlaut von § 179a Abs. 1 Satz 1 letzter Hs. (*„auch (…) wenn damit nicht eine Änderung des Unternehmensgegenstands verbunden ist"*) kann sich das Zustimmungserfordernis alternativ aus **quantitativen Kriterien** ergeben[43]. Eine zustimmungspflichtige Übertragung des ganzen Gesellschaftsvermögens liegt auch dann vor, wenn der Gesellschaft zwar die zur Verfolgung ihres satzungsmäßigen Unternehmensgegenstands (wenn auch in eingeschränktem Maße) erforderlichen Vermögensgegenstände verbleiben, diese aber nur noch einen quantitativ geringfügigen Teil des gesamten Gesellschaftsvermögens ausmachen. Dies entspricht auch der BGH-Rechtsprechung, derzufolge bei vorausgesetzter Möglichkeit einer Unternehmensfortführung „bei der der Prüfung, ob das *ganze Gesellschaftsvermögen* übertragen worden ist, der Wert einer zurückbehaltenen Beteiligung und die Erträge daraus (…) nicht außer Betracht bleiben" dürfen[44].

2. Abschluss, Inhalt und Form des Übertragungsvertrags

9   **a)** Beim Abschluss des schuldrechtlichen Verpflichtungsgeschäfts wird die Gesellschaft von ihrem Vorstand (§ 78 Abs. 1), im Liquidationsstadium von ihren Abwicklern (§ 269 Abs. 1) vertreten[45]. Das Zustimmungserfordernis zugunsten der Hauptversammlung schränkt sowohl die Geschäftsführungs- als auch die organschaftliche Vertretungsmacht des Vorstands (§ 82 Abs. 1) ein[46]. Der Übertragungsvertrag muss die Leistung und ggf. die Gegenleistung für die Übertragung des Gesellschaftsvermögens bestimmen. Zweckmäßigerweise sollte der Übertragungsvertrag auch den Zeitpunkt angeben, zu dem das Gesellschaftsvermögen auf den Erwerber übergehen und die Geschäfte der Gesellschaft für Rechnung des Erwerbers geführt werden sollen[47].

10   **b)** Der Übertragungsvertrag (Angebot und Annahme) bedarf gem. **§ 311b Abs. 3 BGB** der notariellen Beurkundung[48]. Ohne Einhaltung dieser Form ist der Übertragungsvertrag nach § 125 Satz 1 BGB ohne Heilungsmöglichkeit nichtig[49].

---

40 *Henze* in FS Boujong, 1996, S. 233, 245; *Hüffer*, § 179a Rz. 5; *Stein* in MünchKomm. AktG, § 179a Rz. 19; insoweit a.A. OLG Düsseldorf v. 9.12.1993 – 6 U 2/93, WM 1994, 337, 343.

41 *Hüffer*, § 179a Rz. 5; *Wollburg/Gehling* in FS Lieberknecht, 1997, S. 133, 145; a.A. *Stein* in MünchKomm. AktG, § 179a Rz. 18.

42 So aber *Stein* in MünchKomm. AktG, § 179a Rz. 18 a.E.

43 *Mertens* in FS Zöllner, Bd. 1, 1998, S. 385, 386 ff.; *Stein* in MünchKomm. AktG, § 179a Rz. 18.

44 BGH v. 25.2.1982 – II ZR 174/80 – „Holzmüller", BGHZ 83, 122, 129 = AG 1982, 158; ebenso *Mertens* in FS Zöllner, Bd. 1, 1998, S. 385, 392.

45 *Hüffer*, § 179a Rz. 15; *Stein* in MünchKomm. AktG, § 179a Rz. 31.

46 *Baumbach/Hueck*, § 361 Anm. 9; *Kraft* in KölnKomm. AktG, 1. Aufl. 1984, § 361 Rz. 29; *Kropff* in G/H/E/K, § 361 Rz. 41; *Schilling* in Großkomm. AktG, 3. Aufl. 1975, § 361 Anm. 19; *Stein* in MünchKomm. AktG, § 179a Rz. 38; a.A. *v. Godin/Wilhelmi*, § 361 Anm. 10.

47 *Stein* in MünchKomm. AktG, § 179a Rz. 29; *Würdinger*, Aktienrecht, § 52 III (S. 244).

48 Begr. RegE BT-Drucks. 12/6699, S. 177; *Hüffer*, § 179a Rz. 16; *Stein* in MünchKomm. AktG, § 179a Rz. 32.

49 *Hüffer*, § 179a Rz. 16; *Stein* in MünchKomm. AktG, § 179a Rz. 32; *Heinrichs* in Palandt, BGB, § 311b Rz. 68.

3. Wirksamkeit des Übertragungsvertrags und Erfüllung

a) Die Wirksamkeit des Übertragungsvertrags richtet sich im Übrigen nach den allgemeinen Grundsätzen des Vertragsrechts[50]. Ein formgültig abgeschlossener Vertrag (Rz. 18) bleibt so lange schwebend unwirksam, bis die Hauptversammlung ihre Zustimmung erteilt oder endgültig verweigert hat. Zur Anfechtung des Beschlusses Rz. 17. **11**

b) Die Erfüllung des Übertragungsvertrags vollzieht sich durch Einzelrechtsübertragungen, für die die allgemeinen Vorschriften der §§ 398 ff., 413, 873, 925, 929 BGB gelten[51]. Die dinglichen Erfüllungsgeschäfte unterliegen ihrerseits nicht dem Zustimmungserfordernis des § 179a[52]. Aufgrund des Abstraktionsprinzips berühren Mängel des Übertragungsvertrags die Wirksamkeit der Erfüllungsgeschäfte nicht[53] mit Ausnahme eines Verstoßes gegen das Verbot der Einlagenrückgewähr (§ 57 Abs. 1 Satz 1)[54]. **12**

III. Zustimmungsbeschluss der Hauptversammlung (§ 179a Abs. 1)

1. Zustimmungserfordernis

a) Gegenstand des Zustimmungserfordernisses nach § 179a Abs. 1 Satz 1 ist allein der schuldrechtliche Übertragungsvertrag in der Form, wie er der Transaktion tatsächlich zugrunde gelegt werden soll, nicht aber die einzelnen dinglichen Erfüllungsgeschäfte (Rz. 20)[55]. Der Beschluss muss die Zustimmung der Hauptversammlung zum **ganzen Inhalt** des Vertragswerks zum Ausdruck bringen[56]. Vertragsteile, die der Hauptversammlung nicht zur Zustimmung vorgelegen haben, bleiben schwebend unwirksam, was nach dem Rechtsgedanken des § 139 BGB zur schwebenden Unwirksamkeit des gesamten Übertragungsvertrags führt[57]. Der Zustimmungsbeschluss selbst ist, sofern der Hauptversammlung nicht sämtliche Vertragsvereinbarungen vorgelegt wurden, nach §§ 243 Abs. 1, 179a Abs. 2 anfechtbar[58]. **13**

b) Die Zustimmung der Hauptversammlung kann sowohl in der Form der (vorherigen) **Einwilligung** als auch der (nachträglichen) **Genehmigung** erteilt werden (§§ 183, 184 BGB)[59]. Stimmt die Hauptversammlung einem bereits fertig ausgehandelten, aber noch nicht formgültig geschlossenen Vertrag zu, so muss der Hauptversamm- **14**

---

50 *Stein* in MünchKomm. AktG, § 179a Rz. 33.
51 *Hüffer*, § 179a Rz. 18; *Stein* in MünchKomm. AktG, § 179a Rz. 56.
52 LG Mainz v. 8.6.1998 – 4 O 189/97, AG 1998, 538; *Hüffer*, § 179a Rz. 18.
53 *Baumbach/Hueck*, § 361 Anm. 9; *Kraft* in KölnKomm. AktG, 1. Aufl. 1984, § 361 Rz. 29; *Kropff* in G/H/E/K, § 361 Rz. 41; *Schilling* in Großkomm. AktG, 3. Aufl. 1975, § 361 Anm. 19; *Stein* in MünchKomm. AktG, § 179a Rz. 38; a.A. *v. Godin/Wilhelmi*, § 361 Anm. 10.
54 *Kropff* in G/H/E/K, § 361 Rz. 41; *Stein* in MünchKomm. AktG, § 179a Rz. 38.
55 *Hüffer*, § 179a Rz. 4; *Stein* in MünchKomm. AktG, § 179a Rz. 39.
56 *Hüffer*, § 179a Rz. 10; *Stein* in MünchKomm. AktG, § 179a Rz. 30, 39.
57 Wohl auch *Hüffer*, § 179a Rz. 13, § 293 Rz. 12.
58 BGH v. 16.11.1981 – II ZR 150/80 – „Hoesch/Hoogovens", BGHZ 82, 188, 199 f. = AG 1982, 129; OLG Dresden v. 23.4.2003 – 18 U 1976/02 – „Valarte Group", AG 2003, 433, 434 f.; LG München I v. 3.5.2001 – 5 HK O 23950/00, ZIP 2001, 1148, 1150; LG Köln v. 16.12.1998 – 91 O 81/98, AG 1999, 333, 334; *Hüffer*, § 179a Rz. 14; *Stein* in MünchKomm. AktG, § 179a Rz. 55.
59 BGH v. 16.11.1981 – II ZR 150/80 – „Hoesch/Hoogovens", BGHZ 82, 188, 193 f. = AG 1982, 129; OLG Düsseldorf v. 9.12.1993 – 6 U 2/93, WM 1994, 337, 342; LG Hamburg v. 8.6.1995 – 405 O 203/93, AG 1996, 233, 234; *Baumbach/Hueck*, § 361 Anm. 7; *Hüffer*, § 179a Rz. 7; *Kraft* in KölnKomm. AktG, 1. Aufl. 1984, § 361 Rz. 17; *Kropff* in G/H/E/K, § 361 Rz. 32; *Schockenhoff*, NZG 2001, 921, 924; *Stein* in MünchKomm. AktG, § 179a Rz. 43; *Windbichler*, AG 1981, 169, 174.

lung der vollständige Vertragstext zur Entscheidung vorgelegt und der Vertrag mit dem Wortlaut beurkundet wird, der dem Zustimmungsbeschluss zugrunde lag[60].

2. Mehrheitserfordernisse; Stimmrecht

15   Der Zustimmungsbeschluss nach § 179a Abs. 1 Satz 1 bedarf einer **Kapitalmehrheit** von mindestens drei Vierteln des bei der Beschlussfassung vertretenen Grundkapitals (§ 179 Abs. 2 Satz 1) sowie zusätzlich der einfachen **Stimmenmehrheit** gem. § 133 Abs. 1[61]. Die Satzung kann gem. § 179a Abs. 1 Satz 2 nur eine größere Kapitalmehrheit festsetzen[62], auch weitere satzungsmäßige Erfordernisse sind zulässig[63]. Stimmberechtigt ist jeder Aktionär, der auch sonst stimmberechtigt ist[64].

3. Keine materielle Beschlusskontrolle

16   Inhaltlich bedarf der Zustimmungsbeschluss nach § 179a Abs. 1 Satz 1 keiner sachlichen Rechtfertigung, gleichgültig ob das Gesellschaftsvermögen auf den Mehrheitsaktionär selbst oder einen außenstehenden Dritten übertragen werden soll[65]. Eine solche an den Kategorien der Erforderlichkeit und Verhältnismäßigkeit ausgerichtete materielle Beschlusskontrolle (§ 243 Rz. 10) wäre nicht mit der BGH-Rechtsprechung zu dem wirtschaftlich vergleichbaren Fall vereinbar, dass der Mehrheitsaktionär die Auflösung der AG mit dem Ziel betreibt, das Unternehmen anschließend aus der Liquidationsmasse zu erwerben[66]. Eine materielle Beschlusskontrolle ist auch nicht erforderlich, da die Vermögensinteressen der Minderheit durch das Erfordernis einer (gerichtlich nachprüfbaren) vollständigen wirtschaftlichen Kompensation[67] und durch Anfechtungsrechte[68] (Rz. 26) hinreichend geschützt sind.

4. Beschlussmängel

17   Der Zustimmungsbeschluss kann nach den allgemeinen aktienrechtlichen Grundsätzen nichtig bzw. anfechtbar sein (§§ 241 ff.)[69]. Stimmt der Mehrheitsaktionär einem Übertragungsvertrag zu, der die Vermögensübertragung auf ihn selbst oder eine von ihm beherrschte Tochtergesellschaft zum Gegenstand hat, kann der Zustimmungsbeschluss bei Unangemessenheit der Gegenleistung wegen unzulässiger Verfolgung von Sondervorteilen oder Treuepflichtverletzung angefochten werden[70], so-

---

60 BGH v. 16.11.1981 – II ZR 150/80 – „Hoesch/Hoogovens", BGHZ 82, 188, 194 = AG 1982, 129; *Baumbach/Hueck*, § 361 Anm. 7; *Hüffer*, § 179a Rz. 7; *Kraft* in KölnKomm. AktG, 1. Aufl. 1984, § 361 Rz. 17; *Stein* in MünchKomm. AktG, § 179a Rz. 31, 43; *Windbichler*, AG 1981, 169, 174.
61 *Hüffer*, § 179a Rz. 11; *Stein* in MünchKomm. AktG, § 179a Rz. 50.
62 *Hüffer*, § 179a Rz. 11; *Stein* in MünchKomm. AktG, § 179a Rz. 51.
63 *Hüffer*, § 179a Rz. 11; *Stein* in MünchKomm. AktG, § 179a Rz. 52.
64 *Hüffer*, § 179a Rz. 12; *Stein* in MünchKomm. AktG, § 179a Rz. 53.
65 *Hüffer*, § 179a Rz. 10; *Stein* in MünchKomm. AktG, § 179a Rz. 76.
66 Zur wirtschaftlichen Vergleichbarkeit z.B. *Henze*, ZIP 1995, 1473, 1476, 1478; *Wiedemann*, ZGR 1999, 857, 860 f.
67 Vgl. BVerfG v. 23.8.2000 – 1 BvR 68/95 u. 1 BvR 147/97 – „MotoMeter", NJW 2001, 279; ebenso für Squeeze-out Beschlüsse nach § 327a OLG Düsseldorf v. 16.1.2004 – I-16 W 63/03, AG 2004, 207, 209; dazu *Kort*, ZIP 2006, 1519.
68 *Hüffer*, § 179a Rz. 10; *Lutter/Drygala* in FS Kropff, 1997, S. 191, 215 f.; *Stein* in MünchKomm. AktG, § 179a Rz. 76.
69 Unstr., vgl. *Baumbach/Hueck*, § 361 Anm. 9; *Hüffer*, § 179a Rz. 14; *Kropff* in G/H/E/K, § 361 Rz. 40; *Stein* in MünchKomm. AktG, § 179a Rz. 55.
70 BGH v. 1.2.1988 – II ZR 75/87 – „Linotype", BGHZ 103, 184, 193 ff. = AG 1988, 135; BayObLG v. 17.9.1998 – 3 Z BR 37/98 – „Magna Media", AG 1999, 185, 187; OLG Stuttgart v. 21.12.1993 – 10 U 48/93 – „MotoMeter I", AG 1994, 411, 413; *Hüffer*, § 179a Rz. 10, 14; *Kropff* in G/H/E/K, § 361 Rz. 40; *Stein* in MünchKomm. AktG, § 179a Rz. 55.

fern nicht der Ausschluss des Anfechtungsverfahrens für Bewertungsrügen nach § 243 Abs. 4 Satz 2 greift (näher § 243 Rz. 32). Ist der Zustimmungsbeschluss nichtig (§ 241) oder wird auf eine erfolgreiche Anfechtungsklage hin für nichtig erklärt (§ 248), wird der schuldrechtliche Übertragungsvertrag endgültig unwirksam[71]. Gleichwohl erbrachte Leistungen sind gem. §§ 812 ff. BGB rückabzuwickeln[72].

IV. Informationspflichten (§ 179a Abs. 2)

1. Pflicht zur Auslegung in den Geschäftsräumen (§ 179a Abs. 2 Satz 1)

a) Die Gesellschaft ist nach **§ 179a Abs. 2 Satz 1** verpflichtet, den vollständigen[73] Übertragungsvertrag oder seinen Entwurf von der Einberufung der Hauptversammlung an **in den Geschäftsräumen** der Gesellschaft zur Einsichtnahme durch die Aktionäre **auszulegen**[74]. Darüber hinaus ist den Aktionären bereits in der Bekanntmachung der Tagesordnung für die Hauptversammlung, die über die Zustimmung beschließen soll, der wesentliche Inhalt des Übertragungsvertrages oder dessen Entwurfs bekannt zu machen (§ 124 Abs. 2 Satz 2)[75]. Fremdsprachliche Vertragsdokumente sind den Aktionären jedenfalls in (kapitalmarktnahen) Publikumsgesellschaften in vollständiger deutscher Übersetzung zur Verfügung zu stellen[76]. 18

b) Die Gesellschaft ist nach **§ 179a Abs. 2 Satz 2** verpflichtet, jedem Aktionär auf Wunsch unverzüglich eine **Abschrift der auszulegenden Vertragsurkunden zu erteilen**[77]. Die Kosten hierfür sind von der Gesellschaft zu tragen[78]. 19

c) In der **Hauptversammlung** ist der Übertragungsvertrag bzw. dessen Entwurf nach **§ 179a Abs. 2 Satz 3** erneut **auszulegen**[79]. Die Vorlage erfolgt durch Auslage von Mehrfertigungen zur Einsichtnahme der Aktionäre im **Versammlungsraum**, wobei eine ausreichende Anzahl von Stücken zugänglich zu machen ist, so dass alle erschienenen Aktionäre in angemessener Zeit Einsicht nehmen können[80]. 20

2. Pflicht zur Erläuterung (§ 179a Abs. 2 Satz 4)

Schließlich ist der Übertragungsvertrag zu Beginn der Verhandlung über den Tagesordnungspunkt „Zustimmung zum Übertragungsvertrag" mündlich durch den Vorstand zu erläutern (nicht: zu verlesen)[81]. Darzustellen sind die rechtliche und wirtschaftliche Bedeutung des Übertragungsvertrages, seine Auswirkungen auf die Gesellschaft sowie die für den Vertragsschluss sprechenden Gründe in allgemein verständlicher Sprache[82]. Dabei muss der Vorstand besonders auf die Bewertungsfaktoren und sonstige Gesichtspunkte eingehen, die für die Festsetzung von Art und **Höhe** der vom Erwerber zu zahlenden **Gegenleistung** maßgeblich waren. Die Ausfüh- 21

---

71 *Hüffer*, § 179a Rz. 14; *Stein* in MünchKomm. AktG, § 179a Rz. 35.
72 *Hüffer*, § 179a Rz. 14; *Stein* in MünchKomm. AktG, § 179a Rz. 38.
73 *Stein* in MünchKomm. AktG, § 179a Rz. 60.
74 *Hüffer*, § 179a Rz. 19; *Stein* in MünchKomm. AktG, § 179a Rz. 60.
75 *Stein* in MünchKomm. AktG, § 179a Rz. 60.
76 OLG Dresden v. 23.4.2003 – 18 U 1976/02 – „Valarte Group", AG 2003, 433, 435; LG München I v. 3.5.2001 – 5 HK O 23950/00, ZIP 2001, 1148, 1150; *Stein* in MünchKomm. AktG, § 179a Rz. 60.
77 *Hüffer*, § 179a Rz. 19; *Stein* in MünchKomm. AktG, § 179a Rz. 61.
78 *Henn*, Aktienrecht, Rz. 184; *Stein* in MünchKomm. AktG, § 179a Rz. 61.
79 *Hüffer*, § 179a Rz. 19; *Stein* in MünchKomm. AktG, § 179a Rz. 62.
80 *Hüffer*, § 176 Rz. 2; *Kropff* in MünchKomm. AktG, § 176 Rz. 6.
81 *Hüffer*, § 179a Rz. 19; *Stein* in MünchKomm. AktG, § 179a Rz. 63.
82 *Stein* in MünchKomm. AktG, § 179a Rz. 63.

rungen müssen so detailliert sein, dass sich die erschienenen Aktionäre ein fundiertes Urteil über die Angemessenheit der Gegenleistung bilden können[83].

3. Beifügung als Anlage zur Niederschrift (§ 179a Abs. 2 Satz 5)

22 Schließlich ist der Übertragungsvertrag der Verhandlungsniederschrift (§ 130 Abs. 1 Satz 1) in der von der Hauptversammlung beschlossenen Fassung als Anlage beizufügen und mit dieser nach § 130 Abs. 5 zum Handelsregister einzureichen. Damit wird die Publizität des Übertragungsvertrags gewährleistet, da sich jedermann durch Einsicht in das Handelsregister über dessen vertragliche Grundlagen informieren kann (§ 9 Abs. 1 HGB)[84]. Hat der Hauptversammlung lediglich ein Entwurf des Übertragungsvertrags zur Beschlussfassung vorgelegen, ermöglicht die Registerpublizität zugleich eine Kontrolle darüber, ob der Übertragungsvertrag in der beschlossenen Fassung notariell beurkundet wurde (§ 311b Abs. 3 BGB)[85].

V. Vermögensübertragung und Auflösung (§ 179a Abs. 3)

1. Beifügung des Übertragungsvertrags zur Anmeldung der Auflösung

23 § 179a Abs. 3 behandelt den Fall, dass die Hauptversammlung die Zustimmung zum schuldrechtlichen Übertragungsvertrag zum Anlass nimmt, einen Auflösungsbeschluss nach § 262 Abs. 1 Nr. 2 zu fassen und die Gesellschaft in das Liquidationsverfahren zu überführen[86]. Dann ist der Übertragungsvertrag oder dessen Entwurf der Anmeldung der Auflösung der Gesellschaft (§ 263 Satz 1) in Ausfertigung oder öffentlich beglaubigter Abschrift beizufügen[87]. Hierdurch soll den Gesellschaftsgläubigern der Zugang zu den Vertragsunterlagen erleichtert und ihrem Interesse an transparenten Vermögens- und Haftungsverhältnissen bei der Liquidationsgesellschaft Rechnung getragen werden[88].

2. Sonderfall: übertragende Auflösung

24 a) Ein Sonderfall der Vermögensübertragung ist die sog. übertragende Auflösung oder *sale of assets squeeze out* (Rz. 1)[89], bei der das gesamte Gesellschaftsvermögen mit den Stimmen des Mehrheitsaktionärs auf den Mehrheitsaktionär selbst oder auf eine von ihm abhängige Tochtergesellschaft übertragen und anschließend die AG aufgelöst wird; das bei der AG verbleibende Vermögen einschließlich der für die Vermögensübertragung empfangenen Gegenleistung wird an die Aktionäre ausgeschüttet, die entsprechend ihrer Kapitalbeteiligung am Liquidationsüberschuss partizipieren (§ 271)[90]. Der Sache nach handelt es sich um ein Hinausdrängen der Aktionärsminderheit aus dem Gesellschaftsunternehmen unter Verweis auf einen Geldzahlungsanspruch[91]. Die mit der übertragenden Auflösung verbundenen Nachteile (geringe Transaktionssicherheit, keine Gewährleistung der Einzelrechtsnachfolge in Verträge

---

83 OLG Dresden v. 23.4.2003 – 18 U 1976/02 – „Valarte Group", AG 2003, 433, 434; *Stein* in MünchKomm. AktG, § 179a Rz. 63.

84 *Stein* in MünchKomm. AktG, § 179a Rz. 64.

85 *Stein* in MünchKomm. AktG, § 179a Rz. 64.

86 *Stein* in MünchKomm. AktG, § 179a Rz. 67.

87 *Hüffer*, § 179a Rz. 20; *Stein* in MünchKomm. AktG, § 179a Rz. 67.

88 *Stein* in MünchKomm. AktG, § 179a Rz. 67.

89 Zur Terminologie *Lutter/Drygala* in FS Kropff, 1997, S. 191, 193; *Roth*, NZG 2003, 998; *Stein* in MünchKomm. AktG, § 179a Rz. 71.

90 *Lutter/Drygala* in FS Kropff, 1997, S. 191, 193; *Stein* in MünchKomm. AktG, § 179a Rz. 71; *Roth*, NZG 2003, 998; *Rühland*, WM 2002, 1957 f.; *Wolf*, ZIP 2002, 153, 154.

91 *Rühland*, WM 2002, 1957, 1958.

mit Dritten, Steuerbelastung infolge Hebung stiller Reserven)[92] wurden in der Praxis in Einzelfällen in Kauf genommen, da die übertragende Auflösung nach der Abschaffung der Mehrheitsumwandlung im Jahre 1994[93] bis zum Inkrafttreten der §§ 327a ff. die einzige Möglichkeit zum Ausschluss von Minderheitsaktionären und damit der Stärkung der unternehmerischen Initiative des Hauptaktionärs darstellte.

b) Der Ausschluss von Minderheitsgesellschaftern gegen Barabfindung ist trotz des   25 damit verbundenen Eingriffs in die Bestands- und Vermögensinteressen der Minderheit prinzipiell **rechtlich zulässig**[94], auch nach der gesetzlichen Einführung des Squeeze-out-Verfahrens[95]. Der Mehrheitsgesellschafter ist weder verpflichtet, sich zum Ausschluss der Minderheit derjenigen aktien- oder umwandlungsrechtlichen Verfahren zu bedienen, die einen stärkeren Minderheitenschutz gewährleisten[96], noch liegt in der übertragenden Auflösung eine rechtsmissbräuchliche Umgehung der umwandlungsrechtlichen Schutzvorschriften, da das UmwG keinen Typenzwang kennt[97]. Auch hat der Gesetzgeber mit der Regelung der Eingliederung (§§ 319 ff.) und des Squeeze-out-Verfahrens (§§ 327a ff.) das Interesse der Mehrheit am Ausschluss der Minderheit ausdrücklich anerkannt[98]. Voraussetzung ist allerdings, dass die ausgeschlossenen Minderheitsaktionäre eine volle Entschädigung für den Verlust ihrer Mitgliedschaft erhalten und dies einer gerichtlichen Nachprüfung unterliegt (Rz. 41 ff.).

c) Entgegen teilweise vertretener Auffassung[99] ist § 179a **auch bei Vermögensüber-**   26 **tragungen** auf den Mehrheitsgesellschafter uneingeschränkt anwendbar. Weder der Normtext noch der systematische Zusammenhang lassen erkennen, dass nur die Drittveräußerung erfasst und die Übertragung auf den Mehrheitsgesellschafter ausgeschlossen sein soll[100]. Der BGH hat in seinem Linotype-Urteil darauf hingewiesen, dass das Gesetz keine Gründe erkennen lässt, die den Mehrheitsgesellschafter hindern, im Zuge der Liquidation des Vermögens das von der Bindung frei gewordene Ka-

---

92 Vgl. *Kallmeyer*, AG 2000, 59; *Kossmann*, NZG 1999, 1198, 1200; *Küting*, DStR 2003, 838, 844.

93 Bis zur Reform des Umwandlungsgesetzes im Jahre 1994 gestatteten § 15 i.V.m. § 9 UmwG 1969 einen zwangsweisen Ausschluss einer Aktionärsminderheit von bis zu 10% des Grundkapitals; näher *Roth*, NZG 2003, 998, 999.

94 BVerfG v. 23.8.2000 – 1 BvR 68/95 u. 1 BvR 147/97 – „MotoMeter", NJW 2001, 279, 281; OLG Stuttgart v. 4.12.2000 – 8 W 43/93 – „MotoMeter II", AG 1997, 136, 137; BayObLG v. 17.9.1998 – 3 Z BR 37/98 – „Magna Media", AG 1999, 185; LG Stuttgart v. 2.11.1993 – 2 KfH O 113/92, AG 1993, 471; *Hüffer*, § 179a Rz. 10; *Kossmann*, NZG 1999, 1198, 1200; *Küting*, DStR 2003, 838, 841; *Lutter/Drygala* in FS Kropff, 1997, S. 191, 213; *Reichert* in Habersack/Koch/Winter, Die Spaltung im neuen Umwandlungsrecht, S. 25, 30 ff.; *Roth*, NZG 2003, 998, 999; *Rühland*, WM 2002, 1957, 1965; *Stein* in MünchKomm. AktG, § 179a Rz. 73; *Wolf*, ZIP 2002, 153, 155; a.A. *Hanau*, NZG 2002, 1040, 1042 ff.; *Wilhelm/Dreier*, ZIP 2003, 1370, 1372 f.

95 *Even/Vera*, DStR 2002, 1315, 1321; *Henze* in FS Wiedemann, 2002, S. 935, 949; *v. Morgen*, WM 2003, 1553, 1555; *Roth*, NZG 2003, 998, 999; *Rühland*, WM 2002, 1957, 1958; *Schwichtenberg*, DStR 2001, 2075, 2078; *Stein* in MünchKomm. AktG, § 179a Rz. 74; *Wolf*, ZIP 2002, 153, 154; a.A. *Wilhelm/Dreier*, ZIP 2003, 1369, 1373 ff.; im Grundsatz ebenso *Hanau*, NZG 2002, 1040, 1047.

96 BVerfG v. 23.8.2000 – 1 BvR 68/95 u. 1 BvR 147/97 – „MotoMeter", NJW 2001, 279 f.; *Stein* in MünchKomm. AktG, §179a Rz. 73.

97 OLG Stuttgart v. 4.12.1996 – 8 W 43/93 – „MotoMeter II", AG 1997, 136, 137; *Hüffer*, § 179a Rz. 6; *Stein* in MünchKomm. AktG, § 179a Rz. 73; *Roth*, NZG 2003, 998, 999; *Wolf*, ZIP 2002, 153, 154; a.A. *Lutter/Drygala* in FS Kropff, 1997, S. 191, 195 ff., 201 ff.

98 BVerfG v. 23.8.2000 – 1 BvR 68/95 u. 1 BvR 147/97 – „MotoMeter", NJW 2001, 279, 280; *Stein* in MünchKomm. AktG, § 179a Rz. 73.

99 Vgl. *Lutter/Leinekugel*, ZIP 1999, 261, 263; *Mülbert*, Aktiengesellschaft, Unternehmensgruppe und Kapitalmarkt, S. 179; *Wiedemann*, Die Unternehmensgruppe im Privatrecht, S. 179.

100 OLG Stuttgart v. 4.12.1996 – 8 W 43/93 – „MotoMeter II", AG 1997, 136, 137; *Wolf*, ZIP 2002, 153, 154.

pital in den Erwerb des Gesellschaftsvermögens oder wesentlicher Teile davon zu investieren[101]. Auch eine maximale Ausschlussquote von bis zu 5 % des Grundkapitals lässt sich dem Gesetz nicht entnehmen[102]. Eine materielle Beschlusskontrolle des Zustimmungsbeschlusses findet auch bei Übertragung des Gesellschaftsvermögens auf den Mehrheitsaktionär nicht statt (näher Rz. 26)[103].

27 **d)** Das **BVerfG** hat die Regelung des § 179a bei Übertragung des Gesellschaftsvermögens auf den Mehrheitsaktionär mit Blick auf die Eigentumsgarantie (Art. 14 Abs. 1 GG) unter den Voraussetzungen für verfassungskonform erklärt, dass (i) die aus der Gesellschaft ausgeschlossenen Minderheitsaktionär eine volle wirtschaftliche Entschädigung für den Verlust ihrer Beteiligung an dem werbenden Unternehmen erhalten und (ii) der vom Mehrheitsaktionär für die Übernahme des Gesellschaftsvermögens gezahlte Erwerbspreis einer gerichtlichen Wertkontrolle unterliegt[104]. Das BVerfG hat es ausdrücklich offen gelassen, ob die erforderliche Wertkontrolle im Rahmen einer analogen Anwendung der Vorschriften des aktienrechtlichen Spruchverfahrens oder im Rahmen der aktienrechtlichen Anfechtungsklage stattfindet. Sähen sich allerdings die Gerichte aus aktienrechtlichen Gründen an einer Wertkontrolle des vom Großaktionär gezahlten Kaufpreises gehindert, sei die übertragende Auflösung auf eine Anfechtungsklage der Minderheitsaktionäre hin zu unterbinden[105].

28 Die **Einzelheiten des verfassungsrechtlich gebotenen Vermögensschutzes** der ausgeschlossenen Minderheit waren und sind auch nach der MotoMeter-Entscheidung des BVerfG umstritten[106]. Während Teile des Schrifttums die bei der übertragenden Auflösung verbleibenden Lücken im Vermögensschutz durch analoge Anwendung der umwandlungsrechtlichen Vermögensschutzvorschriften oder ergänzend durch entsprechende Heranziehung der konzernrechtlichen Schutzvorschriften der §§ 293a ff. zu schließen suchen[107], treten andere für einen spezifisch gesellschaftsrechtlichen Minderheitenschutz in Gestalt eines besonderen Abfindungsanspruchs mit gerichtli-

---

101 BGH v. 1.2.1988 – II ZR 75/87 – „Linotype", BGHZ 103, 185, 193 = AG 1988, 135; *Wolf*, ZIP 2002, 153, 154.

102 So auch *Even/Vera*, DStR 2002, 1315, 1319; *Fleischer*, ZGR 2002, 757, 789; *Friedrich*, BB 1994, 89, 93 f.; *Henze* in FS Wiedemann, 2002, S. 935, 952 f.; *Mülbert* in FS Ulmer, 2003, S. 433, 437; *Roth*, NZG 2003, 998, 1000; *Schwichtenberg*, DStR 2001, 2075, 2078; *Stein* in MünchKomm. AktG, § 179a Rz. 75; *Wolf*, ZIP 2002, 153, 156 f.; a.A. *Lutter/Drygala* in FS Kropff, 1997, S. 191, 220; *Lutter/Leinekugel*, ZIP 1999, 261, 263; *v. Morgen*, WM 2003, 1553, 1555 f.; *Rühland*, WM 2002, 1957, 1962 f.; wohl auch *Schön* in FS Ulmer, 2003, S. 1359, 1389 f.

103 BayObLG v. 17.9.1998 – 3 Z BR 37/98 – „Magna Media", AG 1999, 185, 187; *Friedrich*, BB 1994, 89, 93 f.; *Grunewald*, ZIP 2002, 18, 20; *Halm*, NZG 2000, 1162, 1164; *Hüffer*, § 179a Rz. 10; *Henze*, ZIP 1995, 1473, 1477 ff.; *Henze* in FS Boujong, 1996, S. 233, 247 ff.; *Kossmann*, NZG 1999, 1198, 1199 f.; *Land/Hasselbach*, DB 2000, 557, 560; *Stein* in MünchKomm. AktG, § 179a Rz. 76; *Wolf*, ZIP 2002, 153, 157; ebenso im Grundsatz *Lutter/Drygala* in FS Kropff, 1997, S. 191, 215 f.

104 BVerfG v. 23.8.2000 – 1 BvR 68/95 u. 1 BvR 147/97 – „MotoMeter", NJW 2001, 179.

105 BVerfG v. 23.8.2000 – 1 BvR 68/95 u. 1 BvR 147/97 – „MotoMeter", NJW 2001, 179, 181.

106 Ausführlich *Stein* in MünchKomm. AktG, § 179a Rz. 78 ff.

107 Vgl. mit Unterschieden im Detail *Lutter/Drygala* in FS Kropff, 1997, S. 191, 208, 214 f., 222; *Emmerich*, AG 1998, 151, 152; *Lutter/Leinekugel*, ZIP 1999, 261, 267; *Roth*, NZG 2003, 998, 1001; *Henze* in FS Peltzer, 2001, S. 181, 193 f. (anders nunmehr *Henze* in FS Wiedemann, 2002, S. 935, 951 f.); ablehnend BayObLG v. 17.9.1998 – 3 Z BR 37/98 – „Magna Media", AG 1999, 185, 186 f.; OLG Stuttgart v. 4.12.1996 – 8 W 43/93 – „MotoMeter II", AG 1997, 136, 137; LG Hamburg v. 21.1.1997 – 402 O 122/96 – „Wünsche", AG 1997, 238; *Bungert*, NZG 1998, 367, 369; *Henze* in FS Wiedemann, 2002, S. 935, 951 f.; *Hüffer*, § 179a Rz. 12a.; *Selzner*, WiB 1997, 585.

cher Wertkontrolle[108] bzw. durch besondere Beweiserleichterungen im Rahmen der aktienrechtlichen Anfechtungsklage flankiert von Organhaftungsansprüchen ein[109].

Das **Instrument der aktienrechtlichen Anfechtungsklage** ist für eine gerichtliche An- 29 gemessenheitskontrolle des vom Erwerber des Gesellschaftsvermögens gezahlten Kaufpreises **wenig geeignet**, da die klagenden Aktionäre bei einer erfolgreichen Anfechtungsklage lediglich eine Kassation des Beschlusses, nicht aber ihr eigentliches Rechtsschutzziel einer angemessenen Entschädigung erreichen können. Demgegenüber bietet das **Spruchverfahren** den Vorteil, dass (i) die für die Bewertung maßgeblichen Faktoren im Grundsatz von Amts wegen zu ermitteln sind (§ 7 Abs. 5–8 SpruchG), (ii) das Gericht neutrale Sachverständige einsetzen kann (§ 7 Abs. 6 SpruchG) und (iii) die Entscheidung *inter omnes* wirkt (§ 13 SpruchG). Jedenfalls aus rechtspolitischer Sicht ist daher den Interessen der Beteiligten mit einer Wertkontrolle im Rahmen eines Spruchverfahrens besser gedient als mit der Anfechtungsklage[110]. Die für eine **analoge Anwendung des SpruchG** erforderliche **planwidrige Regelungslücke** ist im Anschluss an die Macroton-Entscheidung des Bundesgerichtshofs[111] und die MotoMeter-Entscheidung des BVerfG[112] in der Unzulänglichkeit des formellen Minderheitenschutzes für die Gewährleistung des verfassungsrechtlich gebotenen umfassenden Vermögensschutzes der Minderheitsaktionäre zu erkennen[113]. Einer analogen Anwendung des SpruchG steht auch nicht entgegen, dass der Gesetzgeber in Kenntnis dieser Problematik § 179a nicht ausdrücklich in den Anwendungsbereich des SpruchG einbezogen hat[114]. Der Rechtsausschuss hat nämlich im Gesetzgebungsverfahren unter ausdrücklicher Bezugnahme auf die Macroton-Entscheidung des BGH klargestellt, dass § 1 SpruchG den Anwendungsbereich des Gesetzes nicht abschließend regele, sondern Raum für dessen analoge Anwendung auf vergleichbare Fälle lasse[115]. Mit der heute überwiegenden Meinung ist daher die entsprechende An-

---

108 *Grunewald* in FS Claussen, 1997, S. 103, 110; *Henze* in FS Wiedemann, 2002, S. 935, 949; *Timm*, JZ 1982, 403, 407 ff.; *Wiedemann* in Großkomm. AktG, § 179 Rz. 180; *Wiedemann*, ZGR 1978, 477, 491; *Windbichler*, AG 1980, 169; ebenso de lege ferenda *Hommelhoff*, ZGR 1993, 452, 472 f.

109 So mit Unterschieden im Detail BayObLG v. 17.9.1998 – 3 Z BR 37/98 – „Magna Media", AG 1999, 185, 187; OLG Stuttgart v. 4.12.1996 – 8 W 43/93 – „MotoMeter II", AG 1997, 136, 137 f.; *Bungert*, NZG 1998, 367, 368 ff.; *Friedrich*, BB 1994, 89, 94; *Henze* in FS Boujong, 1996, S. 233, 248; *Henze* in FS Peltzer, 2001, S. 181, 193; *Kallmeyer* in FS Lutter, 2000, S. 1245, 1258 f.; *Küting*, DStR 2003, 838, 842; *Lutter/Drygala* in FS Kropff, 1997, S. 191, 215; *Peters*, BB 1999, 801, 805; *Roth*, NZG 2003, 998, 1003 f.; *Wolf*, ZIP 2002, 153, 155; kritisch wegen der Ineffizienz einer Wertkontrolle im Anfechtungsverfahren *Henze* in FS Wiedemann, 2002, S. 935, 950; *Kossmann*, NZG 1999, 1198, 1200; *Krieger*, BB 2002, 53, 54; *Rühland*, WM 2002, 1957, 1966; *Schwichtenberg*, DStR 2001, 2075, 2078.

110 *Adolff/Tieves*, BB 2003, 797, 805; *Henze* in FS Wiedemann, 2002, S. 935, 952; *Lutter/Leinekugel*, ZIP 1999, 261, 265 ff.; *Rühland*, WM 2002, 1957, 1965; *Schwichtenberg*, DStR 2001, 2075, 2078; *Stein* in MünchKomm. AktG, § 179a Rz. 83; *Timm*, JZ 1982, 403, 407; *Trölitzsch*, DStR 1999, 764, 765 f.; *Wolf*, ZIP 2002, 153, 157 ff.; vgl. ferner *Bungert/Mennicke*, BB 2003, 2021, 2023; *K. Schmidt*, NZG 2003, 601, 603.

111 BGH v. 25.11.2002 – II ZR 133/01 – „Macrotron", NJW 2003, 1032, 1034 f.; krit. *Ekkenga*, ZGR 2003, 878 ff.

112 BVerfG v. 23.8.2000 – 1 BvR 68/95 u. 1 BvR 147/97 – „MotoMeter", NJW 2001, 279.

113 *Stein* in MünchKomm. AktG, § 179a Rz. 84 f.; vgl. ferner *Roth*, NZG 2003, 998, 1002; *Wolf*, ZIP 2002, 153, 158.

114 *Büchel*, NZG 2003, 793, 794; *Bungert/Mennicke*, BB 2003, 2021, 2022 f.; *van Kann/Hirschmann*, DStR 2003, 1488, 1490; *Roth*, NZG 2003, 998, 1002; *Stein* in MünchKomm. AktG, § 179a Rz. 86; a.A. *Bauer*, NZG 2000, 1214, 1215; *Hüffer*, § 179a Rz. 12a; *Krämer/Theiß*, AG 2003, 225, 240 f.; *Krieger*, BB 2002, 53, 54; *Rühland*, WM 2002, 1957, 1966.

115 BT-Drucks. 15/838, S. 16: „Nach Auffassung des Rechtausschusses steht der Vorschrift des Art. 1 § 1 nicht entgegen, dass die Regelungen über das Spruchverfahren über den dort ausdrücklich genannten Anwendungsbereich hinaus auch für andere Fälle analog angewandt

wendung der Vorschriften des Spruchverfahrens als vorzugswürdiger Weg der verfassungsrechtlich gebotenen Wertkontrolle bei der übertragenden Auflösung anzuerkennen[116]. **Gegenstand der gerichtlichen Angemessenheitskontrolle** ist der vom Mehrheitsaktionär an die AG **zu zahlende Kaufpreis**[117].

§ 180
Zustimmung der betroffenen Aktionäre

(1) Ein Beschluss, der Aktionären Nebenverpflichtungen auferlegt, bedarf zu seiner Wirksamkeit der Zustimmung aller betroffenen Aktionäre.

(2) Gleiches gilt für einen Beschluss, durch den die Übertragung von Namensaktien oder Zwischenscheinen an die Zustimmung der Gesellschaft gebunden wird.

I. Regelungsgegenstand und Normzweck 1	2. Vinkulierung und Kapitalerhöhung .. 11
II. Auferlegung von Nebenverpflichtungen (§ 180 Abs. 1) 2	a) Durchgehend vinkulierte Altaktien 11
1. Anwendungsbereich und Verhältnis zu anderen Vorschriften 2	b) Durchgehend nicht vinkulierte Altaktien 12
2. Tatbestand 4	c) Teils vinkulierte, teils nicht vinkulierte Altaktien 13
3. Anpassung der Aktienurkunden ... 7	IV. Zustimmung aller betroffenen Aktionäre 14
III. Vinkulierung von Namensaktien (§ 180 Abs. 2) 8	1. Erteilung der Zustimmung 14
1. Anwendungsbereich 8	2. Rechtsfolgen 15

Literatur: *Bermel/Müller*, Vinkulierte Namensaktien und Verschmelzung, NZG 1998, 331; *Huep*, Die Renaissance der Namensaktie – Möglichkeiten und Probleme im geänderten aktienrechtlichen Umfeld, WM 2000, 1623, 1624; *Noack*, Die Umstellung von Inhaber- auf Namensaktien, in FS Bezzenberger, 2000, S. 291; *K. Schmidt*, Nebenleistungsgesellschaften (§ 55 AktG, § 3 Abs. 2 GmbHG) zwischen Gesellschaftsrecht, Schuldrecht und Kartellrecht, in FS Immenga, 2004, S. 705; *Senger/Vogelmann*, Die Umwandlung von Vorzugsaktien in Stammaktien, AG 2002, 193.

---

werden können, wie dies z.B. kürzlich vom BGH (vgl. NJW 2003, 1032) für den Fall des „Delisting" angenommen worden ist."

116 BVerfG v. 23.8.2000 – 1 BvR 68/95 u. 1 BvR 147/97 – „MotoMeter", NJW 2001, 279, 281; *Adolff/Tieves*, BB 2003, 797, 805; *Henze* in FS Wiedemann, 2002, S. 935, 952, *Lutter/Leinekugel*, ZIP 1999, 261, 265 ff.; *Schwichtenberg*, DStR 2001, 2075, 2078; *Stein* in MünchKomm. AktG, § 179a Rz. 86; *Trölitzsch*, DStR 1999, 764, 765 f.; *Wolf*, ZIP 2002, 153, 157 ff.; im Grundsatz auch *K. Schmidt*, NZG 2003, 601, 603; a.A. *Bauer*, NZG 2000, 1214, 1215; *Hüffer*, § 179a Rz. 12a; *Krieger*, BB 2002, 53, 54; *Mülbert* in FS Ulmer, 2003, S. 433, 442; *Rühland*, WM 2002, 1957, 1966.

117 Zutr. *Stein* in MünchKomm. AktG, § 179a Rz. 88; a.A. *Henze* in FS Peltzer, 2001, S. 181, 193 (Anspruch des Minderheitsaktionärs auf Anteil am Liquidationserlös); BGH v. 25.11.2002 – II ZR 133/01 – „Macrotron", NJW 2003, 1032, 1034 f. = AG 2003, 273; *Adolff/Tieves*, BB 2003, 797, 801 ff., 805; *Henze* in FS Wiedemann, 2002, S. 935, 949, 951 f.; *Grunewald* in FS Claussen, 1997, S. 103, 110; *Hüffer*, § 179a Rz. 12a; *K. Schmidt*, NZG 2003, 601, 603 f.; *Wiedemann*, ZGR 1999, 857, 865 ff.; *Wiedemann*, ZGR 1978, 477, 488 ff., 491, 494; *Windbichler*, AG 1981, 169 (sämtlich: Pflichtangebot der AG oder des Großaktionärs).

I. Regelungsgegenstand und Normzweck

Die Vorschrift des § 180 stellt für zwei besonders einschneidende Arten von Satzungsänderungen, nämlich die Auferlegung von Nebenverpflichtungen und die Vinkulierung von Aktien oder Zwischenscheinen, ein zusätzliches Wirksamkeitserfordernis in Form der Zustimmung aller betroffenen Aktionäre auf. Der Zweck der Vorschrift besteht darin, die Aktionäre gegen die nachträgliche Vermehrung ihrer Pflichten (Belastungsverbot, Abs. 1) und vor einer stärkeren Bindung an die Gesellschaft (Lösungsrecht, Abs. 2) zu schützen[1]. Außerhalb des Regelungsbereichs des § 180 AktG können sich Zustimmungserfordernisse betroffener Aktionäre aus anderen Rechtsvorschriften ergeben, z.B. bei Eingriffen in Sonderrechte (§ 35 BGB) und Abweichungen vom Gleichbehandlungsgebot (§ 53a)[2].

II. Auferlegung von Nebenverpflichtungen (§ 180 Abs. 1)

1. Anwendungsbereich und Verhältnis zu anderen Vorschriften

a) Das Zustimmungserfordernis des § 180 Abs. 1 betrifft lediglich **mitgliedschaftliche Nebenleistungspflichten** i.S.d. § 55 (§ 55 Rz. 9), die nachträglich durch satzungsändernden Beschluss auferlegt werden[3]. Vom Anwendungsbereich der Vorschrift nicht erfasst werden daher Pflichten aus satzungsergänzenden Nebenabreden (§ 23 Rz. 84 ff.)[4] sowie Regelungen unterhalb der Satzungsebene.

b) In welchem Umfang Nebenleistungspflichten überhaupt zulässig sind, bestimmt sich ausschließlich nach § 55 AktG, dessen sachliche Reichweite durch § 180 Abs. 1 nicht modifiziert wird[5]. Auch für die Einführung von Nebenleistungspflichten gelten daher die allgemeinen Vorschriften des § 179 über Satzungsänderungen mit Ausnahme des § 179 Abs. 3.

2. Tatbestand

a) Das Zustimmungserfordernis des § 180 Abs. 1 setzt voraus, dass die Auferlegung von Nebenleistungspflichten im Wege der **Satzungsänderung** erfolgt. Auch bei der Schaffung neuer Aktien im Wege der **effektiven Kapitalerhöhung** und bei der **Kapitalerhöhung aus Gesellschaftsmitteln** (§§ 207 ff.) findet das Zustimmungserfordernis keine Anwendung. Im Falle der effektiven Kapitalerhöhung liegt das Einverständnis zur Übernahme der Nebenleistungspflichten bereits in der freiwilligen Ausübung des Bezugsrechts[6] und bei der Kapitalerhöhung aus Gesellschaftsmitteln schließt § 216 Abs. 3 Satz 2 aus, dass sich der Gesamtumfang der Nebenverpflichtungen des einzelnen Aktionärs verändert[7]. Enthält die Satzung einen **Vorbehalt** oder eine Ermächtigung **zur Einführung bestimmter Nebenverpflichtungen**, so bedarf der

1 *Hüffer*, § 180 Rz. 1; *Stein* in MünchKomm. AktG, § 180 Rz. 1; *Wiedemann* in Großkomm. AktG, § 180 Rz. 4, 5; *Zöllner* in KölnKomm. AktG, § 180 Rz. 2.
2 *Hüffer*, § 180 Rz. 1; *Stein* in MünchKomm. AktG, § 180 Rz. 1.
3 *Hüffer*, § 180 Rz. 2; *Stein* in MünchKomm. AktG, § 180 Rz. 3, 5; *Wiedemann* in Großkomm. AktG, § 180 Rz. 7; *Zöllner* in KölnKomm. AktG, § 180 Rz. 3.
4 *Hüffer*, § 180 Rz. 2; *Stein* in MünchKomm. AktG, § 180 Rz. 5.
5 *Hüffer*, § 180 Rz. 2; *Stein* in MünchKomm. AktG, § 180 Rz. 3; *Wiedemann* in Großkomm. AktG, § 180 Rz. 7.
6 *Hefermehl/Bungeroth* in G/H/E/K, § 180 Rz. 7; *Hüffer*, § 180 Rz. 4; *Stein* in MünchKomm. AktG, § 180 Rz. 7; *Wiedemann* in Großkomm. AktG, § 180 Rz. 8.
7 *Bungeroth* in MünchKomm. AktG, § 55 Rz. 8; *Henze* in Großkomm. AktG, § 55 Rz. 31; *Hirte* in Großkomm. AktG, § 216 Rz. 83; *Lutter* in KölnKomm. AktG, § 216 Rz. 28; *Stein* in MünchKomm. AktG, § 180 Rz. 7; differenzierend *Hüffer*, § 180 Rz. 4, § 216 Rz. 17; *Wiedemann* in Großkomm. AktG, § 180 Rz. 8; *Hefermehl/Bungeroth* in G/H/E/K, § 180 Rz. 8.

Hauptversammlungsbeschluss über die tatsächliche Auferlegung ebenfalls keiner Zustimmung der betroffenen Aktionäre, da diese von der Einführung der Nebenleistungspflicht nicht unvorbereitet getroffen werden[8].

5 **b)** Der **Begriff des Auferlegens** ist weit zu verstehen und erfasst nicht nur die **Begründung** von Nebenverpflichtungen, sondern nach Sinn und Zweck der Vorschrift (Rz. 1) auch jede **Änderung** bestehender Nebenverpflichtungen, die nachteilig in die Rechtsposition der verpflichteten Aktionäre eingreift[9]. Hierzu gehören insbesondere (i) die Erweiterung bestehender Nebenverpflichtungen nach Art oder Umfang[10], (ii) die Herabsetzung oder Aufhebung einer satzungsmäßigen Gegenleistung[11], (iii) die Einführung oder Erhöhung von Vertragsstrafen (§ 55 Abs. 2)[12], (iv) die Aufhebung oder Verlängerung einer durch die Satzung zeitlich begrenzten Nebenleistungsverpflichtung[13] sowie (v) die Verlängerung der satzungsmäßigen Dauer einer Nebenleistungs-AG[14]. *Nicht* in den Anwendungsbereich des § 180 Abs. 1 fallen hingegen die Einführung eines mit einer Vertragsstrafe abgesicherten (allgemeinen) **Wettbewerbsverbots**[15] sowie die Festsetzung einer **Umtauschprämie** zum Ausgleich von Kursdifferenzen bei Umstellung von Aktiengattungen[16], da es sich nicht um wiederkehrende Leistungen i.S.v. § 55 handelt, sondern um eine (unzulässige) Dauerverpflichtung (Wettbewerbsverbot)[17] bzw. eine Erweiterung der Einlagepflicht i.S.v. § 54 Abs. 1 (Umtauschprämie), die wegen des abschließenden Charakters von § 54 Abs. 1 im Wege der Satzungsänderung auch nicht mit Zustimmung jedes einzelnen betroffenen Aktionärs eingeführt werden kann[18].

6 **c)** Die **Aufhebung oder Beschränkung von Nebenleistungspflichten** bedarf **keiner Zustimmung** der betroffenen Aktionäre nach § 180 Abs. 1[19]. Zu den Voraussetzungen

---

8 *Hüffer*, § 180 Rz. 4; *Zöllner* in KölnKomm. AktG, § 180 Rz. 7; a.A. *Stein* in MünchKomm. AktG, § 180 Rz. 12; *Wiedemann* in Großkomm. AktG, § 180 Rz. 9.

9 *Hüffer*, § 180 Rz. 3; *Stein* in MünchKomm. AktG, § 180 Rz. 8; *Wiedemann* in Großkomm. AktG, § 180 Rz. 7; *Zöllner* in KölnKomm. AktG, § 180 Rz. 5.

10 RG v. 23.11.1917 – II 242/17, RGZ 91, 166, 169 (für die oHG); RG v. 8.6.1928 – II 515/27, RGZ 121, 238, 241 f.; RG v. 27.5.1932 – II 332/31, RGZ 136, 313, 317 (für die GmbH); *Henze* in Großkomm. AktG, § 55 Rz. 28; *Hüffer*, § 180 Rz. 3; *Stein* in MünchKomm. AktG, § 180 Rz. 9; *Zöllner* in KölnKomm. AktG, § 180 Rz. 5.

11 *Bungeroth* in MünchKomm. AktG, § 55 Rz. 8; *Henze* in Großkomm. AktG, § 55 Rz. 28; *Hüffer*, § 180 Rz. 3; *Lutter* in KölnKomm. AktG, § 55 Rz. 18; *Stein* in MünchKomm. AktG, § 180 Rz. 9; *Wiedemann* in Großkomm. AktG, § 180 Rz. 7; *Zöllner* in KölnKomm. AktG, § 180 Rz. 5.

12 RG v. 8.6.1928 – II 515/27, RGZ 121, 238, 242; *Bungeroth* in MünchKomm. AktG, § 55 Rz. 8; *Henze* in Großkomm. AktG, § 55 Rz. 28; *Hüffer*, § 180 Rz. 3; *Stein* in MünchKomm. AktG, § 180 Rz. 9; *Wiedemann* in Großkomm. AktG, § 180 Rz. 7; *Zöllner* in KölnKomm. AktG, § 180 Rz. 5.

13 *Bungeroth* in MünchKomm. AktG, § 55 Rz. 8; *Hüffer*, § 180 Rz. 3; *Stein* in MünchKomm. AktG, § 180 Rz. 9; *Wiedemann* in Großkomm. AktG, § 180 Rz. 7; *Zöllner* in KölnKomm. AktG, § 180 Rz. 5.

14 RG v. 29.10.1915 – II 137/15, RGZ 87, 261, 265 f. (zur GmbH); *Henze* in Großkomm. AktG, § 55 Rz. 28; *Hüffer*, § 180 Rz. 3; *Lutter* in KölnKomm. AktG, § 55 Rz. 18; *Stein* in MünchKomm. AktG, § 180 Rz. 9; *Wiedemann* in Großkomm. AktG, § 180 Rz. 7; a.A. noch *Barz* in Großkomm. AktG, 3. Aufl. 1973, § 55 Anm. 6.

15 So aber *Wiedemann* in Großkomm AktG, § 180 Rz. 7.

16 So aber *Fuchs*, ZGR 2003, 167, 211; *Senger/Vogelmann*, AG 2002, 193, 198, jeweils unter unzutreffender Berufung auf *Wiedemann* in Großkomm. AktG, § 180 Rz. 4.

17 *Bungeroth* in MünchKomm. AktG, § 55 Rz. 17; *Hüffer*, § 55 Rz. 4; *Lutter* in KölnKomm. AktG, § 55 Rz. 6.

18 *Stein* in MünchKomm. AktG, § 180 Rz. 10.

19 *Bungeroth* in MünchKomm. AktG, § 55 Rz. 34; *Hüffer*, § 180 Rz. 3; *Stein* in MünchKomm. AktG, § 180 Rz. 13; *Wiedemann* in Großkomm. AktG, § 180 Rz. 10; *Zöllner* in KölnKomm. AktG, § 180 Rz. 6.

solcher Satzungsänderungen im Einzelnen vgl. § 55 Rz. 8 f. Da die nebenleistungspflichtigen Aktien eine Gattung bilden (§ 11 Rz. 5), ist jedoch regelmäßig ein Sonderbeschluss der übrigen Aktionäre nach § 179 Abs. 3 erforderlich[20]. Kann für die Erbringung der Nebenleistungspflicht ein Entgelt verlangt werden, so bedarf es zwar keiner Einzelzustimmung der durch die Satzungsänderung von der Nebenleistungspflicht befreiten Aktionäre nach § 180 Abs. 1[21], wohl aber eines Sonderbeschlusses der Nebenleistungsaktionäre nach § 179 Abs. 3[22]. Enthält eine Modifizierung von Nebenleistungspflichten sowohl Erleichterungen als auch Erschwerungen (z.B. Ausweitung einer Lieferpflicht bei gleichzeitiger Erhöhung des Entgelts), findet keine Saldierung der Vor- und Nachteile statt[23]; vielmehr bleibt das Zustimmungserfordernis des § 180 Abs. 1 im Hinblick auf die Erschwerungen anwendbar.

3. Anpassung der Aktienurkunden

Nach § 55 Abs. 1 Satz 3 sind Nebenverpflichtungen und der Umfang der Leistungen auch dann in den Aktien und Zwischenscheinen anzugeben, wenn die Nebenverpflichtungen im Wege der Satzungsänderung eingeführt oder modifiziert werden. Die Gesellschaft ist berechtigt, die unrichtig gewordenen Urkunden zur Berichtigung oder zum Umtausch einzufordern und ggf. nach § 73 Abs. 1 vorzugehen[24].   7

III. Vinkulierung von Namensaktien (§ 180 Abs. 2)

1. Anwendungsbereich

a) Nach § 180 Abs. 2 bedarf ein satzungsändernder Beschluss, der die Übertragung   8
von **Namensaktien** (§ 10 Rz. 7) oder **Zwischenscheinen** (§ 8 Rz. 33) von der Zustimmung der Gesellschaft abhängig macht (Vinkulierung), zu seiner Wirksamkeit der Zustimmung jedes einzelnen der von der Vinkulierung betroffenen Aktionäre[25]. Auf andere Fälle einer Modifizierung der Übertragbarkeit der Aktien (z.B. Umwandlung von Inhaber- in Namensaktien), findet § 180 Abs. 2 keine Anwendung[26].

b) Das Zustimmungserfordernis nach § 180 Abs. 2 gilt nicht für Vinkulierungen in   9
der Gründungssatzung[27], sondern **nur** für **nachträglich durch Satzungsänderung eingeführte oder verschärfte Vinkulierungen**[28]. Eine Verschärfung liegt z.B. in der Aufhebung einer Satzungsbestimmung, nach der die AG ihre Zustimmung zur Aktienübertragung nur aus wichtigem Grund[29] oder aus einzeln aufgeführten Verweigerungsgründen verweigern darf[30] sowie in der Ausdehnung eines Katalogs satzungs-

---

20 *Stein* in MünchKomm. AktG, § 180 Rz. 13; *Zöllner* in KölnKomm. AktG, § 180 Rz. 6.
21 *Stein* in MünchKomm. AktG, § 180 Rz. 13; *Wiedemann* in Großkomm. AktG, § 180 Rz. 10; *Zöllner* in KölnKomm. AktG, § 180 Rz. 6.
22 *Stein* in MünchKomm. AktG, § 180 Rz. 13.
23 *Stein* in MünchKomm. AktG, § 180 Rz. 13; *Wiedemann* in Großkomm. AktG, § 180 Rz. 10.
24 *Hüffer*, § 180 Rz. 2; *Stein* in MünchKomm. AktG, § 180 Rz. 14; *Wiedemann* in Großkomm. AktG, § 180 Rz. 11.
25 *Hüffer*, § 180 Rz. 5; *Stein* in MünchKomm. AktG, § 180 Rz. 15; *Wiedemann* in Großkomm. AktG, § 180 Rz. 12; *Zöllner* in KölnKomm. AktG, § 180 Rz. 9.
26 *Huep*, WM 2000, 1623, 1624; *Noack* in FS Bezzenberger, 2000, S. 291, 304; *Röhricht* in Großkomm. AktG, § 24 Rz. 11; *Stein* in MünchKomm. AktG, § 180 Rz. 15.
27 *Stein* in MünchKomm. AktG, § 180 Rz. 17.
28 *Hüffer*, § 180 Rz. 6; *Stein* in MünchKomm. AktG, § 180 Rz. 18; *Wiedemann* in Großkomm. AktG, § 180 Rz. 12; *Zöllner* in KölnKomm. AktG, § 180 Rz. 11.
29 *Hüffer*, § 180 Rz. 6; *Stein* in MünchKomm. AktG, § 180 Rz. 19; *Wiedemann* in Großkomm. AktG, § 180 Rz. 12; *Zöllner* in KölnKomm. AktG, § 180 Rz. 11.
30 *Stein* in MünchKomm. AktG, § 180 Rz. 17; *Wiedemann* in Großkomm. AktG, § 180 Rz. 12; *Zöllner* in KölnKomm. AktG, § 180 Rz. 11.

mäßiger Verweigerungsgründe[31]. Enthält die Satzung eine **Ermächtigung zur nachträglichen Vinkulierung** oder zur Verschärfung einer bestehenden Vinkulierung, so bedarf der satzungsändernde Beschluss der Hauptversammlung, der von dieser Ermächtigung Gebrauch macht, zu seiner Wirksamkeit nicht der Zustimmung der betroffenen Aktionäre nach § 180 Abs. 2[32].

10   c) Die **Aufhebung oder Lockerung einer bestehenden Vinkulierung** bedarf nicht der Zustimmung nach § 180 Abs. 2[33]. Eine Saldierung von Erleichterungen und Erschwerungen erfolgt nicht (s. auch Rz. 6)[34]. Ist nur ein Teil der Aktien vinkuliert und wird diese Vinkulierung aufgehoben oder gelockert, so ist ein Sonderbeschluss der Inhaber nicht vinkulierter Aktien nach § 179 Abs. 3 nicht erforderlich, da durch Vinkulierung von Namensaktien keine eigene Gattung entsteht[35].

2. Vinkulierung und Kapitalerhöhung

a) Durchgehend vinkulierte Altaktien

11   Sind sämtliche Aktien oder Zwischenscheine einer AG aufgrund einer entsprechenden Satzungsbestimmung vinkuliert, so erstreckt sich die Vinkulierung im Falle einer Kapitalerhöhung automatisch auf die jungen Aktien oder Zwischenscheine. Für ein Zustimmungserfordernis nach § 180 Abs. 2 ist hier kein Raum, da sich die Bezugsrechte bereits auf vinkulierte Aktien richten[36].

b) Durchgehend nicht vinkulierte Altaktien

12   Sollen erstmals die durch eine **Kapitalerhöhung** entstehenden jungen Aktien oder Zwischenscheine vinkuliert werden, so bedarf es grundsätzlich einer gleichzeitigen Satzungsänderung, auf die § 180 Abs. 2 anzuwenden ist, weil den Altaktionären nach der geltenden Satzung eigentlich ein Bezugsrecht auf nicht vinkulierte Aktien zusteht[37]. Geschützt sind dann alle diejenigen Inhaber nicht vinkulierter Altaktien, die lediglich vinkulierte junge Aktien oder Zwischenscheine erhalten sollten[38]. Wird das **Bezugsrecht** der Altaktionäre **ausgeschlossen**, so entfällt deshalb das Zustimmungserfordernis des § 180 Abs. 2[39]. Entsprechendes gilt, wenn die jungen Aktien von vornherein für **andere Personen** als die Altaktionäre **bestimmt** sind, z.B. in den Fällen des § 192 Abs. 2 Nr. 2 und 3[40].

---

31 *Hüffer*, § 180 Rz. 6; *Stein* in MünchKomm. AktG, § 180 Rz. 19.
32 *Zöllner* in KölnKomm. AktG, § 180 Rz. 12; a.A. *Stein* in MünchKomm. AktG, § 180 Rz. 20 f.; *Wiedemann* in Großkomm. AktG, § 180 Rz. 13.
33 *Hüffer*, § 180 Rz. 6; *Stein* in MünchKomm. AktG, § 180 Rz. 22; *Zöllner* in KölnKomm. AktG, § 180 Rz. 15.
34 *Stein* in MünchKomm. AktG, § 180 Rz. 22.
35 *Bayer* in MünchKomm. AktG, § 68 Rz. 44; *Bermel/Müller*, NZG 1998, 331, 332; *Hüffer*, § 11 Rz. 7; *Kraft* in KölnKomm. AktG, § 11 Rz. 6; a.A. *Zöllner* in KölnKomm. AktG, § 180 Rz. 15.
36 LG Bonn v. 10.4.1969 – 11 O 3/69, AG 1970, 18 f.; *Bayer* in MünchKomm. AktG, § 68 Rz. 47; *Hüffer*, § 180 Rz. 7; *Lutter* in KölnKomm. AktG, § 68 Rz. 25; *Stein* in MünchKomm. AktG, § 180 Rz. 23; *Wiedemann* in Großkomm. AktG, § 180 Rz. 14; *Zöllner* in KölnKomm. AktG, § 180 Rz. 13; a.A. noch *Barz* in Großkomm. AktG, 3. Aufl. 1973, § 68 Anm. 6.
37 *Hüffer*, § 180 Rz. 7; *Lutter* in KölnKomm. AktG, § 68 Rz. 25; *Lutter/Uwe H. Schneider*, ZGR 1975, 182, 185 f.; *Stein* in MünchKomm. AktG, § 180 Rz. 24; *Tichy* in MünchKomm. AktG, § 68 Rz. 48; *Wiedemann* in Großkomm. AktG, § 180 Rz. 16; *Zöllner* in KölnKomm. AktG, § 180 Rz. 14.
38 *Hüffer*, § 180 Rz. 7; *Stein* in MünchKomm. AktG, § 180 Rz. 24.
39 *Hüffer*, § 180 Rz. 7; *Lutter* in KölnKomm. AktG, § 68 Rz. 25; *Lutter/Uwe H. Schneider*, ZGR 1975, 182, 186; *Stein* in MünchKomm. AktG, § 180 Rz. 25; *Tichy* in MünchKomm. AktG, § 68 Rz. 48; *Wiedemann* in Großkomm. AktG, § 180 Rz. 15; *Zöllner* in KölnKomm. AktG, § 180 Rz. 13.
40 *Hüffer*, § 180 Rz. 7; *Stein* in MünchKomm. AktG, § 180 Rz. 25.

c) Teils vinkulierte, teils nicht vinkulierte Altaktien

Erfasst eine satzungsmäßige Vinkulierungsklausel nur einen Teil der Aktien, so muss der Erhöhungsbeschluss festlegen, ob und in welchem Umfang vinkulierte Aktien ausgegeben werden sollen[41]. Wird das Bezugsrecht der Altaktionäre nicht ausgeschlossen, so findet das Zustimmungserfordernis nach § 180 Abs. 2 nur auf die Vinkulierung junger Aktien Anwendung, die auf nicht vinkulierte Altaktien entfallen[42], nicht aber auf die Vinkulierung junger Aktien, die auf vinkulierte Altaktien entfallen[43]. Wird das Bezugsrecht der Altaktionäre hingegen ausgeschlossen oder sind die von der Vinkulierung betroffenen jungen Aktien von vornherein nicht für Altaktionäre bestimmt, so gelten die in Rz. 12 dargestellten Grundsätze entsprechend.

13

IV. Zustimmung aller betroffenen Aktionäre

1. Erteilung der Zustimmung

Wird ein Satzungsänderungsbeschluss nach § 180 Abs. 1 oder Abs. 2 nur mit Zustimmung der betroffenen Aktionäre wirksam, so ist die Zustimmung gegenüber der AG zu erklären[44]. Die Zustimmung selbst ist eine **empfangsbedürftige mitgliedschaftsrechtliche Willenserklärung**[45], die von jedem einzelnen betroffenen Aktionär zu erteilen ist; ein Mehrheitsbeschluss der Betroffenen nach dem Vorbild des § 179 Abs. 3 genügt nicht[46]. Die Zustimmung unterliegt **keinem Formerfordernis** und kann damit auch konkludent, z.B. durch Zustimmung zum Satzungsänderungsbeschluss nach § 179[47], durch vorbehaltlose Erbringung von Nebenleistungen[48] oder durch die Bitte um Zustimmung zur Aktienveräußerung[49] erteilt werden. Die AG kann in ihrer Satzung jedoch Formerfordernisse für die Zustimmung festlegen[50]. In zeitlicher Hinsicht kann die Zustimmung **vor, während oder nach der Hauptversammlung** erklärt werden, die einen Beschluss nach § 180 Abs. 1 oder Abs. 2 fasst[51]. Eine einmal erklärte Zustimmung bindet auch den Rechtsnachfolger, der vor Eintragung des Beschlusses die Aktien erworben hat[52].

14

---

41 *Hüffer*, § 180 Rz. 7; *Stein* in MünchKomm. AktG, § 180 Rz. 26; *Zöllner* in KölnKomm. AktG, § 180 Rz. 13.

42 *Hüffer*, § 180 Rz. 7; *Lutter/Uwe H. Schneider*, ZGR 1975, 182, 191; *Stein* in MünchKomm. AktG, § 180 Rz. 27; *Tichy* in MünchKomm. AktG, § 68 Rz. 49; *Wiedemann* in Großkomm. AktG, § 180 Rz. 16; *Zöllner* in KölnKomm. AktG, § 180 Rz. 13.

43 *Lutter/Uwe H. Schneider*, ZGR 1975, 182, 191; *Stein* in MünchKomm. AktG, § 180 Rz. 27; *Tichy* in MünchKomm. AktG, § 68 Rz. 49; *Zöllner* in KölnKomm. AktG, § 180 Rz. 13.

44 *Hüffer*, § 180 Rz. 8; *Stein* in MünchKomm. AktG, § 180 Rz. 31; *Wiedemann* in Großkomm. AktG, § 180 Rz. 18; *Zöllner* in KölnKomm. AktG, § 180 Rz. 16.

45 *Stein* in MünchKomm. AktG, § 180 Rz. 31; *Wiedemann* in Großkomm. AktG, § 180 Rz. 18; *Zöllner* in KölnKomm. AktG, § 180 Rz. 4, 16.

46 *Stein* in MünchKomm. AktG, § 180 Rz. 30.

47 RG v. 8.6.1928 – II 515/27, RGZ 121, 238, 244; *Hüffer*, § 180 Rz. 8; *Stein* in MünchKomm. AktG, § 180 Rz. 33; *Wiedemann* in Großkomm. AktG, § 180 Rz. 19; *Zöllner* in KölnKomm. AktG, § 180 Rz. 16.

48 *Stein* in MünchKomm. AktG, § 180 Rz. 33; *Zöllner* in KölnKomm. AktG, § 180 Rz. 16.

49 *Stein* in MünchKomm. AktG, § 180 Rz. 33; *Wiedemann* in Großkomm. AktG, § 180 Rz. 19; *Zöllner* in KölnKomm. AktG, § 180 Rz. 16.

50 *Stein* in MünchKomm. AktG, § 180 Rz. 32; *Wiedemann* in Großkomm. AktG, § 180 Rz. 19.

51 RG v. 10.4.1908 – II 616/07, RGZ 68, 263, 266; RG v. 8.6.1928 – II 515/27, RGZ 121, 238, 244; *Hüffer*, § 180 Rz. 8; *Stein* in MünchKomm. AktG, § 180 Rz. 31; *Wiedemann* in Großkomm. AktG, § 180 Rz. 18; *Zöllner* in KölnKomm. AktG, § 180 Rz. 16.

52 *Hüffer*, § 180 Rz. 8; *Stein* in MünchKomm. AktG, § 180 Rz. 34; *Zöllner* in KölnKomm. AktG, § 180 Rz. 17.

2. Rechtsfolgen

15 **a)** Das Zustimmungserfordernis nach § 180 Abs. 1 oder Abs. 2 begründet ein **zusätzliches Wirksamkeitserfordernis**, das zu den übrigen Voraussetzungen eines Satzungsänderungsbeschlusses hinzutritt. Solange sich die betroffenen Aktionäre noch nicht erklärt haben, ist der Beschluss daher **schwebend unwirksam**[53]. Verweigert nur ein Betroffener die Zustimmung, wird der Beschluss endgültig unwirksam[54]. Um dies zu verhindern, kann die Gesellschaft den Satzungsänderungsbeschluss auch so ausgestalten, dass die Auferlegung von Nebenleistungspflichten oder die Vinkulierung von Namensaktien oder Zwischenscheinen nur für diejenigen Aktionäre wirksam wird, die ihre Zustimmung erteilen[55]. Fehlt die erforderliche Zustimmung, so wird der Beschluss auch nicht durch Eintragung in das Handelsregister wirksam[56].

16 **b)** Der **Registerrichter hat** bei Eintragung der Satzungsänderung (§ 181 Abs. 3) deren Wirksamkeit und damit auch das Vorliegen aller erforderlichen Zustimmungen **zu prüfen**[57]. Die Zustimmungen sind dem Registergericht nachzuweisen, jedoch nicht notwendig in öffentlich beglaubigter Form[58]. Mit Rücksicht auf die Formfreiheit der Zustimmung (Rz. 14) ist jeder Nachweis ausreichend, z.B. auch die Erklärung des Vorstands, dass alle erforderlichen Zustimmungen vorliegen[59].

§ 181
Eintragung der Satzungsänderung

(1) Der Vorstand hat die Satzungsänderung zur Eintragung in das Handelsregister anzumelden. Der Anmeldung ist der vollständige Wortlaut der Satzung beizufügen; er muss mit der Bescheinigung eines Notars versehen sein, dass die geänderten Bestimmungen der Satzung mit dem Beschluss über die Satzungsänderung und die unveränderten Bestimmungen mit dem zuletzt zum Handelsregister eingereichten vollständigen Wortlaut der Satzung übereinstimmen. Bedarf die Satzungsänderung staatlicher Genehmigung, so ist der Anmeldung die Genehmigungsurkunde beizufügen.

(2) Soweit nicht die Änderung Angaben nach § 39 betrifft, genügt bei der Eintragung die Bezugnahme auf die beim Gericht eingereichten Urkunden. Betrifft eine Ände-

---

53 RG v. 8.6.1928 – II 515/27, RGZ 121, 238, 244; *Baumbach/Hueck*, § 180 Anm. 4; *Hüffer*, § 180 Rz. 9; *Stein* in MünchKomm. AktG, § 180 Rz. 35; *Wiedemann* in Großkomm. AktG, § 180 Rz. 20; *Zöllner* in KölnKomm. AktG, § 180 Rz. 18.
54 RG v. 8.6.1928 – II 515/27, RGZ 121, 238, 244; BGH v. 20.9.2004 – II ZR 288/02, BGHZ 160, 253, 258 f. = AG 2004, 673; *Baumbach/Hueck*, § 180 Anm. 4; *Hüffer*, § 180 Rz. 9; *Stein* in MünchKomm. AktG, § 180 Rz. 35; *Wiedemann* in Großkomm. AktG, § 180 Rz. 20; *Zöllner* in KölnKomm. AktG, § 180 Rz. 18.
55 *Baumbach/Hueck*, § 180 Anm. 4; *Hüffer*, § 180 Rz. 9; *Stein* in MünchKomm. AktG, § 180 Rz. 36; *Wiedemann* in Großkomm. AktG, § 180 Rz. 20; *Zöllner* in KölnKomm. AktG, § 180 Rz. 18; *Zöllner*, Schranken mitgliedschaftlicher Stimmrechtsmacht, S. 112 f.
56 *Hüffer*, § 180 Rz. 9.
57 *Hüffer*, § 180 Rz. 10; *Stein* in MünchKomm. AktG, § 180 Rz. 37.
58 *Hüffer*, § 180 Rz. 10; *Stein* in MünchKomm. AktG, § 180 Rz. 37; *Wiedemann* in Großkomm. AktG, § 180 Rz. 21; *Zöllner* in KölnKomm. AktG, § 180 Rz. 20; a.A. RG v. 29.4.1932 – II 368/31, RGZ 136, 185, 192; *Barz* in Großkomm. AktG, 3. Aufl. 1973, § 55 Anm. 7; *Baumbach/Hueck*, § 180 Anm. 3.
59 *Stein* in MünchKomm. AktG, § 180 Rz. 37; *Wiedemann* in Großkomm. AktG, § 181 Rz. 14; *Zöllner* in KölnKomm. AktG, § 180 Rz. 20; einschränkend *Hüffer*, § 180 Rz. 10 (nur wenn Aktionäre nicht widersprechen).

rung Bestimmungen, die ihrem Inhalt nach bekanntzumachen sind, so ist auch die Änderung ihrem Inhalt nach bekanntzumachen.

(3) Die Änderung wird erst wirksam, wenn sie in das Handelsregister des Sitzes der Gesellschaft eingetragen worden ist.

I. Regelungsgegenstand und Normzweck 1

II. Anmeldung der Satzungsänderung (§ 181 Abs. 1) 3
1. Zuständiges Gericht 3
2. Anmelder 6
3. Pflicht zur Anmeldung 8
4. Form und Inhalt der Anmeldung . . . 11
5. Beizufügende Urkunden 13
6. Rücknahme der Anmeldung 20
7. Kosten 21

III. Eintragung und Bekanntmachung (§ 181 Abs. 2) 22

1. Registerkontrolle 22
2. Ablehnung der Eintragung 28
3. Eintragung 30
4. Bekanntmachung 32

IV. Wirkung der Eintragung (§ 181 Abs. 3) 34
1. Konstitutive Wirkung 34
2. Rechtslage zwischen Beschlussfassung und Eintragung 36
3. Fehlerhafte Beschlüsse und fehlerhafte Eintragungen 39
4. Behandlung unrichtiger Eintragungen 42

Literatur: *Ammon*, Die Anmeldung zum Handelsregister, DStR 1993, 1025; *Baums*, Eintragung und Löschung von Gesellschafterbeschlüssen, 1981; *Bokelmann*, Eintragung eines Beschlusses: Prüfungskompetenz des Registerrichters bei Nichtanfechtung, rechtsmissbräuchlicher Anfechtungsklage und bei Verschmelzug, DB 1994, 1341; *Casper*, Die Heilung nichtiger Beschlüsse im Kapitalgesellschaftsrecht, 1998; *Lutter*, Die Eintragung anfechtbarer Hauptversammlungsbeschlüsse im Handelsregister, NJW 1969, 1873; *Noack*, Fehlerhafte Beschlüsse im Gesellschaftsrecht, 1989.

I. Regelungsgegenstand und Normzweck

§ 181 regelt die **konstitutive Wirkung** der Registereintragung für Satzungsänderungen (Abs. 3) und hat in verfahrensrechtlicher Hinsicht die Anmeldung der Satzungsänderung zum Handelsregister (Abs. 1) sowie ihre Eintragung und Bekanntmachung (Abs. 2) zum Gegenstand[1]. Ergänzt wird die Vorschrift durch **Sondervorschriften** für die Anmeldung und Eintragung bestimmter Satzungsänderungen wie die Sitzverlegung (§ 45), Kapitalerhöhung (§§ 184, 188–190, 195, 196, 200, 201, 203 Abs. 1 Satz 1, § 207 Abs. 2, §§ 210, 211) und Kapitalherabsetzung (§§ 223, 224, 227, 229 Abs. 3, § 237 Abs. 2 Satz 1, Abs. 4 Satz 5, §§ 238, 239).

§ 181 gilt für **jede Satzungsänderung** (nicht nur solche im materiellen Sinne (§ 179 Rz. 7), also auch für bloße Fassungsänderungen i.S.d. § 179 Abs. 1 Satz 2, gleichgültig ob sie von der Hauptversammlung oder vom Aufsichtsrat aufgrund einer entsprechenden Ermächtigung beschlossen wurden (näher § 179 Rz. 33 ff.)[2].

1

2

---

1 *Hüffer*, § 181 Rz. 1; *Stein* in MünchKomm. AktG, § 181 Rz. 1; *Wiedemann* in Großkomm. AktG, § 181 Rz. 4.
2 *Baumbach/Hueck*, § 181 Anm. 2; *Hüffer*, § 181 Rz. 2; *Stein* in MünchKomm. AktG, § 181 Rz. 3; *Wiedemann* in Großkomm. AktG, § 181 Rz. 4; *Zöllner* in KölnKomm. AktG, § 181 Rz. 3; a.A. für § 54 GmbHG *Ulmer* in Hachenburg, GmbHG, § 54 Rz. 3.

II. Anmeldung der Satzungsänderung (§ 181 Abs. 1)

1. Zuständiges Gericht

3   **a)** Die sachliche Zuständigkeit zur Führung des Handelsregisters liegt gem. § 8 HGB, § 125 Abs. 1 FGG beim **Amtsgericht**. Örtlich zuständig ist nach § 14 das **Gericht des Satzungssitzes**, bei Doppelsitz (näher § 5 Rz. 14) also beide Registergerichte[3]. Die **funktionale Zuständigkeit** liegt nach § 17 Nr. 1 lit. b RPflG grundsätzlich beim Richter mit Ausnahme von reinen Fassungsänderungen.

4   **b)** Hat die Satzungsänderung eine **Sitzverlegung** zum Gegenstand, ist nach § 45 Abs. 1 das **Registergericht des bisherigen Sitzes** für die Entgegennahme der Anmeldung zuständig. Über die Eintragung der Sitzverlegung entscheidet nach § 45 Abs. 2 Satz 3 und 4 jedoch das Gericht des neuen Sitzes[4]. Zu den Einzelheiten vgl. § 45 Rz. 10 ff.

5   **c)** Hat die Gesellschaft **Zweigniederlassungen**, so ist die Satzungsänderung nur beim **Gericht des Satzungssitzes** anzumelden. Der Anmeldung sind so viele Exemplare der Anmeldung nebst Anlagen beizufügen, wie Niederlassungen (Niederlassung am Sitz der AG und Zweigniederlassungen) bestehen (§ 13c Abs. 1 Halbsatz 2 HGB)[5]. Diese reicht das Registergericht des Sitzes zusammen mit der Eintragungsmitteilung an die Gerichte der Zweigniederlassungen zwecks dortiger Eintragung weiter (§ 13c Abs. 2 HGB)[6].

2. Anmelder

6   **a)** Die Anmeldung der Satzungsänderung erfolgt **im Namen der Gesellschaft**[7], die dabei durch ihren **Vorstand in vertretungsberechtigter Zahl** vertreten wird (§ 78 Abs. 1 und Abs. 2). Liegt ein Fall der unechten Gesamtvertretung nach § 78 Abs. 3 Satz 1, 2. Fall vor, so kann auch ein **Prokurist** neben einem oder mehreren Vorstandsmitgliedern an der Anmeldung mitwirken[8]. Bei Kapitalerhöhungen[9] und -herabsetzungen[10] hat auch der **Vorsitzende des Aufsichtsrats** bei der Anmeldung mitzuwirken[11]. Nach Auflösung der Gesellschaft treten die Abwickler an die Stelle des Vorstands (§ 269 Abs. 1)[12]. Die Anmeldung selbst ist nicht mit der Firma, sondern mit dem eigenen

---

3 *Hüffer*, § 181 Rz. 3; *Stein* in MünchKomm. AktG, § 181 Rz. 5; *Zöllner* in KölnKomm. AktG, § 181 Rz. 21.

4 *Hüffer*, § 181 Rz. 3; *Stein* in MünchKomm. AktG, § 181 Rz. 6; *Zöllner* in KölnKomm. AktG, § 181 Rz. 22.

5 *Hüffer*, § 181 Rz. 3; *Stein* in MünchKomm. AktG, § 181 Rz. 7; *Zöllner* in KölnKomm. AktG, § 181 Rz. 23.

6 *Stein* in MünchKomm. AktG, § 181 Rz. 7.

7 BGH v. 24.10.1988 – II ZB 7/88, BGHZ 105, 324, 327 f. (zur GmbH); *Henn*, Aktienrecht, Rz. 199; *Hüffer*, § 181 Rz. 4; *Stein* in MünchKomm. AktG, § 181 Rz. 9; *Wiedemann* in Großkomm. AktG, § 181 Rz. 7; *Zöllner* in KölnKomm. AktG, § 181 Rz. 3; a.A. BayObLG v. 3.7.1986 – BReg. 3 Z 72/86, AG 1987, 213, 214 (zur Genossenschaft); BayObLG v. 4.12.1986 – BReg. 3 Z 121/86, GmbHR 1987, 267 (zur GmbH).

8 KG JW 1938, 3121; *Baumbach/Hueck*, § 181 Anm. 2; *Habersack* in Großkomm. AktG, § 78 Rz. 46; *Hüffer*, § 181 Rz. 4; *Semler* in MünchHdb. AG, § 39 Rz. 69; *Stein* in MünchKomm. AktG, § 181 Rz. 11; *Wiedemann* in Großkomm. AktG, § 181 Rz. 8; *Zöllner* in KölnKomm. AktG, § 181 Rz. 4; a.A. *Henn*, Aktienrecht, Rz. 199.

9 Vgl. §§ 184 Abs. 1 Satz 1, 188 Abs. 1, 195 Abs. 1, 203 Abs. 1 Satz 1, 207 Abs. 2.

10 Vgl. §§ 223, 229 Abs. 3, 237 Abs. 2 Satz 1 und Abs. 4 Satz 5.

11 *Hüffer*, § 181 Rz. 4; *Stein* in MünchKomm. AktG, § 181 Rz. 8; *Wiedemann* in Großkomm. AktG, § 181 Rz. 6; *Zöllner* in KölnKomm. AktG, § 181 Rz. 3.

12 *Hüffer*, § 181 Rz. 4; *Stein* in MünchKomm. AktG, § 181 Rz. 8; *Wiedemann* in Großkomm. AktG, § 181 Rz. 6.

Namen zu unterzeichnen[13]. Ein **gleichzeitiges Handeln** der Anmeldepersonen ist **nicht erforderlich**, diese können die erforderlichen Erklärungen ohne weiteres auch nacheinander abgeben[14].

b) Die **Anmeldeberechtigten** brauchen die Anmeldung nicht in Person zu bewirken, 7 sondern **können** hierzu auch **Dritte bevollmächtigen**[15]. Voraussetzung hierfür ist allerdings, dass mit der Anmeldung keine Erklärungen oder Versicherungen abzugeben sind, für deren Richtigkeit der Anmelder zivil- oder strafrechtlich einzustehen hat (§§ 184, 188)[16]. Die Vollmacht bedarf nach § 12 Abs. 2 Satz 1 HGB, § 129 Abs. 1 Satz 1 BGB der **öffentlichen Beglaubigung**[17]. Handelt der Urkundsnotar, so greift die Vollmachtsvermutung des § 129 FGG nicht ein, weil keine Pflicht zur Anmeldung der Satzungsänderung besteht (Rz. 8)[18]. Die **Vollmachtsvermutung** folgt hier jedoch aus der Erfahrungstatsache, dass ein Notar auf Grund seiner beruflichen Stellung und seiner Standespflichten nicht ohne Vollmacht handeln wird[19].

3. Pflicht zur Anmeldung

a) Eine **öffentlich-rechtliche Pflicht** zur Anmeldung einer beschlossenen Satzungsän- 8 derung **besteht** für die AG und ihren Vorstand **nicht**[20]. Daher schließt § 407 Abs. 2 Satz 1 die Erzwingbarkeit der Anmeldung durch Zwangsgeld ausdrücklich aus.

b) Der Vorstand ist jedoch im Innenverhältnis **gegenüber der AG** kraft seiner **Organ-** 9 **stellung** zur Anmeldung der Satzungsänderung verpflichtet (arg. e § 181 Abs. 1 Satz 1 i.V.m. § 83 Abs. 2). Enthält der Satzungsänderungsbeschluss der Hauptversammlung oder des Aufsichtsrats keine gegenteilige Anweisung, ist die Anmeldung **unverzüg- lich** (§ 121 Abs. 1 Satz 1 BGB) zu bewirken[21]. Verletzt der Vorstand seine Pflicht zur Anmeldung in schuldhafter Weise, kann dies eine Schadensersatzpflicht nach § 93 Abs. 2 Satz 1 begründen und in Extremfällen seine Abberufung nach § 84 Abs. 3 rechtfertigen[22]. Erforderlichenfalls kann die AG (vertreten durch den Aufsichtsrat, § 112) den Vorstand auf Anmeldung verklagen[23].

---

13 *Hüffer*, § 181 Rz. 4; *Stein* in MünchKomm. AktG, § 181 Rz. 9; *Zöllner* in KölnKomm. AktG, § 181 Rz. 3.
14 *Baumbach/Hueck*, § 181 Anm. 2; *Hüffer*, § 181 Rz. 4; *Stein* in MünchKomm. AktG, § 181 Rz. 11; *v. Godin/Wilhelmi*, § 181 Anm. 2.
15 *Ammon*, DStR 1993, 1025, 1027; *Hüffer*, § 181 Rz. 4; *Stein* in MünchKomm. AktG, § 181 Rz. 12; *Wiedemann* in Großkomm. AktG, § 181 Rz. 11; *Zöllner* in KölnKomm. AktG, § 181 Rz. 4.
16 BayObLG v. 12.6.1986 – 3 Z 29/86, NJW 1987, 136; *Ammon*, DStR 1993, 1025, 1028; *Hüffer*, § 181 Rz. 4, § 36 Rz. 4; *Pentz* in MünchKomm. AktG, § 36 Rz. 26; *Stein* in MünchKomm. AktG, § 181 Rz. 12.
17 *Hüffer*, § 181 Rz. 4; *Stein* in MünchKomm. AktG, § 181 Rz. 12; *Wiedemann* in Großkomm. AktG, § 181 Rz. 11.
18 BayObLG v. 2.11.1994 – 3 ZBR 276/94, NJW 1995, 1971; *Hüffer*, § 181 Rz. 4; *Winkler* in Keidel/Kuntze/Winkler, FG, § 129 FGG Rz. 5; *Stein* in MünchKomm. AktG, § 181 Rz. 12; *Ammon*, DStR 1993, 1025, 1028.
19 OLG Frankfurt v. 19.7.1978 – 20 W 406/78, DNotZ 1978, 750, 751; *Winkler* in Keidel/Kuntze/Winkler, FG, § 129 FGG Rz. 5.
20 *Hüffer*, § 181 Rz. 5; *Stein* in MünchKomm. AktG, § 181 Rz. 13; *Wiedemann* in Großkomm. AktG, § 181 Rz. 9; *Zöllner* in KölnKomm. AktG, § 181 Rz. 24; für die GmbH ebenso BayObLG v. 31.1.1978 – 1 Z 5/78, DB 1978, 880; *Ammon*, DStR 1993, 1025, 1028.
21 *Hüffer*, § 181 Rz. 5; *Stein* in MünchKomm. AktG, § 181 Rz. 14; *Volhard*, ZGR 1996, 55, 56; *Wiedemann* in Großkomm. AktG, § 181 Rz. 9; *Zöllner* in KölnKomm. AktG, § 181 Rz. 25, 27.
22 *Hüffer*, § 181 Rz. 5; *Stein* in MünchKomm. AktG, § 181 Rz. 14; *Zöllner* in KölnKomm. AktG, § 181 Rz. 25.
23 *Hüffer*, § 181 Rz. 5; *Stein* in MünchKomm. AktG, § 181 Rz. 14; *Wiedemann* in Großkomm. AktG, § 181 Rz. 9; *Zöllner* in KölnKomm. AktG, § 181 Rz. 25.

10   **c)** Keine Pflicht zur Anmeldung der Satzungsänderung besteht bei **nichtigen Beschlüssen**[24]. Bestehen insoweit berechtigte Zweifel, kann der Vorstand die Anmeldung gleichwohl vornehmen und das Registergericht auf seine Bedenken hinweisen[25]. Ist der Satzungsänderungsbeschluss lediglich **anfechtbar**, der Vorstand gleichwohl **von der Rechtmäßigkeit** des Beschlusses **überzeugt**, so hat er die Anmeldung
unverzüglich vorzunehmen, ohne rechtlich verpflichtet zu sein, auf eine etwa erhobene Anfechtungsklage das Registergericht hinzuweisen (*arg. e contrario* §§ 319
Abs. 5, 320 Abs. 1 Satz 3, 327e Abs. 2 AktG, §§ 16 Abs. 2, 176 Abs. 1 UmwG)[26]. Ist
der Vorstand dagegen **von der Anfechtbarkeit** des Satzungsänderungsbeschlusses
überzeugt, ist er verpflichtet, den Beschluss nach § 245 Nr. 4 anzufechten, wenn der
Beschluss das Gesellschaftsinteresse verletzt oder ein pflichtwidriges Verhalten vom
Vorstand verlangt[27]. Hat der Vorstand Zweifel an der Rechtmäßigkeit des Satzungsänderungsbeschlusses, so steht es in seinem Ermessen, ob er den Beschluss unverzüglich anmeldet oder zunächst die Anfechtungsfrist des § 246 Abs. 1 abwartet[28]. Beschreitet der Vorstand den risikoärmeren Weg und meldet die Satzungsänderung zur
Eintragung an, kann er (wiederum ohne Rechtspflicht) das Registergericht auf seine
Bedenken und auf eine etwa erhobene Anfechtungsklage hinweisen[29].

4. Form und Inhalt der Anmeldung

11   **a)** Nach § 12 Abs. 1 HGB hat die Anmeldung der Satzungsänderung **in öffentlich beglaubigter Form** zu erfolgen. Die Anforderungen an die Form ergeben sich aus § 129
Abs. 1 BGB i.V.m. §§ 39, 40 BeurkG[30].

12   **b) Gegenstand der Anmeldung** ist die von der Hauptversammlung oder vom Aufsichtsrat **beschlossene Satzungsänderung**. Betrifft die Satzungsänderung keine **Angaben nach § 39**, kann in der Anmeldung auf eine inhaltliche Wiedergabe der Satzungsänderung verzichtet und statt dessen auf die beigefügten Unterlagen, insbesondere
die notarielle Niederschrift des Hauptversammlungsbeschlusses, Bezug genommen
werden[31]. Bei Angaben nach § 39 muss die Anmeldung den **Inhalt der Änderung** konkret bezeichnen[32], wobei dies nicht bedeutet, dass der Wortlaut der Satzungsände-

---

24 *Hüffer*, § 181 Rz. 5; *Wiedemann* in Großkomm. AktG, § 181 Rz. 9; *Zöllner* in KölnKomm.
    AktG, § 181 Rz. 26; *Volhard*, ZGR 1996, 55, 59.
25 *Hüffer*, § 181 Rz. 5; *Stein* in MünchKomm. AktG, § 181 Rz. 15; *Wiedemann* in Großkomm.
    AktG, § 181 Rz. 9; *Zöllner* in KölnKomm. AktG, § 181 Rz. 26.
26 Ähnlich *Stein* in MünchKomm. AktG, § 181 Rz. 16; *Wiedemann* in Großkomm. AktG, § 181
    Rz. 9; *Zöllner* in KölnKomm. AktG, § 181 Rz. 26; vgl. auch *Volhard*, ZGR 1996, 55, 63.
27 *Mertens* in KölnKomm. AktG, § 93 Rz. 31, 118; *Stein* in MünchKomm. AktG, § 181 Rz. 16;
    Volhard, ZGR 1996, 55, 60.
28 *Stein* in MünchKomm. AktG, § 181 Rz. 17; *Volhard*, ZGR 1996, 55, 63 f.; wohl auch *Hüffer*,
    § 181 Rz. 5; a.A. *Wiedemann* in Großkomm. AktG, § 181 Rz. 9 (Anmeldpflicht).
29 *Hüffer*, § 182 Rz. 5; *Stein* in MünchKomm. AktG, § 181 Rz. 17; *Bungeroth* in G/H/E/K, § 182
    Rz. 14; *Wiedemann* in Großkomm. AktG, § 181 Rz. 9; *Zöllner* in KölnKomm. AktG, § 182
    Rz. 26.
30 *Hüffer*, § 181 Rz. 6; *Stein* in MünchKomm. AktG, § 181 Rz. 18; *Wiedemann* in Großkomm.
    AktG, § 181 Rz. 11; *Zöllner* in KölnKomm. AktG, § 181 Rz. 5.
31 *Hüffer*, § 181 Rz. 6; *Stein* in MünchKomm. AktG, § 181 Rz. 20; *v. Godin/Wilhelmi*, § 181
    Anm. 8; *Wiedemann* in Großkomm. AktG, § 181 Rz. 12; *Zöllner* in KölnKomm. AktG, § 181
    Rz. 7; ebenso für die GmbH BGH v. 16.2.1987 – II ZB 12/86, AG 1988, 74; *Priester* in Scholz,
    GmbHG, § 54 Rz. 11.
32 *Hüffer*, § 181 Rz. 6; *Stein* in MünchKomm. AktG, § 181 Rz. 21; *v. Godin/Wilhelmi*, § 181
    Anm. 8; *Wiedemann* in Großkomm. AktG, § 181 Rz. 13; ebenso für die GmbH BGH v.
    16.2.1987 – II ZB 12/86, AG 1988, 74 f.; *Ulmer* in Hachenburg, GmbHG, § 54 Rz. 6; *Lutter/
    Hommelhoff*, GmbHG, § 54 Rz. 3; kritisch *Zöllner* in KölnKomm. AktG, § 181 Rz. 9.

rung vollständig wiederzugeben wäre; eine schlagwortartige Kennzeichnung der einzelnen Änderungen genügt[33].

5. Beizufügende Urkunden

a) Der Handelsregisteranmeldung des Satzungsänderungsbeschlusses sind eine Reihe   13
von Urkunden beizufügen, ohne deren Vorliegen die Eintragung nicht erfolgen darf[34].
Sie sollen einerseits dem Registerrichter die Prüfung der formellen und materiellen
Rechtmäßigkeit der beschlossenen Satzungsänderung ermöglichen, andererseits aber
auch dem Rechtsverkehr die nötige Information über den aktuellen Inhalt der Satzung ermöglichen[35]. Die Einreichung kann durch Zwangsgeld nach § 14 HGB erzwungen werden[36].

b) Beizufügen ist nach § 181 Abs. 1 Satz 2 zunächst der **vollständige Wortlaut der Sat-**   14
zung. Zweck der Vorschrift ist es, jedem Interessenten die Einsichtnahme in den
letztgültigen Wortlaut der gesamten Satzung aus einer einzigen, beim Handelsregister verwahrten Urkunde zu ermöglichen, ohne diesen aus den unterschiedlichen Urkunden heraussuchen und zusammenstellen zu müssen[37]. Dieser Zweck rechtfertigt
die entsprechende Anwendung der Vorschrift bei Satzungsänderungen im **Grün-**
dungsstadium zwischen Anmeldung und Eintragung, auf die die §§ 179–181 im Übrigen nicht anwendbar sind (näher § 179 Rz. 2)[38].

Mit dem vollständigen Wortlaut der Satzung meint § 181 Abs. 1 Satz 2 nicht den im   15
Zeitpunkt der Anmeldung der Satzungsänderung geltenden Satzungstext, sondern
denjenigen Wortlaut, **der sich künftig im Falle der Eintragung der Satzungsänderung**
ergibt (§ 181 Abs. 3)[39]. Unter der Satzung i.S.d. § 181 Abs. 1 Satz 2 ist die **Satzungsur-**
kunde einschließlich aller unechten Satzungsbestandteile (§ 179 Rz. 8) zu verstehen[40]. Das bedeutet, dass auch sachlich unrichtig gewordene oder inhaltlich überholte Satzungsbestimmungen Bestandteil der Satzungsurkunde bleiben, bis sie durch
eine förmliche Satzungsänderung beseitigt werden[41]. Die Herstellung des vollständigen Satzungstextes für das Registergericht ist redaktioneller Natur[42] und obliegt dem
mit der Anmeldung betrauten Vorstand, der sich hierzu der Hilfe des Notars bedienen kann[43]. Sie ist auch dann erforderlich, wenn die Hauptversammlung die **gesamte**
Satzung neu beschlossen hat und ihr vollständiger Wortlaut ohnehin in der notariellen Niederschrift enthalten ist[44].

---

33 *Hüffer*, § 181 Rz. 6; *Semler* in MünchHdb. AG, § 39 Rz. 69; *Stein* in MünchKomm. AktG,
   § 181 Rz. 21; *Wiedemann* in Großkomm. AktG, § 181 Rz. 13.
34 *Zöllner* in KölnKomm. AktG, § 181 Rz. 10.
35 *Stein* in MünchKomm. AktG, § 181 Rz. 22; *Wiedemann* in Großkomm. AktG, § 181 Rz. 14.
36 *Stein* in MünchKomm. AktG, § 181 Rz. 22.
37 Begr. RegE BT-Drucks. V/3862, S. 13; *Hüffer*, § 181 Rz. 7; *Stein* in MünchKomm. AktG, § 181
   Rz. 23; *Wiedemann* in Großkomm. AktG, § 181 Rz. 2, 15; *Zöllner* in KölnKomm. AktG, § 181
   Rz. 15.
38 *Hüffer*, § 181 Rz. 7; *Stein* in MünchKomm. AktG, § 181 Rz. 23.
39 *Hüffer*, § 181 Rz. 7; *Stein* in MünchKomm. AktG, § 181 Rz. 24.
40 *Stein* in MünchKomm. AktG, § 181 Rz. 25.
41 *Hüffer*, § 181 Rz. 7; *Priester*, DB 1979, 681, 685; *Stein* in MünchKomm. AktG, § 181 Rz. 25;
   Zöllner in KölnKomm. AktG, § 181 Rz. 17; a.A. für die GmbH *Ulmer* in Hachenburg,
   GmbHG, § 54 Rz. 18.
42 Begr. RegE BT-Drucks. V/3862, S. 13; *Stein* in MünchKomm. AktG, § 181 Rz. 24; *Wiedemann*
   in Großkomm. AktG, § 181 Rz. 16.
43 *Hüffer*, § 181 Rz. 7; *Stein* in MünchKomm. AktG, § 181 Rz. 24; *Wiedemann* in Großkomm.
   AktG, § 181 Rz. 16.
44 *Hüffer*, § 181 Rz. 9; *Stein* in MünchKomm. AktG, § 181 Rz. 24; *Wiedemann* in Großkomm.
   AktG, § 181 Rz. 16; *Zöllner* in KölnKomm. AktG, § 181 Rz. 15, 17; für die GmbH OLG
   Schleswig v. 11.12.1972 – 2 W 54/72, DNotZ 1973, 482, 483; *Priester* in Scholz, GmbHG, § 54

16 Die Satzungsneufassung ist mit einer **Bescheinigung des Notars** zu versehen, dass die geänderten Satzungsbestimmungen mit dem Beschluss über die Satzungsänderung und die unveränderten Bestimmungen mit dem zuletzt zum Handelsregister eingereichten und wirksam gewordenen vollständigen Wortlaut der Satzung übereinstimmen. Dadurch sollen im Interesse der Rechtssicherheit Fehler und Irrtümer bei der Erstellung des vollständigen Satzungswortlauts nach Möglichkeit ausgeschlossen und zugleich das Registergericht von seinen Prüfungsaufgaben entlastet werden[45]. Sie kann von jedem Notar ausgestellt werden[46]. Ihre **Form** richtet sich nach § 39 BeurkG.

17 Werden **mehrere Satzungsänderungen** zur Eintragung angemeldet und nimmt das Registergericht für einen Teil der angemeldeten Einzeländerungen ein Eintragungshindernis an, so kann es entweder die Eintragung sämtlicher angemeldeter Einzeländerungen so lange verweigern, bis der Vorstand einen notariell bescheinigten Satzungswortlaut einreicht, der sich auf die Änderungen beschränkt, die das Registergericht einzutragen bereit ist[47], oder den eintragungsfähigen Teil der Satzungsänderungen eintragen. Die AG ist dann entsprechend § 248 Abs. 2 zur Nachreichung eines notariell bescheinigten berichtigten Satzungswortlauts verpflichtet und kann hierzu mittels Zwangsgeld nach § 14 HGB auch dann angehalten werden, wenn sie Rechtsmittel gegen die Ablehnung der Eintragung eingelegt hat[48].

18 **c)** Bedarf die Satzungsänderung einer **staatlichen Genehmigung**, so etwa bei Satzungsänderungen von Versicherungs-AGs (§§ 13 Abs. 1, 5 Abs. 3 Nr. 1 VAG) oder bei Ausdehnung des Unternehmensgegenstands auf einen genehmigungsbedürftigen Bereich (§ 23 Abs. 3 Nr. 2), so ist der Anmeldung zum Handelsregister auch die staatliche Genehmigungsurkunde beizufügen[49].

19 **d)** Bei von der Hauptversammlung nach § 179 Abs. 1 Satz 1 beschlossenen Satzungsänderungen ist die notarielle **Niederschrift über die Hauptversammlung** vollständig einzureichen[50]. Allerdings ist eine Beifügung nur dann erforderlich, wenn die Niederschrift nicht bereits nach § 130 Abs. 5 zum Handelsregister eingereicht wurde; anderenfalls genügt bei der Anmeldung der Satzungsänderung eine Bezugnahme auf die bereits vorliegende Urkunde[51]. Bei einer Satzungsänderung aufgrund eines **Beschlusses des Aufsichtsrats** nach § 179 Abs. 1 Satz 2 ist der Anmeldung die Niederschrift

---

Rz. 16; *Ulmer* in Hachenburg, GmbHG, § 54 Rz. 16, 19; a.A. *Bungeroth* in G/H/E/K, § 181 Rz. 26; *Henn*, Aktienrecht, Rz. 478; für die GmbH auch OLG Zweibrücken v. 10.10.2001 – 3 W 200/01, NZG 2002, 93.

45 *Gustavus*, BB 1969, 1335, 1336; *Hüffer*, § 181 Rz. 8; *Stein* in MünchKomm. AktG, § 181 Rz. 26; *Zöllner* in KölnKomm. AktG, § 181 Rz. 1.

46 *Hüffer*, § 181 Rz. 8; *Stein* in MünchKomm. AktG, § 181 Rz. 26; *Wiedemann* in Großkomm. AktG, § 181 Rz. 17; *Zöllner* in KölnKomm. AktG, § 181 Rz. 17.

47 *Hüffer*, § 181 Rz. 9; *Stein* in MünchKomm. AktG, § 181 Rz. 29; *Wiedemann* in Großkomm. AktG, § 181 Rz. 17; *Zöllner* in KölnKomm. AktG, § 181 Rz. 16; ebenso für die GmbH *Priester* in Scholz, GmbHG, § 54 Rz. 21; *Groß*, RPfleger 1972, 241, 244.

48 *Hüffer*, § 181 Rz. 9; *Stein* in MünchKomm. AktG, § 181 Rz. 29; *Zöllner* in KölnKomm. AktG, § 181 Rz. 16; teilw. abw. *Bungeroth* in G/H/E/K, § 181 Rz. 27; *Wiedemann* in Großkomm. AktG, § 181 Rz. 17 (nur, wenn kein Rechtsmittel eingelegt wurde oder der Rechtsweg erschöpft ist).

49 *Baumbach/Hueck*, § 181 Anm. 2; *Hüffer*, § 181 Rz. 10; *Stein* in MünchKomm. AktG, § 181 Rz. 31; *Wiedemann* in Großkomm. AktG, § 181 Rz. 19; *Zöllner* in KölnKomm. AktG, § 181 Rz. 19.

50 *Hüffer*, § 181 Rz. 11; *Stein* in MünchKomm. AktG, § 181 Rz. 32; *Zöllner* in KölnKomm. AktG, § 181 Rz. 11.

51 *Hüffer*, § 181 Rz. 11; *Stein* in MünchKomm. AktG, § 181 Rz. 32; *Wiedemann* in Großkomm. AktG, § 181 Rz. 14; *Zöllner* in KölnKomm. AktG, § 181 Rz. 11.

über die Beschlussfassung des Aufsichtsrats (§ 107 Abs. 2) oder des zuständigen Ausschusses beizufügen sowie darüber hinaus auch die notarielle Niederschrift über die Hauptversammlung, die dem Aufsichtsrat die Befugnis zur Fassungsänderung erteilt hat, es sei denn, die Ermächtigung ist bereits in der Satzung der Gesellschaft vorgesehen[52]. Die Niederschrift über die Beschlussfassung des Aufsichtsrats muss nicht notariell beurkundet werden[53]. Bedarf die zur Eintragung angemeldete Satzungsänderung zu ihrer Wirksamkeit eines zustimmenden **Sonderbeschlusses** (§§ 141, 179 Abs. 3), so ist auch dessen **Niederschrift** der Anmeldung beizufügen[54]. Hängt die Wirksamkeit der angemeldeten Satzungsänderung von der **Zustimmung bestimmter oder aller Aktionäre** ab (z.B. § 180 Abs. 1, Abs. 2; Änderung des Gesellschaftszwecks), so ist auch diese nachzuweisen, jedoch nicht notwendig durch Vorlage von Urkunden (Ausnahme: Formvorschrift für die Erteilung der Zustimmung in Satzung oder Gesetz, z.B. § 285 Abs. 3 Satz 2)[55]. Der Nachweis ist vielmehr durch alle geeigneten Mittel möglich, z.B. auch durch Bescheinigung des Vorstands, dass alle erforderlichen Zustimmungen erteilt wurden (§ 180 Rz. 19)[56]. Bei Anmeldung durch Bevollmächtigte sind auch die **Vollmachtsurkunden** in der Form des § 12 Abs. 1 HGB beizufügen[57].

6. Rücknahme der Anmeldung

Bis zur Eintragung der angemeldeten Satzungsänderung in das Handelsregister können die anmeldeberechtigten Personen (Rz. 8) die **Anmeldung ohne Angabe von Gründen zurücknehmen**[58]. Im Hinblick auf die organschaftliche Verpflichtung zur Anmeldung der Satzungsänderung wird eine solche Rücknahme nur pflichtgemäß sein, wenn der Vorstand nachträglich einen Beschlussmangel feststellt, der Satzungsänderungsbeschluss aufgehoben wird (§ 179 Rz. 48) oder sich der Satzungsänderungsbeschluss infolge Zeitablaufs erledigt hat[59]. 20

7. Kosten

Die Eintragung der Satzungsänderung im Handelsregister ist gebührenpflichtig (§ 79 Abs. 1 KostO). Die Gebühr bestimmt sich nach Ziff. 2500 ff. des Gebührenverzeichnisses in Anlage zur HandelsregistergebührenVO vom 30.9.2004[60], der Geschäftswert nach § 41a Abs. 4 Nr. 1 KostO. Kostenschuldner der Gebühren ist nach § 2 Nr. 1 KostO die AG[61]. 21

---

52 *Hüffer*, § 181 Rz. 11; *Stein* in MünchKomm. AktG, § 181 Rz. 33; *Zöllner* in KölnKomm. AktG, § 181 Rz. 11.
53 *Stein* in MünchKomm. AktG, § 181 Rz. 33.
54 *Hüffer*, § 181 Rz. 11; *Stein* in MünchKomm. AktG, § 181 Rz. 34.
55 *Hüffer*, § 181 Rz. 11; *Stein* in MünchKomm. AktG, § 181 Rz. 35; *Zöllner* in KölnKomm. AktG, § 181 Rz. 14.
56 *Hüffer*, § 181 Rz. 11; *Stein* in MünchKomm. AktG, § 181 Rz. 35.
57 *Hüffer*, § 181 Rz. 11; *Stein* in MünchKomm. AktG, § 181 Rz. 36.
58 *Hüffer*, § 181 Rz. 2; *Stein* in MünchKomm. AktG, § 181 Rz. 37; *Wiedemann* in Großkomm. AktG, § 181 Rz. 20; *Zöllner* in KölnKomm. AktG, § 181 Rz. 28; vgl. auch OLG Hamburg v. 19.9.1994 – 11 U 62/94, AG 1994, 566 f.
59 Vgl. OLG Hamburg v. 19.9.1994 – 11 U 62/94, AG 1994, 566; LG Hamburg v. 22.2.1994 – 402 O 131/92, WM 1994, 1165; *Hüffer*, § 181 Rz. 2; *Stein* in MünchKomm. AktG, § 181 Rz. 37.
60 BGBl. I 2004, 2562.
61 *Hüffer*, § 181 Rz. 2, 4; *Semler* in MünchHdb. AG, § 39 Rz. 77 ff.; *Stein* in MünchKomm. AktG, § 181 Rz. 9; *Wiedemann* in Großkomm. AktG, § 181 Rz. 7; *Zöllner* in KölnKomm. AktG, § 181 Rz. 3; für die GmbH vgl. BGH v. 24.10.1988 – II ZB 7/88, BGHZ 105, 324, 327 f. = AG 1989, 91.

III. Eintragung und Bekanntmachung (§ 181 Abs. 2)

1. Registerkontrolle

22 **a)** Das für die Anmeldung zuständige Gericht (Ausnahme: § 45 Abs. 2 Satz 3) hat die Anmeldung von Amts wegen in formeller und materieller Hinsicht zu prüfen[62]. Die **Prüfung** erstreckt sich sowohl auf die **Ordnungsmäßigkeit der Anmeldung** als auch auf die Frage, ob alle **Voraussetzungen für eine wirksame Satzungsänderung** erfüllt sind[63], dagegen nicht die **Angemessenheit und Zweckmäßigkeit** der angemeldeten Satzungsänderung[64]. Einzutragen sind daher grundsätzlich auch unklare, unrichtige oder widersprüchliche Satzungsbestandteile[65], da es nicht Sache des Gerichts ist, Streitigkeiten über die Auslegung von Satzungsbestimmungen vorzubeugen[66]. Nur wenn die Satzungsbestimmung **Außenwirkung** entfaltet (z.B. Regelungen über die Vertretungsmacht der Vorstandsmitglieder (§ 78 Abs. 2, 3) oder über die Höhe des Grundkapitals), ist die unklare, unrichtige oder widersprüchliche Regelung vom Registergericht zu beanstanden und die Eintragung von einer Berichtigung abhängig zu machen[67].

23 **b)** Das Registergericht darf von der Richtigkeit des nach § 181 Abs. 1 Satz 2 beigefügten Satzungswortlauts aufgrund der notariellen Bescheinigung ausgehen, es sei denn, ihm liegen deutliche Anhaltspunkte für das Gegenteil vor[68]. Das Gericht prüft auch, ob der Satzungsänderungsbeschluss von der zeitlich letzten (ordentlichen oder außerordentlichen) Hauptversammlung vor der Anmeldung gefasst oder bestätigt worden ist[69]. In materieller Hinsicht erstreckt sich das Prüfungsrecht und die Prüfungspflicht des Registergerichts auf die **Wirksamkeit des** der angemeldeten Satzungsänderung zugrunde liegenden **Beschlusses**[70]. Dabei ist zwischen unwirksamen, nichtigen und anfechtbaren Beschlüssen zu differenzieren:

24 Ein **unwirksamer Satzungsänderungsbeschluss** ist nicht eintragungsfähig[71]. Die Unwirksamkeit kann auf dem Fehlen oder der Nichtigkeit eines Sonderbeschlusses nach § 179 Abs. 3, auf dem Fehlen einer oder mehrerer nach § 180 oder aus anderen Grün-

---

62 OLG Karlsruhe v. 17.7.2001 – 14 Wx 62/00, DB 2002, 889; *Hüffer*, § 181 Rz. 12; *Stein* in MünchKomm. AktG, § 181 Rz. 38; *Wiedemann* in Großkomm. AktG, § 181 Rz. 21; *Zöllner* in KölnKomm. AktG, § 181 Rz. 30 ff.; *Ammon*, DStR 1993, 1025, 1029.

63 *Hüffer*, § 181 Rz. 13; *Stein* in MünchKomm. AktG, § 181 Rz. 38, 41 ff.; *Wiedemann* in Großkomm. AktG, § 181 Rz. 22, 23 ff.; *Zöllner* in KölnKomm. AktG, § 181 Rz. 31, 32 ff.

64 *Hüffer*, § 181 Rz. 12; *Stein* in MünchKomm. AktG, § 181 Rz. 39; *Ammon*, DStR 1993, 1025, 1029; vgl. auch *Pentz* in MünchKomm. AktG, § 38 Rz. 49 (für die Erstanmeldung der AG); BayObLG v. 8.2.1985 – BReg 3 Z 12/85, DB 1985, 964; *Ulmer* in Hachenburg, GmbHG, § 54 Rz. 44 (jeweils zur GmbH).

65 *Hüffer*, § 181 Rz. 12; *Stein* in MünchKomm. AktG, § 181 Rz. 39; *v. Godin/Wilhelmi*, § 181 Anm. 8; ebenso für die GmbH BayObLG v. 8.2.1985 – BReg 3 Z 12/85, DB 1985, 964; *Ulmer* in Hachenburg, GmbHG, § 54 Rz. 44.

66 *Stein* in MünchKomm. AktG, § 181 Rz. 39.

67 *Hüffer*, § 181 Rz. 12; *Stein* in MünchKomm. AktG, § 181 Rz. 39; für die GmbH ebenso BayObLG v. 8.2.1985 – Breg 3 Z 12/85, WM 1985, 572, 573; *Ulmer* in Hachenburg, GmbHG, § 54 Rz. 44; a.A. OLG Köln v. 1.7.1981 – 2 Wx 31/81, WM 1981, 1263 f.

68 *Hüffer*, § 181 Rz. 13; *Stein* in MünchKomm. AktG, § 181 Rz. 41; *Zöllner* in KölnKomm. AktG, § 181 Rz. 31; *Gustavus*, BB 1969, 1335, 1336.

69 *Hüffer*, § 181 Rz. 13; *Zöllner* in KölnKomm. AktG, § 181 Rz. 27, 38.

70 *Hüffer*, § 181 Rz. 14; *Stein* in MünchKomm. AktG, § 181 Rz. 42; *Zöllner* in KölnKomm. AktG, § 181 Rz. 32.

71 *Hüffer*, § 181 Rz. 14; *Semler* in MünchHdb. AG, § 39 Rz. 74; *Stein* in MünchKomm. AktG, § 181 Rz. 44; *Wiedemann* in Großkomm. AktG, § 181 Rz. 24; *Winkler* in Keidel/Kuntze/Winkler, FG, § 127 FGG Rz. 13; *Zöllner* in KölnKomm. AktG, § 181 Rz. 33; a.A. *Baums*, Eintragung und Löschung, S. 93.

den[72] erforderlicher Zustimmungen von Aktionären sowie auf dem Fehlen einer staatlichen Genehmigung (Rz. 18) beruhen[73]. Ist der Satzungsänderungsbeschluss lediglich schwebend unwirksam, weil die fehlende Wirksamkeitsvoraussetzung noch nachgeholt werden kann, kann das Registergericht dem Anmelder nach § 26 Satz 2 HRV durch Zwischenverfügung aufgeben, das Fehlende innerhalb einer bestimmten Frist nachzuholen und dem Gericht die entsprechende Beweisurkunde nachzureichen[74]. Ist die Wirksamkeitsvoraussetzung endgültig ausgefallen oder die vom Registergericht gesetzte Frist fruchtlos abgelaufen, ist die Eintragung abzulehnen[75].

Das Registergericht muss den angemeldeten Beschluss ferner auf **Nichtigkeitsgründe** 25 gem. § 241 prüfen[76]. Bei Feststellung der Nichtigkeit des Satzungsänderungsbeschlusses hat das Registergericht die Eintragung (unabhängig vom Nichtigkeitsgrund) abzulehnen[77], wobei es unbeachtlich ist, ob die Nichtigkeit nach § 242 Abs. 1 durch die Eintragung geheilt würde[78]. Bei teilweise nichtigen Satzungsänderungsbeschlüssen kommt es in Anwendung der Rechtsgrundsätze des § 139 BGB darauf an, ob der mangelfreie Teil der Satzungsänderung für sich allein Bestand hat und eingetragen werden kann[79]. Hat das Prozessgericht einen Satzungsänderungsbeschluss auf Anfechtungs- oder Nichtigkeitsklage (§§ 249, 249) **für nichtig erklärt**, so ist das Registergericht hieran nach § 248 Abs. 1 Satz 3 gebunden und muss die Eintragung ablehnen[80]. Wird eine Klage ohne Entscheidung in der Sache abgewiesen, so ist das Registergericht nicht gehindert, seinerseits von der Nichtigkeit des Satzungsänderungsbeschlusses auszugehen und die Eintragung abzulehnen[81]. Streiten die Beteiligten über das Vorliegen eines Nichtigkeitsgrundes und ist bereits ein Rechtsstreit hierüber anhängig, kann das Registergericht nach § 127 Satz 1 FGG die Eintragung der Satzungsänderung aussetzen, bis über den Rechtsstreit entschieden ist[82]. Ist ein sol-

---

72 Z.B. bei Änderung des Gesellschaftszwecks, näher § 179 Rz. 10.
73 *Hüffer*, § 181 Rz. 14; *Stein* in MünchKomm. AktG, § 181 Rz. 44; *Wiedemann* in Großkomm. AktG, § 181 Rz. 24; *Zöllner* in KölnKomm. AktG, § 181 Rz. 33.
74 *Hüffer*, § 181 Rz. 16; *Semler* in MünchHdb. AG, § 39 Rz. 74; *Stein* in MünchKomm. AktG, § 181 Rz. 44; *Wiedemann* in Großkomm. AktG, § 181 Rz. 24; *Zöllner* in KölnKomm. AktG, § 181 Rz. 33; *Ammon*, DStR 1993, 1025, 1029.
75 *Stein* in MünchKomm. AktG, § 181 Rz. 44.
76 BayObLG v. 27.3.1972 – BReg 2 Z 60/70, BayObLGZ 1972, 126, 128 f.; KG v. 5.12.1935 – 1 Wx 547/35, JW 1936, 334, 335; OLG Hamburg v. 4.4.1984 – 2 W 25/80, VersR 1984, 1081, 1082; OLG Köln v. 9.6.1981 – 2 Wx 11/81, BB 1982, 579; *Hüffer*, § 181 Rz. 14; *Stein* in MünchKomm. AktG, § 181 Rz. 42; *Wiedemann* in Großkomm. AktG, § 181 Rz. 23; *Zöllner* in KölnKomm. AktG, § 181 Rz. 34.
77 *Hüffer*, § 181 Rz. 14; *Semler* in MünchHdb. AG, § 39 Rz. 74; *Stein* in MünchKomm. AktG, § 181 Rz. 42; *v. Godin/Wilhelmi*, § 181 Anm. 7; *Wiedemann* in Großkomm. AktG, § 181 Rz. 23; *Winkler* in Keidel/Kuntze/Winkler, FG, § 127 FGG Rz. 13; *Zöllner* in KölnKomm. AktG, § 181 Rz. 34; *Henn*, Aktienrecht, Rz. 200; abweichend *Säcker* in FS Stimpel, 1985, S. 867 ff., der z.B. in Verstößen gegen das MitbestG keinen Grund zur Eintragungsverweigerung sieht.
78 *Hüffer*, § 181 Rz. 16; *Lutter*, NJW 1969, 1873, 1876; *Stein* in MünchKomm. AktG, § 181 Rz. 42; *Wiedemann* in Großkomm. AktG, § 181 Rz. 23; ebenso für die GmbH OLG Köln v. 17.7.1992 – 2 Wx 32/92, BB 1993, 317, 318; *Ulmer* in Hachenburg, GmbHG, § 54 Rz. 45.
79 *Hüffer*, § 181 Rz. 16; *Stein* in MünchKomm. AktG, § 181 Rz. 42, 55.
80 *Hüffer*, § 181 Rz. 15; *Stein* in MünchKomm. AktG, § 181 Rz. 43, 52; *Wiedemann* in Großkomm. AktG, § 181 Rz. 23.
81 *Hüffer*, § 181 Rz. 15; *Winkler* in Keidel/Kuntze/Winkler, FG, § 127 FGG Rz. 46; *Wiedemann* in Großkomm. AktG, § 181 Rz. 23, 29; *Bokelmann*, DB 1994, 1341; vgl. auch *Ammon*, DStR 1993, 1025, 1029 f.
82 *Ammon*, DStR 1993, 1025, 1027; *Hüffer*, § 181 Rz. 17; *Stein* in MünchKomm. AktG, § 181 Rz. 43; *Wiedemann* in Großkomm. AktG, § 181 Rz. 23, 36.

cher Rechtsstreit noch nicht anhängig, kann das Registergericht nach § 127 Satz 2 FGG einem der Beteiligten eine Frist zur Klageerhebung setzen[83].

26   Bei Anmeldung eines anfechtbaren Beschlusses **vor Ablauf der einmonatigen Anfechtungsfrist** des § 246 Abs. 1 zur Eintragung (und ist eine Anfechtungsklage nicht erhoben), so kann das Registergericht mit der Eintragung bis zum Ablauf der Monatsfrist abwarten[84]. Hat ein Aktionär nach § 245 Nr. 1 Widerspruch zur Niederschrift erklärt, kann das Gericht wahlweise die Eintragungsverfügung nach § 127 Satz 1 FGG bis zum Ablauf der Anfechtungsfrist aussetzen, um eine voreilige Entscheidung über die Eintragung zu vermeiden[85], oder nach § 127 Satz 2 FGG eine Frist zur Klageerhebung setzen[86]. Der fehlerhafte Satzungsänderungsbeschluss wird unanfechtbar (bleibt aber rechtswidrig), wenn **die einmonatige Anfechtungsfrist** des § 246 Abs. 1 verstreicht, ohne dass fristgerecht Anfechtungsklage erhoben wurde[87]. Die Anfechtbarkeit des Satzungsänderungsbeschlusses steht der Eintragung nur dann entgegen, wenn der Mangel des Beschlusses auf einer erheblichen Verletzung zwingenden Gesetzesrechts beruht, das öffentliche Interessen einschließlich der Interessen der Gläubiger und künftiger Aktionäre schützt[88]. Solche Vorschriften sind z.B. § 182 Abs. 1 Satz 4, § 192 Abs. 2, § 208 Abs. 2 Satz 2, § 222 Abs. 3, § 229 Abs. 2, § 237 Abs. 1 Satz 2[89]. Eine Ablehnung der Eintragung wegen Verletzung von Form- oder Verfahrensvorschriften[90] sowie von Vorschriften, die ausschließlich dem Schutz der gegenwärtigen Aktionäre dienen[91], scheidet hingegen aus, weil hier die primäre Kontrollbefugnis in der Hand der Aktionäre liegt[92]. Bei rechtzeitiger (§ 246 Abs. 1) Erhebung einer **Anfechtungsklage** hat das Registergericht nach pflichtgemäßem Ermessen zu entscheiden, ob es (1) die Eintragung der Satzungsänderung vornimmt, (2) die Anmeldung zurückweist oder

---

83 OLG Zweibrücken v. 24.10.1989 – 3 W 27/89, RPfleger 1990, 77; OLG Köln v. 26.8.1994 – 2 Wx 24/94, BB 1995, 10; *Winkler* in Keidel/Kuntze/Winkler, FG, § 127 FGG Rz. 40; *Stein* in MünchKomm. AktG, § 181 Rz. 43; *Ammon*, DStR 1993, 1025, 1029; ebenso für die GmbH *Priester* in Priester, GmbHG, § 54 Rz. 4; *Ulmer* in Hachenburg, GmbHG, § 54 Rz. 45.

84 *Bokelmann*, DB 1994, 1341; *Hüffer*, § 243 Rz. 52; *Stein* in MünchKomm. AktG, § 181 Rz. 45; a.A. OLG Köln v. 9.6.1981 – 2 Wx 11/81, GmbHR 1982, 211, 212; *K. Schmidt* in Großkomm. AktG, § 243 Rz. 72 (jeweils Eintragung).

85 *Hüffer* in MünchKomm. AktG, § 243 Rz. 125; *Hüffer*, § 243 Rz. 52; *K. Schmidt* in MünchKomm. AktG, § 243 Rz. 72; *Baumbach/Hueck*, § 243 Anm. 3; *Semler* in MünchHdb. AG, § 39 Rz. 74; *Bokelmann*, DB 1994, 1341; *Henn*, Aktienrecht, Rz. 200.

86 *Stein* in MünchKomm. AktG, § 181 Rz. 45.

87 *Stein* in MünchKomm. AktG, § 181 Rz. 46.

88 Mit Unterschieden im Detail OLG Hamburg v. 7.5.1993 – 2 Wx 55/91, AG 1993, 384 f.; *Hüffer* in MünchKomm. AktG, § 243 Rz. 130; *Hüffer*, § 181 Rz. 14, § 243 Rz. 56; *Bokelmann*, DB 1994, 1341, 1342 f.; *Lutter*, NJW 1969, 1873 ff.; *Noack*, Fehlerhafte Beschlüsse im Gesellschaftsrecht, S. 12; *Zöllner* in KölnKomm. AktG, § 181 Rz. 35 f.; zur GmbH *Priester* in Scholz, GmbHG, § 54 Rz. 52; *Ulmer* in Hachenburg, GmbHG, § 54 Rz. 47, 49; weitergehend *Wiedemann* in Großkomm. AktG, § 181 Rz. 25 (jeder evidente Rechtsmangel); *Baums*, Eintragung und Löschung, S. 66 (jede Abweichung von zwingenden gesetzlichen Vorschriften); a.A. (stets einzutragen) *Baumbach/Hueck*, § 243 Anm. 3; *Henn*, Aktienrecht, Rz. 200; *Semler* in MünchHdb. AG, § 39 Rz. 74; *v. Godin/Wilhelmi*, § 181 Anm. 7; *Winkler* in Keidel/Kuntze/Winkler, FG, § 127 FGG Rz. 13; zur GmbH OLG Köln v. 9.6.1981 – 2 Wx 11/81, GmbHR 1982, 211, 212.

89 *Hüffer* in MünchKomm. AktG, § 243 Rz. 13; *Hüffer*, § 243 Rz. 56; *Lutter*, NJW 1969, 1873 ff.; *Stein* in MünchKomm. AktG, § 181 Rz. 48; *Zöllner* in KölnKomm. AktG, § 181 Rz. 35.

90 *Baums*, Eintragung und Löschung, S. 65 f.; *Bokelmann*, DB 1994, 1341, 1344; *Stein* in MünchKomm. AktG, § 181 Rz. 49; *Wiedemann* in Großkomm. AktG, § 181 Rz. 25; *Zöllner* in KölnKomm. AktG, § 181 Rz. 36;

91 *Hüffer* in MünchKomm. AktG, § 243 Rz. 130; *Stein* in MünchKomm. AktG, § 181 Rz. 49; a.A. *Wiedemann* in Großkomm. AktG, § 181 Rz. 25, soweit es um evidente Rechtsverstöße materieller Art geht; ebenso *Bokelmann*, DB 1994, 1341, 1344 f.; ähnlich *Baums*, Eintragung und Löschung, S. 65.

92 Näher *Stein* in MünchKomm. AktG, § 181 Rz. 47.

(3) die Entscheidung über die Eintragung nach § 127 Satz 1 FGG bis zur rechtskräftigen Erledigung des Anfechtungsprozesses aussetzt[93]. Ist das Registergericht **vom Erfolg der Anfechtungsklage überzeugt**, hat es die Anmeldung zurückzuweisen, ohne den Ausgang des Anfechtungsprozesses abzuwarten[94]. Sprechen **erhebliche Gründe für die Mangelhaftigkeit** des Satzungsänderungsbeschlusses, ist die Eintragungsverfügung grundsätzlich nach § 127 Satz 1 FGG auszusetzen, und zwar auch dann, wenn der Gesellschaft durch die Nichteintragung ein beträchtlicher Schaden entstünde[95]. Ist die Anfechtungsklage umgekehrt aus Sicht des Registergerichts aussichtslos oder hat sie nur geringe Erfolgsaussichten, hat das Gericht die Eintragung der Satzungsänderung schon vor Abschluss des Anfechtungsprozesses vorzunehmen[96], es sei denn, die Verzögerung der Eintragung bringt aus Sicht der AG keinen beachtlichen Nachteil mit sich[97]. Bei offenen **Erfolgsaussichten der Anfechtungsklage**, ist das Registergericht im Rahmen seiner Ermessensentscheidung zu einer Interessenabwägung befugt[98].

c) Ein Anfechtungskläger kann die Eintragung der angefochtenen Satzungsänderung durch die **Erwirkung eines gerichtlichen Eintragungsverbots** nach § 16 Abs. 2 HGB verhindern. Erforderlich ist hierfür eine rechtskräftige oder vollstreckbare Entscheidung des Prozessgerichts, die die Eintragung der Satzungsänderung für unzulässig erklärt. Eine solche Entscheidung kann auch im Wege der einstweiligen Verfügung nach §§ 935 ff. ZPO ergehen, da die Entscheidung des Prozessgerichts sowohl bei der aktienrechtlichen Anfechtungsklage als auch bei der Nichtigkeitsklage für das Registergericht bindend wäre[99].   27

2. Ablehnung der Eintragung

Das Registergericht hat die Eintragung abzulehnen, wenn seine Prüfung ergibt, dass   28
(1) die Satzungsänderung nicht eingetragen werden darf und (2) eine Aussetzung der Eintragungsverfügung nach § 127 Satz 1 FGG nicht in Betracht kommt[100]. Erfasst der Mangel nur einen Teil des Satzungsänderungsbeschlusses, ist nach § 139 BGB zu prüfen, ob der mangelfreie Teil der Satzungsänderung für sich allein Bestand hat und eingetragen werden kann[101]. Ist das nicht der Fall, ist die Eintragung der Satzungsände-

---

93 AG Dresden v. 19.1.1995 – HRB 3102, ZIP 1995, 285, 286; *Hüffer*, § 181 Rz. 17; *Bokelmann*, DB 1994, 1341; *Stein* in MünchKomm. AktG, § 181 Rz. 50; *Wiedemann* in Großkomm. AktG, § 181 Rz. 28; *Winkler* in Keidel/Kuntze/Winkler, FG, § 127 FGG Rz. 36; *Zöllner* in KölnKomm. AktG, § 181 Rz. 37; *Radu*, ZIP 1992, 303, 313.
94 *Stein* in MünchKomm. AktG, § 181 Rz. 50; *Wiedemann* in Großkomm. AktG, § 181 Rz. 28; *Zöllner* in KölnKomm. AktG, § 181 Rz. 37; *Bokelmann*, DB 1994, 1341; *Henn*, Aktienrecht, Rz. 200.
95 BGH v. 2.7.1990 – II ZB 1/90, BGHZ 112, 9, 25 = AG 1990, 538; AG Dresden v. 19.1.1995 – HRB 3102, ZIP 1995, 285, 285; *Stein* in MünchKomm. AktG, § 181 Rz. 50; *Wiedemann* in Großkomm. AktG, § 181 Rz. 28; *Zöllner* in KölnKomm. AktG, § 181 Rz. 37; enger *Winkler* in Keidel/Kuntze/Winkler, FG, § 127 FGG Rz. 36.
96 BGH v. 2.7.1990 – II ZB 1/90, BGHZ 112, 9, 23 f. = AG 1990, 538; *Stein* in MünchKomm. AktG, § 181 Rz. 50; *Wiedemann* in Großkomm. AktG, § 181 Rz. 28; *Zöllner* in KölnKomm. AktG, § 181 Rz. 37; *Bokelmann*, DB 1994, 1341; *Henn*, Aktienrecht, Rz. 200.
97 *Stein* in MünchKomm. AktG, § 181 Rz. 50; *Bokelmann*, DB 1994, 1341.
98 BGH v. 2.7.1990 – II ZB 1/90, BGHZ 112, 9, 25 = AG 1990, 538; OLG Köln v. 26.8.1994 – 2 Wx 24/94, BB 1995, 10; *Stein* in MünchKomm. AktG, § 181 Rz. 51; *Wiedemann* in Großkomm. AktG, § 181 Rz. 28; *Zöllner* in KölnKomm. AktG, § 181 Rz. 37; *Bokelmann*, DB 1994, 1341; a.A. *Baums*, Eintragung und Löschung, S. 161 ff.
99 Näher *Stein* in MünchKomm. AktG, § 181 Rz. 54; *Wiedemann* in Großkomm. AktG, § 181 Rz. 30 f.
100 *Hüffer*, § 181 Rz. 16; *Stein* in MünchKomm. AktG, § 181 Rz. 55.
101 RG v. 22.1.1935 – II 198/34, RGZ 146, 385, 394; *Hüffer*, § 181 Rz. 16; *Stein* in MünchKomm. AktG, § 181 Rz. 55; *Zöllner* in KölnKomm. AktG, § 133 Rz. 19; a.A. *Wiedemann* in Groß-

rung insgesamt abzulehnen, anderenfalls der mangelfreie Teil der Satzungsänderung einzutragen und nur die Eintragung des mangelbehafteten Teils abzulehnen[102].

29   Gegen die Ablehnung der Eintragung steht der Gesellschaft (§ 20 Abs. 2 FGG) das **Rechtsmittel** der Beschwerde zum Landgericht (§ 19 FGG) und der weiteren Beschwerde zum Oberlandesgericht (§§ 27, 28 FGG) offen[103]. Gegen ablehnende Entscheidungen des Rechtpflegers (vgl. Rz. 5) ist Erinnerung gem. § 11 RPflG einzulegen[104]. Die Eintragung selbst[105] sowie die Eintragungsverfügung des Richters oder Rechtspflegers sind nicht rechtsmittelfähig[106].

3. Eintragung

30   **a)** Die Änderung wird nach § 43 Nr. 6 lit. f HRV in Spalte 6 der Abteilung B des Handelsregisters eingetragen, und zwar unabhängig davon, in welcher Spalte die Angabe zuvor stand[107].

31   **b)** Änderungen, die **Angaben nach § 39** betreffen, sind nach § 181 Abs. 2 Satz 1 ihrem Inhalt nach einzutragen. Eine wörtliche Wiedergabe der geänderten Satzungsbestimmungen ist zwar nicht erforderlich, jedoch muss der Inhalt der Änderung genau bezeichnet werden, z.B. „Die Firma ist geändert in …", „Der Sitz ist verlegt nach …" oder „Das Grundkapital ist um EUR … erhöht"[108]. Bei allen anderen Satzungsänderungen genügt die Eintragung der Satzungsänderung unter Bezugnahme auf die beim Registergericht eingereichten Unterlagen, insbesondere die Niederschrift der Hauptversammlung (§ 130 Abs. 1)[109]. Stets anzugeben ist im Hinblick auf die Wirkungen des § 181 Abs. 3 der Tag der Eintragung in das Handelsregister (§ 130 Abs. 1 FGG)[110], nicht aber der Tag über die Beschlussfassung, sie ergibt sich ohnehin aus den bei Gericht einzureichenden Unterlagen.

4. Bekanntmachung

32   **a)** Das Registergericht hat die Eintragung der Satzungsänderung in das Handelsregister nach § 10 HGB **bekannt zu machen**[111].

33   **b)** Der Inhalt der Satzungsänderung ergibt sich aus der Bekanntmachung nur dann, wenn die Satzungsänderung ihrem Inhalt nach einzutragen ist, also nur bei den von §§ 181 Abs. 2 Satz 1, 39 erfassten Beschlussgegenständen[112]. § 181 Abs. 2 Satz 2 ordnet darüber hinaus die inhaltliche Bekanntmachung von Satzungsänderungen an, die ihrem Inhalt nach bekannt zu machen sind und nimmt damit Bezug auf § 40

---

komm. AktG, § 181 Rz. 23; *v. Godin/Wilhelmi*, § 181 Anm. 7 (stets Ablehnung der Eintragung).
102 *Stein* in MünchKomm. AktG, § 181 Rz. 55.
103 *Hüffer*, § 181 Rz. 18; *Stein* in MünchKomm. AktG, § 181 Rz. 55.
104 *Hüffer*, § 181 Rz. 18.
105 BGH v. 21.3.1988 – II ZB 69/87, BGHZ 104, 61, 63 = AG 1988, 236; *Hüffer* in Großkomm. HGB, § 8 Rz. 86.
106 OLG Hamm v. 22.5.1979 – 15 W 314/78, AG 1980, 79, 80; *Hüffer*, § 181 Rz. 18; a.A. *Baums*, Eintragung und Löschung, S. 167 ff.; *Baums*, BB 1981, 262, 264; *Stein* in MünchKomm. AktG, § 181 Rz. 62 f.
107 *Hüffer*, § 181 Rz. 19.
108 *Hüffer*, § 181 Rz. 20; *Stein* in MünchKomm. AktG, § 181 Rz. 58.
109 *Hüffer*, § 181 Rz. 20; *Stein* in MünchKomm. AktG, § 181 Rz. 59.
110 *Hüffer*, § 181 Rz. 21; *Stein* in MünchKomm. AktG, § 181 Rz. 60.
111 Zum Verfahren (§§ 32 ff. HRV) und zum Zeitpunkt der Bekanntmachung näher *Hüffer* in Großkomm. HGB, § 10 Rz. 8 ff.
112 *Hüffer*, § 181 Rz. 23; *Stein* in MünchKomm. AktG, § 181 Rz. 68.

Abs. 1[113]. Eigenständige Bedeutung erlangt die Vorschrift indes nur für diejenigen in §40 Nr. 1 genannten Festsetzungen, deren Änderungen nicht bereits nach §§181 Abs. 2 Satz 1, 39 inhaltlich in die Registereintragung aufzunehmen sind (Rz. 31) und damit schon nach §10 Abs. 1 Satz 2 HGB in die Bekanntmachung Eingang finden[114], also die Festsetzungen nach §23 Abs. 3 Nr. 4 (Nennbetrags- oder Stückaktien, deren Nennbeträge und Anzahl, etwaige Aktiengattungen), Nr. 5 (Inhaber- oder Namensaktien), Nr. 6 (Zahl der Vorstandsmitglieder) und §23 Abs. 4 (Form der Bekanntmachungen), §24 (Satzungsbestimmungen über das Recht des Aktionärs auf Umwandlung von Inhaber- in Namensaktien und umgekehrt), §25 Satz 2 (andere Publikationsorgane), §26 (Sondervorteile, Gründungsaufwand) und §27 (Sacheinlagen oder Sachübernahmen)[115]. Der **MoMiG-RegE**[116] sieht die **Aufhebung von §181 Abs. 2 Satz 2** als Folgeänderung zu dem im Rahmen des EHUG vorgesehenen Verzicht auf Zusatzbekanntmachungen vor (Art. 5 Ziff. 14).

IV. Wirkung der Eintragung (§181 Abs. 3)

1. Konstitutive Wirkung

Nach §181 Abs. 3 wirkt die Eintragung der Satzungsänderung rechtsbegründend 34 (konstitutiv), d.h. sie wird erst **mit der Eintragung in das Handelsregister** am Sitz der Gesellschaft **wirksam**[117]. Das gilt gleichermaßen für das Innenverhältnis der Gesellschaft wie im Verhältnis zu Dritten (z.B. Finanzbehörden)[118]. Die Vorschrift gilt ausnahmslos für alle **Änderungen materieller Satzungsbestandteile**, für die Änderung formeller Satzungsbestandteile jedoch nur ausnahmsweise. Die (regelmäßig später erfolgende) Bekanntmachung der Eintragung ist nicht Wirksamkeitsvoraussetzung der Satzungsänderung[119], ist jedoch im Rahmen der Registerpublizität nach §15 HGB von Bedeutung[120]. Für die Wirksamkeit der Satzungsänderung nach §181 Abs. 3 kommt es ausschließlich auf die Eintragung im Handelsregister des Sitzes der AG und nicht auf die in §13c Abs. 2 Satz 2 HGB vorgesehenen Eintragungen in die Handelsregister der für die Zweigniederlassungen zuständigen Registergerichte an[121].

Für den Zeitpunkt der Wirksamkeit der Satzungsänderung ist der **Zeitpunkt der Ein-** 35 **tragung** maßgeblich, deren Datum nach §130 Abs. 1 FGG im Handelsregister zu vermerken ist[122]. Das schließt eine **materielle Rückwirkung** der Satzungsänderung nicht aus (näher §179 Rz. 41 ff.)[123]. Zur Bedingung und Befristung satzungsändernder Beschlüsse vgl. §179 Rz. 35 ff. Ist die Satzungsänderung im Handelsregister eingetra-

---

113 *Hüffer*, §181 Rz. 23; *Stein* in MünchKomm. AktG, §181 Rz. 68.
114 *Stein* in MünchKomm. AktG, §181 Rz. 68.
115 Vgl. *Hüffer*, §181 Rz. 23; *Stein* in MünchKomm. AktG, §181 Rz. 68.
116 Entwurf eines Gesetzes zur Modernisierung des GmbH-Rechts und zur Bekämpfung von Missbräuchen (MoMiG), BR-Drucks. 354/07 = ZIP Beilage Heft 23/2007.
117 *Hüffer*, §181 Rz. 24; *Stein* in MünchKomm. AktG, §181 Rz. 70; *Wiedemann* in Großkomm. AktG, §181 Rz. 45; *Zöllner* in KölnKomm. AktG, §181 Rz. 49.
118 BFH v. 25.4.2001 – I R 22/00, BFHE 194, 354, 356; *Hüffer*, §181 Rz. 24; *Stein* in MünchKomm. AktG, §181 Rz. 70.
119 OLG Celle v. 28.9.1988 – 9 U 78/87, AG 1989, 209, 211; *Hüffer*, §181 Rz. 22; *Stein* in MünchKomm. AktG, §181 Rz. 69.
120 *Hüffer*, §181 Rz. 22; *Stein* in MünchKomm. AktG, §181 Rz. 69; *Wiedemann* in Großkomm. AktG, §181 Rz. 41; ausführlich *Zöllner* in KölnKomm. AktG, §181 Rz. 55 ff.
121 *Hüffer*, §181 Rz. 24; *Stein* in MünchKomm. AktG, §181 Rz. 70; *Wiedemann* in Großkomm. AktG, §181 Rz. 45.
122 *Hüffer*, §181 Rz. 24; *Stein* in MünchKomm. AktG, §181 Rz. 70.
123 *Hüffer*, §181 Rz. 24.

gen, kann sie nur durch erneute Satzungsänderung aufgehoben oder abgeändert wer-den[124]; zur Rechtslage vor Eintragung vgl. § 179 Rz. 47.

2. Rechtslage zwischen Beschlussfassung und Eintragung

36   **a)** Auch **vor** seiner **Eintragung in das Handelsregister** ist der Satzungsänderungsbe-schluss rechtlich nicht ohne Bedeutung. Bei einem auf Satzungsänderung gerichteten Hauptversammlungsbeschluss kann dieser bereits vor seiner Eintragung Gegenstand einer Anfechtungs- (§ 246) oder Nichtigkeitsklage (§ 249) sein; die Anfechtungsfrist beginnt mit der Beschlussfassung (vgl. § 246 Abs. 2)[125]. Er verpflichtet den Vorstand nach § 181 Abs. 1 Satz 1 gegenüber der Gesellschaft zur Anmeldung der Satzungsän-derung (Rz. 12)[126] und bindet Aktionäre, die erst nach Beschlussfassung, aber vor Ein-tragung der Satzungsänderung Aktien der Gesellschaft erwerben[127]. Außerdem kön-nen Aktionäre und Organe der Gesellschaft auf Grund ihrer Treuepflicht gehalten sein, den im Satzungsänderungsbeschluss zum Ausdruck gekommenen Aktionärs-willen schon vor dem Inkrafttreten der Satzungsänderung zu beachten und keine ihm zuwiderlaufenden Maßnahmen zu treffen[128].

37   **b)** Ist der Satzungsänderungsbeschluss **Grundlage für Ausführungsbeschlüsse**, so kön-nen diese bereits vor der Eintragung der Satzungsänderung gefasst werden, erlangen aber erst mit ihrer Eintragung Wirksamkeit, z.B. bei Wahlen für Aufsichtsratsmitglie-der, deren Ämter erst durch die noch nicht eingetragene Satzungsänderung geschaf-fen werden sollen[129].

38   **c)** Bis zur Eintragung der Satzungsänderung in das Handelsregister kann der Ände-rungsbeschluss jederzeit durch einen neuen Beschluss **aufgehoben oder geändert wer-den** (näher § 179 Rz. 68). Auch die Anmeldung zum Handelsregister kann bis zur Ein-tragung jederzeit **zurückgenommen** werden[130].

3. Fehlerhafte Beschlüsse und fehlerhafte Eintragungen

39   **a)** Die Eintragung hat grundsätzlich **keine heilende Wirkung** für Mängel des Sat-zungsänderungsbeschlusses (Nichtigkeit, Unwirksamkeit oder Anfechtbarkeit) oder des Eintragungsverfahrens[131]. Insbesondere kann ein fehlender Satzungsänderungsbe-schluss nicht durch die Eintragung ersetzt werden[132]. Bei **nichtigen** Satzungsände-rungsbeschlüssen heilt die Eintragung gem. § 242 bestimmte Nichtigkeitsgründe (vgl. Erl. zu § 242). Auf **unwirksame** Satzungsänderungsbeschlüssen ist § 242 Abs. 2 entsprechend anwendbar[133] (vgl. § 242 Rz. 21). Keine Heilung des Mangels erfolgt bei

124 *Hüffer*, § 181 Rz. 24; *Zöllner* in KölnKomm. AktG, § 181 Rz. 51.
125 *Hüffer*, § 181 Rz. 25; *Stein* in MünchKomm. AktG, § 181 Rz. 71; *Wiedemann* in Großkomm. AktG, § 181 Rz. 42.
126 *Hüffer*, § 181 Rz. 25; *Stein* in MünchKomm. AktG, § 181 Rz. 71; *Wiedemann* in Großkomm. AktG, § 181 Rz. 42.
127 *Hüffer*, § 181 Rz. 25; *Stein* in MünchKomm. AktG, § 181 Rz. 71; *Zöllner* in KölnKomm. AktG, § 181 Rz. 210.
128 *Stein* in MünchKomm. AktG, § 181 Rz. 71; *Wiedemann* in Großkomm. AktG, § 181 Rz. 42; *Zöllner* in KölnKomm. AktG, § 181 Rz. 49.
129 *Hüffer*, § 181 Rz. 25; *Stein* in MünchKomm. AktG, § 181 Rz. 72; *v. Godin/Wilhelmi*, § 181 Anm. 10; *Wiedemann* in Großkomm. AktG, § 181 Rz. 43.
130 *Stein* in MünchKomm. AktG, § 181 Rz. 73.
131 *Hüffer*, § 181 Rz. 26; *Stein* in MünchKomm. AktG, § 181 Rz. 82 f.; *Wiedemann* in Groß-komm. AktG, § 181 Rz. 46; *Zöllner* in KölnKomm. AktG, § 181 Rz. 52.
132 *Stein* in MünchKomm. AktG, § 181 Rz. 83; *Wiedemann* in Großkomm. AktG, § 181 Rz. 46; *Zöllner* in KölnKomm. AktG, § 181 Rz. 52; ebenso für die Genossenschaft RG v. 24.2.1931 – II 243/30, RGZ 132, 22, 25.
133 OLG Hamburg v. 3.7.1970 – 11 U 29/70, AG 1970, 230, 231.

anfechtbaren Satzungsänderungsbeschlüssen durch die Eintragung selbst, sondern diese tritt erst mit Ablauf der Anfechtungsfrist ein[134]. Wird aber der Beschluss aufgrund einer fristgerecht erhobenen Anfechtungsklage gem. § 248 für nichtig erklärt, so beseitigt dies rückwirkend die zunächst wirksam gewordene Satzungsänderung[135].

b) Bei Mängeln des Eintragungsverfahrens führen wegen der möglichen erheblichen   40 Nachteile für die Gesellschaft in Anbetracht der registerrechtlichen Publizitätswirkung nur schwerwiegende Verfahrensfehler zu einer Unwirksamkeit der Eintragung[136]: Ist die **Anmeldung nicht** durch die hierzu befugten Personen **erfolgt**, so darf das Gericht die Satzungsänderung nicht eintragen, da ein entsprechender Eintragungsantrag nicht gestellt ist[137]; eine dennoch erfolgte Eintragung führt zur **Unwirksamkeit** der Eintragung, d.h. die Eintragung entfaltet keine Wirkung[138]. Gleiches gilt, wenn die Eintragung trotz wirksamer Rücknahme der Anmeldung erfolgt ist[139], und zwar auch dann, wenn die Eintragung den Beschluss richtig wiedergibt[140]. Eine fehlende Anmeldung kann nachgeholt werden[141]. Ebenso ist die Eintragung unwirksam, wenn sie durch ein **unzuständiges Gericht** erfolgt[142] oder das Registergericht etwas anderes als das Angemeldete einträgt[143]. Allerdings steht es dem Registergericht offen, den Eintragungsfehler selbst nach § 17 Abs. 2 HRV von Amts wegen zu berichtigen, was die AG auch anregen oder durch Beschwerde nach § 20 Abs. 2 FGG erwirken kann[144].

c) Eine **sonstige Unvollständigkeit** oder **Formmängel der Anmeldung** hindert die   41 Wirksamkeit der Eintragung nicht, wenn sie gleichwohl erfolgt ist[145]. Das Registergericht hat aber fehlende Unterlagen, nötigenfalls unter Androhung von Zwangsgeld gem. § 14 HGB, nachzufordern[146].

4. Behandlung unrichtiger Eintragungen

a) Zuständig für die Löschung unrichtiger Eintragungen sind die Registergerichte und   42 die gemäß § 143 FGG ihnen vorgeordneten Landgerichte. Die Löschung erfolgt von Amts wegen mit oder ohne Anregung durch Dritte, wie z.B. die AG selbst, Aktionäre oder sonstige Dritte[147]. Schreibfehler und andere **offenbare Unrichtigkeiten** können stets berichtigt werden (vgl. § 17 Abs. 2 HRV). Die Löschung fehlerhafter Eintragungen kann nur unter Beachtung der einschränkenden Voraussetzungen erfolgen, die in den §§ 142 Abs. 1 und 144 Abs. 2 FGG bestimmt sind (Rz. 65 f.).

---

134 *Stein* in MünchKomm. AktG, § 181 Rz. 86.
135 *Stein* in MünchKomm. AktG, § 181 Rz. 86.
136 *Stein* in MünchKomm. AktG, § 181 Rz. 87.
137 *Hüffer*, § 181 Rz. 28; *Stein* in MünchKomm. AktG, § 181 Rz. 88; *Wiedemann* in Großkomm. AktG, § 181 Rz. 49; *Zöllner* in KölnKomm. AktG, § 181 Rz. 54.
138 RG v. 24.2.1931 – II 243/30, RGZ 132, 22, 25 für die Genossenschaft; *Hüffer*, § 181 Rz. 28; *Stein* in MünchKomm. AktG, § 181 Rz. 88; *Wiedemann* in Großkomm. AktG, § 181 Rz. 49; *Zöllner* in KölnKomm. AktG, § 181 Rz. 54; a.A. *Baums*, Eintragung und Löschung, S. 133 ff.
139 *Hüffer*, § 181 Rz. 28; *Stein* in MünchKomm. AktG, § 181 Rz. 88.
140 *Stein* in MünchKomm. AktG, § 181 Rz. 88; *Wiedemann* in Großkomm. AktG, § 181 Rz. 49.
141 *Hüffer*, § 181 Rz. 28; *Stein* in MünchKomm. AktG, § 181 Rz. 88
142 *Stein* in MünchKomm. AktG, § 181 Rz. 89.
143 H.M.; vgl. *Hüffer*, § 181 Rz. 28; *Wiedemann* in Großkomm. AktG, § 181 Rz. 50; a.A. *Stein* in MünchKomm. AktG, § 181 Rz. 90.
144 *Stein* in MünchKomm. AktG, § 181 Rz. 90.
145 *Hüffer*, § 181 Rz. 28; *Stein* in MünchKomm. AktG, § 181 Rz. 91; *Wiedemann* in Großkomm. AktG, § 181 Rz. 51.
146 *Hüffer*, § 181 Rz. 28; *Stein* in MünchKomm. AktG, § 181 Rz. 91.
147 *Hüffer*, § 181 Rz. 29; *Wiedemann* in Großkomm. AktG, § 181 Rz. 61.

43 **b)** Soweit das Registergericht trotz erhobener Anfechtungs- oder Nichtigkeitsklage das Eintragungsverfahren gem. § 147 FGG nicht ausgesetzt, sondern die **Änderung der Satzung eingetragen** hat und soweit ein stattgebendes rechtskräftiges Urteil ergeht, wird die Eintragung nicht gelöscht. In einem solchem Falle ist das Urteil gem. §§ 248 Abs. 1 Satz 3, 249 Abs. 1 Satz 1 in das Handelsregister einzutragen[148]. Auf diese Weise ist sichergestellt, dass das Handelsregister die Satzung, wie sie aufgrund des Urteils besteht, zutreffend wiedergibt.

44 **c)** Ein im Handelsregister eingetragener Beschluss über die Änderung der Satzung kann gem. § 144 Abs. 2 FGG **als nichtig gelöscht** werden, soweit er durch seinen Inhalt **zwingende Vorschriften des Gesetzes verletzt** und seine Beseitigung im **öffentlichen Interesse** als **notwendig** erscheint[149]. Eine Löschung nach § 142 Abs. 1 FGG kommt bei einem fehlerhaften registergerichtlichen Eintragungsverfahren in Betracht, soweit es sich um einen **schwerwiegenden Verfahrensfehler** (z.B. fehlende Anmeldung, Anmeldung durch Unbefugte, fehlende Deckung von Anmeldung und Eintragung) handelt[150]. Insoweit kommt der Eintragung keine Heilungswirkung zu[151].

Zweiter Abschnitt. Maßnahmen der Kapitalbeschaffung

Erster Unterabschnitt. Kapitalerhöhung gegen Einlagen

§ 182
Voraussetzungen

(1) Eine Erhöhung des Grundkapitals gegen Einlagen kann nur mit einer Mehrheit beschlossen werden, die mindestens drei Viertel des bei der Beschlussfassung vertretenen Grundkapitals umfasst. Die Satzung kann eine andere Kapitalmehrheit, für die Ausgabe von Vorzugsaktien ohne Stimmrecht jedoch nur eine größere Kapitalmehrheit bestimmen. Sie kann weitere Erfordernisse aufstellen. Die Kapitalerhöhung kann nur durch Ausgabe neuer Aktien ausgeführt werden. Bei Gesellschaften mit Stückaktien muss sich die Zahl der Aktien in demselben Verhältnis wie das Grundkapital erhöhen.

(2) Sind mehrere Gattungen von stimmberechtigten Aktien vorhanden, so bedarf der Beschluss der Hauptversammlung zu seiner Wirksamkeit der Zustimmung der Aktionäre jeder Gattung. Über die Zustimmung haben die Aktionäre jeder Gattung einen Sonderbeschluss zu fassen. Für diesen gilt Absatz 1.

(3) Sollen die neuen Aktien für einen höheren Betrag als den geringsten Ausgabebetrag ausgegeben werden, so ist der Mindestbetrag, unter dem sie nicht ausgegeben werden sollen, im Beschluss über die Erhöhung des Grundkapitals festzusetzen.

(4) Das Grundkapital soll nicht erhöht werden, solange ausstehende Einlagen auf das bisherige Grundkapital noch erlangt werden können. Für Versicherungsgesellschaf-

---

148 *Hüffer*, § 181 Rz. 29; *Stein* in MünchKomm. AktG, § 181 Rz. 101; *Wiedemann* in Großkomm. AktG, § 181 Rz. 69.

149 *Hüffer*, § 181 Rz. 30; *Stein* in MünchKomm. AktG, § 181 Rz. 92.

150 *Hüffer*, § 181 Rz. 31, 28, § 241 Rz. 34; *Raiser* in Ulmer, GmbHG, Anh. § 47 Rz. 65 f. (zur GmbH); a.A. *Winkler* in Keidel/Kuntze/Winkler, FG, § 144 FGG Rz. 20.

151 *Hüffer*, § 181 Rz. 31, 28.

ten kann die Satzung etwas anderes bestimmen. Stehen Einlagen in verhältnismäßig unerheblichem Umfang aus, so hindert dies die Erhöhung des Grundkapitals nicht.

I. Allgemeines	1	III. Sonderbeschluss (§ 182 Abs. 2)	33
1. Norminhalt und Normzweck	1	1. Erfordernis und Verfahren	33
2. Verfahren einer regulären Kapitalerhöhung	6	2. Rechtsfolgen eines fehlenden oder fehlerhaften Beschlusses	35
II. Kapitalerhöhungsbeschluss (§ 182 Abs. 1)	9	IV. Ausschluss der Kapitalerhöhung (§ 182 Abs. 4)	36
1. Grundlagen	9	1. Grundsatz des Ausschlusses bei ausstehenden Einlagen	36
2. Inhalt	14	2. Ausnahmen	39
a) Notwendiger Inhalt	14	3. Rechtsfolgen bei einem Verstoß	42
aa) Erhöhungsbetrag	15	V. Kapitalerhöhung in einer aufgelösten oder insolventen AG	43
bb) Angaben zu den Aktien	17		
cc) Ausgabebetrag (§ 182 Abs. 3)	19	1. Auflösung	43
b) Fakultativer Inhalt	25	2. Insolvenz	44
3. Mehrheitserfordernisse (§ 182 Abs. 1)	27	VI. Kosten und Steuern	48
a) Gesetzliche Anforderungen	27	1. Kosten	48
b) Statutarische Anforderungen	29	2. Steuern	53
4. Aufhebung und Änderung des Beschlusses	31		

Literatur: *Busch,* Eigene Aktien in der Kapitalerhöhung, AG 2005, 429; *Dietz,* Aktien als Akquisitionsgewährung, 2004; *Henze,* Die treuhänderische und haftungsrechtliche Stellung des Sacheinlegers bei Kapitalerhöhungen unter besonderer Berücksichtigung der Banken, 1970; *Herchen,* Agio und verdecktes Agio im Recht der Kapitalgesellschaften, 2004; *Hergeth/Eberl,* Schuldrechtliche Zuzahlungspflichten bei der Kapitalerhöhung einer Aktiengesellschaft, DStR 2002, 1818; *Hermanns,* Gestaltungsmöglichkeiten bei der Kapitalerhöhung mit Agio, ZIP 2003, 788; *Hirte,* Bezugsrechtsausschluss und Konzernbildung, 1986; *Hopt,* Emissionsgeschäft und Emissionskonsortien. Recht und Praxis in Deutschland und in der Schweiz, in FS Kellermann, 1991, S. 181; *Kimpler,* Die Abgrenzung der Zuständigkeiten von Hauptversammlung und Vorstand bei der Kapitalerhöhung, 1994; *Klette,* Die Überpari-Emission bei der Kapitalerhöhung gegen Einlagen, DB 1968, 2203 und 2261; *Koppensteiner,* Ordentliche Kapitalerhöhung und dividendenunabhängige Ansprüche Dritter, ZHR 139 (1975), 191; *Krauel/Weng,* Das Erfordernis von Sonderbeschlüssen stimmrechtsloser Vorzugsaktionäre bei Kapitalerhöhungen und Kapitalherabsetzungen, AG 2003, 561; *Kuntz,* Die Kapitalerhöhung in der Insolvenz, DStR 2006, 519; *Liebert,* Der Bezugsrechtsausschluss bei Kapitalerhöhungen von Aktiengesellschaften, 2003; *Lutter,* Gescheiterte Kapitalerhöhungen, in FS Schilling, 1973, S. 207; *Martens,* Die Entscheidungsautonomie des Vorstands und die „Basisdemokratie" in der Aktiengesellschaft, ZHR 147 (1983), 377; *Mertens,* Zulässigkeit einer Ermächtigung des Vorstands, Aktien mit einem Gewinnbezugsrecht für das abgelaufene Geschäftsjahr auszugeben?, in FS Wiedemann, 2002, S. 1113; *H.-F. Müller,* Die Kapitalerhöhung in der Insolvenz, ZGR 2004, 842; *Nolte,* Die Verwässerung von Aktien, 1968; *Pannen/Köhler,* Errechnung des „Verwässerungseffekts" einer Kapitalerhöhung gegen Einlagen, AG 1985, 52; *Priester,* Die nicht placierte Kapitalerhöhung, in FS Wiedemann, 2002, S. 1161; *K. Schmidt,* Die sanierende Kapitalerhöhung im Recht der Aktiengesellschaft, GmbH und Personengesellschaft, ZGR 1982, 519; *Winneke,* Schuldrechtliche Vereinbarungen über Kapitalbeschaffungsmaßnahmen in GmbH und AG, 2004; *Zöllner,* Die Anpassung dividendenbezogener Verpflichtungen von Kapitalgesellschaften bei effektiver Kapitalerhöhung, ZGR 1986, 288.

I. Allgemeines

1. Norminhalt und Normzweck

Die Vorschrift legt die zentralen Voraussetzungen einer Kapitalerhöhung gegen Einlagen – treffender: einer regulären oder ordentlichen Kapitalerhöhung – fest. Am aus- 1 führlichsten ist die Mitwirkung der **Hauptversammlung** geregelt. So folgt aus § 182 Abs. 1 zunächst, dass eine Kapitalerhöhung eines Beschlusses der Hauptversammlung bedarf, der grundsätzlich mit qualifizierter Mehrheit zu fassen ist. Dieses Erfordernis eines Hauptversammlungsbeschlusses ist gemeinschaftsrechtlich vorgegeben[1] und sachlich darauf zurückzuführen, dass eine Veränderung des Grundkapitals – im Unterschied zu anderen Formen der Finanzbeschaffung – eine **Satzungsänderung** darstellt. Daher sind auch die §§ 179 bis 181 grundsätzlich anwendbar, soweit nicht in den §§ 182 ff. Sonderregelungen vorgesehen sind[2]. Dagegen rechtfertigt sich die Beschlussvoraussetzung nicht aus der Gefahr einer Verwässerung der vermögensrechtlichen und herrschaftsrechtlichen Mitgliedsrechte[3] eines Aktionärs. Diese realisiert sich für die Aktionäre nur, wenn ihr Bezugsrecht (§ 186 Abs. 1) ausgeschlossen wird. Hierfür sieht das Gesetz in § 186 Abs. 3 und 4 aber besondere Anforderungen vor, die um einen wirksamen Verwässerungsschutz bemüht sind.

2   Bei **Vorhandensein mehrerer stimmberechtigter Aktiengattungen** genügt es nicht, wenn die Hauptversammlung einen Beschluss über die Erhöhung des Grundkapitals fasst. Es ist weiter ein zustimmender Beschluss der Aktionäre jeder Gattung erforderlich, der gleichfalls grundsätzlich mit einer qualifizierten Mehrheit zustande kommt (§ 182 Abs. 2). Das Gesetz sucht auf diese Weise die Gattungsrechte zu schützen. Da die Vorschrift auf Vorzugsaktien ohne Stimmrecht nicht anwendbar ist (s. Rz. 33) und in einer Aktiengesellschaft kaum noch Gattungsrechte begründet werden können (s. § 11 Rz. 4 ff.), kommt ihr keine nennenswerte Bedeutung mehr zu.

3   Hat die Gesellschaft **Nennbetragsaktien**, so ist eine ordentliche Kapitalerhöhung nur durch Ausgabe neuer Aktien möglich (§ 182 Abs. 1 Satz 4); eine bloße Erhöhung des Nennbetrags ist somit ausgeschlossen. Ferner ist verfügt, dass sich bei Gesellschaften mit **Stückaktien** die Zahl der Aktien in demselben Verhältnis wie das Grundkapital erhöhen muss (§ 182 Abs. 1 Satz 5). Dies bedeutet, dass Nennbetragsaktien nicht ausgegeben werden können. Auf diese Weise sucht die durch das StückAG vom 25.3.1998[4] eingeführte Vorschrift das Interesse der Altaktionäre an einer proportionalen Beteiligung zu schützen.

4   Der **Inhalt** des **Kapitalerhöhungsbeschlusses** ist in § 182 Abs. 3 nur bruchstückhaft gesetzlich konkretisiert: Wenn die neuen Aktien für einen höheren Betrag als den geringsten Ausgabebetrag ausgegeben werden sollen, soll der Mindestbetrag der Ausgabe angegeben werden. Weitere Aussagen zum notwendigen Beschlussinhalt trifft das Gesetz nicht. Dieser ist aus den allgemeinen Vorschriften über den notwendigen Inhalt einer Satzung zu erschließen (s. Rz. 14).

5   Schließlich folgt aus § 182 Abs. 4, dass eine **Kapitalerhöhung** grundsätzlich **nicht erfolgen** soll, solange **ausstehende Einlagen** auf das bisherige Grundkapital noch erlangt werden können. Eine Kapitalerhöhung ist in diesem Falle subsidiär; die Geld- oder Sacheinlagen sind zuvor einzufordern[5]. Diese auch in ausländischen Aktienrechten anzutreffende Regelung soll verhindern, dass die Gesellschaft möglichst kein größeres Grundkapital ausweist als tatsächlich aufgebracht ist[6]. Ein Schutz der Altaktionäre vor den Folgen einer Kapitalerhöhung ist nicht intendiert[7].

---

1   Vgl. Art. 25 Abs. 2 Kapital-RL.
2   Vgl. *Hüffer*, § 182 Rz. 3.
3   Zur Errechnung des Verwässerungseffekts vgl. die Diskussion zwischen *Pannen* und *Köhler* in AG 1985, 52 f.
4   BGBl. I 1998, 590.
5   So bereits § 149 AktG von 1937 und die Amtl. Begr. hierzu; vgl. *Klausing*, AktG, S. 137.
6   *Wiedemann* in Großkomm. AktG, § 182 Rz. 80.
7   In diesem Sinne aber offenbar *Peifer* in MünchKomm. AktG, § 182 Rz. 58.

2. Verfahren einer regulären Kapitalerhöhung

Aus den gesetzlichen Vorschriften ergibt sich eine klare **Abfolge** für eine reguläre Ka- 6
pitalerhöhung: Zunächst beschließt die Hauptversammlung über die Erhöhung des
Grundkapitals (§§ 182, 183). Sodann haben der Vorstand und der Vorsitzende des Aufsichtsrats den Beschluss zur Eintragung in das Handelsregister anzumelden (§ 184).
Die Aktionäre können daraufhin ihr Bezugsrecht ausüben (§ 186) und die jungen Aktien zeichnen (§ 185). In diesem Fall sind sie zur Leistung der Mindesteinlage verpflichtet. Ist dies geschehen, haben der Vorstand und der Vorsitzende des Aufsichtsrats die Durchführung der Erhöhung des Grundkapitals zur Eintragung in das Handelsregister anzumelden (§ 188). Mit der Eintragung ist das Grundkapital erhöht
(§ 189) und es können die neuen Aktien ausgegeben werden (§ 191).

Die Kapitalerhöhung kann in Form einer Selbstemission vonstatten gehen. Dabei 7
richtet sich der Emittent selbst an die Aktionäre oder an zeichnungsinteressierte
Dritte[8]. In der Praxis vorherrschend ist aber die **Fremdemission**. Sie zeichnet aus,
dass ein oder mehrere Kreditinstitute (in der Form eines Konsortiums[9]) eingeschaltet
werden, welche zunächst alle jungen Aktien übernehmen und den Mindesteinlagebe-
trag erbringen. Der Kapitalerhöhungsbeschluss und die Durchführung der Kapitalerhöhung werden gleichzeitig zur Eintragung in das Handelsregister angemeldet. Das
Bankenkonsortium wird somit Inhaber der jungen Aktien, welche es im unmittelbaren Anschluss an die Eintragung den Altaktionären anbietet (vgl. § 186 Abs. 5; zum
mittelbaren Bezugsrecht s. § 186 Rz. 45 ff.) oder am Markt platziert[10].

Die Fremdemission hat gegenüber einer Selbstemission mehrere **Vorteile**[11]. Im Vor- 8
dergrund steht, dass die Kreditinstitute in der Regel über einen engen geschäftlichen
Kontakt zu investitionsbereiten (institutionellen) Anlegern verfügen. Auch sind die
Banken am besten mit den Usancen und Gepflogenheiten der Kapitalmärkte vertraut
und daher zielsicherer als ein Emittent in der Lage, den richtigen Zeitpunkt der Kapitalerhöhung zu ermitteln sowie ihm Rahmen des Bookbuilding-Verfahrens[12] den
Emissionspreis festzulegen. Schließlich kann auf diese Weise das Risiko der nicht
vollständigen bzw. nicht rechtzeitigen Einzahlung für die Gesellschaft begrenzt werden[13]. Die vom Emittenten im Gegenzug für die Dienstleistungen geschuldeten
Emissionsprovisionen können allerdings beträchtlich sein[14].

II. Kapitalerhöhungsbeschluss (§ 182 Abs. 1)

1. Grundlagen

Der Beschluss über die Erhöhung des Kapitals bildet die Grundlage für die Kapitaler- 9
höhung[15]. Die Hauptversammlung bekundet mit ihm aber lediglich ihren Willen zur

---

8 Zu den Anwendungsfällen vgl. *Kümpel*, Bank- und Kapitalmarktrecht, 3. Aufl. 2004, Rz. 9.15.
9 Zur Rechtsnatur des Emissionskonsortiums vgl. *Hopt* in FS Kellermann, S. 181, 195 ff.
10 Vgl. hierzu *Hopt* in FS Kellermann, S. 181, 186 ff.
11 Eingehend *Kümpel*, Bank- und Kapitalmarktrecht, 3. Aufl. 2004, Rz. 9.18 ff.
12 Vgl. hierzu *Kümpel*, Bank- und Kapitalmarktrecht, 3. Aufl. 2004, Rz. 9.258 ff.; *Singhof/Weber*
   in Habersack/Mülbert/Schlitt, Unternehmensfinanzierung am Kapitalmarkt, § 3 Rz. 75; monographisch *Willamowski*, Bookbuilding, 2000.
13 Vgl. *Raiser/Veil*, Kapitalgesellschaften, § 20 Rz. 23.
14 Meist wird vereinbart, dass der Emittent einen bestimmten Prozentsatz des Emissionsvolu-
   mens oder Emissionserlöses als Emissionsprovision schuldet. Vgl. *Claussen*, Bank- und Bör-
   senrecht, 3. Aufl. 2002, Rz. 331; *Haag* in Habersack/Mülbert/Schlitt, Unternehmensfinanzierung am Kapitalmarkt, § 17 Rz. 30.
15 Vgl. *Lutter* in FS Schilling, S. 207, 220.

Kapitalerhöhung[16]. Auch nach der Zeichnung der jungen Aktien steht die **Kapitalerhöhung** noch nicht fest. Sie wird erst mit der **Eintragung** ihrer **Durchführung wirksam**. Bis zu diesem Zeitpunkt kann sie aus diversen Gründen, insbesondere in Folge einer Aufhebung des Kapitalerhöhungsbeschlusses scheitern (s. unten Rz. 31). Der Zeichner hat daher bis zur Eintragung im Handelsregister keinen Erfüllungsanspruch[17].

10 **Scheitert die Kapitalerhöhung**, weil die Gesellschafter den Beschluss vor der Eintragung wieder rückgängig machen (s. Rz. 31), hat der Übernehmer der jungen Aktien einen Anspruch auf Erstattung der von ihm bereits erbrachten Einlage nach bereicherungsrechtlichen Grundsätzen[18]. Ein auf das positive Interesse gerichteter Schadensersatzanspruch steht ihm nicht zu, weil ein solcher einem vom Gesetz nicht intendierten Erfüllungszwang gleich käme[19]. Nicht ausgeschlossen ist dagegen ein auf das negative Interesse begrenzter Schadensersatzanspruch, wenn der Übernehmer auf die Durchführung der Kapitalerhöhung vertraut hat und vertrauen durfte[20].

11 Eine gegenüber Dritten bestehende **Pflicht** der **Gesellschaft**, ihr **Kapital** zu **erhöhen**, besteht nicht[21]. Es liegt im Ermessen der Aktionäre, mit welchem Eigenkapital sie die Gesellschaft ausstatten. Die Gesellschaftsgläubiger sind hinreichend durch die strenge aktienrechtliche Vermögensbindung (§§ 57 ff.) und die Pflicht zum Marktaustritt bei Zahlungsunfähigkeit oder Überschuldung (§ 92 Abs. 2) geschützt. Auch die im Aktienrecht analog geltenden Regeln über eigenkapitalersetzende Gesellschafterleistungen (s. § 57 Rz. 54 ff.) begründen lediglich ein Abzugsverbot.

12 Eine andere Frage ist, ob sich eine **Gesellschaft** gegenüber **Dritten** (beispielsweise ihrer Hausbank) **verpflichten** kann, eine **Kapitalerhöhung** vorzunehmen oder für eine bestimmte Dauer keine neuen Aktien auszugeben (beispielsweise im Rahmen einer sog. Marktschutzvereinbarung[22]). Beide Variationen schuldrechtlicher Verpflichtungen der Gesellschaft unterliegen erheblichen gesellschaftsrechtlichen Bedenken, die ihre Grundlage in der unabdingbaren Souveränität der Aktionäre haben, die zentralen verfassungsrechtlichen Strukturen der Gesellschaft festzulegen. Da die Entscheidung über eine Kapitalerhöhung der ausschließlichen Entscheidungskompetenz der Hauptversammlung unterliegt, kann sowohl eine Abrede über eine Erhöhung des Grundkapitals[23] als auch eine Abrede über das Unterlassen einer Kapitalerhöhung[24] grundsätzlich nicht wirksam geschlossen werden. Eine andere Beurteilung ist nur möglich, wenn die Hauptversammlung zuvor einen entsprechenden Beschluss getroffen hat[25]; bindend ist er aber nicht.

---

16 Vgl. *Lutter* in FS Schilling, S. 207, 210.
17 Vgl. BGH v. 11.1.1999 – II ZR 170/98, BGHZ 140, 258, 260 = GmbHR 1999, 287 zur GmbH.
18 RG v. 28.9.1915 – II 81/15, RGZ 87, 164 f.; BGH v. 11.1.1999 – II ZR 170/98, BGHZ 140, 258, 261 = GmbHR 1999, 287 zur GmbH (§ 812 BGB); *Lutter* in FS Schilling, S. 203, 223.
19 BGH v. 11.1.1999 – II ZR 170/98, BGHZ 140, 258, 261 = GmbHR 1999, 287; *Lutter* in FS Schilling, S. 203, 229.
20 Vgl. *Lutter* in FS Schilling, S. 203, 229; *Veil*, WuB II C. § 55 GmbHG 1.99.
21 Vgl. *Wiedemann* in Großkomm. AktG, § 182 Rz. 36.
22 Vgl. zu den verschiedenen Arten von Marktschutzvereinbarungen *Fleischer*, WM 2002, 2305, 2306; *Höhn*, Ausgewählte Probleme bei Lock-up Agreements, 2004.
23 Vgl. *Lutter* in FS Schilling, S. 207, 228 („Autonomie der Gesellschaft"); *Lutter* in KölnKomm. AktG, § 182 Rz. 15.
24 Vgl. *Fleischer*, WM 2002, 2305, 2313 f. zu Marktschutzvereinbarungen; restriktiv auch *Wiedemann* in Großkomm. AktG, § 182 Rz. 37; *Winneke*, Schuldrechtliche Vereinbarungen über Kapitalbeschaffungsmaßnahmen in GmbH und AG, S. 189.
25 Ähnlich *Wiedemann* in Großkomm. AktG, § 182 Rz. 37 (Hauptversammlung könne beschließen, in welcher Weise zukünftig das Kapital erhöht werde); im Grundsatz ebenso *Winneke*, Schuldrechtliche Vereinbarungen über Kapitalbeschaffungsmaßnahmen in GmbH und AG, S. 145 ff. (zulässig sei es, eine Kapitalerhöhungsverpflichtung einzugehen, wenn die Hauptver-

Die **Einberufung** der über die Kapitalerhöhung beschließenden **Hauptversammlung** 13 richtet sich nach den allgemeinen Vorschriften. Bei der Bekanntmachung der Tagesordnung ist § 124 Abs. 2 Satz 2 zu beachten.

2. Inhalt

a) Notwendiger Inhalt

Der notwendige Mindestinhalt ergibt sich aus den allgemeinen Regeln über den not- 14 wendigen Inhalt der Satzung einer AG (**§ 23 Abs. 3 Nr. 3 bis 5**). So ist es unverzichtbar, im Kapitalerhöhungsbeschluss den Betrag anzugeben, um den das Kapital erhöht werden soll. Ferner sind Angaben zu den neuen Aktien zu machen und der Ausgabebetrag zu bestimmen. Auch die Art der geschuldeten Einlagen ist zu regeln. In Bezug auf Sacheinlagen verlangt § 183 Abs. 1 Satz 1, dass ihr Gegenstand, die Person, von der die Gesellschaft den Gegenstand erwirbt, und der Betrag, bei Stückaktien die Zahl der bei der Sacheinlage zu gewährenden Aktien im Beschluss festgesetzt werden (s. § 183 Rz. 11). Soll das Bezugsrecht ausgeschlossen werden, so muss auch dies im Beschluss über die Erhöhung des Grundkapitals geschehen (§ 186 Abs. 3 Satz 1; s. § 186 Rz. 22).

aa) Erhöhungsbetrag. Aus § 23 Abs. 3 Nr. 3 folgt, dass im Beschluss der Betrag der Ka- 15 pitalerhöhung anzugeben ist. Es genügt der **Mindest- und Höchstbetrag**[26] (um bis zu € 100.000, mindestens jedoch um € 50.000) oder die bloße Angabe eines **Höchstbetrags**[27] (um bis zu € 100.000). Zwar kann auch ein **fester Betrag** bestimmt werden (um € 100.000). Werden jedoch in diesem Fall nicht alle Aktien gezeichnet, ist es dem Registergericht verwehrt, die Durchführung der Kapitalerhöhung einzutragen (s. § 188 Rz. 4); sie kann daher scheitern. Aus diesem Grund sollte im Regelfall entweder nur ein Höchstbetrag oder ein Mindest- und Höchstbetrag bestimmt werden.

Bei der Vorgabe eines **Mindest- und Höchstbetrags** ist zu beachten, dass die Verwal- 16 tung einen vom Gesetz nicht anerkannten Einfluss auf die Kapitalerhöhung erhalten könnte. Es besteht vor allem die Gefahr, dass sie den Zeitraum, in welchem die jungen Aktien gezeichnet werden, nach eigenem Gusto festlegt. Dem ist schon deshalb zu begegnen, weil sonst die Grenze zum genehmigten Kapital überschritten wäre[28]. Dem Vorstand ist daher eine angemessene **Durchführungsfrist** einzuräumen. Die hierfür im Schrifttum zumeist vorgeschlagene Frist von sechs Monaten[29] wird im Regelfall angemessen sein.

bb) Angaben zu den Aktien. Sieht die Satzung **Nennbetragsaktien** vor (§ 23 Abs. 3 17 Nr. 4), sind auch die jungen Aktien als Nennbetragsaktien auszugeben (§ 8 Abs. 1). Der **Nennbetrag** der jungen Aktien ist im Kapitalerhöhungsbeschluss zu bestimmen. Sind in der Satzung **Stückaktien** vorgesehen (§ 23 Abs. 3 Nr. 4), so müssen die jungen Aktien ebenfalls Stückaktien sein (§ 8 Abs. 1). Im Beschluss über die Kapitalerhöhung ist die **Zahl** der neuen Stückaktien anzugeben (vgl. § 182 Abs. 1 Satz 5).

Ferner folgt aus § 23 Abs. 3 Nr. 5, dass im Kapitalerhöhungsbeschluss festzulegen ist, 18 ob die Aktien auf den **Inhaber** oder auf den **Namen** ausgestellt werden. Zum notwen-

---

sammlung die Verwaltung durch einen mit qualifizierter Mehrheit zustande gekommenen Beschluss ermächtigt habe).

26 Vgl. RG v. 30.5.1903 – I 21/03, RGZ 55, 65, 68; OLG Hamburg v. 29.10.1999 – 11 U 71/99, AG 2000, 326, 327.

27 Vgl. RG v. 26.6.1914 – II 109/14, RGZ 85, 205, 207 zur GmbH; LG Hamburg v. 25.2.1999 – 415 O 2/99, AG 1999, 239 f.; LG Hamburg v. 2.12.1993 – 405 O 162/93, AG 1995, 92, 93.

28 Allg. M.; vgl. *Hüffer*, § 182 Rz. 12; *Wiedemann* in Großkomm. AktG, § 182 Rz. 56; i.E. auch LG Hamburg v. 2.2.1993 – 405 O 162/93, AG 1995, 92, 93.

29 Vgl. *Lutter* in FS Schilling, S. 207, 214; *Peifer* in MünchKomm. AktG, § 182 Rz. 37.

digen Inhalt der Satzung gehören schließlich auch Angaben zu der Gattung der Aktien und der Zahl der Aktien jeder Gattung, wenn mehrere Gattungen bestehen. Im Kapitalerhöhungsbeschluss muss daher entweder eine Zuordnung der jungen Aktien zu den vorhandenen **Aktiengattungen** erfolgen oder ausgeführt werden, dass es sich um eine neue Aktiengattung handelt.

19   **cc) Ausgabebetrag (§ 182 Abs. 3).** Die jungen Aktien können zu pari – bei Nennbetragsaktien zum Nennbetrag und bei Stückaktien zu dem Betrag, der sich aus einer Division des Grundkapitals durch die Zahl der vorhandenen Stückaktien ergibt – ausgegeben werden (**Pari-Emission**). Dieser Ausgabebetrag liegt in der Regel aber weit unterhalb des „wahren" Wertes der Aktien[30]. Es entspricht daher sowohl dem berechtigten Interesse der Altaktionäre, vor einer Beteiligungsverwässerung geschützt zu werden, als auch dem Finanzierungsinteresse der Gesellschaft, einen möglichst hohen Emissionserlös zu erzielen, wenn ein höherer Ausgabebetrag festgelegt wird (**Überpari-Emission**). Rechtstechnisch geschieht dies durch die Festlegung eines höheren Betrags (§ 9 Abs. 2). Dieses Aufgeld (Agio) ist in der Kapitalrücklage auszuweisen (§ 272 Abs. 2 Nr. 1 HGB).

20   Für den Fall der Überpari-Emission ist § 182 Abs. 3 zu beachten: Der Mindestbetrag, unter dem die Aktien nicht ausgegeben werden sollen, ist im Beschluss über die Erhöhung des Grundkapitals festzusetzen. Diese Regelung ist in zweierlei Hinsicht von Bedeutung[31]. Erstens flankiert sie die in § 9 Abs. 1 getroffene Vorschrift, wonach für einen geringeren Betrag als den Nennbetrag oder den auf die einzelne Stückaktie entfallenden anteiligen Betrag des Grundkapitals Aktien nicht ausgegeben werden dürfen. Zweitens folgt aus ihr, dass die Hauptversammlung grundsätzlich dafür zuständig ist, den Ausgabebetrag festzusetzen[32].

21   Die Hauptversammlung kann die **Höhe des Ausgabebetrags** grundsätzlich frei bestimmen. Allerdings hat sie zwei Grenzen zu beachten: erstens, dass eine Unter-Pari-Emission unzulässig ist (s. Rz. 20), und zweitens, dass bei Ausschluss des Bezugsrechts der sich aus dem Erhöhungsbeschluss ergebende Ausgabebetrag oder der Mindestbetrag, unter dem die neuen Aktien nicht ausgegeben werden sollen, nicht unangemessen niedrig sein darf (§ 255 Abs. 2 Satz 1); andernfalls ist der Kapitalerhöhungsbeschluss anfechtbar. Im Ergebnis bedeutet dies, dass die Hauptversammlung einen angemessenen, dem „wahren" Wert entsprechenden Ausgabebetrag zu bestimmen hat, wenn die Altaktionäre vom Bezug der jungen Aktien ausgeschlossen sein sollen. Im Übrigen hat sie grundsätzlich Gestaltungsfreiheit[33], die ihre Grenzen allein in Missbrauchsfällen findet.

22   Die **Hauptversammlung** kann ferner darauf verzichten, den **Ausgabebetrag** festzusetzen und stattdessen die **Verwaltung ermächtigen**, ihn festzulegen. Sie kann damit den Vorstand, den Aufsichtsrat[34] oder beide Organe gemeinsam betrauen[35]. Allein den Mindestbetrag muss sie festsetzen (§ 182 Abs. 3)[36], den die Verwaltung zu beachten hat. Ferner ist sie an das Gleichbehandlungsgebot (§ 53a) gebunden. Im Übrigen hat die Verwaltung nach pflichtgemäßem Ermessen (§ 93 Abs. 1 Satz 2) zu entschei-

---

30 Außer dem „wahren" Wert ist mitunter auch vom „wirklichen" Wert oder „inneren" Wert der Aktie die Rede.
31 Zur Entstehungsgeschichte vgl. *Klette*, DB 1968, 2003, 2008 ff.
32 Allg. M.; vgl. *Wiedemann* in Großkomm. AktG, § 182 Rz. 63; *Hüffer*, § 182 Rz. 22 f.
33 Allg. M.; vgl. *Hüffer*, § 182 Rz. 22; *Peifer* in MünchKomm. AktG, § 182 Rz. 48.
34 RG v. 13.3.1934 – II 225/33, RGZ 144, 138, 143.
35 Vgl. *Hüffer*, § 182 Rz. 24.
36 RG v. 6.12.1933 – I 177/33, RGZ 143, 20, 23; BGH v. 6.10.1960 – II ZR 150/59, BGHZ 33, 175, 179; *Peifer* in MünchKomm. AktG, § 182 Rz. 49. A.A. *Hirte*, Bezugsrechtsausschluss, S. 98.

den[37]. Insbesondere ist sie verpflichtet, bei Ausschluss des Bezugsrechts einer möglichen Verwässerung der Aktien der Altaktionäre zu begegnen, indem sie einen angemessenen Ausgabebetrag festlegt (§ 255 Abs. 2 Satz 1)[38].

Schwierigkeiten treten auf, wenn im Kapitalerhöhungsbeschluss ein **Ausgabebetrag**   23
nicht bestimmt ist. Ist der Vorstand in diesem Fall frei darin, den Ausgabebetrag zu bestimmen, oder muss er mit Rücksicht auf die Beteiligungsinteressen der Altaktionäre einen „angemessenen" Ausgabebetrag festlegen? Die (ältere) Rechtsprechung hat von der Verwaltung lediglich verlangt, eine Pari-Emission vorzunehmen[39]. Das neuere Schrifttum spricht sich dagegen nahezu einhellig für eine andere Lösung aus. Jedenfalls wenn das Bezugsrecht der Altaktionäre ausgeschlossen ist, soll die Verwaltung verpflichtet sein, einen angemessenen Ausgabebetrag festzulegen[40]. Allein diese Sicht der Dinge wird den berechtigten Interessen der Aktionäre gerecht, vor einer Verwässerung ihrer Aktien geschützt zu werden (§ 255 Abs. 2 Satz 1). Auch ist zu beachten, dass die Verwaltung verpflichtet ist, im Unternehmensinteresse zu handeln (s. § 93 Rz. 5 ff.). Sie muss daher bei der Festlegung des Ausgabebetrags ebenfalls das Finanzierungsinteresse der Gesellschaft im Auge haben. Eine pflichtgemäße Entscheidung (§ 93 Abs. 1 Satz 2) trifft sie nur, wenn sie auch diesen Aspekt im Abwägungsprozess mit berücksichtigt. Dies kann zur Folge haben, dass der Vorstand auch bei Bestehen eines Bezugsrechts der Altaktionäre einen höheren Betrag als den Nennbetrag oder den rechnerischen Wert festzulegen hat[41].

Der Vorstand und der Aufsichtsrat sind an die **Vorgaben der Hauptversammlung** in   24
Bezug auf die Festsetzung des Ausgabebetrags gebunden. Es ist ihnen daher grundsätzlich verwehrt, einen anderen, ihnen eher einleuchtenden Betrag zu bestimmen. Zweifelhaft ist allerdings, ob eine andere Beurteilung geboten ist, wenn das Bezugsrecht der Altaktionäre ausgeschlossen wird und der Ausgabebetrag unangemessen niedrig ist. Nach einer verbreiteten Ansicht soll die Verwaltung verpflichtet sein, den Beschluss auszuführen. Die Aktionäre könnten den Beschluss gem. § 255 Abs. 2 Satz 1 anfechten[42]. Diese Sichtweise wird dem Schutz der Aktionäre nicht gerecht. Die Verwaltung ist aufgrund ihrer organschaftlichen Pflichten gehalten, sowohl die Interessen ihrer jetzigen Mitglieder als auch das Interesse der Gesellschaft an hohen Eigenmitteln zu verwirklichen. Sollte der Ausgabebetrag erheblich unterhalb des wahren Wertes liegen, muss sie alles unternehmen, damit diese Interessen sich durchsetzen. Sie kann dann so vorgehen, als habe die Hauptversammlung nur einen Mindestbetrag festgelegt. Den endgültigen Ausgabebetrag hat sie zu bestimmen[43].

b) Fakultativer Inhalt

Im Kapitalerhöhungsbeschluss sollte geregelt werden, ab welchem Zeitpunkt die jun-   25
gen Aktien gewinnberechtigt sind. So ist es beispielsweise zulässig, die **Gewinnbe-rechtigung** rückwirkend für das laufende Geschäftsjahr festzulegen[44]. Andernfalls er-

---

37 Vgl. *Raiser/Veil*, Kapitalgesellschaften, § 20 Rz. 5; zu Einzelheiten vgl. *Priester* in FS Wiedemann, S. 1161, 1163 (auch zur Frage, ob der Ausgabekurs abgesenkt werden darf).
38 Vgl. *Lutter* in KölnKomm. AktG, § 182 Rz. 26; *Wiedemann* in Großkomm. AktG, § 182 Rz. 68; *Peifer* in MünchKomm. AktG, § 182 Rz. 50.
39 Vgl. BGH v. 6.10.1960 – II ZR 150/59, BGHZ 33, 175, 178 (Vorstand und Aufsichtsrat würden pflichtwidrig handeln, wenn sie die neuen Aktien zu einem den Nennwert übersteigenden Betrag ausgeben würden); zuvor schon RG v. 6.12.1993 – I 177/33, RGZ 143, 20, 23.
40 Vgl. *Zöllner* in KölnKomm. AktG, § 255 Rz. 12; *Hüffer*, § 182 Rz. 25.
41 Ähnlich *Lutter* in KölnKomm. AktG, § 182 Rz. 28; *Wiedemann* in Großkomm. AktG, § 182 Rz. 73; *Klette*, DB 1968, 2203, 2207 und 2261 ff.; *Hirte*, Bezugsrechtsausschluss, S. 98.
42 *Wiedemann* in Großkomm. AktG, § 182 Rz. 72.
43 *Lutter* in KölnKomm. AktG, § 182 Rz. 26.
44 Vgl. *Hüffer*, § 182 Rz. 15; *Peifer* in MünchKomm. AktG, § 182 Rz. 57.

folgt nur eine anteilige Gewinnberechtigung (§ 60 Abs. 2 Satz 3)[45]. Dagegen ist es nicht möglich, im Beschluss zu bestimmen, dass die Aktien am Gewinn des letzten vor der Beschlussfassung über die Kapitalerhöhung abgelaufenen Geschäftsjahrs teilnehmen. Zum einen ist § 217 Abs. 2 nicht analog anwendbar[46]. Zum anderen würde sonst in das Dividendenbezugsrecht der Altaktionäre eingegriffen werden[47]. Ferner empfiehlt es sich, im Kapitalerhöhungsbeschluss dem Aufsichtsrat die Ermächtigung einzuräumen, den Wortlaut der Satzung neu zu fassen (§ 179 Abs. 1 Satz 2). Es ist außerdem zweckmäßig, eine **Zeichnungs-** oder **Durchführungsfrist** festzulegen[48]. Mögliche weitere sachdienliche Regelungen im Kapitalerhöhungsbeschluss betreffen die **Verfallfrist**, nach deren Ablauf Zeichnungen unverbindlich werden (s. § 185 Rz. 18), und Anweisungen an den Vorstand, wie bei einer Überzeichnung zu verfahren ist oder wie mit nichtbezogenen Aktien umzugehen ist. Bei einem Bezugsrechtsausschluss sind die Personen, denen die Aktien zur Zeichnung angeboten werden sollen, anzugeben. Schließlich kommt in Betracht, das Schicksal Kapitalerhöhungsbeschlusses festzulegen, falls es zur Eröffnung des Insolvenzverfahrens über das Vermögen der Gesellschaft kommt (s. hierzu Rz. 44).

26 In der jüngeren Praxis sind zunehmend Vereinbarungen zwischen Aktionären anzutreffen, im Zuge eine Kapitalerhöhung weitere finanzielle Leistungen zu erbringen[49]. Ein eigener Anspruch der Gesellschaft wird häufig allerdings nicht begründet[50]. Solche Abreden über ein schuldrechtliches Agio sind zulässig[51]. Obwohl die zusätzlichen Zahlungspflichten keinen Eingang in den Kapitalerhöhungsbeschluss finden und für die Verfassung der Gesellschaft irrelevant sind, ist eine Prüfungspflicht des Registergerichts begründet, sodass die entsprechenden Verträge vorzulegen sind (s. § 188 Rz. 35).

3. Mehrheitserfordernisse (§ 182 Abs. 1)

a) Gesetzliche Anforderungen

27 Der Beschluss über die Erhöhung des Grundkapitals bedarf einer **Mehrheit** von mindestens **drei Viertel** des bei der Beschlussfassung **vertretenen Grundkapitals** (§ 182 Abs. 1 Satz 1); Bezugsgröße ist das Kapital, das mit Ja und Nein abgestimmt hat, Enthaltungen zählen nicht dazu (zur Berechnung der Mehrheit s. § 179 Rz. 27). Außerdem muss die einfache Stimmenmehrheit (§ 133 Abs. 1) erfüllt sein[52]. Einstimmigkeit bzw. die Zustimmung aller Aktionäre ist somit nicht erforderlich. Die genannten Beschlussmehrheiten genügen, weil die Aktionäre keine Bezugspflicht, sondern lediglich ein Bezugsrecht (§ 186 Abs. 1) haben. Allerdings kann ein Individualzustimmungserfordernis begründet sein, wenn die Gesellschaft über nicht vinkulierte Aktien verfügt und die jungen Aktien vinkuliert sein sollen (s. § 180 Rz. 11 ff.).

28 Die **Hürde** der **qualifizierten Beschlussmehrheit** kann sich sanierungsfeindlich auswirken[53]. Sofern die Satzungsgeber sich nicht zu erleichterten Bedingungen (s. Rz. 29) durchringen können, muss rechtsfortbildend nach Lösungen gesucht werden. Die in Betracht kommenden Wege erweisen sich aber als steinig. Allein Ob-

---

45 Vgl. *Hüffer*, § 182 Rz. 15.
46 *Peifer* in MünchKomm. AktG, § 182 Rz. 57.
47 Zutr. *Mertens* in FS Wiedemann, S. 1113, 1116. A.A. *Hüffer*, § 182 Rz. 15.
48 Sofern im Kapitalerhöhungsbeschluss der Erhöhungsbetrag nicht bestimmt ist, muss eine Durchführungsfrist festgelegt werden. S. Rz. 16.
49 Zu den Gestaltungsvarianten vgl. *Hermanns*, ZIP 2003, 788, 789 f.
50 Vgl. *Hergeth/Eberl*, DStR 2002, 1818, 1819.
51 Vgl. BayObLG v. 27.2.2002 – 3 Z BR 35/02, ZIP 2002, 1484 = AG 2002, 510; *Hermanns*, ZIP 2003, 788, 791; *Hergeth/Eberl*, DStR 2002, 1818, 1820.
52 Allg. M.; vgl. *Hüffer*, § 182 Rz. 7 m.w.N.
53 Deutlich in diesem Sinne bereits *K. Schmidt*, ZGR 1982, 520, 524 f.

struktionen von Minderheitsaktionären kann im Einzelfall durch die beweglichen Schranken der Stimmrechtsmacht, namentlich der Treuepflicht begegnet werden[54], die sich freilich wegen des weiten Ermessensspielraums des die Stimmrechte ausübenden Aktionärs[55] nur als beschränkt justitiabel erweisen[56].

b) Statutarische Anforderungen

Die **Satzung** kann eine **andere Kapitalmehrheit** bestimmen, für die Ausgabe von Vorzugsaktien ohne Stimmrecht jedoch nur eine größere Kapitalmehrheit (§ 182 Abs. 1 Satz 2). Die Ausnahme für nicht stimmberechtigte Vorzugsaktien beruht auf der Erwägung des Gesetzgebers, dass die Ausgabe solcher Aktien in ähnlicher Weise nachteilig empfunden werden könne wie der Ausschluss des Bezugsrechts. Ihm erschien es daher angezeigt zu sein, die Erfordernisse der Beschlussfassung für die Ausgabe von Vorzugsaktien ohne Stimmrecht den Erfordernissen für den Ausschluss des Bezugsrechts anzupassen[57]. Im Übrigen besteht für die Satzungsgeber plein pouvoir. Ihre Gestaltungsfreiheit wird allein durch das Erfordernis der einfachen Stimmenmehrheit (§ 133 Abs. 1) begrenzt. Zwar wird teilweise bezweifelt, dass das Bedürfnis der Zustimmung aller Aktionäre wirksam begründet werden könne; eine Kapitalerhöhung dürfe nicht faktisch ausgeschlossen werden[58]. Diese Bedenken vermögen aber nicht zu überzeugen. So kann eine entsprechende Satzungsklausel – insbesondere in kleinen Gesellschaften – von legitimen Interessen getragen sein. Damit entsteht zwar ein Blockadepotential, das von Einzelnen missbraucht werden kann. In solchen ohnehin niemals gänzlich auszuschließenden Fällen ist aber eine ablehnende Stimme treuwidrig, was auch im Rahmen einer positiven Beschlussfeststellungsklage geltend gemacht werden kann (zur Stimmpflicht und zur positiven Beschlussfeststellungsklage s. § 246 Rz. 29 ff.). 29

In § 182 Abs. 1 Satz 3 ist schließlich bestimmt, dass die Satzung weitere Erfordernisse aufstellen kann. Diese Regelung ist identisch mit der in § 179 Abs. 2 Satz 3 getroffenen Regelung; es gelten die dort gemachten Erläuterungen (s. § 179 Rz. 32 f.). 30

4. Aufhebung und Änderung des Beschlusses

Die Kapitalerhöhung wird erst mit der Eintragung ihrer Durchführung im Handelsregister wirksam (§ 189). Bis zu diesem Zeitpunkt ist die **Aufhebung** des **Erhöhungsbeschlusses** – auch konkludent (s. Rz. 43) – möglich[59]. Auch der Umstand, dass schon Zeichnungsverträge geschlossen werden, hindert eine Aufhebung nicht. Allerdings können die Zeichner in einem solchen Fall berechtigt sein, den Ersatz ihres Schadens zu verlangen (s. Rz. 10). Zweifelhaft ist, unter welchen Voraussetzungen der Beschluss über eine Aufhebung des Kapitalerhöhungsbeschlusses zustande kommt. Die herrschende Meinung differenziert: Bis zur Eintragung des Kapitalerhöhungsbeschlusses genüge die einfache Mehrheit[60], danach sei entsprechend § 222 Abs. 2 eine qualifizierte Mehrheit erforderlich[61]. Dies vermag nicht vollends zu überzeugen. Vorzugswürdig ist es, für den Aufhebungsbeschluss auch nach Eintragung des Kapitaler- 31

---

54 Vgl. BGH v. 20.3.1995 – II ZR 205/94, BGHZ 129, 136 = AG 1995, 368; *Raiser/Veil*, Kapitalgesellschaften, § 12 Rz. 45.
55 Vgl. hierzu *Raiser/Veil*, Kapitalgesellschaften, § 12 Rz. 47.
56 Zurückhaltend i.E. auch *K. Schmidt*, ZGR 1982, 519, 524 f.
57 Vgl. Begr. RegE § 182, *Kropff*, Aktiengesetz, S. 292.
58 In diesem Sinne *Hüffer*, § 182 Rz. 8.
59 Grundlegend hierzu *Lutter* in FS Schilling, S. 207, 210.
60 So die h.M.; *Hüffer*, § 182 Rz. 16; *Wiedemann* in Großkomm. AktG, § 184 Rz. 4.
61 Vgl. *Hüffer*, § 182 Rz. 16; *Lutter* in KölnKomm. AktG, § 184 Rz. 4 und § 189 Rz. 3; *Krieger* in MünchHdb. AG, § 56 Rz. 60; *Priester* in FS Wiedemann, S. 1161, 1167.

höhungsbeschlusses lediglich eine **einfache Mehrheit** zu verlangen[62]. Der Kapitalerhöhungsbeschluss entfaltet noch keine verbindlichen Rechtswirkungen, welche einen besonderen Schutz der Zeichner rechtfertigen würden. Angestrebt wird lediglich der ursprüngliche Zustand, so dass das Beteiligungsinteresse der Altaktionäre nicht beeinträchtigt sein kann[63]. Ist die Kapitalerhöhung aufgrund der Eintragung ihrer Durchführung wirksam geworden, muss allerdings zur Rückgängigmachung das Verfahren der Kapitalherabsetzung beschritten werden[64].

32   Der **Beschluss** über die Kapitalerhöhung kann bis zur Eintragung der Durchführung der Kapitalerhöhung **geändert** werden. Hierzu müssen die Voraussetzungen eingehalten werden, die das Gesetz in § 182 Abs. 1 an den Beschluss über eine Erhöhung des Kapitals stellt[65]. Namentlich bedarf die Änderung einer qualifizierten Mehrheit, es sei denn, dass die Satzung geringere Anforderungen an eine Kapitalerhöhung stellt.

III. Sonderbeschluss (§ 182 Abs. 2)

1. Erfordernis und Verfahren

33   Sind mehrere Gattungen von stimmberechtigten Aktien vorhanden, so bedarf der Beschluss der Hauptversammlung zu seiner Wirksamkeit der **Zustimmung** der **Aktionäre** jeder **Gattung** (§ 182 Abs. 2 Satz 1; zur geringen praktischen Bedeutung Rz. 2). Die Vorschrift knüpft an die in § 11 erfasste Definition der Aktien besonderer Gattung an. Ob eine Aktiengattung durch die Kapitalerhöhung beeinträchtigt wird, ist – abweichend von der allgemeinen Regel in § 179 Abs. 3 – für das Sonderbeschlusserfordernis irrelevant. Es genügt, dass die Gesellschaft unterschiedliche Aktiengattungen hat. Die Vorschrift ist allerdings auf die in den §§ 139 ff. geregelten Vorzugsaktien ohne Stimmrecht nicht anwendbar[66]. Diese bereits früher vorherrschende Sichtweise hat der Gesetzgeber durch Einfügung des Wortes „stimmberechtigten" klargestellt[67]. Ein der Kapitalerhöhung zustimmender Beschluss der Inhaber von Vorzugsaktien ohne Stimmrecht kann somit nur unter den in § 141 Abs. 2 genannten Voraussetzungen einzuholen sein; auch bei Aufleben des Stimmrechts gem. § 140 Abs. 2 Satz 1 ist keine andere Beurteilung geboten[68].

34   Über die Zustimmung haben die Aktionäre jeder Gattung einen **Sonderbeschluss** zu fassen (§ 182 Abs. 2 Satz 2), für den § 182 Abs. 1 gilt (§ 182 Abs. 2 Satz 3). Erforderlich ist also eine qualifizierte Mehrheit des vertretenen Gattungskapitals und die einfache Mehrheit der abgegebenen Stimmen, sofern die Satzung keine abweichende Mehrheiten vorsieht (zur Gestaltungsautonomie s. Rz. 29). Zulässig ist es auch, andere Erfordernisse für das Zustandekommen des Beschlusses zu bestimmen (s. Rz. 25).

2. Rechtsfolgen eines fehlenden oder fehlerhaften Beschlusses

35   Der Sonderbeschluss ist **Voraussetzung** für die **Wirksamkeit** des **Kapitalerhöhungsbeschlusses**[69]; fehlt er, so ist der Kapitalerhöhungsbeschluss schwebend unwirksam

---

62 So zu Recht bereits *Hefermehl/Bungeroth* in G/H/E/K, § 182 Rz. 48; *Wiedemann* in Großkomm. AktG, § 184 Rz. 30 und § 189 Rz. 4; *Peifer* in MünchKomm. AktG, § 182 Rz. 30.
63 Treffend *Peifer* in MünchKomm. AktG, § 182 Rz. 30.
64 Allg. M.; vgl. *Hüffer*, § 182 Rz. 16.
65 Allg. M.; vgl. *Peifer* in MünchKomm. AktG, § 182 Rz. 33.
66 Allg. M.; vgl. *Hüffer*, § 182 Rz. 19; *Krauel/Weng*, AG 2003, 561, 562.
67 Die Gesetzesänderung erfolgte durch das Gesetz für kleine Aktiengesellschaften und zur Deregulierung des Aktienrechts vom 2.8.1994, BGBl. I 1994, 1961.
68 Vgl. *Krauel/Weng*, AG 2003, 561, 562 f.
69 Vgl. RG v. 21.6.1935 – II B 5/35, RGZ 148, 175, 186 f.

und darf nicht in das Handelsregister eingetragen werden[70]. Wird ein ablehnender Sonderbeschluss getroffen, ist der Kapitalerhöhungsbeschluss endgültig unwirksam. Auf einen fehlerhaften Sonderbeschluss sind die allgemeinen Vorschriften über das Beschlussmängelrecht (§§ 241 ff.) entsprechend anzuwenden (§ 138 Satz 2).

IV. Ausschluss der Kapitalerhöhung (§ 182 Abs. 4)

1. Grundsatz des Ausschlusses bei ausstehenden Einlagen

§ 182 Abs. 4 bestimmt, dass das Grundkapital nicht erhöht werden soll, solange ausstehende Einlagen auf das bisherige Grundkapital noch erlangt werden können. Dieser Grundsatz gilt sowohl für die **Bar-** als auch für die **Sachkapitalerhöhung** (zum Normzweck s. Rz. 1). Auch ein entgegen § 36a Abs. 1 noch nicht erbrachtes **Aufgeld** wird von der Vorschrift erfasst[71]. Eine Kapitalerhöhung ist ferner ausgeschlossen, wenn Restitutionsansprüche der Gesellschaft (§ 62) oder Ansprüche aus kaduzierten Aktien (§§ 65, 64) bestehen[72]. 36

Die betreffende **Einlage** (bzw. das Aufgeld, etc.) muss noch **eingefordert** werden können. Es kann von der Gesellschaft verlangt werden, dass sie alle Möglichkeiten ausschöpft, um an die ausstehenden Beträge bzw. versprochenen Sacheinlagen zu gelangen. Insbesondere ist es ihr zuzumuten, die Zwangsvollstreckung zu betreiben. Sie braucht diesen Weg nach allgemeiner Ansicht nur dann nicht zu gehen, wenn feststeht, dass eine Vollstreckung zwecklos wäre[73]. Ist der Gegenstand einer Sacheinlage untergegangen, kommt es darauf an, ob ein Ersatzanspruch besteht und realisierbar ist[74]. Nach einer verbreiteten Ansicht soll eine Einlage selbst dann eingefordert werden können, wenn ein vorübergehendes Leistungshindernis besteht oder die Einlageforderung noch nicht fällig ist[75]. Zur Begründung führt sie an, dass das Finanzierungsinteresse der Gesellschaft im Interesse der Altaktionäre zurückzustehen habe, wenn Einlagen ausstehen. Sieht man dagegen – wie hier vertreten (s. Rz. 1) – den Zweck der Norm vor allem darin, den Ausweis eines tatsächlich nicht aufgebrachten Grundkapitals möglichst zu vermeiden, besteht kein hinreichender Grund darin, § 182 Abs. 4 in dem von der h.M. vertretenen weiten Sinne auszulegen. Ist eine Einlage wegen eines vorübergehenden Leistungshindernisses, insbesondere wegen mangelnder Fälligkeit, nicht zu erlangen, so ist eine Kapitalerhöhung nicht gem. § 182 Abs. 4 ausgeschlossen[76]. 37

Auch wenn die Gesellschaft über eigene Aktien verfügt, die noch nicht voll eingezahlt sind, kann eine **Kapitalerhöhung** gem. § 182 Abs. 4 **ausgeschlossen** sein. Zwar besteht in diesem Fall der Einlageanspruch nicht (§ 71b). Hat die Gesellschaft die Aktien verbotenerweise erworben, steht ihr jedoch ein Restitutionsanspruch zu (§ 62 Abs. 1), so dass § 182 Abs. 4 analog anwendbar ist[77]. Aber auch im Falle eines erlaubten Erwerbs der Aktien kann die Gesellschaft „die Einlage erlangen", indem sie die Aktien veräußert; § 182 Abs. 4 ist daher auch dann analog heranzuziehen[78]. 38

70 Allg. M.; vgl. *Hüffer*, § 182 Rz. 21.
71 *Peifer* in MünchKomm. AktG, § 182 Rz. 59.
72 *Hüffer*, § 182 Rz. 26.
73 *Lutter* in KölnKomm. AktG, § 182 Rz. 37; *Hüffer*, § 182 Rz. 27.
74 *Hüffer*, § 182 Rz. 27.
75 In diesem Sinne *Hüffer*, § 182 Rz. 27; *Peifer* in MünchKomm. AktG, § 182 Rz. 60; *Lutter* in KölnKomm. AktG, § 182 Rz. 37; *Wiedemann* in Großkomm. AktG, § 182 Rz. 82.
76 I.E. ebenso *Krieger* in MünchHdb. AG, § 56 Rz. 4.
77 *Hüffer*, § 182 Rz. 27; *Lutter* in KölnKomm. AktG, § 182 Rz. 34; *Peifer* in MünchKomm. AktG, § 182 Rz. 62.
78 *Hüffer*, § 182 Rz. 27; *Lutter* in KölnKomm. AktG, § 182 Rz. 35; *Peifer* in MünchKomm. AktG, § 182 Rz. 63.

2. Ausnahmen

39   Eine Kapitalerhöhung ist trotz ausstehender Einlagen zulässig, wenn es sich um eine **Versicherungsgesellschaft** handelt, deren Satzung dies zulässt. Dieses Privileg ist darauf zurückzuführen, dass das Grundkapital bei Versicherungsgesellschaften als Risikoreserve fungiert und nicht als Betriebskapital. Es gilt nur für solche Gesellschaften, welche ein Versicherungsunternehmen im Sinne von § 1 Abs. 1 VAG betreiben. Die Zulässigkeit der Kapitalerhöhung muss in der Satzung enthalten sein. Es genügt aber, wenn die Satzung zugleich mit der betreffenden Kapitalerhöhung geändert wird[79].

40   Eine Kapitalerhöhung kann ferner dann erfolgen, wenn **Einlagen** in **verhältnismäßig unerheblichem Umfang ausstehen** (§ 182 Abs. 4 Satz 3). Auch diese Vorschrift ist für Bar- und Sacheinlagen gleichermaßen anwendbar. Maßstab für die Beurteilung der Unerheblichkeit ist die Summe der auf das Grundkapital bereits geleisteten Einlagen[80]. Ob Einlagen in verhältnismäßig unerheblichem Umfang ausstehen, ist im Einzelfall zu beurteilen. Eine Orientierung ermöglichen die im Schrifttum diskutierten Grenzwerte. Hat die Gesellschaft ein Grundkapital von bis zu 250.000 Euro, soll die Grenze der Unerheblichkeit überschritten sein, wenn Einlagen in Höhe von 5 % des eingezahlten Grundkapitals ausstehen. Hat die Gesellschaft ein höheres Grundkapital, soll ein Richtwert von etwa 1 % des eingezahlten Grundkapitals maßgeblich sein[81].

41   Schließlich ist im Falle der Verschmelzung durch Aufnahme eine Kapitalerhöhung trotz ausstehender Einlagen ausnahmsweise zulässig (§ 69 Abs. 1 Satz 1 UmwG).

3. Rechtsfolgen bei einem Verstoß

42   Verstöße gegen § 182 Abs. 4 sollen nach h.M. weder zur Nichtigkeit noch zur Anfechtbarkeit des Kapitalerhöhungsbeschlusses führen[82]. Sie stützt diese Position auf die Konzeption der Vorschrift als eine Soll-Bestimmung; es handele sich um eine bloße Ordnungsvorschrift und nicht um eine Verbotsvorschrift. Dies überzeugt. Allerdings ist es dem Registergericht verwehrt, den Beschluss über die Kapitalerhöhung in das Handelsregister einzutragen, wenn Einlagen noch ausstehen. Der Gesellschaft bleibt es freilich unbenommen, während des registergerichtlichen Verfahrens die Einlagen zu erlangen und auf diese Weise dann doch die Eintragung zu erreichen.

V. Kapitalerhöhung in einer aufgelösten oder insolventen AG

1. Auflösung

43   Eine Kapitalerhöhung kann auch in einer aufgelösten Gesellschaft ausnahmsweise Sinn machen. In Betracht kommt beispielsweise, dass die frischen Mittel zur Gläubigerbefriedigung benötigt und verwendet werden sollen. Da schutzwürdige Belange nicht berührt sind, ist ein Beschluss über die Erhöhung des Kapitals daher auch während der Liquidation zulässig[83]. In der Regel erfolgt eine Kapitalerhöhung aber, damit die Geschäfte weiter betrieben werden können. Deshalb ist grundsätzlich anzunehmen, dass der Beschluss über die Auflösung der Gesellschaft (§ 262 Abs. 1 Satz 2) ei-

---

79   *Lutter* in KölnKomm. AktG, § 182 Rz. 39.
80   *Lutter* in KölnKomm. AktG, § 182 Rz. 38; *Hüffer*, § 182 Rz. 28. A.A. *Krieger* in MünchHdb. AG, § 56 Rz. 5.
81   Vgl. *Hüffer*, § 182 Rz. 28; *Peifer* in MünchKomm. AktG, § 182 Rz. 66; *Krieger* in MünchHdb. AG, § 56 Rz. 5; *Wiedemann* in Großkomm. AktG, § 182 Rz. 88.
82   *Lutter* in KölnKomm. AktG, § 182 Rz. 40; *Krieger* in MünchHdb. AG, § 56 Rz. 6. A.A. *Hüffer*, § 182 Rz. 29.
83   Vgl. BGH v. 23.5.1957 – II ZR 250/55, BGHZ 24, 279, 286; *Peifer* in MünchKomm. AktG, § 182 Rz. 72.

nen zuvor gefassten Beschluss über die Erhöhung des Grundkapitals aufhebt[84]. Eine andere Beurteilung setzt voraus, dass ein entsprechender Wille der Aktionäre deutlich erkennbar ist[85] oder dass die Hauptversammlung die Kapitalerhöhung bestätigt[86].

2. Insolvenz

Die Erhöhung des Grundkapitals während der Insolvenz wirft zahlreiche schwierige 44
Rechtsprobleme auf. Um sie in den Griff zu bekommen, ist als Ausgangspunkt aller weiteren Überlegungen zunächst herauszustellen, dass das Insolvenzverfahren zwar dazu dient, die Gläubiger eines Schuldners gemeinschaftlich zu befriedigen, indem das Vermögen des Schuldners verwertet und der Erlös verteilt wird. Ein weiteres gleichrangiges Ziel[87] ist aber der Erhalt des Unternehmens (§ 1 Satz 1 InsO). Dazu ist es in der Regel erforderlich, frisches Kapital zu generieren[88]. Auch in der **Insolvenz** kann das **Kapital** der Gesellschaft daher **erhöht** werden[89]. Eine Pflicht, sanierenden Kapitalmaßnahmen zuzustimmen, trifft die Aktionäre aber grundsätzlich nicht (s. oben Rz. 11).

Im nächsten Schritt ist ein Blick auf die in § 35 InsO getroffene Regelung zu werfen: 45
Das gesamte Vermögen der Gesellschaft zum Zeitpunkt der Verfahrenseröffnung sowie dasjenige, welches sie im Laufe des Verfahrens hinzuerwirbt, ist Insolvenzmasse. Hieraus folgt, dass die geleisteten **Einlagen** notwendig in die **Masse** fallen[90]. Allerdings ist der Insolvenzverwalter nicht befugt, die Durchführung der Kapitalerhöhung zur Eintragung in das Handelsregister anzumelden; zuständig sind weiterhin der Vorstand und der Vorsitzende des Aufsichtsrats (§ 188 Abs. 1)[91].

Auf dieser Grundlage ist zu beurteilen, welche Folgen die **Eröffnung des Insolvenz-** 46
verfahrens für einen zuvor getroffenen Kapitalerhöhungsbeschluss hat. Denkbar ist zum einen, dass der Beschluss weiterhin Bestand hat[92]. Zum anderen kommt in Betracht, dass der Beschluss mit der Verfahrenseröffnung erlischt[93]. Die Vertreter der

---

84 *Hüffer*, § 182 Rz. 31.
85 *Hüffer*, § 182 Rz. 16; *Peifer* in MünchKomm. AktG, § 182 Rz. 73.
86 *Lutter* in FS Schilling, S. 207, 211.
87 Vgl. *Ganter* in MünchKomm. InsO, § 1 Rz. 85.
88 Plakativ *Ganter* in MünchKomm. InsO, § 1 Rz. 96: „Ein Unternehmen, das saniert werden soll, braucht Kapital."
89 Inzwischen allg. M.; vgl. *Hüffer*, § 182 Rz. 32; *Peifer* in MünchKomm. AktG, § 182 Rz. 76. Die Frage war früher umstritten; ablehnend etwa OLG Hamm v. 19.3.1979 – 8 U 151/78, AG 1981, 53 sowie (jew. zur GmbH) RG v. 20.10.1911 – II 68/11, RGZ 77, 152, 154 f.; RG v. 26.6.1914 – II 109/14, RGZ 85, 205, 207.
90 *Noack* in Kübler/Prütting, InsO, Sonderband 1, 1999, Rz. 278; *H.-F. Müller*, ZGR 2004, 842, 845 f.; *Hirte*, in Uhlenbruck, InsO, § 35 Rz. 116, 119; *Kuntz*, DStR 2006, 519; *K. Schmidt*, AG 2006, 597, 604; in diesem Sinne wohl auch *Haas* in Gottwald, Insolvenzrechts-Handbuch, § 92 Rz. 169. A.A. *Uhlenbruck* in Kölner Schrift z. InsO, 2. Aufl. 2000, S. 1157, 1174; *Robrecht*, GmbHR 2002, 692; *Schlitt*, NZG 1998, 755 f. Vgl. zu der kontrovers diskutierten Frage, ob durch die Verbindung der Kapitalerhöhung mit einem bedingten Insolvenzplan eine nur zur Sanierung zur Verfügung stehende Sondermasse geschaffen werden kann, *Hüffer*, § 182 Rz. 32b; *K. Schmidt*, AG 2006, 597, 604.
91 So zu Recht die h.M.; vgl. BayObLG v. 17.3.2004 – 3 Z BR 046/04, NZG 2004, 582 = ZIP 2004, 1426; KG v. 19.7.1999 – 23 U 3401/97, NZG 2000, 103, 104; *Hüffer*, § 182 Rz. 32; *Peifer* in MünchKomm. AktG, § 182 Rz. 78; eingehend *Kuntz*, DStR 2006, 519, 520 ff. A.A. *H.-F. Müller*, ZGR 2004, 842, 848.
92 So bereits zur Rechtslage nach der KO für die GmbH BGH v. 7.11.1994 – II ZR 248/93, NJW 1995, 460; zur Rechtslage nach der InsO wohl h.L.; vgl. *Götze*, ZIP 2002, 2204, 2206; *Hirte* in Uhlenbruck, InsO, § 11 Rz. 194; *Hüffer*, § 182 Rz. 32.
93 *Zöllner* in Baumbach/Hueck, GmbHG, § 55 Rz. 5; sympathisierend *Ziemons/Herchen* in Nirk/Ziemons/Binnewies, Hdb. AG, Rz. 5.971; wohl auch *Peifer* in MünchKomm. AktG, § 182 Rz. 77. Ähnlich auch *Lutter* in KölnKomm. AktG, § 182 Rz. 50 und *Wiedemann* in

letztgenannten Ansicht reklamieren entweder, eine Kapitalerhöhung würde in der Regel unter der auflösenden Bedingung beschlossen werden, dass über das Vermögen der Gesellschaft nicht das Insolvenzverfahren eröffnet werde, oder sie führen an, das Erlöschen des Beschlusses entspreche dem (im Wege der Auslegung ermittelten) Willen der Aktionäre. Diese Sichtweise ist von dem Anliegen geprägt, die Belange der (Minderheits-) Aktionäre zu schützen[94]. Ihnen würden keine ausreichenden Möglichkeiten zur Verfügung stehen, das Entstehen ihrer Einlageschuld zu verhindern. Dies hat der BGH in einem Urteil vom 7.11.1994[95] allerdings anders gesehen. Erstens könnten die Gesellschafter den Geschäftsführer anweisen, die Anmeldung zurückzunehmen. Zweitens sei es ihnen weiterhin möglich, den Beschluss über die Kapitalerhöhung aufzuheben. Drittens sei ein einzelner Gesellschafter regelmäßig berechtigt, den Übernahmevertrag aus wichtigem Grund zu kündigen.

47   Diese zur Rechtslage nach der früheren KO für eine insolvente GmbH getroffenen Erwägungen treffen auch zur Rechtslage nach der InsO trotz der Unterschiede in der Organisationsverfassung auch für eine AG zu. Insbesondere ist die Hauptversammlung während des Insolvenzverfahrens in der Lage, noch vor der Eintragung der Durchführung der Kapitalerhöhung über das Schicksal des Kapitalerhöhungsbeschlusses zu entscheiden, indem sie ihn aufhebt[96]. Die **Aktionäre** können sich ferner unter den in § 313 BGB normierten Voraussetzungen von ihren **Zeichnungsverträgen lösen**[97]. Sie können sich daher, wenn sie von den für die Eröffnung des Insolvenzverfahrens relevanten Umstände keine Kenntnis hatten, von ihrer Einlageschuld befreien. Mangels entgegenstehender schutzwürdiger Interessen hat ein vor der Eröffnung des Insolvenzverfahrens getroffener Kapitalerhöhungsbeschluss Bestand. Eine andere Beurteilung ist nur möglich, wenn ein entsprechender Wille der Aktionäre[98] erkennbar ist, was möglichst klar im Beschluss niedergelegt werden sollte (s. hierzu auch Rz. 25).

VI. Kosten und Steuern

1. Kosten

48   Die Erhöhung des Grundkapitals verursacht **Notarkosten** für die Beurkundung und Anmeldung der Kapitalerhöhung und Kosten für die Eintragung der Kapitalerhöhung in das Handelsregister. Ferner entstehen allgemeine Verwaltungskosten (beispielsweise für den Druck neuer Aktienurkunden) und Kosten für die Bekanntmachung der Kapitalerhöhung. Schuldner der Kosten ist die Aktiengesellschaft selbst (§ 2 Abs. 1 KostO). Die anfallenden Kosten sind zudem gem. § 8 Abs. 1 KStG i.V.m. § 4 Abs. 4 EStG 1997 Betriebsausgaben[99] und können als solche gewinnmindernd geltend gemacht werden[100].

Großkomm. AktG, § 182 Rz. 95, die beide einen bestätigenden Beschluss der Hauptversammlung verlangen.

94 Deutlich in diesem Sinne *Zöllner* in Baumbach/Hueck, GmbHG, § 55 Rz. 5.
95 BGH v. 7.11.1994 – II ZR 248/93, NJW 1995, 460.
96 *Hüffer*, § 182 Rz. 32; *Kuntz*, DStR 2006, 519, 522; *K. Schmidt*, AG 2006, 597, 605. A.A. unter Überhöhung der Gläubigerinteressen *H.-F. Müller*, ZGR 2004, 842, 851 ff.
97 *Hirte* in Uhlenbruck, InsO, § 11 Rz. 194 (Kündigungsrecht aus wichtigem Grund); *Kuntz*, DStR 2006, 519, 522 ff. A.A. *H.-F. Müller*, ZGR 2004, 842, 853 ff.
98 Vgl. *Hüffer*, § 182 Rz. 32 und ihm folgend *K. Schmidt*, AG 2006, 597, 605 (Anweisung des Vorstands im Kapitalerhöhungsbeschluss, den Eintragungsantrag zurückzunehmen, falls vor der Eintragung das Insolvenzverfahren eröffnet wird).
99 *Krebs*, BB 1984, 1153, 1154; *Hüffer*, § 182 Rz. 33; *Peifer* in MünchKomm. AktG, § 182 Rz. 93.
100 *Peifer* in MünchKomm. AktG, § 182 Rz. 83, 93; *Wiedemann* in Großkomm. AktG, § 182 Rz. 107; *Krebs*, BB 1984, 1153, 1154; *Sarrazin*, GmbHR 1983, 305, 307.

Die Kosten für die Eintragung der Kapitalerhöhung in das Handelsregister richten 49
sich seit dem **Handelsregistergebühren-Neuordnungsgesetz** (HRegNeuOG)[101] vom
3.7.2004 nach § 79 KostO. Die Eintragung wird nach dieser Vorschrift nur nach Ent-
richtung einer Gebühr nach Maßgabe der nach § 79a KostO erlassenen und am
1.12.2004 in Kraft getretenen Handelsregistergebührenverordnung (HRegGebV)[102]
vorgenommen. Diese sieht für die Eintragung von Kapitalerhöhungen aufwandsbezo-
gene Festgebührensätze vor. So bestimmt beispielsweise der Gebührentatbestand
2400 für die Eintragung des Beschlusses der Hauptversammlung über eine Kapitalerhöhung bei Aktiengesellschaften wie auch für die Eintragung der Durchführung einer
Kapitalerhöhung eine feste Gebühr von 170,00 €. Macht die Gesellschaft von der
Möglichkeit des § 188 Abs. 4 Gebrauch, die Anmeldung des Hauptversammlungsbeschlusses über die Kapitalerhöhung mit der Anmeldung der Durchführung der Kapitalerhöhung zu verbinden, so liegt kostenrechtlich nur ein einziger Eintragungsvor-
gang vor (§ 44 Abs. 1 KostO)[103]. Hieraus ergibt sich zudem, dass auch die nach
§ 23 Abs. 3 Nr. 3 und 4 erforderliche Änderung der Satzung, die zusammen mit der
Durchführung der Satzungsänderung angemeldet wird, keine eigene kostenrechtliche
Bedeutung besitzt.

Die **Änderungen** durch das HRegNeuOG wurden notwendig, da die alte Regelung des 50
§ 26 Abs. 1 KostO a.F. (ersetzt durch den zum Teil inhaltgleichen § 41a KostO) gegen
europäisches Gemeinschaftsrecht verstieß. Nach § 26 Abs. 1 KostO a.F. wurden die
Gebühren für eine Eintragung nicht nach dem tatsächlichen Aufwand, sondern dem
Wert der Eintragung bemessen. In seiner „Fantask" Entscheidung aus dem Jahre 1997
stellte der EuGH fest, dass eine solche Gesellschaftssteuer den grenzüberschreitenden freien Kapitalverkehr beeinträchtigt sowie gegen die Regelungen der Richtlinie
69/335/EWG[104] verstößt[105]. Eine Pauschalierung der Eintragungskosten, wie durch
das HRegNeuOG eingeführt, hat der EuGH ausdrücklich zugelassen, sofern eine regelmäßige Überprüfung des Tatbestandes vorgenommen wird[106].

Die **Notarkosten**, d.h. die dem Notar zu entrichtenden Gebühren für die Beurkun- 51
dung des Kapitalerhöhungsbeschlusses sowie für die Vorbereitung der Anmeldung
dieses Beschlusses zur Eintragung in das Handelsregister richten sich allein nach der
Kostenordnung (§ 140 KostO). Es finden die Vorschriften des ersten Teils der KostO
Anwendung (§ 141 KostO). Die Gebühren des Notars richten sich somit nach dem
Geschäftswert (§§ 32 ff. KostO). Für diesen ist gem. § 41a KostO bei der Kapitalerhöhung im Unterschied zu den Registergebühren der einzutragende Geldbetrag entscheidend. Die Notargebühren fließen nicht unmittelbar dem Fiskus zu, sodass sie
nicht als Gesellschaftssteuern im Sinne der Richtlinie 69/335/EWG und der „Fantask" Entscheidung zu klassifizieren und damit gemeinschaftsrechtlich zulässig
sind[107].

Die **Eintragung** der Kapitalerhöhung ist nach § 10 Abs. 1 Satz 1 HGB durch den **Bun-** 52
desanzeiger und in dem vom Registergericht zu bestimmenden örtlichen Veröffent-
lichungsblatt (§ 11 Abs. 1 HGB) **bekannt zu machen.** Durch diese Veröffentlichungen
entstehen der Gesellschaft ebenso weitere Kosten wie durch höheren allgemeinen
Verwaltungsaufwand, so u.U. die Kosten für den Druck der neuen Aktienurkunden.

---

101 BGBl. I 2004, 1410.
102 BGBl. I 2004, 2562.
103 *Peifer* in MünchKomm. AktG, § 182 Rz. 87; *Kollhosser/Hamann*, BB 1986, 2222, 2223.
104 Richtlinie 69/335/EWG v. 17.7.1969 betr. die indirekten Steuern auf die Ansammlung von
    Kapital, ABl. EG Nr. L 248 v. 3.10.1969, S. 25.
105 EuGH v. 2.12.1997 – Rs. C-188/95, EuGHE 1997, I-6783 = ZIP 1998, 206.
106 EuGH v. 2.12.1997 – Rs. C-188/95, EuGHE 1997, I-6783 = ZIP 1998, 206, 209, Tz. 28.
107 *Schuck*, DStR 1998, 820, Fn. 5; *Peifer* in MünchKomm. AktG, § 182 Rz. 91.

Bei Fremdemissionen kommen zudem die Kosten hinzu, dies sich aus der an die Emissionsbank bzw. das Emissionskonsortium zu bezahlenden Vergütung ergeben (s. Rz. 8).

2. Steuern

53   Einlagen auf neue Aktien anlässlich einer Kapitalerhöhung unterliegen nicht der Körperschaftsteuer (§ 4 Abs. 1 Satz 1 EStG 1997 i.V.m. § 8 Abs. 1 KStG). Grund hierfür ist, dass die Einlagen anlässlich der Ausgabe neuer Aktien nicht durch die Gesellschaft erwirtschaftet werden. Die Kapitalerhöhung ist ein rein gesellschaftsrechtlicher Vorgang. Damit sind weder der geringste Ausgabebetrag noch der Mehrbetrag (Aufgeld, Agio) steuerpflichtiger Ertrag[108]. Auch weitere direkte Gesellschaftssteuern fallen seit der Abschaffung der Börsenumsatzsteuer (mit Wirkung zum 1.1.1991) sowie der Gesellschaftssteuer (mit Wirkung zum 1.1.1992) durch Art. 4 des Ersten Finanzmarktförderungsgesetzes vom 22.2.1990[109] nicht mehr an.

§ 183
Kapitalerhöhung mit Sacheinlagen

(1) Wird eine Sacheinlage (§ 27 Abs. 1 und 2) gemacht, so müssen ihr Gegenstand, die Person, von der die Gesellschaft den Gegenstand erwirbt, und der Nennbetrag, bei Stückaktien die Zahl der bei der Sacheinlage zu gewährenden Aktien im Beschluss über die Erhöhung des Grundkapitals festgesetzt werden. Der Beschluss darf nur gefasst werden, wenn die Einbringung von Sacheinlagen und die Festsetzungen nach Satz 1 ausdrücklich und ordnungsgemäß (§ 124 Abs. 1) bekannt gemacht worden sind.

(2) Ohne diese Festsetzung sind Verträge über Sacheinlagen und die Rechtshandlungen zu ihrer Ausführung der Gesellschaft gegenüber unwirksam. Ist die Durchführung der Erhöhung des Grundkapitals eingetragen, so wird die Gültigkeit der Kapitalerhöhung durch diese Unwirksamkeit nicht berührt. Der Aktionär ist verpflichtet, den Ausgabebetrag der Aktien einzuzahlen. Die Unwirksamkeit kann durch Satzungsänderung nicht geheilt werden, nachdem die Durchführung der Erhöhung des Grundkapitals in das Handelsregister eingetragen worden ist.

(3) Bei der Kapitalerhöhung mit Sacheinlagen hat eine Prüfung durch einen oder mehrere Prüfer stattzufinden. § 33 Abs. 3 bis 5, § 34 Abs. 2 und 3, § 35 gelten sinngemäß. Das Gericht kann die Eintragung ablehnen, wenn der Wert der Sacheinlage nicht unwesentlich hinter dem geringsten Ausgabebetrag der dafür zu gewährenden Aktien zurückbleibt.

I. Allgemeines	1	3. Verhältnis zur Nachgründung	6
1. Norminhalt und Normzweck	1	4. Differenzhaftung des Sacheinlegers	8
2. Begriff der Sacheinlage und Verhältnis		**II. Kapitalerhöhungsbeschluss (§ 183**	
zur Bareinlage	4	**Abs. 1)**	10

---

108 *Wiedemann* in Großkomm. AktG, § 182 Rz. 116; *Wiedemann*, WM 1979, 990, 991; *Tipke/Lang*, Steuerrecht, § 11 Rz. 48; *Hüffer*, § 182 Rz. 35; *Peifer* in MünchKomm. AktG, § 182 Rz. 83; zu Veräußerungsgewinnen bei der Einschaltung einer Emissionsbank vgl. *Meilicke/Meilicke*, DB 1985, 457.

109 BGBl. I 1990, 266.

1. Allgemeines	10	2. Verträge über Sacheinlagen und Rechtshandlungen	22
2. Inhalt	11	3. Gültigkeit der Kapitalerhöhung	24
a) Festsetzungen	12	4. Pflicht zur Bareinlage	25
b) Rechtsfolgen bei fehlerhafter Festsetzung	16	5. Heilung der relativ unwirksamen Verträge und Rechtshandlungen	26
3. Bekanntmachung	17	
III. Vereinbarungen zwischen dem Sacheinleger und der Gesellschaft	18	V. Sacheinlagenprüfung (§ 183 Abs. 3)	27
1. Überblick	18	1. Externe sachverständige Prüfung	27
2. Schuldrechtliche Sacheinlagevereinbarung	19	a) Prüfungsgegenstand	27
		b) Verfahren	29
IV. Rechtsfolgen (§ 183 Abs. 2)	21	2. Registergerichtliche Prüfung	30
1. Überblick	21	VI. Kosten und Steuern	32

Literatur: *Bayer*, Transparenz und Wertprüfung beim Erwerb von Sacheinlagen durch genehmigtes Kapital, in FS Ulmer, 2003, S. 21; *Bergmann*, Die verschleierte Sacheinlage bei AG und GmbH, AG 1987, 57; *Bork*, Die Einlagefähigkeit obligatorischer Nutzungsrechte, ZHR 154 (1990), 205; *Bork/Stangier*, Nachgründende Kapitalerhöhung mit Sacheinlagen?, AG 1984, 320; *Döllerer*, Das Kapitalnutzungsrecht als Gegenstand der Sacheinlage bei Kapitalgesellschaften, in FS Fleck, 1988, S. 35; *Einsele*, Verdeckte Sacheinlage, Grundsatz der Kapitalaufbringung und Kapitalerhaltung, NJW 1996, 2681; *Frey*, Einlagen in Kapitalgesellschaften, 1989; *Geßler*, Die Umwandlung von Krediten in haftendes Kapital, in FS Möhring, 1975, S. 173; *Henze*, Zur Problematik der „verdeckten (verschleierten) Sacheinlage" im Aktien- und GmbH-Recht, ZHR 154 (1990), 105; *Henze*, Die treuhänderische und haftungsrechtliche Stellung des Sacheinlegers bei Kapitalerhöhungen unter besonderer Berücksichtigung der Banken, 1970; *J. Hoffmann*, Die unzulässige Einlage von Dienstleistungen im GmbH- und Aktienrecht, NZG 2001, 433; *Knobbe-Keuk*, Obligatorische Nutzungsrechte als Sacheinlagen in Kapitalgesellschaften?, ZGR 1980, 214; *Lutter*, Verdeckte Leistungen und Kapitalschutz, in FS Stiefel, 1987, S. 505; *Lutter/Gehling*, Verdeckte Sacheinlagen, WM 1989, 1445; *Lutter/Hommelhoff/Timm*, Finanzierungsmaßnahmen zur Krisenabwehr in der Aktiengesellschaft, BB 1980, 737; *Lutter/Zöllner*, Zur Anwendung der Regeln über die Sachkapitalerhöhung auf das Ausschüttungs-Rückhol-Verfahren, ZGR 1996, 164; *Maier-Reimer*, Wert der Sacheinlage und Ausgabebetrag, in FS Bezzenberger, 2000, S. 253; *Meilicke*, Die „verschleierte" Sacheinlage, 1989; *Mülbert*, Anwendung der Nachgründungsvorschriften auf die Sachkapitalerhöhung?, AG 2003, 29; *Mülbert*, Das „Magische Dreieck der Barkapitalaufbringung", ZHR 154 (1990), 145; *Priester*, Kapitalaufbringungspflicht und Gestaltungsspielräume beim Agio, in FS Lutter, 2000, S. 617; *K. Schmidt*, Obligatorische Nutzungsrechte als Sacheinlagen?, ZHR 154 (1990), 237; *K. Schmidt*, Barkapitalaufbringung und „freie Verfügung" bei der Aktiengesellschaft und der GmbH – Mittelaufbringung und Mittelverwendung bei Kapitalgesellschaften, AG 1986, 101; *K. Schmidt*, Die sanierende Kapitalerhöhung im Recht der Aktiengesellschaft, GmbH und Personengesellschaft, ZGR 1982, 519; *D. Schneider/Verhoeven*, Vorfinanzierung einer Barkapitalerhöhung?, ZIP 1982, 644; *Traugott/Groß*, Leistungsbeziehungen zwischen Aktionär und Aktiengesellschaft: Wie lässt sich das Risiko einer verdeckten Sacheinlage verringern?, BB 2003, 481; *Trölitzsch*, Differenzhaftung für Sacheinlagen in Kapitalgesellschaften, 1998; *Ulmer*, Verdeckte Sacheinlagen im Aktien- und GmbH-Recht, ZHR 154 (1990), 128; *Wilhelm*, Umgehungsverbote im Recht der Kapitalaufbringung, ZHR 167 (2003), 520; *Wilhelm*, Kapitalaufbringung und Handlungsfreiheit der Gesellschaft nach Aktien- und GmbH-Recht, ZHR 152 (1988), 333.

I. Allgemeines

1. Norminhalt und Normzweck

Die Vorschrift legt in § 183 **Abs. 1** ergänzend zu § 182 Abs. 3 die inhaltlichen Anforderungen an einen Beschluss über eine Kapitalerhöhung mit Sacheinlagen fest. In **Abs. 2** sind die Rechtsfolgen bestimmt, wenn der Beschluss bezüglich der notwendigen Festsetzungen fehlerhaft ist. Schließlich ist in Abs. 3 verfügt, dass eine sachver- 1 ständige Prüfung stattzufinden hat. Die skizzierten Regelungen sollen gewährleisten, dass das Kapital effektiv aufgebracht wird[1]. Sie dienen dem Gläubigerschutz sowie dem Schutz der gegenwärtigen und künftigen Aktionäre[2].

2   Die gesetzlichen **Voraussetzungen** für eine Sachkapitalerhöhung sind **zwingend**. Dies gilt insbesondere für die in § 183 Abs. 1 vorgesehene Publizität der Sacheinlage. Nur wenn die Anforderungen an den notwendigen Inhalt des Kapitalerhöhungsbeschlusses und an die Sacheinlagevereinbarungen eingehalten werden, kann der Inferent seine Einlageschuld durch Erbringung einer Sacheinlage erfüllen. Andernfalls lebt seine ursprüngliche Bareinlagepflicht wieder auf[3]. Das Sacheinlagegeschäft ist als Geschäft an Erfüllungs statt (§ 364 BGB) zu begreifen. Ein anderes Verständnis des Verhältnisses zwischen Bar- und Sacheinlagepflicht wird der in § 183 Abs. 2 Satz 3 getroffenen Regelung nicht gerecht[4].

3   Die Vorschrift wurde 1965 weitgehend unverändert aus § 150 AktG von 1937 übernommen. Seitdem wurde sie nur in Details geändert[5]. Die von der Europäischen Kommission ins Auge gefasste, noch im Gesetzgebungsverfahren befindliche Revision der Kapitalrichtlinie wird aber die vom nationalen Gesetzgeber zu beantwortende Frage aufwerfen, ob die Sachkapitalerhöhung, insbesondere die strengen Anforderungen an eine sachverständige Prüfung (s. Rz. 27 f.), liberalisiert werden sollte.

2. Begriff der Sacheinlage und Verhältnis zur Bareinlage

4   Der Anwendungsbereich der Vorschrift erstreckt sich ausweislich des in § 183 Abs. 1 anzutreffenden Klammerzusatzes[6] auf Sacheinlagen i.S.v. § 27 Abs. 1 und 2. Der Begriff der Sacheinlage umfasst folglich alle Einlagen, die nicht durch Einzahlung des Ausgabebetrags der Aktien zu leisten sind (§ 27 Abs. 1 Satz 1 Alt. 1). Sollen Dividenden zur Begleichung der Einlageschuld eingebracht werden (sog. Ausschüttungs-Rückhol-Verfahren[7]), sind die Vorschriften über die Sachkapitalerhöhung anzuwenden[8]. Als Sacheinlage gilt es auch, wenn die Gesellschaft einen Vermögensgegenstand übernehmen soll, für den eine Vergütung gewährt wird, die auf die Einlage eines Aktionärs angerechnet werden soll (vgl. § 27 Abs. 1 Satz 2; sog. fingierte Sacheinlage, s. § 27 Rz. 25). Die Vorschrift findet aber **keine Anwendung** auf **Sachübernahmen**. Vereinbarungen, wonach die Gesellschaft vorhandene oder herzustellende Anlagen oder andere Vermögensgegenstände übernehmen soll (vgl. § 27 Abs. 1 Satz 1 Alt. 2), sind lediglich im Gründungsrecht gesetzlich erfasst und geregelt[9]. Erfolgen sie im Rahmen einer Kapitalerhöhung, so ist zu prüfen, ob der Vorgang als eine verdeckte Sacheinlage[10] zu qualifizieren ist.

---

1   Eingehend *Peifer* in MünchKomm. AktG, § 183 Rz. 2 ff.
2   BGH v. 22.6.1992 – II ZR 178/90, NJW 1992, 3167, 3169 = AG 1993, 28.
3   *Hüffer*, § 183 Rz. 3; *Peifer* in MünchKomm. AktG, § 183 Rz. 7.
4   A.A. *Henze*, Die treuhänderische und haftungsrechtliche Stellung des Sacheinlegers bei Kapitalerhöhungen unter besonderer Berücksichtigung der Banken, S. 117 ff. (aufgrund einer historischen Auslegung der Vorschrift).
5   Die Änderungen waren veranlasst durch Art. 1 Nr. 4, 8 und 9 StückAG vom 25.3.1998 (BGBl. I 1998, 590) und betrafen § 183 Abs. 1 Satz 1, Abs. 2 Satz 3 und Abs. 3 Satz 3.
6   Zu dieser im Jahr 1978 erfolgten gesetzlichen Klarstellung vgl. *Ganske*, DB 1978, 2461, 2465.
7   Zu diesem Verfahren eingehend *Lutter/Zöllner*, ZGR 1996, 164.
8   Vgl. BGH v. 18.2.1991 – II ZR 104/90, BGHZ 113, 335 = AG 1991, 230 sowie BGH v. 26.5.1997 – II ZR 69/96, BGHZ 135, 381, 384 ff., jew. zur GmbH; *Hüffer*, § 183 Rz. 3.
9   Vgl. *Hüffer*, § 183 Rz. 2 („gründungsspezifische Besonderheit").
10 Vgl. zur verdeckten Sacheinlage im Aktienrecht BGH v. 15.1.1990 – II ZR 164/88 – „IBH/Lemmerz", BGHZ 110, 47 = AG 1990, 298; *Bergmann*, AG 1987, 57; *Lutter* in FS Stiefel, S. 505; *Mülbert*, ZHR 154 (1990), 145; eingehend § 27 Rz. 28, 49 ff.

Sacheinlagen können nur Vermögensgegenstände sein, deren **wirtschaftlicher Wert** 5 **feststellbar** ist (§ 27 Abs. 2 Halbsatz 1)[11]. Dienstleistungen kommen aber nicht in Betracht (§ 27 Abs. 2 Halbsatz 2; dazu § 27 Rz. 16). Als Grund hierfür wird angeführt, dass eine Vollstreckung nicht in Betracht komme und der Wert der entsprechenden Verpflichtung zumindest zweifelhaft sei[12].

3. Verhältnis zur Nachgründung

Verträge eines Aktionärs mit der Gesellschaft in den ersten zwei Jahren seit der Ein- 6 tragung der Gesellschaft in das Handelsregister können den besonderen Vorschriften über die Nachgründung unterliegen (**§ 52**). Voraussetzung hierfür ist, dass die Gesellschaft Vermögensgegenstände für eine 10 % des Grundkapitals übersteigende Vergütung erwerben soll. Die Einbringung von Gegenständen durch eine Sachkapitalerhöhung soll nach h.M. ebenfalls den Tatbestand einer Nachgründung erfüllen können[13]. Zur Begründung führt sie an, dass andernfalls die strengen Voraussetzungen einer Nachgründung in Gestalt der zwingenden qualifizierten Kapitalmehrheit (§ 52 Abs. 5 Satz 1 und 3), der umfassenden Prüfungs- und Berichtspflicht des Aufsichtsrats (§ 52 Abs. 3) sowie der Pflicht zur Information der Aktionäre (§ 52 Abs. 2) leer laufen würde.

Diese h.M. vermag **nicht zu überzeugen**[14]. Sie blendet aus, dass sich § 52 nur aus 7 Gründen des Umgehungsschutzes (s. § 52 Rz. 2) auf bestimmte Erwerbsgeschäfte zwischen Aktionär und Gesellschaft erstreckt. Die von § 183 erfasste und normierte Einbringung von Gegenständen gegen Mitgliedschaften wirft dagegen solche Probleme nicht auf. Die Vorschriften über die Sachkapitalerhöhung tragen vielmehr der Gefahr einer Verwässerung angemessen Rechnung. Erforderlich ist ein Beschluss der Hauptversammlung, es findet eine externe sachverständige Prüfung statt, die nicht nur den Mindestausgabebetrag, sondern auch das festgesetzte korporationsrechtliche Agio betrifft (s. Rz. 8). Es besteht daher kein Bedürfnis, zusätzlich zum Schutz der Gläubiger oder der Aktionäre die strengen Nachgründungsregeln entsprechend anzuwenden.

4. Differenzhaftung des Sacheinlegers

Trotz des komplexen Verfahrens einer Sachkapitalerhöhung kann nicht ausgeschlos- 8 sen werden, dass die eingebrachten Gegenstände nicht dem Wert der gewährten Aktien entsprechen. Der Sacheinleger ist in einem solchen **Fall der Überbewertung** analog §§ 9, 56 Abs. 2 GmbHG verpflichtet, die Wertdifferenz auszugleichen[15]. Entscheidend hierfür ist der Zeitpunkt der Anmeldung des Kapitalerhöhungsbeschlusses zur Eintragung in das Handelsregister (§ 184)[16]. Spätere Wertminderungen wirken sich nicht zu Lasten des Inferenten aus[17]. Auf ein Verschulden des Einlegers kommt es nicht an. Seine Haftung erstreckt sich auch auf einen freiwillig oder zur Vermeidung einer Verwässerung (vgl. § 255 Abs. 2) festgesetzten gesellschaftsrechtlichen Mehrbetrag (Agio; zur Differenzierung zwischen gesellschaftsrechtlichem und schuldrecht-

---

11 Vgl. *Hoffmann*, NZG 2001, 433, 439 f.; eingehend § 27 Rz. 10.
12 Vgl. *Peifer* in MünchKomm. AktG, § 183 Rz. 8.
13 OLG Oldenburg v. 20.6.2002 – 5 W 95/02, AG 2002, 620; *Hüffer*, § 183 Rz. 5; *Lutter* in Köln-Komm. AktG, § 183 Rz. 6; *Wiedemann* in Großkomm. AktG, § 183 Rz. 29; *Peifer* in Münch-Komm. AktG, § 183 Rz. 44.
14 Ebenso *Bork/Stangier*, AG 1984, 320, 322 f.; *Kley*, RNotZ 2003, 17, 21 ff.; *Reichert*, ZGR 2001, 554, 576 ff.; *Mülbert*, AG 2003, 136, 140 ff.
15 I.E. allg. M.; vgl. *Lutter* in KölnKomm. AktG, § 183 Rz. 66.
16 *Lutter* in KölnKomm. AktG, § 183 Rz. 66.
17 Zur identischen Rechtslage in der GmbH vgl. *Winter/Veil* in Scholz, GmbHG, § 9 Rz. 9.

lichem Agio s. § 9 Rz. 14 ff.)[18]. Er hat für die gesamte Wertdifferenz[19], auch für einen negativen Wert (Beispiel: überschuldetes Unternehmen)[20], einzustehen.

9   Die Durchführung einer **Verschmelzung** kann es notwendig machen, das Kapital der Gesellschaft zu erhöhen. Das UmwG sieht hierfür erleichterte Voraussetzungen vor (§ 69 UmwG). Der Aspekt der Differenzhaftung ist nicht geregelt. Fraglich ist daher, ob die Gesellschafter der übertragenden Gesellschaft analog §§ 9, 56 Abs. 2 GmbHG für eine Wertdifferenz einzustehen haben[21]. Dagegen spricht zum einen, dass die Gläubiger der übernehmenden Gesellschaft durch den Anspruch auf Sicherheitsleistung (§ 22 UmwG) geschützt sind. Auch die Belange ihrer Aktionäre sind gewahrt, denn sie können bei einer zu niedrigen Bewertung des zu übertragenden Unternehmens den Verschmelzungsbeschluss anfechten (§§ 241 ff. AktG, 14 Abs. 2 UmwG). Auch wenn dieses Schutzsystem nicht vollends zu überzeugen vermag[22], besteht kein unabweisbares Bedürfnis, eine Differenzhaftung der Gesellschafter der übertragenden Gesellschaft rechtsfortbildend zu bejahen.

II. Kapitalerhöhungsbeschluss (§ 183 Abs. 1)

1. Allgemeines

10   Eine Sachkapitalerhöhung setzt einen Kapitalerhöhungsbeschluss voraus, der den allgemeinen **Anforderungen** des § 182 gerecht werden muss. Hieraus folgt, dass eine qualifizierte Mehrheit des vertretenen Kapitals und eine einfache Stimmenmehrheit erforderlich sind (s. § 182 Rz. 27 f.). Außerdem sind die speziellen Vorgaben des § 183 Abs. 1 Satz 1 und 2 zu beachten. In der Regel muss bei einer Kapitalerhöhung gegen Sacheinlagen das Bezugsrecht der Altaktionäre ausgeschlossen werden[23]. In diesem Fall sind außerdem die in § 186 Abs. 3 und 4 normierten Voraussetzungen einzuhalten (s. § 186 Rz. 13 ff.) und die von der Rechtsprechung entwickelten materiellen Erfordernisse (s. § 186 Rz. 24 ff.) zu beachten.

2. Inhalt

11   Der Inhalt des Sachkapitalerhöhungsbeschlusses wird von **§ 183 Abs. 1 Satz 1** festgelegt. Festzusetzen sind der Gegenstand der Sacheinlage, die Person, von der die Gesellschaft den Gegenstand erwirbt, und der Nennbetrag, bei Stückaktien die Zahl der bei der Sacheinlage zu gewährenden Aktien. All diese Angaben sind notwendig, um dem Vorgang die notwendigen Konturen zu geben. Ohne sie wäre auch eine Rechtmäßigkeitskontrolle durch das Registergericht nicht möglich. Sie bestimmen ferner den Inhalt des Zeichnungsscheins (§ 185 Abs. 1 Satz 3 Nr. 3) sowie die zukünftige Satzung der Gesellschaft. Die vom Gesetz geforderten Festsetzungen sind daher präzise zu formulieren.

---

18 I.E. h.M.; vgl. *Trölitzsch*, Differenzhaftung für Sacheinlagen in Kapitalgesellschaften, S. 217 ff.; teilweise wird eine gesetzliche Haftung abgelehnt und die Verantwortlichkeit des Sacheinlegers auf seine rechtsgeschäftliche Wertdeckungszusage gestützt; vgl. *Hüffer*, § 183 Rz. 21.
19 A.A. *Hüffer*, § 183 Rz. 21 (unwesentliche Wertdifferenzen seien unerheblich).
20 Vgl. *Winter/Veil* in Scholz, GmbHG, § 9 Rz. 14. A.A. *Lutter* in KölnKomm. AktG, § 183 Rz. 66 (Haftung für Differenz aus c.i.c.); *Trölitzsch*, Differenzhaftung für Sacheinlagen in Kapitalgesellschaften, S. 225 ff.
21 Str.; ablehnend *Grunewald* in Lutter, UmwG, § 69 Rz. 27; *Marsch-Barner* in Kallmeyer, UmwG, § 69 Rz. 18. A.A. *Ihrig*, GmbHR 1995, 622, 642; *Trölitzsch*, Differenzhaftung für Sacheinlagen in Kapitalgesellschaften, S. 318.
22 Vgl. *Veil* in FS Raiser, 2005, S. 453 ff.
23 Vgl. *Bayer* in FS Ulmer, S. 21 (bei mehr als ¾ der im Jahr 2000 untersuchten Kapitalerhöhungen wurde das Bezugsrecht ausgeschlossen).

a) Festsetzungen

Die Festsetzung des **Gegenstands** der **Sacheinlage** beurteilt sich nach den allgemei- 12
nen, für eine Sachgründung vorgesehenen Anforderungen (s. hierzu § 27 Rz. 6 ff.).
Der Gegenstand muss jedenfalls objektiv bestimmbar sein. Es ist – etwa bei einer
Einbringung eines Unternehmens – nicht erforderlich, alle einzelnen Sachen indivi-
duell aufzuführen. Die Art und der Umfang des Gegenstands sind aber anzugeben.
Ansonsten wird dem Publikum nur ein diffuses Bild über die Sacheinlage vermittelt.

Zweifelhaft ist, ob auch der **Mindestausgabebetrag** der **Aktien** (§ 9 Abs. 1) im Be- 13
schluss festzusetzen ist. Das Gesetz schweigt sich zu der Frage aus. Die h.M. verneint sie aus diesem Grund[24]. Allein mit diesem Argument lässt sich die These aber
nicht überzeugend begründen. Es ist vielmehr entsprechend § 182 Abs. 3 anzunehmen, dass auch bei einer Sachkapitalerhöhung der Beschluss den Mindestausgabe-
trag zu nennen hat[25]. Dieser Betrag ist vor allem dann von Interesse, wenn das Bezugsrecht der Aktionäre ausgeschlossen wird. Erst durch die Angabe des geringsten
Ausgabebetrags können die Aktionäre nachvollziehen, ob der Verwässerungsgefahr
(vgl. § 255 Abs. 2) durch die Festsetzung eines höheren Betrags begegnet wird.

Festzusetzen ist weiterhin die **Person** des **Sacheinlegers**: bei einer natürlichen Person 14
Vor- und Nachname sowie Anschrift, bei einer juristischen Person oder einer rechtsfähigen Gesellschaft Firma und Sitz.

Sofern **Nennbetragsaktien** (§ 8 Abs. 2) gewährt werden, ist im Beschluss der Nennbe- 15
trag der zu gewährenden Aktien festzusetzen. Werden **Stückaktien** (§ 8 Abs. 3) zur
Verfügung gestellt, ist die Zahl der zu gewährenden Aktien anzugeben.

b) Rechtsfolgen bei fehlerhafter Festsetzung

Das **Registergericht** prüft, ob der Hauptversammlungsbeschluss ordnungsgemäß zu- 16
stande gekommen ist (s. Rz. 10). Es muss die Eintragung ablehnen, wenn die Festsetzungen nach § 183 Abs. 2 fehlen, unvollständig oder sonst fehlerhaft sind. Ferner ist
der Hauptversammlungsbeschluss in diesen Fällen anfechtbar (§§ 255 Abs. 1, 243
Abs. 1). Ein Verstoß gegen die in Abs. 1 normierten Festsetzungen hat außerdem zur
Folge, dass Verträge über Sacheinlagen und die zu ihrer Ausführung getroffenen Rechtshandlungen der Gesellschaft gegenüber unwirksam sind (§ 183 Abs. 2 Satz 1; s. Rz. 21).

3. Bekanntmachung

§ 183 Abs. 1 Satz 2 legt fest, dass der Beschluss nur gefasst werden darf, wenn die Ein- 17
bringung von Sacheinlagen und die nach § 183 Abs. 1 Satz 1 getroffene Festsetzung
ausdrücklich und ordnungsgemäß mit der Tagesordnung der Hauptversammlung
(§ 124 Abs. 1) bekannt gemacht worden sind. Die Vorschrift bezweckt die **Information der Aktionäre** über den Vorgang. Wurde sie verletzt, so kann der Beschluss wegen Gesetzesverletzung angefochten werden (§§ 255, 243 Abs. 1).

III. Vereinbarungen zwischen dem Sacheinleger und der Gesellschaft

1. Überblick

Mit dem Beschluss über die Erhöhung des Kapitals wird lediglich ein entsprechender 18
Wille der Hauptversammlung bekundet (s. § 182 Rz. 9). Hinzu kommen eine Reihe

---

24 *Hüffer*, § 183 Rz. 9; *Peifer* in MünchKomm. AktG, § 183 Rz. 36; *Maier-Reimer* in FS Bezzenberger, S. 253, 260 ff.; *Hoffmann-Becking* in FS Lutter, S. 453, 465.
25 *Wiedemann* in Großkomm. AktG, § 183 Rz. 51.

von Verträgen, welche in den §§ 182 ff. nur ausschnittsweise erfasst und geregelt sind. Zu nennen sind zunächst die Verträge, die den Festsetzungen nach § 183 Abs. 1 zugrunde liegen und in §§ 183 Abs. 2, 188 Abs. 3 Nr. 2 lediglich erwähnt sind (**Sacheinlagevereinbarung**), ferner die **Zeichnungsverträge**, mit denen die korporationsrechtliche Einlagepflicht begründet wird und die in § 185 eine ausführliche Regelung erfahren haben, sowie schließlich die Verträge, die zur Ausführung geschlossen werden (**Erfüllungsgeschäfte**) und die ebenfalls in §§ 183 Abs. 2, 188 Abs. 3 Nr. 2 nur abstrakt schlagwortartig genannt sind.

2. Schuldrechtliche Sacheinlagevereinbarung

19   Die **Sacheinlagevereinbarung** geht dem Beschluss über die Kapitalerhöhung meist voraus. In diesem Fall ist sie in ihrer Wirksamkeit aufschiebend bedingt durch das Zustandekommen des Beschlusses[26]. Möglich ist es aber auch, dass die Sacheinlagevereinbarung später geschlossen wird[27]. Der Beschluss über eine Kapitalerhöhung kann daher auch dann getroffen werden, wenn noch nicht feststeht, wer die Sacheinlagen erbringen wird[28].

20   Eine Sacheinlagevereinbarung weist im Unterschied zu einem Zeichnungsvertrag (s. § 185 Rz. 1) einen schuldrechtlichen Charakter auf. Sie hat die **Verpflichtung** des **Sacheinlegers** zum Inhalt, Aktien zu zeichnen (also: sich an der Kapitalerhöhung zu beteiligen) und der Gesellschaft das Eigentum an einer zu bestimmenden Sache zu verschaffen oder ihr die zu bezeichnenden Rechte zu übertragen.

IV. Rechtsfolgen (§ 183 Abs. 2)

1. Überblick

21   Ein **Verstoß gegen die in § 183 Abs. 1** normierten Anforderungen hat zur Folge, dass Verträge über Sacheinlagen und die Rechtshandlungen zu ihrer Ausführung der Gesellschaft gegenüber – also relativ – unwirksam sind (§ 183 Abs. 2 Satz 1). Dennoch kann es dazu kommen, dass die Erhöhung des Grundkapitals durchgeführt wird und dieser Umstand in das Handelsregister eingetragen wird. Für diesen Fall bestimmt § 183 Abs. 2 Satz 2, dass die Gültigkeit der Kapitalerhöhung durch die Unwirksamkeit der Verträge und Rechtshandlungen nicht berührt wird. Das Gesetz behandelt den Vorgang allerdings von nun an nicht mehr als eine Sachkapitalerhöhung, sondern als eine Barkapitalerhöhung (s. bereits oben Rz. 16). So ist der Aktionär verpflichtet, den Ausgabebetrag der Aktien einzuzahlen (§ 183 Abs. 2 Satz 3). Hinzu kommt, dass eine Heilung des Vorgangs (als Sachkapitalerhöhung) ausgeschlossen ist. Denn § 183 Abs. 2 Satz 4 bestimmt unmissverständlich, dass die Unwirksamkeit durch Satzungsänderung nicht geheilt werden kann, nachdem die Durchführung der Erhöhung des Grundkapitals in das Handelsregister eingetragen ist.

2. Verträge über Sacheinlagen und Rechtshandlungen

22   Ohne die nach § 183 Abs. 1 Satz 1 erforderlichen Festsetzungen sind Verträge über Sacheinlagen und die Rechtshandlungen zu ihrer Ausführung der Gesellschaft gegen-

---

26 Vgl. LG Heidelberg v. 26.6.2001 – 11 O 175/00, DB 2001, 1607, 1609 = AG 2002, 298; *Hüffer*, § 183 Rz. 6.
27 Die Zulässigkeit einer nachfolgenden Sacheinlagevereinbarung wird im neueren Schrifttum nicht mehr bezweifelt; vgl. *Hüffer*, § 183 Rz. 6; *Wiedemann* in Großkomm. AktG, § 183 Rz. 71; *Peifer* in MünchKomm. AktG, § 183 Rz. 45.
28 Vgl. *Krieger* in MünchHdb. AG, § 56 Rz. 45.

über unwirksam (**§ 183 Abs. 2 Satz 1**). Gemeint sind sowohl die schuldrechtlichen als auch die dinglichen Geschäfte (s. Rz. 21). Der Inferent kann in diesem Fall die Gegenstände nach den allgemeinen Regeln des Kondiktionsrechts und den Ansprüchen aus dem Eigentum herausverlangen.

Das Gesetz statuiert eine **relative**, keine absolute **Unwirksamkeit** der Verträge und   23
Rechtshandlungen[29]. Ein Dritter kann daher wirksam Eigentum an den fehlerhaft eingebrachten Sachen erwerben sowie Inhaber der fehlerhaft eingebrachten Forderungen und Rechten werden. Auf die Möglichkeiten eines gutgläubigen Erwerbs kommt es hierzu nicht an.

3. Gültigkeit der Kapitalerhöhung

Aus Gründen der Rechtssicherheit legt **§ 183 Abs. 2 Satz 2** fest, dass die Gültigkeit   24
der Kapitalerhöhung durch die Unwirksamkeit der Verträge und Rechtshandlungen nicht berührt wird, wenn die Durchführung der Erhöhung des Grundkapitals eingetragen ist (vgl. § 189). Diese Heilung gilt nur für Verstöße gegen § 183 Abs. 1 Satz 1, sodass andere Fehler grundsätzlich weiterhin geltend gemacht werden können[30].

4. Pflicht zur Bareinlage

Die Heilung des Vorgangs kann nicht ohne ausreichende Sicherung der Gläubigerin-   25
teressen geschehen. Deshalb bestimmt **§ 183 Abs. 2 Satz 3**, dass der Aktionär verpflichtet ist, den Ausgabebetrag der Aktien einzuzahlen. Statt einer Sacheinlage ist folglich eine Bareinlage zu erbringen. Diese ursprünglich bestehende Pflicht lebt kraft Gesetzes auf[31], wenn entweder eine von § 183 Abs. 1 Satz 1 geforderte Festsetzung nicht gemacht wurde oder wenn eine dieser Festsetzungen unvollständig oder unrichtig ist[32].

5. Heilung der relativ unwirksamen Verträge und Rechtshandlungen

§ 183 Abs. 2 Satz 4 schließt es aus, dass nach Eintragung der Durchführung die ge-   26
scheiterte Sachkapitalerhöhung durch Satzungsänderung nachträglich geheilt wird. Die vom BGH für verdeckte Sacheinlagen in einer GmbH entwickelten Problemlösungen[33] stehen den Beteiligten daher nicht zur Verfügung[34]. Diese Strenge des Aktienrechts vermag rechtspolitisch nicht zu überzeugen (s. zur Diskussion § 27 Rz. 58). Abhilfe kann aber nur der Gesetzgeber schaffen. Solange dies nicht geschieht, sieht sich der Sacheinleger dem unerfreulichen Szenarium ausgesetzt, (auch in der Insolvenz) zur Bareinlage verpflichtet zu sein. Die als Sacheinlage fehlerhaft eingebrachten Gegenstände kann er zwar herausverlangen. Eine nunmehr wirksame „Einbringung" wird im Regelfall aber daran scheitern, dass der Vorgang als verdeckte Sacheinlage zu qualifizieren ist. Es bleibt somit nur der schmale Weg, das Erwerbsgeschäft nach Maßgabe von § 52 erneut vorzunehmen[35].

---

29 *Lutter* in KölnKomm. AktG, § 183 Rz. 56 f.
30 *Hüffer*, § 183 Rz. 13.
31 *Wiedemann* in Großkomm. AktG, § 183 Rz. 78; *Peifer* in MünchKomm. AktG, § 183 Rz. 55.
32 *Wiedemann* in Großkomm. AktG, § 183 Rz. 78.
33 Vgl. BGH v. 4.3.1996 – II ZB 8/95, BGHZ 132, 141; BGH v. 7.7.2003 – II ZR 235/01, BGHZ 155, 329; dazu *Raiser/Veil*, Kapitalgesellschaften, § 26 Rz. 82 f.
34 *Hüffer*, § 183 Rz. 15.
35 *Hüffer*, § 183 Rz. 15.

V. Sacheinlagenprüfung (§ 183 Abs. 3)

1. Externe sachverständige Prüfung

a) Prüfungsgegenstand

27   Das Gesetz legt in § 183 Abs. 3 fest, dass bei der Kapitalerhöhung mit Sacheinlagen zwingend eine **Prüfung** durch einen oder mehrere **sachverständige Prüfer** stattzufinden hat. Worauf sie sich erstreckt, ist in der Vorschrift nicht explizit gesagt. Auch die allgemeinen Vorschriften über eine Prüfung bei einer Sachgründung helfen nicht weiter, da § 183 nicht auf § 34 Abs. 1 Nr. 2 verweist. Aus dem Zweck der Prüfung, eine Unterpariemission (§ 9) zu verhindern, wird von einer verbreiteten Ansicht geschlossen, dass die Prüfer wie bei einer Sachgründung lediglich kontrollieren müssen, ob die Sacheinlage wertmäßig den geringsten Ausgabebetrag der zu gewährenden Aktien deckt[36]. Auch wird angeführt, dass das Registergericht gem. § 183 Abs. 3 Satz 3 eine Eintragung nur dann ablehnen kann, wenn der Wert der Sacheinlage nicht unwesentlich hinter den geringsten Ausgabebetrag der dafür zu gewährenden Aktien zurückbleibt. Ob sie wertmäßig auch einen höheren Ausgabebetrag deckt, sei von den Prüfern daher nicht zu evaluieren[37].

28   Diese allein auf Gläubigerbelange abstellende **Sichtweise ist abzulehnen**[38]. Sie wird vor allem nicht den europarechtlichen Vorgaben gerecht. Die Kapitalrichtlinie verlangt auch im Interesse des Schutzes der Altaktionäre eine sachverständige Prüfung nicht nur für den Mindestausgabebetrag, sondern gleichfalls für einen etwaigen Mehrbetrag (Agio) der auszugebenden Aktien (Art. 27 Abs. 2 i.V.m. Art. 10 Abs. 2 und 3 Kapital-RL)[39]. Das nationale Recht ist daher richtlinienkonform dahingehend auszulegen, dass die Prüfung sich auch auf das korporationsrechtliche Agio erstreckt[40]. Diese Sichtweise harmoniert auch mit der von der h.M. zu Recht vertretenen These, die Differenzhaftung des Sacheinlegers erstrecke sich auf das korporationsrechtliche Aufgeld (s. Rz. 8).

b) Verfahren

29   Das Verfahren einer Prüfung bestimmt sich nach den für eine Gründungsprüfung geltenden Vorschriften (§ 33 Abs. 3 bis 5, § 34 Abs. 2 und 3, § 35). So sind erstens die Regeln über die Person und Bestellung des Prüfers (§ 33 Abs. 3 bis 5) sinngemäß anzuwenden. Zweitens gelten die Regeln über die Erstattung des Berichts entsprechend. Es ist daher schriftlich zu berichten (§ 34 Abs. 2 Satz 1). Im Bericht ist der Gegenstand der Sacheinlage zu beschreiben sowie anzugeben, welche Bewertungsmethoden bei der Ermittlung des Wertes angewandt worden sind (§ 34 Abs. 2 Satz 2). Diesem Erfordernis kommt vor allem bei der Einbringung von Unternehmen und Beteiligungen Bedeutung zu. Die Prüfer können hierzu vom Sacheinleger Aufklärungen und Nachweise verlangen (§ 35 Abs. 1). Der Bericht ist schließlich dem Gericht und dem Vorstand einzureichen (§ 34 Abs. 3).

---

36 *Hüffer*, § 183 Rz. 16.
37 *Hüffer*, § 183 Rz. 16; *Peifer* in MünchKomm. AktG, § 183 Rz. 64.
38 I.E. ebenso mit unterschiedlichen Argumenten *Wiedemann* in Großkomm. AktG, § 183 Rz. 82; *Priester* in FS Lutter, S. 617, 623 f.; so auch OLG Jena v. 12.10.2006 – 6 W 452/06, ZIP 2006, 1989, 1997.
39 Vgl. *Bayer* in FS Ulmer, S. 21, 32 f.; *Drinkuth*, Die Kapitalrichtlinie – Mindest- oder Höchstnorm?, S. 153, 233 f.; *Lüssow*, Das Agio im GmbH- und Aktienrecht, S. 204 f.
40 *Bayer* in FS Ulmer, S. 21, 37 ff.

2. Registergerichtliche Prüfung

Außer der sachverständigen Prüfung findet noch eine **registergerichtliche Prüfung** 30 statt. Sie ist in § 183 Abs. 3 Satz 3 nur bruchstückhaft erfasst. Dort ist lediglich verfügt, dass das Gericht die Eintragung ablehnen kann, wenn der Wert der Sacheinlage nicht unwesentlich hinter dem geringsten Ausgabebetrag der dafür zu gewährenden Aktien zurückbleibt. Es prüft folglich, ob gegen das Verbot der Unterpariemission verstoßen wird. Auf einen etwaigen Mehrbetrag (Agio) erstreckt sich die gerichtliche Kontrolle nicht (etwas anderes gilt für die sachverständige Prüfung; s. Rz. 28). Eine am Gründungsrecht orientierte[41] bzw. richtlinienkonforme Auslegung (anders aber für die sachverständige Prüfung; s. Rz. 28) ist hier nicht geboten bzw. erforderlich. Maßgeblich ist der Zeitpunkt der eigenen Prüfung, nicht der Anmeldung[42].

Aus der Skizze folgt, dass das Gericht sich mit der Werthaltigkeit der Sacheinlagen 31 auseinander zu setzen hat. Es kann sein – nach dem Vorbild des § 38 Abs. 2 Satz 2 konzipiertes – Prüfungsrecht in der Regel nur auf der Grundlage des vom Prüfer erstatteten Berichts wahrnehmen. An die von den Prüfern getroffenen Feststellungen ist es nicht gebunden[43]. Schließlich hat das Gericht zu prüfen, ob die weiteren Voraussetzungen einer Sachkapitalerhöhung erfüllt sind (§ 12 FGG).

VI. Kosten und Steuern

Bei einer Kapitalerhöhung gegen Sacheinlage entstehen dieselben Kosten wie bei ei- 32 ner Kapitalerhöhung gegen Bareinlagen (s. § 182 Rz. 48 ff.). Hinzu kommen weitere Kosten, so z.B. für die Bestellung des Prüfers bei der Bewertung des eingebrachten Vermögens. Diese richten sich nach den **§§ 120 Nr. 1, 30 KostO**. Der Wert ist nach freiem Ermessen zu bestimmen. Daneben fallen auch die Kosten für die Prüfung selbst an. Bei der Einbringung von Grundstücken können zusätzlich Notar- und Eintragungskosten sowie Grunderwerbsteuer anfallen.

Wird ein Betrieb, ein Teilbetrieb oder ein Mitunternehmensanteil oder Anteile an ei- 33 ner anderen Kapitalgesellschaft eingebracht, aufgrund derer die übernehmende Gesellschaft die Mehrheit der Stimmrechte an dieser Gesellschaft hat, so sind die Begünstigungsvorschriften der **§§ 20 ff. UmwStG** anzuwenden[44].

§ 184
Anmeldung des Beschlusses

(1) Der Vorstand und der Vorsitzende des Aufsichtsrats haben den Beschluss über die Erhöhung des Grundkapitals zur Eintragung in das Handelsregister anzumelden. Der Bericht über die Prüfung von Sacheinlagen (§ 183 Abs. 3) ist der Anmeldung beizufügen.

(2) In der Anmeldung ist anzugeben, welche Einlagen auf das bisherige Grundkapital noch nicht geleistet sind und warum sie nicht erlangt werden können.

---

41 Tendenziell in diesem Sinne aber *Peifer* in MünchKomm. AktG, § 183 Rz. 65.
42 *Hüffer*, § 183 Rz. 18. A.A. *Wiedemann* in Großkomm. AktG, § 183 Rz. 65.
43 Allg. M.; vgl. *Hüffer*, § 183 Rz. 18.
44 Vgl. *Stratz* in Schmitt/Hörtnagl/Stratz, UmwG/UmwStG, 4. Aufl. 2006, § 20 UmwStG Rz. 194, 211 f.; *Hüffer*, § 183 Rz. 22.

I. Allgemeines . . . . 1 | III. Registergerichtliche Prüfung, Eintra-
II. Anmeldung . . . . 3 | gung und Bekanntmachung 9

Literatur: *Bärmann*, Freiwillige Gerichtsbarkeit und Notarrecht, 1968; *Baums*, Eintragung und Löschung von Gesellschafterbeschlüssen, 1981; *Krafka/Willer*, Registerrecht, 7. Aufl. 2007; *Lutter*, Die Eintragung anfechtbarer Hauptversammlungsbeschlüsse im Handelsregister, NJW 1969, 1873; *Lutter/Friedewald*, Kapitalerhöhung, Eintragung im Handelsregister und Amtslöschung, ZIP 1986, 691.

I. Allgemeines

1   Die Vorschrift legt fest, dass der Beschluss über die Erhöhung des Grundkapitals zur Eintragung in das **Handelsregister** anzumelden ist und bestimmt, wie dies zu geschehen hat. Sie wird ergänzt durch § 188, wonach die Durchführung der Erhöhung des Grundkapitals zur Eintragung in das Handelsregister anzumelden ist. Dieses zweistufige Verfahren ermöglicht es, frühzeitig die Ordnungsgemäßheit des Kapitalerhöhungsbeschlusses klären zu lassen[1]. Die Verwaltung kann auch die Anmeldung der Durchführung der Erhöhung des Grundkapitals mit der Anmeldung des Kapitalerhöhungsbeschlusses verbinden (§ 188 Abs. 4), was in der Praxis aus Kostengründen regelmäßig geschieht (s. § 188 Rz. 32). Die Wirksamkeit der Kapitalerhöhung tritt erst mit der Eintragung ihrer Durchführung ein (§ 189).

2   § 184 AktG stimmt weitgehend mit § 151 AktG 1937 überein[2]. Die Vorschrift sah ursprünglich drei Absätze vor. Im Jahre 1978 wurde mit der Umsetzung der Kapitalrichtlinie die in Abs. 3 vorgesehene Regelung über die sachverständige Prüfung aufgehoben und in § 183 Abs. 3 Satz 1 und 2 neu gefasst[3].

II. Anmeldung

3   Der Kapitalerhöhungsbeschluss ist beim Amtsgericht des Satzungssitzes (§§ 14, 5 AktG) nach **§ 12 Abs. 1 HGB** elektronisch in öffentlich beglaubigter Form (§§ 129 BGB, 39 ff. BeurkG)[4] anzumelden. Das Gesetz trifft keine Aussagen dazu, wann die Anmeldung zu erfolgen hat. Der früheste Zeitpunkt liegt nach dem wirksamen Zustandekommen des Beschlusses; spätestens muss sie mit der Anmeldung der Durchführung der Kapitalerhöhung erfolgen (§ 188 Abs. 4)[5]. Dazwischen können die betreffenden Organmitglieder den Zeitpunkt nach pflichtgemäßem Ermessen bestimmen[6]. Etwas anderes gilt nur, wenn der Beschluss über die Erhöhung des Grundkapitals hierzu Vorgaben macht.

4   § 184 Abs. 1 Satz 1 bestimmt (abweichend von § 181 Abs. 1 Satz 1), dass die Anmeldung vom **Vorstand und Vorsitzenden** des **Aufsichtsrats** vorzunehmen ist. Dabei handeln sie im Namen der Gesellschaft, zeichnen die Anmeldung aber in eigenem Namen[7]. Eine Anmeldung durch Bevollmächtigte ist ausgeschlossen. Andernfalls wür-

---

1 Vgl. *Peifer* in MünchKomm. AktG, § 184 Rz. 1.
2 Vgl. Begr. RegE zu § 184, *Kropff*, Aktiengesetz, S. 293.
3 Vgl. Durchführungsgesetz vom 13.12.1978, BGBl. I 1978, 1959.
4 Zur Neufassung des § 12 HGB durch das EHUG vgl. *Liebscher/Scharff*, NJW 2006, 3745, 3746 f.
5 *Peifer* in MünchKomm. AktG, § 184 Rz. 12.
6 *Hüffer*, § 184 Rz. 2; *Peifer* in MünchKomm. AktG, § 184 Rz. 12.
7 *Hüffer*, § 184 Rz. 3; *Lutter* in KölnKomm. AktG, § 184 Rz. 5; *Servatius* in Spindler/Stilz, § 184 Rz. 12; vgl. etwa das Beispiel bei *Krafka/Willer*, Registerrecht, Rz. 1404.

den die strafrechtlichen Vorschriften (§ 399 Abs. 1 Nr. 4), die falsche Angaben eines Mitglieds des Vorstands oder des Aufsichtsrats sanktionieren, leer laufen. Dennoch soll nach h.M. eine unechte Gesamtvertretung zulässig sein[8]. Keine Bedenken bestehen dagegen, dass sich der Vorsitzende des Aufsichtsrats durch seinen Stellvertreter bei der Anmeldung vertreten lässt (§ 107 Abs. 1 Satz 3)[9]. Besteht der Vorstand aus mehreren Mitgliedern, muss die Anmeldung durch Vorstandsmitglieder in vertretungsberechtigter Zahl erfolgen.

Die Anmeldung liegt nicht im öffentlichen Interesse, so dass die **Festsetzung** eines **Zwangsgeldes** gem. § 407 Abs. 2 Satz 1 **nicht in Betracht** kommt[10]. Die Vorstandsmitglieder und der Vorsitzende des Aufsichtsrats sind aber aufgrund ihrer Organstellung verpflichtet, die Anmeldung vorzunehmen. Die Gesellschaft kann die Mitwirkung notfalls durch Klage gegenüber dem betreffenden Organmitglied und Zwangsvollstreckung nach § 888 ZPO durchsetzen[11]. Dabei wird sie gegenüber dem Aufsichtsratsvorsitzenden vom Vorstand (§ 78 Abs. 1) und gegenüber diesem vom Aufsichtsrat vertreten (§ 112)[12]. Die Verletzung der Pflicht zur Anmeldung kann die Haftung von Vorstand (§ 93) und Aufsichtsratsvorsitzenden (§§ 93, 116) begründen, sowie zur Abberufung (§§ 84 Abs. 3, 103 Abs. 3) führen.

5

Der **Inhalt** der **Anmeldung** ist in § 184 nur teilweise erfasst. Gegenstand der Anmeldung ist die Eintragung des nach § 182 Abs. 1 Satz 1 gefassten Beschlusses. Festzuhalten ist zunächst, dass die notarielle Niederschrift über den Beschluss der Hauptversammlung (§ 130) beizufügen ist, es sei denn, es ist bereits eine Abschrift nach § 130 Abs. 5 zum Handelsregister eingereicht worden. Entsprechend § 188 Abs. 5 kann auch eine Ausfertigung oder öffentlich beglaubigte Abschrift vorgelegt werden. Hinzu kann eine notarielle Niederschrift über einen nach § 182 Abs. 2 gefassten Sonderbeschluss kommen (§§ 138, 130)[13]. Eine Ausfertigung oder öffentlich beglaubigte Abschrift genügt jeweils (analog § 188 Abs. 5)[14]. Bei einer Sachkapitalerhöhung verlangt außerdem § 184 Abs. 1 Satz 2, dass der Bericht über die Prüfung von Sacheinlagen (§ 183 Abs. 3) der Anmeldung beizufügen ist. Auch er kann entweder in Urschrift, Ausfertigung oder öffentlich beglaubigter Abschrift eingereicht werden. Liegt er dem Gericht gem. §§ 183 Abs. 3 Satz 2, 34 Abs. 3 bereits vor, so braucht er nicht erneut eingereicht zu werden.

6

In der Anmeldung ist schließlich anzugeben, welche **Einlagen** auf das bisherige Grundkapital **noch nicht geleistet** sind und warum sie nicht erlangt werden können (§ 184 Abs. 2). Die Angaben müssen so hinreichend bestimmt sein, dass das Gericht in die Lage versetzt wird, die Voraussetzungen des § 182 Abs. 4 prüfen zu können[15]. Stehen keine Einlagen aus, so haben der Vorstand und der Vorsitzende des Aufsichtsrats dies ebenfalls zu erklären. Falsche Erklärungen diesbezüglich sind nach § 399 Abs. 1 Nr. 4 strafbar.

7

---

8 Vgl. KG v. 22.9.1938 – 1 Wx 427/38, JW 1938, 3121; *Hüffer*, § 184 Rz. 3; *Lutter* in KölnKomm. AktG, § 184 Rz. 5. A.A. *Wiedemann* in Großkomm. AktG, § 184 Rz. 11; *Servatius* in Spindler/Stilz, § 184 Rz. 13.
9 Vgl. Begr. RegE zu § 184, *Kropff*, Aktiengesetz, S. 293.
10 *Peifer* in MünchKomm. AktG, § 184 Rz. 11; *Lutter* in KölnKomm. AktG, § 184 Rz. 15.
11 Vgl. *Hüffer*, § 184 Rz. 3; a.A. *Lutter* in KölnKomm. AktG, § 184 Rz. 6: § 894 ZPO.
12 *Hüffer*, § 184 Rz. 3; *Peifer* in MünchKomm. AktG, § 184 Rz. 10.
13 *Servatius* in Spindler/Stilz, § 184 Rz. 6; *Peifer* in MünchKomm. AktG, § 184 Rz. 15.
14 *Peifer* in MünchKomm. AktG, § 184 Rz. 17.
15 *Hüffer*, § 184 Rz. 5.

8   Wird die Kapitalerhöhung im Rahmen einer **Mantelverwendung** beschlossen, ist der Anmeldung des Beschlusses auch eine Erklärung über die wirtschaftliche Neugründung beizufügen[16].

III. Registergerichtliche Prüfung, Eintragung und Bekanntmachung

9   Das Registergericht prüft (12 FGG), ob die Anmeldung ordnungsgemäß ist (s. § 181 Rz. 22). Die **formelle Prüfung** erfasst die örtliche und sachliche Zuständigkeit des Registergerichts, die Anmeldebefugnis der Anmelder sowie die Vollständigkeit der beizufügenden Unterlagen[17]. Die **materielle Prüfung** erstreckt sich vor allem auf die Frage, ob der Beschluss wegen Fehlens eines Sonderbeschlusses schwebend unwirksam oder wegen schwerwiegender Mängel gem. § 241 nichtig ist. Bejahendenfalls ist die Eintragung abzulehnen[18]. Die bloße Anfechtbarkeit des Beschlusses wegen Gesetzes- oder Satzungsverletzung prüft das Gericht grundsätzlich nicht (str.; s. § 181 Rz. 26). Erst recht befasst es sich nicht mit der Zweckmäßigkeit der Kapitalerhöhung[19]. Wohl hat es aber zu prüfen, ob das Kapitalerhöhungsverbot (§ 182 Abs. 4) beachtet wurde. Bei einer Sachkapitalerhöhung geht das Gericht auch der Frage nach, ob der Wert der Sacheinlage hinter dem geringsten Ausgabebetrag der dafür zu gewährenden Aktien zurückbleibt. Ist dies der Fall, lehnt es die Eintragung des Beschlusses in das Handelsregister ab (§ 183 Abs. 3 Satz 3). An die Bewertung des einzureichenden Prüfungsberichts ist das Registergericht dabei nicht gebunden[20].

10   Nach der positiv abgeschlossenen Prüfung erfolgt – entsprechend der Anmeldung – die **Eintragung** des **Beschlusses** über die **Erhöhung** des **Grundkapitals**. Sie ist nach Maßgabe von § 10 HGB bekannt zu machen. Ein Rechtsmittel gegen die erfolgte Eintragung besteht nicht[21]. Mit der Eintragung wird die Grundlage für die Zeichnung der neuen Aktien geschaffen (§ 185). Ob der Kapitalerhöhungsbeschluss nach der Eintragung nur noch mit einer Mehrheit entsprechend § 222 Abs. 1 aufgehoben werden kann, ist streitig. Zutreffend ist es, wegen der Zweistufigkeit des Verfahrens bei der Kapitalerhöhung nach der Eintragung von einer erhöhten Bindungswirkung des Beschlusses auszugehen, so dass seine Aufhebung eine qualifizierte Mehrheit erfordert[22].

11   Ergibt die Prüfung, dass die **Anmeldung fehlerhaft** oder **unvollständig** ist, darf der Beschluss nicht eingetragen werden. Das Gericht kann in diesem Fall zur Behebung der Ausstände durch Zwischenverfügung eine Frist setzen (§ 26 Satz 2 HRV). Kommt dies nicht in Betracht, lehnt das Gericht die Eintragung durch Verfügung ab. Die Ablehnung berührt bereits vorhandene Zeichnungsverträge oder gesetzliche Bezugsrechte nicht[23]. Gegen die Ablehnung ist die Beschwerde zum Landgericht statthaft (§ 19 FGG). Weitere Beschwerde ist zum OLG zulässig (§§ 27, 28 FGG). Beschwert nach § 20 Abs. 2 FGG ist die Gesellschaft, die durch die zur Anmeldung Berechtigten (Rz. 4) vertreten wird[24].

---

16 BGH v. 9.12.2002 – II ZB 12/02, BGHZ 153, 158 = GmbHR 2003, 227; BGH v. 7.7.2003 – II ZB 4/02, BGHZ 155, 318 = GmbHR 2003, 1125 (jeweils zur GmbH); *Servatius* in Spindler/Stilz, § 184 Rz. 9.
17 *Peifer* in MünchKomm. AktG, § 184 Rz. 19.
18 *Hüffer*, § 184 Rz. 6; *Peifer* in MünchKomm. AktG, § 184 Rz. 22.
19 *Peifer* in MünchKomm. AktG, § 184 Rz. 20.
20 *Peifer* in MünchKomm. AktG, § 184 Rz. 21.
21 *Peifer* in MünchKomm. AktG, § 184 Rz. 29.
22 *Hüffer*, § 184 Rz. 8; *Lutter* in KölnKomm. AktG, § 184 Rz. 4; *Krieger* in MünchHdb. AG, § 56 Rz. 60. A.A. *Peifer* in MünchKomm. AktG, § 184 Rz. 32; *Wiedemann* in Großkomm. AktG, § 184 Rz. 30: nur einfache Mehrheit.
23 *Peifer* in MünchKomm. AktG, § 184 Rz. 35.
24 *Peifer* in MünchKomm. AktG, § 184 Rz. 27; *Hüffer*, § 184 Rz. 7.

§ 185
Zeichnung der neuen Aktien

(1) Die Zeichnung der neuen Aktien geschieht durch schriftliche Erklärung (Zeichnungsschein), aus der die Beteiligung nach der Zahl und bei Nennbetragsaktien dem Nennbetrag und, wenn mehrere Gattungen ausgegeben werden, der Gattung der Aktien hervorgehen muss. Der Zeichnungsschein soll doppelt ausgestellt werden. Er hat zu enthalten

1. den Tag, an dem die Erhöhung des Grundkapitals beschlossen worden ist;
2. den Ausgabebetrag der Aktien, den Betrag der festgesetzten Einzahlungen sowie den Umfang von Nebenverpflichtungen;
3. die bei einer Kapitalerhöhung mit Sacheinlagen vorgesehenen Festsetzungen und, wenn mehrere Gattungen ausgegeben werden, den auf jede Aktiengattung entfallenden Betrag des Grundkapitals;
4. den Zeitpunkt, an dem die Zeichnung unverbindlich wird, wenn nicht bis dahin die Durchführung der Erhöhung des Grundkapitals eingetragen ist.

(2) Zeichnungsscheine, die diese Angaben nicht vollständig oder die außer dem Vorbehalt in Absatz 1 Nr. 4 Beschränkungen der Verpflichtung des Zeichners enthalten, sind nichtig.

(3) Ist die Durchführung der Erhöhung des Grundkapitals eingetragen, so kann sich der Zeichner auf die Nichtigkeit oder Unverbindlichkeit des Zeichnungsscheins nicht berufen, wenn er auf Grund des Zeichnungsscheins als Aktionär Rechte ausgeübt oder Verpflichtungen erfüllt hat.

(4) Jede nicht im Zeichnungsschein enthaltene Beschränkung ist der Gesellschaft gegenüber unwirksam.

I. Allgemeines 1
II. Zeichnung der neuen Aktien (§ 185
   Abs. 1) 4
  1. Zeichner 5
  2. Form der Zeichnung 7
  3. Doppelte Ausstellung 9
  4. Inhalt der Zeichnung 10
    a) Angaben über die zukünftige Beteiligung 11

    b) Allgemeine Angaben im Zeichnungsschein 14
III. Fehler bei der Zeichnung (§ 185 Abs. 2
   und 3) 19
  1. Formelle und inhaltliche Fehler des
    Zeichnungsscheins 20
  2. Mängel des Zeichnungsvertrages . . . 24
IV. Beschränkungen (§ 185 Abs. 4) 28
VI. Zeichnungsvorvertrag 29

Literatur: *Blaurock*, Der Vorvertrag zur Zeichnung von Aktien, in FS Rittner, 1991, S. 33; *Hergeth/Eberl*, Wirksamkeitsvoraussetzungen des Zeichnungsvorvertrags, NZG 2003, 205; *Hommelhoff*, Zum vorläufigen Bestand fehlerhafter Strukturänderungen in Kapitalgesellschaften, ZHR 158 (1994), 11; *Kleveman*, Heilung einer gescheiterten Kapitalerhöhung, AG 1993, 273; *Kort*, Aktien aus vernichteten Kapitalerhöhungen, ZGR 1994, 291, 319; *Krieger*, Fehlerhafte Satzungsänderungen: Fallgruppen und Bestandskraft, ZHR 158 (1994), 35; *Leßmann*, Heilung nichtiger Aktienzeichnungsvorverträge, DB 2006, 1256; *Lutter*, Gescheiterte Kapitalerhöhungen, in FS Schilling, 1973, S. 207; *Meyer-Panhuysen*, Die fehlerhafte Kapitalerhöhung, 2003; *C. Schäfer*, Die Lehre vom fehlerhaften Verband, 2002; *Schleyer*, Die unwirksame Kapitalerhöhung, AG 1957, 145; *Zöllner*, Folgen der Nichtigerklärung durchgeführter Kapitalerhöhungsbeschlüsse, ZGR 1993, 68.

I. Allgemeines

1   Die Vorschrift regelt in § 185 Abs. 1 die **Anforderungen** an die **schriftliche Erklärung** des Zeichners. Diese Erklärung wird vom Gesetz als **Zeichnungsschein** bezeichnet. Erst mit der Annahme der Zeichnungserklärung durch die Gesellschaft kommt der Zeichnungsvertrag zustande, durch den der Zeichner verpflichtet wird, die jungen Aktien zu übernehmen. Dieser Vertrag weist sowohl schuldrechtliche als auch korporationsrechtliche Elemente auf (s. Rz. 4). In § 185 Abs. 2 und 3 sind die **Rechtsfolgen** eines **fehlerhaften Zeichnungsscheins** bestimmt. So ist zum einen verfügt, dass inhaltlich fehlerhafte Zeichnungsscheine nichtig sind (§ 185 Abs. 2). Allerdings kann sich der Zeichner nach der Durchführung der Erhöhung des Grundkapitals unter bestimmten Voraussetzungen nicht mehr auf die Nichtigkeit oder Unverbindlichkeit des Zeichnungsscheins berufen (§ 185 Abs. 3). Schließlich ist in § 185 Abs. 4 festgelegt, dass eine nicht im Zeichnungsschein enthaltene Beschränkung der Gesellschaft gegenüber unwirksam ist.

2   Die Vorschrift gilt sowohl für **Bar-** als auch **Sachkapitalerhöhungen**. Sie findet zudem entsprechende Anwendung, wenn ein genehmigtes Kapital ausgenutzt werden soll (§ 203 Abs. 1), nicht dagegen bei einer bedingten Kapitalerhöhung (§ 198 Abs. 2 Satz 1). Auch bei einer Kapitalerhöhung zwecks Durchführung einer Verschmelzung (§ 69 Abs. 1 UmwG) findet eine Zeichnung nicht statt. Ist bei einer Emission junger Aktien eine Emissionsbank oder ein Emissionskonsortium eingeschaltet, so übernimmt zunächst die Bank bzw. das Konsortium die Aktien und schließt die Zeichnungsverträge ab (vgl. § 186 Abs. 5). Die Emissionsbank bzw. das Emissionskonsortium verkauft sodann die neuen Aktien an das Publikum.

3   Die Vorschrift wurde weitgehend unverändert von § 152 AktG 1937 übernommen und in Abs. 1 Satz 1 und Abs. 1 Satz 3 Nr. 3 durch Art. 1 Nr. 22 StückAG vom 25.3.1998[1] geändert.

II. Zeichnung der neuen Aktien (§ 185 Abs. 1)

4   Der Inhalt des Zeichnungsscheins ist in § 185 Abs. 1 detailliert vorgegeben. Ferner sind die Anforderungen an die Zeichnungserklärung präzise festgelegt. Die **Zeichnungserklärung** stellt das Angebot zum Erwerb der jungen Aktien dar[2]. Es handelt sich um eine empfangsbedürftige Willenserklärung, die an die Gesellschaft gerichtet ist[3]. Mit der Annahme durch die Gesellschaft kommt der **Zeichnungsvertrag** zustande; § 151 Satz 1 BGB findet Anwendung. Der Zeichnungsvertrag ist als ein unvollkommen zweiseitig verpflichtender Vertrag zu qualifizieren[4], kein gegenseitiger Vertrag i.S.d. §§ 320 ff. BGB. Das korporationsrechtliche Element des Zeichnungsvertrags besteht in der Verpflichtung der Gesellschaft, dem Zeichner nach Durchführung der Kapitalerhöhung die im Vertrag bestimmten Mitgliedsrechte zuzuteilen. Vor der Eintragung besteht jedoch kein Anspruch auf Einräumung der Mitgliedschaft. Der Zeichner ist seinerseits verpflichtet, die Aktien zu übernehmen und vor der An-

---

1   BGBl. I 1998, 590.
2   Zur Unterscheidung von der Bezugserklärung KG v. 4.11.2005 – 14 U 21/04, AG 2006, 201.
3   In diesem Sinne die heute h.M.; vgl. *Hüffer*, § 185 Rz. 3; *Lutter* in KölnKomm. AktG, § 185 Rz. 7; *Peifer* in MünchKomm. AktG, § 185 Rz. 8; *Wiedemann* in Großkomm. AktG, § 185 Rz. 10. A.A. noch das Reichsgericht (die Zeichnungserklärungen seien an die Allgemeinheit gerichtet); vgl. RG v. 20.3.1912 – I 68/11, RGZ 79, 112, 114; RG v. 28.10.1927 – II 125/27, RGZ 118, 269, 274; RG v. 6.4.1935 – II B 5/34, RGZ 147, 257, 270 f.
4   Vgl. RG v. 3.4.1917 – I 178/11, RGZ 79, 174, 177; RG v. 28.10.1927 – II 125/27, RGZ 118, 269, 274; *Lutter* in FS Schilling, S. 207, 217; *Hüffer*, § 185 Rz. 4.

meldung die von ihm mindestens zu erbringende Einlage einzuzahlen bzw. den als Sacheinlage vereinbarten Gegenstand zu übereignen bzw. an die Gesellschaft abzutreten. Erst mit der Eintragung der Durchführung der Kapitalerhöhung entstehen die neuen Mitgliedsrechte. Der Zeichner wird dann Aktionär der Gesellschaft.

1. Zeichner

Wer Zeichner sein kann, ist in § 185 nicht bestimmt. In Betracht kommt daher jeder, mit Ausnahme der Gesellschaft, die gem. § 56 Abs. 1 keine Aktien zeichnen darf (s. zu den Einzelheiten § 56 Rz. 8).   5

Probleme kann es bereiten, wenn mehr Aktien gezeichnet werden als durch die Kapitalerhöhung geschaffen werden können. Es stellt sich dann die Frage, mit welchen Zeichnern die Gesellschaft die Zeichnungsverträge schließen muss oder sollte (s. zur Situation der Überzeichnung Rz. 26). Sie ist mit Rücksicht auf die gesetzlichen (§ 186) und die vertraglich eingeräumten (§ 187) Bezugsrechte zu beantworten, welche die Gesellschaft vorrangig zu erfüllen hat. Mit diesen Aktionären ist also der Zeichnungsvertrag abzuschließen. Die Gesellschaft ist dabei an den Gleichbehandlungsgrundsatz (§ 53a) gebunden[5]. Im Übrigen entscheidet der Vorstand nach eigenem pflichtgemäßen Ermessen über die Auswahl der Zeichner. Insbesondere darf er berücksichtigen, dass der Gesellschaft aus der Bevorzugung bestimmter Zeichner möglicherweise Vorteile erwachsen könnten. Ein von der Gesellschaft einzuhaltender kapitalmarktrechtlicher Gleichbehandlungsgrundsatz besteht bei der Zuteilung junger Aktien nicht[6].   6

2. Form der Zeichnung

Die Zeichnung der neuen Aktien geschieht durch **schriftliche Erklärung** (§ 185 Abs. 1 Satz 1). Es ist eine eigenhändige Unterschrift erforderlich (§ 126 BGB). Andernfalls ist die Zeichnung nichtig (§ 125 Satz 1 BGB). Die Annahmeerklärung durch die Gesellschaft ist an keine Form gebunden. Eine Stellvertretung des Zeichners ist zulässig. Die Vollmacht unterliegt nicht der Schriftform (§ 167 Abs. 2 BGB).   7

Zweifelhaft ist, wann eine **Zeichnung frühestens zulässig** ist. Einigkeit besteht darüber, dass der Beschluss über die Erhöhung des Kapitals nicht eingetragen sein muss. Bereits nach dem Beschluss der Hauptversammlung über die Kapitalerhöhung kann die Zeichnung beginnen. Die wohl h.A. will außerdem eine Zeichnung auch dann zulassen, wenn der Hauptversammlungsbeschluss noch nicht getroffen ist, vorausgesetzt, dass zum Zeitpunkt der Zeichnung zumindest der Tag der ins Auge gefassten Beschlussfassung feststeht[7]. Allerdings muss in diesem Fall im Zeichnungsschein klargestellt werden, dass die Hauptversammlung über die Erhöhung des Grundkapitals erst noch beschließen muss (vgl. § 185 Abs. 1 Satz 3 Nr. 1).   8

3. Doppelte Ausstellung

Das Gesetz verlangt, dass der Zeichnungsschein doppelt ausgestellt wird (**§ 185 Abs. 1 Satz 2**). Damit ist gemeint, dass von einem Schein eine Ausfertigung oder öffentlich beglaubigte Abschrift erstellt wird (vgl. § 188 Abs. 5). Dies kann auch nach-   9

---

5 *Peifer* in MünchKomm. AktG, § 185 Rz. 31; *Hüffer*, § 185 Rz. 25. A.A. *Lutter* in KölnKomm. AktG, § 185 Rz. 26.
6 Vgl. hierzu *Mehringer*, Gleichbehandlung im Kapitalmarktrecht, 2007, S. 233 ff.
7 Vgl. *Hüffer*, § 185 Rz. 6; *Lutter* in KölnKomm. AktG, § 185 Rz. 25; *Wiedemann* in Großkomm. AktG, § 185 Rz. 2; *Peifer* in MünchKomm. AktG, § 185 Rz. 29; *Kley*, RNotZ 2003, 17, 30; *Servatius* in Spindler/Stilz, § 185 Rz. 11, der lediglich im Sanierungsfall die Zeichnung vor dem Hauptversammlungsbeschluss für zulässig hält.

träglich geschehen. Bis spätestens zur Anmeldung der Durchführung der Kapitalerhöhung soll allerdings das zweite Exemplar vorliegen. Bei der Anmeldung der Durchführung der Erhöhung des Grundkapitals zur Eintragung in das Handelsregister ist nämlich die Zweitschrift des Zeichnungsscheins beizufügen (§ 188 Abs. 3 Nr. 1). Andernfalls lehnt das Registergericht die Eintragung ab. Die Zeichnung bleibt wirksam, wenn eine doppelte Ausstellung nicht erfolgt ist[8].

4. Inhalt der Zeichnung

10 Die Zeichnung hat zum einen gem. § 185 Abs. 1 Satz 1 Angaben über die zukünftige Beteiligung zu enthalten. Zum anderen muss der Zeichnungsschein die in **§ 185 Abs. 1 Satz 3** genannten allgemeinen Angaben aufweisen. Werden die gesetzlichen Anforderungen nicht beachtet, so ist die Zeichnung grundsätzlich nichtig (s. Rz. 17, 19 ff.).

a) Angaben über die zukünftige Beteiligung

11 **§ 185 Abs. 1 Satz 1** verlangt eine Erklärung, aus der die Beteiligung nach der Zahl und bei Nennbetragsaktien den Nennbetrag und – wenn mehrere Gattungen ausgegeben werden – die Gattung der Aktien hervorgehen muss. Diese Erklärung des Zeichners ist nach den allgemeinen Regeln (§§ 133, 157 BGB) auszulegen[9]. Außerdem muss sich die Identität des Zeichners aus dem Zeichnungsschein ergeben. Die Zeichnung ist an die Gesellschaft zu richten. Auch dies muss aus der Erklärung hervorgehen.

12 Im Falle einer Bareinlage hat der Zeichner zu erklären, zu welchem **Gesamtausgabebetrag** er die **Aktien** (§ 185 Abs. 1 Satz 3 Nr. 2) **zeichnet**[10]. Im Falle einer Sacheinlage hat der Zeichner zu erklären, welchen Gegenstand er einbringt[11]. Dabei kann eine bestimmte Form einzuhalten sein (vgl. z.B. § 311b BGB, § 15 Abs. 4 GmbHG). Der Wert der Sacheinlage braucht dagegen nicht angegeben zu werden[12].

13 Lassen sich diese individuellen Angaben einer Zeichnung nicht durch Auslegung ermitteln, ist der Zeichnungsschein gem. § 185 Abs. 2 nichtig[13]. Im Zweifel ist allerdings anzunehmen, dass ein Zeichner auch mit einer geringeren Zuteilung von jungen Aktien einverstanden ist[14].

b) Allgemeine Angaben im Zeichnungsschein

14 **§ 185 Abs. 1 Satz 3** verlangt für jeden Zeichnungsschein einen bestimmten Inhalt. Der Zeichner muss diese Vorgaben beachten. Aufgrund der dadurch bewirkten Standardisierung des Zeichnungsscheins kann bei einer Auslegung der allgemeinen Angaben die individuelle Vorstellung der Parteien nur eingeschränkt Berücksichtigung finden.

15 Das Gesetz fordert zunächst, dass der Zeichnungsschein den **Tag**, an dem die **Erhöhung** des Grundkapitals **beschlossen** worden **ist**, zu enthalten hat (§ 185 Abs. 1 Satz 3

---

8 *Peifer* in MünchKomm. AktG, § 185 Rz. 12.
9 Vgl. RG v. 25.9.1914 – II 227/14, RGZ 85, 284, 287 f.; RG v. 28.10.1927 – II 125/27, RGZ 118, 269, 272 f.
10 *Peifer* in MünchKomm. AktG, § 185 Rz. 15.
11 *Lutter* in KölnKomm. AktG, § 185 Rz. 43. A.A. *Hüffer*, § 185 Rz. 10; *Peifer* in MünchKomm. AktG, § 185 Rz. 17.
12 *Servatius* in Spindler/Stilz, § 185 Rz. 21. A.A. *Wiedemann* in Großkomm. AktG, § 185 Rz. 27; *Lutter* in KölnKomm. AktG, § 185 Rz. 43.
13 RG v. 28.10.1927 – II 125/27, RGZ 118, 269, 272 f.; *Hüffer*, § 185 Rz. 11; s. hierzu auch Rz. 20.
14 *Hüffer*, § 185 Rz. 11.

Nr. 1). Sofern die Zeichnung bereits vor der Beschlussfassung erfolgt (s. zur Zulässigkeit dieses Vorgehens Rz. 8), ist der geplante Tag der beschließenden Hauptversammlung anzugeben.

Ferner verlangt § 185 Abs. 1 Satz 3 Nr. 2 Alt. 1 mehrere Angaben. Aufzunehmen ist   16
zunächst der **Ausgabebetrag der Aktien**. Dieser muss konkret beziffert sein. Zudem
ist der **Betrag der festgesetzten Einzahlungen** aufzuführen. Damit ist der höhere Mindestbetrag der Einlageleistungen gemeint (vgl. §§ 188 Abs. 2 Satz 1, 36a Abs. 1). Das
Agio ist dagegen bereits im Ausgabebetrag (§ 185 Abs. 1 Satz 3 Nr. 2 Alt. 1) enthalten.
Schließlich ist auch der **Umfang von Nebenverpflichtungen** im Zeichnungsschein zu
nennen (§ 185 Abs. 1 Satz 3 Nr. 2 Alt. 3). Gemeint sind nur die korporativen Nebenverpflichtungen im Sinne von §§ 55 Abs. 1, 180 Abs. 1, nicht dagegen schuldrechtliche Leistungspflichten des Zeichners[15].

Der Zeichnungsschein hat außerdem die bei einer Kapitalerhöhung mit **Sacheinlagen**   17
vorgesehenen **Festsetzungen** nach § 183 Abs. 1 Satz 1 zu enthalten (§ 185 Abs. 3
Satz 3 Nr. 3 Alt. 1; s. hierzu § 183 Rz. 12). Wenn mehrere Gattungen ausgegeben werden, muss der Zeichnungsschein den auf jede Aktiengattung entfallenen Betrag des
Grundkapitals enthalten (§ 185 Abs. 1 Satz 3 Nr. 3 Alt. 2). Diese Angabe ist nicht nur
bei einer Sachkapitalerhöhung, sondern auch bei einer Barkapitalerhöhung zu beachten.

Schließlich hat der Zeichnungsschein den **Zeitpunkt**, an dem die **Zeichnung unverbindlich** wird, wenn nicht bis dahin die Durchführung der Erhöhung des Grundkapi-   18
tals eingetragen ist, zu enthalten (§ 185 Abs. 1 Satz 3 Nr. 4). Hintergrund dieser Regelung ist das Anliegen, den Zeichner in zeitlicher Hinsicht nicht unabsehbar an sein
Angebot zu binden[16]. Die Frist muss kalendermäßig bestimmbar[17] und für alle Zeichner gleich sein. Sie entspricht in der Regel der Durchführungsfrist für die Kapitalerhöhung. Läuft die Frist ab, so erlischt der Zeichnungsvertrag[18].

III. Fehler bei der Zeichnung (§ 185 Abs. 2 und 3)

Fehler bei der Zeichnung können zur **Nichtigkeit** führen. Insoweit ist zunächst zwi-   19
schen formellen und inhaltlichen Fehlern des Zeichnungsscheins (Rz. 20 ff.) sowie
Mängeln des Zeichnungsvertrags (Rz. 24 ff.) zu differenzieren. Bestimmte Fehler können allerdings geheilt werden. § 185 Abs. 3 sieht hierzu für fehlerhafte Zeichnungsscheine im Interesse der Rechtssicherheit eine Regelung vor. Nicht vom Gesetz beantwortet wird die Frage, wie ein **fehlerhafter Zeichnungsvertrag** zu behandeln ist.
Die Gerichte mussten daher rechtsfortbildend tätig werden.

1. Formelle und inhaltliche Fehler des Zeichnungsscheins

Hat der Zeichner die **Schriftform** (§ 185 Abs. 1) nicht eingehalten, so ist die Zeich-   20
nung nichtig (§ 125 Satz 1 BGB). Rechtsgrundlos erbrachte Leistungen können dann
kondiziert werden (§ 812 BGB).

Zeichnungsscheine, die die **Angaben** nach § 185 Abs. 1 Satz 3 **nicht vollständig** ent-   21
halten oder die außer dem Vorbehalt in § 185 Abs. 1 Nr. 4 Beschränkungen der Ver-

---

15 Vgl. *Peifer* in MünchKomm. AktG, § 185 Rz. 22.
16 *Wiedemann* in Großkomm. AktG, § 185 Rz. 21; *Hüffer*, § 185 Rz. 14; *Peifer* in MünchKomm.
   AktG, § 185 Rz. 24.
17 *Lutter* in KölnKomm. AktG, § 185 Rz. 42; *Wiedemann* in Großkomm. AktG, § 185 Rz. 21.
18 Vgl. RG v. 30.5.1903 – I 21/03, RGZ 55, 65, 68; BGH v. 11.1.1999 – II ZR 170/98, AG 1999, 230
   (zur GmbH).

pflichtung des Zeichners enthalten, sind gem. § 185 Abs. 2 **nichtig**. Die erste Alternative erstreckt sich sowohl auf die individuellen (s. Rz. 11 ff.) als auch auf die allgemeinen Angaben (s. Rz. 14 ff.). Zunächst ist somit zu klären, ob nach den einschlägigen Auslegungsmethoden auf eine fehlende bzw. unvollständige Angabe geschlossen werden kann. Ist der Zeichnungsschein nichtig, hat das Registergericht die Eintragung abzulehnen. Hat der Zeichner seine Einlage bereits erbracht, so kann er sie kondizieren (§ 812 Abs. 1 BGB).

22   Kommt es dennoch zur Eintragung der Durchführung der Kapitalerhöhung, begründet § 185 Abs. 3 eine **Heilung** der Fehler. Das Gesetz setzt hierfür allerdings voraus, dass der Zeichner aufgrund des Zeichnungsscheins als Aktionär Rechte ausgeübt oder Verpflichtungen erfüllt hat. Als eine Ausübung der Rechte wird es angesehen, wenn der Zeichner Aktienurkunden annimmt[19]. Praktisch wichtiger dürfte die Ausübung des Bezugsrechts gem. § 186 oder die Teilnahme an einer Hauptversammlung sein[20]. Auch die Geltendmachung von aktienrechtlichen Minderheitsrechten (§ 122) und der Abschluss von Rechtsgeschäften über die Aktien mit Dritten (Veräußerung, Verpfändung) kommen in Betracht[21]. Als eine Erfüllung von Verpflichtungen ist es schließlich anzusehen, wenn der Zeichner die geschuldete Resteinlage nach § 54 Abs. 1 erbringt[22].

23   Die Heilung hat zur **Folge**, dass sich der Zeichner auf die Nichtigkeit oder Unverbindlichkeit des Zeichnungsscheins nicht berufen kann. Hieraus folgt, dass sowohl der Zeichnungsschein als auch der (an sich nicht wirksam zustande gekommene) Zeichnungsvertrag rückwirkend Gültigkeit erlangen. Dies schließt ein, dass auch die Gesellschaft sich nicht mehr auf die Nichtigkeit oder Unverbindlichkeit berufen kann[23]. Der Zeichner wird Aktionär der Gesellschaft.

2. Mängel des Zeichnungsvertrages

24   Der Zeichnungsvertrag kommt zustande, wenn Zeichner und Gesellschaft wirksame korrespondierende Willenserklärungen abgegeben haben. Sowohl der **Zeichnungsschein** als auch die **Annahmeerklärung** durch die Gesellschaft können nach den allgemeinen Vorschriften des Bürgerlichen Rechts **unwirksam** oder nichtig sein (§§ 104 ff., 116 ff., 134, 138 BGB). In diesem Fall muss die Eintragung mangels wirksamen Zeichnungsvertrags abgelehnt werden. Kommt es dennoch zur **Eintragung**, so ist grundsätzlich eine andere Beurteilung geboten. Die h.M. nimmt an, dass der Zeichner die aufgetretenen **Mängel nicht** mehr **geltend machen** kann[24]. Dies folgt aber noch nicht aus § 185 Abs. 3, denn es handelt sich dabei um eine auf bestimmte Mängel begrenzte Spezialvorschrift mit Heilungsfolge[25]. Es sind vielmehr die zur fehlerhaften Gesellschaft entwickelten Lösungen entsprechend heranzuziehen[26].

25   Ausnahmsweise kann etwas anderes anzunehmen sein. Anerkannt ist dies, wenn der **Schutz** des **Zeichners höher** zu **bewerten** ist als der durch die Kapitalregeln gewähr-

---

19 Vgl. *Lutter* in KölnKomm. AktG, § 185 Rz. 57; *Peifer* in MünchKomm. AktG, § 185 Rz. 50.
20 Vgl. *Hüffer*, § 185 Rz. 18.
21 *Peifer* in MünchKomm. AktG, § 185 Rz. 50.
22 Vgl. *Hüffer*, § 185 Rz. 19.
23 Vgl. *Lutter* in KölnKomm. AktG, § 185 Rz. 62; *Peifer* in MünchKomm. AktG, § 185 Rz. 52; *Hüffer*, § 185 Rz. 20.
24 Vgl. RG 13.5.1929 – II 313/28, RGZ 124, 279, 287 f.; RG v. 6.4.1935 – II B 5/34, RGZ 147, 257, 270 (zur Genossenschaft); *Lutter* in KölnKomm. AktG, § 185 Rz. 15; *Hüffer*, § 185 Rz. 28; *Peifer* in MünchKomm. AktG, § 185 Rz. 61.
25 Vgl. *C. Schäfer*, Die Lehre vom fehlerhaften Verband, S. 309.
26 Vgl. *Wiedemann* in Großkomm. AktG, § 185 Rz. 64; *C. Schäfer*, Die Lehre vom fehlerhaften Verband, S. 309.

leistete Schutz der Allgemeinheit[27]. Dies ist etwa zu bejahen bei einem geschäftsunfähigen (§§ 104, 105 BGB) oder beschränkt geschäftsfähigen (§ 106 BGB) Zeichner[28]. Auch bei einer fehlenden, erzwungenen oder gefälschten Zeichnung hat der Schutz der Allgemeinheit zurückzutreten[29]. Die rechtliche Behandlung solcher Ausnahmekonstellationen muss mit Rücksicht darauf geschehen, einerseits den Belangen des schutzwürdigen Zeichners Rechnung zu tragen. Andererseits ginge es zu weit, die gesamte Kapitalerhöhung in Frage zu stellen. Deshalb ist dem schutzwürdigen Zeichner ein Anspruch auf Rückgewähr der erbrachten Einlage (§ 812 Abs. 1 BGB) einzuräumen. Die Kapitalerhöhung ist als wirksam zu behandeln. Die entstandenen Aktien stehen der Gesellschaft zu, die sie nach allgemeinen Regeln veräußern kann[30].

Zweifelhaft ist, wie die Situation zu beurteilen ist, in der die Gesellschaft mehr Zeichnungsverträge abschließt, als sie erfüllen kann (**Überzeichnung**). Vor der Schuldrechtsmodernisierung wurde vertreten, dass die nach Deckung des Erhöhungsbetrags geschlossenen Verträge nichtig sind (§ 306 BGB a.F.). Nunmehr gilt § 311a Abs. 1 BGB: Die Zeichnungsverträge sind wirksam. Die Gesellschaft ist jedoch wegen Unmöglichkeit (§ 275 Abs. 1 BGB) nicht verpflichtet, sie zu erfüllen[31]. Die enttäuschten Zeichner haben gegen die Gesellschaft einen Schadensersatzanspruch gem. § 311a Abs. 2 BGB oder gem. §§ 280 Abs. 1 und 3, 283 Satz 1 BGB. Allerdings ist der nach diesen Vorschriften an sich mögliche Ersatz des positiven Interesses ausgeschlossen. Der Grund hierfür ist, dass nach der Konzeption der ordentlichen Kapitalerhöhung ein Erfüllungsinteresse bis zur Eintragung der Durchführung der Kapitalerhöhung nicht geschützt ist (s. hierzu § 182 Rz. 9). Der Zeichner ist daher darauf beschränkt, seinen Vertrauensschaden geltend zu machen[32]. Im Innenverhältnis kann die Gesellschaft nach § 93 Abs. 2 gegen den Vorstand vorgehen[33]. 26

Schließlich ist der **Zeichnungsvertrag unwirksam**, wenn ein **Kapitalerhöhungsbeschluss** fehlt[34]. Dies gilt für aufgehobene oder unwirksame (§ 182) Beschlüsse sowie für die Fälle der Nichtigkeit (§§ 241, 248). Das Registergericht darf weder den Erhöhungsbeschluss noch die Durchführung der Kapitalerhöhung eintragen[35]. Für den Zeichner entstehen keine Rechte und Pflichten, bereits geleistete Einlagen kann er zurückverlangen[36]. Trägt das Registergericht die Durchführung der Kapitalerhöhung dennoch ein, wird der Zeichner nach überwiegender Auffassung nicht Aktionär[37]. Entsprechend § 277 Abs. 2 soll er aber zur Einlageleistung insoweit verpflichtet sein, als es zur Befriedigung von Neugläubigern seit der Kapitalerhöhung erforderlich ist[38]. Zutreffender ist es, die Regeln über die fehlerhafte Gesellschaft anzuwenden[39]. Die 27

---

27 I.E. allg. M.; vgl. *Hüffer*, § 185 Rz. 29.
28 BGH v. 30.4.1955 – II ZR 202/53, BGHZ 17, 160, 166.
29 Vgl. RG v. 8.5.1908 – II 628/07, RGZ 68, 344, 352; RG v. 6.4.1935 – II B 5/34, RGZ 147, 257, 271 (beide Entscheidungen zur Genossenschaft); OLG Köln v. 7.1.1986 – 22 U 93/85, ZIP 1986, 569, 672 (zur GmbH).
30 Vgl. *Lutter* in KölnKomm. AktG, § 185 Rz. 17; *Peifer* in MünchKomm. AktG, § 185 Rz. 59.
31 Vgl. *Hüffer*, § 185 Rz. 26; *Peifer* in MünchKomm. AktG, § 185 Rz. 65.
32 I.E. ebenso *Peifer* in MünchKomm. AktG, § 185 Rz. 65 (§ 122 BGB analog); *Lutter* in KölnKomm. AktG, § 185 Rz. 65.
33 *Hüffer*, § 185 Rz. 26; *Lutter* in KölnKomm. AktG, § 185 Rz. 31.
34 *Peifer* in MünchKomm. AktG, § 185 Rz. 62; *Hüffer*, § 185 Rz. 27; *Lutter* in KölnKomm. AktG, § 185 Rz. 36; *Krieger* in MünchHdb. AG, § 56 Rz. 124.
35 *Hüffer*, § 185 Rz. 27.
36 *Peifer* in MünchKomm. AktG, § 185 Rz. 62.
37 *Hüffer*, § 185 Rz. 27; *Lutter* in KölnKomm. AktG, § 185 Rz. 36.
38 RG v. 16.2.1934 – II 235/33, RGZ 143, 394, 399; RG v. 13.3.1934 – II 225/33, RGZ 144, 138, 141; *Lutter* in KölnKomm. AktG, § 185 Rz. 36.
39 *Krieger* in MünchHdb. AG, § 56 Rz. 124 mit Rz. 144 f. *C. Schäfer*, Die Lehre vom fehlerhaften Verband, S. 309.

fehlerhafte Kapitalerhöhung ist danach für die Vergangenheit als wirksam anzusehen und eine Rückabwicklung nur für die Zukunft zuzulassen[40].

IV. Beschränkungen (§ 185 Abs. 4)

28   Jede nicht im Zeichnungsschein enthaltene **Beschränkung** im Hinblick auf die Verpflichtung zum Aktienerwerb ist der Gesellschaft gegenüber **unwirksam**. Gemeint sind sowohl mündlich erfolgte als auch schriftlich außerhalb des Zeichnungsscheins erklärte Beschränkungen. Denkbar ist beispielsweise, dass ein Zeichner eine Annahmefrist gem. § 148 BGB gesetzt hat. Dies muss im Zeichnungsschein geschehen[41]. Im Übrigen wird die Wirksamkeit der Zeichnung aber nicht berührt.

VI. Zeichnungsvorvertrag

29   Mit dem Zeichnungsvorvertrag verpflichten sich Anleger zur späteren Zeichnung[42]. Er unterliegt im Wesentlichen den **Wirksamkeitsvoraussetzungen** des § 185[43]. Der Abschluss des Vorvertrages ist damit erst zulässig, wenn der Inhalt des Kapitalerhöhungsbeschlusses weitestgehend feststeht[44]. Es gilt das Schriftformerfordernis entsprechend § 185 Abs. 1 Satz 1[45]. Inhaltlich muss der Vorvertrag nicht sämtliche Einzelheiten des späteren Zeichnungsscheins enthalten. Die übernommene Beteiligungsverpflichtung muss aber ihrer Zahl und Gattung nach bestimmbar sein[46]. Erforderlich sind ferner die individuellen Angaben nach § 185 Abs. 1 Satz 3 Nr. 2 und 3 sowie die Begrenzung der Laufzeit entsprechend § 185 Abs. 1 Satz 3 Nr. 4[47], nicht aber der Tag des Kapitalerhöhungsbeschlusses nach § 185 Abs. 1 Satz 3 Nr. 1[48]. Weist der Vorvertrag die formellen und inhaltlichen Anforderungen nicht auf, ist er entsprechend § 185 Abs. 2 in vollem Umfang nichtig[49].

§ 186
Bezugsrecht

(1) Jedem Aktionär muss auf sein Verlangen ein seinem Anteil an dem bisherigen Grundkapital entsprechender Teil der neuen Aktien zugeteilt werden. Für die Ausübung des Bezugsrechts ist eine Frist von mindestens zwei Wochen zu bestimmen.

(2) Der Vorstand hat den Ausgabebetrag oder die Grundlagen für seine Festlegung und zugleich eine Bezugsfrist gemäß Absatz 1 in den Gesellschaftsblättern bekannt zu machen. Sind nur die Grundlagen der Festlegung angegeben, so hat er spätestens drei Tage vor Ablauf der Bezugsfrist den Ausgabebetrag in den Gesellschaftsblättern und über ein elektronisches Informationsmedium bekannt zu machen.

---

40 *Krieger* in MünchHdb. AG, § 56 Rz. 124 mit Rz. 144 f. Ähnlich auch *Hüffer*, § 185 Rz. 27.
41 Vgl. *Peifer* in MünchKomm. AktG, § 185 Rz. 53; *Hüffer*, § 185 Rz. 22.
42 *Hüffer*, § 185 Rz. 31; *Leßmann*, AG 2006, 1256.
43 OLG Frankfurt/M. v. 4.4.2001 – 9 U 173/00, ZIP 2001, 1048.
44 *Hüffer*, § 185 Rz. 31. A.A. *Wiedemann* in Großkomm. AktG, § 185 Rz. 81; *Leßmann*, DB 2006, 1256: Abschluss des Vorvertrages erst nach Beschlussfassung zulässig.
45 *Wiedemann* in Großkomm. AktG, § 185 Rz. 81; *Lutter* in KölnKomm. AktG, § 185 Rz. 45.
46 *Hüffer*, § 185 Rz. 31; *Wiedemann* in Großkomm. AktG, § 185 Rz. 81.
47 OLG Frankfurt/M. v. 4.4.2001 – 9 U 173/00, ZIP 2001, 1048 f.
48 *Hüffer*, § 185 Rz. 31; *Hergeth/Eberl*, NZG 2003, 205, 207 ff.
49 OLG Frankfurt/M. v. 4.4.2001 – 9 U 173/00, ZIP 2001, 1048; *Hergeth/Eberl*, NZG 2003, 205, 207.

(3) Das Bezugsrecht kann ganz oder zum Teil nur im Beschluss über die Erhöhung des Grundkapitals ausgeschlossen werden. In diesem Fall bedarf der Beschluss neben den in Gesetz oder Satzung für die Kapitalerhöhung aufgestellten Erfordernissen einer Mehrheit, die mindestens drei Viertel des bei der Beschlussfassung vertretenen Grundkapitals umfasst. Die Satzung kann eine größere Kapitalmehrheit und weitere Erfordernisse bestimmen. Ein Ausschluss des Bezugsrechts ist insbesondere dann zulässig, wenn die Kapitalerhöhung gegen Bareinlagen zehn vom Hundert des Grundkapitals nicht übersteigt und der Ausgabebetrag den Börsenpreis nicht wesentlich unterschreitet.

(4) Ein Beschluss, durch den das Bezugsrecht ganz oder zum Teil ausgeschlossen wird, darf nur gefasst werden, wenn die Ausschließung ausdrücklich und ordnungsgemäß (§ 124 Abs. 1) bekannt gemacht worden ist. Der Vorstand hat der Hauptversammlung einen schriftlichen Bericht über den Grund für den teilweisen oder vollständigen Ausschluss des Bezugsrechts vorzulegen; in dem Bericht ist der vorgeschlagene Ausgabebetrag zu begründen.

(5) Als Ausschluss des Bezugsrechts ist es nicht anzusehen, wenn nach dem Beschluss die neuen Aktien von einem Kreditinstitut oder einem nach § 53 Abs. 1 Satz 1 oder § 53b Abs. 1 Satz 1 oder Abs. 7 des Gesetzes über das Kreditwesen tätigen Unternehmen mit der Verpflichtung übernommen werden sollen, sie den Aktionären zum Bezug anzubieten. Der Vorstand hat dieses Bezugsangebot mit den Angaben gemäß Absatz 2 Satz 1 und einen endgültigen Ausgabebetrag gemäß Absatz 2 Satz 2 bekannt zu machen; gleiches gilt, wenn die neuen Aktien von einem anderen als einem Kreditinstitut oder Unternehmen im Sinne des Satzes 1 mit der Verpflichtung übernommen werden sollen, sie den Aktionären zum Bezug anzubieten.

I. Allgemeines 1

II. Bezugsrecht (§ 186 Abs. 1 und 2) . . . 4
1. Voraussetzung der Aktionärseigenschaft 4
2. Umfang 7
3. Ausübung 8
4. Übertragung des Bezugsrechts 11

III. Ausschluss des Bezugsrechts (§ 186 Abs. 3 und 4) 13
1. Tatbestand 13
2. Formelle Voraussetzungen 15
a) Bekanntmachung der Ausschließung 15
b) Vorstandsbericht 16
c) Beschlussfassung der Hauptversammlung 22

3. Materielle Voraussetzungen 24
a) Entwicklung der Judikatur 26
b) Voraussetzungen einer Kontrolle . 30
aa) Grundlagen 30
bb) Konkretisierung der einzelnen Voraussetzungen 34
(1) Kapitalerhöhung gegen Sacheinlagen 35
(2) Barkapitalerhöhung 38
4. Erleichterter Ausschluss des Bezugsrechts 39
a) Voraussetzungen 40
b) Rechtsfolgen 44

IV. Mittelbares Bezugsrecht (§ 186 Abs. 5) 45
1. Voraussetzungen 46
2. Rechtsfolgen 49

V. Steuerrechtliche Aspekte 50

Literatur: *Bagel*, Der Ausschluss des Bezugsrechts in Europa, 1999; *G. Bezzenberger*, Zum Bezugsrecht stimmrechtsloser Vorzugsaktionäre, in FS Quack, 1991, S. 153; *T. Bezzenberger*, Das Bezugsrecht der Aktionäre und sein Ausschluss, ZIP 2002, 1917; *Bosse*, Informationspflichten des Vorstands beim Bezugsrechtsausschluss im Rahmen des Beschlusses und der Ausnutzung eines genehmigten Kapitals, ZIP 2001, 104; *Bungert*, Bezugsrechtsausschluss zur Platzierung neuer Aktien im Ausland – Zum Deutsche-Bank-Urteil des BGH vom 7. 3. 1994, WM 1995, 1; *Busch/Groß*, Vorerwerbsrechte der Aktionäre beim Verkauf von Tochtergesellschaften über die Börse?, AG 2000, 503; *Busch*, Mangusta/Commerzbank – Rechtsschutz nach Ausnutzung eines genehmigten

migten Kapitals, NZG 2006, 81; *Cahn*, Ansprüche und Klagemöglichkeiten der Aktionäre wegen Pflichtverletzungen der Verwaltung beim genehmigten Kapital, ZHR 164 (2000), 113; *Cahn*, Pflichten des Vorstands beim genehmigten Kapital mit Bezugsrechtsausschluss, ZHR 163 (1999), 554; *Drinkuth*, Die Kapitalrichtlinie – Mindest- oder Höchstnorm?, 1998; *Ekkenga*, Kapitalmarktrechtliche Aspekte des Bezugsrechts und Bezugsrechtsausschlusses, AG 1994, 59; *Frey/Hirte*, Vorzugsaktionäre und Kapitalerhöhung, DB 1989, 2465; *Füchsel*, Der Bezugsrechtsausschluss im deutschen Aktienrecht, 1969; *Groß*, Der Inhalt des Bezugsrechts nach § 186 AktG – ein Beitrag zum gekreuzten und faktischen Bezugsrechtsausschluss, AG 1993, 449; *Groß*, Bookbuilding, ZHR 162 (1998), 318; *Guntz*, Das Subjekt des Bezugsrechts auf Aktien und des Anspruchs auf Gratisaktien, AG 1958, 177; *Happ*, Genehmigtes Kapital und Beteiligungserwerb, in FS Ulmer, 2003, S. 175; *Hirte*, Bezugsrechtsausschluss und Konzernbildung, 1986; *G. Hueck*, Kapitalerhöhung und Aktienbezugsrecht, in FS Nipperdey, 1965, Bd. I, S. 427; *Hüffer*, Harmonisierung des aktienrechtlichen Kapitalschutzes – Die Durchführung der Zweiten EG-Richtlinie zur Koordinierung des Gesellschaftsrechts, NJW 1979, 1065; *Ihrig*, Geklärtes und Ungeklärtes zum Vereinfachten Bezugsrechtsausschluss nach § 186 Abs. 3 Satz 4 AktG, in Liber amoricum Happ, 2006, S. 109; *Immenga*, Einlagenschutz beim mittelbaren Bezugsrecht, in FS Beusch, 1993, S. 413; *Kallmeyer*, Bezugsrecht und Bezugsrechtsausschluss, AG 1993, 249; *Kindler*, Bezugsrechtsausschluss und unternehmerisches Ermessen nach deutschem und europäischem Recht, ZGR 1998, 35; *Kindler*, Die sachliche Rechtfertigung des aktienrechtlichen Bezugsrechtsausschlusses im Lichte der Zweiten Gesellschaftsrechtlichen Richtlinie der Europäischen Gemeinschaften, ZHR 158 (1994), 339; *Klette*, Der Emissionskurs beim genehmigten Kapital, BB 1968, 977; *Kübler*, Sind zwingende Bezugsrechte wirtschaftlich sinnvoll?, ZBB 1993, 1; *Kort*, Bezugsrechtsfragen und „Holzmüller"-Fragen einer Tochter-Kapitalerhöhung aus Sanierungsgründen, AG 2002, 369; *Kübler/Mendelson/Mundheim*, Die Kosten des Bezugsrechts – Eine rechtsökonomische Analyse des amerikanischen Erfahrungsmaterials, AG 1990, 461; *Liebert*, Der Bezugsrechtsausschluss bei Kapitalerhöhungen von Aktiengesellschaften, 2003; *Lutter*, Materielle und förmliche Erfordernisse eines Bezugsrechtsausschlusses – Besprechung der Entscheidung BGHZ 71, 40 (Kali+Salz), ZGR 1979, 401; *Lutter*, Zur Binnenstruktur des Konzerns, in FS H. Westermann, 1974, S. 347; *Martens*, Der Ausschluss des Bezugsrechts, ZIP 1992, 1677; *Martens*, Der Ausschluss des Bezugsrechts: BGHZ 33, 175 – Zum Interesse an wirtschaftlicher Selbständigkeit, in FS R. Fischer, 1979, S. 437; *Marsch-Barner*, Die Erleichterung des Bezugsrechtsausschlusses nach § 186 III S. 4 AktG, AG 1994, 532; *Maslo*, Interessenwahrung und Rechtsschutz der Aktionäre beim Bezugsrechtsausschluss im Rahmen des genehmigten Kapitals, 2006; *H. Meilicke*, Das Bezugsrecht des Aktionärs bei Kapitalerhöhungen, BB 1961, 1281; *W. Meilicke*, Vereinbarkeit der Inhaltskontrolle des Bezugsrechtsausschlusses mit europäischem Recht, DB 1996, 513; *Münch*, Der gekreuzte Bezugsrechtsausschluss im Recht der Aktiengesellschaft, DB 1993, 769; *Natterer*, Bezugsrechtsausschluss und zweite gesellschaftsrechtliche Richtlinie, ZIP 1995, 1481; *Nolte*, Die Verwässerung von Aktien, 1968; *Scheifele*, Zur Praxis des gekreuzten Bezugsrechtsausschlusses, BB 1990, 497; *Schockenhoff*, Der rechtmäßige Bezugsrechtsausschluss, AG 1994, 45; *Schockenhoff*, Gesellschaftsinteresse und Gleichbehandlung beim Bezugsrechtsausschluss, 1988; *Schumann*, Bezugsrecht und Bezugsrechtsausschluss bei Kapitalbeschaffungsmaßnahmen von Aktiengesellschaften, 2001; *Stern*, Der Grundsatz der gleichmäßigen Behandlung der Gesellschafter und der Ausschluss des Aktionärsbezugsrechts, 1925; *Tettinger*, Materielle Anforderungen an den Bezugsrechtsausschluss, 2003; *Timm*, Zur Sachkontrolle von Mehrheitsentscheidungen im Kapitalgesellschaftsrecht, ZGR 1987, 403; *Timm*, Der Bezugsrechtsausschluss beim genehmigten Kapital, DB 1982, 211; *Timm*, Die Aktiengesellschaft als Konzernspitze, 1980; *Trapp*, Erleichterter Bezugsrechtsausschluss nach § 186 Abs. 3 S. 4 AktG und Greenshoe, AG 1997, 115; *Wiedemann*, Rechtsethische Maßstäbe im Unternehmens- und Gesellschaftsrecht, ZGR 1980, 147; *Wiedemann*, Ausgabekurs und Bezugskurs beim mittelbaren Bezugsrecht, WM 1979, 990; *Volhard*, „Siemens/Nold": Die Quittung, AG 1998, 397; *Willamowski*, Bookbuilding, 2000; *Wilsing*, Berichtspflichten des Vorstands und Rechtsschutz der Aktionäre bei der Ausübung der Ermächtigung zum Bezugsrechtsausschluss im Rahmen eines genehmigten Kapitals, ZGR 2006, 722; *Wymeersch*, Das Bezugsrecht der alten Aktionäre in der Europäischen Gemeinschaft: eine rechtsvergleichende Untersuchung, AG 1998, 382; *Zindel*, Bezugsrechte in der Aktiengesellschaft, 1984; *Zöllner*, Gerechtigkeit bei der Kapitalerhöhung, AG 2002, 585.

I. Allgemeines

1   Die Vorschrift räumt in § 186 Abs. 1 jedem Aktionär das Recht ein, bei einer Kapitalerhöhung junge Aktien entsprechend seinem bisherigen Beteiligungsverhältnis am

Grundkapital der Gesellschaft zu zeichnen (Bezugsrecht). Ferner verlangt sie vom Vorstand, bestimmte, für die Ausübung dieses Rechts relevante Umstände bekannt zu machen (§ 186 Abs. 2). Das **Bezugsrecht** ist ein **elementares Mitgliedsrecht** eines jeden Aktionärs. Es gewährleistet, dass die Aktionäre im Falle einer Kapitalerhöhung eine Verwässerung ihrer vermögensrechtlichen und herrschaftsrechtlichen Rechte nicht zu befürchten brauchen (s. hierzu Rz. 24). Dennoch lässt die Vorschrift es zu, dass das **Bezugsrecht** ganz oder zum Teil **ausgeschlossen** wird (§ 186 Abs. 3 Satz 1) und sieht hierfür bestimmte formelle Voraussetzungen vor (§ 186 Abs. 3 Satz 1 und 2, Abs. 4). Der Bezugsrechtsausschluss muss außerdem nach der Rechtsprechung des BGH von einem sachlichen Grund getragen sein (s. hierzu Rz. 34). Allein bei börsennotierten Gesellschaften bedarf es ausnahmsweise unter den in § 186 Abs. 3 Satz 4 normierten Voraussetzungen keines sachlichen Grundes. Schließlich ist in § 186 Abs. 5 der Fall geregelt, dass die jungen Aktien zunächst von einem Kreditinstitut gezeichnet und sodann den Aktionären zum Bezug angeboten werden. Bei dieser Vorgehensweise wird das Bezugsrecht der Altaktionäre gewahrt.

Die Vorschrift ist beim **genehmigten Kapital entsprechend anzuwenden** (§ 203 Abs. 1   2 und 2). Bei der Kapitalerhöhung aus Gesellschaftsmitteln wird die verhältnismäßige Beteiligung der Aktionäre an der Kapitalerhöhung durch § 212 sicher gestellt. Dagegen steht bei einer bedingten Kapitalerhöhung den Aktionären kein Bezugsrecht zu. Dies folgt aus den besonderen, vom Gesetz anerkannten Zwecken, die mit dieser Form einer Kapitalerhöhung verfolgt werden (vgl. § 192 Abs. 2). Schließlich ist auch bei einer Kapitalerhöhung zur Durchführung einer Verschmelzung ein gesetzliches Bezugsrecht nicht begründet (vgl. § 69 Abs. 1 Satz 1 UmwG).

Die Vorschrift wurde im Jahre 1965 weitgehend unverändert aus **§ 153 AktG 1937**   3 übernommen. Neu eingefügt wurde § 186 Abs. 5 über das mittelbare Bezugsrecht. Die erste Änderung der Vorschrift erfolgte bei der Umsetzung der Kapitalrichtlinie durch das zweite EG-Koordinationsgesetz, mit dem die Berichtspflicht des Vorstands (§ 186 Abs. 4 Satz 2) eingeführt wurde[1]. Der erleichterte Ausschluss des Bezugsrechts (§ 186 Abs. 3 Satz 4) wurde im Jahr 1994 ermöglicht[2], Abs. 5 bezüglich der einem Kreditinstitut gleichgestellten Unternehmen im Jahr 1997 geändert[3]. Die letzten Änderungen betrafen § 186 Abs. 2 und Abs. 5 Satz 2; sie erfolgten durch das TransPuG aus dem Jahr 2002[4]. Ob sich infolge der Reform der Kapitalrichtlinie demnächst ein weiterer Änderungsbedarf ergibt, lässt sich derzeit noch nicht absehen[5].

II. Bezugsrecht (§ 186 Abs. 1 und 2)

1. Voraussetzung der Aktionärseigenschaft

Das **Bezugsrecht** steht nur denjenigen Personen zu, die zum Zeitpunkt der Beschluss-   4 fassung **Aktionär** der Gesellschaft sind. Allerdings ist die Gesellschaft selber nicht bezugsberechtigt (§ 71b). Aus Gründen des Umgehungsschutzes gilt dies auch für die in § 71d Satz 4 genannten Konstellationen.

Im **Konzern** steht Aktionären der Obergesellschaft kein Recht zum Bezug junger Ak-   5 tien aus einer Kapitalerhöhung in der Tochtergesellschaft zu. § 186 Abs. 1 ist nach

1 Vgl. 2. EG-Koordinationsgesetz vom 13.12.1978, BGBl. I 1978, 1959.
2 Gesetz für kleine Aktiengesellschaften und zur Deregulierung des Aktienrechts vom 2.8.1994, BGBl. I 1994, 1961.
3 Begleitgesetz zum Gesetz zur Umsetzung von EG-Richtlinien zur Harmonisierung bank- und wertpapieraufsichtsrechtlicher Vorschriften vom 22.10.1997, BGBl. I 1997, 2576.
4 BGBl. I 2002, 2681.
5 Vgl. hierzu *Bayer*, BB 2004, 1.

seinem Wortlaut nicht anwendbar. Eine analoge Anwendung muss mangels vergleichbarer Interessenlage ausscheiden[6]. Denn die Aktionäre der Obergesellschaft sind keiner Verschiebung ihrer Stimmrechtsquoten ausgesetzt. Allein die abstrakte Gefahr einer Verwässerung ihrer Beteiligung genügt nicht, ihnen ein konzerndimensionales Vorrecht zum Bezug junger Aktien einzuräumen.

6   Ist eine **Aktie** mit einem **Nießbrauch** belastet, so steht das Bezugsrecht weiterhin dem Aktionär zu[7]. Ebenso verhält es sich bei verpfändeten Aktien[8]. Bei sicherungsübereigneten Aktien steht das Bezugsrecht dem Sicherungsnehmer zu[9].

2. Umfang

7   Jedem Aktionär muss ein seinem Anteil an dem bisherigen Grundkapital entsprechender Teil der neuen Aktien zugeteilt werden. Die **proportionale Beteiligung** am Betrag der Kapitalerhöhung gewährleistet, dass die Aktionäre ihre Minderheitenrechte nicht verlieren und eine Verschiebung der Stimmrechtsquoten nicht stattfindet (s. hierzu Rz. 24). Sofern ein Aktionär kein Bezugsrecht hat (s. Rz. 4), erhöht sich der Anteil der anderen Aktionäre entsprechend.

3. Ausübung

8   Der Anspruch des Aktionärs auf Bezug neuer Aktien setzt „sein Verlangen" voraus (§ 186 Abs. 1 Satz 1). Mit der **Bezugserklärung** macht der Aktionär sein Bezugsrecht geltend[10]. Diese Bezugserklärung ist vom Zeichnungsschein (s. § 185 Rz. 10 ff.) zu unterscheiden. Sie ist an keine Formen gebunden und kann zusammen mit dem Zeichnungsschein abgegeben werden.

9   Für die Ausübung des Bezugsrechts ist eine Frist von mindestens zwei Wochen zu bestimmen (§ 186 Abs. 1 Satz 2). Dies kann im Kapitalerhöhungsbeschluss, durch den Vorstand oder aufgrund einer Satzungsregelung geschehen[11]. Die Frist muss außerdem in den Gesellschaftsblättern bekannt gemacht werden (§ 186 Abs. 2 Satz 1). Es ist erforderlich, dass die Bezugserklärung des Aktionärs innerhalb der bekannt gemachten Frist der Gesellschaft zugeht (§ 130 Abs. 1 Satz 1 BGB). Nach Ablauf der Bezugsfrist zugegangene Bezugserklärungen begründen keinen Zuteilungsanspruch[12].

10   § 186 Abs. 2 Satz 1 verlangt vom Vorstand ferner, den Ausgabebetrag oder die Grundlagen für seine Festlegung in den Gesellschaftsblättern bekannt zu machen. Sind nur die Grundlagen der Festlegung angegeben, so hat der Vorstand spätestens drei Tage vor Ablauf der Bezugsfrist den Ausgabebetrag in den Gesellschaftsblättern und über ein elektronisches Informationsmedium bekannt zu machen (§ 186 Abs. 2 Satz 2).

4. Übertragung des Bezugsrechts

11   Häufig steht den Aktionären lediglich ein **Recht zum Bezug eines Bruchteils von Aktien** zu. Die Aktionäre können in diesem Fall ihr Bezugsrecht geltend machen und den sodann entstehenden **Anspruch** auf Abschluss eines Zeichnungsvertrags mit der

---

6 Vgl. *Hüffer*, § 186 Rz. 5a; *Habersack*, WM 2001, 545. A.A. *Lutter*, AG 2000, 342 sowie AG 2001, 349; *Wackerbarth*, AG 2002, 14, 15 ff.
7 Vgl. BGH v. 20.4.1972 – II ZR 143/69, BGHZ 58, 316, 319 (zur KG); OLG Bremen v. 20.4.1970 – 1 U 2/70, AG 1970, 335; *Peifer* in MünchKomm. AktG, § 186 Rz. 32 f.
8 *Peifer* in MünchKomm. AktG, § 186 Rz. 34 f.; *Wiedemann* in Großkomm. AktG, § 186 Rz. 76 ff.
9 *Peifer* in MünchKomm. AktG, § 186 Rz. 35; *Wiedemann* in Großkomm. AktG, § 186 Rz. 82 f.
10 *Lutter* in KölnKomm. AktG, § 186 Rz. 27; *Hüffer*, § 186 Rz. 14.
11 *Lutter* in KölnKomm. AktG, § 186 Rz. 31; *Hüffer*, § 186 Rz. 15.
12 *Hüffer*, § 186 Rz. 16; *Peifer* in MünchKomm. AktG, § 186 Rz. 44.

Gesellschaft abtreten (§ 398 BGB). Aber auch schon vor dem Zugang der Bezugserklärung ist der verhaltene **Anspruch** auf Abschluss eines Zeichnungsvertrags **übertragbar**[13]. Sollen die jungen Aktien vinkuliert sein, so bedarf die Abtretung des Anspruchs der Zustimmung der Gesellschaft (§ 68 Abs. 2).

Kommt es nicht zum **Abschluss eines Zeichnungsvertrags**, weil der Aktionär zwar   12
eine Bezugserklärung abgegeben, nicht jedoch die Zeichnung der jungen Aktien verlangt hat, erlischt sein Bezugsrecht. In diesem Fall ist im Zweifel anzunehmen, dass die neuen Aktien den übrigen Aktionären nach Maßgabe von § 53a anzubieten sind. Bei kapitalmarktorientierten Gesellschaften darf der Vorstand sie auch Dritten anbieten[14].

III. Ausschluss des Bezugsrechts (§ 186 Abs. 3 und 4)

1. Tatbestand

Das **Bezugsrecht** – „eines der wirtschaftlich wichtigsten Mitgliedschaftsrechte"[15] –   13
kann **ganz** oder **zum Teil** in dem Beschluss über die Erhöhung des Grundkapitals **ausgeschlossen** werden (§ 186 Abs. 3 Satz 1). Hierzu sind einige im Gesetz aufgeführte formelle Voraussetzungen zu beachten (s. Rz. 15 ff.). Ferner sind grundsätzlich bestimmte materielle, von der Rechtsprechung entwickelte Voraussetzungen einzuhalten (s. Rz. 24 ff.).

Einem ausdrücklichen Ausschluss des Bezugsrechts steht es gleich, wenn der Ak-   14
tienbezug faktisch – etwa durch die Festsetzung eines unangemessen hohen Bezugspreises – so erschwert wird, dass einzelne oder alle Aktionäre ihr Bezugsrecht nicht ausüben können (**faktischer Bezugsrechtsausschluss**)[16]. Die Zulässigkeit von Festsetzungen im Kapitalerhöhungsbeschluss, welche die Entschließungsfreiheit der Aktionäre zum Bezug der Aktien dergestalt einschränken können, unterliegt in gleicher Weise den formellen und materiellen Voraussetzungen eines Bezugsrechtsausschlusses[17].

2. Formelle Voraussetzungen

a) Bekanntmachung der Ausschließung

Ein Beschluss, durch den das Bezugsrecht ganz oder zum Teil ausgeschlossen wird,   15
darf nur gefasst werden, wenn die Ausschließung ausdrücklich und ordnungsgemäß (§ 124 Abs. 1) bekannt gemacht worden ist (**§ 186 Abs. 4 Satz 1**). Aus Sinn und Zweck der Vorschrift folgt, dass die Ausschließung eindeutig zu formulieren ist[18]. Ist die Bekanntmachung nicht ordnungsgemäß erfolgt, kann der Beschluss der Hauptversammlung gem. § 243 Abs. 1 und Abs. 4 Satz 1 angefochten werden[19].

b) Vorstandsbericht

Der Vorstand hat der Hauptversammlung einen **schriftlichen Bericht** über den Grund   16
für den teilweisen oder vollständigen Ausschluss des Bezugsrechts vorzulegen (§ 186

---

13 RG v. 15.12.1906 – I 241/06, RGZ 65, 21, 22; RG v. 2.12.1919 – II 79/19, RGZ 97, 239, 240.
14 Vgl. *Servatius* in Spindler/Stilz, § 186 Rz. 18.
15 Vgl. Begr. RegE § 203, *Kropff*, Aktiengesetz, S. 305.
16 *Peifer* in MünchKomm. AktG, § 186 Rz. 100; *Hüffer*, § 186 Rz. 43; *Servatius* in Spindler/Stilz, § 186 Rz. 70.
17 *Hüffer*, § 186 Rz. 43; *Servatius* in Spindler/Stilz, § 186 Rz. 72.
18 Vgl. *Servatius* in Spindler/Stilz, § 186 Rz. 20.
19 Vgl. *Hüffer*, § 186 Rz. 22; *Peifer* in MünchKomm. AktG, § 186 Rz. 64.

Abs. 4 Satz 2 Halbsatz 1). Andernfalls wäre die Hauptversammlung nicht in der Lage, die Interessen der Gesellschaft an einer Erhöhung des Grundkapitals mit den Interessen der ausgeschlossenen Aktionäre an einer Aufrechterhaltung ihrer mitgliedschaftlichen Rechte abzuwägen. Auch werden die Aktionäre so in die Lage versetzt, die Verwässerungsgefahr zu ermessen (zum Recht der Aktionäre, wegen eines unangemessenen Ausgabebetrags den Beschluss anzufechten, s. § 255 Rz. 1 ff.).

17   Der Bericht muss zunächst auf den **Grund** für den **teilweisen** oder **vollständigen Ausschluss** des **Bezugsrechts** eingehen. Der Berichtsumfang und die Berichtstiefe haben sich nach den materiellen Voraussetzungen eines Bezugsrechtsausschlusses zu orientieren, die der BGH in der *Kali + Salz*-Entscheidung entwickelt hat. Abstrakte und floskelhafte Umschreibungen sind daher nicht ausreichend. Der Vorstand muss vielmehr so viele Tatsachen und unternehmenspolitische Erwägungen niederlegen, dass sich die Hauptversammlung ein Bild von der Stichhaltigkeit des Vorhabens machen kann und die Auswirkungen für die mitgliedschaftlichen Interessen der Aktionäre zuverlässig beurteilen kann[20]. Tatsachen, die der Vorstand gem. § 131 Abs. 3 geheim halten darf, brauchen nicht angegeben zu werden[21].

18   In dem Bericht ist außerdem der vorgeschlagene **Ausgabebetrag** zu **begründen** (§ 186 Abs. 4 Satz 2 Halbsatz 2). Nur wenn er angemessen ist, realisiert sich nicht die Gefahr einer Verwässerung der Vermögensrechte der Altaktionäre. Der Vorstand muss in nachvollziehbarer Weise darlegen, auf welcher Grundlage und nach welchen Kriterien der Ausgabebetrag festgelegt wurde[22].

19   Der **Bericht** ist **schriftlich** zu erstatten (§ 186 Abs. 4 Satz 2). Dies bedeutet, dass er von allen Vorstandsmitgliedern unterzeichnet werden muss. Die elektronische Form (vgl. § 126a BGB) genügt nicht[23].

20   Der Bericht braucht nicht gem. § 124 Abs. 1 bekannt gemacht zu werden. Jedoch ist sein **wesentlicher Inhalt bekannt zu machen** (analog § 124 Abs. 2 Satz 2)[24]. Er ist vor der Einberufung der Hauptversammlung in den Geschäftsräumen der Gesellschaft zur Einsicht auszulegen (analog § 293f Abs. 1 Nr. 3) und auf Verlangen jedem Aktionär zuzusenden (analog § 293f Abs. 2)[25].

21   Ist der **Bericht fehlerhaft**, so kann der Beschluss der Hauptversammlung gem. § 243 Abs. 1 und Abs. 4 Satz 1 angefochten werden. Eine nachträgliche Information der Aktionäre in der Hauptversammlung genügt nicht, um die Anfechtbarkeit des Beschlusses auszuschließen[26].

c) Beschlussfassung der Hauptversammlung

22   Aus § 186 Abs. 3 Satz 1 folgt, dass der **Ausschluss** des Bezugsrechts **unselbständiger Bestandteil** des **Kapitalerhöhungsbeschlusses** ist. Daher ist bei einer fehlerhaften Ausschließung der Altaktionäre der gesamte Hauptversammlungsbeschluss anfechtbar; eine Teilanfechtung findet nicht statt[27].

---

20 Vgl. *Servatius* in Spindler/Stilz, § 186 Rz. 24.
21 *Peifer* in MünchKomm. AktG, § 186 Rz. 66; *Wiedemann* in Großkomm. AktG, § 186 Rz. 128.
22 Vgl. *Hüffer*, § 186 Rz. 24; *Peifer* in MünchKomm. AktG, § 186 Rz. 67.
23 Vgl. *Peifer* in MünchKomm. AktG, § 186 Rz. 68; *Servatius* in Spindler/Stilz, § 186 Rz. 27.
24 Vgl. BGH v. 9.11.1992 – II ZR 230/91, BGHZ 120, 141, 155 f. = AG 1993, 134; *Servatius* in Spindler/Stilz, § 186 Rz. 29.
25 Vgl. *Hüffer*, § 186 Rz. 23; *Peifer* in MünchKomm. AktG, § 186 Rz. 69; *Bayer*, ZHR 168 (2004), 132, 153. A.A. *Marsch*, AG 1981, 211, 213.
26 *Hüffer*, § 186 Rz. 42; *Peifer* in MünchKomm. AktG, § 186 Rz. 104.
27 RG v. 16.9.1927 – II 21/27, RGZ 118, 67, 70 f.; LG Braunschweig v. 24.4.1992 – 22 O 95/89, AG 1993, 194.

Wird das Bezugsrecht ganz oder teilweise ausgeschlossen, bedarf der Hauptversamm- 23
lungsbeschluss neben den in Gesetz oder Satzung für die Kapitalerhöhung aufgestellten Erfordernissen (s. hierzu § 182 Rz. 14 ff. und § 183 Rz. 11 ff.) einer **Mehrheit**, die
mindestens **drei Viertel** des bei der **Beschlussfassung vertretenen Grundkapitals** umfasst (§ 186 Abs. 3 Satz 2). Ferner ist verfügt, dass die Satzung eine größere Kapitalmehrheit und weitere Erfordernisse bestimmen kann (§ 186 Abs. 3 Satz 3). Hieraus
folgt, dass eine geringere Kapitalmehrheit – anders als für den Kapitalerhöhungsbeschluss (s. § 182 Rz. 29) – nicht statutarisch begründet werden kann.

3. Materielle Voraussetzungen

Der Ausschluss des Bezugsrechts kann mit schwerwiegenden **Nachteilen** für die **Alt-** 24
aktionäre verbunden sein. Betroffen sind zum einen ihre Herrschaftsrechte. Es droht
der **Verlust** einer **Sperrminorität** sowie all jener **Minderheitenrechte, die einen be-**
stimmten Aktienbesitz voraussetzen (vgl. §§ 50 Satz 1, 93 Abs. 4 Satz 3, 117 Abs. 4,
120 Abs. 1 Satz 2, 122 Abs. 1 Satz 1 und Abs. 2, 142 Abs. 2 Satz 1, 148 Abs. 1 Satz 1)[28].
In jedem Fall verlieren die Aktionäre den bislang durch ihre Stimmrechte verwirklichten **Einfluss (notwendige Verschiebung der Stimmrechtsquoten)**[29]. Werden die
jungen Aktien einem Dritten oder einem Großaktionär zugeteilt, kann die Gesellschaft abhängig werden oder eine bereits bestehende Abhängigkeit kann sich verstärken[30]. Zum anderen besteht die Gefahr einer **Verwässerung** der mitgliedschaftlichen
Vermögensrechte. Sie realisiert sich, wenn die jungen Aktien zu einem unangemessenen Preis ausgegeben werden[31].

Der gesetzliche Schutz vor diesen Auswirkungen eines Bezugsrechtsausschlusses ist 25
unvollkommen. In **§ 186** sind lediglich **verfahrensrechtliche Vorschriften** vorgesehen. Die durch **§ 255 Abs. 2** eröffnete Möglichkeit einer Anfechtung beschränkt sich
auf vermögensrechtliche Nachteile, die mit einem Bezugsrechtsausschluss verbunden sein können (s. § 255 Rz. 1 ff.). Auch weist sie signifikante Rechtsdurchsetzungs-
defizite auf (s. § 255 Rz. 12). In einer fast 100 Jahre dauernden, durch reichhaltiges
Fallmaterial inspirierten wissenschaftlichen Diskussion hat sich daher die Erkenntnis Bahn gebrochen, dass Lösungen entwickelt werden müssen, um einerseits die Belange der Minderheitsaktionäre angemessen zu wahren und andererseits das Finanzierungsinteresse der Gesellschaft nicht über Gebühr zu beeinträchtigen. Wie diese
Schutzinstrumente aussehen sollten, ist allerdings trotz einer lebhaften höchstrichterlichen Rechtsprechung[32] und einer Flut literarischer Beiträge sowie zahlreicher
Abhandlungen noch nicht vollends geklärt.

a) Entwicklung der Judikatur

Ausgangspunkt der Entwicklung eines materiellen Schutzes bildete die **Rechtspre-** 26
chung des **Reichsgerichts**. Es hatte zunächst angenommen, dass der Ausschluss des
Bezugrechts grundsätzlich im freien Ermessen der Hauptversammlung stehen würde[33]. Die Mehrheit der Aktionäre entscheide darüber, was im Interesse der Gesell-

---

28 *Timm*, Aktiengesellschaft als Konzernspitze, S. 73.
29 *Zöllner*, Schranken, S. 353.
30 *K. Schmidt*, Gesellschaftsrecht, § 29 III 2d; *Timm*, Aktiengesellschaft als Konzernspitze,
   S. 73.
31 *Zöllner*, Schranken, S. 353 („... erleiden sie praktisch immer eine Vermögenseinbuße, da die
   Begebung der neuen Aktien kaum je zum wahren inneren Wert erfolgt ...").
32 Skizze und Analyse der Judikatur auch bei *K. Schmidt*, Gesellschaftsrecht, § 29 III 2d; *Raiser/*
   Veil, Kapitalgesellschaften, § 20 Rz. 19.
33 RG v. 8.4.1908 – I 595/07 – „Hibernia", RGZ 68, 236, 244.

schaft und ihrer Aktionäre liege[34]. Dieses Recht sei nur durch die allgemeinen Schranken (§ 826 BGB, insbesondere § 138 BGB) begrenzt[35]. Ein Richtungswechsel erfolgte durch die *Victoria*-Entscheidung, in der das RG eine Pflicht der Aktionärsmehrheit anerkannte, bei der Entscheidung über einen Ausschluss des Bezugsrechts auf die Interessen der Minderheitsaktionäre angemessen Rücksicht zu nehmen[36]. Die Aktionärsmehrheit und die Verwaltung hätten sorgfältig und gewissenhaft zu prüfen, ob sich der mit dem Bezugsrechtsausschluss verfolgte Zweck nicht auch „in sehr viel schonenderer Form" erreichen lasse[37]. Der BGH bewegte sich zunächst mit den Urteilen *Minimax I*[38] und *Minimax II*[39] –unter Betonung des Gleichbehandlungsgrundsatzes[40] – auf dieser Linie. Erst mit der *Kali + Salz*-Entscheidung erfolgte der Durchbruch.

27   Der II. Senat stellte heraus, dass eine Erhöhung des Grundkapitals von der Sache her notwendigerweise auf den Zweck und damit auch auf die Interessen der Gesellschaft bezogen sei. Deswegen müsse ein mit ihr verbundener Bezugsrechtsausschluss seine **Rechtfertigung im Gesellschaftsinteresse** finden[41]. Ferner dürfe das mit der Kapitalerhöhung erstrebte Ziel ohne einen Bezugsrechtsausschluss nicht erreicht werden können. Dieser sei nur zulässig, wenn er aus der **Sicht im Zeitpunkt** der **Beschlussfassung** auch **bei gebührender Berücksichtigung** der **Folgen** der ausgeschlossenen Aktionäre **durch sachliche Gründe gerechtfertigt** sei. An die sachliche Rechtfertigung seien um so **strengere Anforderungen** zu stellen, **je schwerer** der **Eingriff** in die **Rechte** des **Aktionärs** wiege[42]. Bei der Prüfung, ob eine solche Rechtfertigung vorliegt, seien die Interessen der Gesellschaft und der ausgeschlossenen Aktionäre abzuwägen sowie eine Verhältnismäßigkeitsprüfung vorzunehmen[43]. Der Ausschluss des Bezugsrechts sei (bei einer Sachkapitalerhöhung) dann zulässig, wenn die Gesellschaft nach vernünftigen kaufmännischen Überlegungen ein dringendes Interesse am Erwerb des Gegenstandes habe und zu erwarten sei, der damit angestrebte und allen Aktionären zugute kommende Nutzen werde den verhältnismäßigen Beteiligungs- und Stimmrechtsverlust der vom Bezugsrecht ausgeschlossenen Aktionäre aufwiegen[44].

28   Der BGH wendete diese Grundsätze zunächst auch auf den Bezugsrechtsausschluss beim **genehmigten Kapital** an. In der *Holzmann*-Entscheidung führte er aus, dass der Eingriff in die mitgliedschaftliche und vermögensrechtliche Stellung nicht minder schwer wiege[45]. Bereits bei der Erteilung der Ermächtigung müssten nach der gegenwärtigen Lage der Gesellschaft und dem Stand der Pläne für ihre Zukunft konkrete Anhaltspunkte dafür gegeben sein, dass es sich innerhalb der dem Vorstand eingeräumten Frist als notwendig und im Hinblick auf die Interessen der Aktionäre als vertretbar erweise, bei der Ausgabe neuer Aktien das Bezugsrecht auszuschließen[46].

---

34 RG v. 8.4.1908 – I 595/07, RGZ 68, 236, 245 f.
35 RG v. 8.4.1908 – I 595/07, RGZ 68, 236, 246 f.; RG v. 17.11.1922 – II 864/21 – „Union AG", RGZ 105, 373, 375 f.; RG v. 19.6.1923 – II 53/23, RGZ 107, 72, 75; RG v. 23.10.1925 – II 575/24, RGZ 112, 14, 16.
36 RG v. 31.3.1931 – II 222/30, RGZ 132, 149, 163.
37 RG v. 31.3.1931 – II 222/30, RGZ 132, 149, 163
38 BGH v. 27.9.1956 – II ZR 144/55, BGHZ 21, 354, 354.
39 BGH v. 6.10.1960 – II ZR 150/58, BGHZ 33, 175, 186
40 Ausnahmsweise sei eine ungleiche Behandlung der Aktionäre zulässig, wenn sie sachlich berechtigt sei und damit nicht den Charakter der Willkür trage. Vgl. BGH v. 6.10.1960 – II ZR 150/58, BGHZ 33, 175, 186.
41 BGH v. 13.3.1978 – II ZR 142/76, BGHZ 71, 40, 44.
42 BGH v. 13.3.1978 – II ZR 142/76, BGHZ 71, 40, 45.
43 BGH v. 13.3.1978 – II ZR 142/76, BGHZ 71, 40, 45.
44 BGH v. 13.3.1978 – II ZR 142/76, BGHZ 71, 40, 46 f.
45 BGH v. 19.4.1982 – II ZR 55/81, BGHZ 83, 319, 321.
46 BGH v. 19.4.1982 – II ZR 55/81, BGHZ 83, 319, 325.

Eine **Kehrtwende** erfolgte mit dem *Siemens/Nold*-Urteil[47]. Sie war durch die Vorstellung des II. Senats inspiriert, dass die in der *Holzmann*-Entscheidung formulierten Erfordernisse zu streng und nicht praktikabel seien und dem Institut des genehmigten Kapitals die nötige Flexibilität nehmen würden[48]. Die **Hauptversammlung** könne daher das **Bezugsrecht** der Aktionäre bereits dann **ausschließen** oder den **Vorstand** zu dem **Bezugsrechtsausschluss ermächtigen**, wenn die **Maßnahme**, zu deren Durchführung der Vorstand ermächtigt werden solle, im **wohlverstandenen Interesse** der **Gesellschaft liege** und der **Hauptversammlung allgemein** und **in abstrakter Form bekannt gegeben** werde[49]. Diese im Vergleich zur früheren Rechtsprechung liberale Grundhaltung hat der BGH schließlich in den Entscheidungen *Mangusta/Commerzbank I*[50] und *Mangusta/Commerzbank II*[51] bekräftigt. Beide Urteile markieren den (vorläufigen) Abschluss der Entwicklung. Der Bezugsrechtsausschluss beim genehmigten Kapital ist demnach durch eine größere Handlungsfreiheit der Verwaltung gekennzeichnet. Sie soll durch Betonung der organschaftlichen Pflichten des Vorstands und Aufsichtsrats sowie eine korrespondierende Haftung der Verwaltungsmitglieder gebändigt werden.

Dieses „dichte Netz der Nachkontrolle"[52] beruht auf der **Pflicht des Vorstands**, von der Ermächtigung zur Kapitalerhöhung und zum Bezugsrechtsausschluss nur dann Gebrauch zu machen, wenn das konkrete Vorhaben seiner abstrakten Umschreibung entspricht und auch im Zeitpunkt seiner Realisierung noch im wohlverstanden Interesse der Gesellschaft liegt[53]. Die Erfüllung dieser Voraussetzungen hat der Vorstand im Rahmen seines unternehmerischen Ermessens sorgfältig zu prüfen[54]. Seine Entscheidung unterliegt der Kontrolle des Aufsichtsrats[55] und der Hauptversammlung, der nach – nicht vor[56] – Durchführung der Maßnahme detailliert Bericht zu erstatten ist[57]. Bei Verletzung seiner Pflichten kann ihm die Entlastung verweigert werden, er kann gem. § 93 Abs. 2 zur Leistung von Schadensersatz herangezogen werden, und schließlich muss er damit rechnen, dass die Pflichtwidrigkeit seines Verhaltens zum Gegenstand einer Klage auf Feststellung der Nichtigkeit der Durchführungsbeschlüsse des Vorstandes und des Aufsichtsrats (§ 256 ZPO)[58] oder einer Unterlassungsklage gegen die Ausnutzung der Ermächtigung zur Kapitalerhöhung und zum Bezugsrechtsausschluss gemacht wird[59]. 29

b) Voraussetzungen einer Kontrolle

aa) Grundlagen. Die vom BGH in *Kali + Salz* verfolgte **Grundlinie**, die vom Bezugsrechtsausschluss betroffenen Aktionäre über den Gesetzeswortlaut hinaus zu schüt- 30

---

47 BGH v. 23.6.1997 – II ZR 132/93, BGHZ 136, 133 = AG 1997, 465; zuvor bereits distanzierend von der in der „Holzmann"-Entscheidung aufgestellten Grundsätzen BGH v. 7.3.1994 – II ZR 52/93 – „Deutsche Bank", BGHZ 125, 239, 246 = AG 1994, 276, wonach konkrete Angaben hinsichtlich der Börsenpräsenz sowie des benötigten Handelsvolumens an den verschiedenen Börsenplätzen nicht erforderlich seien.
48 BGH v. 23.6.1997 – II ZR 132/93, BGHZ 136, 133, 136 = AG 1997, 465.
49 BGH v. 23.6.1997 – II ZR 132/93, BGHZ 136, 133, 139 = AG 1997, 465.
50 BGH v. 10.10.2005 – II ZR 148/03, AG 2006, 36.
51 BGH v. 10.10.2005 – II ZR 90/03, AG 2006, 38.
52 BGH v. 10.10.2005 – II ZR 148/03 – „Commerzbank/Mangusta I", AG 2006, 36, 38.
53 BGH v. 23.6.1997 – II ZR 132/93 – „Siemens/Nold", BGHZ 136, 133, 139 f. = AG 1997, 465.
54 BGH v. 23.6.1997 – II ZR 132/93 – „Siemens/Nold", BGHZ 136, 133, 140 = AG 1997, 465.
55 BGH v. 23.6.1997 – II ZR 132/93 – „Siemens/Nold", BGHZ 136, 133, 140 = AG 1997, 465.
56 BGH v. 10.10.2005 – II ZR 148/03 – „Commerzbank/Mangusta I", AG 2006, 36, 37.
57 BGH v. 23.6.1997 – II ZR 132/93 – „Siemens/Nold", BGHZ 136, 133, 140 = AG 1997, 465.
58 Eingehend BGH v. 10.10.2005 – II ZR 90/03 – „Commerzbank/Mangusta II", AG 2006, 38, 39 ff.
59 BGH v. 23.6.1997 – II ZR 132/93 – „Siemens/Nold", BGHZ 136, 133, 141 = AG 1997, 465; BGH v. 10.10.2005 – II ZR 90/03, AG 2006, 38, 39 ff.

zen, steht heute außer Streit[60]. Das Erfordernis eines sachlichen Grundes stellt eine ungeschriebene Wirksamkeitsvoraussetzung dar[61] und rechtfertigt sich zum einen aus dem schweren Eingriff in die Mitgliedsrechte der betroffenen Aktionäre, den der Bezugsrechtsausschluss mit sich bringt[62]. Zum anderen liegt offen zutage, dass der gesetzliche Schutz unbefriedigend ist und die Interessen der Altaktionäre nicht angemessen wahrt (s. Rz. 25). Auch die neu eingefügten Vorschriften über den Vorstandsbericht (§ 186 Abs. 4 Satz 2) und den erleichterten Ausschluss des Bezugsrechts (§ 186 Abs. 4 Satz 3) gehen davon aus, dass die Maßnahme aus Gründen des Aktionärsschutzes einer sachlichen Rechtfertigung bedarf[63]. Die zusätzliche materielle Kontrolle wird zu Recht als ein etabliertes Rechtsinstitut verstanden[64]. Sie ist auch beim Bezugsrechtsausschluss im Rahmen einer Sachkapitalerhöhung mit dem Gemeinschaftsrecht vereinbar[65].

31   Noch offen ist dagegen, ob die seit *Siemens/Nold* **gelockerte Präventivkontrolle** eines Bezugsrechtsausschlusses beim genehmigten Kapital der richtige Weg ist[66]. Es muss sich erst noch zeigen, dass das neu konzipierte Schutzsystem funktionsfähig ist. Die in *Siemens/Nold* skizzenhaft vorgestellte und in *Commerzbank/Mangusta I* und *II* konsequent ausgebaute ex-post-Kontrolle durch Information und Haftung präsentiert sich keineswegs bereits konturenscharf.

32   So besteht die **Binnenhaftung** des **Vorstands** (§ 93 Abs. 2) nur wegen ermessensfehlerhafter Entscheidungen (§ 93 Abs. 1 Satz 2)[67]. Sie dürfte daher nur in Ausnahmekonstellationen gegeben sein. Denn für eine fehlerhafte und daher zu niedrige Festlegung des Ausgabebetrags kann der Vorstand nur dann verantwortlich gemacht werden, wenn er entweder die Grundsätze einer ordnungsgemäßen Bewertung des Unternehmens nicht beachtet hat – zwecks Ermittlung des „wahren" Werts der jungen Aktien oder zwecks Ermittlung des Werts der Sacheinlage (im Falle einer Sachkapitalerhöhung).

33   Völlig **ungeklärt** ist schließlich, wem welche **Schadensersatzansprüche** zustehen[68]. Eigene Ansprüche der rechtswidrig ausgeschlossenen Aktionäre gegen die Gesellschaft können auf § 823 Abs. 1 BGB (wegen Verletzung der Mitgliedschaft als sonsti-

---

60 Vgl. aus dem älteren Schrifttum *Nussbaum*, JW 1923, 918; *Stern*, Der Grundsatz der gleichmäßigen Behandlung der Gesellschafter und der Ausschluß des Aktionärsbezugsrechts, S. 33 f.; *Zöllner*, Schranken, S. 353; ferner *Martens* in FS Fischer, S. 437, 443 ff.; *Hirte*, Bezugsrechtsausschluss und Konzernbildung, S. 16 ff.; *Wiedemann*, ZGR 1980, 147, 156; aus dem jüngeren Schrifttum *Hüffer*, § 186 Rz. 25; *Raiser/Veil*, Kapitalgesellschaften, § 20 Rz. 18; *K. Schmidt*, Gesellschaftsrecht, § 29 III 2d; *Servatius* in Spindler/Stilz, § 186 Rz. 37. A.A. *T. Bezzenberger*, ZIP 2002, 1917, 1924 ff.
61 BGH v. 19.4.1982 – II ZR 55/81 – „Holzmann", BGHZ 83, 319, 321.
62 BGH v. 13.3.1978 – II ZR 142/76, BGHZ 71, 40, 44 f.; *Raiser/Veil*, Kapitalgesellschaften, § 20 Rz. 15.
63 Zutr. *Hüffer*, § 186 Rz. 25.
64 Vgl. *K. Schmidt* in Großkomm. AktG, § 243 Rz. 45.
65 Vgl. EuGH v. 19.11.1996 – C-42/95, EuGHE I 1996, 6017 = ZIP 1996, 2015; vgl. auch den Vorlagebeschluss des BGH v. 30.1.1995 – II ZR 132/93, AG 1995, 227 sowie vorhergehend OLG München v. 24.3.1993 – 7 U 3550/92, AG 1993, 283, 285; *Drinkuth*, Die Kapitalrichtlinie – Mindest- oder Höchstnorm?, 1998, S. 245 ff.; *Peifer* in MünchKomm. AktG, § 186 Rz. 78. A.A. *Kindler*, ZHR 158 (1994), 339, 358 ff., 361 f. (bloße Missbrauchskontrolle).
66 Zustimmend *Hüffer*, § 203 Rz. 27 ff.; *Liebert*, Der Bezugsrechtsausschluss bei Kapitalerhöhungen von Aktiengesellschaften, S. 203; *Wilsing*, ZGR 2006, 722, 728 ff. Kritisch und größtenteils ablehnend *Bayer* in MünchKomm. AktG, § 203 Rz. 116 ff.
67 Vgl. *Maslo*, Interessenwahrung und Rechtsschutz des Aktionärs, S. 166.
68 Vgl. hierzu grundlegend *Cahn*, ZHR 164 (2000), 113, 143 ff.; ferner *Bayer*, ZHR 168 (2004), 132, 158 f.; *Happ* in FS Ulmer, S. 175, 187; *Hirte* in Großkomm. AktG, § 203 Rz. 142 ff.; *Busch*, NZG 2006, 81, 87 f.; monographisch *Maslo*, Interessenwahrung und Rechtsschutz der Aktionäre, S. 192 ff.

ges Recht) oder auf § 823 Abs. 2 BGB i.V.m. § 186 Abs. 1 AktG[69] gestützt werden. Es ist allerdings noch nicht geklärt, in welchen Konstellationen sie überhaupt einen eigenen ersatzfähigen Schaden erleiden. Die verwässerten Beteiligungsquoten sind u.a. wegen der kaum zu bewältigenden Probleme einer Rückabwicklung der Kapitalerhöhung nur theoretisch kompensationsfähig[70]. Zwar können die Aktionäre ihren vermögensrechtlichen Verwässerungsschaden (§ 251 BGB) ersetzt verlangen, wenn die jungen Aktien an einen Dritten zu einem unangemessenen Ausgabebetrag ausgegeben wurden[71]. Mehr als diese schlagwortartige These kann aber beim derzeitigen Stand der Diskussion nicht festgehalten werden. Terra incognita ist vor allem die konkrete tatbestandliche Struktur der in Betracht kommenden Anspruchsregime. Muss sich der klagende Aktionär entgegen halten lassen, dass die Verwaltung (Vorstand und Aufsichtsrat) einen weit reichenden Ermessenspielraum bei der Bestimmung des angemessenen Ausgabebetrags hat? Problematisch erscheint schließlich die (unausgesprochene) Annahme zu sein, dass eine effektive Rechtsdurchsetzung möglich ist[72]. Es ist unwahrscheinlich, dass Aktionäre ihren Verwässerungsschaden geltend machen. Denn sie können nur geringe Beträge erzielen und müssten hohe Kosten der Rechtsverfolgung tragen. Summa summarum: Erst die weitere Diskussion und die Auseinandersetzung mit weiteren, von der Rechtsprechung entschiedenen Fälle werden zeigen, ob die zahlreichen Rechtsanwendungsprobleme zuverlässig gelöst werden können.

bb) Konkretisierung der einzelnen Voraussetzungen. Der **Bezugsrechtsausschluss** 34 setzt einen **sachlichen Grund** voraus. Das mit dem Ausschluss verfolgte Ziel muss zum einen innerhalb des Unternehmensgegenstands der Gesellschaft liegen[73]. Zum anderen muss es auf die Verfolgung des Gesellschaftszwecks gerichtet sein[74]. Hinzu kommt, dass der Bezugsrechtsausschluss **erforderlich** und **verhältnismäßig** zu sein hat[75]. Dies bedeutet, dass er das angemessene und am besten geeignete Mittel zur Verfolgung überwiegender Gesellschaftsinteressen sein muss[76]. Es sind die Interessen der Altaktionäre (s. Rz. 24) mit den Interessen der Gesellschaft an einer Finanzierung ihrer Vorhaben abzuwägen. Je schwerer der Eingriff in die Rechte der Aktionäre wiegt, desto gewichtiger muss das Interesse der Gesellschaft an dem mit dem Bezugsrechtsausschluss verfolgten Vorhaben sein[77]. Eine Subsumtion dieser Voraussetzungen ist zwar nur im Einzelfall möglich. Eine reichhaltige Judikatur erlaubt aber eine gewisse Orientierung für die Praxis.

(1) Kapitalerhöhung gegen Sacheinlagen. Der Ausschluss des Bezugsrechts bei einer 35 ordentlichen Sachkapitalerhöhung zugunsten desjenigen, der die Sacheinlage erbringen soll, ist nach dem *Kali + Salz*-Urteil zumindest dann nicht zu beanstanden, „wenn die **Gesellschaft** nach **vernünftigen kaufmännischen Überlegungen** ein **drin-**

---

69 *Lutter* in KölnKomm. AktG, § 186 Rz. 41; *Wiedemann* in Großkomm. AktG, § 186 Rz. 103. A.A. *Cahn*, ZHR 164 (2000), 113, 132 f.; *Maslo*, Interessenwahrung und Rechtsschutz der Aktionäre, S. 195 ff.
70 Vgl. *Maslo*, Interessenwahrung und Rechtsschutz der Aktionäre, S. 42, 214 ff.
71 Vgl. *Cahn*, ZHR 164 (2000), 113, 150; *Maslo*, Interessenwahrung und Rechtsschutz der Aktionäre, S. 210 ff.; *Busch*, NZG 2006, 81, 87; *Wilsing*, ZGR 2006, 722, 741.
72 Kritisch *Maslo*, Interessenwahrung und Rechtsschutz der Aktionäre, S. 186 ff.; positiver *Wilsing*, ZGR 2006, 722, 733 ff.
73 Vgl. BGH v. 15.5.2000 – II ZR 359/98, BGHZ 144, 290, 292 f. = AG 2000, 475 (bezüglich des Erwerbs und der Nutzung von Lizenzen).
74 Vgl. *Hüffer*, § 186 Rz. 26; *Peifer* in MünchKomm. AktG, § 186 Rz. 75; ähnlich *Servatius* in Spindler/Stilz, § 186 Rz. 40 (Steigerung der Eigenkapitalrendite).
75 Vgl. *Hüffer*, § 186 Rz. 27 f.; ähnlich *Servatius* in Spindler/Stilz, § 186 Rz. 44 („aus Sicht der Altaktionäre das schonendste Mittel").
76 BGH v. 19.4.1982 – II ZR 55/81 – „Holzmann", BGHZ 83, 319, 321.
77 Vgl. BGH v. 13.3.1978 – II ZR 142/76, BGHZ 71, 40, 45; *Hüffer*, § 186 Rz. 28.

gendes Interesse am **Erwerb** des Gegenstandes hat und zu **erwarten** ist, der damit angestrebte **Nutzen** werde den verhältnismäßigen **Beteiligungs-** und **Stimmrechtsverlust** der vom Bezugsrecht ausgeschlossenen Aktionäre **aufwiegen**"[78]. In dieser Formel klingt bereits an, dass die gerichtliche Kontrolle eingeschränkt ist. Die Gründe hierfür liegen in erster Linie darin, dass bei Prognosen die große Gefahr von Rückschaufehlern besteht (hindsight bias). Auch sind die Gerichte nicht dazu berufen, Zweckmäßigkeitsurteile über unternehmerische Angelegenheiten zu treffen[79]. Hinsichtlich des vorgetragenen sachlichen Grundes müssen sich die Gerichte daher auf die Prüfung beschränken, ob alle relevanten Tatsachen herangezogen und vertretbare Schlüsse getroffen wurden[80].

36   Beim **genehmigten Kapital** mit Bezugsrechtsausschluss (§ 203 Abs. 1 i.V.m. § 186 Abs. 3 Satz 1) oder bei der Ermächtigung des Vorstands hierzu (§ 203 Abs. 2) gelten nach der höchstrichterlichen Rechtsprechung geringere Anforderungen (s. hierzu eingehend § 203 Rz. 27 ff.). Der BGH propagiert eine zweistufige präventive Kontrolle. Ausgangspunkt bildet die Aussage, dass die Maßnahme, zu deren Durchführung der Vorstand ermächtigt werden soll, allgemein umschrieben und in dieser Form der Hauptversammlung bekannt gegeben werden muss[81], und dass sie ferner im Interesse der Gesellschaft liegen muss[82]. Diese beiden Aspekte führen zu einer schwach ausgeprägten Präventivkontrolle: Hat die Hauptversammlung das Bezugsrecht selbst ausgeschlossen (s. § 203 Rz. 10 und 23) und waren ihr bestimmte Einzelumstände des geplanten Vorhabens bekannt, hat sie die Frage, ob der Bezugsrechtsausschluss im Gesellschaftsinteresse gerechtfertigt ist, anhand der ihr bekannt gemachten Tatsachen geprüft und bejaht. Sind ihr außer dem abstrakt beschriebenen Vorhaben bei der Beschlussfassung keine weiteren Tatsachen bekannt gewesen, hat sie diese Prüfung an den abstrakt umschriebenen Umständen ausgerichtet[83]. Das Bezugsrecht kann somit ausgeschlossen werden, damit die Gesellschaft die Möglichkeit erhält, in geeigneten Einzelfällen Beteiligungen gegen Überlassung von Aktien erwerben zu können. Der Aktionärsschutz wird gewährleistet, indem auf der zweiten Stufe eine weitere Kontrolle erfolgt: Der Vorstand muss (im Rahmen seines unternehmerischen Ermessens[84]) prüfen, ob der vollständige Sachverhalt die Durchführung des Hauptversammlungsbeschlusses, der den Ausschluss des Bezugsrechts umfasst, rechtfertigt[85]. Hat die Hauptversammlung den Vorstand gem. § 203 Abs. 2 zum Ausschluss des Bezugsrechts ermächtigt (s. § 203 Rz. 26), ist ebenso zu verfahren[86].

37   **Konsequenz** dieser Judikatur ist, dass die Ermächtigung zur Sachkapitalerhöhung bei gleichzeitiger Ermächtigung zum Bezugsrechtsausschluss zu dem Zweck, „Dritten (...) bei dem Erwerb von Unternehmen oder Beteiligungen daran" Aktien der Gesellschaft anzubieten, nicht zu beanstanden ist[87]. Aus der Pflicht des Vorstands, bei unternehmerischen Entscheidungen bestimmte verfahrensrechtliche Anforderungen

---

78 BGH v. 13.3.1978 – II ZR 142/76, BGHZ 71, 40, 46 betr. eine ordentliche Kapitalerhöhung (bejaht, da die sich in einer Liquiditätskrise befindliche Gesellschaft kurzfristig flüssige Mittel benötigte, die sie anders nicht beschaffen konnte). Vgl. ferner LG Aachen v. 29.7.1994 – 42 O 181/93, AG 1995, 45 f.
79 Vgl. *Fleischer*, AG 2006, 1; *Spindler*, AG 2006, 677; *Veil*, AG 2006, 690.
80 I.E. ebenso *Hüffer*, § 186 Rz. 36; *Servatius* in Spindler/Stilz, § 186 Rz. 49 f. (mit der Begründung, die Kapitalerhöhung unter Bezugsrechtsausschluss sei eine unternehmerische Maßnahme, bei der eine Entscheidungsfreudigkeit und das Eingehen von Risiken gewünscht seien).
81 BGH v. 23.6.1997 – II ZR 132/93 – „Siemens/Nold", BGHZ 136, 133, 139 = AG 1997, 465.
82 BGH v. 23.6.1997 – II ZR 132/93 – „Siemens/Nold", BGHZ 136, 133, 139 = AG 1997, 465.
83 BGH v. 23.6.1997 – II ZR 132/93 – „Siemens/Nold", BGHZ 136, 133, 139 = AG 1997, 465.
84 BGH v. 23.6.1997 – II ZR 132/93 – „Siemens/Nold", BGHZ 136, 133, 139 = AG 1997, 465.
85 BGH v. 23.6.1997 – II ZR 132/93 – „Siemens/Nold", BGHZ 136, 133, 139 = AG 1997, 465.
86 BGH v. 23.6.1997 – II ZR 132/93 – „Siemens/Nold", BGHZ 136, 133, 139 = AG 1997, 465.
87 OLG Schleswig v. 27.5.2004 – 5 U 2/04, AG 2005, 48, 50.

einzuhalten (§ 93 Abs. 1 Satz 2), folgt zudem, dass die von ihm getroffenen Prognosen und Werturteile (nur) eingeschränkt gerichtlich kontrolliert werden können[88].

(2) Barkapitalerhöhung. Ein sachlicher Grund für einen Bezugsrechtsausschluss kann 38
im **Ausgleich** von **Spitzenbeträgen** liegen[89]. Es kann ferner gerechtfertigt sein, das Bezugsrecht der Aktionäre auszuschließen, um eine im Rahmen des Börsengangs dem Bankenkonsortium bereits eingeräumte oder noch einzuräumende Mehrzuteilungsoption (**greenshoe**) durch Ausschöpfung weiteren genehmigten Kapitals zu erfüllen[90]. Anerkannt ist ferner der Ausschluss des Bezugsrechts, um Aktien an Arbeitnehmer ausgeben zu können[91]. Die Ausgabe von **Belegschaftsaktien** dient regelmäßig dem Ziel, die Bindung der Arbeitnehmer an das Unternehmen zu festigen, was im Interesse der Gesellschaft liegt[92]. Auch ein **gekreuzter Bezugsrechtsausschluss**, bei dem das Bezugsrecht der Inhaber von Aktien einer Gattung auf die Aktien der anderen Gattung ausgeschlossen wird, ist sachlich gerechtfertigt, wenn er dem Ziel dient, die bestehenden Verhältnisse zwischen den einzelnen Aktiengattungen zu wahren[93]. Der Bezugsrechtsausschluss mit dem Ziel, die neuen Aktien en bloc zu vergeben, kann zum Zwecke der **Sanierung** der Gesellschaft sachlich gerechtfertigt sein[94]. Die Maßnahme muss aber das gebotene Mittel sein, um das Unternehmen unabhängig und frei von Abhängigkeiten zu sanieren[95]. Die **Zulassung** der **Aktie** einer größeren Aktiengesellschaft zum **Handel** an einer **ausländischen Börse** oder die Erweiterung ihrer Präsenz an ausländischen Finanzmärkten, an denen die Aktie bereits zum Börsenhandel zugelassen ist, liegt grundsätzlich im sachlichen Interesse der Gesellschaft[96]. Schließlich kommt auch die **Vorbereitung** eines **Unternehmenszusammenschlusses** als sachlicher Grund für einen Bezugsrechtsausschluss in Betracht[97]. Schließlich wird angenommen, dass eine Kapitalerhöhung unter Bezugsrechtsausschluss als **Abwehrmaßnahme** gegen eine **Übernahme** eingesetzt werden kann, um die Gesellschaft vor einem feindlichen Verhalten zu schützen[98]. Allein auf die Vermutung, dass die

---

88 I.E. ebenso *Servatius* in Spindler/Stilz, § 186 Rz. 49 (analoge Anwendung des § 93 Abs. 1 Satz 2).
89 BGH v. 19.4.1982 – II ZR 55/81 – „Holzmann", BGHZ 83, 319, 323; ebenso OLG Stuttgart v. 20.12.2000 – 20 U 45/00, AG 2001, 200, 201; OLG Frankfurt v. 15.4.1986 – 3 U 191/84, AG 1986, 233, 234 sowie vorgehend LG Frankfurt v. 4.7.1984 – 3/3 O 111/83, AG 1984, 296, 299.
90 KG v. 22.8.2001 – 23 U 6712/99, AG 2002, 243; *Krause* in Habersack/Mülbert/Schlitt, Unternehmensfinanzierung am Kapitalmarkt, § 5 Rz. 53; eingehend *Willamowski*, Bookbuilding, S. 186 ff.
91 BGH v. 19.4.1982 – II ZR 55/81 – „Holzmann", BGHZ 83, 319, 323; BGH v. 30.1.1995 – II ZR 132/93, AG 1995, 227; BGH v. 15.5.2000 – II ZR 359/98 – „Adidas", BGHZ 144, 290 = AG 2000, 475; BGH v. 23.6.1997 – II ZR 132/93 – „Siemens/Nold", BGHZ 136, 133, 136 = AG 1997, 465; vgl. auch OLG Braunschweig v. 29.7.1998 – 3 U 75/98, AG 1999, 84, 86 (Bezugsrechtsausschluss zum Zweck der Gewährung von Aktienoptionsprogrammen); OLG Stuttgart v. 12.8.1998 – 20 U 111/97, AG 1998, 529 (Beschränkung der Bezugsberechtigung der Wandelschuldverschreibungen auf Führungskräfte des Unternehmens).
92 BGH v. 15.5.2000 – II ZR 359/98 – „Adidas", BGHZ 144, 290, 292 = AG 2000, 475.
93 LG Tübingen v. 15.11.1990 – 2 HO 116 und 174/89, AG 1991, 406, 408 (i.E. aber verneint); LG München I v. 2.4.1992 – 5 HKO 8840/91, AG 1993, 195, 196 (die nachfolgenden Instanzen beanstandeten diese Entscheidung nicht).
94 LG Heidelberg v. 16.3.1988 – O 6/88 KfH II, ZIP 1988, 1257, 1258.
95 LG München I v. 19.1.1995 – 5 HKO 12980/94, ZIP 1995, 1013 f. (i.E. verneint).
96 BGH v. 7.3.1994 – II ZR 52/93 – „Deutsche Bank", BGHZ 125, 239; vorgehend OLG Frankfurt/Main v. 9.2.1993 – 5 U 31/92, AG 1993, 281 und LG Frankfurt v. 20.1.1992 – 3/1 O 163/91, WM 1992, 437.
97 BGH v. 19.4.1982 – II ZR 55/81, BGHZ 83 – „Holzmann", 319, 323.
98 Str.; bejahend *Hüffer*, § 186 Rz. 32; *Wiedemann* in Großkomm. AktG, § 186 Rz. 161; bejahend für den Fall, dass eine Vernichtung der Gesellschaft droht BGH v. 6.10.1960 – II ZR 150/58 – „Minimax II", BGHZ 33, 175, 186.

Altaktionäre die neuen Aktien nicht übernehmen werden, kann der Bezugsrechtsausschluss nicht gestützt werden[99].

4. Erleichterter Ausschluss des Bezugsrechts

39   Ein Ausschluss des Bezugsrechts ist insbesondere dann zulässig, wenn die Kapitalerhöhung gegen Bareinlagen zehn vom Hundert des Grundkapitals nicht übersteigt und der Ausgabebetrag den Börsenpreis nicht wesentlich unterschreitet (**§ 186 Abs. 3 Satz 4**). Der Gesetzgeber hatte mit der Einführung dieser Vorschrift im Jahre 1994 das Anliegen verfolgt, die Unternehmensfinanzierung durch Eigenkapital zu erleichtern, ohne die schutzwürdigen Interessen der Altaktionäre, insbesondere der Kleinaktionäre zu beeinträchtigen[100]. Sind die genannten Voraussetzungen erfüllt, bedarf die Kapitalerhöhung unter Bezugsrechtsausschluss keines sachlichen Grundes. Die vom BGH in *„Kali + Salz"* sowie *„Siemens/Nold"* rechtsfortbildend aufgestellten Erfordernisse sind dann also nicht zu beachten (Rz. 44). Diese Lockerung des Vermögensschutzes rechtfertigt sich vor dem Hintergrund, dass die betroffenen Altaktionäre eine Verwässerung ihrer mitgliedschaftlichen Vermögensrechte nicht zu befürchten brauchen und einem möglichen Verlust ihrer Stimmrechtsmacht durch Zukauf über die Börse begegnen können.

a) Voraussetzungen

40   Der erleichterte Ausschluss des Bezugsrechts ist nur bei einer **Barkapitalerhöhung** möglich[101]. Bei einer kombinierten Bar- und Sachkapitalerhöhung sind beide Vorgänge getrennt voneinander zu beurteilen[102].

41   Die Kapitalerhöhung darf außerdem **zehn Prozent** des **Grundkapitals nicht übersteigen**. Entscheidend hierfür ist die im Zeitpunkt der Beschlussfassung eingetragene Grundkapitalziffer. Bei einem Vorratsbeschluss, der den Vorstand im Rahmen des genehmigten Kapitals ermächtigt, das Grundkapital der Gesellschaft in Tranchen von zehn Prozent zu erhöhen, ist § 186 Abs. 3 Satz 4 nicht anwendbar[103].

42   Das Gesetz verlangt ferner, dass der **Ausgabebetrag** den **Börsenpreis nicht wesentlich unterschreitet**. Diese Voraussetzung wirft mehrere Fragen auf, die noch nicht geklärt werden konnten. Einigkeit besteht allein darin, dass die Vorschrift Anwendung findet, wenn Aktien einer Gesellschaft zum amtlichen Markt zugelassen oder zum geregelten Markt oder zum Freiverkehr zugelassen bzw. einbezogen worden sind. Ebenso ist es zu beurteilen, wenn die Aktien auf einem geregelten Markt in einem Staat des Europäischen Wirtschaftsraums gehandelt werden[104]. Zweifelhaft ist allerdings, welcher Börsenpreis maßgeblich ist. Es wird vertreten, dass auf einen Durchschnittskurs einige Tage vor der Ausgabe der neuen Aktien abzustellen sei[105]. Andererseits wird reklamiert, dass der Zeitpunkt der Einladung zur Hauptversammlung maßgeblich sein müsse[106]. Vorzugswürdig ist die erstgenannte Ansicht. Sie harmoniert mit der Vorstellung des Gesetzgebers, dass die vom Bezugsrecht ausgeschlossenen Aktionäre

---

99   OLG Celle v. 29.6.2001 – 9 U 89/01, AG 2002, 292, 293.

100   Begr. BT-Drucks. 12/6721, S. 9 f.

101   Zu Recht kritisch wegen dieser Einschränkung *Ihrig* in Liber amoricum Happ, S. 109, 111.

102   *Hüffer*, § 186 Rz. 39c; *Peifer* in MünchKomm. AktG, § 186 Rz. 85 f.

103   OLG München v. 24.7.1996 – 7 U 6319/95, AG 1996, 518.

104   Vgl. *Krause* in Habersack/Mülbert/Schlitt, Unternehmensfinanzierung am Kapitalmarkt, § 5 Rz. 31; weitergehend *Servatius* in Spindler/Stilz, § 186 Rz. 52; *Peifer* in MünchKomm. AktG, § 186 Rz. 87. A.A. *Hüffer*, § 186 Rz. 39d.

105   *Lutter*, AG 1994, 429, 442; *Hüffer*, § 186 Rz. 39d; *Krause* in Habersack/Mülbert/Schlitt, Unternehmensfinanzierung am Kapitalmarkt, § 5 Rz. 30.

106   *Servatius* in Spindler/Stilz, § 186 Rz. 53.

nicht schlechter gestellt werden dürfen und dass sie ihre Interessen durch einen Zukauf auf den Kapitalmärkten wahren könnten. Dies bedeutet: Setzt also der Vorstand
den Ausgabebetrag fest – wozu er bei einer ordentlichen Kapitalerhöhung jedenfalls
bei Vorgabe eines Mindestbetrags im Hauptversammlungsbeschluss ermächtigt ist
(s. § 182 Rz. 23; s. zur Festsetzung beim genehmigten Kapital § 202 Rz. 18) –, so hat
er den **Börsenkurs kurz vor dem Tag** der **Zeichnung** der **jungen Aktien** zugrunde zu
legen[107]. Ein wesentliches Unterschreiten im Sinne des Gesetzes ist in der Regel anzunehmen, wenn der Ausgabebetrag fünf Prozent oder höher unter dem Börsenkurs
liegt[108].

Auch wenn die Voraussetzungen des § 186 Abs. 3 Satz 4 erfüllt sind, ist ein **Vor-** 43
standsbericht gem. § 186 Abs. 4 Satz 2 zu erstatten. Ausführungen zum Grund für
den Bezugsrechtsausschluss sind entbehrlich, da ein solcher gerade nicht erforderlich
ist[109]. Allerdings sind Ausführungen zum vorgeschlagenen Ausgabebetrag zu machen
(§ 186 Abs. 4 Satz 2 Halbsatz 2). Andernfalls wäre es den Altaktionären nicht möglich, Aufschluss über die Realisierung der Verwässerungsgefahr zu erlangen. Schließlich muss der Vorstand auch darlegen, dass und aus welchen Gründen die Voraussetzungen des § 186 Abs. 3 Satz 4 erfüllt sind bzw. sein werden[110].

b) Rechtsfolgen

Sind die Voraussetzungen des § 186 Abs. 3 Satz 4 erfüllt, **bedarf der Bezugsrechtsaus-** 44
schluss keines sachlichen Grundes. Auch ist eine **Verhältnismäßigkeitsprüfung**
entbehrlich. Es wird unwiderleglich vermutet, dass der Bezugsrechtsausschluss im
Interesse der Gesellschaft liegt[111]. In Betracht kommt allerdings, dass der Beschluss
wegen Verletzung der mitgliedschaftlichen Treuepflicht oder des Gleichbehandlungsgrundsatzes (§ 53a) anfechtbar ist[112]. Dabei kann es auch eine Rolle spielen, ob ein
Zukauf von Aktien an der Börse für einen Minderheitsaktionär überhaupt möglich
ist. Schließlich bleibt auch § 255 Abs. 2 anwendbar.

IV. Mittelbares Bezugsrecht (§ 186 Abs. 5)

Als Ausschluss des Bezugsrechts ist es nicht anzusehen, wenn nach dem Beschluss 45
die neuen Aktien von einem Kreditinstitut oder einem nach § 53 Abs. 1 Satz 1 oder
§ 53b Abs. 1 Satz 1 oder Abs. 7 KWG tätigen Unternehmen mit der Verpflichtung
übernommen werden sollen, sie den Aktionären zum Bezug anzubieten (sogenanntes
mittelbares Bezugsrecht). Die Vorschrift wurde **im Jahre 1965** eingeführt und damit
gerechtfertigt, dass in der Praxis die jungen Aktien meist unter Einschaltung eines
Kreditinstituts begeben würden. Sofern dieses Kreditinstitut der staatlichen Überwachung unterliege, erscheine es vertretbar, das mittelbare Bezugsrecht dem unmittelbaren Bezugsrecht gleichzustellen[113]. Diese Erwägungen sind heute mehr denn je gültig; größere Kapitalerhöhungen erfolgen in der Regel als Fremdemission (s. § 182
Rz. 7).

---

107 *Ihrig* in Liber amoricum Happ, S. 109, 119 (Börsenkurs zeitnah zum Tag der Zeichnung).
108 Vgl. Begr. RegE, BT-Drucks. 12/6721, S. 9; *Peifer* in MünchKomm. AktG, § 186 Rz. 87.
109 Ebenso *Servatius* in Spindler/Stilz, § 186 Rz. 55. A.A. LG München I v. 27.11.1995 – 10 HKO
    11200/95, AG 1996, 138, 139; *Hüffer*, § 186 Rz. 39 f.; *Peifer* in MünchKomm. AktG, § 186
    Rz. 89.
110 *Hüffer*, § 186 Rz. 39f; *Servatius* in Spindler/Stilz, § 186 Rz. 55.
111 Vgl. Begr. RegE BT-Drucks. 12/6721, S. 10. A.A. *Peifer* in MünchKomm. AktG, § 186 Rz. 88;
    Zöllner, AG 2002, 585, 591 f.
112 Vgl. *Peifer* in MünchKomm. AktG, § 186 Rz. 88.
113 Vgl. Ausschussbericht § 186, *Kropff*, Aktiengesetz, S. 296.

1. Voraussetzungen

46   Der Beschluss über die Kapitalerhöhung muss einen **Bezugsrechtsausschluss zugunsten** eines in § 186 Abs. 5 Satz 1 genannten **Emissionsunternehmens** vorsehen. Es kommen lediglich Kreditinstitute oder nach § 53 Abs. 1 Satz 1 oder § 53b Abs. 1 Satz 1 oder Abs. 7 KWG tätige Unternehmen in Betracht[114]. Das Gesetz verlangt nicht, das Emissionsunternehmen bereits namentlich zu benennen. Dieser Punkt kann dem Vorstand überlassen werden, nicht aber die Frage, ob § 186 Abs. 5 in Anspruch genommen werden soll oder nicht[115]. Sofern mehrere Emissionsunternehmen (Emissionskonsortium) eingeschaltet werden sollen, müssen alle Unternehmen unter § 186 Abs. 5 Satz 1 subsumiert werden können. Der Beschluss ist sonst anfechtbar[116].

47   Das Emissionsunternehmen muss sich verpflichten, den Aktionären die neuen Aktien zum Bezug anzubieten. Diese (zukünftige) Bindung des Emissionsunternehmens muss schon im Kapitalerhöhungsbeschluss festgelegt werden[117]. Der zwischen der Gesellschaft und dem Emissionsunternehmen abzuschließende Vertrag ist als **Vertrag zugunsten Dritter** – der Aktionäre – zu qualifizieren (§ 328 BGB)[118] und muss so ausgestaltet sein, dass alle Aktionäre die neuen Aktien erhalten können. Dieser Vertrag muss spätestens zum Zeitpunkt der Zeichnung der neuen Aktien durch das Emissionsunternehmen zustande gekommen sein.

48   Der Vorstand hat das **Bezugsangebot** nach § 186 Abs. 5 Satz 1 mit den Angaben gem. § 186 Abs. 2 Satz 1 und einen endgültigen Ausgabebetrag gem. § 186 Abs. 2 Satz 2 **bekannt zu machen** (§ 186 Abs. 5 Satz 2 Halbsatz 1). Dies gilt auch dann, wenn die neuen Aktien von einem anderen als einem Kreditinstitut oder Unternehmen im Sinne des § 186 Abs. 5 Satz 1 mit der Verpflichtung übernommen werden sollen, sie den Aktionären zum Bezug anzubieten (§ 186 Abs. 5 Satz 2 Halbsatz 2).

2. Rechtsfolgen

49   Die Rechtsfolge des § 186 Abs. 5 liegt darin, dass die **Zuteilung** der **neuen Aktien** an das **Emissionsunternehmen** bzw. das Emissionskonsortium **nicht** als **Bezugsrechtsausschluss** zu beurteilen ist. Es sind daher die in § 186 Abs. 3 und 4 für einen Bezugsrechtsausschluss aufgestellten formellen und materiellen Voraussetzungen nicht einzuhalten. Dies ist gerechtfertigt, weil das Kreditinstitut die jungen Aktien nach Maßgabe der mit der Gesellschaft eingegangenen Verpflichtung den Altaktionären nach Eintragung der Durchführung der Kapitalerhöhung zum Erwerb anbietet. Die Altaktionäre haben gegenüber dem Kreditinstitut einen eigenen schuldrechtlichen Anspruch auf Übertragung der Aktien gegen Zahlung des Ausgabebetrags. Sie können daher auch Schadensersatzansprüche gegen das Kreditinstitut geltend machen (§§ 328 Abs. 1, 280 Abs. 1, 286 BGB; §§ 328 Abs. 1, 281, 283 BGB). Die Altaktionäre sind nicht verpflichtet, die Aktien zu übernehmen. In diesem Fall muss das Kreditinstitut die verbliebenen Aktien den übrigen Aktionären zum Erwerb anbieten[119].

---

114 Vgl. hierzu *du Buisson*, WM 2003, 1401.
115 *Peifer* in MünchKomm. AktG, § 186 Rz. 106.
116 *Hüffer*, § 186 Rz. 46; *Peifer* in MünchKomm. AktG, § 186 Rz. 107; *Servatius* in Spindler/Stilz, § 186 Rz. 64.
117 *Peifer* in MünchKomm. AktG, § 186 Rz. 108.
118 Vgl. BGH v. 22.4.1991 – II ZR 231/90, BGHZ 114, 203, 208 = AG 1991, 270; BGH v. 13.4.1992 – II ZR 277/90, BGHZ 118, 83, 96 = AG 1992, 312; BGH v. 5.4.1993 – II ZR 195/91, BGHZ 122, 180, 186; OLG Düsseldorf v. 24.3.2000 – 16 U 70/99, AG 2001, 51, 52 f.
119 *Servatius* in Spindler/Stilz, § 186 Rz. 69.

V. Steuerrechtliche Aspekte

Grundsätzlich gilt, dass die **Entstehung** oder der **Erlös** aus einem **Bezugsrecht** oder   50
ein **günstiger Bezugskurs keine Einkünfte** i.S.v. §§ 2 Abs. 1 Nr. 5, 20 EStG 1997
sind[120]. Denn der Bezugsanspruch ist kein Ertrag aus der Aktie, sondern dient allein
der Aufrechterhaltung der bisherigen prozentualen Beteiligung am Grundkapital[121].

Werden das **Bezugsrecht** oder die aus der Kapitalerhöhung bezogenen jungen Aktien   51
als **Teil** des **Privatvermögens veräußert**, so stellt dies nach § 23 Abs. 1 Satz 1 Nr. 2
EStG 1997 ein privates Veräußerungsgeschäft dar, wenn der Zeitraum zwischen der
Anschaffung und der Veräußerung nicht mehr als ein Jahr beträgt. Als solches gehört
es zu den sonstigen Einkünften nach § 22 Nr. 2 EStG 1997, die nach § 2 Abs. 1
Satz 1 Nr. 7 EStG 1997 zu versteuern sind. Als Gewinn ist bei Veräußerungsgeschäften nach § 23 Abs. 3 Satz 1 EStG 1997 der Unterschied zwischen dem Veräußerungspreis einerseits und den Anschaffungs- und Werbungskosten andererseits anzusehen.
Diese Erlöse werden nach §§ 23 Abs. 3, 3 Nr. 40 Satz 1 lit. j EStG 1997 lediglich zur
Hälfte besteuert[122]. Nach § 23 Abs. 3 Satz 6 EStG 1997 ist zudem ein Betrag von 512
Euro je Kalenderjahr steuerfrei.

Anders stellt es sich bei der **Veräußerung** von **Anteilen** an einer **Kapitalgesellschaft**   52
dar, wenn der **Veräußerer** innerhalb der letzten fünf Jahre am **Kapital** der Gesellschaft
unmittelbar oder mittelbar zu **mindestens einem Prozent beteiligt** war. Der hieraus
resultierende Gewinn wird nach § 17 Abs. 1 EStG 1997 den Einkünften aus Gewerbebetrieb zugeordnet, die nach § 2 Abs. 1 Nr. 2 EStG 1997 der Einkommensteuer unterliegen. Die Vorschrift des § 17 EStG 1997 gilt für Veräußerungen aus Kapitalbeteiligungen, zu denen nach § 17 Abs. 1 Satz 3 EStG 1997 auch „ähnliche Beteiligungen
oder Anwartschaftsrechte auf solche Beteiligungen" gehören, so dass hierunter auch
Bezugsrechte und junge Aktien aus einer Kapitalerhöhung fallen. Allerdings wird
auch in diesem Falle nach § 3 Nr. 40 Satz 2 lit. c EStG 1997 nur die Hälfte des Gewinns besteuert. Der steuerpflichtige Gewinn ergibt sich aus dem die Veräußerungssowie Anschaffungskosten übersteigenden Veräußerungserlös (§ 17 Abs. 2 Satz 1
EStG 1997).

Veräußert eine Kapitalgesellschaft Bezugsrechte als Anwartschaften auf eine Beteiligung oder aber die aus der Ausübung eines Bezugsrechts erhaltenen jungen Aktien,   53
so richtet sich die Steuerpflicht nach dem KStG. Dieses sieht in § 8b Abs. 2 KStG
vor, dass ein Veräußerungsgewinn steuerfrei ist.

§ 187
Zusicherung von Rechten auf den Bezug neuer Aktien

**(1) Rechte auf den Bezug neuer Aktien können nur unter Vorbehalt des Bezugsrechts
der Aktionäre zugesichert werden.**

**(2) Zusicherungen vor dem Beschluss über die Erhöhung des Grundkapitals sind der
Gesellschaft gegenüber unwirksam.**

---

120 *Hüffer*, § 186 Rz. 57; *Peifer* in MünchKomm. AktG, § 186 Rz. 119.
121 *Peifer* in MünchKomm. AktG, § 186 Rz. 22, 119.
122 Vgl. zur Anwendung des Halbeinkünfteverfahrens *Wagner*, Der Konzern 2006, 668.

I. Allgemeines   1
II. Begriff der Zusicherungen   4
III. Zusicherungen nach dem Kapitalerhö-
hungsbeschluss (§ 187 Abs. 1)   6

IV. Zusicherungen vor dem Kapitalerhöhungsbeschluss (§ 187 Abs. 2)   9

Literatur: *Fuchs*, Selbständige Optionsscheine als Finanzierungsinstrument der Aktiengesellschaft, AG 1995, 433; *Jacobi*, Ein Beitrag zum Bezugsrecht der Aktionäre, in Klausing/Nipperdey/Nußbaum (Hrsg.), Beiträge zum Wirtschaftsrecht, Bd. II, 1931, S. 970.

I. Allgemeines

1   Die Vorschrift sichert in § 187 Abs. 1 das gesetzliche Bezugsrecht der Aktionäre und in § 187 Abs. 2 die Entschließungsfreiheit der Hauptversammlung[1]. So sind **Zusicherungen vor** dem **Beschluss** über die Erhöhung des Grundkapitals der Gesellschaft gegenüber **unwirksam (§ 187 Abs. 2)**. **Zusicherungen nach** dem **Beschluss** können zwar gegeben werden, jedoch nur unter dem Vorbehalt des Bezugsrechts der Aktionäre (§ 187 Abs. 1). Dadurch ist die Verpflichtungsfreiheit der Gesellschaft eingeschränkt[2].

2   § 187 Abs. 1 und Abs. 2 sind auch beim **genehmigten Kapital** anzuwenden (§ 203 Abs. 1), § 187 Abs. 2 bei der bedingten Kapitalerhöhung (§ 193 Abs. 1 Satz 3). Bei einer Kapitalerhöhung zwecks Durchführung einer Verschmelzung besteht kein Bedürfnis für einen Schutz des gesetzlichen Bezugsrechts (ein solches gibt es dann nicht), so dass weder § 187 Abs. 1 noch Abs. 2 Anwendung finden (§ 69 Abs. 1 Satz 1 Halbsatz 1 UmwG).

3   Die Vorschrift stimmt mit **§ 154 AktG 1937** überein[3]. Lediglich die Klammerverweisung in § 187 Abs. 1 auf die Vorschrift über das Bezugsrecht wurde bei der Aktienrechtsnovelle 1965 geändert[4]. Weitere Änderungen hat die Vorschrift seitdem trotz einiger Reformvorschläge[5] und einer nicht unerheblichen praktischen Relevanz[6] nicht erfahren.

II. Begriff der Zusicherungen

4   Der in § 187 Abs. 1 und Abs. 2 verwandte Begriff der Zusicherungen der Gesellschaft ist für beide Regelungen identisch auszulegen. Es werden sowohl **einseitige** als auch **zweiseitige verpflichtende Rechtsgeschäfte**, insbesondere auch Zeichnungsvorverträge (s. § 185 Rz. 29) erfasst[7], nicht hingegen bloße Absichtserklärungen (Memorandum of Understanding)[8]. Ob sie schuldrechtlicher oder organisationsrechtlicher (korporationsrechtlicher) Natur sind, ist ohne Belang. Auch statutarische oder in einem Be-

---

1 Vgl. *Lutter* in KölnKomm. AktG, § 187 Rz. 2 f.; *Wiedemann* in Großkomm. AktG, § 187 Rz. 3.
2 Vgl. *Wiedemann* in Großkomm. AktG, § 187 Rz. 7.
3 Vgl. zu den früheren Regelungen *Wiedemann* in Großkomm. AktG, § 187 Rz. 1.
4 Vgl. Begr. RegE § 187, *Kropff*, Aktiengesetz, S. 296.
5 Vgl. *Lutter* in KölnKomm. AktG, § 187 Rz. 4; kritisch auch *Wiedemann* in Großkomm. AktG, § 187 Rz. 4.
6 Vgl. zur Bedeutung der Vorschrift bei sog. Business Combination Agreements *Servatius* in Spindler/Stilz, § 187 Rz. 18 ff.
7 *Lutter* in KölnKomm. AktG, § 187 Rz. 5.
8 *Servatius* in Spindler/Stilz, § 187 Rz. 5.

schluss getroffene Zusicherungen unterliegen § 187[9]. Voraussetzung ist, dass die Zusicherung durch die **Gesellschaft** – entweder gegenüber einem Dritten oder gegenüber einem Aktionär[10] – erfolgt.

Verpflichtungen der Zeichner, neue Aktien zu übernehmen oder an eine andere Person/einen Aktionär weiter zu leiten, werden von der Vorschrift **nicht geregelt**[11]. Dies ist von Bedeutung bei der Fremddemission nach § 186 Abs. 5. Haben die Aktionäre ein mittelbares Bezugsrecht, ist § 187 nur dann anzuwenden, wenn die Gesellschaft auch gegenüber dem Emissionsunternehmen die Bezugsrechte zusichert[12].   5

III. Zusicherungen nach dem Kapitalerhöhungsbeschluss (§ 187 Abs. 1)

Wurde das Bezugsrecht der Aktionäre gem. § 186 Abs. 3 ausgeschlossen, so kann die Gesellschaft anderen Personen Rechte auf den Bezug neuer Aktien zusichern; § 187 Abs. 1 findet keine Anwendung. Wird aber das Kapital der Gesellschaft unter Wahrung des Bezugsrechts der Aktionäre erhöht (§ 186 Abs. 1), so geht das gesetzliche Bezugsrecht einem von der Gesellschaft vertraglich oder statutarisch zugesicherten Bezugsrecht vor. Dies ist die **zentrale Aussage** des § 187 Abs. 1.   6

Eine verbreitete Ansicht interpretiert die Vorschrift als ein Verpflichtungsverbot für die Gesellschaft[13], so dass verbotswidrige Zusicherungen nichtig wären (§ 134 BGB). Diese strenge Rechtsfolge kann aber weder aus dem Wortlaut noch aus dem Sinn und Zweck des § 187 Abs. 1 abgeleitet werden. Es ist vielmehr anzunehmen, dass eine **Zusicherung** i.S.d. § 187 Abs. 1 stets unter dem **Vorbehalt des gesetzlichen Bezugsrechts** erfolgt. Dieser Vorbehalt braucht nicht ausdrücklich zu erklärt werden[14]. Die Gesellschaft kann und darf daher zugesicherte Bezugsrechte bedienen, wenn die gesetzlichen Bezugsrechte der Aktionäre nicht oder nicht vollständig ausgeübt wurden[15]. Dies kann zur Folge haben, dass manche Zeichnungswillige nicht bedient werden können. Aus § 187 Abs. 1 folgt, dass dann Schadensersatzansprüche gegen die Gesellschaft nicht bestehen[16].   7

Auch wenn der Vorbehalt i.S.d. § 187 Abs. 1 kraft Gesetzes gilt, kann es sich empfehlen, die **Zusicherung von Bezugsrechten** ausdrücklich unter den Vorbehalt des gesetzlichen Bezugsrechts zu stellen. Damit kann zudem erreicht werden, dass zeichnungswillige Dritte, die wegen vorrangiger gesetzlicher Bezugsrechte nicht zum Zuge kommen, gegen die Vorstandsmitglieder persönlich Schadensersatzansprüche wegen enttäuschten Vertrauens geltend machen[17].   8

---

9 Vgl. *Hüffer*, § 187 Rz. 2; *Wiedemann* in Großkomm. AktG, § 187 Rz. 5.
10 *Lutter* in KölnKomm. AktG, § 187 Rz. 7.
11 Vgl. *Wiedemann* in Großkomm. AktG, § 187 Rz. 6.
12 Vgl. *Lutter* in KölnKomm. AktG, § 187 Rz. 6.
13 Vgl. *Wiedemann* in Großkomm. AktG, § 187 Rz. 7, 14.
14 Vgl. *Jacobi* in Klausing/Nipperdey/Nußbaum, Beiträge zum Wirtschaftsrecht, S. 970, 974; *Hüffer*, § 187 Rz. 4; *Peifer* in MünchKomm. AktG, § 187 Rz. 10; i.E. ähnlich *Lutter* in Köln-Komm. AktG, § 186 Rz. 10 (mündliche oder konkludente Vorbehaltserklärung genügt) und Rz. 14 (zugesichertes Bezugsrecht entstehe immer kraft Gesetzes mit einem Vorbehalt).
15 Zur Frage, wie die frei werdenden Bezugsrechte an die Zeichnungswilligen zu verteilen sind, vgl. einerseits *Peifer* in MünchKomm. AktG, § 187 Rz. 11 (grundsätzlich Verteilung nach dem Prioritätsprinzip) und andererseits *Lutter* in KölnKomm. AktG, § 187 Rz. 10 (Repartierung).
16 Vgl. *Hüffer*, § 187 Rz. 6; *Peifer* in MünchKomm. AktG, § 187 Rz. 10. A.A. *Servatius* in Spindler/Stilz, § 187 Rz. 15 (der Vorbehalt müsse ausdrücklich als aufschiebende Bedingung (§ 158 Abs. 2 BGB) in die Zusicherung aufgenommen werden).
17 Vgl. *Peifer* in MünchKomm. AktG, § 187 Rz. 10.

IV. Zusicherungen vor dem Kapitalerhöhungsbeschluss (§ 187 Abs. 2)

9   **Zusicherungen vor dem Beschluss** über die Erhöhung des Grundkapitals sind der Gesellschaft gegenüber unwirksam sind (§ 187 Abs. 2). Hieraus folgt zunächst, dass die Gesellschaft Rechte auf den Bezug neuer Aktien weder vertraglich noch statutarisch zusichern kann. Dennoch sind solche Vereinbarungen oder Erklärungen nicht ohne jede Rechtswirkung, wenn sie unter dem Vorbehalt des Zustandekommens des Kapitalerhöhungsbeschlusses erfolgen. Sie sind in diesem Fall als schwebend unwirksam anzusehen[18]. Beschließt die Hauptversammlung später die Erhöhung des Grundkapitals, ohne das Bezugsrecht der Aktionäre auszuschließen, werden die gegebenen Zusicherungen wirksam. Sie stehen allerdings unter dem Vorbehalt des Bezugsrechts der Aktionäre (§ 187 Abs. 1; s. Rz. 6). Die Entschließungsfreiheit der Hauptversammlung wird somit nicht unangemessen beeinträchtigt. Sie wird auch nicht durch mögliche Schadensersatzansprüche der vermeintlich Bezugsberechtigten gegen die Gesellschaft gefährdet[19]; solche Ansprüche können nicht entstehen (s. Rz. 7).

§ 188
Anmeldung und Eintragung der Durchführung

(1) Der Vorstand und der Vorsitzende des Aufsichtsrats haben die Durchführung der Erhöhung des Grundkapitals zur Eintragung in das Handelsregister anzumelden.

(2) Für die Anmeldung gelten sinngemäß § 36 Abs. 2, § 36a und § 37 Abs. 1. Durch Gutschrift auf ein Konto des Vorstands kann die Einzahlung nicht geleistet werden.

(3) Der Anmeldung sind beizufügen

1. die Zweitschriften der Zeichnungsscheine und ein vom Vorstand unterschriebenes Verzeichnis der Zeichner, das die auf jeden entfallenden Aktien und die auf sie geleisteten Einzahlungen angibt;

2. bei einer Kapitalerhöhung mit Sacheinlagen die Verträge, die den Festsetzungen nach § 183 zugrunde liegen oder zu ihrer Ausführung geschlossen worden sind;

3. eine Berechnung der Kosten, die für die Gesellschaft durch die Ausgabe der neuen Aktien entstehen werden;

4. wenn die Erhöhung des Grundkapitals der staatlichen Genehmigung bedarf, die Genehmigungsurkunde.

(4) Anmeldung und Eintragung der Durchführung der Erhöhung des Grundkapitals können mit Anmeldung und Eintragung des Beschlusses über die Erhöhung verbunden werden.

(5) *(weggefallen)*

I. Allgemeines	1	2. Einlageleistung	5
II. Voraussetzungen der Anmeldung	4	a) Bareinlage	6
1. Vollständige Zeichnung	4	b) Sacheinlage	12
		c) Probleme bei Voreinzahlungen	14

---

18 Vgl. *Hüffer*, § 187 Rz. 5; *Lutter* in KölnKomm. AktG, § 187 Rz. 17 ff.; *Peifer* in MünchKomm. AktG, § 187 Rz. 13. A.A. *Wiedemann* in Großkomm. AktG, § 187 Rz. 8 mit der Begründung, andernfalls wäre die Verhandlungsfreiheit der Hauptversammlung nicht gewahrt; *Servatius* in Spindler/Stilz, § 187 Rz. 12.

19 *Peifer* in MünchKomm. AktG, § 187 Rz. 13; *Wiedemann* in Großkomm. AktG, § 187 Rz. 8.

III. Inhalt der Anmeldung 21
1. Allgemeines 21
2. Antrag 22
3. Erklärungen und Nachweise (§ 188 Abs. 2) 23
4. Beizufügende Unterlagen (§ 188 Abs. 3) 26

5. Satzungsänderung 31
IV. Verbindung der Anmeldung (§ 188 Abs. 4) 32
V. Aufbewahrung 33
VI. Prüfung durch das Registergericht . . 34

Literatur: *Cahn,* Kapitalaufbringung im Cash-Pool, ZHR 166 (2002), 278; *Frey,* Einlagen in Kapitalgesellschaften, 1990; *Hallweger,* Die freie Verfügbarkeit von Bareinlagen aus Kapitalerhöhungen in der Aktiengesellschaft, DStR 2002, 2131; *Hellwig,* Kapitalerhöhungen im Cash-Pool, in FS Peltzer, 2001, S. 163; *Henze,* Zur Problematik der „verdeckten (verschleierten) Sacheinlage" im Aktien- und GmbH-Recht – Unter besonderer Berücksichtigung der Rückzahlung von Darlehen aus den Mitteln der Kapitalerhöhung, ZHR 154 (1990), 105; *Hommelhoff/Kleindiek,* Schuldrechtliche Verwendungspflichten und „freie Verfügung" bei der Barkapitalerhöhung, ZIP 1987, 477; *Hüffer,* Wertmäßige statt gegenständlicher Unversehrtheit von Bareinlagen im Aktienrecht, ZGR 1993, 474; *Krafka/Willer,* Registerrecht, 7. Aufl. 2007; *Kort,* Voreinzahlungen auf künftige Kapitalerhöhungen bei AG und GmbH, DStR 2002, 1223; *Lamb,* Die „Vorfinanzierung" von Kapitalerhöhungen durch Voreinzahlung auf eine künftige Einlageverpflichtung, 1991; *Lutter/Friedewald,* Kapitalerhöhung, Eintragung im Handelsregister und Amtslöschung, ZIP 1986, 691; *Priester,* Vorleistungen auf Stammeinlagen bei sanierender Kapitalerhöhung, in FS Fleck, 1988, S. 231; *Roth,* Die wertgleiche Deckung als Eintragungsvoraussetzung, ZHR 167 (2003), 89; *K. Schmidt,* Barkapitalaufbringung und „freie Verfügung" bei der Aktiengesellschaft und der GmbH, AG 1986, 106; *Wilhelm,* Kapitalaufbringung und Handlungsfreiheit der Gesellschaft nach Aktien- und GmbH-Recht, ZHR 152 (1988), 333.

I. Allgemeines

Die Vorschrift bestimmt die Anforderungen an die Durchführung der Kapitalerhöhung. Dazu begründet sie eine **sinngemäße Anwendung** zentraler **Vorschriften** des **Gründungsrechts** über die **reale Kapitalaufbringung** (§ 188 Abs. 2). Außerdem bestimmt sie, wer die **Anmeldung** vorzunehmen hat (§ 188 Abs. 1), welche **Erklärungen** und **Nachweise** zu erbringen (§ 188 Abs. 2) sowie welche Dokumente der Anmeldung beizufügen sind (§ 188 Abs. 3). Die Vorschrift steht in einem unmittelbaren Zusammenhang mit der in § 184 geregelten Anmeldung des Kapitalerhöhungsbeschlusses. Aus § 188 Abs. 4 folgt, dass die Anmeldung und Eintragung der Durchführung der Erhöhung des Grundkapitals mit der Anmeldung und Eintragung des Beschlusses über die Kapitalerhöhung verbunden werden kann.   1

Die Vorschrift dient dem **Gläubigerschutz.** Auch wenn sie keine unmittelbare Aussage zur registergerichtlichen Kontrolle trifft, determiniert sie diese. Die in § 188 getroffenen Regeln gelten grundsätzlich auch beim genehmigten Kapital (Ausnahme: § 204 Abs. 3 Satz 2; s. hierzu § 204 Rz. 15). Bei der zur Durchführung der Verschmelzung erfolgenden Kapitalerhöhung der übernehmenden Gesellschaft finden § 188 Abs. 2 und Abs. 3 Nr. 1 keine Anwendung (§ 69 Abs. 1 Satz 1 UmwG).   2

Die Vorschrift wurde im Jahre 1965 im Wesentlichen unverändert aus **§ 155 AktG 1937 übernommen**[1]. Die seinerzeit in § 188 Abs. 4 vorgesehene Regelung über die Prüfung der Sacheinlage wurde aus Anlass der Umsetzung der **Kapitalrichtlinie** aufgehoben und in § 183 Abs. 3 Satz 1 neu formuliert (s. hierzu § 183 Rz. 28). Bei dieser Gelegenheit wurde außerdem in § 188 Abs. 2 zusätzlich auf § 36a verwiesen. Die nächste Änderung erfolgte durch das Gesetz für kleine Aktiengesellschaften und zur   3

---

1 Vgl. Begr. RegE zu § 188; *Kropff,* Aktiengesetz, S. 297.

Deregulierung des Aktienrechts vom 2.8.1994, mit dem die Verpflichtung, den Prüfungsbericht bei der Industrie- und Handelskammer einzureichen, aufgehoben wurde[2]. Schließlich wurde § 188 Abs. 5 durch das Gesetz über elektronische Handelsregister und Genossenschaftsregister sowie das Unternehmensregister vom 10.11.2006 aufgehoben[3].

II. Voraussetzungen der Anmeldung

1. Vollständige Zeichnung

4   Die Anmeldung der Durchführung des Kapitalerhöhungsbeschlusses setzt voraus, dass der im Beschluss festgesetzte Erhöhungsbetrag vollständig gezeichnet ist. Ist im Beschluss ein Mindest- bzw. Höchstbetrag festgesetzt (s. hierzu § 182 Rz. 15 f.), muss diese Anforderung erfüllt sein. Dies bedeutet, dass Zeichnungen in Höhe des Mindest- bzw. Höchstbetrags vorliegen müssen[4]. Voraussetzung ist, dass die Zeichnungen wirksam sind (s. hierzu § 185 Rz. 4 ff.) sowie die Zeichnungsfrist (vgl. § 185 Abs. 1 Satz 3 Nr. 4 AktG; s. hierzu § 185 Rz. 18) noch nicht abgelaufen ist.

2. Einlageleistung

5   Aus dem **Verweis** des § 188 Abs. 2 Satz 1 auf **die gründungsrechtlichen Vorschriften** über die Aufbringung des Kapitals folgt, dass die Zeichner die von ihnen geschuldeten Einlageleistungen erbracht haben müssen. In der Anmeldung ist außerdem zu erklären, dass die Voraussetzungen über die Leistungen der Einlagen erfüllt sind. Ferner ist nachzuweisen, dass der eingezahlte Betrag endgültig zur freien Verfügung des Vorstands steht. Auf diese Weise soll es dem Registergericht ermöglicht werden, die Ordnungsgemäßheit der Kapitalaufbringung zu kontrollieren.

a) Bareinlage

6   Die Anforderungen an die Leistung der Bareinlage ergeben sich zunächst aus **§ 36 Abs. 2 und § 36a Abs. 1**, die gem. § 188 Abs. 2 Satz 1 sinngemäß anzuwenden sind. Es sind zwei Bausteine der Kapitalaufbringung herauszustellen.

7   Erstens: **Auf jede Aktie muss der eingeforderte Betrag ordnungsgemäß eingezahlt worden sein**. Der Begriff des eingeforderten Betrags wird in § 36a bestimmt. Er muss mindestens ein Viertel des geringsten Ausgabebetrags und bei Ausgabe der Aktien für einen höheren als diesen auch den Mehrbetrag umfassen. Wie der eingeforderte Betrag ordnungsgemäß eingezahlt wird, ergibt sich zunächst aus § 54 Abs. 3. Nach dieser Vorschrift kann der Betrag nur in gesetzlichen Zahlungsmitteln oder durch Gutschrift auf ein Konto bei einem Kreditinstitut oder einem nach § 53 Abs. 1 Satz 1 oder § 53b Abs. 1 Satz 1 oder Abs. 7 KWG tätigen Unternehmen der Gesellschaft oder des Vorstands eingezahlt werden. Abweichend hierzu bestimmt allerdings § 188 Abs. 2 Satz 2, dass durch Gutschrift auf ein Konto des Vorstands die Einzahlung nicht geleistet werden kann. Dies bedeutet, dass die Einzahlung auf ein Konto der Gesellschaft zu leisten ist.

8   Zweitens: Soweit der **Betrag** nicht bereits zur Bezahlung der bei der Gründung angefallenen Steuern und Gebühren verwandt wurde, muss er **endgültig zur freien Verfügung des Vorstands stehen** (§ 36 Abs. 2 Satz 1; dazu Rz. 10). Ist im Beschluss über die Kapitalerhöhung ein höherer Mindestbetrag festgesetzt, so muss dieser zur Verfügung

---

2 BGBl. I 1994, 1961.
3 BGBl. I 2006, 2553.
4 *Hüffer*, § 188 Rz. 4.

des Vorstands stehen[5]. Außerdem ist im Falle einer Einmann-Gesellschaft zu beachten, dass der Aktionär zusätzlich für den Teil der Geldeinlage, der den eingeforderten Betrag übersteigt, eine Sicherung zu bestellen hat (§ 36 Abs. 2 Satz 2). Hinsichtlich der Einzelheiten einer wirksamen Kapitalaufbringung kann auf die Erläuterungen zu den Gründungsvorschriften verwiesen werden (s. § 36 Rz. 3 ff., § 36a Rz. 1 ff. und § 54 Rz. 4 ff.). Eine eigenständige Würdigung muss die Anforderung erfahren, dass der eingeforderte und eingezahlte Betrag nach dem Wortlaut der Vorschriften (§ 188 Abs. 2 Satz 1 i.V.m. § 36 Abs. 2 Satz 1) bis zum Zeitpunkt der Anmeldung vorhanden und zur freien Verfügung des Vorstands stehen muss.

Der BGH hatte zunächst anerkannt, dass das Mindestkapital bereits vor der Anmeldung in den Wirtschafts- und Zahlungskreislauf der Gesellschaft einbezogen werden darf, jedoch verlangt, dass die mit den Einlagemitteln getätigten Investitionen dazu geführt haben, dass der Gesellschaft ein den aufgewandten Mitteln entsprechender Wert zugeflossen ist, der – für sich genommen – im Zeitpunkt der Anmeldung noch vorhanden ist (**Vorbehalt der wertgleichen Deckung**)[6]. Diese im Gläubigerinteresse aufgestellte Hürde hat der BGH[7] mittlerweile jedoch aufgegeben. Zur Begründung hat er angeführt, bei der Kapitalerhöhung werde die Einlage – anders als bei der Gründung – an die bereits bestehende Gesellschaft geleistet. Deshalb bedürfe es keiner besonderen Maßnahmen zur Gewährleistung einer ordnungsgemäßen Aufbringung des Kapitals. Auch sei die Vorstellung des historischen Gesetzgebers, die Kapitalerhöhung sei als eine Teilneugründung zu verstehen, überholt. Die Erhöhung des Grundkapitals führe nicht zu einer Veränderung der Kapitalgesellschaft in ihrer Eigenschaft als juristische Person, sondern lediglich zu einer Erweiterung des Haftkapitals. Der Vorgang der Mittelaufbringung sei abgeschlossen, wenn das der Deckung der erhöhten Kapitalziffer dienende Vermögen unmittelbar der Gesellschaft zugeflossen sei. Von diesem Zeitpunkt an sei der Vorstand berechtigt und verpflichtet, im Rahmen seiner unternehmerischen Entscheidungsfreiheit im Interesse der Gesellschaft über das eingebrachte Vermögen zu verfügen[8]. 9

Der neueren Judikatur ist zuzustimmen[9]. Sie verwirklicht einerseits ein gebotenes Maß an Gläubigerschutz. Denn der **Rückfluss** der **Einlage** an den Zeichner ist weiterhin **unzulässig**. Andererseits gewährleistet die vom BGH eingeschlagene Linie ein größeres Maß an Handlungsfreiheit, die der Vorstand nach eigenem pflichtgemäßen Ermessen (§ 93 Abs. 1 Satz 2) im Interesse der Gesellschaft ausüben kann. Schließlich ist die registergerichtliche Kontrolle gewährleistet, weil bei der **Anmeldung** der **Kapitalerhöhung** zur Eintragung in das Handelsregister zu versichern ist, dass der **Einlagebetrag** für die Zwecke der Gesellschaft **zur endgültig freien Verfügung der Geschäftsführung eingezahlt und auch in der Folge nicht an den Einleger zurückgezahlt worden ist**[10]. 10

Ein **Test** für den neu konzipierten Kapitalschutz sind **Cash-Pool-Vereinbarungen**. Erbringt beispielsweise das herrschende Unternehmen seine Bareinlage durch Einzahlung auf ein Konto, das zugunsten des von ihm geführten Zielkontos ausgeglichen wird, muss von einer Einlagerückzahlung ausgegangen werden (s. § 27 Rz. 64, 49 ff.). 11

---

5 *Peifer* in MünchKomm. AktG, § 188 Rz. 10.

6 Vgl. BGH v. 13.7.1992 – II ZR 263/91, BGHZ 119, 177, 187 f. = AG 1992, 443.

7 BGH v. 18.3.2002 – II ZR 363/00, BGHZ 150, 197, 199 f. = AG 2002, 456.

8 BGH v. 18.3.2002 – II ZR 363/00, BGHZ 150, 197, 199 f. = AG 2002, 456; zuvor bereits *Priester*, ZIP 1994, 599, 602.

9 Ebenso *Hallweger*, DStR 2002, 2131, 2133 ff.; *Roth*, ZHR 167 (2003), 89, 98 ff.; kritisch *Peifer* in MünchKomm. AktG, § 188 Rz. 16.

10 BGH v. 18.3.2002 – II ZR 363/00, BGHZ 150, 197, 201 = AG 2002, 456.

b) Sacheinlage

12   Bei einer Sachkapitalerhöhung ist gem. § 188 Abs. 2 Satz 1 die in § 36a Abs. 2 getroffene Vorschrift anwendbar. Danach sind **Sacheinlagen vollständig zu leisten**. Sacheinlagen werden **sofort fällig** und sind **vor der Anmeldung zu erbringen**[11]. Besteht die Sacheinlage in der Verpflichtung, einen Vermögensgegenstand auf die Gesellschaft zu übertragen, so muss diese Leistung innerhalb von fünf Jahren nach der Eintragung der Gesellschaft in das Handelsregister zu bewirken sein (§ 36a Abs. 2 Satz 2). Hieraus folgt, dass bei einer Sacheinlage in Gestalt einer Verpflichtung zur Einbringung eines Vermögensgegenstandes zum Zeitpunkt der Anmeldung alle Erklärungen des Inferenten, die für eine wirksame Übertragung des Vermögensgegenstandes erforderlich sind, vorliegen müssen[12]. Die Frist von fünf Jahren hat die Funktion, zu gewährleisten, dass die Gegenstände auch tatsächlich eingebracht werden.

13   Schließlich ist zu beachten, dass der **Wert der Sacheinlage** dem geringsten Ausgabebetrag und bei Ausgabe der Aktien für einen höheren als diesen auch dem Mehrbetrag entsprechen muss (§ 188 Abs. 2 Satz 1 i.V.m. § 36a Abs. 2 Satz 3). Dieses Verbot der Unterpariemission wird flankiert durch eine Differenzhaftung, die sich auch auf ein freiwillig festgesetztes korporationsrechtliches Aufgeld erstreckt (str.; s. § 183 Rz. 8).

c) Probleme bei Voreinzahlungen

14   Voraussetzung für eine befreiende Einlageleistung ist, dass ein Kapitalerhöhungsbeschluss gefasst wurde. **Voreinzahlungen** auf eine künftige Kapitalerhöhung sind **grundsätzlich unzulässig**[13]. Es kann aber ein vitales Interesse dafür geben, solche Zahlungen in bestimmten Situationen anzuerkennen. Befindet sich die Gesellschaft in der Krise, so ist es im Regelfall erforderlich, frisches Kapital zuzuführen. Wenn sie schon zahlungsunfähig oder überschuldet ist (§ 92 Abs. 2), bleibt angesichts einer maximalen Überlegungsfrist von drei Wochen wenig Zeit, die Krise zu meistern. Banken und sonstige Fremdkapitalgeber machen jedoch ihr finanzielles Engagement häufig davon abhängig, an der Gesellschaft beteiligt zu werden. Im Schrifttum hat sich daher zu Recht die Meinung durchgesetzt, in **Sanierungssituationen** unter bestimmten Voraussetzungen eine **befreiende Einlageleistung** zuzulassen[14].

15   Der **BGH** hatte lange Zeit offen gelassen, ob eine Vorleistung ausnahmsweise als gültig erachtet werden kann[15]. Erst mit dem Urteil vom 26.6.2006 (zur GmbH) hat er sich dazu bekannt, eine **Durchbrechung** der **gesetzlichen Reihenfolge** der bei einer Kapitalerhöhung einzuhaltenden Schritte **anzuerkennen**[16]; allerdings nur „unter

---

11 *Peifer* in MünchKomm. AktG, § 188 Rz. 20.

12 *Hüffer*, § 188 Rz. 9; *Peifer* in MünchKomm. AktG, § 188 Rz. 21. A.A. *Lutter* in KölnKomm. AktG, § 188 Rz. 27. S. hierzu auch § 36a Rz. 3.

13 BGH v. 7.11.1994 – II ZR 248/93, ZIP 1995, 28; BGH v. 21.6.1996 – II ZR 98/95, ZIP 1996, 1466; BGH v. 18.9.2000 – II ZR 365/98, BGHZ 145, 50, 154; BGH v. 26.6.2006 – II ZR 43/05, DB 2006, 2621, 2622 (zur GmbH).

14 Vgl. grundlegend *Lutter/Hommelhoff/Timm*, BB 1980, 737; ferner *Priester* in FS Fleck, S. 231, 237; *K. Schmidt*, ZGR 1982, 519, 528; *Lamb*, Die „Vorfinanzierung" von Kapitalerhöhungen, S. 48 ff.; *Peifer* in MünchKomm. AktG, § 188 Rz. 18. A.A. LG Düsseldorf v. 24.4.1986 – 34 O 165/83, WM 1986, 792; *D. Schneider/Verhoeven*, ZIP 1982, 644, 645 ff.; *Wiedemann*, ZIP 1991, 1257, 1266 f.

15 Vgl. BGH v. 13.4.1992 – II ZR 277/90, BGHZ 118, 83, 90; BGH v. 7.11.1994 – II ZR 248/93, NJW 1995, 460, 461; BGH v. 18.9.2000 – II ZR 365/98, BGHZ 145, 150, 154. Vgl. ferner aus der Instanzgerichtsrechtsprechung (zur GmbH) OLG Düsseldorf v. 25.6.1981 – 6 U 79/80, ZIP 1981, 847, 856; OLG Düsseldorf v. 14.7.1981 – 6 U 259/80, WM 1981, 960, 963; OLG Hamm v. 7.4.1986 – 8 U 278/85, ZIP 1986, 1321; OLG Hamm v. 21.5.1990 – 8 U 219/89, GmbHR 1991, 198, 199; OLG Stuttgart v. 31.5.1994 – 10 U 253/93, ZIP 1994, 1532, 1534.

16 Vgl. BGH v. 26.6.2006 – II ZR 43/05, DB 2006, 2621, 2622 ff. = GmbHR 2006, 1328.

strengen Voraussetzungen ..., nämlich wenn die Rettung der sanierungsbedürftigen und sanierungsfähigen Gesellschaft scheitern würde, falls die üblichen Kapitalaufbringungsregeln beachtet werden"[17]. Nach diesem Urteil müssen insgesamt fünf, vom Gesellschafter darzulegende und zu beweisende[18] Voraussetzungen erfüllt sein; sie sind auch für das Recht der Aktiengesellschaft gültig.

So ist zunächst erforderlich, dass ein **akuter Sanierungsfall** vorliegt. Der II. Zivilsenat meint damit nur solche Fälle, in denen die Kapitalmaßnahme eine Überschuldung oder Zahlungsunfähigkeit abwenden soll. Ein billigenswertes Bedürfnis für die Anerkennung der Tilgungswirkung bestehe nur dann, „wenn andere Maßnahmen wie die Einzahlung von Mitteln in die Kapitalrücklage oder auf ein gesondertes, der Haftung für einen bestehenden Bankkredit nach den bankrechtlichen Regeln nicht unterliegendes Sonderkonto nicht zum Ziel führen und die Gesellschaft wegen des engen zeitlichen Rahmens des § 64 Abs. 1 GmbHG sofort über die frischen Mittel verfügen muss"[19].   16

Zweitens fordert der BGH, dass der **Gesellschafter** mit **Sanierungswillen** handelt und dass nach der pflichtgemäßen Einschätzung eines objektiven Dritten die **Gesellschaft objektiv sanierungsfähig** und die **Voreinzahlung objektiv geeignet** ist, die Gesellschaft durchgreifend zu **sanieren**[20].   17

Drittens ist die **Vorleistung eindeutig** und für Dritte erkennbar mit dem **Tilgungszweck** der Kapitalerhöhung zu verbinden. Dies bedeutet, dass die Zahlung in der Weise zu kennzeichnen ist, dass die damit bezweckte Erfüllung der künftigen Einlageschuld außer jedem Zweifel steht[21]. Eines besonderen Rangrücktritts bedürfe es aber nicht, weil die auf die Sanierung bezogene Zweckbestimmung der Leistung als (künftiges) Stammkapital bereits den Rangrücktritt in sich trage[22].   18

Viertens muss zwischen der **Voreinzahlung** und der folgenden **Kapitalerhöhung** ein **enger zeitlicher Zusammenhang** bestehen. Auch diese Voraussetzung begreift der BGH im Sinne eines effektiven Gläubigerschutzes restriktiv formuliert: Die Kapitalerhöhung muss im Zahlungszeitpunkt bereits konkret in die Wege geleitet worden sein[23].   19

Schließlich ist Voraussetzung für die Anerkennung einer Tilgungswirkung, dass die **Voreinzahlung** sowohl in dem Kapitalerhöhungsbeschluss als auch in der **Anmeldung offen gelegt** wird[24]. Insbesondere ist in dem Beschluss unter Darlegung der finanziellen Schwierigkeiten der Gesellschaft der tatsächliche Zahlungszeitpunkt anzugeben. Die Geschäftsführung hat in der Anmeldung der Kapitalerhöhung mitzuteilen, zu welchem Zeitpunkt vor der Beschlussfassung der Einlagebetrag zwecks Überwindung einer finanziellen Krise eingezahlt worden ist[25].   20

---

17 BGH v. 26.6.2006 – II ZR 43/05, DB 2006, 2621, 2622 = GmbHR 2006, 1328.
18 BGH v. 26.6.2006 – II ZR 43/05, DB 2006, 2621, 2622 = GmbHR 2006, 1328.
19 BGH v. 26.6.2006 – II ZR 43/05, DB 2006, 2621, 2622 = GmbHR 2006, 1328.
20 BGH v. 26.6.2006 – II ZR 43/05, DB 2006, 2621, 2622 f. = GmbHR 2006, 1328.
21 BGH v. 26.6.2006 – II ZR 43/05, DB 2006, 2621, 2623 = GmbHR 2006, 1328.
22 Vgl. BGH v. 26.6.2006 – II ZR 43/05, DB 2006, 2621, 2623 = GmbHR 2006, 1328; so auch *Hüffer*, § 188 Rz. 8. A.A. *Priester* in FS Fleck, S. 231, 242 f.
23 BGH v. 26.6.2006 – II ZR 43/05, DB 2006, 2621, 2623 = GmbHR 2006, 1328 (mit weiteren Konkretisierungen).
24 BGH v. 26.6.2006 – II ZR 43/05, DB 2006, 2621, 2623 = GmbHR 2006, 1328; so schon OLG München v. 10.8.1999 – 17 U 6479/97, NZG 1999, 84 f.; *Hüffer*, § 188 Rz. 8.
25 BGH v. 26.6.2006 – II ZR 43/05, DB 2006, 2621, 2623 = GmbHR 2006, 1328.

III. Inhalt der Anmeldung

1. Allgemeines

21   Die Anmeldung muss die in § 188 Abs. 2 Satz 1 i.V.m. § 37 Abs. 1 aufgeführten **Erklärungen und Nachweise** über die Einlageleistungen enthalten (Rz. 18). Ferner sind die in § 188 Abs. 3 aufgelisteten Dokumente beizufügen. Zuständig sind der Vorstand und der Vorsitzende des Aufsichtsrats gemeinsam (§ 188 Abs. 1). Die Pflicht zur Anmeldung hat ihre Grundlage in der organschaftlichen Rechtsstellung des Vorstands und des Vorsitzenden des Aufsichtsrats. Sie ist insbesondere nicht im Interesse der Allgemeinheit bzw. Öffentlichkeit begründet[26]. Im Übrigen, insbesondere zur Vertretung, gelten die zur Anmeldung des Kapitalerhöhungsbeschlusses (§ 184) gemachten Ausführungen entsprechend (s. § 184 Rz. 4).

2. Antrag

22   Die Anmeldung nach § 188 Abs. 1 ist als ein **Antrag** zu qualifizieren, der darauf gerichtet ist, dass das **Registergericht** die **Durchführung** der **Kapitalerhöhung** in das **Handelsregister einträgt**[27]. Die prozessuale Erklärung des Vorstands und des Aufsichtsratsvorsitzenden beurteilt sich nach den Regeln über die freiwillige Gerichtsbarkeit[28]. Die Anmeldung der Durchführung kann jederzeit zurückgenommen werden. Dazu sind die Organmitglieder gegenüber ihrer Gesellschaft sogar verpflichtet, wenn sie feststellen, dass der Kapitalerhöhungsbeschluss nichtig ist[29]. Die Anmeldung hat nach § 12 Abs. 1 HGB elektronisch in öffentlich beglaubigter Form zu geschehen (s. § 184 Rz. 3).

3. Erklärungen und Nachweise (§ 188 Abs. 2)

23   Die Anmeldung muss die Erklärung und Nachweise enthalten, dass die Voraussetzungen des § 36 Abs. 2 und § 36a erfüllt sind (§ 188 Abs. 2 Satz 1 i.V.m. § 37 Abs. 1). So ist der **Betrag**, zu dem die **Aktien ausgegeben** werden, anzugeben. Ferner muss der darauf eingezahlte Betrag enthalten sein. Es ist der **Nachweis** zu erbringen, dass der **eingezahlte Betrag zur freien Verfügung** des **Vorstands** steht (§ 37 Abs. 1 Satz 2; s. Rz. 11). Ist der Betrag gem. § 54 Abs. 3 durch Gutschrift auf ein Konto eingezahlt worden, so ist der Nachweis durch eine Bestätigung des kontoführenden Instituts zu führen (§ 37 Abs. 1 Satz 4). Für die Richtigkeit der Bestätigung ist das Institut der Gesellschaft verantwortlich (§ 37 Abs. 1 Satz 4). Sind von dem eingezahlten Betrag **Steuern** und **Gebühren** bezahlt worden, so ist auch dies nach Art und Höhe der Beträge nachzuweisen (§ 37 Abs. 1 Satz 5).

24   Bei einer **Sachkapitalerhöhung** muss die Anmeldung die Erklärung enthalten, dass der Wert der Sacheinlage dem geringsten Ausgabebetrag und bei Ausgabe der Aktien für einen höheren als diesen auch dem Mehrbetrag (Agio) entspricht (§ 36a Abs. 2 Satz 3). Ist vereinbart worden, dass die Sacheinlage vor der Anmeldung zu erbringen ist, so muss die Anmeldung ferner die Erklärung enthalten, dass die Sacheinlage zur freien Verfügung des Vorstands erbracht wurde[30]. Im Übrigen ist anzugeben, zu welchem Zeitpunkt die Sacheinbringung erfolgen soll.

---

26   *Hüffer*, § 188 Rz. 2; *Peifer* in MünchKomm. AktG, § 188 Rz. 24.
27   *Peifer* in MünchKomm. AktG, § 188 Rz. 26; *Hüffer*, § 188 Rz. 2; vgl. hierzu die Beispiele bei *Krafka/Willer*, Registerrecht, Rz. 1405, 1418 sowie 1425.
28   *Peifer* in MünchKomm. AktG, § 188 Rz. 26.
29   *Servatius* in Spindler/Stilz, § 188 Rz. 7.
30   *Hüffer*, § 188 Rz. 3.

Die **Unrichtigkeit** oder **Unvollständigkeit** der **Angaben** kann die persönliche Strafbar- 25
keit (§ 399 Abs. 1 Nr. 4[31]) sowie die Haftung der handelnden Vorstandsmitglieder und
des Aufsichtsratsvorsitzenden nach sich ziehen, §§ 93, 116 AktG und § 823 Abs. 2
BGB i.V.m. § 399 Abs. 1 Nr. 4 AktG[32] .

4. Beizufügende Unterlagen (§ 188 Abs. 3)

Der Anmeldung sind die in § 188 Abs. 3 bestimmten **Unterlagen** beizufügen. Die Do- 26
kumente müssen elektronisch eingereicht werden (§ 12 Abs. 2 HGB; s. Rz. 33).

Zunächst verlangt das Gesetz, dass **Zweitschriften** der **Zeichnungsscheine** (s. § 185 27
Rz. 14 ff.) beizufügen sind. Auch ein vom Vorstand unterschriebenes **Verzeichnis** der
Zeichner, das die auf jeden entfallenden Aktien und die auf sie geleisteten Einzahlun-
gen angibt, ist der Anmeldung beizufügen (§ 188 Abs. 3 Nr. 1).

Bei einer Kapitalerhöhung mit **Sacheinlagen** sind die **Verträge**, die den Festsetzungen 28
nach § 183 zugrunde liegen oder zu ihrer Ausführung geschlossen worden sind, beizufügen (§ 188 Abs. 3 Nr. 2). Damit sind die schuldrechtlichen Verträge über eine
Einbringung von Sachen bzw. Übertragung von Rechten sowie die jeweiligen dinglichen Erfüllungsgeschäfte gemeint (s. zu diesen Verträgen § 183 Rz. 18).

Der Anmeldung ist eine **Berechnung** der **Kosten**, die für die Gesellschaft durch die 29
Ausgabe der neuen Aktien entstehen werden, beizufügen (§ 188 Abs. 3 Nr. 3). Kosten
entstehen im Registerverfahren. Ferner sind die Notarkosten, Steuern, Entgelte für
eine Emissionsbank bzw. ein Emissionskonsortium (s. hierzu § 182 Rz. 7) sowie die
Kosten für eine externe sachverständige Prüfung[33] zu berücksichtigen. Es reicht aus,
die Kosten zu schätzen[34].

Schließlich verlangt das Gesetz, im Falle des Erfordernisses einer **staatlichen Geneh-** 30
migung für die Erhöhung des Grundkapitals die **Genehmigungsurkunde** beizufügen
(§ 188 Abs. 3 Nr. 4). Da Mehrstimmrechte nicht mehr wirksam begründet werden
können (vgl. § 5 Abs. 1 EGAktG), kommt dieser Dokumentationspflicht keine praktische Bedeutung mehr zu.

5. Satzungsänderung

Die Eintragung der Durchführung der Kapitalerhöhung hat zur Folge, dass das Grund- 31
kapital erhöht ist (**§ 189**). Die bisherige Satzung wird damit materiell unrichtig[35].
Deshalb ist die Satzung zu ändern (§§ 179 ff.). Diese Fassungsänderung kann die
Hauptversammlung dem Aufsichtsrat übertragen (§ 179 Abs. 1 Satz 2). Die Anmeldung dieser Änderung hat zusammen mit der Anmeldung der Durchführung der Kapitalerhöhung zu erfolgen[36]. Der Anmeldung beizufügen sind daher auch der vollständige Wortlaut der angepassten Satzung (§ 181 Abs. 1 Satz 2 Halbsatz 1) sowie die
notarielle Bescheinigung (§ 181 Abs. 1 Satz 2 Halbsatz 2)[37].

---

31 BGH v. 11.7.1988 – II ZR 243/87, BGHZ 105, 121 = AG 1988, 331.
32 *Hüffer*, § 188 Rz. 3; *Peifer* in MünchKomm. AktG, § 188 Rz. 31.
33 Vgl. *Peifer* in MünchKomm. AktG, § 188 Rz. 38.
34 *Hüffer*, § 188 Rz. 15.
35 *Peifer* in MünchKomm. AktG, § 188 Rz. 40; *Hüffer*, § 188 Rz. 11.
36 *Hüffer*, § 188 Rz. 11; *Peifer* in MünchKomm. AktG, § 188 Rz. 41. Nach a.A. kann diese Anmeldung auch nachträglich erfolgen; vgl. *Wiedemann* in Großkomm. AktG, § 188 Rz. 66. Vgl.
   zum Ganzen ferner *Cahn*, AG 2001, 181.
37 *Hüffer*, § 188 Rz. 17; *Lutter* in KölnKomm. AktG, § 188 Rz. 39; *Peifer* in MünchKomm. AktG,
   § 188 Rz. 41.

IV. Verbindung der Anmeldung (§ 188 Abs. 4)

32 **Anmeldung** und **Eintragung** der Durchführung der Erhöhung des Grundkapitals können mit Anmeldung und Eintragung des Beschlusses über die Erhöhung verbunden
werden. Die Praxis macht von dieser Möglichkeit häufig Gebrauch. Sie profitiert
dann davon, dass § 41a Abs. 1 Nr. 4a KostO die beiden Anmeldungen und Eintragungen als einen Vorgang einordnet und den Geschäftswert einheitlich nach dem Betrag
der Kapitalerhöhung festlegt[38]. Der Vorstand und der Vorsitzende des Aufsichtsrats
können aber auch bei der Anmeldung des Erhöhungsbeschlusses beantragen, dass
dieser nicht ohne die Durchführung der Kapitalerhöhung eingetragen werden darf[39].
Hieran ist das Registergericht gebunden[40].

V. Aufbewahrung

33 Die eingereichten Schriftstücke wurden früher beim Gericht in Urschrift, Ausfertigung oder öffentlich beglaubigter Abschrift aufbewahrt (§ 188 Abs. 5 a.F.). Folglich
mussten die im Gesetz aufgeführten Unterlagen und Dokumente (§ 188 Abs. 3)
grundsätzlich in einer dieser Formen der Anmeldung beigefügt werden. Seit der Einrichtung der elektronisch geführten Handelsregister durch das EHUG (s. Rz. 3) gilt
§ 12 Abs. 2 HGB n.F.: Dokumente sind seit dem 1.1.2007 **elektronisch einzureichen**[41]. Die Landesregierungen können vorsehen, dass einzelne Dokumente bis zum
31.12.2009 in Papierform übermittelt werden können (Art. 61 Abs. 1 EGHGB).

VI. Prüfung durch das Registergericht

34 Das Gesetz sieht eine registergerichtliche Kontrolle im Unterschied zur Gründung
(§ 38 Abs. 1) nicht vor. Die Rechtsprechung und h.M. nehmen allerdings zu Recht
an, dass das Registergericht in eine **formelle** und **materielle Prüfung** einzutreten hat.
Es hat neben der Ordnungsmäßigkeit der Anmeldung zu prüfen, ob die gesetzlichen
und satzungsmäßigen Voraussetzungen für die angemeldete Kapitalerhöhung erfüllt
sind[42]. So hat es zunächst die eigene örtliche und sachliche Zuständigkeit zu klären,
der Anmeldebefugnis der unterzeichnenden Personen nachzugehen sowie die Form
und den Inhalt der Anmeldung zu prüfen. Im Blickpunkt steht insoweit vor allem, ob
die beigefügten Dokumente vollständig und ordnungsgemäß sind.

35 Das Registergericht muss aber auch evaluieren, ob die **Kapitalerhöhung** möglicherweise gegen **Gesetz** oder **Satzung verstößt**. Die Einzelheiten dieses Ausschnitts der
registergerichtlichen Kontrolle sind noch nicht vollends geklärt. Angenommen wird
zu Recht, dass das Registergericht der vollständigen und wirksamen Zeichnung des
Erhöhungsbetrags und einem möglichen Verstoß gegen § 56 Abs. 1 und 2 nachzugehen hat[43]. Sollte die Vorlage einer Bankbestätigung gem. § 37 Abs. 1 Satz 3 nicht in
Betracht kommen, muss der Nachweis, dass der eingezahlte Betrag endgültig zur
freien Verfügung des Vorstands steht, eine vergleichbare Zuverlässigkeit wie eine
Bankbestätigung aufweisen[44]. Schließlich ist das Registergericht auch berechtigt,

---

38 Vgl. *Hüffer*, § 182 Rz. 34a.
39 *Lutter* in KölnKomm. AktG, § 188 Rz. 45.
40 *Peifer* in MünchKomm. AktG, § 188 Rz. 44; *Lutter* in KölnKomm. AktG, § 188 Rz. 45.
41 Vgl. hierzu *Liebscher/Scharff*, NJW 2006, 3745, 3747 f.
42 BayObLG v. 9.4.2002 – III ZBR 39/02, AG 2002, 397, 398; BayObLG v. 27.2.2002 – III ZBR 35/
   02, AG 2002, 510; *Hüffer*, § 188 Rz. 20; *Krieger* in MünchHdb. AG, § 56 Rz. 58.
43 *Hüffer*, § 188 Rz. 20; *Peifer* in MünchKomm. AktG, § 188 Rz. 48.
44 BayObLG v. 9.4.2002 – III ZBR 39/02, AG 2002, 397, 398.

Aufschluss über Abreden der Gesellschafter über die Zahlung eines Aufpreises auf den Nennbetrag der Aktien zu erlangen. Es muss in die Lage versetzt werden, zu prüfen, ob eine Vereinbarung einen schuldrechtlichen oder einen korporationsrechtlichen Charakter hat[45].

Besondere Bedeutung kommt der registergerichtlichen Kontrolle bei **Sachkapitalerhöhungen** zu. Zu kontrollieren ist, ob der Wert der Sacheinlagen nicht unwesentlich hinter dem geringsten Ausgabebetrag zurückbleibt (§ 183 Abs. 3 Satz 3; s. hierzu § 183 Rz. 30). Nach h.M. hat diese Prüfung auch dann zu erfolgen, wenn das Registergericht im Rahmen einer bei der Anmeldung und Eintragung des Kapitalerhöhungsbeschlusses bereits erfolgten Prüfung keine Beanstandungen hatte[46]. An eine frühere Entscheidung, insbesondere in Bezug auf die Wirksamkeit des Kapitalerhöhungsbeschlusses, ist das Registergericht nach allgemeiner Ansicht nicht gebunden[47]. Die Eintragung der Durchführung der Kapitalerhöhung kann daher auch aus diesem Grund – vorbehaltlich einer Heilung (§ 242) – abgelehnt werden.   36

Die **Eintragung der Durchführung der Kapitalerhöhung** setzt voraus, dass der Kapitalerhöhungsbeschluss bereits eingetragen ist oder zusammen mit der Durchführung der Kapitalerhöhung eingetragen wird. Mit der Eintragung der Durchführung wird die Kapitalerhöhung wirksam (§ 189).   37

Rechtsmittel gegen die ausgeführte Eintragung bestehen nicht[48]. In Betracht kommt nur die Anregung zur Amtslöschung, §§ 142, 144 Abs. 2 FGG[49]. Gegen ablehnende Entscheidungen und Zwischenverfügungen des Registergerichts findet die fristlose einfache Beschwerde zum Landgericht nach § 19 FGG sowie die weitere Beschwerde zum OLG nach §§ 27, 28 FGG statt. Während des Verfahrens können noch Mängel bereinigt werden, § 23 FGG. Beschwerdeberechtigt ist nach § 20 Abs. 2 FGG die Gesellschaft, für die Vorstand und Aufsichtsratsvorsitzender als Anmeldende die Beschwerde einzulegen haben[50].   38

§ 189
Wirksamwerden der Kapitalerhöhung

Mit der Eintragung der Durchführung der Erhöhung des Grundkapitals ist das Grundkapital erhöht.

I. Allgemeines	1	III. Mängelbehaftete Kapitalerhöhung . .	4
II. Auswirkungen der Eintragung auf Ansprüche Dritter	3		

Literatur: *Casper*, Die Heilung fehlerhafter Beschlüsse, 1998; *Hommelhoff*, Zum vorläufigen Bestand fehlerhafter Strukturänderungen in Kapitalgesellschaften, ZHR 158 (1994), 11; *Köhler*, Ka-

---

45 Vgl. BayObLG v. 27.2.2002 – III ZBR 35/02, AG 2002, 510 (betr. ein Investor-Agreement).
46 *Peifer* in MünchKomm. AktG, § 188 Rz. 51.
47 *Lutter* in KölnKomm. AktG, § 188 Rz. 42; *Hüffer*, § 188 Rz. 21; *Peifer* in MünchKomm. AktG, § 188 Rz. 46.
48 *Lutter* in KölnKomm. AktG, § 188 Rz. 48; *Peifer* in MünchKomm. AktG, § 188 Rz. 52.
49 *Servatius* in Spindler/Stilz, § 188 Rz. 51; *Peifer* in MünchKomm. AktG, § 188 Rz. 52; *Hüffer*, § 181 Rz. 18.
50 *Hüffer*, § 181 Rz. 18; *Peifer* in MünchKomm. AktG, § 188 Rz. 51. A.A. *Lutter* in KölnKomm. AktG, § 188 Rz. 48: Vertretung durch den Vorstand nach § 78.

pitalerhöhung und vertragliche Gewinnbeteiligung, AG 1984, 197; *Kort*, Bestandsschutz fehlerhafter Strukturänderungen im Kapitalgesellschaftsrecht, 1998; *Kort*, Aktien aus vernichteten Kapitalerhöhungen, ZGR 1994, 291; *Krieger*, Fehlerhafte Satzungsänderungen: Fallgruppen und Bestandskraft, ZHR 158 (1994), 35; *Lutter/Friedewald*, Kapitalerhöhung, Eintragung im Handelsregister und Amtslöschung, ZIP 1986, 691; *Meyer-Panhuysen*, Die fehlerhafte Kapitalerhöhung, 2003; *C. Schäfer*, Die Lehre vom fehlerhaften Verband, 2003; *Schleyer*, Die unwirksame Kapitalerhöhung, AG 1957, 145; *M. Winter*, Die Anfechtung eintragungsbedürftiger Strukturbeschlüsse de lege lata und de lege ferenda, in FS Ulmer, 2003, S. 699; *Zöllner*, Folgen der Nichtigerklärung durchgeführter Kapitalerhöhungsbeschlüsse, AG 1993, 68; *Zöllner*, Die Anpassung dividendensatzbezogener Verpflichtungen von Kapitalgesellschaften bei effektiver Kapitalerhöhung, ZGR 1986, 288; *Zöllner*, Folgen der Nichtigkeit einer Kapitalerhöhung für nachfolgende Kapitalerhöhungen. Zur Anwendung der Geschäftsgrundlagenlehre auf strukturändernde Beschlüsse bei Kapitalgesellschaften, in FS Hadding, 2004, S. 725. S. ferner die Hinweise zu § 246a.

I. Allgemeines

1   Die Vorschrift steht im Zusammenhang mit § 188. Beide Vorschriften dienen dem Gläubigerschutz. So soll das Anmelde- und Eintragungsverfahren gewährleisten, dass die Ordnungsmäßigkeit des Vorgangs geprüft wird, insbesondere ob die Mindesteinlagen erbracht wurden. Es ist im Interesse des Geschäftsverkehrs, dass die Maßnahme erst wirksam werden kann, wenn das Gericht zu einem positiven Ergebnis gekommen ist. § 189 bestimmt daher, dass **mit** der **Eintragung** der **Durchführung** der Erhöhung des Grundkapitals das **Grundkapital erhöht ist** (zum Erfordernis eines satzungsändernden Beschlusses bezüglich der Grundkapitalziffer (vgl. § 23 Abs. 3 Nr. 3) und der Zahl der ausgegebenen Aktien (vgl. § 23 Abs. 3 Nr. 4) sowie zur gleichzeitigen Anmeldung s. § 188 Rz. 32).

2   **Weitere Rechtsfolgen** der Eintragung sind in § 189 nicht verfügt. Aus der gesetzlichen Konzeption des Verfahrens ergibt sich aber, dass die neuen Mitgliedsrechte automatisch zum Zeitpunkt der Eintragung entstehen und die Zeichner – ohne dass es eines besonderen Aktes bedürfte – Aktionäre der Gesellschaft werden[1]. Sollten zuvor Aktien oder Zwischenscheine ausgegeben worden sein, sind diese nichtig (§ 191 Satz 2).

II. Auswirkungen der Eintragung auf Ansprüche Dritter

3   Dritte, die über dividendenbezogene Ansprüche gegen die Gesellschaft oder über Ansprüche auf eine Beteiligung am Kapital der Gesellschaft verfügen (Gläubiger partiarischer Verträge, Inhaber von Genussrechten sowie Gewinnschuldverschreibungen, etc.), können durch eine Kapitalerhöhung **in ihren Interessen beeinträchtigt** werden. Dies ist vor allem dann der Fall, wenn die neuen Aktien zu einem unangemessenen Ausgabebetrag ausgegeben werden. Das Gesetz schützt nur die Aktionäre vor einer Verwässerung ihrer Rechte (s. § 186 Rz. 4). Teilweise wird angenommen, dass die betreffenden Personen mangels eines einschlägigen vertraglichen Schutzes analog § 216 Abs. 3 eine Anpassung des Vertragsverhältnisses beanspruchen könnten[2]. Vorzugswürdig ist es, die Frage für jeden Anspruch isoliert zu entscheiden. Im Einzelfall kann sich aus der Interessenlage und den Folgen der Kapitalerhöhung aus ergänzender Vertragsauslegung ein Anspruch auf Vertragsanpassung ergeben[3].

---

1 *Wiedemann* in Großkomm. AktG, § 189 Rz. 13; *Lutter* in KölnKomm. AktG, § 189 Rz. 4; *Servatius* in Spindler/Stilz, § 189 Rz. 3.
2 Vgl. *Koppensteiner*, ZHR 139 (1975), 191, 197 ff.; *Köhler*, AG 1984, 197, 199; *Krieger* in MünchHdb. AG, § 56 Rz. 139.
3 Vgl. *Hüffer*, § 189 Rz. 9; *Wiedemann* in Großkomm. AktG, § 189 Rz. 17 f.; speziell zu Wandel- und Optionsanleihen vgl. *Zöllner*, ZGR 1986, 288, 304 f.; speziell zu Ansprüchen wegen Beeinträchtigung der Ausgleichsansprüche nach § 304 vgl. *Veil* in Spindler/Stilz, § 304 Rz. 71 ff.

III. Mängelbehaftete Kapitalerhöhung

§ 189 trifft gleichfalls keine Aussagen zu den **Auswirkungen** der **Eintragung** auf Fehler bei der **Kapitalerhöhung**. Insbesondere begründet die Vorschrift keine Heilung der aufgetretenen Mängel[4]. Fehlt der Beschluss über die Kapitalerhöhung, ist er nichtig, wegen Fehlens eines Sonderbeschlusses schwebend unwirksam[5] oder erfolgte die Anmeldung nicht durch den dazu Befugten, so wurde das Kapital nicht wirksam erhöht[6]. Aus § 189 ergibt sich keine andere Beurteilung, denn die Vorschrift geht davon aus, dass die Kapitalerhöhung fehlerfrei erfolgte. In Betracht kommt allein eine Heilung des Beschlusses – mit Wirkung ex – tunc – gem. § 242[7]. Es ist daher – soweit keine spezialgesetzliche Regelung des Konflikts existiert – Aufgabe von Rechtsprechung und Wissenschaft, Lösungen für die vielfältigen Fallgestaltungen zu entwickeln. 4

Ausgangspunkt für eine zutreffende Beurteilung muss ein Blick auf die **Fehlerquellen** sein. Diese sind vielschichtig. Für zwei Konstellationen sieht das **Gesetz** ausdrücklich eine **Lösung** vor. Die erste Fallgruppe betrifft die Sachkapitalerhöhung, bei der **Verträge** über die **Sacheinlagen** geschlossen und zur Ausführung dieser Verträge Rechtshandlungen getroffen werden. Sind diese Verträge oder Rechtshandlungen unwirksam, kommt gem. § 183 Abs. 2 Satz 2 eine Heilung in Betracht: Ist die Durchführung der Erhöhung des Grundkapitals eingetragen, so wird die Gültigkeit der Kapitalerhöhung durch die Unwirksamkeit nicht berührt (s. § 183 Rz. 24). Die zweite Fallgruppe betrifft (bei einer Bar- oder bei einer Sachkapitalerhöhung) **Zeichnungsscheine**, welche die Angaben nach § 185 Abs. 1 nicht vollständig oder die Beschränkungen der Verpflichtung des Zeichners enthalten. Solche Zeichnungsscheine sind nichtig (§ 185 Abs. 2). Der Zeichner kann sich aber nach der Eintragung der Durchführung der Kapitalerhöhung nicht auf die Nichtigkeit oder Unverbindlichkeit des Zeichnungsscheins berufen, wenn er auf Grund des Zeichnungsscheins als Aktionär Rechte ausgeübt oder Verpflichtungen erfüllt hat (§ 185 Abs. 3; s. zu dieser Heilung § 185 Rz. 21 ff.). 5

Keine Regelung hat dagegen die Relevanz von sonstigen **Mängeln** des **Zeichnungsvertrags** erfahren. Dennoch gelangt die h.M. zu Recht zu einer im Ergebnis ähnlichen Lösung wie das Gesetz in § 183 Abs. 3 Satz 2 und in § 185 Abs. 3: Kommt es zur Eintragung der Durchführung der Kapitalerhöhung, so kann der Zeichner die nach allgemeinem bürgerlich-rechtlichen Vorschriften an sich relevanten Mängel (§§ 104 ff., 116 ff., 134, 138 BGB) entsprechend den Grundsätzen der fehlerhaften Gesellschaft nicht mehr geltend machen (s. § 185 Rz. 24 f.). Dies bedeutet, dass auch die Kapitalerhöhung als wirksam zu behandeln ist[8]. Lediglich bei schwer wiegenden Mängeln muss es dabei bleiben, dass der Beschluss und damit die Kapitalerhöhung ex tunc nichtig sind[9]. 6

Schließlich ist klärungsbedürftig, wie es zu beurteilen ist, wenn ein **Kapitalerhöhungsbeschluss** nicht getroffen wurde oder – praktisch eher von Bedeutung – durch Urteil für **nichtig** erklärt wurde. In der Lehre hat sich zu Recht im Anschluss an *Zöll-* 7

---

4 Vgl. *Hüffer*, § 189 Rz. 4; *Peifer* in MünchKomm. AktG, § 189 Rz. 13; *Lutter* in KölnKomm. AktG, § 189 Rz. 6.
5 Vgl. *Hüffer*, § 189 Rz. 4; *Wiedemann* in Großkomm. AktG, § 189 Rz. 21.
6 Vgl. *Peifer* in MünchKomm. AktG, § 189 Rz. 14; eingehend hierzu *Kort*, Bestandsschutz fehlerhafter Strukturänderungen im Kapitalgesellschaftsrecht, S. 201.
7 Die Frist hierfür beginnt mit der Eintragung des Erhöhungsbeschlusses (§ 184). Vgl. *Hüffer*, § 189 Rz. 4; eingehend hierzu *Casper*, Die Heilung fehlerhafter Beschlüsse, 1998, S. 268 ff.
8 Vgl. *Wiedemann* in Großkomm. AktG, § 189 Rz. 22.
9 Vgl. *Kort*, Bestandsschutz fehlerhafter Strukturänderungen im Kapitalgesellschaftsrecht, S. 205 ff.

ner[10] die Einsicht durchgesetzt, dass in einem solchen Fall grundsätzlich die **Regeln** über die **fehlerhafte Gesellschaft** heranzuziehen sind, weil der geschaffene Zustand für die Zwischenzeit nicht einfach ignoriert werden kann und die nach bereicherungsrechtlichen Grundsätzen zu erfolgende Rückabwicklung unvertretbare Schwierigkeiten bereiten würde und nicht tragbare Ergebnisse zur Folge hätte[11]. Ein Bestandsschutz für die Zukunft lässt sich dagegen nicht begründen[12]. Insbesondere muss auch eine fehlerhafte Kapitalerhöhung gegen Einbringung eines Unternehmens rückgängig gemacht werden[13]. Es steht den Beteiligten zwar frei, die fehlerhafte Kapitalerhöhung zu reparieren. Wie dies zu geschehen hat, ist allerdings noch nicht geklärt[14]. Eine andere Beurteilung ist ferner dann geboten, wenn die Gesellschaft von der durch das UMAG geschaffenen Möglichkeit Gerbrauch gemacht hat, feststellen zu lassen, dass die Erhebung der Klage der Eintragung nicht entgegensteht und Mängel des Hauptversammlungsbeschlusses die Wirkung der Eintragung unberührt lassen (§ 246a Abs. 1; **Freigabeverfahren**)[15]. Die Feststellung der Bestandskraft der Eintragung wirkt für und gegen jedermann (§ 246a Abs. 3 Satz 3 Halbsatz 2). Schließlich bestimmt § 246a Abs. 4 Satz 2, dass nach der Eintragung Mängel des Beschlusses seine Durchführung unberührt lassen; die Beseitigung dieser Wirkung der Eintragung kann auch nicht als Schadensersatz verlangt werden. Eine Rückabwicklung ist demnach auch für die Zukunft ausgeschlossen (s. § 246a Rz. 27). Dem Gesetzgeber ging es gerade darum, eine Abwägungsentscheidung mit der Folge der Bestandssicherung zu etablieren[16]. Nur für diese Fälle ist anzunehmen, dass die **Eintragung** in das Handelsregister **irreversible Verhältnisse** schafft. Summa summarum: Ein nichtiger Kapitalerhöhungbeschluss genießt im Regelfall einen jedenfalls ex nunc wirkenden Bestandsschutz. Die Nichtigkeit hat daher grundsätzlich auch keine Auswirkungen auf später nachfolgende Kapitalerhöhungsbeschlüsse[17].

§ 190
Bekanntmachung

(weggefallen)

§ 190 a.F. bestimmte, dass in die Bekanntmachung der Eintragung außer deren Inhalt der Ausgabebetrag der Aktien, die bei einer Kapitalerhöhung mit Sacheinlagen vorgesehenen Festsetzungen und ein Hinweis auf den Bericht über die Prüfung von Sacheinlagen aufzunehmen ist. Ferner verfügte § 190 a.F., dass bei der Bekanntmachung dieser Festsetzungen die Bezugnahme auf die beim Gericht eingereichten Urkunden genügt. Die Vorschrift wurde durch das Gesetz über elektronische Handelsregister und Genossenschaftsregister sowie das Unternehmensregister (EHUG) vom

---

10 *Zöllner*, AG 1993, 68.
11 Vgl. *Kort*, ZGR 1994, 291; *Kort*, Bestandsschutz fehlerhafter Strukturänderungen im Kapitalgesellschaftsrecht, S. 193 ff.; *Huber* in FS Claussen, 1997, S. 147; *Krieger*, ZHR 158 (1994), 35, 47.
12 Vgl. *Kort*, Bestandsschutz fehlerhafter Strukturänderungen im Kapitalgesellschaftsrecht, S. 208 ff.
13 A.A. *Krieger*, ZHR 158 (1994), 35, 49 f.
14 Vgl. hierzu *M. Winter* in FS Ulmer, S. 699, 700 ff.; *Zöllner* in FS Hadding, S. 725, 730.
15 Vgl. OLG Jena v. 12.10.2006 – 6 W 452/06, ZIP 2006, 1989, 1996 zum überwiegenden Vollzugsinteresse der Gesellschaft.
16 Begr. RegE UMAG, BT-Drucks. 15/5092, S. 61.
17 Vgl. *Zöllner* in FS Hadding, S. 725, 727 f.; ebenso DNotI-Report 2005, 29, 30. A.A. *Trendenburg*, NZG 2003, 860, 861.

10.11.2006 aufgehoben[1]. Seit dem 1.1.2007 bestimmt sich daher die Bekanntmachung der Eintragung ausschließlich nach § 10 HGB n.F. Sie ist weiterhin keine Voraussetzung für die Wirksamkeit der Kapitalerhöhung. Entscheidend hierfür ist allein die Eintragung der Durchführung der Kapitalerhöhung (§ 189). Die Bekanntmachung kann aber beim Vertrauen des Geschäftsverkehrs bezüglich der im Handelsregister publizierten Tatsachen relevant werden (§ 15 HGB).

§ 191
Verbotene Ausgabe von Aktien und Zwischenscheinen

Vor der Eintragung der Durchführung der Erhöhung des Grundkapitals können die neuen Anteilsrechte nicht übertragen, neue Aktien und Zwischenscheine nicht ausgegeben werden. Die vorher ausgegebenen neuen Aktien und Zwischenscheine sind nichtig. Für den Schaden aus der Ausgabe sind die Ausgeber den Inhabern als Gesamtschuldner verantwortlich.

I. Allgemeines 1

II. Verfügungsverbot 3

III. Ausgabeverbot 4

IV. Rechtsfolgen einer unzulässigen
Ausgabe 5

Literatur : *Kort*, Aktien aus vernichteten Kapitalerhöhungen, ZGR 1994, 291; *Meyer-Panhuysen*, Die fehlerhafte Kapitalerhöhung, 2003; *Schleyer*, Die unwirksame Kapitalerhöhung, AG 1957, 145; *Zöllner/Winter*, Folgen der Nichtigerklärung durchgeführter Kapitalerhöhungsbeschlüsse, ZHR 158 (1994), 59.

I. Allgemeines

Die Vorschrift schließt es aus, dass die neuen Anteilsrechte vor der Eintragung der Durchführung der Erhöhung des Grundkapitals übertragen werden können (§ 191 Satz 1 Alt. 1). Dieses **Verfügungsverbot** hat den Zweck, den beteiligten Personenkreis überschaubar zu gestalten[1]. Ferner verbietet es die Vorschrift, vor dem Zeitpunkt der Eintragung der Durchführung der Erhöhung des Grundkapitals neue Aktien und Zwischenscheine auszugeben (§ 191 Satz 1 Alt. 2). Dieses **Ausgabeverbot** verfolgt in erster Linie den Zweck, Aktienerwerber vor Schwindelemissionen zu schützen[2]. Wird gegen dieses Verbot verstoßen, so sind die vorher ausgegebenen neuen Aktien und Zwischenscheine nichtig (§ 191 Satz 2). Auch ist der Ausgeber gegenüber den Inhabern zum Schadensersatz verpflichtet (§ 191 Satz 3). Der Vorstand kann ferner gem. § 405 Abs. 1 Nr. 2 mit einer Geldbuße belegt werden. 1

Die Vorschrift entspricht der **Parallelregelung im Gründungsrecht** (§ 41 Abs. 4) und ist auch bei der Kapitalerhöhung durch genehmigtes Kapital anzuwenden (vgl. § 203 Abs. 1 Satz 1), nicht dagegen bei der bedingten Kapitalerhöhung (vgl. § 197) und der 2

---

1 BGBl. I 2006, 2553.

1 *Peifer* in MünchKomm. AktG, § 191 Rz. 1.

2 Vgl. BGH v. 19.10.1987 – II ZR 256/86, AG 1988, 76, 78 (bezüglich der Verantwortlichkeit gem. § 405 Abs. 1 Nr. 2).

Kapitalerhöhung aus Gesellschaftsmitteln (vgl. § 219). Sie wurde mit wenigen sprachlichen Änderungen aus § 158 AktG 1937 übernommen[3].

II. Verfügungsverbot

3   Es ist nach § 191 Satz 1 verboten, vor der Eintragung der Durchführung der Erhöhung des Grundkapitals die neuen Anteilsrechte zu übertragen. Der **Verstoß gegen § 191 Satz 1** begründet eine **absolute Unwirksamkeit der Verfügung**[4]. Die Eintragung der Durchführung der Eintragung der Kapitalerhöhung in das Handelsregister (§ 188) hat keine heilende Wirkung[5]. Die herrschende Doktrin erstreckt dieses Verbot auf alle Verfügungen über das Anteilsrecht[6], so dass beispielsweise auch Verpfändungen nicht möglich sind. Ein vor Wirksamwerden der Kapitalerhöhung geschlossenes Verpflichtungsgeschäft kann wirksam geschlossen werden, aber erst nach der Eintragung erfüllt werden[7]. Im Zweifel ist anzunehmen, dass die Parteien dies auch vereinbart haben[8]. Ist eine verbotswidrige Verfügung erfolgt, bleibt es den Beteiligten unbenommen, die Verfügung nach Wirksamwerden der Kapitalerhöhung nachzuholen.

III. Ausgabeverbot

4   Das Gesetz verbietet es, vor der Eintragung der Durchführung der Erhöhung des Grundkapitals neue Aktien und Zwischenscheine auszugeben (**§ 191 Satz 1 Alt. 2**; s. zum Begriff der Aktien § 8 Abs. 1 und zum Begriff der Zwischenscheine § 8 Abs. 6). Als eine Ausgabe i.S.d. Vorschrift ist es anzusehen, wenn Urkunden durch der Gesellschaft zurechenbare Handlungen oder pflichtwidrige Unterlassungen in den Verkehr gelangen[9]. Die bloße Herstellung der Urkunden[10] oder andere vorbereitende Handlungen, wie beispielsweise die Stückelung der neuen Aktien, stellen keine Ausgabe im Sinne des § 191 Satz 1 Alt. 2 dar[11].

IV. Rechtsfolgen einer unzulässigen Ausgabe

5   Aus § 191 Satz 2 folgt zunächst, dass die **verbotswidrig ausgegebenen** neuen **Aktien** und **Zwischenscheine nichtig** sind. Sie verbriefen keine Anteilsrechte. Ein gutgläubiger Erwerb durch Übertragung der Urkunden ist aus diesem Grund ausgeschlossen[12]. Eine Heilung des Verstoßes infolge der Eintragung der Durchführung der Kapitalerhöhung in das Handelsregister findet nicht statt[13]. Allerdings entstehen mit dem Wirksamwerden der Kapitalerhöhung (§ 189) unverkörperte Anteilsrechte, die gem.

---

3 Vgl. Begr. RegE § 191, *Kropff*, Aktiengesetz, S. 297 f.

4 Heute allg. Meinung; vgl. *Hüffer*, § 191 Rz. 2; *Peifer* in MünchKomm. AktG, § 191 Rz. 5.

5 Vgl. OLG Frankfurt/M. v. 30.11.2005 – Owi 1/04, NZG 2006, 792, 793 = AG 2006, 798.

6 *Lutter* in KölnKomm AktG, § 191 Rz. 2; *Hüffer*, § 191 Rz. 2; *Peifer* in MünchKomm. AktG, § 191 Rz. 4.

7 Vgl. OLG Frankfurt/M. v. 30.11.2005 – Owi 1/04, NZG 2006, 792, 793 = AG 2006, 798; *Wiedemann* in Großkomm. AktG, § 191 Rz. 3.

8 *Hüffer*, § 191 Rz. 2; *Peifer* in MünchKomm. AktG, § 191 Rz. 5.

9 Vgl. BGH v. 12.5.1977 – II ZR 49/77, AG 1977, 295, 296; OLG Frankfurt v. 13.1.1976 – 5 U 60/5, AG 1976, 77, 78; *Lutter* in KölnKomm. AktG, § 191 Rz. 7; *Peifer* in MünchKomm. AktG, § 191 Rz. 7 („auf Veranlassung der Verantwortungsträger").

10 Vgl. BGH v. 12.5.1977 – II ZR 49/77, AG 1977, 295, 296.

11 *Peifer* in MünchKomm. AktG, § 191 Rz. 7.

12 *Peifer* in MünchKomm. AktG, § 191 Rz. 8.

13 Vgl. BGH v. 19.10.1987 – II ZR 256/86, AG 1988, 76, 78.

§§ 413, 398 BGB übertragbar sind[14] und nun durch Abschluss eines neuen Begebungsvertrags verbrieft werden können[15].

Für den **Schaden** aus der verbotswidrigen Ausgabe sind die **Ausgeber** den Inhabern als   6
Gesamtschuldner **verantwortlich** (§ 191 Satz 3). Als Inhaber der Aktien bzw. Zwischenscheine ist diejenige Person anzusehen, die an sich Rechte aus der Urkunde geltend machen könnte[16]. Als Ausgeber werden all diejenigen Personen verstanden, die selbständig und verantwortlich die neuen Aktien bzw. Zwischenscheine in den Verkehr gebracht haben. In Betracht kommen vor allem Mitglieder des Vorstands[17] sowie Prokuristen[18]. Die Gesellschaft selber ist dagegen nicht verantwortlich. Erfolgte die Ausgabe durch mehrere Personen, so haften diese als Gesamtschuldner (§§ 421 ff. BGB).

Die in **§ 191 Satz 3** normierte Schadensersatzpflicht setzt kein Verschulden voraus[19].   7
Die Garantiehaftung rechtfertigt sich aus der klaren gesetzlichen Lage: Vor der Eintragung der Durchführung der Kapitalerhöhung ist die Ausgabe von Aktien und Zwischenscheinen verboten! Der Inhaber kann Ersatz des Schadens beanspruchen, den er dadurch erlitten hat, dass er auf die Gültigkeit der Urkunde vertraut hat. Dies schließt auch entgangenen Gewinn (§ 252 BGB) ein[20]. Meist dürfte aber ein liquidationsfähiger Schaden nicht entstanden sein. Zum einen deshalb, weil mit Wirksamwerden der Kapitalerhöhung die Anteilsrechte entstehen und gem. §§ 413, 398 BGB übertragbar sind (s. § 189 Rz. 1). Zum anderen, weil der Zweiterwerber aus dem wirksam geschlossenen Kaufvertrag einen Erfüllungsanspruch (auf Aushändigung der Urkunden) hat[21]. Eine Schadensersatzpflicht kann schließlich gem. § 823 Abs. 2 BGB i.V.m. § 191 Satz 1 AktG und i.V.m. § 405 Abs. 1 Nr. 2 AktG bestehen. Auf diesem Weg können auch Anstifter und Gehilfen zur Verantwortung gezogen werden (§ 830 BGB).

Die in § 191 Satz 3 normierte **Schadensersatzpflicht** soll nach verbreiteter Meinung   8
außerdem dann begründet sein können, wenn **Aktien** trotz eines **nichtigen** oder unwirksamen **Kapitalerhöhungsbeschlusses** ausgegeben wurden[22]. Dagegen spricht, dass bei einer fehlerhaften Kapitalerhöhung eine andere Interessenlage anzutreffen ist, die eine entsprechende Anwendung der gesetzlichen Garantiehaftung nicht rechtfertigt. So ist zum einen zu berücksichtigen, dass bei Mängeln der Kapitalerhöhung grundsätzlich die Regeln der fehlerhaften Gesellschaft Anwendung finden (s. § 189 Rz. 7). Dies hat zur Folge, dass die neu ausgegebenen Aktien bis zur wirksamen Geltendmachung des Mangels als wirksam zu behandeln sind. Wurden Aktienurkunden ausgegeben, konnte die Mitgliedschaft durch Verfügung über das Wertpapier übertragen werden[23]. Zum anderen ist zu bedenken, dass die Aktienausgabe nach Eintragung der Durchführung der Kapitalerhöhung erfolgte. Es fand also eine registergerichtliche Kontrolle statt. Schon deshalb kann schwerlich gesagt werden, der Vorstand habe eine klare gesetzliche Regelung (s. Rz. 7) missachtet und müsse daher ohne Verschul-

---

14 Vgl. *Lutter* in KölnKomm. AktG, § 191 Rz. 4.
15 Vgl. *Peifer* in MünchKomm. AktG, § 191 Rz. 8.
16 Vgl. *Peifer* in MünchKomm. AktG, § 191 Rz. 11.
17 Vgl. BGH v. 12.5.1977 – II ZR 49/77, AG 1977, 295, 296; OLG Frankfurt v. 13.1.1976 – 5 U 60/
    5, AG 1976, 77, 78.
18 Vgl. *Lutter* in KölnKomm AktG, § 192 Rz. 7; *Hüffer*, § 192 Rz. 5; *Peifer* in MünchKomm.
    AktG, § 191 Rz. 10.
19 Vgl. OLG Frankfurt v. 13.1.1976 – 5 U 60/5, AG 1976, 77, 78; *Hüffer*, § 191 Rz. 6; *Lutter* in
    KölnKomm. AktG, § 192 Rz. 8; *Peifer* in MünchKomm. AktG, § 192 Rz. 12; offen gelassen
    BGH v. 12.5.1977 – II ZR 49/77, AG 1977, 295, 296.
20 Vgl. *Peifer* in MünchKomm. AktG, § 191 Rz. 13.
21 Vgl. BGH v. 12.5.1977 – II ZR 49/77, AG 1977, 295, 296; *Hüffer*, § 191 Rz. 6; *Peifer* in Münch
    Komm. AktG, § 191 Rz. 13.
22 Vgl. *Lutter* in KölnKomm AktG, § 192 Rz. 5; *Schleyer*, AG 1957, 145, 148.
23 Vgl. *Zöllner/Winter*, ZHR 158 (1994), 59, 60 f.

den haften. Eine Garantiehaftung des Ausgebers gegenüber den Inhabern analog § 191 Satz 3 ist abzulehnen (s. § 189 Rz. 7).

Zweiter Unterabschnitt. Bedingte Kapitalerhöhung

§ 192
Voraussetzungen

(1) Die Hauptversammlung kann eine Erhöhung des Grundkapitals beschließen, die nur so weit durchgeführt werden soll, wie von einem Umtausch- oder Bezugsrecht Gebrauch gemacht wird, das die Gesellschaft auf die neuen Aktien (Bezugsaktien) einräumt (bedingte Kapitalerhöhung).

(2) Die bedingte Kapitalerhöhung soll nur zu folgenden Zwecken beschlossen werden:
1. zur Gewährung von Umtausch- oder Bezugsrechten an Gläubiger von Wandelschuldverschreibungen,
2. zur Vorbereitung des Zusammenschlusses mehrerer Unternehmen,
3. zur Gewährung von Bezugsrechten an Arbeitnehmer und Mitglieder der Geschäftsführung der Gesellschaft oder eines verbundenen Unternehmens im Wege des Zustimmungs- oder Ermächtigungsbeschlusses.

(3) Der Nennbetrag des bedingten Kapitals darf die Hälfte und der Nennbetrag des nach Absatz 2 Nr. 3 beschlossenen Kapitals den zehnten Teil des Grundkapitals, das zur Zeit der Beschlussfassung über die bedingte Kapitalerhöhung vorhanden ist, nicht übersteigen. § 182 Abs. 1 Satz 5 gilt sinngemäß.

(4) Ein Beschluss der Hauptversammlung, der dem Beschluss über die bedingte Kapitalerhöhung entgegensteht, ist nichtig.

(5) Die folgenden Vorschriften über das Bezugsrecht gelten sinngemäß für das Umtauschrecht.

I. Allgemeines	1	4. Gewährung von Bezugsrechten an Arbeitnehmer und Mitglieder der Geschäftsführung	18
II. Beschluss über die bedingte Erhöhung des Grundkapitals (§ 192 Abs. 1)	3	a) Grundlagen	18
1. Funktion des bedingten Kapitals	3	b) Begünstigte Personen	21
2. Verfahren	6	c) Zustimmungs- oder Ermächtigungsbeschluss	24
3. Satzungsänderung	9	IV. Grenzen einer bedingten Kapitalerhöhung (§ 192 Abs. 3)	25
III. Zulässige Zwecke einer bedingten Kapitalerhöhung (§ 192 Abs. 2)	10	V. Schutz der Berechtigten (§ 192 Abs. 4)	29
1. Grundlagen	10	VI. Sinngemäße Anwendung der Vorschriften über das Bezugsrecht (§ 192 Abs. 5)	32
2. Umtausch- oder Bezugsrechte für Gläubiger von Wandelschuldverschreibungen	12	VII. Kosten	33
3. Vorbereitung des Zusammenschlusses von Unternehmen	15		

Literatur: *Ackermann/Suchan*, Repricing von Stock Options – aktienrechtliche Zulässigkeit und bilanzielle Behandlung, BB 2002, 1497; *Adams*, Aktienoptionspläne und Vorstandvergütungen,

ZIP 2002, 1325; *Aha*, Ausgewählte Gestaltungsmöglichkeiten bei Aktienoptionsplänen, BB 1997, 2225; *Baums*, Aktienoptionen für Vorstandsmitglieder, in FS Claussen, 1997, S. 3; *Casper*, Insiderverstöße bei Aktienoptionsprogrammen, WM 1999, 363; *Casper*, Repricing von Stock Options, DStR 2004, 1391; *Casper*, Der Optionsvertrag, 2005; *Fischer*, Zur Bedienung aktienbasierter Vergütungsmodelle für Aufsichtsräte mit rückerworbenen Aktien, ZIP 2003, 282; *Fuchs*, Selbständige Optionsscheine als Finanzierungsinstrument der Aktiengesellschaft, AG 1995, 433; *Fuchs*, Kapitalbeteiligung ohne Mitgliedschaft – Genussscheine, Optionsanleihen und andere hybride Finanztitel im Spannungsfeld von Schuldverhältnis, Verbandsordnung und Kapitalmarkt, 1998; *Friedrichsen*, Aktienoptionspläne für Führungskräfte, 2000; *Götze*, Aktienoptionen für Vorstandsmitglieder und Aktionärsschutz, 2001; *Habersack*, Die erfolgsabhängige Vergütung des Aufsichtsrats und ihre Grenzen, ZGR 2004, 721; *Hirte*, Wandel- und Optionsanleihen im Rechtsvergleich, in Lutter/Hirte, Wandel- und Optionsanleihen in Deutschland und Europa, ZGR-Sonderheft 16, 2000, S. 1; *Hüffer*, Aktienbezugsrechte als Bestandteil der Vergütung von Vorstandsmitgliedern und Mitarbeitern – gesellschaftsrechtliche Analyse, ZHR 161 (1997), 214; *Ihrig/ Wagner*, Volumengrenzen für Kapitalmaßnahmen der AG, NZG 2002, 657; *M. Käpplinger*, Inhaltskontrolle von Aktienoptionsplänen, 2003; *M. Käpplinger/S. Käpplinger*, Möglichkeiten des Repricings von Aktienoptionsplänen, WM 2004, 1169; *Klahold*, Aktienoptionen als Vergütungsinstrument, 1999; *Kohler*, Stock Options für Führungskräfte aus der Sicht der Praxis, ZHR 161 (1997), 246; *Kuntz*, Die Zulässigkeit selbständiger Aktienoptionen („naked warrants"), AG 2004, 480; *Lutter*, Die rechtliche Behandlung von Erlösen aus der Verwertung von Bezugsrechten bei der Ausgabe von Optionsanleihen, DB 1986, 1607; *Lutter*, Optionsanleihen ausländischer Tochtergesellschaften, AG 1972, 125; *Lutter/Drygala*, Die zweite Chance für Spekulanten? – Zur nachträglichen Korrektur der Konditionen von Optionsschuldverschreibungen, in FS Claussen, 1997, S. 261; *Martens*, Stand und Entwicklung im Recht der Stock-Options, in FS Ulmer, 2003, S. 399; *Martens*, Erwerb und Veräußerung eigener Aktien im Börsenhandel, AG 1996, 337; *Martens*, Die mit Optionsrechten gekoppelte Aktienemission, AG 1989, 69; *Maul*, Zur Unzulässigkeit der Festsetzung lediglich eines Mindestausgabebetrages im Rahmen des § 193 II Nr. 3 AktG, NZG 2000, 679; *Mutter*, Darf's ein bisschen mehr sein? – Überlegungen zum zulässigen Gesamtvolumen von Aktienoptionsprogrammen nach dem KonTraG, ZIP 2002, 295; *Paefgen*, Börsenpreisorientierte Vergütung und Überwachungsaufgabe des Aufsichtsrats, WM 2004, 1169; *Schäfer*, Wandel- und Optionsanleihen in Deutschland – Praxisprobleme von Equity-linked-Emissionen, in Lutter/Hirte, Wandel- und Optionsanleihen in Deutschland und Europa, ZGR-Sonderheft 16, 2000, S. 62; *Schlitt/Seiler/Singhof*, Aktuelle Rechtsfragen und Gestaltungsmöglichkeiten im Zusammenhang mit Wandelschuldverschreibungen, AG 2003, 254; *Schumann*, Optionsanleihen, 1990; *E. Vetter*, Stock Options für Aufsichtsräte – ein Widerspruch?, AG 2004, 234; *Vogel*, Aktienoptionsprogramme für nicht börsennotierte AG – Anforderungen an Hauptversammlungsbeschlüsse, BB 2000, 937; *Weiß*, Aktienoptionspläne für Führungskräfte, 1999; *Weiß*, Aktienoptionsprogramme nach dem KonTraG, WM 1999, 353; *Wiechers*, Die Beteiligung von Aufsichtsratsmitgliedern am Unternehmenserfolg über die Ausgabe von Wandelschuldverschreibungen und die Bedienung von Aktienbezugsrechten, DB 2003, 595; *Zimmer*, Die Ausgabe von Optionsrechten an Mitglieder des Aufsichtsrates und externe Berater, DB 1999, 999; *Zitzewitz*, Konzernrechtliche Probleme bei Stock Options, NZG 1999, 698; *Zitzewitz*, Stock Options, 2003.

I. Allgemeines

Die Vorschrift legt fest, dass die **Hauptversammlung** einer AG eine **bedingte Kapitalerhöhung beschließen** kann (§ 192 Abs. 1). Allerdings ist dies nur für bestimmte, in § 192 Abs. 2 Nr. 1 bis 3 **enumerativ aufgeführte Zwecke** zulässig. Ferner sind die in § 192 Abs. 3 normierten Grenzen für eine bedingte Erhöhung des Grundkapitals zu beachten. Zum Schutz der zum Bezug oder Umtausch Berechtigten sieht § 192 Abs. 4 vor, dass ein dem Beschluss über die bedingte Kapitalerhöhung entgegenstehender Beschluss der Hauptversammlung nichtig ist. 1

Die Vorschrift geht auf § 159 AktG 1937 zurück[1]. Sie wurde im Jahre 1965 in einigen Punkten geändert. Im Mittelpunkt stand die Erweiterung der zulässigen Zwecke ei- 2

---

1 Zu Formen einer bedingten Kapitalerhöhung vor der Regelung in den §§ 159 bis 168 AktG 1937 vgl. *Fuchs* in MünchKomm. AktG, § 192 Rz. 8.

ner bedingten Kapitalerhöhung durch Einfügung von Nr. 3 in Abs. 2[2]. Im Jahre 1998 wurden Abs. 2 Nr. 3 und Abs. 3 neu gefasst, um die Gewährung von Bezugsrechten an Mitglieder der Geschäftsführung der Gesellschaft zu ermöglichen[3]. Auch wurde in diesem Jahr § 192 Abs. 3 durch Einfügung des Satzes 2 geändert[4].

II. Beschluss über die bedingte Erhöhung des Grundkapitals (§ 192 Abs. 1)

1. Funktion des bedingten Kapitals

3 Die Hauptversammlung kann eine **Erhöhung** des **Grundkapitals** beschließen, die nur **soweit durchgeführt** werden soll, **wie** von einem **Umtausch-** oder **Bezugsrecht Gebrauch** gemacht wird, das die Gesellschaft auf die neuen Aktien einräumt. Ob und in welchem Umfang dies geschehen wird, steht zum Zeitpunkt der Beschlussfassung noch nicht fest. Daher ist der Eintritt der Bedingung, nämlich ob und in welcher Höhe das Grundkapital der Gesellschaft tatsächlich erhöht wird, ungewiss.

4 Die Möglichkeit einer bedingten Kapitalerhöhung wird einerseits dem **Interesse** der **Inhaber von Umtausch- und Bezugsrechten** gerecht, bereits unmittelbar nach der Ausübung ihrer vertraglichen Rechte die versprochenen Aktien rechtssicher (vgl. §§ 192 Abs. 4, 199, 200) zu erhalten. Andererseits hat auch die Gesellschaft ein vitales Interesse daran, über eine einfache, kostengünstige und effiziente Form der Kapitalerhöhung[5] zu verfügen. So können die in § 192 Abs. 2 normierten Zwecke zwar auch mit einer Kapitalerhöhung gegen Einlagen (§§ 182 ff.) oder einem genehmigten Kapital (§§ 202 ff.) verfolgt werden. Doch trägt nur das Verfahren der bedingten Kapitalerhöhung treffsicher dem Aspekt Rechnung, dass die Realisierung der Umtausch- und Bezugsrechte zum Zeitpunkt der Beschlussfassung der Hauptversammlung regelmäßig ungewiss ist; andere Arten einer Kapitalerhöhung sind für eine bedarfsabhängige Aktienausgabe nicht konzipiert[6].

5 Bei einer **bedingten Kapitalerhöhung** haben die **Aktionäre** schon kraft Gesetzes **kein gesetzliches Bezugsrecht.** Dies ergibt sich aus dem Zweck der §§ 192 ff., der Gesellschaft zu ermöglichen, das Grundkapital bedarfsabhängig zu erhöhen. Allerdings wirft diese Situation die Frage auf, wie die Aktionäre vor einer Verwässerung ihrer Beteiligung (s. zu den verschiedenen Aspekten einer Beteiligungsverwässerung § 186 Rz. 1) angemessen geschützt werden können. Der Zugriff des Gesetzgebers auf diese Problematik präsentiert sich eher zaghaft. So sucht er einen **Aktionärsschutz** durch eine **Beschlussmehrheit** von **mindestens ¾** des vertretenen **Grundkapitals** (§ 193 Abs. 1 Satz 1), durch einen gesetzlich vorgegebenen **Mindestinhalt** des **Beschlusses** (§ 193 Abs. 2) sowie durch **Höchstbeträge** für eine bedingte **Kapitalerhöhung** (§ 192 Abs. 3) zu gewährleisten[7]. Ferner ist auch bei einer bedingten Kapitalerhöhung der **Beschluss** der Hauptversammlung wegen eines **unangemessenen Ausgabebetrags anfechtbar** (§ 255 Abs. 2; s. § 255 Rz. 3). Ob dieses Schutzsystem ausreicht oder ob rechtsfortbildend zusätzliche Anforderungen an eine bedingte Kapitalerhöhung zu stellen sind, ist mangels einschlägiger höchstrichterlicher Entscheidung nicht geklärt. Im jüngeren Schrifttum dominiert die Sichtweise, eine materielle Inhaltskontrolle wie beim Ausschluss des Bezugsrecht bei einer ordentlichen Kapitalerhöhung

---

2 Vgl. Begr. RegE, *Kropff*, Aktiengesetz, S. 299.
3 Vgl. Art. 1 Nr. 26 KonTraG vom 27.4.1998, BGBl. I 1998, 786.
4 Vgl. Art. 1 Nr. 23 StückAG vom 25.3.1998, BGBl. I 1998, 590.
5 Vgl. *Fuchs* in MünchKomm. AktG, § 192 Rz. 2.
6 Vgl. *Frey* in Großkomm. AktG, Vor §§ 192–201 Rz. 19; *Hüffer*, § 192 Rz. 1.
7 Vgl. *Lutter* in KölnKomm. AktG, § 192 Rz. 27.

(s. § 186 Rz. 24 ff.) sei nicht erforderlich[8]. Die Frage kann jedoch nicht pauschal beantwortet werden[9]. Ob eine Verhältnismäßigkeitsprüfung stattzufinden hat, muss für jeden zulässigen Zweck einer bedingten Kapitalerhöhung (§ 192 Abs. 2 Nr. 1 bis 3) gesondert geprüft werden (s. Rz. 10). Dabei ist vor allem in den Blick zu nehmen, ob der Gesetzgeber die Abwägung der Interessen bereits vorgenommen hat[10]. Schließlich ist zu bedenken, dass im Falle einer bedingten Kapitalerhöhung zwecks Bedienung einer Wandel- oder Optionsanleihe die materielle Kontrolle bereits beim Beschluss der Hauptversammlung über die Begebung der Anleihe (§ 221 Abs. 1) stattfindet[11].

2. Verfahren

Die bedingte Kapitalerhöhung setzt einen (unbedingten!) **Beschluss** der **Hauptversammlung** voraus (§ 192 Abs. 1), der gem. § 193 Abs. 1 Satz 1 einer Mehrheit von mindestens ¾ des bei der Beschlussfassung vertretenen Grundkapitals bedarf. Außerdem muss er den in § 193 Abs. 2 festgelegten inhaltlichen Anforderungen genügen. Das Gesetz lässt es – im Unterschied zum genehmigten Kapital (vgl. § 201 Abs. 1 und Abs. 2) – nicht zu, dass die bedingte Kapitalerhöhung bereits in der Gründungssatzung bestimmt wird[12].   6

Der nächste Schritt besteht darin, dass der **Vorstand** und der **Vorsitzende** des **Aufsichtsrats** den **Beschluss** über die bedingte Kapitalerhöhung zur **Eintragung** in das Handelsregister **anmelden** (§ 195 Abs. 1). Erst nach der Eintragung des Beschlusses können die Bezugs- und Umtauschrechte wirksam begründet werden (vgl. § 197 Satz 2). Zur Ausübung des Bezugs- oder Umtauschrechtes bedarf es einer Erklärung, welche die gleiche Wirkung wie eine Zeichnungserklärung hat (§ 198 Abs. 1, Abs. 2 Satz 1). Der Zeichnungsvertrag kommt mit dem Zugang der korrespondierenden Willenserklärung der Gesellschaft zustande. Sodann gibt der Vorstand die neuen Aktien aus, was zur Folge hat, dass das Grundkapital der Gesellschaft erhöht ist (§§ 199, 200). Eine laufende Anmeldung des erhöhten Grundkapitals zur Eintragung in das Handelsregister ist nicht erforderlich. Es genügt, wenn der Vorstand dies innerhalb eines Monats nach Ablauf des Geschäftsjahrs besorgt (§ 201). Diese Eintragung hat deklaratorischen Charakter.   7

Das **Verfahren** der **bedingten Kapitalerhöhung** bestimmt sich weitgehend nach den §§ 192 bis 201. Die Vorschriften über die ordentliche Kapitalerhöhung finden grundsätzlich keine Anwendung[13]. Allerdings gibt es drei Ausnahmen. So bestimmt § 192 Abs. 3 Satz 2, dass bei Gesellschaften mit Stückaktien § 182 Abs. 1 Satz 5 sinngemäß gilt. Ferner verfügt § 193 Abs. 1 Satz 3, dass § 182 Abs. 2 und § 187 Abs. 2 gelten. Hieraus folgt, dass bei Vorhandensein mehrerer Gattungen von stimmberechtigten Aktien der Hauptversammlungsbeschluss zu seiner Wirksamkeit der Zustimmung der Aktionäre jeder Gattung bedarf (s. zur fehlenden praktischen Bedeutung dieser Vor-   8

---

8 Vgl. *Hüffer*, § 192 Rz. 3, 18; anders aber *Lutter*, ZGR 1979, 401, 411 ff.; vgl. auch das abweichende Konzept von *Hirte*, Bezugsrechtsausschluss und Konzernbildung, S. 147 ff.
9 So auch *Fuchs* in MünchKomm. AktG, § 192 Rz. 32.
10 Vgl. allgemein zu diesem Lösungsansatz BGH v. 19.12.1977 – II ZR 136/76, BGHZ 70, 117, 124; BGH v. 1.2.1988 – II ZR 75/87, BGHZ 103, 184, 190 f. = AG 1988, 135; *Raiser/Veil*, Kapitalgesellschaften, § 16 Rz. 160 ff.
11 Auf die Vorverlagerung der Beschlusskontrolle zu Recht hinweisend *Frey* in Großkomm. AktG, § 192 Rz. 122.
12 Vgl. *Lutter* in KölnKomm. AktG, § 192 Rz. 2; *Fuchs* in MünchKomm. AktG, § 192 Rz. 22. A.A. *Frey* in Großkomm. AktG, § 192 Rz. 25 f.; *Hüffer*, § 192 Rz. 7 (jedenfalls für die Fälle des § 192 Abs. 2 Nr. 3).
13 Ausführlich auch zur Frage einer entsprechenden Anwendung vgl. *Frey* in Großkomm. AktG, Vor §§ 192–201 Rz. 15 ff.

schrift § 182 Rz. 2). Außerdem sind Zusicherungen vor dem Beschluss über die Erhöhung des Grundkapitals der Gesellschaft gegenüber unwirksam.

3. Satzungsänderung

9   Der Hauptversammlungsbeschluss bewirkt noch keine Änderung der Satzung. Erst mit der Ausgabe der Bezugsaktien (§ 200) wird die Satzung in Bezug auf die Höhe des Grundkapitals (§ 23 Abs. 3 Nr. 3) sowie dessen Zerlegung in Nennbetragsaktien oder in Stückaktien (§ 23 Abs. 3 Nr. 4) unrichtig. Deshalb ist es erforderlich, die Satzung nach Maßgabe der §§ 179 ff. zu ändern, was durch Ermächtigung des Aufsichtsrats zur Anpassung des Wortlauts der Satzung geschehen kann (§ 179 Abs. 1 Satz 2). Dies muss spätestens mit dem Ablauf der Bezugsfrist oder nach der Ausübung aller Umtausch- bzw. Bezugsrechte geschehen[14].

III. Zulässige Zwecke einer bedingten Kapitalerhöhung (§ 192 Abs. 2)

1. Grundlagen

10   Die bedingte Kapitalerhöhung „soll" **nur zu den in § 192 Abs. 2 Nr. 1 bis 3 normierten Zwecken** beschlossen werden. Die herrschende Doktrin schließt aus dem Wortlaut dieser Bestimmung sowie aus den nicht unbeträchtlichen, aus einer bedingten Kapitalerhöhung resultierenden Verwässerungsgefahren (s. hierzu Rz. 5), dass andere Zwecke nicht in Betracht kommen[15]. Dies schließt es allerdings nicht aus, im Falle einer planwidrigen Regelungslücke und einer vergleichbaren Interessenlage die Vorschrift analog anzuwenden[16]. Voraussetzung ist, dass sich die nicht explizit in § 192 Abs. 2 Nr. 1 bis 3 genannte Maßnahme im Rahmen der im Gesetz aufgeführten Einsatzzwecke hält und sich in ihrem Risikoprofil für die Gesellschaft und ihre Aktionäre nicht von den ausdrücklich aufgeführten Maßnahmen unterscheidet[17].

11   Das **Registergericht** prüft nach der Anmeldung des Beschlusses zur Eintragung in das Handelsregister, ob die Kapitalerhöhung einem gesetzlich zulässigen Zweck dient (s. § 195 Rz. 9). Ist dies nicht der Fall, hat das Gericht die Eintragung abzulehnen. Der Beschluss ist in diesem Fall außerdem wegen Gesetzesverstoßes (§ 243 Abs. 1) anfechtbar[18]. Hat das Registergericht die Eintragung verfügt, ist der Vorstand zur Ausführung der bedingten Kapitalerhöhung verpflichtet[19]. Eine Amtslöschung gem. § 144 Abs. 2 FGG findet nicht statt[20].

2. Umtausch- oder Bezugsrechte für Gläubiger von Wandelschuldverschreibungen

12   Die bedingte Kapitalerhöhung kann zur Gewährung von Umtausch- oder Bezugsrechten an Gläubiger von Wandelschuldverschreibungen beschlossen werden (§ 192

---

14 Vgl. *Hüffer*, § 192 Rz. 5; *Fuchs* in MünchKomm. AktG, § 192 Rz. 20.
15 Vgl. *Hüffer*, § 192 Rz. 8; *Lutter* in KölnKomm. AktG, § 192 Rz. 18; *Frey* in Großkomm. AktG, § 192 Rz. 49; *Fuchs* in MünchKomm. AktG, § 192 Rz. 36. A.A. teilweise das ältere Schrifttum; vgl. *Hoffmann*, AG 1973, 47, 56 f.; *Werner*, AG 1972, 137, 142.
16 Vgl. OLG Stuttgart v. 16.1.2002 – 8 W 517/01, ZIP 2002, 1807, 1808 (i.E. aber ablehnend bzgl. „naked warrants"); *Hüffer*, § 192 Rz. 8; *Fuchs* in MünchKomm. AktG, § 192 Rz. 37; *Krieger* in MünchHdb. AG, § 57 Rz. 8; *Frey* in Großkomm. AktG, § 192 Rz. 49.
17 *Fuchs* in MünchKomm. AktG, § 192 Rz. 37.
18 Vgl. *Lutter* in KölnKomm. AktG, § 192 Rz. 8; *Hüffer*, § 192 Rz. 8; *Frey* in Großkomm. AktG, § 192 Rz. 49, 129; *Fuchs* in MünchKomm. AktG, § 192 Rz. 41.
19 *Hüffer*, § 192 Rz. 8; *Fuchs* in MünchKomm. AktG, § 192 Rz. 41. A.A. *Lutter* in KölnKomm. AktG, § 192 Rz. 8.
20 *Lutter* in KölnKomm. AktG, § 192 Rz. 20; *Hüffer*, § 192 Rz. 8; *Fuchs* in MünchKomm. AktG, § 192 Rz. 41.

Abs. 2 Nr. 1). Dieser Tatbestand ist mit Blick auf die gleichnamigen, in § 221 erfassten Finanzierungsinstrumente auszulegen. Zulässig ist es demnach, **Wandelanleihen** zu bedienen. Dabei handelt es sich um Schuldverschreibungen, die den Gläubigern das Recht einräumen, statt einer Rückzahlung des zur Verfügung gestellten Betrags eine bestimmte Zahl von Aktien zu beziehen (s. § 221 Rz. 22). Ferner kann eine bedingte Kapitalerhöhung beschlossen werden, um **Optionsanleihen** der Gesellschaft zu erfüllen. Auch dies sind Schuldverschreibungen. Sie gewähren den Gläubigern außer dem Anspruch auf Rückzahlung des zur Verfügung gestellten Betrags das Recht, eine bestimmte Anzahl von Aktien der Gesellschaft zu erwerben (s. § 221 Rz. 32). Schließlich kommt eine bedingte Kapitalerhöhung zur Bedienung von Gewinnschuldverschreibungen in Betracht, sofern diese zu Gunsten der Gläubiger ein Umtausch- oder Bezugsrecht vorsehen (s. zu dieser atypischen Gestaltungsvariante § 221 Rz. 37). Andernfalls wäre es der Gesellschaft nicht möglich, solche Finanzierungsinstrumente einzusetzen[21]. Die Anwendungsbereiche von § 221 und § 192 Abs. 2 Nr. 1 stimmen überein.

Zweifelhaft ist, ob gem. § 192 Abs. 2 Nr. 1 eine bedingte Kapitalerhöhung beschlossen werden kann, wenn eine **(ausländische) Tochtergesellschaft** eine Wandel- oder Optionsleihe zum Umtausch oder Bezug von Aktien der Muttergesellschaft emittiert. Problematisch bei dem Vorgang ist, dass es sich nicht um eine Wandelschuldverschreibung *der Gesellschaft* handelt, wie von § 192 Abs. 2 Nr. 1 vorausgesetzt. Das Schrifttum stand solchen auch steuerlich motivierten sogenannten „Warrant-Anleihen" zunächst skeptisch bzw. ablehnend gegenüber[22]. Mittlerweile hat sich in der Diskussion aber zu Recht die Ansicht durchgesetzt, dass die Gesellschaft – also die Mutter – ein bedingtes Kapital zur Sicherung der Gläubiger von Optionsanleihen ihres (ausländischen) Tochterunternehmens beschließen kann. Anerkannt ist dies, wenn (1) die Optionsanleihe von einer konzernverbundenen Tochter emittiert wird, (2) die Emission dem Finanzierungsinteresse der Mutter dient und (3) diese eine eigene Verpflichtung gegenüber den Anleihegläubigern übernimmt, der die Hauptversammlung in entsprechender Anwendung des § 221 Abs. 1 zustimmt[23]. In diesem Fall haben die Aktionäre der Muttergesellschaft gem. § 221 Abs. 4 ein eigenes gesetzliches Bezugsrecht, das nur nach Maßgabe des § 186 Abs. 3 und Abs. 4 ausgeschlossen werden kann[24]. Diese Voraussetzungen begegnen der Gefahr einer uferlosen Ausweitung der zulässigen Zwecke einer bedingten Kapitalerhöhung, ohne die Konzernfinanzierung über Gebühr einzuschränken[25]. Reine Optionsrechte („Naked Warrants")[26], die mit keiner Anleihe verbunden sind, können dagegen nicht gem. § 192 Abs. 2 Nr. 1 bedient werden[27]. 13

Die **Hauptversammlung** muss somit in jedem Fall **zwei Beschlüsse** fassen: Erstens den Beschluss über die Ausgabe von Wandelschuldverschreibungen, zweitens den Be- 14

---

21 Vgl. *Lutter* in KölnKomm. AktG, § 192 Rz. 5; *Werner*, ZHR 149 (1985), 236, 245; *Hüffer*, § 192 Rz. 9; *Fuchs* in MünchKomm. AktG, § 192 Rz. 44. A.A. *Frey* in Großkomm. AktG, § 192 Rz. 53 mit dem Argument, die Bezugsrechte könnten durch ein ordentliches oder genehmigtes Kapital bedient werden.

22 Vgl. *Gustavus*, BB 1970, 694, 695; *Schaub*, AG 1972, 340, 342; *Hoffmann*, AG 1973, 47, 56 f.

23 OLG Stuttgart v. 16.1.2002 – 8 W 517/01, ZIP 2002, 1807, 1808 (obiter dictum); ferner aus dem Schrifttum *Martens*, AG 1989, 69; *Hüffer*, § 192 Rz. 12; *Lutter* in KölnKomm. AktG, § 221 Rz. 174 f.

24 Vgl. *Busch*, AG 1999, 58; *Hüffer*, § 192 Rz. 12; *Lutter* in KölnKomm. AktG, § 221 Rz. 171 f.; *Fuchs* in MünchKomm. AktG, § 192 Rz. 54.

25 Vgl. *Fuchs* in MünchKomm. AktG, § 192 Rz. 55.

26 Vgl. zu ihnen *Casper*, Optionsvertrag, S. 369 ff.

27 Vgl. OLG Stuttgart v. 16.1.2002 – 8 W 517/01, ZIP 2002, 1807, 1809; *Lutter* in KölnKomm. AktG, § 192 Rz. 9; *Martens*, AG 1989, 69, 70 ff. A.A. *Fuchs*, AG 1995, 433, 445 ff.; *Fuchs* in MünchKomm. AktG, § 192 Rz. 52; *Casper*, Optionsvertrag, S. 379 f.

schluss über die bedingte Kapitalerhöhung. Beide Beschlüsse können, müssen aber nicht gemeinsam getroffen werden[28]. Erfolgt zunächst der Beschluss über die Emission einer Wandelschuldverschreibung, so wird die Hauptversammlung in Bezug auf die bedingte Kapitalerhöhung nicht gebunden[29]. Eine mögliche Konsequenz ist, dass die Gesellschaft nicht in der Lage sein wird, die Options- oder Umtauschrechte der Anleihegläubiger zu bedienen. Schließlich ist es auch zulässig, dass zunächst der Beschluss über die bedingte Kapitalerhöhung getroffen wird und danach über die Emission von Wandelschuldverschreibungen Beschluss gefasst wird[30]. Dann sind im Beschluss über die bedingte Erhöhung des Grundkapitals die künftigen Anleihegläubiger, denen Bezugsrechte zu gewähren sind, durch Verweis auf den zukünftigen Beschluss über die Ausgabe von Wandel- oder Optionsanleihen zu bestimmen[31].

3. Vorbereitung des Zusammenschlusses von Unternehmen

15   Die bedingte Kapitalerhöhung kann zur **Vorbereitung des Zusammenschlusses mehrerer Unternehmen** beschlossen werden (§ 192 Abs. 2 Nr. 2). Dieser in der Praxis eher selten genutzte[32] Tatbestand setzt voraus, dass die neuen Aktien benötigt werden, um einen Zusammenschluss mit mindestens einem weiteren Rechtsträger[33] durchzuführen[34]. Dies kommt zum einen in Betracht, wenn eigene Aktien der Gesellschaft als Akquisitionswährung für den Erwerb eines anderen Unternehmens, Unternehmensteils oder Anteile an einem anderen Unternehmen eingesetzt werden sollen[35]. Zum anderen können bestimmte konzernrechtliche Integrationsmaßnahmen es notwendig machen, eigene Aktien zu schaffen, um sie sodann an die Minderheitsaktionäre der abhängigen Gesellschaft zur Verfügung zu stellen (vgl. für den Vertragskonzern § 305 Abs. 2 Nr. 1 und Nr. 2, für die Eingliederung § 320b Abs. 1 Satz 2)[36].

16   Es ist erforderlich, dass sich das **Zusammenschlussvorhaben** auf ein **bestimmtes** (individualisiertes) **Unternehmen** erstreckt[37]. Andernfalls kann der Kreis der Bezugsberechtigten im Beschluss über die Kapitalerhöhung (vgl. § 193 Abs. 2 Nr. 2) nicht festgelegt werden. Die Rechtsform des anderen am Zusammenschluss beteiligten Unternehmens ist irrelevant. Es kommen daher auch Einzelkaufleute, Freiberufler und Personen des öffentlichen Rechts in Betracht[38].

17   Der Zusammenschluss kann als eine **Verschmelzung** durch Aufnahme (§§ 2 Nr. 1, 4 ff., 60 ff. UmwG), als eine **Spaltung** zur Aufnahme (§§ 123 ff. UmwG), im Wege einer **Eingliederung** (§ 319) oder durch den Abschluss eines **Beherrschungs-** oder **Gewinnabführungsvertrags** (§§ 291 ff.) erfolgen[39]. Dagegen scheidet eine Verschmelzung durch Neugründung (§§ 2 Nr. 2, 36 ff., 73 ff. UmwG) aus, weil die Aktien dabei aus

---

28 *Hüffer*, § 192 Rz. 13; *Frey* in Großkomm. AktG, § 192 Rz. 55; *Fuchs* in MünchKomm. AktG, § 192 Rz. 56.
29 Vgl. *Lutter* in KölnKomm. AktG, § 192 Rz. 10; *Hüffer*, § 192 Rz. 13; *Frey* in Großkomm. AktG, § 192 Rz. 55.
30 Vgl. *Fuchs* in MünchKomm. AktG, § 192 Rz. 57.
31 Vgl. *Frey* in Großkomm. AktG, § 192 Rz. 56 und § 193 Rz. 22; *Fuchs* in MünchKomm. AktG, § 192 Rz. 57.
32 Vgl. *Lutter* in KölnKomm. AktG, § 192 Rz. 11; *Fuchs* in MünchKomm. AktG, § 192 Rz. 60.
33 Vgl. *Frey* in Großkomm. AktG, § 192 Rz. 89.
34 Vgl. *Hüffer*, § 192 Rz. 14.
35 Vgl. *Fuchs* in MünchKomm. AktG, § 192 Rz. 58.
36 Vgl. *Hüffer*, § 192 Rz. 14.
37 Vgl. *Lutter* in KölnKomm. AktG, § 192 Rz. 11; *Frey* in Großkomm. AktG, § 192 Rz. 90.
38 Vgl. *Lutter* in KölnKomm. AktG, § 192 Rz. 11; *Frey* in Großkomm. AktG, § 192 Rz. 89; *Fuchs* in MünchKomm. AktG, § 192 Rz. 59.
39 Vgl. *Frey* in Großkomm. AktG, § 192 Rz. 87; *Fuchs* in MünchKomm. AktG, § 192 Rz. 60.

Anlass der Gründung der neuen Gesellschaft entstehen[40]. Als ein Unternehmenszusammenschluss i.S.d. § 192 Abs. 2 Nr. 2 ist es auch zu begreifen, wenn durch den **Erwerb fremder Anteile** an einer anderen Gesellschaft ein **Konzernverhältnis** begründet wird[41]. Die bedingte Kapitalerhöhung gem. § 192 Abs. 2 Nr. 2 spielt allerdings bei einem öffentlichen Übernahmeangebot keine Rolle. Der Grund hierfür liegt darin, dass im Beschluss über die Erhöhung des Kapitals der Kreis der Bezugsberechtigten genannt werden muss (vgl. § 193 Abs. 2 Nr. 2), was bei einem öffentlich unterbreiteten Angebot nicht möglich ist.

4. Gewährung von Bezugsrechten an Arbeitnehmer und Mitglieder der Geschäftsführung

a) Grundlagen

Bereits im Jahre 1965 wurde in § 192 Abs. 2 Nr. 3 als ein weiterer möglicher **Zweck** 18
einer bedingten Kapitalerhöhung die **Gewährung** von **Bezugsrechten** an **Arbeitnehmer** der Gesellschaft anerkannt. So konnte erstmals das Kapital bedingt erhöht werden, um eine Beteiligung von Arbeitnehmern zu ermöglichen. Der Gesetzgeber verlangte allerdings noch, dass die Arbeitnehmer im Gegenzug eine Geldforderung, die ihnen aus einer von der Gesellschaft eingeräumten Gewinnbeteiligung zusteht, als Einlage einbringen. Erst im Jahre 1998 reformierte der Gesetzgeber den Tatbestand, um die Einräumung von **Aktienoptionen** an **Vorstände**, aber auch an **leitende Angestellte** unterhalb des Vorstands einschließlich von Geschäftsführungsorganen verbundener Unternehmen sowie an sonstige Mitarbeiter zu erleichtern[42]. Der bis dato von der Praxis gewählte Weg über die Gewährung von Optionsanleihen oder Wandelschuldverschreibungen (§ 192 Abs. 2 Nr. 1)[43] erschien dem Gesetzgeber kompliziert und nicht völlig gesichert zu sein. Auf die einengende Voraussetzung der Einlage von Geldforderungen aus einer Gewinnbeteiligung verzichtete er, weil sie wenig praktische Anwendung gefunden habe[44]. Damit war es erstmals zulässig, nackte Optionsrechte („Naked Warrants") – jedenfalls für die in § 192 Abs. 2 Nr. 3 bestimmten Sachverhalte[45] – zu schaffen. Von dieser Möglichkeit haben die Aktiengesellschaften seitdem regen Gebrauch gemacht[46].

Auch bei der bedingten Kapitalerhöhung gem. § 192 Abs. 2 Nr. 3 haben die **Aktionäre** 19
kein Bezugsrecht. Der Gesetzgeber hat bewusst darauf verzichtet, dies gesetzlich zum Ausdruck zu bringen. Ihm erschien es ferner entbehrlich zu sein, klarzustellen, dass ein Vorstandsbericht gem. § 186 Abs. 4 Satz 2 nicht erstattet werden muss[47]. Dabei hatte er die Vorstellung, dass ein Vorstandsbericht gemeinschaftsrechtlich nicht

---

40 Vgl. *Hüffer*, § 192 Rz. 14; *Fuchs* in MünchKomm. AktG, § 192 Rz. 60.
41 Vgl. *Fuchs* in MünchKomm. AktG, § 192 Rz. 60.
42 Vgl. Begr. RegE KonTraG, BT-Drucks. 13/9712, S. 23
43 Vgl. hierzu OLG Stuttgart v. 12.8.1998 – 20 U 111/97 – „Wenger/Daimler Benz", NZG 1998, 822 = AG 1998, 529; OLG Braunschweig v. 29.7.1998 – 3 U 75/98 – „Wenger/VW", NZG 1998, 814 = AG 1999, 84.
44 Vgl. Begr. RegE KonTraG, BT-Drucks. 13/9712, S. 23; vgl. hierzu auch *Hüffer*, ZHR 161 (1997), 214, 239; *Martens*, AG 1996, 337, 346.
45 Vgl. *Hüffer*, § 192 Rz. 16.
46 Vgl. hierzu die rechtstatsächlichen Auswertungen von *M. Käpplinger*, Inhaltskontrolle von Aktienoptionsplänen, S. 17 ff., 26 (Analyse von 207 Optionsplänen von 153 deutschen Aktiengesellschaften aus den Jahren 1995 bis April 2000; ein Großteil der Gesellschaften nutzte die Möglichkeit einer Absicherung der Optionen durch das bedingte Kapital); ein Überblick zu den Aktienoptionsprogrammen deutscher Aktiengesellschaften findet sich bei *Wulff*, Aktienoptionen für das Management, Anhang I und II.
47 Vgl. Begr. RegE KonTraG, BT-Drucks. 13/9712, S. 24.

geboten sei[48]. Wenn der Vorstand der Hauptversammlung einen Beschluss über ein bedingtes Kapital vorschlägt, verstehe es sich von selbst, dass er eine ausführliche Begründung und nähere Erläuterung gibt und Rede und Antwort zu stehen hat[49]. Auch würden die Anteilseigner Aktienoptionsprogramme nur bewilligen, wenn sie erwarten können, dass die erzielte Unternehmenswertsteigerung den negativen Kapitalverwässerungseffekt übersteigt[50]. Schließlich sei die Zulassung von Aktienoptionen für Führungskräfte im engen Zusammenhang mit der Funktionsfähigkeit der Eigentümerkontrolle über die Hauptversammlung und die Kapitalmärkte zu sehen. Deshalb sei die Transparenz über das bedingte Kapital, über die Inanspruchnahme der Bezugsrechte und die Gesamtvergütung des Vorstands erhöht worden (§ 160 Abs. 1 Nr. 3 und 5, § 285 Nr. 9a HGB)[51].

20   Diese Ausführungen werden sowohl von der Rechtsprechung als auch von großen Teilen der Literatur zu Recht als **Ausdruck einer gesetzgeberischen Abwägungsentscheidung** verstanden, wonach ein auf der Grundlage von § 192 Abs. 2 Nr. 3 ergehender Hauptversammlungsbeschluss seine Rechtfertigung in sich trägt. Eine besondere, nach Maßgabe der in der *Kali + Salz*-Entscheidung entwickelten Grundsätze konzipierte **materielle Inhaltskontrolle** (s. hierzu § 186 Rz. 24 ff.) ist daher nicht erforderlich[52]. Ob ausnahmsweise in bestimmten Konstellationen eine andere Beurteilung geboten sein kann, lässt sich derzeit noch nicht zuverlässig beurteilen. Bei einer nachträglichen Preisanpassung von Aktienoptionsprogrammen als Reaktion auf Kursverluste des Basiswertes[53] genügt jedenfalls eine bloße Missbrauchskontrolle[54] (vgl. hierzu auch Ziffer 4.2.3 Abs. 2 Satz 3 DCGK: „Eine nachträgliche Änderung der Erfolgsziele oder der Vergleichsparameter soll ausgeschlossen sein.").

b) Begünstigte Personen

21   Das bedingte Kapital kann zu Gunsten von **Arbeitnehmern** geschaffen werden. Eine hierarchische Ebene, die nicht unterschritten werden darf, hat der Gesetzgeber bewusst nicht vorgesehen[55]. Allein ehemalig Beschäftige sind daher nicht als Arbeitnehmer im Sinne von § 192 Abs. 2 Nr. 3 anzusehen[56]. Auch zur Gewährung von Bezugsrechten an **Mitglieder** der **Geschäftsführung kann** eine bedingte Kapitalerhöhung beschlossen werden. Dazu sind alle Mitglieder des Vorstands zu zählen. Andere Per-

---

48 Vgl. Begr. RegE KonTraG, BT-Drucks. 13/9712, S. 24 unter Hinweis auf Art. 41 Abs. 1 Kapitalrichtlinie; a.A. *Wulff*, Aktienoptionen für das Management, S. 113 ff.

49 Vgl. Begr. RegE KonTraG, BT-Drucks. 13/9712, S. 24.

50 Vgl. Begr. RegE KonTraG, BT-Drucks. 13/9712, S. 24.

51 Vgl. Begr. RegE KonTraG, BT-Drucks. 13/9712, S. 24; kritisch *M. Käpplinger*, Inhaltskontrolle von Aktienoptionsplänen, S. 82.

52 Vgl. OLG Stuttgart v. 13.6.2001 – 20 U 75/00, ZIP 2001, 1367, 1370 („jedenfalls dann nicht, wenn der Basispreis für die Ausübung der Option den im Zeitpunkt ihrer Ausgabe bestehenden aktuellen Börsenkurs nicht wesentlich unterschreitet"); *Hüffer*, § 192 Rz. 18; *Casper*, Optionsvertrag, S. 419 ff.; *Krieger* in MünchHdb. AG, § 63 Rz. 48; *Weiß*, WM 1999, 353, 359 f.; *M. Käpplinger*, Inhaltskontrolle von Aktienoptionsplänen, S. 90. A.A. *Lutter*, ZIP 1997, 1, 9; *Frey* in Großkomm. AktG, § 192 Rz. 125 ff. (Anforderungen an eine sachliche Rechtfertigung seien um so größer, je weniger Kontrolle vom Kapitalmarkt ausgehe); *Zeidler*, NZG 1998, 789, 794; *Wulff*, Aktienoptionen für das Management, S. 112 f.; vgl. ferner *Fuchs* in MünchKomm. AktG, § 192 Rz. 35 (tatsächliche Vermutung für die sachliche Rechtfertigung, die im Einzelfall widerlegt werden könne).

53 Vgl. hierzu *Casper*, DStR 2004, 1391 f.; in rechtstatsächlicher Hinsicht *M. Käpplinger*, Inhaltskontrolle von Aktienoptionsplänen, S. 57 f.

54 Vgl. *Casper*, DStR 2004, 1391, 1392 f.; zustimmend *Hüffer*, § 192 Rz. 18; weitergehend *M. Käpplinger*, Inhaltskontrolle von Aktienoptionsplänen, S. 100 f.: Repricing-Klauseln seien unzulässig.

55 Vgl. Begr. RegE KonTraG, BT-Drucks. 13/9712, S. 24.

56 *Hüffer*, § 192 Rz. 19.

sonen kommen nicht in Betracht. Die Regelung ist abschließend, so dass Aufsichtsratmitgliedern gem. § 192 Abs. 2 Nr. 3 keine Aktienoptionen gewährt werden können[57]; selbst der Weg über § 71 Abs. 1 Nr. 8 Satz 5 soll ausscheiden[58].

Möglich ist nach dem Wortlaut des Gesetzes die Gewährung von Bezugsrechten an **Arbeitsnehmer** und **Mitglieder** der **Geschäftsführung** eines mit der Gesellschaft **verbundenen Unternehmens**. Mit den Mitglieder der Geschäftsführung sind in einer AG die Mitglieder des Vorstands und in einer GmbH die Mitglieder der Geschäftsführung gemeint. Ein Mitglied eines Beirats oder Verwaltungsrats einer GmbH kann nicht mit Bezugsaktien bedacht werden[59]. 22

Der **Begriff des verbundenen Unternehmens** bestimmt sich nach den §§ 15 ff. Nach der Begründung des Regierungsentwurfs sollen allerdings „Doppelbezüge von Vorständen, die zugleich gesetzliche Vertreter in Töchtern sind, tunlichst zu meiden" sein. Bei „Tochtergesellschaften, die sich nicht im hundertprozentigen Besitz der Gesellschaft befinden (sei) mit Blick auf die außenstehenden Eigentümer sorgfältig zu prüfen (…), ob eine einseitige Motivation von deren Organen und Führungskräften auf die Wertentwicklung bei der Mutter zu rechtfertigen" sei. Lediglich die Einbeziehung im Vertragskonzern sei unproblematisch. „Eine Bezugsberechtigung von Organen der Mutter auf Aktien der Tochter" hat der Gesetzgeber bewusst nicht ermöglicht[60]. Dieser Wille ist bei der Auslegung von § 192 Abs. 2 Nr. 3 zu berücksichtigen[61]: Einem Mitglied der Geschäftsführung der Mutter kann kein Bezugsrecht auf Aktien der Tochter eingeräumt werden[62]. Aber auch die nach dem Wortlaut des Gesetzes bestehende Möglichkeit, Bezugsrechte für Arbeitnehmer oder für Mitglieder der Geschäftsführung einer Tochtergesellschaft auf Aktien der Muttergesellschaft zu schaffen, ist zweifelhaft. Sie schafft unerwünschte Anreize, denn die verantwortlichen Personen in der Tochtergesellschaft könnten sich allzu willfährig gegenüber dem Einfluss der Muttergesellschaft erweisen. Dieser Gefahr kann begegnet werden, indem die Erfolgsziele (vgl. § 193 Abs. 2 Nr. 4) an der Tochtergesellschaft ausgerichtet werden[63]. 23

c) Zustimmungs- oder Ermächtigungsbeschluss

Die Gewährung von Bezugsrechten an Arbeitnehmer und Mitglieder der Geschäftsführung kann nach § 192 Abs. 2 Nr. 3 im Wege des Zustimmungs- oder Ermächtigungsbeschlusses erfolgen. Es sind somit zwei Szenarien möglich. So kann die Hauptversammlung im Beschluss über die bedingte Erhöhung des Grundkapitals den Vorstand anweisen, die beschlossene Maßnahme auszuführen (**Zustimmungsbeschluss**)[64]. Ferner kann sie im Beschluss über die bedingte Erhöhung des Grundkapitals die Entscheidung über die Ausführung des Aktienoptionsgramms dem Vorstand 24

---

57 Vgl. BGH v. 16.2.2004 – II ZR 316/02, BGHZ 158, 122, 126 = AG 2004, 265; *Hüffer*, § 192 Rz. 21.
58 Vgl. BGH v. 16.2.2004 – II ZR 316/02, BGHZ 158, 122, 127 ff. = AG 2004, 265; kritisch *Fuchs* in MünchKomm. AktG, § 192 Rz. 94 ff.; *Paefgen*, WM 2004, 1169, 1171; *Richter*, BB 2004, 949, 955; vgl. ferner *Wiechers*, DB 2004, 698; *E. Vetter*, AG 2004, 234, 236 ff.
59 Vgl. *Hüffer*, § 192 Rz. 20.
60 Vgl. Begr. RegE KonTraG, BT-Drucks. 13/9712, S. 23 f.
61 Vgl. *Frey* in Großkomm. AktG, § 192 Rz. 99. A.A. *Krieger* in MünchHdb. AG, § 63 Rz. 39.
62 Vgl. *Fuchs* in MünchKomm. AktG, § 192 Rz. 89; *Hüffer*, § 192 Rz. 20; *Frey* in Großkomm. AktG, § 192 Rz. 99. A.A. *Krieger* in MünchHdb. AG, § 63 Rz. 31; *Zitzewitz*, NZG 1999, 698, 704.
63 Vgl. *Hoffmann-Becking*, NZG 1999, 797, 803; *Frey* in Großkomm. AktG, § 192 Rz. 101; *Fuchs* in MünchKomm. AktG, § 192 Rz. 90; *Hüffer*, § 192 Rz. 20. A.A. *Krieger* in MünchHdb. AG, § 63 Rz. 39 mit dem Argument, die §§ 311 ff. begründeten einen ausreichenden Schutz.
64 Vgl. *Fuchs* in MünchKomm. AktG, § 192 Rz. 99.

überlassen, der seinerseits nach pflichtgemäßem Ermessen entscheidet (**Ermächtigungsbeschluss**)[65]. Eine Ausführungspflicht gem. § 83 Abs. 1 trifft ihn in diesem Fall nicht. Auch den Zeitpunkt der Auflegung des Optionsprogramms bestimmt er nach eigenem pflichtgemäßen Ermessen[66]. Nach h.M. ist die Ermächtigung auf einen Zeitraum von fünf Jahren begrenzt (analog §§ 202 Abs. 1, 221 Abs. 2)[67].

IV. Grenzen einer bedingten Kapitalerhöhung (§ 192 Abs. 3)

25   Der Nennbetrag des bedingten Kapitals darf die Hälfte und der Nennbetrag des nach § 192 Abs. 2 Nr. 3 beschlossenen Kapitals den zehnten Teil des Grundkapitals, das zur Zeit der Beschlussfassung über die bedingte Kapitalerhöhung vorhanden ist, nicht übersteigen (§ 192 Abs. 3 Satz 1). Diese **Höchstbeträge** der bedingten Kapitalerhöhung liegen im Interesse der Aktionäre, die vor einer Verwässerung ihrer Rechte durch Ausgabe der Bezugsaktien nicht zuverlässig geschützt werden (s. Rz. 5). Ferner dient die Regelung dem öffentlichen Interesse an überschaubaren Kapitalverhältnissen einer AG[68].

26   Maßgeblich sind die **Verhältnisse** zur **Zeit** der **Beschlussfassung** über die bedingte Kapitalerhöhung. Hat die Gesellschaft zuvor ihr Kapital gegen Einlagen (§§ 182 ff.) oder durch genehmigtes Kapital (§§ 202 ff.) erhöht, so kommt es darauf an, ob die Durchführung der Kapitalerhöhung im betreffenden Zeitpunkt bereits im Handelsregister eingetragen ist (vgl. §§ 189, 203 Abs. 1). Hat die Gesellschaft das Kapital schon zuvor bedingt erhöht, ist zu beachten, dass bereits mit der Aktienausgabe das Grundkapital der Gesellschaft erhöht ist (§ 200). Schließlich gilt auch im Falle einer ordentlichen Kapitalherabsetzung (§§ 222 ff.), dass die Maßnahme erst mit der Eintragung im Handelsregister wirksam wird (§ 224). Verstößt der Beschluss über die bedingte Kapitalerhöhung gegen die Höchstgrenze, so ist er gem. § 241 Nr. 3 nichtig[69].

27   Bei einer **bedingten Kapitalerhöhung** gem. **§ 192 Abs. 2 Nr. 3** gilt außerdem eine Grenze von **zehn Prozent des Grundkapitals**. Der Gesetzgeber suchte mit dieser zusätzlichen Schranke[70] die Verwässerungsgefahr für die Altaktionäre einzudämmen[71].

28   § 192 Abs. 3 Satz 2 erklärt § 182 Abs. 1 Satz 5 sinngemäß für anwendbar. Damit soll erreicht werden, dass die alten Stückaktien nicht überproportional beeinträchtigt werden. Die neuen Aktien müssen so gestückelt werden, dass nach ihrer vollständigen Ausgabe die Erhöhung der Aktienzahl der Erhöhung des Grundkapitals entspricht[72].

V. Schutz der Berechtigten (§ 192 Abs. 4)

29   Ein **Beschluss** der **Hauptversammlung**, der dem **Beschluss** über die **bedingte Kapitalerhöhung entgegensteht**, ist **nichtig** (§ 192 Abs. 4). Hintergrund dieser Regelung ist,

---

65 Der Ermächtigungsbeschluss geht zurück auf Anregung von *Lutter*, AG Sonderheft 1997, 83, 89.
66 Vgl. *Hüffer*, § 192 Rz. 22; *Fuchs* in MünchKomm. AktG, § 192 Rz. 100.
67 Vgl. *Fuchs* in MünchKomm. AktG, § 192 Rz. 101; *Wulff*, Aktienoptionen für das Management, S. 61 ff.; differenzierend *Frey* in Großkomm. AktG, § 192 Rz. 113 (Zeitbegrenzung nur für Führungskräfte).
68 Vgl. *Lutter* in KölnKomm. AktG, § 192 Rz. 29; *Hüffer*, § 192 Rz. 23.
69 Allg. Meinung; *Fuchs* in MünchKomm. AktG, § 192 Rz. 153; *Lutter* in KölnKomm. AktG, § 192 Rz. 31.
70 Vgl. zum Verhältnis eines bedingten Kapitals und einem Ermächtigungsbeschluss gem. § 71 Abs. 1 Nr. 8 *Ihrig/Wagner*, NZG 2002, 657, 663 f.; *Keul/Semmer*, DB 2002, 2255, 2256 f.; *Knoll*, ZIP 2002, 1382, 1383 f.; *Mutter*, ZIP 2002, 295, 296 f.
71 Vgl. Begr. RegE BT-Drucks. 13/9573, S. 17.
72 Vgl. *Hüffer*, § 192 Rz. 25; *Fuchs* in MünchKomm. AktG, § 192 Rz. 152.

dass der Anspruch auf Ausgabe der Bezugsaktien erst mit der Eintragung des Beschlusses in das Handelsregister entstehen kann (vgl. § 197 Satz 2). Vor diesem Zeitpunkt können Beschlüsse, welche der bedingten Kapitalerhöhung entgegenstehen, gefasst werden.

Als ein der bedingten Kapitalerhöhung entgegenstehender Beschluss ist ein **Beschluss** zu begreifen, der die **Durchsetzung** der vertraglich eingeräumten **Umtausch-** oder **Bezugsrechte erschwert**[73]. Folglich wird von § 192 Abs. 4 der Fall erfasst, dass der eingetragene Erhöhungsbeschluss durch Beschluss aufgehoben wird oder der beschlossene Erhöhungsbetrag herabgesetzt wird[74]. Dagegen ist nicht unter § 192 Abs. 4 zu subsumieren ein Beschluss, der eine Verwässerung des Bezugs- oder Umtauschrechts zur Folge hat. So ist daher ein weiterer Kapitalerhöhungsbeschluss nicht gem. § 192 Abs. 4 nichtig[75]. Die h.M. sucht den Schutz der Umtausch- bzw. Bezugsberechtigten in einem solchen Fall durch eine Anpassung der getroffenen vertraglichen Bestimmungen im Wege der ergänzenden Vertragsauslegung zu erreichen[76]. Auch ein Verschmelzungs-, Spaltungs- und Umwandlungsbeschluss steht der bedingten Kapitalerhöhung nicht entgegen. Die Inhaber von Wandelschuldverschreibungen haben in diesen Fällen einen Anspruch, dass ihnen im übernehmenden Rechtsträger bzw. im Rechtsträger neuer Rechtsform gleichwertige Rechte gewährt werden (§ 23 UmwG; § 125 Satz 1 i.V.m. § 23 UmwG; § 204 i.V.m. § 23 UmwG).

30

Wird ein der bedingten Kapitalerhöhung **entgegenstehender Beschluss** getroffen, so ist dieser **nichtig** (§ 192 Abs. 4). Der Registerrichter muss dies prüfen und die Eintragung gegebenenfalls ablehnen. Selbst wenn sie erfolgt, findet eine Heilung nicht statt. Auch § 242 ist nach h.M. nicht anzuwenden[77].

31

VI. Sinngemäße Anwendung der Vorschriften über das Bezugsrecht (§ 192 Abs. 5)

Die in den §§ 193 bis 201 getroffenen Vorschriften über das Bezugsrecht gelten sinngemäß für das Umtauschrecht (§ 192 Abs. 5). Hintergrund dieser Regelung ist, dass in den genannten Vorschriften über das bedingte Kapital aus Gründen der sprachlichen Vereinfachung lediglich von Bezugsrecht die Rede ist.

32

VII. Kosten

Auch bei der bedingten Kapitalerhöhung entstehen Notarkosten für die Beurkundung des Beschlusses der Hauptversammlung und dessen Anmeldung, **allgemeine Verwaltungskosten**, z.B. für den Druck neuer Aktienurkunden, sowie Kosten für die Registereintragungen. Letztere fallen sowohl für die Eintragung des Erhöhungsbeschlusses (§ 195) wie auch für die Eintragung der Ausgabe von Bezugsaktien (§ 201) an. Die **Kosten für die Registereintragung** richten sich gem. §§ 79, 79a KostO nach der HRegGebV (s. hierzu § 182 Rz. 49).

33

---

73 Vgl. *Hüffer*, § 192 Rz. 27.
74 Vgl. *Hüffer*, § 192 Rz. 27.
75 Vgl. *Frey* in Großkomm. AktG, § 192 Rz. 160; *Fuchs* in MünchKomm. AktG, § 192 Rz. 127; *Hüffer*, § 192 Rz. 27; *Lutter* in KölnKomm. AktG, § 192 Rz. 34 (anders jedoch, wenn der Aktienkurs unter den Bezugskurs sinkt und dadurch das Umtausch- oder Bezugsrecht faktisch beseitigt werde, Rz. 35).
76 Vgl. *Fuchs* in MünchKomm. AktG, § 192 Rz. 159.
77 Vgl. *Lutter* in KölnKomm. AktG, § 192 Rz. 39; *Fuchs* in MünchKomm. AktG, § 192 Rz. 168; *Hüffer*, § 192 Rz. 28.

§ 193
Erfordernisse des Beschlusses

(1) Der Beschluss über die bedingte Kapitalerhöhung bedarf einer Mehrheit, die mindestens drei Viertel des bei der Beschlussfassung vertretenen Grundkapitals umfasst. Die Satzung kann eine größere Kapitalmehrheit und weitere Erfordernisse bestimmen. § 182 Abs. 2 und § 187 Abs. 2 gelten.

(2) Im Beschluss müssen auch festgestellt werden

1. der Zweck der bedingten Kapitalerhöhung,

2. der Kreis der Bezugsberechtigten;

3. der Ausgabebetrag oder die Grundlagen, nach denen dieser Betrag errechnet wird; sowie

4. bei Beschlüssen nach § 192 Abs. 2 Nr. 3 auch die Aufteilung der Bezugsrechte auf Mitglieder der Geschäftsführungen und Arbeitnehmer, Erfolgsziele, Erwerbs- und Ausübungszeiträume und Wartezeit für die erstmalige Ausübung (mindestens zwei Jahre).

I. Allgemeines	1	3. Kreis der Bezugsberechtigten (§ 193 Abs. 2 Nr. 2)	7
II. Formelle Beschlusserfordernisse (§ 193 Abs. 1)	2	4. Ausgabebetrag (§ 193 Abs. 2 Nr. 3)	8
III. Beschlussinhalt (§ 193 Abs. 2)	4	5. Festlegungen eines Aktienoptionsprogramms (§ 193 Abs. 2 Nr. 4)	10
1. Allgemeine Anforderungen	4	IV. Rechtsfolgen eines fehlerhaften Beschlusses	16
2. Zweck der bedingten Kapitalerhöhung (§ 193 Abs. 2 Nr. 1)	6		

Literatur: S. die Angaben zu § 192.

I. Allgemeines

1   Die Vorschrift legt in § 193 Abs. 1 die **formellen Anforderungen** an den Beschluss der Hauptversammlung fest. Ferner bestimmt sie in § 193 Abs. 2 den **notwendigen Inhalt** des **Kapitalerhöhungsbeschlusses**. So sind in jedem Fall die in § 193 Abs. 2 Nr. 1 bis 3 aufgeführten Anforderungen zu beachten. In einem gem. § 192 Abs. 2 Nr. 3 gefassten Beschluss müssen außerdem die in § 193 Abs. 2 Nr. 4 genannten Bedingungen eines Aktienoptionsprogramm aufgenommen sein. Die Vorschrift wurde im Jahre 1965 mit einigen wenigen sprachlichen Änderung von § 160 AktG 1937 übernommen. Im Jahre 1998 wurde § 193 Abs. 2 durch das KonTraG um Nr. 4 erweitert[1].

II. Formelle Beschlusserfordernisse (§ 193 Abs. 1)

2   Der Beschluss über die bedingte Kapitalerhöhung bedarf einer **Mehrheit**, die mindestens drei Viertel des bei der Beschlussfassung vertretenen Grundkapitals umfasst (§ 193 Abs. 1 Satz 1). Ferner muss die einfache Stimmenmehrheit (§ 133 Abs. 1) erreicht sein. Anders als bei der ordentlichen Kapitalerhöhung (s. § 182 Rz. 29) kann

---

1 Gesetz zur Kontrolle und Transparenz im Unternehmensbereich (KonTraG) vom 27.4.1998, BGBl. I 1998, 786.

die Satzung keine geringere Kapitalmehrheit vorsehen. Der Grund hierfür ist, dass die bedingte Kapitalerhöhung kein Bezugsrecht der Altaktionäre kennt. Die Einschränkung der Satzungsautonomie hinsichtlich des Beschlussquorums soll die für die Altaktionäre nicht unbeträchtliche Verwässerungsgefahr eindämmen. Ein Wertungswiderspruch zu der in § 221 Abs. 1 Satz 3 bestimmten Satzungsautonomie bezüglich der erforderlichen Mehrheit eines Beschlusses über Wandelschuldverschreibungen liegt darin nicht[2]. Aus § 193 Abs. 1 Satz 3 i.V.m. § 182 Abs. 2 folgt, dass bei **Vorhandensein** mehrerer **stimmberechtigter Aktiengattungen** der Beschluss der Hauptversammlung über die bedingte Kapitalerhöhung zu seiner Wirksamkeit der Zustimmung der Aktionäre jeder Gattung durch einen mit qualifizierter Mehrheit zu fassenden Sonderbeschluss bedarf (s. zu den Einzelheiten und der geringen praktischen Relevanz § 182 Rz. 2).

Zusicherungen vor dem **Beschluss** über die **Erhöhung** des Grundkapitals der Gesellschaft sind gem. § 193 Abs. 1 Satz 3 nach § 187 Abs. 2 zu beurteilen: Sie sind gegenüber der Gesellschaft unwirksam. Dies bedeutet nicht, dass Zusicherungen in jedem Fall ohne Rechtswirkungen sind. Sie stehen unter dem Vorbehalt, dass ein Kapitalerhöhungsbeschluss zustande kommt; bis dahin sind sie schwebend unwirksam (s. § 187 Rz. 9). Wird ein Beschluss gefasst, so wird die Zusicherung wirksam. Die Hauptversammlung ist zu einer solchen Beschlussfassung aber nicht verpflichtet. § 187 Abs. 2 schützt die Entschließungsfreiheit der Hauptversammlung hinsichtlich ihrer Entscheidung über eine bedingte Erhöhung des Kapitals. Kommt ein Erhöhungsbeschluss nicht zustande, sind Schadensersatzansprüche gegen die Gesellschaft nicht begründet[3]. 3

III. Beschlussinhalt (§ 193 Abs. 2)

1. Allgemeine Anforderungen

Aus dem Beschluss muss hervorgehen, dass das Kapital bedingt erhöht werden soll. 4 Ferner hat er die **Anweisung** an den Vorstand zu enthalten, die **Umtausch- oder Bezugsrechte** einem bestimmten **Personenkreis** (§ 193 Abs. 2 Nr. 2) zu gewähren[4]. Auch der **Höchstbetrag** der Kapitalerhöhung ist im Beschluss ziffernmäßig anzugeben. Möglich ist es, einen Mindestbetrag der bedingten Kapitalerhöhung festzulegen[5]. Im Übrigen sind die allgemeinen, auch bei einer ordentlichen Kapitalerhöhung geltenden Anforderungen an den Inhalt des Beschlusses zu beachten (s. hierzu § 182 Rz. 17 f.). So ist festzulegen, ob die Aktien auf den Inhaber oder auf den Namen ausgestellt werden und bei Vorhandensein unterschiedlicher Gattungen, welcher Gattung die neuen Aktien zugeordnet werden. Hat die Gesellschaft Nennbetragsaktien, so ist der Nennbetrag der neuen Aktien anzugeben. Bei Stückaktien ist deren Zahl festzulegen.

Als **fakultative Festlegungen** im Kapitalerhöhungsbeschluss kommen insbesondere 5 Ausgestaltungen der einzuräumenden Umtausch- oder Bezugsrechte in Betracht, in-

---

2 *Lutter* in KölnKomm. AktG, § 193 Rz. 2; *Hüffer*, § 193 Rz. 2; *Fuchs* in MünchKomm. AktG, § 193 Rz. 3. A.A. *Lehmann*, AG 1983, 113, 115.

3 Vgl. *Lutter* in KölnKomm. AktG, § 193 Rz. 19; *Hüffer*, § 193 Rz. 3; *Krieger* in MünchHdb. AG, § 57 Rz. 34; *Frey* in Großkomm. AktG, § 193 Rz. 13. A.A. teilweise die ältere Lit.; vgl. *v. Godin/Wilhelmi*, § 193 Anm. 4.

4 *Lutter* in KölnKomm. AktG, § 192 Rz. 23; *Hüffer*, § 193 Rz. 4; *Fuchs* in MünchKomm. AktG, § 193 Rz. 7.

5 *Krieger* in MünchHdb. AG, § 57 Rz. 14; wohl auch *Frey* in Großkomm AktG, § 193 Rz. 20. A.A. *Hüffer*, § 193 Rz. 4, *Fuchs* in MünchKomm. AktG, § 193 Rz. 7; wohl auch *Lutter* in KölnKomm. AktG, § 192 Rz. 22.

dem beispielsweise für die Ausübung der Rechte Fristen vorgesehen werden[6]. Auch kann der Aufsichtsrat ermächtigt werden, die Fassung der Satzung entsprechend der durchgeführten Erhöhung des Grundkapitals zu ändern (§ 179 Abs. 1 Satz 2). Schließlich ist es zulässig, eine aufschiebende oder eine auflösende Bedingung für das Umtausch- oder Bezugsrecht zu bestimmen[7].

2. Zweck der bedingten Kapitalerhöhung (§ 193 Abs. 2 Nr. 1)

6   Im Beschluss muss der Zweck der bedingten Kapitalerhöhung festgestellt werden (§ 193 Abs. 2 Nr. 1). Diese Anforderung an den Beschlussinhalt dient dem Schutz der Aktionäre, die zumindest schlagwortartig darüber informiert werden, aus welchen Gründen die Gesellschaft Eigenkapital generieren will und sich eine Verwässerung der Altaktien realisieren könnte[8]. Sollen die neuen Aktien zur Bedienung von Bezugsrechten aus Wandelschuldverschreibungen geschaffen werden, so genügt es, hinsichtlich des Zwecks der bedingten Kapitalerhöhung auf den gem. § 221 zu fassenden Hauptversammlungsbeschluss Bezug zu nehmen, wenn dieser in derselben Hauptversammlung gefasst wird[9]. Bei einer bedingten Kapitalerhöhung zwecks Vorbereitung eines Unternehmenszusammenschlusses ist es erforderlich, das Unternehmen konkret zu benennen. Außerdem ist die Art des ins Auge gefassten Zusammenschlusses (Verschmelzung, Spaltung, etc.; s. § 192 Rz. 15 ff.) anzugeben[10]. Die erforderlichen Konkretisierungen bei einer bedingten Kapitalerhöhung zur Bedienung von Aktienoptionen (§ 192 Abs. 2 Nr. 3) ergeben sich aus § 193 Abs. 2 Nr. 4.

3. Kreis der Bezugsberechtigten (§ 193 Abs. 2 Nr. 2)

7   Die Bezugsberechtigten müssen eindeutig bestimmbar sein. Es ist nicht erforderlich, sie namentlich zu benennen[11]. So genügt es beispielsweise, die Schuldverschreibungen anzugeben, deren Inhaber Bezugs- oder Umtauschrechte erhalten. Steht ein Unternehmenszusammenschluss zur Debatte, ist außer der Angabe des Unternehmens der Kreis der Gesellschafter, die ein Bezugs- oder Umtauschrecht erhalten sollen, zu bestimmen. All diese Festlegungen binden den Vorstand bei der Durchführung der Kapitalerhöhung, die Umtausch- bzw. Bezugsrechte zu bedienen; Bezugs- oder Umtauschrechte der beschriebenen Personen werden hierdurch nicht begründet[12].

4. Ausgabebetrag (§ 193 Abs. 2 Nr. 3)

8   Ferner müssen der Ausgabebetrag oder die Grundlagen, nach denen dieser Betrag errechnet wird, im Beschluss festgestellt werden (§ 193 Abs. 2 Nr. 3)[13]. Erfolgt eine Pari-Emission, so ist bei der Ausgabe von Nennbetragsaktien der Nennbetrag und bei Stückaktien der Betrag, der sich aus einer Division des Grundkapitals durch die Zahl der vorhandenen Stückaktien ergibt, anzugeben. Im Falle einer Überpari-Emission ist der höhere Betrag anzugeben (§ 9 Abs. 2). Außer der betragsmäßigen Angabe ist auch

---

6   Vgl. *Lutter* in KölnKomm. AktG, § 192 Rz. 25; *Hüffer*, § 193 Rz. 4; *Frey* in Großkomm AktG, § 193 Rz. 20.

7   Vgl. BGH v. 23.5.1957 – II ZR 250/55, BGHZ 24, 279, 289; zustimmend *Lutter* in KölnKomm. AktG, § 192 Rz. 25; *Hüffer*, § 193 Rz. 4; *Frey* in Großkomm AktG, § 193 Rz. 20.

8   Vgl. *Fuchs* in MünchKomm. AktG, § 193 Rz. 9 (Kompensation des fehlenden Vorstandsberichts).

9   Vgl. *Fuchs* in MünchKomm. AktG, § 193 Rz. 10.

10 Vgl. *Lutter* in KölnKomm. AktG, § 193 Rz. 8; *Hüffer*, § 193 Rz. 5; *Fuchs* in MünchKomm. AktG, § 193 Rz. 10.

11 Vgl. *Lutter* in KölnKomm. AktG, § 193 Rz. 9; *Fuchs* in MünchKomm. AktG, § 193 Rz. 11.

12 Vgl. *Lutter* in KölnKomm. AktG, § 193 Rz. 9; *Hüffer*, § 193 Rz. 5.

13 Vgl. eingehend hierzu *Fuchs* in MünchKomm. AktG, § 193 Rz. 12 ff.; *Frey* in Großkomm. AktG, § 193 Rz. 37 ff.; ferner *Lutter* in KölnKomm. AktG, § 193 Rz. 11.

das **Bezugsverhältnis** festzulegen. Werden Umtauschrechte gewährt (s. zur Zulässigkeit einer Ausgabe unter pari § 199 Rz. 10), so ist im Beschluss anzugeben, in welchem Verhältnis die Schuldverschreibungen in Aktien getauscht werden (beispielsweise „im Verhältnis 3:1")[14]. Bei Optionsrechten müssen das Bezugsverhältnis und der Ausübungspreis bestimmt werden[15].

Das Gesetz lässt es genügen, dass statt der Angabe des Ausgabebetrags die **Grundlagen** festgestellt werden, nach denen der **Ausgabebetrag errechnet** wird. Von Bedeutung ist dies bei einem ins Auge gefassten Unternehmenszusammenschluss. So genügt es beispielsweise im Falle einer Verschmelzung, das Umtauschverhältnis anzugeben[16]. Auch ist es als ausreichend anzusehen, wenn bezüglich des Umtauschverhältnisses der Börsenkurs im Zeitpunkt der Begebung der Wandelanleihe für maßgeblich erklärt wird[17]. Zweifelhaft ist, ob im Beschluss nur ein Mindestausgabebetrag festgesetzt zu werden braucht und die definitive Bestimmung in das Ermessen des Vorstands der Gesellschaft gestellt werden kann[18]. Dagegen wird vor allem eingewandt, dass der Vorstand einen gesetzlich nicht anerkannten Einfluss auf die Festlegung des Ausgabebetrags erhalten und die registergerichtliche Publizität nicht gewahrt würde[19]. Dies überzeugt. Es ist zwar richtig, dass das Registergericht jedenfalls in Bezug auf den Mindestbetrag eine Wertkontrolle durchführen kann[20]. Der Informationsgehalt eines Mindestbetrags ist aber gering. Die Aktionäre müssen davon ausgehen, dass möglicherweise nur ein höherer Betrag angemessen ist. Ein „gewisser eigener Handlungsspielraum"[21] kann dem Vorstand nicht eröffnet werden. Dieser hat sich vielmehr an den zwingenden Vorgaben des § 255 Abs. 2 zu orientieren[22]: Der Ausgabebetrag hat angemessen zu sein[23]. Dann ist es auch nicht zu viel verlangt, entweder einen konkreten Betrag oder aber die für die Berechnung dieses Betrags maßgeblichen Grundlagen im Beschluss anzugeben.

5. Festlegungen eines Aktienoptionsprogramms (§ 193 Abs. 2 Nr. 4)

Bei Beschlüssen nach § 192 Abs. 2 Nr. 3 sind gem. § 193 Abs. 2 Nr. 4 auch die **Aufteilung** der **Bezugsrechte** auf Mitglieder der Geschäftsführungen und Arbeitnehmer, **Erfolgsziele, Erwerbs- und Ausübungszeiträume** und **Wartezeit** für die erstmalige Ausübung festzustellen. Diese Vorschrift wurde im Jahr 1998 durch das KonTraG eingeführt (s. Rz. 1). Aus ihr folgt zunächst, dass die Hauptversammlung dafür zuständig ist, die Vergütung der genannten Personen durch Aktienoptionsprogramme festzulegen[24]. Dies rechtfertigt sich aus dem mit einer bedingten Kapitalerhöhung notwendig verbundenen Ausschluss des Bezugsrechts und der mit ihm verbundenen Gefahr ei-

---

14 Vgl. *Lutter* in KölnKomm. AktG, § 193 Rz. 11; *Hüffer*, § 193 Rz. 6; *Fuchs* in MünchKomm. AktG, § 193 Rz. 12.
15 Vgl. *Lutter* in KölnKomm. AktG, § 193 Rz. 12; *Fuchs* in MünchKomm. AktG, § 193 Rz. 12.
16 Vgl. *Hüffer*, § 193 Rz. 6.
17 Vgl. *Lutter* in KölnKomm. AktG, § 193 Rz. 12; *Hüffer*, § 193 Rz. 6; *Fuchs* in MünchKomm. AktG, § 193 Rz. 12; *Spiering/Grabbe*, AG 2004, 91, 92.
18 In diesem Sinne *Spiering/Grabbe*, AG 2004, 91, 92 ff.; *Fuchs* in MünchKomm. AktG, § 193 Rz. 14.
19 Vgl. *Frey* in Großkomm AktG, § 193 Rz. 37, 51; *Hüffer*, § 193 Rz. 4; *Maul*, NZG 2000, 679, 680.
20 Vgl. *Fuchs* in MünchKomm. AktG, § 193 Rz. 14.
21 In diesem Sinne *Fuchs* in MünchKomm. AktG, § 193 Rz. 14.
22 Vgl. *Lutter* in KölnKomm. AktG, § 193 Rz. 13.
23 Eine andere Frage ist es, dass der Vorstand bei der Bestimmung des angemessenen Ausgabebetrags prognostische Entscheidungen trifft, die nicht voll gerichtlich nachprüfbar sind. Vgl. zum Umfang und den Grenzen eines Ermessens des Vorstands bei gesellschaftsrechtlichen Maßnahmen *Spindler*, AG 2006, 677.
24 Vgl. *Hüffer*, § 193 Rz. 7.

ner Kapitalverwässerung[25]. Der Beschluss muss zu allen in § 193 Abs. 2 Nr. 4 aufgeführten Punkten Angaben machen. Weitere Angaben sind nicht erforderlich, können aber freiwillig erfolgen.

11 Zunächst ist zu gewährleisten, dass die **Bezugsrechte** auf **Mitglieder** der **Geschäftsführungen** und **Arbeitnehmer aufgeteilt** werden. Dabei ist zu unterscheiden zwischen dem Vorstand der Gesellschaft, der Geschäftsführung der Töchter, den Führungskräften der Gesellschaft und den Führungskräften in Töchtern[26]. Die begünstigten Personen brauchen nicht namentlich benannt zu werden.

12 Im Beschluss sind sodann die **Erfolgsziele** festzustellen. Der RegE KonTraG hatte noch den Begriff Kursziele verwandt. Statt dessen wurde die Formulierung Erfolgsziele gewählt, um die Vielgestaltigkeit von Aktienoptionsprogrammen zu berücksichtigen, die nicht notwendig auf absolute Kursziele, sondern unter Umständen auch auf die relative Performance oder Renditeziele abstellen[27]. Die Rechtsprechung hat vor diesem Hintergrund das Kriterium der Erfolgsziele bislang großzügig gehandhabt. So soll es der Gesellschaft freistehen, an eine Kurssteigerung der eigenen Aktie in Höhe von mindestens zwanzig Prozent anzuknüpfen[28]. Allein der Börsengang der Gesellschaft stelle kein taugliches Ziel dar[29]. Auch ein negativer „Erfolg", beispielsweise in Gestalt eines geringeren Börsenkurses, soll ein zulässiges Erfolgsziel im Sinne des § 193 Abs. 2 Nr. 4 sein[30]. Begründet wird diese Sichtweise zum einen mit dem weiten Ermessensspielraum der Hauptversammlung[31], den anzustrebenden Erfolg zu bestimmen. Zum anderen könne auch bei einem relativ geringen Absinken des Aktienkurses ein entlohnenswerter Erfolg gesehen werden[32].

13 Die Instanzgerichte gehen zu Recht von einem nicht justiablen **Ermessensbereich** der Hauptversammlung bezüglich der **Festlegung** der **Erfolgsziele** von Aktienoptionen aus. Allein unvertretbare Ziele, die ex ante betrachtet nicht geeignet sind, eine Verwässerung der Aktien der Altaktionäre zumindest auszugleichen, dürfen nicht bestimmt werden[33]. Im Ergebnis bedeutet dies, dass nicht nur relative (im Vergleich zu einem Index), sondern auch absolute Kurshürden (in Gestalt eines bestimmten Prozentsatzes oder Betrags) de lege lata nicht als unzulässig zu beanstanden sind[34]. Es kann nicht Aufgabe der Gerichte sein, der Gefahr einer überbordenden Vergütung durch Aktienoptionen mit einer dichten Kontrolle der gewählten Erfolgsziele zu be-

---

25 Vgl. *Hüffer*, § 193 Rz. 7; überholt die Vorstellung des Gesetzgebers, die begünstigten Organe seien angeblich befangen (so noch Begr. RegE KonTraG, BT-Drucks. 13/9712, S. 23), da Aktienoptionen für Aufsichtsratsmitglieder letztlich dann doch nicht zugelassen wurden.

26 Vgl. Begr. RegE KonTraG, BT-Drucks. 13/9712, S. 23; ebenso für mindestens vier Gruppen plädieren *Frey* in Großkomm. AktG, § 193 Rz. 59, *Fuchs* in MünchKomm. AktG, § 193 Rz. 21 und *Hüffer*, § 193 Rz. 9. A.A. OLG Koblenz v. 16.5.2002 – 6 U 211/01, AG 2003, 453, 454 (diese Aufteilung werde vom Wortlaut des Gesetzes nicht verlangt und würde ein unüberschaubares Anfechtungsrisiko begründen).

27 Vgl. Beschlussempfehlung und Bericht Rechtsausschuss, BT-Drucks. 13/10038, S. 26.

28 Vgl. OLG Stuttgart v. 13.6.2001 – 20 U 75/00, ZIP 2001, 1367, 1370.

29 Vgl. OLG München v. 27.2.2002 – 7 U 1906/01, NZG 2002, 677, 678 = AG 2003, 164.

30 Vgl. OLG Koblenz v. 16.5.2002 – 6 U 211/01, AG 2003, 453, 454.

31 Vgl. *Fuchs* in MünchKomm. AktG, § 193 Rz. 24.

32 Ebenso *Fuchs* in MünchKomm. AktG, § 193 Rz. 25; *Casper*, Optionsvertrag, S. 421. Kritisch *Hüffer*, § 193 Rz. 9.

33 Ähnlich der Ausgangspunkt von *M. Käpplinger*, Inhaltskontrolle von Aktienoptionsplänen, S. 109: „Erfolgsziele [können] nur solche Ziele sein ..., die zwischen Zielerreichung und Leistung der Optionsinhaber einen potentiellen Kausalzusammenhang im Sinne der ,conditio sine qua non'-Formel vorsehen."

34 I.E. ebenso *Hüffer*, § 193 Rz. 9; *Friedrichsen*, Aktienoptionsprogramme für Führungskräfte, S. 161; reservierter *Fuchs* in MünchKomm. AktG, § 193 Rz. 25. A.A. *M. Käpplinger*, Inhaltskontrolle von Aktienoptionsplänen, S. 112 f.

gegnen[35]. Dies kann nur der Gesetzgeber leisten, indem er den Inhalt von Aktienoptionsprogrammen strukturiert, oder durch den DCGK geschehen, der bereits zweckmäßige Empfehlungen für die Konzeption von Aktienoptionen vorsieht[36].

Im Beschluss sind weiterhin die **Erwerbs-** und **Ausübungszeiträume** und die **Wartezeit** für die erstmalige Ausübung zu bestimmen. Hinsichtlich der Wartezeit sieht das Gesetz eine Mindestdauer von zwei Jahren vor. Damit soll die langfristige Anreizwirkung von Aktienoptionen gewährleistet werden[37]. Zwar schien dem Gesetzgeber eine Wartezeit von drei Jahren angemessen zu sein. Doch wollte er die erforderliche Flexibilität belassen[38].   14

Eine **Haltefrist** sieht das Gesetz in § 193 Abs. 2 Nr. 4 **nicht** vor. Dennoch ist sie in der Praxis weit verbreitet[39]. Enthält der Beschluss keine weiteren Vorgaben, steht es im Ermessen des für die Vergütung zuständigen Organs (entweder des Vorstands oder des Aufsichtsrats), ergänzende oder konkretisierende Bestimmungen zum Aktienoptionsprogramm zu treffen[40]. In Betracht kommen Mindesthaltefristen (Verkaufssperren) und Bindungsfristen für Mitarbeiter, ferner sind Fragen der technischen Abwicklung, das Verfahren der Zeichnung und Ausübung, Fragen der Einrichtung eines „Stock-Option"-Kontos mit Depot, die Bankprovisionen, etwaige Anpassungen bei zwischenzeitlichen Kapitalerhöhungen, die Unübertragbarkeit der Optionen und die Verpfändbarkeit, die Dividendenberechtigung, die Möglichkeiten einer Kreditfinanzierung, Einzelfragen bei Ausscheiden, Eintritt in den Ruhestand und Todesfall des Bezugsberechtigten etc. sowie die Kündbarkeit durch die Gesellschaft zu klären[41].   15

IV. Rechtsfolgen eines fehlerhaften Beschlusses

Der **Beschluss** über die bedingte Kapitalerhöhung ist nach den allgemeinen Vorschriften **anfechtbar** (§ 255 Abs. 1 i.V.m. § 243 Abs. 1 sowie § 255 Abs. 2). Ferner ist der Beschluss **nichtig**, wenn er nicht die Anweisung an den Vorstand enthält, die Bezugs- und Umtauschrechte den Berechtigten einzuräumen (§ 241 Nr. 3)[42]. Hinsichtlich der in § 193 Abs. 2 Nr. 1 bis 4 vorgesehenen notwendigen Festsetzungen ist zu differenzieren. Fehlen die Angaben nach § 193 Abs. 2 Nr. 1 bis 3, so ist die bedingte Kapitalerhöhung nichtig (§ 241 Nr. 3)[43], vorbehaltlich einer Heilung gem. § 242 Abs. 2. Aber auch alle gem. § 193 Abs. 2 Nr. 4 erforderlichen Angaben liegen im öffentlichen Interesse, so dass bei ihrem Fehlen der Beschluss nichtig ist (§ 241 Nr. 3)[44].   16

---

35 So wohl auch *Friedrichsen*, Aktienoptionsprogramme für Führungskräfte, S. 144 ff. A.A. offenbar *M. Käpplinger*, Inhaltskontrolle von Aktienoptionsplänen, S. 110 ff.

36 Vgl. Ziff. 4.2.3 DCGK Abs. 2 Satz 2 und insbesondere Abs. 3 Satz 2 („Aktienoptionen und vergleichbare Gestaltungen sollen auf anspruchsvolle, relevante Vergleichsparameter bezogen sein"); vgl. auch *Casper*, Optionsvertrag, S. 419.

37 Vgl. Ausschussbericht zum KonTraG, BT-Drucks. 13/10038, S. 26; vgl. ferner OLG Braunschweig v. 29.7.1998 – 3 U 75/98, AG 1999, 84, 87; OLG Stuttgart v. 12.8.1998 – 20 U 111/97, AG 1998, 529, 532.

38 Vgl. Ausschussbericht zum KonTraG, BT-Drucks. 13/10038, S. 26.

39 Vgl. *Fuchs* in MünchKomm. AktG, § 193 Rz. 33.

40 Vgl. *Frey* in Großkomm. AktG, § 193 Rz. 76; *Fuchs* in MünchKomm. AktG, § 193 Rz. 37.

41 Vgl. Begr. RegE KonTraG, BT-Drucks. 13/9712, S. 24.

42 Vgl. *Lutter* in KölnKomm. AktG, § 192 Rz. 26.

43 Vgl. *Hüffer*, § 193 Rz. 10; *Fuchs* in MünchKomm. AktG, § 193 Rz. 38.

44 Vgl. *Krieger* in MünchHdb. AG, § 57 Rz. 22; *Weiß*, WM 1999, 353, 358; differenzierend zwischen den Angaben über die Aufteilung der Bezugsrechte und der Festlegung von Erfolgszielen (bei Fehlen Nichtigkeit) und den übrigen Angaben (lediglich Anfechtbarkeit) *Fuchs* in MünchKomm. AktG, § 193 Rz. 39. A.A. (lediglich Anfechtbarkeit) *Hirte*, RWS-Forum Gesellschaftsrecht 1999, S. 211, 226 ff.; *Vogel*, BB 2000, 937, 939; *Hüffer*, § 193 Rz. 10.

§ 194
Bedingte Kapitalerhöhung mit Sacheinlagen

(1) Wird eine Sacheinlage gemacht, so müssen ihr Gegenstand, die Person, von der die Gesellschaft den Gegenstand erwirbt, und der Nennbetrag, bei Stückaktien die Zahl der bei der Sacheinlage zu gewährenden Aktien im Beschluss über die bedingte Kapitalerhöhung festgesetzt werden. Als Sacheinlage gilt nicht die Hingabe von Schuldverschreibungen im Umtausch gegen Bezugsaktien. Der Beschluss darf nur gefasst werden, wenn die Einbringung von Sacheinlagen ausdrücklich und ordnungsgemäß (§ 124 Abs. 1) bekannt gemacht worden ist.

(2) Ohne diese Festsetzung sind Verträge über Sacheinlagen und die Rechtshandlungen zu ihrer Ausführung der Gesellschaft gegenüber unwirksam. Sind die Bezugsaktien ausgegeben, so wird die Gültigkeit der bedingten Kapitalerhöhung durch diese Unwirksamkeit nicht berührt. Der Aktionär ist verpflichtet, den Ausgabebetrag der Bezugsaktien einzuzahlen. Die Unwirksamkeit kann durch Satzungsänderung nicht geheilt werden, nachdem die Bezugsaktien ausgegeben worden sind.

(3) Die Absätze 1 und 2 gelten nicht für die Einlage von Geldforderungen, die Arbeitnehmern der Gesellschaft aus einer ihnen von der Gesellschaft eingeräumten Gewinnbeteiligung zustehen.

(4) Bei der Kapitalerhöhung mit Sacheinlagen hat eine Prüfung durch einen oder mehrere Prüfer stattzufinden. § 33 Abs. 3 bis 5, § 34 Abs. 2 und 3, § 35 gelten sinngemäß. Das Gericht kann die Eintragung ablehnen, wenn der Wert der Sacheinlage nicht unwesentlich hinter dem geringsten Ausgabebetrag der dafür zu gewährenden Aktien zurückbleibt.

I. Allgemeines	1	IV. Rechtsfolgen bei fehlerhaften Festsetzungen	9
II. Sacheinlagen	3	V. Prüfung der Sacheinlage	11
III. Beschluss der Hauptversammlung	7		

Literatur: *Karollus,* Die Umwandlung von Geldkrediten in Grundkapital – eine verdeckte Sacheinlage?, ZIP 1994, 589; *Marsch-Barner,* Nochmals: Umgehung der Sacheinlagevorschriften durch Wandelschuldverschreibungen und Wandelgenussrechte?, DB 1995, 1497; *Meilicke,* Umgehung der Sacheinlagevorschriften durch Wandelschuldverschreibungen und Wandelgenussrechte?, DB 1995, 1061; *Trölitzsch,* Differenzhaftung für Sacheinlagen in Kapitalgesellschaften, 1998.

I. Allgemeines

1   Die Vorschrift legt die **Anforderungen** an eine **bedingte Kapitalerhöhung** mit Sacheinlagen fest (§ 194 Abs. 1) und bestimmt die **Rechtsfolgen**, wenn die **Verträge** über die Sacheinlagen und die zur Ausführung gemachten Rechtshandlungen **fehlerhaft** sind (§ 194 Abs. 2). Außerdem verfügt sie, dass eine **sachverständige Prüfung** stattzufinden hat (§ 194 Abs. 4). Allein in den von § 194 Abs. 1 Satz 2 und Abs. 3 bestimmten Fällen brauchen diese Regeln nicht angewendet zu werden. Die Vorschrift entspricht größtenteils § 183 und bezweckt die effektive Aufbringung des Kapitals; sie ist daher zwingend.

2   § 194 geht auf § 161 AktG 1937 zurück. Allerdings wurde die Vorschrift im Jahre 1965 in Abs. 1 und Abs. 2 sprachlich geändert. Ferner wurde § 194 Abs. 3 über die Einlage von Geldforderungen der Arbeitnehmer eingeführt, um die erleichterte Aus-

gabe von Bezugsaktien an Arbeitnehmer zu ermöglichen[1]. Mit der Umsetzung der Kapitalrichtlinie wurde die in § 194 Abs. 4 getroffene Regelung geschaffen[2]. Schließlich machte die Einführung von Stückaktien im Jahre 1998 weitere Änderungen in § 194 Abs. 1 Satz 1, Abs. 2 Satz 3 und Abs. 4 Satz 3 notwendig[3].

II. Sacheinlagen

Im Falle einer bedingten Kapitalerhöhung ist grundsätzlich eine Bareinlage zu erbringen. Werden die in § 194 aufgeführten Voraussetzungen erfüllt, kann aber an **Erfüllungs statt** (§ 364 Abs. 1 BGB) eine **Sacheinlage** erbracht werden[4]. Ist die Sacheinlagevereinbarung fehlerhaft oder beachten die Beteiligten die gesetzlichen Voraussetzungen nicht, lebt daher die Bareinlagepflicht auf[5].   3

Der **Begriff** der **Sacheinlage** bestimmt sich nach den allgemeinen Gründungsvorschriften (§ 27 Abs. 1 und Abs. 2; s. hierzu § 183 Rz. 4). Erfolgt die bedingte Kapitalerhöhung zum Zweck des Unternehmenszusammenschlusses (§ 192 Abs. 2 Nr. 2), muss daher der Beschluss nach Maßgabe des § 194 getroffen werden. Die Sacheinlage ist in diesem Fall entweder das zu erwerbende Unternehmen (als Sachgesamtheit) oder die Beteiligung an der Gesellschaft, die das Unternehmen betreibt.   4

Optionsanleihen begründen in der Regel keine Verpflichtungen zu Sachleistungen, so dass § 194 grundsätzlich nicht anwendbar ist[6]. Bezüglich **Wandelanleihen** ist verfügt, dass die Hingabe von Schuldverschreibungen im Umtausch gegen Bezugsaktien nicht als Sacheinlage gilt (§ 194 Abs. 1 Satz 2). Damit ist jedenfalls klargestellt[7], dass die Vorschriften über eine Sachkapitalerhöhung keine Anwendung finden. Dies bedeutet: Ob die Forderung des Gläubigers im Zeitpunkt der Ausübung des Wandlungsrechts werthaltig ist, ist nicht relevant. Das Gesetz behandelt die vom Inferenten ursprünglich für die Schuldverschreibung geleistete Bareinzahlung rückwirkend als vollständige wirksame Einlage[8]. Dies gilt allerdings nur, wenn die Schuldverschreibung gegen eine Barzahlung, nicht gegen eine Sachleistung ausgegeben wurde; ansonsten wäre es ein Leichtes, die besonderen Vorschriften über die Sachkapitalerhöhung zu umgehen[9].   5

Schließlich wird die Einlage von **Geldforderungen**, die **Arbeitnehmern** der Gesellschaft aus einer ihnen von der Gesellschaft eingeräumten **Gewinnbeteiligung** zustehen, privilegiert, um die Ausgabe von Bezugsaktien an Arbeitnehmer zu erleichtern: Sowohl § 194 Abs. 1 als auch Abs. 2 sind in solchen Fällen nicht anzuwenden. Der Gesetzgeber meinte, es könne auf die strengen Formvorschriften verzichtet werden, da über den Wert der Sacheinlagen kein Zweifel bestehe[10]. Wenn dem so wäre, hätte es freilich nahe gelegen, auch auf die sachverständige und registergerichtliche Prü-   6

---

1 Vgl. Begr. RegE § 194, *Kropff*, Aktiengesetz, S. 300.
2 Vgl. Durchführungsgesetz zur Umsetzung der zweiten gesellschaftsrechtlichen EG-Richtlinie vom 13.12.1978, BGBl. I 1978, 1959.
3 Vgl. Art. 1 Nr. 8, Nr. 4 und Nr. 9 StückAG vom 25.3.1998, BGBl. I 1998, 590.
4 Vgl. *Hüffer*, § 194 Rz. 2; *Fuchs* in MünchKomm. AktG, § 194 Rz. 2. A.A. *Wiedemann* in Großkomm. AktG, § 183 Rz. 27; offen gelassen von *Frey* in Großkomm. AktG, § 194 Rz. 2.
5 Vgl. *Hüffer*, § 194 Rz. 2; *Fuchs* in MünchKomm. AktG, § 194 Rz. 2.
6 Vgl. *Lutter* in KölnKomm. AktG, § 194 Rz. 3.
7 Vgl. *Lutter* in KölnKomm. AktG, § 194 Rz. 3; zustimmend *Fuchs* in MünchKomm. AktG, § 194 Rz. 6 f.; offen gelassen von *Hüffer*, § 194 Rz. 4 wegen fehlender praktischer Bedeutung.
8 Vgl. *Fuchs* in MünchKomm. AktG, § 194 Rz. 7.
9 Vgl. *Lutter* in KölnKomm. AktG, § 194 Rz. 4; *Frey* in Großkomm. AktG, § 194 Rz. 28 ff.; *Fuchs* in MünchKomm. AktG, § 194 Rz. 8; *Krieger* in MünchHdb. AG, § 57 Rz. 24. A.A. *v. Godin/Wilhelmi*, § 194 Anm. 3.
10 Vgl. Begr. RegE § 194, *Kropff*, Aktiengesetz, S. 300.

fung zu verzichten[11]. Dies ist aber nicht geschehen; Abs. 4 findet auf die Einlage der Forderungen von Arbeitnehmern Anwendung. Als Gewinnbeteiligungen sind Umsatzbeteiligungen, Leistungsprämien, Gratifikationen und sog. phantom stocks sowie stock appreciation rights (schuldrechtliche Ansprüche, die sich am Aktienkurs oder an einer absoluten bzw. relativen Kurssteigerung orientieren) zu verstehen[12].

III. Beschluss der Hauptversammlung

7   Der Beschluss über die bedingte Kapitalerhöhung gegen Sacheinlagen muss außer den **allgemeinen** und **besonderen Angaben** bzw. **Festsetzungen** (s. § 193 Rz. 4 ff.) die in § 194 Abs. 1 geforderten Festsetzungen enthalten. Aus dem Beschluss müssen sich der Gegenstand, die Person, von der die Gesellschaft den Gegenstand erwirbt, bei Nennbetragsaktien der Nennbetrag sowie bei Stückaktien die Zahl der zu gewährenden Aktien ergeben (s. zu den Einzelheiten § 183 Rz. 15). Kann der Sacheinleger namentlich nicht benannt werden, genügt es, den in Betracht kommenden Kreis so festzulegen, dass er eindeutig bestimmbar ist[13].

8   Der Beschluss darf nur gefasst werden, wenn die Einbringung von Sacheinlagen ausdrücklich und ordnungsgemäß (**§ 124 Abs. 1**) bekannt gemacht worden ist (§ 194 Abs. 1 Satz 3). Ebenso wie bei § 183 Abs. 1 Satz 2 sind auch die Festsetzungen nach § 194 Abs. 1 Satz 1 bekannt zu machen[14]. Der Beschluss ist bei einem Verstoß gegen § 194 Abs. 1 Satz 3 anfechtbar.

IV. Rechtsfolgen bei fehlerhaften Festsetzungen

9   Aus § 194 Abs. 2 Satz 1 folgt zunächst, dass die **Verträge** über Sacheinlagen und die zu ihrer Ausführung gemachten **Rechtshandlungen** der Gesellschaft gegenüber **unwirksam** sind, wenn die nach Abs. 1 erforderlichen **Festsetzungen** entweder ganz oder teilweise **fehlen**. Ebenso ist es zu beurteilen, wenn die Angaben unvollständig oder unrichtig sind (s. hierzu § 183 Rz. 21). Sind die Bezugsaktien ausgegeben – und ist daher die Kapitalerhöhung insoweit wirksam geworden (vgl. § 200) –, wird die Gültigkeit der bedingten Kapitalerhöhung durch diese Unwirksamkeit aber nicht berührt (§ 194 Abs. 2 Satz 2). In diesem Fall lebt die ursprüngliche Bareinlagepflicht wieder auf: Der Aktionär ist verpflichtet, den Ausgabebetrag der Bezugsaktien einzuzahlen (§ 194 Abs. 2 Satz 3). Dem Einleger bleibt es zwar unbenommen, die fehlerhaft eingebrachten Sachen herauszuverlangen (gem. § 985 BGB oder § 812 Abs. 1 BGB). Als Sacheinlage kann er sie jedoch nicht mehr wirksam einbringen (§ 194 Abs. 2 Satz 4). Angesichts dieser klaren gesetzlichen Lage kommt eine Heilung von Fehlern nur vor der Ausgabe der Bezugsaktien in Betracht. Sie setzt einen ordnungsgemäßen satzungsändernden Beschluss der Hauptversammlung voraus[15].

10   Das **Registergericht** prüft bei der Anmeldung des Beschlusses, ob er ordnungsgemäß zustande gekommen ist, insbesondere ob er die nach § 194 Abs. 1 erforderlichen Festsetzungen aufweist. Ist dies nicht der Fall, hat das Registergericht die Eintragung des Beschlusses abzulehnen (§ 195). Schließlich ist der Beschluss über die bedingte Kapitalerhöhung wegen fehlerhafter Festsetzungen gem. § 243 Abs. 1 anfechtbar.

---

11 Vgl. *Hüffer*, § 194 Rz. 5; *Fuchs* in MünchKomm. AktG, § 194 Rz. 15.
12 Vgl. *Frey* in Großkomm. AktG, § 194 Rz. 89; *Fuchs* in MünchKomm. AktG, § 194 Rz. 16.
13 *Hüffer*, § 194 Rz. 6; *Fuchs* in MünchKomm. AktG, § 194 Rz. 18.
14 *Frey* in Großkomm. AktG, § 194 Rz. 98; *Fuchs* in MünchKomm. AktG, § 194 Rz. 19; *Hüffer*, § 194 Rz. 7.
15 Vgl. *Lutter* in KölnKomm. AktG, § 194 Rz. 15; *Frey* in Großkomm. AktG, § 194 Rz. 101; *Fuchs* in MünchKomm. AktG, § 194 Rz. 22.

V. Prüfung der Sacheinlage

Bei der Kapitalerhöhung mit Sacheinlagen hat eine Prüfung durch einen oder mehre-   11
re Prüfer stattzufinden (§ 194 Abs. 4 Satz 1 und 2; s. zu den Einzelheiten § 183
Rz. 27 ff.). Auch findet eine registergerichtliche Kontrolle statt (s. zu den Einzelheiten § 183 Rz. 30). Das Gericht stützt seine Prüfung auf den Bericht, der der Anmeldung der bedingten Kapitalerhöhung beizufügen ist (§ 195 Abs. 2 Nr. 1).

§ 195
Anmeldung des Beschlusses

(1) Der Vorstand und der Vorsitzende des Aufsichtsrats haben den Beschluss über die bedingte Kapitalerhöhung zur Eintragung in das Handelsregister anzumelden.

(2) Der Anmeldung sind beizufügen

1. bei einer bedingten Kapitalerhöhung mit Sacheinlagen die Verträge, die den Festsetzungen nach § 194 zugrunde liegen oder zu ihrer Ausführung geschlossen worden sind, und der Bericht über die Prüfung von Sacheinlagen (§ 194 Abs. 4);

2. eine Berechnung der Kosten, die für die Gesellschaft durch die Ausgabe der Bezugsaktien entstehen werden;

3. wenn die Kapitalerhöhung der staatlichen Genehmigung bedarf, die Genehmigungsurkunde.

(3) *(weggefallen)*

I. Allgemeines . . . .   1 | III. Eintragung   9

II. Anmeldung . . . .   2 |

Literatur: S. die Angaben zu § 184 und § 188.

I. Allgemeines

Die Vorschrift hat die **Anmeldung** des **Beschlusses** über die **bedingte Kapitalerhöhung**   1
zum **Gegenstand.** Anders als bei der regulären Kapitalerhöhung ist diese Eintragung
von zentraler Bedeutung. So können bereits mit der Eintragung des Beschlusses die
Bezugsaktien ausgegeben werden (§ 197 Satz 1 und Satz 2). Mit deren Ausgabe ist das
Grundkapital erhöht (§ 200). Auf die Eintragung der Durchführung der Kapitalerhöhung kommt es also nicht an (anders aber bei der regulären Kapitalerhöhung, § 189
Abs. 1). Die Kontrolle des Registergerichts muss sich daher auf alle relevanten Punkte der Kapitalerhöhung erstrecken. Die Vorschrift wurde bei der Aktienrechtsnovelle
1965 weitgehend unverändert § 162 AktG 1937 entnommen[1]. Bei der Umsetzung der
Kapitalrichtlinie wurde die in Abs. 3 getroffene Regelung in veränderter Form in
§ 194 Abs. 4 aufgenommen, aus § 195 Abs. 4 wurde Abs. 3; außerdem wurde § 195
Abs. 2 Nr. 1 geändert. Schließlich wurde § 195 Abs. 3 durch das Gesetz über elektro-

---

1 Vgl. Begr. RegE § 195, *Kropff*, Aktiengesetz, S. 301.

nische Handelsregister und Genossenschaftsregister sowie das Unternehmensregister (EHUG) vom 10.11.2006 aufgehoben[2].

II. Anmeldung

2 Der **Vorstand** und der **Vorsitzende** des **Aufsichtsrats** haben den **Beschluss** über die bedingte Kapitalerhöhung zur Eintragung in das Handelsregister **anzumelden.** Das sachlich zuständige Gericht ist das Amtsgericht als Registergericht (§§ 8 HGB, 125 Abs. 1 FGG). Örtlich zuständig ist das Gericht am Satzungssitz der Gesellschaft (§ 195 Abs. 2, § 5 Abs. 1).

3 Die **Anmeldung** ist **elektronisch** in **öffentlich beglaubigter Form** einzureichen (§ 12 Abs. 1 HGB). Die erforderlichen **Anlagen** (vgl. § 195 Abs. 2; dazu Rz. 4) sind ebenfalls **elektronisch** einzureichen (§ 12 Abs. 2 HGB)[3].

4 Die Anmeldung braucht die aus den eingereichten Schriftstücken ersichtlichen Informationen nicht zu enthalten. Es genügt, wenn sie auf diese Unterlagen Bezug nimmt[4]. Die **Anmeldung** des Beschlusses kann bis zur Eintragung zurückgenommen werden[5]. Wichtig ist, dass sie – anders als die Anmeldung der ausgegebenen Bezugsaktien gem. § 201 Abs. 1 – nur vom **Vorstand** und **Vorsitzenden** des **Aufsichtsrats gemeinsam** erfolgen kann, die dabei im Namen der Gesellschaft handeln[6]. Sie sind gegenüber ihrer Gesellschaft zur Anmeldung verpflichtet. Im öffentlichen Interesse liegt die Anmeldung jedoch nicht, so dass eine Durchsetzung der Anmeldung durch Festsetzung eines Zwangsgeldes nicht möglich ist (vgl. § 407 Abs. 2). Es müssen nicht alle Vorstandsmitglieder tätig werden, sondern es reicht aus, wenn Mitglieder des Vorstands in vertretungsberechtigter Zahl (§ 78) unterschreiben[7]. Ist der Vorsitzende des Aufsichtsrats verhindert, unterschreibt sein Vertreter (§ 107 Abs. 1 Satz 3). Eine Bevollmächtigung Dritter durch den Aufsichtsratsvorsitzenden oder durch den Vorstand ist ausgeschlossen[8]. Macht der Beschluss hinsichtlich der Anmeldung keine Vorgaben, ist die Anmeldung unverzüglich (§ 121 BGB) vorzunehmen[9].

5 Der Anmeldung sind die in § 195 Abs. 2 aufgeführten **Schriftstücke** beizufügen. Es genügt jeweils ein Stück. Außer den Unterlagen nach § 195 Abs. 2 Nr. 1 bis 3 ist der Anmeldung die Niederschrift über den gefassten Kapitalerhöhungsbeschluss beizufügen, sofern dieser nicht schon nach § 130 Abs. 5 eingereicht worden ist. Ferner sind die notariellen Niederschriften etwaiger Sonderbeschlüsse einzureichen.

6 Im Falle einer **bedingten Kapitalerhöhung** gegen **Sacheinlagen** sind die **Verträge,** die den Festsetzungen nach § 194 zugrunde liegen oder zu ihrer Ausführung geschlossen worden sind, und der **Bericht** über die **Prüfung** von **Sacheinlagen** der Anmeldung beizufügen (§ 195 Abs. 2 Nr. 1). Sind die Verträge noch nicht oder bloß mündlich geschlossen worden, genügt es, wenn eine entsprechende Erklärung beigefügt wird[10].

---

2 BGBl. I 2006, 2553.
3 Vgl. hierzu *Liebscher/Scharff,* NJW 2006, 3745, 3746 f.
4 *Hüffer,* § 195 Rz. 2.
5 Vgl. *Fuchs* in MünchKomm. AktG, § 195 Rz. 5.
6 *Hüffer,* § 195 Rz. 3; *Fuchs* in MünchKomm. AktG, § 195 Rz. 6.
7 *Frey* in Großkomm. AktG, § 195 Rz. 10 f.; *Fuchs* in MünchKomm. AktG, § 195 Rz. 8.
8 *Frey* in Großkomm. AktG, § 195 Rz. 12; *Fuchs* in MünchKomm. AktG, § 195 Rz. 9.
9 *Lutter* in KölnKomm. AktG, § 195 Rz. 4; *Frey* in Großkomm. AktG, § 195 Rz. 20; *Fuchs* in MünchKomm. AktG, § 195 Rz. 10.
10 *Frey* in Großkomm. AktG, § 195 Rz. 28; *Fuchs* in MünchKomm. AktG, § 195 Rz. 12.

Die noch ausstehenden Unterlagen müssen dann bei der späteren Anmeldung nach §201 Abs. 2 nachgereicht werden[11].

Der Anmeldung ist ferner eine **Berechnung** der **Kosten**, die für die Gesellschaft durch   7
die Ausgabe der Bezugsaktien entstehen werden, beizufügen (§195 Abs. 2 Nr. 2). Dies betrifft vor allem Gerichts- und Notargebühren, Steuern und gegebenenfalls Druckkosten. Es reicht aus, wenn die Kosten geschätzt werden[12]. Auf die Kosten der Ausgabe der Gewinnschuldverschreibungen (§221) oder des ins Auge gefassten Unternehmenszusammenschlusses ist dagegen nicht einzugehen[13].

Bedarf die Kapitalerhöhung der **staatlichen Genehmigung**, so ist auch die Genehmi-   8
gungsurkunde der Anmeldung beizufügen (§195 Abs. 2 Nr. 3). Die Vorschrift hat heute nur noch geringe praktische Bedeutung. Eine Genehmigung kann beispielsweise erforderlich sein, wenn eine Versicherungsgesellschaft ihr Kapital erhöht (vgl. §13 Abs. 1 i.V.m. §5 Abs. 3 Nr. 1 VAG).

III. Eintragung

Das Registergericht prüft die **Ordnungsmäßigkeit** der **Anmeldung**. Es befasst sich da-   9
bei zum einen mit der Anmeldung, die den gesetzlichen Voraussetzungen (§195 Abs. 1 und 2) genügen muss. Zum anderen prüft es, ob der Beschluss über die bedingte Kapitalerhöhung dem Gesetz und der Satzung entspricht[14]. Dies schließt eine Kontrolle des Wertes der Sacheinlage ein (vgl. §194 Abs. 4 Satz 3). Grundlage der Prüfung bilden die von den Anmeldenden gemachten Erklärungen und die eingereichten Schriftstücke. Auch auf den Prüfungsbericht der Sachverständigen (vgl. §194 Abs. 4 Satz 1) kann das Registergericht zugreifen. Kommen ihm Zweifel, so hat es gem. §12 FGG eigene Ermittlungen anzustellen und gegebenenfalls Beweis zu erheben[15]. Bei Unvollständigkeit der eingereichten Unterlagen erlässt es eine Zwischenverfügung (§26 Satz 2 HRV).

Das Registergericht muss die **Eintragung** des **Kapitalerhöhungsbeschlusses** ablehnen,   10
wenn der Beschluss nichtig ist oder wenn ein erforderlicher Sonderbeschluss einer Aktiengattung nicht getroffen wurde[16]. Anders verhält es sich, wenn der Beschluss lediglich anfechtbar ist. Das Registergericht berücksichtigt Anfechtungsgründe nur, wenn sie Drittinteressen betreffen[17]. Wenn eine Anfechtungs- oder Nichtigkeitsklage gegen den Beschluss über die bedingte Kapitalerhöhung erhoben wurde, entscheidet das Gericht nach pflichtgemäßem Ermessen, ob es das Verfahren bis zum Abschluss des Rechtsstreits aussetzt (vgl. §127 Satz 1 FGG)[18].

Die Eintragung des Beschlusses über die bedingte Kapitalerhöhung erfolgt in Spalte 6   11
(vgl. §43 Nr. 6b gg HRV). In Spalte 3 ist nichts einzutragen, da das Grundkapital erst mit der Ausgabe der Bezugsaktien erhöht wird (vgl. §200). Die Eintragung hat die Wirkung, dass Bezugsaktien ausgegeben werden können (vgl. §197 Satz 1 und 3).

---

11 *Lutter* in KölnKomm. AktG, §195 Rz. 7; *Frey* in Großkomm. AktG, §195 Rz. 29; *Fuchs* in MünchKomm. AktG, §195 Rz. 13.
12 *Hüffer*, §195 Rz. 6.
13 Vgl. *Fuchs* in MünchKomm. AktG, §195 Rz. 15; *Hüffer*, §195 Rz. 6.
14 Vgl. *Hüffer*, §195 Rz. 9; *Fuchs* in MünchKomm. AktG, §195 Rz. 18.
15 Vgl. *Fuchs* in MünchKomm. AktG, §195 Rz. 19.
16 Vgl. *Hüffer*, §195 Rz. 9.
17 Vgl. *Hüffer*, §195 Rz. 9; *Fuchs* in MünchKomm. AktG, §195 Rz. 21.
18 Vgl. *Frey* in Großkomm. AktG, §195 Rz. 38; *Fuchs* in MünchKomm. AktG, §195 Rz. 20.

§ 196
Bekanntmachung der Eintragung

(weggefallen)

§ 196 a.F. verlangte, dass in die Bekanntmachung der Eintragung des Beschlusses über die bedingte Kapitalerhöhung außer deren Inhalt die nach § 194 bei der Einbringung von Sacheinlagen vorgesehenen Festsetzungen und ein Hinweis auf den Bericht über die Prüfung von Sacheinlagen aufzunehmen ist. Ferner verfügte § 196 a.F., dass für die Festsetzungen nach § 194 die Bezugnahme auf die beim Gericht eingereichten Urkunden genügt. Die Vorschrift wurde durch das Gesetz über elektronische Handelsregister und Genossenschaftsregister sowie das Unternehmensregister (EHUG) vom 10.11.2006 aufgehoben[1]. Seit dem 1.1.2007 bestimmt sich daher die Bekanntmachung der Eintragung ausschließlich nach § 10 HGB n.F. Sie ist für die Wirksamkeit der bedingten Kapitalerhöhung ohne Belang. Diese bestimmt sich nach § 197 (Zulässigkeit der Ausgabe der Bezugsaktien nach der Eintragung der bedingten Kapitalerhöhung) und § 200 (wirksame Erhöhung des Grundkapitals). Die Bekanntmachung kann jedoch bei der Anwendung des § 15 HGB von Bedeutung sein.

§ 197
Verbotene Aktienausgabe

Vor der Eintragung des Beschlusses über die bedingte Kapitalerhöhung können die Bezugsaktien nicht ausgegeben werden. Ein Anspruch des Bezugsberechtigten entsteht vor diesem Zeitpunkt nicht. Die vorher ausgegebenen Bezugsaktien sind nichtig. Für den Schaden aus der Ausgabe sind die Ausgeber den Inhabern als Gesamtschuldner verantwortlich.

I. Allgemeines	1	III. Anspruch des Bezugsberechtigten	5
II. Ausgabeverbot und Rechtsfolgen eines Verstoßes	2		

I. Allgemeines

1   Die Vorschrift verbietet es, vor der Eintragung des Beschlusses über die bedingte Kapitalerhöhung Bezugsaktien auszugeben. Sie bezweckt, **Schwindelemissionen** zu begegnen. Werden Aktien dennoch ausgegeben, sind die Bezugsaktien nichtig (§ 197 Satz 3). Außerdem sind die Ausgeber den Inhabern gesamtschuldnerisch zum Schadensersatz verpflichtet (§ 197 Satz 4). Die Vorschrift wurde im Jahre 1965 mit sprachlichen Änderungen aus § 164 AktG 1937 übernommen.

II. Ausgabeverbot und Rechtsfolgen eines Verstoßes

2   Es ist gem. **§ 197 Satz 1** verboten, vor der Eintragung des Beschlusses über die bedingte Kapitalerhöhung die Bezugsaktien auszugeben. Als eine Ausgabe ist es anzusehen, wenn Urkunden durch der Gesellschaft zurechenbare Handlungen oder pflichtwidri-

---

[1] BGBl. I 2006, 2553.

ge Unterlassungen in den Verkehr gelangen (s. zu den Einzelheiten § 191 Rz. 4). Aus § 197 Satz 2 folgt zudem, dass ein Anspruch des Bezugsberechtigten erst mit der Eintragung des Beschlusses über die bedingte Kapitalerhöhung entstehen kann. Die Ausgabe der Bezugsaktien setzt weiter voraus, dass das Bezugsrecht durch schriftliche Erklärung ausgeübt wurde (§ 198 Abs. 1). Ferner darf sie nur nach Maßgabe von § 199 erfolgen.

Die vor der Eintragung des Beschlusses ausgegebenen Bezugsaktien sind nichtig 3 (§ 197 Satz 3). Dies bedeutet, dass die Aktien keine Anteilsrechte verbriefen. Ein gutgläubiger Erwerb durch Übertragung der Urkunden ist folglich ausgeschlossen. Erst nach der Eintragung des Beschlusses ist es möglich, durch Abschluss eines neuen Begebungsvertrags die Aktien zu verbriefen (s. § 191 Rz. 5).

Für den **Schaden** aus **der verbotenen Ausgabe** der **Bezugsaktien** sind die Ausgeber den 4 Inhabern als Gesamtschuldner verantwortlich. Als Inhaber der Aktien ist diejenige Person anzusehen, die an sich Rechte aus der Urkunde geltend machen könnte. Als Ausgeber sind all diejenigen Personen zu verstehen, die selbständig und verantwortlich die Bezugsaktien in den Verkehr gebracht haben (s. § 191 Rz. 6). Die Schadensersatzpflicht ist ebenso wie in § 191 eine Garantiehaftung (s. zu den Einzelheiten § 191 Rz. 7).

III. Anspruch des Bezugsberechtigten

§ 197 Satz 2 verfügt, dass ein Anspruch des Bezugsberechtigten vor dem Zeitpunkt 5 der Eintragung des Beschlusses über die bedingte Kapitalerhöhung nicht entsteht. Die Funktion dieser Vorschrift wird von der herrschenden Doktrin heute in einer zeitlichen Schranke für das Entstehen von Bezugs- und Umtauschrechten gesehen. Die Bezugs- bzw. Umtauschrechte entstehen nicht kraft Gesetzes mit der Eintragung des Beschlusses, sondern setzen einen Vertrag zwischen der Gesellschaft und dem Bezugs- bzw. Umtauschberechtigen voraus[1]. Dieser Vertrag wird im Regelfall erst nach der Eintragung des Beschlusses geschlossen. Zulässig ist es aber auch, dass der Bezugs- bzw. Umtauschberechtigte und die Gesellschaft schon vor der Eintragung des Beschlusses über die Kapitalerhöhung den Vertrag schließen. Dieser steht dann unter der aufschiebenden Bedingung der Eintragung des Beschlusses (§ 158 Abs. 1 BGB)[2]. Der Vertrag kann sogar schon vor dem Beschluss über die bedingte Kapitalerhöhung geschlossen werden. In diesem Fall steht er zusätzlich unter dem Vorbehalt, dass die Hauptversammlung einen entsprechenden Beschluss fasst[3]. Bei Überschreiten des beschlossenen Höchstbetrags des bedingten Kapitals gilt der Prioritätsgrundsatz[4].

---

1 Vgl. *Lutter* in KölnKomm. AktG, § 197 Rz. 3 f.; *Frey* in Großkomm. AktG, § 197 Rz. 38; *Fuchs* in MünchKomm. AktG, § 197 Rz. 18; *Hüffer*, § 197 Rz. 5; *Krieger* in MünchHdb. AG, § 57 Rz. 34.
2 Vgl. *Lutter* in KölnKomm. AktG, § 197 Rz. 9 f.; *Hüffer*, § 197 Rz. 5; *Krieger* in MünchHdb. AG, § 57 Rz. 34.
3 Vgl. *Lutter* in KölnKomm. AktG, § 197 Rz. 10; *Hüffer*, § 197 Rz. 5; *Krieger* in MünchHdb. AG, § 57 Rz. 34.
4 Vgl. *Fuchs* in MünchKomm. AktG, § 197 Rz. 23.

§ 198
Bezugserklärung

(1) Das Bezugsrecht wird durch schriftliche Erklärung ausgeübt. Die Erklärung (Bezugserklärung) soll doppelt ausgestellt werden. Sie hat die Beteiligung nach der Zahl und bei Nennbetragsaktien dem Nennbetrag und, wenn mehrere Gattungen ausgegeben werden, der Gattung der Aktien, die Feststellungen nach § 193 Abs. 2, die nach § 194 bei der Einbringung von Sacheinlagen vorgesehenen Festsetzungen sowie den Tag anzugeben, an dem der Beschluss über die bedingte Kapitalerhöhung gefasst worden ist.

(2) Die Bezugserklärung hat die gleiche Wirkung wie eine Zeichnungserklärung. Bezugserklärungen, deren Inhalt nicht dem Absatz 1 entspricht oder die Beschränkungen der Verpflichtung des Erklärenden enthalten, sind nichtig.

(3) Werden Bezugsaktien ungeachtet der Nichtigkeit einer Bezugserklärung ausgegeben, so kann sich der Erklärende auf die Nichtigkeit nicht berufen, wenn er auf Grund der Bezugserklärung als Aktionär Rechte ausgeübt oder Verpflichtungen erfüllt hat.

(4) Jede nicht in der Bezugserklärung enthaltene Beschränkung ist der Gesellschaft gegenüber unwirksam.

I. Allgemeines   1
II. Bezugsrecht und Bezugserklärung . .   2
  1. Rechtsnatur und Funktion des Bezugsrechts   2
  2. Bezugserklärung (§ 198 Abs. 1)   5
    a) Form und Ausstellung   5
    b) Inhalt   7
    c) Berechtigung   8
    d) Zeitpunkt der Abgabe 12
  3. Rechtsfolgen 13

    a) Gleichsetzung mit Zeichnungserklärung (§ 198 Abs. 2 Satz 1) 13
    b) Zeichnungsvertrag 14
III. Mängel der Bezugserklärung (§ 198 Abs. 2 Satz 2, Abs. 3) 15
  1. Überblick zu den Mängeln 15
  2. Rechtsfolgen 16
  3. Heilung 17
IV. Beschränkungen außerhalb der Bezugserklärung (§ 198 Abs. 4) 18

I. Allgemeines

1   Die Vorschrift regelt die **Ausübung** des **Bezugsrechts**. Sie verlangt hierzu eine Bezugserklärung, die schriftlich erfolgen muss (§ 198 Abs. 1 Satz 1) und einen gesetzlich vorgegebenen Inhalt aufzuweisen hat (§ 198 Abs. 1 Satz 3). Beschränkungen, die nicht in der Bezugserklärung enthalten sind, sind der Gesellschaft gegenüber unwirksam (§ 198 Abs. 4). Aus § 198 Abs. 2 folgt, dass die Bezugserklärung die gleiche Wirkung wie eine Zeichnungserklärung hat (§ 198 Abs. 2 Satz 1). Dies bedeutet, dass sie auf Abschluss eines Zeichnungsvertrags gerichtet ist. Der Zeichnungsvertrag kommt wie bei einer regulären Kapitalerhöhung mit der Annahmeerklärung der Gesellschaft zustande. Ferner ist in § 198 Abs. 2 Satz 2 verfügt, dass bestimmte Mängel zur Nichtigkeit der Bezugserklärung führen. Werden Bezugsaktien dennoch ausgegeben, so werden die Mängel gem. § 198 Abs. 3 geheilt. § 198 wurde im Jahre 1998 aufgrund der Einführung von Stückaktien in Abs. 1 Satz 3 geändert[1].

---

1 Vgl. Art. 1 Nr. 24 StückAG vom 25.3.1998, BGBl. I 1998, 590.

II. Bezugsrecht und Bezugserklärung

1. Rechtsnatur und Funktion des Bezugsrechts

Das **Bezugsrecht** (bzw. das Umtauschrecht) vermittelt dem Berechtigten einen **An-** 2
spruch gegen die Gesellschaft auf **Abschluss** eines **Zeichnungsvertrags**. Aus § 198
Abs. 1 Satz 1 folgt, dass es durch eine schriftliche Erklärung ausgeübt wird. Sodann
ergibt sich aus § 198 Abs. 2 Satz 1, dass die Bezugserklärung auf Abschluss eines
Zeichnungsvertrags gerichtet ist.

In der Regel liegt in der Bezugserklärung das *Angebot* auf Abschluss des Zeichnungs- 3
vertrags. Zwingend ist dies aber nicht. Es kann auch vorkommen, dass erst die Gesellschaft das Angebot zum Abschluss des Zeichnungsvertrags abgibt. In diesem Fall
liegt in der Bezugserklärung die *Annahme* des Angebots. So kann es sich beispielsweise bei Optionsanleihen verhalten. Bei dieser Form von Gewinnschuldverschreibungen sind die Bezugsbedingungen meist bereits präzise festgelegt, so dass durch
Auslegung auf den Willen der emittierenden Gesellschaft geschlossen werden kann,
einen Zeichnungsvertrag zu schließen[2].

Aufgrund des wirksam entstandenen **Zeichnungsvertrags** ist die Gesellschaft ver- 4
pflichtet (s. zur abweichenden Rechtslage bei der regulären Kapitalerhöhung § 185
Rz. 4), dem Zeichner Mitgliedsrechte in begründetem Umfang zuzuteilen[3]. Dieser ist
seinerseits verpflichtet, den versprochenen Gegenwert zu leisten. Der Zeichnungsvertrag selbst bedarf keiner besonderen Form. Zu beachten ist allein das Schriftformerfordernis für die Bezugserklärung (§ 198 Abs. 1 Satz 1; s. Rz. 5). Die Gesellschaft
hat den Vertrag mangels anderweitig getroffener Abreden sofort zu erfüllen. Der
Zeichnungsvertrag weist sowohl schuldrechtliche als auch organisationsrechtliche
Elemente auf (s. hierzu § 185 Rz. 4). Ist er fehlerhaft (s. Rz. 15 zur fehlerhaften Bezugserklärung), so finden grundsätzlich die Regeln über die fehlerhafte Gesellschaft
Anwendung (s. hierzu § 185 Rz. 24).

2. Bezugserklärung (§ 198 Abs. 1)

a) Form und Ausstellung

Die Bezugserklärung hat schriftlich zu erfolgen (**§ 198 Abs. 1 Satz 1**). Dies bedeutet, 5
dass der gesamte Inhalt der Erklärung schriftlich formuliert und eigenhändig unterschrieben werden muss (vgl. § 126 BGB). Andernfalls ist die Bezugserklärung nichtig
(§ 125 Satz 1 BGB). Eine wegen Formverstoßes nichtige Erklärung kann nach § 198
Abs. 3 geheilt werden[4]. Die für den Abschluss des Zeichnungsvertrags erforderliche
korrespondierende Willenserklärung der Gesellschaft unterliegt keiner Form.

Die Bezugserklärung soll doppelt ausgefertigt werden (**§ 198 Abs. 1 Satz 2**). Der 6
Grund hierfür liegt darin, dass der Anmeldung der Ausgabe von Bezugsaktien eine
Zweitschrift beizufügen ist (vgl. § 201 Abs. 2 Satz 1).

b) Inhalt

Der notwendige Inhalt der Bezugserklärung ist in § 198 Abs. 1 Satz 3 festgelegt. So 7
muss die Bezugserklärung zunächst die **Beteiligung** angeben; bei Stückaktien nach

---

2 Vgl. *Lutter* in KölnKomm. AktG, § 198 Rz. 3; *Hüffer*, § 198 Rz. 2; *Fuchs* in MünchKomm.
   AktG, § 198 Rz. 4.
3 Vgl. *Lutter* in KölnKomm. AktG, § 198 Rz. 9; *Hüffer*, § 198 Rz. 15.
4 Vgl. *Lutter* in KölnKomm. AktG, § 198 Rz. 12; *Krieger* in MünchHdb. AG, § 57 Rz. 41; *Frey* in
   Großkomm. AktG, § 198 Rz. 39; *Fuchs* in MünchKomm. AktG, § 198 Rz. 6. A.A. *Hüffer*, § 198
   Rz. 12.

der Zahl und bei Nennbetragsaktien nach dem Nennbetrag. Werden mehrere Gattungen ausgegeben, muss die Beteiligung nach der **Gattung** der Aktien bestimmt werden. Auch sind die **Festsetzungen** nach § 193 Abs. 2 zu treffen. Ausreichend ist es, die in **§ 193 Abs. 2 Nr. 1 bis 3** vorgesehenen Festsetzungen wiederzugeben. Auf die von § 193 Abs. 2 Nr. 4 geforderten Festsetzungen braucht nicht explizit eingegangen zu werden. Denn sie sind für die Konkretisierung der Bezugserklärung nicht von Belang, sondern dienen der Information der Hauptversammlung[5]. Bei der Einbringung von **Sacheinlagen** müssen weiterhin die nach § 194 vorzunehmenden **Festsetzungen** angegeben werden: der **Gegenstand** der Sacheinlage, die **Person** des Einlegers und der **Nennbetrag** bzw. die **Zahl** der Aktien, die im Gegenzug gewährt werden. Weiterhin ist der **Tag** anzugeben, an dem der **Beschluss** über die bedingte Kapitalerhöhung **gefasst** worden ist. Aber auch Nebenverpflichtungen (§ 55) sind in die Bezugserklärung aufzunehmen[6]. Empfehlenswert ist es, die Schuldverschreibungen, die das Bezugs- bzw. Umtauschrecht begründen, in der Bezugserklärung anzugeben.

c) Berechtigung

8 Voraussetzung für den wirksamen Abschluss eines Zeichnungsvertrags ist, dass die **Bezugserklärung** von einem **Berechtigten** abgegeben wird. Die betreffende Person muss unter den Personenkreis subsumiert werden können, der im Kapitalerhöhungsbeschluss bestimmt ist (vgl. § 193 Abs. 2 Nr. 2).

9 Die Gesellschaft wird bei der **Annahme der Bezugserklärung durch den Vorstand** vertreten (§ 78). Dieser ist verpflichtet, nach Maßgabe der im Kapitalerhöhungsbeschluss getroffenen Vorgaben vorzugehen. Dies bedeutet insbesondere, dass er nur mit den Personen kontrahieren darf, die zu dem im Beschluss bestimmten Personenkreis (vgl. § 193 Abs. 2 Nr. 2) gehören. Diese Pflicht bindet den Vorstand aber nur im Innenverhältnis, so dass der Abschluss eines Vertrags mit einer nicht zur Ausübung des Bezugsrechts berechtigten Person dennoch wirksam zustande kommt. In einem solchen Fall können aber die Grundsätze vom Missbrauch der Vertretungsmacht Anwendung finden[7].

10 Der Vorstand ist an den beschlossenen **Höchstbetrag** der **bedingten Kapitalerhöhung** gebunden. Schließt er mehr Bezugsverträge ab, so sind die den Höchstbetrag überschreitenden Verträge auf eine unmögliche Leistung gerichtet. Eine Erfüllungspflicht seitens der Gesellschaft besteht daher für diese Verträge nicht (vgl. § 275 Abs. 1 Satz 1 BGB).

11 Die **Übertragung der Bezugsrechte** bestimmt sich nach den allgemeinen Vorschriften (§ 413 i.V.m. § 398 BGB). Im Einzelfall kann die Übertragbarkeit ausgeschlossen sein. Dies ist beispielsweise anzunehmen für Bezugsrechte der Arbeitnehmer und Mitglieder der Geschäftsführung (vgl. § 192 Abs. 2 Nr. 3). Verbriefte Bezugsrechte werden gem. §§ 929 ff. BGB übereignet. Bezugsrechte sind auch vererbbar und können gepfändet sowie verpfändet werden.

d) Zeitpunkt der Abgabe

12 **Im Regelfall** wird das Bezugsrecht **nach der Eintragung des Beschlusses** über die bedingte Kapitalerhöhung ausgeübt. Notwendig ist dies jedoch nicht. Wird die Bezugs-

---

5 Vgl. *Vogel*, BB 2000, 937, 940; *Hüffer*, § 198 Rz. 9; *Fuchs* in MünchKomm. AktG, § 198 Rz. 13. A.A. *Frey* in Großkomm. AktG, § 198 Rz. 28.

6 Vgl. *Hüffer*, § 198 Rz. 9; *Fuchs* in MünchKomm. AktG, § 198 Rz. 15. A.A. *Lutter* in Köln-Komm. AktG, § 198 Rz. 10.

7 Vgl. *Hüffer*, § 198 Rz. 5 (unter Hinweis auf die Publizität des Erhöhungsbeschlusses, §§ 195, 196 AktG und § 9 HGB).

erklärung nach dem Beschluss, aber noch vor dessen Eintragung abgegeben, so steht der Zeichnungsvertrag unter der aufschiebenden Bedingung der Handelsregistereintragung. Sie kann sogar vor dem Beschluss über die bedingte Kapitalerhöhung abgegeben werden. Es ist dann anzunehmen, dass der Zeichnungsvertrag unter dem weiteren Vorbehalt steht, dass die Hauptversammlung das Kapital bedingt erhöht (s. hierzu § 197 Rz. 5).

3. Rechtsfolgen

a) Gleichsetzung mit Zeichnungserklärung (§ 198 Abs. 2 Satz 1)

Die Bezugserklärung hat die gleiche Wirkung wie eine Zeichnungserklärung (§ 198   13
Abs. 2 Satz 1). Dies bedeutet, dass sie auf **Abschluss** eines **Zeichnungsvertrags** gerichtet ist. Sie ist nicht mit der Bezugserklärung bei der regulären Kapitalerhöhung (vgl. § 186 Abs. 1) vergleichbar. Sie bindet den Erklärenden hinsichtlich der Übernahme der Aktien[8]. Im Unterschied zur Zeichnungserklärung bei einer regulären Kapitalerhöhung bindet sie endgültig[9].

b) Zeichnungsvertrag

Das Bezugsrecht begründet **noch kein Anwartschaftsrecht** auf die Bezugsaktien. Es   14
bildet aber die Grundlage für den Abschluss eines Zeichnungsvertrags. Wird es nach Maßgabe von § 198 Abs. 1 vom Berechtigten ausgeübt, so ist die Gesellschaft verpflichtet, mit dem Berechtigten einen Zeichnungsvertrag zu schließen.

III. Mängel der Bezugserklärung (§ 198 Abs. 2 Satz 2, Abs. 3)

1. Überblick zu den Mängeln

Die Bezugserklärung unterliegt den allgemeinen **Wirksamkeitsvoraussetzungen**   15
rechtsgeschäftlicher Erklärungen. Werden diese nicht eingehalten bzw. beachtet, so ist die Erklärung unwirksam bzw. nichtig (vgl. §§ 104 ff., 117 ff., 125, 134, 138 BGB)[10]. Die Bezugserklärung ist allerdings auch dann fehlerhaft, wenn die in § 198 Abs. 1 Satz 3 normierten notwendigen Angaben nicht gemacht worden sind.

2. Rechtsfolgen

Bezugserklärungen, deren Inhalt nicht den Anforderungen von § 198 Abs. 1 ent-   16
spricht oder die Beschränkungen der Verpflichtung des Erklärenden enthalten, sind gem. § 198 Abs. 2 Satz 2 nichtig. Dies ist der Fall, wenn die Angaben entweder ganz oder teilweise fehlen. Auch wenn die Angaben unvollständig oder unrichtig sind, ist die Bezugserklärung nichtig. Als eine Beschränkung der Verpflichtung ist es anzusehen, wenn die Bezugserklärung eine Befristung vorsieht[11]. Eine nichtige Bezugserklärung kann nicht zu einem wirksamen Zeichnungsvertrag führen.

3. Heilung

Werden Bezugsaktien ungeachtet der Nichtigkeit einer Bezugserklärung ausgegeben,   17
so kann sich der Erklärende auf die Nichtigkeit nicht berufen, wenn er aufgrund der Bezugserklärung als Aktionär Rechte ausgeübt oder Verpflichtungen erfüllt hat (§ 198 Abs. 3). Die Vorschrift ist im Zusammenhang mit § 198 Abs. 2 Satz 2 zu lesen;

---

8 *Hüffer*, § 198 Rz. 10.
9 *Fuchs* in MünchKomm. AktG, § 198 Rz. 24.
10 *Lutter* in KölnKomm. AktG, § 197 Rz. 5.
11 *Lutter* in KölnKomm. AktG, § 198 Rz. 14; *Fuchs* in MünchKomm. AktG, § 198 Rz. 30.

die dort genannten Nichtigkeitsgründe sind heilbar. Aber auch andere Mängel, insbesondere die Nichtigkeit wegen eines Formmangels, können geheilt werden (Rz. 5 ff.). Zweifelhaft ist, wann ein Aktionär aufgrund der Bezugserklärung Rechte ausgeübt oder Verpflichtungen erfüllt hat (s. hierzu auch § 185 Rz. 22). Eine verbreitete Ansicht nimmt an, dass die Annahme der Aktienurkunde bereits ausreichend sei[12]. Praktisch wichtiger dürfte die Teilnahme an einer Hauptversammlung[13], der Bezug von Dividenden[14] oder der Abschluss von Rechtsgeschäften über die Aktie mit Dritten sein. Die Heilung hat zur Folge, dass der Zeichnungsvertrag rückwirkend wirksam wird[15], es sei denn, dass die Bezugserklärung oder die von der Gesellschaft erklärte Annahme aus sonstigen Gründen unwirksam bzw. nichtig ist. Die gesetzeswidrig erfolgten Beschränkungen werden dagegen nicht wirksam[16].

IV. Beschränkungen außerhalb der Bezugserklärung (§ 198 Abs. 4)

18 Jede nicht in der Bezugserklärung enthaltene **Beschränkung** ist der **Gesellschaft** gegenüber **unwirksam**. Diese Vorschrift erstreckt sich auf die vom Bezugs- bzw. Umtauschberechtigten eingegangenen Pflichten gegenüber der Gesellschaft. Sie flankiert die in § 198 Abs. 2 Satz 2 angeordnete Nichtigkeit von Beschränkungen der Verpflichtung des Erklärenden in der Bezugs- bzw. Umtauscherklärung.

§ 199
Ausgabe der Bezugsaktien

(1) Der Vorstand darf die Bezugsaktien nur in Erfüllung des im Beschluss über die bedingte Kapitalerhöhung festgesetzten Zwecks und nicht vor der vollen Leistung des Gegenwerts ausgeben, der sich aus dem Beschluss ergibt.

(2) Der Vorstand darf Bezugsaktien gegen Wandelschuldverschreibungen nur ausgeben, wenn der Unterschied zwischen dem Ausgabebetrag der zum Umtausch eingereichten Schuldverschreibungen und dem höheren geringsten Ausgabebetrag der für sie zu gewährenden Bezugsaktien aus einer anderen Gewinnrücklage, soweit sie zu diesem Zweck verwandt werden kann, oder durch Zuzahlung des Umtauschberechtigten gedeckt ist. Dies gilt nicht, wenn der Gesamtbetrag, zu dem die Schuldverschreibungen ausgegeben sind, den geringsten Ausgabebetrag der Bezugsaktien insgesamt erreicht oder übersteigt.

I. Allgemeines	1	2. Voraussetzungen	3
II. Voraussetzungen der Aktienausgabe		a) Eintragung des Beschlusses	4
(§ 199 Abs. 1)	2	b) Zeichnungsvertrag	5
1. Grundlagen	2	c) Zweckgebundene Ausgabe	6
		d) Leistung des Gegenwertes	7

---

12 *Lutter* in KölnKomm. AktG, § 198 Rz. 13; *Frey* in Großkomm. AktG, § 198 Rz. 56. A.A. *Hüffer*, § 198 Rz. 12; *Krieger* in MünchHdb. AG, § 57 Rz. 41; *Fuchs* in MünchKomm. AktG, § 198 Rz. 37.
13 *Fuchs* in MünchKomm. AktG, § 198 Rz. 38.
14 *Fuchs* in MünchKomm. AktG, § 198 Rz. 38.
15 *Hüffer*, § 198 Rz. 12; *Frey* in Großkomm. AktG, § 198 Rz. 54 ff.; *Fuchs* in MünchKomm. AktG, § 198 Rz. 41.
16 *Frey* in Großkomm. AktG, § 198 Rz. 55; *Hüffer*, § 198 Rz. 12.

3. Rechtsfolgen einer unzulässigen Ausgabe 8
III. Ausgabe gegen Wandelschuldverschreibungen (§ 199 Abs. 2) 10

1. Grundlagen 10
2. Rechtsfolgen einer unzulässigen Ausgabe 13

I. Allgemeines

Die Vorschrift legt die Voraussetzungen für die Ausgaben der Bezugsaktien fest. So 1
ist in § 199 Abs. 1 verfügt, dass der **Vorstand** die **Zweckgebundenheit** der **bedingten
Kapitalerhöhung** zu beachten hat. Ferner muss vor der Ausgabe das Kapital ordnungsgemäß aufgebracht worden sein. In § 199 Abs. 2 ist eine **Sonderregelung** für **Wandelschuldverschreibungen** vorgesehen. Sie betrifft den Fall der Unterpari-Emission und
verfolgt den Zweck, die Aktionäre und Gläubiger angemessen zu schützen. Die Vorschrift stimmt größtenteils mit § 166 AktG 1937 überein[1]. Sie wurde im Jahre 1985
durch das Bilanzrichtlinienumsetzungsgesetz[2] und im Jahre 1998 in Abs. 2 Satz 1
und 2 aus Anlass der Einführung von Stückaktien geändert[3].

II. Voraussetzungen der Aktienausgabe (§ 199 Abs. 1)

1. Grundlagen

Die Ausgabe der Bezugsaktien hat zur Folge, dass das Grundkapital der Gesellschaft 2
erhöht ist (§ 200). Dies stellt sich bei den anderen Formen einer Kapitalerhöhung anders dar. So wird die Ausgabe bei der regulären Kapitalerhöhung und bei der Erhöhung des Grundkapitals durch genehmigtes Kapital erst mit der Eintragung der
Durchführung der Kapitalerhöhung in das Handelsregister wirksam (vgl. §§ 189,
203). Die herrschende Doktrin zieht hieraus den Schluss, dass der Begriff der **Aktienausgabe** i.S.v. §§ 199 Abs. 1 und 200 eine eigenständige Definition erfahren muss, die
dem rechtsbegründenden Charakter des Vorgangs Rechnung trägt. Erforderlich ist die
Verbriefung des **Mitgliedsrechts**[4], indem eine Urkunde ausgestellt wird. Ferner muss
zwischen dem Bezugsberechtigtem und der Gesellschaft ein **Begebungsvertrag** geschlossen werden[5]. Der Begebungsvertrag enthält das schuldrechtliche Kausalge-
schäft und die sachenrechtliche Übereignung der Aktienurkunde, welche zur Folge
hat, dass die Rechte aus dem Papier übergehen. Sowohl für die Ausstellung der Urkunde als auch für den Abschluss des Begebungsvertrags ist der Vorstand der Gesellschaft zuständig[6].

2. Voraussetzungen

Die Voraussetzungen der Aktienausgabe sind in **§ 199 Abs. 1** und in **§ 197** geregelt. 3
Es sind die folgenden Regeln zu beachten.

---

1 Die im Jahre 1965 erfolgten Änderungen betrafen vor allem § 199 Abs. 2; vgl. Begr. RegE § 199,
   Kropff, Aktiengesetz, S. 302.
2 BiRiLiG vom 19.12.1985, BGBl. I 1985, 2355.
3 StückAG vom 25.3.1998, BGBl. I 1998, 590.
4 Vgl. *Lutter* in KölnKomm. AktG, § 199 Rz. 4 („formalisierte Evidenz"); *Hüffer*, § 199 Rz. 2; *Frey*
   in Großkomm. AktG, § 199 Rz. 14; *Fuchs* in MünchKomm. AktG, § 199 Rz. 4. A.A. *v. Godin/
   Wilhelmi*, § 200 Anm. 2.
5 Vgl. *Lutter* in KölnKomm. AktG, § 199 Rz. 3; *Hüffer*, § 199 Rz. 3; *Fuchs* in MünchKomm.
   AktG, § 199 Rz. 4.
6 Vgl. *Krieger* in MünchHdb. AG, § 57 Rz. 42; *Hüffer*, § 199 Rz. 3; *Viertel*, BB 1974, 1328 f.

a) Eintragung des Beschlusses

4   Aktien dürfen nicht vor Eintragung des Beschlusses über die bedingte Kapitalerhöhung ausgegeben werden (§ 197 Satz 1). Die vorher ausgegebenen Bezugsaktien sind nichtig (§ 197 Satz 3). Dies bedeutet, dass die Mitgliedsrechte nicht wirksam wertpapierrechtlich verbrieft sind (s. § 197 Rz. 3).

b) Zeichnungsvertrag

5   Die Aktienausgabe setzt sodann voraus, dass der **Berechtigte** das **Bezugsrecht** nach Maßgabe von § 198 **ausgeübt** und die **Gesellschaft** diese Offerte **angenommen** hat. Der auf diese Weise zustande gekommene Zeichnungsvertrag (s. § 198 Rz. 3) muss wirksam sein (s. zur Relevanz möglicher Fehler des Zeichnungsvertrags § 198 Rz. 15 ff.), denn er bildet die rechtliche Grundlage für den Anspruch des Bezugsberechtigten auf Ausgabe der Bezugsaktien[7]. Dieser kann seinen Anspruch gegen die Gesellschaft einklagen und in der Zwangsvollstreckung gemäß §§ 883, 888, 894, 897 ZPO durchsetzen[8].

c) Zweckgebundene Ausgabe

6   Der Vorstand darf gem. **§ 199 Abs. 1** die Bezugsaktien nur in Erfüllung des im Beschluss über die bedingte Kapitalerhöhung festgesetzten Zwecks ausgeben. Auf einen anderen, an sich gem. § 193 Abs. 2 Nr. 1 bis 3 zulässigen Zweck einer bedingten Kapitalerhöhung darf der Vorstand sich nicht berufen. Ausschlaggebend ist der konkrete, im Beschluss festgesetzte Zweck[9]. Auch darf der Vorstand die Bezugsaktien nur an den im Beschluss festgesetzten Personenkreis ausgeben[10].

d) Leistung des Gegenwertes

7   Der Vorstand darf die Bezugsaktien gem. § 199 Abs. 1 nicht vor der vollen Leistung des Gegenwerts ausgeben, der sich aus dem Beschluss ergibt. Dies bedeutet, dass der Inferent zunächst die von ihm versprochene Einlage zu erbringen hat. Er braucht nur Zug um Zug zu leisten[11]. Im Unterschied zur regulären Kapitalerhöhung hat der Inferent eine **Sacheinlage** schon vor dem Wirksamwerden der Kapitalerhöhung zu erbringen. Auch muss die Einlage vollständig geleistet[12] und ein etwaiges festgesetztes Aufgeld gezahlt werden[13]. Soll die bedingte Kapitalerhöhung zur Vorbereitung eines Unternehmenszusammenschlusses erfolgen, so muss dieser vollzogen sein. Im Falle einer Verschmelzung muss diese in das Handelsregister eingetragen sein (§ 20 Abs. 1 Nr. 1 UmwG)[14]. Eine Wandelanleihe ist zur Geltendmachung des Umtauschrechts der Gesellschaft auszuhändigen. Auch ist eine gegebenenfalls vereinbarte Zuzahlung zu leisten[15].

3. Rechtsfolgen einer unzulässigen Ausgabe

8   Die Rechtsfolgen einer unzulässigen Aktienausgabe sind differenziert zu beurteilen. So folgt aus § 197 Satz 3, dass vor Eintragung des Beschlusses ausgegebene **Bezugsak-**

---

7   Vgl. *Frey* in Großkomm. AktG, § 199 Rz. 24.
8   Vgl. *Lutter* in KölnKomm. AktG, § 199 Rz. 2; *Hüffer*, § 199 Rz. 5.
9   Vgl. *Hüffer*, § 199 Rz. 6.
10   Vgl. *Hüffer*, § 199 Rz. 6; *Frey* in Großkomm. AktG, § 199 Rz. 27; *Fuchs* in MünchKomm. AktG, § 199 Rz. 7.
11   Vgl. *Hüffer*, § 199 Rz. 7; *Fuchs* in MünchKomm. AktG, § 199 Rz. 11.
12   *Lutter* in KölnKomm. AktG, § 199 Rz. 12.
13   *Hüffer*, § 199 Rz. 7; *Fuchs* in MünchKomm. AktG, § 199 Rz. 14.
14   *Hüffer*, § 199 Rz. 7.
15   *Hüffer*, § 199 Rz. 7.

tien nichtig sind. Um sie wertpapierrechtlich zu verbriefen, ist der erneute Abschluss eines Begebungsvertrags erforderlich (s. Rz. 2). Hat der Vorstand Bezugsaktien entgegen der in Abs. 1 getroffenen Vorgaben ausgegeben, so sind diese aber wirksam entstanden[16]. Dies gilt auch im Falle einer Ausgabe an eine nicht zum Bezug berechtigte Person[17]. Der Grund hierfür ist, dass § 199 Abs. 1 lediglich die Geschäftsführungsbefugnis des Vorstands einschränkt. Seine Vertretungsmacht bleibt unberührt.

Gibt der Vorstand entgegen § 199 Abs. 1 Aktien aus, so ist er wegen dieses Pflicht-   9
verstoßes gem. § 93 Abs. 2 und Abs. 3 Nr. 9 zum **Schadensersatz** verpflichtet. Eine Haftung der Aufsichtsratsmitglieder kann sich gem. § 116 i.V.m. § 93 Abs. 2, Abs. 3 Nr. 9 ergeben. Auch einen Anspruch der zu Unrecht nicht berücksichtigten Bezugsberechtigten gegen die Gesellschaft kommt in Betracht (§§ 280 Abs. 1 und Abs. 3, 283 BGB). Der Schaden kann aber entfallen, wenn die Hauptversammlung der Gesellschaft eine neue Kapitalerhöhung beschließt[18].

III. Ausgabe gegen Wandelschuldverschreibungen (§ 199 Abs. 2)

1. Grundlagen

Der Umtausch von Anleihen in Aktien ist aus der Perspektive des Gebots einer ef-   10
fektiven Kapitalaufbringung problematisch. Werden die Anleihen zu einem Betrag gehandelt, der unterhalb des Nennbetrags der Bezugsaktien liegt, so ist bei Umtausch der Anleihen in Bezugsaktien der Tatbestand einer Unterpari-Emission verwirklicht. In § 199 Abs. 2 ist daher verfügt, dass der Vorstand in einer solchen Sondersituation **Bezugsaktien** nur **ausgeben** darf, wenn der **Unterschied** zwischen dem **Ausgabebetrag** der zum Umtausch eingereichten **Schuldverschreibungen** und dem **höheren geringsten Ausgabebetrag** der für sie zu **gewährenden Bezugsaktien** aus einer anderen **Gewinnrücklage**, soweit sie zu diesem Zweck verwandt werden kann, oder durch **Zuzahlung** des Umtauschberechtigten **gedeckt** ist. Als Ausgabebetrag der Schuldverschreibung i.S.v. § 199 Abs. 2 Satz 1 ist der von der betreffenden Person tatsächlich geleistete Betrag anzusehen; auf den Nennbetrag der Anleihe kommt es nicht an[19]. Dies bedeutet, dass Skonti, Provisionen, Rückvergütungen und sonstige dem Berechtigten eingeräumte Vorteile Berücksichtigung finden; das heißt, sie senken den Ausgabebetrag entsprechend[20]. Allein Kosten (für den Druck, etc.) und Steuern bleiben außer Betracht[21].

In Betracht kommt zunächst, den Differenzbetrag einer **anderen Gewinnrücklage**   11
(§ 266 Abs. 3 A. III. Nr. 4 HGB) zu entnehmen. Voraussetzung ist in jedem Fall, dass die Gewinnrücklage nicht für andere Zwecke gebunden ist. Auch ein Gewinnvortrag (§ 266 Abs. 3 A. IV. HGB) kann verwendet werden[22], nicht dagegen der Jahresgewinn[23]. In Betracht kommt schließlich, dass der Inferent den Differenzbetrag durch

---

16 *Hüffer*, § 199 Rz. 8; *Frey* in Großkomm. AktG, § 199 Rz. 68; *Fuchs* in MünchKomm. AktG, § 199 Rz. 32.
17 *Hüffer*, § 199 Rz. 8.
18 *Lutter* in KölnKomm. AktG, § 199 Rz. 11.
19 *Lutter* in KölnKomm. AktG, § 199 Rz. 18; *Hüffer*, § 199 Rz. 10; *Frey* in Großkomm. AktG, § 199 Rz. 43.
20 *Lutter* in KölnKomm. AktG, § 199 Rz. 18; *Hüffer*, § 199 Rz. 11; *Frey* in Großkomm. AktG, § 199 Rz. 43; *Fuchs* in MünchKomm. AktG, § 199 Rz. 20.
21 *Hüffer*, § 199 Rz. 11; *Frey* in Großkomm. AktG, § 199 Rz. 43; *Fuchs* in MünchKomm. AktG, § 199 Rz. 20.
22 *Hüffer*, § 199 Rz. 12. A.A. *Fuchs* in MünchKomm. AktG, § 199 Rz. 24.
23 *Hüffer*, § 199 Rz. 12; *Lutter* in KölnKomm. AktG, § 199 Rz. 19.

eine Zuzahlung ausgleicht (§ 199 Abs. 2 Satz 1); diese Leistung muss den Regeln des § 199 Abs. 1 entsprechen, insbesondere also vor der Aktienausgabe erfolgen[24].

12 Eine **Deckung** des **Differenzbetrags** ist **nicht erforderlich**, wenn der Gesamtbetrag, zu dem die Schuldverschreibungen ausgegeben sind, den geringsten Ausgabebetrag der Bezugsaktien insgesamt erreicht oder übersteigt (**§ 199 Abs. 2 Satz 2**). In diesem Fall ist eine Gesamtdeckung gewährleistet[25].

2. Rechtsfolgen einer unzulässigen Ausgabe

13 Dem Vorstand ist es **verboten**, Bezugsaktien entgegen Abs. 2 auszugeben. Verstößt er dagegen, so hat er zwar kompetenzwidrig gehandelt. Die von ihm ausgegebenen **Bezugsaktien** sind aber **wirksam** entstanden. Der mittlerweile zum Aktionär gewordene Umtauschberechtigte ist zur **Nachzahlung** verpflichtet (§ 54)[26]. Auch ist der Vorstand gem. § 93 Abs. 3 Nr. 9 (wenn der Umtauschberechtigte die Zuzahlung nicht erbracht hat) und gem. § 93 Abs. 2 (wenn der Differenzbetrag durch eine Gewinnrücklage nicht ausgeglichen werden konnte)[27] zum **Schadensersatz** verpflichtet. Wird die Inhaberaktie an einen Dritten weiterveräußert, so haftet dieser hinsichtlich des nachzuzahlenden Betrags nicht, wenn er insoweit gutgläubig war[28].

§ 200
Wirksamwerden der bedingten Kapitalerhöhung

Mit der Ausgabe der Bezugsaktien ist das Grundkapital erhöht.

1 Die Vorschrift legt – übereinstimmend mit ihrer Vorläufernorm (§ 167 AktG 1937) – fest, dass schon zum **Zeitpunkt der Ausgabe** der Bezugsaktien das Grundkapital der Gesellschaft (§ 23 Abs. 3 Nr. 3) erhöht ist. Dies bedeutet, dass sich die **Grundkapitalziffer sukzessive** – mit jeder Ausgabe von Aktien an einen Bezugsberechtigten – **verändert**. Dies in den Büchern der Gesellschaft unter Angabe des Datums zu vermerken[1]. Auch ist das bedingte Kapital mit dem gegebenenfalls inzwischen verringerten Nennbetrag[2] zu vermerken (§ 152 Abs. 1 Satz 3).

2 Eine **Ausgabe** liegt vor, wenn die Urkunde ausgestellt und der Begebungsvertrag zwischen der Gesellschaft und dem Bezugsberechtigten geschlossen wird (s. § 199 Rz. 2). Der Bezugsberechtigte wird dann Aktionär der Gesellschaft. Ihm stehen ab diesem Zeitpunkt alle mitgliedschaftlichen Rechte zu. Auch treffen ihn dann alle mitgliedschaftlichen Pflichten; seine Einlage muss er allerdings bereits erbracht haben (s. § 199 Rz. 7). Die anschließende Eintragung der Ausgabe von Bezugsaktien (§ 201) hat lediglich deklaratorische Bedeutung.

---

24 *Lutter* in KölnKomm. AktG, § 199 Rz. 19; *Frey* in Großkomm. AktG, § 199 Rz. 46; *Fuchs* in MünchKomm. AktG, § 199 Rz. 21.
25 *Fuchs* in MünchKomm. AktG, § 199 Rz. 30.
26 *Lutter* in KölnKomm. AktG, § 199 Rz. 25.
27 *Frey* in Großkomm. AktG, § 199 Rz. 72; *Hüffer*, § 199 Rz. 14; vgl. ferner *Krieger* in MünchHdb. AG, § 57 Rz. 52 (in beiden Fällen Haftung gem. § 93 Abs. 3 Nr. 9).
28 Vgl. RG v. 13.3.1934 – II 225/33, RGZ 144, 138, 145; *Lutter* in KölnKomm. AktG, § 199 Rz. 25; *Hüffer*, § 199 Rz. 14.
1 Vgl. *Lutter* in KölnKomm. AktG, § 200 Rz. 11 (ggf. täglich); *Frey* in Großkomm. AktG, § 200 Rz. 25 (zeitgerecht).
2 Vgl. *Frey* in Großkomm. AktG, § 200 Rz. 25.

Welche **Rechtsfolgen** eine **fehlerhafte Ausgabe der Bezugsaktien** hat, ist – mit Aus- 3
nahme der Nichtigkeit einer Bezugserklärung (§ 198 Abs. 3; s. § 198 Rz. 15 f.) – gesetzlich nicht geregelt. Die rechtsfortbildend zu entwickelnden Lösungen unterscheiden zwischen den verschiedenen Arten von Mängeln. So kann die Ausgabe fehlerhaft
sein, wenn ein wirksamer Begebungsvertrag nicht abgeschlossen wurde. In diesem
Fall ist keine Mitgliedschaft entstanden[3]. Dies bedeutet auch, dass das Grundkapital
der Gesellschaft nicht erhöht ist. Eine andere Beurteilung kann für die Situation des
Zweiterwerbs dann gerechtfertigt sein, wenn der Vorstand in zurechenbarer Weise
den Rechtsschein eines wirksamen Begebungsvertrags gesetzt hat[4]. Ferner wird angenommen, dass die Aktienausgabe als nichtig bzw. nicht gültig anzusehen ist, wenn
der Beschluss über die bedingte Erhöhung des Grundkapitals nicht gefasst wurde,
nichtig ist, erfolgreich angefochten wurde oder wenn klar ist, dass ein erforderlicher
Sonderbeschluss nicht getroffen wird[5]. Ist die Aktienausgabe gem. § 201 eingetragen,
so kommt eine Anwendung der Grundsätze über die fehlerhafte Gesellschaft in Betracht[6]. Diese Lösung ist zum einen geboten, um einen angemessenen Schutz des Geschäftsverkehrs zu verwirklichen. Zum anderen rechtfertigt er sich aus den beträchtlichen Schwierigkeiten, die sich mit einer ex tunc zu erfolgenden Rückabwicklung
nach bürgerlich-rechtlichen Grundsätzen verbinden. Schließlich würde eine bereicherungsrechtliche Rückabwicklung zahlreiche weitere Probleme (insbesondere bezüglich des Gebots der Kapitalerhaltung und der Wirksamkeit zwischenzeitlich erstellter Jahresabschlüsse[7]) aufwerfen. Die ausgegeben Aktien sind daher als vorläufig
wirksam entstanden zu behandeln[8].

Wenn die **Aktienausgabe mit Fehlern** behaftet ist und nach den dargestellten Regeln 4
weder eine Heilung gem. § 198 Abs. 3 noch ein sonstiger Bestandsschutz gemäß den
Regeln über die fehlerhafte Gesellschaft oder gem. § 246a in Betracht kommt, ist von
einer nichtigen Ausgabe der Bezugsaktien auszugehen. Die Gesellschaft hat dann einen Anspruch auf Herausgabe der ausgegebenen Urkunden gemäß §§ 985, 812 BGB[9].
Auch ist zu erwägen, analog § 72 ein Aufgebotsverfahren hinsichtlich der Urkunden
in Gang zu setzen[10].

§ 201
Anmeldung der Ausgabe von Bezugsaktien

**(1) Der Vorstand hat innerhalb eines Monats nach Ablauf des Geschäftsjahrs zur Ein-
tragung in das Handelsregister anzumelden, in welchem Umfang im abgelaufenen
Geschäftsjahr Bezugsaktien ausgegeben worden sind.**

**(2) Der Anmeldung sind die Zweitschriften der Bezugserklärungen und ein vom Vor-
stand unterschriebenes Verzeichnis der Personen, die das Bezugsrecht ausgeübt ha-**

---

3 Vgl. *Lutter* in KölnKomm. AktG, § 200 Rz. 4; *Fuchs* in MünchKomm. AktG, § 200 Rz. 17.
4 Vgl. *Lutter* in KölnKomm. AktG, § 200 Rz. 5; *Fuchs* in MünchKomm. AktG, § 200 Rz. 17 f.
  A.A. *Frey* in Großkomm. AktG, § 200 Rz. 12 f.
5 Vgl. *Hüffer*, § 200 Rz. 4.
6 *Krieger* in MünchHdb. AG, § 57 Rz. 54. Nach a.A. soll zum Schutz des Geschäftsverkehrs
  § 277 Abs. 3 analog anwendbar sein; vgl. *Hüffer*, § 200 Rz. 4; *Lutter* in KölnKomm. AktG,
  § 200 Rz. 8; *Fuchs* in MünchKomm. AktG, § 200 Rz. 20.
7 Vgl. *Meyer-Panhuysen*, Die fehlerhafte Kapitalerhöhung, S. 48 ff.
8 *Meyer-Panhuysen*, Die fehlerhafte Kapitalerhöhung, S. 97. A.A. *Hüffer*, § 200 Rz. 4; *Lutter* in
  KölnKomm. AktG, § 200 Rz. 8; *Fuchs* in MünchKomm. AktG, § 200 Rz. 20.
9 *Lutter* in KölnKomm. AktG, § 200 Rz. 7; *Frey* in Großkomm. AktG, § 200 Rz. 31.
10 *Lutter* in KölnKomm. AktG, § 200 Rz. 7.

ben, beizufügen. Das Verzeichnis hat die auf jeden Aktionär entfallenden Aktien und die auf sie gemachten Einlagen anzugeben.

(3) In der Anmeldung hat der Vorstand zu erklären, dass die Bezugsaktien nur in Erfüllung des im Beschluss über die bedingte Kapitalerhöhung festgesetzten Zwecks und nicht vor der vollen Leistung des Gegenwerts ausgegeben worden sind, der sich aus dem Beschluss ergibt.

(4) *(weggefallen)*

I. Allgemeines   1   III. Eintragung   6

II. Anmeldung   2

I. Allgemeines

1   Die Vorschrift bestimmt in **§ 201 Abs. 1**, dass die Ausgabe von Bezugsaktien innerhalb eines Monats nach Ablauf des Geschäftsjahres für das gesamte Geschäftsjahr zur Eintragung in das Handelsregister anzumelden ist. Dabei sind die in § 201 Abs. 2 aufgeführten Unterlagen sowie die in § 201 Abs. 3 normierten Erklärungen beizufügen bzw. abzugeben. Die eingereichten Schriftstücke sind beim Gericht aufzubewahren (§ 201 Abs. 4). Im Unterschied zur regulären Kapitalerhöhung kommt der Eintragung in das Handelsregister keine konstitutive Bedeutung zu. Das Grundkapital ist bereits mit der Ausgabe der Bezugsaktien erhöht (§ 200). Die Vorschrift wurde im Jahre 1965 weitgehend unverändert § 168 AktG 1937 entnommen[1]. Sie wurde durch das Gesetz über elektronische Handelsregister und Genossenschaftsregister sowie das Unternehmensregister vom 10.11.2006 geändert, indem § 201 Abs. 4 aufgehoben wurde[2].

II. Anmeldung

2   Die Anmeldung ist beim **Amtsgericht** des **Satzungssitzes** vorzunehmen (s. § 188 Rz. 22). Sie muss die **Erklärung** enthalten, in welchem **Umfang** im abgelaufenen Geschäftsjahr **Bezugsaktien** ausgegeben worden sind (§ 201 Abs. 1). Bei Nennbetragsaktien sind die Zahl und der Nennbetrag der Bezugsaktien, bei Stückaktien die Zahl der ausgegebenen Aktien anzugeben. Die Anmeldung ist **elektronisch** in **öffentlich beglaubigter Form einzureichen** (§ 12 Abs. 1 HGB; § 129 BGB, §§ 39, 40 BeurkG). Zuständig für die Anmeldung ist nach Abs. 1 der **Vorstand** der Gesellschaft. Anders als bei der Anmeldung des Kapitalerhöhungsbeschlusses zur Eintragung in das Handelsregister braucht also der Aufsichtsratsvorsitzende nicht mitzuwirken. Die Vorstandsmitglieder müssen die Anmeldung in vertretungsberechtigter Zahl unterzeichnen[3]. Dabei handeln sie im Namen der Gesellschaft. Die Unterzeichnung erfolgt im eigenen Namen. Die Anmeldung hat innerhalb eines Monats nach Ablauf des Geschäftsjahrs zu erfolgen. Sie kann vom Registergericht durch Festsetzung von Zwangsgeld durchgesetzt werden (§ 14 HGB)[4].

3   Der Anmeldung sind die **Zweitschriften** der **Bezugserklärungen** (s. hierzu § 198 Rz. 5 ff.) und ein vom Vorstand unterschriebenes **Verzeichnis** der **Personen**, die das

---

1 Vgl. Begr. RegE § 201, *Kropff*, Aktiengesetz, S. 303.
2 BGBl. I 2006, 2553.
3 Vgl. *Lutter* in KölnKomm. AktG, § 201 Rz. 3.
4 Vgl. *Lutter* in KölnKomm. AktG, § 201 Rz. 3; *Hüffer*, § 201 Rz. 3.

Bezugsrecht ausgeübt haben, beizufügen (§ 201 Abs. 2 Satz 1). Diese Unterlagen sind **elektronisch** einzureichen (§ 12 Abs. 2 HGB). Das Verzeichnis hat die auf jeden Aktionär entfallenen Aktien und die auf sie gemachten Einlagen anzugeben (§ 201 Abs. 2 Satz 2). Dies bedeutet, dass eine Barzahlung oder die Leistung einer Sacheinlage mitzuteilen ist, bei Umtausch von Wandelanleihen auch die Zahl und der Nennbetrag der Urkunden[5]. Das Gericht wird auf diese Weise in die Lage versetzt, die effektive Kapitalaufbringung (vgl. § 199) zu prüfen[6].

Außer diesen vom Gesetz geforderten Unterlagen können **weitere Unterlagen** einzureichen sein. So sind die an sich schon bei der Anmeldung des Kapitalerhöhungsbeschlusses beizufügenden Verträge über die Erbringung von Sacheinlagen (vgl. § 195 Abs. 2 Nr. 1) nunmehr der Anmeldung beizufügen, wenn sie seinerzeit dem Gericht noch nicht zur Verfügung gestellt werden konnten. Der aktualisierte Satzungstext bezüglich der erhöhten Grundkapitalziffer (vgl. § 23 Abs. 3 Nr. 3) sowie die aktualisierte Aufteilung der Aktien (vgl. § 23 Abs. 3 Nr. 4) sind der Anmeldung nicht beizufügen; § 181 Abs. 1 Satz 2 findet keine Anwendung[7]. 4

Schließlich verlangt das Gesetz vom Vorstand die **Erklärung**, dass die Bezugsaktien nur in Erfüllung des im Beschluss über die bedingte Kapitalerhöhung **festgesetzten Zwecks** und nicht vor der vollen Leistung des Gegenwerts ausgegeben worden sind, der sich aus dem Beschluss ergibt (§ 201 Abs. 3). Macht der Vorstand insoweit falsche Angaben oder verschweigt er erhebliche Umstände, so kann er mit einer Freiheitsstrafe bis zu drei Jahren oder mit Geldstrafe bestraft werden (§ 399 Abs. 1 Nr. 4). Auch kann das Gericht durch Festsetzung eines Zwangsgeldes darauf hinwirken, dass der Vorstand eine ordnungsgemäße Versicherung abgibt (§ 14 HGB)[8]. Wenn ein Verstoß gegen § 199 Abs. 1 erfolgte, darf der Vorstand diesen Umstand in der Anmeldung nicht verschweigen[9]. 5

III. Eintragung

Das Registergericht prüft, ob die **Anmeldung formell** und **materiell ordnungsgemäß** erfolgt ist. Im Blickpunkt hat es dabei die Frage, ob das Kapital effektiv nach Maßgabe der in § 199 niedergelegten Voraussetzungen aufgebracht worden ist. Den Beschluss über die bedingte Kapitalerhöhung prüft es nicht noch einmal (s. § 195 Rz. 9). Kommt das Gericht zu einem positiven Ergebnis, verfügt es die Eintragung im Handelsregister. Auch im Falle eines Verstoßes gegen § 199 hat die Eintragung zu erfolgen. Der Grund hierfür liegt darin, dass bei einer bedingten Kapitalerhöhung bereits mit der Ausgabe der Aktien das Kapital erhöht ist (§ 200). Die Eintragung erfolgt gem. § 43 Nr. 3, 6b gg HRV. Der Inhalt dieser Eintragung ist gem. § 10 HGB bekannt zu machen. 6

---

5 Vgl. *Hüffer*, § 201 Rz. 4.
6 Vgl. *Lutter* in KölnKomm. AktG, § 201 Rz. 4.
7 Vgl. *Lutter* in KölnKomm. AktG, § 201 Rz. 5; *Hüffer*, § 201 Rz. 5.
8 Vgl. *Lutter* in KölnKomm. AktG, § 201 Rz. 7; *Hüffer*, § 201 Rz. 6.
9 Vgl. *Lutter* in KölnKomm. AktG, § 201 Rz. 6; *Fuchs* in MünchKomm. AktG, § 201 Rz. 17.

Dritter Unterabschnitt. Genehmigtes Kapital

§ 202
Voraussetzungen

(1) Die Satzung kann den Vorstand für höchstens fünf Jahre nach Eintragung der Gesellschaft ermächtigen, das Grundkapital bis zu einem bestimmten Nennbetrag (genehmigtes Kapital) durch Ausgabe neuer Aktien gegen Einlagen zu erhöhen.

(2) Die Ermächtigung kann auch durch Satzungsänderung für höchstens fünf Jahre nach Eintragung der Satzungsänderung erteilt werden. Der Beschluss der Hauptversammlung bedarf einer Mehrheit, die mindestens drei Viertel des bei der Beschlussfassung vertretenen Grundkapitals umfasst. Die Satzung kann eine größere Kapitalmehrheit und weitere Erfordernisse bestimmen. § 182 Abs. 2 gilt.

(3) Der Nennbetrag des genehmigten Kapitals darf die Hälfte des Grundkapitals, das zur Zeit der Ermächtigung vorhanden ist, nicht übersteigen. Die neuen Aktien sollen nur mit Zustimmung des Aufsichtsrats ausgegeben werden. § 182 Abs. 1 Satz 5 gilt sinngemäß.

(4) Die Satzung kann auch vorsehen, dass die neuen Aktien an Arbeitnehmer der Gesellschaft ausgegeben werden.

I. Allgemeines 1
II. Überblick zum Verfahren 4
  1. Schritte 4
  2. Gestaltungsvarianten 11
III. Ermächtigung 13
  1. Begründung 13
    a) Ermächtigung in der Gründungssatzung 14
    b) Ermächtigung durch satzungsändernden Beschluss 15
  2. Inhalt 17
    a) Notwendiger Inhalt 17
    b) Fakultativer Inhalt 19

  3. Ausübung 20
    a) Kompetenzen 21
    b) Information des Kapitalmarkts . . . 23
  4. Rechtsfolgen bei Fehlern 24
IV. Ausgabe der Aktien an Arbeitnehmer (§ 202 Abs. 4) 27
  1. Allgemeines 27
  2. Voraussetzungen und Inhalt einer Satzungsregelung 28
  3. Praxis 30
V. Genehmigtes Kapital in einer aufgelösten oder insolventen Gesellschaft . 32
VI. Kosten 34

Literatur: *W. Bayer*, Kapitalerhöhung mit Bezugsrechtsausschluss und Vermögensschutz der Aktionäre nach § 255 Abs. 2 AktG, ZHR 163 (1999), 505; *Bosse*, Informationspflichten des Vorstands beim Bezugsrechtsausschluss im Rahmen des Beschlusses und der Ausnutzung eines genehmigten Kapitals, ZIP 2001, 104; *Bungert*, Vorstandsbericht bei Bezugsrechtsausschluss bei Genehmigtem Kapital – Siemens/Nold in der Praxis, BB 2001, 742; *Cahn*, Ansprüche und Klagemöglichkeiten der Aktionäre wegen Pflichtverletzungen der Verwaltung beim genehmigten Kapital, ZHR 164 (2000), 113; *Cahn*, Pflichten des Vorstandes beim genehmigten Kapital mit Bezugsrechtsausschluss, ZHR 163 (1999), 554; *Ekkenga*, Das Organisationsrecht des genehmigten Kapitals, AG 2001, 567, 615; *Heinsius*, Bezugsrechtsausschluss bei der Schaffung von Genehmigtem Kapital, in FS Kellermann, ZGR-Sonderheft 10, 1991, S. 115; *Hirte*, Bezugsrechtsausschluss und Konzernbildung, 1986; *Holland/Goslar*, Die Bedienung von Wandelanleihen aus genehmigtem Kapital, NZG 2006, 892; *Klette*, Der Emissionskurs beim genehmigten Kapital, BB 1968, 977; *Klette*, Die Rechtsfolgen eines zu niedrigen Emissionskurses beim genehmigten Kapital, BB 1968, 1101; *Klein/Braun*, Möglichkeiten der betrieblichen Vermögensbildung, BB 1986, 673; *Knepper*, Die Belegschaftsaktie in Theorie und Praxis, ZGR 1985, 419; *Marsch*, Zum Bericht des Vorstands nach

§ 186 Abs. 4 S. 2 AktG beim genehmigten Kapital, AG 1981, 211; *Maier*, Der Einsatz des genehmigten Kapitals, 2003; *Meilicke/Heidel*, Die Pflicht des Vorstands der AG zur Unterrichtung der Aktionäre vor dem Bezugsrechtsausschluss beim genehmigten Kapital, DB 2000, 2358; *Mülbert*, Aktiengesellschaft, Unternehmensgruppe und Kapitalmarkt, 1996; *Quack*, Die Schaffung genehmigten Kapitals unter Ausschluss des Bezugsrechts der Aktionäre, ZGR 1983, 257; *Timm*, Der Bezugsrechtsausschluss beim genehmigten Kapital, DB 1982, 211; *Tollkühn*, Die Schaffung von Mitarbeiteraktien durch kombinierte Nutzung von genehmigtem Kapital und Erwerb eigener Aktien unter Einschaltung eines Kreditinstituts, NZG 2004, 594; *van Venrooy*, Berichtspflicht des Vorstandes beim genehmigten Kapital?, DB 1982, 735; *van Venrooy*, Voraussetzungen und Verwendbarkeit genehmigten Kapitals, AG 1981, 205.

I. Allgemeines

Die Vorschrift erlaubt es, aufgrund einer statutarischen Ermächtigung das Grundkapital bis zu einem bestimmten Nennbetrag zu erhöhen. Die neuen Aktien können gegen Bareinlagen und gegen Sacheinlagen (vgl. § 205 Abs. 1) ausgegeben werden. Sofern die **Ermächtigung** nicht bereits in der **Gründungssatzung** festgesetzt wurde, erfolgt sie durch eine **Änderung** der **Satzung** (§ 202 Abs. 2 Satz 1), die von der Hauptversammlung mit einer Mehrheit von mindestens drei Viertel des bei der Beschlussfassung vertretenen Kapitals beschlossen werden muss (§ 202 Abs. 2 Satz 2). In jedem Fall endet die Ermächtigung nach Ablauf von fünf Jahren (§ 202 Abs. 1 und Abs. 2 Satz 1). Die **Ausgabe** der neuen **Aktien** erfolgt durch den **Vorstand**. Sie soll aber nur mit **Zustimmung** des **Aufsichtsrats** geschehen (§ 202 Abs. 3 Satz 2). Zu beachten ist ferner, dass der Nennbetrag des genehmigten Kapitals die Hälfte des Grundkapitals nicht übersteigen darf (§ 202 Abs. 3 Satz 1). Die Ausgabe an Arbeitnehmer der Gesellschaft ist unter erleichterten Voraussetzungen möglich (§ 202 Abs. 4). **1**

Das genehmigte Kapital wurde im Jahre 1937 eingeführt. Der Gesetzgeber hatte seinerzeit im Sinn, die Beschaffung von Kapital wesentlich zu erleichtern. Einer Gesellschaft sollte es möglich sein, jede sich bietende Gelegenheit zur Kapitalbeschaffung rasch und sicher durch ihre Verwaltung auszunutzen[1]. Ferner hatte der Gesetzgeber die Vorstellung, dass durch die Einrichtung des genehmigten Kapitals die seinerzeit außerhalb des geschriebenen Rechts geschaffene Vorratsaktie (s. zur Unzulässigkeit der Vorratsaktie nach geltendem Recht § 56 Rz. 20) überflüssig und einen geeigneteren Ersatz finden würde[2]. Diese Überlegungen haben auch heute noch Gültigkeit. Das **genehmigte Kapital** wird als ein **Institut** verstanden, das es den Gesellschaften erlaubt, auf dem nationalen oder internationalen **Markt rasch** und **erfolgreich** auf **vorteilhafte Angebote** oder sich ansonsten bietende **Gelegenheiten** zu **reagieren** und Möglichkeiten zu Unternehmenserweiterungen (durch Erwerb von Unternehmen oder Unternehmensbeteiligungen gegen Ausgabe von Aktien) im Interesse der Gesellschaft und ihrer Aktionäre ausüben zu können[3]. Es ist in der Praxis ein beliebtes Instrument, um Eigenkapital zu beschaffen[4]. **2**

Die Erhöhung durch genehmigtes Kapital erfolgt nach Maßgabe der in den §§ 202 bis 206 getroffenen Vorschriften. Ferner erklärt das Gesetz einige Vorschriften über die reguläre Kapitalerhöhung sinngemäß für anwendbar (vgl. § 202 Abs. 2 Satz 4 i.V.m. **3**

---

1 Vgl. amtliche Begründung zu §§ 169–173, *Klausing*, Gesetz über Aktiengesellschaften und Kommanditgesellschaften auf Aktien, 1937, S. 150.
2 Vgl. amtl. Begr. zu §§ 169–173, *Klausing*, Gesetz über Aktiengesellschaften und Kommanditgesellschaften auf Aktien, 1937, S. 151.
3 Vgl. BGH v. 23.6.1997 – II ZR 132/39, BGHZ 136, 133, 136 = AG 1997, 465.
4 Eingehend zur rechtstatsächlichen Bedeutung *Bayer* in MünchKomm. AktG, § 202 Rz. 14 ff.; *Bayer/Günzel*, AG-Report 2006, R 527 ff. (große praktische Bedeutung für börsennotierte Gesellschaften).

§ 182 Abs. 2; § 202 Abs. 3 Satz 3 i.V.m. § 182 Abs. 1 Satz 5; § 203 Abs. 1 Satz 1 i.V.m. §§ 185 bis 191; § 203 Abs. 2 Satz 2 i.V.m. § 186 Abs. 4; § 204 Abs. 3 Satz 2 i.V.m. den Vorschriften über eine Kapitalerhöhung gegen Bareinlagen). Auch wird auf einige Vorschriften aus dem Gründungsrecht verwiesen (§ 205 Abs. 3 i.V.m. § 33 Abs. 3 bis 5, § 34 Abs. 2 und 3, § 35; § 206 Satz 2 i.V.m. § 27 Abs. 3, 5, §§ 32 bis 35, 37 Abs. 4 Nr. 2, 4 und 5, § 38 Abs. 2, § 49). Schließlich finden auch die allgemeinen Vorschriften über Satzungsänderungen (§§ 179–181) Anwendung, sofern nicht die §§ 202 ff. spezieller sind. Insbesondere ist es erforderlich, nach der Durchführung der Kapitalerhöhung die Satzung an die veränderten Verhältnisse anzupassen (vgl. § 23 Abs. 3 Nr. 3 und 4). Die Befugnis zu dieser nur die Fassung betreffende Änderung kann die Hauptversammlung dem Aufsichtsrat übertragen (§ 179 Abs. 1 Satz 2).

II. Überblick zum Verfahren

1. Schritte

4 Das **Verfahren zur Schaffung eines genehmigten Kapitals** ergibt sich größtenteils aus den §§ 202 ff. Weitere relevante Schritte erschließen sich aus den allgemeinen Vorschriften über die Einberufung der Hauptversammlung. Auch hat eine Gesellschaft, deren Finanzinstrumente zum Handel an einem inländischen organisierten Markt zugelassen sind oder für die sie eine solche Zulassung beantragt hat, die Vorschriften des Kapitalmarktrechts über die Information der Kapitalmarktteilnehmer (§ 15 WpHG) zu beachten. Im Einzelnen gilt Folgendes:

5 Ausgangspunkt der Kapitalerhöhung bildet die **Entscheidung** des **Vorstands**, ein **genehmigtes Kapital** zu **schaffen**. Schon zu diesem Zeitpunkt kann die Gesellschaft verpflichtet sein, die Information nach Maßgabe von § 15 Abs. 1 WpHG zu veröffentlichen (s. Rz. 23).

6 Danach ist der **Beschluss** der **Hauptversammlung vorzubereiten**, wozu insbesondere die ordnungsgemäße Einladung der Hauptversammlung und Bekanntmachung der zu beschließenden Satzungsänderung (§ 124 Abs. 2 Satz 2) gehören. Bereits in diesem Beschluss kann das Bezugsrecht der Aktionäre ausgeschlossen werden (§ 203 Abs. 1 Satz 1 i.V.m. § 186 Abs. 3 Satz 1; s. hierzu § 203 Rz. 20). Dann ist ein schriftlicher Bericht des Vorstands vorzulegen (§ 203 Abs. 1 Satz 1 i.V.m. § 186 Abs. 4 Satz 2).

7 Nachdem die Hauptversammlung die **Satzung** durch Ermächtigung des Vorstands zur Schaffung eines genehmigten Kapitals geändert hat, ist diese **Änderung** zum **Handelsregister** anzumelden (§ 181 Abs. 1). Der Beschluss wird vom Registergericht nach Prüfung eingetragen (s. Rz. 10).

8 Es folgt die – gegebenenfalls gem. § 15 Abs. 1 WpHG publizitätspflichtige – **Ausnutzung** des **genehmigten Kapitals**. Zuständig ist der Vorstand der Gesellschaft (§§ 76, 77 Abs. 1). Sofern die Hauptversammlung die Ausgabebedingungen nicht bestimmt hat, muss er diese nach eigenem pflichtgemäßen Ermessen bestimmen (vgl. § 204 Abs. 1 Satz 1). Ist der Vorstand zum Ausschluss des Bezugsrechts ermächtigt (§ 203 Abs. 2 Satz 1), hat er auch hierüber nach eigenem pflichtgemäßen Ermessen zu entscheiden. Erforderlich ist ferner die Zustimmung des Aufsichtsrats zu den Ausgabebedingungen (§ 204 Abs. 1 Satz 2) und zur Ausgabe der neuen Aktien (§ 202 Abs. 3 Satz 2). Die Hauptversammlung braucht er zu diesem Zeitpunkt noch nicht zu informieren (s. Rz. 21 f.).

9 Der nächste Schritt besteht im **Abschluss** der **Zeichnungsverträge** (§ 203 Abs. 1 Satz 1 i.V.m. § 185) und der **Leistung** der **Mindesteinlage** durch die Zeichner (§ 203 Abs. 1 i.V.m. § 188 Abs. 2).

Ist die Kapitalerhöhung durchgeführt, so müssen der Vorstand und der Aufsichtsrats- 10
vorsitzende die **Durchführung** der **Kapitalerhöhung** zum **Handelsregister anmelden**
(§ 203 Abs. 1 und Abs. 3 Satz 4 i.V.m. §§ 188 Abs. 2, 37 Abs. 1). Die anschließende
Eintragung bewirkt, dass das Grundkapital der Gesellschaft erhöht ist und die Mitgliedsrechte der Zeichner entstehen (§§ 203 Abs. 1, 189). Es werden nun die neuen
Aktien an die Aktionäre ausgegeben (§§ 203 Abs. 1, 191). Zu guter Letzt ist dafür Sorge zu tragen, dass die Fassung der Satzung geändert wird (§ 179 Abs. 1 Satz 2). Hat der
Vorstand das Bezugsrecht der Aktionäre ausgeschlossen, ist er verpflichtet, die Aktionäre im Nachhinein über die Durchführung der Kapitalerhöhung zu informieren
(s. Rz. 6 und § 186 Rz. 16 ff.).

2. Gestaltungsvarianten

Der grob skizzierte Ablauf des Verfahrens kann variieren. Im Falle einer **Fremdemis-** 11
sion durch Einschaltung eines oder mehrerer Kreditinstitute (s. hierzu § 182 Rz. 7) ergeben sich dadurch Änderungen, dass die jungen Aktien zunächst vom Kreditinstitut
bzw. von den Kreditinstituten übernommen und sodann an die Altaktionäre weitergeleitet werden (s. zur Verwirklichung des mittelbaren Bezugsrechts § 186 Rz. 45 ff.).
Auch im Falle der Ausgabe von Aktien an Arbeitnehmer wird dieser Weg häufig prä-
feriert, um steuerliche Vorteile für die Gesellschaft zu nutzen (s. Rz. 31).

Ferner werden in der Praxis mitunter zwei oder mehrere Ermächtigungen zur Kapi- 12
talerhöhung in die Satzung aufgenommen (bezeichnet als „**genehmigtes Kapital I**
und II"). Der Hintergrund ist, einen flexiblen und rechtssicheren, nämlich anfech-
tungsrisikofreien Ablauf der Eigenkapitalaufnahme zu ermöglichen. Das „genehmigte Kapital I" stellt typischerweise eine Ermächtigung zur Erhöhung des Grundkapitals gegen Bareinlagen unter Wahrung des gesetzlichen Bezugsrechts der Aktionäre
dar. Demgegenüber kennzeichnet sich das „genehmigte Kapital II" durch eine Ermächtigung zur Erhöhung des Grundkapitals unter Ausschluss des Bezugsrechts der
Aktionäre, wobei mitunter auch die Leistung von Sacheinlagen vorgesehen wird. Das
„genehmigte Kapital I" und das „genehmigte Kapital II" sind verschiedene Tagesordnungspunkte, über die getrennt voneinander Beschluss gefasst wird. Allerdings darf
die Summe des Nennbetrags des „genehmigten Kapitals I und II" die Hälfte des
Grundkapitals der Gesellschaft nicht übersteigen (vgl. § 202 Abs. 3 Satz 1). Seit der
Möglichkeit des erleichterten Ausschlusses des Bezugsrechts gem. § 186 Abs. 3
Satz 4 wird dem „genehmigten Kapital II" keine herausragende praktische Bedeutung
mehr beigemessen[5].

III. Ermächtigung

1. Begründung

Der Vorstand kann durch die **Satzung** oder die durch **satzungsändernden Beschluss** 13
entscheidenden Hauptversammlung ermächtigt werden, das Grundkapital zu erhöhen (§ 203 Abs. 1). Er entscheidet nach eigenem pflichtgemäßen Ermessen über die
Ausgabe von Aktien. Die Hauptversammlung hat keinen Einfluss mehr auf ihn. Insbesondere kann sie ihn nicht binden oder anweisen, die Kapitalerhöhung durchzuführen[6]. Allerdings ist der Vorstand nur ermächtigt, das Kapital ordentlich zu erhö-

---

5 Vgl. *Hüffer*, § 202 Rz. 5; *Bayer* in MünchKomm. AktG, § 202 Rz. 2.
6 Vgl. *Bayer* in MünchKomm. AktG, § 202 Rz. 34; *Hüffer*, § 202 Rz. 6; *Lutter* in KölnKomm.
   AktG, § 202 Rz. 2.

hen. Eine bedingte Kapitalerhöhung oder eine Kapitalerhöhung aus Gesellschaftsmitteln kann er nicht in die Wege leiten[7].

a) Ermächtigung in der Gründungssatzung

14 Ein Weg zur Schaffung eines genehmigten Kapitals ist die Begründung der Ermächtigung zur Erhöhung des Grundkapitals in der Satzung der Gesellschaft (§ 202 Abs. 1). Dabei kann das Bezugsrecht bereits ausgeschlossen werden[8]. Das genehmigte Kapital muss gem. § 39 Abs. 2 in das Handelsregister eingetragen werden. Zu beachten ist, dass der Mindestnennbetrag des Grundkapitals (§ 7) auch ohne das genehmigte Kapital erreicht ist[9].

b) Ermächtigung durch satzungsändernden Beschluss

15 Die Ermächtigung zur Erhöhung des Grundkapitals kann auch durch Satzungsänderung erteilt werden (§ 202 Abs. 2 Satz 1). Dieser **Beschluss** bedarf einer **Mehrheit**, die mindestens **drei Viertel** des bei der Beschlussfassung **vertretenen Grundkapitals** umfasst (s. zur Berechnung § 179 Rz. 27). Ferner ist eine einfache Stimmenmehrheit (§ 133 Abs. 1) erforderlich. Die Satzung kann eine größere Kapitalmehrheit und weitere Erfordernisse bestimmen (§ 202 Abs. 2 Satz 3). Dies bedeutet, dass eine geringere Beschlussmehrheit – wie für eine reguläre Kapitalerhöhung (vgl. § 182 Abs. 1 Satz 2) – nicht begründet werden kann. Das Gesetz ordnet zudem die Anwendung von § 182 Abs. 2 an (§ 202 Abs. 2 Satz 4). Hieraus folgt, dass bei Vorhandensein mehrerer Gattungen von stimmberechtigten Aktien der Beschluss der Hauptversammlung zu seiner Wirksamkeit der Zustimmung der Aktionäre jeder Gattung bedarf. Über die Zustimmung haben die Aktionäre jeder Gattung einen Sonderbeschluss zu fassen, der mit einer Mehrheit von mindestens drei Viertel des bei der Beschlussfassung vertretenen Grundkapitals der jeweiligen Gattung umfassen muss (s. zu den Einzelheiten § 182 Rz. 2).

16 Die Satzungsänderung ist sodann zur **Eintragung in das Handelsregister** anzumelden (§ 181 Abs. 1). Die Eintragung und Bekanntmachung müssen gem. § 181 Abs. 2 i.V.m. § 39 Abs. 2 erfolgen. Die Änderung der Satzung wird wirksam, wenn sie in das Handelsregister des Sitzes der Gesellschaft eingetragen worden ist (§ 181 Abs. 3).

2. Inhalt

a) Notwendiger Inhalt

17 Die **Ermächtigung** durch die Satzung oder durch den die Satzung ändernden Beschluss der Hauptversammlung kann für **höchstens fünf Jahre** nach der Eintragung der Gesellschaft bzw. nach der Eintragung der Satzungsänderung erteilt werden. Hieraus folgt zunächst, dass die Satzung bzw. der Ermächtigungsbeschluss die Dauer der Ermächtigung in gesetzlich zulässiger Weise zu bestimmen hat. Dies kann durch Angabe eines Datums (bis zum 31.12.2006) oder eines Zeitraums (von der Eintragung an für fünf Jahre) geschehen. Eine bloße Bezugnahme oder Wiederholung des Gesetzeswortlauts reicht nicht[10]. Aus Gründen der Rechtssicherheit kann die Frage nicht der ergänzenden Auslegung überlassen werden[11]. Der Ermächtigungsbeschluss ist bei

---

7 Allg. Meinung; vgl. *Hüffer*, § 202 Rz. 6; *Lutter* in KölnKomm. AktG, § 202 Rz. 2.
8 *Hirte* in Großkomm. AktG, § 202 Rz. 95.
9 *Lutter* in KölnKomm. AktG, § 202 Rz. 4; *Hirte* in Großkomm. AktG, § 202 Rz. 95.
10 OLG Celle v. 2.8.1962 – 9 Wx 5/92, AG 1962, 347 f.
11 Vgl. LG Mannheim v. 6.11.1956 – 10 T 14/56, BB 1957, 689 f.

fehlender oder ungenauer Angabe der Frist nichtig[12]. Eine Heilung des nichtigen Beschlusses ist jedenfalls dann, wenn der Beschluss keine Angaben über die Frist macht, ausgeschlossen[13]. Anders ist es nur zu beurteilen, wenn die Ermächtigung über die Dauer von fünf Jahren hinausgeht. In diesem Fall kann auf den Willen der Hauptversammlung geschlossen werden, den Vorstand in der gesetzlich vorgesehenen Höchstfrist zur Erhöhung des Grundkapitals zu ermächtigen[14].

Die Ermächtigung muss ferner den **Nennbetrag** des genehmigten Kapitals enthalten 18
(§ 202 Abs. 1, Abs. 2 Satz 1). Es ist eine konkrete Ziffer anzugeben. Andernfalls ist
der Beschluss gem. § 241 Nr. 3 nichtig[15]. Eine Heilung des nichtigen Beschlusses
gem. § 242 Abs. 2 ist ausgeschlossen[16]. Bei der Festsetzung des Betrags ist außerdem
zu beachten, dass der Nennbetrag des genehmigten Kapitals höchstens die **Hälfte des
Grundkapitals** erreichen darf (§ 202 Abs. 3 Satz 1). Wurde der Vorstand zuvor zur Erhöhung des Kapitals ermächtigt, ist auch dieser Betrag zu berücksichtigen[17]. Abzustellen ist auf den Betrag des Grundkapitals, der im Handelsregister eingetragen ist.
Ist zuvor eine Kapitalmaßnahme erfolgt, kann der erhöhte Betrag nur dann berücksichtigt werden, wenn die betreffende Maßnahme zur Zeit der Ermächtigung bereits
wirksam geworden ist. Dieser bestimmt sich gem. § 41 Abs. 1 Satz 1 und § 181
Abs. 3 nach dem Zeitpunkt, in dem die Ermächtigung wirksam wird, also nach dem
Zeitpunkt der Eintragung der Gründungssatzung oder der Satzungsänderung in das
Handelsregister[18]. Verstößt der Beschluss gegen die gesetzlich vorgesehene Höchstgrenze (§ 202 Abs. 3 Satz 1), so ist er gem. § 241 Nr. 3 nichtig[19]. In diesem Fall kann
er aber gem. § 242 Abs. 2 geheilt werden. Die Ermächtigung erstreckt sich dann auf
den nach § 202 Abs. 3 Satz 1 zulässigen Höchstbetrag einer Kapitalerhöhung[20]. Eine
weitere Höchstgrenze ist zu beachten, wenn Vorzugsaktien ohne Stimmrechte ausgegeben werden sollen (vgl. § 139 Abs. 2). Schließlich muss der Beschluss berücksichtigen, dass sich bei Gesellschaften mit Stückaktien die Zahl der Aktien in demselben
Verhältnis wie das Grundkapital erhöht (§ 202 Abs. 3 Satz 2 i.V.m. § 182 Abs. 1
Satz 5). Diese Vorgabe hat den Zweck, die Beteiligungsquoten der Altaktionäre zu
wahren (s. zu den Einzelheiten § 182 Rz. 3).

b) Fakultativer Inhalt

Soll das Kapital gegen **Sacheinlagen** erhöht werden, muss dies die Ermächtigung vorsehen (§ 205 Abs. 1; s. zu den Einzelheiten § 205 Rz. 1). Wenn dabei das **Bezugsrecht** der
Aktionäre ausgeschlossen werden soll, stehen **zwei Wege** zur Verfügung. Erstens
kommt in Betracht, dass schon die Hauptversammlung im Ermächtigungsbeschluss
das Bezugsrecht ausschließt (§ 203 Abs. 1 Satz 1 i.V.m. § 186 Abs. 3 Satz 1). Zweitens
kann die Ermächtigung vorsehen, dass der Vorstand über den Ausschluss des Bezugsrechts entscheidet (§ 203 Abs. 2 Satz 1). Sind Vorzugsaktien ohne Stimmrecht vorhanden, so ist § 204 Abs. 2 zu beachten: Vorzugsaktien, die bei der Verteilung des Gewinns

19

---

12 Vgl. *Hüffer*, § 202 Rz. 11; *Lutter* in KölnKomm. AktG, § 202 Rz. 13 f.; *Hirte* in Großkomm.
   AktG, § 202 Rz. 133. I.E. ebenso OLG Celle v. 2.8.1962 – 9 Wx 5/92, AG 1962, 347 f.; LG
   Mannheim v. 6.11.1956 – 10 T 14/56, BB 1957, 689 f.
13 Vgl. *Hirte* in Großkomm. AktG, § 202 Rz. 134; *Lutter* in KölnKomm AktG, § 202 Rz. 13 f.;
   zweifelnd auch *Hüffer*, § 202 Rz. 11. A.A. *Krieger* in MünchHdb. AG, § 58 Rz. 13.
14 So auch *Hirte* in Großkomm. AktG, § 202 Rz. 134; *Hüffer*, § 202 Rz. 11.
15 Vgl. *Hirte* in Großkomm. AktG, § 202 Rz. 133; *Hüffer*, § 202 Rz. 12.
16 Vgl. *Hirte* in Großkomm. AktG, § 202 Rz. 134; *Lutter* in KölnKomm. AktG, § 202 Rz. 11; *Hüffer*, § 202 Rz. 12. A.A. *Krieger* in MünchHdb. AG, § 58 Rz. 8.
17 Vgl. *Bayer* in MünchKomm. AktG, § 202 Rz. 39; *Hüffer*, § 202 Rz. 13.
18 Allg. Meinung; vgl. *Hirte* in Großkomm. AktG, § 202 Rz. 148; *Hüffer*, § 202 Rz. 14.
19 *Hirte* in Großkomm. AktG, § 202 Rz. 133; *Hüffer*, § 202 Rz. 14.
20 Vgl. *Hüffer*, § 202 Rz. 14; *Lutter* in KölnKomm. AktG, § 202 Rz. 12.

oder des Gesellschaftsvermögens den bestehenden Vorzugsaktien vorgehen oder ihnen gleichstehen, können nur ausgegeben werden, wenn die Ermächtigung es vorsieht. Schließlich kann die Hauptversammlung im Beschluss über die Ermächtigung über den Inhalt der Aktienrechte und die Bedingungen der Aktienausgabe Bestimmungen treffen (§ 204 Abs. 1 Satz 1; s. hierzu § 204 Rz. 3), insbesondere den geringsten Ausgabebetrag der neuen Aktien (§ 9 Abs. 1) festlegen, die Aktiengattung (§ 11) vorgeben, einen höheren Ausgabebetrag festsetzen, die Ausgabe von Inhaber- oder Namensaktien bestimmen oder den Zweck der Kapitalerhöhung konkretisieren[21].

3. Ausübung

20 Die Ausübung der **Ermächtigung** zur Erhöhung des Grundkapitals setzt voraus, dass die Ermächtigung wirksam ist. Insbesondere darf die Frist für die Ausübung noch nicht abgelaufen sein. Ausschlaggebend ist der Zeitpunkt der Eintragung der Durchführung der Kapitalerhöhung in das Handelsregister (§ 203 Abs. 1 Satz 1 i.V.m. § 189)[22]. Die Ausübung muss ferner dann unterbleiben, wenn die Ermächtigung durch die Hauptversammlung aufgehoben wurde. Möglich ist dies durch eine einfache Satzungsänderung[23]. Schließlich ist auf eine etwaige, mittlerweile von der Hauptversammlung getroffene Änderung der Ermächtigung (beispielsweise bzgl. des Höchstbetrags der Kapitalerhöhung oder der Ermächtigungsdauer) Rücksicht zu nehmen[24].

a) Kompetenzen

21 Das genehmigte Grundkapital wird vom Vorstand ausgenutzt. Diese **Geschäftsführungsmaßnahme** trifft er nach **eigenem pflichtgemäßen Ermessen**. So kann er sich beispielsweise dazu entscheiden, das genehmigte Kapital in mehreren Tranchen auszuüben[25]. Er muss allein die von der Hauptversammlung gemachten Vorgaben, insbesondere hinsichtlich des Höchstbetrags der Kapitalerhöhung (s. zu den Vorgaben Rz. 18), beachten. Der Beschluss des Vorstands über die Ausnutzung des genehmigten Kapitals wird in das Handelsregister nicht eingetragen und ist auch nicht eintragungsfähig[26]. Er sollte jedoch – etwa in der Form eines Aktenvermerks – dokumentiert werden, um gegebenenfalls gegenüber dem Registergericht nachgewiesen werden zu können[27].

22 Die **neuen Aktien** sollen nur mit **Zustimmung** des **Aufsichtsrats ausgegeben** werden (§ 202 Abs. 3 Satz 2). Dieser soll schon in den Entscheidungsprozess des Vorstands über die Ausnutzung des genehmigten Kapitals eingebunden werden. Eine Ausgabe i.S.v. § 202 Abs. 3 Satz 2 liegt daher vor, wenn der Vorstand beschließt, die Kapitalerhöhung durchzuführen[28]. Der Aufsichtsrat darf keinen Generalkonsens erteilen. Vielmehr ist er – beispielsweise bei einer Ausgabe in Tranchen – dazu aufgerufen, jeder Entscheidung des Vorstands zustimmen[29]. Eine ohne Zustimmung des Aufsichts-

---

21 Vgl. *Hüffer*, § 202 Rz. 16; *Lutter* in KölnKomm. AktG, § 202 Rz. 19.
22 Allg. Meinung; *Bayer* in MünchKomm. AktG, § 202 Rz. 62; *Hirte* in Großkomm. AktG, § 202 Rz. 146; *Hüffer*, § 202 Rz. 17.
23 Vgl. *Hüffer*, § 202 Rz. 18; *Lutter* in KölnKomm. AktG, § 202 Rz. 7.
24 Vgl. hierzu OLG Hamm v. 16.11.1984 – 15 W 312/82, WM 1985, 197, 198; *Bayer* in MünchKomm. AktG, § 202 Rz. 63; *Lutter* in KölnKomm. AktG, § 202 Rz. 18.
25 Allg. Meinung; *Hüffer*, § 202 Rz. 20.
26 Vgl. *Lutter* in KölnKomm. AktG, § 202 Rz. 20.
27 *Bayer* in MünchKomm. AktG, § 202 Rz. 88; *Hirte* in Großkomm. AktG, § 202 Rz. 165; *Lutter* in KölnKomm. AktG, § 204 Rz. 19.
28 Allg. Meinung; vgl. *Hirte* in Großkomm. AktG, § 202 Rz. 167; *Hüffer*, § 202 Rz. 21.
29 Vgl. *Bayer* in MünchKomm. AktG, § 202 Rz. 92; *Hüffer*, § 202 Rz. 21.

rats erfolgte Ausgabe ist jedoch wirksam[30]. Das Zustimmungsbedürfnis betrifft nur das Innenverhältnis zwischen Vorstand und Aufsichtsrat[31]. Allerdings kann sich der Vorstand aufgrund einer kompetenzwidrigen Ausgabe schadensersatzpflichtig machen[32]. Der Registerrichter hat zudem zu überprüfen, ob der Aufsichtsrat seine Zustimmung gegeben hat[33].

b) Information des Kapitalmarkts

Die Entscheidung des Vorstands, die Hauptversammlung über die Schaffung eines genehmigten Kapitals entscheiden zu lassen und seine spätere Entscheidung zur Ausgabe neuer Aktien können gem. **§ 15 Abs. 1 WpHG veröffentlichungspflichtig** sein. Voraussetzung ist, dass die betreffende Maßnahme eine Insiderinformation (§ 13 Abs. 1 WpHG) darstellt. Dies kann nur im Einzelfall beurteilt werden[34]. Dabei ist zu berücksichtigen, dass die Ausnutzung des genehmigten Kapitals eine Insiderinformation sein kann, obwohl der Aufsichtsrat seine Zustimmung gem. § 202 Abs. 3 Satz 2 noch nicht erteilt hat. Zu bejahen ist dies, wenn mit hinreichender Wahrscheinlichkeit davon ausgegangen werden kann, dass sich der Aufsichtsrat einverstanden erklärt und daher die neuen Aktien ausgegeben werden können (vgl. § 13 Abs. 1 Satz 3 WpHG). Die Gesellschaft ist dann von ihrer Pflicht zur Veröffentlichung gem. § 15 Abs. 1 Satz 1 WpHG nur befreit, wenn die Voraussetzungen des § 15 Abs. 3 WpHG i.V.m. § 6 WpAIV erfüllt sind[35]. $\quad$ 23

4. Rechtsfolgen bei Fehlern

Eine wirksame Erhöhung des Kapitals setzt eine **wirksame Ermächtigung** des Vorstands voraus. Ist diese nichtig oder erfolgreich angefochten, kann die Kapitalerhöhung nicht durchgeführt werden[36]. Sind dennoch Zeichnungsverträge abgeschlossen worden, so sind diese nichtig. Das Registergericht ist verpflichtet, die Eintragung der Durchführung der Kapitalerhöhung abzulehnen[37]. Mitgliedsrechte sind nicht entstanden[38]. $\quad$ 24

Zweifelhaft ist die Rechtslage, wenn dennoch die **Eintragung** der **Durchführung** der **Kapitalerhöhung** erfolgt ist. So wird zum Teil vertreten, dass eine Heilung nicht in Betracht komme. Ausgegebene Aktien seien nichtig und würden keine Rechte verbriefen, so dass auch ein gutgläubiger Erwerb ausgeschlossen sei. Zum Schutz des Geschäftsverkehrs sei aber analog § 277 Abs. 3 anzunehmen, dass die Einlagen zu leisten seien, soweit dies zur Erfüllung der nach der Eintragung begründeten Verbindlichkeiten erforderlich sei[39]. Dieser Lösungsweg ist – wie auch bei einer fehlerhaften regulären Kapitalerhöhung (s. § 189 Rz. 4) – abzulehnen. Vorzugswürdig ist es, die bei einer fehlerhaften Kapitalerhöhung auftretenden Probleme durch die Anwendung der $\quad$ 25

---

30 *Lutter* in KölnKomm. AktG, § 202 Rz. 24; *Hirte* in Großkomm. AktG, § 202 Rz. 93; *Bayer* in MünchKomm. AktG, § 202 Rz. 93.
31 Vgl. *Hirte* in Großkomm. AktG, § 202 Rz. 252; *Lutter* in KölnKomm. AktG, § 202 Rz. 24.
32 *Bayer* in MünchKomm. AktG, § 202 Rz. 94; *Hirte* in Großkomm. AktG, § 202 Rz. 167.
33 Vgl. *Hüffer*, § 202 Rz. 22 (bei Mitwirkung des Aufsichtsratsvorsitzenden bei der Anmeldung kann er regelmäßig davon ausgehen, dass der Aufsichtsrat zugestimmt habe).
34 Vgl. zu den verschiedenen Elementen des Begriffs der Insiderinformation *Assmann* in Assmann/Uwe H. Schneider, WpHG, § 13 Rz. 4 ff.; *Kümpel/Veil*, Wertpapierhandelsgesetz, 2. Aufl. 2006, 3. Teil Rz. 18 ff.
35 Vgl. hierzu *Assmann* in Assmann/Uwe H. Schneider, WpHG, § 15 Rz. 133; *Kümpel/Veil*, Wertpapierhandelsgesetz, 2. Aufl. 2006, 3. Teil Rz. 21 ff.
36 Allg. Meinung; *Hüffer*, § 202 Rz. 19.
37 Allg. Meinung; *Hüffer*, § 202 Rz. 19.
38 *Lutter* in KölnKomm. AktG, § 202 Rz. 22; *Hüffer*, § 202 Rz. 19.
39 Vgl. *Lutter* in KölnKomm. AktG, § 202 Rz. 21 f.; *Hüffer*, § 202 Rz. 19.

Grundsätze über die **fehlerhafte Gesellschaft** zu lösen[40]. Dies bedeutet, dass die durchgeführte Kapitalerhöhung als vorläufig wirksam zu behandeln ist. Mängel sind nur mit Wirkung ex nunc beachtlich. Die Gesellschaft kann den Zeichnern gem. § 311a Abs. 2 BGB zum Schadensersatz verpflichtet sein[41]. In Betracht kommt ferner, dass die Mitglieder des Vorstands und des Aufsichtsrats gegenüber der Gesellschaft zum Schadensersatz verpflichtet sind (§§ 93 Abs. 2, 116)[42].

26 Eine andere Beurteilung ist geboten, wenn der Vorstand kompetenzwidrig, insbesondere entgegen § 202 Abs. 3 Satz 2 gehandelt hat. Solche Verstöße betreffen nur das Innenverhältnis, so dass die Kapitalerhöhung wirksam zustande gekommen ist (s. hierzu Rz. 21 ff.).

IV. Ausgabe der Aktien an Arbeitnehmer (§ 202 Abs. 4)

1. Allgemeines

27 Die Satzung kann vorsehen, dass die neuen Aktien an Arbeitnehmer der Gesellschaft ausgegeben werden (§ 202 Abs. 4). Diese erst auf den zweiten Blick verständliche Vorschrift will es der Gesellschaft erleichtern, Aktien zu Gunsten der Belegschaft auszugeben. Ihre Funktion wird klar, wenn man sich vergegenwärtigt, dass eine Kapitalerhöhung unter Bezugsrechtsausschluss grundsätzlich eines sachlichen Grundes bedarf (s. § 186 Rz. 34). Der Ausschluss des Bezugsrechts zwecks **Ausgabe** von **Aktien** an **Arbeitnehmer** – entweder in der Gründungssatzung (§ 202 Abs. 1) oder durch satzungsändernden Beschluss (§ 202 Abs. 2) – ist, so die Aussage von § 202 Abs. 4, **stets** im **Interesse** der **Gesellschaft**. Eine materielle Beschlusskontrolle findet daher in diesem Fall nicht statt! Diese Privilegierung wird durch weitere Vorschriften flankiert, welche eine Beteiligung von Arbeitnehmern an der Gesellschaft erleichtern (vgl. §§ 203 Abs. 4, 204 Abs. 3, 205 Abs. 4).

2. Voraussetzungen und Inhalt einer Satzungsregelung

28 Die Vorschrift setzt voraus, dass die **Aktien** für **Arbeitnehmer** der Gesellschaft ausgegeben werden sollen. Sie ist auf Arbeitnehmer von verbundenen Unternehmen analog anwendbar[43] (arg. § 71 Abs. 1 Nr. 2, § 192 Abs. 2 Nr. 3). Erforderlich ist sodann, dass die Hauptversammlung das Bezugsrecht der Aktionäre zwecks Ausgabe der neuen Aktien an Arbeitnehmer der Gesellschaft ausschließt (§ 203 Abs. 1 i.V.m. § 186 Abs. 3 Satz 1). Dem steht es gleich, dass das Bezugsrecht in der Ermächtigung der Gründungssatzung ausgeschlossen wird. Im ersten Fall sind allerdings die formellen Voraussetzungen eines Bezugsrechtsausschlusses zu beachten (§ 203 Abs. 1 Satz 1 i.V.m. § 186). Dies bedeutet vor allem, dass ein Vorstandsbericht (§ 203 Abs. 1 Satz 1 i.V.m. § 186 Abs. 4 Satz 2, § 203 Abs. 2 i.V.m. § 186 Abs. 4 Satz 2) erstattet wird. Eine materielle Rechtfertigung des Bezugsrechtsausschluss ist nicht erforderlich; der sachliche Grund ergibt sich aus § 202 Abs. 4 selbst[44].

29 Nicht ganz klar ist, zu welchem Betrag die neuen Aktien auszugeben sind. Die herrschende Doktrin anerkennt einerseits ein Bedürfnis und berechtigtes Interesse, den

---

40 Ebenso *Hirte* in Großkomm. AktG, § 202 Rz. 247 f.; *Krieger* in MünchHdb. AG, § 58 Rz. 57.
41 Vgl. *Hüffer*, § 202 Rz. 19.
42 *Lutter* in KölnKomm. AktG, § 202 Rz. 21; *Hüffer*, § 202 Rz. 19; *Krieger* in MünchHdb. AG, § 58 Rz. 57.
43 Vgl. *Bayer* in MünchKomm. AktG, § 202 Rz. 104; *Hüffer*, § 202 Rz. 24; *Krieger* in MünchHdb. AG, § 58 Rz. 57.
44 *Lutter* in KölnKomm. AktG, § 202 Rz. 28; *Hüffer*, § 202 Rz. 27; *Bayer* in MünchKomm. AktG, § 202 Rz. 102.

Arbeitnehmern günstig Aktien zur Verfügung zu stellen. Andererseits würde ein unangemessener Ausgabebetrag zu Lasten der Aktionäre gehen, die mit der damit verbundenen Verwässerung ihrer Rechte an sich nicht einverstanden sein müssen (§ 255 Abs. 2). Von der herrschenden Auffassung wird die Lösung in einer entsprechenden Heranziehung der in § 19a EStG getroffenen Regelung über Freibeträge bei der Überlassung von Vermögensbeteiligung an Arbeitnehmer gesucht[45]. Dies würde auf einen Vorteil in Höhe von maximal 135 Euro im Kalenderjahr hinauslaufen. Aus der Perspektive der Altaktionäre erscheint diese Lösung hinnehmbar zu sein.

3. Praxis

Die Kapitalerhöhung zu Gunsten von Arbeitnehmern hat eine **große praktische Bedeutung**. Untersuchungen zu im Jahr 2000 erfolgten Kapitalerhöhungen in den DAX-30-Unternehmen ergaben, dass in 9 von 18 Fällen Arbeitnehmeraktien ausgegeben wurden und alle Erhöhungen auf einem genehmigten Kapital basierten. Sie bewegten sich im Bereich von 0,1 bis 0,5 % des Grundkapitals[46].   30

Das **Verfahren** zur Ausgabe von Aktien an Arbeitnehmer weicht in der Praxis allerdings häufig von den gesetzlich konzipierten Verfahren ab. Es wird so vorgegangen, dass die Aktien zunächst von einem Kreditinstitut gezeichnet werden und sodann von der Gesellschaft gem. § 71 Abs. 1 Nr. 2 zurückerworben und schließlich zu einem günstigeren Kurs an die Arbeitnehmer veräußert werden. Der Vorteil dieses Weges liegt darin, dass die Gesellschaft das volle Agio erhält und die Differenz zwischen dem von ihr gezahlten Erwerbspreis und dem Preis für die Abgabe der Aktien an die Arbeitnehmer als Betriebsausgabe (Personalaufwand) steuerlich geltend machen kann[47]. Der Nachteil dieser Gestaltung ist darin zu sehen, dass die Befreiung von § 203 Abs. 3 Nr. 1 nicht gilt[48]. Auch wirft sie die Frage auf, ob dabei gegen das Gebot der Kapitalaufbringung verstoßen wird[49].   31

V. Genehmigtes Kapital in einer aufgelösten oder insolventen Gesellschaft

Die genehmigte Kapitalerhöhung kann in gleicher Weise wie die ordentliche Kapitalerhöhung auch nach der **Auflösung** der Gesellschaft (§ 262), aber noch vor der Abwicklung erfolgen (s. auch § 182 Rz. 43; anders verhält es sich aber bei der Kapitalerhöhung aus Gesellschaftsmitteln, s. § 207 Rz. 8). Eine vor dem Auflösungsbeschluss der Hauptversammlung beschlossene Ermächtigung wird allerdings – soweit nicht ein anderer Wille der Aktionäre deutlich erkennbar ist – durch diesen aufgehoben[50]. Eine vor der Auflösung beschlossene, noch nicht durchgeführte Kapitalerhöhung darf der Vorstand nicht weiter verfolgen[51]. Nach dem Auflösungsbeschluss kann die Hauptversammlung aber eine neue Ermächtigung beschließen[52]. Die Durchführung der Kapitalerhöhung kann bis zum Zeitpunkt der Beendigung erfolgen (Löschung der Gesellschaft im Handelsregister, § 273 Abs. 1 Satz 2)[53].   32

---

45 Vgl. *Hüffer*, § 202 Rz. 27; *Krieger* in MünchHdb. AG, § 58 Rz. 60; *Lutter* in KölnKomm. AktG, § 202 Rz. 27.
46 Vgl. *Bayer* in MünchKomm. AktG, § 202 Rz. 106.
47 Vgl. *Bayer* in MünchKomm. AktG, § 202 Rz. 107; *Krieger* in MünchHdb. AG, § 58 Rz. 65.
48 Vgl. zu Belegschaftsaktien im Wege der Kapitalerhöhung *Knepper*, ZGR 1985, 419, 434.
49 Vgl. *Tollkühn*, NZG 2004, 594, 595 ff. (bejahend).
50 *Hirte* in Großkomm. AktG, § 202 Rz. 201; Bedenken hiergegen bei *Bayer* in MünchKomm. AktG, § 202 Rz. 108.
51 *Bayer* in MünchKomm. AktG, § 202 Rz. 109; *Hirte* in Großkomm. AktG, § 202 Rz. 201.
52 *Hirte* in Großkomm. AktG, § 202 Rz. 203; *Bayer* in MünchKomm. AktG, § 202 Rz. 110.
53 *Bayer* in MünchKomm. AktG, § 202 Rz. 110; *Hirte* in Großkomm. AktG, § 202 Rz. 204.

33   Ist das **Insolvenzverfahren** über das Vermögen der Gesellschaft eröffnet, soll nach einer verbreiteten Ansicht die Ermächtigung erlöschen[54]. Es obliege allein den Aktionären, in dieser Situation eine Sanierungsentscheidung zu treffen und der Gesellschaft frisches Kapital durch eine ordentliche Kapitalerhöhung zuzuführen[55]. Dieser Sicht der Dinge ist nicht zu folgen. Die Interessenlage ist nicht wesentlich anders als bei einer ordentlichen Kapitalerhöhung, die vor der Insolvenz der Gesellschaft beschlossen wurde (s. § 182 Rz. 44). Dies bedeutet: Das von der Hauptversammlung geschaffene Kapital kann vom Vorstand ausgenutzt werden. Dies wird er aber nur tun, wenn sich die Aktionäre bereit erklären, Aktien zu zeichnen. Sofern Aktionäre oder Dritte bereits Aktien gezeichnet haben, können sie sich gem. § 313 BGB vom Zeichnungsvertrag lösen (s. § 182 Rz. 47).

VI. Kosten

34   Kosten entstehen für die Beurkundung, Anmeldung und Eintragung in Form von Notar- und Gerichts- sowie Verwaltungskosten. Für die **Eintragung** der **Ermächtigungsbeschlusses** sind dies **Notarkosten** für die Beurkundung (§§ 179, 130 Abs. 1 Satz 1, 39 Abs. 2, 202 Abs. 2 Satz 1 AktG i.V.m. §§ 47, 141 KostO), sowie für die Anmeldung zur Eintragung ins Handelsregister (§§ 202 Abs. 2 Satz 1 AktG i.V.m. § 38 Abs. 2 Nr. 7 KostO). Ferner entstehen **Kosten** für die **Registereintragung** (§ 181 AktG i.V.m. § 79 Abs. 1 KostO) und die Bekanntmachung (§§ 181, 202 Abs. 2 Satz 1 AktG i.V.m. § 10 Abs. 1 HGB i.V.m. § 137 Nr. 5 KostO). Die Gebührenhöhe ist aus Ziff. 2400 des Gebührenverzeichnisses in Anlage zur HandelsregistergebührenVO vom 30.9.2004[56] zu entnehmen[57]. Der Geschäftswert ergibt sich aus § 41a Abs. 4 Nr. 1 KostO.

35   Die spätere **Eintragung** der **durchgeführten Kapitalerhöhung** verursacht **Notarkosten** für die Anmeldung (§§ 203 Abs. 1 Satz 1, 188 AktG i.V.m. § 38 Abs. 2 Nr. 7 KostO). Dazu kommen die **Kosten** der **Eintragung** (§§ 203 Abs. 1 Satz 1, 188 AktG i.V.m. § 79 Abs. 1 KostO) und die ihrer Bekanntmachung (§§ 190, 203 Abs. 1 Satz 1 AktG i.V.m. § 10 Abs. 1 HGB i.V.m. § 137 Nr. 5 KostO). Der **Geschäftswert** bemisst sich nach § 41a Abs. 4 Nr. 1 KostO. Die Fristverlängerung für ein bestehendes genehmigtes Kapital ist nach § 41a Abs. 1 Nr. 4 lit. a Halbsatz 2 KostO zu behandeln.

36   Im **Innenverhältnis** werden die Kosten den Aktionären zugewiesen (§ 26 Abs. 2)[58]. Mit der Erfüllung dieser Verbindlichkeiten durch die Gesellschaft erfolgt daher eine verdeckte Gewinnausschüttung[59]. Anderes gilt nur, wenn die Satzung der AG eine eigene Verpflichtung der Gesellschaft begründet[60].

---

54   *Hirte* in Großkomm. AktG, § 202 Rz. 205; ähnlich *Lutter* in KölnKomm. AktG, § 202 Rz. 17; wohl auch *Bayer* in MünchKomm. AktG, § 202 Rz. 112.
55   *Hirte* in Großkomm. AktG, § 202 Rz. 205.
56   BGBl. I 2004, 2562.
57   *Hüffer*, § 202 Rz. 31.
58   *Bayer* in MünchKomm. AktG, § 202 Rz. 120; *Hirte* in Großkomm. AktG, § 202 Rz. 221.
59   *Hirte* in Großkomm. AktG, § 202 Rz. 221.
60   *Hirte* in Großkomm. AktG, § 202 Rz. 221.

§ 203
Ausgabe der neuen Aktien

(1) Für die Ausgabe der neuen Aktien gelten sinngemäß, soweit sich aus den folgenden Vorschriften nichts anderes ergibt, §§ 185 bis 191 über die Kapitalerhöhung gegen Einlagen. An die Stelle des Beschlusses über die Erhöhung des Grundkapitals tritt die Ermächtigung der Satzung zur Ausgabe neuer Aktien.

(2) Die Ermächtigung kann vorsehen, dass der Vorstand über den Ausschluss des Bezugsrechts entscheidet. Wird eine Ermächtigung, die dies vorsieht, durch Satzungsänderung erteilt, so gilt § 186 Abs. 4 sinngemäß.

(3) Die neuen Aktien sollen nicht ausgegeben werden, solange ausstehende Einlagen auf das bisherige Grundkapital noch erlangt werden können. Für Versicherungsgesellschaften kann die Satzung etwas anderes bestimmen. Stehen Einlagen in verhältnismäßig unerheblichem Umfang aus, so hindert dies die Ausgabe der neuen Aktien nicht. In der ersten Anmeldung der Durchführung der Erhöhung des Grundkapitals ist anzugeben, welche Einlagen auf das bisherige Grundkapital noch nicht geleistet sind und warum sie nicht erlangt werden können.

(4) Absatz 3 Satz 1 und 4 gilt nicht, wenn die Aktien an Arbeitnehmer der Gesellschaft ausgegeben werden.

I. Allgemeines	1	1. Allgemeines	20
II. Sinngemäße Anwendung der §§ 185 bis 191 (§ 203 Abs. 1)	5	2. Gründungssatzung	21
		3. Beschluss der Hauptversammlung	22
1. Zeichnung (§ 185)	7	a) Präventivkontrolle	23
2. Bezugsrecht (§ 186)	9	aa) Bezugsrechtsausschluss durch Hauptversammlung	23
3. Zugesicherte Bezugsrechte (§ 187)	12	bb) Bezugsrechtsausschluss durch die Verwaltung	26
4. Anmeldung und Eintragung der Durchführung (§ 188)	13	b) Kontrolle bei der Ausübung	27
5. Wirksamwerden der Kapitalerhöhung (§ 189)	17	IV. Verbot der Ausgabe der Aktien (§ 203 Abs. 3)	31
6. Bekanntmachung	18	1. Tatbestand	31
7. Verbotene Ausgabe von Aktien und Zwischenscheinen (§ 191)	19	2. Rechtsfolgen	34
III. Ermächtigung zum Bezugsrechtsausschluss (§ 203 Abs. 2)	20	V. Ausgabe von Aktien an Arbeitnehmer (§ 203 Abs. 4)	35

Literatur: *Bayer,* Materielle Schranken und Kontrollinstrumente beim Einsatz des genehmigten Kapitals mit Bezugsrechtsausschluss, ZHR 168 (2004), 132; *Cahn,* Ansprüche und Klagemöglichkeiten der Aktionäre wegen Pflichtverletzungen der Verwaltung beim genehmigten Kapital, ZHR 164 (2000), 113; *Ekkenga,* Das Organisationsrecht des genehmigten Kapitals, AG 2001, 567; *Hirte,* Bezugsrechtsausschluss und Konzernbildung, 1986; *Kindler,* Bezugsrechtsausschluss und unternehmerisches Ermessen nach deutschem und europäischem Recht, ZGR 1998, 35; *Ihrig,* Geklärtes und Ungeklärtes zum Vereinfachten Bezugsrechtsausschluss nach § 186 Abs. 3 Satz 4 AktG, in Liber amicorum Happ, 2006, S. 109; *Krieger,* Vorstandsbericht vor Ausnutzung eines genehmigten Kapitals mit Bezugsrechtsausschluss?, in FS Wiedemann, 2002, S. 1081; *Liebert,* Der Bezugsrechtsausschluss bei Kapitalerhöhungen von Aktiengesellschaften, 2003; *Lutter,* Bezugsrechtsausschluss und genehmigtes Kapital, BB 1981, 861; *Marsch,* Zum Bericht des Vorstands nach § 186 Abs. 4 S. 2 AktG beim genehmigten Kapital – Urteilsanmerkung zu LG Frankfurt, AG 1981, 211; *Maslo,* Interessenwahrung und Rechtsschutz der Aktionäre beim Bezugsrechtsausschluss im Rahmen des genehmigten Kapitals, 2006; *Natterer,* Sachkontrolle und Berichtspflicht beim genehmigten Kapital – Nold/Siemens abermals auf dem Weg durch die Instanzen?, ZIP 2002, 1672; *Quack*, Die Schaffung genehmigten Kapitals unter Ausschluss des Bezugsrechts der Aktionäre – Besprechung von BGHZ 83, 319, ZGR 1983, 257; *Schockenhoff*, Gesellschaftsinteresse und Gleichbehandlung beim Bezugsrechtsausschluss, 1987; *Simon*, Zeitliche Begrenzung des Bezugsrechtsausschlusses beim genehmigten Kapital, AG 1985, 237; *Timm*, Der Bezugsrechtsausschluss beim genehmigten Kapital, DB 1982, 211; *van Venrooy*, Berichtspflicht des Vorstandes beim genehmigten Kapital? Ein Beitrag zur Auslegung der §§ 186 Abs. 4 S. 2, 203 Abs. 2 S. 2 AktG, DB 1982, 735; *Volhard*, „Siemens/Nold": Die Quittung, AG 1998, 397. S. ferner die Angaben zu § 202 und zu § 186.

I. Allgemeines

1   Die Vorschrift verfügt in Abs. 1, dass bei der **Ausübung** eines **genehmigten Kapitals** die §§ 185 bis 191 über die Kapitalerhöhung gegen Einlagen sinngemäß anzuwenden sind. Hieraus folgt unter anderem, dass den Aktionären – vorbehaltlich einer Ausschließung – ein **Bezugsrecht** auf die neuen Aktien zusteht und sie zur Übernahme der Aktien mit der Gesellschaft einen **Zeichnungsvertrag** schließen. Auch erschließt sich hieraus, dass die neuen Aktien – ebenso wie bei einer ordentlichen, aber anders als bei einer bedingten Kapitalerhöhung – erst nach der Eintragung der Durchführung der Kapitalerhöhung in das Handelsregister ausgegeben werden können.

2   Ferner bestimmt die Vorschrift, dass die **Ermächtigung** dem **Vorstand** die **Entscheidung** über den **Ausschluss** des **Bezugsrechts** überantworten kann (§ 203 Abs. 2 Satz 1). Dem Gesetzgeber ging es darum, mit dieser Regelung eine den wirtschaftlichen Gegebenheiten angepasste Entscheidung über das Bezugsrecht zu ermöglichen[1]. Die Hauptversammlung kann auf dreierlei Weise vorgehen: Erstens kann sie in der Ermächtigung nichts bestimmen. Dann haben die Aktionäre das gesetzliche Bezugsrecht (§ 186 Abs. 1), der Vorstand kann es ihnen nicht entziehen. Zweitens kann die Hauptversammlung das Bezugsrecht der Aktionäre ausschließen. Drittens kann sie die Entscheidung über den Ausschluss des Bezugsrechts dem Vorstand überlassen. Ein solcher Beschluss der Hauptversammlung muss aber, da er zum Ausschluss des Bezugsrechts führen kann, ebenso angekündigt werden wie eine Ausschließung des Bezugsrechts. Aus diesem Grund schreibt § 203 Abs. 2 Satz 2 die sinngemäße Anwendung des § 186 Abs. 4 vor[2].

3   Die in § 203 Abs. 3 normierte Regelung über das Verbot einer Aktienausgabe soll verhindern, dass die Gesellschaft **möglichst kein größeres Grundkapital** ausweist, als tatsächlich **aufgebracht** ist. Schließlich ist in § 203 Abs. 4 die Ausgabe von Aktien an Arbeitnehmer der Gesellschaft privilegiert.

4   Die Vorschrift entspricht im Wesentlichen § 170 AktG 1937. Allerdings wurden im Jahre 1965 einige Änderungen (insbesondere in Abs. 2) sowie Ergänzungen (wie der neue Abs. 4) vorgenommen. Seitdem wurde die Vorschrift nicht mehr verändert.

II. Sinngemäße Anwendung der §§ 185 bis 191 (§ 203 Abs. 1)

5   Die Ausgabe der neuen Aktien bestimmt sich nach den §§ 185 bis 191 über die Kapitalerhöhung gegen Einlagen. Diese **Vorschriften** sind **sinngemäß anzuwenden**, soweit sich aus den speziellen Vorschriften über das genehmigte Kapital nichts anderes ergibt (§ 203 Abs. 1 Satz 1). Dabei ist insbesondere der **Funktion** des **genehmigten Kapi-**

---

1   Vgl. Begr. RegE § 203, *Kropff*, Aktiengesetz, S. 305.
2   Vgl. Begr. RegE § 203, *Kropff*, Aktiengesetz, S. 305.

tals, den Gesellschaften eine flexible Finanzierung auf den nationalen und internationalen Märkten zu ermöglichen, **Rechnung zu tragen**[3].

Außerdem bestimmt § 203 Abs. 1 Satz 2, dass bei der sinngemäßen **Anwendung der**   6 **§§ 185 bis 191** anstelle des Beschlusses über die Erhöhung des Grundkapitals die Ermächtigung der Satzung zur Ausgabe neuer Aktien tritt. Dies ist namentlich bei § 185 Abs. 1 Satz 3 Nr. 1, § 186 Abs. 3 Satz 1 und § 187 Abs. 1 zu berücksichtigen. Hieraus ergibt sich, dass die Ermächtigung wirksam geworden sein muss. Es muss entweder die Gründungssatzung (§ 202 Abs. 1) oder die Satzungsänderung (§ 202 Abs. 2) in das Handelsregister eingetragen worden sein (vgl. §§ 39 Abs. 2, 181 Abs. 3). Erst dann kann das genehmigte Kapital ausgenutzt werden[4].

1. Zeichnung (§ 185)

Die Zeichnung der neuen Aktien geschieht durch **schriftliche Erklärung**, aus der die   7 Beteiligung nach der Zahl und bei Nennbetragsaktien dem Nennbetrag und, wenn mehrere Gattungen ausgegeben werden, der Gattung der Aktien hervorgehen muss (§ 203 Abs. 1 Satz 1 i.V.m. § 185 Abs. 1 Satz 1)[5]. Diese auch als Zeichnungsschein bezeichnete Erklärung (s. § 185 Rz. 1) hat außerdem die in § 185 Abs. 1 Satz 3 aufgeführten Angaben zu enthalten (s. hierzu § 185 Rz. 14 ff.). Abweichend von § 185 Abs. 1 Satz 3 Nr. 1 gilt allerdings gem. § 203 Abs. 1 Satz 2, dass der Tag der Eintragung der Gesellschaft im Handelsregister (falls die Ermächtigung in der Gründungssatzung vorgesehen ist) bzw. der Tag der Eintragung des Ermächtigungsbeschlusses im Handelsregister (falls die Ermächtigung durch einen satzungsändernden Beschluss erfolgt ist) festzusetzen ist. Der **Zeichnungsvertrag** kommt erst mit der Annahme des Zeichnungsscheins durch die Gesellschaft zustande (s. § 185 Rz. 4).

Zeichnungsscheine, die die vom Gesetz geforderten Angaben nicht vollständig oder   8 die außer dem in § 185 Abs. 1 Nr. 4 angesprochenen Vorbehalt Beschränkungen der Verpflichtung des Zeichners enthalten, sind nichtig (§ 185 Abs. 2). Auf die Nichtigkeit oder Unverbindlichkeit des Zeichnungsscheins kann sich der Zeichner aber nicht berufen, wenn er aufgrund des Zeichnungsscheins als Aktionär Rechte ausgeübt oder Verpflichtungen erfüllt hat (§ 185 Abs. 3; s. hierzu § 185 Rz. 22). Schließlich ist jede nicht im Zeichnungsschein enthaltene Beschränkung der Gesellschaft gegenüber unwirksam (§ 185 Abs. 4).

2. Bezugsrecht (§ 186)

Für die Ausgabe der neuen Aktien ist § 186 sinngemäß anzuwenden. Dies bedeutet   9 zunächst, dass jedem Aktionär auf sein Verlangen ein seinem Anteil an dem bisherigen Grundkapital entsprechender Teil der neuen Aktien zugeteilt werden muss (Bezugsrecht; § 186 Abs. 1 Satz 1). Auch schon vor dem Zugang der Bezugserklärung ist der verhaltene Anspruch des Aktionärs auf Abschluss eines Zeichnungsvertrags übertragbar (s. § 186 Rz. 11). Für die Ausübung des Bezugsrechts ist eine Frist von mindestens zwei Wochen zu bestimmen (§ 186 Abs. 1 Satz 2). Die Bekanntmachung bestimmt sich nach § 186 Abs. 2.

Aus der Verweisung auf § 186 folgt ferner, dass das **Bezugsrecht ganz** oder **zum Teil**   10 **ausgeschlossen** werden kann. Dies geschieht entweder in der Gründungssatzung

---

3 Vgl. BGH v. 23.6.1997 – II ZR 132/93, BGHZ 136, 133, 136, 142 = AG 1997, 465 (keine strikte, sondern sinngemäße Anwendung); insoweit zustimmend auch *Bayer* in MünchKomm. AktG, § 203 Rz. 8.
4 Vgl. *Bayer* in MünchKomm. AktG, § 203 Rz. 9; *Hirte* in Großkomm. AktG, § 203 Rz. 11; *Hüffer*, § 203 Rz. 2; *Lutter* in KölnKomm. AktG, § 203 Rz. 4.
5 Vgl. für einen Mustertext *Bayer* in MünchKomm. AktG, § 203 Rz. 16.

(§ 202 Abs. 1) oder durch die Hauptversammlung, wenn sie durch einen satzungsändernden Beschluss ein genehmigtes Kapital schafft (§ 202 Abs. 2 Satz 1). In beiden Fällen hat der Vorstand, wenn er sich später dazu entscheidet, das genehmigte Kapital auszunutzen, zu beachten, dass den Aktionären kein gesetzliches Bezugsrecht zusteht. Aus § 203 Abs. 2 Satz 1 folgt ferner, dass die in der Gründungssatzung vorgesehene oder von der Hauptversammlung beschlossene Ermächtigung vorsehen kann, dass der **Vorstand** über den **Ausschluss** des **Bezugsrechts entscheidet.** Will er diese Möglichkeit nutzen, so bedarf er hierzu der Zustimmung des Aufsichtsrats (§ 204 Abs. 1 Satz 2 Halbsatz 2). Außerdem gilt in diesem Fall § 186 Abs. 4 sinngemäß (§ 203 Abs. 2 Satz 2). Im Übrigen sind sowohl die formellen als auch die materiellen Voraussetzungen eines Bezugsrechtsausschlusses zu beachten. Aufgrund der höchstrichterlichen Rechtsprechung haben sie mittlerweile allerdings eine eigenständige Gestalt angenommen (s. hierzu ausführlich Rz. 26 ff.).

11   Schließlich folgt aus der Verweisung, dass die in § 186 Abs. 5 vorgesehene Möglichkeit einer Kapitalerhöhung durch ein mittelbares Bezugsrecht der Aktionäre auch beim genehmigten Kapital in Betracht kommt[6].

3. Zugesicherte Bezugsrechte (§ 187)

12   Zusicherungen vor dem Ermächtigungsbeschluss über die Erhöhung des Grundkapitals sind der Gesellschaft gegenüber unwirksam **§ 187 Abs. 2).** Beschließt die Hauptversammlung später aber die Erhöhung des Grundkapitals, werden die gegebenen Zusicherungen wirksam. Sie stehen in diesem Fall bloß unter dem Vorbehalt des Bezugsrechts der Aktionäre (s. § 187 Rz. 9 f.). Zusicherungen nach dem Erhöhungsbeschluss können zwar gegeben werden, stehen jedoch unter dem Vorbehalt des Bezugsrechts der Aktionäre (§ 187 Abs. 1). Schließt dagegen der Ermächtigungsbeschluss das Bezugsrecht der Aktionäre aus, können nach dem Wirksamwerden des Beschlusses durch die Eintragung in das Handelsregister Rechte auf den Bezug neuer Aktien problemlos zugesichert werden[7]. Allerdings steht diese Zusicherung unter dem Vorbehalt, dass das genehmigte Kapital ausgenutzt wird[8]. Wenn der Vorstand gem. § 203 Abs. 2 i.V.m. § 186 Abs. 3 und 4 ermächtigt wird, das Bezugsrecht auszuschließen, stehen Zusicherungen unter dem Vorbehalt, dass das genehmigte Kapital ausgeübt und das Bezugsrecht dabei wirksam ausgeschlossen wird[9].

4. Anmeldung und Eintragung der Durchführung (§ 188)

13   Die Anmeldung der Durchführung der Kapitalerhöhung bestimmt sich beim genehmigten Kapital nach denselben Vorschriften wie bei der regulären Kapitalerhöhung. Der Vorstand und der Vorsitzende des Aufsichtsrats haben die Durchführung zur Eintragung in das Handelsregister anzumelden (**§ 188 Abs. 1).** Der Anmeldung sind die in § 188 Abs. 3 aufgeführten Unterlagen beizufügen. Auch muss vor der Anmeldung auf jede Aktie die eingeforderte Einlage ordnungsgemäß eingezahlt und zur endgültig freien Verfügung des Vorstands stehen (**§ 188 Abs. 2 i.V.m. § 36 Abs. 2, § 36a).** Der Vorstand hat dies zu bestätigen (**§ 188 Abs. 2 i.V.m. § 37 Abs. 1).**

---

6   Vgl. zu den notwendigen Angaben im Zeichnungsschein im Falle einer Fremdemission *Bayer* in MünchKomm. AktG, § 203 Rz. 16; zu den Einzelheiten s. § 186 Rz. 43 ff.

7   Vgl. *Lutter* in KölnKomm. AktG, § 202 Rz. 50; *Hüffer*, § 202 Rz. 13.

8   Vgl. *Bayer* in MünchKomm. AktG, § 203 Rz. 19 (allerdings mit Bedenken, weil eine Zusage zur Ausnutzung des genehmigten Kapitals einem Dritten gegenüber nicht verbindlich erfolgen könne).

9   Vgl. *Bayer* in MünchKomm. AktG, § 203 Rz. 20; *Hüffer*, § 202 Rz. 13; *Lutter* in KölnKomm. AktG, § 203 Rz. 50.

Die Anmeldung setzt voraus, dass die beschlossene Kapitalerhöhung in **vollem Um-**   14
fang gezeichnet wurde. Dies ist auch dann von Bedeutung, wenn das genehmigte Kapital nur schrittweise, in Tranchen, ausgenutzt werden soll. Ist dies im Beschluss
festgesetzt worden, so hat die Anmeldung dann zu erfolgen, wenn der betreffende Betrag gezeichnet wurde[10]. Haben Vorstand und Aufsichtsrat lediglich beschlossen, das
Kapital bis zu einem bestimmten Betrag zu erhöhen, so können sie die Maßnahme in
Teilbeträgen durchführen und dies zur Eintragung in das Handelsregister anmelden[11].
Anders als im Recht der regulären Kapitalerhöhung ist es nicht möglich, die Anmeldung und die Eintragung der Ermächtigung sowie die Anmeldung und die Eintragung
der Durchführung der Kapitalerhöhung miteinander zu verbinden; § 188 Abs. 4 findet
keine Anwendung[12].

Die **registergerichtliche Kontrolle** bestimmt sich nach den Regeln, die bei einer regu-   15
lären Kapitalerhöhung Anwendung finden (s. hierzu § 188 Rz. 30 ff.). Der Registerrichter hat außerdem die besonderen, für das genehmigte Kapital geltenden Voraussetzungen für eine Ausübung zu kontrollieren. Insbesondere muss er prüfen, ob der
Vorstand das Kapital innerhalb der gesetzlich zulässigen Frist im Rahmen des beschlossenen, vom Gesetz zugelassenen Höchstbetrags erhöht hat. Auch hat der Registerrichter sich mit der Frage auseinander zu setzen, ob der Aufsichtsrat der Ausgabe neuer Aktien zugestimmt (§ 202 Abs. 3 Satz 2) oder seine Zustimmung gem. § 205
Abs. 2 Satz 2[13] oder gem. § 204 Abs. 1 Satz 2 erteilt hat (s. hierzu § 204 Rz. 11).

Schließlich trägt der Registerrichter die Durchführung der Kapitalerhöhung in das   16
Handelsregister ein (Abt. B; die Satzungsänderung in Spalte 6 und das geänderte
Grundkapital in Spalte 3, § 43 Nr. 3, Nr. 6b hh HRV).

5. Wirksamwerden der Kapitalerhöhung (§ 189)

Mit der Eintragung der Durchführung der Erhöhung des Grundkapitals ist das Grund-   17
kapital erhöht. Diese konstitutiv wirkende Eintragung hat zur Folge, dass die Zeichner kraft Gesetzes Aktionäre der Gesellschaft mit allen mitgliedschaftlichen Rechten
und Pflichten werden (s. § 189 Rz. 2).

6. Bekanntmachung

Seit dem Inkrafttreten des Gesetzes über elektronische Handelsregister und Genos-   18
senschaftsregister sowie das Unternehmensregister (EHUG) vom 10.11.2006[14] bestimmt sich die Bekanntmachung ausschließlich nach **§ 10 HGB**; § 190 wurde aufgehoben.

7. Verbotene Ausgabe von Aktien und Zwischenscheinen (§ 191)

Die neuen Anteilsrechte können vor der Eintragung der Durchführung der Erhöhung   19
des Grundkapitals nicht übertragen werden (§ 191 Satz 1 Alt. 1). Ferner können vor
diesem Zeitpunkt keine neuen Aktien und Zwischenscheine ausgegeben werden
(**§ 191 Satz 1 Alt. 2**). Andernfalls sind die neuen Aktien und Zwischenscheine nichtig
(**§ 191 Satz 2**). Auch ein Schadensersatzanspruch kann bei Verstoß gegen das Ausgabeverbot begründet sein (§ 191 Satz 3; s. hierzu § 191 Rz. 6 f.).

---

10 Vgl. *Bayer* in MünchKomm. AktG, § 203 Rz. 22; *Hirte* in Großkomm. AktG, § 203 Rz. 36.
11 Vgl. *Bayer* in MünchKomm. AktG, § 203 Rz. 22; *Hirte* in Großkomm. AktG, § 203 Rz. 35.
12 Vgl. *Hüffer*, § 203 Rz. 15; *Hirte* in Großkomm. AktG, § 203 Rz. 35.
13 Vgl. *Hüffer*, § 203 Rz. 16.
14 BGBl. I 2006, 2553.

III. Ermächtigung zum Bezugsrechtsausschluss (§ 203 Abs. 2)

1. Allgemeines

20   Die Aktionäre der Gesellschaft haben auch beim genehmigten Kapital ein Bezugsrecht auf die neuen Aktien (§ 203 Abs. 1 Satz 1 i.V.m. § 186 Abs. 1 Satz 1). Dieses **Bezugsrecht** kann auf **zwei Wegen ausgeschlossen** werden. In Betracht kommt zunächst, das Bezugsrecht bereits in der Ermächtigung zur Kapitalerhöhung auszuschließen. Zweitens ermöglicht es das Gesetz in § 203 Abs. 2, den Vorstand zu ermächtigen, über den Ausschluss des Bezugsrechts zu entscheiden. Ein solcher Beschluss darf nur gefasst werden, wenn die geplante Delegation der Ausschlussbefugnis auf den Vorstand ausdrücklich erfolgt ist[15]. Im Folgenden wird erläutert, welche weiteren formellen und materiellen Voraussetzungen zu beachten sind.

2. Gründungssatzung

21   Der Vorstand kann schon in der Gründungssatzung zur Erhöhung des Grundkapitals unter Ausschluss des Bezugsrechts ermächtigt werden (**§ 202 Abs. 1**). Rechtliche Probleme wirft dieses Verfahren nicht auf, da an der Feststellung der Satzung sämtliche Aktionäre beteiligt und einverstanden sein müssen. Besondere formelle oder materielle Voraussetzungen sind nicht einzuhalten.

3. Beschluss der Hauptversammlung

22   Der BGH begreift das genehmigte Kapital als ein eigenständiges Rechtsinstitut[16]. Seine jüngste Rechtsprechung ist in besonderem Maße von der Vorstellung getragen, dass das genehmigte Kapital die Funktion eines flexiblen Finanzierungsinstruments[17] hat. Diese Sichtweise hat zu einem Abbau der zunächst in der „Holzmann"-Entscheidung aufgestellten, mittlerweile aber als zu hoch empfundenen Hürden für einen Ausschluss des Bezugsrechts geführt. Die folgenden Erläuterungen können sich auf eine Analyse des **zweistufigen Kontrollkonzepts** beschränken (zur Kritik an der Rechtsprechung des BGH seit „Siemens/Nold" s. § 186 Rz. 31 ff.).

a) Präventivkontrolle

23   **aa) Bezugsrechtsausschluss durch Hauptversammlung.** Erfolgt der **Bezugsrechtsausschluss** schon im **satzungsändernden Beschluss (Ausschluss gem. §§ 202 Abs. 2, 203 Abs. 1**; s. Rz. 2), so bestimmen sich die formellen und materiellen Voraussetzungen gem. § 203 Abs. 1 nach § 186 Abs. 3 und Abs. 4. Dies bedeutet: Die Ausschließung muss ausdrücklich und ordnungsgemäß bekannt gemacht worden sein (§ 186 Abs. 4 Satz 1). Auch hat der Vorstand der Hauptversammlung einen schriftlichen Bericht über den Grund für den teilweisen oder vollständigen Ausschluss des Bezugsrechts vorzulegen (§ 186 Abs. 4 Satz 2). Der Beschluss der Hauptversammlung bedarf einer Mehrheit von mindestens ¾ des bei der Beschlussfassung vertretenen Grundkapitals (§ 186 Abs. 3 Satz 2). Ferner gilt, dass der Ausschluss des Bezugsrechts zulässig ist, wenn die Kapitalerhöhung gegen Bareinlagen 10 % des Grundkapitals nicht übersteigt und der Ausgabebetrag den Börsenpreis nicht wesentlich unterschreitet (§ 186 Abs. 3 Satz 4)[18].

---

15 Vgl. OLG Stuttgart v. 20.12.2000 – 20 U 45/00, AG 2001, 200.
16 Vgl. BGH v. 10.10.2005 – II ZR 148/03 – „Commerzbank/Mangusta I", AG 2006, 36, 37.
17 Vgl. BGH v. 23.6.1997 – II ZR 132/93 – „Siemens/Nold", BGHZ 136, 133, 136 f. = AG 1997, 465.
18 Vgl. OLG München v. 24.7.1996 – 7 U 6319/95, BB 1996, 2162 = AG 1996, 518; *Hüffer*, § 203 Rz. 10a; *Ihrig* in Liber amoricum Happ, S. 109, 112.

Dieses gesetzliche **Konzept eines Bezugsrechtsausschlusses** ist vom BGH speziell für   24
das genehmigte Kapital fortentwickelt worden. Anders als bei einer regulären Kapitalerhöhung (s. hierzu § 186 Rz. 24 ff.) genügt es, dass die Maßnahme, zu deren
Durchführung der Vorstand ermächtigt werden soll, dem wohlverstandenen Interesse
der Gesellschaft entspricht[19]. Dies bedeutet: Die Maßnahme muss zwar – wenn nicht
die Voraussetzungen des § 186 Abs. 3 Satz 4 erfüllt sind – im Interesse der Gesellschaft liegen[20]. Sie braucht aber nur allgemein umschrieben und in dieser Form der
Hauptversammlung bekannt gegeben zu werden[21]. Auch ist es nicht mehr erforderlich, dass sie zur Erreichung des Zwecks geeignet und verhältnismäßig ist[22].

Es sind somit zwei Szenarien denkbar. **Erstens** ist es möglich, dass die **Hauptver-**   25
sammlung das **Bezugsrecht ausgeschlossen** hat und ihr bestimmte **Einzelumstände**
des geplanten Vorhabens **bekannt** waren. Sie hat dann die Frage, ob der Bezugsrechtsausschluss im Gesellschaftsinteresse gerechtfertigt ist, anhand der ihr bekannt gemachten Tatsachen geprüft und bejaht[23]. **Zweitens** kommt in Betracht, dass der
Hauptversammlung außer dem **abstrakt beschriebenen Vorhaben** bei der Beschlussfassung keine weiteren Tatsachen bekannt waren. In diesem Fall musste sie die Prüfung, ob der Bezugsrechtsausschluss im Gesellschaftsinteresse gerechtfertigt ist, an
den abstrakt umschriebenen Umständen ausrichten. Auch diese Präventivkontrolle
genügt nach dem Verständnis des BGH dem vom Gesetz geforderten Schutzniveau[24],
obwohl sie im Ergebnis auf eine Vorratsermächtigung hinausläuft[25]! Zusammenfassend ist somit festzuhalten, dass der Bezugsrechtsausschluss beim genehmigten Kapital ebenfalls einen sachlichen Grund voraussetzt. Es ist auch erforderlich, hierüber
gem. § 186 Abs. 4 Satz 2 schriftlich zu berichten[26]. Das Vorhaben muss aber nur allgemein und abstrakt beschrieben werden, so dass die Hauptversammlung eine sachgerechte Entscheidung treffen kann[27]. Ein formularartiger Hinweis auf im eine Dun-
keln bleibende strategische Neuausrichtung wird den höchstrichterlichen Vorgaben
nicht gerecht[28].

bb) Bezugsrechtsausschluss durch die Verwaltung. Die Hauptversammlung kann   26
auch – selbst nachträglich[29] – beschließen, dem Vorstand die Entscheidung über den
Ausschluss des Bezugsrechts zu überlassen (**Ausschluss gem. §§ 202 Abs. 2, 203
Abs. 2**; s. Rz. 2). In diesem Fall ist nur § 186 Abs. 4 sinngemäß (§ 203 Abs. 2 Satz 2)
heranzuziehen: Die Möglichkeit des Ausschlusses muss ausdrücklich und ordnungsgemäß bekannt gemacht werden[30]. Weiterhin hat der Vorstand der Hauptversamm-

---

19 BGH v. 23.6.1997 – II ZR 132/93 – „Siemens/Nold", BGHZ 136, 133, 139 = AG 1997, 465.
20 BGH v. 23.6.1997 – II ZR 132/93 – „Siemens/Nold", BGHZ 136, 133, 139 = AG 1997, 465; *Hüffer*, § 203 Rz. 35.
21 BGH v. 23.6.1997 – II ZR 132/93 – „Siemens/Nold", BGHZ 136, 133, 139 = AG 1997, 465; anders noch BGH v. 19.4.1982 – II ZR 55/81 – „Holzmann", BGHZ 83, 319, 322 = AG 1982, 252.
22 Vgl. *Hüffer*, § 203 Rz. 27.
23 BGH v. 23.6.1997 – II ZR 132/93 – „Siemens/Nold", BGHZ 136, 133, 139 = AG 1997, 465.
24 BGH v. 23.6.1997 – II ZR 132/93 – „Siemens/Nold", BGHZ 136, 133, 139 = AG 1997, 465.
25 Vgl. *Hüffer*, § 203 Rz. 29.
26 Vgl. BGH v. 19.4.1982 – II ZR 55/81 – „Holzmann", BGHZ 83, 319, 326 = AG 1982, 252 ; insoweit nicht aufgegeben durch BGH v. 23.6.1997 – II ZR 132/93 – „Siemens/Nold", BGHZ 136,
133 = AG 1997, 465; vgl. *Bayer* in MünchKomm. AktG, § 203 Rz. 88: *Hüffer*, § 203 Rz. 25;
Kindler, ZGR 1998, 35, 63.
27 Vgl. *Maslo*, Interessenwahrung und Rechtsschutz der Aktionäre, S. 105 f. zu den Anforderungen an den Bericht bei Fehlen konkreter Pläne und S. 107 ff. bei Vorliegen konkreter Pläne.
28 Vgl. OLG München v. 15.5.2002 – 7 U 2371/01, AG 2003, 451, 452.
29 Vgl. *Lutter* in KölnKomm. AktG, § 203 Rz. 17; *Hüffer*, § 203 Rz. 40; kritisch *Bayer* in Münch-
Komm. AktG, § 203 Rz. 92.
30 Vgl. BGH v. 10.10.2005 – II ZR 148/03 – „Commerzbank/Mangusta I", AG 2006, 36, 37; s. dazu § 186 Rz. 28.

lung hierüber nachträglich einen schriftlichen Bericht[31] vorzulegen. Zwar finden die in § 186 Abs. 3 verfügten Anforderungen an einen Ausschluss des Bezugsrechts keine Anwendung. Es gelten aber die allgemeinen, in § 202 Abs. 2 Satz 2 und 3 normierten Voraussetzungen, die inhaltlich mit § 186 Abs. 3 Satz 2 und 3 übereinstimmen[32]. Schließlich gilt auch bei diesem Verfahren, dass der vom Vorstand mit Zustimmung des Aufsichtsrats beschlossene Bezugsrechtsausschluss sachlich gerechtfertigt sein muss (s. Rz. 25).

b) Kontrolle bei der Ausübung

27   Der vom BGH in „Siemens/Nold" betriebene Abbau der präventiv erfolgenden Kontrolle geht einher mit einem dichten Netz der Nachkontrolle (s. hierzu auch § 186 Rz. 29). Diese findet bei einem **Ausschluss gem. §§ 202 Abs. 2, 203 Abs. 1** ihren Ausgangspunkt in der Pflicht des Vorstands, im Rahmen seines unternehmerischen Ermessens sorgfältig zu prüfen, ob der allein ihm bekannte vollständige Sachverhalt die Durchführung des Hauptversammlungsbeschlusses, der den Ausschluss des Bezugsrechts der Aktionäre umfasst, im Gesellschaftsinteresse rechtfertigt. Ist das der Fall, kann der Vorstand dem Ermächtigungsbeschluss der Hauptversammlung folgend von dem genehmigten Kapital unter Ausschluss des Bezugsrechts der Aktionäre Gebrauch machen. Andernfalls hat er die Durchführung des geplanten Vorhabens zu unterlassen[33].

28   Hat die Hauptversammlung den Vorstand zum Ausschluss des Bezugsrechts ermächtigt (**Ausschluss gem. §§ 202 Abs. 2, 203 Abs. 2**), ist ebenso zu verfahren. Dies bedeutet, dass der Vorstand in eigener Verantwortung zu prüfen hat, ob aus unternehmerischer Sicht der Ausschluss des Bezugsrechts der Aktionäre im Interesse der Gesellschaft liegt. Ist diese Frage aufgrund sorgfältiger und gewissenhafter Prüfung der gesamten Umstände zu bejahen, kann der Vorstand in Erfüllung seiner Geschäftsführungspflichten von der Ermächtigung Gebrauch machen[34].

29   Festzuhalten ist einerseits, dass der **Vorstand** bei der **Umsetzung** der Ermächtigung auch nach der höchstrichterlich neu konzipierten Kontrolle an gewisse **Vorgaben** gebunden ist. So muss die Realisierung des Vorhabens in Übereinstimmung mit dem nach der Satzung vorgeschriebenen Unternehmensgegenstand stehen. Sie darf ferner nur erfolgen, wenn die zugrundeliegenden konkreten Tatsachen der abstrakten Umschreibung des Vorhabens entsprechen. Schließlich darf der Vorstand von der Ermächtigung nur dann Gebrauch machen, wenn die Durchführung im wohlverstandenen Interesse der Gesellschaft liegt[35]. Andererseits ist zu bedenken, dass der **Vorstand** eine Ermessensentscheidung trifft (§ 93 Abs. 1 Satz 2). Vor allem bei der Frage, welche Maßnahme im wohlverstandenen Interesse der Gesellschaft liegt, kann er einen großen **Freiraum** beanspruchen, der keiner gerichtlichen Kontrolle unterliegt (s. hierzu auch § 186 Rz. 29). Eine **ermessensfehlerhafte Beurteilung** (§ 93 Abs. 1 Satz 2) dürfte ihm nur in seltenen Ausnahmefällen vorgeworfen werden können. Die Verhaltenssteuerung einer möglichen Schadensersatzpflicht (§ 93 Abs. 2) ist daher gering einzuschätzen[36].

30   Vor diesem Hintergrund kommt den weiteren **Kontrollinstrumenten** eine herausragende Bedeutung zu. Bislang präsentieren sie sich allerdings noch schemenhaft. Klar

---

31 Vgl. BGH v. 10.10.2005 – II ZR 148/03 – „Commerzbank/Mangusta I", AG 2006, 36, 37.
32 Vgl. Begr. RegE § 203, *Kropff*, Aktiengesetz, S. 305.
33 BGH v. 23.6.1997 – II ZR 132/93 – „Siemens/Nold", BGHZ 136, 133, 139 = AG 1997, 465.
34 BGH v. 23.6.1997 – II ZR 132/93 – „Siemens/Nold", BGHZ 136, 133, 139 f. = AG 1997, 465.
35 BGH v. 23.6.1997 – II ZR 132/93 – „Siemens/Nold", BGHZ 136, 133, 140 = AG 1997, 465.
36 I.E. ähnlich *Maslo*, Interessenwahrung und Rechtsschutz der Aktionäre, S. 166.

ist lediglich, dass die Entscheidung des Vorstands der Kontrolle des Aufsichtsrats unterliegt[37], die ebenfalls nach pflichtgemäßem Ermessen (§ 116 i.V.m. § 93 Abs. 1 Satz 2) erfolgt. Der **Hauptversammlung** ist nach der jüngsten Rechtsprechung des BGH nach der Durchführung der Maßnahme – in der Regel also auf der nächsten ordentlichen Hauptversammlung – detailliert **Bericht** zu erstatten[38]. Eine Vorabberichterstattung muss dagegen nicht stattfinden[39]. Es dürfte daher den Aktionären regelmäßig nicht möglich sein, eine Rechtsverletzung zu verhindern, indem sie beispielsweise eine **vorbeugende Unterlassungsklage** gegen die Ausnutzung der Ermächtigung zur Kapitalerhöhung und zum Bezugsrechtsausschluss oder – ohne unangemessene Verzögerung – eine **allgemeine Feststellungklage gegen die Gesellschaft** (§ 256 ZPO)[40] erheben. Auch die kapitalmarktrechtliche Pflicht zur Veröffentlichung von Insiderinformationen (§ 15 Abs. 1 WpHG) setzt sie nicht in den Stand, die Gefahr einer möglichen Rechtsverletzung zuverlässig zu beurteilen. Es erscheint daher höchst zweifelhaft zu sein, ob das neu konzipierte System des Aktionärsschutzes funktionsfähig ist[41]. Eine andere Beurteilung wird erst möglich sein, wenn die Rechtsprechung weitere tastende Schritte zur Entwicklung einer disziplinierenden haftungsrechtlichen Verantwortlichkeit unternommen hat (s. zu den in Betracht kommenden Schadensersatzansprüchen der Aktionäre § 186 Rz. 33) und sich diese als funktionsfähig erweist.

IV. Verbot der Ausgabe der Aktien (§ 203 Abs. 3)

1. Tatbestand

Die neuen Aktien sollen nicht ausgegeben werden, solange ausstehende Einlagen auf das bisherige Grundkapital noch erlangt werden können (**§ 203 Abs. 3 Satz 1**). Diese Regelung soll gewährleisten, dass das Kapital nur bei einem wirklichen Finanzinteresse der Gesellschaft erhöht wird. Sie verbietet aber nicht, einen Beschluss über die Ermächtigung des Vorstands zur Erhöhung des Kapitals zu treffen[42]. Die Vorschrift will allein verhindern, dass die Kapitalerhöhung (durch Abschluss von Zeichnungsverträgen) durchgeführt wird. Sie findet sowohl für **Bar-** als auch für **Sachkapitalerhöhungen** Anwendung. Es ist irrelevant, aus welchem Vorgang bzw. aus welchem Grund Einlagen ausstehen. Auch ein entgegen § 36a Abs. 1 noch nicht erbrachtes Aufgeld wird von der Vorschrift erfasst. Voraussetzung ist allerdings, dass die betreffende Einlage noch eingefordert werden kann (s. hierzu § 182 Rz. 37). Insoweit kommt es auf den Zeitpunkt der Anmeldung des Beschlusses an. Dies ist vor allem von Bedeutung, wenn das genehmigte Kapital in mehreren Tranchen ausgenutzt wird. Soll beispielsweise das Kapital in einer zweiten Tranche um einen weiteren Betrag erhöht werden, so ist es unschädlich, wenn aus der ersten Tranche noch Einlagen ausstehen[43].

31

---

37 Vgl. BGH v. 23.6.1997 – II ZR 132/93 – „Siemens/Nold", BGHZ 136, 133, 140 = AG 1997, 465.
38 Vgl. BGH v. 23.6.1997 – II ZR 132/93 – „Siemens/Nold", BGHZ 136, 133, 140 = AG 1997, 465.
39 Vgl. BGH v. 10.10.2005 – II ZR 148/03 – „Commerzbank/Mangusta I", AG 2006, 36, 37; die dagegen eingelegte Verfassungsbeschwerde wurde nicht zur Entscheidung angenommen, vgl. BVerfG v. 14.7.2006 – 2 BvR 246/06, ZIP 2006, 1486.
40 Vgl. zur Statthaftigkeit einer Unterlassungsklage BGH v. 23.6.1997 – II ZR 132/93 – „Siemens/Nold", BGHZ 136, 133, 141 = AG 1997, 465; BGH v. 10.10.2005 – II ZR 90/03 – „Commerzbank/Mangusta II", AG 2006, 38, 39 ff.; vgl. zu den Voraussetzungen einer allgemeinen Feststellungsklage BGH v. 10.10.2005 – II ZR 90/03 – „Commerzbank/Mangusta I", AG 2006, 38, 39 ff. (Feststellung der Nichtigkeit des zugrunde liegenden Vorstandsbeschlusses); dazu *Lutter*, JZ 2007, 371.
41 Kritisch auch *Bayer* in FS Ulmer, S. 21, 28 ff.; *Bayer* in MünchKomm. AktG, § 203 Rz. 159 ff.
42 Vgl. *Lutter* in KölnKomm. AktG, § 203 Rz. 39.
43 Vgl. *Bayer* in MünchKomm. AktG, § 203 Rz. 185; *Hüffer*, § 204 Rz. 41; *Lutter* in KölnKomm. AktG, § 203 Rz. 60.

32   Für **Versicherungsgesellschaften** kann die Satzung etwas anderes bestimmen (**§ 203 Abs. 3 Satz 2**). Dieses Privileg hat seinen Grund darin, dass das Grundkapital bei Versicherungsgesellschaften als Risikoreserve fungiert und nicht als Betriebskapital. Es gilt nur für solche Gesellschaften, die ein Versicherungsunternehmen im Sinne von § 1 Abs. 1 VAG betreiben (s. hierzu auch § 182 Rz. 39).

33   Stehen Einlagen in verhältnismäßig unerheblichem Umfang aus, so hindert dies die Ausgabe der Aktien nicht (§ 203 Abs. 3 Satz 3). Auch diese Vorschrift ist für Bar- und Sacheinlagen gleichermaßen anwendbar. Maßstab für die Beurteilung der Unerheblichkeit ist die Summe der auf das Grundkapital bereits geleisteten Einlagen (s. zu den Einzelheiten § 182 Rz. 40).

2. Rechtsfolgen

34   Verstöße gegen § 203 Abs. 4 haben weder die Nichtigkeit noch die Anfechtbarkeit des Kapitalerhöhungsbeschlusses zur Folge. Der Registerrichter darf allerdings in einem solchen Fall die Durchführung der Erhöhung des Grundkapitals nicht in das Handelsregister eintragen (**Eintragungshindernis**). Diese Prüfung wird gem. § 203 Abs. 3 Satz 4 ermöglicht. Nach dieser Vorschrift ist in der ersten Anmeldung der Durchführung der Erhöhung des Grundkapitals anzugeben, welche Einlagen auf das bisherige Grundkapital noch nicht geleistet sind und warum sie nicht erlangt werden können (s. zum notwendigen Inhalt der Anmeldung § 203 Rz. 13). Die Vorschrift geht davon aus, dass die Aktien in Tranchen ausgegeben werden.

V. Ausgabe von Aktien an Arbeitnehmer (§ 203 Abs. 4)

35   § 203 Abs. 3 Satz 1 und 4 gilt nicht, wenn die Aktien an Arbeitnehmer der Gesellschaft ausgegeben werden. Dies bedeutet, dass die Kapitalerhöhung durchgeführt werden kann, obwohl Einlagen auf die Aktien noch ausstehen. Die Vorschrift ist eingeführt worden, weil bei der Ausgabe von Aktien an Arbeitnehmer der Gesellschaft die Notwendigkeit, einen Kapitalbedarf der Gesellschaft zu decken, nur gering ist. Der Grund für die Kapitalerhöhung liegt vielmehr im Bestreben, die Arbeitnehmer an der Gesellschaft zu beteiligen[44].

§ 204
Bedingungen der Aktienausgabe

(1) Über den Inhalt der Aktienrechte und die Bedingungen der Aktienausgabe entscheidet der Vorstand, soweit die Ermächtigung keine Bestimmungen enthält. Die Entscheidung des Vorstands bedarf der Zustimmung des Aufsichtsrats; gleiches gilt für die Entscheidung des Vorstands nach § 203 Abs. 2 über den Ausschluss des Bezugsrechts.

(2) Sind Vorzugsaktien ohne Stimmrecht vorhanden, so können Vorzugsaktien, die bei der Verteilung des Gewinns oder des Gesellschaftsvermögens ihnen vorgehen oder gleichstehen, nur ausgegeben werden, wenn die Ermächtigung es vorsieht.

(3) Weist ein Jahresabschluss, der mit einem uneingeschränkten Bestätigungsvermerk versehen ist, einen Jahresüberschuss aus, so können Aktien an Arbeitnehmer

---

44 Vgl. Begr. RegE § 203, *Kropff*, Aktiengesetz, S. 305.

der Gesellschaft auch in der Weise ausgegeben werden, dass die auf sie zu leistende Einlage aus dem Teil des Jahresüberschusses gedeckt wird, den nach § 58 Abs. 2 Vorstand und Aufsichtsrat in andere Gewinnrücklagen einstellen können. [2]Für die Ausgabe der neuen Aktien gelten die Vorschriften über eine Kapitalerhöhung gegen Bareinlagen, ausgenommen § 188 Abs. 2. Der Anmeldung der Durchführung der Erhöhung des Grundkapitals ist außerdem der festgestellte Jahresabschluss mit Bestätigungsvermerk beizufügen. Die Anmeldenden haben ferner die Erklärung nach § 210 Abs. 1 Satz 2 abzugeben.

I. Allgemeines	1	III. Ausgabe von Vorzugsaktien (§ 204 Abs. 2)	14
II. Inhalt der Aktienrechte und Bedingungen der Aktienausgabe	3	IV. Ausgabe von Aktien an Arbeitnehmer (§ 204 Abs. 3)	15
1. Kompetenzen	3	1. Allgemeines	15
2. Entscheidung des Vorstands	6	2. Voraussetzungen der Aktienausgabe	16
3. Zustimmung des Aufsichtsrats	11	3. Durchführung	19
4. Rechtsfolgen eines Verstoßes	12		

Literatur: *Simon*, Rückwirkende Dividendengewährung beim genehmigten Kapital?, AG 1960, 148; *Technau*, Rechtsfragen bei der Gestaltung von Übernahmeverträgen („Underwriting Agreements") im Zusammenhang mit Aktienemissionen, AG 1998, 445; *Wündisch*, Können junge Aktien mit Dividendenberechtigung für ein bereits abgelaufenes Geschäftsjahr ausgestattet werden?, AG 1960, 320. S. ferner die Angaben zu § 202 und § 203.

I. Allgemeines

Die Vorschrift legt in § 204 Abs. 1 Satz 1 fest, dass der **Vorstand** vorbehaltlich einer anderen Bestimmung im Ermächtigungsbeschluss über den **Inhalt** der **Aktienrechte** und die **Bedingungen** der **Aktienausgabe entscheidet.** Dazu benötigt er gem. § 204 Abs. 1 Satz 2 ebenso wie bei seiner Entscheidung nach § 203 Abs. 2 über den Ausschluss des Bezugsrechts die **Zustimmung** des **Aufsichtsrats.** Ferner ist in § 204 Abs. 2 normiert, dass der Vorstand bei der Ausgabe von Vorzugsaktien bestimmten Schranken unterliegt, die einer Verwässerung bereits existierender Vorzugsrechte begegnen. Aus § 204 Abs. 3 folgt, dass Aktien an Arbeitnehmer der Gesellschaft grundsätzlich auch in der Weise ausgegeben werden können, dass die auf sie zu leistende Einlage aus dem Teil des Jahresüberschusses gedeckt wird, den Vorstand und Aufsichtsrat nach Maßgabe von § 58 Abs. 2 in andere Gewinnrücklagen einstellen können. Dies bedeutet im Ergebnis, dass bei einer Ausgabe von Aktien an Arbeitnehmer das Kapital aus Gesellschaftsmitteln erhöht wird. Dennoch hat der Gesetzgeber dieses Verfahren in den Vorschriften über das genehmigte Kapital angesiedelt. Zur Begründung hat er zum einen angeführt, dass die Kapitalerhöhung aus Gesellschaftsmitteln ihrer Natur nach allein die Ausgabe der neuen Aktien an die Aktionäre zulasse. Zum anderen erschien es ihm unbefriedigend zu sein, die Entscheidung, ob die neuen Aktien an die Arbeitnehmer der Gesellschaft auszugeben sind, in die Hand der Hauptversammlung zu legen[1]. 1

Die Vorschrift entspricht weitgehend § 171 AktG 1937. Der Gesetzgeber nahm im Jahre 1965 nur wenige sprachliche Änderungen (betreffend Abs. 1 und Abs. 2) vor. Allerdings ordnete er abweichend von der früheren Soll-Vorschrift an, dass die Zustim- 2

---

1 Vgl. Ausschussbericht § 204, *Kropff*, Aktiengesetz, S. 306.

mung des Aufsichtsrats zwingend ist (§ 204 Abs. 2) und begründete in § 204 Abs. 3 erstmals die Möglichkeit, die neuen Aktien an Arbeitnehmer durch Umwandlung einer Sonderrücklage auszugeben.

II. Inhalt der Aktienrechte und Bedingungen der Aktienausgabe

1. Kompetenzen

3   Die Kompetenz zur Schaffung eines genehmigten Kapitals liegt bei den **Aktionären** (§ 202 Abs. 1 bzw. Abs. 2). Allein sie entscheiden ferner darüber, ob das Bezugsrecht ausgeschlossen wird (§ 203 Abs. 1 i.V.m. § 186 Abs. 3 Satz 1) oder ob der Vorstand berechtigt ist, dies nach eigenem pflichtgemäßen Ermessen zu tun (§ 203 Abs. 2 Satz 1). Auch die Ausgabe von Vorzugsaktien ohne Stimmrecht, die bei der Verteilung des Gewinns oder des Gesellschaftsvermögens bereits vorhandenen Vorzugsaktien ohne Stimmrecht vorgehen oder gleichstehen, können nur ausgegeben werden, wenn die Ermächtigung in der Gründungssatzung (§ 202 Abs. 1) oder im satzungsändernden Beschluss (§ 202 Abs. 2) dies vorsieht (§ 204 Abs. 2). Die Aktionäre können schließlich auch den Inhalt der Aktienrechte und die Bedingungen der Aktienausgabe in der Ermächtigung bestimmen; sie müssen es aber nicht. Enthält die Ermächtigung keine derartigen Bestimmungen, so entscheidet über den Inhalt der Aktienrechte und die Bedingungen der Aktienausgabe der Vorstand (§ 204 Abs. 1 Satz 1).

4   Es kann somit vorkommen, dass der Vorstand **zwei Entscheidungen** zu treffen hat: erstens über den **Inhalt der Aktienrechte** und die Bedingungen der Aktienausgabe, zweitens über die **Ausnutzung des genehmigten Kapitals** (damit ist die Durchführung der Kapitalerhöhung gemeint; s. § 202 Rz. 10). In beiden Fällen benötigt er die Zustimmung des Aufsichtsrats; im ersten Fall gem. § 204 Abs. 1 Satz 2 Halbsatz 1, im zweiten Fall gem. § 202 Abs. 3 Satz 2.

5   Die **Entscheidung** über den **Inhalt** der **Aktienrechte** und die **Bedingungen** der Aktienausgabe ist als eine Geschäftsführungsmaßnahme zu qualifizieren. Der Vorstand ist dabei an die gesetzlichen und statutarischen Vorgaben bezüglich des Inhalts der Aktien und der Aktienausgabe gebunden (vgl. insbesondere §§ 8, 9, 101 Abs. 2, 139 Abs. 2, 188 Abs. 2, 241)[2]. Im Übrigen trifft er seine Entscheidungen nach eigenem **pflichtgemäßen Ermessen** (§ 93 Abs. 1 Satz 2). Dabei muss er die Belange der Gesellschaft und damit auch der Aktionäre in den Blick nehmen. Einzelnen Aktionären oder Dritten darf der Vorstand keine Sondervorteile zum Schaden der Gesellschaft zuwenden und auch nicht zum Schaden der Gesellschaft handeln. Bei der Ausübung der Ermächtigung darf er sich nicht von sachfremden Gesichtspunkten leiten lassen[3]. Schließlich ist er verpflichtet, das Gleichbehandlungsgebot (§ 53a) zu beachten[4].

2. Entscheidung des Vorstands

6   Der Vorstand entscheidet über den **Inhalt** der **Aktienrechte**, sofern in der Ermächtigung oder in der Satzung keine andere Festlegung getroffen wurde. So hat er beispielsweise zu bestimmen, ob Nennbetrags- oder Stückaktien ausgegeben werden, die Höhe des Nennbetrags der neuen Aktien, die Aktienart und die Aktiengattung sowie

---

2 *Lutter* in KölnKomm. AktG, § 204 Rz. 22; *Hüffer*, § 204 Rz. 3; *Bayer* in MünchKomm. AktG, § 204 Rz. 7.
3 Vgl. BGH v. 27.9.1956 – II ZR 144/55 – „Minimax I", BGHZ 21, 354, 357; *Bayer* in MünchKomm. AktG, § 204 Rz. 7.
4 Vgl. *Bayer* in MünchKomm. AktG, § 204 Rz. 7; *Hüffer*, § 204 Rz. 3; *Lutter* in KölnKomm. AktG, § 204 Rz. 3; vgl. auch BGH v. 6.10.1960 – II ZR 150/58 – „Minimax II", BGHZ 33, 175, 188.

bei nicht börsennotierten Gesellschaften ein mögliches Höchststimmrecht (§ 134). Auch die **Gewinnberechtigung der neuen Aktien** (§ 60 Abs. 2 Satz 3, Abs. 3) legt der Vorstand fest[5]. Steht den Altaktionären ein Bezugsrecht zu (§ 186 Abs. 1), kann er eine rückwirkende, das abgelaufene Geschäftsjahr betreffende Gewinnbeteiligung begründen. Voraussetzung hierfür ist aber, dass die Hauptversammlung noch nicht über die Verteilung des Bilanzgewinns beschlossen hat[6]. Wenn die Altaktionäre kein Bezugsrecht haben, ist eine solche rückwirkende Beteiligung der neuen Aktien am Gewinn der Gesellschaft unzulässig[7].

Der Vorstand entscheidet ferner über die **Bedingungen** der **Aktienausgabe**. So legt er 7 fest, zu welchem Zeitpunkt die Aktien ausgegeben werden. Auch bestimmt er die Fälligkeit der Einlageverpflichtung (§§ 203 Abs. 1 Satz 1, 188 Abs. 2, 36 Abs. 2, 36a) und den Ausgabekurs der neuen Aktien, wenn die Ermächtigung hierzu keine Vorgaben macht[8]. Diese Entscheidung ist vom Vorstand nach Maßgabe derselben Grundsätze zu treffen, die von der Hauptversammlung zu beachten sind. Vor allem darf er nicht die Rechte der Altaktionäre verwässern. Der Zugriff auf diese komplexe und in den Einzelheiten noch nicht ausgeleuchtete Problematik muss mit Blick darauf erfolgen, ob das Bezugsrecht der Aktionäre ausgeschlossen wird oder nicht.

Steht den Aktionären ein Bezugsrecht zu, ist der Vorstand an das **Verbot der Unterpari-Emission** (§ 9 Abs. 1) gebunden[9]. Im Übrigen entscheidet er nach eigenem pflichtgemäßen Ermessen. Dies bedeutet, dass er den Ausgabebetrag zu pari festlegen kann oder mit Rücksicht auf den inneren Wert der neuen Aktien ein Aufgeld bestimmen kann[10]. 8

Wird das Bezugsrecht ausgeschlossen, so folgt bereits aus § 255 Abs. 2, dass der Vorstand einen angemessenen Ausgabebetrag festzulegen hat[11]. Eine Verwässerung des inneren Werts der Aktien ist ihm verboten (s. hierzu § 255 Rz. 5). Verstößt er gegen diese Grundsätze, macht er sich schadensersatzpflichtig (§ 93 Abs. 2). 9

Für eine Ausgabe von **Aktien gegen Sacheinlagen** gelten die in § 205 Abs. 1 gemachten Vorgaben. 10

3. Zustimmung des Aufsichtsrats

Die **Entscheidung** des **Vorstands** über den **Inhalt** der **Aktienrechte** und die **Bedingungen** der **Aktienausgabe** bedarf der Zustimmung des Aufsichtsrats (§ 204 Abs. 1 Satz 2 Halbsatz 1). Andernfalls wird die Entscheidung des Vorstands nicht wirksam[12]. Auch an der Entscheidung des Vorstands über den Ausschluss des Bezugsrechts (§ 203 Abs. 2) wirkt der Aufsichtsrat mit. Diese Zustimmung ist ebenfalls Wirksamkeits- 11

---

5 Vgl. *Lutter* in KölnKomm. AktG, § 204 Rz. 7; *Hüffer*, § 204 Rz. 4.
6 Vgl. *Simon*, AG 1960, 148 ff.; *Wündisch*, AG 1960, 320; *Lutter* in KölnKomm. AktG, § 204 Rz. 7; *Hüffer*, § 204 Rz. 4; *Hirte* in Großkomm. AktG, § 204 Rz. 9. Nach a.A. soll dies generell unzulässig sein; vgl. *Bayer* in MünchKomm. AktG, § 204 Rz. 10; *Krieger* in MünchHdb. AG, § 58 Rz. 34.
7 Vgl. *Hirte* in Großkomm. AktG, § 204 Rz. 9.
8 Vgl. BGH v. 27.9.1956 – II ZR 144/55, BGHZ 21, 354, 357; *Bayer* in MünchKomm. AktG, § 204 Rz. 12 ff.; *Hüffer*, § 204 Rz. 5.
9 Allg. Meinung; vgl. *Bayer* in MünchKomm. AktG, § 204 Rz. 13; *Hüffer*, § 204 Rz. 5.
10 Ähnlich *Bayer* in MünchKomm. AktG, § 204 Rz. 13; anders wohl *Hirte* in Großkomm. AktG, § 204 Rz. 16.
11 Vgl. BGH v. 23.6.1997 – II ZR 132/93 – „Siemens/Nold", BGHZ 136, 133, 141 = AG 1997, 465; *Lutter* in KölnKomm. AktG, § 204 Rz. 10 f.; *Hüffer*, § 204 Rz. 5; *Bayer* in MünchKomm. AktG, § 204 Rz. 14.
12 Vgl. *Lutter* in KölnKomm. AktG, § 204 Rz. 16; *Hüffer*, § 204 Rz. 6; *Hirte* in Großkomm. AktG, § 204 Rz. 15; *Bayer* in MünchKomm. AktG, § 204 Rz. 25.

voraussetzung für die vom Vorstand getroffene Entscheidung[13]. Anders verhält es sich mit der Zustimmung des Aufsichtsrats zur Aktienausgabe gem. § 202 Abs. 3 Satz 2, die erfolgen „soll"; sie ist keine Wirksamkeitsvoraussetzung (s. hierzu § 202 Rz. 22).

4. Rechtsfolgen eines Verstoßes

12   Handelt der Vorstand entgegen den von der Hauptversammlung, im Gesetz oder in der Satzung gemachten Vorgaben, so ist seine Entscheidung über den Inhalt der Aktienrechte und die Bedingungen der Aktienausgabe **unwirksam**. Ebenso verhält es sich, wenn eine wirksame Zustimmung des Aufsichtsrats fehlt[14]. Dem Vorstand ist es dann verboten, die Kapitalerhöhung durchzuführen[15]. Der Registerrichter darf die Kapitalerhöhung nicht eintragen[16].

13   Gesetzlich nicht geregelt ist die Frage, welche **Auswirkungen Fehler** auf die vom Vorstand geschlossenen **Zeichnungsverträge** haben. Das Schrifttum ist sich im Ergebnis einig: Fehler sollen nicht zu Lasten des gutgläubigen Zeichners gehen. Dies wird teilweise damit begründet, dass die Mängel mit der Eintragung der Kapitalerhöhung in das Handelsregister geheilt seien[17]. Angeführt wird andererseits das Argument, eine fehlerhafte Geschäftsführung könne grundsätzlich keine Auswirkungen auf das Außenverhältnis der Gesellschaft (mit den Zeichnern) haben[18]. Diese Lösung ist vorzugswürdig, soweit eine erforderliche Zustimmung des Aufsichtsrats fehlt[19].

III. Ausgabe von Vorzugsaktien (§ 204 Abs. 2)

14   Wenn die Gesellschaft keine Vorzugsaktien ausgegeben hat, kann der Vorstand problemlos zur Ausgabe von stimmrechtslosen Vorzugsaktien ermächtigt werden[20]. Sind dagegen Vorzugsaktien ohne Stimmrecht vorhanden, so gilt § 204 Abs. 2: **Vorzugsaktien**, die bei der Verteilung des Gewinns oder des Gesellschaftsvermögens den bestehenden Vorzugsaktien **vorgehen** oder **gleichstehen**, können nur **ausgegeben** werden, wenn die **Ermächtigung** es **vorsieht**. Diese Vorschrift hat den Zweck, eine Umgehung des in § 141 Abs. 2 normierten Schutzes der Vorzugsaktionäre zu verhindern[21]. Sie findet folglich auf andere Vorzugsaktien keine Anwendung[22] (z.B. wenn die Gesellschaft Aktien mit einer besonderen Gewinnregelung hat)[23]. Verstößt der Vorstand gegen § 204 Abs. 2, so hat der Registerrichter die Eintragung der Durchführung der Kapitalerhöhung abzulehnen. Eine Heilung nach § 242 Abs. 2 soll nach h.M. ausgeschlossen sein[24].

---

13 Vgl. *Lutter* in KölnKomm. AktG, § 204 Rz. 16; *Hüffer*, § 204 Rz. 7; *Krieger* in MünchHdb. AG, § 58 Rz. 46.

14 Vgl. *Lutter* in KölnKomm. AktG, § 204 Rz. 18; *Hüffer*, § 204 Rz. 8.

15 *Hüffer*, § 204 Rz. 8; *Bayer* in MünchKomm. AktG, § 204 Rz. 26 f.

16 Vgl. *Krieger* in MünchHdb. AG, § 58 Rz. 31; *Bayer* in MünchKomm. AktG, § 204 Rz. 28; differenzierend *Hüffer*, § 204 Rz. 9.

17 Vgl. *Krieger* in MünchHdb. AG, § 58 Rz. 27; ähnlich *Hirte* in Großkomm. AktG, § 204 Rz. 20 f.

18 Vgl. *Lutter* in KölnKomm. AktG, § 204 Rz. 24; *Hüffer*, § 204 Rz. 8.

19 Vgl. auch *Bayer* in MünchKomm. AktG, § 204 Rz. 29, der eine gesetzliche Regelung anmahnt.

20 Vgl. OLG Schleswig v. 27.5.2004 – V U2/04, AG 2005, 48, 49; *Lutter* in KölnKomm. AktG, § 204 Rz. 7; *Hüffer*, § 204 Rz. 10.

21 Vgl. *Hüffer*, § 204 Rz. 10; *Lutter* in KölnKomm. AktG, § 204 Rz. 32.

22 Vgl. *Bayer* in MünchKomm. AktG, § 204 Rz. 34.

23 Vgl. *Hüffer*, § 204 Rz. 11; *Hirte* in Großkomm. AktG, § 204 Rz. 26.

24 Vgl. *Lutter* in KölnKomm. AktG, § 204 Rz. 33; *Hüffer*, § 204 Rz. 11; *Bayer* in MünchKomm. AktG, § 204 Rz. 38. A.A. *Hirte* in Großkomm. AktG, § 204 Rz. 28.

IV. Ausgabe von Aktien an Arbeitnehmer (§ 204 Abs. 3)

1. Allgemeines

Die Vorschrift regelt, auf welche Art und Weise Aktien an Arbeitnehmer der Gesell- 15
schaft aufgrund eines genehmigten Kapitals ausgegeben werden können. So kann der
Vorstand mit der Zustimmung des Aufsichtsrats entscheiden, dass die auf die Aktien
zu leistende Einlage aus dem Teil des Jahresüberschusses gedeckt wird, die der Vorstand und der Aufsichtsrat gem. § 58 Abs. 2 in andere Gewinnrücklagen einstellen
können. Voraussetzung hierfür ist, dass ein mit einem uneingeschränkten Bestätigungsvermerk versehener Jahresabschluss einen Jahresüberschuss ausweist. Obwohl
es sich der Sache nach um eine Kapitalerhöhung aus Gesellschaftsmitteln handelt,
hat sich der Gesetzgeber dazu entschieden, diese Form der Aktienausgabe im genehm-
migten Kapital anzusiedeln (s. zu den Gründen Rz. 1). Statt der §§ 207 bis 220 finden
gem. § 204 Abs. 3 Satz 2 die Vorschriften über eine Kapitalerhöhung gegen Bareinlagen Anwendung.

2. Voraussetzungen der Aktienausgabe

Die Vorschrift findet nur auf die **Aktienausgabe** an **Arbeitnehmer** Anwendung. Es 16
muss sich um Personen handeln, die zum Zeitpunkt der Kapitalerhöhung mit der Gesellschaft in einem Arbeits- oder Dienstverhältnis stehen. In Betracht kommen daher
Angestellte sowie mit einer Prokura ausgestattete Angestellte, nicht dagegen Vor-
stands- oder Aufsichtsratsmitglieder sowie Betriebsrentner[25]. Arbeitnehmer verbundener Unternehmen können trotz der in den §§ 71 Abs. 1 Nr. 2, 192 Abs. 2 Nr. 3 zum
Ausdruck kommenden gesetzlichen Wertungen nicht begünstigt werden, weil die Gesellschaft sonst die Sozialkosten der mit ihr verbundenen Unternehmen tragen würde. Die damit verbundenen steuerlichen und gesellschaftsrechtlichen Probleme (einer
möglicherweise verdeckten Einlage) stehen einer analogen Anwendung entgegen[26].

Die **Ermächtigung** des Vorstands zur Erhöhung des Grundkapitals muss **vorsehen**, 17
dass neue **Aktien** an **Arbeitnehmer** der Gesellschaft ausgegeben werden können[27].

Die **Leistung** der **Einlage** erfolgt durch **Umbuchung** einer **Sonderrücklage**[28]. Aus 18
§ 204 Abs. 3 folgt, dass der Jahresabschluss mit einem uneingeschränkten Bestätigungsvermerk (vgl. § 322 Abs. 1 HGB) versehen sein muss. Der Vorstand und der
Aufsichtsrat müssen berechtigt sein, den Jahresüberschuss in eine andere Gewinnrücklage einzustellen (§ 58 Abs. 2). Der für die Einlagedeckung erforderliche Betrag
darf folglich die Hälfte des Jahresüberschusses oder eines etwaigen höheren Satzungs-
betrags nicht übersteigen. Auch muss der Jahresüberschuss noch vorhanden sein.
Hat die Gesellschaft ihn bereits anderweitig verwendet und haben Vorstand und Aufsichtsrat den Jahresabschluss festgestellt, so kann eine Umbuchung gem. § 204
Abs. 3 Satz 1 nicht erfolgen[29]. Ebenso ist es zu beurteilen, wenn aufgrund von Verlusten ein Jahresüberschuss mittlerweile nicht mehr vorhanden ist[30].

---

25 Vgl. *Lutter* in KölnKomm. AktG, § 204 Rz. 39; *Hüffer*, § 204 Rz. 13.
26 Vgl. *Lutter* in KölnKomm. AktG, § 204 Rz. 40; *Hirte* in Großkomm. AktG, § 204 Rz. 31. A.A.
   Hüffer, § 204 Rz. 13; offen gelassen von *Bayer* in MünchKomm. AktG, § 204 Rz. 42.
27 Vgl. *Lutter* in KölnKomm. AktG, § 204 Rz. 35; *Hirte* in Großkomm. AktG, § 204 Rz. 30; *Hüffer*, § 204 Rz. 14.
28 Vgl. *Lutter* in KölnKomm. AktG, § 204 Rz. 37.
29 Vgl. *Lutter* in KölnKomm. AktG, § 204 Rz. 37; *Hüffer*, § 204 Rz. 15.
30 Vgl. *Lutter* in KölnKomm. AktG, § 204 Rz. 37; *Hirte* in Großkomm. AktG, § 204 Rz. 32; *Hüffer*, § 204 Rz. 15.

3. Durchführung

19   Für die Ausgabe der neuen Aktien gelten die Vorschriften über eine Kapitalerhöhung gegen Einlagen; lediglich § 188 Abs. 2 findet keine Anwendung (**§ 204 Abs. 3 Satz 2**; der Grund hierfür ist, dass die Einlage durch eine Umbuchung der Sonderrücklage erfolgt, s. § 186 Rz. 23). Diese Verweisung hat ebenso wie die in § 203 Abs. 1 Satz 1 angeordnete sinngemäße Anwendung der Vorschriften über die reguläre Kapitalerhöhung zur Folge, dass die in den §§ 185 bis 191 getroffenen Regelungen gelten. Die Arbeitnehmer zeichnen die neuen Aktien nach Maßgabe der in § 185 normierten Vorschriften. Sie haben aber im Zeichnungsschein zu vermerken, dass die Einlage gem. § 204 Abs. 3 Satz 1 aus dem Jahresüberschuss der Gesellschaft erbracht wird[31].

20   Eine weitere Besonderheit gilt gem. § 204 Abs. 3 Satz 3: Der Anmeldung der Durchführung der Erhöhung des Grundkapitals ist der festgestellte Jahresabschluss mit Bestätigungsvermerk beizufügen. Schließlich haben der Vorstand und der Vorsitzende des Aufsichtsrats dem Gericht gegenüber zu erklären, dass nach ihrer Kenntnis seit dem Stichtag der zugrunde gelegten Bilanz bis zum Tag der Anmeldung keine Vermögensminderung eingetreten ist, die der Kapitalerhöhung entgegenstünde, wenn sie am Tag der Anmeldung beschlossen worden wäre (§ 204 Abs. 3 Satz 4 i.V.m. § 210 Abs. 1 Satz 2). Auf diese Weise soll gewährleistet sein, dass der ursprünglich vorhandene Betrag auch tatsächlich verwandt werden kann. Hat sich eine Vermögensminderung ergeben und wird der für die Kapitalerhöhung zunächst vorgesehene Jahresüberschuss zur Deckung benötigt, so muss die Ausgabe der Aktien unterbleiben (s. Rz. 1). Gibt der Vorstand oder der Vorsitzende des Aufsichtsrats eine falsche Erklärung ab, so macht er sich strafbar (§ 399 Abs. 2).

21   Der Registerrichter prüft bei der Anmeldung der Durchführung der Kapitalerhöhung die Voraussetzungen des **§ 204 Abs. 3**. Als Grundlage für seine Prüfung dienen ihm der der Anmeldung beigefügte festgestellte Jahresabschluss mit Bestätigungsvermerk (§ 204 Abs. 3 Satz 3) sowie die von den Anmeldenden gem. **§ 204 Abs. 4 Satz 3** abgegebene Erklärung. Der Registerrichter muss die Eintragung der Durchführung ablehnen, wenn die Unterlagen bzw. die Erklärung fehlen, unrichtig, unvollständig oder unrichtig sind oder wenn die Erklärung im Gesetz nicht vorgesehene Einschränkungen enthält[32].

§ 205
Ausgabe gegen Sacheinlagen

(1) Gegen Sacheinlagen dürfen Aktien nur ausgegeben werden, wenn die Ermächtigung es vorsieht.

(2) Der Gegenstand der Sacheinlage, die Person, von der die Gesellschaft den Gegenstand erwirbt, und der Nennbetrag, bei Stückaktien die Zahl der bei der Sacheinlage zu gewährenden Aktien sind, wenn sie nicht in der Ermächtigung festgesetzt sind, vom Vorstand festzusetzen und in den Zeichnungsschein aufzunehmen. Der Vorstand soll die Entscheidung nur mit Zustimmung des Aufsichtsrats treffen.

(3) Bei Ausgabe der Aktien gegen Sacheinlagen hat eine Prüfung durch einen oder mehrere Prüfer stattzufinden. § 33 Abs. 3 bis 5, § 34 Abs. 2 und 3, § 35 gelten sinnge-

---

31 Vgl. *Hüffer*, § 204 Rz. 16; *Lutter* in KölnKomm. AktG, § 204 Rz. 39.
32 Vgl. *Lutter* in KölnKomm. AktG, § 204 Rz. 42; *Hüffer*, § 204 Rz. 18.

mäß. Das Gericht kann die Eintragung ablehnen, wenn der Wert der Sacheinlage nicht unwesentlich hinter dem geringsten Ausgabebetrag der dafür zu gewährenden Aktien zurückbleibt.

(4) Ohne die vorgeschriebene Festsetzung sind Verträge über Sacheinlagen und die Rechtshandlungen zu ihrer Ausführung der Gesellschaft gegenüber unwirksam. Gleiches gilt, wenn die Festsetzung des Vorstands nicht in den Zeichnungsschein aufgenommen ist. Ist die Durchführung der Erhöhung des Grundkapitals eingetragen, so wird die Gültigkeit der Kapitalerhöhung durch diese Unwirksamkeit nicht berührt. Der Aktionär ist verpflichtet, den Ausgabebetrag der Aktien einzuzahlen. Die Unwirksamkeit kann durch Satzungsänderung nicht geheilt werden, nachdem die Durchführung der Erhöhung des Grundkapitals in das Handelsregister eingetragen worden ist.

(5) Die Absätze 2 und 3 gelten nicht für die Einlage von Geldforderungen, die Arbeitnehmern der Gesellschaft aus einer ihnen von der Gesellschaft eingeräumten Gewinnbeteiligung zustehen.

I. Allgemeines 1

II. Ermächtigung zur Ausgabe gegen Sacheinlagen (§ 205 Abs. 1) 4

III. Festsetzungen über Sacheinlagen (§ 205 Abs. 2) 5

IV. Prüfung der Sacheinlagen (§ 205 Abs. 3) 7

V. Rechtsfolgen fehlerhafter Festsetzungen (§ 205 Abs. 4) 8

VI. Arbeitnehmeraktien (§ 205 Abs. 5) . . 11

Literatur: *Angermayer*, Die Bewertungsprüfung von Sacheinlagen – Eine kritische Auseinandersetzung zum Problem des maßgeblichen Istwerts, WPg 1998, 914; *Angermayer*, Die aktienrechtliche Prüfung von Sacheinlagen, 1994; *Bayer*, Transparenz und Wertprüfung beim Erwerb von Sacheinlagen durch genehmigtes Kapital, in FS Ulmer, 2003, S. 21; *Henze*, Die treuhänderische und haftungsrechtliche Stellung des Sacheinlegers bei Kapitalerhöhungen unter besonderer Berücksichtigung der Banken, 1970; *Maier-Reimer*, Wert der Sacheinlage und Ausgabebetrag, in FS Bezzenberger, 2000, S. 253; *Penné*, Die Prüfung der Sacheinlagen nach Aktienrecht, 1984; *Priester*, Kapitalaufbringungspflicht und Gestaltungsspielraum beim Agio, in FS Lutter, 2000, S. 617; *Schiller*, Die Prüfung von Sacheinlagen im Rahmen der aktienrechtlichen Gründungsprüfungen, AG 1992, 20; *Schiller*, Gründungsrechnungslegung dargestellt am Beispiel der Aktiengesellschaft, 1990. S. ferner die Angaben zu § 202 und § 203.

I. Allgemeines

Die Vorschrift legt die **Voraussetzungen** für die **Ausgabe** von **Aktien** gegen **Sacheinlagen** fest. So muss die Ermächtigung die Ausgabe gegen Sacheinlagen vorsehen (§ 205 Abs. 1). Es sind bestimmte **Festsetzungen** über die **Sacheinlagen** zu treffen (§ 205 Abs. 2). Ferner finden eine **sachverständige Prüfung** und eine **registergerichtliche Kontrolle** statt (§ 205 Abs. 3). Verstöße gegen diese Vorschriften haben zur Folge, dass die Verträge und Rechtshandlungen unwirksam sind (§ 205 Abs. 4 Satz 1 und 2). Ist die Durchführung der Erhöhung des Grundkapitals in das Handelsregister eingetragen, wird allerdings die Gültigkeit der Kapitalerhöhung durch die Unwirksamkeit nicht berührt (§ 205 Abs. 4 Satz 3). Der Aktionär ist dann aber verpflichtet, den Ausgabebetrag der Aktien einzuzahlen (§ 205 Abs. 4 Satz 4). Die Heilung der Unwirksamkeit ist nach der Eintragung nicht mehr möglich (§ 205 Abs. 4 Satz 5). Schließlich gelten für die Einlage von Geldforderungen durch Arbeitnehmer bestimmte Erleichterungen (§ 205 Abs. 5). 1

2 Die Vorschrift wurde im Jahre 1965 mit wenigen sprachlichen Änderungen aus § 172 AktG 1937 übernommen. Neu eingefügt wurde die Privilegierung von Arbeitnehmeraktien (seinerzeit in Abs. 4, mittlerweile in Abs. 5 anzutreffen)[1]. Die Vorschrift entspricht weitgehend den Parallelregelungen der regulären Kapitalerhöhung (§ 183) und der bedingten Kapitalerhöhung (§ 206). § 205 wurde seit dem Jahre 1965 mehrere Male geändert; zuerst im Jahre 1978 bei der Umsetzung der Kapitalrichtlinie[2] und sodann im Jahre 1998 durch das StückAG[3].

3 Voraussetzung für eine Anwendung des § 205 ist, dass Aktien gegen Sacheinlagen ausgegeben werden. Der **Begriff** der **Sacheinlage** ist ebenso wie bei § 183 auszulegen. Es sind alle Einlagen erfasst, die nicht durch Einzahlung des Ausgabebetrags der Aktien zu leisten sind (§ 27 Abs. 1 Satz 1 Alt. 1; s. § 183 Rz. 4). Allein auf Sachübernahmen ist § 205 nicht anzuwenden[4]. Zu beachten ist, dass nach h.M. § 52 ergänzend heranzuziehen sein kann[5]. Im Falle einer verdeckten Sacheinlage gilt § 205 Abs. 4 Satz 1 und Satz 4; der Aktionär bleibt zur Zahlung des Ausgabebetrags der Aktien in bar verpflichtet.

II. Ermächtigung zur Ausgabe gegen Sacheinlagen (§ 205 Abs. 1)

4 Aktien dürfen gegen Sacheinlagen nur ausgegeben werden, wenn die Ermächtigung es vorsieht (§ 205 Abs. 1). Dies kann allgemein oder beschränkt auf eine bestimmte Sacheinlage oder auf einen Teilbetrag des genehmigten Kapitals geschehen[6]. Es kann auch bestimmt werden, dass die Aktien nur gegen Sacheinlagen ausgegeben werden dürfen[7]. Sofern die Ermächtigung konkretisierende Vorgaben enthält, hat der Vorstand sie zu beachten. Im Übrigen entscheidet er nach eigenem pflichtgemäßen Ermessen (§ 93 Abs. 1 Satz 2). Verstößt er gegen die Festsetzungen in der Ermächtigung oder sieht diese eine Ausgabe von Aktien gegen Sacheinlagen nicht vor, wendet die h.M. § 205 Abs. 4 entsprechend an[8]. Die mit den Zeichnern geschlossenen Sacheinlagevereinbarungen sind in diesem Fall unwirksam (§ 205 Abs. 4 Satz 1). Der Registerrichter darf die Eintragung der Durchführung in das Handelsregister nicht verfügen[9]. Erfolgt sie dennoch, so ist die Kapitalerhöhung als wirksam anzusehen (§ 205 Abs. 4 Satz 3). Die Zeichner sind allerdings verpflichtet, den Ausgabebetrag der Aktien in bar einzuzahlen (§ 205 Abs. 4 Satz 4).

III. Festsetzungen über Sacheinlagen (§ 205 Abs. 2)

5 Eine wirksame Ausgabe von Aktien gegen Sacheinlagen setzt voraus, dass die in § 205 Abs. 2 getroffenen Festsetzungen gemacht werden. Sie entsprechen den bei einer Kapitalerhöhung mit Sacheinlagen erforderlichen Festsetzungen (§ 183 Abs. 1 Satz 1; s. zu den Einzelheiten § 183 Rz. 12 ff.). Allein bei der Einlage von Geldforderungen durch Arbeitnehmer sind die in § 205 Abs. 2 aufgeführten Festsetzungen entbehrlich (vgl. § 205 Abs. 5).

---

1 Vgl. Begr. RegE § 204, *Kropff*, Aktiengesetz, S. 308.
2 Vgl. 2. EG-KoordG v. 13.12.1978, BGBl. I 1978, 1959.
3 Änderungen des § 205 Abs. 2 Satz 1, Abs. 3 Satz 3 und Abs. 4 Satz 4 durch Art. 1 Nr. 8, Art. 1 Nr. 9 und Art. 1 Nr. 5 StückAG v. 25.3.1998, BGBl. I 1998, 590.
4 Vgl. *Lutter* in KölnKomm. AktG, § 205 Rz. 2; *Hüffer*, § 205 Rz. 2; s. hierzu auch § 183 Rz. 4.
5 Vgl. *Lutter* in KölnKomm. AktG, § 205 Rz. 2; s. hierzu auch § 183 Rz. 6 f.
6 Vgl. *Bayer* in MünchKomm. AktG, § 205 Rz. 9; *Hirte* in Großkomm. AktG, § 205 Rz. 7; *Hüffer*, § 205 Rz. 3; *Lutter* in KölnKomm. AktG, § 205 Rz. 4.
7 Vgl. *Lutter* in KölnKomm. AktG, § 205 Rz. 4; *Hüffer*, § 205 Rz. 3.
8 Vgl. *Lutter* in KölnKomm. AktG, § 205 Rz. 5; *Bayer* in MünchKomm. AktG, § 205 Rz. 34 ff.
9 Vgl. *Hüffer*, § 205 Rz. 3.

Die **Festsetzungen** können bereits in der **Ermächtigung** durch die Hauptversamm- 6
lung erfolgen (vgl. § 205 Abs. 2 Satz 1; ausnahmsweise müssen sie schon in der Satzung erfolgen; s. § 206 Rz. 2). Ist dies nicht geschehen, hat der **Vorstand** den Gegenstand der Sacheinlage, die Person, von der die Gesellschaft den Gegenstand erwirbt,
und den Nennbetrag, bei Stückaktien die Zahl der bei der Sacheinlage zu gewährenden Aktien **festzusetzen** und in den **Zeichnungsschein** aufzunehmen (vgl. § 205
Abs. 2 Satz 1 a.E.). Der **Vorstand soll** diese Entscheidung nur mit **Zustimmung** des
Aufsichtsrats treffen (§ 205 Abs. 2 Satz 2). Bereits aus dem Wortlaut der Vorschrift
folgt, dass diese Zustimmung keine Wirksamkeitsvoraussetzung ist[10]. Im Falle einer
gemischten Bar- und Sachkapitalerhöhung brauchen die Festsetzungen nur im Zeichnungsschein der betreffenden Sacheinleger gemacht zu werden[11].

IV. Prüfung der Sacheinlagen (§ 205 Abs. 3)

Bei Ausgabe der Aktien gegen Sacheinlagen hat eine Prüfung durch einen oder meh- 7
rere Prüfer stattzufinden (§ 205 Abs. 3 Satz 1 und 2). Diese Prüfung beschränkt sich –
entgegen der h.M. – nicht auf eine wertmäßige Deckung des geringsten Ausgabebetrags der zu gewährenden Aktien. Sie muss auch einem etwaigen Mehrbetrag der auszugebenden Aktien (Agio) gelten[12]. Ferner hat eine gerichtliche Prüfung stattzufinden, die sich allerdings auf einen etwaigen Mehrbetrag (Agio) nicht erstreckt (s. hierzu § 183 Rz. 30).

V. Rechtsfolgen fehlerhafter Festsetzungen (§ 205 Abs. 4)

Sind die erforderlichen Festsetzungen nicht, nicht vollständig, unrichtig oder unklar 8
erfolgt, so sind die **Verträge** über **Sacheinlagen** und die Rechtshandlungen zu ihrer
Ausführung der Gesellschaft gegenüber – also relativ – **unwirksam** (s. hierzu § 183
Rz. 22). Dritte können daher von der Gesellschaft das Eigentum an den eingelegten
Gegenständen erwerben, ohne dass es auf ihre Gutgläubigkeit ankommt. Die Verträge über Sacheinlagen und die Rechtshandlungen zu ihrer Ausführung sind ferner gegenüber der Gesellschaft unwirksam, wenn die Festsetzung des Vorstands nicht in
den Zeichnungsschein aufgenommen ist (§ 205 Abs. 4 Satz 2). Die Unwirksamkeit
betrifft sowohl das Verpflichtungs- als auch das Verfügungsgeschäft (s. § 183 Rz. 23).

Um fehlerhafte Festsetzungen in der Ermächtigung zu beheben, bedarf es nach zu- 9
treffender h.M. eines satzungsändernden Beschlusses der Hauptversammlung, der
vor der Eintragung der Durchführung getroffen werden muss. Es genügt nicht, wenn
der Vorstand die betreffende Festsetzung nachholt[13].

Ist die **Durchführung** der **Erhöhung** des Grundkapitals im Handelsregister **eingetra-** 10
gen, wird die **Gültigkeit** der **Kapitalerhöhung** durch die **Unwirksamkeit nicht berührt**
(§ 205 Abs. 4 Satz 3). Es liegt dann keine Sachkapitalerhöhung, sondern eine Barkapitalerhöhung vor. Folglich ist der betreffende **Aktionär** verpflichtet, den **Ausgabebe-**
trag der Aktien in bar **einzuzahlen** (§ 205 Abs. 4 Satz 4). Ihm bleibt es aber unbenommen, die fehlerhaft eingebrachten Gegenstände zu kondizieren oder gem. § 985 BGB
herauszuverlangen (s. hierzu § 183 Rz. 23). Eine erneute Einbringung des betreffen-

---

10 Vgl. *Lutter* in KölnKomm. AktG, § 205 Rz. 6; *Hüffer*, § 205 Rz. 4.
11 Vgl. *Lutter* in KölnKomm. AktG, § 205 Rz. 8, 13; *Hüffer*, § 205 Rz. 4; *Hirte* in Großkomm.
   AktG, § 205 Rz. 18; *Bayer* in MünchKomm. AktG, § 205 Rz. 18. A.A. *Hirte* in Großkomm.
   AktG, § 205 Rz. 13; *Krieger* in MünchHdb. AG, § 58 Rz. 37.
12 S. hierzu bereits § 183 Rz. 27; ferner *Bayer* in MünchKomm. AktG, § 205 Rz. 28 ff.
13 Vgl. *Lutter* in KölnKomm AktG, § 205 Rz. 12; *Hüffer*, § 205 Rz. 7; *Bayer* in MünchKomm.
   AktG, § 205 Rz. 37. A.A. *Krieger* in MünchHdb. AG, § 58 Rz. 38.

den Gegenstandes als Sacheinlage ist nicht möglich. Die Unwirksamkeit kann nämlich durch Satzungsänderung nicht geheilt werden, nachdem die Durchführung der Erhöhung des Grundkapitals in das Handelsregister eingetragen worden ist (§ 205 Abs. 4 Satz 5). Erfolgt dennoch ein entsprechendes Übertragungsgeschäft, so ist der Vorgang als eine verdeckte Sacheinlage (s. hierzu § 183 Rz. 26) zu qualifizieren. Der Aktionär muss daher darum bemüht sein, noch vor der Eintragung der Durchführung der Kapitalerhöhung die fehlerhafte Festsetzung zu korrigieren, was allerdings nur durch einen satzungsändernden Beschluss der Hauptversammlung geschehen kann (s. Rz. 9).

VI. Arbeitnehmeraktien (§ 205 Abs. 5)

11   Die Abs. 2 und 3 gelten nicht für die Einlage von Geldforderungen, die Arbeitnehmern der Gesellschaft aus einer ihnen von der Gesellschaft eingeräumten Gewinnbeteiligung zustehen (§ 205 Abs. 5). Dieser Vorschrift liegt zugrunde, dass die Einlage der betreffenden Forderungen an sich als eine Sacheinlage zu qualifizieren ist. Folglich müssten sämtliche in § 205 normierten Vorgaben für eine Sachkapitalerhöhung eingehalten werden. Dem Gesetzgeber ging es bei der Aktienrechtsnovelle 1965 darum, die **Ausgabe** von **Belegschaftsaktien** zu **privilegieren**[14]. Deshalb fügte er im neuen Abs. 4 die Vorschrift ein, dass die „Absätze 2 und 3 [...] nicht für die Einlage von Geldforderungen [gelten], die Arbeitnehmern der Gesellschaft aus einer ihnen von der Gesellschaft eingeräumten Gewinnbeteiligung zustehen"[15].

12   Die seinerzeit in § 205 Abs. 2 und 3 vorgesehenen Regelungen beschäftigten sich mit den Festsetzungen bei einer Sacheinlage und den Rechtsfolgen fehlerhafter Festsetzungen. Bei der **Umsetzung der Kapitalrichtlinie im Jahre 1978** wurde auch § 205 geändert. So wurde § 205 Abs. 3 über die Pflicht zur Prüfung einer Sacheinlage eingeführt, so dass die bisher in Abs. 4 getroffene Regelung über Arbeitnehmeraktien im neuen Abs. 5 vorzufinden war. Sie wurde – wohl versehentlich – nicht an die neue tatbestandliche Struktur des § 205 angepasst. Die historische Auslegung ergibt somit, dass bei der Einlage von Geldforderungen der Arbeitnehmer eine sachverständige Prüfung, wie in § 205 Abs. 3 bestimmt, nicht entbehrlich ist. Auch eine systematische Auslegung bestätigt diese Sicht der Dinge: Bei der Ausgabe von Aktien an Arbeitnehmern durch bedingtes Kapital ist eine sachverständige Prüfung selbstverständlich erforderlich (vgl. § 194 Abs. 3). Schließlich ist nicht einzusehen, warum eine sachverständige Prüfung im Falle der Beteiligung von Arbeitnehmern verzichtbar sein sollte. Die Vorschrift ist daher so zu lesen, dass die Abs. 2 und 4 nicht für die Einlage von Geldforderungen gelten[16].

13   § 205 Abs. 5 betrifft die Einlage von Geldforderungen, die Arbeitnehmern der Gesellschaft zustehen. Die Vorschrift ist entsprechend anzuwenden, wenn es sich um Arbeitnehmer handelt, die in einem mit der Gesellschaft verbundenen Unternehmen beschäftigt sind[17]. Als einlagefähige Ansprüche kommen Ansprüche auf Beteiligung am Umsatz, Gratifikationen und sonstige Leistungsprämien in Betracht[18]. Ein solcher Anspruch wird entweder durch Erlassvertrag (§ 397 BGB) oder durch Aufrechnung (§§ 387 ff. BGB) eingebracht.

---

14 Vgl. Begr. RegE § 205, *Kropff*, Aktiengesetz, S. 308.
15 Vgl. Begr. RegE § 204, *Kropff*, Aktiengesetz, S. 308.
16 Vgl. *Hirte* in Großkomm. AktG, § 205 Rz. 27; *Bayer* in MünchKomm. AktG, § 205 Rz. 47.
     A.A. *Hüffer*, § 205 Rz. 9 f.
17 Vgl. *Hüffer*, § 205 Rz. 9; *Krieger* in MünchHdb. AG, § 58 Rz. 59, 64; *Bayer* in MünchKomm.
     AktG, § 205 Rz. 45. A.A. *Lutter* in KölnKomm. AktG, § 205 Rz. 20.
18 Vgl. *Hirte* in Großkomm. AktG, § 205 Rz. 25; *Bayer* in MünchKomm. AktG, § 205 Rz. 45.

§ 206
Verträge über Sacheinlagen vor Eintragung der Gesellschaft

Sind vor Eintragung der Gesellschaft Verträge geschlossen worden, nach denen auf das genehmigte Kapital eine Sacheinlage zu leisten ist, so muss die Satzung die Festsetzungen enthalten, die für eine Ausgabe gegen Sacheinlagen vorgeschrieben sind. Dabei gelten sinngemäß § 27 Abs. 3, 5, §§ 32 bis 35, 37 Abs. 4 Nr. 2, 4 und 5, § 38 Abs. 2, § 49 über die Gründung der Gesellschaft. An die Stelle der Gründer tritt der Vorstand und an die Stelle der Anmeldung und Eintragung der Gesellschaft die Anmeldung und Eintragung der Durchführung der Erhöhung des Grundkapitals.

I. Allgemeines 1

II. Erfordernis der Festsetzung in der Satzung (§ 206 Satz 1) 2

III. Anwendung der Gründungsvorschriften (§ 206 Satz 2 und 3) 3

1. Rechtsfolgen einer fehlenden oder fehlerhaften Festsetzung 4
2. Bericht und Prüfung 5
3. Anmeldung und Eintragung 6

I. Allgemeines

Ein Weg zur Schaffung eines genehmigten Kapitals besteht darin, die Ermächtigung   1
des Vorstands zur Erhöhung des Grundkapitals bereits in der Gründungssatzung vorzusehen (§ 202 Abs. 1). Sind vor der Eintragung der Gesellschaft in das Handelsregister bereits Verträge geschlossen worden, nach denen auf das genehmigte Kapital eine Sacheinlage zu leisten ist, so muss die Satzung der Gesellschaft die Festsetzungen enthalten, die für eine Ausgabe gegen Sacheinlagen vorgeschrieben sind (§ 206 Satz 1). Diese Vorschrift hat den **Zweck**, eine **Umgehung** der in § 205 verfügten Regelungen über eine Sachkapitalerhöhung zu **verhindern**[1]. In der Konsequenz dieser Schutzrichtung liegt es, dass die einschlägigen Gründungsvorschriften für sinngemäß anwendbar erklärt sind (§ 206 Satz 2 und 3). Die Vorschrift wurde bei der Aktienrechtsnovelle 1965 mit einigen sprachlichen und sachlichen Änderungen § 173 AktG 1937 entnommen[2]. Ihre praktische Bedeutung ist gering[3].

II. Erfordernis der Festsetzung in der Satzung (§ 206 Satz 1)

Die Gesellschaft ist bereits vor ihrer Eintragung in das Handelsregister rechtsfähig.   2
Sie kann daher Verträge schließen. Auch ist es gem. § 202 Abs. 1 Satz 1 möglich, in der Gründungssatzung ein genehmigtes Kapital vorzusehen. Es ist daher möglich, bereits vor der Eintragung der Gesellschaft Verträge zu schließen, nach denen auf das genehmigte Kapital eine Sacheinlage zu leisten ist. § 206 Satz 1 verlangt für diesen Fall, dass die Satzung die Festsetzungen enthalten muss, die für eine Ausgabe von Aktien gegen Sacheinlagen vorgeschrieben sind. Die **Vorschrift** wird mit Rücksicht auf den mit ihr intendierten Umgehungsschutz **weit ausgelegt**. Sie gilt für alle Verträge zwischen der Gesellschaft auf der einen und Gründern bzw. Dritten auf der anderen Seite, die die Erbringung einer Sacheinlage betreffen[4]. Es kommt nicht darauf an,

---

1 Vgl. *Bayer* in MünchKomm. AktG, § 206 Rz. 1; *Hüffer*, § 206 Rz. 1.
2 Vgl. Begr. RegE § 206, *Kropff*, Aktiengesetz, S. 208 f.
3 Vgl. zur Anwendung der Vorschrift bei der Umwandlung einer Personengesellschaft in eine AG unter Beteiligung eines stillen Gesellschafters, *Semler* in FS Werner, 1984, S. 855, 865 ff.
4 Vgl. *Lutter* in KölnKomm. AktG, § 206 Rz. 3; *Hirte* in Großkomm. AktG, § 206 Rz. 6; *Bayer* in MünchKomm. AktG, § 206 Rz. 4.

ob diese Verträge wirksam sind. Die Vorschrift erfasst sowohl **schuldrechtliche** als auch **dingliche Verträge**[5]. Die notwendigen Festsetzungen ergeben sich aus § 205 Abs. 1 AktG (s. § 205 Rz. 5 f.).

III. Anwendung der Gründungsvorschriften (§ 206 Satz 2 und 3)

3   § 206 Satz 2 ordnet die sinngemäße Anwendung einer Reihe von **Gründungsvorschriften** an. Dabei ist zu berücksichtigen, dass an die Stelle der Gründer der Vorstand tritt und an die Stelle der Anmeldung und Eintragung der Gesellschaft die Anmeldung und Eintragung der Durchführung der Erhöhung des Grundkapitals (§ 206 Satz 3).

1. Rechtsfolgen einer fehlenden oder fehlerhaften Festsetzung

4   Sind in der Gründungssatzung die von § 206 Satz 1 i.V.m. § 205 Abs. 1 verlangten Festsetzungen nicht, nicht vollständig, oder unrichtig erfolgt und ist die Gesellschaft dennoch eingetragen worden, sind die mit Dritten geschlossenen Verträge der Gesellschaft gegenüber unwirksam (§ 27 Abs. 3). Wird auch die **Durchführung** der **Kapitalerhöhung** in das **Handelsregister eingetragen**, ist das **Grundkapital** zwar **erhöht**. Der **Aktionär** hat jedoch die Sacheinlage nicht wirksam erbracht und muss daher die **Einlage** in **bar** erbringen. Die nicht wirksam eingelegten Gegenstände kann er kondizieren oder gem. § 985 BGB herausverlangen. Eine Heilung des Vorgangs durch einen satzungsändernden Beschluss ist nicht möglich[6]. Es ist aber zulässig, rechtswirksam getroffene Festsetzungen zu ändern oder zu ergänzen (§ 206 Satz 2, §§ 27 Abs. 5, 26 Abs. 4 und Abs. 5)[7].

2. Bericht und Prüfung

5   Aus der sinngemäßen Anwendung der §§ 32 bis 35 folgt, dass bei der Ausnutzung der Ermächtigung zur Erhöhung des Grundkapitals alle Mitglieder des **Vorstands** einen **Bericht** zu erstatten haben, in dem die Angemessenheit der Leistungen für die Sacheinlagen darzulegen ist. Auch hat nach Maßgabe von § 33 eine Prüfung stattzufinden. Diese **Prüfung** ist zum einen von den Mitgliedern des **Aufsichtsrats** vorzunehmen; der Vorstand ist hierzu nicht aufgerufen, denn er erstattet bereits den Bericht[8]. Zum anderen ist eine Prüfung durch **externe sachverständige Prüfer** erforderlich. Der Umfang der Gründungsprüfung wird von § 34 bestimmt. Im Mittelpunkt steht die Frage, ob die Festsetzungen richtig und vollständig sind sowie ob der Wert der Sacheinlagen den geringsten Ausgabebetrag (§ 9 Abs. 1) der dafür zu gewährenden Aktien erreicht. Über diese Prüfung ist unter Darlegung der relevanten Umstände schriftlich zu berichten (§ 34 Abs. 2). Der Bericht der Gründungsprüfer ist sodann dem Gericht einzureichen, wo jedermann Einsicht nehmen kann (§ 34 Abs. 3). Die Prüfung durch externe sachverständige Prüfer wird durch § 35 ermöglicht. So können die Gründungsprüfer von den Gründern alle Aufklärungen und Nachweise verlangen, die für eine sorgfältige Prüfung notwendig sind (§ 35 Abs. 1).

---

5 Vgl. *Lutter* in KölnKomm. AktG, § 206 Rz. 3; *Hüffer*, § 206 Rz. 2; *Bayer* in MünchKomm. AktG, § 206 Rz. 4.

6 Vgl. *Lutter* in KölnKomm. AktG, § 206 Rz. 4; *Hirte* in Großkomm. AktG, § 206 Rz. 10 f.; *Bayer* in MünchKomm. AktG, § 206 Rz. 6.

7 Vgl. *Bayer* in MünchKomm. AktG, § 206 Rz. 6; noch weiter gehend *Hirte* in Großkomm. AktG, § 206 Rz. 8 (bei unterbliebenen oder nicht vorschriftsmäßigen Festsetzungen sei bis zur Eintragung der Durchführung der Kapitalerhöhung eine Korrektur möglich).

8 Vgl. *Hirte* in Großkomm. AktG, § 206 Rz. 12; a.A. *Hüffer*, § 206 Rz. 5; offen gelassen von *Bayer* in MünchKomm. AktG, § 206 Rz. 12.

3. Anmeldung und Eintragung

§ 206 Satz 2 verweist nicht auf § 36. Die Anmeldung und Eintragung richten sich da- 6
her nicht nach den allgemeinen Gründungsvorschriften, sondern gem. § 203 Abs. 1
Satz 1 nach § 188 Abs. 1. Zur **Anmeldung** sind folglich der **Vorstand** und der **Vorsitzende** des **Aufsichtsrats** berufen (s. hierzu § 188 Rz. 22). Ergänzend sind die in § 37
Abs. 4 Nr. 2, 4 und 5 verfügten Vorgaben zu beachten. Dies bedeutet, dass die Verträge, die den Festsetzungen zugrunde liegen oder zu ihrer Ausführung geschlossen worden sind, der Anmeldung beizufügen sind, ferner die Berichte der Mitglieder des Vorstands und des Aufsichtsrats sowie der externen Prüfer und schließlich eine gegebenenfalls erforderliche staatliche Genehmigung[9]. Die Befugnis des Registerrichters
zur Ablehnung der Eintragung bestimmt sich nach § 38 Abs. 2[10]. Die Prüfer sind
nach Maßgabe von § 49 AktG i.V.m. § 323 Abs. 1 bis 4 HGB verantwortlich.

Vierter Unterabschnitt. Kapitalerhöhung aus Gesellschaftsmitteln

§ 207
Voraussetzungen

**(1) Die Hauptversammlung kann eine Erhöhung des Grundkapitals durch Umwand-
lung der Kapitalrücklage und von Gewinnrücklagen in Grundkapital beschließen.**

**(2) Für den Beschluss und für die Anmeldung des Beschlusses gelten § 182 Abs. 1,
§ 184 Abs. 1 sinngemäß. Gesellschaften mit Stückaktien können ihr Grundkapital
auch ohne Ausgabe neuer Aktien erhöhen; der Beschluss über die Kapitalerhöhung
muss die Art der Erhöhung angeben.**

(3) Dem Beschluss ist eine Bilanz zugrunde zu legen.

I. Allgemeines	1	3. Beschlussinhalt	12
II. Kapitalerhöhungsbeschluss	5	4. Beschlussmängel und ihre Folgen	14
1. Allgemeines	5	**III. Anmeldung des Beschlusses**	15
2. Beschlusserfordernisse	9	**IV. Kosten**	16

Literatur: *Börner*, Verbindung von Kapitalerhöhung aus Gesellschaftsmitteln und Kapitalerhö-
hung gegen Bareinlagen bei Aktiengesellschaften, DB 1988, 1254; *Fett/Spiering*, Typische Proble-
me bei der Kapitalerhöhung aus Gesellschaftsmitteln, NZG 2002, 358; *Gebhardt/Entrup/Heiden*,
Kursreaktionen auf Kapitalerhöhungen aus Gesellschaftsmitteln, ZBB 1994, 308; *Krafka/Willer*,
Registerrecht, 7. Aufl. 2007; *Than*, Rechtliche und praktische Fragen der Kapitalerhöhung aus
Gesellschaftsmitteln bei einer Aktiengesellschaft, in FG Heinsius, WM-Sonderheft 1991, S. 54.

I. Allgemeines

Die Vorschrift verfügt, dass die **Hauptversammlung** einer AG eine **Erhöhung** des 1
Grundkapitals durch **Umwandlung** von **Rücklagen** (der **Kapitalrücklage** oder einer

---

9 Vgl. *Bayer* in MünchKomm. AktG, § 206 Rz. 13; *Hüffer*, § 206 Rz. 6.
10 Vgl. *Bayer* in MünchKomm. AktG, § 206 Rz. 13; *Hüffer*, § 206 Rz. 6.

Gewinnrücklage) in Grundkapital beschließen kann (§ 207 Abs. 1). Ferner bestimmt sie die formellen Voraussetzungen des Hauptversammlungsbeschlusses, indem sie die in § 182 Abs. 1 normierten Regeln für sinngemäß anwendbar erklärt (§ 207 Abs. 2 Satz 1). Aus der Verweisung auf § 184 Abs. 1 folgt, dass die Anmeldung des Beschlusses zur Eintragung in das Handelsregister (§ 210) vom Vorstand und Vorsitzenden des Aufsichtsrats zu bewirken ist. Die Kapitalerhöhung erfolgt grundsätzlich durch Ausgabe neuer Aktien (§ 207 Abs. 2 Satz 1 i.V.m. § 182 Abs. 1 Satz 4). Hat die Gesellschaft Stückaktien, kann die Erhöhung auch durch eine rechnerische Aufstockung erfolgen (§ 207 Abs. 2 Satz 2).

2   Die Kapitalerhöhung aus Gesellschaftsmitteln kennzeichnet, dass ein bilanzmäßiger Passivtausch stattfindet: Das in Form von Rücklagen vorhandene Eigenkapital wird in Grundkapital umgewandelt[1]. Der Gesellschaft werden folglich keine neuen finanziellen Mittel zugeführt. Die Kapitalerhöhung aus Gesellschaftsmitteln ist daher im Unterschied zur regulären und bedingten Kapitalerhöhung sowie zum genehmigten Kapital keine Maßnahme der Kapitalbeschaffung. Allerdings bewirkt sie, dass die bislang in Rücklagen eingestellten, grundsätzlich zur Disposition der Aktionäre stehenden Beträge einer stärkeren rechtlichen Bindung (§§ 57 ff.) unterliegen. Auch entstehen zugunsten aller Aktionäre nach Maßgabe ihrer Beteiligungsquote (§ 212) neue Mitgliedsrechte. Aus diesen Gründen ist die Kapitalerhöhung aus Gesellschaftsmitteln keine bloße Berichtigung der Grundkapitalziffer oder Umschichtung des Eigenkapitals, sondern als eine **echte Kapitalerhöhung zu begreifen**[2]. Sie ist zu Recht im zweiten Abschnitt des sechstens Teils des ersten Buchs anzutreffen.

3   Mit einer Kapitalerhöhung aus Gesellschaftsmitteln wird in der Regel der **Zweck** verfolgt, die **wirtschaftliche Stärke** durch eine hohe Grundkapitalziffer zu dokumentieren[3]. Dies erleichtert die Aufnahme von Fremdkapital zu günstigen Konditionen. Das nunmehr gebundene Kapital kann zwar an die Aktionäre nicht ausgeschüttet werden. Doch können diese die „gratis", weil ohne Leistung einer Einlage erhaltenen Aktien durch Verkauf (über die Börse) liquidieren. Die Kapitalerhöhung aus Gesellschaftsmitteln kann somit zur Aktionärspflege eingesetzt werden[4]. Ferner kann es von Interesse sein, die Auswirkung einer höheren Anzahl von Aktien auf den Kurs der Aktie nutzbar zu machen: Da die Gesellschaft im Gegenzug nichts erhält, wird die Ausgabe der Aktien einen entsprechend geringeren Kurs der Aktie zur Folge haben, was die Handelbarkeit der Aktie verbessert[5]. Diese wirkt sich nach aller Erfahrung günstig auf die Kursentwicklung aus, so dass es aufgrund der Bewertungen auf den Kapitalmärkten zu einer Steigerung des Unternehmenswerts kommt[6]. Schließlich sind es häufig dividendenpolitische Erwägungen, die zu einer Kapitalerhöhung aus Gesellschaftsmitteln führen[7].

---

1 Vgl. *Hirte* in Großkomm. AktG, § 207 Rz. 31; *Hüffer*, § 207 Rz. 3.
2 Ebenso LG Tübingen v. 15.11.1990 – 2 HO 116 und 174/89, AG 1991, 406, 408; *Hüffer*, § 207 Rz. 3; *Hirte* in Großkomm. AktG, § 207 Rz. 32; *Volhard* in MünchKomm. AktG, § 207 Rz. 1. A.A. LG Bonn v. 10.4.1969 – 11 O 3/69, AG 1970, 18, 19 (Kapitalberichtigung); *Priester*, GmbHR 1980, 236, 239 (Kapitalberichtigung, weil das neue Kapital den bisherigen Gesellschaftern schon gehöre).
3 Vgl. *Hüffer*, § 207 Rz. 4; *Hirte* in Großkomm. AktG, § 207 Rz. 35; *Volhard* in MünchKomm. AktG, § 207 Rz. 3.
4 Vgl. *Hirte* in Großkomm. AktG, § 207 Rz. 35.
5 Vgl. *Hüffer*, § 207 Rz. 4; *Hirte* in Großkomm. AktG, § 207 Rz. 36; *Volhard* in MünchKomm. AktG, § 207 Rz. 3.
6 Vgl. *Hirte* in Großkomm. AktG, § 207 Rz. 36.
7 Vgl. *Hirte* in Großkomm. AktG, § 207 Rz. 36 f.; vgl. ferner *Gebhardt/Entrup/Heiden*, ZBB 1994, 308.

Die Kapitalerhöhung aus Gesellschaftsmitteln war **ursprünglich**[8] in einem **eigenen** 4
Gesetz[9] geregelt. Dem Gesetzgeber schien dies aber nicht der rechte Platz zu sein, so
dass er bei der Reform des Aktienrechts im Jahre 1965 die Vorschriften über die Kapitalerhöhung aus Gesellschaftsmitteln, soweit sie sich auf Aktiengesellschaften und
Kommanditgesellschaften auf Aktien bezogen, größtenteils unverändert **in das Aktiengesetz überführte**[10]. Auch § 207 wurde nach dem Vorbild des § 1 KapErhG formuliert[11]. Die Vorschrift hat seitdem mehrere Änderungen erfahren. Sie gehen auf das
StückAG aus dem Jahr 1998 zurück, durch das § 207 Abs. 2 Satz 1 geändert sowie
§ 207 Abs. 2 Satz 2 angefügt wurde[12], und auf das TransPuG aus dem Jahr 2002, durch
das Abs. 3 aufgehoben sowie der bisherige Abs. 4 zu Abs. 3 wurde[13].

II. Kapitalerhöhungsbeschluss

1. Allgemeines

Der Beschluss der Hauptversammlung über eine Kapitalerhöhung aus Gesellschafts- 5
mitteln (§ 207 Abs. 1) hat eine **Änderung der Satzung** – der Grundkapitalziffer (vgl.
§ 23 Abs. 3 Nr. 3) und der Zahl oder des Nennbetrags der Aktien (vgl. § 23 Abs. 3
Nr. 4) – zur Folge. Es sind daher die allgemeinen Vorschriften über Satzungsänderungen anwendbar (§ 124 Abs. 2 Satz 2 und Abs. 3, §§ 179 ff.), sofern nicht die §§ 207 ff.
spezielle Regeln vorsehen (s. hierzu Rz. 9 ff.).

Der Gesetzgeber hat die **Kapitalerhöhung** aus **Gesellschaftsmitteln** als eine rechtlich 6
und wirtschaftlich **eigenständige Art** der Kapitalerhöhung konzipiert[14]. Eine Typen-
vermischung, beispielsweise eine „Verbindung von gewöhnlicher Kapitalerhöhung
gegen Einlagen mit einer Kapitalerhöhung aus Gesellschaftsmitteln *in einem Beschluss* oder ein ,genehmigtes Kapital aus Gesellschaftsmitteln' ist daher unzulässig". Solche Mischformen sind „nicht ohne Verletzung zwingender Vorschriften aus
dem Bereich der einen oder anderen Form der Kapitalerhöhung möglich"[15]. Die
Rechtsprechung des BGH zum Schütt-aus-hol-zurück"-Verfahren[16] rechtfertigt keine
andere Beurteilung[17]. Sie ist von dem Anliegen motiviert, die Leistung der Einlage
bei einer Barkapitalerhöhung durch Umbuchung der ausschüttungsfähigen Dividen-
denbeträge vom Vorwurf der verdeckten Sacheinlage zu befreien[18]. Aussagen für die
atypische Ausgestaltung einer nominellen Kapitalerhöhung lassen sich aus der Entscheidung daher nicht ableiten[19]. Es besteht auch kein besonderes Bedürfnis dafür,

---

8 Zur Rechtslage vor dem KapErhG vgl. *Hirte* in Großkomm. AktG, § 207 Rz. 1 ff.
9 Gesetz über die Kapitalerhöhung aus Gesellschaftsmitteln und über die Gewinn- und Verlustrechnung vom 23.12.1959, BGBl. I 1959, 789.
10 Vgl. Begr. RegE, Vorb. zu § 207, *Kropff*, Aktiengesetz, S. 309.
11 Vgl. Begr. RegE, § 207, *Kropff*, Aktiengesetz, S. 310.
12 Vgl. Art. 1 Nr. 27 StückAG vom 25.3.1998, BGBl. I 1998, 590.
13 Vgl. Art. 1 Nr. 23 TransPuG vom 19.7.2002, BGBl. I 2002, 2681.
14 Vgl. Begr. RegE, Vorb. § 207, *Kropff*, Aktiengesetz, S. 309.
15 Vgl. Begr. RegE, Vorb. § 207, *Kropff*, Aktiengesetz, S. 309; *Lutter* in KölnKomm. AktG, Vorb.
 § 207 Rz. 15; *Hüffer*, § 207 Rz. 6; *Krieger* in MünchHdb. AG, § 59 Rz. 4; *Volhard* in Münch-
 Komm. AktG, § 207 Rz. 34; *Börner*, DB 1988, 1254 f.; *Fett/Spiering*, NZG 2002, 358, 368. A.A.
 Hirte in Großkomm. AktG, § 207 Rz. 145 ff.
16 Vgl. BGH v. 26.5.1997 – II ZR 69/96, BGHZ 135, 381 = GmbHR 1997, 788.
17 So aber *Hirte* in Großkomm. AktG, § 207 Rz. 145.
18 Vgl. BGH v. 26.5.1997 – II ZR 69/96, BGHZ 135, 381 = GmbHR 1997, 788: Wird gegenüber
 dem Registergericht offengelegt, dass eine Kapitalerhöhung im „Schütt aus – Hol zurück"-
 Verfahren durchgeführt werden soll, sind die Voraussetzungen ihrer Eintragung an der für die
 Kapitalerhöhung aus Gesellschaftsmitteln geltenden Regelung auszurichten. Die Grundsätze
 der verdeckten Sacheinlage finden in diesem Fall keine Anwendung.
19 Vgl. *Hüffer*, § 207 Rz. 17; *Fett/Spiering*, NZG 2002, 358, 368.

die verschiedenen Maßnahmen einer Erhöhung des Grundkapitals miteinander zu kombinieren. Die bislang aufgezeigten Motivationen[20] für eine Erhöhung des Grundkapitals teilweise gegen Einlagen und teilweise durch Umwandlung von Rücklagen sind jedenfalls nicht so gewichtig, dass Anlass für eine Rechtsfortbildung bestehen würde.

7   Zulässig ist es, gleichzeitig mit einer **Kapitalerhöhung** gegen **Einlagen** eine **Kapitalerhöhung** aus **Gesellschaftsmitteln** zu beschließen[21]. Es handelt sich dann um getrennte Beschlüsse, die gemäß den für sie geltenden Vorschriften wirksam werden. Eine bestimmte zeitliche Reihenfolge muss nicht eingehalten werden. Sollen allein die Altaktionäre in Form von Aktien in den Genuss der in der Vergangenheit erzielten Überschüsse kommen, ist das Kapital zunächst aus Gesellschaftsmitteln zu erhöhen. Aber auch die umgekehrte Vorgehensweise kommt in Betracht[22]. Die Gestaltungsfreiheit wird einerseits überschritten, wenn die Beschlüsse dergestalt miteinander verbunden werden, dass der Zuwachs der neuen Aktien aus der Kapitalerhöhung aus Gesellschaftsmitteln von der Bedingung abhängig gemacht wird, dass die Aktionäre auch neue Aktien aus der Kapitalerhöhung gegen Einlagen übernehmen[23]. Andererseits wird kein unzulässiger Zwang ausgeübt, wenn bestimmt wird, dass der Beschluss über die Kapitalerhöhung nur dann zur Eintragung in das Handelsregister angemeldet werden soll, wenn die ordentliche Kapitalerhöhung voll gezeichnet und die Mindestleistungen erbracht sind[24].

8   Eine Kapitalerhöhung aus Gesellschaftsmitteln kann nicht mehr beschlossen werden, wenn die **Gesellschaft aufgelöst** ist (§ 262)[25]. Die Verwaltung ist dann verpflichtet, eine bereits beschlossene Erhöhung nicht auszuführen. Der Registerrichter hat die Eintragung abzulehnen[26]. Eine andere Beurteilung ist nur dann geboten, wenn die Fortsetzung der Gesellschaft beschlossen wird (§ 274)[27]. Wurde über das Vermögen der Gesellschaft wegen Überschuldung oder Zahlungsunfähigkeit das Insolvenzverfahren eröffnet, ergibt sich nichts anderes. Eine Kapitalerhöhung aus Gesellschaftsmitteln ist schon deshalb ausgeschlossen, weil kein Vermögen vorhanden ist, das in Grundkapital umgewandelt werden könnte[28].

2. Beschlusserfordernisse

9   Die Beschlusserfordernisse ergeben sich gem. § 207 Abs. 2 nach den in § 182 Abs. 1 getroffenen Regelungen, die – mit Ausnahme des § 182 Abs. 1 Satz 2 Halbsatz 2[29] – sinngemäß Anwendung finden. Dies bedeutet, dass der Beschluss einer **Mehrheit** von mindestens **drei Vierteln** des bei der Beschlussfassung **vertretenen Grundkapitals** bedarf (§ 182 Abs. 1 Satz 1), wenn nicht die Satzung eine andere Kapitalmehrheit vorsieht (§ 182 Abs. 1 Satz 2 Halbsatz 1). Auch muss die einfache Stimmenmehrheit erfüllt sein (s. § 182 Rz. 29).

---

20 Vgl. *Hirte* in Großkomm. AktG, § 207 Rz. 147.
21 Vgl. Begr. RegE, Vorb. § 207, *Kropff*, Aktiengesetz, S. 309; *Lutter* in KölnKomm. AktG, Vorb. § 207 Rz. 13 f.; *Hüffer*, § 207 Rz. 7; *Hirte* in Großkomm. AktG, § 207 Rz. 148 ff.
22 Vgl. *Hüffer*, § 207 Rz. 7; *Lutter* in KölnKomm. AktG, Vor § 207 Rz. 14; *Hirte* in Großkomm. AktG, § 207 Rz. 150. A.A. *Börner*, DB 1988, 1254, 1255.
23 Vgl. Begr. RegE, Vorb. § 207, *Kropff*, Aktiengesetz, S. 309; *Hirte* in Großkomm. AktG, § 207 Rz. 149.
24 *Hüffer*, § 207 Rz. 7; *Lutter* in KölnKomm. AktG, Vor § 207 Rz. 13; *Hirte* in Großkomm. AktG, § 207 Rz. 149.
25 *Hüffer*, § 207 Rz. 16.
26 *Hüffer*, § 207 Rz. 16; *Lutter* in KölnKomm. AktG, § 207 Rz. 20.
27 *Hirte* in Großkomm. AktG, § 207 Rz. 155.
28 *Hirte* in Großkomm. AktG, § 207 Rz. 156.
29 Vgl. *Hüffer*, § 207 Rz. 9; *Volhard* in MünchKomm. AktG, § 207 Rz. 5.

Materielle Voraussetzungen bestehen nicht. Insbesondere setzt die Kapitalerhöhung 10 aus Gesellschaftsmitteln keine sachliche Rechtfertigung voraus. Es findet lediglich eine Missbrauchskontrolle statt. So kann es im Einzelfall treuwidrig sein, wenn der Umfang der Kapitalerhöhung auf Betreiben einzelner Aktionäre so gewählt wird, dass eine große Zahl an Aktionären keine neuen Aktien beziehen kann und daher Teilrechte (vgl. § 213) entstehen, die schwer veräußert werden können[30].

Aus der Verweisung auf § 182 Abs. 1 Satz 4 folgt, dass die Kapitalerhöhung nur durch 11 **Ausgabe neuer Aktien** ausgeführt werden kann. Ferner findet § 182 Abs. 1 Satz 5 sinngemäß Anwendung, so dass bei Gesellschaften mit Stückaktien sich die Zahl der Aktien in demselben Verhältnis wie das Grundkapital erhöhen muss. Die erste Vorschrift wird allerdings durchbrochen, während die zweite Vorschrift keine eigenständige Bedeutung hat. Dies folgt zunächst aus § 207 Abs. 2 Satz 2, wonach Gesellschaften mit Stückaktien ihr Grundkapital auch ohne Ausgabe neuer Aktien erhöhen können. Dies ist möglich, weil bei einer Kapitalerhöhung aus Gesellschaftsmitteln alle Aktionäre im Verhältnis ihrer Anteile am bisherigen Grundkapital (§ 212 Satz 1) partizipieren[31]. Die Kapitalerhöhung erfolgt dann durch eine bloß rechnerische Anteilsaufstockung[32]. Es bedarf daher nicht des durch § 182 Abs. 1 Satz 5 intendierten Schutzes vor einer Verwässerung der Beteiligungsquoten der Altaktionäre.

3. Beschlussinhalt

Der Beschluss muss zum Inhalt haben, dass das **Grundkapital** durch **Umwandlung** 12 der **Kapitalrücklage** oder der **Gewinnrücklagen erhöht** werden soll, wobei die Rücklage konkret zu bestimmen ist[33]. Ferner ist es erforderlich, den **konkreten Betrag** der **Erhöhung** anzugeben; ein Höchstbetrag genügt nicht. Hat die Gesellschaft Nennbetragsaktien, ist festzulegen, dass neue Aktien ausgegeben werden oder, sofern dies ausnahmsweise zulässig ist (vgl. § 215 Abs. 2 Satz 2 und Satz 3), dass der Nennbetrag der alten Aktien erhöht wird. Hat die Gesellschaft Stückaktien, muss ebenfalls die Art der Erhöhung des Grundkapitals – mit oder ohne neue Aktien (s. hierzu Rz. 11) – bestimmt werden (§ 207 Abs. 2 Satz 2; s. hierzu Rz. 11).

Dem Beschluss ist eine **Bilanz** zugrunde zu legen (§ 207 Abs. 3). Dies kann die letzte 13 Jahresbilanz (§ 209 Abs. 1) oder eine eigens aufgestellte Erhöhungsbilanz (§ 209 Abs. 2) sein. Es muss aber im Erhöhungsbeschluss angegeben werden, welche Bilanz zugrunde liegt[34]. Seit der Aufhebung des früheren Abs. 3 durch das TransPuG (s. Rz. 4) kommt es nicht mehr darauf an, ob der Jahresabschluss für das letzte vor der Beschlussfassung liegende Geschäftsjahr festgestellt ist.

4. Beschlussmängel und ihre Folgen

Der Beschluss über die Kapitalerhöhung muss den vom Gesetz verlangten Inhalt 14 (s. hierzu Rz. 12 f.) aufweisen. Andernfalls ist er gem. § 241 Nr. 3 nichtig[35]. Ebenso ist es zu beurteilen, wenn dem Beschluss entgegen § 207 Abs. 3 entweder keine Bilanz zugrunde liegt oder wenn der Beschluss die Bilanz nicht in Bezug nimmt[36]. Eine

---

30 Vgl. *Hirte* in Großkomm. AktG, § 207 Rz. 113.
31 Vgl. Begr. RegE, BT-Drucks. 13/9573, S. 17; *Hüffer*, § 207 Rz. 11a.
32 Vgl. LG Heidelberg v. 17.7.2001 – 11 T 2/01 KfH, AG 2002, 563.
33 *Lutter* in KölnKomm. AktG, § 207 Rz. 12; *Volhard* in MünchKomm. AktG, § 207 Rz. 19.
34 *Lutter* in KölnKomm. AktG, § 207 Rz. 12; *Hüffer*, § 207 Rz. 12; *Hirte* in Großkomm. AktG, § 207 Rz. 122.
35 Vgl. *Hüffer*, § 207 Rz. 17.
36 Vgl. BayObLG v. 9.4.2002 – 3Z BR 39/02, AG 2002, 397, 398; LG Duisburg v. 9.12.1988 – 12 T 8/88, BB 1989, 257; *Lutter* in KölnKomm. AktG, § 207 Rz. 18; *Hüffer*, § 207 Rz. 17; *Hirte* in Großkomm. AktG, § 207 Rz. 93, 123.

bloße Anfechtbarkeit wegen Gesetzesverletzung (s. zur Anfechtung wegen Verstoßes gegen die mitgliedschaftliche Treuepflicht Rz. 10) liegt allerdings vor, wenn im Beschluss keine Angaben zur Art der Kapitalerhöhung enthalten sind (s. zu diesem Erfordernis Rz. 6). Das Gebot, den gewählten Weg der Erhöhung publik zu machen, liegt nicht im Gläubigerinteresse bzw. im öffentlichen Interesse[37].

III. Anmeldung des Beschlusses

15   Der Beschluss über die Kapitalerhöhung ist zur Eintragung in das Handelsregister vom **Vorstand** (in vertretungsberechtigter Zahl; s. § 184 Rz. 4) sowie vom **Vorsitzenden** des **Aufsichtsrats** (bzw. dessen Vertreter, § 107 Abs. 1 Satz 3; s. § 184 Rz. 4) anzumelden (§ 207 Abs. 2 Satz 1 i.V.m. § 184 Abs. 1). Die Anmeldung hat nach Maßgabe der in § 210 Abs. 1 normierten Regeln zu erfolgen. Eine Erklärung gem. § 184 Abs. 2 ist nicht abzugeben, da Einlagen nicht geleistet werden, sondern das in Form von Rücklagen vorhandene Kapital umgewandelt wird. Statt dessen haben die Anmeldenden dem Gericht gegenüber zu erklären, dass nach ihrer Kenntnis seit dem Stichtag der zugrunde gelegten Bilanz bis zum Tag der Anmeldung keine Vermögensminderung eingetreten ist, die der Kapitalerhöhung entgegenstünde, wenn sie am Tag der Anmeldung beschlossen worden wäre (§ 210 Abs. 1 Satz 2).

IV. Kosten

16   Kosten entstehen für die Beurkundung, Anmeldung und Eintragung in Form von Notar- und Gerichts- sowie Verwaltungskosten. Dies sind Notarkosten für die Beurkundung (§§ 47, 141 KostO) sowie für die Anmeldung zur Eintragung des Beschlusses in das Handelsregister (§§ 45 Abs. 1, 141 KostO). Ferner entstehen Kosten für die Registereintragung (§ 79 Abs. 1 KostO). Die Gebührenhöhe ist aus Ziff. 2400 des Gebührenverzeichnisses in Anlage zur Handelsregistergebühren-VO vom 30.9.2004[38] zu entnehmen.

§ 208
Umwandlungsfähigkeit von Kapital- und Gewinnrücklagen

(1) Die Kapitalrücklage und die Gewinnrücklagen, die in Grundkapital umgewandelt werden sollen, müssen in der letzten Jahresbilanz und, wenn dem Beschluss eine andere Bilanz zugrunde gelegt wird, auch in dieser Bilanz unter „Kapitalrücklage" oder „Gewinnrücklagen" oder im letzten Beschluss über die Verwendung des Jahresüberschusses oder des Bilanzgewinns als Zuführung zu diesen Rücklagen ausgewiesen sein. Vorbehaltlich des Absatzes 2 können andere Gewinnrücklagen und deren Zuführungen in voller Höhe, die Kapitalrücklage und die gesetzliche Rücklage sowie deren Zuführungen nur, soweit sie zusammen den zehnten oder den in der Satzung bestimmten höheren Teil des bisherigen Grundkapitals übersteigen, in Grundkapital umgewandelt werden.

(2) Die Kapitalrücklage und die Gewinnrücklagen sowie deren Zuführungen können nicht umgewandelt werden, soweit in der zugrunde gelegten Bilanz ein Verlust ein-

---

37   Vgl. *Lutter* in KölnKomm. AktG, § 215 Rz. 12; zustimmend *Hirte* in Großkomm. AktG, § 207 Rz. 124.
38   BGBl. I 2004, 2562.

schließlich eines Verlustvortrags ausgewiesen ist. **Gewinnrücklagen und deren Zuführungen, die für einen bestimmten Zweck bestimmt sind, dürfen nur umgewandelt werden, soweit dies mit ihrer Zweckbestimmung vereinbar ist.**

I. Allgemeines	1	3. Zuführungen aus dem Jahresüberschuss oder dem Bilanzgewinn	6
II. Umwandlungsfähige Rücklagen	2		
1. Kapitalrücklage	2	III. Schranken einer Umwandlung	7
2. Gewinnrücklagen	4	IV. Rechtsfolgen bei Verstößen	10

I. Allgemeines

Die Vorschrift legt im Interesse einer effektiven Aufbringung des Grundkapitals[1] fest, unter welchen **Voraussetzungen** die **Kapitalrücklage** und die **Gewinnrücklagen** in **Grundkapital umgewandelt** werden können. Sie bestimmt zunächst, dass die Rücklagen in der Jahresbilanz, in der eigens aufgestellten Erhöhungsbilanz oder im letzten Beschluss über die Verwendung des Jahresüberschusses ausgewiesen sein müssen (§ 208 Abs. 1 Satz 1). Ferner verfügt sie, dass die Kapitalrücklage und die Gewinnrücklagen sowie deren Zuführungen nicht umgewandelt werden können, soweit in der zugrunde gelegten Bilanz ein Verlust einschließlich eines Verlustvortrags ausgewiesen ist (§ 208 Abs. 2 Satz 1). Gewinnrücklagen und deren Zuführungen, die für einen bestimmten Zweck bestimmt sind, dürfen nur umgewandelt werden, soweit dies mit ihrer Zweckbestimmung vereinbar ist (§ 208 Abs. 2 Satz 2). Die Vorschrift wurde nach dem Vorbild von § 2 KapErhG a.F. geschaffen und durch das BiRiLiG teilweise geändert[2]. 1

II. Umwandlungsfähige Rücklagen

1. Kapitalrücklage

Die Erhöhung des Grundkapitals kann gem. § 207 Abs. 1 durch Umwandlung der Kapitalrücklage erfolgen. Der Begriff der Kapitalrücklage ist in den Vorschriften über die Kapitalerhöhung aus Gesellschaftsmitteln nicht definiert. Gemeint ist der Bilanzposten gem. § 267 Abs. 3 A. II. HGB. In der Kapitalrücklage werden die in § 272 Abs. 2 HGB genannten Beträge ausgewiesen, insbesondere **Zuzahlungen** der **Aktionäre** in das **Eigenkapital** (Aufgeld) und die Beträge, welche die Gesellschaft bei der Ausgabe von Schuldverschreibungen für Wandlungs- und Optionsrechte erlangt[3]. 2

Um die **Kapitalrücklage umzuwandeln**, muss sie in der letzten Jahresbilanz (§ 209 Abs. 1; s. hierzu § 209 Rz. 2) oder, wenn eine andere Bilanz zugrunde gelegt wird (§ 209 Abs. 2; s. hierzu § 209 Rz. 7), auch in dieser Bilanz unter Kapitalrücklage ausgewiesen sein (§ 208 Abs. 1 Satz 1). Die Kapitalrücklage kann jedoch nicht in voller Höhe umgewandelt werden. Voraussetzung ist, dass sie und die gesetzliche Rücklage (§ 266 Abs. 3 A. III. Nr. 1 HGB, § 150 Abs. 1 AktG) sowie deren Zuführungen zusammen 10% oder den in der Satzung bestimmten höheren Teil des bisherigen Grundkapitals übersteigen (§ 208 Abs. 1 Satz 2). Es muss also ein Mindestbetrag in der Kapitalrücklage bzw. gesetzlichen Rücklage verbleiben. Ein in der Satzung festgelegter 3

---

1 Vgl. *Lutter* in KölnKomm. AktG, § 208 Rz. 2.
2 Vgl. Bilanzrichtlinienumsetzungsgesetz (BiRiLiG) v. 16.12.1985, BGBl. I 1985, 2355; s. zu den Änderungen Rz. 6.
3 Vgl. *Volhard* in MünchKomm. AktG, § 208 Rz. 14.

höherer Betrag kann jedoch durch Satzungsänderung aufgehoben werden, so dass die Gesellschaft über ein größeres umwandlungsfähiges Vermögen verfügt[4].

2. Gewinnrücklagen

4 Die Hauptversammlung kann eine Erhöhung des Grundkapitals durch die Umwandlung von Gewinnrücklagen beschließen (§ 207 Abs. 1). Der Begriff der Gewinnrücklagen ist in den Vorschriften über die Kapitalerhöhung aus Gesellschaftsmitteln gleichfalls nicht definiert. Es handelt sich dabei um den Bilanzposten gem. § 266 Abs. 3 A. III. HGB. Als Gewinnrücklage sind die **gesetzliche Rücklage** zu begreifen, die Rücklage für eigene Anteile, **satzungsmäßige Rücklagen** und **andere Gewinnrücklagen**. Die Rücklage für eigene Anteile ist allerdings nicht umwandlungsfähig, weil sie gem. § 272 Abs. 4 HGB nur aufgelöst werden darf, soweit die eigenen Anteile ausgegeben, veräußert oder eingezogen werden oder soweit nach § 253 Abs. 3 HGB auf der Aktivseite ein niedrigerer Betrag angesetzt wird[5]. Umwandlungsfähig sind demnach all jene Beträge, die gem. § 272 Abs. 3 HGB in Gewinnrücklagen eingestellt wurden. Es muss sich um Beträge handeln, die im Geschäftsjahr oder in einem früheren Geschäftsjahr aus dem Ergebnis gebildet worden sind.

5 Die **Umwandlung** einer **Gewinnrücklage** setzt ebenfalls voraus, dass sie in der letzten Jahresbilanz und, wenn gem. § 209 Abs. 2 eine andere Bilanz zugrunde gelegt wird, auch in dieser Bilanz unter Gewinnrücklagen ausgewiesen ist (§ 208 Abs. 1 Satz 1). Die Gewinnrücklage kann anders als die Kapitalrücklage in voller Höhe umgewandelt werden (§ 208 Abs. 1 Satz 2).

3. Zuführungen aus dem Jahresüberschuss oder dem Bilanzgewinn

6 Das Gesetz erlaubt es ferner, **zukünftige Gewinnrücklagen** in Grundkapital umzuwandeln. Es handelt sich um Beträge des Jahresüberschusses (Posten 20 bzw. 19 der GuV, § 275 HGB) und Bilanzgewinns, die im letzten Beschluss über die Verwendung des Jahresüberschusses oder des Bilanzgewinns als Zuführung zu der Kapitalrücklage oder zu anderen Gewinnrücklagen ausgewiesen sind. Der Bilanzgewinn ergibt sich aus dem Jahresüberschuss, wobei ein Gewinnvortrag und Entnahmen aus Gewinnrücklagen sowie ein Verlustvortrag und Einstellungen in Gewinnrücklagen zu berücksichtigen sind (vgl. § 158 Abs. 1). Aufgrund dieser durch das BiRiLiG erfolgten Änderung (s. Rz. 1) ist es der Gesellschaft möglich, statt einer Dividende in bar junge Aktien aus Gesellschaftsmitteln auszugeben[6]. Die Zuführungen können in voller Höhe umgewandelt werden (§ 208 Abs. 1 Satz 2).

III. Schranken einer Umwandlung

7 Die Kapitalrücklage und die Gewinnrücklagen sowie deren Zuführungen können nicht umgewandelt werden, soweit in der zugrunde gelegten Bilanz ein **Verlust** einschließlich eines Verlustvortrags ausgewiesen ist (§ 208 Abs. 2 Satz 1). Die Vorschrift hat lediglich klarstellende Bedeutung. Dass ein Grundkapital aus eigenen Mitteln der Gesellschaft nicht gebildet werden kann, wenn sie Verluste erwirtschaftet hat, ist selbstverständlich[7]. Immerhin verfügt sie mit aller Deutlichkeit, dass die an sich

---

4 Vgl. *Hüffer*, § 208 Rz. 6; *Lutter* in KölnKomm. AktG, § 208 Rz. 10.
5 Vgl. *Lutter* in KölnKomm. AktG, § 208 Rz. 12; *Hüffer*, § 208 Rz. 4; *Hirte* in Großkomm. AktG, § 208 Rz. 40; *Volhard* in MünchKomm. AktG, § 208 Rz. 15, 17.
6 Vgl. *Lutter* in KölnKomm. AktG, § 208 Rz. 4; *Than*, WM-Sonderheft 1991, S. 54, 56.
7 Vgl. *Hirte* in Großkomm. AktG, § 208 Rz. 22.

umwandlungsfähigen Posten (Kapitalrücklagen, Gewinnrücklagen und Zuführungen) um den Verlust bzw. Verlustvortrag zu kürzen sind. Es kann nur der verbleibende, in einer Kapitalrücklage bzw. Gewinnrücklage oder Zuführung vorhandene Betrag in Grundkapital umgewandelt werden. Eine Verrechnung des Verlusts bzw. Verlustvortrags mit anderen, nicht umwandlungsfähigen Rücklagen ist ausgeschlossen[8].

Gewinnrücklagen und deren **Zuführungen**, die für einen bestimmten Zweck be- 8 stimmt sind, dürfen nur **umgewandelt** werden, soweit dies mit ihrer **Zweckbestimmung vereinbar** ist (§ 208 Abs. 2 Satz 2). Dieser Grundsatz gilt für satzungsmäßige Rücklagen und für andere Gewinnrücklagen gem. § 266 Abs. 3 A. III. Nr. 3 und 4 HGB. Die mit einer Rücklage verbundenen Zwecke erschließen sich aus der Satzung (bei statutarischen Rücklagen) oder aus einer von der Hauptversammlung bzw. Verwaltung getroffenen Zweckbestimmung (bei anderen Gewinnrücklagen)[9]. Ist hierüber Aufschluss erlangt, ist zu klären, ob der betreffende Zweck einer Umwandlung entgegensteht. Dies ist beispielsweise der Fall, wenn die Mittel vermögensmindernden Aufwendungen dienen (sozialen Zwecke, Werbemaßnahmen, Förderungsbeihilfen oder sonstigen Unterstützungen, Dividendenergänzungsrücklagen, etc.)[10].

Soll eine statutarische Rücklage dennoch verwendet werden, ist ein **satzungsändern-** 9 **der Beschluss** (bezüglich der **Zweckbindung** der **Rücklage**) zu fassen, der eine Umwandlung der betreffenden Beträge ermöglicht. Dann kann die Kapitalerhöhung aus diesen Gesellschaftsmitteln allerdings erst mit der Eintragung des satzungsändernden Beschlusses in das Handelsregister (vgl. § 181 Abs. 3) erfolgen[11]. Bei anderen Gewinnrücklagen kann die Zweckänderung durch das Organ erfolgen, das die Rücklage gebildet hat[12]. Ausgeschlossen ist eine Umwandlung der Rücklage, die zur Deckung einer Differenz zwischen dem Ausgabebetrag der Wandelanleihe und dem höheren Gesamtnennbetrag der im Umtausch zu gewährenden Bezugsaktien (§ 218 Satz 2) gebildet worden ist[13]. Auch eine gem. § 199 Abs. 2 gebildete Gewinnrücklage kann nicht verwandt werden[14].

IV. Rechtsfolgen bei Verstößen

Verstöße gegen die in § 208 normierten Vorgaben für eine Umwandlung von Rückla- 10 gen haben die **Nichtigkeit** des **Kapitalerhöhungsbeschlusses** gem. § 241 Nr. 3 zur Folge[15]. Der nichtige Beschluss kann gem. § 242 Abs. 2 geheilt werden. Eine andere Beurteilung ist für die in § 208 Abs. 2 Satz 2 normierten Gebote über den Umfang einer Umwandlung der Rücklagen anzunehmen. Ein Verstoß begründet lediglich die Anfechtbarkeit des Beschlusses[16]. Der Registerrichter hat im Falle eines Verstoßes gegen § 208 Abs. 1 Satz 1 und Satz 2 sowie gegen § 208 Abs. 2 Satz 1 die Eintragung abzu-

---

8 Vgl. *Hirte* in Großkomm. AktG, § 208 Rz. 22; *Lutter* in KölnKomm. AktG, § 208 Rz. 16; *Volhard* in MünchKomm. AktG, § 208 Rz. 33.
9 Vgl. *Hirte* in Großkomm. AktG, § 208 Rz. 45; *Hüffer*, § 208 Rz. 9; *Volhard* in MünchKomm. AktG, § 208 Rz. 34.
10 Vgl. *Lutter* in KölnKomm. AktG, § 208 Rz. 18; *Hüffer*, § 208 Rz. 8; *Krieger* in MünchHdb. AG, § 59 Rz. 33; *Volhard* in MünchKomm. AktG, § 208 Rz. 36.
11 Vgl. *Lutter* in KölnKomm. AktG, § 208 Rz. 20; *Hüffer*, § 208 Rz. 9; *Volhard* in MünchKomm. AktG, § 208 Rz. 37.
12 Vgl. *Lutter* in KölnKomm. AktG, § 208 Rz. 21; *Hüffer*, § 208 Rz. 9.
13 Vgl. *Lutter* in KölnKomm. AktG, § 208 Rz. 23; *Hüffer*, § 208 Rz. 10.
14 Vgl. *Lutter* in KölnKomm. AktG, § 208 Rz. 23.
15 Vgl. *Lutter* in KölnKomm. AktG, § 208 Rz. 25; *Hirte* in Großkomm. AktG, § 208 Rz. 51 ff.; *Hüffer*, § 208 Rz. 11.
16 Vgl. *Hüffer*, § 209 Rz. 11.

lehnen[17]. Aber auch im Falle eines Verstoßes gegen § 208 Abs. 2 Satz 2 hat er so zu verfahren[18].

§ 209
Zugrunde gelegte Bilanz

(1) Dem Beschluss kann die letzte Jahresbilanz zugrunde gelegt werden, wenn die Jahresbilanz geprüft und die festgestellte Jahresbilanz mit dem uneingeschränkten Bestätigungsvermerk des Abschlussprüfers versehen ist und wenn ihr Stichtag höchstens acht Monate vor der Anmeldung des Beschlusses zur Eintragung in das Handelsregister liegt.

(2) Wird dem Beschluss nicht die letzte Jahresbilanz zugrunde gelegt, so muss die Bilanz §§ 150, 152 dieses Gesetzes, §§ 242 bis 256, 264 bis 274, 279 bis 283 des Handelsgesetzbuchs entsprechen. Der Stichtag der Bilanz darf höchstens acht Monate vor der Anmeldung des Beschlusses zur Eintragung in das Handelsregister liegen.

(3) Die Bilanz muss durch einen Abschlussprüfer darauf geprüft werden, ob sie §§ 150, 152 dieses Gesetzes, §§ 242 bis 256, 264 bis 274, 279 bis 283 des Handelsgesetzbuchs entspricht. Sie muss mit einem uneingeschränkten Bestätigungsvermerk versehen sein.

(4) Wenn die Hauptversammlung keinen anderen Prüfer wählt, gilt der Prüfer als gewählt, der für die Prüfung des letzten Jahresabschlusses von der Hauptversammlung gewählt oder vom Gericht bestellt worden ist. Soweit sich aus der Besonderheit des Prüfungsauftrags nichts anderes ergibt, sind auf die Prüfung § 318 Abs. 1 Satz 3, § 319 Abs. 1 bis 4, § 319a Abs. 1, § 320 Abs. 1, 2, §§ 321, 322 Abs. 7 und § 323 des Handelsgesetzbuchs entsprechend anzuwenden.

(5) Bei Versicherungsgesellschaften wird der Prüfer vom Aufsichtsrat bestimmt; Absatz 4 Satz 1 gilt sinngemäß. Soweit sich aus der Besonderheit des Prüfungsauftrags nichts anderes ergibt, ist auf die Prüfung § 341k des Handelsgesetzbuchs anzuwenden.

(6) Im Fall der Absätze 2 bis 5 gilt für die Auslegung der Bilanz und für die Erteilung von Abschriften § 175 Abs. 2 sinngemäß.

I. Allgemeines	1	2. Stichtag	9
II. Jahresbilanz	2	3. Prüfung durch Abschlussprüfer	10
1. Prüfung	3	4. Bestätigungsvermerk	11
2. Bestätigungsvermerk und Feststellung	4	5. Feststellung	12
3. Stichtag	6	6. Versicherungsgesellschaften	13
III. Erhöhungsbilanz	7	7. Auslegung der Bilanz und Erteilung von Abschriften	14
1. Allgemeine Anforderungen	7	IV. Rechtsfolgen bei Verstößen	15

---

17 Allg. Meinung; vgl. *Hüffer*, § 209 Rz. 11; *Volhard* in MünchKomm. AktG, § 208 Rz. 40.
18 Vgl. *Lutter* in KölnKomm. AktG, § 208 Rz. 27; *Hirte* in Großkomm. AktG, § 208 Rz. 56; *Volhard* in MünchKomm. AktG, § 208 Rz. 40. A.A. *Hüffer*, § 208 Rz. 11.

I. Allgemeines

Die Vorschrift regelt, welche **Anforderungen** für die dem Kapitalerhöhungsbeschluss 1
zugrunde gelegte **Bilanz** gelten. So bestimmt sie in Abs. 1, dass bei Verwendung der
letzten Jahresbilanz diese geprüft und die festgestellte Bilanz mit dem uneingeschränkten Bestätigungsvermerk des Abschlussprüfers versehen sein muss. Außerdem darf ihr Stichtag höchstens acht Monate vor der Anmeldung des Beschlusses zur
Eintragung in das Handelsregister liegen. Wird eigens für die Kapitalerhöhung eine
Bilanz aufgestellt, so muss diese den in Abs. 2 bis 5 normierten Anforderungen gerecht werden. Dies bedeutet, dass die Erhöhungsbilanz gem. den allgemeinen, in den
§§ 150, 152 AktG sowie den §§ 242 ff. HGB normierten Vorschriften über die Aufstellung einer Bilanz entsprechen muss. Ausführlich geregelt ist ferner die Prüfung
durch einen Abschlussprüfer, der nach Maßgabe von § 209 Abs. 4 gewählt wird. Allerdings gilt für Versicherungsgesellschaften insoweit eine Sonderregelung (§ 209
Abs. 5). Die skizzierten Regelungen über die letzte Jahresbilanz (§ 209 Abs. 1) sowie
über die Erhöhungsbilanz (§ 209 Abs. 2–5) dienen dem Gläubigerschutz. Die Vorschrift geht auf die §§ 3 bis 5 KapErhG zurück und wurde mehrere Male geändert,
zuerst durch das BiRiLiG[1], sodann durch das VersRiLiG[2], das KonTraG[3] und zuletzt
durch das BilReG[4].

II. Jahresbilanz

Schon aus Kostengründen empfiehlt es sich, der Kapitalerhöhung aus Gesellschafts- 2
mitteln die letzte Jahresbilanz zugrunde zu legen. Da für diese Bilanz ohnehin die allgemeinen Vorschriften über die Rechnungslegung gelten, konnte sich der Gesetzgeber damit begnügen, in § 209 Abs. 1 einige ergänzende Regelungen zu treffen. So ist
zum einen verfügt, dass die **Jahresbilanz geprüft** sein muss und mit einem **uneingeschränkten Bestätigungsvermerk** des Abschlussprüfers versehen sein muss. Zum anderen darf ihr **Stichtag** höchstens acht Monate vor der Anmeldung des Beschlusses
zur Eintragung in das Handelsregister liegen. Soll die Kapitalerhöhung aus Gesellschaftsmitteln in der ordentlichen Hauptversammlung beschlossen werden, ist die
Jahresbilanz gem. § 175 Abs. 2 auszulegen. Sofern in einer anderen Hauptversammlung auf der Grundlage der Jahresbilanz die Erhöhung beschlossen werden soll, ist
die Jahresbilanz analog §§ 175 Abs. 2, 209 Abs. 6 auszulegen[5].

1. Prüfung

Die letzte Jahresbilanz muss geprüft sein. Der Gegenstand und der Umfang der Prü- 3
fung ergeben sich aus **§ 317 HGB**. So hat sich die Prüfung darauf zu erstrecken, ob die
gesetzlichen Vorschriften und sie ergänzende Bestimmungen der Satzung beachtet
worden sind (§ 317 Abs. 1 Satz 2 HGB) Dabei wird auch geprüft, ob die Kapitalrücklage oder die Gewinnrücklagen ordnungsgemäß gebildet worden sind[6]. Handelt es sich
um eine kleine Aktiengesellschaft (vgl. § 267 Abs. 1 HGB), findet an sich keine
Pflichtprüfung statt (§ 316 Abs. 1 Satz 1 HGB). Soll das Grundkapital aus Gesellschaftsmitteln auf der Grundlage der letzten Jahresbilanz erhöht werden, ist dennoch

---

1 BiRiLiG v. 16.12.1985, BGBl. I 1985, 2355.
2 VersRiLiG v. 24.6.1994, BGBl. I 1994, 1377.
3 KonTraG v. 27.4.1998, BGBl. I 1998, 786.
4 BilReG v. 4.12.2004, BGBl. I 2004, 3166.
5 Vgl. *Krieger* in MünchHdb. AG, § 59 Rz. 17; i.E. auch *Lutter* in KölnKomm. AktG, § 209 Rz. 9;
   Hüffer, § 209 Rz. 2.
6 Vgl. *Lutter* in KölnKomm. AktG, § 209 Rz. 3; *Hüffer*, § 209 Rz. 3.

eine Prüfung vorzunehmen. In diesem Fall muss die Hauptversammlung einen Abschlussprüfer bestellen (vgl. §§ 318 Abs. 1, 319 Abs. 1 HGB).

2. Bestätigungsvermerk und Feststellung

4   Der Abschlussprüfer hat das **Ergebnis** der **Prüfung** in einem **Bestätigungsvermerk** zusammenzufassen (§ 322 Abs. 1 Satz 1 HGB). Aus § 209 Abs. 1 folgt, dass die Jahresbilanz mit einem uneingeschränkten Bestätigungsvermerk des Abschlussprüfers versehen sein muss. Damit ist die Erklärung im Sinne von § 322 Abs. 1 Satz 3 HGB gemeint. Sie darf nicht mit Einschränkungen versehen sein (vgl. § 322 Abs. 4 HGB) und ist auch dann erforderlich, wenn das Grundkapital nur um einen relativ geringfügigen Betrag erhöht wird[7].

5   Schließlich ist es erforderlich, dass die **Jahresbilanz festgestellt** ist. Dies bedeutet, dass der Jahresabschluss festgestellt sein muss[8], was grundsätzlich die Billigung durch den Aufsichtsrat voraussetzt (§ 172 Satz 1). Haben Vorstand und Aufsichtsrat beschlossen, die Feststellung des Jahresabschlusses der Hauptversammlung zu überlassen oder hat der Aufsichtsrat den Jahresabschluss nicht gebilligt, so erfolgt die Feststellung durch die Hauptversammlung (§ 173 Abs. 1 Satz 1).

3. Stichtag

6   Der Stichtag der Bilanz darf höchstens **acht Monate** vor der **Anmeldung** des Beschlusses zur Eintragung in das Handelsregister liegen (§ 209 Abs. 1). Mit dem Stichtag ist der letzte Tag des Geschäftsjahres gemeint. Auf den Zeitpunkt der Unterzeichnung oder Feststellung des Jahresabschlusses kommt es nicht an[9]. Die Frist berechnet sich nach den §§ 186 ff. BGB. Zur Fristwahrung ist es erforderlich (und ausreichend), wenn der Beschluss über die Kapitalerhöhung ordnungsgemäß innerhalb der Frist von acht Monaten angemeldet wird. Wird diese Frist nicht gewahrt, hat der Registerrichter die Anmeldung zurückzuweisen (s. § 210 Rz. 6).

III. Erhöhungsbilanz

1. Allgemeine Anforderungen

7   Die Kapitalerhöhung aus Gesellschaftsmitteln kann auch auf der Grundlage einer eigens aufgestellten Bilanz erfolgen (**§ 207 Abs. 1**). Diese sogenannte **Erhöhungsbilanz** ist vor allem dann erforderlich, wenn die Frist von 8 Monaten (**§ 209 Abs. 1**) abgelaufen ist bzw. nicht eingehalten werden kann. Die Erhöhungsbilanz wird vom Vorstand auf der Grundlage der letzten Jahresbilanz aufgestellt[10]. Zu beachten ist, dass die für die Umwandlung vorgesehene Kapital- oder Gewinnrücklage in der Erhöhungsbilanz besonders ausgewiesen sein muss (vgl. § 208 Abs. 1 Satz 1).

8   Die Anforderungen an die Erhöhungsbilanz sind in **§ 209 Abs. 2 bis 5** niedergelegt. Sie entsprechen im Wesentlichen den Anforderungen, denen eine Jahresbilanz (§ 209 Abs. 1) unterliegt. So verweist § 209 Abs. 2 Satz 1 auf die §§ 150, 152 AktG und auf die §§ 242 bis 256, 264 bis 274, 279 bis 283 HGB. Diese Vorschriften sind für anwendbar erklärt, weil die Erhöhungsbilanz nur für die Kapitalerhöhung aufgestellt wird. Da sie auf der letzten Jahresbilanz basiert, können die entsprechenden Beträge ver-

---

7   Vgl. BayObLG v. 9.4.2002 – 3 Z BR 39/02, AG 2002, 397, 398.
8   Vgl. *Volhard* in MünchKomm. AktG, § 209 Rz. 17.
9   Ausführlich hierzu *Volhard* in MünchKomm. AktG, § 209 Rz. 18 ff.
10 Vgl. *Hirte* in Großkomm. AktG, § 209 Rz. 35.

wandt und fortgeschrieben werden. Abschreibungen sind zum Stichtag der Erhöhungsbilanz vorzunehmen.

2. Stichtag

Der Stichtag der besonderen Erhöhungsbilanz darf höchstens acht Monate vor der 9 Anmeldung des Beschlusses zur Eintragung in das Handelsregister liegen (§ 209 Abs. 2 Satz 2). Zur Fristwahrung sind dieselben Grundsätzen wie bei der gem. Abs. 1 zugrunde gelegten letzten Jahresbilanz zu beachten (s. hierzu Rz. 6).

3. Prüfung durch Abschlussprüfer

Die Bilanz muss durch einen Abschlussprüfer darauf geprüft werden, ob sie §§ 150, 10 152 AktG und §§ 242 bis 256, 264 bis 274, 279 bis 283 HGB entspricht (§ 209 Abs. 3 Satz 1). Die Prüfung hat durch einen Abschlussprüfer zu erfolgen, der von der Hauptversammlung gewählt werden kann (§ 209 Abs. 4 Satz 1). Geschieht dies nicht, so gilt der Prüfer als gewählt, der für die Prüfung des letzten Jahresabschlusses von der Hauptversammlung gewählt oder vom Gericht bestellt worden ist (§ 209 Abs. 4 Satz 1). Die Wahl der Prüfer und der Ablauf der Prüfung bestimmen sich nach den §§ 318 Abs. 1 Satz 3, 319 Abs. 1 bis 4, 319a Abs. 1, § 320 Abs. 1, 2, §§ 321, 322 Abs. 7 und § 323 HGB (§ 209 Abs. 4 Satz 2).

4. Bestätigungsvermerk

Die besondere Erhöhungsbilanz muss mit einem uneingeschränkten Bestätigungs- 11 vermerk versehen sein (§ 209 Abs. 3 Satz 2). Dieser hat zum Ausdruck zu bringen, dass die Erhöhungsbilanz ordnungsgemäß, d.h. nach Maßgabe von § 209 Abs. 3, aufgestellt wurde[11]. Wird der Bestätigungsvermerk eingeschränkt oder versagt, kann auf der Grundlage der Erhöhungsbilanz das Kapital nicht erhöht werden. Der Abschlussprüfer hat den Bestätigungsvermerk entsprechend § 209 Abs. 4 Satz 2 AktG i.V.m. § 322 Abs. 7 HGB unter Angabe von Ort und Tag zu unterzeichnen[12].

5. Feststellung

Es ist zweifelhaft, ob auch die Erhöhungsbilanz nach Maßgabe von § 172 oder § 173 12 AktG festzustellen ist. Zwar wird in § 209 Abs. 2 bis 5 weder § 172 noch § 173 in Bezug genommen. Doch folgt bereits aus § 111 Abs. 1, dass der Aufsichtsrat verpflichtet ist, die Erhöhungsbilanz zu prüfen[13]. Einer besonderen Feststellung im Sinne einer Erklärung, dass das ermittelte Ergebnis verbindlich ist, bedarf es dagegen nicht[14]. Auch ein eigenständiger Prüfungsbericht gem. § 171 Abs. 2, Abs. 3 ist entbehrlich[15].

6. Versicherungsgesellschaften

Für Versicherungsgesellschaften bestimmt § 209 Abs. 5 Satz 1 Halbsatz 1, dass der 13 Prüfer vom Aufsichtsrat bestimmt wird. Allerdings gilt § 209 Abs. 4 Satz 1 sinngemäß (§ 209 Abs. 5 Satz 1 Halbsatz 2). Dies bedeutet, dass die Hauptversammlung zwar nicht zuständig dafür ist, die Person des Abschlussprüfers zu bestimmen. Wird der Aufsichtsrat insoweit nicht tätig, gilt aber der Prüfer als bestimmt, der für die Prüfung des letzten Jahresabschlusses von der Hauptversammlung gewählt oder vom

---

11 Vgl. *Hirte* in Großkomm. AktG, § 209 Rz. 43 f.; *Volhard* in MünchKomm. AktG, § 209 Rz. 36.
12 Vgl. *Lutter* in KölnKomm. AktG, § 209 Rz. 14; *Hirte* in Großkomm. AktG, § 209 Rz. 44.
13 Vgl. *Krieger* in MünchHdb. AG, § 59 Rz. 27; a.A. *Hirte* in Großkomm. AktG, § 209 Rz. 37 (analog §§ 171, 172).
14 Vgl. *Krieger* in MünchHdb. AG, § 59 Rz. 27; *Hirte* in Großkomm. AktG, § 209 Rz. 37.
15 Vgl. *Krieger* in MünchHdb. AG, § 59 Rz. 27; *Hüffer*, § 209 Rz. 11.

Gericht bestellt worden ist. Die Prüfung bestimmt sich nach § 341k HGB (§ 209 Abs. 5 Satz 2). Es sind daher die §§ 316 bis 324 HGB entsprechend anzuwenden.

7. Auslegung der Bilanz und Erteilung von Abschriften

14 Die Auslegung der besonderen Erhöhungsbilanz und die Erteilung von Abschriften bestimmen sich nach § 175 Abs. 2 (§ 209 Abs. 6). Dies bedeutet, dass die Erhöhungsbilanz von der Einberufung der Hauptversammlung an in den Geschäftsräumen der Gesellschaft auszulegen ist. Auf Verlangen ist jedem Aktionär unverzüglich eine Abschrift der Vorlage zu erteilen (s. zu den Einzelheiten § 175 Rz. 8).

IV. Rechtsfolgen bei Verstößen

15 Der **Kapitalerhöhungsbeschluss** ist gem. § 241 Nr. 3 **nichtig**, wenn ihm eine Bilanz zugrunde liegt, die nicht geprüft, nicht festgestellt oder die nicht mit einem uneingeschränkten Bestätigungsvermerk[16] versehen wurde[17]. Der Registerrichter darf den Beschluss in diesen Fällen nicht eintragen. Kommt es dennoch zur Eintragung, so kann die Nichtigkeit gem. § 242 Abs. 2 geheilt werden[18].

16 Andere Verstöße haben nur die **Anfechtbarkeit** des **Kapitalerhöhungsbeschlusses** zur Folge. Dies gilt beispielsweise für einen Verstoß gegen die Pflicht zur Bekanntgabe gem. § 175 Abs. 2 (s. hierzu Rz. 6). Auch eine Überschreitung der achtmonatigen Frist stellt eine bloße Gesetzesverletzung dar. In beiden Situationen darf der Registerrichter nicht eintragen[19]. Erfolgt die Eintragung im Handelsregister dennoch, so hat die Überschreitung der Frist keine Auswirkungen auf den Bestand der Maßnahme; die Kapitalerhöhung bleibt wirksam[20].

§ 210
Anmeldung und Eintragung des Beschlusses

(1) Der Anmeldung des Beschlusses zur Eintragung in das Handelsregister ist die der Kapitalerhöhung zugrunde gelegte Bilanz mit Bestätigungsvermerk, im Fall des § 209 Abs. 2 bis 6 außerdem die letzte Jahresbilanz, sofern sie noch nicht nach § 325 Abs. 1 des Handelsgesetzbuchs eingereicht ist, beizufügen. Die Anmeldenden haben dem Gericht gegenüber zu erklären, dass nach ihrer Kenntnis seit dem Stichtag der zugrunde gelegten Bilanz bis zum Tag der Anmeldung keine Vermögensminderung eingetreten ist, die der Kapitalerhöhung entgegenstünde, wenn sie am Tag der Anmeldung beschlossen worden wäre.

(2) Das Gericht darf den Beschluss nur eintragen, wenn die der Kapitalerhöhung zugrunde gelegte Bilanz auf einen höchstens acht Monate vor der Anmeldung liegenden Stichtag aufgestellt und eine Erklärung nach Absatz 1 Satz 2 abgegeben worden ist.

---

16 Vgl. BayObLG v. 9.4.2002 – 3 Z BR 39/02, AG 2002, 397, 398.
17 Vgl. *Lutter* in KölnKomm. AktG, § 209 Rz. 10; *Hüffer*, § 209 Rz. 14; *Volhard* in MünchKomm. AktG, § 209 Rz. 43.
18 Vgl. *Lutter* in KölnKomm. AktG, § 209 Rz. 10; *Hüffer*, § 209 Rz. 14; *Volhard* in MünchKomm. AktG, § 209 Rz. 43.
19 Vgl. *Hirte* in Großkomm. AktG, § 209 Rz. 54, 56.
20 Vgl. *Lutter* in KölnKomm. AktG, § 209 Rz. 10; *Hirte* in Großkomm. AktG, § 209 Rz. 54; *Hüffer*, § 209 Rz. 14.

(3) Das Gericht braucht nicht zu prüfen, ob die Bilanzen den gesetzlichen Vorschriften entsprechen.

(4) Bei der Eintragung des Beschlusses ist anzugeben, dass es sich um eine Kapitalerhöhung aus Gesellschaftsmitteln handelt.

(5) *(weggefallen)*

I. Allgemeines	1	III. Eintragung des Beschlusses	6
II. Anmeldung des Beschlusses	2	1. Registergerichtliche Kontrolle	6
1. Allgemeines	2	2. Entscheidungen des Gerichts	8
2. Beizufügende Unterlagen	3	3. Eintragung im Handelsregister	9
3. Erklärung der Anmeldenden	5		

I. Allgemeines

Die Vorschrift legt fest, dass der Anmeldung des Beschlusses zur Eintragung in das 1 Handelsregister[1] bestimmte Unterlagen und eine Erklärung beizufügen sind (§ 210 Abs. 1). Ferner konkretisiert sie den **Gegenstand** sowie den **Umfang** der **registergerichtlichen Prüfung** (§ 210 Abs. 2 und 3) und verfügt, dass bei der Eintragung anzugeben ist, dass es sich um eine Kapitalerhöhung aus Gesellschaftsmitteln handelt (§ 210 Abs. 4). § 210 geht auf § 7 KapErhG zurück; § 210 Abs. 1 wurde geändert und § 210 Abs. 5 aufgehoben durch das Gesetz über elektronische Handelsregister und Genossenschaftsregister sowie das Unternehmensregister (EHUG) vom 10.11.2006[2].

II. Anmeldung des Beschlusses

1. Allgemeines

Die Anmeldung ist vom **Vorstand** und dem **Vorsitzenden** des **Aufsichtsrats** im Na- 2 men der Gesellschaft vorzunehmen (§ 207 Abs. 2 Satz 1 i.V.m. § 184 Abs. 1; s. § 207 Rz. 15). Sie hat beim Gericht des Sitzes der Gesellschaft (§ 210 Abs. 1 Satz 1 und § 14) elektronisch in öffentlich beglaubigter Form (§ 12 Abs. 1 HGB i.V.m. §§ 129 BGB, 39, 40 BeurkG) zu erfolgen. Fristen sieht das Gesetz für die Anmeldung nicht vor. Da der Stichtag der zugrunde gelegten Bilanz höchstens acht Monate vor der Anmeldung des Beschlusses liegen darf (§ 209 Abs. 1 und Abs. 2 Satz 2), sind der Vorstand und der Aufsichtsratsvorsitzende verpflichtet, unverzüglich (§ 121 Abs. 1 Satz 1 BGB) tätig zu werden[3].

2. Beizufügende Unterlagen

Der Anmeldung sind gem. § 12 Abs. 2 HGB eine Ausfertigung der **Niederschrift** über 3 den **Beschluss** der Hauptversammlung einschließlich der Anlagen (§ 130) sowie die der Kapitalerhöhung zugrunde gelegte **Jahresbilanz** (§ 209 Abs. 1) oder **Erhöhungsbilanz** (§ 209 Abs. 2) mit Bestätigungsvermerk beizufügen. Wurde für die Kapitalerhöhung eigens eine Bilanz aufgestellt, ist außerdem die letzte Jahresbilanz beizufügen, sofern sie noch nicht eingereicht ist (§ 210 Abs. 1 Satz 1). Ist die Jahresbilanz bereits gem. § 325 Abs. 1 HGB eingereicht worden, muss sie nicht erneut vorgelegt werden[4].

---

1 Die Anmeldepflicht folgt aus § 207 Abs. 2 Satz 1 i.V.m. § 184 Abs. 1.
2 BGBl. I 2006, 2553.
3 Vgl. *Hüffer*, § 210 Rz. 2.
4 Vgl. *Hüffer*, § 210 Rz. 3; *Lutter* in KölnKomm. AktG, § 210 Rz. 7.

4   Mit der Anmeldung des Beschlusses ist auch die Anmeldung der Satzungsänderung (zur Qualifikation als Satzungsänderung s. § 207 Rz. 15) verbunden. Es ist deshalb erforderlich, den vollständigen **neuen Satzungswortlaut** beizufügen. Dieser muss mit der Bescheinigung des Notars versehen sein, dass die geänderten Bestimmungen der Satzung mit dem Beschluss über die Satzungsänderung und die unveränderten Bestimmungen mit dem zuletzt zum Handelsregister eingereichten vollständigen Wortlaut der Satzung übereinstimmen (vgl. § 181 Abs. 1 Satz 2)[5]. Sofern die Kapitalerhöhung mittels Zuführungen aus dem Jahresüberschuss erfolgen soll (s. § 208 Rz. 1 ff.), muss auch der Beschluss der Hauptversammlung über die Verwendung des Bilanzgewinns beigefügt werden[6]. Schließlich ist zu beachten, dass die Satzung wegen notwendiger Anpassungen (§ 216 Abs. 1 oder Abs. 3 Satz 2, § 218 Satz 1) unrichtig werden kann. In diesem Fall ist ein satzungsändernder Beschluss zu fassen, der gleichfalls zur Eintragung in das Handelsregister angemeldet werden muss.

3. Erklärung der Anmeldenden

5   Die **Anmeldenden** haben dem Gericht – in der Anmeldung oder in einer gesonderten Urkunde – gegenüber die **Erklärung** abzugeben, dass nach ihrer Kenntnis seit dem Stichtag der zugrunde gelegten Bilanz (s. hierzu § 209 Rz. 1) bis zum Tag der Anmeldung keine Vermögensminderung eingetreten ist, die der Kapitalerhöhung entgegenstünde, wenn sie am Tag der Anmeldung beschlossen worden wäre (§ 210 Abs. 1 Satz 2). Diese soll gewährleisten, dass das für die Kapitalerhöhung benötigte Vermögen auch tatsächlich vorhanden ist, wenn die Anmeldung des Beschlusses erfolgt[7]. Der Vorstand und der Vorsitzende des Aufsichtsrats haben daher zu prüfen, ob zwischenzeitlich Verluste entstanden sind, die einer Umwandlung der Kapitalrücklage oder der Gewinnrücklagen entgegen stehen (vgl. § 208 Abs. 2 Satz 1)[8]. Geben sie die Erklärung zum Zweck der Eintragung der Erhöhung des Grundkapitals der Wahrheit zuwider ab, so machen sie sich gem. § 399 Abs. 2 strafbar. Auch können Schadensersatzansprüche der Gesellschaft (§§ 93, 116) und von Gläubigern der Gesellschaft (§ 823 Abs. 2 BGB i.V.m. § 399 Abs. 2 AktG) begründet sein.

III. Eintragung des Beschlusses

1. Registergerichtliche Kontrolle

6   Das Registergericht prüft, ob die **Anmeldung formell** und **materiell ordnungsgemäß** ist (s. zu den Einzelheiten § 181 Rz. 22). Dabei hat es sich insbesondere der Bilanz anzunehmen, die der Kapitalerhöhung zugrunde liegt. So hat es zu prüfen, ob die Bilanz auf einen höchstens acht Monate vor der Anmeldung liegenden Stichtag aufgestellt worden ist (§ 210 Abs. 2) und ob die Rücklagen zur Umwandlung in Grundkapital geeignet sind, insbesondere ob eine Zweckbindung (s. hierzu § 208 Rz. 1) dem entgegensteht[9]. Das Gericht braucht jedoch nicht zu prüfen, ob die Bilanzen den gesetzlichen Vorschriften entsprechen (§ 210 Abs. 3). Dem Gesetzgeber erschien es ausreichend zu sein, dass die Bilanz einer sachverständigen Prüfung durch den Abschlussprüfer unterliegt (s. hierzu § 209 Rz. 10 f.). Es würde auch einen unvertretbaren

---

5 Allg. M.; vgl. *Volhard* in MünchKomm. AktG, § 210 Rz. 15.
6 *Volhard* in MünchKomm. AktG, § 210 Rz. 16.
7 Vgl. *Hüffer*, § 210 Rz. 4; *Lutter* in KölnKomm. AktG, § 210 Rz. 9; *Volhard* in MünchKomm. AktG, § 210 Rz. 7.
8 Vgl. *Volhard* in MünchKomm. AktG, § 210 Rz. 9.
9 *Hirte* in Großkomm. AktG, § 210 Rz. 30; *Volhard* in MünchKomm. AktG, § 210 Rz. 22. A.A. *Hüffer*, § 210 Rz. 6; *Krieger* in MünchHdb. AG, § 59 Rz. 34.

Aufwand bedeuten, wenn das Gericht die Richtigkeit der Bilanz prüfen müsste[10]. Andererseits ist es nicht ausgeschlossen, dass das Gericht, etwa aufgrund bestimmter Zweifel, in die Prüfung eintritt, ob die Bilanz ordnungsgemäß aufgestellt wurde[11].

Das Registergericht prüft schließlich, ob eine Erklärung nach § 210 Abs. 1 Satz 2 abgegeben worden ist (§ 210 Abs. 2).   7

2. Entscheidungen des Gerichts

Das Registergericht hat die **Eintragung abzulehnen**, wenn die Anmeldung nicht ordnungsgemäß erfolgt oder der Beschluss nichtig ist. Dazu kann es auch verpflichtet sein, wenn der Beschluss lediglich anfechtbar ist (s. hierzu § 181 Rz. 26 und § 184 Rz. 11). Ferner hat das Gericht zu beachten, dass es den Beschluss nur eintragen darf, wenn die der Kapitalerhöhung zugrunde gelegte Bilanz auf einen höchstens acht Monate vor der Anmeldung liegenden Stichtag aufgestellt und eine Erklärung nach § 210 Abs. 1 Satz 2 abgegeben worden ist (§ 210 Abs. 3). Dies gilt auch dann, wenn die Frist nur kurz überschritten worden ist; eine Fristüberschreitung lässt das Gesetz nicht zu[12]. Das Rechtsmittel gegen die Zurückweisung der Anmeldung ist die einfache Beschwerde (§ 19 Abs. 1 FGG).   8

3. Eintragung im Handelsregister

Die Eintragung des Beschlusses erfolgt in der **Abteilung B Spalte 3 und Spalte 6** des Handelsregisters. Dabei ist anzugeben, dass es sich um eine Kapitalerhöhung aus Gesellschaftsmitteln handelt (§ 210 Abs. 4). Ein Verstoß gegen diese Vorgabe hat allerdings keine Auswirkungen auf den Bestand der Maßnahme[13]. Ist der Beschluss nichtig, so findet eine Heilung allein aufgrund seiner Eintragung nicht statt[14]. In Betracht kommt aber, dass die Nichtigkeit gem. § 242 geheilt wird oder die Maßnahme einen endgültigen Bestandsschutz (§ 246a) genießt. Auch ein vorläufiger Bestandsschutz ex nunc nach den Grundsätzen der fehlerhaften Gesellschaft ist möglich (s. hierzu § 189 Rz. 7).   9

Die Kapitalerhöhung hat zur Folge, dass das Grundkapital der Gesellschaft erhöht ist (vgl. § 211 Abs. 1). Dadurch unterscheidet sich die Kapitalerhöhung aus Gesellschaftsmitteln von der regulären Kapitalerhöhung und vom genehmigten Kapital, die jeweils erst mit der Eintragung der Durchführung der Kapitalerhöhung wirksam werden.   10

§ 211
Wirksamwerden der Kapitalerhöhung

(1) Mit der Eintragung des Beschlusses über die Erhöhung des Grundkapitals ist das **Grundkapital erhöht.**

(2) *(weggefallen)*

---

10 Vgl. *Volhard* in MünchKomm. AktG, § 210 Rz. 20.
11 Vgl. *Lutter* in KölnKomm. AktG, § 210 Rz. 13; *Hüffer*, § 210 Rz. 6; *Volhard* in MünchKomm. AktG, § 210 Rz. 23.
12 Vgl. OLG Frankfurt v. 27.4.1981 – 20 W 831/80, WM 1981, 1511, 1512 (zu § 7 Abs. 2 KapErhG a.F.); LG Essen v. 8.6.1982 – 45 T 2/82, BB 1982, 1901 (zu § 7 Abs. 2 KapErhG a.F.).
13 Vgl. *Hüffer*, § 210 Rz. 10.
14 Vgl. *Hirte* in Großkomm. AktG, § 210 Rz. 40.

Literatur: *Priester* Die neuen Anteilsrechte bei Kapitalerhöhung aus Gesellschaftsmitteln, GmbHR 1980, 236.

1   Die Vorschrift geht auf § 8 Abs. 1 KapErhG a.F. zurück und legt in Übereinstimmung mit der allgemein für Satzungsänderungen geltenden Regelung (§ 181 Abs. 3) fest, dass die **Kapitalerhöhung** aus Gesellschaftsmitteln mit der **Eintragung des Beschlusses** in das Handelsregister **wirksam wird.** Auf eine Durchführung kommt es im Unterschied zur regulären Kapitalerhöhung (vgl. § 189) nicht an. Das erhöhte Grundkapital ist schon mit der Eintragung des Beschlusses in der Bilanz unter den Passiva auszuweisen (vgl. § 266 Abs. 3 A. I. HGB). Der Beschluss kann nach der Eintragung nicht mehr durch einen einfachen Beschluss aufgehoben werden. Erforderlich ist vielmehr eine förmlich beschlossene Kapitalherabsetzung[1]. Die zunächst in § 211 Abs. 2 erfasste Regelung, dass die neuen Aktien als voll eingezahlt gelten, wurde mit Wirkung zum 1.1.1995 durch Art. 6 Nr. 4 UmwBerG[2] aufgehoben[3].

2   Außer der Erhöhung des Grundkapital bewirkt die **Eintragung** kraft Gesetzes, dass die neuen **Mitgliedsrechte entstehen**[4]. Sie stehen den Aktionären im Verhältnis ihrer Anteile am bisherigen Grundkapital zu (§ 212 Satz 1). Der Vorstand hat die Aktionäre aufzufordern, die neuen Aktien abzuholen (§ 214 Abs. 1). Bis zu ihrer Ausgabe können die Aktien gem. §§ 413, 398 BGB übertragen werden.

3   Die Aktionäre sind nicht verpflichtet, eine Einlage zu leisten. Es findet vielmehr eine **Umbuchung** der **Kapital-** bzw. **Gewinnrücklage in Grundkapital** statt (s. hierzu § 208 Rz. 1). Selbst wenn sich herausstellen sollte, dass die umgewandelten Rücklagen oder Zuführungen nicht bzw. nicht in voller Höhe gedeckt waren, brauchen die Aktionäre die Differenz nicht auszugleichen. Es besteht keine Unterbilanzhaftung[5]. Ein Bedürfnis, sie rechtsfortbildend zu entwickeln, ist nicht ersichtlich. Der Gesetzgeber hat ein effektives Schutzsystem in Gestalt einer sachverständigen Prüfung der zugrunde gelegten Bilanz (§ 209 Abs. 1 und Abs. 3; s. § 209 Rz. 10), der Erklärung der Anmeldenden, bis zum Tag der Anmeldung seien keine Vermögensminderung eingetreten, die der Kapitalerhöhung entgegen stünde (§ 210 Abs. 1 Satz 2; s. § 210 Rz. 5) und der Prüfung durch das Registergericht (§ 210 Abs. 2; s. § 210 Rz. 6), geschaffen[6]. Der Abschlussprüfer (§ 323 HGB) und die Anmeldenden (§§ 93, 116) können außerdem zum Schadensersatz verpflichtet sein. Ob eine Pflicht zur Kapitalherabsetzung gegeben sein kann, lässt sich nicht pauschal beantworten[7]. Zu bedenken ist, dass die Unterbilanz auch durch zukünftige Überschüsse ausgeglichen werden kann[8] und Ersatzansprüche gegen die Organmitglieder und Prüfer bestehen. Diese Aspekte sprechen gegen eine Pflicht der Gesellschaft und ihrer Aktionäre, das Kapital durch eine förmliche Herabsetzung anzupassen.

---

1 Allg. M.; vgl. *Lutter* in KölnKomm. AktG, § 211 Rz. 3.
2 BGBl. I 1994, 3210.
3 Zu den Gründen vgl. *Hirte* in Großkomm. AktG, § 211 Rz. 1 f.
4 Vgl. *Lutter* in KölnKomm. AktG, § 211 Rz. 5; *Hirte* in Großkomm. AktG, § 211 Rz. 9.
5 Vgl. *Hüffer*, § 211 Rz. 5; *Hirte* in Großkomm. AktG, § 211 Rz. 12; *Lutter* in KölnKomm. AktG, § 211 Rz. 8.
6 Vgl. *Lutter* in KölnKomm. AktG, § 211 Rz. 8.
7 Ablehnend *Krieger* in MünchHdb. AG, § 59 Rz. 37; wohl auch *Hüffer*, § 211 Rz. 5; bejahend *Lutter* in KölnKomm. AktG, § 211 Rz. 8; *Hirte* in Großkomm. AktG, § 211 Rz. 14; *Volhard* in MünchKomm. AktG, § 211 Rz. 11.
8 Vgl. *Hüffer*, § 211 Rz. 5.

§ 212
Aus der Kapitalerhöhung Berechtigte

Neue Aktien stehen den Aktionären im Verhältnis ihrer Anteile am bisherigen Grundkapital zu. Ein entgegenstehender Beschluss der Hauptversammlung ist nichtig.

Die Vorschrift bestimmt, dass die **neuen Aktien** den **Aktionären** im **Verhältnis** ihrer **Anteile am bisherigen Grundkapital** zustehen. Sie beruht auf § 9 KapErhG a.F. und wurde in Satz 1 durch Art. 1 Nr. 28 StückAG[1] geändert. Der Grund für die Zuweisung der neuen Aktien an die Altaktionäre liegt darin, dass diesen das umgewandelte Vermögen schon zuvor entsprechend ihrer Beteiligungsquote „zustand". § 212 Satz 1 stellt klar, dass die Aktionäre bei der Umwandlung der Beträge in Grundkapital gleich behandelt werden. Die neuen Aktien[2] stehen ihnen[3] automatisch, mit der Eintragung des Kapitalerhöhungsbeschlusses in das Handelsregister, zu[4]. Bei der Kapitalerhöhung aus Gesellschaftsmitteln gibt es daher kein gesetzliches Bezugsrecht. Rechte Dritter an den Altaktien, beispielsweise ein Pfandrecht oder ein Nießbrauch, erstrecken sich auf die neuen Aktien[5]. 1

Aus § 212 Satz 2 folgt, dass die **verhältnismäßige Zuteilung zwingend** ist. Sowohl eine abweichende Zuteilung als auch mittelbare Beeinträchtigung, beispielsweise in Gestalt einer Verpflichtung, die Mitgliedsrechte nach Wirksamwerden der Kapitalerhöhung zu übertragen[6], sollen unzulässig sein. Der Hauptversammlung steht nach herrschender Doktrin ein Gestaltungsspielraum auch dann nicht zu, wenn der betreffende Beschluss einstimmig gefasst worden ist oder wenn der in seinen Rechten betroffene Aktionär einer abweichenden Verteilung ausdrücklich zugestimmt hat[7]. Eine andere Beurteilung soll auch bei nur geringfügigen Abweichungen nicht geboten sein. Diese Sichtweise findet eine Stütze im Wortlaut des § 212 Satz 2. Sie vermag im Ergebnis aber nicht zu überzeugen[8]. Es gehört zu den Grundsätzen des Gesellschaftsrechts, dass Eingriffe in den Kernbereich der Mitgliedschaft zulässig sind, wenn der Betroffene zugestimmt hat[9]. Die h.M. hat daher keine Probleme damit, unter der Prämisse eines einstimmigen Beschlusses bzw. der Zustimmung des betroffenen Gesellschafters Quotenverschiebungen bei Umwandlungsmaßnahmen anzuerkennen[10]. Warum soll ein Aktionär nicht in der Lage sein können, auch bei einer Kapitalerhöhung aus Gesellschaftsmitteln auf die Zuteilung neuer Aktien zu ver- 2

---

1 Vgl. StückAG v. 25.3.1998, BGBl. I 1998, 590.
2 Bei Nennbetragsaktien sind neue Aktien notwendig auszugeben, bei Stückaktien kommt die Aktienausgabe fakultativ in Betracht. S. § 207 Rz. 11.
3 Auch der Gesellschaft stehen aus eigenen Aktien neue Aktien zu; s. § 215 Rz. 1.
4 Allg. M.; vgl. *Lutter* in KölnKomm. AktG, § 212 Rz. 2.
5 Vgl. *Hüffer*, § 212 Rz. 2; *Lutter* in KölnKomm. AktG, § 212 Rz. 4; *Hirte* in Großkomm. AktG, § 212 Rz. 12.
6 Vgl. *Hüffer*, § 212 Rz. 3; *Lutter* in KölnKomm. AktG, § 212 Rz. 8; *Krieger* in MünchHdb. AG, § 59 Rz. 40.
7 Vgl. OLG Dresden v. 9.2.2001 – 15 W 129/01, AG 2001, 532; *Hüffer*, § 212 Rz. 3; *Hirte* in Großkomm. AktG, § 212 Rz. 15; *Lutter* in KölnKomm. AktG, § 212 Rz. 5; *Krieger* in MünchHdb. AG, § 59 Rz. 40; *Volhard* in MünchKomm. AktG, § 212 Rz. 11.
8 Kritisch auch *Hirte* in Großkomm. AktG, § 212 Rz. 15.
9 Vgl. *K. Schmidt*, Gesellschaftsrecht, § 16 III. 3.
10 Vgl. zum nicht-verhältniswahrenden Formwechsel *Decher* in Lutter, UmwG, § 202 Rz. 21 m.w.N.; eine nicht-verhältniswahrende Spaltung ist in § 128 UmwG ausdrücklich zugelassen, vgl. *Priester* in Lutter, UmwG, § 128 Rz. 10.

zichten? Allein der Umstand, dass das in die Kapitalrücklage oder in Gewinnrücklagen eingestellte Vermögen umgebucht wird, vermag die unterschiedliche Behandlung der Fälle nicht zu rechtfertigen. § 212 Satz 2 ist daher teleologisch zu reduzieren: Ein Beschluss der Hauptversammlung, der keine verhältnismäßige Zuteilung der neuen Aktien vorsieht, bedarf zu seiner Wirksamkeit der Zustimmung der betroffenen Aktionäre.

3   Verstößt der **Kapitalerhöhungsbeschluss** gegen § 212 Satz 1, so ist die betreffende Bestimmung über die Zuteilung **nichtig** (§ 212 Satz 1). Dies hat grundsätzlich zur Folge, dass der gesamte Beschluss nichtig ist (§ 139 BGB)[11]. Etwas anderes gilt nur dann, wenn anzunehmen ist, dass der Beschluss auch ohne die nichtige Bestimmung getroffen sein würde. Dies kann zu bejahen sein, wenn es sich um eine unwesentliche Abweichung vom Gebot der verhältnismäßigen Zuteilung handelt[12].

4   Das **Registergericht** darf einen nichtigen oder teilweise nichtigen Beschluss nicht in das Handelsregister eintragen. Geschieht dies dennoch, so ist eine Heilung des nichtigen Beschlusses gem. § 242 ausgeschlossen[13]. Anders verhält es sich bezüglich eines wegen Verstoßes gegen § 212 Satz 1 teilweise nichtigen Beschlusses. Ein solcher Beschluss wird mit der Eintragung in das Handelsregister wirksam. Statt der gegen § 212 Satz 1 verstoßenden nichtigen Bestimmungen gilt die gesetzliche Zuteilungsregel[14].

§ 213
Teilrechte

(1) Führt die Kapitalerhöhung dazu, dass auf einen Anteil am bisherigen Grundkapital nur ein Teil einer neuen Aktie entfällt, so ist dieses Teilrecht selbständig veräußerlich und vererblich.

(2) Die Rechte aus einer neuen Aktie einschließlich des Anspruchs auf Ausstellung einer Aktienurkunde können nur ausgeübt werden, wenn Teilrechte, die zusammen eine volle Aktie ergeben, in einer Hand vereinigt sind oder wenn sich mehrere Berechtigte, deren Teilrechte zusammen eine volle Aktie ergeben, zur Ausübung der Rechte zusammenschließen.

1   Aufgrund der zwingenden Regel über die Zuteilung neuer Aktien (§ 212; s. zur Verzichtbarkeit auf eine verhältnismäßige Zuteilung bei Zustimmung des Betroffenen Rz. 2) kann es dazu kommen, dass auf einen Anteil am bisherigen Grundkapital nur ein Teil einer neuen Aktie entfällt. Diese **Teilrechte** entstehen kraft Gesetzes mit Wirksamwerden der Kapitalerhöhung. § 213 Abs. 1 bestimmt, dass sie **selbständig veräußerlich** und **übertragbar** sind. Die mitgliedschaftlichen Rechte können aber nur

---

11 Vgl. *Lutter* in KölnKomm. AktG, § 212 Rz. 11; *Priester*, GmbHR 1980, 236, 239; *Hüffer*, § 212 Rz. 4; *Hirte* in Großkomm. AktG, § 212 Rz. 19; *Krieger* in MünchHdb. AG, § 59 Rz. 40; *Volhard* in MünchKomm. AktG, § 212 Rz. 15.
12 Vgl. *Lutter* in KölnKomm. AktG, § 212 Rz. 11; *Hüffer*, § 212 Rz. 4; *Hirte* in Großkomm. AktG, § 212 Rz. 19; *Volhard* in MünchKomm. AktG, § 212 Rz. 15.
13 Vgl. *Lutter* in KölnKomm. AktG, § 212 Rz. 12; *Hirte* in Großkomm. AktG, § 212 Rz. 20.
14 Vgl. *Lutter* in KölnKomm. AktG, § 212 Rz. 12; *Hüffer*, § 212 Rz. 4; *Volhard* in MünchKomm. AktG, § 212 Rz. 17. A.A. wohl *Hirte* in Großkomm. AktG, § 212 Rz. 21 (abteilbarer Teil des Beschlusses sei einer Heilung nach § 242 Abs. 2 zugänglich).

ausgeübt werden, wenn Teilrechte, die zusammen eine volle Aktie ergeben, in einer Hand vereinigt sind oder wenn sich mehrere Inhaber von Teilrechten zur Ausübung der Rechte zusammen schließen. Diese Ausübungssperre soll die Inhaber von Teilrechten dazu bewegen, durch den Verkauf bzw. Kauf von Teilrechten möglichst volle Mitgliedsrechte zu schaffen[1].

Die **Teilrechte** sind **selbständiger Teil** eines **Mitgliedsrechts**[2]. Sie vermitteln alle mitgliedschaftlichen Rechte, die allerdings nur nach Maßgabe von § 213 Abs. 2 ausgeübt werden können. Dagegen können sie grundsätzlich frei und formlos übertragen werden (§§ 413, 398 BGB)[3]. Auch können sie vererbt werden, verpfändet und gepfändet oder auf eine andere Art und Weise belastet werden. Die Teilrechte sind nur mit Zustimmung der Gesellschaft übertragbar (§ 68 Abs. 2), wenn die Aktionäre sie aufgrund von vinkulierten Namensaktien erhalten haben[4]. **2**

Die **Ausübungssperre** (§ 213 Abs. 2) gilt für alle mitgliedschaftlichen Rechte (Stimmrecht, Dividendenrecht, Bezugsrecht, Anspruch auf Verbriefung, etc.). Die Inhaber von Teilrechten haben zwei Möglichkeiten, ihre Rechte auszuüben. Erstens kommt in Betracht, dass der Aktionär so viele Teilrechte hinzuerwirbt, dass er insgesamt über eine Aktie verfügt. Dabei verschmelzen die Teilrecht grundsätzlich nicht[5]. Zweitens können sich mehrere Berechtigte, deren Teilrechte zusammen eine volle Aktie ergeben, zur Ausübung der Rechte zusammenschließen. In diesem Fall entsteht eine Gesellschaft bürgerlichen Rechts (§ 705 BGB), die den Zweck einer gemeinsamen Ausübung der Rechte hat[6]. Sie ist keine bloße Rechtsgemeinschaft, sondern eine eigenständige teilrechtsfähige Gesellschaft, so dass die in § 69 Abs. 1 und Abs. 3 getroffenen Regeln über die Ausübung der Rechte keine Anwendung finden[7]. **3**

Eine **Rechtsausübung** ist auch dann möglich, wenn **Teilrechte zusammenkommen**, die in der Summe mehr als ein volles Mitgliedschaftsrecht ausmachen; sie ist lediglich für den überschießenden Betrag ausgeschlossen[8]. **4**

Trotz der beiden Wege einer Rechtsausübung stellt die Ausübungssperre eine erhebliche Einschränkung der Teilrechte dar. Die h.M. propagiert deshalb eine **Pflicht** der Gesellschaft, die **Kapitalerhöhung** so **auszugestalten**, dass möglichst **keine Teilrechte entstehen**[9]. Ein Bedürfnis für eine solche weitreichende Einschränkung der Finanzierungsfreiheit der Gesellschaft ist jedoch nicht zu erkennen. Es genügt, einer sachwidrigen Festsetzung des Erhöhungsbetrags oder des Nennbetrags zu begegnen[10]. In diesem Fall ist der Beschluss der Hauptversammlung anfechtbar. **5**

---

1 Vgl. *Hüffer*, § 213 Rz. 1; *Hirte* in Großkomm. AktG, § 213 Rz. 5.
2 Vgl. *Lutter* in KölnKomm. AktG, § 213 Rz. 3; *Hüffer*, § 213 Rz. 2; *Hirte* in Großkomm. AktG, § 213 Rz. 7.
3 Vgl. *Schippel*, DNotZ 1960, 353, 370; *Lutter* in KölnKomm. AktG, § 213 Rz. 7; *Hüffer*, § 213 Rz. 3.
4 Vgl. *Hüffer*, § 213 Rz. 3; *Hirte* in Großkomm. AktG, § 213 Rz. 11.
5 Vgl. *Volhard* in MünchKomm. AktG, § 213 Rz. 17 ff.
6 Vgl. *Lutter* in KölnKomm. AktG, § 213 Rz. 5; *Hüffer*, § 213 Rz. 4.
7 Vgl. *Hüffer*, § 213 Rz. 4; *Hirte* in Großkomm. AktG, § 213 Rz. 21; *Volhard* in MünchKomm. AktG, § 213 Rz. 22. A.A. *Lutter* in KölnKomm. AktG, § 213 Rz. 5.
8 Vgl. *Volhard* in MünchKomm. AktG, § 213 Rz. 15.
9 Vgl. *Hirte* in Großkomm. AktG, § 207 Rz. 113, 115; *Hüffer*, § 213 Rz. 1.
10 Vgl. *Krieger* in MünchHdb. AG, § 59 Rz. 44.

§ 214
Aufforderung an die Aktionäre

(1) Nach der Eintragung des Beschlusses über die Erhöhung des Grundkapitals durch Ausgabe neuer Aktien hat der Vorstand unverzüglich die Aktionäre aufzufordern, die neuen Aktien abzuholen. Die Aufforderung ist in den Gesellschaftsblättern bekannt zu machen. In der Bekanntmachung ist anzugeben,

1. um welchen Betrag das Grundkapital erhöht worden ist,
2. in welchem Verhältnis auf die alten Aktien neue Aktien entfallen.

In der Bekanntmachung ist ferner darauf hinzuweisen, dass die Gesellschaft berechtigt ist, Aktien, die nicht innerhalb eines Jahres seit der Bekanntmachung der Aufforderung abgeholt werden, nach dreimaliger Androhung für Rechnung der Beteiligten zu verkaufen.

(2) Nach Ablauf eines Jahres seit der Bekanntmachung der Aufforderung hat die Gesellschaft den Verkauf der nicht abgeholten Aktien anzudrohen. Die Androhung ist dreimal in Abständen von mindestens einem Monat in den Gesellschaftsblättern bekannt zu machen. Die letzte Bekanntmachung muss vor dem Ablauf von achtzehn Monaten seit der Bekanntmachung der Aufforderung ergehen.

(3) Nach Ablauf eines Jahres seit der letzten Bekanntmachung der Androhung hat die Gesellschaft die nicht abgeholten Aktien für Rechnung der Beteiligten zum Börsenpreis und beim Fehlen eines Börsenpreises durch öffentliche Versteigerung zu verkaufen. § 226 Abs. 3 Satz 2 bis 6 gilt sinngemäß.

(4) Die Absätze 1 bis 3 gelten sinngemäß für Gesellschaften, die keine Aktienurkunden ausgegeben haben. Die Gesellschaften haben die Aktionäre aufzufordern, sich die neuen Aktien zuteilen zu lassen.

I. Allgemeines	1	III. Verkauf der nicht abgeholten Aktien (§ 214 Abs. 2 und 3)	7
II. Aufforderung zur Abholung der neuen Aktien (§ 214 Abs. 1)	3	1. Verfahren	7
1. Voraussetzungen für Pflicht zur Aufforderung	3	2. Androhung	8
2. Bekanntmachung	5	3. Verkauf	9
3. Abholung der Aktien	6	IV. Zuteilung nicht verbriefter Aktien (§ 214 Abs. 4)	11

Literatur: *Stein*, Technische Durchführung einer Kapitalerhöhung aus Gesellschaftsmitteln, WM 1960, 242.

I. Allgemeines

1 Die Vorschrift regelt die **Ausgabe** der **Aktienurkunden** an die **Aktionäre**. So hat der Vorstand nach der Eintragung des Beschlusses über die Erhöhung des Grundkapitals durch Ausgabe neuer Aktien die Aktionäre aufzufordern, die neuen Aktien abzuholen (§ 214 Abs. 1 Satz 1). Die Aufforderung ist in den Gesellschaftsblättern bekannt zu machen (§ 214 Abs. 1 Satz 2 bis 4). Ist seit der Bekanntmachung der Aufforderung ein Jahr vergangen, hat die Gesellschaft den Verkauf der nicht abgeholten Aktien anzudrohen (§ 214 Abs. 2). Nach Ablauf eines Jahres seit der letzten Bekanntmachung der Androhung hat die Gesellschaft die nicht abgeholten Aktien für Rechnung der

Beteiligten zu verkaufen (§ 214 Abs. 3). Schließlich ist in § 214 Abs. 4 verfügt, dass die Vorschriften auch auf die Zuteilung nicht verbriefter Aktien Anwendung finden. Die Vorschrift geht auf § 11 KapErhG zurück und wurde durch Art. 1 Nr. 29 Stück-AG[1] sowie das vierte Finanzmarktförderungsgesetz[2] geändert.

§ 214 ist auf **Teilrechte** (s. § 213 Rz. 2) analog anzuwenden[3]. Dies bedeutet, dass die **2** Aktionäre entweder Teilrechte hinzuerwerben müssen, um eine volle Aktie zu erhalten oder sich zur gemeinschaftlichen Ausübung der Rechte zusammenschließen müssen. Geschieht dies nicht innerhalb der von § 214 Abs. 2 normierten Fristen, so hat die Gesellschaft das Recht und die Pflicht, die Teilrechte zu verkaufen[4]. Der Erlös hieraus steht den betroffenen Aktionären zu[5].

II. Aufforderung zur Abholung der neuen Aktien (§ 214 Abs. 1)

1. Voraussetzungen für Pflicht zur Aufforderung

Die Kapitalerhöhung aus Gesellschaftsmitteln kann ausnahmsweise auch ohne Aus- **3** gabe von Aktien erfolgen (s. hierzu § 207 Rz. 11). In diesem Fall braucht der Vorstand die Aktionäre selbstverständlich nicht aufzufordern, Aktien abzuholen[6]. § 214 ist somit nur anwendbar, wenn **Nennbetragsaktien ausgegeben** werden oder wenn die Hauptversammlung beschlossen hat, dass **Stückaktien** ausgegeben werden.

Der Vorstand ist verpflichtet, unverzüglich nach der Eintragung des Beschlusses über **4** die Erhöhung des Grundkapitals die **Aktionäre aufzufordern**, die neuen Aktien abzuholen. Ferner hat er dafür Sorge zu tragen, dass die Aktienausgabe auch tatsächlich erfolgen kann. Dies bedeutet, dass er die Aktienurkunden herstellen und ausfertigen lassen muss[7]. Die Pflicht zur Aufforderung der Aktionäre kann gem. § 407 Abs. 1 durchgesetzt werden.

2. Bekanntmachung

Die **Aufforderung des Vorstands** ist in den Gesellschaftsblättern (vgl. § 25) bekannt **5** zu machen (§ 214 Abs. 1 Satz 2). Dabei sind der Ort, die Zeit und die für eine Abholung erforderliche Legitimation anzugeben[8]. Ferner ist in der Bekanntmachung mitzuteilen, um welchen Betrag das Grundkapital erhöht worden ist (§ 214 Abs. 1 Satz 3 Nr. 1) und in welchem Verhältnis auf die alten Aktien neue Aktien entfallen (§ 214 Abs. 1 Satz 3 Nr. 2). Maßgeblich hierfür ist das Grundkapital der Gesellschaft im Zeitpunkt der Eintragung des Beschlusses in das Handelsregister gem. § 211 Abs. 1 (s. hierzu § 211 Rz. 1). Schließlich ist in der Bekanntmachung darauf hinzuweisen, dass die Gesellschaft berechtigt ist, Aktien, die nicht innerhalb eines Jahres seit der Bekanntmachung der Aufforderung abgeholt werden, nach dreimaliger Androhung für Rechnung der Beteiligten zu verkaufen (§ 214 Abs. 1 Satz 4).

---

1 Vgl. StückAG v. 25.3.1998, BGBl. I 1998, 590.
2 Vgl. 4. FinMFG v. 21.6.2002, BGBl. I 2002, 2010.
3 Vgl. *Lutter* in KölnKomm. AktG, § 214 Rz. 25; *Hüffer*, § 214 Rz. 13; *Volhard* in MünchKomm. AktG, § 214 Rz. 34.
4 Vgl. *Hüffer*, § 214 Rz. 13.
5 Vgl. *Lutter* in KölnKomm. AktG, § 214 Rz. 27.
6 Vgl. *Volhard* in MünchKomm. AktG, § 214 Rz. 48.
7 Vgl. *Stein*, WM 1960, 242, 244; *Hüffer*, § 214 Rz. 3; *Hirte* in Großkomm., § 214 Rz. 9.
8 Vgl. *Hüffer*, § 214 Rz. 4.

3. Abholung der Aktien

6   Die Abholung der Aktien ist in § 214 nicht geregelt. Das Verfahren weist gegenüber der Aktienausgabe nach einer regulären Kapitalerhöhung keine Besonderheiten auf. Der Vorstand hat nach Ausstellung und Unterzeichnung der Urkunden diese an die Aktionäre auszuhändigen[9]. Dabei schließt der Vorstand mit den Aktionären einen Begebungsvertrag, der die Übereignung der Urkunden zum Gegenstand hat. In der Praxis werden die Aktionäre durch die Depotbanken vertreten, welche die neuen Aktien in Empfang nehmen[10].

III. Verkauf der nicht abgeholten Aktien (§ 214 Abs. 2 und 3)

1. Verfahren

7   Werden die Aktien nicht abgeholt, so hat der Vorstand das in § 214 Abs. 2 und Abs. 3 normierte Verfahren zu beschreiten, um die Aktien zu veräußern. Angesichts dieser schwerwiegenden Rechtsfolge sieht das Gesetz vor, dass die Aufforderung dreimal zu erfolgen hat. Die Pflichten des Vorstands zur Androhung und zum Verkauf können anders als die Pflicht zur Aufforderung (§ 214 Abs. 1) nicht durch Zwangsgeld durchgesetzt werden (vgl. § 407 Abs. 1).

2. Androhung

8   Die Androhung des Verkaufs der nicht abgeholten Aktien darf frühestens nach Ablauf eines Jahres seit der Bekanntmachung der Aufforderung zur Abholung erfolgen (§ 214 Abs. 2 Satz 1). Das Gesetz verlangt zudem, dass die Androhung dreimal in Abständen von mindestens einem Monat in den Gesellschaftsblättern bekannt zu machen ist (§ 214 Abs. 2 Satz 2). Die letzte Bekanntmachung muss aber vor dem Ablauf von achtzehn Monaten seit der Bekanntmachung der Aufforderung ergehen (§ 214 Abs. 2 Satz 3). Hieraus folgt, dass die drei Androhungen in einem Zeitraum von sechs Monaten erfolgen müssen.

3. Verkauf

9   Die Gesellschaft hat nach Ablauf eines Jahres seit der letzten Bekanntmachung der Androhung die nicht abgeholten Aktien zu verkaufen. Sie handelt dabei „für Rechnung der Beteiligten", also in mittelbarer Stellvertretung der betroffenen Aktionäre[11]. Der Verkauf hat grundsätzlich zum Börsenpreis zu erfolgen. Nur wenn ein Börsenpreis fehlt, sind die Aktien öffentlich zu versteigern (§ 214 Abs. 3 Satz 1). Die öffentliche Versteigerung bestimmt sich nach § 226 Abs. 3 Satz 2 bis 6 (§ 214 Abs. 3 Satz 2; s. hierzu § 226 Rz. 11). Kommt ein Verkauf der Aktien zustande, hat die Gesellschaft den Veräußerungserlös gem. § 667 BGB an den Aktionär auszukehren.

10   Sind die Voraussetzungen für einen Verkauf nicht erfüllt, kann ein Dritter dennoch Inhaber der Aktien werden, wenn er sie gem. §§ 932 ff. BGB bzw. bei Namensaktien gem. Art. 16 WG i.V.m. § 68 Abs. 1 Satz 2 AktG gutgläubig erwirbt. Dem Aktionär stehen in diesem Fall gegen die Gesellschaft Kondiktionsansprüche (§ 816 Abs. 1 Satz 1 BGB) und Schadensersatzansprüche (§§ 823 Abs. 1, 31 BGB) zu[12].

---

9 S. zur verbotenen Ausgabe vor der Eintragung des Beschlusses in das Handelsregister: § 219.

10 Vgl. *Lutter* in KölnKomm. AktG, § 214 Rz. 2; *Hirte* in Großkomm. AktG, § 214 Rz. 18; *Volhard* in MünchKomm. AktG, § 214 Rz. 15.

11 Vgl. *Lutter* in KölnKomm. AktG, § 214 Rz. 17; *Hüffer*, § 214 Rz. 9.

12 Vgl. hierzu *Lutter* in KölnKomm. AktG, § 214 Rz. 20; *Hüffer*, § 214 Rz. 10.

IV. Zuteilung nicht verbriefter Aktien (§ 214 Abs. 4)

Die in § 214 Abs. 1 bis 3 getroffenen Vorschriften gelten sinngemäß für **Gesellschaf- 11 ten**, die **keine Aktienurkunden ausgegeben** haben. Dies bedeutet, dass die Gesellschaften die Aktionäre aufzufordern haben, sich die neuen Aktien zuteilen zu lassen (§ 214 Abs. 4). Da die Mitgliedsrechte bereits mit der Eintragung des Kapitalerhöhungsbeschlusses in das Handelsregister entstanden sind (s. § 211 Rz. 2), kann die Zuteilung keine konstitutive Bedeutung haben[13], und sie kann auch nicht die Aktien, sondern nur die Mitgliedsrechte betreffen, die bereits entstanden und den Aktionären zugewachsen sind[14]. Die Zuteilung kann daher lediglich die klarstellende Bedeutung haben, dass die Gesellschaft den Inhaber der neu entstandenen Mitgliedsrechte als Aktionär anerkennt[15].

Da das **Verfahren** der „Zuteilung" sich nach § 214 Abs. 1 bestimmt, hat der Vorstand 12 die Aktionäre zunächst aufzufordern, sich die neuen Aktien zuteilen zu lassen. Diese Aufforderung ist in den Gesellschaftsblättern bekannt zu machen. Dabei ist auch anzugeben, dass ein Verkauf nicht zugeteilter Aktien droht. Die Zuteilung setzt eine schriftliche Bestätigung der Gesellschaft voraus[16]. Werden die Aktien nicht zugeteilt, so ist die Gesellschaft entsprechend § 214 Abs. 3 verpflichtet, diese zu verkaufen[17]. Die unverbrieften neuen Mitgliedsrechte können nur durch eine **öffentliche Versteigerung** veräußert werden[18]. Es sind wiederum die in § 226 Abs. 3 Satz 2 bis 6 normierten Schritte einzuhalten. Die **Übertragung** der **nicht verbrieften Mitgliedsrechte** erfolgt gem. § 413 i.V.m. § 398 BGB, wozu die Gesellschaft entsprechend § 185 BGB berechtigt ist, wenn die in § 214 Abs. 1 bis 3 normierten Voraussetzungen einer Zuteilung beachtet wurden. Ein gutgläubiger Erwerb durch Dritte ist nicht möglich. Im Falle einer ordnungsgemäßen Veräußerung haben die Berechtigten einen Anspruch auf Herausgabe des Veräußerungserlöses.

§ 215
Eigene Aktien. Teileingezahlte Aktien

(1) Eigene Aktien nehmen an der Erhöhung des Grundkapitals teil.

(2) Teileingezahlte Aktien nehmen entsprechend ihrem Anteil am Grundkapital an der Erhöhung des Grundkapitals teil. Bei ihnen kann die Kapitalerhöhung nicht durch Ausgabe neuer Aktien ausgeführt werden, bei Nennbetragsaktien wird deren Nennbetrag erhöht. Sind neben teileingezahlten Aktien volleingezahlte Aktien vorhanden, so kann bei volleingezahlten Nennbetragsaktien die Kapitalerhöhung durch Erhöhung des Nennbetrags der Aktien und durch Ausgabe neuer Aktien ausgeführt werden; der Beschluss über die Erhöhung des Grundkapitals muss die Art der Erhöhung angeben. Soweit die Kapitalerhöhung durch Erhöhung des Nennbetrags der Aktien ausgeführt wird, ist sie so zu bemessen, dass durch sie auf keine Aktie Beträge entfallen, die durch eine Erhöhung des Nennbetrags der Aktien nicht gedeckt werden können.

---

13 Vgl. *Lutter* in KölnKomm. AktG, § 214 Rz. 22.
14 Vgl. *Volhard* in MünchKomm. AktG, § 214 Rz. 39.
15 Vgl. *Lutter* in KölnKomm. AktG, § 214 Rz. 22; *Volhard* in MünchKomm. AktG, § 214 Rz. 39; ähnlich *Hüffer*, § 214 Rz. 11.
16 Vgl. *Lutter* in KölnKomm. AktG, § 214 Rz. 22; *Hüffer*, § 214 Rz. 12.
17 Vgl. *Hüffer*, § 214 Rz. 12; *Hirte* in Großkomm. AktG, § 214 Rz. 51; *Volhard* in MünchKomm. AktG, § 214 Rz. 42. A.A. *Lutter* in KölnKomm. AktG, § 214 Rz. 24.
18 Vgl. *Lutter* in KölnKomm. AktG, § 214 Rz. 23; *Hirte* in Großkomm. AktG, § 214 Rz. 52; *Volhard* in MünchKomm. AktG, § 214 Rz. 43.

I. Allgemeines	1	III. Teileingezahlte Aktien	4
II. Eigene Aktien	2		

I. Allgemeines

1   Die Vorschrift bestimmt, dass **eigene Aktien** (§ 215 Abs. 1) und **teileingezahlte Aktien** (§ 215 Abs. 2) an der **Erhöhung** des Grundkapitals **teilnehmen**. Von Bedeutung ist vor allem die Regelung über teileingezahlte Aktien, denn sie gewährleistet, dass die Beteiligungsquoten nicht verwässert werden. Die Vorschrift steht in engem Zusammenhang mit § 212. Sie beruht auf § 12 KapErhG a.F. und wurde in Abs. 2 Satz 1 bis 3 durch Art. 1 Nr. 30 StückAG geändert[1].

II. Eigene Aktien

2   Die Gesellschaft darf grundsätzlich keine eigenen Aktien zeichnen (§ 56 Abs. 1). Dieses Verbot dient der realen Kapitalaufbringung und ist bei allen anderen Arten einer Kapitalerhöhung zu beachten. Bei der Kapitalerhöhung aus Gesellschaftsmitteln nehmen eigene Aktien jedoch an der Erhöhung des Grundkapitals teil (§ 215 Abs. 1). Die Vorschrift hat den **Zweck, die Anteilsverhältnisse aufrecht** zu **erhalten**[2]. Die Teilnahme eigener Aktien ist möglich, weil die Gesellschaft keine Einlage zu erbringen hat, sondern die Kapitalrücklage oder die Gewinnrücklagen in Grundkapital umgewandelt werden. Der Gesellschaft stehen die neuen Aktien kraft Gesetzes im Verhältnis ihrer Anteile am bisherigen Grundkapital (vgl. § 212 Satz 1) zu.

3   Die Vorschrift hat **klarstellende Bedeutung**; sie ordnet keine Durchbrechung der §§ 56 Abs. 1, 71b an[3]. Sie lässt ferner den Schluss zu, dass auch Aktien der Gesellschaft im Besitz eines von ihr abhängigen oder in ihrem Mehrheitsbesitz stehenden Unternehmens[4] oder Aktien eines für Rechnung der Gesellschaft oder eines solchen Unternehmens handelnden Dritten[5] (erst recht) an der Kapitalerhöhung teilnehmen.

III. Teileingezahlte Aktien

4   Eine Kapitalerhöhung ist trotz ausstehender Einlagen zulässig, da § 207 Abs. 2 nicht auf § 182 Abs. 4 verweist. Es stellt sich daher die Frage, ob und in welcher Weise teileingezahlte Aktien an der Erhöhung des Grundkapitals teilnehmen. Die Antwort liefert § 215 Abs. 2 Satz 1: Ja, teileingezahlte Aktien nehmen an der Erhöhung des Grundkapitals entsprechend ihrem Anteil am Grundkapital teil. Diese Vorschrift entspricht dem in § 212 Satz 1 normierten Gebot der verhältnismäßigen Zuteilung der neuen Aktien. Sie stellt klar, dass die **Teilnahme** an der **Kapitalerhöhung** nicht in Höhe der bislang erbrachten Einzahlungen erfolgt, sondern **in Höhe** der **bisherigen Beteiligungsquote**. Eine andere Regelung wäre nicht damit vereinbar, dass auch teileingezahlte Aktien eine volle Mitgliedschaft vermitteln[6].

---

1 Vgl. StückAG v. 25.3.1998, BGBl. I 1998, 590.
2 Vgl. *Lutter* in KölnKomm. AktG, § 215 Rz. 2 (Perpetuierung der bestehenden Strukturen); *Hirte* in Großkomm. AktG, § 215 Rz. 5 (Konkretisierung des Gleichbehandlungsgrundsatzes).
3 Vgl. *Hüffer*, § 215 Rz. 2; *Hirte* in Großkomm. AktG, § 215 Rz. 5; *Volhard* in MünchKomm. AktG, § 215 Rz. 4.
4 Vgl. *Volhard* in MünchKomm. AktG, § 215 Rz. 5; *Hirte* in Großkomm. AktG, § 215 Rz. 8.
5 Vgl. *Lutter* in KölnKomm. AktG, § 215 Rz. 3; *Hüffer*, § 215 Rz. 2; *Hirte* in Großkomm. AktG, § 215 Rz. 8.
6 Vgl. *Lutter* in KölnKomm. AktG, § 215 Rz. 6; *Hüffer*, § 215 Rz. 3; *Hirte* in Großkomm. AktG, § 215 Rz. 11; *Volhard* in MünchKomm. AktG, § 215 Rz. 7.

Die **Art** und **Weise** der **Ausführung** der Kapitalerhöhung ist in § 215 Abs. 2 Satz 2 bestimmt. Grundlegend ist zunächst die Aussage, dass die Kapitalerhöhung nicht durch Ausgabe neuer Aktien ausgeführt werden kann. Dieses zwingende Verbot gilt, wenn **ausschließlich teileingezahlte Aktien vorhanden** sind. Es hat den Zweck zu vermeiden, dass die Höhe der offenen Einlagen unübersichtlich und die Haftung für ihre Erfüllung gemäß §§ 65, 66 gefährdet wird[7]. Es erstreckt sich nur auf die Ausgabe neuer Aktien, nicht dagegen auf einen Aktiensplitt (s. hierzu § 8 Rz. 5), der nach der Umstellung durch Erhöhung des Nennbetrags der Aktien erfolgte[8]. Wie sich die Erhöhung vollzieht, bestimmt sich danach, ob es sich um Stückaktien oder Nennbetragsaktien handelt. Bei **teileingezahlten Stückaktien** wird die Grundkapitalziffer erhöht. Der Aktionär mit teileingezahlten Aktien bleibt dann verhältnismäßig beteiligt (vgl. § 8 Abs. 4), so dass eine besondere Ausführung der Kapitalerhöhung nicht erforderlich ist. Bei **Nennbetragsaktien** wird deren Nennbetrag erhöht (§ 215 Abs. 2 Satz 2 Halbsatz 2). In beiden Fällen aber gilt, dass die Haftungsgrundlage für die fortbestehende Einlageschuld unverändert bleibt[9]. 5

Sind neben **teileingezahlten Aktien** auch **volleingezahlte Aktien vorhanden**, so kann bei volleingezahlten Nennbetragsaktien die Kapitalerhöhung durch Erhöhung des Nennbetrags der Aktien und durch Ausgabe neuer Aktien ausgeführt werden; der Beschluss über die Erhöhung des Grundkapitals muss aber die Art der Erhöhung angeben (§ 215 Abs. 2 Satz 3). Sieht der Beschluss die Ausgabe von Aktien vor, so gilt diese Bestimmung nur für die voll eingezahlten Aktien[10]. Dieses Wahlrecht der Hauptversammlung besteht für die volleingezahlten Aktien[11]. Die teileingezahlten Aktien können nur durch Erhöhung des Nennbetrags (§ 215 Abs. 2 Satz 2) an der Kapitalerhöhung teilnehmen. Sieht der Kapitalerhöhungsbeschluss keine Angabe über die Art der Erhöhung bei den volleingezahlten Aktien vor, ist er nicht wirksam zustande gekommen[12]. Es ist nicht möglich, dem Vorstand die Bestimmung über die Art der Kapitalerhöhung zu überlassen[13]. 6

Soweit die Kapitalerhöhung durch **Erhöhung des Nennbetrags der Aktien** ausgeführt wird (s. Rz. 5), ist sie so zu bemessen, dass durch sie auf keine Aktie Beträge entfallen, die durch eine Erhöhung des Nennbetrags der Aktie nicht gedeckt werden können (§ 215 Abs. 2 Satz 4). Diese Regelung sucht zu gewährleisten, dass keine „Spitzen" entstehen[14]. Ein Verstoß gegen diese Vorschrift bedeutet immer auch einen Verstoß gegen § 212 Satz 1, so dass der betreffende Hauptversammlungsbeschluss nichtig ist[15]. 7

---

7 Vgl. AG Heidelberg v. 18.5.2001 – HRB 4289, AG 2002, 527, 528; *Hirte* in Großkomm. AktG, § 215 Rz. 14.
8 Vgl. LG Heidelberg v. 17.7.2001 – 11 T 2/01, AG 2002, 563; ebenso zuvor AG Heidelberg v. 18.5.2001 – HRB 4289, AG 2002, 527, 528.
9 Vgl. *Lutter* in KölnKomm. AktG, § 215 Rz. 9 (betreffend Nennbetragsaktien); *Hirte* in Großkomm. AktG, § 215 Rz. 16.
10 Vgl. *Lutter* in KölnKomm. AktG, § 215 Rz. 12.
11 Vgl. *Lutter* in KölnKomm. AktG, § 215 Rz. 11; *Hüffer*, § 215 Rz. 5.
12 Vgl. *Hüffer*, § 215 Rz. 5; *Krieger* in MünchHdb. AG, § 59 Rz. 49; *Volhard* in MünchKomm. AktG, § 215 Rz. 14. A.A. *Hirte* in Großkomm. AktG, § 215 Rz. 33; *Lutter* in KölnKomm. AktG, § 215 Rz. 12, die sich beide für eine bloße Anfechtbarkeit des Beschlusses aussprechen.
13 Vgl. *Hüffer*, § 215 Rz. 5; *Krieger* in MünchHdb. AG, § 59 Rz. 47; *Volhard* in MünchKomm. AktG, § 215 Rz. 14. A.A. wegen der Annahme bloßer Anfechtbarkeit konsequent *Lutter* in KölnKomm. AktG, § 215 Rz. 12.
14 Vgl. hierzu *Volhard* in MünchKomm. AktG, § 215 Rz. 15f.
15 Vgl. *Lutter* in KölnKomm. AktG, § 215 Rz. 14; *Hüffer*, § 215 Rz. 6; *Volhard* in MünchKomm. AktG, § 215 Rz. 7. A.A. *Hirte* in Großkomm. AktG, § 215 Rz. 34.

§ 216
Wahrung der Rechte der Aktionäre und Dritter

(1) Das Verhältnis der mit den Aktien verbundenen Rechte zueinander wird durch die Kapitalerhöhung nicht berührt. Die Ausgabe neuer Mehrstimmrechtsaktien und die Erhöhung des Stimmrechts von Mehrstimmrechtsaktien auf Grund des Satzes 1 bedürfen keiner Zulassung nach § 12 Abs. 2 Satz 2.

(2) Soweit sich einzelne Rechte teileingezahlter Aktien, insbesondere die Beteiligung am Gewinn oder das Stimmrecht, nach der auf die Aktie geleisteten Einlage bestimmen, stehen diese Rechte den Aktionären bis zur Leistung der noch ausstehenden Einlagen nur nach der Höhe der geleisteten Einlage, erhöht um den auf den Nennbetrag des Grundkapitals berechneten Hundertsatz der Erhöhung des Grundkapitals zu. Werden weitere Einzahlungen geleistet, so erweitern sich diese Rechte entsprechend. Im Fall des § 271 Abs. 3 gelten die Erhöhungsbeträge als voll eingezahlt.

(3) Der wirtschaftliche Inhalt vertraglicher Beziehungen der Gesellschaft zu Dritten, die von der Gewinnausschüttung der Gesellschaft, dem Nennbetrag oder Wert ihrer Aktien oder ihres Grundkapitals oder sonst von den bisherigen Kapital- oder Gewinnverhältnissen abhängen, wird durch die Kapitalerhöhung nicht berührt. Gleiches gilt für Nebenverpflichtungen der Aktionäre.

I. Allgemeines	1	2. Erstattung des Erhöhungsbetrags in aufgelöster AG	11
II. Verhältnis der mit den Aktien verbundenen Rechte zueinander	2	IV. Vertragliche Beziehungen der Gesellschaft zu Dritten	12
1. Fortbestand des bisherigen Verhältnisses	2	1. Anpassung der Leistungspflicht	12
		a) Grundlagen	12
2. Mehrstimmrechtsaktien	7	b) Rechtsbeziehungen	15
III. Rechte teileingezahlter Aktien	8	2. Nebenverpflichtungen der Aktionäre	21
1. Erhöhung der Rechte	8	3. Rechtsfolgen bei Verstößen	22

Literatur: *Boesebeck*, Die Behandlung von Vorzugsaktien bei Kapitalerhöhungen aus Gesellschaftsmitteln, DB 1960, 404; *Eckardt*, Die Ausstattung der neuen Aktien bei einer Kapitalerhöhung aus Gesellschaftsmitteln, BB 1967, 99; *Fett/Spiering*, Typische Probleme bei der Kapitalerhöhung aus Gesellschaftsmitteln, NZG 2002, 358; *Geßler*, Zweifelsfragen aus dem Recht der Kapitalerhöhung aus Gesellschaftsmitteln, DNotZ 1960, 619; *Hüffer*, § 216 Abs. 3 AktG: Sondernorm oder allgemeiner Rechtsgedanke?, in FS Bezzenberger, 2000, S. 191 ff.; *Köhler*, Kapitalerhöhung und vertragliche Gewinnbeteiligung, AG 1984, 197; *Than*, Rechtliche und praktische Fragen der Kapitalerhöhung aus Gesellschaftsmitteln bei einer Aktiengesellschaft, in FG Heinsius, WM-Sonderheft 1991, S. 54; *Zöllner*, Die Anpassung dividendensatzbezogener Verpflichtungen von Kapitalgesellschaften bei effektiver Kapitalerhöhung, ZGR 1986, 289.

I. Allgemeines

1 Die Vorschrift regelt im Wesentlichen zwei Komplexe. Zum einen sucht sie zu gewährleisten, dass die mit den Aktien verbundenen einzelnen **mitgliedschaftlichen Rechte** durch die **Kapitalerhöhung** aus Gesellschaftsmitteln **nicht beeinträchtigt werden**. Sie bestimmt daher, dass das Verhältnis der Rechte zueinander durch die Kapitalerhöhung nicht berührt wird (§ 216 Abs. 1 Satz 1) und dass, soweit sich einzelne Rechte teileingezahlter Aktien nach der auf die Aktie geleisteten Einlage bestimmen, diese Rechte den Aktionären bis zur Leistung der noch ausstehenden Einlagen nur

nach der Höhe der geleisteten Einlage zustehen (§ 216 Abs. 2 Satz 1). Zum anderen geht es der Vorschrift darum, **Dritte** vor einer **Verwässerung** ihrer gegenüber der Gesellschaft zustehenden Rechte zu **schützen** (§ 216 Abs. 3 Satz 1). Sie beruht auf § 13 KapErhG a.F. und wurde seit 1965 nicht geändert[1]. Allerdings sieht nunmehr Art. 5 Nr. 15 **RegE MoMiG** vor, dass **Abs. 1 Satz 2 aufgehoben** wird.

II. Verhältnis der mit den Aktien verbundenen Rechte zueinander

1. Fortbestand des bisherigen Verhältnisses

Das Verhältnis der mit den Aktien verbundenen Rechte zueinander wird durch die Kapitalerhöhung nicht berührt (§ 216 Abs. 1 Satz 1). Dies ist selbstverständlich, wenn die Kapitalerhöhung durch Erhöhung des Nennbetrags der Aktien (s. hierzu § 207 Rz. 11) oder ohne Ausgabe neuer Stückaktien (s. hierzu § 207 Rz. 11) erfolgt. Werden dagegen neue Aktien ausgegeben, bedarf es einer Regelung bezüglich der einzelnen Mitgliedsrechte[2]. Die Vorschrift besagt, dass die den **Aktionären zugeteilten neuen Aktien** kraft Gesetzes, also ohne dass es einer statutarischen Festsetzung bedürfte[3], mit denselben **Rechten** (und Pflichten)[4] **ausgestattet** sind wie die **alten Aktien**[5]. Darüber besteht Einigkeit. Zwei Fragen sind allerdings klärungsbedürftig. So wirft die Ausgabe neuer Vorzugsaktien an die Vorzugsaktionäre das Problem auf, dass das Gewinnrecht der Stammaktionäre beeinträchtigt wird, wenn die neuen Vorzugsaktien denselben Dividendenvorzug aufweisen (s. Rz. 3)[6]. Ferner soll es nach h.M. generell unzulässig sein, an die Aktionäre eine andere als die von ihnen gehaltene Aktiengattung auszugeben (s. Rz. 4)[7]. 2

Die **Ausgabe neuer Vorzugsaktien** an die Vorzugsaktionäre wirft zunächst die Frage auf, ob der gegenüber den Stammaktionären bestehende Dividendenvorzugssatz der Vorzugsaktionäre zu ändern ist. Ihre Brisanz zeigt sich bei dem vom OLG Stuttgart entschiedenen Fall: Eine Gesellschaft hatte 220.500 Vorzugsaktien im Nennwert von jeweils 50 DM ausgeben. Der Vorzugssatz betrug vier Prozent, so dass eine jährliche Sonderausschüttung von 441.000 DM vorzunehmen war. Die Hauptversammlung der Gesellschaft beschloss, bei der Kapitalerhöhung aus Gesellschaftsmitteln für je drei Aktien eine vierte Aktie auszugeben. Wäre der bisherige Dividendensatz beibehalten worden, so wäre für 294.000 Vorzugsaktien ein Betrag von 588.000 DM aufzubringen gewesen; auf die Vorzugsaktien wäre ein zusätzlicher Vorteil von 147.000 DM entfallen, ohne dass dieser Vorteil für die Stammaktionäre (durch ein höheres Stimmrecht) ausgeglichen worden wäre. Daher ist, so die zentrale Aussage des OLG Stuttgart, durch Satzungsänderung sicherzustellen, dass die Sonderausschüttung insgesamt weiterhin 441.000 DM beträgt[8]. Dies kann dergestalt geschehen, dass die In- 3

---

1 Zur Entstehungsgeschichte eingehend *Hüffer* in FS Bezzenberger, S. 191, 193 ff.
2 Zum Grundsatz der verhältnismäßigen Aktienzuteilung vgl. § 212 Satz 1 und die Erl. hierzu § 212 Rz. 2.
3 Vgl. *Hüffer*, § 216 Rz. 4; *Lutter* in KölnKomm. AktG, § 216 Rz. 7 (Anpassung ipso iure als Folge des Erhöhungsbeschlusses); *Hirte* in Großkomm. AktG, § 216 Rz. 26; *Volhard* in Münch-Komm. AktG, § 216 Rz. 16.
4 Vgl. *Hüffer*, § 216 Rz. 2.
5 Vgl. *Hirte* in Großkomm. AktG, § 216 Rz. 12; *Hüffer*, § 216 Rz. 2.
6 Vgl. OLG Stuttgart v. 11.02.1992 – 10 U 313/90, AG 1993, 94 f.
7 Vgl. *Hüffer*, § 216 Rz. 2; *Lutter* in KölnKomm. AktG, § 216 Rz. 5; *Than* in FG Heinsius, S. 54, 61; *Volhard* in MünchKomm. AktG, § 216 Rz. 5. A.A. *Krieger* in MünchHdb. AG, § 59 Rz. 53.
8 Vgl. OLG Stuttgart v. 11.2.1992 – 10 U 313/90, AG 1993, 95; ebenso *Lutter* in KölnKomm. AktG, § 216 Rz. 6; *Hüffer*, § 216 Rz. 3; *Volhard* in MünchKomm. AktG, § 216 Rz. 13; *Krieger* in MünchHdb. AG, § 59 Rz. 56 (allerdings mit dem weiteren Vorschlag, auch die Ausgabe von Stammaktien an die Vorzugsaktionäre komme in Betracht).

haber von Vorzugsaktien ohne Stimmrecht aus dem jährlichen Bilanzgewinn künftig nur noch eine um drei Prozent höhere Dividende gegenüber den Inhabern der Stammaktien erhalten und die Mindestdividende für Inhaber von stimmrechtslosen Vorzugsaktien auf drei Prozent des Nennbetrags herabgesetzt wird[9]. Eines Sonderbeschlusses der Vorzugsaktionäre bedarf es nicht[10].

4 Fraglich ist, ob das Problem auch dadurch gelöst werden kann, dass die alten Vorzugsaktien unberührt bleiben und den **Vorzugsaktionären Stammaktien zugeteilt** werden[11]. In diesem Fall käme es zwar zu keiner Beeinträchtigung des Gewinnrechts der Stammaktionäre. Doch brauchen es die Stammaktionäre nicht hinzunehmen, dass sich das zahlenmäßige Verhältnis von Vorzugs- und Stammaktien zu ihren Lasten verändert[12]. Schließlich sind auch alle anderen abweichenden Ausstattungen der neuen Aktien unzulässig. Hat die Gesellschaft nur Stammaktien, können keine Vorzugsaktien ausgegeben werden[13]. Auch ist es nicht möglich, die neuen Aktien zu vinkulieren, während die Altaktien frei veräußerlich sind[14].

5 **Zusammenfassend** ist festzuhalten: § 216 Abs. 1 Satz 1 verlangt, dass das Verhältnis der mit den Aktien verbundenen Rechte unberührt bleibt. Dies setzt voraus, dass jeder Aktionär neue Aktien seiner Gattung erhält (Stammaktionäre neue Stammaktien und Vorzugsaktionäre neue Vorzugsaktien), keine neuen Aktiengattungen geschaffen werden und der Dividendenvorzug der Vorzugsaktien in demselben Verhältnis gekürzt wird, wie die Stammaktien an Stimmkraft verlieren. Es ist nicht zwingend erforderlich, diese die bisherigen Rechte wahrende Ausstattung der neuen Aktien im Beschluss festzusetzen. Allerdings setzt die (gebotene) Kürzung des Gewinnvorrechts (s. Rz. 3) voraus, dass die Satzung geändert wird. Dies kann durch die Hauptversammlung im Beschluss über die Kapitalerhöhung geschehen[15]. In Betracht kommt außerdem, dass die Satzungsänderung dem Aufsichtsrat gem. § 179 Abs. 1 Satz 2 übertragen wird[16].

6 Verstößt der **Beschluss** der Hauptversammlung gegen § 216 Abs. 1 Satz 1, so ist er wegen Verstoßes gegen den Grundsatz der Gleichbehandlung (§ 53a) anfechtbar[17]. Dies gilt nicht, wenn die betroffene Aktiengattung durch Sonderbeschluss (vgl. § 179 Abs. 3, § 141 Abs. 1 bzw. Abs. 2)[18] bzw. der benachteiligte Aktionär (§ 180 Abs. 1) zugestimmt hat[19].

9 Wiedergabe des satzungsändernden Beschluss gemäß dem Tatbestand des erstinstanzlichen Urteils; vgl. LG Tübingen v. 15.11.1990 – 2 HO 116 und 174/89, AG 1991, 406, 407.
10 Vgl. OLG Stuttgart v. 11.2.1992 – 10 U 313/90, AG 1993, 95; *Hüffer*, § 216 Rz. 3.
11 So *Krieger* in MünchHdb. AG, § 59 Rz. 56 (jedenfalls dann, wenn es sich nicht um Vorzugsaktien gem. §§ 139 ff. handelt). A.A. *Lutter* in Großkomm. AktG, § 216 Rz. 5; *Hüffer*, § 216 Rz. 2; *Hirte* in Großkomm. AktG, § 216 Rz. 24 f.
12 Vgl. *Hirte* in Großkomm. AktG, § 216 Rz. 25; *Volhard* in MünchKomm. AktG, § 216 Rz. 14.
13 Vgl. *Lutter* in KölnKomm. AktG, § 216 Rz. 5; *Hirte* in Großkomm. AktG, § 216 Rz. 16; *Hüffer*, § 216 Rz. 2.
14 Vgl. *Hirte* in Großkomm. AktG, § 216 Rz. 16.
15 Vgl. *Hirte* in Großkomm. AktG, § 216 Rz. 28; *Hüffer*, § 216 Rz. 4.
16 Vgl. *Hirte* in Großkomm. AktG, § 216 Rz. 29; *Hüffer*, § 216 Rz. 4; *Krieger* in MünchHdb. AG, § 59 Rz. 60.
17 Vgl. *Lutter* in KölnKomm. AktG, § 216 Rz. 8; *Hirte* in Großkomm. AktG, § 216 Rz. 31; *Krieger* in MünchHdb. AG, § 59 Rz. 61.
18 Speziell zu Vorzugsaktien gem. §§ 139 ff. vgl. *T. Bezzenberger*, Vorzugsaktien ohne Stimmrecht, 1991, S. 82, 177 f.
19 Vgl. *Lutter* in KölnKomm. AktG, § 216 Rz. 8; *Hirte* in Großkomm. AktG, § 216 Rz. 32; *Krieger* in MünchHdb. AG, § 59 Rz. 61.

2. Mehrstimmrechtsaktien

Die Ausgabe neuer Mehrstimmrechtsaktien und die **Erhöhung des Stimmrechts** von   7
Mehrstimmrechtsaktien auf Grund des Satzes 1 bedürfen gem. § 216 Abs. 1 Satz 2
keiner Zulassung nach § 12 Abs. 2 Satz 2. Die Vorschrift bezieht sich auf die vor dem
KonTraG geltende Rechtslage. Bis dato war es möglich, Mehrstimmrechtsaktien mit
behördlicher Genehmigung auszugeben. Seit dem KonTraG sind aber Mehrstimmrechtsaktien unzulässig (§ 12 Abs. 2). Die in § 216 Abs. 1 Satz 2 getroffene Regelung
kann daher nur auf Gesellschaften Anwendung finden, die gem. § 5 Abs. 1 EGAktG
vor dem 1.6.2003 die Fortgeltung bestehender Mehrstimmrechte beschlossen haben.
Für sie gilt, dass Mehrstimmrechte bei Kapitalerhöhungen aus Gesellschaftsmitteln
proportional erhalten bleiben. Dies bedeutet, dass die Ausgabe neuer Mehrstimmrechtsaktien und die Erhöhung des Stimmrechts von Mehrstimmrechtsaktien abweichend von § 12 Abs. 2 n.F. zulässig sind[20]. Der **RegE MoMiG** will allerdings § 216
Abs. 1 Satz 2 aufheben, weil die Vorschrift infolge des Ablaufs der Übergangsfrist
nach § 5 EGAktG aufgehoben werden könne (s. Rz. 1). Dabei übersieht der Gesetzgeber, dass es sehr wohl noch Gesellschaften mit Mehrstimmrechtsaktien geben kann.
Die Aufhebung von § 216 Abs. 1 Satz 2 hätte für solche Gesellschaften zur Folge,
dass die Mehrstimmrechte bei einer Kapitalerhöhung aus Gesellschaftsmitteln nicht
proportional erhalten blieben.

III. Rechte teileingezahlter Aktien

1. Erhöhung der Rechte

Einzelne **Rechte teileingezahlter Aktien**, insbesondere die Beteiligung am Gewinn   8
(vgl. § 60 Abs. 2 und Abs. 3) oder das Stimmrecht (vgl. § 134 Abs 2 Satz 2 und Abs. 2
Satz 4), können sich ausnahmsweise nach der auf die Aktie geleisteten Einlage bestimmen. Dies bedeutet, dass die Rechte den Aktionären bis zur Leistung der noch
ausstehenden Einlagen nur nach der Höhe der geleisteten Einlage zustehen. In § 216
Abs. 2 Satz 1 ist in Ergänzung zu § 216 Abs. 1 Satz 1 verfügt, dass sich die betreffenden Rechte um den auf den **Nennbetrag** des **Grundkapitals** berechneten Hundertsatz
der *Erhöhung des Grundkapitals* **erhöhen**. Die Vorschrift ist von Bedeutung, wenn
unterschiedliche hohe Einzahlungen erfolgt sind. Dann könnte sich eine Kapitalerhöhung aus Gesellschaftsmitteln unangemessen auf das Verhältnis der Aktienrechte
zueinander auswirken.

Der Vorschrift liegt zugrunde, dass bei teileingezahlten Nennbetragsaktien eine **Kapi-**   9
talerhöhung aus Gesellschaftsmitteln allein **durch Erhöhung der Nennbeträge** erfolgen kann; neue Aktien können nicht ausgegeben werden (vgl. § 215 Abs. 2 Satz 2).
Sie bewirkt, dass die Aktionäre so gestellt werden, wie wenn die Nennwerterhöhung
zum selben Prozentsatz eingezahlt worden wäre wie die von den Aktionären auf die
Altaktie geleistete Einlage[21]. Damit wird erreicht, dass die Rechte im Verhältnis zueinander unverändert bleiben[22]. Es findet eine Anpassung kraft Gesetzes statt[23].

Werden weitere Einzahlungen geleistet, stellt § 216 Abs. 2 Satz 2 klar[24], dass sich die   10
Rechte entsprechend erweitern. Die betreffenden Mitgliedsrechte erhöhen sich daher
nicht allein nach Maßgabe der erbrachten Einlageleistungen. Es erfolgt ein Rechtszu-

---

20 Vgl. *Milde-Büttcher*, BB 1999, 1073, 1074 f.; a.A. wohl *Hüffer*, § 216 Rz. 5.
21 Vgl. *Volhard* in MünchKomm. AktG, § 216 Rz. 24.
22 Vgl. *Hüffer*, § 216 Rz. 7 f. und *Volhard* in MünchKomm. AktG, § 216 Rz. 24, jew. mit einem
    Beispiel.
23 Allg. M.; vgl. *Hüffer*, § 216 Rz. 6.
24 Vgl. *Hirte* in Großkomm. AktG, § 216 Rz. 44.

wachs in Höhe des Prozentsatzes der Kapitalerhöhung[25]. Der Aktionär wird so gestellt, als ob die Einzahlung vor der Kapitalerhöhung erfolgt wäre.

2. Erstattung des Erhöhungsbetrags in aufgelöster AG

11   Im Fall des § 271 Abs. 3 gelten die Erhöhungsbeträge als voll eingezahlt (§ 216 Abs. 2 Satz 3). Dies bedeutet, dass bei einer Liquidation der Gesellschaft die Erhöhungsbeträge wie die geleisteten Einlagen an die Aktionäre erstattet werden und erst dann ein Überschuss nach den Anteilen am Grundkapital verteilt wird (vgl. § 271 Abs. 3 Satz 1).

IV. Vertragliche Beziehungen der Gesellschaft zu Dritten

1. Anpassung der Leistungspflicht

a) Grundlagen

12   Der wirtschaftliche Inhalt vertraglicher Beziehungen der Gesellschaft zu Dritten, die von der Gewinnausschüttung der Gesellschaft, dem Nennbetrag oder Wert ihrer Aktien oder ihres Grundkapitals oder sonst von den bisherigen Kapital- oder Gewinnverhältnissen abhängen, wird durch die Kapitalerhöhung nicht berührt (§ 216 Abs. 3 Satz 1). Dieser umfassend formulierte Verwässerungsschutz[26] gilt für alle **Beziehungen**, die **zum Zeitpunkt** des **Wirksamwerdens** der **Kapitalerhöhung** zwischen der **Gesellschaft** und einem **Dritten** bestehen. Es ist ohne Belang, ob die Gesellschaft Schuldnerin oder Gläubigerin ist[27]; regelmäßig ist aber das Erstere der Fall. Als Dritte kommen auch Organmitglieder und Aktionäre in Betracht[28]. Die Beziehung darf aber nicht organschaftlicher oder mitgliedschaftlicher Natur sein. Es muss sich um eine vertragliche Beziehung handeln. Erforderlich ist, dass die **Beziehung von** der **Gewinnausschüttung** der Gesellschaft, dem **Nennbetrag** oder **Wert** der **Aktien** oder des **Grundkapitals** oder sonst **von** den bisherigen **Kapital-** oder **Gewinnverhältnissen abhängt.**

13   Die **Anpassung** des Vertragsinhalts erfolgt **kraft Gesetzes** mit Wirksamwerden der Kapitalerhöhung[29], so dass im Streitfall keine Gestaltungsklage, sondern eine allgemeine Feststellungsklage bzw. – wenn möglich – eine Leistungsklage zu erheben ist[30]. Es bleibt den Parteien unbenommen, entweder schon vorher (bei Begründung der Rechtsbeziehung) oder nach der Kapitalerhöhung aus Gesellschaftsmitteln einverständlich eine andere Regelung zu treffen[31].

14   Ob eine **Anpassung** auch bei **anderen Formen** der **Kapitalerhöhung** entsprechend § 216 Abs. 3 Satz 1 stattfindet, wird kontrovers diskutiert[32]. Die Frage muss in jedem Einzelfall gesondert gestellt und mit Blick auf die Möglichkeiten einer ergänzenden Vertragsauslegung beurteilt werden (s. hierzu § 189 Rz. 3).

---

25   Vgl. *Hüffer*, § 216 Rz. 6; *Hirte* in Großkomm. AktG, § 216 Rz. 45; *Volhard* in MünchKomm. AktG, § 216 Rz. 24.

26   Vgl. *Hüffer* in FS Bezzenberger, S. 191, 192 (Schutz vor Kürzung des Dividendensatzes und vor Verwässerung des Dividendensatzes).

27   Allg. M.; vgl. *Hüffer*, § 216 Rz. 10.

28   Allg. M.; vgl. *Hirte* in Großkomm. AktG, § 216 Rz. 59; *Volhard* in MünchKomm. AktG, § 216 Rz. 46.

29   Allg. M.; vgl. *Hirte* in Großkomm. AktG, § 216 Rz. 60.

30   Vgl. *Lutter* in KölnKomm. AktG, § 216 Rz. 20; *Hirte* in Großkomm. AktG, § 216 Rz. 60.

31   Vgl. *Lutter* in KölnKomm. AktG, § 216 Rz. 20; *Hirte* in Großkomm. AktG, § 216 Rz. 61 f.

32   Eingehend hierzu *Hüffer* in FS Bezzenberger, S. 191, 203 ff. (mit ablehnendem Votum).

b) Rechtsbeziehungen

Die Voraussetzungen des § 216 Abs. 3 Satz 1 sind bei **Wandelschuldverschreibungen** 15 i.S.d. § 221 Abs. 1 erfüllt. Dabei hat der Gläubiger gegenüber der Gesellschaft das Recht, statt einer Rückzahlung des Nennbetrags den betreffenden Anspruch gegen eine bestimmte Zahl von Aktien zu tauschen (**Wandelanleihe**) bzw. innerhalb eines bestimmten Zeitraums zu einem bestimmten Betrag eine bestimmte Anzahl von Aktien zu erwerben (**Optionsanleihe;** s. hierzu § 221 Rz. 28). Eine Kapitalerhöhung aus Gesellschaftsmitteln würde bei beiden Rechtsbeziehungen zu einer geringeren Beteiligungsquote führen. Es ist daher erforderlich, die Anleihebedingungen gem. § 216 Abs. 3 Satz 1 an die neue Situation anzupassen: Der Dritte ist berechtigt, ohne Aufpreis weitere Aktien zu beziehen bzw. zu erwerben[33]. Zur Sicherung dieser angepassten Ansprüche verfügt § 218 Satz 1, dass sich ein zur Erfüllung der Ansprüche beschlossenes bedingtes Kapital (s. hierzu § 218 Rz. 1) im gleichen Verhältnis wie das Grundkapital erhöht.

Bei **Gewinnschuldverschreibungen** haben die Gläubiger einer Anleihe Rechte, die 16 mit Gewinnanteilen von Aktionären in Verbindung gebracht werden (§ 221 Abs. 1 Satz 1). In der Regel wird der Nennbetrag der Anleihe nach der Höhe des Dividendensatzes der Gesellschaft verzinst (s. hierzu § 221 Rz. 37). Auch diese vertragliche, Beziehungen der Gesellschaft zu Dritten werden von § 216 Abs. 3 Satz 1 erfasst, so dass eine Anpassung des Dividendensatzes um den Kapitalerhöhungsfaktor stattfindet[34]. Wird das Grundkapital im Verhältnis 2 : 1 erhöht, so erhält der Gläubiger das 1,5fache der Dividende.

Genussrechte mit einem aktienähnlichen Inhalt kennzeichnet, dass der Berechtigte 17 aufgrund einer vertraglichen Beziehung mit der Gesellschaft am Gewinn und am Liquidationserlös teilnimmt (s. hierzu § 221 Rz. 41). Es findet eine gewinnorientierte Verzinsung statt, die gem. § 216 Abs. 3 Satz 1 an die durch die Kapitalerhöhung aus Gesellschaftsmitteln geschaffenen neuen Verhältnisse angepasst wird[35].

Vereinbarungen über **Gewinnbeteiligungen** können ebenfalls unter § 216 Abs. 3 18 Satz 1 zu subsumieren sein. Zu bejahen ist dies bei Vereinbarungen über Tantiemen von **Vorstandsmitgliedern** und **Angestellten** der Gesellschaft, sofern sie sich an der Höhe der Dividende oder dem Gewinn je Aktie orientieren[36]. Ist der Bilanzgewinn oder der Jahresüberschuss die Bezugsgröße, so findet § 216 Abs. 3 Satz 1 keine Anwendung[37]. Schließlich werden auch dividendenabhängige Aufsichtsratstantiemen, obwohl sie nicht vertraglich, sondern statutarisch oder durch einen Hauptversammlungsbeschluss begründet werden, entsprechend § 216 Abs. 3 Satz 1 den veränderten Verhältnissen angepasst[38]. Auch im Falle von an das Jahresergebnis gebundenen Tantiemen gebietet die Interessenlage eine Anpassung; § 113 Abs. 3 ist nicht lex specialis[39].

Eine nominelle Kapitalerhöhung der beherrschungsvertraglich oder gewinnabführungsvertraglich gebundenen Gesellschaft erhöht die Anzahl der Aktien, ohne dass das 19 Vermögen vergrößert wird. Sowohl ein **fester** als auch ein **variabler Ausgleich** gem.

---

33 Vgl. *Hüffer*, § 216 Rz. 14; *Volhard* in MünchKomm. AktG, § 216 Rz. 60.
34 Vgl. *Hüffer*, § 216 Rz. 14; *Volhard* in MünchKomm. AktG, § 216 Rz. 65.
35 Vgl. *Hüffer*, § 216 Rz. 14; *Volhard* in MünchKomm. AktG, § 216 Rz. 67.
36 Vgl. *Lutter* in KölnKomm. AktG, § 216 Rz. 21; *Hüffer*, § 216 Rz. 13; *Volhard* in MünchKomm. AktG, § 216 Rz. 52.
37 Vgl. *Lutter* in KölnKomm. AktG, § 216 Rz. 21; *Hüffer*, § 216 Rz. 12.
38 Vgl. *Hirte* in Großkomm. AktG, § 216 Rz. 70 f.; *Volhard* in MünchKomm. AktG, § 216 Rz. 56.
39 Vgl. *Hirte* in Großkomm. AktG, § 216 Rz. 75; *Lutter* in KölnKomm. AktG, § 216 Rz. 22; *Volhard* in MünchKomm. AktG, § 216 Rz. 59. A.A. *Hüffer*, § 216 Rz. 12; *Krieger* in MünchHdb. AG, § 59 Rz. 68; *Than* in FG Heinsius, S. 54, 60.

§ 304 sind gem. § 216 Abs. 3 Satz 1 an diese Situation anzupassen, indem die Ausgleichszahlung entsprechend dem Kapitalerhöhungsverhältnis herabgesetzt wird[40].

20   Die zwischen einem **Aktionär** und einem **Dritten** getroffenen Rechtsbeziehungen werden vom Wortlaut des § 216 Abs. 3 Satz 1 **nicht erfasst**. Eine analoge Anwendung der Vorschrift wird von der h.M. zu Recht abgelehnt[41]. Im Einzelfall kann sich aber aus einer ergänzenden Vertragsauslegung eine Anpassung des Vertragsinhalts ergeben[42]. So dürfte es beispielsweise dem Willen der Vertragsparteien entsprechen, dass bei einem Verkauf von Aktien auch die aus einer nominellen Kapitalerhöhung resultierenden Aktien mit verkauft sind[43].

2. Nebenverpflichtungen der Aktionäre

21   Aus § 216 Abs. 3 Satz 2 folgt, dass für Nebenverpflichtungen der Aktionäre i.S.d. § 55 das Gleiche gilt wie für vertragliche Beziehungen der Gesellschaft zu Dritten. Sie werden durch die Kapitalerhöhung nicht erhöht, sondern bleiben unverändert. Dies wird erreicht, indem sie gleichmäßig auf die alten und neuen Aktien der Aktionäre verteilt werden[44].

3. Rechtsfolgen bei Verstößen

22   Der Kapitalerhöhungsbeschluss muss keine Angaben zu den Anpassungen enthalten, denn diese gelten kraft Gesetzes (s. Rz. 12 ff.). Sieht er Bestimmungen vor, die im Widerspruch zu § 216 Abs. 3 Satz 1 stehen, so ist er wegen Gesetzesverletzung (§ 243 Abs. 1) anfechtbar[45]. Bestimmungen entgegen § 216 Abs. 3 Satz 1 zu Lasten Dritter entfalten keine Wirkung[46].

§ 217
Beginn der Gewinnbeteiligung

(1) Neue Aktien nehmen, wenn nichts anderes bestimmt ist, am Gewinn des ganzen Geschäftsjahrs teil, in dem die Erhöhung des Grundkapitals beschlossen worden ist.

(2) Im Beschluss über die Erhöhung des Grundkapitals kann bestimmt werden, dass die neuen Aktien bereits am Gewinn des letzten vor der Beschlussfassung über die Kapitalerhöhung abgelaufenen Geschäftsjahrs teilnehmen. In diesem Fall ist die Erhöhung des Grundkapitals zu beschließen, bevor über die Verwendung des Bilanzgewinns des letzten vor der Beschlussfassung abgelaufenen Geschäftsjahrs Beschluss gefasst ist. Der Beschluss über die Verwendung des Bilanzgewinns des letzten vor der Beschlussfassung über die Kapitalerhöhung abgelaufenen Geschäftsjahrs wird erst wirksam, wenn das Grundkapital erhöht ist. Der Beschluss über die Erhöhung des

---

40 *Exner*, Beherrschungsvertrag und Vertragsfreiheit, 1984, S. 207 f.; *Koppensteiner* in Köln-Komm. AktG, § 304 Rz. 83; *Krieger* in MünchHdb. AG, § 70 Rz. 105; *Veil* in Spindler/Stilz, § 304 Rz. 74.
41 Vgl. *Hüffer*, § 216 Rz. 16.
42 I.E. ebenso (notfalls für eine Vertragsanpassung gem. § 242 BGB plädierend) *Hüffer*, § 216 Rz. 16; *Volhard* in MünchKomm. AktG, § 216 Rz. 72.
43 Vgl. *Volhard* in MünchKomm. AktG, § 216 Rz. 72.
44 Vgl. *Hüffer*, § 216 Rz. 17; *Lutter* in KölnKomm. AktG, § 216 Rz. 28; *Hirte* in Großkomm. AktG, § 216 Rz. 83; *Volhard* in MünchKomm. AktG, § 216 Rz. 75.
45 Vgl. *Lutter* in KölnKomm. AktG, § 216 Rz. 8; *Hüffer*, § 216 Rz. 18.
46 Vgl. *Hüffer*, § 216 Rz. 18.

Grundkapitals und der Beschluss über die Verwendung des Bilanzgewinns des letzten vor der Beschlussfassung über die Kapitalerhöhung abgelaufenen Geschäftsjahrs sind nichtig, wenn der Beschluss über die Kapitalerhöhung nicht binnen drei Monaten nach der Beschlussfassung in das Handelsregister eingetragen worden ist. Der Lauf der Frist ist gehemmt, solange eine Anfechtungs- oder Nichtigkeitsklage rechtshängig ist oder eine zur Kapitalerhöhung beantragte staatliche Genehmigung noch nicht erteilt ist.

I. Allgemeines 1

II. Teilnahme am Gewinn des laufenden Geschäftsjahrs 2

III. Teilnahme am Gewinn des letzten Geschäftsjahrs 3

I. Allgemeines

Die Vorschrift legt in Abs. 1 den **Grundsatz** fest, dass die **neuen Aktien** am **Gewinn** des **ganzen Geschäftsjahrs** teilnehmen, in dem die Erhöhung des Grundkapitals beschlossen worden ist. Sie bestimmt in Abs. 2 ferner, dass im Beschluss über die Kapitalerhöhung eine **Beteiligung** am **Gewinn des letzten Geschäftsjahrs** bestimmt werden kann. Sollen die neuen Aktien auch zum Bezug des Gewinns des letzten vor der Beschlussfassung abgelaufenen Geschäftsjahrs berechtigen, ist allerdings die Erhöhung des Grundkapitals zu beschließen, bevor über die Verwendung des Bilanzgewinns des letzten vor der Beschlussfassung abgelaufenen Geschäftsjahrs Beschluss gefasst ist. Ist dies bereits geschehen, sind **unentziehbare Zahlungsansprüche** der Aktionäre entstanden (s. § 58 Rz. 48). Ferner ist im Interesse einer klaren Rechtslage verfügt, dass der Beschluss über die Verwendung des Bilanzgewinns des letzten vor der Beschlussfassung über die Kapitalerhöhung abgelaufenen Geschäftsjahrs erst wirksam wird, wenn das Grundkapital erhöht ist. § 217 geht auf § 14 KapErhG a.F. zurück und wurde in Abs. 1 durch Art. 1 Nr. 28 StückAG geändert[1].

II. Teilnahme am Gewinn des laufenden Geschäftsjahrs

Als **Grundregel** ist in § 217 Abs. 1 verfügt, dass die neuen Aktien am Gewinn des ganzen Geschäftsjahrs teilnehmen, in dem die Erhöhung des Grundkapitals beschlossen worden ist. Dies ist unproblematisch, weil noch keine bestandsfesten Zahlungsansprüche der Aktionäre begründet wurden. Im **Beschluss** kann allerdings eine **abweichende Regelung** getroffen werden. Sofern eine Gewinnbeteiligung für die Vergangenheit erfolgen soll, sind die Anforderungen nach § 217 Abs. 2 zu beachten (s. Rz. 3 f.). Es ist aber auch zulässig, eine Beteiligung am Gewinn des laufenden Geschäftsjahrs erst ab einem späteren Zeitpunkt zu begründen[2], beispielsweise ab dem Tag der Eintragung des Beschlusses in das Handelsregister, oder auch erst zum Beginn des nächsten Geschäftsjahrs. Dies kann von Interesse sein, wenn die Aktionäre die neuen Aktien veräußern wollen, den Gewinn des Geschäftsjahrs mit den Käufern nicht „teilen" wollen[3]. Ein noch weitergehender, das darauf folgende Geschäftsjahr betreffender Ausschluss vom Gewinn ist ebenfalls möglich. Eine nach § 216 Abs. 1 Satz 1 unzulässige Ausstattung der neuen Aktien ist darin noch nicht zu sehen[4].

---

1 Vgl. StückAG v. 25.3.1998, BGBl. I 1998, 590.
2 Vgl. *Lutter* in KölnKomm. AktG, § 217 Rz. 3; *Hüffer*, § 217 Rz. 3; *Hirte* in Großkomm. AktG, § 217 Rz. 31; *Volhard* in MünchKomm. AktG, § 217 Rz. 8.
3 Vgl. *Hirte* in Großkomm. AktG, § 217 Rz. 31.
4 Vgl. *Hüffer*, § 217 Rz. 3. A.A. *Hirte* in Großkomm. AktG, § 217 Rz. 32; *Volhard* in MünchKomm. AktG, § 217 Rz. 8.

III. Teilnahme am Gewinn des letzten Geschäftsjahrs

3   Im Beschluss über die Erhöhung des Grundkapitals kann bestimmt werden, dass die neuen Aktien bereits am Gewinn des letzten vor der Beschlussfassung über die Kapitalerhöhung abgelaufenen Geschäftsjahrs teilnehmen (§ 217 Abs. 2 Satz 1). Dies setzt voraus, dass die **Erhöhung des Grundkapitals beschlossen** wird, bevor gemäß § 174 über die Verwendung des Bilanzgewinns des letzten vor der Beschlussfassung abgelaufenen Geschäftsjahrs Beschluss gefasst ist (§ 217 Abs. 2 Satz 2). Die zeitliche Reihenfolge ist in jedem Fall zu beachten; andernfalls ist jedenfalls die im Beschluss über die Kapitalerhöhung getroffene rückwirkende Gewinnbeteiligung nichtig; ob auch der gesamte Beschluss nichtig ist, bestimmt sich nach § 139 BGB[5]. Sollen in einer Hauptversammlung beide Beschlüsse gefasst werden, muss also zuerst die Kapitalerhöhung beschlossen werden. Erst danach ist über die Verwendung des Bilanzgewinns (unter Berücksichtigung des Gewinnrechts der neuen Aktien) oder, was dem gleich steht, über den Vortrag des Gewinns auf das nächste Geschäftsjahr[6] zu beschließen. Da der Beschluss über die Verwendung des Bilanzgewinns des letzten vor der Beschlussfassung über die Kapitalerhöhung abgelaufenen Geschäftsjahrs eine Gewinnbeteiligung der neuen Aktien vorsieht, kann er erst wirksam werden, wenn das Grundkapital erhöht ist (§ 217 Abs. 2 Satz 3). Entscheidend ist der Zeitpunkt der Eintragung des Beschlusses in das Handelsregister (§ 211).

4   Schließlich trifft das Gesetz Vorsorge, dass möglichst bald Klarheit über die Verteilung des im letzten Geschäftsjahr erwirtschafteten Gewinns herrscht. So sind der **Beschluss** über die **Erhöhung** des **Grundkapitals** und der **Beschluss** über die **Verwendung** des **Bilanzgewinns** des letzten vor der Beschlussfassung über die Kapitalerhöhung abgelaufenen Geschäftsjahrs **nichtig**, wenn der **Beschluss** über die **Kapitalerhöhung** nicht **binnen drei Monaten** nach der Beschlussfassung in das Handelsregister **eingetragen** worden ist (§ 217 Abs. 2 Satz 4); auf den Zeitpunkt der Anmeldung kommt es nicht an[7]. Die Frist wird nach den §§ 186 ff. BGB bestimmt. Der Lauf der Frist ist gehemmt (§ 209 BGB), solange eine Anfechtungs- oder Nichtigkeitsklage rechtshängig ist oder eine zur Kapitalerhöhung beantragte staatliche Genehmigung noch nicht erteilt ist (§ 217 Abs. 2 Satz 5). Wurde die Frist nicht eingehalten, muss die Hauptversammlung erneut über die Gewinnverwendung für das letzte Geschäftsjahr beschließen. Außerdem darf der Registerrichter den nichtigen Erhöhungsbeschluss nicht in das Handelsregister eintragen. Geschieht dies dennoch, kommt eine Heilung dieses Beschlusses gem. § 242 Abs. 2 in Betracht[8]; eine Heilung des Gewinnverwendungsbeschlusses ist mangels Eintragung in das Handelsregister nicht möglich.

§ 218
Bedingtes Kapital

Bedingtes Kapital erhöht sich im gleichen Verhältnis wie das Grundkapital. Ist das bedingte Kapital zur Gewährung von Umtauschrechten an Gläubiger von Wandelschuldverschreibungen beschlossen worden, so ist zur Deckung des Unterschieds

---

5 Vgl. *Lutter* in KölnKomm. AktG, § 217 Rz. 7; *Hüffer*, § 217 Rz. 4; *Volhard* in MünchKomm. AktG, § 217 Rz. 16.
6 Vgl. *Lutter* in KölnKomm. AktG, § 217 Rz. 5; *Hüffer*, § 217 Rz. 4; *Hirte* in Großkomm. AktG, § 217 Rz. 20; *Volhard* in MünchKomm. AktG, § 217 Rz. 14.
7 Vgl. *Hüffer*, § 217 Rz. 5; *Volhard* in MünchKomm. AktG, § 217 Rz. 18.
8 Vgl. *Hüffer*, § 217 Rz. 6; *Volhard* in MünchKomm. AktG, § 217 Rz. 20.

zwischen dem Ausgabebetrag der Schuldverschreibungen und dem höheren geringsten Ausgabebetrag der für sie zu gewährenden Bezugsaktien insgesamt eine Sonderrücklage zu bilden, soweit nicht Zuzahlungen der Umtauschberechtigten vereinbart sind.

I. Allgemeines 1
II. Erhöhung des bedingten Kapitals . . . 2
III. Sonderrücklage zur Vermeidung einer Unterpariemission 4

1. Voraussetzungen 4
2. Entsprechende Anwendung 6

I. Allgemeines

Die Vorschrift steht in einem engen Zusammenhang mit der in § 216 Abs. 3 Satz 1 1
getroffenen Regelung über die Anpassung der vertraglichen Beziehungen zwischen der Gesellschaft und den Gläubigern einer Wandel- oder Optionsanleihe. Hat die Gesellschaft weitere Aktien zur Verfügung zu stellen, müsste die Hauptversammlung an sich eine weitere bedingte Kapitalerhöhung beschließen, damit die Umtausch- oder Bezugsrechte erfüllt werden können. Davon wird sie gem. § 218 Satz 1 entbunden: Das **bedingtes Kapital erhöht** sich im **gleichen Verhältnis** wie das **Grundkapital**. Ferner sucht § 218 Satz 2 zu verhindern, dass eine Unterpariemission stattfindet. Die Vorschrift beruht auf § 15 KapErhG a.F. und wurde durch Art. 1 Nr. 25 StückAG geändert[1]. Auf ein genehmigtes Kapital ist sie nicht anzuwenden[2].

II. Erhöhung des bedingten Kapitals

Ein bedingtes Kapital erhöht sich im gleichen Verhältnis wie das Grundkapital 2
(vgl. § 218 Satz 1). Voraussetzung ist, dass es zum Zeitpunkt des Wirksamwerdens der Kapitalerhöhung wirksam beschlossen ist. Die **Erhöhung** erfolgt **kraft Gesetzes**, so dass eine Festsetzung im Kapitalerhöhungsbeschluss nicht erforderlich ist. Wurden bereits Umtausch- oder Bezugsrechte ausgeübt, so verringert sich das bedinge Kapital entsprechend[3]. Dies kann zu „krummen" Beträgen des bedingten Kapitals führen, was aber unvermeidlich ist[4]. Sofern „Spitzen" entstehen, sind sie gem. § 213 als Teilrechte zu behandeln[5].

Als Folge der Erhöhung des bedingten Kapitals muss die unrichtig gewordene Satzung 3
der Gesellschaft geändert werden, was gem. § 179 Abs. 1 Satz 2 dem Aufsichtsrat übertragen werden kann. Die **Satzungsänderung** ist mit dem Kapitalerhöhungsbeschluss zur Eintragung in das Handelsregister **anzumelden**[6]. Außerdem muss das **Handelsregister** berichtigt werden (vgl. §§ 31 ff. HGB, § 201 AktG). Diese Anmeldung erfolgt zusammen oder nach der Anmeldung des Beschlusses über die Kapitalerhöhung aus Gesellschaftsmitteln[7]. Zuständig ist der Vorstand, der in vertretungsberech-

---

1 Vgl. StückAG v. 25.3.1998, BGBl. I 1998, 590.
2 Allg. M.; vgl. *Hüffer*, § 218 Rz. 8; *Volhard* in MünchKomm. AktG, § 218 Rz. 27.
3 Vgl. *Lutter* in KölnKomm. AktG, § 218 Rz. 3; *Hüffer*, § 218 Rz. 2.
4 Vgl. *Lutter* in KölnKomm. AktG, § 218 Rz. 3; *Hirte* in Großkomm. AktG, § 218 Rz. 8; *Volhard* in MünchKomm. AktG, § 218 Rz. 5.
5 Vgl. *Lutter* in KölnKomm. AktG, § 218 Rz. 3; *Hüffer*, § 218 Rz. 2; *Hirte* in Großkomm. AktG, § 218 Rz. 8; *Volhard* in MünchKomm. AktG, § 218 Rz. 6.
6 Vgl. *Hüffer*, § 218 Rz. 3; *Volhard* in MünchKomm. AktG, § 218 Rz. 6.
7 Vgl. *Lutter* in KölnKomm. AktG, § 218 Rz. 4; *Hirte* in Großkomm. AktG, § 218 Rz. 12; enger *Hüffer*, § 218 Rz. 3.

tigter Zahl tätig werden muss. Eine Mitwirkung des Aufsichtsratsvorsitzenden ist entbehrlich[8].

III. Sonderrücklage zur Vermeidung einer Unterpariemission

1. Voraussetzungen

4   Ist das bedingte Kapital zur Gewährung von Umtauschrechten an Gläubiger von Wandelschuldverschreibungen beschlossen worden, so ist zur **Deckung des Unterschieds** zwischen dem **Ausgabebetrag** der **Schuldverschreibungen** und dem **höheren geringsten Ausgabebetrag** der für sie zu gewährenden Bezugsaktien insgesamt eine **Sonderrücklage** zu bilden, soweit nicht Zuzahlungen der Umtauschberechtigten vereinbart sind. Zweck dieser Vorschrift ist es, eine Unterpariemission zu vermeiden. Sie ist erforderlich, weil eine Anpassung des bedingten Kapitals gem. § 218 Satz 1 zur Folge haben kann, dass sich für die Bezugsaktien ein geringster Ausgabebetrag ergibt, der höher ist als der Ausgabebetrag der Schuldverschreibungen[9]. Beispiel[10]: Wenn Wandelanleihen zu pari ausgegeben wurden und ein Umtausch in Aktien im Verhältnis 1 : 1 vereinbart wurde, bewirkt eine Kapitalerhöhung aus Gesellschaftsmitteln im Verhältnis 1 : 1, dass das Umtauschverhältnis 1 : 2 beträgt. In diesem Fall ist die Bildung einer Sonderrücklage erforderlich, weil andernfalls die Aktienausgabe entgegen § 9 Abs. 1 erfolgt[11].

5   Die Sonderrücklage muss **spätestens im Zeitpunkt des Beschlusses** über die Kapitalerhöhung gebildet werden und ist in der Bilanz des nächsten Jahresabschlusses auszuweisen[12]. Sie kann aber auch schon in der Bilanz, die der Kapitalerhöhung zugrunde liegt (vgl. § 209 Abs. 1 und Abs. 2), gebildet werden. Die Mittel müssen verwendbar sein, d.h. es muss sich um Beträge aus freien Rücklagen handeln. Eine gleichzeitige Umwandlung dieser Beträge in Grundkapital ist folglich ausgeschlossen.

2. Entsprechende Anwendung

6   Die Vorschrift findet nach ihrem Wortlaut Anwendung, wenn ein bedingtes Kapital zur Gewährung von Umtauschrechten an Gläubiger von Wandelschuldverschreibungen beschlossen wurde. Aber auch bei **Optionsanleihen** kann die Gefahr eines Verstoßes gegen das Verbot der Unterpariemission bestehen, weil aufgrund der erhöhten Zahl der Bezugsaktien insgesamt gesehen der Ausgabebetrag je Bezugsaktie sinkt: Der Gläubiger kann eine höhere Anzahl Aktien bei unverändertem Bezugspreis beziehen. Es kann daher auch bei Optionsanleihen eine Unterpariemission stattfinden (vgl. auch § 199 Abs. 2 sowie die Erl. hierzu § 199 Rz. 10 ff.), so dass analog § 218 Satz 2 eine Sonderrücklage zu bilden ist[13].

---

8 Vgl. *Lutter* in KölnKomm. AktG, § 218 Rz. 4; *Hirte* in Großkomm. AktG, § 218 Rz. 13; *Hüffer*, § 218 Rz. 3; *Volhard* in MünchKomm. AktG, § 218 Rz. 9.
9 Vgl. *Lutter* in KölnKomm. AktG, § 218 Rz. 5; *Hüffer*, § 218 Rz. 5.
10 Beispiel nach *Lutter* in KölnKomm. AktG, § 218 Rz. 5.
11 Vgl. *Lutter* in KölnKomm. AktG, § 218 Rz. 5; *Hirte* in Großkomm. AktG, § 218 Rz. 18.
12 Vgl. *Hüffer*, § 218 Rz. 6; *Hirte* in Großkomm. AktG, § 218 Rz. 23; *Volhard* in MünchKomm. AktG, § 218 Rz. 19.
13 Vgl. *Lutter* in KölnKomm. AktG, § 218 Rz. 7; *Hüffer*, § 218 Rz. 7; *Volhard* in MünchKomm. AktG, § 218 Rz. 25.

§ 219
Verbotene Ausgabe von Aktien und Zwischenscheinen

Vor der Eintragung des Beschlusses über die Erhöhung des Grundkapitals in das Handelsregister dürfen neue Aktien und Zwischenscheine nicht ausgegeben werden.

Die Vorschrift hat den Zweck, Schwindelemissionen zu verhindern. Sie geht auf § 16   **1**
KapErhG a.F. zurück und entspricht den Vorschriften, die bei den anderen Arten einer Kapitalerhöhung gelten (§§ 191, 197, 203 Abs. 1 Satz 1).

Der Begriff der **Ausgabe** ist ebenso wie bei den Parallelvorschriften auszulegen. Vo-   **2**
raussetzung ist, dass **Urkunden** durch der Gesellschaft zurechenbare **Handlungen** oder pflichtwidrige **Unterlassungen** in den **Verkehr gelangen**. Die bloße Herstellung der Urkunden oder andere vorbereitende Handlungen genügen nicht (s. § 191 Rz. 4).

Werden **Aktien vor der Eintragung ausgegeben**, sind sie nach h.M. nicht nichtig. Dies   **3**
wird aus dem Wortlaut des § 219 („dürfen" statt „können") geschlossen[1]. Allerdings verbriefen sie noch keine Mitgliedsrechte. Im Unterschied zu den Parallelregelungen (s. § 191 Rz. 1) ist ein erneuter Abschluss des Begebungsvertrags nach der Eintragung des Beschlusses in das Handelsregister nicht erforderlich[2]. Der schon mit der Aktienausgabe zustande kommende Begebungsvertrag hat nämlich den Inhalt, dass die künftig entstehenden Mitgliedsrechte in dem Papier verbrieft sein sollen[3].

Die **zukünftigen Mitgliedsrechte** können schon vor der Eintragung des Beschlusses   **4**
gem. §§ 413, 398 BGB übertragen werden (anders aber bei der regulären Kapitalerhöhung; s. § 191 Rz. 3). Erfolgt die Eintragung, entstehen sie in der Person des Erwerbers[4]. Ein gutgläubiger Erwerb vor diesem Zeitpunkt ist nicht möglich.

Im Unterschied zu den anderen Kapitalmaßnahmen (vgl. § 191 Satz 3 und § 197   **5**
Satz 4) ist das Verbot der vorzeitigen Aktienausgabe **nicht mit einer Schadensersatzhaftung** verbunden. Eine analoge Anwendung der Regeln über eine verschuldensunabhängige Haftung ist wegen der unterschiedlichen Rechtsfolgen einer verbotenen Aktienausgabe (s. Rz. 2) nicht geboten[5]. Allerdings kann eine Schadensersatzpflicht der für die Ausgabe verantwortlichen Personen (des Vorstands) gem. § 823 Abs. 2 BGB i.V.m. § 219 AktG bestehen[6]; die Gesellschaft selbst haftet nicht[7].

§ 220
Wertansätze

Als Anschaffungskosten der vor der Erhöhung des Grundkapitals erworbenen Aktien und der auf sie entfallenen neuen Aktien gelten die Beträge, die sich für die einzelnen Aktien ergeben, wenn die Anschaffungskosten der vor der Erhöhung des Grundkapi-

---

1 Vgl. *Lutter* in KölnKomm. AktG, § 219 Rz. 2; *Hirte* in Großkomm. AktG, § 219 Rz. 4; *Volhard* in MünchKomm. AktG, § 219 Rz. 6.
2 Vgl. *Hüffer*, § 219 Rz. 2.
3 Vgl. *Lutter* in KölnKomm. AktG, § 219 Rz. 4; *Volhard* in MünchKomm. AktG, § 219 Rz. 8; i.E. auch *Hüffer*, § 219 Rz. 2.
4 Vgl. *Lutter* in KölnKomm. AktG, § 219 Rz. 5; *Hüffer*, § 219 Rz. 3; *Volhard* in MünchKomm. AktG, § 219 Rz. 10.
5 *Volhard* in MünchKomm. AktG, § 219 Rz. 12. A.A. *Hüffer*, § 219 Rz. 4.
6 *Volhard* in MünchKomm. AktG, § 219 Rz. 13; *Hirte* in Großkomm. AktG, § 219 Rz. 10.
7 *Hirte* in Großkomm. AktG, § 219 Rz. 10. A.A. *Lutter* in KölnKomm. AktG, § 219 Rz. 7.

tals erworbenen Aktien auf diese und auf die auf sie entfallenen neuen Aktien nach dem Verhältnis der Anteile am Grundkapital verteilt werden. Der Zuwachs an Aktien ist nicht als Zugang auszuweisen.

Literatur: *Börnstein*, Die Erhöhung des Nennkapitals von Kapitalgesellschaften aus Gesellschaftsmitteln, DB 1960, 216.

1   Die Vorschrift regelt, wie die alten Aktien und die neuen Mitgliedsrechte aus einer nominellen Kapitalerhöhung bilanziell zu behandeln sind. Sie besagt – verkürzt formuliert –, dass durch die Kapitalerhöhung keine Vermögensänderung erfolgt. **Adressat** der Vorschrift sind nur solche **Aktionäre**, die Aktien der Gesellschaft im **Betriebsvermögen** halten und gem. § 242 HGB zur **Aufstellung** von **Jahresabschlüssen** verpflichtet sind[1]. Systematisch stellt sie eine Ergänzung der in den §§ 252 ff. HGB normierten Bewertungsvorschriften dar. § 220 geht auf § 17 KapErhG a.F. zurück und wurde durch Art. 1 Nr. 31 StückAG geändert[2].

2   **Aktien**, die sich im Betriebsvermögen eines Kaufmanns befinden, sind mit den **Anschaffungskosten** zu **bilanzieren** (§§ 253 Abs. 1 Satz 1, 255 Abs. 1 HGB). Die aus einer Kapitalerhöhung aus Gesellschaftsmitteln stammenden neuen Aktien sind gemäß § 220 Satz 1 zu bilanzieren, indem die für die alten Aktien angesetzten Anschaffungskosten verhältnismäßig auf die alten und die neuen Aktien verteilt werden. Dem liegt zugrunde, dass der Aktionär einerseits keine Aufwendungen für den Erwerb der Aktien geleistet hat (vgl. § 255 Abs. 1 HGB), andererseits seine alten Aktien den in den neuen Aktien verkörperten Unternehmenswert bereits vermittelt hatten. Entscheidend ist der Betrag, der in der letzten Bilanz für die Aktien ausgewiesen ist, so dass zwischenzeitlich erfolgte Abschreibungen (§ 253 Abs. 2 Satz 3, Abs. 3, § 254 HGB) bei der Verteilung auf die alten und neuen Aktien Berücksichtigung findet[3]. Mit anderen Worten: Der gesamte Buchwert der alten und neuen Aktien muss dem gesamten Buchwert der alten Aktien entsprechen.

3   § 220 Satz 1 begreift die Zuteilung der neuen Aktien als einen ergebnisneutralen Vorgang. § 220 Satz 2 stellt als Konsequenz dieses Verständnisses klar, dass der Zuwachs an Aktien nicht als Zugang auszuweisen ist. Dies bedeutet, dass der Vorgang in der Bilanz oder im Anhang (vgl. § 268 Abs. 2 HGB) nicht darzustellen ist.

4   Die Vorschrift befasst sich nach ihrem Wortlaut nur mit der Situation, dass neue Aktien ausgegeben werden. Erhält ein Aktionär lediglich **Teilrechte** (s. § 213 Rz. 1), so gilt **§ 220 entsprechend**[4]; werden Teilrechte hinzu erworben, so müssen allerdings zusätzlich die hierfür aufgewendeten Beträge bilanziert werden. Erfolgt die Kapitalerhöhung ohne Ausgabe neuer Aktien[5], braucht § 220 nicht angewendet zu werden; die bilanzielle Behandlung der Aktien bleibt dann unverändert[6].

---

1 Vgl. *Hüffer*, § 220 Rz. 1.
2 StückAG v. 25.3.1998, BGBl. I 1998, 590.
3 Vgl. *Hirte* in Großkomm. AktG, § 220 Rz. 11; *Hüffer*, § 220 Rz. 2; *Volhard* in MünchKomm. AktG, § 220 Rz. 5.
4 Allg. M.; vgl. *Hüffer*, § 220 Rz. 3; *Hirte* in Großkomm. AktG, § 220 Rz. 13 f.
5 So bei einer Kapitalerhöhung durch Erhöhung des Nennbetrags der Aktien (s. § 207 Rz. 11 und § 215 Rz. 5) oder als eine Variante der Kapitalerhöhung bei Stückaktien (s. § 207 Rz. 11).
6 Allg. M.; vgl. *Hüffer*, § 220 Rz. 5; *Volhard* in MünchKomm. AktG, § 220 Rz. 4.

Fünfter Unterabschnitt. Wandelschuldverschreibungen. Gewinnschuldverschreibungen

§ 221

(1) Schuldverschreibungen, bei denen den Gläubigern ein Umtausch- oder Bezugsrecht auf Aktien eingeräumt wird (Wandelschuldverschreibungen), und Schuldverschreibungen, bei denen die Rechte der Gläubiger mit Gewinnanteilen von Aktionären in Verbindung gebracht werden (Gewinnschuldverschreibungen), dürfen nur auf Grund eines Beschlusses der Hauptversammlung ausgegeben werden. Der Beschluss bedarf einer Mehrheit, die mindestens drei Viertel des bei der Beschlussfassung vertretenen Grundkapitals umfasst. Die Satzung kann eine andere Kapitalmehrheit und weitere Erfordernisse bestimmen. § 182 Abs. 2 gilt.

(2) Eine Ermächtigung des Vorstands zur Ausgabe von Wandelschuldverschreibungen kann höchstens für fünf Jahre erteilt werden. Der Vorstand und der Vorsitzende des Aufsichtsrats haben den Beschluss über die Ausgabe der Wandelschuldverschreibungen sowie eine Erklärung über deren Ausgabe beim Handelsregister zu hinterlegen. Ein Hinweis auf den Beschluss und die Erklärung ist in den Gesellschaftsblättern bekanntzumachen.

(3) Absatz 1 gilt sinngemäß für die Gewährung von Genussrechten.

(4) Auf Wandelschuldverschreibungen, Gewinnschuldverschreibungen und Genussrechte haben die Aktionäre ein Bezugsrecht. Die §§ 186 und 193 Abs. 2 Nr. 4 gelten sinngemäß.

I. Einleitung 1
1. Einführung und Überblick 1
2. Entstehungsgeschichte der Vorschrift 5
3. Europarechtliche Vorgaben 7
4. Zweck der Vorschrift 8
5. Verhältnis der erfassten Titel
   zueinander 12
II. Wandel- und Optionsanleihen (§ 221
   Abs. 1 und 2) 14
1. Begriff „Wandelschuldverschreibung":
   Abgrenzung und Sonderformen 14
2. Rechtsnatur von Wandelschuldverschreibungen 18
III. Insbesondere: Wandelanleihe 22
1. Ausgestaltung 22
2. Funktionsweise: Wandelung Schuldverschreibung gegen Aktie 23
3. Wandelungsrecht 24
4. Wandelungserklärung 25
5. Einlage auf die Aktien 26
6. Abgrenzung zur Optionsanleihe, insbesondere Optionsanleihe mit Ver-
   rechnungsmethode 27

IV. Insbesondere: Optionsanleihe 28
1. Charakteristika der Optionsanleihe . 28
2. Dogmatische Grundlage des Optionsrechtes 30
3. Bezugserklärung 31
4. Abgrenzung zur Wandelanleihe;
   Mischformen zwischen Wandelanleihe und Optionsanleihe 32
5. Einlage auf die Aktien 34
V. Gewinnschuldverschreibungen 37
1. Begriff der Gewinnschuldverschreibungen 37
2. Mitwirkung der Hauptversammlung,
   Bezugsrecht 38
3. Charakteristika einer Gewinnschuldverschreibung 39
4. Reichweite der Bemessungsgrundlage
   „Gewinn" 40
VI. Genussrechte (§ 221 Abs. 3) 41
1. Aktienrechtliche Regelung der Genussrechte und Begriffsbestimmung . 41
2. Rechtsnatur 43
3. Genussrechte als Schuldverhältnis . . 47
   a) Begründung 47

b) Einlage; Ausgabe von Genussrechten „societatis causa"   48
c) Genussrecht als abstraktes Schuldversprechen nach § 780 BGB   50
d) Genussrecht als abstraktes Stammrecht   51
e) Sorgfaltspflichten   52
f) Auslegung von Genussrechtsvereinbarungen und -bedingungen . .   53
4. Der Inhalt von Genussrechten   54
a) Beteiligung am Gewinn; gewinnorientierte und gewinnabhängige
Verzinsung   54
b) Teilnahme am Verlust   59
c) Sonstige Rechte als Gegenstand
von Genussrechten   70
d) Grenzen der Gestaltungsfreiheit . .   74
aa) AGB-Kontrolle   74
bb) Obligationsähnliche Genussrechte   76
cc) Einräumung von Mitwirkungs-
und Kontrollrechten   77
dd) Aktiengleiche und aktienähnliche Genussrechte   80

e) Anlegerschutz   88
5. Wertpapierrechtliche Aspekte,
Verbriefung von Genussrechten   90
6. Genussrechte im Konzern   91
VII. Bezugsrecht (§ 221 Abs. 4)   94
1. Inhalt und Grenzen   94
2. Ausschluss des Bezugsrechts   95
a) Formelle Voraussetzungen   95
b) Materielle Voraussetzungen . . .   98
c) Vereinfachter Bezugsrechtsausschluss 101
aa) Zulässigkeit 101
bb) Anforderungen an den vereinfachten Bezugsrechtsaus-
schluss 102
VIII. Übertragung der Rechtsposition;
Börsenhandel 105
IX. Erwerb eigener Titel durch die
Gesellschaft 107

Literatur: *Baums,* Aktienoptionen für Vorstandsmitglieder, in FS Claussen, 1997, S. 3; *Brauer,* Die Zulässigkeit der Ausgabe von sog. „Tracking Stocks" durch Aktiengesellschaften nach deutschem Aktienrecht, AG 1993, 324; *Busch,* Bezugsrecht und Bezugsrechtsausschluss bei Wandel- und Optionsanleihen, AG 1999, 58; *Casper,* Optionsvertrag, 2005; *Claussen,* Genuss ohne Reue, AG 1985, 77; *Claussen,* Verhandlungen des 55. DJT, K; *Ebenroth/Müller,* Die Beeinträchtigung der Aktionärsinteressen beim teilweisen Bezugsrechtsausschluss auf Genussrechte, BB 1993, 509; *Frantzen,* Genussscheine, 1993; *Frey/Hirte,* Das Vorab-Bezugsrecht auf Aktien und Optionsanleihen, ZIP 1991, 697; *Fuchs,* Selbständige Optionsscheine als Finanzierungsinstrument der Aktiengesellschaft, AG 1995, 433; *Gehling,* „Obligationsähnliche Genussrechte": Genussrechte oder Obligation?, WM 1992, 1093; *Georgakopoulos,* Zur Problematik der Wandelschuldverschreibungen, ZHR 120 (1957), 84; *Groß,* Isolierte Anfechtung der Ermächtigung zum Bezugsrechtsausschluss bei der Begebung von Optionsanleihen, AG 1991, 201; *Grundmann,* EG-Richtlinie und nationales Privatrecht, JZ 1996, 274; *Habersack,* Anmerkung zu OLG Bremen, Urteil vom 22.8.1991 (2 U 114/90), WuB A. § 221 AktG 1.92, 31; *Habersack,* Genussrechte und sorgfaltswidrige Geschäftsführung, ZHR 155 (1991), 378; *Hammen,* Unzulässigkeit aktiengleicher Genussrechte?, DB 1988, 2549; *Hammen,* Der gegenständliche Anwendungsbereich von § 247 BGB und § 609a BGB, NJW 1987, 2856; *Henke,* Die Novelle zum Gesetz über das Kreditwesen, WM 1985, 41; *Hirte,* Genussscheine mit Eigenkapitalcharakter in der Aktiengesellschaft, ZIP 1988, 477; *Hirte,* Genussrecht oder verbotener Gewinnabführungsvertrag? Anmerkung zum Urteil des OLG Bremen vom 22.8.1991 – 2 U 114/90 (Bankverein Bremen), ZBB 1992, 50; *Hirte,* Genussscheine mit Eigenkapitalcharakter in der Aktiengesellschaft, ZIP 1988, 477; *Hirte,* Genussscheine und Kapitalherabsetzung, ZIP 1991, 1461; *Hüffer,* Aktienbezugsrechte als Bestandteil der Vergütung von Vorstandsmitgliedern und Mitarbeitern, ZHR 161 (1997), 214; *Ihrig/Wagner,* Volumengrenzen für Kapitalmaßnahmen der AG, NZG 2002, 657; *Kerber,* Eigenkapitalverwandte Finanzierungsinstrumente, 2003; *Klausing,* Gesetz über Aktiengesellschaften und Kommanditgesellschaften auf Aktien nebst Einführungsgesetz und „Amtlicher Begründung", 1937; *Lutter,* Optionsanleihen ausländischer Tochtergesellschaften, in FS Kastner, 1972, S. 245; *Lutter,* Ausgabe von Genussrechten und Jahresabschluss, in FS Döllerer, 1988, S. 383; *Lutter,* Die Auslegung angeglichenen Rechts, JZ 1992, 593; *Lutter,* Genussrechtsfragen. Besprechung der Entscheidungen BGH ZIP 1992, 1542 (Klöckner) und BGH ZIP 1992, 1728 (Bremer Bankverein), ZGR 1993, 291; *Luttermann,* Anlegerschutz und Bezugsrechtsausschluss bei Genussrechten, DB 1993, 1809; *Luttermann,* Unternehmen, Kapital, Genussrechte, 1998; *Marsch-Barner,* Die Erleichterung des Bezugsrechtsausschlusses nach § 186 Abs. 3 Satz 4 AktG, AG 1994, 532; *Martens,* Die rechtliche Behandlung von Options- und Wandlungsrechten anlässlich der Eingliederung der verpflichteten Gesellschaft, AG 1992, 209; *Martens,* Der Ausschluss des Bezugsrechts, ZIP 1992, 1677; *Mayer/*

Schürnbrand, Einheitlich oder gespalten? – Zur Auslegung nationalen Rechts bei überschießender Umsetzung von Richtlinien, JZ 2004, 545; *Meilicke*, Wandelschuldverschreibungen bei Kapitalherabsetzung, BB 1963, 500; *Mertens*, Die bilanzrechtliche Behandlung internationaler Optionsanleihen nach § 150 Abs. 2 AktG, in FS Stimpel, 1985, S. 621; *Meyer*, Wandelschuldverschreibungen, BB 1955, 549; *Möschel*, Eigenkapitalbegriff und KWG-Novelle von 1984, ZHR 149 (1985), 206; *Pougin*, Genussrechte, in FS Oppenhoff, 1985, S. 275; *Reusch* in Bundschuh/Hadding/Schneider (Hrsg.), Recht und Praxis der Genussscheine, 1987, S. 27; *Reuter*, Verbesserung der Risikokapitalausstattung der Unternehmen durch Mitarbeiterbeteiligung?, NJW 1984, 1849; *Reuter*, Möglichkeiten und Grenzen gesellschaftsrechtlicher und kapitalmarktrechtlicher Maßnahmen mit dem Ziel einer verbesserten Eigenkapitalversorgung der deutschen Wirtschaft, in FS Stimpel, 1985, S. 657; *Rid-Niebler*, Genussrechte als Instrument zur Eigenkapitalbeschaffung über den organisierten Kapitalmarkt für die GmbH, 1989; *Schäfer*, Zulässigkeit und Kündbarkeit von ewig laufenden Anleihen (Perpetuals), in FS Kümpel, 2003, S. 453; *Schäfer*, Genussscheine mit Eigenkapitalcharakter, WM 1991, 1941; *Schlitt/Seiler/Singhof*, Aktuelle Rechtsfragen und Gestaltungsmöglichkeiten im Zusammenhang mit Wandelschuldverschreibungen, AG 2003, 254; *Schlitt/Löschner*, Abgetrennte Optionsrechte und Naked Warrants, BKR 2002, 150; *Uwe H. Schneider*, Genussrechte an Konzernunternehmen, in FS Goerdeler, 1987, S. 511; *Schön*, Ein Allgemeiner Teil der Genussrechte, JZ 1993, 925; *Schumann*, Optionsanleihen, 1990; *Sethe*, Genussrechte: Rechtliche Rahmenbedingungen und Anlegerschutz, Teil I AG 1993, 293, Teil II AG 1993, 351; *Sethe*, Die Berichtserfordernisse beim Bezugsrechtsausschluss und ihre mögliche Heilung, AG 1994, 342; *Singhof*, Der „erleichterte" Bezugsrechtsausschluss im Rahmen des § 221 AktG, ZHR 170 (2006), 673; *Volhard*, „Siemens/Nold": Die Quittung, AG 1998, 397; *Vollmer*, Eigenkapitalbeschaffung für die GmbH durch Börsenzugang, GmbHR 1984, 329; *Vollmer*, Der Genussschein – ein Instrument für mittelständische Unternehmen zur Eigenkapitalbeschaffung an der Börse, ZGR 1983, 445; *Vollmer/Lorch*, Der Schutz des aktienähnlichen Genusskapitals bei Kapitalveränderungen, ZBB 1992, 44; *Wagner*, Bilanzierungsfragen und steuerliche Aspekte bei „hybriden" Finanzierungen, Der Konzern 2005, 499; *Wassermann*, Der langfristige Kredit, 1988, S. 629; *Wehrhahn*, Finanzierungsinstrumente mit Aktienerwerbsrechten, 2003; *Werner*, Schwerpunkte der Novellierung des Kreditwesengesetzes, ZHR 149 (1985), 236; *Zahn/Lemke*, Anleihen als Instrument der Finanzierung und Risikosteuerung, BKR 2002, 527; *Ziebe*, Kapitalbeschaffung durch Genussscheine, BB 1988, 225.

I. Einleitung

1. Einführung und Überblick

Einführung, Standort der Vorschrift im Aktiengesetz: Die aktienrechtlichen Regelungen des § 221 beziehen sich auf drei Arten von Finanzierungsinstrumenten[1]: auf Wandelschuldverschreibungen, Gewinnschuldverschreibungen und Genussrechte. Diese drei Finanzierungsarten haben gemeinsam, dass mit ihnen keine mitgliedschaftliche Beteiligung in der Aktiengesellschaft oder eine Anwartschaft der Gläubiger hierauf verbunden ist[2]. Gleichwohl wird durch die Ausgabe dieser Finanzierungsinstrumente den Gläubigern eine Rechtsstellung eingeräumt, die derjenigen der Aktionäre nahe kommt. Zudem ist es zulässig, den Gläubigern neben den sonstigen Gläubigerrechten einen Anspruch auf Begründung der Mitgliedschaft in der Aktiengesellschaft nach den dem Finanzierungstitel zugrunde liegenden Vereinbarungen einzuräumen. Hierbei handelt es sich jedoch um einen Anspruch rein schuldrechtlicher Natur. Nicht vom Anwendungsbereich des § 221 umfasst sind reine Anleihen (sog. Industrieobligationen) und Schuldtitel, die diesen gleichgestellt sind[3]. In den unmittelbaren Anwendungsbereich der Norm fallen folglich nur solche Titel, die von

1

---

1 *Wehrhahn*, Finanzierungsinstrumente, S. 27 ff., 111 ff.; *Hüffer*, § 221 Rz. 1; *Schlitt/Seiler/Singhof*, AG 2003, 254; *Zahn/Lemke*, BKR 2002, 527; *Georgakopoulos*, ZHR 120 (1957), 85 f.; vgl. *v. Caemmerer*, JZ 1951, 418 ff.
2 BGH v. 5.3.1959 – II ZR 145/57, WM 1959, 434, 436; BGH v. 5.10.1992 – II ZR 172/91, ZIP 1992, 1542, 1543 = AG 1993, 125; *K. Schmidt*, Gesellschaftsrecht, § 18 II 2 b.
3 *Habersack* in MünchKomm. AktG, § 221 Rz. 1; *Lutter* in KölnKomm. AktG, § 221 Rz. 5.

der betroffenen Aktiengesellschaft emittiert werden und die ein Umtausch- oder Bezugsrecht von Aktien gerade der emittierenden Aktiengesellschaft einräumen.

2 Die besondere aktienrechtliche Regelung der drei Finanzierungstitel hat ihren Grund darin, dass die Finanzierungsmittel des § 221 einen hybriden Charakter haben, weil ihre Ausgabe zu einer Konkurrenz mit Aktionärsrechten führen kann[4]. Bei der Bestimmung des Anwendungsbereichs der Norm ist die denkbare Konkurrenz zu Aktionärsrechten grundsätzlich als eingrenzendes Korrektiv zu beachten.

3 **Finanzierungstitel im Überblick:** Unter Wandelschuldverschreibungen sind nach der Terminologie des Gesetzes Schuldverschreibungen zu verstehen, „bei denen den Gläubigern ein Umtausch- oder Bezugsrecht auf Aktien eingeräumt wird", § 221 Abs. 1 Satz 1.[5] Bei Wandelanleihen hat der Anleihegläubiger das Recht, Aktien zukünftig im „Umtausch" gegen die Anleihe zu erwerben.[6] Die Optionsanleihe unterscheidet sich von der Wandelanleihe darin, dass der Erwerb von Aktien nicht im Gegenzug zu der Rückgabe der Anleihe erfolgt, sondern unabhängig von der Anleihe gegen Zahlung eines Bezugspreises[7]. Gewinnschuldverschreibungen sind gesetzlich definiert als „Schuldverschreibungen, bei denen die Rechte der Gläubiger mit Gewinnanteilen von Aktionären in Verbindung gebracht werden", § 221 Abs. 1 Satz 1. Danach ist nicht nur eine feste Verzinsung mit der Gewinnschuldverschreibung verbunden, sondern auch eine Gewinnbeteiligung. Eine gesetzliche Definition für Genussrechte existiert nicht im Gesetz. Auch Genussrechte schreiben dem Gläubiger aktionärstypische Rechte zu. Ihre Besonderheit besteht im Fehlen einer zwingenden Verknüpfung mit einer Schuldverschreibung.

4 **Identitätskonzeption des § 221:** Dem § 221 liegt in seiner Konzeption ein sog. Identitätserfordernis zugrunde[8]. Danach sind von dem Umtausch- oder Optionsrecht des § 221 nur Aktien des eigenen Emittenten erfasst. Dies ergibt sich zwar nicht unmittelbar aus dem Wortlaut der Vorschrift, es folgt jedoch aus ihrem Zweck: das Bezugsrecht in § 221 Abs. 4 trägt der Tatsache Rechnung, dass die Rechte und Positionen der Aktionäre durch die Ausgabe von Titeln, die einen späteren Aktienerwerb einräumen, gefährdet sind, da dadurch eine Veränderung der Beteiligungsstruktur und eine Verwässerung der bestehenden Mitgliedschaften zu befürchten ist[9]. Davon abzugrenzen ist die sog. Drittemission von Titeln. In diesem Fall wird dem Berechtigten ein Erwerbsrecht auf Aktien eingeräumt, die nicht der Emittentin, sondern einer anderen Gesellschaft zustehen. Diese sog. Umtausch- oder Aktienanleihen werden auch „exchangeables" genannt. Sie haben ausschließlich Bezugsrechte zum Inhalt, die sich auf bereits bestehende Aktien der Drittgesellschaft beziehen. Ein Sonderproblem stellt die Zusage des Umtausches in Aktien einer abhängigen AG dar.

2. Entstehungsgeschichte der Vorschrift

5 Aktienrechtliche Sonderregelungen für Wandelschuldverschreibungen, Gewinnschuldverschreibungen und Genussrechte waren weder ADHGB noch im HGB enthalten. Der in den zwanziger Jahren des 20. Jahrhunderts vermehrt auftretende Missbrauch der Finanzierungstitel und deren gleichwohl große praktische Bedeutung lie-

---

4 *Groß* in Marsch-Barner/Schäfer, Börsennotierte AG, § 48 Rz. 1.
5 *Schlitt/Seiler/Singhof*, AG 2003, 254, 255; *Schlitt/Hemeling* in Habersack/Mülbert/Schlitt, Unternehmensfinanzierung am Kapitalmarkt, § 9 Rz. 1 ff.
6 *Kerber*, Eigenkapitalverwandte Finanzierungsinstrumente, S. 10 ff.
7 *Schumann*, Optionsanleihen, S. 15 ff.
8 *Lutter* in FS Kastner, S. 245; *Schumann*, Optionsanleihen, S. 159 ff.
9 *Hüffer*, § 221 Rz. 70; *Krieger* in MünchHdb. AG, § 63 Rz. 22, 15 ff.; *Schumann*, Optionsanleihen, S. 161 ff.

ßen ein Regelungsbedürfnis entstehen. Eine erste Regelung wurde mit § 194 des Aktienrechtsentwurfes von 1930 eingeführt[10]. Im Aktiengesetz 1937 fand sich sodann eine Vorschrift, die im Wesentlichen mit der heutigen Fassung des § 221 übereinstimmt[11]. Diese Regelung wurde nach geringfügigen sprachlichen Umformulierungen als § 221 in das Aktiengesetz von 1965 übernommen. Novelliert wurde die Vorschrift im Jahre 1978 im Rahmen des Durchführungsgesetzes zur EG-Kapitalrichtlinie[12]. Da es sich bei den Wandelschuldverschreibungen und Gewinnschuldverschreibungen stets und bei den Genussrechten häufig um Schuldverschreibungen i.S.d. § 793 BGB handelt, ist seit der Aufhebung der §§ 795, 808a BGB a.F. eine Ausgabe von Schuldverschreibungen ohne staatliche Genehmigung möglich.

Auf mittelbarem Wege sind weitere Änderungen an § 221 vorgenommen worden. Insbesondere das Gesetz für kleine Aktiengesellschaften und zur Deregulierung des Aktienrechts vom 2.8.1994[13], das einen vereinfachten Bezugsrechtsausschluss durch Einführung des § 186 Abs. 3 Satz 4 ermöglichte, hatte erhebliche Auswirkungen auf die Bedeutung des § 221. Eine weitere wichtige Änderung ergab sich durch die Neufassung des § 186 Abs. 2 aufgrund des Transparenz- und Publizitätsgesetz (TransPuG) vom 19.7.2002[14]. Danach ist der Ausgabebetrag nicht mehr zwingend vor dem Beginn der Bezugsfrist öffentlich bekannt zu machen. Die jüngste Änderung des § 221 ergab sich im Zusammenhang der Einführung des Gesetzes zur Unternehmensintegrität und Modernisierung des Anfechtungsrechts vom 22.9.2005 (UMAG)[15].   6

3. Europarechtliche Vorgaben

Gemeinschaftsrechtliche Vorgaben enthält die EG-Kapitalrichtlinie von 1977[16]. Danach muss das nationale Recht insbesondere die Mitwirkung der Hauptversammlung bei der Emission der Finanzierungstitel nach Maßgabe des Art. 25 Abs. 1 und Abs. 2 vorsehen, eine Anforderung, die in § 221 Abs. 1 und Abs. 2 umgesetzte wurde. Vom Anwendungsbereich der Art. 25 und 29 der EG-Kapitalrichtlinie erfasst sind „alle Wertpapiere, die in Aktien umgewandelt werden können oder mit einem Bezugsrecht auf Aktien verbunden sind", somit jedenfalls Wandel- und Optionsanleihen. Ebenfalls anwendbar sind die Art. 25 und 29 der EG-Kapitalrichtlinie auf „naked warrants"[17] und auf Genussrechte, die auf den Bezug von Aktienbezugsrechten gerichtet sind. Gemäß dem Postulat der richtlinienkonformen Auslegung sind die Regelungen des § 221 unter Beachtung der Vorgaben des europäischen Rechts, insbesondere der Richtlinien auszulegen[18]. Problematisch erscheint eine im nationalen Recht über die Vorgaben der Richtlinie hinausgehende Umsetzung („überschießende" Umsetzung, „gold-plating"). Eine solche überschießende Umsetzung fand auch im Rahmen des § 221 statt, denn die Vorschrift erfasst nach ihrem Anwendungsbereich neben den   7

10 *Habersack* in MünchKomm. AktG, § 221 Rz. 4.
11 Amtliche Begründung bei *Klausing*, Gesetz über Aktiengesellschaften und Kommanditgesellschaften auf Aktien nebst Einführungsgesetz und „Amtlicher Begründung", 1937, S. 155.
12 BGBl. I 1978, 1959 und dazu BT-Drucks. 8/1678, S. 19.
13 BGBl. I 1994, 1961.
14 BGBl. I 2002, 2681.
15 BGBl. I 2005, 2802.
16 Zweite Richtlinie 77/91/EWG zur Koordinierung der Schutzbestimmungen, die in den Mitgliedstaaten den Gesellschaften im Sinne des Artikels 58 Absatz des Vertrages im Interesse der Gesellschafter sowie Dritter für die Gründung der Aktiengesellschaft sowie für die Erhaltung und Änderung ihres Kapitals vorgeschrieben sind, um diese Bestimmungen gleichwertig zu gestalten, vom 13.12.1976 (ABl. EG Nr. L 26, S. 1).
17 Zum Begriff *Fuchs*, AG 1995, 433 Fn. 2.
18 *Lutter*, JZ 1992, 593 ff.; *Grundmann*, JZ 1996, 274; *Mayer/Schürnbrand*, JZ 2004, 545.

Wandelschuldverschreibungen auch Gewinnschuldverschreibungen und Genussrechte.

4. Zweck der Vorschrift

8   Die von § 221 gewährten Anlegerrechte können zu **Kollisionen mit Aktionärsinteressen** führen[19]. Denn zum einen steht die Zusicherung eines späteren Aktienbezugs in
Konkurrenz zum Bezugsrecht der Aktionäre[20]. Zum anderen erwachsen bei Gewinnschuldverschreibungen und Genussrechten dem Berechtigten Bezugsrechte, die an
diejenigen der Aktionäre heranreichen, so dass die typischen Vermögensrechte der
Aktionäre in Gestalt von Dividendenrechten, Bezugsrechten auf die Finanzierungstitel des § 221 und Beteiligungen am Liquidationserlös beeinträchtigt werden können.
Die Ausgabe dieser Finanzierungsinstrumente birgt folglich das Risiko, dass die Inhaber von Genussrechten oder Gewinnschuldverschreibungen vor den Aktionären ge-
winnbringend befriedigt werden.

9   Wegen der Möglichkeit dieser Interessenkollision verlangt das Gesetz, dass die Finanzierungstitel des § 221 nur mit **Zustimmung der Hauptversammlung** ausgegeben
werden dürfen, wobei eine qualifizierte Mehrheit erforderlich ist. Nach seinem
Zweck dient § 221 primär dem Aktionärsschutz. Zusätzlicher Schutz wird den Aktionärsinteressen über die §§ 192 ff. zuteil. Und schließlich kommt den Aktionären
auch ein Bezugsrecht für die von § 221 erfassten Titel zu.

10   Die **Publizitätserfordernisse** des § 221 Abs. 2 dienen weniger der Wahrung individueller Aktionärsrechte als vielmehr dem Schutz der Funktion der Finanzmärkte insgesamt durch Gewährleistung angemessener Information des Kapitalmarkts. Obwohl
§ 221 Abs. 2 nach seinem Wortlaut nur auf Wandelschuldverschreibungen anwendbar ist, findet die Vorschrift auf Genussrechte und Gewinnschuldverschreibungen
analoge Anwendung[21].

11   Anders hingegen liegt der Fall bei der **Ausgabe gewöhnlicher Industrieobligationen,
Aktienanleihen und Zerobonds.** Über die Ausgabe dieser Finanzierungstitel entscheidet allein der Vorstand im Rahmen seiner Geschäftsführungskompetenz und ohne
Beteiligung der Aktionäre. Lediglich fakultativ kann der Vorstand verlangen, dass insoweit die Hauptversammlung entscheidet, § 119 Abs. 2[22]. Die Zuordnung zum Kreis
der Geschäftsführungsmaßnahmen oder zum Kreis der hauptversammlungszustim-
mungspflichtigen Geschäfte lässt folglich Rückschlüsse auf den Anwendungsbereich
der Vorschrift zu[23]. Die schutzzweckorientierte Frage nach der Berührung der mitgliedschaftlichen Sphäre der Aktionäre durch die auszugebenden Titel klärt, ob eine
konkrete Finanzierungsform in den Anwendungsbereich der Norm fällt.

5. Verhältnis der erfassten Titel zueinander

12   Die von § 221 erfassten Finanzierungstitel unterscheiden sich primär durch die Art
des begründeten Haupt- und Nebenrechts. Allen Finanzierungstiteln ist zunächst gemeinsam, dass dem Gläubiger mitgliedschaftstypische Vermögensrechte sowie Be-

---

19 *Hüffer*, § 221 Rz. 1.
20 S. schon die Amtliche Begründung zum AktG 1937 bei *Klausing*, Gesetz über Aktiengesell-
    schaften und Kommanditgesellschaften auf Aktien nebst Einführungsgesetz und „Amtlicher
    Begründung", 1937, S. 155.
21 BGH v. 26.9.1994 – II ZR 236/93, AG 1995, 83; OLG München v. 11.8.1993 – 7 U 2529/93, ZIP
    1993, 1471, 1472 = AG 1994, 372; *Werner*, ZHR 149 (1985), 243; *Groß*, AG 1991, 202; *Krieger*
    in MünchHdb. AG, § 63 Rz. 58, 68; *Hüffer*, § 221 Rz. 13, 47 (in Widerspruch zu Rz. 20).
22 *Lutter* in FS Kastner, S. 245, 250.
23 *Schäfer* in FS Kümpel, S. 435.

zugsrechte auf Aktien zustehen. Mitwirkungs- und Kontrollrechte kann er hingegen nicht erwerben. Eine Konkurrenz zum Aktienbezugsrecht der Aktionäre aus § 186 ergibt sich durch das den Gläubigern von Wandel- und Optionsanleihen eingeräumte Bezugsrecht auf Aktien der emittierenden Aktiengesellschaft. Gewinnschuldverschreibungen gewähren hingegen eine Beteiligung am Gewinn, so dass hier eine Kollision mit dem Dividendenrecht der Aktionäre aus § 58 Abs. 4 eintreten kann.

Die **Genussrechte** stehen zu den sonstigen Titeln des § 221 Abs. 1 in einem Über- und Unterordnungsverhältnis, wobei der Begriff des Genussrechts im weiteren Sinne sämtliche Finanzierungsarten des § 221 umfasst. Die Wandel- oder Gewinnschuldverschreibungen sind folglich als speziellere Varianten des Genussrechts zu verstehen. Ein Genussrecht im engeren Sinne ist die Gewährung sonstiger mitgliedschaftlicher Vermögensrechte, so etwa die Begründung eines mitgliedschaftstypischen Gewinn- oder Bezugsrechts in einer anderen als der in § 221 Abs. 1 genannten Weise. Auch die sog. „naked warrants"[24] sind den Genussrechten unterzuordnen. Maßgebliches Abgrenzungskriterium zwischen Genussrecht und Gewinnschuldverschreibung ist die Partizipation der Genussrechtsgläubiger am Verlust der Gesellschaft[25]. 13

II. Wandel- und Optionsanleihen (§ 221 Abs. 1 und 2)

1. Begriff „Wandelschuldverschreibung": Abgrenzung und Sonderformen

§ 221 bezeichnet „Schuldverschreibungen, bei denen den Gläubigern ein Umtausch- oder Bezugsrecht auf Aktien eingeräumt wird" als Wandelschuldverschreibungen[26]. Charakteristisch ist die Kombination aus einer Schuldverschreibung (§§ 793 ff. BGB) einerseits mit einem Aktienerwerbsrecht andererseits. Zusätzlich zu der Schuldverschreibung, in der Ansprüche auf Verzinsung des eingesetzten Kapitals sowie auf dessen Rückzahlung bei Laufzeitende verbrieft werden, wird dem Gläubiger ein Aktienerwerbsrecht eingeräumt[27]. Dabei geht § 221 von zwei grundverschiedenen Möglichkeiten der Gestaltung des Aktienbezugsrechts aus: Im Rahmen einer Wandelanleihe ist das Aktienerwerbsrecht als Umtauschrecht ausgestaltet, das den Inhaber berechtigt, die Aktien im Umtausch gegen die Schuldverschreibung zu beziehen. Die Wandelanleihe beinhaltet neben den Zahlungsansprüchen aus der Schuldverschreibung die rechtliche Möglichkeit, an die Stelle der reinen Gläubigerposition eine mitgliedschaftliche Beteiligung treten zu lassen[28]. Als zweite Möglichkeit für das Aktienbezugsrecht sieht § 221 vor, im Rahmen sog. Optionsanleihen das Aktienerwerbsrecht als reines Bezugsrecht (Optionsrecht) auszugestalten. Schuldverschreibung und Aktienerwerbsrecht sind nicht als Einheit zu behandeln und werden in der Praxis oftmals bereits kurz nach der Emission separat an den Kapitalmärkten gehandelt. Schuldverschreibung und Optionsrecht haben daher regelmäßig ein unterschiedliches rechtliches Schicksal.[29] Der Begriff Wandelschuldverschreibung ist also ein Oberbegriff für sog. *Wandelanleihen*, die ein Aktienerwerbsrecht in Form eines Umtauschrechts verbriefen, und für sog. *Optionsanleihen*, die dem Inhaber ein von der Schuldverschreibung unabhängiges Aktienerwerbsrecht einräumen. 14

24 Zur Terminologie *Fuchs*, AG 1995, 433 Fn. 2.
25 *Habersack* in MünchKomm. AktG, § 221 Rz. 22.
26 *Hüffer*, § 221 Rz. 3, 4; *Wehrhahn*, Finanzierungsinstrumente, S. 33.
27 Zum Ganzen *Wehrhahn*, Finanzierungsinstrumente, S. 111 ff.
28 *Schlegelberger/Quassowski*, § 174 Anm. 1; *A. Hueck*, DB 1963, 1347; *Georgakopoulos*, ZHR 120 (1957), 87; *Zöllner*, Wertpapierrecht, 14. Aufl. 1987, § 2 I 3e; anders *Meilicke*, BB 1963, 501.
29 BGH v. 16.4.1991 – XI ZR 88/90, BGHZ 114, 177 = AG 1991, 319; BGH v. 25.10.1994 – XI ZR 43/94, WM 1994, 2231; *Hüffer*, § 221 Rz. 6, 55; *Schlitt/Löschner*, BKR 2002, 150, 151.

15   Gerade das **Aktienerwerbsrecht** unterscheidet die Wandelschuldverschreibung von
bloßen Industrieobligationen, deren Ausgabe als Maßnahme der Geschäftsführung allein in den Zuständigkeitsbereich des Vorstandes fällt[30]. Nicht ausschlaggebend für
die Klassifizierung als Wandelschuldverschreibung ist hingegen, ob das dem Berechtigten zustehende Umtausch- oder Bezugsrecht unter zusätzlichen Bedingungen
steht, so etwa im Falle der Einräumung einer sog. „Going Public Anleihe", bei der
das Aktienerwerbsrecht durch den Börsengang der Emittentin bedingt ist. Auch
Strukturierungsvarianten, die nicht dem Gläubiger, sondern der Aktiengesellschaft
das eigentliche Wahlrecht im Bezug auf die Ausübung der Aktienerwerbsrechte einräumen, fallen in den Anwendungsbereich des § 221. Nicht mehr von § 221 erfasst
sind Papiere, bei denen das Umtausch- oder Bezugsrecht auf andere Titel als Aktien
eingeräumt wird.

16   Erforderlich ist der **Erwerb einer** bis dato nicht bestehenden **mitgliedschaftlichen Beteiligung.** Dabei schadet es nicht, dass der Umtausch- bzw. Bezugsberechtigte bereits
anderweitig Aktien hält. Entscheidend für den Begriff der Wandelschuldverschreibung ist allein, dass mit der Ausübung des Aktienerwerbsrechts eine neue Mitgliedschaft in der emittierenden AG entsteht und damit das Bezugsrecht der Aktionäre
auf junge Aktien betroffen ist.

17   Dabei geht § 221 konzeptionell von der Vorstellung aus, dass **Emissionsgesellschaft**
– also die Gesellschaft, welche die Wandelschuldverschreibungen emittiert – **und** die
Bezugsgesellschaft – also die Gesellschaft, auf deren Aktien sich das Aktienerwerbsrecht bezieht – **identisch** sind[31]. Obschon dies nicht per se aus dem Wortlaut der Vorschrift ersichtlich ist, ergibt sich die Identitätskonzeption des § 221 aus dem Sinn
und Zweck der aktienrechtlichen Sonderregelung. Die Ausgabe von Aktienerwerbsrechten impliziert einen Eingriff in die zukünftige Gesellschafterstruktur einer Aktiengesellschaft und kollidiert mit dem gesetzlichen Bezugsrecht der (Alt-)Aktionäre
im Rahmen der Ausgabe neuer Mitgliedschaften. Mit dem Eintritt neuer Gesellschafter in die AG droht den bisherigen Anteilseignern eine Verwässerung ihrer Anteile
sowohl im Hinblick auf die Vermögensrechte als auch in Bezug auf die Mitwirkungsrechte. Angesichts dieser Verwässerungsgefahr macht § 221 Abs. 1 die Ausgabe von
Wandelschuldverschreibungen von einem Votum der Hauptversammlung abhängig
und räumt in Abs. 4 den Aktionären ein Bezugsrecht auf die emittierten wandelbaren
Wertpapiere ein. Die Verwässerungsgefahr, welche die Regelung des § 221 erst notwendig macht, setzt aber voraus, dass sich die Aktienerwerbsrechte gerade auf Aktien der emittierenden Gesellschaft beziehen.

2. Rechtsnatur von Wandelschuldverschreibungen

18   Wandelschuldverschreibungen setzen sich aus einer Schuldverschreibung und einem
Aktienerwerbsrecht zusammen und verbinden mithin Elemente der Fremdkapitalfi-
nanzierung mit solchen der Eigenkapitalfinanzierung[32]. Ein solches hybrides Finanzierungsinstrument, welches weder vorrangig abgesichertem Fremdkapital noch voll
stimmberechtigtem Eigenkapital entspricht, bezeichnet man als **mezzanines Finanzierungsinstrument**[33]. Hybride Strukturierungen dienen oftmals der Finanzierung
von Akquisitionen oder Expansionen und schließen die Lücke zwischen verfügbaren
Eigenkapital und darstellbarer Fremdfinanzierung einerseits und aktuellem Liquidi-
tätsbedarf andererseits. Wirtschaftlich – nicht aktienrechtlich (dazu sogleich) – liegt

---

30 *Lutter* in KölnKomm. AktG, § 221 Rz. 5.
31 *Hüffer*, § 221 Rz. 1.
32 Vgl. zur Rechtsnatur von Wandelschuldverschreibungen bereits *Georgakopoulos*, ZHR 120
    (1957),87; *Schumann*, Optionsanleihen, S. 26 ff.
33 Etwa *Wagner*, Der Konzern 2005, 499 ff.

eine Mischform zwischen Eigen- und Fremdkapital vor: Das im Rahmen der Emission einer Umtauschanleihe der AG zugeführte Fremdkapital wird mit Ausübung des Optionsrechtes in eine Aktionärseinlage und damit in Eigenkapital umgewidmet. Bei der Optionsanleihe besteht der Mischcharakter darin, dass der für das Optionsrecht erzielte Erlös, die Optionsgebühr, nach § 272 Abs. 2 Nr. 2 HGB in die gesetzliche Kapitalrücklage einzustellen und damit als Eigenkapital auszuweisen ist. Besonders evident ist dies, sobald der Gläubiger – wie im Falle der Strukturierung als Pflichtwandelanleihe – den Aktienerwerb nicht lediglich frei wählen kann, sondern zur Ausübung des Aktienerwerbsrechtes verpflichtet ist.

Ungeachtet vorstehender Eigenkapitalimplikationen verbriefen Wandelschuldver-   19
schreibungen eine rein **schuldrechtliche Position**[34]. Dem Aktienerwerbsrecht ist vor der Ausübung jegliche korporative Bedeutung abzusprechen. Der Inhaber einer Wandelschuldverschreibung hat dementsprechend eine reine Gläubigerstellung inne, die Mitgliedschaft in der Aktiengesellschaft entsteht erst ex nunc mit der Ausübung des Aktienerwerbsrechtes[35].

Vor der Ausübung des Aktienerwerbsrechts hat der Wandelschuldverschreibungs-   20
gläubiger **weder mitgliedschaftliche Rechte noch mitgliedschaftliche Pflichten**[36]. Bis zur Ausübung des Aktienerwerbsrechts bestehen keinerlei Vorwirkungen mitgliedschaftlicher Natur. Insbesondere hat der Inhaber des Aktienerwerbsrechtes nicht die Stellung eines aufschiebend bedingten Aktionärs oder eines Anwartschaftsberechtigten. Dies ergibt sich nicht zuletzt daraus, dass – im Rahmen der Bedienung der Aktienerwerbsrecht durch bedingtes Kapital – der Erwerb der Gesellschafterstellung nicht allein im Belieben des Wandelschuldverschreibungsgläubigers liegt: Dem endgültigen Erwerb der Aktionärsstellung ist nach § 200 die Ausgabe der Aktien vorgeschaltet, der konstitutive Wirkung zukommt. Voraussetzung ist, dass die Aktiengesellschaft die Mittel zur Bedienung der Aktienerwerbsrechte, die im Rahmen des Anwendungsbereichs von § 221 auf junge Aktien gerichtet sind, erst im Zuge der Kapitalerhöhung schafft[37].

Aus aktienrechtlicher Sicht liegt im Gegensatz zur wirtschaftlichen Sichtweise   21
streng genommen **keine Mischform zwischen Anleihe und Aktien** vor. Vielmehr ist der Inhaber der Aktienerwerbsrechte zunächst ausschließlich Gläubiger wie jeder sonstige Besitzer einer Schuldverschreibung. Erst nach der Ausübung des Aktienerwerbsrechtes und dem dadurch ausgelösten Aktienerwerb wird der Berechtigte Gesellschafter der Aktiengesellschaft[38].

III. Insbesondere: Wandelanleihe

1. Ausgestaltung

Eine Wandelanleihe enthält als Schuldverschreibung zunächst notwendig ein Ver-   22
sprechen der Gesellschaft, an den Inhaber bei Fälligkeit eine bestimmte Leistung, hier die Zahlung einer bestimmten Geldsumme nebst der vereinbarten Zinsen, zu bewirken (§ 793 Abs. 1 BGB)[39]. Daneben ist in einer Wandelanleihe begriffsnotwen-

---

34 *Schlegelberger/Quassowski*, § 174 Anm. 1; *v. Caemmerer*, JZ 1951, 417 f.; *Georgakopoulos*, ZHR 120 (1957), 87; *A. Hueck*, DB 1963, 1347; *Schilling* in Großkomm. AktG, 3. Aufl., § 221 Anm. 1; *Fuchs*, Kapitalbeteiligung, § 2 A III; *Schumann*, Optionsanleihen, S. 26 ff.
35 *Schumann*, Optionsanleihen, S. 26; *Habersack* in MünchKomm. AktG, § 221 Rz. 27, 227.
36 *K. Schmidt*, Gesellschaftsrecht, § 18 II, 2 b.
37 *Habersack* in MünchKomm. AktG, § 221 Rz. 28.
38 *Martens*, AG 1992, 212 ff.
39 *Wehrhahn*, Finanzierungsinstrumente, S. 114 f.; vgl. bereits *v. Caemmerer*, JZ 1951, 417 f.; *Meyer*, BB 1955, 549.

dig ein Recht verbrieft, die Schuldverschreibung gegen Aktien der Gesellschaft einzulösen. Abgesehen von diesen Merkmalen ist die Ausgestaltung einer Wandelanleihe weitgehend privatautonomer Gestaltung zugänglich. So kann die Schuldverschreibung als Inhaber- oder Orderschuldverschreibung ausgestaltet sein. Auch der Beginn und das Ende der Verzinsung, die Fälligkeit der Zinsen und der Rückzahlungszeitpunkt können von den Vertragsparteien frei vereinbart werden[40]. Gleiches gilt für das Aktienerwerbsrecht[41]: Im Rahmen der Vertragsfreiheit kann das Wandelungsrecht beliebig ausgestaltet werden. Insbesondere die Wandelungsfrist, innerhalb derer das Wandelungsrecht ausgeübt werden kann, der Wandelungspreis, eine etwaige Zuzahlung im Rahmen des Aktienerwerbes, die Art der zu erwerbenden Aktien (Stammaktien oder Vorzugsaktien), das Wandelungsverhältnis sowie der Beginn der Dividendenzahlung sind weitgehend privatautonomer Gestaltung zugänglich. Verbreitet wird ergänzend eine sog. Negativverpflichtung der Gesellschaft vereinbart, mit der sich die Gesellschaft verpflichtet, ihren Grundbesitz während der Laufzeit der Anleihe nicht zu belasten[42] oder keine höherrangigen Wertpapiere auszugeben.

2. Funktionsweise: Wandelung Schuldverschreibung gegen Aktie

23   Das Wandelungsrecht berechtigt den Gläubiger, gegen Hingabe der Schuldverschreibung und unter Aufgabe der darin verbrieften Rechte Aktien der emittierenden AG zu beziehen[43]. Daraus folgt, dass ein Gläubiger nicht kumulativ die Rechte aus Schuldverschreibung und Wandelungsrecht geltend machen kann. Vielmehr besteht ein unabdingbares, die Rechtsnatur von Wandelanleihen kennzeichnendes Alternativitätsverhältnis zwischen den Rechten aus der Schuldverschreibung und dem Wandelungsrecht. Daher kann zu keinem Zeitpunkt eine separate Einlageschuld entstehen. Dieses strikte Alternativitätsverhältnis steht aber Gestaltungsvarianten nicht entgegen, die im Zuge des Eintauschens dem Aktienerwerb im Austausch gegen die Schuldverschreibung eine weitere Zuzahlung vorausschalten. Im Rahmen des Eintausches wird der auf die Anleihe gezahlte Betrag (zuzüglich einer etwaigen Zuzahlung) zur Einlage auf die Aktie. Auf eben diese Besonderheit von Wandelanleihen nimmt auch die Vorschrift des § 194 Abs. 1 Satz 2 Bezug, der zufolge die Hingabe von Schuldverschreibungen im Umtausch gegen die durch bedingte Kapitalerhöhungen geschaffenen Aktien ausnahmsweise nicht als Sacheinlage gilt.

3. Wandelungsrecht

24   Die dogmatische Grundlage des Wandelungsrechtes wird in dem rechtsgeschäftlichen Bezugsrecht auf Aktien aus § 187 gesehen, das dem Gläubiger lediglich einen vorvertraglichen Anspruch auf Abschluss eines Zeichnungsvertrages vermittelt[44]. Aus zivilrechtlicher Sicht wird das Wandelungsrecht zumeist als Ersetzungsbefugnis zugunsten des Gläubigers gesehen[45]. Im Falle der Wandelanleihe wird dem Gläubiger die Rechtsmacht eingeräumt, den Anspruch auf Rückzahlung des Anleihebetrages durch Lieferung einer bestimmten Anzahl von Aktien zu ersetzen. Macht der Gläubiger von dieser Befugnis Gebrauch, so wandelt sich das Schuldverhältnis ex nunc in das Recht zum Abschluss eines Barzeichnungsvertrages[46]. Ein Tauschvertrag im bür-

---

40 *Lutter* in KölnKomm. AktG, § 221 Rz. 103, 104.
41 Näher *Wehrhahn*, Finanzierungsinstrumente, S. 115, 116.
42 *Schumann*, Optionsanleihen, S. 118, 121 ff.
43 Etwa *Wehrhahn*, Finanzierungsinstrumente, S. 114 ff.
44 Eingehend *Wehrhahn*, Finanzierungsinstrumente, S. 114 ff.; vgl. auch *Groß* in Marsch-Barner/ Schäfer, Börsennotierte AG, § 48 Rz. 27.
45 *Wehrhahn*, Finanzierungsinstrumente, S. 114 f.
46 *Habersack* in MünchKomm. AktG, § 221 Rz. 27, 227; a.A.: *Lutter* in KölnKomm. AktG, § 221 Rz. 94; *Wehrhahn*, Finanzierungsinstrumente, S. 115.

gerlich-rechtlichen Sinne liegt gerade nicht vor[47]. Das Wandelungsrecht wird dementsprechend als ein Wahl- bzw. Gestaltungsrecht qualifiziert, dessen Ausübung eine unmittelbare rechtsgestaltende Umwidmung des dem Anleiheverhältnis entstammenden Zahlungsanspruchs des Gläubigers in eine Aktionärseinlage zur Folge hat. Anhand des Elementes der unmittelbaren Umwidmung kann die originäre Wandelanleihe von sog. Optionsanleihen mit Verrechnungsabreden, bei denen wirtschaftlich ein äquivalentes Ergebnis erreicht werden kann, abgegrenzt werden.

4. Wandelungserklärung

Um aus einer Wandelanleihe eine Mitgliedschaft an der Aktiengesellschaft zu erwer- 25
ben, bedarf es einer Wandelungs- oder Umtauscherklärung, die nach § 192 Abs. 5 der Bezugserklärung entspricht; § 198 findet Anwendung. Die Wandelungserklärung besteht, entsprechend einer Bezugserklärung, aus der Ausübung einer Gestaltungserklärung und der auf Abschluss eines Zeichnungsvertrages gerichteten Willenserklärung. Sie hat die Ausübung eines Wahlrechts zum Inhalt, mit dem der Wandelungsberechtigte statt Rückzahlung des Kapitals den Bezug von Aktien begehrt. Dementsprechend hat die Erklärung einerseits den Untergang der Anleiheforderung zur Folge. Andererseits enthält sie eine auf Abschluss eines Zeichnungsvertrages gerichtete Willenserklärung. Mit Blick auf den Zeichnungsvertrag kann die Erklärung des Wandelanleihegläubigers entweder als Vertragsangebot oder Vertragsannahme klassifiziert werden[48]: Soweit die Optionsbedingungen das Vertragsverhältnis hinreichend konkretisieren, ist die Erklärung eine Vertragsannahme. Anderenfalls ist sie als Vertragsangebot zu qualifizieren, zu dessen Annahme die AG aufgrund der Optionsvereinbarungen verpflichtet ist.

5. Einlage auf die Aktien

Bei wandelbaren Wertpapieren besteht gegenüber der schlichten Zeichnung von Ak- 26
tien die Besonderheit, dass der Anleihegläubiger bereits den Anleihebetrag an die Gesellschaft abgeführt hat. Der Anleihebetrag – zuzüglich einer etwaigen Zuzahlung – ist nach Ausübung der Wandelung als Einlage auf die Aktien zu klassifizieren, da die Ausübung des Wandelungsrechtes zu einer Umgestaltung des Rechtsverhältnisses ex nunc führt (s. oben Rz. 24). Die Wandelung bewirkt insofern, dass der Rechtsgrund der bereits erbrachten Leistung mit Wirkung für die Zukunft verändert wird, eine Sichtweise die durch die Vorschriften der §§ 199 Abs. 2, 218 Satz 2 bestätigt wird. So wird nicht etwa die Obligation als Sacheinlage angesehen, sondern der ursprünglich auf die Anleihe gezahlte Betrag wird zur Einlage umgewidmet mit der Folge, dass aktienrechtliche Bestimmungen über die Einlage auf die ursprünglich gezahlte (Anleihe-)Summe Anwendung finden, darunter insbesondere das Verbot der Unterpariemission nach § 199 Abs. 2. Der Vorschrift des § 194 Abs. 1 Satz 2 kommt aufgrund der wandelungsbedingten Umwidmung allein die Bedeutung einer deklaratorischen Klarstellung zu, dass die Leistung auf die Obligation Bareinlage und keine Sacheinlage ist[49]. Darüber hinaus kommt in der Vorschrift des § 194 Abs. 1 Satz 2 der gesetzgeberische Wille zum Ausdruck, die Begebung von Wandelschuldverschreibungen zu erleichtern und zugleich zu vermeiden, dass jede einzelne Forderung auf Rückzahlung der Anleihe zum jeweiligen Umtauschzeitpunkt entsprechend den Vorschriften über Sacheinlagen zu bewerten ist. Daraus kann geschlossen werden, dass die Vorschrift des § 194 Abs. 1 Satz 2 analog auf vergleichbare wandelbare Finanzierungsinstrumen-

---

47 So bereits *Flechtheim*, Anh. § 179 Anm. 22; ebenso *Schilling* in Großkomm. AktG, 3. Aufl.,
   § 221 Anm. 2; *Baumbach/Hueck*, Vorb. § 221 Anm. 5; *Schumann*, Optionsanleihen, S. 65.
48 *Habersack* in MünchKomm. AktG, § 221 Rz. 223.
49 *Schlitt/Seiler/Singhof*, AG 2003, 254, 264.

te anzuwenden ist[50]. Voraussetzung der Anwendbarkeit des § 194 Abs. 1 Satz 2 ist aber, dass die Anleihe gegen Geld erworben wurde. Ist die Anleihe nicht gegen Geld, sondern gegen eine andere Leistung erworben worden, so greifen bei der Begebung der Anleihe die Vorschriften über die Sacheinlage ein. Zusätzlich hat die Prüfung nach § 194 Abs. 4 zu erfolgen, und bei der Ausgabe der Aktien ist § 199 zu beachten. Dennoch ist auch in diesen Fällen eine auf den Zeitpunkt des Aktienbezugs bezogene Wertprüfung entbehrlich. Vor diesem Hintergrund zeigt § 194 Abs. 1 Satz 2, dass gerade jener Vermögenswert als Einlage anzusehen ist, der ursprünglich auf die Anleihe geleistet und seinerzeit für werthaltig befunden wurde. Der Umtauschvorgang *per se* ist nicht als Sacheinlage anzusehen. Dies erklärt gleichzeitig, dass die Vorschrift des § 194 Abs. 1 Satz 2 dann unanwendbar ist, wenn die Wandelanleihe gänzlich ohne Gegenleistung ausgegeben wurde. Denn in diesem Fall fehlt es an einer Geldzahlung, die Gegenstand einer Rückbeziehung sein kann[51]. Gleiches gilt nach wohl noch herrschender und zutreffender Auffassung für den Fall, dass eine laufende Anrechnung von Verlusten auf den Betrag der Forderung erfolgt[52]. Sodann wird man die Vorschrift des § 194 nur unter der Voraussetzung anwenden können, dass das Umtauschrecht bereits bei Zahlung auf die Schuldverschreibung bestand. Wird das Umtauschrecht der Forderung erst später beigefügt, ist die ursprüngliche Werthaltigkeit der Forderung zu überprüfen. Es besteht dann kein Raum für die Privilegierung des § 194 Abs. 1 Satz 2.

6. Abgrenzung zur Optionsanleihe, insbesondere Optionsanleihe mit Verrechnungsmethode

27 Da die Ausgestaltung einer Wandelanleihe weitgehend privatautonomer Gestaltung zugänglich ist, können sich Abgrenzungsprobleme zu anderen Finanzierungsinstrumenten ergeben. Ausschlaggebendes Abgrenzungskriterium ist dabei stets das der Wandelanleihe charakteristische Wandelungsrecht in Form einer *facultas alternativa*. Anhand dessen lässt sich die Wandelanleihe von anderen Finanzierungsinstrumenten abgrenzen, mit denen in wirtschaftlicher Hinsicht oftmals identische Ergebnisse erzielt werden können, wie etwa im Falle einer Optionsanleihe mit Verrechnungsabrede.

IV. Insbesondere: Optionsanleihe

1. Charakteristika der Optionsanleihe

28 Neben Wandelanleihen unterfallen auch sog. Optionsanleihen dem Anwendungsbereich von § 221. Die Vorschrift spricht von Schuldverschreibungen, bei denen den Gläubigern ein Bezugsrecht auf Aktien eingeräumt wird. Die Optionsanleihe enthält eine **Kombination aus einer Schuldverschreibung im Sinne der §§ 793 ff. BGB und einem oder oft mehreren Optionsrechten**[53]. Die Optionsrechte befähigen den Optionsberechtigten, während eines bestimmten Zeitraumes eine bestimmte Anzahl von Aktien zu einem festgelegten Preis zu beziehen. Das Schuldverschreibungselement ist bei Wandel- und Optionsanleihen identisch. Der Unterschied zwischen beiden Ausprägungen von Wandelschuldverschreibungen liegt in dem Aktienbezugsrecht: Im Gegensatz zur Wandelanleihe stehen im Rahmen der Optionsanleihen Schuldver-

---

50 *Fuchs* in MünchKomm. AktG, § 194 Rz. 9; *Schlitt/Seiler/Singhof*, AG 2003, 254, 264 f.; *Schumann*, Optionsanleihen, S. 73 ff.
51 *Habersack* in MünchKomm. AktG, § 221 Rz. 232.
52 *Lutter* in KölnKomm. AktG, § 194 Rz. 7; *Hüffer*, § 221 Rz. 4; *Krieger* in MünchHdb. AG, § 57 Rz. 24; anders *Habersack* in MünchKomm. AktG, § 221 Rz. 233, 244.
53 *Wehrhahn*, Finanzierungsinstrumente, S. 117 ff.; *Schumann*, Optionsanleihen, S. 24.

schreibung und Aktienbezugsrecht nicht in einem Verhältnis der Alternativität. Vielmehr kann der Gläubiger die Rechte aus der Schuldverschreibung sowie das Aktienbezugsrecht nebeneinander geltend machen. Zusätzlich zur Schuldverschreibung erhält er ein davon unabhängiges Aktienbezugsrecht, dessen Ausübung die Rechte des Gläubigers aus der Schuldverschreibung unberührt lässt: Die Ausübung des Optionsrechts bewirkt keinen Umtausch, sondern einen Hinzuerwerb der Gesellschaftsanteile unter Fortbestand der Rechte und Pflichten aus der Schuldverschreibung. Die Optionsanleihe lässt sich anhand der Optionsbedingungen so ausgestalten, dass das Optionsrecht als unselbständiges Optionsrecht allein dem Berechtigten aus der Schuldverschreibung zusteht. In diesem Fall sind Aktienerwerbsrecht und Optionsrecht zwar verbunden, die Ausübung des Optionsrechtes beeinträchtigt gleichwohl Bestand und Umfang der Rechte und Pflichten aus der Schuldverschreibung nicht[54]. Alternativ können die Optionsbedingungen die Trennbarkeit des Optionsrechtes von der Schuldverschreibung vorsehen. In diesem Fall kann das Optionsrecht nach der Emission von der Schuldverschreibung getrennt werden und separat an der Börse gehandelt werden[55]. Das Optionsrecht kann auch in diesem Fall unabhängig von der Schuldverschreibung durch den jeweils Optionsberechtigten ausgeübt werden[56].

Der Optionsanleihe liegt ein sog. **Optionsvertrag** zugrunde[57]. Aus dem Aktienerwerbsrecht und dem hybriden Charakter einer Optionsanleihe kann nicht auf eine korporationsrechtliche Natur des Optionsvertrages geschlossen werden. Auch der Optionsvertrag ist eine rein schuldrechtliche Abrede zwischen den Vertragsparteien[58]. Die Anleihekomponente enthält als Schuldverschreibung notwendig ein Versprechen der Gesellschaft, an den Inhaber eine bestimmte Leistung bei Fälligkeit zu bewirken[59]. In den Optionsbedingungen kann das Optionsrecht entsprechend den Interessen der Parteien ausgestaltet werden. Gängig sind insbesondere Abreden über die Optionsfrist, das Optionsverhältnis und den Optionspreis[60]. 29

2. Dogmatische Grundlage des Optionsrechtes

Die dogmatische Grundlage des Bezugsrechtes auf Aktien i.S.d. § 221, das sog. ‚Optionsrecht', ist ungeklärt[61]. Die Unsicherheiten rühren daher, dass die Rechtsfigur der Option durch das BGB nicht ausdrücklich geregelt ist und weitgehend vertragsautonomer Gestaltung zugänglich ist[62]. Das Optionsrecht nach § 221 wird mehrheitlich als ein rechtsgeschäftliches Bezugsrecht im Sinne des § 187 verstanden. Dem Gläubiger wird zunächst ein vorvertraglicher Anspruch auf Abschluss eines förmlichen Zeichnungsvertrages vermittelt. Dabei stellt sich dieser Anspruch gegenüber dem bloßen rechtsgeschäftlichen Bezugsrecht als in mehrfacher Hinsicht verstärkt dar: Er unterliegt nicht dem gesetzlichen Bezugsrecht nach § 186, und er lässt sich durch ei- 30

---

54 *Habersack* in MünchKomm. AktG, § 221 Rz. 32.
55 Vgl. *Schlitt/Löschner*, BKR 2002, 150, 152.
56 *Schumann*, Optionsanleihen, S. 30 ff.
57 Eingehend insbesondere zu Optionsverträgen mit Finanzierungsfunktion *Casper*, Optionsvertrag, S. 323 ff.
58 *Hüffer*, § 221 Rz. 8; *Habersack* in MünchKomm. AktG, § 221 Rz. 57; a.A. *Martens*, AG 1992, 212, der aus der Tatsache, dass die für das Optionsrecht erzielten Erlöse in die gesetzliche Kapitalrücklage einzustellen und damit als Eigenkapital auszuweisen sind, Rückschlüsse auf eine korporationsrechtliche Natur des Optionsvertrages ziehen will.
59 *Schumann*, Optionsanleihen, S. 53.
60 *Wehrhahn*, Finanzierungsinstrumente, S. 120, 121; *Schumann*, Optionsanleihen, S. 39, 55.
61 Ebenso *Casper*, Optionsvertrag, S. 327; vgl. auch *Schuhmann*, Optionsanleihen, S. 19 ff.; *Lutter* in KölnKomm. AktG, § 221 Rz. 151.
62 *Wehrhahn*, Finanzierungsinstrumente, S. 118.

ne bedingte Kapitalerhöhung sichern[63]. Nach anderer Auffassung ist in dem Bezugsrecht auf Aktien ein Optionsrecht im Sinne eines bürgerlichrechtlichen Gestaltungsrechtes zu sehen, durch dessen Ausübung der Zeichnungsvertrag ohne Mitwirkung des anderen Vertragspartners zustande kommt[64].

3. Bezugserklärung

31   Die Rechte aus einer Optionsanleihe oder aus sonstigen Optionsrechten werden durch Bezugserklärung des Berechtigten ausgeübt. Im Regelfall der Bedienung der Aktienerwerbsrechte durch bedingtes Kapital gilt für die Bezugserklärung des Optionsberechtigten § 198. Daraus folgt die Notwendigkeit, dass die Geltendmachung des Optionsrechtes und die auf Abschluss des Zeichnungsvertrages gerichtete Willenserklärung als Bestandteile der Bezugserklärung[65] in einer einheitlichen Erklärung enthalten sein müssen[66]. Beim Zustandekommen des Zeichnungsvertrages ist zu differenzieren: Ist der Inhalt des Zeichnungsvertrages durch die Anleihebedingungen (Optionsbedingungen) hinreichend fixiert, wird man darin bereits ein Vertragsangebot der AG sehen können. Die Bezugserklärung ist dann die Annahmeerklärung, mit deren Zugang der Zeichnungsvertrag zustande kommt. Sind die Anleihebedingungen nicht hinreichend spezifiziert, stellt die Bezugserklärung das Angebot dar. Dieses Angebot bedarf der Annahme seitens der Gesellschaft. Sie ist zu der Annahme aufgrund der Optionsvereinbarung verpflichtet. Ist der Zeichnungsvertrag zustande gekommen, hat der Optionsberechtigte das Recht auf Aushändigung der Aktien. Mit der Aushändigung entsteht die Mitgliedschaft. Erfolgt die Bedienung der Optionsrechte über ein genehmigtes Kapital, gelten die §§ 203 Abs. 1, 185. Zur Zeichnungserklärung kommt insofern die rechtsgestaltende Erklärung des Optionsrechtes hinzu[67]. Zum Erwerb der Mitgliedschaft ist neben dem Abschluss des Zeichnungsvertrages die Eintragung der Kapitalerhöhung in das Handelsregister erforderlich.

4. Abgrenzung zur Wandelanleihe; Mischformen zwischen Wandelanleihe und Optionsanleihe

32   Der Einlagepreis kann bei einer Optionsanleihe auch durch **Inzahlunggabe der Schuldverschreibung** entrichtet werden, soweit dies die jeweiligen Optionsbedingungen vorsehen. So wird dem Optionsberechtigten neben der Möglichkeit des Aktienbezuges gegen Barzahlung des Bezugspreises eine weitere Aktienerwerbsmodalität eröffnet. Die Inzahlungnahme der Schuldverschreibung setzt aber voraus, dass ein etwaiger abtrennbarer – und dementsprechend separat handelbarer – Optionsschein nicht abgetrennt wurde und sich Optionsrecht und Schuldverschreibung im Zeitpunkt der Ausübung in einer Hand befinden. In diesem Fall kann der Optionsberechtigte die Schuldverschreibung auf den Einlagepreis in Zahlung geben und so ein identisches wirtschaftliches Ergebnis erzielen wie der Inhaber einer Wandelanleihe. Diese wirtschaftlichen Parallelen dürfen aber nicht über die rechtlichen Unterschiede hinwegtäuschen. Selbst wenn im Rahmen der Emission einer Optionsanleihe die Inzahlungnahme der Schuldverschreibung auf die Einlageleistung vereinbart wird, bewirkt diese Inzahlungnahme gerade nicht, dass – entsprechend der Rechtslage im Rahmen der Emission einer Wandelanleihe – das Anleihekapital durch eine Ersetzungsbefug-

---

63 *Schumann*, Optionsanleihen, S. 19 ff.; anders *Martens*, Bilanzierung, S. 151, 154, der das Optionsrecht als Recht zur „Ingeltungsetzung" eines bereits (schwebend?) bestehenden Zeichnungsvertrages ansieht.
64 So etwa *Martens* in FS Stimpel, S. 621 ff.; zum Ganzen *Schumann*, Optionsanleihen, S. 20 ff.
65 *Casper*, Optionsvertrag, S. 325.
66 *Habersack* in MünchKomm. AktG, § 221 Rz. 223.
67 *Habersack* in MünchKomm. AktG, § 221 Rz. 224.

nis des Gläubigers in eine Einlage umgewidmet wird. Vielmehr entsteht mit Ausübung des Optionsrechtes – zunächst unabhängig vom Schicksal der Anleihe – eine Einlageschuld des Optionsberechtigten. Auf diese entstandene Einlageschuld gibt der Optionsberechtigte – zumindest in einem gedanklich gesonderten Akt – die Schuldverschreibung in Zahlung. Im Gegensatz zur Wandelanleihe gelangt bei der Optionsanleihe – unabhängig davon, ob die Schuldverschreibung in Zahlung genommen wird – die Einlageschuld als Korrelat des Rechtes auf Zuteilung von Aktien zur Entstehung. Beide Finanzierungsinstrumente erzielen also in wirtschaftlicher Hinsicht äquivalente Ergebnisse. In rechtlicher Hinsicht bleiben trotz der Vereinbarung einer Inzahlungnahme der Schuldverschreibung die Unterschiede zwischen einer Wandelanleihe und einer Optionsanleihe bestehen.

Alternativ zur Vereinbarung einer Inzahlungnahme der Schuldverschreibung kann 33
der aus der Schuldverschreibung resultierende Zahlungsanspruch zeitgleich mit dem Bezugsrecht fällig werden bzw. durch ein Kündigungsrecht für den Fall der Optionsausübung fällig gestellt werden. So stehen sich die Forderung des Optionsberechtigten aus der Schuldverschreibung und die Forderung der Aktiengesellschaft gerichtet auf die Einlageleistung unmittelbar gegenüber. Anstelle einer Hin- und Herzahlung kann eine **Verrechnung** beider Beträge vereinbart werden um wiederum in wirtschaftlicher Hinsicht ein ähnliches Ergebnis zu erzielen, wie im Rahmen einer Emission von Wandelanleihen.

5. Einlage auf die Aktien

Mit der Ausübung des Optionsrechtes entsteht zugleich die Pflicht des Optionsbe- 34
rechtigten zur Leistung einer Einlage. Auf diese Einlage finden die allgemeinen Vorschriften über die Aufbringung der Einlage Anwendung, so dass – entsprechend den jeweiligen Optionsbedingungen – seitens des Optionsberechtigten eine Geldzahlung als **Bareinlage** zu erbringen ist. Das Verbot der Emission unter pari ergibt sich unmittelbar aus § 9.

Wird die Einlageverpflichtung nicht mit einer Geldzahlung sondern der Leistung ei- 35
nes Sachwertes erfüllt, so handelt es sich um eine **Sacheinlage**. Dementsprechend sind die Vorgaben des § 194 zu beachten, sobald die Aktien einer bedingten Kapitalerhöhung entstammen. Zusätzlich findet § 199 Abs. 1 Anwendung, d.h. die Aktien dürfen nicht vor der vollen Leistung der Einlage ausgegeben werden. Wird die Sacheinlage auf Aktien aus genehmigtem Kapital erbracht, so gilt schließlich § 205. Die Sondervorschrift des § 199 Abs. 2 gilt nicht für Optionsanleihen, sondern allein für den „Umtausch" einer Wandelanleihe in Aktien.

Auch dann, wenn die Optionsbedingungen vorsehen, dass der Optionsberechtigte die 36
Schuldverschreibung auf seine Einlageverpflichtung in Zahlung geben kann, **findet die Privilegierung des § 194 Abs. 1 Satz 2 entsprechende Anwendung.** Dies gilt trotz der Unterschiede zwischen der Inzahlungnahme der Schuldverschreibung einer Optionsanleihe und der Einräumung einer Wandelanleihe[68]: Der Optionsberechtigte übt seine *facultas alternativa* zwar nicht als Gläubiger der Anleihe, sondern als Schuldner einer Einlagepflicht aus, so dass streng genommen eine Sacheinlage vorliegt[69]. Gleichwohl geht in den Fällen der Inzahlungnahme der Schuldverschreibung die Gefährdung der Gläubiger nicht über diejenige beim Umtausch einer Wandelanleihe hinaus. Auch beansprucht der auf Erleichterung der Begebung von Anleihen gerichtete Schutzzweck des § 194 Abs. 1 Satz 2 gleichermaßen Geltung wie im Rahmen der Be-

---

68 *Habersack* in MünchKomm. AktG, § 221 Rz. 237.
69 Anders *Lutter* in KölnKomm. AktG, § 221 Rz. 161: ex-tunc Wirkung der Inzahlungnahme und dementsprechend vollständige Äquivalenz zum Umtauschvorgang einer Wandelanleihe.

gebung einer Wandelanleihe. Beide Gründe sowie die offensichtliche wirtschaftliche Ähnlichkeit der Inzahlungnahme und des Umtauschvorganges lassen es gerechtfertigt erscheinen, auch die Inzahlunggabe der zunächst gegen Geld erworbenen Optionsanleihe in entsprechender Anwendung des § 194 Abs. 1 Satz 2. den Regeln über die Sacheinlagen zu entziehen.

V. Gewinnschuldverschreibungen

1. Begriff der Gewinnschuldverschreibungen

37   § 221 stellt die Gewinnschuldverschreibung **auf eine Stufe mit Wandelschuldverschreibungen**, weil diese Finanzierungsinstrumente neben der Schuldverschreibung zusätzliche aktionärstypische Rechte verbriefen. Im Rahmen von Gewinnschuldverschreibungen werden die Rechte der Gläubiger mit Gewinnanteilen der Aktionäre in Verbindung gebracht. Dabei sind Gewinnschuldverschreibungen **rein schuldrechtlicher Natur** und vermitteln weder eine mitgliedschaftliche Beteiligung an der AG noch ein mitgliedschaftliches Gewinnbezugsrecht[70]. Außer im Aktiengesetz sind Gewinnschuldverschreibungen in § 23 UmwG, in § 2 Abs. 1 Nr. 1 lit. b 5. VermBG sowie in § 43 Abs. 2 Satz 1 EStG, § 49 Abs. 1 Nr. 5 lit. A EStG geregelt. Auch der Gewinnschuldverschreibung liegt eine Schuldverschreibung zugrunde. Dabei handelt es sich zumeist um eine Inhaberschuldverschreibung, aber auch Orderschuldverschreibungen sind denkbar. Die Besonderheit einer Gewinnschuldverschreibung liegt in der Berechnung der laufenden Verzinsung. Sie orientiert sich an den Gewinnanteilen der Aktionäre. Charakteristisches Kriterium einer Gewinnschuldverschreibung ist dementsprechend eine Beteiligung am Gewinn einer Aktiengesellschaft über den Anleihezins.

2. Mitwirkung der Hauptversammlung, Bezugsrecht

38   Zur Ausgabe von Gewinnschuldverschreibungen bedarf der Vorstand wie bei der Emission von Wandelschuldverschreibungen der Zustimmung der Hauptversammlung, § 221 Abs. 1. § 221 Abs. 2 findet entsprechende Anwendung, so dass an die Stelle der Zustimmung der Hauptversammlung auch eine Ermächtigung treten kann. Dabei bedarf der Hauptversammlungsbeschluss neben der einfachen Stimmenmehrheit der qualifizierten Kapitalmehrheit von ¾ des vertretenen Grundkapitals. § 221 Abs. 4 spricht den Aktionären ein Bezugsrecht zu. Der Ausschluss des Bezugsrechts unterliegt materieller Kontrolle[71].

3. Charakteristika einer Gewinnschuldverschreibung

39   Unter welchen Voraussetzungen eine solche Beteiligung am Gewinn anzunehmen ist, bestimmt sich nach dem Schutzzweck der Vorschrift des § 221. Die Regelung normiert ein Konkurrenzverhältnis zwischen originären Aktionärsrechten und parallel gelagerten, rechtsgeschäftlich an Außenstehende eingeräumte Rechte. Welche Zinsgestaltungen als Gewinnschuldverschreibungen von § 221 erfasst werden, ist aus dem Blickwinkel der in ihren Vermögensrechten betroffenen Aktionäre zu beantworten. Zinsgestaltungen werden demnach immer dann als Gewinnschuldverschreibungen von § 221 erfasst, wenn die Anwendung der Vorschrift mit Rücksicht auf das Schutzbedürfnis der Aktionäre geboten erscheint. Dabei umfasst der Begriff der Gewinnschuldverschreibung sowohl gewinnorientierte als auch gewinnabhängige Zins-

---

70 Vgl. *v. Caemmerer*, JZ 1951, 418; *Krieger* in MünchHdb. AG, § 63 Rz. 57; *Hüffer*, § 221 Rz. 8.
71 Vgl. *Lutter* in KölnKomm. AktG, § 221 Rz. 453 unter Verweis auf OLG Bremen v. 22.8.1991 – 2 U 114/90, WM 1991, 1920 = AG 1992, 268.

abreden, so dass auch (festverzinsliche) Anleihen, die nicht die Höhe, sondern allein das „ob" eines Zinsanspruches von einem etwaigen Gewinn der Aktiengesellschaft abhängig machen, von § 221 erfasst werden.

4. Reichweite der Bemessungsgrundlage „Gewinn"

Der Begriff der Gewinnbeteiligung ist weit auszulegen[72]. Er umfasst nicht lediglich **40** die herkömmliche dividendenorientierte Verzinsung, sondern auch Zinsgestaltungen, die an den Bilanzgewinn, an den Jahresüberschuss oder an andere ergebnisorientierte Faktoren, etwa die Gesamtkapitalrendite, anknüpfen[73]. Eine Gewinnbeteiligung i.S.v. § 221 liegt auch dann vor, wenn der Gewinn bezogen auf das Ergebnis lediglich einer Sparte oder eines Teilbetriebs der Gesellschaft zugrunde gelegt wird. Das Verbot sog. Spartenaktien („tracking stocks") steht nicht entgegen, denn die Titel des § 221 begründen keine Mitgliedschaftsrechte[74]. Auch die Reichweite des Bezugspunktes des Gewinnes ist mit Rücksicht auf die dem § 221 zugrunde liegende Konkurrenzsituation zu den Aktionärsrechten zu bestimmen: Zinsgestaltungen, die auf Gewinne anderer Unternehmen oder auf das Durchschnittsergebnis mehrerer anderer Unternehmen abstellen, werden in Ermangelung einer Konkurrenz zu den Vermögensrechten der Aktionäre der emittierenden Gesellschaft nicht von § 221 erfasst. Demgegenüber steht die Bezugnahme auf den Gewinn einer Sparte oder eines Teilbetriebes einer Gesellschaft der Anwendung des § 221 nicht entgegen[75]. Gleiches gilt, wenn auf den Gewinn des Gesamtkonzerns abgestellt wird oder – neben dem Emittenten – auf weitere Unternehmen[76].

VI. Genussrechte (§ 221 Abs. 3)

1. Aktienrechtliche Regelung der Genussrechte und Begriffsbestimmung

§ 221 gilt gem. § 221 Abs. 3 sinngemäß auch für die Gewährung von Genussrechten. **41** Danach ist bei der Ausgabe von Genussrechten ebenfalls die Zustimmung der Hauptversammlung erforderlich. Auch § 221 Abs. 4 nennt als Bezugsrechtsgegenstand der Aktionäre die Genussrechte neben den Wandelschuldverschreibungen und den Gewinnschuldverschreibungen. Allein die fehlende Einbeziehung der Genussrechte in § 221 Abs. 2 mag den Schluss nahelegen, diese Regelung finde bei Genussrechten keine Anwendung. Indessen ist unbestritten, dass auch § 221 Abs. 2 sinngemäß auf Genussrechte anwendbar ist. Weitere gesetzliche Verankerungen finden die Genussrechte in § 160 Abs. 1 Nr. 6 UmwG sowie in § 23 UmwG, in §§ 10, 10a, 53 KWG, §§ 36, 53c VAG, in § 2 Abs. 1 Nr. 1 lit. f, lit. l 5.VermBG, in §§ 1a Abs. 2, 3 Abs. 4, 4 Abs. 2 UBGG und schließlich in den steuerrechtlichen Regelungen des § 8 Abs. 3 Satz 2 KStG und der §§ 17, 19a, 20, 43 EStG. Auch wenn dem Gläubiger eines Genussrechts kein Bezugsrecht auf Aktien zusteht, ist bei der Ausgabe von Genussrechten die Gefahr der Überschneidung mit Aktionärsrechten zu befürchten. Dieser **Konkurrenz von Gläubigerrechten und Aktionärsrechten** angemessen zu begegnen, ist die wesentliche Aufgabe des § 221. Ob § 221 im Einzelfall anwendbar ist, beurteilt sich mithin danach, ob die Ausgabe des konkreten Finanzierungstitels mit Blick auf Aktionärsrechte zu Einschränkungen oder Überschneidungen führen kann. Unge-

---

72 Zu den sog. „tracking stocks" s. *Brauer*, AG 1993, 324.
73 *Habersack* in MünchKomm. AktG, § 221 Rz. 56.
74 Zu „tracking stocks" grundlegend *Tonner*, Tracking Stocks, 2002; s. auch *Fuchs*, AG 2003, 167.
75 *Krieger* in MünchHdb. AG, § 63, Rz. 57; s. bereits RGZ 118, 152, 155.
76 *Hüffer*, § 221 Rz. 8; *Schilling* in Großkomm. AktG, 3. Aufl., § 221 Anm. 3; RGZ 118, 152, 155.

klärt ist jedoch bislang, welche Intensität die Beeinträchtigung der Aktionärsrechte erreichen muss, damit § 221 eingreift. Nach dem Gesetzeswortlaut bezieht sich § 221 auf Genussrechte, worunter im Unterschied zum Begriff des Genussscheins sowohl verbriefte als auch unverbriefte Genussrechte fallen. Indessen findet sich weder im AktG noch an anderer Stelle im Gesetz eine Legaldefinition des Genussrechts. Vielmehr wollte der Gesetzgeber die Begriffsbestimmung der Praxis überlassen. Nach verbreiteter Anschauung begründen Genussrechte **schuldrechtliche Ansprüche auf aktionärstypische Vermögensrechte**. Üblicherweise enthalten Genussrechte die Beteiligung am Gewinn oder am Liquidationserlös der Aktiengesellschaft. Weitere Beispiele für typische Rechte als Gegenstand eines Genussrechts sind das Bezugsrecht auf Aktien sowie das Recht auf Bezug der in § 221 geregelten Finanzierungstitel. Umgekehrt können aktionärstypische Mitwirkungs- und Kontrollrechte (im Unterschied zu Vermögensrechten) nicht Gegenstand eines Genussrechts sein.

42   Für **Gewinnabführungsverträge**, **Gewinngemeinschaft** und **Teilabführungsverträge** gelten ferner die Sonderregelungen der §§ 291 ff. Zudem gehen die §§ 87 Abs. 1, 113 Abs. 3 bezüglich der Leistung von Tantiemen an Vorstands- und Aufsichtsratsmitglieder der Regelung des § 221 vor. Schließlich sind spezielle Vereinbarungen in den Arbeitsverträgen der Angestellten der Gesellschaft zu beachten. Auch wenn es hier an einer speziellen Regelung im Aktienrecht fehlt, scheidet gleichwohl die Anwendung des § 221 aus. Für das Bezugsrecht aus § 221 Abs. 4 folgt dies aus dem höchstpersönlichen Charakter des Anstellungsvertrages. Auch für das Zustimmungserfordernis der Abs. 1 und Abs. 2 scheidet eine Anwendung der §§ 87 Abs. 1, 113 Abs. 3 aus: Wenn nämlich schon die Vereinbarung von Tantiemen mit Organwaltern der Zuständigkeit der Aktionäre entzogen ist, so muss dies a maiore ad minus auch für Verträge mit Nicht-Organwaltern gelten[77]. Bestätigt wird dies durch die Vorschrift des § 292 Abs. 2, wonach entsprechende Verträge auch nicht als Teilgewinnabführungsverträge qualifiziert werden können.

2. Rechtsnatur

43   Das Genussrecht begründet **keine mitgliedschaftlichen Rechte**, sondern erschöpft sich in einem geldwerten Anspruch[78]. Daraus ergibt sich eine klare Abgrenzung zur Aktie mit ihrem organisationsrechtlichen, insbesondere durch Teilhabe- und Vermögensrechte verkörperten Charakter. Das Verhältnis zwischen Genussrechtsinhaber und Gesellschaft ist folglich als ein Drittverhältnis ausgestaltet. Daran ändert auch eine etwaige vertragliche Einräumung von mitgliedschaftlichen Rechten nichts, denn solche Vereinbarungen können ausschließlich schuldrechtlicher Natur sein.

44   Verbreitet wird das Verhältnis zwischen Genussrechtsinhaber und Gesellschaft als **Schuldverhältnis sui generis** qualifiziert[79]. Verschiedentlich wird nach einzelnen Arten von Genussrechten differenziert und jeweils gesondert die Erfüllung der Voraussetzungen eines dauerschuldrechtlichen Tatbestands geprüft. So wird zwischen Genussrechten mit und ohne Verlustteilnahme unterschieden. Maßgeblicher Gesichtspunkt ist damit die Frage, ob die „Einlage" zumindest in Höhe des Nennwertes

---

77 *Habersack* in MünchKomm. AktG, § 221 Rz. 67.
78 BGH v. 5.3.1959 – II ZR 145/57, WM 1959, 434, 436; BGH v. 5.10.1992 – II ZR 172/91, BGHZ 119, 305, 309, 316 = AG 1993, 125; BGH v. 9.11.1992 – II ZR 230/91, BGHZ 120, 141, 146 f. = AG 1993, 134; *Hirte*, ZIP 1988, 477 f.; *Luttermann*, Unternehmen, S. 101 ff.; *Schön*, JZ 1993, 925, 927 f.
79 BGH v. 5.10.1992 – II ZR 172/91, BGHZ 119, 305 = AG 1993, 125; BGH v. 21.7.2003 – II ZR 109/02, ZIP 2003, 1788 = AG 2003, 625; *Hüffer*, § 221 Rz. 27; *Pougin* in FS Oppenhoff, S. 275; ablehnend *Habersack*, ZHR 155 (1991), 378, 394 f.; *Schön*, JZ 1993, 925, 930.

zurückzuzahlen ist oder ob Verluste der Gesellschaft diesen Rückzahlungsanspruch aufzehren können oder der Rückzahlungsanspruch in Folge eines Rangrücktritts in der Insolvenz der emittierenden Aktiengesellschaft in seiner Durchsetzbarkeit gehemmt werden kann. Bei anderen Arten von Genussrechten, denen die Verbindung mit einer Kapitalbeteiligung nicht eigen ist, beispielsweise wenn überhaupt kein Kapital geleistet wird oder wenn anstelle der Beteiligung am Gewinn andere Rechte eingeräumt werden, wird jedoch auch nach dieser Auffassung eine genauere Einteilung mangels Praktikabilität hinfällig[80].

Unbestrittenes und gemeinsames Merkmal aller Genussrechte mit Verlustteilnahme 45 ist die **umfassende vermögensmäßige Erfolgs- und Verlustbeteiligung**, also die Risikobeteiligung des Genussrechtsinhabers. Dieses Merkmal rückt das Genusrecht in die Nähe der stillen Gesellschaft[81]. In der Tat sind „aktienähnliche" Genussrechte nach einer in der Literatur vertretenen Ansicht als stille Beteiligungen zu qualifizieren[82]. Begründet wird dies damit, dass die stille Gesellschaft die gesetzlich vorgesehene Beteiligung bei einer schuldrechtlichen Vereinbarung hinsichtlich einer Beteiligung am unternehmerischen Risiko ist. Da ein Genussrechtsinhaber sowohl Gewinn als auch Verlust der Gesellschaft mitträgt, sind danach die Voraussetzungen einer stillen Beteiligung erfüllt. Insbesondere die Verlustteilnahme ist danach grundsätzlich ein zwingendes Indiz für das Vorliegen einer stillen Gesellschaft. Hingegen fehlt nach herrschender Ansicht dem Genussrecht ein wesentliches Attribut der stillen Beteiligung, nämlich die gesellschaftsrechtliche Grundvoraussetzung der Verfolgung eines gemeinsamen Zwecks[83]. Die besseren Argumente sprechen für die erstgenannte Ansicht: Die Verlustteilnahme ist im Allgemeinen ein zwingendes Indiz für das Vorliegen einer stillen Gesellschaft. Die Verfolgung eines gemeinsamen Zwecks bei der Beteiligung mit Genusskapital lässt sich daher nicht ernsthaft leugnen. Folgt man der ersten Auffassung, so ergeben sich daraus Konsequenzen. Zunächst ist eine unkündbare Beteiligung mit Genusskapital unzulässig. Das Recht zur Kündigung aus wichtigem Grund nach § 234 Abs. 1 Satz 2 HGB i.V.m. § 723 Abs. 3 BGB ist unabdingbar. Das Vorliegen eines außerordentlichen Kündigungsrechts allein genügt jedoch nicht. Darüber hinaus muss entweder die Befristung des Genussrechtsverhältnisses oder die Befugnis zur ordentlichen Kündigung nach Verstreichenlassen einer konkreten Mindestlaufzeit vorliegen. Hinsichtlich Grundlagenentscheidungen kommt dem Genussrechtsinhaber der aktienrechtliche Verwässerungsschutz zu. Den Genussrechtsinhabern stehen zwar keine Mitwirkungsrechte, aber die Kontrollrechte aus § 233 HGB zu.

Genussrechte, die einen festen Rückzahlungsanspruch beinhalten, also Genussrechte 46 ohne Verlustteilnahme oder Nachrangabrede, aber mit einer gewinnorientierten Ausgestaltung, sind als **partiarisches Darlehen** zu qualifizieren. Die Inhaltskontrolle muss daher anhand der darlehensrechtlichen Vorschriften erfolgen. Lediglich das Kündigungsrecht des Darlehensnehmers, das in § 489 Abs. 2 BGB gesetzlich normiert ist, scheidet bei der Verbriefung des Genussrechts aus[84]. Ebenso sind in diesem Fall die Voraussetzungen des Verbraucherdarlehensvertrags nicht erfüllt, da dem Darlehensnehmer die Verbrauchereigenschaft fehlt.

---

80 So *Habersack* in MünchKomm. AktG, § 221 Rz. 87.
81 *Semler*, Referat zum 55. DJT, K 54; *Schön*, ZGR 1993, 210, 234 f.
82 *Habersack* in MünchKomm. AktG, § 221 Rz. 89.
83 BGH v. 21.7.2003 – II ZR 109/02, ZIP 2003, 1788 = AG 2003, 625; *Ernst*, Genussschein, S. 108 ff.; *Frantzen*, Genussscheine, S. 15 ff.; *Sethe*, AG 1993, 297.
84 *Hammen*, NJW 1987, 2587 f.; anders *Meilicke*, BB 1987, 1612.

3. Genussrechte als Schuldverhältnis

a) Begründung

47   Genussrechte werden **durch Vertrag** begründet, den der Vorstand für die Aktiengesellschaft mit dem Ersterwerber abschließt. Erwerber kann grundsätzlich jeder Aktionäre, jeder Gründer der Aktiengesellschaft und jedes Mitglied der Verwaltung sowie jeder sonstige Dritte sein[85]. Erwerb ist auch im Wege des mittelbaren Bezugsrechts der Aktionäre nach § 186 Abs. 5 zulässig. In diesen Fällen werden die Genussrechte von einem Bankenkonsortium (Emissionskonsortium) oder von einer einzelnen Bank übernommen und anschließend an die Aktionäre ausgegeben.

b) Einlage; Ausgabe von Genussrechten „societatis causa"

48   Da das Genusskapital nicht zum Eigenkapital der Aktiengesellschaft gehört, gelten für die Genussrechte nicht die Grundsätze und Vorschriften zur realen Kapitalaufbringung. Die gilt selbst dann, wenn die Ausgabe der Genussrechte ausschließlich der Unternehmensfinanzierung dient. Folglich ist eine **beliebige Ausgabe gegen Bar- oder Sachleistung** möglich, insbesondere als Gegenleistung für die Überlassung von Sachen und Rechten (etwa Nutzungsrechte und Lizenzen). Daneben können die Genussrechte auch als Gegenleistung für die Erbringung von Diensten oder für die Vergütung von Verdiensten, aber auch unentgeltlich ausgegeben werden. In der Praxis ist die Ausgabe der Genussrechte gegen Geld verbreitet. Zumindest dann, wenn das Genussrecht an einen Aktionär als Ersterwerber ausgegeben wird, ist eine Gegenleistung des Erwerbers nicht erforderlich. Die unentgeltliche Ausgabe von Genussrechten an Dritte stellt hingegen eine Verletzung von Aktionärsrechten durch die Verwaltung dar, §§ 93, 243 Abs. 2[86].

49   Erfolgt die Ausgabe **unentgeltlich oder unter Wert**, findet sie ihren Grund im Gesellschaftsverhältnis (Ausgabe societatis causa). Davon zu unterscheiden ist die Ausgabe im Rahmen eines normalen Drittgeschäfts. Bei der Ausgabe societatis causa ist die Vereinbarkeit mit §§ 58 Abs. 5 und 174 BGB problematisch[87]. Sofern die Genussrechte ausschließlich eine Beteiligung an künftigen Unternehmenserlösen gewähren, sind die Grenzen des § 58 Abs. 5 (noch) nicht überschritten. Der Anspruch auf Gewinnausschüttung ist aufschiebend bedingt und insofern ungewiss, als nicht sicher ist, ob überhaupt ein Gewinn erzielt wird. Damit ist die Ausgabe des Genussrechts an sich noch nicht als Gewinnausschüttung einzuordnen. Da § 221 Abs. 3 gerade die Ausgabe von Genussrechten auch zu Lasten der „Gewinnverwendungsentscheidungen künftiger Rechnungsperioden" erlaubt, ist auch bei solchen Genussrechten keine Unzulässigkeit mit Blick auf § 174 anzunehmen. Sofern in der Zukunft ein erwarteter Erlös erzielt wird, ergibt sich kein Widerspruch zu den §§ 58 Abs. 5 und 74, selbst wenn die Ausschüttung des Gewinns nur aus dem Bilanzgewinn erfolgt.

c) Genussrecht als abstraktes Schuldversprechen nach § 780 BGB

50   Der Inhalt von Genussrechten stellt ein schuldrechtliches Leistungsversprechen vermögensmäßiger Natur dar. Der Inhalt des schuldrechtlichen Leistungsversprechens ist wiederum bestimmt oder zumindest bestimmbar. In der Praxis ist bei der Ausgabe des Genussrechts sowohl die kausale Begründung dieses Leistungsversprechens im Gegenzug zu der Einlageleistung des Ersterwerbers als auch die Begründung des Leistungsversprechens mittels abstrakten Schuldversprechens nach § 780 BGB, das als

---

85 *Lutter* in KölnKomm. AktG, § 221 Rz. 236.
86 *Lutter* in KölnKomm. AktG, § 221 Rz. 237.
87 *Lutter* in FS Döllerer, 1988, S. 383.

Inhaber- oder Ordergenusschein verbrieft ist, möglich. In der Praxis ist die zweite Variante verbreitet. Der Vorteil dieser Ausgabeform liegt darin, dass der Zweit- oder Dritterwerber das Genussrecht in der Form eines Inhaber- oder Ordergenussscheins unbelastet durch etwaige Mängeln des Grundverhältnisses zwischen Ersterwerber und emittierender Aktiengesellschaft erwirbt[88]. Eine Ausnahme gilt allein für die Einwendungen nach § 364 Abs. 2 HGB und § 796 BGB. Die wertpapiermäßige Verbriefung erleichtert die Einhaltung der Formvorschriften des § 780 BGB.

d) Genussrecht als abstraktes Stammrecht

Zwischen dem Genussrecht als abstraktem Stammrecht und den aus diesem Stammrecht folgenden vermögensrechtlichen und nichtvermögensrechtlichen Einzelrechten ist zu unterscheiden. Die vermögensrechtlichen Einzelrechte bestehen unabhängig von dem zugrunde liegenden Stammrecht. Sie können Gegenstand einer gesonderten Abtretung oder eines Verzichts sein. Abreden bezüglich eines Nachrangs haben hinsichtlich dieser Einzelansprüche keine Geltung. Die nichtvermögensrechtlichen Einzelrechte aus dem Stammrecht sind hingegen untrennbar mit dem Stammrecht verbunden, so insbesondere das Recht auf die Teilnahme an der Hauptversammlung oder das Fragerecht während der Hauptversammlung, § 399 BGB.   51

e) Sorgfaltspflichten

Als Schuldverhältnis begründet auch das Genussrechtsverhältnis allgemeine Sorgfalts- und Schutzpflichten im Sinne des § 241 Abs. 2 BGB[89]. Ausmaß, Inhalt und Natur dieser Pflichten sind an die Rechtsnatur des Genussrechtsverhältnisses gekoppelt. Maßgebend ist insoweit, ob das Genussrechtskapital als Eigen- oder Fremdkapital auszuweisen ist. Aufgrund der fehlenden Einflussmöglichkeiten des Genussrechtsinhabers und des Risikocharakters des Genusskapitals treffen die Geschäftsleitung der Gesellschaft Sorgfaltspflichten. Die Genussrechtsinhaber hingegen treffen Loyalitätspflichten gegenüber der Gesellschaft allein entsprechend den allgemeinen vertraglichen Grundsätzen.   52

f) Auslegung von Genussrechtsvereinbarungen und -bedingungen

Grundsätzlich verfolgt die emittierende Aktiengesellschaft mit der Ausgabe von Genussrechten das Ziel des Vertriebs und Handels am Kapitalmarkt. Die den Genussrechten zugrunde liegenden Bedingungen werden mit einem breiten Kreis von Interessenten im Vorfeld festgelegt. Allein in den Sonderfällen, in denen sehr wenige Aktionäre einer Gesellschaft Sondergewinne mittels Genussrechten zubilligen, sind subjektive Vorstellungen der Beteiligten des Genussrechtsverhältnisses maßgebend. In allen anderen Fällen sind die Genussrechtsbedingungen anhand objektiver Maßstäbe auszulegen[90]. Damit sind einzelne Äußerungen vor der Presse oder während der Hauptversammlung für den jeweils Berechtigten irrelevant. Anderes gilt im Fall der positiven Kenntnis des Einzelnen von bestimmten Absprachen[91].   53

4. Der Inhalt von Genussrechten

a) Beteiligung am Gewinn; gewinnorientierte und gewinnabhängige Verzinsung

Zumeist ist mit der Inhaberschaft eines Genussrechts auch eine Beteiligung am Unternehmenserfolg, in aller Regel am Gewinn, aber gelegentlich auch am Liquida-   54

---

88 *Lutter* in KölnKomm. AktG, § 221 Rz. 239.
89 BGH v. 5.10.1992 – II ZR 172/91, BGHZ 119, 305, 330 f. = AG 1993, 125.
90 RGZ 117, 379, 382; BGH v. 23.10.1958 – II ZR 4/57, BGHZ 28, 259, 263, 265.
91 *Lutter* in KölnKomm. AktG, § 221 Rz. 241.

tionserlös verbunden. Der laufende Ertrag des Emittenten steht folglich zu einem bestimmten Anteil auch dem Genussrechtsinhaber zu. Das Spektrum der **Gestaltungsmöglichkeiten** ist **groß**[92]. Unterschiede bestehen hinsichtlich des Gewinns als Bemessungsgrundlage, hinsichtlich des Ausgangspunkts der Zuweisung auf das einzelne Genussrecht, hinsichtlich des Beteiligungsrangs im Verhältnis zu Aktionären oder anderen Genussscheinsinhabern und schließlich hinsichtlich der Frage, ob gewinnorientierte oder gewinnabhängige Verzinsungssummen vorliegen. Eine Differenzierung kann danach vorgenommen werden, ob Genussrechte im Verhältnis zu den Aktionären vorrangig, gleichrangig oder nachrangig einzustufen sind[93]. Hierfür maßgebend sind die Modalitäten der im Genussschein vereinbarten Gewinnbeteiligung. Zudem bestehen Differenzierungsmöglichkeiten beim Verhältnis zwischen den Genussrechten aus verschiedenen Emissionen. Sodann ist die Bemessungsgrundlage für die Verzinsung variabel. Mögliche Anknüpfungspunkte stellen die Höhe des ausschüttungsfähigen Gewinns, des Bilanzgewinns, des Jahresüberschusses oder der Dividende dar. Zusätzlich wird in den Genussscheinsbedingungen bisweilen eine „Gesamtkapitalrendite" vereinbart. Aber auch das Ergebnis einer Sparte oder eines Teilbetriebes oder die Erträge aus einzelnen Wirtschaftsgütern wie z.B. die Verwertung bestimmter Immaterialgüterrechte oder die Veräußerung einzelner Aktiva sind denkbare Anknüpfungspunkte für die Bemessungsgrundlage. Dementsprechend kommen hier nicht allein solche Verzinsungen in Betracht, die nur an der Dividende orientiert sind, sondern auch solche, bei denen eine von der Ausschüttungsentscheidung unabhängige Größe gewählt wird. Jedoch ist zu beachten, dass existenzielle Voraussetzung eines Genussrechts die **Konkurrenz des Gewinnanteils eines Genussrechtsinhabers mit dem Dividendenanteil eines Aktionärs** ist. Weitere Bezugsgrößen für den Ausschüttungsbetrages können Vereinbarungen darüber sein, dass eine nach der Gesamtkapitalrendite bemessene Ausschüttung nur aus dem jeweiligen Jahresüberschuss, aus ausschüttungsfähigem Gewinn oder aus Bilanzgewinn zu bedienen ist. Sofern eine Auszahlung aufgrund der getroffenen Vereinbarungen unmöglich ist, kann eine Nachzahlung in späteren Jahren erfolgen. Dies verdeutlicht den Charakter der vereinbarten Voraussetzung als eine Form der **Nachrangabrede**. Diese Nachrangabrede ist Wesensmerkmal der gewinnabhängigen Rechte. Sie kann jedoch auch bei gewinnorientierten Rechten zusätzlich vereinbart werden.

55 Insbesondere wenn Kreditinstitute die Emittentenfunktion wahrnehmen, haben in der Praxis zwei Gestaltungen bei der Gewinnbeteiligung Verbreitung gefunden: Zum einen die rein **gewinnorientierte Verzinsung** und zum anderen eine **bedingt feste Verzinsung**. Im ersten Fall hat der Genussrechtsberechtigte einen Gewinnausschüttungsanspruch ganz unabhängig vom tatsächlichen Unternehmenserfolg. Als Bezugsgröße für die Gewinnberechnung dient die Dividende der Aktionäre, aber auch der Jahresüberschuss oder andere Bilanzkennziffern. Je ungewöhnlicher die Bezugsgröße gewählt ist, desto schwerer fällt dem Kapitalmarkt eine Einschätzung der Renditechance und desto geringer ist damit auch die Marktchance des Genussrechts. Bei der zweiten Form wird den Genussrechtsinhabern eine feste Verzinsung gewährt, jedoch unter der Bedingung, dass ein realer Unternehmensgewinn erzielt wurde. Den Beteiligten steht es offen, in diesen Fällen ein Nachholrecht für künftige Gewinne zu vereinbaren[94].

56 Grundsätzlich wird auf die Genussrechtsberechtigten nicht der gesamte Gewinn ausgeschüttet, sondern es wird eine **Aufteilung zwischen Aktionären und Genussrechts-**

---

92 Überblick bei *Fuchs*, Kapitalbeteiligung, § 5 C I 1; *Frantzen*, Genussscheine, S. 100 ff.; *Gehling*, WM 1992, 1094.
93 *Vollmer*, ZGR 1983, 470 ff.
94 *Lutter* in KölnKomm. AktG, § 221 Rz. 201.

inhabern vorgenommen. Wie diese Aufteilung näher auszugestalten ist, ist individuell festzulegen. Maßstab kann ein bestimmter Nennbetrag des Genussrechtskapitals bzw. des einzelnen Genussrechts sein, der in Relation zu dem Grundkapital gesetzt wird und dann relativ hierzu bedient wird[95]. Diese sog. **Nominalgenussrechte** sind jedoch anfällig für Veränderungen am Grundkapital durch Kapitalmaßnahmen. Eine Alternative besteht darin, dass von vorneherein eine bestimmte Quote festgesetzt wird, nach der die Genussscheinsinhaber bedient werden sollen. Bei diesen Quotengenussscheinen besteht keine Abhängigkeit von der Ausgestaltung des Grundkapitals.

Eine **gewinnorientierte Verzinsung** liegt vor, wenn sich die Höhe der Verzinsung an der Dividende oder einer vergleichbaren Bemessungsgrundlage orientiert. Außerdem ist ein gewinnorientiertes Genussrecht dann zu bejahen, wenn dem Genussrechtsberechtigten eine ergebnisorientierte Zusatzverzinsung verbunden mit einer Mindestverzinsung versprochen wird. Im Unterschied dazu hat der Gläubiger bei der sog. gewinnabhängigen Verzinsung einen Anspruch auf eine Festverzinsung, sofern der Emittent einen entsprechenden Gewinn erzielt hat bzw. die Auszahlung des versprochenen Zinses einen Bilanzverlust weder herbeiführen noch vergrößern würde[96]. | 57

Gerade im neueren Schrifttum wird bezweifelt, ob auch ein **lediglich gewinnabhängiger Titel** von § 221 erfasst wird[97]. Die Befürworter stützen sich darauf, dass § 221 der Gefahr einer Kollision zwischen den durch das Genussrecht verkörperten Rechten und den Aktionärsrechten, insbesondere dem Recht auf Gewinnausschüttung vorbeugen will. Demnach sollen nicht sämtliche Anleihen von § 221 erfasst werden, sondern nur diejenigen, bei denen grundsätzlich eine derartige Konkurrenzsituation eintreten kann. Dagegen wird zutreffend eingewandt, dass diese Konkurrenzsituation grundsätzlich auch bei lediglich gewinnabhängiger Verzinsung denkbar ist. Bei realitätsnaher Auslegung ist davon auszugehen, dass sich ein Genussrechtsinhaber nicht auf das (hohe) Risiko einer nur gewinnabhängigen Verzinsung einlassen wird, sondern zusätzlich eine Festverzinsung vereinbaren wird, deren Höhe über dem allgemeinen Kapitalmarktzins liegt. Damit besteht der einzige Unterschied zwischen einer gewinnabhängigen und einer gewinnorientierten Verzinsung in der Höhe der Festverzinsung. Dieser Unterschied nimmt mit wachsender Höhe der durch die Festverzinsung gegebenen Grenze ab. Daher kann es keinen Unterschied für die Anwendbarkeit des § 221 machen, ob der gewinnabhängige Festzins im konkreten Einzelfall nun über dem Marktzins für festverzinsliche Titel liegt[98]. | 58

b) Teilnahme am Verlust

Maßgebliches Kriterium für die Abgrenzung zwischen Genussrecht und Gewinnschuldverschreibung ist, ob dem Berechtigten neben einem ergebnisorientierten Zinsanspruch auch ein fester Rückzahlungsanspruch zukommt (Fall der Gewinnschuldverschreibung) oder nicht (Fall des Genussrechts). Entscheidend ist also die **Verlustteilnahme**, der darüber hinaus auch dann Bedeutung zukommt, wenn es um die Ausweisung des Genussrechtskapitals als haftendes Eigenkapital nach § 10 Abs. 5 KWG oder im Rahmen der Förderung von Arbeitnehmer-Genussrechten (§ 2 Abs. 3 5. VermBG) geht. In allen diesen Fällen stellt sich die Frage, wann eine Verlustteilnahme vorliegt. Von einer Verlustteilnahme ist immer dann auszugehen, wenn kein fester Rückzahlungsanspruch besteht und die während der Laufzeit des Fi- | 59

---

95 *Habersack* in MünchKomm. AktG, § 221 Rz. 97.
96 *Reusch* in Bundschuh/Hadding/Schneider, S. 25; *Lorch*, Genussschein, S. 11 f.
97 *Gehling*, WM 1992, 1094 f.; *Lutter*, ZGR 1993, 306.
98 Überzeugend *Habersack* in MünchKomm. AktG, § 221 Rz. 100.

nanzierungstitels eintretende Verluste sich auf die Verzinsungshöhe negativ auswirken. Dieser Abzug kann sich entweder darin äußern, dass für den Genussrechtsinhaber ein bewegliches Kapitalkonto geführt wird, bei dem eintretende Verluste laufend angerechnet werden, oder in der Koppelung eines starren Genussrechtskapitals an das Aktiengrundkapital. Dabei ist die Rechnungsperiode für die Verlustrechnung grundsätzlich am Geschäftsjahr auszurichten. Anderenfalls könnte es zu Ausschüttungen kommen, obgleich im betreffenden Geschäftsjahr gar kein Gewinn erzielt wurde[99].

60   Für eine Verlustteilnahme genügt auch die Vereinbarung eines Rangrücktritts (gewillkürte Subordination der Forderungen). Das Genussrecht inkorporiert hier zwar einen festen Nennwert und einen betragsmäßig konstanten Rückzahlungsanspruch, weshalb nicht von vornherein von einer Verlustteilnahme gesprochen werden kann, jedoch besteht eine **Nachrangabrede**, die in der Insolvenz des Unternehmens dazu führen kann (und häufig führen wird), dass der Rückzahlungsanspruch insgesamt entfällt[100]. Praktische Bedeutung erlangt der Rangrücktritt in den Fällen der Insolvenz der Aktiengesellschaft, in der das Genusskapital erst nach Befriedigung der gewöhnlichen Insolvenzforderungen bedient wird. Nach § 39 Abs. 2 InsO enthält eine entsprechende Abrede im Zweifel sogar einen Rangrücktritt hinter die nach § 39 Abs. 1 InsO nachrangig zu befriedigenden Forderungen. Eine Gleichstufung mit den Forderungen der Aktionäre ist jedoch nicht anzunehmen. Insbesondere die durch § 10 Abs. 5 Satz 1 Nr. 2 KWG normierten Voraussetzungen, dass die Anerkennung des Genusskapitals als haftendes Eigenkapital nur im Fall der Vereinbarung eines solchen Rangrücktritts ausgewiesen werden kann, begründet die in der Praxis große Zahl an Rangrücktrittsvereinbarungen. Vergleichbares regelt § 53c Abs. 3a Nr. 2 VAG, allerdings mit der einschränkenden Voraussetzung, dass die Nachrangabrede nicht auf die Insolvenz und Liquidation der Aktiengesellschaft beschränkt sein darf. Im Zweifel ist anzunehmen, dass der Umfang der Nachrangabrede auch Schadensersatzansprüche wegen schuldhafter Beeinträchtigung und Minderung des Genussrechtskapitals und sonstige Sekundäransprüche erfasst[101]. Zudem ist die Vereinbarung einer Nachrangabrede bezüglich laufender Ausschüttungen möglich. Insbesondere bei der Vereinbarung eines Mindestfestzinses ist dies praxisrelevant, wenn also weder eine laufende Verlustteilnahme noch ein rein gewinnorientierter oder gewinnabhängiger Zins Gegenstand der Vereinbarungen ist. Schließlich kann eine Nachrangabrede dann getroffen werden, wenn in einem abgelaufenen Geschäftsjahr gewinnabhängige oder gewinnorientierte Ansprüche entstanden sind, die Aktiengesellschaft jedoch in der Zwischenzeit zahlungsunfähig geworden ist[102]. Dies findet in § 10 Abs. 5 Satz 1 Nr. 1 KWG auch eine gesetzliche Verankerung.

61   Eine Verlustteilnahme kann auch darin bestehen, dass zwar ein festes Genusskapital vorgesehen ist, dieses jedoch **mit dem Aktiengrundkapital verbunden** ist. Dadurch kann eine Herabsetzung des Grundkapitals auch zu einer entsprechenden Kürzung des Genussrechtskapitals führen. Eine solche Vereinbarung entspricht dem Risikocharakter des Genussrechts und unterliegt damit nicht der Inhaltskontrolle nach § 307 Abs. 3 BGB[103]. Probleme ergeben sich dabei unter dem Gesichtspunkt des Anlegerschutzes. Zunächst ist fraglich, ob eine Herabsetzung des Grundkapitals und die damit verbundene Verminderung des Genussrechtskapitals auf Null das Erlöschen

---

99 *Schick*, BB 1985, 2137, 2138; *Fischer, Th.*, Der Genussschein als kapitalmarktpolitisches Instrument der Unternehmensfinanzierung, 1989, S. 177.
100 *Habersack* in MünchKomm. AktG, § 221 Rz. 102.
101 *Schick*, BB 1985, 2139; *Lipowsky*, § 53c Rz. 40; *Frantzen*, Genussscheine, S. 130.
102 *Lutter* in KölnKomm. AktG, § 221 Rz. 300 ff.
103 BGH v. 5.10.1992 – II ZR 172/91, BGHZ 119, 305, 314 f. = AG 1993, 125.

des Genussrechts bewirkt oder ob die Gesellschaft für diesen Fall ein Kündigungs- oder Einziehungsrecht erlangt. Grundsätzlich hat der BGH festgestellt, dass insoweit die Genussrechtsbedingungen maßgebend sind und dass ein Erlöschen des Genussrechts zulässigerweise vorgesehen werden kann[104]. Jedoch erweist sich für die Genussrechtsgläubiger der Fall als besonders problematisch, dass die Kapitalherabsetzung nicht aufgrund bereits eingetretener Verluste, sondern aufgrund von Rückstellungen für drohende Verluste (§ 249 Abs. 1 Satz 1 HGB) erfolgt und sich etwa im Nachhinein herausstellt, dass Verluste überhaupt nicht oder nicht in der befürchteten Höhe eingetreten sind. Sofern das Genussrecht, dessen Kapital auf Null herabgesetzt wurde, tatsächlich eingezogen wurde, hat der Genussrechtsinhaber jegliche Aussicht verloren, an einem etwaigen Buchgewinn beteiligt zu werden. Hier ist ein entsprechender Ausgleich in den Genussrechtsbedingungen vorzusehen. Eine Regelung, die auch eine Koppelung des Genussrechts an eine entsprechende Grundkapitalerhöhung vorsieht, ist unzulässig, da die Grundkapitalerhöhung keinen Gewinn der Aktiengesellschaft darstellt, sondern die zugeführten Mittel zur Sanierung der Gesellschaft benötigt werden. Jedoch besteht ein Anspruch der ehemaligen Genussrechtsinhaber auf Beteiligung an dem auf die Minderverluste zurückgehenden Buchgewinn[105]. Darüber hinaus kommt für am Liquidationserlös beteiligte Genussrechte auch eine Beteiligung an den stillen Reserven in Betracht[106].

Verlustanrechnung: Bestehen die Genussrechte mangels anderer Vereinbarung in den Genussrechtsbedingungen trotz Herabsetzung des Kapitals auf Null fort, müssen die Genussrechtsinhaber weiterhin an künftigen Erträgen des Unternehmens teilhaben können. Dieser Grundsatz gilt erst recht, wenn das Genussrechtskapital nicht auf Null herabgesetzt wurde. In diesen Fällen haben die Genussrechtsinhaber einen Anspruch auf Wiederaufwertung des Genusskapitals[107]. Teilweise wird gegen ein solches Vorgehen eingewandt, dass es dem Gedanken des starren, nur an das Grundkapital gekoppelten Genusskapitals widerspreche[108]. Dieser Einwand verkennt indessen, dass die Koppelung des Genusskapitals an die Kapitalherabsetzung zum Verlustausgleich kein Selbstzweck ist, sondern ein Mittel darstellt, den Genussrechtsinhabern Verluste zuzuweisen. Bei der Durchführung der Aufwertung des Genusskapitals bedarf es der Auffüllung des Genusskapitals mit späteren Gewinnen unabhängig von der zunächst erfolgten Kapitalherabsetzung[109]. Wenn gleichzeitig auch eine Erhöhung des Grundkapitals vorgenommen wird, ist zu berücksichtigen, dass Gewinne auch durch neue Kapitalzuführung ermöglicht wurden. Hier kommt eine Aufteilung der Gewinne nach dem Verhältnis der Summe von altem und neuem Grundkapital in Betracht[110]. Bei der Berechnung der Abfindung sollte den Genussrechtsinhabern zumindest für den Fall der vereinfachten Kapitalherabsetzung mit anschließender Kapitalerhöhung ein Bezugsrecht auf neue Genussrechte eingeräumt werden[111]. Zwar steht den Genussrechtsinhabern grundsätzlich kein Anspruch auf den Bezug neuer Genussrechte zu, dennoch rechtfertigen die realisierte Verlustteilnahme und die Schaffung eines angemessenen Ausgleichs durch die Beteiligung an den Minder-

62

---

104 BGH v. 5.10.1992 – II ZR 172/91, BGHZ 119, 305, 318 ff., 321 ff. = AG 1993, 125; dazu *Lutter*, ZGR 1993, 291, 299 f.
105 BGH v. 5.10.1992 – II ZR 172/91, BGHZ 119, 305, 313 ff., 324 ff. = AG 1993, 125; *Lutter*, ZGR 1993, 287 f.
106 *Habersack* in MünchKomm. AktG, § 221 Rz. 316; anders im Ansatz *Lutter*, ZGR 1993, 300: Berücksichtigung der stillen Reserven für alle Genussrechte, sofern eine zeitnahe Auflösung der stillen Reserven stattfindet.
107 *Hirte*, ZIP 1991, 1465 ff.; *Sethe*, AG 1993, 365 f.; *Lutter*, ZGR 1993, 298.
108 *Vollmer/Lorch*, ZBB 1992; *Lorch*, Genussschein, S. 296 Fn. 200.
109 *Lutter*, ZGR 1993, 291, 298.
110 BGH v. 5.10.1992 – II ZR 172/91, BGHZ 119, 305, 326 = AG 1993, 125.
111 *Vollmer/Lorch*, ZBB 1992, 49; *Lorch*, Genussschein, S. 295 ff.

verlusten und den stillen Reserven die Einräumung eines Bezugsrechts auf neue Genussrechte. Das Bezugsrecht der Aktionäre ist in diesem Fall nachrangig[112].

63   Die Ausgestaltung der Verlustanrechnung kann variieren. Zunächst ist an ein bewegliches Kapitalkonto zu denken, so dass laufende Verluste, entweder Bilanzverluste oder Jahresfehlbeträge, auf dieses Kapitalkonto angerechnet werden. Hier können sich Schwierigkeiten ergeben, soweit für die Gewinn- und für die Verlustteilnahme unterschiedliche Faktoren maßgebend sind und damit **sog. asymmetrische Faktoren** herangezogen werden[113]. Schließlich ist auch die Zuteilung des Verlusts auf die verschiedenen Genussrechtsinhaber nicht stets einheitlich. Maßgebend kann hier das Verhältnis Grundkapital und Genussrechtskapital sein. Aber auch eine über- oder unterproportionale Genussrechtszuweisung ist denkbar[114]. Zunächst vermindert sich durch die Verlustanrechnung die Höhe des Rückzahlungsanspruchs. Zudem ist eine Veränderung der Berechnungsgrundlage für zukünftige Gewinnausschüttungen durch die Verlustanrechnung gegeben. Für den extremen Fall, dass das Genussrechtskapital durch die anzurechnenden Verluste gänzlich aufgebraucht wurde, entfällt eine gewinnabhängige Verzinsung insgesamt. Damit stehen Genussrechtsinhaber schlechter als Aktionäre, die in Ermangelung einer Vereinbarung über eine Kapitalherabsetzung stets nach ihrem Aktiennennbetrag bedient werden. In den Genussrechtsbedingungen kann auch vereinbart werden, dass der Gläubiger nur mit dem Rückzahlungsanspruch oder nur hinsichtlich der Verzinsung an Verlusten teilnimmt[115]. Ob eine solche nur den Rückzahlungsanspruch betreffende Verlustteilnahme als Eigenkapital ausgewiesen werden kann, wird unterschiedlich beurteilt[116]. Von den Befürwortern wird der Vergleich zu § 10 Abs. 5 Nr. 1 KWG gezogen, der ebenfalls nur die vorläufige Aufschiebung der Zinszahlungen bei Verlusten und folglich eine Gewinnabhängigkeit des Zinsanspruchs vorsieht.

64   Ebenso wie entstehende Verluste auf das Genusskapital angerechnet werden, können die Genussrechtsbedingungen eine **sog. Wiederauffüllung des Genusskapitals** vorsehen[117]. Dann sind erwirtschaftete Gewinne auf das Genusskapital anzurechnen. Dadurch ist die notwendige Korrelation zwischen Verlustteilnahme und Erfolgsbeteiligung gewahrt. Die herrschende Lehre nimmt zutreffend eine entsprechende Vereinbarung auch bei Fehlen einer Vereinbarung im Wege der ergänzenden Vertragsauslegung an[118]. Sofern die Genussrechtsbedingungen eine gegenteilige Vereinbarung enthalten, ist diese Klausel nach § 307 BGB unwirksam[119].

65   Eine Gewinnanrechnung ist im Grundsatz nur bis zum ursprünglichen Nennbetrag zulässig. Doch ist auch eine Anrechnung möglich, die den ursprünglichen Nennbetrag übersteigt und damit zu einem Kapitalzuwachs führt. Wenn das Genusskapital gänzlich aufgebraucht ist, ist ebenfalls eine Wiederauffüllung erforderlich, sofern keine andere Vereinbarung in den Genussrechtsbedingungen getroffen wurde. Dies entspricht den allgemeinen Grundsätzen über die stille Gesellschaft. Des weiteren kann ein negatives Kapitalkonto vereinbart werden. Eine solche Vereinbarung steht jedoch unter dem Vorbehalt, dass korrespondierend zu einer Verlustanrechnung „unter

---

112 *Habersack* in MünchKomm. AktG, § 221 Rz. 110.
113 *Henke*, WM 1985, 45; *Frantzen*, Genussscheine, S. 125 f.
114 *Frantzen*, Genussscheine, S. 126 ff.
115 *Habersack* in MünchKomm. AktG, § 221 Rz. 104.
116 Befürwortend *Habersack* in MünchKomm. AktG, § 221 Rz. 104; ablehnend *Lutter* in Köln-Komm. AktG, § 221 Rz. 300.
117 *Frantzen*, Genussscheine, S. 128 f.
118 *Vollmer/Lorch*, ZBB 1992, 49; *Frantzen*, Genussscheine, S. 244 f.; *Lutter* in KölnKomm. AktG, § 221 Rz. 368; anders *Fuchs*, Kapitalbeteiligung, § 16 C II.
119 *Lutter* in KölnKomm. AktG, § 221 Rz. 370.

Null" auch eine Gewinnanrechnung über den ursprünglichen Nennbetrag hinaus vorgenommen wird[120]. In Ermangelung eines festen und unbedingten Rückzahlungsanspruchs ist das Genusskapital in diesen Fällen nicht als Fremd-, sondern als Eigenkapital, zumindest jedoch als haftendes Fremdkapital einzuordnen. Um eine Anrechenbarkeit als Eigenkapital zu ermöglichen, muss jedoch sowohl eine Anrechnung laufender Verluste auf den Rückzahlungsanspruch als auch eine Nachrangabrede vereinbart werden.

Als **Mindestlaufzeit** eines Genussrechts sind fünf Jahre vorzusehen, sofern das Ge   66
nusskapital als Eigenmittel anerkannt werden soll, § 10 Abs. 5 Satz 1 Nr. 3 KWG. In der Praxis sind vermehrt Laufzeiten von 10 und 15 Jahren anzutreffen. Die Kündigungsfrist ist mittelbar durch § 10 Abs. 5 Satz 1 Nr. 4 KWG bestimmt. Danach ist das Genussrechtskapital in den letzen zwei Jahren der Laufzeit nicht mehr Eigenkapital im aufsichtsrechtlichen Sinne, so dass eine ordentliche Kündigung nur mit einer Kündigungsfrist von mindestes zwei Jahren zulässig ist, was Genussrechtsemissionen mit längerer Laufzeit begünstigt[121].

Sofern das Genussrecht auch ein Umtauschrecht in Aktien des Emittenten beinhal   67
tet, ist gerade kein Mittelabfluss aus der Gesellschaft zu befürchten. Mit der Umwandlung des Genussrechtskapitals in Aktien der emittierenden Aktiengesellschaft wird gesichert, dass die seitens der Genussrechtsberechtigten geleisteten Mittel der Aktiengesellschaft auf Dauer verbleiben[122].

Die **Obergrenze der Anrechenbarkeit** als Eigenkapital ist bei 100 % des Kernkapitals   68
zu ziehen. Folglich wird das Genussrechtskapital als Eigenkapital im Sinne des § 10 Abs. 1 KWG bis zur Höhe von 100 % des Kernkapitals anerkannt. Das Kernkapital lässt sich aus dem Grundkapital, den Rücklagen und den beschlossenen Gewinnzuweisungen ermitteln. Der Grund für diese Grenzziehung liegt im Aufsichtsrecht. Daneben soll aber auch ordnungspolitisch verhindert werden, dass Risikokapital ohne entsprechende „gesellschaftsrechtliche Herrschaftsrechte"[123] gebildet wird.

§ 10 Abs. 5 Satz 1 KWG nennt als Voraussetzung für die Anerkennung des Genuss   69
rechtskapitals als Eigenkapital, dass das Genussrechtskapital bereits eingezahlt ist. Dies bedeutet, dass die festgelegte Einlage auf das Genussrechtskapital voll geleistet sein muss und nicht etwa der Fälligkeitszeitpunkt hinausgeschoben wird[124]. Da das Gesetz nicht regelt, *wie* die Leistung zu erbringen ist, finden die allgemeinen Bestimmungen der §§ 362 ff. BGB Anwendung.

c) Sonstige Rechte als Gegenstand von Genussrechten

Unter den Begriff des Genussrechts lassen sich schließlich auch sonstige statutari   70
sche Vermögensrechte ordnen[125]. Als solche vermögenswerten Rechte kommen beispielsweise das Recht auf die Erbringung von Dienstleistungen durch die Gesellschaft oder das Recht zur Benutzung von Einrichtungen des Betriebs wie Eisenbahn, Theater, Golfclub, Kindergarten usw. in Betracht. Maßgebend ist nicht, ob diese Rechte tatsächlich den Aktionären eingeräumt sind. Vielmehr ist allein ausschlaggebend, dass dies potentielle Aktionärsrechte darstellen und damit eine Kollision zwischen des Rechten des Genussrechtsinhabers und den Aktionärsrechten entstehen kann.

---

120 *Habersack* in MünchKomm. AktG, § 221 Rz. 106.
121 *Schick*, BB 1985, 2139.
122 *Werner*, ZHR 149 (1985), 245.
123 *Lutter* in KölnKomm. AktG, § 221 Rz. 312.
124 *Lutter* in KölnKomm. AktG, § 221 Rz. 314.
125 *Ernst*, Genussschein, S. 90 f.; *Gehling*, WM 1992, 1094; *Hüffer*, § 221 Rz. 26.

71 Für die Frage, ob § 221 auch dann Anwendung findet, wenn **auf den Gewinnbezug von Aktionären anderer Gesellschaften Bezug** genommen wird, finde sich in der gesetzlichen Regelung zu den Gewinnschuldverschreibungen ein Anhaltspunkt: § 221 Abs. 1 fordert lediglich, dass die Gläubigerrechte mit Gewinnanteilen von Aktionären in Verbindung gebracht werden. Zwar sind hier in erster Linie nur die Gläubigerrechte der Aktionäre des Emittenten der Gewinnschuldverschreibungen gemeint, jedoch kommt in gleicher Weise der Einschluss anderer Aktionäre von anderen Gesellschaften in Betracht. Indessen gebietet der Regelungszweck des § 221 eine einschränkende Auslegung. Danach ist zumindest potentiell eine Konkurrenz zwischen den Gläubigerrechten der Aktionäre und dem Gewinnherausgabeanspruch der Genussrechtsberechtigten erforderlich. Ansonsten fänden die vom Gesetz geforderten Hauptversammlungsbeschlüsse keine Rechtfertigung. Von § 221 erfasst werden demnach nicht die Fälle, in denen der Ausschüttungsanspruch nach rein objektiven Kriterien bestimmt wird, etwa bei der Orientierung an der Durchschnittsdividende aller börsennotierten deutschen Aktiengesellschaften oder an einem variablen Zinssatz, etwa am Diskontsatz der Deutschen Bundesbank. § 221 findet jedoch dann Anwendung, wenn das Unternehmensergebnis der emittierenden Gesellschaft die Höhe des Ausschüttungsanspruchs zumindest mittelbar beeinflusst. Das gilt auch, wenn sich der Ausschüttungsanspruch nach der Durchschnittsdividende verschiedener Unternehmen richtet[126].

72 Neben oder anstatt der Gewinnbeteiligung kann ein Genussrecht auch einen Anspruch auf **Beteiligung am Liquidationserlös** der Gesellschaft einräumen. Einer kumulativen Vereinbarung von Gewinnbeteiligung und Liquidationserlösbeteiligung stehen jedoch steuerliche Vorschriften entgegen. So sieht § 8 Abs. 3 Satz 2 KStG vor, dass Ausschüttungen auf derartige Titel nicht als Betriebsausgaben anerkannt werden. Die Beteiligung am Liquidationserlös kann schließlich unterschiedlich ausgestaltet sein. Zunächst kann eine Beteiligung an einem Liquidationsmehrerlös vorgesehen werden, also an dem Vermögen, das nach Befriedigung der Gläubiger verbleibt, einschließlich der stillen Reserven[127]. Hier ist die den Finanzierungstiteln des § 221 innewohnende Konkurrenz mit den Aktionärsrechten gegeben. Maßgebliches Kriterium ist demzufolge nicht die Liquidation der Aktiengesellschaft, sondern der Zugriff auf das Vermögen, das den Nennwert übersteigt[128].

73 Ebenfalls ein typisches Genussrecht ist in den Fällen zu bejahen, in denen bei Rückzahlung vor Liquidation eine **Beteiligung an den stillen Reserven** gewährt wird, etwa bei einer nach den Aktienkursen zu berechnenden Zusatzzahlung. Schließlich könnte unter einer Beteiligung am Liquidationserlös auch der Fall einer Beschränkung der Rückzahlung auf den Liquidationsfall zu verstehen sein. Jedoch wäre dieser Fall eines Genussrechts für den Genussrechtsberechtigten nicht vorteilhaft, während die Aktionäre nicht weiter belastet werden. Daher liegt in diesem Fall kein Genussrecht im Sinne des § 221 vor[129].

d) Grenzen der Gestaltungsfreiheit

74 **aa) AGB-Kontrolle.** Sofern den Genussrechten bestimmte AGB zugrunde liegen, ist grundsätzlich die AGB-Kontrolle zu beachten[130]. Hierfür müssen die AGB vorformu-

---

126 RGZ 118, 152, 155; *Schilling* in Großkomm. AktG, 3. Aufl., § 221 Anm. 3; *Krieger* in MünchHdb. AG, § 63 Rz. 29.
127 *Frantzen*, Genussscheine, S. 131 ff.
128 *Habersack* in MünchKomm. AktG, § 221 Rz. 114.
129 *Habersack* in MünchKomm. AktG, § 221 Rz. 115.
130 *Brandner* in FS Hauß, 1978, S. 3 ff.; *Lutter* in KölnKomm. AktG, § 221 Rz. 221.

liert und für eine größere Zahl an Verträgen abgefasst werden[131]. Die AGB-Verträge
sind mangels gemeinsamer Zwecksetzung nicht als Gesellschaftsverträge im Sinne
des § 310 Abs. 4 Satz 1 BGB zu qualifizieren[132].

Zu beachten ist jedoch, dass die Vorschriften der AGB-Kontrolle **nicht bei der Be-**   75
stimmung von Leistung und Gegenleistung bei Finanzierungsgenussscheinen An-
wendung finden[133]. Dazu zählen insbesondere die vertraglichen Regeln der Leistungs-
bestimmung und Leistungsbeschreibung, der Kaufpreis, der Rückzahlungsanspruch
und die Verzinsung[134]. Auf sämtliche Klauseln, die die versprochene Leistung der AG
einschränken oder verändern, sind die Vorschriften der AGB-Kontrolle hingegen anwendbar[135]. Unklar ist die Abgrenzung zwischen den Klauseln zur Leistungsbegren-
zung und den Klauseln zur Leistungskonkretisierung. Nach der herrschenden Ansicht ist ausschlaggebendes Merkmal, ob es sich um essentialia negotii handelt, die
der Kontrolle nicht zugänglich sind, oder um Klauseln, bezüglich derer eine fehlende
Vereinbarung durch allgemeine Regeln oder in ergänzender Vertragsauslegung grundsätzlich ausgeglichen werden kann[136].

bb) Obligationsähnliche Genussrechte. Möglich ist, dass ein Finanzierungstitel in der   76
Praxis als Genussrecht bezeichnet wird, jedoch in Wahrheit kein Genussrecht im
Sinne von § 221 Abs. 3 darstellt. Dies gilt beispielsweise für sog. obligationsähnliche
Genussrechte. Hierbei handelt es sich um Finanzierungstitel, die gegen Einlage eines
Kapitalbetrages ausgegeben werden und dem Erwerber eine feste, aber gewinnabhängige Verzinsung gewähren. Demjenigen, der die Einlage leistet, steht mithin nur dann
ein Anspruch auf Gewinnausschüttung zu, wenn das Unternehmen tatsächlich einen Bilanzgewinn ausweisen kann. In der Praxis wird vermehrt auch der Rückzahlungsanspruch entsprechend dem Gewinnausschüttungsanspruch verlustbeteiligt
ausgestaltet. Da insoweit jedoch keine echte Gewinnbeteiligung vorliegt, ist ein obli-
gationsähnliches Genussrecht mit Ausnahme des Ausschüttungsrisikos und der Verlustbeteiligung mit einer gewöhnlichen Obligation gleichzusetzen. Folglich fehlt es
jedoch auch an der für § 221 kennzeichnenden Konkurrenzsituation zu Gläubigerrechten der Aktionäre. Damit werden obligationsähnliche Genussrechte trotz ihrer
Bezeichnung nicht von § 221 Abs. 3 erfasst. Sie unterliegen vielmehr den Vorschriften für gewöhnliche Schuldverschreibungen (§§ 793 ff. BGB)[137].

cc) Einräumung von Mitwirkungs- und Kontrollrechten. Aufgrund des lediglich   77
schuldrechtlich wirkenden Genussrechtscharakters sind mitgliedschaftliche Rechte
dem Genussrechtsinhaber **grundsätzlich verwehrt**. Dazu gehören insbesondere die
Kontroll- und Mitentscheidungsrechte[138]. Eine vertragliche Vereinbarung dieser gesellschaftsrechtlichen Mitwirkungsrechte ist nach ganz herrschender Meinung nicht

---

131 Der BGH zieht die untere Grenze hinsichtlich der größeren Anzahl bei drei bis fünf in Aussicht genommenen Verwendungen: BGH v. 29.6.1981 – VII ZR 259/80, NJW 1981, 2344,
  2345.
132 BGH v. 5.10.1992 – II ZR 172/91, ZIP 1992, 1542, 1544 = AG 1993, 125; *Reuter*, NJW 1984,
  1849, 1853; *Möschel*, ZHR 149 (1985), 206, 234; *Hirte*, ZIP 1991, 1461, 1464.
133 BGH v. 6.2.1985 – VIII ZR 61/84, NJW 1985, 3013; BGH v. 26.5.1986 – VIII ZR 229/85, NJW
  1986, 2574, 2575; BGH v. 5.10.1992 – II ZR 172/91, ZIP 1992, 1542, 1545 = AG 1993, 125.
134 BGH v. 6.2.1985 – VIII ZR 61/84, NJW 1985, 3013; BGH v. 26.5.1986 – VIII ZR 229/85, NJW
  1986, 2574, 2575; BGH v. 5.10.1992 – II ZR 172/91, ZIP 1992, 1542, 1545 = AG 1993, 125.
135 BGH v. 12.3.1987 – VII ZR 37/86, NJW 1987, 1931, 1935; BGH v. 5.10.1992 – II ZR 172/91,
  ZIP 1992, 1542 = AG 1993, 125; *Brandner* in FS Hauß, 1978, S. 3 ff.
136 BGH v. 12.3.1987 – VII ZR 37/86, NJW 1987, 1931, 1935.
137 *Lutter* in KölnKomm. AktG, § 221 Rz. 218.
138 *Habersack* in MünchKomm. AktG, § 221 Rz. 119.

möglich[139]. Dies lässt sich mit § 717 Satz 1 BGB begründen, der auch für die Aktiengesellschaft gilt und ein Verbot der Trennung von Mitgliedschaft und Teilhaberechte statuiert und daneben auch die Begründung von mitgliedschaftsentkleideten Teilhaberechten verbietet. Diese Vorschrift dient dem Zweck, dass neben dem Privileg der Teilhaberechte und der damit verbunden Möglichkeit der Einflussnahme auf die Gesellschaft auch die Bindung an das Gesellschaftsinteresse gegeben sein muss, wobei letztere durch den Aktionärsstatus und damit die Mitgliedschaft gewährleistet wird.

78   Von dem danach bestehenden Verbot der Einräumung von Mitwirkungs- und Teilhaberechten zugunsten von Genussrechtsinhabern gibt es verschiedene **Ausnahmen**. Dies gilt insbesondere für das Recht auf Teilnahme an der Hauptversammlung sowie das Rede- und Auskunftsrecht[140]. Zwar kann der Genussrechtsberechtigte diese Rechte nicht von Gesetzes wegen geltend machen. Doch ist eine rechtsgeschäftliche Vereinbarung zulässig. Die Einflussmöglichkeiten auf die Aktiengesellschaft sind bei diesen Rechten deutlich eingegrenzt, so dass sich auch ein Genussrechtsberechtigter ohne Mitgliedschaft und Aktionärsstatus auf diese Rechte berufen kann. Durch den Genussrechtsvertrag stehen die Genussrechtsinhaber den Aktionären bezüglich dieser konkreten Rechte gleich. Erforderlich ist eine solche Vereinbarung nach § 307 BGB jedoch nicht[141].

79   Zu differenzieren ist zwischen diesen vertraglich vereinbarten Rechten und solchen Rechten, die den Genussrechtsinhabern nach dem Genussrechtsverhältnis zukommen. Sofern bei einem Genussrechtsverhältnis stets auch das Vorliegen einer stillen Gesellschaft zu bejahen ist, steht dem Genussrechtsinhabern in jedem Fall das Kontrollrecht aus § 233 HGB zu. Dieses Individualrecht kann durch die Begründung von sog. Kollektivrechten im Genussrechtsvertrag abgelöst werden[142]. Dadurch wird deutlich, dass die Genussrechtsinhaber einen „Gesamtverband der Eigenkapitalgeber" mit „organisationsrechtlichen Elementen"[143] bilden.

80   **dd) Aktiengleiche und aktienähnliche Genussrechte.** Grundsätzlich wird mit dem Genussrechtsverhältnis ein dem Aktionärsverhältnis ähnliches Rechtsverhältnis nachgebildet. Unklar ist jedoch, ob eine vollständige oder nahezu vollständige Nachbildung des Aktionärsstatus angesichts der fehlenden aktienrechtlichen Mitwirkungsrechte überhaupt zulässig ist. Insbesondere durch die nach § 23 Abs. 5 zwingend geltenden Regelungen der §§ 139 ff. über Vorzugsaktien könnte eine einschränkende Grenze für die Gestaltungsfreiheit gezogen sein. Dazu haben sich im Wesentlichen **drei Meinungen herauskristallisiert**.

81   Manche Stimmen sehen **keine Begrenzung der Gestaltungsfreiheit durch die §§ 139 ff.**[144]. Danach ist das Emittieren von aktiengleichen oder aktienähnlichen Genussrechten zulässig. Zur Begründung wird auf die Privatautonomie und das Bedürfnis nach hoher Flexibilität der Kapitalmarktinstrumente verwiesen. Auch wird die Anerkennung der Genussrechte in der neueren Gesetzgebung betont. § 23 Abs. 5 findet danach keine Anwendung, da sich diese Vorschrift allein auf die organisations-

---

139 RGZ 70, 52, 54; BGH v. 5.3.1959 – II ZR 145/57, WM 1959, 434, 436; BGH v. 5.10.1992 – II ZR 172/91, BGHZ 119, 305, 316 f. = AG 1993, 125; BGH v. 9.11.1992 – II ZR 230/91, BGHZ 120, 141, 147 = AG 1993, 134; *Hüffer*, § 221 Rz. 26; *Ernst*, AG, 1967, 80; *Werner*, ZHR 149 (1985), 240; *Sethe*, AG 1993, 355.
140 *Ernst*, AG 1967, 80; *Wünsch* in FS Strasser, S. 880; *Hüffer*, § 221 Rz. 26; offen gelassen von BGH v. 5.10.1992 – II ZR 172/91, BGHZ 119, 305, 317 = AG 1993, 125.
141 BGH v. 5.10.1992 – II ZR 172/91, BGHZ 119, 305, 317 = AG 1993, 125.
142 *Schön*, JZ 1993, 925, 929; *Schön*, ZGR 1993, 210, 235.
143 *Vollmer/Lorch*, ZBB 1992, 45 f.; *Lorch*, Genussschein, S. 93 ff.
144 *Claussen*, Verhandlungen des 55. DJT, K 108 ff.; *Claussen*, AG 1985, 77; *Frantzen*, Genussscheine, S. 179 ff.; *Hüffer*, § 221 Rz. 34; *K. Schmidt*, JZ 1984, 782; *Sethe*, AG 1993, 300 ff.

rechtlich-gesellschaftsrechtliche Ebene erstreckt und nicht auf schuldrechtlich begründete Genussrechte.

Nach anderer Auffassung besteht **ein strikter numerus clausus** für die Formen und   82
Instrumente der Beschaffung von Eigenkapital im Aktienrecht[145]. Verwiesen wird einerseits auf die Entstehungsgeschichte der §§ 139 ff. und andererseits auf Art. 25 der
Kapitalrichtlinie. Daraus ergebe sich eine Begrenzung einflussloser Beteiligungspa-
piere. Für Mitarbeiterbeteiligungen würden zwar anerkanntermaßen Ausnahmerege-
lungen gelten, dies sei jedoch bei „aktienähnlichen" Titeln nicht der Fall[146].

Einen Mittelweg beschreiten die Autoren, die den Regelungen der §§ 139 ff. zwar ein   83
Verbot „aktiengleicher" Genussrechte entnehmen, jedoch **„aktienähnliche" Genussrechte für zulässig** erachten[147]. Allerdings ist unklar, wann ein aktienähnliches und
wann ein aktiengleiches Genussrecht vorliegt. Auch bei übereinstimmenden Abgrenzungskriterien bestehen wiederum Unstimmigkeiten in der Frage, ob eine Eigenkapitalbeschaffung mittels Genussrechte zulässig ist[148]. Die wohl überwiegende Auffassung hält aktienähnliche Genussrechte für zulässig, wenn der Genussrechtsinhaber
gegenüber Vorzugsaktionären besser gestellt ist, indem ihm eine Mittelstellung zwischen Aktionär und Gläubiger eingeräumt wird[149]. Dies soll nicht zuletzt eine Kompensation dafür darstellen, dass dem Genussrechtsberechtigten keinerlei Mitwir-
kungs- und Kontrollrechte zukommen. Als Beispiele für solche aktienähnlichen Genussrechte sind die Teilhabe am ausschüttungsfähigen Gewinn unabhängig von der
Rücklagenbildung[150], eine gewinnabhängige Mindestverzinsung[151], eine gegenüber
den Aktionären vorrangige Berücksichtigung bei der Liquidation[152] sowie das Recht
des Genussscheinsberechtigten auf vorzeitige Kündigung bzw. eine Befristung des
Kapitals[153] zu nennen. In jedem Fall soll eine Mitarbeiterbeteiligung zulässig sein[154].

In der *Klöckner*-Entscheidung[155] hat der **BGH** eine aktienähnliche Ausgestaltung für   84
zulässig erachtet und damit die These eines numerus clausus der Eigenkapitaltitel
verworfen[156]. Dabei hat der BGH die Frage der Zulässigkeit aktiengleicher Rechte allerdings offen gelassen.

Indessen ist die Frage der Umgehung der §§ 139 ff. heute nur noch in der Theorie von   85
Bedeutung. Dies liegt zum einen daran, dass der BGH in der *Klöckner*-Entscheidung
die Zulässigkeit von nur „aktienähnlichen" Genussrechten betont hat, und zum anderen daran, dass aktiengleiche Genussrechte in der Praxis – soweit ersichtlich – eine
Seltenheit darstellen[157]. Aus der Existenz der Vorschriften zur stillen Gesellschaft

---

145 *Hirte*, ZIP 1988, 477 ff.; *Hirte*, ZIP 1991, 1461 ff.; ähnlich *Wassermann*, Der langfristige Kredit, 1988, S. 629.
146 *Hirte*, ZIP 1988, 482, 484 f.
147 *Reuter* in FS Fischer, S. 617 ff.; *Möschel*, ZHR 149 (1985), 231 f.; *Habersack*, ZHR 155 (1991),
  384 ff.; *Schäfer*, WM 1991, 1942 f.; *Lorch*, Genussschein, S. 225 ff.; *Vollmer*, GmbHR 1984,
  332 f.
148 Ablehnend *Reuter* in FS Stimpel, S. 657; bejahend *Krieger* in MünchHdb. AG, § 63, Rz. 67;
  Habersack, ZHR 155 (1991), 387.
149 *Habersack* in MünchKomm. AktG, § 221 Rz. 125.
150 *Habersack*, ZHR 155 (1991), 387; *Vollmer*, GmbHR 1984, 332.
151 *Reuter* in FS Fischer, S. 609; *Vollmer*, GmbHR 1984, 332; *Habersack*, ZHR 155 (1991), 387.
152 *Vollmer*, GmbHR 1984, 332; *Reuter* in FS Stimpel, S. 655; *Habersack*, ZHR 155 (1991), 387.
153 *Schäfer*, WM 1991, 1941, 1943.
154 *Reuter* in FS Fischer, S. 619 ff.; *Möschel*, ZHR 149 (1985), 232.
155 BGH v. 5.10.1992 – II ZR 172/91, BGHZ 119, 305, 310 ff. = AG 1993, 125; BGH v. 26.9.1994 –
  II ZR 236/93, AG 1995, 83.
156 *Habersack* in MünchKomm. AktG, § 221 Rz. 126.
157 So auch *Habersack* in MünchKomm. AktG, § 221 Rz. 127; *Werner*, ZHR 149 (1985), 136,
  140.

lässt sich ableiten, dass der historische Gesetzgeber bereits an das Problem der externen Haftkapitalgeber gedacht hat. Zudem kann auf die Vorschrift des § 39 Abs. 2 InsO verwiesen werden, welche den Rangrücktritt regelt. In diesem Zusammenhang ist auch auf die Rechtsprechung zum so genannten Finanzplankredit zu verweisen[158]. Und auch der Gesetzgeber hat namentlich mit der Schaffung des § 10 Abs. 5 KWG und des § 53c VAG zu erkennen gegeben, dass er die Vorschrift des § 221 gegenüber Genussrechten mit Eigenkapitalcharakter für offen hält[159].

86   Anders als bei den aktienähnlichen Genussrechten herrscht bei den **aktiengleichen Genussrechten** weithin **Einigkeit**, dass entsprechende Gestaltungen dem Regelungszweck der §§ 139 ff. zuwiderlaufen[160]. Bei den aktiengleichen Genussrechten ist, eine unkündbare, rein gewinnorientierte Verzinsung vorgesehen, so dass der Genussrechtsinhaber lediglich am Liquidationserlös beteiligt wird. Sobald jedoch eine Besserstellung des Genussrechtsinhabers gegenüber dem Vorzugsaktionär gegeben ist, ist ein zulässiges aktienähnliches Genussrecht anzunehmen. Eine solche Besserstellung ist insbesondere dann anzunehmen, wenn dem Genussrechtsinhaber ein Anspruch auf Rückzahlung des Genusskapitals zukommt oder wenn der Genussrechtsinhaber in der Insolvenz der Aktiengesellschaft im Range vor den Aktionären und damit vor etwaigen Vorzugsaktionären am Liquidationserlös zu beteiligen ist. Schließlich ist eine Besserstellung auch in den Fällen zu bejahen, in denen eine gewinnabhängige Mindestverzinsung vereinbart wird oder an den zu thesaurierenden Teilen des Gewinns eine Partizipation erfolgt.

87   Vereinzelt wird die **Vereinbarkeit** der Ausgabe von Finanzierungsgenussrechten mit Eigenkapitalcharakter **mit dem Europäischen Recht** bezweifelt[161]. Dies wird mit dem Argument begründet, der Gesetzgeber habe als einzige Form der Eigenkapitalfinanzierung die Ausgabe von Aktien zugelassen. Dies sei aus Art. 25 der 2. gesellschaftsrechtlichen EG-Richtlinie abzuleiten, wonach allein die Ausgabe von Aktien zugelassen ist[162]. Dagegen spricht indessen, dass neben den Aktien auch andere Formen der Risikokapitalfinanzierung zugelassen sind[163]. Die EG-Richtlinie bildet danach kein geschlossenes System, sondern überlässt den Mitgliedstaaten insoweit einen eigenen Regelungsspielraum.

e) Anlegerschutz

88   Zu unterscheiden ist im Rahmen der Frage nach dem Anlegerschutz bei Genussrechten zwischen unmittelbaren und mittelbaren Beeinträchtigungen. Als **unmittelbare Beeinträchtigungen** sind solche Beeinträchtigungen zu bezeichnen, die den zugrunde liegenden Vertrag selbst betreffen. Hier ist entscheidend, ob der Vertrag einen Änderungsvorbehalt enthält. Fehlt ein solcher Vorbehalt, können die Genussrechtsbedingungen nicht durch einseitige Erklärung geändert werden, sondern bedürfen der Zustimmung des Genussrechtsberechtigten[164]. Sofern hingegen ein Änderungsvorbehalt erklärt wurde, findet eine AGB-Kontrolle statt. Im Falle einer Änderung der Genussrechtsbedingungen ist insbesondere der Gleichbehandlungsgrundsatz der Gläubiger zu beachten[165]. Schließlich kann die Entscheidungsbefugnis auch der Versammlung der Genussrechtsinhaber oder einem von dieser Versammlung gebildeten Ausschuss

---

158 BGH v. 28.6.1999 – II ZR 272/98, BGHZ 142, 116, 121 ff.
159 *Hammen*, DB 1988, 1553.
160 *Krieger* in MünchHdb. AG, § 63 Rz. 67 m.w.N.
161 So *Hirte*, ZIP 1991, 1461,1462.
162 *Hirte*, ZIP 1991, 1461, 1462.
163 *Lutter* in KölnKomm. AktG, § 221 Rz. 229.
164 RGZ 49, 10, 16; *Wünsch* in FS Strasser, 1983, S. 881 f.
165 *Reuter*, NJW 1984, 1853.

übertragen werden. Hierauf muss jedoch bereits in den Genussrechtsbedingungen Bezug genommen werden[166].

Mittelbare Beeinträchtigungen können aus Maßnahmen der Verwaltung (fehlerhafte 89 Geschäftsführung, fehlerhafte Ergebnismitteilung, fehlerhafte Ergebnisverwendung), aber auch aus Grundlagenentscheidungen wie etwa einem Kapitalerhöhungs-, Verschmelzungs-, Umwandlungs-, Ausgliederungs- oder Auflösungsbeschluss oder aus einem Beschluss zum Abschluss eines Unternehmensvertrages resultieren. Nach allgemeiner Auffassung haben die Genussrechtsberechtigten derartige mittelbare Beeinträchtigung grundsätzlich hinzunehmen[167].

5. Wertpapierrechtliche Aspekte, Verbriefung von Genussrechten

Grundsätzlich ist ein Genussschein die wertpapierrechtliche Verbriefung eines Ge- 90 nussrechts. Mangels spezialgesetzlicher Regelungen sind die allgemeinen wertpapierrechtlichen Vorschriften und Grundsätze anwendbar. Die Leistungspflichten der Aktiengesellschaft können demnach als Inhaberpapier i.S.v. § 793 BGB oder als Orderpapier i.S.v. § 363 HGB verbrieft werden. In der Praxis ist die Ausgabe als Inhaberpapier üblich. Ein Genussrecht kann als ein Bündel von bestimmten oder bestimmbaren Ansprüchen des Genussrechtsinhabers gegen die Aktiengesellschaft aufgefasst werden, die auf einen Gewinnanteil gerichtet sind. § 793 BGB erfasst grundsätzlich jede denkbare Leistung gegen den Aussteller und zugunsten des Inhabers des Wertpapiers. Häufig werden die Inhabergenussscheine nicht einzeln, sondern gehäuft in sog. Global- oder Sammelurkunden verbrieft. Dadurch ist eine rein äußerliche Zusammenfassung der im Einzelnen rechtlich selbständigen Genussrechte gegeben. Dem einzelnen Genussrechtsinhaber kommt aber ein Anspruch auf Ausstellung einer individuellen Urkunde zu. Sofern der Genussschein als Orderpapier ausgestellt wird, bedarf es einer sog. Orderklausel. Der Genussschein stellt nämlich kein geborenes, sondern (nur) ein gekorenes Orderpapier dar. Als Orderklausel wird eine einseitige schriftliche Erklärung verstanden, deren Inhalt auf die Gewährung der Übertragbarkeit mittels Indossament gerichtet ist. Schließlich ist auch eine Ausgabe des Genussrechts als Namenspapier möglich. Dies ist in der Praxis insbesondere bei Mitarbeiter-Genussrechten üblich. Hier kommt den Genussrechten keine Finanzierungsfunktion, sondern vielmehr eine Motivationsfunktion zu.

6. Genussrechte im Konzern

Ist das emittierende Unternehmen, wie in der Praxis die Regel, eine Konzergesell- 91 schaft, stellt sich das Problem des Verwässerungsschutzes mit besonderem Nachdruck. Die Genussrechte werden hier nicht vom „Konzern" ausgegeben, sondern von der Muttergesellschaft oder einer der Tochter- oder Enkelgesellschaften. Die Muttergesellschaft und die Tochtergesellschaften sind lediglich durch eine gemeinsame Leitung verbunden. Die in dieser Verknüpfung begründete Konzernlage hat auch auf die gewinnabhängigen Ansprüche, die Gegenstand des Genussrechts sind, Einfluss[168].

Sofern Genussrechte vom herrschenden Unternehmen ausgegeben werden, besteht 92 insbesondere die Gefahr, dass erwirtschaftete Gewinne seitens der Tochtergesellschaften nicht an die Muttergesellschaft abgeführt werden. Auch der umgekehrte Fall, dass nämlich die Einzelbilanz der Muttergesellschaft Gewinne ausweist, die Konzernbilanz insgesamt jedoch negativ ist, ist vorstellbar. Zum einen kann die Lösung in der vertraglichen Anpassung durch entsprechende Klauseln in den Genuss-

---

166 *Lutter* in KölnKomm. AktG, § 221 Rz. 352.
167 RGZ 83, 295, 298.
168 *Uwe H. Schneider* in FS Goerdeler, S. 511, 515.

rechtsbedingungen liegen. Darüber hinaus kommt in bestimmten Fallkonstellationen eine Anpassung des Genussrechts über § 216 Abs. 3 in Betracht.[169]

93   Bei der Ausgabe der Genussrechte durch das beherrschte Konzernunternehmen trifft den Genussrechtsberechtigten das gleiche Risiko wie jeden anderen Gläubiger der Tochter- oder Enkelgesellschaft. Es droht die Gefahr, dass das ihm haftende Vermögen der Gesellschaft zugunsten des herrschenden Unternehmens geschmälert wird[170]. Auch hier bietet sich für die Lösung des Problems eine analoge Anwendung der §§ 304, 305 bzw. alternativ ein vertraglicher Ausgleichsmechanismus an[171].

VII. Bezugsrecht (§ 221 Abs. 4)

1. Inhalt und Grenzen

94   Kraft Gesetzes (§ 221 Abs. 4 Satz 1) haben die Aktionäre der emittierenden Gesellschaft ein Bezugsrecht auf Wandel- und Gewinnschuldverschreibungen sowie auf Genussrechte. Nach § 186 Abs. 4 Satz 2 folgt das Bezugsrecht bezüglich der Finanztitel des § 221 den **Regeln und Grundsätzen des gesetzlichen Bezugsrechts bei einer regulären Kapitalerhöhung**[172]. Auf die Ausführungen zu § 186 kann somit in vollem Umfang verwiesen werden. Dies gilt ausdrücklich auch für das heute übliche mittelbare Bezugsrecht, § 186 Abs. 5. Der Inhalt des Bezugsrechts ergibt sich aus § 221 Abs. 4 Satz 2 i.V.m. § 186 Abs. 1 Satz 1: Der Aktionär hat Anspruch auf Zuteilung einer seiner bisherigen Beteiligung entsprechenden Quote an dem auszugebenden Titel. Für die Ausübung des Bezugsrechts ist eine Frist von mindestens zwei Wochen zu bestimmen, § 186 Abs. 1 Satz 2. Der Anspruch ist klag- und vollstreckbar; seine Verletzung kann zu Schadensersatzansprüchen gegen die AG führen[173]. Das Bezugsrecht des § 221 Abs. 4 gilt für sämtliche Finanztitel im Anwendungsbereich des § 221, somit auch für naked warrants einschließlich der stock options gem. § 192 Abs. 2 Nr. 3, nicht dagegen für Anleihen, auch soweit diese zum Erwerb bestehender Aktien des Emittenten oder eines Dritten berechtigen oder verpflichten[174]. Obwohl § 221 Abs. 4 Satz 2 nicht auf § 187 verweist, ist auch diese Vorschrift nach einhelliger Auffassung entsprechend anzuwenden[175]. § 187 dient dem Schutz des Bezugsrechts der Aktionäre, indem er den Vorrang dieses Bezugsrechts vor vertraglichen Bezugszusagen an nicht nach § 186 bezugsberechtigte Dritte sicherstellt[176]. Aus § 187 folgt jedoch keine Unwirksamkeit des unter Verletzung des Bezugsrechts aus § 221 Abs. 4 zustande gekommenen Erwerbs einer Wandel- oder Optionsanleihe: In Frage steht nämlich nicht das Bezugsrecht auf die Aktien, sondern nur jenes auf die Wandelschuldverschreibung. Den übergangenen Aktionären können jedoch Schadensersatzansprüche gegen die Aktiengesellschaft sowie gegen die Organwalter zustehen. Schuldner des Bezugsrechts ist die Aktiengesellschaft, im Falle des mittelbaren Bezugsrechts (vgl. § 186 Abs. 5) richtet sich der Anspruch aufgrund des von der Aktiengesellschaft mit dem Kreditinstitut geschlossenen Vertrages zugunsten der Aktionäre gegen das jeweilige Kreditinstitut[177].

---

169 Zum Ganzen *Uwe H. Schneider* in FS Goerdeler, S. 511, 515 ff.
170 Begr. RegE AktG 1965 vor § 291 bei *Kropff*, Aktiengesetz, S. 374.
171 Näher *Uwe H. Schneider* in FS Goerdeler, S. 511, 526.
172 Zur Änderung des § 221 Abs. 4 Satz 2 durch das UMAG *Holzborn/Bunnemann*, BKR 2005, 51.
173 *Lutter* in KölnKomm. AktG, § 221 Rz. 49.
174 *Habersack* in MünchKomm. AktG, § 221 Rz. 163.
175 *Krieger* in MünchHdb. AG, § 63 Rz. 15; *Hüffer*, § 221 Rz. 46.
176 *Habersack* in MünchKomm. AktG, § 221 Rz. 168.
177 *Lutter* in KölnKomm. AktG, § 221 Rz. 48.

2. Ausschluss des Bezugsrechts

a) Formelle Voraussetzungen

Wie beim Bezugsrecht auf Aktien aus einer Kapitalerhöhung kann die Hauptversammlung mit qualifizierter Mehrheit und unter bestimmten formellen und materiellen Voraussetzungen das Bezugsrecht des § 221 ganz oder teilweise ausschließen. Die Hauptversammlung kann darüber im Zusammenhang mit dem Zustimmungsbeschluss nach § 221 Abs. 1 Satz 1 oder aber bei Erteilung der Ermächtigung nach § 221 Abs. 2 Satz 1 entscheiden. Im letzteren Falle können die Aktionäre entsprechend § 203 Abs. 2 Satz 1 den Vorstand zur Entscheidung über den Bezugsrechtsausschluss ermächtigen. Fehlt der Beschluss über den Ausschluss des Bezugsrechts oder ist er nichtig, so entstehen die Bezugsrechte nach den Regeln des Gesetzes. Die Nichtbeachtung dieser Bezugsrechte durch die Verwaltung führen zu **Unterlassungsansprüchen** der Aktionäre sowie ggf. **Schadensersatzansprüchen** gegen die Aktiengesellschaft. Gleiches gilt, wenn ein anfechtbarer Beschluss wirksam angefochten worden ist. Hat die Verwaltung trotz eines laufenden Anfechtungsverfahrens die Bezugsrechte an gutgläubige Dritte begeben, so ist die Aktiengesellschaft gegenüber den Aktionären schadensersatzpflichtig[178]. Aus dem Verweis von § 221 Abs. 4 Satz 2 auf § 186 Abs. 3 ergibt sich, dass sowohl ein gänzlicher als auch ein teilweiser Ausschluss des Bezugsrechts möglich ist[179]. Zwei Möglichkeiten des teilweisen Bezugsrechtsausschlusses sind zu unterscheiden: Zum einen kann für einen Teil der zu begebenden Anleihen das Bezugsrecht ausgeschlossen werden, während der andere Teil allen Aktionären zum Bezug angeboten wird[180]. Zum anderen kann das Bezugsrecht für eine bestimmte Aktionärsgruppe ausgeschlossen werden[181]. In diesem Fall muss der Ausschluss des Bezugsrechts jedoch auch § 53a genügen[182]. 95

Der Bezugsrechtsausschluss bedarf eines ausdrücklichen **Beschlusses der Hauptversammlung**, wobei eine Mehrheit von ¾ des bei Beschlussfassung vertretenen Grundkapitals erforderlich ist. Diese Quote kann durch Satzung zwar erhöht, nicht aber reduziert werden. Der Beschluss der Hauptversammlung über den Bezugsrechtsausschluss muss nach § 221 Abs. 4 Satz 2 i.V.m. §§ 186 Abs. 4 Satz 1, 124 ausdrücklich angekündigt und bekannt gemacht werden. Die Bekanntmachung hat Warnfunktion: dem Leser muss die Tatsache des geplanten Ausschlusses deutlich und klar vor Augen stehen. Nach § 221 Abs. 4 Satz 2 i.V.m. § 186 Abs. 4 Satz 2 hat der Vorstand die Hauptversammlung vorweg schriftlich und in der Hauptversammlung selbst mündlich über die Gründe für den geplanten Ausschluss zu unterrichten und die Gründe im Bericht zu erläutern[183]. 96

Im Falle einer **Zustimmung zu einem konkreten Emissionsvorhaben** (sog. Zustimmungsbeschluss, § 221 Abs. 1 Satz 1) kann die Hauptversammlung in diesem Zusammenhang auch sogleich über einen Bezugsrechtsausschluss entscheiden, § 221 Abs. 4 Satz 2 i.V.m. § 186 Abs. 3 Satz 1. Dann besteht zwischen Zustimmungsbeschluss und der Entscheidung über das Bezugsrecht eine zwingende Einheit[184]: Der Bezugsrechtsausschluss muss in diesem Fall Bestandteil des Zustimmungsbeschlusses sein – ausgeschlossen ist daher, dass die Hauptversammlung den Vorstand ermächtigt, über 97

---

178 *Lutter* in KölnKomm. AktG, § 221 Rz. 51.
179 *Hüffer*, § 221 Rz. 39.
180 LG Braunschweig v. 24.4.1992 – 22 O 95/89, DB 1992, 1398.
181 BGH v. 9.11.1992 – II ZR 230/91 – „Bremer Bankverein", BGHZ 120, 141 = AG 1993, 134.
182 *Habersack* in MünchKomm. AktG, § 221 Rz. 174.
183 *Lutter* in KölnKomm. AktG, § 221 Rz. 55.
184 *Hüffer*, § 221 Rz. 40; a.A. wohl *Groß*, AG 1991, 205.

den Bezugsrechtsausschluss zu entscheiden[185]. Soll hingegen ein so genannter Er- mächtigungsbeschluss nach § 221 Abs. 2 Satz 1 getroffen werden, bestehen für die Hauptversammlung zwei Möglichkeiten: Aus § 221 Abs. 4 i.V.m. §§ 186 Abs. 3 Satz 1, 203 Abs. 1 Satz 1 ergibt sich, dass die Hauptversammlung selbst und unmit- telbar über den Ausschluss des Bezugsrechts beschließen kann[186]. In der Praxis be- deutsamer ist jedoch die Möglichkeit, entsprechend § 203 Abs. 2 Satz 1 den Vorstand zur Entscheidung über den Bezugsrechtsausschluss zu ermächtigen[187]. Entsprechend § 204 Abs. 1 Satz 2 muss der Aufsichtsrat der Entscheidung des Vorstands über die Ausgabe der Titel und über den Bezugsrechtsausschluss zustimmen. Der Zustim- mungsbeschluss – und damit auch der Beschluss über den Bezugsrechtsausschluss als Bestandteil desselben – bedarf nach § 221 Abs. 4 Satz 2 i.V.m. § 186 Abs. 3 Satz 2 und Satz 3 einer 3/4 Mehrheit des bei der Beschlussfassung vertretenen Grundkapi- tals. § 221 Abs. 1 Satz 2 bis 4 und in der Satzung geregelte Beschlussvoraussetzungen bleiben unberührt. Das Erfordernis einer qualifizierten Kapitalmehrheit ist nicht ab- dingbar, § 221 Abs. 4 Satz 2 i.V.m. § 186 Abs. 3 Satz 3: durch Satzung können allein eine größere, nicht aber eine geringere Kapitalmehrheit sowie zusätzliche Erforder- nisse bestimmt werden. Ein Beschluss, durch den das Bezugsrecht ganz oder teilwei- se ausgeschlossen wird, darf nur gefasst werden, wenn „die Ausschließung", also die Absicht, einen entsprechenden Beschluss zu fassen, ausdrücklich und ordnungsge- mäß bekannt gemacht worden ist, § 221 Abs. 4 Satz 2 i.V.m. § 186 Abs. 4 Satz 1. Die Bekanntmachung muss auch den wesentlichen Inhalt des Vorstandsberichts beinhal- ten[188].

b) Materielle Voraussetzungen

98 Es ist inzwischen unstreitig, dass der Beschluss, durch den die Hauptversammlung nach § 186 Abs. 3 Satz 1 das Bezugsrecht der Aktionäre auf junge Aktien ausschließt, nicht nur die dargestellten formellen Voraussetzungen erfüllen muss, sondern auch einer materiellen Rechtfertigung bedarf. Der Ausschluss des Bezugsrechts stellt ei- nen Eingriff in die Mitgliedschaft dar und ist deshalb nur zulässig, wenn er einem Zweck dient, der im Interesse der Gesellschaft liegt und zur Erreichung dieses Zwe- ckes geeignet, erforderlich sowie verhältnismäßig ist[189]. In den Fällen des Ermächti- gungsbeschlusses nach § 221 Abs. 2 sowie des Beschlusses, durch den die Hauptver- sammlung dem Vorstand genehmigtes Kapital einräumt und selbst das Bezugsrecht ausschließt, genügt nach neuerer Rechtsprechung des BGH, dass der Bezugsrechts- ausschluss bei generell-abstrakter Betrachtung **im wohlverstandenen Interesse der Gesellschaft** liegt[190]. In diesen Fällen ist der Vorstand dann aber verpflichtet, im Rah- men seines unternehmerischen Ermessens zu prüfen, ob der Ausschluss des Bezugs- rechts im konkreten Fall unter Berücksichtigung aller Umstände sachlich gerechtfer- tigt ist[191].

---

185 *Habersack* in MünchKomm. AktG, § 221 Rz. 172.
186 BGH v. 15.6.1992 – II ZR 173/91, ZIP 1992, 1391 = AG 1992, 448; OLG Karlsruhe v. 11.6.1991 – 8 U 192/90 – „Industrie Werke", ZIP 1991, 925; LG Braunschweig v. 24.4.1992 – 22 O 95/89 – „Volkswagen AG", DB 1992, 1398.
187 OLG München v. 6.2.1991 – 7 U 4355/90, AG 1991, 210, 211; OLG München v. 11.8.1993 – 7 U 2529/93, AG 1994, 372, 373; LG München I v. 3.5.1990 – 12 HKO 15563/89, WM 1990, 984, 985 = AG 1991, 73; *Groß*, AG 1991, 202 f.; *Sethe*, AG 1994, 342, 350; a.A. *Frey/Hirte*, ZIP 1991, 704.
188 *Habersack* in MünchKomm. AktG, § 221 Rz. 175.
189 BGH v. 13.3.1978 – II ZR 142/76, BGHZ 71, 40; BGH v. 19.4.1982 – II ZR 55/81, BGHZ 83, 319, 321; BGH v. 9.11.1992 – II ZR 230/91 – „Bremer Bankverein", WM 1992, 2098 = ZIP 1992, 1728 = AG 1993, 134; kritisch *Martens*, ZIP 1992, 1677.
190 BGH v. 23.6.1997 – II ZR 132/93, BGHZ 136, 133, 138 ff. = AG 1997, 465.
191 BGH v. 23.6.1997 – II ZR 132/93, BGHZ 136, 133, 139 ff. = AG 1997, 465.

Hinsichtlich der **Gründe zur sachlichen Rechtfertigung** eines Bezugsrechtsausschluss 99
ebenso wie der Prüfungsdichte[192] unterscheidet sich die Rechtslage nicht von derjenigen bei der Kapitalerhöhung[193]. Insbesondere durch die Ausgabe von stock options oder Tausch- und Bezugsrechten auf Aktien werden gesellschaftsförderliche und damit den Bezugsrechtsausschluss rechtfertigende Zwecke verfolgt[194]. Einfach zu rechtfertigen sind in der Regel Bezugsrechtsausschlüsse mit eher technischem Charakter, etwa der Bezugsrechtsausschluss zum Spitzenausgleich[195] und der wechselseitige ("gekreuzte") Bezugsrechtsausschluss zur Aufrechterhaltung des Verhältnisses einzelner Aktiengattungen zueinander[196]. Uneingeschränkte Anwendung finden die für die Kapitalerhöhung unter Bezugsrechtsausschluss entwickelten Grundsätze für den Ausschluss des Bezugsrechts auf Wandel- und Optionsanleihen[197]: Da diese Anleihen Bezugsrechte auf junge Aktien verkörpern, geht mit ihnen – wenn auch nicht sofort mit der Ausgabe und zudem abhängig vom Willen der Umtausch- oder Bezugsberechtigten – eine Veränderung der Beteiligungsstruktur einher.

Die für die Kapitalerhöhung unter Bezugsrechtsausschluss entwickelten Grundsätze 100
gelten auch für den Bezugsrechtsausschluss bei **Genussrechten** im Sinne des § 221 Abs. 3, somit also für naked warrants, Aktien mit Optionsrechten und Wandel- und Optionsgenussrechte[198]. Umstritten jedoch ist die Anwendung dieser Grundsätze auf **Gewinnschuldverschreibungen** und **"reine" Finanzierungsgenussrechte**. Teilweise wird vertreten, dass der Bezugsrechtsausschluss bei den genannten Finanztiteln materiellen Schranken nicht unterliege[199]. Nach anderer Auffassung sind die zur Kapitalerhöhung entwickelten Grundsätze auf sämtliche Genussrechte anzuwenden[200]. Nach herrschender Ansicht richten sich die materiellen Anforderungen an die Zulässigkeit des Bezugsrechtssausschlusses nach der Ausgestaltung des jeweiligen Genussrechts[201]. Auch der sachlich gerechtfertigte Bezugsrechtsausschuss ist am Gleichbehandlungsgrundsatz des § 53a zu messen[202]. Wenn also nur für einen Teil

192 OLG Stuttgart v. 12.8.1998 – 20 U 111/97, DB 1998, 1757, 1758; *Hüffer*, § 221 Rz. 44.
193 *Habersack* in MünchKomm. AktG, § 221 Rz. 188.
194 BGH v. 15.5.2000 – II ZR 359/98, BGHZ 144, 290, 292 = AG 2000, 475; BGH v. 30.1.1995 – II ZR 132/93, ZIP 1995, 372, 373; OLG Schleswig v. 22.6.2001 – 5 U 8/00, AG 2003, 48, 49; OLG Braunschweig v. 29.7.1998 – 3 U 75/98, AG 1999, 84, 85 f.; OLG Stuttgart v. 12.8.1998 – 20 U 111/97, DB 1998, 1757, 1758.
195 Näher *Lutter* in KölnKomm. AktG, § 221 Rz. 62.
196 Näher *Lutter* in KölnKomm. AktG, § 221 Rz. 64; vgl. auch LG Tübingen v. 15.11.1990 – 2 HO 116 und 174/89, ZIP 1991, 169, 171; LG München I v. 2.4.1992 – 5 HKO 8840/91, WM 1992, 1151, 1154 = AG 1993, 195.
197 OLG Schleswig v. 22.6.2001 – 5 U 8/00, AG 2003, 48, 49; OLG Braunschweig v. 29.7.1998 – 3 U 75/98, AG 1999, 84, 85; OLG München v. 6.2.1991 – 7 U 4355/90, NJW-RR 1991, 1058; OLG Frankfurt v. 17.9.1991 – 5 U 211/90, AG 1992, 271; *Lutter* in KölnKomm. AktG, § 221 Rz. 56; *Hüffer*, § 221 Rz. 42; *Busch*, AG 1999, 58 f.; *Hirte*, ZBB 1992, 52 f.; *Vollmer/Lorch*, DB 1991, 1316.
198 *Habersack* in MünchKomm. AktG, § 221 Rz. 186; *Vollmer/Lorch*, DB 1991, 1316; *Hüffer*, § 221 Rz. 43.
199 *Hirte*, ZIP 1988, 486; *Hirte*, ZBB 1992, 53; *Bethge*, WuB II A. § 221 AktG 2.91, 247 f.; *Habersack*, WuB I A. § 221 AktG 1.92, 31 f.; *Luttermann*, DB 1993, 1813.
200 *Wünsch* in FS Strasser, S. 885 f.; *Vollmer/Lorch*, DB 1991, 1313; *Ebenroth/Müller*, BB 1993, 512 ff.; *Lutter* in KölnKomm. AktG, § 221 Rz. 58 ff.
201 BGH v. 9.11.1992 – II ZR 230/91, BGHZ 120, 141, 146 ff. = AG 1993, 134; OLG Bremen v. 22.8.1991 – 2 U 114/90, WM 1991, 1920, 1924 = AG 1992, 268; LG Bremen v. 2.11.1990 – 15 O 22/90 15 O 147/90, WM 1991, 134, 136 = AG 1992, 37; OLG München v. 11.8.1993 – 7 U 2529/93, ZIP 1993, 1471 = AG 1994, 372; *Krieger* in MünchHdb. AG, § 63 Rz. 69; *Hüffer*, § 221 Rz. 43; *Habersack* in MünchKomm. AktG, § 221 Rz. 187.
202 BGH v. 9.11.1992 – II ZR 230/91, BGHZ 120, 141, 149 ff. = AG 1993, 134; *Hüffer*, § 221 Rz. 43; *Habersack* in MünchKomm. AktG, § 221 Rz. 193; *Rid-Niebler*, EWiR § 221 AktG 1.92, 120; kritisch *Martens*, EWiR § 221 AktG 2.93, 324.

der Aktionäre das Bezugsrecht ausgeschlossen wird, fragt sich, ob der Ausschluss einzelner Aktionäre vom Bezugsrecht auf Willkür beruht. Hierbei ist das mögliche Ausmaß der Beeinträchtigung der Interessen der ausgeschlossenen Aktionäre zu berücksichtigen. Entscheidend ist der Inhalt des zu begebenden Titels[203].

c) Vereinfachter Bezugsrechtsausschluss

101   **aa) Zulässigkeit.** Der Ausschluss des Bezugsrechts ist nach § 221 Abs. 4 Satz 2 i.V.m. § 186 Abs. 3 Satz 4 insbesondere dann gerechtfertigt, wenn es sich um eine Barkapitalerhöhung handelt, die zehn vom Hundert des Grundkapitals nicht übersteigt und bei der der Ausgabebetrag den Börsenkurs nicht wesentlich unterschreitet. Uneinigkeit besteht jedoch darüber, ob angesichts des Erfordernisses eines Börsenkurses für gleiche Rechte und der damit einhergehenden Möglichkeit, jederzeit am Markt zuzukaufen, in diesem Zusammenhang überhaupt ein Anwendungsbereich für § 186 Abs. 3 Satz 4 besteht[204]. Da es in der Praxis einander exakt entsprechende Titel im Sinne des § 221 nicht gebe, vertritt ein Teil des Schrifttums die Ansicht, dass für eine entsprechende Anwendung des § 186 Abs. 3 Satz 4 niemals Raum sei. Nur wenn die zu begebenden Schuldverschreibungen oder Genussrechte vollumfänglich, also sowohl hinsichtlich der Anleihekomponente (Zins, Fälligkeit) als auch hinsichtlich der mitgliedschaftsähnlichen Komponente (insbesondere Wandlungs- bzw. Optionszeitpunkt und -preis) einem bereits existierenden Recht entsprächen, könne § 186 Abs. 3 Satz 4 zur Anwendung gelangen. Anderenfalls fehle es an einem Börsenkurs, an dem sich der Ausgabekurs orientieren könne[205]. Nach einer anderen Auffassung ist bei Wandel- und Optionsanleihen nicht auf die Anleihe als solche, sondern auf die für die Erfüllung des Umtausch- oder Bezugsrechts erforderliche Kapitalerhöhung und auch insoweit nicht auf den Zeitpunkt der Ausgabe der jungen Aktien, sondern auf den der Anleihe, also auf den Options- oder Wandlungspreis abzustellen[206]. Die inzwischen herrschende vermittelnde Ansicht fordert, dass der Wert eines hypothetischen Bezugsrechts auf die Anleihe gegen Null tendiert und die Aktionäre die Möglichkeit haben, durch Zukauf von Aktien oder Anleihen über die Börse ihre Beteiligungsquote aufrechtzuerhalten[207].

102   **bb) Anforderungen an den vereinfachten Bezugsrechtsausschluss.** Danach ist erste Voraussetzung für den vereinfachten Bezugsrechtsausschluss, dass der Vorstand der Hauptversammlung einen schriftlichen Bericht über den Grund für den teilweisen oder vollständigen Ausschluss des Bezugsrechts vorlegt, in welchem auch der vorgeschlagene Ausgabebetrag zu begründen ist, § 186 Abs. 4 Satz 2. Der Vorstandsbericht soll zum einen die Hauptversammlung in die Lage versetzen, eine sachgerechte Entscheidung über den Bezugsrechtsausschluss zu treffen. Zum anderen dient er im Falle eines Anfechtungsprozesses als Grundlage der gerichtlichen Überprüfung des Beschlusses[208]. Der Bericht muss seinem wesentlichen Inhalt nach bekannt gemacht

---

203 *Habersack* in MünchKomm. AktG, § 221 Rz. 193.
204 *Habersack* in MünchKomm. AktG, § 221 Rz. 190.
205 *Lutter* in KölnKomm. AktG, Nachtrag § 186 Rz. 39; *Hüffer*, § 221 Rz. 43a; *Hüffer*, ZHR 161 (1997), 214, 226 f.; Bericht des Rechtsausschusses, BT-Drucks. 12/7848, S. 17.
206 OLG Braunschweig v. 29.7.1998 – 3 U 75/98, AG 1999, 84, 85; *Casper*, Optionsvertrag, § 12 II 4c; *Groß*, DB 1994, 2431, 2437 f.; *Marsch-Barner*, AG 1994, 532, 539.
207 *Busch*, AG 1999, 58 ff.; *Krieger* in MünchHdb. AG, § 63 Rz. 17; *Schlitt/Seiler/Singhof*, AG 2003, 254, 259 f.; *Singhof*, ZHR 170 (2006), 673, 687; *Volhard*, AG 1998, 397, 399 in Fn. 41; *Ihrig/Wagner*, NZG 2002, 657, 659 f.; *Habersack* in MünchKomm. AktG, § 211 Rz. 191.
208 BGH v. 19.4.1982 – II ZR 55/81, BGHZ 83, 319, 326 = NJW 1982, 2444; OLG Stuttgart v. 12.8.1998 – 20 U 111/97, DB 1998, 1757, 1760.

werden (§ 124 Abs. 2 Satz 2 analog)[209] und ist vom Zeitpunkt der Einberufung der Hauptversammlung an in den Geschäftsräumen der Gesellschaft auszulegen (§ 175 Abs. 2 Satz 1 analog). Jedem Aktionär ist er auf Verlangen in Abschrift zu überlassen (§ 175 Abs. 2 Satz 2 analog)[210]. Während der Hauptversammlung muss der Vorstandsbericht ausliegen. Mitteilungen entsprechend §§ 125, 128 sind nach richtiger Ansicht nicht erforderlich[211].

Je nachdem, ob der Bezugsrechtsausschluss unmittelbar durch die Hauptversammlung oder aufgrund Ermächtigung entsprechend § 203 Abs. 2 Satz 1 durch den Vorstand beschlossen wird, ergeben sich unterschiedliche inhaltliche Anforderungen an den **Vorstandsbericht**: Wenn die Hauptversammlung im Zusammenhang mit einem Zustimmungsbeschluss über den Ausschluss des Bezugsrechts entscheidet, ist der Beschluss grundsätzlich einer am Verhältnismäßigkeitsgrundsatz ausgerichteten Inhaltskontrolle zu unterziehen[212]. Eine solche entfällt lediglich in den Fällen des sog. vereinfachten Bezugsrechtsausschlusses nach § 221 Abs. 4 Satz 2 i.V.m. § 186 Abs. 3 Satz 4. Bei Genussrechten und Gewinnschuldverschreibungen hängt die Intensität dieser Inhaltskontrolle von der Ausgestaltung des aktionärstypischen Rechts ab: Soweit hierbei der Beschluss der materiellen Rechtfertigung bedarf, gelten die von § 221 Abs. 4 Satz 2 in Bezug genommenen strengen Berichtsanforderungen (z.B. § 186 Abs. 3 Satz 4) entsprechend[213]. Der Vorstandsbericht muss zunächst die Tatsachen enthalten, aus denen sich die materielle Rechtfertigung des Bezugsrechtsausschlusses ergibt, ebenso aber die vom Vorstand daraus abgeleiteten Wertungen und Abwägungen[214]. Maßgebliche Punkte sind hierbei insbesondere das Interesse der Gesellschaft am Ausschluss des Bezugsrechts, die diesbezügliche Eignung und Erforderlichkeit des Bezugsrechtsausschlusses sowie etwaige ebenfalls geeignete Alternativen[215]. Nicht an den Besonderheiten der konkreten Emission orientierte Ausführungen sind in der Praxis häufig beanstandet worden: Nicht ausreichend ist insbesondere der allgemein gehaltene Hinweis auf die Nutzung der Möglichkeiten des Kapitalmarktes[216]. Ebenfalls unzulässig ist der allgemeine Hinweis darauf, dass eine Auslandsemission geplant sei und dafür ein Bezugsrechtsausschluss – da in solchen Fällen üblich – erforderlich sei[217]. Inhaltlich fehlerhaft ist der Vorstandsbericht auch, wenn er bei den Aktionären den unzutreffenden Eindruck erweckt, es gebe zu dem Bezugsrechtsausschluss keine Alternativen, bzw. wenn in Betracht kommende mildere Mittel nicht angegeben werden[218]. Bei der Begebung von stock options und Wandelschuldver-

103

---

209 *Lutter* in KölnKomm. AktG, § 186 Rz. 57; *Hüffer*, § 186 Rz. 23; wohl auch BGH v. 9.11.1992 – II ZR 230/91, BGHZ 120, 141, 155 = AG 1993, 134; a.A. OLG Bremen v. 22.8.1991 – 2 U 114/90, WM 1991, 1920, 1926 = AG 1992, 268.

210 *Habersack* in MünchKomm. AktG, § 221 Rz. 181; *Hüffer*, § 221 Rz. 41; a.A. OLG Bremen v. 22.8.1991 – 2 U 114/90, WM 1991, 1920, 1926 = AG 1992, 268; offen gelassen von BGH v. 9.11.1992 – II ZR 230/91, BGHZ 120, 141, 156 f. = AG 1993, 134.

211 *Habersack* in MünchKomm. AktG, § 221 Rz. 181; *Hüffer*, § 186 Rz. 23; a.A. *Lutter* in KölnKomm. AktG, § 186 Rz. 57.

212 *Habersack* in MünchKomm. AktG, § 221 Rz. 177.

213 *Habersack* in MünchKomm. AktG, § 221 Rz. 177; *Hüffer*, § 221 Rz. 41; *Sethe*, AG 1994, 342, 351; *Radlmayr* in Heidel, § 221 Rz. 22.

214 OLG München v. 6.2.1991 – 7 U 4355/90, NJW-RR 1991, 1058, 1059; OLG München v. 11.8.1993 – 7 U 2529/93, AG 1994, 372, 374; OLG Frankfurt v. 17.9.1991 – 5 U 211/90, AG 1992, 271; LG Stuttgart v. 30.10.1997 – 5 KfH O 96/97, DB 1997, 2421, 2424.

215 *Lutter* in KölnKomm. AktG, § 221 Rz. 75.

216 OLG München v. 11.8.1993 – 7 U 2529/93, ZIP 1993, 1471, 1473 f. = AG 1994, 372.

217 LG Frankfurt v. 4.7.1990 – 3/7 O 137/89, WM 1990, 1745, 1747 f. = AG 1990, 551; OLG München v. 6.2.1991 – 7 U 4355/90, NJW-RR 1991, 1058, 1059 (jeweils im Zusammenhang mit einem Ermächtigungsbeschluss nach § 221 Abs. 2 Satz 1).

218 OLG München v. 11.8.1993 – 7 U 2529/93, ZIP 1993, 1471, 1473 f. = AG 1994, 372; LG Memmingen v. 31.1.2001 – 2 HO 1685/00, DB 2001, 1190, 1191.

schreibungen zu Vergütungszwecken ist im Vorstandsbericht anzugeben, ob und warum das konkrete Vergütungsprogramm die ihm zugedachte Steigerung des Unternehmenswertes erwarten lässt[219]. Für Einzelheiten sei auf die Ausführungen zu § 192 Abs. 2 Nr. 3 und Nr. 4 verwiesen.

104 Die Begründung des vorgeschlagenen Ausgabebetrages (§ 221 Abs. 2 Satz 4 i.V.m. § 186 Abs. 4 Satz 2) soll den Aktionären die wirtschaftlichen Folgen des Bezugsrechtsausschlusses, insbesondere also die **Angemessenheit des Ausgabebetrages** (§ 255 Abs. 2 Satz 1) deutlich machen[220]. Zu diesem Zweck hat der Vorstandsbericht die wesentlichen Konditionen, zu denen der Titel ausgegeben wird und etwaige Umtausch- und Bezugskonditionen zu erläutern[221]. Auch, wenn die Hauptversammlung den Vorstand zum Ausschluss des Bezugsrechts ermächtigt, ist ein Vorstandsbericht vorzulegen. Dies ergibt sich aus der entsprechenden Anwendung des § 203 Abs. 2 Satz 2, der seinerseits auf § 186 Abs. 4 verweist[222]. Allerdings sind hier die Anforderungen an die Berichtspflicht des Vorstandes erheblich abgeschwächt: Ausreichend ist, dass die Aktionäre dem Bericht entnehmen können, dass und weshalb der Ausschluss des Bezugsrechts auf die Titel des § 221, zu dem der Vorstand ermächtigt werden soll, im Gesellschaftsinteresse liegt[223]. Soweit der Ermächtigungsbeschluss nicht bereits entsprechende Festsetzungen enthält, kann der Ausgabebetrag vom Vorstand festgesetzt werden, § 204 Abs. 1[224]. Gleiches gilt für die Umtausch- und Bezugskonditionen. Verletzt der Vorstand seine Berichtspflicht, so führt dies – wie bei entsprechenden Fällen im Rahmen der §§ 186 Abs. 4 Satz 2, 203 Abs. 2 Satz 2 – zur Anfechtbarkeit des Beschlusses über den Ausschluss des Bezugsrechts[225]. Eine Ergänzung des Berichts in der Hauptversammlung lässt die Anfechtbarkeit nicht entfallen[226]. Dies gilt erst recht für Ergänzungen im Anfechtungsprozess[227].

VIII. Übertragung der Rechtsposition; Börsenhandel

105 Die Finanzierungsinstrumente des § 221 sind belastbar und übertragbar[228]. Die Form der Übertragung bestimmt sich danach, ob und in welcher Form die Rechtsposition verbrieft ist. Jedenfalls aber bedarf es zur Übertragung einer Abtretung nach den §§ 398, 413 BGB[229]. Bei Inhaberpapieren kann über das Recht am Papier nach Maßgabe der §§ 929 ff., 1030, 1081 ff., 1204 ff., 1293 BGB verfügt werden. Bei Orderpapieren ist zusätzlich ein Indossament erforderlich, §§ 364 ff. HGB i.V.m. Art. 11 WG;

---

219 *Baums* in FS Claussen, 1997, S. 3, 42; *Hüffer*, ZHR 161 (1997), 214, 229 f.; *Hüffer*, § 221 Rz. 41.
220 *Habersack* in MünchKomm. AktG, § 221 Rz. 179.
221 OLG Stuttgart v. 12.8.1998 – 20 U 111/97, DB 1998, 1757, 1760; LG Stuttgart v. 30.10.1997 – 5 KfH O 96/97, DB 1997, 2421, 2424; zum Auskunftsrecht des § 131: OLG München v. 27.2.2002 – 7 U 1906/01, DB 2002, 2151, 2153.
222 *Habersack* in MünchKomm. AktG, § 221 Rz. 180.
223 BGH v. 15.5.2000 – II ZR 359/98, BGHZ 144, 290, 295 = AG 2000, 475; OLG Nürnberg v. 14.10.1998 – 12 U 1538/98, AG 1999, 381 f.; zur Entwicklung in der Rechtsprechung näher *Habersack* in MünchKomm. AktG, § 221 Rz. 180 m.w.N.
224 Dazu BGH v. 23.6.1997 – II ZR 132/93, BGHZ 136, 133, 141 = = AG 1997, 465; BGH v. 15.5.2000 – II ZR 359/98, BGHZ 144, 290, 295 = AG 2000, 475.
225 OLG München v. 6.2.1991 – 7 U 4355/90, NJW-RR 1991, 1058, 1059; OLG München v. 11.8.1993 – 7 U 2529/93, ZIP 1993, 1471,1474 = AG 1994, 372.
226 OLG München v. 6.2.1991 – 7 U 4355/90, NJW-RR 1991, 1058, 1059; *Lutter* in KölnKomm. AktG, § 221 Rz. 77; *Habersack* in MünchKomm. AktG, § 221 Rz. 182; a.A. LG München I v. 3.5.1990 – 12 HKO 15563/89, WM 1990, 984, 985 f. = AG 1991, 73; *Martens*, ZIP 1992, 1684.
227 *Habersack* in MünchKomm. AktG, § 221 Rz. 182; LG Frankfurt v. 4.7.1990 – 3/7 O 137/89, WM 1990, 1745, 1748 = AG 1990, 551.
228 *Habersack* in MünchKomm. AktG, § 221 Rz. 210.
229 *Hüffer*, § 221 Rz. 53.

§§ 1081, 1292 BGB. Notwendigerweise kommt bei Rektapapieren (Namenspapieren) allein eine Verfügung über das verbriefte Recht in Betracht. Gleiches gilt für Fälle fehlender Verbriefung. Das Optionsrecht kann unabhängig von der Optionsanleihe übertragen werden. Die Übertragung erfolgt wiederum nach den §§ 398, 413 ff. BGB; ist das Optionsrecht als Inhaberpapier verbrieft, kommt daneben eine Übertragung nach sachenrechtlichen Grundsätzen in Betracht[230].

Wandel- und Optionsanleihen, Gewinnschuldverschreibungen und Genussrechte 106 können unter den Voraussetzungen der §§ 30 ff., 49 ff. BörsG zum **Börsenhandel im amtlichen oder geregelten Markt** zugelassen werden[231]. Gleiches gilt für abtrennbare Optionsscheine und reine Optionsscheine. Unter der Geltung des Börsengesetzes (§§ 50 ff.) war der Handel mit abgetretenen Optionsscheinen nicht als Börsentermingeschäft zu werten[232]. Demgegenüber klassifizierte § 2 Abs. 2a WpHG in der bisherigen Fassung den Handel mit Optionsscheinen als Finanztermingeschäft im Sinne der §§ 37d ff. WpHG. Dabei fand die Ausnahmeregelung des § 37d Abs. 2 WpHG selbst dann keine Anwendung, wenn man die Vorschrift allgemein auf den Handel in gesetzlichen Bezugsrechten bezog[233]. Nach neuem Recht gelten in Umsetzung der EG-Richtlinie über Märkte für Finanzinstrumente durch das FRUG nunmehr die allgemeinen Informationspflichten §§ 31 ff. WpHG n.F.

IX. Erwerb eigener Titel durch die Gesellschaft

Problematik: Da jeglichem originären Erwerb der Finanzierungsinstrumente des 107 § 221 ein Begebungsvertrag zugrunde liegt, scheidet die emittierende Aktiengesellschaft als erster Nehmer des Wertpapiers aus[234]. Auch ein derivativer Erwerb unverbriefter Rechte kommt nicht in Betracht. Sie erlöschen durch Konfusion[235]. Ein derivativer Erwerb verbriefter Rechte ist demgegenüber aktienrechtlich zulässig. Er scheitert insbesondere nicht an § 71, da die Vorschrift allein den Erwerb von Aktien, nicht aber bereits den Erwerb von Optionsrechten Beschränkungen unterwirft (s. § 71 Rz. 3)[236]. Abgesehen davon, dass spezialgesetzliche Normen für Kreditinstitute (§§ 10 Abs. 5 Satz 4 und 6, 10a Abs. 1 Satz 2 KWG) und Versicherungsgesellschaften (§ 53c Abs. 3a Satz 5 VAG) den Erwerb von Genussrechten mit Eigenkapitalcharakter beschränken, ist der Erwerb der Finanzierungsinstrumente des § 221 weder unter dem Gesichtspunkt der Kapitalerhaltung noch unter dem der Kompetenzverteilung problematisch, so dass eine entsprechende Anwendung der §§ 71 ff. nicht veranlasst erscheint und der Erwerb selbstemittierter Finanzierungsinstrumente keinerlei weiteren Beschränkungen unterliegt[237]. Allerdings kann die Gesellschaft aus eigenen Wandelschuldverschreibungen, Gewinnschuldverschreibungen und Genussrechten keine Rechte ausüben. Dies gilt sowohl für den Anspruch auf Rückzahlung des Kapitals als auch für die aktionärstypischen Nebenrechte und hat insbesondere zur Folge, dass die AG wegen § 56 Abs. 1 aus eigenen Wandel- oder Optionsanleihen keine Aktienerwerbsrechte ausüben kann. Solange ein Titel von der Gesellschaft selbst gehalten wird, ruht er. Gewinnanteile, die während des Ruhens anfallen,

---

230 *Hüffer*, § 221 Rz. 55.
231 *Rid-Niebler*, Genussrechte, S. 150 ff.; *Lorch*, Genussschein, S. 238 ff.; *Kerber*, Eigenkapital-verwandte Finanzierungsinstrumente, S. 143; *Schlitt*, BB 2004, 501 ff.
232 BGH v. 16.4.1991 – XI ZR 88/90, BGHZ 114, 177, 179 = AG 1991, 319.
233 So insbesondere *Mülbert* in Assmann/Uwe H. Schneider, WpHG, § 37d Rz. 46.
234 *Hüffer*, § 221 Rz. 49.
235 *Werner*, ZHR 149 (1985), 248.
236 Vgl. *Habersack* in MünchKomm. AktG, § 221 Rz. 205.
237 *Hüffer*, § 221 Rz. 54.

wachsen den Aktionären und den übrigen Inhabern von Wandelschuldverschreibungen, Gewinnschuldverschreibungen oder Genussrechten zu[238].

108   Die genannten Beschränkungen greifen nicht ein, wenn **ein von der AG abhängiges Unternehmen** die Titel des § 221 **erwirbt**. § 71d Satz 2 findet bereits deshalb keine Anwendung, weil die Grundnorm des § 71 unanwendbar ist. Dem derivativen Erwerb steht § 56 nicht entgegen, da die Vorschrift allein die Zeichnung von Aktien regelt, nicht aber den Erwerb der in § 221 aufgeführten Finanzierungstitel. Daraus folgt zugleich, dass ein abhängiges oder in Mehrheitsbesitz stehendes Unternehmen die Rechte aus der Anleihe vollumfänglich geltend machen kann. Der Ausübung eines etwaigen Umtausch- oder Optionsrechtes auf neue Aktien steht § 56 Abs. 2 indessen entgegen[239].

109   Die Tatsache, dass die §§ 56, 71 keine Anwendung finden, wenn es um den Erwerb von Wandel-, Gewinnschuldverschreibungen und Genussrechten geht, impliziert gleichzeitig, dass der **Erwerb** dieser Finanzierungsinstrumente **für Rechnung der AG oder eines abhängigen Unternehmens** aktienrechtlich zulässig ist. Auch an dieser Stelle gelten indes die Besonderheiten für die Ausübung des Umtausch- oder Bezugsrechts aus Wandelschuldverschreibungen: Zwar wird der Dritte mit dem wirksamen Umtausch Gesellschafter der AG, allerdings kann er sich sodann nach Maßgabe des § 56 Abs. 3 nicht darauf berufen, die Aktien nicht für eigene Rechnung übernommen zu haben[240].

110   Wird der Finanztitel **an einen Dritten veräußert**, so entfallen die oben genannten Beschränkungen, und der Dritte kann die verbrieften Rechte geltend machen. Da hinsichtlich der verbrieften Stammrechte eine Konfusion nicht eingetreten ist, leben die Rechte nicht wieder auf[241]. Dies gilt nicht für selbständige Ansprüche, die vor der Übertragung an den Dritten entstanden sind, wie beispielsweise Zinsansprüche, die aufgrund der Identität von Gläubiger und Schuldner nicht entstanden sind und auch nachträglich nicht in der Person des Dritten entstehen.

111   Im Falle **drittemittierter Wandelschuldverschreibungen** hat die Gesellschaft zunächst die Rechte aus der Anleihe gegen die emittierende Gesellschaft. In Ansehung des Aktienerwerbsrechtes sind die Vorgaben der §§ 56, 71 ff. einzuhalten: Hat also die AG das Optionsrecht selbst ausgestellt, kann sie daraus kein Aktienerwerbsrecht zu ihren Gunsten herleiten. Hat die AG das Aktienerwerbsrecht mittels einer Garantie abgesichert, so hat sie insbesondere § 71 mit seinen enumerativ aufgezählten Erlaubnistatbeständen zu beachten[242]. Der Weg der Direktzeichnung ist der Bezugsgesellschaft in jedem Falle versperrt[243].

238 *Lutter* in KölnKomm. AktG, § 221 Rz. 262 f.
239 *Habersack* in MünchKomm. AktG, § 221 Rz. 208.
240 *Ganssmüller*, DB 1955, 866; *Bungeroth* in MünchKomm. AktG, § 56 Rz. 46 ff.
241 Eine Ausnahme gilt für unverbriefte Genussrechte; vgl. *Lutter* in KölnKomm. AktG, § 221 Rz. 259. RGZ 147, 233, 243 f.; *Aha*, AG 1992, 226; *Hüffer*, § 221 Rz. 54; vgl. auch Art. 11 Abs. 3 WG.
242 Näher *Busch*, AG 1999, 58, 65 f.
243 *Habersack* in MünchKomm. AktG, § 221 Rz. 206.

Dritter Abschnitt. Maßnahmen der Kapitalherabsetzung

Erster Unterabschnitt. Ordentliche Kapitalherabsetzung

§ 222
Voraussetzungen

(1) Eine Herabsetzung des Grundkapitals kann nur mit einer Mehrheit beschlossen werden, die mindestens drei Viertel des bei der Beschlussfassung vertretenen Grundkapitals umfasst. Die Satzung kann eine größere Kapitalmehrheit und weitere Erfordernisse bestimmen.

(2) Sind mehrere Gattungen von stimmberechtigten Aktien vorhanden, so bedarf der Beschluss der Hauptversammlung zu seiner Wirksamkeit der Zustimmung der Aktionäre jeder Gattung. Über die Zustimmung haben die Aktionäre jeder Gattung einen Sonderbeschluss zu fassen. Für diesen gilt Absatz 1.

(3) In dem Beschluss ist festzusetzen, zu welchem Zweck die Herabsetzung stattfindet, namentlich ob Teile des Grundkapitals zurückgezahlt werden sollen.

(4) Die Herabsetzung des Grundkapitals erfordert bei Gesellschaften mit Nennbetragsaktien die Herabsetzung des Nennbetrags der Aktien. Soweit der auf die einzelne Aktie entfallende anteilige Betrag des herabgesetzten Grundkapitals den Mindestbetrag nach § 8 Abs. 2 Satz 1 oder Abs. 3 Satz 3 unterschreiten würde, erfolgt die Herabsetzung durch Zusammenlegung der Aktien. Der Beschluss muss die Art der Herabsetzung angeben.

I. Allgemeines 1
1. Norminhalt und -zweck 1
2. Verfahren einer ordentlichen Kapitalherabsetzung 5
II. Kapitalherabsetzungsbeschluss 6
1. Grundlagen 6
2. Inhalt 9
a) Notwendiger Inhalt 9
b) Fakultativer Inhalt 13
3. Mehrheitserfordernisse (§ 222 Abs. 1) 14
a) Gesetzliche Anforderungen 14
b) Statutarische Anforderungen 16
4. Sachliche Rechtfertigung 18
5. Aufhebung und Änderung des Beschlusses 22
III. Sonderbeschluss (§ 222 Abs. 2) 23
1. Erfordernis und Verfahren 23

2. Rechtsfolgen eines fehlenden oder fehlerhaften Beschlusses 25
IV. Zweck der Kapitalherabsetzung (§ 222 Abs. 3) 26
1. Zulässige Zwecke 26
2. Rechtsfolgen bei Fehlern 28
V. Art der Kapitalherabsetzung (§ 222 Abs. 4) 30
1. Allgemeines 30
2. Anpassung bei Nennbetragsaktien . . 32
3. Zusammenlegung 34
VI. Kapitalherabsetzung in einer aufgelösten oder insolventen AG 37
1. Auflösung 37
2. Insolvenz 38

Literatur: *Geißler*, Rechtliche und unternehmenspolitische Aspekte der vereinfachten Kapitalherabsetzung bei der AG, NZG 2000, 719; *Heine/Lechner*, Die unentgeltliche Auskehrung von Sachwerten bei börsennotierten Aktiengesellschaften, AG 2005, 269; *Lutter/Hommelhoff/Timm*, Finanzierungsmaßnahmen zur Krisenabwehr in der Aktiengesellschaft, BB 1980, 737; *Natterer*,

Materielle Kontrolle von Kapitalherabsetzungsbeschlüssen? Die Sachsenmilch-Rechtsprechung, AG 2001, 629; *H.-P. Reuter*, Die Umdeutung von echten Kapitalherabsetzungen in verdeckte Gewinnausschüttungen, AG 1982, 306; *Terbrack* Kapitalherabsetzende Maßnahmen bei Aktiengesellschaften, RNotZ 2003, 89; *Wirth*, Vereinfachte Kapitalherabsetzung zur Unternehmenssanierung, DB 1996, 867.

I. Allgemeines

1. Norminhalt und -zweck

1   Die Vorschrift legt die zentralen Voraussetzungen einer (in der Praxis im Vergleich zur vereinfachten Kapitalherabsetzung unbedeutenden) ordentlichen Kapitalherabsetzung fest. Aus § 222 Abs. 1 folgt zunächst, dass eine **Herabsetzung** des **Grundkapitals** eines Beschlusses der **Hauptversammlung** bedarf, der mindestens mit qualifizierter Mehrheit zu fassen ist. Dieses Erfordernis eines Hauptversammlungsbeschlusses ist gemeinschaftsrechtlich vorgegeben[1] und sachlich darauf zurückzuführen, dass eine Veränderung des Grundkapitals eine **Satzungsänderung** darstellt (s. Rz. 6). Aber auch die schwerwiegenden Folgen einer Kapitalherabsetzung für die Mitgliedsrechte der Aktionäre (s. Rz. 18 ff.) machen es notwendig, dass die Hauptversammlung über den Vorgang entscheidet.

2   Bei Vorhandensein mehrerer **stimmberechtigter Aktiengattungen** genügt es nicht, wenn die Hauptversammlung einen Beschluss über die Herabsetzung des Grundkapitals fasst. Es ist weiter ein zustimmender **Beschluss** der **Aktionäre** jeder **Gattung** erforderlich, der gleichfalls mit qualifizierter Mehrheit zustande kommt (§ 222 Abs. 2). Das Gesetz sucht auf diese Weise die Gattungsrechte zu schützen. Da die Vorschrift auf Vorzugsaktien ohne Stimmrecht nicht anwendbar ist (s. Rz. 23) und in einer Aktiengesellschaft kaum noch Gattungsrechte begründet werden können (s. § 11 Rz. 4 ff.), kommt ihr keine nennenswerte Bedeutung zu.

3   Das Kapital kann aus beliebigen Gründen herabgesetzt werden (s. Rz. 18 f.). Es ist nicht erforderlich, dass die Hauptversammlung mit der Kapitalherabsetzung einen bestimmten Zweck verfolgt. Im Beschluss ist aber festzusetzen, zu welchem Zweck die Herabsetzung stattfindet, namentlich ob Teile des Grundkapitals zurückgezahlt werden sollen (§ 222 Abs. 3; s. Rz. 26). Diese **Freiheit** der **Zwecksetzung** ist ein zentrales Strukturprinzip der ordentlichen Kapitalherabsetzung[2]. Der notwendige Schutz der **Gläubiger** wird vor allem durch einen **Anspruch** auf **Sicherheitsleistung** (§ 225) gewährleistet. Auch für die **Minderheitsaktionäre** ist vorgesorgt. Eine – vor allem für sie virulente – **Zusammenlegung** der **Aktien** ist nämlich nur dann statthaft, soweit der auf die einzelne Aktie entfallende anteilige Betrag des herabgesetzten Grundkapitals den Mindestbetrag nach § 8 Abs. 2 Satz 1 oder Abs. 3 Satz 3 unterschreiten würde (§ 222 Abs. 4 Satz 2; s. Rz. 30).

4   Die Vorschrift wurde im Jahre 1965 mit einer geringfügigen Änderung in Abs. 2 aus § 175 AktG von 1937 übernommen[3]. Seitdem wurde sie im Jahre 1994 in Abs. 2 Satz 1[4] sowie im Jahre 1998 in Abs. 4 geändert[5]. Eine Reform ist derzeit gemeinschaftsrechtlich nicht veranlasst, denn die jüngst verabschiedete Richtlinie 2006/68

---

1 Vgl. Art. 30 Kapital-RL; dazu *Habersack*, Europäisches Gesellschaftsrecht, § 6 Rz. 74 f.
2 Vgl. *Oechsler* in MünchKomm. AktG, § 222 Rz. 6.
3 Vgl. Begr. RegE § 222, *Kropff*, Aktiengesetz, S. 317.
4 Vgl. Art. 1 Nr. 17 Gesetz für kleine Akteingesellschaften und zur Deregulierung des Aktienrechts vom 2.8.1994, BGBl. I 1994, 1961.
5 Vgl. Art. 1 Nr. 32 StückAG vom 25.3.1998, BGBl. I 1998, 590.

EG[6] beschränkt sich darauf, die Regeln der Kapitalrichtlinie über den bei einer Kapitalherabsetzung erforderlichen Gläubigerschutz zu ändern[7] (s. hierzu § 225 Rz. 2).

2. Verfahren einer ordentlichen Kapitalherabsetzung

Eine ordentliche Herabsetzung des Grundkapitals vollzieht sich in mehreren **Schritten**. So muss zunächst die Hauptversammlung einen **Kapitalherabsetzungsbeschluss** fassen (s. Rz. 6 ff.). Eventuell bedarf es ferner eines Beschlusses der Inhaber einer stimmberechtigten Aktiengattung (s. Rz. 23). Der Beschluss über die Herabsetzung des Grundkapitals ist danach zur **Eintragung** in das **Handelsregister** anzumelden (§ 223). Mit dieser Eintragung ist das Grundkapital herabgesetzt (§ 224). Die Bekanntmachung der Eintragung löst ein besonderes **Gläubigerschutzverfahren** (§ 225) aus. So dürfen Zahlungen an die Aktionäre erst geleistet werden, nachdem seit der Bekanntmachung der Eintragung sechs Monate verstrichen sind und nachdem den Gläubigern, die sich rechtzeitig gemeldet haben, Befriedigung oder Sicherheit gewährt worden ist. Es kann unter Umständen erforderlich sein, Aktien für kraftlos erklären zu lassen (§ 226). Zu guter Letzt ist die **Durchführung** der **Herabsetzung** des **Grundkapitals** zur – nur deklaratorisch wirkenden – **Eintragung** in das Handelsregister anzumelden (§ 227). 5

II. Kapitalherabsetzungsbeschluss

1. Grundlagen

Eine Herabsetzung des Grundkapitals hat immer eine Änderung der Satzung zur Folge (vgl. § 23 Abs. 3 Nr. 3 und Nr. 4). Die **Bekanntmachung** der **Tagesordnung** bestimmt sich daher nach § 124 Abs. 2 Satz 2. Dies bedeutet, dass die Höhe des Herabsetzungsbetrags, der Zweck der Kapitalherabsetzung und die Art der Durchführung publik zu machen sind[8]. Zwar finden außerdem die §§ 179 bis 181 Anwendung. Doch sind in den §§ 222 ff. Sonderregeln vorgesehen, welche den allgemeinen Vorschriften über Satzungsänderungen vorgehen[9]. Praktisch von Bedeutung ist allein § 179 Abs. 1 Satz 2: Wenn eine Kapitalherabsetzung durch die Eintragung des Beschlusses in das Handelsregister gem. § 224 wirksam geworden ist, muss der unrichtig gewordene **Satzungstext berichtigt** werden[10]. Diese Fassungsänderung kann dem Aufsichtsrat übertragen werden. 6

Ein vom **Vorstand** erstellter **schriftlicher Bericht** – wie etwa beim Bezugsrechtsausschluss (s. § 186 Rz. 16 ff.) – ist für eine Kapitalherabsetzung **nicht erforderlich**[11]. Die Aktionäre werden dadurch geschützt, dass der Zweck im Beschluss festzusetzen ist (s. Rz. 11). 7

Eine **Kapitalherabsetzung** kann mit einer **Kapitalerhöhung verbunden** werden. Das Gesetz anerkennt dieses Verfahren in den §§ 228, 235[12]. Sofern das Grundkapital – 8

---

6 Richtlinie 2006/68/EG des Europäischen Parlaments und des Rates vom 6. September 2006 zur Änderung der Richtlinie 77/91/EWG des Rates in Bezug auf die Gründung von Aktiengesellschaften und die Erhaltung und Änderung ihres Kapitals, ABl. Nr. L 264 v. 25.9.2006, S. 32.

7 In der rechtspolitischen Debatte wurden andere Themen, insbesondere die Regeln über Sacheinlagen und der Erwerb eigener Aktien, behandelt. Vgl. *Baldamus*, Reform der Kapitalrichtlinie, 2002.

8 Vgl. *Hüffer*, § 222 Rz. 8; *Oechsler* in MünchKomm. AktG, § 222 Rz. 13.

9 Vgl. hierzu *Witt*, AG 2000, 345, 350.

10 Vgl. *Hüffer*, § 222 Rz. 6; *Oechsler* in MünchKomm. AktG, § 222 Rz. 10.

11 Vgl. OLG Schleswig v. 18.12.2003 – 5 U 30/03, AG 2004, 155, 157; *Wirth*, DB 1996, 867, 872.

12 Vgl. BGH v. 5.10.1992 – II ZR 172/91 – „Klöckner", BGHZ 119, 305 Leitsatz f) = AG 1993, 125; BGH v. 9.2.1998 – II ZR 278/96 – „Sachsenmilch", BGHZ 138, 71, 78 f. = AG 1998, 284.

meist zum Zwecke der Sanierung – unter den in § 7 bestimmten Mindestnennbetrag (bis auf 0) herabgesetzt werden soll, muss sogar eine Kapitalerhöhung beschlossen werden, durch die dieser Betrag wieder erreicht wird (§ 228 Abs. 1). Dies hat „zugleich" zu geschehen[13], also in derselben Hauptversammlung (s. ausführlich hierzu § 228 Rz. 9 ff.; ferner § 229 Rz. 13 ff.). Andererseits kann auch eine kombinierte Kapitalerhöhung aus Gesellschaftsmitteln mit einer nachfolgenden Kapitalherabsetzung sinnvoll sein, namentlich wenn gebundene Rücklagen aufgelöst und ausgeschüttet werden sollen[14].

2. Inhalt

a) Notwendiger Inhalt

9   Der notwendige Inhalt eines Kapitalherabsetzungsbeschlusses ergibt sich zunächst aus den allgemeinen Regeln über den notwendigen Inhalt der Satzung einer AG (§ 23 Abs. 3 Nr. 3 und 4). So muss klar festgelegt werden, *dass* das **Grundkapital herabgesetzt** wird und um *welchen Betrag* dies geschehen soll. Empfohlen wird die Formulierung, dass das Grundkapital der Gesellschaft in Höhe von X-Euro um Y-Euro auf Z-Euro herabgesetzt wird[15].

10   Wird ein Herabsetzungsbetrag nicht bestimmt, sondern soll er von der Verwaltung festgelegt werden, so ist der Beschluss der Hauptversammlung gem. § 241 Nr. 3 nichtig[16]. Denn das Aktiengesetz kennt keine „genehmigte Kapitalherabsetzung" nach Art des genehmigten Kapitals (§§ 202 ff.). Dies bedeutet aber nicht, dass eine konkrete Ziffer angegeben werden muss. Es ist ausreichend, wenn der **Herabsetzungsbetrag** aufgrund der im Beschluss gemachten Vorgaben **bestimmbar** ist[17]. Für diese Gestaltung kann ein Bedürfnis bestehen, wenn das Kapital zur Beseitigung einer Unterbilanz herabgesetzt werden soll. Legt die Hauptversammlung im Beschluss die Kriterien fest, wie der Herabsetzungsbetrag zu bestimmen ist, bleibt ihre Entscheidungskompetenz gewahrt. Der Vorstand wird dann nur als ausführendes Organ tätig.

11   Ein weiterer notwendiger Inhalt des Beschlusses ergibt sich aus § 222 Abs. 3: Es ist festzusetzen, zu welchem **Zweck** (s. Rz. 26 f.) die **Herabsetzung** stattfindet. Eine bloß allgemeine Beschreibung – wie beispielsweise „Anpassung an wirtschaftliche Verhältnisse", „Rückstellung", „Gewinnausschüttung" oder „Sanierung" – ist nicht ausreichend[18]. Der mit der Publizität verbundene Schutz der Gläubiger und der Aktionäre (s. Rz. 3) verlangt vielmehr eine **konkrete Angabe**. Dies kann die „Rückzahlung von Teilen des Grundkapitals" (vgl. § 222 Abs. 3)[19], „die Ausgleichung von Wertminderungen"[20] oder die „Rückgabe von Sacheinlagen"[21] sein. Werden mehrere Zwecke verfolgt, sind sie alle anzugeben[22].

12   Schließlich muss der Beschluss die **Art** der **Kapitalherabsetzung** angeben (§ 222 Abs. 4 Satz 3). Es ist also entweder festzusetzen, ob eine Herabsetzung des Nennbe-

---

13 Dennoch handelt es sich um zwei eigenständige rechtliche Schritte; vgl. LG Koblenz v. 27.2.1996 – 4 HO 152/95, AG 1996, 282.
14 Vgl. *Weiss*, BB 2005, 2697, 2699 ff.
15 Vgl. *Lutter* in KölnKomm. AktG, § 222 Rz. 12; *Terbrack*, RNotZ 2003, 89, 92.
16 Vgl. RG v. 19.9.1890 – Rep. III. 105/90, RGZ 26, 132, 134; *Hüffer*, § 222 Rz. 12; *Lutter* in KölnKomm. AktG, § 222 Rz. 13.
17 Vgl. *Hüffer*, § 222 Rz. 12; *Lutter* in KölnKomm. AktG, § 222 Rz. 14.
18 Vgl. *Lutter* in KölnKomm. AktG, § 222 Rz. 16; *Oechsler* in MünchKomm. AktG, § 222 Rz. 39.
19 Vgl. hierzu aus betriebswirtschaftlicher Sicht *Franke/Hax*, Finanzwirtschaft des Unternehmens und Kapitalmarkt, 5. Aufl. 2003, S. 565 ff.
20 Vgl. *Lutter* in KölnKomm. AktG, § 222 Rz. 16; *Terbrack*, RNotZ 2003, 89, 92.
21 Vgl. *Terbrack*, RNotZ 2003, 89, 93.
22 Vgl. *Hüffer*, § 222 Rz. 20; *Oechsler* in MünchKomm. AktG, § 222 Rz. 38.

trags (s. Rz. 32 f.), eine Zusammenlegung von Aktien (s. Rz. 34 f.) oder kombiniert eine Herabsetzung des Nennbetrags und Zusammenlegung der Aktien (s. Rz. 36) erfolgt.

b) Fakultativer Inhalt

Der Kapitalherabsetzungsbeschluss kann zahlreiche weitere Angaben enthalten, die 13
den Vorstand dann bezüglich der Durchführung binden. In Betracht kommen beispielsweise **Vorgaben** zum **Umtausch** und zur **Vernichtung** der **Aktienurkunden**[23]
oder **Fristen**[24]. Notwendig sind diese Festsetzungen nicht. Sieht der Beschluss zu diesen Punkten nichts vor, entscheidet der Vorstand nach eigenem pflichtgemäßen Ermessen[25].

3. Mehrheitserfordernisse (§ 222 Abs. 1)

a) Gesetzliche Anforderungen

Der **Beschluss** über die Herabsetzung des Grundkapitals bedarf einer **Mehrheit** von 14
mindestens **drei Vierteln** des bei der Beschlussfassung vertretenen **Grundkapitals**
(§ 222 Abs. 1 Satz 1). Es kommt dabei auf das Kapital an, das mit Ja oder Nein abgestimmt hat; Enthaltungen zählen nicht dazu (zur Berechnung der Mehrheit s. § 179
Rz. 27 ff.). Außerdem muss die **einfache Stimmenmehrheit** (§ 133 Abs. 1) erfüllt
sein[26]. Einstimmigkeit bzw. die Zustimmung aller Aktionäre ist somit vom Gesetz
nicht gefordert. Statt eine solchen, sehr groben und überschießenden, im heutigen
deutschen Kapitalgesellschaftsrecht nicht mehr verwirklichten Ansatzes einer Lösung der Mehrheits- Minderheitskonflikte[27] erfolgt der Schutz vor einem unzumutbaren Eingriff in die Mitgliedsrechte durch treffsichere Regelungen. Zu nennen ist
zum einen die in § 222 Abs. 4 Satz 2 angeordnete Subsidiarität einer Zusammenlegung von Aktien (s. Rz. 31). Zum anderen kann im Einzelfall ein **Großaktionär** aufgrund seiner **Treuepflicht** gehalten sein, sein Stimmrecht „schonend" für Kleinaktionäre auszuüben (s. Rz. 20).

Eine andere Frage ist, ob andererseits auch **Minderheitsaktionäre** verpflichtet sein 15
können, eine wirtschaftlich gebotene **Kapitalherabsetzung** zu ermöglichen. Sie ist
spätestens seit der *Girmes*-Entscheidung des BGH grundsätzlich zu bejahen: Aufgrund der unter den Aktionären bestehenden Treuepflicht ist es dem einzelnen Aktionär nicht erlaubt, eine sinnvolle und mehrheitlich angestrebte Sanierung der Gesellschaft – einschließlich einer zum Sanierungskonzept gehörenden Kapitalherabsetzung – aus eigennützigen Gründen zu verhindern[28]. Dieses **Obstruktionsverbot**
besteht allerdings nur unter eng umrissenen Voraussetzungen und kann daher nur in
wenigen Fällen relevant werden[29]. Es ist davon abhängig, dass bei Scheitern der Sanierungsmaßnahme der Zusammenbruch der Gesellschaft unvermeidlich und im
Falle des Zusammenbruchs die Stellung des einzelnen Gesellschafters ungünstiger
als bei einer Veräußerung der Aktien ist. Ferner muss die Durchführung der Sanierungsmaßnahme die Verfolgung des Gesellschaftszwecks nach objektiver Einschät-

---

23 Vgl. *Hüffer*, § 222 Rz. 13; *Lutter* in KölnKomm. AktG, § 222 Rz. 21.
24 Vgl. *Hüffer*, § 222 Rz. 13.
25 Vgl. RG v. 18.9.1909 – Rep. I. 72/12, RGZ 80, 81, 84; *Hüffer*, § 222 Rz. 13; *Lutter* in Köln-
Komm. AktG, § 222 Rz. 21.
26 Allg. M.; vgl. *Lutter* in KölnKomm. AktG, § 222 Rz. 5.
27 Vgl. hierzu *Veil* in Bayer/Habersack, Aktienrecht im Wandel der Zeit, 2007.
28 BGH v. 20.3.1995 – II ZR 205/94, BGHZ 129, 136, 137 Leitsatz b) = AG 1995, 368.
29 Vgl. *Geißler*, NZG 2000, 719, 725.

zung nachhaltig sicherstellen und es darf keine schonendere Sanierung möglich sein[30].

b) Statutarische Anforderungen

16   Die **Satzung** kann eine **größere Kapitalmehrheit** bestimmen (§ 222 Abs. 1 Satz 2). Es ist folglich auch zulässig, einen einstimmigen Beschluss der Hauptversammlung oder sogar die Zustimmung aller Aktionäre zu verlangen, sofern hierdurch nicht eine Kapitalherabsetzung faktisch ausgeschlossen wird[31]. Dies dürfte aber nur in geschlossenen Gesellschaften in Betracht kommen. Es entsteht dann zwar ein Blockadepotential, welches von Einzelnen missbraucht werden kann. In einem solchen Fall wäre aber eine ablehnende Stimme treuwidrig und damit nichtig.

17   Die **Satzung** kann schließlich **weitere Erfordernisse** bestimmen (§ 222 Abs. 1 Satz 2). Diese Regelung ist identisch mit der in § 179 Abs. 2 Satz 3 getroffenen Regelung; es gelten die dort gemachten Erläuterungen (s. § 179 Rz. 32).

4. Sachliche Rechtfertigung

18   Ein **Hauptversammlungsbeschluss** über die **Herabsetzung** des **Kapitals** bedarf nach Ansicht des BGH – anders etwa als der Beschluss über einen Bezugsrechtsausschluss (s. § 186 Rz. 26 ff.) – **keiner sachlichen Rechtfertigung**[32]. Dies hat der II. Senat für zwei Fallkonstellationen entschieden. *Erstens*: Werde das Grundkapital durch Zurückführung des Nennbetrags auf den Mindestbetrag herabgesetzt (§ 222 Abs. 4 Satz 1), sei ein Eingriff in die Mitgliedsrechte nicht festzustellen, denn das Beteiligungsverhältnis bleibe gewahrt. Auch müssten die Minderheitsaktionäre keine wirtschaftlichen Nachteile hinnehmen[33]. *Zweitens*: Werde das Grundkapital (auch) durch Zusammenlegung von Aktien herabgesetzt, erfolge zwar ein Eingriff in die Mitgliedschaft der Aktionäre, denen bloße Spitzenbeträge verbleiben würden. Sie könnten ihre Beteiligungsquote nur wahren, wenn sie zusätzliche Aktien erwerben würden. Eine sachliche Rechtfertigung sei deshalb aber nicht geboten, denn sie folge bereits aus der gesetzlichen Regelung, die auf einer Abwägung der Aktionärsbelange und des Interesses der Gesellschaft an der Maßnahme beruhe. Diese gesetzliche Regelung gewährleiste, dass eine Zusammenlegung nur als Ultima Ratio in Betracht komme. Selbst dann sei es einem betroffenen Aktionär möglich, sein Teilrecht durch den Zukauf weiterer Teilrechte zum Vollrecht erstarken zu lassen (im *Sachsenmilch*-Fall: Hinzuerwerb von 75 Aktien, um eine Aktie behalten zu können) oder unter Verzicht auf die Mitgliedschaft zu veräußern[34]. Eine *dritte* Fallkonstellation ist noch offen. Ob eine vereinfachte Kapitalherabsetzung einer sachlichen Rechtfertigung bedarf, wenn durch sie eine Überschuldung nicht vollständig beseitigt werden kann[35], musste der BGH noch nicht entscheiden[36] (s. hierzu § 229 Rz. 4).

---

30 BGH v. 20.3.1995 – II ZR 205/94, BGHZ 129, 136, 153 = AG 1995, 368.
31 Str.; in diesem Sinne auch *Hüffer*, § 222 Rz. 10; in der Tendenz etwas strenger *Oechsler* in MünchKomm. AktG, § 222 Rz. 15.
32 BGH v. 9.2.1998 – II ZR 278/96 – „Sachsenmilch", BGHZ 138, 71 = AG 1998, 284; anders die Berufungsinstanz, vgl. OLG Dresden v. 18.9.1996 – 12 U 172/95, AG 1996, 565, 567.
33 BGH v. 9.2.1998 – II ZR 278/96 – „Sachsenmilch", BGHZ 138, 71, 75 = AG 1998, 284; zustimmend *Hüffer*, § 222 Rz. 14; *Geißler*, NZG 2000, 719, 724; ablehnend *Natterer*, AG 2001, 629, 633.
34 BGH v. 9.2.1998 – II ZR 278/96 – „Sachsenmilch", BGHZ 138, 71, 76 f. = AG 1998, 284; zustimmend *Hüffer*, § 222 Rz. 14; *Geißler*, NZG 2000, 719, 724.
35 Dies befürwortend *Hüffer*, § 222 Rz. 14; *Geißler*, NZG 2000, 719, 724.
36 Vgl. BGH v. 9.2.1998 – II ZR 278/96, BGHZ 138, 71, 78 = AG 1998, 284 (kann offen bleiben).

Die **Rechtsprechung** des **BGH** verdient **Zustimmung**, weil das generelle Anliegen einer materiellen Beschlusskontrolle[37] über das an sich berechtigte Ziel eines Minderheitenschutzes weit hinausschießt[38]. Eine Kapitalherabsetzung läuft typischerweise den Interessen einer AG zuwider; dennoch ist sie gesetzlich anerkannt, was dafür spricht, dass sie generell zulässig ist[39]. Auch greift sie nur in bestimmten Situationen schwerwiegend in die Mitgliedsrechte der Aktionäre ein. Vorzugswürdig ist es, diese Situationen, in denen die Interessen der Kleinaktionäre gewahrt werden müssen, herauszufiltern. Sodann sind – treffsicher – geeignete Lösungen für die dabei auftretenden Mehrheits-Minderheitskonflikte zu entwickeln. Dazu stehen mit der Treuepflicht und dem Gleichbehandlungsgebot erprobte und bewährte Instrumente zur Verfügung. 19

So nimmt der II. Senat einen **Mehrheitsaktionär** in den für Kleinaktionäre besonders virulenten Situationen eindringlich in die Pflicht: Wird das Grundkapital einer AG im Zuge der **Herabsetzung** auf **Null** erhöht, gebietet es die **Treuepflicht** dem Mehrheitsaktionär, möglichst vielen Aktionären den Verbleib in der Gesellschaft zu eröffnen[40]. Daraus ergibt sich grundsätzlich die Pflicht, das **Entstehen unverhältnismäßig hoher Spitzen** dadurch zu **vermeiden**, dass der Nennwert der neuen Aktien auf den gesetzlichen Mindestbetrag festgelegt wird[41]. 20

Ferner darf eine Herabsetzung des Grundkapitals nicht gegen das **Gleichbehandlungsgebot** verstoßen (§ 53a). Dies wäre etwa der Fall, wenn die durch die Herabsetzung vernichteten Mitgliedsrechte durch Los ermittelt würden[42], die Kapitalherabsetzung zunächst die durch die letzte Kapitalerhöhung ausgegebenen Aktien betreffen[43] oder Vorzugsaktien verschonen[44] würde. Auch bei der praktisch durchaus relevanten Auskehrung von Sachleistungen kann eine Ungleichbehandlung erfolgen[45]. Es kann dann die Zustimmung der betroffenen Aktionäre erforderlich sein. 21

5. Aufhebung und Änderung des Beschlusses

Eine **Aufhebung** des Beschlusses über eine Kapitalherabsetzung ist bis zu dessen Eintragung in das Handelsregister möglich. Voraussetzung ist ein mit qualifizierter Mehrheit zu fassender Beschluss der Hauptversammlung[46]. Soll die Aufhebung erst nach dem Wirksamwerden der Kapitalherabsetzung erfolgen, muss eine förmliche Kapitalerhöhung durchgeführt werden. Eine **Änderung** des Beschlusses setzt ebenfalls einen mit qualifizierter Mehrheit getroffenen Beschluss der Hauptversammlung voraus[47]. 22

---

37 In diesem Sinne v.a. *Wiedemann*, ZGR 1980, 147, 157; *Martens*, GmbHR 1984, 265, 270; differenzierend (allerdings unterschiedliche Kriterien vorschlagend) *Lutter*, ZGR 1981, 171, 178; *Hirte*, Bezugsrechtsausschluss, S. 138 ff.; *Timm*, ZGR 1987, 403.
38 *Hüffer*, § 222 Rz. 14; *Oechsler* in MünchKomm. AktG, § 222 Rz. 25.
39 *Oechsler* in MünchKomm. AktG, § 222 Rz. 25.
40 BGH v. 5.7.1999 – II ZR 126/98 – „Hilgers", BGHZ 142, 167, 170 = AG 1999, 517; OLG Dresden v. 30.3.2006 – 2 U 179/06, AG 2006, 671.
41 BGH v. 5.7.1999 – II ZR 126/98 – „Hilgers", BGHZ 142, 167, 170 = AG 1999, 517.
42 *Hüffer*, § 222 Rz. 15; *Krieger* in MünchHdb. AG, § 60 Rz. 17; *Oechsler* in MünchKomm. AktG, § 222 Rz. 26. A.A. *Schilling* in Großkomm. AktG, 3. Aufl., § 222 Anm. 19.
43 *Hüffer*, § 222 Rz. 16; *Oechsler* in MünchKomm. AktG, § 222 Rz. 26. A.A. *Schilling* in Großkomm. AktG, 3. Aufl., § 222 Anm. 19.
44 *Hüffer*, § 222 Rz. 16; *Oechsler* in MünchKomm. AktG, § 222 Rz. 26. A.A. *Schilling* in Großkomm. AktG, 3. Aufl., § 222 Anm. 19.
45 *Terbrack*, RNotZ 2003, 89, 94.
46 *Hüffer*, § 222 Rz. 16. A.A. („gewöhnlicher Hauptversammlungsbeschluss") *Lutter* in KölnKomm. AktG, § 222 Rz. 55; *Krieger* in MünchHdb. AG, § 60 Rz. 37.
47 *Lutter* in KölnKomm. AktG, § 222 Rz. 55.

III. Sonderbeschluss (§ 222 Abs. 2)

1. Erfordernis und Verfahren

23   Sind mehrere **Gattungen** von **stimmberechtigten Aktien** vorhanden, so bedarf der Beschluss der Hauptversammlung zu seiner Wirksamkeit der **Zustimmung** der **Aktionäre** jeder **Gattung** (§ 222 Abs. 2 Satz 1). Die Vorschrift knüpft an die in § 11 erfasste Definition der Aktien besonderer Gattung an. Ob eine Aktiengattung durch die Kapitalherabsetzung beeinträchtigt wird, ist – abweichend von der allgemeinen Regel in § 179 Abs. 3 – für das Beschlusserfordernis irrelevant. Es genügt, dass die Gesellschaft unterschiedliche Aktiengattungen hat. Die Vorschrift ist allerdings auf die in den §§ 139 ff. geregelten Vorzugsaktien ohne Stimmrecht nicht anwendbar. Dies hat der Gesetzgeber im Jahre 1994 (s. Rz. 4) durch Einfügung des Wortes „stimmberechtigten" klargestellt[48]. Ein der Kapitalherabsetzung zustimmender Beschluss der Inhaber von Vorzugsaktien ohne Stimmrecht kann somit nur unter den in § 141 Abs. 2 genannten Voraussetzungen einzuholen sein.

24   Über die Zustimmung haben die Aktionäre jeder Gattung einen **Sonderbeschluss** zu fassen (§ 222 Abs. 2 Satz 2), für den § 222 Abs. 1 gilt (§ 222 Abs. 2 Satz 3). Erforderlich ist also eine **qualifizierte Mehrheit** des **vertretenen Gattungskapitals** und die **einfache Mehrheit** der **abgegebenen Stimmen** (s. Rz. 14), sofern die Satzung keine abweichenden Mehrheiten oder andere Erfordernisse vorsieht (s. hierzu Rz. 16 f.).

2. Rechtsfolgen eines fehlenden oder fehlerhaften Beschlusses

25   Der **Sonderbeschluss** ist Voraussetzung für die Wirksamkeit des Kapitalerhöhungsbeschlusses; **fehlt** er, so ist der **Kapitalerhöhungsbeschluss schwebend unwirksam**[49] und darf nicht in das Handelsregister eingetragen werden. Wird ein ablehnender Sonderbeschluss getroffen, ist der Kapitalerhöhungsbeschluss endgültig unwirksam. Auf einen fehlerhaften Sonderbeschluss sind die allgemeinen Vorschriften über das Beschlussmängelrecht (§§ 241 ff.) entsprechend anzuwenden (§ 138 Satz 2).

IV. Zweck der Kapitalherabsetzung (§ 222 Abs. 3)

1. Zulässige Zwecke

26   Eine gesetzliche Vorgabe bezüglich der Zwecke, die mit einer Kapitalherabsetzung verfolgt werden können, gibt es nicht. Die Hauptversammlung unterliegt daher keinen Schranken (s. Rz. 18). Erforderlich ist es aber, den **Zweck** im **Hauptversammlungsbeschluss festzusetzen** (s. hierzu Rz. 11). Diese Publizität dient dem **Schutz** der **Gläubiger** und vor allem der **Aktionäre**[50], denn sie werden in die Lage versetzt, den Vorgang nachzuvollziehen und das für sie relevante Gefährdungspotential zu ermessen.

27   In der Praxis kommen höchst disparate Fälle einer Kapitalherabsetzung vor. So kann es sich anbieten, auf diese Weise eine **Unterbilanz** zu **beseitigen**. In einem solchen Fall der Sanierung wird die Kapitalherabsetzung in der Regel mit einer Kapitalerhöhung verbunden (s. Rz. 38). Ferner können unternehmerische Motive – etwa die Schrumpfung des unternehmerischen Zuschnitts[51] – zu einer Kapitalherabsetzung

---

48 So schon zum früheren Recht OLG Frankfurt v. 23.12.1992 – 21 U 143/91, DB 1993, 272 f.
49 RG v. 21.6.1935 – II B 5/35, RGZ 148, 175, 186 f.; *Lutter* in KölnKomm. AktG, § 222 Rz. 10; *Hüffer*, § 222 Rz. 19.
50 *Oechsler* in MünchKomm. AktG, § 222 Rz. 37.
51 Vgl. hierzu *Lutter* in KölnKomm. AktG, Vor § 222 Rz. 6 f.; *Oechsler* in MünchKomm. AktG, § 222 Rz. 2.

führen. Aber auch der schlichte **Wunsch** der **Aktionäre**, einen **Teil** ihrer **Einlage abzuziehen**, kann in eine Kapitalherabsetzung münden[52]. Von Interesse kann insbesondere auch die **Ausschüttung** von **Sachwerten** sein[53]. Werden die Verfahrensvoraussetzungen beachtet, erfolgt mit dem daraufhin abzuschließenden Erlassvertrag (§ 397 BGB)[54] kein Verstoß gegen das Verbot der Einlagenrückgewähr[55].

2. Rechtsfolgen bei Fehlern

Ohne die erforderliche **Festsetzung** des **Zwecks** ist der Hauptversammlungsbeschluss **anfechtbar** (§ 243 Abs. 1)[56]. Kommt es dennoch zur Eintragung, wird die Kapitalherabsetzung wirksam (§ 224). In diesem Fall ist es dem Vorstand verwehrt, den Buchertrag nach seinem Ermessen zu verwenden[57]. Vielmehr hat er ihn in die Kapitalrücklage (§ 266 Abs. 3 A. II. HGB) einzustellen[58]. Will er ihn anderweitig einsetzen, muss die Hauptversammlung zuvor einen Beschluss entsprechend § 222 Abs. 1 bis 3 fassen[59]. 28

Der **Beschluss** ist schließlich **anfechtbar**, wenn der angestrebte **Zweck** zum Zeitpunkt der Beschlussfassung **nicht erreicht** werden konnte[60]. 29

V. Art der Kapitalherabsetzung (§ 222 Abs. 4)

1. Allgemeines

Die Kapitalherabsetzung macht es erforderlich, die Mitgliedsrechte der Aktionäre an die neue Grundkapitalziffer anzupassen. Dies kann *erstens* bei einer Gesellschaft mit Nennbetragsaktien durch die **Herabsetzung** des **Nennbetrags** der Aktien geschehen (§ 222 Abs. 4 Satz 1); Mitgliedsrechte gehen in diesem Fall nicht verloren. *Zweitens* kommt die **Zusammenlegung** von **Aktien** in Betracht. Das Gesetz lässt diesen Weg nur dann zu, soweit der auf die einzelne Aktie entfallende anteilige Betrag des herabgesetzten Grundkapitals den Mindestbetrag nach § 8 Abs. 2 Satz 1 oder Abs. 3 Satz 3 unterschreiten würde (§ 222 Abs. 4 Satz 2). Die Zusammenlegung steht nur subsidiär zur Verfügung, weil sie zu einer Verschiebung von Beteiligungsquoten führen kann. *Drittens* ist die **Einziehung** von **Aktien** möglich (§ 237 Satz 1). Der Beschluss muss die Art der Herabsetzung angeben (§ 222 Abs. 4 Satz 3). 30

Das in § 222 Abs. 4 angeordnete **Stufenverhältnis** zwischen Nennbetragsherabsetzung und Zusammenlegung der Aktien soll die **Kleinaktionäre schützen**. Der BGH sieht in ihm einen abschließenden gesetzlichen Zugriff auf die bei einer Kapitalherabsetzung möglichen Mehrheits- Minderheitskonflikte, so dass sich ein rechtsfortbildender Schutz durch eine materielle Beschlusskontrolle verbiete (s. Rz. 18). 31

---

52 Vgl. LG Hannover v. 9.3.1995 – 21 O 84/94, AG 1995, 285, 286; ferner *Lutter* in KölnKomm. AktG, Vor § 222 Rz. 10 (im Fall der Martin Brinkmann AG sei eine Kapitalherabsetzung in Höhe von 150 Mio. DM zum Zwecke der Einlagenrückgewähr erfolgt).
53 Vgl. *Heine/Lechner*, AG 2005, 269, 274 ff.
54 *Hüffer*, § 222 Rz. 20.
55 *Oechsler* in MünchKomm. AktG, § 222 Rz. 37.
56 Vgl. KG v. 24.11.1932 – 1b X 616/32, JFG 10, 112, 115 f.; *Hüffer*, § 222 Rz. 17; *Oechsler* in MünchKomm. AktG, § 222 Rz. 40.
57 *Lutter* in KölnKomm. AktG, § 222 Rz. 38.
58 Vgl. BGH v. 5.10.1992 – II ZR 172/91, BGHZ 119, 306, 324.
59 *Hüffer*, § 222 Rz. 20; *Oechsler* in MünchKomm. AktG, § 222 Rz. 42.
60 LG Hannover v. 9.3.1995 – 21 O 84/94, AG 1995, 285, 286; *Hüffer*, § 222 Rz. 17; ähnlich *Oechsler* in MünchKomm. AktG, § 222 Rz. 41.

2. Anpassung bei Nennbetragsaktien

32   Die Höhe des im Beschluss festgelegten Herabsetzungsbetrags (s. Rz. 9) bestimmt, in
welcher Höhe der Nennbetrag der Aktien herabzusetzen ist (§ 222 Abs. 4 Satz 1). Bei
dieser **verhältnismäßigen Herabsetzung** sind allerdings die in § 8 Abs. 2 Satz 1 und
Satz 4 normierten Vorgaben zu beachten. Erstens müssen die **Nennbetragsaktien** auf
mindestens einen Euro lauten. Ist dies nicht möglich, muss eine Zusammenlegung
erfolgen (Rz. 30). Zweitens müssen höhere Aktiennennbeträge auf volle Euro lauten.
Wird die Kapitalherabsetzung wirksam (§ 224), sind die alten Aktienurkunden unrichtig und müssen daher entweder berichtigt oder gegen neue richtige Urkunden
ausgetauscht werden. Die Kraftloserklärung bestimmt sich nach § 73[61].

33   Sofern die Gesellschaft **Stückaktien** hat, kommt eine Herabsetzung naturgemäß
nicht in Betracht. Sie ist nicht erforderlich, weil Stückaktien am Grundkapital in
gleichem Umfang beteiligt sind (§ 8 Abs. 3 Satz 2) und sich der Anteil am Grundkapital nach der Zahl der Aktien bestimmt (§ 8 Abs. 4). Eine Herabsetzung des Grundkapitals hat notwendigerweise zur Folge, dass die Stückaktien einen geringeren anteils-
mäßigen Betrag verkörpern[62]. Diese „Anpassungsautomatik" stößt aber an eine
Grenze: Wenn der von § 8 Abs. 3 Satz 3 geforderte **Mindestbetrag** von **einem Euro** unterschritten würde, muss eine Zusammenlegung der Aktien erfolgen (Rz. 34).

3. Zusammenlegung

34   Die **Zusammenlegung** von **Nennbetragsaktien** kommt nur dann in Betracht, soweit
der auf die einzelne Aktie entfallende anteilige Betrag des herabgesetzten Grundkapitals den Mindestbetrag nach § 8 Abs. 2 Satz 1 von einem Euro unterschreiten würde.
Hat die Gesellschaft **Stückaktien**, ist eine Zusammenlegung ebenfalls nur unter der
Voraussetzung zulässig, dass der auf die einzelne Aktie entfallende anteilige Betrag
des herabgesetzten Grundkapitals den Mindestbetrag nach § 8 Abs. 3 Satz 3 von einem Euro unterschreiten würde.

35   In beiden Konstellationen können sich die Beteiligungsverhältnisse verschieben.
Dies ist der Fall, wenn **Spitzen** (= Teilrechte) entstehen. Zwar ist die Verwaltung ver-
pflichtet, das Entstehen unverhältnismäßig hoher Spitzen zu vermeiden (s. Rz. 20).
Dies ist ihr aber nicht immer möglich, so dass vor allem Kleinaktionäre ihre Teil-
rechte entweder veräußern oder, wenn sie ihre Beteiligungsquote aufrecht erhalten
wollen, Teilrechte hinzuerwerben müssen. Die darin liegende „Besserstellung" von
Großaktionären stellt keine sachwidrige Bevorzugung dar und begründet daher keine
Anfechtung des Kapitalherabsetzungsbeschlusses gem. § 243 Abs. 2[63].

36   Bei **Vorhandensein** von **Nennbetragsaktien** muss in jedem Fall geprüft werden, ob eine **Kombination** der **beiden Anpassungsarten** – Nennbetragsherabsetzung und im Übrigen Zusammenlegung der Aktien – möglich ist[64] und auf diese Weise der Eingriff in
die Mitgliedsrechte der Kleinaktionäre gemildert werden kann[65].

---

61 Vgl. *Hüffer*, § 222 Rz. 21b; *Oechsler* in MünchKomm. AktG, § 222 Rz. 47.
62 Vgl. *Terbrack*, RNotZ 2003, 89, 93.
63 BGH v. 9.2.1998 – II ZR 278/96 – „Sachsenmilch", BGHZ 138, 71, 80 f. = AG 1998, 284.
64 Vgl. hierzu das Vorgehen im Sachsenmilch-Fall; BGH v. 9.2.1998 – II ZR 278/96, BGHZ 138,
    71, 75 = AG 1998, 284.
65 *Lutter* in KölnKomm. AktG, § 222 Rz. 26; *Hüffer*, § 222 Rz. 22; *Oechsler* in MünchKomm.
    AktG, § 222 Rz. 49.

VI. Kapitalherabsetzung in einer aufgelösten oder insolventen AG

1. Auflösung

Eine Kapitalherabsetzung macht in einer aufgelösten und auf Auseinandersetzung   37
ausgerichteten Gesellschaft grundsätzlich keinen Sinn. Allein deshalb ist sie aber
nicht ausgeschlossen. Da schutzwürdige Belange der Gläubiger oder der Kleinaktionäre nicht berührt sind, ist ein **Beschluss** über die **Herabsetzung** des **Kapitals** daher
auch während der Liquidation grundsätzlich **zulässig**[66].

2. Insolvenz

Wesentlich größere praktische Bedeutung hat die **Kapitalherabsetzung** während der   38
Insolvenz der Gesellschaft. Sie ist **zulässig**, denn sie berührt die Belange der Gläubiger nicht[67]. Sie setzt auch nicht zwingend voraus, dass zugleich eine Kapitalerhöhung
beschlossen wird. Es genügt, wenn sie der Vorbereitung von Maßnahmen nach Abschluss des Insolvenzverfahrens dient[68].

§ 223
Anmeldung des Beschlusses

**Der Vorstand und der Vorsitzende des Aufsichtsrats haben den Beschluss über die
Herabsetzung des Grundkapitals zur Eintragung in das Handelsregister anzumelden.**

I. Allgemeines	. . . .	1	III. Registergerichtliche Prüfung, Eintra-	
II. Anmeldung	. . . .	2	gung und Bekanntmachung	5

Literatur: *Baums*, Eintragung und Löschung von Gesellschafterbeschlüssen, 1981; *Lutter*, Die
Eintragung anfechtbarer Hauptversammlungsbeschlüsse im Handelsregister, NJW 1969, 1873.

I. Allgemeines

Die Vorschrift regelt die **Anmeldung** des **Kapitalherabsetzungsbeschlusses** zur –   1
konstitutiv wirkenden (s. § 224 Rz. 1) – Eintragung in das Handelsregister. Diese
kann mit der Anmeldung der Durchführung der Herabsetzung des Grundkapitals zur
Eintragung in das Handelsregister verbunden werden (s. § 227 Rz. 6). Ferner ist die regelmäßig erforderliche Änderung des Satzungstextes (s. § 222 Rz. 6) zur Eintragung in
das Handelsregister anzumelden. Dies hat mit der Anmeldung gem. § 223 zu geschehen[1]. Wie weit die registergerichtliche Kontrolle reicht, insbesondere ob sie sich auch

---

66 *Hüffer*, § 222 Rz. 24; ebenso OLG Frankfurt v. 14.9.1973 – 20 W 639/73, NJW 1974, 463 (zur
   GmbH).
67 BGH v. 9.2.1998 – II ZR 278/96, BGHZ 138, 71, 78 f. = AG 1998, 284.
68 BGH v. 9.2.1998 – II ZR 278/96, BGHZ 138, 71, 79 = AG 1998, 284 (bejaht, weil die Maßnahme
   die Aufhebung des Verfahrens und die Fortführung der Gesellschaft ermöglichen sollte); zustimmend *Hüffer*, § 222 Rz. 24.

1 Vgl. *Hüffer*, § 223 Rz. 1; *Lutter* in KölnKomm. AktG, § 223 Rz. 6; *Marsch-Barner* in Spindler/
  Stilz, § 223 Rz. 1.

auf die bloße Anfechtbarkeit des Beschlusses erstreckt, ist nicht gesetzlich geregelt (s. hierzu Rz. 5).

II. Anmeldung

2 Der Kapitalherabsetzungsbeschluss ist beim **Amtsgericht** des Satzungssitzes (§§ 14, 5) nach § 12 Abs. 1 HGB elektronisch in öffentlich beglaubigter Form (§ 129 BGB, §§ 39 ff. BeurkG)[2] anzumelden. Das Gesetz trifft keine Aussagen dazu, wann die Anmeldung zu erfolgen hat. Der früheste **Zeitpunkt** liegt nach dem wirksamen Zustandekommen des Beschlusses, der späteste bei der Anmeldung der Durchführung der Kapitalherabsetzung (§ 227). In der Regel dürfen die Organmitglieder (s. Rz. 3) aber nicht abwarten, sondern müssen sofort tätig werden[3]; etwas anderes gilt dann, wenn der Beschluss über die Herabsetzung des Grundkapitals eine zeitliche Vorgabe vorsieht[4].

3 § 223 bestimmt (abweichend von § 181 Abs. 1 Satz 1), dass die **Anmeldung** vom **Vorstand** und **Vorsitzenden** des **Aufsichtsrats** vorzunehmen ist. Sie handeln im Namen der Gesellschaft, zeichnen aber in eigenem Namen[5]. Eine Anmeldung durch einen **rechtsgeschäftlichen Vertreter** (Prokurist, etc.) ist – anders als bei der Kapitalerhöhung (s. § 184 Rz. 4) – zulässig, denn die bei der Anmeldung zu machenden Angaben sind strafrechtlich nicht sanktioniert[6]. Besteht der Vorstand aus mehreren Mitgliedern, muss die Anmeldung durch Vorstandsmitglieder in vertretungsberechtigter Zahl erfolgen. Die Anmeldung liegt nicht im öffentlichen Interesse, so dass die Festsetzung eines Zwangsgeldes gem. § 407 Abs. 2 Satz 1 nicht in Betracht kommt[7]. Die Vorstandsmitglieder und der Vorsitzende des Aufsichtsrats sind aber aufgrund ihrer Organstellung verpflichtet, die Anmeldung vorzunehmen. Die Gesellschaft (vertreten durch den Aufsichtsrat) kann dies notfalls durch Klage gegenüber dem betreffenden Vorstandsmitglied und Zwangsvollstreckung nach § 888 ZPO durchsetzen[8]. Eine Verletzung der Pflicht zur Anmeldung kann außerdem die Haftung des Vorstands (§ 93) und Aufsichtsratsvorsitzenden (§§ 93, 116) begründen sowie zur Abberufung (§§ 84 Abs. 3, 103 Abs. 3) führen.

4 Der notwendige **Inhalt** einer **Anmeldung** ergibt sich aus § 223. Aus der Anmeldung muss sich ergeben, dass ein nach § 222 Abs. 1 gefasster Beschluss der Hauptversammlung in das Handelsregister eingetragen werden soll. Als **Anlage** beizufügen ist die **notarielle Niederschrift** über diesen Beschluss (§ 130), es sei denn, es ist bereits eine Abschrift nach § 130 Abs. 5 zum Handelsregister eingereicht worden. Es kann entsprechend § 188 Abs. 5 auch eine Ausfertigung oder öffentlich beglaubigte Abschrift vorgelegt werden. Außerdem kann eine notarielle Niederschrift über einen nach § 222 Abs. 2 gefassten Sonderbeschluss beizufügen sein (§§ 138, 130)[9]. In Betracht kommt ferner, dass eine staatliche Genehmigung nachzuweisen ist (analog § 188

---

2 Zur Neufassung des § 12 HGB durch das EHUG vgl. *Liebscher/Scharff*, NJW 2006, 3745, 3746 f.
3 Strenger *Hüffer*, § 223 Rz. 2 (unverzüglich i.S.v. § 121 Abs. 1 Satz 1 BGB); *Marsch-Barner* in Spindler/Stilz, § 223 Rz. 4.
4 Vgl. *Marsch-Barner* in Spindler/Stilz, § 223 Rz. 4.
5 Vgl. *Hüffer*, § 223 Rz. 3.
6 Vgl. *Hüffer*, § 223 Rz. 3; *Lutter* in KölnKomm. AktG, § 223 Rz. 2; *Oechsler* in MünchKomm. AktG, § 223 Rz. 2; *Terbrack*, RNotZ 2003, 89, 96; *Marsch-Barner* in Spindler/Stilz, § 223 Rz. 2.
7 Vgl. *Oechsler* in MünchKomm. AktG, § 223 Rz. 3.
8 Vgl. *Marsch-Barner* in Spindler/Stilz, § 223 Rz. 3.
9 Vgl. *Hüffer*, § 223 Rz. 4; *Oechsler* in MünchKomm. AktG, § 223 Rz. 5; *Marsch-Barner* in Spindler/Stilz, § 223 Rz. 6.

Abs. 3 Nr. 4)[10]. Hat die Hauptversammlung beim Beschluss über die Kapitalherabsetzung lediglich einen Höchstbetrag festgelegt (s. § 222 Rz. 10), muss der exakte Betrag nun beziffert werden[11].

III. Registergerichtliche Prüfung, Eintragung und Bekanntmachung

Das Registergericht prüft (§ 12 FGG), ob die **Anmeldung ordnungsgemäß** ist (s. § 181   5
Rz. 22). Die **formelle Prüfung** erfasst die örtliche und sachliche Zuständigkeit des Registergerichts, die Anmeldebefugnis der Anmelder sowie die Vollständigkeit der beizufügenden Unterlagen[12]. Die von Amts wegen vorzunehmende **materielle Prüfung** erstreckt sich vor allem auf die Frage, ob der Beschluss wegen Fehlens eines Sonderbeschlusses (s. § 222 Rz. 23) schwebend unwirksam oder wegen schwerwiegender Mängel gem. § 241 nichtig ist. Bejahendenfalls ist die Eintragung abzulehnen[13]. Die bloße **Anfechtbarkeit** des **Beschlusses** wegen Gesetzes- oder Satzungsverletzung **prüft das Gericht grundsätzlich nicht** (s. § 181 Rz. 26). So darf es die Eintragung eines bloß anfechtbaren Beschluss in das Handelsregister nicht zurückweisen, wenn der Mangel – wie bei einem Verstoß gegen § 222 Abs. 4 Satz 2[14] – ausschließlich die Interessen der Aktionäre im Verhältnis zueinander oder zur Gesellschaft berührt[15]. Eine andere Beurteilung ist nur dann geboten, wenn Drittinteressen betroffen sind[16]. Das Registergericht hat in jedem Fall die Eintragung vorzunehmen, wenn dass Prozessgericht rechtskräftig die Freigabe der Eintragung gem. § 246a beschlossen hat (vgl. § 246a Abs. 3 Satz 4). Mit der Zweckmäßigkeit der Kapitalherabsetzung hat es sich nicht zu befassen.

Nach der positiv abgeschlossenen Prüfung erfolgt – entsprechend der Anmeldung –   6
die **Eintragung** des **Beschlusses** über die **Herabsetzung** des **Grundkapitals** (§ 43 Nr. 3, Nr. 6a HRV, § 39 Abs. 1 Satz 1 i.V.m. § 181 Abs. 2 AktG). Sie hat konstitutive Bedeutung (vgl. § 224) und kann zur Heilung von Nichtigkeitsgründen führen (§ 242 Abs. 2). Die Eintragung ist nach Maßgabe von § 10 HGB bekannt zu machen (s. Rz. 8). Ein Rechtsmittel gegen die erfolgte Eintragung besteht nicht[17].

Ergibt die Prüfung, das die **Anmeldung fehlerhaft** oder **unvollständig** ist, darf der Be-   7
schluss nicht eingetragen werden. Das Gericht kann in diesem Fall zur Behebung des Hindernisses durch Zwischenverfügung eine Frist setzen (§ 26 Satz 2 HRV). Kommt dies nicht in Betracht, lehnt das Gericht die Eintragung durch Verfügung ab. Gegen die Ablehnung ist die Beschwerde zum Landgericht statthaft (§ 19 FGG). Gegen die Entscheidung des Beschwerdegerichts ist das Rechtsmittel der weiteren Beschwerde zulässig (§ 27 FGG). Über die weitere Beschwerde entscheidet das OLG (§ 28 FGG).

Die **Bekanntmachung** erstreckt sich auf den neuen Wortlaut der Eintragung im Han-   8
delsregister, den Nennbetrag der Aktien, die Zahl der Aktien jeden Nennbetrags bzw.

---

10 Vgl. *Hüffer*, § 223 Rz. 4 (bzgl. § 13 Abs. 1 VAG i.V.m. § 5 Abs. 3 VAG); *Marsch-Barner* in Spindler/Stilz, § 223 Rz. 6.
11 Vgl. hierzu eingehend *Oechsler* in MünchKomm. AktG, § 223 Rz. 9; ferner *Lutter* in KölnKomm. AktG, § 223 Rz. 13 f.; *Hüffer*, § 223 Rz. 2; *Marsch-Barner* in Spindler/Stilz, § 223 Rz. 7; *Terbrack*, RNotZ 2003, 89, 96. A.A. vor allem das ältere Schrifttum; vgl. *Hefermehl* in G/H/E/K, § 223 Rz. 10.
12 Vgl. *Hüffer*, § 223 Rz. 5; *Marsch-Barner* in Spindler/Stilz, § 223 Rz. 8.
13 Vgl. *Hüffer*, § 223 Rz. 5; *Oechsler* in MünchKomm. AktG, § 223 Rz. 6; *Marsch-Barner* in Spindler/Stilz, § 223 Rz. 6.
14 Vgl. *Oechsler* in MünchKomm. AktG, § 223 Rz. 6.
15 Vgl. *Lutter*, NJW 1969, 1873, 1878 f.
16 Vgl. *Hüffer*, § 223 Rz. 5; *Marsch-Barner* in Spindler/Stilz, § 223 Rz. 8.
17 Vgl. *Hüffer*, § 223 Rz. 6.

bei Stückaktien die neue Zahl der Aktien, sofern nicht mehrere Gattungen vorhanden sind[18]. Schließlich hat die Bekanntmachung den Hinweis auf den Anspruch der Gläubiger auf Sicherheitsleistung zu enthalten (§ 225 Abs. 1 Satz 2).

9   Die **Kosten** bei der Anmeldung des Kapitalherabsetzungsbeschlusses bemessen sich nach dem Geschäftswert; dies ist der Herabsetzungsbetrag (§ 41a Abs. 1 Nr. 4b KostO)[19].

§ 224
Wirksamwerden der Kapitalherabsetzung

Mit der Eintragung des Beschlusses über die Herabsetzung des Grundkapitals ist das Grundkapital herabgesetzt.

I. Allgemeines	1	2. Auswirkungen auf schuldrechtliche Rechte und Ansprüche Dritter	6
II. Rechtswirkungen der Eintragung	3		
1. Konstitutive gesellschaftsrechtliche Wirkungen	3		

Literatur: *Emde*, Die Auswirkungen von Veränderungen des Unternehmenskapitals auf Bestand und Inhalt von Genussrechten, DB 1989, 209; *Habersack*, Genussrechte und sorgfaltswidrige Geschäftsführung, ZHR 155 (1991), 378; *Hirte*, Genussschein und Kapitalherabsetzung, ZIP 1991, 1461; *A. Hueck*, Die Behandlung von Wandelschuldverschreibungen bei Änderung des Grundkapitals, DB 1963, 1347; *Meilicke*, Wandelschuldverschreibungen bei Kapitalherabsetzungen, BB 1963, 500; *Vollmer*, Der Genussschein – ein Instrument für mittelständische Unternehmen zur Eigenkapitalbeschaffung an der Börse, ZGR 1983, 445; *Vollmer/Lorch*, Der Schutz des aktienähnlichen Genusskapitals bei Kapitalveränderungen, ZBB 1992, 44.

I. Allgemeines

1   Die Vorschrift legt fest, dass die Kapitalherabsetzung mit der Eintragung des Beschlusses in das Handelsregister wirksam wird. Sie weicht insoweit von der Rechtslage bei einer ordentlichen Kapitalerhöhung ab, die wegen der erforderlichen Kapitalaufbringung erst mit der Eintragung der Durchführung wirksam wird (s. § 18 Rz. 189). **Voraussetzung** für das **Wirksamwerden** der **Kapitalherabsetzung** ist, dass überhaupt ein Beschluss getroffen wurde und dieser nicht nichtig ist. Auch darf er nicht wegen Fehlens eines gem. § 222 Abs. 2 erforderlichen Sonderbeschlusses (s. dort Rz. 23) schwebend unwirksam sein[1]. Ist der Beschluss dagegen nur anfechtbar, so hat dies auf die Wirksamkeit der Kapitalherabsetzung keinen Einfluss[2]. Wird ein nichtiger Beschluss in das Handelsregister eingetragen, ist eine Heilung gem. § 242 möglich.

2   Die **Vorschrift** ist **zwingend**. Insbesondere können die Parteien den Zeitpunkt des Wirksamwerdens der Kapitalherabsetzung nicht abweichend, etwa auf ein Datum

---

18 Vgl. *Hüffer*, § 223 Rz. 6; *Marsch-Barner* in Spindler/Stilz, § 223 Rz. 12.
19 Vgl. *Hüffer*, § 223 Rz. 7; *Oechsler* in MünchKomm. AktG, § 223 Rz. 12.

1 Vgl. *Hüffer*, § 224 Rz. 9.
2 Vgl. *Oechsler* in MünchKomm. AktG, § 224 Rz. 4.

vor oder nach der Eintragung in das Handelsregister festlegen[3]. Der Grund hierfür ist, dass das Wirksamwerden der Kapitalherabsetzung möglichst rechtssicher feststehen soll. Dies wäre bei der Eintragung eines bedingten Kapitalherabsetzungsbeschlusses nicht der Fall.

II. Rechtswirkungen der Eintragung

1. Konstitutive gesellschaftsrechtliche Wirkungen

Die **Eintragung** des Beschlusses hat zur **Folge**, dass die Gesellschaft ein **neues** – das 3 herabgesetzte – **Grundkapital** hat. Weitere Maßnahmen sind nicht erforderlich[4]. Der aus der Kapitalherabsetzung entstehende **Betrag** ist in der Gewinn- und Verlustrechnung gesondert auszuweisen (§ 240).

Die **Verwendung** des **Betrags** ist vom Zweck der Kapitalherabsetzung (s. hierzu § 222 4 Rz. 26) abhängig. Ist beispielsweise festgesetzt worden, dass die Kapitalherabsetzung zur Rückzahlung von Einlagen an die Aktionäre erfolgt (s. § 222 Rz. 27), haben die Aktionäre einen – wegen der Auszahlungssperre gem. § 225 Abs. 2 Satz 1 befristeten und bedingten – Anspruch auf Auszahlung gegenüber der Gesellschaft[5]. Bis zur Fälligkeit dieser Ansprüche ist der Betrag auf einem Sonderkonto zu verbuchen[6]. Soll der **Zweck** der **Kapitalherabsetzung** im Nachhinein **geändert** werden, kann dies erstens nur unter den in § 222 Abs. 1 und 2 normierten Voraussetzungen geschehen. Zweitens ist die Zustimmung aller Aktionäre erforderlich, wenn die Kapitalherabsetzung zwecks Ausschüttung freier Beträge an die Aktionäre beschlossen und aufgrund der Eintragung des Beschlusses in das Handelsregister schon wirksam wurde[7]. Die zum Schutz der Gläubiger vorgesehene Sperrfrist (§ 225 Abs. 2 Satz 1) beginnt in einem solchen Fall bereits mit der Bekanntmachung der Eintragung des ersten Beschlusses zu laufen[8].

Eine weitere konstitutive Folge der Eintragung besteht darin, dass die **Aktien** den **herabgesetzten Nennbetrag** haben (s. § 222 Rz. 32). Ist beschlossen worden, dass die Kapitalherabsetzung durch Zusammenlegung von Aktien erfolgt (s. § 222 Rz. 34 f.), so ist diese nunmehr gem. § 226 vorzunehmen. Die alten Aktienurkunden verbriefen die Teilrechte grundsätzlich so lange, wie diese noch nicht in neue Aktien umgetauscht worden sind[9]. Hat die Kapitalherabsetzung durch Zusammenlegung von Aktien zur Folge, dass Spitzen entstehen, kann durch Hinzuerwerb weiterer Teilrechte ein Vollrecht entstehen. Die Frage, ob bereits die Teilrechte ein Bruchteilsstimmrecht begründen, ist wegen des Schutzes der Minderheitsaktionäre zu bejahen[10].

---

3 Vgl. *Lutter* in KölnKomm. AktG, § 224 Rz. 3 f.; *Oechsler* in MünchKomm. AktG, § 224 Rz. 2; *Marsch-Barner* in Spindler/Stilz, § 224 Rz. 3.
4 So schon RG v. 11.1.1921 – VII 151/20, RGZ 101, 199, 201 (zu § 277 HGB a.F.).
5 Vgl. *Lutter* in KölnKomm. AktG, § 224 Rz. 15; *Oechsler* in MünchKomm. AktG, § 224 Rz. 14.
6 Vgl. *Hüffer*, § 224 Rz. 2; *Lutter* in KölnKomm. AktG, § 224 Rz. 14; *Oechsler* in MünchKomm. AktG, § 224 Rz. 13; *Marsch-Barner* in Spindler/Stilz, § 224 Rz. 17.
7 Vgl. *Hüffer*, § 224 Rz. 3; *Oechsler* in MünchKomm. AktG, § 224 Rz. 6; *Krieger* in MünchHdb. AG, § 60 Rz. 33a; *Marsch-Barner* in Spindler/Stilz, § 224 Rz. 5.
8 Vgl. *Oechsler* in MünchKomm. AktG, § 224 Rz. 6.
9 Vgl. BGH v. 30.9.1991 – II ZR 47/91, AG 1992, 27, 28.
10 Vgl. OLG Hamburg v. 11.1.1991 – 11 U 125/90, AG 1991, 242, 244; *Hüffer*, § 224 Rz. 6; *Krieger* in MünchHdb. AG, § 60 Rz. 35; *Marsch-Barner* in Spindler/Stilz, § 224 Rz. 8; ebenso auch BGH v. 30.9.1991 – II ZR 47/91, AG 1992, 27, 29 (ausdrücklich aber nur für die sog. Restgesellschaft). A.A. *Lutter* in KölnKomm. AktG, § 224 Rz. 12.

2. Auswirkungen auf schuldrechtliche Rechte und Ansprüche Dritter

6   Eine **Kapitalherabsetzung** hat **Auswirkungen** auf die **schuldrechtlichen Vereinbarungen** zwischen der **Gesellschaft** und einem **Dritten**, die diesem einen **Anspruch** auf eine **Beteiligung** am **Kapital** der Gesellschaft einräumen. Praktisch bedeutsame Beispiele sind Wandel- und Optionsanleihen (§ 221 Abs. 1) sowie Abfindungsansprüche außenstehender Aktionäre (§ 305 Abs. 2 Nr. 1 und 2). Die Kapitalherabsetzung hat in diesen Fällen zur Folge, dass der Dritte eine verhältnismäßig größere Beteiligung am Grundkapital beanspruchen kann als bei Abschluss der betreffenden Verträge vorgesehen[11]. Schwierigkeiten bereitet auch die Situation, wenn ein Dritter gegenüber der Gesellschaft dividendenabhängige Ansprüche hat. In der Praxis spielen vor allem partiarische Darlehen, Gewinnschuldverschreibungen und Genussrechte (§ 221)[12] sowie Ausgleichsansprüche bei Bestehen eines Beherrschungs- oder Gewinnabführungsvertrags (§ 304 Abs. 2 Satz 2 und 3) eine wichtige Rolle. Auch bei ihnen ist zu klären, ob eine Besserstellung erfolgt und ob ihr zu begegnen ist. Die dabei auftretenden Folgeprobleme sind vielschichtig. Wird beispielsweise das Genusskapital zugleich mit dem Grundkapital herabgesetzt, so stellt sich die Frage, ob das Genussrecht wieder auflebt, wenn sich nach der Herabsetzung des Grundkapitals zeigt, dass die befürchteten Verluste nicht eingetreten sind[13].

7   Die Lösung der Probleme kann auf zwei Wegen geschehen. Zum einen kommt eine kraft Gesetzes erfolgende (s. § 216 Rz. 12), also **automatische Anpassung** der **Vertragsverhältnisse** analog § 216 Abs. 3 AktG, § 57m Abs. 3 GmbHG und § 23 UmwG in Betracht. Zum anderen kann sich bei einer **ergänzenden Vertragsauslegung** aus der Interessenlage, insbesondere mit Rücksicht auf die Folgen der Kapitalherabsetzung ein **Anspruch** auf **Vertragsanpassung** ergeben. Vorzugswürdig ist es, die Frage für jeden Anspruch isoliert zu entscheiden. Dabei ist im Ausgangspunkt in den Blick zu nehmen, ob der betreffende Vertrag einen bestimmten Weg vorgibt[14]. Dies ist mittlerweile bei vielen Finanzinstrumenten der Fall. Schweigt der Vertrag zu den Auswirkungen einer Kapitalherabsetzung, so ist zu ermitteln, ob er ergänzend ausgelegt werden kann[15]. Kann ein bestimmtes Ergebnis nicht gewonnen werden, ist zu prüfen, ob es geboten ist, § 216 Abs. 3 heranzuziehen[16]. Dies setzt freilich eine für jedes Finanzinstrument eigenständig vorzunehmende Analyse der Interessenlage voraus; generelle und pauschalisierende Aussagen verbieten sich (s. zu Genussrechten § 221 Rz. 41 ff.; zu Wandel- und Optionsanleihen § 221 Rz. 14 ff.; zu Ausgleichsansprüchen § 304; zu Abfindungsansprüchen § 305).

---

11   Ausführlich zum Schicksal von Wandelschuldverschreibungen am Beispiel der Kapitalherabsetzung der Aschaffenburger Zellstoffwerke AG vgl. *Meilicke*, BB 1963, 500.

12   Vgl. zu den Problemen bei Genussrechten *Emde*, DB 1989, 209, 212 f.; *Habersack*, ZHR 155 (1991), 378, 388 ff.; *Hirte*, ZIP 1991, 1461, 1465 ff.; *Vollmer/Lorch*, ZBB 1992, 44, 49 ff.

13   Vgl. BGH v. 5.10.1992 – II ZR 172/91 – „Klöckner", BGHZ 119, 305, 325 = AG 1993, 125: Kein Anspruch auf Auffüllung des Genussrechts, sondern Anspruch auf Auszahlung des anteilig auf das Genusskapital und das Genussrecht entfallenden Betrags.

14   Allg. M.; vgl. *Hüffer*, § 224 Rz. 11; *Marsch-Barner* in Spindler/Stilz, § 224 Rz. 12.

15   Vgl. etwa zu Genussrechten BGH v. 5.10.1992 – II ZR 172/91 – „Klöckner", BGHZ 119, 305, 325 = AG 1993, 125; ferner *Hüffer*, § 224 Rz. 12.

16   Str.; grundsätzlich wie hier *Lutter* in KölnKomm. AktG, § 224 Rz. 19 (bezüglich Wandelschuldverschreibungen und Optionsanleihen); *Marsch-Barner* in Spindler/Stilz, § 224 Rz. 13. A.A. *Hüffer*, § 224 Rz. 13 (generell keine automatische Vertragsanpassung); in der Tendenz ebenfalls ablehnend *Oechsler* in MünchKomm. AktG, § 224 Rz. 22 ff.

§ 225
Gläubigerschutz

(1) Den Gläubigern, deren Forderungen begründet worden sind, bevor die Eintragung des Beschlusses bekannt gemacht worden ist, ist, wenn sie sich binnen sechs Monaten nach der Bekanntmachung zu diesem Zweck melden, Sicherheit zu leisten, soweit sie nicht Befriedigung verlangen können. Die Gläubiger sind in der Bekanntmachung der Eintragung auf dieses Recht hinzuweisen. Das Recht, Sicherheitsleistung zu verlangen, steht Gläubigern nicht zu, die im Fall des Insolvenzverfahrens ein Recht auf vorzugsweise Befriedigung aus einer Deckungsmasse haben, die nach gesetzlicher Vorschrift zu ihrem Schutz errichtet und staatlich überwacht ist.

(2) Zahlungen an die Aktionäre dürfen auf Grund der Herabsetzung des Grundkapitals erst geleistet werden, nachdem seit der Bekanntmachung der Eintragung sechs Monate verstrichen sind und nachdem den Gläubigern, die sich rechtzeitig gemeldet haben, Befriedigung oder Sicherheit gewährt worden ist. Auch eine Befreiung der Aktionäre von der Verpflichtung zur Leistung von Einlagen wird nicht vor dem bezeichneten Zeitpunkt und nicht vor Befriedigung oder Sicherstellung der Gläubiger wirksam, die sich rechtzeitig gemeldet haben.

(3) Das Recht der Gläubiger, Sicherheitsleistung zu verlangen, ist unabhängig davon, ob Zahlungen an die Aktionäre auf Grund der Herabsetzung des Grundkapitals geleistet werden.

I. Allgemeines	1	c) Kein Nachweis einer Gefährdung	13
		d) Ausschluss (§ 225 Abs. 1 Satz 3)	14
II. Anspruch auf Sicherheitsleistung (§ 225 Abs. 1 und 3)	4	3. Rechtsfolgen	16
1. Grundlagen	4	**III. Sperre (§ 225 Abs. 2)**	17
2. Voraussetzungen	6	1. Verbot von Zahlungen an Aktionäre	17
a) Forderung	6	2. Wirksamkeitsvoraussetzungen für	
b) Fristgerechte Meldung	11	Erlassverträge	19

Literatur: *Gotthardt*, Sicherheitsleistungen für Forderungen pensionsberechtigter Arbeitnehmer bei Kapitalherabsetzung, BB 1990, 2419; *Jaeger*, Sicherheitsleistung für Ansprüche aus Dauerschuldverhältnissen bei Kapitalherabsetzung, Verschmelzung und Beendigung eines Unternehmensvertrages, DB 1965, 1069; *Krieger*, Sicherheitsleistung für Versorgungsrechte, in FS Nirk, 1992, S. 551; *Rittner*, Die Sicherheitsleistung bei der ordentlichen Kapitalherabsetzung, in FS Oppenhoff, 1985, S. 317; *Wiedemann/Küpper*, Die Rechte des Pensions-Sicherungs-Vereins als Träger der Insolvenzsicherung vor einem Konkursverfahren und bei einer Kapitalherabsetzung, in FS Pleyer, 1986, S. 445.

I. Allgemeines

Eine Kapitalherabsetzung widerstreitet den Interessen der Gläubiger der Gesellschaft. 1
Dies gilt vor allem, wenn die Herabsetzung zu dem Zweck erfolgt, Einlagen an die Aktionäre auszuzahlen oder ausstehende Einlagen zu erlassen (s. zur Zulässigkeit dieser Zwecke § 222 Rz. 26 f.). Die Vorschrift sucht den notwendigen **Schutz** zu gewährleisten, indem sie den Gläubigern einen **Anspruch** auf **Sicherheitsleistung** einräumt. Dieses Instrument ist auch bei vielen anderen Strukturmaßnahmen (vgl. §§ 272, 303, 321) sowie bei Umwandlungen (§§ 22, 125, 204 UmwG) vorgesehen. Bei einer Kapitalherabsetzung ist aber ein höheres Schutzniveau verwirklicht. So sind

Zahlungen an die **Aktionäre aufgrund** der **Herabsetzung** des Grundkapitals erst dann **zulässig**, nachdem **sechs Monate verstrichen** sind und den **Gläubigern**, die sich gemeldet haben, **Befriedigung** oder **Sicherheit** gewährt worden ist (§ 225 Abs. 2 Satz 1). Ähnlich stellt sich die Rechtslage dar, wenn Aktionäre von der Verpflichtung zur Leistung von Einlagen befreit werden sollen. Ein solcher Erlassvertrag ist nicht vor Ablauf der sechsmonatigen Frist und nicht vor Befriedigung oder Sicherstellung der Gläubiger wirksam (§ 225 Abs. 2 Satz 2).

2   Die Vorschrift wurde im Jahre 1975 mit sprachlichen Änderungen in Abs. 1 aus § 178 AktG von 1937 übernommen. Seitdem wurde sie bei der Insolvenzrechtsreform sprachlich geändert[1]. Die nächste **Reform** könnte aus Anlass der **Umsetzung** der **Richtlinie 2006/68/EG**[2] notwendig werden, denn der europäische Gesetzgeber ist darum bemüht, die Vereinheitlichung des Gläubigerschutzes bei einer Kapitalherabsetzung zu verbessern: Die Mitgliedstaaten haben festzulegen, unter welchen Bedingungen das Recht auf Sicherheitsleistung ausgeübt werden kann. Sie müssen dafür sorgen, dass die Gläubiger das Recht haben, bei der zuständigen Verwaltungsbehörde oder dem zuständigen Gericht angemessene Sicherheiten zu beantragen, wenn sie glaubhaft machen können, dass die Befriedigung ihrer Forderungen durch die Herabsetzung des gezeichneten Kapitals gefährdet ist und sie von der Gesellschaft keine angemessenen Sicherheiten erhalten haben (Art. 32 Abs. 1 Kapital-RL n.F.). Ein präventives registergerichtliches Verfahren ist im deutschen Aktienrecht nicht vorgesehen (s. Rz. 11 f.). Allerdings ist es im GmbH-Recht verwirklicht (vgl. § 58 Abs. 1 GmbHG). Derzeit lässt sich aber noch nicht absehen, ob es statt der derzeit geltenden Sperre nach Abs. 2 (s. Rz. 17 ff.) eingeführt und ggf. wie es ausgestaltet wird[3].

3   Die Vorschrift findet bei einer **Kapitalherabsetzung durch Einziehung von Aktien** entsprechende Anwendung (§ 237 Abs. 2). Bei einer vereinfachten Kapitalherabsetzung besteht keine Pflicht zur Sicherheitsleistung. Statt dessen gelten besondere gläubigerschützende Vorschriften (§§ 230 bis 233).

II. Anspruch auf Sicherheitsleistung (§ 225 Abs. 1 und 3)

1. Grundlagen

4   § 225 bezweckt den Schutz der Gläubiger. Die Vorschrift räumt ihnen einen durch ein Zahlungsverbot bzw. Erlassverbot gesicherten **Anspruch** gegenüber der Gesellschaft ein. Sie ist außerdem als **Schutzgesetz** i.S.v. § 823 Abs. 2 BGB zu qualifizieren[4]. Die Gläubiger können daher im Falle eines schuldhaften Verstoßes gegen § 225 Abs. 1 Satz 1 und Abs. 2 Satz 1 von den verantwortlichen Mitglieder des Vorstands und ggf. des Aufsichtsrats **Schadensersatz** verlangen. Aber auch die Gesellschaft muss dann gem. § 31 BGB für das Fehlverhalten ihrer Organmitglieder einstehen. Sie kann in diesem Fall bei ihren verantwortlichen Verwaltungsmitgliedern Regress nehmen (§§ 93, 116).

5   Die Gläubiger sind in der **Bekanntmachung** der **Eintragung** des Beschlusses über die Kapitalherabsetzung auf das Recht nach § 225 Abs. 1 Satz 1 hinzuweisen (§ 225

---

1 Vgl. Art. 47 Nr. 7 EG InsO, BGBl. I 1994, 2911.
2 Vgl. RL 2006/68/EG des Europäischen Parlaments und des Rates vom 6. September 2006 zur Änderung der Richtlinie 77/91/EWG des Rates in Bezug auf die Gründung von Aktiengesellschaften und die Erhaltung und Änderung ihres Kapitals, ABl. Nr. L 264 v. 25.9.2006, S. 32; vgl. hierzu Ekkenga, Der Konzern 2007, 413.
3 Vgl. hierzu den Vorschlag von Ekkenga, Der Konzern 2007, 413, 417 f.
4 Vgl. *Hüffer*, § 225 Rz. 18; *Lutter* in KölnKomm. AktG, § 225 Rz. 40; *Oechsler* in MünchKomm. AktG, § 225 Rz. 4; *Marsch-Barner* in Spindler/Stilz, § 225 Rz. 3.

Abs. 1 Satz 2). Dieser **Hinweis** auf den **Anspruch** auf **Sicherheitsleistung** hat keine konstitutive Bedeutung. Insbesondere ist der Anspruch nicht davon abhängig, dass ein ordnungsgemäßer Hinweis in der Bekanntmachung erfolgte. Der Gesellschaft steht es frei, in der Bekanntmachung noch weitere Hinweise auf das Recht zu geben, eine Sicherheitsleistung zu verlangen. In Betracht kommt insbesondere ein Hinweis auf die Frist und den Zeitpunkt, zu dem die Forderung entstanden sein muss[5].

2. Voraussetzungen

a) Forderung

§ 225 Abs. 1 Satz 1 setzt eine Forderung eines Gläubigers voraus. Der Rechtsgrund ist irrelevant. Es kann sich um **vertragliche** und **gesetzliche Ansprüche** handeln[6]. Es muss sich nicht um eine Geldforderung handeln. Auch Ansprüche auf Unterlassung oder Verschaffung des Eigentums sind sicherungsfähig[7]. Allein dingliche Rechte (beispielsweise Nießbrauch, § 1030 BGB) kommen nicht in Betracht.   6

Aus dem Wortlaut von § 225 Abs. 1 Satz 1 folgt, dass die **Forderung begründet** worden sein muss. Dies ist der Fall, wenn ihr Rechtsgrund gelegt ist; sie muss noch nicht fällig sein. Ein **vertraglicher Anspruch** ist mit dem Vertragsschluss begründet. Eine **Befristung** oder eine auflösende **Bedingung** steht der Sicherungsfähigkeit der Forderung nicht entgegen. Dies gilt auch für eine aufschiebend bedingte Forderung[8], so dass auch eine unverfallbare Anwartschaft nach § 1 BetrAVG[9] und ein in einer Altersteilzeitvereinbarung eingeräumter Anspruch auf Nachteilsausgleich im Rahmen der betrieblichen Altersversorgung[10] grundsätzlich sicherungsfähig ist (zum Entfallen des Anspruchs auf Sicherheitsleistung bei ausreichendem Insolvenzschutz s. Rz. 14 f.). Bei einer aufschiebend bedingten Forderung ist aber zu prüfen, wie wahrscheinlich der Eintritt der Bedingung ist. Ist dieser sehr unwahrscheinlich, kann der Sicherheitsleistungsanspruch ganz entfallen (s. Rz. 16). Bei einem **gesetzlichen Anspruch** (§§ 677 ff., 812 ff., 823 ff. BGB) müssen alle tatbestandlichen Voraussetzungen des Anspruchs erfüllt sein. Im Falle eines Anspruchs aus unerlaubter Handlung (§ 823 BGB) reicht es aus, wenn eine schadensbegründende Handlung oder ein pflichtwidriges Unterlassen erfolgte; der Schaden muss noch nicht bezifferbar sein[11].   7

Bei einem **Dauerschuldverhältnis** sind alle zukünftig fällig werdenden Forderungen mit Vertragsschluss begründet. Voraussetzung für eine Sicherheitsleistung ist allein, dass sie ohne Zutun der Parteien in einer bereits bestimmten Höhe entstehen werden[12] (d.h. vertraglich konkretisiert sind, wie bei der Miete, und nicht, wie beim Bierlieferungsvertrag, noch von der Abnahme einer bestimmten Menge abhängig sind). Dies würde aber zu einer theoretisch endlosen und daher unzumutbaren Verantwortlichkeit der Gesellschaft führen. Eine solche „**Endloshaftung**" muss vermieden wer-   8

---

5 Vgl. *Hüffer*, § 225 Rz. 14; *Marsch-Barner* in Spindler/Stilz, § 225 Rz. 22.
6 Vgl. *Hüffer*, § 225 Rz. 2; *Lutter* in KölnKomm. AktG, § 225 Rz. 6; *Oechsler* in MünchKomm. AktG, § 225 Rz. 5; *Marsch-Barner* in Spindler/Stilz, § 225 Rz. 4.
7 *Hüffer*, § 225 Rz. 2; *Lutter* in KölnKomm. AktG, § 225 Rz. 6; *Oechsler* in MünchKomm. AktG, § 225 Rz. 5. A.A. *Schilling* in Großkomm. AktG, § 225 Rz. 4.
8 *Hüffer*, § 225 Rz. 3; *Lutter* in KölnKomm. AktG, § 225 Rz. 10; *Marsch-Barner* in Spindler/Stilz, § 225 Rz. 7; *Oechsler* in MünchKomm. AktG, § 225 Rz. 8 (allerdings mit der Einschränkung, der Eintritt der Bedingung müsse innerhalb der Frist von § 225 Abs. 1 Satz 1 absehbar sein). A.A. *Schilling* in Großkomm. AktG, § 225 Rz. 3.
9 Vgl. BAG v. 30.7.1996 – 3 AZR 397/95, WiB 1997, 423 (zu § 374 a.F.); hierzu *Wiedemann/Küpper* in FS Pleyer, S. 445; *Gotthardt*, BB 1990, 2419; *Krieger* in FS Nirk, S. 551.
10 Vgl. OLG Zweibrücken v. 8.1.2004 – 4 U 70/03, AG 2004, 568, 569.
11 Vgl. *Lutter* in KölnKomm. AktG, § 225 Rz. 11.
12 Vgl. *Hüffer*, § 225 Rz. 4.

den; sie kann von § 225 nicht intendiert sein. Denkbar ist es zum einen, die **Vorschriften** über die **Enthaftung** des Erwerbers bei Firmenfortführung (**§ 26 HGB**) und des ausscheidenden Gesellschafters einer Personengesellschaft (**§ 160 HGB**) **analog anzuwenden**[13]. Zum anderen kommt in Betracht, mit Blick auf die in § 22 Abs. 1 Satz 2 UmwG zur Verschmelzung getroffenen Regelung auf das konkret zu bestimmende Sicherungsinteresse des Gläubigers abzustellen[14]. Bei einem befristeten Dauerschuldverhältnis müsste dann das Sicherungsinteresse des Gläubigers im Einzelfall festgestellt werden. Der künftig fällig werdende Gesamtbetrag würde die Obergrenze darstellen. Vorzugswürdig ist es, den erstgenannten Weg zu verfolgen. Es ist nicht ersichtlich, dass der Gesetzgeber mit dem Nachhaftungsbegrenzungsgesetz vom 18.3.1994[15] die Problematik hatte abschließend regeln wollen. Die in den genannten Vorschriften erfassten Kriterien sind geeignet, um sowohl dem Sicherungsinteresse des Gläubigers als auch dem Interesse der Gesellschaft, keiner zeitlich unbeschränkten Haftung ausgesetzt zu sein, angemessen Rechnung zu tragen.

9   Die Forderung muss begründet worden sein, bevor die Eintragung des Beschlusses bekannt gemacht worden ist. Dieser **Zeitpunkt** bestimmt sich nach § 10 HGB n.F. durch das EHUG[16]. Es kommt also auf den Zeitpunkt der **Bekanntmachung** in dem von der Landesjustizverwaltung bestimmten **elektronischen Informations-** und **Kommunikationssystem** an (Stichtag). Es haben selbst diejenigen Gläubiger einen Anspruch auf Sicherheitsleistung, deren Forderung zwischen dem Beschluss über die Kapitalherabsetzung und dem Stichtag begründet wurde. Ein Anspruch auf Sicherheitsleistung ist auch dann gegeben, wenn der Gläubiger Kenntnis von der Kapitalherabsetzung hatte[17]. Dies folgt zum einen aus dem Wortlaut des Gesetzes; der Stichtag ist in § 225 Abs. 1 eindeutig festgelegt. Zum anderen begründet § 225 Abs. 1 keinen Vertrauensschutz zugunsten der Gläubiger.

10 Der **Anspruch auf Sicherheitsleistung** ist auch bzgl. **bestrittener Forderungen** gegeben. Die herrschende Meinung macht hiervon eine **Ausnahme**, wenn eine **Forderung** entweder **offensichtlich unbegründet** ist oder wenn der Vorstand nach einer sorgfältigen Prüfung zu dem Ergebnis kommt, dass sie entweder **nicht** oder nur **teilweise besteht**[18]. Dieser Sichtweise ist zuzustimmen. Ausgangspunkt ist zunächst, dass der Vorstand ohnehin prüfen muss, welche Erfolgsaussichten die betreffende Forderung des Gläubigers hat. Kommt er dabei zu dem Ergebnis, dass die Forderung nur teilweise besteht, so hat er dies bei der Bestellung der Sicherheit durch einen Bewertungsabschlag zu berücksichtigen. Sein bei der Prüfung zu beachtender Sorgfaltsmaßstab ergibt sich aus § 93 Abs. 2 (zur Außenhaftung des Vorstands s. Rz. 18). Bei rechtlich zweifelhaften Fällen wird es für den Vorstand erforderlich sein, ein Rechtsgutachten einzuholen.

---

13 In diesem Sinne *Jaeger*, DB 1996, 1069, 1071 (§ 160 HGB als „Modellfall für eine Begrenzung des Sicherungsinteresses").
14 In diesem Sinne BGH v. 18.3.1996 – II ZR 299/94, NJW 1996, 1539 (zu § 26 Abs. 1 Satz 1 KapErhG a.F.); *Marsch-Barner* in Spindler/Stilz, § 225 Rz. 21; *Hüffer*, § 225 Rz. 4; ähnlich *Oechsler* in MünchKomm. AktG, § 225 Rz. 10 (bis zum nächsten ordentlichen Kündigungstermin).
15 BGBl. I 1994, 560.
16 Vgl. hierzu *Liebscher/Scharff*, NJW 2006, 3745, 3747.
17 Vgl. *Lutter* in KölnKomm. AktG, § 225 Rz. 7; *Marsch-Barner* in Spindler/Stilz, § 225 Rz. 6; einschränkend *Oechsler* in MünchKomm. AktG, § 225 Rz. 6 für den Fall, dass Forderung nach der Eintragung der Kapitalherabsetzung, aber vor der Bekanntmachung entsteht; dieses Szenario ist aber seit der Neufassung des § 10 HGB durch das EHUG nicht mehr realistisch.
18 Vgl. *Hüffer*, § 225 Rz. 5; zustimmend *Oechsler* in MünchKomm. AktG, § 225 Rz. 12; *Marsch-Barner* in Spindler/Stilz, § 225 Rz. 10.

b) Fristgerechte Meldung

Der Anspruch auf Sicherheitsleistung besteht nur, wenn sich der Gläubiger binnen 11
einer Frist von **sechs Monaten nach Bekanntmachung** der **Eintragung** bei der Gesellschaft zu diesem Zweck meldet. Hierbei handelt es sich um eine materiell-rechtliche
Ausschlussfrist, so dass auch ein nicht schuldhaftes Verstreichen der Frist zum An-
spruchsverlust führt. Eine besondere Form muss der Gläubiger nicht einhalten. Er
muss lediglich beachten, dass er sich an die Gesellschaft – nicht an das Registergericht – zu wenden hat (zur gemeinschaftsrechtlich veranlassten Reform des Verfahrens s. Rz. 2).

Die **Frist** beginnt an dem Tag zu laufen, der auf den Stichtag (s. Rz. 9) folgt. Die Mel- 12
dung kann bereits vor Fristbeginn erfolgen, muss jedoch vor Fristablauf der Gesellschaft zugegangen sein (§ 130 Abs. 1 BGB). Die in § 225 Abs. 1 Satz 1 normierte Frist
kann von der Gesellschaft nicht zu Lasten der Gläubiger verkürzt werden. Zulässig
ist es jedoch, den Gläubigern eine längere Frist einzuräumen[19].

c) Kein Nachweis einer Gefährdung

Das Recht, Sicherheit zu verlangen, steht den Gläubigern unabhängig davon zu, ob 13
durch die Kapitalherabsetzung die Erfüllung ihrer Forderung gefährdet wird. Insbesondere ist das **Recht** der **Gläubiger**, Sicherheitsleistung zu verlangen, **unabhängig** davon, ob **Zahlungen** an die **Aktionäre** aufgrund der Herabsetzung des Grundkapitals
geleistet werden (§ 225 Abs. 3). Es wird also unwiderleglich vermutet, dass die Interessen der Gläubiger durch den Vorgang einer Kapitalherabsetzung immer betroffen
sind. Anders ist dies bei einer Verschmelzung, bei der den Gläubigern das Recht auf
Sicherheitsleistung nur zusteht, wenn sie glaubhaft machen, dass die Erfüllung ihrer
Forderung gefährdet ist (§ 22 Abs. 1 Satz 2 UmwG). Soll das Kapital herabgesetzt werden und eine Sicherheitsleistung vermieden werden, steht nur der Weg einer vereinfachten Kapitalherabsetzung (§§ 229 ff.) zur Verfügung.

d) Ausschluss (§ 225 Abs. 1 Satz 3)

Das Recht, Sicherheitsleistung zu verlangen, steht Gläubigern nicht zu, die im Fall 14
des Insolvenzverfahrens ein **Recht** auf **vorzugsweise Befriedigung** aus einer **Deckungsmasse** haben, die nach gesetzlicher Vorschrift zu ihrem Schutz errichtet und
staatlich überwacht ist (§ 225 Abs. 1 Satz 3). Anspruch auf Befriedigung aus einer besonderen Deckungsmasse haben die Inhaber bestimmter Pfandbriefe (§ 30 PfandBG)
sowie Versicherte gegenüber ihrer Versicherungsgesellschaft (§§ 77, 79 VAG). Einen
besonderen Insolvenzschutz genießen aber auch die Inhaber von **Ansprüchen** aus der
betrieblichen Altersversorgung und **unverfallbarer Versorgungsanwartschaften**, soweit der Pensionssicherungsverein im Falle einer Insolvenz eingreift (§ 7 Abs. 1 und
2 BetrAVG). Sie sind daher analog § 225 Abs. 1 Satz 3 nicht berechtigt, Sicherheitsleistung zu verlangen[20]. Der **Pensionssicherungsverein** selbst ist grundsätzlich nicht
anspruchsberechtigt, denn „seine" sicherungsfähigen Ansprüche sind in der Regel
noch nicht hinreichend konkretisiert (zu dieser Anforderung s. Rz. 7) und damit noch
nicht begründet i.S.v. § 225 Abs. 1 Satz 1[21].

---

19 Vgl. *Hüffer*, § 225 Rz. 7; *Lutter* in KölnKomm. AktG, § 225 Rz. 16; *Oechsler* in MünchKomm.
    AktG, § 225 Rz. 16.
20 Vgl. BAG v. 30.7.1996 – 3 AZR 397/95, WiB 1997, 423, 424 (zu § 374 a.F.); zustimmend *Hüffer*,
    § 225 Rz. 10; *Oechsler* in MünchKomm. AktG, § 225 Rz. 28; *Marsch-Barner* in Spindler/Stilz,
    § 225 Rz. 18; ebenso schon *Krieger* in FS Nirk, S. 551, 557 ff. A.A. *Rittner* in FS Oppenhoff,
    S. 317, 326 ff.; *Wiedemann/Küpper* in FS Pleyer, S. 445, 453 f.
21 Vgl. *Krieger* in FS Nirk, S. 551, 564 ff.; *Marsch-Barner* in Spindler/Stilz, § 225 Rz. 18.

15   Der Vorschrift liegt die Überlegung zugrunde, dass ein Gläubiger nicht gegenüber anderen bevorzugt werden soll, sofern er bereits hinreichend gesichert ist. So haben Gläubiger, die durch **Grundpfandrechte** oder **dingliche Sicherheiten** (beispielsweise durch Sicherungseigentum) einen besonderen Insolvenzschutz genießen, keinen Anspruch auf Sicherheitsleistung, soweit ihre Sicherheit die Forderung wertmäßig deckt[22]. Aber auch in den Fällen, in denen die Sicherheit nicht den Anforderungen des § 232 Abs. 1 BGB genügt, kann eine Sicherheitsleistung ausscheiden (§ 242 BGB)[23]. Dies kommt vor allem bei einer Bürgschaft in Betracht, die entgegen den in den §§ 232 ff. BGB (insbesondere: entgegen § 232 Abs. 2 BGB) vorgesehenen Regeln bestellt wurde.

3. Rechtsfolgen

16   Der **Anspruch** auf **Sicherheitsleistung** entsteht **kraft Gesetzes**. Der Umfang der Sicherheitsleistung richtet sich nach der jeweiligen Forderung einschließlich etwaiger Zinsen. Im Einzelfall kann allerdings ein **Bewertungsabschlag** geboten sein. In Betracht kommt dies, wenn die Forderung aufschiebend bedingt ist (s. Rz. 7) oder wenn der Vorstand aufgrund einer sorgfältigen Prüfung zu dem Ergebnis kommt, dass der Anspruch teilweise nicht besteht (s. Rz. 10). Der Anspruch des Gläubigers entfällt, sobald seine Forderung fällig wird. Dann kann er unmittelbar auf Leistung klagen. Die **Art** und **Weise** der **Sicherheitsleistung** bestimmt sich nach den §§ 232 ff. BGB. Es ist also in erster Linie eine Realsicherheit zu leisten (§ 232 Abs. 1 BGB). Eine Bürgschaft kommt nur dann in Betracht, wenn die Sicherheit nicht durch eine Realsicherheit geleistet werden kann und der Bürge tauglich ist[24] (§§ 232 Abs. 2, 239 BGB).

III. Sperre (§ 225 Abs. 2)

1. Verbot von Zahlungen an Aktionäre

17   Zahlungen an die Aktionäre dürfen aufgrund der Herabsetzung des Grundkapitals erst geleistet werden, nachdem seit der **Bekanntmachung** der **Eintragung sechs Monate verstrichen** sind und nachdem den **Gläubigern**, die sich rechtzeitig gemeldet haben, **Befriedigung** oder **Sicherheit** gewährt worden ist (§ 225 Abs. 2 Satz 1). Diese Sperre will die Gläubiger vor den spezifischen Gefahren einer Kapitalherabsetzung schützen. Folglich sind nur Zahlungen aufgrund der Herabsetzung des Grundkapitals verboten. Es muss sich dabei nicht notwendig um eine **Geldleistung** handeln. Auch eine **Sachleistung** kommt in Betracht[25]. Voraussetzung ist aber, dass es sich um eine Zahlung aus dem Buchertrag handelt[26]. Eine Ausschüttung von Dividenden ist jedenfalls dann verboten, wenn aufgrund der Kapitalherabsetzung ein Dividendenanspruch in der betreffenden Höhe entstanden ist[27].

---

22 Allg. M.; vgl. *Hüffer*, § 225 Rz. 11; *Lutter* in KölnKomm. AktG, § 225 Rz. 26; *Marsch-Barner* in Spindler/Stilz, § 225 Rz. 19.
23 Vgl. *Lutter* in KölnKomm. AktG, § 225 Rz. 29; *Marsch-Barner* in Spindler/Stilz, § 225 Rz. 19; *Oechsler* in MünchKomm. AktG, § 225 Rz. 26; etwas anders *Hüffer*, § 225 Rz. 11 (Anspruch auf Sicherheitsleistung bestehe, wenn Gläubiger die andere Sicherheit aufgebe). A.A. *Rittner* in FS Oppenhoff, S. 317, 325 f.; *Wiedemann/Küpper* in FS Pleyer, S. 445, 454.
24 Vgl. etwa OLG Zweibrücken v. 8.1.2004 – 4 U 70/03, AG 2004, 568, 570 (Untauglichkeit einer „Garantieerklärung", bei der sich weder die Rechtspersönlichkeit der sich verpflichtenden Firma erschlossen noch wer die Erklärung unterschrieben hatte).
25 Vgl. *Hüffer*, § 225 Rz. 15; *Lutter* in KölnKomm. AktG, § 225 Rz. 49 ff.; *Oechsler* in MünchKomm. AktG, § 225 Rz. 33.
26 Vgl. *Hüffer*, § 225 Rz. 15; *Lutter* in KölnKomm. AktG, § 225 Rz. 39.
27 Vgl. *Oechsler* in MünchKomm. AktG, § 225 Rz. 35; *Marsch-Barner* in Spindler/Stilz, § 225 Rz. 23.

Kommt es zu einer **verbotenen Auszahlung**, so ist diese zwar wirksam. Der betreffen-   18
de **Aktionär** hat die Leistung aber zu **erstatten** (§ 62). Der Vorstand bzw. Aufsichtsrat
ist zum Schadensersatz verpflichtet (§§ 93 Abs. 3 und 116). Gläubiger können etwaige Ersatzansprüche gem. § 93 Abs. 5 Satz 1 und § 62 Abs. 2 Satz 1 verfolgen. Auch
haben sie einen Unterlassungsanspruch, den sie gegen die Gesellschaft klageweise
geltend machen können[28].

2. Wirksamkeitsvoraussetzungen für Erlassverträge

Auch eine **Befreiung** der **Aktionäre** von der Verpflichtung zur Leistung von Einlagen   19
wird nicht vor dem bezeichneten Zeitpunkt und nicht vor Befriedigung oder Sicherstellung der Gläubiger wirksam, die sich rechtzeitig gemeldet haben (§ 225 Abs. 2
Satz 2). Diese Sperre dient ebenfalls dem Gläubigerschutz. Sie begründet im Unterschied zu der in § 225 Abs. 2 Satz 1 getroffenen Regelung besondere Voraussetzungen
für einen **wirksamen Abschluss** eines **Erlassvertrags** (§ 397 BGB)[29]. Sind diese (noch)
nicht erfüllt, ist der Erlassvertrag schwebend unwirksam. Die betreffenden Aktionäre
bleiben daher so lange verpflichtet, die Einlage zu erbringen[30].

§ 226
Kraftloserklärung von Aktien

**(1) Sollen zur Durchführung der Herabsetzung des Grundkapitals Aktien durch Um-
tausch, Abstempelung oder durch ein ähnliches Verfahren zusammengelegt werden,
so kann die Gesellschaft die Aktien für kraftlos erklären, die trotz Aufforderung
nicht bei ihr eingereicht worden sind. Gleiches gilt für eingereichte Aktien, welche
die zum Ersatz durch neue Aktien nötige Zahl nicht erreichen und der Gesellschaft
nicht zur Verwertung für Rechnung der Beteiligten zur Verfügung gestellt sind.**

**(2) Die Aufforderung, die Aktien einzureichen, hat die Kraftloserklärung anzudrohen.
Die Kraftloserklärung kann nur erfolgen, wenn die Aufforderung in der in § 64 Abs. 2
für die Nachfrist vorgeschriebenen Weise bekannt gemacht worden ist. Die Kraftloserklärung geschieht durch Bekanntmachung in den Gesellschaftsblättern. In der Bekanntmachung sind die für kraftlos erklärten Aktien so zu bezeichnen, dass sich aus
der Bekanntmachung ohne weiteres ergibt, ob eine Aktie für kraftlos erklärt ist.**

**(3) Die neuen Aktien, die an Stelle der für kraftlos erklärten Aktien auszugeben sind,
hat die Gesellschaft unverzüglich für Rechnung der Beteiligten zum Börsenpreis und
beim Fehlen eines Börsenpreises durch öffentliche Versteigerung zu verkaufen. Ist
von der Versteigerung am Sitz der Gesellschaft kein angemessener Erfolg zu erwarten, so sind die Aktien an einem geeigneten Ort zu verkaufen. Zeit, Ort und Gegenstand der Versteigerung sind öffentlich bekannt zu machen. Die Beteiligten sind
besonders zu benachrichtigen; die Benachrichtigung kann unterbleiben, wenn sie untunlich ist. Bekanntmachung und Benachrichtigung müssen mindestens zwei Wochen vor der Versteigerung ergehen. Der Erlös ist den Beteiligten auszuzahlen oder,
wenn ein Recht zur Hinterlegung besteht, zu hinterlegen.**

---

28 Vgl. *Lutter* in KölnKomm. AktG, § 225 Rz. 31, 36, 40.
29 Vgl. *Lutter* in KölnKomm. AktG, § 225 Rz. 41; *Hüffer*, § 225 Rz. 16.
30 Vgl. *Lutter* in KölnKomm. AktG, § 225 Rz. 41.

I. Allgemeines	1		2. Rechtsfolgen	9
II. Zusammenlegung	3		3. Fehler	10
III. Kraftloserklärung (§ 226 Abs. 1 und 2)	6		IV. Verwertung der Aktien	
1. Verfahrensablauf	6		(§ 226 Abs. 3)	11

Literatur: *Bork*, Mitgliedschaftsrechte unbekannter Aktionäre während des Zusammenlegungsverfahrens nach § 226 AktG, in FS Claussen, 1997, S. 49; *Zöllner*, Neustückelung des Grundkapitals und Neuverteilung von Einzahlungsquoten bei teileingezahlten Aktien der Versicherungsgesellschaften, AG 1985, 19.

I. Allgemeines

1 Die Vorschrift regelt wichtige Teilaspekte einer **Kapitalherabsetzung** durch **Zusammenlegung** von **Aktien**. Die Gesellschaft fordert zunächst die Aktionäre zur Einreichung der Aktien auf (vgl. § 226 Abs. 2). **Aktien**, die trotz Aufforderung **nicht** bei ihr **eingereicht** worden sind, kann sie für **kraftlos erklären** (§ 226 Abs. 1). Dies hat zur Folge, dass die Aktienurkunde das Mitgliedsrecht nicht mehr verbrieft. Ferner bestimmt die Vorschrift die **Verwertung** der an Stelle der für kraftlos erklärten Aktien ausgegebenen neuen **Aktien** (§ 226 Abs. 3).

2 Auf eine **Kapitalherabsetzung** durch **Herabsetzung** des **Nennbetrags** (§ 222 Rz. 32) findet die Vorschrift keine Anwendung; sie bestimmt sich nach dem in § 73 geregelten Verfahren. Erfolgt die Kapitalherabsetzung sowohl durch Herabsetzung des Nennbetrags als auch durch Zusammenlegung der Aktien, können die beiden Verfahren nach § 226 und § 73 miteinander verbunden werden[1]. Die Vorschrift findet schließlich auch bei einer vereinfachten Kapitalherabsetzung (§ 229 Abs. 3) und bei einer Verschmelzung sowie Spaltung (§§ 72, 73 125 UmwG) entsprechende Anwendung. Sie wurde im Jahre 1965 weitgehend übereinstimmend mit § 179 von 1937 formuliert und hat seitdem keine Änderungen erfahren.

II. Zusammenlegung

3 Die **Zusammenlegung** der **Aktien** ist in § 226 größtenteils nicht geregelt, so dass die allgemeinen Vorschriften über die Geschäftsführung in einer Aktiengesellschaft heranzuziehen sind. Der **Vorstand** wird – soweit er nicht durch den Kapitalherabsetzungsbeschluss gebunden ist (s. § 222 Rz. 13) – nach **eigenem pflichtgemäßen Ermessen** tätig (§ 93 Abs. 1 Satz 2). Allerdings ist er gehalten, unverzüglich tätig zu werden[2]. Dabei muss er den Ansprüchen der Aktionäre gerecht werden, nach Maßgabe des im Kapitalherabsetzungsbeschluss festgelegten Herabsetzungsverhältnisses beteiligt zu werden. Die Aktionäre haben einen eigenen Anspruch gegenüber der Gesellschaft auf Zusammenlegung[3].

4 Die Zusammenlegung ist ein **einseitiges Rechtsgeschäft**. Die Aktionäre wirken also nicht mit. Die vom Vorstand auf Zusammenlegung gerichtete **Willenserklärung** ist nicht empfangsbedürftig[4], so dass schon die (auch konkludent mögliche) Abgabe der entsprechenden Willenserklärung des Vorstands (beispielsweise in Form eines Be-

---

1 Vgl. *Marsch-Barner* in Spindler/Stilz, § 226 Rz. 2.
2 Vgl. *Lutter* in KölnKomm. AktG, § 226 Rz. 8; *Oechsler* in MünchKomm. AktG, § 226 Rz. 3.
3 Vgl. *Oechsler* in MünchKomm. AktG, § 226 Rz. 7.
4 Vgl. *Bork* in FS Claussen, S. 49, 52; *Hüffer*, § 226 Rz. 4; *Oechsler* in MünchKomm. AktG, § 226 Rz. 5; *Marsch-Barner* in Spindler/Stilz, § 226 Rz. 6.

schlusses oder Aktenvermerks[5]) die Zusammenlegung der Aktien zur Folge hat. Die bisherigen **Urkunden** sind entweder **umzutauschen** oder zu **berichtigen**; wie der Vorstand verfahren will, kann er nach eigenem pflichtgemäßen Ermessen entscheiden. Werden die Urkunden umgetauscht, ist der Vorstand verpflichtet, die alten, mittlerweile unwirksam gewordenen Urkunden zu vernichten, um eine Täuschung des Geschäftsverkehrs auszuschließen[6]. Wurde der Anspruch auf Einzelverbriefung ausgeschlossen und statt dessen eine Globalurkunde ausgestellt (vgl. § 10 Abs. 5), muss diese entweder umgetauscht oder berichtigt werden[7]. Sind die Mitgliedsrechte nicht verbrieft, brauchen nur die Mitgliedsrechte zusammengelegt zu werden[8]. Die Aktionäre sind hierüber zu unterrichten[9].

Wenn bei der Zusammenlegung der eingereichten Aktienurkunden aufgrund des Zusammenlegungsverhältnisses nicht alle Urkunden umgetauscht werden können, hat der Vorstand die verbleibenden Aktien **mit Aktien anderer Aktionäre zusammenzulegen**. Die neuen Aktien stehen im Miteigentum der betroffenen Aktionäre (§§ 1008 ff., 741 ff. BGB)[10]. Die Verwertung dieser Aktien erfolgt nicht nach Maßgabe von § 226 Abs. 3, sondern durch die Gesellschaft im Wege des freihändigen Verkaufs[11]. 5

III. Kraftloserklärung (§ 226 Abs. 1 und 2)

1. Verfahrensablauf

Die **Kraftloserklärung** ist in § 226 Abs. 1 und 2 abschließend geregelt[12]. Sie kommt in **zwei Fällen** in Betracht: *Erstens*, wenn **Aktien trotz** einer **Aufforderung** durch die Gesellschaft **nicht** oder nicht fristgerecht **eingereicht** wurden (§ 226 Abs. 1 Satz 1), *zweitens*, wenn die **eingereichten Aktien** die zum Ersatz durch neue Aktien nötige Zahl nicht erreichen und der Gesellschaft **nicht** zur **Verwertung** für **Rechnung** der **Beteiligten** zur Verfügung gestellt sind (§ 226 Abs. 1 Satz 2). 6

Voraussetzung ist zunächst eine **Aufforderung** der **Gesellschaft**, die Aktien einzureichen. Diese Aufforderung hat die Kraftloserklärung anzudrohen (§ 226 Abs. 2 Satz 1). Außerdem muss die Aufforderung in der in § 64 Abs. 2 für die Nachfrist vorgeschriebenen Weise bekannt gemacht worden sein (§ 226 Abs. 2 Satz 2). Dies bedeutet, dass die Aufforderung drei mal in den Gesellschaftsblättern bekannt gemacht werden muss. Die erste **Bekanntmachung** hat mindestens drei Monate, die letzte mindestens einen Monat vor Fristablauf zu ergehen. Zwischen den einzelnen Bekanntmachungen muss ein Zeitraum von mindestens drei Wochen liegen. Bei vinkulierten Namensaktien genügt anstelle der öffentlichen Bekanntmachung die einmalige Einzelaufforderung an die säumigen Aktionäre. Allerdings muss dabei eine Nachfrist gewährt werden, die mindestens einen Monat seit dem Empfang der Aufforderung beträgt. 7

---

5 Vgl. *Hüffer*, § 226 Rz. 4; *Marsch-Barner* in Spindler/Stilz, § 226 Rz. 6.
6 Vgl. *Oechsler* in MünchKomm. AktG, § 226 Rz. 6.
7 Vgl. *Marsch-Barner* in Spindler/Stilz, § 226 Rz. 8 (anschließend Korrektur der Buchungen in den Bankdepots der Aktionäre).
8 Vgl. *Lutter* in KölnKomm. AktG, § 226 Rz. 15.
9 Vgl. *Hüffer*, § 226 Rz. 5; *Marsch-Barner* in Spindler/Stilz, § 226 Rz. 7.
10 Vgl. *Hüffer*, § 226 Rz. 5; *Marsch-Barner* in Spindler/Stilz, § 226 Rz. 9.
11 Vgl. *Marsch-Barner* in Spindler/Stilz, § 226 Rz. 9 („Spitzenregulierung" im Auftrag der Gesellschaft durch die Depotbanken).
12 Vgl. *Hüffer*, § 226 Rz. 7. A.A. *Lutter* in KölnKomm. AktG, § 226 Rz. 18 (weitere Voraussetzungen könnten in der Satzung festgelegt werden).

8   Sodann kann die **Kraftloserklärung** erfolgen. Sie geschieht **durch Bekanntmachung** in den **Gesellschaftsblättern** (§ 226 Abs. 2 Satz 3). In der Bekanntmachung sind die für kraftlos erklärten Aktien so zu bezeichnen, dass sich aus der Bekanntmachung ohne Weiteres ergibt, ob eine Aktie für kraftlos erklärt ist (§ 226 Abs. 2 Satz 4). Dies ist beispielsweise gewährleistet, wenn die Seriennummer angegeben wird[13]. Die Aktionäre müssen hierüber nicht benachrichtigt werden, eine schriftliche Mitteilung ist vom Gesetz nicht verlangt[14].

2. Rechtsfolgen

9   Rechtsfolge der Kraftloserklärung von Aktien ist, dass die **Mitgliedsrechte nicht mehr wertpapiermäßig verbrieft** sind[15]. Ein gutgläubiger Erwerb ist damit ausgeschlossen. Der Aktionär kann seine Mitgliedsrechte bis zur Neuverbriefung nur gem. §§ 413, 398 ff. BGB übertragen.

3. Fehler

10   Eine Kraftloserklärung kann aus verschiedenen Gründen fehlerhaft sein. In Betracht kommt, dass der Kapitalherabsetzungsbeschluss nicht getroffen wurde, unwirksam oder nichtig ist oder dass ein **Verstoß** gegen **Verfahrensvorschriften** erfolgte. Sofern es sich hierbei um wesentliche Regeln handelt, wie z.B. die Androhung (§ 226 Abs. 2 Satz 1) oder Bekanntmachung (§ 226 Abs. 2 Satz 2), ist die **Kraftloserklärung unwirksam**[16]. Dies bedeutet, dass die Aktienurkunden weiterhin wirksam sind und die Mitgliedsrechte des Aktionärs verbriefen. Etwaige neue Aktienurkunden haben daher keine Wirkungen; insbesondere ermöglichen sie keinen gutgläubigen Erwerb[17].

IV. Verwertung der Aktien (§ 226 Abs. 3)

11   Die **Gesellschaft** hat die neuen **Aktien**, die anstelle der für kraftlos erklärten Aktien auszugeben sind, unverzüglich für **Rechnung** der **Beteiligten** zu **verkaufen**. Dies muss zum **Börsenpreis** (vgl. § 24 Abs. 1 BörsG) und beim Fehlen eines Börsenpreises durch öffentliche **Versteigerung** erfolgen (§ 226 Abs. 3 Satz 1). Ist von der Versteigerung am Sitz der Gesellschaft kein angemessener Erfolg zu erwarten, so sind die Aktien an einem geeigneten Ort zu verkaufen (§ 226 Abs. 3 Satz 2). Der Vorstand ist an diese Vorgaben gebunden. Eine andere Art der Verwertung kommt nur in Betracht, wenn alle betroffenen Aktionäre einverstanden sind[18]. Beim Verkauf wird die Gesellschaft im Interesse des Aktionärs in dessen Angelegenheiten tätig, so dass die §§ 662 ff. BGB Anwendung finden[19].

12   **Zeit**, **Ort** und **Gegenstand** der **Versteigerung** sind **öffentlich bekannt** zu machen (§ 226 Abs. 3 Satz 3). Die Beteiligten sind besonders zu benachrichtigen, es sei denn,

---

13 Vgl. *Hüffer*, § 226 Rz. 11; *Lutter* in KölnKomm. AktG, § 226 Rz. 21; *Marsch-Barner* in Spindler/Stilz, § 226 Rz. 15.
14 Vgl. *Lutter* in KölnKomm. AktG, § 226 Rz. 21.
15 Vgl. *Hüffer*, § 226 Rz. 12; *Lutter* in KölnKomm. AktG, § 226 Rz. 16; *Oechsler* in MünchKomm. AktG, § 226 Rz. 17; *Bork* in FS Claussen, S. 49, 52.
16 Vgl. *Hüffer*, § 226 Rz. 17; *Lutter* in KölnKomm. AktG, § 226 Rz. 24; *Marsch-Barner* in Spindler/Stilz, § 226 Rz. 24.
17 Vgl. BGH v. 30.9.1991 – II ZR 47/91, AG 1992, 27, 28; *Lutter* in KölnKomm. AktG, § 226 Rz. 24; *Oechsler* in MünchKomm. AktG, § 226 Rz. 21; *Marsch-Barner* in Spindler/Stilz, § 226 Rz. 24.
18 Vgl. *Hüffer*, § 226 Rz. 15; *Lutter* in KölnKomm. AktG, § 226 Rz. 25; *Marsch-Barner* in Spindler/Stilz, § 226 Rz. 20.
19 Vgl. *Lutter* in KölnKomm. AktG, § 226 Rz. 25; *Marsch-Barner* in Spindler/Stilz, § 226 Rz. 20.

dass dies untunlich ist (§ 226 Abs. 3 Satz 4). Bekanntmachung und Benachrichtigung müssen mindestens zwei Wochen vor der Versteigerung ergehen (§ 226 Abs. 3 Satz 5). Der Erlös ist den Beteiligten im Verhältnis der Bruchteilsrechte[20] auszuzahlen oder, wenn ein Recht zur Hinterlegung (vgl. § 372 BGB[21]) besteht, zu hinterlegen (§ 226 Abs. 3 Satz 5).

Die **Gesellschaft** kann **gegenüber** den **Aktionären** zum **Schadensersatz** verpflichtet **13** sein, wenn ihr Vorstand bei der Versteigerung bzw. beim Verkauf deren Interessen außer Acht lässt. So kann zum einen ein vertraglicher Schadensersatzanspruch begründet sein (§§ 280 Abs. 1, 3, 281 BGB). Zum anderen ist eine deliktische Haftung möglich (§ 823 Abs. 2, 31 BGB und § 823 Abs. 2 BGB i.V.m. § 226 Abs. 3 AktG)[22]. Die praktische Relevanz dieser Ansprüche ist im Wesentlichen auf die Fälle beschränkt, in denen der Kurs der Aktien fällt und der Aktionär einen geringeren Betrag erhält als denjenigen, den er bei einer unverzüglichen Versteigerung bzw. einem Verkauf erhalten hätte.

§ 227
Anmeldung der Durchführung

(1) Der Vorstand hat die Durchführung der Herabsetzung des Grundkapitals zur Eintragung in das Handelsregister anzumelden.

(2) Anmeldung und Eintragung der Durchführung der Herabsetzung des Grundkapitals können mit Anmeldung und Eintragung des Beschlusses über die Herabsetzung verbunden werden.

I. Allgemeines	1	1. Anmeldung (§ 227 Abs. 1)	3
II. Durchführung der Kapitalherabsetzung	2	2. Verbindung mit der Anmeldung des Beschlusses (§ 227 Abs. 2)	6
III. Registergerichtliches Verfahren	3		

I. Allgemeines

Die Vorschrift regelt die **Anmeldung** der **Durchführung** der Herabsetzung des Grund- **1** kapitals zur Eintragung in das Handelsregister. Diese hat – im Gegensatz zur ordentlichen Kapitalerhöhung (vgl. § 189) – lediglich **deklaratorische Wirkung**. Ferner legt die Vorschrift fest, dass die Anmeldung und die Eintragung auch mit der Anmeldung und Eintragung des Beschlusses über die Herabsetzung (vgl. § 224) verbunden werden können (§ 227 Abs. 2). Die Vorschrift wurde im Jahre 1965 größtenteils unverändert aus § 180 von 1937 übernommen. Sie hat seitdem keine Änderungen erfahren.

II. Durchführung der Kapitalherabsetzung

Der Begriff der Durchführung ist in Abs. 1 nicht definiert. Er erschließt sich aus den **2** in § 222 Abs. 4 normierten Arten einer Kapitalherabsetzung. Hat die Hauptversamm-

---

20 Vgl. *Marsch-Barner* in Spindler/Stilz, § 226 Rz. 23.
21 Vgl. *Oechsler* in MünchKomm. AktG, § 226 Rz. 30.
22 *Lutter* in KölnKomm. AktG, § 226 Rz. 26.

lung beschlossen, die Nennbeträge der Aktien herabzusetzen (s. § 222 Rz. 32), so ist die Kapitalherabsetzung bereits mit der Eintragung des Beschlusses in das Handelsregister (§ 224) durchgeführt[1]. Hat die Hauptversammlung (auch) eine **Herabsetzung** durch **Zusammenlegung** von **Aktien** beschlossen (s. § 222 Rz. 34), so ist die Durchführung erst mit der **Entscheidung** des Vorstands **über** die **Zusammenlegung** (s. § 226 Rz. 3 ff.) und der unter Umständen erforderlichen **Kraftloserklärung** der alten **Aktien** (s. hierzu § 226 Rz. 6 ff.) erfolgt[2]. Auf die Verwertung der Aktien gem. § 226 Abs. 3 kommt es dagegen nicht an. Auch die zur Verfolgung des beschlossenen Zwecks ergriffenen Maßnahmen, wie beispielsweise die Rückzahlung der Einlagen oder deren Erlass, gehören nicht zur Durchführung i.S.v. § 227 Abs. 1. Ebenso verhält es sich bezüglich des Umtauschs der Aktienurkunden[3]. Schließlich kommt es auch nicht darauf an, ob das zum Schutz der Gläubiger in § 225 normierte Verfahren abgeschlossen ist. Es handelt sich um eine praktische Umsetzungsmaßnahme, die für den in § 227 Abs. 1 verwandten Begriff der Durchführung nicht relevant ist.

III. Registergerichtliches Verfahren

1. Anmeldung (§ 227 Abs. 1)

3   Zur Anmeldung berechtigt und verpflichtet ist der **Vorstand** der Gesellschaft. Anders als bei der Anmeldung des Beschlusses (vgl. § 223) wirkt der Aufsichtsratsvorsitzende nicht mit. Die registergerichtliche Zuständigkeit und die bei der Anmeldung zu beachtenden Formalien bestimmen sich nach den Regeln, die für die Anmeldung des Beschlusses gelten (s. zu den Einzelheiten § 223 Rz. 2 ff.). Die Pflicht zur Anmeldung nach § 227 Abs. 1 ist mit der **Durchführung** der **Kapitalherabsetzung** (s. Rz. 2) begründet[4]. Sie kann – anders als die Anmeldung des Beschlusses nach § 223 – mit Zwangsgeld durchgesetzt werden[5].

4   Die registergerichtliche Kontrolle hat sich darauf zu erstrecken, ob die Durchführung ordnungsgemäß erfolgt ist. Sie hat vor allem der Frage zu gelten, ob die von § 8 Abs. 2 und Abs. 3 normierten Mindestbeträge eingehalten sind (s. hierzu § 222 Rz. 3). Auf die Einhaltung der Auszahlungssperre (§ 225 Abs. 2 Satz 1) bezieht sich die Kontrolle nicht[6].

5   Die **Eintragung** der Durchführung der Kapitalerhöhung erfolgt in Spalte 3 und 6 des Handelsregisters (vgl. § 43 Nr. 3 und Nr. 6a HRV). Die **Bekanntmachung** bestimmt sich nach § 10 HGB n.F. durch das EHUG.

2. Verbindung mit der Anmeldung des Beschlusses (§ 227 Abs. 2)

6   Die Anmeldung und Eintragung der Durchführung der Herabsetzung des Grundkapitals können mit der Anmeldung und Eintragung des Beschlusses über die Herabsetzung verbunden werden (§ 227 Abs. 2). Dieses Verfahren kommt sinnvollerweise nur bei einer **Kapitalherabsetzung** durch **Herabsetzung** der **Nennbeträge** der Aktien (§ 222 Abs. 4 Satz 1) in Betracht. In diesem Fall erfolgt nämlich die Durchführung der Kapi-

---

1 Vgl. *Hüffer*, § 227 Rz. 2; *Oechsler* in MünchKomm. AktG, § 227 Rz. 2.
2 Vgl. *Hüffer*, § 227 Rz. 2; *Lutter* in KölnKomm. AktG, § 227 Rz. 3; *Oechsler* in MünchKomm. AktG, § 227 Rz. 2; *Marsch-Barner* in Spindler/Stilz, § 227 Rz. 4.
3 Vgl. *Hüffer*, § 227 Rz. 3; *Lutter* in KölnKomm. AktG, § 227 Rz. 4; *Oechsler* in MünchKomm. AktG, § 227 Rz. 3.
4 Vgl. *Hüffer*, § 227 Rz. 5; *Lutter* in KölnKomm. AktG, § 227 Rz. 5.
5 Vgl. *Marsch-Barner* in Spindler/Stilz, § 227 Rz. 5,
6 Vgl. KG v. 4.2.1926 – 1 X 794/25, JW 1926, 2930; *Hüffer*, § 227 Rz. 6; *Lutter* in KölnKomm. AktG, § 227 Rz. 6; *Oechsler* in MünchKomm. AktG, § 227 Rz. 5.

talherabsetzung bereits mit der Eintragung des Beschlusses nach § 224. Bei einer Kapitalherabsetzung durch Zusammenlegung von Aktien verhält es sich anders. Deren Durchführung in Gestalt einer Zusammenlegung und gegebenenfalls Kraftloserklärung von Aktien (s. Rz. 2) setzt voraus, dass der Kapitalherabsetzungsbeschluss durch Eintragung in das Handelsregister wirksam geworden ist (s. § 226 Rz. 6 ff.).

Werden die Anmeldungen gem. § 227 Abs. 2 miteinander verbunden, liegen zwei 7 voneinander zu unterscheidende und getrennt zu prüfende sowie zu entscheidende Anträge vor[7].

§ 228
Herabsetzung unter den Mindestnennbetrag

(1) Das Grundkapital kann unter den in § 7 bestimmten Mindestnennbetrag herabgesetzt werden, wenn dieser durch eine Kapitalerhöhung wieder erreicht wird, die zugleich mit der Kapitalherabsetzung beschlossen ist und bei der Sacheinlagen nicht festgesetzt sind.

(2) Die Beschlüsse sind nichtig, wenn sie und die Durchführung der Erhöhung nicht binnen sechs Monaten nach der Beschlussfassung in das Handelsregister eingetragen worden sind. Der Lauf der Frist ist gehemmt, solange eine Anfechtungs- oder Nichtigkeitsklage rechtshängig ist oder eine zur Kapitalherabsetzung oder Kapitalerhöhung beantragte staatliche Genehmigung noch nicht erteilt ist. Die Beschlüsse und die Durchführung der Erhöhung des Grundkapitals sollen nur zusammen in das Handelsregister eingetragen werden.

I. Allgemeines 1	III. Eintragungsverfahren	
II. Voraussetzungen (§ 228 Abs. 1) 2	(§ 228 Abs. 2) 4

I. Allgemeines

Die Vorschrift ermöglicht eine **Herabsetzung** des **Grundkapitals unter** den **gesetzlichen Mindestbetrag** von 50.000 Euro. Sie verlangt hierfür, dass zugleich mit der Kapitalherabsetzung eine Kapitalerhöhung beschlossen wird und damit der Mindestnennbetrag von 50.000 Euro wieder erreicht wird. Damit ermöglicht sie es, eine Unterbilanz zu beseitigen und damit eine **Sanierung** der **Gesellschaft** zu erreichen. Die Vorschrift findet auch bei einer vereinfachten Kapitalherabsetzung Anwendung (s. § 229 Rz. 2). Sie wurde im Jahre 1965 mit geringfügigen sprachlichen Änderungen aus § 181 von 1937 übernommen und seitdem nicht verändert.

II. Voraussetzungen (§ 228 Abs. 1)

Aus § 228 Abs. 1 folgt, dass das **Grundkapital** unter den in § 7 bestimmten Nennbetrag herabgesetzt werden kann. Insbesondere ist es zulässig, das Kapital **auf Null herabzusetzen**. Voraussetzung ist allerdings, dass der **Mindestnennbetrag** (§ 7) in Höhe von 50.000 Euro durch eine **Kapitalerhöhung** wieder erreicht wird, die zugleich – also

1

2

---

7 Vgl. *Hüffer*, § 227 Rz. 8; *Oechsler* in MünchKomm. AktG, § 227 Rz. 7. A.A. *Lutter* in KölnKomm. AktG, § 227 Rz. 7.

in derselben Hauptversammlung[1] – mit der Kapitalherabsetzung beschlossen wird[2]. Bei dieser Kapitalerhöhung dürfen Sacheinlagen nicht festgesetzt werden (§ 228 Abs. 1). Dies bedeutet im Ergebnis, dass nur eine ordentliche Barkapitalerhöhung (§ 182) in Betracht kommt. Namentlich scheiden eine bedingte Kapitalerhöhung, eine Kapitalerhöhung aus Gesellschaftsmitteln und ein genehmigtes Kapital aus[3]. Das Erfordernis einer Erhöhung gegen Bareinlagen gilt, soweit der Mindestnennbetrag von 50.000 Euro erreicht werden muss. Darüber hinaus können Sacheinlagen festgesetzt werden[4].

3   Die in § 228 Abs. 1 normierten **Erfordernisse einer Kapitalherabsetzung unterhalb des Mindestnennbetrags** sind zum Schutz der Gläubiger vorgesehen. Werden sie nicht beachtet, ist der Kapitalherabsetzungsbeschluss gem. § 241 Nr. 3 nichtig[5]. In diesem Fall ist auch der Kapitalerhöhungsbeschluss nichtig, wenn nicht anzunehmen ist, dass die Kapitalerhöhung auch ohne die Kapitalherabsetzung vorgenommen sein würde (vgl. § 139 BGB)[6].

III. Eintragungsverfahren (§ 228 Abs. 2)

4   Die **Beschlüsse** sind **nichtig**, wenn sie und die Durchführung der Erhöhung nicht binnen sechs Monaten nach der Beschlussfassung in das Handelsregister eingetragen worden sind (§ 228 Abs. 2 Satz 1). Diese Rechtsfolge tritt bereits dann ein, wenn **eine** der **drei erforderlichen Eintragungen** – des Kapitalherabsetzungsbeschlusses (§ 224), des Beschlusses über die Kapitalerhöhung (§ 184) und der Durchführung der Kapitalerhöhung (§ 188) – **nicht fristgerecht erfolgt**. In diesem Fall sind auch die jeweiligen Maßnahmen zur Durchführung der Beschlüsse nichtig[7].

5   Die **Frist** von **sechs Monaten beginnt** mit dem **Tag der Beschlussfassung** über die Kapitalherabsetzung. Die Berechnung der Frist bestimmt sich nach den §§ 187 ff. BGB. Erforderlich für die Wahrung der Frist ist die Eintragung der Beschlüsse und der Durchführung der Kapitalerhöhung im Handelsregister. Es kommt daher weder auf den Zeitpunkt der Anmeldung noch der Bekanntmachung an. Ist die Frist abgelaufen, darf der Registerrichter nicht eintragen. Andernfalls kann er gem. § 839 BGB i.V.m. Art. 34 GG zum Schadensersatz verpflichtet sein. Eine Heilung gem. § 242 Abs. 2 ist hierdurch allerdings nicht ausgeschlossen.

6   Der **Lauf** der **Frist** ist **gehemmt**, solange eine Anfechtungs- oder Nichtigkeitsklage rechtshängig ist oder eine zur Kapitalherabsetzung oder Kapitalerhöhung beantragte staatliche Genehmigung noch nicht erteilt ist (§ 228 Abs. 2 Satz 2). Der Begriff der Hemmung bestimmt sich nach § 207 BGB, der Begriff der Rechtshängigkeit nach § 261 Abs. 1 ZPO. Eine staatliche Genehmigung ist bei einer Kapitalerhöhung nur

---

1 Vgl. *Hüffer*, § 228 Rz. 2; *Marsch-Barner* in Spindler/Stilz, § 228 Rz. 4.
2 Vgl. BGH v. 5.10.1992 – II ZR 172/91 – „Klöckner", BGHZ 119, 305, 319 = AG 1993, 125; BGH v. 5.7.1999 – II ZR 126/98 – „Hilgers", BGHZ 142, 167, 169 = AG 1999, 517.
3 Vgl. *Hüffer*, § 228 Rz. 2; *Lutter* in KölnKomm. AktG, § 228 Rz. 8; *Oechsler* in MünchKomm. AktG, § 228 Rz. 8; *Marsch-Barner* in Spindler/Stilz, § 228 Rz. 4.
4 Vgl. *Hüffer*, § 228 Rz. 3; *Lutter* in KölnKomm. AktG, § 228 Rz. 7; *Oechsler* in MünchKomm. AktG, § 228 Rz. 7.
5 Vgl. *Hüffer*, § 228 Rz. 4; *Lutter* in KölnKomm. AktG, § 228 Rz. 13; *Oechsler* in MünchKomm. AktG, § 228 Rz. 9.
6 Vgl. *Lutter* in KölnKomm. AktG, § 228 Rz. 13. A.A. *Hüffer*, § 228 Rz. 4; *Oechsler* in MünchKomm. AktG, § 228 Rz. 9 (wenn Beschlüsse nicht gegenseitig bedingt seien, habe der Kapitalerhöhungsbeschluss Bestand, die Störungen würden nur die Sanierungsverträge betreffen, insoweit finde das Leistungsstörungsrecht Anwendung); a.A. auch *Marsch-Barner* in Spindler/Stilz, § 228 Rz. 7.
7 Vgl. *Hüffer*, § 228 Rz. 5; *Lutter* in KölnKomm. AktG, § 228 Rz. 14.

ausnahmsweise (s. § 188 Rz. 30) und bei einer Kapitalherabsetzung praktisch wohl nur bei Versicherungsgesellschaften erforderlich.

Die **Beschlüsse** und die **Durchführung** der **Erhöhung** des **Grundkapitals** sollen nur **7** **zusammen** in das **Handelsregister eingetragen** werden (§ 228 Abs. 2 Satz 3). Eine Wirksamkeitsvoraussetzung ist die gleichzeitige Eintragung nach dem Wortlaut und dem Zweck der Vorschrift nicht[8]. Die Vorschrift will vermeiden, dass der Registerrichter Eintragungen vornimmt, die wegen der von § 228 Abs. 2 Satz 1 angeordneten Nichtigkeit bei einer nicht fristgerecht erfolgten Eintragung keinen Bestand haben kann[9]. Ferner ist das Gesetz darum besorgt, eine Unterschreitung des gesetzlichen Mindestnennbetrags (§ 7) zu verhindern[10].

Zweiter Unterabschnitt. Vereinfachte Kapitalherabsetzung

§ 229
Voraussetzungen

(1) Eine Herabsetzung des Grundkapitals, die dazu dienen soll, Wertminderungen auszugleichen, sonstige Verluste zu decken oder Beträge in die Kapitalrücklage einzustellen, kann in vereinfachter Form vorgenommen werden. Im Beschluss ist festzusetzen, dass die Herabsetzung zu diesen Zwecken stattfindet.

(2) Die vereinfachte Kapitalherabsetzung ist nur zulässig, nachdem der Teil der gesetzlichen Rücklage und der Kapitalrücklage, um den diese zusammen über zehn vom Hundert des nach der Herabsetzung verbleibenden Grundkapitals hinausgehen, sowie die Gewinnrücklagen vorweg aufgelöst sind. Sie ist nicht zulässig, solange ein Gewinnvortrag vorhanden ist.

(3) § 222 Abs. 1, 2 und 4, §§ 223, 224, 226 bis 228 über die ordentliche Kapitalherabsetzung gelten sinngemäß.

I. Allgemeines	1	2. Auflösung der Rücklagen (§ 229 Abs. 2)	9
1. Norminhalt und -zweck	1		
2. Sachliche Rechtfertigung des Beschlusses	4	III. Sinngemäße Geltung der allgemeinen Vorschriften (§ 229 Abs. 3)	13
II. Zulässigkeit einer vereinfachten Herabsetzung	5	1. Beschlussverfahren	13
1. Zwecke (§ 229 Abs. 1)	5	2. Registergerichtliches Verfahren	15

Literatur: *Fabis*, Vereinfachte Kapitalherabsetzung bei AG und GmbH, MittRhNotK 1999, 169; *Geißler*, Rechtliche und unternehmenspolitische Aspekte der vereinfachten Kapitalherabsetzung bei der AG, NZG 2000, 719; *Lutter/Hommelhoff/Timm*, Finanzierungsmaßnahmen zur Krisenabwehr in der Aktiengesellschaft, BB 1980, 737; *Risse*, Rückwirkung der Kapitalherabsetzung einer Aktiengesellschaft, BB 1968, 1012; *K. Schmidt*, Die sanierende Kapitalerhöhung im Recht der Aktiengesellschaft, GmbH und Personengesellschaft, ZGR 1982, 519; *Terbrack*, Kapitalherabsetzende Maßnahmen bei Aktiengesellschaften, RNotZ 2003, 89.

---

8 Vgl. *Lutter* in KölnKomm. AktG, § 228 Rz. 20; *Oechsler* in MünchKomm. AktG, § 228 Rz. 15.
9 Vgl. *Hüffer*, § 228 Rz. 8; *Lutter* in KölnKomm. AktG, § 228 Rz. 20.
10 Vgl. *Hüffer*, § 228 Rz. 8; *Marsch-Barner* in Spindler/Stilz, § 228 Rz. 11.

I. Allgemeines

1. Norminhalt und -zweck

1 Die Vorschrift bestimmt die **Voraussetzungen** einer **vereinfachten Kapitalherabsetzung**. Es handelt sich dabei um die in der Praxis am häufigsten vorkommende[1] Form der Kapitalherabsetzung. Sie kennzeichnet, dass ein **Gläubigerschutz** nach Maßgabe von **§ 225 nicht stattfindet**. Statt dessen sind andere Regeln vorgesehen, welche die Interessen der Gläubiger wahren sollen (vgl. §§ 230, 233). Die vereinfachte Kapitalherabsetzung dient vor allem der **Sanierung** der **Gesellschaft** (sog. **Buchsanierung**)[2]. Andere als die in § 229 Abs. 1 Satz 1 bestimmten Zwecke können nicht verfolgt werden. Die vereinfachte Kapitalherabsetzung ist schließlich nur dann zulässig, wenn zuvor die Rücklagen aufgelöst wurden (§ 229 Abs. 2).

2 Eine Kapitalerhöhung (§ 182) wird in der Praxis häufig mit einer vereinfachten Kapitalherabsetzung verbunden (**sog. Kapitalschnitt**), wobei die Herabsetzung gem. § 229 Abs. 3 i.V.m. § 228 auch auf Null erfolgen kann[3]. Der Grund für die Kombination der beiden Kapitalmaßnahmen und Neustrukturierung der Kapitalverhältnisse[4] liegt darin, dass die durch die Kapitalerhöhung erzielten Beträge sonst zum Ausgleich der alten Verluste verwendet werden müssten. Aufgrund der zuvor erfolgten Kapitalherabsetzung ist es auch eher möglich, in Zukunft einen Bilanzgewinn auszuschütten (vgl. §§ 57 Abs. 3, 233) oder die Rücklagen aufzulösen (vgl. § 150 Abs. 3 und 4)[5]. Sofern die in den §§ 234 und 235 normierten Voraussetzungen beachtet werden, ist zudem eine bilanzielle Rückwirkung möglich, so dass die Verluste nicht offen gelegt werden müssen (s. § 234 Rz. 2 und § 235 Rz. 2 ff.); gerade sanierungsbedürftige Unternehmen können daran ein vitales Interesse haben[6]. Auch bei einer derartigen, mit einer Kapitalherabsetzung verbundenen Maßnahme der Kapitalerhöhung steht den Aktionären gem. § 186 Abs. 1 ein Bezugsrecht an den jungen Aktien zu[7].

3 Die **vereinfachte Kapitalherabsetzung** wurde erstmals im Jahre 1931 mit der dritten VO des Reichspräsidenten zur Sicherung von Wirtschaft und Finanzen und zur Bekämpfung politischer Ausschreitungen ermöglicht[8]. Sie fand sodann Eingang in das AktG von 1937 und schließlich mit einigen Änderungen in das AktG von 1965. Seitdem wurde § 229 im Jahre 1985 durch das Bilanzrichtliniengesetz[9] geändert.

2. Sachliche Rechtfertigung des Beschlusses

4 Der Beschluss über eine Herabsetzung des Grundkapitals bedarf grundsätzlich keiner sachlichen Rechtfertigung (s. § 222 Rz. 18). Eine andere Beurteilung könnte allerdings geboten sein, wenn die mit der Kapitalherabsetzung angestrebte **Sanierung**

---

1 Vgl. *Lutter* in KölnKomm. AktG, Vorb. § 229 Rz. 5; *Terbrack*, RNotZ 2003, 89, 100.
2 Vgl. *Lutter/Hommelhoff/Timm*, BB 1980, 737, 740; *K. Schmidt*, ZGR 1982, 519, 531; *Hüffer*, § 229 Rz. 2.
3 Vgl. *Lutter* in KölnKomm. AktG, § 229 Rz. 4; *Oechsler* in MünchKomm. AktG, § 229 Rz. 5; ebenso bei der GmbH; vgl. *Priester* in Scholz, GmbHG, § 58a Rz. 40.
4 Vgl. hierzu aus betriebswirtschaftlicher Perspektive *Bratton*, Corporate Finance, 5th ed. 2003, Part III Sec. A; *Rudolph*, Unternehmensfinanzierung und Kapitalmarkt, 2006, S. 341 ff. sowie S. 537 ff. zu Sanierungssituationen; ferner allgemein *Böckenförde*, Unternehmenssanierung, 2. Aufl. 1996; *Gless*, Unternehmenssanierung, 1996; *Hess*, Sanierungshandbuch, 3. Aufl. 1998.
5 Vgl. *Oechsler* in MünchKomm. AktG, § 229 Rz. 5; *K. Schmidt*, ZGR 1982, 519, 521 f.
6 Vgl. *Marsch-Barner* in Spindler/Stilz, § 229 Rz. 3.
7 Vgl. OLG Koblenz v. 12.3.1998 – 6 U 470/96, DB 1998, 1075, 1076 = AG 1998, 429.
8 Vgl. RGBl. I 1931, 537; vgl. hierzu *Neufeld*, JW 1932, 693; *von Godin*, ZHR 100 (1934), 221; *K. Schmidt*, ZGR 1982, 519, 531 f.
9 Vgl. BGBl. I 1985, 2355; vgl. hierzu *Lutter* in KölnKomm. AktG, § 229 Rz. 2.

nicht oder nicht **vollends erreicht** wird (weil beispielsweise die Überschuldung nicht vollständig beseitigt werden kann). In einem solchen Fall könnte eine **sachliche Rechtfertigung** vor allem dafür erforderlich sein, warum mit der **Kapitalherabsetzung** nicht eine **Kapitalerhöhung verbunden** wird. Der BGH hat diese Frage in der *Sachsenmilch*-Entscheidung offen gelassen[10]. Sie ist zu bejahen[11]. Eine bloße Missbrauchskontrolle (zu ihr s. § 222 Rz. 18) – wie teilweise im Schrifttum vertreten – reicht nicht aus, um den Schutz der Kleinaktionäre sicherzustellen. Die Gesellschaft muss daher darlegen, warum das Grundkapital in der genannten Höhe herabgesetzt werden soll, ohne zugleich mit einer ordentlichen Kapitalerhöhung den Altaktionären die Möglichkeit einzuräumen, ihre Beteiligung an der Gesellschaft zu wahren.

II. Zulässigkeit einer vereinfachten Herabsetzung

1. Zwecke (§ 229 Abs. 1)

Eine vereinfachte Kapitalherabsetzung ist zulässig, um **Wertminderungen auszugleichen**, sonstige **Verluste** zu **decken** oder **Beträge** in die **Kapitalrücklage einzustellen** (§ 229 Abs. 1 Satz 1). Im Beschluss ist festzusetzen, dass die Herabsetzung zu diesen Zwecken stattfindet (§ 229 Abs. 1 Satz 2). Es ist zulässig, die genannten Zwecke nebeneinander zu verfolgen[12]. Dann ist es aber erforderlich, im Beschluss den Herabsetzungsbetrag bezüglich der einzelnen Zwecke aufzuteilen[13]. 5

Als **Verluste** i.S.v. § 229 Abs. 1 Satz 1 sind insbesondere **Wertminderungen** zu begreifen. Diese Begriffe sind untechnisch zu verstehen. Wertminderungen können sich auf Gegenstände des **Anlage-** oder **Umlaufvermögens** sowie auf **Forderungen**, etc. beziehen. Die Verluste müssen sich nicht aus einer förmlich festgestellten Bilanz ergeben[14]; es genügt, wenn sie sich aus einer vom Vorstand aufgestellten Zwischenbilanz erschließen. Es ist auch nicht erforderlich, dass sich die Gesellschaft in einer Unterbilanz befindet[15]. Eine vereinfachte Kapitalherabsetzung ist ferner dann zulässig, wenn zum Zeitpunkt der Beschlussfassung der Hauptversammlung Verluste noch nicht entstanden sind, aber voraussichtlich entstehen werden[16], insbesondere wenn sie erst künftig einzutreten drohen, in Höhe dieser drohenden Verluste gem. § 249 Abs. 1 HGB Rückstellungen in der Bilanz zu bilden sind und die dadurch eingetretene Situation zur Überschuldung der Gesellschaft führt oder diese sonst in wirtschaftliche Schwierigkeiten bringt[17]. Die entstandenen bzw. zu erwartenden Verluste müssen eine bestimmte Höhe nicht erreichen[18]. Allerdings sind Verluste, die voraussichtlich bald wieder ausgeglichen werden können oder die durch bewusst willkürliche 6

---

10 Vgl. BGH v. 9.2.1998 – II ZR 278/96 – „Sachsenmilch", BGHZ 138, 71, 78 = AG 1998, 284.
11 Ebenso *Hüffer*, § 222 Rz. 14; *Geißler*, NZG 2000, 719, 724; *Thümmel*, BB 1998, 911, 912; *Terbrack*, RNotZ 2003, 89, 94; deutlich reservierter *Oechsler* in MünchKomm. AktG, § 229 Rz. 28 (bejahend nur im Falle von extremen Zusammenlegungsverhältnissen); zur GmbH ebenfalls tendenziell restriktiv *Priester* in Scholz, GmbHG, § 58a Rz. 17; a.A. *Marsch-Barner* in Spindler/Stilz, § 229 Rz. 21.
12 Vgl. *Hüffer*, § 229 Rz. 6; *Lutter* in KölnKomm. AktG, § 229 Rz. 20; *Oechsler* in MünchKomm. AktG, § 229 Rz. 13.
13 Vgl. *Terbrack*, RNotZ 2003, 89, 100 f.
14 Vgl. BGH v. 9.2.1998 – II ZR 278/96, BGHZ 138, 71, 80 = AG 1998, 284; *Hüffer*, § 229 Rz. 7; *Marsch-Barner* in Spindler/Stilz, § 229 Rz. 6.
15 Vgl. *Hüffer*, § 229 Rz. 7; *Lutter* in KölnKomm. AktG, § 229 Rz. 12.
16 Vgl. *Oechsler* in MünchKomm. AktG, § 229 Rz. 20; *Marsch-Barner* in Spindler/Stilz, § 229 Rz. 7.
17 Vgl. BGH v. 5.10.1992 – II ZR 172/91 – „Klöckner", BGHZ 119, 305, 321 = AG 1993, 125.
18 Vgl. *Marsch-Barner* in Spindler/Stilz, § 229 Rz. 7. A.A. *Lutter* in KölnKomm. AktG, § 229 Rz. 17 (bei geringfügigen Verlusten sei Maßnahme nicht verhältnismäßig und erforderlich).

Unterbewertung der Aktiva oder Überbewertung der Passiva zustande kommen, nicht geeignet, um eine vereinfachte Kapitalherabsetzung durchzuführen[19]. Den Anforderungen von § 229 Abs. 1 Satz 1 ist genügt, wenn aufgrund einer gewissenhaften **Prognose** der **Schluss gerechtfertigt ist**, die **Kapitalherabsetzung** diene der **Verlustdeckung**[20]. Die Hauptversammlung hat insoweit einen Beurteilungsspielraum. Dies bedeutet, dass es den Gerichten verwehrt ist, ex post die Verluste bzw. deren Höhe in Frage zu stellen. Etwas anderes gilt nur dann, wenn die getroffene Prognose unvertretbar war; in diesem Fall ist der Beschluss anfechtbar[21].

7   Eine **Einstellung** in die **Kapitalrücklage** kommt nur nach Maßgabe der von § 231 normierten Voraussetzungen in Betracht (s. ausführlich hierzu § 231 Rz. 1). Sie hat vor allem den Zweck, möglichen zukünftigen Verlusten zu begegnen (vgl. § 150 Abs. 3 Nr. 1). Die gesetzlichen Anforderungen sind daher weniger streng als bei einer vereinfachten Kapitalherabsetzung zwecks Verlustdeckung (s. Rz. 6). Es ist insbesondere nicht erforderlich, dass die Verluste im Zeitpunkt der Beschlussfassung bereits bestehen oder mit überwiegender Wahrscheinlichkeit zu erwarten sind[22].

8   Die gesetzlich angeordnete **Publizität** des **Zweckes** einer **Kapitalherabsetzung** (§ 229 Abs. 1 Satz 2) ist nur dann gewahrt, wenn der oder die Zwecke im Beschluss der Hauptversammlung konkret angegeben sind. Dabei empfiehlt es sich, die gesetzlichen Termini zu verwenden (Bsp[23].: „Die Kapitalherabsetzung erfolgt, um Wertminderungen auszugleichen und sonstige Verluste zu decken."). Es genügt nicht, wenn lediglich bestimmt wird, dass eine vereinfachte Kapitalherabsetzung in Höhe des Betrags x erfolgt[24]. Werden mehrere Zwecke nebeneinander verfolgt (s. zur Zulässigkeit dieses Vorgehens Rz. 5), so ist der Herabsetzungsbetrag auf die einzelnen Zwecke aufzuteilen[25]. Weder die Festsetzung des Zweckes noch die Aufteilung des Herabsetzungsbetrags können dem Vorstand überlassen werden[26].

2. Auflösung der Rücklagen (§ 229 Abs. 2)

9   Eine weitere **Voraussetzung** der vereinfachten Kapitalherabsetzung ist, dass der Teil der **gesetzlichen Rücklage** und der **Kapitalrücklage**, um den diese zusammen über zehn Prozent des nach der Herabsetzung verbleibenden Grundkapitals hinausgehen, sowie die **Gewinnrücklagen** vorweg **aufgelöst** sind (§ 229 Abs. 2 Satz 1). Ferner ist die vereinfachte Kapitalherabsetzung nicht zulässig, solange ein Gewinnvortrag (§ 266

---

19   Vgl. OLG Frankfurt v. 10.5.1988 – 5 U 285/86, AG 1989, 207, 208; *Terbrack*, RNotZ 2003, 89, 101.
20   Vgl. OLG Frankfurt v. 10.5.1988 – 5 U 285/86, AG 1989, 207, 208; OLG Schleswig v. 18.12.2003 – 5 U 30/03, NZG 2004, 281, 283; LG Hamburg v. 23.11.2005 – 401 O 47/05, AG 2006, 512; *Lutter* in KölnKomm. AktG, § 229 Rz. 15; *Hüffer*, § 229 Rz. 8; LG Köln v. 4.6.2004 – 82 O 10/04 (Vortrag, es sei allgemein bekannt, dass Verluste entstanden seien, sei nicht ausreichend); zur GmbH ebenso *Priester* in Scholz, GmbHG, § 58a Rz. 11 („gewissenhafte Prognose eines ordentlichen Geschäftsführers im Zeitpunkt der Beschlussfassung").
21   Vgl. BGH v. 9.2.1998 – II ZR 278/96, BGHZ 138, 71, 80 = AG 1998, 284; LG Köln v. 4.6.2004 – 82 O 10/04; vgl. auch in diesem Zusammenhang zur Anfechtbarkeit wegen massiver Verletzung des Auskunftsrechts der Aktionäre LG Hamburg v. 23.11.2005 – 401 O 47/05, AG 2006, 512.
22   Vgl. *Hüffer*, § 229 Rz. 9; *Lutter* in KölnKomm. AktG, § 229 Rz. 18; *Marsch-Barner* in Spindler/Stilz, § 229 Rz. 9.
23   Vgl. *Terbrack*, RNotZ 2003, 89, 101.
24   Vgl. *Hüffer*, § 229 Rz. 10; *Lutter* in KölnKomm. AktG, § 229 Rz. 21; LG Köln v. 4.6.2004 – 82 O 10/04.
25   Vgl. *Hüffer*, § 229 Rz. 10; *Lutter* in KölnKomm. AktG, § 229 Rz. 20; *Marsch-Barner* in Spindler/Stilz, § 229 Rz. 10.
26   Vgl. *Hüffer*, § 229 Rz. 10; *Lutter* in KölnKomm. AktG, § 229 Rz. 22; *Oechsler* in MünchKomm. AktG, § 229 Rz. 13; *Marsch-Barner* in Spindler/Stilz, § 229 Rz. 10.

Abs. 3 A. IV. HGB) vorhanden ist (§ 229 Abs. 2 Satz 2). Mit diesen Vorgaben soll verhindert werden, dass das Institut der vereinfachten Kapitalherabsetzung missbraucht wird[27]. Sie sind vor allem im Interesse der Aktionäre, aber auch der Gläubiger vorgesehen[28]. Dagegen ist es nicht erforderlich, etwaige **stille Reserven** aufzulösen. Auch **Sonderposten mit Rücklagenanteil** (§§ 247 Abs. 3, 273 HGB) sowie **Rückstellungen** (§§ 249, 266 Abs. 3 B. HGB) müssen nicht aufgelöst werden[29].

Aus dem Wortlaut von § 229 Abs. 2 Satz 1 folgt, dass die **gesetzliche Rücklage** und   10
die **Kapitalrücklage** (vgl. § 266 Abs. 3 A. II. und III. Nr. 1 HGB) nicht vollständig aufgelöst werden müssen. Es ist zulässig, dass sie mit einem Betrag von bis zu zehn Prozent des Grundkapitals, das nach der Kapitalherabsetzung bestehen wird, dotiert sind. Bei der Bestimmung der zulässigen **Mindestreserve** ist also die Durchführung der Kapitalherabsetzung zu unterstellen. Soll das Grundkapital unterhalb des gesetzlichen Mindestbetrags (§ 7) herabgesetzt werden, so ist bezüglich der zulässigen Höhe der gesetzlichen Rücklage und der Kapitalrücklage auf den gesetzlichen Mindestnennbetrag abzustellen[30]. Soll zugleich eine Kapitalerhöhung erfolgen, darf auf die erhöhte Grundkapitalziffer nicht abgestellt werden; ausschlaggebend ist der durch die Kapitalherabsetzung angestrebte Betrag des Grundkapitals.

Gewinnrücklagen sind nach dem Wortlaut von § 229 Abs. 2 Satz 1 vollständig aufzu-   11
lösen. Dabei handelt es sich um die in § 272 Abs. 3 HGB aufgeführten Rücklagen. Allerdings braucht eine Rücklage für eigene Anteile nicht aufgelöst zu werden (vgl. 272 Abs. 4 HGB), die gesetzliche Rücklage muss jedenfalls nicht vollständig aufgelöst werden (s. Rz. 10), so dass von § 229 Abs. 2 Satz 1 nur die Gewinnrücklagen gem. § 266 Abs. 3 A. III. Nr. 3 und 4 HGB erfasst werden[31].

Die in § 229 Abs. 2 normierten Anforderungen an eine Kapitalherabsetzung stehen   12
nicht zur Disposition der Beteiligten. Wird eine der gesetzlichen Voraussetzungen nicht beachtet, so ist der **Beschluss** allerdings nur gem. § 243 Abs. 1 **anfechtbar**. Denn die Anforderungen sind in erster Linie zum **Schutz der Aktionäre** statuiert[32]. Auch ein **Verstoß** gegen § 231 Satz 1 begründet nur die Anfechtbarkeit des Beschlusses[33]. Ist der Zweck im Beschluss nicht bestimmt worden, so ist ebenfalls von einer bloßen Anfechtbarkeit auszugehen[34]. Die weitergehende Rechtsfolge einer Nichtigkeit gem. § 241 Nr. 3 ist nicht geboten; die Gläubiger sind gem. § 232 angemessen geschützt.

III. Sinngemäße Geltung der allgemeinen Vorschriften (§ 229 Abs. 3)

1. Beschlussverfahren

§ 229 Abs. 3 ordnet an, dass § 222 Abs. 1, 2 und 4 sowie §§ 223, 224, 226 bis 228 über   13
die ordentliche Kapitalherabsetzung sinngemäß gelten (s. zu den Einzelheiten die dortigen Erl.). Daraus folgt, dass § 222 Abs. 3 und § 225 nicht anzuwenden sind; statt § 222 Abs. 3 ist § 229 Abs. 1, statt § 225 sind §§ 229 Abs. 2, 230 ff. heranzuziehen.

---

27 Vgl. *Hüffer*, § 229 Rz. 11.
28 Vgl. *Lutter* in KölnKomm. AktG, § 229 Rz. 23 f.; *Oechsler* in MünchKomm. AktG, § 229 Rz. 32.
29 Vgl. *Hüffer*, § 229 Rz. 11; *Lutter* in KölnKomm. AktG, § 229 Rz. 25 ff.; *Marsch-Barner* in Spindler/Stilz, § 229 Rz. 19.
30 Vgl. *Hüffer*, § 229 Rz. 13; *Oechsler* in MünchKomm. AktG, § 229 Rz. 36.
31 Vgl. *Hüffer*, § 229 Rz. 14; *Lutter* in KölnKomm. AktG, § 229 Rz. 27; *Marsch-Barner* in Spindler/Stilz, § 229 Rz. 13–15.
32 Vgl. *Oechsler* in MünchKomm. AktG, § 229 Rz. 11.
33 Vgl. *Oechsler* in MünchKomm. AktG, § 229 Rz. 12; *Lutter* in KölnKomm. AktG, § 231 Rz. 7.
34 Vgl. *Oechsler* in MünchKomm. AktG, § 229 Rz. 16; *Lutter* in KölnKomm. AktG, § 229 Rz. 42.

14 Für das Beschlussverfahren gelten keine Besonderheiten. Es ist auf die zur ordentlichen Kapitalherabsetzung gemachten Ausführungen zu verweisen (s. § 222 Rz. 6 ff.). Ergänzend ist auf zwei Aspekte besonders hinzuweisen. So muss im **Beschluss festgesetzt** werden, dass es sich um eine **vereinfachte Kapitalherabsetzung** handelt (s. Rz. 1). Andernfalls hat die Verwaltung den Vorgang als eine ordentliche Kapitalherabsetzung zu qualifizieren, so dass das in § 225 normierte Gläubigerschutzverfahren beachtet werden muss[35]. Ferner ist der **konkrete Zweck** der Kapitalherabsetzung im **Beschluss festzusetzen** (§ 229 Abs. 1 Satz 2; s. hierzu Rz. 5).

2. Registergerichtliches Verfahren

15 Die **Anmeldung** der vereinfachten Kapitalherabsetzung erfolgt nach den für eine ordentliche Kapitalherabsetzung geltenden Regeln[36]. Die registergerichtliche **Kontrolle** des Beschlusses (s. § 223 Rz. 5 ff.) erstreckt sich vor allem auf die Frage, ob ein **Verlust** in Höhe des Herabsetzungsbetrages **besteht** oder zu **erwarten** ist. Das Registergericht darf diese von der Verwaltung getroffene Prognose aber nur eingeschränkt überprüfen. Sofern sich die Prognose nach kaufmännischen Grundsätzen ex ante als vertretbar erweist (s. Rz. 6), darf das Gericht die Eintragung nicht zurückweisen. Auch die besonderen, in § 229 Abs. 2 sowie in § 231 normierten Voraussetzungen einer vereinfachten Kapitalherabsetzung (s. Rz. 9 ff.) unterliegen der registergerichtlichen Kontrolle. Bei Zweifeln gibt das Registergericht den Anmeldern auf, erläuternde Unterlagen vorzulegen oder zu bestimmten Punkten eine spezifizierte Auskunft zu geben. Kommt es zu dem Schluss, dass ein Verstoß gegen § 229 Abs. 2 erfolgt ist, hat es die Eintragung abzulehnen[37].

§ 230
Verbot von Zahlungen an die Aktionäre

Die Beträge, die aus der Auflösung der Kapital- oder Gewinnrücklagen und aus der Kapitalherabsetzung gewonnen werden, dürfen nicht zu Zahlungen an die Aktionäre und nicht dazu verwandt werden, die Aktionäre von der Verpflichtung zur Leistung von Einlagen zu befreien. Sie dürfen nur verwandt werden, um Wertminderungen auszugleichen, sonstige Verluste zu decken und Beträge in die Kapitalrücklage oder in die gesetzliche Rücklage einzustellen. Auch eine Verwendung zu einem dieser Zwecke ist nur zulässig, soweit sie im Beschluss als Zweck der Herabsetzung angegeben ist.

I. Allgemeines . . . .   1 | III. Verwendung (§ 230 Satz 2 und 3)   5

II. Ausschüttungsverbot (§ 230 Satz 1) .   2 |

I. Allgemeines

1 Die Vorschrift begründet in Satz 1 zum **Schutz** der **Gläubiger** das **Verbot** einer **Auszahlung** der **Beträge**, die aus der Auflösung der Kapital- oder Gewinnrücklage und aus der Kapitalherabsetzung gewonnen werden, und in Satz 2 und 3 vor allem zum **Schutz** der **Aktionäre** mehrere **Schranken** für eine **Verwendung** der **Beträge**. Die Vor-

---

35 Vgl. *Lutter* in KölnKomm. AktG, § 229 Rz. 22, 45; *Hüffer*, § 229 Rz. 18.
36 Vgl. hierzu das Muster einer Anmeldung bei *Terbrack*, RNotZ 2003, 89, 104.
37 Vgl. *Lutter* in KölnKomm. AktG, § 229 Rz. 43; *Hüffer*, § 229 Rz. 20.

schrift wird flankiert durch die in den §§ 231, 232 getroffenen Gläubigerschutzbestimmungen. Sie wurde im Jahre 1965 mit einer sprachlichen Änderung aus § 184 von 1937 übernommen und seitdem durch das BiRiLiG vom 19.12.1985[1] geändert.

II. Ausschüttungsverbot (§ 230 Satz 1)

Die aus der Auflösung der Kapital- oder Gewinnrücklagen (s. hierzu § 229 Rz. 9 ff.) 2 und aus der Kapitalherabsetzung gewonnenen Beträge (s. hierzu § 229 Rz. 5) dürfen nicht zu Zahlungen an die Aktionäre verwandt werden. Dieses Verbot gilt zeitlich unbeschränkt[2]. Auch dürfen die Beträge nicht dazu verwandt werden, die Aktionäre von der Verpflichtung zur Leistung von Einlagen zu befreien. Beide **Verbote** gelten nur für die tatsächlich aufgelösten und **umgebuchten Beträge**[3].

Das **Auszahlungs- und Erlassverbot** ist mit Blick auf den gesetzlich intendierten 3 Gläubigerschutz **weit auszulegen**. Dies bedeutet, dass der Begriff der „Zahlungen an die Aktionäre" nicht nur eine unmittelbare Auszahlung erfasst, sondern ebenso wie beim Verbot der Einlagenrückgewähr (§ 57) auch verdeckte Auszahlungen (s. hierzu § 57 Rz. 11)[4]. Ein gewöhnliches Austauschgeschäft mit einem Aktionär ist daher grundsätzlich nicht nach § 230 Satz 1 verboten. Eine andere Beurteilung ist aber geboten, wenn Leistung und Gegenleistung in einem objektiven Missverhältnis zueinander stehen.

Die **Rechtsfolgen** einer **verbotenen Auszahlung** ergeben sich aus § 62. Ein verbots- 4 widrig geschlossener Erlassvertrag (§ 397 BGB) ist gem. § 134 BGB i.V.m. § 230 Satz 1 AktG nichtig, so dass die Einlageschuld fortbesteht. Auch kann sich in beiden Fällen eine Haftung von Vorstand und Aufsichtsrat (§§ 93, 116) ergeben. Bei einem Verstoß gegen § 230 Satz 1 ist zudem der Jahresabschluss gem. § 256 Abs. 1 Nr. 1 nichtig.

III. Verwendung (§ 230 Satz 2 und 3)

Die aus der Auflösung der Kapital- oder Gewinnrücklagen und aus der Kapitalherab- 5 setzung gewonnenen **Beträge** (s. Rz. 1) dürfen nur verwandt werden, um **Wertminderungen auszugleichen**, sonstige **Verluste** zu **decken** und **Beträge** in die **Kapitalrücklage** oder in die gesetzliche **Rücklage einzustellen**. Voraussetzung für eine Verwendung zu einem dieser Zwecke ist ferner, dass die betreffende Verwendung im Beschluss als Zweck der Kapitalherabsetzung angegeben ist (§ 230 Satz 2). Aufgrund dieser Vorgaben ist es dem Vorstand verwehrt, die Beträge anderweitig einzusetzen; ein Ermessen steht ihm nicht zu[5]. Sind im Beschluss mehrere Zwecke festgesetzt worden, ist es dem Vorstand ebenfalls verboten, die Beträge nach eigenem Ermessen einzusetzen; er hat sie dann im Zweifel gleichmäßig aufzuteilen[6].

Eine andere Frage ist, wie der Vorstand zu verfahren hat, wenn die zur Verfügung ste- 6 henden Beträge nicht benötigt werden, weil beispielsweise der Verlust geringer ist als ursprünglich prognostiziert (s. hierzu § 229 Rz. 6). Die Antwort ergibt sich aus § 232:

---

1 BGBl. I 1985, 2355.
2 Vgl. *Hüffer*, § 230 Rz. 3; *Oechsler* in MünchKomm. AktG, § 230 Rz. 9; *Marsch-Barner* in Spindler/Stilz, § 230 Rz. 4.
3 Vgl. *Hüffer*, § 230 Rz. 2; *Lutter* in KölnKomm. AktG, § 230 Rz. 11; *Marsch-Barner* in Spindler/Stilz, § 230 Rz. 2.
4 Vgl. *Hüffer*, § 230 Rz. 3; *Lutter* in KölnKomm. AktG, § 230 Rz. 16; *Marsch-Barner* in Spindler/Stilz, § 230 Rz. 3.
5 Vgl. *Hüffer*, § 230 Rz. 5; *Lutter* in KölnKomm. AktG, § 230 Rz. 19.
6 Vgl. *Hüffer*, § 230 Rz. 5; *Marsch-Barner* in Spindler/Stilz, § 230 Rz. 7.

Der Unterschiedsbetrag ist in die Kapitalrücklage einzustellen (s. hierzu § 232 Rz. 2), so dass er gem. § 150 Abs. 3 und 4 gebunden ist.

7   Die **Rechtsfolgen** eines **Verstoßes** gegen die **Verwendungsbindungen** ergeben sich aus den allgemeinen Vorschriften. So haften Vorstand und Aufsichtsrat der Gesellschaft gem. §§ 93, 116 auf Schadensersatz. Der Jahresabschluss ist wegen des Verstoßes aber nicht gem. § 256 nichtig; denn die Verwendungsbindungen sind in erster Linie zum Schutz der Aktionäre vorgesehen (s. Rz. 1). Schließlich kommt im Falle einer (in der Praxis ohnehin seltenen) Feststellung des Abschlusses durch die Hauptversammlung auch eine Anfechtung nicht in Betracht (vgl. § 257 Abs. 1 Satz 2).

§ 231
Beschränkte Einstellung in die Kapitalrücklage und in die gesetzliche Rücklage

Die Einstellung der Beträge, die aus der Auflösung von anderen Gewinnrücklagen gewonnen werden, in die gesetzliche Rücklage und der Beträge, die aus der Kapitalherabsetzung gewonnen werden, in die Kapitalrücklage ist nur zulässig, soweit die Kapitalrücklage und die gesetzliche Rücklage zusammen zehn vom Hundert des Grundkapitals nicht übersteigen. Als Grundkapital gilt dabei der Nennbetrag, der sich durch die Herabsetzung ergibt, mindestens aber der in § 7 bestimmte Mindestnennbetrag. Bei der Bemessung der zulässigen Höhe bleiben Beträge, die in der Zeit nach der Beschlussfassung über die Kapitalherabsetzung in die Kapitalrücklage einzustellen sind, auch dann außer Betracht, wenn ihre Zahlung auf einem Beschluss beruht, der zugleich mit dem Beschluss über die Kapitalherabsetzung gefasst wird.

I. Allgemeines . . . .   1 | III. Rechtsfolgen bei Verstoß 4

II. Rücklagendotierung   . . . .   2 |

I. Allgemeines

1   Die Vorschrift begrenzt die bei einer vereinfachten Kapitalherabsetzung an sich bestehenden Möglichkeit (s. § 229 Rz. 6) einer übermäßigen, die Grenze des § 150 Abs. 2 übersteigende Dotierung der gesetzlichen Rücklage und der Kapitalrücklage. Diese Beschränkung der Zulässigkeit einer vereinfachten Kapitalherabsetzung dient vor allem dem **Schutz** der **Aktionäre**[1]. Es handelt sich um eine Voraussetzung für den Beschluss der Hauptversammlung[2] (s. zur Anfechtbarkeit des Beschlusses Rz. 4). Die Vorschrift wird flankiert durch die in § 232 getroffene Regelung zum Gläubigerschutz bei einer nach § 229 Abs. 1 Satz 1 ebenfalls zulässigen (s. § 229 Rz. 6) Kapitalherabsetzung zur Verlustdeckung. Sie wurde im Jahre 1965 bis auf einige sprachliche Änderungen unverändert aus § 186 von 1937 übernommen[3] und seitdem im Jahre 1985 durch das BiRiLiG geändert[4].

---

1   Vgl. *Hüffer*, § 231 Rz. 1; *Lutter* in KölnKomm. AktG, § 231 Rz. 3; *Marsch-Barner* in Spindler/ Stilz, § 231 Rz. 1; ferner *Oechsler* in MünchKomm. AktG, § 231 Rz. 2 (mit dem zusätzlichen Hinweis auf den Schutz unternehmerischen Entscheidungsspielraums in der Krise).
2   Vgl. *Oechsler* in MünchKomm. AktG, § 231 Rz. 6.
3   Vgl. Begr. RegE § 231, *Kropff*, Aktiengesetz, S. 321.
4   BGBl. I 1985, 2355.

II. Rücklagendotierung

§ 231 Satz 1 regelt zwei Fälle einer Kapitalherabsetzung. *Erstens* die **Umbuchung** von 2
anderen Gewinnrücklagen (§ 266 Abs. 3 A. III. Nr. 4 HGB) **in** die **gesetzliche Rückla-**
ge (§ 266 Abs. 3 A. III. Nr. 1 HGB) und *zweitens* die Umbuchung vom **Grundkapital**
(§ 266 Abs. 3 A. I. HGB) in die **Kapitalrücklage** (§ 266 Abs. 3 A. II. HGB). Für beide
Fälle gilt, dass die gesetzliche Rücklage und die Kapitalrücklage infolge der Umbu-
chung(en) zusammen 10 % des Grundkapitals nicht überschreiten dürfen. Bei der Bestimmung der zulässigen Obergrenze bleiben – ebenso wie bei § 150 (s. dort Rz. 6 ff.)
– Kapitalrücklagen durch Zuzahlungen gem. § 272 Abs. 2 Nr. 4 HGB außer Betracht[5].
Bei der Bemessung der zulässigen Höhe einer Rücklagendotierung ist schließlich die
in § 231 Satz 3 normierte, an sich selbstverständliche Regelung[6] zu beachten: Beträge, die in der Zeit nach der Beschlussfassung über die Kapitalherabsetzung in die Kapitalrücklage einzustellen sind, bleiben auch dann außer Betracht, wenn ihre Zahlung auf einem Beschluss beruht, der zugleich mit dem Beschluss über die Kapitalherabsetzung gefasst wird. Dies bedeutet, dass eine Rücklagendotierung gem. § 272
Abs. 2 Nr. 1 HGB infolge einer in derselben Hauptversammlung beschlossenen Kapitalerhöhung (vgl. § 228) nicht berücksichtigt wird[7]. Es kann daher festgehalten werden, dass es für die **Berechnung** der **Höhe** der gesetzlichen **Rücklage** und der **Kapital-**
rücklage auf den **Zeitpunkt** der **Beschlussfassung** der **Hauptversammlung** über die
Kapitalherabsetzung ankommt.

Der bei der Berechnung ausschlaggebende **Betrag** des **Grundkapitals** ist gem. § 231 3
Satz 2 Halbsatz 2 derjenige, der sich durch die Herabsetzung ergibt. Sofern das Grundkapital auf einen Betrag unterhalb des gesetzlichen Mindestnennbetrags nach § 7 von
50.000 Euro herabgesetzt wird, gilt gem. § 231 Satz 2 Halbsatz 3 dieser Betrag als
Richtgröße. Aus dieser klaren Regelung folgt, dass eine in derselben Hauptversammlung beschlossene Kapitalerhöhung nicht zu berücksichtigen ist[8].

III. Rechtsfolgen bei Verstoß

Bei einem Verstoß gegen die in § 231 normierten Beschränkungen ist der **Hauptver-** 4
sammlungsbeschluss gem. § 243 Abs 1 **anfechtbar**. Da die Vorschrift in erster Linie
dem Aktionärsschutz dient (s. Rz. 1), ist der Beschluss nicht gem. § 241 Nr. 3 nichtig[9]. Wird der Beschluss bei einem Verstoß gegen die Beschränkungen des § 231 mangels Anfechtung wirksam, so ist mit den über § 231 Satz 1 hinausgehenden Beträgen
nach Maßgabe des von § 232 vorgezeichneten Weges zu verfahren[10]. Dies bedeutet,
dass die Beträge (dann doch, weil der Beschluss wirksam geworden ist) in die Kapitalrücklage einzustellen sind; eine Auszahlung an die Aktionäre ist in jedem Fall unzulässig (§ 230 Satz 1). Schließlich ist der **Jahresabschluss** wegen Verstoßes gegen § 231
nichtig (§ 256 Abs. 1 Nr. 4)[11].

---

5 Vgl. *Hüffer*, § 231 Rz. 2; *Marsch-Barner* in Spindler/Stilz, § 231 Rz. 5.
6 *Oechsler* in MünchKomm. AktG, § 231 Rz. 8.
7 Vgl. *Hüffer*, § 231 Rz. 3 und 6; *Marsch-Barner* in Spindler/Stilz, § 231 Rz. 7; *Oechsler* in
   MünchKomm. AktG, § 231 Rz. 8.
8 Vgl. *Hüffer*, § 231 Rz. 5; *Marsch-Barner* in Spindler/Stilz, § 231 Rz. 6; *Oechsler* in Münch-
   Komm. AktG, § 231 Rz. 7.
9 Vgl. *Hüffer*, § 231 Rz. 7; *Lutter* in KölnKomm. AktG, § 231 Rz. 7.
10 Vgl. *Hüffer*, § 231 Rz. 7; *Lutter* in KölnKomm. AktG, § 231 Rz. 7; *Marsch-Barner* in Spindler/
   Stilz § 231 Rz. 8; *Oechsler* in MünchKomm. AktG, § 231 Rz. 10. A.A. *Hirte* in FS Claussen,
   1997, S. 115, 123 (es sei eine Kapitalerhöhung aus Gesellschaftsmitteln durchzuführen).
11 Vgl. *Hüffer*, § 231 Rz. 7; *Marsch-Barner* in Spindler/Stilz, § 231 Rz. 8.

§ 232
Einstellung von Beträgen in die Kapitalrücklage bei zu hoch angenommenen Verlusten

Ergibt sich bei Aufstellung der Jahresbilanz für das Geschäftsjahr, in dem der Beschluss über die Kapitalherabsetzung gefasst wurde, oder für eines der beiden folgenden Geschäftsjahre, dass Wertminderungen und sonstige Verluste in der bei der Beschlussfassung angenommenen Höhe tatsächlich nicht eingetreten oder ausgeglichen waren, so ist der Unterschiedsbetrag in die Kapitalrücklage einzustellen.

I. Allgemeines	1	III. Rechtsfolgen einer Einstellung	7
II. Voraussetzungen einer Einstellung	2	IV. Rechtsfolgen eines Verstoßes	8

I. Allgemeines

1   Die Vorschrift regelt, wie zu verfahren ist, wenn sich im Nachhinein herausstellt, dass die Wertminderungen oder sonstigen Verluste geringer sind als ursprünglich bei der Entscheidung der Hauptversammlung über die Kapitalherabsetzung prognostiziert (s. zur Zulässigkeit dieses Verfahrens Rz. 5). Damit ist wegen der Unsicherheiten einer Prognose häufig zu rechnen. § 233 verlangt in einem solchen Fall unmissverständlich, dass der **Unterschiedsbetrag** in die **Kapitalrücklage** (§ 266 Abs. 3 A. II. HGB) einzustellen ist. Dies bedeutet, dass er nicht an die Aktionäre ausgezahlt werden darf. Die Vorschrift dient dem **Gläubigerschutz**[1]. Sie wurde im Jahre 1965 eingeführt[2] und im Jahre 1985 durch das BiRiLiG geändert[3].

II. Voraussetzungen einer Einstellung

2   Die Vorschrift setzt voraus, dass ein **Unterschiedsbetrag** zwischen dem (von der Hauptversammlung beschlossenen) Betrag der **Kapitalherabsetzung** und dem zur **Verlustdeckung** oder zum **Ausgleich** der **Wertminderungen tatsächlich** erforderlichen **Betrag** entsteht. Die Ermittlung dieses Unterschiedsbetrags erfolgt ex post, indem bei der Aufstellung der Jahresbilanz für das abgelaufene Geschäftsjahr eine fiktive, auf den Zeitpunkt der Beschlussfassung über die Kapitalherabsetzung bezogene Bilanz aufgestellt wird[4]. Die Pflicht zur Einstellung des Unterschiedsbetrags in die Kapitalrücklage besteht auch dann, wenn diese und die gesetzliche Rücklage bereits 10 % des Grundkapitals betragen[5].

3   Diese Betrachtungsweise hat zur Folge, dass Verluste auch dann mit den aus der Kapitalherabsetzung gewonnenen Beträgen ausgeglichen werden können, wenn sie auf andere Gründe als seinerzeit angenommen zurückzuführen sind[6]. Bei der **Ermittlung** des **Unterschiedsbetrags** muss ferner berücksichtigt werden, dass einzelne **Verlust-**

---

1   Vgl. BGH v. 5.10.1992 – II ZR 172/91 – „Klöckner", BGHZ 119, 305, 322 = AG 1993, 125; *Lutter* in KölnKomm. AktG, § 232 Rz. 3; *Oechsler* in MünchKomm. AktG, § 232 Rz. 2 (mit dem weiteren Argument, die Vorschrift beuge manipulativen Verhaltensweisen vor).
2   Vgl. Begr. RegE § 232, *Kropff*, Aktiengesetz, S. 322.
3   BGBl. I 1985, 2355.
4   Vgl. *Hüffer*, § 232 Rz. 3; *Lutter* in KölnKomm. AktG, § 232 Rz. 6; *Marsch-Barner* in Spindler/Stilz, § 232 Rz. 4; *Oechsler* in MünchKomm. AktG, § 232 Rz. 5.
5   Vgl. *Hüffer*, § 232 Rz. 6; *Marsch-Barner* in Spindler/Stilz, § 232 Rz. 3.
6   Vgl. *Marsch-Barner* in Spindler/Stilz, § 232 Rz. 4.

posten untereinander ausgeglichen werden können. *Beispiel:* Sollte durch die Herabsetzung eine Wertminderung in Höhe 10 für Forderung 1 und eine weitere Wertminderung in Höhe von 5 für Forderung 2 ausgeglichen werden und stellt sich nun heraus, dass die Wertminderung für Forderung 1 nur 5 und für Forderung 2 aber 10 beträgt, so entsteht kein in eine Kapitalrücklage einzustellender Unterschiedsbetrag. Es muss (nur) der Unterschiedsbetrag zwischen dem Kapitalherabsetzungsbetrag und dem Betrag der gesamten, bei Beschlussfassung prognostizierten Verluste in die Kapitalrücklage eingestellt werden[7].

Verluste, die sich **nach** der **Beschlussfassung** ergeben haben, dürfen mit den aus der   4
Kapitalherabsetzung gewonnenen Beträge nicht ausgeglichen werden[8]. Dies gilt auch dann, wenn die Wertminderungen geringer als prognostiziert eingetreten sind und daher ein Unterschiedsbetrag zum Ausgleich der bei Beschlussfassung nicht prognostizierten Verluste an sich zur Verfügung steht. *Beispiel:* Die Wertminderung bezüglich Forderung 1 beträgt nur 5 statt wie angenommen 10; der Unterschiedsbetrag von 5 darf nun nicht wegen eines neuen Verlustes in Höhe von 5 verwandt werden. Die Unzulässigkeit einer Verrechnung ist nicht unbillig, denn der gem. § 232 in die Kapitalrücklage einzustellende Unterschiedsbetrag kann später zum Ausgleich der Verluste herangezogen werden (vgl. § 150 Abs. 3 und 4).

Die **Vorschrift** findet nur dann **Anwendung**, wenn sich der Unterschiedsbetrag bei   5
der Aufstellung der Jahresbilanz für das Geschäftsjahr, in dem die Kapitalherabsetzung beschlossen wurde, oder in den beiden folgenden Geschäftjahren ergibt. Zwei Aspekte sind besonders herauszustellen. Erstens: Die Einstellung eines Unterschiedsbetrags in die Kapitalrücklage setzt voraus, dass die Verluste bzw. Wertminderungen ex post eingetreten sind. Dies ist der Fall, wenn sie bilanziell erfasst werden können[9]. Zweitens: Die Vorschrift gilt nur für **drei Jahre**. Muss erst im zweiten oder dritten Geschäftsjahr die Einstellung des Unterschiedsbetrags in die Kapitalrücklage erfolgen, so braucht die frühere Bilanz nicht geändert zu werden[10]. Die Einstellung des Unterschiedsbetrag in die Kapitalrücklage ist in der Bilanz des betreffenden Geschäftsjahrs zu berücksichtigen.

Die **Vorschrift** ist **analog** anzuwenden, wenn die Herabsetzung des Grundkapitals in   6
einer Höhe beschlossen wurde, wie sie zur Verlustdeckung oder zum Ausgleich einer Wertminderung nicht erforderlich war[11]. Zwar kann der Beschuss in diesem Fall anfechtbar sein (s. § 229 Rz. 12). Doch wird er wirksam, wenn eine Anfechtungsklage nicht erhoben wird. Schließlich kommt eine analoge Anwendung bei einer vereinfachten Kapitalherabsetzung zwecks Rücklagendotierung (s. § 229 Rz. 7) in Betracht, wenn der beschlossene Herabsetzungsbetrag höher ist, als gesetzlich zulässig (s. § 231 Rz. 2 ff.).

III. Rechtsfolgen einer Einstellung

Die Rechtsfolge einer Einstellung eines Unterschiedsbetrags besteht darin, dass die   7
betreffenden Mittel nicht mehr gem. § 230 Satz 1, sondern gem. § 150 Abs. 3 und 4 gebunden sind (s. zur Verwendung zwecks Ausgleichs neuer Verluste Rz. 4).

---

7 Vgl. *Hüffer*, § 232 Rz. 3; *Lutter* in KölnKomm. AktG, § 232 Rz. 12; *Marsch-Barner* in Spindler/
   Stilz, § 232 Rz. 4; *Oechsler* in MünchKomm. AktG, § 232 Rz. 6.
8 Vgl. *Marsch-Barner* in Spindler/Stilz, § 232 Rz. 5: *Oechsler* in MünchKomm. AktG, § 232
   Rz. 6 f.
9 Vgl. *Oechsler* in MünchKomm. AktG, § 232 Rz. 6.
10 Vgl. *Hüffer*, § 233 Rz. 5; *Marsch-Barner* in Spindler/Stilz, § 232 Rz. 6.
11 Vgl. *Hüffer*, § 232 Rz. 8; *Oechsler* in MünchKomm. AktG, § 232 Rz. 10.

IV. Rechtsfolgen eines Verstoßes

8 Wird die Einstellung eines Unterschiedsbetrags in die Kapitalrücklage entgegen § 233 unterlassen, so ist der betreffende **Jahresabschluss** gem. § 256 Abs. 1 Nr. 1 und Nr. 4 bzw. bei Feststellung durch die Hauptversammlung gem. § 241 Nr. 3 **nichtig**[12]. Vorstand und Aufsichtsrat können gem. §§ 93, 116 zum Schadensersatz verpflichtet sein. Dies dürfte vor allem dann in Betracht kommen, wenn der Unterschiedsbetrag an die Aktionäre ausgezahlt wurde. In diesem Fall wären die Aktionäre gem. § 62 erstattungspflichtig.

§ 233
Gewinnausschüttung. Gläubigerschutz

(1) Gewinn darf nicht ausgeschüttet werden, bevor die gesetzliche Rücklage und die Kapitalrücklage zusammen zehn vom Hundert des Grundkapitals erreicht haben. Als Grundkapital gilt dabei der Nennbetrag, der sich durch die Herabsetzung ergibt, mindestens aber der in § 7 bestimmte Mindestnennbetrag.

(2) Die Zahlung eines Gewinnanteils von mehr als vier vom Hundert ist erst für ein Geschäftsjahr zulässig, das später als zwei Jahre nach der Beschlussfassung über die Kapitalherabsetzung beginnt. Dies gilt nicht, wenn die Gläubiger, deren Forderungen vor der Bekanntmachung der Eintragung des Beschlusses begründet worden waren, befriedigt oder sichergestellt sind, soweit sie sich binnen sechs Monaten nach der Bekanntmachung des Jahresabschlusses, auf Grund dessen die Gewinnverteilung beschlossen ist, zu diesem Zweck gemeldet haben. Einer Sicherstellung der Gläubiger bedarf es nicht, die im Fall des Insolvenzverfahrens ein Recht auf vorzugsweise Befriedigung aus einer Deckungsmasse haben, die nach gesetzlicher Vorschrift zu ihrem Schutz errichtet und staatlich überwacht ist. Die Gläubiger sind in der Bekanntmachung nach § 325 Abs. 2 des Handelsgesetzbuchs auf die Befriedigung oder Sicherstellung hinzuweisen.

(3) Die Beträge, die aus der Auflösung von Kapital- und Gewinnrücklagen und aus der Kapitalherabsetzung gewonnen sind, dürfen auch nach diesen Vorschriften nicht als Gewinn ausgeschüttet werden.

I. Allgemeines	1	IV. Verbot der Ausschüttung von Beträgen aus der Kapitalherabsetzung (§ 233 Abs. 3)	10
II. Verbot der Ausschüttung von Gewinn (§ 233 Abs. 1)	2	V. Rechtsfolgen bei Verstoß	11
III. Beschränkung der Ausschüttung von Gewinn (§ 233 Abs. 2)	6		

I. Allgemeines

1 Die Vorschrift verbietet die Ausschüttung von Gewinn, bis die gesetzliche Rücklage und die Kapitalrücklage zusammen 10 % des Grundkapitals betragen (Abs. 1). Ferner beschränkt sie die Gewinnausschüttung innerhalb der ersten beiden Jahre nach der Kapitalherabsetzung auf einen Betrag von 4 % des Grundkapitals (Abs. 2) und verbie-

---

12 Vgl. *Hüffer*, § 233 Rz. 7; *Marsch-Barner* in Spindler/Stilz, § 232 Rz. 9; *Oechsler* in Münch-Komm. AktG, § 233 Rz. 14.

tet die Ausschüttung von Beträgen aus der Kapitalherabsetzung als Gewinn (Abs. 3). Diese **Verbote** dienen dem **Gläubigerschutz**. Sie wurden im Jahre 1965 weitgehend unverändert aus § 187 von 1937 übernommen[1]. Seitdem wurde § 233 im Jahre 1999 durch Art. 47 Nr. 8 EGInsO[2] sowie im Jahre 2007 durch das EHUG[3] geändert.

II. Verbot der Ausschüttung von Gewinn (§ 233 Abs. 1)

Gewinn darf nicht ausgeschüttet werden, bevor die gesetzliche Rücklage und die Kapitalrücklage zusammen 10% des Grundkapitals erreicht haben (§ 233 Abs. 1 Satz 1). Dieses im Interesse der Gläubiger vorgesehene Verbot begründet eine **Ausschüttungssperre**; Zuführungen in die gesetzliche Rücklage und die Kapitalrücklage verlangt es nicht. Es ist daher zulässig, Gewinn statt in die gesetzliche Rücklage oder die Kapitalrücklage in andere Gewinnrücklagen einzustellen, auf neue Rechnung vorzutragen oder für eine Kapitalerhöhung aus Gesellschaftsmitteln zu verwenden[4]. Das **Verbot** ist **zwingend**. Es gilt (auch) im Interesse zukünftiger Gläubiger selbst dann, wenn die Gesellschaft ihren Gläubigern eine Sicherheitsleistung angeboten oder sie befriedigt hat[5].

Das **Verbot** nach § 233 Abs. 1 Satz 1 gilt nur für Gewinnausschüttungen an die Aktionäre. Auf **sonstige Zahlungen** an **Aktionäre** oder **Dritte** (Gläubiger der Gesellschaft) findet die Vorschrift **keine Anwendung**. Dies gilt auch dann, wenn solche Zahlungen von der Höhe des Bilanzgewinns oder Jahresüberschusses abhängig sind[6]. Voraussetzung ist aber, dass die Aktionäre wie Dritte gegenüber der Gesellschaft auftreten[7]. Dies ist beispielsweise der Fall bei **Zahlungen** aufgrund eines **Teilgewinnabführungsvertrags** (§ 292 Abs. 1 Nr. 2) und einer **Gewinngemeinschaft** (§ 292 Abs. 1 Nr. 1). Da die Gesellschaft in diesen Fällen eine Gegenleistung erhält (s. § 292 Rz. 3 ff., 15 ff.), die angemessen sein muss[8], besteht kein Bedürfnis dafür, die vertraglich geschuldeten Zahlungen der Ausschüttungssperre nach § 233 Abs. 1 Satz 1 zu unterwerfen[9]. Anders verhält es sich bei Zahlungen aufgrund eines **Gewinnabführungsvertrags** i.S.v. § 291 Abs. 1 Satz 1. Bei Bestehen eines solchen Vertrags ist die Gesellschaft zwar durch einen Anspruch auf Verlustausgleich (§ 302 Abs. 1) und durch die Pflicht zur Dotierung der gesetzliche Rücklage (§ 300 Nr. 1) geschützt. Diese Sicherungen gewährleisten aber lediglich den Bestand der Gesellschaft. Sie machen den bei einer Kapitalherabsetzung nach § 233 Abs. 1 Satz 1 stattfindenden spezifischen Schutz der Gläubiger nicht entbehrlich[10].

Als **Grundkapital** i.S.v. § 233 Abs. 1 Satz 1 gilt der **Nennbetrag**, der sich durch die **Herabsetzung** ergibt, mindestens aber der in § 7 bestimmte Mindestnennbetrag von 50.000 Euro (§ 233 Abs. 1 Satz 2). Das Gesetz trägt mit dieser Regelung dem Umstand

---

1 Vgl. Begr. RegE § 233, *Kropff*, Aktiengesetz, S. 322.
2 BGBl. I 1994, 2911.
3 BGBl. I 2006, 2553.
4 Vgl. *Hüffer*, § 233 Rz. 2; *Lutter* in KölnKomm. AktG, § 233 Rz. 6; *Oechsler* in MünchKomm. AktG, § 233 Rz. 9.
5 Vgl. *Lutter* in KölnKomm. AktG, § 233 Rz. 10.
6 Vgl. *Hüffer*, § 233 Rz. 3; *Lutter* in KölnKomm. AktG, § 233 Rz. 8; *Marsch-Barner* in Spindler/Stilz, § 233 Rz. 2.
7 Vgl. *Hüffer*, § 233 Rz. 3; *Lutter* in KölnKomm. AktG, § 233 Rz. 8; *Marsch-Barner* in Spindler/Stilz, § 233 Rz. 2.
8 Vgl. *Veil* in Spindler/Stilz, § 292 Rz. 19 f.
9 Vgl. *Lutter* in KölnKomm. AktG, § 233 Rz. 9; *Marsch-Barner* in Spindler/Stilz, § 233 Rz. 3; *Oechsler* in MünchKomm. AktG, § 233 Rz. 5.
10 Vgl. *Lutter* in KölnKomm. AktG, § 233 Rz. 9; offenbar a.A. *Krieger* in MünchHdb. AG, § 61 Rz. 30 (dies sei zweifelhaft).

Rechnung, dass eine Kapitalherabsetzung unterhalb des gesetzlichen Mindestnennbetrags zulässig ist, wenn diese mit einer Kapitalerhöhung verbunden wird (vgl. § 229 Abs. 3 i.V.m. § 228). Es trifft die Aussage, dass auf die aus der zugleich beschlossenen Kapitalerhöhung resultierende neue Grundkapitalziffer nicht abzustellen ist. Es bleiben (erst recht) auch andere zukünftige Kapitalerhöhungen außer Betracht[11].

5   Voraussetzung für eine Anwendung von § 233 Abs. 1 Satz 1 ist, dass die **Kapitalherabsetzung wirksam** ist (vgl. § 229 Abs. 3 i.V.m. § 224). Es ist also grundsätzlich zulässig, bis zur Eintragung des entsprechenden Hauptversammlungsbeschlusses Gewinn auszuschütten[12], sofern nicht eine Umgehung des Auszahlungsverbots erfolgt. Das Auszahlungsverbot ist bei Wirksamwerden der Kapitalherabsetzung begründet, wenn die **gesetzliche Rücklage** und die **Kapitalrücklage** (vgl. § 266 Abs. 3 A. II. und III. Nr. 1 HGB) **zusammen 10%** des **Grundkapitals nicht erreicht** haben. Zuzahlungen in die Kapitalrücklage (§ 272 Abs. 2 Nr. 4 HGB) finden insoweit keine Berücksichtigung (s. hierzu auch § 150 Rz. 7)[13]. Die Quote von 10% ist zwingend; die Satzungsgeber können sie weder erhöhen noch niedriger ansetzen[14]. Das Verbot ist so lange begründet, bis die gesetzliche Rücklage und die Kapitalrücklage zusammen 10% des herabgesetzten Grundkapitals erreicht haben. Sinkt diese Quote später wieder ab, so findet § 233 Abs. 1 Satz 1 nicht erneut Anwendung[15].

III. Beschränkung der Ausschüttung von Gewinn (§ 233 Abs. 2)

6   Die **Zahlung** eines **Gewinnanteils** von **mehr** als **4%** des **Grundkapitals** ist erst für ein **Geschäftsjahr** zulässig, das später als **zwei Jahre nach** der **Beschlussfassung** über die **Kapitalherabsetzung** beginnt (§ 233 Abs. 2 Satz 1). Der Terminus „Zahlung eines Gewinnanteils" ist identisch mit dem in § 233 Abs. 1 Satz 1 verwandten Begriff der Ausschüttung von Gewinn (s. hierzu Rz. 2). Bei der Ermittlung der Grenzen einer Zahlung ist auf die **Grundkapitalziffer** der Gesellschaft im **Zeitpunkt** des **Gewinnverwendungsbeschlusses** der Hauptversammlung abzustellen[16]. Dies bedeutet, dass im Unterschied zum Auszahlungsverbot nach § 233 Abs. 1 Satz 1 (s. Rz. 2 ff.) eine zusammen mit der Kapitalherabsetzung beschlossene Kapitalerhöhung (vgl. § 229 Abs. 3 i.V.m. § 228) Berücksichtigung findet.

7   Hat die Gesellschaft Aktien mit unterschiedlichen Dividendenrechten, wie dies beispielsweise bei Stamm- und Vorzugsaktien der Fall ist, muss gewährleistet sein, dass die gesamte Ausschüttung (sowohl an Stamm- als auch an Vorzugsaktionäre) 4% des Grundkapitals nicht überschreitet[17]. Wie die Zahlungen zwischen Stamm- und Vorzugsaktionäre verteilt sind, ist für die Anwendung von § 233 Abs. 2 Satz 1 irrelevant.

---

11 Vgl. *Hüffer*, § 233 Rz. 4; *Marsch-Barner* in Spindler/Stilz, § 233 Rz. 7; *Oechsler* in Münch-Komm. AktG, § 233 Rz. 8.
12 Vgl. *Hüffer*, § 233 Rz. 5; *Lutter* in KölnKomm. AktG, § 233 Rz. 7; *Marsch-Barner* in Spindler/Stilz, § 233 Rz. 8.
13 Vgl. *Hüffer*, § 233 Rz. 4; *Oechsler* in MünchKomm. AktG, § 233 Rz. 7; *Marsch-Barner* in Spindler/Stilz, § 233 Rz. 6.
14 Vgl. *Marsch-Barner* in Spindler/Stilz, § 233 Rz. 7; *Oechsler* in MünchKomm. AktG, § 233 Rz. 8.
15 Vgl. *Lutter* in KölnKomm. AktG, § 233 Rz. 5; *Marsch-Barner* in Spindler/Stilz, § 233 Rz. 9.
16 Vgl. *Hüffer*, § 233 Rz. 6; *Lutter* in KölnKomm. AktG, § 233 Rz. 11; *Marsch-Barner* in Spindler/Stilz, § 233 Rz. 10; *Oechsler* in MünchKomm. AktG, § 233 Rz. 13.
17 Vgl. *Hüffer*, § 233 Rz. 6; *Marsch-Barner* in Spindler/Stilz, § 233 Rz. 10; *Oechsler* in Münch-Komm. AktG, § 233 Rz. 14.

Die **Beschränkung** einer **Gewinnausschüttung** gilt für das **Geschäftsjahr**, in dem die **8** **Hauptversammlung** die **Kapitalherabsetzung beschlossen** hat, und sodann für die **beiden folgenden Geschäftsjahre** (vgl. § 233 Abs. 2 Satz 1). Voraussetzung ist allerdings, dass die Kapitalherabsetzung wirksam geworden ist (s. auch Rz. 5). Ein Gewinnverwendungsbeschluss, der nach dem Beschluss der Hauptversammlung über die Kapitalherabsetzung und vor der Eintragung dieses Beschlusses im Handelsregister gefasst wurde, unterliegt somit nicht der Beschränkung einer Gewinnausschüttung nach § 233 Abs. 2 Satz 1[18]. Wird der Beschluss über die Kapitalherabsetzung eingetragen, gilt aber das Verbot nach § 233 Abs. 2 Satz 1, so dass Zahlungen trotz eines wirksamen Gewinnverwendungsbeschlusses nicht erbracht werden dürfen[19].

Das **Verbot** der **Zahlung** eines **Gewinnanteils gilt nicht**, wenn die **Gläubiger**, deren **9** Forderung vor der Bekanntmachung der Eintragung des Beschlusses begründet worden waren, **befriedigt** oder **sichergestellt** sind, soweit sie sich binnen sechs Monaten nach der Bekanntmachung des Jahresabschlusses, aufgrund dessen die Gewinnverteilung beschlossen ist, zu diesem Zweck gemeldet haben (§ 233 Abs. 2 Satz 2). Einer Sicherstellung der Gläubiger bedarf es nicht, die im Fall des Insolvenzverfahrens ein Recht auf vorzugsweise Befriedigung aus einer Deckungsmasse haben, die nach gesetzlicher Vorschrift zu ihrem Schutz errichtet und staatlich überwacht ist. Beide Vorschriften entsprechen den in § 225 getroffenen Regelungen, so dass auf die zu dieser Vorschrift gemachten Erläuterungen verwiesen werden kann (s. § 225 Rz. 14 ff.). Ergänzend ist darauf hinzuweisen, dass sich die Gläubiger im Unterschied zu § 225 zur Befriedigung oder Sicherstellung binnen sechs Monaten *nach der Bekanntmachung des Jahresabschlusses, aufgrund dessen die Gewinnverteilung beschlossen ist,* gemeldet haben müssen. Die Gläubiger sind in der Bekanntmachung nach § 325 Abs. 2 HGB auf die Befriedigung oder Sicherstellung hinzuweisen (§ 233 Abs. 2 Satz 4).

IV. Verbot der Ausschüttung von Beträgen aus der Kapitalherabsetzung (§ 233 Abs. 3)

Die Beträge, die aus der Auflösung von Kapital und Gewinnrücklagen und aus der Kapitalherabsetzung gewonnen sind, dürfen auch nach § 233 Abs. 1 und 2 nicht als Gewinn ausgeschüttet werden (§ 233 Abs. 3). Diese Vorschrift ergänzt das in § 230 Satz 1 normierte Ausschüttungsverbot und stellt klar, dass die Bucherträge in der Gesellschaft verbleiben müssen. **10**

V. Rechtsfolgen bei Verstoß

Verstößt ein Gewinnverwendungsbeschluss gegen § 233, so ist er gem. §§ 253 **11** Abs. 1, 241 Nr. 3 nichtig[20]. Rechtswidrig erbrachte Zahlungen sind von den Aktionären gem. § 62 zu erstatten. Außerdem sind Vorstand und Aufsichtsrat gegenüber der Gesellschaft gem. §§ 93, 116 zum Schadensersatz verpflichtet.

---

18 Vgl. *Hüffer*, § 233 Rz. 7; *Lutter* in KölnKomm. AktG, § 233 Rz. 13; *Marsch-Barner* in Spindler/Stilz, § 233 Rz. 11; *Oechsler* in MünchKomm. AktG, § 233 Rz. 15.
19 Vgl. *Hüffer*, § 233 Rz. 7; *Lutter* in KölnKomm. AktG, § 233 Rz. 13; *Marsch-Barner* in Spindler/Stilz, § 233 Rz. 11.
20 Vgl. *Lutter* in KölnKomm. AktG, § 233 Rz. 17; *Marsch-Barner* in Spindler/Stilz, § 233 Rz. 14; *Oechsler* in MünchKomm. AktG, § 233 Rz. 16.

§ 234
Rückwirkung der Kapitalherabsetzung

(1) Im Jahresabschluss für das letzte vor der Beschlussfassung über die Kapitalherabsetzung abgelaufene Geschäftsjahr können das gezeichnete Kapital sowie die Kapital- und Gewinnrücklagen in der Höhe ausgewiesen werden, in der sie nach der Kapitalherabsetzung bestehen sollen.

(2) In diesem Fall beschließt die Hauptversammlung über die Feststellung des Jahresabschlusses. Der Beschluss soll zugleich mit dem Beschluss über die Kapitalherabsetzung gefasst werden.

(3) Die Beschlüsse sind nichtig, wenn der Beschluss über die Kapitalherabsetzung nicht binnen drei Monaten nach der Beschlussfassung in das Handelsregister eingetragen worden ist. Der Lauf der Frist ist gehemmt, solange eine Anfechtungs- oder Nichtigkeitsklage rechtshängig ist oder eine zur Kapitalherabsetzung beantragte staatliche Genehmigung noch nicht erteilt ist.

I. Allgemeines	1	IV. Fristgerechte Eintragung der	
II. Rückwirkung (§ 234 Abs. 1)	2	Beschlüsse (§ 234 Abs. 3)	10
III. Beschluss der Hauptversammlung (§ 234 Abs. 2)	4		

I. Allgemeines

1   Die Vorschrift räumt die Möglichkeit ein, die **vereinfachte Kapitalherabsetzung rückwirkend**, nämlich im letzten Jahresabschluss der Gesellschaft zu **berücksichtigen** (§ 234 Abs. 1). In diesem Falle beschließt die Hauptversammlung über die Feststellung des Jahresabschlusses (§ 234 Abs. 2 Satz 1). Die Gesellschaft wird durch die bilanzielle Rückwirkung in die Lage versetzt, sich kreditwürdig zu präsentieren[1]. Der **Normzweck** besteht also darin, eine **Sanierung** des **Unternehmens** zu **erleichtern**[2]. Der Gesetzgeber hat diesen Regelungszweck allerdings nicht konsequent verfolgt, denn die Rückwirkung wird aus der Gewinn- und Verlustrechnung ersichtlich (vgl. § 240). Die Vorschrift wurde im Jahre 1965 mit einigen sprachlichen Änderungen von § 188 von 1937 übernommen[3] und seitdem nicht geändert.

II. Rückwirkung (§ 234 Abs. 1)

2   Die Rückwirkung der Kapitalherabsetzung stellt eine **bilanzielle Gestaltungsoption** dar. Sie bedeutet eine Durchbrechung des Stichtagsprinzips gem. § 252 Abs. 1 Nr. 3 HGB dar[4]. Es bleibt also dabei, dass die Kapitalherabsetzung mit der Eintragung des Beschlusses in das Handelsregister wirksam wird (§ 229 Abs. 3 i.V.m. 224). Die Rückwirkung artikuliert sich lediglich im Jahresabschluss des letzten vor dem Beschluss über die Kapitalherabsetzung abgelaufenen Geschäftsjahres. In diesem Abschluss sind die Beträge anzugeben, die sich durch die vereinfachte Kapitalherabsetzung nach der Eintragung des Beschlusses ergeben (Grundkapital gem. § 266 Abs. 3 A. I. HGB

---

1 So etwa im Fall der „BuM"; vgl. OLG Düsseldorf v. 14.7.1981 – 6 U 259/80, WM 1981, 960.
2 Vgl. *Hüffer*, § 234 Rz. 1; *Lutter* in KölnKomm. AktG, § 234 Rz. 3; *Marsch-Barner* in Spindler/ Stilz, § 234 Rz. 1; *K. Schmidt*, AG 1985, 150, 156.
3 Vgl. Begr. RegE § 234, *Kropff*, Aktiengesetz, S. 323.
4 Vgl. *Marsch-Barner* in Spindler/Stilz, § 234 Rz. 3.

und Kapital- sowie Gewinnrücklagen gem. § 266 Abs. 3 A. II. und III. HGB). Alle anderen Bilanzposten bestimmen sich nach dem Stichtagsprinzip[5]. Eine Rückwirkung auf frühere Jahresabschlüsse ist gesetzlich nicht vorgesehen und daher unzulässig[6].

Bei einer **ordentlichen Kapitalherabsetzung** (§§ 222 ff.) oder einer Kapitalherabsetzung durch Einziehung von Aktien (§§ 237 ff.) besteht die Möglichkeit einer Rückbeziehung nicht, wohl aber, wenn die Gesellschaft zuvor eine andere Rechtsform hatte, vorausgesetzt, dass der Formwechsel zum Zeitpunkt des Beschlusses der Hauptversammlung über die Kapitalherabsetzung wirksam ist (§ 202 Abs. 1 Nr. 1 UmwG) und die Gesellschaft dadurch die Rechtsform einer Aktiengesellschaft erlangt hat[7].   3

III. Beschluss der Hauptversammlung (§ 234 Abs. 2)

Vorstand und **Aufsichtsrat** entscheiden nach **eigenem pflichtgemäßen Ermessen**, ob   4
sie von der **bilanziellen Gestaltungsmöglichkeit** nach § 234 Abs. 1 **Gebrauch** machen
wollen[8]. Dabei muss allerdings die Hauptversammlung mitwirken. Voraussetzung
hierfür ist, dass eine Rückbeziehung noch möglich ist. Dies ist nicht mehr der Fall,
wenn der Jahresabschluss (von Vorstand und Aufsichtsrat gem. §§ 171, 172 oder von
der Hauptversammlung gem. § 173) bereits festgestellt wurde. Es sind die folgenden
Szenarien denkbar:

Erstens kommt in Betracht, dass **Vorstand** und **Aufsichtsrat** nach § 234 Abs. 1 vorge-   5
hen, also sich für eine bilanzielle **Rückbeziehung** der **Kapitalherabsetzung** entscheiden. In diesem Fall beschließt die **Hauptversammlung** auch über die **Feststellung** des
Jahresabschlusses (§ 234 Abs. 2 Satz 1). Diese zwingende, vom Normalfall einer Feststellung durch Vorstand und Aufsichtsrat (vgl. §§ 172 Satz 1, 173 Abs. 1) abweichende Kompetenzzuweisung ist von der Vorstellung getragen, dass für die Kapitalherabsetzung und die Feststellung des Jahresabschlusses dasselbe Organ zuständig sein
soll[9]. Die Hauptversammlung ist bei ihrer Entscheidung grundsätzlich frei. So kann
sie den Jahresabschluss entweder unter Rückbeziehung der Kapitalherabsetzung feststellen oder aber beschließen, den Jahresabschluss nicht festzustellen. Eine Kompetenz, den Jahresabschluss ohne Rückbeziehung der Kapitalherabsetzung festzustellen, hat sie allerdings nicht[10].

Zweitens ist es möglich, dass **Vorstand** und **Aufsichtsrat** von der **bilanziellen Gestal-   6
tungsmöglichkeit** nach § 234 Abs. 1 **keinen Gebrauch** machen. Stellen sie den Jahresabschluss fest, ist die Hauptversammlung daran gebunden.

Drittens können **Vorstand** und **Aufsichtsrat** beschließen, die **Feststellung** des **Jahres-   7
abschlusses** der **Hauptversammlung** zu überlassen (**§ 173 Abs. 1**). In diesem Fall hat
die Hauptversammlung alle denkbaren Entscheidungsmöglichkeiten. Dies bedeutet,
dass sie den Jahresabschluss sowohl mit als auch ohne Rückbeziehung feststellen
kann. Ändert die Hauptversammlung den von einem Abschlussprüfer bereits geprüften Abschluss, so ist allerdings eine erneute Prüfung erforderlich (§ 173 Abs. 3).

---

5 Vgl. *Hüffer*, § 234 Rz. 3; *Lutter* in KölnKomm. AktG, § 234 Rz. 23; *Marsch-Barner* in Spindler/
Stilz, § 234 Rz. 5.
6 Vgl. *Hüffer*, § 234 Rz. 3; *Marsch-Barner* in Spindler/Stilz, § 234 Rz. 5.
7 Vgl. *K. Schmidt*, AG 1985, 150, 156 f.; zustimmend *Hüffer*, § 234 Rz. 2; *Marsch-Barner* in
Spindler/Stilz, § 234 Rz. 4; *Oechsler* in MünchKomm. AktG, § 234 Rz. 4.
8 Vgl. *Hüffer*, § 234 Rz. 2; *Marsch-Barner* in Spindler/Stilz, § 234 Rz. 3; *Oechsler* in Münch-
Komm. AktG, § 234 Rz. 6.
9 Vgl. *Oechsler* in MünchKomm. AktG, § 234 Rz. 7; *Marsch-Barner* in Spindler/Stilz, § 234
Rz. 6; vgl. auch LG Frankfurt a.M. v. 13.10.2003 – 3/1 O 50/03, DB 2003, 2541, 2542.
10 Vgl. *Lutter* in KölnKomm. AktG, § 234 Rz. 10; *Hüffer*, § 234 Rz. 5.

8   *Viertens* ist es vorstellbar, dass die Hauptversammlung über die Kapitalherabsetzung beschließt und der Vorstand noch keinen geprüften Entwurf eines Jahresabschlusses vorgelegt hat[11]. In diesem wohl eher theoretischen Fall kann die **Hauptversammlung** von ihrem Recht nach § 83 Abs. 1 Satz 1 Gebrauch machen, die **Verwaltung anzuweisen**, den **Jahresabschluss** unter **Rückbeziehung** der **Kapitalherabsetzung** zur Feststellung gem. § 234 Abs. 1 und 2 vorzulegen[12]. Vorstand und Aufsichtsrat haben dieser Anweisung Folge zu leisten. Stellen sie dennoch den Jahresabschluss ohne Rückbeziehung der Kapitalherabsetzung fest, machen sie sich gem. §§ 93, 116 schadensersatzpflichtig.

9   Der **Beschluss** über die **Feststellung** des **Jahresabschlusses** soll zugleich mit dem **Beschluss** über die **Kapitalherabsetzung** gefasst werden (§ 234 Abs. 2 Satz 2). Damit ist die Beschlussfassung in derselben Hauptversammlung gemeint[13]. Es handelt sich um eine Sollvorschrift, so dass der Kapitalherabsetzungsbeschluss bei einem Verstoß gegen diese Vorschrift weder anfechtbar noch nichtig ist[14]. Auch die Feststellung des Jahresabschlusses ist in diesem Fall ebenfalls wirksam; sie kann nicht gem. § 243 Abs. 1 angefochten werden[15].

IV. Fristgerechte Eintragung der Beschlüsse (§ 234 Abs. 3)

10   Die **Beschlüsse** sind **nichtig**, wenn der **Beschluss** über die **Kapitalherabsetzung** nicht **binnen drei Monaten** nach der **Beschlussfassung** in das Handelsregister eingetragen worden ist (§ 234 Abs. 3 Satz 1). Die **Frist** berechnet sich nach den §§ 187 Abs. 1, 188 Abs. 2 BGB. Beginn der dreimonatigen Frist ist der Tag, an dem die Hauptversammlung über die Kapitalherabsetzung Beschluss gefasst hat. Wurde zuerst über die Feststellung des Jahresabschlusses und erst danach über die Kapitalherabsetzung Beschluss gefasst, so beginnt die Frist mit dem Tag der Beschlussfassung über die Feststellung des Jahresabschlusses[16]. Die Anmeldung des Beschlusses über die Kapitalherabsetzung genügt zur Fristwahrung nicht.

11   Der **Lauf** der **Frist** ist **gehemmt**, solange eine Anfechtungs- oder Nichtigkeitsklage rechtshängig oder eine zur Kapitalherabsetzung beantragte staatliche Genehmigung noch nicht erteilt ist (§ 234 Abs. 3 Satz 2). Die Vorschrift bezieht sich auf Anfechtungs- bzw. Nichtigkeitsklagen gegen den Kapitalherabsetzungsbeschluss (§§ 246, 249) und gegen den Jahresabschluss (§§ 256, 257). Allgemeine Feststellungsklagen (§ 256 ZPO) begründen eine Fristhemmung nicht. Die Rechtswirkungen der Hemmung ergeben sich aus § 209 HGB.

12   Wird die **Frist nicht eingehalten**, sind sowohl der Kapitalherabsetzungsbeschluss als auch der Jahresabschluss ex tunc nichtig. Da der Kapitalherabsetzungsbeschluss vor seiner Eintragung in das Handelsregister noch nicht wirksam ist, handelt es sich um einen Fall der endgültigen **Unwirksamkeit** des **Beschlusses** und des mit ihm im Zu-

---

11 Vgl. *Lutter* in KölnKomm. AktG, § 234 Rz. 11.

12 Vgl. *Lutter* in KölnKomm. AktG, § 234 Rz. 11; *Hüffer*, § 234 Rz. 5; *Marsch-Barner* in Spindler/Stilz, § 234 Rz. 6; *Oechsler* in MünchKomm. AktG, § 234 Rz. 12.

13 Vgl. *Hüffer*, § 234 Rz. 6; *Lutter* in KölnKomm. AktG, § 234 Rz. 14; *Marsch-Barner* in Spindler/Stilz, § 234 Rz. 10.

14 Vgl. *Hüffer*, § 234 Rz. 6; *Lutter* in KölnKomm. AktG, § 234 Rz. 14; *Marsch-Barner* in Spindler/Stilz, § 234 Rz. 10. A.A. LG Frankfurt a.M. v. 13.10.2003 – 3/1 O 50/03, DB 2003, 2541, 2542.

15 Vgl. *Lutter* in KölnKomm. AktG, § 234 Rz. 14; *Oechsler* in MünchKomm. AktG, § 234 Rz. 13; *Marsch-Barner* in Spindler/Stilz, § 234 Rz. 10. A.A. *Hüffer*, § 234 Rz. 6.

16 Vgl. *Lutter* in KölnKomm. AktG, § 234 Rz. 16; *Marsch-Barner* in Spindler/Stilz, § 234 Rz. 12; *Oechsler* in MünchKomm. AktG, § 234 Rz. 14.

sammenhang stehenden **Jahresabschlusses**[17]. Die Hauptversammlung kann diesen Fehler nicht heilen. Sie ist aber in der Lage, bei einer Überschreitung der Frist zu beschließen, dass die Kapitalherabsetzung ohne Rückwirkung erfolgen soll[18].

Das **Registergericht** hat bei Überschreiten der dreimonatigen Frist die Eintragung des Kapitalherabsetzungsbeschlusses abzulehnen. Kommt es dennoch zur Eintragung, so wird der Kapitalherabsetzungsbeschluss gem. § 242 Abs. 3 i.V.m. Abs. 2 geheilt. Diese Heilung bewirkt auch eine Heilung des nichtigen Jahresabschlusses[19]. 13

§ 235
Rückwirkung einer gleichzeitigen Kapitalerhöhung

(1) Wird im Fall des § 234 zugleich mit der Kapitalherabsetzung eine Erhöhung des Grundkapitals beschlossen, so kann auch die Kapitalerhöhung in dem Jahresabschluss als vollzogen berücksichtigt werden. Die Beschlussfassung ist nur zulässig, wenn die neuen Aktien gezeichnet, keine Sacheinlagen festgesetzt sind und wenn auf jede Aktie die Einzahlung geleistet ist, die nach § 188 Abs. 2 zur Zeit der Anmeldung der Durchführung der Kapitalerhöhung bewirkt sein muss. Die Zeichnung und die Einzahlung sind dem Notar nachzuweisen, der den Beschluss über die Erhöhung des Grundkapitals beurkundet.

(2) Sämtliche Beschlüsse sind nichtig, wenn die Beschlüsse über die Kapitalherabsetzung und die Kapitalerhöhung und die Durchführung der Erhöhung nicht binnen drei Monaten nach der Beschlussfassung in das Handelsregister eingetragen worden sind. Der Lauf der Frist ist gehemmt, solange eine Anfechtungs- oder Nichtigkeitsklage rechtshängig ist oder eine zur Kapitalherabsetzung oder Kapitalerhöhung beantragte staatliche Genehmigung noch nicht erteilt ist. Die Beschlüsse und die Durchführung der Erhöhung des Grundkapitals sollen nur zusammen in das Handelsregister eingetragen werden.

I. Allgemeines	1	III. Fristgerechte Eintragung der	
II. Rückwirkung (§ 235 Abs. 1)	2	Beschlüsse	8

Literatur: *Nowotny*, Zur aktienrechtlichen Bilanzierung noch nicht geleisteten Aufgeldes sowie noch nicht registrierter Kapitalerhöhungen, DB 1979, 557.

I. Allgemeines

Eine vereinfachte Kapitalherabsetzung wird in der Regel mit einer Kapitalerhöhung 1 verbunden (s. § 229 Rz. 2). Soll dabei die Kapitalherabsetzung gem. § 234 bilanziell rückwirkend berücksichtigt werden, so kann dies gem. § 235 Abs. 1, auch für die Kapitalerhöhung erfolgen. Die Vorschrift hat den **Zweck**, eine **Sanierung** des Gesell-

---

17 Vgl. *Hüffer*, § 234 Rz. 9; *Lutter* in KölnKomm. AktG, § 234 Rz. 19; *Oechsler* in MünchKomm. AktG, § 234 Rz. 17.

18 Vgl. *Hüffer*, § 234 Rz. 9; *Lutter* in KölnKomm. AktG, § 234 Rz. 17; *Marsch-Barner* in Spindler/Stilz, § 234 Rz. 15; *Oechsler* in MünchKomm. AktG, § 234 Rz. 17.

19 Vgl. *Hüffer*, § 234 Rz. 7; *Lutter* in KölnKomm. AktG, § 234 Rz. 20; *Marsch-Barner* in Spindler/Stilz, § 234 Rz. 16; *Oechsler* in MünchKomm. AktG, § 234 Rz. 18.

schaftsunternehmens zu **ermöglichen** (s. auch § 234 Rz. 1). § 235 wurde im Jahre 1965 mit sprachlichen Änderungen aus § 189 von 1937 übernommen[1] und seitdem nicht geändert.

II. Rückwirkung (§ 235 Abs. 1)

2   Die nach § 235 Abs. 1 Satz 1 mögliche **Rückwirkung** der **Kapitalerhöhung** hat lediglich **bilanzielle Bedeutung**. Sie stellt ebenso wie die Rückwirkung der Kapitalherabsetzung (§ 234) eine Durchbrechung des Stichtagsprinzips nach § 252 Satz 1 Nr. 3 HGB dar. Dies bedeutet, dass im Jahresabschluss des letzten, vor der Beschlussfassung über die vereinfachte Kapitalherabsetzung und die Kapitalerhöhung abgelaufenen Geschäftsjahres die Beträge anzugeben sind, die sich durch die vereinfachte Kapitalherabsetzung und die gleichzeitig beschlossene Kapitalerhöhung ergeben (Grundkapital, § 266 Abs. 3 A. I. HGB sowie Kapital- und Gewinnrücklage, § 266 Abs. 2 A. II. und III. HGB). Ist im Zuge der Kapitalerhöhung ein **Agio** zu erbringen, so ist es ebenfalls **bilanziell** zu **berücksichtigen**; der entsprechende Betrag ist also in die Kapitalrücklage einzustellen (§ 272 Abs. 2 Nr. 1 HGB)[2]. Außerdem sind die Einlagen und offenen Einlageforderungen zu aktivieren (§ 272 Abs. 1 Satz 2 HGB)[3].

3   Es ist nicht zwingend erforderlich, eine gleichzeitige Kapitalerhöhung bilanziell rückwirkend zu berücksichtigen. Es handelt sich vielmehr um eine **Gestaltungsmöglichkeit**[4]. Die **Hauptversammlung kann daher in dreierlei Hinsicht vorgehen**. *Erstens* braucht sie von der **Gestaltungsmöglichkeit** nach § 234 und § 235 **keinen Gebrauch** zu machen. Die Kapitalmaßnahmen wirken sich dann erst im Jahresabschluss des nächsten Geschäftsjahres aus. Die Hauptversammlung kann *zweitens* **nur die Kapitalherabsetzung bilanziell rückwirkend** berücksichtigt. Die gleichzeitig beschlossene Kapitalerhöhung bleibt dann im Jahresabschluss des abgelaufenen Geschäftsjahres außer Betracht. Drittens kann die Hauptversammlung sowohl die **Kapitalherabsetzung** als auch die **Kapitalerhöhung rückwirkend berücksichtigen**. Ausgeschlossen ist es, lediglich die Kapitalerhöhung rückwirkend zu berücksichtigen[5].

4   Die **Kapitalerhöhung** muss **zugleich**, d.h. in derselben Hauptversammlung mit der **vereinfachten Kapitalherabsetzung** beschlossen werden (§ 235 Abs. 1 Satz 1). Andernfalls ist eine Rückwirkung nicht möglich. Es handelt sich aber ebenso wie bei § 234 nur um ein „Sollerfordernis"[6]; der notwendige zeitliche Zusammenhang wird durch § 235 Abs. 2 ausreichend gewährleistet. Die Gesellschaft muss aber in jedem Fall im Zeitpunkt der Beschlussfassung die Rechtsform einer AG haben (s. auch § 234 Rz. 3)[7]. Ein zuvor beschlossener Formwechsel in eine AG muss also wirksam geworden sein (§ 202 Abs. 1 UmwG).

5   Eine Anwendung von § 235 setzt weiter voraus, dass eine **Kapitalerhöhung** gegen **Einlagen** (§§ 182 ff.) beschlossen wird. Eine Sachkapitalerhöhung kommt nicht in Be-

---

1   Vgl. Begr. RegE § 235, *Kropff*, Aktiengesetz, S. 323.
2   Vgl. *Nowotny*, DB 1979, 557, 559.
3   Vgl. *Nowotny*, DB 1979, 557, 558; *Hüffer*, § 235 Rz. 2; *Lutter* in KölnKomm. AktG, § 235 Rz. 2; *Marsch-Barner* in Spindler/Stilz, § 235 Rz. 6.
4   Vgl. *Hüffer*, § 235 Rz. 3; *Lutter* in KölnKomm. AktG, § 235 Rz. 3; *Oechsler* in MünchKomm. AktG, § 235 Rz. 4; *Marsch-Barner* in Spindler/Stilz, § 235 Rz. 4.
5   Vgl. *Hüffer*, § 235 Rz. 3; *Lutter* in KölnKomm. AktG, § 235 Rz. 3; *Oechsler* in MünchKomm. AktG, § 235 Rz. 4; *Marsch-Barner* in Spindler/Stilz, § 235 Rz. 5.
6   Vgl. *Oechsler* in MünchKomm. AktG, § 235 Rz. 6; *Marsch-Barner* in Spindler/Stilz, § 235 Rz. 7.
7   Vgl. *Hüffer*, § 235 Rz. 4; *Oechsler* in MünchKomm. AktG, § 235 Rz. 3; *Marsch-Barner* in Spindler/Stilz, § 235 Rz. 4.

tracht (vgl. § 235 Abs. 1 Satz 2). Die Einlagen sind also in Geld zu erbringen. Ferner ist eine Besonderheit gegenüber dem regulären Ablauf einer Kapitalerhöhung zu beachten: Die **neuen Aktien** müssen bereits **vor** der **Beschlussfassung** über die **Kapitalerhöhung vollständig gezeichnet** sein. Die Zeichnungsscheine sind unter der aufschiebenden Bedingung zu schließen, dass die Kapitalherabsetzung wirksam wird[8]. Die Einlagenerbringung richtet sich nach den allgemeinen Vorschriften (§ 235 Abs. 1 Satz 2 i.V.m. §§ 188, Abs. 2, 36a Abs. 1). Dies bedeutet, dass mindestens 25 % des geringsten Ausgabebetrags zzgl. eines etwaig festgesetzten Agios auf jede Aktie einzuzahlen sind. Der Vorstand kann allerdings auch die restliche Einlage verlangen (§ 36 Abs. 2), so dass dann auch dieser Betrag vorab zu erbringen ist[9]. Die Einlagen müssen dem Vorstand endgültig zur freien Verfügung stehen (s. hierzu § 188 Rz. 8 ff.).

Die **Zeichnung** und die **Zahlung** sind dem **Notar nachzuweisen**, der den Beschluss   6
über die Erhöhung des Grundkapitals beurkundet (§ 235 Abs. 1 Satz 3). In welcher Form dies geschieht, bestimmt der Notar nach eigenem pflichtgemäßen Ermessen[10]. In Betracht kommen namentlich die Vorlage der Zeichnungsscheine und der Einzahlungsbelege oder statt dessen eine schriftliche Bankbestätigung[11]. Ohne ordnungsgemäßen Nachweis muss der Notar die Beurkundung ablehnen.

Bei einem **Verstoß** gegen eine der in § 235 Abs. 1 Satz 1 und Satz 2 normierten Vorschriften sind der **Feststellungsbeschluss** (vgl. § 241 Nr. 3) und der **Jahresabschluss** (§ 256 Abs. 1 Nr. 1) **nichtig**, denn diese Regelungen dienen dem Schutz der Gläubiger und der Öffentlichkeit[12].   7

III. Fristgerechte Eintragung der Beschlüsse

Sämtliche **Beschlüsse** sind **nichtig**, wenn die Beschlüsse über die Kapitalherabset-   8
zung und die Kapitalerhöhung und die Durchführung der Erhöhung nicht **binnen drei Monaten** nach der Beschlussfassung in das Handelsregister **eingetragen** worden sind (§ 235 Abs. 2 Satz 1). Der Lauf der Frist kann gehemmt sein (§ 235 Abs. 2 Satz 2). Diese Bestimmungen entsprechen den in § 234 Abs. 3 getroffenen Regelungen, so dass auf die dortigen Erläuterungen verwiesen werden kann (s. § 234 Rz. 10 ff.).

Die **Beschlüsse** und die **Durchführung** der Erhöhung des Grundkapitals sollen nur   9
zusammen in das **Handelsregister eingetragen** werden (§ 235 Abs. 2 Satz 3). Dabei handelt es sich um eine bloße Ordnungsvorschrift, so dass bei einem Verstoß weder eine Anfechtung noch eine Nichtigkeit der betreffenden Beschlüsse bzw. Maßnahmen begründet ist[13]. Das Registergericht ist allerdings an die Ordnungsvorschrift gebunden und hat daher im Falle eines Verstoßes die Eintragung abzulehnen.

---

8 Vgl. *Hüffer*, § 235 Rz. 5; *Lutter* in KölnKomm. AktG, § 235 Rz. 9; *Marsch-Barner* in Spindler/Stilz, § 235 Rz. 9; *Oechsler* in MünchKomm. AktG, § 235 Rz. 8.
9 Vgl. BGH v. 13.4.1992 – II ZR 277/90, BGHZ 118, 83, 88 = AG 1992, 312.
10 Vgl. *Hüffer*, § 235 Rz. 8; *Lutter* in KölnKomm. AktG, § 235 Rz. 11; *Marsch-Barner* in Spindler/Stilz, § 235 Rz. 12.
11 Vgl. *Hüffer*, § 235 Rz. 8; *Lutter* in KölnKomm. AktG, § 235 Rz. 11; *Marsch-Barner* in Spindler/Stilz, § 235 Rz. 12.
12 Vgl. OLG Düsseldorf v. 25.6.1981 – 6 U 79/80, ZIP 1981, 847, 856 = AG 1982, 26; *Hüffer*, § 235 Rz. 9; *Lutter* in KölnKomm. AktG, § 235 Rz. 13; *Oechsler* in MünchKomm. AktG, § 235 Rz. 13.
13 Vgl. *Hüffer*, § 235 Rz. 13; *Lutter* in KölnKomm. AktG, § 235 Rz. 16.

§ 236
Offenlegung

Die Offenlegung des Jahresabschlusses nach § 325 des Handelsgesetzbuchs darf im Fall des § 234 erst nach Eintragung des Beschlusses über die Kapitalherabsetzung, im Fall des § 235 erst ergehen, nachdem die Beschlüsse über die Kapitalherabsetzung und Kapitalerhöhung und die Durchführung der Kapitalerhöhung eingetragen worden sind.

I. Regelungsgegenstand . . . . 1 | II. Rechtsfolgen eines Verstoßes 2

I. Regelungsgegenstand

1 Die Vorschrift steht im Zusammenhang mit den §§ 234 und 235. Sie verfügt, dass der **Jahresabschluss** bei einer **bilanziellen Rückwirkung** der **Kapitalherabsetzung** erst **nach** der **Eintragung** des **Beschlusses** über die **Kapitalherabsetzung** und bei einer **bilanziellen Rückwirkung** auch der **Kapitalerhöhung** erst **nach** der **Eintragung** der **Beschlüsse** über die **Kapitalherabsetzung** und **Kapitalerhöhung** sowie der **Durchführung** der Kapitalerhöhung **offen gelegt** wird. Zweck dieser Bestimmung ist es, die **Gläubiger**, **Anleger** und den **Geschäftsverkehr** zu **schützen**[1]. Ist die Eintragung erfolgt, so hat die Offenlegung unverzüglich (§ 121 Abs. 1 Satz 1 BGB) gem. § 325 HGB zu erfolgen.

II. Rechtsfolgen eines Verstoßes

2 Die Rechtsfolgen eines Verstoßes gegen § 236 können vor allem in einem **Schadensersatzanspruch** eines **Dritten gegenüber** der **Gesellschaft** bestehen. Als Rechtsgrundlage kommt § 823 Abs. 2 BGB i.V.m. § 236 AktG in Betracht[2]. Ein solcher Anspruch setzt voraus, dass ein Dritter auf die **Wirksamkeit** eines unwirksamen **Jahresabschlusses** (vgl. §§ 234 Abs. 3, 235 Abs. 2) **vertraut** hat[3]. Ferner muss der Dritte einen Schaden erlitten haben. Dies dürfte aber nur theoretisch vorstellbar sein, da Aktiva und Passiva unabhängig von der Kapitalherabsetzung gleich ausgewiesen werden[4]. Schließlich können die Mitglieder des Vorstands und des Aufsichtsrats zum Schadensersatz verpflichtet sein, wenn sie für die vorzeitige offenlegung des Jahresabschlusses verantwortlich sind (§§ 93, 116). Auch dies ist praktisch kaum vorstellbar.

---

1 Vgl. *Hüffer*, § 236 Rz. 1; *Marsch-Barner* in Spindler/Stilz, § 236 Rz. 1; *Oechsler* in MünchKomm. AktG, § 236 Rz. 1.
2 Vgl. *Hüffer*, § 236 Rz. 3; *Marsch-Barner* in Spindler/Stilz, § 236 Rz. 3; *Oechsler* in MünchKomm. AktG, § 236 Rz. 3.
3 Vgl. *Lutter* in KölnKomm. AktG, § 236 Rz. 2.
4 Vgl. *Marsch-Barner* in Spindler/Stilz, § 236 Rz. 3. A.A. Offenbar *Hüffer*, § 236 Rz. 3.

Dritter Unterabschnitt. Kapitalherabsetzung durch Einziehung von Aktien. Ausnahme für Stückaktien

§ 237
Voraussetzungen

(1) Aktien können zwangsweise oder nach Erwerb durch die Gesellschaft eingezogen werden. Eine Zwangseinziehung ist nur zulässig, wenn sie in der ursprünglichen Satzung oder durch eine Satzungsänderung vor Übernahme oder Zeichnung der Aktien angeordnet oder gestattet war.

(2) Bei der Einziehung sind die Vorschriften über die ordentliche Kapitalherabsetzung zu befolgen. In der Satzung oder in dem Beschluss der Hauptversammlung sind die Voraussetzungen für eine Zwangseinziehung und die Einzelheiten ihrer Durchführung festzulegen. Für die Zahlung des Entgelts, das Aktionären bei einer Zwangseinziehung oder bei einem Erwerb von Aktien zum Zwecke der Einziehung gewährt wird, und für die Befreiung dieser Aktionäre von der Verpflichtung zur Leistung von Einlagen gilt § 225 Abs. 2 sinngemäß.

(3) Die Vorschriften über die ordentliche Kapitalherabsetzung brauchen nicht befolgt zu werden, wenn Aktien, auf die der Ausgabebetrag voll geleistet ist,

1. der Gesellschaft unentgeltlich zur Verfügung gestellt oder

2. zu Lasten des Bilanzgewinns oder einer anderen Gewinnrücklage, soweit sie zu diesem Zweck verwandt werden können, eingezogen werden oder

3. Stückaktien sind und der Beschluss der Hauptversammlung bestimmt, dass sich durch die Einziehung der Anteil der übrigen Aktien am Grundkapital gemäß § 8 Abs. 3 erhöht; wird der Vorstand zur Einziehung ermächtigt, so kann er auch zur Anpassung der Angabe der Zahl in der Satzung ermächtigt werden.

(4) Auch in den Fällen des Absatzes 3 kann die Kapitalherabsetzung durch Einziehung nur von der Hauptversammlung beschlossen werden. Für den Beschluss genügt die einfache Stimmenmehrheit. Die Satzung kann eine größere Mehrheit und weitere Erfordernisse bestimmen. Im Beschluss ist der Zweck der Kapitalherabsetzung festzusetzen. Der Vorstand und der Vorsitzende des Aufsichtsrats haben den Beschluss zur Eintragung in das Handelsregister anzumelden.

(5) In den Fällen des Absatzes 3 Nr. 1 und 2 ist in die Kapitalrücklage ein Betrag einzustellen, der dem auf die eingezogenen Aktien entfallenden Betrag des Grundkapitals gleichkommt.

(6) Soweit es sich um eine durch die Satzung angeordnete Zwangseinziehung handelt, bedarf es eines Beschlusses der Hauptversammlung nicht. In diesem Fall tritt für die Anwendung der Vorschriften über die ordentliche Kapitalherabsetzung an die Stelle des Hauptversammlungsbeschlusses die Entscheidung des Vorstands über die Einziehung.

I. Allgemeines 1

II. Zwangseinziehung und Einziehung nach Erwerb (§ 237 Abs. 1) 6

1. Grundlagen 6
   a) Rechtswirkungen 7

b) Statutarische Legitimation 8

2. Zwangseinziehung 11
   a) Angeordnete Zwangseinziehung . . 11
   b) Gestattete Zwangseinziehung . . . 14
   c) Einziehungsentgelt 16

3. Einziehung nach Erwerb 23
**III. Ordentliches Einziehungsverfahren
(§ 237 Abs. 2)** 25
1. Grundlagen 25
2. Hauptversammlungsbeschluss 27
3. Anmeldung und Eintragung 29
4. Gläubigerschutz 30
**IV. Vereinfachtes Einziehungsverfahren
(§ 237 Abs. 3 bis 5)** 33
1. Grundlagen 33
2. Voraussetzungen 34
   a) Volleinzahlung der Aktien 34

b) Unentgeltlichkeit 36
c) Einziehung zu Lasten des
   Gewinns/der anderen Gewinnrücklage 38
d) Einziehung von Stückaktien 41
3. Hauptversammlungsbeschluss 43
4. Anmeldung und Eintragung 46
5. Gläubigerschutz 48
**V. Einziehung durch Vorstand (§ 237
Abs. 6)** 51
**VI. Rechtsfolgen einer fehlerhaften
Einziehung** 53

Literatur: *Becker,* Der Ausschluss aus der Aktiengesellschaft, ZGR 1986, 385; *Grunewald,* Der Ausschluss aus Gesellschaft und Verein, 1987; *Kessler/Suchan,* Erwerb eigener Aktien und dessen handelsbilanzielle Behandlung, BB 2000, 2529; *Reichert/Harbarth,* Veräußerung und Einziehung eigener Aktien, ZIP 2001, 1441; *Reinisch,* Der Ausschluss von Aktionären aus der Aktiengesellschaft, 1992; *Sieger/Hasselbach,* „Tracking Stock" im deutschen Aktien- und Kapitalmarktrecht, AG 2001, 391; *Schnorr von Carolsfeld,* Bemerkungen zum Aktienrecht, DNotZ 1963, 414 ff.; *Terbrack,* Kapitalherabsetzende Maßnahmen bei Aktiengesellschaften, RNotZ 2003, 89; *Terbrack,* Kapitalherabsetzung ohne Herabsetzung des Grundkapitals? – Zur Wiedereinführung der Amortisation im Aktienrecht, DNotZ 2003, 734; *Tielmann,* Die Einziehung von Stückaktien ohne Kapitalherabsetzung, DStR 2003, 1796; *Wieneke/Förl,* Die Einziehung eigener Aktien nach § 237 Abs. 3 Nr. 3 AktG – Eine Lockerung des Grundsatzes der Vermögensbindung?, AG 2005, 189; *Zöllner,* Kapitalherabsetzung durch Einziehung von Aktien im vereinfachten Einziehungsverfahren und vorausgehender Erwerb, in FS Doralt, 2004, S. 751.

I. Allgemeines

1 Die Vorschrift regelt die **Einziehung** von **Aktien** als eine **besondere Form** der **Kapitalherabsetzung**. Sie verfolgt zum einen den Zweck, die **Aktionäre** angemessen zu schützen. So ist eine **Zwangseinziehung** nur zulässig, wenn sie in der **ursprünglichen Satzung** oder durch eine **Satzungsänderung vor Übernahme** bzw. **Zeichnung** der **Aktien angeordnet** oder **gestattet** war (§ 237 Abs. 1 Satz 2). Zum anderen ist die Vorschrift um einen wirksamen **Schutz** der **Gläubiger** bemüht. Dies geschieht bei einem **ordentlichen Einziehungsverfahren** durch die **entsprechende Anwendung** des **§ 225** (vgl. § 237 Abs. 2 Satz 1). Beim **vereinfachten Einziehungsverfahren** nach § 237 Abs. 3 genügt es, wenn in die Kapitalrücklage ein Betrag eingestellt wird, der dem auf die eingezogenen Aktien entfallenden Betrag des Grundkapitals gleichkommt (§ 237 Abs. 4).

2 Eine Kapitalherabsetzung durch Einziehung kann zu jedem **gesetzlich zulässigen Zweck** (s. Rz. 45) beschlossen werden[1]. Es genügt, wenn der konkret verfolgte Zweck im **Beschluss** der **Hauptversammlung** über die Herabsetzung angegeben wird (vgl. § 237 Abs. 4 Satz 4 und Abs. 2 Satz 1 i.V.m. § 222 Abs. 3). In Betracht kommen namentlich die Rückzahlung von Einlagen (**Teilliquidation**)[2], die **Sanierung** des **Gesellschaftsunternehmens** (s. § 238 Rz. 4) sowie die Rückabwicklung der Ausgabe von Tracking Stocks[3]. Aber auch die Vernichtung bestimmter Mitgliedsrechte kann

1 Vgl. *Hüffer,* § 237 Rz. 4; *Lutter* in KölnKomm. AktG, § 237 Rz. 13; *Marsch-Barner* in Spindler/ Stilz, § 237 Rz. 2.
2 Vgl. *Zöllner* in FS Doralt, S. 751, 752.
3 Vgl. hierzu *Sieger/Hasselbach,* AG 2001, 391, 397; *Fuchs,* ZGR 2003, 167, 211.

Zweck einer Kapitalherabsetzung durch Einziehung sein; die betreffenden Aktionäre scheiden dann (gegen ihren Willen) aus der Gesellschaft aus (**Ausschluss bestimmter Aktionäre**)[4].

Die Kapitalherabsetzung durch Einziehung hat ebenso wie die anderen Formen einer 3
Kapitalherabsetzung eine **Satzungsänderung** zur Folge (vgl. § 23 Abs. 3 Nr. 3 und 4), so dass der Satzungstext entsprechend angepasst werden muss. Dies kann gem. § 179 Abs. 1 Satz 2 durch den **Aufsichtsrat** erfolgen.

Außerhalb von § 237 ist die **Einziehung von Aktien** in zwei weiteren Situationen zu- 4
lässig. So kann der **Vorstand** gem. **§ 71 Abs. 1 Nr. 8 Satz 6 ermächtigt** werden, die **er-
worbenen Aktien ohne** einen **Beschluss** der Hauptversammlung **einzuziehen** (s. § 71 Rz. 33). Ferner kann eine **Investmentaktiengesellschaft** mit **veränderlichem Kapital** rückerwerbbare **Aktien** nach **Rückerwerb einziehen** (vgl. § 105 Abs. 4 InvG)[5]. Dagegen stellt die Kaduzierung eines säumigen Aktionärs (vgl. § 64) keinen Fall der Ein-
ziehung dar. Auch die Kraftloserklärung von Aktien hat keine Vernichtung der Mit-
gliedsrechte zur Folge; sie beseitigt lediglich die Verbriefung (vgl. §§ 72, 73, 226). Eine Einziehung nach § 34 GmbHG unterscheidet sich von einer Einziehung nach § 237 dadurch, dass sich das Stammkapital nicht verändert, sondern der Nennbetrag der vorhandenen Geschäftsanteile sich entsprechend erhöht[6].

Die Vorschrift wurde im Jahre 1965 im Wesentlichen unverändert von § 192 1937[7] 5
übernommen[8]. Sie wurde seitdem in Abs. 3 und 5 durch Art. 1 Nr. 4 sowie Nr. 33 StückAG vom 25.3.1998[9], in Abs. 3 durch Art. 1 Nr. 25 TransPuG vom 19.7.2002[10] sowie in Abs. 5 durch Art. 1 Nr. 18 UMAG vom 22.9.2005[11] geändert.

II. Zwangseinziehung und Einziehung nach Erwerb (§ 237 Abs. 1)

1. Grundlagen

Es ist zwischen einer **Zwangseinziehung** und einer **Einziehung nach Erwerb durch** 6
die Gesellschaft zu **unterscheiden** (vgl. § 237 Abs. 1 Satz 1). Der Grund hierfür ist, dass bei einer Einziehung nach Erwerb durch die Gesellschaft ein Aktionärsschutz entbehrlich ist. Deshalb liegt eine Zwangseinziehung immer dann vor, wenn die von der Einziehung betroffenen Aktien nicht der Gesellschaft gehören[12]. Auf das Einverständnis des betreffenden Aktionärs mit dem Vorgang der Einziehung (s. hierzu Rz. 8) kommt es für die Unterscheidung zwischen Zwangseinziehung und Einzie-
hung nach Erwerb also nicht an.

a) Rechtswirkungen

Die **Rechtswirkungen** beider Arten einer Einziehung sind identisch: Die **Mitglieds-** 7
rechte und **-pflichten erlöschen**. In welchem Umfang Aktien eingezogen werden, bestimmen die Satzungsgeber. Es ist allerdings nicht möglich, alle Aktien der Gesell-
schaft einzuziehen, denn dann würde eine Keinmann-AG entstehen (s. aber Rz. 28 zur Kapitalherabsetzung durch Einziehung auf Null).

---

4 Vgl. *Lutter* in KölnKomm. AktG, § 237 Rz. 4; *Terbrack*, RNotZ 2003, 89, 108.
5 Vgl. hierzu *Hermanns*, ZIP 2004, 1297, 1300; *Pluskat*, WM 2005, 772, 775.
6 Vgl. *Westermann* in Scholz, GmbHG, § 34 Rz. 62.
7 Vgl. hierzu *Quassowski*, JW 1931, 2914.
8 Vgl. Begr. RegE § 237, *Kropff*, Aktiengesetz, S. 324 f.
9 BGBl. I 1998, 590.
10 BGBl. I 2002, 2681.
11 BGBl. I 2005, 2802.
12 Vgl. *Marsch-Barner* in Spindler/Stilz, § 237 Rz. 7.

b) Statutarische Legitimation

8　Die **Zwangseinziehung** kann entweder **angeordnet** oder **gestattet** sein (vgl. § 237 Abs. 1 Satz 2). In beiden Fällen bedarf es einer **statutarischen Legitimation**, es sei denn, dass die **betroffenen Aktionäre** der **Einziehung zustimmen**[13]. Die Aktien müssen also bereits mit der Möglichkeit einer Einziehung „belastet" sein. Sind die Aktien verpfändet oder mit einem Niesbrauch belastet, ist außerdem zusätzlich die Zustimmung des Berechtigten erforderlich[14]. Die statutarische Ermächtigung kann sich auf **Namens-** oder **Inhaberaktien**, **vinkulierte** oder **frei veräußerbare Namensaktien**, **verbriefte** oder **unverbriefte Aktien**, **Stammaktien** oder **Vorzugsaktien** erstrecken.

9　Eine **Zwangseinziehung** von **Gründungsaktien** setzt voraus, dass sie schon in der ursprünglichen Satzung ermöglicht wurde. Ist dies nicht der Fall, sieht die Satzung also eine entsprechende Legitimation nicht vor, so kann eine Zwangseinziehung von Gründungsaktien nur mit Zustimmung der betroffenen Aktionäre (s. Rz. 8) erfolgen.

10　**Im Übrigen**, also wenn es sich nicht um Gründungsaktien handelt, ist eine **Zwangseinziehung** möglich, wenn die **Satzung vor Übernahme** oder **Zeichnung** der **Aktien** entsprechend geändert wurde (vgl. § 237 Abs. 1 Satz 2). In diesem Fall sind die neuen Aktien wiederum von vornherein mit der Möglichkeit einer Einziehung „belastet". Mit dem **Begriff** der **Übernahme** ist nur der originäre Erwerb von Aktien gemeint, der nicht durch eine Zeichnung der Aktien erfolgt. Dies kann beispielsweise bei einer Kapitalerhöhung aus Gesellschaftsmitteln der Fall sein[15]. Als **Zeichnung** ist die Erklärung nach § 185 zu verstehen. Bei Options- oder Wandelschuldverschreibungen kommt es auf die Abgabe der Bezugs- bzw. Wandlungserklärung (vgl. § 192) an[16]. Voraussetzung ist schließlich, dass die in der **Satzung** vorgesehene **Ermächtigung zur Einziehung wirksam** geworden ist, bevor die Aktien gezeichnet werden[17].

2. Zwangseinziehung

a) Angeordnete Zwangseinziehung

11　Eine **Zwangseinziehung** ist angeordnet i.S.v. § 237 Abs. 1 Satz 2, wenn die **Satzung** festlegt, dass unter **bestimmten Voraussetzungen Aktien eingezogen werden müssen**. Eine angeordnete Zwangseinziehung kennzeichnet also, dass der Vorstand keinen eigenen Entscheidungsspielraum hat[18].

12　Die **Satzung** muss den **Grund**/die **Gründe** für eine **Zwangseinziehung** festlegen. Die Satzungsgeber sind dabei an keine Vorgaben gebunden. In Betracht kommen die Zwangseinziehung auf Verlangen eines Aktionärs[19], nach Auslosung[20], aufgrund einer Pfändung der Aktien, des Todes oder der Insolvenz eines Aktionärs[21] sowie die

---

13　Vgl. *Hüffer*, § 237 Rz. 8; *Lutter* in KölnKomm. AktG, § 237 Rz. 30; *Marsch-Barner* in Spindler/Stilz, § 237 Rz. 10; *Terbrack*, RNotZ 2003, 89, 109.

14　Vgl. *Oechsler* in MünchKomm. AktG, § 237 Rz. 24; *Marsch-Barner* in Spindler/Stilz, § 237 Rz. 10.

15　Vgl. *Hüffer*, § 237 Rz. 6; *Marsch-Barner* in Spindler/Stilz, § 237 Rz. 8; *Oechsler* in MünchKomm. AktG, § 237 Rz. 21.

16　Vgl. *Hüffer*, § 237 Rz. 6; *Lutter* in KölnKomm. AktG, § 237 Rz. 27; *Marsch-Barner* in Spindler/Stilz, § 237 Rz. 8.

17　Vgl. *Marsch-Barner* in Spindler/Stilz, § 237 Rz. 8.

18　Vgl. *Hüffer*, § 237 Rz. 10; *Lutter* in KölnKomm. AktG, § 237 Rz. 34; *Marsch-Barner* in Spindler/Stilz, § 237 Rz. 11; *Oechsler* in MünchKomm. AktG, § 237 Rz. 28; *Terbrack*, RNotZ 2003, 89, 110.

19　Vgl. *Hüffer*, § 237 Rz. 12; *Marsch-Barner* in Spindler/Stilz, § 237 Rz. 12.

20　Vgl. *Terbrack*, RNotZ 2003, 89, 110.

21　Vgl. *Hüffer*, § 237 Rz. 12; *Marsch-Barner* in Spindler/Stilz, § 237 Rz. 12; *Terbrack*, RNotZ 2003, 89, 109.

Einziehung vinkulierter Namensaktien, wenn die für die Übertragung erforderliche Zustimmung nicht erteilt wird[22]. Eine Einziehung wegen unterbliebener Erbringung der Einlage (§ 54) ist dagegen kein zulässiger Grund[23]; statt dessen finden die §§ 63 ff. Anwendung. Allerdings kann für den Fall der Nichterfüllung einer Nebenpflicht (vgl. § 55) eine Zwangseinziehung vorgesehen werden[24]. Eine unzulässig angeordnete Zwangseinziehung kann im Einzelfall in eine gestattete Einziehung umgedeutet werden (§ 140 BGB)[25].

Ferner sind in der Satzung der **Zeitpunkt** der Einziehung und die **Höhe** des **Einziehungsentgelts** (s. hierzu Rz. 16 ff.) anzugeben. Eines Beschlusses der Hauptversammlung bedarf es dann nicht (§ 237 Abs. 6 Satz 1). Auch eine sachliche Rechtfertigung der Maßnahme ist nicht erforderlich[26]. **13**

b) Gestattete Zwangseinziehung

Eine Zwangseinziehung ist gestattet i.S.v. § 237 Abs. 2 Satz 1, wenn die **Satzung** die **14 Entscheidung** über die **Einziehung** der **Hauptversammlung überantwortet**[27]. In diesem Fall muss in der Satzung ein Grund für die Einziehung nicht bestimmt werden. Die Einziehung ist grundsätzlich auch dann zulässig, wenn in der Satzung keine konkreten Vorgaben gemacht werden. Allerdings bedarf in diesem Fall der **Beschluss** der **Hauptversammlung** über die Einziehung von Aktien einer **sachlichen Rechtfertigung** (s. zu diesem Erfordernis § 186 Rz. 24 ff.). Dies bedeutet, dass die beschlossene Einziehung im **Gesellschaftsinteresse** liegen und **erforderlich** sowie **verhältnismäßig** sein muss[28]. Eine sachliche Rechtfertigung ist nur dann entbehrlich, wenn eine Teilliquidation durch Rückzahlung oder Erlass von Einlagen (s. hierzu Rz. 2) erfolgen soll[29].

Der **Hauptversammlungsbeschluss** ist bei fehlender sachlicher Rechtfertigung wegen **15** Unverhältnismäßigkeit des Eingriff in die Mitgliedschaft **anfechtbar** (§ 243 Abs. 1). Schließlich kann sich aus einer sachlich ungerechtfertigten Ungleichbehandlung der Aktionäre (§ 53a) eine Anfechtung des Hauptversammlungsbeschlusses ergeben.

c) Einziehungsentgelt

Das Gesetz trifft keine Aussage dazu, ob ein **Einziehungsentgelt geschuldet** ist und **16** wie dieses bemessen sein muss. Ausgangspunkt für eine zutreffende Beantwortung dieser vielschichtigen und keineswegs bereits geklärten Frage[30] muss zunächst sein, dass es von Verfassungs wegen geboten ist, bedeutsame Entscheidungen und Strukturmaßnahmen so auszugestalten, dass die Interessen der Klein- bzw. Minderheitsaktionäre angemessen gewahrt sind. Im Mittelpunkt steht, dass **Art. 14 Abs. 1 GG** eine

---

22 Vgl. *Hüffer*, § 237 Rz. 12.
23 Vgl. *Hüffer*, § 237 Rz. 13; *Marsch-Barner* in Spindler/Stilz, § 237 Rz. 13; *Oechsler* in MünchKomm. AktG, § 237 Rz. 37; *Terbrack*, RNotZ 2003, 89, 110.
24 Vgl. RG, JW 1928, 2622, 2624 f.; *Hüffer*, § 237 Rz. 13; *Lutter* in KölnKomm. AktG, § 237 Rz. 39; *Oechsler* in MünchKomm. AktG, § 237 Rz. 38.
25 Vgl. *Hüffer*, § 237 Rz. 10; *Lutter* in KölnKomm. AktG, § 237 Rz. 34;. *Marsch-Barner* in Spindler/Stilz, § 237 Rz. 14.
26 Vgl. *Lutter* in KölnKomm. AktG, § 237 Rz. 38; *Marsch-Barner* in Spindler/Stilz, § 237 Rz. 11; *Oechsler* in MünchKomm. AktG, § 237 Rz. 40.
27 Vgl. hierzu das Formulierungsbeispiel von *Terbrack*, RNotZ 2003, 89, 110.
28 Vgl. *Hüffer*, § 237 Rz. 16; *Lutter* in KölnKomm. AktG, § 237 Rz. 47; *Marsch-Barner* in Spindler/Stilz, § 237 Rz. 15; *Oechsler* in MünchKomm. AktG, § 237 Rz. 45; *Terbrack*, RNotZ 2003, 89, 111.
29 Vgl. *Hüffer*, § 237 Rz. 16; *Lutter* in KölnKomm. AktG, § 237 Rz. 47; *Marsch-Barner* in Spindler/Stilz, § 237 Rz. 15; *Oechsler* in MünchKomm. AktG, § 237 Rz. 49.
30 Vgl. zuletzt *Zöllner* in FS Doralt, S. 751, 764 ff.

„volle" **Entschädigung nicht unter** dem **Verkehrswert** verlangt (ausführlich hierzu § 305 Rz. 7, 47 ff.). Dieser kann bei börsennotierten Unternehmen nicht ohne Rücksicht auf den Börsenkurs festgesetzt werden[31].

17   Diese vom BVerfG und vom BGH für Ausgleich und Abfindung bei Unternehmensverträgen entwickelten **Grundsätze** beanspruchen auch bei der Einziehung von Aktien grundsätzlich Geltung[32]. Sie sind jedenfalls dann **zu beachten,** wenn die **Kapitalherabsetzung durch Einziehung von Aktien** zwecks **Ausschlusses einzelner Aktionäre** oder **Inhaber bestimmter Aktiengattungen** eingesetzt wird. Es wäre wertungswidersprüchlich, die in diesen Fällen von der Gesellschaft zu erbringende „Gegenleistung" anders zu behandeln als die Abfindung von Aktionären bei Abschluss von Beherrschungs- und Gewinnabführungsverträgen (§ 305) oder die vom Hauptaktionär zu erbringende Gegenleistung beim Ausschluss von Aktionären durch Squeeze-out (§§ 327a ff.)[33].

18   Im Übrigen muss differenziert werden. Erfolgt die **Kapitalherabsetzung** durch **Einziehung** von **Aktien** zum **Verlustausgleich,** so ist es nicht erforderlich, eine Entgeltzahlung vorzusehen[34]. Die Aktionäre sind durch das Gebot der Gleichbehandlung (§ 53a) geschützt. Soll die Kapitalherabsetzung durch Einziehung von Aktien die **Rückzahlung** von **Einlagen** ermöglichen, ergibt sich die Höhe des Einziehungsentgelts – vorbehaltlich einer anderweitigen statutarischen Bestimmung (s. Rz. 13) – aus dem Nennbetrag bzw. anteiligen Betrag der betroffenen Aktien[35].

19   Schließlich spielt es eine Rolle, ob eine **angeordnete Zwangseinziehung** oder eine gestattete Einziehung erfolgen soll. Im ersten Fall ist das **Einziehungsentgelt** bereits in der **Satzung** subsumtionsfähig **festzulegen** (s. hierzu Rz. 13). Denn es handelt sich bei der Höhe der Abfindung um einen wesentlichen Punkt des Einziehungsverfahrens, der dem Vorstand nicht überlassen sein darf[36]. In der Satzung müssen daher die **wesentlichen Aspekte** zur **Ermittlung** der **Abfindungshöhe bestimmt** werden. Dabei muss insbesondere, sofern dies nicht ohnehin schon zwingend erforderlich ist (s. Rz. 16), gesagt werden, welche Bedeutung dem **Börsenkurs** zukommt.

20   Bei einer **gestatteten Einziehung** ist es nicht zwingend erforderlich, das Einziehungsentgelt in der Satzung festzulegen. Macht die Satzung keine Vorgaben, entscheidet der Vorstand nach eigenem pflichtgemäßen Ermessen, sofern er nicht ausnahmsweise aus verfassungsrechtlichen Gründen daran gebunden ist, den betroffenen Aktionären eine „volle" Entschädigung zu gewähren (s. Rz. 16).

21   Die **Satzung** kann ein **höheres Entgelt** als den Nennbetrag (bei einer Einziehung zwecks Rückzahlung der Einlage) oder den Verkehrswert (bei Ausschluss einzelner Aktionäre) vorschreiben[37]. Probleme des Gläubigerschutzes entstehen nicht, denn es finden die bei einer ordentlichen Kapitalherabsetzung vorgesehenen Vorschriften Anwendung (vgl. § 237 Abs. 3 i.V.m. § 225 Abs. 2)[38].

---

31   Vgl. BVerfG v. 27.4.1999 – 1 BvR 1613/1994, BVerfGE 100, 289, 305 ff.
32   Vgl. *Marsch-Barner* in Spindler/Stilz, § 237 Rz. 16; *Terbrack,* RNotZ 2003, 89, 111.
33   In diesem Sinne ebenfalls *Marsch-Barner* in Spindler/Stilz, § 237 Rz. 17; *Zöllner/Winter,* ZHR 158 (1994), 59, 63.
34   Vgl. *Lutter* in KölnKomm. AktG, § 237 Rz. 58; *Marsch-Barner* in Spindler/Stilz, § 237 Rz. 17.
35   Vgl. *Lutter* in KölnKomm. AktG, § 237 Rz. 59; *Marsch-Barner* in Spindler/Stilz, § 237 Rz. 17.
36   Vgl. *Hüffer,* § 237 Rz. 17; *Marsch-Barner* in Spindler/Stilz, § 237 Rz. 16; *Oechsler* in MünchKomm. AktG, § 237 Rz. 63.
37   Vgl. *Terbrack,* RNotZ 2003, 89, 111.
38   Vgl. *Hüffer,* § 237 Rz. 17; *Lutter* in KölnKomm. AktG, § 237 Rz. 71; *Marsch-Barner* in Spindler/Stilz, § 237 Rz. 17; *Oechsler* in MünchKomm. AktG, § 237 Rz. 63.

Das Einziehungsentgelt muss nicht in einer **Barleistung** liegen. Es ist auch zulässig, 22
eine **Sachleistung** der Gesellschaft vorzusehen[39].

3. Einziehung nach Erwerb

Die **Gesellschaft** kann **eigene Aktien einziehen** (vgl. § 237 Abs. 1 Satz 1). Ein **Be-** 23
schluss der **Hauptversammlung** ist **nicht erforderlich**, denn die Interessen der Aktionäre werden durch einen solchen Vorgang nicht berührt.

Voraussetzung für eine Einziehung nach Erwerb ist, dass die **Gesellschaft im Zeit-** 24
punkt der **Einziehung Inhaber** der **Aktien** ist. Es reicht nicht aus, wenn sie an den
Aktien ein Pfandrecht hat oder die Aktien durch einen Treuhänder oder ein abhängiges Unternehmen gehalten werden. Ausschlaggebend ist die **dingliche Rechtslage**[40].
Es ist daher ohne Belang, wenn das schuldrechtliche Geschäft unwirksam oder nichtig oder anfechtbar ist. Schließlich ist eine Einziehung auch dann zulässig, wenn der
Erwerb der Aktien entgegen § 71 erfolgte. Denn in diesem Fall ist das Verpflichtungsgeschäft zwar nichtig. Auswirkungen auf die dingliche Rechtslage hat dies aber nicht
(vgl. § 71 Abs. 4).

III. Ordentliches Einziehungsverfahren (§ 237 Abs. 2)

1. Grundlagen

Die Einziehung der Aktien erfolgt grundsätzlich nach den Vorschriften über die or- 25
dentliche Kapitalherabsetzung (§ 237 Abs. 2 Satz 1). Dies bedeutet vor allem, dass ein
Beschluss der **Hauptversammlung** gefasst werden muss. Ferner ist das besondere, in
§ 225 normierte **Verfahren** des **Gläubigerschutzes** zu beachten.

Die Vorschriften über die ordentliche Kapitalherabsetzung brauchen nur dann nicht 26
befolgt zu werden, wenn eine der in **§ 237 Abs. 3 Nr. 1 bis 3** erfassten Konstellationen
vorliegt. Auch dann kann die Kapitalherabsetzung durch Einziehung zwar nur von
der Hauptversammlung beschlossen werden (§ 237 Abs. 4 Satz 1). Es gelten aber erleichterte Voraussetzungen (§ 237 Abs. 4 Satz 2 bis 5). Außerdem ist eine Sonderregelung bezüglich des Gläubigerschutzes vorgesehen (§ 237 Abs. 5).

2. Hauptversammlungsbeschluss

Die Kapitalherabsetzung durch Einziehung von Aktien muss von der **Hauptver-** 27
sammlung beschlossen werden. Sie entscheidet mit einer Mehrheit von **mindestens**
drei Viertel des bei der **Beschlussfassung vertretenen Grundkapitals** und der **einfa-**
chen Stimmenmehrheit (§ 237 Abs. 2 Satz 1 i.V.m. § 222 Abs. 1 Satz 1). Auch kann
ein **Sonderbeschluss** von **Aktiengattungen** erforderlich sein (§ 237 Abs. 2 Satz 1
i.V.m. § 222 Abs. 2). Beim Beschluss über die Einziehung sind **Aktionäre**, deren Aktien aus einem in ihrer Person liegenden **wichtigen Grund eingezogen** werden sollen,
gem. § 136 Abs. 1 vom **Stimmrecht ausgeschlossen**[41].

Der Beschluss muss bestimmen, *dass* das **Grundkapital** durch **Einziehung** von **Ak-** 28
tien herabgesetzt wird und die allgemeinen **Mindestangaben** vorsehen, insbesondere
den **Betrag** der **Kapitalherabsetzung** entweder beziffern oder aber zumindest be-

---

39 Vgl. *Marsch-Barner* in Spindler/Stilz, § 237 Rz. 18; *Sieger/Hasselbach*, AG 2001, 391, 399.
40 Vgl. *Lutter* in KölnKomm. AktG, § 237 Rz. 77; *Oechsler* in MünchKomm. AktG, § 237 Rz. 73;
    Terbrack, RNotZ 2003, 89, 111.
41 Vgl. *Lutter* in KölnKomm. AktG, § 237 Rz. 24; *Marsch-Barner* in Spindler/Stilz, § 237 Rz. 24;
    Terbrack, RNotZ 2003, 89, 113. A.A. *Hüffer*, § 237 Rz. 23a; *Oechsler* in MünchKomm. AktG,
    § 237 Rz. 79.

stimmbar festlegen (s. § 222 Rz. 9). Eine Unterschreitung des Mindestnennbetrags (§ 7) ist gem. § 237 Abs. 2 Satz 1 i.V.m. § 228 – auch auf Null – zulässig[42]; für eine „juristische Sekunde" kann daher eine Keinmann-AG entstehen. Außerdem muss sich aus dem Beschluss ergeben, ob eine **Zwangseinziehung** oder eine **Einziehung nach Erwerb durch** die Gesellschaft erfolgt[43]. Bei einer Zwangseinziehung sind in dem Beschluss, sofern die Satzung keine Vorgaben macht, die Voraussetzungen der Kapitalherabsetzung und die Einzelheiten ihrer Durchführung festzulegen (§ 237 Abs. 2 Satz 2). Es sind daher die Aktien zu bestimmen, die eingezogen werden sollen. Ferner ist das Einziehungsentgelt festzulegen.

3. Anmeldung und Eintragung

29   Der **Beschluss** über die **Kapitalherabsetzung** durch Einziehung von Aktien muss gem. § 237 Abs. 2 Satz 1 i.V.m. § 223 zur **Eintragung** in das **Handelsregister angemeldet** werden (s. hierzu § 223 Rz. 2 ff.). Im Unterschied zur ordentlichen und vereinfachten Kapitalherabsetzung bewirkt die Eintragung im Handelsregister nicht, dass die Herabsetzung wirksam wird. Dieser Zeitpunkt bestimmt sich nach § 238.

4. Gläubigerschutz

30   Die **Gläubiger** sind bei einer Kapitalherabsetzung durch einen **Anspruch auf Sicherheitsleistung** und eine **Auszahlungssperre geschützt** (§ 237 Abs. 2 Satz 1 i.V.m. § 225). Für die Zahlung des Entgelts, das Aktionären bei einer Zwangseinziehung oder bei einem Erwerb von Aktien zum Zwecke der Einziehung gewährt wird, und für die Befreiung dieser Aktionäre von der Verpflichtung zur Leistung von Einlagen gilt § 225 Abs. 2 sinngemäß (§ 237 Abs. 2 Satz 3).

31   **Voraussetzung** für eine **Zahlung an Aktionäre** ist also, dass seit der Bekanntmachung der Eintragung mindestens **sechs Monate verstrichen** sind. Ferner muss die **Gesellschaft** die **Gläubiger**, die sich gemeldet haben, entweder **befriedigt** oder ihnen eine **Sicherheit geleistet** haben. Das Auszahlungsverbot gilt auch für den Fall, dass die Gesellschaft aufgrund eines Beschlusses der Hauptversammlung zur Einziehung (§ 71 Abs. 1 Nr. 6) eigene Aktien erworben hat. Es findet keine Anwendung, wenn die Gesellschaft die eigenen Aktien gem. § 71 Abs. 1 Nr. 1 bis 5 erworben hat[44].

32   Schließlich folgt aus § 237 Abs. 2 Satz 3, dass bei **Einziehung nicht voll eingezahlter Aktien** eine **Befreiung** von der **Verpflichtung** zur **Leistung von Einlagen** erst dann möglich ist, wenn die **Voraussetzungen** des **Gläubigerschutzes** gem. § 225 Abs. 2 Satz 1 **erfüllt** sind. Die Verpflichtung zur Zahlung der restlichen Einlage bleibt daher trotz Einziehung der Aktien (und daher trotz Vernichtung der Aktien) bestehen, so dass der Aktionär weiterhin zur Leistung aufgefordert werden kann (§ 63 Abs. 1).

IV. Vereinfachtes Einziehungsverfahren (§ 237 Abs. 3 bis 5)

1. Grundlagen

33   Das vereinfachte Einziehungsverfahren kann nur dann beschritten werden, wenn die **Aktien voll eingezahlt** sind *und* einer der in **§ 237 Abs. 3 Nr. 1 bis 3 aufgeführten Fälle vorliegt**. Es steht sowohl für eine Zwangseinziehung als auch für eine Einziehung

---

42   Vgl. *Lutter* in KölnKomm. AktG, § 237 Rz. 15; *Marsch-Barner* in Spindler/Stilz, § 237 Rz. 25; *Terbrack*, RNotZ 2003, 89, 113. A.A. bezüglich der Herabsetzung auf Null *Hüffer*, § 237 Rz. 24.
43   Vgl. *Terbrack*, RNotZ 2003, 89, 113.
44   Vgl. *Hüffer*, § 237 Rz. 28; *Lutter* in KölnKomm. AktG, § 237 Rz. 91.

eigener Aktien (vgl. § 237 Abs. 1 Satz 1) zur Verfügung[45]. Die größte „Erleichterung" gegenüber dem ordentlichen Einziehungsverfahren nach § 237 Abs. 2 besteht darin, dass die Vorschriften zum Schutz der Gläubiger gem. § 225 Abs. 2 keine Anwendung finden.

2. Voraussetzungen

a) Volleinzahlung der Aktien

Voraussetzung für eine vereinfachte Kapitalherabsetzung ist in jedem Fall, dass die **Aktien voll eingezahlt** sind. Auch ein gegebenenfalls festgesetztes **Aufgeld** muss **voll erbracht** sein (§ 272 Abs. 2 Nr. 1 HGB). Das Erfordernis der Volleinzahlung muss im **Zeitpunkt** des **Wirksamwerdens** der **Kapitalherabsetzung** (vgl. § 238) erfüllt sein[46].   34

Im Falle eines **Verstoßes** gegen das **Gebot** der **Volleinzahlung** ist der **Hauptversammlungsbeschluss** gem. § 241 Nr. 3 **nichtig**. In einem solchen Fall ist aber zu prüfen, ob der Beschluss in einen Beschluss zur ordentlichen Einziehung der Aktien umgedeutet werden kann[47]. Es müssen dann allerdings die allgemeinen Beschlussvoraussetzungen (s. Rz. 27 f.) erfüllt sein. Schließlich ist – pragmatisch – zu überlegen, dass noch ausstehende (geringfügige) Einlagen rechtzeitig (von an der Einziehung interessierten Aktionären) erbracht werden.   35

b) Unentgeltlichkeit

Das vereinfachte Verfahren einer Kapitalherabsetzung kommt in Betracht, wenn die **Aktien** der **Gesellschaft unentgeltlich** zur Verfügung gestellt wurden (§ 237 Abs. 3 Nr. 1). Diese Voraussetzung ist erfüllt, wenn die Gesellschaft keine Gegenleistung schuldet und erbracht hat. Es ist eine **wirtschaftliche Betrachtungsweise** vorzunehmen; Sachleistungen der Gesellschaft schließen die Unentgeltlichkeit aus. Hat die Gesellschaft die ihr überlassenen Aktien gem. § 266 Abs. 2 B. III. Nr. 2 HGB aktiviert, liegt allein deshalb noch keine das Merkmal der Unentgeltlichkeit ausschließende wirtschaftliche Belastung vor, denn die Gesellschaft hat in diesem Fall eine den Aktivposten neutralisierende Rücklage für eigene Anteile zu bilden (vgl. § 272 Abs. 4 HGB, § 266 Abs. 3 A. III. Nr. 2 HGB)[48].   36

Voraussetzung ist ferner, dass die **Aktien** der Gesellschaft **zur Verfügung gestellt** werden. Dies ist bereits dann zu bejahen, wenn die Gesellschaft auf die Aktien unentgeltlich zugreifen darf[49]. Die Gesellschaft muss nicht Inhaberin der Aktien sein. Ihr müssen die Aktien **spätestens bis** zur **Einziehungshandlung** nach § 238 Satz 1 zur Verfügung gestellt werden.   37

c) Einziehung zu Lasten des Gewinns/der anderen Gewinnrücklage

Die Vorschriften über die ordentliche Kapitalherabsetzung brauchen nicht befolgt zu werden, wenn **Aktien** zu **Lasten des Bilanzgewinns** (§ 158 Abs. 1 Satz 1 Nr. 5) oder ei-   38

---

45 Vgl. *Hüffer*, § 237 Rz. 30; *Lutter* in KölnKomm. AktG, § 237 Rz. 92; *Marsch-Barner* in Spindler/Stilz, § 237 Rz. 27; *Oechsler* in MünchKomm. AktG, § 237 Rz. 95 und 98.

46 *Hüffer*, § 237 Rz. 28; *Lutter* in KölnKomm. AktG, § 237 Rz. 91; *Marsch-Barner* in Spindler/Stilz, § 237 Rz. 28; *Oechsler* in MünchKomm. AktG, § 237 Rz. 92.

47 *Hüffer*, § 237 Rz. 31; *Lutter* in KölnKomm. AktG, § 237 Rz. 94.

48 Vgl. *Hüffer*, § 237 Rz. 33; *Oechsler* in MünchKomm. AktG, § 237 Rz. 94; *Lutter* in KölnKomm. AktG, § 237 Rz. 98; *Terbrack*, RNotZ 2003, 89, 114. A.A. *Krieger* in MünchHdb. AG, § 62 Rz. 23; *Schilling* in Großkomm. AktG, 3. Aufl., § 237 Anm. 29; offen gelassen von *Marsch-Barner* in Spindler/Stilz, § 237 Rz. 29.

49 Vgl. *Hüffer*, § 237 Rz. 32; *Lutter* in KölnKomm. AktG, § 237 Rz. 96; *Oechsler* in MünchKomm. AktG, § 237 Rz. 95; *Terbrack*, RNotZ 2003, 89, 114.

ner anderen Gewinnrücklage (§ 266 Abs. 3 A. III. Nr. 4 HGB), soweit sie zu diesem Zweck verwandt werden können, **eingezogen werden** (§ 237 Abs. 3 Nr. 2). Gläubigerinteressen können in diesen beiden Fällen nicht berührt sein.

39   Voraussetzung ist, dass der **Bilanzgewinn** auch **tatsächlich** für die Einziehung **zur Verfügung steht.** Dies ist nicht der Fall, wenn die Hauptversammlung einen Beschluss über die Verwendung des Bilanzgewinns gefasst hat (§ 174) oder wenn die Gesellschaft aufgrund eines Gewinnabführungsvertrags verpflichtet ist, ihren gesamten Gewinn abzuführen (§ 291 Abs. 1). Auch die andere Gewinnrücklage muss für die Einziehung tatsächlich zur Verfügung stehen. Dies ist nicht der Fall, wenn die betreffenden Beträge einer anderen Zweckbindung unterliegen[50]. Bei einem Verstoß gegen diese Vorgaben ist der Hauptversammlungsbeschluss anfechtbar[51].

40   Der **Vorstand** muss **nach eigenem pflichtgemäßen Ermessen beurteilen,** ob **ausreichende Beträge vorhanden** sind. Eine Zwischenbilanz muss er für seine Prognose nicht erstellen[52]. Stellt sich im Nachhinein heraus, dass die andere Gewinnrücklage für das Entgelt nicht ausreicht, muss der nicht gedeckte Entgeltbetrag als Aufwand verbucht werden. Bezüglich des nicht gedeckten Nennbetrags der eingezogenen Aktien ist gem. § 237 Abs. 5 eine Kapitalrücklage zu bilden[53].

d) Einziehung von Stückaktien

41   Die Vorschriften über die ordentliche Kapitalherabsetzung brauchen nicht befolgt zu werden, wenn die Aktien **Stückaktien** sind und der **Beschluss** der **Hauptversammlung bestimmt**[54], dass sich **durch** die **Einziehung** der **Anteil** der **übrigen Aktien am Grundkapital** gem. § 8 Abs. 3 **erhöht** (§ 237 Abs. 3 Nr. 3)[55]. Es handelt sich dann nicht um eine Kapitalherabsetzung, sondern um eine bloße Reduzierung der ausgegebenen Aktien (**Amortisation**)[56], die sich wertsteigernd auf die übrig bleibenden Aktien auswirkt[57]. Die Vorschrift wurde durch das TransPuG (s. Rz. 5) eingeführt. Sie ist rechtssystematisch dem Regelungsbereich der Mitgliedschaft zuzuordnen und daher im Abschnitt über die Kapitalherabsetzung fehl am Platz[58].

42   Das Verfahren ist vor allem bei der Einziehung nach Erwerb durch die Gesellschaft (§ 71 Abs. 1 Nr. 8 Satz 6) praktisch von Bedeutung[59]. Die Einziehung von Stückaktien ohne Herabsetzung des Kapitals verlangt nach keinem besonderen Gläubigerschutz. Deshalb besteht für eine **Umbuchung** des **Grundkapitals** in die **Kapitalrücklage,** wie für die Fälle nach § 237 Abs. 3 Nr. 1 und 2 vorgesehen, kein Bedürfnis (§ 237 Abs. 5).

3. Hauptversammlungsbeschluss

43   Auch in den Fällen des § 237 Abs. 3 Nr. 1 bis 3 kann die **Kapitalherabsetzung** durch Einziehung nur von der **Hauptversammlung** beschlossen werden (§ 237 Abs. 4 Satz 1). Davon gibt es aber zwei **Ausnahmen.** Soweit es sich um eine durch die **Sat-**

---

50   Vgl. *Hüffer*, § 237 Rz. 34; *Marsch-Barner* in Spindler/Stilz, § 237 Rz. 31; *Oechsler* in MünchKomm. AktG, § 237 Rz. 99.
51   Vgl. *Hüffer*, § 237 Rz. 34; *Lutter* in KölnKomm. AktG, § 237 Rz. 101; *Marsch-Barner* in Spindler/Stilz, § 237 Rz. 31. A.A. *Zöllner* in FS Doralt, S. 751, 760 f.
52   Vgl. *Kessler/Suchan*, BB 2000, 2529, 2530; *Marsch-Barner* in Spindler/Stilz, § 237 Rz. 32.
53   Vgl. *Marsch-Barner* in Spindler/Stilz, § 237 Rz. 32.
54   Vgl. zu den in der Praxis notwendigen Anforderungen an den Beschlussinhalt *Terbrack*, DNotZ 2003, 734, 738.
55   Vgl. hierzu den Formulierungsvorschlag von *Terbrack*, DNotZ 2003, 734, 747.
56   Vgl. *Terbrack*, DNotZ 2003, 734, 736.
57   Vgl. *Marsch-Barner* in Spindler/Stilz, § 237 Rz. 33.
58   Vgl. *Ihrig/Wagner*, BB 2002, 789, 795 f.; *Wieneke/Förl*, AG 2005, 189, 191.
59   Vgl. *Marsch-Barner* in Spindler/Stilz, § 237 Rz. 33.

zung angeordnete **Zwangseinziehung** handelt, bedarf es eines Beschlusses der Hauptversammlung nicht (§ 237 Abs. 6 Satz 1). In diesem Fall wird die Entscheidung vom Vorstand getroffen (§ 237 Abs. 6 Satz 2). Ferner kann die Hauptversammlung den Vorstand ermächtigen, die gem. § 71 Abs. 1 Nr. 8 erworbenen eigenen Aktien ohne weiteren Hauptversammlungsbeschluss einzuziehen (§ 71 Abs. 1 Nr. 8 Satz 8).

Für den **Beschluss** genügt – ebenfalls wie für den weiterhin erforderlichen Beschluss 44 über die Änderung der Satzung[60] (s. hierzu Rz. 3) – die **einfache Stimmenmehrheit** (§ 237 Abs. 4 Satz 2). Dies gilt auch für den Fall, dass keine Kapitalherabsetzung, sondern eine Amortisation gem. § 237 Abs. 3 Nr. 3 (s. Rz. 41) erfolgen soll[61]. Ein Sonderbeschluss bei Vorhandensein mehrerer Aktiengattungen ist vorbehaltlich von § 179 Abs. 3 nicht erforderlich[62]. Soll sich die Einziehung auf Vorzugsaktien ohne Stimmrecht (§§ 139 ff.) erstrecken, so ist ein Sonderbeschluss der Inhaber dieser Aktiengattung gem. § 141 Abs. 1 erforderlich. Die Satzung kann eine größere Mehrheit und weitere Erfordernisse bestimmen (§ 237 Abs. 4 Satz 3).

Im **Beschluss** ist der **Zweck** der **Kapitalherabsetzung festzusetzen** (§ 237 Abs. 4 45 Satz 4). Bei einer Kapitalherabsetzung durch Einziehung von Stückaktien gem. § 237 Abs. 3 Nr. 3 ist eine besondere Zweckangabe nicht erforderlich[63]. Im Übrigen muss der Beschluss die Angaben enthalten, die ein Hauptversammlungsbeschluss bei einem ordentlichen Einziehungsverfahren aufzuweisen hat (s. Rz. 28).

4. Anmeldung und Eintragung

Der **Beschluss** über die Kapitalherabsetzung durch Einziehung ist vom **Vorstand** und 46 vom **Vorsitzenden** des **Aufsichtsrates** zur **Eintragung** in das **Handelsregister** anzumelden (§ 237 Abs. 4 Satz 5). Die **Kontrolle** durch das **Registergericht** bestimmt sich nach den allgemeinen, für eine Kapitalherabsetzung geltenden Vorschriften (vgl. § 223 und die Erläuterung dort Rz. 5). Sie hat sich ferner auf das Vorliegen der Voraussetzungen nach § 237 Abs. 3 sowie Abs. 4 zu erstrecken.

Das **Wirksamwerden** der **Kapitalherabsetzung** setzt die Eintragung des Beschlusses 47 und die Durchführung der Einziehung voraus. Soweit es sich um eine durch die Satzung angeordnete Zwangseinziehung handelt und der Vorstand über die Einziehung entscheidet (vgl. § 237 Abs. 6), wird die Einziehung mit ihrer Durchführung wirksam.

5. Gläubigerschutz

Eine vereinfachte Kapitalherabsetzung zeichnet sich dadurch aus, dass die besondere 48 **Gläubigerschutzvorschrift (§ 225) keine Anwendung** findet. Stattdessen gilt § 237 Abs. 5: In den Fällen einer Kapitalherabsetzung durch Einziehung nach § 237 Abs. 3 Nr. 1 und 2 ist in die Kapitalrücklage (§§ 266 Abs. 3 A. II., 272 Abs. 2 HGB) ein Betrag einzustellen, der dem auf die eingezogenen Aktien entfallenden Betrag des Grundkapitals gleichkommt. Es findet also auf der Passivseite eine Umbuchung vom Grundkapital (§ 266 Abs. 3 A. I., § 272 Abs. 1 Satz 4 HGB) statt.

Der Gläubigerschutz wird durch die besondere **Bindung** der betreffenden **Beträge** 49 gem. **§ 150 Abs. 3 und 4** gewährleistet. Sofern die Voraussetzungen dieser Vorschrif-

---

60 Vgl. *Terbrack*, RNotZ 2003, 89, 114.
61 Vgl. *Terbrack*, DNotZ 2003, 734, 741.
62 Vgl. *Hüffer*, § 237 Rz. 35; *Oechsler* in MünchKomm. AktG, § 237 Rz. 103; *Marsch-Barner* in Spindler/Stilz, § 237 Rz. 34; *Terbrack*, RNotZ 2003, 89, 115. A.A. *Lutter* in KölnKomm. AktG, § 237 Rz. 109; *Zöllner* in FS Doralt, S. 751, 762.
63 Vgl. *Marsch-Barner* in Spindler/Stilz, § 237 Rz. 35.

ten erfüllt sind, können die betreffenden Beträge auch zum Ausgleich eines Jahresfehlbetrags genutzt werden. Daraus folgt, dass eine vereinfachte Kapitalherabsetzung
durch Einziehung auch zur Sanierung des Gesellschaftsunternehmens genutzt werden kann[64]. Bei einer späteren Ausschüttung von Gewinnen findet § 233 weder unmittelbar noch analog Anwendung[65].

50   Bei einer ordentlichen Kapitalherabsetzung zur Einziehung von Stückaktien (§ 237
      Abs. 3 Nr. 3) ist ein besonderer Gläubigerschutz entbehrlich[66]. Der Gesetzgeber hat
      dies im Jahre 2005 mit dem UMAG durch die Angabe „Nr. 1 und Nr. 2 in Abs. 5" (s.
      Rz. 5) klargestellt.

V. Einziehung durch Vorstand (§ 237 Abs. 6)

51   **Ordnet** die **Satzung** eine **Zwangseinziehung** an, **bedarf** es eines **Beschlusses** der
      Hauptversammlung nicht (§ 237 Abs. 6 Satz 1). Denn dann haben die Satzungsgeber
      bereits die Entscheidung über die Kapitalherabsetzung getroffen (s. Rz. 11 f.). Anders
      stellt sich dies nur ausnahmsweise dar. So kommt in Betracht, dass der Vorstand die
      Hauptversammlung anruft und diese nach § 119 Abs. 2 über die Zwangseinziehung
      beschließt[67] (s. zur Wirksamkeit der Kapitalherabsetzung bei dieser Vorgehensweise
      § 238 Rz. 3).

52   Entscheidet allein der Vorstand über die Zwangseinziehung, so tritt für die Anwen-
      dung der Vorschriften über die Kapitalherabsetzung an die Stelle des Hauptversamm-
      lungsbeschlusses seine **Entscheidung über** die **Einziehung** (§ 237 Abs. 6 Satz 2). Diese
      ist **nicht zur Eintragung** in das **Handelsregister anzumelden**[68]. Die für das Gläubiger-
      schutzverfahren maßgebliche Frist (§ 225 Abs. 2) beginnt erst mit der Bekanntma-
      chung der Durchführung der Kapitalherabsetzung[69].

VI. Rechtsfolgen einer fehlerhaften Einziehung

53   Ein **Beschluss** der Hauptversammlung zur Einziehung von Aktien **ohne** eine **Ermäch-
      tigung der Satzung** ist gem. § 241 Nr. 3 **nichtig**[70]. Ferner ist der Beschluss nichtig,
      wenn bei einem **vereinfachten Einziehungsverfahren** die **Voraussetzungen** von **Nr. 1
      und 2 nicht erfüllt** sind (s. Rz. 33 ff.).

54   Im Übrigen ist der **Beschluss** lediglich gem. § 243 Abs. 1 **anfechtbar**. Dies gilt für den
      Fall, dass der Beschluss die von der Satzung gezogenen Grenzen für eine Einziehung
      überschreitet, gegen den Grundsatz der Gleichbehandlung (§ 53a) verstößt oder sach-
      lich nicht gerechtfertigt ist[71]. Auch ein Verstoß gegen die Zweckbindung einer Ge-

---

64 Vgl. *Hüffer*, § 237 Rz. 39; *Lutter* in KölnKomm. AktG, § 237 Rz. 113; *Marsch-Barner* in Spind-
    ler/Stilz, § 237 Rz. 39; *Terbrack*, RNotZ 2003, 89, 115.
65 Vgl. *Hüffer*, § 237 Rz. 39; *Lutter* in KölnKomm. AktG, § 237 Rz. 113; *Marsch-Barner* in Spind-
    ler/Stilz, § 237 Rz. 39; *Terbrack*, RNotZ 2003, 89, 115. A.A. *Oechsler* in MünchKomm. AktG,
    § 237 Rz. 109.
66 A.A. *Wieneke/Förl*, AG 2005, 189, 194.
67 Vgl. *Lutter* in KölnKomm. AktG, § 237 Rz. 115; *Hüffer*, § 237 Rz. 40; *Oechsler* in Münch-
    Komm. AktG, § 237 Rz. 112.
68 Vgl. *Hüffer*, § 237 Rz. 41; *Lutter* in KölnKomm. AktG, § 237 Rz. 116; *Marsch-Barner* in Spind-
    ler/Stilz, § 237 Rz. 41; *Oechsler* in MünchKomm. AktG, § 237 Rz. 115. A.A. *Schilling* in
    Großkomm. AktG, 3. Aufl., § 237 Anm. 40.
69 Vgl. *Hüffer*, § 237 Rz. 41.
70 Vgl. *Lutter* in KölnKomm. AktG, § 237 Rz. 54; *Marsch-Barner* in Spindler/Stilz, § 237 Rz. 43.
71 Vgl. *Hüffer*, § 237 Rz. 43; *Lutter* in KölnKomm. AktG, § 237 Rz. 55; *Marsch-Barner* in Spind-
    ler/Stilz, § 237 Rz. 43; *Terbrack*, RNotZ 2003, 89, 116.

winnrücklage (vgl. §237 Abs. 3 Nr. 2) begründet nur die Anfechtbarkeit des Hauptversammlungsbeschlusses (s. Rz. 27 f.).

§238
Wirksamwerden der Kapitalherabsetzung

Mit der Eintragung des Beschlusses oder, wenn die Einziehung nachfolgt, mit der Einziehung ist das Grundkapital um den auf die eingezogenen Aktien entfallenden Betrag herabgesetzt. Handelt es sich um eine durch die Satzung angeordnete Zwangseinziehung, so ist, wenn die Hauptversammlung nicht über die Kapitalherabsetzung beschließt, das Grundkapital mit der Zwangseinziehung herabgesetzt. Zur Einziehung bedarf es einer Handlung der Gesellschaft, die auf Vernichtung der Rechte aus bestimmten Aktien gerichtet ist.

I. Allgemeines	1		III. Rechtsfolgen des Wirksamwerdens	5
II. Zeitpunkt des Wirksamwerdens	2		IV. Einziehungshandlung	7

I. Allgemeines

Die Vorschrift regelt, wann eine **Kapitalherabsetzung** durch **Einziehung wirksam** **1** wird und bestimmt, dass **zur Einziehung** eine **Handlung** der **Gesellschaft erforderlich** ist, die auf Vernichtung der Mitgliedsrechte gerichtet ist. Sie wurde in Satz 1 durch Art. 1 Nr. 34 StückAG vom 25.3.1998[1] geändert.

II. Zeitpunkt des Wirksamwerdens

Das **Wirksamwerden** einer Kapitalherabsetzung durch Einziehung setzt grundsätz- **2** lich sowohl die **Eintragung des Beschlusses** als auch die **Einziehung der Aktien** voraus. Die Einziehung kann entweder vor oder nach Eintragung des Beschlusses erfolgen. Eine bestimmte zeitliche Abfolge ist nicht zwingend vorgesehen. Es kann daher auch vorkommen, dass die Einzahlungshandlungen vor der Eintragung des Beschlusses beginnen und nach diesem Zeitpunkt fortgeführt werden. Ausschlaggebend für den Zeitpunkt des Wirksamwerdens der Kapitalherabsetzung ist dann die letzte Einziehungshandlung[2].

Ausnahmsweise wird das **Grundkapital bereits** mit der **Einziehung** der **Aktien herab-** **3** **gesetzt.** Dies ist der Fall, wenn es sich um eine durch die Satzung angeordnete Zwangseinziehung handelt (s. §237 Rz. 11) und die Hauptversammlung nicht über die Kapitalherabsetzung beschließt (§238 Satz 2). Denn in diesem Fall entscheidet nicht die Hauptversammlung, sondern der Vorstand über die Einziehung der Aktien (vgl. §237 Abs. 6 Satz 2). Nur wenn der Vorstand statt selbst zu entscheiden die Hauptversammlung anruft (s. §237 Rz. 51 f.), findet §238 Satz 2 keine Anwendung. In diesem Fall wird die Kapitalherabsetzung erst wirksam, wenn sowohl der Beschluss der Hauptversammlung in das Handelsregister eingetragen wird als auch die Einziehung aller Aktien erfolgt ist (§238 Satz 1).

---

1 BGBl. I 1998, 590.
2 Vgl. *Hüffer*, §238 Rz. 3; *Lutter* in KölnKomm. AktG, §238 Rz. 3; *Marsch-Barner* in Spindler/
Stilz, §238 Rz. 2; *Oechsler* in MünchKomm. AktG, §238 Rz. 2.

4   Die **bilanzielle Rückwirkung** einer **Kapitalherabsetzung** durch **Einziehung** ist im Ge-
    setz nicht vorgesehen. Obwohl sie ebenfalls wie die vereinfachte Kapitalherabset-
    zung zu Sanierungszwecken erfolgen kann (s. § 237 Rz. 2), ist wegen der unterschied-
    lichen Verfahrensarten eine analoge Anwendung der §§ 234, 235 ausgeschlossen[3].

III. Rechtsfolgen des Wirksamwerdens

5   Wird die Kapitalherabsetzung wirksam, hat die Gesellschaft das angestrebte niedrige-
    re Grundkapital. In der **Gewinn- und Verlustrechnung** ist der **Herabsetzungsbetrag**
    als **Ertrag auszuweisen** (§ 240 Satz 1). Die **Mitgliedsrechte** und -pflichten gehen mit
    der Einziehungshandlung des Vorstands **unter**[4].

6   **Einlageverpflichtungen** des betroffenen Aktionärs können trotz der Einziehung noch
    fortbestehen (s. § 237 Rz. 34). Ferner werden bereits **entstandene Gewinnansprüche**
    der von der Einziehung betroffenen Aktionäre von der Einziehung **nicht beseitigt**.
    Die Vernichtung der Aktienurkunden hat keine Auswirkungen auf den Bestand der
    Mitgliedschaft, denn die Urkunden verkörpern lediglich die Mitgliedsrechte. Nach
    der Einziehung verkörpern sie noch den schuldrechtlichen Anspruch des betroffenen
    Aktionärs auf Zahlung des Einziehungsentgelts[5]. Die Kraftloserklärung der Aktienur-
    kunden erfolgt nach § 73[6].

IV. Einziehungshandlung

7   Zur **Einziehung** bedarf es einer **Handlung** der **Gesellschaft**, die auf **Vernichtung** der
    Rechte aus bestimmten Aktien gerichtet ist (§ 238 Satz 3). Zuständig ist der Vor-
    stand[7]. Denn im Regelfall bedeutet die Einziehung die Ausführung des Hauptver-
    sammlungsbeschlusses über die Kapitalherabsetzung (§ 83 Abs. 2). Im Falle einer an-
    geordneten Zwangseinziehung ergibt sich die Zuständigkeit des Vorstands aus § 237
    Abs. 6 (s. dort Rz. 51). Erforderlich ist eine **Erklärung**, die die von der **Einziehung be-
    troffenen Aktien** genau **bezeichnet**. Die Erklärung ist an die Inhaber der betreffenden
    Aktien zu richten und muss diesen zugehen (empfangsbedürftige Willenserklärung
    gem. § 130 BGB)[8]. Bei eigenen Aktien der Gesellschaft reicht es aus, wenn sich aus
    der Handlung des Vorstands ergibt, dass die betreffenden Aktien eingezogen werden;
    ein Zugang i.S.v. § 130 BGB ist nicht erforderlich[9]. Sind von der Einziehung nicht
    einzelne Aktionäre, sondern die Gesamtheit der Aktionäre betroffen, reicht eine Ver-
    öffentlichung in den Gesellschaftsblättern aus, es sei denn, dass die Satzung etwas
    anderes bestimmt[10].

---

3 Vgl. *Hüffer*, § 238 Rz. 6; *Lutter* in KölnKomm. AktG, § 238 Rz. 5; *Marsch-Barner* in Spindler/
   Stilz, § 238 Rz. 4; *Terbrack*, RNotZ 2003, 89, 117.
4 Vgl. *Hüffer*, § 238 Rz. 5; *Lutter* in KölnKomm. AktG, § 238 Rz. 9; *Oechsler* in MünchKomm.
   AktG, § 238 Rz. 8; BGH v. 14.9.1998 – II ZR 172/97, BGHZ 139, 299 = NJW 1998, 3646, 3647
   (zur GmbH).
5 Vgl. *Hüffer*, § 238 Rz. 5; *Oechsler* in MünchKomm. AktG, § 238 Rz. 8; *Marsch-Barner* in
   Spindler/Stilz, § 238 Rz. 5.
6 Vgl. *Hüffer*, § 238 Rz. 5; *Lutter* in KölnKomm. AktG, § 238 Rz. 9; *Marsch-Barner* in Spindler/
   Stilz, § 238 Rz. 5.
7 Vgl. *Lutter* in KölnKomm. AktG, § 238 Rz. 8; *Marsch-Barner* in Spindler/Stilz, § 238 Rz. 7.
8 Vgl. *Lutter* in KölnKomm. AktG, § 238 Rz. 8; *Marsch-Barner* in Spindler/Stilz, § 238 Rz. 8;
   Oechsler in MünchKomm. AktG, § 238 Rz. 5.
9 Vgl. *Hüffer*, § 238 Rz. 8; *Lutter* in KölnKomm. AktG, § 238 Rz. 7.
10 Vgl. *Hüffer*, § 238 Rz. 8; *Oechsler* in MünchKomm. AktG, § 238 Rz. 5.

Die **Einziehung** kann aus verschiedenen Gründen **fehlerhaft sein**. In Betracht 8
kommt, dass ein wirksamer Hauptversammlungsbeschluss nicht getroffen wurde
oder die Einziehungshandlung des Vorstands im Falle von § 237 Abs. 6 nicht von der
Satzung gedeckt ist. Die **Einziehungshandlung** hat dann **keine Rechtswirkung**, so
dass die Mitgliedschaft unverändert fortbesteht[11]. Dies gilt auch dann, wenn der Beschluss über die Kapitalherabsetzung oder seine Durchführung in das Handelsregister
eingetragen wurde. In diesem Fall ist das Handelsregister unrichtig und muss berichtigt werden. Das Registergericht kann insoweit von Amts wegen gem. § 142 FGG
vorgehen.

§ 239
Anmeldung der Durchführung

**(1) Der Vorstand hat die Durchführung der Herabsetzung des Grundkapitals zur Ein-
tragung in das Handelsregister anzumelden. Dies gilt auch dann, wenn es sich um eine durch die Satzung angeordnete Zwangseinziehung handelt.**

**(2) Anmeldung und Eintragung der Durchführung der Herabsetzung können mit An-
meldung und Eintragung des Beschlusses über die Herabsetzung verbunden werden.**

I. Allgemeines	1	III. Anmeldung	3
II. Durchführung der Kapitalherabset-		IV. Eintragung	7
zung	2		

I. Allgemeines

Die Vorschrift regelt die **Anmeldung** der **Durchführung** der **Kapitalherabsetzung** zur 1
Eintragung in das **Handelsregister**. Dieser Eintragung kommt lediglich **deklaratorische Bedeutung** zu. Die Vorschrift ist im Wesentlichen § 227 nachgebildet. Sie wurde
im Jahre 1965 weitgehend unverändert aus § 194 von 1937 übernommen und hat
seitdem keine Änderung erfahren. Ihr Zweck besteht ausschließlich darin, die **Publizität** der Durchführung der Kapitalherabsetzung zu **gewährleisten**.

II. Durchführung der Kapitalherabsetzung

Eine Kapitalherabsetzung durch Einziehung von Aktien ist durchgeführt, wenn alle 2
Einziehungshandlungen (s. hierzu § 238 Rz. 7 f.) erfolgt sind[1]. Auf die Einreichung
bzw. Kraftloserklärung der Aktienurkunden kommt es ebenso wenig an wie auf die
Zahlung des Einziehungsentgelts (s. zu diesem Erfordernis § 237 Rz. 34).

III. Anmeldung

Der **Vorstand** hat die **Durchführung** der **Herabsetzung** des Grundkapitals zur Eintra- 3
gung in das Handelsregister **anzumelden** (§ 239 Abs. 2 Satz 1). Der Aufsichtsratsvor-

---

11 Vgl. *Hüffer*, § 238 Rz. 10; *Oechsler* in MünchKomm. AktG, § 238 Rz. 5 f.; *Terbrack*, RNotZ
2003, 89, 117.

1 Vgl. *Hüffer*, § 239 Rz. 2; *Lutter* in KölnKomm. AktG, § 239 Rz. 3.

sitzende ist also nicht zuständig. Der Vorstand handelt im Namen der Gesellschaft. Er ist zur Anmeldung verpflichtet und kann sich bei der Anmeldung durch einen Bevollmächtigten vertreten lassen[2].

4   Die Anmeldung kann durch **Zwangsgeld** erzwungen werden (§ 407 Abs. 2 Satz 1 AktG i.V.m. § 14 HGB). Schließlich können Vorstand und Aufsichtsrat bei unterlassener oder verzögerter, das heißt nicht unverzüglich erfolgter Anmeldung zum **Schadensersatz** verpflichtet sein (§§ 93, 116). Gegenüber Dritten besteht keine Verantwortlichkeit, denn § 239 ist kein Schutzgesetz i.S.v. § 823 Abs. 2 BGB[3].

5   Der **Vorstand** hat die **Durchführung** der Herabsetzung des Grundkapitals zur Eintragung in das Handelsregister auch dann **anzumelden**, wenn es sich um eine durch die **Satzung angeordnete Zwangseinziehung** handelt (§ 239 Abs. 1 Satz 2). Der Grund für diese Regelung liegt darin, dass bei einer statutarisch angeordneten Zwangseinziehung ein Beschluss der Hauptversammlung nicht erforderlich ist (§ 237 Abs. 6). Die stattdessen vom Vorstand zu treffende Entscheidung (s. § 237 Rz. 51 f.) kann in das Handelsregister nicht eingetragen werden. Die Öffentlichkeit erfährt daher zunächst nichts von dem Vorgang. Deshalb bedarf es der Eintragung der Durchführung der Kapitalherabsetzung im Handelsregister.

6   Die **Kontrolle** durch das **Registergericht** erstreckt sich auf die **Ordnungsgemäßheit** der **Anmeldung**. Sie gilt ferner bestimmten **materiellen Anforderungen** an eine **Kapitalherabsetzung**, namentlich der Frage, ob der Herabsetzungsbetrag dem auf die eingezogenen Aktien entfallenden Betrag entspricht (vgl. § 238 Satz 1) und ob bei einer in der Satzung angeordneten Zwangseinziehung die erforderliche Vorstandshandlung rechtmäßig zustande gekommen ist. Die letztere Frage betrifft zwar nicht die Durchführung der Kapitalherabsetzung. Die Vorstandsentscheidung unterlag aber bislang mangels Eintragungsfähigkeit noch keiner registergerichtlichen Prüfung, so dass sie nunmehr einer Kontrolle unterliegen muss[4]. Das Registergericht nimmt grundsätzlich nur eine Plausibilitätsprüfung vor. Besteht Anlass zu Zweifel, nimmt es eine genaue Prüfung vor. Es ermittelt von Amts wegen (§ 12 FGG).

IV. Eintragung

7   **Anmeldung** und **Eintragung** der **Durchführung** der **Herabsetzung** können mit **Anmeldung** und **Eintragung** des **Beschlusses** über die **Herabsetzung verbunden** werden (§ 239 Abs. 2). Diese Vorschrift entspricht den Parallelregelungen bei einer Kapitalerhöhung und einer Kapitalherabsetzung (vgl. §§ 188 Abs. 5, 227 Abs. 2). Schließlich ist bei der Anmeldung des Beschlusses über die Herabsetzung und der Durchführung der Herabsetzung zur Eintragung in das Handelsregister die Satzungsänderung (s. § 237 Rz. 3) zur Eintragung in das Handelsregister anzumelden.

8   § 239 ist für das Registergericht nicht bindend. Es kann über beide **Anmeldungen getrennt entscheiden** und erst den Beschluss über die Kapitalherabsetzung eintragen[5]. Die Anmelder können dies aber durch einen entsprechenden Antrag vermeiden[6]. Auch bei einer Verbindung mit der Anmeldung des Kapitalherabsetzungsbe-

---

2   Vgl. *Marsch-Barner* in Spindler/Stilz, § 239 Rz. 4; *Oechsler* in MünchKomm. AktG, § 239 Rz. 4.
3   Vgl. *Marsch-Barner* in Spindler/Stilz, § 239 Rz. 4; *Oechsler* in MünchKomm. AktG, § 239 Rz. 3.
4   Vgl. *Terbrack*, RNotZ 2003, 89, 117.
5   Zur Eintragung vgl. *Terbrack*, RNotZ 2003, 89, 117.
6   Vgl. *Hüffer*, § 239 Rz. 8.

schlusses gilt, dass die **Entscheidung** des **Vorstands** über die **Einziehung** von **Aktien** bei einer angeordneten Einziehung (§ 237 Abs. 6) **nicht eintragungsfähig** ist (s. hierzu auch § 237 Rz. 51 sowie Rz. 5).

Vierter Unterabschnitt. Ausweis der Kapitalherabsetzung

§ 240

Der aus der Kapitalherabsetzung gewonnene Betrag ist in der Gewinn- und Verlustrechnung als „Ertrag aus der Kapitalherabsetzung" gesondert, und zwar hinter dem Posten „Entnahmen aus Gewinnrücklagen", auszuweisen. Eine Einstellung in die Kapitalrücklage nach § 229 Abs. 1 und § 232 ist als „Einstellung in die Kapitalrücklage nach den Vorschriften über die vereinfachte Kapitalherabsetzung" gesondert auszuweisen. Im Anhang ist zu erläutern, ob und in welcher Höhe die aus der Kapitalherabsetzung und aus der Auflösung von Gewinnrücklagen gewonnenen Beträge

1. zum Ausgleich von Wertminderungen,
2. zur Deckung von sonstigen Verlusten oder
3. zur Einstellung in die Kapitalrücklage

verwandt werden.

I. Allgemeines	1	2. Einstellung in die Kapitalrücklage (§ 240 Satz 2)	5
1. Gegenstand der Regelung	1	**III. Verwendungserläuterung im Anhang**	
2. Anwendungsbereich	2	**(§ 240 Satz 3)**	8
II. Ausweis in der GuV	3	**IV. Rechtsfolgen bei Verstoß**	9
1. Ausweis des Buchertrages (§ 240 Satz 1)	3		

I. Allgemeines

1. Gegenstand der Regelung

Die (zwingende) Vorschrift trifft – ergänzend zu den allgemeinen Bilanzierungsregeln nach §§ 264 ff. HGB und den aktienrechtlichen Bilanzierungsvorschriften der §§ 150 ff. (namentlich §§ 158, 160) – Bestimmungen zum **Ausweis der aus Kapitalherabsetzungen gewonnenen Erträge** in der Gewinn- und Verlustrechnung (**GuV**) sowie zur Erläuterung ihrer Verwendung im **Anhang**. Zweck ist die getreue Information der Gläubiger sowie der (aktuellen wie potentiellen) Investoren der Gesellschaft über die tatsächliche Ertragslage und über die Verwendung der Beträge, die aus der Kapitalherabsetzung gewonnen werden[1]. **1**

2. Anwendungsbereich

Die systematische Stellung des § 240 (eigener Unterabschnitt im Dritten Abschnitt über Maßnahmen der Kapitalherabsetzung) stellt klar, dass seine Regelungen für **alle drei Arten der Kapitalherabsetzung** im Sinne der vorausgehenden Unterabschnitte **2**

---

1 S. Begr. RegE bei *Kropff*, Aktiengesetz, S. 326.

gelten[2]: für die ordentliche Kapitalherabsetzung nach §§ 222 ff., die vereinfachte Kapitalherabsetzung nach §§ 229 ff. und die Kapitalherabsetzung durch Einziehung von Aktien nach §§ 237 ff. Die Vorschrift ist auf den Jahresabschluss des Geschäftsjahres anzuwenden, in dem die Buchung erfolgt. Dies ist grundsätzlich dasjenige Geschäftsjahr, in dem die Kapitalherabsetzung wirksam wird, kann aber im Falle einer Rückwirkung der Kapitalherabsetzung nach § 234 auch bereits für das Geschäftsjahr gelten, in dem die Kapitalherabsetzung rückwirkend Beachtung findet[3]. In den Fällen des § 232 kann § 240 auch in späteren Jahresabschlüssen Bedeutung erlangen[4].

II. Ausweis in der GuV

1. Ausweis des Buchertrages (§ 240 Satz 1)

3   Der aus der Kapitalherabsetzung gewonnene Betrag ist nach § 240 Satz 1 als **„Ertrag aus der Kapitalherabsetzung"** auszuweisen, und zwar hinter dem in § 158 Abs. 1 Nr. 3 vorgesehenen Posten „Entnahmen aus Gewinnrücklagen" (s. § 158 Rz. 6). Dieser Buchertrag entspricht der Differenz aus der alten und der neuen Grundkapitalziffer. Ob der Ausweis zwingend in der GuV zu erfolgen hat oder das in § 158 Abs. 1 Satz 2 gewährte Wahlrecht zum Ausweis im Anhang auch im Rahmen des § 240 Anwendung findet, ist umstritten. Der Wortlaut des § 240 spricht gegen eine solche Erstreckung des Wahlrechts. Näher dazu die Erläuterungen bei § 158 Rz. 10.

4   Ein gesonderter Ausweis des Buchertrages im **Konzernabschluss** ist verzichtbar, soweit man – mit der (zutreffenden) überwiegenden Ansicht im Schrifttum – schon die Anwendbarkeit des § 158 auf den Konzernabschluss verneint[5].

2. Einstellung in die Kapitalrücklage (§ 240 Satz 2)

5   Soweit bei der vereinfachten Kapitalherabsetzung durch Beschluss nach **§ 229 Abs. 1** Einstellungen in die Kapitalrücklage erfolgen oder solche Einstellungen wegen zu hoch angenommener Verluste nach **§ 232** vorgenommen werden, sind diese nach § 240 Satz 2 unter dem zusätzlichen Posten „Einstellung in die Kapitalrücklage nach den Vorschriften über die vereinfachte Kapitalherabsetzung" auszuweisen. Diese Ausweispflicht tritt nicht etwa an die Stelle des Ausweises nach § 240 Satz 1, sondern neben diesen. Zweck ist die Schaffung eines buchungstechnischen Gegenpostens zum Ertragsausweis in der GuV, um die grundsätzliche Erfolgsneutralität von Einstellungen in die Kapitalrücklage (§ 272 Abs. 2) aufrecht zu erhalten[6]. Da der Ausweis nach § 240 Satz 2 jenen nach § 240 Satz 1 ergänzt, sollte der Ausweis zweckmäßigerweise nach dem durch § 240 Satz 1 eingefügten Posten und mithin vor dem Posten gem. § 158 Abs. 1 Nr. 4 („Einstellungen in die Gewinnrücklagen") erfolgen[7].

6   Angesichts ihres Zwecks (Erhaltung der Erfolgsneutralität von Einstellungen in die Kapitalrücklage) ist die Ausweispflicht nach § 240 Satz 2 entsprechend auch auf die

---

2 Auch dazu Begr. RegE bei *Kropff*, Aktiengesetz, S. 326.
3 *Hüffer*, § 240 Rz. 2; *Wahlers* in Küting/Weber, HdR, § 240 AktG Rz. 12.
4 *ADS*, § 240 AktG Rz. 1.
5 Weiterführend *ADS*, § 298 HGB Rz. 195 ff.; *Wahlers* in Küting/Weber, HdR, § 240 AktG Rz. 7, je m.w.N.
6 *ADS*, § 158 AktG Rz. 25; *Hüffer*, § 240 Rz. 4; *Oechsler* in MünchKomm. AktG, § 240 Rz. 4; *Wahlers* in Küting/Weber, HdR, § 240 AktG Rz. 8.
7 Im Ergebnis ebenso etwa *ADS*, § 158 AktG Rz. 26; *Hüffer*, § 240 Rz. 4; anders (Ausweis nach § 158 Abs. 1 Nr. 4) *Wahlers* in Küting/Weber, HdR, § 240 AktG Rz. 8 m.w.N, zum Meinungsstand.

Fälle eines vorsätzlich zu hoch angenommenen Verlustes anzuwenden, wo Einstellungen in die Kapitalrücklage **analog § 232** vorzunehmen sind[8].

Der Normzweck gebietet schließlich auch die Erstreckung der Ausweispflicht nach 7 § 240 Satz 2 auf Einstellungen nach **§ 237 Abs. 5**, also bei einer Kapitalherabsetzung durch Einziehung von Aktien[9]. Allerdings ist hierbei darauf zu achten, dass eine auf den Posten zutreffende Bezeichnung gewählt wird, etwa „Einstellung in die Kapitalrücklage nach den Vorschriften über die Kapitalherabsetzung durch Einziehung von Aktien" oder kürzer „Einstellung in die Kapitalrücklage nach § 237 Abs. 5 AktG"[10].

III. Verwendungserläuterung im Anhang (§ 240 Satz 3)

Nach § 240 Satz 3 der Vorschrift ist im **Anhang** zu erläutern, ob und in welcher Höhe 8 die aus der Kapitalherabsetzung und der Auflösung von Gewinnrücklagen (s. etwa § 229 Abs. 2 Satz 1) gewonnenen Beträge zum Ausgleich von Wertminderungen (**Nr. 1**), zur Deckung von sonstigen Verlusten (**Nr. 2**) oder zur Einstellung in die Kapitalrücklage (**Nr. 3**) verwandt werden. Diese Verwendungsmöglichkeiten greifen zwar die in § 229 Abs. 1 Satz 1 genannten Zwecke der vereinfachten Kapitalherabsetzung auf (s. die Erläuterungen dort), doch ist § 240 Satz 3 auch bei Kapitalherabsetzungen nach § 222 und nach § 237 anwendbar[11]. Ein Ausweiswahlrecht besteht nicht, die Angaben müssen zwingend im Anhang erfolgen. Die Zuordnung zu der im Jahresabschluss jeweils getroffenen Verwendungsart genügt, ohne dass „Fehlanzeige" hinsichtlich der nicht einschlägigen Verwendungen erforderlich wäre[12].

IV. Rechtsfolgen bei Verstoß

Wird ein nach § 240 notwendiger Ausweis nicht vorgenommen, so ist der **Bestäti-** 9 **gungsvermerk des Abschlussprüfers** nach § 322 HGB zu versagen[13]. Für Nichtigkeit des Jahresabschlusses nach § 256 Abs. 4 reicht ein Verstoß gegen Gliederungsvorschriften in der Regel nicht, da dazu Klarheit und Übersichtlichkeit des Jahresabschlusses wesentlich beeinträchtigt sein müssen[14]. Bei einem Verstoß gegen materielle Gläubigerschutzvorschriften wie § 232 und § 237 Abs. 5 kann aber Nichtigkeit nach § 256 Abs. 1 Nr. 4 gegeben sein[15].

---

8 *Oechsler* in MünchKomm. AktG, § 240 Rz. 4; *Wahlers* in Küting/Weber, HdR, § 240 AktG Rz. 9.
9 *ADS*, § 158 AktG Rz. 27; *Hüffer*, § 240 Rz. 5; *Oechsler* in MünchKomm. AktG, § 240 Rz. 6; *Wahlers* in Küting/Weber, HdR, § 240 AktG Rz. 9.
10 *Hüffer*, § 240 Rz. 5; *Oechsler* in MünchKomm. AktG, § 240 Rz. 6.
11 *Hüffer*, § 240 Rz. 6; *Oechsler* in MünchKomm. AktG, § 240 Rz. 7; *Wahlers* in Küting/Weber, HdR, § 240 AktG Rz. 10.
12 *ADS*, § 240 AktG Rz. 9; *Wahlers* in Küting/Weber, HdR, § 240 AktG Rz. 10.
13 *Hüffer*, § 240 Rz. 7; *Oechsler* in MünchKomm. AktG, § 240 Rz. 8.
14 *Wahlers* in Küting/Weber, HdR, § 240 AktG Rz. 13 m.w.N.
15 *Hüffer*, § 240 Rz. 7; *Oechsler* in MünchKomm. AktG, § 240 Rz. 8.

Siebenter Teil. Nichtigkeit von Hauptversammlungsbeschlüssen und des festgestellten Jahresabschlusses. Sonderprüfung wegen unzulässiger Unterbewertung

Erster Abschnitt. Nichtigkeit von Hauptversammlungsbeschlüssen

Erster Unterabschnitt. Allgemeines

§ 241
Nichtigkeitsgründe

Ein Beschluss der Hauptversammlung ist außer in den Fällen des § 192 Abs. 4, §§ 212, 217 Abs. 2, § 228 Abs. 2, § 234 Abs. 3 und § 235 Abs. 2 nur dann nichtig, wenn er

1. in einer Hauptversammlung gefasst worden ist, die unter Verstoß gegen § 121 Abs. 2 und 3 oder 4 einberufen war,

2. nicht nach § 130 Abs. 1, 2 und 4 beurkundet ist,

3. mit dem Wesen der Aktiengesellschaft nicht zu vereinbaren ist oder durch seinen Inhalt Vorschriften verletzt, die ausschließlich oder überwiegend zum Schutze der Gläubiger der Gesellschaft oder sonst im öffentlichen Interesse gegeben sind,

4. durch seinen Inhalt gegen die guten Sitten verstößt,

5. auf Anfechtungsklage durch Urteil rechtskräftig für nichtig erklärt worden ist,

6. nach § 144 Abs. 2 des Gesetzes über die Angelegenheiten der freiwilligen Gerichtsbarkeit auf Grund rechtskräftiger Entscheidung als nichtig gelöscht worden ist.

I. Allgemeines	1
1. Anwendungsbereich der §§ 241 ff.	1
2. Insbesondere unwirksame Beschlüsse	2
a) Unwirksamkeitsgründe	2
b) Rechtsfolgen der Unwirksamkeit	3
3. Enumerationsprinzip	4
II. Einberufungsmängel (§ 241 Nr. 1)	5
1. Rechtfertigung der Nichtigkeitsfolge	5
2. Einberufung durch Unbefugte (§ 121 Abs. 2)	6
a) Überblick	6
b) Nichtige Organbestellung	7
c) Einberufung durch Aktionärsminderheit	8
3. Bekanntmachungsfehler	9
a) Grundsätzlich: Geschäftsblätter (§ 121 Abs. 3 Satz 1)	9
b) Ausnahme: Eingeschriebener Brief (§ 121 Abs. 4)	10
4. Fehlende Mindestangaben (§ 121 Abs. 3 Satz 2)	11
5. Vollversammlung	12
III. Beurkundungsmängel (§ 241 Nr. 2)	13
1. Reichweite der Nichtigkeitsfolge	13
2. Fehlende oder fehlerhafte Beurkundung	14
IV. Unvereinbarkeit mit dem Wesen der AG (§ 241 Nr. 3, 1. Alt.)	15
1. Verhältnis zu den anderen Varianten	15
a) Meinungsstand	15
b) Stellungnahme	16
c) Konsequenzen	17
2. Sonderfälle	18
V. Verstoß gegen Gläubigerschutzvorschriften (§ 241 Nr. 3, 2. Alt.)	19
VI. Verstoß gegen Vorschriften, die im öffentlichen Interesse gegeben sind (§ 241 Nr. 3, 3. Alt.)	20

1. Das „öffentliche Interesse" 20

2. Mitbestimmung der Arbeitnehmer im Aufsichtsrat 21

VII. **Verstoß gegen die guten Sitten (§ 241 Nr. 4)** 23

VIII. **Nichtigerklärung durch rechtskräftiges Anfechtungsurteil (§ 241 Nr. 5)** . . 25

IX. **Amtslöschung (§ 241 Nr. 6)** 26

1. Rechtskräftige Entscheidung 26

2. Rückwirkende Nichtigkeit 27

3. Umfang richterlicher Prüfung 28

4. Voraussetzungen des § 144 Abs. 2 FGG 29

a) Verletzung zwingender Vorschriften des Gesetzes 29

b) Öffentliches Interesse 31

c) Amtslöschung: Gebundene oder Ermessensentscheidung? 33

d) Anwendung des § 142 Abs. 1 FGG neben § 144 Abs. 2 FGG? 34

5. Registerkontrolle bei Eintragung des Beschlusses 36

X. **Rechtsfolge** 37

1. Nichtigkeit des vom Fehler betroffenen Beschlusses 37

2. Nichtigkeit zusammenhängender Beschlüsse 38

a) Meinungsstand 38

b) Beispiele 39

3. Der Sonderfall der aufeinander aufbauenden Kapitalerhöhungen 40

XI. **Kontrollpflichten des Notars bei Beurkundung von Beschlüssen** 41

Literatur zu §§ 241–249: *Altmeppen*, Ausgliederung zwecks Organbildung gegen die Sperrminorität, DB 1998, 49; *Arens*, Streitgegenstand und Rechtskraft im aktienrechtlichen Anfechtungsverfahren, 1960; *Arnold*, Der Gewinnauszahlungsanspruch des GmbH-Minderheitsgesellschafters, 2001; *Austmann*, Rechtsfragen der Nebenintervention im aktienrechtlichen Anfechtungsprozess, ZHR 158 (1994), 495; *Bachelin*, Der konzernrechtliche Minderheitenschutz, 1969; *Bachmann*, Die Geschäftsordnung der Hauptversammlung, AG 1999, 210; *Bassenge*, Tatsachenermittlung, Rechtsprüfung und Ermessensausübung in den registergerichtlichen Verfahren nach §§ 132 bis 144 FGG, Rpfl. 1974, 173; *Baums*, Der unwirksame Hauptverhandlungsbeschluss, ZHR 142 (1978), 582; *Baums*, Eintragung und Löschung von Gesellschafterbeschlüssen, 1980; *Baums*, Empfiehlt sich eine Neuregelung des aktienrechtlichen Anfechtungs- und Organhaftungsrechts, insbesondere der Klagemöglichkeiten von Aktionären?, DJT 2000, S. F 1; *Baums*, Zum Rechtsschutz anfechtender Aktionäre im Handelsregisterverfahren, BB 1981, 262; *Bauschatz*, Zur Reichweite der mit einer Anfechtungsklage verbundenen positiven Beschlussfeststellungsklage im GmbH-Recht, NZG 2002, 317; *Bayer*, Informationsrechte bei der Verschmelzung von Aktiengesellschaften, AG 1988, 323; *Bayer*, Kein Abschied vom Minderheitenschutz durch Information, ZGR 1995, 613; *Bayer*, Materielle Schranken und Kontrollinstrumente beim Einsatz des genehmigten Kapitals mit Bezugsrechtsausschluss, ZHR 168 (2004), 132; *Bayer*, Verschmelzung und Minderheitenschutz, WM 1989, 121; *Becker*, Die gerichtliche Kontrolle von Maßnahmen bei der Verschmelzung von Aktiengesellschaften, AG 1988, 223; *Becker*, Typologie und Probleme der (handelsrechtlichen) Gestaltungsklagen unter besonderer Berücksichtigung der GmbH-rechtlichen Auflösungsklage (§ 61 GmbHG), ZZP 97 (1984), 314; *Becker*, Verwaltungskontrolle durch Gesellschafterrechte, 1997; *Berg*, Schwebend unwirksame Beschlüsse privatrechtlicher Verbände, 1994; *Beyer*, Vorbeugender Rechtsschutz gegen die Beschlussfassung der GmbH-Gesellschafterversammlung, GmbHR 2001, 467; *Beyerle*, Zur Klagebefugnis eines Aktionärs bei Übertragung der Aktien auf Dritte, DB 1982, 837; *Bezzenberger*, Die Niederschrift über eine beurkundungsfreie Hauptversammlung, in FS Schippel, 1996, S. 361; *Binge*, Gesellschafterklagen gegen Maßnahmen der Geschäftsführer in der GmbH, 1994; *Bokelmann*, Eintragung eines Beschlusses – Prüfungskompetenz des Registerrichters bei Nichtanfechtung, rechtsmissbräuchlicher Anfechtungsklage und bei Verschmelzung, DB 1994, 1341; *Bokelmann*, Rechtsmissbrauch des Anfechtungsrechts durch den Aktionär?, BB 1972, 733; *Bork*, Beschlussverfahren und Beschlusskontrolle nach dem Referentenentwurf eines Gesetzes zur Bereinigung des Umwandlungsrechts, ZGR 1993, 343; *Bork*, Das Anerkenntnis im aktienrechtlichen Beschlussanfechtungsverfahren, ZIP 1992, 1205; *Bork*, Doppelsitz und Zuständigkeit im aktienrechtlichen Anfechtungsprozess, ZIP 1995, 609; *Bork/Oepen*, Schutz des GmbH-Minderheitsgesellschafters vor der Mehrheit bei der Gewinnverteilung, ZGR 2002, 241; *Borsch*, Doppelvertretung und Zustellung bei der Anfechtungsklage, AG 2005, 606; *Brändel*, Die Erledigung aktienrechtlicher Anfechtungsverfahren durch Vergleich, in FS Vieregge, 1995, S. 69; *Buchner*, Amtslöschung, Nachtragsliquidation und masselose Insolvenz von Kapitalgesellschaften, 1988; *Buchta/Ott*, Problembereiche des Squeeze-out, DB 2005, 990; *Bungert*, Bezugsrechtsausschluss zur Plazierung neuer Aktien im Ausland – Zum Deutsche-Bank-Urteil des BGH vom 7. März 1994, WM 1995, 1; *Bungert*, Der BGH und der

Squeeze Out: Höchstrichterliche Beurteilung der Standardrügen von Anfechtungsklagen, BB 2006, 2761; *Bungert*, Die Treuepflicht des Minderheitsaktionärs, DB 1995, 1749; *Bungert*, Die UMAG-Hauptversammlung aus Sicht des Praktikers, in VGR, Gesellschaftsrecht in der Diskussion 2004, 2005, S. 59; *Canaris*, Mitbestimmungsgesetz und inneraktiengesellschaftliche Organisationsautonomie der Aktiengesellschaft, DB 1981, Beilage 14, S. 5; *Casper*, Das Anfechtungsklageerfordernis im GmbH-Beschlussmängelrecht, ZHR 163 (1999), 54; *Casper*, Die Heilung nichtiger Beschlüsse im Kapitalgesellschaftsrecht, 1998; *Däubler*, Fehlerhafte Gesellschafterbeschlüsse bei der GmbH im Lichte des neuen Aktienrechts, GmbHR 1968, 4; *Diekgräf*, Neue Dimensionen des Rechtsmissbrauchs bei aktienrechtlichen Anfechtungsklagen, WM 1991, 613; *Diekgräf*, Sonderzahlungen an opponierende Kleinaktionäre im Rahmen von Anfechtungs- und Spruchstellenverfahren, 1990; *Dürr*, Nebenabreden im Gesellschaftsrecht, 1994; *Dürr*, Nebenabreden und die Willensbildung in der GmbH, BB 1995, 1365; *Ebenroth/Müller*, Anfechtung von GmbH-Gesellschafterbeschlüssen – Effiziente Gestaltung der Beschlussüberprüfung, DB 1992, 361; *Eickhoff*, Die Gesellschafterklage im GmbH-Recht, 1988; *Emde*, Der Angriff eines Mitgesellschafters gegen die Beschlussfeststellungsklage, ZIP 1998, 1475; *Emde*, Die Bestimmtheit von Gesellschafterbeschlüssen, ZIP 2000, 59; *Emde*, Materielle und verfahrensrechtliche Fragen zur Feststellung der Nichtigkeit von Gesellschafterbeschlüssen einer GmbH, GmbHR 2000, 489; *Emde*, Restitutionsansprüche nach Heilung gemäß § 242 Abs. 2 AktG?, ZIP 2000, 1753; *Ernstberger*, Die Grenzen der Mehrheitsherrschaft in der Aktiengesellschaft, 1987; *Feltkamp*, Anfechtungsklage und Vergleich im Aktienrecht, 1991; *Fleck*, Schuldrechtliche Verpflichtungen einer GmbH im Entscheidungsbereich der Gesellschafter, ZGR 1988, 104; *Fleischer*, Das Gesetz zur Unternehmensintegrität und Modernisierung des Anfechtungsrechts, NJW 2005, 3525; *Fleischer*, Gesetz und Vertrag als alternative Problemlösungsmodelle im Gesellschaftsrecht, ZHR 168 (2004), 673; *Gaßner/Zimmer*, Heilung nichtiger GmbH-Gesellschafterbeschlüsse durch nachträglichen Rügeverzicht, WiB 1997, 169; *Gehrlein*, Zur streitgenössischen Nebenintervention eines Gesellschafters bei der aktienrechtlichen Anfechtungs- und Nichtigkeitsklage, AG 1994, 103; *Geßler*, Nichtigkeit von Hauptversammlungsbeschlüssen und Satzungsbestimmungen, ZGR 1980, 427; *Geßler*, Zur Anfechtung wegen Strebens nach Sondervorteilen (§ 243 Abs. 2 AktG), in FS Barz, 1974, S. 97; *Göbel*, Mehrheitsentscheidungen in Personengesellschaften, 1992; *Goette*, Zur entsprechenden Anwendung des § 242 Abs. 2 AktG im GmbH-Recht, in FS Röhricht, 2005, S. 115; *Götz*, Gesamtverantwortung des Vorstands bei vorschriftswidriger Unterbesetzung, ZIP 2002, 1745; *Götz*, Neuere Rechtsentwicklung für die Wahrnehmung von Aktionärsrechten, ZIP 1995, 1310; *Göz/Holzborn*, Die Aktienrechtsreform durch das Gesetz für Unternehmensintegrität und Modernisierung des Anfechtungsrechts – UMAG, WM 2006, 157; *Groß*, Vorbereitung und Durchführung von Hauptversammlungsbeschlüssen zu Erwerb oder Veräußerung von Unternehmensbeteiligungen, AG 1996, 111; *Grunewald*, Die Abberufung von Gesellschaftergeschäftsführern in der GmbH, in FS Zöllner, 1998, S. 177; *Grunewald*, Rechtswidrigkeit und Verschulden bei der Haftung von Aktionären und Personengesellschaftern, in FS Kropff, 1997, S. 89; *Guntz*, Treubindungen von Minderheitsaktionären, 1997; *Habersack*, Die Mitgliedschaft als subjektives und „sonstiges" Recht, 1996; *Habersack*, Unwirksamkeit „zustandsbegründender" Durchbrechungen der GmbH-Satzung sowie darauf gerichteter schuldrechtlicher Nebenabreden, ZGR 1994, 354; *Happ*, Stimmbindungsverträge und Beschlussanfechtung, ZGR 1984, 168; *Häsemeyer*, Obstruktion gegen Sanierungen und gesellschaftsrechtliche Treupflichten, ZHR 160 (1996), 109; *Heckschen*, Zu den Grundsätzen über die Anforderungen an den Verschmelzungsbericht, über die Vorlagepflicht an den EuGH und über den Rechtsmissbrauch im Rahmen einer aktienrechtlichen Anfechtungsklage, BB 1990, 671; *Hefermehl*, Zur Haftung der Vorstandsmitglieder bei Ausführung von Hauptversammlungsbeschlüssen, in FS Schilling, 1973, S. 159; *Heinrich/Theusinger*, Anfechtung wegen Informationsmängeln und Freigabeverfahren nach dem UMAG – ein ungeklärtes Verhältnis, BB 2006, 449; *Helms*, Schadensersatzansprüche wegen Beeinträchtigung der Vereinsmitgliedschaft, 1998; *Hennrichs*, Treupflichten im Aktienrecht, AcP 195 (1995), 221; *Henze*, Aspekte und Entwicklungstendenzen der aktienrechtlichen Anfechtungsklage in der Rechtsprechung des BGH, ZIP 2002, 97; *Henze*, Auflösung einer Aktiengesellschaft und Erwerb ihres Vermögens durch den Mehrheitsgesellschafter, ZIP 1995, 1473; *Henze*, Die dosierte Einschränkung der aktienrechtlichen Anfechtungsklage in der Rechtsprechung des Bundesgerichtshofes, in FS Hadding, 2004, S. 409; *Henze*, Die Treupflicht im Aktienrecht, BB 1996, 489; *Henze*, Treupflichten der Gesellschafter im Kapitalgesellschaftsrecht, ZHR 162 (1998), 186; *Herfs*, Einwirkung Dritter auf den Willensbildungsprozess der GmbH, 1994; *Heuer*, Die rechtsmissbräuchliche Erhebung der aktienrechtlichen Anfechtungsklage beim örtlich unzuständigen Gericht, AG 1989, 234; *Hirte*, Bezugsrechtsausschluss und Konzernbildung, 1986; *Hirte*, Missbrauch aktienrechtlicher Anfechtungsklagen, BB 1988, 1469; *Hoffmann*, Zur Nichtigkeit eines Hauptversammlungs-Beschlusses nach § 241 Nr. 3, 3. Alternative AktG, AG 1980, 141; *Holzborn/Bunnemann*, Änderungen im AktG durch den Regierungsentwurf für das UMAG, BKR 2005, 51; *Hommelhoff*,

Auszahlungsanspruch und Ergebnisverwendungsbeschluss in der GmbH, in FS Rowedder, 1994, S. 171; *Hommelhoff*, Die Konzernleitungspflicht, 1982; *Hommelhoff*, Minderheitenschutz bei Umstrukturierungen, ZGR 1993, 452; *Hommelhoff*, Zum vorläufigen Bestand fehlerhafter Strukturänderungen in Kapitalgesellschaften, ZHR 158 (1994), 11; *Horsch*, Löschung eingetragener und angefochtener Verschmelzungsbeschlüsse von Kapitalgesellschaften im Handelsregister, Rpfl. 2005, 577; *Huber*, Entstehungsgeschichte und aktuelle Auslegungsprobleme des § 241 Nr. 3 AktG, in FS Coing, Band II, 1982, S. 167; *Hueck, A.*, Anfechtbarkeit und Nichtigkeit von Generalversammlungsbeschlüssen bei Aktiengesellschaften, 1924; *Hueck, A.*, Gestaltungsklagen im Recht der Handelsgesellschaften, in FS Heymanns Verlag, 1965, S. 287; *Hueck, A.*, Inwieweit besteht eine gesellschaftliche Pflicht des Gesellschafters einer Handelsgesellschaft zur Zustimmung zu Gesellschafterbeschlüssen?, ZGR 1972, 237; *Hueck, G.*, Der Grundsatz der gleichmäßigen Behandlung im Privatrecht, 1958; *Hueck, G.*, Minderheitenschutz bei der Ergebnisverwendung in der GmbH – Zur Neuregelung des § 29 GmbHG durch das Bilanzrichtlinien-Gesetz, in FS Steindorff, 1990, S. 45; *Hüffer*, Anfechtungsbefugnis und Mindestanteilsbesitz – Vorschläge und Überlegungen zu einer gesetzlichen Neuorientierung, in FS Brandner, 1996, S. 57; *Hüffer*, Beschlussmängel im Aktienrecht und im Recht der GmbH – eine Bestandsaufnahme unter Berücksichtigung der Beschlüsse von Leitungs- und Überwachungsorganen, ZGR 2001, 833 ff.; *Hüffer*, Die Ausgleichsklausel des § 243 Abs. 2 S. 2 AktG – misslungene Privilegierung der Mehrheitsherrschaft oder Grundlage für bloßen Vermögensschutz des Kapitalanlegers?, in FS Kropff, 1997, S. 127; *Hüffer*, Zur Darlegungs- und Beweislast bei der aktienrechtlichen Anfechtungsklage, in FS Fleck, 1988, S. 151; *Hüffer*, Zur gesellschaftsrechtlichen Treuepflicht als richterrechtlicher Generalklausel, in FS Steindorff, 1990, S. 59; *Ihrig/Erwin*, Zur Anwendung des Freigabeverfahrens nach § 246a AktG auf Altbeschlüsse und bereits eingetragene Beschlüsse, BB 2005, 1973; *Immenga*, Bindung von Rechtsmacht durch Treuepflichten, in FS 100 Jahre GmbHG, 1992, S. 189; *Immenga*, Die personalistische Kapitalgesellschaft, 1970; *Immenga*, Die Problematik der Anfechtungsklage im GmbH-Recht, GmbHR 1973, 5; *Jahn*, UMAG: Das Aus für räuberische Aktionäre oder neues Erpressungspotenzial?, BB 2005, 5; *Joost*, Die Parteirolle der personalistischen GmbH und ihrer Gesellschafter bei gesellschaftsinternen Klagen, ZGR 1984, 71; *Joussen*, Gesellschafterabsprachen neben Satzung und Gesellschaftsvertrag, 1995; *Kiem*, Die Eintragung der angefochtenen Verschmelzung, 1991; *Kindl*, Die Notwendigkeit einer einheitlichen Entscheidung über aktienrechtliche Anfechtungs- und Nichtigkeitsklagen, ZGR 2000, 166; *Kleindiek*, Abfindungsbezogene Informationsmängel und Anfechtungsausschluss, NZG 2001, 552; *Knobbe-Keuk*, Das Klagerecht des Gesellschafters einer Kapitalgesellschaft wegen gesetz- und satzungswidriger Maßnahmen der Geschäftsführung, in FS Ballerstedt, 1975, S. 239; *Koch, C.*, Das Anfechtungsklageerfordernis im GmbH-Beschlussmängelrecht, 1997; *Koch, J.*, Das Gesetz zur Unternehmensintegrität und Modernisierung des Anfechtungsrechts (UMAG), ZGR 2006, 769; *Kocher*, Der Bestätigungsbeschluss nach § 244 AktG, NZG 2006, 1; *Kolb*, Unternehmensintegrität, Minderheitenrechte und Corporate Governance, DZWiR 2006, 50; *Kollhosser*, Probleme konkurrierender aktienrechtlicher Gerichtsverfahren, AG 1977, 117; *Koppensteiner*, Treuwidrige Stimmabgaben bei Kapitalgesellschaften, ZIP 1994, 1325; *Kort*, Aktien aus vernichteten Kapitalerhöhungen, ZGR 1994, 291; *Kort*, Bestandsschutz fehlerhafter Strukturänderungen im Kapitalgesellschaftsrecht, 1998; *Krenek*, 17 Tage Halbwertzeit von Reformen oder: Das Aktienrecht als Bauernopfer?, ZRP 2006, 78; *Kreß*, Gerichtliche Beschlusskontrolle im Kapitalgesellschaftsrecht, 1996; *Krieger*, Aktionärsklagen zur Kontrolle des Vorstands- und Aufsichtsratshandelns, ZHR 163 (1999), 343; *Krieger*, Beschlusskontrolle bei Kapitalherabsetzungen, ZGR 2000, 885; *Krieger*, Fehlerhafte Satzungsänderungen – Fallgruppen und Bestandskraft, ZHR 158 (1994), 35; *Landrock*, Der Innenrechtsstreit in der Aktiengesellschaft, 1993; *Lehmann*, Die ergänzende Anwendung von Aktienrecht auf die Gesellschaft mit beschränkter Haftung, 1970; *Lemke*, Der fehlerhafte Aufsichtsratsbeschluss, 1994; *Leuering*, Zur Anwendbarkeit des UMAG auf anhängige Anfechtungsklagen, NZG 2005, 999; *Leuering/Simon*, Aktienrechtsreform erfasst auch laufende Anfechtungsklagen, NJW-Spezial 2005, 315; *Lindacher*, Die Nachgesellschaft – Prozessuale Fragen bei gelöschten Kapitalgesellschaften, in FS Henckel, 1995, S. 549; *Lindacher*, Fragen der Beschlussfassung und -feststellung nach § 46 Nr. 8 GmbHG, ZGR 1987, 121; *Lindemann*, Die Beschlussfassung in der Einmann-GmbH, 1996; *Lüke, W.*, Das Verhältnis von Auskunfts-, Anfechtungs- und Registerverfahren im Aktienrecht, ZGR 1990, 657; *Lutter*, Das Girmes-Urteil, JZ 1995, 1053; *Lutter*, Das neue „Gesetz für kleine Aktiengesellschaften und zur Deregulierung des Aktienrechts", AG 1994, 429; *Lutter*, Der Streit um die Gültigkeit des Jahresabschlusses einer Aktiengesellschaft, in FS Helmrich, 1994, S. 685; *Lutter*, Die Eintragung anfechtbarer Hauptversammlungsbeschlüsse im Handelsregister, NJW 1969, 1873; *Lutter*, Die Funktion der Gerichte im Binnenstreit von Kapitalgesellschaften – ein rechtsvergleichender Überblick, ZGR 1998, 191; *Lutter*, Die Treupflicht des Aktionärs, ZHR 153 (1989), 446; *Lutter*, Theorie der Mitgliedschaft, AcP 180 (1980), 84; *Lutter*, Treupflichten und ihre Anwendungsprobleme, ZHR 162 (1998), 164; *Lut-*

ter, Zur inhaltlichen Begründung von Mehrheitsentscheidungen, ZGR 1981, 171; *Lutter*, Zur Vorbereitung und Durchführung von Grundlagenbeschlüssen in Aktiengesellschaften, in FS Fleck, 1988, S. 169; *Lutter/Drygala*, Die Übertragende Auflösung: Liquidation der Aktiengesellschaft oder Liquidation des Minderheitenschutzes?, in FS Kropff, 1997, S. 191; *Lutter/Friedewald*, Kapitalerhöhung, Eintragung im Handelsregister und Amtslöschung, ZIP 1986, 691; *Lutter/Grunewald*, Zur Umgehung von Vinkulierungsklauseln in Satzungen von Aktiengesellschaften und Gesellschaften mbH, AG 1989, 109; *Mack*, Anfechtbarkeit von Hauptversammlungsbeschlüssen unter besonderer Berücksichtigung des Verschmelzungsbeschlusses, dargestellt am deutschen und amerikanischen Recht, 1993; *Maier-Reimer*, Negative „Beschlüsse" von Gesellschafterversammlungen, in FS Oppenhoff, 1985, S. 193; *Martens*, Die GmbH und der Minderheitsschutz, GmbHR 1984, 265; *Martens*, Die Treupflicht des Aktionärs, in K. Schmidt (Hrsg.), Rechtsdogmatik und Rechtspolitik, S. 251; *Martens*, Die Vergleichs- und Abfindungsbefugnis des Vorstandes gegenüber opponierenden Aktionären, AG 1988, 118; *Martens*, Mitbestimmungsrechtliche Bausteine in der Rechtsprechung des Bundesgerichtshofs, ZGR 1983, 237; *Meilicke/Heidel*, UMAG: Modernisierung des Aktienrechts durch Beschränkung des Eigentumsschutzes des Aktionäre, DB 2004, 1479; *Menger*, Zulässigkeit und Grenzen der Lückenausfüllung im Recht der Personengesellschaften, 1997; *Mertens*, Satzungs- und Organisationsautonomie im Aktien- und Konzernrecht, ZGR 1994, 426; *Mestmäcker*, Verwaltung, Konzerngewalt und Rechte der Aktionäre, 1958; *Mestmäcker*, Zur aktienrechtlichen Stellung der Verwaltung bei Kapitalerhöhungen, BB 1961, 945; *Mülbert*, Aktiengesellschaft, Unternehmensgruppe und Kapitalmarkt, 1996; *Neumann/Siebmann*, Aktuelle Fragestellungen im aktien- und umwandlungsrechtlichen Freigabeverfahren, DB 2006, 435; *Nietsch*, Einstweiliger Rechtsschutz bei Beschlussfassung in der GmbH-Gesellschafterversammlung, GmbHR 2006, 393; *Noack*, Das Freigabeverfahren bei Umwandlungsbeschlüssen – Bewährung und Modell –, ZHR 164 (2000), 274; *Noack*, Der Widerspruch des Aktionärs in der Hauptversammlung, AG 1989, 78; *Noack*, Fehlerhafte Beschlüsse in Gesellschaften und Vereinen, 1989; *Noack*, Gesellschaftervereinbarungen bei Kapitalgesellschaften, 1994; *Noack/Zetzsche*, Die Informationsanfechtung nach der Neufassung des § 243 Abs. 4 AktG, ZHR 170 (2006), 218; *Nodoushani*, Die Treupflicht der Aktionäre und ihrer Stimmrechtsvertreter, 1997; *Oelrichs*, Muss der Versammlungsleiter bei der Feststellung von Haupt- oder Gesellschafterversammlungsbeschlüssen treuwidrig abgegebene Stimmen mitzählen?, GmbHR 1995, 863; *Paschke*, Treupflichten im Recht der juristischen Personen, in FS Serick, 1992, S. 313; *Pflugradt*, Leistungsklagen zur Erzwingung rechtmäßigen Vorstandsverhaltens in der Aktiengesellschaft, 1990; *Priester*, Satzungsänderung und Satzungsdurchbrechung, ZHR 151 (1987), 40; *Prior*, Fehlerhafte Vereinsbeschlüsse, 1972; *Radu*, Der Missbrauch der Anfechtungsklage durch den Aktionär, ZIP 1992, 303; *Raiser*, Ein missglücktes Urteil zum Mitbestimmungsgesetz, NJW 1981, 2166; *Raiser*, Nichtigkeits- und Anfechtungsklagen, in FS 100 Jahre GmbHG, 1992, S. 587; *Renkl*, Der Gesellschafterbeschluss, 1982; *Rettmann*, Rechtmäßigkeitskontrolle von Verschmelzungsbeschlüssen, 1998; *Rieckers*, Einfluss angefochtener Bestätigungsbeschlüsse auf anhängige und abgeschlossene Unbedenklichkeitsverfahren, BB 2005, 1348; *Roth*, Subjektives Recht und prozessuale Befugnis als Voraussetzungen einer „Aktionärsklage", in FS Henckel, 1995, S. 707; *Rützel*, Die gesellschaftsrechtliche Beschlussfeststellungsklage, ZIP 1996, 1961; *Saenger*, Minderheitenschutz und innergesellschaftliche Klagen bei der GmbH, GmbHR 1997, 112; *Schäfer, C.*, Beschlussanfechtbarkeit bei Beschlussvorschlägen durch einen unterbesetzten Vorstand, ZGR 2003, 147; *Schäfer, C.*, Der stimmrechtslose GmbH-Geschäftsanteil, 1997; *Schäfer, C.*, Die Lehre vom fehlerhaften Verband, 2002; *Schäfer, F.*, Nichtigkeit und Anfechtbarkeit von Hauptversammlungsbeschlüssen der Aktiengesellschaft unter Ausschluss der Beschlüsse über die Bilanzfeststellung und Gewinnverwendung, 1969; *Schäfer, F./Grützediek*, Haftung der Gesellschaft für „mangelhafte" Gesellschaftsanteile bei Kapitalerhöhungen, NZG 2005, 204; *Schindler/Witzel*, Bedarf es einer neuen gesetzlichen Regelung des Anfechtungsrechts zur Bekämpfung räuberischer Aktionäre? – Stellungnahme zu den Empfehlungen der wirtschaftlichen Abteilung des 63. DJT, NZG 2001, 577; *Schmidt, H.*, Ausschluss der Anfechtung des Squeeze-out-Beschlusses bei abfindungswertbezogenen Informationsmängeln, in FS Ulmer, 2003, S. 543; *Schmidt, H.*, Zur Vollbeendigung juristischer Personen, 1989; *Schmidt, K.*, Anfechtungsbefugnisse von Aufsichtsratsmitgliedern, in FS Semler, 1993, S. 329; *Schmidt, K.*, Der kartellverbotswidrige Beschluss, in FS Fischer, 1979, S. 693; *Schmidt, K.*, Die Behandlung treuwidriger Stimmen in der Gesellschafterversammlung und im Prozess, GmbHR 1992, 9; *Schmidt, K.*, Die Beschlussanfechtungsklage bei Vereinen und Personengesellschaften, in FS Stimpel, 1985, S. 217; *Schmidt, K.*, Die fehlerhafte Verschmelzung nach dem Aktiengesetz, AG 1991, 131, 133; *Schmidt, K.*, Fehlerhafte Beschlüsse in Gesellschaften und Vereinen (II), AG 1977, 243; *Schmidt, K.*, Fehlerhafte Beschlüsse in Gesellschaften und Vereinen (I), AG 1977, 205; *Schmidt, K.*, Geklärte und offene Probleme der „positiven Beschlussfeststellungsklage", AG 1980, 169; *Schmidt, K.*, Rechtsschutz des Minderheitsgesellschafters gegen rechtswidrige ablehnende Beschlüsse, NJW 1986, 2018; *Schmidt, K.*, Zum

Streitgegenstand von Anfechtungs- und Nichtigkeitsklagen im Gesellschaftsrecht, JZ 1977, 769; *Schmidt, K.*, Zur Ablösung des Löschungsgesetzes. Was ändert die Insolvenzrechtsreform für GmbH bzw. GmbH & Co., GmbHR 1994, 829; *Schmidt, K.*, Zur gesetzlichen Befristung der Nichtigkeitsklage gegen Verschmelzungs- und Umwandlungsbeschlüsse, DB 1995, 1849; *Schmidt-Diemitz*, Einstweiliger Rechtsschutz gegen rechtswidrige Gesellschafterbeschlüsse, 1996; *Schmitt*, Das Beschlussmängelrecht der Personengesellschaften, 1997; *Schneider, Uwe H.*, Mehrheitsprinzip und Mitwirkungserfordernis bei Gesellschafterbeschlüssen, AG 1979, 57; *Schnorbus*, Treuepflichten im Aktienrecht und Haftung des Stimmrechtsvertreters – BGHZ 129, 136, und OLG Düsseldorf, ZIP 1996, 1211; JuS 1998, 877; *Schnorr*, Teilfehlerhafte Gesellschaftsbeschlüsse, 1997; *Schröder*, Schiedsgerichtliche Konfliktbeilegung bei aktienrechtlichen Beschlussmängelklagen, 1999; *Schulte*, Rechtsnatur und Wirkungen des Anfechtungs- und Nichtigkeitsurteils nach den §§ 246, 248 AktG, AG 1988, 67; *Schultz*, Die Behebung einzelner Mängel von Organisationsakten in Kapitalgesellschaften, 1997; *Schütz, C.*, Neuerungen im Anfechtungsrecht durch den Referentenentwurf des Gesetzes zur Unternehmensintegrität und Modernisierung des Anfechtungsrechts (UMAG), DB 2004, 419; *Schütz, C.*, UMAG Reloaded, NZG 2005, 5; *Schütz, N.*, Sachlegitimation und richtige Prozesspartei bei innergesellschaftlichen Streitigkeiten in der Personengesellschaft, 1994; *Schwab, M.*, Das Prozessrecht gesellschaftsinterner Streitigkeiten, 2005; *Seibert/Schütz*, Der Referentenentwurf eines Gesetzes zur Unternehmensintegrität und Modernisierung des Anfechtungsrechts – UMAG, ZIP 2004, 252; *Seidel*, Die mangelnde Bedeutung mitgliedschaftlicher Treupflichten im Willensbildungsprozess der GmbH, 1998; *Semler*, Einstweilige Verfügungen bei Gesellschafterauseinandersetzungen, BB 1979, 1533; *Semler/Asmus*, Der stimmlose Beschluss, NZG 2004, 881; *Sester*, Treupflichtverletzung bei Widerspruch und Zustimmungsverweigerung im Recht der Personengesellschaften, 1996; *Sieger/Hasselbach*, Der Ausschluss von Minderheitsaktionären nach den neuen §§ 327a ff AktG, ZGR 2002, 120; *Slabschi*, Die sogenannte rechtsmissbräuchliche Anfechtungsklage, 1997; *Sosnitza*, Einheitlicher Streitgegenstand bei gleichzeitiger Erhebung von Nichtigkeitsklage und Anfechtungsklage, NZG 1999, 497; *Sosnitza*, Nichtigkeits- und Anfechtungsklage im Schnittfeld von Aktien- und Zivilprozessrecht, NZG 1998, 335; *Spindler*, Die Reform der Hauptversammlung und der Anfechtungsklage durch das UMAG, NZG 2005, 825; *Stein*, Das faktische Organ, 1984; *Stein*, Rechtsschutz gegen gesetzeswidrige Satzungsnormen bei Kapitalgesellschaften, ZGR 1994, 472; *Steinbeck*, Überwachungspflicht und Einwirkungsmöglichkeiten des Aufsichtsrats in der Aktiengesellschaft, 1992; *Steinmeyer/Seidel*, Das Verhältnis von Anfechtungs- und Nichtigkeitsklagen im Recht der Aktiengesellschaft und GmbH, DStR 1999, 2077; *Thöni*, Die Beschlussmängelfolge der Unwirksamkeit im Kapitalgesellschaftsrecht, GesRZ 1995, 73; *Tieves*, Satzungsverletzende und satzungsdurchbrechende Gesellschafterbeschlüsse, ZIP 1994, 1341; *Timm*, Beschlussanfechtungsklage und Schiedsfähigkeit im Recht der personalistisch strukturierten Gesellschaften, in FS Fleck, 1988, S. 365; *Timm*, Der Missbrauch des Auflösungsbeschlusses durch den Mehrheitsgesellschafter, JZ 1980, 665 ff.; *Timm*, Missbräuchliches Aktionärsverhalten, 1990; *Timm*, Treuepflichten im Aktienrecht, WM 1991, 481; *Timm*, Zur Anfechtung des Auflösungsbeschlusses einer Aktiengesellschaft und zur gesellschaftsrechtlichen Treupflicht der Aktionäre, NJW 1988, 1582; *Trendelenburg*, Auswirkungen einer nichtigen Kapitalerhöhung auf die Wirksamkeit nachfolgender Kapitalerhöhungen bei Aktiengesellschaften, NZG 2003, 860; *Ulmer*, „Satzungsgleiche" Gesellschaftervereinbarungen bei der GmbH?, in FS Röhricht, 2005, S. 633; *Ulmer*, Verletzung schuldrechtlicher Nebenabreden als Anfechtungsgrund im GmbH-Recht?, NJW 1987, 1849; *v. Falkenhausen*, Verfassungsrechtliche Grenzen der Mehrheitsherrschaft nach dem Recht der Kapitalgesellschaften, 1967; *v. Falkenhausen/Kocher*, Nachschieben von Gründen bei der aktienrechtlichen Anfechtungsklage, ZIP 2003, 426; *v. Falkenhausen/Kocher*, Zulässigkeitsbeschränkungen für die Nebenintervention bei der aktienrechtlichen Anfechtungsklage, ZIP 2004, 1179; *v. Gerkan*, Gesellschafterbeschlüsse, Ausübung des Stimmrechts und einstweiliger Rechtsschutz, ZGR 1985, 167; *Veil*, Die Registersperre bei der Umwandlung einer AG in eine GmbH, ZIP 1996, 1065; *Veil*, Klagemöglichkeiten bei Beschlussmängeln der Hauptversammlung nach dem UMAG, AG 2005, 567; *Vetter, E.*, Abfindungswertbezogene Informationsmängel und Rechtsschutz, in FS Wiedemann, 2002, S. 1323; *Vetter, E.*, Squeeze-out nur durch Hauptversammlungsbeschluss?, DB 2001, 743; *Vogel*, Gesellschafterbeschlüsse und Gesellschafterversammlung, 1968; *Vorwerk/Wimmers*, Treubindung des Mehrheitsgesellschafters oder der Gesellschaftermehrheit bei Beschlussfassung in der GmbH-Gesellschafterversammlung, GmbHR 1998, 717; *Wardenbach*, Missbrauch des Anfechtungsrechts und „nachträglicher" Aktienerwerb, ZGR 1992, 563; *Weber*, Anfechtung von Gesellschafterbeschlüssen bei Verstoß gegen side letter-Abreden, DStR 1997, 824; *Weber*, Vormitgliedschaftliche Treubindungen, 1999; *Weißhaupt*, Informationsmängel in der Hauptversammlung – Die Neuregelungen durch das UMAG, ZIP 2005, 1766; *Weißhaupt*, Modernisierung des Informationsmängelrechts in der Aktiengesellschaft nach dem UMAG-Regierungsentwurf, WM 2004, 705; *Werner*, Anfechtungsklage und Auskunftserzwingungsverfahren, in FS Barz, 1974, S. 293; *Werner*, Fehlentwicklungen in aktienrechtlichen Auskunftsstreitigkeiten, in FS Heinsius, 1991, S. 911; *Wiedemann*, Anfechtbarkeit von Hauptversammlungsbeschlüssen einer Aktiengesellschaft wegen mangelnder Rücksichtnahme des Mehrheitsaktionärs auf die Minderheitsgesellschafter, JZ 1989, 447; *Wiedemann*, Minderheitsrechte ernstgenommen, ZGR 1999, 857; *Wilhelm*, Inkompetenz des Aktionärs und Auskunfts- und Klagerecht, DB 2001, 520; *Wilsing*, Der Regierungsentwurf des Gesetzes zur Unternehmensintegrität und Modernisierung des Anfechtungsrechts, DB 2005, 35; *Wilsing*, Neuerungen des UMAG für die aktienrechtliche Beratungspraxis, ZIP 2004, 1082; *Windel*, Der Interventionsgrund des § 66 Abs. 1 ZPO als Prozessführungsbefugnis, 1992; *Winter*, Die Anfechtung eingetragener Strukturbeschlüsse de lege lata und de lege ferenda, in FS Ulmer, 2003, S. 699; *Winter*, Die Reform des Beschlussanfechtungsrechts – Eine Zwischenbilanz, in FS Happ, 2006, S. 363; *Winter*, Mitgliedschaftliche Treubindungen im GmbH-Recht, 1988; *Winter*, Organisationsrechtliche Sanktionen bei Verletzung schuldrechtlicher Gesellschaftervereinbarungen?, ZHR 154 (1990), 259; *Worch*, Treuepflichten von Kapitalgesellschaftern untereinander und gegenüber der Gesellschaft, 1983; *Zöllner*, Beschluss, Beschlusergebnis und Beschlussergebnisfeststellung, in FS Lutter, 2000, S. 821; *Zöllner*, Die Schranken mitgliedschaftlicher Stimmrechtsmacht bei den privatrechtlichen Personenverbänden, 1963; *Zöllner*, Die sogenannten Gesellschafterklagen im Kapitalgesellschaftsrecht, ZGR 1988, 392; *Zöllner*, Folgen der Nichtigerklärung durchgeführter Kapitalerhöhungsbeschlüsse, AG 1993, 68; *Zöllner*, Folgen der Nichtigkeit einer Kapitalerhöhung für nachfolgende Kapitalerhöhungen. Zur Anwendung der Geschäftsgrundlagenlehre auf strukturändernde Beschlüsse bei Kapitalgesellschaften, in FS Hadding, 2004, S. 725; *Zöllner*, Zu Schranken und Wirkung von Stimmbindungsverträgen, insbesondere bei der GmbH, ZHR 155 (1991), 168; *Zöllner*, Zur positiven Beschlussfeststellungsklage im Aktienrecht (und andere Fragen des Beschlussrechts), ZGR 1982, 623; *Zöllner*, Zur Problematik der aktienrechtlichen Anfechtungsklage, AG 2000, 145; *Zutt*, Einstweiliger Rechtsschutz bei Stimmbindungen, ZHR 155 (1991), 190.

I. Allgemeines

1. Anwendungsbereich der §§ 241 ff.

1   Die §§ 241 ff. gelten für Beschlüsse des Hauptversammlungsplenums; darüber hinaus nach § 138 Satz 2 auch dort, wo Beschlüsse nur von einer bestimmten Aktionärsgruppe zu fassen sind (sog. Sonderbeschlüsse, z.B. §§ 179 Abs. 3 Satz 2, 182 Abs. 2 Satz 2, 222 Abs. 2, 296 Abs. 2 Satz 1, 297 Abs. 2 Satz 1)[1]. Dagegen liegt kein Beschluss vor, wenn eine Minderheit die Abstimmung über einen bestimmten Gegenstand verlangt (z.B. §§ 120 Abs. 1 Satz 2, 137)[2]; ebenso wenig, wenn die Hauptversammlung sich weigert, über einen Beschlussantrag abzustimmen. Im letzteren Fall hat sie insbesondere auch keinen ablehnenden Beschluss gefasst, sondern jegliche Befassung mit dem Beschlussantrag in der Sache abgelehnt. Sie hat keinen Regelungswillen gebildet. Eine Anfechtungs- oder Nichtigkeitsklage kommt in einem solchen Fall nicht in Betracht[3].

2. Insbesondere unwirksame Beschlüsse

a) Unwirksamkeitsgründe

2   Beschlüsse in einer AG werden grundsätzlich mit Mehrheit gefasst (§ 133 Abs. 1); der einzelne Aktionär hat den Mehrheitsentscheid zu akzeptieren, selbst wenn er widersprochen oder sich nicht erklärt hat. (1) In seltenen Fällen verlangt das Gesetz jedoch

---

1 *Heidel* in Heidel, § 241 Rz. 3; *Hueck/Windbichler*, Gesellschaftsrecht, § 28 Rz. 3; *Hüffer* in MünchKomm. AktG, § 241 Rz. 10.
2 Ebenso *K. Schmidt* in Großkomm. AktG, Rz. 10; *Hüffer* in MünchKomm. AktG, § 241 Rz. 12; *Zöllner* in KölnKomm. AktG, § 241 Rz. 61.
3 Ebenso *Raiser* in Ulmer, GmbHG, Anh. § 47 Rz. 14; *Hüffer* in MünchKomm. AktG, § 241 Rz. 13.

für das Zustandekommen eines gültigen Beschlusses die **individuelle Zustimmung** des einzelnen Aktionärs. Fehlt diese, so liegt nicht etwa ein wirksam zustande gekommener, aber fehlerhafter Beschluss vor[4]. Vielmehr ist in diesen Fällen schon der *rechtsgeschäftliche Tatbestand des Beschlusses nicht vollständig verwirklicht.* Der Beschluss ist *unwirksam* – und zwar, solange die Zustimmung noch erteilt werden kann, schwebend[5], sobald diese verweigert wurde oder nicht mehr erteilt werden kann, endgültig[6]. Die Wirksamkeit kann in einem solchen Fall insbesondere nicht dadurch eintreten, dass der Versammlungsleiter den Beschluss mit einem bestimmten Inhalt als gefasst feststellt[7]: Wenn das Gesetz ausnahmsweise eine Individualzustimmung fordert, so hält es die Betroffenheit des Gesellschafters für so groß, dass dessen Zustimmung unabdingbar tatsächlich vorliegen muss. Der individuellen Zustimmung aller davon betroffenen Aktionäre bedarf die **Vermehrung mitgliedschaftlicher Leistungspflichten** (§ 180 Abs. 1). Das gleiche gilt analog § 35 BGB[8] für den **Entzug von Sonderrechten**[9]. Die **Änderung des Gesellschaftszwecks** bedarf entsprechend § 33 Abs. 1 Satz 2 BGB der Zustimmung aller Aktionäre[10]. Weitere Beispiele für einen zustimmungsbedürftigen Beschluss sind die Änderung des Gewinnverteilungsschlüssels[11] und des Schlüssels für die Verteilung des Liquidationserlöses[12]. (2) Wenn ein Beschluss der Zustimmung von **Aktionärsgruppen** bedarf, haben diese sog. **Sonderbeschlüsse** zu fassen (vgl. §§ 179 Abs. 3 Satz 2, 182 Abs. 2 Satz 2, 222 Abs. 2). Der Beschluss ist dann unwirksam, wenn und solange auch nur einer der geforderten Sonderbeschlüsse fehlt. (3) Die Wirksamkeit des Beschlusses kann schließlich von der **Eintragung** in das **Handelsregister** abhängig sein (z.B. §§ 181 Abs. 3, 189, 211, 224).

---

4 Allgemein für zustimmungsbedürftige Beschlüsse BGH v. 10.11.1954 – II ZR 299/53, BGHZ 15, 177, 181; *K. Schmidt* in Großkomm. AktG, § 241 Rz. 15; *Lindemann*, Die Beschlussfassung in der Einmann-GmbH, S. 47. Für Entzug von Sonderrechten: *Berg*, Schwebend unwirksame Beschlüsse privatrechtlicher Verbände, S. 111, 114 f.; *Fischer*, JZ 1956, 362, 363; *Renkl*, Der Gesellschafterbeschluss, S. 109; *F. Schäfer*, Nichtigkeit und Anfechtbarkeit von Hauptversammlungsbeschlüssen der Aktiengesellschaft unter Ausschluss der Beschlüsse über die Bilanzfeststellung und Gewinnverwendung, S. 22; *Waldenberger*, GmbHR 1997, 49, 55. Für Leistungsvermehrung: *Zöllner* in Baumbach/Hueck, GmbHG, § 47 Rz. 10; *Berg*, Schwebend unwirksame Beschlüsse privatrechtlicher Verbände, S. 122 ff.; *Däubler*, GmbHR 1968, 4, 5; *Raiser* in Ulmer, GmbHG, Anh. § 47 Rz. 23; *F. Schäfer*, Nichtigkeit und Anfechtbarkeit von Hauptversammlungsbeschlüssen der Aktiengesellschaft unter Ausschluss der Beschlüsse über die Bilanzfeststellung und Gewinnverwendung, S. 22.

5 OLG Hamm v. 30.8.2001 – 27 U 26/01, GmbHR 2001, 974, 976; *Berg*, Schwebend unwirksame Beschlüsse privatrechtlicher Verbände, S. 111, 114 f.; *Zöllner* in KölnKomm. AktG, § 241 Rz. 8; *Hüffer* in MünchKomm. AktG, § 241 Rz. 18; *Renkl*, Der Gesellschafterbeschluss, S. 109; *Rützel*, ZIP 1996, 1961, 1965; *Vollmann*, Minderheitenschutz im aktienrechtlichen Beschlussmängelrecht, S. 34.

6 *Berg*, Schwebend unwirksame Beschlüsse privatrechtlicher Verbände, S. 227 ff.; *Zöllner* in KölnKomm. AktG, § 241 Rz. 8; *Hüffer* in MünchKomm. AktG, § 241 Rz. 18; *Vollmann*, Minderheitenschutz im aktienrechtlichen Beschlussmängelrecht, S. 34.

7 Vgl. nur *Baums*, Eintragung und Löschung von Gesellschafterbeschlüssen, S. 125.

8 *Löffler*, NJW 1989, 2656, 2659.

9 BGH v. 10.11.1954 – II ZR 299/53, BGHZ 15, 177, 181; BGH v. 30.11.1961 – II ZR 137/60, WM 1962, 201.

10 Vgl. *Raiser* in Ulmer, GmbHG, Anh. § 47 Rz. 23; *Löffler*, NJW 1989, 2656, 2659; *Seidel*, Die mangelnde Bedeutung mitgliedschaftlicher Treupflichten im Willensbildungsprozess der GmbH, S. 34; *Winter*, Mitgliedschaftliche Treubindungen im GmbH-Recht, S. 98, 199.

11 *Löffler*, NJW 1989, 2656, 2660; *Marburger*, NJW 1984, 2252, 2258; *Winter*, Mitgliedschaftliche Treubindungen im GmbH-Recht, S. 138.

12 *Vorwerk/Wimmers*, GmbHR 1998, 717, 722.

b) Rechtsfolgen der Unwirksamkeit

3   Solange die Unwirksamkeit andauert, entfaltet der Beschluss keinerlei Rechtswirkungen[13]. Sofern der Beschluss erst mit Zustimmung eines Aktionärs wirksam wird, muss diese nicht notwendig im Rahmen einer Abstimmung erklärt werden; die Erteilung ist vielmehr auch vor Beginn oder nach Abschluss des Beschlussverfahrens möglich[14]. Sofern der Beschluss zu seiner Wirksamkeit der Eintragung in das Handelsregister bedarf, sind Vorstand und ggf. Aufsichtsrat verpflichtet, jene Registrierung herbeizuführen[15]. Die Unwirksamkeit wird nicht mittels Anfechtungs- oder Nichtigkeitsklage geltend gemacht, sondern mit Hilfe der allgemeinen **Feststellungsklage** nach § 256 ZPO[16].

3. Enumerationsprinzip

4   Die **Nichtigkeitsgründe** sind in § 241, für bestimmte Beschlüsse durch die §§ 250, 253, 256 ergänzt, **abschließend** aufgezählt[17]. Rechtswidrige Beschlüsse, die nicht der Nichtigkeitsfolge unterliegen, sind lediglich nach § 243 anfechtbar. In den Vorschriften, die im Eingangssatz des § 241 zitiert werden, ist die Nichtigkeitsfolge bereits ausgesprochen. Die Erwähnung in § 241 hat zur Folge, dass ausnahmsweise die Nichtigkeitsklage gegeben ist[18]. Streng genommen handelt es sich bei den §§ 217 Abs. 2 Satz 4, 228 Abs. 2 Satz 1, 234 Abs. 3 Satz 1, 235 Abs. 2 Satz 1 freilich um Fälle der endgültigen Unwirksamkeit[19]: Die Wirksamkeit der dort genannten Beschlüsse ist von der Eintragung im Handelsregister abhängig und für letztere eine gesetzliche Ausschlussfrist angeordnet.

II. Einberufungsmängel (§ 241 Nr. 1)

1. Rechtfertigung der Nichtigkeitsfolge

5   Die fehlerhafte Einberufung führt nur in den in § 241 Nr. 1 bestimmten Fällen zur Nichtigkeit, sonst bloß zur Anfechtbarkeit des Beschlusses. Die Nichtigkeitsfolge nach § 241 Nr. 1 rechtfertigt sich nicht etwa daraus, dass die fehlerhafte Einberufung in den dort beschriebenen Fällen ein öffentliches Interesse verletzt[20]. Andernfalls wäre nicht erklärbar, weshalb § 121 Abs. 6 den Einberufungsmangel im Falle einer Vollversammlung für unbeachtlich erklärt. Vielmehr will das Gesetz sicherstellen, dass

---

13   *Berg*, Schwebend unwirksame Beschlüsse privatrechtlicher Verbände, S. 163.
14   *Seidel*, Treupflichten, S. 23.
15   *Casper*, Die Heilung nichtiger Beschlüsse im Kapitalgesellschaftsrecht, S. 37; *Koppensteiner* in Rowedder/Schmidt-Leithoff, GmbHG, § 47 Rz. 88; *Zöllner*, ZGR 1988, 392, 415; *Zöllner* in KölnKomm. AktG, § 241 Rz. 15.
16   BGH v. 10.11.1954 – II ZR 299/53, BGHZ 15, 177, 181; OLG Stuttgart v. 11.2.1992 – 10 U 313/90, DB 1992, 566 = AG 1993, 94; *Berg*, Schwebend unwirksame Beschlüsse privatrechtlicher Verbände, S. 171; *Fischer*, JZ 1956, 362, 363; *Hüffer*, § 246 Rz. 41; *Mack*, Anfechtbarkeit von Hauptversammlungsbeschlüssen unter besonderer Berücksichtigung des Verschmelzungsbeschlusses, dargestellt am deutschen und amerikanischen Recht, S. 76; *F. Schäfer*, Nichtigkeit und Anfechtbarkeit von Hauptversammlungsbeschlüssen der Aktiengesellschaft unter Ausschluss der Beschlüsse über die Bilanzfeststellung und Gewinnverwendung, S. 22.
17   Allgemeine Meinung; vgl. nur OLG München v. 15.11.2000 – 7 U 3916/00, NZG 2001, 616, 617; OLG Stuttgart v. 11.2.1992 – 10 U 313/90, DB 1992, 566; *Heidel* in Heidel, § 241 Rz. 1; *Henn*, Handbuch des Aktienrechts, § 28 Rz. 963, S. 491; *Hueck/Windbichler*, Gesellschaftsrecht, § 25 Rz. 36; *Hüffer*, § 241 Rz. 1; *Hüffer* in MünchKomm. AktG, § 241 Rz. 7; *Semler* in MünchHdb. AG, § 41 Rz. 1.
18   *Semler* in MünchHdb. AG, § 41 Rz. 24.
19   Vgl. *Zöllner* in KölnKomm. AktG, § 241 Rz. 14; *Hüffer* in MünchKomm. AktG, § 241 Rz. 24; *Semler* in MünchHdb. AG, § 41 Rz. 24.
20   So aber – ohne jenes Interesse näher zu bestimmen – *Hommelhoff*, ZHR 158 (1994), 11, 19.

wenigstens gewisse Mindestvoraussetzungen erfüllt sind, um sicherzustellen, dass der Beschluss **dem Organ „Hauptversammlung" und damit der Gesellschaft zuge-rechnet** werden kann: Die Hauptversammlung muss sich vor der Beschlussfassung als Organ ordnungsgemäß konstituieren.

2. Einberufung durch Unbefugte (§ 121 Abs. 2)

a) Überblick

Zu einer ordnungsgemäßen Konstituierung der Hauptversammlung gehört des weite- 6 ren, dass sie von dazu **legitimierten Personen** einberufen wurde. Grundsätzlich ist der Vorstand zur Einberufung befugt (§ 121 Abs. 1). Ausnahmsweise einberufungsbe-fugt ist der Aufsichtsrat nach § 111 Abs. 3 Satz 1, wenn das Wohl der Gesellschaft es verlangt, in den Fällen des § 122 Abs. 3 Satz 1 eine Aktionärsminderheit sowie nach Auflösung der Gesellschaft gem. § 268 Abs. 2 Satz 1 die Liquidatoren. Neben diesen gesetzlichen Ausnahmen erlaubt es § 121 Abs. 2 Satz 3 auch, die Einberufungszu-ständigkeit durch Satzung zu begründen, so für einzelne näher bezeichnete Aktionäre oder selbst für gesellschaftsfremde Dritte wie Behörden oder Stiftungen[21].

b) Nichtige Organbestellung

Der Beschluss der Hauptversammlung ist nichtig, wenn das **gesamte** einberufende 7 **Organ** (Vorstand, Aufsichtsrat, Liquidatoren) durch **nichtigen Wahl- oder Bestellungs-beschluss** inthronisiert ist[22]. Ist nur die **Bestellung einzelner Organmitglieder nich-tig**, so scheidet nach verbreiteter Ansicht die Nichtigkeitsfolge aus[23]: Die Einbe-rufung sei ungeachtet der Mitwirkung eines nichtig bestellten Organmitglieds insgesamt wirksam beschlossen worden. Dem ist zu widersprechen: Wenn die ord-nungsmäßige Konstituierung der Hauptversammlung deren Einberufung durch legi-timierte Personen erfordert, bedeutet dies, dass die Einberufung von einem *insgesamt* wirksam bestellten Organ autorisiert sein muss. Die Mitwirkung eines nichtig be-stellten Organmitglieds an der Einberufung macht den ihr zugrunde liegenden Or-ganbeschluss daher nichtig. Dann aber fehlt es an einer tauglichen Grundlage für die Einberufung der Hauptversammlung. Nichtigkeit tritt ebenfalls ein, wenn das Organ die Hauptversammlung einberuft, ohne vorher hierüber Beschluss gefasst zu haben[24].

c) Einberufung durch Aktionärsminderheit

Das Einberufungsrecht beruht auf einer **gerichtlichen Ermächtigung (§ 122 Abs. 3)**. 8 Wenn diese **erteilt** wurde, ist die Hauptversammlung von befugten Personen einberu-fen worden. Die Nichtigkeit von ihr gefasster Beschlüsse scheidet daher selbst dann aus, wenn das Gericht die Ermächtigung zu Unrecht erteilt hat[25]. Jene Beschlüsse sind nicht einmal anfechtbar[26]. Ist aber der Minderheit eine solche Ermächtigung **nicht erteilt** worden, so fehlt es an einem Einberufungsrecht der Minderheit – und zwar selbst dann, wenn sie eigentlich über das Einberufungsquorum verfügt. In die-

---

21 *Baumbach/Hueck*, § 121 Anm. 5; *Zöllner* in KölnKomm. AktG, § 121 Rz. 25; ebenso bei der GmbH, vgl. *Hüffer* in Ulmer, GmbHG, § 49 Rz. 12.
22 BGH v. 26.10.1955 – IV ZR 90/54, BGHZ 18, 334, 337 ff.; *Heidel* in Heidel, § 241 Rz. 6; *Hüffer* in MünchKomm. AktG, § 241 Rz. 24.
23 *K. Schmidt* in Großkomm. AktG, § 241 Rz. 44; *Zöllner* in KölnKomm. AktG, § 241 Rz. 77; *Hüffer* in MünchKomm. AktG, § 241 Rz. 24; auf Beschlussfähigkeit des Gesamtorgans abstel-lend *Semler* in MünchHdb. AG, § 41 Rz. 10 mit § 35 Rz. 6.
24 Insoweit ebenso *Hüffer* in MünchKomm. AktG, § 241 Rz. 24.
25 *Hüffer* in MünchKomm. AktG, § 241 Rz. 25.
26 Ebenso *K. Schmidt* in Großkomm. AktG, § 241 Rz. 45; *Zöllner* in KölnKomm. AktG, § 241 Rz. 78.

sem Fall sind die auf der Hauptversammlung gefassten Beschlüsse nach § 241 Nr. 1 nichtig[27]. Das gleiche gilt entgegen verbreiteter Ansicht[28], wenn das Gericht zwar eine Ermächtigung zur Einberufung erteilt hatte, der Ermächtigungsbeschluss aber später – nach Einberufung der Hauptversammlung oder gar nach deren Abhaltung – rechtskräftig **aufgehoben** worden ist. Denn in diesem Fall hat das Rechtsmittelgericht festgestellt, dass von Anfang an ein Einberufungsrecht der Minderheit nicht existiert hat. An diese Feststellung ist auch das Prozessgericht im Beschlussmängelprozess gebunden[29].

3. Bekanntmachungsfehler

a) Grundsätzlich: Geschäftsblätter (§ 121 Abs. 3 Satz 1)

9   Die Einberufung der Hauptversammlung ist in den Gesellschaftsblättern (§ 25) bekannt zu machen. Wenn die Bekanntmachung auch nur in einem dieser Blätter unterbleibt, führt dies zur **Nichtigkeit** des Hauptversammlungsbeschlusses nach § 241 Nr. 1. Die Bekanntmachung der Einberufung in Börsenblättern reicht weder hin noch ist sie erforderlich, um den Anforderungen des § 121 Abs. 3 Satz 1 zu genügen[30].

b) Ausnahme: Eingeschriebener Brief (§ 121 Abs. 4)

10   Sofern die Aktionäre **namentlich bekannt** sind, darf die Hauptversammlung nach § 121 Abs. 4 durch **eingeschriebenen Brief** einberufen werden. Ist die Form des Einschreibens nicht gewahrt, führt dies zur Nichtigkeit des Beschlusses[31]. Der Tag der Absendung gilt nach § 121 Abs. 4 Satz 1 Halbsatz 2 als Tag der Bekanntmachung. Sofern die Einladung nicht allen Aktionären zugegangen ist, hat dies ebenfalls die Nichtigkeit zur Folge. Dies ergibt sich mittelbar aus § 242 Abs. 2 Satz 4: Wenn dort bestimmt ist, dass der Beschluss durch Genehmigung der nicht geladenen Aktionäre geheilt werden kann, setzt dies voraus, dass der Beschluss zuvor nichtig war[32]. Die Nichtigkeitsfolge scheidet aus, wenn die Einladung einen Aktionär aus Gründen nicht erreicht hat, welche die einberufenden Personen nicht zu vertreten haben[33].

4. Fehlende Mindestangaben (§ 121 Abs. 3 Satz 2)

11   Die Einberufung hat die Mindestangaben nach § 121 Abs. 3 Satz 2 unabhängig davon zu enthalten, ob sie durch öffentliche Bekanntmachung oder durch eingeschriebenen Brief bewirkt wird. Wenn bei der Einberufung **auch nur eine einzige Angabe fehlt** oder unzutreffend ist, führt dies zur Nichtigkeit. Diese Folge entfällt nach überwiegender Meinung, wenn der Fehler sich auf Marginalien beschränkt[34]. Von einem solchen Bagatellvorbehalt weiß indes das Gesetz nichts. Wegen der Formstrenge der

---

27 *Heidel* in Heidel, § 241 Rz. 6; *Zöllner* in KölnKomm. AktG, § 241 Rz. 78; *Hüffer* in Münch-Komm. AktG, § 241 Rz. 25; *Semler* in MünchHdb. AG, § 41 Rz. 11.
28 *Heidel* in Heidel, § 241 Rz. 6; *Zöllner* in KölnKomm. AktG, § 241 Rz. 78; *Semler* in MünchHdb. AG, § 41 Rz. 11.
29 Wie hier *Hüffer* in MünchKomm. AktG, § 241 Rz. 25.
30 *Hüffer* in MünchKomm. AktG, § 241 Rz. 26.
31 *K. Schmidt* in Großkomm. AktG, § 241 Rz. 48; *Hüffer* in MünchKomm. AktG, § 241 Rz. 32.
32 Zutreffend *Hüffer* in MünchKomm. AktG, § 241 Rz. 32.
33 Ebenso *K. Schmidt* in Großkomm. AktG, § 241 Rz. 48; *Lutter*, AG 1994, 429, 438; *Hüffer* in MünchKomm. AktG, § 241 Rz. 32.
34 RGZ 34, 110, 113; OLG Hamburg v. 19.9.1980 – 11 U 42/80, AG 1981, 193, 195; OLG Frankfurt v. 10.5.1988 – 5 U 285/86, WM 1989, 1688, 1691 = AG 1989, 207; OLG Frankfurt v. 19.2.1991 – 5 U 5/86, AG 1991, 208, 209; OLG Düsseldorf v. 24.4.1997 – 6 U 20/96, ZIP 1997, 1153, 1159 f.; OLG München v. 12.11.1999 – 23 U 3319/99, AG 2000, 134, 135.

Hauptversammlung folgt vielmehr auf jegliche auch nur geringfügige Nichterfüllung des § 121 Abs. 2 bis 4 die Nichtigkeit[35].

5. Vollversammlung

Die Nichtigkeit nach § 241 Nr. 1 tritt nicht ein im Falle einer sog. Vollversammlung 12 (§ 121 Abs. 6). Von einer Vollversammlung kann nur die Rede sein, wenn **alle Aktionäre** anwesend sind, die zur **Teilnahme** an der Hauptversammlung **berechtigt** sind, mögen sie auch als Vorzugsaktionäre oder wegen Interessenkollision (§ 136) nicht zur Mitwirkung an der Abstimmung berechtigt sein[36]. Die Vollversammlung setzt des weiteren voraus, dass kein einziger Aktionär der Beschlussfassung widerspricht. Liegen die Voraussetzungen einer Vollversammlung vor, so führt der Verstoß gegen §§ 121 bis 128 *weder zur Nichtigkeit noch zur Anfechtbarkeit* des Beschlusses.

III. Beurkundungsmängel (§ 241 Nr. 2)

1. Reichweite der Nichtigkeitsfolge

Die Nichtigkeitsfolge tritt bei **Verstößen** gegen **§ 130 Abs. 1, 2 und 4** ein. Die Einhal- 13 tung dieser Formvorschriften steht nicht zur Disposition der zur Teilnahme an der Hauptversammlung berufenen Aktionäre[37]. Die Nichtbeachtung von § 130 Abs. 3 und 5 führt dagegen nicht einmal zur Anfechtbarkeit[38]: Wenn entgegen diesen Vorschriften Anlagen nicht beigebracht werden oder der Beschluss nicht zum Handelsregister eingereicht wird, handelt es sich hierbei um Verstöße *nach Beschlussfassung,* die sich auf den Beschluss selbst nicht auswirken konnten. Allerdings kann die Einreichung der Niederschrift gem. § 407 Abs. 1 i.V.m. § 14 HGB durch **Zwangsgeld** erzwungen werden[39].

2. Fehlende oder fehlerhafte Beurkundung

Hauptversammlungsbeschlüsse sind nichtig, wenn die nach § 130 Abs. 1 vorgeschrie- 14 bene Beurkundung überhaupt fehlt. **Grundsätzlich** ist die Beurkundung durch **notarielle Niederschrift** zu bewirken (§ 130 Abs. 1 Satz 1). Dabei führt es nach §§ 11 Abs. 3 BNotO, 2 BeurkG noch nicht zur Nichtigkeit, wenn der Notar bei der Beurkundung des Beschlusses außerhalb der räumlichen Grenzen seines Amtsbezirks tätig wird[40]. Nichtigkeit tritt aber dann ein, wenn ein Hauptversammlungsbeschluss im Inland von einem ausländischen Notar beurkundet wird[41]. Nichtig ist der Beschluss des Weiteren, wenn über ihn, ohne dass die Voraussetzungen des § 130 Abs. 1 Satz 3 vorliegen, anstelle der notariellen Beurkundung lediglich ein **privatschriftliches Protokoll** errichtet worden ist[42]. Selbst wenn jene Voraussetzungen vorliegen,

---

35 Wie hier LG München v. 8.4.1999 – 5HK O 17311/98, ZIP 1999, 1213, 1214 f.; *Zöllner* in KölnKomm. AktG, § 241 Rz. 84.

36 *Hüffer* in MünchKomm. AktG, § 241 Rz. 34.

37 Im Ergebnis ebenso *Hüffer* in MünchKomm. AktG, § 241 Rz. 37.

38 So aber *Knur*, DNotZ 1938, 700, 709 (noch zu § 111 Abs. 3 AktG 1937); *Lamers*, DNotZ 1962, 287, 301. Zutreffend dagegen *Hüffer* in MünchKomm. AktG, § 241 Rz. 45; nicht eindeutig *Werner* in Großkomm. AktG, § 130 Rz. 118.

39 *Henn*, Handbuch des Aktienrechts, § 25 Rz. 867, S. 444; *Hüffer*, § 130 Rz. 32.

40 *Hüffer*, § 241 Rz. 13; *Wilhelmi*, BB 1987, 1331 f.

41 *Hüffer* in MünchKomm. AktG, § 241 Rz. 38. Zum entgegengesetzten Fall einer im Ausland durchgeführten Hauptversammlung: BGH v. 16.2.1981 – II ZB 8/80, BGHZ 80, 76, 79 f.; OLG Hamm v. 1.2.1974 – 15 Wx 6/74, NJW 1974, 1058 f.; hinsichtlich einer dies ermöglichenden Satzungsänderung OLG Hamburg v. 7.5.1993 – 2 Wx 55/91, OLGZ 1994, 42, 43 f. = AG 1993, 384; *Schiessl*, DB 1992, 823; zudem *Semler* in MünchHdb. AG, § 35 Rz. 32 ff.

42 *Hüffer* in MünchKomm. AktG, § 241 Rz. 39.

ist der Beschluss nichtig, wenn das Protokoll entgegen § 130 Abs. 1 Satz 3 nicht vom Aufsichtsratsvorsitzenden unterzeichnet worden ist[43]. Der Beschluss ist ferner nach § 241 Nr. 2 wegen Verstoßes gegen § 130 Abs. 2 nichtig, wenn die notarielle Niederschrift oder das privatschriftliche Protokoll nicht die dort bestimmten **Mindestangaben** enthalten. Das gilt selbst dann, wenn die dort bestimmten Erfordernisse auch nur geringfügig verfehlt werden: § 241 Nr. 2 kennt keinen Bagatellvorbehalt[44]. Schließlich ist der Beschluss nach § 241 Nr. 2 nichtig, wenn der Notar die Niederschrift entgegen § 130 Abs. 4 nicht eigenhändig **unterschrieben** hat. Die Unterschrift muss freilich nicht bereits auf der Hauptversammlung selbst, sondern kann auch später geleistet werden[45].

IV. Unvereinbarkeit mit dem Wesen der AG (§ 241 Nr. 3, 1. Alt.)

1. Verhältnis zu den anderen Varianten

a) Meinungsstand

15   Nach verbreiteter Meinung liegt der Regelungsschwerpunkt des § 241 Nr. 3 in der Variante „öffentliches Interesse". Wenn der aktienrechtliche *ordre public* nicht gewahrt sei, liege somit Nichtigkeit nach § 241 Nr. 3, 3. *Alt.* vor. Die Unvereinbarkeit mit dem Wesen der AG erlange daneben keine selbständige Bedeutung, sondern gehe in der Nichtigkeit wegen Verstoßes gegen im öffentlichen Interesse gegebene Rechtsvorschriften auf[46]. Nach der Gegenmeinung wird das Wesen der AG von allen zwingenden Vorschriften des AktG konstituiert, durch welche die Struktur der Gesellschaft geformt wird. Die Verletzung solcher Vorschriften begründe die Nichtigkeit *nur* nach § 241 Nr. 3, 1. *Alt.* wegen Unvereinbarkeit mit dem Wesen der AG[47]. Eine dritte Ansicht erblickt bei Satzungsänderungen, welche die vom Gesetz gezogenen Grenzen der Satzungsautonomie überschreiten, in § 23 Abs. 5 einen eigenständigen Nichtigkeitstatbestand[48].

b) Stellungnahme

16   Den Vorzug verdient diejenige Auffassung, nach der Beschlüsse, die **Abweichungen von der gesetzlich festgeschriebenen Struktur der AG** enthalten, bereits wegen Unvereinbarkeit mit dem **Wesen der AG** nach § 241 Nr. 3, 1. *Alt.* nichtig sind. Jene Struktur ist keine Konzession des Gesetzgebers an öffentliche Interessen, sondern dient dazu, der Gesellschaft eine ihrem typischen rechtstatsächlichen Erscheinungsbild entsprechende Handlungsorganisation zu verleihen: Die Hauptversammlung eignet sich weder zur Unternehmensleitung noch zu deren Überwachung; deshalb sieht das Gesetz für erstere einen eigenverantwortlich handelnden Vorstand und für letzteres den Aufsichtsrat vor[49]. Allein der Grund, warum diese Struktur *zwingend* ist, ist einem öffentlichen Interesse geschuldet: Da die Aktiengesellschaft als Publikumsgesellschaft konzipiert ist, sollen potentielle Investoren nicht gezwungen sein,

---

43 *Bezzenberger* in FS Schippel, S. 361, 364 f.; *Hüffer* in MünchKomm. AktG, § 241 Rz. 40.
44 BGH v. 4.7.1994 – II ZR 114/93, NJW-RR 1994, 1250, 1251 = AG 1994, 466.
45 *Hüffer* in MünchKomm. AktG, § 241 Rz. 43.
46 In diesem Sinne *Casper*, Die Heilung nichtiger Beschlüsse im Kapitalgesellschaftsrecht, S. 207 ff.; *Raiser* in Ulmer, GmbHG, Anh. § 47 Rz. 53; *Zöllner* in KölnKomm. AktG, § 241 Rz. 97; *Hüffer* in MünchKomm. AktG, § 241 Rz. 49 ff.; *Semler* in MünchHdb. AG, § 41 Rz. 13.
47 *Röhricht* in Großkomm. AktG, § 23 Rz. 202 f.; *K. Schmidt* in Großkomm. AktG, § 241 Rz. 54 ff.; *U. Huber* in FS Coing, Band II, S. 167, 187 ff.; *Scheuerle*, AcP 163 (1963), 429, 438.
48 *Geßler*, ZGR 1980, 427, 444.
49 Vgl. für den Aufsichtsrat *Hommelhoff*, ZHR 153 (1989), 181, 197 f.

vor der Anlageentscheidung die Satzung der Zielgesellschaft zu studieren[50]. Dies allein rechtfertigt indes noch nicht die Anwendung des § 241 Nr. 3, 3. *Alt.*: Maßgeblich ist für diesen Fall allein, ob die Vorschrift, gegen die verstoßen wurde, *für sich gesehen* öffentlichen Interessen dient. Erst recht enthält § 23 Abs. 5 keinen ungeschriebenen Nichtigkeitsgrund: Die Vorschrift beschreibt nur den zwingenden Charakter aktienrechtlicher Vorschriften, nicht aber die Folge eines Verstoßes[51]. Wenn die Grenzen der Satzungsautonomie überschritten werden, folgt daraus nicht einmal zwingend Nichtigkeit nach § 241 Nr. 3, 3. *Alt.*[52]: § 23 Abs. 5 ist keine im öffentlichen Interesse gegebene Vorschrift. Vielmehr kommt es darauf an, ob die einzelne Vorschrift, welche die Satzungsautonomie begrenzt, in Positionen eingreift, auf welche die Aktionäre verzichten können (dann nur Anfechtbarkeit) oder nicht (dann Nichtigkeit nach § 241 Nr. 3, 3. *Alt.*)[53].

c) Konsequenzen

Daraus folgt für die **Abgrenzung zwischen der ersten und der dritten Variante** des § 241 Nr. 3: Wegen Unvereinbarkeit mit dem Wesen der AG ist ein Beschluss immer dann nichtig, wenn er von Vorschriften abweicht, die, ohne Interessen Außenstehender zu schützen, allein die **Leistungsfähigkeit der Handlungsorganisation** in der Gesellschaft **sicherstellen wollen** oder auf andere Weise die **Struktur der AG** prägen. Nichtig nach § 241 Nr. 3, *1. Alt.* wäre insbesondere ein Beschluss, wonach der Aufsichtsrat abgeschafft wird. Gleiches gilt für **Geschäftsführungsbeschlüsse der Hauptversammlung**, die weder nach § 119 Abs. 2 vom Vorstand erbeten noch in Ausübung einer ungeschriebenen Hauptversammlungskompetenz (vgl. dazu § 119 Rz. 26 ff.) gefasst wurden[54]: Solche Beschlüsse sind wegen ihrer potentiellen negativen Vorbildwirkung prinzipiell geeignet, das System aktienrechtlicher *checks and balances* zu destabilisieren. Nichtig nach § 241 Nr. 3, *1. Alt.* sind außerdem: satzungsändernde Beschlüsse, durch die gesetzlich festgelegte Mehrheitserfordernisse nach oben oder unten modifiziert werden, ohne dass das Gesetz dies ausdrücklich erlaubt; eine Satzungsänderung, die sich entgegen § 77 Abs. 2 Satz 2 nicht auf Einzelfragen der Geschäftsordnung beschränkt, sondern die Geschäftsordnung des Vorstands vollständig ausformuliert[55]; eine Satzungsbestimmung, wonach Mitglieder des Aufsichtsrats mit

17

---

50 *Braunfels* in Heidel, § 23 Rz. 40; *Fleischer*, ZHR 168 (2004), 673, 687; *Röhricht* in Großkomm. AktG, § 23 Rz. 167; *Hüffer*, § 23 Rz. 34; *Pentz* in MünchKomm. AktG, § 23 Rz. 150; kritisch *Mertens*, ZGR 1994, 426 ff.
51 Wie hier OLG Düsseldorf v. 16.11.1967 – 6 U 280/66, AG 1968, 19, 22; *Hüffer* in Münch-Komm. AktG, § 241 Rz. 52.
52 So aber OLG Düsseldorf v. 16.11.1967 – 6 U 280/66, AG 1968, 19, 22; *Huber* in FS Coing, Band II, S. 167, 184 ff.
53 So bereits *Zöllner* in KölnKomm. AktG, § 241 Rz. 116; ähnlich *Hüffer* in MünchKomm. AktG, § 241 Rz. 61; *Semler* in MünchHdb. AG, § 41 Rz. 15. Offenlassend BGH v. 15.12.1986 – II ZR 18/86, BGHZ 99, 211, 216 f. = AG 1987, 152; BGH v. 29.6.1987 – II ZR 242/86, NJW 1988, 260, 261 = AG 1987, 348. Offenbar generell für bloße Anfechtbarkeit *Henn*, Handbuch des Aktienrechts, § 28 Rz. 967, S. 494.
54 Wie hier *K. Schmidt* in Großkomm. AktG, § 241 Rz. 57; *Semler* in MünchHdb. AG, § 41 Rz. 14. Für Nichtigkeit nach Nr. 3, 3. *Alt.* (öffentliches Interesse) *Baums*, ZHR 142 (1978), 582, 584 f.; *Geßler*, ZGR 1980, 427, 445; *Zöllner* in KölnKomm. AktG, § 241 Rz. 26, 117; *Hüffer* in MünchKomm. AktG, § 241 Rz. 62. Überholt die noch weitergehende Auffassung von *Baumbach/Hueck*, § 119 Anm. 10 und *Leo*, AG 1960, 261, 264, die solche Beschlüsse nicht bloß für nichtig, sondern für gänzlich rechtlich unbeachtlich halten.
55 Für Nichtigkeit nach Nr. 3, 3. *Alt.* (öffentliches Interesse) *Kort* in Großkomm. AktG, § 77 Rz. 72; *Hüffer* in MünchKomm. AktG, § 241 Rz. 59. wohl auch *Mertens* in KölnKomm. AktG, § 77 Rz. 44: „funktionswidrig"; *Hoffmann-Becking*, ZGR 1998, 497, 505.

unterschiedlichen Mehrheiten abberufen werden können[56]; eine Satzungsänderung, die vorsieht, dass die Übertragung nicht verbriefter Namensaktien von einer Unterschriftsbeglaubigung auf Kosten des betroffenen Aktionärs abhängig gemacht wird[57]; ein Beschluss, wonach entgegen §§ 8 Abs. 1, 23 Abs. 3 Nr. 4 ein Teil der Aktien als Nennbetragsaktien und ein Teil als Stückaktien ausgegeben werden soll[58]; ein Beschluss der Hauptversammlung, wonach – etwa im Zuge einer Kapitalerhöhung – entgegen § 12 Abs. 2 Mehrstimmrechtsaktien ausgegeben werden sollen.

2. Sonderfälle

18   Verbreitet hält man **in sich widersprüchliche Beschlüsse** nach § 241 Nr. 3, *1. Alt.* wegen Unvereinbarkeit mit dem Wesen der AG[59] bzw. nach § 241 Nr. 3, *3. Alt.* wegen Verstoßes gegen das öffentliche Interesse[60] für nichtig. Dem ist zu widersprechen. In sich widersprüchliche Beschlüsse sind in Verbänden *jeder* Rechtsform nichtig und berühren daher nicht das Wesen der AG. Allein dadurch, dass die Hauptversammlung sich widersprüchlich artikuliert, wird kein außenstehender Dritter und damit auch nicht das öffentliche Interesse berührt. Deshalb ist in solchen Fällen ausnahmsweise die **Perplexität** als ein **ungeschriebener Nichtigkeitsgrund** anzuerkennen[61] – nicht anders als dies im Rahmen der Rechtsgeschäftslehre des BGB der Fall ist[62]. Weiterhin sollen solche Beschlüsse nach § 241 Nr. 3, *1. Alt.* nichtig sein, durch die in das **Gläubigerrecht eines Dritten eingegriffen** werde[63]; andere nehmen Nichtigkeit kraft Kompetenzüberschreitung an[64]. Beides vermag nicht zu überzeugen. Allerdings können Beschlüsse, durch die fremde Rechtspositionen negiert werden, nach **außen** hin jene Positionen nicht in Frage stellen: Der Schuldner kann sich seiner Verbindlichkeit nicht durch deren Leugnung entledigen. Gleichwohl sollte man solche Beschlüsse **im Innenverhältnis** durchaus als gültiges Ergebnis korporativer Willensbildung behandeln. Die Gesellschaft muss sich dann ihrem Gläubiger gegenüber daran festhalten lassen; so mag jener Beschluss i.S. der §§ 281 Abs. 2, 323 Abs. 2 BGB als ernsthafte und endgültige Erfüllungsverweigerung verstanden werden.

---

56   Für Verstoß gegen gläubigerschützende Vorschriften (*2. Alt.*) BGH v. 15.12.1986 – II ZR 18/86, BGHZ 99, 211, 215 ff. = AG 1987, 152; *K. Schmidt* in Großkomm. AktG, § 241 Rz. 60; für Nichtigkeit nach Nr. 3, *3. Alt.* (öffentliches Interesse) BGH v. 29.6.1987 – II ZR 242/86, NJW 1988, 260 = AG 1987, 348; BGH v. 25.1.1988 – II ZR 148/87, NJW 1988, 1214 = AG 1988, 139; *Immenga*, WuB II A § 102 AktG 2.87; *Hüffer* in MünchKomm. AktG, § 241 Rz. 59; *Rellermeyer*, ZGR 1987, 563.
57   BGH v. 20.9.2004 – II ZR 288/02, BGHZ 160, 253, 256 ff. = AG 2004, 673; zustimmend *Noack*, EWiR 2005, 49; *Stupp*, NZG 2005, 205 ff.
58   Für Nichtigkeit nach Nr. 3, *3. Alt.*, also wegen Verstoßes gegen Vorschriften im öffentlichen Interesse in diesem Fall *Hüffer* in MünchKomm. AktG, § 241 Rz. 92.
59   *Hüffer* in MünchKomm. AktG, § 241 Rz. 67.
60   *Zöllner* in KölnKomm. AktG, § 241 Rz. 107; gegen Nichtigkeit nach § 241 Nr. 3 bei Perplexität *Emde*, ZIP 2000, 59, 63 ff., der aber nicht offenlegt, welches rechtliche Schicksal der Beschluss statt dessen nimmt.
61   Im Ergebnis ebenso *Casper*, Die Heilung nichtiger Beschlüsse im Kapitalgesellschaftsrecht, S. 45 f.; *K. Schmidt* in Großkomm. AktG, § 241 Rz. 64.
62   Vgl. nur OLG Hamburg v. 29.1.1997 – 4 U 166/96, ZMR 1997, 350, 351; AnwK-*Schulze*, BGB, § 155 Rz. 7; *Armbrüster* in Erman, BGB, § 155 Rz. 4; *Medicus*, BR, Rz. 135; *Larenz/Wolf*, BGB AT, § 29 Rz. 77 (S. 570); *Wieser*, NJW 1972, 708, 710.
63   *Zöllner* in Baumbach/Hueck, GmbHG, Anh. § 47 Rz. 12; *Hüffer* in MünchKomm. AktG, § 241 Rz. 67.
64   *Zöllner* in KölnKomm. AktG, § 241 Rz. 118.

V. Verstoß gegen Gläubigerschutzvorschriften (§ 241 Nr. 3, 2. Alt.)

Damit sind Vorschriften gemeint, die gezielt einer individuellen Gefährdung **einzel-** 19
ner Gläubiger entgegenzuwirken trachten oder aber im Sinne eines **institutionellen**
Gläubigerschutzes sicherstellen wollen, dass das Vermögen der Gesellschaft als Haf-
tungssubstrat für die Forderungen der Gesellschaftsgläubiger nicht durch verbotene
Zahlungen an die Aktionäre geschmälert wird. Vorschriften zum Schutz der Gläubiger sind z.B. die §§ 57, 71 ff., 207, 225, 233, 272, 302, 303, 321[65], außerdem die §§ 22,
133, 134, 204, 224, 249 UmwG.

VI. Verstoß gegen Vorschriften, die im öffentlichen Interesse gegeben sind (§ 241 Nr. 3, 3. Alt.)

1. Das „öffentliche Interesse"

Eine Vorschrift ist im öffentlichen Interesse gegeben, wenn sie gerade auch dem 20
Schutz der Allgemeinheit oder außenstehender Personen wie etwa künftiger Aktionäre zu dienen bestimmt ist[66]. Da nämlich außenstehende Dritte nicht zur Erhebung
der Anfechtungsklage befugt sind, können sie nur über die Nichtigkeitsfolge geschützt werden. Jene Folge erscheint mithin immer dann angezeigt, wenn es Personen zu schützen gilt, die keine Anfechtungsmöglichkeit haben[67]. Eine Vorschrift ist
ferner dann im öffentlichen Interesse gegeben, wenn sie in zwingender und selbst
durch einstimmigen Beschluss nicht verzichtbarer Weise den Schutz der gegenwärtigen Aktionäre bezweckt[68]. Ganz allgemein folgt die Nichtigkeit nach § 241 Nr. 3, 3.
Alt. aus der Verletzung von Vorschriften, deren Beachtung dem Gesetzgeber so wichtig ist, dass es nicht den Aktionären überlassen bleiben kann, ob die Rechtsverletzung gerichtlich gerügt wird oder aber nach Ablauf der Anfechtungsfrist endgültig
ungeahndet bleibt[69]. Der Begriff des öffentlichen Interesses ist insgesamt eher **weit**
auszulegen[70].

---

65 Vgl. OLG Hamburg v. 13.7.1990 – 11 U 30/90, NJW 1990, 3024 f. = AG 1991, 21 zu einem
rückwirkenden Beherrschungsvertrag; dazu *Krieger*, EWiR 1991, 217 sowie *Priester*, WuB II A
§ 291 AktG 1.91; BayObLG v. 9.4.2002 – 3 Z BR 39/02, AG 2002, 397, 398 zu § 207 Abs. 3.
66 Vgl. OLG Düsseldorf v. 16.11.1967 – 6 U 280/66, DB 1967, 2155; *Hoffmann*, AG 1980, 141,
145; *A. Hueck*, Anfechtbarkeit und Nichtigkeit von Generalversammlungsbeschlüssen bei
Aktiengesellschaften, S. 75 ff.; *G. Hueck* in FS Nipperdey, S. 427, 447; *Koppensteiner* in Ro-
wedder/Schmidt-Leithoff, GmbHG, § 47 Rz. 100 ff.; *Lemke*, Der fehlerhafte Aufsichtsratsbeschluss, S. 151; *Hüffer* in MünchKomm. AktG, § 241 Rz. 59; *F. Schäfer*, Nichtigkeit und Anfechtbarkeit von Hauptversammlungsbeschlüssen der Aktiengesellschaft unter Ausschluss
der Beschlüsse über die Bilanzfeststellung und Gewinnverwendung, S. 47; *Schmitt*, Das Beschlussmängelrecht der Personengesellschaften, S. 72 f.; *Zöllner*, Die Schranken mitgliedschaftlicher Stimmrechtsmacht bei den privatrechtlichen Personenverbänden, S. 64 f.
67 *Zöllner* in KölnKomm. AktG, § 241 Rz. 103; *Hüffer* in MünchKomm. AktG, § 241 Rz. 59;
Semler in MünchHdb. AG, § 41 Rz. 17.
68 RGZ 118, 67, 72; RGZ 148, 175, 176; OLG Karlsruhe v. 20.6.1980 – 15 U 171/79, NJW 1980,
2137 = AG 1981, 102; *Zöllner* in KölnKomm. AktG, § 241 Rz. 111 f.; *Lemke*, Der fehlerhafte
Aufsichtsratsbeschluss, S. 151; *Säcker*, JZ 1980, 82, 84; *F. Schäfer*, Nichtigkeit und Anfechtbarkeit von Hauptversammlungsbeschlüssen der Aktiengesellschaft unter Ausschluss der Beschlüsse über die Bilanzfeststellung und Gewinnverwendung, S. 48.
69 Vgl. *Canaris*, DB 1981, Beilage 14, S. 5 f.; *Raiser*, NJW 1981, 2166, 2167; ähnlich *Hüffer* in
MünchKomm. AktG, § 241 Rz. 58.
70 OLG Düsseldorf v. 16.11.1967 – 6 U 280/66, AG 1968, 19, 22; *Geßler*, ZGR 1980, 427, 438;
Henn, Handbuch des Aktienrechts, § 28 Rz. 967, S. 494; *Hoffmann*, AG 1980, 141, 145; *Zöllner* in KölnKomm. AktG, § 241 Rz. 106; *Hüffer* in MünchKomm. AktG, § 241 Rz. 58.

2. Mitbestimmung der Arbeitnehmer im Aufsichtsrat

21   Nach gefestigter **Rechtsprechung** gehören die Vorschriften des Mitbestimmungsge-
setzes (zu dessen Einfluss auf die Zusammensetzung des Aufsichtsrats vgl. § 96
Rz. 3 ff.) zu den im **öffentlichen Interesse** gegebenen Vorschriften[71]. Beschlüsse, die
hiergegen verstoßen, sind konsequent nach § 241 Nr. 3, 3. Alt. nichtig. Das gleiche
Ergebnis folgern andere aus § 23 Abs. 5 direkt[72], wieder andere aus § 241 Nr. 3, 1.
Alt., weil die Mitbestimmung zum Wesen der AG gehöre[73]. Die Gegenansicht will
die Nichtigkeitsfolge nicht auf die Verletzung aller, sondern nur bestimmter Vorschriften des MitbestG gemünzt wissen, nämlich wenn der Verstoß den institutionellen Gehalt des MitbestG berührt[74]. Die Ansicht der Rechtsprechung verdient Zustimmung: Wenn der Gesetzgeber bestimmt, dass die Arbeitnehmer an unternehmerischen Entscheidungen über die Geschicke der Gesellschaft beteiligt werden, so
steht diese Interessenbewertung nicht zur Disposition der Aktionäre. Diese können
einem mitbestimmungswidrigen Beschluss daher auch nicht dadurch zur Rechtsbeständigkeit verhelfen, dass sie die Anfechtungsfrist verstreichen lassen. Eine Nichtigkeit nach § 241 Nr. 3, 1. Alt. wegen Verstoßes gegen das Wesen der AG scheitert hingegen bereits daran, dass das MitbestG nicht für alle Aktiengesellschaften gilt und
daher kaum die Struktur der Rechtsform an sich prägen kann.

22   Zur Nichtigkeit führt namentlich jede gesetzwidrige **Bevorzugung der Anteilseignerseite**. Wegen Verstoßes gegen die §§ 27, 29 MitbestG nichtig ist eine Satzungsbestimmung, nach der ein zweiter Vertreter für den Aufsichtsratsvorsitzenden aus dem
Kreis lediglich der Mitglieder von Aktionärsseite zu wählen ist[75]. Wegen Verstoßes
gegen § 28 MitbestG nichtig ist eine Satzungsänderung, wonach der Aufsichtsrat
erst beschlussfähig ist, wenn mindestens die Hälfte der Anwesenden Anteilseigner sind
und unter ihnen sich der Vorsitzende befindet[76]; ebenso eine Satzungsbestimmung,
die es der Anteilseignerseite ermöglicht, die Beschlussfähigkeit des Aufsichtsrats auf
unbestimmte Zeit zu verhindern[77]. Wird in einer mitbestimmten GmbH der Abschluss des Anstellungsvertrags mit dem Geschäftsführer auf die Gesellschafterversammlung übertragen, so verletzt dies § 31 MitbestG, da Bestellung und Anstellung
in einem engen sachlichen Zusammenhang stehen[78].

---

71 BGH v. 25.2.1982 – II ZR 123/81, BGHZ 83, 106, 109 ff. = AG 1982, 218; BGH v. 25.2.1982 – II
ZR 145/80, BGHZ 83, 151, 153 ff. = AG 1982, 223; BGH v. 14.11.1983 – II ZR 33/83, BGHZ 89,
48, 50 = AG 1984, 48; OLG München v. 29.4.1981 – 20 U 1464/80, NJW 1981, 2201 = AG 1981,
348; OLG Karlsruhe v. 20.6.1980 – 15 U 171/79, NJW 1980, 2137 = AG 1981, 102; LG Hamburg
v. 17.3.1980 – 64 T 22/79, WM 1980, 688 = AG 1981, 106; LG Mannheim v. 23.7.1979 – 12 O
16/79, NJW 1980, 236; LG München v. 16.1.1980 – 16 O 1171/79, DB 1980, 678 = AG 1980,
165; für gegen das MitbestG verstoßende Aufsichtsratsbeschlüsse ebenso LG Frankfurt v.
19.12.1995 – 2/14 O 183/95, ZIP 1996, 1661, 1663 f. Aus dem Schrifttum ebenso *Heidel* in Heidel, § 241 Rz. 10; *Martens*, ZGR 1983, 237, 244 f.; *Hüffer* in MünchKomm. AktG, § 241 Rz. 65;
Raiser, NJW 1981, 2166 f.; *Windbichler/Bachmann* in FS Bezzenberger, 2000, S. 797 f.
72 In diesem Sinne *Geßler*, ZGR 1980, 429, 445 ff.
73 *U. Huber* in FS Coing, Band II, S. 167, 187 f.
74 *Canaris*, DB 1981, Beilage 14, S. 5 f.; in die gleiche Richtung *Hoffmann*, AG 1980, 141, 145.
75 BGH v. 25.2.1982 – II ZR 123/81, BGHZ 83, 106, 110 ff. = AG 1982, 218; dazu *Martens*, ZGR
1983, 237; ebenso zuvor das LG München v. 16.1.1980 – 16 O 1171/79, DB 1980, 678 f. = AG
1980, 165; einen Verstoß verneinend dagegen die Berufungsinstanz OLG München v.
29.4.1981 – 20 U 1464/80, NJW 1981, 2201, 2202 = AG 1981, 348; hierzu *Raiser*, NJW 1981,
2166 ff.
76 BGH v. 25.2.1982 – II ZR 145/80, BGHZ 83, 151, 154 ff. = AG 1982, 223; ebenso auch schon
die Vorinstanz OLG Karlsruhe v. 20.6.1980 – 15 U 171/79, NJW 1980, 2137 ff. = AG 1981, 102;
anders LG Mannheim v. 23.7.1979 – 12 O 16/79, NJW 1980, 236 f.
77 LG Hamburg v. 17.3.1980 – 64 T 22/79, WM 1980, 688 = AG 1981, 106.
78 BGH v. 14.11.1983 – II ZR 33/83, BGHZ 89, 48, 50 ff. = AG 1984, 48; zustimmend *Fleck*, LM
Nr. 4 zu MitbestG.

VII. Verstoß gegen die guten Sitten (§ 241 Nr. 4)

Der Begriff des Sittenverstoßes ist ebenso zu bestimmen wie in § 138 BGB[79]: Ein Beschluss verstößt gegen die guten Sitten, wenn er außergesetzliche Normen außer Acht lässt, auf deren Einhaltung nach dem Anstandsgefühl der billig und gerecht Denkenden nicht verzichtet werden kann[80]. Das Unwerturteil über den Inhalt des Beschlusses muss mithin so schwer wiegen, dass die Anfechtbarkeit als Sanktion des Beschlussmangels nicht ausreicht[81]. Der Verstoß gegen die guten Sitten muss sich auf den **Inhalt des Beschlusses** beziehen. Bezieht er sich auf die Art und Weise, wie der Beschluss zustande gekommen ist, oder auf verwerfliche Motive der Aktionärsmehrheit, so kommt lediglich die Anfechtbarkeit des Beschlusses in Betracht. Für den Fall, dass ein Aktionär Sondervorteile erstrebt, ist die Folge der (bloßen) Anfechtbarkeit ausdrücklich in § 243 Abs. 2 niedergelegt. Dann muss sich die Rechtsfolge sittenwidrigen Zustandekommens von Beschlüssen erst recht in weniger eklatanten Fällen in der bloßen Anfechtbarkeit erschöpfen[82]. Fehler im Beschlussverfahren wirken sich im absoluten Regelfall lediglich zum Nachteil der Aktionäre aus. Bei solchen Sittenverstößen reicht die Anfechtbarkeit als Sanktion hin, weil die Aktionäre sich gegen solche Beschlüsse mit Hilfe der Anfechtungsklage wehren können[83]. 23

Bejaht wurde inhaltliche Sittenwidrigkeit bei einem Beschluss, durch den ein Konzernunternehmen gestärkt wird, an welchem lediglich die abstimmende Mehrheit, nicht aber die überstimmte Minderheit beteiligt ist, und damit ersterem Gewinn zugeschanzt und letzteren einen Schaden zugefügt wird[84]; ebenso bei einem Beschluss, durch den der bisherige Alleingesellschafter vor der Wirksamkeit der Übertragung der Mehrheitsanteile auf einen Erwerber zu seinen Gunsten bislang nicht gegebene erhebliche Schutzrechte des Minderheitsgesellschafters einführt[85]. **Verneint** wurde inhaltliche Sittenwidrigkeit bei Beschlüssen über die Erhöhung des Stammkapitals und die Aufnahme einer Anleihe, die durch „eigensüchtige" Ausnutzung besonderer Umstände bei der Hauptversammlung ermöglicht werden[86]; ebenso bei der Wahl eines Vorstandsmitglieds auf politischen Druck zu NS-Zeiten[87]. **Uneinheitlich** werden Beschlüsse beurteilt, die darauf gerichtet sind, auf (im einzelnen unterschiedlichen) rechtskonstruktiven Umwegen unliebsame Mitglieder aus der Gesellschaft zu entfernen[88]; Fälle dieser Art erlangen eher in der GmbH als in der AG Bedeutung. 24

VIII. Nichtigerklärung durch rechtskräftiges Anfechtungsurteil (§ 241 Nr. 5)

Fehlerhafte Beschlüsse, die nicht schon nach § 241 Nr. 1 bis 4 nichtig sind, können mittels Klage angefochten werden (§ 243 Abs. 1). Hat die Klage Erfolg, führt dies zur Nichtigkeit des Beschlusses, sobald das stattgebende Urteil in Rechtskraft erwächst. 25

---

79 *Henn*, Handbuch des Aktienrechts, § 28 Rz. 969, S. 495; *Zöllner* in KölnKomm. AktG, § 241 Rz. 124; *Hüffer* in MünchKomm. AktG, § 241 Rz. 68; *Semler* in MünchHdb. AG, § 41 Rz. 20.
80 So für § 138 BGB BGH v. 9.7.1953 – IV ZR 242/52, BGHZ 10, 228, 233; BGH v. 29.9.1977 – III ZR 164/75, BGHZ 69, 295, 297.
81 *Heidel* in Heidel, § 241 Rz. 11; *K. Schmidt* in Großkomm. AktG, § 241 Rz. 66; *Hüffer* in MünchKomm. AktG, § 241 Rz. 68.
82 Vgl. *Hüffer* in FS Kropff, S. 127, 136 f.
83 *Zöllner* in KölnKomm. AktG, § 241 Rz. 125; *Hüffer* in MünchKomm. AktG, § 241 Rz. 70; *Semler* in MünchHdb. AG, § 41 Rz. 20.
84 BGH v. 8.12.1954 – II ZR 291/53, BGHZ 15, 382, 386 ff.
85 OLG Dresden v. 14.7.1999 – 12 U 679/99, NZG 1999, 1109, 1110.
86 RGZ 166, 129, 132 f.
87 BGH v. 28.1.1953 – II ZR 265/51, BGHZ 8, 348, 355.
88 § 241 Nr. 4 bejaht: BGH v. 15.4.1957 – II ZR 34/56, BGHZ 24, 119, 121 f. § 241 Nr. 4 verneint: BGH v. 1.6.1987 – II ZR 128/86, BGHZ 101, 113, 116 f. = AG 1988, 15.

Entgegen verbreiteter Auffassung enthält § 241 Nr. 5 nicht bloß eine „Klarstellung"[89], sondern **eigenständige rechtliche Aussagen**. Aus dieser Vorschrift folgt nämlich im Umkehrschluss, dass anfechtbare Beschlüsse, solange sie nicht rechtskräftig für nichtig erklärt worden sind, (schwebend) *wirksam* sind, dass mithin die **Anfechtungsklage keine aufschiebende Wirkung** entfaltet. Des weiteren ist die **Gestaltungswirkung des Anfechtungsurteils** in § 241 Nr. 5 verankert[90] – und nicht etwa, wie gelegentlich behauptet wird[91], in § 248. Allein in § 241 Nr. 5 ist die Aussage enthalten, dass mit Rechtskraft des stattgebenden Anfechtungsurteils aus einem anfechtbaren Beschluss ein nichtiger wird und die materielle Rechtslage daher eine Neugestaltung erfährt. Die allgemein anerkannte **Rückwirkung** der Nichtigerklärung lässt sich ebenfalls mittelbar aus § 241 Nr. 5 herleiten, nämlich aus dem Umstand, dass die Nichtigerklärung als Nichtigkeitsgrund Nr. 5 direkt im Anschluss an die Nichtigkeitsgründe der Nr. 1 bis 4 verankert ist: Da Beschlüsse bei einem Mangel nach § 241 Nr. 1 bis 4 von Anfang an nichtig sind, ist als Folge einer *Gleichwertigkeit der Tatbestandsvarianten* Gleiches bei einem rechtskräftig für nichtig erklärten Beschluss anzuerkennen[92]. Einschränkungen erfährt die Rückwirkung freilich nach der Lehre von der fehlerhaften Gesellschaft bei einer für nichtig erklärten, zwischenzeitlich aber durchgeführten Kapitalerhöhung[93].

IX. Amtslöschung (§ 241 Nr. 6)

1. Rechtskräftige Entscheidung

26   Die Nichtigkeitsfolge nach § 241 Nr. 6 knüpft ebenso wie die nach § 241 Nr. 5 an einen **unanfechtbaren Hoheitsakt** an. Wenn das Registergericht die Löschung des Beschlusses beabsichtigt, teilt es diese Absicht den Beteiligten mit und bestimmt eine angemessene Widerspruchsfrist (§ 144 Abs. 2 i.V.m. § 142 Abs. 2 FGG). Über einen eventuellen Widerspruch ergeht sodann eine gerichtliche Entscheidung, die der sofortigen Beschwerde unterliegt (§ 144 Abs. 2 i.V.m. §§ 142 Abs. 3, 141 Abs. 3 FGG). Erst wenn Rechtsbehelfe gegen die Löschungsentscheidung verfristet oder nicht mehr statthaft sind, darf der Beschluss gelöscht werden (§ 144 Abs. 2 i.V.m. §§ 142 Abs. 3, 141 Abs. 4 FGG). Eben hieran knüpft § 241 Nr. 6 mit dem Merkmal einer „rechtskräftigen Entscheidung" an: Der Beschluss ist nach dieser Vorschrift nur nichtig, wenn er zu einem Zeitpunkt gelöscht wird, da die Fristen für Rechtsbehelfe gegen die beabsichtigte Löschung verstrichen sind. Die Löschungsverfügung selbst erwächst demgegenüber nicht in Rechtskraft. Sie enthält lediglich die tatsächliche Umsetzung der Löschungsankündigung und ist selbst nicht mehr beschwerdefähig[94].

---

89 So aber *Hueck/Windbichler*, Gesellschaftsrecht, § 25 Rz. 37; *Zöllner* in KölnKomm. AktG, § 241 Rz. 127; *Hüffer* in MünchKomm. AktG, § 241 Rz. 71.

90 Zutreffend *Austmann*, ZHR 158 (1994), 495, 498; *Binge*, Gesellschafterklagen gegen Maßnahmen der Geschäftsführer in der GmbH, S. 175; *Casper*, ZHR 163 (1999), 54, 74; *Habersack/Schürnbrand* in FS Hadding, S. 391, 400 f.; *Hüffer*, § 241 Rz. 5; *W. Lüke/Blenske*, ZGR 1998, 253, 270; *Noack*, Fehlerhafte Beschlüsse in Gesellschaften und Vereinen, S. 85; *K. Schmidt*, AG 1977, 205, 206; *Schmitt*, Das Beschlussmängelrecht der Personengesellschaften, S. 177; *Schulte*, AG 1988, 67, 68.

91 *Prior*, Fehlerhafte Vereinsbeschlüsse, S. 30; *Timm* in FS Fleck, S. 365, 376.

92 So auch *Zöllner* in KölnKomm. AktG, § 241 Rz. 127.

93 Dazu näher *Baums*, Eintragung und Löschung von Gesellschafterbeschlüssen, S. 61; *Hommelhoff*, ZHR 158 (1994), 11, 16; *Kort*, ZGR 1994, 291, 306 ff.; *Kort*, Bestandsschutz fehlerhafter Strukturänderungen im Kapitalgesellschaftsrecht, S. 211 ff.; *Krieger*, ZHR 158 (1994), 35, 48 f.; *Lindemann*, Die Beschlussfassung in der Einmann-GmbH, S. 220 ff.; *C. Schäfer*, Die Lehre vom fehlerhaften Verband, S. 422 ff.; *Trendelenburg*, NZG 2003, 860, 861; *Zöllner*, AG 1993, 68, 72 ff.

94 *K. Schmidt* in Großkomm. AktG, § 241 Rz. 96; *Steder* in Jansen, FGG, § 141 Rz. 46.

Tauglicher **Gegenstand der Löschung** sind zum einen Hauptversammlungsbeschlüsse, zum anderen solche Eintragungen, die in einem Hauptversammlungsbeschluss ihre Grundlage haben, z.B. die Durchführung einer Kapitalerhöhung[95], schließlich Maßnahmen, bei denen nicht der Beschluss selbst, sondern dessen Wirkung eingetragen wird (z.B. Eingliederung, § 319 Abs. 4, 7)[96].

2. Rückwirkende Nichtigkeit

§ 241 Nr. 6 enthält einen **selbständigen Nichtigkeitsgrund**, der ggf. neben die Nichtigkeit nach § 241 Nr. 1 bis 4 tritt; es handelt sich dann um einen Anwendungsfall der Lehre von der Doppelwirkung im Recht[97]. Die Gegenansicht will in Fällen, in denen der Beschluss bereits nach anderen Vorschriften nichtig ist, der Amtslöschung nur deklaratorische Bedeutung beilegen[98]. Sie reduziert damit den eigenständigen Anwendungsbereich des § 241 Nr. 6 auf die Fälle der Löschung nach Heilung (§ 242 Abs. 2 Satz 3) und auf die Fälle unrechtmäßiger, aber rechtskräftiger Amtslöschung[99], ohne dass dafür ein Bedürfnis erkennbar wäre. Die Löschung vernichtet den Beschluss **grundsätzlich** mit Wirkung ex tunc[100]. Dies folgt aus dem Zweck des § 241 Nr. 6 und des § 144 Abs. 2 FGG: Nur eine rückwirkende Beseitigung des Beschlusses kann dem öffentlichen Interesse hieran umfassend Genüge tun. Im Übrigen ist die Nichtigkeit nach § 241 Nr. 5 und 6 ebenso eine anfängliche wie die Nichtigkeit nach § 241 Nr. 1 bis 4. Aus diesen Gründen ist die Nichtigkeit auch dann eine rückwirkende, wenn das Registergericht den Beschluss gem. § 242 Abs. 2 Satz 3 erst nach Ablauf der Heilungsfrist löscht[101]. Die Nichtigkeit wirkt **ausnahmsweise** bloß **ex nunc**, wenn dies nach der Lehre von der fehlerhaften Gesellschaft geboten erscheint. In Betracht kommt eine bloß in die Zukunft gerichtete Wirkung der Löschung etwa bei einer nichtigen, aber geheilten Kapitalerhöhung[102]. **Nichtigkeit** nach § 241 Nr. 6 tritt **überhaupt nicht** ein, wenn der Beschluss gelöscht wurde, ohne dass den Beteiligten zuvor nach § 142 Abs. 2 FGG Gelegenheit zur Stellungnahme gegeben worden ist[103]. Die Annahme der Nichtigkeit würde sonst eine eklatante Verletzung des rechtlichen Gehörs (Art. 103 Abs. 1 GG) perpetuieren.

3. Umfang richterlicher Prüfung

Solange ein **Beschlussmängelstreit** vor den **ordentlichen Gerichten** schwebt, kann der Registerrichter das Löschungsverfahren nach § 127 FGG aussetzen. Die Ausset-

27

28

95 OLG Karlsruhe v. 18.12.1985 – 11 W 86/85, OLGZ 1986, 155, 158 = AG 1986, 167; *Bumiller/Winkler*, FGG, § 144 Rz. 10.
96 OLG Hamm v. 22.5.1979 – 15 W 314/78, OLGZ 1979, 313, 314 = AG 1980, 79; mit Anmerkung *Baums*, BB 1981, 262 ff.; OLG Hamm v. 8.12.1993 – 15 W 291/93, OLGZ 1994, 415, 417 = AG 1994, 376; zu Verschmelzungsbeschlüssen vgl. *Horsch*, Rpfl. 2005, 577.
97 Im Ergebnis wie hier *K. Schmidt* in Großkomm. AktG, § 241 Rz. 98 ff.
98 *Hueck/Windbichler*, Gesellschaftsrecht, § 25 Rz. 37; *Zöllner* in KölnKomm. AktG, § 241 Rz. 134; *Hüffer* in MünchKomm. AktG, § 241 Rz. 85.
99 So ausdrücklich *Hüffer* in MünchKomm. AktG, § 241 Rz. 85.
100 *Casper*, Die Heilung nichtiger Beschlüsse im Kapitalgesellschaftsrecht, S. 244 f.; *K. Schmidt* in Großkomm. AktG, § 241 Rz. 98; *Steder* in Jansen, FGG, § 144 Rz. 62; *Keidel/Kuntze/Winkler*, FGG, § 144 Rz. 30; *Zöllner* in KölnKomm. AktG, § 241 Rz. 139; *Hüffer* in MünchKomm. AktG, § 241 Rz. 86; freilich vorbehaltlich des Schutzes gutgläubiger Dritter über § 15 Abs. 3 HGB, vgl. *Bumiller/Winkler*, FGG, § 144 Rz. 17; *Hüffer*, § 241 Rz. 33.
101 Wie hier *Hüffer* in MünchKomm. AktG, § 241 Rz. 86; anders *Casper*, Die Heilung nichtiger Beschlüsse im Kapitalgesellschaftsrecht, S. 245.
102 Für Anwendung der Lehre von der fehlerhaften Gesellschaft auf eine von vornherein nichtige Kapitalerhöhung OLG Stuttgart v. 17.5.2000 – 20 U 68/99, DB 2000, 1218, 1220.
103 *Steder* in Jansen, FGG, § 144 Rz. 61; *Zöllner* in KölnKomm. AktG, § 241 Rz. 133; *Hüffer* in MünchKomm. AktG, § 241 Rz. 84.

zung steht in seinem pflichtgemäßen Ermessen[104] und ist regelmäßig zu empfehlen[105]. Dringt die Beschlussmängelklage rechtskräftig durch, so erübrigt sich eine
Amtslöschung, weil das rechtskräftige Urteil nach § 248 Abs. 1 Satz 3, 4 (ggf. i.V.m.
§ 249 Abs. 1 Satz 1) ohnehin einzutragen und bekanntzumachen ist. Wird die Beschlussmängelklage rechtskräftig abgewiesen, so bindet dies nur die Parteien des
Rechtsstreits (vgl. § 248 Rz. 2). Eine Bindung des Registergerichts kann daher nicht
eintreten[106]. Ist umgekehrt die **Löschungsankündigung** in **Rechtskraft** erwachsen
und wird die Nichtigkeit des Beschlusses vor einem ordentlichen Gericht bestritten,
so prüft dieses nicht mehr nach, ob die Löschungsvoraussetzungen nach § 144 Abs. 2
FGG vorlagen. Der Beschluss ist dann vielmehr endgültig nichtig[107].

4. Voraussetzungen des § 144 Abs. 2 FGG

a) Verletzung zwingender Vorschriften des Gesetzes

29   Beschlüsse der Hauptversammlung können von Amts wegen gelöscht werden, wenn
durch ihren Inhalt zwingende Vorschriften des Gesetzes verletzt werden und ihre Beseitigung im öffentlichen Interesse erforderlich erscheint. Sie unterliegen der Amtslöschung namentlich dann, wenn sie **nach § 241 Nr. 3 nichtig** sind. Während vereinzelt der Anwendungsbereich des § 144 Abs. 2 FGG auf die Fälle des § 241 Nr. 3
beschränkt wird[108], unterwirft die überwiegende Meinung mit Recht auch solche Beschlüsse der Amtslöschung, die ihrem **Inhalt** nach **sittenwidrig** sind (§ 241 Nr. 4)[109]:
Zwar ist der Rekurs auf das Anstandsgefühl aller billig und gerecht Denkenden im
Falle der § 241 Nr. 4 gerade deswegen geboten, weil sich dem Gesetz keine – und daher auch keine „zwingenden" – Vorschriften entnehmen lassen. Die Subsumtion sittenwidriger Beschlüsse unter den Wortlaut des § 144 Abs. 2 FGG bereitet daher in
der Tat Schwierigkeiten. Gleichwohl enthält § 241 Nr. 4 die richtungweisende Aussage, dass, was den Inhalt von Hauptversammlungsbeschlüssen anbelangt, die guten
Sitten ebenso wie im öffentlichen Interesse gegebene Gesetzesvorschriften (§ 241
Nr. 3) einen unverzichtbaren *ordre public* markieren. Gerade dessen Verletzung legitimiert das amtswegige Einschreiten des Registergerichts. § 144 Abs. 2 FGG ist daher
in Fällen inhaltlich sittenwidriger Beschlüsse *analog* anzuwenden.

30   Dagegen kommt – entgegen einer im Schrifttum vertretenen Gegenansicht[110] – die
Amtslöschung bei lediglich **anfechtbaren** Beschlüssen **nicht in Betracht**[111]. Wenn

---

104 KG v. 21.11.1966 – 1 W 1809/66, NJW 1967, 401, 402; *Bumiller/Winkler*, FGG, § 144 Rz. 18;
       K. Schmidt in Großkomm. AktG, § 241 Rz. 104; *Steder* in Jansen, FGG, § 127 Rz. 17; *Keidel/
       Kuntze/Winkler*, FGG, § 127 Rz. 36; *Hüffer* in MünchKomm. AktG, § 241 Rz. 87.
105 *K. Schmidt* in Großkomm. AktG, Rz. 104; *Henn*, Handbuch des Aktienrechts, § 28 Rz. 970,
       S. 495; *Keidel/Kuntze/Winkler*, FGG, § 144 Rz. 31; *Hüffer* in MünchKomm. AktG, § 241
       Rz. 87.
106 *K. Schmidt* in Großkomm. AktG, § 241 Rz. 107; *Henn*, Handbuch des Aktienrechts, § 28
       Rz. 970, S. 495; *Steder* in Jansen, FGG, § 144 Rz. 57; *Zöllner* in KölnKomm. AktG, § 241
       Rz. 152; *Hüffer* in MünchKomm. AktG, § 241 Rz. 87; *Semler* in MünchHdb. AG, § 41 Rz. 23.
107 *Hueck/Windbichler*, Gesellschaftsrecht, § 25 Rz. 37; *Hüffer* in MünchKomm. AktG, § 241
       Rz. 74.
108 *Zöllner* in KölnKomm. AktG, § 241 Rz. 134.
109 BayObLG v. 28.8.1956 – 2 Z 202/55, BayObLGZ 1956, 303, 310; BayObLG v. 18.7.1991 –
       BReg.3 Z 133/90, BB 1991, 1729; OLG Hamm v. 8.12.1993 – 15 W 291/93, OLGZ 1994, 415,
       418 = AG 1994, 376; *Bumiller/Winkler*, FGG, § 144 Rz. 11; *Casper*, Die Heilung nichtiger Be-
       schlüsse im Kapitalgesellschaftsrecht, S. 236 f.; *K. Schmidt* in Großkomm. AktG, § 241
       Rz. 84; *Hueck/Windbichler*, Gesellschaftsrecht, § 25 Rz. 37; *Hüffer* in MünchKomm. AktG,
       § 241 Rz. 76; *Winkler*, NJW 1974, 1032, 1034.
110 *Hüffer* in MünchKomm. AktG, § 241 Rz. 77; allerdings spreche die bloße Anfechtbarkeit ge-
       gen das Vorliegen des öffentlichen Interesses an der Beseitigung, *Hüffer*, § 241 Rz. 30.
111 Wie hier OLG Hamm v. 8.12.1993 – 15 W 291/93, OLGZ 1994, 415, 418 f. = AG 1994, 376; *K.
       Schmidt* in Großkomm. AktG, § 241 Rz. 84.

nämlich der Gesetzesverstoß so beschaffen ist, dass der Beschluss ungeachtet jenes Verstoßes endgültig in Rechtsbeständigkeit erwachsen kann, fehlt es bereits an der Verletzung „zwingender" Gesetzesvorschriften: Die Aktionäre haben es dann in der Hand, durch Nichterhebung der Klage nachträglich auf die Einhaltung des Gesetzes zu verzichten. Für die hier vertretene Auffassung spricht des weiteren ein Gegenschluss aus § 242 Abs. 2 Satz 3: Während nichtige Beschlüsse trotz Ablaufs der Heilungsfrist gelöscht werden können, sieht § 246 Abs. 1 keine Löschungsmöglichkeit nach Ablauf der Anfechtungsfrist vor. Die hier abgelehnte Gegenansicht überzeichnet die Funktion der Registergerichte: Die Rechtskontrolle von Hauptversammlungsbeschlüssen ist nicht deren Aufgabe, sondern zuvörderst Aufgabe der ordentlichen Gerichte. Der Registerrichter ist kein staatliches „Aktienamt". Beschlüsse, die wegen fehlender Zustimmung eines einzelnen Aktionärs oder einer Aktionärsgruppe **unwirksam** sind, können **ausschließlich** unter den **Voraussetzungen des § 144 Abs. 2 FGG**, mithin nur dann gelöscht werden, wenn sie außerdem gesetzwidrig sind und an ihrer Beseitigung ein öffentliches Interesse besteht[112]. Zustimmungserfordernisse schützen keine öffentlichen Interessen, sondern allein die Belange der zustimmungsberechtigten Aktionäre.

b) Öffentliches Interesse

Zu der Verletzung zwingender Gesetzesvorschriften muss ein öffentliches Interesse 31 an der Beseitigung des Beschlusses hinzutreten. Hierbei handelt es sich um ein **zusätzliches, eigenständiges Erfordernis**[113]. Die Gegenansicht, wonach Beschlüsse, die gem. § 241 Nr. 3 oder 4 nichtig sind, *immer* nach § 144 Abs. 2 FGG zu löschen sind[114], trägt dem Umstand nicht hinreichend Rechnung, dass die strengen Voraussetzungen dieser Vorschrift einen besonderen Bestandsschutz zu vermitteln trachten. Das Erfordernis des „öffentlichen Interesses" ist in Wahrheit als Einfallstor für eine **Interessenabwägung** anzusehen: Das Interesse an der Beseitigung des Beschlusses muss dabei dem Bestandsinteresse der Gesellschaft gegenübergestellt werden. Diese Abwägung kann im Einzelfall, *obwohl* die Voraussetzungen des § 241 Nr. 3 oder 4 erfüllt sind, durchaus auch zugunsten der Gesellschaft und des Bestandsschutzes ausfallen[115].

Ein öffentliches Interesse an der Amtslöschung kommt **unstreitig** in Betracht, wenn 32 der Beschluss Interessen **außenstehender Dritter** nachteilig berührt[116]. In diesem Fall ist das öffentliche Interesse an der Beseitigung des Beschlusses indiziert[117]. **Streitig** ist dagegen, ob ein „öffentliches Interesse" an der Beseitigung des Beschlusses selbst dann im Einzelfall anerkannt werden kann, wenn zwingendes Recht verletzt wurde, das ausschließlich die Interessen der **gegenwärtigen Aktionäre** berührt[118]. Das ist

---

112 Ebenso *Zöllner* in KölnKomm. AktG, § 241 Rz. 146 f.; *Hüffer* in MünchKomm. AktG, § 241 Rz. 82; *Casper*, Die Heilung nichtiger Beschlüsse im Kapitalgesellschaftsrecht, S. 284 ff.; *K. Schmidt* in Großkomm. AktG, § 241 Rz. 80.

113 Wie hier OLG Karlsruhe v. 18.12.1985 – 11 W 86/85, OLGZ 1986, 155, 158 = AG 1986, 167; *Keidel/Kuntze/Winkler*, FGG, § 144 Rz. 19; *Zöllner* in KölnKomm. AktG, § 241 Rz. 138; *Hüffer* in MünchKomm. AktG, § 241 Rz. 78.

114 *Baums*, Eintragung und Löschung von Gesellschafterbeschlüssen, S. 116; *K. Schmidt* in Großkomm. AktG, § 241 Rz. 77, 86.

115 *Zöllner* in KölnKomm. AktG, § 241 Rz. 138; *Hüffer* in MünchKomm. AktG, § 241 Rz. 79.

116 BayObLG v. 28.8.1956 – 2 Z 202/55, BayObLGZ 1956, 303, 311; OLG Karlsruhe v. 18.12.1985 – 11 W 86/85, OLGZ 1986, 155, 158 = AG 1986, 167; OLG Frankfurt v. 29.10.2001 – 20 W 58/01, Rpfl. 2002, 211 = AG 2002, 352; *Keidel/Kuntze/Winkler*, FGG, § 144 Rz. 28; *Lutter/Friedewald*, ZIP 1986, 691, 692; *Hüffer* in MünchKomm. AktG, § 241 Rz. 79; *Stein*, ZGR 1994, 472, 487.

117 *Hüffer* in MünchKomm. AktG, § 241 Rz. 79.

118 Für die Möglichkeit einer Amtslöschung auch in diesem Fall *Casper*, Die Heilung nichtiger Beschlüsse im Kapitalgesellschaftsrecht, S. 240 ff.; dagegen *Bumiller/Winkler*, FGG, § 144

grundsätzlich zu verneinen: § 242 Abs. 2 Satz 1 liegt die typisierende gesetzliche Interessenbewertung zugrunde, dass bei einem eintragungspflichtigen Beschluss, gegen den binnen drei Jahren nicht geklagt wird, das Bestandsinteresse der Gesellschaft den Vorrang genießt. Allein bei Beschlüssen, die mit dem Wesen der AG unvereinbar sind, ist die Amtslöschung auch nach Ablauf der Heilungsfrist geboten: Wenn die Gesellschaft Verrat an ihrer eigenen Rechtsnatur übt, verdient ihr Bestandsinteresse keine Anerkennung. Die Amtslöschung einer nichtigen, aber durchgeführten **Kapitalerhöhung** kommt unter keinen Umständen in Betracht. Vielmehr haben die Zeichner die Einlagen auf die nichtigen Aktien zu leisten, soweit dies zur Befriedigung der Gesellschaftsgläubiger erforderlich ist (§ 277 Abs. 3 analog); den entstandenen Schaden können sie gegen den Emittenten geltend machen (§ 191 Satz 3 analog)[119].

c) Amtslöschung: Gebundene oder Ermessensentscheidung?

33 Streitig ist, ob dem Registerrichter bei Erfüllung der Voraussetzungen des § 144 Abs. 2 FGG ein Ermessen zusteht, ob er die Amtslöschung vornimmt oder nicht[120], oder ob der Beschluss in diesem Fall zwingend gelöscht werden *muss*[121]. Der zuletzt genannten Ansicht ist im Ergebnis zuzustimmen. § 144 Abs. 2 FGG gehört zur Gruppe der sog. **Koppelungsvorschriften**: Sie enthält auf der Tatbestandsseite einen unbestimmten Rechtsbegriff („im öffentlichen Interesse erforderlich") und auf der Rechtsfolgenseite ein Ermessen („kann" gelöscht werden). Bei solchen Koppelungsvorschriften ist durch Auslegung zu ermitteln, ob der unbestimmte Rechtsbegriff auf der Tatbestandsseite lediglich ein leitendes Kriterium für die Ermessensentscheidung auf der Rechtsfolgenseite determiniert oder ob dieser Rechtsbegriff ein echtes selbständiges Tatbestandsmerkmal markiert, ohne dessen Vorliegen ein Ermessen bereits im Ansatz nicht gegeben ist[122]. Im letzteren Fall kann es geschehen, dass bei Vorliegen des Tatbestandsmerkmals für ein Ermessen kaum ein Spielraum verbleibt[123]. § 144 Abs. 2 FGG ist eine Vorschrift der letztgenannten Kategorie: Wenn die Beseitigung des Beschlusses im öffentlichen Interesse *erforderlich* ist, ist kein Gesichtspunkt mehr denkbar, der nunmehr noch gegen eine Löschung sprechen könnte. § 144 Abs. 2 FGG zieht, wie gesehen, einer Intervention des Registergerichts gegen eingetragene Beschlüsse auf der Tatbestandsseite enge Schranken. Sind diese einmal überschritten, so ist der Rechtsverstoß so gravierend, dass keine andere sachgerechte Entscheidungsmöglichkeit verbleibt als die Löschung. Damit entpuppt sich die Löschungsentscheidung nach § 144 Abs. 2 FGG im Ergebnis als **gebundene Entscheidung**. Ein Bedürfnis für die Amtslöschung besteht in der Regel nur, soweit der Beschlussmangel nicht bereits vor den ordentlichen Gerichten gerügt wurde. *Wenn* aber einmal ein solches Bedürfnis besteht, haben die gesellschaftsinternen Kontrollmechanismen versagt. Dann *muss* der Registerrichter als letzter bereitstehender Hüter der Rechtsordnung nach § 144 Abs. 2 FGG gegen den Beschluss einschreiten.

Rz. 16; *Hüffer* in MünchKomm. AktG, § 241 Rz. 79; dazu *Keidel/Kuntze/Winkler*, FGG, § 144 Rz. 28.

119 Vgl. *Trendelenburg*, NZG 2003, 860, 862.
120 Dafür *Bassenge*, Rpfl. 1974, 173, 176; *Bumiller/Winkler*, FGG, § 144 Rz. 18; *Raiser* in Ulmer, GmbHG, Anh. § 47 Rz. 62; *Stedler* in Jansen, FGG, § 144 Rz. 48; *Keidel/Kuntze/Winkler*, FGG, § 144 Rz. 31.
121 Dafür *Baums*, Eintragung und Löschung von Gesellschafterbeschlüssen, S. 116 f.; *Casper*, Die Heilung nichtiger Beschlüsse im Kapitalgesellschaftsrecht, S. 150 ff.; *K. Schmidt* in Großkomm. AktG, § 241 Rz. 89; *Hüffer* in MünchKomm. AktG, § 241 Rz. 80; *K. Schmidt* in Scholz, GmbHG, § 45 Rz. 83.
122 Vgl. GmSOGB v. 19.10.1971 – GmS-OGB 3/70, BVerwGE 39, 355, 363 f.
123 Vgl. *Maurer*, Allgemeines Verwaltungsrecht, 15. Aufl. 2004, § 7 Rz. 49; *Pabst*, VerwArch 2002, 540, 558 f.

d) Anwendung des § 142 Abs. 1 FGG neben § 144 Abs. 2 FGG?

§ 142 Abs. 1 FGG erlaubt die Löschung einer Eintragung im Handelsregister, wenn 34 diese wegen Mangels einer wesentlichen Voraussetzung unzulässig war. Indes rechtfertigen **Mängel**, die dem **Beschluss selbst** anhaften, die Amtslöschung unstreitig nur unter den Voraussetzungen des § 144 Abs. 2 FGG. Letztere Vorschrift geht dem § 142 Abs. 1 FGG als speziellere Norm vor[124]. Nach verbreiteter Ansicht ist § 142 Abs. 1 FGG nicht einmal dann anwendbar, wenn das **Registerverfahren** an **Mängeln** leidet[125]. Dagegen argumentieren andere, § 144 Abs. 2 FGG beziehe sich bloß auf inhaltliche Mängel des Beschlusses selbst und könne daher auch nur in diesem Ausmaß abschließende Wirkung entfalten; Mängel des Registerverfahrens führten daher zur Löschung nach § 142 Abs. 1 FGG[126]. Nach hier vertretener Auffassung ist danach zu **differenzieren**, ob infolge des Mangels ein Beschluss eingetragen wurde, der nicht von der **Hauptversammlung autorisiert** ist (dann § 142 Abs. 1 FGG anwendbar) oder ob ungeachtet des fehlerhaften Registerverfahrens gleichwohl im Ergebnis exakt derjenige Beschluss eingetragen wurde, für den die Hauptversammlung votiert hatte (dann § 142 Abs. 1 FGG unanwendbar). Wenn nämlich im Ergebnis exakt das Beschlossene eingetragen wurde, rechtfertigt ein bloßer Verfahrensfehler nicht die Löschung; denn der Vorstand wäre sogleich verpflichtet, sich erneut um eine fehlerfreie Eintragung zu bemühen, und der Registerrichter wäre zu einer solchen Eintragung verpflichtet.

Aus diesem Grund ist die **Löschung nach § 142 Abs. 1 FGG geboten**, wenn die Erhöhung des Grundkapitals um einen bestimmten Festbetrag beschlossen wurde und nachfolgend ein geringerer Betrag angemeldet und eingetragen wird[127]. Ebenso ist ein Beschluss zu löschen, wenn er (erneut) eingetragen wird, obwohl er vorher rechtskräftig für nichtig erklärt worden war: Das diesem Beschluss zugrunde liegende Votum der Hauptversammlung ist rechtlich nicht mehr existent. Dagegen ist die **Löschung nach § 142 Abs. 1 FGG unzulässig**, wenn es bloß an einer Anmeldung fehlt oder diese von einem Unbefugten vorgenommen wurde, die Eintragung aber dem Beschlossenen entspricht[128]. Ebenso wenig darf ein anfechtbarer Beschluss gelöscht werden, der eingetragen wurde, obwohl eine Anfechtungsklage rechtshängig und eine Freigabe nach §§ 246a Abs. 1, 319 Abs. 6 oder nach § 16 Abs. 3 UmwG nicht erteilt worden war[129]: Da die Anfechtungsklage keine aufschiebende Wirkung entfaltet

124 BayObLG v. 28.8.1956 – 2 Z 202/55, BayObLGZ 1956, 303, 310; OLG Hamm v. 22.5.1979 – 15 W 314/78, OLGZ 1979, 313, 316 f.; OLG Hamm v. 8.12.1993 – 15 W 291/93, OLGZ 1994, 415, 416 f. = AG 1994, 376; OLG Karlsruhe v. 18.12.1985 – 11 W 86/85, OLGZ 1986, 155, 159 = AG 1986, 167; OLG Frankfurt v. 29.10.2001 – 20 W 58/01, Rpfl. 2002, 211 = AG 2002, 352; OLG Köln v. 12.12.2001 – 2 Wx 62/01, Rpfl. 2002, 209, 211 mit Anmerkung *Winkler*, EWiR 2002, 157; OLG Düsseldorf v. 22.6.2004 – 3 Wx 44/04, NZG 2004, 824, 825 = AG 2004, 676; *K. Schmidt* in Großkomm. AktG, § 241 Rz. 78; *Horsch*, Rpfl. 2005, 577, 578; *Keidel/Kuntze/ Winkler*, FGG, § 144 Rz. 5; *Hüffer* in MünchKomm. AktG, § 241 Rz. 81.
125 OLG Hamm v. 22.5.1979 – 15 W 314/78, OLGZ 1979, 313, 316 f. = AG 1980, 79; OLG Hamm v. 8.12.1993 – 15 W 291/93, OLGZ 1994, 415, 417 = AG 1994, 376; OLG Karlsruhe v. 18.12.1985 – 11 W 86/85, OLGZ 1986, 155, 159 = AG 1986, 167; ebenso *K. Schmidt* in Großkomm. AktG, § 241 Rz. 78; *Lutter/Friedewald*, ZIP 1986, 691, 692.
126 OLG Karlsruhe v. 10.4.2001 – 11 Wx 12/01, Rpfl. 2001, 498 = AG 2002, 523; *Bumiller/Winkler*, FGG, Vorbem. zu §§ 144 ff. Rz. 8; *Ulmer* in Hachenburg, GmbHG, § 54 Rz. 54; *Zöllner* in KölnKomm. AktG, § 241 Rz. 143; *Hüffer* in MünchKomm. AktG, § 241 Rz. 81.
127 Zutreffend daher RGZ 85, 205, 208.
128 Dies gegen *Hüffer* in MünchKomm. AktG, § 241 Rz. 81. In derselben Weise differenzierend wie hier *Steder* in Jansen, FGG, § 144 Rz. 8.
129 Gegen Löschung der Maßnahme nach § 142 Abs. 1 FGG gerade in solchen Fällen auch OLG Hamm v. 22.5.1979 – 15 W 314/78, OLGZ 1979, 313, 316 f. = AG 1980, 79; OLG Hamm v. 8.12.1993 – 15 W 291/93, OLGZ 1994, 415, 417 = AG 1994, 376 (jeweils für Eingliederung ohne Negativerklärung des Vorstands nach § 319 Abs. 5).

(oben Rz. 25), entspricht die Eintragung dem bis dato rechtsgültigen Votum der Hauptversammlung. Schließlich darf eine eingetragene Kapitalerhöhung nicht deswegen gelöscht werden, weil die Bestätigung über die Einzahlung des Gegenwertes der Zeichnungssumme junger Aktien nach §§ 188, 36, 37 unrichtig war[130]: Die Kapitalerhöhung als solche entspricht dem von der Hauptversammlung Beschlossenen.

5. Registerkontrolle bei Eintragung des Beschlusses

36   Die Voraussetzungen des § 144 Abs. 2 FGG gelten nur für die Löschung, dagegen nicht bereits für die Eintragung des Beschlusses. Der Registerrichter hat daher die Eintragung nichtiger Beschlüsse unterschiedslos zu verweigern[131], ohne dass noch zusätzlich danach gefragt werden darf, ob über den Nichtigkeitsgrund hinaus ein besonderes öffentliches Interesse der Eintragung entgegensteht[132]. In § 144 Abs. 2 FGG kommt lediglich ein besonderer Bestandsschutz für bereits eingetragene Beschlüsse zum Ausdruck[133].

X. Rechtsfolge

1. Nichtigkeit des vom Fehler betroffenen Beschlusses

37   Sobald auch nur ein einziger Nichtigkeitsgrund nach § 241 Nr. 1 bis 6 gegeben ist, ist der Beschluss, der von dem Mangel betroffen ist, **ipso iure nichtig**. Er erzeugt also selbst dann keine Rechtswirkungen, wenn niemand gegen ihn vorgeht; allenfalls kommt dann eine Heilung nach § 242 in Betracht. Die Nichtigkeit kann von Aktionären und Verwaltungsmitgliedern mit Hilfe der Nichtigkeitsklage (§ 249), von Dritten bei vorhandenem rechtlichem Interesse mit Hilfe der allgemeinen Feststellungsklage (§ 256 ZPO) geltend gemacht werden (vgl. § 249 Rz. 10).

2. Nichtigkeit zusammenhängender Beschlüsse?

a) Meinungsstand

38   Sofern zusammen mit dem vom Fehler betroffenen Beschluss weitere Beschlüsse gefasst worden sind (sog. **Paketabstimmung**), sind nach überwiegender Meinung gem. **§ 139 BGB** im Zweifel auch diese Beschlüsse nichtig[134]. Andere halten demgegenüber die von dem Fehler nicht erfassten Teilbeschlüsse im Zweifel für wirksam; nur dies entspreche der Intention des § 241, die Nichtigkeitsfolge zurückzudrängen[135]. Indes: Die Einsicht, dass § 241 die Nichtigkeitsfolge zurückdrängen möchte, trifft hier nicht den Kern des Problems. In den hier interessierenden Fällen ist die hohe Hürde der Nichtigkeit für jedenfalls einen der zusammengefassten Beschlüsse überschritten, und es fragt sich nur noch, ob das übrige Votum der Hauptversammlung isoliert

---

130   Im Ergebnis ebenso OLG Karlsruhe v. 18.12.1985 – 11 W 86/85, OLGZ 1986, 155, 159 = AG 1986, 167.
131   Ebenso *K. Schmidt* in Großkomm. AktG, § 241 Rz. 22; *Zöllner* in KölnKomm. AktG, § 241 Rz. 33; *Lutter*, NJW 1969, 1873 f.; *Hüffer* in MünchKomm. AktG, § 241 Rz. 95.
132   So aber *Bork*, ZGR 1993, 343, 356 f.; *W. Lüke*, ZGR 1990, 657, 669 ff.
133   *Keidel/Kuntze/Winkler*, FGG, § 144 Rz. 2; *Kort*, Bestandsschutz, S. 100; *Lutter/Friedewald*, ZIP 1986, 691, 692.
134   RGZ 146, 385, 394; BGH v. 15.11.1993 – II ZR 235/92, BGHZ 124, 111, 122 = AG 1994, 124; BGH v. 25.1.1988 – II ZR 148/87, NJW 1988, 1214 = AG 1988, 139; OLG Oldenburg v. 17.3.1994 – 1 U 151/93, AG 1994, 415, 417; *Heidel* in Heidel, § 241 Rz. 16; *K. Schmidt* in Großkomm. AktG, § 241 Rz. 27; *Zöllner* in KölnKomm. AktG, § 241 Rz. 63; *Hüffer* in MünchKomm. AktG, § 241 Rz. 91; *Semler* in MünchHdb. AG, § 41 Rz. 5.
135   OLG Hamburg v. 3.7.1970 – 11 U 29/70, AG 1970, 230, 231; *Schnorr*, Teilfehlerhafte Gesellschaftsbeschlüsse, S. 100 ff.

Bestand haben kann. Insoweit ist der **mutmaßliche Wille der Hauptversammlung** zu ermitteln. Dafür trifft § 139 BGB eine Regelung, die gerade auch für die Paketabstimmung passt: Wenn die Hauptversammlung über mehrere Beschlussgegenstände gemeinsam abstimmt, ist dies grundsätzlich als Ausdruck ihres Willens zu verstehen, dass das Abstimmungspaket nur im ganzen zur Geltung gelangen soll. **Im Zweifel** wird damit das **gesamte Beschlusspaket nichtig**, wenn auch nur ein einziger Teilbeschluss nichtig ist.

b) Beispiele

Bei einer **ordentlichen Kapitalerhöhung** hängen Erhöhungsbeschluss und Ausschluss 39 des Bezugsrechts untrennbar zusammen. Die Kassation des Bezugsrechtsausschlusses macht daher auch die Kapitalerhöhung als solche nichtig[136]. Wenn eine Kapitalerhöhung teils mit, teils ohne Bezugsrechtsausschluss beschlossen wird, kann der ohne Bezugsrechtsausschluss beschlossene Teil nur isoliert bestehen bleiben, wenn der mit und der ohne Bezugsrechtsausschluss beschlossene Teil der Kapitalerhöhung abgrenzbaren Zwecken dient[137]. Beim **genehmigten Kapital** mit Ermächtigung zum Bezugsrechtsausschluss ist im Einzelfall zu ermitteln, ob die Kapitalerhöhung in Zukunft auch dann einen Sinn ergibt, wenn der Vorstand gezwungen ist, die jungen Aktien an die bisherigen Aktionäre auszugeben[138]. Wenn genehmigtes Kapital mit Ermächtigung zum Bezugsrechtsausschluss ohne absehbaren konkreten Anlass gewissermaßen „auf Vorrat" beschlossen wird (vgl. auch § 203 Rz. 20 ff.)[139], hat die Ermächtigung an den Vorstand zur Erhöhung des Grundkapitals regelmäßig auch ohne die gleichzeitige Ermächtigung zum Bezugsrechtsausschluss Bestand. Wenn ein **Dividendenverzicht** zusammen mit der Zustimmung zu einer größeren Unternehmenstransaktion beschlossen wird, so spricht alles für die Annahme, dass die für jene Transaktion erforderliche Liquidität gerade auch aus jenem Verzicht gespeist werden soll. Ist der Thesaurierungsbeschluss nichtig, so scheitert die Transaktion an der fehlenden Liquidität und ist daher im Zweifel ebenfalls nicht gewollt; ist die Zustimmung zu jener Transaktion nichtig, so entfällt der Grund, weswegen die Aktionäre auf Dividende verzichtet haben.

3. Der Sonderfall der aufeinander aufbauenden Kapitalerhöhungen

Schließlich können selbst solche Beschlüsse inhaltlich aufeinander bezogen sein, die 40 in gänzlich verschiedenen Hauptversammlungen gefasst wurden. Erörtert wird dies neuerdings für den Fall, dass eine Kapitalerhöhung durch Urteil für nichtig erklärt wird, zwischenzeitlich aber eine weitere Kapitalerhöhung (ihrerseits rechtmäßig) beschlossen worden ist: Dann fragt sich, ob die zweite Kapitalerhöhung rechtliche Geltung erlangen kann[140]. Hierzu werden unterschiedliche Lösungen vorgeschlagen: Nach einer Ansicht ist die zweite Kapitalerhöhung wegen **Perplexität** nichtig, sofern im ihr zugrunde liegenden Beschluss der Ausgangs- und der Endbetrag genannt sind: Falle die vorangegangene Kapitalerhöhung weg, so erweise sich der Ausgangsbetrag als unzutreffend. Das Grundkapital könne dann nicht mehr um die gewollte Summe

---

136 Ebenso RGZ 118, 67, 70 f.; OLG Frankfurt v. 9.2.1993 – 5 U 31/92, AG 1993, 281, 283; OLG Oldenburg v. 17.3.1994 – 1 U 151/93, AG 1994, 415, 417; *Hüffer* in MünchKomm. AktG, § 241 Rz. 92.
137 LG München I v. 2.4.1992 – 5 HKO 8840/91, AG 1993, 195 (dort Nichtigerklärung der gesamten Kapitalerhöhung).
138 *Hüffer* in MünchKomm. AktG, § 241 Rz. 92. Auf Nichtigerklärung nur der Ermächtigung zum Bezugsrechtsausschluss erkannte seinerzeit LG Tübingen v. 15.11.1990 – 2 HO 116/89, AG 1991, 406, 408.
139 Vgl. dazu BGH v. 23.6.1997 – II ZR 132/93, BGHZ 136, 133 = AG 1997, 465.
140 Dazu *Trendelenburg*, NZG 2003, 860 ff.; *Zöllner* in FS Hadding, S. 725 ff.

auf den gewollten Endbetrag erhöht werden[141]. Werde dagegen im Erhöhungsbeschluss nur derjenigen Betrag genannt, um den das Grundkapital erhöht werden solle, so sei die Kapitalerhöhung im vorgesehenen Umfang wirksam beschlossen worden[142]. Eine Gegenansicht hält die zweite Kapitalerhöhung für wirksam[143]. Jedoch seien Fälle denkbar, in denen die Kapitalerhöhungen ungeachtet der Formulierung der ihnen zugrunde liegenden Beschlüsse inhaltlich in der Weise aufeinander aufbauten, dass die zweite ohne die erste nicht beschlossen worden wäre. Dann falle mit der Nichtigerklärung der ersten Kapitalerhöhung die **Geschäftsgrundlage** für die zweite weg. Die Gesellschaft sei in diesem Fall verpflichtet, den Kapitalerhöhungsbeschluss so anzupassen, dass die mit ihm verfolgten wirtschaftlichen Ziele erreicht würden; die Aktionäre dürften nicht gegen einen solchen Anpassungsbeschluss stimmen[144]. Der Lösungsansatz über die Geschäftsgrundlagenlehre überzeugt, weil er den zweiten Kapitalerhöhungsbeschluss so weit wie möglich aufrechterhält und eine an der von der Hauptversammlungsmehrheit verfolgten Zielsetzung orientierte, flexible Handhabung ermöglicht.

XI. Kontrollpflichten des Notars bei Beurkundung von Beschlüssen

41   Versucht man die Frage zu beantworten, inwiefern der Notar berechtigt oder gar verpflichtet ist, bereits die Beurkundung eines fehlerhaften Beschlusses zu verweigern, so hat man von zwei Eckpunkten auszugehen: Einerseits darf sich der Notar nicht als Handlanger gesetzwidriger Machenschaften missbrauchen lassen. § 4 BeurkG schreibt ihm daher vor, dass er die Beurkundung bei Unvereinbarkeit mit seinen Amtspflichten ablehnen soll, insbesondere wenn mit der zu beurkundenden Handlung, hier also mit dem Hauptversammlungsbeschluss, unredliche Zwecke verfolgt werden. Bereits deshalb ist der Auffassung zu widersprechen, wonach der Notar den Beschluss ungeachtet einer möglichen Nichtigkeit *immer* zu beurkunden hat, wenn es von ihm verlangt wird[145]. Andererseits ist der Notar nicht zur allgemeinen Rechtskontrolle über Hauptversammlungsbeschlüsse berufen. Daraus folgt: **Anfechtbare Beschlüsse** muss der Notar immer beurkunden; er mag es sodann den Beteiligten überlassen, ob sie den Beschluss im Wege der Klage angreifen wollen. Die Beurkundung *offensichtlich* **nichtiger Beschlüsse** darf der Notar verweigern; ist die Nichtigkeit dagegen nicht evident, so hat der Notar den Beschluss zu beurkunden und seine rechtlichen Bedenken in der Niederschrift zu vermerken[146].

§ 242
Heilung der Nichtigkeit

(1) Die Nichtigkeit eines Hauptversammlungsbeschlusses, der entgegen § 130 Abs. 1, 2 und 4 nicht oder nicht gehörig beurkundet worden ist, kann nicht mehr geltend gemacht werden, wenn der Beschluss in das Handelsregister eingetragen worden ist.

---

141 *Trendelenburg*, NZG 2003, 860, 862.
142 *Trendelenburg*, NZG 2003, 860, 862 f.
143 *Zöllner* in FS Hadding, S. 725, 729.
144 *Zöllner* in FS Hadding, S. 725, 731 ff.
145 So aber *Baumbach/Hueck*, § 130 Anm. 7.
146 Überzeugend *Hüffer* in MünchKomm. AktG, § 241 Rz. 96; differenzierend auch *Zöllner* in KölnKomm. AktG, § 241 Rz. 11 ff.; a.A. *Heidel* in Heidel, § 241 Rz. 15, da die verweigerte Beurkundung selbst einen Nichtigkeitsgrund (§ 241 Nr. 2) begründen würde.

(2) Ist ein Hauptversammlungsbeschluss nach § 241 Nr. 1, 3 oder 4 nichtig, so kann die Nichtigkeit nicht mehr geltend gemacht werden, wenn der Beschluss in das Handelsregister eingetragen worden ist und seitdem drei Jahre verstrichen sind. Ist bei Ablauf der Frist eine Klage auf Feststellung der Nichtigkeit des Hauptversammlungsbeschlusses rechtshängig, so verlängert sich die Frist, bis über die Klage rechtskräftig entschieden ist oder sie sich auf andere Weise endgültig erledigt hat. Eine Löschung des Beschlusses von Amts wegen nach § 144 Abs. 2 des Gesetzes über die Angelegenheiten der freiwilligen Gerichtsbarkeit wird durch den Zeitablauf nicht ausgeschlossen. Ist ein Hauptversammlungsbeschluss wegen Verstoßes gegen § 121 Abs. 4 nach § 241 Nr. 1 nichtig, so kann die Nichtigkeit auch dann nicht mehr geltend gemacht werden, wenn der nicht geladene Aktionär den Beschluss genehmigt. Ist ein Hauptversammlungsbeschluss nach § 241 Nr. 5 oder § 249 nichtig, so kann das Urteil nach § 248 Abs. 1 Satz 3 nicht mehr eingetragen werden, wenn gemäß § 246a Abs. 1 rechtskräftig festgestellt wurde, dass Mängel des Hauptversammlungsbeschlusses die Wirkung der Eintragung unberührt lassen; § 144 Abs. 2 des Gesetzes über die Angelegenheiten der freiwilligen Gerichtsbarkeit findet keine Anwendung.

(3) Absatz 2 gilt entsprechend, wenn in den Fällen des § 217 Abs. 2, § 228 Abs. 2, § 234 Abs. 3 und § 235 Abs. 2 die erforderlichen Eintragungen nicht fristgemäß vorgenommen worden sind.

I. Normzweck	1	III. Rechtsfolge der Heilung	14
II. Voraussetzungen der Heilung	2	1. Veränderung der materiellen Rechtslage	14
1. Beurkundungsmängel (§ 242 Abs. 1)	2	2. Zeitliche und personelle Reichweite der Heilung	15
a) Teleologischer Hintergrund	2	3. Folgepflicht von Vorstand und Aufsichtsrat	16
b) Eintragung	3	4. Enthaftung?	17
aa) Bewirkung der Eintragung	3	5. Fortbestehende Löschungsbefugnis des Registergerichts (§ 242 Abs. 2 Satz 3)	18
bb) Zuständiges Registergericht	4	
cc) Sitzverlegung	5	6. Eintragung nach Freigabeverfahren (§ 242 Abs. 2 Satz 5)	19
2. Einberufungs- und Inhaltsmängel (§ 242 Abs. 2 Satz 1, 2)	6	IV. Entsprechende Anwendung des § 242	20
a) Fristablauf	6	1. Die Fälle des § 242 Abs. 3	20
b) Fristverlängerung	7	2. Unwirksame Beschlüsse	21
aa) Klage auf Feststellung der Nichtigkeit	7	3. Eintragung der Maßnahme statt des Beschlusses	22
bb) Rechtshängigkeit	8	4. Umwandlungsrecht	23
cc) Dauer der Fristverlängerung	9	5. Mängel der Ursprungssatzung	24
3. Einberufungsmängel durch Übergehen von Aktionären (§ 242 Abs. 2 Satz 4)	10		
a) Verstoß gegen § 121 Abs. 4	10		
b) Genehmigung	11		
c) Wirkungen	12		
4. Nicht heilbare nichtige Beschlüsse	13		

Literatur: S. bei § 241.

I. Normzweck

Selbst wenn ein Beschluss nach § 241 ausnahmsweise nichtig ist, mag er im Einzelfall die Grundlage für die weitere Arbeit der Gesellschaft bilden. Wird die Nichtigkeit längere Zeit nicht gerügt, so kann – trotz des gravierenden Rechtsverstoßes – berechtigtes Vertrauen an seiner Rechtsbeständigkeit für die Zukunft entstehen. Deshalb 1 bestimmt § 242, dass bestimmte Mängel unter den dort normierten Voraussetzungen *nicht mehr geltend gemacht werden können* (sog. **Heilung**). § 242 dient mithin der **Rechtssicherheit**[1].

II. Voraussetzungen der Heilung

1. Beurkundungsmängel (§ 242 Abs. 1)

a) Teleologischer Hintergrund

2 Beurkundungsmängel, die zur Nichtigkeit nach § 241 Nr. 2 führen, werden **sofort mit Eintragung** in das Handelsregister geheilt. Die Beurkundung soll gewährleisten, dass das Ergebnis der Willensbildung korrekt dokumentiert wird[2]. Damit dient die Beurkundung zugleich der Richtigkeit der Registereintragung. Wird der Beschluss im Ergebnis richtig eingetragen, kann folglich die fehlende Beurkundung keine Konsequenzen mehr haben.

b) Eintragung

3 **aa) Bewirkung der Eintragung.** Die Heilung nach § 242 Abs. 1 setzt voraus, dass der Beschluss in das Handelsregister eingetragen wird. **Nicht ausreichend** ist die bloße **Einreichung als Schriftstück** zum Handelsregister i.S. des § 9 Abs. 1 Satz 2. Alt. HGB. Der Heilung nach § 242 Abs. 1 unterliegen in jedem Fall eintragungs*pflichtige*, ebenso aber (lediglich) eintragungs*fähige* Beschlüsse[3]. **Streitig** ist, ob auch **nicht eintragungsfähige Beschlüsse**, die gleichwohl eingetragen werden, nach § 242 Abs. 1 geheilt werden können[4]. Gegen diese Möglichkeit spricht indes entscheidend, dass das Gesetz bei nicht eintragungsfähigen Beschlüssen kein qualifiziertes Bedürfnis nach Publizität erblickt und damit auch das Interesse, wegen der Rechtsbeständigkeit solcher Beschlüsse Rechtssicherheit zu erlangen, geringer bewertet. Daher unterliegen nicht eintragungsfähige Beschlüsse nicht der Heilung.

4 **bb) Zuständiges Registergericht.** Die Eintragung muss beim **zuständigen Registergericht** bewirkt worden sein. Sofern die Gesellschaft mehrere Sitze unterhält, wird die Nichtigkeit erst geheilt, wenn der Beschluss in den Registern beider Sitze eingetragen ist[5]. Unterhält die Gesellschaft eine Zweigniederlassung, so ist der Beschluss nach § 13c Abs. 1 HGB beim Gericht der Hauptniederlassung oder des Sitzes einzutragen. Wird der Beschluss versehentlich nur im Handelsregister am Ort bzw. im Bezirk der Zweigniederlassung eingetragen, kann keine Heilung eintreten[6].

---

1 BGH v. 20.2.1984 – II ZR 116/83, AG 1984, 149, 150; BGH v. 19.6.2000 – II ZR 73/99, BGHZ 144, 365, 368 = AG 2000, 515; dazu *Zöllner*, DNotZ 2001, 872, 875; *Heidel* in Heidel, § 242 Rz. 1; *Emde*, ZIP 2000, 1753, 1754 f.; *K. Schmidt* in Großkomm. AktG, § 242 Rz. 1; *Geßler*, ZGR 1980, 427, 453; *Zöllner* in KölnKomm. AktG, § 242 Rz. 3; *Hüffer* in MünchKomm. AktG, § 242 Rz. 2.
2 *Hüffer*, § 130 Rz. 1.
3 *Casper*, Die Heilung nichtiger Beschlüsse im Kapitalgesellschaftsrecht, S. 98 f.; *Grumann/Gillmann*, NZG 2004, 839, 843; *Hüffer* in MünchKomm. AktG, § 242 Rz. 4; anders *Henn*, Handbuch des Aktienrechts, § 28 Rz. 974, S. 497 sowie nunmehr *Hüffer*, § 130 Rz. 30.
4 Dafür *Casper*, Die Heilung nichtiger Beschlüsse im Kapitalgesellschaftsrecht, S. 99; dagegen *Zöllner* in KölnKomm. AktG, § 242 Rz. 6; *Hüffer* in MünchKomm. AktG, § 242 Rz. 4.
5 KG v. 20.2.1973 – 1 W 522/72, BB 1973, 1001, 1002; BayObLG v. 29.3.1985 – BReg 3 Z 22/85, BayObLGZ 1985, 111, 117 = AG 1986, 48; *Casper*, Die Heilung nichtiger Beschlüsse im Kapitalgesellschaftsrecht, S. 115 f.; *Ulmer* in Ulmer, GmbHG, § 3 Rz. 15; *Katschinski*, ZIP 1997, 620, 623 f.; *Hüffer* in MünchKomm. AktG, § 242 Rz. 5.
6 *Casper*, Die Heilung nichtiger Beschlüsse im Kapitalgesellschaftsrecht, S. 114; *K. Schmidt* in Großkomm. AktG, § 242 Rz. 6; *Zöllner* in KölnKomm. AktG, § 242 Rz. 7; *Hüffer* in MünchKomm. AktG, § 242 Rz. 5; *Semler* in MünchHdb. AG, § 41 Rz. 43 (in Fn. 107).

cc) Sitzverlegung. Bei Sitzverlegung gilt Folgendes: Wurde der Beschluss vor der Sitz- 5
verlegung in das bisherige Handelsregister eingetragen, so ist er geheilt; die nachfolgende Verlegung bleibt hierauf ohne Einfluss. Erfolgt die Eintragung erst nach der Sitzverlegung, so tritt Heilung nach § 242 Abs. 1 nur ein, wenn der Beschluss am Registergericht des neuen Sitzes eingetragen wird. War die **Sitzverlegung nichtig**, ist der Sitzverlegungsbeschluss aber gleichwohl am Registergericht des neuen Sitzes eingetragen worden, so war das Registergericht in Wahrheit nicht für die Eintragung weiterer Beschlüsse der Gesellschaft zuständig. Für die Heilung solcher Beschlüsse ist zu **differenzieren**: (1.) Ist die Sitzverlegung als solche geheilt, so wirkt dies *ex tunc* (unten Rz. 15). Die Heilung des Sitzverlegungsbeschlusses ist möglich, obwohl das Registergericht des neuen Sitzes diesen Beschluss gar nicht erst hätte eintragen dürfen[7]. Letzteres Registergericht ist damit rückwirkend auch für die Eintragung der übrigen Beschlüsse zuständig. Diese können daher durch die Eintragung an jenem Registergericht geheilt werden. (2.) Ist die Sitzverlegung unheilbar nichtig, so ist das Registergericht am neuen Sitz niemals zuständig gewesen; die dort bewirkte Eintragung führt daher auch nicht zur Heilung. (3.) Ist die Sitzverlegung nichtig, die Heilung aber noch möglich, so besteht kein Anlass, die Heilung von der Sitzverlegung nachfolgenden Beschlüssen anzunehmen[8]. Solange nämlich die Sitzverlegung selbst noch nicht geheilt ist, hatte das Registergericht am neuen Sitz die Nichtigkeit der Verlegung von Amts wegen zu beachten; hat es gleichwohl Beschlüsse eingetragen, so hat es dies als unzuständiges Gericht getan. Solange den Beteiligten von Rechts wegen zugemutet wird, dass die Sitzverlegung in der Schwebe bleibt, muss ihnen auch die Ungewissheit zugemutet werden, dass während dieser Schwebezeit keine Klarheit über das zuständige Registergericht besteht.

2. Einberufungs- und Inhaltsmängel (§ 242 Abs. 2 Satz 1, 2)

a) Fristablauf

Die Heilung von Einberufungs- und Inhaltsmängeln (§ 241 Nr. 1, 3, 4) tritt nach Ab- 6
lauf einer Frist von **drei Jahren** ein. Für den **Fristbeginn** kommt es auf den **tatsächlichen Tag der Eintragung**[9] an, selbst wenn im Handelsregister irrtümlich ein anderer Tag vermerkt ist[10] oder die Bekanntmachung später oder gar überhaupt nicht erfolgt[11]. Die Frist beginnt am auf die Eintragung folgenden Tag (§ 187 Abs. 1 BGB)[12]. Sie endet nach § 188 Abs. 2 BGB an demjenigen Tag des dritten Jahres nach Eintragung, der nach seinem Datum dem Tag der Eintragung entspricht[13]. Fällt das nach § 188 Abs. 2 BGB berechnete **Fristende** auf einen Samstag, einen Sonntag oder einen Feiertag, so endet **analog § 193 BGB** die Frist am nächsten Werktag[14]. Die Vorschrift gilt unstreitig für die Anfechtungsfrist nach § 246 Abs. 1 (vgl. § 246 Rz. 6). Dann kann die Heilungsfrist, auch wenn sie keine Rechtsmittelfrist ist, nicht anders behandelt werden. § 193 BGB enthält vielmehr die auch für die Heilung passende Interessenbewertung, dass bis zum ersten Werktag nach Fristende noch mit einer Klage

---

7 *Casper*, Die Heilung nichtiger Beschlüsse im Kapitalgesellschaftsrecht, S. 112 f.
8 Für Heilung in diesem Fall aber *Casper*, Die Heilung nichtiger Beschlüsse im Kapitalgesellschaftsrecht, S. 113 f.; *Zöllner* in MünchKomm. AktG, § 242 Rz. 8.
9 Zur Eintragung gilt das oben Rz. 3 ff. zu § 242 Abs. 1 Gesagte entsprechend.
10 *Hüffer* in MünchKomm. AktG, § 242 Rz. 7.
11 *Hüffer*, § 242 Rz. 3; *Zöllner* in KölnKomm. AktG, § 242 Rz. 31.
12 *K. Schmidt* in Großkomm. AktG, § 242 Rz. 11; *Hüffer* in MünchKomm. AktG, § 242 Rz. 7.
13 *Hüffer* in MünchKomm. AktG, § 242 Rz. 7.
14 *Casper*, Die Heilung nichtiger Beschlüsse im Kapitalgesellschaftsrecht, S. 120 f.; *K. Schmidt* in Großkomm. AktG, § 242 Rz. 11; *Hüffer* in MünchKomm. AktG, § 242 Rz. 7; gegen die Analogie aber OLG Düsseldorf v. 5.4.2001 – 6 U 91/00, NZG 2001, 1036, 1038; *Zöllner* in KölnKomm. AktG, § 242 Rz. 33; nunmehr auch *Hüffer*, § 242 Rz. 3.

gerechnet werden muss. Die Heilung einer **Kapitalerhöhung** bewirkt auch die Heilung nachfolgender, auf ihr aufbauender Kapitalerhöhungen, selbst wenn für diese die Heilungsfrist noch nicht abgelaufen ist; denn letztere bauen nunmehr auf einem zutreffenden Ausgangsbetrag auf[15].

b) Fristverlängerung

7   **aa) Klage auf Feststellung der Nichtigkeit.** Die Heilungsfrist verlängert sich, wenn ein Aktionär oder Verwaltungsmitglied Nichtigkeitsklage nach § 249 erhebt. Ebenso genügt die Erhebung der Anfechtungsklage nach §§ 243 Abs. 1, 246 Abs. 1; denn der Klageantrag der Anfechtungsklage umfasst auch den Nichtigkeitsantrag (vgl. § 249 Rz. 2). Nach hier vertretener Ansicht wird die Heilungsfrist darüber hinaus auch durch die **Feststellungsklage eines Dritten** verlängert[16], und zwar selbst dann, wenn diese Klage mangels Feststellungsinteresses unzulässig ist. Dies hat zur Folge, dass ein Aktionär oder Verwaltungsmitglied selbst nach Ablauf von drei Jahren noch Nichtigkeitsklage erheben kann, falls zwischenzeitlich ein Dritter die gerichtliche Überprüfung des angegriffenen Beschlusses veranlasst hat und dieser Prozess noch nicht erledigt ist. Das ist hinzunehmen: Auf die Rechtsbeständigkeit des Beschlusses trotz schwerwiegender Fehler kann bereits dann nicht mehr schutzwürdig vertraut werden, wenn auch nur *irgend jemand* eine gerichtliche Überprüfung des Beschlusses begehrt. Der Gegenmeinung, wonach selbst die zulässige Klage eines Dritten niemals fristverlängernd wirkt[17], ist freilich zuzugeben, dass es zu Friktionen kommen kann: Hat die Feststellungsklage des Dritten Erfolg, so wirkt das Urteil nur zwischen ihm und der Gesellschaft (vgl. § 249 Rz. 11). Wenn aber selbst innerhalb der nach § 242 Abs. 2 Satz 2 verlängerten Frist kein Aktionär oder Verwaltungsmitglied eine Nichtigkeitsklage nach § 249 erhebt, tritt mit Wirkung für alle Aktionäre und Verwaltungsmitglieder Heilung ein. Danach scheint es, als wäre der Beschluss im Innenverhältnis gültig, im Außenverhältnis nicht. Diese Situation kann indes deshalb nicht eintreten, weil in dem Augenblick, da der Beschluss geheilt ist, auch Dritte dessen Rechtsbeständigkeit hinnehmen müssen – ebenso wie sie einen von vornherein wirksamen Beschluss gegen sich gelten lassen müssen (unten Rz. 15). Dritte sind am Gesellschaftsverhältnis nicht beteiligt und können daher auch die dort geltenden Bindungen nicht in Frage stellen. Ein zuvor ergangenes Urteil, das zugunsten eines Dritten die Nichtigkeit des Beschlusses feststellt, wird mit Eintritt der Heilung obsolet.

8   **bb) Rechtshängigkeit.** Fristverlängerung tritt nur ein, wenn die Klageschrift der Gesellschaft innerhalb der Dreijahresfrist **zugestellt** wird (§§ 253 Abs. 1, 261 Abs. 1 ZPO)[18]. Allein die Tatsache, dass die Klageschrift innerhalb der Frist bei Gericht eingeht (sog. *Anhängigkeit*), führt nicht generell[19], sondern nur dann zur Fristverlängerung, wenn die Klageschrift nach Ablauf der Frist **demnächst** zugestellt wird (§ 167 ZPO)[20]. Sofern der Kläger die Klage innerhalb der Frist einreicht, aber **Prozesskosten-**

---

15 *Trendelenburg,* NZG 2003, 860, 864.

16 Im Ergebnis wie hier *Zöllner* in KölnKomm. AktG, § 242 Rz. 52.

17 *Baumbach/Hueck,* § 242 Anm. 5; *Casper,* Die Heilung nichtiger Beschlüsse im Kapitalgesellschaftsrecht, S. 124; *K. Schmidt* in Großkomm. AktG, § 242 Rz. 12; *Hüffer* in MünchKomm. AktG, § 242 Rz. 8.

18 *K. Schmidt* in Großkomm. AktG, § 242 Rz. 12; *Hüffer* in MünchKomm. AktG, § 242 Rz. 9.

19 So aber *Zöllner* in KölnKomm. AktG, § 242 Rz. 35.

20 BGH v. 14.11.1988 – II ZR 82/88, NJW 1989, 904, 905 = AG 1989, 87; LG Düsseldorf v. 26.2.1988 – 40 O 255/80, AG 1989, 140, 141, dazu *Hüffer,* EWiR 1988, 527; *Casper,* Die Heilung nichtiger Beschlüsse im Kapitalgesellschaftsrecht, S. 127 f.; *K. Schmidt* in Großkomm. AktG, § 242 Rz. 12; *Henn,* Handbuch des Aktienrechts, § 28 Rz. 974, S. 497; *Hüffer* in MünchKomm. AktG, § 242 Rz. 9.

hilfe beantragt, deshalb die Zustellung der Klage bis zur Entscheidung über den Prozesskostenhilfeantrag hinausgezögert wird und zwischenzeitlich die Frist verstreicht, gilt folgendes: Wird die Prozesskostenhilfe *bewilligt* und im Anschluss daran die Klageschrift zugestellt, so ist die Zustellung i.S. des § 167 ZPO als „demnächst" erfolgt anzusehen: Finanzielle Bedrängnis darf den Zugang zu den Gerichten nicht erschweren[21]. Wird die Prozesskostenhilfe *versagt*, lässt der Kläger aber gleichwohl die Klage zustellen, so ist die Zustellung „demnächst" erfolgt, wenn sie binnen zwei Wochen nach Zustellung der die Prozesskostenhilfe ablehnenden Entscheidung bewirkt wird (Gedanke des § 234 Abs. 1 ZPO); dies freilich nur, wenn der Kläger *ex ante* mit Bewilligung der Prozesskostenhilfe rechnen durfte[22]. Die fristgerechte Klage vor einem **unzuständigen Gericht** reicht ohne jede Einschränkung aus, um die Verlängerung der Frist nach § 242 Abs. 2 Satz 2 zu bewirken; dies selbst dann, wenn der Verweisungsantrag gem. § 281 ZPO erst nach Ablauf der Dreijahresfrist gestellt wird[23].

cc) Dauer der Fristverlängerung. Die Heilungsfrist verlängert sich bis zur **endgültigen Erledigung der Klage**. Damit ist weder eine Hemmung des Fristlaufs noch ein Neubeginn der Frist gemeint[24]. Vielmehr gilt: Erledigt sich die Klage vor dem Ablauf von drei Jahren seit Eintragung, so tritt Heilung nach Ablauf dieser Dreijahresfrist ein; erledigt sie sich nach dem Ablauf dieser Frist, so tritt Heilung im Zeitpunkt der Erledigung ein. **Endgültig erledigt** hat sich die Klage, wenn über sie ein rechtskräftiges Urteil ergangen, wenn die Klage zurückgenommen oder der Prozess durch Vergleich[25] oder übereinstimmende Erledigungserklärung[26] beendet worden ist. Erklärt dagegen der Kläger einseitig die Hauptsache für erledigt, so begehrt er zwar nicht mehr die Feststellung der Nichtigkeit des Beschlusses, wohl aber die Feststellung, dass die Klage ursprünglich zulässig und begründet war, infolge eines nach Rechtshängigkeit eingetretenen Erledigungsereignisses aber nunmehr unzulässig oder unbegründet geworden ist[27]. Um die Fehlerhaftigkeit des Beschlusses wird also nach wie vor gestritten. Schutzwürdiges Vertrauen in die Rechtsbeständigkeit des Beschlusses kann dann nicht entstehen. Daher endet die Fristverlängerung nach § 242 Abs. 2 Satz 2 erst mit Rechtskraft des Erledigungsurteils[28].

9

---

21 Wie hier *Hüffer* in MünchKomm. AktG, § 242 Rz. 10.
22 Ebenso, aber ohne die letzte im Text genannte Einschränkung *Hüffer* in MünchKomm. AktG, § 242 Rz. 10.
23 RGZ 151, 233, 235; BGH v. 6.2.1961 – III ZR 13/60, BGHZ 34, 230, 234 f.; BGH v. 21.9.1961 – III ZR 120/60, BGHZ 35, 374, 377; BGH v. 24.1.1983 – VIII ZR 178/81, BGHZ 86, 313, 322 f.; BGH v. 20.2.1986 – III ZR 232/84, BGHZ 97, 155, 161; BGH v. 17.9.1998 – V ZB 14/98, NJW 1998, 3648 f.; einschränkend („jedenfalls", wenn Verweisungsantrag vor Fristablauf gestellt wurde) *Hüffer* in MünchKomm. AktG, § 242 Rz. 9.
24 BGH v. 27.10.1951 – II ZR 44/50, NJW 1952, 98; BGH v. 14.11.1988 – II ZR 82/88, NJW 1989, 904, 905 = AG 1989, 87; *Casper*, Die Heilung nichtiger Beschlüsse im Kapitalgesellschaftsrecht, S. 122 f.; *Hüffer*, § 242 Rz. 5; *K. Schmidt* in Großkomm. AktG, § 242 Rz. 12; *Zöllner* in KölnKomm. AktG, § 242 Rz. 43; *Hüffer* in MünchKomm. AktG, § 242 Rz. 11.
25 Zur Zulässigkeit eines Prozessvergleichs vgl. § 246 Rz. 34 ff.
26 Ebenso *Hüffer* in MünchKomm. AktG, § 242 Rz. 12.
27 BGH v. 18.2.1957 – II ZR 287/54, BGHZ 23, 333, 340; BGH v. 15.1.1982 – V ZR 50/81, BGHZ 83, 12, 13; BGH v. 8.2.1989 – IVa ZR 98/87, BGHZ 106, 359, 366; BGH v. 5.5.1999 – XII ZR 184/97, BGHZ 141, 307, 316; BGH v. 17.7.2003 – IX ZR 268/02, BGHZ 155, 392, 395; *Bergfurther*, NJW 1992, 1655, 1658; *Wolst* in Musielak, ZPO, § 91a Rz. 29; *Thomas/Putzo*, ZPO, § 91a Rz. 23; *Vollkommer* in Zöller, ZPO, § 91a Rz. 43 f.
28 Im Ergebnis *Zöllner* in KölnKomm. AktG, § 242 Rz. 40; wohl auch *Hüffer* in MünchKomm. AktG, § 242 Rz. 12.

3. Einberufungsmängel durch Übergehen von Aktionären (§ 242 Abs. 2 Satz 4)

a) Verstoß gegen § 121 Abs. 4

10 Einberufungsmängel können zunächst dann nach § 242 Abs. 2 Satz 4 durch Genehmigung des Aktionärs geheilt werden, wenn die **Voraussetzungen** für eine persönliche Einladung nach § 121 Abs. 4 **vorlagen**; die **Durchführung der Einladung** jedoch **Fehler** aufwies[29]. So kommt eine Heilung durch Genehmigung in Betracht, wenn die Einladung an einzelne Aktionäre nicht versandt wurde[30] oder wenn durch einfachen statt durch eingeschriebenen Brief eingeladen wurde. Die Heilung tritt bei Genehmigung durch den übergangenen Aktionär selbst dann ein, wenn er vorsätzlich nicht eingeladen wurde[31]. Dagegen scheidet entgegen einer im Schrifttum vertretenen Auffassung[32] die Heilung nach § 242 Abs. 2 Satz 4 aus, wenn der Vorstand die Aktionäre weder persönlich noch in den Gesellschaftsblättern zur Hauptversammlung geladen hat: Ein Verstoß gegen § 121 Abs. 4 liegt nur vor, wenn der Vorstand dem Grunde nach diese Vorschrift anwenden wollte, wenn er also das Verfahren der persönlichen Einladung gewählt hat. Tut er dies nicht, so bleibt er zur Einladung nach § 121 Abs. 3 (Mitteilung in den Gesellschaftsblättern) verpflichtet. Nur *diese* Vorschrift ist durch die Nichtladung verletzt. Einberufungsmängel können ferner dann nach § 242 Abs. 2 Satz 4 geheilt werden, wenn es an den **Voraussetzungen für eine persönliche Einladung** nach § 121 Abs. 4 **fehlte**, der Vorstand aber trotzdem persönlich eingeladen hat[33]. Das gilt zum einen dann, wenn die Einladung alle Aktionäre erreicht hat: Dann wurden sie vom Termin der Hauptversammlung wesentlich besser informiert, als wenn sie sich erst aus eigenem Antrieb aus den Gesellschaftsblättern hätten unterrichten müssen. Der Beschluss ist in diesem Fall nicht einmal anfechtbar, da der Ladungsmangel sich auf das Beschlussergebnis nicht ausgewirkt haben kann. Heilung tritt aber auch dann ein, wenn die Einladung einen Aktionär nicht erreicht hat: Dieser mag dann die Genehmigung verweigern und damit den Eintritt der Heilung verhindern.

b) Genehmigung

11 Die Genehmigung ist eine empfangsbedürftige **Willenserklärung**[34]. Durch sie wird der bis dato nichtige Hauptversammlungsbeschluss gültig. Der Sache nach wird damit der nichtige Beschluss in den Rechtsfolgen dem unwirksamen Beschluss gleichgestellt[35]: Jener Beschluss kann ebenso wie dieser durch Genehmigung des betroffenen Aktionärs rechtliche Gültigkeit erlangen. **Adressat** der Genehmigung ist die Gesellschaft, vertreten durch den Vorstand; nach § 78 Abs. 2 Satz 2 genügt die Abgabe der Genehmigungserklärung gegenüber einem einzigen Vorstandsmitglied. Eine gesetzliche **Frist** für die Genehmigung gibt es nicht, auch keine Pflicht zur unverzüglichen Erklärung hierüber[36]. Wohl aber kann der Vorstand analog §§ 108 Abs. 2, 177

---

29 Vgl. nur *Hüffer* in MünchKomm. AktG, § 242 Rz. 15.

30 *Kindler*, NJW 1994, 3041, 3044; *Hüffer* in MünchKomm. AktG, § 242 Rz. 15; *Planck*, GmbHR 1994, 501, 503.

31 *Casper*, Die Heilung nichtiger Beschlüsse im Kapitalgesellschaftsrecht, S. 132 f.; *Hüffer* in MünchKomm. AktG, § 242 Rz. 15.

32 *Ludwig*, AG 2002, 433, 438 f.

33 *Casper*, Die Heilung nichtiger Beschlüsse im Kapitalgesellschaftsrecht, S. 132 f.; *K. Schmidt* in Großkomm. AktG, § 242 Rz. 18; *Ludwig*, AG 2002, 433, 438; *Hüffer* in MünchKomm. AktG, § 242 Rz. 15.

34 *Casper*, Die Heilung nichtiger Beschlüsse im Kapitalgesellschaftsrecht, S. 134; *Hüffer* in MünchKomm. AktG, § 242 Rz. 16.

35 *Heidel* in Heidel, § 242 Rz. 6; *K. Schmidt* in Großkomm. AktG, § 242 Rz. 19; *Hüffer* in MünchKomm. AktG, § 242 Rz. 14.

36 *Casper*, Die Heilung nichtiger Beschlüsse im Kapitalgesellschaftsrecht, S. 136; *Gaßner/Zimmer*, WiB 1997, 169, 175; *Hüffer* in MünchKomm. AktG, § 242 Rz. 16.

Abs. 2 BGB den Aktionär zur Erklärung über die Genehmigung mit der Folge auffordern, dass diese als verweigert gilt, wenn sie nicht binnen zwei Wochen seit Zugang der Aufforderung erteilt wird[37]. Soweit auf der fehlerhaft einberufenen Hauptversammlung **mehrere Beschlüsse** gefasst worden sind, kann der Aktionär einzelne genehmigen und die Genehmigung anderer Beschlüsse verweigern[38].

c) Wirkungen

Bei **Erteilung** der Genehmigung durch sämtliche übergangenen Aktionäre ist der Beschluss geheilt. Eine zuvor erhobene Nichtigkeitsklage wird abgewiesen, wenn der Kläger sie nicht in der Hauptsache für erledigt erklärt. In einschränkender Auslegung des § 559 Abs. 1 Satz 1 ZPO ist die Genehmigung selbst dann zu berücksichtigen, wenn sie zu einem Zeitpunkt erklärt wird, da der Nichtigkeitsprozess bereits in der Revisionsinstanz schwebt. Andernfalls würde man die Gesellschaft unzulässig in ihrem rechtlichen Gehör beschneiden; denn wenn einmal die Nichtigkeit rechtskräftig festgestellt ist, ist sie der Heilung nicht mehr zugänglich, so dass der Gesellschaft jegliche Berufung auf die Genehmigung verwehrt wäre. Die Heilung durch Genehmigung schließt des weiteren die Befugnis des Registergerichts aus, den Beschluss von Amts wegen zu löschen; § 242 Abs. 2 Satz 3 gilt nicht für die Heilung nach § 242 Abs. 2 Satz 4. Sobald die übergangenen Aktionäre den Beschluss genehmigt haben, besteht kein Anlass mehr für eine registergerichtliche Intervention. Wird die Genehmigung **verweigert**, so kann der Aktionär die Verweigerung nicht widerrufen und den Beschluss auch nicht mehr nachträglich genehmigen[39]. Bei eingetragenen Beschlüssen bleibt nur eine Heilung durch Fristablauf nach § 242 Abs. 2 Satz 1 möglich. Bei nicht eingetragenen Beschlüssen ist demgegenüber die Heilung endgültig gescheitert.

4. Nicht heilbare nichtige Beschlüsse

Sofern die Nichtigkeit eines Beschlusses auf § 192 Abs. 4 oder § 212 Satz 2 beruht, ist sie nicht heilbar. Im Fall des § 212 Satz 2 ist freilich die Nichtigkeitsfolge rechtspolitisch nicht zwingend, kennt doch das Gesetz selbst in § 204 Abs. 3 einen Fall der Kapitalerhöhung aus Gesellschaftsmitteln, bei denen die Altaktionäre nicht an den neuen Aktien teilhaben[40]. **Nicht heilbar** ist des weiteren die **Nichtigkeit nach § 241 Nr. 5, 6**[41] und ebenso wenig die Nichtigkeit, die durch Urteil nach § 249 festgestellt worden ist: Die Rechtskraft eines solchen Urteils wirkt nach § 248 Abs. 1 Satz 1 für und gegen alle Aktionäre und Verwaltungsmitglieder. Das Urteil hat damit allumfassende Rechtssicherheit geschaffen; einer Heilung bedarf es dann nicht mehr. Ebenso sorgt die Amtslöschung für Rechtssicherheit, indem sie den Beschluss gänzlich aus dem Handelsregister beseitigt. Auch hier bleibt folglich für eine Heilung kein Raum. Die Unheilbarkeit der Nichtigkeit nach §§ 192 Abs. 4, 241 Nr. 5 und 6 lässt sich noch auf einen weiteren Grundgedanken zurückführen[42]: In allen Fällen ist bereits

---

37 Wie hier *K. Schmidt* in Großkomm. AktG, § 242 Rz. 19; dagegen aber *Casper*, Die Heilung nichtiger Beschlüsse im Kapitalgesellschaftsrecht, S. 136 f.; *Hüffer* in MünchKomm. AktG, § 242 Rz. 16; kritisch auch *Heidel* in Heidel, § 242 Rz. 6.

38 *Casper*, Die Heilung nichtiger Beschlüsse im Kapitalgesellschaftsrecht, S. 135 f.; *K. Schmidt* in Großkomm. AktG, § 242 Rz. 20; *Ludwig*, AG 2002, 433, 439; *Hüffer* in MünchKomm. AktG, § 242 Rz. 16.

39 *Hüffer* in MünchKomm. AktG, § 242 Rz. 17; *Planck*, GmbHR 1994, 501, 503.

40 Darauf weist zu Recht *Casper*, Die Heilung nichtiger Beschlüsse im Kapitalgesellschaftsrecht, S. 197 hin.

41 *K. Schmidt* in Großkomm. AktG, § 242 Rz. 3; *Zöllner* in KölnKomm. AktG, § 242 Rz. 29; *Hüffer* in MünchKomm. AktG, § 242 Rz. 18.

42 Zum Folgenden *Casper*, Die Heilung nichtiger Beschlüsse im Kapitalgesellschaftsrecht, S. 195 ff.

dem Handelsregister eine dem nichtigen Beschluss konträre Rechtslage zu entnehmen. Im Fall des § 192 Abs. 4 ist dies der vorangegangene Beschluss über die bedingte Kapitalerhöhung; im Fall des § 241 Nr. 5 ist dies die nach § 248 Abs. 2 gebotene Registrierung des stattgebenden Anfechtungsurteils (bzw. im Fall des § 249 des Nichtigkeitsurteils); im Fall des § 241 Nr. 6 ist dies der Akt der Löschung. Bereits aus dem Handelsregister ergibt sich also, dass auf den Bestand des betroffenen Beschlusses nicht vertraut werden kann.

III. Rechtsfolge der Heilung

1. Veränderung der materiellen Rechtslage

14 Nach verbreiteter Ansicht bleibt selbst der geheilte Beschluss nichtig; es darf sich lediglich niemand mehr auf die Nichtigkeit berufen[43]. Nur so sei die Befugnis des Registergerichts erklärbar, die Löschung selbst nach Heilung zu verfügen (§ 242 Abs. 2 Satz 3). Die **überwiegende Meinung** hält hingegen den ursprünglich nichtigen, aber **geheilten Beschluss** für **wirksam**: Die Heilung verändere die materielle Rechtslage[44]. Eine fortbestehende Nichtigkeit, auf die sich niemand berufen könne, könne es nicht geben[45]. Die Rechtsfolge, dass der nichtige Beschluss gültig werde, rechtfertige sich daraus, dass das Registergericht ihn zuvor geprüft habe[46]. Wollte man die Wirkung auf Unangreifbarkeit beschränken, bestünde erhebliche (Rechts-)Unsicherheit hinsichtlich einer „fortgepflanzten" Fehlerhaftigkeit von Folgeakten, die auf den nichtigen aber unangreifbaren Beschluss aufbauen, sowie bezüglich der Folgepflicht des Vorstandes[47]. Der überwiegenden Meinung ist im Ergebnis zuzustimmen. Der von der Gegenansicht ins Feld geführte § 242 Abs. 2 Satz 3 spricht in Wahrheit für die Wirksamkeit des geheilten Beschlusses. Denn nur wenn man dies annimmt, erlangt der Nichtigkeitsgrund des § 241 Nr. 6 eigenständige praktische Bedeutung: Wenn nämlich die Nichtigkeit nach § 241 Nr. 1 bis 4 durch Heilung beseitigt ist, kann nur noch die Amtslöschung nach § 241 Nr. 6 – konstitutiv – die Nichtigkeit des Beschlusses herbeiführen. Wäre der geheilte Beschluss weiterhin nach § 241 Nr. 1 bis 4 nichtig, so hätte es des § 241 Nr. 6 als eigenständigen Nichtigkeitsgrund nicht bedurft. Die Heilung nach § 242 Abs. 2 beseitigt daher zunächst die Nichtigkeit als solche; verfügt das Registergericht die Amtslöschung, wird der Beschluss *erneut* nichtig. Im Rahmen des § 242 Abs. 2 Satz 4 begründet sich die Heilung aus dem zulässigen Verzicht des übergangenen Aktionärs auf seine gesetzlich geschützten Interessen. Bereits deshalb wird in diesem Fall die Nichtigkeit als solche beseitigt und nicht bloß die Berufung auf sie verwehrt.

---

43 *Heidel* in Heidel, § 242 Rz. 5; *Cahn*, JZ 1997, 8, 11; *Emde*, ZIP 2000, 1753, 1756 f.; *Ulmer* in Ulmer, GmbHG, § 34 Rz. 108; *Hefermehl* in FS Schilling, S. 159, 168; *Mestmäcker*, BB 1961, 945, 947 f.; *Hefermehl/Spindler* in MünchKomm. AktG, § 93 Rz. 113; *Stein*, ZGR 1994, 472, 480 f.

44 *Casper*, Die Heilung nichtiger Beschlüsse im Kapitalgesellschaftsrecht, S. 141 ff., 145 ff.; *Fleck*, GmbHR 1974, 224, 227; *K. Schmidt* in Großkomm. AktG, § 242 Rz. 13; *Henn*, Handbuch des Aktienrechts, § 28 Rz. 974, S. 497; *Kiem*, Die Eintragung der angefochtenen Verschmelzung, S. 155 f.; *Hüffer* in MünchKomm. AktG, § 242 Rz. 3; *Semler* in MünchHdb. AG, § 41 Rz. 43; wohl auch der Bundesgerichtshof BGH v. 23.3.1981 – II ZR 27/80, BGHZ 80, 212, 216; BGH v. 15.12.1986 – II ZR 18/86, BGHZ 99, 211, 216 = AG 1987, 152; BGH v. 14.11.1988 – II ZR 82/88, NJW 1989, 904, 905 = AG 1989, 87; BGH v. 6.11.1995 – II ZR 181/94, NJW 1996, 257, 258 = AG 1996, 176, jedoch jeweils nur als *obiter dicta*.

45 *Hüffer* in MünchKomm. AktG, § 242 Rz. 3.

46 *Casper*, Die Heilung nichtiger Beschlüsse im Kapitalgesellschaftsrecht, S. 142; *K. Schmidt* in Großkomm. AktG, § 242 Rz. 14; *Hüffer* in MünchKomm. AktG, § 242 Rz. 3; kritisch *Henn*, Handbuch des Aktienrechts, § 28 Rz. 975, S. 498.

47 *Casper*, Die Heilung nichtiger Beschlüsse im Kapitalgesellschaftsrecht, S. 148 f.

2. Zeitliche und personelle Reichweite der Heilung

Der geheilte Beschluss wird rückwirkend **von Anfang an gültig**[48], und zwar mit Wir- 15
kung **für und gegen alle** Aktionäre und Verwaltungsmitglieder. Beides ergibt sich aus
dem Wortlaut des § 242: Die Nichtigkeit kann *nicht mehr geltend gemacht werden* –
nicht für die Vergangenheit (deshalb die Rückwirkung) und außerdem von niemand-
dem, der zuvor die Nichtigkeit hätte reklamieren dürfen. In zeitlicher Hinsicht entspricht allein die Rückwirkung dem Normzweck des § 242; denn nur sie stellt sicher,
dass der Beschluss auch für die Vergangenheit nicht mehr in Frage gestellt wird, und
erzeugt so die angestrebte Rechtssicherheit. Nach überwiegender Meinung wirkt die
Heilung auch gegen außenstehende Dritte[49]. Diese Meinung trifft im Ergebnis das
Richtige, erweist sich aber in der Begründung als ungenau. Denn Verbandsbeschlüsse
erzeugen Rechts*wirkungen* immer nur im Verbandsinnenverhältnis. Dritte werden
von den „Wirkungen" des Beschlusses nicht betroffen, weil dieser nicht in ihre
Rechtssphäre eingreifen kann. Dritte müssen, da sie die Autonomie des Verbandes
zu respektieren haben, den Beschluss lediglich *hinnehmen* (vgl. näher § 248 Rz. 5).
Konsequent kann auch die Heilung nur im Verbandsinnenverhältnis wirken: zwischen allen Aktionären und Verwaltungsmitgliedern. *Wenn* ein Beschluss in diesem
Verhältnis geheilt ist, müssen dies auch alle Außenstehenden hinnehmen – ebenso
wie sie den Beschluss hätten hinnehmen müssen, wenn er bereits von Beginn an
rechtsgültig gewesen wäre. *Deshalb* können auch Dritte nach der Heilung die Nichtigkeit nicht mehr geltend machen.

3. Folgepflicht von Vorstand und Aufsichtsrat

Da der geheilte Beschluss von Anfang an Wirksamkeit erlangt, sind Vorstand und 16
Aufsichtsrat **verpflichtet**, diesem Beschluss **Folge zu leisten**[50]. Die Gegenansicht, die
eine solche Folgepflicht verneint[51], beruft sich darauf, dass der Beschluss ungeachtet
der Heilung weiterhin gesetzeswidrig sei. Die Gegenansicht gestattet damit Vorstand
und Aufsichtsrat entgegen dem Wortlaut des § 242 die Geltendmachung der Nichtigkeit nach Eintritt der Heilung und tut auf diese Weise der angestrebten Rechtssicherheit Abbruch. Die Mitglieder von Vorstand und Aufsichtsrat können der Folgepflicht
nur dadurch entgehen, dass sie Nichtigkeitsklage nach § 249 erheben; haben sie diese
Möglichkeit versäumt, so hat es mit dem Beschluss sein Bewenden.

4. Enthaftung?

Wenn die Heilung die Nichtigkeit beseitigt (oben Rz. 14), so ist damit noch nicht ge- 17
sagt, dass der Beschluss durch sie auch *rechtmäßig* geworden ist. Nur wenn dies der
Fall ist, sind die Mitglieder von Vorstand und Aufsichtsrat von der Haftung für die

---

48 Ebenso *Casper*, Die Heilung nichtiger Beschlüsse im Kapitalgesellschaftsrecht, S. 154 ff.;
   K. Schmidt in Großkomm. AktG, § 242 Rz. 13; *Zöllner* in KölnKomm. AktG, § 242 Rz. 44;
   Hüffer in MünchKomm. AktG, § 242 Rz. 19; *Semler* in MünchHdb. AG, § 41 Rz. 42.
49 BGH v. 23.3.1981 – II ZR 27/80, BGHZ 80, 212, 216; BGH v. 20.2.1984 – II ZR 116/83, AG
   1984, 149, 150; *Casper*, Die Heilung nichtiger Beschlüsse im Kapitalgesellschaftsrecht,
   S. 160 ff.; *Emde*, ZIP 2000, 1753, 1757; *Hüffer* in MünchKomm. AktG, § 242 Rz. 20.
50 BGH v. 6.10.1960 – II ZR 150/58, BGHZ 33, 175, 178; *Baumbach/Hueck*, § 242 Anm. 6; *Casper*, Die Heilung nichtiger Beschlüsse im Kapitalgesellschaftsrecht, S. 174 ff.; *Fleck*, GmbHR
   1974, 224, 227; *K. Schmidt* in Großkomm. AktG, § 242 Rz. 13; *Hüffer*, § 242 Anm. 25; *Kiem*,
   Die Eintragung der angefochtenen Verschmelzung, S. 156; *Zöllner* in KölnKomm. AktG,
   § 242 Rz. 46; *Hüffer* in MünchKomm. AktG, § 242 Rz. 21; *Wiesner* in MünchHdb. AG, § 25
   Rz. 78.
51 *Heidel* in Heidel, § 242 Rz. 5; *Hefermehl* in FS Schilling, S. 159, 168; *Mestmäcker*, BB 1961,
   945, 947 f.; *Mertens* in KölnKomm. AktG, § 93 Rz. 117; *Hefermehl/Spindler* in MünchKomm.
   AktG, § 93 Rz. 113; *Stein*, ZGR 1994, 472, 480 f.

Ausführung des Beschlusses nach § 93 Abs. 4 Satz 1 frei. Während einige Autoren den Beschluss trotz Heilung nach wie vor für gesetzwidrig halten und daher eine Haftung für die Ausführung des Beschlusses befürworten[52], argumentiert die überwiegende Auffassung, die Mitglieder der Gesellschaftsorgane könnten nicht für eine Beschlussausführung haften, zu der sie verpflichtet seien[53]. Allenfalls hafteten die Verwaltungsmitglieder dafür, dass sie den fraglichen Beschluss nicht rechtzeitig gerichtlich angegriffen und die Heilung verhindert hätten[54]. Nach **hier vertretener Ansicht** ist zu differenzieren: Der nach **§ 242 Abs. 1** von seinem Beurkundungsmangel geheilte Beschluss wird **rückwirkend** nicht bloß wirksam, sondern auch **gesetzmäßig**. Im Handelsregister ist nunmehr ordnungsgemäß dokumentiert, was von Anfang an beschlossen war. Der Zweck der Beurkundung, die authentische Registrierung des Beschlussinhalts sicherzustellen, ist auch ohne Beurkundung endgültig erreicht. Dagegen bleibt der nach **§ 242 Abs. 2** geheilte Beschluss **rechtswidrig** und bewirkt insbesondere **keine Enthaftung nach § 93 Abs. 4 Satz 1**. Die Gegenansicht verstrickt sich in Widersprüche, wenn sie einerseits den Beschluss für rechtmäßig hält, andererseits die Verwaltungsmitglieder für die versäumte Erhebung der Nichtigkeitsklage haften lässt. Denn die Nichterhebung der Nichtigkeitsklage kann man jenen Mitgliedern nur vorwerfen, wenn man anerkennt, dass sich an der ursprünglichen Gesetzwidrigkeit des Beschlusses nichts geändert hat. § 249 weist die Befugnis zur Erhebung der Nichtigkeitsklage gerade deswegen allein Mitgliedern von Vorstand und Aufsichtsrat zu, weil diesen im späteren Haftpflichtprozess der Einwand abgeschnitten werden soll, sie hätten keine Gelegenheit gehabt, sich gerichtlich gegen ihre drohende Folgepflicht zu wehren (vgl. näher § 249 Rz. 3). Schließlich ließe sich auf dem Boden der Annahme, der nach § 242 Abs. 2 geheilte Beschluss sei dadurch rechtmäßig geworden, die fortbestehende Löschungsbefugnis des Registergerichts nach § 242 Abs. 2 Satz 3 nicht erklären. Wäre nämlich der Beschluss gesetzmäßig geworden, so fehlte es an der nach § 144 Abs. 2 FGG für eine Amtslöschung erforderlichen Gesetzesverletzung[55].

5. Fortbestehende Löschungsbefugnis des Registergerichts (§ 242 Abs. 2 Satz 3)

18 Selbst nachdem der Beschluss durch Heilung rückwirkend wirksam geworden ist, kann das Registergericht unter den Voraussetzungen des § 144 Abs. 2 FGG seine Löschung verfügen. Macht es von dieser Möglichkeit Gebrauch, so tritt Nichtigkeit des Beschlusses nach § 241 Nr. 6 ein. Gerade die Möglichkeit der Löschung nach Heilung verleiht dem Nichtigkeitsgrund des § 241 Nr. 6 seine eigenständige praktische Bedeutung (vgl. oben Rz. 14). Da der geheilte Beschluss durch die Löschung **erneut nichtig** wird, erlangt diese den Charakter eines privatrechtsgestaltenden Akts der freiwilligen Gerichtsbarkeit[56].

---

52 *Mertens* in KölnKomm. AktG, § 93 Rz. 117; *Zöllner* in KölnKomm. AktG, § 242 Rz. 46; *Mestmäcker*, BB 1961, 945, 947 f.; *Hefermehl/Spindler* in MünchKomm. AktG, § 93 Rz. 113.

53 BGH v. 6.10.1960 – II ZR 150/58, BGHZ 33, 175, 178 f.; *Casper*, Die Heilung nichtiger Beschlüsse im Kapitalgesellschaftsrecht, S. 183 ff.; *Hopt* in Großkomm. AktG, § 93 Rz. 318; *Henn*, Handbuch des Aktienrechts, § 18 Rz. 599, S. 292; *K. Schmidt* in Großkomm. AktG, § 242 Rz. 13; *Hüffer* in MünchKomm. AktG, § 242 Rz. 22; *Wiesner* in MünchHdb. AG, § 26 Rz. 13.

54 *Hopt* in Großkomm. AktG, § 93 Rz. 321; *K. Schmidt* in Großkomm. AktG, § 242 Rz. 13; *Henn*, Handbuch des Aktienrechts, § 18 Rz. 599, S. 292; *Hüffer*, § 93 Rz. 25; *Hüffer* in MünchKomm. AktG, § 242 Rz. 22; *Wiesner* in MünchHdb. AG, § 26 Rz. 13; selbst gegen eine solche Haftung *Casper*, Die Heilung nichtiger Beschlüsse im Kapitalgesellschaftsrecht, S. 188 ff.

55 Das räumt selbst *Casper*, Die Heilung nichtiger Beschlüsse im Kapitalgesellschaftsrecht, S. 235 ein.

56 *K. Schmidt* in Großkomm. AktG, § 242 Rz. 13; *Hüffer*, § 242 Rz. 8; *Hüffer* in MünchKomm. AktG, § 242 Rz. 23.

6. Eintragung nach Freigabeverfahren (§ 242 Abs. 2 Satz 5)

Da die Beseitigung der Eintragung eines nach § 246a freigegebenen Beschlusses nicht   19
mehr verlangt werden kann (§ 246a Abs. 4 Satz 2), ist auch jede andere Eintragung in
das Handelsregister unzulässig, die den Anschein erwecken könnte, jener Beschluss
sei wirkungslos. Deshalb darf nach § 242 Abs. 2 Satz 5 nach freigegebener Eintragung
des angegriffenen Beschlusses ein Anfechtungs- oder Nichtigkeitsurteil nicht mehr
in das Handelsregister eingetragen und dieser Beschluss auch nicht mehr nach § 144
Abs. 2 FGG gelöscht werden. Diese Vorschrift bewirkt **keine Heilung** des Beschlusses
und beseitigt auch nicht dessen Fehlerhaftigkeit; andernfalls ergäbe der Schadensersatzanspruch aus § 246a Abs. 4 Satz 2 keinen Sinn, der gerade die Feststellung voraussetzt, dass der freigegebene Beschluss rechtswidrig ist. § 242 Abs. 2 Satz 5 will lediglich in sich **widersprüchliche Eintragungen** im Handelsregister **verhindern.** Wenn
der freigegebene Beschluss eingetragen und später für nichtig erklärt wird, führt die
Eintragung als solche nicht zur Heilung nach § 242 Abs. 2 Satz 1. Denn der Bestandsschutz als solcher wird bereits durch § 246a Abs. 4 Satz 2 gewährleistet. Und Schadensersatzansprüche nach dieser Vorschrift zu blockieren ist nicht Ziel des § 242
Abs. 2; dafür ist die Heilung auch bereits im Ansatz nicht geeignet (oben Rz. 17).

IV. Entsprechende Anwendung des § 242

1. Die Fälle des § 242 Abs. 3

Für die in §§ 217 Abs. 2, 228 Abs. 2, 234 Abs. 3, 235 Abs. 2 enthaltenen Nichtigkeits-   20
gründe ordnet § 242 Abs. 3 die entsprechende Anwendung des § 242 Abs. 2 an. Verwiesen wird hier freilich nur auf § 242 Abs. 2 Sätze 1 bis 3[57]; denn § 242 Abs. 2 Satz 4
passt nur auf Einberufungsmängel, um die es hier aber geht. Die Heilung nach
§ 242 Abs. 3 bedeutet, dass Beschlüsse, die wegen verspäteter Eintragung nichtig
sind, rückwirkend so behandelt werden, als wären sie rechtzeitig eingetragen worden. Sofern die Nichtigkeit eines Beschlusses nach §§ 234 Abs. 3, 235 Abs. 2 die
Nichtigkeit des festgestellten Jahresabschlusses nach sich gezogen hat, ist auch dieser nach § 242 Abs. 3 geheilt[58].

2. Unwirksame Beschlüsse

Nach **herrschender Meinung** ist **§ 242 Abs. 2 Sätze 1 bis 3** auf unwirksame Beschlüs-   21
se **analog anzuwenden**[59]. Unwirksamkeitsgründe wögen häufig weit weniger schwer
als Nichtigkeitsgründe; wenn schon dort eine Heilung stattfinde, dann erst recht
hier[60]. Diese Ansicht bedarf indes einer **differenzierenden Würdigung.** Beruht die Unwirksamkeit auf einer fehlenden **behördlichen Genehmigung**, so ist die Analogie zu
befürworten. Wenn schon Verstöße gegen Gesetze, die bestimmte Beschlüsse absolut
verbieten, geheilt werden können, so muss dies erst recht bei Verstößen gegen Gesetze der Fall sein, die eine bestimmte Beschlussfassung bei behördlicher Zustimmung
erlauben. Beruht dagegen die Unwirksamkeit darauf, dass ein **Aktionär** eine erforder-

---

57 Ebenso *Hüffer* in MünchKomm. AktG, § 242 Rz. 26.
58 *Henn*, Handbuch des Aktienrechts, § 28 Rz. 976, S. 498; *Hüffer* in MünchKomm. AktG, § 242
    Rz. 26 sowie § 256 Rz. 13.
59 OLG Hamburg v. 3.7.1970 – 11 U 29/70, AG 1970, 230, 231 f.; OLG Schleswig v. 17.3.2000 – 1
    U 8/00, NZG 2000, 895, 896; *Heidel* in Heidel, § 242 Rz. 8; *Baumbach/Hueck*, § 242 Anm. 8;
    Casper, Die Heilung nichtiger Beschlüsse im Kapitalgesellschaftsrecht, S. 268 ff.; *K. Schmidt*
    in Großkomm. AktG, § 242 Rz. 16; *Raiser* in Ulmer, GmbHG, Anh. § 47 Rz. 25; *Zöllner* in
    KölnKomm. AktG, § 242 Rz. 27; *Hüffer* in MünchKomm. AktG, § 242 Rz. 25; *Thöni*, GesRZ
    1994, 73, 78 f.
60 *Baumbach/Hueck*, § 242 Anm. 8; *Zöllner* in KölnKomm. AktG, § 242 Rz. 28.

liche **Zustimmung nicht erteilt** hat, so ist die Analogie zu § 242 Abs. 2 abzulehnen. Die Anwendung dieser Vorschrift läuft darauf hinaus, dass ein Gesellschafter, dessen Zustimmung erforderlich ist, aber bislang fehlt, binnen drei Jahren seit Eintragung des Beschlusses Klage erheben muss, um dies geltend zu machen: Ihm wird ebenso wie bei der Anfechtungsklage gegen einen gewöhnlichen Mehrheitsbeschluss die Last der Prozesseröffnung auferlegt. Im Fall der Anfechtungsklage erklärt sich diese Verteilung der Prozessinitiative als Fortsetzung des Mehrheitsprinzips: Dies Prinzip stellt das Interesse der Gesellschaft an der Erhaltung ihrer Handlungsfähigkeit über die eigenen Belange des einzelnen Aktionärs; folgerichtig muss derjenige Aktionär, der den Beschluss in Frage stellen möchte, aus eigenem Antrieb Rechtsschutz suchen. Dagegen stellt das Gesetz dort, wo es die Zustimmung des einzelnen Aktionärs verlangt, dessen Interesse über das Gesellschaftsinteresse, insbesondere auch über das Interesse an Rechtssicherheit. Dem widerspricht es, wenn dem Aktionär, dessen Zustimmung fehlt, die Obliegenheit zur Klageerhebung zugewiesen wird. Aus dem gleichen Grund gilt § 242 Abs. 2 nicht, wenn ein erforderlicher Sonderbeschluss einer Aktionärsgruppe fehlt.

3. Eintragung der Maßnahme statt des Beschlusses

22   Gelegentlich ordnet das Gesetz an, dass nicht der Beschluss, sondern die beschlossene Maßnahme selbst in das Handelsregister eingetragen wird. So liegt es bei der Auflösung (§ 263 Satz 1), dem Abschluss und der Änderung eines Unternehmensvertrags (§§ 294 Abs. 1, 295) sowie bei der Eingliederung (§ 319 Abs. 4). Alle diese Maßnahmen betreffen wesentliche Strukturänderungen und rufen in besonderem Maße das Bedürfnis nach Rechtssicherheit hervor. Deshalb ist **§ 242 Abs. 2** auf diese Beschlüsse **analog anzuwenden**[61].

4. Umwandlungsrecht

23   Wird eine Verschmelzung (§ 19 UmwG), eine Spaltung (§ 130 Abs. 1 UmwG) oder ein Formwechsel (§ 198 UmwG) eingetragen, so ist diese Maßnahme unumkehrbar (§ 20 Abs. 1 Nr. 4, 131 Abs. 1 Nr. 4, 202 Abs. 1 Nr. 3 UmwG), und zwar ohne Rücksicht darauf, ob der zugrunde liegende Beschluss fehlerhaft ist (§§ 20 Abs. 2, 131 Abs. 2, 202 Abs. 3 UmwG). Mit der Eintragung werden **Beurkundungsmängel** geheilt[62]. Nach verbreiteter Ansicht sollen die **übrigen Beschlussmängel**, soweit diese die Schwelle des § 241 überschreiten, entsprechend § 242 Abs. 2 geheilt werden können[63]. Indes ergibt eine Heilung nach dieser Vorschrift keinen Sinn. Den Bestandsschutz der Maßnahme gewährleisten bereits die Vorschriften des UmwG. Und Schadensersatzansprüche aus fehlerhafter Umwandlung zu blockieren ist nicht das Regelungsziel des § 242[64] – ganz abgesehen davon, dass § 242 Abs. 2 Schadensersatzansprüchen bereits im Ansatz nicht entgegenstehen kann (oben Rz. 17).

5. Mängel der Ursprungssatzung

24   Die §§ 241 ff. betreffen Hauptversammlungsbeschlüsse und erfassen an sich nicht die Gründungssatzung. Danach scheint es, als führten dort Gesetzesverstöße stets

---

61 *Casper*, Die Heilung nichtiger Beschlüsse im Kapitalgesellschaftsrecht, S. 290 f.; *Hüffer* in MünchKomm. AktG, § 242 Rz. 27.

62 *Grunewald* in Lutter, UmwG, § 20 Rz. 67 f.; *Hüffer* in MünchKomm. AktG, § 242 Rz. 28.

63 Dafür *K. Schmidt*, AG 1991, 131, 133 noch zu § 352a a.F.; *Kraft* in KölnKomm. AktG, § 352a Rz. 18.

64 Zutreffend *Hüffer* in MünchKomm. AktG, § 242 Rz. 29. Gegen eine entsprechende Anwendung des § 242 Abs. 2 auch *Casper*, Die Heilung nichtiger Beschlüsse im Kapitalgesellschaftsrecht, S. 291 f.

unheilbar zur Nichtigkeit, während spätere Satzungsänderungen nur nach Maßgabe des § 241 nichtig seien und diese Nichtigkeit nach § 242 Abs. 2 geheilt werden könne[65]. Dieser Wertungswiderspruch kann nicht hingenommen werden. Auch die Gründungssatzung wird im Handelsregister eingetragen. Ein Bedürfnis nach Rechtssicherheit besteht dort ebenso wie bei nachträglichen Änderungen der Satzung. Mängel der Ursprungssatzung werden daher analog § 242 Abs. 2 in der dort bestimmten Frist geheilt[66].

§ 243
Anfechtungsgründe

(1) Ein Beschluss der Hauptversammlung kann wegen Verletzung des Gesetzes oder der Satzung durch Klage angefochten werden.

(2) Die Anfechtung kann auch darauf gestützt werden, dass ein Aktionär mit der Ausübung des Stimmrechts für sich oder einen Dritten Sondervorteile zum Schaden der Gesellschaft oder der anderen Aktionäre zu erlangen suchte und der Beschluss geeignet ist, diesem Zweck zu dienen. Dies gilt nicht, wenn der Beschluss den anderen Aktionären einen angemessenen Ausgleich für ihren Schaden gewährt.

(3) Die Anfechtung kann nicht gestützt werden:
1. auf eine Verletzung des § 128,
2. auf Gründe, die ein Verfahren nach § 318 Abs. 3 des Handelsgesetzbuchs rechtfertigen.

(4) Wegen unrichtiger, unvollständiger oder verweigerter Erteilung von Informationen kann nur angefochten werden, wenn ein objektiv urteilender Aktionär die Erteilung der Information als wesentliche Voraussetzung für die sachgerechte Wahrnehmung seiner Teilnahme- und Mitgliedschaftsrechte angesehen hätte. Auf unrichtige, unvollständige oder unzureichende Informationen in der Hauptversammlung über die Ermittlung, Höhe oder Angemessenheit von Ausgleich, Abfindung, Zuzahlung oder über sonstige Kompensationen kann eine Anfechtungsklage nicht gestützt werden, wenn das Gesetz für Bewertungsrügen ein Spruchverfahren vorsieht.

I. Das Gestaltungsklageprinzip 1
II. Verletzung des Gesetzes oder der Satzung (§ 243 Abs. 1) 2
1. Objektive Rechtskontrolle 2
2. Treupflichtverstöße 3
   a) Tatbestand 3
   b) Rechtsfolgen 4
3. Gleichbehandlungsverstöße 6
4. Einberufungsfehler 7

5. Informationsmängel 8
6. Fehlerhafte Feststellung des Abstimmungsergebnisses 9
7. Materielle Beschlusskontrolle 10
8. Gesetzesverstöße ohne Anfechtungsfolge (§ 243 Abs. 3) 12
9. Verletzung der Satzung 13
   a) Beispiele 13
   b) Satzungsdurchbrechung 14
   c) Stimmbindungsverträge 15

---

65 Gegen die Möglichkeit der Heilung von Mängeln der Ursprungssatzung in der Tat *Goette* in FS Röhricht, S. 115, 125 ff.
66 BGH v. 19.6.2000 – II ZR 73/99, BGHZ 144, 365, 366 ff. = AG 2000, 515; dazu *Casper*, EWiR 2000, 943; *Emde*, ZIP 2000, 1753, 1755; *Geßler*, ZGR 1980, 427, 453; *Hüffer* in MünchKomm. AktG, § 242 Rz. 30.

III. Anfechtung wegen Sondervorteilen
   (§ 243 Abs. 2) 16
   1. Allgemeines 16
   2. Sondervorteil 17
      a) Maßstab 17
      b) Einzelfälle 18
   3. Schaden der Gesellschaft oder anderer
      Aktionäre 19
   4. Subjektive Erfordernisse 20
   5. Ausgleichsgewährung 21
      a) Anwendungsbereich der Aus-
         gleichsklausel 21
      b) Stoßrichtung des Ausgleichs 22
      c) Angemessener Ausgleich 23
      d) Regelung durch Beschluss 24
      e) Schuldner der Ausgleichsleistung . 25
IV. Relevanz von Informationspflichtver-
    letzungen (§ 243 Abs. 4 Satz 1) 26
   1. Rechtsentwicklung 26

2. Die Neuregelung in § 243 Abs. 4
   Satz 1 27
   a) Hypothetisches Entscheidungsver-
      halten 27
   b) Der „objektiv urteilende Aktio-
      när" 28
3. Berichtigung von Informationsmän-
   geln in der Hauptversammlung? 29
4. Andere Verfahrensfehler 30
V. Anfechtungsausschluss bei Verletzung abfindungsrelevanter Informationspflichten (§ 243 Abs. 4 Satz 2) . . 32
   1. Der Wertungswiderspruch 32
   2. Reichweite des Anfechtungsaus-
      schlusses 33
   3. Intertemporaler Anwendungsbereich   34
      a) Meinungsstand 34
      b) Stellungnahme 35

Literatur: S. bei § 241.

I. Das Gestaltungsklageprinzip

1   Die Regelfolge eines gesetzes- oder satzungswidrigen Beschlusses ist in § 243 Abs. 1 beschrieben: Der Beschluss ist, wenn nicht einer der in § 241 aufgezählten Nichtig-keitsgründe vorliegt, nicht *ipso iure* nichtig, sondern lediglich anfechtbar. Um den anfechtbaren Beschluss zu beseitigen, bedarf es einer **konstitutiven rechtlichen Gestaltung**, m.a.W. einer Veränderung der materiellen Rechtslage: Der anfechtbare Beschluss ist so lange schwebend wirksam, bis er erfolgreich angefochten wird. Mit Rechtskraft des stattgebenden Anfechtungsurteils ist der angefochtene Beschluss nichtig (§ 241 Nr. 5). Das Gestaltungsklageprinzip dient der **Vereinfachung des Rechtsschutzes**, weil das Urteil *unmittelbar zur Aufhebung* des angefochtenen Beschlusses führt, ohne dass die Mitaktionäre noch eigens zu diesem Zweck Willenserklärungen abgeben müssten.

II. Verletzung des Gesetzes oder der Satzung (§ 243 Abs. 1)

1. Objektive Rechtskontrolle

2   Wer einen Hauptversammlungsbeschluss mit der Begründung anfechten will, dieser verstoße gegen Gesetz oder Satzung, braucht hierfür kein besonderes Rechtsschutzinteresse und insbesondere keine Betroffenheit in subjektiven Rechten oder Interessen darzutun[1]. Es genügt die Behauptung, der Beschluss sei objektiv rechtswidrig. Die

---

[1] BGH v. 25.2.1965 – II ZR 287/63, BGHZ 43, 261, 265 f.; BGH v. 11.5.1989 – X ZR 108/87, BGHZ 107, 261, 265 f.; OLG Stuttgart v. 12.8.1998 – 20 U 111/97, AG 1998, 529; LG Frankfurt v. 29.7.1997 – 3/5 O 162/95, ZIP 1997, 1698, 1699 = AG 1998, 45; LG Hof v. 29.10.1992 – 13 O 393/91, WM 1992, 2057, 2060; LG Ingolstadt v. 12.6.1990 – HKO 763/89, HKO 853/89, WM 1991, 685, 689 = AG 1991, 24; LG Kassel v. 24.11.1988 – 11 O 1063/88, WM 1989, 789, 792 = AG 1989, 218; *Arens*, Streitgegenstand, S. 91; *Baums* in DJT 2000, S. F 42, 99; *Binge*, Gesell-schafterklagen gegen Maßnahmen der Geschäftsführer in der GmbH, S. 127 f.; *Bokelmann*, BB

Anfechtung ist selbst mit der Begründung zulässig, der Beschluss beeinträchtige einen *Mitaktionär* in seinen Rechten[2] (selbst, wenn der benachteiligte Aktionär dem Beschluss zugestimmt oder ihn hingenommen hat[3]) oder verstoße gegen Interessen der Gläubiger oder der künftigen Aktionäre[4]. Die Klage gegen einen rechtswidrigen Beschluss hat selbst dann Erfolg, wenn der Beschluss für den Kläger von Vorteil ist[5]. Die Anfechtungsklage ist eine auf den Kreis der Aktionäre beschränkte Popularklage[6]. Dies alles gilt ohne Rücksicht auf den Beschlussgegenstand, mithin entgegen einer vereinzelt gebliebenen Ansicht[7] auch bei der Anfechtung einer Kapitalerhöhung mit Bezugsrechtsausschluss[8]. Die **rechtspolitische Rechtfertigung** für ein derart umfassendes Kontrollrecht liegt darin, dass es andernfalls eines staatlichen Aktienamts bedürfte, um Rechtsaufsicht über Aktiengesellschaften auszuüben[9].

2. Treupflichtverstöße

a) Tatbestand

Eine Treupflicht des Gesellschafters besteht zum einen **gegenüber den Mitgesellschaftern**: Er hat auf deren mitgliedschaftliche Interessen Rücksicht zu nehmen. Diese Pflicht beruht nach einigen auf dem Gesellschaftsvertrag[10], nach anderen auf § 242 BGB[11]. Die Mitgliedschaft begründet eine *Sonderverbindung* zwischen den Mitgliedern, welche dem einzelnen Gesellschafter eine erhöhte Einwirkungsmög- 3

1972, 733, 734; *Boujong* in FS Kellermann, S. 1, 5 f.; *Brandes*, WM 1984, 289, 298; *Feltkamp*, Anfechtungsklage und Vergleich im Aktienrecht, S. 18; *Heuer*, WM 1989, 1401, 1402; *Hirte*, BB 1988, 1469, 1472; *Hüffer*, § 246 Rz. 9; *Immenga*, GmbHR 1973, 5, 6; *Zöllner* in KölnKomm. AktG, § 245 Rz. 77; *Knobbe-Keuk* in FS Ballerstedt, S. 239, 244; *Krieger*, ZHR 163 (1999), 343, 359; *Martens*, ZIP 1992, 1677, 1689; *Pflugradt*, Leistungsklagen zur Erzwingung rechtmäßigen Vorstandsverhaltens in der Aktiengesellschaft, S. 82 f.; *Radu*, ZIP 1992, 303, 305; *Raiser* in FS 100 Jahre GmbHG, S. 587, 601; *Roth* in FS Henckel, S. 707, 711; *Schindler/ Witzel*, NZG 2001, 577, 580; *K. Schmidt*, AG 1977, 205, 208; *Volhard*, AG 1998, 397.

2 Vgl. *A. Hueck*, Anfechtbarkeit und Nichtigkeit von Generalversammlungsbeschlüssen bei Aktiengesellschaften, S. 151 f.; *Zöllner* in KölnKomm. AktG, § 245 Rz. 77; anders, aber ohne Begründung und ohne Auseinandersetzung mit dem Schrifttum OLG München v. 8.8.1997 – 23 U 1974/97, ZIP 1997, 1743, 1749 = AG 1997, 516.

3 *Baums* in DJT 2000, S. F 100. Das OLG München zog dagegen den Umstand, dass der benachteiligte Aktionär im konkreten Fall dem Beschluss zugestimmt hatte, als zusätzliches Argument dafür heran, dass die anderen Aktionäre die zu seinem Nachteil begangene Rechtsverletzung nicht rügen konnten (OLG München v. 8.8.1997 – 23 U 1974/97, ZIP 1997, 1743, 1749 = AG 1997, 516).

4 *Zöllner* in KölnKomm. AktG, § 245 Rz. 77.

5 OLG Frankfurt v. 6.1.1976 – 5 U 110/74, GmbHR 1976, 110.

6 Vgl. *Hommelhoff/Timm*, AG 1989, 168; *Zöllner* in KölnKomm. AktG, § 245 Rz. 77; *Krieger*, ZHR 163 (1999), 343, 359; *Schindler/Witzel*, NZG 2001, 577, 578; *Vollmann*, Minderheitenschutz im aktienrechtlichen Beschlussmängelrecht, S. 36; *Windbichler* in Timm (Hrsg.), Missbräuchliches Aktionärsverhalten, S. 35, 37.

7 *Martens*, ZIP 1992, 1677, 1690.

8 Wie hier *Bungert*, WM 1995, 1, 9; *Kreß*, Gerichtliche Beschlusskontrolle im Kapitalgesellschaftsrecht, S. 22; *Schockenhoff*, AG 1994, 45, 57.

9 *Hirte*, ZIP 1988, 953, 955; *Hüffer*, § 245 Rz. 3; *Lutter*, ZGR 1978, 347, 350; *Schröder*, Schiedsgerichtliche Konfliktbeilegung bei aktienrechtlichen Beschlussmängelklagen, S. 159; *Schultz*, Die Behebung einzelner Mängel von Organisationsakten in Kapitalgesellschaften, S. 47.

10 *Hüffer* in FS Steindorff, S. 59, 67 f.; *Seidel*, Die mangelnde Bedeutung mitgliedschaftlicher Treupflichten im Willensbildungsprozess der GmbH, S. 180.

11 *Bälz*, AG 1992, 277, 293; *Bungert*, DB 1995, 1749, 1750; *Helms*, Schadensersatzansprüche wegen Beeinträchtigung der Vereinsmitgliedschaft, S. 158; *Hennrichs*, AcP 195 (1995), 221, 228 ff. (der daneben auch die Treupflicht gegenüber dem Verband in § 242 BGB verorten will); *Nodoushani*, Die Treuepflicht der Aktionäre und ihrer Stimmrechtsvertreter, S. 37 ff., 94 ff.; *Paschke* in FS Serick, S. 313, 320; *Schütz*, Sachlegitimation und richtige Prozesspartei bei innergesellschaftlichen Streitigkeiten in der Personengesellschaft, S. 129; *Winter*, Mitglied-

lichkeit auf die Interessen des Mitgesellschafters vermittelt. Dieser Möglichkeit entspricht eine gesteigerte Pflicht zur Rücksichtnahme[12]; je stärker die Einflussmöglichkeit, desto intensiver die Rücksichtspflichten[13]. Dies alles gilt auch in der Aktiengesellschaft[14]. Zum anderen trifft den Gesellschafter eine Treupflicht **gegenüber dem Verband**: Der Gesellschafter hat die gemeinsame Zweckverfolgung zu fördern und alles zu unterlassen, was sie beeinträchtigen könnte. Diese Pflicht beruht auf **§ 705 BGB**[15] als der **Grundnorm des Verbandsrechts**[16]: Die Verfolgung eines gemeinsamen Zwecks kommt nicht ohne die Beiträge seiner Mitglieder aus[17]. Da die Gesellschaft sich in einem stets veränderlichen Umfeld bewegt, erschöpft sich die Beitragspflicht selbst in der Aktiengesellschaft nicht in einer einmaligen Geldzahlung. Vielmehr kann der Aktionär gehalten sein, bestimmten für das Gesellschaftsinteresse gedeihlichen Maßnahmen zuzustimmen bzw. sich wenigstens nicht dagegen zu stellen. Je enger der Beschlussgegenstand mit der Verfolgung des Gesellschaftszwecks verwoben ist, desto stärker ist die Pflicht, das Gesellschaftsinteresse zu beachten. Bei **Geschäftsführungsbeschlüssen** gebührt dem Gesellschaftsinteresse strikter Vorrang[18]; das gilt namentlich für Beschlüsse nach § 119 Abs. 2[19].

---

12. schaftliche Treubindungen im GmbH-Recht, S. 14, 67 ff.; *Zöllner*, Die Schranken mitgliedschaftlicher Stimmrechtsmacht bei den privatrechtlichen Personenverbänden, S. 350.
12 BGH v. 5.6.1975 – II ZR 23/74, BGHZ 65, 15, 19; BGH v. 1.2.1988 – II ZR 75/87, BGHZ 103, 184, 194 = AG 1988, 135; *Bischoff*, BB 1987, 1055, 1058; OLG Stuttgart v. 1.12.1999 – 20 U 38/99, BB 2000, 1155, 1156; *Brandes*, WM 1994, 2177, 2181; *Ernstberger*, Die Grenzen der Mehrheitsherrschaft in der Aktiengesellschaft, S. 159 f.; *Gehrlein*, ZIP 1993, 1525, 1527; *Hommelhoff/Freytag*, DStR 1996, 1367, 1369; *Hüffer* in FS Steindorff, S. 59, 74; *Zöllner* in KölnKomm. AktG, § 243 Rz. 190; *Kreß*, Gerichtliche Beschlusskontrolle im Kapitalgesellschaftsrecht, S. 15; *Vollmann*, Minderheitsschutz im aktienrechtlichen Beschlussmängelrecht, S. 97; *Vorwerk/Wimmers*, GmbHR 1998, 717, 719 f.; *Wiedemann*, JZ 1989, 447; *Zöllner*, Die Schranken mitgliedschaftlicher Stimmrechtsmacht bei den privatrechtlichen Personenverbänden, S. 343.
13 BGH v. 20.3.1995 – II ZR 205/94, BGHZ 129, 136, 142 = AG 1995, 368; *Eickhoff*, Die Gesellschafterklage im GmbH-Recht, S. 115; *Lutter*, AcP 180 (1980), 84, 114; *Martens* in FS Fischer, S. 437, 445; *Schnorbus*, JuS 1998, 877, 879; *Vollmann*, Minderheitsschutz im aktienrechtlichen Beschlussmängelrecht, S. 98; *Winter*, Mitgliedschaftliche Treubindungen im GmbH-Recht, S. 16 f.; *Zöllner*, Die Schranken mitgliedschaftlicher Stimmrechtsmacht bei den privatrechtlichen Personenverbänden, S. 342 f.
14 BGH v. 1.2.1988 – II ZR 75/87, BGHZ 103, 184, 194 = AG 1988, 135.
15 *Guntz*, Treubindungen von Minderheitsaktionären, S. 89; *Lutter*, AcP 180 (1980), 84, 102 f.; *Nodoushani*, Die Treuepflicht der Aktionäre und ihrer Stimmrechtsvertreter, S. 83; *Schütz*, Sachlegitimation und richtige Prozesspartei bei innergesellschaftlichen Streitigkeiten in der Personengesellschaft, S. 128.
16 *Lutter*, ZHR 153 (1989), 446, 454.
17 *Guntz*, Treubindungen von Minderheitsaktionären, S. 99 f.; *Habersack*, Die Mitgliedschaft als subjektives und „sonstiges" Recht, S. 97; *Hommelhoff*, Die Konzernleitungspflicht, S. 56 ff.; *Winter*, Mitgliedschaftliche Treubindungen im GmbH-Recht, S. 96 f.
18 Vgl. *Fischer*, NJW 1954, 777, 778; *Göbel*, Mehrheitsentscheidungen in Personengesellschaften, S. 99, 201; *Henze*, BB 1996, 489, 493; *A. Hueck*, ZGR 1972, 237, 241, 253; *Immenga*, Die personalistische Kapitalgesellschaft, S. 168; *Immenga* in FS 100 Jahre GmbHG, S. 189, 199; *Zöllner* in KölnKomm. AktG, § 243 Rz. 180; *Uwe H. Schneider*, AG 1979, 57, 63; *Seidel*, Die mangelnde Bedeutung mitgliedschaftlicher Treupflichten im Willensbildungsprozess der GmbH, S. 92 ff., 95 ff., 127; *Sester*, Treupflichtverletzung bei Widerspruch und Zustimmungsverweigerung im Recht der Personengesellschaften, S. 142, 152; *Ulmer* in Staub, HGB, § 119 Rz. 12; *Vogel*, Gesellschafterbeschlüsse, S. 88 f.; *Weber*, Vormitgliedschaftliche Treubindungen, S. 72, 76; *Winter*, Mitgliedschaftliche Treubindungen im GmbH-Recht, S. 20, 172; *Zöllner*, Die Schranken mitgliedschaftlicher Stimmrechtsmacht bei den privatrechtlichen Personenverbänden, S. 322 f., 344.
19 Zutreffend *Füchsel*, BB 1972, 1533, 1536; *Henze*, BB 1996, 489, 493; *Zöllner* in KölnKomm. AktG, § 243 Rz. 193; *Marsch-Barner*, ZHR 157 (1993), 172, 175; *Mülbert*, Aktiengesellschaft, Unternehmensgruppe und Kapitalmarkt, S. 322; *Wiesner* in MünchHdb. AG, § 17 Rz. 5 f.; *Säcker* in FS Lukes, S. 547, 553 f.

b) Rechtsfolgen

Der Treupflicht kommt Gesetzesqualität zu[20]. Ein **Mehrheitsbeschluss**, bei dem die 4 Treupflicht nicht beachtet wird, ist daher wegen Gesetzesverletzung **anfechtbar**. Dagegen bleibt ein **einstimmiger Beschluss** trotz Treuwidrigkeit **rechtmäßig**: Die Mitaktionäre können auf ihren durch die Treupflicht begründeten Schutz verzichten. Und die Gesellschaft ist gegen Maßnahmen, welche ihre Mitglieder im Rahmen ihrer Zuständigkeit einstimmig beschließen, nicht geschützt. Ein objektiv gedeutetes wohlverstandenes Interesse der Gesellschaft wird nur dort zum Kontrollmaßstab erhoben, wo unter den Aktionären Uneinigkeit besteht und die Mehrheit eine bestimmte Entscheidung durchsetzt. Wo sich dagegen alle Aktionäre einig sind, kann die Rechtsordnung dem Konsens der Aktionäre keinen fremdbestimmten Maßstab entgegensetzen. Denn die Treupflicht beschreibt lediglich das *aggregierte Interesse sämtlicher Aktionäre an einer gedeihlichen Verfolgung des Gesellschaftszwecks*[21]. Abweichendes gilt nur, wenn durch den Konsens, wie etwa beim existenzvernichtenden Eingriff (vgl. dazu § 1 Rz. 18), Interessen außenstehender Dritter beeinträchtigt werden. In derartigen Fällen ist der Beschluss nach § 241 Nr. 3 nichtig.

Die **einzelne Stimmabgabe**, durch die der Aktionär seine Treupflicht verletzt ist – 5 entgegen herrschender Meinung[22] – nicht etwa nichtig, sondern gleichwohl **wirksam**[23]. Die Annahme, sie sei nichtig, widerspricht § 243 Abs. 2[24]: Die Verfolgung von Sondervorteilen ist ein besonders schwerer Treupflichtverstoß. Gleichwohl ist der Beschluss bloß anfechtbar und kann nach Ablauf der Anfechtungsfrist bestandskräftig werden. Dann können die Stimmen, die diesen Beschluss zustande gebracht haben, nicht nichtig sein. Vor allem aber können, wie gezeigt, selbst treuwidrige Beschlüsse rechtmäßig und wirksam sein, wenn sie einstimmig gefasst werden. Wie aber aus lauter nichtigen, weil treuwidrigen Stimmen ein rechtmäßiger und wirksamer Beschluss erwachsen soll, kann die herrschende Meinung nicht erklären. Aus diesem Grunde muss die treuwidrige Stimme – abermals entgegen herrschender Mei-

---

20 BGH v. 26.2.1996 – II ZR 77/95, BGHZ 132, 84, 93 f. = AG 1996, 264; OLG Düsseldorf v. 26.2.1996 – II ZR 77/95, AG 2003, 578 f.; OLG Stuttgart v. 21.12.1993 – 10 U 48/93, AG 1994, 411, 413; *Heidel* in Heidel, § 243 Rz. 7; *K. Schmidt* in Großkomm. AktG, § 243 Rz. 42; *Henn*, Handbuch des Aktienrechts, § 27 Rz. 921, S. 472; *Hüffer*, § 243 Rz. 24; *Zöllner* in KölnKomm. AktG, § 243 Rz. 69.
21 *Schwab*, Das Prozessrecht gesellschaftsinterner Streitigkeiten, S. 67 f.
22 BGH v. 9.11.1987 – II ZR 100/87, BGHZ 102, 172, 176; BGH v. 9.11.1987 – II ZR 100/87, ZIP 1988, 22, 24; BGH v. 22.1.1990 – II ZR 21/89, DB 1990, 929; BGH v. 19.11.1990 – II ZR 88/89, ZIP 1991, 23, 24 = AG 1991, 137; BGH v. 12.7.1993 – II ZR 65/92, ZIP 1993, 1228, 1230 = AG 1993, 514; OLG Stuttgart v. 8.10.1999 – 20 U 59/99, DB 1999, 2256, 2257 = AG 2000, 369; OLG Düsseldorf v. 8.3.2001 – 6 U 64/00, GmbHR 2001, 1049, 1053; OLG Hamburg v. 28.6.1991 – 11 U 148/90, GmbHR 1992, 43, 47; OLG Stuttgart v. 8.10.1999 – 20 U 59/99, BB 1999, 2316, 2317 = AG 2000, 369; LG Düsseldorf v. 7.4.1994 – 32 O 225/92, DB 1994, 1028, 1029 = AG 1994, 330; *Altmeppen*, DB 1998, 49, 54; *Zöllner* in Baumbach/Hueck, GmbHG, § 47 Rz. 74a; *Grunewald*, ZIP 1989, 962, 967; *Lutter*, ZHR 153 (1989), 446, 458; *Lutter/Grunewald*, AG 1989, 109, 114; *Marsch-Barner*, ZHR 157 (1993), 172, 188; *Seidel*, Die mangelnde Bedeutung mitgliedschaftlicher Treupflichten im Willensbildungsprozess der GmbH, S. 26 f.; *Steindorff* in FS Rittner, S. 675, 693; *Weipert*, ZGR 1990, 142, 147; *Winter*, Mitgliedschaftliche Treubindungen im GmbH-Recht, S. 36; *Zöllner*, Die Schranken mitgliedschaftlicher Stimmrechtsmacht bei den privatrechtlichen Personenverbänden, S. 366; *Zöllner*, ZHR 155 (1991), 168, 174; *Zöllner* in FS Lutter, S. 821, 825.
23 Zum Folgenden ausführlich *Schwab*, Das Prozessrecht gesellschaftsinterner Streitigkeiten, S. 331 ff. Im Ergebnis wie hier bereits *Koppensteiner*, ZIP 1994, 1325 ff.; *Oelrichs*, GmbHR 1995, 863 ff.; ebenso, aber ohne Auseinandersetzung mit der abweichenden Rechtsprechung in anderen Urteilen BGH v. 9.7.1990 – II ZR 9/90, ZIP 1990, 1194, 1196.
24 Zutreffend *Koppensteiner*, ZIP 1994, 1325, 1327.

nung[25] – bei der Ermittlung des Abstimmungsergebnisses mitgezählt werden. Alles andere würde die Kompetenz des Versammlungsleiters voraussetzen, die Stimme als treuwidrig zu verwerfen. Diese Kompetenz kommt ihm indes nicht zu[26]: Der Versammlungsleiter ist nicht Richter über die Gesellschaftstreue der Aktionäre.

3. Gleichbehandlungsverstöße

6   Verstöße gegen § 53a machen den Beschluss wegen Gesetzesverstoßes anfechtbar[27], nicht aber nichtig[28]: Da die Aktionäre auf die ihnen zustehende Gleichbehandlung verzichten können, ist § 53a keine im öffentlichen Interesse gegebene Vorschrift und zählt auch nicht zum Wesen der AG, da die Gleichbehandlung kein Spezifikum von Gesellschaften dieser Rechtsform ist. Selbst die Anfechtbarkeit scheidet aus, soweit der Aktionär in seine Benachteiligung eingewilligt hat[29]. Dafür genügt es freilich noch nicht, dass der benachteiligte Aktionär für den fraglichen Beschluss gestimmt hat; vielmehr muss in einer gesonderten Erklärung nach Beschlussfassung eindeutig sein Verzichtswille zum Ausdruck kommen[30].

4. Einberufungsfehler

7   Soweit die fehlerhafte Einberufung der Hauptversammlung nicht schon zur Nichtigkeit der auf ihr gefassten Beschlüsse nach § 241 Nr. 1 führt (dort Rz. 5 ff.), sind jene Beschlüsse – nur – anfechtbar. Daher führen die folgenden Fehler nur zur Anfechtbarkeit: Einberufung an einen nach § 121 Abs. 5 unzulässigen Versammlungsort[31]; fehlender Hinweis auf die gerichtliche Ermächtigung bei Einberufung durch Minderheit

---

25 BGH v. 22.1.1990 – II ZR 21/89, DB 1990, 929; BGH v. 19.11.1990 – II ZR 88/89, ZIP 1991, 23, 24 = AG 1991, 137; BGH v. 12.7.1993 – II ZR 65/92, ZIP 1993, 1228, 1230 = AG 1993, 514; OLG Stuttgart v. 8.10.1999 – 20 U 59/99, DB 1999, 2256, 2257 = AG 2000, 369; OLG Düsseldorf v. 8.3.2001 – 6 U 64/00, GmbHR 2001, 1049, 1053; OLG Hamburg v. 28.6.1991 – 11 U 148/90, GmbHR 1992, 43, 45; OLG München v. 4.12.1998 – 23 U 2700/95, NZG 1999, 591, 593; OLG Stuttgart v. 8.10.1999 – 20 U 59/99, BB 1999, 2316, 2317 = AG 2000, 369; *Altmeppen*, DB 1998, 49, 54; *Arnold*, Der Gewinnauszahlungsanspruch des GmbH-Minderheitsgesellschafters, S. 225; *Casper*, Die Heilung nichtiger Beschlüsse im Kapitalgesellschaftsrecht, S. 264; *Lutter*, ZHR 162 (1998), 164, 169; *Lutter/Grunewald*, AG 1989, 109, 114; *Rützel*, ZIP 1996, 1961, 1964; *K. Schmidt* in Scholz, GmbHG, § 45 Rz. 107; *Seidel*, Die mangelnde Bedeutung mitgliedschaftlicher Treupflichten im Willensbildungsprozess der GmbH, S. 198; *Sester*, Treupflichtverletzung bei Widerspruch und Zustimmungsverweigerung im Recht der Personengesellschaften, S. 159; *Zöllner*, Die Schranken mitgliedschaftlicher Stimmrechtsmacht bei den privatrechtlichen Personenverbänden, S. 371; *Zöllner*, ZHR 155 (1991), 168, 174.
26 Im Ergebnis wie hier *Guntz*, Treubindungen von Minderheitsaktionären, S. 137 f.; *Oelrichs*, GmbHR 1995, 863, 866 ff.; *Stützle/Walgenbach*, ZHR 155 (1991), 516, 536; *Timm*, WM 1991, 481, 484; trotz Befürwortung der Nichtigkeitsthese auch *Marsch-Barner*, ZHR 157 (1993), 172, 189; anders *Altmeppen*, DB 1998, 49, 54; *Hüffer* in MünchKomm. AktG, § 243 Rz. 41; *Zöllner*, Die Schranken mitgliedschaftlicher Stimmrechtsmacht bei den privatrechtlichen Personenverbänden, S. 371; *Zutt*, ZHR 155 (1991), 190, 205.
27 Dafür RGZ 118, 67, 72 f.; *Zöllner* in Baumbach/Hueck, GmbHG, Anh. § 47 Rz. 48; *Henn*, Handbuch des Aktienrechts, § 1 Rz. 42, S. 25; *Zöllner* in KölnKomm. AktG, § 243 Rz. 152; *Hüffer* in MünchKomm. AktG, § 243 Rz. 68; *G. Hueck*, Der Grundsatz der gleichmäßigen Behandlung im Privatrecht, S. 309 ff.; *Koppensteiner* in Rowedder/Schmidt-Leithoff, GmbHG, § 47 Rz. 105; *K. Schmidt* in Großkomm. AktG, § 243 Rz. 44; *Schulze-Osterloh* in FS Stimpel, S. 487, 500.
28 So aber *Berg*, Schwebend unwirksame Beschlüsse privatrechtlicher Verbände, S. 127 ff.; *Fischer*, JZ 1956, 362, 363.
29 *Zöllner* in KölnKomm. AktG, § 243 Rz. 149; *Hüffer* in MünchKomm. AktG, § 243 Rz. 68.
30 *Henze/Notz* in Großkomm. AktG, § 53a Rz. 95; *Hüffer* in MünchKomm. AktG, § 243 Rz. 68.
31 RGZ 44, 8, 9 f.; BGH v. 28.1.1985 – II ZR 79/84, AG 1985, 188, 189; BayObLG v. 24.10.1958 – BReg. 2Z 173/58, NJW 1959, 485, 486; *Heidel* in Heidel, § 243 Rz. 11; *Zöllner* in KölnKomm. AktG, § 243 Rz. 115.

(§ 122 Abs. 3 Satz 3)[32]; Nichteinhaltung der Einberufungsfrist nach § 123 Abs. 1[33]; Beschlussfassung über einen nicht in der Tagesordnung angekündigten Gegenstand (§ 124 Abs. 4 Satz 1)[34]; Beschlussfassung über einen von einem unterbesetzten Vorstand unterbreiteten Beschlussvorschlag (§ 124 Abs. 3)[35]; Verstoß gegen Mitteilungspflichten nach §§ 125 bis 127[36]. Zur Frage, ob der Mangel sich auf das Beschlussergebnis **ausgewirkt** haben muss, unten Rz. 30 f.

5. Informationsmängel

Enthält der Vorstand der Hauptversammlung trotz entsprechender zulässiger Fragen der Aktionäre (§ 131) pflichtwidrig Informationen vor, die für eine sachgerechte Beurteilung des Beschlussgegenstands erforderlich gewesen wären, so kann ein daraufhin gefasster Beschluss angefochten werden[37]. Gleiches gilt für den Fall eines Verschmelzungsbeschlusses auf der Basis eines fehlerhaften Verschmelzungsberichts[38]; für den Fall eines Bezugsrechtsausschlusses aufgrund eines fehlenden oder fehlerhaften Berichts nach § 186 Abs. 4 Satz 2[39]; für den Fall eines Entlastungsbeschlusses aufgrund eines fehlenden Abhängigkeitsberichts (§ 312)[40] oder aufgrund eines unzureichenden Berichts des Aufsichtsrats nach § 171 Abs. 2[41]; für den Fall versäumter Bekanntmachung eines Vertragsinhalts nach § 124 Abs. 2 Satz 2[42] (auch bei Maßnahmen, die in ungeschriebener Hauptversammlungskompetenz[43] – vgl. näher § 119 Rz. 26 ff. – be-

8

---

32 RGZ 170, 83, 95 f. (für Genossenschaft); *Hüffer* in MünchKomm. AktG, § 243 Rz. 32.

33 *K. Schmidt* in Großkomm. AktG, § 243 Rz. 29; *Hüffer* in MünchKomm. AktG, § 243 Rz. 32.

34 *Baumbach/Hueck*, § 124 Anm. 8; *Werner* in Großkomm. AktG, § 124 Rz. 97; *Hüffer* in MünchKomm. AktG, § 243 Rz. 33; *Semler* in MünchHdb. AG, § 41 Rz. 27.

35 BGH v. 12.11.2001 – II ZR 225/99, BGHZ 149, 158, 160; OLG Dresden v. 23.6.1999 – 13 U 3288/98, AG 1999, 517, 518 f.; *Hüffer*, § 243 Rz. 14.

36 LG Stuttgart v. 27.1.1994 – 4 KfH O 166/93, DB 1994, 625 = AG 1994, 427; *K. Schmidt* in Großkomm. AktG, § 243 Rz. 29; *Hüffer* in MünchKomm. AktG, § 243 Rz. 33.

37 BGH v. 29.11.1982 – II ZR 88/81, BGHZ 86, 1, 3 = AG 1983, 75; KG v. 8.3.2001 – 2 U 1909/00, AG 2001, 355, 356; OLG Düsseldorf v. 16.11.1967 – 6 U 280/66, DB 1967, 2157; OLG Hamburg v. 6.7.1984 – 11 U 68/84, GmbHR 1985, 120; OLG Hamburg v. 12.1.2001 – 11 U 162/00, NZG 2001, 513, 514 = AG 2001, 359; OLG Koblenz v. 23.11.2000 – 6 U 1434/95, ZIP 2001, 1095, 1097; OLG München v. 12.11.1997 – 7 U 2929/97, NZG 1998, 383, 384; LG Berlin v. 26.5.1994 – 104 O 19/94, WM 1994, 1246, 1248 f. = AG 1995, 41; *Baums* in DJT 2000, S. F 129; *Bayer*, AG 1988, 323, 330; *Bayer*, ZGR 1995, 613, 616; *K. Schmidt* in Großkomm. AktG, § 243 Rz. 34; *Zöllner* in KölnKomm. AktG, § 243 Rz. 136; *Schockenhoff*, DB 1994, 2327, 2329; für Entlastungsbeschluss zweifelnd *Sünner*, AG 2006, 450, 452.

38 BGH v. 22.5.1989 – II ZR 206/88, BGHZ 107, 296, 306 f. = AG 1989, 399; BGH v. 15.6.1992 – II ZR 18/91, BGHZ 119, 1, 18 ff.; BGH v. 18.12.1989 – II ZR 254/88, WM 1990, 140, 143 = AG 1990, 259; BGH v. 29.10.1990 – II ZR 146/89, WM 1990, 2073, 2075 = AG 1991, 102; OLG Karlsruhe v. 30.6.1989 – 15 U 76/88, ZIP 1989, 988, 992 f. = AG 1990, 35; OLG Köln v. 21.9.1988 – 24 U 244/87, WM 1988, 1792, 1795; *Bayer*, AG 1988, 323, 330; *K. Schmidt* in Großkomm. AktG, § 243 Rz. 35 f.

39 BGH v. 19.4.1982 – II ZR 55/81, BGHZ 83, 319, 325 f. = AG 1982, 252; OLG München v. 6.2.1991 – 7 U 4355/90, AG 1991, 210, 211.

40 BGH v. 4.3.1974 – II ZR 89/72, BGHZ 62, 193, 194 f.; OLG Düsseldorf v. 22.7.1993 – 6 U 84/92, AG 1994, 36, 37; OLG Düsseldorf v. 19.11.1999 – 17 U 46/99, AG 2000, 365, 366; OLG Frankfurt v. 4.4.2000 – 5 U 224/98, NZG 2000, 790, 791 = AG 2001, 53; OLG Karlsruhe v. 30.5.1972 – 8 U 231/71, BB 1972, 979; OLG Karlsruhe v. 9.6.1999 – 1 U 288/98, AG 2000, 78, 79; LG Bielefeld v. 12.11.1999 – 13 O 37/99, AG 2000, 232, 233; LG München v. 31.5.2001 – 5HK O 17738/00, DB 2001, 1714 = AG 2002, 302; *K. Schmidt* in Großkomm. AktG, § 243 Rz. 35.

41 OLG Stuttgart v. 15.3.2006 – 20 U 25/05, BB 2006, 1019, 1020 ff. = AG 2006, 379.

42 OLG München v. 26.4.1996 – 23 U 4586/96, AG 1996, 327, 328; *Semler* in MünchHdb. AG, § 41 Rz. 27.

43 Vgl. dazu BGH v. 25.2.1982 – II ZR 174/80, BGHZ 83, 122 = AG 1982, 158; BGH v. 26.4.2004 – II ZR 155/02, ZIP 2004, 993 = AG 2004, 384.

schlossen werden[44]); für den Fall verspäteter Zuleitung des Jahresabschlusses bei Anfechtung des Entlastungsbeschlusses[45] und schließlich für den Fall fehlender Information der Hauptversammlung nach § 179a Abs. 2[46]. Für die erfolgreiche Beschlussanfechtung ist in diesen Fällen **nicht erforderlich**, dass zuvor die **Auskunft im Verfahren nach § 132 erzwungen** worden ist[47]. Wollte man nämlich eine solche Erzwingung fordern, so würde wegen § 132 Abs. 2 Satz 2 die ohnehin schon knapp bemessene Anfechtungsfrist faktisch auf zwei Wochen verkürzt[48] und der Aktionär gezwungen, auf gut Glück zwei Verfahren anzustrengen[49]. Das Auskunftserzwingungsverfahren soll aber die Rechtsstellung des Aktionärs stärken und nicht dessen Position im Anfechtungsverfahren schwächen[50]. Insbesondere will das Prozessmodell der §§ 241 ff. sicherstellen, dass über die Gültigkeit des Beschlusses erschöpfend in einem Verfahren entschieden wird. Das Gericht im **Anfechtungsprozess** ist an eine **Entscheidung im Auskunftserzwingungsverfahren**, ob der Vorstand zur Auskunft verpflichtet sei oder nicht, **nicht gebunden**[51]. Denn in jenem Verfahren geht es nur um den individuellen Auskunftsanspruch des jeweiligen Aktionärs, im Anfechtungsprozess dagegen um objektive Rechtskontrolle mit Wirkung für und gegen alle.

6. Fehlerhafte Feststellung des Abstimmungsergebnisses

9   Aus § 130 Abs. 2 ergibt sich die Kompetenz des Versammlungsleiters, das Abstimmungsergebnis in verbindlicher Weise festzustellen[52]. Ohne eine solche Verkündung kommt ein Hauptversammlungsbeschluss nicht zustande (vgl. auch § 130 Rz. 12)[53]. Der Aktionär, der geltend machen will, das Abstimmungsergebnis sei fehlerhaft ermittelt und deshalb ein Beschluss verkündet worden, der nicht die erforderliche Mehrheit erreicht habe, muss die Wirksamkeit des gleichwohl verkündeten Beschlusses beseitigen, indem er ihn anficht[54]. Entspricht das ermittelte Ergebnis tatsächlich nicht dem rechnerisch korrekten, so ist die Anfechtungsklage begründet[55].

---

44 OLG München v. 10.11.1994 – 24 U 1036/93, AG 1995, 232, 233; *Groß*, AG 1996, 111, 114 f.; *Lutter* in FS Fleck, S. 169, 175.
45 LG Hagen v. 8.12.1964 – 8 HO 132/64, BB 1965, 181.
46 BGH v. 16.11.1981 – II ZR 150/80, BGHZ 82, 188, 196 f., 200 = AG 1982, 129; BGH v. 15.1.2001 – II ZR 124/99, AG 2001, 261; *Hüffer*, § 243 Rz. 18.
47 So aber *Eckardt*, NJW 1959, 9, 13; *Kollhosser*, AG 1977, 117, 118 ff.; *Werner* in FS Barz, S. 293, 312 ff.; *Werner* in FS Heinsius, S. 911, 915 ff. Wie hier gegen die herrschende Meinung, vgl. BGH v. 29.11.1982 – II ZR 88/81, BGHZ 86, 1, 3 ff. = AG 1983, 75; OLG Stuttgart v. 12.8.1998 – 20 U 111/97, AG 1998, 529, 534; *R. Becker*, AG 1988, 223, 229; *Brandes*, WM 1984, 289, 294 f.; *Hüffer* in MünchKomm. AktG, § 243 Rz. 115; *K. Schmidt* in Großkomm. AktG, § 243 Rz. 34; *Hüffer*, § 132 Rz. 2, § 243 Rz. 47; *Zöllner* in KölnKomm. AktG, § 243 Rz. 138; *W. Lüke*, ZGR 1990, 657, 659 ff.; *Raiser/Wiesner*, AG 1976, 266, 268.
48 Zutreffend *Heidel* in Heidel, § 243 Rz. 18; *R. Becker*, AG 1988, 223, 229; *Brandes*, WM 1984, 289, 295; *Hüffer* in MünchKomm. AktG, § 243 Rz. 114; *W. Lüke*, ZGR 1990, 657, 662.
49 Zutreffend *Baums* in DJT 2000, S. F 135.
50 *R. Becker*, AG 1988, 223, 229; *Brandes*, WM 1984, 289, 295.
51 Wie hier LG Frankenthal v. 4.8.1988 – 2 (HK) O 178/87, AG 1989, 253, 255; *Hüffer*, § 243 Rz. 37; *Lutter/Hommelhoff*, GmbHG, Anh. § 47 Rz. 72. Für eine solche Bindung aber OLG Karlsruhe v. 30.6.1989 – 15 U 76/88, ZIP 1989, 988, 994 = AG 1990, 35; OLG Stuttgart v. 7.5.1992 – 13 U 140/91, AG 1992, 459; *K. Schmidt* in Großkomm. AktG, § 243 Rz. 34.
52 *Stützle/Walgenbach*, ZHR 155 (1991), 516, 519.
53 *Oelrichs*, GmbHR 1995, 863 f.
54 RGZ 75, 239, 243; RGZ 122, 102, 107; RGZ 142, 123, 128; BGH v. 13.3.1980 – II ZR 54/78, BGHZ 76, 191, 197 = AG 1980, 187; BGH v. 12.12.2005 – II ZR 253/03, ZIP 2006, 227, 228 = AG 2006, 158; BGH v. 24.4.2006 – II ZR 30/05, ZIP 2006, 1134, 1137 = AG 2006, 501; *Baums*, Eintragung und Löschung von Gesellschafterbeschlüssen, S. 86; *Hüffer* in FS Fleck, S. 151, 158.
55 KG v. 13.4.1995 – 2 U 582/94, GmbHR 1995, 735; *A. Hueck*, Anfechtbarkeit und Nichtigkeit von Generalversammlungsbeschlüssen bei Aktiengesellschaften, S. 52, 85; *Hüffer*, § 243

Dies gilt insbesondere, wenn der Versammlungsleiter Stimmen eines Aktionärs mitgezählt hat, der wegen eines Stimmverbots (§§ 20 Abs. 7 Satz 1, 21 Abs. 4 Satz 1, 136 sowie § 28 WpHG) nicht zur Teilnahme an der Abstimmung berechtigt war[56], oder wenn er umgekehrt wegen unberechtigter Annahme eines solchen Teilnahmehindernisses Stimmen nicht beachtet hat. Der vom Versammlungsleiter verkündete Beschluss ist selbst dann bloß anfechtbar, wenn *sämtliche* Stimmen, die ihn tragen, wegen eines Stimmverbots nicht hätten mitgezählt werden dürfen[57]. Die Gegenansicht[58] hält freilich die Feststellung des Beschlussergebnisses durch den Versammlungsleiter in diesem Fall für unbeachtlich und den Beschluss daher für nach § 241 Nr. 2 nichtig. Das überzeugt nicht: Jene Feststellung kann deshalb *niemals* unbeachtlich sein, weil erst der vom Versammlungsleiter verkündete Beschluss jene Rechtsbehauptung definiert, mit der die Gesellschaft in den Rechtsstreit eintritt. Das ist notwendige Funktionsbedingung für die in § 246 Abs. 2 Satz 1 enthaltene Anordnung, dass die Klage gegen die Gesellschaft zu richten ist.

7. Materielle Beschlusskontrolle

In Rechtsprechung und Literatur werden zahlreiche Fälle diskutiert, in denen der 10 Mehrheit oder auch einer qualifizierten Minderheit eine besondere Rücksichtnahme auf das Interesse der Gesellschaft oder der Mitaktionäre abverlangt wird. Der Beschluss ist dann, obwohl mit Mehrheit zustande gekommen, nur rechtmäßig, wenn diese Rücksicht geübt wird; ansonsten ist er anfechtbar. So darf eine Kapitalerhöhung mit **Bezugsrechtsausschluss** nur beschlossen werden, wenn für den Bezugsrechtsausschluss eine sachliche Rechtfertigung im Gesellschaftsinteresse streitet und dem Aktionär die mit jenem Ausschluss verbundene Reduktion seiner Beteiligungsquote nach Abwägung mit dem Gesellschaftsinteresse zumutbar ist (näher § 186 Rz. 24 ff.)[59]. Dagegen bedarf die **Kapitalherabsetzung** als solche keiner besonderen Rechtfertigung; denn sie lässt die Beteiligungsquote des einzelnen Aktionärs unberührt[60]. Wenn aber bei einer Kapitalherabsetzung mit anschließender Kapitalerhöhung über die **Stückelung der verbleibenden Aktien** beschlossen wird, gebietet die Treupflicht dem Mehrheitsaktionär, für den kleinstmöglichen Nennbetrag einer Aktie zu stimmen, damit möglichst vielen Aktionären der Verbleib in der Gesellschaft ermöglicht wird[61]. Der Aktionär kann verpflichtet sein, einer Kapitalherabsetzung zu **Sanierungszwecken** zuzustimmen, falls die Existenz der Gesellschaft anders nicht gerettet werden kann[62]. Dies folgt nicht aus der Treupflicht der Gesellschafter

---

Rz. 11, § 246 Rz. 42; *Koppensteiner* in Rowedder/Schmidt-Leithoff, GmbHG, § 47 Rz. 102; *K. Schmidt*, AG 1977, 205, 209; *K. Schmidt*, NJW 1986, 2018, 2019; *K. Schmidt*, GmbHR 1992, 9, 12; *Schmidt-Diemitz*, Einstweiliger Rechtsschutz gegen rechtswidrige Gesellschafterbeschlüsse, S. 72, 143 f.; *Zöllner*, Die Schranken mitgliedschaftlicher Stimmrechtsmacht bei den privatrechtlichen Personenverbänden, S. 405; *Zöllner*, ZGR 1982, 623, 627.

56 Vgl. für § 20 Abs. 7 BGH v. 24.4.2006 – II ZR 30/05, ZIP 2006, 1134, 1137 = AG 2006, 501.
57 BGH v. 24.4.2006 – II ZR 30/05, ZIP 2006, 1134, 1137 = AG 2006, 501; ebenso *Nietsch*, WM 2007, 917, 920 ff.
58 *Semler/Asmus*, NZG 2004, 881, 886 f.
59 BGH v. 13.3.1978 – II ZR 142/76, BGHZ 71, 40, 46.
60 BGH v. 9.2.1998 – II ZR 278/96, BGHZ 138, 71, 75 ff. = AG 1998, 284; *Henze* in FS Hadding, S. 409, 416 ff.
61 BGH v. 5.7.1999 – II ZR 126/98, ZIP 1999, 1444, 1445 = AG 1999, 517; *Henze* in FS Hadding, S. 409, 417 f.; im Ergebnis zustimmend, in der Begründung aber nicht auf die Treupflicht, sondern auf § 222 Abs. 4 abstellend *Krieger*, ZGR 2000, 885, 902 ff.
62 BGH v. 20.3.1995 – II ZR 205/94, BGHZ 129, 136, 152 f. = AG 1995, 368; eine Zustimmungspflicht der Minderheit im Fall *Girmes* bejahend ferner *Hennrichs*, AcP 195 (1995), 221, 256 ff.; *Lutter*, JZ 1995, 1053, 1055; *Schick*, ZIP 1991, 932, 939; *Schnorbus*, JuS 1998, 877, 880 f.; *Timm*, WM 1991, 481, 484; dagegen *Flume*, ZIP 1991, 161, 165; *Heermann*, ZIP 1994, 1243, 1246 f. – Zu den treupflichtrelevanten Kriterien umfassend *Häsemeyer*, ZHR 160 (1996), 109, 125 ff.

untereinander[63], sondern aus der Treupflicht *gegenüber der Gesellschaft*: Sanierungsmaßnahmen sind, solange sie Aussicht auf Erfolg haben, um der gedeihlichen Verfolgung des Gesellschaftszwecks wegen geboten. Die Zustimmung zu ihnen ist daher
der Gesellschaft geschuldet. Hauptversammlungsbeschlüsse, welche die Gesellschaft
in die **Konzernabhängigkeit** führen, bedürfen der sachlichen Rechtfertigung im Gesellschaftsinteresse[64]. Ein **Entlastungsbeschluss** ist als inhaltlich fehlerhaft anfechtbar, wenn Gegenstand der Entlastung ein Verhalten von Vorstand und Aufsichtsrat
ist, das eindeutig einen schwerwiegenden Gesetzes- oder Satzungsverstoß beinhaltet[65].

11   Der **Auflösungsbeschluss** bedarf als solcher **keiner sachlichen Rechtfertigung** im Gesellschaftsinteresse, sondern trägt seine Rechtfertigung in sich[66]: Die Gesellschaft
verdient keinen Bestandsschutz um ihrer selbst willen, sondern ist von ihren Mitgliedern ins Leben gerufen worden; jene Mitglieder entscheiden konsequent auch
über das Ende der Gesellschaft. Die Auflösung darf vom Mehrheitsaktionär jedoch
nicht für den „kalten" Ausschluss von Minderheiten missbraucht werden. Daher
verletzt der Mehrheitsaktionär die Treupflicht gegenüber den Mitaktionären, wenn
er die Auflösung der Gesellschaft betreibt, um das Gesellschaftsunternehmen selbst
zu erwerben[67] – und zwar entgegen der Ansicht des BGH[68] selbst dann, wenn er noch
keine Maßnahmen ergriffen hat, um sich jenen Erwerb zu sichern[69]: Die Auflösungs-
möglichkeit ist der Mehrheit verliehen worden, weil das Gesetz ihr die Freiheit zur
Desinvestition belassen will[70]. Konsequent muss die Minderheit die Auflösung nur
dann hinnehmen, wenn die Mehrheit tatsächlich desinvestieren will[71], nicht aber,
wenn es der Mehrheit allein darum geht, das Gesellschaftsunternehmen unter Ausschluss der Minderheit fortzuführen[72]. Ähnliche Grundsätze gelten für die **übertra-**

---

63 So aber *Hennrichs*, AcP 195 (1995), 221, 260 f.; *Henze*, ZHR 162 (1998), 186, 192, die beide ex-
    plizit die Ableitung der Zustimmungspflicht aus der Treupflicht gegenüber der *Gesellschaft*
    ablehnen; ferner *Brandes*, WM 1997, 2281 f.; *Goette*, DStR 1999, 1450, 1451; *Grunewald* in FS
    Kropff, S. 89, 96; *Jäger*, WiB 1996, 457, 458 f.; *Kort*, ZHR 164 (2000), 444; *Roschmann/Frey*,
    WiB 1996, 881, 885; *Ulmer*, ZIP 1999, 751, 766 mit Fn. 75. Nach Ansicht von *Lutter*, ZHR 153
    (1989), 446, 468 ist bei der Mitwirkung an Sanierungsvorhaben die Treupflicht sowohl gegen-
    über dem Verband als auch gegenüber den anderen Gesellschaftern angesprochen.
64 So für die Befreiung der Mehrheitsgesellschafters von einem statutarischen Wettbewerbsver-
    bot in der GmbH BGH v. 16.2.1981 – II ZR 168/79, BGHZ 80, 69, 74 = AG 1981, 225.
65 BGH v. 25.11.2002 – II ZR 133/01, BGHZ 153, 47, 51; OLG Stuttgart v. 15.3.2006 – 20 U 25/
    05, AG 2006, 379, 380, anders – freies Ermessen der Hauptversammlung – *Kubis*, NZG 2005,
    791, 793 ff. sowie in diesem Kommentar oben, § 120 Rz. 58.
66 BGH v. 28.1.1980 – II ZR 124/78, BGHZ 76, 352, 353 = AG 1981, 48; BGH v. 1.2.1988 – II ZR
    75/87, BGHZ 103, 184, 190 = AG 1988, 135.
67 Dem Grunde nach unstreitig: RGZ 107, 202, 204 ff.; BGH v. 28.1.1980 – II ZR 124/78, BGHZ
    76, 352, 355 ff. = AG 1981, 48; BGH v. 1.2.1988 – II ZR 75/87, BGHZ 103, 184, 193 ff. = AG
    1988, 135; BGH v. 14.1.1980 – II ZR 218/78, WM 1980, 496, 497 f.; *Zöllner* in Baumbach/
    Hueck, GmbHG, Anh. § 47 Rz. 51; *Ernstberger*, Die Grenzen der Mehrheitsherrschaft in der
    Aktiengesellschaft, S. 179 f.; *K. Schmidt* in Großkomm. AktG, § 243 Rz. 49; *Raiser* in Ulmer,
    GmbHG, Anh. § 47 Rz. 133; *Timm*, NJW 1988, 1582, 1583.
68 BGH v. 1.2.1988 – II ZR 75/87, BGHZ 103, 184, 191 ff. = AG 1988, 135; ebenso OLG Stuttgart
    v. 21.12.1993 – 10 U 48/93, AG 1994, 411, 412; LG Stuttgart v. 22.1.1993 – 2 KfH O 113/92,
    AG 1993, 471.
69 *Martens* in K. Schmidt (Hrsg.), Rechtsdogmatik und Rechtspolitik, S. 251, 254 ff.; *Martens*,
    GmbHR 1984, 265, 269 f.; *Worch*, Treuepflichten von Kapitalgesellschaftern untereinander
    und gegenüber der Gesellschaft, S. 38 f.
70 Vgl. *Hirte*, Bezugsrechtsausschluss und Konzernbildung, S. 151.
71 Ebenso *Bischoff*, BB 1987, 1055, 1061.
72 Ebenso *Hirte*, Bezugsrechtsausschluss und Konzernbildung, S. 151 f.; *Lutter*, ZGR 1981, 171,
    181 f.; *Martens*, GmbHR 1984, 265, 269 f.; *Timm*, JZ 1980, 665, 670; *Worch*, Treuepflichten
    von Kapitalgesellschaftern untereinander und gegenüber der Gesellschaft, S. 38.

gende Auflösung (§ 179a Abs. 1, 3): Dem Mehrheitsaktionär ist entgegen verbreiteter Meinung[73] nicht erlaubt, nach dieser Vorschrift die Vermögensübertragung unter Auflösung der Gesellschaft (§ 179a Abs. 3) mit der Maßgabe zu beschließen, dass er das Vermögen auf **sich selbst** überträgt. Denn mit diesem Gestaltungsinstrument werden die Schutzmechanismen des UmwG umgangen, welche der Minderheit den Bestand ihrer Mitgliedschaft, jedenfalls aber einen Abfindungsanspruch gewährleisten, dessen Angemessenheit von einem Wirtschaftsprüfer kontrolliert und aufgrund eines Vorstandsberichts von jedem einzelnen Aktionär überprüft werden kann[74]. Die einzige Möglichkeit für den Ausschluss von Minderheiten ohne wichtigen Grund bietet das **Squeeze-out** (§§ 327a ff.)[75]. Der hierauf gerichtete Hauptversammlungsbeschluss unterliegt keiner materiellen Beschlusskontrolle (vgl. § 327f Rz. 12): Das Gesetz hat die Wertung getroffen, dass ab einer bestimmten Kapitalschwelle der Mehrheitsaktionär das Unternehmen zu 100 % unter seine Kontrolle bringen darf.

8. Gesetzesverstöße ohne Anfechtungsfolge (§ 243 Abs. 3)

Auf die Verletzung des § 128 kann die Anfechtung nicht gestützt werden (§ 243 Abs. 3 Nr. 1). Wenn nämlich die dort genannten Kreditinstitute oder Aktionärsvereinigungen ihre Mitteilungspflichten verletzen, fällt dieser Verstoß nicht mehr in den Verantwortungsbereich der Gesellschaft, sondern des Aktionärs. Denn die nach § 128 zur Mitteilung Verpflichteten sind Informationsgehilfen des Aktionärs, nicht der Gesellschaft[76]. Nach **§ 243 Abs. 3 Nr. 2** ist die Wahl des Abschlussprüfers selbst dann nicht anfechtbar, wenn in dessen Person die Besorgnis der Befangenheit begründet liegt. Diese Vorschrift begründet eine **echte Ausnahme zu § 243 Abs. 1**. Denn die Wahl eines befangenen Abschlussprüfers bedeutet eine Verletzung der Treupflicht gegenüber der Gesellschaft: Deren Interesse ist beeinträchtigt, wenn dem Aufsichtsrat im Rahmen seiner Überwachungstätigkeit die Unterstützung durch einen unabhängigen Prüfer versagt wird[77]. Gleichwohl ist nach gesetzlicher Wertung das Ersetzungsverfahren nach § 318 Abs. 3 HGB vorrangig und abschließend. Gem. § 17 EGAktG ist § 243 Abs. 3 Nr. 2 anwendbar auf Klagen, die *nach* dem 31.12.2004 erhoben worden sind. Ist die Klage vorher rechtshängig geworden, kann die Gesellschaft daher den Anfechtungsausschluss nicht geltend machen.

9. Verletzung der Satzung

a) Beispiele

Wegen Satzungsverstoßes ist der Beschluss etwa dann anfechtbar, wenn der Versammlungsleiter eine Satzungsänderung als beschlossen verkündet, die zwar eine ¾-Mehrheit, nicht aber die kraft zulässiger (z.B. §§ 179 Abs. 2 Satz 2, 186 Abs. 3 Satz 3, 222 Abs. 1 Satz 2) Satzungsbestimmung erforderliche höhere Mehrheit erreicht hat. Einen Anfechtungsgrund bildet ferner die Zulassung von Aktionären zur Ausübung des Stimmrechts, die sich entgegen der Satzung nicht rechtzeitig zur Hauptversamm-

   12

   13

73 OLG Stuttgart v. 21.12.1993 – 10 U 48/93, ZIP 1995, 1515, 1517 ff. = AG 1994, 411; zustimmend *Henze*, ZIP 1995, 1473, 1477 ff.
74 Ausführlich *Lutter/Drygala* in FS Kropff, S. 191, 195 ff.; dem folgend *Wiedemann*, ZGR 1999, 857, 870.
75 Für Zulässigkeit der übertragenden Auflösung auch nach Einführung der §§ 327a ff. aber in diesem Kommentar *Schnorbus*, § 327a Rz. 16 f. m.w.N.
76 *K. Schmidt* in Großkomm. AktG, § 243 Rz. 32; *Henn*, Handbuch des Aktienrechts, § 27 Rz. 926, S. 474; *Hüffer* in MünchKomm. AktG, § 243 Rz. 110.
77 Nach der nicht näher begründeten Ansicht des BGH (BGH v. 25.11.2002 – II ZR 49/01, BGHZ 153, 32, 43 f. = AG 2003, 319) liegt eine Treupflichtverletzung gegenüber den *Mitaktionären* vor.

lung angemeldet haben (§ 123 Abs. 2 Satz 1). Anfechtbar ist ein Beschluss zur Vergütung der Aufsichtsratsmitglieder, der von der in der Satzung bestimmten, vom Dividendensatz abhängigen Regelung abweicht (§ 113 Abs. 1 Satz 2). **Keine Satzungsverletzung** liegt vor bei einem Verstoß gegen eine Geschäftsordnung (§ 129 Abs. 1 Satz 1); denn dieser kommt keine Satzungsqualität zu[78] – schon deshalb nicht, weil sie nicht im Handelsregister eingetragen wird.

b) Satzungsdurchbrechung

14   Beschlüsse, bei denen die Hauptversammlungsmehrheit zwar die Satzung als solche nicht dauerhaft ändern, aber für den Einzelfall von ihr abweichen will (vgl. dazu § 179 Rz. 16), sind, sofern sie einen **dauerhaften Zustand** etablieren, nur als Satzungsänderung zulässig und konsequent unwirksam, solange sie nicht im Handelsregister eingetragen sind[79]. Sofern solche Beschlüsse nur **punktuelle Abweichungen** von der Satzung enthalten, sind sie nach einigen Autoren durchweg anfechtbar[80], nach anderen dann nicht, wenn die Hauptversammlung eine fallbezogene Änderung der Satzung herbeiführen will, m.a.W. die Abweichung von der Satzung erkennt und die Satzungsbestimmung für den konkreten Einzelfall bewusst außer Acht lassen will[81]. Beiden Ansichten wohnt ein richtiger Kern inne: Die Minderheit hat ein Recht darauf, dass die Satzung ohne Rücksicht auf den Einzelfall beachtet und nicht durch gewöhnlichen Mehrheitsbeschluss beiseite geschoben wird; die Mehrheit muss, soweit sie stark genug ist, um eine förmliche Satzungsänderung herbeizuführen, erst recht die Befugnis haben, im Einzelfall von der Satzung zu dispensieren. Deshalb ist einer **vermittelnden Ansicht** beizutreten[82]: Punktuell satzungsdurchbrechende Beschlüsse sind wegen Verstoßes gegen die Satzung anfechtbar, es sei denn, dass (1.) bei der Bekanntmachung des Beschlussvorschlags auf die Abweichung von der Satzung hingewiesen wird, (2.) der Beschluss von einer satzungsändernden Mehrheit gefasst wird und (3.) jener Beschluss *als Satzungsdurchbrechung* im Handelsregister eingetragen wird.

c) Stimmbindungsverträge

15   Sofern die Aktionäre sich in schuldrechtlichen Nebenabreden verpflichtet haben, ihr Stimmrecht in einer bestimmten Weise auszuüben, und bei der Abstimmung gegen diese Abrede verstoßen, handelt es sich nicht um eine Verletzung der Satzung. Die Anfechtungsklage kann daher grundsätzlich nicht auf die Verletzung des Stimmbindungsvertrags gestützt werden[83]. Ausnahmsweise ist der Beschluss **anfechtbar**, wenn **alle Aktionäre an der Stimmbindungsvereinbarung beteiligt** sind[84]. Das folgt zwar

---

78 So aber *Dietrich*, NZG 1998, 921, 922 f. Dagegen wie hier *Bachmann*, AG 1999, 210, 213 f.; *Hüffer* in MünchKomm. AktG, § 243 Rz. 22.
79 BGH v. 7.6.1993 – II ZR 81/92, BGHZ 123, 15, 19 f.; OLG Köln v. 11.10.1995 – 2 U 159/94, NJW-RR 1996, 1439, 1440 f.
80 *Lutter/Hommelhoff*, GmbHG, § 53 Rz. 26; *Semler* in MünchHdb. AG, § 39 Rz. 58; *Priester*, ZHR 151 (1987), 40, 51 f.; *Tieves*, ZIP 1994, 1341, 1345 f.
81 *Habersack*, ZGR 1994, 354, 368 f.; *Hüffer*, § 179 Rz. 7 a.E.; *Hüffer* in MünchKomm. AktG, § 243 Rz. 21.
82 Ähnlich wie im Folgenden schon für die GmbH *Lutter/Hommelhoff*, GmbHG, § 53 Rz. 26 f.
83 *K. Schmidt* in Großkomm. AktG, § 243 Rz. 18; *Hüffer* in MünchKomm. AktG, § 243 Rz. 23.
84 BGH v. 20.1.1983 – II ZR 243/81, GmbHR 1983, 196 = AG 1983, 249; BGH v. 27.10.1986 – II ZR 240/85, GmbHR 1987, 94, 96, zustimmend OLG Hamm v. 12.4.2000 – 8 U 165/99, GmbHR 2000, 673, 674; *K. Schmidt* in Großkomm. AktG, § 243 Rz. 19; *Happ*, ZGR 1984, 168, 175; *Herfs*, Einwirkung Dritter auf den Willensbildungsprozess der GmbH, S. 233 ff.; *Joussen*, Gesellschafterabsprachen neben Satzung und Gesellschaftsvertrag, S. 146 ff.; *Noack*, Gesellschaftervereinbarungen bei Kapitalgesellschaften, S. 162 ff., 168 f.; ablehnend OLG Stuttgart v. 7.2.2001 – 20 U 52/97, DB 2001, 854, 859; *Binge*, Gesellschafterklagen gegen Maß-

noch nicht daraus, dass die allseitige Stimmbindungsvereinbarung eine „Regelung der Gesellschaft" ist – das ist sie gerade nicht, weil sie bloß schuldrechtliche Pflichten erzeugt –, wohl aber daraus, dass die Klage gegen die Gesellschaft der prozessökonomisch sinnvollere Weg ist und der Stimmbindungsvereinbarung daher mindestens die konkludente Absprache unter den Aktionären entnommen werden kann, dass der Prozess im Modell der §§ 246, 248 ausgetragen werden soll[85].

III. Anfechtung wegen Sondervorteilen (§ 243 Abs. 2)

1. Allgemeines

Im Anfechtungsgrund nach § 243 Abs. 2 normiert der Gesetzgeber eine besondere **16** Ausprägung der gesellschaftsrechtlichen Treupflicht[86]. Ursprünglich hat der Gesetzgeber den Tatbestand der Sondervorteilsanfechtung deshalb eingeführt, weil der Beschluss, wenn die Voraussetzungen des § 243 Abs. 2 vorliegen, **wegen der Umstände seines Zustandekommens sittenwidrig** ist[87] – was als Rechtsfolge nicht die Nichtigkeit nach § 241 Nr. 4 (vgl. § 241 Rz. 23 f.), wohl aber die Anfechtbarkeit des Beschlusses rechtfertigt. Die **praktische Bedeutung** des § 243 Abs. 2 ist, soweit es um die Anfechtbarkeit des Beschlusses dem Grunde nach geht, gering, weil mit dem angestrebten Sondervorteil regelmäßig zugleich eine Anfechtbarkeit nach § 243 Abs. 1 wegen Treupflichtverstoßes oder wegen § 53a einhergeht. Wichtig ist § 243 Abs. 2 aber für die **Anfechtungsbefugnis**: Sie ist im Fall der Sondervorteilsanfechtung nach § 245 Nr. 3 nicht davon abhängig, dass der anfechtende Aktionär in der Hauptversammlung erschienen ist und Widerspruch zu Protokoll erhoben hat. § 243 Abs. 1 und § 243 Abs. 2 normieren **je eigenständige Anfechtungsgründe**[88], sind also nebeneinander anwendbar. **Ausgeschlossen** ist die Sondervorteilsanfechtung nach § 304 Abs. 3 Satz 2 beim Zustimmungsbeschluss zu einem **Beherrschungs- oder Gewinnabführungsvertrag**, soweit sie darauf gestützt wird, der angebotene Ausgleich sei unangemessen niedrig. Ebenso wenig kann die Anfechtung eines solchen Beschlusses mit dem Argument durchdringen, die Abfindung nach § 305 sei nicht hoch genug bemessen[89]. Streitigkeiten betreffend die Angemessenheit der Abfindung sind vielmehr im Spruchverfahren auszufechten[90]. Dagegen wird im faktischen Konzern § 243 Abs. 2 nicht durch §§ 311 ff. verdrängt[91].

---

nahmen der Geschäftsführer in der GmbH, S. 125 ff.; *Dürr*, Nebenabreden im Gesellschaftsrecht, S. 153 ff.; *Hüffer* in MünchKomm. AktG, § 243 Rz. 24; *Mertens*, AG 1989, 241, 243; *Ulmer*, NJW 1987, 1849, 1851 ff. (vgl. auch neuestens *Ulmer* in FS Röhricht, S. 633, 652 ff.); *Winter*, ZHR 154 (1990), 259, 265 ff.

85 Ausführlich *Schwab*, Das Prozessrecht gesellschaftsinterner Streitigkeiten, S. 502 ff.
86 *Bischoff*, BB 1987, 1055, 1058; *Dreher*, ZHR 157 (1993), 150, 153; *Dreher*, ZIP 1993, 332, 335; *K. Schmidt* in Großkomm. AktG, § 243 Rz. 48; *Hüffer* in FS Steindorff, S. 59, 72; *Koppensteiner*, ZIP 1994, 1325, 1327; *Koppensteiner* in Rowedder/Schmidt-Leithoff, GmbHG, § 47 Rz. 106 f.; *Weber*, Vormitgliedschaftliche Treubindungen, S. 53.
87 *Hüffer* in MünchKomm. AktG, § 243 Rz. 70.
88 *K. Schmidt* in Großkomm. AktG, § 243 Rz. 53; *Hüffer*, § 243 Rz. 32; *Hüffer* in MünchKomm. AktG, § 243 Rz. 73.
89 *Geßler* in FS Barz, S. 97, 106; *Hüffer* in MünchKomm. AktG, § 243 Rz. 102.
90 BGH v. 15.6.1992 – II ZR 18/91, BGHZ 119, 1, 9 f.; KG v. 15.12.1970 – 1 W 2982/69, AG 1971, 158; *Henn*, Handbuch des Aktienrechts, § 12 Rz. 356, S. 167; *Hueck/Windbichler*, Gesellschaftsrecht, § 32 Rz. 22; *Zöllner* in KölnKomm. AktG, § 243 Rz. 249.
91 OLG Frankfurt v. 28.2.1973 – 13 U 2/72, AG 1973, 136, 137; *Heidel* in Heidel, § 243 Rz. 35; *Emmerich*, JuS 1973, 514, 515; *K. Schmidt* in Großkomm. AktG, § 243 Rz. 58; *Semler* in MünchHdb. AG, § 41 Rz. 35; *Rasch*, BB 1973, 865.

2. Sondervorteil

a) Maßstab

17   Sondervorteil ist jeglicher Vorteil, sofern es als **sachwidrige**, mit den Interessen der Gesellschaft oder ihrer Aktionäre unvereinbare **Bevorzugung** erscheint, dem Aktionär oder einem Dritten den Vorteilserwerb zu gestatten oder den bereits vollzogenen Erwerb hinzunehmen[92]. Mit den Interessen der Gesellschaft oder ihrer Aktionäre unvereinbar ist der Beschluss, wenn er *geeignet* ist, ihnen Nachteile zuzufügen. Ob der Beschluss ihnen *tatsächlich* zum Nachteil gereicht, ist eine Frage des Tatbestandsmerkmals „zum Schaden" der Gesellschaft oder anderer Aktionäre. Für das Vorliegen eines Sondervorteils ist entscheidend, ob der Vorteil, den der Aktionär für sich oder den Dritten anstrebt, **rechtliche Missbilligung** verdient. Um dies zu ermitteln, wird (hypothetisch) die Position des Vorstands eingenommen und gefragt, ob er seine Pflicht zur Wahrung der Vermögensinteressen der Gesellschaft verletzen würde, wenn er dem Aktionär oder dem Dritten die angestrebten Vorteile aus eigener Kompetenz gewährte[93]. Die rechtliche Wertung mündet damit in die Frage, ob es **ökonomisch gerechtfertigt** ist, dem Aktionär jene Vorteile zuzuwenden[94]. Ein Sondervorteil ist indiziert, wenn der Vorteil zu *nicht marktüblichen Konditionen* (sog. **Vergleichsmarktkonzept**)[95] gewährt wird, m.a.W. der Begünstigte die gewährte Leistung ohne oder gegen unangemessen niedrige Gegenleistung erhält. Für die Anfechtung nach § 243 Abs. 2 reicht es aus, wenn der angegriffene Beschluss die Gefahr eines Sondervorteils messbar erhöht. Von der Anfechtbarkeit ausgeschlossen sind nur Beschlüsse, die zur Erreichung eines Sondervorteils objektiv völlig untauglich sind[96].

b) Einzelfälle

18   Ein **Auflösungsbeschluss**, mit dessen Hilfe der Mehrheitsaktionär den Erwerb des Gesellschaftsunternehmens gegen minderwertiges Entgelt erstrebt, ist nicht bloß nach § 243 Abs. 1 wegen Verletzung der Treupflicht (oben Rz. 3 ff.), sondern ebenso wegen Verfolgung eines Sondervorteils nach § 243 Abs. 2 anfechtbar[97]. Des Weiteren kann der Abschluss eines **Betriebspachtvertrags** (§ 292 Abs. 1 Nr. 3) mit dem Mehrheitsgesellschafter diesem einen Sondervorteil verschaffen, wenn eine ernsthafte und für die Gesellschaft lukrativere Offerte des Minderheitsgesellschafters ausgeschlagen wird[98]. Einen Sondervorteil verfolgt der Mehrheitsaktionär aber auch bereits dann, wenn er sich vom beherrschten Unternehmen für den Betriebspachtvertrag ein Abschlussmonopol einräumen lässt[99]. Für die GmbH hat der BGH unter dem Gesichts-

---

92   BGH v. 9.2.1998 – II ZR 278/96, BGHZ 138, 71, 80 f. = AG 1998, 284; LG Hamburg v. 8.6.1995 – 405 O 203/94, AG 1996, 233, 234; LG Stuttgart v. 8.3.1994 – 4 KfH O 6/94, AG 1994, 567; *Heidel* in Heidel, § 243 Rz. 28; *Schilling* in FS Hengeler, S. 226, 230; *Hüffer* in MünchKomm. AktG, § 243 Rz. 75.

93   In diesem Sinne *Hüffer* in MünchKomm. AktG, § 243 Rz. 79.

94   *Heidel* in Heidel, § 243 Rz. 28; *K. Schmidt* in Großkomm. AktG, § 243 Rz. 55; kritisch *Hüffer*, § 243 Rz. 35; *Zöllner* in KölnKomm. AktG, § 243 Rz. 210.

95   In diese Richtung auch OLG Frankfurt v. 28.2.1973 – 13 U 2/72, AG 1973, 136, 137; LG Köln v. 16.12.1998 – 91 O 81/98, AG 1999, 333, 334 f.; *K. Schmidt* in Großkomm. AktG, § 243 Rz. 55; *Zöllner* in KölnKomm. AktG, § 243 Rz. 211; *Hüffer* in MünchKomm. AktG, § 243 Rz. 79.

96   *Zöllner* in KölnKomm. AktG, § 243 Rz. 228; *Hüffer* in MünchKomm. AktG, § 243 Rz. 83.

97   BGH v. 28.1.1980 – II ZR 124/78, BGHZ 76, 352, 357 = AG 1981, 48; BGH v. 1.2.1988 – II ZR 75/87, BGHZ 103, 184, 193 = AG 1988, 135.

98   OLG Frankfurt v. 28.2.1973 – 13 U 2/72, AG 1973, 136; *Emmerich*, JuS 1973, 514, 515; *Hüffer* in MünchKomm. AktG, § 243 Rz. 109; a.A. *Rasch*, BB 1973, 865.

99   OLG Frankfurt v. 28.2.1973 – 13 U 2/72, AG 1973, 136, 137; *Emmerich*, JuS 1973, 514, 515; *Zöllner* in KölnKomm. AktG, § 243 Rz. 208; *Hüffer* in MünchKomm. AktG, § 243 Rz. 108; a.A. *Martens*, AG 1974, 9, 12; *Rasch*, BB 1973, 865.

punkt des §243 Abs. 2 mit Recht die Bewilligung einer unangemessen hohen Umsatztantieme beanstandet[100]; in gleicher Weise ist in der AG eine von der Hauptversammlung nach §113 Abs. 1 Satz 2, 2. Alt. bewilligte, unangemessen hohe Aufsichtsratsvergütung nach §243 Abs. 2 anfechtbar[101]. Beschlüsse, durch welche die Hauptversammlung zugunsten eines Dritten in die Geschäftschancen der Gesellschaft eingreift, begründen ebenfalls die Anfechtung wegen Sondervorteils[102].

3. Schaden der Gesellschaft oder anderer Aktionäre

Der Beschluss muss zu einem Schaden entweder der Gesellschaft oder der anderen Aktionäre führen. Letzteres ist nicht etwa nur dann der Fall, wenn *sämtliche* anderen Aktionäre außer dem begünstigten Aktionär Schaden erleiden. Die Anfechtbarkeit nach §243 Abs. 2 ist vielmehr bereits dann begründet, wenn ein Teil der anderen Aktionäre benachteiligt wird[103]: Die Variante „zum Schaden der anderen Aktionäre" ist lediglich als Antithese zur Variante „zum Schaden der Gesellschaft" zu lesen. Der Schaden der Gesellschaft oder der übrigen Aktionäre braucht nicht inhaltlich mit dem Vorteil des begünstigten Aktionärs oder Dritten zu korrespondieren; §243 Abs. 2 greift vielmehr auch bei fehlender „Stoffgleichheit" von Vorteil und Schaden ein[104]. Wegen Sondervorteils zum **Schaden der Aktionäre** kann der Beschluss **selbst dann** angefochten werden, wenn jener Beschluss **der Gesellschaft objektiv nützt**[105]. Die Gegenansicht[106] verkennt, dass §243 Abs. 2 die Verfolgung von Sondervorteilen gleichermaßen zum Schaden der Gesellschaft wie zum Schaden der anderen Aktionäre verbietet. Die Aktionäre sind nicht in jedem Fall rechtlich gehalten, ihr Interesse hinter das der Gesellschaft zurückzustellen.

19

4. Subjektive Erfordernisse

Dem Aktionär muss hinsichtlich des Sondervorteils **Vorsatz** zur Last fallen – und zwar nicht bloß bedingter Vorsatz[107], sondern **Absicht** i.S. eines *dolus directus 1. Grades*[108]. Darauf weist nicht nur der Gesetzeswortlaut hin („zu erlangen *suchte*"), sondern ebenso der Gesetzeszweck: Die Anfechtung nach §243 Abs. 2 rechtfertigt sich daraus, dass der Beschluss kraft seiner Begleitumstände sittenwidrig ist. Davon kann nur bei planmäßiger und zielgerichteter Verfolgung von Sondervorteilen die Rede sein. Der Vorsatz braucht sich allein auf den Sondervorteil zu beziehen, nicht dagegen auf den Schaden der Gesellschaft oder der anderen Aktionäre[109]. Allerdings ist dem Begriff des Sondervorteils die Eignung inhärent, bei der Gesellschaft oder bei anderen Aktionären Nachteile zu erzeugen (oben Rz. 17 a.E.); auf jene Eignung muss sich konsequent auch der Vorsatz des Aktionärs beziehen, wobei freilich *insoweit* in der Tat bedingter Vorsatz genügt. Es genügt ferner der Vorsatz *irgendeines* Aktionärs; es muss nicht unbedingt der begünstigte Aktionär selbst vorsätzlich handeln.

20

---

100 BGH v. 4.10.1976 – II ZR 204/74, WM 1976, 1226, 1227; *Hüffer*, §243 Rz. 36.
101 *Hüffer* in MünchKomm. AktG, §243 Rz. 82.
102 BGH v. 10.2.1977 – II ZR 79/75, WM 1977, 361, 363.
103 *K. Schmidt* in Großkomm. AktG, §243 Rz. 57; *Zöllner* in KölnKomm. AktG, §243 Rz. 220; *Hüffer* in MünchKomm. AktG, §243 Rz. 83.
104 *K. Schmidt* in Großkomm. AktG, §243 Rz. 57; *Hüffer* in MünchKomm. AktG, §243 Rz. 83.
105 *Geßler* in FS Barz, S. 97, 99; *K. Schmidt* in Großkomm. AktG, §243 Rz. 56; *Hüffer* in MünchKomm. AktG, §243 Rz. 80; *Schilling* in FS Hengeler, S. 226, 230.
106 *Zöllner* in KölnKomm. AktG, §243 Rz. 218.
107 So aber *Heidel* in Heidel, §243 Rz. 31; *Zöllner* in KölnKomm. AktG, §243 Rz. 223; *Hüffer* in MünchKomm. AktG, §243 Rz. 85.
108 Wie hier *Baumbach/Hueck*, §243 Anm. 10; *Semler* in MünchHdb. AG, §41 Rz. 34.
109 *Hüffer*, §243 Rz. 34; *Hüffer* in MünchKomm. AktG, §243 Rz. 86; *Zöllner* in KölnKomm. AktG, §243 Rz. 224.

5. Ausgleichsgewährung

a) Anwendungsbereich der Ausgleichsklausel

21 Die Anfechtbarkeit wegen Sondervorteils entfällt nach § 243 Abs. 2 Satz 2 bei Gewährung eines angemessenen Ausgleichs. Damit wird indes nicht zugleich die Anfechtbarkeit wegen Gesetzes- und/oder Satzungsverstoßes beseitigt: Die **Ausgleichsklausel** ist auf die Anfechtbarkeit nach **§ 243 Abs. 1 nicht anwendbar**[110]. Die Gewährung eines angemessenen Ausgleichs beseitigt allein die Anfechtbarkeit nach § 243 Abs. 2. Abweichend hiervon ist nach h.M. die Zustimmung zu einem Betriebspacht- und Betriebsüberlassungsvertrag (§ 292 Abs. 1 Nr. 3), soweit ein angemessener Ausgleich gewährt wird, auch nicht nach § 243 Abs. 1 anfechtbar; andernfalls könnten Verträge dieser Art praktisch niemals gesetzmäßig beschlossen werden[111]. In der Tat geht mit dem Abschluss eines solchen Vertrags praktisch immer eine Ungleichbehandlung zugunsten dessen einher, der den Betrieb führen darf; diese Folge darf für sich allein, sofern ein angemessener Ausgleich gewährt wird, nicht zur Anfechtbarkeit führen. Dagegen bleibt die Anfechtung trotz angemessenen Ausgleichs möglich, wenn der Betriebspachtvertrag mit dem Mehrheitsaktionär geschlossen wird, obwohl der Minderheitsaktionär ein ernsthaftes und für die Gesellschaft lukrativeres Angebot abgegeben hat[112]. Denn ein Ausgleich könnte das übergangene primäre Interesse des Minderheitsaktionärs, den Betrieb selbst führen zu dürfen, nicht aufwiegen; der Nachteil für die Gesellschaft ist erst recht nicht zu rechtfertigen.

b) Stoßrichtung des Ausgleichs

22 Wenn den Aktionären ein angemessener Ausgleich gewährt wird, schließt dies die Anfechtbarkeit gem. § 243 Abs. 2 Satz 1 selbst dann aus, wenn der angestrebte Sondervorteil einen **Schaden der Gesellschaft** herbeiführt[113]. Allerdings soll dies nach überwiegender Meinung nicht gelten, wenn die dadurch ebenfalls mittelbar berührten Interessen der *Gläubiger* nicht auf andere Weise (z.B. durch §§ 300 Nr. 2, 302, 311 ff.) gewahrt blieben[114]: § 243 Abs. 2 sei, wie sich aus der Gesetzesbegründung ergebe[115], gerade für diejenigen Fälle gedacht, in denen der Minderheit nicht schon aus anderem Rechtsgrund (z.B. § 304) ein Ausgleich zu gewähren sei. Letztere Fälle seien aber durchweg dadurch gekennzeichnet, dass die Gläubiger eigenständigen Schutz durch besondere Vorschriften (z.B. § 302) erführen. Ein solcher Zusammenhang zwischen Ausgleichsklausel und Gläubigerschutz besteht indes nicht. Soweit ein Beschluss rechtlich geschützte Gläubigerinteressen tangiert, ist er nach § 241 Nr. 3 nichtig; soweit dies nicht der Fall ist, haben die Gläubiger Verminderungen des Gesellschaftsvermögens hinzunehmen. § 243 Abs. 2 Satz 2 enthält vielmehr die Wertung, dass das mitgliedschaftliche Eigeninteresse im Bereich der Sondervorteilsanfechtung auf einen bloßen **Vermögensschutz** reduziert wird: Die Ausgleichsklausel bezieht sich auf den gesamten Anfechtungstatbestand des § 243 Abs. 2 Satz 1, also auch auf Sondervorteile zum Schaden der Gesellschaft, fordert aber nur einen Aus-

---

110 *K. Schmidt* in Großkomm. AktG, § 243 Rz. 52, 59; *Henn*, Handbuch des Aktienrechts, § 27 Rz. 923, S. 473; *Hüffer* in FS Kropff, S. 127, 133 ff.; *Zöllner* in KölnKomm. AktG, § 243 Rz. 240.
111 *Geßler* in FS Barz, S. 97, 107; *Zöllner* in KölnKomm. AktG, § 243 Rz. 253; *Hüffer* in MünchKomm. AktG, § 243 Rz. 104; *Schilling* in FS Hengeler, S. 226, 232.
112 Vgl. die Fallgestaltung in OLG Frankfurt v. 28.2.1973 – 13 U 2/72, AG 1973, 136.
113 *Geßler* in FS Barz, S. 97, 99 f.
114 *Heidel* in Heidel, § 243 Rz. 34; *Bachelin*, Der konzernrechtliche Minderheitenschutz, S. 67 f.; *K. Schmidt* in Großkomm. AktG, § 243 Rz. 60; *Zöllner* in KölnKomm. AktG, § 243 Rz. 242; *Hüffer* in MünchKomm. AktG, § 243 Rz. 95; *Schilling* in FS Hengeler, S. 226, 231 ff.
115 Begr. RegE zum AktG von 1965, BT-Drucks. 3/1915, S. 201 = BT-Drucks. 4/171, S. 201.

gleich zugunsten der übrigen Aktionäre. Dies berührt freilich nicht die fortbestehende Anfechtbarkeit nach § 243 Abs. 1 wegen Treupflichtverletzung.

c) Angemessener Ausgleich

Angemessen ist nur ein solcher Ausgleich, der bei vernünftiger kaufmännischer Beurteilung nach Art und Umfang geeignet ist, die von den anderen Aktionären oder von der Gesellschaft erlittene Einbuße zu kompensieren[116]. Dabei muss der Gesellschaft bzw. den anderen Aktionären kein volles Äquivalent für den erlittenen Nachteil zufließen[117]. Ein **Abfindungsangebot** kann indes als angemessener Ausgleich **nicht genügen**[118]. Die Ausgleichsklausel legitimiert weder einen Zwangsausschluss von Aktionären noch eine Maßnahme, die den Aktionär vor die Wahl stellt, entweder auszuscheiden oder zu unattraktiven Konditionen in der Gesellschaft zu verbleiben. Überall dort, wo das Gesetz dem Mehrheitsaktionär gestattet, sich einer Minderheit zu entledigen, und der Minderheit insoweit das Recht abschneidet, den Zwangsausschluss wegen Sondervorteils anzufechten (§§ 320b Abs. 2 Satz 1, 327f Satz 1), verpflichtet es den Mehrheitsaktionär zur Abgabe eines Abfindungsangebots, dessen Höhe durch qualifizierte Verfahrensvorschriften gewährleistet wird (Vorstandsbericht, unabhängige sachverständige Prüfung, Spruchverfahren). Da solche Vorschriften im Rahmen des § 243 Abs. 2 Satz 2 nicht vorgesehen sind, genügt ein Abfindungsangebot als Ausgleich nicht.

23

d) Regelung durch Beschluss

Die Sondervorteilsanfechtung ist nur dann nach § 243 Abs. 2 Satz 2 ausgeschlossen, wenn der **Ausgleich im Beschluss selbst geregelt wird**. Der Beschluss, der einem Aktionär oder einem Dritten Sondervorteile gewährt, muss also eine in sich abgeschlossene Ausgleichsregelung enthalten. Allerdings reicht es bei komplexen Ausgleichsregelungen aus, diese in Anlagen zum Beschlussvorschlag festzusetzen und bei dessen Formulierung auf diese Anlage Bezug zu nehmen[119]. Der Vorstand wird auf diese Weise von der Last entbunden, der Hauptversammlung zur Frage des Ausgleichs nach § 124 Abs. 3 Satz 1 einen eigenen Regelungsvorschlag zu unterbreiten. Da es eine Überfrachtung des Beschlusswortlauts zu vermeiden gilt, ist dies hinzunehmen. Entgegen einer im Schrifttum vertretenen Ansicht[120] ist aber in jedem Fall die Ausgleichsregelung zusammen mit der Tagesordnung im Wortlaut bekanntzumachen. Das folgt aus § 124 Abs. 3 Satz 1: Sondervorteil und Ausgleich müssen, um den Anfechtungsausschluss zu rechtfertigen, in jedem Verfahrensstadium eine Einheit bilden. Selbst die bloß als Anlage beigefügte Ausgleichsregelung ist untrennbarer Bestandteil des Beschlusses. Auch auf sie muss der Aktionär sich angemessen vorbereiten können.

24

e) Schuldner der Ausgleichsleistung

Enthält der Beschluss keine Regelung über den Ausgleichsschuldner, haben diejenigen **Aktionäre** den Ausgleich zu leisten, die den **Sondervorteil** für sich oder für den Dritten **erstreben**[121]. Doch kann die Hauptversammlung eine andere Person als Aus-

25

---

116 *Hüffer* in MünchKomm. AktG, § 243 Rz. 96.
117 *K. Schmidt* in Großkomm. AktG, § 243 Rz. 60; *Hüffer* in MünchKomm. AktG, § 243 Rz. 96; *Zöllner* in KölnKomm. AktG, § 243 Rz. 244.
118 *K. Schmidt* in Großkomm. AktG, § 243 Rz. 60; *Hüffer* in MünchKomm. AktG, § 243 Rz. 96.
119 *Zöllner* in KölnKomm. AktG, § 243 Rz. 245; *Hüffer* in MünchKomm. AktG, § 243 Rz. 97.
120 *Hüffer* in MünchKomm. AktG, § 243 Rz. 97.
121 Ausschließlich für diese Personen als Ausgleichsschuldner *K. Schmidt* in Großkomm. AktG, § 243 Rz. 61; *Zöllner* in KölnKomm. AktG, § 243 Rz. 246; *Hüffer* in MünchKomm. AktG, § 243 Rz. 98; *Semler* in MünchHdb. AG, § 41 Rz. 36.

gleichsschuldner bestimmen – etwa den **Dritten**, dem Sondervorteile zugewandt werden sollen. Der Dritte schuldet den Ausgleich dann freilich erst kraft einer eigenen schuldrechtlichen Abrede mit der Gesellschaft. Die Hauptversammlung mag hier den Sondervorteil unter der aufschiebenden Bedingung billigen, dass der Dritte sich zur Gewährung des im Beschluss festgesetzten Ausgleichs verpflichtet[122]. Angemessen ist der von einem Dritten zu gewährende Ausgleich indes nur, wenn die Ausgleichsabrede zwischen Drittem und Gesellschaft den übrigen Aktionären unmittelbare Leistungsansprüche (§ 328 Abs. 2 BGB) einräumt. Auch der **Gesellschaft** kann die Rolle der Ausgleichsschuldnerin zugewiesen werden. So kann der Ausgleich in Form einer Vorzugsdividende für die benachteiligten Aktionäre gewährt werden[123], die aus dem Gesellschaftsvermögen zu bedienen ist. Dies kommt gerade dann in Betracht, wenn der Begünstigte den Sondervorteil ebenfalls zu Lasten des Gesellschaftsvermögens erhält. Denn wie gezeigt (Rz. 22), dürfen im Rahmen des § 243 Abs. 2 Sondervorteile, soweit den Mitaktionären ein Ausgleich gewährt wird, auch zum Schaden der Gesellschaft verfolgt werden. Wenn im Rahmen des § 243 Abs. 2 Satz 2 der Minderheit die Beeinträchtigung des Gesellschaftsinteresses gegen Ausgleichszahlungen in ihr Privatvermögen zugemutet wird, erscheint es nur folgerichtig, dass dieser Ausgleich ebenfalls zu Lasten des Gesellschaftsvermögens gewährt werden darf. Gegen diese Sichtweise spricht auch nicht, dass Zahlungen aus dem Gesellschaftsvermögen ohnehin der Gewinnverwendungskompetenz der Hauptversammlung unterliegen (§ 119 Abs. 1 Nr. 2)[124]. Denn aus § 119 Abs. 1 Nr. 2 ergibt sich noch nicht, dass Zahlungen speziell an eine bestimmte Aktionärsgruppe beschlossen werden dürfen. Die Anfechtung nach § 243 Abs. 1 bleibt freilich in solchen Fällen möglich.

IV. Relevanz von Informationspflichtverletzungen (§ 243 Abs. 4 Satz 1)

1. Rechtsentwicklung

26 Lange Zeit hielt die Rechtsprechung einen Hauptversammlungsbeschluss, der unter Verletzung von Informationspflichten zustande gekommen war, nur für anfechtbar, wenn die Hauptversammlung ohne den Verfahrensverstoß im Ergebnis anders abgestimmt hätte. Die **Kausalität** zwischen Verfahrensfehler und Abstimmungsergebnis wurde freilich vermutet[125]. Die Anfechtung war lediglich ausgeschlossen, wenn es keinem vernünftigen Zweifel unterlag, dass das Ergebnis der Abstimmung durch die unberechtigte Auskunftsverweigerung nicht beeinflusst worden war[126]. Später fragte der BGH wertend danach, ob ein **objektiv urteilender Aktionär** die Beschlussvorlage abgelehnt hätte, wenn ihm die vorenthaltenen oder fehlerhaft erteilten Informationen bekannt gewesen wären. In diesem Sinne judizierten die Gerichte für die Verletzung des § 131[127]; für den Fall eines fehlerhaften Verschmelzungsbe-

---

122 *K. Schmidt* in Großkomm. AktG, § 243 Rz. 61; *Hüffer*, § 243 Rz. 38; *Zöllner* in KölnKomm. AktG, § 243 Rz. 246; *Hüffer* in MünchKomm. AktG, § 243 Rz. 99.
123 Dafür auch *Geßler* in FS Barz, S. 97, 100 f.; *Schilling* in FS Hengeler, S. 226, 234.
124 So aber *Hüffer* in MünchKomm. AktG, § 243 Rz. 98.
125 RGZ 167, 151, 165; *Baumbach/Hueck*, § 243 Anm. 9.
126 BGH v. 23.11.1961 – II ZR 4/60, BGHZ 36, 121, 140; OLG Düsseldorf v. 29.7.1957 – 6 W 50/57, BB 1957, 1087.
127 BGH v. 29.11.1982 – II ZR 88/81, BGHZ 86, 1, 3 = AG 1983, 75; BGH v. 1.2.1988 – II ZR 75/87, BGHZ 103, 184, 186 = AG 1988, 135; BGH v. 19.6.1995 – II ZR 58/94, AG 1995, 462, 464; KG v. 30.6.2000 – 14 U 8337/98, DB 2000, 1755, 1756 = AG 2001, 186; OLG München v. 26.4.1996 – 23 U 4586/96, AG 1996, 327, 328; OLG München v. 12.11.1997 – 7 U 2929/97, GmbHR 1998, 332, 333; LG Berlin v. 26.5.1994 – 104 O 19/94, WM 1994, 1246, 1249 = AG 1995, 41; LG Frankfurt/M. v. 4.7.1984 – 3/3 O 111/83, AG 1984, 296, 298; LG Ingolstadt v. 12.6.1990 – HKO 763/89, WM 1991, 685, 692 = AG 1991, 24.

richts[128]; für den Fall eines fehlenden Abhängigkeitsberichts (§ 312)[129] oder eines unvollständigen Berichts des Aufsichtsrats über die Abhängigkeitsprüfung (§ 314)[130]; für den Fall versäumter Bekanntmachung eines Vertragsinhalts nach § 124 Abs. 2 Satz 2[131]; für den Fall verspäteter Zuleitung des Jahresabschlusses bei Anfechtung des Entlastungsbeschlusses[132] und schließlich für den Fall fehlender Information der Hauptversammlung nach § 179a Abs. 2[133]. Der BGH hielt freilich, anders als manche Instanzgerichte[134], die Anfechtung für ausgeschlossen, wenn der Mehrheitsaktionär von den fraglichen Umständen in der Hauptversammlung bereits Kenntnis hatte. In der Literatur überwiegt seit langem die Auffassung, wonach Informationsverstöße grundsätzlich *immer* und *ohne* Rücksicht auf ihre Kausalität für das Abstimmungsergebnis zur Anfechtbarkeit des Beschlusses führen[135]; anders nur, wenn zwischen dem Gesetzesverstoß und der Vernichtung des Beschlusses kein angemessenes Verhältnis besteht[136]. Dieser sog. **Relevanztheorie** hat sich der BGH in jüngerer Zeit angeschlossen[137]. Informationspflichtverstöße sind danach immer schon dann relevant, wenn die Erteilung einer zutreffenden Auskunft für die sachgerechte Beurteilung des Beschlussgegenstands erforderlich sei[138]. Diese jüngere Rechtsprechung wollte der Gesetzgeber im durch das UMAG mit Wirkung zum 1.11.2005 neu gefassten § 243 Abs. 4 Satz 1 kodifizieren[139]. Nach verbreiteter Einschätzung spiegelt diese Vorschrift die Relevanztheorie freilich nicht in Reinform wider[140].

2. Die Neuregelung in § 243 Abs. 4 Satz 1

a) Hypothetisches Entscheidungsverhalten

Obwohl die in § 243 Abs. 4 Satz 1 verwendete Formel vom objektiv urteilenden Aktionär stark an die frühere Rechtsprechung erinnert, unterscheidet sie sich von dieser erheblich: Es kommt nicht mehr darauf an, ob der (gedachte) objektiv urteilende Aktionär im Ergebnis anders abgestimmt, insbesondere nicht darauf, ob er bei richtiger   27

---

128 BGH v. 22.5.1989 – II ZR 206/88, BGHZ 107, 296, 307 f. = AG 1989, 399; BGH v. 18.12.1989 – II ZR 254/88, WM 1990, 140, 143 = AG 1990, 259; BGH v. 29.10.1990 – II ZR 146/89, WM 1990, 2073, 2075 = AG 1991, 102; OLG Karlsruhe v. 30.6.1989 – 15 U 76/88, ZIP 1989, 988, 993 = AG 1990, 35; für Anfechtbarkeit ohne Rücksicht auf jede auch nur potentielle Kausalität in diesem Fall OLG Köln v. 21.9.1988 – 24 U 244/87, WM 1988, 1792, 1795.
129 OLG Karlsruhe v. 30.5.1972 – 8 U 231/71, BB 1972, 979.
130 LG München v. 31.5.2001 – 5HK O 17738/00, DB 2001, 1714 = AG 2002, 302.
131 OLG München v. 26.4.1996 – 23 U 4586/96, AG 1996, 327, 328.
132 LG Hagen v. 8.12.1964 – 8 HO 132/64, BB 1965, 181.
133 BGH v. 15.1.2001 – II ZR 124/99, AG 2001, 261; kritisch *Drinkuth*, AG 2001, 256, 258 ff.
134 OLG Karlsruhe v. 30.6.1989 – 15 U 76/88, ZIP 1989, 988, 993 = AG 1990, 35; LG Frankfurt v. 15.2.1989 – 3/8 O 134/88, ZIP 1989, 1062, 1063.
135 Vgl. *Abramenko*, GmbHR 2001, 501, 504 f.; *Bayer*, ZGR 1995, 613, 616; *K. Schmidt* in Großkomm. AktG, § 243 Rz. 24, 34 ff.; *Raiser* in Ulmer, GmbHG, Anh. § 47 Rz. 117; *Zöllner* in KölnKomm. AktG, § 243 Rz. 81 ff.; *Hüffer* in MünchKomm. AktG, § 243 Rz. 30 ff.; *Semler* in MünchHdb. AG, § 41 Rz. 31 f.; *Zöllner*, AG 2000, 145, 148.
136 *Raiser* in Ulmer, GmbHG, Anh. § 47 Rz. 121; *Zöllner* in KölnKomm. AktG, § 131 Rz. 95; *Hüffer* in MünchKomm. AktG, § 243 Rz. 38.
137 BGH v. 12.11.2001 – II ZR 225/99, BGHZ 149, 158, 164; BGH v. 25.11.2002 – II ZR 49/01, BGHZ 153, 32, 37 = AG 2003, 319; BGH v. 18.10.2004 – II ZR 250/02, BGHZ 160, 385, 392 = AG 2005, 87. Nur die letztgenannte Entscheidung betrifft einen Informationspflichtverstoß. Zu anderen Fällen noch unten Rz. 30 f.
138 BGH v. 18.10.2004 – II ZR 250/02, BGHZ 160, 385, 392 = AG 2005, 87; ähnlich OLG Stuttgart v. 15.3.2006 – 20 U 25/05, BB 2006, 1019, 1023 = AG 2006, 379.
139 Begr. RegE zum UMAG, BT-Drucks. 15/5092, S. 26.
140 So im Ergebnis auch *Fleischer*, NJW 2005, 3525, 3528 f.; *Heinrich/Theusinger*, BB 2006, 449, 450; *Spindler*, NZG 2005, 825, 829; *Veil*, AG 2005, 567, 568 f.

und vollständiger Information die Beschlussvorlage abgelehnt hätte[141]. Nach dem Gesetzeswortlaut ist vielmehr maßgeblich, ob jener Aktionär die Information als wesentliche Voraussetzung für die Wahrnehmung seiner Teilnahme- und Mitgliedschaftsrechte angesehen hätte. Die Hypothese über das Verhalten des objektiv urteilenden Aktionärs ist wie folgt zu formulieren: Bei *vorenthaltenen* Informationen ist entscheidend, ob der objektiv urteilende Aktionär sich **geweigert hätte, an der Abstimmung teilzunehmen**, bevor ihm die fragliche Information erteilt worden wäre. Ganz ähnlich kommt es bei *unrichtigen* oder unerkannt unvollständigen Informationen darauf an, ob der objektiv urteilende Aktionär, hätte er um die Unrichtigkeit oder Unvollständigkeit gewusst, auf eine richtige und vollständige Information Wert gelegt hätte, bevor er entscheidet. Da nach § 243 Abs. 4 Satz 1 die Anfechtung nur durchgreift, wenn der objektiv urteilende Aktionär die Information als **wesentliche** Voraussetzung für die Wahrnehmung seiner Rechte angesehen hätte, meint ein Teil des Schrifttums, die Anfechtung habe nur Erfolg, wenn der von dem Fehler betroffenen Auskunft innerhalb des Gesamtbündels entscheidungserheblicher Informationen ein erhebliches Gewicht zukommt[142]. Dem ist zu widersprechen. Da der objektiv urteilende Aktionär sachgerecht abstimmen will, sind für ihn alle Informationen wesentlich, welche zur sachgerechten Beurteilung des Beschlussgegenstandes erforderlich sind. Eine Verschärfung der Anforderungen an die Relevanz von Informationsmängeln ist vom Gesetzgeber nicht gewollt.

b) Der „objektiv urteilende Aktionär"

28 Als objektiv urteilenden Aktionär sieht die Gesetzesbegründung denjenigen an, der vernünftig und **im wohlverstandenen Unternehmensinteresse** handelt und der keine kurzfristigen Ziele verfolgt, sondern nur die langfristige Ertrags- und Wettbewerbsfähigkeit der Gesellschaft im Auge hat[143]. Indes: Nicht jeder Aktionär mit kurzfristigen Interessen darf als prinzipielle Bedrohung der Gesellschaft gebrandmarkt werden. So darf die Sicht eines Hedge-Fonds, dessen Engagement die Plazierung einer Kapitalerhöhung erst möglich gemacht hat[144], für die Relevanz des Informationsmangels nicht von vornherein unbeachtlich sein. In der Tat ist es nicht Aufgabe des Richters, die Anlagestrategie des Aktionärs zu bewerten[145]. Daher wird man den „objektiv urteilenden Aktionär" nicht an seinem kurz- oder langfristigen Investitionshorizont, sondern in erster Linie daran messen müssen, ob seine **Investitionsziele** mit dem **Bestreben der Gesellschaft an langfristiger Prosperität in Einklang stehen**. Mit dem Begriff des „objektiv urteilenden Aktionärs" ruft der Gesetzgeber die Gerichte auf, auszumessen, welcher Aktionär mit welchem Informationsinteresse so stark *schutzwürdig* ist, dass die Informationspflichtverletzung die Rechtsfolge der Beschlusskassation rechtfertigt. Schutzwürdig ist indes nur derjenige Aktionär *nicht*, der sich an der Gesellschaft mit dem Ziel beteiligt, Sondervorteile zu erzielen oder gar die Gesellschaft zu vernichten.

---

141 So aber Begr. RegE zum UMAG, BT-Drucks. 15/5092, S. 26; *Veil*, AG 2005, 567, 569. Wie hier LG München I v. 24.8.2006 – 5 HK O 1558/06, AG 2007, 336, 338; *Schütz*, NZG 2005, 5, 10; *Weißhaupt*, ZIP 2005, 1766, 1771; *Wilsing*, DB 2005, 35 f.
142 *Weißhaupt*, ZIP 2005, 1766, 1771.
143 Begr. RegE zum UMAG, BT-Drucks. 15/5092, S. 26; *Kolb*, DZWiR 2006, 50, 54. Vgl. auch *Jahn*, BB 2005, 5, 10: keine „kurzfristigen Sonderinteressen".
144 So das Beispiel bei *Heinrich/Theusinger*, BB 2006, 449, 450.
145 Zutreffend *Noack/Zetzsche*, ZHR 170 (2006), 218, 223.

3. Berichtigung von Informationsmängeln in der Hauptversammlung?

Vorenthaltene, unrichtige oder unvollständige Informationen in **schriftlichen Vorab-** **29** **berichten** (z.B. Verschmelzungsbericht, § 8 UmwG; Kapitalerhöhungsbericht bei beabsichtigtem Bezugsrechtsausschluss, § 186 Abs. 4 Satz 2) können in der Hauptversammlung nicht mehr korrigiert werden[146]. Sinn und Zweck der Berichte ist es, den Aktionären bereits vor Durchführung der Hauptversammlung den geplanten Beschluss so transparent wie möglich zu machen[147]. Informationen in Vorabberichten dienen einer angemessenen Vorbereitung der Aktionäre auf die Hauptversammlung; sie erreichen ihren Zweck daher regelmäßig nicht, wenn sie erst in der Versammlung gegeben werden. Ergänzende Ausführungen dort sind nur zulässig, wenn die angemessene Vorbereitung der Aktionäre auf die Hauptversammlung als solche nicht in Frage gestellt wird[148]. Die Gegenmeinung, wonach die Korrektur möglich ist, sofern dem Aktionär im Bericht die „Basisinformation" bereitgestellt wird und das Informationsdefizit nicht einer Informationsverweigerung gleichzusetzen ist[149], ist daher nicht zuzustimmen.

4. Andere Verfahrensfehler

§ 243 Abs. 4 Satz 1 bezieht sich nur auf die Anfechtbarkeit wegen Informations- **30** pflichtverletzungen. Für diese hat sich der Gesetzgeber in § 243 Abs. 4 Satz 1 der Relevanztheorie angenähert. Daher steht der Anerkennung jener Theorie auch bei sonstigen Verfahrensfehlern nichts mehr im Wege. Könnte gegen die Anfechtbarkeit wegen solcher Fehler ihre fehlende Auswirkung auf das Beschlussergebnis eingewendet werden, so stünde die Geltung der Vorschriften über das Beschlussverfahren faktisch zur Disposition der Hauptversammlungsmehrheit. Deshalb ist bei Verletzung sämtlicher nicht nur unwesentlicher Verfahrensvorschriften der Beschluss anfechtbar, ohne dass danach gefragt werden darf, wie die Hauptversammlung ohne jene Verletzung im Ergebnis abgestimmt hätte. Der BGH hat dies bereits anerkannt für den Fall, dass ein Beschlussvorschlag nach § 124 Abs. 3 Satz 1 von einem unterbesetzten Vorstand unterbreitet worden ist[150]. Im Übrigen stehen Rechtsprechung und Schrifttum vor der Aufgabe, eine **Typologie relevanter Verfahrensverstöße** zu entwickeln[151]: Ein Verfahrensmangel ist immer dann relevant und führt zur Anfechtbarkeit des Beschlusses, wenn er in mitgliedschaftliche **Teilhaberechte** eingreift; diese werden zum Beispiel eindeutig verletzt, wenn Aktionären rechtswidrig die Teilnahme an der Hauptversammlung verwehrt wird oder sie aus dem Saal gewiesen werden[152]. Das Teilhaberecht des Aktionärs ist ebenso in relevanter Weise verletzt, wenn einem Stimmrechtsvertreter, der von ihm wirksam bevollmächtigt wurde und seine Vertre-

---

146 OLG München v. 6.2.1991 – 7 U 4355/90, AG 1991, 210, 211; LG Köln v. 14.12.1987 – 91 AktE 123/87, DB 1988, 542 = AG 1988, 145; LG München I v. 5.8.1999 – 5HK O 11213/99, AG 2000, 87, 99; *R. Becker*, AG 1988, 223, 227; *Hommelhoff*, ZGR 1993, 452, 467; *Hüffer*, § 186 Rz. 24; *Marsch-Barner* in Kallmeyer, UmwG, § 8 Rz. 35; *Lutter/Drygala* in Lutter, UmwG, § 8 Rz. 55; *Lutter*, ZGR 1979, 401, 410.
147 BGH v. 22.5.1989 – II ZR 206/88, BGHZ 107, 296, 305 = AG 1989, 399.
148 So auch *R. Becker*, AG 1988, 223, 227; *Lutter*, ZGR 1979, 401, 410.
149 *Bayer*, AG 1988, 323, 330; *Mertens*, AG 1990, 20, 29 f.; *Sethe*, AG 1994, 342, 356 ff.
150 BGH v. 12.11.2001 – II ZR 225/99, BGHZ 149, 158, 160 ff.; BGH v. 25.11.2002 – II ZR 49/01, BGHZ 153, 32, 35 = AG 2003, 319.
151 Insbesondere *K. Schmidt* in Großkomm. AktG, § 243 Rz. 21 ff.; zustimmend *Weißhaupt*, WM 2004, 705, 710; ebenso für das GmbH-Recht *K. Schmidt* in Scholz, GmbHG, § 45 Rz. 100 ff.
152 BGH v. 11.11.1965 – II ZR 122/63, BGHZ 44, 245, 252; OLG Düsseldorf v. 11.7.1991 – 6 U 59/91, AG 1991, 444, 445; OLG München v. 12.11.1999 – 23 U 3319/99, AG 2000, 134, 135 f.; OLG Stuttgart v. 15.2.1995 – 3 U 118/94, AG 1995, 234; *Ludwig*, AG 2002, 433, 437; *Semler* in MünchHdb. AG, § 41 Rz. 29.

tungsmacht ordnungsgemäß nachgewiesen hat, der Zutritt zur Hauptversammlung verwehrt wird[153]. Ebenso ist die Nichterteilung oder der Entzug des Wortes zu werten[154].

31 Erschöpft sich der Fehler dagegen in einem Verstoß gegen bloße **Ordnungsvorschriften**, so ist zu **unterscheiden**: Reine **Formalfehler** berechtigen nur dann zur Anfechtung, wenn sie sich tatsächlich auf das Beschlussergebnis ausgewirkt haben. Hier hat demnach eine *echte* Kausalitätsprüfung stattzufinden. Auf diese Weise zu untersuchen sind beispielsweise offenbare Schreibfehler oder Mängel bei der Bekanntmachung der Tagesordnung nach § 124[155]. Fehler in der **Beschlussvorbereitung und Versammlungsdurchführung** berechtigen dagegen zur Anfechtung, wenn sie sich als Hindernisse für eine ordnungsgemäße Beschlussfassung ausgewirkt haben können. Dieser Kategorie unterfallen beispielsweise die Einberufung an einem nach § 121 Abs. 5 unzulässigen Versammlungsort[156], die unzureichende Bekanntmachung von Wahlvorschlägen (§ 124 Abs. 3 Satz 3)[157], die Versäumung von Mitteilungspflichten gegenüber Aktionären und Aufsichtsratsmitgliedern nach §§ 125, 126[158], die Beschlussfassung aufgrund eines Beschlussvorschlags, der von einem unterbesetzten Vorstand unterbreitet wurde (Verstoß gegen § 124 Abs. 3 Satz 1)[159] oder der Verstoß gegen das Gebot einer geordneten und zügigen Verhandlungsführung[160]. Eine **Umstrukturierungsmaßnahme** (z.B. Unternehmensvertrag, Verschmelzung) kann **nicht** mit der Begründung angefochten werden, der für die Bewertung von Kompensationsleistungen zuständige sachverständige **Prüfer** sei fehlerhaft bestellt worden. Die gerichtliche Prüferbestellung nach §§ 293b Abs. 1, 320 Abs. 3 Satz 1, 327c Abs. 2 Satz 2 sowie § 9 Abs. 1 UmwG ergeht im Verfahren der freiwilligen Gerichtsbarkeit und muss mit den dort statthaften Rechtsbehelfen bekämpft werden[161].

V. Anfechtungsausschluss bei Verletzung abfindungsrelevanter Informationspflichten (§ 243 Abs. 4 Satz 2)

1. Der Wertungswiderspruch

32 Ein Beherrschungs- oder Gewinnabführungsvertrag muss ein Ausgleichs- (§ 304) und ein Abfindungsangebot (§ 305) enthalten. Bei Mehrheitseingliederung (§ 320 Abs. 2 Nr. 2) und Squeeze-out (§ 327b Abs. 3) muss den Minderheitsaktionären eine Abfindung angeboten werden. Der Verschmelzungsvertrag muss das Umtauschverhältnis festlegen (§ 5 Abs. 1 Nr. 3 UmwG); ebenso der Spaltungsvertrag (§§ 125, 5 Abs. 1 Nr. 3 UmwG). Informationen betreffend den Wert der angebotenen Kompensation sind für den Aktionär wichtig; teilweise ist der Vorstand sogar zu einem entsprechenden schriftlichen Bericht verpflichtet (§§ 293a Abs. 1, 327c; § 12 Abs. 2 Satz 1 UmwG). Indes: Der jeweils zugrunde liegende Hauptversammlungsbeschluss kann

---

153 *Ludwig*, AG 2002, 433, 437.
154 LG Frankfurt/M. v. 22.2.1984 – 3/9 O 123/83, AG 1984, 192, 194; *K. Schmidt* in Großkomm. AktG, § 243 Rz. 33.
155 RGZ 110, 194, 197 f.; OLG Nürnberg v. 29.6.1971 – 3 U 51/71, BB 1971, 1478.
156 BGH v. 28.1.1985 – II ZR 79/84, AG 1985, 188, 189; OLG Hamm v. 1.2.1974 – 15 Wx 6/74, NJW 1974, 1057; *Zöllner* in KölnKomm. AktG, § 243 Rz. 115.
157 Vgl. aber OLG Frankfurt v. 21.3.2006 – 10 U 17/05, ZIP 2007, 232, 233: keine Relevanz, wenn nur Angaben zum Beruf falsch.
158 LG Stuttgart v. 27.1.1994 – 4 KfH O 166/93, DB 1994, 625; *Hüffer*, § 243 Rz. 14.
159 BGH v. 12.11.2001 – II ZR 225/99, BGHZ 149, 158, 163 ff.; für Relevanz dieses Verstoßes gegen § 124 Abs. 3 Satz 1 auch *C. Schäfer*, ZGR 2003, 147, 150 ff.
160 *K. Schmidt* in Großkomm. AktG, § 243 Rz. 30; *Stützle/Walgenbach*, ZHR 155 (1991), 516, 540 f.; *Max*, AG 1991, 77, 79.
161 Zutreffend *Baßler*, AG 2006, 487, 488 f.

nicht mit der Begründung angefochten werden, das Abfindungs- oder Ausgleichsangebot sei zu niedrig (§§ 304 Abs. 3 Satz 2, 305 Abs. 5 Satz 1, 320b Abs. 2 Satz 1, 327f Satz 1) oder das Umtauschverhältnis nicht angemessen (§ 14 Abs. 2 Satz 1 UmwG). Streitigkeiten über die Höhe solcher Kompensationsleistungen werden vielmehr in das Spruchverfahren verwiesen. Dann wäre es wertungswidersprüchlich, wenn die Anfechtung auf unrichtige oder vorenthaltene Informationen über jene Höhe angefochten werden könnte. Schon nach bisherigem Recht hielt der BGH mit Recht einen Hauptversammlungsbeschluss über den Formwechsel wegen fehlerhafter Informationen bezüglich der Höhe der nach § 207 UmwG zu zahlenden Abfindung für nicht anfechtbar[162]: In diesem Fall sei die Abfindung i.S. des § 210 UmwG **nicht ordnungsgemäß angeboten** worden; darauf aber könne nach dieser Vorschrift die Anfechtung nicht gestützt werden. Das gleiche galt für abfindungswertbezogene Informationsmängel beim Beherrschungs- und beim Gewinnabführungsvertrag sowie bei der Mischverschmelzung[163]. Strittig war die Frage des Anfechtungsausschlusses bei fehlerhafter Information über die Höhe des nach § 304 zu zahlenden Dividendenausgleichs[164] sowie bei fehlerhafter Information über die Abfindungshöhe bei Eingliederung und Squeeze-out[165]. Anfechtbar blieb ein Verschmelzungsbeschluss bei fehlerhafter Information über die Höhe des in § 15 UmwG normierten Anspruchs auf bare Zuzahlung[166].

2. Reichweite des Anfechtungsausschlusses

Nach dem zum 1.11.2005 in Kraft getretenen § 243 Abs. 4 Satz 2 begründen Informationsmängel bezüglich der Höhe von Kompensationsleistungen, für deren Durchsetzung ein Spruchverfahren vorgesehen ist, die Anfechtbarkeit insoweit nicht, als Informationspflichten **in der Hauptversammlung** verletzt wurden. Daraus folgt im Umkehrschluss, dass Informationsmängel in schriftlichen Berichten im Vorfeld der Hauptversammlung die Anfechtbarkeit des Hauptversammlungsbeschlusses selbst dann begründen, wenn sie sich lediglich auf die Abfindung beziehen[167]. Der Gesetzgeber möchte damit einen Anreiz setzen, die Information abwesender Aktionäre zu verbessern und Auskünfte über Ausgleichsleistungen bei Strukturmaßnahmen aus der Hauptversammlung hinaus zu verlagern[168]. Der Vorstand soll nicht darauf hoffen dürfen, über die Abfindungshöhe fehlerhaft oder unvollständig berichten zu dürfen, ohne die Sanktion der Anfechtbarkeit des Beschlusses gewärtigen zu müssen[169]. Die

33

---

162 BGH v. 15.6.1992 – II ZR 18/91, BGHZ 119, 1, 9 f.; BGH v. 18.12.2000 – II ZR 1/99, BGHZ 146, 179, 182 = AG 2001, 301; BGH v. 29.1.2001 – II ZR 368/98, NJW 2001, 1428 = AG 2001, 263. Zu den einzelnen Fallgestaltungen *Henze* in FS Hadding, S. 409, 418 ff.
163 *Weißhaupt*, ZIP 2005, 1766, 1772.
164 Für Anfechtbarkeit in diesem Fall *Weißhaupt*, WM 2004, 705, 711; dagegen *Hüffer*, ZGR 2001, 833, 860; *Kleindiek*, NZG 2001, 552, 554; *E. Vetter* in FS Wiedemann, S. 1323, 1337 f.
165 Auch für diese Fälle interpretieren einige die Rechtsprechung des BGH dahin, dass eine Anfechtung wegen abfindungswertbezogener Informationsmängel möglich ist (*Habersack* in Emmerich/Habersack, Aktien- und GmbH-Konzernrecht, § 327f Rz. 4; *Weißhaupt*, WM 2004, 705, 711; *Weißhaupt*, ZIP 2005, 1766, 1772). Gegen Anfechtbarkeit in diesen Fällen OLG Stuttgart v. 3.12.2003 – 20 W 6/03, ZIP 2003, 2363, 2367 = AG 2004, 105; OLG Köln v. OLG Köln v. 6.10.2003 – 18 W 35/03, DB 2003, 2592 = AG 2004, 39; *H. Schmidt* in FS Ulmer, S. 543, 549 ff.; *Sieger/Hasselbach*, ZGR 2002, 120, 160; *E. Vetter*, DB 2001, 743, 746.
166 Ebenso *Marsch-Barner* in Kallmeyer, UmwG, § 14 Rz. 14; *Weißhaupt*, ZIP 2005, 1766, 1772.
167 *Fleischer*, NJW 2005, 3525, 3529; *Göz/Holzborn*, WM 2006, 157, 160; *Heinrich/Theusinger*, BB 2006, 449, 451; *Leuering/Simon*, NJW-Spezial 2005, 315; *Spindler*, NZG 2005, 825, 829; *Veil*, AG 2005, 567, 570. Kritik de lege ferenda z.B. bei *Heinrich/Theusinger*, BB 2006, 449, 451; *Noack/Zetzsche*, ZHR 170 (2006), 218, 239 f.; *Veil*, AG 2005, 567, 570.
168 Begr. RegE zum UMAG, BT-Drucks. 15/5092, S. 26. De lege ferenda zustimmend *Koch*, ZGR 2006, 769, 796; *Wilsing*, DB 2005, 35, 36; *Winter* in Liber amicorum Happ, S. 363, 365 f.
169 *Winter* in Liber amicorum Happ, S. 363, 365.

Anfechtungsklage wegen abfindungswertbezogener Informationsmängel in Struktur-
berichten kann daher entgegen verbreiteter Meinung[170] nicht mehr mit der Begründung abgewiesen werden, die Abfindung sei lediglich „nicht ordnungsgemäß angeboten" worden. Der Gesetzgeber wollte die Rechtsprechung des BGH nur insoweit kodifizieren, als Informationsmängel aus der Hauptversammlung in Rede stehen. Der
Anfechtungsausschluss nach § 243 Abs. 4 Satz 2 gilt andererseits für **sämtliche
Strukturmaßnahmen**, für die das Gesetz eine Kompensation in Form von Abfindung,
Ausgleich oder barer Zuzahlung vorsieht – mithin ebenso für Fehlinformationen über
den Ausgleichsanspruch bei Unternehmensverträgen, über das Umtauschverhältnis
bei Verschmelzungen sowie über die Abfindung bei Eingliederung und Squeeze-
out[171]. Der Anfechtungsausschluss gilt nicht bei **Totalverweigerung** von Information[172]; § 243 Abs. 4 Satz 2 ist insoweit teleologisch zu reduzieren. Die Totalverweigerung ist freilich nur ein eher theoretisches Szenario[173]. Sie liegt vor, wenn der Bericht des Vorstands bezüglich der Höhe der Kompensationsleistung Anlass zu Rückfragen von erheblichem Gewicht in der Hauptversammlung gegeben hat und diese
Rückfragen vom Vorstand zu einem weit überwiegenden Teil nicht befriedigend geklärt werden. Dem Begriff der Totalverweigerung wohnt freilich eine durchaus be-
denkliche Unschärfe inne[174].

3. Intertemporaler Anwendungsbereich

a) Meinungsstand

34   Streitig ist, ob der Anfechtungsausschluss nach § 243 Abs. 4 Satz 2 bereits die Anfechtbarkeit von **vor dem 1.11.2005 gefassten Hauptversammlungsbeschlüssen** erfasst[175]. Das wird teilweise verneint: § 243 Abs. 4 Satz 2 wirke sich auf der Ebene des
materiellen Rechts aus und beseitige dort die Anfechtbarkeit des Beschlusses[176]. Die
einmal materiellrechtlich begründete Anfechtbarkeit könne aber nicht rückwirkend
durch eine Gesetzesänderung beseitigt werden[177]. In Art. 170 EGBGB komme der allgemeine Rechtsgedanke zum Ausdruck, dass materiellrechtliche Rechtsverhältnisse
nach dem Recht zu beurteilen seien, das im Zeitpunkt ihrer Entstehung gelte. Die
Anwendung des § 243 Abs. 4 Satz 2 auf vor dem 1.11.2005 gefasste Hauptversammlungsbeschlüsse bedeute eine verfassungsrechtlich unzulässige echte Rückwirkung.
Die Gegenmeinung erblickt in § 243 Abs. 4 Satz 2 eine rein *prozessrechtliche* Aussage: Der Beschluss bleibe zwar bei fehlerhafter Information über die Höhe der Kompensation rechtswidrig; die Rüge des Informationsmangels werde aber ins Spruchverfahren verwiesen. Deshalb sei die auf solche Informationsmängel gestützte
Anfechtungsklage unzulässig. Denn die Wahl der richtigen Verfahrensart sei Sachurteilsvoraussetzung[178]. Wenn aber § 243 Abs. 4 Satz 2 die Zulässigkeit der Anfechtungsklage regle, so greife der allgemeine Grundsatz ein, dass das Gericht Gesetzesänderungen, welche jene Zulässigkeit beträfen, von Amts wegen zu beachten habe;
§ 243 Abs. 4 Satz 2 gelte daher auch für vor seinem Inkrafttreten gefasste Hauptversammlungsbeschlüsse, wenn der Anfechtungsprozess am 1.11.2005 noch nicht abge-

---

170 *Leuering/Simon*, NJW-Spezial 2005, 315; *Weißhaupt*, ZIP 2005, 1766, 1772.
171 Für Eingliederung und Squeeze-out ausdrücklich ebenso *Schütz*, NZG 2005, 5, 10.
172 Begr. RegE zum UMAG, BT-Drucks. 15/5092, S. 26; *Fleischer*, NJW 2005, 3525, 3529; *Göz/
     Holzborn*, WM 2006, 157, 160; *Heinrich/Theusinger*, BB 2006, 449, 450; *Leuering/Simon*,
     NJW-Spezial 2005, 315; *Spindler*, NZG 2005, 825, 829; *Weißhaupt*, ZIP 2005, 1766, 1771 f.
173 So auch *Winter* in Liber amicorum Happ, S. 363, 364 f.
174 Näher *Noack/Zetzsche*, ZHR 170 (2006), 218, 235.
175 Ausführlich zum Folgenden *Schwab*, NZG 2007, 521 ff.
176 *Lochner*, ZIP 2006, 135, 136.
177 *Lochner*, ZIP 2006, 135 f.
178 *Kolb*, DZWiR 2006, 50, 55; *Leuering*, NZG 2005, 999, 1000.

schlossen sei[179]. Eine Beschränkung des intertemporalen Anwendungsbereichs, wie sie in § 17 EGAktG für den Anfechtungsausschluss nach § 243 Abs. 3 Nr. 2 geregelt sei, sei für den Anfechtungsausschluss nach § 243 Abs. 4 Satz 2 gerade nicht vorgesehen. Der Kläger könne der kostenpflichtigen Klagabweisung nur dadurch entgehen, dass er die Hauptsache für erledigt erkläre[180].

b) Stellungnahme

Nach hier vertretener Ansicht ist § 243 Abs. 4 Satz 2 als Aussage des materiellen 35 Rechts zu deuten und die Vorschrift daher auf **vor dem 1.11.2005 gefasste Hauptversammlungsbeschlüsse nicht anzuwenden.** Das gilt zunächst für die Fälle, in denen die Anfechtung – ungeachtet des Umstands, dass sich der Informationsmangel bloß auf die Höhe der Kompensationsleistung bezog – nach früherem Recht Erfolg hat, nach neuem Recht aber abgewiesen werden müsste (oben Rz. 32 a.E.). Würde man § 243 Abs. 4 Satz 2 hier anwenden, so bedeutete dies einen Eingriff in das entscheidungserhebliche materielle Recht; denn die Rechtsfolge der Vernichtbarkeit des Beschlusses wäre aufgehoben. Das maßgebliche materielle Recht muss aber das zum Zeitpunkt des Beschlusses sein. Für die Anwendung des § 243 Abs. 4 Satz 2 spricht auch nicht der Umkehrschluss aus § 17 EGAktG, da die Interessenlage bei § 243 Abs. 3 Nr. 2 einerseits, bei § 243 Abs. 4 Satz 2 andererseits zu verschieden ist, um einen Umkehrschluss zu rechtfertigen: Wer die Wahl eines befangenen Abschlussprüfers beanstandet, rügt nicht die Verletzung eines subjektiven Mitgliedsrechts, wohl aber derjenige, der sich um ihm zustehende abfindungswertbezogene Informationen gebracht fühlt. Die Kassation der Prüferwahl wird durch § 243 Abs. 3 Nr. 2 nicht berührt, sondern lediglich ins Ersetzungsverfahren verwiesen; dagegen schließt § 243 Abs. 4 Satz 2 eben jene Kassation aus. § 243 Abs. 4 Satz 2 gilt für vor seinem Inkrafttreten gefasste Hauptversammlungsbeschlüsse aber auch dann nicht, wenn die Klage nach altem Recht unbegründet ist, nach neuem Recht aber durchdringen müsste. Es sind dies all jene Fälle, in denen der Vorstand bereits vor der Hauptversammlung über die Höhe von Kompensationsleistungen fehlerhaft berichtet hat. Sofern dies nach bisheriger Rechtsprechung die Anfechtung nicht rechtfertigt (oben Rz. 32), bewendet es auch nach dem 1.11.2005 hierbei. Wenn nämlich § 243 Abs. 4 Satz 2 die Anfechtbarkeit wegen Fehlinformationen in schriftlichen Berichten außerhalb der Hauptversammlung aufrechterhält, so soll dies einen Anreiz für eine bessere Berichterstattung bieten (oben Rz. 33). Eine solche Steuerungswirkung kann § 243 Abs. 4 Satz 2 aber nicht rückwirkend für vor seinem Inkrafttreten gefasste Beschlüsse entfalten.

§ 244
Bestätigung anfechtbarer Hauptversammlungsbeschlüsse

Die Anfechtung kann nicht mehr geltend gemacht werden, wenn die Hauptversammlung den anfechtbaren Beschluss durch einen neuen Beschluss bestätigt hat und dieser Beschluss innerhalb der Anfechtungsfrist nicht angefochten oder die Anfechtung rechtskräftig zurückgewiesen worden ist. Hat der Kläger ein rechtliches Interesse, dass der anfechtbare Beschluss für die Zeit bis zum Bestätigungsbeschluss

---

179 So im Ergebnis OLG Hamm v. 19.8.2005 – 8 W 20/05, ZIP 2006, 133, 134 = AG 2005, 854; *Bungert*, BB 2006, 2761, 2763; *Göz/Holzborn*, WM 2006, 157, 160; *Leuering/Simon*, NJW-Spezial 2005, 315, 316. Zur nachfolgend wiedergegebenen Argumentation *Leuering*, NZG 2005, 999, 1000 f.
180 *Leuering*, NZG 2005, 999, 1001; *Leuering/Simon*, NJW-Spezial 2005, 315, 316.

für nichtig erklärt wird, so kann er die Anfechtung weiterhin mit dem Ziel geltend machen, den anfechtbaren Beschluss für diese Zeit für nichtig zu erklären.

I. Abgrenzung von Bestätigung und Neuvornahme 1	f) Sonderbeschlüsse 13
	g) Bestätigung von Bestätigungsbe-schlüssen 14
II. Voraussetzungen der Bestätigung nach § 244 Satz 1 2	**III. Wirkungen der Bestätigung** 15
1. Bestätigungsfähiger Erstbeschluss . . 2	1. Materiellrechtliche Heilungswirkung 15
a) Keine Bestätigung nichtiger Be-schlüsse 2	2. Zeitpunkt des Wirkungseintritts . . . 16
b) Behebbarer Beschlussmangel 3	3. Verhältnis der Anfechtung des Bestä-tigungs- zur Anfechtung des Aus-gangsbeschlusses 17
c) In Sonderheit: Fehlerhafte Feststel-lung des Abstimmungsergebnisses 4	a) Getrennte Prozesse 17
d) Bestätigung nach Freigabe des Beschlusses 5	b) Verbundene Prozesse 18
2. Bestätigungsbeschluss 6	**IV. Nichtigerklärung für die Vergangen-heit (§ 244 Satz 2)** 19
a) Begriff 6	1. Dogmatische Grundlagen 19
b) Erfordernisse 7	2. Rechtliches Interesse 20
c) Änderung der Sach- und Rechts-lage 8	3. Klageantrag und Urteil 21
d) Korrektur von Verfahrensfehlern . 11	
e) Aktualisierung von Information . . 12	

Literatur: Vgl. zunächst bei § 241, außerdem/insbesondere: *Ballerstedt*, Die Bestätigung anfecht-barer Beschlüsse körperschaftlicher Organe, ZHR 124 (1962), 233; *Bokern*, Die Anfechtung von Bestätigungsbeschlüssen und deren Einfluss auf gerichtliche Verfahren, AG 2005, 285; *Dostal*, Anwendbarkeit der AktG §§ 293a ff. auf einen Bestätigungsbeschluss gemäß AktG § 244, DZWiR 1997, 514; *Grobecker/Kuhlmann*, Der Bestätigungsbeschluss nach § 244 AktG in der Praxis, NZG 2007, 1; *Habersack/Schürnbrand*, Die Bestätigung fehlerhafter Beschlüsse, in FS Hadding, 2004, S. 391; *Kiethe*, Der Bestätigungsbeschluss nach § 244 AktG – Allheilmittel oder notwendi-ges Korrektiv?, NZG 1999, 1086; *v. Caemmerer*, Die Bestätigung anfechtbarer Hauptversamm-lungsbeschlüsse, in FS A. Hueck, 1959, S. 281; *von der Laden*, Die Bestätigung anfechtbarer Hauptversammlungsbeschlüsse, DB 1962, 1297; *Ziemons*, Beseitigung der Anfechtbarkeit des Erstbeschlusses mit ex-nunc-Wirkung durch einen Bestätigungsbeschluss der Hauptversamm-lung nach § 244 S. 1 AktG, BB 2004, 569; *Zöllner*, Bestätigung anfechtbarer Hauptversammlungs-beschlüsse während des Revisionsverfahrens, in FS Beusch, 1993, S. 973; *Zöllner*, Die Bestätigung von Hauptversammlungsbeschlüssen – ein problematisches Rechtsinstitut, AG 2004, 397; *Zöll-ner*, Die lange Dauer der Zivilprozesse und ihre Ursachen, ZZP 81 (1968), 135.

I. Abgrenzung von Bestätigung und Neuvornahme

1   Die Gesellschaft kann versuchen, dem drohenden Erfolg der Anfechtungsklage vor-zubeugen, indem sie den Beschlussmangel beseitigt. Der Weg der Neuvornahme des Beschlusses trägt diesem Bedürfnis indes nicht immer ausreichend Rechnung. So würde die Neuvornahme einer angefochtenen, aber bereits eingetragenen Kapitaler-höhung voraussetzen, dass zuvor eine ordentliche Kapitalherabsetzung beschlossen und eingetragen wird[1]. Ein Unternehmensvertrag, der auf der Grundlage eines fehler-haften Hauptversammlungsbeschlusses gefasst worden ist, muss, wenn er neu be-schlossen werden soll, zuvor gekündigt[2] und bei einem Beherrschungs- oder Gewinn-abführungsvertrag nach § 303 Sicherheit geleistet werden. Diese misslichen Folgen

---

1 *von der Laden*, DB 1962, 1297; *Ludwig*, AG 2002, 433, 440; *Hüffer* in MünchKomm. AktG, § 244 Rz. 2.
2 OLG München v. 8.8.1997 – 23 U 1974/97, ZIP 1997, 1743, 1749 = AG 1997, 516.

bleiben der Gesellschaft erspart, wenn sie das in § 244 vorgesehene Verfahren der Bestätigung beschreitet: Auf diese Weise kann die Rechtswidrigkeit des angefochtenen Beschlusses beseitigt und dieser in seiner **ursprünglichen Fassung rechtmäßig** werden. So kann ein Unternehmensvertrag auf der Grundlage des ursprünglichen Beschlusses Bestand haben, wenn die Bestätigung gelingt[3]. In diesem Fall kann sogar ein ursprünglich aussichtsloses Freigabeverfahren Erfolg haben (vgl. näher § 246a Rz. 7).

II. Voraussetzungen der Bestätigung nach § 244 Satz 1

1. Bestätigungsfähiger Erstbeschluss

a) Keine Bestätigung nichtiger Beschlüsse

Die Bestätigung nach § 244 Satz 1 scheidet aus, wenn der Erstbeschluss nichtig ist[4]. **2** Das Gesetz trifft in diesem Fall die Wertung, dass dem Willen der Hauptversammlung die rechtliche Geltung versagt bleibt. Dabei bewendet es auch dann, wenn die Hauptversammlung jenen Willen ein zweites Mal artikuliert. Eine **Bestätigung** ist namentlich dann **nicht mehr möglich**, wenn der Erstbeschluss durch gerichtliches Urteil **rechtskräftig für nichtig erklärt** (§ 241 Nr. 5)[5]; desgleichen nicht, wenn er von Amts wegen gelöscht worden ist[6]. Allenfalls mag bei nichtigem Ausgangsbeschluss ein als solcher bezeichneter „Bestätigungsbeschluss" nach § 141 BGB in eine erneute Beschlussfassung über denselben Gegenstand umgedeutet werden können – dann aber ohne die in § 141 Abs. 2 BGB bestimmte Rückwirkung[7].

b) Behebbarer Beschlussmangel

Ist der **Erstbeschluss** lediglich **anfechtbar**, kommt eine Bestätigung in jedem Fall **3** dann in Betracht, wenn der Fehler im Beschlussverfahren begründet liegt[8]; denn in diesem Fall mag die Gesellschaft das Verfahren als Ganzes und nunmehr ordnungsgemäß neu durchführen. Ein durch Bestätigung behebbarer Beschlussmangel liegt namentlich vor, wenn in der ursprünglichen Hauptversammlung Informationsrechte der Aktionäre verletzt worden sind[9]. Dagegen erscheint eine Bestätigung problematisch, wenn der Beschluss wegen seines Inhalts fehlerhaft ist; denn dieser Fehler würde zwangsläufig auch dem Bestätigungsbeschluss anhaften[10]. Fehlt es zum Beispiel

---

3 OLG München v. 8.8.1997 – 23 U 1974/97, ZIP 1997, 1743, 1749 = AG 1997, 516.
4 *Casper*, Heilung, S. 55; *K. Schmidt* in Großkomm. AktG, § 244 Rz. 5, 28; *v. Caemmerer* in FS A. Hueck, S. 281, 285; *Grobecker/Kuhlmann*, NZG 2007, 1, 2; *Habersack/Schürnbrand* in FS Hadding, S. 391, 393 f.; *Heinrich/Theusinger*, BB 2006, 449, 452 f.; *Kiethe*, NZG 1999, 1086, 1087; *Zöllner* in KölnKomm. AktG, § 244 Rz. 10; *Hüffer* in MünchKomm. AktG, § 244 Rz. 6.
5 *Kocher*, NZG 2006, 1, 5; *Hüffer* in MünchKomm. AktG, § 244 Rz. 6; *Zöllner*, AG 2004, 397, 401.
6 *Hüffer* in MünchKomm. AktG, § 244 Rz. 6.
7 *v. Caemmerer* in FS A. Hueck, S. 281, 285; *Henn*, Handbuch des Aktienrechts, § 25 Rz. 963, S. 491; *Hüffer* in MünchKomm. AktG, § 244 Rz. 93.
8 BGH v. 12.12.2005 – II ZR 253/03, NJW-RR 2006, 472, 473 = AG 2006, 158; OLG München v. 8.8.1997 – 23 U 1974/97, ZIP 1997, 1743, 1746 = AG 1997, 516; *Heidel* in Heidel, § 244 Rz. 2; *Grobecker/Kuhlmann*, NZG 2007, 1, 2; *Heinrich/Theusinger*, BB 2006, 449, 453; *Hüffer*, § 244 Rz. 2; *Kocher*, NZG 2006, 1, 2; *von der Laden*, DB 1962, 1297 f.; *Zöllner* in FS Beusch, S. 973.
9 OLG München v. 8.8.1997 – 23 U 1974/97, ZIP 1997, 1743, 1746 = AG 1997, 516.
10 Aus diesem Grunde gänzlich gegen die Möglichkeit einer Bestätigung bei Inhaltsfehlern BGH v. 9.10.2006 – II ZR 46/05, BB 2006, 2601, 2604 = AG 2006, 931; *Dostal*, DZWiR 1997, 414, 415; *Heinrich/Theusinger*, BB 2006, 449, 453; *Hirte/Groß*, EWiR 2004, 575, 576; *Kiethe*, NZG 1999, 1086, 1087 f.; *Ziemons*, BB 2004, 569 f.

bei einer Kapitalerhöhung an der sachlichen Rechtfertigung des Bezugsrechtsausschlusses, so würde dieser Fehler durch einen Bestätigungsbeschluss nicht beseitigt.
Die Anfechtbarkeit eines solchen Beschlusses kann nur dann durch Bestätigungsbeschluss beseitigt werden, wenn der Kläger es versäumt, fristgerecht (§ 246 Abs. 1) den
Bestätigungsbeschluss anzufechten[11]. Wird der Bestätigungsbeschluss nicht fristgemäß angefochten, so steht freilich der Bestätigung auch bei inhaltlichen Mängeln
nichts entgegen[12].

c) In Sonderheit: Fehlerhafte Feststellung des Abstimmungsergebnisses

4   Nach Ansicht des BGH handelt es sich um einen der Bestätigung zugänglichen Verfahrensfehler, wenn der Versammlungsleiter einen **Beschluss verkündet**, der **nicht
den wahren Mehrheitsverhältnissen** entspricht[13], z.B. wenn er Stimmen mitgezählt
hat, die wegen eines Stimmverbots nicht hätten abgegeben werden dürfen: Bestätige
die Hauptversammlung den verkündeten Ausgangsbeschluss mit der erforderlichen
Mehrheit, beseitige dies die Anfechtbarkeit[14] und entziehe auch einer positiven Beschlussfeststellungsklage den Boden[15]. Indes: Entgegen der Ansicht des BGH ist eine
Bestätigung in einem solchen Fall abzulehnen[16]. Denn sie bürdet denjenigen Aktionären, welche in der ursprünglichen Hauptversammlung für ihre Position eine Mehrheit errungen haben (die vom Versammlungsleiter zu Unrecht nicht anerkannt wurde), das Risiko auf, im Bestätigungsverfahren erneut eine Mehrheit zu finden. Die
Feststellung des Beschlussergebnisses durch den Versammlungsleiters ist nach § 130
Abs. 2 deshalb bindend, weil nur dadurch die Gesellschaft Gegnerin der Anfechtungsklage sein kann (§ 246 Abs. 2 Satz 1). Der vom Versammlungsleiter verkündete
Beschluss definiert die Rechtsbehauptung, mit der sie in den Rechtsstreit eintritt:
Diesen Beschluss gilt es zu verteidigen. § 130 Abs. 2 will dagegen den in der ursprünglichen Abstimmung unterlegenen Aktionären nicht die erneute Chance eröff-
nen, im Bestätigungsverfahren eine Mehrheit für ihre Position zu erringen.

d) Bestätigung nach Freigabe des Beschlusses

5   Wenn der Erstbeschluss oder die auf ihm beruhende Maßnahme aufgrund eines
rechtskräftigen **Freigabebeschlusses** (§§ 246a, 319 Abs. 6; § 16 Abs. 3 UmwG) bereits
im **Handelsregister eingetragen** ist, besteht kein Interesse daran, die Kassation des
zugrunde liegenden Hauptversammlungsbeschlusses zu verhindern. Denn die Wirkungen der Maßnahme bleiben von der – als solche fortbestehenden – Anfechtbarkeit
unberührt: Kapitalerhöhung, Unternehmensvertrag und Verschmelzung sind endgültig rechtsbeständig geworden (vgl. § 246a Abs. 4 Satz 2 AktG, § 20 Abs. 2 UmwG)[17].
Die Bestätigung ist aber mit dem Ziel möglich, Schadensersatzansprüchen die
Grundlage zu entziehen[18]. Sie ist zu diesem Zweck auch geeignet, weil sie – anders
als die Heilung – den Beschluss von seinem rechtlichen Fehler befreit, mithin rechtmäßig macht.

---

11 Sog. Theorie der Doppelanfechtung; vgl. unten Rz. 7.
12 *Grobecker/Kuhlmann*, NZG 2007, 1, 3 ff.; *Kocher*, NZG 2006, 1, 2.
13 BGH v. 12.12.2005 – II ZR 253/03, NJW-RR 2006, 472, 473 = AG 2006, 158; ebenso *Bork*, EWiR
   2006, 161, 162; *Habersack/Schürnbrand* in FS Hadding, S. 391, 394 f.
14 So die Fallgestaltung in BGH v. 12.12.2005 – II ZR 253/03, NJW-RR 2006, 472 = AG 2006, 158.
15 BGH v. 12.12.2005 – II ZR 253/03, NJW-RR 2006, 472, 474 = AG 2006, 158; ebenso *Bork*, EWiR
   2006, 161, 162; *Habersack/Schürnbrand* in FS Hadding, S. 391, 401.
16 Im Ergebnis wie hier LG München I v. 17.10.2002 – 5HK O 14610/02, DB 2003, 1268; OLG
   München v. 21.5.2003 – 7 U 5347/02, AG 2003, 645.
17 Für die Eingliederung ist die Rechtslage weniger eindeutig; vgl. dazu in diesem Kommentar
   § 319 Rz. 36 ff.
18 In diesem Sinne *Singhof*, WuB II A. § 244 AktG 1.04.

2. Bestätigungsbeschluss

a) Begriff

Unter Bestätigungsbeschluss versteht man einen Beschluss der Hauptversammlung, 6 durch den diese den seinerzeit gefassten Erstbeschluss als gültige Regelung der betreffenden Gesellschaftsangelegenheit anerkennt[19]. Die Hauptversammlung bekräftigt im Angesicht einer möglichen oder gar bereits erhobenen Anfechtungsklage, dass sie am Erstbeschluss unter allen Umständen festhalten will. Von einem Bestätigungsbeschluss kann bereits begrifflich nur die Rede sein, wenn er **keinerlei inhaltliche Abweichung vom Erstbeschluss** enthält[20].

b) Erfordernisse

Der Bestätigungsbeschluss kann die Anfechtbarkeit des Erstbeschlusses grundsätz- 7 lich nur dann beseitigen, wenn er **seinerseits fehlerfrei gefasst** wird. Wenn die gerügten Mängel beim Zustandekommen des Bestätigungsbeschlusses wiederholt werden, ist dieser seinerseits anfechtbar[21]. Ebenso mag der Bestätigungsbeschluss an selbständigen neuen Mängeln leiden; dann kann er auch ihretwegen angefochten werden[22]. Selbst wenn der Bestätigungsbeschluss fehlerhaft ist, kann er indes die Anfechtbarkeit des Erstbeschlusses beseitigen, wenn er seinerseits nicht innerhalb der Frist des § 246 Abs. 1 angefochten wird – und zwar selbst dann, wenn der Bestätigungsbeschluss an demselben Mangel leidet wie der Erstbeschluss (sog. **Theorie der Doppelanfechtung**)[23]. Die gesonderte Anfechtung des Bestätigungsbeschlusses erschöpft sich keinesfalls in einer bloßen Formalie[24]. Vielmehr bedarf es der Durchführung eines erneuten Gerichtsverfahrens schon deshalb, weil geklärt werden muss, ob dem Bestätigungsbeschluss tatsächlich derselbe Mangel anhaftet wie dem Erstbeschluss. Die Tatsache, dass ein Bestätigungsbeschluss gefasst wurde, begründet bereits für sich gesehen – selbst wenn die den Mangel begründenden Umstände gleich bleiben – einen neuen Sachverhalt und damit einen neuen Streitgegenstand[25]. Die Anfechtungsklage gegen den Erstbeschluss erstreckt sich gerade nicht automatisch auf den Bestätigungsbeschluss. Eine **zeitliche Grenze** für die Bestätigung ist **nicht anzuerkennen**. Die Bestätigung ist mithin selbst Jahre nach dem Ausgangsbeschluss noch möglich[26]. Entscheidend ist, dass mit Hilfe des Bestätigungsbeschlusses Zweifel an der Rechtmäßigkeit des Erstbeschlusses zerstreut werden sollen. Daran besteht so lange ein schützenswertes Interesse, wie die rechtliche Ungewissheit andauert. Aus diesem

---

19 BGH v. 15.12.2003 – II ZR 194/01, BGHZ 157, 206, 209 f. = AG 2004, 204; *K. Schmidt* in Großkomm. AktG, § 244 Rz. 5; *Hüffer* in MünchKomm. AktG, § 244 Rz. 4.

20 *Butzke*, WuB II A. § 244 AktG 1.98; *K. Schmidt* in Großkomm. AktG, § 244 Rz. 6; *Habersack/Schürnbrand* in FS Hadding, S. 391, 394; *Heinrich/Theusinger*, BB 2006, 449, 453; *Kiethe*, NZG 1999, 1086, 1087; *Zöllner* in KölnKomm. AktG, § 244 Rz. 11; *Hüffer* in MünchKomm. AktG, Rz. 5; *Ziemons*, BB 2004, 569.

21 BGH v. 15.12.2003 – II ZR 194/01, BGHZ 157, 206, 210 = AG 2004, 204.

22 *Zöllner*, AG 2004, 397, 399.

23 *Ballerstedt*, ZHR 124 (1962), 233, 243 ff.; *K. Schmidt* in Großkomm. AktG, § 244 Rz. 9; *Kiethe*, NZG 1999, 1086, 1089, 1091; *Zöllner* in KölnKomm. AktG, § 244 Rz. 14 f.; *Kocher*, NZG 2006, 1, 2; *Hüffer* in MünchKomm. AktG, § 244 Rz. 10; *Pohle*, AG 1957, 45 f.; *Singhof*, WuB II A. § 244 AktG 1.04; *Zöllner*, ZZP 81 (1968), 135, 148 ff.

24 So aber noch BGH v. 27.9.1956 – II ZR 144/55, BGHZ 21, 354, 358; *v. Caemmerer* in FS A. Hueck, S. 281, 291.

25 Zur Reichweite der Rechtskraft bei *Neuvornahme* eines rechtskräftig für nichtig erklärten Beschlusses § 248 Rz. 6.

26 OLG München v. 8.8.1997 – 23 U 1974/97, ZIP 1997, 1743, 1744 f. = AG 1997, 516 (dort lagen zwischen Ausgangs- und Bestätigungsbeschluss 7 Jahre!); *Butzke*, WuB II A. § 244 AktG 1.98; *Habersack/Schürnbrand* in FS Hadding, S. 391, 394; *Kiethe*, NZG 1999, 1086, 1087; *Kocher*, NZG 2006, 1, 5; *Singhof*, WuB II A. § 244 AktG 1.04; *Ziemons*, BB 2004, 569, 570.

Grunde kann das Recht der Hauptversammlung, einen anfechtbaren Beschluss zu bestätigen, auch **nicht verwirkt** werden[27].

c) Änderung der Sach- und Rechtslage

8   Problematisch sind die Fälle, in denen sich die Sach- und Rechtslage im Zeitraum zwischen Ausgangs- und Bestätigungsbeschluss geändert hat. So mögen die Voraussetzungen für den Erstbeschluss nicht im Zeitpunkt seiner Fassung, wohl aber **später erfüllt** sein (*Beispiele*: Sachliche Rechtfertigung für Bezugsrechtsausschluss ergibt sich erst nach Kapitalerhöhungsbeschluss; Hauptaktionär stockt seine Beteiligung erst nach Squeeze-out-Beschluss auf das nach § 327a Abs. 1 bestimmte Kapitalquorum auf[28]). Umgekehrt mögen die materiellen Voraussetzungen eines verfahrensfehlerhaft zustande gekommenen Erstbeschlusses im Zeitpunkt seines Zustandekommens gegeben gewesen, nunmehr aber, da der Beschluss verfahrensfehlerfrei bestätigt werden soll, **weggefallen** sein (*Beispiel*: Die im Zeitpunkt des Beschlusses über eine vereinfachte Kapitalherabsetzung eingetretenen Verluste sind zwischenzeitlich anderweitig ausgeglichen; die mit der Kapitalerhöhung bezweckte Akquisition hat sich zerschlagen). Die Anforderungen an den Beschluss mögen schließlich durch **Gesetzesänderung** erhöht worden sein.

9   Nach Ansicht des **BGH**[29] und eines erheblichen Teils der Literatur[30] ist für die Rechtmäßigkeit des Bestätigungsbeschlusses allein auf die Sach- und Rechtslage **im Zeitpunkt des Erstbeschlusses** abzustellen. Alles andere laufe darauf hinaus, der Gesellschaft eine Neuvornahme des angefochtenen Beschlusses anzusinnen; eben dies solle ihr aber durch § 244 erspart werden. Der Anfechtungskläger könne nicht mehr verlangen, als dass der ursprüngliche Fehler beseitigt werde. Die **Gegenansicht** hält die Sach- und Rechtslage im Zeitpunkt des Bestätigungsbeschlusses für maßgeblich[31]: Allein dies vertrage sich mit der *ex-nunc*-Wirkung der Bestätigung (dazu unten Rz. 15). In die gleiche Richtung weise § 244 Satz 2. Dem **BGH** ist im Grundsatz zu **folgen**. Das gilt zunächst für die Fälle, in denen die Beschlussvoraussetzungen ursprünglich vorlagen und später weggefallen sind: Wenn die Korrektur der ursprünglichen Mängel gelingt, verdient der Erstbeschluss rechtliche Anerkennung. Die in § 244 gebotene Korrekturmöglichkeit ist dann genutzt. Dagegen widerspricht es dem Zweck des § 244, aus Anlass der Bestätigung *zusätzliche* rechtliche Anforderungen, nämlich auch noch die Übereinstimmung mit der nunmehrigen Rechtslage, an den Erstbeschluss zu stellen. Deshalb kann eine vereinfachte Kapitalherabsetzung selbst dann noch bestätigt werden, wenn ihre Voraussetzungen mittlerweile nicht mehr vorliegen[32]. Umgekehrt besteht kein Anlass für die Zulassung der Bestätigung, wenn die zunächst nicht vorliegenden Beschlussvoraussetzungen später eingetreten sind. Jene Zulassung würde in diesem Fall Umgehungsszenarien fördern: Wenn etwa der Hauptaktionär in der Hauptversammlung vor Erreichen des Kapitalquorums ein Squeeze-out durchsetzt und dieser Beschluss nach Erreichen des Kapitalquorums be-

---

27   OLG Dresden v. 13.6.2001 – 13 U 2639/00, AG 2001, 489, 490 f.

28   Dieser Fehler führt lediglich zur Anfechtbarkeit und nicht zur Nichtigkeit des Beschlusses; vgl. § 243 Rz. 11.

29   BGH v. 15.12.2003 – II ZR 194/01, BGHZ 157, 206, 210 f. = AG 2004, 204; ebenso OLG München v. 8.8.1997 – 23 U 1974/97, ZIP 1997, 1743, 1746 f. = AG 1997, 516.

30   *Bork*, EWiR 2000, 991, 992; *Habersack/Schürnbrand* in FS Hadding, S. 391, 404 ff.; *Hirte/Groß*, EWiR 2004, 575, 576; *Hüffer*, § 244 Rz. 2; *Kiethe*, NZG 1999, 1086, 1090; *Kocher*, NZG 2006, 1, 3; *Singhof*, WuB II A. § 244 AktG 1.04.

31   LG Ingolstadt v. 7.1.1997 – 1 HKO 382/96, ZIP 1997, 145, 147 = AG 1997, 273; *Heidel* in Heidel, § 244 Rz. 5; *Karollus*, EWiR 1997, 867, 868; *Zöllner*, AG 2004, 397, 404.

32   BGH v. 15.12.2003 – II ZR 194/01, BGHZ 157, 206, 209 ff. = AG 2004, 204; zustimmend *Singhof*, WuB II A. § 244 AktG 1.04; ebenso schon *Bork*, EWiR 2000, 991, 992.

stätigt wird, können die ausgeschlossenen Aktionäre an der zwischenzeitlichen Steigerung des Unternehmenswerts nicht teilhaben, weil sich die Höhe der Abfindung (§ 327b Abs. 1 Satz 1) selbst im Falle der Bestätigung nach den Verhältnissen der Gesellschaft im Zeitpunkt des Ausgangsbeschlusses bemisst[33]. Die neue Sachlage ändert außerdem u.U. die Basis für den Ausgangsbeschluss. So erfordern sachliche Gründe für einen Bezugsrechtsausschluss, die sich erst nach dem Erstbeschluss abzeichnen, eine erneute Beratung in der Hauptversammlung. Wenn schließlich die Anforderungen an den Ausgangsbeschluss später durch Gesetzesänderung verschärft wurden, so müssen die neuerlichen Voraussetzungen beim Bestätigungsbeschluss nicht beachtet werden. Bei Bestätigung eines vor dem 1.1.1995 beschlossenen Unternehmensvertrags sind die an diesem Datum in Kraft getretenen §§ 293a ff. nicht einzuhalten – selbst wenn die Bestätigung erst danach erfolgt[34]. Müssten spätere Gesetzesänderungen bei der Bestätigung beachtet werden, so würde neue Unsicherheit in das Beschlussverfahren hineingetragen. Damit würde der Zweck des § 244, Rechtssicherheit zu schaffen, in sein Gegenteil verkehrt.

Ausnahmsweise ist eine spätere Änderung der Sach- und Rechtslage zu beachten, 10 wenn durch sie dem Aktionär ein Anspruch auf Rückgängigmachung des Erstbeschlusses zusteht: Dann darf der Erstbeschluss auch nicht bestätigt werden. So liegt es, wenn bei einer **Kapitalerhöhung** der **sachliche Grund für den Bezugsrechtsausschluss weggefallen** ist. Einen im Gesellschaftsinteresse sachlich gerechtfertigten Bezugsrechtsausschluss hat der Aktionär deshalb hinzunehmen, weil es ihm die *Treupflicht gegenüber der Gesellschaft* gebietet[35]. Wenn nunmehr die Tatsachen, auf denen jene Rechtfertigung beruhte, weggefallen sind, ist umgekehrt die Gesellschaft verpflichtet, auf das Beteiligungsinteresse des Aktionärs Rücksicht zu nehmen. Vor Wirksamwerden der Kapitalerhöhung (§ 189) steht dem Aktionär daher ein Anspruch auf Rückgängigmachung des Kapitalerhöhungsbeschlusses zu. Dessen Bestätigung verstößt folglich gegen die Treupflicht gegenüber den benachteiligten Aktionären. Sind freilich die Kapitalerhöhung und ihre Durchführung bereits eingetragen worden, so kann der Aktionär nicht verlangen, sie rückgängig zu machen; denn dafür bedürfte es einer entsprechenden Kapitalherabsetzung mit all ihren Unannehmlichkeiten. Konsequent darf der Kapitalerhöhungsbeschluss bestätigt werden. Bei der Ausgabe der jungen Aktien hat indes der Vorstand den Bezugsrechtsausschluss zu ignorieren und den Aktionären entsprechend ihrer bisherigen Beteiligungsquote die Aktien anzubieten[36].

d) Korrektur von Verfahrensfehlern

War der Erstbeschluss verfahrensfehlerhaft zustande gekommen, so sind die begange- 11 nen **Verfahrensfehler** zu **korrigieren**: Die Tagesordnung der Hauptversammlung ist ordnungsgemäß anzukündigen, ein fehlerhafter oder unvollständiger Vorstandsbericht ist nachzubessern. Berichte, die pflichtwidrig vor der ursprünglichen Hauptversammlung nicht ausgelegt waren (z.B. nach §§ 120 Abs. 3 Satz 2, 175 Abs. 2), sind nunmehr auszulegen[37]. Hatte der Vorstand in der zum Erstbeschluss führenden Hauptversammlung entgegen § 131 zu Unrecht **Auskünfte verweigert** oder fehlerhaft erteilt, so muss er die entsprechenden Fragen auf der Hauptversammlung, auf der

---

33 *Kocher*, NZG 2006, 1, 4.
34 Wie hier OLG München v. 8.8.1997 – 23 U 1974/97, ZIP 1997, 1743, 1746 f. = AG 1997, 516; zustimmend *Butzke*, WuB II A. § 244 AktG 1.98; *Singhof*, WuB II A. § 244 AktG 1.04.
35 Näher *Schwab*, Das Prozessrecht gesellschaftsinterner Streitigkeiten, S. 284.
36 *Wiedemann* in Großkomm. AktG, § 186 Rz. 187; *Hüffer*, § 186 Rz. 40; *Lutter* in KölnKomm. AktG, § 186 Rz. 65; *Peifer* in MünchKomm. AktG, § 186 Rz. 101.
37 *Habersack/Schürnbrand* in FS Hadding, S. 391, 402 f.; LG Karlsruhe v. 11.5.2000 – O 88/99 KfH IV, AG 2001, 204, 205.

über die Bestätigung beraten wird, von sich aus beantworten. Die Gegenansicht, wonach der Vorstand nur auf erneut gestellte Fragen antworten muss[38], ist abzulehnen, weil sie dem Zweck des § 244 widerspricht: Wenn eine Korrektur des fehlerhaften Erstbeschlusses angestrebt wird, so haben diejenigen Gesellschaftsorgane, welche den Verfahrensfehler verursacht haben, jene Korrektur *aus eigenem Antrieb* zu leisten. Man wende nicht ein, das Informationsinteresse könne im Einzelfall fortgefallen sein: Wenn die Auskunft zur sachgerechten Beurteilung des Beschlussgegenstandes erforderlich ist, ist der Fortbestand jenes Interesses zu vermuten. Der Vorstand muss diejenigen Auskünfte erteilen, die er der Hauptversammlung ursprünglich zu Unrecht vorenthalten oder aber fehlerhaft erteilt hatte[39]; dies selbst dann, wenn die Fragen durch Zeitablauf überholt sind[40]. Der Vorstand darf sich andererseits auf die Berichtigung solcher Auskunftsverstöße beschränken[41] und muss die Hauptversammlung nicht etwa umfassend neu informieren[42]. Dem Korrekturzweck des § 244 entspricht es, dass nur der vom Fehler betroffene Teil des Verfahrens wiederholt werden muss. Anderes gilt selbst dann nicht, wenn zwischen Ausgangs- und Bestätigungsbeschluss neue Aktionäre hinzugetreten sind: Diese haben den durch die bisherigen Beschlüsse geschaffenen Rechtszustand hinzunehmen[43]. Eine bereits ursprünglich fehlerfreie Auskunft muss der Vorstand nur wiederholen, wenn dies ein Aktionär verlangt, der zu Unrecht zur ursprünglichen Hauptversammlung nicht zugelassen oder von ihr entfernt worden war; denn dieser Aktionär hatte keine Chance, die Auskunft des Vorstands zur Kenntnis zu nehmen. Geben die Antworten des Vorstands bzw. die neuerdings ausgelegten Berichte Anlass zu weitergehenden Fragen, so muss er auch diese beantworten; denn sie wären ihm bei fehlerfreier Auskunft in der ursprünglichen Hauptversammlung bereits damals gestellt worden.

e) Aktualisierung von Information

12   Die Aussage des Bestätigungsbeschlusses beschränkt sich nicht auf die vergangenheitsbezogene Aussage, ob die Hauptversammlung den Beschluss auch gewollt *hätte*, wenn sie zutreffend informiert worden *wäre*. Vielmehr entscheidet die Hauptversammlung gegenwartsbezogen darüber, ob sie den Beschluss, obwohl ursprünglich (möglicherweise) rechtswidrig, *immer noch mit diesem Inhalt will*. Daran hat sich auch der Inhalt der Information auszurichten, die aus Anlass des Bestätigungsbeschlusses gegeben wird: Sie muss die gegenwärtigen Umstände reflektieren, die für die zu bestätigende Maßnahme Bedeutung erlangen können, und daher **zwischenzeitlich veränderte Umstände berücksichtigen**. Im Rahmen des § 131 ist der Vorstand daher verpflichtet, die Auskunft nach aktuellem Geschäftsstand und nicht auf der Basis der Situation zum Zeitpunkt des Erstbeschlusses zu erteilen[44]. Obligatorische schriftliche Berichte (§§ 186 Abs. 4 Satz 2, 293a, 319 Abs. 3, 327c Abs. 2 sowie z.B. § 8 UmwG) müssen im Vorfeld des Bestätigungsbeschlusses zwar nicht als ganzes erneut erstattet werden[45]. Es kann aber auch nicht auf jegliche Aktualisierung verzich-

---

38   *Kocher*, NZG 2006, 1, 3.
39   *Habersack/Schürnbrand* in FS Hadding, S. 391, 402; *Kocher*, NZG 2006, 1, 3.
40   Ebenso *Habersack/Schürnbrand* in FS Hadding, S. 391, 405; anders OLG München v. 8.8.1997 – 23 U 1974/97, ZIP 1997, 1743, 1748 = AG 1997, 516; *Kiethe*, NZG 1999, 1086, 1090.
41   OLG München v. 8.8.1997 – 23 U 1974/97, ZIP 1997, 1743, 1747 f. = AG 1997, 516; *Habersack/Schürnbrand* in FS Hadding, S. 391, 404 f.; *Kiethe*, NZG 1999, 1086, 1090; *Kocher*, NZG 2006, 1, 4.
42   So aber *Heidel* in Heidel, § 244 Rz. 5; *Butzke*, WuB IIa. § 244 AktG 1.98.; *Grobecker/Kuhlmann*, NZG 2007, 1, 5.
43   Näher *Habersack/Schürnbrand* in FS Hadding, S. 391, 404 f.
44   *Kocher*, NZG 2006, 1, 4.
45   So aber *Heidel* in Heidel, § 244 Rz. 5; *Butzke*, WuB II A. § 244 AktG 1.98; *Dostal*, DZWiR 1997, 414, 415; *Karollus*, EWiR 1997, 867, 868.

tet werden[46]. Vielmehr muss der Vorstand im Vorfeld des Bestätigungsbeschlusses schriftlich erläutern, ob und inwieweit die Umstände, die seinerzeit für die rechtliche und wirtschaftliche Begründung der Maßnahme leitend waren, noch fortbestehen. **Entbehrlich** ist die Aktualisierung lediglich bei Informationen, die sich auf die **Höhe von Ausgleichs- und Abfindungsleistungen** aus Anlass von Strukturmaßnahmen beziehen. Denn im Fall der Bestätigung bleibt maßgeblicher Zeitpunkt für die Höhe solcher Leistungen der Zeitpunkt des Erstbeschlusses[47]. Da spätere Wertentwicklungen außer Betracht bleiben, muss über sie auch nicht berichtet werden.

f) Sonderbeschlüsse

Wenn das Gesetz einen Sonderbeschluss der Aktionäre bestimmter Gattungen verlangt (z.B. § 179 Abs. 3 Satz 2), so ist dieser gesonderter Gegenstand der Anfechtung[48]. Konsequent muss der Sonderbeschluss, falls er rechtswidrig ist, **separat** und abermals **durch Sonderbeschluss bestätigt werden.** Nun kann es geschehen, dass der Hauptbeschluss rechtmäßig und der Sonderbeschluss rechtswidrig ist oder umgekehrt; dies namentlich dann, wenn der Sonderbeschluss auf einer gesonderten Versammlung gefasst worden ist (§ 138 Satz 1). Dann ist der Fehler allein dort zu korrigieren, wo er aufgetreten ist: Im ersteren Fall bedarf nur der Sonderbeschluss, im letzteren Fall nur der Hauptbeschluss der Bestätigung. Der jeweils andere Beschluss braucht nicht wiederholt zu werden[49]. Die beschlossene Maßnahme erlangt in jedem Fall endgültige Rechtsbeständigkeit nur, wenn die Voraussetzungen des § 244 Satz 1 a.E. – Nichterhebung oder rechtskräftige Abweisung der Anfechtungsklage – sowohl beim Haupt- als auch beim Sonderbeschluss vorliegen.

g) Bestätigung von Bestätigungsbeschlüssen

Wenn der Bestätigungsbeschluss selbst fehlerhaft ist und deswegen angefochten wird, kann er seinerseits durch **erneuten Beschluss bestätigt werden.** Ein praktisches Bedürfnis dafür besteht namentlich dann, wenn der erste Bestätigungsbeschluss an selbständigen neuen Mängeln leidet, die dem Erstbeschluss noch nicht anhafteten[50]. Die Auslegung des zweiten Bestätigungsbeschlusses wird freilich in der Regel ergeben, dass – selbst wenn dies nicht ausdrücklich gesagt wird – sämtliche denkbaren Anfechtungsgründe beseitigt werden sollen, mithin *sowohl* der Ausgangsbeschluss *als auch* der erste Bestätigungsbeschluss bestätigt werden sollen[51].

III. Wirkungen der Bestätigung

1. Materiellrechtliche Heilungswirkung

Dem Zweck des § 244 entsprechend, die Korrektur fehlerhafter Beschlüsse zu ermöglichen, beseitigt die erfolgreiche Bestätigung nicht bloß das Rechtsschutzinteresse für die Anfechtungsklage[52]. Vielmehr wirkt sich die Bestätigung auf der Ebene des

13

14

15

---

46 So aber OLG Karlsruhe v. 13.11.1998 – 14 U 24/98, AG 1999, 470; *Habersack/Schürnbrand* in FS Hadding, S. 391, 406; *Hüffer*, ZGR 2001, 833, 849; *Kiethe*, NZG 1999, 1086, 1091; *Kocher*, NZG 2006, 1, 3 f.; gegen das Erfordernis eines „Bestätigungsberichts" auch *Grobecker/Kuhlmann*, NZG 2007, 1, 6.
47 Insoweit zutreffend *Kocher*, NZG 2006, 1, 4.
48 Vgl. dazu § 138 Satz 2 und im Übrigen § 241 Rz. 1.
49 So aber *Hüffer* in MünchKomm. AktG, § 244 Rz. 7; dagegen wie hier *Grobecker/Kuhlmann*, NZG 2007, 1, 6 f.
50 *Zöllner*, AG 2004, 397, 399.
51 *Zöllner*, AG 2004, 397, 399.
52 So aber *Zöllner*, AG 2004, 397, 402.

materiellen Rechts aus: Die **Anfechtbarkeit** des Beschlusses wird **beseitigt**; der ursprünglich rechtswidrige Beschluss *wird rechtmäßig*. Da nämlich der rechtliche Fehler des Beschlusses eine Frage des materiellen Rechts ist, ist es auch seine Korrektur. Die Anfechtbarkeit wird freilich nicht rückwirkend ab dem Zeitpunkt des Erstbeschlusses beseitigt[53], sondern mit Wirkung **ex nunc** ab dem Zeitpunkt, da der Bestätigungsbeschluss gefasst worden ist[54]. An der Tatsache, dass der ursprüngliche Beschluss nicht vom einwandfrei gebildeten Willen der Hauptversammlung getragen wurde, vermag die Bestätigung nichts zu ändern. Gerade § 244 Satz 2 zeigt, dass die Korrektur des Erstbeschlusses erst mit Zustandekommen des Bestätigungsbeschlusses gelungen ist; andernfalls wäre eine Nichtigerklärung bis zum Zeitpunkt des Bestätigungsbeschlusses nicht erklärbar. Gegen diese Deutung spricht auch nicht die Anordnung in § 244 Satz 1 a.E., wonach die Bestätigungswirkung erst an die endgültige Rechtsbeständigkeit des Bestätigungsbeschlusses geknüpft ist. Die Bestätigung soll zur Klärung der Rechtslage beitragen und kann dies nicht leisten, solange ihr eigenes rechtliches Schicksal ungewiss ist. Wenn aber der Bestätigungsbeschluss unanfechtbar geworden ist, hat er die Rechtswidrigkeit des Erstbeschlusses mit Wirkung ab dem Zeitpunkt des Bestätigungsbeschlusses beseitigt.

2. Zeitpunkt des Wirkungseintritts

16   Die Wirkungen des Bestätigungsbeschlusses treten *nicht* bereits in dem Augenblick ein, in dem er gefasst wird, sondern erst, wenn er nicht fristgerecht (§ 246 Abs. 1) angefochten oder die Anfechtungsklage rechtskräftig zurückgewiesen wird (§ 244 Satz 1 a.E.). Erst in diesem Augenblick ist die Anfechtbarkeit des Erstbeschlusses beseitigt[55] – wenn auch dann rückwirkend ab dem Zeitpunkt, in dem der Bestätigungsbeschluss gefasst wurde (soeben Rz. 15)[56]. Auch die Erhebung der Nichtigkeitsklage hemmt den Eintritt der Bestätigungswirkung[57], da der Streitgegenstand der Nichtigkeits- derselbe wie derjenige der Anfechtungsklage ist (vgl. § 249 Rz. 2). Wird die **Anfechtungsklage gegen den Bestätigungsbeschluss zurückgenommen** oder erledigt sie sich anderweitig endgültig, so tritt in diesem Zeitpunkt die Bestätigungswirkung ein, sofern die Anfechtungsfrist bereits abgelaufen ist[58]. *Wenn* gegen den Bestätigungsbeschluss Anfechtungsklage erhoben wird, hemmt sie den Eintritt der Bestätigungswirkung selbst dann, wenn sie unzulässig ist[59] oder die Klage gegen den Bestätigungsbeschluss von jemand anders erhoben wird als die Klage gegen den Erstbeschluss[60]. Ist der **Bestätigungsbeschluss seinerseits fehlerhaft** und deshalb anfechtbar, wird er aber nicht angefochten, so ist nach Ablauf der Anfechtungsfrist die Anfechtbarkeit des Erstbe-

---

53 So aber BayObLG v. 19.8.1977 – BReg. 2 Z 52/76, NJW 1978, 1387; *Baumbach/Hueck*, § 244 Anm. 2; *v. Caemmerer* in FS A. Hueck, S. 281, 284 f.
54 BGH v. 15.12.2003 – II ZR 194/01, BGHZ 157, 206, 210 = AG 2004, 204; BGH v. 8.5.1972 – II ZR 96/70, NJW 1972, 1320 f.; BGH v. 15.12.2003 – II ZR 194/01, NZG 2004, 235, 236 = AG 2004, 204; OLG Düsseldorf v. 31.7.2003 – I-6 U 27/03, NZG 2003, 975, 978; OLG München v. 8.8.1997 – 23 U 1974/97, ZIP 1997, 1743, 1747 = AG 1997, 516; *Butzke*, WuB II A. § 244 AktG 1.98; *K. Schmidt* in Großkomm. AktG, § 244 Rz. 16; *Hirte/Groß*, EWiR 2004, 575, 576; *Kiethe*, NZG 1999, 1086, 1091 f.; *Zöllner* in KölnKomm. AktG, § 244 Rz. 8 f.; *Kocher*, NZG 2006, 1; *von der Laden*, DB 1962, 1297, 1299 f.; *Hüffer* in MünchKomm. AktG, § 244 Rz. 12; *Singhof*, WuB II A. § 244 AktG 1.04; *Zöllner*, ZZP 81 (1968), 135, 137 ff.
55 *Bokern*, AG 2005, 285; *Kocher*, NZG 2006, 1.
56 Gegen diese Rückwirkung, d.h. für Beseitigung der Anfechtbarkeit erst mit Wirkung ab Bestandskraft, nicht schon mit Wirkung ab Fassung des Bestätigungsbeschlusses *Bokern*, AG 2005, 285 f., die aber den entgegenstehenden Wortlaut des § 244 Satz 2 übersieht.
57 *Hüffer* in MünchKomm. AktG, § 244 Rz. 7.
58 *Hüffer* in MünchKomm. AktG, § 244 Rz. 7.
59 *K. Schmidt* in Großkomm. AktG, § 244 Rz. 10; *Hüffer* in MünchKomm. AktG, § 244 Rz. 7.
60 *Hüffer* in MünchKomm. AktG, § 244 Rz. 7.

schlusses beseitigt; dies selbst dann, wenn Erst- und Bestätigungsbeschluss am selben inhaltlichen Mangel leiden (sog. *Theorie der Doppelanfechtung*)[61]. Ist der Bestätigungsbeschluss *nichtig*, so beseitigt er die Anfechtbarkeit des Erstbeschlusses in keinem Fall. Ein nach § 241 Nr. 2 nichtiger Bestätigungsbeschluss wird auch nicht dadurch nach § 242 Abs. 1 geheilt, dass der Erstbeschluss ins Handelsregister eingetragen wird. Die Heilung nach § 242 Abs. 1 rechtfertigt sich daraus, dass das Registergericht prüft, ob der angemeldete Beschluss das Abstimmungsergebnis authentisch widerspiegelt (näher § 241 Rz. 14). Da der Bestätigungsbeschluss nicht angemeldet wird, findet bei ihm eine solche Prüfung nicht statt.

3. Verhältnis der Anfechtung des Bestätigungs- zur Anfechtung des Ausgangsbeschlusses

a) Getrennte Prozesse

Werden Erst- und Bestätigungsbeschluss in getrennten Prozessen angefochten, so darf   17
in keinem Fall die Anfechtbarkeit des Bestätigungsbeschlusses inzident im Prozess gegen den Erstbeschluss geprüft werden[62]. Ebenso wenig hat das Gericht den Umstand, dass über den Bestätigungsbeschluss ein Anfechtungsverfahren schwebt, von Amts wegen zu beachten. Vielmehr obliegt es der beklagten Gesellschaft, den Bestätigungsbeschluss im Verfahren gegen den Erstbeschluss vorzutragen[63]; es gilt insoweit der zivilprozessuale Beibringungsgrundsatz. *Wenn* aber die Gesellschaft den Bestätigungsbeschluss vorträgt, so darf[64], ja muss der Anfechtungsprozess gegen den Erstbeschluss nach **§ 148 ZPO** ausgesetzt werden, bis über den Bestätigungsbeschluss rechtskräftig entschieden worden ist. Dies ist ein Gebot des Art. 103 Abs. 1 GG[65]: Wenn das materielle Recht die Möglichkeit der Bestätigung vorsieht, ist das Verfahren so zu gestalten, dass die Gesellschaft mit der Bestätigung vor Gericht Gehör finden kann. Würde der Erstbeschluss rechtskräftig für nichtig erklärt, so könnte selbst die Abweisung der Anfechtungsklage gegen den Bestätigungsbeschluss hieran nichts mehr ändern (oben Rz. 2). Deshalb muss über den Bestätigungsbeschluss entschieden worden sein, bevor über die Anfechtungsklage gegen den Erstbeschluss das Urteil fällt. Gegen die Möglichkeit der Aussetzung spricht auch nicht der Umstand, dass der Bestätigungsbeschluss seine Korrekturwirkung erst beseitigt, wenn die Klage gegen ihn rechtskräftig abgewiesen ist[66]. Dogmatisch ist es zwar richtig, dass die Korrektur des Erstbeschlusses vorher noch nicht gelungen ist und daher der Anfechtungsklage gegen diesen Beschluss eigentlich ohne Rücksicht auf die Bestätigung stattgegeben werden müsste. Gegen das Gebot rechtlichen Gehörs kann sich dies Bedenken indes nicht durchsetzen. Die Aussetzung unterbleibt ausnahmsweise, wenn die Klage gegen den Erstbeschluss ohne Rücksicht auf die Bestätigung abweisungsreif (z.B. verfristet) ist: Dann ist die Anfechtungsklage sofort abzuweisen[67]. Erlangt der Bestätigungsbeschluss endgültig Rechtsbeständigkeit, so ist die Anfechtungsklage gegen den Erstbeschluss abzuweisen. Der Anfechtungskläger kann die Kostenlast

---

61 Vgl. bereits oben Rz. 9 sowie *Kocher*, NZG 2006, 1 f.
62 *Bokern*, AG 2005, 285, 287.
63 *Kocher*, NZG 2006, 1, 6; *Singhof*, WuB II A. § 244 AktG 1.04.
64 *K. Schmidt* in Großkomm. AktG, § 244 Rz. 18; *Zöllner* in KölnKomm. AktG, § 244 Rz. 19; *Hüffer* in MünchKomm. AktG, § 244 Rz. 21. Der BGH befürwortet die Aussetzung nach § 148 ZPO ebenfalls; er hat sie im Verfahren „Webac Holding" (v. 12.12.2005 – II ZR 253/03, NJW-RR 2006, 472 = AG 2006, 158) selbst praktiziert.
65 Ebenso schon *von der Laden*, DB 1962, 1297, 1300. Für zwingende Berücksichtigung des Bestätigungsbeschlusses im Anfechtungsverfahren gegen den Erstbeschluss, jedoch ohne Benennung einer Rechtsgrundlage oder -folge *Kocher*, NZG 2006, 1; *Rieckers*, BB 2005, 1348, 1350.
66 So aber *Bokern*, AG 2005, 285, 286 f.
67 Zutreffend *Hüffer* in MünchKomm. AktG, § 244 Rz. 21.

(§ 91 ZPO) verhindern, indem er die **Hauptsache** für **erledigt** erklärt[68]. Wird die Bestätigung erst nach der letzten mündlichen Berufungsverhandlung beschlossen und schwebt der Anfechtungsprozess gegen den Erstbeschluss in der **Revisionsinstanz**, so ist die Bestätigung zu berücksichtigen, obwohl es sich bei ihr um eine nach § 559 Abs. 1 ZPO eigentlich unbeachtliche neue Tatsache handelt[69]. Nur so behält die Gesellschaft die Chance, die Bestätigung gegen den Erstbeschluss einzuwenden. Wird der Bestätigungsbeschluss seinerseits nicht fristgerecht angefochten, so ist die Anfechtungsklage gegen den Erstbeschluss durch eigene Sachentscheidung des Revisionsgerichts abzuweisen (§ 563 Abs. 3 ZPO). Wird der Bestätigungsbeschluss angefochten, so hat das Revisionsgericht den Prozess gegen den Erstbeschluss nach § 148 ZPO auszusetzen[70].

b) Verbundene Prozesse

18   Über die Klagen gegen den Erst- und den Bestätigungsbeschluss wird oft in ein und demselben Verfahren entschieden. Die Verbindung kann dabei bereits vom Kläger hergestellt worden sein: Ficht der ursprüngliche Anfechtungskläger im selben Verfahren auch den Bestätigungsbeschluss an, so handelt es sich um eine entsprechend **§ 264 Nr. 2 ZPO** zulässige Klageerweiterung[71]. Wird der Bestätigungsbeschluss von jemand anders angefochten, kann das Gericht beide Verfahren nach **§ 147 ZPO** verbinden. Gelangt das Gericht zu dem Ergebnis, der Erstbeschluss sei, selbst wenn ursprünglich rechtswidrig, jedenfalls nunmehr rechtmäßig bestätigt worden, so darf es die Klagen gegen Erst- und Bestätigungsbeschluss **gleichzeitig abweisen**[72]. Allerdings ist, wenn so verfahren wird, der Bestätigungsbeschluss noch nicht rechtsbeständig, wenn über die Anfechtungsklage gegen den Erstbeschluss entschieden wird; in diesem Zeitpunkt ist folglich die Bestätigungswirkung noch nicht eingetreten[73]. Theoretisch kann es geschehen, dass die Abweisung der Klage gegen den Bestätigungsbeschluss mit Rechtsmitteln angegriffen wird, nicht aber die Abweisung der Klage gegen den Erstbeschluss. Es drohen dann widersprüchliche Entscheidungen; denn wenn die Klage gegen den Bestätigungsbeschluss in zweiter Instanz Erfolg hat, hätte die Klage gegen den Erstbeschluss, sofern dieser fehlerhaft war, ebenfalls durchdringen müssen. Hier ist nach denselben Grundsätzen zu verfahren, die im Bereich der §§ 280, 304 ZPO gelten, wenn über das Endurteil verhandelt wird, bevor das Zwischenurteil rechtskräftig ist[74]: Beide Anfechtungsklagen können gleichzeitig abgewiesen werden. Das Urteil, das die Klage gegen den Erstbeschluss abweist, ist jedoch auflösend bedingt durch den Wegfall des Urteils, das die Klage gegen den Bestätigungsbeschluss abweist. Die Rechtskraft des ersteren Urteils ist aufschiebend bedingt durch die Rechtskraft des letzteren. Will das Gericht beide Klagen gleichzeitig abwei-

---

68 *Habersack/Schürnbrand* in FS Hadding, S. 391, 399; *Hüffer* in MünchKomm. AktG, § 244 Rz. 17 f.

69 *Kocher*, NZG 2006, 1, 6; *Hüffer* in MünchKomm. AktG, § 244 Rz. 23; *Zöllner* in FS Beusch, S. 973, 981 f.

70 *Habersack/Schürnbrand* in FS Hadding, S. 391, 394; *Hüffer* in MünchKomm. AktG, § 244 Rz. 23; *Zöllner* in FS Beusch, S. 973, 981 f.

71 *K. Schmidt* in Großkomm. AktG, § 244 Rz. 17; *Zöllner* in KölnKomm. AktG, § 244 Rz. 17; *Hüffer* in MünchKomm. AktG, § 244 Rz. 19; *Pohle*, AG 1957, 45; *Zöllner*, ZZP 81 (1968), 135, 155 f.

72 OLG Stuttgart v. 10.11.2004 – 20 U 16/03, AG 2005, 125, 131; *Hüffer* in MünchKomm. AktG, § 244 Rz. 20.

73 Aus diesem Grunde gegen die gleichzeitige Abweisung beider Klagen *Bokern*, AG 2005, 285, 287.

74 Vgl. dazu *Rosenberg/Schwab/Gottwald*, Zivilprozessrecht, § 59 Rz. 40, 68; *Leipold* in Stein/Jonas, ZPO, § 280 Rz. 28, § 304 Rz. 55; *Hartmann* in Baumbach/Lauterbach, ZPO, § 280 Rz. 10, § 304 Rz. 31; *Greger* in Zöller, ZPO, § 280 Rz. 10.

sen, so hat es dies **anzukündigen**, um den Parteien Gelegenheit zur Abgabe von Erledigungserklärungen zu geben[75]. Allerdings ist nicht schon diese Ankündigung, sondern erst die endgültige Rechtsbeständigkeit des Bestätigungsbeschlusses das Ereignis, durch das sich die Anfechtungsklage gegen den Erstbeschluss erledigt: Erst durch sie wird der Erstbeschluss rechtmäßig. Der Kläger muss daher, wenn er die Hauptsache einseitig für erledigt erklären und dadurch der kostenpflichtigen Abweisung der Anfechtungsklage (§ 91 ZPO) entgehen will, jene endgültige Rechtsbeständigkeit herbeiführen, indem er die Klage gegen den Bestätigungsbeschluss zurücknimmt. Dann steht fest, dass die Bestätigung gelungen und der Erstbeschluss rechtmäßig geworden ist. Die Anfechtungsklage gegen den Erstbeschluss hat sich dann infolge der Bestätigung erledigt. Bei der Bemessung der **Streitwertobergrenze** nach § 247 Abs. 1 Satz 2 sind Erst- und Bestätigungsbeschluss, wenn über sie im selben Verfahren entschieden wird, als **Einheit** zu betrachten: Der Streitwert der Anfechtungsklage gegen beide Beschlüsse darf die dort bestimmte Höchstgrenze *insgesamt* nicht übersteigen[76].

IV. Nichtigerklärung für die Vergangenheit (§ 244 Satz 2)

1. Dogmatische Grundlagen

§ 244 Satz 2 enthält eine partielle **Ausnahme** von dem Grundsatz, dass es für die **Begründetheit** der Klage auf den Zeitpunkt der **letzten mündlichen Verhandlung** ankommt: Die durch den Bestätigungsbeschluss eingetretene Rechtsänderung macht die Klage gegen den Erstbeschluss nur für die Zukunft unbegründet, nicht für die Vergangenheit. Ein solches Urteil ergeht indes nur bei rechtlichem Interesse des Klägers. Dies erklärt sich aus der Funktion der Anfechtungsklage: Für die Klage gegen den Erstbeschluss kommt es auf ein rechtliches Interesse des Klägers nicht an, weil die Anfechtungsklage als Instrument objektiver Rechtskontrolle fungiert, um die Legalität von Hauptversammlungsbeschlüssen zu gewährleisten (dazu § 243 Rz. 3; § 245 Rz. 1). Ist der Erstbeschluss aber unanfechtbar bestätigt, so ist die Hauptversammlung wieder auf den Boden der Legalität zurückgekehrt. Für eine vergangenheitsbezogene objektive Rechtskontrolle besteht dann kein Bedürfnis mehr. Soll der Richter gleichwohl mit dem Beschluss befasst werden, muss folglich ein rechtliches Interesse gefordert werden. Da bereits die Anfechtungsbefugnis als solche Voraussetzung für die Zulässigkeit der Anfechtungsklage ist (näher § 245 Rz. 2), betrifft auch das rechtliche Interesse i.S. des § 244 Satz 2 die **Zulässigkeit** der Klage. Konsequent ist bei fehlendem rechtlichem Interesse die Klage gegen den Erstbeschluss insgesamt abzuweisen, obwohl die Bestätigung dessen Rechtswidrigkeit lediglich mit Wirkung für die Zukunft beseitigt[77]: *Materiellrechtlich* wäre der bestätigte Beschluss *immer* für die Vergangenheit zu kassieren. Doch ein dahin lautendes Sachurteil kann überhaupt nur ergehen, wenn hierfür ein rechtliches Interesse besteht. Beschränkt der Kläger den Klageantrag nach Bestätigung des angefochtenen Beschlusses auf dessen Nichtigerklärung für die Vergangenheit, so liegt darin eine **zulässige Klageänderung**. § 244 Satz 2 enthält implizit die Anordnung, dass die Beschränkung des Klageantrags insoweit nicht der Einwilligung der Gesellschaft bedarf[78].

19

---

75 *Hüffer* in MünchKomm. AktG, § 244 Rz. 20.
76 Ebenso *K. Schmidt* in Großkomm. AktG, § 244 § 247 Rz. 19; *Hüffer* in MünchKomm. AktG, § 244 Rz. 22.
77 Kritisch insoweit *Zöllner*, AG 2004, 397, 402.
78 Wie hier *Hüffer* in MünchKomm. AktG, § 244 Rz. 16; dagegen zieht *K. Schmidt* in Großkomm. AktG, § 244 Rz. 24 für die Zulässigkeit der Klageänderung § 264 Nr. 2 ZPO heran. Im Rahmen letzterer Vorschrift ist streitig, ob die Beschränkung des Klageantrags nach § 269 ZPO der Einwilligung des Beklagten bedarf; dazu *Vollkommer* in Zöller, ZPO, § 264 Rz. 4a einerseits, *Walther*, NJW 1994, 423, 426 andererseits.

2. Rechtliches Interesse

20   Ein rechtliches Interesse des Klägers an der Nichtigerklärung für die Vergangenheit besteht, wenn der Erstbeschluss auf die Mitgliedschaft einwirkt oder wenn in der Zwischenzeit auf seiner Grundlage weitere Maßnahmen beschlossen worden sind[79]. Es genügt, wenn durch die Nichtigerklärung für die Vergangenheit für die Gesellschaft oder die Aktionäre ein anderer Rechtszustand geschaffen wird als der, der bestünde, wenn die Anfechtungsklage insgesamt abgewiesen würde[80]. Ein rechtliches Interesse ist in folgenden Fällen **zu bejahen**: Wird ein Beschluss bestätigt, durch den der **Dividendenvorzug** der Vorzugsaktionäre herabgesetzt wird (§ 141 Abs. 1, 3), so ist die Nichtigerklärung für die Vergangenheit für den Vorzugsaktionär von Nutzen, weil er für den davor liegenden Zeitraum noch die höhere Dividende beanspruchen kann[81]. Wird ein **Squeeze-out**-Beschluss (§§ 327a ff.) bestätigt, so profitiert der Aktionär von der vergangenheitsbezogenen Nichtigerklärung, weil ihm für die Zeit bis zur Bestätigung noch Dividende zusteht und weil er ggf. zwischenzeitlich gefasste Beschlüsse des Hauptaktionärs wegen Verletzung seines Teilhaberechts gerichtlich angreifen kann[82]. Wird ein Beschluss bestätigt, durch den statutarische **Mehrheitserfordernisse** verändert werden, und wurde die Satzungsänderung trotz rechtshängiger Anfechtungsklage bereits eingetragen, so mag sie bis dahin Grundlage für weitere Beschlüsse sein, deren Gültigkeit von dem Mehrheitserfordernis abhängt. In diesem Fall hat der Kläger ein Interesse an der Nichtigerklärung für die Vergangenheit[83]. Wird ein Beschluss bestätigt, durch den nachträglich ein **Höchststimmrecht** eingeführt wird (§ 134 Abs. 1 Satz 2), so mag diese Änderung bei zwischenzeitlich gefassten Beschlüssen im Rahmen der Stimmauszählung berücksichtigt worden sein. Dann hat der Kläger ein Interesse daran, dass die Einführung des Höchststimmrechts für die Vergangenheit für nichtig erklärt wird. Denn in diesem Fall ist bei den zwischenzeitlich gefassten Beschlüssen das Abstimmungsergebnis fehlerhaft festgestellt. **Zu verneinen** ist das rechtliche Interesse an der rückwirkenden Nichtigerklärung bei der anfechtbaren, aber ordnungsgemäß bestätigten **Wahl eines Aufsichtsratsmitglieds**[84]. Selbst wenn nämlich dies Mitglied sein Amt bereits angetreten hat, behalten seine Rechtshandlungen nach den Grundsätzen über die fehlerhafte Organbestellung Gültigkeit (näher § 252 Rz. 1). Eine rückwirkende Nichtigerklärung ändert daran nichts. Das rechtliche Interesse an rückwirkender Nichtigerklärung fehlt außerdem bei Beschlüssen, die konstitutiv im Handelsregister einzutragen sind und vor ihrer Eintragung bestätigt werden[85].

3. Klageantrag und Urteil

21   Die Nichtigerklärung für die Vergangenheit kann das Gericht nur aussprechen, wenn es den Zeitpunkt zu bestimmen weiß, ab dem der Beschluss gültig bleibt. Die Dauer, für die der Erstbeschluss für nichtig erklärt wird, gehört zum Umfang des Klagebegehrens. Daher muss der Kläger im **Klageantrag** einen **bestimmten Zeitpunkt** angeben, bis zu dem der Beschluss für nichtig erklärt werden soll; in der Klagebegründung hat er den Zeitpunkt des Bestätigungsbeschlusses vorzutragen. Das Gericht muss sodann im Urteilstenor ebenfalls einen bestimmten Zeitpunkt benennen, bis zu dem

---

79 *Hüffer* in MünchKomm. AktG, § 244 Rz. 15.
80 *Kiethe*, NZG 1999, 1086, 1092; *Zöllner*, AG 2004, 397, 403.
81 *Hüffer* in MünchKomm. AktG, § 244 Rz. 2.
82 Ebenso für Ausschließungsbeschluss in der GmbH BGH v. 8.5.1972 – II ZR 96/70, NJW 1972, 1320 f.
83 *Hüffer* in MünchKomm. AktG, § 244 Rz. 15.
84 Zum Folgenden *Zöllner*, AG 2004, 397, 403.
85 Zutreffend *Zöllner*, AG 2004, 397, 403; *Zöllner*, ZZP 81 (1968), 135, 146.

der Beschluss nichtig ist. Hält der Kläger den ursprünglichen Antrag aufrecht und gelangt das Gericht zu dem Ergebnis, dass der Erstbeschluss ursprünglich rechtswidrig war, seine Anfechtbarkeit aber durch die Bestätigung entfallen ist, so kann es den Beschluss selbst dann für die Vergangenheit für nichtig erklären, wenn der Kläger dies nicht hilfsweise begehrt hat. Denn die Nichtigerklärung für die Vergangenheit ist lediglich ein quantitatives Minus zur beantragten Nichtigerklärung im ganzen und daher bereits vom ursprünglichen Klageantrag umfasst[86]. Freilich setzt dies Vorgehen voraus, dass das Gericht den Zeitpunkt des Bestätigungsbeschlusses kennt[87]. Denn andernfalls kann es seiner Aufgabe, den Zeitpunkt, bis zu dem der Erstbeschluss für nichtig erklärt wird, im Urteilstenor zu nennen, nicht nachkommen.

§ 245
Anfechtungsbefugnis

Zur Anfechtung ist befugt

1. **jeder in der Hauptversammlung erschienene Aktionär, wenn er die Aktien schon vor der Bekanntmachung der Tagesordnung erworben hatte und gegen den Beschluss Widerspruch zur Niederschrift erklärt hat;**

2. **jeder in der Hauptversammlung nicht erschienene Aktionär, wenn er zu der Hauptversammlung zu Unrecht nicht zugelassen worden ist oder die Versammlung nicht ordnungsgemäß einberufen oder der Gegenstand der Beschlussfassung nicht ordnungsgemäß bekannt gemacht worden ist;**

3. **im Fall des § 243 Abs. 2 jeder Aktionär, wenn er die Aktien schon vor der Bekanntmachung der Tagesordnung erworben hatte;**

4. **der Vorstand;**

5. **jedes Mitglied des Vorstands und des Aufsichtsrats, wenn durch die Ausführung des Beschlusses Mitglieder des Vorstands oder des Aufsichtsrats eine strafbare Handlung oder eine Ordnungswidrigkeit begehen oder wenn sie ersatzpflichtig werden würden.**

I. Materiellrechtliches Substrat der Anfechtungsbefugnis 1

II. Systematische Einordnung der Anfechtungsbefugnis 2

III. Aktionärseigenschaft (§ 245 Nr. 1 bis 3) 3
  1. Unerheblichkeit von Stimmberechtigung und Abstimmungsverhalten . 3
  2. Mitberechtigungsfälle 4
  3. Aufspaltungsfälle 5

IV. Vorbesitzzeit (§ 245 Nr. 1 und 3) . . . 6
  1. Funktion 6
  2. Verfassungsrechtliche Würdigung . . 7

3. Auswirkung auf vor Inkrafttreten des UMAG rechtshängig gemachte Verfahren 10

V. Anfechtungsrecht des anwesenden Aktionärs (§ 245 Nr. 1) 11
  1. Erscheinen in der Hauptversammlung 11
  2. Widerspruch 12
    a) Grundgedanke des Widerspruchserfordernisses 12
    b) Inhalt der Widerspruchserklärung . 13
    c) Gegenstand der Widerspruchserklärung 14
    d) Zeitpunkt der Widerspruchserklärung 15

---

86 *K. Schmidt* in Großkomm. AktG, § 244 Rz. 24; *Hüffer* in MünchKomm. AktG, § 244 Rz. 16.
87 *Hüffer* in MünchKomm. AktG, § 244 Rz. 16.

e) Ausnahmen vom Widerspruchserfordernis 16

3. Zur Niederschrift 17

**VI. Anfechtungsrecht des abwesenden
Aktionärs (§ 245 Nr. 2)** 18

1. Grundgedanke 18

2. Nichterscheinen 19

3. Unberechtigte Nichtzulassung
(§ 245 Nr. 2, 1. Alt.) 20
    a) Zutrittsverweigerung trotz Teil-
    nahmerechts 20
    b) Saalverweis 21

4. Einberufungsfehler (§ 245 Nr. 2, 2.
Alt.) 22

5. Bekanntmachungsfehler (§ 245 Nr. 2,
3. Alt.) 23

**VII. Sondervorteilsanfechtung (§ 245
Nr. 3)** 24

**VIII. Aktionärswechsel nach Beschluss-
fassung** 25

1. Aktienerwerb vor Klageerhebung . . . 25

2. Klageerhebung vor Aktienerwerb . . . 26

**IX. Anfechtungsrecht des Vorstands
(§ 245 Nr. 4)** 28

1. Träger der Anfechtungsbefugnis 28

2. Prozesskosten 30

**X. Anfechtungsrecht einzelner Verwal-
tungsmitglieder (§ 245 Nr. 5)** 31

1. Normzweck 31

2. Träger der Anfechtungsbefugnis 32

3. Umfang der Anfechtungsbefugnis . . . 33

4. Prozesskosten 35

XI. Missbräuchliche Anfechtungsklage . 36

1. Das Problem 36

2. Rechtsprechung 37
    a) Dogmatische Grundlagen 37
    b) Rechtlicher Anknüpfungspunkt . . 38
    c) Voraussetzungen des Rechtsmiss-
    brauchs 39
    d) Kriterien des Rechtsmissbrauchs . 40
    e) Feststellung des Rechtsmiss-
    brauchs 41
    f) Rechtsfolge des Missbrauchs 46

3. Kritik im Schrifttum 47

4. Stellungnahme 48

Literatur: Vgl. zunächst bei § 241, außerdem/insbesondere: *Bokelmann*, Rechtsmissbrauch des Anfechtungsrechts durch den Aktionär?, BB 1972, 733; *Boujong*, Rechtsmissbräuchliche Aktionärsklagen vor dem Bundesgerichtshof – Eine Zwischenbilanz, in FS Kellermann, 1991, S. 1; *Bungert*, Fortbestehen der Anfechtungsbefugnis nach wirksam gewordenem Squeeze Out, BB 2007, 57; *Bungert*, Verlust der Klagebefugnis für anhängige Anfechtungsklagen nach Wirksamwerden eines Squeeze Out, BB 2005, 1345; *Dänzer-Vanotti*, Aufwendungsersatzanspruch des Aufsichtsratsmitglieds wegen aufgewandter Prozesskosten, BB 1985, 1632; *Diekgräf*, Neue Dimensionen des Rechtsmissbrauchs bei aktienrechtlichen Anfechtungsklagen, WM 1991, 613; *Diekgräf*, Sonderzahlungen an opponierende Kleinaktionäre im Rahmen von Anfechtungs- und Spruchstellenverfahren, 1990; *Feltkamp*, Anfechtungsklage und Vergleich im Aktienrecht, 1991; *Götz*, Neuere Rechtsentwicklung für die Wahrnehmung von Aktionärsrechten, ZIP 1995, 1310; *Heuer*, Wer kontrolliert die „Kontrolleure"?, WM 1989, 1401; *Hirte*, Missbrauch aktienrechtlicher Anfechtungsklagen, BB 1988, 1469; *Hommelhoff*, Der aktienrechtliche Organstreit, ZHR 143 (1979), 288; *Hommelhoff/Timm*, Aufwandspauschalen für Anfechtungskläger?, AG 1989, 168; *Lutter*, Die entgeltliche Ablösung von Anfechtungsrechten – Gedanken zur aktiven Gleichbehandlung im Aktienrecht, ZGR 1978, 347; *Lutter*, Zur Abwehr räuberischer Aktonäre, in FS 40 Jahre Der Betrieb, 1988, S. 193; *Meyer-Landrut*, Der „Missbrauch" aktienrechtlicher Minderheits- oder Individualrechte, insbesondere des Auskunftsrechts, in FS Schilling, 1973, S. 235; *Noack*, Der Widerspruch des Aktionärs in der Hauptversammlung, AG 1989, 78; *Radu*, Der Missbrauch der Anfechtungsklage durch den Aktionär, ZIP 1992, 303; *Slabschi*, Die sogenannte rechtsmissbräuchliche Anfechtungsklage, 1997; *Teichmann*, Rechtsmissbrauch durch eine Klage – OLG Hamm, WM IV 1988, 1164, und BGH WM IV 1989, 2689, JuS 1990, 269; *Timm*, Missbräuchliches Aktionärsverhalten, 1990; *Vetter, E.*, Widerspruch zu Protokoll der Hauptversammlung erst zur Mitternachtsstund?, DB 2006, 2278; *Waclawik*, Die Fortführung des aktienrechtlichen Anfechtungsprozesses durch den ausgeschlossenen Aktionär, ZIP 2007, 1; *Wardenbach*, Missbrauch des Anfechtungsrechts und „nachträglicher" Aktienerwerb, ZGR 1992, 563.

I. Materiellrechtliches Substrat der Anfechtungsbefugnis

Verbreitet wird ein allgemeiner Anspruch des Mitglieds gegen den Verband auf geset- 1
zes- und satzungsmäßige Beschlussfassung postuliert[1]. Daraus folgert die h.M., das
Mitglied könne verlangen, dass Beschlüsse, die gleichwohl unter Verletzung von Gesetz und Satzung gefasst worden seien, wieder aufgehoben würden[2]. Dieser Anspruch
richte sich gegen die Gesellschaft; denn ihr sei der Beschluss kraft der Organstellung
der Hauptversammlung zuzurechnen[3]. Mit der Erhebung der Anfechtungs- oder
Nichtigkeitsklage mache das Mitglied eben diesen **materiellrechtlichen Aufhebungs-
anspruch** geltend[4]: Die Beschlussmängelklage hätte, so wird vorgetragen, ebenso als
Leistungsklage auf Beseitigung des angegriffenen Beschlusses ausgestaltet werden
können[5]. Die **Anspruchsgrundlage** für das Aufhebungsbegehren des Aktionärs ist innerhalb dieser Ansicht streitig: Während diese von einigen im Verbandsrecht gesucht
wird[6], erblicken andere im rechtswidrigen Beschluss eine Verletzung der Mitgliedschaft als eines „sonstigen Rechts" im Sinne des § 823 Abs. 1 BGB, deren Unterlassung analog § 1004 BGB verlangt werden könne[7]. Diese materiellrechtliche Deutung
der Anfechtungsbefugnis überzeugt jedoch in dieser Allgemeinheit nicht. Denn sie
kann weder die Anfechtungsbefugnis des Vorstands nach § 245 Nr. 4 erklären, noch
verträgt sie sich mit der (als solcher unstreitigen!) Einsicht, dass der Anfechtungsklä-

---

1 RGZ 85, 311, 313; BGH v. 25.2.1965 – II ZR 287/63, BGHZ 43, 261, 265 f.; BGH v. 17.11.1986 –
II ZR 304/83, BGHZ 99, 119, 122; BGH v. 14.3.1966 – VII ZR 7/64, WM 1966, 446, 447; OLG
Düsseldorf v. 24.2.2000 – 6 U 77/99, GmbHR 2000, 1050, 1052; OLG Düsseldorf v. 8.3.2001 – 6
U 64/00, GmbHR 2001, 1049, 1052; OLG Frankfurt v. 6.1.1976 – 5 U 110/74, GmbHR 1976,
110; OLG Stuttgart v. 12.8.1998 – 20 U 111/97, AG 1998, 529; LG Frankfurt v. 29.7.1997 – 3/5
O 162/95, ZIP 1997, 1698, 1699 = AG 1998, 45; *Arens*, Streitgegenstand und Rechtskraft im ak-
tienrechtlichen Anfechtungsverfahren, S. 91; *Casper*, ZHR 163 (1999), 54, 68; *Habersack*, Die
Mitgliedschaft als subjektives und „sonstiges" Recht, S. 229 f., 296 f.; *Hommelhoff/Timm*, AG
1976, 330, 332; *Knobbe-Keuk* in FS Ballerstedt, S. 239, 246 ff.; *Krohn*, ZHR 153 (1989), 710, 711;
Lindemann, Die Beschlussfassung in der Einmann-GmbH, S. 176 f.; *G. Lüke*, NJW 1966, 838,
839; *Martens*, ZIP 1992, 1677, 1689; *Meyer-Landrut* in FS Schilling, S. 235, 241; *Neumann/
Siebmann*, DB 2006, 435; *Noack*, Fehlerhafte Beschlüsse in Gesellschaften und Vereinen, S. 45;
Schmitt, Das Beschlussmängelrecht der Personengesellschaften, S. 30 ff.; *Vollmann*, Minderheitenschutz im aktienrechtlichen Beschlussmängelrecht, S. 101; *Weber*, DStR 1997, 824, 828.
2 *Knobbe-Keuk* in FS Ballerstedt, S. 239, 246 ff.; *Noack*, Fehlerhafte Beschlüsse in Gesellschaften
und Vereinen, S. 46; *Schmitt*, Das Beschlussmängelrecht der Personengesellschaften, S. 49 f.;
Schultz, Die Behebung einzelner Mängel von Organisationsakten in Kapitalgesellschaften, S. 48.
3 LG Bonn v. 20.4.2000 – 14 O 36/00, AG 2001, 201, 203; *Becker*, Verwaltungskontrolle durch
Gesellschafterrechte, S. 498; *Casper*, ZHR 163 (1999), 54, 72; *Dürr*, Nebenabreden im Gesellschaftsrecht, S. 99; *Fleck*, ZGR 1988, 104, 112 f.; *Koch*, Das Anfechtungsklageerfordernis im
GmbH-Beschlussmängelrecht, S. 127; *Lindemann*, Die Beschlussfassung in der Einmann-
GmbH, S. 177; *Mülbert*, Aktiengesellschaft, Unternehmensgruppe und Kapitalmarkt, S. 243,
246; *Noack*, Fehlerhafte Beschlüsse in Gesellschaften und Vereinen, S. 46 f.; *Rehbinder*, ZGR
1983, 92, 106; *Schröder*, Schiedsgerichtliche Konfliktbeilegung bei aktienrechtlichen Beschlussmängelklagen, S. 84; *Schultz*, Die Behebung einzelner Mängel von Organisationsakten
in Kapitalgesellschaften, S. 47 f.; *Seidel*, Die mangelnde Bedeutung mitgliedschaftlicher Treupflichten im Willensbildungsprozess der GmbH, S. 201; *Winter*, Mitgliedschaftliche Treubindungen im GmbH-Recht, S. 89.
4 *Arnold*, Der Gewinnauszahlungsanspruch des GmbH-Minderheitsgesellschafters, S. 167 f.;
Binge, Gesellschafterklagen gegen Maßnahmen der Geschäftsführer in der GmbH, S. 128; *Casper*, ZHR 163 (1999), 54, 76; *G. Lüke*, NJW 1966, 838, 839; *K. Schmidt* in Großkomm. AktG,
§ 246 Rz. 9.
5 *Noack*, Fehlerhafte Beschlüsse in Gesellschaften und Vereinen, S. 93; ähnlich *Casper*, ZHR 163
(1999), 54, 76.
6 In diesem Sinne namentlich *K. Schmidt* in FS Stimpel, S. 217, 223; *K. Schmidt* in FS Semler,
S. 329, 331: verbandsrechtliche *actio negatoria*; ebenso *Dürr*, BB 1995, 1365, 1366.
7 *Casper*, ZHR 163 (1999), 54, 68 f.; *Habersack*, Die Mitgliedschaft als subjektives und „sonstiges" Recht, S. 229 ff., 262.

ger keine Verletzung in subjektiven Mitgliedsrechten geltend zu machen braucht (dazu § 243 Rz. 2). Daher ist die Anfechtungsbefugnis im Ausgangspunkt als eine **rein prozessuale Befugnis** zu deuten[8]: als Befugnis nämlich, Beschlüsse der Hauptversammlung auf ihre *objektive Vereinbarkeit mit dem materiellen Recht* hin überprüfen zu lassen[9]. Seiner Struktur nach ähnelt das Anfechtungsverfahren danach einem abstrakten Normenkontrollverfahren[10]. Wo freilich der einzelne Aktionär durch den angegriffenen Beschluss *tatsächlich* in seinen subjektiven Mitgliedsrechten berührt wird, dient die Anfechtungsklage *auch* zur Wahrung dieser Rechte und zur Abwehr von Übergriffen der Mehrheit.

II. Systematische Einordnung der Anfechtungsbefugnis

2   Nach h.M. wird die Anfechtungsklage als **unbegründet** abgewiesen, wenn dem Kläger die Anfechtungsbefugnis fehlt[11]: Möge der Beschluss auch gegen Gesetz oder Satzung verstoßen, so könne jedenfalls derjenige Kläger, in dessen Person die Voraussetzungen des § 245 nicht erfüllt seien, nicht die Beseitigung des Beschlusses verlangen. Diese Auffassung steht und fällt mit der soeben (Rz. 1) abgelehnten Prämisse, dass der Anfechtungskläger einen subjektiven materiellrechtlichen Anspruch auf Beseitigung des fehlerhaften Beschlusses geltend macht. Daher ist mit der Gegenansicht die Anfechtungsbefugnis bereits als Voraussetzung für die **Zulässigkeit** der Anfechtungsklage zu begreifen[12]. Nur diese Handhabung wird dem Verständnis der Anfechtungsbefugnis als prozessuale Befugnis gerecht: Fehlt diese, so kann eben kein Sachurteil ergehen, das sich mit der materiellen Rechtmäßigkeit des angefochtenen Beschlusses befasst. Einer besonderen Behandlung bedarf freilich § 245 Nr. 3; denn die Anfechtungsklage eines Aktionärs darf danach nur durchdringen, wenn tatsächlich ein unzulässiger Sondervorteil verfolgt wird. Deshalb ist die Klage eines Aktionärs, der nicht schon nach § 245 Nr. 1 oder 2 anfechtungsbefugt ist, nur zulässig, wenn nach seinem Vortrag ein Sondervorteil ernstlich in Betracht kommt; sie ist nur begründet, wenn ein solcher Vorteil tatsächlich in zu missbilligender Weise verfolgt wird.

III. Aktionärseigenschaft (§ 245 Nr. 1 bis 3)

1. Unerheblichkeit von Stimmberechtigung und Abstimmungsverhalten

3   Der Aktionär ist zur Anfechtung fehlerhafter Beschlüsse ohne Rücksicht darauf berechtigt, ob er zur Teilnahme an der Abstimmung berechtigt war, mithin selbst dann,

---

8   *Pflugradt*, Leistungsklagen zur Erzwingung rechtmäßigen Vorstandsverhaltens in der Aktiengesellschaft, S. 93; dem folgend *Roth* in FS Henckel, S. 707, 710.

9   *Pflugradt*, Leistungsklagen zur Erzwingung rechtmäßigen Vorstandsverhaltens in der Aktiengesellschaft, S. 65 ff., insbes. S. 79 ff.; dem folgend *Roth* in FS Henckel, S. 707, 710 f.; *Schwab*, Das Prozessrecht gesellschaftsinterner Streitigkeiten, S. 277 ff.

10 *Radu*, ZIP 1992, 303, 310.

11 OLG Düsseldorf v. 24.8.1995 – 6 U 124/94, GmbHR 1996, 443, 451; OLG Hamm v. 2.11.2000 – 27 U 1/00, NZG 2001, 563, 564; *Raiser* in Ulmer, GmbHG, Anh. § 47 Rz. 167; *Kindl*, ZGR 2000, 166, 182 f.; *Zöllner* in KölnKomm. AktG, § 245 Rz. 2; *Hüffer* in MünchKomm. AktG, § 245 Rz. 3; *Neumann/Siebmann*, DB 2006, 435; *Noack*, AG 1989, 78, 83; *Mack*, Anfechtbarkeit von Hauptversammlungsbeschlüssen unter besonderer Berücksichtigung des Verschmelzungsbeschlusses, dargestellt am deutschen und amerikanischen Recht, S. 112; *Renkl*, Der Gesellschafterbeschluss, S. 120.

12 Wie hier OLG Düsseldorf v. 11.7.1991 – 6 U 59/91, NJW-RR 1992, 100, 101 = AG 1991, 444; OLG Frankfurt v. 19.2.1991 – 5 U 5/86, AG 1991, 208, 210; *K. Schmidt* in Großkomm. AktG, § 245 Rz. 6; *Landrock*, Der Innenrechtsstreit in der Aktiengesellschaft, S. 234; *Pflugradt*, Leistungsklagen zur Erzwingung rechtmäßigen Vorstandsverhaltens in der Aktiengesellschaft, S. 89 ff.; *K. Schmidt* in FS Semler, S. 329, 332.

wenn sein **Stimmrecht** kraft Aktiengattung (stimmrechtslose Vorzugsaktie) oder kraft Gesetzes (z.B. § 136) **ausgeschlossen** ist[13]. Die Anfechtung steht auch demjenigen Aktionär offen, der zwar stimmberechtigt gewesen wäre, sich aber an der Abstimmung nicht beteiligt hat, ja selbst demjenigen, der **für den angegriffenen Beschluss gestimmt** hat, sofern er nur nachfolgend Widerspruch erhebt[14]: Wenn nämlich allein die Tatsache, dass ein Gesellschafter der in der Abstimmung unterlegenen Minderheit angehört, nicht ausreicht, um die Anfechtungsbefugnis zu begründen, so kann diese umgekehrt nicht dadurch entfallen, dass der Gesellschafter für den Beschluss gestimmt hat[15]. Nicht zur Anfechtung berechtigt ist lediglich derjenige Aktionär, der für einen Beschluss stimmt, obwohl er den Mangel des Beschlusses gekannt hat[16]: Ihm fällt widersprüchliches Verhalten zur Last, wenn er gleichwohl klagt. **Ausgeschlossen** ist das Anfechtungsrecht aus **eigenen Aktien** der Gesellschaft, da insoweit nach § 71b jegliche Rechte aus diesen Aktien ruhen. Ebenso wenig dürfen Aktionäre Anfechtungsklage erheben, denen wegen nicht erfüllter Mitteilungspflichten (§§ 20 Abs. 7 Satz 1, 21 Abs. 4 Satz 1; § 28 WpHG) keine Rechte aus ihren Aktien zustehen[17].

2. Mitberechtigungsfälle

Steht eine Aktie **mehreren Berechtigten** (Bruchteilsgemeinschaft, §§ 741 ff. BGB; Erbengemeinschaft, §§ 2032 ff. BGB; Gesamtgut, § 1416 Abs. 1 BGB) zu, können nach § 69 Abs. 1 Rechte aus ihr nur durch einen gemeinschaftlichen Vertreter ausgeübt werden. Allerdings kann die Erhebung der Anfechtungsklage wegen der kurzen Monatsfrist (§ 246 Abs. 1) eine „zur Erhaltung notwendige Maßregel" sein, die ein einzelner Teilhaber bzw. Miterbe nach § 744 Abs. 2 bzw. § 2038 Abs. 1 Satz 2 Halbsatz 2 BGB allein treffen darf. In diesem Fall darf der Teilhaber bzw. Miterbe die Rechte aus der Aktie allein ausüben[18] und konsequent auch allein Anfechtungsklage erheben[19]; es erübrigt sich dann die Bestellung eines Vertreters nach § 69 Abs. 1. Bei Testamentsvollstreckung, Nachlassverwaltung oder Nachlassinsolvenz übt allein der jeweilige Amtsverwalter die Rechte aus der Aktie und damit auch das Anfechtungsrecht aus[20]. Die **Girosammelverwahrung** fällt nicht unter § 69 Abs. 1[21]: Zwar erwirbt bei ihr der Aktionär Miteigentum an der Sammelurkunde; die dadurch begründete Bruchteilsgemeinschaft reicht indes nach § 6 Abs. 1 DepotG nur so weit, als es für die Verwahrungsart erforderlich ist. Die Sammelverwahrung dient nicht der Vergemeinschaftung der Mitgliedsrechte aus Aktien, sondern nur deren rationeller Verbriefung. Daher ist der einzelne Aktionär nicht gehindert, seine Mitgliedsrechte eigenständig auszuüben und selbst Anfechtungsklage zu erheben. Bei der **Gesellschaft bür-**

4

---

13 *Baumbach/Hueck*, § 245 Anm. 2; *K. Schmidt* in Großkomm. AktG, § 245 Rz. 13; *Zöllner* in KölnKomm. AktG, § 245 Rz. 8; *Hüffer* in MünchKomm. AktG, § 245 Rz. 19.
14 *Hüffer*, § 245 Rz. 13; *Noack*, AG 1989, 78, 81.
15 So aber für die Aktiengesellschaft *Zöllner*, AG 2000, 145, 146; für die GmbH *Däubler*, GmbHR 1968, 4, 8; *Lehmann*, Die ergänzende Anwendung von Aktienrecht auf die Gesellschaft mit beschränkter Haftung, S. 102; *Renkl*, Der Gesellschafterbeschluss, S. 132; *Saenger*, GmbHR 1997, 112, 116; *Winkler*, DNotZ 1970, 476, 486; *Winter*, ZHR 154 (1990), 259, 271.
16 Ebenso, allerdings für die GmbH *K. Schmidt* in Scholz, GmbHG, § 45 Rz. 139.
17 BGH v. 24.4.2006 – II ZR 30/05, ZIP 2006, 1134, 1135 = AG 2006, 501; *Hüffer* in MünchKomm. AktG, § 245 Rz. 20. Zum Wiederaufleben der Anfechtungsbefugnis nach Erfüllung der Meldepflicht *Nietsch*, WM 2007, 917, 923 f.
18 BGH v. 12.6.1989 – II ZR 246/88, BGHZ 108, 21, 30 f. (für das insoweit gleichgelagerte Problem § 18 Abs. 1 GmbHG).
19 *K. Schmidt* in Großkomm. AktG, § 245 Rz. 14; *Hüffer* in MünchKomm. AktG, § 245 Rz. 22; kritisch *Hüffer*, § 245 Rz. 6.
20 *K. Schmidt* in Großkomm. AktG, § 245 Rz. 14; *Hüffer* in MünchKomm. AktG, § 245 Rz. 22.
21 *Hüffer* in MünchKomm. AktG, § 245 Rz. 22; *Zöllner* in KölnKomm. AktG, § 245 Rz. 9.

gerlichen Rechts ist zu unterscheiden: Sofern es sich um eine Außengesellschaft handelt, ist sie selbständig rechtsfähig[22] und daher selbst alleinige Berechtigte aus der Aktie. § 69 Abs. 1 ist dann nicht einschlägig; die GbR wird vielmehr durch die dazu befugten (§ 714 BGB) Gesellschafter vertreten. Dagegen steht bei der Innengesellschaft die Aktie, die sich im Gesellschaftsvermögen befindet, den Gesellschaftern zur gesamten Hand zu. Diese sind dann „mehrere Berechtigte" i.S. des § 69 Abs. 1 und müssen für die Ausübung der Rechte aus der Aktie einen gemeinschaftlichen Vertreter bestellen.

3. Aufspaltungsfälle

5   Der Aktionär ist auch dann selbst zur Anfechtung befugt, wenn er die Aktie nicht für eigene Rechnung, sondern als **Treuhänder** für fremde Rechnung hält. Der Treugeber seinerseits hat kein Anfechtungsrecht[23]. Der Aktionär bleibt des weiteren selbst zur Anfechtung befugt, wenn er die Aktie an einen Dritten **verpfändet**[24] oder einen Dritten im Wege der **Legitimationsübertragung** (§ 129 Abs. 3) ermächtigt hat, das Stimmrecht im eigenen Namen auszuüben[25]. Der Gesetzgeber hat die Legalitätskontrolle von Hauptversammlungsbeschlüssen in die Hände der Mitglieder und Organe gelegt und eine Einmischung durch Dritte im Wege der Beschlussanfechtung gerade nicht gewünscht. Aus dem gleichen Grund hat auch der **Nießbraucher** kein Anfechtungsrecht, und zwar selbst dann nicht, wenn der Nießbrauch im konkreten Fall (sofern zulässig[26]) auch die Ausübung von Verwaltungsrechten, etwa des Stimmrechts, einschließt[27].

IV. Vorbesitzzeit (§ 245 Nr. 1 und 3)

1. Funktion

6   In den Fällen des § 245 Nr. 1 und 3 ist nur derjenige Aktionär zur Anfechtung berechtigt, der seine Aktien bereits vor der Bekanntmachung der Tagesordnung erworben hatte. Mit dieser Beschränkung der Anfechtungsbefugnis reagiert der Gesetzgeber auf die Strategien **räuberischer Aktionäre**[28]: Diese hatten vielfach systematisch Aktien von Gesellschaften erworben, für deren Hauptversammlungen auf der jeweiligen Tagesordnung registerpflichtige Beschlüsse angekündigt waren. Diese Beschlüsse fochten sie an, erwirkten die Aussetzung des Eintragungsverfahrens nach § 127 FGG (dazu § 246a Rz. 52) und versuchten sodann, den Vorstand der betroffenen Gesellschaft gegen Rück-

---

22 BGH v. 29.1.2001 – II ZR 331/00, BGHZ 146, 341 ff. = AG 2001, 307.
23 BGH v. 15.4.1957 – II ZR 34/56, BGHZ 24, 119, 124; BGH v. 1.3.1962 – II ZR 1/62, WM 1962, 419 f. (für die GmbH); BGH v. 25.4.1966 – II ZR 80/65, NJW 1966, 1458, 1459; *K. Schmidt* in Großkomm. AktG, § 245 Rz. 15; *Zöllner* in KölnKomm. AktG, § 245 Rz. 12; *Hüffer* in MünchKomm. AktG, § 245 Rz. 26; *Semler* in MünchHdb. AG, § 41 Rz. 52.
24 LG Mannheim v. 17.1.1990 – 21 O 9/89, AG 1991, 29; *K. Schmidt* in Großkomm. AktG, § 245 Rz. 16; *Zöllner* in KölnKomm. AktG, § 245 Rz. 13; *Hüffer* in MünchKomm. AktG, § 245 Rz. 27.
25 Im Ergebnis ebenso BayObLG v. 9.9.1996 – 3 Z BR 36/94, BayObLGZ 1996, 234, 237 f. = AG 1996, 563; OLG Stuttgart v. 22.5.2001 – 8 W 254/00, AG 2002, 353, 355; *Zöllner* in KölnKomm. AktG, § 245 Rz. 11, 32; *Hüffer* in MünchKomm. AktG, § 245 Rz. 29; *Noack*, AG 1989, 78, 82. Anders noch RGZ 30, 50 f.; 118, 330, 332; BayObLG v. 17.9.1987 – BReg. 3 Z 76/87, BayObLGZ 1987, 297, 301 ff. = AG 1988, 18; *Baumbach/Hueck*, § 245 Anm. 1.
26 Nachweise dazu bei *Hüffer* in MünchKomm. AktG, § 245 Rz. 28 mit Rz. 76 ff.
27 Für Anfechtungsbefugnis des Nießbrauchers bei Erstreckung des Nießbrauchs auf das Stimmrecht aber *Hüffer* in MünchKomm. AktG, § 245 Rz. 28; für Anfechtungsbefugnis neben dem Eigentümer *Baumbach/Hueck*, § 245 Anm. 2.
28 Begr. RegE zum UMAG, BT-Drucks. 15/5092, S. 27 spricht von „Fehlanreizen", die das Gesetz bisher eröffnete.

nahme der Klage zu Sonderzahlungen zu bewegen[29]. Diese Strategie wird durch das Erfordernis einer Vorbesitzzeit als Voraussetzung für die Anfechtungsbefugnis zwar nicht unmöglich gemacht[30], wohl aber erschwert[31]. Denn ein Aktionär, der die Anfechtungsklage als Erpressungsmittel missbrauchen will, muss nunmehr „auf Vorrat" Aktien sämtlicher in Betracht kommender „Zielgesellschaften" für den Fall halten, dass in ihnen eines Tages registerpflichtige Beschlüsse zu fassen sind. Sie können sich nicht mehr darauf beschränken, *ad hoc* Aktien solcher Gesellschaften zu erwerben, deren Vorstände derartige Beschlüsse in der Tagesordnung angekündigt haben[32].

2. Verfassungsrechtliche Würdigung

Indem der Gesetzgeber die Strategien räuberischer Aktionäre durchkreuzen will, verfolgt er ein **billigenswertes Ziel**: Die Rechtsordnung darf es nicht hinnehmen, dass eine kleine Schar von Kriminellen die Flexibilität unternehmerischen Handelns torpediert. Die nunmehr getroffene Regelung verkürzt freilich das Anfechtungsrecht generell ohne Rücksicht auf eventuelle Missbrauchsabsicht. Sie führt daher für redliche Kläger zu einer Einschränkung des rechtsstaatlichen Justizgewähranspruchs[33]. Diese Einschränkung ist **verfassungskonform**, soweit dem Aktionär gestattet ist, den Beschluss wegen Mängeln anzufechten, die **keine Rechtsverletzung zu seinem Nachteil enthalten**. Denn der Anspruch auf Justizgewähr ist auf die Durchsetzung subjektiver Rechte beschränkt. Gleiches gilt, soweit Rechtsverletzungen zum Nachteil der Gesellschaft im Raum stehen.

Dagegen ist die Anfechtungsschranke der Vorbesitzzeit **verfassungswidrig**, soweit dadurch das Recht des gesellschaftstreuen Aktionärs beschnitten wird, Beschlussmängel zu rügen, die eine **Verletzung eigener subjektiver Mitgliedsrechte** enthalten. Denn sämtliche Rechte des Aktionärs, der seine Aktien erst nach Bekanntmachung der Tagesordnung erworben hat, stehen nunmehr faktisch zur beliebigen Disposition der Aktionärsmehrheit. Die Aktie degeneriert ab dem Zeitpunkt ihres Erwerbs bis zur nächsten Hauptversammlung zum *nudum ius*. Das ist nicht hinnehmbar: Weder ist es statthaft, allen Aktionären, welche ihre Aktien zwischen der Bekanntmachung der Tagesordnung und dem Hauptversammlungstermin erwerben, mehr oder weniger pauschal Erpressungsabsicht zu unterstellen[34], noch kann die Beschneidung des Rechtsschutzes zum Nachteil rechtstreuer Neuaktionäre als „Kollateralschaden" im Kampf gegen räuberische Aktionäre toleriert werden.

In **verfassungskonformer Auslegung** des § 245 Nr. 1 ist daher die Anfechtungsklage des Aktionärs, der seine Aktien erst nach Bekanntmachung der Tagesordnung erworben hat, **zulässig, wenn** der klagende Aktionär eine **Verletzung eigener subjektiver Mitgliedsrechte rügt**. Eine solche Verletzung muss nach dem Vorbringen des Klägers ernsthaft in Betracht kommen. Die nach diesen Maßstäben zulässige Klage ist, wenn es an der Vorbesitzzeit fehlt, nur begründet, wenn eine Rechtsverletzung zum Nach-

7

8

9

---

29 Vgl. zum Missbrauch der Anfechtungsklage noch unten Rz. 31 ff.

30 So auch *Veil*, AG 2005, 567, 568.

31 *Wilsing*, DB 2005, 35, 36.

32 Im Schrifttum wird freilich darauf aufmerksam gemacht, dass notorische Berufsopponenten ohnehin Aktien an sämtlichen größeren Gesellschaften halten (*Hüffer*, § 245 Rz. 7; *Koch*, ZGR 2006, 769, 796 f.; *Veil*, AG 2005, 567, 568).

33 Dazu BVerfG v. 13.6.1979 – 1 BvR 699/77, BVerfGE 51, 268, 279; BVerfG v. 9.5.1989 – 1 BvL 35/86, BVerfGE 80, 103, 107; BVerfG v. 12.2.1992 – 1 BvL 1/89, BVerfGE 85, 337, 345; BVerfG v. 27.1.1998 – 1 BvL 15/87, BVerfGE 97, 169, 185; BVerfG v. 11.12.2000 – 1 BvR 661/00, NJW 2001, 961; BGH v. 27.9.1976 – RiZ (R) 3/75, BGHZ 67, 184, 187; BGH v. 17.12.1992 – IX ZR 226/91, BGHZ 121, 98, 101; *Rosenberg/Schwab/Gottwald*, Zivilprozessrecht, § 3 Rz. 3, S. 17; *Brehm* in Stein/Jonas, ZPO, Vor § 1 Rz. 287; *Vollkommer* in Zöller, ZPO, Einleitung Rz. 48.

34 Zutreffend *Krenek*, ZRP 2006, 78, 80.

teil des Klägers tatsächlich vorliegt. Es gelten insoweit die gleichen Grundsätze, wie sie hier bereits im Rahmen des § 245 Nr. 3 für richtig gehalten wurden (oben Rz. 2). Eigene Rechte sind zum einen verletzt, wenn die materielle Mitgliedsstellung des Aktionärs rechtswidrig verkürzt wird (z.B. nicht gerechtfertigter Bezugsrechtsausschluss), zum anderen dann, wenn Verwaltungsrechte des Aktionärs (Auskunfts-, Frage- und Rederecht) rechtswidrig beschnitten werden. Wenn das Gesetz die Wahrung solcher Rechte zur Voraussetzung für eine rechtmäßige Beschlussfassung erhebt, zwingt dies zu der Konsequenz, dass ein Aktionär, dessen Rechte bei Beschlussfassung nicht beachtet wurden, vor Gericht die Beseitigung des Beschlusses muss verlangen können.

3. Auswirkung auf vor Inkrafttreten des UMAG rechtshängig gemachte Verfahren

10 Die Vorbesitzzeit soll Voraussetzung für die Anfechtungsbefugnis selbst dann sein, wenn die **Klage vor dem 1.11.2005** – dem Tag, an dem das UMAG in Kraft getreten ist – **erhoben** worden war. Denn vor Abschluss des Anfechtungsprozesses könne der Kläger nicht schutzwürdig auf den Fortbestand seiner Anfechtungsbefugnis vertrauen. Es handle sich vielmehr um eine rechtsstaatlich unbedenkliche unechte Rückwirkung[35]. Die Gegenansicht lehnt eine solche Rückwirkung des Erfordernisses einer Vorbesitzzeit ab[36]. Nach hier vertretener Ansicht ist zu differenzieren: Kommt nach dem Vortrag des Klägers ernstlich in Betracht, dass dieser durch den Beschluss in **subjektiven Mitgliedsrechten** verletzt wurde, so gebietet der Justizgewähranspruch (oben Rz. 7) einen Fortbestand der Klagebefugnis; denn insoweit besteht *auch* ein materiellrechtlicher Anspruch des Aktionärs auf Aufhebung des Beschlusses. Dieser Anspruch kann nach dem Rechtsgedanken des Art. 170 EGBGB[37] nicht allein dadurch wegfallen, dass das Gerichtsverfahren über den 1.11.2005 hinaus andauert. Vielmehr ist die Entstehung des Aufhebungsanspruchs in der Vergangenheit abgeschlossen; ließe man die Klagebefugnis nunmehr an der fehlenden Vorbesitzzeit scheitern, so ergäbe sich eine – verfassungsrechtlich grundsätzlich unzulässige[38] – *echte* Rückwirkung. Anders liegt es, wenn der Kläger dagegen lediglich eine **objektive Rechtsverletzung** oder eine Rechtsverletzung zum Nachteil der Gesellschaft rügt, die sich nicht zum Nachteil seiner eigenen Mitgliedsstellung auswirkt: In diesem Fall ist die Klagebefugnis am 1.11.2005 erloschen, wenn die Vorbesitzzeit nicht erfüllt ist. Dies folgt aus dem allgemeinen Grundsatz, dass das Gericht eine Änderung der Sachurteilsvoraussetzungen – und zu diesen gehört auch die Anfechtungsbefugnis (oben Rz. 2) – bereits im laufenden Verfahren zu beachten hat. Um einer kostenpflichtigen Klagabweisung zu entgehen, muss der Kläger in diesem Fall die Hauptsche für erledigt erklären.

V. Anfechtungsrecht des anwesenden Aktionärs (§ 245 Nr. 1)

1. Erscheinen in der Hauptversammlung

11 „Erschienen" ist der Aktionär, wenn er persönlich anwesend ist oder wenn für ihn ein Dritter in offener und berechtigter Stellvertretung erscheint. Des Weiteren genügt, soweit gesetzlich zugelassen, selbst verdeckte Stellvertretung (Ausübung des

---

35 OLG Frankfurt v. 8.2.2006 – 12 W 185/05, DB 2006, 438, 439 = AG 2006, 249 unter Berufung auf BVerfGE 95, 64, 86.

36 LG Hamburg v. 13.2.2006 – 417 O 209/05, ZIP 2006, 1823, 1824.

37 Auf diese Vorschrift wird – freilich ohne ein abschließendes Ergebnis zu formulieren – hingewiesen von *Neumann/Siebmann*, DB 2006, 435, 436; *Wilsing/Goslar*, EWiR 2006, 189.

38 BVerfG v. 19.12.1961 – 2 BvL 6/59, BVerfGE 13, 261, 272; BVerfG v. 8.6.1977 – 2 BvR 499/74, 2 BvR 1042/75, BVerfGE 45, 142, 173; BVerfG v. 14.5.1986 – 2 BvL 2/83, BVerfGE 72, 200, 258; BVerfG v. 3.12.1997 – 2 BvR 882/97, BVerfGE 97, 67, 79 f.

Stimmrechts für den, den es angeht, vgl. § 135 Abs. 4 Satz 3 für Kreditinstitut, § 135 Abs. 9 für Aktionärsvereinigungen und gewerbliche Stimmrechtsvertreter): Diese legen die anonyme Vollmacht nach § 129 Abs. 2 Satz 1 offen. Desgleichen ist der Aktionär anfechtungsbefugt, wenn er einen Dritten nach § 129 Abs. 3 ermächtigt hat, das Stimmrecht aus seiner Aktie auszuüben[39]; denn auch der Legitimationsaktionär legt offen, dass er aus einer fremden Aktie abstimmt.

2. Widerspruch

a) Grundgedanke des Widerspruchserfordernisses

Das Widerspruchserfordernis enthält eine besondere Ausprägung des **Verbots widersprüchlichen Verhaltens**[40]. Es hängt nämlich mit dem Mehrheitsprinzip zusammen: Selbst wenn ein Aktionär mit dem Abstimmungsergebnis nicht einverstanden ist, ist ihm doch gleichwohl bewusst, dass der Beschluss grundsätzlich kraft der für ihn streitenden Mehrheit gültig ist. Widerspricht er nicht ausdrücklich, so gibt er zu erkennen, dass er– ungeachtet seines Widerwillens – bereit ist, den Beschluss in der Sache gelten zu lassen, sich also mit dem Mehrheitsentscheid abzufinden. An diesem Erklärungswert seines Verhaltens muss er sich festhalten lassen und kann daher, falls er von einem Widerspruch abgesehen hat, nicht später im Klagewege die Gültigkeit des Beschlusses in Frage stellen. 12

b) Inhalt der Widerspruchserklärung

Der Widerspruch enthält die **Erklärung** des Aktionärs, dass er den **Beschluss nicht gelten lassen wolle**. Daher ist jede Erklärung, in welcher der Aktionär dies bekundet, als Widerspruch anzusehen, auch wenn sie nicht ausdrücklich als Widerspruch bezeichnet wird[41]. Es genügt, wenn der Aktionär erklärt, er „verwahre" sich gegen den Beschluss oder dieser sei „nichtig", „unwirksam", „ungültig", „gesetzwidrig". Der Widerspruch ist auch dann als solcher gültig, wenn er die Rechtsfolgen des angeblichen Rechtsverstoßes nicht korrekt bezeichnet[42]. Der Widerspruch **braucht nicht begründet** zu werden[43]: Allein schon die Erklärung des Aktionärs, er finde sich mit dem Abstimmungsergebnis nicht ab, signalisiert hinreichend deutlich, dass mit einer gerichtlichen Auseinandersetzung zu rechnen ist. Begründet der Aktionär seinen Widerspruch, so ist er nicht gehindert, die Anfechtungsklage auf eine andere Begründung zu stützen[44]. 13

---

39 *Heidel* in Heidel, § 245 Rz. 7; *K. Schmidt* in Großkomm. AktG, § 245 Rz. 18; *Zöllner* in Köln-Komm. AktG, § 245 Rz. 32; *Hüffer* in MünchKomm. AktG, § 245 Rz. 31; *Semler* in MünchHdb. AG, § 41 Rz. 52; ebenso BayObLG v. 9.9.1996 – 3 Z BR 36/94, BayObLGZ 1996, 234, 237 f. = AG 1996, 563 für das vergleichbare Problem beim Auskunftserzwingungsverfahren (§ 132 Abs. 2).

40 Im Ergebnis ebenso OLG Jena v. 22.3.2006 – 6 U 968/05, DB 2006, 2281, 2283 f. = AG 2006, 417; *K. Schmidt* in Großkomm. AktG, § 245 Rz. 19; *Hüffer* in MünchKomm. AktG, § 245 Rz. 32; *Noack*, AG 1989, 78, 80; *E. Vetter*, DB 2006, 2278, 2279.

41 *Baumbach/Hueck*, § 245 Anm. 3; *Henn*, Aktienrecht, § 27 Rz. 940, S. 480; *Semler* in MünchHdb. AG, § 41 Rz. 54; *Noack*, AG 1989, 78, 80; *E. Vetter*, DB 2006, 2278, 2279.

42 RGZ 53, 291, 293.

43 LG Dortmund v. 13.1.1977 – 13 AktG (E) 5/74, AG 1977, 109, 110; *K. Schmidt* in Großkomm. AktG, § 245 Rz. 20; *A. Hueck*, Anfechtbarkeit und Nichtigkeit von Generalversammlungsbeschlüssen bei Aktiengesellschaften, S. 122, 164; *Hüffer*, § 245 Rz. 14; *Zöllner* in KölnKomm. AktG, § 245 Rz. 35; *Hüffer* in MünchKomm. AktG, § 245 Rz. 34; *Semler* in MünchHdb. AG, § 41 Rz. 54; *Noack*, AG 1989, 78, 81; *Renkl*, Der Gesellschafterbeschluss, S. 121; *E. Vetter*, DB 2006, 2278, 2279.

44 RGZ 20, 140, 141; RGZ 22, 158, 161 f.; *Heidel* in Heidel, § 245 Rz. 10; *K. Schmidt* in Großkomm. AktG, § 245 Rz. 20; *Hüffer* in MünchKomm. AktG, § 245 Rz. 34; *Semler* in MünchHdb. AG, § 41 Rz. 54; *Noack*, AG 1989, 78, 81.

c) Gegenstand der Widerspruchserklärung

14   Der Aktionär muss genau angeben, gegen welche Beschlüsse sich der Widerspruch richtet. Es genügt, wenn der Widerspruch **pauschal** für **alle** auf dieser Hauptversammlung gefassten Beschlüsse erklärt wird[45]. Nicht ausreichend ist dagegen der Widerspruch gegen eine der Abstimmung vorausgehende Verfahrenshandlung des Versammlungsleiters, so z.B. gegen die Entziehung des Wortes während[46] oder gegen die Entziehung des Stimmrechts zu Beginn der Hauptversammlung[47]. Ebenso wenig genügt es, Bedenken gegen den Beschlussantrag zu äußern[48] oder gegen den Beschluss zu stimmen[49].

d) Zeitpunkt der Widerspruchserklärung

15   Der Widerspruch ist bis zum Ende der Hauptversammlung für jeden auf ihr gefassten Beschluss möglich[50]. Er kann auch noch nach Erledigung des Tagesordnungspunktes, ja selbst nach Erledigung der ganzen Tagesordnung erklärt werden[51]. Insbesondere ist es **zulässig**, den Widerspruch schon **vor Beschlussfassung**[52], ja sogar zu Beginn der Hauptversammlung für sämtliche auf ihr gefassten Beschlüsse zu erheben. Man wende nicht ein, der Aktionär habe vor der Abstimmung keinen Anlass zur Widerspruchserhebung, weil er das Abstimmungsergebnis nicht kenne[53]. Denn damit wird die Funktion des Widerspruchserfordernisses verkannt: Wenn der Aktionär erklärt hat, er werde sich dem Mehrheitsentscheid nicht beugen, wissen die übrigen Beteiligten, dass sie mit einer gerichtlichen Auseinandersetzung zu rechnen haben. *Wann* der Aktionär dies erklärt hat, ist in diesem Fall unerheblich: Es genügt, wenn der Aktionär erklärt, gegen seinen Willen werde es keinen Mehrheitsentscheid geben, *egal mit welchem Ergebnis.* Der Hinweis, auch gegen Gerichtsentscheidungen könnten Rechtsbehelfe erst eingelegt werden, wenn die Entscheidung vorliege[54], verfängt ebenfalls nicht: Der Widerspruch nach § 245 Nr. 1 ist, anders als ein Rechtsbehelf, nicht selbst darauf angelegt, den Beschluss einer Überprüfung zuzuführen. Es handelt sich lediglich um eine materiellrechtliche Erklärung, die dem Aktionär das Klagerecht erhalten soll[55]. Im Übrigen beginnen Rechtsbehelfsfristen erst, wenn die Begründung der Gerichtsentscheidung vorliegt; ein Hauptversammlungsbeschluss wird

45 RGZ 30, 50, 52; RGZ 36, 24, 26; OLG Jena v. 22.3.2006 – 6 U 968/05, DB 2006, 2281, 2283 = AG 2006, 417; LG Dortmund v. 13.1.1977 – 13 AktG (E) 5/74, AG 1977, 109, 110; *K. Schmidt* in Großkomm. AktG, § 245 Rz. 20; *A. Hueck,* Anfechtbarkeit und Nichtigkeit von Generalversammlungsbeschlüssen bei Aktiengesellschaften, S. 141; *Zöllner* in KölnKomm. AktG, § 245 Rz. 36; *Hüffer* in MünchKomm. AktG, § 245 Rz. 34; *Noack,* AG 1989, 78, 81; *Renkl,* Gesellschafterbeschluss, S. 121.
46 *Hüffer* in MünchKomm. AktG, § 245 Rz. 34.
47 OLG Oldenburg v. 18.6.1975 – 2 U 31/75, NJW 1975, 1790 f.; LG Ellwangen v. 12.4.1976 – KfH O 131/75, AG 1976, 276 f.; *Semler* in MünchHdb. AG, § 41 Rz. 53.
48 *Hüffer* in MünchKomm. AktG, § 245 Rz. 35.
49 *Heidel* in Heidel, § 245 Rz. 10; *Baumbach/Hueck,* § 245 Anm. 3; *Hüffer,* § 245 Rz. 13; *Zöllner* in KölnKomm. AktG, § 245 Rz. 35.
50 *Baumbach/Hueck,* § 245 Anm. 3; *Henn,* Aktienrecht, § 27 Rz. 940, S. 480; *Hüffer,* § 245 Rz. 14; *Hüffer* in MünchKomm. AktG, § 245 Rz. 36; *Noack,* AG 1989, 78, 81.
51 LG Köln v. 24.5.1995 – 91 O 2/95, AG 1996, 37; *Heidel* in Heidel, § 245 Rz. 12; *Hüffer,* § 245 Rz. 14.
52 OLG Jena v. 22.3.2006 – 6 U 968/05, DB 2006, 2281, 2283 f. = AG 2006, 417; *K. Schmidt* in Großkomm. AktG, § 245 Rz. 20; *A. Hueck,* Anfechtbarkeit und Nichtigkeit von Generalversammlungsbeschlüssen bei Aktiengesellschaften, S. 142; *Hüffer,* § 245 Rz. 14; *Zöllner* in KölnKomm. AktG, § 245 Rz. 36; *Noack,* AG 1989, 78, 81.
53 So aber LG Frankfurt v. 21.12.2005 – 3/9 O 98/03, ZIP 2006, 335, 338 f. = AG 2006, 594.
54 So LG Frankfurt v. 21.12.2005 – 3/9 O 98/03, ZIP 2006, 335, 339 = AG 2006, 594.
55 Zutreffend OLG Jena v. 22.3.2006 – 6 U 968/05, DB 2006, 2281, 2284 = AG 2006, 417; *Heidel* in Heidel, § 245 Rz. 12a, 12c.

aber nicht mit Gründen versehen[56]. Sofern die Hauptversammlung **abrupt geschlossen** wird und die Aktionäre keine Gelegenheit erhalten, noch eventuelle Widersprüche anzubringen, genügt es, wenn der Widerspruch nach der Hauptversammlung der Gesellschaft unverzüglich zur Kenntnis gebracht wird[57].

e) Ausnahmen vom Widerspruchserfordernis

Da das Widerspruchserfordernis Ausdruck des Verbots widersprüchlichen Verhaltens ist, ist es einer *teleologischen Reduktion* zu unterwerfen: Die Anfechtungsklage ist auch ohne vorherigen Widerspruch zulässig, wenn der Beschlussmangel dem klagenden Aktionär in der Hauptversammlung **nicht erkennbar** war[58]. Die Gegenansicht[59], die auch in diesem Fall die Anfechtungsklage am fehlenden Widerspruch scheitern lassen will, zwingt den einzelnen Aktionär letztlich dazu, vor Beginn der Hauptversammlung vorsorglich Widerspruch gegen sämtliche Beschlüsse einzulegen, um sich die Anfechtungsbefugnis zu erhalten. Ein solches Vorgehen ist zwar zulässig (oben Rz. 14); doch sollte man eine Gesetzesauslegung vermeiden, die eine solche Strategie provoziert: Je mehr Widersprüche vorsorglich erklärt werden, desto schwerer fällt es, am Ende der Hauptversammlung festzustellen, ob infolge der Widersprüche tatsächlich eine gerichtliche Auseinandersetzung droht oder nicht. Der Widerspruch wird auf diese Weise seiner Signalfunktion entkleidet.

16

3. Zur Niederschrift

Der Widerspruch muss in einer Weise erklärt werden, dass ein sorgfältiger Notar oder Protokollführer (§ 130 Abs. 1 Satz 3) das **Vorliegen eines Widerspruchs erkennen kann**[60]. Nicht erforderlich ist, dass der Aktionär ausdrücklich Protokollierung begehrt; der Notar oder Protokollführer muss vielmehr den Widerspruch von sich aus in das Versammlungsprotokoll aufnehmen. Ebenso wenig hängt die Klagebefugnis davon ab, dass der Widerspruch tatsächlich in das Protokoll aufgenommen worden ist[61].

17

VI. Anfechtungsrecht des abwesenden Aktionärs (§ 245 Nr. 2)

1. Grundgedanke

Alle drei Varianten des § 245 Nr. 2 sind dadurch charakterisiert, dass das Nichterscheinen des Aktionärs auf Umständen beruht oder beruhen kann, die sich **im Verantwortungsbereich der Gesellschaft** abspielen[62]. So kann man die Klage eines Aktionärs, der zu Unrecht nicht zur Teilnahme an der Hauptversammlung zugelassen wurde (erste Variante), nicht mit der Begründung abweisen, er sei nicht erschienen. Ist

18

56 Zutreffend *E. Vetter*, DB 2006, 2278, 2280.
57 *K. Schmidt* in Großkomm. AktG, § 245 Rz. 22; *Hüffer* in MünchKomm. AktG, § 245 Rz. 33; *Noack*, AG 1989, 78, 81; noch großzügiger *Heidel* in Heidel, § 245 Rz. 12d: besondere Beschleunigung des nachträglichen Widerspruchs nicht geboten.
58 *Heidel* in Heidel, § 245 Rz. 8; *K. Schmidt* in Großkomm. AktG, § 245 Rz. 19; *Hüffer* in FS Brandner, S. 57, 71; *Zöllner* in KölnKomm. AktG, § 245 Rz. 42, 57; *Noack*, AG 1989, 78, 82.
59 *Feltkamp*, Anfechtungsklage und Vergleich im Aktienrecht, S. 29; *Semler* in MünchHdb. AG, § 41 Rz. 55.
60 RGZ 53, 291, 293; *Baumbach/Hueck*, § 245 Anm. 3; *Hüffer*, § 245 Rz. 15; *Zöllner* in KölnKomm. AktG, § 245 Rz. 37; *Hüffer* in MünchKomm. AktG, § 245 Rz. 35.
61 OLG Düsseldorf v. 22.2.1996 – 6 U 20/95, AG 1996, 273, 274; OLG Hamburg v. 18.11.1960 – 1 U 76/1960, AG 1960, 333 f.; *K. Schmidt* in Großkomm. AktG, § 245 Rz. 21; *Henn*, Aktienrecht, § 27 Rz. 940, S. 480; *Hüffer* in MünchKomm. AktG, § 245 Rz. 35.
62 *K. Schmidt* in Großkomm. AktG, § 245 Rz. 23; *Hüffer* in MünchKomm. AktG, § 245 Rz. 37.

die Versammlung fehlerhaft einberufen (zweite Variante) oder der Gegenstand der Tagesordnung nicht ordnungsgemäß bekannt gemacht (dritte Variante), so ist die Teilnahme an der Hauptversammlung dem Aktionär nicht zumutbar ermöglicht worden, weil er entweder über Ort und Zeit der Versammlung im Unklaren gelassen wurde oder ihm nicht hinreichend Zeit zur Vorbereitung auf die Versammlung und zur Disposition über seine sonstige Zeitplanung gegeben wurde oder er womöglich deshalb ferngeblieben ist, weil er nicht wusste, dass über einen bestimmten Gegenstand abgestimmt werden sollte. Das Erfordernis einer **Vorbesitzzeit** gilt für § 245 Nr. 2 ebenfalls **nicht**. Die Verletzung des Teilnahmerechts bildet einen selbständigen Anfechtungsgrund: In jeder Variante des § 245 Nr. 2 ist der Beschluss zugleich wegen gesetzwidrigen Verfahrens anfechtbar.

2. Nichterscheinen

19 Die Anfechtungsbefugnis ohne Erhebung eines Widerspruchs setzt voraus, dass der Aktionär in der Hauptversammlung nicht erschienen ist – weder persönlich noch ein für ihn legitimierter Dritter. War der Aktionär in der Hauptversammlung auch nur **zeitweise anwesend**, so kann er nur anfechten, wenn er der Beschlussfassung widersprochen hat. Das gilt zunächst für Beschlüsse, die **vor seinem Erscheinen** gefasst worden sind: Gegen diese muss er Widerspruch erheben, wozu er bis zum Ende der Hauptversammlung Gelegenheit hat (oben Rz. 15)[63]. Das gilt auch für Beschlüsse, deren Gegenstand nicht ordnungsgemäß bekanntgegeben worden war (§ 245 Nr. 2, 3. Alt.): Der Aktionär kann sich auf der Hauptversammlung über die bisher gefassten Beschlüsse informieren und denjenigen widersprechen, die von dem Bekanntmachungsfehler betroffen sind. Ebenso muss der Aktionär Widerspruch gegen Beschlüsse erheben, die **nach seinem Weggang** gefasst worden sind: Hier muss er von seinem Recht Gebrauch machen, den in seiner Abwesenheit gefassten Beschlüssen vorab zu widersprechen (dazu oben Rz. 15). Das gilt nur dann nicht, wenn er mit einer Beschlussfassung zu diesem Gegenstand nicht mehr zu rechnen braucht, weil jener Gegenstand nicht ordnungsgemäß bekanntgegeben worden ist (§ 245 Nr. 2, 3. Alt.)[64]: In diesem Fall ist die Anfechtungsklage gegen den von dem Bekanntmachungsfehler betroffenen Beschluss ohne vorherigen Widerspruch zulässig. Das gilt entgegen abweichender Ansicht[65] selbst dann, wenn der Aktionär, bevor er sich entfernt, von dem fraglichen Beschlussgegenstand, etwa durch Hinweis des Versammlungsleiters, Kenntnis erlangt hat[66]: Die Beschlussfassung bleibt nach § 124 Abs. 4 Satz 1 unzulässig; der Bekanntmachungsfehler lässt sich in der Versammlung nicht beheben. Das Verbot widersprüchlichen Verhaltens, das dem Widerspruchserfordernis in § 245 Nr. 1 zugrunde liegt (oben Rz. 12), kann den Aktionär dazu anhalten, einen bereits *begangenen* und für ihn erkennbaren (oben Rz. 16) Rechtsverstoß noch in der Versammlung zu rügen. Es kann ihm aber nicht die Obliegenheit auferlegen, einem lediglich *beabsichtigten* Rechtsverstoß zu widersprechen. Die Gegenansicht führt wiederum (vgl. schon Rz. 16) zu der unerwünschten Konsequenz, dass Aktionäre zu Vorsorgewidersprüchen praktisch gezwungen sind.

---

63 *Heidel* in Heidel, § 245 Rz. 15; *K. Schmidt* in Großkomm. AktG, § 245 Rz. 24; *Zöllner* in KölnKomm. AktG, § 245 Rz. 46; *Hüffer* in MünchKomm. AktG, § 245 Rz. 39; *Semler* in MünchHdb. AG, § 41 Rz. 56.
64 *K. Schmidt* in Großkomm. AktG, § 245 Rz. 24; *Zöllner* in KölnKomm. AktG, § 245 Rz. 47; *Hüffer* in MünchKomm. AktG, § 245 Rz. 39.
65 *Zöllner* in KölnKomm. AktG, § 245 Rz. 47.
66 Im Ergebnis wie hier *K. Schmidt* in Großkomm. AktG, § 245 Rz. 24; *Hüffer* in MünchKomm. AktG, § 245 Rz. 39.

3. Unberechtigte Nichtzulassung (§ 245 Nr. 2, 1. Alt.)

a) Zutrittsverweigerung trotz Teilnahmerechts

Der Aktionär ist i.S. des § 245 Nr. 2 zur Hauptversammlung nicht zugelassen, wenn   20
ihm der Zutritt zum Versammlungsraum verwehrt wird. Sofern der Aktionär nicht
persönlich an der Hauptversammlung teilnimmt, sondern sich vertreten lässt oder einen Dritten zur Ausübung seines Stimmrechts ermächtigt hat, ist er i.S. des § 245
Nr. 2 nicht zugelassen, wenn dem Stellvertreter oder Legitimationszessionar der Zutritt verwehrt wird[67]. Die Nichtzulassung erfolgt zu Unrecht, wenn der Aktionär zur
Teilnahme berechtigt ist und das Teilnahmerecht gegenüber der Gesellschaft ordnungsgemäß nachgewiesen hat[68]. Der Aktionär wird namentlich dann zu Unrecht
nicht zur Hauptversammlung zugelassen, wenn der Zutritt von einer unzumutbaren,
weil unverhältnismäßigen Taschenkontrolle abhängig gemacht wird und der Aktionär sich dieser verweigert[69]. **Keine unrechtmäßige Nichtzulassung** liegt vor, wenn
das vom Aktionär eingeschaltete **Kreditinstitut** die Nichtzulassung **zu verantworten**
hat (indem es z.B. den Auftrag des Aktionärs zur Ausübung des Depotstimmrechts
nicht annimmt, § 135 Abs. 10, oder die Aktien des Aktionärs zu spät hinterlegt)[70]: In
diesen Fällen handelt das Kreditinstitut als Gehilfin des Aktionärs. Die Nichtzulassung hat in diesem Fall der Aktionär selbst zu verantworten und nicht etwa die Gesellschaft[71]. Die **Rechtsfolge** der unberechtigten Nichtzulassung besteht darin, dass
der Aktionär ausnahmslos **sämtliche** Beschlüsse auf der betreffenden Hauptversammlung anfechten kann, ohne Widerspruch erhoben zu haben.

b) Saalverweis

Wenn der Aktionär zwar erschienen ist, aber im Verlauf der Hauptversammlung des   21
Saales verwiesen wurde, ist zu unterscheiden: Ist der Aktionär **zu Unrecht** an der weiteren Teilnahme an der Hauptversammlung gehindert worden, ist seine Anfechtungsklage **analog § 245 Nr. 2** ohne vorherigen Widerspruch zulässig[72]. Denn hier hat es die
Gesellschaft zu verantworten, dass der Aktionär nicht mehr die Möglichkeit hatte,
den bisher gefassten oder später noch zu fassenden Beschlüssen zu widersprechen.
Der zu Unrecht des Saales verwiesene Aktionär kann sämtliche auf dieser Hauptversammlung gefassten Beschlüsse ohne vorherigen Widerspruch anfechten. Hat man
den Aktionär dagegen **zu Recht** aus dem Saal verwiesen, so ist entgegen einer im
Schrifttum vertretenen Ansicht[73] für die entsprechende Anwendung des § 245 Nr. 2
kein Raum. Denn in diesem Fall hat es sich der Aktionär selbst zuzuschreiben, dass
er nicht mehr an der Versammlung teilnehmen durfte. Die für § 245 Nr. 2 maßgebliche Interessenlage, dass die dort bezeichneten Fehler aus dem Verantwortungsbereich
der Gesellschaft herrühren, ist dann nicht gegeben. Deshalb kann der Aktionär bei be-

---

67 Vgl. für den Fall der Stellvertretung OLG Düsseldorf v. 11.7.1991 – 6 U 59/91, AG 1991, 444 f.;
   für den Fall der gesetzlichen Vertretung OLG Frankfurt v. 16.2.2007 – 5 W 43/06, AG 2007,
   357.
68 Vgl. zu den Teilnahmebedingungen § 123 und die Erläuterungen dort.
69 OLG Frankfurt v. 16.2.2007 – 5 W 43/06, AG 2007, 357. Nach Ansicht des Gerichts hätte die
   Kontrolle im konkreten Fall effektiver und für die Aktionäre weniger belastend mittels eines
   Durchleuchtungsgeräts durchgeführt werden können.
70 Für Anfechtungsbefugnis nach § 245 Nr. 2, 1. Alt. in diesem Fall aber *Heidel* in Heidel, § 245
   Rz. 16.
71 Wie hier OLG Hamburg v. 11.1.2002 – 11 U 145/01, WM 2002, 696, 703 = AG 2002, 460; *Hüffer*, § 245 Rz. 18; *Hüffer* in MünchKomm. AktG, § 245 Rz. 42; *Zöllner* in KölnKomm. AktG,
   § 245 Rz. 51.
72 BGH v. 11.11.1965 – II ZR 122/63, BGHZ 44, 245, 250.
73 *Heidel* in Heidel, § 245 Rz. 15; *Zöllner* in KölnKomm. AktG, § 245 Rz. 48.

rechtigtem Saalverweis, die auf der betreffenden Versammlung gefassten Beschlüsse nach § 245 Nr. 1 nur insoweit anfechten, als er ihnen widersprochen hat[74].

4. Einberufungsfehler (§ 245 Nr. 2, 2. Alt.)

22   Nicht ordnungsgemäß einberufen ist die Hauptversammlung in jedem Fall bei **Verstößen gegen §§ 121 bis 123** (sofern sie nicht bereits zur Nichtigkeit nach § 241 Nr. 1 führen). Die Teilnahme an der Hauptversammlung ist dem Aktionär in diesen Fällen unzumutbar erschwert worden – etwa weil er an einen Ort reisen muss, der mit der Gesellschaft in keinem Zusammenhang steht (bei unzulässigem Versammlungsort, § 121 Abs. 5), oder weil er mangels eines Hinweises nach § 122 Abs. 3 Satz 3 von einer unbefugten Einberufung ausgehen muss oder weil er mangels rechtzeitiger Einberufung (§ 123 Abs. 1) seine zeitlichen Dispositionen nicht auf die Versammlung einstellen konnte. Nach h.M. ist § 245 Nr. 2 auch bei **Verstößen gegen §§ 125 bis 127** anwendbar[75]. Vereinzelt wird dies freilich für § 125 Abs. 1 bestritten: Lasse man nämlich in diesem Fall die Anfechtung ohne Widerspruch zu, so könne selbst ein Aktionär, der weder von einem Kreditinstitut noch von einer Aktionärsvereinigung betreut werde und daher von den versäumten Mitteilungen nicht profitiere, den Beschluss anfechten, ohne erschienen zu sein und widersprochen zu haben[76]. Nach hier vertretener Ansicht ist darauf abzustellen, ob der Aktionär im konkreten Fall durch die Verletzung der §§ 125 bis 127 daran gehindert sein konnte, an der Hauptversammlung teilzunehmen. Im Falle des § 125 Abs. 1 Satz 1 gilt daher § 245 Nr. 2 nur für jenen Aktionär, der tatsächlich von einem Kreditinstitut oder einer Aktionärsvereinigung betreut wird. Bei Verletzung der §§ 126, 127 ist die Anfechtungsklage des nicht erschienenen Aktionärs nur in bezug auf solche Beschlüsse gerechtfertigt, zu denen Gegenanträge oder Wahlvorschläge gemacht worden waren, die nicht nach §§ 126, 127 zugänglich gemacht worden sind.

5. Bekanntmachungsfehler (§ 245 Nr. 2, 3. Alt.)

23   § 245 Nr. 2, 3. Alt. nimmt Bezug auf § 124 Abs. 1 bis 3. Der nicht erschienene Aktionär kann in diesem Fall aber **nur den vom Bekanntmachungsfehler betroffenen Beschluss** anfechten. Das ergibt sich aus dem Grundgedanken des § 245 Nr. 2 in dieser Variante: Der Aktionär wäre möglicherweise zur Hauptversammlung erschienen, wenn ihm in einer mit dem Gesetz übereinstimmenden Weise vor Augen geführt worden wäre, dass ein bestimmter Beschlussgegenstand zur Beratung und ggf. zur Abstimmung gelangt. Diejenigen Beschlussgegenstände, welche ordnungsgemäß bekannt gegeben worden waren, konnten ihn nicht zur Teilnahme an der Versammlung motivieren; dann kann er diese Beschlüsse auch nicht anfechten. Abweichendes gilt bei inhaltlich zusammenhängenden Beschlüssen, z.B. wenn eine Verschmelzung und zu ihrer Durchführung eine Kapitalerhöhung beschlossen werden sollen und einer dieser Beschlussgegenstände fehlerhaft bekanntgemacht worden war: Dann erstreckt sich das Anfechtungsrecht nach § 245 Nr. 2 auf alle betroffenen Beschlüsse.

---

74 Im Ergebnis ebenso BGH v. 11.11.1965 – II ZR 122/63, BGHZ 44, 245, 250 ff.; *K. Schmidt* in Großkomm. AktG, § 245 Rz. 24; *Hüffer*, § 245 Rz. 18; *Hüffer* in MünchKomm. AktG, § 245 Rz. 40.
75 *K. Schmidt* in Großkomm. AktG, § 245 Rz. 27; *Henn*, Aktienrecht, § 27 Rz. 941, S. 481; *Zöllner* in KölnKomm. AktG, § 245 Rz. 53; *Hüffer* in MünchKomm. AktG, § 245 Rz. 44.
76 Näher *Werner* in Großkomm. AktG, § 125 Rz. 91 ff.; *Werner*, AG 1967, 102, 106.

VII. Sondervorteilsanfechtung (§ 245 Nr. 3)

Für die Sondervorteilsanfechtung nach § 243 Abs. 2 braucht der Aktionär weder er- 24
schienen zu sein noch Widerspruch erhoben zu haben. Die Absenkung der formalen
Anfechtungshürden rechtfertigt sich daraus, dass Beschlüsse, welche die Voraussetzungen des § 243 Abs. 2 erfüllen, kraft der **Umstände** ihres Zustandekommens **sittenwidrig** sind. Denjenigen Autoren, welche § 245 Nr. 3 analog auf solche Beschlüsse
anwenden wollen, durch die gegen die Treupflicht[77] oder gegen § 53a[78] verstoßen
wird, kann nicht gefolgt werden: Beiden Fallgruppen fehlt das für § 243 Abs. 2 charakteristische Moment der Umstandssittenwidrigkeit. Die Interessenlagen sind daher nicht vergleichbar.

VIII. Aktionärswechsel nach Beschlussfassung

1. Aktienerwerb vor Klageerhebung

Wer eine Aktie zu einem Zeitpunkt erwirbt, da die Anfechtungsfrist gegen einen vor 25
dem Erwerb gefassten Hauptversammlungsbeschluss noch läuft, kann diesen Beschluss nach h.M. nicht anfechten. Denn die Anfechtungsbefugnis setze voraus, dass
der Kläger im Zeitpunkt der Beschlussfassung Aktionär gewesen und dies seither ununterbrochen geblieben sei[79]: Die erworbene Mitgliedschaft sei durch den angefochtenen Beschluss vorgeprägt und dieser daher vom Erwerber hinzunehmen. Kein Anfechtungsrecht stehe auch demjenigen zu, der die Aktie originär erwerbe, etwa durch
Zulassung zur Zeichnung in einem Kapitalerhöhungsbeschluss[80]. Lediglich zugunsten des Universalrechtsnachfolgers, etwa des Erben, wird ein Übergang der Klagebefugnis postuliert[81]. Für die Würdigung dieser Auffassung ist zu **differenzieren**: Für die
Fälle des **§ 245 Nr. 1 und 3** ist die h.M. seit Inkrafttreten des UMAG gesetzlich zwingend. Wenn nämlich schon ein Aktionär, der die Aktie vor Beschlussfassung, aber
nach Beginn der Vorbesitzzeit erworben hat, nicht zur Anfechtung berechtigt ist,
dann erst recht nicht derjenige, der die Aktie erst nach Beschlussfassung erwirbt. Eine verfassungskonforme Korrektur mit Rücksicht auf den rechtsstaatlichen Justizge-
währleistungsanspruch (dazu oben Rz. 8) erscheint nicht angezeigt; denn die Rechte
des Erwerbers aus der nach Beschlussfassung erworbenen Aktie können durch den
Beschluss nicht verletzt worden sein. Abweichendes gilt allein für den Gesamt-
rechtsnachfolger; denn er rückt in die gesamte Rechtsstellung des bisherigen Aktionärs und damit auch in die Anfechtungsbefugnis und – anders als der Einzelrechtsnachfolger – namentlich in die bereits vom Rechtsvorgänger eingehaltene Vorbesitz-

---

77 Dafür *Heidel* in Heidel, § 245 Rz. 20; *K. Schmidt* in Großkomm. AktG, § 245 Rz. 30.
78 Dafür *K. Schmidt* in Großkomm. AktG, § 245 Rz. 30; *Zöllner* in KölnKomm. AktG, § 245
    Rz. 57; wie hier dagegen *Hüffer* in MünchKomm. AktG, § 245 Rz. 46.
79 RGZ 66, 134, 135; OLG Celle v. 7.9.1983 – 9 U 34/83, AG 1984, 266, 271; OLG Frankfurt v.
    16.9.1971 – 13 W 182/70, NJW 1972, 641, 643; OLG Stuttgart v. 10.1.2001 – 20 U 91/99, NZG
    2001, 277, 278; *Beyerle*, DB 1982, 837 f.; *Diekgräf*, Sonderzahlungen an opponierende Kleinak-
    tionäre im Anfechtungs- und Spruchstellenverfahren, S. 173; *A. Hueck*, Anfechtbarkeit und
    Nichtigkeit von Generalversammlungsbeschlüssen bei Aktiengesellschaften, S. 137; *Hüffer*,
    § 245 Rz. 7; *F. Schäfer*, Nichtigkeit und Anfechtbarkeit von Hauptversammlungsbeschlüssen
    der Aktiengesellschaft unter Ausschluss der Beschlüsse über die Bilanzfeststellung und Ge-
    winnverwendung, S. 125; *Uwe H. Schneider*, NJW 1971, 1109, 1111; *Wardenbach*, ZGR 1992,
    563, 578.
80 *K. Schmidt* in Scholz, GmbHG, § 45 Rz. 131 f.
81 OLG Celle v. 7.9.1983 – 9 U 34/83, AG 1984, 266, 271; *Beyerle*, DB 1982, 837, 838 (dort für Ge-
    samtrechtsnachfolge durch Umwandlungsvorgänge); *A. Hueck*, Anfechtbarkeit und Nichtig-
    keit von Generalversammlungsbeschlüssen bei Aktiengesellschaften, S. 138; *Hüffer*, § 245
    Rz. 7.

zeit ein. Für den Fall des **§ 245 Nr. 2**, der das Erfordernis einer Vorbesitzzeit nicht kennt, bedarf die h.M. dagegen immer noch einer eigenständigen Begründung. Diese vermag sie nicht zu liefern[82]: Die Mitgliedschaft ist nicht bloß durch den Beschluss, sondern ebenso durch das Recht vorgeprägt, ihn anzufechten. Die Anfechtungsbefugnis geht daher im Fall des § 245 Nr. 2 auch auf den Einzelrechtsnachfolger und selbst auf den originären Aktienerwerber über.

2. Klageerhebung vor Aktienerwerb

26   Ficht ein Aktionär einen Hauptversammlungsbeschluss an und veräußert er erst nach Rechtshängigkeit seine Aktie, so fällt die Anfechtungsbefugnis nach verbreiteter Meinung ersatzlos weg[83]. Nach h.M. kann dagegen der bisherige Kläger (also der Altaktionär) nach **§ 265 Abs. 2 Satz 1 ZPO** den Anfechtungsprozess fortsetzen[84]: Der Anteil[85] bzw. die Mitgliedschaft[86] sei die „streitbefangene Sache" im Sinne dieser Vorschrift. Allerdings soll der Aktionär den Rechtsstreit nur dann weiterführen dürfen, wenn er an der Kassation des Beschlusses ein berechtigtes Interesse habe[87]. Die Anwendung des § 265 ZPO verdient im Ergebnis Zustimmung. Diese Vorschrift schützt den Prozessgegner (hier: die beklagte Gesellschaft) vor der Notwendigkeit einer doppelten Prozessführung und vor den Unannehmlichkeiten eines Parteiwechsels. Es soll vermieden werden, dass die Klage des Veräußerers ohne Sachprüfung abgewiesen wird und der Erwerber in einem gänzlich neuen Prozess, für den die Früchte des bisherigen Rechtsstreits nicht verwertbar sind, sein Recht sucht. Diese Interessenlage ist beim Anfechtungsprozess ebenso gegeben[88]. Konsequent ist dem Aktionär die Fortsetzung des Prozesses ohne Rücksicht auf ein rechtliches Interesse gestattet[89]: Das Ziel des § 265 Abs. 2 Satz 1 ZPO, die Gesellschaft zu schützen, ist von einem solchen Klägerinteresse unabhängig. Im Übrigen erscheint das Erfordernis eines rechtlichen Interesses systemwidrig; denn das Anfechtungsrecht ist nach seiner Konstruktion als objektives Kontrollrecht (vgl. dazu § 243 Rz. 2) von einem solchen Interesse gerade unabhängig[90].

27   Der Kläger kann nach Ansicht des BGH nicht nur bei der freiwilligen Veräußerung der Aktie, sondern ebenso beim **Squeeze-out** den Rechtsstreit nach dem Übergang seiner Aktie auf den Hauptaktionär gem. § 265 Abs. 2 Satz 1 ZPO fortsetzen, wenn er

---

82   Ablehnend zur h.M. namentlich *Noack*, AG 1989, 78, 85 f.; ihm folgend *Schwab*, Das Prozessrecht gesellschaftsinterner Streitigkeiten, S. 364 f.

83   *Arens*, Streitgegenstand und Rechtskraft im aktienrechtlichen Anfechtungsverfahren, S. 93; *Diekgräf*, Sonderzahlungen an opponierende Kleinaktionäre im Anfechtungs- und Spruchstellenverfahren, S. 175; *A. Hueck*, Anfechtbarkeit und Nichtigkeit von Generalversammlungsbeschlüssen bei Aktiengesellschaften, S. 138 f.

84   BGH v. 12.7.1993 – II ZR 65/92, ZIP 1993, 1228, 1229 = AG 1993, 514; OLG Düsseldorf v. 8.3.2001 – 6 U 64/00, GmbHR 2001, 1049, 1052; ebenso für die GmbH BGH v. 25.2.1965 – II ZR 287/63, BGHZ 43, 261, 266 ff.; BGH v. 14.2.1974 – II ZR 76/72, DB 1974, 716, 717; aus der Literatur *Feltkamp*, Anfechtungsklage und Vergleich im Aktienrecht, S. 25 ff.; *K. Schmidt* in Großkomm. AktG, § 245 Rz. 17; *Hüffer*, § 245 Rz. 8; *Zöllner* in KölnKomm. AktG, § 245 Rz. 23; *Lüke* in MünchKomm. ZPO, § 265 Rz. 28; *Renkl*, Der Gesellschafterbeschluss, S. 118, 131; *Vogel*, Gesellschafterbeschlüsse und Gesellschafterversammlung, S. 216.

85   *Lüke* in MünchKomm. ZPO, § 265 Rz. 28; *Greger* in Zöller, ZPO, § 265 Rz. 3.

86   *K. Schmidt* in Großkomm. AktG, § 245 Rz. 19.

87   BGH v. 25.2.1965 – II ZR 287/63, BGHZ 43, 261, 268.

88   Näher *Schwab*, Das Prozessrecht gesellschaftsinterner Streitigkeiten, S. 367 f. Zur Behandlung der *Nichtigkeitsklage* bei Aktienärwechsel § 249 Rz. 4.

89   Im Ergebnis ebenso *Waclawik*, ZIP 2007, 1, 5, der dies Ergebnis freilich nicht aus § 265 ZPO, sondern daraus herleitet, dass § 245 kein Dauerbesitzerfordernis aufstelle.

90   Zutreffend *Waclawik*, ZIP 2007, 1, 5, 8.

hieran ein berechtigtes Interesse hat[91]. So durfte der Aktionär, der einen Vermögens-übertragungsbeschluss (§ 179a) angefochten hatte und während des Verfahrens nach §§ 327a ff. ausgeschlossen wurde, den Prozess fortsetzen, weil die Kassation dieses Beschlusses Auswirkungen auf die Bemessung der Barabfindung (§ 327b) gehabt hät-te[92]. Ebenso durfte der Aktionär die Anfechtungsklage gegen einen Dividendenbeschluss weiterführen, um für den Zeitraum zwischen Ergehen und Wirksamwerden des Squeeze-out-Beschlusses eine höhere Dividende zu erstreiten[93]. Die Gegenansicht lehnt die Fortsetzung des Prozesses durch den ausgeschlossenen Aktionär kategorisch ab[94]: Dieser habe kein Interesse mehr an einem *inter omnes* wirkenden Gestaltungsurteil. Die Gesellschaft brauche vor einer Prozessverdoppelung nicht geschützt zu werden, weil sämtliche Aktien auf den Hauptaktionär übergegangen seien und diesem an der Fortsetzung des Rechtsstreits nicht gelegen sei: Die Interessen zwischen dem Kläger und dem Hauptaktionär liefen regelmäßig auseinander. Vereinzelt wird in jüngerer Zeit vorgetragen, § 265 Abs. 2 ZPO mit der Maßgabe anzuwenden, dass es nicht auf das Fortführungsinteresse des Aktionärs, sondern darauf ankomme, ob die Fortführung des Prozesses objektiv sachdienlich sei; dies sei immer, aber auch nur dann zu bejahen, wenn dem Kläger die Früchte des bisherigen Prozesses, insbesondere bereits erzielte Prozessergebnisse verloren zu gehen drohten[95]. Nach hier vertretener Ansicht ist der Kläger auch beim Squeeze-out ohne Rücksicht auf ein berechtigtes Interesse nach § 265 Abs. 2 Satz 1 ZPO zur Fortsetzung des Rechtsstreits berechtigt[96]. Der Vorschrift liegt eine typisierende Interessenabwägung zugrunde. Deshalb spielt der Umstand, dass der Hauptaktionär an der Fortsetzung des Verfahrens oder gar an einer erneuten Klage nicht interessiert ist, keine Rolle.

IX. Anfechtungsrecht des Vorstands (§ 245 Nr. 4)

1. Träger der Anfechtungsbefugnis

Das Gesetz sieht es als Teil der Leitungsaufgabe des Vorstands (§ 76) an, die Legalität   28
von Hauptversammlungsbeschlüssen zu gewährleisten; deshalb weist es dem Vorstand die Anfechtungsbefugnis zu[97]. Diese Befugnis ist dem Vorstand nicht zur Verfolgung subjektiver Rechte seiner Mitglieder zugewiesen. Vielmehr ist **Träger** der Befugnis **der Vorstand als Organ** und die Anfechtungsbefugnis nach § 245 Nr. 4 eine rein fremdnützige Kompetenz[98]. Konsequent ist der Vorstand im Anfechtungsprozess **als Organ Partei**[99]. Die Gegenansicht, die das Anfechtungsrecht als ein Recht der Ge-

---

91 BGH v. 9.10.2006 – II ZR 46/05, WM 2006, 2216, 2217 ff. = AG 2006, 931; OLG Stuttgart v. 16.11.2005 – 20 U 2/05, ZIP 2006, 27, 28 = AG 2006, 340.
92 BGH v. 9.10.2006 – II ZR 46/05, WM 2006, 2216, 2218 f. = AG 2006, 931.
93 OLG Stuttgart v. 16.11.2005 – 20 U 2/05, ZIP 2006, 27, 28 = AG 2006, 340; für diesem Fall zustimmend *Bungert*, BB 2007, 57, 59.
94 OLG Koblenz v. 27.1.2005 – 6 U 342/04, ZIP 2005, 714, 715 = AG 2005, 365; *Bungert*, BB 2005, 1345 f.; *Buchta/Ott*, DB 2005, 990, 993.
95 *Nietsch*, NZG 2007, 451, 453.
96 Im Ergebnis wie hier, jedoch abermals ohne Rückgriff auf § 265 ZPO *Waclawik*, ZIP 2007, 1, 5.
97 *Hüffer* in MünchKomm. AktG, § 245 Rz. 59.
98 Vgl. *A. Hueck*, Anfechtbarkeit und Nichtigkeit von Generalversammlungsbeschlüssen bei Aktiengesellschaften, S. 156; *Landrock*, Der Innenrechtsstreit in der Aktiengesellschaft, S. 216; *Hüffer* in MünchKomm. AktG, § 245 Rz. 15, 59; *Pflugradt*, Leistungsklagen zur Erzwingung rechtmäßigen Vorstandsverhaltens in der Aktiengesellschaft, S. 96 ff.
99 Ebenso OLG Düsseldorf v. 24.4.1997 – 6 U 20/96, DB 1997, 1170; *Austmann*, ZHR 158 (1994), 495, 501; *Baumbach/Hueck*, § 245 Anm. 6; *K. Schmidt* in Großkomm. AktG, § 245 Rz. 33; *Hüffer* in FS Stimpel, S. 165, 171; *Landrock*, Der Innenrechtsstreit in der Aktiengesellschaft, S. 221; *Hüffer* in MünchKomm. AktG, § 245 Rz. 15, 62; *Pflugradt*, Leistungsklagen zur Erzwingung rechtmäßigen Vorstandsverhaltens in der Aktiengesellschaft, S. 99; *Steinbeck*,

sellschaft begreift und deshalb die Gesellschaft als Klägerpartei ansehen will, die vom Vorstand lediglich vertreten werde[100], übersieht, dass die Gesellschaft bereits als Beklagte Partei ist; ein Prozess zwischen identischen Parteien ist der ZPO fremd[101]. Im Übrigen ist die mittels des Anfechtungsrechts wahrgenommene Aufgabe, die Legalität von Hauptversammlungsbeschlüssen zu gewährleisten, Aufgabe des Vorstands und nicht „der Gesellschaft"[102]. Die durch § 245 Nr. 4 verliehene Kontrollbefugnis geht mit Rücksicht auf ihre objektive Kontrollfunktion weder dadurch verloren, dass der Vorstand den angefochtenen Beschluss selbst vorgeschlagen hat (§ 124 Abs. 3 Satz 1), noch dadurch, dass seine Mitglieder als Aktionäre für jenen Beschluss gestimmt haben[103]. Da der Vorstand als Organ Partei ist, ist er es in seiner jeweiligen Besetzung[104]. Personelle Veränderungen im Vorstand haben daher auf den Prozess keinen Einfluss. Eines Rückgriffs auf § 265 ZPO[105] bedarf es zur Begründung dieses Ergebnisses nicht; denn ein Wechsel der Person des Anfechtungsbefugten findet hier gerade nicht statt.

29 Im **Insolvenzverfahren** geht nach h.L. die Anfechtungsbefugnis des Vorstands auf den Insolvenzverwalter bezüglich all jener Hauptversammlungsbeschlüsse über, welche die Insolvenzmasse oder Belange der Gläubiger betreffen. Sofern das nicht der Fall ist (z.B. bei Aufsichtsratswahl oder Entlastungsbeschlüssen), bleibt der Vorstand anfechtungsbefugt[106]. Die Gegenansicht[107] hält **Verwalter** und **Vorstand** zu Recht **nebeneinander** für klagebefugt: Der Insolvenzverwalter ist nicht bloß für vermögensrechtliche Streitigkeiten zuständig; die Verantwortung des Vorstands für die Legalität von Hauptversammlungsbeschlüssen endet nicht mit Insolvenzeröffnung. Ohne Zustimmung des Insolvenzverwalters kann der Vorstand aber nicht auf Kosten der Masse prozessieren. Er muss ggf. Prozesskostenhilfe beantragen[108].

2. Prozesskosten

30 Den **Prozesskostenvorschuss** darf der Vorstand grundsätzlich der Gesellschaftskasse entnehmen[109]. Hat die Anfechtungsklage **Erfolg**, trägt die Gesellschaft die Kosten des Rechtsstreits (§ 91 ZPO). Der Vorstand kann aus dem Kostenfestsetzungsbeschluss (§ 794 Abs. 1 Nr. 2 ZPO) vollstrecken[110]. Wird die Klage des Vorstands **abgewiesen**, so soll nach einigen Autoren der Vorstand (nicht seine Mitglieder!) in die Kosten des Rechtsstreits verurteilt werden[111]. Freilich repräsentiere der Vorstand *als Organ* grundsätzlich kein Vermögen, aus dem die Prozesskosten beglichen werden könnten. Anders liege es aber im Fall des § 245 Nr. 4: Dem Vorstand stehe, wenn die Klage nicht missbräuchlich erhoben worden sei, analog § 670 BGB ein Anspruch auf Auf-

---

Überwachungspflicht und Einwirkungsmöglichkeiten des Aufsichtsrats der Aktiengesellschaft, S. 173; *Stodolkowitz*, ZHR 154 (1990), 1, 3.

100 *Mertens* in KölnKomm. AktG, Vorb. § 76 Rz. 6; *Zöllner* in KölnKomm. AktG, § 245 Rz. 59; *H. Westermann* in FS Bötticher, S. 369, 376; *Windel*, Der Interventionsgrund des § 66 Abs. 1 ZPO als Prozessführungsbefugnis, S. 105.
101 Zutreffend *K. Schmidt* in Großkomm. AktG, § 245 Rz. 33; *Pflugradt*, Leistungsklagen zur Erzwingung rechtmäßigen Vorstandsverhaltens in der Aktiengesellschaft, S. 96 f.
102 Zutreffend *Hüffer* in MünchKomm. AktG, § 245 Rz. 15.
103 *Zöllner* in KölnKomm. AktG, § 245 Rz. 63; *Hüffer* in MünchKomm. AktG, § 245 Rz. 60.
104 *Hüffer* in MünchKomm. AktG, § 245 Rz. 63.
105 So *Hüffer* in MünchKomm. AktG, § 245 Rz. 63.
106 *Weber*, KTS 1970, 73, 79 ff.; *Zöllner* in KölnKomm. AktG, § 245 Rz. 66; *Hüffer* in MünchKomm. AktG, § 245 Rz. 66.
107 *K. Schmidt* in Großkomm. AktG, § 245 Rz. 37.
108 *K. Schmidt* in Großkomm. AktG, § 245 Rz. 37.
109 *K. Schmidt* in Großkomm. AktG, § 245 Rz. 35.
110 *K. Schmidt* in Großkomm. AktG, § 245 Rz. 35.
111 *K. Schmidt* in Großkomm. AktG, § 245 Rz. 35; *Hüffer* in MünchKomm. AktG, § 245 Rz. 64.

wendungsersatz gegen die Gesellschaft in Höhe der von ihm zu tragenden Prozesskosten zu. Dieser Ersatzanspruch bilde die für die Kostentragung erforderliche Vermögensmasse. Nach der Auffassung, die als Klägerpartei nicht den Vorstand, sondern die Gesellschaft ansieht, trägt die Gesellschaft die Kosten des Anfechtungsprozesses ohne Rücksicht auf dessen Ausgang[112]. Nach hier vertretener Ansicht ist die Gesellschaft **entsprechend § 99 Abs. 6 Satz 7** selbst dann Kostenschuldnerin, wenn man den Vorstand als Organ für aktiv parteifähig hält; diese aus dem aktienrechtlichen Organstreit bekannte Handhabung[113] lässt sich auch für § 245 Nr. 4 fruchtbar machen. Hat der Vorstand die Klage missbräuchlich oder evident aussichtslos erhoben, so werden seine Mitglieder nach § 93 für die Kosten des Rechtsstreits aufzukommen haben. Einer – ebenfalls denkbaren –Verurteilung des Vorstands in die Kosten analog § 99 Abs. 6 Satz 8 steht abermals entgegen, dass dem Vorstand als Organ kein Vermögen zugewiesen ist.

X. Anfechtungsrecht einzelner Verwaltungsmitglieder (§ 245 Nr. 5)

1. Normzweck

Die Anfechtungsbefugnis nach dieser Vorschrift dient nach **h.M.** dem **Schutz des einzelnen Vorstands- bzw. Aufsichtsratsmitglieds**: Die Verwaltung dürfe nicht einerseits zur Ausführung des Beschlusses verpflichtet sein, andererseits aber für eben jene Ausführung belangt werden. Deswegen dürften sich die Verwaltungsmitglieder mittels der Anfechtungsklage aus dieser Zwangslage befreien[114]. Diese Deutung des Normzwecks steht indes in auffälligem Widerspruch zu der Einsicht, dass Strafe, Buße oder Ersatzpflicht nicht gerade dem klagenden Organmitglied drohen muss[115] (dazu sogleich Rz. 34). Nach anderer Ansicht soll denn auch § 245 Nr. 5 nur die gerichtliche Beanstandung besonders gravierender Beschlussmängel erleichtern[116]. Nach **hier vertretener Auffassung** will § 245 Nr. 5 die Organmitglieder nicht schützen, sondern im Gegenteil **in die Pflicht nehmen**: Sie sollen sich im späteren Straf- oder Haftpflichtprozess nicht auf den Standpunkt zurückziehen können, sie hätten keine Möglichkeit gehabt, den Beschluss aus der Welt zu schaffen[117]. 31

2. Träger der Anfechtungsbefugnis

Die Anfechtungsbefugnis nach § 245 Nr. 5 ist dem einzelnen Organmitglied zugewiesen[118]. Die Gegenansicht, wonach die Gesellschaft zur Anfechtung befugt sei und vom klagenden Organmitglied vertreten werde[119], ist hier ebenso abzulehnen wie zu § 245 Nr. 4. Wegen § 94 sind auch stellvertretende Vorstandsmitglieder zur Anfechtung befugt[120]; stellvertretende Aufsichtsratmitglieder existieren gem. § 101 Abs. 3 Satz 1 nicht. Ersatzmitglieder nach § 101 Abs. 3 Satz 2 rücken erst mit Wegfall des 32

---

112 *Zöllner* in KölnKomm. AktG, § 246 Rz. 24; *H. Westermann* in FS Bötticher, S. 369, 376.
113 *Bork*, ZGR 1989, 1, 27 ff.; *Hommelhoff*, ZHR 143 (1979), 288, 306.
114 BGH v. 28.11.1988 – II ZR 57/88, BGHZ 106, 54, 64 = AG 1989, 89; *Hüffer* in MünchKomm. AktG, § 245 Rz. 16, 67; *Steinbeck*, Überwachungspflicht und Einwirkungsmöglichkeiten des Aufsichtsrats der Aktiengesellschaft, S. 215.
115 Dies bemerkt zu Recht *Rellermeyer*, ZGR 1993, 77, 95.
116 *K. Schmidt* in FS Semler, S. 329, 342. Nach *Hüffer* in MünchKomm. AktG, § 245 Rz. 16, 67 tritt dieser Zweck *neben* das Ziel, die Mitglieder der Verwaltung zu schützen.
117 Näher *Schwab*, Das Prozessrecht gesellschaftsinterner Streitigkeiten, S. 616 ff.
118 *K. Schmidt* in Großkomm. AktG, § 245 Rz. 38; *Hüffer* in MünchKomm. AktG, § 245 Rz. 16, 67.
119 *Zöllner* in KölnKomm. AktG, § 245 Rz. 69.
120 *K. Schmidt* in Großkomm. AktG, § 245 Rz. 40; *Zöllner* in KölnKomm. AktG, § 245 Rz. 73; *Hüffer* in MünchKomm. AktG, § 245 Rz. 68.

Hauptmitglieds in den Aufsichtsrat ein und können auch erst dann Anfechtungsklage erheben[121]. Für den Besetzungswechsel nach Beschlussfassung gilt folgendes: Der Kläger muss noch nicht im Zeitpunkt der Beschlussfassung, wohl aber im Zeitpunkt der Klageerhebung dem Vorstand oder dem Aufsichtsrat angehören[122]. Auch das Neumitglied soll sich im Straf- oder Haftpflichtprozess nicht auf den Standpunkt zurückziehen dürfen, es habe keine Chance gehabt, den Beschluss zu beseitigen. Scheidet der Kläger nach Klageerhebung aus dem Organ aus, erlischt nach h.M. seine Klagebefugnis nicht[123]; denn er habe gleichwohl noch ein Interesse an der Klärung der Frage, ob der Beschluss rechtmäßig sei. Dem ist im Ergebnis zuzustimmen. Zwar kann ein Organmitglied, das an der Ausführung nicht mehr beteiligt ist, sich dadurch auch nicht mehr strafbar oder ersatzpflichtig machen. Doch setzt die Anfechtungsbefugnis nach § 245 Nr. 5 gerade nicht voraus, dass das klagende Verwaltungsmitglied selbst von der Sanktion bedroht ist (unten Rz. 34).

3. Umfang der Anfechtungsbefugnis

33   Nach § 245 Nr. 5 angefochten werden können nur **ausführungsbedürftige Beschlüsse**. Das sind solche, die ein Tätigwerden des Vorstands erfordern. Dazu gehören auch all jene Beschlüsse, die zur Eintragung oder Verlautbarung im Handelsregister angemeldet werden müssen. Ein Vorstandsmitglied ist auch dann zur Anfechtung befugt, wenn die Ausführung in die Ressortzuständigkeit eines Kollegen fällt[124]. Das Anfechtungsrecht soll auch durch eine **bereits erfolgte Ausführung** des Beschlusses unberührt bleiben[125]; denn ungeachtet dessen sei der Beschluss gravierend rechtswidrig, und es entspreche der Kontrollfunktion der Anfechtungsklage, dass er der gerichtlichen Überprüfung zugeführt werde. Nach hier vertretener Ansicht dauert die Anfechtungsbefugnis nur an, solange die Ausführung des Beschlusses noch angehalten oder rückgängig gemacht oder der eingetretene Schaden durch die Beseitigung des Beschlusses noch gemindert werden kann. Das folgt aus der oben Rz. 31 dargelegten Normzweckinterpretation: Ist ein Schaden endgültig eingetreten und kann er sich nicht mehr vertiefen, erweist es sich als sinnlos, das Verwaltungsmitglied weiterhin für die Kassation des Beschlusses in die Pflicht zu nehmen.

34   Die Anfechtungsbefugnis besteht **auch dann**, wenn nicht das klagende, wohl aber ein **anderes Verwaltungsmitglied von Strafe, Buße oder Haftung bedroht** ist[126]. Die drohende Sanktion muss nicht zwingend im Aktienrecht, sondern kann auch in sonstigen Gesetzen geregelt sein[127]. Gleichgültig ist auch, ob eine Haftung gegenüber der Gesellschaft oder gegenüber ihren Aktionären oder Gläubigern droht[128]. Die Anfechtung nach § 245 Nr. 5 muss des weiteren **nicht** gerade auf **diejenige Rechtsverletzung** gestützt sein, an welche die **Sanktion anknüpft**[129]. So kann ein Organmitglied eine Kapitalerhöhung mit Bezugsrechtsausschluss nicht nur mit der Begründung anfech-

---

121 *K. Schmidt* in Großkomm. AktG, § 245 Rz. 40; *Hüffer* in MünchKomm. AktG, § 245 Rz. 68.
122 *Zöllner* in KölnKomm. AktG, § 245 Rz. 74; *Hüffer* in MünchKomm. AktG, § 245 Rz. 68.
123 *K. Schmidt* in Großkomm. AktG, § 245 Rz. 40; *Zöllner* in KölnKomm. AktG, § 245 Rz. 74; *Hüffer* in MünchKomm. AktG, § 245 Rz. 68; *Waclawik*, ZIP 2007, 1, 4.
124 *Hüffer* in MünchKomm. AktG, § 245 Rz. 69.
125 *K. Schmidt* in Großkomm. AktG, § 245 Rz. 41 f.; *Zöllner* in KölnKomm. AktG, § 245 Rz. 75; *Hüffer* in MünchKomm. AktG, § 245 Rz. 69.
126 *Dänzer-Vanotti*, BB 1985, 1632, 1634; *K. Schmidt* in Großkomm. AktG, § 245 Rz. 42 f.; *Hommelhoff/Timm*, AG 1976, 330, 333; *Zöllner* in KölnKomm. AktG, § 245 Rz. 68; *Hüffer* in MünchKomm. AktG, § 245 Rz. 70; *Renkl*, Der Gesellschafterbeschluss, S. 121.
127 *K. Schmidt* in Großkomm. AktG, § 245 Rz. 43; *Zöllner* in KölnKomm. AktG, § 245 Rz. 72; *Hüffer* in MünchKomm. AktG, § 245 Rz. 70.
128 *Hüffer* in MünchKomm. AktG, § 245 Rz. 70.
129 *K. Schmidt* in Großkomm. AktG, § 245 Rz. 43; *Hüffer* in MünchKomm. AktG, § 245 Rz. 70.

ten, diese sei sachlich nicht gerechtfertigt und ihre Anmeldung zum Handelsregister begründe daher eine potentielle Schadensersatzpflicht. Vielmehr ist die Anfechtung ebenso mit der Begründung statthaft, die Kapitalerhöhung sei als Tagesordnungspunkt nicht ordnungsgemäß bekanntgemacht worden. Die Anfechtungsbefugnis nach § 245 Nr. 5 ist erst dann nicht mehr gegeben, wenn die Sanktion an einen Umstand anknüpft, der mit der Fehlerhaftigkeit des Beschlusses im Ganzen nichts mehr zu tun hat. So kann ein Verschmelzungsbeschluss nicht mit der Begründung angefochten werden, sein Vollzug sei kartellrechtlich verboten. Wird er trotzdem vollzogen, so greifen die Sanktionen des Kartellrechts ohne Rücksicht darauf ein, ob der Beschluss als solcher fehlerfrei ist oder nicht. Die Fehlerhaftigkeit des Beschlusses kann in dieser Situation *als Ganzes* hinweggedacht werden, ohne dass die Rechtsverletzung und die daran anknüpfende Sanktionsdrohung entfiele. Daher kann die Anfechtungsbefugnis eines Verwaltungsmitglieds in diesem Fall nicht nach § 245 Nr. 5 auf die drohende kartellrechtliche Sanktion gestützt werden[130].

4. Prozesskosten

Wird die Anfechtungsklage eines einzelnen Verwaltungsmitglieds abgewiesen, so trägt dieses nach § 91 ZPO die Kosten des Rechtsstreits. Es kann aber die **analog § 670 BGB** von der Gesellschaft **Erstattung** der von ihm zu tragenden Kosten verlangen, wenn die Klage nicht ausnahmsweise missbräuchlich oder evident aussichtslos erhoben wird[131]. **Analog § 669 BGB** kann das klagende Verwaltungsmitglied sogar einen **Vorschuss** auf die von ihm aufzuwendenden Kosten verlangen[132]. 35

XI. Missbräuchliche Anfechtungsklage

1. Das Problem

Die Erhebung der Anfechtungsklage kann die Durchführung von registerpflichtigen Beschlüssen auf Jahre hin blockieren. Entweder diese Maßnahmen unterliegen einer gesetzlichen Registersperre (z.B. § 319 Abs. 5; § 16 Abs. 2 UmwG) oder der Registerrichter setzt die Eintragung angesichts der noch rechtshängigen Klage aus (§ 127 FGG, vgl. dazu § 246a Rz. 21). Da es in der Macht des Aktionärs steht, mit Hilfe der Klage die Vollziehung der beschlossenen Maßnahme zu torpedieren und umgekehrt mittels Rücknahme der Klage den Weg für jene Maßnahme freizumachen, besteht für ihn ein Anreiz, sich die **Rücknahme der Klage** gegen Zahlung eines Geldbetrags oder gegen Gewährung sonstiger Vorteile **abkaufen zu lassen**. Seit Jahrzehnten werden deutsche Aktiengesellschaften von sog. **räuberischen Aktionären** heimgesucht, die sich in der beschriebenen Weise eine lukrative Einnahmequelle zu erschließen suchen (vgl. schon oben Rz. 6). Ihre Strategien sind im Schrifttum anschaulich beschrieben worden[133]. 36

2. Rechtsprechung

a) Dogmatische Grundlagen

Die Gerichte weisen Anfechtungsklagen, die von dem Ziel getragen werden, Sondervorteile zu erzwingen, ohne sachliche Prüfung der gerügten Beschlussmängel als 37

---

130 Beispiel nach *K. Schmidt* in Großkomm. AktG, § 245 Rz. 43.
131 *Dänzer-Vanotti*, BB 1985, 1632, 1633 f.; *K. Schmidt* in Großkomm. AktG, § 245 Rz. 44; *Hüffer* in MünchKomm. AktG, § 245 Rz. 71.
132 *Hüffer* in MünchKomm. AktG, § 245 Rz. 71.
133 *Baums*, DJT 2000, S. F 152 ff.; *Lehmann* in Timm (Hrsg.), Missbräuchliches Aktionärsverhalten, S. 51 ff.; *Timm* in Timm (Hrsg.), Missbräuchliches Aktionärsverhalten, S. 1, 9 ff.; vgl. auch *Jahn*, BB 2005, 5, 7.

rechtsmissbräuchlich ab. Dem Kläger könne freilich **nicht** der Vorwurf des **institutionellen Rechtsmissbrauchs** entgegengehalten werden. Institutioneller Rechtsmissbrauch ist der Gebrauch eines Rechts zu außerhalb der sozialen Zweckbestimmung des Rechtes liegenden Zielen[134]. Eine solche Form des Rechtsmissbrauchs sei bei der Anfechtungsklage nicht möglich: Die Anfechtungsklage könne die ihr zugedachte Funktion, die Hauptversammlung einer Legalitätskontrolle zu unterziehen, nicht verfehlen; denn der fehlerhafte Beschluss werde durch sie zur gerichtlichen Prüfung gestellt[135]. **Wohl aber** könne die Anfechtungsklage dem Einwand des **individuellen Rechtsmissbrauchs** begegnen[136]. Das Anfechtungsrecht verkörpere nämlich ungeachtet seiner objektiven Kontrollfunktion ein subjektives Recht des Aktionärs[137]. Der Aktionär behalte konsequent stets die Disposition über die Erhebung und die Aufrechterhaltung der Klage[138]. Sehe der Aktionär von der Klage ab oder nehme er sie zurück, so könne selbst ein rechtswidriger Beschluss unverrückbare Gültigkeit erlangen. Hänge aber die Geltendmachung der Rechtswidrigkeit von der Disposition der Aktionäre ab, so könne der Aktionär die ihm zustehende Entscheidungsmacht auch missbräuchlich ausüben[139]. Dann aber bleibe es möglich, ihm das Anfechtungsrecht mit der Folge abzuerkennen, dass ein an sich rechtswidriger Beschluss rechtsbeständig werde[140]. Die Ausübung des Anfechtungsrechts sei mithin nicht allein schon deshalb gegen den potentiellen Vorwurf des Rechtsmissbrauchs abgeschirmt, weil dies Recht (auch) im öffentlichen Interesse verliehen werde[141]. **Verfassungsrechtlich** wird es als zulässige Bestimmung des Aktieneigentums (Art. 14 Abs. 1 GG) angesehen, die Anfechtungsbefugnis der Missbrauchsschranke zu unterwerfen[142]. Im Bereich des **europarechtlich harmonisierten Gesellschaftsrechts** mahnt indes der EuGH die nationalen Gerichte, bei der Abweisung von Klagen wegen Rechtsmissbrauchs Zurückhaltung zu üben[143].

---

134 *Esser/Schmidt*, Schuldrecht I 1, § 10 III 1, S. 171 ff.; *Gernhuber*, JuS 1983, 764, 766; *Roth* in MünchKomm. BGB, § 242 Rz. 185; *Heinrichs* in Palandt, BGB, § 242 Rz. 40; *Raiser*, Summum ius summa iniuria, S. 145, 151.

135 BGH v. 22.5.1989 – II ZR 206/88, BGHZ 107, 296, 310 = AG 1989, 399; BGH v. 18.12.1989 – II ZR 254/88, WM 1990, 140, 144 = AG 1990, 259; BGH v. 14.10.1991 –II ZR 249/90, NJW 1992, 569, 570 = AG 1992, 86; OLG Frankfurt v. 6.11.1990 – 5 U 191/84, AG 1991, 206, 207; *Diekgräf*, WM 1991, 613, 617; *K. Schmidt* in Großkomm. AktG, § 245 Rz. 50; *Heuer*, WM 1989, 1401, 1403; *Hüffer*, § 245 Rz. 22; *Hüffer* in MünchKomm. AktG, § 245 Rz. 50; *Slabschi*, Die so genannte rechtsmissbräuchliche Anfechtungsklage, S. 114.

136 BGH v. 22.5.1989 – II ZR 206/88, BGHZ 107, 296, 309 ff. = AG 1989, 399; *Bayer*, WuB II A. § 340a AktG 1.89; *Diekgräf*, Sonderzahlungen an opponierende Kleinaktionäre im Rahmen von Anfechtungs- und Spruchstellenverfahren, S. 34 ff.; *K. Schmidt* in Großkomm. AktG, § 245 Rz. 47 ff.; *Hirte*, BB 1988, 1469 ff.; *Hüffer*, § 245 Rz. 22; *Zöllner* in KölnKomm. AktG, § 245 Rz. 78 ff.; *Lutter* in FS 40 Jahre Der Betrieb, S. 193, 208 f.; *Hüffer* in MünchKomm. AktG, § 245 Rz. 47 ff.; *Teichmann*, JuS 1990, 269, 271 sowie die nachfolgend Genannten.

137 BGH v. 22.5.1989 – II ZR 206/88, BGHZ 107, 296, 310 = AG 1989, 399; *K. Schmidt* in Großkomm. AktG, § 245 Rz. 50; *Hüffer* in MünchKomm. AktG, § 245 Rz. 50; *Semler* in MünchHdb. AG, § 41 Rz. 65; *Zöllner* in KölnKomm. AktG, § 245 Rz. 78; *Wardenbach*, ZGR 1992, 563, 576.

138 BGH v. 22.5.1989 – II ZR 206/88, BGHZ 107, 296, 310 = AG 1989, 399; *Boujong* in FS Kellermann, S. 1, 6; *K. Schmidt* in Großkomm. AktG, § 245 Rz. 50; *Zöllner* in KölnKomm. AktG, § 245 Rz. 77; *Hüffer* in MünchKomm. AktG, § 245 Rz. 51; *Teichmann*, JuS 1990, 269, 271.

139 *Baums*, DJT 2000, S. F 150; *Diekgräf*, Sonderzahlungen an opponierende Kleinaktionäre im Rahmen von Anfechtungs- und Spruchstellenverfahren, S. 34 f.; *Diekgräf*, WM 1991, 613, 617 f.; *Hirte*, BB 1988, 1469, 1472; *Teichmann*, WuB II A. § 245 AktG 1.88.

140 *Diekgräf*, WM 1991, 613, 618; *Teichmann*, JuS 1990, 269, 270.

141 *Diekgräf*, WM 1991, 613, 617 f.; *K. Schmidt* in Großkomm. AktG, § 245 Rz. 50; *Heuer*, WM 1989, 1401, 1403; *Hüffer* in MünchKomm. AktG, § 245 Rz. 51; insoweit zustimmend *Bokelmann*, BB 1972, 733, 735.

142 BVerfG v. 21.11.1989 – 1 BvR 137/89, WM 1990, 755, 757.

143 EuGH v. 12.3.1996 – Rs. C-441/93, ZIP 1996, 1543, 1548.

b) Rechtlicher Anknüpfungspunkt

Der BGH hat sich nicht zu der Frage geäußert, auf welche Rechtsgrundlage er die Ab- 38
weisung missbräuchlicher Klagen stützt[144]. Im Schrifttum wird insoweit § 242 BGB
ins Feld geführt: Die Anfechtungsklage sei wegen Verstoßes gegen Treu und Glauben
abzuweisen[145]. Zugleich wird die missbräuchlich erhobene Anfechtungsklage als eine Verletzung der **Treupflicht** des Minderheitsaktionärs eingeordnet[146]. Teilweise
werden beide Gesichtspunkte nebeneinander vorgetragen[147]. Vereinzelt erblickt man
in der Anwendung der Missbrauchsschranke ein **Spiegelbild des § 243 Abs. 2**: Der Ertrag der Anfechtungsklage komme potentiell allen Aktionären zugute. Erstrebe der
Kläger jedoch in Wahrheit einen rein persönlichen Vorteil, so sei sein Verhalten
rechtlich nicht anders zu bewerten als das Verhalten des Mehrheitsaktionärs, der mit
Hilfe seiner Mehrheit Sondervorteile zu eigenen Gunsten durchsetze. Was dem
Mehrheitsaktionär verwehrt sei, dürfe auch dem Minderheitsaktionär nicht gestattet
werden. Eine mit solch eigensüchtiger Motivation erhobene Klage sei mithin rechtsmissbräuchlich[148].

c) Voraussetzungen des Rechtsmissbrauchs

Das RG bejahte einen Missbrauch der Anfechtungsklage, wenn der Aktionär diese 39
Klage dazu benutze, ohne jedes sachliche, gesellschaftliche Interesse der Gesellschaft
selbstsüchtig erpresserisch seinen Willen aufzuzwingen, um eigene Vorteile zu erlangen[149]. Heute gehen die Gerichte von einer missbräuchlichen Klage aus, wenn der
Aktionär diese in der **Absicht** erhebe, von der Gesellschaft eine **Leistung zu erlangen**,
auf die er **keinen Anspruch** habe und billigerweise auch nicht erheben könne, und damit rechne, die Gesellschaft werde gleichwohl leisten, um die aus der Erhebung einer
Anfechtungsklage eintretenden Nachteile gering zu halten oder auszuschalten[150].
Dies werde nicht dadurch ausgeschlossen, dass der Kläger in gutem Glauben an sein
Recht sei[151]. Die Missbrauchsabsicht muss nicht bereits bei Klageerhebung vorliegen, sondern kann vom Kläger auch während des Anfechtungsprozesses gebildet werden[152].

---

144 In BGH v. 22.5.1989 – II ZR 206/88, BGHZ 107, 296 = AG 1989, 399 findet sich hierzu keine
    Aussage; vgl. auch *Heuer*, WM 1989, 1401, 1403.
145 *Boujong* in FS Kellermann, S. 1, 5; *Henn*, Aktienrecht, § 27 Rz. 919, S. 471; *Semler* in
    MünchHdb. AG, § 41 Rz. 65; *Teichmann*, JuS 1990, 269, 270; *Wardenbach*, ZGR 1992, 563,
    578.
146 *K. Schmidt* in Großkomm. AktG, § 245 Rz. 52; *Henze*, BB 1996, 489, 494; *Hüffer* in Münch-
    Komm. AktG, § 245 Rz. 52; anders ausdrücklich BGH v. 22.5.1989 – II ZR 206/88, BGHZ
    107, 296, 311 = AG 1989, 399: Eines Rückgriffs auf die Treuepflicht bedürfe es nicht.
147 BVerfG v. 21.11.1989 – 1 BvR 137/89, WM 1990, 755, 757.
148 *Hirte*, BB 1988, 1469, 1473.
149 RGZ 146, 385, 395 f.
150 BGH v. 22.5.1989 – II ZR 206/88, BGHZ 107, 296, 311 = AG 1989, 399; BGH v. 18.12.1989 –
    II ZR 254/88, WM 1990, 140, 144 = AG 1990, 259; BGH v. 29.10.1990 – II ZR 146/89, AG
    1991, 102, 104; BGH v. 14.10.1991 – II ZR 249/90, NJW 1992, 569, 570 = AG 1992, 86; OLG
    Düsseldorf v. 9.12.1993 – 6 U 2/93, WM 1994, 337, 339 = AG 1994, 228; OLG Frankfurt v.
    22.12.1995 – 5 W 42, 43/95, AG 1996, 135; OLG Köln v. 21.9.1988 – 24 U 244/87, WM 1988,
    1792, 1795; OLG Karlsruhe v. 7.2.1992 – 15 U 305/90, AG 1992, 273; OLG Stuttgart v.
    10.1.2001 – 20 U 91/99, NJW-RR 2001, 970 = AG 2001, 315; OLG Stuttgart v. 13.3.1002 – 20
    W 32/01, AG 2003, 456, 457.
151 *Zöllner* in KölnKomm. AktG, § 245 Rz. 79.
152 BGH v. 4.7.1991 – II ZR 249/90, WM 1991, 2061, 2062 f.; OLG Frankfurt v. 6.11.1990 – 5 U
    191/84, AG 1991, 206, 207; *Diekgräf*, WuB II A. § 243 AktG 3.91; *Schick*, EWiR 1991, 7 f.;
    Westermann, WuB II A. § 243 AktG 1.91.

d) Kriterien des Rechtsmissbrauchs

40 Eine tatbestandliche Verfestigung der missbräuchlichen Anfechtungsklage ist schon wegen der Vielzahl denkbarer Motive räuberischer Aktionäre nicht möglich. Allenfalls kann eine **Typenbildung** geleistet werden[153]. Missbräuchlich ist die Erhebung der Anfechtungsklage etwa dann, wenn sie allein mit dem Ziel erhoben wird, die Wahl des Klägers in Vorstand oder Aufsichtsrat zu erzwingen[154], die Aktien des Mehrheitsaktionärs an sich zu bringen[155], abweichend von einem rechtmäßigen Dividendenbeschluss eine höhere Ausschüttung zu erzwingen[156] oder die Klage gegen Geldzahlung (ggf. aus einem erdachten Rechtsgrund, z.B. Beraterhonorar[157] oder Rückkauf der klägerischen Aktien zu einem überhöhten Preis[158]) zurückzunehmen[159]. Sind allerdings *auch* gesellschaftstreue Motive für die Klage leitend, rechtfertigt allein die daneben verfolgte Absicht, Sondervorteile zu erlangen, nicht die Abweisung der Klage als missbräuchlich[160].

e) Feststellung des Rechtsmissbrauchs

41 Räuberische Aktionäre legen ihre Motive – was kaum verwundern kann – nicht offen. Daher ziehen die Gerichte **Indizien** heran. Ein häufig verwendetes Indiz ist das Verhalten des Klägers in **anderen Verfahren**: Ist er bereits dort durch Verfolgung gesellschaftsfremder Sondervorteile aufgefallen, spricht dies dafür, dass er auch aktuell mit einer solchen Motivation handelt[161]. Dies um so mehr, wenn der Kläger selbst in Verhandlungen mit der Gesellschaft auf „Erfahrungen" aus anderen Verfahren hinweist, in denen es immer um bestimmte Summen gegangen sei[162]. Allerdings reicht allein die Tatsache, dass der Kläger in früheren Verfahren Abfindungszahlungen gefordert und erhalten hat, für sich gesehen noch nicht aus, um die Klage wegen Missbrauchs abzuweisen[163]. Die Indizwirkung von Erpressungsversuchen in anderen Verfahren entfällt, wenn die letzten nachgewiesenen Missbrauchsfälle mehrere Jahre zurückliegen[164]: Einen Rechtssatz „einmal Räuber – immer Räuber" gibt es nicht[165].

---

153 *Boujong* in FS Kellermann, S. 1, 7; *Hüffer*, § 245 Rz. 23 f.; *Hüffer* in MünchKomm. AktG, § 245 Rz. 53.
154 RGZ 146, 385, 395.
155 RGZ 146, 385, 395.
156 RGZ 146, 385, 395.
157 BGH v. 14.10.1991 –II ZR 249/90, NJW 1992, 569, 571 = AG 1992, 86.
158 BGH v. 18.12.1989 – II ZR 254/88, WM 1990, 140, 144 = AG 1990, 259.
159 BGH v. 22.5.1989 – II ZR 206/88, BGHZ 107, 296, 312 ff. = AG 1989, 399.
160 RGZ 167, 151, 161 f.
161 BGH v. 22.5.1989 – II ZR 206/88, BGHZ 107, 296, 312 f. = AG 1989, 399; BGH v. 29.10.1990 – II ZR 146/89, AG 1991, 102, 104; OLG Karlsruhe v. 11.6.1991 – 8 U 192/90, WM 1991, 1755, 1758; OLG Karlsruhe v. 9.8.1991 – 15 U 127/90, ZIP 1991, 1145 = AG 1992, 31; OLG Karlsruhe v. 7.2.1992 – 15 U 305/90, AG 1992, 273; OLG Stuttgart v. 13.3.1002 – 20 W 32/01, AG 2003, 456, 457; LG Landshut v. 24.1.1990 – HKO 1170/89, WM 1990, 931, 934 = AG 1991, 71; *Diekgräf*, Sonderzahlungen an opponierende Kleinaktionäre im Anfechtungs- und Spruchstellenverfahren, S. 66; *Kremer*, WuB II A. § 243 AktG 1.92; *Timm*, EWiR 1988, 1049, 1050; *Werner*, WuB II A. § 340a AktG 3.89; zurückhaltend *Wardenbach*, ZGR 1992, 563, 569 ff.
162 OLG Köln v. 21.9.1988 – 24 U 244/87, ZIP 1988, 1391, 1394 = AG 1989, 101.
163 OLG München v. 14.6.1991 – 23 U 4638/90, AG 1991, 358. Ebenso OLG Stuttgart v. 13.3.1002 – 20 W 32/01, AG 2003, 456, 457: In der Regel lediglich ergänzendes Indiz; so auch *Heckschen*, BB 1990, 671, 673.
164 BGH v. 15.6.1992 – II ZR 173/91, AG 1992, 448, 449; OLG München v. 13.9.2006 – 7 U 2912/06, AG 2007, 335, 339; ähnlich LG Hof v. 29.10.1992 – 13 O 393/91, WM 1992, 2057, 2062 f.
165 Zutreffend OLG München v. 13.9.2006 – 7 U 2912/06, AG 2007, 335, 339; OLG Stuttgart v. 13.3.1002 – 20 W 32/01, AG 2003, 456, 457; *Drygala*, EWiR 1992, 1041, 1042; *Lutter*, WuB II A. § 221 AktG 1.91; *Wardenbach*, ZGR 1992, 563, 569.

Die Indizwirkung des Verhaltens in anderen Verfahren ist ferner erschüttert, wenn der Kläger *auch* Fälle nachweisen kann, in denen er Hauptversammlungsbeschlüsse in redlicher Verfolgung des jeweiligen Gesellschaftsinteresses angefochten hat[166].

Missbrauch ist indiziert, wenn der **Kläger von sich aus Kontakt** mit maßgeblichen Vertretern der Gesellschaft aufzunehmen sucht, um über die finanzielle Abgeltung seiner Klage zu verhandeln[167]. Für Missbrauch sprechen ferner Versuche des Klägers, dem geforderten Entgelt für die Rücknahme der Klage dadurch den Anschein der Seriosität zu verleihen, dass er der Gesellschaft den Abschluss eines Rechtsberatungsvertrags mit überhöhtem Honorar vorschlägt[168]; wenn er sich planmäßig mit anderen, ihrerseits erpresserische Ziele verfolgenden Klägern abstimmt[169]; wenn es sich bei der Klägerin um eine kapitalschwache GmbH handelt, hinter der ein gerichtsbekannter Berufsopponent steht und die nur begrenzt am Handelsverkehr teilnimmt, aber ungeachtet des damit verbundenen beträchtlichen Kostenrisikos in erstaunlich großem Umfang Anfechtungsklagen erhebt[170]; wenn der Kläger die Aktie zu einem überteuerten Preis kauft, sich in der Hauptversammlung anwaltlich vertreten lässt und so zu erkennen gibt, dass es ihm in erster Linie darum geht, Rechtsverfolgungskosten zu erzeugen und abzurechnen[171]; wenn der Kläger auf einen Hinweis des Gerichts, die Gesellschaft könne auf einer neuen Hauptversammlung die Beschlussfassung unter Vermeidung der gerügten Formfehler wiederholen, mit einem Befangenheitsantrag reagiert[172] oder sich generell gegen Verhandlungen mit der Gesellschaft über die Fehlerbeseitigung sperrt[173]. Der Erwerb der Aktien kurz vor der fraglichen Hauptversammlung kann ebenfalls als Indiz für eine missbräuchliche Klage Bedeutung erlangen[174], namentlich wenn der Erwerb erst nach Bekanntmachung der Tagesordnung erfolgt[175]. Die **kurze Vorbesitzzeit** reicht freilich nicht allein für die Annahme von Missbrauch aus[176], sondern kann eher andere vorhandene Indizien verstärken. Selbst diese Wirkung der kurzen Vorbesitzzeit entfällt, wenn der Kläger mehrere Anfechtungsverfahren geführt, dabei aber nur in der Minderzahl der Fälle die Aktien erst kurz vor der Hauptversammlung erworben hat[177]. 42

Nicht bloß indiziert, sondern **nachgewiesen** ist die missbräuchliche Motivation des Klägers, wenn er der Gesellschaft im Zeitpunkt der Beschlussfassung nicht angehörte, sondern einen anderen Aktionär dazu bewogen hat, eine erpresserische Klage zu erheben, und eine eigene Splitterbeteiligung erst erwirbt, als jener Aktionär seine Be- 43

---

166 LG Frankenthal v. 5.10.1989 – 2 HKO 80/89, WM 1989, 1854, 1860 = AG 1990, 549.
167 BGH v. 25.9.1989 – II ZR 254/88, NJW 1990, 322; OLG Köln v. 21.9.1988 – 24 U 244/87, ZIP 1988, 1391, 1394; *Bayer*, WuB II A. § 340a AktG 1.89; *Lutter* in FS 40 Jahre Der Betrieb, S. 193, 209; *Wardenbach*, ZGR 1992, 563, 566.
168 BGH v. 14.10.1991 – II ZR 249/90, NJW 1992, 569, 571 = AG 1992, 86.
169 OLG Karlsruhe v. 7.2.1992 – 15 U 305/90, AG 1992, 273.
170 OLG Karlsruhe v. 9.8.1991 – 15 U 127/90, ZIP 1991, 1145, 146 = AG 1992, 31; für die Annahme von Missbrauch in diesem Fall auch *Marsch-Barner*, WuB II A. § 183 AktG 3.91; dagegen aber *Wardenbach*, ZGR 1992, 563, 571.
171 LG Bonn v. 10.6.2003 – 11 O 35/03, unveröffentlicht.
172 OLG Stuttgart v. 10.1.2001 – 20 U 91/99, NJW-RR 2001, 970, 972 = AG 2001, 315.
173 *Wardenbach*, ZGR 1992, 563, 567 f.
174 BGH v. 18.12.1989 – II ZR 254/88, WM 1990, 140, 144 = AG 1990, 259; LG Bonn v. 10.6.2003 – 11 O 35/03, unveröffentlicht; LG Frankenthal v. 5.10.1989 – 2 HKO 80/89, WM 1989, 1854, 1860 = AG 1990, 549; *Kremer*, WuB II A. § 243 AktG 1.92.
175 OLG Karlsruhe v. 11.6.1991 – 8 U 192/90, WM 1991, 1755, 1758; ähnlich OLG Düsseldorf v. 9.12.1993 – 6 U 2/93, WM 1994, 337, 340 f. = AG 1994, 228.
176 So auch *Butzke*, WuB II A. § 361 AktG 1.94; *Wardenbach*, ZGR 1992, 563, 569; anders *Drygala*, EWiR 1992, 1041, 1042: Kein Rechtsschutzbedürfnis, wenn Aktionär von vornherein gefährdete Rechtsstellung erwirbt.
177 LG Hof v. 29.10.1992 – 13 O 393/91, WM 1992, 2057, 2062 f.

teilung an diesem Vorhaben aufgekündigt[178]. Ebenso wird die Anfechtungsklage missbräuchlich und damit funktionswidrig eingesetzt, wenn der Kläger außerhalb des Anfechtungsverfahrens noch persönliche Ansprüche gegen die Gesellschaft verfolgt und mit Hilfe der Anfechtungsklage ein Einlenken der Gesellschaft im Streit über jene Ansprüche erzwingen will[179]. Wird der ursprünglich angefochtene Beschluss auf einer neuerlichen Hauptversammlung aufgehoben und erklärt der Kläger daraufhin die Hauptsache für erledigt, so verhält er sich widersprüchlich, wenn er nunmehr den Aufhebungsbeschluss anficht[180].

44   Missbrauch ist ferner indiziert, wenn zwar die **Initiative** für Verhandlungen über die Klagerücknahme gegen Zahlung eines Abfindungsbetrages von der **Gesellschaft** ausgeht, der Kläger aber in der Erwartung geklagt hat, die Gesellschaft werde unter dem Druck der Klage ein Abfindungsangebot zu unangemessenen Konditionen unterbreiten[181]. Wenn der Kläger sich auf ein solches Angebot ohne Umschweife einlässt und konkrete Vorstellungen über dessen Höhe und rechtstechnische Einkleidung äußert, spricht dies für die Annahme, dass die Anfechtungsklage von vornherein mit dem Ziel erhoben wurde, die Gesellschaft zu erpressen[182]. Der Abschluss eines (egal von wem angestoßenen) Vergleichs, wonach sich der Kläger gegen Zahlung eines Betrags, der die eigenen Auslagen deutlich übersteigt, zur Rücknahme der Klage bereiterklärt, zeigt, dass dem Kläger am Erfolg der Klage nicht gelegen ist[183]. Allerdings soll nicht jede Bereitschaft des Klägers, auf Initiative der Gesellschaft gegen Entgelt auf die Weiterverfolgung der Klage zu verzichten, die Annahme rechtfertigen, der Kläger habe es hierauf angelegt. Denn andernfalls könne die Gesellschaft selbst den redlichen Kläger durch Vortäuschung ernsthafter Verhandlungsbereitschaft in die Falle locken. Versuche sie dies, so könne sie dem Kläger nicht entgegenhalten, er habe die Klage zu erpresserischen Zwecken erhoben[184]. Gegen die Annahme von Missbrauch spricht es, wenn frühere vom Kläger erhobene Anfechtungsklagen zu Vergleichen geführt haben, die *allen* Aktionären zugute gekommen sind[185]. In keinem Fall ist die Annahme von Missbrauch gerechtfertigt, wenn der Kläger Verhandlungsangebote der Gesellschaft zurückweist[186].

45   **Abzulehnen** ist die Auffassung[187], wonach bereits das **hohe Kostenrisiko im Vergleich zum eigenen wirtschaftlichen Vorteil** des Klägers im Falle des Klageerfolgs Missbrauch indizieren soll[188]: Indem § 243 Abs. 1 den Kläger von der Notwendigkeit dispensiert, eine eigene Rechtsverletzung darzulegen, will das Gesetz den Aktionär ermuntern, fehlerhafte Beschlüsse im Interesse einer effektiven Legalitätskontrolle auch ohne Rücksicht auf seinen eigenen Vorteil zur gerichtlichen Prüfung zu stellen. Wenn der Kläger dies dann tatsächlich tut, darf es nicht gegen ihn verwendet werden. Aus dem gleichen Grund geht es nicht an, die Missbrauchsabsicht des Klägers ganz

---

178 OLG Stuttgart v. 10.1.2001 – 20 U 91/99, NJW-RR 2001, 970, 972 = AG 2001, 315.
179 OLG Frankfurt v. 22.12.1995 – 5 W 42, 43/95, NJW-RR 1996, 417, 418 = AG 1996, 135.
180 LG Bonn v. 2.5.2002 – 14 O 160/00, unveröffentlicht.
181 BGH v. 29.10.1990 – II ZR 146/89, WM 1990, 2073, 2076 = AG 1991, 102.
182 BGH v. 18.12.1989 – II ZR 254/88, WM 1990, 140, 144 = AG 1990, 259; zustimmend *Heckschen*, BB 1990, 671, 673; *Timm*, EWiR 1990, 321 f.; anders noch OLG Köln v. 21.9.1988 – 24 U 244/87, ZIP 1988, 1391, 1395.
183 OLG Frankfurt v. 19.2.1991 – 5 U 5/86, AG 1991, 208, 209.
184 OLG Frankfurt v. 6.11.1990 – 5 U 191/84, AG 1991, 206, 207; *Diekgräf*, WM 1991, 613, 620. Im Ergebnis ebenso *Bayer*, WuB II A. § 340a AktG 1.89.
185 OLG Karlsruhe v. 9.8.1991 – 15 U 127/90, ZIP 1991, 1145 = AG 1992, 31.
186 BGH v. 5.4.1993 – II ZR 238/91, BGHZ 122, 211, 215 f. = AG 1993, 422; LG Landshut v. 24.1.1990 – HKO 1170/89, WM 1990, 931, 934.
187 OLG Düsseldorf v. 9.12.1993 – 6 U 2/93, WM 1994, 337, 341 = AG 1994, 228; OLG Karlsruhe v. 11.6.1991 – 8 U 192/90, WM 1991, 1755, 1758.
188 Wie hier OLG München v. 14.6.1991 – 23 U 4638/90, AG 1991, 358; *Diekgräf*, WuB II A. § 243 AktG 3.91; *Wardenbach*, ZGR 1992, 563, 571.

allgemein aus seinem geringen Aktienbesitz[189] oder aus dem Umstand herzuleiten, dass er sich bei mehreren Beschlüssen, die aus vergleichbaren Gründen potentiell fehlerhaft sind, nicht mit der Anfechtung eines dieser Beschlüsse begnügt, um die streitige Rechtsfrage einer Klärung zuzuführen, sondern alle betroffenen Beschlüsse anficht[190]: Die Kontrollfunktion der Anfechtungsklage gebietet die Kassation eines jeden fehlerhaften Beschlusses.

f) Rechtsfolge des Missbrauchs

Nach Ansicht des BGH führt der Missbrauch der Anfechtungsklage zum Verlust des materiellen Anfechtungsrechts und damit zur Abweisung als **unbegründet**[191]. Bereits unzulässig soll die Klage sein, wenn der Aktionär mit der beklagten Gesellschaft vereinbart, die Klage gegen Geldzahlung zurückzunehmen, das Geld empfängt und behalten will, aber die Klage dennoch nicht zurücknimmt[192]. Die **Beweislast** für das Vorliegen eines Missbrauchs trifft die Gesellschaft[193].   46

3. Kritik im Schrifttum

Die von der Rechtsprechung aufgestellten Grundsätze führen im Ergebnis dazu, dass die Anfechtungsklage ohne Sachprüfung **allein wegen der Motivation des Klägers abgewiesen** wird. Dagegen richten sich die **Bedenken** im Schrifttum: Die Anknüpfung des Missbrauchsvorwurfs allein an die Gesinnung des Klägers lasse sich mit der Privatrechtsordnung nicht vereinbaren[194]. Dies gelte namentlich für die Beschlussanfechtung; denn diese sei nicht an ein Eigeninteresse des Klägers geknüpft, sondern trage den Charakter eines objektiven Rechtsbeanstandungsverfahrens[195]. Die Anfechtungsklage sei ohne Rücksicht auf die subjektive Zielsetzung des Klägers in jedem Fall objektiv geeignet, die ihr zugedachte Funktion der Legalitätskontrolle von Hauptversammlungsbeschlüssen zu erfüllen[196]. Da an jener Kontrolle auch ein öffentliches Interesse bestehe, lasse sich die Klage nicht allein wegen der unredlichen Absichten des Klägers abweisen[197]. Wer die Kontrolle initiiere, müsse für die Entscheidung über die Anfechtungsklage gleichgültig sein[198]. Verneine man das Anfechtungsrecht aus subjektiven Gründen, so würde nicht nur das „Unkraut des Klagemissbrauchs, sondern zugleich der Rosengarten der Rechtmäßigkeitskontrolle" zer-   47

---

189 So aber *Marsch-Barner*, WuB II A. § 243 AktG 2.91; wie hier *Zöllner* in KölnKomm. AktG, § 245 Rz. 81.

190 So aber OLG Karlsruhe v. 11.6.1991 – 8 U 192/90, WM 1991, 1755, 1758; dagegen wie hier LG Frankfurt v. 4.7.1990 – 3/7 O 137/89, WM 1990, 1745, 1746 = AG 1990, 551; *Diekgräf*, WuB II A. § 243 AktG 3.91.

191 BGH v. 18.12.1989 – II ZR 254/88, ZIP 1990, 168, 172 = AG 1990, 259; BGH v. 15.6.1992 – II ZR 173/91, AG 1992, 448, 449; ebenso *Diekgräf*, Sonderzahlungen an opponierende Kleinaktionäre im Anfechtungs- und Spruchstellenverfahren, S. 37 f.; *Diekgräf*, WuB II A. § 243 AktG 5.92; *Bayer*, WM 1989, 121, 125; *Hirte*, BB 1988, 1469, 1474; *Hüffer* in MünchKomm. AktG, § 245 Rz. 58; *Stützle/Groß*, WuB II A. § 293 AktG 1.92; *Werner*, WuB II A. § 243 AktG 3.92.

192 OLG Frankfurt v. 31.3.1992 – 5 U 265/86, AG 1992, 272, 273. Für Abweisung als *unbegründet* auch in diesem Fall *Drygala*, EWiR 1992, 1041, 1042; *Werner*, WuB II A. § 243 AktG 3.92.

193 Allgemeine Meinung; vgl. nur *Bayer*, WuB II A. § 243 AktG 2.92; *Stützle/Groß*, WuB II A. § 293 AktG 1.92; *Werner*, WuB II A. § 340a AktG 3.89.

194 *Slabschi*, Die sogenannte rechtsmissbräuchliche Anfechtungsklage, S. 123 ff. Ablehnend hierzu *Hellwig*, ZHR 162 (1998), 528, 531.

195 *Radu*, ZIP 1992, 303, 310.

196 *Bokelmann*, BB 1972, 733, 737; *Mestmäcker*, Verwaltung, Konzerngewalt und Rechte der Aktionäre, S. 14; *Mestmäcker*, BB 1961, 945, 951 f.; *Radu*, ZIP 1992, 303, 307.

197 *Bokelmann*, BB 1972, 733, 735; *Mestmäcker*, BB 1961, 945, 952; *Radu*, ZIP 1992, 303, 307.

198 *Bokelmann*, BB 1972, 733, 737.

stört[199]. Allein die Drucksituation, der sich der Vorstand der beklagten Gesellschaft ausgesetzt sehe, rechtfertige die Klagabweisung nicht; denn den gleichen Druck übe auch auf die mit redlicher Gesinnung erhobene Klage aus[200]. *Wenn* der angefochtene Beschluss tatsächlich rechtswidrig sei, habe die Gesellschaft kein schutzwürdiges Interesse an der Durchführung der durch die Klage blockierten Maßnahme[201]. Eine lautere Verwaltung brauche erpresserische Klagen nicht zu fürchten[202]. Selbst wenn die Klage zu erpresserischen Zwecken benutzt werde, ergebe sich das Unwerturteil erst aus der Zweck-Mittel-Relation. Das an sich zulässige Mittel (die begründete Anfechtungsklage) werde dadurch nicht unzulässig[203]. Missbraucht werden könne nicht das Klagerecht selbst, sondern allein die Dispositionsbefugnis über die Klage. Der Missbrauch liege nicht in der Erhebung oder Aufrechterhaltung der Klage, sondern in der Bereitschaft, diese gegen Entgelt zurückzunehmen. Diese Befugnis könne *de lege lata* jedoch nicht beschnitten werden[204]. Im Übrigen fördere die Rechtsprechung die Neigung beklagter Gesellschaften, das Verhalten auch redlicher Kläger als missbräuchlich zu diskreditieren. Der Anfechtungskläger werde damit entgegen der Intention des Gesetzes in eine Rechtfertigungshaltung gedrängt[205].

4. Stellungnahme

48   Die Rechtsprechung des **BGH** verdient im Grundsatz **Zustimmung**. Die bekannt gewordenen Missbrauchsfälle sind durch zwei Eigenheiten gekennzeichnet: *Erstens* waren die jeweiligen Kläger mit den Beschlüssen an sich vollauf *einverstanden*. Ihnen lag in keiner Weise daran, dass gegen die Gesellschaft ein Anfechtungsurteil erging; denn ein solches Urteil hätte ihnen nach § 91 ZPO einen Anspruch auf Kostenersatz, niemals aber die gewünschten Sondervorteile vermittelt. *Zweitens* – und damit zusammenhängend – wären die Klagen *niemals erhoben worden*, wenn nicht die Chance bestanden hätte, die Zwangslage der Gesellschaft zu Erpressungszwecken zu nutzen. Dann aber erscheint es folgerichtig, den missbräuchlichen Kläger so zu behandeln, als hätte er die Klage niemals erhoben, und folglich die Klage ohne Sachprüfung abzuweisen. Daraus folgt freilich, dass die missbräuchliche Klage nicht erst unbegründet, sondern *immer* schon **unzulässig** ist[206]. Dies steht im Einklang mit der oben Rz. 2 vertretenen These, dass die Anfechtungsbefugnis Sachurteilsvoraussetzung ist: Eben diese Befugnis erlischt, wenn sie missbräuchlich ausgeübt wird.

49   Freilich ist für die Annahme von Missbrauch bereits im Ansatz **nicht entscheidend**, von wem die **Initiative** für Abkaufverhandlungen ausgeht[207]. Das Argument, die Gesellschaft dürfe den Kläger nicht mit fingierter Verhandlungsbereitschaft in die Falle locken, verfängt nicht: Der Kläger, der unter der Fahne der Legalität eine gerichtliche Kontrolle des Beschlusses anstößt, darf sich ebenso wenig korrumpieren lassen, wie dies einem (sonst zu installierenden) Aktienamt gestattet wäre. Wer sich für einen unangemessen hohen Preis die Klage abkaufen lässt, hat seine Glaubwürdigkeit als

---

199 *Radu*, ZIP 1992, 303, 310.
200 *Radu*, ZIP 1992, 303, 312.
201 *Bokelmann*, BB 1972, 733, 735; *Bokelmann*, DB 1994, 1341, 1348.
202 *Mestmäcker*, BB 1961, 945, 952.
203 *Bokelmann*, BB 1972, 733, 737.
204 *Guntz*, Treubindungen von Minderheitsaktionären, S. 310, 314 ff.; *Radu*, ZIP 1992, 303, 310.
205 *Guntz*, Treubindungen von Minderheitsaktionären, S. 310.
206 Im Ergebnis wie hier OLG Karlsruhe v. 11.6.1991 – 8 U 192/90, WM 1991, 1755, 1757; LG Frankfurt v. 4.7.1990 – 3/7 O 137/89, WM 1990, 1745, 1746; LG Landshut v. 24.1.1990 – HKO 1170/89, WM 1990, 931, 933; *K. Schmidt* in Großkomm. AktG, § 245 Rz. 75; *Heuer*, WM 1989, 1401, 1402; *Teichmann*, JuS 1990, 269, 271; *Teichmann*, WuB II A. § 243 AktG 1.88.
207 Wie hier *Günther*, EWiR 1990, 121, 122.

Hüter des Rechts verloren. Der Aktionär darf sich die Klage nur abkaufen lassen, wenn er auf der Beseitigung des Beschlussmangels besteht und eine Summe verlangt, die seine Telefon-, Porto- und Reisekosten sowie seinen Zeitaufwand angemessen abgilt; 10.000 Euro sind die Obergrenze. Solange der Kläger sich im Rahmen dieser Zielsetzung bewegt, ist seine Klage nicht missbräuchlich[208]. Selbst wenn der Kläger diesen Rahmen einhält, liegt Missbrauch vor, wenn er, vergleichbar den Abmahnvereinen im Wettbewerbsrecht, die Bekämpfung rechtswidriger Beschlüsse nur betreibt, um Anwaltsgebühren zu generieren[209]. Wenn der Kläger „berufsmäßig" Klagen erhebt, spricht dies für Missbrauch, selbst wenn keine Erpressungsversuche aus früheren Verfahren nachgewiesen werden können[210]. Indes bleibt zweifelhaft, inwieweit sich eine solche Absicht in der Praxis nachweisen lässt[211], wenn der Kläger das Ergebnis, rechtswidrige Beschlüsse aus der Welt zu schaffen, tatsächlich erreicht.

§ 246
Anfechtungsklage

(1) Die Klage muss innerhalb eines Monats nach der Beschlussfassung erhoben werden.

(2) Die Klage ist gegen die Gesellschaft zu richten. Die Gesellschaft wird durch Vorstand und Aufsichtsrat vertreten. Klagt der Vorstand oder ein Vorstandsmitglied, wird die Gesellschaft durch den Aufsichtsrat, klagt ein Aufsichtsratsmitglied, wird sie durch den Vorstand vertreten.

(3) Zuständig für die Klage ist ausschließlich das Landgericht, in dessen Bezirk die Gesellschaft ihren Sitz hat. Ist bei dem Landgericht eine Kammer für Handelssachen gebildet, so entscheidet diese an Stelle der Zivilkammer. § 142 Abs. 5 Satz 5 und 6 gilt entsprechend. Die mündliche Verhandlung findet nicht vor Ablauf der Monatsfrist des Absatzes 1 statt. Mehrere Anfechtungsprozesse sind zur gleichzeitigen Verhandlung und Entscheidung zu verbinden.

(4) Der Vorstand hat die Erhebung der Klage und den Termin zur mündlichen Verhandlung unverzüglich in den Gesellschaftsblättern bekanntzumachen. Ein Aktionär kann sich als Nebenintervenient nur innerhalb eines Monats nach der Bekanntmachung an der Klage beteiligen.

I. Streitgegenstand der Anfechtungsklage 1	1. Dogmatische Einordnung 4
1. Meinungsstand 1	a) Prozessuale Frist 4
2. Stellungnahme 2	b) Folgerungen 5
3. Praktische Konsequenzen 3	2. Fristberechnung 6
II. Klagefrist (§ 246 Abs. 1) 4	3. Fristwahrung 7
	a) Zustellung der Klageschrift 7
	b) Unzuständiges Gericht 8

---

208 Im Einzelnen *Hommelhoff/Timm*, AG 1989, 168, 169 f.
209 Andeutungen in diesem Sinne bei *Diekgräf*, WuB II A. § 243 AktG 3.91; *Stützle/Groß*, WuB II A. § 293 AktG 1.92.
210 Zutreffend OLG Stuttgart v. 10.1.2001 – 20 U 91/99, NJW-RR 2001, 970, 972 = AG 2001, 315; der Kläger in diesem Verfahren hatte in den Jahren 1980 bis 1988 mindestens 10 % aller bundesweit erhobenen Anfechtungsklagen geführt.
211 Skeptisch auch *Henssler*, EWiR 1993, 741, 742.

c) Keine Wiedereinsetzung	9
d) Fristwahrung durch bedürftige Partei	10
e) Kein Nachschieben von Anfechtungsgründen nach Fristablauf . . .	11
4. Zwingendes Recht	12
III. Klagegegner (§ 246 Abs. 2 Satz 1) . . .	13
1. Teleologischer Hintergrund	13
2. Liquidation	14
3. Insolvenz	15
IV. Vertretung der Gesellschaft	16
1. Bei Klage eines Aktionärs (§ 246 Abs. 2 Satz 2)	16
2. Bei Klage von Vorstand oder Verwaltungsmitgliedern (§ 246 Abs. 2 Satz 3)	19
3. Verteidigungspflicht der Vertretungsorgane	20
V. Zuständigkeit (§ 246 Abs. 3 Satz 1–3)	21
VI. Erster Termin (§ 246 Abs. 3 Satz 4) . .	22
VII. Verbindungszwang (§ 246 Abs. 3 Satz 5)	23
1. Reichweite	23
2. Normzweck	24
VIII. Rechtliches Gehör der übrigen Aktionäre	25
1. Bekanntmachungspflicht (§ 246 Abs. 4 Satz 1)	25
2. Streitgenössische Nebenintervention (§ 246 Abs. 4 Satz 2)	26
a) Interventionsbefugnis des Aktionärs	26
b) Rechtsstellung des intervenierenden Aktionärs	27
c) Folgen der Gehörsverweigerung . .	28
IX. Die positive Beschlussfeststellungsklage	29
1. Grundidee	29
2. Anwendungsbereich	30
a) Zählfehler	30
b) Treuwidrige Ablehnung des Beschlussantrags	31
3. Verfahren	32
X. Schiedsfähigkeit von Beschlussmängelstreitigkeiten	33
1. Keine prinzipielle Ausschließlichkeit des staatlichen Rechtswegs	33
2. Vergleichsfähigkeit	34
3. Rechtliches Gehör	35
4. Das Problem der Rechtskrafterstreckung	36
5. Rechtsgestaltung	37

Literatur: Vgl. zunächst bei § 241, außerdem/insbesondere: *Arens*, Streitgegenstand und Rechtskraft im aktienrechtlichen Anfechtungsverfahren, 1960; *Austmann*, Rechtsfragen der Nebenintervention im aktienrechtlichen Anfechtungsprozess, ZHR 158 (1994), 495; *Bayer*, Schiedsfähigkeit von GmbH-Streitigkeiten, ZIP 2003, 881; *Bender*, Schiedsklagen gegen Gesellschafterbeschlüsse im Recht der Kapitalgesellschaften nach der Neuregelung des Schiedsverfahrensrechts, DB 1998, 1900; *Berger*, GmbH-rechtliche Beschlussmängelstreitigkeiten vor Schiedsgerichten, ZHR 164 (2000), 295; *Bork*, Der Begriff der objektiven Schiedsfähigkeit (§ 1025 Abs. 1 ZPO), ZZP 100 (1987), 249; *Bork*, Zur Schiedsfähigkeit von Beschlussmängelstreitigkeiten, ZHR 160 (1996), 374; *Bredow*, Die Zukunft der Schiedsklausel für GmbH-Beschlussmängelklagen, DStR 1996, 1653; *Brückner*, Das Verhalten der Streitgenossen im Prozess, 1972; *Bub*, Zum Streitgegenstand der Nichtigkeitsklage und der Anfechtungsklage im Aktienrecht, AG 2002, 679; *Calavros*, Urteilswirkungen zu Lasten Dritter, 1978; *Ebenroth/Bohne*, Die schiedsgerichtliche Überprüfung von Gesellschafterbeschlüssen im der GmbH, BB 1996, 893; *Gehrlein*, Zur streitgenössischen Nebenintervention eines Gesellschafters bei der aktienrechtlichen Anfechtungs- und Nichtigkeitsklage, AG 1994, 103; *Grunsky*, Grundlagen des Verfahrensrechts: eine vergleichende Darstellung von ZPO, FGG, VwGO, FGO, SGG, 1974; *Häsemeyer*, Drittinteressen im Zivilprozess, ZZP 101 (1988), 385; *Henn*, Erhebung der Anfechtungsklage vor dem unzuständigen Gericht, AG 1989, 230; *Henze*, Die Schiedsfähigkeit von Gesellschafterbeschlüssen im GmbH-Recht, ZGR 1988, 542; *Kornmeier*, Die Schiedsgerichtsvereinbarung im der GmbH-Satzung, DB 1980, 193; *Lüke, W.*, Die Beteiligung Dritter im Zivilprozess, 1993; *Lüke, W./Blenske*, Die Schiedsfähigkeit von Beschlussmängelstreitigkeiten, ZGR 1998, 253; *Marotzke*, Urteilswirkungen gegen Dritte und rechtliches Gehör, ZZP 100 (1987), 164; *Petermann*, Die Schiedsfähigkeit von Beschlüssen im Recht der GmbH, BB 1996, 277; *Rützel*, Die gesellschaftsrechtliche Beschlussfeststellungsklage, ZIP 1996, 1961; *Schlosser*, Gestaltungsklagen und Gestaltungsurteile, 1966; *Schlosser*, Zu Schiedsvereinbarungen bei Kapitalgesellschaften, JZ 1996, 1020; *Schmidt, K.*, Geklärte und offene Probleme der „positiven Beschlussfeststellungsklage", AG 1980, 169; *Schmidt, K.*, Grundfälle zum Gestaltungsprozess – Schwerpunktprobleme der Gestaltungsklagen und Gestaltungsurteile –, JuS 1986, 35; *Schmidt, K.*, Neues Schiedsverfahrensrecht und Gesellschaftsrechtspraxis – Gelöste und ungelöste Probleme bei gesellschaftsrechtlichen Schiedsgerichtsprozessen, ZHR 162 (198), 265; *Schmidt, K.*, Rechtsschutz des Minderheitsgesellschafters gegen rechtswidrige ablehnende Beschlüsse, NJW 1986, 2018; *Schmidt, K.*, Schiedsfähigkeit von GmbH-Beschlüssen – Eine Skizze mit Ausblicken auf das Recht der AG und der Personengesellschaften, ZGR 1988, 521; *Schmidt, K.*, Schiedsklagen gegen Hauptversammlungsbeschlüsse?, AG 1995, 551; *Schmidt, K.*, Zum Streitgegenstand von Anfechtungs- und Nichtigkeitsklagen im Gesellschaftsrecht, JZ 1977, 769; *Schröder*, Schiedsgerichtliche Konfliktbeilegung bei aktienrechtlichen Beschlussmängelklagen, 1999; *Schwab, K. H.*, Bemerkungen zur Rechtskraft inter omnes und zur Geltung der Grundrechte im Schiedsverfahren, in FS Gaul, 1997, S. 729; *Schwab, K. H.*, Die Voraussetzungen der notwendigen Streitgenossenschaft, in FS Lent, 1957, S. 271; *Sosnitza*, Einheitlicher Streitgegenstand bei gleichzeitiger Erhebung von Nichtigkeitsklage und Anfechtungsklage, NZG 1999, 497; *Tielmann, J.*, Die Zustellung der aktienrechtlichen Anfechtungsklage nach dem Zustellungsreformgesetz, ZIP 2002, 1879; *Timm*, Beschlussanfechtungsklage und Schiedsfähigkeit im Recht der personalistisch strukturierten Gesellschaften, in FS Fleck, 1988, S. 365; *Timm*, Vergleich- und Schiedsfähigkeit der Anfechtungsklage im Kapitalgesellschaftsrecht, ZIP 1996, 445; *Trittmann*, Die Auswirkungen des Schiedsverfahrens-Neuregelungsgesetzes auf gesellschaftsrechtliche Streitigkeiten, ZGR 1999, 340; *v. Falkenhausen/Kocher*, Nachschieben von Gründen bei der aktienrechtlichen Anfechtungsklage, ZIP 2003, 426; *v. Falkenhausen/Kocher*, Zulässigkeitsbeschränkungen für die Nebenintervention bei der aktienrechtlichen Anfechtungsklage, ZIP 2004, 1179; *Vetter, E.*, Schiedsklauseln in Satzungen von Publikumsgesellschaften, DB 2000, 705; *Vohrmann*, Streitgenossenschaft und Rechtskrafterstreckung bei Klagen aus dem Gesellschaftsverhältnis, 1972; *Volhard*, Eigenverantwortlichkeit und Folgepflicht, ZGR 1996, 55; *Vollmer*, Unternehmensverfassungsrechtliche Schiedsgerichte, ZGR 1982, 15; *Waclawik*, Hilfe zur Selbsthilfe? – Der Beitritt von Aktionären als Nebenintervenienten im aktienrechtlichen Anfechtungsprozess, WM 2004, 1361; *Wagner*, Klagefrist und Streitgegenstand bei Anfechtungs- und Nichtigkeitsklagen nach der Entscheidung des BGH vom 22.7.2002, II ZR 286/01, DStR 2003, 468; *Wagner*, Prozessverträge, 1998; *Weber*, Die Funktionsteilung zwischen Konkursverwalter und Gesellschaftsorganen im Konkurs der Kapitalgesellschaft, KTS 1970, 73; *Westermann*, Formalismus und Interessenbewertung im Aktienrecht: zur Zustellung einer Anfechtungsklage, in FS Hadding, 2004, S. 707; *Wieser*, Voraussetzungen der streitgenössischen Nebenintervention, ZZP 112 (1999), 439; *Windel*, Der Interventionsgrund des § 66 Abs. 1 ZPO als Prozessführungsbefugnis, 1992; *Winte*, Die Rechtsfolgen der notwendigen Streitgenossenschaft unter besonderer Berücksichtigung der unterschiedlichen Grundlagen ihrer beiden Alternativen, 1988; *Zöllner*, Zur positiven Beschlussfeststellungsklage im Aktienrecht (und andere Fragen des Beschlussrechts), ZGR 1982, 623.

I. Streitgegenstand der Anfechtungsklage

1. Meinungsstand

Der Streitgegenstand wird durch zwei Elemente bestimmt, nämlich den Klageantrag 1 und den Lebenssachverhalt[1]. Die Anfechtungsklage zielt darauf ab, dass der angegriffene Beschluss vom Gericht für nichtig erklärt wird (§ 241 Nr. 5). Der **Klageantrag** lautet daher auf **Nichtigerklärung** eines konkret bezeichneten Beschlusses. Welche Elemente den diesem Antrag zugrunde liegenden **Lebenssachverhalt** ausmachen, ist streitig. Nach Ansicht des BGH besteht jener Sachverhalt aus der Tatsache der Beschlussfassung sowie aus sämtlichen Vorgängen auf der Hauptversammlung, die zur Anfechtung dieses Beschlusses berechtigen. Die Summe aller Beschlussmängel wird auf diese Weise zu einem einheitlichen Streitgegenstand zusammengefasst[2]. Die Gegenansicht sieht als Streitgegenstand nur diejenigen Tatsachen an, aus denen gerade

---

1 Heute h.M.; vgl. nur BGH v. 17.5.2001 – IX ZR 256/99, NJW 2001, 3713; BGH v. 19.11.2003 – VIII ZR 60/03, NJW 2004, 1252, 1253.
2 BGH v. 22.7.2002 – II ZR 286/01, BGHZ 152, 1, 4 ff.; LG Frankfurt v. 9.3.2004 – 3/5 O 107/03, NZG 2004, 672, 673; ebenso *Arens*, Streitgegenstand und Rechtskraft im aktienrechtlichen Anfechtungsverfahren, S. 50; *Boujong*, NZG 2003, 497, 504; *Hennrichs*, ZHR 168 (2004), 383, 406; *Zöllner* in KölnKomm. AktG, § 246 Rz. 20, 47 f.

der vom Kläger vorgetragene Beschlussmangel hergeleitet wird[3]. Diese Auffassung hat zur Konsequenz, dass der Kläger, der, gestützt auf unterschiedliche Tatsachen, mehrere verschiedene Beschlussmängel rügt, eine Anfechtungsklage mit mehreren Streitgegenständen erhebt[4].

2. Stellungnahme

2   Nach hier vertretener Ansicht beschränkt sich der Streitgegenstand der Anfechtungsklage auf diejenigen **Tatsachen**, welche den **konkret gerügten Beschlussmangel begründen**[5]. Einer Anfechtungsklage, mit der mehrere, auf unterschiedliche Tatsachen gestützte Beschlussmängel gerügt werden, wohnt daher eine Mehrheit von Streitgegenständen inne. § 253 Abs. 2 Nr. 2 ZPO fordert deshalb die Angabe eines „Klagegrundes", d.h. des klagebegründenden Sachverhalts, weil der Kläger dem Gericht vor Augen führen soll, weshalb er sein Klagebegehren für gerechtfertigt hält. Konsequent muss ein Vorbringen, welches *tatsächlich* geeignet ist, im Falle seiner Richtigkeit ein stattgebendes Urteil herbeizuführen, als eigenständiger „Sachverhalt" akzeptiert werden. Ein solches Vorbringen liegt aber schon dann vor, wenn ein einziger Beschlussmangel gerügt wird. Dann aber ist nicht einsichtig, weshalb auch die übrigen Beschlussmängel zum „Sachverhalt" gehören sollen: Das hätte zur Konsequenz, dass der Kläger, der nur einen Beschlussmangel rügt, einen unvollständigen Sachverhalt vorträgt und dennoch mit seiner Klage Erfolg haben kann. Diese Bestimmung des Streitgegenstands wird auch dem Ziel der Anfechtungsklage besser gerecht. Dies Ziel erschöpft sich nämlich nicht in der Beseitigung des angegriffenen Beschlusses[6]. Das Interesse des Klägers ist vielmehr außer auf die Rechtsfolgenseite auch – gleichwertig – auf die Tatbestandsseite gerichtet, nämlich auf die gerichtliche Feststellung des Beschlussmangels. Dies folgt aus der Funktion der Anfechtungsklage als Instrument objektiver Legalitätskontrolle (dazu § 245 Rz. 1). Jene Kontrolle wird durch die §§ 241 ff. in die Hände der an der Gesellschaft Beteiligten gelegt; dadurch wird die Notwendigkeit eines staatlichen Aktienamts vermieden (vgl. § 243 Rz. 3). Konsequent bestimmt der Anfechtungskläger auch den Umfang der Rechtskontrolle. Daraus ergibt sich zum einen, dass Beschlussmängel, die nicht gerügt werden, auch nicht vom Streitgegenstand der Anfechtungsklage umfasst sein können; zum anderen kommt es umgekehrt dem Anfechtungskläger gerade darauf an, dass die von ihm gerügten Mängel vom Gericht auch als solche identifiziert werden.

3. Praktische Konsequenzen

3   Für den Umfang der **Rechtskraft** zwingt die Ansicht des BGH zu der Konsequenz, dass der Anfechtungskläger nach rechtskräftiger Abweisung seiner Klage keine Möglichkeit mehr hat, gestützt auf einen anderen Beschlussmangel Klage zu erheben; verwehrt ist ihm insbesondere auch die Nichtigkeitsklage[7]. Denn Nichtigkeits- und Anfechtungsklage haben denselben Streitgegenstand (näher § 249 Rz. 2). Wenn Gegenstand des ursprünglichen Rechtsstreits sämtliche denkbaren Beschlussmängel

---

3 *Bauschatz*, NZG 2002, 317, 319; *Emde*, ZIP 1998, 1475, 1476; *K. Schmidt* in Großkomm. AktG, § 246 Rz. 61; *Heidel* in Heidel, § 246 Rz. 20; *Kindl*, ZGR 2000, 166, 176; *Lutter/Hommelhoff*, GmbHG, Anh. § 47 Rz. 67; in Bezug auf Rechtshängigkeit und Rechtskraft auch *Bub*, AG 2002, 679 f.

4 In diesem Sinne noch BGH v. 8.11.1993 – II ZR 26/93, DB 1994, 31, 33 = AG 1994, 177; ebenso *Brandes*, WM 1994, 2177, 2187; *Emde*, ZIP 1998, 1475, 1476; *Gehrlein*, AG 1994, 103, 105.

5 Vgl. bereits *Schwab*, Das Prozessrecht gesellschaftsinterner Streitigkeiten, S. 303 ff. sowie *Mattheus/Schwab*, BB 2004, 1099, 1105.

6 So aber *Arens*, Streitgegenstand und Rechtskraft im aktienrechtlichen Anfechtungsverfahren, S. 47.

7 So ausdrücklich *Zöllner* in KölnKomm. AktG, § 246 Rz. 50. Eine neuerliche Anfechtungsklage ist in diesem Zeitpunkt denknotwendig verfristet.

sind (auch diejenigen, die der Kläger nicht gerügt hat), so kann der Kläger im zweiten Prozess keinen neuen Sachverhalt mehr vortragen. Vielmehr hatte das Gericht den Beschluss im ursprünglichen Anfechtungsprozess auf sämtliche Mängel zu überprüfen; soweit das nicht erfolgt ist, hat es damit sein Bewenden. Nach der hier vertretenen Ansicht kann hingegen der unterlegene Anfechtungskläger in einem weiteren Prozess gegen denselben Beschluss Nichtigkeitsklage erheben, soweit sie auf andere Tatsachen gestützt wird als die ursprüngliche Anfechtungsklage[8]. Für das **Untersuchungsprogramm des Anfechtungsprozesses** folgt aus der hier vertretenen Ansicht, dass das Gericht sämtlichen vom Kläger zulässigerweise gerügten Beschlussmängeln nachgehen muss. Das Gericht ist nicht befugt, einen Beschlussmangel mit der Begründung offenzulassen, der Beschluss sei jedenfalls wegen eines anderen Beschlussmangels für nichtig zu erklären. Der BGH müsste dagegen auf dem Boden seiner Ansicht eben diese Befugnis zubilligen. Das **Nachschieben von Anfechtungsgründen** müsste auf dem Boden der Ansicht des BGH unbegrenzt zulässig sein; denn wenn es zutrifft, dass sämtliche Vorgänge auf der Hauptversammlung einen einheitlichen Streitgegenstand bilden, hat der Kläger mit der fristgemäß erhobenen Klage sämtliche dieser Vorgänge zur Entscheidung des Gerichts gestellt, auch wenn er sie nicht ausdrücklich vorgetragen hat. Ein solches Nachschieben verwehrt indes der BGH dem Anfechtungskläger (unten Rz. 11) und offenbart damit eine gravierende logische Bruchstelle. Diese Handhabung ist indes auf dem Boden der vom BGH befürworteten Bestimmung des Streitgegenstandes nicht statthaft. Lediglich die hier vertretene Ansicht, die allein die den konkreten Beschlussmangel begründenden Tatsachen als klagebegründenden Sachverhalt ansieht, kann begründen, warum das Nachschieben von Anfechtungsgründen nach Fristablauf unzulässig ist: Der Kläger führt, indem er gestützt auf neue Tatsachen einen weiteren Beschlussmangel vorträgt, einen neuen Streitgegenstand ein. Das ist ihm nach Ablauf der Anfechtungsfrist verwehrt. Die **Zulässigkeit der Berufung** kann und muss nach der hier vertretenen Ansicht bei mehreren Beschlussmängeln für jeden einzelnen gesondert untersucht werden. Wenn etwa das Landgericht die Klage wegen sämtlicher Beschlussmängel abgewiesen hat, kann es also geschehen, dass die Berufung des Klägers gegen dies Urteil bezüglich einzelner Beschlussmängel zulässig ist und bezüglich anderer nicht. Der BGH hält dagegen die Berufung insgesamt für zulässig, wenn sie auch nur bezüglich eines einzigen Beschlussmangels die Zulässigkeitsanforderungen erfüllt[9].

II. Klagefrist (§ 246 Abs. 1)

1. Dogmatische Einordnung

a) Prozessuale Frist

Die in § 246 Abs. 1 bestimmte Anfechtungsfrist enthält eine zeitliche Begrenzung   4
der Anfechtungsbefugnis. Da die herrschende Meinung in der Anfechtungsbefugnis eine Voraussetzung für die Begründetheit der Klage erblickt (Nachweise bei § 245 Rz. 2), überrascht es nicht, dass die Anfechtungsfrist überwiegend die gleiche Einordnung erfährt: Die verfristete Anfechtungsklage sei nicht als unzulässig, sondern als unbegründet abzuweisen[10]. Die Anfechtungsfrist wird so zur materiellen Ausschluss-

---

8 *Hüffer*, § 246 Rz. 15; *K. Schmidt*, JZ 1977, 769, 772.

9 BGH v. 22.7.2002 – II ZR 286/01, BGHZ 152, 1, 2 f.

10 BGH v. 15.6.1998 – II ZR 40/97, GmbHR 1998, 891; *Becker*, Verwaltungskontrolle durch Gesellschafterrechte, S. 444; *Hüffer* in MünchKomm. AktG, § 246 Rz. 33; *K. Schmidt* in Großkomm. AktG, § 246 Rz. 13, 25; *Hüffer*, § 246 Rz. 20; *Kindl*, ZGR 2000, 166, 182 f.; *Zöllner* in KölnKomm. AktG, § 246 Rz. 6; *Schulte*, AG 1988, 67, 68; *Schultz*, Die Behebung einzelner Mängel von Organisationsakten in Kapitalgesellschaften, S. 245.

frist[11]. Indes wurde hier zu zeigen versucht, dass die Anfechtungsbefugnis bereits Voraussetzung für die Zulässigkeit der Anfechtungsklage ist, ein Sachurteil auf die Anfechtungsklage eines Unbefugten also nicht ergehen darf (vgl. § 245 Rz. 2). Dies wirkt sich folgerichtig auf die dogmatische Einordnung der Anfechtungsfrist aus: Sie ist ebenfalls als prozessuale Frist anzusehen; ihre **Versäumung** führt zur **Abweisung** der Klage als **unzulässig**[12].

b) Folgerungen

5   Ist die Klage in erster Instanz zu Unrecht wegen Verspätung abgewiesen worden, so darf das Berufungsgericht den Rechtsstreit nach **§ 538 Abs. 2 Nr. 3 ZPO** an die erste Instanz zurückverweisen. Die überwiegend vertretene Gegenansicht[13] erscheint zwar auf dem Boden der materiellrechtlichen Deutung folgerichtig; doch verdient jene Deutung, wie gezeigt, keine Zustimmung. Auf der Grundlage der prozessualen Einordnung folgt außerdem, dass das Gericht, wenn es gem. **§ 280 ZPO** über die Zulässigkeit der Klage abgesondert verhandelt und durch Zwischenurteil entscheidet, die Einhaltung der Anfechtungsfrist – und ebenso die Anfechtungsbefugnis – bereits im Rahmen dieses Zwischenurteils zu prüfen hat. Diese Konsequenz begründet zugleich ein zusätzliches Argument für die Richtigkeit der prozessualen Deutung: Wenn das Gericht an der Anfechtungsbefugnis des Klägers oder an der Einhaltung der Anfechtungsfrist Zweifel hegt, kann es diesen Teil des Prozessstoffs abschichten, ohne die Mühe auf sich nehmen zu müssen, in die materiellrechtliche Prüfung des Beschlusses einzutreten. Dem Gericht wird damit eine Handhabe zur rationellen Erledigung des Beschlussmängelstreits eingeräumt. Dies Anliegen der Prozessökonomie liegt den §§ 241 ff. durchgängig zugrunde (näher Rz. 13 sowie § 243 Rz. 1).

2. Fristberechnung

6   Für die Berechnung der Anfechtungsfrist gelten die §§ 187 ff. BGB. Zwar handelt es sich bei der Anfechtungsfrist nicht um eine materiellrechtliche, sondern um eine prozessuale Frist. Doch ist § 222 Abs. 1 ZPO zu entnehmen, dass der Gesetzgeber die §§ 187 ff. BGB auch für solche Fristen als angemessene Regelung ansieht. Für die Anwendbarkeit der §§ 187 ff. BGB spricht des weiteren der bereits in § 186 BGB umrissene weite Geltungsbereich dieser Vorschriften. Das Ereignis, von dem ab die Frist berechnet wird, ist das **Datum der Hauptversammlung**, auf welcher der Beschluss gefasst worden ist[14]. Dieser Tag wird nach § 187 Abs. 1 BGB nicht in den Fristlauf eingerechnet. Wenn also die Hauptversammlung am 28. Mai stattgefunden hat, beginnt die Frist am 29. Mai und endet gem. § 188 Abs. 2 BGB am 28. Juni. Bei mehrtägigen

---

11 Vgl. außer den soeben Genanten noch BGH v. 15.6.1998 – II ZR 40/97, DB 1998, 1708, 1709 = AG 1998, 482; OLG Dresden v. 15.11.1999 – 2 U 2303/99, GmbHR 2000, 435, 438; OLG Düsseldorf v. 5.4.2001 – 6 U 91/00, DB 2001, 2086, 2087; OLG Stuttgart v. 21.12.1993 – 10 U 48/93, AG 1994, 411, 412; OLG Stuttgart v. 12.8.1998 – 20 U 111/97, ZIP 1998, 1482, 1483 f. = AG 1998, 529; OLG Thüringen v. 6.11.2001 – 8 U 517/01, GmbHR 2002, 115, 116; LG Hannover v. 29.5.1992 – 23 O 64, 77/91, WM 1992, 1239, 1242 = AG 1993, 187; *Baums*, DJT 2000, S. F 64 f.; *Boujong*, NZG 2000, 1193, 1202; *Brandes*, WM 2000, 217, 227; *Emde*, ZIP 2000, 1753, 1754; *v. Falkenhausen/Kocher*, ZIP 2003, 426, 428; *Heidel* in Heidel, § 246 Rz. 23; *Henn*, AG 1989, 230,232; *Heuer*, AG 1989, 234, 237; *A. Hueck*, Anfechtbarkeit und Nichtigkeit von Generalversammlungsbeschlüssen bei Aktiengesellschaften, S. 162; *Steinmeyer/Seidel*, DStR 1999, 2077, 2078; *Tielmann*, ZIP 2002, 1879, 1880.
12 Wie hier *Landrock*, Der Innenrechtsstreit in der Aktiengesellschaft, S. 249; *Pflugradt*, Leistungsklagen zur Erzwingung rechtmäßigen Vorstandsverhaltens in der Aktiengesellschaft, S. 159.
13 RGZ 123, 204, 207 f.; *Zöllner* in KölnKomm. AktG, § 246 Rz. 6; *Hüffer* in MünchKomm. AktG, § 246 Rz. 33.
14 *Hüffer* in MünchKomm. AktG, § 246 Rz. 36.

Hauptversammlungen beginnt die Anfechtungsfrist für sämtliche auf ihr gefassten Beschlüsse einheitlich mit dem letzten Versammlungstag[15]. Die Gegenmeinung, die auf den Tag der jeweiligen Beschlussfassung abstellen will[16], übersieht, dass die Anfechtungsfrist bloß die Anfechtungsbefugnis zeitlich begrenzt und daher nicht beginnen darf, bevor die letzte Gelegenheit verstrichen ist, jene Befugnis herzustellen. Bei mehrtägigen Hauptversammlungen kann selbst gegen die an den Vortagen gefassten Beschlüsse noch bis zum Ende der Versammlung am letzten Versammlungstag Widerspruch zur Niederschrift (§ 245 Nr. 1) erklärt werden. Dann sollte auch die Anfechtungsfrist nicht früher zu laufen beginnen. Wenn das Fristende auf einen Samstag, einen Sonntag oder einen allgemeinen Feiertag fällt, endet die Anfechtungsfrist am darauffolgenden Werktag (§ 193 BGB)[17].

3. Fristwahrung

a) Zustellung der Klageschrift

Die Anfechtungsklage muss innerhalb der Monatsfrist erhoben werden. Erhoben ist die Klage erst, wenn die Klageschrift der beklagten Gesellschaft zugestellt worden ist (§ 253 Abs. 1 ZPO). Wird die Klage vor Ablauf der Monatsfrist eingereicht, aber erst danach zugestellt, so genügt dies zur Wahrung der Frist, wenn die Zustellung „demnächst" erfolgt (§ 167 ZPO)[18]. **„Demnächst"** erfolgt die Zustellung immer dann, wenn die Verzögerung vom Kläger nicht zu vertreten ist, des weiteren dann, wenn ein vom Kläger zu vertretender Umstand die Zustellung um nicht mehr als zwei Wochen verzögert hat[19]. Die Auslegung des § 167 ZPO wird mithin von einer Kombination aus einer rein zeitbezogenen und einer wertungsbezogenen Komponente geprägt: Geringfügige Verzögerungen werden dem Zustelladressaten selbst dann zugemutet, wenn der Kläger sie verschuldet; vom Kläger nicht zu vertretende Verzögerungen muss der Zustellungsadressat auch über einen längeren Zeitraum hinnehmen. Die verbreitete These, vom Kläger zu vertretende Zustellungsverzögerungen gingen bei der Beschlussanfechtung zu Lasten des Klägers und schlössen die Fristwahrung aus[20], erweist sich in dieser Allgemeinheit als zu streng. Wird z.B. der Gerichtskostenvorschuss erst vier Wochen nach Einreichung und drei Wochen nach Fristende eingezahlt, so ist die Zustellung nicht mehr „demnächst" erfolgt[21], wohl aber, wenn sich wegen einer monatelang andauernden nicht vorschriftsmäßigen Besetzung des Gerichts die Zustellung bis 1½ Monate nach Fristende verzögert[22].

7

---

15 *K. Schmidt* in Großkomm. AktG, § 246 Rz. 16; *Heidel* in Heidel, § 246 Rz. 25; *Zöllner* in KölnKomm. AktG, § 246 Rz. 10; *Hüffer* in MünchKomm. AktG, § 246 Rz. 36.
16 *Henn*, AG 1989, 230, 232; *Semler* in MünchHdb. AG, § 41 Rz. 72.
17 *Hüffer* in MünchKomm. AktG, § 246 Rz. 36.
18 BGH v. 10.11.1954 – II ZR 299/53, BGHZ 15, 177, 180; BGH v. 23.5.1960 – II ZR 89/58, BGHZ 32, 318, 322; BGH v. 27.5.1974 – II ZR 109/72, NJW 1974, 1557, 1558; OLG Düsseldorf v. 16.11.1967 – 6 U 280/66, AG 1968, 19; OLG Frankfurt v. 28.2.1973 – 13 U 2/72, AG 1973, 136; OLG Hamm v. 9.11.2005 – 11 U 70/04, ZIP 2006, 1296, 1298; OLG Stuttgart v. 12.8.1998 – 20 U 111/97, AG 1998, 529; LG München I v. 2.4.1992 – 5 HKO 8840/91, WM 1992, 1151, 1153 = AG 1993, 195; *K. Schmidt* in Großkomm. AktG, § 246 Rz. 17; *Zöllner* in KölnKomm. AktG, § 246 Rz. 14; *Hüffer* in MünchKomm. AktG, § 246 Rz. 37.
19 BGH v. 12.1.1996 – V ZR 246/94, NJW 1996, 1060, 1061; großzügiger *Greger* in Zöller, ZPO, § 167 Rz. 11: Die vom Kläger zu vertretende Verzögerung darf bis zu 6 Wochen betragen.
20 OLG Frankfurt v. 13.12.1983 – 5 U 110/83, WM 1984, 209, 211 f. = AG 1984, 110; *K. Schmidt* in Großkomm. AktG, § 246 Rz. 17; *Heidel* in Heidel, § 246 Rz. 27; *Hüffer* in MünchKomm. AktG, § 246 Rz. 37.
21 LG Frankfurt v. 21.12.2005 – 3/9 O 98/03, ZIP 2006, 335, 338 = AG 2006, 594.
22 LG Frankfurt v. 21.12.2005 – 3/9 O 98/03, ZIP 2006, 335, 339 = AG 2006, 594.

b) Unzuständiges Gericht

8   In zahlreichen Zusammenhängen hat die Rechtsprechung anerkannt, dass Fristen, die durch Klageerhebung zu wahren sind, auch dadurch gewahrt werden, dass ein unzuständiges Gericht angerufen wird[23]. Für § 246 Abs. 1 wird die Geltung dieses Grundsatzes vereinzelt mit dem Argument bestritten, es handle sich hierbei um eine materiellrechtliche Frist[24]. Indes trifft weder dies zu (oben Rz. 4), noch stimmt die weitere Prämisse, dass materiellrechtliche Fristen nicht durch Klage beim unzuständigen Gericht eingehalten werden können; für die unstreitig dem materiellen Recht zuzuschlagende Verjährungsfrist ist vielmehr das Gegenteil anerkannt[25]. Daher wird nach zutreffender h.M. die **Anfechtungsfrist** selbst durch eine beim unzuständigen Gericht eingereichte Klage **gewahrt**, sofern später der Rechtsstreit auf Antrag des Klägers nach § 281 ZPO an das zuständige Gericht verwiesen wird[26]. Dafür spricht auch der Symmetriegedanke: Dem Kläger wird mit der Monatsfrist im Interesse der Gesellschaft an baldiger Klarheit über die Gültigkeit des Beschlusses größtmögliche Beschleunigung zugemutet. Wenn der Kläger innerhalb dieser knappen Frist Ernst macht, muss dies umgekehrt die Gesellschaft akzeptieren, selbst wenn es dem Kläger nicht gelungen ist, das zuständige Gericht anzurufen.

c) Keine Wiedereinsetzung

9   Die Klage wird selbst dann wegen Fristversäumnis abgewiesen, wenn der Kläger ohne sein Verschulden die Anfechtungsfrist versäumt. Eine Wiedereinsetzung in den vorigen Stand nach §§ 233 ff. ZPO kommt nicht in Betracht. Dies Ergebnis versteht sich von selbst, wenn man die Anfechtungsfrist mit der h.M. als materiellrechtliche Frist deutet[27]. Aber selbst bei prozessualer Einordnung der Anfechtungsfrist ergibt sich nichts anderes. Wiedereinsetzungsfähig sind nach § 233 ZPO nur Notfristen, d.h. nach § 224 Abs. 1 Satz 2 ZPO jene Fristen, die im Gesetz als solche bezeichnet werden. Um eine solche Frist handelt es sich bei der Anfechtungsfrist nicht. Der Gesetzgeber hat in § 246 Abs. 1 das Interesse der Gesellschaft an rascher Rechtsklarheit höher bewertet als das Interesse des Klägers, bei unverschuldeter Fristversäumnis mit seiner Klage noch Gehör zu finden. Die Vorschriften über **Hemmung und Neubeginn der Verjährung** (§§ 203 ff. BGB) finden ebenfalls **keine entsprechende Anwendung**[28].

d) Fristwahrung durch bedürftige Partei

10   Wenn eine Partei befürchtet, die Kosten des Rechtsstreits im Fall ihres Unterliegens (§ 91 ZPO) nicht aufbringen zu können, kann sie nach §§ 114 ff. ZPO **Prozesskostenhilfe** beantragen. Wird zusammen mit diesem Antrag die Anfechtungsklage eingereicht und beantragt, diese im Falle der Gewährung der Prozesskostenhilfe sogleich zuzustellen, so ist entsprechend § 167 ZPO die Klagefrist bereits durch die Anbringung des Antrags auf Prozesskostenhilfe gewahrt[29]. Das Gleiche gilt, wenn die Pro-

---

23   Einzelheiten und Nachweise bei *Schwab*, FGPrax 2000, 32, 33.
24   *Henn*, AG 1989, 230, 232 f.
25   *Heinrichs* in Palandt, BGB, § 204 Rz. 5 m.w.N.
26   *K. Schmidt* in Großkomm. AktG, § 246 Rz. 18; *Heidel* in Heidel, § 246 Rz. 28; *Zöllner* in KölnKomm. AktG, § 246 Rz. 59; *Hüffer* in MünchKomm. AktG, § 246 Rz. 38.
27   *K. Schmidt* in Großkomm. AktG, § 246 Rz. 13; *Zöllner* in KölnKomm. AktG, § 246 Rz. 6; *Hüffer* in MünchKomm. AktG, § 246 Rz. 33.
28   RGZ 158, 137, 140; BGH v. 27.10.1951 – II ZR 44/50, NJW 1952, 98, 99; *K. Schmidt* in Großkomm. AktG, § 246 Rz. 14; *Hüffer* in MünchKomm. AktG, § 246 Rz. 34. Die Gegenansicht des OLG Frankfurt (v. 8.10.1965 – 5 W 33/65, NJW 1966, 838) ist maßgeblich auf die Situation des bedürftigen Anfechtungsklägers gemünzt; vgl. dazu sogleich Rz. 10.
29   *K. Schmidt* in Großkomm. AktG, § 246 Rz. 21; *Hüffer* in MünchKomm. AktG, § 246 Rz. 40.

zesskostenhilfe versagt wird, der Kläger aber binnen zwei Wochen (Gedanke des § 234 Abs. 1 ZPO) gleichwohl die Zustellung der Klage beantragt[30].

e) Kein Nachschieben von Anfechtungsgründen nach Fristablauf

Dem Zweck der Anfechtungsfrist, dass alsbald Klarheit über die Gültigkeit des Beschlusses besteht, würde es zuwiderlaufen, wenn der Kläger während des Prozesses zu beliebigen Zeitpunkten neue Beschlussmängel in den Rechtsstreit einführen könnte. Daher ist anerkannt, dass jeder einzelne **Anfechtungsgrund** innerhalb der Anfechtungsfrist wenigstens in seinem **Tatsachenkern** vorgetragen werden muss[31]. Mit nachgeschobenen Anfechtungsgründen wird der Anfechtungskläger nicht mehr gehört. Nach Fristablauf neu vorgetragene Beschlussmängel können nur noch im Wege der Nichtigkeitsklage geltend gemacht werden; die auf sie gestützte Klage wird abgewiesen, wenn sie bloß die Anfechtbarkeit, nicht aber die Nichtigkeit des Beschlusses begründen. 11

4. Zwingendes Recht

Die Anfechtungsfrist steht nicht zur Disposition der Parteien. Das Gericht muss die Klage selbst dann wegen Verfristung abweisen, wenn sich die Gesellschaft nicht auf die Fristversäumung beruft[32]. Eine von § 246 Abs. 1 **abweichende Regelung** der Anfechtungsfrist in der **Satzung** ist wegen § 23 Abs. 5 **unzulässig**[33]. Selbst im konkreten Rechtsstreit können die Prozessparteien keine Abweichung von der Monatsfrist vereinbaren[34]. 12

III. Klagegegner (§ 246 Abs. 2 Satz 1)

1. Teleologischer Hintergrund

Gegner der Anfechtungsklage ist nach § 246 Abs. 2 Satz 1 die Gesellschaft. Diejenigen Autoren, die das Substrat der Anfechtungsklage in einem Anspruch des Aktionärs auf Aufhebung des Beschlusses erblicken, halten diese Vorschrift bereits aus materiellrechtlichen Gründen für konsequent: Ebenso wie der Anspruch auf gesetzes- und satzungsmäßige Beschlussfassung richte sich auch der Anspruch auf Aufhebung rechtswidriger Beschlüsse gegen die Gesellschaft[35]. Die Hauptversammlung habe den Beschluss als Organ der Gesellschaft gefasst; ihr sei dieser daher zuzurechnen[36]. 13

---

30 *K. Schmidt* in Großkomm. AktG, § 246 Rz. 21; *Heidel* in Heidel, § 246 Rz. 29; *Hüffer* in MünchKomm. AktG, § 246 Rz. 40.
31 BGH v. 10.11.1954 – II ZR 299/53, BGHZ 15, 177, 180 f.; BGH v. 23.5.1960 – II ZR 89/58, BGHZ 32, 318, 322 f.; BGH v. 9.11.1992 – II ZR 230/91, BGHZ 120, 141, 157 = AG 1993, 134; BGH v. 21.7.1994 – II ZR 82/93, BGHZ 137, 378, 386; BGH v. 22.7.2002 – II ZR 286/01, BGHZ 152, 1, 6 = AG 2002, 677; BGH v. 14.3.2005 – II ZR 153/03, NZG 2005, 479, 481 = AG 2005, 395; BGH v. 9.5.2005 – II ZR 29/03, NZG 2005, 722, 724 = AG 2005, 613; aus der Literatur statt vieler *Emde*, ZIP 2000, 59, 61; *Hüffer*, § 246 Rz. 26; *Kindl*, ZGR 2000, 166, 176.
32 *Hüffer* in MünchKomm. AktG, § 246 Rz. 34.
33 *Hüffer* in MünchKomm. AktG, § 246 Rz. 35.
34 *K. Schmidt* in Großkomm. AktG, § 246 Rz. 15; *Heidel* in Heidel, § 246 Rz. 24; *Zöllner* in KölnKomm. AktG, § 246 Rz. 9; *Hüffer* in MünchKomm. AktG, § 246 Rz. 35.
35 *Noack*, Fehlerhafte Beschlüsse in Gesellschaften und Vereinen, S. 46 f.
36 LG Bonn v. 20.4.2000 – 14 O 36/00, AG 2001, 201, 203; *Arnold*, Der Gewinnauszahlungsanspruch des GmbH-Minderheitsgesellschafters, S. 132 f.; *Becker*, Verwaltungskontrolle durch Gesellschafterrechte, S. 498; *Casper*, ZHR 163 (1999), 54, 72; *Fleck*, ZGR 1988, 104, 112 f.; *Koch*, Das Anfechtungsklageerfordernis im GmbH-Beschlussmängelrecht, S. 127; *Lindemann*, Die Beschlussfassung in der Einmann-GmbH, S. 177; *Mülbert*, Aktiengesellschaft, Unternehmensgruppe und Kapitalmarkt, S. 243, 246; *Noack*, Fehlerhafte Beschlüsse in Gesell-

Demgegenüber geben nach hier vertretener Ansicht **prozessuale Gründe** den Ausschlag dafür, dass die Beklagtenrolle der Gesellschaft zugewiesen ist[37]: Dies dient der Vereinfachung des Anfechtungsprozesses[38], da der Kläger sonst gezwungen wäre, die Klage gegen alle Mitaktionäre zu erheben, was gerade in Publikumsgesellschaften praktisch unmöglich ist. Die Beklagtenrolle der Gesellschaft erweist sich als optimales Instrument, um das durch den Beschluss begründete mehrseitige Rechtsverhältnis im Zweiparteienprozess der ZPO zu verarbeiten. Die Gesellschaft fungiert als **passive Prozessstandschafterin** für all jene Aktionäre, denen am Fortbestand des Beschlusses gelegen ist[39]. Jenen Aktionären wird dadurch die Verteidigung dieses Beschlusses aus der Hand genommen; wollen sie persönlich für den Beschluss streiten, so müssen sie selbst die Initiative ergreifen und sich auf seiten der Gesellschaft als streitgenössische Nebenintervenienten am Prozess beteiligen (§ 69 ZPO; s. dazu unten Rz. 26). Diese Umverteilung der Rechtsschutzinitiative ist ihnen aber zuzumuten: Das Interesse der Gesellschaft an möglichst unkompliziertem Verfahren mit allseits gültigem Ergebnis hat Vorrang vor dem Interesse einzelner Aktionäre. Diese Zurückstellung von Einzelinteressen findet materiellrechtlich ihre Ausprägung im Mehrheitsprinzip (§ 133) und prozessual ihre Fortsetzung im Modell des § 246 Abs. 2.

2. Liquidation

14   Wenn eine AG **zu Unrecht** nach § 262 Abs. 1 Nr. 6 i.V.m. § 141a FGG **wegen Vermögenslosigkeit gelöscht** worden ist, fragt sich, ob sie nach wie vor Gegnerin der Anfechtungsklage sein kann. Diejenigen Autoren, welche die Gesellschaft ohne Rücksicht auf ihre Löschung erst dann für voll beendigt halten, wenn tatsächlich kein Vermögen mehr vorhanden ist[40], haben keine Schwierigkeiten, die gelöschte Gesellschaft weiterhin als taugliche Anfechtungsgegnerin anzusehen[41]. Wer dagegen umgekehrt auf dem Standpunkt steht, die Gesellschaft werde ohne Rücksicht auf noch

---

schaften und Vereinen, S. 46 f.; *Rehbinder*, ZGR 1983, 92, 106; *Schröder*, Schiedsgerichtliche Konfliktbeilegung bei aktienrechtlichen Beschlussmängelklagen, S. 84; *Schultz*, Die Behebung einzelner Mängel von Organisationsakten in Kapitalgesellschaften, S. 47 f.; *Seidel*, Die mangelnde Bedeutung mitgliedschaftlicher Treupflichten im Willensbildungsprozess der GmbH, S. 201; *Winter*, Mitgliedschaftliche Treubindungen im GmbH-Recht, S. 89.

37 Ausführlich *Schwab*, Das Prozessrecht gesellschaftsinterner Streitigkeiten, S. 294 ff.

38 Wie hier namentlich LG Karlsruhe v. 31.3.1998 – O 179/96, DB 1998, 1024, 1025; *Landrock*, Der Innenrechtsstreit in der Aktiengesellschaft, S. 173; *Menger*, Zulässigkeit und Grenzen der Lückenausfüllung im Recht der Personengesellschaften, S. 211. Ähnlich *Baums*, DJT 2000, S. F 79: Gesellschaft aus praktischen Gründen Beklagte; *Bork*, ZIP 1992, 1205, 1210: Beklagtenrolle der Gesellschaft entspringt praktischer Vernunft; *Lutter*, ZGR 1978, 347, 357: Gesellschaft ist mehr aus formalen als materiellen Gründen Beklagte; *Rehbinder*, ZGR 1983, 92, 106 f.: Parteirolle der Gesellschaft trägt praktischen Bedürfnissen Rechnung.

39 *Becker*, Verwaltungskontrolle durch Gesellschafterrechte, S. 474; *Bork*, ZIP 1992, 1205, 1209; *Gehrlein*, AG 1994, 103, 109; ebenso für die Auflösungsklage in der GmbH *Becker*, ZZP 97 (1984), 314, 332; *Windel*, Der Interventionsgrund des § 66 Abs. 1 ZPO als Prozessführungsbefugnis, S. 172. Ähnliche Formulierungen bei *Arens*, Streitgegenstand und Rechtskraft im aktienrechtlichen Anfechtungsverfahren, S. 94: Gesellschaft als „natürlicher Vertreter" aller Aktionäre, die den Beschluss nicht ihrerseits angefochten haben; *Austmann*, ZHR 158 (1994), 495, 508 f.: „Stellvertreterkrieg"; *W. Lüke*, Die Beteiligung Dritter im Zivilprozess, S. 186: AG als „Repräsentant" der Aktionäre; *Volhard*, ZGR 1996, 55, 72: Gesellschaft „streitet für" die Mehrheit; *Noack*, Gesellschaftervereinbarungen bei Kapitalgesellschaften, S. 158: Gesellschaft „repräsentiert ... die den Beschluss verteidigenden Gesellschafter".

40 Dafür BAG v. 25.9.2003 – 8 AZR 446/02, DZWIR 2004, 113; BAG v. 23.3.1988 – 3 AZR 350/86, NJW 1988, 2637; OLG Stuttgart v. 30.9.1998 – 20 U 21/98, AG 1999, 280, 281; *K. Schmidt* in Scholz, GmbHG, Anh. § 60 Rz. 18 ff.; *K. Schmidt*, GmbHR 1988, 209, 211; *K. Schmidt*, GmbHR 1994, 829, 834.

41 Dafür im Ergebnis *Heidel* in Heidel, § 246 Rz. 44; *K. Schmidt* in Großkomm. AktG, § 246 Rz. 32.

vorhandenes Vermögen allein mit der Löschung beendet[42] und durch eine auf Abwicklung gerichtete, teilrechtsfähige Nachgesellschaft abgelöst[43], wird zu dem Ergebnis gelangen, dass die gelöschte AG als Klagegegnerin nicht mehr zur Verfügung steht[44]. Diese Folgerung erscheint indes nicht zwingend. Wenn nämlich die Nachgesellschaft die bisherige juristische Person fortsetzt und selbständig Rechte und Pflichten erwerben kann, kann sie auch weiterhin verklagt werden.

3. Insolvenz

Nach § 264 Abs. 1 führt die Eröffnung des Insolvenzverfahrens noch nicht zur Entstehung einer Abwicklungsgesellschaft. Dennoch ist umstritten, gegen wen in einem solchen Fall die Beschlussmängelklage zu richten ist. Auf dem Boden der herrschenden Amtstheorie wird überwiegend danach unterschieden, welches Prozessergebnis zu erwarten ist: Führe die erfolgreiche Anfechtung zu einer Minderung der Aktivmasse bzw. zu einer Vermehrung der zu berichtigenden Verbindlichkeiten, so sei die Klage nicht gegen die Gesellschaft, sondern gegen den Insolvenzverwalter als Partei kraft Amtes zu richten[45]. Sei die Masse hingegen nicht bedroht oder werde sie durch den Anfechtungsprozess gar noch vermehrt, so bleibe die Gesellschaft richtige Beklagte[46]. Die Gegenansicht, die den Insolvenzverwalter nicht als Partei kraft Amtes, sondern als Organ der Gesellschaft ansieht, hält die Gesellschaft auch nach Insolvenzeröffnung für die richtige Beklagte[47]. Die rechtliche Stellung des Insolvenzverwalters kann hier keiner abschließenden dogmatischen Einordnung zugeführt werden. Doch ist jedenfalls festzuhalten, dass die h.M. aus der Amtstheorie bislang für § 246 Abs. 2 Satz 1 nicht die richtigen Schlüsse gezogen hat. Wegen der drohenden Kostenlast aus § 91 ZPO betrifft nämlich *jeder* Beschlussmängelstreit das Gesellschaftsvermögen. Der **Insolvenzverwalter** ist daher **immer** der **ausschließlich richtige Beklagte**.

15

IV. Vertretung der Gesellschaft

1. Bei Klage eines Aktionärs (§ 246 Abs. 2 Satz 2)

Die Gesellschaft wird, wenn die Anfechtungsklage von einem Aktionär erhoben wird, nicht wie sonst (§§ 78, 82) vom Vorstand allein, sondern nach § 246 Abs. 2 Satz 2 von **Vorstand und Aufsichtsrat** vertreten. Mit dieser Regelung will der Gesetzgeber einem arglistigen Zusammenwirken zwischen Kläger und Vorstand vorbeugen[48]. Ungeachtet dessen, dass Vorstand und Aufsichtsrat bei jeder Vornahme von Prozesshandlungen zusammenwirken müssen, haben beide Organe hierüber jeweils getrennte Beschlüsse zu fassen[49]. Fehlende Angaben zur Vertretung der Gesellschaft

16

---

42 *Hüffer* in MünchKomm. AktG, § 262 Rz. 90; zust. *Ulmer* in Hachenburg, GmbHG, § 60 Rz. 18 und Anh. § 60 Rz. 37 ff.; im Wesentlichen übereinstimmend *Buchner*, Amtslöschung, Nachtragsliquidation und masselose Insolvenz von Kapitalgesellschaften, S. 105, 115 ff.; *Heller*, Die vermögenslose GmbH, S. 128 ff., 141 f.; *Kraft* in KölnKomm. AktG, § 273 Rz. 36 ff.; *Lindacher* in FS Henckel, S. 549, 554; *H. Schmidt*, Zur Vollbeendigung juristischer Personen, S. 133 f.
43 *Hüffer* in MünchKomm. AktG, § 262 Rz. 91.
44 Folgerichtig *Hüffer* in MünchKomm. AktG, § 246 Rz. 45.
45 RGZ 76, 244, 249 f.; BGH v. 10.3.1960 – II ZR 56/59, BGHZ 32, 114, 121 f.; *Zöllner* in KölnKomm. AktG, § 246 Rz. 41; *Hüffer* in MünchKomm. AktG, § 246 Rz. 46.
46 *Hüffer* in MünchKomm. AktG, § 246 Rz. 46.
47 *K. Schmidt* in Großkomm. AktG, § 246 Rz. 34.
48 BGH v. 10.3.1960 – II ZR 56/59, BGHZ 32, 114, 117; OLG Hamburg v. 6.2.2003 – 11 W 9/03, NZG 2003, 478, 479 = AG 2003, 519; *Bork*, ZIP 1992, 1205, 1206; *Hüffer* in MünchKomm. AktG, § 246 Rz. 26, 51; *Tielmann*, ZIP 2002, 1879, 1881.
49 *Zöllner* in KölnKomm. AktG, § 246 Rz. 35; *Hüffer* in MünchKomm. AktG, § 246 Rz. 52.

in der Klageschrift können auch noch nach Ablauf der Monatsfrist (§ 246 Abs. 1) nachgeholt werden[50].

17   **Ordnungsgemäß zugestellt** ist die Klage des Aktionärs nach h.M. nur, wenn die Klageschrift **mindestens einem Vorstands-** *und* **einem Aufsichtsratmitglied übergeben** worden ist. Die Zustellung an ein oder mehrere Mitglieder desselben Organs reicht nicht aus[51]. Gegen diese Sicht ist jüngst beachtliche Kritik erhoben worden[52]: Der Vorstand sei verpflichtet, den Aufsichtsrat von sich aus über die Klage zu informieren. Unterlasse er dies, so müsse es befremden, wenn die Gesellschaft sich gegenüber dem Kläger auf solch pflichtwidriges Handeln ihrer Organe berufen könne. Gleichwohl verdient die h.M. im Ausgangspunkt Zustimmung: Wenn die notwendige Mitwirkung des Aufsichtsrats ein arglistiges Zusammenwirken zwischen Kläger und Vorstand verhindern soll, so kann der Aufsichtsrat nur einschreiten, wenn er zuverlässig Kenntnis von der Klage erlangt. Wird am Geschäftssitz der Gesellschaft kein Mitglied des Vorstands angetroffen, so ist **Ersatzzustellung** an nachgeordnete Mitarbeiter der Gesellschaft nach § 178 Abs. 1 Nr. 2 ZPO möglich[53]. Dagegen scheidet nach h.M. Ersatzzustellung an den *Aufsichtsrat* in den Geschäftsräumen der Gesellschaft aus[54]; vielmehr sei die Zustellung unter der Privatanschrift mindestens eines Aufsichtsratsmitglieds zu versuchen. Allenfalls könne die Zustellung an den Aufsichtsrat in Geschäftsräumen erfolgen, die ein Aufsichtsratsmitglied sonst nutze, etwa in den Geschäftsräumen eines Unternehmens, welches das Aufsichtsratsmitglied für eigene Rechnung betreibe bzw. dessen gesetzlicher Vertreter es sei[55]. Die h.M. überzeugt indes nicht. Der Aktionär darf sich vielmehr darauf verlassen, dass die Gesellschaft mit der von ihm eingereichten Klage ordnungsgemäß verfährt und diese daher sowohl an den Vorstand als auch an den Aufsichtsrat weitergeleitet wird. § 178 Abs. 1 ZPO unterscheidet für die Ersatzzustellung nicht danach, ob der Zustelladressat sich gewöhnlich am Ort der Ersatzzustellung aufhält oder nicht. Daher ist in den Geschäftsräumen der Gesellschaft auch eine Ersatzzustellung an den Aufsichtsrat möglich[56]. Wird freilich die Zustellung an den Aufsichtsrat gänzlich versäumt, so wird dieser Mangel nicht schon dadurch geheilt, dass der Vorstand den Aufsichtsrat

50 BGH v. 10.3.1960 – II ZR 56/59, BGHZ 32, 114, 118; so ist insbesondere nicht erforderlich, dass die Mitglieder des Vorstands und Aufsichtsrats aufgezählt und namentlich benannt werden: vgl. BGH v. 22.5.1989 – II ZR 206/88, BGHZ 107, 296, 299 = AG 1989, 399.
51 RGZ 83, 414, 417; RGZ 107, 161, 164; BGH v. 10.3.1960 – II ZR 56/59, BGHZ 32, 114, 119; BGH v. 13.4.1992 – II ZR 105/91, NJW 1992, 2099 f. = AG 1992, 265; OLG Dresden v. 5.6.1996 – 12 U 2147/95, AG 1996, 425 f.; OLG Frankfurt v. 13.12.1983 – 5 U 110/83, WM 1984, 209, 211 = AG 1984, 110; LG Frankfurt v. 22.2.1984 – 3/9 O 123/83, AG 1984, 192, 193 f.; *K. Schmidt* in Großkomm. AktG, § 246 Rz. 59; *Heidel* in Heidel, § 246 Rz. 26; *Hüffer*, § 246 Rz. 32; *Zöllner* in KölnKomm. AktG, § 246 Rz. 64; *Hüffer* in MünchKomm. AktG, § 246 Rz. 56.
52 Ausführlich *Westermann* in FS Hadding, S. 707, 713 ff., insbes. S. 719 ff. Auch nach OLG Hamm v. 20.6.1988 – 8 U 329/87, WM 1988, 1164, 1166 = AG 1989, 31 reicht die Zustellung an „den Vorstand" aus.
53 OLG Hamm v. 20.6.1988 – 8 U 329/87, WM 1988, 1164, 1166 = AG 1989, 31.
54 RGZ 83, 414, 417; BGH v. 22.5.1989 – II ZR 206/88, BGHZ 107, 296, 299 (Fn. 140) = AG 1989, 399; OLG Hamburg v. 18.4.1913 – IV. ZS, OLGR 27, 61 f.; OLG Hamburg v. 4.5.2001 – 11 U 274/00, AG 2002, 521, 523; LG Frankfurt v. 22.2.1984 – 3/9 O 123/83, AG 1984, 192, 193 f.; LG Frankfurt v. 21.12.2005 – 3/9 O 98/03, ZIP 2006, 335, 338 = AG 2006, 594; *K. Schmidt* in Großkomm. AktG, § 246 Rz. 59; *Zöllner* in KölnKomm. AktG, § 246 Rz. 67; *Hüffer* in MünchKomm. AktG, § 246 Rz. 58; *v. Feldmann* in MünchKomm. ZPO, § 184 Rz. 1.
55 In diesem Sinne – motiviert durch das 2002 in Kraft getretene Neufassung des § 178 ZPO – *Hüffer*, § 246 Rz. 34; ebenso *Heidel* in Heidel, § 246 Rz. 26; *Tielmann*, ZIP 2002, 1879, 1883.
56 Im Ergebnis wie hier OLG Celle v. 28.9.1988 – 9 U 78/87, ZIP 1989, 511 = AG 1989, 209; *Borsch*, AG 2005, 606, 607 f.; kritisch zur h.M. auch insoweit ferner *Westermann* in FS Hadding, S. 707, 715 f.

von der Klage unterrichtet[57], sondern nach § 189 ZPO erst, wenn die Klageschrift mindestens einem Mitglied des Aufsichtsrats tatsächlich zugeht.

Da die Gesellschaft nach Eröffnung des **Insolvenzverfahrens** ausnahmslos vom Insolvenzverwalter vertreten wird (Rz. 15) und dieser nach hier nicht zu diskutierender h.M. Partei kraft Amtes und nicht Organ oder Vertreter der Gesellschaft ist, können Vorstand und Aufsichtsrat nach Insolvenzeröffnung nicht mehr namens der Gesellschaft auf den Prozess einwirken[58]. Die Gegenansicht, die den Insolvenzverwalter als Organ der Gesellschaft ansieht, hält eine Mitwirkung des Aufsichtsrats ebenfalls für entbehrlich, weil in der Person des Verwalters typischerweise nicht die in § 246 Abs. 2 Satz 2 vorausgesetzte Interessenkollision bestehe[59]. Angesichts der umstrittenen Rechtslage empfiehlt es sich aber, die Klageschrift dem Vorstand, dem Aufsichtsrat und Insolvenzverwalter zustellen zu lassen[60].   18

2. Bei Klage von Vorstand oder Verwaltungsmitgliedern (§ 246 Abs. 2 Satz 3)

Wenn der Vorstand nach § 245 Nr. 4 Klage erhebt, ist er zur Vertretung der beklagten Gesellschaft nicht geeignet. In diesem Fall ist nur der Aufsichtsrat zur Vertretung berufen. Das gleiche gilt, wenn ein Vorstandsmitglied klagt. Klagt ein Mitglied des Aufsichtsrats, so ist nur der Vorstand zur Vertretung der Gesellschaft berufen. Mit dieser Regelung soll Interessenkollisionen vorgebeugt werden: Es sollen nicht Mitglieder desselben Organs sowohl auf Kläger- als auch auf Beklagtenseite erscheinen[61]. Klagen **sowohl Mitglieder des Vorstands als auch des Aufsichtsrats**, so sind beide Organe von der Vertretung der Gesellschaft ausgeschlossen[62]. In diesem Fall ist nach § 57 ZPO für die Gesellschaft ein **Prozesspfleger** zu bestellen[63]. Daneben kann die Hauptversammlung analog § 147 Abs. 2 Satz 1 für die Vertretung der Gesellschaft einen besonderen Vertreter bestellen[64].   19

3. Verteidigungspflicht der Vertretungsorgane

Wenn schon den Aktionären die Verteidigung des von ihnen mehrheitlich gefassten Beschlusses aus der Hand genommen wird, müssen sie wenigstens darauf vertrauen können, dass die Vertretungsorgane der Gesellschaft sich im Anfechtungsprozess für den Fortbestand des Beschlusses stark machen: Vorstand und Aufsichtsrat sind daher verpflichtet, den angefochtenen Beschluss gegen die Angriffe des Klägers zu verteidigen[65]. Gleichwohl hält die h.M. den Vorstand für befugt, dem Begehren des Beschlussmängelklägers durch ein **Anerkenntnis** nach § 307 ZPO mit der Folge eines Anerkenntnisurteils abzuhelfen[66]; nur vereinzelt wird dabei die Mitwirkung des Auf-   20

---

57 BGH v. 13.4.1992 – II ZR 105/91, NJW 1992, 2099, 2100 = AG 1992, 265; OLG Frankfurt v. 13.12.1983 – 5 U 110/83, WM 1984, 209, 212 = AG 1984, 110.
58 *Hüffer* in MünchKomm. AktG, § 246 Rz. 54.
59 *K. Schmidt* in Großkomm. AktG, § 246 Rz. 41.
60 *Heidel* in Heidel, § 246 Rz. 44; *Hüffer* in MünchKomm. AktG, § 246 Rz. 54.
61 *K. Schmidt* in Großkomm. AktG, § 246 Rz. 38; *Henn*, Aktienrecht, § 27 Rz. 949; *Hüffer*, § 246 Rz. 36; *Zöllner* in KölnKomm. AktG, § 246 Rz. 36; *Semler* in MünchHdb. AG, § 41 Rz. 70.
62 *Hüffer* in MünchKomm. AktG, § 246 Rz. 64; *Zöllner* in KölnKomm. AktG, § 246 Rz. 39.
63 OLG Hamburg v. 6.2.2003 – 11 W 9/03, AG 2003, 519; *K. Schmidt* in Großkomm. AktG, § 246 Rz. 38; *Hüffer* in MünchKomm. AktG, § 246 Rz. 64.
64 *K. Schmidt* in Großkomm. AktG, § 246 Rz. 38; *Hüffer* in MünchKomm. AktG, § 246 Rz. 64.
65 Zutreffend OLG Hamm v. 8.12.1986 – 8 U 73/86, NJW-RR 1987, 1319, 1321 = AG 1988, 80; *Volhard*, ZGR 1996, 55, 76 f.
66 RG JW 1938, 748, 750; LG Hannover v. 29.5.1992 – 23 O 64, 77/91, WM 1992, 1239, 1243 = AG 1993, 187; *Heidel* in Heidel, § 246 Rz. 35; *Austmann*, ZHR 158 (1994), 495, 508, 510 f.; *Bauschatz*, NZG 2002, 317, 321; *Bork*, ZIP 1992, 1205 ff.; *Diekgräf*, Sonderzahlungen an opponierende Kleinaktionäre im Rahmen von Anfechtungs- und Spruchstellenverfahren, S. 225 ff.;

sichtsrats verlangt[67]. Der Aktionär, der dies verhindern wolle, müsse dem Rechtsstreit auf seiten der Gesellschaft beitreten und dem Anerkenntnis widersprechen[68]. Ein **Geständnis**, das die Vertretungsorgane namens der Gesellschaft abgäben, löse die Widerrufssperre des § 290 ZPO aus[69]; erscheine niemand für die Gesellschaft, so ergehe gegen diese ein **Versäumnisurteil**[70]. Dies alles kann nicht überzeugen[71]. Wenn den Aktionären die Verteidigung des von ihnen gefassten Beschlusses aus der Hand geschlagen wird und statt ihrer zwingend die Gesellschaft als Beklagte auftritt, so wird damit tendenziell das rechtliche Gehör jener Aktionäre beschnitten. Die in § 246 Abs. 2 Satz 1 angeordnete Mediatisierung der Parteistellung hat vor Art. 103 Abs. 1 GG nur Bestand, wenn sich die Aktionäre darauf verlassen können, dass die Gesellschaft für den von ihnen gefassten Beschluss streitet. Der Vorstand kann sich von seiner Verteidigerrolle nur dadurch lossagen, dass er selbst nach § 245 Nr. 4 Klage erhebt. Konsequent sind Anerkenntnis- und Versäumnisurteil gegen die Gesellschaft unzulässig[72] und ein von den Vertretungsorganen namens der Gesellschaft abgegebenes Geständnis frei widerruflich[73]. Ein **Prozessvergleich** ist nur zulässig, wenn damit nicht auch nur teilweise Kassation des Beschlusses einhergeht[74].

V. Zuständigkeit (§ 246 Abs. 3 Satz 1–3)

21   Das Gericht am Sitz der Gesellschaft ist ausschließlich zuständig (§ 246 Abs. 3 Satz 1). Gerichtsstandsvereinbarungen sind damit unzulässig (§ 40 Abs. 2 Satz 1 Nr. 2 ZPO) und die Zuständigkeit eines anderen Gerichts durch rügelose Einlassung zur Hauptsache ausgeschlossen (§ 40 Abs. 2 Satz 2 ZPO). Bei **Doppelsitz** sind nicht etwa die Gerichte beider Sitze zuständig[75], sondern nur das Gericht jenes Bezirks, an dem

---

Emde, ZIP 1998, 1474; *Gehrlein*, AG 1994, 103, 105; *Hüffer*, § 246 Rz. 17; *Zöllner* in KölnKomm. AktG, § 246 Rz. 74; *Joost*, ZGR 1984, 71, 92 mit Fn. 81; *Lutter* in FS Helmrich, S. 685, 696; *Martens*, AG 1988, 118, 123; *Hüffer* in MünchKomm. AktG, § 246 Rz. 26; *Semler* in MünchHdb. AG, § 41 Rz. 77.

67 *Bork*, ZIP 1992, 1205, 1206.

68 Vgl. OLG Schleswig v. 28.1.1993 – 5 U 210/91, AG 1993, 431, 432; LG Hannover v. 29.5.1992 – 23 O 64, 77/91, WM 1992, 1239, 1243 = AG 1993, 187; *Austmann*, ZHR 158 (1994), 495, 508, 510 f.; *Bork*, ZIP 1992, 1205, 1210 ff.; *Diekgräf*, Sonderzahlungen an opponierende Kleinaktionäre im Rahmen von Anfechtungs- und Spruchstellenverfahren, S. 227; *Gehrlein*, AG 1994, 103, 110; *Zöllner* in KölnKomm. AktG, § 246 Rz. 74; *Semler* in MünchHdb. AG, § 41 Rz. 77. Der BGH (ZIP 1993, 1228, 1229) hat die Zulässigkeit des Anerkenntnisses im Anfechtungsrechtsstreit offen gelassen, aber „jedenfalls" gefordert, dass der Aktionär dies Anerkenntnis durch streitgenössische Nebenintervention auf Seiten der beklagten Gesellschaft müsse zu Fall bringen können.

69 *Bauschatz*, NZG 2002, 317, 321; *Zöllner* in KölnKomm. AktG, § 246 Rz. 73; *Koppensteiner* in Rowedder/Schmidt-Leithoff, GmbHG, § 47 Rz. 154; *Semler* in MünchHdb. AG, § 41 Rz. 77; *Römermann* in Michalski, GmbHG, Anh. § 47 Rz. 525; *K. Schmidt* in Scholz, GmbHG, § 45 Rz. 160.

70 *Heidel* in Heidel, § 246 Rz. 35; *Bauschatz*, NZG 2002, 317, 321; *K. Schmidt* in Großkomm. AktG, § 246 Rz. 72; *Hüffer*, § 246 Rz. 17; *Zöllner* in KölnKomm. AktG, § 246 Rz. 73; *Koppensteiner* in Rowedder/Schmidt-Leithoff, GmbHG, § 47 Rz. 154; *Lutter* in FS Helmrich, S. 685, 696; *Semler* in MünchHdb. AG, § 41 Rz. 77; *Römermann* in Michalski, GmbHG, Anh. § 47 Rz. 525.

71 Ausführlich zum Folgenden *Schwab*, Das Prozessrecht gesellschaftsinterner Streitigkeiten, S. 552 ff.

72 Für Anerkenntnisurteil ebenso *K. Schmidt* in Großkomm. AktG, § 246 Rz. 78; für Versäumnisurteil ebenso *Renkl*, Der Gesellschafterbeschluss, S. 125.

73 Im Ergebnis wie hier *Renkl*, Der Gesellschafterbeschluss, S. 126.

74 *K. Schmidt* in Großkomm. AktG, § 246 Rz. 74; *Hüffer*, § 246 Rz. 18.

75 So aber KG v. 31.1.1996 – 23 U 3989/94, AG 1996, 421; LG Berlin v. 26.5.1994 – 104 O 19/94, AG 1995, 41, 42; *Henn*, AG 1989, 230, 231.

die Gesellschaft ihren tatsächlichen inländischen Verwaltungssitz hat[76]. Die Annahme einer Doppelzuständigkeit ist mit dem in § 246 Abs. 3 Satz 5 zum Ausdruck gekommenen Konzentrationsanliegen nicht vereinbar. Die Anfechtungsklage gegen Beschlüsse einer durch **Verschmelzung** erloschenen Gesellschaft ist am Sitz der übernehmenden Gesellschaft zu erheben[77]. Der Beschlussmängelstreit ist **Handelssache** i.S. des § 95 Abs. 2 GVG. Die Kammer für Handelssachen entscheidet freilich, sofern vorhanden, nicht bloß auf Antrag einer Partei (§§ 96 Abs. 1, 98 Abs. 1 GVG), sondern nach § 246 Abs. 3 Satz 2 unabdingbar zwingend. Aus dem Verweis in § 246 Abs. 3 Satz 3 auf § 142 Abs. 5 Satz 5, 6 ergibt sich die Möglichkeit der **Zuständigkeitskonzentration** für mehrere Gerichtsbezirke. Die ausschließliche Zuständigkeit des Gerichts und selbst des Spruchkörpers dient der **Prozessökonomie**[78]; mit ihrer Hilfe soll zugleich verhindert werden, dass mehrere angerufene Gerichte mit ihrer Entscheidung bis zu einem Urteil durch das jeweils andere zuwarten und auf diese Weise eine Lähmung des Verfahrens eintritt[79].

VI. Erster Termin (§ 246 Abs. 3 Satz 4)

Um die nach § 246 Abs. 3 Satz 5 gebotene gemeinsame Verhandlung und Entscheidung (sogleich Rz. 23) nicht zu gefährden, ordnet § 246 Abs. 3 Satz 4 an, dass die mündliche Verhandlung **nicht vor Ablauf der Monatsfrist** (§ 246 Abs. 1) stattfinden darf. Damit wird sichergestellt, dass sämtliche fristgerecht eingegangenen Klagen in einem einheitlichen Termin abgehandelt werden. Vor Ablauf der Monatsfrist kann nicht einmal die Entscheidung darüber fallen, ob der Haupttermin durch einen frühen ersten Termin (§ 275 ZPO) oder durch ein schriftliches Vorverfahren (§ 276 ZPO) vorbereitet wird[80]; denn *wenn* ein früher erster Termin stattfindet, müssen alle Klagen in ihm verhandelt werden.

22

VII. Verbindungszwang (§ 246 Abs. 3 Satz 5)

1. Reichweite

Mehrere Anfechtungsklagen sind nach § 246 Abs. 3 Satz 5 zur gemeinsamen Verhandlung und Entscheidung zu verbinden. Das Gericht hat, anders als sonst (§ 147 ZPO), kein Ermessen. Die Verbindung ist auch dann zwingend, wenn die verschiedenen Klagen gegen **ein und denselben Beschluss** auf unterschiedliche Beschlussmängel gestützt sind. In diesem Fall ist auch dann zu verbinden, wenn eine Klage bei der Kammer für Handelssachen, die andere bei der allgemeinen Zivilkammer anhängig ist[81]. Die beiden Klagen sind dann vor der nach § 246 Abs. 3 Satz 2 zwingend zuständigen Kammer für Handelssachen zusammenzuführen. Kein Zwang zur Verbindung besteht dagegen, wenn die Klagen sich gegen verschiedene Beschlüsse richten, und zwar selbst dann nicht, wenn der eine Beschluss von dem anderen abhängig ist[82], etwa wenn ein Beschluss der Stammaktionäre angefochten wird, durch den stimm-

23

---

76 Ebenso *Bork*, ZIP 1995, 609, 616; *Heidel* in Heidel, § 246 Rz. 50; *Hüffer* in MünchKomm. AktG, § 246 Rz. 67; in diese Richtung ferner *K. Schmidt* in Großkomm. AktG, § 246 Rz. 63; kritisch hinsichtlich der doppelten Zuständigkeit auch LG Bonn v. 14.9.1994 – 12 O 12/94, AG 1995, 44.
77 LG Frankfurt v. 18.9.2006 – 3-05 O 42/06, NZG 2007, 120.
78 *Bork*, ZIP 1995, 609, 615.
79 *Bork*, ZIP 1995, 609, 615.
80 Ebenso *Hüffer*, § 246 Rz. 38.
81 *Zöllner* in KölnKomm. AktG, § 246 Rz. 80; *Hüffer* in MünchKomm. AktG, § 246 Rz. 70.
82 *K. Schmidt* in Großkomm. AktG, § 246 Rz. 66; *Zöllner* in KölnKomm. AktG, § 246 Rz. 81; *Hüffer* in MünchKomm. AktG, § 246 Rz. 69.

rechtslose Vorzugsaktien in Stammaktien umgewandelt werden, und ebenso eine damit zusammenhängende Satzungsänderung angegriffen wird, durch welche die Bevorzugung der Vorzugsaktionäre aus der Satzung entfernt wird[83].

2. Normzweck

24   Nach h.M. will § 246 Abs. 3 Satz 5 einander widersprechende Entscheidungen verschiedener Gerichte vermeiden[84]. Darin erschöpft sich indes der Zweck des Verbindungszwangs nicht. Vielmehr setzt der Verbindungszwang diejenige Zielsetzung fort, welche der Gesetzgeber bereits mit der ausschließlichen Zuständigkeit nach § 246 Abs. 3 Satz 1 verfolgt: Jener Zwang dient einer möglichst rationellen Entscheidung des Rechtsstreits. Im Übrigen enthält § 246 Abs. 3 Satz 5 eine mittelbare **Ausnahme vom Verbot mehrfacher Rechtshängigkeit der gleichen Streitsache** (§ 261 Abs. 3 Nr. 1 ZPO)[85]: Wenn eine Anfechtungsklage erhoben wird, würde dies an sich nach allgemeinen Regeln jeder weiteren Anfechtungsklage durch einen anderen Kläger entgegenstehen[86] – nach hier vertretener Ansicht freilich nur, soweit sich die gerügten Beschlussmängel decken, weil nur insoweit der Streitgegenstand identisch ist (oben Rz. 3). Die neue Klage wäre deshalb unzulässig, weil die Rechtskraft eines stattgebenden Urteils sich ohnehin auf den Zweitkläger erstrecken würde (§ 248). Damit aber wäre letzterer einer empfindlichen Rechtsschutzlücke ausgesetzt. Denn selbst wenn er sich als streitgenössischer Nebenintervenient am Prozess beteiligen würde, könnte er nicht verhindern, dass der Erstkläger die Klage nach Ablauf der Anfechtungsfrist zurücknimmt. Eine neue Klage könnte er dann wegen § 246 Abs. 1 nicht mehr erheben. Deshalb hindert die Rechtshängigkeit einer Anfechtungsklage nicht die Erhebung einer zweiten Klage in derselben Sache durch einen anderen Kläger. Eben diese Möglichkeit mehrerer Klagen mit identischem Streitgegenstand ist in § 246 Abs. 3 Satz 5 vorausgesetzt.

VIII. Rechtliches Gehör der übrigen Aktionäre

1. Bekanntmachungspflicht (§ 246 Abs. 4 Satz 1)

25   Der Vorstand hat nach § 246 Abs. 4 Satz 1 Klageerhebung und Verhandlungstermin unverzüglich in den Gesellschaftsblättern bekanntzumachen. Der Zweck dieser Regelung besteht darin, denjenigen Aktionären, die nicht schon als Kläger Partei des Verfahrens sind, die Beteiligung am Rechtsstreit zu ermöglichen[87]. Wird nämlich der Beschluss tatsächlich für nichtig erklärt, so wird der Beitrag der übrigen Aktionäre

---

83 OLG Stuttgart v. 23.1.1995 – 5 U 117/94, AG 1995, 283.

84 BGH v. 29.3.1996 – II ZR 124/95, BGHZ 132, 278, 285 = AG 1996, 318; OLG Hamm v. 8.12.1986 – 8 U 73/86, ZIP 1987, 780, 782 = AG 1988, 80; *Bork*, ZIP 1995, 609, 615; *Heuer*, AG 1989, 234, 236; *A. Hueck*, Anfechtbarkeit und Nichtigkeit von Generalversammlungsbeschlüssen bei Aktiengesellschaften, S. 170; *Semler* in MünchHdb. AG, § 41 Rz. 76; *K. H. Schwab* in FS Gaul, S. 729, 730; *Winte*, Die Rechtsfolgen der notwendigen Streitgenossenschaft unter besonderer Berücksichtigung der unterschiedlichen Grundlagen ihrer beiden Alternativen, S. 26.

85 Zutreffend *Bork*, ZIP 1995, 609, 612; ausführlich *Schwab*, Das Prozessrecht gesellschaftsinterner Streitigkeiten, S. 308 ff.

86 Dafür in der Tat *Emde*, ZIP 1998, 1475, 1476.

87 *Austmann*, ZHR 158 (1994), 495, 499; *Brüggemann*, JR 1969, 361, 364; *Calavros*, Urteilswirkungen zu Lasten Dritter, S. 147 f.; *Gehrlein*, AG 1994, 103, 108; *Häsemeyer*, ZHR 160 (1996), 117 f., 120; *Hüffer* in MünchKomm. AktG, § 246 Rz. 71; *K. Schmidt*, JZ 1988, 729, 735; *Schulte*, AG 1988, 67, 68; *Vohrmann*, Streitgenossenschaft und Rechtskrafterstreckung bei Klagen aus dem Gesellschaftsverhältnis, S. 65; *Vollmer*, ZGR 1982, 15, 24; *Wagner*, Prozessverträge, S. 590.

zur verbandsinternen Willensbildung zunichte gemacht. Bevor dies geschieht, haben folglich sämtliche Aktionäre einen Anspruch auf rechtliches Gehör (Art. 103 Abs. 1 GG)[88].

2. Streitgenössische Nebenintervention (§ 246 Abs. 4 Satz 2)

a) Interventionsbefugnis des Aktionärs

Das rechtliche Gehör wird auf zweierlei Weise sichergestellt: Wer den Beschluss angreifen will, kann bis zum Ablauf der Anfechtungsfrist eine eigene Klage erheben, ohne dass § 261 Abs. 3 Nr. 1 ZPO dem entgegenstünde (oben Rz. 24). Die übrigen Aktionäre können sich am Rechtsstreit auf beliebiger Seite als Nebenintervenienten beteiligen. Das gilt ohne Einschränkung für die Beteiligung auf **Beklagtenseite**: Keinem Aktionär kann es verwehrt werden, die Verteidigung der auf der Hauptversammlung gefundenen Willensbildung (neben der beklagten Gesellschaft) selbst in die Hand zu nehmen. Deshalb setzt die Interventionsbefugnis auf Beklagtenseite entgegen einer vereinzelt gebliebenen Ansicht[89] nicht das Erscheinen des Aktionärs in der Hauptversammlung voraus. Die Aktionäre dürfen sich auf eine sachgerechte Verteidigung des Beschlusses durch die Vertretungsorgane der Gesellschaft verlassen, müssen es aber nicht. Dagegen werden für die Nebenintervention auf **Klägerseite** zahlreiche Einschränkungen diskutiert: Die Interventionsbefugnis soll davon abhängen, dass der Aktionär selbst nach § 245 klagebefugt wäre[90] und/oder davon, dass die Intervention vor Ablauf der Klagefrist (§ 246 Abs. 1) erfolgt[91], schließlich davon, dass der Aktionär seine Aktien schon vor Bekanntmachung der Tagesordnung erworben hatte[92]. Der Gesetzgeber hat all diese Forderungen beim Erlass des UMAG nicht aufgegriffen, fordert aber, dass die Intervention auf Klägerseite spätestens einen Monat seit Bekanntmachung der Klage erklärt werden muss (§ 246 Abs. 4 Satz 2). Indes: Alle diese Einschränkungen – und das betrifft auch die in **§ 246 Abs. 4 Satz 2** getroffene Regelung – enthalten eine **verfassungswidrige Verkürzung des rechtlichen Gehörs**[93]. Die Konsequenz jener Einschränkungen besteht nämlich darin, dass ein Aktionär, der nicht (mehr) klagebefugt ist bzw. die Frist nach § 246 Abs. 4 Satz 2 hat verstreichen lassen, mit seinen Bedenken gegen den Beschluss nicht mehr gehört wird. Dafür ist nicht ansatzweise ein billigenswerter Grund ersichtlich. Namentlich taugt § 246 Abs. 4 Satz 2 nicht für den Kampf gegen räuberische Aktionäre (ausf. dazu § 245 Rz. 36 ff.): Deren Erpressungspotential wird ausschließlich aus ihrer Macht gespeist, die Klage zurückzunehmen oder aufrechtzuerhalten. Der Nebenintervenient hat jedoch auf die Klagerücknahme keinen Einfluss (sogleich Rz. 27). Insgesamt steht daher die Nebenintervention jedem Aktionär auf jeder Seite offen[94]. Die in § 246 Abs. 4

26

---

88 Im Ergebnis ebenso *Austmann*, ZHR 158 (1994), 495, 497; *Lindacher*, ZGR 1987, 121, 126; *Schröder*, Schiedsgerichtliche Konfliktbeilegung bei aktienrechtlichen Beschlussmängelklagen, S. 304. Vgl. auch BVerfG v. 9.2.1982 – 1 BvR 191/81, BVerfGE 60, 7, 13 ff. für den ähnlich liegenden Fall der Auflösungsklage in der GmbH.

89 *Windel*, Der Interventionsgrund des § 66 Abs. 1 ZPO als Prozessführungsbefugnis, S. 131.

90 LG Frankfurt v. 21.12.2005 – 3/9 O 98/03, ZIP 2006, 335, 336 = AG 2006, 594; *v. Falkenhausen/Kocher*, ZIP 2004, 1179, 1181; *Windel*, Der Interventionsgrund des § 66 Abs. 1 ZPO als Prozessführungsbefugnis, S. 131.

91 *V. Falkenhausen/Kocher*, ZIP 2004, 1179, 1181; *Waclawik*, WM 2004, 1361, 1366 f.

92 *Wilsing*, DB 2005, 35, 37.

93 Vgl. zum Ganzen bereits *Schwab*, das Prozessrecht gesellschaftsinterner Streitigkeiten, S. 320 f.

94 Im Ergebnis ebenso RGZ 164, 129, 131 f.; BGH v. 23.4.2007 – II ZB 29/05, ZIP 2007, 1528, 1529 f.; *Brändel* in FS Vieregge, S. 69, 77, 78 f.; *K. Schmidt* in Großkomm. AktG, § 246 Rz. 45 f.; *Heidel* in Heidel, § 246 Rz. 7; *Zöllner* in KölnKomm. AktG, § 246 Rz. 89 f.; *Schmitt*, Das Beschlussmängelrecht der Personengesellschaften, S. 170; *Wieser*, ZZP 112 (1999), 439, 443 f.

Satz 2 niedergelegte Interventionsfrist gilt, selbst wenn man die Vorschrift für verfassungskonform hält, nicht für den vor dem 1.11.2005 erklärten Streitbeitritt[95]. Zur Nebenintervention ist des weiteren jedes Mitglied des Vorstands oder Aufsichtsrats berechtigt[96], der Vorstand dagegen nur dann, wenn er auf Klägerseite beitritt; denn nur für den Angriff gegen den Beschluss ist er nach § 245 Nr. 4 parteifähig[97].

b) Rechtsstellung des intervenierenden Aktionärs

27   Da sich die Rechtskraft des stattgebenden Urteils auf alle Aktionäre erstreckt (§ 248), handelt es sich i.S. des § 69 ZPO um eine streitgenössische Nebenintervention[98]. Die Intervention auf Beklagtenseite lässt sich zwar nicht leicht unter den Wortlaut des § 69 ZPO subsumieren, weil nicht jeder Beschluss ein Rechtsverhältnis zwischen dem auf Gesellschaftsseite beitretenden und dem klagenden Aktionär betrifft. Dies steht jedoch der Anwendung des § 69 ZPO nicht entgegen; diese Vorschrift ist vielmehr für den Prozess über multipolare Rechtsverhältnisse erweiternd auszulegen[99]. Wenn der Aktionär beitritt, hat er die **Stellung** eines **prozessual notwendigen Streitgenossen** (§ 62 ZPO) inne. Das bedeutet, dass für ihn die Beschränkungen des § 67 ZPO nicht gelten. Der beigetretene Aktionär kann vielmehr Prozesshandlungen auch gegen den Willen der von ihm unterstützten Partei vornehmen. Er kann Tatsachen bestreiten, welche die von ihm unterstützte Partei zugestanden hat. Er kann beim Beitritt auf Beklagtenseite einem Anerkenntnis der Gesellschaft, sofern man ein solches denn überhaupt für zulässig hält, widersprechen mit der Folge, dass jedenfalls in diesem Fall ein Anerkenntnisurteil nach § 307 ZPO nicht ergehen darf. Ist die unterstützte Hauptpartei im Termin zur mündlichen Verhandlung säumig, der intervenierende Aktionär aber anwesend, so darf wegen der Vertretungsfiktion gem. § 62 Abs. 1 ZPO kein Versäumnisurteil ergehen. Die Rücknahme der Klage kann freilich selbst der auf Klägerseite intervenierende Aktionär nicht verhindern[100]. Ein Rechtsmittel kann auch von einem Aktionär eingelegt werden, der vor Verkündung des erstin-

95 BGH v. 23.4.2007 – II ZB 29/05, ZIP 2007, 1528, 1530 f.
96 *K. Schmidt* in Großkomm. AktG, § 246 Rz. 43; *Heidel* in Heidel, § 246 Rz. 7.
97 Zutreffend *Hüffer*, § 246 Rz. 5.
98 Vgl. RGZ 164, 129, 131 f.; BGH v. 28.9.1998 – II ZB 16/98, ZIP 1999, 192 = AG 1999, 228; BGH v. 30.4.2001 – II ZR 328/00, GmbHR 2001, 576 f.; OLG München v. 15.11.2000 – 7 U 3916/00, NZG 2001, 616, 617; OLG Schleswig v. 28.1.1993 – 5 U 210/91, AG 1993, 431, 432; *Bayer*, ZIP 2003, 881, 888; *Becker*, ZZP 97 (1984), 314, 337 mit Fn.76; *Bork*, ZIP 1992, 1205, 1210 f.; *Brändel* in FS Vieregge, S. 69, 77 ff.; *Brandes*, WM 2000, 53, 56; *Eickhoff*, Die Gesellschafterklage im GmbH-Recht, S. 127 f.; *Emde*, GmbHR 2000, 489, 490; *Häsemeyer*, ZHR 160 (1996), 109, 120; *A. Hueck*, Anfechtbarkeit und Nichtigkeit von Generalversammlungsbeschlüssen bei Aktiengesellschaften, S. 176 f.; *Zöllner* in KölnKomm. AktG, § 246 Rz. 91; *Weth* in Musielak, ZPO, § 69 Rz. 4; *Noack*, Fehlerhafte Beschlüsse in Gesellschaften und Vereinen, S. 87; *Petermann*, BB 1996, 277, 279; *Rosenberg/Schwab/Gottwald*, Zivilprozessrecht, § 50 VI 1 (S. 271); *K. Schmidt*, ZGR 1988, 523, 532; *Schmitt*, Das Beschlussmängelrecht der Personengesellschaften, S. 170; *Schröder*, Schiedsgerichtliche Konfliktbeilegung bei aktienrechtlichen Beschlussmängelklagen, S. 305; *Schulte*, AG 1988, 67, 68; *Steinmeyer/Seidel*, DStR 1999, 2077; *Ulmer*, NJW 1987, 1849, 1854; *Vohrmann*, Streitgenossenschaft und Rechtskrafterstreckung bei Klagen aus dem Gesellschaftsverhältnis, S. 65; *Mansel* in Wieczorek, ZPO, § 69 Rz. 23; *Vollkommer* in Zöller, ZPO, § 69 Rz. 2.
99 Näher dazu *Austmann*, ZHR 158 (1994), 495, 508 f.; *Gehrlein*, AG 1994, 103, 109; *Lutter* in FS Helmrich, S. 685, 696 f.; *Schwab*, Das Prozessrecht gesellschaftsinterner Streitigkeiten, S. 314 ff.
100 OLG Köln v. 26.6.2003 – 18 U 168/02, AG 2003, 522, 523 f.; OLG Stuttgart v. 13.5.2005 – 20 W 9/05, AG 2005, 662; *Austmann*, ZHR 158 (1994), 495, 512; *Brändel* in FS Vieregge, S. 69, 80; *K. Schmidt* in Großkomm. AktG, § 246 Rz. 45; *W. Lüke*, Die Beteiligung Dritter im Zivilprozess, S. 215; *Hüffer* in MünchKomm. AktG, § 246 Rz. 7; allgemein für sämtliche Fälle der streitgenössischen Nebenintervention auf Klägerseite *Bork* in Stein/Jonas, ZPO, § 69 Rz. 7; *Mansel* in Wieczorek, ZPO, § 69 Rz. 53; *Vollkommer* in Zöller, ZPO, § 69 Rz. 6.

stanzlichen Urteils dem Rechtsstreit noch nicht beigetreten war. Das Urteil ist einem solchen Aktionär indes nicht gesondert zuzustellen. Die Rechtsmittelfrist läuft für ihn vielmehr ab dem Zeitpunkt, ab dem das Urteil der unterstützten Hauptpartei zugestellt worden ist[101]. Die Zustellung des Urteils an sich selbst kann nur derjenige erwarten, der im vorangegangenen Prozessverlauf tatsächlich als Nebenintervenient in Erscheinung getreten ist. An den **Kosten** des Rechtsstreits ist der intervenierende Aktionär nach §§ 101 Abs. 2, 100 ZPO ebenso zu beteiligen wie die Hauptparteien; der Intervenient steht insoweit kostenrechtlich einer Partei gleich[102].

c) Folgen der Gehörsverweigerung

Wird das rechtliche Gehör des Aktionärs beschnitten – etwa indem entgegen § 246 Abs. 4 Satz 1 die Bekanntmachung versäumt wird –, und wird nachfolgend der angefochtene Beschluss für nichtig erklärt, so bleibt es gleichwohl dabei, dass sich die Rechtskraft des Urteils auf sämtliche Aktionäre erstreckt. Das gleiche gilt für die Gestaltungswirkung: Auch diese muss selbst derjenige Aktionär gegen sich gelten lassen, dem pflichtwidrig keine Gelegenheit zur Prozessbeteiligung gegeben wurde. Wenn freilich dem Aktionär die Möglichkeit der Prozessbeteiligung gänzlich genommen war, ist sein rechtliches Gehör noch stärker berührt als wenn er als Partei verklagt worden und dabei (bloß) nicht ordnungsgemäß vertreten worden wäre. Da die nicht ordnungsgemäße Vertretung nach § 579 Abs. 1 Nr. 4 ZPO die **Wiederaufnahme des Verfahrens** rechtfertigt, gilt Gleiches erst recht, wenn dem Aktionär die Prozessbeteiligung als Ganzes verwehrt wurde: Entsprechend § 579 Abs. 1 Nr. 4 ZPO kann der Aktionär das Anfechtungsurteil dann im Wege der Nichtigkeitsklage angreifen[103]. 28

IX. Die positive Beschlussfeststellungsklage

1. Grundidee

Wird ein Beschluss angefochten, durch den ein Beschlussantrag abgelehnt wurde, so kann auch dieser wegen Gesetzes- oder Satzungsverstoßes angefochten werden. Wird der Beschluss für nichtig erklärt, hat der Anfechtungskläger sein Rechtsschutzziel freilich nicht erreicht. Denn das Anfechtungsurteil entfaltet lediglich **kassatorische Wirkung**, beseitigt also bloß den Ablehnungsbeschluss[104]. Dem Kläger aber ist daran gelegen, dass die Annahme des Beschlussantrags festgestellt wird. Um dies gerichtlich durchzusetzen, kann er neben der Anfechtungsklage gegen den ablehnenden Beschluss eine sog. positive Beschlussfeststellungsklage erheben. Das Gericht wird, wenn diese Klage durchdringt, feststellen, dass der Beschlussantrag angenommen wurde. 29

2. Anwendungsbereich

a) Zählfehler

Das vom Versammlungsleiter festgestellte Abstimmungsergebnis ist ungeachtet dessen, ob dies Ergebnis korrekt ermittelt wurde, vorläufig verbindlich[105]. Der Beschluss 30

---

101 BGH v. 8.11.2004 – II ZB 41/03, WM 2005, 77, 78 = AG 2005, 89.
102 BGH v. 18.6.2007 – II ZB 23/06, AG 2007, 547, 548.
103 *W. Lüke*, Die Beteiligung Dritter im Zivilprozess, S. 197; *Schwab*, Das Prozessrecht gesellschaftsinterner Streitigkeiten, S. 322 f.
104 RGZ 146, 71, 72 f.; RGZ 146, 123, 129; BGH v. 13.3.1980 – II ZR 54/78, BGHZ 76, 191, 198 = AG 1980, 187; BGH v. 17.9.1954 – II ZR 136/62, WM 1964, 1188, 1191; *K. Schmidt* in Großkomm. AktG, § 246 Rz. 99; *Zöllner* in KölnKomm. AktG, § 248 Rz. 24.
105 RGZ 75, 239, 242 f.; RGZ 89, 367, 379; RGZ 122, 102, 107; RGZ 142, 123, 127; BGH v. 9.6.1954 – II ZR 70/53, BGHZ 14, 25, 35; BGH v. 13.3.1980 – II ZR 54/78, BGHZ 76, 191, 197

ist also zunächst mit dem vom Versammlungsleiter verkündeten Inhalt zustande gekommen. Dies ergibt sich aus § 130 Abs. 2[106]. Die verbindliche Beschlussfeststellung
ist notwendige Funktionsbedingung für die in § 246 Abs. 2 Satz 1 fixierte Beklagtenrolle der Gesellschaft; denn diese Feststellung definiert die Rechtsbehauptung, mit
welcher die Gesellschaft in den Rechtsstreit eintritt (Verteidigung des verkündeten
Beschlusses, oben Rz. 20). Hat der Versammlungsleiter also die **Ablehnung des Beschlussantrags** verkündet, so hat es damit zunächst sein Bewenden. Der Beschluss
ist aber **gesetzwidrig zustande gekommen**, wenn angesichts des tatsächlichen Stim-
mengewichts eigentlich die **Annahme des Beschlussantrags hätte verkündet werden
müssen**. Dieser Gesetzesverstoß führt zur Anfechtbarkeit des Ablehnungsbeschlus-
ses[107]. In diesem Fall kann der Kläger neben der Nichtigerklärung des verkündeten
(negativen) Beschlusses außerdem die (positive Beschluss-) Feststellung begehren, der
Beschlussantrag sei in Wahrheit angenommen worden[108].

b) Treuwidrige Ablehnung des Beschlussantrags

31   Wenn (ausnahmsweise) die Aktionäre kraft ihrer Treupflicht verpflichtet gewesen
wären, der Beschlussvorlage zuzustimmen, diese Vorlage aber gleichwohl nicht die
nötige Mehrheit erreicht hat, und deswegen der Versammlungsleiter die Ablehnung
des Beschlussantrags verkündet, findet auch hiergegen die positive Beschlussfeststellungsklage statt[109]. Die h.M. gelangt zu diesem Ergebnis bereits auf dem Boden ihrer
These, dass die treuwidrige Stimme nichtig sei: Solche Stimmen seien wie Enthaltungen zu werten[110]; der Versammlungsleiter dürfe sie bei Ermittlung des Abstimmungsergebnisses nicht mitzählen[111]. Die treuwidrige Ablehnung des Beschlussan-

---

= AG 1980, 187; BGH v. 26.5.1975 – II ZR 34/74, NJW 1975, 2101; BGH v. 23.9.1996 – II ZR
126/85, DB 1997, 153, 155; *Grumann/Gillmann*, NZG 2004, 839, 841; *Hüffer*, § 246 Rz. 42;
Zöllner in KölnKomm. AktG, § 241 Rz. 10.

106 *Stützle/Walgenbach*, ZHR 155 (1991), 516, 519.
107 BGH v. 13.3.1980 – II ZR 54/78, BGHZ 76, 191, 197 = AG 1980, 187; KG v. 13.4.1995 – 2 U
582/94, GmbHR 1995, 735; *Hüffer*, § 246 Rz. 42; *K. Schmidt*, AG 1977, 205, 209; *K. Schmidt*,
NJW 1986, 2018, 2019; *K. Schmidt*, GmbHR 1992, 9, 12; *Zöllner*, ZGR 1982, 623, 627.
108 BGH v. 13.3.1980 – II ZR 54/78, BGHZ 76, 191, 198 f. = AG 1980, 187; BGH v. 26.10.1983 – II
ZR 87/83, BGHZ 88, 320, 329; BGH v. 20.1.1986 – II ZR 73/85, BGHZ 97, 28, 30 = AG 1986,
256; OLG Düsseldorf v. 24.2.2000 – 6 U 77/99, GmbHR 2000, 1050, 1052; *Brandes*, WM
1984, 289, 298; *Emde*, ZIP 1998, 1475; *K. Schmidt* in Großkomm. AktG, § 246 Rz. 102; *Ha-
betha*, DZWiR 1996, 447, 451 f.; *Joost*, ZGR 1984, 71, 94; *Zöllner* in KölnKomm. AktG,
§ 248 Rz. 25; *Lindacher*, ZGR 1987, 121, 125; *Lutter*, ZGR 1998, 191, 208; *Saenger*, GmbHR
1997, 112, 116; *Winter*, Mitgliedschaftliche Treubindungen im GmbH-Recht, S. 169.
109 BGH v. 26.10.1983 – II ZR 87/83, BGHZ 88, 320, 330; OLG Hamm v. 3.7.1991 – 8 U 11/91,
GmbHR 1992, 458, 460; *Arnold*, Der Gewinnauszahlungsanspruch des GmbH-Minderheitsgesellschafters, S. 225 ff.; *Brandes*, WM 1984, 289, 298; *Häsemeyer*, ZHR 160 (1996), 109,
120; *Saenger*, GmbHR 1997, 112, 116; *Steindorff* in FS Rittner, S. 675, 693; *Weber*, Treubindungen, S. 78; *Winter*, Mitgliedschaftliche Treubindungen im GmbH-Recht, S. 170 f.
110 *Sester*, Treupflichtverletzung bei Widerspruch und Zustimmungsverweigerung im Recht der
Personengesellschaften, S. 140; *Winter*, Mitgliedschaftliche Treubindungen im GmbH-
Recht, S. 170.
111 BGH v. 5.2.1990 – II ZR 114/89, DB 1990, 929; BGH v. 19.1.1990 – II ZR 88/89, ZIP 1991, 23,
24 = AG 1991, 137; ZIP 1993, 1228, 1230; OLG Stuttgart v. 8.10.1999 – 20 U 59/99, DB 1999,
2256, 2257; OLG Düsseldorf v. 8.3.2001 – 6 U 64/00, GmbHR 2001, 1050, 1053; OLG Hamburg v. 28.6.1991 – 11 U 148/90, GmbHR 1992, 43, 45; OLG München v. 4.12.1998 – 23 U
2700/95, NZG 1999, 591, 593; OLG Stuttgart v. 8.10.1999 – 20 U 59/99, BB 1999, 2316, 2317
= AG 2000, 369; *Altmeppen*, DB 1998, 49, 54; *Arnold*, Der Gewinnauszahlungsanspruch des
GmbH-Minderheitsgesellschafters, S. 225; *Casper*, Heilung, S. 264; *Lutter*, ZHR 162 (1998),
164, 169; *Lutter/Grunewald*, AG 1989, 109, 114; *Rützel*, ZIP 1996, 1961, 1964; *Seidel*, Die
mangelnde Bedeutung mitgliedschaftlicher Treupflichten im Willensbildungsprozess der
GmbH, S. 198; *Sester*, Treupflichtverletzung bei Widerspruch und Zustimmungsverweigerung im Recht der Personengesellschaften, S. 159; *Zöllner*, Die Schranken mitgliedschaftli-

trags erscheint auf dieser Grundlage als ein Unterfall des Zählfehlers. Indes ist nach hier vertretener Ansicht die Stimmabgabe nicht schon dann nichtig, wenn mit ihr gegen die Treupflicht verstoßen wird (näher § 243 Rz. 5). Der Versammlungsleiter hat vielmehr auch treuwidrige Stimmen mitzuzählen und folglich ein korrektes Ergebnis verkündet, wenn unter Berücksichtigung dieser Stimmen der Beschlussantrag keine Mehrheit gefunden hat. Gleichwohl ist auch auf dem Boden dieser Handhabung die positive Beschlussfeststellungsklage statthaft: Sie entpuppt sich als eine echte **beschlussersetzende Gestaltungsklage**. Das Gericht ist berechtigt, sich über die pflichtwidrige Ablehnung der Beschlussvorlage hinwegzusetzen und das Zustandekommen des eigentlich rechtlich gebotenen Zustimmungsbeschlusses festzustellen.

3. Verfahren

Die **Befugnis**, positive Beschlussfeststellungsklage zu erheben, steht jedem zu, der nach § 245 klagebefugt ist[112]. Sie ist namentlich nicht davon abhängig, dass der klagende Aktionär das Einberufungsquorum erfüllt[113]. Denn die positive Beschlussfeststellungsklage dient nur der Komplettierung des Anfechtungsrechtsschutzes und ist konsequent an dieselben Voraussetzungen geknüpft wie dieser. Folgerichtig muss auch sie innerhalb der **Frist** des § 246 Abs. 1 erhoben werden[114]. Sie kann nur durchgreifen, wenn außerdem fristgerecht Anfechtungsklage erhoben wird[115]. Die Klage ist nach § 246 Abs. 2 Satz 1 **gegen die Gesellschaft** zu richten; die Aktionäre, die ihre Zustimmung verweigert haben, müssen nicht mitverklagt werden[116], sondern ggf. selbst die Initiative für die Verteidigung ihrer Rechte ergreifen, indem sie auf Seiten der Gesellschaft als streitgenössische Nebenintervenienten beitreten. Damit dies geschehen kann, hat der Vorstand die Klage nach § 246 Abs. 4 in den Gesellschaftsblättern **bekanntzumachen**[117]. Das stattgebende Urteil wirkt **Rechtskraft** gegen die in § 248 genannten Personen[118]. Da das stattgebende positive Beschlussfeststellungsurteil den

32

---

cher Stimmrechtsmacht bei den privatrechtlichen Personenverbänden, S. 371; *Zöllner*, ZHR 155 (1991), 168, 174.

112 *Römermann* in Michalski, GmbHG, Anh. § 47 Rz. 575; *K. Schmidt* in Scholz, GmbHG, § 45 Rz. 181.

113 So aber *Casper*, Heilung, S. 264.

114 BGH v. 13.3.1980 – II ZR 54/78, BGHZ 76, 191, 199 = AG 1980, 187; OLG Celle v. 15.5.1996 – 9 U 185/95, GmbHR 1997, 172, 174; OLG Hamm v. 3.7.1991 – 8 U 11/91, GmbHR 1992, 458, 460; OLG Koblenz v. 12.1.1989 – U 1953/87, GmbHR 1990, 39, 40; *K. Schmidt* in Großkomm. AktG, § 246 Rz. 6, 109; *Hüffer*, § 246 Rz. 43; *Zöllner* in KölnKomm. AktG, § 246 Rn. 26; *Rützel*, ZIP 1996, 1961, 1963; *Zöllner*, Die Schranken mitgliedschaftlicher Stimmrechtsmacht bei den privatrechtlichen Personenverbänden, S. 411; *Zöllner*, ZGR 1982, 623, 628.

115 *K. Schmidt* in Großkomm. AktG, § 246 Rz. 103; *Hüffer*, § 246 Rz. 43; *Mülbert*, Aktiengesellschaft, Unternehmensgruppe und Kapitalmarkt, S. 247; *Rützel*, ZIP 1996, 1961, 1962; *Zöllner*, ZGR 1982, 623, 625 f.; *Zöllner*, Die Schranken mitgliedschaftlicher Stimmrechtsmacht bei den privatrechtlichen Personenverbänden, S. 411.

116 So aber *Maier-Reimer* in FS Oppenhoff, S. 193, 208, 211; *K. Schmidt*, NJW 1980, 2018, 2021; *Winter*, Mitgliedschaftliche Treubindungen im GmbH-Recht, S. 170 f.; *Winter*, ZHR 154 (1990), 259, 275. Anders nur, wenn die betroffenen Aktionäre *tatsächlich* als streitgenössische Nebenintervenienten beitreten (*K. Schmidt*, NJW 1980, 2018, 2021; *Winter*, Mitgliedschaftliche Treubindungen im GmbH-Recht, S. 171). Der BGH hält „jedenfalls" dann, wenn ein solcher Beitritt erfolgt, die ergänzende Leistungsklage gegen die opponierenden Aktionäre für entbehrlich (BGH v. 26.10.1983 – II ZR 87/83, BGHZ 88, 320, 330 f.).

117 BGH v. 20.1.1986 – II ZR 73/85, BGHZ 97, 28, 31 = AG 1986, 256; OLG Düsseldorf v. 24.2.2000 – 6 U 77/99, GmbHR 2000, 1050, 1052; *Baums*, DJT 2000, S. F 193; *Brandes*, WM 1984, 289, 298; *Mülbert*, Aktiengesellschaft, Unternehmensgruppe und Kapitalmarkt, S. 247; *Rützel*, ZIP 1996, 1961, 1967; *K. Schmidt*, AG 1980, 169, 172; *K. Schmidt*, NJW 1986, 2018, 2021; *Zöllner*, ZGR 1982, 623, 630.

118 BGH v. 13.3.1980 – II ZR 54/78, BGHZ 76, 191, 199 = AG 1980, 187; BGH v. 10.5.2001 – II ZR 262/00, DB 2001, 1773, 1774; *Baums*, DJT 2000, S. F 192; *Brandes*, WM 1984, 289, 298;

vom Versammlungsleiter verkündeten Beschluss inhaltlich verändert, handelt es sich um ein Gestaltungsurteil[119] und entfaltet daher (freilich nur den gegenüber den in § 248 Genannten[120]) **Gestaltungswirkung**. Damit wird der Rechtsschutz des Klägers auf wesentlich einfachere Weise verwirklicht, als wenn der Kläger die übrigen Aktionäre auf Zustimmung zur Beschlussvorlage verklagen müsste. Für diese Vereinfachung sorgen namentlich das Gestaltungsklageprinzip und die Beklagtenrolle der Gesellschaft. Die Legitimation für diese Handhabung ergibt sich aus den gleichen Überlegungen, die ganz allgemein die Vereinfachung des Rechtsschutzes in Beschlussmängelstreitigkeiten rechtfertigen: Ebenso wie das materielle Recht mittels des Mehrheitsprinzips die Handlungsfähigkeit der Gesellschaft über das Einzelinteresse des Aktionärs stellt, sorgt das Prozessmodell der § 241 ff. für eine Vereinfachung des Rechtsschutzes und stellt individuelle Belange des einzelnen Aktionärs (in diesem Fall: derjenigen Aktionäre, die gegen den Beschlussantrag gestimmt haben) hintan[121].

X. Schiedsfähigkeit von Beschlussmängelstreitigkeiten

1. Keine prinzipielle Ausschließlichkeit des staatlichen Rechtswegs

33   Die Entscheidung über die Anfechtung von Hauptversammlungsbeschlüssen ist nicht etwa schon kraft Natur der Sache den staatlichen Gerichten vorbehalten. Vielmehr können die Aktionäre aus Anlass einer konkreten Auseinandersetzung um die Rechtmäßigkeit eines Beschlusses die Zuständigkeit eines Schiedsgerichts vereinbaren[122]. Dagegen spricht auch nicht die in § 246 Abs. 3 Satz 1 angeordnete ausschließliche Zuständigkeit des Landgerichts am Sitz der Gesellschaft[123]: Diese Norm regelt nur die Zuständigkeit unter den staatlichen Gerichten, besagt aber nichts für die Frage, ob der staatliche Rechtsschutz als ganzes abbedungen werden kann[124]. Die Zulässigkeit einer **statutarischen Schiedsklausel** wird freilich unter Berufung auf § 23 Abs. 5 bestritten[125]: Die Befugnis, vor staatlichen Gerichten Rechtsschutz gegen fehlerhafte Be-

---

Hüffer, § 246 Rz. 43; *Maier-Reimer* in FS Oppenhoff, S. 193, 204; *Rützel*, ZIP 1996, 1961, 1966; *K. Schmidt*, AG 1980, 169, 170; *Schröder*, Schiedsgerichtliche Konfliktbeilegung bei aktienrechtlichen Beschlussmängelklagen, S. 271; *Winter*, Mitgliedschaftliche Treubindungen im GmbH-Recht, S. 169.

119 OLG Koblenz v. 12.1.1989 – U 1053/87, GmbHR 1990, 39, 40; *Hüffer*, § 248 Rz. 9; *Koch*, Das Anfechtungsklageerfordernis im GmbH-Beschlussmängelrecht, S. 174; *Mülbert*, Aktiengesellschaft, Unternehmensgruppe und Kapitalmarkt, S. 247; *K. Schmidt*, AG 1980, 169, 170; *K. Schmidt*, NJW 1986, 2018, 2020; *K. Schmidt*, GmbHR 1992, 9, 10 f.; *Schröder*, Schiedsgerichtliche Konfliktbeilegung bei aktienrechtlichen Beschlussmängelklagen, S. 271; *Sester*, Treupflichtverletzung durch Widerspruch und Zustimmungsverweigerung im Recht der Personengesellschaften, S. 158; *Winter*, Mitgliedschaftliche Treubindungen im GmbH-Recht, S. 169; *Zöllner*, ZGR 1982, 623, 628.

120 Zur Ablehnung der These von der Gestaltungswirkung *erga omnes* § 248 Rz. 5.

121 Ausführlich *Schwab*, Das Prozessrecht gesellschaftsinterner Streitigkeiten, S. 336 ff.

122 *Hüffer* in MünchKomm. AktG, § 246 Rz. 31; *K. Schmidt*, AG 1995, 551, 553.

123 So aber ältere Rechtsprechung; vgl. BGH v. 4.7.1951 – II ZR 117/50, MDR 1951, 674; BGH v. 11.7.1966 – II ZR 134/65, WM 1966, 1132, 1133; OLG Hamm v. 8.12.1986 – 8 U 73/86, NJW-RR 1987, 1319 = AG 1988, 80.

124 So jetzt auch BGH v. 29.3.1996 – II ZR 124/95, BGHZ 132, 278, 281 = AG 1996, 318; ebenso OLG Düsseldorf v. 14.11.2003 – 16 U 95/98, NZG 2004, 916, 919; *Bork*, ZHR 160 (1996), 374, 376; *Ebenroth/Bohne*, BB 1996, 1393, 1394; *Henze*, ZGR 1988, 542, 551; *Kornmeier*, DB 1980, 193, 194; *Petermann*, BB 1996, 277, 278; *K. Schmidt*, AG 1995, 551; *K. Schmidt*, ZHR 162 (1998), 265, 271; *Schlosser*, JZ 1996, 1020; *Timm* in FS Fleck, S. 365, 375; *Timm*, ZIP 1996, 445, 446.

125 BGH v. 4.7.1951 – II ZR 117/50, MDR 1951, 674; *Henze*, ZIP 2002, 97, 99 f.; *Hüffer*, § 246 Rz. 19; *K. Schmidt*, ZGR 1988, 521, 537 f.; *K. Schmidt*, AG 1995, 551, 553; *K. Schmidt*, ZHR 162 (1988), 265, 282.

schlüsse zu suchen, gehöre zum unverrückbaren Kernbestand des Individualschutzes; wo das Gesetz staatlichen Rechtsschutz verheiße, stehe es dem Satzungsgeber nicht zu, diesen in Frage zu stellen. Dem wird mit Recht entgegengehalten, dass die Zuständigkeit für den Rechtsschutz nicht zur nach § 23 Abs. 5 zwingenden Verfassung der Gesellschaft gehört[126] und dass die Schiedsfähigkeit von Rechtsstreitigkeiten spezieller in den §§ 1025 ff. ZPO geregelt ist[127]. Die statutarische Schiedsklausel ist daher **zulässig.** Aus praktischen Gründen wird ein Schiedsverfahren aber nur bei geschlossenem und numerisch überschaubarem Aktionärskreis in Betracht kommen[128].

2. Vergleichsfähigkeit

Die Schiedsfähigkeit von Beschlussmängelstreitigkeiten war lange mit dem Argument bestritten worden, solche Streitigkeiten seien objektiv nicht vergleichsfähig: Es gehe um die rechtliche Kontrolle von Hauptversammlungsbeschlüssen. Bei der Frage, ob diese rechtmäßig seien oder nicht, gebe es keine Kompromisse[129]. Außerdem lasse sich im Vergleichswege niemals die rückwirkende Vernichtung des Beschlusses bewirken[130]. Der Beschluss könne schließlich Drittwirkung entfalten; so könne vom Dividendenbeschluss die Tantieme der Geschäftsleitung abhängen[131]. Das erstgenannte Argument wäre zutreffend, wenn ein Vergleich im Beschlussmängelprozess zwingend die Klärung der Rechtmäßigkeit des Beschlusses beinhalten müsste. Eben dies ist jedoch nicht der Fall. Entscheidend ist allein, dass die Aktionäre den Beschluss ebensogut einvernehmlich wieder aufheben können[132]. Die **objektive Vergleichsfähigkeit** ist damit gegeben[133]. Die Aktionäre können im Vergleich vereinbaren, sich so behandeln zu lassen, als hätte es den Beschluss nie gegeben, dies kommt einer Rückwirkung zumindest nahe. Die Idee von der Drittwirkung von Beschlüssen ist bereits im Ansatz abzulehnen (näher § 248 Rz. 5): Dritte haben die Willensbildung in der AG in dem Zustand hinzunehmen, in dem sie sich befindet. Ebenso wenig ist an der **subjektiven Vergleichsfähigkeit** zu zweifeln[134]: Es trifft zwar zu, dass die Gesellschaft als Beklagte des Anfechtungsprozesses sich nicht über den Beschluss mit der Maßgabe vergleichen kann, dass dieser aufgehoben wird (oben Rz. 20). Wohl aber können die *Parteien der Schiedsvereinbarung,* nämlich die Aktionäre, sich auf die vergleichsweise Aufhebung oder Abänderung des Beschlusses verständigen[135]. Ist die

34

---

126 *Bork,* ZHR 160 (1996), 374, 377.

127 *Lüke/Blenske,* ZGR 1998, 253, 257 f.

128 Insoweit zutreffend *Henze,* ZIP 2002, 97, 100.

129 Besonders deutlich OLG Hamm v. 8.12.1986 – 8 U 73/86, NJW-RR 1987, 1319, 1320 = AG 1988, 80; zustimmend *Henze,* ZGR 1988, 542, 553 f.; im Ergebnis ebenso schon BGH v. 4.7.1951 – II ZR 117/50, MDR 1951, 674; BGH v. 11.7.1966 – II ZR 134/65, WM 1966, 1132, 1133.

130 *Bork,* ZZP 100 (1987), 249, 268.

131 *Petermann,* BB 1996, 277, 280 f.

132 Zutreffend BGH v. 29.3.1996 – II ZR 124/95, BGHZ 132, 278, 282 f. = AG 1996, 318.

133 Im Ergebnis ebenso und mit z.T. vergleichbarer Begründung OLG Düsseldorf v. 14.11.2003 – 16 U 95/98, NZG 2004, 916, 919; OLG Karlsruhe v. 16.2.1995 – 19 U 169/94, WM 1995, 667, 668; *Bork,* ZHR 160 (1996), 374, 378; *Ebenroth/Bohne,* BB 1996, 1393, 1395; *Lüke/Blenske,* ZGR 1998, 253, 262 f.; *Hüffer* in MünchKomm. AktG, § 246 Rz. 31; *Schlosser,* JZ 1996, 1020; *Schröder,* Schiedsgerichtliche Konfliktbeilegung bei aktienrechtlichen Beschlussmängelklagen, S. 70 f.; *K. Schmidt,* ZGR 1988, 521, 529; *K. Schmidt,* AG 1995, 551, 552; *Timm* in FS Fleck, S. 365, 378; *Trittmann,* ZGR 1999, 340, 348.

134 So aber noch BGH v. 4.7.1951 – II ZR 117/50, MDR 1951, 674; BGH v. 11.7.1966 – II ZR 134/65, WM 1966, 1132, 1133; OLG Hamm v. 8.12.1986 – 8 U 73/86, NJW-RR 1987, 1319, 1320 f. = AG 1988, 80.

135 OLG Karlsruhe v. 16.2.1995 – 19 U 169/94, WM 1995, 666, 669; *Bork,* ZHR 160 (1996), 374, 378 f.; *Kornmeier,* DB 1980, 193, 196 f.; *Petermann,* BB 1996, 277, 279 f.; *Schlosser,* JZ 1996, 1020; *Timm* in FS Fleck, S. 365, 379 f.

Schiedsvereinbarung in der Satzung verankert, so ist auch die Gesellschaft an sie gebunden[136]; ebenso wenn alle Gesellschafter sich außerhalb der Satzung durch Schiedsabreden gebunden haben[137].

3. Rechtliches Gehör

35 Ein Hauptversammlungsbeschluss kann nur gegenüber allen Aktionären rechtmäßig sein oder gegenüber keinem, und er kann auch nur gegenüber allen Aktionären gültig sein oder gegenüber keinem. Deswegen muss gewährleistet sein, dass der Schiedsspruch für und gegen alle Beteiligten wirkt. Eine solche Gestaltungswirkung lässt sich im Grundsatz durchaus auch durch Schiedsspruch erreichen[138]. Doch muss das rechtliche Gehör aller Betroffenen sichergestellt werden. Deshalb hat jeder Aktionär, soweit er nicht als Kläger beteiligt ist, das Recht, dem Schiedsverfahren im Wege der **streitgenössischen Nebenintervention** beizutreten[139]. Zu diesem Zweck hat der Vorstand entsprechend § 246 Abs. 4 die Aktionäre über die Einleitung des Schiedsverfahrens und über den weiteren Verfahrensgang zu informieren[140]. Zweckmäßigerweise sind entsprechende Gewährleistungen rechtlichen Gehörs in die Schiedsklausel aufzunehmen[141].

4. Das Problem der Rechtskrafterstreckung

36 Der BGH hat gleichwohl die Schiedsfähigkeit von Beschlussmängelstreitigkeiten verneint, weil der **Schiedsspruch nicht Rechtskraft im Umfang des § 248** entfalten könne: Nach § 1055 ZPO wirke der Schiedsspruch Rechtskraft nur *inter partes*, also zwischen dem Kläger und der Gesellschaft. § 248 könne auf den Schiedsspruch auch nicht entsprechend angewendet werden[142]. Dem wird entgegnet, § 1055 ZPO wiederhole nur, was § 325 Abs. 1 Satz 1 ZPO für das staatliche Gerichtsverfahren anordne; wenn § 248 letztere Vorschrift verdrängen könne, so auch den § 1055 ZPO[143]. Die Möglichkeit allseitiger Verfahrensbeteiligung, die für die Legitimation einer solchen Rechtskraftreichweite erforderlich sei, lasse sich durch die Gewährleistung rechtlichen Gehörs (dazu soeben Rz. 35) sicherstellen[144]. Indes ist das rechtliche Gehör nur notwendige, nicht aber hinreichende Bedingung für die Legitimation des Schiedsspruchs für und gegen alle Aktionäre. Vielmehr muss eine Mehrheit von Schiedsverfahren ausgeschlossen sein, um einander widersprechend Entscheidungen zu gewährleisten. Für diese Ausschließlichkeit des Verfahrens bietet das geltende Recht keine

---

136 BGH v. 29.3.1996 – II ZR 124/95, BGHZ 132, 278, 283 ff. = AG 1996, 318; *K. Schmidt*, ZGR 1988, 523, 530 f.

137 *K. Schmidt*, ZGR 1988, 523, 531.

138 BGH v. 29.3.1996 – II ZR 124/95, BGHZ 132, 278, 281 = AG 1996, 318.

139 OLG Karlsruhe v. 16.2.1995 – 19 U 169/94, WM 1995, 666, 668 f.; *Berger*, ZHR 164 (2000), 295, 315 f.; *Bork*, ZHR 160 (1996), 374, 383; *Ebenroth/Bohne*, BB 1996, 1393, 1396 f.; *Henze*, ZGR 1988, 542, 555; *Petermann*, BB 1996, 277, 279; *K. Schmidt*, ZGR 1988, 523, 534; *Schröder*, Schiedsgerichtliche Konfliktbeilegung bei aktienrechtlichen Beschlussmängelklagen, S. 306; *Timm*, ZIP 1996, 445, 448; *J. Vetter*, DB 2000, 705, 707; *Wagner*, Prozessverträge, S. 592 f.

140 *Lüke/Blenske*, ZGR 1998, 253, 290 f.; *K. Schmidt*, ZGR 1988, 521, 533.

141 *Timm*, ZIP 1996, 445, 448.

142 BGH v. 29.3.1996 – II ZR 124/95, BGHZ 132, 278, 285 ff. = AG 1996, 318; ebenso *Henze*, ZGR 1988, 542, 556. Dem BGH zustimmend ferner OLG Celle v. 31.7.1998 – 9 U 1/98, NZG 1999, 167, 168; *Hüffer* in MünchKomm. AktG, § 246 Rz. 31; *Schlosser*, JZ 1996, 1020, 1021.

143 OLG Karlsruhe v. 16.2.1995 – 19 U 169/94, WM 1995, 666, 668 f.; *Ebenroth/Bohne*, BB 1996, 1393, 1396 f.; für Anwendung des § 248 auf Schiedssprüche auch *Ebbing*, NZG 1999, 281, 286; *Kornmeier*, DB 1980, 193, 195; *Timm*, ZIP 1996, 445, 448; *Trittmann*, ZGR 1999, 340, 352 f.

144 *Petermann*, BB 1996, 277, 278 f.

Gewähr[145]. Echte Waffengleichheit aller Beteiligten im Schiedsverfahren ist zudem erst dann gewährleistet, wenn allen Beteiligten ein gleichwertiger Einfluss auf die Schiedsrichterbenennung eröffnet wird[146].

5. Rechtsgestaltung

Die Entscheidung des BGH ist freilich nicht als endgültige Absage an die Schiedsfähigkeit von Beschlussmängelstreit zu interpretieren, sondern als Auftrag an die rechtsgestaltende Praxis, Verfahrensregeln zu etablieren, durch welche die genannten Bedenken ausgeräumt werden[147]. Vorgeschlagen wurde insoweit die Benennung der Schiedsrichter durch eine **neutrale Stelle**[148], ggf. nachdem diejenigen, welche sich tatsächlich am Verfahren beteiligt haben, vergeblich versucht haben, sich auf die Besetzung des Schiedsgerichts zu einigen[149]. Die Einheitlichkeit des Verfahrens soll dadurch sichergestellt werden, dass die Gesellschaft in der Satzung verpflichtet wird, bei Klage vor einem staatlichen Gericht die Schiedseinrede zu erheben, und die Schiedsklausel die Ausschließlichkeit des zuerst eingeleiteten Schiedsverfahrens bestimmt[150].

37

§ 246a
Freigabeverfahren

(1) Wird gegen einen Hauptversammlungsbeschluss über eine Maßnahme der Kapitalbeschaffung, der Kapitalherabsetzung (§§ 182 bis 240) oder einen Unternehmensvertrag (§§ 291 bis 307) Klage erhoben, so kann das Prozessgericht auf Antrag der Gesellschaft durch Beschluss feststellen, dass die Erhebung der Klage der Eintragung nicht entgegensteht und Mängel des Hauptversammlungsbeschlusses die Wirkung der Eintragung unberührt lassen.

(2) Ein Beschluss nach Absatz 1 darf nur ergehen, wenn die Klage unzulässig oder offensichtlich unbegründet ist oder wenn das alsbaldige Wirksamwerden des Hauptversammlungsbeschlusses nach freier Überzeugung des Gerichts unter Berücksichtigung der Schwere der mit der Klage geltend gemachten Rechtsverletzungen zur Abwendung der vom Antragsteller dargelegten wesentlichen Nachteile für die Gesellschaft und ihre Aktionäre vorrangig erscheint.

(3) In dringenden Fällen kann auf eine mündliche Verhandlung verzichtet werden. Die vorgebrachten Tatsachen, auf Grund deren der Beschluss ergehen kann, sind glaubhaft zu machen. Gegen den Beschluss findet die sofortige Beschwerde statt. Die Rechtsbeschwerde ist ausgeschlossen. Der rechtskräftige Beschluss ist für das Registergericht bindend; die Feststellung der Bestandskraft der Eintragung wirkt für und gegen jedermann. Der Beschluss soll spätestens drei Monate nach Antragstellung er-

---

145 Zutreffend BGH v. 29.3.1996 – II ZR 124/95, BGHZ 132, 278, 287 f. = AG 1996, 318.
146 Zutreffend *Bork*, ZHR 160 (1996), 374, 380; *Lüke/Blenske*, ZGR 1998, 253, 267 ff.
147 So auch *K. Schmidt*, ZHR162 (1998), 265, 286.
148 Näher *Bork*, ZHR 160 (1996), 374, 382 ff.; *Ebbing*, NZG 1999, 281, 286; *Schlosser*, JZ 1996, 1020, 1021; *K. Schmidt*, ZHR 162 (1998), 265, 285.
149 *Bredow*, DStR 1996, 1653, 1654 f. (mit Formulierungsvorschlag); *Lüke/Blenske*, ZGR 1998, 253, 300 f.; auch *Schröder*, Schiedsgerichtliche Konfliktbeilegung bei aktienrechtlichen Beschlussmängelklagen, S. 252 ff., und *Trittmann*, ZGR 1999, 340, 357, diese insb. zur Frage der fehlenden Einigung mehrerer Beteiligter einer Seite auf ihren Schiedsrichter.
150 *Bredow*, DStR 1996, 1653, 1654.

gehen; Verzögerungen der Entscheidung sind durch unanfechtbaren Beschluss zu begründen.

(4) Erweist sich die Klage als begründet, so ist die Gesellschaft, die den Beschluss erwirkt hat, verpflichtet, dem Antragsgegner den Schaden zu ersetzen, der ihm aus einer auf dem Beschluss beruhenden Eintragung des Hauptversammlungsbeschlusses entstanden ist. Nach der Eintragung lassen Mängel des Beschlusses seine Durchführung unberührt; die Beseitigung dieser Wirkung der Eintragung kann auch nicht als Schadensersatz verlangt werden.

I. Anwendungsbereich 1	1. Anfechtungsklage erhoben, Freigabeverfahren noch nicht eingeleitet 21
II. Voraussetzungen der Freigabe 2	2. Freigabeverfahren eingeleitet, aber noch nicht rechtskräftig beendet . . . 22
1. Unzulässige Anfechtungsklage 2	3. Freigabeantrag rechtskräftig zurückgewiesen 23
2. Offensichtlich unbegründete Anfechtungsklage 3	4. Anfechtungsklage nicht erhoben oder erledigt 24
3. Überwiegendes Vollzugsinteresse der Gesellschaft 4	VI. Wirkungen der stattgebenden Freigabeentscheidung 25
a) Allgemeines 4	1. Eintragungspflicht 25
b) Die Bedeutung der Erfolgsaussichten der Anfechtungsklage 5	2. Bestandsschutz 27
c) Freigabe nichtiger Hauptversammlungsbeschlüsse? 6	a) Kein Anspruch auf Rückgängigmachung der Eintragung 27
d) Freigabe und Bestätigung des Hauptversammlungsbeschlusses . 7	b) Pflicht des Vorstands zum Vollzug des Beschlusses 28
e) Einzelkriterien zum überwiegenden Vollzugsinteresse 8	3. Schadensersatzpflicht 29
III. Die Freigabeentscheidung 9	a) Gläubiger des Ersatzanspruchs . . . 29
IV. Verfahren 10	b) Inhalt des Ersatzanspruchs 30
1. Entsprechende Anwendung der §§ 935 ff. ZPO 10	c) Kosten des Freigabeverfahrens . . . 31
2. Antrag der Gesellschaft 11	4. Wirkung gegen jedermann 32
a) Vertretung der Gesellschaft 11	a) Einschränkung der Gestaltungswirkung des Anfechtungsurteils . . 32
b) Zeitpunkt des Antrags 12	b) Rechtliches Gehör 33
c) Antragsgegner 15	5. Auswirkungen auf das Hauptsacheverfahren 34
d) Mündliche Verhandlung 16	VII. Verhältnis zur einstweiligen Verfügung 36
e) Glaubhaftmachung 17	
f) Entscheidungsfrist 18	
g) Rechtsmittel 19	
h) Rechtskraft 20	
V. Eintragung angefochtener Beschlüsse ohne Freigabeentscheidung? 21	

Literatur: Vgl. zunächst bei § 241, außerdem/insbesondere: *Baums*, Eintragung und Löschung von Gesellschafterbeschlüssen, 1980; *Baums*, Zum Rechtsschutz anfechtender Aktionäre im Handelsregisterverfahren, BB 1981, 262; *Baur*, Zur Beschränkung der Entscheidungsbefugnis des Registerrichters durch einstweilige Verfügung, ZGR 1972, 421; *Beyer*, Vorbeugender Rechtsschutz gegen die Beschlussfassung der GmbH-Gesellschafterversammlung, GmbHR 2001, 467; *Bokelmann*, Eintragung eines Beschlusses – Prüfungskompetenz des Registerrichters bei Nichtanfechtung, rechtsmissbräuchlicher Anfechtungsklage und bei Verschmelzung, DB 1994, 1341; *Büchel*, Vom Unbedenklichkeitsverfahren nach §§ 16 Abs. 3 UmwG, 319 Abs. 6 AktG zum Freigabeverfahren nach dem UMAG, in Liber Amicorum Happ, 2006, S. 1; *Buchta/Sasse*, Freigabeverfahren bei Anfechtungsklagen gegen Squeeze-out-Beschlüsse, DStR 2004, 958; *Bungert*, Der BGH und der Squeeze Out: Höchstrichterliche Beurteilung der Standardrügen von Anfechtungsklagen, BB 2006, 2761; *Damm*, Einstweiliger Rechtsschutz im Gesellschaftsrecht, ZHR 154 (1990), 413;

Decher, Die Überwindung der Registersperre nach § 16 Abs. 3 UmwG, AG 1997, 388; *Decher*, Statthaftigkeit der Rechtsbeschwerde im Freigabeverfahren nach § 16 Abs. 3 UmwG, §§ 246a, 319 Abs. 5, 6, § 327e AktG?, ZIP 2006, 746; *Fuhrmann/Linnerz*, Das überwiegende Vollzugsinteresse im aktien- und umwandlungsrechtlichen Freigabeverfahren, ZIP 2004, 2306; *Halfmeier*, Sind die Erfolgsaussichten der Anfechtungsklage bei der Interessenabwägung im Freigabeverfahren der §§ 16 Abs. 3 UmwG, 246a AktG zu berücksichtigen?, WM 2006, 1465; *Harbarth*, Freigabeverfahren für strukturändernde Gesellschafterbeschlüsse in der GmbH, GmbHR 2005, 966; *Heermann*, Auswirkungen einer Behebbarkeit oder nachträglichen Korrektur von gerügten Verfahrensmängeln auf das Unbedenklichkeitsverfahren nach § 16 Abs. 3 UmwG, ZIP 1999, 1861; *Heinrich/Theusinger*, Anfechtung wegen Informationsmängeln und Freigabeverfahren nach dem UMAG – ein ungeklärtes Verhältnis, BB 2006, 449; *Heinze*, Einstweiliger Rechtsschutz in aktienrechtlichen Anfechtungs- und Nichtigkeitsverfahren, ZGR 1979, 293; *Hirschberger/Weiler*, Das Freigabeverfahren für Hauptversammlungsbeschlüsse nach dem UMAG-Entwurf (§ 246a AktG-E) – Ein Aus für räuberische Aktionäre?, DB 2004, 1137; *Kort*, Bestandsschutz fehlerhafter Strukturänderungen im Kapitalgesellschaftsrecht, 1998; *Ihrig/Erwin*, Zur Anwendung des Freigabeverfahrens § 246a AktG auf Altbeschlüsse und bereits eingetragene Beschlüsse, BB 2005, 1973; *Kort*, Die Registereintragung gesellschaftsrechtlicher Strukturänderungen nach dem Umwandlungsgesetz und nach dem Gesetz zur Unternehmensintegrität und Modernisierung des Anfechtungsrechts (UMAG), BB 2005, 1577; *Kösters*, Das Unbedenklichkeitsverfahren nach § 16 Abs. 3 UmwG, WM 2000, 1921; *Littbarski*, Einstweiliger Rechtsschutz im Gesellschaftsrecht, 1996; *Lüke, W.*, Das Verhältnis von Auskunfts-, Anfechtungs- und Registerverfahren im Aktienrecht, ZGR 1990, 657; *Lutter*, Die Eintragung anfechtbarer Hauptversammlungsbeschlüsse im Handelsregister, NJW 1969, 1873; *Lutter/Friedewald*, Kapitalerhöhung, Eintragung im Handelsregister und Amtslöschung, ZIP 1986, 691; *Neumann/Siebmann*, Aktuelle Fragestellungen im aktien- und umwandlungsrechtlichen Freigabeverfahren, DB 2006, 435; *Nietsch*, Einstweiliger Rechtsschutz bei Beschlussfassung in der GmbH-Gesellschafterversammlung, GmbHR 2006, 393; *Noack*, Das Freigabeverfahren bei Umwandlungsbeschlüssen – Bewährung und Modell, ZHR 164 (2000), 274; *Paschos/Johannsen-Roth*, Freigabeverfahren und Bestandsschutz bei aktien- und umwandlungsrechtlichen Strukturmaßnahmen, NZG 2006, 327; *Rettmann*, Rechtmäßigkeitskontrolle von Verschmelzungsbeschlüssen, 1998; *Rieckers*, Einfluss angefochtener Bestätigungsbeschlüsse auf anhängige und abgeschlossene Unbedenklichkeitsverfahren, BB 2005, 1348; *Riegger/Schockenhoff*, Das Unbedenklichkeitsverfahren zur Eintragung der Umwandlung ins Handelsregister, ZIP 1997, 2105; *Schmid*, Das umwandlungsrechtliche Unbedenklichkeitsverfahren und die Reversibilität registrierter Verschmelzungsbeschlüsse, ZGR 1997, 493; *Schmid*, Einstweiliger Rechtsschutz von Kapitalgesellschaften gegen die Blockade von Strukturentscheidungen durch Anfechtungsklagen, ZIP 1998, 1057; *Schmidt, K.*, Drittbeteiligung und Drittschutz im Freigabeverfahren – Überlegungen zum Verständnis der §§ 16 Abs. 3 UmwG, 264a, 319 Abs. 6 AktG, in Liber Amicorum Happ, 2006, S. 259; *Schmidt-Diemitz*, Einstweiliger Rechtsschutz gegen rechtswidrige Gesellschafterbeschlüsse, 1996; *Semler*, Einstweilige Verfügungen bei Gesellschafterauseinandersetzungen, BB 1979, 1533; *Sosnitza*, Das Unbedenklichkeitsverfahren nach § 16 III UmwG, NZG 1999, 965; *v. Gerkan*, Gesellschafterbeschlüsse, Ausübung des Stimmrechts und einstweiliger Rechtsschutz, ZGR 1985, 167; *Veil*, Klagemöglichkeiten bei Beschlussmängeln der Hauptversammlung nach dem UMAG, AG 2005, 567; *Volhard*, Ist die Rechtsbeschwerde im Verfahren nach § 16 III UmwG statthaft?, NZG 2006, 297; *Waclawik*, Zur höchstrichterlichen Freigabe der aktien- und umwandlungsrechtlichen Freigabeverfahren, ZIP 2006, 1428.

I. Anwendungsbereich

Das Freigabeverfahren nach 246a ist nur für **Kapitalmaßnahmen** und **Unternehmensverträge** vorgesehen. Auf sonstige Strukturmaßnahmen, etwa sonstige Satzungsänderungen (§ 179), die Auflösung der Gesellschaft (§ 262) oder die übertragende Auflösung (§ 179a), ist § 246a auch nicht entsprechend anwendbar[1]. Da § 249 Abs. 1 Satz 1 ausdrücklich auf § 246a verweist, findet das Freigabeverfahren auch bei der Nichtigkeitsklage statt. Für die Verschmelzung (§ 16 UmwG), die Spaltung (§§ 123, 16 UmwG), die Eingliederung (§ 319 Abs. 5, 6) und das Squeeze-out (§§ 327e Abs. 2, 319 Abs. 5, 6) hat der Gesetzgeber eigenständige, teils abweichende Freigaberegelungen getroffen.

1

---

1 *Göz/Holzborn*, WM 2006, 157, 161.

II. Voraussetzungen der Freigabe

1. Unzulässige Anfechtungsklage

2 Will das Gericht die Freigabe wegen Unzulässigkeit der Klage verfügen, hat es deren **Zulässigkeit abschließend zu prüfen**[2]. Dabei kommt es auf die Zulässigkeit der Klage im Zeitpunkt der Entscheidung über den Freigabeantrag an[3]. Ist die Klage zu diesem Zeitpunkt unzulässig, lässt sich der Zulässigkeitsmangel aber noch beheben, so hindert dies die Freigabe nicht[4]. Der Anfechtungskläger mag vielmehr den Freigabebeschluss zum Anlass nehmen, die Voraussetzungen für die Zulässigkeit der Anfechtungsklage zu schaffen, und sodann die Freigabeentscheidung mit Hilfe der sofortigen Beschwerde (§ 246a Abs. 3 Satz 3) angreifen[5]. Kein Fall der Unzulässigkeit liegt vor, wenn der Kläger ausschließlich die unangemessen niedrige Höhe einer Kompensationsleistung (Ausgleich, Abfindung, bare Zuzahlung) rügt, für deren Nachprüfung das Spruchverfahren vorgesehen ist[6]. Man werfe dem Aktionär hier nicht vor, er habe insoweit den falschen Rechtsweg gewählt. Vielmehr ist ein Beschluss, wenn keine ordnungsgemäße Kompensationsleistung angeboten wird, *materiell rechtswidrig* und beeinträchtigt den Aktionär in seinen subjektiven Vermögensrechten. Die Verweisung des Aktionärs auf das Spruchverfahren bewirkt lediglich, dass aus dieser Rechtswidrigkeit nicht die Anfechtung des Beschlusses hergeleitet werden kann. Diese Abweichung in der Rechtsfolge betrifft die Begründetheit, nicht die Zulässigkeit der Anfechtungsklage[7].

2. Offensichtlich unbegründete Anfechtungsklage

3 Dem Anfechtungskläger wird bei „offensichtlich unbegründeter" Klage zugemutet, mit seinem Interesse, dass die Eintragung bis zur rechtskräftigen Entscheidung in der Hauptsache unterbleibt, selbst dann zurückzustehen, wenn kein überwiegendes Vollzugsinteresse für die Gesellschaft streitet[8]. Offensichtlich unbegründet ist die Anfechtungsklage daher nur, wenn sich die Unbegründetheit der Klage mit hoher Sicherheit vorhersehen lässt. Formulierungen wie die, dass die Unbegründetheit der Klage auf die Stirn geschrieben sein[9] müsse, erscheinen freilich schief; denn der für die Erfolgsprognose erforderliche Prüfungsaufwand des Gerichts ist nicht entscheidend[10]. Dies bedeutet indes **nicht**, dass das Gericht verpflichtet ist, auch in die Entscheidung **schwieriger Rechts- und Tatsachenfragen** einzutreten[11]. Nach § 246a

---

2 *Büchel* in Liber amicorum Happ, S. 1, 9; *Harbarth*, GmbHR 2005, 966, 970; *Sosnitza*, NZG 1999, 965, 968.

3 *Kösters*, WM 2000, 1921, 1925; *Sosnitza*, NZG 1999, 965, 968.

4 So auch *Bork* in Lutter, UmwG, § 16 Rz. 18; *Büchel* in Liber amicorum Happ, S. 1, 9; *Grunewald* in MünchKomm. AktG, § 319 Rz. 34; *Rettmann*, Rechtmäßigkeitskontrolle von Verschmelzungsbeschlüssen, S. 128. Gegen Freigabe in solchen Fällen aber *Kösters*, WM 2000, 1921, 1925.

5 Zutreffend *Kösters*, WM 2000, 1921, 1925.

6 So aber (für Squeeze-out) *Buchta/Sasse*, DStR 2004, 958, 959. Dagegen wie hier *Büchel* in Liber amicorum Happ, S. 1, 9.

7 Vgl. auch schon § 243 Rz. 70 ff. zur rechtsdogmatischen Einordnung des § 243 Abs. 4 Satz 2.

8 Zutreffend OLG Frankfurt v. 17.2.1998 – 5 W 32/97, NJW-RR 1999, 334, 335 = AG 1998, 428; *Kösters*, WM 2000, 1921, 1926.

9 LG Hanau v. 5.10.1995 – 5 O 183/95, ZIP 1995, 1820, 1821 = AG 1996, 90.

10 Begr. RegE zum UMAG, BT-Drucks. 15/5092, S. 29.

11 So aber zu § 246a OLG Jena v. 12.10.2006 – 6 W 452/06, ZIP 2006, 1989, 1991 f. = AG 2007, 31; *Büchel* in Liber amicorum Happ, S. 1, 11; *Veil*, AG 2005, 567, 574; *Winter* in Liber amicorum Happ, S. 363, 370; ähnlich *Paschos/Johannsen-Roth*, NZG 2006, 327, 329: umfassende Rechtsprüfung. Zu Freigabeverfahren nach anderen Vorschriften ebenso OLG Köln v. 6.10.2003 – 18 W 35/03, ZIP 2004, 760 = AG 2004, 39; OLG Düsseldorf v. 16.1.2004 – I-16 W 63/03, ZIP 2004, 359 = AG 2004, 207; OLG Hamm v. 4.3.1999 – 8 W 11/99, ZIP 1999, 798, 799

Abs. 3 Satz 6 soll die Entscheidung im Freigabeverfahren binnen drei Monaten seit Antragstellung ergehen. Konsequent muss das Gericht die Prüfung der Unbegründetheit in diesen drei Monaten seriös bewältigen können[12]. Je stärker sich das Gericht im Freigabeverfahren festlegt, desto greifbarer erscheint die Gefahr, dass das rechtliche Gehör des Anfechtungsklägers beschnitten wird; denn das Rechtsschutzziel in der Hauptsache ist nach freigegebener Eintragung zu einem erheblichen Teil nicht mehr erreichbar. Deshalb ist die Anfechtungsklage *niemals* offensichtlich unbegründet, wenn entscheidungserhebliche **Rechtsfragen** umstritten und noch nicht höchstrichterlich geklärt sind[13]; erst recht, wenn wegen jener Fragen nach § 511 Abs. 4 ZPO die Berufung oder nach § 543 Abs. 2 ZPO die Revision zuzulassen wäre[14]. Des Weiteren scheidet eine Freigabe aus, wenn **entscheidungserhebliche Tatsachen streitig** sind und das Gericht sich nicht davon überzeugen kann, dass der Vortrag der Gesellschaft zutrifft[15]. Offensichtlich unbegründet ist die Anfechtungsklage nach alledem nur, wenn die Sach- und Rechtslage eindeutig[16] und eine andere Beurteilung nicht oder kaum vertretbar erscheint[17].

3. Überwiegendes Vollzugsinteresse der Gesellschaft

a) Allgemeines

Bei diesem Freigabegrund hat das Prozessgericht abzuwägen zwischen dem Vollzugs-   4
interesse der Gesellschaft einerseits und der Schwere des gerügten Mangels andererseits. Haben **mehrere Personen Anfechtungsklage** erhoben, so kann die Freigabe nur verfügt werden, wenn das Vollzugsinteresse der Gesellschaft das Interesse *jedes einzelnen Klägers* überwiegt[18]. Wenn freilich **mehrere Beschlussmängel** ernsthaft in Betracht kommen, ist das Vollzugsinteresse nicht mit jedem einzelnen von ihnen, sondern mit jenen Mängeln insgesamt abzuwägen[19] – gleichviel ob ein einzelner Kläger mehrere Mängel oder verschiedene Kläger je einen von ihnen gerügt haben.

b) Die Bedeutung der Erfolgsaussichten der Anfechtungsklage

Die Erfolgsaussichten der Anfechtungsklage sind bei der Abwägung zwischen dem   5
Gesellschafts- und dem Klägerinteresse zu berücksichtigen[20]. Einerseits bleiben Rechtsverletzungen, die offensichtlich nicht vorliegen oder wegen Verfristung nicht

---

= AG 1999, 422; OLG Frankfurt v. 17.2.1998 – 5 W 32/97, NJW-RR 1999, 334, 335 = AG 1998, 428; *Bungert* in VGR, Gesellschaftsrecht in der Diskussion 2004, S. 59, 94; *Habersack* in Emmerich/Habersack, Aktien- und GmbH-Konzernrecht, § 319 Rz. 35; *Hüffer*, § 246a Rz. 4; *Koppensteiner* in KölnKomm. AktG, § 319 Rz. 30; *Timm*, ZGR 1996, 247, 259; *Veil*, ZIP 1996, 1065, 1070.

12 Das wird eingeräumt von *Büchel* in Liber amicorum Happ, S. 1, 11.
13 *Halfmeier*, WM 2006, 1465, 1466; *Sosnitza*, NZG 1999, 965, 970.
14 BGH v. 29.5.2006 – II ZB 5/06, ZIP 2006, 1151, 1152 = AG 2006, 540; *Büchel* in Liber amicorum Happ, S. 1, 12; a.A. OLG Karlsruhe v. 7.12.2006 – 7 W 78/06, ZIP 2007, 270, 271 f.
15 Näher unten Rz. 17. Noch strenger *Decher*, AG 1997, 388, 390, der bei streitigem Sachverhalt generell „offensichtliche Unbegründetheit" verneint.
16 OLG Frankfurt v. 9.6.1997 – 10 W 12/97, ZIP 1997, 1291; OLG Frankfurt v. 22.8.2000 – 14 W 23/00, ZIP 2000, 1928, 1930; OLG Düsseldorf v. 15.3.1999 – 17 W 18/99, ZIP 1999, 793 = AG 1999, 418; OLG München v. 17.2.2005 – 23 W 2406/04, ZIP 2005, 615, 616 = AG 2005, 407. Ähnlich *Kösters*, WM 2000, 1921, 1926: Erfolglosigkeit muss zweifelsfrei feststehen.
17 Zutreffend OLG Frankfurt v. 8.2.2006 – 12 W 185/05, ZIP 2006, 370, 372 = AG 2006, 249.
18 Begr. RegE zum UMAG, BT-Drucks. 15/5092, S. 28; *Spindler*, NZG 2005, 825, 830.
19 *Decher*, AG 1997, 388, 392.
20 So auch *Habersack* in Emmerich/Habersack, Aktien- und GmbH-Konzernrecht, § 319 Rz. 36; *Koppensteiner* in KölnKomm. AktG, § 319 Rz. 31; *Grunewald* in MünchKomm. AktG, § 319 Rz. 38; *Riegger/Schockenhoff*, ZIP 1997, 2105, 2109; a.A. für das Umwandlungsrecht *Schmid*, ZGR 1997, 493, 498.

mehr geltend gemacht werden können, außer Betracht[21]. Andererseits scheidet die Freigabe aus, wenn der angefochtene Beschluss an einem schweren und offenkundigen Mangel leidet[22]. Zwischen diesen beiden Extrempunkten befindet sich eine Grauzone, deren rechtliche Behandlung strittig ist. Nach der **Gesetzesbegründung** soll, soweit es um eine Freigabe wegen überwiegenden Vollzugsinteresses der Gesellschaft geht, die **Begründetheit der Anfechtungsklage unterstellt** werden[23]. Konsequent soll die Freigabe selbst dann verfügt werden können, wenn die Anfechtungsklage **aller Voraussicht nach Erfolg haben wird**, das Vollzugsinteresse der Gesellschaft aber gleichwohl überwiegt[24]. Im Schrifttum wird dem teilweise unter der Bedingung zugestimmt, dass die Vermögensinteressen der Aktionäre gewahrt bleiben[25] oder dass die festgestellten Beschlussmängel „nicht wesentlich" seien[26]. Diesen Vorschlägen ist zu widersprechen[27]. Das Freigabeverfahren ist strukturell ein Verfahren des einstweiligen Rechtsschutzes[28]. Die Sachentscheidung im Eilverfahren kann sich an keinen anderen Parametern orientieren als in der Hauptsache. Die Anfechtungsklage dürfte niemals mit der Begründung abgewiesen werden, der Beschluss leide zwar an einem Rechtsfehler, dieser aber sei im Vergleich zum Interesse der Gesellschaft vernachlässigbar. Deswegen hat ein solches Entscheidungsprogramm auch im Freigabeverfahren nichts verloren[29]. Das Freigabeverfahren dient der Regulierung rechtlicher Ungewissheit. Wo sich der Erfolg der Anfechtungsklage bereits absehen lässt, besteht eine solche Ungewissheit nicht mehr. In einem solchen Fall ist eine Freigabe vielmehr bereits im Ansatz ausgeschlossen. Das Rechtsschutzziel der Anfechtungsklage ist des weiteren nicht schon dadurch erreicht, dass die Vermögensinteressen des Aktionärs gewahrt bleiben; deshalb kann eine solche Wahrung auch nicht die Freigabe erkannt rechtswidriger Beschlüsse rechtfertigen. Wenn aber nachweisbar oder wahrscheinlich rechtswidrige Beschlüsse nicht freigegeben werden dürfen, darf der Erfolg der Anfechtungsklage auch nicht unterstellt werden. Der in § 246a Abs. 2 niedergelegte Freigabetatbestand „überwiegendes Vollzugsinteresse" trägt vielmehr dem Umstand Rechnung, dass die vorzeitige Eintragung im Einzelfall trotz fortbestehender Ungewissheit über die Sach- und Rechtslage in der Hauptsache im Gesellschaftsinteresse geboten sein mag. Zu fragen ist also, ob die Nachteile der

---

21 Ebenso *Decher*, AG 1997, 388, 392; *Heinrich/Theusinger*, BB 2006, 449, 452; *Kösters*, WM 2000, 1921, 1928.

22 *Decher*, AG 1997, 388, 391; *Riegger/Schockenhoff*, ZIP 1997, 2105, 2109; *Sosnitza*, NZG 1999, 965, 971 f.

23 Begr. RegE zum UMAG, BT-Drucks. 15/5092, S. 29; ebenso OLG Frankfurt v. 8.2.2006 – 12 W 185/05, ZIP 2006, 370, 372 = AG 2006, 249; OLG Karlsruhe v. 7.12.2006 – 7 W 78/06, ZIP 2007, 270, 273; *Göz/Holzborn*, WM 2006, 157, 161; *Heinrich/Theusinger*, BB 2006, 449, 452; *Holzborn/Bunnemann*, BKR 2005, 51, 58; *Kösters*, WM 2000, 1921, 1928; *Spindler*, NZG 2005, 825, 830; *Veil*, AG 2005, 567, 574.

24 Begr. RegE zum UMAG, BT-Drucks. 15/5092, S. 29; ebenso OLG Karlsruhe v. 7.12.2006 – 7 W 78/06, ZIP 2007, 270, 273; *Bungert* in VGR, Gesellschftsrecht in der Diskussion 2004, S. 59, 94 f.; *Decher*, AG 1997, 388, 391; *Schütz*, NZG 2005, 5, 9; *Veil*, AG 2005, 567, 574.

25 *Veil*, AG 2005, 567, 574.

26 *Decher*, AG 1997, 388, 391; ähnlich *Riegger/Schockenhoff*, ZIP 1997, 2105, 2110.

27 Zu Recht ablehnend auch *Halfmeier*, WM 2006, 1465, 1467 ff.; *Meilicke/Heidel*, DB 2004, 1479, 1484; *Spindler*, NZG 2005, 825, 830; tendenziell auch OLG Jena v. 12.10.2006 – 6 W 452/06, ZIP 2006, 1989, 1997 = AG 2007, 31. Gegen Freigabe bei offensichtlich begründeter Anfechtungsklage ferner *Noack*, ZHR 164 (2000), 274, 283.

28 In diese Richtung auch Begr. RegE zum UMAG, BT-Drucks. 15/5092, S. 28: spezielles Eilverfahren, für das die Regeln der ZPO gelten; ebenso *Fuhrmann/Linnerz*, ZIP 2004, 2306; *Heinrich/Theusinger*, BB 2006, 449, 451; *Kösters*, WM 2000, 1921, 1922; *Seibert/Schütz*, ZIP 2004, 252, 257; *Wilsing*, ZIP 2004, 1082.

29 Für einen solchen Prüfungsmaßstab im Freigabeverfahren aber explizit *Schütz*, NZG 2005, 5, 9. Dagegen wie hier *Halfmeier*, WM 2006, 1465, 1468.

Nichteintragung, die Rechtmäßigkeit des Beschlusses unterstellt, schwerer wiegen als die Nachteile der Eintragung, die Rechtswidrigkeit des Beschlusses unterstellt.

c) Freigabe nichtiger Hauptversammlungsbeschlüsse?

Die Freigabe nach § 246a wird verbreitet selbst im Falle eines Nichtigkeitsgrundes 6
für möglich gehalten[30]. Anders sei nicht erklärbar, warum § 242 Abs. 2 Satz 5 im Falle vorheriger Freigabe auch die Eintragung eines Nichtigkeitsurteils nach § 249 verbiete[31]. Diese Überlegung überzeugt indes nicht: § 242 Abs. 2 Satz 5 trifft bloß Vorsorge für den Fall, dass das Gericht nach freigegebener Eintragung wider Erwarten zum Ergebnis gelangt, dass der angefochtene Beschluss *ipso iure* nichtig ist. Das Gericht darf dann ein Nichtigkeitsurteil nach § 249 erlassen (dazu § 249 Rz. 2); gegen dies Urteil muss der Bestand des freigegebenen Beschlusses abgeschirmt werden. Nach hier vertretener Ansicht ist zu differenzieren: Lässt sich die Nichtigkeit des Beschlusses im Zeitpunkt der Entscheidung über den Freigabeantrag **bereits absehen**, so scheidet die Freigabe ohne Rücksicht auf den Nichtigkeitsgrund kategorisch aus; es gilt dasselbe wie bei absehbarem Erfolg der Anfechtungsklage (dazu Rz. 5). Besteht noch **keine Klarheit** über die Frage, ob der Beschluss nichtig ist, fällt die Abwägung in den Fällen des § 241 Nr. 3 und 4 zugunsten der Kläger aus: Die Gefahr, dass ein wegen seines Inhalts nichtiger Beschluss vollzogen wird, wiegt schwerer als jeder Vorteil, den sich die Gesellschaft von seiner vorzeitigen Eintragung verspricht. Gleiches gilt im Fall des § 241 Nr. 1: Wenn ernsthaft in Betracht kommt, dass sich die Hauptversammlung nicht ordnungsgemäß konstituiert hat, steht eine eklatante Verletzung der Aktionärsrechte im Raum. Diese kann kaum durch Vorteile der Gesellschaft aufgewogen werden. Im Fall des § 241 Nr. 2 ist dagegen zu beachten, dass die Eintragung zur Heilung führt (§ 242 Abs. 1). Wenn zweifelhaft ist, ob ein Beurkundungsfehler vorliegt, das Gericht sich aber bereits im Freigabeverfahren restlos davon überzeugen kann, dass der angegriffene Beschluss tatsächlich so gefasst wurde, wie er angemeldet werden soll, so kann es bei entsprechendem Vollzugsinteresse der Gesellschaft die Freigabe verfügen. Dem Zweck des Beurkundungserfordernisses, das Ergebnis der Abstimmung authentisch zu dokumentieren, damit fehlerhafte Registereintragungen vermieden werden, ist nämlich dann Genüge getan.

d) Freigabe und Bestätigung des Hauptversammlungsbeschlusses

Wird der angefochtene Beschluss **unanfechtbar bestätigt**, so ist dies in das auf den 7
Ausgangsbeschluss bezogene Freigabeverfahren einzuführen[32]. Der dadurch beseitigte Beschlussmangel darf in der Abwägung nicht mehr berücksichtigt werden. War nur dieser Mangel gerügt worden, so wird die Anfechtungsklage offensichtlich unbegründet, so dass allein schon deshalb die Freigabe verfügt werden kann und muss[33]. Ebenso ist zu entscheiden, wenn die **beschlossene Bestätigung** zwar noch nicht unan-

---

30 *Heinrich/Theusinger*, BB 2006, 449, 452; *Spindler*, NZG 2005, 825, 830; *Winter* in Liber amicorum Happ, S. 363, 368 f. Anders wohl *Paschos/Johannsen-Roth*, NZG 2006, 327, 329. Die Möglichkeit einer Freigabe nichtiger Beschlüsse ist auch bei anderen Umstrukturierungen umstritten; verneinend für die Eingliederung *Habersack* in Emmerich/Habersack, Aktien- und GmbH-Konzernrecht, § 319 Rz. 36; *Koppensteiner* in KölnKomm. AktG, § 310 Rz. 31; *Riegger/Schockenhoff*, ZIP 1997, 2105, 2110; bejahend für die Verschmelzung *Kösters*, WM 2000, 1921, 1928; *Marsch-Barner* in Kallmeyer, UmwG, § 16 Rz. 44; verneinend insoweit *Bork* in Lutter, UmwG, § 16 Rz. 22; *Decher*, AG 1997, 388, 394; *Sosnitza*, NZG 1999, 965, 970 f.
31 *Heinrich/Theusinger*, BB 2006, 449, 452.
32 *Ihrig/Erwin*, BB 2005, 1973, 1977 f.; *Kocher*, NZG 2006, 1, 6; *Rieckers*, BB 2005, 1348, 1350; der Sache nach auch schon *Decher*, AG 1997, 388, 394.
33 *Ihrig/Erwin*, BB 2005, 1973, 1978.

fechtbar, der Fehler des Ausgangsbeschlusses aber nach der Überzeugung des Gerichts **erfolgreich** korrigiert worden ist; dies selbst dann, wenn der Bestätigungsbeschluss seinerseits angefochten wurde[34]. Die Eintragung kann dagegen nicht etwa mit der Begründung freigegeben werden, die noch **nicht beschlossene Bestätigung** könne noch nachgeholt werden[35]. Ebenso wenig wie die Tatsache, dass der Zulässigkeitsmangel geheilt werden *kann*, die Freigabe wegen Unzulässigkeit der Klage hindert (Rz. 2), rechtfertigt umgekehrt der Umstand, dass ein Beschlussmangel korrigiert werden *kann*, die Freigabe. Maßgeblicher Zeitpunkt für die Beurteilung der Frage, ob die Voraussetzungen des § 246a Abs. 2 vorliegen, ist vielmehr der Zeitpunkt der mündlichen Verhandlung bzw. (bei Verzicht auf diese) der Freigabeentscheidung. Mängel, die bis dahin nicht behoben sind, bleiben unberücksichtigt. Die Bestätigung des angefochtenen Beschlusses kann nach § 571 Abs. 2 Satz 1 ZPO auch **erstmals im Beschwerdeverfahren** vorgetragen werden[36].

e) Einzelkriterien zum überwiegenden Vollzugsinteresse

8   Das überwiegende Vollzugsinteresse an einer Kapitalerhöhung, mit deren Hilfe die Übernahme einer anderen Gesellschaft finanziert werden soll, kann sich aus den dadurch zu erwartenden **Synergieeffekten** sowie daraus ergeben, dass die Zielgesellschaft, falls die Kapitalerhöhung und damit die Finanzierung der Übernahme scheitert, andernfalls von einem Konkurrenten aufgekauft zu werden droht[37]. Behauptet die Gesellschaft, die Verzögerung der Eintragung ziehe **hohe Kosten** und einen hohen Arbeitsaufwand nach sich, so kann ein überwiegendes Vollzugsinteresses nur bejaht werden, wenn diese Belastungen beziffert und in der bezifferten Höhe glaubhaft gemacht werden[38]. Auf der Seite des Klägers ist nicht bloß dessen ökonomisches Interesse, sondern ebenso das abstrakt-normative Gewicht des gerügten Beschlussmangels zu berücksichtigen[39]. Der **geringe Anteilsbesitz** darf entgegen verbreiteter Ansicht[40] bei der Abwägung keine Rolle spielen[41]. Der Aktionär darf den Beschluss im Hauptsacheverfahren ohne Mindestquorum und ohne Rücksicht auf seine eigene

---

34 Im Ergebnis ebenso *Kocher*, NZG 2006, 1, 6.

35 So aber OLG Stuttgart v. 17.12.1996 – 12 W 44/96, ZIP 1997, 75, 77 = AG 1997, 138; *Heermann*, ZIP 1999, 1861, 1872; *Heinrich/Theusinger*, BB 2006, 449, 452 f.; *Grunewald* in MünchKomm. AktG, § 319 Rz. 38; *Schmid*, ZGR 1997, 493, 519. Dagegen wie hier *Decher*, AG 1997, 388, 394; *Riegger/Schockenhoff*, ZIP 1997, 2105, 2110; auch nach *Heermann*, ZIP 1999, 1861, 1867 rechtfertigt die bloße Behebbarkeit des Beschlussmangels noch nicht die Freigabe.

36 *Ihrig/Erwin*, BB 2005, 1973, 1978.

37 LG München I v. 12.1.2006 – 5 HK O 24759/05, BB 2006, 459, 460; zustimmend *Aha/Hirschberger*, BB 2006, 460, 461. Für Synergieeffekte als taugliches Vollzugsinteresse der Gesellschaft auch *Decher*, AG 1997, 388, 392 f.

38 OLG Frankfurt v. 9.6.1997 – 10 W 11/97, DB 1997, 1911, 1912 = AG 1997, 472; LG Hanau v. 5.10.1995 – 5 O 183/95, ZIP 1995, 1820, 1821 = AG 1996, 90; *Fuhrmann/Linnerz*, ZIP 2004, 2306, 2309 f.; *Hüffer*, § 319 Rz. 19; *Sosnitza*, NZG 1999, 965, 970. Gegen das Erfordernis einer Bezifferung aber *Decher*, AG 1997, 388, 392.

39 *Paschos/Johannsen-Roth*, NZG 2006, 327, 329.

40 *Büchel* in Liber amicorum Happ, S. 1, 13; ebenso für § 16 Abs. 3 UmwG OLG Frankfurt v. 8.2.2006 – 12 W 185/05, ZIP 2006, 370, 380 = AG 2006, 249; *Marsch-Barner* in Kallmeyer, UmwG, § 16 Rz. 45; *Neumann/Siebmann*, DB 2006, 435, 437; *Riegger/Schockenhoff*, ZIP 1997, 2105, 2109; *Wilsing/Goslar*, EWiR 2006, 189, 190. In dieser Weise ist wohl auch Begr. RegE zum UMAG, BT-Drucks. 15/5092, S. 29, zu verstehen, wonach ein „sehr geringes ökonomisches Interesse des klagenden Kleinaktionärs" gegenüber den „regelmäßig erheblichen wirtschaftlichen Interessen der Gesellschaft" im Einzelfall durch die Schwere des behaupteten Rechtsverstoßes ausgeglichen werden kann.

41 So für § 16 Abs. 3 UmwG *Bayer*, ZGR 1995, 613, 625; *Decher*, AG 1997, 388, 394; *Kösters*, WM 2000, 1921, 1929; *Sosnitza*, NZG 1999, 965, 972.

ökonomische Betroffenheit anfechten, weil die Anfechtungsklage als Instrument objektiver Legalitätskontrolle von Hauptversammlungsbeschlüssen fungiert. Dann darf es auch im Freigabeverfahren auf solche Kriterien nicht ankommen. Der Aktionär ist, der Kontrollfunktion der Anfechtungsklage entsprechend, nicht nur an der *Rechtsfolgenseite* seines Klagebegehrens – der Nichtigerklärung des angefochtenen Beschlusses – interessiert, sondern in gleichwertiger Weise an der *Tatbestandsseite*, nämlich daran, dass der Beschlussmangel aufgedeckt und vom Gericht als solcher gebrandmarkt wird. Fehlende oder fehlerhafte **Informationen** betreffend **Ausgleichs- oder Abfindungsleistungen**, die im **Spruchverfahren** verhandelt werden, dürfen nur insoweit zugunsten des Klägers in die Abwägung einfließen, als sie auch im Hauptsacheverfahren zur Kassation des Beschlusses führen können – d.h. insoweit nicht, als die Anfechtung ihretwegen nach § 243 Abs. 4 Satz 2 ausgeschlossen ist[42]. Wird bei einer Kapitalerhöhung das Bezugsrecht zugunsten eines Neuaktionärs ausgeschlossen, der für die von ihm zu zeichnenden Aktien eine Sacheinlage zu erbringen hat, und wird der Erhöhungsbeschluss unter Berufung auf § 255 Abs. 2 angefochten, so darf die Freigabe mit der Begründung verfügt werden, der **Verwässerungsschaden** werde durch die **Differenzhaftung** des Neuaktionärs **ausgeglichen**[43].

III. Die Freigabeentscheidung

Stellt das Gericht fest, dass die Erhebung der Anfechtungsklage der Eintragung des Beschlusses nicht entgegensteht und Mängel des Hauptversammlungsbeschlusses die Wirkung der Eintragung unberührt lassen, so folgt daraus zweierlei: (1.) Der Registerrichter *muss* den Beschluss eintragen (§ 246a Abs. 3 Satz 5). (2.) Der Beschluss genießt selbst dann *Bestandsschutz*, wenn die Anfechtungsklage später gleichwohl durchdringt. Eine Rückabwicklung findet nicht statt (§ 246a Abs. 4 Satz 2). Die **Kosten** des Freigabeverfahrens trägt die dort unterlegene Partei (§ 91 Abs. 1 ZPO)[44]. Der **Streitwert** des Freigabeverfahrens darf den für das Hauptsacheverfahren nach § 247 festgesetzten Streitwert nicht übersteigen. Würde man, wie es allgemeinen Rechtsgrundsätzen entspräche, den Streitwert nach dem Interesse der antragstellenden Gesellschaft bemessen, würde dieser Wert rasch so hohe Beträge erreichen, dass die Anfechtungsklage gegen Kapitalmaßnahmen oder Unternehmensverträge dann mit einem halsbrecherischen Kostenrisiko einherginge. Im Hauptsacheverfahren dient § 247 *auch* dazu, eben dies Kostenrisiko des Klägers angemessen zu begrenzen. Dies Ziel des § 247 darf nicht durch astronomische Streitwertsummen im Freigabeverfahren unterlaufen werden. Die Entscheidung des Gerichts ergeht durch **Beschluss** (§ 246a Abs. 1), und zwar **selbst dann**, wenn eine **mündliche Verhandlung stattgefunden hat**. Das ergibt sich aus § 246a Abs. 3 Satz 3, wo als statthaftes Rechtsmittel gegen „den Beschluss" die sofortige Beschwerde (§ 567 ZPO) vorgesehen ist, nach § 246 Abs. 3 Satz 1 mündliche Verhandlung der Regelfall ist. Die aus §§ 916 ff. ZPO bekannte Differenzierung zwischen Verfügungsurteil und -beschluss (§§ 936, 922 ZPO) hat der Gesetzgeber für das Freigabeverfahren nicht übernommen. Das Gericht hat die Entscheidung über den Freigabeantrag zu begründen[45].

9

---

42 Wie hier *Noack/Zetzsche*, ZHR 170 (2006), 218, 243. Gegen jede Berücksichtigung solcher Informationsmängel im Rahmen des § 16 Abs. 3 UmwG *Riegger/Schockenhoff*, ZIP 1997, 2105, 2110.
43 OLG Jena v. 12.10.2006 – 6 W 452/06, ZIP 2006, 1989, 1997 = AG 2007, 31.
44 *Bork* in Lutter, UmwG, § 16 Rz. 29; *Kösters*, WM 2000, 1921, 1924.
45 *Kösters*, WM 2000, 1921, 1924.

IV. Verfahren

1. Entsprechende Anwendung der §§ 935 ff. ZPO

10   Das Freigabeverfahren ist ein Verfahren der streitigen, nicht der freiwilligen Gerichtsbarkeit. Es gelten die Vorschriften der ZPO, nicht die des FGG[46]. Da der Freigabebeschluss funktional einer auf Erzwingung der Eintragung gerichteten einstweiligen Verfügung entspricht, sind die §§ 935 ff. ZPO in weiten Teilen entsprechend anzuwenden. Das gilt z.B. für **§ 944 ZPO**: Wenn die Zeit bis zum Zusammentreten der
Kammer um der Vermeidung irreparabler Rechtsverluste nicht abgewartet werden
kann, darf der Vorsitzende allein entscheiden[47]. Ebenso gelten die **§§ 936, 920 Abs. 3
ZPO**[48]: Der Freigabeantrag kann zu Protokoll der Geschäftsstelle erklärt werden.
Deshalb besteht für die Antragstellung wegen § 78 Abs. 5 ZPO auch kein Anwaltszwang, wohl aber in der nach § 246a Abs. 3 Satz 1 grundsätzlich erforderlichen
mündlichen Verhandlung. **Zuständig** für das Freigabeverfahren ist das „Prozessgericht" und damit ebenso wie im Arrest- und im einstweiligen Verfügungsverfahren[49]
jenes Gericht, bei dem die Hauptsache tatsächlich anhängig ist, mag es auch für jene
Hauptsache nicht zuständig sein. Denn dem Anfechtungskläger steht seinerseits die
Möglichkeit offen, die Eintragung im Wege der einstweiligen Verfügung zu verhindern. Tut er dies, so gelten in jedem Fall die aus §§ 935 ff. ZPO bekannten Grundsätze. Beantragen sowohl der Kläger eine einstweilige Verfügung auf Unterlassung als
auch die Gesellschaft ein Verfahren zur Freigabe der Eintragung, so sind beide zur gemeinsamen Verhandlung und Entscheidung zu verbinden. Deshalb ist auch die Zuständigkeit einheitlich zu handhaben: Das in der Hauptsache angerufene, aber unzuständige Gericht ist auch für das Freigabeverfahren zuständig. Ebenso **anwendbar** ist
§ 943 Abs. 1 ZPO: Wenn der Anfechtungsprozess in der Hauptsache im Berufungsver-
fahren schwebt, ist das Berufungsgericht für die Freigabe nach § 246a zuständig.

2. Antrag der Gesellschaft

a) Vertretung der Gesellschaft

11   Das Verfahren wird eingeleitet mit einem Antrag der Gesellschaft. Diese wird bei
Antragstellung **allein vom Vorstand vertreten**. § 246 Abs. 2 Satz 2 ist nicht entsprechend anwendbar. Denn der Zweck dieser Vorschrift besteht darin, zu verhindern,
dass der Vorstand sich über seine Pflicht, den Beschluss zu verteidigen (§ 245 Rz. 28),
hinwegsetzt und eigenmächtig im Einvernehmen mit dem Anfechtungskläger über
den angefochtenen Beschluss disponiert (dazu § 246 Rz. 16). Diese *ratio legis* ist beim
Freigabeverfahren nicht einschlägig. Der Vorstand, der dies Verfahren beantragt, zeigt
vielmehr mit besonderem Nachdruck, dass er dem angefochtenen Beschluss zur Geltung verhelfen will.

b) Zeitpunkt des Antrags

12   Der Antrag kann bereits gestellt werden, bevor der Registerrichter über den Eintragungsantrag entschieden hat[50]. Der Antrag kann freilich **frühestens** gestellt werden,
wenn gegen den Beschluss **Anfechtungsklage erhoben**, d.h. wenn die Klageschrift der
Gesellschaft zugestellt worden ist (§ 253 Abs. 1 ZPO). Einen Freigabeantrag, den die
Gesellschaft „vorsorglich" für den Fall stellt, dass fristgerecht Anfechtungsklage er-

---

46 Begr. RegE zum UMAG, BT-Drucks. 15/5092, S. 28; *Göz/Holzborn*, WM 2006, 157, 161.
47 *Kösters*, WM 2000, 1921, 1922 f.
48 *Kösters*, WM 2000, 1921, 1924.
49 Vgl. dazu *Vollkommer* in Zöller, ZPO, § 919 Rz. 8, § 937 Rz. 1 m.w.N.
50 *Kolb*, DZWiR 2006, 50, 55.

hoben wird, hat das Gericht *a limine* zurückzuweisen. Ein solcher Antrag kann auch nicht sinnvoll gestellt werden; denn solange es keinen Anfechtungskläger gibt, gibt es auch keinen Antragsgegner. Vor Erhebung der Klage kann das Gericht auch die Voraussetzungen der Freigabe nach § 246a Abs. 2 nicht beurteilen: Es kann dann nicht entscheiden, ob diese unzulässig bzw. offensichtlich unbegründet ist oder ob die gerügten Rechtsverletzungen hinter dem Vollzugsinteresse der Gesellschaft zurückstehen müssen. Allerdings wird dadurch räuberischen Aktionären eine Erpressungsstrategie ermöglicht: Sie können die Klage einreichen, dem Vorstand die Bereitschaft zum „Abkauf" der Klage signalisieren und ein Freigabeverfahren verhindern, indem sie die Klage zunächst nicht zustellen lassen. Diese Strategie ist indes bloß von kurzfristigem Ertrag. Wird nämlich die Klage unter diesen Umständen erst nach Fristablauf zugestellt, so ist sie unzulässig[51] und daher die Freigabe zu verfügen. Wird die Klage überhaupt nicht zugestellt, so ist der Registerrichter auch ohne Freigabeentscheidung zur Eintragung verpflichtet (unten Rz. 13).

Der Freigabeantrag kann **nicht mehr** gestellt werden, wenn die **Anfechtungsklage** **13** **rechtskräftig durchgedrungen** ist. In diesem Fall ist der angefochtene Beschluss nach § 241 Nr. 5 nichtig und kann nicht mehr Grundlage der Eintragung sein. Abweichendes kann sich auch nicht unter dem Gesichtspunkt des überwiegenden Gesellschaftsinteresses ergeben. Denn ebenso wenig wie im Hauptsacheverfahren ein als rechtswidrig erkannter Beschluss im überwiegenden Gesellschaftsinteresse hingenommen werden muss, kann ein solches Ergebnis im Freigabeverfahren erreicht werden. Der Freigabeantrag kann des weiteren **nicht mehr** gestellt werden, wenn die **Anfechtungsfrist abgelaufen** ist, **ohne** dass jemand **Klage** erhoben hat. Die Geltendmachung von die Anfechtbarkeit begründenden Mängeln ist dann endgültig ausgeschlossen und der Registerrichter daher ohnehin verpflichtet, den Beschluss einzutragen[52]. Er darf die Eintragung lediglich dann zurückweisen, wenn der Beschluss nichtig ist. Wird nach Ablauf der Anfechtungsfrist **Nichtigkeitsklage** erhoben, so steht das Freigabeverfahren wieder offen, wird dann allerdings regelmäßig nur Erfolg haben, wenn die Nichtigkeitsklage unzulässig oder offensichtlich unbegründet ist. Ein überwiegendes Vollzugsinteresse scheidet regelmäßig aus (oben Rz. 6). Wenn **sämtliche Anfechtungsklagen rechtskräftig abgewiesen** sind, ist der Registerrichter ebenfalls zur Eintragung auch ohne Freigabeentscheidung verpflichtet. Der Freigabeantrag kann auch dann nicht mehr gestellt werden. Das Freigabeverfahren steht freilich auch in diesem Fall wieder offen, wenn nunmehr Nichtigkeitsklage erhoben wird.

Dagegen **kann** der Freigabeantrag selbst dann noch **gestellt werden**, wenn der Regis- **14** terrichter den **angefochtenen Beschluss** bereits **eingetragen** hat[53]. Ebenso kann ein bereits eingeleitetes Freigabeverfahren weiter betrieben werden, wenn der Registerrichter die Eintragung während des laufenden Freigabeverfahrens verfügt[54]. Des weiteren ist es zulässig, bei der Kapitalerhöhung die Freigabe nach Eintragung des Kapitalerhöhungsbeschlusses, aber vor Eintragung der Durchführung (§ 188) zu beantragen[55]. Die Gegenmeinung hält freilich jedenfalls einen erstmals nach Eintragung des angefochtenen Beschlusses gestellten Freigabeantrag für nicht mehr statthaft[56]: Mit der Eintragung sei die Handlungsfähigkeit der Gesellschaft, die § 246a schützen wol-

---

51 Zur Anfechtungsfrist als prozessuale Frist § 246 Rz. 4.
52 Ebenso *Harbarth*, GmbHR 2005, 966, 967.
53 Begr. RegE zum UMAG, BT-Drucks. 15/5092, S. 27; *Büchel* in Liber amicorum Happ, S. 1, 6; *Göz/Holzborn*, WM 2006, 157, 161; *Wilsing*, DB 2005, 35, 38; *Winter* in Liber amicorum Happ, S. 363, 369.
54 Begr. RegE zum UMAG, BT-Drucks. 15/5092, S. 27; *Veil*, AG 2005, 567, 571.
55 LG München I v. 12.1.2006 – 5 HK O 24759/05, BB 2006, 459; zustimmend *Aha/Hirschberger*, BB 2006, 460, 461.
56 *Schütz*, NZG 2005, 5, 9.

le, gewährleistet. Einer gerichtlichen Eilintervention bedürfe es dann nicht. Diese Kritik überzeugt nicht: § 246a will die Rechtsstellung der Gesellschaft stärken. Ein eigenmächtiges Vorgehen des Registerrichters darf ihr daher die Rechtswohltaten des § 246a nicht abschneiden. Die Gegenmeinung bringt den Vorstand in eine Zwickmühle: Entweder er meldet die Maßnahme sofort an – dann riskiert er, sofern die Eintragung erfolgt, die Vorteile des Freigabeverfahrens. Oder er wartet mit der Anmeldung bis zum rechtskräftigen Abschluss des Freigabeverfahrens – dann wird er in eine übertriebene Vorsichtsstrategie gedrängt, und dies entgegen dem Zweck des § 246a: Diese Vorschrift will den Vorstand ermuntern, bei eilbedürftigen Strukturänderungen rasch zu handeln[57]. Bei einer Kapitalerhöhung wird zudem die Handlungsfähigkeit der Gesellschaft nicht erst mit Eintragung, sondern erst mit dem durch § 246a gewährten Bestandsschutz wiederhergestellt. Solange nämlich die jungen Aktien mit dem Risiko der Vernichtbarkeit behaftet sind, wird keine Bank bereit sein, jene Aktien zu übernehmen und zu emittieren[58]. Ohne Bestandsschutz liegt daher die Kapitalerhöhung faktisch auf Eis.

c) Antragsgegner

15   Der Freigabeantrag ist in jedem Fall gegen **sämtliche Anfechtungskläger** zu richten[59]; daneben aber auch gegen all jene Personen, die im Anfechtungsprozess zulässigerweise als **streitgenössische Nebenintervenienten**[60] auf Klägerseite beigetreten sind. Die Gegenansicht[61] bestreitet freilich die Notwendigkeit eines Antrags gegen die Nebenintervenienten: Diese machten sich, anders als die Kläger, nicht auf eigenes Kostenrisiko aus eigenem Rechtstitel zum Wahrer der Interessen der Mitaktionäre. Die in der Hauptsache erklärte Nebenintervention soll sich auch nicht automatisch auf das Freigabeverfahren erstrecken[62]. Freilich soll jeder Aktionär befugt sein, dem Freigabeverfahren als streitgenössischer Nebenintervenient beizutreten[63]. Die Überlegungen der Gegenansicht überzeugen nicht. Die streitgenössischen Nebenintervenienten im Hauptsacheverfahren trifft vielmehr wegen §§ 101 Abs. 2, 100 ZPO das gleiche Kostenrisiko wie den Anfechtungskläger[64]. Die Antragstellung auch gegen die Nebenintervenienten ist durch Art. 103 Abs. 1 GG geboten: denn ein erfolgreicher Freigabeantrag kann selbst einen erfolgreichen Anfechtungsprozess um seine Früchte bringen. Zwar weist das Prozessmodell der §§ 241 ff. den Aktionären und Verwaltungsmitgliedern, die nicht selbst Partei des Beschlussmängelprozesses sind, die Last zu, aus eigenem Antrieb rechtliches Gehör zu suchen. Wer aber in der Hauptsache schon interveniert hat, hat die ihm zugewiesene Initiative bereits ergriffen. Ihm ist es daher nicht zumutbar, jene Initiative erneut selbst zu ergreifen. Vielmehr muss die Gesellschaft ihn von sich aus am Freigabeverfahren beteiligen – nämlich indem sie den Antrag auch gegen ihn richtet. Alle **übrigen Aktionäre** haben das Recht, sich auf beliebiger Seite als streitgenössische **Nebenintervenienten** auch am Freigabeverfahren zu beteiligen; denn die stattgebende Freigabeentscheidung entfaltet wegen § 246a Abs. 3 Satz 5 Rechtswirkungen gegen jeden von ihnen.

---

57   Zutreffend *Aha/Hirschberger*, BB 2006, 460, 461.
58   Vgl. *Wilsing*, DB 2005, 35, 38; *Winter* in Liber amicorum Happ, S. 363, 368.
59   OLG Jena v. 12.10.2006 – 6 W 452/06, ZIP 2006, 1989, 1991 = AG 2007, 31.
60   Vgl. zur Zulässigkeit der Nebenintervention näher § 246 Rz. 26.
61   OLG Düsseldorf v. 29.6.2005 – I-15 W 38/05, AG 2005, 654; OLG Jena v. 12.10.2006 – 6 W 452/06, ZIP 2006, 1989, 1991 = AG 2007, 31; *K. Schmidt* in Liber amicorum Happ, S. 259, 269 f.
62   OLG Düsseldorf v. 29.6.2005 – I-15 W 38/05, AG 2005, 654 f.; OLG Stuttgart v. 13.5.2005 – 20 W 9/05, AG 2005, 662, 663.
63   *K. Schmidt* in Liber amicorum Happ, S. 259, 270.
64   Dies hat der BGH gerade für den aktienrechtlichen Beschlussmängelstreit mit Recht klargestellt; BGH v. 18.6.2007 – II ZB 23/06, AG 2007, 547, 548.

d) Mündliche Verhandlung

Das Gesetz fordert grundsätzlich eine mündliche Verhandlung (§ 246a Abs. 3 Satz 1).   16
Zu ihr ist, da in ihr Anwaltszwang besteht (§ 78 Abs. 1 ZPO), unter Einhaltung einer
Frist von einer Woche zu laden (§ 217 ZPO). Diese Handhabung dient dem **rechtlichen Gehör** der Antragsgegner. In dringenden Fällen kann das Gericht auf eine mündliche Verhandlung verzichten. Ein dringender Fall liegt vor, wenn selbst eine innerhalb kürzester Frist terminierte mündliche Verhandlung nicht abgewartet werden
kann oder die Anordnung der mündlichen Verhandlung den Zweck der Maßnahme
gefährden würde[65], wenn also die infolge der Verhandlung eintretende Verzögerung
erhebliche Nachteile für die Gesellschaft mit sich brächte[66], z.B. ohne die sofortige
Durchführung der Kapitalmaßnahme Insolvenzantrag gestellt werden müsste. Selbst
in dringenden Fällen ist jedoch den Anfechtungsklägern die Möglichkeit zur **schriftlichen Stellungnahme** einzuräumen[67]. Die Frist hierfür kann eine Woche unterschreiten; § 217 ZPO gilt insoweit nicht[68]. Soll der Freigabeantrag zurückgewiesen werden,
ist eine mündliche Verhandlung entsprechend § 937 Abs. 2 ZPO ebenfalls entbehrlich[69]. Ist zu Unrecht auf eine mündliche Verhandlung verzichtet worden, so kann
das Beschwerdegericht seinerseits eine solche terminieren, auf diese Weise den Verfahrensfehler korrigieren und in der Sache selbst entscheiden, braucht also die Sache
nicht an die Ausgangsinstanz zurückverweisen[70].

e) Glaubhaftmachung

Die Tatsachen, die den Antrag stützen, sind glaubhaft zu machen (§ 246a Abs. 3   17
Satz 2). Die antragstellende Gesellschaft kann daher auch zur eidesstattlichen Versicherung zugelassen werden (§ 294 Abs. 1 ZPO). So mag der Vorstand zum Beweis des
überwiegenden Vollzugsinteresses die wirtschaftlichen Prognosen über die Auswirkungen der Maßnahme an Eides Statt versichern[71], soweit sie einen dem Beweis und
damit auch der Glaubhaftmachung zugänglichen Tatsachenkern enthalten; die mit
jenen Prognosen verbundenen ökonomischen Bewertungen entziehen sich freilich
der Glaubhaftmachung. Eine Beweisaufnahme, die nicht sofort erfolgen kann, ist unstatthaft (§ 294 Abs. 2 ZPO). Auch der Tatsachenvortrag des Antragsgegners muss
bloß glaubhaft gemacht werden. Als Mittel der Glaubhaftmachung können selbst unbeglaubigte Kopien von Urkunden sowie schriftliche Zeugenaussagen vorgelegt[72], ja
es kann sogar auf einen zur Vorbereitung der Hauptversammlung erstatteten schriftlichen Bericht Bezug genommen werden[73]. Soll jedoch die Eintragung wegen **offensichtlicher Unbegründetheit** der Anfechtungsklage freigegeben werden, obwohl **im
Hauptsacheverfahren entscheidungserhebliche Tatsachen streitig** sind, so muss sich
das Gericht zuvor im **Strengbeweisverfahren** davon überzeugt haben, dass der Vortrag
der Gesellschaft zutrifft[74]. Es genügt insbesondere nicht, dass jener Vortrag überwie-

---

65 OLG München v. 4.12.2003 – 7 W 2518/03, AG 2004, 217; *Hüffer*, § 319 Rz. 20; *Kösters*, WM
   2000, 1921, 1924.
66 OLG Düsseldorf v. 29.6.2005 – I-15 W 38/05, AG 2005, 654, 655.
67 *Bork* in Lutter, UmwG, § 16 Rz. 26; *Kösters*, WM 2000, 1921, 1924; *Riegger/Schockenhoff*,
   ZIP 1997, 2105, 2111.
68 *Kösters*, WM 2000, 1921, 1924.
69 *Kösters*, WM 2000, 1921, 1924.
70 OLG Düsseldorf v. 29.6.2005 – I-15 W 38/05, AG 2005, 654, 655.
71 Kritisch zu einer dahin lautenden Entscheidung des LG Heilbronn *Bayer/Schmitz-Riol*, EWiR
   1997, 43, 44.
72 *Kösters*, WM 2000, 1921, 1924.
73 In diesem Sinne OLG Nürnberg v. 20.2.1996 – 12 W 3317/95, AG 1996, 229, 230: Bezugnahme
   auf Eingliederungs- und Geschäftsbericht.
74 Im Ergebnis ebenso *Kösters*, WM 2000, 1921, 1926.

gend wahrscheinlich und damit glaubhaft ist[75]. Solange über entscheidungserhebliche Tatsachen keine Gewissheit besteht, ist die Unbegründetheit der Klage nicht „offensichtlich", sondern liegt im Verborgenen. Fehlende Anfechtungsbefugnis, Verfristung und Missbrauch der Anfechtungsklage betreffen nicht die Begründetheit, sondern die Zulässigkeit der Klage. Diese Abweisungsgründe müssen daher nicht „offensichtlich" vorliegen[76]. Konsequent genügt für die Freigabe die Glaubhaftmachung dieser Abweisungsgründe – namentlich auch die Glaubhaftmachung des Klagemissbrauchs[77].

f) Entscheidungsfrist

18   Über den Freigabeantrag ist spätestens **drei Monate** nach Antragstellung über den Freigabeantrag zu befinden (§ 246a Abs. 3 Satz 6). Überschreitungen dieses Zeitlimits hat das Gericht zu begründen. Die Begründung ergeht in einem separaten, d.h. von der Freigabeentscheidung getrennten Beschluss, und zwar nicht etwa erst mit der (verspäteten) Sachentscheidung über den Freigabeantrag, sondern unmittelbar nach Ablauf der Dreimonatsfrist[78]. Gegen den Beschluss, durch den die Verzögerung begründet wird, findet kein Rechtsmittel statt (§ 246a Abs. 3 Satz 6)[79]. Angesichts des derzeitigen unverantwortlichen Personalabbaus in der Justiz stellt **Arbeitsüberlastung** des Prozessgerichts einen häufigen Grund für Verzögerungen dar. Das ist entgegen polemischer Kritik im Schrifttum an der angeblich schleppenden Arbeitsweise der Gerichte[80] zu akzeptieren.

g) Rechtsmittel

19   Der Beschluss, durch den die Eintragung freigegeben oder die Freigabe abgelehnt wird, ist mit Hilfe der **sofortigen Beschwerde** anfechtbar (§ 246a Abs. 3 Satz 3; §§ 567 ff. ZPO). Über die sofortige Beschwerde ist ebenfalls binnen 3 Monaten zu entscheiden; § 246 Abs. 3 Satz 5 gilt auch hier[81]. Gegen die Entscheidung des Beschwerdegerichts findet gem. § 246a Abs. 3 Satz 4 **keine Rechtsbeschwerde** statt. Eine **gleichwohl zugelassene Rechtsbeschwerde** ist, wenn sie eingelegt wird, **als unstatthaft zurückzuweisen**[82]. § 574 Abs. 3 Satz 2 ZPO bindet das Rechtsbeschwerdegericht nur, soweit das Beschwerdegericht einen Zulassungsgrundes nach § 574 Abs. 2 ZPO bejaht, nicht aber an die Auffassung des Beschwerdegerichts, dass Rechtsbeschwerde überhaupt statthaft ist. Eine dritte Instanz, die das Gesetz nicht vorsieht, kann auch das Beschwerdegericht nicht eröffnen.

h) Rechtskraft

20   Die Entscheidung über den Freigabeantrag erwächst in **formelle Rechtskraft**, sobald sie nicht mehr mit Rechtsmitteln angefochten werden kann. Sie erwächst in **materielle Rechtskraft** in bezug die Frage, ob der Kläger die Eintragung des Beschlusses vor rechtskräftigem Abschluss des Hauptsacheverfahrens hinnehmen muss; diese Frage ist Streitgegenstand des Freigabeverfahrens. Ein rechtskräftig zurückgewiesener

---

75   So aber *Sosnitza*, NZG 1999, 965, 970.
76   So aber *Decher*, AG 1997, 388, 390 (für missbräuchliche Klage); *Riegger/Schockenhoff*, ZIP 1997, 2105, 2107 f. (für verfristete und für missbräuchliche Klage).
77   So im Ergebnis auch *Decher*, AG 1997, 388, 390.
78   *Wilsing*, DB 2005, 35, 38.
79   *De lege ferenda* kritisch *Jahn*, BB 2005, 5, 9.
80   Geradezu überheblich *Jahn*, BB 2005, 5, 9, 13.
81   *Göz/Holzborn*, WM 2006, 157, 161.
82   BGH v. 29.5.2006 – II ZB 5/06, ZIP 2006, 1151, 1152 = AG 2006, 540; *Decher*, ZIP 2006, 746, 749; *Volhard*, NZG 2006, 297, 298; *Waclawik*, ZIP 2006, 1428, 1430 f.

Freigabeantrag kann freilich nicht erst dann neu gestellt werden, wenn neue Tatsachen vorgetragen werden[83]. Vielmehr gelten die im Bereich der §§ 916 ff. ZPO anerkannten Grundsätze. Die Aufhebung eines Arrestbefehls wegen veränderter Umstände kann nach § 927 Abs. 1 ZPO bereits dann verlangt werden, wenn eine neue Beweislage besteht. Dies ist der Fall, wenn der Schuldner neue Beweismittel vorträgt, die zwar im Zeitpunkt der ursprünglichen Arrestentscheidung bereits vorlagen, ihm aber ohne sein Verschulden nicht zur Verfügung standen[84]. Unter denselben Voraussetzungen kann der Gläubiger ein rechtskräftig abgelehntes Arrestgesuch neu stellen[85]. Diese Grundsätze rechtfertigen sich daraus, dass die Eilbedürftigkeit des Verfahrens den Parteien eine umfassende Prozessvorbereitung nicht erlaubt. Wären sie mit Beweismitteln, die sie im Verfügungsverfahren nicht beibringen können, bis zum rechtskräftigen Abschluss des Hauptsacheverfahrens präkludiert, so würde ihr rechtliches Gehör unverhältnismäßig beschnitten. Diese Überlegungen überzeugen – gerade mit Rücksicht auf die Entscheidungsfrist nach § 246a Abs. 3 Satz 6 – auch für das Freigabeverfahren.

V. Eintragung angefochtener Beschlüsse ohne Freigabeentscheidung?

1. Anfechtungsklage erhoben, Freigabeverfahren noch nicht eingeleitet

§ 246a unterwirft Kapitalmaßnahmen und Unternehmensverträge nach Erhebung der 21 Anfechtungsklage keiner allgemeinen Registersperre[86]. Der Registerrichter *darf* vielmehr die Maßnahme auch ohne Freigabeverfahren vor Abschluss des Anfechtungsprozesses eintragen[87]. Er *muss* dies aber nicht tun, sondern darf das Eintragungsverfahren nach **§ 127 FGG** aussetzen, bis der Anfechtungsprozess rechtskräftig abgeschlossen ist. Diese Auffassung war schon vor Inkrafttreten des § 246a herrschend[88], wenngleich nicht unproblematisch[89]. Sie ist durch die Einfügung des § 246a bestätigt worden: Der Gesetzgeber hält es danach für erforderlich, dass die auf § 127 FGG gestützte Eintragungsverweigerung durch Gerichtsentscheid überwunden wird. Ohne einen solchen Entscheid steht die Eintragung im pflichtgemäßen Ermessen des Re-

---

83 So aber *Bork* in Lutter, UmwG, § 16 Rz. 28; *Ihrig/Erwin*, BB 2005, 1973, 1978; *Riegger/Schockenhoff*, ZIP 1997, 2105, 2110; Beispiel: Zwischenzeitlich gefasster Bestätigungsbeschluss.
84 Statt aller *Vollkommer* in Zöller, ZPO, § 927 Rz. 4 m.w.N.
85 RGZ 33, 415, 417 ff.; OLG Frankfurt v. 25.7.1968 –16 U 74/68, NJW 1968, 2112, 2113; KG v. 12.9.2000 – 4 W 5899/00, KGR 2001, 52, 53; OLG Stuttgart v. 15.5.1981 – 2 U 47/81, WRP 1981, 668, 669; OLG Zweibrücken v. 17.12.1981 – 2 UF 102/80, FamRZ 1982, 413, 414; *Brox/Walker*, Zwangsvollstreckungsrecht, Rz. 1520; *Vollkommer* in Zöller, ZPO, Vor § 916 Rz. 13.
86 *Büchel* in Liber amicorum Happ, S. 1, 5; *Fleischer*, NJW 2005, 3525, 3529; *Göz/Holzborn*, WM 2006, 157, 161; *Harbarth*, GmbHR 2005, 966, 969; *Holzborn/Bunnemann*, BKR 2005, 51, 58; *Hüffer*, § 246a Rz. 1; *Koch*, ZGR 2006, 769, 798; *Kort*, BB 2005, 1577, 1580; *Paschos/Johannsen-Roth*, NZG 2006, 327, 328; *Spindler*, NZG 2005, 825, 829; *Volhard*, NZG 2006, 297; *Wilsing*, DB 2005, 35, 37; *Winter* in Liber amicorum Happ, S. 363, 367.
87 So auch *Holzborn/Bunnemann*, BKR 2005, 51, 58; *Kort*, BB 2005, 1577, 1580.
88 Vgl. OLG Hamm v. 4.5.1988 – 15 W 61/88, AG 1988, 246; LG Bielefeld v. 19.1.1988 – 14 T 84/87, AG 1988, 146; LG Düsseldorf v. 22.1.1960 – 18 Q 88/59, DB 1960, 172; *Baur*, ZGR 1972, 421, 422; *Bork*, ZGR 1993, 343, 356; *Diekgräf*, Sonderzahlungen an opponierende Kleinaktionäre im Rahmen von Anfechtungs- und Spruchstellenverfahren, S. 80 f.; *Hüffer* in Münch-Komm. AktG, § 243 Rz. 126; *Grunewald* in FS Zöllner, S. 177, 179 f.; *K. Schmidt* in Großkomm. AktG, § 243 Rz. 72; *Guntz*, Treubindungen von Minderheitsaktionären, S. 287; *A. Hueck*, Anfechtbarkeit und Nichtigkeit von Generalversammlungsbeschlüssen bei Aktiengesellschaften, S. 253 ff.; *W. Lüke*, ZGR 1990, 657, 674; *Veil*, AG 2005, 567, 570; *Volhard*, ZGR 1996, 55, 58; *Wilhelm*, DB 2001, 520.
89 Beachtliche Kritik bei *Baums*, Eintragung und Löschung von Gesellschafterbeschlüssen, S. 162 f.; *Schmid*, ZIP 1998, 1057, 1060; *Timm* in Timm, Missbräuchliches Aktionärsverhalten, S. 1, 19 ff.

gisterrichters[90]. Der Registerrichter ist, solange er nicht durch Gerichtsbeschluss zur Freigabe angehalten wird, zu einer **eigenen Interessenabwägung** berufen. Weder die Eintragung noch deren Unterbleiben lässt sich als Regelfall qualifizieren. Der Registerrichter darf die Eintragung nicht allein dann verfügen, wenn die Anfechtungsklage unzulässig oder offensichtlich unbegründet ist[91]. Denn der **eigenmächtigen Eintragung** durch den Registerrichter kommt **kein Bestandsschutz** nach § 246a Abs. 3 Satz 5, Abs. 4 Satz 2 zu[92]. Es werden also keine irreversiblen Tatsachen geschaffen – abgesehen davon, dass die eingetragene Maßnahme bis zu ihrer Kassation nach den Grundsätzen der Lehre von der fehlerhaften Gesellschaft als wirksam behandelt wird[93]. Dringt aber die Anfechtungsklage durch, so sind die angefochtenen Maßnahmen wieder rückgängig zu machen[94].

2. Freigabeverfahren eingeleitet, aber noch nicht rechtskräftig beendet

22   Sobald die Gesellschaft einen Freigabeantrag nach § 246a gestellt hat, ist der Registerrichter nach verbreiteter Meinung verpflichtet, das Registerverfahren auszusetzen. Trage er nämlich den Beschluss ein, so mache er das Freigabeverfahren gegenstandslos und nehme der Gesellschaft die Chance, für jenen Beschluss Bestandsschutz nach § 246a Abs. 3 Satz 5, Abs. 4 Satz 2 zu erlangen[95]. Indes: Das Freigabeverfahren erledigt sich durch die Eintragung des angefochtenen Beschlusses gerade nicht, sondern kann noch weiter betrieben werden (oben Rz. 14). Der Registerrichter **darf** daher den Beschluss vor Abschluss des Freigabeverfahrens **eintragen**. Alles andere liefe dem Zweck des § 246a zuwider, die vorzeitige Eintragung zu erleichtern.

3. Freigabeantrag rechtskräftig zurückgewiesen

23   Wird der Antrag der Gesellschaft auf Freigabe des Beschlusses rechtskräftig zurückgewiesen, so ist der Registerrichter jedenfalls **nicht verpflichtet**, den Beschluss vor rechtskräftiger Entscheidung über die Anfechtungsklage einzutragen. Wohl aber ist er weiterhin zur vorzeitigen Eintragung **berechtigt**. Aus § 246a Abs. 3 Satz 5, 2. *Halbsatz* geht hervor, dass der Gesetzgeber die Bindung des Registerrichters nur an die *positive* Freigabeentscheidung wollte; nur in einem solchen Fall ergibt die Feststellung der Bestandskraft Sinn. § 246a schließt das Recht des Aktionärs nicht aus, eine einstweilige Verfügung auf Untersagung der Eintragung zu beantragen. Dann aber ist dem Registerrichter die Eintragung erst verboten, wenn eine solche Verfügung ergeht. Im Freigabeverfahren geht es m.a.W. nur darum, ob der Registerrichter *verpflichtet*, nicht dagegen, ob er *berechtigt* ist, die Eintragung zu verfügen.

4. Anfechtungsklage nicht erhoben oder erledigt

24   Wird der angefochtene Beschluss **rechtskräftig** für **nichtig** erklärt, so ist seine Eintragung ausgeschlossen. Wird die Anfechtungsklage **rechtskräftig abgewiesen**, zurückgenommen, erledigt sie sich auf andere Weise, ohne dass der Beschluss kassiert wird,

---

90 Im Ergebnis ebenso *Harbarth*, GmbHR 2005, 966, 967.
91 So aber *Veil*, AG 2005, 567, 571.
92 *Büchel* in Liber amicorum Happ, S. 1, 5; *Spindler*, NZG 2005, 825, 830; *Winter* in Liber amicorum Happ, S. 363, 368.
93 Für die Kapitalerhöhung statt aller *Kort*, ZGR 1994, 291, 306 ff.; *Kort*, Bestandsschutz fehlerhafter Strukturänderungen im Kapitalgesellschaftsrecht, S. 211 ff.; *C. Schäfer*, Die Lehre vom fehlerhaften Verband, S. 422 ff.; *Zöllner*, AG 1993, 68, 72 ff. Für den Unternehmensvertrag BGH v. 14.12.1987 – II ZR 170/87, BGHZ 103, 1, 4 ff. = AG 1988, 133; *Timm*, BB 1981, 1491, 1497; *Timm*, GmbHR 1987, 8, 12.
94 *Kort*, BB 2005, 1577, 1581.
95 *Seibert/Schütz*, ZIP 2004, 252, 257; *Wilsing*, ZIP 2004, 1082; im Ergebnis ebenso *Kort*, BB 2005, 1577, 1581.

oder wird sie von niemandem fristgerecht erhoben, so ist der Registerrichter zur Eintragung verpflichtet[96]. Die Gegenansicht, nach welcher der Registerrichter jedenfalls im letzteren Fall die Eintragung rechtswidriger Beschlüsse abzulehnen hat[97], überzeugte schon vor Einfügung des § 246a nicht: Der Registerrichter ist nicht als umfassende Rechtsprüfungsinstanz für Hauptversammlungsbeschlüsse inthronisiert worden; auf ein staatliches Aktienamt hat der Gesetzgeber vielmehr bewusst verzichtet. Deshalb darf der Registerrichter die Eintragung bloß *anfechtbarer* Beschlüsse nicht unter Hinweis auf den Gesetzes- oder Satzungsverstoß ablehnen. Bei bestandskräftigen Beschlüssen ist die Entscheidung der Aktionäre und der anfechtungsberechtigten Verwaltungsorgane zu respektieren, aus dem Beschlussmangel keine rechtlichen Konsequenzen zu ziehen. Seit Einfügung des § 246a kommt hinzu, dass ohne Anfechtungsklage kein Freigabeantrag zulässig ist. Die Gesellschaft kann aber, wenn keine Klage erhoben wurde oder diese sich ohne Kassation des Beschlusses erledigt hat, nicht schlechter stehen als bei noch schwebendem Anfechtungsprozess. Deshalb *muss* in diesen Fällen der Beschluss eingetragen werden.

VI. Wirkungen der stattgebenden Freigabeentscheidung

1. Eintragungspflicht

Wenn das Gericht rechtskräftig die Freigabe des angefochtenen Beschlusses verfügt, ist der Registerrichter verpflichtet, den Beschluss trotz noch rechtshängiger Anfechtungsklage einzutragen. Diese Vorschrift dient nicht bloß dem **Schutz der Gesellschaft** an einer beschleunigten Eintragung des Beschlusses, sondern ebenso der **Entlastung des Registerrichters**. Trägt dieser nämlich den angefochtenen Beschluss in eigener Verantwortung ein und wird jener Beschluss später für nichtig erklärt, so droht ihm die Amtshaftung; denn das Spruchrichterprivileg nach § 839 Abs. 2 BGB gilt für ihn nicht[98]. Trägt er den Beschluss dagegen auf der Basis einer stattgebenden Freigabeentscheidung ein, so verletzt er bereits im Ansatz keine Amtspflicht. Und die Mitglieder des über die Freigabe befindenden Prozessgerichts sind ihrerseits durch § 839 Abs. 2 BGB geschützt. 25

Nach verbreiteter Meinung sind indes Fälle denkbar, in denen **trotz positiver Freigabeentscheidung** die **Eintragungspflicht entfallen** soll. Denn der Freigabebeschluss entfalte Bindungswirkung nur im Umfang seiner Rechtskraft[99] bzw. insoweit, als das Prozessgericht seine Prüfungskompetenz ausgeübt habe[100]. Sei die Eintragung wegen Unzulässigkeit der Klage freigegeben worden, habe sich das Gericht mit keinem Beschlussmangel befasst, so dass Raum für eine eigenständige Prüfung durch den Registerrichter bleibe. Sei die Eintragung wegen offensichtlicher Unbegründetheit der Klage freigegeben worden, so dürfe der Registerrichter die Eintragung lediglich wegen derjenigen Beschlussmängel nicht verweigern, die im Freigabeverfahren als offensichtlich nicht gegeben identifiziert worden seien; wegen anderer Beschlussmängel 26

---

96 Wie hier für den Fall, dass niemand fristgerecht Klage erhebt, BayObLG v. 18.7.1991 – BReg.3 Z 133/90, BB 1991, 1729, 1730; OLG Hamm v. 8.12.1993 – 15 W 291/93, OLGZ 1994, 415, 418 = AG 1994, 376; OLG Köln v. 1.7.1981 – 2 Wx 31/81, WM 1981, 1263, 1264 f.; OLG Köln v. 9.6.1981 – 2 Wx 11/81, BB 1982, 579.
97 *Hüffer* in MünchKomm. AktG, § 241 Rz. 77; *Lutter*, NJW 1969, 1873, 1878 f.; *Sosnitza*, NZG 1999, 965, 973.
98 *Hirschberger/Weiler*, DB 2004, 1137; *Paschos/Johannsen-Roth*, NZG 2006, 327, 328; *Schmid*, ZGR 1997, 493, 496; *Spindler*, NZG 2005, 825, 829, je m.w.N.
99 So die dogmatische Begründung der eingeschränkten Bindungswirkung durch *Spindler*, NZG 2005, 825, 830.
100 So die dogmatische Begründung der eingeschränkten Bindungswirkung durch *Göz/Holzborn*, WM 2006, 157, 162.

dürfe das Eintragungsverfahren demgegenüber nach wie vor ausgesetzt werden[101]. Sei die Eintragung wegen überwiegenden Vollzugsinteresses der Gesellschaft freigegeben worden, so dürfe der Registerrichter die Eintragung wegen solcher Interessen nicht ablehnen, die vom Prozessgericht bereits geprüft worden seien und die nach dessen Auffassung der Eintragung nicht entgegenstünden[102]. Andere öffentliche Interessen könnten dagegen nach wie vor die Verweigerung der Eintragung rechtfertigen[103]. Diese Auffassung verdient im Grundsatz Zustimmung, lässt sich aber nicht als Rechtskraftproblem darstellen. Vielmehr steht, sobald der Freigabebeschluss formell rechtskräftig geworden ist, zwischen Gesellschaft und Antragsgegner verbindlich fest, dass letzterer die vorzeitige Eintragung des angefochtenen Hauptversammlungsbeschlusses hinzunehmen hat. Diese Rechtskraft steht nicht unter dem Vorbehalt anderweitiger öffentlicher Interessen – ebenso wenig, wie dies bei einer auf Erzwingung der Eintragung gerichteten einstweiligen Verfügung der Fall wäre. Vielmehr geht es um ein Problem der **funktionellen Zuständigkeit**. Der Registerrichter tritt insoweit neben dem Prozessgericht als Instanz rechtlicher Überprüfung des Eintragungsbegehrens ein, als jenes Gericht seine Prüfungskompetenz nicht ausgeübt hat. Im Gefolge des oben Rz. 24 Gesagten darf der Registerrichter die Eintragung aber nicht auf Beschlussmängel stützen, die bloß die Anfechtbarkeit begründen – selbst dann nicht, wenn jene Mängel im Freigabeverfahren übersehen worden sind.

2. Bestandsschutz

a) Kein Anspruch auf Rückgängigmachung der Eintragung

27   Wenn der freigegebene Beschluss im Handelsregister eingetragen ist, kann niemand mehr verlangen, dass die Eintragung rückgängig gemacht wird (§ 246a Abs. 4 Satz 2, 2. Halbsatz) – dies selbst dann nicht, wenn die Anfechtungsklage sich später als begründet erweist. Das bedeutet für die **Kapitalerhöhung**, dass das Grundkapital der Gesellschaft nur noch durch eine ordentliche Kapitalherabsetzung auf den vor der Erhöhung geltenden Betrag zurückgeführt werden kann. Niemand kann verlangen, dass eine solche Kapitalherabsetzung beschlossen wird. Die kraft rechtskräftiger Freigabe eingetragene Kapitalerhöhung ist vielmehr endgültig verbindlich. Der Aktionär hat des weiteren keinen Anspruch darauf, dass der rechtskräftig freigegebene **Unternehmensvertrag** nach § 297 Abs. 1 mit der Begründung außerordentlich gekündigt wird, der zugrunde liegende Beschluss sei erfolgreich angefochten worden. Das wäre ebenfalls ein *actus contrarius* zur freigegebenen Maßnahme, der nach § 246a Abs. 4 Satz 2 nicht verlangt werden kann.

b) Pflicht des Vorstands zum Vollzug des Beschlusses

28   Mängel des Beschlusses lassen des weiteren dessen Durchführung unberührt (§ 246a Abs. 4 Satz 2, 1. Halbsatz). Der Vorstand ist also verpflichtet, den Beschluss zu vollziehen: Die jungen Aktien aus einer kraft rechtskräftiger Freigabe eingetragenen **Kapitalerhöhung** sind zum beschlossenen Ausgabekurs zu emittieren. Der rechtskräftig freigegebene **Unternehmensvertrag** verpflichtet den Vorstand der abhängigen Gesellschaft ohne Rücksicht auf etwaige Beschlussmängel, Weisungen des Vorstands der

---

101 So ausdrücklich für diese Fälle auch Begr. RegE zum UMAG, BT-Drucks. 15/5092, S. 27.
102 In diesem Sinne *Schmid*, ZGR 1997, 493, 499 für das Umwandlungsrecht.
103 Begr. RegE zum UMAG, BT-Drucks. 15/5092, S. 28; *Spindler*, NZG 2005, 825, 830; *Veil*, AG 2005, 567, 571; für die Verschmelzung ebenso *Bork* in Lutter, UmwG, § 16 Rz. 30 f.; *Kösters*, WM 2000, 1921, 1929; *Sosnitza*, NZG 1999, 965, 973; kurz auch *Decher*, AG 1997, 388, 394 f. Gegen jegliches materielles Prüfungsrecht des Registerrichters nach rechtskräftiger Freigabe *Buchta/Sasse*, DStR 2004, 958, 960.

herrschenden Gesellschaft zu befolgen (§ 308). Diese Gesellschaft ist ihrerseits zum Verlustausgleich verpflichtet (§ 302). Dies alles gilt selbst dann, wenn die Voraussetzungen der Lehre vom fehlerhaften Verband *nicht* vorliegen, insbesondere selbst dann, wenn die freigegebene Maßnahme noch nicht in Vollzug gesetzt wurde. Der Vorstand ist vielmehr *verpflichtet, jene Maßnahme in Vollzug zu setzen.*

3. Schadensersatzpflicht

a) Gläubiger des Ersatzanspruchs

Der Schadensersatzanspruch nach § 246a Abs. 4 Satz 1 steht dem Antragsgegner zu. 29 Das ist in jedem Fall der **Anfechtungskläger**, entgegen abweichender Meinung im Schrifttum[104] aber auch der **Nebenintervenient auf Klägerseite**, und zwar selbst dann, wenn er im Zeitpunkt seines Beitritts kein eigenes Anfechtungsrecht (mehr) gehabt hätte. Da nämlich das Anfechtungsrecht sich nicht als Ausprägung eines materiell-rechtlichen Anspruchs auf Aufhebung des Beschlusses begreifen lässt (dazu § 245 Rz. 1), verbietet es sich, den Ersatzanspruch aus § 246a Abs. 4 Satz 1 als Rechtsfortwirkung eines solchen Aufhebungsanspruchs darzustellen[105]. Vielmehr erscheint der Ersatzanspruch als Lohn des erfolgreichen Kampfes: Er steht demjenigen zu, der um der Legalitätskontrolle der Hauptversammlung willen die Kosten und Mühen der Prozessführung auf sich genommen hat. Ein solches Kostenrisiko trifft aber nach §§ 101 Abs. 2, 100 ZPO auch den Nebenintervenienten.

b) Inhalt des Ersatzanspruchs

Der Schadensersatzanspruch ist **verschuldensunabhängig**. Er ist wegen § 246a Abs. 4 30 Satz 2, 2. Halbsatz nicht auf Herstellung des Zustands vor Eintragung gerichtet, sondern auf Geld. Bei einer fehlerhaften, aber freigegebenen **Kapitalerhöhung** mit Bezugsrechtsausschluss kommt ein Anspruch des Anfechtungsklägers auf Erstattung des entgangenen Gewinns in Betracht, den er durch einen Handel mit seinen Bezugsrechten hätte erzielen können. Dagegen kann der Anfechtungskläger nicht verlangen, bei Abstimmungen so gestellt zu werden, als wäre er noch mit der bisherigen Quote am Grundkapital der Gesellschaft beteiligt[106]. Denn dadurch würden seine Aktien *de facto* entgegen § 12 Abs. 2 zu Mehrstimmrechtsaktien. Wohl aber kann er verlangen, dass er bei der Verteilung der Dividende mit der früheren Quote berücksichtigt wird; er muss sich allerdings auf diesen Anspruch den Bezugspreis anrechnen lassen, den er bei eigener Zeichnung der Aktien hätte entrichten müssen. Sofern die Kapitalerhöhung nach § 255 Abs. 2 anfechtbar war, kann Ersatz des durch den zu niedrigen Ausgabekurs eingetretenen Verwässerungsschadens verlangt werden[107]. Beim **Unternehmensvertrag** erleidet der Aktionär der abhängigen Gesellschaft insoweit keinen Schaden, als eventuelle Einbußen durch Leistungen aufgrund §§ 304, 305 kompensiert werden. Der Aktionär ist nach § 254 Abs. 2 Satz 1 BGB gehalten, zunächst das Spruchverfahren zu beschreiten. Tut er dies, so ist die Verjährung des Ersatzanspruchs nach § 246a Abs. 4 Satz 1 entsprechend §§ 204 Abs. 1 Nr. 1, 213

104 *K. Schmidt* in Liber amicorum Happ, S. 259, 274.
105 In diese Richtung aber *Knöfler* in Heidel, § 319 Rz. 32; *Bork* in Lutter, UmwG, § 16 Rz. 34: Kläger soll sein mit der Klage verfolgtes Individualinteresse als Schadensersatzanspruch weiterverfolgen können.
106 Im Ergebnis ähnlich *Paschos/Johannsen-Roth*, NZG 2006, 327, 332.
107 Begr. RegE zum UMAG, BT-Drucks. 15/5092, S. 28; *Hüffer*, § 246a Rz. 6; *Ihrig/Erwin*, BB 2005, 1973, 1977; *Koch*, ZGR 2006, 769, 799; *Paschos/Johannsen-Roth*, NZG 2006, 327, 332; *Spindler*, NZG 2005, 825, 830 (mit zutreffendem Hinweis auf Beweisschwierigkeiten); *Winter* in FS Ulmer, S. 699, 719 ff.; *Winter* in Liber amicorum Happ, S. 363, 373 f.; skeptisch *Veil*, AG 2005, 567, 572.

BGB gehemmt. Dem Aktionär der herrschenden Gesellschaft steht ein Schadensersatzanspruch zu, wenn seine Gesellschaft ohne den Unternehmensverbund wettbewerbsfähig gewesen wäre und nunmehr durch den Verlustausgleich (§ 302) in die Insolvenz getrieben wird.

c) Kosten des Freigabeverfahrens

31   Nach § 246a Abs. 4 Satz 1 **hat die Gesellschaft** dem Antragsgegner auch die Kosten des Freigabeverfahrens **zu erstatten**[108], die dieser als unterlegene Partei in jenem Verfahren § 91 Abs. 1 ZPO zu tragen hatte. Allerdings wird dagegen eingewandt, die Pflicht des im Freigabeverfahren unterlegenen Anfechtungsklägers, die Kosten dieses Verfahrens zu tragen, rühre nicht aus der Eintragung her, so dass letztere für den Schaden des Klägers insoweit nicht ursächlich sei[109]. Diese Kritik überzeugt indes nicht. Wäre die Eintragung aufgrund einer gegen den Aktionär gerichteten einstweiligen Verfügung erzwungen und sodann der Beschluss in der Hauptsache für nichtig erklärt worden, so hätte ihm die Gesellschaft die von ihr beigetriebenen Kosten des Verfügungsverfahrens nach § 945 ZPO zu ersetzen: Mit jener Beitreibung wäre die Kostenentscheidung der einstweiligen Verfügung vollzogen worden und dem Aktionär damit aus dieser Vollziehung ein Schaden entstanden. Soweit dem Aktionär selbst Kosten entstanden wären, wären diese freilich nicht durch die Verfügung, sondern bereits durch das vorausgehende Verfahren verursacht. Doch könnte der Aktionär nach Obsiegen in der Hauptsache die Aufhebung der einstweiligen Verfügung (§ 927 ZPO) und in diesem Zusammenhang auch eine Änderung der Kostenentscheidung zu seinen Gunsten verlangen[110]. Schlechter darf der Aktionär auch im Freigabeverfahren nicht stehen. Das Opfer, das er im Gesellschaftsinteresse erbringen muss, erschöpft sich in der Zurückdrängung seines primären Rechtsschutzes gegen den angefochtenen Beschluss. Ein Vermögensopfer wird ihm nach der Wertung des § 246a Abs. 4 Satz 1 dagegen gerade nicht abverlangt.

4. Wirkung gegen jedermann

a) Einschränkung der Gestaltungswirkung des Anfechtungsurteils

32   Die nach § 246a freigegebene Eintragung ändert nichts daran, dass der angefochtene Beschluss, sofern er sich in der Hauptsache als rechtswidrig erweist, für nichtig erklärt wird[111]. Faktisch schränkt jedoch die freigegebene Eintragung die Gestaltungswirkung des Anfechtungsurteils ein, weil der Beschluss ausgeführt werden muss und die Eintragung nicht mehr rückgängig zu machen ist[112]. Konsequent muss die Feststellung der Bestandskraft gegen denselben Personenkreis wirken, gegen den auch die Gestaltungswirkung des stattgebenden Anfechtungsurteils wirkt. Dem trägt § 246a Abs. 3 Satz 5, 2. Halbsatz Rechnung. Wirkung „gegen jedermann" bedeutet hier „Wirkung gegen sämtliche Aktionäre und Verwaltungsmitglieder"; denn nur gegen sie wirkt auch das Anfechtungsurteil (näher dazu § 248 Rz. 5). Gegen außenstehende Dritte „wirken" weder Anfechtungsurteil noch Bestandskraft des eingetragenen Beschlusses, da die Rechtssphäre Dritter durch beides nicht berührt wird; Dritte *müssen* die Bestandskraft des Beschlusses lediglich *hinnehmen.*

---

108   *Bork* in Lutter, UmwG, § 16 Rz. 34; *Göz/Holzborn*, WM 2006, 157, 162; *Hüffer*, § 246a Rz. 6; *Rettmann*, Rechtmäßigkeitskontrolle von Verschmelzungsbeschlüssen, S. 181 ff.
109   So für § 16 Abs. 3 UmwG *Kösters*, WM 2000, 1921, 1929.
110   Näher zum Ganzen *Vollkommer* in Zöller, ZPO, § 945 Rz. 14b m.w.N.
111   *De lege ferenda* kritisch insoweit *Winter* in Liber amicorum Happ, S. 363, 370 f.
112   Vgl. *Hirschberger/Weiler*, DB 2004, 1137, 1138; *Hüffer*, § 246a Rz. 3.

b) Rechtliches Gehör

Den Aktionären und Verwaltungsmitgliedern ist angesichts der weitreichenden Be- 33
standskraft rechtliches Gehör zu gewähren: Der Freigabeantrag ist gegen alle Anfechtungskläger und gegen alle Nebenintervenienten auf Klägerseite zu richten; die übrigen Aktionäre können im Freigabeverfahren streitgenössisch intervenieren (Rz. 15).
Selbst wenn dies nicht beachtet wird, wirkt aber die Freigabeentscheidung gleichwohl auch gegen diejenigen, denen kein angemessenes Gehör gewährt wurde – ebenso wie das stattgebende Anfechtungsurteil in der Hauptsache sogar dann, wenn nicht
allen Betroffenen rechtliches Gehör gewährt wird, Rechtskraft im Umfang des § 248
wirkt (dazu § 248 Rz. 2 ff.): Der Beschluss kann nur für alle Aktionäre und Verwaltungsmitglieder ungültig und nur für sie alle trotzdem bestandskräftig sein. Wird der
Freigabeantrag nicht gegen alle notwendigen Antragsgegner (Rz. 15) gerichtet, so
kann derjenige, der übergangenen wurde, auf eine **Korrektur der Freigabeentscheidung** hinwirken, selbst wenn diese bereits rechtskräftig geworden ist. Wird bei
rechtskräftiger Kassation des Beschlusses in der Hauptsacheverfahren einem Aktionär die Möglichkeit verwehrt, sich als streitgenössischer Nebenintervenient zu beteiligen, so steht ihm die Möglichkeit offen, analog § 579 Abs. 1 Nr. 4 ZPO die Wiederaufnahme des Verfahrens zu beantragen (näher § 246 Rz. 28). Der Anfechtungsprozess wird dann, soweit die Gehörsverletzung reicht, erneut aufgerollt (§ 590 Abs. 1
ZPO). Das gleiche Recht haben bei rechtskräftiger Freigabe diejenigen Personen, gegen die der Freigabeantrag hätte gestellt werden müssen, aber nicht gestellt worden
ist. Das Freigabeverfahren muss dann analog § 590 Abs. 1 ZPO komplett von neuem
verhandelt werden, weil es im ganzen durch die mangelnde Beteiligungsmöglichkeit
und die dadurch bewirkte Verletzung rechtlichen Gehörs infiziert ist. § 246a Abs. 4
Satz 2, 2. Halbsatz steht dem nicht entgegen: Diese Vorschrift schließt einen Anspruch auf Rückgängigmachung der Eintragung nur bei später begründeter Anfechtungsklage, nicht aber bei Mängeln im Freigabeverfahren selbst aus.

5. Auswirkungen auf das Hauptsacheverfahren

Die rechtskräftige Freigabe führt im Anfechtungsprozess **nicht** zur **Erledigung der** 34
Hauptsache[113]. § 246a Abs. 4 Satz 1 setzt vielmehr die Fortsetzung des Hauptsacheverfahrens voraus. Die Freigabe nach § 246a bewirkt ferner keine Heilung des Beschlussmangels; andernfalls wäre die Schadensersatzpflicht nach § 246a Abs. 4 Satz 1
nicht erklärbar[114]. Sofern sich die Klage als begründet erweist, bleibt es des Weiteren
dabei, dass der Beschluss nach § 241 Nr. 5 für nichtig erklärt wird[115]: Die **Tenorierung des Anfechtungsurteils** erfährt also durch die Freigabe **keine Änderung**. Wird
der angefochtene Beschluss aufgrund rechtskräftiger Freigabe eingetragen, so kann
der Kläger **nicht auf Schadensersatz übergehen**[116], sondern muss den Anfechtungsantrag in der Hauptsache aufrechterhalten. Denn § 246a Abs. 4 Satz 1 knüpft den Ersatzanspruch an den rechtskräftigen Erfolg der Anfechtungsklage in der Hauptsache.
Nur dies wird auch der Funktion der Anfechtungsklage gerecht. Denn das Ziel der
Anfechtungsklage, den angefochtenen Beschluss einer objektiven Rechtskontrolle zu
unterziehen, den bei Beschlussfassung begangenen Rechtsverstoß als solchen zu
identifizieren und ihn einem richterlichen Verdikt zuzuführen, hat sich durch die
freigegebene Eintragung in keiner Weise erledigt und würde auch durch ein Schadensersatzurteil nicht aufgefangen. Denn in diesem Urteil würde der Beschlussman-

---

113 Ebenso *Decher*, AG 1997, 388, 395; *Riegger/Schockenhoff*, ZIP 1997, 2105, 2107; *Sosnitza*,
NZG 1999, 965, 975.
114 Zutreffend *Sosnitza*, NZG 1999, 965, 975.
115 Für die Verschmelzung ebenso *Marsch-Barner* in Kallmeyer, UmwG, § 16 Rz. 52.
116 So aber zu § 16 Abs. 3 UmwG *Decher*, AG 1997, 388, 395; *Sosnitza*, NZG 1999, 965, 975.

gel nicht notwendig als solcher festgestellt wird. Die Schadensersatzklage wird vielmehr gleichwohl abgewiesen, wenn dem Kläger jedenfalls kein Schaden entstanden ist.

35 **Zulässig** ist es dagegen, die Schadensersatz- mit der bereits rechtshängigen Anfechtungsklage zu **verbinden**. Hierbei handelt es sich um eine Klageänderung in Gestalt einer nachträglichen objektiven Klagenhäufung. Sie ist nach § 264 Nr. 3 ZPO zulässig[117]. Denn die ursprüngliche Klage war *auch* darauf gerichtet, die Eintragung des Beschlusses zu verhindern. Anstelle *dieses* Klageziels wird nunmehr „das Interesse", nämlich Schadensersatz gefordert, während die ursprüngliche Klage im übrigen aufrechterhalten bleibt. Der Kläger kann Schadensersatz auch bloß **hilfsweise** für den Fall des Erfolgs der Anfechtungsklage beantragen[118]. Allerdings „erweist" sich die Anfechtungsklage erst in dem Moment als begründet, in dem sie rechtskräftig Erfolg hat. Vorher darf an sich über die Schadensersatzklage nicht entschieden werden. Es kann sonst geschehen, dass das Schadensersatzurteil rechtskräftig und sodann das Anfechtungsurteil in der Rechtsmittelinstanz aufgehoben wird. Um gleichwohl eine gleichzeitige Entscheidung über beide Klagen zu ermöglichen, sind die Grundsätze heranzuziehen, welche gelten, wenn nach einem Zwischenurteil über die Zulässigkeit der Klage vorzeitig über die Begründetheit der Klage (§ 280 Abs. 2 Satz 2 ZPO) oder im Falle eines Grundurteils vorzeitig über den Betrag entschieden wird (§ 304 Abs. 2 2. Halbsatz ZPO). Dort ist das Schlussurteil auflösend bedingt durch die Aufhebung des Zwischenurteils und seine materielle Rechtskraft aufschiebend bedingt durch die Rechtskraft des Zwischenurteils ist[119]. Das gleiche gilt für das Verhältnis von Anfechtungs- und auf § 246a Abs. 4 Satz 1 gestützter Schadensersatzklage: Das Schadensersatzurteil ist auflösend bedingt durch die Aufhebung des stattgebenden Anfechtungsurteils. Seine Rechtskraft ist aufschiebend bedingt durch die Rechtskraft des stattgebenden Anfechtungsurteils.

VII. Verhältnis zur einstweiligen Verfügung

36 Während des Anfechtungsprozesses kann eine einstweilige Verfügung mit dem Ziel begehrt werden, den Vollzug des Beschlusses durch den Vorstand zu **untersagen**[120]. Dies Recht wird durch § 246a nicht ausgeschlossen, und zwar entgegen einer im Schrifttum vertretenen Ansicht[121] selbst dann nicht, wenn ein Freigabeverfahren rechtshängig ist. Das folgt aus dem Gebot prozessualer Waffengleichheit: Wenn die

---

117 Insoweit zutreffend *Sosnitza*, NZG 1999, 965, 975.
118 Sog. uneigentliche eventuelle Klagenhäufung; vgl. dazu *Lüke/Kerwer*, NJW 1996, 2121 ff.; *Wolf* in FS Gaul, S. 805 ff.
119 BGH v. 17.1.1973 – VIII ZR 48/71, NJW 1973, 467, 468; *Prütting* in MünchKomm. ZPO, § 280 Rz. 10; *Foerste* in Musielak, ZPO, § 280 Rz. 10; *Rosenberg/Schwab/Gottwald*, Zivilprozessrecht, § 59 III 2 (S. 312); *Leipold* in Stein/Jonas, ZPO, § 280 Rz. 28; *Greger* in Zöller, ZPO, § 280 Rz. 10.
120 BVerfG v. 13.10.2004 – 1 BvR 2303/00, WM 2004, 2354 f.; OLG München v. 13.9.2006 – 7 U 2912/06, AG 2007, 335, 336; OLG Nürnberg v. 4.5.1993 – 3 U 136/93, GmbHR 1993, 588, 589; *Baums* in DJT 2000, S. F 219; *Beyer*, GmbHR 2001, 467, 469; *Damm*, ZHR 154 (1990), 413, 437; *v. Gerkan*, ZGR 1985, 167, 189; *Hölters*, BB 1977, 105, 109; *A. Hueck*, Anfechtbarkeit und Nichtigkeit von Generalversammlungsbeschlüssen bei Aktiengesellschaften, S. 183; *Landrock*, Der Innenrechtsstreit in der Aktiengesellschaft, S. 260; *Littbarski*, Einstweiliger Rechtsschutz im Gesellschaftsrecht, S. 56, 166 f.; *Lutter/Hommelhoff*, GmbHG, Anh. § 47 Rz. 40; *Nietsch*, GmbHR 2006, 393, 398; *Renkl*, Der Gesellschafterbeschluss, S. 126; *Schmidt-Diemitz*, Einstweiliger Rechtsschutz gegen rechtswidrige Gesellschafterbeschlüsse, S. 60 f.; *K. Schmidt* in Scholz, GmbHG, § 45 Rz. 183; *Semler*, BB 1979, 1533, 1536; *Trittmann*, ZGR 1999, 340, 361.
121 *Kort*, BB 2005, 1577, 1581; *Kort*, NZG 2007, 169, 171.

Gesellschaft eine Handhabe hat, die vorzeitige Eintragung zu erwirken, muss auch den Beschlussgegnern die Möglichkeit gegeben werden, aus eigener Initiative gegen die vorzeitige Eintragung vorzugehen. Im Freigabeverfahren geht es nur darum, ob der Registerrichter den Beschluss eintragen muss, nicht aber, ob er ihn eintragen darf; letzteres muss daher im einstweiligen Verfügungsverfahren geklärt werden. **Antragsgegner** ist ebenso wie im Verfahren zur Hauptsache die **Gesellschaft**.

Freilich darf es nicht geschehen, dass die Eintragung einerseits im Verfügungsverfahren untersagt, andererseits im Freigabeverfahren angeordnet wird. Deshalb sind Verfügungs- und Freigabeverfahren zur **gemeinsamen Verhandlung und Entscheidung zu verbinden**. Diese Verbindung wirft freilich Folgeprobleme hinsichtlich der Entscheidungsform und der statthaften Rechtsmittel auf. Denn wenn, wie wegen § 246a Abs. 3 Satz 1 regelmäßig erforderlich, eine mündliche Verhandlung stattgefunden hat, dürfte an sich über den Verfügungsantrag nur durch Urteil entschieden werden (§ 922 Abs. 1 Satz 1 ZPO), während über den Freigabeantrag nach § 246a Abs. 1 durch Beschluss zu entscheiden ist. Das würde in der Folge zu Divergenzen im Rechtsmittelzug führen; denn gegen das Verfügungsurteil wäre die Berufung (§§ 511 ff. ZPO), gegen den (positiven oder negativen) Freigabebeschluss die sofortige Beschwerde (§ 246a Abs. 3 Satz 3) statthaft. Eine einheitliche Entscheidung wäre damit in Frage gestellt. Ähnliche Probleme könnten sich ergeben, wenn auf eine mündliche Verhandlung verzichtet wurde und der Freigabeantrag abgelehnt sowie die Eintragung im Wege der einstweiligen Verfügung untersagt würde: Dann müsste die Gesellschaft die ablehnende Freigabeentscheidung mit der sofortigen Beschwerde angreifen, die einstweilige Verfügung gem. § 924 Abs. 1 ZPO mit Hilfe des Widerspruchs. Das Verfügungsverfahren würde daher weiterhin in der Ausgangs-, das Freigabeverfahren dagegen in der Rechtsmittelinstanz schweben. Um diese Verwerfungen zu vermeiden, sind Verfügungs- und Freigabeentscheidung zu einer **einheitlichen Entscheidungsform** zu verschmelzen. Der Gesetzgeber hat in § 246a Abs. 1 eine Entscheidung durch Beschluss und in § 246a Abs. 3 Satz 3 als Rechtsmittel die sofortige Beschwerde für angemessen gehalten, wenn es um Eilentscheidungen betreffend die Eintragung angefochtener Hauptversammlungsbeschlüsse geht. Diese Vorschriften gelten daher im Verfügungsverfahren entsprechend: Abweichend von § 922 Satz 1 ZPO ergeht die einstweilige Verfügung immer, auch im Falle vorausgegangener mündlicher Verhandlung, durch Beschluss; abweichend von § 924 Abs. 1 ZPO findet gegen den Beschluss, durch den die Eintragung untersagt wird, nicht der Widerspruch, sondern sogleich die sofortige Beschwerde statt.

§ 247
Streitwert

(1) Den Streitwert bestimmt das Prozessgericht unter Berücksichtigung aller Umstände des einzelnen Falles, insbesondere der Bedeutung der Sache für die Parteien, nach billigem Ermessen. Er darf jedoch ein Zehntel des Grundkapitals oder, wenn dieses Zehntel mehr als 500 000 Euro beträgt, 500 000 Euro nur insoweit übersteigen, als die Bedeutung der Sache für den Kläger höher zu bewerten ist.

(2) Macht eine Partei glaubhaft, dass die Belastung mit den Prozesskosten nach dem gemäß Absatz 1 bestimmten Streitwert ihre wirtschaftliche Lage erheblich gefährden würde, so kann das Prozessgericht auf ihren Antrag anordnen, dass ihre Verpflichtung zur Zahlung von Gerichtskosten sich nach einem ihrer Wirtschaftslage angepassten Teil des Streitwerts bemisst. Die Anordnung hat zur Folge, dass die begüns-

tigte Partei die Gebühren ihres Rechtsanwalts ebenfalls nur nach diesem Teil des Streitwerts zu entrichten hat. Soweit ihr Kosten des Rechtsstreits auferlegt werden oder soweit sie diese übernimmt, hat sie die von dem Gegner entrichteten Gerichtsgebühren und die Gebühren seines Rechtsanwalts nur nach dem Teil des Streitwerts zu erstatten. Soweit die außergerichtlichen Kosten dem Gegner auferlegt oder von ihm übernommen werden, kann der Rechtsanwalt der begünstigten Partei seine Gebühren von dem Gegner nach dem für diesen geltenden Streitwert beitreiben.

(3) Der Antrag nach Absatz 2 kann vor der Geschäftsstelle des Prozessgerichts zur Niederschrift erklärt werden. Er ist vor der Verhandlung zur Hauptsache anzubringen. Später ist er nur zulässig, wenn der angenommene oder festgesetzte Streitwert durch das Prozessgericht heraufgesetzt wird. Vor der Entscheidung über den Antrag ist der Gegner zu hören.

I. Die Kostenentscheidung im Beschlussmängelstreit 1

II. Streitwertbemessung (§ 247 Abs. 1) . 2
  1. Normzweck 2
  2. Billiges Ermessen (§ 247 Abs. 1 Satz 1) 3
     a) Beteiligte Interessen 3
     b) Berechnungsmethode 6
     c) Einzelfälle 7
        aa) Wahlbeschlüsse 7
        bb) Entlastungsbeschlüsse 8
        cc) Satzungsänderungen und Strukturmaßnahmen 10
        dd) Kapitalmaßnahmen 12
        ee) Jahresabschlüsse 13
  3. Höchstgrenze (§ 247 Abs. 1 Satz 2) . . 14
     a) Normzweck 14
     b) Folgerungen 15

4. Klagenhäufung 16
   a) Mehrheit von Streitgegenständen . 16
   b) Mehrheit von Klägern 17

III. Streitwertspaltung (§ 247 Abs. 2) . . . 18
  1. Normzweck 18
  2. Voraussetzungen (§ 247 Abs. 2 Satz 1) 19
  3. Berücksichtigung der Erfolgsaussichten? 20
  4. Umfang der Streitwertspaltung 21
  5. Wirkungen der Streitwertspaltung (§ 247 Abs. 2 Satz 2–4) 22
  6. Verfahren (§ 247 Abs. 2 Satz 1, Abs. 3) 24
  7. Verhältnis zur Prozesskostenhilfe . . . 26
     a) Selbständige Verfahren 26
     b) Inhaltliche Unabhängigkeit der Entscheidungen 27

Literatur: *Emde,* Der Streitwert bei Anfechtung von GmbH-Beschlüssen und Feststellung der Nichtigkeit von KG-Beschlüssen in der GmbH & Co KG, DB 1996, 1557; *Happ/Pfeifer,* Der Streitwert gesellschaftsrechtlicher Klagen und Gerichtsverfahren, ZGR 1991, 103.

I. Die Kostenentscheidung im Beschlussmängelstreit

1   Auch im aktienrechtlichen Anfechtungsverfahren gilt der in § 91 Abs. 1 Satz 1 ZPO verankerte Grundsatz, dass die unterlegene Partei die Kosten des Rechtsstreits trägt. Inwiefern eine Partei unterlegen ist, bestimmt sich danach, inwieweit ihr Rechtsschutzbegehren erfolglos geblieben ist. Der **Kläger** ist in jedem Fall **voll unterlegen,** wenn das Gericht **keinen Beschlussmangel** für gegeben hält und deshalb den Beschluss *nicht* für nichtig erklärt. Wird dagegen der angefochtene Beschluss für nichtig erklärt (§ 241 Nr. 5), so scheint es, als sei der Kläger mit seinem Angriff voll durchgedrungen und als sei daher die **Gesellschaft** als **unterlegene Partei** in die Kosten des Rechtsstreits zu verurteilen. Diese Konsequenz erscheint jedoch nur dann zwingend, wenn das Gericht **sämtliche gerügten Beschlussmängel** für **gegeben** erachtet. Wird die Klage auf mehrere Beschlussmängel gestützt und hält das Gericht jene Mängel teilweise für gegeben und teilweise nicht, so wird zwar der Beschluss dem Klageantrag entsprechend für nichtig erklärt. Dies führt jedoch nur dann dazu, dass die Ge-

sellschaft die Prozesskosten nach § 91 Abs. 1 Satz 1 ZPO allein tragen muss, wenn man den gesamten Beschlussmängelstreit, d.h. den Klageantrag und die Summe aller denkbaren Beschlussmängel, als einheitlichen Streitgegenstand begreift. Diese Lehre vom einheitlichen Streitgegenstand ist indes abzulehnen; vielmehr begründen die den je einzelnen Beschlussmangel begründenden Tatsachen je einen separaten Streitgegenstand (näher § 246 Rz. 1 ff.). Die Anfechtungsklage kann daher *mehrere Streitgegenstände* in sich vereinigen. Behauptet der Kläger daher mehrere Beschlussmängel und dringt er nur teilweise damit durch, so ist er teilweise unterlegen und hat nach § 92 Abs. 1 ZPO einen Teil der Prozesskosten zu tragen. Diese Konsequenz mag vor dem Hintergrund der Tatsache, dass die Gesellschaft antragsgemäß verurteilt wird, befremdlich erscheinen; sie erscheint indes zwingend vor dem Hintergrund der Tatsache, dass der Kläger, der Kontrollfunktion der Anfechtungsklage entsprechend, nicht bloß an der Rechtsfolgeseite des Prozesses (Nichtigerklärung), sondern ebenso an der Tatbestandsseite (gerichtliche Feststellung des Beschlussmangels) interessiert ist (vgl. dazu bereits § 246a Rz. 8). Wenn das Gericht der Gesellschaft auch nur hinsichtlich eines Teils der gerügten Mängel bescheinigt, rechtmäßig gehandelt zu haben, hat der Kläger *insoweit* Unrecht behalten und ist daher in diesem Umfang unterlegen.

II. Streitwertbemessung (§ 247 Abs. 1)

1. Normzweck

Im Zivilprozess bemisst sich der Streitwert **grundsätzlich** nach dem **Interesse des**   2
Klägers am streitigen Rechtsverhältnis[1]; dies Interesse ist in Geld zu beziffern. Diese Grundregel erlaubt im aktienrechtlichen Beschlussmängelstreit nicht immer eine angemessene Bezifferung des Streitwerts. Denn das Interesse des klagenden Aktionärs mag, wenn er nur eine Kleinstbeteiligung hält, verschwindend geringe Ausmaße annehmen; vor allem aber kommt es für seine Klagebefugnis bereits im Ansatz nicht darauf an, dass er überhaupt einen subjektiven Vorteil erstrebt. Letzteres gilt erst recht bei der Klage des Vorstands (§ 245 Nr. 4) oder eines Verwaltungsmitglieds (§ 245 Nr. 5). Den Belangen der Gesellschaft würde nicht angemessen Rechnung getragen, wenn es bei einer rein am Klägerinteresse ausgerichteten Streitwertbemessung verbliebe; denn für die Gesellschaft mag im Beschlussmängelstreit viel – und vor allem viel mehr als für den Kläger – auf dem Spiel stehen, zumal die Gesellschaft als Beklagte die Interessen all jener Aktionäre repräsentiert, denen an der Aufrechterhaltung des Beschlusses gelegen ist. Die Anordnung in § 247 Abs. 1 Satz 1, wonach die Bezifferung des Streitwerts die Interessen **beider Parteien** zu berücksichtigen hat, dient daher dem **Interessenausgleich** zwischen Kläger und Gesellschaft. Rechtliche **Bedeutung** erlangt der Streitwert für die Berechnung der Gerichtsgebühren (§§ 11 Abs. 2, 12 Abs. 1 GKG), der Anwaltsgebühren (§ 2 RVG) und für den Wert der Beschwer als Voraussetzung für die Statthaftigkeit von Rechtsmitteln (§ 511 Abs. 2 Nr. 1 ZPO, § 26 Nr. 8 EGZPO).

2. Billiges Ermessen (§ 247 Abs. 1 Satz 1)

a) Beteiligte Interessen

Versucht man das Spektrum der Belange auszumessen, die bei der Streitwertbemes-   3
sung zu berücksichtigen sind, so ist daran zu erinnern, dass die Gesellschaft als passive Prozessstandschafterin all jener Aktionäre anzusehen ist, die an der Aufrechterhaltung des angegriffenen Beschlusses interessiert sind. Deshalb ist nicht bloß das

---

1 Vgl. nur *Herget* in Zöller, ZPO, § 3 Rz. 2.

Interesse der Gesellschaft an sich, d.h. an einer gedeihlichen Verfolgung des Gesellschaftszwecks, sondern ebenso das Interesse der **übrigen Aktionäre** heranzuziehen, die nicht am Rechtsstreit beteiligt sind[2].

4   Klagt ein Aktionär, so ist nach h.M. dessen Interesse maximal mit dem (Kurs-)Wert seiner Beteiligung anzusetzen[3]; erreiche der mit der Klage maximal erzielbare wirtschaftliche Vorteil nicht den vollen Beteiligungswert, so müsse das Klägerinteresse entsprechend geringer veranschlagt werden[4]. Dient die Anfechtungsklage der Vorbereitung oder Erleichterung eines Parallelprozesses, den der Aktionär wegen anderweitiger Ansprüche mit der Gesellschaft führt, so ist nach Ansicht des OLG Frankfurt der Streitwert des Anfechtungsprozesses an dem des Parallelverfahrens auszurichten[5]. Ein den Kurswert übersteigendes Interesse des Aktionärs soll belegbar sein, wenn der Kurswert nicht dem inneren Wert der Beteiligung entspricht oder es dem Kläger um die Beseitigung schwerwiegender Eingriffe und seine Aktionärsrechte geht[6]. Sowohl der Grundsatz als auch die Ausnahmen fußen auf der Prämisse, dass das Klägerinteresse mit dem subjektiven wirtschaftlichen Erfolg gleichgesetzt wird, den der klagende Aktionär potentiell erreichen kann. Aus eben diesem Grund ist die h.M. abzulehnen. Denn sie wird dem Umstand nicht gerecht, dass der Kläger gerade keine subjektive Rechtsverletzung zu rügen und daher auch keinen eigenen Vorteil anzustreben braucht (näher dazu § 243 Rz. 2). Vielmehr ist das **Klägerinteresse** anhand der **Schwere der gerügten Rechtsverletzung** zu bewerten. Eventuelle eigene Vorteile des Klägers spielen bei der Streitwertbemessung allenfalls daneben eine Rolle, und auch dies nur dort, wo nach der Art des gerügten Mangels Auswirkungen des angefochtenen Beschlusses auf das Privatvermögen des Klägers ernsthaft in Betracht kommen. Die **übrigen Einkommens- und Vermögensverhältnisse des Klägers** sind für die Ermessensbetätigung nach § 247 Abs. 1 Satz 1 nach einhelliger und zutreffender Ansicht **unerheblich**; sie spielen allein für § 247 Abs. 2 eine Rolle[7].

5   Tritt eine **Aktionärsvereinigung**, die selbst Aktien an der Gesellschaft hält, mit diesen Aktien als Klägerin auf, so ist ihr Interesse nicht etwa deshalb höher zu veranschlagen, weil sie auf der Hauptversammlung daneben etliche andere Aktionäre vertritt und in deren Namen Widerspruch zu Protokoll erklärt hat. Denn dadurch hat sie lediglich den von ihr vertretenen Aktionären die Klagemöglichkeit offengehalten, nimmt aber durch die Klage aus eigenen Aktien gerade nicht auch den Rechtsschutz der von ihr vertretenen Aktionäre wahr[8].

b) Berechnungsmethode

6   Über die Methode, wie die beteiligten Interessen zueinander ins Verhältnis zu setzen sind, besteht **Streit**. Teilweise wird befürwortet, die Interessen mit proportional gleichem Gewicht anzusetzen[9] (was wohl bedeutet: 50% Interesse des Klägers, 50%

---

2 BGH v. 28.8.1981 – II ZR 88/81, AG 1982, 19, 20.
3 OLG Düsseldorf v. 31.8.2000 – 6 W 33/00, AG 2001, 267; OLG Frankfurt v. 6.10.2004 – 25 W 44/02, AG 2005, 122, 123; OLG München v. 9.1.1962 – 7 W 1525/61, AG 1962, 346, 347; OLG Stuttgart v. 28.1.2004 – 20 U 3/03, AG 2004, 271, 272; LG Berlin v. 6.11.2000 – 99 O 83/99, AG 2001, 543; *K. Schmidt* in Großkomm. AktG, § 247 Rz. 15; *Hüffer* in MünchKomm. AktG, § 247 Rz. 12.
4 OLG Frankfurt v. 6.10.2004 – 25 W 44/02, AG 2005, 122, 123; LG Berlin v. 6.11.2000 – 99 O 83/99, AG 2001, 543.
5 OLG Frankfurt v. 24.1.1984 – 5 U 110/83, WM 1984, 655.
6 *Heidel* in Heidel, § 247 Rz. 10.
7 *K. Schmidt* in Großkomm. AktG, § 247 Rz. 15; *Heidel* in Heidel, § 247 Rz. 10; *Zöllner* in KölnKomm. AktG, § 247 Rz. 9; *Hüffer* in MünchKomm. AktG, § 247 Rz. 12.
8 OLG Frankfurt v. 6.10.2004 – 25 W 44/02, AG 2005, 122.
9 OLG Frankfurt v. 24.1.1984 – 5 U 110/83, AG 1984, 154.

Interesse der Gesellschaft und der übrigen Aktionäre). Andere bestreiten, dass ein solches Gleichgewicht unter allen Umständen gesetzlich vorgegeben sei[10]; vielmehr könne je nach Gestaltung des Einzelfalls bald das Interesse des Klägers, bald das der Gesellschaft die Bedeutung des Rechtsstreits insgesamt prägen[11]. Die Gewichtung der Interessen sei mithin Bestandteil der Ermessensausübung. Sie lasse sich nicht mit Rechenformeln verallgemeinern, sondern müsse sich – selbst unter Inkaufnahme einer Einbuße an Rechtssicherheit – an den Umständen des Einzelfalls ausrichten[12]. Schließlich wird erwogen, den Streitwert anhand eines Koeffizienten festzulegen, der, wenn man ihn mit dem Klägerinteresse multipliziert, den gleichen Betrag ergibt, wie wenn man das Beklagteninteresse durch ihn dividiert. Dies mündet in folgende **Gleichung:** Klägerinteresse mal x = Beklagteninteresse geteilt durch x; der Koeffizient ist damit die Quadratwurzel aus dem Quotienten von Beklagten- und Klägerinteresse[13]. **Beispiel:** Beträgt das Klägerinteresse 200, das Beklagteninteresse 80.000, so berechnet sich der Koeffizient anhand der Quadratwurzel aus (80.000 : 200), also anhand der Quadratwurzel aus 400, beträgt also 20. Multipliziert mit dem Klägerinteresse ergibt sich ein Betrag von 200 mal 20 = 4.000; dividiert man das Beklagteninteresse (80.000) durch 20, so ergibt sich ebenfalls ein Betrag von 4.000. Dieser Betrag wäre mithin als Streitwert anzusetzen. Diese „**Quadratwurzel-Formel**" verdient **Zustimmung**. Denn sie beruht auf einer einleuchtenden Gerechtigkeitsidee: Der Streitwert soll *proportional vom Klägerinteresse um den gleichen Faktor abweichen wie vom Beklagteninteresse.*

c) Einzelfälle

aa) Wahlbeschlüsse. Mehrfach haben die Gerichte bei der Anfechtung von **Aufsichts-** 7 **ratswahlen** deren **grundlegende Bedeutung** für beide Parteien streitwerterhöhend berücksichtigt. Das LG Dortmund setzte als Streitwert 1% des Grundkapitals fest und berücksichtigte dabei, dass es sich bei der Beklagten um eine der größten und bedeutendsten deutschen Aktiengesellschaften handelte[14]. Das OLG Hamburg setzte 250.000 DM fest, obwohl der Kläger nur mit nominell 100 DM an der Gesellschaft beteiligt war und nur die Wahl eines einzigen Aufsichtsratsmitglieds angefochten worden war[15]. Der BGH bezifferte in einem Fall, in dem der Wiederwahl des Abschlussprüfers und einiger Anteilseignervertreter im Aufsichtsrat massive Differenzen in der Hauptversammlung über Bilanzpositionen im Jahresabschluss des abgelaufenen Geschäftsjahrs vorausgegangen waren, den Streitwert für die Anfechtung der Wahl des Abschlussprüfers mit 75.000 DM und für die Anfechtung der Aufsichtsratswahl mit 125.000 DM. Dabei berücksichtigte er den Umstand, dass durch die vom Kläger erhobenen Vorwürfe das geschäftliche Ansehen der Gesellschaft nachdrücklich in Frage gestellt war[16]. Das LG Bonn hielt angesichts der Tatsache, dass der Aktienbesitz des Klägers im konkreten Fall gering war, bei der Anfechtung der Prüferwahl einen Streitwert von 100.00 DM für ausreichend[17].

---

10 OLG München v. 28.9.1988 – 7 W 2358/88, AG 1989, 212; *Hüffer*, § 247 Rz. 6; *Zöllner* in Köln-Komm. AktG, § 247 Rz. 6.

11 Anschaulich OLG Stuttgart v. 28.1.2004 – 20 U 3/03, AG 2004, 271, 272: Es kommt bei der Gewichtung der Interessen darauf an, wo der Schwerpunkt des Rechtsstreits liegt.

12 *Emde*, DB 1996, 1557, 1559; *Heidel* in Heidel, § 247 Rz. 9.

13 OLG Hamm v. 12.6.1975 – 8 W 14/75, AG 1976, 19; LG Berlin v. 6.11.2000 – 99 O 83/99, AG 2001, 543; *K. Schmidt* in Großkomm. AktG, § 247 Rz. 18; *Happ/Pfeifer*, ZGR 1991, 103, 107. Skeptisch OLG Frankfurt v. 6.10.2004 – 25 W 44/02, AG 2005, 122; ablehnend *Emde*, DB 1996, 1557, 1559.

14 LG Dortmund v. 26.9.1966 – 10 O 191/66, AG 1968, 390, 392.

15 OLG Hamburg v. 21.3.1973 – 11 U 46 und 166/71, AG 1973, 279.

16 BGH v. 6.4.1992 – II ZR 249/90, WM 1992, 1370 f.

17 LG Bonn v. 30.10.1967 – 12 O 52/67, AG 1968, 25 f.

8 **bb) Entlastungsbeschlüsse.** Bei der Anfechtung von Entlastungsbeschlüssen richtet sich der Streitwert häufig nach der **Schwere der Verfehlungen**, die der jeweiligen Verwaltung vorgeworfen werden und die nach Einschätzung des Klägers zur Gesetzwidrigkeit der Entlastung führt. In der bereits soeben Rz. 7 erwähnten Entscheidung des BGH lagen dem Streit um die Entlastung von Vorstand und Aufsichtsrat Meinungsverschiedenheiten über Abschreibungen im Umfang von 61 Mio. DM zugrunde. Der BGH berücksichtigte auch in bezug auf den Entlastungsbeschluss den Umstand, dass das geschäftliche Ansehen der Gesellschaft in Frage gestellt war, und setzte den Streitwert für die Anfechtung des Entlastungsbeschlusses auf 200.000 DM fest[18]. Den gleichen Betrag setzte das OLG München in einem Fall fest, in dem der Kläger Rückstellungen im Umfang von 23 Mio. DM beanstandete; zur Begründung des festgesetzten Streitwerts verwies das Gericht außerdem auf die **Bilanzsumme** der Gesellschaft (seinerzeit 955 Mio. DM)[19]. Ebenfalls 200.000 DM setzte das OLG Hamburg mit der Begründung fest, das geschäftliche Ansehen der Gesellschaft stehe auf dem Spiel[20]. Der Kläger hielt ein nicht unbedeutendes Aktienpaket; das Grundkapital belief sich auf 287 Mio. DM. Lediglich 20.000 DM setzte das LG Bonn fest: Zwar wurde auch hier auf das geschäftliche Ansehen der Gesellschaft verwiesen; doch berücksichtigte das Gericht ebenso den geringen Aktienbesitz des Klägers[21]. Gemessen an den Unternehmenskennzahlen (Grundkapital 2 Mrd. DM, Eigenkapital 18 Mrd. DM, Bilanzsumme 33 Mrd. DM) relativ niedrig, nämlich mit 50.000 DM setzte das OLG Stuttgart den Streitwert an und berücksichtigte nicht bloß den geringen Aktienbesitz des Klägers, sondern ebenso dessen Motivation, die wechselseitigen personellen Verflechtungen zwischen Banken, Versicherungen und Industrie zu bekämpfen[22]. In einem Fall, in dem der Entlastungsbeschluss nicht unter Berufung auf angebliche Verfehlungen der Geschäftsleitung, sondern lediglich auf Informationsmängel angefochten wurde, hielt der BGH das geschäftliche Ansehen für nicht gefährdet und setzte daher nur 30.000 DM fest[23]. Mit 5.000 Euro begnügte sich das OLG Jena in einem Fall, in dem Grundkapital und Bilanzsumme der Gesellschaft sich im einstelligen Millionenbereich bewegten und der Aktienbesitz des Klägers selbst gemessen daran relativ unbedeutend war[24]. Ebenso begnügte sich das OLG Stuttgart mit einem Streitwert von 5.000 Euro, weil nach seiner Ansicht der Entlastungsbeschluss für die Gesellschaft im konkreten Fall relativ geringe Bedeutung entfaltete[25]. Dient die Anfechtungsklage der Vorbereitung einer Schadensersatzklage, so sind nach Ansicht des OLG Frankfurt auf Klägerseite 50% der Schadensersatzsumme anzusetzen, die der Kläger nach seiner Behauptung für sich beanspruchen kann, und auf Beklagtenseite 50% der Summe, welche die Gesellschaft im Falle des Klageerfolgs *insgesamt* als Schadensersatz an die Aktionäre zu leisten hat. Das Gericht errechnete daraus im konkreten Fall einen Mittelwert von 2,45 Mio. DM und kürzte diesen Betrag mit Rücksicht auf § 247 Abs. 1 Satz 2 auf 750.000 DM, was 1% des Grundkapitals entsprach[26].

9 **Insgesamt** wirken also im Falle der Anfechtung von Entlastungsbeschlüssen **drei Faktoren** bei der Bemessung des Streitwerts mit: Aktienbesitz des Klägers, Unterneh-

---

18 BGH v. 6.4.1992 – II ZR 249/90, WM 1992, 1370 f.
19 OLG München v. 9.1.1962 – 7 W 1525/61, AG 1962, 346 f. (noch vor Inkrafttreten des § 247, also noch in Anwendung des § 3 ZPO!).
20 OLG Hamburg v. 15.1.1963 – 3 U 128/62, AG 1964, 160.
21 LG Bonn v. 30.10.1967 – 12 O 52/67, AG 1968, 25, 26.
22 OLG Stuttgart v. 11.1.1995 – 3 W 47/94, AG 1995, 237.
23 BGH v. 15.3.1999 – II ZR 94/98, WM 1999, 853 f. = AG 1999, 376.
24 OLG Jena v. 22.3.2006 – 6 U 968/05, insoweit in AG 2006, 417 nicht abgedruckt.
25 OLG Stuttgart v. 23.1.2003 – 20 U 54/01, NZG 2003, 1170, 1172.
26 OLG Frankfurt v. 24.1.1984 – 5 U 110/83, AG 1984, 154 f.

menskennzahlen der Gesellschaft, Gefährdung des geschäftlichen Ansehens auf der Basis des Klagevortrags. Zumindest das erstgenannte Kriterium darf freilich nach hier vertretener Ansicht nicht überbewertet werden. Denn abermals (vgl. bereits oben Rz. 4) ist daran zu erinnern, dass sich angesichts der objektiven Kontrollfunktion der Anfechtungsklage das Klägerinteresse nicht auf den Wert der Beteiligung reduzieren lässt, die der Kläger an der Gesellschaft hält. Der Kläger ist nicht bloß an der Vernichtung des Beschlusses, sondern ebenso an der gerichtlichen Feststellung des Beschlussmangels interessiert; dessen Schwere muss daher bereits in die Bewertung des Klägerinteresses einfließen.

cc) Satzungsänderungen und Strukturmaßnahmen. Das KG setzte den Streitwert auf 10 10.000 DM in einem Fall fest, in dem ein Kleinaktionär Satzungsänderungen anfocht, durch die der Unternehmensgegenstand, die Übertragung von Aktien, die Zusammensetzung des Vorstands und die Nebentätigkeit von Vorstandsmitgliedern neu geregelt wurden[27]. Den nach § 247 Abs. 1 Satz 2 maximal zulässigen Streitwert von 1 Mio. DM (heute: 500.000 Euro) hielt das OLG Köln in einem Fall für angemessen, in dem Stammaktionäre einen Beschluss anfochten, wonach **Vorzugs- in Stammaktien umgetauscht** werden sollten. Der Kurswert der Klägeraktien betrug damals immerhin 175.000 DM; der Gesellschaft drohten im Falle eines Erfolgs der Klage Verbindlichkeiten gegenüber den Vorzugsaktionären in Höhe von 460 Mio. DM[28]. Den Streitwert bei der Anfechtung einer **Ausgliederung** (§ 123 Abs. 3 UmwG) setzte das OLG Stuttgart auf 75.000 DM fest und berücksichtigte auf Klägerseite den geringen Anteilsbesitz sowie auf Beklagtenseite die angestrebten Synergieeffekte sowie (nach Eintragung der Ausgliederung) den Betrag möglicher Schadensersatzansprüche außenstehender Aktionäre[29]. Wird der Zustimmungsbeschluss zu einem Beherrschungsvertrag mit dem Ziel angefochten, eine höhere Abfindung zu erstreiten, so soll das Interesse der Gesellschaft mit der Summe der im Erfolgsfall zu leistenden Zuzahlungen an sämtliche außenstehenden Aktionäre anzusetzen sein[30]. Das ist abzulehnen; denn die Abfindung wird nicht von der Gesellschaft, sondern vom herrschenden Unternehmen geschuldet und kann im übrigen außerdem wegen §§ 304 Abs. 3 Satz 2, 305 Abs. 5 nicht Gegenstand des Anfechtungsprozesses sein[31].

Für die Anfechtung der Ermächtigung zum **Aktienrückkauf** in Höhe von bis zu 10% 11 des Grundkapitals setzte das LG Berlin 100.000 DM an und berücksichtigte auf Klägerseite den maximal denkbaren Wertverlust der Beteiligung und auf Beklagtenseite das Rückkaufvolumen sowie den Umstand, dass die Aktien für Programme zur Mitarbeitermotivation eingesetzt werden sollten, die Gesellschaft also keine messbaren Vorteile in Höhe des jeweiligen Aktienkurses erreichen konnte[32]. Wird ein Beschluss angefochten, durch den die Hauptversammlung der Veräußerung von Aktien zustimmt, welche die Gesellschaft an einer anderen Gesellschaft hält, so sind nach Ansicht des OLG Frankfurt auf Klägerseite die infolge der Veräußerung befürchteten Nachteile und auf Beklagtenseite die Erleichterungen zu berücksichtigen, welche die Gesellschaft sich daraus erhofft, dass der Hauptaktionär, welcher die Veräußerung befürwortet, nach deren Durchführung eine bisher geübte Obstruktionshaltung aufgibt. Das OLG hielt einen Streitwert von 150.000 DM für angemessen[33].

---

27 KG v. 30.3.1967 – 1 W 408/67, NJW 1967, 1762.
28 OLG Köln v. 20.9.2001 – 18 U 125/01, NZG 2002, 966, 969.
29 OLG Stuttgart v. 28.1.2004 – 20 U 3/03, AG 2004, 271, 272.
30 OLG Hamm v. 12.6.1975 – 8 W 14/75, AG 1976, 19, das daher – und auch das nur mit Rücksicht auf den geringen Aktienbesitz des Klägers – im konkreten Fall einen Streitwert von 245.000 DM für angemessen hielt.
31 Zutreffend *Uwe H. Schneider*, AG 1976, 19, 21.
32 LG Berlin v. 6.11.2000 – 99 O 83/99, AG 2001, 543.
33 OLG Frankfurt v. 21.6.2001 – 5 W 4/01, AG 2002, 562, 563.

12 **dd) Kapitalmaßnahmen.** Die Anfechtung von **Kapitalerhöhungsbeschlüssen** berührt ein regelmäßig außerordentlich gewichtiges Interesse der Gesellschaft, nämlich das Interesse an der **Verbreiterung der Eigenkapitalbasis.** Deshalb erreichten die Streitwerte hier meist relativ hohe Summen. So hielt das OLG München bei der Anfechtung eines Ermächtigungsbeschlusses nach §§ 202 ff. einen Streitwert von 500.000 DM für angemessen[34]; der Aktienbesitz des Klägers betrug nominell 22.000 DM, das Grundkapital der Gesellschaft 750 Mio. DM und der beschlossene Erhöhungsbetrag 200 Mio. DM, wobei in Höhe von 35 Mio. DM der Vorstand ermächtigt wurde, das Bezugsrecht auszuschließen. Angesichts dieser immensen wirtschaftlichen Bedeutung der Maßnahme wäre durchaus auch ein höherer Streitwert vertretbar gewesen[35]. Das LG Aachen setzte den Streitwert auf 100.000 DM fest in einem Fall, in dem das Grundkapital von bislang 2,8 Mio. um 17,2 Mio. DM unter Ausschluss des Bezugsrechts erhöht werden sollte. Angesichts des proportional beträchtlichen Volumens der Kapitalerhöhung wäre wohl auch hier ein deutlich höherer Streitwert denkbar gewesen; das Gericht berücksichtigte freilich den niedrigen Aktienbesitz des Klägers[36].

13 **ee) Jahresabschlüsse.** Sofern Jahresabschlüsse mit dem Ziel angefochten werden, Schadensersatzklagen vorzubereiten, sind nach Ansicht des OLG Frankfurt auf Klägerseite der Betrag des individuell behaupteten Ersatzanspruchs und auf Beklagtenseite die Summe aller Schadensersatzleistungen anzusetzen, welche bei Erfolg der Klage an alle Aktionäre insgesamt zu erbringen sind[37]; es gilt insoweit das zur Entlastung Gesagte entsprechend. Hat der Vorstand gem. § 92 Abs. 1 den Verlust des hälftigen Grundkapitals angezeigt, so ist dies nach Ansicht des OLG Stuttgart bei der Bemessung des Streitwerts zu berücksichtigen, wobei das Gericht nicht erläuterte, ob streitwerterhöhend oder -mindernd[38].

3. Höchstgrenze (§ 247 Abs. 1 Satz 2)

a) Normzweck

14 Der Streitwert darf 10% des Grundkapitals, höchstens 500.000 Euro nur übersteigen, wenn das Klägerinteresse höher zu bewerten ist. Diese Regelung erscheint angesichts der Gesamtkonzeption, auf der die Streitwertregelung des § 247 Abs. 1 beruht, folgerichtig: Wenn schon das häufig mit hohen Summen zu Buche schlagende Beklagteninteresse in die Streitwertbemessung einfließt, so muss das Gesetz andererseits zum **Schutz des Klägers vor exorbitanten Prozesskosten** eine Obergrenze definieren. Denn andernfalls könnte das Kostenrisiko entgegen der Zielsetzung der §§ 243, 245, das mitgliedschaftliche Eigeninteresse der Aktionäre für eine effektive Rechtskontrolle der Hauptversammlung zu mobilisieren (vgl. § 243 Rz. 2), den einzelnen Aktionär auch von der Erhebung durchaus aussichtsreicher Klagen abhalten. Damit einher ginge konsequent ein Verlust an Effektivität der Kontrolle. Die Obergrenze ist – abermals folgerichtig – bedeutungslos, wenn der Kläger selbst mit entsprechend gewichtigen Interessen zu Felde zieht.

b) Folgerungen

15 Aus § 247 Abs. 1 Satz 2 lassen sich bedeutsame Grundwertungen entnehmen: (1.) Das Ermessen nach § 247 Abs. 1 Satz 1 ist zunächst ohne Rücksicht auf die Ober-

34 OLG München v. 28.9.1988 – 7 W 2358/88, AG 1989, 212.
35 Vgl. *Ekkenga/Sittmann*, AG 1989, 213. Die Vorinstanz hatte die Höchstgrenze des § 247 Abs. 1 Satz 2 ausgeschöpft und einen Streitwert von 1 Mio. DM festgesetzt.
36 LG Aachen v. 29.7.1994 – 42 O 181/93, AG 1995, 45, 46.
37 OLG Frankfurt v. 24.1.1984 – 5 U 110/83, AG 1984, 154 f.; vgl. bereits Rz. 8.
38 OLG Stuttgart v. 23.1.2003 – 20 U 54/01, NZG 2003, 1170, 1172.

grenze auszuüben. § 247 Abs. 1 Satz 2 definiert **keinen Eckwert der Interessenabwägung**, sondern greift erst ein, wenn die nach § 247 Abs. 1 Satz 1 vorzunehmende Gewichtung der Interessen einen höheren Wert ergibt[39]. (2.) Das in Geld bezifferte **Klägerinteresse** bildet in jedem Fall die **Untergrenze des Streitwerts**. Das gilt in jedem Fall, wenn es die Höchstgrenze nach § 247 Abs. 1 Satz 2 überschreitet[40], ebenso aber, wenn es jene Grenze nicht erreicht. Indem nämlich § 247 Abs. 1 Satz 1 anordnet, dass die Interessen beider Parteien zu berücksichtigen sind, soll die Gesellschaft, für die im Regelfall mehr auf dem Spiel steht als für den Kläger, davor geschützt werden, dass ihre Belange im Streitwert keinen Niederschlag finden. Dagegen ist es nicht Ziel des § 247 Abs. 1 Satz 1, den Kläger, der tatsächlich selbst Rechtsschutzziele von nennenswertem Gewicht verfolgt, vor dem damit verbundenen Kostenrisiko zu bewahren, falls die Gesellschaft ausnahmsweise weniger gewichtige Belange ins Feld führt.

4. Klagenhäufung

a) Mehrheit von Streitgegenständen

Werden mehrere Beschlüsse angegriffen (**objektive Klagenhäufung**), so ist für jeden   16
Beschluss ein gesonderter Streitwert festzusetzen[41]. Die Höchstgrenze nach § 247 Abs. 1 Satz 2 gilt nicht für die Klage insgesamt, sondern für jeden einzelnen Antrag[42]. Die Summe der Streitwerte kann oberhalb von 500.000 Euro liegen[43]. Werden jedoch Ausgangs- und Bestätigungsbeschluss (§ 244) angefochten und beide Prozesse verbunden, so darf der Streitwert insgesamt die Höchstgrenze nach § 247 Abs. 1 Satz 2 nicht übersteigen, da es in der Sache nach um den Angriff gegen ein und denselben Beschluss geht[44]. Folgerichtig sollte sogar schon eine Stufe vorher angesetzt werden: Für den Bestätigungsbeschluss ist kein eigener Streitwert mehr zu bilden, da mit der Anfechtung dieses Beschlusses kein Interesse verfolgt wird, das nicht schon vom Streit um den Ausgangsbeschluss umfasst wäre. Da der Streitgegenstand von Nichtigkeits- und Anfechtungsklage identisch ist, dürfen die Streitwerte beider Anträge wegen § 19 Abs. 1 Satz 2 GKG nicht addiert werden[45]. Wird die Anfechtungsklage auf **mehrere Beschlussmängel** gestützt, so wirkt sich dies nach Ansicht des BGH nicht streitwerterhöhend aus[46]. Diese Sichtweise erscheint vor dem Hintergrund seiner Auffassung, dass sämtliche denkbaren Beschlussmängel zu einem einheitlichen Streitgegenstand verschmelzen, konsequent. Nach hier vertretener Ansicht ist dagegen für jeden gerügten Beschlussmangel ein eigener Streitwert anzusetzen, da es sich insoweit um verschiedene Streitgegenstände handelt. Die Höchstgrenze des § 247 Abs. 1 Satz 2 darf freilich unabhängig von Anzahl und Schwere der gerügten Fehler für einen einzelnen Beschluss insgesamt nicht überschritten werden; anders kann § 247 Abs. 1 Satz 2 seine Funktion, das Kostenrisiko des Klägers zu begrenzen, nicht erfüllen.

---

39 Zutreffend *Ekkenga/Sittmann*, AG 1989, 213.
40 *Zöllner* in KölnKomm. AktG, § 247 Rz. 13; *Hüffer* in MünchKomm. AktG, § 247 Rz. 17.
41 BGH v. 6.4.1992 – II ZR 249/90, WM 1992, 1370, 1371; OLG Frankfurt v. 24.1.1984 – 5 U 110/83, WM 1984, 655; OLG Frankfurt v. 21.6.2001 – 5 W 4/01, AG 2002, 562; *K. Schmidt* in Großkomm. AktG, § 247 Rz. 10; *Hüffer*, § 247 Rz. 6.
42 OLG Frankfurt v. 24.1.1984 – 5 U 110/83, WM 1984, 655; *K. Schmidt* in Großkomm. AktG, § 247 Rz. 19; *Heidel* in Heidel, § 247 Rz. 13; *Hüffer*, § 247 Rz. 9.
43 Vgl. etwa OLG Frankfurt v. 24.1.1984 – 5 U 110/83, WM 1984, 655, 656: 2,25 Mio. DM für drei Anträge mit Einzelstreitwerten von je 750.000 Euro.
44 *K. Schmidt* in Großkomm. AktG, § 247 Rz. 19; *Hüffer*, § 247 Rz. 9.
45 *K. Schmidt* in Großkomm. AktG, § 247 Rz. 10; *Hüffer* in MünchKomm. AktG, § 247 Rz. 14.
46 BGH v. 11.7.1994 – II ZR 58/94, AG 1994, 469; ebenso *K. Schmidt* in Großkomm. AktG, § 247 Rz. 10.

b) Mehrheit von Klägern

17   Klagen mehrere Aktionäre (**subjektive Klagenhäufung**), so ist der Streitwert für jede Klage gesondert festzusetzen[47]. Werden mehrere Prozesse gegen einen und denselben Beschluss verbunden, so sind ab der Verbindung die Streitwerte zu addieren[48]. Haben aber beide Klagen **denselben Streitgegenstand**, so steht **§ 19 Abs. 1 Satz 3 GKG** einer Addition der Streitwerte entgegen[49]. Identität des Streitgegenstands in diesem Sinne ist nach Ansicht des OLG Stuttgart bereits dann gegeben, wenn mehrere Kläger denselben Beschluss anfechten[50]. Sofern die Einzelklagen unterschiedliche Streitwerte haben, soll der höhere Wert einheitlich für den gesamten Rechtsstreit maßgeblich sein[51]. Dies erscheint abermals vor dem Hintergrund der Lehre vom einheitlichen Streitgegenstand konsequent. Nach hier vertretener Ansicht sind die Streitwerte mehrerer Klagen gegen denselben Beschluss zu addieren, soweit unterschiedliche Beschlussmängel gerügt werden; die Zusammenrechnung unterbleibt nach § 19 Abs. 1 Satz 3 GKG nur, soweit in ihrem Tatsachenkern identische Fehler geltend gemacht werden.

III. Streitwertspaltung (§ 247 Abs. 2)

1. Normzweck

18   Trotz der Begrenzung durch § 247 Abs. 1 Satz 2 kann der festgesetzte Streitwert für den Kläger ein immenses **Kostenrisiko** nach sich ziehen, das geeignet ist, den Aktionär von der Klageerhebung selbst in aussichtsreichen Fällen abzuschrecken. Deshalb sieht § 247 Abs. 2 für den Kläger eine weitere Erleichterung vor: Das Gericht kann auf seinen Antrag den Streitwert *nur für ihn* auf einen niedrigeren Betrag herabsetzen – mit der Konsequenz, dass die Kosten, die er, falls er unterliegt, zu tragen hat, ihrerseits mit entsprechend geringeren Beträgen zu Buche schlagen. Das Kostenrisiko mag sich freilich ebenso für die beklagte Gesellschaft ruinös auswirken; dann kann auch zu ihren Gunsten eine Streitwertspaltung vorgenommen werden (vgl. noch Rz. 21). Letzterer Fall hat freilich bislang keine praktische Bedeutung erlangt. § 247 Abs. 2 verstößt entgegen vereinzelter Auffassung im Schrifttum[52] nicht zum Nachteil der Gesellschaft gegen Art. 3 GG[53]: § 247 Abs. 2 kommt in der Praxis ausschließlich dem klagenden Aktionär zugute; denn Vorstand (§ 245 Nr. 4) und Verwaltungsmitglieder (§ 245 Nr. 5) prozessieren regelmäßig auf Kosten der Gesellschaft (vgl. § 245 Rz. 30, 35). Die dem Aktionär gewährte Erleichterung findet ihr Gegenstück darin, dass der Aktionär zunächst den Mehrheitsentscheid gegen sich gelten lassen muss und ihm die Rechtsschutzinitiative aufgebürdet wird. Jene Erleichterung rechtfertigt sich daraus, dass eine effektive Rechtskontrolle der Hauptversammlung nicht vom finanziellen Hintergrund des Aktionärs abhängen darf. Eine so motivierte Bevorzugung des klagenden Aktionärs ist sachlich gerechtfertigt und damit **verfassungskonform**[54].

---

47   OLG Stuttgart v. 11.2.2001 – 20 W 1/01, NZG 2001, 522.

48   OLG Stuttgart v. 11.2.2001 – 20 W 1/01, NZG 2001, 522.

49   OLG Stuttgart v. 11.2.2001 – 20 W 1/01, NZG 2001, 522 f.

50   OLG Stuttgart v. 11.2.2001 – 20 W 1/01, NZG 2001, 522, 523. Dagegen hat das OLG Hamburg bei zwei Klagen gegen denselben Wahlbeschluss die Streitwerte beider Klagen zusammengerechnet (OLG Hamburg v. 21.3.1973 – 11 U 46 und 166/71, AG 1973, 279).

51   OLG Stuttgart v. 11.2.2001 – 20 W 1/01, NZG 2001, 522, 523.

52   v. *Falkenhausen*, Verfassungsrechtliche Grenzen der Mehrheitsherrschaft nach dem Recht der Kapitalgesellschaften, S. 243 ff.

53   *Heidel* in Heidel, § 247 Rz. 16.

54   Im Ergebnis wie hier *K. Schmidt* in Großkomm. AktG, § 247 Rz. 3; *Happ/Pfeifer*, ZGR 1991, 103, 109; *Hüffer*, § 247 Rz. 2.

2. Voraussetzungen (§ 247 Abs. 2 Satz 1)

Die Streitwertspaltung setzt voraus, dass die wirtschaftliche Lage einer Partei – im 19 Regelfall die des Klägers – durch die Belastung mit den Prozesskosten erheblich gefährdet würde. Dafür ist erforderlich und genügend, dass ein vernünftiger Aktionär ohne Streitwertspaltung die Prozessführung nicht wagen würde, weil die **Beeinträchtigung** seines Einkommens und Vermögens in **keinem vertretbaren Verhältnis** zum angestrebten **Prozesserfolg** steht[55]. So liegt es, wenn eine wesentliche Beeinträchtigung der Lebensführung durch Schmälerung laufender Einkünfte droht oder ein erheblicher Teil des Vermögens geopfert werden müsste[56]. Eine derartige Gefährdung ist bejaht worden bei einem Gesamtstreitwert von 300.000 DM und einem Monatseinkommen des Klägers von 1.600 DM[57]; ebenso in einem Fall, in dem der Kläger von monatlich knapp 2.600 DM seine Ehefrau und seinen blinden Sohn unterhalten musste und sein eigener Lebensbedarf infolge gesundheitlicher Beeinträchtigung ebenfalls erhöht war[58]. Die Streitwertspaltung darf nicht davon abhängig gemacht werden, dass der Kläger seinen gesamten Vermögensstamm einsetzt; vielmehr ist darauf Rücksicht zu nehmen, dass ihm selbst im Falle der Verurteilung in die Kosten noch ein gewisser Vermögensbestand verbleibt[59]. Einiger Gerichte verlangen dem Kläger zur Finanzierung des Rechtsstreits eine **Kreditaufnahme** ab[60]. Dies ist indes nur statthaft, soweit der Kläger hierfür angemessene Sicherheit bieten kann[61]; denn andernfalls verschiebt sich die Gefährdung seiner wirtschaftlichen Lage durch die Abzahlung des Kredits in die Zukunft. Tritt als Anfechtungsklägerin eine Gesellschaft auf, deren Tätigkeit sich im wesentlichen darin erschöpft, aktienrechtliche Streitigkeiten zu führen, so kommt eine Streitwertspaltung nach § 247 Abs. 2 nicht in Betracht; denn die Gesellschafter der Klägerin sind dann verpflichtet, diese mit dem für die Prozessführung notwendigen Kapital auszustatten[62]. Der Kläger muss die Voraussetzungen des § 247 Abs. 2 Satz 1 nicht zur vollen Überzeugung nachweisen, sondern lediglich **glaubhaft machen**. Dazu eignet sich etwa die eidesstattliche Erklärung oder die Vorlage der Einkommensteuerbescheide[63].

3. Berücksichtigung der Erfolgsaussichten?

Im Verfahren nach § 247 Abs. 2 prüft das Gericht nicht, ob die Klage Aussicht auf Er- 20 folg hat[64]. Wenn aber die Klage mutwillig oder evident aussichtslos ist, darf das Gericht den Antrag auf Streitwertspaltung zurückweisen[65]. Die Zurückweisung wegen

---

55 OLG Celle v. 9.10.1991 – 9 W 105/91, DB 1992, 466; *K. Schmidt* in Großkomm. AktG, § 247 Rz. 22; *Heidel* in Heidel, § 247 Rz. 17; *Hüffer*, § 247 Rz. 13.
56 OLG Celle v. 9.10.1991 – 9 W 105/91, DB 1992, 466; *Hüffer*, § 247 Rz. 13.
57 OLG Celle v. 9.10.1991 – 9 W 105/91, DB 1992, 466.
58 OLG Bremen v. 28.6.1990 – 2 W 62/90; n.v.; der Gesamtstreitwert wird nicht mitgeteilt, muss aber über 100.000 DM gelegen haben, weil die Vorinstanz für einen der Kläger bereits einen persönlichen (d.h. nach § 247 Abs. 2 gespaltenen) Streitwert in dieser Höhe festgesetzt hatte.
59 OLG Frankfurt v. 4.11.1983 – 5 U 18/83, WM 1984, 1470, 1472; *Heidel* in Heidel, § 247 Rz. 17.
60 OLG Düsseldorf v. 9.12.1993 – 6 U 2/93, WM 1994, 337, 347 = AG 1994, 228; OLG Frankfurt v. 4.11.1983 – 5 U 18/83, WM 1984, 1470, 1471.
61 Zutreffend erkannt von OLG Düsseldorf v. 9.12.1993 – 6 U 2/93, WM 1994, 337, 347 = AG 1994, 228.
62 Zutreffend OLG Karlsruhe v. 1.2.1991 – 15 U 127/90, AG 1992, 33 f.
63 OLG Frankfurt v. 4.11.1983 – 5 U 18/83, WM 1984, 1470, 1471; *Heidel* in Heidel, § 247 Rz. 17.
64 *K. Schmidt* in Großkomm. AktG, § 247 Rz. 23; *Heidel* in Heidel, § 247 Rz. 18; *Zöllner* in KölnKomm. AktG, § 247 Rz. 22.
65 BGH v. 4.7.1991 – II ZR 249/90, AG 1992, 59; OLG Düsseldorf v. 9.12.1993 – 6 U 2/93, WM 1994, 337, 347 = AG 1994, 228; OLG Hamm v. 29.7.1992 – 8 W 28/92, AG 1993, 470; *K. Schmidt* in Großkomm. AktG, § 247 Rz. 23; *Heidel* in Heidel, § 247 Rz. 18; *Hüffer*, § 247 Rz. 15; *Zöllner* in KölnKomm. AktG, § 247 Rz. 22.

Aussichtslosigkeit der Klage ist freilich nur statthaft, wenn diese so sehr auf der Hand liegt, dass sie sich **ohne Verfahrensverzögerung feststellen lässt**[66]. Das Gleiche gilt, wenn die Klage rechtsmissbräuchlich[67] erhoben wird[68].

4. Umfang der Streitwertspaltung

21   Die Festsetzung des persönlichen Streitwerts nach § 247 Abs. 2 geht niemals so weit, dass dem Kläger jegliches Risiko abgenommen wird; eine gewisse Gefährdung der wirtschaftlichen Lage ist nicht zu vermeiden[69]. Vielmehr ist der persönliche Streitwert so zu bemessen, dass das Risiko nunmehr in ein vertretbares Verhältnis zum angestrebten Prozesserfolg gesetzt wird. Dazu muss man ggf. dem Kläger die Veräußerung anderweitiger Vermögenswerte ansinnen[70]. Bei **mehreren Klägern** sind Voraussetzungen und Umfang der Streitwertspaltung für jeden von ihnen gesondert zu prüfen. Die Anwendung des § 247 Abs. 2 kann daher für den einen Kläger bejaht und für den anderen Kläger verneint werden; ebenso können die persönlichen Streitwerte je nach dem unterschiedlich angesetzt werden, welches Ausmaß die wirtschaftliche Gefährdung erreicht[71]. Die Streitwertspaltung kann in einem und demselben Rechtsstreit beiden Parteien, also sowohl dem Kläger als auch der beklagten Gesellschaft gewährt werden[72]. Wird in der **Berufungsinstanz** über die Streitwertspaltung entschieden, so müssen bei der Frage, ob und in welchem Umfang die Belastung mit den Prozesskosten die wirtschaftlichen Verhältnisse einer Partei gefährden würden, auch die Kosten der Vorinstanz berücksichtigt werden[73].

5. Wirkungen der Streitwertspaltung (§ 247 Abs. 2 Satz 2–4)

22   Die Streitwertspaltung bewirkt für die Partei, zu deren Vorteil sie vorgenommen wird, eine Art **Meistbegünstigung**: Jene Partei entrichtet, wenn sie **unterliegt**, die Gerichtsgebühren (§ 247 Abs. 2 Satz 1), die Gebühren des eigenen Anwalts (§ 247 Abs. 2 Satz 2) und die Gebühren des gegnerischen Anwalts (§ 247 Abs. 2 Satz 3) nur nach Maßgabe des geringeren persönlichen Streitwerts. Da der Anwalt des Gegners gegen diesen einen Honoraranspruch aus dem vollen Streitwert nach § 247 Abs. 1 hat[74], der Gegner aber seinerseits nach § 247 Abs. 2 Satz 3 nur die nach dem persönlichen Streitwert der begünstigten Partei errechneten Gebühren ersetzt bekommt, trägt selbst der im vollem Umfang siegreiche Gegner im Ergebnis einen Teil seiner außergerichtlichen Kosten selbst. **Obsiegt** die begünstigte Partei, so kann sie vom Gegner die nach dem vollen Streitwert (§ 247 Abs. 1) berechneten Kosten liquidieren. Im übrigen gilt § 247 Abs. 2 bloß für den Gebühren-, nicht für den Rechtsmittelstreitwert. Bezüglich der **Rechtsmittelzulassung** (§ 511 Abs. 2 Nr. 1 ZPO, § 26 Nr. 8 EGZPO) ist daher generell der nach § 247 Abs. 1 gebildete volle Streitwert maßgeblich, und zwar auch für die Partei, zugunsten derer das Gericht eine Streitwertspaltung nach § 247 Abs. 2 vorgenommen hat[75].

---

66   *Heidel* in Heidel, § 247 Rz. 18; *Hüffer*, § 247 Rz. 15.
67   Zu den Voraussetzungen einer rechtsmissbräuchlichen Anfechtungsklage § 245 Rz. 36 ff.
68   BGH v. 4.7.1991 – II ZR 249/90, AG 1992, 59; OLG Düsseldorf v. 9.12.1993 – 6 U 2/93, WM 1994, 337, 347 = AG 1994, 228; *K. Schmidt* in Großkomm. AktG, § 247 Rz. 23.
69   OLG Bremen v. 28.6.1990 – 2 W 62/90, n.v.
70   OLG Frankfurt v. 4.11.1983 – 5 U 18/83, WM 1984, 1470, 1471.
71   OLG Bremen v. 28.6.1990 – 2 W 62/90, n.v.; *Zöllner* in KölnKomm. AktG, § 247 Rz. 23.
72   *K. Schmidt* in Großkomm. AktG, § 247 Rz. 22.
73   *K. Schmidt* in Großkomm. AktG, § 247 Rz. 22; *Heidel* in Heidel, § 247 Rz. 17.
74   *Hüffer*, § 247 Rz. 19.
75   *Heidel* in Heidel, § 247 Rz. 16; *Hüffer* in MünchKomm. AktG, § 247 Rz. 21.

Die Streitwertspaltung wirkt **nur für die jeweilige Instanz**[76]. Dies folgt daraus, dass das Berufungs- und das Revisionsgericht ebenso selbständig und ohne Bindung an die Festsetzung durch die Vorinstanz den Regelstreitwert (§ 247 Abs. 1) festzusetzen haben; dann kann für den persönlichen Streitwert einer Partei nach § 247 Abs. 2 nichts anderes gelten[77]. Die Gegenansicht wendet freilich ein, die von der Streitwertspaltung begünstigte Partei müsse sich darauf verlassen können, dass sie den Rechtsstreit mit dem einmal festgesetzten Kostenrahmen zu Ende führen könne[78]. Außerdem könne der Antrag nach § 247 Abs. 2 in der Berufungsinstanz nicht mehr gestellt werden; dann müsse konsequent die erstinstanzliche Streitwertspaltung auch für die zweite Instanz gelten[79]. Beide Einwände verdienen im Ansatz durchaus Beachtung, können die hier vertretene Ansicht aber im Ergebnis nicht erschüttern. Denn bereits in erster Instanz wird die Klage auf das unausweichliche Risiko hin erhoben, dass das Gericht später dem Antrag auf Streitwertspaltung nicht entgegenkommt und daher für die belastete Partei Gebühren von einem unerwünscht hohen Streitwert anfallen. Die Möglichkeit, die Zustellung der Klage bis zur Entscheidung über den Antrag nach § 247 Abs. 2 hinauszuzögern, besteht – anders als bei der Prozesskostenhilfe (dazu § 246 Rz. 10) – nicht; denn ohne Begründung eines Prozessrechtsverhältnisses, für welche die Zustellung der Klage unerlässliche Voraussetzung ist, kann nicht über einen Streitwert entschieden werden. Wenn der Kläger aber in erster Instanz dies Risiko trägt, muss er es ebenso in höheren Instanzen tragen. Was den Hinweis der Gegenansicht auf den spätesten zulässigen Zeitpunkt der Antragstellung angeht, so ist freilich anzuerkennen, dass in gewissen Grenzen auch noch ein erst in der Rechtsmittelinstanz gestellter Antrag Beachtung finden muss (unten Rz. 24).

23

6. Verfahren (§ 247 Abs. 2 Satz 1, Abs. 3)

Die Streitwertspaltung wird nur auf **Antrag** vorgenommen. Der Antrag kann zu Protokoll der Geschäftsstelle erklärt werden (§ 247 Abs. 3 Satz 1); es besteht daher insoweit gem. § 78 Abs. 5 ZPO kein Anwaltszwang. Der Antrag kann nach § 129a Abs. 1 ZPO auch zu Protokoll der Geschäftsstelle eines jeden deutschen Amtsgerichts erklärt werden; die Wirkungen des Antrags treten freilich erst ein, wenn das Protokoll bei der Geschäftsstelle des erkennenden Gerichts eingeht (§ 129a Abs. 2 Satz 2 ZPO). Das **rechtliche Gehör** des Gegners wird durch § 247 Abs. 3 Satz 4 sichergestellt. Der Antrag ist **fristgebunden**: Er kann nur vor der mündlichen Verhandlung zur Hauptsache, also nur vor Antragstellung (§ 137 Abs. 1 ZPO) gestellt werden (§ 247 Abs. 3 Satz 2). Die Ausnahme nach § 247 Abs. 3 Satz 3 erklärt sich daraus, dass das Gericht den festgesetzten Streitwert nach § 25 Abs. 2 Satz 2 GKG von Amts wegen ändern kann. Entscheidet sich nämlich das Gericht für eine nachträgliche Heraufsetzung des Regelstreitwerts nach § 247 Abs. 1, so stellt sich konsequent auch die Frage der Streitwertspaltung neu. Wird der Antrag gem. § 247 Abs. 3 Satz 3 zulässigerweise nach Beginn der mündlichen Verhandlung gestellt, so darf jedoch der persönliche Streitwert nicht niedriger beziffert werden als der ursprünglich festgesetzte Regelstreitwert. Denn diesen hat die Partei, indem sie vor Beginn der mündlichen Verhandlung keinen oder einen erfolglosen Antrag auf Streitwertspaltung gestellt hat, hingenommen bzw. hinnehmen müssen. Wird der Antrag nach § 247 Abs. 2 erst in der Berufungsinstanz gestellt, so ist er entsprechend § 247 Abs. 3 Satz 3 ebenfalls nur zulässig, wenn das Berufungsgericht den Streitwert heraufgesetzt hat. Der persönli-

24

---

76 BGH v. 12.10.1992 – II ZR 213/91, AG 1993, 85; OLG Karlsruhe v. 1.2.1991 – 15 U 127/90, AG 1992, 33; *K. Schmidt* in Großkomm. AktG, § 247 Rz. 26; *Hüffer* in MünchKomm. AktG, § 247 Rz. 29.
77 BGH v. 12.10.1992 – II ZR 213/91, AG 1993, 85.
78 *Heidel* in Heidel, § 247 Rz. 16; *Hirte*, EWiR 1991, 633, 634.
79 *Hirte*, EWiR 1991, 633, 634; *Zöllner* in KölnKomm. AktG, § 247 Rz. 31.

che Streitwert der Partei darf in diesem Fall den erstinstanzlich festgesetzten Regelstreitwert nicht unterschreiten. Denn auch gegen diesen hätte sich die Partei bereits in erster Instanz wehren müssen[80].

25 Die einmal vorgenommene Streitwertspaltung soll nach einer im Schrifttum vertretenen Ansicht nicht mehr **geändert** werden können – weder zum Nachteil der begünstigten Partei, wenn sich deren wirtschaftliche Verhältnisse nachträglich bessern, noch zum Vorteil dieser Partei, wenn sich deren wirtschaftliche Verhältnisse später verschlechtern[81]. Dieser Auffassung ist zu widersprechen. Vielmehr ist insoweit **§ 25 Abs. 2 Satz 2 GKG** (mindestens) entsprechend heranzuziehen: Das Gericht kann den festgesetzten persönlichen Streitwert ebenso von Amts wegen ändern wie den Regelstreitwert nach § 247 Abs. 1. Dem steht nicht entgegen, dass das Verfahren gem. § 247 Abs. 2 Satz 1, Abs. 3 als Antragsverfahren ausgestaltet ist; denn den Wunsch nach einer Streitwertspaltung hat die Partei bereits dadurch hinreichend deutlich zum Ausdruck gebracht, dass sie ursprünglich einen fristgerechten (§ 247 Abs. 3 Satz 2) Antrag gestellt hatte.

7. Verhältnis zur Prozesskostenhilfe

a) Selbständige Verfahren

26 Die Streitwertspaltung nach § 247 Abs. 2 und die Gewährung von Prozesskostenhilfe nach §§ 114 ff. ZPO sind **nebeneinander möglich**[82]. Denn beide Rechtsinstitute unterscheiden sich in Voraussetzungen und Wirkungen. Die Streitwertspaltung befreit die begünstigte Partei niemals gänzlich, sondern bloß teilweise von der Kostenlast. Diese Befreiung trägt jedoch endgültigen Charakter und erstreckt sich nicht bloß auf die Gerichtskosten (§ 247 Abs. 2 Satz 1) und die Gebühren des eigenen Anwalts (§ 247 Abs. 2 Satz 2), sondern ebenso auf den Kostenerstattungsanspruch des siegreichen Gegners (§ 247 Abs. 2 Satz 3). Die Prozesskostenhilfe befreit die begünstigte Partei dagegen u.U. vollständig, aber nicht endgültig von der Kostenlast; denn das Gericht mag nach § 120 ZPO Ratenzahlungen und weitere Rückgewährpflichten der begünstigten Partei anordnen. Kostenerstattungsansprüche des Gegners bleiben nach § 123 ZPO gänzlich unberührt.

b) Inhaltliche Unabhängigkeit der Entscheidungen

27 Da über Streitwertspaltung und Prozesskostenhilfe in getrennten Verfahren entschieden wird, darf der Antrag auf **Streitwertspaltung nicht** mit der Begründung **zurückgewiesen** werden, dem Antragsteller könne **Prozesskostenhilfe** gewährt werden[83]. Ebenso wenig dürfen die Vergünstigungen der §§ 114 ff. ZPO bei der Frage berücksichtigt werden, in welchem Umfang die Streitwertspaltung vorzunehmen ist – und zwar selbst dann nicht, wenn die Prozesskostenhilfe ohne Raten gewährt wird[84]. Es ist zwar zuzugeben, dass die Gewährung von Prozesskostenhilfe in diesem Fall eine endgültige Entlastung der Partei von den Gerichts- und den eigenen Anwaltsgebühren herbeiführt. Indes werden im Verfahren nach §§ 114 ff. ZPO, anders als im Verfahren nach § 247 Abs. 2, 3 (oben Rz. 20) – die Erfolgsaussichten der Klage geprüft. Soweit das Gericht bei der Entscheidung über die Streitwertspaltung auf das Verfahren nach §§ 114 ff. ZPO verweist, nimmt es daher in unzulässiger Weise jene Verfahrens-

---

80 OLG Frankfurt v. 4.11.1983 – 5 U 18/83, WM 1984, 1470, 1471.
81 *Zöllner* in KölnKomm. AktG, § 247 Rz. 31.
82 OLG Celle v. 9.10.1991 – 9 W 105/91, DB 1992, 466; *K. Schmidt* in Großkomm. AktG, § 247 Rz. 11; *Hüffer*, § 247 Rz. 16; *Zöllner* in KölnKomm. AktG, § 247 Rz. 25.
83 Zutreffend OLG Celle v. 9.10.1991 – 9 W 105/91, DB 1992, 466.
84 So aber OLG Frankfurt v. 30.1.1990 – 5 W 26/89, OLGZ 1990, 351, 352 f. = AG 1990, 393.

verzögerungen in Kauf, die der Gesetzgeber in § 247 Abs. 2, 3 durch seinen Verzicht auf die Prüfung der Erfolgsaussichten gerade vermeiden wollte. Aus dem gleichen Grund darf einer Partei die Streitwertspaltung nicht mit der Begründung verwehrt werden, dass, sofern (in einem *zukünftig noch durchzuführenden* Verfahren) Prozesskostenhilfe wegen mangelnder Erfolgsaussicht verweigert werde, auch kein anerkennenswertes Interesse an der Streitwertspaltung bestehe[85]. Denn auch mit dieser Begründung wird die eigentliche Entscheidung über die Streitwertspaltung letztlich (unzulässig) in das Verfahren nach §§ 114 ff. ZPO verschoben. Zulässig ist allenfalls, die Streitwertspaltung mit der Begründung abzulehnen, die Erfolgsaussichten der Klage seien in einem *bereits durchgeführten* Verfahren nach §§ 114 ff. ZPO bereits rechtskräftig verneint worden; denn in diesem Fall lässt sich die mangelnde Erfolgsaussicht ohne Verfahrensverzögerung feststellen (vgl. abermals Rz. 20).

§ 248
Urteilswirkung

(1) Soweit der Beschluss durch rechtskräftiges Urteil für nichtig erklärt ist, wirkt das Urteil für und gegen alle Aktionäre sowie die Mitglieder des Vorstands und des Aufsichtsrats, auch wenn sie nicht Partei sind. Der Vorstand hat das Urteil unverzüglich zum Handelsregister einzureichen. War der Beschluss in das Handelsregister eingetragen, so ist auch das Urteil einzutragen. Die Eintragung des Urteils ist in gleicher Weise wie die des Beschlusses bekannt zu machen.

(2) Hatte der Beschluss eine Satzungsänderung zum Inhalt, so ist mit dem Urteil der vollständige Wortlaut der Satzung, wie er sich unter Berücksichtigung des Urteils und aller bisherigen Satzungsänderungen ergibt, mit der Bescheinigung eines Notars über diese Tatsache zum Handelsregister einzureichen.

I. Normzweck	1	III. Auswirkungen auf die Mehrheit von Klägern	7
II. Urteilswirkungen	2	IV. Publizitätspflichten	8
1. Rechtskraft	2		
2. Gestaltungswirkung	5		

Literatur: S. bei § 241.

I. Normzweck

§ 248 vollendet das in § 246 angelegte Konzept, eine **allseits verbindliche Entscheidung** über die Anfechtungsklage im **Modell des Zweiparteienprozesses** zu gewährleisten: Verklagt werden nicht die Mitaktionäre, sondern die Gesellschaft (§ 246 Abs. 2 Satz 1); alle Mitaktionäre können sich aber am Prozess beteiligen, um rechtliches Gehör in Anspruch zu nehmen, und sind auf diese Möglichkeit hinzuweisen (§ 246 Abs. 4); gerade deshalb kann das Urteil, durch welches der Beschluss für nichtig erklärt wird, Rechtskraft für und gegen alle Aktionäre wirken. Wird der Beschluss für   1

---

85 So aber OLG Frankfurt v. 30.1.1990 – 5 W 26/89, OLGZ 1990, 351, 353 f. = AG 1990, 393.

rechtswidrig und nichtig erklärt, so kann diese Folge sinnvoll nur gegenüber allen Aktionären und Verwaltungsmitgliedern eintreten[1].

II. Urteilswirkungen

1. Rechtskraft

2   Die Rechtskrafterstreckung greift nur bei **stattgebenden Urteilen** ein, also solchen, durch welche der Beschluss für nichtig erklärt wird. Bei klagabweisenden Urteilen bleibt es hingegen bei der Regel des § 325 Abs. 1 Satz 1 ZPO: Sie wirken Rechtskraft nur *inter partes*[2]. Erklärt der Kläger die **Hauptsache** einseitig für **erledigt**, so hat das Gericht festzustellen, ob die Klage bis zum Erledigungsereignis zulässig und begründet war[3]. In diesem Fall ergeht also eine Entscheidung über die ursprüngliche Rechtmäßigkeit des Beschlusses. Auch diese kann nur allen Aktionären und Verwaltungsmitgliedern gegenüber verneint werden. Deshalb gilt § 248 auch für das einseitige Erledigungsurteil.

3   Die Rechtskraft des **stattgebenden Urteils** hat zur Folge, dass eine **neue Klage** einer der in § 248 bezeichneten Personen gegen denselben Beschluss **unzulässig** ist, das Gericht also nicht in der Sache über die neue Klage entscheiden darf[4]. Das gilt ohne Einschränkung, wenn man bei der Bestimmung des Streitgegenstandes der Auffassung des BGH folgt, wonach der gesamte Vorgang der Beschlussfassung unter Einschluss aller denkbaren Mängel den der Anfechtungsklage zugrunde liegenden Lebenssachverhalt bilden: Dann ist über die Rechtmäßigkeit des Beschlusses insgesamt abschließend entschieden. Auf dem Boden der hier für richtig gehaltenen Ansicht, wonach der Streitgegenstand der Beschlussmängelklage sich in denjenigen Tatsachen erschöpft, welche den konkret gerügten Beschlussmangel betreffen (näher § 246 Rz. 3), erscheint freilich denkbar, dass eine neue Klage auf einen anderen Beschlussmangel gestützt wird, der nicht Gegenstand des rechtskräftig entschiedenen Vorprozesses gewesen war. Die Rechtskraft im Vorprozess steht einer neuen Klage dann nicht entgegen, wenn der Kläger nunmehr einen anderen Beschlussmangel rügt. Eine solche Klage ist daher zulässig. Man wende nicht ein, das Rechtsschutzziel sei schon dadurch erreicht, dass der Beschluss im Vorprozess für nichtig erklärt worden und dadurch ohnehin schon nach § 241 Nr. 5 nichtig sei. Denn die Lehre von der Doppelwirkung im Recht[5] hat gezeigt, dass Nichtigkeit und Vernichtbarkeit ein und desselben Rechtsgeschäfts einander nicht ausschließen. Die Zulässigkeit einer neuen Klage steht nicht bloß im Einklang mit der Streitgegenstandslehre, sondern ebenso mit der

---

1   Vgl. bereits RGZ 85, 311, 313.
2   OLG Nürnberg v. 23.8.1988 – 1 U 3651/87, GmbHR 1990, 166, 168; *Becker*, Verwaltungskontrolle durch Gesellschafterrechte, S. 480 f.; *Brückner*, Das Verhalten der Streitgenossen im Prozess, S. 80; *Calavros*, Urteilswirkungen zu Lasten Dritter, S. 113; *Däubler*, GmbHR 1968, 4, 9; *Gehrlein*, AG 1994, 103, 107; *A. Hueck*, Anfechtbarkeit und Nichtigkeit von Generalversammlungsbeschlüssen bei Aktiengesellschaften, S. 190, 243 f.; *Hüffer*, § 248 Rz. 14; *Zöllner* in KölnKomm. AktG, § 248 Rz. 35; *Renkl*, Der Gesellschafterbeschluss, S. 122 f.; *F. Schäfer*, Anfechtungsklage, S. 144; *K. Schmidt*, JZ 1977, 769, 771; *Schröder*, Schiedsgerichtliche Konfliktbeilegung bei aktienrechtlichen Beschlussmängelklagen, S. 282; *Timm* in Timm (Hrsg.), Missbräuchliches Aktionärsverhalten, S. 1, 25; *Wagner*, DStR 2003, 468, 470; *Winte*, Die Rechtsfolgen der notwendigen Streitgenossenschaft unter besonderer Berücksichtigung der unterschiedlichen Grundlagen ihrer beiden Alternativen, S. 111.
3   BGH v. 15.1.1982 – V ZR 50/81, BGHZ 83, 12, 14.
4   BGH v. 27.2.1961 – III ZR 16/60, BGHZ 34, 337, 339; BGH v. 14.2.1962 – IV ZR 156/61, BGHZ 36, 365, 367; BGH v. 22.11.1988 – VI ZR 341/87, NJW 1989, 393, 394.
5   Zu dieser Rechtsfigur vgl. grundlegend *Kipp* in FS Martitz, S. 211 ff.; aus der heutigen Literatur *Larenz/Wolf*, Allgemeiner Teil des Bürgerlichen Rechts, § 44 Rz. 6; *Medicus*, Allgemeiner Teil des BGB, Rz. 729.

verbandsrechtlichen Funktion der Anfechtungsklage: Diese soll nicht bloß zur Beseitigung von rechtswidrigen Hauptversammlungsbeschlüssen, sondern ebenso dazu führen, dass rechtliche Fehler bei der Beschlussfassung überhaupt identifiziert werden. Der Kläger ist an der Tatbestandsseite des Prozesses, nämlich am Anfechtungsgrund, ebenso interessiert wie an der Kassation des Beschlusses auf der Rechtsfolgenseite. Die hier befürwortete Bestimmung des Streitgegenstands hat des Weiteren zur Folge, dass die **Rechtskraft des Urteils** sich auf die **Feststellung des konkreten Beschlussmangels** erstreckt: Dieser darf in einem neuen Prozess nicht mehr in Frage gestellt werden (vgl. auch noch unten Rz. 4).

Die Bestimmung des Streitgegenstands wirkt sich ebenso auf die objektiven Grenzen **4** der Rechtskraft **klagabweisender Anfechtungsurteile** aus. Auf dem Boden der vom BGH befürworteten Streitgegenstandsbestimmung ist der Kläger, der einmal einen Beschlussmängelprozess verloren hat, mit jeder weiteren Klage gegen denselben Beschluss ausgeschlossen; denn sämtliche Mängel gehörten, auch wenn sie nicht gerügt worden waren, zum Stoff des Vorprozesses. Mit Rücksicht auf die Identität des Streitgegenstands von Anfechtungs- und Nichtigkeitsklage kann der unterlegene Kläger namentlich nicht in einem neuen Prozess, gestützt auf einen anderen als den bisher gerügten Mangel, die Nichtigkeit des Beschlusses reklamieren. Dagegen kann nach hier vertretener Ansicht der Kläger, gestützt auf Beschlussmängel, die in ihrem Tatsachenkern noch nicht Gegenstand des Vorprozesses gewesen sind, eine neue Klage gegen denselben Beschluss erheben (vgl. bereits § 246 Rz. 3).

2. Gestaltungswirkung

Das Anfechtungsurteil verändert die materielle Rechtslage, indem es den vormals **5** wirksamen Beschluss vernichtet. Es handelt sich daher um ein Gestaltungsurteil. Die Gestaltungswirkung ist nicht in § 248, sondern bereits in § 241 Nr. 5 verankert (vgl. § 241 Rz. 25). Nach **h.M.** wirken Gestaltungsurteile – und so auch das Anfechtungsurteil – nicht bloß zwischen den Prozessparteien und nicht einmal bloß für und gegen jene dritten Personen, auf die sich die Rechtskraft des Urteils erstreckt, sondern **für und gegen jedermann**[6]. Diese Lehre ist jedoch **abzulehnen**[7]. Die Wirkungen eines Gestaltungsurteils können theoretisch ebenso durch Vereinbarung der am streitigen Rechtsverhältnis Beteiligten erzielt werden. Dann kann die Wirkung eines solchen Urteils nicht weiter reichen als eine solche – gedachte – Vereinbarung. Gerade

---

6 *Arens*, Streitgegenstand und Rechtskraft im aktienrechtlichen Anfechtungsverfahren, S. 40; *Austmann*, ZHR 158 (1994), 495, 496; *Becker*, Verwaltungskontrolle durch Gesellschafterrechte, S. 522; *Calavros*, Urteilswirkungen zu Lasten Dritter, S. 121; *Ebenroth/Müller*, DB 1992, 361, 362; *Gehrlein*, AG 1994, 103, 104, 106; *Heidel* in Heidel, § 248 Rz. 4; *A. Hueck*, Anfechtbarkeit und Nichtigkeit von Generalversammlungsbeschlüssen bei Aktiengesellschaften, S. 196; *A. Hueck* in FS Heymanns Verlag, S. 287, 301; *Hüffer*, § 248 Rz. 5; *Zöllner* in Köln-Komm. AktG, § 248 Rz. 13, 16; *Lindemann*, Die Beschlussfassung in der Einmann-GmbH, S. 52; *W. Lüke*, Die Beteiligung Dritter im Zivilprozess, S. 95; *Lüke/Blenske*, ZGR 1998, 253, 270; *Marotzke*, ZZP 100 (1987), 164, 165, 207 f.; *Noack*, Fehlerhafte Beschlüsse in Gesellschaften und Vereinen, S. 95; *Petermann*, BB 1996, 277, 278; *Renkl*, Gesellschafterbeschluss, S. 124; *Rosenberg/Schwab/Gottwald*, Zivilprozessrecht, § 94 III 1 (S. 529); *Schlosser*, Gestaltungsklagen und Gestaltungsurteile, S. 160, 191; *K. Schmidt* in FS Stimpel, S. 217, 223, 237 f.; *K. Schmidt*, JuS 1986, 35, 40; *Winte*, Die Rechtsfolgen der notwendigen Streitgenossenschaft unter besonderer Berücksichtigung der unterschiedlichen Grundlagen ihrer beiden Alternativen, S. 34; *Greger* in Zöller, ZPO, Rz. 8 vor § 253.
7 Wie hier *Grunsky*, Grundlagen des Verfahrensrechts, § 48 II (S. 550 ff.); *Häsemeyer*, ZZP 101 (1988), 385, 400; *Häsemeyer*, AcP 188 (1988), 140, 153; *Slabschi*, Die sogenannte rechtsmissbräuchliche Anfechtungsklage, S. 52 f.; *Windel*, Der Interventionsgrund des § 66 Abs. 1 ZPO als Prozessführungsbefugnis, S. 137 f.; vgl. zum Folgenden auch *Schwab*, Das Prozessrecht gesellschaftsinterner Streitigkeiten, S. 219 ff.

für Hauptversammlungsbeschlüsse ist zutreffend betont worden, dass das Anfechtungsurteil nur dann *erga omnes* wirken würde, wenn auch die mehrheitlich beschlossene Aufhebung des angefochtenen Beschlusses diese Wirkung entfaltete[8]. Das wäre nur der Fall, wenn der angefochtene Beschluss selbst gegen unbeteiligte Dritte wirken würde. In der Tat wird teilweise angenommen, Verbandsbeschlüsse könnten im Einzelfall Außenwirkung entfalten[9]. Diese These lässt sich indes nicht halten[10]: Zwar mag im Einzelfall die Rechtsposition Dritter vom Ergebnis der Willensbildung im Verband abhängen; so mag etwa die Erfolgsbeteiligung von Führungskräften an den Dividendenbeschluss gekoppelt sein. Doch haben Dritte jene Willensbildung stets in dem Zustand hinzunehmen, in dem sie sich befindet. Ebenso müssen Dritte gewiss das stattgebende Anfechtungsurteil hinnehmen. Aber dieses „Hinnehmen-Müssen" ist eben keine Rechts*wirkung*[11]. Von Rechts*wirkung* lässt sich vielmehr nur dann sinnvoll reden, wenn Dritte durch den Beschluss in eigenen Rechten berührt werden. Das ist aber niemals der Fall: Dritte haben keinen Anspruch auf eine bestimmte *Willensbildung* im Verband; und wo sie einen Anspruch auf ein bestimmtes *Handeln* des Verbands haben, kann dieser Anspruch durch einen Akt der internen Willensbildung niemals verkürzt werden. Die **praktische Bedeutung** dieser Frage zeigt sich, wenn es darum geht, die Reichweite der Wirkungen des Anfechtungs- und des Nichtigkeitsurteils zu harmonisieren (näher § 249 Rz. 1): Das Nichtigkeitsurteil ist nach h.M. ein Feststellungsurteil. Für ein solches Urteil gilt die Erga-omnes-Lehre nicht: Es wirkt nach §§ 249 Abs. 1 Satz 1, 248 Abs. 1 Satz 1 lediglich für alle Aktionäre und Verwaltungsmitglieder. Träfe es nun zu, dass das Anfechtungsurteil *erga omnes* wirkt, so reichten die Wirkungen dieses Urteils weiter als die des Nichtigkeitsurteils.

6   Das stattgebende **Anfechtungsurteil vernichtet den** angefochtenen **Beschluss**. Nach vor allem früher verbreiteter Meinung ist außerdem jeder weitere (künftige) Beschluss nichtig, sofern er denselben Mangel enthält wie der rechtskräftig für nichtig erklärte[12]. Heute wird eine solche Reichweite der Gestaltungswirkung mit Recht abgelehnt[13]. Denn ob der Folgebeschluss am selben Mangel leidet wie der ursprüngliche Beschluss, mag im Einzelfall zweifelhaft erscheinen. Das in § 241 Nr. 5 zum Ausdruck gekommene Gestaltungsklageprinzip bezweckt aber gerade, dass durch richterliches Urteil allseitige Gewissheit über die Ungültigkeit des anfechtbaren Beschlusses herbeigeführt wird. Das bedeutet, dass jeder Beschluss der Hauptversammlung ein selbständiges neues Rechtsverhältnis begründet und mittels einer jeweils neuen Gestaltungsklage angegriffen werden muss: Die **Nichtigerklärung** nach § 241 Nr. 5 erfasst nur bereits gefasste, **nicht** aber auch **künftige Beschlüsse**. Das Urteil des Vorprozesses bleibt gleichwohl nicht ohne Wirkung. Denn wenn dort rechtskräftig festgestellt ist, dass der angefochtene Beschluss überhaupt nicht (bei inhaltlichen Mängeln) oder jedenfalls nicht unter den gegebenen Umständen (bei Verfahrensmängeln) hätte gefasst werden dürfen, erzeugt dies präjudizielle Wirkung für den Folgeprozess:

---

8 *Schröder,* Schiedsgerichtliche Konfliktbeilegung bei aktienrechtlichen Beschlussmängelklagen, S. 60; *Slabschi,* Die sogenannte rechtsmissbräuchliche Anfechtungsklage, S. 53.

9 Vgl. namentlich *Noack,* Fehlerhafte Beschlüsse, S. 52 f.

10 Ablehnend zu Recht *Slabschi,* Die sogenannte rechtsmissbräuchliche Anfechtungsklage, S. 53 ff.; vgl. auch dazu *Schwab,* Das Prozessrecht gesellschaftsinterner Streitigkeiten, S. 429 ff.

11 Zutreffend *Slabschi,* Die sogenannte rechtsmissbräuchliche Anfechtungsklage, S. 52.

12 BGH v. 27.9.1956 – II ZR 144/55, BGHZ 21, 354, 358; *Arens,* Streitgegenstand, S. 105; *v. Caemmerer* in FS A. Hueck, S. 281, 290 f.; *Kuhn,* WM 1957, 1142, 1145; *Mestmäcker,* JZ 1957, 179 f.; *Lüke* in MünchKomm. ZPO, Rz. 44 f. vor § 253.

13 *K. Schmidt,* JZ 1977, 769, 772 f.; *Zöllner,* ZZP 81 (1968), 135, 150.

Das Gericht darf den rechtskräftig festgestellten Beschlussmangel nicht erneut in Frage stellen.

III. Auswirkungen auf die Mehrheit von Klägern

Nach ganz h.M. führt die in § 248 angeordnete Rechtskrafterstreckung dazu, dass   7
über die Gültigkeit des Beschlusses nur einheitlich entschieden werden kann. Mehrere Anfechtungskläger sind daher i.S. des § 62 Abs. 1 1. Alt. ZPO **prozessual notwendige Streitgenossen**[14]. Dagegen regt sich beachtliche Kritik[15]: § 248 beschreibe den Fall einer nur einseitigen Rechtskrafterstreckung für den Fall des Klageerfolgs. Das abweisende Urteil wirke lediglich zwischen Gesellschaft und Kläger (vgl. oben Rz. 2). Für den Fall der Klagabweisung nehme es der Gesetzgeber ohnehin in Kauf, dass in einem späteren Prozess ein abweichendes Urteil ergehe. Die Notwendigkeit einheitlicher Entscheidung nehme also nur begrenzten Stellenwert ein. Dem stehe auf Seiten des Aktionärs das gewichtige Interesse gegenüber, im Falle eigener Säumnis nicht (wie es aber bei Annahme notwendiger Streitgenossenschaft der Fall wäre[16]) an Klageverzicht oder Geständnis des in der Verhandlung anwesenden Aktionärs gebunden zu werden. Gleichwohl ist an der h.M. im Ergebnis festzuhalten. Der Gesetzgeber hat mit dem Verbindungszwang (§ 246 Abs. 3 Satz 5) sein besonderes Interesse an einer einheitlichen Entscheidung zu erkennen gegeben. Wenn auch zuzugeben ist, dass dies Ziel nur bei einem stattgebenden Urteil erreicht werden kann und soll, so würde doch die Annahme befremden, der Gesetzgeber erachte die Streitgenossenschaft trotz der Notwendigkeit, alle Klagen in einem einzigen Prozess zu vereinen, *nicht* als eine notwendige. Wenn man denjenigen Aktionären, welche an der Verteidigung des Beschlusses persönlich mitwirken wollen, zumutet, selbst die Initiative zu ergreifen und auf Beklagtenseite streitgenössisch zu intervenieren (dazu näher § 246 Rz. 26), so muss man ebenso dem Kläger abverlangen, seine Chance zur Einflussnahme auf das Verfahren aktiv wahrzunehmen: Bei eigener Säumnis verdient er keinen Schutz.

IV. Publizitätspflichten

Nach § 248 Abs. 1 Satz 2 muss das rechtskräftige, der Klage ganz oder teilweise statt-   8
gebende Urteil **zum Handelsregister eingereicht** werden. Die Einreichung ist durch den Vorstand in vertretungsberechtigter Zahl zu bewirken. Zur Erfüllung dieser Pflicht kann das Registergericht nach § 14 HGB ein Zwangsgeld verhängen; dieses richtet sich nicht gegen die Gesellschaft, sondern gegen die Mitglieder des Vorstands[17]. War der Beschluss in das Handelsregister **eingetragen** worden, so muss nach § 248 Abs. 1 Satz 3 auch das ihn für nichtig erklärende Urteil eingetragen werden; damit wird sichergestellt, dass das Handelsregister keinen Beschluss verlautbart, der

---

14 BGH v. 5.4.1993 – II ZR 238/91, BGHZ 122, 211, 240 = AG 1993, 422; BGH v. 1.3.1999 – II ZR 305/97, DStR 1999, 643 = AG 1999, 375; OLG Stuttgart v. 14.2.2001 – 20 W 1/01, NZG 2001, 522, 523; *Bender*, DB 1998, 1900, 1901 f.; *K. Schmidt* in Großkomm. AktG, § 246 Rz. 29; *Heidel* in Heidel, § 246 Rz. 3; *Hüffer*, § 246 Rz. 3; *Jäger*, NZG 2001, 97, 101; *Kindl*, ZGR 2000, 166, 179 ff.; *Zöllner* in KölnKomm. AktG, § 246 Rz. 88; *Lindacher*, JuS 1986, 379, 382; *Schilken* in MünchKomm. ZPO, § 62 Rz. 8; *Rosenberg/Schwab/Gottwald*, Zivilprozessrecht, § 49 II 2a (S. 251); *Schröder*, Schiedsgerichtliche Konfliktbeilegung bei aktierechtlichen Beschlussmängelklagen, S. 269; *K.-H. Schwab* in FS Lent, S. 277, 278 ff.; *Sosnitza*, NZG 1999, 497, 498; *Wagner*, Prozessverträge, S. 592; *Vollkommer* in Zöller, ZPO, § 62 Rz. 4.
15 Zum Folgenden *Brückner*, Das Verhalten der Streitgenossen im Prozess, S. 84 ff.
16 Vgl. nur *Lindacher*, JuS 1986, 379, 384; *Rosenberg/Schwab/Gottwald*, Zivilprozessrecht, § 49 IV 3b (S. 258); *Schütze* in Wieczorek, ZPO, § 62 Rz. 64.
17 *Heidel* in Heidel, § 248 Rz. 16; *Hüffer*, § 248 Rz. 10.

nicht mehr gültig ist. Sofern der Beschluss außerdem **bekanntgemacht** worden war, muss auch das Urteil bekanntgemacht werden, und zwar in gleicher Weise wie der Beschluss, also in den Gesellschaftsblättern (§ 25).

9   Hatte der für nichtig erklärte Beschluss eine **Satzungsänderung** zum Gegenstand, so will das Gesetz dem interessierten Publikum ebenso wie bei der Anmeldung der Änderung selbst (§ 181 Abs. 1 Satz 2) ersparen, den nunmehr geltenden Satzungstext mühsam aus den einzelnen Einträgen zu erschließen: Der Einsichtswillige soll der Notwendigkeit enthoben sein, den bisherigen Satzungswortlaut und die für nichtig erklärte Änderung gesondert studieren und daraus den nunmehr geltenden Satzungstext zusammensetzen zu müssen. Deshalb bestimmt § 248 Abs. 2, dass der Vorstand den unter Berücksichtigung des Urteils geltenden Satzungstext mit einer Notarbescheinigung einzureichen hat. Hatte der Vorstand die für nichtig erklärte Satzungsänderung noch nicht zum Handelsregister angemeldet, entfällt die Pflicht aus § 248 Abs. 2; die Vorschrift ist insoweit teleologisch zu reduzieren[18]. Denn in diesem Fall trifft, da die Änderung für nichtig erklärt wurde, der beim Registergericht dokumentierte Satzungstext nach wie vor zu. War dagegen die Satzungsänderung zwar angemeldet, aber noch nicht eingetragen, so bleibt es bei der Pflicht aus § 248 Abs. 2[19]. Denn die Satzungsänderung war nach § 181 Abs. 1 Satz 2 mit einem vom Notar bescheinigten Volltext der geänderten Satzung einzureichen. In der Verfügungsgewalt des Registergerichts befindet sich daher ein Satzungstext, der nach der Nichtigerklärung der Änderung nicht mehr zutrifft. Konsequent muss der Vorstand den nunmehr (wieder) zutreffenden Volltext der Satzung einreichen.

§ 248a
Bekanntmachungen zur Anfechtungsklage

Wird der Anfechtungsprozess beendet, hat die börsennotierte Gesellschaft die Verfahrensbeendigung unverzüglich in den Gesellschaftsblättern bekannt zu machen. § 149 Abs. 2 und 3 ist entsprechend anzuwenden.

I. Normzweck	1	III. Mittel der Bekanntmachung	3
II. Gegenstand der Bekanntmachung	2		

Literatur: S. bei § 241.

I. Normzweck

1   § 248a ergänzt die in § 248 Abs. 1 Satz 2–4, Abs. 2 niedergelegten Publizitätsvorschriften in zweierlei Richtung: Zum einen wird der Gegenstand, zum anderen das Mittel der Publizität erweitert. **Gegenstand** der Publizität ist anders als in § 248 nicht bloß das stattgebende Anfechtungsurteil, sondern jede Art der Verfahrensbeteiligung; **Mittel** der Publizität ist nicht bloß das Handelsregister, sondern die Gesellschaftsblätter. Die dadurch bewirkte Steigerung der Transparenz soll den **Missbrauch der**

---

18 *K. Schmidt* in Großkomm. AktG, § 248 Rz. 22; *Zöllner* in KölnKomm. AktG, § 248 Rz. 53; *Hüffer* in MünchKomm. AktG, § 248 Rz. 33.
19 Ebenso *Hüffer*, § 248 Rz. 12.

Anfechtungsklage erschweren[1]: Dadurch, dass auch zur Verfahrensbeendigung geschlossene Vergleiche und eventuelle Leistungen der Gesellschaft offengelegt werden müssen, ist sichergestellt, dass die Öffentlichkeit hiervon Kenntnis nimmt. Wer sich also die Anfechtungsklage „abkaufen" lässt, muss gewärtigen, dass seine unredlichen Motive aufgedeckt werden. Dies mag den Kläger von Erpressungsversuchen zum Nachteil der Gesellschaft abhalten. Ebenso tritt § 248a Bestrebungen der Verwaltung entgegen, aus persönlichem Eigeninteresse den Anfechtungsprozess „geräuschlos" zu beenden[2]. Zur Bekanntmachung sind freilich nur **börsennotierte** Gesellschaften verpflichtet (§ 3 Abs. 2). Soweit die Bekanntmachungspflicht nach § 248a reicht, haben die Aktionäre auf die Bekanntmachung einen Rechtsanspruch[3].

II. Gegenstand der Bekanntmachung

Die Pflicht zur Bekanntmachung erstreckt sich zunächst auf **rechtskräftige Urteile**,   2 und zwar abweichend von § 248 auch auf solche, durch welche die Anfechtungsklage abgewiesen wird. Daneben – und für die Erreichung des Normzwecks wesentlich wichtiger – ist bekanntzumachen, wenn der Prozess ohne Urteil abgeschlossen wird, insbesondere durch beiderseitige Erledigung der Hauptsache, durch **Klagerücknahme** oder durch **Prozessvergleich**. Nach § 248a Satz 2 i.V.m. § 149 Abs. 2 Satz 1, 2 müssen in jedem Fall sämtliche Nebenabreden sowie die Namen der Beteiligten offengelegt und etwaige Leistungen der Gesellschaft gesondert beschrieben und hervorgehoben werden. Dabei ist gleichgültig, wem die Leistungen versprochen werden; offengelegt werden müssen daher nicht bloß Leistungen an den Kläger selbst, sondern ebenso Leistungen an Dritte[4]. Gem. § 248a Satz 2 i.V.m. § 149 Abs. 3 müssen selbst **prozessvermeidende Absprachen** bekanntgegeben werden, z.B. solche, die nach Einlegung des Widerspruchs getroffen werden, um eine Klage zu verhindern[5]. Die Verstoßfolgen sind in § 149 Abs. 2 Satz 3 beschrieben: Ohne Offenlegung sind eventuelle Leistungsversprechen der Gesellschaft nicht wirksam (vgl. § 149 Rz. 17).

III. Mittel der Bekanntmachung

Bekanntmachungen nach § 248a sind in den **Gesellschaftsblättern** zu veröffentlichen, also nach § 25 Satz 1 mindestens im elektronischen Bundesanzeiger. Die Veröffentlichung hat der Vorstand im Namen der Gesellschaft zu veranlassen.   3

§ 249
Nichtigkeitsklage

(1) Erhebt ein Aktionär, der Vorstand oder ein Mitglied des Vorstands oder des Aufsichtsrats Klage auf Feststellung der Nichtigkeit eines Hauptversammlungsbeschlusses gegen die Gesellschaft, so finden § 246 Abs. 2, Abs. 3 Satz 1 bis 4, Abs. 4, §§ 246a, 247, 248 und 248a entsprechende Anwendung. Es ist nicht ausgeschlossen, die Nichtigkeit auf andere Weise als durch Erhebung der Klage geltend zu machen. Schafft der

---

1 *Göz/Holzborn*, WM 2006, 157, 162; *Hüffer*, § 248a Rz. 1; *Jahn*, BB 2005, 5, 10; *Schütz*, DB 2004, 419, 425.
2 *Göz/Holzborn*, WM 2006, 157, 162.
3 *Göz/Holzborn*, WM 2006, 157, 162.
4 *Göz/Holzborn*, WM 2006, 157, 162.
5 *Schütz*, DB 2004, 419, 425.

Hauptversammlungsbeschluss Voraussetzungen für eine Umwandlung nach § 1 des Umwandlungsgesetzes und ist der Umwandlungsbeschluss eingetragen, so gilt § 20 Abs. 2 des Umwandlungsgesetzes für den Hauptversammlungsbeschluss entsprechend.

(2) Mehrere Nichtigkeitsprozesse sind zur gleichzeitigen Verhandlung und Entscheidung zu verbinden. Nichtigkeits- und Anfechtungsprozesse können verbunden werden.

I. Rechtsnatur	1	
II. Streitgegenstand	2	
III. Klagebefugnis	3	
1. Anforderungen	3	
2. Aktionärswechsel	4	
3. Ausschluss der Klagebefugnis	5	
IV. Anwendbare Vorschriften	6	
V. Verbindungszwang	7	
1. Mehrere Nichtigkeitsklagen (§ 249 Abs. 2 Satz 1)	7	

2. Nichtigkeits- und Anfechtungsklagen (§ 249 Abs. 2 Satz 2)	8
3. Verstoßfolgen	9
VI. Klagen außenstehender Dritter	10
1. Klageart	10
2. Urteilswirkungen	11
VII. Klage auf Feststellung der Unwirksamkeit eines Beschlusses	12
1. Klageantrag	12
2. Verfahren	13

Literatur: Vgl. zunächst bei § 241, außerdem/insbesondere: *Schmidt, K.*, Nichtigkeitsklagen als Gestaltungsklagen, JZ 1988, 729.

I. Rechtsnatur

1   Die Nichtigkeitsklage ist nach wohl noch h.M. **Feststellungsklage**[1]. Demgegenüber gewinnt die Auffassung zunehmend an Boden, die Nichtigkeitsklage sei ebenso wie die Anfechtungsklage Gestaltungsklage[2]. Denn das Rechtsschutzziel beider Klagen sei einheitlich auf die Kassation des Beschlusses gerichtet. Beide Klagen enthielten denselben Streitgegenstand (dazu unten Rz. 2). Da das stattgebende Anfechtungsurteil Wirkung für und gegen jedermann entfalte, müsse Gleiches erst recht für das Nichtigkeitsurteil gelten. Dann aber sei auch die Rechtsschutzform bei beiden Klagen die gleiche. Rechtsdogmatisch wird diese Erscheinung mit der Figur der Doppelwirkung im Recht begründet[3]: Der Beschluss sei bereits *ipso iure* nichtig, werde aber

---

1   OLG Düsseldorf v. 24.4.1997 – 6 U 20/96, DB 1997, 1170; *Claussen* in FS Semler, S. 97, 107; *Gehrlein*, AG 1994, 103, 105; *Großfeld/Brondics*, AG 1987, 293, 302 f.; *Heinze*, ZGR 1979, 293, 297; *A. Hueck*, Anfechtbarkeit und Nichtigkeit von Generalversammlungsbeschlüssen bei Aktiengesellschaften, S. 234, 237; *A. Hueck* in FS Heymanns Verlag, S. 287, 291; *Zöllner* in Köln-Komm. AktG, § 249 Rz. 25; *Kort*, Bestandsschutz fehlerhafter Strukturänderungen im Kapitalgesellschaftsrecht, S. 51; *Landrock*, Der Innenrechtsstreit in der Aktiengesellschaft, S. 177 ff.; *Sosnitza*, NZG 1998, 335, 337; *Sosnitza*, NZG 1999, 497; *Schulte*, AG 1988, 67, 72.
2   *K. Schmidt* in FS Stimpel, S. 217, 224; *K. Schmidt*, JZ 1988, 729, 734 f.; *K. Schmidt* in FS Semler, S. 329, 331; *K. Schmidt*, AG 1995, 551, 552; zustimmend *Becker*, Verwaltungskontrolle durch Gesellschafterrechte, S. 425; *Ebbing*, NZG 1998, 281, 285; *Kindl*, ZGR 2000, 166, 172 f.; *Noack*, Fehlerhafte Beschlüsse in Gesellschaften und Vereinen, S. 96; *Römermann* in Michalski, GmbHG, Anh. § 47 Rz. 481; *Schmitt*, Das Beschlussmängelrecht der Personengesellschaften, S. 172 ff.
3   Zu dieser Rechtsfigur vgl. grundlegend *Kipp* in FS Martitz, S. 211 ff.; aus der heutigen Literatur *Larenz/Wolf*, Allgemeiner Teil, § 44 Rz. 6; *Medicus*, Allgemeiner Teil, Rz. 729.

analog § 241 Nr. 5 zusätzlich nochmals durch das Gestaltungsurteil vernichtet[4]. Der Einordnung der Nichtigkeitsklage als Gestaltungsklage wäre zuzustimmen, wenn die Prämisse zuträfe, dass das stattgebende Anfechtungsurteil für und gegen jedermann wirkt: Dann wäre in der Tat nicht einzusehen, warum das Nichtigkeitsurteil in seinen Wirkungen dahinter zurückbleiben (nämlich nur für und gegen alle Aktionäre und Verwaltungsmitglieder wirken) sollte. Da aber der Weg zur Wirkung *erga omnes* nur über die Einordnung als Gestaltungsklage führt, wäre diese auch für die Nichtigkeitsklage zutreffend. Indes ist bereits für das Anfechtungsurteil eine Wirkung für und gegen jedermann abzulehnen (vgl. näher § 248 Rz. 5). Folglich besteht auch für die Einordnung der Anfechtungsklage als Gestaltungsklage – die immerhin vom Wortlaut des § 249 abweicht – kein Bedürfnis.

II. Streitgegenstand

Auch bei der Nichtigkeitsklage besteht der Streitgegenstand aus Antrag und Sachverhalt. Wie bei der Anfechtungsklage besteht der Lebenssachverhalt in denjenigen Tatsachen, welche den jeweils gerügten Beschlussmangel begründen; die Nichtigkeitsklage kann daher, wenn sie auf mehrere Beschlussmängel gestützt ist, auch mehrere Streitgegenstände enthalten (vgl. dazu näher § 246 Rz. 3). Das **Verhältnis zur Anfechtungsklage** gestaltet sich wie folgt: Mit beiden Klagen wird eine rechtliche Klärung der Frage angestrebt, ob der Beschluss gültig ist oder nicht[5]. Folgerichtig kann die Anfechtungsklage nach § 243 Abs. 1 nicht mit der Begründung abgewiesen werden, der angefochtene Beschluss sei nichtig; im Gegenteil: Wenn das Gericht einen Nichtigkeitsgrund für gegeben erachtet, muss es der Klage stattgeben[6]. Daher ist der **Streitgegenstand** der **Anfechtungsklage** exakt **derselbe** wie der einer **Nichtigkeitsklage**[7]. Dies gilt freilich nur, soweit die Klage auf denselben Mangel gestützt wird[8]. Umgekehrt kann und muss der Nichtigkeitsklage stattgegeben werden, wenn das Gericht lediglich einen Anfechtungsgrund für gegeben hält[9], sofern nur dieser Grund binnen Monatsfrist in den Prozess eingeführt worden und der Kläger außer zur Erhebung der

2

---

4 *Kindl*, ZGR 2000, 166, 172 f.; *Noack*, Fehlerhafte Beschlüsse in Gesellschaften und Vereinen, S. 93, 98; *K. Schmidt*, JZ 1988, 729, 732.
5 OLG München v. 1.7.2002 – 7 W 1684/02, GmbHR 2002, 858; OLG Oldenburg v. 17.3.1994 – 1 U 151/93, AG 1994, 415; *Petermann*, BB 1996, 277, 282.
6 So schon BGH v. 23.5.1960 – II ZR 89/58, BGHZ 32, 318, 324; *A. Hueck*, Anfechtbarkeit und Nichtigkeit von Generalversammlungsbeschlüssen bei Aktiengesellschaften, S. 246; ferner *Götz*, ZIP 1995, 1310, 1313; *Hüffer*, § 246 Rz. 14; *Kindl*, ZGR 2000, 166, 176; *Zöllner* in Köln-Komm. AktG, § 246 Rz. 83; *Landrock*, Der Innenrechtsstreit in der Aktiengesellschaft, S. 182; *K. Schmidt*, JZ 1977, 769, 770; *K. Schmidt*, JZ 1988, 729, 732.
7 BGH v. 17.2.1997 – II ZR 41/96, BGHZ 134, 364, 366 f. = AG 1997, 326; BGH v. 1.3.1999 – II ZR 305/97, ZIP 1999, 580 = AG 1999, 375; KG v. 13.4.1995 – 2 U 582/94, NJW-RR 1996, 103; OLG Hamm v. 3.11.1997 – 8 U 197/96, GmbHR 1998, 138, 139; OLG Stuttgart v. 12.8.1998 – 20 U 111/97, AG 1998, 529; *Boujong*, NZG 1998, 745, 753; *Brandes*, WM 1997, 2281, 2286; *Brandes*, WM 2000, 53, 55; *Heidel* in Heidel, § 249 Rz. 14; *Heinze*, ZGR 1979, 293, 298; *Kindl*, ZGR 2000, 166, 169; *Zöllner* in KölnKomm. AktG, § 249 Rz. 26; *Koch*, Das Anfechtungsklageerfordernis im GmbH-Beschlussmängelrecht, S. 25; *Kort*, Bestandsschutz fehlerhafter Strukturänderungen im Kapitalgesellschaftsrecht, S. 51; *Noack*, Fehlerhafte Beschlüsse in Gesellschaften und Vereinen, S. 90; *K. Schmidt*, AG 1977, 243, 245; *K. Schmidt*, JZ 1977, 769; *K. Schmidt*, JZ 1988, 729, 733 f.; *K. Schmidt*, DB 1995, 1849, 1850; *Vollkommer* in Zöller, ZPO, Einl. Rz. 80.
8 Ebenso noch BGH v. 10.11.1993 – VIII ZR 119/92, ZIP 1993, 1867, 1871. Anders müsste der BGH aufgrund der von ihm heute vertretenen Streitgegenstandslehre entscheiden (BGH v. 22.7.2002 – II ZR 286/01, BGHZ 152, 1, 4 ff. = AG 2002, 677; dazu § 246 Rz. 1 ff.).
9 *Boujong*, NZG 1998, 745, 753; *Landrock*, Der Innenrechtsstreit in der Aktiengesellschaft, S. 182; *Noack*, Fehlerhafte Beschlüsse in Gesellschaften und Vereinen, S. 90; *K. Schmidt*, JZ 1988, 729, 734; *Steinmeyer/Seidel*, DStR 1999, 2077, 2079.

Nichtigkeits- auch zur Erhebung der Anfechtungsklage befugt ist. Konsequent ist der Übergang vom Anfechtungs- zum Nichtigkeitsantrag keine Klageänderung[10]. Allerdings wird gegen die Annahme, Anfechtungs- und Nichtigkeitsklage liege ein einheitlicher Streitgegenstand zugrunde, eingewandt, die Nichtigkeitsklage sei Feststellungsklage; die in ihr gewährleistete Rechtsschutzform unterscheide sich daher von derjenigen der Anfechtungsklage. Die Rechtsschutzform gehöre aber zwingend zum Streitgegenstand[11]. Selbst wenn diese Prämisse zuträfe[12], könnte sie jedoch die daraus gezogene Folgerung nicht tragen. Vielmehr ist der Antrag des Beschlussmängelklägers, gleichviel ob er als Anfechtungs- oder als Nichtigkeitsantrag formuliert ist, dahin zu interpretieren, dass das Gericht die Nichtigkeit feststellen (§ 249), hilfsweise den Beschluss für nichtig erklären (§ 241 Nr. 5) möge. Beide Anträge enthalten *sowohl* den Gestaltungs-(Anfechtungs-) *als auch* den Feststellungs-(Nichtigkeits-)Antrag[13].

III. Klagebefugnis

1. Anforderungen

3   Die Anforderungen an die Berechtigung, Nichtigkeitsklage zu erheben, sind im Vergleich zur Anfechtungsklage deutlich gelockert. So ist die Klagebefugnis des **Aktionärs** (abweichend von § 245 Nr. 1) nicht davon abhängig, dass er in der Hauptversammlung erschienen ist und Widerspruch erhoben hat. Das Feststellungsinteresse ist beim Aktionär immer gegeben[14]; es ergibt sich allein schon aus der Mitgliedschaft, genauer: daraus, dass ihm – wie bei der Anfechtungsklage – vom Gesetz die Befugnis verliehen worden ist, die objektive Rechtswidrigkeit des Beschlusses vor Gericht zu rügen, weil der Staat andernfalls ein Aktienamt einrichten müsste. Ein darüber hinausgehendes Interesse an der Feststellung der Nichtigkeit braucht der Aktionär nicht darzutun. Die Klagebefugnis eines **einzelnen Vorstands- oder Aufsichtsratsmitglieds** besteht bei der Nichtigkeitsklage (abweichend von § 245 Nr. 5) auch dann, wenn keine Straf- oder Haftungssanktion droht. Freilich dient die Einzelklagebefugnis der Verwaltungsmitglieder für den Fall, dass der nichtige Beschluss ausgeführt wird, auch dazu, dass jene Mitglieder sich gegen ihre Bestrafung oder zivilrechtliche Inanspruchnahme hernach nicht mit dem Einwand wehren können, sie hätten keine Möglichkeit gehabt, die Nichtigkeit gerichtlich feststellen zu lassen. Im übrigen ergibt sich das Feststellungsinteresse der Verwaltungsmitglieder bereits aus der Organstellung.

2. Aktionärswechsel

4   Nach Ansicht des BGH bleibt die Nichtigkeitsklage als allgemeine Feststellungsklage (§ 256 ZPO) zulässig, wenn der Aktionär nach Klageerhebung aus der Gesellschaft ausscheidet[15]. Umgekehrt werde eine von einem Dritten gem. § 256 ZPO erhobene Feststellungsklage (vgl. dazu unten Rz. 10) zur Nichtigkeitsklage nach § 249, wenn

---

10 Vgl. *Heidel* in Heidel, § 249 Rz. 14; *Kindl*, ZGR 2000, 166, 177; *K. Schmidt*, JZ 1988, 729, 734; *Steinmeyer/Seidel*, DStR 1999, 2077, 2079.
11 So namentlich *Sosnitza*, NZG 1998, 335, 37; ebenso *Renkl*, Der Gesellschafterbeschluss, S. 124.
12 Gegen sie *Schwab*, Das Prozessrecht gesellschaftsinterner Streitigkeiten, S. 273 f.
13 Zutreffend OLG Stuttgart v. 12.8.1998 – 20 U 111/97, ZIP 1998, 1482, 1484 = AG 1998, 529; *Boujong*, NZG 1998, 745, 753; *Heidel* in Heidel, § 249 Rz. 14; *Hüffer*, § 246 Rz. 13; *Zöllner* in KölnKomm. AktG, § 246 Rz. 82; für den Anfechtungsantrag ebenso *Koch*, Das Anfechtungsklageerfordernis im GmbH-Beschlussmängelrecht, S. 25.
14 BGH v. 25.2.1965 – II ZR 287/63, BGHZ 43, 261, 265; *Heidel* in Heidel, § 249 Rz. 9.
15 BGH v. 23.10.1998 – LwZR 1/98, AG 1999, 180, 181; ebenso *Hüffer*, § 249 Rz. 6.

der Kläger zwischenzeitlich die Aktionärsstellung erwerbe[16]. Diese Handhabung überzeugt nicht. Denn schon wegen des unterschiedlichen Rechtskraftumfangs können die **Streitgegenstände** der **allgemeinen Feststellungsklage** einerseits und der **Nichtigkeitsklage** andererseits **nicht dieselben** sein; dies um so weniger, als der Antrag auf Feststellung der Nichtigkeit zugleich den Anfechtungsantrag, also den Antrag auf Nichtigerklärung nach § 241 Nr. 5 beinhaltet (oben Rz. 2). Daraus folgt: Hat ein Dritter gegen den Beschluss eine allgemeine Feststellungsklage erhoben und wird er nunmehr Aktionär, so kann und muss er den Prozess als Nichtigkeitsprozess nach § 249 fortsetzen; es handelt sich um eine Klageänderung[17], die nach § 264 Nr. 3 ZPO zulässig ist. Hat ein Aktionär Nichtigkeitsklage erhoben und veräußert er nunmehr seine Aktien, so führt er nach § 265 ZPO den Rechtsstreit weiter, und zwar als aktienrechtlichen Beschlussmängelprozess nach §§ 241 ff.[18]. Die Klage behält also, sofern sie einmal als Nichtigkeitsklage erhoben worden ist, diese Qualität bis zum Abschluss des Prozesses[19].

3. Ausschluss der Klagebefugnis

Die hier bereits für die Anfechtungsklage vertretene, dort freilich in der Minderheit gebliebene Auffassung, dass die **missbräuchliche Klage** als **unzulässig** abzuweisen sei, ist für die Nichtigkeitsklage herrschend[20], was überrascht, aber zutrifft. Die Nichtigkeitsklage steht des weiteren als Ganzes nicht zur Verfügung, wenn die Wahl des **Abschlussprüfers** angegriffen wird[21]: Zwar verweist § 249 nicht auf § 243 Abs. 3 Nr. 2; doch ist letztere Vorschrift gleichwohl entsprechend anzuwenden: Nur so wird der Plan des Gesetzes verwirklicht, die Kassation des Prüferwahlbeschlusses exklusiv dem Ersetzungsverfahren nach § 318 Abs. 3 HGB vorzubehalten. 5

IV. Anwendbare Vorschriften

Nach § 249 Abs. 1 Satz 1 gelten für den Nichtigkeitsprozess wesentliche Vorschriften des Anfechtungsprozesses entsprechend. **Beklagte** ist nach § 246 Abs. 2 Satz 1 die Gesellschaft; diese wird nach Maßgabe des § 246 Abs. 2 Satz 2, 3 von Vorstand und/oder Aufsichtsrat vertreten; das stattgebende Urteil entfaltet **Rechtskraft** für und gegen alle Aktionäre und Verwaltungsmitglieder (§ 248). Diese können sich folglich im Wege der **streitgenössischen Nebenintervention** am Rechtsstreit beteiligen (vgl. hierzu § 246 Rz. 26). Die in § 248 Abs. 1 Satz 2–4, Abs. 2 niedergelegten **Publizitätspflichten** gelten ebenso für den Fall der erfolgreichen Nichtigkeitsklage. 6

V. Verbindungszwang

1. Mehrere Nichtigkeitsklagen (§ 249 Abs. 2 Satz 1)

Der in § 249 Abs. 2 Satz 1 angeordnete Zwang, mehrere Nichtigkeitsklagen zur gemeinsamen Verhandlung und Entscheidung zu verbinden, dient denselben Zwecken wie der Verbindungszwang nach § 246 Abs. 3 Satz 5 (vgl. dazu § 246 Rz. 24): Es sollen widersprüchliche Entscheidungen verhindert und eine rationelle Erledigung des Rechtsstreits gewährleistet werden. Im übrigen enthält auch § 249 Abs. 2 Satz 1 – 7

---

16 *Hüffer*, § 249 Rz. 6.
17 *K. Schmidt* in Großkomm. AktG, § 249 Rz. 14.
18 *K. Schmidt* in Großkomm. AktG, § 249 Rz. 15.
19 *Zöllner* in KölnKomm. AktG, § 249 Rz. 13.
20 OLG Frankfurt v. 19.2.1991 – 5 U 5/86, AG 1991, 208; OLG Stuttgart v. 10.1.2001 – 20 U 91/99, AG 2001, 315, 316; OLG Stuttgart v. 23.1.2002 – 20 U 54/01, AG 2003, 165.
21 Ebenso *Hüffer*, § 249 Rz. 12a.

ebenso wie § 246 Abs. 3 Satz 5 – eine Ausnahme von der in § 261 Abs. 3 Nr. 1 ZPO niedergelegten Rechtshängigkeitssperre: Die später zugestellte Nichtigkeitsklage ist nicht bereits deshalb unzulässig, weil jemand anders zuvor Nichtigkeitsklage erhoben hat. Der Verbindungszwang besteht wie bei der Anfechtungsklage (vgl. dazu § 246 Rz. 23) nur, wenn die mehreren Klagen sich gegen denselben Beschluss richten. **Kein Verbindungszwang** besteht zwischen der Nichtigkeitsklage eines in § 249 Abs. 1 Satz 1 aufgeführten Klägers und der allgemeinen Feststellungsklage eines außenstehenden Dritten[22]; hier bleibt es vielmehr dabei, dass dem Richter insoweit nach § 147 ZPO ein Ermessen eingeräumt ist.

2. Nichtigkeits- und Anfechtungsklagen (§ 249 Abs. 2 Satz 2)

8   Für den Fall, dass gegen einen Beschluss sowohl Nichtigkeits- als auch Anfechtungsklage erhoben wird, stellt § 249 Abs. 2 Satz 2 die Prozessverbindung in das Ermessen des Gerichts. Verbreitet wird jedoch auch für diesen Fall abweichend vom Gesetzeswortlaut eine rechtliche Pflicht angenommen, die Prozesse zu verbinden[23]. Andere lehnen die Annahme einer solchen Pflicht mit Rücksicht auf den Wortlaut des § 249 Abs. 2 Satz 2 ab und betonen lediglich, dass die Prozessverbindung die allein zweckmäßige verfahrensleitende Entscheidung sei[24]. Nach hier vertretener Ansicht ist zu differenzieren: Wenn Anfechtungs- und Nichtigkeitsklage auf **denselben Beschlussmangel** gestützt sind, besteht eine **Verbindungspflicht**. Denn gleichviel ob der Kläger Anfechtungs- oder Nichtigkeitsklage erhebt, beantragt er immer, gestützt auf den vorgetragenen Sachverhalt die Nichtigkeit festzustellen, hilfsweise den Beschluss für nichtig zu erklären (oben Rz. 2). Haupt- und Hilfsantrag müssen aber zwingend immer miteinander verbunden werden. Soweit dagegen die Klagen auf **verschiedene Beschlussmängel** gestützt sind, bleibt die Verbindung im Ermessen des Gerichts. Insoweit steht der Wortlaut des § 249 Abs. 2 Satz 2 einer Verbindungspflicht entgegen. In der Sache rechtfertigt sich das Ermessen des Gerichts daraus, dass bei im tatsächlichen Kern unterschiedlichen Beschlussmängeln verschiedene Streitgegenstände gegeben sind (vgl. näher dazu § 246 Rz. 3). Es ist freilich zuzugeben, dass die Regelung des § 249 Abs. 2 Satz 2 in Gegenüberstellung zum in §§ 246 Abs. 3 Satz 5, 249 Abs. 2 Satz 1 geregelten Verbindungszwang wenig folgerichtig erscheint. Denn mehrere Nichtigkeits- und mehrere Anfechtungsklagen sind selbst dann zu verbinden, wenn sie auf verschiedene Beschlussmängel gestützt sind.

3. Verstoßfolgen

9   Wenn gegen den Zwang zur gemeinsamen Verhandlung und Entscheidung verstoßen wird, so handelt es sich i.S. des § 538 Abs. 2 Nr. 1 ZPO um einen wesentlichen Verfahrensmangel, da hierdurch die Gefahr widersprüchlicher Entscheidungen heraufbeschworen wird. Das gilt selbst dann, wenn im Ergebnis gleichlautende Entscheidungen ergangen sind[25]; denn die Rechtmäßigkeit des Verfahrens hängt nicht vom hernach gefundenen Verfahrensergebnis ab. Eine Zurückverweisung des Rechtsstreits an die erste Instanz kommt gleichwohl nur in Betracht, wenn infolge dieses Mangels in der Berufungsinstanz eine aufwendige und umfangreiche Beweisaufnahme notwendig ist. Eine solche Folge wird ein Verstoß gegen den Verbindungszwang kaum jemals nach sich ziehen. Deshalb hat das Berufungsgericht ungeachtet des Verfahrensfehlers über beide Klagen einheitlich und in der Sache selbst zu entscheiden.

---

22 *Heidel* in Heidel, § 249 Rz. 17; *Hüffer*, § 249 Rz. 20.
23 *K. Schmidt* in Großkomm. AktG, § 249 Rz. 27; *Zöllner* in KölnKomm. AktG, § 246 Rz. 82.
24 *Hüffer*, § 249 Rz. 20.
25 Offen lassend für diesen Fall OLG Hamburg v. 5.11.1971 – 11 U 94 und 95/71, AG 1971, 403 f.

VI. Klagen außenstehender Dritter

1. Klageart

Die aktienrechtliche Nichtigkeitsklage steht nur denjenigen zur Verfügung, die in 10
§ 249 Abs. 1 Satz 1 als taugliche Kläger aufgelistet sind. Diese können freilich den Beschluss auch *nur* im Wege der Nichtigkeitsklage nach § 249 angreifen[26]. Außenstehende Dritte können die Nichtigkeit demgegenüber nur im Wege einer **allgemeinen
Feststellungsklage** gem. § 256 ZPO angreifen. Erforderlich hierfür ist ein besonderes
rechtliches Interesse an der Feststellung der Nichtigkeit. Ein solches Interesse ist zu
bejahen, wenn der Kläger einen Beschluss anficht, durch den er als Mitglied eines Gesellschaftsorgans abberufen worden ist[27], sowie ganz allgemein, wenn der Kläger
Treugeber eines Aktionärs ist. Dagegen fehlt das rechtliche Interesse, wenn ein Be-
triebsratsmitglied einen Beschluss anficht, durch den eine AG in eine GmbH umgewandelt wird (Formwechsel); denn der Betriebsrat als solcher und die Stellung des
Klägers als dessen Mitglied bleibt hiervon unberührt[28].

2. Urteilswirkungen

Die **Rechtskraft** des Urteils, das auf die allgemeine Feststellungsklage eines Dritten 11
ergeht, wirkt nur **zwischen den Parteien**[29]; § 248 ist nicht einmal entsprechend anwendbar. Sofern der nichtige Beschluss der **Heilung** nach § 242 zugänglich ist, kann
diese selbst durch ein Urteil, das der Feststellungsklage des Dritten stattgibt, **nicht
verhindert** werden. Da nämlich der Beschluss ein Instrument der Willensbildung innerhalb des Verbandes ist, entfaltet er *Rechtswirkungen* nur gegenüber den am Verband beteiligten Mitgliedern und gegenüber den Organen des Verbands. Dritten gegenüber „wirken" Beschlüsse demgegenüber nicht; sie müssen diese lediglich *hinnehmen*[30], weil sie Ausdruck souveräner Selbstbestimmung des Verbandes sind.
Wenn der Beschluss im Verhältnis zu allen Aktionären und Verwaltungsmitgliedern
geheilt ist, muss dies der Dritte ebenso hinnehmen, wie wenn der Beschluss von Anfang an gültig gewesen wäre (vgl. näher dazu § 242 Rz. 15). Daraus folgt: Eine Heilung
während des vom Dritten angestrengten Feststellungsprozesses führt zur Erledigung
der Hauptsache. Eine Heilung nach Rechtskraft des vom Dritten erstrittenen Fest-
stellungsurteils macht dies Urteil materiellrechtlich obsolet, weil der ursprünglich
nichtige Beschluss dadurch gültig geworden ist.

VII. Klage auf Feststellung der Unwirksamkeit eines Beschlusses

1. Klageantrag

Unwirksame Beschlüsse sind nicht *per se* fehlerhaft, sondern leiden lediglich darun- 12
ter, dass zu ihrer Gültigkeit noch ein zusätzlicher Rechtsakt (individuelle Zustimmung eines einzelnen Aktionärs; Sonderbeschluss; Eintragung im Handelsregister)
fehlt (vgl. näher dazu § 241 Rz. 2). Der **Streitgegenstand** dieser Klage ist ein anderer
als der von Anfechtungs- und Nichtigkeitsklage[31]; denn der Kläger behauptet nicht,

---

26 *Hüffer*, § 249 Rz. 12; ebenso für GmbH OLG Koblenz v. 17.11.2005 – 6 U 577/05, NZG 2006,
   270, 271.
27 BGH v. 25.4.1966 – II ZR 80/65, NJW 1966, 1458, 1459 (für Abberufung eines GmbH-Ge-
   schäftsführers).
28 OLG Naumburg v. 6.2.1997 – 7 U 236/96, AG 1998, 430 f.
29 *Hüffer*, § 249 Rz. 12.
30 Grundlegend *Slabschi*, Die sogenannte rechtsmissbräuchliche Anfechtungsklage, S. 50 ff.
31 Ebenso *K. Schmidt* in Großkomm. AktG, § 249 Rz. 18; *Zöllner* in KölnKomm. AktG, § 246
   Rz. 86.

der Beschluss sei *fehlerhaft*, sondern macht vielmehr geltend, der Beschluss sei ohne seine Zustimmung *gar nicht erst wirksam zustande gekommen*. Konsequent enthält der Anfechtungsantrag nicht implizit den Antrag auf Feststellung der Unwirksamkeit[32]. Wenn der Beschluss **sowohl nichtig bzw. anfechtbar als auch unwirksam** ist – d.h. wenn er sowohl Gesetz oder Satzung verletzt als auch ihm ein Wirksamkeitserfordernis fehlt –, kann derjenige, der die Gültigkeit des Beschlusses in Frage stellen möchte, gegen ihn sowohl Anfechtungs- bzw. Nichtigkeitsklage als auch Klage auf Feststellung der Unwirksamkeit erheben[33].

2. Verfahren

13   Auf die Klage sind ungeachtet der Unterschiede im Streitgegenstand einige wesentliche Vorschriften über das für die Nichtigkeitsklage geltende Verfahren entsprechend anzuwenden – und zwar nicht bloß dann, wenn die endgültige[34], sondern ebenso, wenn (bloß) die schwebende Unwirksamkeit des Beschlusses geltend gemacht wird[35]. Das bedeutet, dass die Klage analog §§ 249 Abs. 1 Satz 1, 246 Abs. 2 Satz 1 **gegen die Gesellschaft** zu richten ist und das stattgebende Urteil analog §§ 249 Abs. 1 Satz 1, 248 Abs. 1 Satz 1 **Rechtskraft** für und gegen alle Aktionäre und Verwaltungsmitglieder wirkt. Die Analogie ist möglich, weil die Parteirolle der Gesellschaft und die daran anknüpfende allseitige Rechtskrafterstreckung Erwägungen rein prozessualer Zweckmäßigkeit geschuldet sind[36]: Der Streit um die Gültigkeit des Beschlusses soll in einem einzigen Prozess zu einer allseits verbindlichen Entscheidung führen; dabei soll dem Kläger der Rechtsschutz nicht faktisch unmöglich gemacht werden (worauf aber die Notwendigkeit einer Klage gegen alle Aktionäre zwingend hinausliefe).

Zweiter Unterabschnitt. Nichtigkeit bestimmter Hauptversammlungsbeschlüsse

§ 250
Nichtigkeit der Wahl von Aufsichtsratsmitgliedern

(1) Die Wahl eines Aufsichtsratsmitglieds durch die Hauptversammlung ist außer im Falle des § 241 Nr. 1, 2 und 5 nur dann nichtig, wenn

1. der Aufsichtsrat unter Verstoß gegen § 96 Abs. 2, § 97 Abs. 2 Satz 1 oder § 98 Abs. 4 zusammengesetzt wird;

2. die Hauptversammlung, obwohl sie an Wahlvorschläge gebunden ist (§§ 6 und 8 des Montan-Mitbestimmungsgesetzes), eine nicht vorgeschlagene Person wählt;

---

32 Vgl. zur Frage des richtigen Beklagten und zur Reichweite der Rechtskraft des Urteils noch § 246 Rz. 13 ff.

33 *Casper*, Heilung, S. 48 f.; *K. Schmidt* in Großkomm. AktG, § 249 Rz. 8; *Hüffer* in Münch-Komm. AktG, § 249 Rz. 20.

34 So aber *Casper*, Heilung, S. 276 ff.; *Fleck*, GmbHR 1995, 880, 881; *K. Schmidt* in Großkomm. AktG, § 241 Rz. 18, § 249 Rz. 9; *Koppensteiner* in Rowedder/Schmidt-Leithoff, GmbHG, § 47 Rz. 89; *C. Schäfer*, Der stimmrechtslose Gesellschaftsanteil, S. 255 f.; *K. Schmidt* in FS Fischer, S. 693, 705 ff.

35 Wie hier *Baums*, ZHR 142 (1978), 582, 585 f.; *Berg*, Beschlüsse, S. 175 f.; *Zöllner* in Köln-Komm. AktG, § 249 Rz. 51; *Schäfer*, Nichtigkeit und Anfechtbarkeit von Hauptversammlungsbeschlüssen der Aktiengesellschaft unter Ausschluss der Beschlüsse über die Bilanzfeststellung und Gewinnverwendung, S. 22 f.

36 Zu dieser Funktion der Beklagtenrolle der Gesellschaft näher § 246 Rz. 13.

3. durch die Wahl die gesetzliche Höchstzahl der Aufsichtsratsmitglieder überschritten wird (§ 95);

4. die gewählte Person nach § 100 Abs. 1 und 2 bei Beginn ihrer Amtszeit nicht Aufsichtsratsmitglied sein kann.

(2) Für die Klage auf Feststellung, dass die Wahl eines Aufsichtsratsmitglieds nichtig ist, sind parteifähig

1. der Gesamtbetriebsrat der Gesellschaft oder, wenn in der Gesellschaft nur ein Betriebsrat besteht, der Betriebsrat, sowie, wenn die Gesellschaft herrschendes Unternehmen eines Konzerns ist, der Konzernbetriebsrat,

2. der Gesamt- oder Unternehmenssprecherausschuss der Gesellschaft oder, wenn in der Gesellschaft nur ein Sprecherausschuss besteht, der Sprecherausschuss sowie, wenn die Gesellschaft herrschendes Unternehmen eines Konzerns ist, der Konzernsprecherausschuss,

3. der Gesamtbetriebsrat eines anderen Unternehmens, dessen Arbeitnehmer selbst oder durch Delegierte an der Wahl von Aufsichtsratsmitgliedern der Gesellschaft teilnehmen, oder, wenn in dem anderen Unternehmen nur ein Betriebsrat besteht, der Betriebsrat,

4. der Gesamt- oder Unternehmenssprecherausschuss eines anderen Unternehmens, dessen Arbeitnehmer selbst oder durch Delegierte an der Wahl von Aufsichtsratsmitgliedern der Gesellschaft teilnehmen, oder, wenn in dem anderen Unternehmen nur ein Sprecherausschuss besteht, der Sprecherausschuss,

5. jede in der Gesellschaft oder in einem Unternehmen, dessen Arbeitnehmer selbst oder durch Delegierte an der Wahl von Aufsichtsratsmitgliedern der Gesellschaft teilnehmen, vertretene Gewerkschaft sowie deren Spitzenorganisation.

(3) Erhebt ein Aktionär, der Vorstand, ein Mitglied des Vorstands oder des Aufsichtsrats oder eine in Absatz 2 bezeichnete Organisation oder Vertretung der Arbeitnehmer gegen die Gesellschaft Klage auf Feststellung, dass die Wahl eines Aufsichtsratsmitglieds nichtig ist, so gelten § 246 Abs. 2, Abs. 3 Satz 1 bis 4, Abs. 4, §§ 247, 248 Abs. 1 Satz 2, §§ 248a und 249 Abs. 2 sinngemäß. Es ist nicht ausgeschlossen, die Nichtigkeit auf andere Weise als durch Erhebung der Klage geltend zu machen.

I. Nichtigkeitsgründe 1
1. Eingangssatz 1
2. Grundlagen der Zusammensetzung des Aufsichtsrats (§ 250 Abs. 1 Nr. 1) 2
3. Missachtung von Wahlvorschlägen (§ 250 Abs. 1 Nr. 2) 3
4. Überschreitung der Höchstzahl (§ 250 Abs. 1 Nr. 3) 4

5. Fehlendes passives Wahlrecht (§ 250 Abs. 1 Nr. 4) 5
II. Rechtsfolge der Nichtigkeit 6
III. Parteifähigkeit 7
IV. Verfahren (§ 250 Abs. 3) 8

Literatur zu §§ 250–252: *Claussen*, Das Recht der Aufsichtsratswahl im Schnittpunkt der Fraktionen, AG 1971, 385; *Hanau*, Sicherung unternehmerischer Mitbestimmung, insbesondere durch Vereinbarung, ZGR 2001, 75; *Hommelhoff*, Vereinbarte Mitbestimmung, ZHR 148 (1984), 118; *Ihrig/Schlitt*, Vereinbarungen über eine freiwillige Einführung oder Erweiterung der Mitbestimmung, NZG 1999, 333; *Kropff*, Konzerneingangskontrolle bei der qualifiziert konzerngebundenen Aktiengesellschaft, in FS Goerdeler, 1987, S. 259; *Martens*, Zusammensetzung und Wahl der Aufsichtsratsmitglieder der Arbeitnehmer, ZGR 1977, 385; *Rummel*, Die Mangelhaftigkeit von Aufsichtsratswahlen der Hauptversammlung nach dem neuen Aktiengesetz, 1969; *Schröder*, Mängel und Heilung der Wählbarkeit bei Aufsichtsrats- und Betriebsratswahlen, 1979; *Timm*, Grundfragen des „qualifizierten" faktischen Konzerns im Aktienrecht, NJW 1987, 977.

I. Nichtigkeitsgründe

1. Eingangssatz

1   Der Beschluss, durch den die Hauptversammlung den Aufsichtsrat wählt (§ 101 Abs. 1 Satz 1), unterliegt denselben formellen Erfordernissen wie jeder andere Hauptversammlungsbeschluss. Daher ist auch der Wahlbeschluss bei schweren Einberufungsmängeln (§ 241 Nr. 1), bei Beurkundungsmängeln (§ 241 Nr. 2) und bei Kassation durch rechtskräftiges Anfechtungsurteil (§ 241 Nr. 5) nichtig. Nicht anwendbar sind dagegen die Nichtigkeitsgründe nach § 241 Nr. 3, 4. Die Inhaltsmängel sind vielmehr grundsätzlich (vgl. aber Rz. 5) abschließend in § 250 Abs. 1 aufgelistet.

2. Grundlagen der Zusammensetzung des Aufsichtsrats (§ 250 Abs. 1 Nr. 1)

2   Die Rechtsgrundlagen für die Zusammensetzung des Aufsichtsrats werden entweder durch den **Kontinuitätsgrundsatz** (§ 96 Abs. 2), durch bestandskräftige Bekanntmachung des Vorstands (§ 97 Abs. 2 Satz 1) oder durch Gerichtsbeschluss (§ 98 Abs. 4) fixiert[1]. Die genannten Vorschriften dienen dazu, über jene Rechtsgrundlagen Klarheit zu schaffen[2]. Ihre Einhaltung ist daher so strikt geboten, dass das Gesetz den Verstoß mit der Nichtigkeitsfolge sanktioniert.

3. Missachtung von Wahlvorschlägen (§ 250 Abs. 1 Nr. 2)

3   Die Hauptversammlung ist nach § 101 Abs. 1 Satz 2 nur in den Fällen der **§§ 6 und 8 Montan-Mitbestimmungsgesetz** gebunden. Eine Bindung besteht ferner in den Fällen des § 5 Abs. 3 Montan-Mitbestimmungs-Ergänzungsgesetzes für die Bestellung des neutralen Mitglieds auf der Ebene des herrschenden Unternehmens; denn letztere Vorschrift verweist auf § 8 Montan-Mitbestimmungsgesetz. Wenn ein solcher bindender Wahlvorschlag vorliegt, kann das Gesetz eine abweichende Wahl kategorisch nicht akzeptieren; daher folgt auf den Verstoß die Nichtigkeit[3].

4. Überschreitung der Höchstzahl (§ 250 Abs. 1 Nr. 3)

4   Die Vorschrift bezieht sich auf die in **§ 95 Satz 4** festgelegte gesetzliche Höchstzahl bzw., soweit die Mitbestimmungsgesetze eine abweichende Höchstzahl anordnen, auf diese. Nur wenn diese Zahl überschritten wird, tritt die Nichtigkeitsfolge ein[4]. Die **Reichweite** der Nichtigkeit hängt vom Wahlmodus ab: Bei Einzelwahl in getrennten Wahlgängen ist die Wahl so lange gültig, bis die Höchstzahl erreicht ist; jeder Beschluss, durch den nachfolgend weitere Mitglieder in den Aufsichtsrat gewählt werden, ist nichtig[5]. Bei Gesamt- oder Listenwahl führt die Überschreitung der zulässigen Höchstzahl zur Nichtigkeit des gesamten Wahlakts; denn es kann in diesem Fall nicht ermittelt werden, welche Mitglieder bei Einhaltung der zulässigen Höchstzahl gewählt worden wären[6]. Bei mitbestimmten Gesellschaften ist die gesamte Wahl ohne Rücksicht auf den Wahlmodus nichtig, wenn die Anteilseignervertreter

---

1   Im Einzelnen *K. Schmidt* in Großkomm. AktG, § 250 Rz. 12 ff.

2   *K. Schmidt* in Großkomm. AktG, § 250 Rz. 11.

3   Das gilt auch für die Fälle des § 5 Abs. 3 Montan-Mitbestimmungs-Ergänzungsgesetz; vgl. *K. Schmidt* in Großkomm. AktG, § 250 Rz. 16; *Hüffer*, § 250 Rz. 5; *Rummel*, Die Mangelhaftigkeit von Aufsichtsratswahlen, S. 26.

4   LG Flensburg v. 7.4.2004 – 6 O 17/03, AG 2004, 623, 624 li.Sp.

5   *K. Schmidt* in Großkomm. AktG, § 250 Rz. 18; *Hüffer*, § 250 Rz. 7; *Heidel* in Heidel, § 250 Rz. 7.

6   *K. Schmidt* in Großkomm. AktG, § 250 Rz. 18; *Hüffer*, § 250 Rz. 7; *Heidel* in Heidel, § 250 Rz. 7.

mehr als die ihnen höchstens zustehende Zahl von Mitgliedern in den Aufsichtsrat wählen[7]. Wenn die **Satzung** eine niedrigere Höchstzahl festlegt und diese überschritten wird, ist der Wahlbeschluss nicht nach § 250 Nr. 3 nichtig, sondern bloß nach § 251 Abs. 1 Satz 1 **anfechtbar** – es sei denn, es wird *außerdem* auch noch die gesetzlich bestimmte Höchstzahl überschritten.

5. Fehlendes passives Wahlrecht (§ 250 Abs. 1 Nr. 4)

In § 100 Abs. 1 sind Voraussetzungen, in § 100 Abs. 2 Hindernisse für die Übernahme 5 eines Aufsichtsratsmandats aufgelistet. Die Einhaltung dieser Vorgaben ist dem Gesetzgeber so wichtig, dass Verstöße die Nichtigkeit des Wahlbeschlusses nach sich ziehen. Die Vorschrift gilt **analog** für den Fall, dass entgegen **§ 105 Abs. 1** eine Person in den Aufsichtsrat gewählt wird, die bereits dem Vorstand angehört[8]. **Maßgeblicher Zeitpunkt** für die Feststellung des Verstoßes ist nicht schon der Zweitpunkt des Wahlbeschlusses, sondern der Beginn der Amtszeit. Die zunächst gegebene Nichtigkeit entfällt also nachträglich, wenn fehlende Bestellungserfordernisse bis zum Amtsantritt vorliegen (z.B. die gewählte Person wird zwischenzeitlich volljährig[9]) oder Bestellungshindernisse nachträglich wegfallen (z.B. die gewählte Person legt überschüssige Aufsichtsratsmandate in anderen Gesellschaften nieder[10]). Tritt das Ereignis, welches die fehlende Wählbarkeit des gewählten Mitglieds ausräumt, erst nach Amtsantritt ein, so bleibt es bei der Nichtigkeit[11]; die in § 250 Abs. 1 Nr. 4 vorgesehene Stichtagsregelung fixiert die Möglichkeiten der Heilung abschließend. Umgekehrt wird ein zunächst wirksamer Wahlbeschluss nichtig, wenn Bestellungsvoraussetzungen wegfallen oder Bestellungshindernisse neu hinzutreten[12].

II. Rechtsfolge der Nichtigkeit

Bei Nichtigkeit des Wahlbeschlusses ist das gewählte Mitglied nicht wirksam be- 6 stellt, d.h. in Wahrheit nicht Mitglied des Aufsichtsrats geworden. Tritt es dennoch sein Amt an, so steht die Nichtigkeit der Bestellung weder der Haftung aus §§ 116, 93 entgegen[13] noch seiner strafrechtlichen Verantwortlichkeit[14]. Erstreckt sich die Nichtigkeit der Wahl auf den gesamten Aufsichtsrat, so sind seine sämtlichen Beschlüsse ebenfalls nichtig[15]. Ist nur die Wahl eines einzigen Aufsichtsratsmitglieds nichtig, so sind die Beschlüsse des Aufsichtsrats nur fehlerhaft, wenn die Stimme dieses Mitglieds für das Abstimmungsergebnis den Ausschlag gegeben hat. Ist dagegen die erforderliche Mehrheit auch ohne das nichtig gewählte Mitglied erreicht wor-

---

7 *K. Schmidt* in Großkomm. AktG, § 250 Rz. 18; *Heidel* in Heidel, § 250 Rz. 7.
8 *K. Schmidt* in Großkomm. AktG, § 250 Rz. 25; *Hüffer*, § 250 Rz. 11; *Zöllner* in KölnKomm. AktG, § 250 Rz. 37; *Schröder*, Mängel und Heilung der Wählbarkeit bei Aufsichtsrats- und Betriebsratswahlen, S. 36 Fn. 85.
9 *K. Schmidt* in Großkomm. AktG, § 250 Rz. 25.
10 *K. Schmidt* in Großkomm. AktG, § 250 Rz. 25; *Hüffer*, § 250 Rz. 9.
11 *Hüffer*, § 250 Rz. 9; anders *Schröder*, Mängel und Heilung der Wählbarkeit bei Aufsichtsrats- und Betriebsratswahlen, S. 31.
12 *K. Schmidt* in Großkomm. AktG, § 250 Rz. 25; *Hüffer*, § 250 Rz. 9.
13 Wie hier RGZ 152, 273, 278 f.; *Baumbach/Hueck*, § 116 Anm. 2; *K. Schmidt* in Großkomm. AktG, § 250 Rz. 29; *Heidel* in Heidel, § 250 Rz. 9; *Stein*, Das faktische Organ, S. 128 f.; anders *Zöllner* in KölnKomm. AktG, § 250 Rz. 41.
14 BGHSt 21, 101, 104 f. (für Vorstandsmitglieder); *K. Schmidt* in Großkomm. AktG, § 250 Rz. 29; *K. Schmidt* in FS Rebmann, 1989, S. 419, 420, 441; *Stein*, Das faktische Organ, S. 130 ff.; anders *Zöllner* in KölnKomm. AktG, § 250 Rz. 41.
15 BGH v. 16.12.1953 – II ZR 167/52, BGHZ 11, 231, 246; *K. Schmidt* in Großkomm. AktG, § 250 Rz. 31; *Heidel* in Heidel, § 250 Rz. 10.

den und war der Aufsichtsrat auch ohne dies Mitglied beschlussfähig, so ist der Beschluss des Aufsichtsrats rechtmäßig und wirksam[16].

III. Parteifähigkeit

7   Für die Nichtigkeitsklage sind außer den Aktionären sowie den Mitgliedern des Vorstands und des Aufsichtsrats auch die in § 250 Abs. 2 genannten Gruppierungen parteifähig. In der nicht konzernverbundenen Gesellschaft ist dies der Gesamtbetriebsrat (§ 250 Abs. 2 Nr. 1); der Betriebsrat ist nur parteifähig, wenn es keinen Gesamtbetriebsrat gibt. In der konzernverbundenen Gesellschaft kann die Klage außerdem vom Konzernbetriebsrat erhoben werden. Die in § 250 Abs. 2 Nr. 2, 4 genannten Ausschüsse werden auf der Grundlage von Art. 2 Nr. 4 des Gesetzes zur Vereinfachung der Wahl der Arbeitnehmervertreter in den Aufsichtsrat vom 23.2.2002 eingerichtet[17]; auch sie können die Nichtigkeitsklage erheben. Soweit in § 250 Abs. 2 Nr. 3, 4 Betriebsrat und Ausschüsse eines „anderen Unternehmens" für parteifähig erklärt werden, handelt es sich um ein von der beklagten Gesellschaft konzernabhängiges Unternehmen[18]. Die in § 250 Abs. 2 Nr. 5 ausgesprochene Parteifähigkeit der Gewerkschaften findet ihre Spiegelung in der ständigen Rechtsprechung des BGH, wonach Gewerkschaften generell aktiv parteifähig sind[19].

IV. Verfahren (§ 250 Abs. 3)

8   Die Nichtigkeitsklage nach § 250 unterscheidet sich im Ansatz nicht von sonstigen Beschlussmängelklagen. Daher erklärt § 250 Abs. 3 etliche jener Vorschriften für anwendbar, die auch sonst im Anfechtungs- und Nichtigkeitsprozess gelten. Namentlich wird die **Gesellschaft** auch bei einer Klage nach § 250 **durch Vorstand und Aufsichtsrat vertreten**. Dies gilt ohne Rücksicht darauf, dass der Kläger die nicht ordnungsmäßige Besetzung des Aufsichtsrats rügt, ja selbst dann, wenn die Nichtigkeit der gesamten Aufsichtsratswahl geltend gemacht wird[20]. Der gewählte Aufsichtsrat ist dann ohne Rücksicht auf die möglicherweise fehlerhafte Wahl vertretungsbefugt. Das **Feststellungsinteresse** ist für Aktionäre und Verwaltungsmitglieder uneingeschränkt zu bejahen; eine subjektive Rechtsverletzung muss nicht gerügt werden. Hierin kommt abermals das in §§ 241 ff. durchgängig verankerte Grundprinzip zum Ausdruck, dass der Staat, anstatt ein Aktienamt zu installieren, die rechtliche Kontrolle der Hauptversammlung den an der Gesellschaft Beteiligten überlässt. Das Feststellungsinteresse der nach § 250 Abs. 2 für parteifähig erklärten Gruppierungen wird demgegenüber nicht schon aus der Mitgliedschaft oder Organstellung gespeist, sondern muss im Hinblick auf die Funktion jener Gruppierungen ermittelt werden. Sämtliche in § 250 Abs. 2 genannten Gremien und Vereinigungen dienen der Wahrung von Arbeitnehmerinteressen. Daher sind sie nur klagebefugt, sofern das materielle Recht jenen Interessen einen besonderen Stellenwert einräumt. Dies ist immer dann der Fall, wenn der Aufsichtsrat nach den Mitbestimmungsgesetzen auch Arbeitnehmervertreter enthalten muss[21]. Sofern dies der Fall ist, können die in § 250

---

16 BGH v. 17.4.1967 – II ZR 157/64, BGHZ 47, 341, 346; *K. Schmidt* in Großkomm. AktG, § 250 Rz. 31; a.A. *Heidel* in Heidel, § 250 Rz. 10.
17 BGBl. I 2002, 1130 ff.
18 *Hüffer*, § 250 Rz. 13.
19 BGH v. 6.10.1964 – VI ZR 176/63, BGHZ 42, 210, 215 ff. sowie vor allem BGH v. 11.7.1968 – VII ZR 63/66, BGHZ 50, 325, 327 ff.
20 *K. Schmidt* in Großkomm. AktG, § 250 Rz. 39; *Hüffer*, § 250 Rz. 14.
21 So auch *K. Schmidt* in Großkomm. AktG, § 250 Rz. 37; *Hüffer*, § 250 Rz. 15; *Semler* in MünchHdb. AG, § 41 Rz. 103.

Abs. 2 Genannten die Nichtigkeit der Wahl eines jeden einzelnen Aufsichtsratsmitglieds rügen, nicht bloß die fehlerhafte Wahl von Arbeitnehmervertretern[22]. Sofern der Aufsichtsrat nur aus Aktionärsvertretern besteht, ist die Klage der in § 250 Abs. 2 Genannten unzulässig; denn entgegen der Auffassung einiger Autoren[23] fehlt es hier an einem Feststellungsinteresse.

§ 251
Anfechtung der Wahl von Aufsichtsratsmitgliedern

(1) Die Wahl eines Aufsichtsratsmitglieds durch die Hauptversammlung kann wegen Verletzung des Gesetzes oder der Satzung durch Klage angefochten werden. Ist die Hauptversammlung an Wahlvorschläge gebunden, so kann die Anfechtung auch darauf gestützt werden, dass der Wahlvorschlag gesetzwidrig zustande gekommen ist. § 243 Abs. 4 und § 244 gelten.

(2) Für die Anfechtungsbefugnis gilt § 245 Nr. 1, 2 und 4. Die Wahl eines Aufsichtsratsmitglieds, das nach dem Montan-Mitbestimmungsgesetz auf Vorschlag der Betriebsräte gewählt worden ist, kann auch von jedem Betriebsrat eines Betriebs der Gesellschaft, jeder in den Betrieben der Gesellschaft vertretenen Gewerkschaft oder deren Spitzenorganisation angefochten werden. Die Wahl eines weiteren Mitglieds, das nach dem Montan-Mitbestimmungsgesetz oder dem Mitbestimmungsergänzungsgesetz auf Vorschlag der übrigen Aufsichtsratsmitglieder gewählt worden ist, kann auch von jedem Aufsichtsratsmitglied angefochten werden.

(3) Für das Anfechtungsverfahren gelten die §§ 246, 247, 248 Abs. 1 Satz 2 und § 248a.

I. Anfechtungsgründe (§ 251 Abs. 1) . . 1	4. Gesetzwidrig zustande gekommene Wahlvorschläge 4
1. Verstoß gegen Gesetz oder Satzung . . 1	5. Sondervorteilsanfechtung? 5
2. Insbesondere freiwillige Zuwahl von Arbeitnehmervertretern 2	6. Verletzung der Weitergabepflicht . . . 6
3. Insbesondere die Aufsichtsratswahl im faktischen Konzern 3	**II. Anfechtungsbefugnis (§ 251 Abs. 2)** . . 7
	III. Verfahren (§ 251 Abs. 3) 8

Literatur: S. bei § 250.

I. Anfechtungsgründe (§ 251 Abs. 1)

1. Verstoß gegen Gesetz oder Satzung

§ 251 Abs. 1 Satz 1 stellt klar, dass Gesetz und Satzung wie bei sonstigen Hauptversammlungsbeschlüssen (§ 243 Abs. 1) auch bei Aufsichtsratswahlen eingehalten werden müssen und die Wahl an ihrem Maßstab rechtlich zu kontrollieren ist. Wegen **Gesetzesverstoßes** ist die Wahl etwa dann anfechtbar, wenn bei der Beschlussfassung über den Wahlvorschlag eines Aktionärs die §§ 127, 137 verletzt worden sind[1]. We-   **1**

---

22 Für Letzteres aber *Rummel*, Die Mangelhaftigkeit von Aufsichtsratswahlen, S. 44 f.

23 *Zöllner* in KölnKomm. AktG, § 250 Rz. 52; *Martens*, ZGR 1977, 385, 394 dort in Fn. 21.

1 *K. Schmidt* in Großkomm. AktG, § 251 Rz. 5; *Hüffer*, § 251 Rz. 2; *Zöllner* in KölnKomm. AktG, § 251 Rz. 5.

gen **Satzungsverstoßes** ist die Wahl z.B. anfechtbar, wenn ein Aufsichtsratsmitglied für eine kürzere als die satzungsmäßig vorgesehene Amtsdauer bestellt wird[2]. **Stimmbindungsvereinbarungen** über Aufsichtsratswahlen sind zulässig[3]. Sind an solchen Vereinbarungen **alle Aktionäre** beteiligt, kann der Wahlbeschluss auch wegen ihrer Verletzung angefochten werden[4]; die insoweit zu § 243 ausgefochtene Kontroverse (vgl. § 243 Rz. 15) setzt sich hier fort.

2. Insbesondere freiwillige Zuwahl von Arbeitnehmervertretern

2   Nach h.M. ist es den Aktionären gestattet, per Hauptversammlungsbeschluss Personen zu Aufsichtsratsmitgliedern zu wählen, die zwar rechtlich Aktionärsvertreter sind, tatsächlich aber der Arbeitnehmerseite zugerechnet werden[5]. Der **praktische Zweck** solcher Wahlen besteht darin, dass zugunsten der Arbeitnehmer ein mitbestimmungsrechtlicher Einfluss erweitert, erhalten oder eingeführt wird, der beispielsweise aufgrund von Umstrukturierungen, Ausgliederungen und Umformungen der Gesellschaft verringert oder verlorengegangen ist. Die Hauptversammlung könne frei entscheiden, wen sie für die Anteilseignerseite in den Aufsichtsrat wähle. Die in §§ 100 Abs. 2, 105 Abs. 1 verankerten Bestellungshindernisse begrenzten die Wahlfreiheit der Hauptversammlung abschließend. Die Gegenansicht lehnt die Möglichkeit der Zuwahl von Arbeitnehmern in den Aufsichtsrat ab[6], weil nach dem namentlich in § 105 Abs. 1 zum Ausdruck kommenden Grundgedanken der Kontrollierende nicht vom Kontrollierten abhängig sein dürfe. Außerdem stehe der Mitbestimmungsstatus nicht zur Disposition der Hauptversammlung. Diese Einwände überzeugen nicht: Die in §§ 100 Abs. 2, 105 Abs. 1 verankerten Bestellungshindernisse lassen sich durchweg auf die funktionelle Unvereinbarkeit von Vorstands- und Aufsichtsratsmandat zurückführen; sie sind hingegen in keiner Weise auf die für Arbeitnehmer spezifische Abhängigkeit gemünzt. Der Mitbestimmungsstatus würde nur verändert, wenn er abweichend vom Gesetz in der Satzung festgeschrieben würde; dies ist in der Tat unzulässig[7]. Mit einem einfachen Wahlbeschluss *ohne* Änderung der Satzung erfolgt eine solche Festschreibung jedoch gerade nicht.

3. Insbesondere die Aufsichtsratswahl im faktischen Konzern

3   Nach Ansicht des **OLG Hamm** ist die Hauptversammlung einer faktisch konzernabhängigen AG verpflichtet, mindestens eine neutrale, d.h. von den Interessen der Obergesellschaft **unabhängige Person** in den Aufsichtsrat zu wählen. Dies sei erforderlich, um das in §§ 311 ff. verankerte System des Einzelausgleichs funktionsfähig zu halten[8]. Diese Ansicht ist auf verbreitete Ablehnung gestoßen[9]: Das Kriterium der

---

2 *K. Schmidt* in Großkomm. AktG, § 251 Rz. 6.

3 *Noack*, Gesellschaftervereinbarungen bei Kapitalgesellschaften, 1994, S. 278.

4 Wie hier *K. Schmidt* in Großkomm. AktG, § 251 Rz. 4; dagegen *Hüffer* in MünchKomm. AktG, § 251 Rz. 4.

5 BGH v. 3.7.1975 – II ZR 35/73, NJW 1975, 1657, 1658; OLG Bremen v. 22.3.1977 – 2 W 102/75, NJW 1977, 1153, 1155; OLG Hamburg v. 5.5.1972 – 11 U 46 und 166/71, AG 1972, 183, 184 ff.; *K. Schmidt* in Großkomm. AktG, § 251 Rz. 7; *Hanau*, ZGR 2001, 75, 90 ff.; *Hommelhoff*, ZHR 148 (1984), 118, 136 ff.; *Ihrig/Schlitt*, NZG 1999, 333, 334; *Zöllner* in KölnKomm. AktG, § 251 Rz. 6; *Mertens* in KölnKomm. AktG, § 96 Rz. 10; *Heidel* in Heidel, § 251 Rz. 4.

6 *Claussen*, AG 1971, 385, 386; *Hüffer* in MünchKomm. AktG, § 251 Rz. 5; *Werner*, AG 1972, 137 f.

7 Vgl. nur *Hommelhoff*, ZHR 148 (1984), 118, 138.

8 OLG Hamm v. 3.11.1986 – 8 U 59/86, NJW 1987, 1030 ff. = AG 1987, 38.

9 Vgl. etwa *Kropff* in FS Goerdeler, 1987, S. 259, 267 ff.; *Mertens*, AG 1987, 38, 40; *Uwe H. Schneider* in FS Raiser, S. 341, 347; *Timm*, NJW 1987, 977, 985 f.; *Martens*, ZHR 159 (1995), 567, 587.

Unabhängigkeit lasse sich kaum handhaben; in paritätisch mitbestimmten Gesellschaften drohe eine Machtverschiebung zum Nachteil der Anteilseigner; die Besetzung des Aufsichtsrats mit Vertrauenspersonen des herrschenden Unternehmens werde in § 100 Abs. 2 Satz 2 nicht bloß gebilligt, sondern sogar begünstigt. Nach **h.M.** ist daher die Hauptversammlung befugt, **sämtliche Aufsichtsratsposten** der Anteilseignerseite mit **Vertretern des herrschenden Unternehmens** zu besetzen[10]. Nach hier vertretener Ansicht ist es das Verdienst des OLG Hamm, Sensibilität für das Problem geweckt zu haben, dass der personelle Einfluss des herrschenden Unternehmens über die Besetzung des Aufsichtsrats zu einer institutionellen Gefährdung des Tochter-Eigeninteresses führen kann. Auf die Frage, wie diesem Problem auf anderem Wege begegnet werden kann, halten die Kritiker des OLG Hamm bis heute keine Antwort bereit. Zutreffend dürfte ein **Mittelweg** sein: Die Wahl eines Aufsichtsratsmitglieds verstößt generell gegen die Treupflicht gegenüber der Gesellschaft, wenn dies Mitglied in seiner Person nicht die Gewähr für eine strikte Loyalität gegenüber dem Gesellschaftsinteresse verbürgt. In Konzernfällen bedeutet dies, dass die Vertreter des herrschenden Unternehmens die Gewähr für den gebotenen Respekt vor dem Tochter-Eigeninteresse bieten müssen. Je weniger dies beim herrschenden Unternehmen selbst der Fall ist, desto weniger erscheint auch die Wahl seiner Vertrauenspersonen in den Aufsichtsrat der Tochtergesellschaft rechtlich haltbar.

4. Gesetzwidrig zustande gekommene Wahlvorschläge

§§ 6, 8 Montanmitbestimmungsgesetz und § 5 Montanmitbestimmungs-Ergänzungsgesetz enthalten Vorschriften, welches Verfahren für die Wahlvorschläge für die Arbeitnehmervertreter und die neutralen Mitglieder im Aufsichtsrat einzuhalten ist. Werden diese Vorschriften verletzt, so führt dies nach § 251 Abs. 1 Satz 2 zur Anfechtbarkeit. Der Verweis in § 251 Abs. 1 Satz 3 auf § 243 Abs. 4 zeigt, dass auch hier die **Relevanztheorie** (vgl. hierzu § 243 Rz. 26 ff.) gilt. Dieser Verweis trägt eine doppelte Bedeutung: Zum einen muss der Vorschlag für die Beschlussfassung der Hauptversammlung relevant sein. Das ist wegen der Bindung der Hauptversammlung an den Vorschlag immer der Fall[11]. Auch bei sonstigen Verfahrensfehlern gilt die Relevanztheorie in der in § 243 Abs. 4 Satz 1 gefundenen Ausprägung; so etwa, wenn im Vorfeld der Wahl das Auskunftsrecht der Aktionäre (§ 131) nicht beachtet wurde. Zum anderen muss auch die verletzte Verfahrensvorschrift für das Zustandekommen des Wahlvorschlags relevant sein. Die bisherige Lehre, dass die Anfechtung nach § 251 Abs. 1 Satz 2 nur dann durchgreife, wenn wesentliche Verfahrensregeln verletzt worden seien[12], weist in dieselbe Richtung, ist aber mit der Relevanztheorie nicht identisch und ist daher durch diese abzulösen.

5. Sondervorteilsanfechtung?

Nicht in § 251 Abs. 1 Satz 1 als Anfechtungsgrund genannt ist die Verfolgung von Sondervorteilen. Auch § 251 Abs. 1 Satz 3 nimmt nur auf § 243 Abs. 4, nicht aber auf § 243 Abs. 2 Bezug. Teilweise wird hierin eine unbewusste Regelungslücke erblickt, die durch eine entsprechende Anwendung des § 243 Abs. 2 zu schließen sei[13]. Die

---

10 Vgl. außer den soeben Genannten noch LG Mannheim v. 17.1.1990 – 21 O 9/89, AG 1991, 29, 30; *K. Schmidt* in Großkomm. AktG, § 251 Rz. 8; *Hüffer* in MünchKomm. AktG, § 251 Rz. 4.
11 Im Ergebnis ebenso *Hüffer*, § 251 Rz. 3.
12 *K. Schmidt* in Großkomm. AktG, § 251 Rz. 9; *Hüffer*, § 251 Rz. 3; *Zöllner* in KölnKomm. AktG, § 251 Rz. 14 ff.; *Heidel* in Heidel, § 251 Rz. 9; *Rummel*, Die Mangelhaftigkeit von Aufsichtsratswahlen, S. 51.
13 *Zöllner* in KölnKomm. AktG, § 251 Rz. 8.

h.M. hält demgegenüber die Anfechtung von Aufsichtsratswahlen wegen Verfolgung von Sondervorteilen für **unstatthaft**[14]. Die Richtigkeit der h.M. erweist sich namentlich an § 251 Abs. 2 Satz 1: Danach ist eine Anfechtungsbefugnis jedes Aktionärs nach § 245 Nr. 3, die sich auf die Sondervorteilsanfechtung bezieht, gerade nicht vorgesehen[15]. Die Wahl einer Person in den Aufsichtsrat ist für sich gesehen niemals ein Sondervorteil. Außerdem ist kein Fall denkbar, in dem die in § 243 Abs. 2 Satz 2 niedergelegte Ausgleichsklausel jemals zur Anwendung gelangen könnte: Der Schaden, der durch die Wahl ungeeigneter Organmitglieder entsteht, ist einem Ausgleich nicht zugänglich. Für die Anwendung des § 243 Abs. 2 besteht kein Bedürfnis, weil die Wahl ungeeigneter Personen in den Aufsichtsrat schon wegen Gesetzesverletzung, nämlich wegen Treupflichtverstoßes anfechtbar ist.

6. Verletzung der Weitergabepflicht

6   § 251 Abs. 1 Satz 3 nimmt ebenfalls keinen Bezug auf den in § 243 Abs. 3 Nr. 1 verankerten Anfechtungsausschluss. Danach scheint es, als könne die Wahl des Aufsichtsrats selbst dann angefochten werden, wenn ein Kreditinstitut es entgegen § 128 versäumt, Mitteilungen der Gesellschaft an ihre Depotkunden weiterzugeben. Die Nichterwähnung des § 243 Abs. 3 Nr. 1 ist indes als bloßes Redaktionsversehen einzuordnen. Denn § 243 Abs. 3 Nr. 1 entfaltet bloß klarstellende Funktion: Ein Anfechtungsgrund liegt deshalb nicht vor, weil das Kreditinstitut in diesem Zusammenhang lediglich als Informationsgehilfe des Aktionärs, nicht aber als Informationsmittler der Gesellschaft tätig wird (vgl. § 243 Rz. 12). Deshalb berechtigt die **Verletzung des § 128** auch bei der Aufsichtsratswahl **nicht zur Anfechtung**[16].

II. Anfechtungsbefugnis (§ 251 Abs. 2)

7   Die in § 251 Abs. 2 geregelte Anfechtungsbefugnis ist Sachurteilsvoraussetzung[17]. Anfechtungsberechtigt ist der Aktionär nach **§ 251 Abs. 2 Satz 1** unter den Voraussetzungen des § 245 Nr. 1 und 2; des weiteren der Vorstand (als Organ) nach § 245 Nr. 4. Die Anfechtungsbefugnis einzelner Verwaltungsmitglieder aus § 245 Nr. 5 wird in § 251 Abs. 2 folgerichtig nicht in bezug genommen; denn die Wahl des Aufsichtsrats begründet aus sich heraus einen persönlichen Status des gewählten Mitglieds, bedarf aber keiner Ausführung[18]. **§ 251 Abs. 2 Satz 2** erstreckt die Anfechtungsbefugnis für die Wahl der Arbeitnehmervertreter nach § 4 Abs. 1 Satz 2 lit. b Montan-Mitbestimmungsgesetz auf Betriebsräte und Gewerkschaften. In **§ 251 Abs. 2 Satz 3** ist eine besondere Anfechtungsbefugnis für die Wahl des neutralen Aufsichtsratsmitglieds nach § 4 Abs. 1 Satz 2 lit. c Montan-Mitbestimmungsgesetz geregelt. Entgegen einer überholten Gegenansicht[19] ergänzt § 251 Abs. 2 Satz 3 nicht nur Satz 1, sondern auch Satz 2 der Vorschrift: Neben den Mitgliedern des Aufsichtsrats sind nicht bloß die in § 251 Abs. 2

---

14 OLG Hamburg v. 5.5.1972 – 11 U 46 und 166/71, AG 1972, 183, 187; *K. Schmidt* in Großkomm. AktG, § 251 Rz. 2; *Hüffer* in MünchKomm. AktG, § 251 Rz. 11; *Heidel* in Heidel, § 251 Rz. 5.

15 *Zöllner* in KölnKomm. AktG, § 251 Rz. 8 plädiert folgerichtig für eine analoge Anwendung des § 245 Nr. 3.

16 Wie hier *K. Schmidt* in Großkomm. AktG, § 251 Rz. 11; *Hüffer*, § 251 Rz. 6; *Zöllner* in KölnKomm. AktG, § 251 Rz. 21.

17 *K. Schmidt* in Großkomm. AktG, § 251 Rz. 14; vgl. zum Streitstand § 245 Rz. 2.

18 *K. Schmidt* in Großkomm. AktG, § 251 Rz. 15; *Rummel*, Die Mangelhaftigkeit von Aufsichtsratswahlen, S. 69 f.

19 *Rummel*, Die Mangelhaftigkeit von Aufsichtsratswahlen, S. 70.

Satz 1 Genannten, sondern ebenso die Betriebsräte und Gewerkschaften nach § 251 Abs. 2 Satz 2 zur Anfechtung der Wahl des neutralen Mitglieds berechtigt[20].

III. Verfahren (§ 251 Abs. 3)

Das Verfahren richtet sich im Wesentlichen nach den für Beschlussmängelklagen gel-   8
tenden allgemeinen Grundsätzen. Die in § 251 Abs. 2 Satz 2 genannten Organisationen sind, auch wenn dies in § 251 anders als in § 250 nicht ausdrücklich klargestellt
wird, im Anfechtungsprozess **parteifähig**[21]. Hat das Aufsichtsratsmitglied, dessen
Wahl später für nichtig erklärt wird, an der Vertretung der Gesellschaft mitgewirkt
(§§ 250 Abs. 3, 246 Abs. 2 Satz 2), so bleiben seine in Ausübung dieser Vertretung
vollzogenen Rechtshandlungen in jedem Fall wirksam[22].

§ 252
Urteilswirkung

**(1) Erhebt ein Aktionär, der Vorstand, ein Mitglied des Vorstands oder des Aufsichts-
rats oder eine in § 250 Abs. 2 bezeichnete Organisation oder Vertretung der Arbeitnehmer gegen die Gesellschaft Klage auf Feststellung, dass die Wahl eines Aufsichtsratsmitglieds durch die Hauptversammlung nichtig ist, so wirkt ein Urteil, das die
Nichtigkeit der Wahl rechtskräftig feststellt, für und gegen alle Aktionäre und Arbeitnehmer der Gesellschaft, alle Arbeitnehmer von anderen Unternehmen, deren
Arbeitnehmer selbst oder durch Delegierte an der Wahl von Aufsichtsratsmitgliedern
der Gesellschaft teilnehmen, die Mitglieder des Vorstands und des Aufsichtsrats sowie die in § 250 Abs. 2 bezeichneten Organisationen und Vertretungen der Arbeitnehmer, auch wenn sie nicht Partei sind.**

**(2) Wird die Wahl eines Aufsichtsratsmitglieds durch die Hauptversammlung durch
rechtskräftiges Urteil für nichtig erklärt, so wirkt das Urteil für und gegen alle Aktionäre sowie die Mitglieder des Vorstands und Aufsichtsrats, auch wenn sie nicht Partei sind. Im Fall des § 251 Abs. 2 Satz 2 wirkt das Urteil auch für und gegen die nach
dieser Vorschrift anfechtungsberechtigten Betriebsräte, Gewerkschaften und Spitzen-
organisationen, auch wenn sie nicht Partei sind.**

I. Normzweck 1
II. Wirkungen des Nichtigkeitsurteils
(§ 252 Abs. 1) 2

III. Wirkungen des Anfechtungsurteils
(§ 252 Abs. 2) 3

Literatur: S. bei § 250.

---

20 *K. Schmidt* in Großkomm. AktG, § 251 Rz. 18; *Hüffer*, § 251 Rz. 9; *Zöllner* in KölnKomm.
   AktG, § 251 Rz. 30; *Semler* in MünchHdb. AG, § 41 Rz. 106; *Heidel* in Heidel, § 251 Rz. 11.
21 *K. Schmidt* in Großkomm. AktG, § 251 Rz. 20; *Hüffer*, § 251 Rz. 10; *Zöllner* in KölnKomm.
   AktG, § 251 Rz. 31.
22 *K. Schmidt* in Großkomm. AktG, § 251 Rz. 21; *Zöllner* in KölnKomm. AktG, § 251 Rz. 33.

I. Normzweck

1   § 252 enthält für die fehlerhafte Aufsichtsratswahl die gleiche **Rechtskrafterstreckung**, die § 248 für Beschlussmängelklagen im Allgemeinen anordnet. Die Notwendigkeit einer eigenständigen Regelung für die Wahl des Aufsichtsrats ergibt sich daraus, dass an dieser in mitbestimmten Gesellschaften auch die Arbeitnehmerseite beteiligt ist und diese in gleicher Weise in die Rechtskraft des stattgebenden Urteils mit einbezogen werden muss. Eben dieser Einbeziehung dient § 252[1]. Die Rechtskrafterstreckung wird in § 252 ebenso wie in § 248 nur für **stattgebende Urteile** ausgesprochen.

II. Wirkungen des Nichtigkeitsurteils (§ 252 Abs. 1)

2   Das stattgebende Nichtigkeitsurteil ist auch im Falle des § 252 kein Gestaltungs-[2], sondern ein **Feststellungsurteil**. Es wirkt allseitige Rechtskraft im Umfang des § 252 Abs. 1, wenn es von einer der dort genannten Personen oder Gruppierungen erstritten worden ist. Es fällt auf, dass die Rechtskraft auch auf Arbeitnehmer erstreckt wird, obwohl diese als Einzelpersonen nicht befugt sind, die spezifisch aktienrechtliche Nichtigkeitsklage (§ 250) zu erheben. Daher könnte die Rechtskrafterstreckung auf die Arbeitnehmer ebensogut ersatzlos gestrichen werden[3]: Der einzelne Arbeitnehmer muss als gesellschaftsfremder Dritter den Wahlbeschluss als ein ihm fremdes Rechtsverhältnis hinnehmen. Seine eigene Rechtssphäre wird durch das Urteil nicht berührt. Die verbreitete Lehre, das Nichtigkeitsurteil wirke für und gegen jedermann[4], ist für § 252 Abs. 1 ebenso abzulehnen wie für § 249 (vgl. § 249 Rz. 1). Denn diese Ansicht fusst auf der Prämisse, das Anfechtungsurteil wirke als Gestaltungsurteil *erga omnes*, und folgert, das Nichtigkeitsurteil dürfe (selbst wenn man es als Feststellungsurteil qualifiziere) in seinen Wirkungen nicht dahinter zurückbleiben. Schon das Anfechtungsurteil wirkt aber gerade *nicht* für und gegen jedermann (vgl. § 248 Rz. 5).

III. Wirkungen des Anfechtungsurteils (§ 252 Abs. 2)

3   Das stattgebende Anfechtungsurteil ist auch bei der Anfechtung von Aufsichtsratswahlen **Gestaltungsurteil**[5]. § 252 Abs. 2 Satz 1 erstreckt die Rechtskraft auf alle Aktionäre sowie sämtliche Vorstands- und Aufsichtsratsmitglieder, auch auf diejenigen, deren Klagebefugnis sich aus § 251 Abs. 1 Satz 3 ergibt. § 252 Abs. 2 Satz 2 zieht sodann die Konsequenzen aus dem Umstand, dass § 251 Abs. 2 Satz 2 auch Gewerkschaften und Betriebsräten die Anfechtungsbefugnis zuteilt: Selbstverständlich muss das Anfechtungsurteil auch gegen sie Rechtskraft wirken. Anders als beim Nichtigkeitsurteil wird beim Anfechtungsurteil die Rechtskraft nicht auf die Arbeitnehmerseite erstreckt. Das ist *de lege ferenda* kritisiert worden[6]. Das Anfechtungsurteil **wirkt** auch bei der fehlerhaften Aufsichtsratswahl auf den Zeitpunkt der Beschluss-

---

1 *K. Schmidt* in Großkomm. AktG, § 252 Rz. 1; *Hüffer*, § 252 Rz. 1; *Heidel* in Heidel, § 252 Rz. 1.

2 So aber – auf dem Boden seiner dogmatischen Prämissen folgerichtig – *K. Schmidt* in Großkomm. AktG, § 252 Rz. 4.

3 Ebenso *Hüffer*, § 252 Rz. 6.

4 *Hüffer*, § 252 Rz. 3; *Zöllner* in KölnKomm. AktG, § 252 Rz. 6.

5 *Hüffer*, § 252 Rz. 4; *Zöllner* in KölnKomm. AktG, § 252 Rz. 7; *Heidel* in Heidel, § 252 Rz. 5.

6 *Baumbach/Hueck*, § 252 Anm. 3; *Zöllner* in KölnKomm. AktG, § 252 Rz. 14; *Rummel*, Die Mangelhaftigkeit von Aufsichtsratswahlen, S. 70.

fassung **zurück**[7]. Denn die Nichtigkeit des erfolgreich angefochtenen Wahlbeschlusses ergibt sich gemäß dem Eingangssatz von § 250 Abs. 1 aus § 241 Nr. 5. Es gelten daher dieselben Grundsätze wie bei jedem anderen Anfechtungsurteil (vgl. § 241 Rz. 25).

§ 253
Nichtigkeit des Beschlusses über die Verwendung des Bilanzgewinns

(1) Der Beschluss über die Verwendung des Bilanzgewinns ist außer in den Fällen des § 173 Abs. 3, des § 217 Abs. 2 und des § 241 nur dann nichtig, wenn die Feststellung des Jahresabschlusses, auf dem er beruht, nichtig ist. Die Nichtigkeit des Beschlusses aus diesem Grunde kann nicht mehr geltend gemacht werden, wenn die Nichtigkeit der Feststellung des Jahresabschlusses nicht mehr geltend gemacht werden kann.

(2) Für die Klage auf Feststellung der Nichtigkeit gegen die Gesellschaft gilt § 249.

I. Normzweck	1	3. Fehlerhafter Jahresabschluss	6
II. Anwendungsbereich	2	IV. Nichtigkeit als Rechtsfolge	7
III. Nichtigkeitsgründe (§ 253 Abs. 1		V. Heilung	8
Satz 1)	3	1. Nach allgemeinen Vorschriften	8
1. Versäumte Rechtshandlungen	3	2. Nach § 253 Abs. 1 Satz 2	9
2. Allgemeine Nichtigkeitsgründe	4	VI. Verfahren (§ 253 Abs. 2)	10

I. Normzweck

§ 253 enthält eine abschließende Zusammenfassung der Nichtigkeitsgründe für den Gewinnverwendungsbeschluss. Die wesentliche sachliche Bedeutung der Vorschrift besteht darin, die **Nichtigkeit des Jahresabschlusses** als **besonderen Nichtigkeitsgrund** für den Gewinnverwendungsbeschluss anzuerkennen[1].

1

II. Anwendungsbereich

§ 253 gilt für den **Gewinnverwendungsbeschluss** der Hauptversammlung (§ 174). Ein solcher Beschluss liegt auch dann vor, wenn die Hauptversammlung mehr oder weniger als den Bilanzgewinn verteilt[2]. Die Gegenansicht, die in diesen Fällen bereits das Vorliegen eines Gewinnverwendungsbeschlusses bestreitet[3], vermengt in unzulässiger Weise die Frage nach dem Inhalt des Beschlusses mit dessen rechtlicher Zulässigkeit: Ein Gewinnverwendungsbeschluss, der mehr oder weniger als den Bilanzgewinn verteilt, ist zwar gesetzwidrig (zur Fehlerfolge unten Rz. 7). Der Charakter als Gewinnverwendungsbeschluss bleibt davon aber unberührt.

2

---

7 *K. Schmidt* in Großkomm. AktG, § 252 Rz. 12; *Zöllner* in KölnKomm. AktG, § 252 Rz. 10 f.; *Hüffer* in MünchKomm. AktG, § 252 Rz. 10; *Heidel* in Heidel, § 252 Rz. 7; *Rummel*, Die Mangelhaftigkeit von Aufsichtsratswahlen, S. 75.

1 *K. Schmidt* in Großkomm. AktG, § 253 Rz. 1; *Heidel* in Heidel, § 253 Rz. 1; *Zöllner* in Köln-Komm. AktG, § 253 Rz. 2 f.; *Hüffer* in MünchKomm. AktG, § 253 Rz. 2.
2 *Hüffer* in MünchKomm. AktG, § 253 Rz. 3.
3 *Zöllner* in KölnKomm. AktG, § 253 Rz. 4.

III. Nichtigkeitsgründe (§ 253 Abs. 1 Satz 1)

1. Versäumte Rechtshandlungen

3   In § 253 sind als Nichtigkeitsgründe zunächst §§ 173 Abs. 3, 217 Abs. 2 genannt. In beiden Fällen handelt es sich in Wahrheit um Fälle der **endgültigen Unwirksamkeit**: Der Gewinnverwendungsbeschluss wird nach § 173 Abs. 3 nichtig, wenn eine nach § 316 Abs. 3 HGB erforderliche Nachtragsprüfung nicht fristgerecht mit einem uneingeschränkten Bestätigungsvermerk abgeschlossen wird. Nach § 217 Abs. 2 Satz 4 wird ein Gewinnverwendungsbeschluss, wonach junge Aktien aus einer Kapitalerhöhung aus Gesellschaftsmitteln rückwirkend am Gewinn des vorangegangenen Geschäftsjahres teilnehmen, nichtig, wenn die Kapitalerhöhung nicht spätestens drei Monate nach Beschlussfassung in das Handelsregister eingetragen ist. In beiden Fällen ist der Beschluss also schwebend unwirksam und wird mit Ablauf einer bestimmten Frist wirkungslos, binnen derer das jeweilige Wirksamkeitserfordernis nicht beigebracht wird.

2. Allgemeine Nichtigkeitsgründe

4   Unter dem Gesichtspunkt des **§ 241 Nr. 3** erlangen vor allem die folgenden Fehler Bedeutung: Wird entgegen **§ 57 Abs. 3** die Ausschüttung eines den Bilanzgewinn übersteigenden Betrages beschlossen, führt dies zur Nichtigkeit nach § 241 Nr. 3, 2. Alt.; denn § 57 Abs. 3 schützt als zentrale Kapitalerhaltungsvorschrift das Gläubigerinteresse. Ebenso ist ein Gewinnverwendungsbeschluss nichtig, der unter Missachtung der Bindung an den festgestellten Jahresabschluss (**§ 174 Abs. 1 Satz 2**) gefasst wird[4]. Damit ist folgendes gemeint: Die Hauptversammlung hat nach § 174 Abs. 2 zu entscheiden, ob der Bilanzgewinn an die Aktionäre ausgeschüttet, in Gewinnrücklagen eingestellt oder als Gewinn vorgetragen werden soll. Dieser Verteilungsentscheidung muss exakt derjenige Bilanzgewinn zugrunde gelegt werden, der im Jahresabschluss ausgewiesen ist (§ 158 Abs. 1 Satz 1 Nr. 5). Legt die Hauptversammlung einen höheren oder einen niedrigeren Betrag zugrunde, so missachtet sie die Bindung an den Jahresabschluss und verstößt gegen § 174 Abs. 1 Satz 2. Letztere Vorschrift ist Ausdruck einer zentralen Wertung des Aktiengesetzes, nämlich der funktionalen Trennung von Ergebnisfeststellung und Ergebnisverwendung. Sofern (wie im Regelfall) Vorstand und Aufsichtsrat den Jahresabschluss festgestellt haben, bringt § 174 Abs. 1 Satz 2 darüber hinaus den Schutz der Kompetenzordnung zwischen den Gesellschaftsorganen zum Ausdruck. Der Verstoß gegen § 174 Abs. 1 Satz 2 stellt damit das Wesen der AG in Frage und führt folglich zur Nichtigkeit nach § 241 Nr. 3, 1. Alt. Die Nichtigkeit wegen Verstoßes gegen § 174 Abs. 1 Satz 2 knüpft allein an den Umstand an, dass eine andere als die als Bilanzgewinn festgestellte Summe Gegenstand der Verteilungsentscheidung nach § 174 Abs. 2 war; sie tritt mithin selbst dann ein, wenn die Kapitalerhaltungsschranke des § 57 Abs. 3 als solche beachtet worden ist.

5   Unter dem Gesichtspunkt des **§ 241 Nr. 5** erlangen namentlich jene Fälle Bedeutung, in denen ein Beschluss wegen Verstoßes gegen speziell die Gewinnverwendung betreffende Vorschriften zwar nicht *ipso iure* zur Nichtigkeit des Beschlusses führen, wohl aber die Anfechtung jenes Beschlusses mit Erfolg auf den Verstoß gestützt worden ist. So führt die übermäßige Rücklagenbildung nach **§ 254** zur Anfechtbarkeit des Gewinnverwendungsbeschlusses; jener Beschluss wird nichtig, sobald das stattgebende Anfechtungsurteil in Rechtskraft erwächst. Verstöße gegen **§ 174 Abs. 2** führen ebenfalls nicht bereits kraft Gesetzes zur Nichtigkeit, weil die Vorschrift als Do-

---

4 *K. Schmidt* in Großkomm. AktG, § 253 Rz. 2, 6; *Hüffer* in MünchKomm. AktG, § 253 Rz. 7 (beide für Nichtigkeit nach § 241 Abs. 1 Nr. 3, 3. *Alt.*).

kumentations- und Gliederungsnorm nicht die Öffentlichkeit schützt und deshalb nicht unter § 241 Nr. 3 fällt. Ein gegen § 174 Abs. 2 verstoßender Beschluss ist jedoch anfechtbar[5]. Falls die Klage rechtskräftig Erfolg hat, wird der Gewinnverwendungsbeschlusses nach § 241 Nr. 5 nichtig.

3. Fehlerhafter Jahresabschluss

Der Gewinnverwendungsbeschluss ist darüber hinaus nach **§ 253 Abs. 1 Satz 1** nich-   6
tig, wenn die Feststellung des Jahresabschlusses nichtig ist. Das ist der Fall, wenn das jeweilige Feststellungsgeschäft nach § 256 nichtig ist (§§ 172, 173) oder wenn ein von der Hauptversammlung gefasster Feststellungsbeschluss (§ 173) nach §§ 243, 257 erfolgreich angefochten wurde[6]. Wer nach § 253 Abs. 1 Satz 1 die Nichtigkeit des Gewinnverwendungsbeschlusses mangels gültigen Jahresabschlusses geltend macht, trägt für die tatsächlichen Voraussetzungen des § 256 die **Darlegungs- und Beweislast**[7]. Der Gewinnverwendungsbeschluss „beruht" i.S. des § 253 Abs. 1 Satz 1 auf dem nichtigen Jahresabschluss, wenn die Hauptversammlung bei der Gewinnverwendung von eben jenem Bilanzgewinn ausgeht, welcher im Jahresabschluss ausgewiesen ist[8]. Selbst wenn die Feststellung des Jahresabschlusses fehlerfrei wiederholt und im neuen Jahresabschluss derselbe Bilanzgewinn ausgewiesen wird wie vormals im ursprünglichen (nichtigen) Jahresabschluss, bleibt es dabei, dass der Verwendungsbeschluss auf dem nichtigen Jahresabschluss beruht[9]. Über die Gewinnverwendung muss daher in jedem Fall erneut beschlossen werden. Die Hauptversammlung ist selbst dann, wenn der neue (fehlerfreie) Jahresabschluss denselben Bilanzgewinn ausweist wie der ursprüngliche nichtige, nicht an die bisherige Gewinnverwendung gebunden, sondern kann eine andere Verteilung des Gewinns beschließen[10].

IV. Nichtigkeit als Rechtsfolge

Die Nichtigkeit des Gewinnverwendungsbeschlusses führt dazu, dass die Aktionäre   7
auf seiner Grundlage **keinen Anspruch auf Auszahlung von Dividende** erwerben können. Soweit die Anstellungsverträge von Vorstands- und Aufsichtsratsmitgliedern Vergütungsbestandteile vorsehen, deren Höhe von der beschlossenen Dividende abhängt, werden jene Verträge in der Regel so auszulegen sein, dass derartige Vergütungen nicht geschuldet sind, solange es an einem gültigen Gewinnverwendungsbeschluss fehlt[11]. Sofern es für die Verjährung von Schadensersatzansprüchen gegen den Abschlussprüfer wegen fehlerhafter Prüfung darauf ankommt, wann ein Gewinnverwendungsbeschluss gefasst wurde und damit ein Schaden entstanden ist, ist freilich nicht die Gültigkeit jenes Beschlusses, sondern die bloße Tatsache der Beschlussfassung maßgeblich[12].

---

5 *K. Schmidt* in Großkomm. AktG, § 253 Rz. 6; *Heidel* in Heidel, § 253 Rz. 3; *Zöllner* in Köln-Komm. AktG, § 253 Rz. 10; *Hüffer* in MünchKomm. AktG, § 253 Rz. 7.

6 *K. Schmidt* in Großkomm. AktG, § 253 Rz. 7; *Heidel* in Heidel, § 253 Rz. 4; *Zöllner* in Köln-Komm. AktG, § 253 Rz. 17; *Hüffer* in MünchKomm. AktG, § 253 Rz. 8.

7 OLG München v. 12.11.1993 – 7 U 3165/93, AG 1994, 375; *K. Schmidt* in Großkomm. AktG, § 253 Rz. 7; *Hüffer* in MünchKomm. AktG, § 253 Rz. 8.

8 *Hüffer* in MünchKomm. AktG, § 253 Rz. 8.

9 *K. Schmidt* in Großkomm. AktG, § 253 Rz. 7; *Heidel* in Heidel, § 253 Rz. 4; *Zöllner* in Köln-Komm. AktG, § 253 Rz. 18; *Hüffer* in MünchKomm. AktG, § 253 Rz. 8.

10 *K. Schmidt* in Großkomm. AktG, § 253 Rz. 7; *Zöllner* in KölnKomm. AktG, § 253 Rz. 18; *Hüffer* in MünchKomm. AktG, § 253 Rz. 8.

11 *Hüffer* in MünchKomm. AktG, § 253 Rz. 11.

12 BGH v. 28.10.1993 – IX ZR 21/93, BGHZ 124, 27, 31 f. = AG 1994, 81; *Hüffer* in MünchKomm. AktG, § 253 Rz. 11.

V. Heilung

1. Nach allgemeinen Vorschriften

8   Wenn eine Kapitalerhöhung aus Gesellschaftsmitteln mit der Maßgabe beschlossen wird, dass die jungen Aktien bereits am Gewinn des Vorjahres teilnehmen, so sind Kapitalerhöhungs- und Gewinnverwendungsbeschluss nach § 217 Abs. 2 Satz 4 nichtig, wenn die Kapitalerhöhung nicht mindestens drei Monate nach Beschlussfassung in das Handelsregister eingetragen wird. Wird die Kapitalerhöhung verspätet eingetragen, so kann sie nach **§ 242 Abs. 3** geheilt werden; geschieht dies, so ergreift die Heilung auch den Gewinnverwendungsbeschluss[13].

2. Nach § 253 Abs. 1 Satz 2

9   Die Nichtigkeit des Gewinnverwendungsbeschlusses kann nach § 253 Abs. 1 Satz 2 nicht mehr geltend gemacht werden, wenn die Nichtigkeit des Jahresbeschlusses nicht mehr geltend gemacht werden kann. Dies ist der Fall, wenn der Jahresabschluss seinerseits nach § 256 Abs. 6 geheilt ist. Eine **Klage**, mit deren Hilfe nicht die Nichtigkeit des Jahresabschlusses, sondern **nur** die des **Gewinnverwendungsbeschlusses** geltend gemacht wird, bewirkt **keine Verlängerung der Heilungsfrist** nach § 256 Abs. 6 Satz 1[14]. Vielmehr wird die isolierte Feststellungsklage gegen den Gewinnverwendungsbeschluss unbegründet, wenn während des Prozesses die Heilung des zugrunde liegenden Jahresabschlusses eintritt. Der Kläger muss dann die Hauptsache für erledigt erklären, um einer kostenpflichtigen Klagabweisung zu entgehen.

VI. Verfahren (§ 253 Abs. 2)

10   Für das Verfahren verweist § 253 Abs. 2 auf § 249. Diese Verweisung bezieht sich auch auf die „Nichtigkeit" gem. §§ 173 Abs. 3, 217 Abs. 2, obwohl es sich dabei der Sache nach um Fälle der endgültigen Unwirksamkeit handelt (oben Rz. 3). Die **Nichtigkeit** kann im Übrigen nicht nur durch Klage, sondern **in jeder Weise geltend gemacht werden** (§ 249 Abs. 1 Satz 2)[15]. So kann die Gesellschaft die Nichtigkeit einwenden, wenn Aktionäre auf der Grundlage des nichtigen Gewinnverwendungsbeschlusses Zahlung von Dividende verlangen[16].

§ 254
Anfechtung des Beschlusses über die Verwendung des Bilanzgewinns

(1) Der Beschluss über die Verwendung des Bilanzgewinns kann außer nach § 243 auch angefochten werden, wenn die Hauptversammlung aus dem Bilanzgewinn Beträge in Gewinnrücklagen einstellt oder als Gewinn vorträgt, die nicht nach Gesetz oder Satzung von der Verteilung unter die Aktionäre ausgeschlossen sind, obwohl die

---

13 *K. Schmidt* in Großkomm. AktG, § 253 Rz. 8; *Heidel* in Heidel, § 253 Rz. 6; *Zöllner* in Köln-Komm. AktG, § 253 Rz. 21; *Hüffer* in MünchKomm. AktG, § 253 Rz. 9.
14 *K. Schmidt* in Großkomm. AktG, § 253 Rz. 9; *Zöllner* in KölnKomm. AktG, § 253 Rz. 20; *Hüffer* in MünchKomm. AktG, § 253 Rz. 10.
15 *K. Schmidt* in Großkomm. AktG, § 253 Rz. 11; *Heidel* in Heidel, § 253 Rz. 7; *Hüffer* in MünchKomm. AktG, § 253 Rz. 12.
16 *K. Schmidt* in Großkomm. AktG, § 253 Rz. 11; *Hüffer* in MünchKomm. AktG, § 253 Rz. 12.

Einstellung oder der Gewinnvortrag bei vernünftiger kaufmännischer Beurteilung nicht notwendig ist, um die Lebens- und Widerstandsfähigkeit der Gesellschaft für einen hinsichtlich der wirtschaftlichen und finanziellen Notwendigkeiten übersehbaren Zeitraum zu sichern und dadurch unter die Aktionäre kein Gewinn in Höhe von mindestens vier vom Hundert des Grundkapitals abzüglich von noch nicht eingeforderten Einlagen verteilt werden kann.

(2) Für die Anfechtung gelten die §§ 244 bis 246, 247 bis 248a. Die Anfechtungsfrist beginnt auch dann mit der Beschlussfassung, wenn der Jahresabschluss nach § 316 Abs. 3 des Handelsgesetzbuchs erneut zu prüfen ist. Zu einer Anfechtung nach Absatz 1 sind Aktionäre nur befugt, wenn ihre Anteile zusammen den zwanzigsten Teil des Grundkapitals oder den anteiligen Betrag von 500 000 Euro erreichen.

I. Normzweck	1	1. Rechtspolitische Rechtfertigung des Quorums (§ 254 Abs. 2 Satz 3)	8
II. Anfechtungsgegenstand	2	2. Anfechtungsberechtigte Aktionäre	9
III. Anfechtungsvoraussetzungen	3	3. Widerspruch zur Niederschrift (§§ 254 Abs. 2 Satz 1, 245)	10
1. Verfehlung der Mindestausschüttung	3		
2. Durch Thesaurierung	4	4. Einzelheiten zum Quorum (§ 254 Abs. 2 Satz 3)	11
3. Ohne wirtschaftliche Notwendigkeit	5		
IV. Verhältnis zu § 243	6	5. Anfechtungsbefugnis von Organmitgliedern	12
1. Gesetzes- oder Satzungsverletzung	6		
2. Sondervorteil	7	6. Anwendung der übrigen Anfechtungsvorschriften	13
V. Anfechtungsbefugnis	8		

I. Normzweck

§ 254 versteht sich nach einer **kollektivistischen** Deutung als Schutz *der Minderheit* vor einem Aushungern durch die Mehrheit: Nicht der einzelne Aktionär, sondern die Minderheit als Gesamtheit werde geschützt[1]. Denn die Mindestdividende von 4% werde nicht auf das Investment des einzelnen Aktionärs, sondern auf das Grundkapital als Ganzes bezogen. Dies Verständnis werde dadurch gestützt, dass die Anfechtung nach § 254 ein Kapitalquorum erfordere (§ 254 Abs. 2 Satz 3). Nach der Gesetzesbegründung[2] wolle § 254 dem Großaktionär freie Hand für seine Rücklagenpolitik geben. Nach dem **individualistischen** Ansatz schützt § 254 demgegenüber das Renditeinteresse des einzelnen Aktionärs[3]. Die Wortwahl (4% „des Grundkapitals") dürfe nicht überbewertet werden: In § 60 Abs. 2 sei ebenfalls von Einlagen „auf das Grundkapital" die Rede; dennoch meine das Gesetz die Einlagen auf die Aktien. Der BGH scheint ebenfalls diesem individualistischen Verständnis zuzuneigen, wenn er formuliert, § 254 solle *dem Aktionär* eine Mindestdividende von 4 % sichern[4]; doch darf bezweifelt werden, dass er diese Wortwahl im Sinne des hier referierten Streitstandes reflektiert hat. Gleichwohl verdient das **individualistische Verständnis** den **Vorzug**. In § 254 kann es nur um den Schutz des Renditeinteresses gehen. „Die Minderheit" lässt sich im Zusammenhang mit der Gewinnverwendung nicht als schutzfähige Personengruppe darstellen; denn die in dieser Bezeichnung zusammengefassten Aktionäre verfolgen Renditeinteressen nicht gemeinsam, sondern jeder für sich.

1

---

1 *Hüffer*, § 254 Rz. 1; *Hüffer* in MünchKomm. AktG, § 254 Rz. 2.
2 Begr. RegE bei *Kropff*, Aktiengesetz, S. 340.
3 *K. Schmidt* in Großkomm. AktG, § 254 Rz. 1, 7.
4 BGH v. 28.6.1982 – II ZR 69/81, BGHZ 84, 303, 305 = AG 1983, 188.

II. Anfechtungsgegenstand

2   § 254 schafft einen besonderen Anfechtungstatbestand für den Fall, dass die Hauptversammlung beim **Gewinnverwendungsbeschluss** in Ausübung ihrer durch **§ 58 Abs. 3 Satz 1** verliehenen Kompetenz den Bilanzgewinn ganz oder teilweise in Gewinnrücklagen einstellt oder als Gewinn vorträgt. **Nicht nach § 254 anfechtbar** ist dagegen ein Beschluss nach **§ 58 Abs. 2 Satz 2**, durch den Vorstand und Aufsichtsrat ermächtigt werden, mehr als die Hälfte des Jahresüberschusses in Gewinnrücklagen einzustellen (§ 58 Abs. 2 Satz 2) [5]. Dieser Beschluss muss bloß die nach § 179 Abs. 2 erforderliche satzungsändernde Mehrheit erreichen. Der Gegenansicht, die § 254 auch auf Beschlüsse nach § 58 Abs. 2 Satz 2 anwenden will[6], ist allerdings zuzugeben, dass eine solche Ermächtigung dem Vorstand freie Hand geben kann, die Aktionäre „auszuhungern"; deren Ausschüttungsinteresse ist daher auch hier betroffen. Indes bezieht sich die Ermächtigung nach § 58 Abs. 2 Satz 2 nicht auf die Gewinnverwendung, sondern auf die Feststellung des Jahresabschlusses. Daher ließe sich § 254 allenfalls analog anwenden. Insoweit fehlt es aber an einer planwidrigen Regelungslücke: Ergebnisfeststellung und -verwendung sind dogmatisch so streng voneinander getrennt, dass Regelungen, die das eine betreffen, ohne besondere gesetzliche Anordnung nicht für das andere gelten. Überschreiten freilich Vorstand und Aufsichtsrat, indem sie Beträge in Gewinnrücklagen einstellen, die durch § 58 Abs. 2 gezogenen Grenzen, so führt dies zur Nichtigkeit des Jahresabschlusses nach § 256 Abs. 1 Nr. 4 (vgl. § 256 Rz. 21).

III. Anfechtungsvoraussetzungen

1. Verfehlung der Mindestausschüttung

3   Die Anfechtung nach § 254 ist nur möglich, wenn die Ausschüttung 4% „des Grundkapitals" unterschreitet. Nach dem **kollektivistischen Verständnis** (Rz. 1) ist darunter die **Gesamtausschüttung** zu verstehen. Erreicht diese die 4%-Marke, so ist die Anfechtung selbst dann ausgeschlossen, wenn einzelne Aktionäre auf ihre Einlagen weniger als 4% erhalten[7]. Nach dem auch hier für richtig gehaltenen **individualistischen Ansatz** ist dagegen die 4%-Marke schon dann verfehlt (und damit der Weg für eine Anfechtung frei), wenn auch nur ein **einzelner Aktionär** auf *seine* Einlage nicht die Mindestdividende erhält[8]. Fälle dieser Art erscheinen durchaus denkbar: So mag die Dividende der Vorzugsaktionäre 4% der Einlage erreichen, die der Stammaktionäre dagegen dahinter zurückbleiben.

2. Durch Thesaurierung

4   Die Anfechtung nach § 254 kann nur durchgreifen, wenn die Mindestausschüttung von 4% gerade dadurch unterschritten wird, dass Beträge in **Gewinnrücklagen** eingestellt (§ 174 Abs. 2 Nr. 3) oder als **Gewinn vorgetragen** (§ 174 Abs. 2 Nr. 4) werden. Diese Beträge dürfen zudem nicht durch Gesetz oder Satzung von der Verteilung unter die Aktionäre ausgeschlossen sein; dies entspricht der Einschränkung des Dividendenrechts in § 58 Abs. 4.

---

5   BGH v. 1.3.1971 – II ZR 53/69, BGHZ 55, 359, 364 f.; *K. Schmidt* in Großkomm. AktG, § 254 Rz. 4; *Hüffer* in MünchKomm. AktG, § 254 Rz. 5; *Nauss*, AG 1967, 127, 128 f.
6   *Schäfer*, BB 1966, 229, 233; *Staber*, BB 1966, 1254.
7   *Hüffer* in MünchKomm. AktG, § 254 Rz. 10.
8   *K. Schmidt* in Großkomm. AktG, § 254 Rz. 7.

3. Ohne wirtschaftliche Notwendigkeit

Die Anfechtung nach § 254 scheitert, wenn die Einbehaltung des Gewinns (1.) dazu   5
dient, die Lebens- und Widerstandsfähigkeit der Gesellschaft zu sichern, und zwar
(2.) über einen überschaubaren Zeitraum, und (3.) hierzu auch notwendig ist[9]. Die Beweislast trifft insoweit die Gesellschaft[10]: Das Anfechtungsrecht ist bei Verfehlung
der Mindestausschüttung die Regel, der Vorbehalt wirtschaftlich notwendiger Thesaurierung die Ausnahme. **Lebens- und Widerstandsfähigkeit** bedeutet Bestand und
dauerhafte Rentabilität des Unternehmens. Rentabilität wiederum bedeutet die Fähigkeit des Unternehmens, seine Stellung im Vergleich zur Konkurrenz zu behaupten und ggf. im Rahmen der gesamtwirtschaftlichen Entwicklung zu expandieren[11].
Eine solche Expansion ist zur Festigung der Marktposition nicht selten erforderlich
und in diesem Fall zulässiges Ziel der Rücklagenbildung[12]. Da Stagnation in diesen
Fällen Rückschritt bedeutet, verdient die Lehre, wonach Expansionsbestrebungen
unter dem Gesichtspunkt des § 254 niemals eine Gewinneinbehaltung rechtfertigen[13], keine Zustimmung. Die Thesaurierung ist erst recht zur Substanzerhaltung
zulässig[14]. Man wende nicht ein, dass dies Ziel bereits bei der Aufstellung des Jahresabschlusses zu beachten ist[15]: Namentlich für ungewisse Verbindlichkeiten oder
künftige Aufwendungen mag die Hauptversammlung es in legitimer Weise für sinnvoll erachten, über das nach § 249 HGB zulässige bzw. gebotene Maß hinaus Vorsorge
zu treffen[16]. Unzulässig ist die Rücklagenbildung zur Sicherung der Dividendenkon-
tinuität[17]. Der **absehbare Zeitraum** beträgt maximal fünf Jahre[18]; über diesen Hori-
zont hinaus lassen sich Unternehmensrisiken nicht seriös abschätzen. **Notwendig** ist
die Thesaurierung, wenn die Ausschüttung aufgrund konkreter Anhaltspunkte bei
plausibler Einschätzung die Lebens- und Widerstandsfähigkeit des Unternehmens beeinträchtigen würde[19]. Die Anforderungen an diese Annahme sind um so strenger, je
höher der Bilanzgewinn und die bereits ausgewiesenen Rücklagen sind[20].

IV. Verhältnis zu § 243

1. Gesetzes- oder Satzungsverletzung

Die Befugnis des einzelnen Aktionärs, den Gewinnverwendungsbeschluss wegen   6
nicht in § 254 genannten Mängeln anzufechten, bleibt **unberührt**. Die Anfechtung
kann daher nach § 243 Abs. 1 auf Einberufungs-, Vorbereitungs-, Informationsmängel
oder fehlerhaft festgestelltes Abstimmungsergebnis gestützt werden; ebenso auf Ver-

---

9 Vgl. aus der Zeit vor Inkrafttreten des § 254 bereits RGZ 116, 119 ff.
10 *K. Schmidt* in Großkomm. AktG, § 254 Rz. 17; *Zöllner* in KölnKomm. AktG, § 254 Rz. 21;
    Hüffer in MünchKomm. AktG, § 254 Rz. 14.
11 Vergleichbare Definition bei *Hüffer* in MünchKomm. AktG, § 254 Rz. 15.
12 *K. Schmidt* in Großkomm. AktG, § 254 Rz. 10.
13 *Zöllner* in KölnKomm. AktG, § 254 Rz. 19.
14 *K. Schmidt* in Großkomm. AktG, § 254 Rz. 10.
15 So aber *Zöllner* in KölnKomm. AktG, § 254 Rz. 19.
16 Ähnlich *Hüffer* in MünchKomm. AktG, § 254 Rz. 15.
17 *K. Schmidt* in Großkomm. AktG, § 254 Rz. 10; *Zöllner* in KölnKomm. AktG, § 254 Rz. 19;
    Hüffer in MünchKomm. AktG, § 254 Rz. 15.
18 *K. Schmidt* in Großkomm. AktG, § 254 Rz. 10; *Hüffer* in MünchKomm. AktG, § 254 Rz. 16.
    Strenger noch RGZ 116, 119, 133: zwei Jahre.
19 *Hüffer* in MünchKomm. AktG, § 254 Rz. 16.
20 *Zöllner* in KölnKomm. AktG, § 254 Rz. 19; *Hüffer* in MünchKomm. AktG, § 254 Rz. 16.

stöße gegen § 58 Abs. 3 Satz 2[21], gegen § 174 Abs. 2[22] oder die Nichtbeachtung von statutarischen Gewinnverwendungsregeln[23]. **Ausgeschlossen** ist die Anfechtung nach § 243 Abs. 1 dagegen, sofern sie darauf gestützt wird, durch die zu geringe Ausschüttung verletze die Hauptversammlungsmehrheit die **Treupflicht** gegenüber den Minderheitsaktionären[24]. Die hierzu für der GmbH geführte Diskussion[25] lässt sich auf das Aktienrecht nicht übertragen. Könnte nämlich die Klage gegen den Dividendenbeschluss in dieser Weise auf die Treupflicht gestützt wären, würden sowohl die Voraussetzungen des § 254 Abs. 1 als auch das Quorum gem. § 254 Abs. 2 Satz 3 gegenstandslos.

2. Sondervorteil

7 Dagegen bleibt die Anfechtung nach § 243 Abs. 2 möglich[26]. Dem steht nicht entgegen, dass der Gesetzgeber in § 254 Abs. 1 eine abschließende Abwägung zwischen Thesaurierungs- und Ausschüttungsinteresse getroffen hat[27]. Denn der Gesetzgeber erkennt nur das Interesse der Gesellschaft an einer verlässlichen Grundlage für die weitere Finanz- und Investitionsplanung als schutzwürdig an, nicht aber das Bestreben des Mehrheitsaktionärs, die Rücklagenpolitik zum persönlichen Nutzen einzusetzen. Nach § 243 Abs. 2 anfechtbar ist der Beschluss etwa dann, wenn der Mehrheitsaktionär durch „Aushungern" der Minderheit deren Aktien billig in die Hand zu bekommen[28] oder der Minderheit die Zustimmung zu Beschlüssen abzuringen versucht, die einer – von ihm allein nicht erreichten – qualifizierten Mehrheit bedürfen, z.B. die Zustimmung zu einem Beherrschungsvertrag[29]. In solchen Fällen dient die Thesaurierung rechtlich inakzeptablen **Erpressungszwecken**.

V. Anfechtungsbefugnis

1. Rechtspolitische Rechtfertigung des Quorums (§ 254 Abs. 2 Satz 3)

8 Das in § 254 Abs. 2 Satz 3 geforderte Anfechtungsquorum eröffnet der kollektivistischen Deutung des § 254 (oben Rz. 1) ihr wohl gewichtigstes Argument: Dies Quorum passe nicht zu der Annahme eines individualschützenden Verständnisses der Vorschrift[30]. Indes lässt sich das Quorum auch auf dem Boden der individualistischen Deutung des § 254 plausibel erklären. Die **Thesaurierung** bildet die **Grundlage** für die weitere **Finanz- und Investitionsplanung** des Vorstands. Der Vorstand benötigt daher baldige Gewissheit darüber, ob er über die einbehaltenen Mittel wird verfügen kön-

---

21 *K. Schmidt* in Großkomm. AktG, § 254 Rz. 5; *Hüffer*, § 254 Rz. 2; *Zöllner* in KölnKomm. AktG, § 254 Rz. 9; *Hüffer* in MünchKomm. AktG, § 254 Rz. 6.

22 *K. Schmidt* in Großkomm. AktG, § 254 Rz. 5; *Hüffer*, § 254 Rz. 2; *Zöllner* in KölnKomm. AktG, § 254 Rz. 9; *Hüffer* in MünchKomm. AktG, § 254 Rz. 6.

23 *K. Schmidt* in Großkomm. AktG, § 254 Rz. 5; *Hüffer* in MünchKomm. AktG, § 254 Rz. 6; für die GmbH ebenso OLG Düsseldorf, WM 1982, 649, 651 f.

24 *Hüffer* in MünchKomm. AktG, § 254 Rz. 8. Im Ergebnis ebenso *Zöllner* in KölnKomm. AktG, § 254 Rz. 7.

25 Vgl. mit höchst unterschiedlichen Lösungsansätzen *Arnold*, Der Gewinnauszahlungsanspruch des GmbH-Minderheitsgesellschafters, S. 143 ff.; *Bork/Oepen*, ZGR 2002, 241, 280 ff.; *Gutbrod*, GmbHR 1995, 551, 556; *Hommelhoff* in FS Rowedder, S. 171, 176 ff.; *G. Hueck* in FS Steindorff, S. 45, 54 f.; *Zöllner*, ZGR 1988, 392, 416 f.

26 Ebenso *K. Schmidt* in Großkomm. AktG, § 254 Rz. 5; *Zöllner* in KölnKomm. AktG, § 254 Rz. 11; *Hüffer* in MünchKomm. AktG, § 254 Rz. 9.

27 So aber – und deshalb für Ausschluss der Anfechtung auch nach § 243 Abs. 2 – *Mülbert*, Aktiengesellschaft, Unternehmensgruppe und Kapitalmarkt, S. 210 mit Fn. 230.

28 *Zöllner* in KölnKomm. AktG, § 254 Rz. 11; *Hüffer* in MünchKomm. AktG, § 254 Rz. 9.

29 *Hüffer* in MünchKomm. AktG, § 254 Rz. 9.

30 *Hüffer* in MünchKomm. AktG, § 254 Rz. 19.

nen. Diese Gewissheit wird durch eine auf § 254 gestützte Klage in besonderer Weise beeinträchtigt; denn die komplexe Beurteilung, was für die Lebens- und Widerstandsfähigkeit des Unternehmens notwendig ist, wird ohne qualifizierte Expertise nicht auskommen und für den deshalb seitens des Gerichts zu bestellenden Sachverständigen beträchtliche Prognosespielräume eröffnen. Der Vorstand ist daher bereits im Ansatz nicht in der Lage, den Ausgang des Prozesses vorherzusehen; die Rechtsunsicherheit ist hier namentlich wesentlich größer, als wenn der Dividendenbeschluss wegen formaler Mängel angefochten wird. Das besondere Interesse der Gesellschaft an einer verlässlichen Grundlage für die weitere Finanz- und Investitionsplanung soll daher nur in Frage gestellt werden dürfen, wenn die Aktionärsseite ein **Renditeinteresse von nennenswertem Gewicht** ins Feld führt. Das Quorum in § 254 Abs. 2 Satz 3 beruht damit auf einer Abwägung zwischen Gesellschafts- und Aktionärsbelangen. Die Prämisse, dass § 254 das *individuelle Renditeinteresse* der Aktionäre schützt, wird dadurch indes nicht in Frage gestellt.

2. Anfechtungsberechtigte Aktionäre

Nach dem kollektivistischen Verständnis des § 254 (Rz. 1) ist jeder Aktionär berechtigt, sich an der Klage zu beteiligen, selbst wenn er persönlich die Mindestdividende erhalten hat[31]. Nach dem individualistischen Verständnis dürfen sich **nur solche Aktionäre** an der Klage beteiligen, die selbst eine Dividende von **weniger als 4%** ihrer Einlage erhalten haben[32]. Der zuletzt genannten Ansicht ist zu folgen – und zwar mit der Ergänzung, dass der Aktionär nur mit jenen Aktien zur Anfechtung befugt ist, für welche die Mindestausschüttung unterschritten wird; nur diese werden also in das Quorum eingerechnet. Hält also ein Aktionär 100 Vorzugs- und 100 Stammaktien und wird auf erstere eine Dividende von 5%, auf letztere eine von 3% ausgeschüttet, so ist er einerseits nur mit den Stammaktien anfechtungsbefugt. Dem steht andererseits nicht entgegen, dass sein persönliches Gesamtinvestment mit 4% verzinst wurde. Abweichend von den zu § 243 geltenden Grundsätzen dient die Anfechtungsbefugnis nach § 254 nur zur Durchsetzung persönlicher Renditeinteressen, nicht aber daneben auch der objektiven Legalitätskontrolle der Hauptversammlung.

9

3. Widerspruch zur Niederschrift (§§ 254 Abs. 2 Satz 1, 245)

Die Einlegung eines Widerspruchs nach § 245 Nr. 1 wird teilweise für entbehrlich gehalten, weil der Gesetzgeber einer Minderheit, die das in § 254 Abs. 2 Satz 3 bestimmte Quorum erreiche, in jedem Fall das Anfechtungsrecht habe sichern wollen[33]. Der zum Beleg dieser These gegebene Hinweis auf die Gesetzesbegründung[34] trägt diese Ansicht freilich nicht: Dort heißt es nur, § 254 Abs. 2 Satz 3 mache vom individuellen Anfechtungsrecht eines jeden Aktionärs eine Ausnahme. Von den Erfordernissen des § 245 dispensiert das Gesetz, wie der Verweis auf § 245 in § 254 Abs. 2 Satz 1 zeigt, gerade nicht. Fraglich kann daher nur sein, ob *alle* klagenden Aktionäre Widerspruch eingelegt haben müssen oder ob es genügt, dass *einer* von ihnen dies getan hat. Fordert man ersteres, so bedeutet dies, dass das Quorum nach § 254 Abs. 2 Satz 3 nur von Aktionären gebildet werden kann, die Widerspruch zur Niederschrift erklärt haben oder in deren Person die Voraussetzungen des § 245 Nr. 2 gegeben sind[35]. Eine so weitgehende Restriktion der Anfechtungsbefugnis findet in § 254

10

---

31 *Hüffer* in MünchKomm. AktG, § 254 Rz. 11; *Semler* in MünchHdb. AG, § 41 Rz. I 109.
32 *K. Schmidt* in Großkomm. AktG, § 254 Rz. 7; *Zöllner* in KölnKomm. AktG, § 254 Rz. 13.
33 *Heidel* in Heidel, § 254 Rz. 9.
34 Begr. RegE bei *Kropff*, Aktiengesetz, S. 341.
35 So ausdrücklich *K. Schmidt* in Großkomm. AktG, § 254 Rz. 12; *Zöllner* in KölnKomm. AktG, § 254 Rz. 23.

keine Stütze, namentlich nicht in dem angeblich „klaren Wortlaut"[36] des § 254 Abs. 2 Satz 1. Aus dem dort enthaltenen Verweis auf § 245 folgt lediglich, dass *überhaupt* Widerspruch erhoben worden sein muss; auf die Signalwirkung des Widerspruchs kann auch im Rahmen des § 254 nicht verzichtet werden. *Wenn* aber Widerspruch erhoben worden ist und die Gesellschaft sich daher auf eine Klage einstellen muss, kann es für deren Zulässigkeit nur noch darauf ankommen, dass sie durch das im Quorum zum Ausdruck gekommene, quantitativ hinreichend gewichtige Renditeinteresse getragen wird. Es **genügt** daher, dass **ein einzelner Aktionär Widerspruch erhoben hat**[37]. Es genügt jedoch nicht, dass ein einzelner Aktionär nach § 245 Nr. 2 vom Widerspruchserfordernis befreit ist[38]. Denn die anderen Aktionäre hatten die Möglichkeit, mittels des Widerspruchs die Gesellschaft auf die drohende Klage hinzuweisen. Ohne Widerspruch ist die Klage daher nur zulässig, wenn die Aktionäre, in deren Person die Voraussetzungen des § 245 Nr. 2 erfüllt sind, zusammen das Quorum des § 254 Abs. 2 Satz 3 erreichen; erreichen sie es, so ist jeder weitere Aktionär ohne Rücksicht auf die Erfordernisse des § 245 befugt, sich der Klage anzuschließen.

4. Einzelheiten zum Quorum (§ 254 Abs. 2 Satz 3)

11   Das Quorum nach § 254 Abs. 2 Satz 3 muss nicht bloß bei Klageerhebung[39], sondern **bis zur letzten mündlichen Tatsachenverhandlung** erreicht sein[40]. Wird das Quorum während des Prozesses unterschritten, so erreicht das hinter der Klage stehende Renditeinteresse nicht mehr dasjenige Gewicht, das es rechtfertigt, die Grundlagen der Finanz- und Investitionsplanung in Frage zu stellen. Allerdings ist zu beachten, dass die Veräußerung der Aktie für sich gesehen nicht zur Unterschreitung des Quorums führen kann; denn der bisherige Aktionär bleibt nach § 265 Abs. 2 Satz 1 als Klägerpartei im Prozess verhaftet (vgl. § 245 Rz. 26 f.). Das Quorum kann jedoch dadurch unterschritten werden, dass einzelne Aktionäre die Klage zurücknehmen[41]. Umgekehrt kann ein bei Klageerhebung nicht erreichtes Quorum dadurch erreicht werden, dass sich bis zum Ablauf der Klagefrist weitere Aktionäre der Klage anschließen. Die **Erreichung** des Quorums ist **Sachurteilsvoraussetzung**[42]; wird es verfehlt, so ist die Klage als unzulässig abzuweisen. Zwar ließe sich angesichts der Tatsache, dass die Anfechtungsbefugnis nach § 254 nur der subjektiven Rechtswahrung und nicht auch der objektiven Legalitätskontrolle dient, auch die Ansicht vertreten, dass das Quorum sich erst bei der Begründetheit der Klage auswirkt. Die Einordnung als Sachurteilsvoraussetzung verdient aber jedenfalls deshalb den Vorzug, weil seine Erreichung in erheblichem Maße mit den Erfordernissen des § 245 verknüpft ist (oben Rz. 10) und diese in jedem Fall die Zulässigkeit der Klage betreffen (vgl. näher dazu § 245 Rz. 2).

5. Anfechtungsbefugnis von Organmitgliedern

12   Durch § 254 Abs. 2 unberührt bleibt die Anfechtungsbefugnis des **Vorstands**[43]; § 254 Abs. 2 Satz 1 verweist vielmehr auch auf § 245 Nr. 4. Die Anfechtung durch **einzelne Organmitglieder** scheidet in jedem Fall aus, wenn der gesamte Bilanzgewinn thesau-

---

36 So die Behauptung von *K. Schmidt* in Großkomm. AktG, § 254 Rz. 12. Dagegen wie hier *Hüffer*, § 254 Rz. 9; *Hüffer* in MünchKomm. AktG, § 254 Rz. 20.
37 Im Ergebnis wie hier *Hüffer* in MünchKomm. AktG, § 254 Rz. 20.
38 So aber *Hüffer* in MünchKomm. AktG, § 254 Rz. 20.
39 So aber *Heidel* in Heidel, § 254 Rz. 9.
40 *K. Schmidt* in Großkomm. AktG, § 254 Rz. 13; *Zöllner* in KölnKomm. AktG, § 254 Rz. 23; *Hüffer* in MünchKomm. AktG, § 254 Rz. 21.
41 *K. Schmidt* in Großkomm. AktG, § 254 Rz. 13; *Hüffer*, § 254 Rz. 9; *Hüffer* in MünchKomm. AktG, § 254 Rz. 21.
42 *K. Schmidt* in Großkomm. AktG, § 254 Rz. 14.
43 *Zöllner* in KölnKomm. AktG, § 254 Rz. 24.

riert wird; denn ein solcher Beschluss ist nicht ausführungsbedürftig (vgl. dazu § 245 Rz. 33). Wird eine Dividende unterhalb der Mindestausschüttung beschlossen, so ist der Beschluss zwar insoweit ausführungsbedürftig, als diese Dividende an die Aktionäre ausgezahlt werden muss. Gleichwohl scheidet eine Anfechtung nach § 245 Nr. 5 aus. Denn Angriffsziel der Anfechtung nach § 254 ist nicht etwa die *Ausschüttung*, sondern die *Thesaurierung* und damit jener Teil des Beschlusses, der *keiner* Ausführung bedarf. Selbst wenn die Einbehaltung von Gewinnen unzulässig ist, kann den Verwaltungsmitgliedern durch die Ausschüttung der von der Hauptversammlung dafür freigegebenen Beträge keine Strafe oder Haftung drohen. Es fehlt insoweit am Sachzusammenhang zwischen Beschlussmangel und Sanktionsdrohung (vgl. dazu § 245 Rz. 34).

6. Anwendung der übrigen Anfechtungsvorschriften

§ 254 Abs. 2 Satz 1 verweist wegen der Durchführung der Klage auf die §§ 244 bis   13
246, 247 bis 248a. Damit unterliegt auch die Klage gegen den Dividendenbeschluss der **Klagefrist** gem. § 246 Abs. 1. Diese beginnt nach § 254 Abs. 2 Satz 2 selbst dann mit der Beschlussfassung, wenn der zugrunde liegende Jahresabschluss nach § 316 Abs. 3 erneut geprüft werden muss. Der Dividendenbeschluss ist des weiteren auch im Rahmen des § 254 der **Bestätigung** zugänglich. Da der in § 254 Abs. 1 bezeichnete Anfechtungsgrund einen inhaltlichen Mangel des Dividendenbeschlusses darstellt, bestätigt das Gesetz durch den Verweis in § 254 Abs. 2 Satz 1 auf § 244 die hier vertretene Ansicht (vgl. dazu § 244 Rz. 16), dass auch inhaltliche Mängel im Wege der Bestätigung behoben werden können.

§ 255
Anfechtung der Kapitalerhöhung gegen Einlagen

(1) Der Beschluss über eine Kapitalerhöhung gegen Einlagen kann nach § 243 angefochten werden.

(2) Die Anfechtung kann, wenn das Bezugsrecht der Aktionäre ganz oder zum Teil ausgeschlossen worden ist, auch darauf gestützt werden, dass der sich aus dem Erhöhungsbeschluss ergebende Ausgabebetrag oder der Mindestbetrag, unter dem die neuen Aktien nicht ausgegeben werden sollen, unangemessen niedrig ist. Dies gilt nicht, wenn die neuen Aktien von einem Dritten mit der Verpflichtung übernommen werden sollen, sie den Aktionären zum Bezug anzubieten.

(3) Für die Anfechtung gelten die §§ 244 bis 248a.

I. Normzweck	1	5. Genehmigtes Kapital	7
II. Verhältnis zu § 243	2	6. Greenshoe	8
III. Unangemessen niedriger Ausgabekurs (§ 255 Abs. 2 Satz 1)	3	7. Bedingte Kapitalerhöhung	9
1. Definition	3	8. Sonstige Fälle	10
2. Börsenkurs als Maßstab	4	IV. Mittelbares Bezugsrecht (§ 255 Abs. 2 Satz 2)	11
3. Unangemessen niedriger Mindestbetrag	5	V. Anwendbare Vorschriften (§ 255 Abs. 3)	12
4. Sacheinlagen	6		

Literatur: *Aha*, Vorbereitung des Zusammenschlusses im Wege der Kapitalerhöhung gegen Sacheinlage durch ein Business Combination Agreement, BB 2001, 2225; *Bayer*, Kapitalerhöhung mit Bezugsrechtsausschluss und Vermögensschutz der Aktionäre nach § 255 Abs. 2 AktG, ZHR 163 (1999), 505; *Bayer*, Materielle Schranken und Kontrollinstrumente beim Einsatz des genehmigten Kapitals mit Bezugsrechtsausschluss, ZHR 168 (2004), 132; *Busch*, Aktuelle Rechtsfragen des Bezugsrechts und Bezugsrechtsausschlusses beim Greenshoe im Rahmen von Aktienemissionen, AG 2002, 230; *Ekkenga*, Das Organisationsrecht des genehmigten Kapitals (Teil II), AG 2001, 615; *Groß*, Das Ende des so genannten „Greenshoe", ZIP 2002, 160; *Hirte*, Geldausgleich statt Inhaltskontrolle, WM 1997, 1001; *Hoffmann-Becking*, Neue Formen der Aktienemission, in FS Lieberknecht, 1997, S. 25; *Kirchner/Sailer*, Rechtsprobleme bei Einbringung und Verschmelzung, NZG 2002, 305; *Kossmann*, Vorbereitung und Durchführung von Stock-for-Stock-Akquisitionen, AG 2005, 9; *Krause*, Die Abwehr feindlicher Übernahmeangebote auf der Grundlage von Ermächtigungsbeschlüssen der Hauptversammlung, BB 2002, 1053; *Lutter*, Materielle und förmliche Erfordernisse eines Bezugsrechtsausschlusses – Besprechung der Entscheidung BGHZ 71, 40 (Kali und Salz), ZGR 1979, 401; *Martens*, Die Bewertung eines Beteiligungserwerbs nach § 255 Abs. 2 AktG – Unternehmenswert contra Börsenkurs, in FS Bezzenberger, 2000, S. 267; *Meyer*, Der Greenshoe und das Urteil des Kammergerichts, WM 2002, 1106; *Paefgen*, Die Gleichbehandlung beim Aktienrückerwerb im Schnittfeld von Gesellschafts- und Übernahmerecht, ZIP 2002, 1509; *Paefgen*, Eigenkapitalderivate bei Aktienrückkäufen und Managementbeteiligungsmodellen, AG 1999, 67; *Rodewald*, Die Angemessenheit des Ausgabenbetrags für neue Aktien bei börsennotierten Gesellschaften, BB 2004, 613; *Schanz*, Zur Zulässigkeit des Greenshoe-Verfahrens nach deutschem Aktienrecht, BKR 2002, 439; *Senger/Vogelmann*, Die Umwandlung von Vorzugsaktien in Stammaktien, AG 2002, 193; *Sethe*, Die Berichtserfordernisse beim Bezugsrechtsausschluss und ihre mögliche Heilung, AG 1994, 342; *Sethe*, Genussrechte – Rechtliche Rahmenbedingungen und Anlegerschutz (I), AG 1993, 293; *Sinewe*, Die Relevanz des Börsenkurses im Rahmen des § 255 II AktG, NZG 2002, 314; *Singhof*, Der „erleichterte" Bezugsrechtsausschluss im Rahmen von § 221 AktG, ZHR 170 (2006), 673; *Staber*, Satzungsmäßige Ermächtigungen der Verwaltung einer Aktiengesellschaft zur Bildung freier Rücklagen, BB 1966, 1254; *v. Schlabrendorff*, Repricing von Stock Options, im Erscheinen; *Vollmer/Lorch*, Der Ausschluss des Bezugsrechts von Minderheitsaktionären auf Genussscheine und andere stimmrechtslose Titel, DB 1991, 1313; *Wieneke*, Der Einsatz von Aktien als Akquisitionswährung, NZG 2004, 61.

I. Normzweck

1   § 255 Abs. 1 stellt lediglich klar, dass auch Kapitalerhöhungsbeschlüsse einer Legalitätskontrolle unterliegen. § 255 Abs. 2 will die **Anfechtungsmöglichkeiten** über § 243 hinaus **erweitern** (vgl. Wortlaut: „auch"). Der Anfechtungsgrund des § 255 Abs. 2 schützt den Aktionär vor der **Verwässerung** seiner Mitgliedsrechte. Denn wenn das Bezugsrecht ausgeschlossen ist, führt ein zu niedriger Ausgabekurs zu einer Ungleichbehandlung[1]: Der vom Bezugsrecht ausgeschlossene Aktionär kann sich nicht nach Maßgabe seiner bisherigen Beteiligungsquote mit jungen Aktien eindecken, profitiert also anders als die Bezugsberechtigten nicht von dem niedrigen Ausgabekurs[2]. Dagegen ist § 255 Abs. 2 *nicht* Ausdruck einer gesetzlichen Wertung, wonach der Aktionär nur mit seinen Vermögens-, nicht aber mit seinen Mitgliedsinteressen zu schützen sei[3]. Denn die Anfechtung nach § 255 Abs. 2 tritt *neben* die Anfechtung nach § 243 Abs. 1 und beschneidet daher das Recht des Aktionärs nicht, den Kapitalerhöhungsbeschluss wegen Verkürzung seiner Mitgliedsstellung anzugreifen.

---

1   Zutreffend *Hüffer* in MünchKomm. AktG, § 255 Rz. 2.
2   Anschaulich *Habersack*, Die Mitgliedschaft – subjektives und „sonstiges" Recht, S. 260: „Quersubventionierung" der Bezugsberechtigten durch die vom Bezugsrecht ausgeschlossenen Altaktionäre.
3   So aber *Mülbert*, Aktiengesellschaft, Unternehmensgruppe und Kapitalmarkt, S. 348; in diese Richtung bereits *Ekkenga*, AG 1994, 59, 63 f.; zutreffend dagegen *Bayer*, ZHR 163 (1999), 505, 530 ff.; *Hüffer* in MünchKomm. AktG, § 255 Rz. 7.

II. Verhältnis zu § 243

Dem Aktionär bleibt es nach §§ 255 Abs. 1, 243 Abs. 1 unbenommen, den Kapitaler- **2** höhungsbeschluss aus *anderen* Gründen als dem zu niedrigen Ausgabekurs anzufechten, etwa wegen fehlender sachlicher Rechtfertigung[4]. Des Weiteren steht dem Aktionär gem. § 255 Abs. 1 die Anfechtung nach § 243 Abs. 2 offen[5]. Die Voraussetzungen des **§ 255 Abs. 2** und des **§ 243 Abs. 2** können zum einen kumulativ vorliegen; dann ist der Beschluss nach **beiden Vorschriften** anfechtbar[6]. Ist der Ausgabekurs zwar angemessen, handelt aber die Mehrheit in der Absicht, den Bezugsberechtigten zum Schaden der übrigen Aktionäre Sondervorteile zuzuschanzen, so greift *nur* die Anfechtung nach §§ 255 Abs. 1, 243 Abs. 2 durch[7]. Ist umgekehrt der Ausgabebetrag unangemessen niedrig, sind die subjektiven Elemente des § 243 Abs. 2 aber nicht nachweisbar, so ist der Beschluss *nur* nach § 255 Abs. 2 anfechtbar. Die vom Bezugsrecht ausgeschlossenen Aktionäre werden durch § 255 Abs. 2 der Sache nach von der Notwendigkeit befreit, der Mehrheit Vorsatz nachzuweisen[8].

III. Unangemessen niedriger Ausgabekurs (§ 255 Abs. 2 Satz 1)

1. Definition

Ausgangspunkt für die Angemessenheit des Ausgabekurses ist der sog. volle (auch: **3** innere, wahre, wirkliche) Wert der Aktie. Dieser ist unter Einschluss stiller Reserven und eines inneren Geschäftswerts zu ermitteln[9]. Regelmäßig ist die Ertragswertmethode heranzuziehen[10]. Der Ausgabekurs ist nach einer Auffassung bereits dann unangemessen niedrig, wenn er den **vollen Wert** der Aktie **nicht erreicht**[11], nach der vorzugswürdigen Gegenansicht erst dann, wenn außerdem die Verfehlung dieses Werts für den Aktionär **objektiv nicht hinnehmbar** ist[12]; der Ausgabebetrag muss also den vollen Wert nicht notwendig erreichen[13]. Geringfügige Abschläge rechtfertigen sich daraus, dass nur durch sie die Zeichnung der jungen Aktien lukrativ erscheint[14]. Im übrigen ergibt sich der von den Aktionären hinzunehmende Abschlag aus einer Gesamtabwägung[15]. In diese darf die Überlegung einfließen, dass die Gesellschaft womöglich am Eintritt neuer Aktionäre und – namentlich bei Sacheinlagen – spezifisch am Gegenstand der zu erbringenden Einlage interessiert ist[16]. Wenn durch den

---

4 Vgl. Einzelheiten hierzu oben § 186 Rz. 24 ff.
5 *K. Schmidt* in Großkomm. AktG, § 255 Rz. 2; *Hüffer* in MünchKomm. AktG, § 255 Rz. 6.
6 *Hüffer* in MünchKomm. AktG, § 255 Rz. 6.
7 Vgl. *K. Schmidt* in Großkomm. AktG, § 255 Rz. 2; *Hüffer* in MünchKomm. AktG, § 255 Rz. 6. Für Anfechtbarkeit nach § 243 Abs. 2 in diesem Fall auch *Klette*, BB 1968, 977, 978.
8 Ähnlich *Zöllner* in KölnKomm. AktG, § 255 Rz. 1; *Hüffer* in MünchKomm. AktG, § 255 Rz. 1 f.
9 BGH v. 13.3.1978 – II ZR 142/76, BGHZ 71, 40, 51; OLG Frankfurt v. 1.7.1998 – 21 U 166/97, NZG 1999, 119, 121; *K. Schmidt* in Großkomm. AktG, § 255 Rz. 12; *Mülbert*, Aktiengesellschaft, Unternehmensgruppe und Kapitalmarkt, S. 262 ff.; *Sinewe*, NZG 2002, 314, 315 f.
10 *Hüffer* in MünchKomm. AktG, § 255 Rz. 15.
11 *Bayer*, ZHR 163 (1999), 505, 532 f.; *Hirte*, WM 1997, 1001, 1004; *Mülbert*, Aktiengesellschaft, Unternehmensgruppe und Kapitalmarkt, S. 262 ff.; für den Regelfall auch *v. Falkenhausen*, Verfassungsrechtliche Grenzen der Mehrheitsherrschaft, S. 46 f.
12 *Hüffer* in MünchKomm. AktG, § 255 Rz. 15 f. in Bezug auf nicht börsennotierte Gesellschaften; zu den börsennotierten sogleich Rz. 4. Vgl. ferner die nachfolgend Genannten.
13 *Sethe*, AG 1993, 293, 312; *Sethe*, AG 1994, 342, 349.
14 *K. Schmidt* in Großkomm. AktG, § 255 Rz. 12; *Hüffer* in MünchKomm. AktG, § 255 Rz. 16.
15 *Hüffer*, § 255 Rz. 7.
16 *K. Schmidt* in Großkomm. AktG, § 255 Rz. 12; *Hüffer*, § 255 Rz. 5; *Kirchner/Sailer*, NZG 2002, 305, 309; *Hüffer* in MünchKomm. AktG, § 255 Rz. 16; *Schäfer/Grützediek*, NZG 2005, 204, 207.

Eintritt des Bezugsberechtigten und die Leistung der Einlage eine längerfristige Steigerung des Unternehmenswerts zu erwarten ist, kann den Aktionären ein Zurückbleiben des Ausgabekurses hinter dem vollen Wert zugemutet werden[17]. Abstriche vom vollen Wert sind aber nicht deshalb zulässig, weil der vom Bezugsrechtsausschluss begünstigte Großaktionär in der Lage ist, eine wirtschaftliche Zwangslage der Gesellschaft auszunutzen[18].

2. Börsenkurs als Maßstab

4   Für **börsennotierte Gesellschaften** besteht Streit, inwiefern der Börsenkurs den „angemessenen Ausgabebetrag" i.S. des § 255 Abs. 2 beeinflusst. Der BGH lehnt einen solchen Einfluss gänzlich ab[19]. Im Schrifttum wird teilweise behauptet, der Börsenkurs dürfe nicht unterschritten werden; sei der innere Wert der Aktie aber höher, so sei dieser maßgeblich[20]. Nach anderer Ansicht ist der Börsenkurs ohne Rücksicht auf jenen inneren Wert der angemessene Ausgabebetrag[21]. Ein niedrigerer Betrag sei aber gerechtfertigt, wenn der Aktionär die Chance erhalte, die jungen Aktien an der Börse zu erwerben und so seine Beteiligungsquote wieder aufzustocken[22]. Andere meinen, ein Ausgabebetrag, der den Börsenkurs nicht wesentlich unterschreite, könne niemals i.S. des § 255 Abs. 2 unangemessen niedrig sein; denn § 186 Abs. 3 Satz 4 verdränge § 255 Abs. 2 als speziellere Norm[23]. Dieser Hinweis geht fehl: Die Vorschrift macht eine sachliche Rechtfertigung des Bezugsrechtsausschlusses entbehrlich, befreit aber nicht vom Erfordernis eines angemessenen Ausgabekurses[24]. Sie erlaubt daher zwar eine Verkürzung der Mitglieds-, nicht aber der Vermögensstellung. Der Gedanke, der Aktionär könne sich durch Zukauf an der Börse neu eindecken, verfängt ebenfalls nicht. Denn wenn das Bezugsrecht ausgeschlossen wird und sodann die jungen Aktien an der Börse gestreut werden, geschieht dies mit dem Ziel, neuen Aktionären den Eintritt in die Gesellschaft zu ermöglichen. Wollen *alle* Altaktionäre die Erhöhung nach Maßgabe ihrer Beteiligungsquote zeichnen und streben daneben neue Aktionäre in die Gesellschaft, so ist die junge Tranche überzeichnet. Eine Aufstockung des Aktienbesitzes bis zur bisherigen Quote wird dann scheitern. Außerdem zeigt § 255 Abs. 2 Satz 2, dass das Gesetz die Verwässerungsgefahr nicht durch ein bloß faktisches, sondern erst durch ein rechtlich abgesichertes Bezugsrecht als beseitigt ansieht. **Grundsätzlich** dürfen daher die jungen Aktien **nicht unter dem Börsenkurs** ausgegeben werden. Eine unwesentliche Unterschreitung des Börsenkurses ist

---

17 *Hüffer* in MünchKomm. AktG, § 255 Rz. 16.

18 BGH v. 13.3.1978 – II ZR 142/76, BGHZ 71, 40, 52; *K. Schmidt* in Großkomm. AktG, § 255 Rz. 12; *Kirchner/Sailer*, NZG 2002, 305, 308; *Hüffer* in MünchKomm. AktG, § 255 Rz. 16.

19 BGH v. 13.3.1978 – II ZR 142/76, BGHZ 71, 40, 51; ebenso *Harrer/Lüßmann*, DStR 2002, 1682, 1683.

20 *Mülbert*, Aktiengesellschaft, Unternehmensgruppe und Kapitalmarkt, S. 267 f.; ihm folgend *Hirte*, WM 1997, 1101, 1004. Für Maßgeblichkeit eines höheren Unternehmenswerts auch *Hüffer*, § 186 Rz. 39e.

21 *Bayer*, ZHR 163 (1999), 505, 536 f.; *Rodewald*, BB 2004, 613, 616; *Sinewe*, NZG 2002, 314, 317.

22 *Bayer*, ZHR 163 (1999), 505, 537 f.; *Hoffmann-Becking* in FS Lieberknecht, S. 25, 29; *Martens* in FS Bezzenberger, S. 267, 277 f.; *Singhof*, ZHR 170 (2006), 673, 695 f.

23 Ähnlich LG München v. 6.10.2005 – 5 HKO 15449/05, AG 2006, 169 f.; *Meyer*, WM 2002, 1106, 1112. Gegen Anfechtbarkeit einer nach § 186 Abs. 3 Satz 4 zulässigen Kapitalerhöhung unter dem Gesichtspunkt des § 255 Abs. 2 auch *Sinewe*, NZG 2002, 314, 316.

24 Zutreffend *Hüffer* in MünchKomm. AktG, § 255 Rz. 20. Ablehnend zur Spezialität des § 186 Abs. 3 Satz 4 auch OLG München v. 1.6.2006 – 23 U 5917/05, WM 2006, 1525, 1530 = AG 2007, 37.

aber für die Aktionäre regelmäßig hinnehmbar[25]. Denn ein Anreiz, die jungen Aktien zu zeichnen, wird regelmäßig nur gegeben sein, wenn diese zu günstigeren Konditionen erworben werden können als Zukäufe an der Börse. Das gleiche gilt konsequent selbst dann, wenn der innere Wert des Unternehmens höher liegt als der Börsenkurs. Dem Aktionär geschieht hierdurch kein Unrecht; denn jener innere Wert ist für ihn nicht verfügbar[26]. Unabhängig davon ist der Vorstand verpflichtet, den **höchsten erzielbaren Preis** zu realisieren[27], d.h. wenn möglich auch einen solchen, der den inneren Wert bzw. den Börsenkurs überschreitet.

3. Unangemessen niedriger Mindestbetrag

Wird im Kapitalerhöhungsbeschluss selbst noch kein Ausgabebetrag festgesetzt, sondern nur ein Mindestbetrag genannt, unter dem die jungen Aktien nicht ausgegeben werden dürfen, so entscheidet der Vorstand nach pflichtgemäßem Ermessen über den Ausgabebetrag (vgl. § 186 Abs. 2)[28]. In dem Zeitpunkt, da der Beschluss gefasst wird, lässt sich daher noch nicht absehen, ob der Ausgabebetrag i.S. des § 255 Abs. 2 unangemessen niedrig sein wird[29]. Deshalb ist der Beschluss schon dann anfechtbar, wenn der **Mindestbetrag unangemessen niedrig** ist[30], d.h. wenn dieser Betrag den vollen Wert der Aktie im Zeitpunkt der Beschlussfassung nicht erreicht; auch hier mag der Aktionär geringfügige Abschläge hinnehmen müssen. Verfehlt der Mindestbetrag diese Höhe, gelingt es aber in der Folgezeit dem Vorstand, die jungen Aktien zu einem – gemessen am Wert der Aktie *zur Zeit der Ausgabe* – angemessenen Ausgabebetrag zu platzieren, so ist die Gefahr einer Anteilsverwässerung gebannt; die Anfechtungsklage wird dann unbegründet[31]. Will der Kläger der kostenpflichtigen (§ 91 ZPO) Klagabweisung entgehen, so muss er die Hauptsache für erledigt erklären.

4. Sacheinlagen

Obwohl in § 255 Abs. 2 Satz 1 von einem „Ausgabe*betrag*" die Rede ist, ist die Vorschrift unstreitig nicht nur auf die Bar-, sondern ebenso auf die Sachkapitalerhöhung anzuwenden[32]. Denn auch in diesem Fall müssen die Aktionäre gegen eine Verwässerung ihrer Beteiligung geschützt werden. An die Stelle des „Ausgabebetrags" tritt dann der Wert der Sacheinlage[33]. Deren Wert muss m.a.W. eine Summe erreichen, die der Zahl der dafür ausgegebenen Aktien multipliziert mit einem „angemessenen" Ausgabebetrag entspricht. Bei der **Einbringung eines Unternehmens** als Sacheinlage

5

6

---

25 Im Ergebnis wie hier OLG Stuttgart v. 12.8.1998 – 20 U 111/97, DB 1998, 1757, 1760 = AG 1998, 529; *Hüffer* in MünchKomm. AktG, § 255 Rz. 19; *Johannsen-Roth/Goslar*, AG 2007, 573, 579.
26 Insoweit zutreffend *Martens* in FS Bezzenberger, S. 267, 286.
27 *Hüffer*, § 204 Rz. 5; *Krause*, BB 2002, 1053, 1059; *Mülbert*, Aktiengesellschaft, Unternehmensgruppe und Kapitalmarkt, S. 344.
28 *K. Schmidt* in Großkomm. AktG, § 255 Rz. 13.
29 *Hüffer* in MünchKomm. AktG, § 255 Rz. 17.
30 *Bayer*, ZHR 163 (1999), 505, 519; *K. Schmidt* in Großkomm. AktG, § 255 Rz. 13; *Hüffer* in MünchKomm. AktG, § 255 Rz. 17.
31 *K. Schmidt* in Großkomm. AktG, § 255 Rz. 13; *Hüffer* in MünchKomm. AktG, § 255 Rz. 17.
32 BGH v. 13.3.1978 – II ZR 142/76, BGHZ 71, 40, 50 ff.; OLG Frankfurt v. 1.7.1998 – 21 U 166/97, NZG 1999, 119, 121; *Ekkenga*, AG 2001, 615, 622; *K. Schmidt* in Großkomm. AktG, § 255 Rz. 5; *Zöllner* in KölnKomm. AktG, § 255 Rz. 7; *Johannsen-Roth/Goslar*, AG 2007, 573, 575; *Kossmann*, AG 2005, 9, 13; *Martens* in FS Bezzenberger, S. 267, 268 f., 279 f.; *Hüffer* in MünchKomm. AktG, § 255 Rz. 11; *Sinewe*, NZG 2002, 314, 315; *Wieneke*, NZG 2004, 61, 66 mit Fn. 52. Einzelheiten bei *Bayer*, ZHR 163 (1999), 505, 520.
33 *Bayer*, ZHR 168 (2004), 132, 142; *K. Schmidt* in Großkomm. AktG, § 255 Rz. 5; *Wieneke*, NZG 2004, 61, 66.

ähnelt die Interessenlage derjenigen bei einer Verschmelzung so sehr[34], dass der „angemessene Ausgabebetrag", soweit praktisch durchführbar[35], ebenso ermittelt werden muss wie dort, nämlich durch eine vergleichende Bewertung des Gesellschaftswerts und des neu einzubringenden Unternehmens[36]. Eine isolierte Bewertung des Letzteren reicht nicht aus[37]. Den Altaktionären kann in einem solchen Fall auch kein Abschlag vom so ermittelten, am inneren Unternehmenswert orientierten Ausgabebetrag zugemutet werden – entgegen verbreiteter Meinung[38] nicht einmal zu einem jenen Wert unterschreitenden Börsenkurs. Zulässig ist es aber, bei der Bemessung des Ausgabepreises Verbundvorteile zu berücksichtigen[39]. Entspricht bei einer **kombinierten Bar- und Sachkapitalerhöhung** der Wert der Sacheinlage nicht proportional dem Wert der Bareinlagen, verstößt dies gegen § 53a[40] und, wenn man für eine solche Kapitalerhöhung einen gekreuzten Bezugsrechtsausschluss für erforderlich hält[41], auch gegen § 255 Abs. 2 Satz 1[42].

5. Genehmigtes Kapital

7 Beim genehmigten Kapital kann der Ermächtigungsbeschluss nur dann nach § 255 Abs. 2 angefochten werden, wenn in ihm ein konkreter Ausgabebetrag oder Mindestbetrag vorgegeben wurde[43]. Legt der Vorstand den Ausgabebetrags fest, so ist er an die Maßstäbe des § 255 Abs. 2 gebunden[44]. Eine Anfechtung des Vorstandsbeschlusses nach § 255 Abs. 2 soll aber nicht in Betracht kommen[45]; der Aktionär sei auf einen Schadensersatzanspruch nach § 93 Abs. 2 gegen die Vorstandsmitglieder verwiesen[46]. Der BGH hält wenigstens eine Feststellungs-[47], einige Autoren sogar eine Unterlassungsklage gegen die Gesellschaft zur Abwehr der zu billigen Aktienausgabe für möglich[48]. In der Tat zwingt die materiellrechtliche Verpflichtung des Vorstands zur Festlegung eines angemessenen Ausgabebetrags zur Anerkennung präventiven Rechtsschutzes der Aktionäre. Indes sollte man nicht zögern, hierfür die **Anfech-**

---

34 Vgl. auch *Martens* in FS Bezzenberger, S. 267, 275: „Teilfusion". Gegen diesen Vergleich aber *Kossmann*, AG 2005, 9, 14.

35 Skeptisch insoweit *Martens* in FS Bezzenberger, S. 267, 280 f.

36 Zutreffend *Bayer*, ZHR 163 (1999), 505, 535. Ebenso *Johannsen-Roth/Goslar*, AG 2007, 573, 577.

37 So aber OLG Frankfurt v. 1.7.1998 – 21 U 166/97, NZG 1999, 119, 121.

38 *Kossmann*, AG 2005, 9, 15; *Martens* in FS Bezzenberger, S. 267, 283; *Rodewald*, BB 2004, 613, 615.

39 *Bayer*, ZHR 163 (1999), 505, 534; *Johannsen-Roth/Goslar*, AG 2007, 573, 578; *Martens* in FS Bezzenberger, S. 267, 287; *Rodewald*, BB 2004, 613, 616.

40 *Kirchner/Sailer*, NZG 2002, 305, 310.

41 Dafür *Lutter*, ZGR 1979, 401, 406 f.; dagegen *Kirchner/Sailer*, NZG 2002, 305, 310.

42 Gegen Anfechtbarkeit nach § 255 Abs. 2 *Aha*, BB 2001, 2225, 2227; *Kirchner/Sailer*, NZG 2002, 305, 310.

43 *Bayer*, ZHR 168 (2004), 132, 157; *Groß*, ZIP 2002, 160, 164; *K. Schmidt* in Großkomm. AktG, § 255 Rz. 4; *Johannsen-Roth/Goslar*, AG 2007, 573, 576; *Kirchner/Sailer*, NZG 2002, 305; *Martens* in FS Bezzenberger, S. 267, 269 f.; *Hüffer* in MünchKomm. AktG, § 255 Rz. 13.

44 BGH v. 23.6.1997 – II ZR 132/93, BGHZ 136, 133, 141 = AG 1997, 465; BGH v. 15.5.2000 – II ZR 359/98, NJW 2000, 2356, 2357 = AG 2000, 475; OLG Karlsruhe v. 28.8.2002 – 7 U 137/01, NZG 2002, 959, 965; *Busch*, AG 2002, 230, 232; *Ekkenga*, AG 2001, 615, 623; *Hüffer*, § 204 Rz. 5; *Johannsen-Roth/Goslar*, AG 2007, 573, 576; *Klette*, BB 1968, 977, 979; *Kossmann*, AG 2005, 9, 13; *Rodewald*, BB 2004, 613, 614; *Sinewe*, NZG 2002, 314, 315.

45 *Bayer*, ZHR 163 (1999), 505, 520; *Ekkenga*, AG 2001, 615, 622; *K. Schmidt* in Großkomm. AktG, § 255 Rz. 4; *Zöllner* in KölnKomm. AktG, § 255 Rz. 7; *Kossmann*, AG 2005, 9, 13; *Hüffer* in MünchKomm. AktG, § 255 Rz. 13.

46 *Bayer*, ZHR 163 (1999), 505, 520; *Martens* in FS Bezzenberger, S. 267, 270; *Hüffer* in Münch-Komm. AktG, § 255 Rz. 13.

47 BGH v. 10.10.2005 – II ZR 90/03, WM 2005, 2388, 2390 f. = AG 2006, 38.

48 *Kossmann*, AG 2005, 9, 13; *Schanz*, BKR 2002, 439, 444.

tungsklage gegen den **Vorstandsbeschluss** zuzulassen[49]. Der Vorstand handelt beim genehmigten Kapital in von der Hauptversammlung abgeleiteter Zuständigkeit. Rechtsschutzform und Rechtsschutzqualität können daher beim Vorstandsbeschluss keine anderen sein als beim Hauptversammlungsbeschluss.

6. Greenshoe

Bei der Plazierung einer Kapitalerhöhung an der Börse veräußert die Emissionsbank 8 regelmäßig bis zu 15% mehr Aktien, als es dem Erhöhungsvolumen entspricht. Diese Aktien werden ihr von Altaktionären kraft eines Wertpapierleihvertrages überlassen. Sinkt nach der Platzierung der Börsenkurs, so kauft die Bank Aktien vom Markt zurück und erfüllt mit ihrer Hilfe ihre Verpflichtung, den Altaktionären die ihr überlassenen Aktien zurückzugewähren. Auf diese Weise sorgt die Bank für eine Stabilisierung des Aktienkurses. Für den Fall, dass der Börsenkurs nach der Platzierung steigt und ein Rückkauf von Aktien vom Markt daher nicht in Betracht kommt, räumt die Gesellschaft der Bank eine (sog. Mehrzuteilungs-)Option auf weitere Aktien ein. Die zur Erfüllung dieser Option benötigten Aktien stammen regelmäßig aus genehmigtem Kapital mit Bezugsrechtsausschluss. Das **KG** erblickte hierin einen **Verstoß gegen § 255 Abs. 2 Satz 1**[50]: Das genehmigte Kapital sei darauf angelegt, der Emissionsbank junge Aktien zum ursprünglichen Platzierungspreis in einer Situation zu gewähren, da der Börsenkurs deutlich höher liege. Daher sei bereits der Ermächtigungsbeschluss (§§ 202 ff.) anfechtbar. Das **überzeugt nicht**[51]: Die Bank erzielt bei dieser Transaktion keinen Veräußerungsgewinn; denn sie hat die jungen Aktien in Erfüllung ihrer Rückgewährpflicht aus dem Wertpapierleihvertrag sogleich an die Aktaktionäre weiterzuleiten. Letztere erzielen ebenfalls keinen unangemessenen Vorteil; denn hätten sie die Aktien nicht der Bank geliehen, sondern sogleich behalten, kämen sie ebenfalls in den Genuss der Kurssteigerung. Das hier beschriebene sog. Greenshoe-Verfahren dient der erfolgreichen Aktienplatzierung und ist daher von den Aktionären hinzunehmen.

7. Bedingte Kapitalerhöhung

Bei der bedingten Kapitalerhöhung gelangen Bezugsrechte der Altaktionäre gar nicht 9 erst zur Entstehung und können daher streng genommen auch nicht ausgeschlossen werden. Gleichwohl sind die Aktionäre auch hier vor der Verwässerung ihrer Anteile zu schützen[52]: § 255 Abs. 2 ist daher **anwendbar**[53]. Daher ist der Erhöhungsbeschluss anfechtbar, wenn der nach § 193 Abs. 2 Nr. 3, 1. Alt. festzusetzende Ausgabebetrag unangemessen niedrig ist[54] bzw. wenn sich auf der Basis der nach § 193 Abs. 2 Nr. 3, 2. Alt. festzulegenden Berechnungsgrundlagen ein unangemessener Ausgabebetrag ergibt[55]. Maßgeblicher Zeitpunkt für die Angemessenheit des Ausgabebetrags ist der

---

49 Vgl. dazu m.w.N. *Schwab*, Das Prozessrecht gesellschaftsinterner Streitigkeiten, S. 521 ff. (dort zur Anfechtung wegen fehlender sachlicher Rechtfertigung des Bezugsrechtsausschlusses; zum Erfordernis einer solchen Rechtfertigung auch beim genehmigten Kapital oben § 203 Rz. 27 f.). Ablehnend aber BGH v. 10.10.2005 – II ZR 90/03, WM 2005, 2388, 2389 = AG 2006, 38.

50 KG v. 22.8.2001 – 23 U 6712/99, WM 2002, 653, 655 = AG 2002, 243.

51 Zu Recht ablehnend auch *Busch*, AG 2002, 230, 232 f.; *Groß*, ZIP 2002, 160, 164 f.; *Harrer/Lüßmann*, DStR 2002, 1682 f.; *Meyer*, WM 2002, 1106, 1110 ff.; *Schanz*, BKR 2002, 439, 444 ff.

52 *Hüffer* in MünchKomm. AktG, § 255 Rz. 10.

53 *Heidel* in Heidel, § 255 Rz. 20; *Bayer*, ZHR 163 (1999), 505, 515; *Hüffer*, § 255 Rz. 8; *Hüffer* in MünchKomm. AktG, § 255 Rz. 10; *K. Schmidt* in Großkomm. AktG, § 255 Rz. 4.

54 *Hüffer* in MünchKomm. AktG, § 255 Rz. 10.

55 *K. Schmidt* in Großkomm. AktG, § 255 Rz. 4; *Hüffer* in MünchKomm. AktG, § 255 Rz. 10.

Zeitpunkt der Beschlussfassung über das bedingte Kapital[56], nicht etwa der Zeitpunkt einer späteren Optionsausübung. Soweit eine bedingte Kapitalerhöhung nach § 192 Abs. 2 Nr. 3 als Grundlage für **Aktienoptionsprogramme** beschlossen wird, wird § 255 Abs. 2 verdrängt[57]. Solchen Programmen wohnt notwendig die Eigenheit inne, dass Aktien zu außergewöhnlich günstigen Preisen an die Optionsgläubiger ausgegeben werden: Wird das Kursziel erreicht, so können sie die Aktien zum vorab nach § 193 Abs. 2 Nr. 3 festgelegten, deutlich niedrigeren Preis erwerben. Nur auf diese Weise kann ein Optionsprogramm die erstrebte Anreizwirkung auf seine Teilnehmer ausüben.

8. Sonstige Fälle

10   Werden **Genussrechte** ausgegeben und wird das Bezugsrecht der Aktionäre (§ 221 Abs. 4 Satz 1) ausgeschlossen (§§ 221 Abs. 4 Satz 2, 186 Abs. 3), besteht für die Aktionäre eine ähnliche Verwässerungsgefahr wie bei der regulären Kapitalerhöhung mit Bezugsrechtsausschluss. Deshalb ist § 255 Abs. 2 auf diesen Fall analog anzuwenden[58]; ebenso bei der Ausgabe von Wandelschuldverschreibungen oder Optionsanleihen[59]. Erhöht bei einer **Verschmelzung** die übernehmende Gesellschaft ihr Kapital, um die Aktionäre der übertragenden Gesellschaft aufzunehmen, so lässt sich die Interessenlage mit derjenigen bei einer Kapitalerhöhung gegen Sacheinlagen vergleichen[60] (dazu oben Rz. 6): Der Sache nach bringen die Neuaktionäre den Wert des von der übertragenden Gesellschaft betriebenen Unternehmens in die übernehmende Gesellschaft ein und beziehen im Gegenzug deren Aktien. Daher können die Aktionäre der übernehmenden Gesellschaft den Kapitalerhöhungsbeschluss analog § 255 Abs. 2 mit der Begründung anfechten, die Menge der an die Neuaktionäre ausgegebenen Aktien stehe nicht im angemessenen Verhältnis zum Wert des übertragenen Unternehmens[61]. Wenn **zurückgekaufte eigene Aktien** nicht gleichmäßig allen, sondern ausgewählten Aktionären oder Dritten angedient werden, dürfen sie analog § 255 Abs. 2 nur zum angemessen Betrag ausgegeben werden[62]. Werden Vorzugsaktien zurückgekauft, weil die Gesellschaft an der Börse nur noch mit Stammaktien gelistet wird, so darf im Interesse der Gesellschaft ohne Verstoß gegen § 255 Abs. 2 eine maßvolle Umtauschprämie oberhalb des Börsenkurses bezahlt werden[63]. Erhöht die Gesellschaft ihr Grundkapital, um die **öffentliche Übernahme** einer anderen Gesellschaft zu ermöglichen und die jungen Aktien als Akquisitionswährung einzusetzen, so werden die Aktionäre der Zielgesellschaft das Übernahmeangebot nur bei einem günstigen Umtauschverhältnis annehmen; dies darf bei der Bemessung des Ausgabekurses berücksichtigt werden[64]. **Keine Rolle** spielt § 255 Abs. 2 bei der **Kapitalerhöhung aus Gesellschaftsmitteln**; denn ein Bezugsrechtsausschluss findet dort nach § 212 nicht statt.

---

56 *Busch*, AG 2002, 230, 233.
57 Ausführlich *v. Schlabrendorff*, Repricing von Stock Options, Kapitel 2 C I 1 g.
58 *Ebenroth/Müller*, BB 1993, 509, 514; *Hirte*, ZIP 1988, 477, 486; *Vollmer/Lorch*, DB 1991, 1313, 1314 f.
59 *Paefgen*, AG 1999, 67, 69.
60 So auch *Bayer*, ZHR 163 (1999), 505, 527.
61 OLG Hamm v. 20.6.1988 – 8 U 329/87, WM 1988, 1164, 1169 = AG 1989, 31; LG Frankfurt v. 15.1.1990 – 3/11 T 62/89, WM 1990, 592, 594 f.; *Bayer*, ZHR 163 (1999), 505, 516; *K. Schmidt* in Großkomm. AktG, § 255 Rz. 7. Zur Auswirkung einer gescheiterten Kapitalerhöhung auf den darauf aufbauenden Verschmelzungsbeschluss s. *Grunewald* in Lutter, UmwG, § 55 Rz. 3.
62 *Paefgen*, ZIP 2002, 1509, 1512.
63 Im Ergebnis ebenso *Senger/Vogelmann*, AG 2002, 193, 209, freilich mit der verfehlten Begründung, wegen § 243 Abs. 2 fehle es für eine analoge Anwendung des § 255 Abs. 2 an einer Regelungslücke.
64 Ausführlich *Johannsen-Roth/Goslar*, AG 2007, 573, 575 ff.

IV. Mittelbares Bezugsrecht (§ 255 Abs. 2 Satz 2)

Die Anfechtung wegen zu niedrigen Ausgabebetrags greift nicht durch, wenn das Be- 11
zugsrecht der Aktionäre zwar formell ausgeschlossen, materiell aber über einen Dritten sichergestellt wird. Sofern der Dritte selbst Emissionsunternehmen i.S. des § 186
Abs. 5 Satz 1 ist und sich verpflichtet, den Aktionären die jungen Aktien zu beziehen, liegt schon kein Bezugsrechtsausschluss im Rechtssinne vor. § 255 Abs. 2 Satz 1
ist dann bereits im Ansatz nicht einschlägig; auf die Ausnahmeregelung in § 255
Abs. 2 Satz 2 braucht nicht zurückgegriffen werden[65]. Ist der Dritte kein Emissionsunternehmen, so greift § 186 Abs. 5 Satz 1 nicht ein. Eben diesen Fall erfasst § 255
Abs. 2 Satz 2: Wenn sich der Dritte verpflichtet – und zwar i.S. eines **echten Vertrags
zugunsten Dritter** (§ 328 BGB)[66] –, die jungen Aktien den bisherigen Aktionären zum
Bezug anzubieten, ist die Verwässerungsgefahr zuverlässig gebannt.

V. Anwendbare Vorschriften (§ 255 Abs. 3)

§ 255 Abs. 3 verweist auf die §§ 244 bis 248a. Das bedeutet: Auch wenn der Kapital- 12
erhöhungsbeschluss nach § 255 Abs. 2 wegen eines zu niedrigen Ausgabebetrags anfechtbar ist, kann dieser Mangel durch Bestätigung behoben werden. § 255 Abs. 3 un-
termauert damit abermals die Ansicht, dass selbst inhaltliche Beschlussmängel
durch Bestätigung behoben werden können (vgl. § 244 Rz. 16). Von der Verweisung in
§ 255 Abs. 3 erfasst ist des weiteren § 246a. Selbst wenn also die Klage auf § 255
Abs. 2 gestützt ist, kann das Gericht die Freigabe der Kapitalerhöhung verfügen.

Zweiter Abschnitt. Nichtigkeit des festgestellten Jahresabschlusses

§ 256
Nichtigkeit

(1) Ein festgestellter Jahresabschluss ist außer in den Fällen des § 173 Abs. 3, § 234
Abs. 3 und § 235 Abs. 2 nichtig, wenn

1. er durch seinen Inhalt Vorschriften verletzt, die ausschließlich oder überwiegend
   zum Schutze der Gläubiger der Gesellschaft gegeben sind,

2. er im Falle einer gesetzlichen Prüfungspflicht nicht nach § 316 Abs. 1 und 3 des
   Handelsgesetzbuchs geprüft worden ist;

3. er im Falle einer gesetzlichen Prüfungspflicht von Personen geprüft worden ist, die
   nach § 319 Abs. 1 des Handelsgesetzbuchs oder nach Artikel 25 des Einführungsge-
   setzes zum Handelsgesetzbuch nicht Abschlussprüfer sind oder aus anderen Gründen als einem Verstoß gegen § 319 Abs. 2, 3 oder Abs. 4 oder § 319a Abs. 1 des
   Handelsgesetzbuchs nicht zum Abschlussprüfer bestellt sind,

4. bei seiner Feststellung die Bestimmungen des Gesetzes oder der Satzung über die
   Einstellung von Beträgen in Kapital- oder Gewinnrücklagen oder über die Entnahme von Beträgen aus Kapital- oder Gewinnrücklagen verletzt worden sind.

---

65 *K. Schmidt* in Großkomm. AktG, § 255 Rz. 11; *Hüffer* in MünchKomm. AktG, § 255 Rz. 22.
66 *K. Schmidt* in Großkomm. AktG, § 255 Rz. 11; *Hüffer* in MünchKomm. AktG, § 255 Rz. 22.

(2) Ein von Vorstand und Aufsichtsrat festgestellter Jahresabschluss ist außer nach Absatz 1 nur nichtig, wenn der Vorstand oder der Aufsichtsrat bei seiner Feststellung nicht ordnungsgemäß mitgewirkt hat.

(3) Ein von der Hauptversammlung festgestellter Jahresabschluss ist außer nach Absatz 1 nur nichtig, wenn die Feststellung

1. in einer Hauptversammlung beschlossen worden ist, die unter Verstoß gegen § 121 Abs. 2 und 3 oder 4 einberufen war,

2. nicht nach § 130 Abs. 1, 2 und 4 beurkundet ist,

3. auf Anfechtungsklage durch Urteil rechtskräftig für nichtig erklärt worden ist.

(4) Wegen Verstoßes gegen die Vorschriften über die Gliederung des Jahresabschlusses sowie wegen der Nichtbeachtung von Formblättern, nach denen der Jahresabschluss zu gliedern ist, ist der Jahresabschluss nur nichtig, wenn seine Klarheit und Übersichtlichkeit dadurch wesentlich beeinträchtigt sind.

(5) Wegen Verstoßes gegen die Bewertungsvorschriften ist der Jahresabschluss nur nichtig, wenn

1. Posten überbewertet oder

2. Posten unterbewertet sind und dadurch die Vermögens- und Ertragslage der Gesellschaft vorsätzlich unrichtig wiedergegeben oder verschleiert wird.

Überbewertet sind Aktivposten, wenn sie mit einem höheren Wert, Passivposten, wenn sie mit einem niedrigeren Betrag angesetzt sind, als nach §§ 253 bis 256 des Handelsgesetzbuchs in Verbindung mit §§ 279 bis 283 des Handelsgesetzbuchs zulässig ist. Unterbewertet sind Aktivposten, wenn sie mit einem niedrigeren Wert, Passivposten, wenn sie mit einem höheren Betrag angesetzt sind, als nach §§ 253 bis 256 des Handelsgesetzbuchs in Verbindung mit §§ 279 bis 283 des Handelsgesetzbuchs zulässig ist. Bei Kreditinstituten oder Finanzdienstleistungsinstituten liegt ein Verstoß gegen die Bewertungsvorschriften nicht vor, soweit die Abweichung nach den für sie geltenden Vorschriften, insbesondere den §§ 340e bis 340g des Handelsgesetzbuchs, zulässig ist; dies gilt entsprechend für Versicherungsunternehmen nach Maßgabe der für sie geltenden Vorschriften, insbesondere der §§ 341b bis 341h des Handelsgesetzbuchs.

(6) Die Nichtigkeit nach Absatz 1 Nr. 1, 3 und 4, Absatz 2, Absatz 3 Nr. 1 und 2, Absatz 4 und 5 kann nicht mehr geltend gemacht werden, wenn seit der Bekanntmachung nach § 325 Abs. 2 des Handelsgesetzbuchs in den Fällen des Absatzes 1 Nr. 3 und 4, des Absatzes 2 und des Absatzes 3 Nr. 1 und 2 sechs Monate, in den anderen Fällen drei Jahre verstrichen sind. Ist bei Ablauf der Frist eine Klage auf Feststellung der Nichtigkeit des Jahresabschlusses rechtshängig, so verlängert sich die Frist, bis über die Klage rechtskräftig entschieden ist oder sie sich auf andere Weise endgültig erledigt hat.

(7) Für die Klage auf Feststellung der Nichtigkeit gegen die Gesellschaft gilt § 249 sinngemäß. Hat die Gesellschaft Wertpapiere im Sinne des § 2 Abs. 1 Satz 1 des Wertpapierhandelsgesetzes ausgegeben, die an einer inländischen Börse zum Handel im regulierten Markt zugelassen sind, so hat das Gericht der Bundesanstalt für Finanzdienstleistungsaufsicht den Eingang einer Klage auf Feststellung der Nichtigkeit sowie jede rechtskräftige Entscheidung über diese Klage mitzuteilen.

I. Normzweck 1

II. Gegenstand der Nichtigkeitsfolge . . . 2

  1. Jahresabschluss 2

  2. Konzernabschluss? 3

III. Nichtigkeitsgründe gem. § 256 Abs. 1
    Eingangssatz 4

IV. Inhaltsmängel (§ 256 Abs. 1 Nr. 1, 4) . 5

  1. Verhältnis zwischen § 256 Abs. 1
    Nr. 1 und § 256 Abs. 4, 5 5

    a) Grundsatz 5

    b) Ansatzvorschriften 6

    c) Grundsätze ordnungsmäßiger
      Buchführung 7

    d) Fehlende Elemente der Rechnungs-
      legung 8

    e) Satzungsverletzungen 9

  2. Maßgeblicher Zeitpunkt 10

  3. Gliederungsmängel (§ 256 Abs. 4) . . 11

    a) Gesetzesverstoß 11

    b) Einzelfälle 12

    c) Wesentliche Beeinträchtigung der
      Klarheit und Übersichtlichkeit . . 13

  4. Bewertungsfehler (§ 256 Abs. 5) 14

    a) Überblick 14

    b) Wesentlichkeitsschwelle 15

      aa) Grundsatz 15

      bb) Einzelfälle 16

    c) Kompensation 17

    d) Objektiver Fehlertatbestand 18

    e) Subjektive Voraussetzungen 19

    f) Branchenspezifische Sonderregeln 20

  5. Rücklagen (§ 256 Abs. 1 Nr. 4) 21

V. Prüfungsmängel 22

  1. Fehlende oder unvollständige Prüfung
    (§ 256 Abs. 1 Nr. 2) 22

  2. Fehlende Prüfereigenschaft (§ 256
    Abs. 1 Nr. 3) 24

    a) Fehlende Prüferbefähigung (1. Alt.) 24

    b) Fehlende Prüferbestellung (2. Alt.) 25

VI. Verfahrensmängel 26

  1. Nicht ordnungsgemäße Mitwirkung
    eines Verwaltungsorgans 26

    a) Von § 256 Abs. 2 erfasste Verstöße 26

    b) Von § 256 Abs. 2 nicht erfasste Ver-
      stöße 27

  2. Ungültige Beschlussfassung durch die
    Hauptversammlung (§ 256 Abs. 3) . . 31

VII. Teilnichtigkeit 32

VIII. Heilung (§ 256 Abs. 6) 33

  1. Unheilbare Mängel 33

  2. Heilbare Mängel und Fristen 34

  3. Heilungsermessen? 35

  4. Wirkung der Heilung 36

IX. Nichtigkeitsklage (§ 256 Abs. 7) 37

  1. Klageantrag und Streitgegenstand . . . 37

  2. Verfahren 38

X. Reichweite der Nichtigkeitsfolge . . . 40

  1. Rechnungslegung 40

  2. Prüfung 43

Literatur zu §§ 256, 257: *Balthasar,* Die Bestandskraft handelsrechtlicher Jahresabschlüsse, 1999; *Barz,* Abänderung festgestellter Jahresabschlüsse einer Aktiengesellschaft, in FS Schilling, 1973, S. 127; *Busse von Colbe,* Kleine Reform der Konzernrechnungslegung durch das TransPuG, BB 2002, 1583; *Claussen,* HGB § 319 Abs. 2 Nr. 5 als Verbotsgesetz im Sinne von BGB § 134, AG 1991, 323; *Claussen,* Soll das Feststellungsrecht des Jahresabschlusses bei der GmbH reduziert werden?, in FS Semler, 1993, S. 97; *Döllerer,* Rechnungslegung nach dem neuen Aktienrecht und ihre Auswirkungen auf das Steuerrecht, BB 1965, 1405; *Geist,* Die Pflicht zur Berichtigung nichtiger Jahresabschlüsse bei Kapitalgesellschaften, DStR 1996, 306; *Gelhausen/Kuss,* Vereinbarkeit von Abschlussprüfung und Beratungsleistungen durch den Abschlussprüfer, NZG 2003, 424; *Greiffenhagen,* Gefahrenlagen für Wirtschaftsprüfer und Aufsichtsräte, insbesondere aus dem Risikofeld Abhängigkeitsbericht: Nichtigkeit eines Jahresabschlusses in Verbindung mit Aufsichtsratspflichten anhand des BGH-Urteils vom 15.11.1993 – II ZR 325/92, in FS Ludewig, 1996, S. 303; *Haase,* Zur Klage auf Feststellung der Nichtigkeit des Jahresabschlusses im Konkurs der Aktiengesellschaft, DB 1977, 241; *Habersack,* Die Auswirkungen der Nichtigkeit des Beschlusses über die Bestellung des Abschlussprüfers auf den festgestellten Jahresabschluss, NZG 2003, 659; *Hennrichs,* Fehlerhafte Bilanzen, Enforcement und Aktienrecht, ZHR 168 (2004), 383; *Hense,* Rechtsfolgen nichtiger Jahresabschlüsse und Konsequenzen für Folgeabschlüsse, WPg 1993, 716; *Hild,* Zum Prüfungsbericht nach § 166 AktG, DB 1972, 1445; *Jasper,* BGH – Nichtigkeit des Jahresabschlusses einer AG, WiB 1994, 155; *Kowalski,* Der nichtige Jahresabschluss – was nun?, AG 1993, 502; *Kropff,* Auswirkungen der Nichtigkeit eines Jahresabschlusses auf die Folgeabschlüsse, in FS Budde, 1994, S. 341; *Kropff,* Die Beschlüsse des Aufsichtsrats zum Jahresabschluss und zum Abhängigkeitsbericht, ZGR 1994, 628, 633 ff.; *Kropff,* Rechtsfragen in der Abschlussprüfung, in FS Havermann, 1995, S. 321; *Lutter,* Der doppelte Wirtschaftsprüfer, in FS

Semler, 1993, S. 835; *Lutter*, Der Streit um die Gültigkeit des Jahresabschlusses einer Aktiengesellschaft, in FS Helmrich, 1994, S. 685; *Mattheus/Schwab*, Fehlerkorrektur nach dem Rechnungslegungs-Enforcement: Private Initiative vor staatlicher Intervention, BB 2004, 1099; *Mattheus/Schwab*, Rechtsschutz für Aktionäre bei Rechnungslegungs-Enforcement, DB 2004, 1975; *Müller, H.-P.*, Bilanzrecht und materieller Konzernschutz, AG 1994, 410; *Müller, H.-P.*, Bilanzrecht und Organverantwortung, in FS Quack, 1991, S. 345; *Müller, H.-P.*, Rechtsfolgen unzulässiger Änderungen von festgestellten Jahresabschlüssen, in FS Budde, 1996, S. 431; *Müller, W.*, Prüfverfahren und Jahresabschlussnichtigkeit nach dem Bilanzkontrollgesetz, ZHR 168 (2004), 414; *Nauss*, Probleme bei der Verwendung des Jahresüberschusses und des Bilanzgewinns nach dem Aktiengesetz von 1965, AG 1967, 127; *Priester*, Aufstellung und Feststellung des Jahresabschlusses bei unterbesetztem Vorstand, in FS Kropff, 1997, S. 591; *Schedlbauer*, Die Gefährdung der Bestandskraft von Jahresabschlüssen durch Bewertungsfehler, DB 1992, 2097; *Schön*, Bestandskraft fehlerhafter Bilanzen – Information, Gewinnverteilung, Kapitalerhaltung, in FS 50 Jahre BGH, Band II, 2000, S. 153; *Seiffert*, Die Wirksamkeit des aktienrechtlichen Jahresabschlusses bei eingeschränktem oder versagtem Bestätigungsvermerk des Abschlussprüfers, 1974; *Tielmann, S.*, Durchsetzung ordnungsmäßiger Rechnungslegung – Ein Beitrag zur aktuellen Enforcement-Diskussion, 2001; *Wichmann*, Nichtigkeit des Jahresabschlusses der GmbH im Falle verdeckter Gewinnausschüttung, GmbHR 1992, 643; *Zöllner*, Folgen der Nichtigkeit eines Jahresabschlusses für den nächsten Jahresabschluss und für Gewinnverwendungsbeschlüsse, in FS Scherrer, 2004, S. 355.

I. Normzweck

1   § 256 enthält für den Fall des Jahresabschlusses sowohl eine gegenständliche Erweiterung als auch eine inhaltliche Begrenzung des Angriffs gegen fehlerhafte Beschlüsse. Die gegenständliche Erweiterung besteht darin, dass der Aktionär einen fehlerhaften Jahresabschluss selbst dann zur gerichtlichen Prüfung stellen kann, wenn er von Vorstand und Aufsichtsrat festgestellt worden ist; insoweit handelt es sich um eine **organübergreifende Beschlussmängelklage**. Die inhaltliche Begrenzung besteht darin, dass nicht jeder Gesetzesverstoß die Rechtsbeständigkeit des Jahresabschlusses in Frage stellt. Die Einschränkung der Nichtigkeitsgründe dient damit der **Rechtssicherheit** im Interesse der Gesellschaft, der Gläubiger und der Aktionäre[1]; denn für sie alle kann der Jahresabschluss Grundlage darauf aufbauender Vermögensdispositionen sein (z.B. für die Ausschüttung von Dividende; s. § 253). Andererseits soll sichergestellt werden, dass schwere Gesetzesverstöße ohne weiteres zur Nichtigkeit des Jahresabschlusses führen[2]; denn zum Schutze der Aktionäre und Gläubiger muss die Aussagekraft des Jahresabschlusses gewährleistet bleiben. Die in § 256 enthaltene Auflistung der Nichtigkeitsgründe ist **abschließend**[3].

II. Gegenstand der Nichtigkeitsfolge

1. Jahresabschluss

2   Stellen **Vorstand und Aufsichtsrat** den Jahresabschluss fest (nach § 172 der Regelfall), so handelt es sich um ein korporationsrechtliches Rechtsgeschäft eigener Art, das durch Vorlage des aufgestellten Jahresabschlusses durch den Vorstand und seine Billi-

---

1   *Habersack*, NZG 2003, 659, 661; *Hennrichs*, ZHR 168 (2004), 383, 386 f.; *Hüffer*, § 256 Rz. 1; *Zöllner* in KölnKomm. AktG, § 256 Rz. 2; *W. Müller*, ZHR 168 (2004), 414, 422; *Schön* in FS 50 Jahre BGH, S. 153, 160.

2   *Heidel* in Heidel, § 256 Rz. 2; *Habersack*, NZG 2003, 659, 661; *Zöllner* in KölnKomm. AktG, § 256 Rz. 2.

3   BGH v. 15.11.1993 – II ZR 235/92, BGHZ 124, 111, 116 = AG 1994, 124; *Hoffmann-Becking* in MünchHdb. AG, § 47 Rz. 1; *Heidel* in Heidel, § 256 Rz. 3; *H.-P. Müller* in FS Budde, S. 431, 443; *Tielmann*, Durchsetzung ordnungsmäßiger Rechnungslegung – Ein Beitrag zur aktuellen Enforcement-Diskussion, S. 142.

gung durch den Aufsichtsrat zustande kommt (vgl. § 172 Rz. 7 ff.)[4]. Eben dieses Rechtsgeschäft ist in diesem Falle Gegenstand der Nichtigkeitsfolge[5]. Die Nichtigkeit erstreckt sich auf den Billigungsbeschluss des Aufsichtsrats[6] sowie auf den Beschluss des Vorstands, den von ihm aufgestellten fehlerhaften Jahresabschluss dem Aufsichtsrat mit der Bitte um Billigung zuzuleiten[7]. Stellt die **Hauptversammlung** den Jahresabschluss fest (nach § 173 der Ausnahmefall), so trifft die Nichtigkeit deren darauf gerichteten Beschluss[8].

2. Konzernabschluss?

Nach **h.M.** ist § 256 auf Konzernabschlüsse **nicht anzuwenden**, auch nicht analog. 3 Denn diese würden nach § 171 Abs. 1 Satz 1 vom Aufsichtsrat der Muttergesellschaft zwar geprüft, aber nicht festgestellt[9]. Im übrigen fehle es an der Vergleichbarkeit der Interessenlage: Der Konzernabschluss sei anders als der Einzelabschluss nicht Grundlage der Gewinnausschüttung, sondern diene lediglich Informationszwecken. Die erfolgreiche Nichtigkeitsklage könne nichts daran ändern, dass die Fehlinformation bereits in die Welt gesetzt worden sei[10]. Allenfalls könne der Konzernabschluss an so schweren Mängeln leiden, dass im Rechtssinne von einem Konzernabschluss nicht gesprochen werden könne, sondern bestenfalls von einem „Scheinkonzernabschluss"[11]. Mängel des Konzernabschlusses könnten auch nicht im Wege einer allgemeinen Feststellungsklage nach § 256 ZPO geltend gemacht werden. Denn das Interesse der Aktionäre an einer zutreffenden Bilanzierung sei allenfalls ein tatsächliches, nicht aber ein rechtliches[12]. Die **Gegenmeinung** befürwortet wenigstens eine teilweise entsprechende Anwendung des § 256 AktG[13]. Es bestehe nämlich die Gefahr, dass ohne die Anwendung dieser Vorschrift jeder auch noch so leichte Fehler den Konzernabschluss insgesamt angreifbar mache[14]. Da nun aber ein Bedürfnis auch für die Bestandssicherheit des Konzernabschlusses bestehe, dürfe der Konzernabschluss jedenfalls nicht aus anderen Gründen nichtig sein als der Einzelabschluss. Wo die Hauptversammlung den Konzernabschluss billige, gelte § 256 Abs. 3 entsprechend. In jedem Fall müsse der Konzernabschluss einer Heilung nach § 256 Abs. 6 zugänglich sein; Prüfungsmängel dürften nur in den Fällen des § 256 Abs. 1 Nr. 2, 3 zur Nichtigkeit führen. Inhaltliche Mängel machten den Konzernabschluss nur nichtig, wenn sie zu einer deutlich verzerrten Darstellung der Vermögens- Finanz- und Ertragslage führten. **Stellungnahme**: Die Gegenmeinung verdient mit der von ihr gegebenen Begründung Zustimmung. Daran ändert auch der Umstand nichts, dass die Fehlinformation nur für die Zukunft sinnvoll korrigiert werden kann. Die Nichtiger-

---

4 BGH v. 15.11.1993 – II ZR 235/92, BGHZ 124, 111, 116 = AG 1994, 124.
5 BGH v. 15.11.1993 – II ZR 235/92, BGHZ 124, 111, 116 = AG 1994, 124; *Hennrichs*, ZHR 168 (2004), 383, 387; *Heidel* in Heidel, § 256 Rz. 6; *Hoffmann-Becking* in MünchHdb. AG, § 47 Rz. 1; *Hüffer*, § 256 Rz. 3; *Kropff*, ZGR 1994, 628, 633 f.
6 BGH v. 15.11.1993 – II ZR 235/92, BGHZ 124, 111, 116 = AG 1994, 124; *Greiffenhagen* in FS Ludewig, S. 303, 316.
7 *Kropff*, ZGR 1994, 628, 633 f.
8 *Heidel* in Heidel, § 256 Rz. 6; *Hennrichs*, ZHR 168 (2004), 383, 387; *Hüffer*, § 256 Rz. 3.
9 OLG Frankfurt v. 21.11.2006 – 5 U 115/05, ZIP 2007, 72, 73 = AG 2007, 282; OLG Köln v. 17.2.1998 – 22 U 163/97, ZIP 1998, 994, 995 = AG 1998, 525; *Hüffer*, § 256 Rz. 3; *Tielmann*, Durchsetzung ordnungsmäßiger Rechnungslegung – Ein Beitrag zur aktuellen Enforcement-Diskussion, S. 141 f.
10 *Hennrichs*, ZHR 168 (2004), 383, 397.
11 *Adler/Düring/Schmaltz*, § 256 AktG Rz. 1.
12 OLG Frankfurt v. 21.11.2006 – 5 U 115/05, ZIP 2007, 72, 73 f. = AG 2007, 282.
13 Zum Folgenden *Kropff* in MünchKomm. AktG, § 172 Rz. 87; *Heidel* in Heidel, § 256 Rz. 7; in der Tendenz ebenso, aber letztlich offenlassend *Busse von Colbe*, BB 2002, 1583, 1586 f.
14 Dies einräumend *Hennrichs*, ZHR 168 (2004), 383, 396.

klärung des Konzernabschlusses ist vielmehr erforderlich, um die Gesellschaftsorgane zu einer solchen Korrektur zu zwingen.

III. Nichtigkeitsgründe gem. § 256 Abs. 1 Eingangssatz

4   Die eingangs des § 256 aufgelisteten Vorschriften (§§ 173 Abs. 3, 234 Abs. 3, 235 Abs. 2) werden zwar in § 256 Abs. 1 als Nichtigkeitsgründe bezeichnet. Jene Vorschriften regeln aber anerkanntermaßen die **endgültige Unwirksamkeit** des Jahresabschlusses: Diese knüpft an die Nichtvornahme bestimmter Rechtshandlungen (Bestätigungsvermerk bzw. Registereintragung) binnen bestimmter Fristen die Ungültigkeit des Jahresabschlusses. Daraus folgt, dass Verstöße gegen §§ 173 Abs. 3, 234 Abs. 3, 235 Abs. 2 **keiner Heilung nach § 256 Abs. 6** zugänglich sind[15]. In den Fällen der §§ 234 Abs. 3, 235 Abs. 2 wird der Jahresabschluss aber geheilt, wenn die (an sich unzulässigerweise) trotz Fristablaufs eingetragene Kapitalherabsetzung nach § 242 Abs. 3 durch Ablauf der Dreijahresfrist geheilt ist[16].

IV. Inhaltsmängel (§ 256 Abs. 1 Nr. 1, 4)

1. Verhältnis zwischen § 256 Abs. 1 Nr. 1 und § 256 Abs. 4, 5

a) Grundsatz

5   Jede einzelne Vorschrift innerhalb des Bilanzrechts dient dazu, dass die Zwecke des Jahresabschlusses erreicht werden: Selbstinformation der Gesellschaft und ihrer Organe sowie Information der Anleger und Gläubiger über die Vermögens-, Finanz- und Ertragslage der Gesellschaft; daneben Begrenzung der Ausschüttung im Interesse der Gläubiger. Konsequent ließe sich jeder Verstoß gegen Vorschriften des Bilanzrechts als Jahresabschlussmangel i.S. des § 256 Abs. 1 Nr. 1 darstellen. Die Nichtigkeit wegen Inhaltsmängeln wird aber durch § 256 Abs. 4, 5 begrenzt. Deshalb besteht im Ergebnis Einigkeit, dass der Jahresabschluss **nur dann nach § 256 Abs. 1 Nr. 1 nichtig** ist, wenn zugleich die **Voraussetzungen des § 256 Abs. 4 oder 5 vorliegen**. Nur die Begründung ist streitig: Nach Ansicht des BGH dient § 256 Abs. 4, 5 als Interpretationsnorm für § 256 Abs. 1 Nr. 1 mit dem Ziel, den Anwendungsbereich dieser Vorschrift zu begrenzen[17]. Die Gegenansicht nimmt Spezialität des § 256 Abs. 4, 5 im Verhältnis zu § 256 Abs. 1 Nr. 1 an[18], was nicht überzeugen kann, da letztere Vorschrift dann gegenstandslos wäre[19].

b) Ansatzvorschriften

6   § 256 Abs. 4 betrifft Verstöße gegen Gliederungs-, § 256 Abs. 5 Verstöße gegen Bewertungsvorschriften. Nicht ausdrücklich geregelt sind Verstöße gegen Ansatzvorschrif-

---

15 *Heidel* in Heidel, § 256 Rz. 39; *Hüffer*, § 256 Rz. 5; *Zöllner* in KölnKomm. AktG, § 256 Rz. 90 f., 124; für § 173 Abs. 3 auch *Brönner* in Großkomm. AktG, § 173 Rz. 22.
16 *Heidel* in Heidel, § 256 Rz. 39; *Hüffer*, § 256 Rz. 5; *Lutter* in KölnKomm. AktG, § 234 Rz. 17; *Zöllner* in KölnKomm. AktG, § 256 Rz. 94.
17 BGH v. 15.11.1993 – II ZR 235/92, BGHZ 124, 111, 117 = AG 1994, 124; ebenso *Hüffer*, § 256 Rz. 6; *Zöllner* in KölnKomm. AktG, § 256 Rz. 14.
18 *Schilling* in Großkomm. AktG, 3. Aufl. § 256 Rz. 13, 15; *Tielmann*, Durchsetzung ordnungsmäßiger Rechnungslegung – Ein Beitrag zur aktuellen Enforcement-Diskussion, S. 147.
19 Nach *Tielmann*, Durchsetzung ordnungsmäßiger Rechnungslegung – Ein Beitrag zur aktuellen Enforcement-Diskussion, S. 148, soll trotz der angenommenen Spezialität die Nichtigkeit nach § 256 Abs. 1 Nr. 1 bei Fehlern möglich bleiben, die sich nicht als Gliederungs- oder Bewertungsfehler darstellen lassen, so z.B. die Missachtung von den Anhang betreffenden Vorschriften.

ten. Deshalb wird teilweise angenommen, in diesem Fall trete Nichtigkeit direkt nach § 256 Abs. 1 Nr. 1 ein; dieser Vorschrift verbleibe auf diese weise abseits von § 256 Abs. 4, 5 ein eigener Anwendungsbereich[20]. Indes lassen sich jedoch Ansatzverstöße bei entsprechend **weiter Auslegung** unter **§ 256 Abs. 5** subsumieren[21]: Wenn schon die Über- oder Unterbewertung eines Postens zur Nichtigkeit führen kann, so erst recht der Nichtansatz eines an sich gebotenen Passiv- oder Aktivpostens[22]. Die Anwendung des § 256 Abs. 5 auf solche Fälle ist auch in der Sache geboten, weil nur so sichergestellt werden kann, dass dem Willen des Gesetzgebers entsprechend die Nichtigkeitsgründe beschränkt werden[23]: Beließe man es bei einer unmittelbar auf § 256 Abs. 1 Nr. 1 gestützten Nichtigkeit, so würde jeder Ansatzfehler unweigerlich die Nichtigkeit des Jahresabschlusses nach sich ziehen. Eine unterbliebene, aber gebotene Aktivierung eines Postens steht mithin der Unterbewertung eines Aktivpostens gleich; der Jahresabschluss ist dann nach Maßgabe des § 256 Abs. 5 Satz 1 Nr. 2 i.V.m. Satz 3 nichtig[24]. So liegt es etwa, wenn im Jahresabschluss der Muttergesellschaft versäumt wird, Gewinne einer 100%igen Tochtergesellschaft aus demselben Geschäftsjahr zu aktivieren, obwohl die Voraussetzungen vorliegen, unter denen eine solche phasengleiche Aktivierung nicht bloß zulässig, sondern geboten ist[25]. Ebenso führt die unterlassene Aktivierung eines Schadensersatzanspruchs aus § 317 gegen die Muttergesellschaft zur Nichtigkeit des Jahresabschlusses in der Tochtergesellschaft[26]. Das gleiche gilt für die bilanzrechtlich verbotene Passivierung einer Rückstellung[27] sowie für die Passivierung nicht existenter Verbindlichkeiten. Umgekehrt führt die unterbliebene, aber an sich gebotene Passivierung einer Verbindlichkeit oder Rückstellung zu einer Überbewertung (§ 256 Abs. 1 Satz 1 Nr. 1 i.V.m. Satz 2)[28]; ebenso die Aktivierung nicht vorhandener oder nicht aktivierungsfähiger Vermögensgegenstände[29]. Eine Überbewertung liegt daher vor, wenn in Wahrheit nicht existierende Forderungen aus Scheingeschäften aktiviert werden[30].

c) Grundsätze ordnungsmäßiger Buchführung

Die Verletzung der Grundsätze ordnungsmäßiger Buchführung ist **Gesetzesverletzung**, da jenen Grundsätzen Rechtsnormqualität zukommt (§§ 238 Abs. 2, 264 Abs. 2   7

---

20 *Zöllner* in KölnKomm. AktG, § 256 Rz. 27.
21 *Adler/Düring/Schmaltz*, § 256 AktG Rz. 39; *Balthasar*, Die Bestandskraft handelsrechtlicher Jahresabschlüsse, S. 189 ff.; *Döllerer*, BB 1965, 1405, 1407; *Heidel* in Heidel, § 256 Rz. 70; *Hüffer* in MünchKomm. AktG, § 256 Rz. 16; *H.-P. Müller* in FS Quack, S. 345, 349.
22 Zutreffend *Adler/Düring/Schmaltz*, § 256 AktG Rz. 50.
23 Zutreffend *Kropff*, ZGR 1994, 628, 636.
24 BGH v. 15.11.1993 – II ZR 235/92, BGHZ 124, 111, 119 = AG 1994, 124; BGH v. 21.7.1994 – II ZR 82/93, BGHZ 137, 378, 384; *Schilling* in Großkomm. AktG, 3. Aufl., § 256 Rz. 17; *Kropff*, ZGR 1994, 628, 636; *Wichmann*, GmbHR 1992, 643, 648.
25 BGH v. 21.7.1994 – II ZR 82/93, BGHZ 137, 378, 384. Der BGH hielt eine solche phasengleiche Aktivierung früher für statthaft (BGHZ 65, 230, 233 ff.), heute unter bestimmten Voraussetzungen sogar für geboten (BGH, AG 1994, 467, 468). Zur europarechtlichen Zulässigkeit EuGH v. 27.6.1996 – Rs. C 234/94 – „Tomberger", Slg. 1996-I, S. 3145, 3153 ff. (Tz. 17 ff.).
26 BGH v. 15.11.1993 – II ZR 235/92, BGHZ 124, 111, 119 = AG 1994, 124; zustimmend *Jasper*, WiB 1994, 155, 157.
27 BGH v. 23.9.1991 – II ZR 189/90, NJW-RR 1992, 167, 168 = AG 1992, 58.
28 BGH v. 1.3.1982 – II ZR 23/81, BGHZ 83, 341, 347; OLG Dresden v. 16.2.2006 – 2 U 290/05, ZIP 2006, 1773, 1775 = AG 2006, 672; OLG Hamm v. 17.4.1991 – 8 U 173/90, AG 1992, 233, 234; LG Stuttgart v. 11.4.1994 – 6 KfH O 169/93, AG 1994, 473, 474; *Adler/Düring/Schmaltz*, § 256 AktG Rz. 48; *Schilling* in Großkomm. AktG, 3. Aufl., § 256 Rz. 16; *Kropff*, ZGR 1994, 628, 636; *Hüffer* in MünchKomm. AktG, § 256 Rz. 59.
29 LG Düsseldorf v. 26.2.1988 – 40 O 255/80, AG 1989, 140, 141; LG Stuttgart v. 29.12.2000 – 5 KfH O 148/00, DB 2001, 1025; *Schilling* in Großkomm. AktG, 3. Aufl. § 256 Rz. 16; *Kropff*, ZGR 1994, 628, 636; *Hüffer* in MünchKomm. AktG, § 256 Rz. 59.
30 LG Düsseldorf v. 26.2.1988 – 40 O 255/80, AG 1989, 140, 141.

Satz 1 HGB)[31]. Gesetzesverstöße dieser Art werden sich freilich häufig in Gliederungs-, Ansatz- oder Bewertungsverstößen manifestieren und führen dann zur Nichtigkeit nach § 256 Abs. 4, 5. Gleichwohl mag es Abweichungen von den GoB geben, die sich nicht als solche Verstöße begreifen lassen. So liegt es, wenn die Eröffnungsbuchung des Folgejahres entgegen § 252 Abs. 1 Nr. 1 HGB nicht mit der Abschlussbuchung des Vorjahres übereinstimmt. Solche Verstöße führen dann direkt nach § 256 Abs. 1 Nr. 1 zur Nichtigkeit des Jahresabschlusses[32], jedoch nur, wenn sie die Darstellung der Vermögens-, Finanz- und Ertragslage wesentlich beeinträchtigen[33]. Dies Erfordernis einer **wesentlichen Beeinträchtigung** gilt ebenso für die Nichtigkeit des Jahresabschlusses wegen Ansatz- und Bewertungsfehlern (näher unten Rz. 15); es entpuppt sich damit als **durchgängiges Rechtsprinzip.**

d) Fehlende Elemente der Rechnungslegung

8   Ein eigener Anwendungsbereich kommt § 256 Abs. 1 Nr. 1 nur dort zu, wo Bestandteile des Jahresabschlusses als Ganzes fehlen. So ist der **Anhang** nach § 264 Abs. 1 Satz 1 HGB Bestandteil des Jahresabschlusses; sein Fehlen führt zur Nichtigkeit nach § 256 Abs. 1 Nr. 1[34]. Dagegen ist der Jahresabschluss nicht schon deshalb nach Nr. 1 nichtig, weil eine Konzernrechnungslegung erforderlich gewesen wäre, aber unterblieben ist[35]. Denn diese dient bloß dem Informationsinteresse der gegenwärtigen und künftigen Aktionäre. Ebenso wenig führt ein fehlender Lagebericht zur Nichtigkeit des Jahresabschlusses[36]; denn der Lagebericht ist ein vom Jahresabschluss getrennter, eigenständiger Bestandteil der Rechnungslegung[37]. Aus dem gleichen Grund zieht auch ein fehlender Abhängigkeitsbericht (§ 312) oder eine fehlende Prüfung dieses Berichts (§ 313) nicht die Nichtigkeit des Jahresabschlusses nach sich[38].

e) Satzungsverletzungen

9   Aus der Verletzung von Regelungen in der Satzung folgt **keine Nichtigkeit** nach § 256 Abs. 1 Nr. 1. Denn sie sind i.S. dieser Bestimmung keine „Vorschriften"[39]. Zwar ergibt sich aus dieser Handhabung die Konsequenz, dass Satzungsverstöße insoweit ohne Sanktion bleiben; denn sie führen wegen § 257 auch nicht zur Anfechtbarkeit[40]. Dass § 256 Abs. 1 Nr. 1 gleichwohl nur staatliche Rechtsvorschriften meinen kann, zeigt sich daran, dass die Nichtigkeit an den Zweck der verletzten Vorschrift gekoppelt ist. Der Gesetzgeber knüpft damit die Nichtigkeitsfolge an eine Vorschrift, der *er selbst* die Interessenbewertung beigelegt hat, dass mit ihrer Hilfe Gesellschaft oder Gläubiger geschützt werden sollen. Zwar könnte gewiss auch der Satzungsgeber im Interesse der Selbstfinanzierung der Gesellschaft Vorschriften zur Aufstellung des Jahresabschlusses erlassen. Der Umfang, in dem der Gesetzgeber Verstöße gegen sol-

---

31 *Hüffer*, § 256 Rz. 7; *H.-P. Müller* in FS Budde, S. 431, 443.
32 *H.-P. Müller* in FS Budde, S. 431, 443.
33 *Hüffer*, § 256 Rz. 7; *Kropff* in FS Budde, S. 341, 347; *Zöllner* in FS Scherrer, S. 355, 364.
34 BGH v. 11.10.1999 – II ZR 120/98, BGHZ 142, 382, 384 = AG 2000, 129; *Adler/Düring/Schmaltz*, § 256 AktG Rz. 13; *Hüffer* in MünchKomm. AktG, § 256 Rz. 17.
35 OLG Karlsruhe v. 21.11.1986 – 15 U 78/84, WM 1987, 533, 534 = AG 1989, 35; *Hüffer*, § 256 Rz. 3.
36 So aber *Schilling* in Großkomm. AktG, 3. Aufl. § 256 Rz. 5; *Zöllner* in KölnKomm. AktG, § 256 Rz. 19; *Timm*, ZIP 1993, 114, 116.
37 OLG Köln v. 24.11.1992 – 22 U 72/92, AG 1993, 86, 87; *Adler/Düring/Schmaltz*, § 256 AktG Rz. 13; *Hüffer* in MünchKomm. AktG, § 256 Rz. 17; *Tielmann*, Durchsetzung ordnungsmäßiger Rechnungslegung – Ein Beitrag zur aktuellen Enforcement-Diskussion, S. 141.
38 OLG Köln v. 24.11.1992 – 22 U 72/92, AG 1993, 86, 87.
39 *Adler/Düring/Schmaltz*, § 256 AktG Rz. 6; *Heidel* in Heidel, § 256 Rz. 12; *Hüffer* in MünchKomm. AktG, § 256 Rz. 15.
40 So die beachtliche Kritik von *Zöllner* in KölnKomm. AktG, § 256 Rz. 24.

che Satzungsbestimmungen mit der Nichtigkeitsfolge sanktioniert, ist indes abschließend in § 256 Abs. 1 Nr. 4 beschrieben. Diese Vorschrift rechtfertigt den Umkehrschluss, dass im Fall des § 256 Abs. 1 Nr. 1 Satzungsverletzungen nicht zur Nichtigkeit führen.

2. Maßgeblicher Zeitpunkt

Für die Beurteilung, ob der Jahresabschluss i.S. des § 256 Abs. 1 Nr. 1, Abs. 5 an einem inhaltlichen Fehler leidet, kommt es auf den Zeitpunkt seiner **Feststellung** an[41]. Diese Festlegung gewinnt gerade bei der Anwendung der Bewertungsvorschriften gewichtige Bedeutung: Wenn etwa im Zeitpunkt der Feststellung des Jahresabschlusses ein Posten überbewertet wurde und später in einer Weise im Wert steigt, die eine Wertaufholung zulässig machen oder sogar gebieten würde (§ 280 HGB), so verbleibt es gleichwohl bei der Nichtigkeit nach § 256 Abs. 5 Satz 1 Nr. 1. Allerdings führt eine objektiv unrichtige Bewertung nur zur Nichtigkeit, wenn sie bei Ausschöpfung aller Erkenntnismöglichkeiten hätte vermieden werden können[42]: denn § 252 Abs. 1 Nr. 4 HGB gebietet (nur) die Berücksichtigung *vorhersehbarer* Risiken und Verluste.

10

3. Gliederungsmängel (§ 256 Abs. 4)

a) Gesetzesverstoß

Als Vorschriften, deren Verletzung die Nichtigkeit des Jahresabschlusses gem. § 256 nach sich ziehen kann, kommen insbesondere die §§ 265, 266, 268–277 HGB sowie die §§ 152, 158, 240, 261 Abs. 1 Satz 6, 286 Abs. 2 in Betracht. Ebenso liegt ein Gliederungsfehler vor, wenn ein Formblatt, dessen Verwendung durch eine aufgrund § 330 HGB erlassene Rechtsverordnung vorgeschrieben ist, nicht oder nicht ordnungsgemäß verwendet worden ist. Ganz allgemein ist ein Gliederungsfehler nur dann gegeben, wenn Bilanz- oder Gewinn- und Verlustrechnung nicht tief genug gegliedert sind[43] oder wenn ein Posten im Jahresabschluss an **falscher Stelle** Berücksichtigung findet[44]. Wird er dagegen entgegen einem gesetzlichen Gebot *überhaupt nicht* berücksichtigt, fällt dies unter § 256 Abs. 5[45].

11

b) Einzelfälle

Erhält die Gesellschaft eine Warengutschrift, so darf diese in der Gewinn- und Verlustrechnung nicht als Verminderung des Aufwands für Waren, sondern muss i.S. des § 275 Abs. 2 Nr. 15 HGB als außerordentlicher Ertrag gebucht werden; ein Verstoß hiergegen ist ein für § 256 Abs. 4 relevanter Gliederungsfehler[46]. Ein solcher Fehler ist ebenso gegeben, wenn gegen das Saldierungsverbot des § 246 Abs. 2 Satz 2 HGB verstoßen wird[47] oder wenn Anteile an verbundenen Unternehmen entgegen § 266 Abs. 3 HGB nicht gesondert ausgewiesen, sondern allgemein als „Beteiligungen" ver-

12

---

41 OLG Hamm v. 11.12.1991 – 8 U 135/91, AG 1992, 274; *Heidel* in Heidel, § 256 Rz. 10.
42 *Balthasar*, Die Bestandskraft handelsrechtlicher Jahresabschlüsse, S. 196 ff.; *H.-P. Müller* in FS Quack, S. 345, 354 ff.; *Schön* in FS 50 Jahre BGH, S. 153, 162.
43 *Adler/Düring/Schmaltz*, § 256 AktG Rz. 35; *Heidel* in Heidel, § 256 Rz. 26; *Hüffer*, § 256 Rz. 23.
44 *Adler/Düring/Schmaltz*, § 256 AktG Rz. 35; *Heidel* in Heidel, § 256 Rz. 26; *Zöllner* in KölnKomm. AktG, § 256 Rz. 18.
45 *Zöllner* in KölnKomm. AktG, § 256 Rz. 18.
46 LG Stuttgart v. 11.4.1994 – 6 KfH O 169/93, AG 1994, 473 f.
47 *Balthasar*, Die Bestandskraft handelsrechtlicher Jahresabschlüsse, S. 192; *Hüffer*, § 256 Rz. 23; *Tielmann*, Durchsetzung ordnungsmäßiger Rechnungslegung – Ein Beitrag zur aktuellen Enforcement-Diskussion, S. 143 f.

bucht werden[48]. Ist der **Erwerb einer Beteiligung** mit Rücksicht auf ein laufendes Fusionskontrollverfahren **schwebend unwirksam**, so darf diese Beteiligung nach Ansicht des OLG Düsseldorf im Anlagevermögen aktiviert und muss dort nicht gesondert ausgewiesen werden[49]; unterbleibt ein solcher Ausweis, so soll dies konsequent nicht zur Nichtigkeit des Jahresabschlusses führen[50]. Diese Auffassung trifft in bezug auf § 256 Abs. 4 zu, schöpft aber das Problem nicht aus. Denn solange der Beteiligungserwerb nicht wirksam ist, gehören die Beteiligungen – zumindest als solche – *überhaupt nicht* zum Vermögen der Gesellschaft (auch nicht zum Umlaufvermögen[51]) und dürfen daher nicht als solche aktiviert werden. *Dieser* Mangel ist aber kein Gliederungs-, sondern ein Bewertungsfehler, dessen Folgen sich nach § 256 Abs. 5 richten. Im Übrigen wird ein Gliederungsfehler regelmäßig zur Nichtigkeit führen, wenn er nach § 334 Abs. 1 Nr. 1c HGB mit Bußgeld bewehrt ist[52] oder wenn nicht einmal jene Untergliederung vorgenommen wird, die nach § 266 Abs. 1 HGB für kleine Kapitalgesellschaften vorgeschrieben wird[53].

c) Wesentliche Beeinträchtigung der Klarheit und Übersichtlichkeit

13   § 243 Abs. 2 HGB fordert, dass der Jahresabschluss klar und übersichtlich sein muss. Gliederungsfehler führen konsequent nach § 256 Abs. 4 nicht schon allein für sich zur Nichtigkeit des Jahresabschlusses, sondern nur, wenn eben diese Klarheit und Übersichtlichkeit durch den Fehler wesentlich beeinträchtigt wird. Die Beurteilung dieser Wesentlichkeit hängt vom Einzelfall ab. **Beispiel:** Wenn ein außerordentlicher Ertrag in unzulässiger Weise nicht gesondert als solcher ausgewiesen, sondern als Verminderung des Aufwands verbucht wird, leidet die Übersichtlichkeit des Jahresabschlusses wesentlich; denn bei vorschriftsmäßigem Ausweis wäre für den Leser des Jahresabschlusses erkennbar gewesen, dass das operative Betriebsergebnis in Wahrheit deutlich weniger positiv ausgefallen ist[54]. Die Folge ist die Nichtigkeit des Jahresabschlusses nach § 256 Abs. 1 Nr. 1, Abs. 4.

4. Bewertungsfehler (§ 256 Abs. 5)

a) Überblick

14   § 256 Abs. 5 enthält in Satz 2 eine Legaldefinition der Über- und in Satz 3 eine solche für die Unterbewertung. Die Voraussetzungen für die Nichtigkeitsfolge werden in Satz 1 differenziert beschrieben: Die Überbewertung von Posten führt nach § 256 Abs. 5 Nr. 1 ohne weiteres zur Nichtigkeit des Jahresabschlusses, die Unterbewertung nach § 256 Abs. 1 Nr. 2 nur dann, wenn die Vermögens-, Finanz- und Ertragslage hierdurch vorsätzlich unrichtig dargestellt wird. Über die **teleologische Rechtfertigung** dieser **differenzierten Nichtigkeitssanktion** besteht Streit. Teilweise wird hervorgehoben, die Nichtigkeitssanktion bei Überbewertung schütze die Gläubiger; dagegen diene jene Sanktion bei Unterbewertung dem Schutz der Aktionäre vor unrechtmäßiger Thesaurierung ausschüttbarer Gewinne[55]; indem die Überbewertung

---

48 LG Mainz v. 16.10.1990 – 10 HO 57/89, ZIP 1991, 583, 585 = AG 1991, 30.
49 OLG Düsseldorf v. 22.3.1977 – U (Kart.) 5/76, AG 1977, 195, 196.
50 Zustimmend *Hüffer*, § 256 Rz. 23.
51 Dies gegen LG Düsseldorf v. 8.4.1976 – 38o 149/75, AG 1976, 162.
52 *Balthasar*, Die Bestandskraft handelsrechtlicher Jahresabschlüsse, S. 192 f.; *Heidel* in Heidel, § 256 Rz. 27; ablehnend *Hüffer* in MünchKomm. AktG, § 256 Rz. 55.
53 *Balthasar*, Die Bestandskraft handelsrechtlicher Jahresabschlüsse, S. 193.
54 LG Stuttgart v. 11.4.1994 – 6 KfH O 169/93, AG 1994, 473 f.
55 *Balthasar*, Die Bestandskraft handelsrechtlicher Jahresabschlüsse, S. 193 f.; *Tielmann*, Durchsetzung ordnungsmäßiger Rechnungslegung – Ein Beitrag zur aktuellen Enforcement-Diskussion, S. 144.

rascher zur Nichtigkeit führe als die Unterbewertung, bringe das Gesetz zum Ausdruck, dass es den Interessen der Gläubiger einen höheren Rang einräume[56]. In der Tat werden die Gläubiger durch eine Unterbewertung kaum Nachteile erleiden, da sie der Kapitalerhaltung eher noch förderlich ist. Gleichwohl lässt sich das Unterbewertungsverbot nicht ausschließlich als Instrument des Aktionärsschutzes begreifen. Denn durch eine systematische Unterbewertung über mehrere Jahre hinweg mag die wahre Geschäftsentwicklung verschleiert werden, weil die Unterbewertung zur Bildung stiller Reserven führt, die ebenso still wieder aufgelöst werden können. Der Jahresabschluss kann dann den ihm ebenfalls zugedachten *informationellen Gläubigerschutz* nicht leisten. In der differenzierten Nichtigkeitssanktion kommt daher keine Gewichtung kollidierender Interessen, sondern eine Abschätzung von Gefährdungspotentialen zum Ausdruck: Das Gesetz geht – durchaus zu Recht – davon aus, dass die **Unterbewertung** für die Gläubiger **weniger gefährlich** ist als die Überbewertung[57]. Eine Überbewertung liegt auch dann vor, wenn Aktivposten als ganzes unzulässig gebildet worden sind oder die Bildung von Passivposten als ganzes unzulässig unterblieben ist. Umgekehrt ist eine Unterbewertung gegeben, wenn Vermögensgegenstände unzulässig nicht aktiviert oder Passivposten unzulässig gebildet worden sind. In diesen Fällen liegen zwar eigentlich Ansatzfehler vor, die aber in erweiternder Auslegung des § 256 Abs. 5 unter den Begriff des Bewertungsfehlers subsumiert werden können (oben Rz. 6). § 256 Satz 4 enthält eine Sonderregel für Kreditinstitute und für die Versicherungswirtschaft.

b) Wesentlichkeitsschwelle

aa) Grundsatz. Ansatz- und Bewertungsfehler führen nach h.M. nur dann zur Nichtigkeit des Jahresabschlusses, wenn durch ihn die Darstellung der Vermögens-, Finanz- und Ertragslage **wesentlich beeinträchtigt** ist[58]. Diese Auffassung ist im Schrifttum kritisiert worden, da § 256 Abs. 5 im Gegensatz zu § 256 Abs. 4 eine solche Wesentlichkeitsschwelle nicht aufstelle und Überbewertungen stets die Gefahr der Irreführung der Gläubiger mit sich brächten[59]. An der h.M. ist gleichwohl dem Grunde nach festzuhalten, da sie der Tendenz des § 256 zur Begrenzung der Nichtigkeitsgründe entspricht. Doch ist die Bagatellausnahme gerade bei Überbewertungen aus den von der Gegenansicht zu Recht vorgetragenen Gründen streng zu handhaben. Für die Frage der Wesentlichkeit kommt es zum einen auf die **Bedeutung der verletzten Norm**, zum anderen auf die **Auswirkungen des Verstoßes** auf das Zahlenwerk insgesamt, insbesondere auf die Erheblichkeit des Betrags an, um den die Vermögens-, Finanz- und Ertragslage der Gesellschaft zu gut oder zu schlecht dargestellt wird[60]. | 15

bb) Einzelfälle. Zu Recht nicht in Frage gestellt, ja nicht einmal im Ansatz problematisiert wurde die Wesentlichkeit in einem Fall, in dem im Jahresabschluss der | 16

---

56 *Adler/Düring/Schmaltz*, § 256 AktG Rz. 38; *Balthasar*, Die Bestandskraft handelsrechtlicher Jahresabschlüsse, S. 194; *Tielmann*, Durchsetzung ordnungsmäßiger Rechnungslegung – Ein Beitrag zur aktuellen Enforcement-Diskussion, S. 146.
57 *Kropff*, ZGR 1994, 628, 636.
58 BGH v. 1.3.1982 – II ZR 23/81, BGHZ 83, 341, 347; BGH v. 21.7.1994 – II ZR 82/93, BGHZ 137, 378, 385; OLG Hamm v. 17.4.1991 – 8 U 173/90, AG 1992, 233, 234; LG Frankfurt v. 3.5.2001 – 3/6 O 135/00, DB 2001, 1483 = AG 2002, 297; LG Stuttgart v. 29.12.2000 – 5 KfH O 148/00, DB 2001, 1025; *Balthasar*, Die Bestandskraft handelsrechtlicher Jahresabschlüsse, S. 195 f.; *Schulze-Osterloh* in Baumbach/Hueck, GmbHG, § 42a Rz. 31; *Hennrichs*, ZHR 168 (2004), 383, 388; *Zöllner* in KölnKomm. AktG, § 256 Rz. 25; *Hüffer* in MünchKomm. AktG, § 256 Rz. 56; *Schedlbauer*, DB 1992, 2097, 2099; *Tielmann*, Durchsetzung ordnungsgemäßer Rechnungslegung – Ein Beitrag zur aktuellen Enforcement-Diskussion, S. 146.
59 *Kowalski*, AG 1993, 502, 503; ebenso kritisch *Heidel* in Heidel, § 256 Rz. 12, 35.
60 *Hennrichs*, ZHR 168 (2004), 383, 388.

Muttergesellschaft die Verlustübernahmepflicht nach § 302 mit 10,8 Mio. statt wie geboten mit 23,6 Mio. DM passiviert wurde; das OLG Dresden hat hier den Jahresabschluss überzeugend wegen Überbewertung für nichtig erklärt[61]. Macht die Überbewertung eines Postens 22% des Bilanzgewinns, aber bloß 1% der Gesamtsumme aus, so soll es nach Ansicht des LG Frankfurt an einer wesentlichen Beeinträchtigung fehlen[62]. Das ist abzulehnen; denn der **ausschüttbare Gewinn** liefert über die **Ertragslage** eine wesentlich **stichhaltigere Aussage** als die **Bilanzsumme** als solche. Großzügiger mag man im Fall der Unterbewertung verfahren: Wird infolge der Passivierung einer Verbindlichkeit, deren Erfüllung die Gesellschaft nicht schuldet, ein um 4,4% niedrigerer Bilanzgewinn ausgewiesen, so ist die Ertragslage noch nicht wesentlich unrichtig dargestellt[63].

c) Kompensation

17 Wenn **einzelne Gegenstände innerhalb eines Bilanzpostens über- und andere unterbewertet sind** und sich beide Bewertungsfehler im wesentlichen gegenseitig neutralisieren, liegt bereits **keine Über- oder Unterbewertung eines Bilanzpostens** vor[64]. Zwar ordnet § 252 Abs. 1 Nr. 3 HGB die Einzelbewertung sämtlicher Vermögensgegenstände an. Die Nichtigkeit des Jahresabschlusses knüpft jedoch nicht an die Falschbewertung von „Vermögensgegenständen", sondern an die Falschbewertung von „Bilanzposten" an. Das Gesetz nimmt daher im Interesse der Beschränkung der Nichtigkeitssanktion Fehler bei der Einzelbewertung hin, solange der Posten insgesamt mit dem zutreffenden Wert ausgewiesen wird. Dies alles gilt freilich konsequent nur, soweit die Bewertungsfehler ein und demselben Posten zuzuschlagen sind; Bewertungsfehler in unterschiedlichen Posten führen zur Nichtigkeit wegen Über- bzw. Unterbewertung, ohne dass sie sich gegenseitig ausgleichen könnten[65].

d) Objektiver Fehlertatbestand

18 Zum Verstoß gegen Ansatzvorschriften vgl. bereits oben Rz. 6. Ein Verstoß gegen **Bewertungsvorschriften** liegt beispielsweise vor, wenn entgegen § 252 Abs. 1 Nr. 3 HGB bei der Bewertung Umstände berücksichtigt werden, welche erst nach dem Abschlussstichtag eingetreten sind[66]; dieser Fehler kann je nach den Umständen des Falles zu einer Über- oder Unterbewertung führen. Ebenso ist ein Bewertungsfehler gegeben, wenn entgegen § 252 Abs. 1 Nr. 4 HGB für eine Sache ein Verkaufswert aktiviert ist, der noch nicht realisiert worden ist[67]; in diesem Fall liegt eine Überbewertung vor. Im Falle der **Unterbewertung** muss in objektiver Hinsicht hinzutreten, dass die **Vermögens- und Ertragslage unrichtig wiedergegeben oder verschleiert** wird. Es genügt entgegen dem insoweit missverständlichen Wortlaut, dass der Adressat des Jahresabschlusses *entweder* bezüglich der Vermögens- *oder* bezüglich der Ertragslage

---

61 OLG Dresden v. 16.2.2006 – 2 U 290/05, ZIP 2006, 1773, 1775 f. = AG 2006, 672.
62 LG Frankfurt v. 3.5.2001 – 3/6 O 135/00, DB 2001, 1483 = AG 2002, 297.
63 BGH v. 21.7.1994 – II ZR 82/93, BGHZ 137, 378, 385 f.
64 OLG Celle v. 7.9.1983 – 9 U 34/83, BB 1983, 2299, 2233; *Adler/Düring/Schmaltz*, § 256 AktG Rz. 41 f.; *Balthasar*, Die Bestandskraft handelsrechtlicher Jahresabschlüsse, S. 199 f.; *Schilling* in Großkomm. AktG, 3. Aufl., § 256 Rz. 15; *Zöllner* in KölnKomm. AktG, § 256 Rz. 42; *Kowalski*, AG 1993, 502, 503; *Hüffer* in MünchKomm. AktG, § 256 Rz. 58; skeptisch *Tielmann*, Durchsetzung ordnungsmäßiger Rechnungslegung – Ein Beitrag zur aktuellen Enforcement-Diskussion, S. 145.
65 LG Stuttgart v. 29.12.2000 – 5 KfH O 148/00, DB 2001, 1025 f.; *Hüffer*, § 256 Rz. 25.
66 LG Düsseldorf v. 26.2.1988 – 40 O 255/80, AG 1989, 140, 141.
67 LG Düsseldorf v. 26.2.1988 – 40 O 255/80, AG 1989, 140, 141.

in die Irre geleitet wird[68]. Jene Lage wird unrichtig wiedergegeben, wenn die im Jahresabschluss enthaltenen Informationen greifbar falsch sind[69]. Sie wird verschleiert, wenn es Dritten unmöglich gemacht wird, sich anhand des Jahresabschlusses ein klares Bild von der wahren Situation der Gesellschaft zu verschaffen[70].

e) Subjektive Voraussetzungen

Die **Überbewertung** führt bereits dann zur Nichtigkeit des Jahresabschlusses, wenn sie **objektiv vorliegt.** Subjektive Anforderungen auf seiten der für die Auf- und Feststellung des Jahresabschlusses verantwortlichen Gesellschaftsorgane stellt § 256 Abs. 5 Satz 1 Nr. 1 für den Fall der Überbewertung nicht auf, wie sich aus einem Gegenschluss aus § 256 Abs. 5 Satz 1 Nr. 2 ergibt. Andeutungen im Schrifttum, nur dolose oder grob fahrlässige Bilanzansätze könnten zur Nichtigkeit führen[71], können daher nicht überzeugen. Die Nichtigkeit entfällt lediglich dann, wenn Umstände nicht berücksichtigt wurden, die bei Ausschöpfung aller Erkenntnisquellen nicht erkennbar waren; denn insoweit liegt im maßgeblichen Zeitpunkt (oben Rz. 10) schon objektiv kein Fehler vor. Die **Unterbewertung** führt dagegen nach § 256 Abs. 5 Satz 1 Nr. 2 nur dann zur Nichtigkeit, wenn durch sie die Vermögens- und Ertragslage der Gesellschaft **vorsätzlich** unrichtig wiedergegeben oder verschleiert wird. Bedingter Vorsatz genügt[72]. Der Vorsatz muss nicht bei allen, sondern nur bei den an der Auf- oder Feststellung des Jahresabschlusses maßgeblich beteiligten Organmitgliedern vorliegen[73]. Er muss sich nicht auf den Bewertungsfehler, sondern auf die unrichtige Wiedergabe oder Verschleierung der Vermögens- bzw. Ertragslage beziehen[74]. Am Vorsatz fehlt es, wenn die Unzulässigkeit der Bilanzierung sich erst aus einer geänderten höchstrichterlichen Rechtsprechung ergibt, die im Zeitpunkt der Feststellung des Jahresabschlusses noch nicht vorlag und daher auch nicht bekannt sein konnte[75]. Die Beweislast für das Vorliegen des Vorsatzes trägt der Kläger, der die Nichtigkeit des Jahresabschlusses geltend macht[76].

f) Branchenspezifische Sonderregeln

Das HGB enthält in §§ 340 ff. besondere Vorschriften für die Aufstellung des Jahresabschlusses von **Kredit- oder Finanzinstituten** und in §§ 341 ff. Sonderregeln für den Jahresabschluss von **Versicherungsunternehmen.** Hierin sind Ansatz und Bewertung von Vermögensgegenständen teilweise abweichend von den allgemeinen Bilanzierungsvorschriften geregelt. Sofern der Jahresabschluss jenen Sonderregeln entspricht, kann er konsequent nicht wegen Verstoßes gegen §§ 253–256, 279–283 HGB nichtig sein. Dies stellt das AktG in § 256 Abs. 5 Satz 4 klar.

5. Rücklagen (§ 256 Abs. 1 Nr. 4)

Die Bildung von unzulässigen oder die Nichtbildung von gebotenen Rücklagen wird durch § 256 Abs. 1 Nr. 4 erfasst. Die Vorschrift geht insoweit § 256 Abs. 1 Nr. 1 als

19

20

21

---

68 *Adler/Düring/Schmaltz,* § 256 AktG Rz. 51; *Schilling* in Großkomm. AktG, 3. Aufl., § 256 Rz. 17; *Hüffer,* Rz. 26a; *Zöllner* in KölnKomm. AktG, § 256 Rz. 49.
69 *Hüffer,* § 256 Rz. 26a.
70 *Hüffer,* § 256 Rz. 26a.
71 *Schedlbauer,* DB 1992, 2097, 2099.
72 BGH v. 15.11.1993 – II ZR 235/92, BGHZ 124, 111, 120 = AG 1994, 124.
73 *Heidel* in Heidel, § 256 Rz. 36; *Hüffer,* § 256 Rz. 27; ähnlich *Schedlbauer,* DB 1992, 2097, 2099; strenger offenbar *Kropff,* ZGR 1994, 628, 639: Vorsatz der Mehrheit der Vorstands- und Aufsichtsratsmitglieder.
74 *Hüffer,* § 256 Rz. 27.
75 BGH v. 21.7.1994 – II ZR 82/93, BGHZ 137, 378, 384 f.
76 OLG Düsseldorf v. 22.3.1977 – U (Kart.) 5/76, AG 1977, 195, 196 f.

lex specialis vor[77]. Die Nichtigkeit nach § 256 Abs. 1 Nr. 4 ergibt sich, wenn eine der folgenden Vorschriften verletzt wird: §§ 58, 150, 173 Abs. 2 Satz 2, 230–232, 237 Abs. 5, 300, 301 Satz 2; ebenso § 272 Abs. 4 HGB[78]. Von § 256 Abs. 1 Nr. 4 **nicht erfasst** ist die unzulässige Bildung von **stillen Reserven**. In diesem Fall handelt es sich vielmehr um eine Unterbewertung von Posten, die ausschließlich unter dem Gesichtspunkt des § 256 Abs. 5 zu diskutieren ist[79].

V. Prüfungsmängel

1. Fehlende oder unvollständige Prüfung (§ 256 Abs. 1 Nr. 2)

22   Nach § 256 Abs. 1 Nr. 2 ist der Jahresabschluss zunächst dann nichtig, wenn die Pflichtprüfung (§ 316 Abs. 1 HGB) oder eine ggf. nach § 316 Abs. 3 HGB erforderliche Nachtragsprüfung **überhaupt unterblieben** ist. Praktisch wichtiger ist jedoch der Fall, dass eine Prüfung als solche zwar stattgefunden hat, die **Prüfungshandlungen** aber als **schlechthin unzureichend** angesehen werden müssen. Das ist der Fall bei Verstößen gegen „grundlegende, die zwingende öffentlich-rechtliche Bedeutung der Pflichtprüfung berührende Bestimmungen"[80]. Unter diesem Gesichtspunkt ist der Jahresabschluss nichtig, wenn wesentliche Teile des Jahresabschlusses[81], etwa ganze Bilanzposten wie Anlage- oder Umlaufvermögen[82], überhaupt nicht geprüft worden sind. Ebenso tritt Nichtigkeit ein, wenn der nach § 321 HGB vorgesehene Prüfbericht des Abschlussprüfers zum Jahresabschluss fehlt[83], d.h. nicht spätestens vor der Feststellung des Jahresabschlusses durch den Aufsichtsrat vorgelegt wird[84]. Die Nichtigkeit wird in diesem Fall nicht dadurch beseitigt, dass der Prüfbericht nach der Feststellung des Jahresabschlusses nachgereicht wird[85]. Denn in diesem Zeitpunkt kann jener Bericht seine Funktion, den Aufsichtsrat bei dessen Tätigkeit zu unterstützen, nicht mehr erfüllen. Die Nichtigkeit wird ferner nur vermieden, wenn der Prüfbericht im gebotenen Zeitpunkt formgerecht, d.h. schriftlich und mit Unterschrift des Prüfers, vorgelegt wird[86]. Ein Kurzbericht soll nach h.M. genügen[87]. Nichtigkeit tritt schließlich ein, wenn der Prüfbericht weder einen Bestätigungsvermerk noch einen Vermerk über dessen Versagung enthält[88]. Fehlende Angaben nach § 321 Abs. 1, 3, 4 sowie das Versäumnis, dem Vorstand Gelegenheit zur Stellungnahme zu geben (§ 321 Abs. 5 Satz 2), führen dagegen nicht zur Nichtigkeit[89]. Bei der Bestimmung des Anwendungsbereichs von § 256 Abs. 1 Nr. 2 ist ganz allgemein höchste Sorgfalt gebo-

---

77 *Adler/Düring/Schmalz*, § 256 AktG Rz. 34; *Balthasar*, Die Bestandskraft handelsrechtlicher Jahresabschlüsse, S. 202; *Heidel* in Heidel, § 256 Rz. 19; *Hüffer*, § 256 Rz. 15; *Zöllner* in KölnKomm. AktG, § 256 Rz. 12.
78 Vgl. LG Mainz v. 16.10.1990 – 10 HO 57/89, ZIP 1991, 583, 587 = AG 1991, 30: Nichtigkeit wegen nicht gebildeter Rücklage für Anteile eines herrschenden Unternehmens, § 272 Abs. 4 Satz 4 HGB.
79 *Hüffer*, § 256 Rz. 15.
80 RG Bankwirtschaft 1945, 26 = WPg 1970, 421, 423; OLG Hamburg v. 11.1.2002 – 11 U 145/01, AG 2002, 460, 461; *Heidel* in Heidel, § 256 Rz. 14.
81 *Schilling* in Großkomm. AktG, 3. Aufl., § 256 Rz. 5; *Zöllner* in KölnKomm. AktG, § 256 Rz. 55.
82 *Hüffer* in MünchKomm. AktG, § 256 Rz. 22.
83 RG Bankwirtschaft 1945, 26 = WPg 1970, 421, 423; *Hild*, DB 1972, 1445, 1450; *Heidel* in Heidel, § 256 Rz. 13; *Hüffer*, § 256 Rz. 11.
84 *Hüffer* in MünchKomm. AktG, § 256 Rz. 23.
85 Zutreffend *Hüffer*, § 256 Rz. 11; *Zöllner* in KölnKomm. AktG, § 256 Rz. 62.
86 *Hüffer*, § 256 Rz. 11.
87 RG Bankwirtschaft 1945, 26 = WPg 1970, 421, 423; OLG Celle v. 7.1.1961 – 9 U 17/60, AG 1961, 105; *Hild*, DB 1972, 1445, 1450.
88 *Zöllner* in KölnKomm. AktG, § 256 Rz. 63; *Hüffer* in MünchKomm. AktG, § 256 Rz. 25.
89 *Hüffer* in MünchKomm. AktG, § 256 Rz. 23.

ten; denn der Nichtigkeitsgrund nach dieser Vorschrift ist **unheilbar** (unten Rz. 33). Deshalb geht die Auffassung, wonach Prüfungshandlungen, die den Pflichtenrahmen des § 317 HGB nicht erschöpfend ausfüllen, stets dazu führen, dass i.S. des § 256 Abs. 1 Nr. 2 eine Prüfung nicht stattgefunden hat[90], letztlich zu weit: Wenn das Gesetz auf der Rechtsfolgeseite unheilbare Nichtigkeit anordnet, müssen auch auf der Tatbestandsseite besonders schwerwiegende Mängel belegbar sein. Dafür kann nicht jedes i.S. des § 317 HGB pflichtwidrige Versäumnis genügen.

Wird das **Testat eingeschränkt oder versagt**, so führt dies für sich gesehen noch **nicht zur Nichtigkeit** des Jahresabschlusses[91]. Denn die Prüfung als solche ist mit der Stellungnahme des Abschlussprüfers, ob der Jahresabschluss den gesetzlichen Vorschriften entspricht, ordnungsgemäß abgeschlossen. Die Gegenansicht, nach der eine Einschränkung oder Verweigerung des Bestätigungsvermerks immer zur Nichtigkeit führt[92], verkennt den Unterschied zwischen Prüfungs- und Inhaltsmängeln. Wenn das Testat nicht oder nicht uneingeschränkt erteilt wird, fehlt es nicht an einer ordnungsmäßigen Prüfung des Jahresabschlusses; vielmehr ist in diesem Fall ein inhaltlicher Mangel indiziert. *Dieser* Mangel führt indes nur dann zur Nichtigkeit, wenn er tatsächlich nachgewiesen werden kann und wenn er so bedeutsam erscheint, dass er die besonderen Voraussetzungen des § 256 Abs. 1 Nr. 1, Abs. 4, 5 erfüllt. Keinen zur Nichtigkeit führenden Prüfungsmangel stellt es dar, wenn der Prüfer einer Versicherungsgesellschaft davon absieht, sich zur Höhe der Provisionsrückstellungen ein versicherungsmathematisches Gutachten vorlegen zu lassen[93]. Die fehlende Prüfung des Abhängigkeitsberichts, der für die faktisch abhängige AG nach § 312 zu erstellen ist, führt nicht zur Nichtigkeit nach § 256 Abs. 1 Nr. 2. Denn die Prüfung dieses Berichts ist nicht in § 316 HGB vorgeschrieben, sondern in § 313 AktG[94].   23

2. Fehlende Prüfereigenschaft (§ 256 Abs. 1 Nr. 3)

a) Fehlende Prüferbefähigung (1. Alt.)

Als Abschlussprüfer für AG können nach § 319 Abs. 1 Satz 1 HGB immer nur Wirtschaftsprüfer oder Wirtschaftsprüfungsgesellschaften fungieren; und selbst dies nur, wenn sie eine Bescheinigung der Teilnahme an der Qualitätskontrolle nach § 57a WPO nachweisen können. Wird jemand tätig, der diese Qualifikationserfordernisse nicht erfüllt, so ist der Jahresabschluss nach § 256 Abs. 1 Nr. 3, 1. Alt. nichtig. Daneben ist auch der Wahlbeschluss, durch den eine solche Person zum Abschlussprüfer bestellt wird, nach § 241 Nr. 3 nichtig[95]. Verstöße gegen **Tätigkeitsverbote** nach §§ 319 Abs. 2–4, 319a HGB führen dagegen **nicht zur Nichtigkeit** des Jahresabschlusses[96]; denn auf diese Ausschlussgründe wird in § 256 Abs. 1 Nr. 3, 1. Alt. seit dessen Neufassung durch das Bilanzrichtliniengesetz[97] nicht mehr Bezug genommen. In diesen Fällen ist auch der Wahlbeschluss als solcher nicht fehlerhaft, nämlich wegen § 243 Abs. 3 Nr. 2 nicht anfechtbar und, da diese Vorschrift im Rahmen des § 249 entsprechend anzuwenden ist (vgl. näher § 249 Rz. 5), auch nicht nichtig.   24

---

90 Noch weitergehend *Heidel* in Heidel, § 256 Rz. 14.
91 *Zöllner* in KölnKomm. AktG, § 256 Rz. 65; *Hüffer* in MünchKomm. AktG, § 256 Rz. 25; *Tielmann*, Durchsetzung ordnungsmäßiger Rechnungslegung – Ein Beitrag zur aktuellen Enforcement-Diskussion, S. 149.
92 *Seiffert*, Die Wirksamkeit des aktienrechtlichen Jahresabschlusses, 1974, S. 148 ff.
93 OLG Hamburg v. 11.1.2002 – 11 U 145/01, AG 2002, 460, 461.
94 OLG Köln v. 24.11.1992 – 22 U 72/92, AG 1993, 86, 87.
95 *Schulze-Osterloh* in Baumbach/Hueck, GmbHG, § 41 Rz. 119.
96 BGH v. 30.4.1992 – III ZR 151/91, BGHZ 118, 142, 149 = AG 1992, 438; *Adler/Düring/Schmaltz*, § 256 AktG Rz. 31; *Claussen*, AG 1991, 323; *Hüffer*, § 256 Rz. 14.
97 BGBl. I 1985, 2335.

b) Fehlende Prüferbestellung (2. Alt.)

25   Als Prüfer darf nur tätig werden, wer wirksam bestellt ist – entweder durch rechtsgültigen Wahlbeschluss (§ 119 Abs. 1 Nr. 4, § 318 Abs. 1 Satz 1 HGB) oder durch gerichtliche Verfügung, die nach § 16 FGG mit Bekanntgabe wirksam wird[98]. Die
Nichtbestellung führt ferner nur dann zur Nichtigkeit, wenn sie auf anderen Gründen als einem Verstoß gegen §§ 319 Abs. 2–4, 319a Abs. 1 HGB beruht. Mit dieser
Klarstellung, die durch das Bilanzrechtsreformgesetz[99] mit Wirkung zum 4.12.2004
eingefügt wurde, hat der Gesetzgeber einige **Zweifelsfragen beseitigt**, die sich zuvor
um § 256 Abs. 1 Nr. 3 rankten. Obwohl nämlich der Gesetzgeber bereits mit der Änderung des § 256 Abs. 1 Nr. 3 durch das Bilanzrichtliniengesetz zu erkennen gegeben
hatte, dass Verstöße gegen die Tätigkeitsverbote aus §§ 319 Abs. 2–4, 319a Abs. 1
HGB nicht mehr zur Nichtigkeit des Jahresabschlusses führen sollen (soeben Rz. 24),
war es denkbar, diese gesetzliche Zielsetzung durch folgende Gesetzesauslegung zu
konterkarieren: Die genannten Tätigkeitsverbote, so konnte man argumentieren,
führten zwar nicht zur Nichtigkeit unter dem Gesichtspunkt der fehlenden Prüfer*be-
fähigung* (§ 256 Abs. 1 Nr. 3, *1. Alt.*), wohl aber unter dem Gesichtspunkt der fehlenden Prüfer*bestellung* (§ 256 Abs. 1 Nr. 3, *2. Alt.*). Denn der Wahlbeschluss sei bei einem Verstoß gegen jene Tätigkeitsverbote nach § 241 Nr. 3 nichtig. Um diese Konsequenz zu vermeiden, wurde eine einschränkende Auslegung des Nichtigkeitsgrunds
„fehlende Prüferbestellung" propagiert: Der Prüfer sei auch dann „bestellt", wenn
seine Bestellung nur wegen §§ 319 Abs. 2–4, 319a Abs. 1 HGB nichtig sei[100]. Man
konnte des weiteren behaupten, der nichtig bestellte Prüfer habe auch keinen wirksamen Bestätigungsvermerk erteilen können; die Prüfung sei daher schlechthin unzureichend und müsse i.S. des § 256 Abs. 1 *Nr. 2* als *nicht stattgefunden* gelten; auch
dies Ergebnis musste mittels einer einschränkenden Auslegung vermieden werden[101]. Diese Diskussionen sind durch die Neufassung des § 256 Abs. 1 Nr. 3 heute
obsolet: Mängel in der Bestellung, die auf den genannten Tätigkeitsverboten beruhen,
führen auch nicht unter dem Gesichtspunkt fehlende Prüfer*bestellung* zur Nichtigkeit. Erneut ist hervorzuheben, dass in diesen Fällen wegen § 243 Abs. 3 Nr. 2 bereits
die Bestellung als solche nicht fehlerhaft ist[102].

VI. Verfahrensmängel

1. Nicht ordnungsgemäße Mitwirkung eines Verwaltungsorgans

a) Von § 256 Abs. 2 erfasste Verstöße

26   Der Vorstand hat nach § 264 Abs. 1 Satz 1 HGB den Jahresabschluss aufzustellen und
diesen nach § 170 Abs. 1 Satz 1 dem Aufsichtsrat zuzuleiten. Über die **Aufstellung**
des Jahresabschlusses beschließt der **Gesamtvorstand** einschließlich der stellvertretenden Mitglieder (§ 94). Die Mitwirkung von Vorstandsmitgliedern in vertretungsberechtigter Zahl genügt nicht[103]. Ist dieser Aufstellungsbeschluss von einem **unterbesetzten Vorstand** gefasst worden, so hat der Vorstand nicht ordnungsgemäß mitgewirkt; der Jahresabschluss ist nach § 256 Abs. 2 **nichtig**[104]. Die Gegenansicht

---

 98 Vgl. OLG Düsseldorf v. 26.2.1996 – 3 Wx 279/95, WM 1996, 1777, 1778.
 99 BGBl. I 2004, 3166.
100 *Adler/Düring/Schmaltz*, § 256 Rz. 31; *Gelhausen/Kuss*, NZG 2003, 424, 427; *Lutter* in FS
       Semler, S. 835, 837 f.
101 *Habersack*, NZG 2003, 659, 662 f.
102 Kritisch *Heidel* in Heidel, § 256 Rz. 17a.
103 *Zöllner* in KölnKomm. AktG, § 256 Rz. 79; *Hüffer* in MünchKomm. AktG, § 256 Rz. 36.
104 *Balthasar*, Die Bestandskraft handelsrechtlicher Jahresabschlüsse, S. 204; *Hüffer*, § 256
       Rz. 18; *Möhring*, NJW 1966, 1, 5 f.

argumentiert, die Unterbesetzung des Vorstands löse zwar eine Pflicht zur Auffüllung der vakanten Vorstandsposten aus, beseitige aber nicht die Wirksamkeit der vom unterbesetzten Vorstand vorgenommenen Rechtsakte[105]. Selbst dem unterbesetzten Vorstand könne zugemutet werden, die in die Gesamtverantwortung des Vorstands fallenden Entscheidungen zu treffen[106]. Dem Normzweck des § 256, die Nichtigkeit des festgestellten Jahresabschlusses nur bei besonders schwerwiegenden Fehlern eintreten zu lassen, laufe es diametral zuwider, wenn die Unterbesetzung des Vorstands für sich allein zur Nichtigkeit führe[107]. Die Kritik überzeugt indes nicht: Wenn eine bestimmte Zahl von Vorstandsmitgliedern vorgeschrieben ist, so steht dahinter das Anliegen, die Verantwortung für Rechtsakte des Vorstands auf entsprechend vielen Schultern zu verteilen. Wenn das nicht gewährleistet ist, können Rechtshandlungen des Vorstands keinen Bestand haben. Entscheidend ist nicht, was den verbleibenden Vorstandsmitgliedern zugemutet, sondern ob es hingenommen werden kann, dass das gesetzlich vorgesehene Mindestmaß an wechselseitiger Kontrolle nicht sichergestellt ist; letzteres ist zu verneinen. Eine Unterbesetzung liegt zum einen vor, wenn von vornherein nicht genügend Personen bestellt worden sind, zum anderen aber ebenso, wenn einzelne Bestellungen nichtig sind und die ausreichende Zahl von Vorstandsmitgliedern nur durch Hinzurechnung der nichtig bestellten erreicht wird[108]. Anders liegt es freilich, soweit durch tatsächlichen Amtsantritt die fehlerhafte Organbestellung als vorläufig wirksam behandelt werden kann[109]. Die gleichen Grundsätze gelten, wenn der Vorstand zwar mit ausreichend Mitgliedern besetzt ist, die Beschlussfassung über die Aufstellung des Jahresabschlusses aber nur durch die Stimme eines nichtig bestellten Mitglieds zustande kommt[110]. Der **Aufsichtsrat** hat nicht ordnungsgemäß mitgewirkt, wenn er über die Billigung des Jahresabschlusses verfahrensfehlerhaft beschlossen hat, etwa weil er nicht ordnungsgemäß einberufen oder nicht beschlussfähig war[111].

b) Von § 256 Abs. 2 nicht erfasste Verstöße

Keine Anwendung findet § 256 Abs. 2, wenn die **Mitwirkung** des Vorstands oder des Aufsichtsrats **gänzlich unterblieben** ist. In diesem Fall ist der Jahresabschluss nicht etwa nichtig. Vielmehr ist in diesem Fall bereits der Tatbestand des Rechtsgeschäfts „Feststellung des Jahresabschlusses" als solcher nicht erfüllt[112]; es liegt also gar keine Feststellung vor, für die sich die Frage der Gültigkeit oder Nichtigkeit überhaupt stellen könnte. Im praktischen Ergebnis bedeutet dies, dass die gänzlich unterbliebene Mitwirkung eines Verwaltungsorgans nicht nach § 256 Abs. 6 geheilt werden kann[113].

27

Die **Mitwirkung des Vorstands fehlt** nicht bloß, wenn er überhaupt nicht tätig geworden ist, sondern ebenso, wenn dem Aufsichtsrat nicht der vom Vorstand festgestellte, sondern ein abweichender Jahresabschluss zugeleitet wurde[114] oder wenn sich der

28

---

105 *Priester* in FS Kropff, S. 591, 603 f.
106 *Mertens* in KölnKomm. AktG, § 76 Rz. 97.
107 *Götz*, ZIP 2002, 1745, 1750.
108 *Adler/Düring/Schmaltz*, § 256 AktG Rz. 69; *Zöllner* in KölnKomm. AktG, § 256 Rz. 82.
109 Dafür *Hüffer*, § 256 Rz. 18; näher *Hüffer* in MünchKomm. AktG, § 256 Rz. 39. Auch *Schilling* in Großkomm. AktG, 3. Aufl., § 256 Rz. 9 hält Mängel der Bestellung von Vorstandsmitgliedern im Kontext des § 256 Abs. 2 für unschädlich.
110 Vgl. abermals *Zöllner* in KölnKomm. AktG, § 256 Rz. 82 einerseits, *Hüffer*, § 256 Rz. 18 andererseits.
111 Vgl. Zusammenfassung möglicher Beschlussmängel im Aufsichtsrat oben, § 108 Rz. 30 ff.
112 *Hüffer*, § 256 Rz. 16; *Zöllner* in KölnKomm. AktG, § 256 Rz. 78.
113 *Hüffer* in MünchKomm. AktG, § 256 Rz. 35; *Zöllner* in KölnKomm. AktG, § 256 Rz. 78.
114 *Hüffer* in MünchKomm. AktG, § 256 Rz. 45.

Vorstand einer faktisch abhängigen AG bei der Aufstellung des Jahresabschlusses auf Weisungen des herrschenden Unternehmens eingelassen hat, ohne die Weisung inhaltlich zu überprüfen und selbst Verantwortung für den von ihm aufgestellten Jahresabschluss zu übernehmen[115]. Die gleiche Rechtsfolge ergibt sich, wenn noch nicht einmal versucht wird, einen Plenarbeschluss des Vorstands herbeizuführen, sondern der Jahresabschluss von einem einzelnen Vorstandsmitglied, etwa vom Vorstandsvorsitzenden oder vom Finanzvorstand aufgestellt wird[116]. Vielmehr fehlt es in diesem Fall schon am rechtsgeschäftlichen Tatbestand der Feststellung des Jahresabschlusses. Denn diesen Jahresabschluss hat bereits im Ansatz nicht „der Vorstand" aufgestellt; dieser hat mithin nicht fehlerhaft, sondern *überhaupt nicht* mitgewirkt. Eine Heilung nach § 256 Abs. 6 kommt auch hier nicht in Betracht. Diese Handhabung ist mit Rücksicht auf die parallele Rechtslage bei der Billigung des Jahresabschlusses durch einen Aufsichtsratsausschuss (sogleich Rz. 29) geboten.

29   Die **Mitwirkung des Aufsichtsrats fehlt**, wenn statt des Plenums bloß ein Ausschuss über die Feststellung des Jahresabschlusses beschlossen hat. Die Übertragung an einen Ausschuss ist nämlich nach § 197 Abs. 3 Satz 2 i.V.m. § 171 Abs. 2 Satz 4 unzulässig[117]. Geschieht eine solche Übertragung gleichwohl, so hat der Aufsichtsrat nicht bloß nicht ordnungsgemäß[118], sondern überhaupt nicht mitgewirkt[119]: Er hat vielmehr auf seine rechtlich kategorisch gebotene Mitwirkung verzichtet. Wo das Gesetz die Unübertragbarkeit einer Aufgabe an einen Ausschuss anordnet, gibt es zu erkennen, dass Beschlüsse eines Ausschusses auch nicht ansatzweise geeignet sein sollen, solche des Plenums zu ersetzen.

30   Wenn der **Aufsichtsrat anstelle der eigentlich zuständigen Hauptversammlung** den Jahresabschluss feststellt (§§ 173, 234 Abs. 2, 270 Abs. 2 Satz 1), ist nach einer im Schrifttum vertretenen Ansicht der Jahresabschluss analog § 256 Abs. 2 nichtig[120]. Dieser Ansicht ist zu widersprechen. § 256 Abs. 2 setzt implizit voraus, dass die Verwaltungsorgane überhaupt zur Mitwirkung an der Feststellung des Jahresabschlusses berufen waren. Der Aufsichtsrat ist es in den genannten Fällen gerade nicht. Die bereits dem Grunde nach unzulässige Mitwirkung des Aufsichtsrats lässt sich daher nicht mit der zulässigen, aber fehlerhaften Mitwirkung des Aufsichtsrats gleichsetzen. Vielmehr ist eine Feststellung des Jahresabschlusses auch hier bereits im Ansatz nicht zustande gekommen[121]. Eine Heilung nach § 256 Abs. 6 scheidet auch hier aus.

2. Ungültige Beschlussfassung durch die Hauptversammlung (§ 256 Abs. 3)

31   Die in § 256 Abs. 3 verankerten Nichtigkeitstatbestände stimmen mit den in § 241 Nr. 1, 2 und 5 enthaltenen überein. § 256 Abs. 3 Nr. 1 entspricht § 241 Nr. 1; auf die Ausführungen zu letzterer Vorschrift kann daher verwiesen werden (vgl. § 241 Rz. 5 ff.). Gleiches gilt für § 256 Abs. 3 Nr. 2; diese Vorschrift korrespondiert mit § 241 Nr. 2 (vgl. § 241 Rz. 13 ff.). § 256 Abs. 3 Nr. 3 findet schließlich seine Parallele in § 241 Nr. 5 (vgl. § 241 Rz. 25). Zweifelhaft ist lediglich das Schicksal eines Jahresabschlusses, der von der **Hauptversammlung anstelle des eigentlich zuständigen Auf-**

---

115 OLG Karlsruhe v. 21.11.1986 – 15 U 78/84, WM 1987, 533, 534 = AG 1989, 35.
116 So aber *Hüffer*, § 256 Rz. 18.
117 *Adler/Düring/Schmaltz*, § 172 AktG Rz. 5; *Hoffmann-Becking* in MünchHdb. AG, § 45 Rz. 2; *Priester* in FS Kropff, S. 591, 600.
118 So aber *Zöllner* in KölnKomm. AktG, § 256 Rz. 80, der deshalb § 256 Abs. 2 anwenden will.
119 Wie hier *Hüffer* in MünchKomm. AktG, § 256 Rz. 45.
120 *Zöllner* in KölnKomm. AktG, § 256 Rz. 84.
121 Wie hier *Adler/Düring/Schmaltz*, § 256 AktG Rz. 56; *Schilling* in Großkomm. AktG, 3. Aufl., § 256 Rz. 11; *Hüffer* in MünchKomm. AktG, § 256 Rz. 46; für den Fall des § 270 Abs. 2 Satz 1 auch *Wiedemann* in Großkomm. AktG, § 270 Rz. 7.

sichtsrats festgestellt worden ist. Nach h.M. ist ein solcher Jahresabschluss nichtig; dabei wird teilweise ein ungeschriebener Nichtigkeitsgrund angenommen[122], teilweise § 256 Abs. 2 entsprechend angewandt[123]. Die Nichtigkeit soll analog § 256 Abs. 1 Nr. 1, Abs. 6 Satz 1 binnen einer Frist von drei Jahren geheilt werden können[124]. Indes handelt es sich bei diesem Fall um das Spiegelbild zur soeben Rz. 30 behandelten Konstellation. Deshalb sollte zur Vermeidung von Wertungswidersprüchen auch dieselbe Rechtsfolge angenommen werden: Der Jahresabschluss ist nicht erst nichtig, sondern bereits nicht im Rechtssinne festgestellt. Zwar verkörpert der Hauptversammlungsbeschluss ein in sich abgeschlossenes Rechtsgeschäft. Gleichwohl ist nicht zu leugnen, dass die Mitwirkung des eigentlich berufenen Aufsichtsrats gänzlich ausgeblieben ist. Das Rechtsgeschäft, das zur Feststellung des Jahresabschlusses *hätte* vorgenommen werden *müssen*, ist unvollständig geblieben. Deshalb existiert in diesem Fall kein festgestellter Jahresabschluss; eine Heilung nach § 256 Abs. 6 kommt nicht in Betracht.

VII. Teilnichtigkeit

Wenn der Aufsichtsrat *uno actu* in einem einzigen Beschluss über die Billigung des vom Vorstand aufgestellten Jahresabschlusses, des Lageberichts, des Abhängigkeitsberichts und des Berichts des Wirtschaftsprüfers entscheidet und nur der Jahresabschluss unter einem zur Nichtigkeit führenden Mangel leidet, gilt **§ 139 BGB**[125]. Die Nichtigkeit des Jahresabschlusses kann auf diese Weise auch die übrigen Beschlusselemente infizieren. Ein prominentes Beispiel hierfür findet sich in der Rechtsprechung des BGH: Wenn etwa in der faktisch abhängigen AG die an sich gebotene Aktivierung eines Ausgleichsanspruchs aus § 311 unterlassen wurde, liegt hierin nach Ansicht des BGH nicht bloß eine Unterbewertung von Aktivposten; vielmehr bestehe dann ebenso die Gefahr, dass die Schlusserklärung des Aufsichtsrats nach § 314 Abs. 3 unrichtig sei. Es müsse dann davon ausgegangen werden, dass der Aufsichtsrat, hätte er gewusst, dass die Nichtaktivierung des Ausgleichsanspruchs den Jahresabschluss als Ganzes nichtig macht, auch über die Schlusserklärung nicht in der geschehenen Weise abgestimmt hätte[126]. Diese Verknüpfung von Jahresabschluss und Abhängigkeitsbericht ist freilich auf Kritik gestoßen[127], die zumindest im Ergebnis überzeugt: Die Schlusserklärung nach § 314 Abs. 3 ist nur dann angreifbar, wenn der Abhängigkeitsbericht unrichtig oder unvollständig ist. Wenn die Veranlassung einer Maßnahme im Bericht dokumentiert ist, hat der Aufsichtsrat die Vollständigkeit des Berichts selbst dann zu bescheinigen, wenn im Jahresabschluss daraus nicht die bilanziell gebotenen Konsequenzen gezogen worden sind. Die Beschlussmängel sind daher nur scheinbar identisch und bedürfen unter dem Gesichtspunkt der Fehlerfolgen einer voneinander unabhängigen Würdigung. Damit verträgt sich die Anwendung des § 139 BGB nicht.

32

---

122 *Hüffer* in MünchKomm. AktG, § 256 Rz. 50.
123 So wohl *Zöllner* in KölnKomm. AktG, § 256 Rz. 88 i.V.m. Rz. 84; nach *Heidel* in Heidel, § 256 Rz. 23 ist die Feststellung durch die unzuständige Hauptversammlung schon tatbestandlich ein Nichtigkeitsgrund gem. § 256 Abs. 1 Nr. 1.
124 *Hüffer* in MünchKomm. AktG, § 256 Rz. 50.
125 BGH v. 15.11.1993 – II ZR 235/92, BGHZ 124, 111, 121 = AG 1994, 124.
126 BGH v. 15.11.1993 – II ZR 235/92, BGHZ 124, 111, 123 f. = AG 1994, 124.
127 Ablehnend *Schön*, JZ 1994, 684, 685; skeptisch auch *Greiffenhagen* in FS Ludewig, S. 303, 319 f.; *H.-P. Müller*, AG 1994, 410, 411.

VIII. Heilung (§ 256 Abs. 6)

1. Unheilbare Mängel

33 Unheilbar sind die Nichtigkeitsgründe des **§ 256 Abs. 1 Eingangssatz** (vgl. schon Rz. 4), des **§ 256 Abs. 1 Nr. 2** (vgl. schon Rz. 22) und des **§ 256 Abs. 3 Nr. 3**. Die Unheilbarkeit folgt daraus, dass diese Nichtigkeitsgründe in § 256 Abs. 6 bewusst nicht aufgeführt sind. Die Unheilbarkeit des in § 256 Abs. 1 Nr. 2 beschriebenen Mangels rechtfertigt sich aus der überragenden Bedeutung der Pflichtprüfung. Die Unheilbarkeit nach rechtskräftigem Urteil erklärt sich daraus, dass für Bestandsschutz fehlerhafter Jahresabschlüsse kein Raum mehr ist, wenn das Gericht den Nichtigkeitsgrund rechtskräftig festgestellt hat: Dies Urteil hat die mit der Heilung erstrebte Rechtssicherheit bereits herbeigeführt – wenn auch im gegenteiligen Sinne.

2. Heilbare Mängel und Fristen

34 Die übrigen Nichtigkeitsgründe des § 256 sind heilbar, und zwar in unterschiedlichen Fristen: Bei Verstößen gegen **Gliederungs-, Ansatz- und Bewertungsvorschriften** (§ 256 Abs. 1 Nr. 1, Abs. 4, 5) beträgt die Frist drei Jahre, bei den sonstigen Mängeln (auch bei fehlerhafter Rücklagenbildung i.S. des § 256 Abs. 1 Nr. 4!) sechs Monate. Die Frist **beginnt** mit Bekanntmachung des Jahresabschlusses (§ 325 Abs. 2 HGB). Fällt das **Fristende** auf einen Samstag, einen Sonntag oder einen allgemeinen Feiertag, so endet die Frist entsprechend § 193 BGB mit dem nächsten Werktag. Die Gegenansicht, die § 193 BGB nicht anwenden will[128], überzeugt ebenso wenig wie im Rahmen des § 242 (vgl. dort Rz. 6). Die Frist **verlängert** sich, wenn vor Fristablauf Klage erhoben wird. Erforderlich ist dafür grundsätzlich, dass die Klage vor Fristablauf zugestellt wird. Nach § 167 ZPO genügt ausnahmsweise, dass die Klage vor Fristablauf bei Gericht eingeht, sofern die Zustellung demnächst erfolgt[129]. Da sich die Heilungsfrist mit Zustellung der Klageschrift bis zur endgültigen Erledigung des Rechtsstreits verlängert, können während des anhängigen Nichtigkeitsprozesses weitere Nichtigkeitsgründe beliebig nachgeschoben werden[130]; die abweichenden Grundsätze zur Anfechtungsfrist nach § 246 (vgl. dazu § 246 Rz. 11) sind auf § 256 Abs. 6 nicht übertragbar.

3. Heilungsermessen?

35 Wenn die Nichtigkeit nicht geltend gemacht wird, die für die Feststellung des Jahresabschlusses zuständigen **Gesellschaftsorgane** den **Fehler** aber **erkennen**, fragt sich, ob jene Organe verpflichtet sind, den Fehler von sich aus zu beheben, oder ob sie eine mögliche Heilung abwarten dürfen; im letzteren Fall wären sie erst dann zum Tätigwerden verpflichtet, wenn innerhalb der Heilungsfrist Klage erhoben würde und diese durchdränge. Ein solches sog. **Heilungsermessen** wird teils ganz allgemein angenommen[131] und bestenfalls an die Voraussetzung alsbaldigen Ablaufs der Heilungsfrist geknüpft[132]. Teils wird ein solches Ermessen nur für solche Verstöße bejaht, deren Heilung binnen sechs Monaten möglich sei; die übrigen Verstöße wögen zu schwer, als dass man die Korrektur erkannter Fehler in das Ermessen der Gesell-

---

128 *Hüffer*, § 256 Rz. 30.
129 LG Düsseldorf v. 26.2.1988 – 40 O 255/80, AG 1989, 140 f.
130 Zutreffend OLG Dresden v. 16.2.2006 – 2 U 290/05, ZIP 2006, 1773, 1777 = AG 2006, 672.
131 BayObLG v. 26.5.2000 – 3 Z BR 111/00, GmbHR 2000, 1103 = AG 2001, 266; *Hüffer*, § 256 Rz. 33; *Zöllner* in KölnKomm. AktG, § 256 Rz. 118; *Kowalski*, AG 1993, 502, 504 f.; *Kropff* in FS Budde, S. 341, 356 f.; *Lutter* in FS Helmrich, S. 685, 691 f., 694; *Schön* in FS 50 Jahre BGH, S. 153, 163.
132 Z.B. *Schön* in FS 50 Jahre BGH, S. 153, 163.

schaftsorgane stellen könnte[133]. Schließlich wird vereinzelt sogar jegliches Heilungs-ermessen abgelehnt[134]: Die Nichtigkeit knüpfe an besonders schwerwiegende Män-gel an, deren Beseitigung nicht zur Disposition der Gesellschaftsorgane stehen dürfe. Das Gesetz gebe mit den Heilungsfristen des § 256 Abs. 6 vor, ab wann ein Mangel rechtlich irrelevant sei; daraus folge, dass jener Mangel vor Ablauf dieser Fristen zwingend zu beseitigen sei. Den einschränkenden Ansichten ist im Grundsatz zu fol-gen[135]. Die Heilung dient der Rechtssicherheit; dies Anliegen mag einen gewissen Vertrauensschutz auch bei fehlerhafter Rechnungslegung rechtfertigen. Sobald der Fehler aber bekannt ist, entfällt dies schutzwürdige Vertrauen. Deshalb besteht bei Inhaltsmängeln nach § 256 Abs. 1 Nr. 1, Abs. 4, 5 kein Heilungsermessen. Das glei-che gilt nach hier vertretener Ansicht bei fehlerhafter Rücklagenbildung (§ 256 Abs. 1 Nr. 4); denn auch sie macht den Abschluss inhaltlich fehlerhaft. Ebenso wenig dürfen die Gesellschaftsorgane die fehlende Eignung des Prüfers (§ 256 Abs. 1 Nr. 3, 1. Alt.) auf sich beruhen lassen; denn die Mindestqualifikation des Prüfers liegt in be-sonderem Maße im öffentlichen Interesse. Allenfalls tolerabel ist ein Zuwarten der Gesellschaftsorgane, wenn der Prüfer zwar ausreichend qualifiziert, aber nicht gültig bestellt ist (§ 256 Abs. 1 Nr. 3, 2. Alt.) oder wenn sich der Mangel des Jahresabschlus-ses auf formelle Fehler bei der organinternen Willensbildung beschränkt (§ 256 Abs. 2, 3 Nr. 1, 2).

4. Wirkung der Heilung

Ähnlich wie für § 242 (vgl. dort Rz. 14) stellt sich für § 256 Abs. 6 die Frage, ob die Heilung zur **Wirksamkeit des Jahresabschlusses** führt[136] oder ob die Nichtigkeit zwar bestehen bleibt, sich aber künftig niemand auf sie berufen darf[137]. Die Frage ist hier wie dort im erstgenannten Sinne zu beantworten: Die endgültige und unhinterfragba-re Wirksamkeit des Abschlusses wird dem durch § 256 Abs. 6 verfolgten Anliegen am besten gerecht. Der Jahresabschluss ist folglich für alle Gesellschaftsorgane[138] und darüber hinaus für alle Aktionäre und Verwaltungsmitglieder gültig – und mit ihm ebenso der ursprünglich nichtige Gewinnverwendungsbeschluss (§ 253 Abs. 1 Satz 2). Die Heilung beseitigt die Nichtigkeit ex tunc: Der Jahresabschluss wird von Anfang an gültig (vgl. § 242 Rz. 15)[139]. Ein Zwangsgeldverfahren nach § 335 Abs. 1 Nr. 6 HGB kommt entgegen einer im Schrifttum vertretenen Ansicht[140] nicht in Be-tracht[141]: Denn die Gesellschaft muss den Jahresabschluss nicht neu aufstellen[142]. Vielmehr hat sie mit Hilfe des ursprünglich nichtigen, aber geheilten Jahresabschlus-

36

---

133 *Hennrichs*, ZHR 168 (2004), 383, 389.
134 *Barz* in FS Schilling, S. 127, 132; *Geist*, DStR 1996, 306, 307 ff.; im Wesentlichen auch *Bal-thasar*, Die Bestandskraft handelsrechtlicher Jahresabschlüsse, S. 219 ff. (Abwarten nur zu-lässig, wenn Neuaufstellung länger dauern würde als die noch laufende restliche Heilungs-frist); skeptisch zum Heilungsermessen ferner *Tielmann*, Durchsetzung ordnungsmäßiger Rechnungslegung – Ein Beitrag zur aktuellen Enforcement-Diskussion, S. 155.
135 Die folgenden Ausführungen stehen nicht im Widerspruch zu *Mattheus/Schwab*, BB 2004, 1099, 1101 f., da dort der Meinungsstand nur referiert, aber hierzu nicht Stellung bezogen wird.
136 Dafür *Casper*, Heilung, S. 314; *Schilling* in Großkomm. AktG, 3. Aufl., § 256 Rz. 19; *Heidel* in Heidel, § 256 Rz. 39; *Hennrichs*, ZHR 168 (2004), 383, 389; *Zöllner* in KölnKomm. AktG, § 256 Rz. 131; *Kowalski*, AG 1993, 502, 505; *Hüffer* in MünchKomm. AktG, § 256 Rz. 64.
137 Dafür *Geist*, DStR 1996, 306, 308; *W. Müller* in FS Quack, S. 359, 369.
138 *Hüffer* in MünchKomm. AktG, § 256 Rz. 68.
139 *Casper*, Heilung, S. 314.
140 *Kropff* in FS Budde, S. 341, 357.
141 *Hüffer* in MünchKomm. AktG, § 256 Rz. 68.
142 So auch *Kowalski*, AG 1993, 502, 505.

ses ihre Pflicht zur Rechnungslegung erfüllt[143]; der geheilte Jahresabschluss ist im Rechtssinne fehlerfrei[144]. Deshalb darf das Registergericht den Jahresabschluss auch nicht mehr beanstanden[145]. Die Gesellschaftsorgane müssen aber Gliederungs-, Ansatz- und Bewertungsfehler selbst dann, wenn sie geheilt sind, in Jahresabschlüssen für spätere Geschäftsjahre berichtigen[146].

IX. Nichtigkeitsklage (§ 256 Abs. 7)

1. Klageantrag und Streitgegenstand

37   Die Nichtigkeit „des Jahresabschlusses" bedeutet, wie gezeigt (oben Rz. 2), im Falle der Feststellung durch Vorstand und Aufsichtsrat die Nichtigkeit eines korporativen Rechtsgeschäfts eigener Art. Die Klage ist gewiss ordnungsgemäß erhoben, wenn im Klageantrag in Übereinstimmung mit dem Gesetzeswortlaut die Feststellung der Nichtigkeit „des Jahresabschlusses" für ein bestimmtes Geschäftsjahr begehrt wird. Ebenso aber reicht es aus, wenn beantragt wird, die zugrunde liegenden Beschlüsse von Vorstand und Aufsichtsrat für nichtig zu erklären[147]. **Klagebefugt** ist jeder Aktionär und jedes Verwaltungsmitglied (§§ 256 Abs. 8 Satz 1, 249 Abs. 1 Satz 1), im Insolvenzverfahren auch der Insolvenzverwalter, und zwar nicht bloß dann, wenn sich der Gegenstand des Rechtsstreits wirtschaftlich auf die Insolvenzmasse auswirkt[148], sondern generell[149]. Wer als Namensaktionär im Aktienregister steht, gilt nach § 67 Abs. 2 ohne Rücksicht auf die wahre Rechtslage als Aktionär und ist daher in dieser Eigenschaft klagebefugt[150]. Die Klage eines Aktionärs darf nicht mit der Begründung wegen fehlenden Rechtsschutzinteresses abgewiesen werden, die Neuvornahme des Jahresabschlusses biete ihm keinen Vorteil[151]. Denn gerade bei der Nichtigkeitsklage nach § 256 geht es bereits im Ansatz nicht um persönliche Vorteile des Klägers, sondern um Rechtskontrolle in einem Bereich, in dem die an der Gesellschaft Interessierten institutionell durch öffentliche Rechenschaftslegung geschützt werden sollen. Der **Streitgegenstand** wird durch den Klageantrag sowie durch diejenigen **Tatsachen** definiert, welche den **konkret gerügten Beschlussmangel** konstituieren[152]. Die Gegenansicht, wonach der Klageantrag und sämtliche denkbaren Beschlussmängel zu einem einheitlichen Streitgegenstand verschmelzen[153], überzeugt im Kontext des § 256 ebenso wenig wie bei sonstigen Beschlussmängelklagen (vgl. § 246 Rz. 1 ff.).

2. Verfahren

38   § 256 Abs. 7 Satz 1 verweist auf § 249 und dessen Absatz wieder auf etliche Vorschriften über die Anfechtungsklage. Im Einzelnen bedeutet dies: Die **Gesellschaft** wird von **Vorstand und Aufsichtsrat vertreten** (§§ 256 Abs. 7 Satz 1, 249 Abs. 1 Satz 1, 246

---

143 *Hüffer* in MünchKomm. AktG, § 256 Rz. 68; dezidiert dagegen aber *Geist*, DStR 1996, 306, 308.
144 *Casper*, Heilung, S. 315; *Hüffer* in MünchKomm. AktG, § 256 Rz. 68.
145 *Hüffer*, § 256 Rz. 28.
146 *Mattheus/Schwab*, BB 2004, 1099, 1102.
147 *Kropff*, ZGR 1994, 628, 634 f.
148 So aber OLG Dresden v. 16.2.2006 – 2 U 290/05, ZIP 2006, 1773, 1774 = AG 2006, 672; *Haase*, DB 1977, 241, 243.
149 Gegen jede Einschränkung der Klagebefugnis des Insolvenzverwalters schon § 245 Rz. 29.
150 OLG Celle v. 7.9.1983 – 9 U 34/83, AG 1984, 266, 267.
151 So aber OLG Köln v. 17.2.1998 – 22 U 163/97, ZIP 1998, 994, 996 = AG 1998, 525 (dort nur verkürzte Wiedergabe).
152 Vgl. bereits *Mattheus/Schwab*, BB 2004, 1099, 1105.
153 *Hennrichs*, ZHR 168 (2004), 383, 406.

Abs. 2 Satz 2). Der Vorstand ist verpflichtet, die Erhebung der Klage und den Termin zur mündlichen Verhandlung unverzüglich in den Gesellschaftsblättern **bekanntzumachen** (§§ 256 Abs. 7, 249 Abs. 1 Satz 1, 246 Abs. 4 Satz 1)[154]. Bei börsennotierten Gesellschaften ist die Klageerhebung auch der BaFin mitzuteilen (§ 256 Abs. 7 Satz 2). Die BaFin ist auf diese Information angewiesen, weil sie, solange die Klage anhängig ist, kein Rechnungslegungs-Enforcement[155] betreiben darf (§ 342b Abs. 3 HGB, § 370 Abs. 2 WpHG)[156].

Das rechtskräftige Urteil wirkt, soweit es der Klage stattgibt, nach §§ 256 Abs. 7 Satz 1, 249 Abs. 1 Satz 1, 248 Abs. 1 Satz 1 gegen alle Aktionäre und Verwaltungsmitglieder[157]. Ein solches Urteil stellt die in ihm ermittelten Mängel des Jahresabschlusses bindend fest[158]. Der einzelne Aktionär kann sich im Wege der **streitgenössischen Nebenintervention** auf beliebiger Seite beteiligen (vgl. dazu § 246 Rz. 26 ff.)[159]. Vorstand und Aufsichtsrat dürfen den Klageanspruch weder anerkennen, noch darf im Falle ihrer Säumnis im Termin zur mündlichen Verhandlung ein Versäumnisurteil ergehen[160]. Der Hinweis der Gegenansicht auf die Dispositionsmaxime[161] geht fehl: Vorstand und Aufsichtsrat prozessieren nicht über eigene Rechtspositionen oder solche der Gesellschaft, sondern über das Ergebnis der Willensbildung in der Hauptversammlung und dürfen darüber nicht disponieren; denn jene Willensbildung steht den Aktionären zu. Das gilt ohne weiteres, wenn der Jahresabschluss durch die Hauptversammlung, ebenso aber dann, wenn er durch Vorstand und Aufsichtsrat festgestellt wurde; denn die Nichtigkeit infiziert weitere Beschlüsse der Hauptversammlung, die auf dem Jahresabschluss aufbauen (vor allem den Gewinnverwendungsbeschluss, § 253). Der Vorstand darf auch nicht mittelbar das Ergebnis der Willensbildung in der Hauptversammlung dem Nichtigkeitsverdikt preisgeben. Wenn **außenstehende Dritte** die Nichtigkeit des Jahresabschlusses gerichtlich geltend machen, handelt es sich um eine gewöhnliche Feststellungsklage gem. § 256 ZPO. Das auf diese Klage ergehende Urteil bindet nur die Parteien des Rechtsstreits; § 248 gilt insoweit nicht[162].

X. Reichweite der Nichtigkeitsfolge

1. Rechnungslegung

Die Nichtigkeit des Jahresabschlusses hat zur Folge, dass die Gesellschaft die Pflicht zur Rechnungslegung nicht erfüllt hat. Die zuständigen Gesellschaftsorgane haben daher den Jahresabschluss **neu auf- und festzustellen**[163]. Dieser neue Abschluss be-

---

154 *Mattheus/Schwab*, DB 2004, 1975, 1978.
155 Vgl. dazu die bereits veröffentlichten Tätigkeitsberichte der Deutschen Prüfstelle für Rechnungslegung (im Internet als pdf-Dokument abrufbar unter www.frep.info/docs/jahresberichte).
156 Zur Reichweite der Subsidiarität des Enforcement-Verfahrens *Hennrichs*, ZHR 168 (2004), 383, 404 ff.; *Mattheus/Schwab*, BB 2004, 1099, 1104 ff.; *W. Müller*, ZHR 168 (2004), 414, 415 f.
157 OLG Frankfurt v. 18.10.2001 – 5 W 16/01, AG 2002, 88, 89; OLG Schleswig v. 28.1.1993 – 5 U 210/91, AG 1993, 467, 468.
158 *Mattheus/Schwab*, BB 2004, 1099, 1102.
159 OLG Schleswig v. 28.1.1993 – 5 U 210/91, AG 1993, 467, 468; *Hüffer*, § 256 Rz. 31; *Lutter* in FS Helmrich, S. 685, 696; *Mattheus/Schwab*, DB 2004, 1975, 1978.
160 Näher *Mattheus/Schwab*, DB 2004, 1975, 1981 f.
161 *Lutter* in FS Helmrich, S. 685, 696.
162 *Hüffer*, § 256 Rz. 31; *Tielmann*, Durchsetzung ordnungsmäßiger Rechnungslegung – Ein Beitrag zur aktuellen Enforcement-Diskussion, S. 157.
163 *Balthasar*, Die Bestandskraft handelsrechtlicher Jahresabschlüsse, S. 217, 219; *Barz* in FS Schilling, S. 127, 132; *Hennrichs*, ZHR 168 (2004), 383, 391; *Hüffer*, § 256 Rz. 33; *Lutter* in FS Helmrich, S. 685, 693 f.; *Mattheus/Schwab*, BB 2004, 1099, 1102; *W. Müller*, ZHR 168

darf sodann einer neuen Prüfung nach §§ 316 ff. HGB[164]. Ist der nichtige Jahresabschluss offengelegt worden, so ist die hierauf gerichtete Pflicht aus § 325 Abs. 1 HGB gleichwohl erfüllt; denn das Registergericht darf nach § 329 Abs. 1 nur die Vollständigkeit und Vollzähligkeit der Unterlagen prüfen, nicht aber die inhaltliche Richtigkeit des Abschlusses. Ein Ordnungsgeld nach § 335a Satz 1 Nr. 1 HGB kommt folglich entgegen anderslautenden Stimmen im Schrifttum[165] nicht in Betracht[166]. Eine andere Beurteilung ist erst dann gerechtfertigt, wenn ein Gericht rechtskräftig die Nichtigkeit des bisher offengelegten Abschlusses feststellt[167]. Denn die rechtskräftige Feststellung macht auch für das Registergericht, ohne dass dieses in eine eigene Prüfung eintreten müsste, hinreichend deutlich, dass die Gesellschaft nicht gültig Rechnung gelegt hat. Kommt die Gesellschaft in dieser Situation ihrer Pflicht zur Neuvornahme des Jahresabschlusses nicht nach, so ist folglich wieder Raum für Maßnahmen nach § 335a HGB.

41 Was das Schicksal der Jahresabschlüsse für **nachfolgende Geschäftsjahre** anbelangt, so ist zu unterscheiden: (1.) Wird im Folgejahr der **Fehler wiederholt**, welcher im Vorjahr zur Nichtigkeit des Abschlusses geführt hat, so ist auch der Abschluss für das nachfolgende Geschäftsjahr nichtig[168]. Das folgt freilich nicht daraus, dass der Abschluss für das Vorjahr nichtig ist, sondern daraus, dass der gleiche (im übrigen selbständige) Rechtsverstoß im Folgejahr erneut begangen worden ist[169]. Aus der hier vertretenen Ansicht, wonach das rechtskräftige Nichtigkeitsurteil nicht bloß die Nichtigkeit des Abschlusses, sondern auch den zu ihm führenden Fehler rechtskräftig feststellt (oben Rz. 39), folgt freilich, dass die Existenz dieses Fehlers auch für die Folgejahre nicht mehr in Abrede gestellt werden kann: Der Gesellschaft ist schlicht verboten, in einer Weise zu bilanzieren, die das Gericht zuvor rechtskräftig für unzulässig erklärt hat. (2.) Wird im Folgejahr der **Fehler nicht wiederholt**, so soll allein die Tatsache, dass der Abschluss des Vorjahres nichtig ist, *nicht* zur Nichtigkeit auch des Folgeabschlusses führen; denn die Nichtigkeit des vorangegangenen Abschlusses sei in § 256 nicht als Nichtigkeitsgrund aufgeführt[170]. Diese Überlegung greift indes zu kurz. Denn die Nichtigkeit des Jahresabschlusses führt dazu, dass im Vorjahr keine Rechnungslegung existiert hat; der Folgeabschluss, der an den nichtigen Vorjahresabschluss anknüpft, verletzt damit das Prinzip der formellen Bilanzkontinuität (§ 252 Abs. 1 Nr. 1 HGB)[171]. Jene Kontinuität ist erst wiederhergestellt, wenn der Abschluss des Vorjahres nach § 256 Abs. 6 geheilt wird. Deshalb folgt aus der Nichtigkeit des Vorabschlusses zwar nicht die Nichtigkeit, wohl aber die **schwebende Un-**

(2004), 414, 423; *Tielmann*, Durchsetzung ordnungsmäßiger Rechnungslegung – Ein Beitrag zur aktuellen Enforcement-Diskussion, S. 151 f. Zur Frage eines Heilungsermessens oben Rz. 35.

164 *Hennrichs*, ZHR 168 (2004), 383, 391; *Tielmann*, Durchsetzung ordnungsmäßiger Rechnungslegung – Ein Beitrag zur aktuellen Enforcement-Diskussion, S. 152.

165 *Geist*, DStR 1996, 306, 309; *Zöllner* in KölnKomm. AktG, § 256 Rz. 113; *Kropff* in FS Budde, S. 341, 357.

166 BayObLG v. 26.5.2000 – 3 Z BR 111/00, BayObLGZ 2000, 150, 151 f.

167 Offenlassend insoweit BayObLG v. 26.5.2000 – 3 Z BR 111/00, BayObLGZ 2000, 150, 152.

168 OLG Köln v. 17.2.1998 – 22 U 163/97, ZIP 1998, 994, 996; *Jasper*, WiB 1994, 155, 157; *Tielmann*, Durchsetzung ordnungsmäßiger Rechnungslegung – Ein Beitrag zur aktuellen Enforcement-Diskussion, S. 141.

169 Zutreffend *Zöllner* in KölnKomm. AktG, § 256 Rz. 107.

170 BGH v. 30.9.1996 – II ZR 51/95, NJW 1997, 196 f. = AG 1997, 125; OLG Köln v. 17.2.1998 – 22 U 163/97, ZIP 1998, 994, 996; *Hense*, WPg 1993, 716, 717.

171 *Kropff* in FS Budde, S. 341, 342 f.; für Nichtigkeit auch des Folgeabschlusses aus diesem Grunde *Geist*, DStR 1996, 306, 309; *Heidel* in Heidel, § 256 Rz. 44.

wirksamkeit des Folgeabschlusses: Dieser wird gültig, sobald der Vorabschluss gültig wird[172].

Die Nichtigkeit des Jahresabschlusses ist geeignet, Beschlüsse der Hauptversammlung zu anderen Beschlussgegenständen in Mitleidenschaft zu ziehen. Ausdrücklich gesetzlich normiert ist dies für den **Gewinnverwendungsbeschluss**; dieser ist nach § 253 Abs. 1 Satz 1 ebenfalls nichtig. Der Jahresabschluss kann aber darüber hinaus Informationsgrundlage für weitere Beschlüsse gewesen sein. So mögen die im Jahresabschluss enthaltenen Angaben für den **Entlastungsbeschluss** den Ausschlag gegeben haben; dann ist dieser nach § 243 Abs. 1 anfechtbar[173]. Insoweit muss die Kausalität des fehlerhaften Abschlusses nicht nachgewiesen sein; es gilt vielmehr auch hier die Relevanztheorie (vgl. dazu § 243 Rz. 26).

42

2. Prüfung

Gelangt der **Abschlussprüfer** zu der Erkenntnis, dass der Jahresabschluss Mängel aufweist, die **eindeutig** zur **Nichtigkeit** führen, **muss** er den **Bestätigungsvermerk versagen** (§ 322 Abs. 2 Nr. 3 HGB)[174]. Die Gegenansicht[175] wendet ein, es sei nicht Aufgabe des Abschlussprüfers, sondern der Gerichte, die Auswirkungen von Gesetzesverstößen auf die Wirksamkeit des Abschlusses zu untersuchen. Diese Kritik geht indes fehl; denn wenn der Abschluss nichtig ist, *hat die Gesellschaft im Rechtssinne nicht Rechnung gelegt*. Einer solchen für die Abschlussprüfung zentral relevanten Beurteilung darf sich der Prüfer nicht verschließen. Der Prüfer muss vielmehr sogar in seinem Vermerk offenlegen, dass die Versagung auf der von ihm festgestellten Nichtigkeit des Abschlusses beruht[176]. Kann der Prüfer **keine eindeutige Aussage zur Nichtigkeit** des Jahresabschlusses treffen, muss er über seine Zweifel nach § 321 HGB berichten[177]. Ob er darüber hinaus das Testat einschränkt oder versagt, liegt in diesem Fall in seinem pflichtgemäßen Ermessen[178].

43

§ 257
Anfechtung der Feststellung des Jahresabschlusses durch die Hauptversammlung

(1) Die Feststellung des Jahresabschlusses durch die Hauptversammlung kann nach § 243 angefochten werden. Die Anfechtung kann jedoch nicht darauf gestützt werden, dass der Inhalt des Jahresabschlusses gegen Gesetz oder Satzung verstößt.

(2) Für die Anfechtung gelten die §§ 244 bis 246, 247 bis 248a. Die Anfechtungsfrist beginnt auch dann mit der Beschlussfassung, wenn der Jahresabschluss nach § 316 Abs. 3 des Handelsgesetzbuchs erneut zu prüfen ist.

---

172 *Schulze-Osterloh* in Baumbach/Hueck, GmbHG, § 42a Rz. 34; *Zöllner* in KölnKomm. AktG, § 256 Rz. 108 f.; *Kropff* in FS Budde, S. 341, 348 ff.; *Hüffer* in MünchKomm. AktG, § 256 Rz. 82; *Zöllner* in FS Scherrer, S. 355, 365 f.
173 *Balthasar*, Die Bestandskraft handelsrechtlicher Jahresabschlüsse, S. 218.
174 *Hüffer*, § 256 Rz. 32; *Kropff* in FS Havermann, S. 321, 337 ff.
175 *Adler/Düring/Schmaltz*, § 322 HGB Rz. 230, 254, 328 ff.
176 *Kropff* in FS Havermann, S. 321, 341; auch insoweit anders *Adler/Düring/Schmaltz*, § 322 HGB Rz. 332.
177 *Kropff* in FS Havermann, S. 321, 340 f.
178 *Kropff* in FS Havermann, S. 321, 342.

I. Normzweck   1
II. Verfahrensfehler   2
  1. Mögliche Rechtsverletzungen   2
  2. Fehlerfolgen   3

III. Rechtsmissbrauch als Anfechtungs-
     grund   4
IV. Verfahren   5

Literatur: S. bei § 256.

I. Normzweck

1   § 257 bezweckt eine **Begrenzung des Rechtsschutzes gegen fehlerhafte Jahresab-**
schlüsse in doppelter Hinsicht: Zum einen ist der durch Vorstand und Aufsichtsrat
festgestellte Jahresabschluss überhaupt nicht anfechtbar, soweit jener Abschluss
nicht an einem zur Nichtigkeit führenden Mangel leidet. Zum anderen ist selbst der
durch die Hauptversammlung festgestellte Jahresabschluss nicht wegen Inhaltsmängeln anfechtbar (§ 257 Abs. 1 Satz 2)[1]: Solche Mängel wiegen entweder besonders
schwer und machen dann den Abschluss nichtig, oder sie wiegen weniger schwer
und stellen dann die Gültigkeit des Abschlusses überhaupt nicht in Frage. Inhaltliche
Fehler in der Bilanz, in der Gewinn- und Verlustrechnung sowie im Anhang begründen daher niemals die Anfechtbarkeit des Jahresabschlusses.

II. Verfahrensfehler

1. Mögliche Rechtsverletzungen

2   Die Vorschriften über Vorbereitung und Durchführung der Hauptversammlung gelten ebenso, wenn letztere den Jahresabschluss festzustellen hat; auf die Überlegungen zu § 243 kann daher verwiesen werden (vgl. § 243 Rz. 7 ff). **Besondere Vorschrif-**
ten für die Feststellung des Jahresabschlusses enthält das Gesetz zunächst in § 131
Abs. 3 Nr. 3, 4; die dort genannten Informationen dürfen bei der Feststellung des Jahresabschlusses durch die Hauptversammlung nicht verweigert werden. Für die Vorbereitung und Durchführung der Hauptversammlung enthalten die §§ 175 f. ebenfalls
Sonderregeln: Der Vorstand hat nach § 175 Abs. 2, 3 Satz 1 die dort bezeichneten Unterlagen auszulegen und auf Verlangen Abschriften zu erteilen sowie gem. § 176
Abs. 1 Satz 1 während der Versammlung bereitzuhalten. Er muss den Jahresabschluss, den Lagebericht und seinen Gewinnverwendungsvorschlag erläutern, ebenso
der Vorsitzende des Aufsichtsrats dessen Bericht hierzu (§ 176 Abs. 1 Satz 2). Der Abschlussprüfer ist zur Teilnahme an der Hauptversammlung verpflichtet.

2. Fehlerfolgen

3   Die **Verletzung** sämtlicher in Rz. 2 genannten Vorschriften begründet die **Anfechtbar-**
keit des Hauptversammlungsbeschlusses, durch den der Jahresabschluss festgestellt
wird. Das gilt ohne Einschränkung auch für die Verletzung der Erläuterungspflicht
nach § 176 Abs. 1 Satz 2[2]. Die Gegenansicht bestreitet freilich in diesem Fall die Anfechtbarkeit mit den Argumenten, die Hauptversammlung möge entscheiden, ob sie
sich mit einer fehlenden oder unzureichenden Erläuterung zufriedengebe[3]; § 176

---

1 *Heidel* in Heidel, § 257 Rz. 1.
2 Ebenso *Zöllner* in KölnKomm. AktG, § 257 Rz. 10; *Heidel* in Heidel, § 257 Rz. 6.
3 *Hüffer*, § 256 Rz. 8.

Abs. 1 Satz 2 sei bloß als Sollvorschrift ausgestaltet[4]. Diese Einwände können indes nicht überzeugen. Sollvorschriften begründen grundsätzlich ebenso und mit der gleichen Verbindlichkeit echte Rechtspflichten wie Mussvorschriften; sie sind nur insoweit etwas flexibler ausgestaltet, als unter besonderen Umständen vom gebotenen Verhalten abgewichen werden kann. Mit dem Argument, die Hauptversammlung könne auf eine unzureichende Erläuterung reagieren, indem sie dem Beschlussvorschlag des Vorstands die Gefolgschaft verweigere, könnte für jeden Informationspflichtverstoß die Anfechtbarkeit des auf ihm beruhenden Beschlusses geleugnet werden; denn abermals könnte man einwenden, die Hauptversammlung habe sich eben mit der unrichtigen, verweigerten oder unzureichenden Information zufriedengegeben. Eine solche Gedankenführung steht in diametralem Widerspruch zum heute gesicherten Erkenntnisstand über die Relevanz von Informationsmängeln (vgl. näher dazu § 243 Rz. 26 ff.); sie ist spätestens seit Inkrafttreten des § 243 Abs. 4 Satz 1 in seiner heutigen Fassung auch mit dem geschriebenen Recht nicht mehr vereinbar.

III. Rechtsmissbrauch als Anfechtungsgrund

Wenn der Jahresabschluss inhaltlich korrekt ist, erscheint es gleichwohl denkbar,   4
dass mit dem gewählten Inhalt **unlautere Ziele** verfolgt werden. So mögen auf Druck des Mehrheitsaktionärs gesetzliche Bewertungsspielräume durchweg so ausgeübt worden sein, dass der Jahresabschluss ein möglichst ungünstiges Jahresergebnis dokumentiert; der Mehrheitsaktionär mag auf diese Weise das Ziel verfolgen, die Minderheit auszuhungern. In solchen Fällen ist der Feststellungsbeschluss anfechtbar[5]. § 257 Abs. 1 Satz 2 steht dem nicht entgegen, weil der Angriff gegen den Jahresabschluss in den genannten Fällen nicht den Inhalt, sondern die Umstände seines Zustandekommens zum Gegenstand hat.

IV. Verfahren

Da es sich auch im Fall des § 257 um eine gewöhnliche Anfechtungsklage handelt,   5
sind die Vorschriften über das Anfechtungsverfahren anwendbar; § 257 Abs. 2 Satz 1 stellt dies ausdrücklich klar. § 257 Abs. 2 Satz 2 stellt des weiteren klar, dass die **Anfechtungsfrist** nach § 246 Abs. 1 **immer mit Beschlussfassung beginnt**, selbst dann, wenn der festgestellte Jahresabschluss einer Nachtragsprüfung (§ 316 Abs. 3 HGB) unterzogen werden muss. Nichtigkeits- und Anfechtungsklage können nach §§ 257 Abs. 7, 249 Abs. 2 verbunden werden.

---

4 *Adler/Düring/Schmaltz*, § 256 AktG Rz. 8
5 *Adler/Düring/Schmaltz*, § 256 AktG Rz. 7; Großkomm.-*Schilling* in Großkomm. AktG, 3. Aufl., § 256 Rz. 2; *Hüffer*, § 257 Rz. 5; *Zöllner* in KölnKomm. AktG, § 256 Rz. 6.

Dritter Abschnitt. Sonderprüfung wegen unzulässiger Unterbewertung

§ 258
Bestellung der Sonderprüfer

(1) Besteht Anlass für die Annahme, dass

1. in einem festgestellten Jahresabschluss bestimmte Posten nicht unwesentlich unterbewertet sind (§ 256 Abs. 5 Satz 3) oder

2. der Anhang die vorgeschriebenen Angaben nicht oder nicht vollständig enthält und der Vorstand in der Hauptversammlung die fehlenden Angaben, obwohl nach ihnen gefragt worden ist, nicht gemacht hat und die Aufnahme der Frage in die Niederschrift verlangt worden ist,

so hat das Gericht auf Antrag Sonderprüfer zu bestellen. Die Sonderprüfer haben die bemängelten Posten darauf zu prüfen, ob sie nicht unwesentlich unterbewertet sind. Sie haben den Anhang darauf zu prüfen, ob die vorgeschriebenen Angaben nicht oder nicht vollständig gemacht worden sind und der Vorstand in der Hauptversammlung die fehlenden Angaben, obwohl nach ihnen gefragt worden ist, nicht gemacht hat und die Aufnahme der Frage in die Niederschrift verlangt worden ist.

(1a) Bei Kreditinstituten oder Finanzdienstleistungsinstituten kann ein Sonderprüfer nach Absatz 1 nicht bestellt werden, soweit die Unterbewertung oder die fehlenden Angaben im Anhang auf der Anwendung des § 340f des Handelsgesetzbuchs beruhen.

(2) Der Antrag muss innerhalb eines Monats nach der Hauptversammlung über den Jahresabschluss gestellt werden. Dies gilt auch, wenn der Jahresabschluss nach § 316 Abs. 3 des Handelsgesetzbuchs erneut zu prüfen ist. Er kann nur von Aktionären gestellt werden, deren Anteile zusammen den Schwellenwert des § 142 Abs. 2 erreichen. Die Antragsteller haben die Aktien bis zur Entscheidung über den Antrag zu hinterlegen oder eine Versicherung des depotführenden Instituts vorzulegen, dass die Aktien so lange nicht veräußert werden, und glaubhaft zu machen, dass sie seit mindestens drei Monaten vor dem Tag der Hauptversammlung Inhaber der Aktien sind. Zur Glaubhaftmachung genügt eine eidesstattliche Versicherung vor einem Notar.

(3) Vor der Bestellung hat das Gericht den Vorstand, den Aufsichtsrat und den Abschlussprüfer zu hören. Gegen die Entscheidung ist die sofortige Beschwerde zulässig.

(4) Sonderprüfer nach Absatz 1 können nur Wirtschaftsprüfer und Wirtschaftsprüfungsgesellschaften sein. Für die Auswahl gelten § 319 Abs. 2 bis 4 und § 319a Abs. 1 des Handelsgesetzbuchs sinngemäß. Der Abschlussprüfer der Gesellschaft und Personen, die in den letzten drei Jahren vor der Bestellung Abschlussprüfer der Gesellschaft waren, können nicht Sonderprüfer nach Absatz 1 sein.

(5) § 142 Abs. 6 über den Ersatz angemessener barer Auslagen und die Vergütung gerichtlich bestellter Sonderprüfer, § 145 Abs. 1 bis 3 über die Rechte der Sonderprüfer, § 146 über die Kosten der Sonderprüfung und § 323 des Handelsgesetzbuchs über die Verantwortlichkeit des Abschlussprüfers gelten sinngemäß. Die Sonderprüfer nach Absatz 1 haben die Rechte nach § 145 Abs. 2 auch gegenüber dem Abschlussprüfer der Gesellschaft.

I. Allgemeines 1
1. Gegenstand und Zweck der Regelung
in §§ 258–261a 1
2. Verhältnis zu anderen Vorschriften . . 4
II. Voraussetzungen der Sonderprüfung
und Aufgaben der Sonderprüfer (§ 258
Abs. 1 und Abs. 1a) 5
1. Voraussetzungen der Sonderprüfung . 5
a) „Anlass für die Annahme" 6
b) Unterbewertung bestimmter Ab-
schlussposten (§ 258 Abs. 1 Satz 1
Nr. 1) 7
c) Mangelhafte Anhangsangaben
(§ 258 Abs. 1 Satz 1 Nr. 2) 10
d) Sonderregelungen für Kreditinstitute (§ 258 Abs. 1a) 12
2. Aufgaben der Sonderprüfer 13

III. Antrag auf Sonderprüfung (§ 258
Abs. 2) 14
a) Antragsberechtigung 14
aa) Quorum 14
bb) Besitzzeit und Hinterlegung . . 15
b) Form und Inhalt des Antrags 16
c) Antragsfrist 17
IV. Gerichtliches Entscheidungsverfahren
(§ 258 Abs. 3) 19
1. Prüfung 19
2. Anhörung 20
3. Entscheidung 21
4. Rechtsmittel 23
V. Qualifikation der Sonderprüfer und
Bestellungshindernisse (§ 258 Abs. 4) 24
VI. Stellung, Rechte und Verantwortlichkeit der Sonderprüfer (§ 258 Abs. 5) . . 26

Literatur: *Claussen*, Sinngehalt und Ausformung der Sonderprüfung wegen Unterbewertung, in: Wirtschaftsfragen der Gegenwart, in FS Barz, 1974, S. 317 ff.; *Frey*, Die Sonderprüfung wegen unzulässiger Unterbewertung nach §§ 258 ff. AktG, WPg 1966, 633; *Kronstein/Claussen/Biedenkopf*, Zur Frage der Rechtsbehelfe bei Verletzung der Bewertungsvorschriften des Aktiengesetzentwurfes, AG 1964, 268; *Kruse*, Die Sonderprüfung wegen unzulässiger Unterbewertung, 1972; *Voß*, Die Sonderprüfung wegen unzulässiger Unterbewertung gemäß §§ 258 ff. AktG, in FS Münstermann, 1969, S. 443; *Wilsing/Neumann*, Die Neuregelung der aktienrechtlichen Sonderprüfungen nach dem Inkrafttreten des UMAG, DB 2006, 31.

I. Allgemeines

1. Gegenstand und Zweck der Regelung in §§ 258–261a

Die **§§ 258–261a** regeln die Voraussetzungen sowie das Verfahren einer **Sonderprüfung** in AG und KGaA (§ 278 Abs. 3), falls ein Verdacht auf Unterbewertung oder auf einen mit Mängeln behafteten Anhang besteht. § 258 normiert die materiellen und formellen Voraussetzungen der Verfahrenseinleitung und trifft Bestimmung zur gerichtlichen Entscheidung über die Anordnung der Sonderprüfung sowie zur Qualifikation der Sonderprüfer, ihren Aufgaben, Rechten und Verantwortlichkeiten. § 259 macht Vorgaben zum schriftlichen Bericht der Sonderprüfer und den abschließenden Feststellungen über das Ergebnis der Prüfung. § 260 eröffnet die Möglichkeit, eine gerichtliche Entscheidung über die abschließenden Feststellungen der Sonderprüfer zu Unterbewertungen herbeizuführen. § 261 regelt die Folgen einer rechtskräftig festgestellten Unterbewertung. Und § 261a normiert schließlich Mitteilungspflichten an die Bundesanstalt für Finanzdienstleistungsaufsicht, sofern die Sonderprüfung eine kapitalmarktaktive Gesellschaft betrifft.

Der Rechtsbehelf der Sonderprüfung wurde 1965 neu in das AktG eingefügt; im Zuge des BiRiLiG[1] wurden die Bestimmungen der §§ 258 ff. an das neue Recht der Rechnungslegung angepasst[2]. Auf spätere Änderungen, die Detailaspekte betreffen, wird im Rahmen der Einzelbestimmungen hingewiesen.

1 Gesetz vom 19.12.1985, BGBl. I 1985, 2355.
2 Zur Entstehungsgeschichte im Einzelnen s. *Rodewald* in Küting/Weber, HdR, § 258 AktG Rz. 10 ff.

3   Das Recht zur Einleitung einer Sonderprüfung ist als Minderheitenrecht konzipiert; für die Antragstellung genügt ein bestimmtes Aktionärsquorum[3]. Das Instrument der Sonderprüfung dient einem mehrfachen **Zweck:** Zunächst der Durchsetzung der bilanzrechtlichen Bewertungsregeln, soweit diese eine Unterbewertung verbieten. Die auf präventive Wirkung ausgerichtete Regelung soll die Unternehmensleitung – im Angesicht drohender Konsequenzen – zur Einhaltung der Bewertungsvorschriften anhalten[4]. Das soll zugleich die Zuständigkeit der Hauptversammlung sichern, über die Gewinnverwendung zu beschließen; denn deren Kompetenz wird faktisch beschnitten, wenn wegen Unterbewertung ein tatsächlich erwirtschafteter Jahresüberschuss nicht oder nicht in der zutreffenden Höhe im Jahresabschluss ausgewiesen wird[5]. Zudem zielen §§ 258 ff. darauf ab, die umfassende, vollständige und wahrheitsgemäße Berichterstattung im Anhang zu gewährleisten[6]. Und schließlich stärkt die Regelung – reflexiv – die Unabhängigkeit des Abschlussprüfers gegenüber der Verwaltung, da dieser bei versuchter Einflussnahme auf die Gefahr einer Sonderprüfung hinweisen kann[7].

2. Verhältnis zu anderen Vorschriften

4   Die Sonderprüfung gem. §§ 258 ff. ist im **Verhältnis zur Sonderprüfung nach § 142** der speziellere Rechtsbehelf[8]: Gem. § 142 Abs. 3 scheidet eine Sonderprüfung nach § 142 aus, soweit die sie begründenden Vorgänge unter § 258 fallen. Die bloße Möglichkeit, aus diesem Grund ein Prüfungsverfahren nach § 258 anzustrengen, reicht aus; nicht erforderlich ist, dass die Sonderprüfung tatsächlich durchgeführt wird. Vorrang hat die Sonderprüfung nach §§ 258 ff. auch gegenüber dem bilanzrechtlichen Enforcement-Verfahren nach §§ 342b ff. HGB, §§ 37n ff. WpHG: Sobald ein Sonderprüfer bestellt wurde, ist für diese spezielle Prüfung der Rechnungslegung kapitalmarktaktiver Gesellschaften weder auf der ersten Verfahrensstufe (Prüfstelle für Rechnungslegung) noch auf der zweiten Stufe (Bundesanstalt für Finanzdienstleistungsaufsicht) Raum, soweit der Gegenstand der Sonderprüfung nach § 258 ff., der Prüfungsbericht oder eine gerichtliche Entscheidung über die abschließenden Feststellungen der Sonderprüfer (§ 260) reichen: § 342b Abs. 3 Satz 2 HGB, § 37o Abs. 2 Satz 2 WpHG. Die Sonderprüfung gem. §§ 258 ff. kann hingegen parallel zur Anfechtung des von der Hauptversammlung getroffenen Feststellungsbeschlusses über den Jahresabschluss (vgl. § 257) und der prozessualen Feststellung der Nichtigkeit des Jahresabschlusses – bei infolge von Unterbewertung vorsätzlich unrichtig wiedergegebener oder verschleierter Vermögens-, Finanz- und Ertragslage der Gesellschaft: § 256 Abs. 5 Nr. 2 – beantragt werden[9].

---

3 Dazu etwa *Claussen* in FS Barz, S. 317, 320; *Frey*, WPg 1966, 633; *Rodewald* in Küting/Weber, HdR, § 258 AktG Rz. 1.
4 *ADS*, § 258 AktG Rz. 7; *Rodewald* in Küting/Weber, HdR, § 258 Rz. 16, 22 („Damoklesschwert der nachgehenden Kontrolle").
5 *Hüffer* in MünchKomm. AktG, § 258 Rz. 3; *Rodewald* in Küting/Weber, HdR, § 258 AktG Rz. 14.
6 *Hüffer*, § 258 Rz. 1; *Hüffer* in MünchKomm. AktG, § 258 Rz. 4; *Rodewald* in Küting/Weber, HdR, § 258 AktG Rz. 14.
7 *Claussen* in FS Barz, S. 317, 321.
8 *ADS*, § 258 AktG Rz. 4; *Claussen* in FS Barz, S. 317, 330; *Rodewald* in Küting/Weber, HdR, § 258 AktG Rz. 3.
9 *ADS*, § 258 AktG Rz. 2, 4; *Claussen* in FS Barz, S. 317, 325; *Rodewald* in Küting/Weber, HdR, § 258 AktG Rz. 2.

II. Voraussetzungen der Sonderprüfung und Aufgaben der Sonderprüfer (§ 258 Abs. 1 und Abs. 1a)

1. Voraussetzungen der Sonderprüfung

Nach § 258 Abs. 1 Satz 1 bestellt das Gericht – auf Antrag, s. unten Rz. 14 ff. – Son-   5
derprüfer, wenn Anlass für die Annahme einer nicht unwesentlichen Unterbewertung bestimmter Posten (§ 258 Abs. 1 Satz 1 Nr. 1) oder für die Annahme eines mangelhaften Anhangs (§ 258 Abs. 1 Satz 1 Nr. 2) besteht. Bezugspunkt ist jeweils der
– nach Maßgabe von §§ 172, 173 (s. die Erläuterungen dort) – **festgestellte Jahresabschluss**, was (in prüfungspflichtigen Gesellschaften) die vorherige Durchführung der
Abschlussprüfung voraussetzt (vgl. § 316 Abs. 1 Satz 2 HGB und die Erläuterungen
Vor § 150 Rz. 19).

a) „Anlass für die Annahme"

Der Gesetzgeber hat sich bewusst näherer Regelung darüber enthalten, unter wel-   6
chen Voraussetzungen ein solcher Anlass für die Annahme von Unterbewertungen
bzw. von mangelhaften Anhangsangaben besteht[10]. Hieran dürfen keine zu hohen Erwartungen gestellt werden, weil den typischerweise gegebenen Informationsdefiziten
der antragsberechtigten Minderheitsaktionäre Rechnung getragen werden muss[11].
Die vollständige Darlegung oder gar der Nachweis einer Unterbewertung bzw. von
Mängeln im Anhang ist nicht Voraussetzung für die gerichtliche Anordnung der Sonderprüfung, weil ansonsten das Ergebnis der Prüfung vorweggenommen werden
müsste[12]. Um einer missbräuchlichen Ausübung des Sonderprüfungsrechts entgegenzuwirken, genügen andererseits aber auch nicht schon pauschale Behauptungen seitens der Antragsteller[13]. Vielmehr müssen diese **konkrete Tatsachen** benennen, die
auf das Vorliegen eines der Tatbestände des § 258 Abs. 1 schließen lassen[14]. Ob die
vorgebrachten Anhaltspunkte einen hinreichenden Verdacht bieten, ist dabei nicht
aus der Sicht der Antragsteller, sondern vom Standpunkt eines objektiven, verständigen Dritten zu beurteilen[15].

b) Unterbewertung bestimmter Abschlussposten (§ 258 Abs. 1 Satz 1 Nr. 1)

§ 258 Abs. 1 Satz 1 Nr. 1 knüpft an die nicht unwesentliche Unterbewertung be-   7
stimmter Posten des festgestellten Jahresabschlusses an und verweist dazu auf § 256
Abs. 5 Satz 3. Unter **„bestimmten Posten"** sind nicht einzelne Vermögensgegenstände oder Schuldpositionen, sondern – in Anlehnung an die Gliederung des Jahresabschlusses – die „Posten" im bilanztechnischen Sinn (§ 266 HGB) zu verstehen[16].
Nicht zuletzt wegen der Möglichkeit der Kompensation von Unter- und Überbewertungen innerhalb eines Postens (s. unten Rz. 8) ist immer der gesamte Posten Gegenstand der Überprüfung. Da auf den jeweiligen Bilanzposten abzustellen ist, sind die

---

10 *Frey*, WPg 1966, 633 f.
11 *Hüffer* in MünchKomm. AktG, § 258 Rz. 11; *Rodewald* in Küting/Weber, HdR, § 258 AktG
Rz. 26.
12 *Claussen* in FS Barz, S. 317, 330; *Rodewald* in Küting/Weber, HdR, § 258 AktG Rz. 26.
13 *Claussen* in FS Barz, S. 317, 330; *Hüffer* in MünchKomm. AktG, § 258 Rz. 12; *Rodewald* in
Küting/Weber, HdR, § 258 AktG Rz. 26.
14 OLG München v. 20.6.2006 – 31 Wx 36/06, AG 2006, 801 f.; *Hüffer* in MünchKomm. AktG,
§ 258 Rz. 11 f.; *Rodewald* in Küting/Weber, HdR, § 258 AktG Rz. 26.
15 OLG München v. 20.6.2006 – 31 Wx 36/06, AG 2006, 801 f.; *ADS*, § 258 AktG Rz. 18; *Hüffer*
in MünchKomm. AktG, § 258 Rz. 11f; *Rodewald* in Küting/Weber, HdR, § 258 AktG Rz. 26;
jeweils mit konkreten Beispielen für solche Tatsachen.
16 *Hüffer* in MünchKomm. AktG, § 258 Rz. 13; *Rodewald* in Küting/Weber, HdR, § 258 AktG
Rz. 30.

Antragsteller auch nicht gezwungen, im Rahmen des gebotenen Tatsachenvortrags (oben Rz. 6) konkrete unterbewertete Vermögensgegenstände (oder Schuldpositionen) zu benennen; daran gehindert sind sie aber selbstverständlich nicht[17].

8   Kraft ausdrücklicher Verweisung gilt die Legaldefinition der **Unterbewertung** in **§ 256 Abs. 5 Satz 3** (s. die Erläuterungen § 256 Rz. 14 ff.). Aktivposten sind folglich unterbewertet, wenn sie mit einem zu niedrigen Wert, Passivposten, wenn sie mit einem höheren Wert als handelsrechtlich zulässig angesetzt wurden. Zur Ermittlung der Unterbewertung ist bei Gegenständen des Aktivvermögens die Wertuntergrenze, bei Gegenständen des Passivvermögens die Wertobergrenze mit dem gewählten Ansatz zu vergleichen. Die einzelnen Bestandteile des Postens sind ebenfalls auf unzulässige **Überbewertungen** zu kontrollieren; soweit diese die Unterbewertungen ausgleichen, liegt keine Unterbewertung des Postens vor[18]. Die Überprüfung der vorgefundenen Bewertungsansätze auf Unter- bzw. Überbewertungen hat sich an den handelsrechtlichen Rechnungslegungsvorschriften (§ 256 Abs. 5 AktG; §§ 253–256 HGB i.V.m. §§ 279–283 HGB) zu orientieren; Unterbewertung liegt auch im völligen Nichtansatz bzw. mengenfehlerhaftem Ansatz einzelner Vermögenspositionen[19].

9   Die Unterbewertung darf **„nicht unwesentlich"** sein, womit das Gesetz jedenfalls geringere Anforderungen als an eine „Wesentlichkeit" der Unterbewertung aufstellt[20]. Nicht eindeutig sind aber die insoweit maßgeblichen **Vergleichsgrößen**. Die früher herrschende Meinung zog als Maßstab die Gesamtverhältnisse des Unternehmens (wie etwa die Bilanzsumme, den Jahresüberschuss und das Grundkapital) heran[21]. Unter solcher Prämisse ist die Unterbewertung dann nicht unwesentlich, wenn sie ein bestimmtes Verhältnis zu diesen Kennzahlen übersteigt[22]. Die Gegenposition stellt indes zu Recht auf den Regelungszweck der Norm ab, die Einhaltung der Grenzen für die Bewertung von Bilanzposten sicherzustellen: maßgebliche Vergleichsgröße sind die **zulässigen Wertgrenzen** für den Bilanzposten[23]. Ob die Unterbewertung nicht unwesentlich ist, beurteilt sich dabei nicht nach absoluten oder relativen Grenzwerten, sondern ist im **Einzelfall** zu bestimmen[24].

c) Mangelhafte Anhangsangaben (§ 258 Abs. 1 Satz 1 Nr. 2)

10   Ein **mangelhafter Anhang** liegt vor, wenn er die vorgeschriebenen Angaben nicht vollständig enthält oder wenn sie gar völlig fehlen; unzutreffende Angaben stehen fehlenden Angaben gleich, da eine falsche Angabe das Fehlen der vorgeschriebenen Angabe bedingt[25]. Den **Umfang der Berichtspflicht** bestimmen die Vorschriften der §§ 284 ff. HGB, die für die AG um die Zusatzangaben gem. §§ 58 Abs. 2a, 131 Abs. 1 und 3, 152 Abs. 2 und 3, 158 Abs. 1 und 160 ergänzt werden. Bei der Überprüfung der Vollständigkeit ist zu beachten, dass einige dieser Angaben nicht zwingend im An-

---

17 *ADS*, § 258 AktG Rz. 19; *Hüffer*, § 258 Rz. 5; *Rodewald* in Küting/Weber, HdR, § 258 AktG Rz. 31.
18 *Hüffer* in MünchKomm AktG, § 258 Rz. 14; *Rodewald* in Küting/Weber, HdR, § 258 AktG Rz. 35.
19 *ADS*, § 258 AktG Rz. 14; *Hüffer*, § 258 Rz. 6.
20 S. dazu etwa *Hüffer*, § 258 Rz. 7; *Rodewald* in Küting/Weber, HdR, § 258 AktG Rz. 39.
21 S. etwa *ADS*, § 258 AktG Rz. 86; *Claussen* in FS Barz, S. 317, 332; *Frey*, WPg 1966, 633, 634.
22 *Claussen* in FS Barz, S. 317, 332; *Frey*, WPg 1966, 633, 634; s. auch die Darstellung bei *Rodewald* in Küting/Weber, HdR, § 258 AktG Rz. 41 ff.
23 *Hüffer*, § 258 Rz. 7; *Hüffer* in MünchKomm. AktG, § 258 Rz. 21, je m.w.N.; ebenso *Rodewald* in Küting/Weber, HdR, § 258 AktG Rz. 40.
24 *ADS*, § 258 AktG Rz. 85f; *Hüffer*, § 258 Rz. 8; *Hüffer* in MünchKomm. AktG, § 258 Rz. 22; *Rodewald* in Küting/Weber, HdR, § 258 AktG Rz. 44.
25 *ADS*, § 258 AktG Rz. 22; *Hüffer*, § 258 Rz. 9; *Rodewald* in Küting/Weber, HdR, § 258 AktG Rz. 46.

hang stehen müssen, sondern auch in der Bilanz bzw. der GuV gemacht werden können. Sind im Einzelfall Anhangsangaben nicht erforderlich, ist auch eine Fehlanzeige nicht notwendig.

Allerdings ist der Mangel des Anhangs allein noch keine hinreichende Voraussetzung   11
der Sonderprüfung. § 258 Abs. 1 Satz 1 Nr. 2 nennt darüber hinaus die **erfolglose Nachfrage in der Hauptversammlung** sowie die **verlangte Aufnahme der Frage in die Niederschrift**. Selbstverständlich kann der Vorstand auch aus eigener Motivation Mängel des Anhangs durch Ergänzung oder Berichtigung in der Hauptversammlung korrigieren[26]. Erfolgt eine solche Korrektur nicht, ist die auf die Mängel gerichtete Nachfrage seitens der Aktionäre Voraussetzung für die Sonderprüfung. Auch an diese Nachfrage sind keine übertriebenen Anforderungen zu stellen: Ausreichend ist, dass der Fragesteller zu erkennen gibt, dass er bestimmte gesetzlich vorgeschriebene Angaben im Anhang vermisst oder für unvollständig bzw. fehlerhaft hält[27]. Zudem muss die Aufnahme der Frage in die Niederschrift (§ 130) verlangt werden; ob die Frage tatsächlich in das Protokoll aufgenommen wurde, ist unerheblich[28]. Personenidentität des Fragestellers in der Hauptversammlung mit dem späteren Antragsteller nach § 258 ist im Übrigen nicht erforderlich[29].

d) Sonderregelungen für Kreditinstitute (§ 258 Abs. 1a)

§ 258 Abs. 1a trägt den Besonderheiten der Rechnungslegung von Kreditinstituten   12
(i.S.v. §§ 1 Abs. 1, 2 Abs. 1 KWG) und Finanzdienstleistungsinstituten (i.S.v. §§ 1 Abs. 1a, 2 Abs. 6 KWG) Rechnung[30]. Beruht eine nach allgemeinem bilanzrechtlichen Maßstab an sich gegebene Unterbewertung oder Berichtslücke auf der in § 340f HGB erlaubten **Vorsorge für allgemeine Bankrisiken** (auf Finanzdienstleistungsinstitute anwendbar gem. § 340 Abs. 4 Satz 1 HGB), ist eine Sonderprüfung nicht statthaft.

2. Aufgaben der Sonderprüfer

§ 258 Abs. 1 Sätze 2 und 3 enthalten Vorgaben zu **Inhalt und Umfang der Prüfung**.   13
Bei bemängelter Unterbewertung haben die Sonderprüfer zu ermitteln, ob eine Unterbewertung vorliegt und diese nicht unwesentlich ist. Dabei sind die Grenzen zulässiger Wertansätze zu bestimmen (s. § 259 Abs. 2 und die Erläuterungen § 259 Rz. 7 ff.). Der Anhang ist nach § 258 Abs. 1 Satz 3 darauf zu prüfen, ob die vorgeschriebenen Angaben nicht oder nicht vollständig gemacht worden sind und der Vorstand in der Hauptversammlung die fehlenden Angaben, obwohl nach ihnen gefragt worden ist, nicht gemacht hat und die Aufnahme der Frage in die Niederschrift verlangt worden ist. Da diese Formulierung des Gesetzes die eigentlich aufzuspürende Berichtslücke als gegeben voraussetzt, ist eine andere Prüfungsreihenfolge zweckmäßiger: Erst nachdem festgestellt worden ist, dass und nach welchen Informationen in der Hauptversammlung vergeblich gefragt und die Aufnahme in die Niederschrift verlangt wurde, sollte überprüft werden, ob die bemängelte Lücke tatsächlich besteht[31].

---

26 *Hüffer*, § 258 Rz. 10; *Rodewald* in Küting/Weber, HdR, § 258 AktG Rz. 49.
27 *ADS*, § 258 AktG Rz. 25; *Hüffer*, § 258 Rz. 10; *Hüffer* in MünchKomm. AktG, § 258 Rz. 29;
     Rodewald in Küting/Weber, HdR, § 258 AktG Rz. 49.
28 *Rodewald* in Küting/Weber, HdR, § 258 AktG Rz. 51.
29 *Hüffer*, § 258 Rz. 10; *Hüffer* in MünchKomm. AktG, § 258 Rz. 29; *Rodewald* in Küting/Weber,
     HdR, § 258 AktG Rz. 51.
30 S. nur *Hüffer*, § 258 Rz. 3.
31 *ADS*, § 258 AktG Rz. 72; *Hüffer* in MünchKomm. AktG, § 258 Rz. 33.

III. Antrag auf Sonderprüfung (§ 258 Abs. 2)

a) Antragsberechtigung

14 **aa) Quorum.** Das Antragsrecht auf Bestellung von Sonderprüfern ist ein **Minderheitenrecht**, setzt aber eine **qualifizierte Minderheit** voraus: Nach § 258 Abs. 2 Satz 3[32] und dessen Verweis auf § 142 Abs. 2 müssen der oder die Antragsteller einzeln oder zusammen mindestens ein Prozent des Grundkapitals auf sich vereinen oder Inhaber von Aktien im Gesamtnennwert von 100.000 Euro sein. Maßgeblich ist das am Tag der Hauptversammlung im Handelsregister eingetragene Grundkapital[33]. Auf das Stimmrecht kommt es nicht an; auch stimmrechtslose Vorzugsaktien oder Aktien, für die das Stimmrecht nach § 134 Abs. 1 und 2 nicht ausgeübt werden kann, zählen bei der Berechnung mit[34]. Von der Gesellschaft gehaltene eigene Aktien sind nicht abzuziehen; auch sie stellen einen Anteil am Grundkapital dar[35].

15 **bb) Besitzzeit und Hinterlegung.** § 258 Abs. 2 Sätze 4 und 5[36] knüpfen den Antrag auf Sonderprüfung an weitere Voraussetzungen, die – falls mehrere Aktionäre das erforderliche Quorum gemeinsam erreichen – in der Person jedes einzelnen von ihnen vorliegen müssen[37]: Die Antragsteller haben glaubhaft zu machen, dass sie mindestens drei Monate vor dem Tag der Hauptversammlung Inhaber der Aktien waren. Möglich ist dies durch die eidesstattliche Versicherung vor einem Notar (§ 258 Abs. 2 Satz 5) oder durch die Vorlage von Depotauszügen[38]. Die Besitzzeit berechnet sich nach § 70. Außerdem ordnet die Vorschrift die Hinterlegung der Aktien bis zur rechtskräftigen Entscheidung über den Antrag auf Sonderprüfung an. Die Antragsteller können ihre Aktien beim Amtsgericht als Hinterlegungsstelle oder bei der Gesellschaft selbst hinterlegen[39]. § 258 Abs. 2 Satz 4 lässt es nunmehr ausdrücklich zu, die Hinterlegung durch eine Erklärung des Depot führenden Kreditinstituts gegenüber dem Gericht oder der Gesellschaft zu ersetzen, dass die Aktien bis zur rechtskräftigen Entscheidung nicht veräußert werden[40].

b) Form und Inhalt des Antrags

16 Der Antrag ist an **kein Formerfordernis** gebunden. Da es sich bei der gerichtlichen Entscheidung über die Bestellung von Sonderprüfern um ein Verfahren der freiwilligen Gerichtsbarkeit handelt (§ 145 Abs. 1 FGG), reicht nach § 11 FGG die Antragstellung zu Protokoll der Geschäftsstelle aus. Die Möglichkeit schriftlicher Antragstellung bleibt davon unberührt[41]. Eine Unterzeichnung des Antrags ist nicht erforderlich, wenn die Person des Antragstellers eindeutig erkennbar ist. Daher genügt ebenfalls ein Telegramm, ein Telefax oder eine E-Mail; auch telefonische Antragstel-

32 In der Fassung von Art. 1 Nr. 31a UMAG vom 22.9.2005, BGBl. I 2005, 2802; s. dazu *Wilsing/Neumann*, DB 2006, 31, 32.
33 *Hüffer*, § 258 Rz. 16; *Rodewald* in Küting/Weber, HdR, § 258 AktG Rz. 79.
34 *Hüffer*, § 258 Rz. 16; *Rodewald* in Küting/Weber, HdR, § 258 AktG Rz. 79.
35 *ADS*, § 258 AktG Rz. 31; *Hüffer* in MünchKomm. AktG, § 258 Rz. 44; *Hüffer*, § 258 Rz. 16; *Rodewald* in Küting/Weber, HdR, § 258 AktG Rz. 79.
36 Satz 4 in der Fassung von Art. 1 Nr. 31b UMAG vom 22.9.2005, BGBl. I 2005, 2802.
37 *ADS*, § 258 AktG Rz. 33; *Rodewald* in Küting/Weber, HdR, § 258 AktG Rz. 81.
38 *ADS*, § 258 AktG Rz. 32; *Hüffer*, § 258 Rz. 17; *Rodewald* in Küting/Weber, HdR, § 258 AktG Rz. 80.
39 *ADS*, § 258 AktG Rz. 32; *Hüffer*, § 258 Rz. 17; *Rodewald* in Küting/Weber, HdR, § 258 AktG Rz. 81.
40 S. dazu auch *Rodewald* in Küting/Weber, HdR, § 258 AktG Rz. 81; *Wilsing/Neumann*, DB 2006, 31, 33.
41 *ADS*, § 258 AktG Rz. 34; *Hüffer*, § 258 Rz. 13, *Rodewald* in Küting/Weber, HdR, § 258 AktG Rz. 82.

lung ist zulässig[42]. **Inhaltlich** muss aus dem Antrag hervorgehen, dass die Voraussetzungen einer Sonderprüfung erfüllt sind. Die Umstände, aus denen sich der Anlass zur Annahme der Unterbewertung bzw. Unvollständigkeit der Angaben im Anhang ergibt, müssen benannt werden[43]; s. auch schon oben Rz. 6.

c) Antragsfrist

Gem. § 258 Abs. 2 Satz 1 ist der Antrag **innerhalb eines Monats** nach der Hauptversammlung über den Jahresabschluss zu stellen. Gemeint ist damit diejenige Hauptversammlung, welche den von Vorstand und Aufsichtsrat festgestellten Jahresabschluss entgegennimmt (§ 175) oder den Jahresabschluss ggf. selbst feststellt (§ 173 Abs. 1); ob darüber hinaus ein Beschluss über die Gewinnverwendung getroffen wurde, hat auf den Beginn der Frist keine Auswirkungen[44]. Die Frist beginnt nach § 258 Abs. 2 Satz 2 ebenfalls zu laufen, wenn die Hauptversammlung Änderungen des Jahresabschlusses vornimmt (§ 173 Abs. 3). Zur Vermeidung von Zeitverzögerungen soll die darauf notwendige Nachtragsprüfung des Jahresabschlusses (§ 316 Abs. 3 HGB) nicht abgewartet werden. Auch bei paralleler Anfechtungs- oder Nichtigkeitsklage (s. oben Rz. 4) ist die Monatsfrist einzuhalten[45].

17

Die Frist ist eine **materiell-rechtliche Ausschlussfrist** mit der Folge, dass ein verspäteter Antrag unbegründet, nicht unzulässig, ist[46]. Sie berechnet sich gemäß §§ 187 Abs. 1, 188 Abs. 2 und 3 BGB. Fristverlängerung, Wiedereinsetzung, Hemmung oder Unterbrechung sind nicht möglich[47]. Innerhalb der Monatsfrist ist der Antrag **beim sachlich und örtlich zuständigen Amtsgericht** am Sitz der Gesellschaft (§ 14) einzureichen; die rechtzeitige Beantragung bei einem anderen als dem zuständigen Gericht reicht nicht aus. Ein **Nachschieben von Antragsgründen** ist nach Ablauf der Monatsfrist nicht statthaft[48].

18

IV. Gerichtliches Entscheidungsverfahren (§ 258 Abs. 3)

1. Prüfung

Die Bestellung der Sonderprüfer ist eine Angelegenheit der freiwilligen Gerichtsbarkeit (§ 145 Abs. 1 FGG), so dass sich das Verfahren nach den Vorschriften des FGG richtet, soweit das AktG nicht abweichende Verfahrensvorschriften vorsieht. Das zuständige Amtsgericht am Sitz der Gesellschaft (s. schon Rz. 18) hat den Sachverhalt entsprechend § 12 FGG von Amts wegen zu ermitteln. Das Verfahren ist gemäß § 17 Nr. 2a RPflG dem Richter vorbehalten. Das Gericht prüft die **Zulässigkeit** des Antrags (Quorum, Besitzzeit und Hinterlegung) und seine **Begründetheit** (Antragsfrist und Anlass für die Annahme einer nicht unwesentlichen Unterbewertung oder eines unvollständigen Anhangs)[49]. Die Beiziehung der Handelsregisterakten ist zweckmäßig[50].

19

---

42 *Hüffer*, § 258 Rz. 13; *Rodewald* in Küting/Weber, HdR, § 258 Rz. 82, je m.w.N.
43 *Rodewald* in Küting/Weber, HdR, § 258 AktG Rz. 83.
44 *ADS*, § 258 AktG Rz. 29; *Rodewald* in Küting/Weber, HdR, § 258 AktG Rz. 75.
45 *ADS*, § 258 AktG Rz. 27; *Rodewald* in Küting/Weber, HdR, § 258 AktG Rz. 75.
46 *Hüffer*, § 258 Rz. 14.
47 *Hüffer*, § 258 Rz. 14; *Rodewald* in Küting/Weber, HdR, § 258 AktG Rz. 76–78.
48 *Hüffer* in MünchKomm. AktG, § 258 Rz. 43; *Rodewald* in Küting/Weber, HdR, § 258 Rz. 84.
49 *Hüffer* in MünchKomm. AktG, § 258 Rz. 48; *Rodewald* in Küting/Weber, HdR, § 258 AktG Rz. 86.
50 *Rodewald* in Küting/Weber, HdR, § 258 AktG Rz. 87. Zur (in den Einzelheiten umstrittenen) Befugnis des Gerichts, zur weiteren Aufklärung Schriftstücke von der Gesellschaft einzufordern, s. weiterführend *Hüffer* in MünchKomm. AktG, § 258 Rz. 52 f.; *Rodewald* in Küting/Weber, HdR, § 258 AktG Rz. 87 ff.

2. Anhörung

20 Die Anhörung von **Vorstand, Aufsichtsrat und Abschlussprüfer** ist gem. § 258 Abs. 3 Satz 1 zwingend vorgeschrieben, wenn das Gericht dem Antrag stattgeben will. Sie kann schriftlich oder im Rahmen einer mündlichen Verhandlung erfolgen[51]. Die Stellungnahme des Vorstandes ist eine Maßnahme der Geschäftsführung i.S.v. § 77. Er kann sich gegenüber dem Gericht nicht auf ein Auskunftsverweigerungsrecht – etwa analog § 131 Abs. 3 – berufen[52]. Der Aufsichtsrat entscheidet über den Inhalt seiner Erklärung per Beschluss (§ 108 Abs. 1)[53]. Der Abschlussprüfer ist gegenüber dem Gericht von seiner Verschwiegenheitspflicht befreit, soweit er sich zum Antrag und dessen Inhalt äußert; waren mehrere Abschlussprüfer berufen und sind sich diese in ihrer Beurteilung einig, so können sie eine gemeinsame Erklärung abgegeben[54].

3. Entscheidung

21 Gelangt das **Gericht** zu der Überzeugung, dass die Antragsvoraussetzungen vorliegen, bestellt es den Sonderprüfer. Die Person oder Prüfungsgesellschaft ist in der Entscheidung zu bezeichnen, die Bestellung mehrerer Prüfer ist möglich[55]. Anderenfalls weist das Gericht den Antrag ab. Die Entscheidung ist schriftlich abzufassen und mit Gründen zu versehen[56]. In der stattgebenden Entscheidung hat das Gericht den Prüfungsauftrag genau zu beschreiben; für den Fall einer Sonderprüfung wegen Unterbewertung sind die zu prüfenden Posten zu benennen[57]. Entsprechend sind bei einer Sonderprüfung wegen unvollständigen Anhangs die Angaben aufzuführen, die Gegenstand der Prüfung sein sollen[58].

22 Hat der Antrag Erfolg, sind die **Verfahrenskosten** der Gesellschaft aufzuerlegen (§ 146 i.V.m. § 258 Abs. 5 Satz 1), unabhängig vom späteren Ausgang der Sonderprüfung. Bei Abweisung haben die Antragsteller gemäß §§ 2, 5 KostO die Kosten zu tragen. Das Gericht setzt den Geschäftswert von Amts wegen fest. Nach § 121 KostO ist die Gebühr zu verdoppeln. Auf außergerichtliche Kosten der Beteiligten findet § 13a FGG Anwendung[59].

4. Rechtsmittel

23 Nach § 258 Abs. 3 Satz 2 ist gegen die Entscheidung **sofortige Beschwerde** zulässig. Sie ist innerhalb von zwei Wochen (§ 22 Abs. 1 Satz 1 FGG) entweder bei dem Gericht, dessen Entscheidung angegangen wird oder bei dem Beschwerdegericht einlegen; zu den Einzelheiten vgl. §§ 21 ff. FGG. Wird der Antrag abgelehnt, so erfordert das Rechtsmittel der Antragsteller wiederum mindestens eine qualifizierte Minderheit nach § 258 Abs. 2 Satz 3[60]. Gegen die Entscheidung des Beschwerdegerichts ist

51 *Hüffer* in MünchKomm. AktG, § 258 Rz. 51; *Rodewald* in Küting/Weber, HdR, § 258 AktG Rz. 91.
52 *Rodewald* in Küting/Weber, HdR, § 258 AktG Rz. 92.
53 *ADS*, § 258 AktG Rz. 43; *Rodewald* in Küting/Weber, HdR, § 258 AktG Rz. 93.
54 *ADS*, § 258 AktG Rz. 44; *Hüffer* in MünchKomm. AktG, § 258 Rz. 51; *Rodewald* in Küting/Weber, HdR, § 258 AktG Rz. 94.
55 *Hüffer* in MünchKomm. AktG, § 258 Rz. 55.
56 *Hüffer*, § 258 Rz. 22; *Rodewald* in Küting/Weber, HdR, § 258 AktG Rz. 95.
57 *Hüffer*, § 258 Rz. 22; *Hüffer* in MünchKomm. AktG, § 258 Rz. 55; *Rodewald* in Küting/Weber, HdR, § 258 AktG Rz. 97.
58 *Hüffer* in MünchKomm. AktG, § 258 Rz. 55; *Rodewald* in Küting/Weber, HdR, § 258 AktG Rz. 99.
59 *Hüffer*, § 258 Rz. 23.
60 *Rodewald* in Küting/Weber, HdR, § 258 AktG Rz. 102.

die **sofortige weitere Beschwerde** möglich (§ 29 Abs. 2 FGG), über die das OLG entscheidet (§ 28 FGG).

V. Qualifikation der Sonderprüfer und Bestellungshindernisse (§ 258 Abs. 4)

Im Unterschied zur Sonderprüfung nach §§ 142 ff. (vgl. § 143 Abs. 1) können nach §258 Abs. 4 Satz 1 nur **Wirtschaftsprüfer** oder **Wirtschaftsprüfungsgesellschaften** zum Sonderprüfer bestellt werden. Die Qualifikation als Wirtschaftsprüfer muss bei Bestellung vorliegen und bis zur Beendigung der Sonderprüfung (Abgabe des Prüfungsberichts nach § 259) fortbestehen[61]. Die Auswahl der Prüfer liegt im pflichtgemäßen Ermessen des Gerichts; die vorherige Anhörung der Wirtschaftsprüferkammer ist empfehlenswert[62].   24

§ 258 Abs. 4 Satz 2 verweist hinsichtlich **Unabhängigkeit** und **Unbefangenheit** der Sonderprüfer auf § 319 Abs. 2 bis 4 und § 319a Abs. 1 HGB. Das Gericht sollte von den potentiellen Prüfern eine entsprechende Negativerklärung über nicht bestehende Ausschlussgründe verlangen, um Schwierigkeiten bei der Nachprüfung zu vermeiden und Zweifel an der Unabhängigkeit der Prüfer auszuräumen[63]. Weil die Sonderprüfer auch gegenüber dem Abschlussprüfer unbefangen und objektiv sein sollen, ordnet das Gesetz an, dass der Abschlussprüfer selbst nicht Sonderprüfer sein kann (§ 258 Abs. 4 Satz 3). Das gilt auch für Abschlussprüfer, die für das laufende oder ein künftiges Geschäftsjahr schon bestellt sind[64]. Die Regelung schließt die Abschlussprüfer der letzten drei Jahre ausdrücklich ein. Für die Bestimmung des Beginns dieser Frist ist – dem Gesetzeswortlaut entsprechend – vom Tag der Bestellung an drei Jahre zurück zu rechnen[65].   25

VI. Stellung, Rechte und Verantwortlichkeit der Sonderprüfer (§ 258 Abs. 5)

Die Bestellung zum Sonderprüfer begründet eine **privatrechtliche Beziehung** zwischen dem Prüfer und der Gesellschaft. In der gerichtlichen Bestellungsentscheidung liegt zugleich ein an den Prüfer gerichtetes Angebot namens der Gesellschaft auf Abschluss eines Sonderprüfungsvertrags[66]. Der Vertrag (Geschäftsbesorgungsvertrag, § 675 BGB) kommt mit der Annahmeerklärung des Prüfers zustande. Daneben verleiht der Bestellungsakt dem Sonderprüfer eine **organschaftliche Stellung**. Nur so lassen sich die Rechtswirkungen der abschließenden Feststellungen des Sonderprüfers erklären[67].   26

Die Sonderprüfer haben nach § 142 Abs. 6 i.V.m. § 258 Abs. 5 Satz 1 Anspruch auf **Vergütung** in gerichtlich festgesetzter Höhe und angemessenen **Auslagenersatz**. Ihnen stehen gem. § 258 Abs. 5 Satz 2 die **Auskunftsrechte** eines Sonderprüfers aus § 145 Abs. 1 bis 3 zu. Das Auskunftsrecht besteht auch gegenüber den Abschlussprüfern. Für die **Verantwortlichkeit** der Sonderprüfer gilt gem. § 258 Abs. 5 Satz 1 die Regelung des § 323 HGB sinngemäß. Insbesondere ist auf die Verschwiegenheitspflicht   27

---

61 *Hüffer*, § 258 Rz. 24; *Rodewald* in Küting/Weber, HdR, § 258 AktG Rz. 104.
62 *ADS*, § 258 AktG Rz. 52; *Hüffer*, § 258 Rz. 24; *Rodewald* in Küting/Weber, HdR, § 258 AktG Rz. 104.
63 *Hüffer*, § 258 Rz. 25; *Rodewald* in Küting/Weber, HdR, § 258 AktG Rz. 105.
64 *ADS*, § 258 AktG Rz. 49; *Hüffer* in MünchKomm. AktG, § 258 Rz. 61.
65 *Hüffer*, § 258 Rz. 26; *Rodewald* in Küting/Weber, HdR, § 258 AktG Rz. 106; a.A. *ADS*, § 258 *Rodewald* Rz. 50: drei Geschäftsjahre.
66 *ADS*, § 258 AktG Rz. 54; *Hüffer* in MünchKomm. AktG, § 258 Rz. 62; *Rodewald* in Küting/Weber, HdR, § 258 AktG Rz. 107.
67 *Hüffer*, § 258 Rz. 27; *Rodewald* in Küting/Weber, HdR, § 258 AktG Rz. 107.

hinzuweisen, deren Verletzung Schadensersatzpflichten (§ 323 Abs. 1 Satz 3 HGB) und Strafsanktionen (§ 404 Abs. 1 Nr. 2) zur Folge haben können.

§ 259
Prüfungsbericht. Abschließende Feststellungen

(1) Die Sonderprüfer haben über das Ergebnis der Prüfung schriftlich zu berichten. Stellen die Sonderprüfer bei Wahrnehmung ihrer Aufgaben fest, dass Posten überbewertet sind (§ 256 Abs. 5 Satz 2), oder dass gegen die Vorschriften über die Gliederung des Jahresabschlusses verstoßen ist oder Formblätter nicht beachtet sind, so haben sie auch darüber zu berichten. Für den Bericht gilt § 145 Abs. 4 bis 6 sinngemäß.

(2) Sind nach dem Ergebnis der Prüfung die bemängelten Posten nicht unwesentlich unterbewertet (§ 256 Abs. 5 Satz 3), so haben die Sonderprüfer am Schluss ihres Berichts in einer abschließenden Feststellung zu erklären,

1. zu welchem Wert die einzelnen Aktivposten mindestens und mit welchem Betrag die einzelnen Passivposten höchstens anzusetzen waren;

2. um welchen Betrag der Jahresüberschuss sich beim Ansatz dieser Werte oder Beträge erhöht oder der Jahresfehlbetrag sich ermäßigt hätte.

Die Sonderprüfer haben ihrer Beurteilung die Verhältnisse am Stichtag des Jahresabschlusses zugrunde zu legen. Sie haben für den Ansatz der Werte und Beträge nach Nummer 1 diejenige Bewertungs- und Abschreibungsmethode zugrunde zu legen, nach der die Gesellschaft die zu bewertenden Gegenstände oder vergleichbare Gegenstände zuletzt in zulässiger Weise bewertet hat.

(3) Sind nach dem Ergebnis der Prüfung die bemängelten Posten nicht oder nur unwesentlich unterbewertet (§ 256 Abs. 5 Satz 3), so haben die Sonderprüfer am Schluß ihres Berichts in einer abschließenden Feststellung zu erklären, daß nach ihrer pflichtmäßigen Prüfung und Beurteilung die bemängelten Posten nicht unzulässig unterbewertet sind.

(4) Hat nach dem Ergebnis der Prüfung der Anhang die vorgeschriebenen Angaben nicht oder nicht vollständig enthalten und der Vorstand in der Hauptversammlung die fehlenden Angaben, obwohl nach ihnen gefragt worden ist, nicht gemacht und ist die Aufnahme der Frage in die Niederschrift verlangt worden, so haben die Sonderprüfer am Schluss ihres Berichts in einer abschließenden Feststellung die fehlenden Angaben zu machen. Ist die Angabe von Abweichungen von Bewertungs- oder Abschreibungsmethoden unterlassen worden, so ist in der abschließenden Feststellung auch der Betrag anzugeben, um den der Jahresüberschuss oder Jahresfehlbetrag ohne die Abweichung, deren Angabe unterlassen wurde, höher oder niedriger gewesen wäre. Sind nach dem Ergebnis der Prüfung keine Angaben nach Satz 1 unterlassen worden, so haben die Sonderprüfer in einer abschließenden Feststellung zu erklären, dass nach ihrer pflichtmäßigen Prüfung und Beurteilung im Anhang keine der vorgeschriebenen Angaben unterlassen worden ist.

(5) Der Vorstand hat die abschließenden Feststellungen der Sonderprüfer nach den Absätzen 2 bis 4 unverzüglich in den Gesellschaftsblättern bekanntzumachen.

I. Gegenstand der Regelung   1

II. Berichterstattung (§ 259 Abs. 1)   2

1. Grundlagen   2

2. Zusätzliche Berichtpflichten   5

III. Abschließende Feststellungen (§ 259
     Abs. 2–4)   7

1. Feststellungen zur Prüfung von Unterbewertungen (§ 259 Abs. 2 und 3) . . .   7

a) Beurteilungsgrundlagen   7

b) Feststellungen bei nicht unwesentlicher Unterbewertung   9

c) Feststellungen bei keiner oder nur
   unwesentlicher Unterbewertung . 10

2. Feststellungen zur Prüfung des Anhangs (§ 259 Abs. 4) 11

IV. Bekanntmachung der abschließenden
    Feststellungen (§ 259 Abs. 5) 14

Literatur: S. bei § 258.

I. Gegenstand der Regelung

Die Vorschrift legt die **Berichtspflicht** der Sonderprüfer fest und regelt Inhalt und   1
Form des zu erstellenden Prüfungsberichts. Den Kern der Norm bilden dabei die Vorgaben zu den **abschließenden Feststellungen** der Prüfer über etwaige Unterbewertungen oder mangelhafte Anhangsangaben; nach § 259 Abs. 1 Satz 2 bestehen zusätzliche Berichtspflichten über weitere Verstöße, die im Rahmen der Sonderprüfung bei-
läufig aufgedeckt worden sind. Die bei Feststellung einer nicht unwesentlichen
Unterbewertung zu nennenden Beträge dienen entweder als Grundlage für den gesonderten Ausweis im kommenden Jahresabschluss (§ 261; s. die Kommentierung dort)
oder, soweit ein Antrag auf gerichtliche Entscheidung nach § 260 Abs. 1 gestellt wird
(s. die Erläuterungen dort), zur Beschleunigung und Vereinfachung des gerichtlichen
Verfahrens[1]. Im Gegensatz hierzu haben die Prüfer fehlende Angaben im Anhang
selbst zu machen; ein anschließendes gerichtliches Verfahren ist insoweit nicht vorgesehen[2].

II. Berichterstattung (§ 259 Abs. 1)

1. Grundlagen

Nach § 259 Abs. 1 Satz 1 haben die Sonderprüfer über das Ergebnis der Prüfung einen   2
schriftlichen Bericht abzugeben. Gem. § 259 Abs. 1 Satz 3[3] gelten dafür **§ 145
Abs. 4–6** sinngemäß. Entsprechend § 145 Abs. 6 Satz 3 ist der Bericht von den Sonderprüfern zu unterzeichnen und unverzüglich dem Vorstand vorzulegen sowie zum
Handelsregister des Sitzes der Gesellschaft einzureichen (s. dazu die Erläuterungen
§ 145 Rz. 32). Bei der Bestellung mehrerer Sonderprüfer steht es diesen offen, entweder einen gemeinsamen, von allen Prüfern unterzeichneten Bericht vorzulegen oder
mehrere Berichte[4]; unterschiedliche Ansichten sind in jedem Fall offen zu legen[5]. Eine mündliche Berichterstattung der Sonderprüfer bleibt daneben möglich[6]; sie kann

---

1 Vgl. nur Ausschussbericht bei *Kropff*, Aktiengesetz, S. 344; *Rodewald* in Küting/Weber, HdR,
   § 259 AktG Rz. 2.
2 *Hüffer* in MünchKomm. AktG, § 259 Rz. 2; *Rodewald* in Küting/Weber, HdR, § 259 AktG
   Rz. 2.
3 In der Fassung von Art. 1 Nr. 32 UMAG vom 22.9.2005, BGBl. I 2005, 2802.
4 *Hüffer* in MünchKomm. AktG, § 259 Rz. 4. *Rodewald* in Küting/Weber, HdR, § 259 AktG
   Rz. 2.
5 *ADS*, § 259 AktG Rz. 17; *Hüffer* in MünchKomm. AktG, § 259 Rz. 4; *Rodewald* in Küting/We-
   ber, HdR, § 259 AktG Rz. 5.
6 So auch *ADS*, § 259 AktG Rz. 4; *Rodewald* in Küting/Weber, HdR, § 259 AktG Rz. 4.

aber nur eine ergänzende, keinesfalls eine den schriftlichen Bericht ersetzende Funktion haben.

3   Der Zweck des Prüfungsberichts erfordert dessen **Vollständigkeit**. Entsprechend § 145 Abs. 6 Satz 2 sind daher auch solche Tatsachen aufzunehmen, deren Bekanntwerden geeignet ist, der Gesellschaft einen nicht unerheblichen Nachteil zuzufügen, wenn ihre Kenntnis zur Beurteilung des zu prüfenden Vorgangs erforderlich ist (s. § 145 Rz. 25). Nur ausnahmsweise besteht die Möglichkeit, auf Antrag des Vorstandes durch gerichtliche Entscheidung entsprechend § 145 Abs. 4 und 5 (s. die Erläuterungen § 145 Rz. 27, 31) einen Dispens von der Berichtspflicht über bestimmte Tatsachen zu erlangen, wenn überwiegende Belange der Gesellschaft dies gebieten und diese Tatsachen zur Darlegung nicht unwesentlicher Unterbewertungen oder mangelhafter Anhangsangaben nicht unerlässlich sind[7].

4   Der Prüfungsbericht ist entsprechend § 145 Abs. 6 Satz 5 dem **Aufsichtsrat** vorzulegen und bei Einberufung der nächsten **Hauptversammlung** als Gegenstand der Tagesordnung bekanntzumachen. Daneben ist der Vorstand entsprechend § 145 Abs. 6 Satz 4 verpflichtet, auf Verlangen auch **jedem Aktionär** eine Abschrift des Prüfungsberichts zu erteilen. Von Bedeutung ist daher eine gewisse **Klarheit** und **Verständlichkeit** des Berichts. Er ist so zu verfassen, dass gerade auch die Aktionäre in der Lage sind, seinem Inhalt zu folgen[8].

2. Zusätzliche Berichtspflichten

5   Stellt der Sonderprüfer eine **Überbewertung** bestimmter Posten fest, so hat er hierüber nach § 259 Abs. 1 Satz 2 ebenso zu berichten wie über einen festgestellten **Gliederungsverstoß** oder über die Nichtbeachtung von Formblättern. In allen Fällen handelt es sich um Verstöße, die nach § 256 Abs. 4 und 5 ggf. zur Nichtigkeit des Jahresabschlusses führen können (s. die Erläuterungen § 256 Rz. 6). Zwar ist es nicht Aufgabe des Sonderprüfers, ein eigenes Urteil über die Nichtigkeit abzugeben[9]. Doch sollte er auf eine etwaige Heilung nach § 256 Abs. 6 hinweisen[10]. Eine Pflicht zur Aufnahme der zusätzlich festgestellten Verstöße in die abschließenden Feststellungen nach Abs. 2–3 (unten Rz. 7 ff.) besteht grundsätzlich nicht[11]. Jedoch ist ein Hinweis auf festgestellte Überbewertungen einzelner Posten geboten, wenn gleichzeitig Unterbewertungen anderer Posten festgestellt werden; denn andernfalls entstünde die falsche Erwartung eines höheren Gewinnausweises[12].

6   § 259 Abs. 1 Satz 2 verlangt von den Sonderprüfern im Übrigen **keine zielgerichtete Suche** nach entsprechenden Verstößen. Die Berichtspflicht besteht vielmehr nur bei der zufälligen Aufdeckung im Rahmen des eigentlichen Prüfungsauftrages. Allerdings ist der Prüfer auch dann in der Berichtspflicht, wenn er die Kenntnis außerhalb der Sonderprüfung, z.B. durch Hinweise Dritter, erlangt[13].

---

7   *Rodewald* in Küting/Weber, HdR, § 259 AktG Rz. 14.
8   *Hüffer*, § 259 Rz. 2; *Hüffer* in MünchKomm. AktG, § 259 Rz. 3.
9   *Frey*, WPg 1966, 633, 640; *Hüffer* in MünchKomm. AktG, § 259 Rz. 6; *Rodewald* in Küting/Weber, HdR, § 259 AktG Rz. 7; *Voß* in FS Münstermann, S. 443, 456; s. aber auch *Grewe* in WP Handbuch 2006, Band I, 2006, Abschnitt Q Rz. 1048, der den Sonderprüfer zumindest bei der Überzeugung von der Nichtigkeit zum Hinweis verpflichtet sieht.
10   Ebenso *Hüffer*, § 259 Rz. 3; *Rodewald* in Küting/Weber, HdR, § 259 AktG Rz. 7; *Voß* in FS Münstermann, S. 443, 457.
11   *ADS*, § 259 AktG Rz. 12; *Rodewald* in Küting/Weber, HdR, § 259 AktG Rz. 12.
12   Weiterführend *ADS*, § 259 AktG Rz. 13f; *Hüffer* in MünchKomm. AktG, § 259 Rz. 7; *Rodewald* in Küting/Weber, HdR, § 259 AktG Rz. 13.
13   Zum Ganzen *ADS*, § 259 AktG Rz. 6; *Rodewald* in Küting/Weber, HdR, § 259 AktG Rz. 7 m.w.N.

III. Abschließende Feststellungen (§ 259 Abs. 2–4)

1. Feststellungen zur Prüfung von Unterbewertungen (§ 259 Abs. 2 und 3)

a) Beurteilungsgrundlagen

Maßgeblich für die Beurteilung der Unterbewertung sind die Verhältnisse am **Stichtag** 7
des Jahresabschlusses (§ 259 Abs. 2 Satz 2). Soweit Bewertungen infolge einer Prognoseentscheidung vorgenommen wurden, müssen die Prüfer ihre Beurteilung ebenfalls auf der Grundlage einer am Stichtag vertretbaren Prognose treffen, und zwar unabhängig davon, ob sich die Prognose inzwischen als richtig oder falsch erwiesen hat[14]. Allerdings erfordert das Stichtagsprinzip die Berücksichtigung sog. „wertaufhellender Tatsachen", die schon zum Bilanzstichtag eingetreten waren, aber erst zwischen Stichtag und Feststellung des Jahresabschlusses bekannt geworden sind. Da die Gesellschaft zur Berücksichtigung solcher Umstände nach § 252 Abs. 1 Nr. 3 und 4 HGB verpflichtet ist[15], muss dies entsprechend auch für die Sonderprüfer gelten[16].

Bei der Sonderprüfung sind diejenigen **Bewertungs- und Abschreibungsmethoden** an 8
zuwenden, welche die Gesellschaft zuletzt in zulässiger Weise angewandt hat (§ 259 Abs. 2 Satz 3). Dazu müssen die Sonderprüfer zunächst feststellen, ob die im zu überprüfenden Jahresabschluss angewandte Methode zulässig war[17]. Ist dies nicht der Fall, greifen sie solange auf immer älter werdende Methoden zurück, bis eine zulässige festgestellt wird. Stellen die Sonderprüfer überhaupt keine zulässige Methode fest, bietet sich die Anwendung der den Wertansätzen der Gesellschaft am nächsten kommenden Methode an[18]. Auf der so gefundenen Grundlage ist die Richtigkeit der Bewertung zu überprüfen; eventuelle Fehler sind zu korrigieren.

b) Feststellungen bei nicht unwesentlicher Unterbewertung

Stellen die Sonderprüfer eine nicht unwesentliche Unterbewertung bemängelter Pos 9
ten fest, so haben sie am Schluss ihres Berichts – auf der Basis der heranzuziehenden Bewertungs- und Abschreibungsmethoden (s. oben Rz. 8) – in abschließenden Feststellungen zu erklären, mit welchem Wert unterbewertete Aktivposten mindestens (Mindestansatz) und mit welchem Wert überbewertete Passivposten höchstens (Höchstansatz) anzusetzen waren, **§ 259 Abs. 2 Satz 1 Nr. 1.** Nach **§ 259 Abs. 2 Satz 1 Nr. 2** müssen die Sonderprüfer zudem erklären, um welchen Betrag sich bei Ansetzung der unter Nr. 1 genannten Werte der Jahresüberschuss erhöht bzw. der Jahresfehlbetrag ermäßigt. Dazu werden die im einzelnen festgestellten Unterbewertungen addiert, so dass sich ein einheitlicher „Unterbewertungsbetrag" als Summe aller Fehlbewertungen von Aktiv- und Passivposten ergibt[19]. Eine Verrechnung mit festgestellten Überbewertungen anderer Posten ist dabei nicht zulässig[20]; s. aber oben Rz. 5 zur Berichterstattung über festgestellte Überbewertungen[21].

---

14 *Hüffer*, § 259 Rz. 4; *Rodewald* in Küting/Weber, HdR, § 259 AktG Rz. 16.
15 Zu Einzelheiten s. *Kleindiek* in Großkomm. HGB, 4. Aufl. 2002, § 256 Rz. 16 u. 35.
16 *ADS*, § 258 AktG Rz. 76; *Hüffer* in MünchKomm. AktG, § 259 Rz. 10; im Ergebnis auch *Voß* in FS Münstermann, S. 443, 463.
17 *Frey*, WPg 1966, 632, 638.
18 *ADS*, § 258 AktG Rz. 80; *Hüffer* in MünchKomm. AktG, § 259 Rz. 11; *Rodewald* in Küting/ Weber, HdR, § 259 AktG Rz. 16; a.A. *Kruse*, Sonderprüfung, S. 118: Ansatz der Methode, welche die Gesellschaft zukünftig anwenden will.
19 *Hüffer* in MünchKomm. AktG, § 259 Rz. 13.
20 *Hüffer*, § 259 Rz. 5; *Rodewald* in Küting/Weber, HdR, § 259 AktG Rz. 22.
21 Zur umstrittenen Berücksichtigung ertragsteuerlicher Auswirkungen s. einerseits (befürwortend) *ADS*, § 259 AktG Rz. 23; *Rodewald* in Küting/Weber, HdR, § 259 AktG Rz. 17 und 22; andererseits (verneinend) *Hüffer* in MünchKomm. AktG, § 259 Rz. 13; *Hüffer*, § 259 Rz. 5.

c) Feststellungen bei keiner oder nur unwesentlicher Unterbewertung

10　Ergibt die Sonderprüfung, dass die bemängelten Posten nicht oder lediglich unwesentlich unterbewertet worden sind, so bedarf es nur der einfachen abschließenden Feststellung des Sonderprüfers, dass nach seiner „pflichtgemäßen Prüfung und Beurteilung die bemängelten Posten nicht unzulässig unterbewertet worden sind", § 259 Abs. 3. Besondere Anforderungen an dieses „Negativtestat" formuliert das Gesetz nicht, doch sollte es eine konkretisierende Bezeichnung der jeweiligen Posten enthalten[22].

2. Feststellungen zur Prüfung des Anhangs (§ 259 Abs. 4)

11　Sind nach dem Ergebnis der Sonderprüfung die **Angaben im Anhang mangelhaft** (s. dazu § 258 Rz. 10 f.) und hat der Vorstand in der Hauptversammlung die fehlenden Angaben, obwohl nach ihnen gefragt worden ist, nicht gemacht und ist die Aufnahme der Frage in die Niederschrift verlangt worden, so haben die Sonderprüfer am Schluss ihres Berichts in einer abschließenden Feststellung die fehlenden Angaben zu machen, **§ 259 Abs. 4 Satz 1**. Ist in der Hauptversammlung nicht nach den fehlenden Angaben gefragt worden oder wurde eine entsprechende Frage beantwortet, können die Sonderprüfer lediglich beim zuständigen Gericht die Aufhebung des Beschlusses anregen und, falls das Gericht dieser Anregung nicht folgt, in den abschließenden Feststellungen auf diesen Sachverhalt hinweisen[23].

12　Soweit **Abweichungen von Bewertungs- oder Abschreibungsmethoden** vorgenommen, aber im Anhang nicht benannt wurden, müssen die Sonderprüfer nach **§ 259 Abs. 4 Satz 2** den sich aus der Abweichung für den Jahresüberschuss oder Jahresfehlbetrag ergebenden Unterschiedsbetrag angeben. Dazu sollten sie eine die alten und neuen Werte gegenüberstellende Vergleichsrechnung anstellen[24]; auf das wertmäßige Ausmaß der Abweichung kommt es dabei nicht an[25].

13　Sind nach dem Ergebnis der Prüfung **keine Anhangsangaben unterlassen** worden, so haben die Sonderprüfer gem. **§ 259 Abs. 4 Satz 3** in einer abschließenden Feststellung zu erklären, dass nach der „pflichtgemäßen Prüfung und Beurteilung im Anhang keine der vorgeschriebenen Angaben unterlassen worden sind". Sie sollten ferner kenntlich machen, dass sich das Negativtestat nur auf den Teil des Anhangs bezieht, welcher der Prüfung unterlag[26].

IV. Bekanntmachung der abschließenden Feststellungen (§ 259 Abs. 5)

14　Nach Vorlage des Prüfungsberichts (s. oben Rz. 2) sind die abschließenden Feststellungen nach § 259 Abs. 2–4 unverzüglich durch den Vorstand in den **Gesellschaftsblättern**, darunter immer und zwingend im elektronischen Bundesanzeiger (s. § 25 und die Erläuterungen dort) bekanntzumachen; kommt der Vorstand dieser Pflicht nicht nach, so kann nach § 407 ein Zwangsgeld verhängt werden. Ein Hinweis darauf, dass es sich bei den Feststellungen um solche aus einer Sonderprüfung handelt,

---

22 *Hüffer*, § 259 Rz. 6; *Rodewald* in Küting/Weber, HdR, § 259 AktG Rz. 23.
23 *ADS*, § 258 AktG Rz. 72; *Hüffer* in MünchKomm. AktG, § 259 Rz. 15; anders *Rodewald* in Küting/Weber, HdR, § 259 AktG Rz. 25: Erklärung analog § 259 Abs. 4 Satz 3.
24 *Rodewald* in Küting/Weber, HdR, § 259 AktG Rz. 27.
25 *Hüffer*, § 259 Rz. 8; *Rodewald* in Küting/Weber, HdR, § 259 AktG Rz. 27.
26 Formulierungsbeispiel bei *ADS*, § 259 AktG Rz. 30; s. ferner *Hüffer*, § 259 Rz. 9; *Rodewald* in Küting/Weber, HdR, § 259 AktG Rz. 28.

ist selbstverständlich[27]. Mit der Bekanntmachung im elektronischen Bundesanzeiger beginnt die Frist des § 260 Abs. 1 zur Beantragung einer gerichtlichen Entscheidung über die Sonderprüfung zu laufen (s. § 260 Rz. 5).

§ 260
Gerichtliche Entscheidung über die abschließenden Feststellungen der Sonderprüfer

(1) Gegen abschließende Feststellungen der Sonderprüfer nach § 259 Abs. 2 und 3 können die Gesellschaft oder Aktionäre, deren Anteile zusammen den zwanzigsten Teil des Grundkapitals oder den anteiligen Betrag von 500.000 Euro erreichen, innerhalb eines Monats nach der Veröffentlichung im elektronischen Bundesanzeiger den Antrag auf Entscheidung durch das nach § 132 Abs. 1 zuständige Gericht stellen. § 258 Abs. 2 Satz 4 und 5 gilt sinngemäß. Der Antrag muss auf Feststellung des Betrags gerichtet sein, mit dem die im Antrag zu bezeichnenden Aktivposten mindestens oder die im Antrag zu bezeichnenden Passivposten höchstens anzusetzen waren. Der Antrag der Gesellschaft kann auch auf Feststellung gerichtet sein, dass der Jahresabschluss die in der abschließenden Feststellung der Sonderprüfer festgestellten Unterbewertungen nicht enthielt.

(2) Über den Antrag entscheidet das Gericht unter Würdigung aller Umstände nach freier Überzeugung. § 259 Abs. 2 Satz 2 und 3 ist anzuwenden. Soweit die volle Aufklärung aller maßgebenden Umstände mit erheblichen Schwierigkeiten verbunden ist, hat das Gericht die anzusetzenden Werte oder Beträge zu schätzen.

(3) § 99 Abs. 1, Abs. 2 Satz 1, Abs. 3 und 5 gilt sinngemäß. Das Gericht hat seine Entscheidung der Gesellschaft und, wenn Aktionäre den Antrag nach Absatz 1 gestellt haben, auch diesen zuzustellen. Es hat sie ferner ohne Gründe in den Gesellschaftsblättern bekanntzumachen. Die Beschwerde steht der Gesellschaft und Aktionären zu, deren Anteile zusammen den zwanzigsten Teil des Grundkapitals oder den anteiligen Betrag von 500.000 Euro erreichen. § 258 Abs. 2 Satz 4 und 5 gilt sinngemäß. Die Beschwerdefrist beginnt mit der Bekanntmachung der Entscheidung im elektronischen Bundesanzeiger, jedoch für die Gesellschaft und, wenn Aktionäre den Antrag nach Absatz 1 gestellt haben, auch für diese nicht vor der Zustellung der Entscheidung.

(4) Für die Kosten des Verfahrens gilt die Kostenordnung. Für das Verfahren des ersten Rechtszugs wird das Doppelte der vollen Gebühr erhoben. Für den zweiten Rechtszug wird die gleiche Gebühr erhoben; dies gilt auch dann, wenn die Beschwerde Erfolg hat. Wird der Antrag oder die Beschwerde zurückgenommen, bevor es zu einer Entscheidung kommt, so ermäßigt sich die Gebühr auf die Hälfte. Der Geschäftswert ist von Amts wegen festzusetzen. Die Kosten sind, wenn dem Antrag stattgegeben wird, der Gesellschaft, sonst dem Antragsteller aufzuerlegen. § 247 gilt sinngemäß.

---

27 Vgl. *Hüffer*, § 259 Rz. 10.

I. Gegenstand der Regelung	1
II. Antrag auf Entscheidung durch das Gericht (§ 260 Abs. 1)	3
1. Antragsberechtigung	3
2. Zuständigkeit, Frist und Form	5
3. Hinterlegung und Glaubhaftmachung	6
4. Inhalt des Antrags	7

III. Beurteilungsgrundlagen, Verfahrensgrundsätze und Beschwerde (§ 260 Abs. 2 und 3)	9
1. Beurteilungsgrundlagen und Verfahrensgrundsätze	9
2. Beschwerde	11
IV. Verfahrenskosten (§ 260 Abs. 4)	13

Literatur: S. bei § 258.

I. Gegenstand der Regelung

1   Die Vorschrift regelt Voraussetzungen und Verfahren einer **gerichtlichen Entscheidung** über die abschließenden Feststellungen der Sonderprüfer **zu Unterbewertungen** einzelner Posten im festgestellten Jahresabschluss nach § 259 Abs. 2 und 3. Gesellschaft und Aktionäre haben eine entsprechende Antragsoption, wenn die Prüfungsergebnisse der Sonderprüfer – nach der gesetzlichen Konzeption: ausnahmsweise[1] – nicht von allen Beteiligten akzeptiert werden. Nur die Feststellungen zu Unterbewertungen sind der gerichtlichen Entscheidung zugänglich, nicht auch jene zu bemängelten Anhangsangaben (§ 259 Abs. 4); ebenso wenig der Bericht über sonstige Mängel im Sinne von § 259 Abs. 1 Satz 2.

2   Während § 260 Abs. 1 die Antragsberechtigung von Gesellschaft und Aktionären näher bestimmt und den notwendigen Inhalt des Antrags konkretisiert, legen § 260 Abs. 2 und 3 die Beurteilungsgrundlagen und die wesentlichen Verfahrensgrundsätze, einschließlich der Rechtsmittel, fest. Schließlich regelt § 260 Abs. 4 die Verfahrenskosten.

II. Antrag auf Entscheidung durch das Gericht (§ 260 Abs. 1)

1. Antragsberechtigung

3   Der zur Verfahrenseröffnung notwendige **Antrag** kann sowohl von der Gesellschaft (§ 260 Abs. 1 Satz 1 Fall 1) als auch von einem Aktionärsquorum gestellt werden (§ 260 Abs. 1 Satz 1 Fall 2). Für die **Gesellschaft** handelt der nach § 78 vertretungsberechtigte Vorstand, der dabei nach Maßgabe von § 111 Abs. 4 Satz 2 (Zustimmungsvorbehalte) an die Zustimmung des Aufsichtsrats gebunden werden kann[2]. **Aktionäre** sind antragsberechtigt, wenn ihre Anteile zusammen 5 Prozent des Grundkapitals ausmachen oder den anteiligen Betrag von 500.000 Euro erreichen. Eine Personenidentität der Antragsteller mit jenen Aktionären, welche den Antrag auf Bestellung von Sonderprüfern nach § 258 Abs. 1 gestellt haben, ist nicht erforderlich[3].

4   Möglich ist, dass sowohl die Gesellschaft als auch ein Aktionärsquorum einen Antrag auf gerichtliche Entscheidung stellen; ebenfalls können mehrere Aktionärsgruppen, z.B. aufgrund unterschiedlicher Zielsetzungen, eine gerichtliche Entscheidung

---

1 Ausschussbericht bei *Kropff*, Aktiengesetz, S. 344; s. auch *ADS*, § 260 AktG Rz. 1; *Hüffer*, § 260 Rz. 1; *Rodewald* in Küting/Weber, HdR, § 260 AktG Rz. 1.
2 *Hüffer*, § 260 Rz. 2; *Hüffer* in MünchKomm. AktG, § 260 Rz. 4; *Rodewald* in Küting/Weber, HdR, § 260 AktG Rz. 4.
3 *ADS*, § 260 AktG Rz. 4; *Hüffer* in MünchKomm. AktG, § 260 Rz. 5; *Rodewald* in Küting/Weber, HdR, § 260 AktG Rz. 5.

beantragen, sofern jede für sich das Quorum erfüllt[4]. **Nicht antragsberechtigt** sind der Aufsichtsrat oder einzelne seiner Mitglieder, der Vorstand als Organ oder die Sonderprüfer selbst[5].

2. Zuständigkeit, Frist und Form

Der Antrag ist nach § 260 Abs. 1 Satz 1 **binnen eines Monats** nach der Veröffentlichung der abschließenden Feststellungen im elektronischen Bundesanzeiger (§§ 259 Abs. 5, 25) bei dem nach § 132 Abs. 1 zuständigen Gericht zu stellen, also grundsätzlich bei dem **Landgericht**, in dessen Bezirk die Gesellschaft ihren Sitz hat (zu Einzelheiten s. die Erläuterungen § 132 Rz. 4). Die Frist berechnet sich nach §§ 187 Abs. 1, 188 Abs. 2 BGB[6]. Besondere **Formerfordernisse** bestehen für den Antrag nicht.

3. Hinterlegung und Glaubhaftmachung

Bei Antragstellung durch Aktionäre müssen diese ihre Aktien nach § 260 Abs. 1 Satz 2 i.V.m. § 258 Abs. 2 Satz 4 und Satz 5 bis zur (erstinstanzlichen) Entscheidung über den Antrag hinterlegen oder eine Versicherung des depotführenden Instituts vorlegen, dass die Aktien so lange nicht veräußert werden. Außerdem haben sie glaubhaft zu machen, dass sie seit mindestens drei Monaten vor dem Tag der Hauptversammlung (welche den beanstandeten festgestellten Jahresabschluss entgegengenommen oder ggf. selbst festgestellt hatte)[7] Inhaber der Aktien sind. S. im Einzelnen die Erläuterungen bei § 258 Rz. 15.

4. Inhalt des Antrags

§ 260 Abs. 1 Sätze 3 und 4 normieren **Vorgaben** für den Inhalt des Antrags auf gerichtliche Entscheidung. Der Antrag muss darauf gerichtet sein, den Betrag festzustellen, mit dem die im Antrag bezeichneten Aktivposten mindestens bzw. Passivposten höchstens anzusetzen waren (Satz 3). Der Antrag der Gesellschaft kann auch auf die Feststellung gerichtet sein, dass der Jahresabschluss die in der abschließenden Feststellung der Prüfer dokumentierten Unterbewertungen nicht enthielt (Satz 4).

§ 260 Abs. 1 Satz 3 legt den Antragstellern somit eine **Substantiierungspflicht** auf, zu deren Erfüllung der Antrag nicht nur die einzelnen Bilanzposten, sondern darüber hinaus einen für das Gericht bindenden Mindestbetrag (bzw. bei Passivposten: Höchstbetrag) nennen muss; hierüber darf das Gericht bei seiner Entscheidung nicht hinaus gehen[8]. Das heißt allerdings nicht, dass ein Antrag von Aktionärsseite immer nur auf die Feststellung eines höheren Betrages der Unterbewertung gerichtet sein kann[9]; auch Aktionäre können im Einzelfall ein berechtigtes Interesse an der Feststellung einer niedrigeren Unterbewertung haben[10].

---

4 *ADS*, § 260 AktG Rz. 2; s. das Beispiel bei *Rodewald* in Küting/Weber, HdR, § 260 AktG Rz. 5.
5 S. nur *Hüffer* in MünchKomm. AktG, § 260 Rz. 6.
6 *ADS*, § 260 AktG Rz. 9; *Hüffer*, § 260 AktG Rz. 4; *Rodewald* in Küting/Weber, HdR, § 260 AktG Rz. 6.
7 Zu diesem Bezugspunkt *Rodewald* in Küting/Weber, HdR, § 260 AktG Rz. 11f m.w.N.
8 *ADS*, § 260 AktG Rz. 11; *Hüffer*, § 260 Rz. 6; *Hüffer* in MünchKomm. AktG, § 260 Rz. 10; *Rodewald* in Küting/Weber, HdR, § 260 AktG Rz. 15; anders noch *Kruse*, Sonderprüfung,
9 So aber etwa *Hüffer* in MünchKomm. AktG, § 260 Rz. 9; *Hüffer*, § 260 Rz. 5; *Kruse*, Sonderprüfung, S. 143.
10 Ebenso *ADS*, § 260 AktG Rz. 13; *Rodewald* in Küting/Weber, HdR, § 260 AktG Rz. 16.

III. Beurteilungsgrundlagen, Verfahrensgrundsätze und Beschwerde (§ 260 Abs. 2 und 3)

1. Beurteilungsgrundlagen und Verfahrensgrundsätze

9 Das Gericht entscheidet gem. § 260 Abs. 2 Satz 1 über den Antrag unter Würdigung aller Umstände nach freier Überzeugung. Das soll dem Gericht aber kein Entscheidungsermessen einräumen[11] oder die Bindung an die gestellten Anträge aufheben; die Formulierung schließt lediglich die Beschränkung auf bestimmte Beweisregeln aus[12]. Das Gericht ist befugt, Geschäftsunterlagen – insbesondere die Berichte von Abschlussprüfern – anzufordern und zu verwerten, zusätzliche Sachverständige mit der Beantwortung einzelner Fragen zu betrauen oder auch ein umfassendes „Obergutachten" einzuholen[13]. Mit der Verweisung in § 260 Abs. 2 Satz 2 auf **§ 259 Abs. 2 Sätze 2 und 3** gelten für das Gericht im Übrigen dieselben Beurteilungsgrundlagen wie für die Sonderprüfer (s. die Erläuterungen § 259 Rz. 7 f.). Sollte die volle Aufklärung aller maßgeblichen Umstände mit erheblichen Schwierigkeiten verbunden sein, so hat das Gericht nach § 260 Abs. 2 Satz 3 die anzusetzenden Werte und Beträge zu schätzen.

10 **§ 260 Abs. 3 Satz 1** verweist für das gerichtliche Verfahren auf die Bestimmungen der §§ 99 Abs. 1, Abs. 2 Satz 1, Abs. 3 und Abs. 5 (s. auch die Erläuterungen zu diesen Vorschriften). Damit ist auf das Verfahren nach § 260 grundsätzlich das FGG anzuwenden (§ 99 Abs. 1). Nach § 99 Abs. 2 AktG hat das Gericht den Antrag in den Gesellschaftsblättern, darunter immer und zwingend im elektronischen Bundesanzeiger (§ 25), bekannt zu machen sowie unter anderen den Vorstand und die Mitglieder des Aufsichtsrates zu hören. Die Entscheidung des Gerichts ergeht entsprechend § 99 Abs. 3 durch einen mit Gründen versehenen Beschluss, dessen Tenorierung sich an § 260 Abs. 1 Satz 3 und 4 zu orientieren hat[14]. Der Beschluss ist nach **§ 260 Abs. 3 Satz 2** der Gesellschaft und im Falle eines Antrages durch Aktionäre auch diesen zuzustellen. Der Beschluss des Gerichts ist nach **§ 260 Abs. 3 Satz 3** ohne die Gründe in den Gesellschaftsblättern bekannt zu machen.

2. Beschwerde

11 Gegen den Beschluss ist entsprechend § 99 Abs. 3 Satz 2 das Rechtsmittel der sofortigen Beschwerde beim zuständigen OLG gegeben; beschwerdeberechtigt sind nach § 260 Abs. 3 Satz 4 sowohl die **Gesellschaft** als auch **Aktionäre**, deren Anteile zusammen 5 Prozent des Grundkapitals ausmachen oder den anteiligen Betrag von 500.000 Euro erreichen. Die beschwerdeführenden Aktionäre müssen nicht mit den Antragstellern nach § 260 Abs. 1 personenidentisch sein. Auch hier besteht – über die Verweisung in § 260 Abs. 3 Satz 5 – die Verpflichtung zur Hinterlegung von Aktien (bzw. zum Hinterlegungsersatz) sowie zur Glaubhaftmachung eines mindestens dreimonatigen Aktienbesitzes nach Maßgabe von § 258 Abs. 2 Sätze 4 und 5 (s. oben Rz. 6).

12 Die **Beschwerdefrist** beträgt nach § 22 Abs. 1 FGG zwei Wochen und beginnt frühestens mit der Bekanntmachung der Entscheidung im elektronischen Bundesanzeiger; für die Gesellschaft und die Aktionäre, die einen Antrag auf Durchführung des gerichtlichen Verfahrens gestellt haben, beginnt die Frist jedoch nicht vor der Zustel-

---

11 Insoweit a.A. *ADS*, § 260 AktG Rz. 17 unter Berufung auf die Formulierung „freie Überzeugung".
12 *Hüffer* in MünchKomm. AktG, § 260 Rz. 13; *Hüffer*, § 260 Rz. 7; *Rodewald* in Küting/Weber, HdR, § 260 AktG Rz. 19.
13 Vgl. nur *ADS*, § 260 AktG Rz. 17; *Hüffer* in MünchKomm. AktG, § 260 Rz. 12.
14 Weiterführend *Hüffer* in MünchKomm. AktG, § 260 Rz. 17.

lung des Beschlusses (§ 260 Abs. 3 Satz 6). Das OLG hat ggf. die Möglichkeit der Divergenzvorlage zum BGH entspr. § 28 Abs. 2 und 3 FGG (§ 99 Abs. 3 Satz 6); die weitere Beschwerde ist jedoch ausgeschlossen, § 99 Abs. 3 Satz 7.

IV. Verfahrenskosten (§ 260 Abs. 4)

Nach § 260 Abs. 4 findet auf das Verfahren die KostO Anwendung. Bereits im ersten 13
Rechtszug werden zwei volle Gebühren erhoben, im zweiten noch einmal. Die Gebühren werden auf die Hälfte halbiert, falls vor einer Entscheidung der Antrag oder die Beschwerde zurückgenommen werden. Die Kostentragungspflicht trifft grundsätzlich die Gesellschaft. Etwas anderes gilt nur dann, wenn einem von Aktionären gestellter Antrag der Sache nach nicht stattgegeben wird[15]; in dem Fall haben jene die Kosten zu tragen.

§ 261
Entscheidung über den Ertrag auf Grund höherer Bewertung

(1) Haben die Sonderprüfer in ihrer abschließenden Feststellung erklärt, daß Posten unterbewertet sind, und ist gegen diese Feststellung nicht innerhalb der in § 260 Abs. 1 bestimmten Frist der Antrag auf gerichtliche Entscheidung gestellt worden, so sind die Posten in dem ersten Jahresabschluss, der nach Ablauf dieser Frist aufgestellt wird, mit den von den Sonderprüfern festgestellten Werten oder Beträgen anzusetzen. Dies gilt nicht, soweit auf Grund veränderter Verhältnisse, namentlich bei Gegenständen, die der Abnutzung unterliegen, auf Grund der Abnutzung, nach §§ 253 bis 256 des Handelsgesetzbuchs in Verbindung mit §§ 279 bis 283 des Handelsgesetzbuchs oder nach den Grundsätzen ordnungsmäßiger Buchführung für Aktivposten ein niedrigerer Wert oder für Passivposten ein höherer Betrag anzusetzen ist. In diesem Fall sind im Anhang die Gründe anzugeben und in einer Sonderrechnung die Entwicklung des von den Sonderprüfern festgestellten Wertes oder Betrags auf den nach Satz 2 angesetzten Wert oder Betrag darzustellen. Sind die Gegenstände nicht mehr vorhanden, so ist darüber und über die Verwendung des Ertrags aus dem Abgang der Gegenstände im Anhang zu berichten. Bei den einzelnen Posten der Jahresbilanz sind die Unterschiedsbeträge zu vermerken, um die auf Grund von Satz 1 und 2 Aktivposten zu einem höheren Wert oder Passivposten mit einem niedrigeren Betrag angesetzt worden sind. Die Summe der Unterschiedsbeträge ist auf der Passivseite der Bilanz und in der Gewinn- und Verlustrechnung als „Ertrag auf Grund höherer Bewertung gemäß dem Ergebnis der Sonderprüfung" gesondert auszuweisen.

(2) Hat das gemäß § 260 angerufene Gericht festgestellt, dass Posten unterbewertet sind, so gilt für den Ansatz der Posten in dem ersten Jahresabschluss, der nach Rechtskraft der gerichtlichen Entscheidung aufgestellt wird, Absatz 1 sinngemäß. Die Summe der Unterschiedsbeträge ist als „Ertrag auf Grund höherer Bewertung gemäß gerichtlicher Entscheidung" gesondert auszuweisen.

(3) Der Ertrag aus höherer Bewertung nach Absätzen 1 und 2 rechnet für die Anwendung der §§ 58 und 86 Abs. 2 nicht zum Jahresüberschuss. Über die Verwendung des Ertrags abzüglich der auf ihn zu entrichtenden Steuern entscheidet die Hauptver-

---

15 S. *Rodewald* in Küting/Weber, HdR, § 260 AktG Rz. 29.

sammlung, soweit nicht in dem Jahresabschluss ein Bilanzverlust ausgewiesen wird, der nicht durch Kapital- oder Gewinnrücklagen gedeckt ist.

I. Gegenstand der Regelung 1	d) Ausübung von Wahlrechten bei der Bewertung 8
II. Berücksichtigung der Ergebnisse der Sonderprüfung im Jahresabschluss (§ 261 Abs. 1 und 2) 2	e) Erläuterung der Abweichungen . . 9
1. Grundlagen 2	3. Gesonderter Ertragsausweis 10
2. Veränderte Verhältnisse 4	III. Verwendung des Ertrags (§ 261 Abs. 3) 11
a) Bilanzierungsvorschriften 5	1. Keine Zurechnung zum Jahresüberschuss 11
b) Abgang von Vermögensgegenständen 6	2. Entscheidung der Hauptversammlung 12
c) Beseitigung der Unterbewertung . 7	

Literatur: S. bei § 258.

I. Gegenstand der Regelung

1   § 261 ordnet die Folgen der durch die Sonderprüfer (Abs. 1) oder durch anschließende gerichtliche Entscheidung (Abs. 2) rechtskräftig festgestellten Unterbewertung an. Die unzulässigerweise gebildeten stillen Reserven sollen durch die Eingliederung der bemängelten Posten in den Jahresabschluss mit dem ermittelten Wert aufgelöst werden. Der im Gesetzgebungsverfahren zunächst vorgesehene Mechanismus, den Ertrag aus der höheren Bewertung zwingend an die Aktionäre auszuschütten, konnte sich in den Beratungen der Bundestagsausschüsse nicht durchsetzen[1]. Stattdessen wurde die Verwendung des Ertrags aus der höheren Bewertung in die Entscheidung der Hauptversammlung gestellt (Abs. 3).

II. Berücksichtigung der Ergebnisse der Sonderprüfung im Jahresabschluss (§ 261 Abs. 1 und 2)

1. Grundlagen

2   Nach den Vorgaben in § 261 Abs. 1 und 2 bleibt der fehlerhafte Jahresabschluss – vorbehaltlich möglicher Nichtigkeit gem. § 256 (s. § 258 Rz. 4) – bestehen; die Korrektur der Unterbewertung soll in die laufende Rechnung einfließen[2]. § 261 Abs. 1 regelt die Auswirkungen der unanfechtbaren Feststellungen des Prüfungsberichts auf den Jahresabschluss. Die dortigen Regelungen gelten gem. § 261 Abs. 2 Satz 1 sinngemäß im Fall einer gerichtlichen Entscheidung über die Feststellungen der Sonderprüfer.

3   Die Ergebnisse der Sonderprüfung sind in den **ersten aufgestellten Jahresabschluss nach Unanfechtbarkeit** der Entscheidung der Sonderprüfer (§ 261 Abs. 1 Satz 1) bzw. Rechtskraft der gerichtlichen Entscheidung hierüber (§ 261 Abs. 2 Satz 1 i.V.m. Abs. 1) einzubeziehen. Das Gesetz knüpft an die „Aufstellung" des Jahresabschlusses und damit an einen zeitlich gestreckten Vorgang an[3]. Der Vorstand hat die Ergebnisse der Sonderprüfung unstreitig zu beachten, wenn die Frist aus § 260 Abs. 1 Satz 1

---

1 Vgl. den Ausschussbericht bei *Kropff*, Aktiengesetz, S. 342, 343.
2 *ADS*, § 261 AktG Rz. 2; *Rodewald* in Küting/Weber, HdR, § 261 AktG Rz. 4.
3 *Hüffer* in MünchKomm. AktG, § 261 Rz. 5; *Rodewald* in Küting/Weber, HdR, § 261 AktG Rz. 5.

schon vor dem Beginn der Arbeiten am Abschluss abgelaufen ist bzw. die gerichtliche Entscheidung zuvor ergeht; tritt die Unangreifbarkeit der Prüfungsergebnisse erst ein, wenn Vorstand und Aufsichtsrat gem. § 175 Abs. 4 gebunden sind (also nach der Einberufung der Hauptversammlung über den Jahresabschluss), sind die Feststellungen der Sonderprüfer erst im nächsten Geschäftsjahr zu berücksichtigen[4]. Wegen des ungenauen Wortlauts bestehen Auslegungsschwierigkeiten für den Zeitraum zwischen Aufstellung und Feststellung im Übrigen[5]. In Übereinstimmung mit der heute ganz überwiegenden Ansicht ist nicht formal auf die Feststellung des Jahresabschlusses abzustellen; entscheidend ist vielmehr, ob die Arbeiten am Abschlussentwurf schon abgeschlossen sind. Ist dies der Fall, werden die Prüfungsergebnisse erst in den nächsten Jahresabschluss übernommen[6].

2. Veränderte Verhältnisse

Die bemängelten Bilanzposten sind im Grundsatz mit den von den Sonderprüfern festgestellten Werten oder Beträgen anzusetzen (**§ 261 Abs. 1 Satz 1**). Allerdings ist den seit der fehlerhaften Bilanz eingetretenen Änderungen im Vermögensbestand nach Maßgabe von **§ 261 Abs. 1 Sätze 2–5** Rechnung zu tragen: Zwischen dem Stichtag des geprüften Abschlusses und dem Stichtag des Jahresabschlusses, in welchen die Ergebnisse der Sonderprüfung einfließen, können bedingt durch das Prüfungsverfahren mehrere Geschäftsjahre liegen. In dieser Zeit können sich die Werte der korrigierten Posten geändert haben. Der Jahresabschluss hat jedoch die Vermögensverhältnisse zum jeweiligen Stichtag abzubilden. § 261 Abs. 1 lässt deswegen im Fall veränderter Verhältnisse die Korrektur der festgestellten Bewertungen zu. [4]

a) Bilanzierungsvorschriften

Eine Änderung des Wertansatzes kann unmittelbar aus den Bilanzierungsvorschriften (§§ 253–256 HGB i.V.m. §§ 279–283 HGB) resultieren. Das Gesetz hebt dabei den Fall der planmäßigen Abnutzung einzelner Gegenstände des Anlagevermögens besonders hervor. Diese sind gem. § 253 Abs. 2 Satz 1 HGB abzuschreiben. Der von den Sonderprüfern ermittelte Wert ist um den Betrag der in der Zwischenzeit erfolgten planmäßigen Abschreibungen zu mindern[7]. Die ebenfalls ausdrücklich genannten Grundsätze ordnungsgemäßer Buchführung dürften hingegen neben den speziellen Bewertungsvorschriften nur noch ausnahmsweise relevant sein; gesetzgeberisch sinnvoller wäre die Einbeziehung auch von § 252 HGB in die Verweisung des **§ 261 Abs. 1 Satz 2** gewesen[8]. Zu den Erläuterungspflichten nach § 261 Abs. 1 Satz 3 s. unten Rz. 9. [5]

b) Abgang von Vermögensgegenständen

Es besteht die Möglichkeit, dass sich einzelne unterbewertete Vermögensgegenständen gar nicht mehr bei der Gesellschaft befinden, weil sie durch Veräußerung, Verbrauch, Tausch oder Untergang weggefallen sind. Da diese Positionen nicht mehr in der Bilanz erscheinen, scheidet eine Höherbewertung aus; diesem Umstand trägt [6]

---

4 Zum Ganzen *Hüffer* in MünchKomm. AktG, § 261 Rz. 5; *Rodewald* in Küting/Weber, HdR, § 261 AktG Rz. 5.

5 S. dazu auch *ADS*, § 261 AktG Rz. 3; *Hüffer* in MünchKomm. AktG, § 261 Rz. 5; *Rodewald* in Küting/Weber, HdR, § 261 AktG Rz. 6 ff.

6 In diesem Sinne etwa *ADS*, § 261 AktG Rz. 3; *Hüffer* in MünchKomm. AktG, § 261 Rz. 5; *Rodewald* in Küting/Weber, HdR, § 261 AktG Rz. 6 ff. mit Nachw. auch zu älteren Ansichten.

7 Beispiele zur Berechnung finden sich bei *ADS*, § 261 AktG Rz. 5; *Rodewald* in Küting/Weber, HdR, § 261 AktG Rz. 12.

8 *ADS*, § 261 AktG Rz. 7; *Rodewald* in Küting/Weber, HdR, § 261 AktG Rz. 14.

§ 261 Abs. 1 Satz 4 Rechnung, indem er im Anhang zur Berichterstattung über den Abgang selbst, den erzielten Ertrag (bspw. Veräußerungserlös, Versicherungssumme) und die Verwendung dieses Ertrags verpflichtet. Die Darlegung, dass dieser in den Bilanzgewinn eingegangen ist, genügt[9].

c) Beseitigung der Unterbewertung

7   Keine Regelung trifft das Gesetz darüber, ob die Gesellschaft befugt ist, die durch unzulässige Unterbewertungen gebildeten stillen Reserven – quasi im Vorgriff auf das Ergebnis der laufenden Sonderprüfung – bereits in einem **früheren Jahresabschluss** aufzulösen. Kritisch ist eingewandt worden, das Recht der Hauptversammlung, über die Ertragsverwendung zu entscheiden, sei dann gefährdet[10]. Gewichtiger erscheint demgegenüber jedoch das Argument, dass hiermit das Ziel der Sonderprüfung im Ergebnis erreicht wird[11]. Es entsteht mit dem in diesem Sinne erstellten Jahresabschluss der Zustand, der auch bei anfänglich richtiger Bewertung bestünde.

d) Ausübung von Wahlrechten bei der Bewertung

8   Ob die Gesellschaft die Abweichung von den festgestellten Bewertungen damit begründen kann, sie sei in zulässiger Weise zu einer anderen Bewertungs- oder Abschreibungsmethode übergegangen, ist umstritten[12]. Sofern sie diesen Wechsel nicht auf die bemängelten Positionen beschränkt, rechtfertigt eine Sonderprüfung keine Einschränkung in der Ausübung von Wahlrechten[13].

e) Erläuterung der Abweichungen

9   Soweit aufgrund veränderter Verhältnisse Korrekturen des aus der Sonderprüfung resultierenden Ertrags nach § 261 Abs. 1 Satz 2 vorgenommen werden, sind die Gründe hierfür gem. **§ 261 Abs. 1 Satz 3** im Anhang darzulegen. In einer Sonderrechnung ist die Entwicklung des Werts oder Betrags ausgehend von dem von den Sonderprüfern festgestellten Wert oder Betrag auf den korrigierten Wert für die Aktionäre nachvollziehbar darzustellen. Bei mehreren Posten ist diese Berechnung für jeden Posten einzeln aufzustellen[14]. Außerdem sind die Unterschiedsbeträge gem. **§ 261 Abs. 1 Satz 5** bei den einzelnen Posten der Jahresbilanz zu vermerken. Anzugeben ist die aus der Sonderprüfung folgende Werterhöhung (Aktivposten) bzw. Wertminderung (Passivposten) unter Berücksichtigung der Korrekturen nach § 261 Abs. 1 Satz 2. Der Vermerk muss Bestandteil der Bilanz sein, etwa in Form eines Klammerzusatzes oder einer Fußnote; bloße Anhangsangabe genügt nicht[15].

3. Gesonderter Ertragsausweis

10 Nach **§ 261 Abs. 1 Satz 6** ist die **Summe der Unterschiedsbeträge** sowohl in der Bilanz als auch in der GuV gesondert auszuweisen als „Ertrag aufgrund höherer Bewertung gemäß dem Ergebnis der Sonderprüfung" bzw. – im Fall der gerichtlichen Entscheidung – als „Ertrag aufgrund höherer Bewertung gemäß gerichtlicher Entscheidung" (**§ 261 Abs. 2 Satz 2**), und zwar im Anschluss an den Posten „Jahresüberschuss/Jah-

---

9   *Hüffer*, § 261 Rz. 5; *Rodewald* in Küting/Weber, HdR, § 261 AktG Rz. 15.
10 *Barz* in Großkomm. AktG, 3. Aufl., § 261 Anm. 8.
11 Für die Zulassung einer solchen Verfahrensweise deshalb etwa *ADS*, § 261 AktG Rz. 9; *Rodewald* in Küting/Weber, HdR, § 261 AktG Rz. 16.
12 S. zum Meinungsstand *Rodewald* in Küting/Weber, HdR, § 261 AktG Rz. 17 m.w.N.
13 *Hüffer*, § 261 Rz. 3; *Hüffer* in MünchKomm. AktG, § 261 Rz. 10; *Rodewald* in Küting/Weber, HdR, § 261 AktG Rz. 17; a.A. *ADS*, § 261 AktG Rz. 10.
14 *ADS*, § 261 AktG Rz. 12; *Rodewald* in Küting/Weber, HdR, § 261 AktG Rz. 19.
15 *Hüffer*, § 261 Rz. 6; *Rodewald* in Küting/Weber, HdR, § 261 AktG Rz. 21.

resfehlbetrag" (§ 266 Abs. 3 A V HGB) bzw. – bei Bilanzierung nach § 268 Abs. 1 HGB – im Anschluss an den Posten Bilanzgewinn/Bilanzverlust. Aufzunehmen ist der Bruttoertrag, evtl. anfallende Steuern (s. unten Rz. 12) sind nicht abzuziehen[16].

III. Verwendung des Ertrags (§ 261 Abs. 3)

1. Keine Zurechnung zum Jahresüberschuss

Der Ertrag aus höherer Bewertung ist gem. § 261 Abs. 3 Satz 1 für die Anwendung der § 58 nicht in die Berechnung des Jahresüberschusses einzubeziehen. Daraus folgt, dass weder eine Satzungsbestimmung noch ein Beschluss von Vorstand und Aufsichtsrat vorsehen können, den Ertrag bei der Feststellung des Jahresabschlusses (§ 58 Abs. 2 AktG) ganz oder teilweise in freie Gewinnrücklagen einzustellen[17]. Eine Einstellung in die ggf. zu dotierende gesetzliche Rücklage (§§ 150 Abs. 2, 300) ist hingegen zum Schutz der Gläubiger geboten[18]. – § 86 Abs. 2 (Berechnungsmodalitäten bei gewinnabhängiger Vorstandsvergütung), auf den die geltende Fassung von § 261 Abs. 3 Satz 1 nach wie vor verweist, ist mittlerweile aufgehoben worden[19].

11

2. Entscheidung der Hauptversammlung

Die Entscheidung darüber, wie der Ertrag aus höherer Bewertung zu verwenden ist, steht gem. **§ 261 Abs. 3 Satz 2** der Hauptversammlung unter der Voraussetzung zu, dass kein Bilanzverlust vorliegt, der nicht durch Kapital- oder Gewinnrücklagen gedeckt ist. In diesem Fall muss der Ertrag insoweit zunächst zur Deckung des Bilanzverlustes verwendet werden[20]. Die Verwaltung unterbreitet der Hauptversammlung einen Verwendungsvorschlag (§ 124 Abs. 3 Satz 1). Der Vorstand hat zu prüfen, ob und in welcher Höhe auf den in der Bilanz als Sonderposten ausgewiesenen Bruttobetrag Steuern zu entrichten sind[21]; diese Steuerschuld ist in die Beschlussvorlage aufzunehmen. Die Hauptversammlung trifft ihre Entscheidung frei und mit einfacher Mehrheit[22]. Sie kann Ausschüttung, Gewinnvortrag oder Einstellung in die Gewinnrücklagen beschließen[23].

12

---

16 *Hüffer*, § 261 Rz. 7; *Rodewald* in Küting/Weber, HdR, § 261 AktG Rz. 22, 25.
17 *Hüffer*, § 261 Rz. 9; *Rodewald* in Küting/Weber, HdR, § 261 AktG Rz. 26.
18 *ADS*, § 261 AktG Rz. 23; *Rodewald* in Küting/Weber, HdR, § 261 AktG Rz. 26.
19 Durch Art. 1 Nr. 4 TransPuG vom 19.7.2002, BGBl. I 2002, 2681.
20 *ADS*, § 261 AktG Rz. 27; *Hüffer*, § 261 Rz. 10; *Rodewald* in Küting/Weber, HdR, § 261 AktG Rz. 31.
21 *ADS*, § 261 AktG Rz. 19; *Hüffer*, § 261 Rz. 10; *Rodewald* in Küting/Weber, HdR, § 261 AktG Rz. 25.
22 *ADS*, § 261 AktG Rz. 25; *Hüffer* in MünchKomm. AktG, § 261 Rz. 23; *Rodewald* in Küting/Weber, HdR, § 261 AktG Rz. 30.
23 *Hüffer*, § 261 Rz. 10; *Hüffer* in MünchKomm. AktG, § 261 Rz. 18; *Rodewald* in Küting/Weber, HdR, § 261 AktG Rz. 30.

§ 261a
Mitteilungen an die Bundesanstalt für
Finanzdienstleistungsaufsicht

Das Gericht hat der Bundesanstalt für Finanzdienstleistungsaufsicht den Eingang eines Antrags auf Bestellung eines Sonderprüfers, jede rechtskräftige Entscheidung über die Bestellung von Sonderprüfern, den Prüfungsbericht sowie eine rechtskräftige gerichtliche Entscheidung über abschließende Feststellungen der Sonderprüfer nach § 260 mitzuteilen, wenn die Gesellschaft Wertpapiere im Sinne des § 2 Abs. 1 Satz 1 des Wertpapierhandelsgesetzes ausgegeben hat, die an einer inländischen Börse zum Handel im regulierten Markt zugelassen sind.

1   Die Vorschrift ist – im Zuge der Einführung des bilanzrechtlichen **Enforcement-Verfahrens** nach §§ 342b ff. HGB, §§ 37n ff. WpHG – durch Art. 5 Nr. 4 des Bilanzkontrollgesetzes vom 15.12.2004[1] in das AktG eingefügt worden. Die mit ihr normierten gerichtlichen Mitteilungspflichten gegenüber der Bundesanstalt für Finanzdienstleistungsaufsicht (BaFin) sollen den **Vorrang der aktienrechtlichen Sonderprüfung nach §§ 258 ff.** sichern: Sobald ein Sonderprüfer nach § 258 Abs. 1 bestellt wurde, ist für die spezielle Prüfung der Rechnungslegung kapitalmarktaktiver Gesellschaften weder auf der ersten Verfahrensstufe (Prüfstelle für Rechnungslegung) noch auf der zweiten Stufe (BaFin) Raum, soweit ihr Gegenstand der Sonderprüfung nach § 258, der Prüfungsbericht oder eine gerichtliche Entscheidung über die abschließenden Feststellungen der Sonderprüfer (§ 260) reichen: § 342b Abs. 3 Satz 2 HGB, § 37o Abs. 2 Satz 2 WpHG.

2   Die Mitteilungen des Gerichts an die BaFin haben nur zu erfolgen, wenn Wertpapiere der betroffenen Gesellschaft **an einer inländischen Börse zum Handel** am amtlichen oder geregelten Markt **zugelassen** sind. Die Mitteilungspflicht umfasst den Eingang eines Antrags auf Bestellung von Sonderprüfern (§ 258 Abs. 1 Satz 1, Abs. 2), jede rechtskräftige Entscheidung über die Bestellung von Sonderprüfern (§ 258 Abs. 1 Satz 1), den Prüfungsbericht (§ 259) und die rechtskräftige gerichtliche Entscheidung über die Feststellungen der Sonderprüfer (§ 260). Die BaFin setzt ihrerseits die Prüfstelle für Rechnungslegung von den Mitteilungen in Kenntnis (§ 37p Abs. 3 WpHG), damit auch dort kein Verfahren mehr eingeleitet bzw. ein bereits laufendes Verfahren ausgesetzt wird.

---

1 BGBl. I 2004, 3408.

Achter Teil. Auflösung und Nichtigerklärung der Gesellschaft

Erster Abschnitt. Auflösung

Erster Unterabschnitt. Auflösungsgründe und Anmeldung

§ 262
Auflösungsgründe

(1) Die Aktiengesellschaft wird aufgelöst

1. durch Ablauf der in der Satzung bestimmten Zeit;
2. durch Beschluss der Hauptversammlung; dieser bedarf einer Mehrheit, die mindestens drei Viertel des bei der Beschlussfassung vertretenen Grundkapitals umfasst; die Satzung kann eine größere Kapitalmehrheit und weitere Erfordernisse bestimmen;
3. durch die Eröffnung des Insolvenzverfahrens über das Vermögen der Gesellschaft;
4. mit der Rechtskraft des Beschlusses, durch den die Eröffnung des Insolvenzverfahrens mangels Masse abgelehnt wird;
5. mit der Rechtskraft einer Verfügung des Registergerichts, durch welche nach § 144a des Gesetzes über die Angelegenheiten der freiwilligen Gerichtsbarkeit ein Mangel der Satzung festgestellt worden ist;
6. durch Löschung der Gesellschaft wegen Vermögenslosigkeit nach § 141a des Gesetzes über die Angelegenheiten der freiwilligen Gerichtsbarkeit.

(2) Dieser Abschnitt gilt auch, wenn die Aktiengesellschaft aus anderen Gründen aufgelöst wird.

I. Übersicht und Regelungszweck 1

II. Auflösungsgründe 3
1. Autonom bestimmte Auflösungsgründe 3
   a) Zeitablauf (§ 262 Abs. 1 Nr. 1) ... 4
   b) Beschluss der Hauptversammlung (§ 262 Abs. 1 Nr. 2) 8
   c) Weitere satzungsmäßige Auflösungsgründe? 12
2. Auflösung wegen der Vermögensverhältnisse 13
   a) Gesellschaftsinsolvenz (§ 262 Abs. 1 Nr. 3) 13
   b) Ablehnung der Insolvenzeröffnung mangels Masse (§ 262 Abs. 1 Nr. 4) 14
   c) Vermögenslosigkeit (§ 262 Abs. 1 Nr. 6 i.V.m. § 141a FGG) 15
3. Auflösung wegen Satzungsmangels (§ 262 Abs. 1 Nr. 5 i.V.m. § 144a FGG) 20
4. Andere Gründe 23

Literatur: *Einmahl*, Die erste gesellschaftsrechtliche Richtlinie des Rates der Europäischen Gemeinschaften und ihre Bedeutung für das deutsche Aktienrecht, AG 1969, 131, 167, 210; *Grziwotz*, Sonderfälle der Liquidation von Gesellschaften, DStR 1992, 1813; *Hirte*, Auflösung der Kapitalgesellschaft, ZInsO 2000, 127; *Hönn*, Die konstitutive Wirkung der Löschung von Kapitalgesellschaften, ZHR 138 (1974), 50; *Hüffer*, Das Ende der Rechtspersönlichkeit von Kapitalgesellschaften, in GS Dietrich Schultz, 1987, S. 99; *Piorreck*, Löschung und Liquidation von Kapitalgesellschaften nach dem Löschungsgesetz, RPfl 1978, 157; *K. Schmidt*, Löschung und Beendigung der GmbH, GmbHR 1988, 209; *K. Schmidt*, Zur Ablösung des Löschungsgesetzes,

GmbHR 1994, 829; *K. Schmidt*, Insolvenzordnung und Gesellschaftsrecht, ZGR 1998, 633; *Vallender*, Auflösung und Löschung der GmbH – Veränderungen aufgrund des neuen Insolvenzrechts, NZG 1998, 249.

I. Übersicht und Regelungszweck

1   Das Ausscheiden der AG aus dem Rechtsleben hat das Gesetz im Regelfall als Prozess gestaltet: Der **Auflösung** (als Ereignis) folgt die Abwicklung (§§ 264–273), mit deren Schluss (und Eintragung) die **Vollbeendigung** eintritt. Auflösung bedeutet daher nur Zweckänderung: die bisher werbende Gesellschaft verfolgt künftig den Zweck, sich selbst abzuwickeln i.S.v. § 268 Abs. 1. Sie bleibt bis zum Schluss der Abwicklung als Gesellschaft „in Liquidation" bestehen und weiterhin rechts- und parteifähig. Vollbeendigung tritt nur ausnahmsweise dann sogleich mit Auflösung ein, wenn die Gesellschaft vermögenslos ist und deswegen keine Abwicklung stattfindet (§ 264 Abs. 2 Satz 1); s. noch unten Rz. 15. Die Regelungen haben auch für **Societas Europaea** mit Sitz in Deutschland Bedeutung, Art. 63 SE-VO[1].

2   **§ 262** enthält eine Übersicht über die wichtigsten Auflösungsgründe (Abs. 1) und erklärt die Vorschriften des ersten Abschnitts (§§ 262–274) auch für die Auflösung aus anderen (gesetzlichen) Auflösungsgründen für anwendbar (Abs. 2). Die Auflösungsgründe des § 262 Abs. 1 lassen sich in drei Gruppen ordnen: Erstens geht es um die autonom von den Aktionären bestimmte Auflösung (Nr. 1: Ablauf einer satzungsmäßig bestimmten Zeit; Nr. 2: Beschluss der Hauptversammlung); die Auflösung dient dem Aktionärsinteresse an einer Desinvestition. Zweitens kommt eine Auflösung wegen der Vermögensverhältnisse in Betracht (Nr. 3: Gesellschaftsinsolvenz; Nr. 4: Ablehnung der Eröffnung des Insolvenzverfahrens mangels Masse; Nr. 6: Vermögenslosigkeit); im ersten Fall geht es vor allem um das Gläubigerinteresse an einer geordneten Verwertung des Vermögens, in den anderen Fällen vor allem um das Allgemeininteresse, vermögenslose Gesellschaften aus dem Rechtsverkehr zu ziehen. Und drittens ist – wiederum im Verkehrsinteresse – eine Auflösung wegen Satzungsmangels möglich (Nr. 5). Für den Auflösungsbeschluss nach Nr. 1 enthält § 262 auch materielle Voraussetzungen, im übrigen konstituiert die Vorschrift die Auflösungsgründe und bestimmt den maßgeblichen Zeitpunkt (z.B. Rechtskraft), verweist aber für weiteres auf andere autonome (Nr. 1) oder gesetzliche Regelungen.

II. Auflösungsgründe

1. Autonom bestimmte Auflösungsgründe

3   § 262 bestimmt selbst zwei Möglichkeiten der Aktionäre, die Auflösung herbeizuführen, die Befristung und den Auflösungsbeschluss. Ein satzungsmäßiges Kündigungsrecht ist daneben nicht anzuerkennen.

a) Zeitablauf (§ 262 Abs. 1 Nr. 1)

4   Die AG wird durch Ablauf der in der Satzung festgelegten **Frist** aufgelöst. Der Auflösungswille muss darin deutlich zum Ausdruck kommen. Die Frist kann bestimmt sein und muss mindestens eindeutig (wenn auch nicht kalendertagsmäßig) bestimmbar sein[2], z.B. durch die Laufzeit eines Patents oder einer (befristeten!) gesetzlichen

---

1 *Ehricke* in Lutter/Hommelhoff, SE-Kommentar, Art. 63 SE-VO Rz. 21.
2 H.M.; *Kraft* in KölnKomm. AktG, § 262 Rz. 8 f.; *Wiedemann* in Großkomm. AktG, § 262 Rz. 11; zur GmbH BayObLG v. 9.12.1974 – BReg. 2 Z 57/74, BayObLGZ 1974, 479, 481 f.

Regelung oder die Lebenszeit eines Aktionärs. Eine Auflösungsbedingung (§ 158 BGB) ist nach dem klaren Wortlaut und auch teleologisch (Sicherheit und Vorhersehbarkeit) nicht möglich[3]. In Betracht kommt allein die Festsetzung einer Höchstdauer; eine Mindestdauer ist schon nach dem Wortlaut nicht zulässig und wäre mit dem Auflösungsrecht der Hauptversammlung nach § 262 Abs. 1 Nr. 2 unvereinbar[4].

Bei der **anfänglichen Fristbestimmung** kommt es auf die Satzungsbestimmung an, 5 ungeachtet § 39 Abs. 2 schadet eine unterbliebene oder fehlerhafte Eintragung nicht[5]. Die **nachträgliche Fristbestimmung** oder -verkürzung ist eine Satzungsänderung (§§ 179 ff.) und enthält der Sache nach zugleich den Beschluss der künftigen Auflösung. Daher bedarf sie der Mehrheit gem. § 262 Abs. 1 Nr. 2 (unten Rz. 10) (auch wenn die Satzung gem. § 179 Abs. 2 Satz 2 eine geringere Mehrheit zulässt).

Aufhebung oder **Verlängerung** der Befristung ist *vor Zeitablauf* durch Satzungsände 6 rung (§§ 179 ff., 181 Abs. 3) mit der Mehrheit des § 179 Abs. 2[6] möglich. Da Aufhebung oder Verlängerung der Befristung keine Auflösungsbeschlüsse sind, gilt das Mehrheitserfordernis von § 262 Abs. 1 Nr. 1 nicht; da die die Auflösung noch nicht erfolgt ist, auch nicht jenes von § 274 Abs. 1 Satz 2. Bestehen Sonderrechte (§ 11) in bezug auf die Abwicklung, so ist die Zustimmung deren Inhaber erforderlich[7]. *Nach Auflösung* ist eine Fortsetzung nur nach § 274 möglich.

Mit Zeitablauf tritt die Auflösung *ipso iure* ein. Einer weiteren Handlung der Haupt 7 versammlung bedarf es nicht, die Befristung ist der Sache nach schon der Beschluss der Auflösung zu dem bestimmten Zeitpunkt.

b) Beschluss der Hauptversammlung (§ 262 Abs. 1 Nr. 2)

Aus Nr. 2 ergibt sich das Recht der Aktionäre, die Gesellschaft durch Beschluss aufzu 8 lösen (Desinvestition). Wegen seiner grundlegenden **Bedeutung** kann das Auflösungsrecht nicht ausgeschlossen oder (etwa an den Aufsichtsrat oder Außenstehende) delegiert werden. Erschwerungen (s. unten Rz. 10) sind nur insoweit zulässig, als sie die Auflösung nicht praktisch vereiteln (vgl. § 23 Abs. 5)[8]. Aus denselben Erwägungen ist eine Befristung nur als Höchstdauer zulässig, nicht als Mindestdauer (s. oben Rz. 4).

Die Auflösung durch **Beschluss** der Hauptversammlung (Form: § 130, Eintragung 9 nicht erforderlich)[9] muss – ggf. im Wege der Auslegung – den Willen zur Auflösung der Gesellschaft (nicht etwa nur Einstellung des Geschäftsbetriebs; Vermögensübertragung nach § 179a) erkennen lassen; mit Rücksicht auf die notarielle Beurkundung (§ 130) sollten Zweifel normalerweise nicht auftreten[10]. Zur rechtlichen Würdigung der Sitzverlegung ins Ausland s. die Erläuterungen zu § 45.

Der Beschluss setzt neben der einfachen Stimmenmehrheit i.S.v. § 133 Abs. 1 als 10 „weiteres Erfordernis" (§ 133 Abs. 1 Halbsatz 2) eine Mehrheit von drei Viertel des bei der Beschlussfassung vertretenen Grundkapitals voraus, mithin eine **doppelte**

---

3 Wohl anders *Kraft* in KölnKomm. AktG, § 262 Rz. 8.
4 *Kraft* in KölnKomm. AktG, § 262 Rz. 22.
5 *Hüffer* in MünchKomm. AktG, § 262 Rz. 26.
6 Kein Einstimmigkeitserfordernis; *Rob. Fischer*, GmbHR 1955, 165 ff. Anders noch RG v. 29.4.1932 – II 368/31, RGZ 136, 185, 190 („'Sonderrecht' jedes einzelnen Gesellschafters auf Liquidation und Auskehrung der Liquidationsquote nach Ablauf der satzungsmäßigen Dauer").
7 *Hüffer* in MünchKomm. AktG, § 262 Rz. 31; *Kraft* in KölnKomm. AktG, § 262 Rz. 13.
8 *Hüffer* in MünchKomm. AktG, § 262 Rz. 38; *Kraft* in KölnKomm. AktG, § 262 Rz. 22.
9 Zu Beschlussmängeln *Hüffer* in MünchKomm. AktG, § 262 Rz. 43–47; *Kraft* in KölnKomm. AktG, § 262 Rz. 30–34.
10 Zutr. *Hüffer* in MünchKomm. AktG, § 262 Rz. 32.

Mehrheit[11]. Die Satzung kann **weitere Erfordernisse** festlegen, insbesondere eine größere Mehrheit oder mehrfache Abstimmung. Entgegen der h.M.[12] ist Einstimmigkeitserfordernis (insbes. bezogen auf das Grundkapital) unzulässig, wenn ein Auflösungsbeschluss damit nach den Verhältnissen der Gesellschaft faktisch vereitelt wird; das berührt nicht nur die Interessen der einzelnen Aktionäre, sondern die Kompetenz der Hauptversammlung.

11   Der Auflösungsbeschluss **bedarf keiner positiven sachlichen Rechtfertigung**, sondern trägt diese nach § 262 Abs. 1 Nr. 2 (Freiheit zur Desinvestition) in sich, eine Inhaltskontrolle findet nicht statt, doch kann missbräuchliche Rechtsausübung Anfechtung begründen[13].

c) Weitere satzungsmäßige Auflösungsgründe?

12   Eine Auflösung der AG durch Kündigung einzelner oder mehrerer Aktionäre sieht das AktG nicht vor. Sie kann auch nicht satzungsmäßig ermöglicht werden[14]. Dem steht schon § 23 Abs. 5 (Satzungsstrenge) entgegen[15]. § 262 Abs. 1 Nr. 1 lässt spezifisch nur die *Befristung* zu; ein Kündigungsrecht einzelner würde teleologisch weder mit dem Mehrheitserfordernis von § 262 Abs. 1 Nr. 2 noch mit der Möglichkeit eines Fortsetzungsbeschlusses nach § 274 zusammenpassen[16].

2. Auflösung wegen der Vermögensverhältnisse

a) Gesellschaftsinsolvenz (§ 262 Abs. 1 Nr. 3)

13   Die Gesellschaft wird durch die Eröffnung des Insolvenzverfahrens aufgelöst. Der Vorstand hat die Eröffnung des Insolvenzverfahrens unverzüglich zu beantragen (§ 92 Abs. 2[17]), wenn die Gesellschaft (nicht ihre Aktionäre, auch nicht bei Alleinaktionär)[18] zahlungsunfähig (§§ 17 f. InsO) oder überschuldet (§ 19 InsO) ist. Maßgeblicher Zeitpunkt für die Auflösung ist die Eröffnung des Insolvenzverfahrens durch Beschluss des Insolvenzgerichts (§ 27 InsO). Die Auflösung ist auch hier in das Handelsregister einzutragen (§ 263 Satz 3), **Abwicklung** erfolgt indes nicht nach §§ 265 ff., sondern **nach InsO** (§ 264 Abs. 1).

b) Ablehnung der Insolvenzeröffnung mangels Masse (§ 262 Abs. 1 Nr. 4)

14   Auch wenn die Eröffnung des Insolvenzverfahrens mangels Masse abgelehnt wird (§ 26 InsO), wird die AG aufgelöst. Hier geht es nicht um die geordnete Abwicklung

---

11 *Kraft* in KölnKomm. AktG, § 262 Rz. 27.
12 *Hüffer* in MünchKomm. AktG, § 262 Rz. 41; *Kraft* in KölnKomm. AktG, § 262 Rz. 28; *Wiedemann* in Großkomm. AktG, § 262 Rz. 18.
13 BGH v. 1.2.1988 – II ZR 75/87 – „Linotype", BGHZ 103, 184, 190 = NJW 1988, 1579 = AG 1988, 135; OLG Stuttgart v. 4.12.1996 – 8 W 43/93 – „Moto Meter II", AG 1997, 136, 137 = ZIP 1997, 362, 363; OLG Stuttgart v. 21.12.1993 – 10 U 48/93 – „Moto Meter I", AG 1994, 411, 412 ff.; BVerfG v. 23.8.2000 – 1 BvR 68/95 u. 1 BvR 147/97, NJW 2001, 279 ff. = AG 2001, 42; *Hoffmann-Becking* in MünchHdb. AG, § 65 Rz. 5; *Hüffer* in MünchKomm. AktG, § 243 Rz. 64. Strenger *Wiedemann*, JZ 1989, 447, 448 f.; *Wiedemann*, ZGR 1980, 147, 156 f.
14 Anders § 60 Abs. 2 GmbHG; RG v. 21.6.1912 – Rep. II 223/12, RGZ 79, 418, 421 f.
15 *Hüffer* in MünchKomm. AktG, § 262 Rz. 20.
16 *Hüffer*, § 262 Rz. 7; *Hüffer* in MünchKomm. AktG, § 262 Rz. 21; *Kraft* in KölnKomm. AktG, § 262 Rz. 16–21; i.E. auch *Hoffmann-Becking* in MünchHdb. AG, § 65 Rz. 3. A.M. im Anschluss an RG v. 21.6.1912 – Rep. II 223/12, RGZ 79, 418, 422 etwa *Wiedemann* in Großkomm. AktG, § 262 Rz. 39.
17 Nach dem geplanten MoMiG (RegE v. 23.5.2007, BR-Drucks. 354/07) folgt die Insolvenzantragspflicht in Zukunft aus § 15a Abs. 1 InsO.
18 *Hüffer* in MünchKomm. AktG, § 262 Rz. 48.

im Interesse der Gläubiger, sondern um den Schutz des Rechtsverkehrs[19]. Entscheidend ist der Eintritt der Rechtskraft des Beschlusses (Rechtsmittelfrist verstrichen oder Instanzenzug erschöpft), nicht die Eintragung gem. § 263 Satz 3. Die Abwicklung erfolgt – da ein Insolvenzverfahren nicht durchgeführt wird – nach allgemeinen Grundsätzen der §§ 265 ff.; die Fortsetzungsmöglichkeit nach § 274 besteht hier indes nicht (§ 274 Rz. 3).

c) Vermögenslosigkeit (§ 262 Abs. 1 Nr. 6 i.V.m. § 141a FGG)

§ 141a FGG. (1) Eine Aktiengesellschaft, Kommanditgesellschaft auf Aktien oder eine Gesellschaft mit beschränkter Haftung, die kein Vermögen besitzt, kann von Amts wegen oder auf Antrag auch der Steuerbehörde gelöscht werden. Sie ist von Amts wegen zu löschen, wenn das Insolvenzverfahren über das Vermögen der Gesellschaft durchgeführt worden ist und keine Anhaltspunkte dafür vorliegen, dass die Gesellschaft noch Vermögen besitzt. Vor der Löschung sind die in § 126 bezeichneten Organe zu hören.

(2) Das Gericht hat die Absicht der Löschung den gesetzlichen Vertretern der Gesellschaft, soweit solche vorhanden sind und ihre Person und ihr inländischer Aufenthalt bekannt ist, nach den für die Zustellung von Amts wegen geltenden Vorschriften der Zivilprozessordnung bekanntzumachen und ihnen zugleich eine angemessene Frist zur Geltendmachung des Widerspruchs zu bestimmen. Das Gericht kann anordnen, auch wenn eine Pflicht zur Bekanntmachung und Fristbestimmung nach Satz 1 nicht besteht, dass die Bekanntmachung und die Bestimmung der Frist durch Bekanntmachung in dem für die Bekanntmachung der Eintragungen in das Handelsregister bestimmten elektronischen Informations- und Kommunikationssystem nach § 10 des Handelsgesetzbuchs erfolgt; in diesem Fall ist jeder zur Erhebung des Widerspruchs berechtigt, der an der Unterlassung der Löschung ein berechtigtes Interesse hat. Die Vorschriften des § 141 Abs. 3 und 4 gelten entsprechend.

(3) ... [betrifft entsprechende Anwendung auf oHG und KG]

Nach § 141a FGG[20] wird die AG wegen Vermögenslosigkeit gelöscht (Abs. 1; zum   15
Verfahren Abs. 2). § 262 Abs. 1 Nr. 6 knüpft daran aktienrechtlich an und definiert diese Löschung als „Auflösung" der Gesellschaft[21]. Die Eintragung der Auflösung entfällt, wird also praktisch durch die Löschung ersetzt, § 263 Satz 4. Im – regelmäßig gegebenen – Fall tatsächlich bestehender Vermögenslosigkeit führt die Löschung sogleich zur Vollbeendigung, einer Abwicklung bedarf es nicht. Nur wenn sich nach Löschung herausstellt, dass verteilbares Vermögen vorhanden ist, findet eine Abwicklung statt, § 264 Abs. 2. Da nach § 262 Abs. 1 Nr. 6 die Auflösung Löschung voraussetzt, ist die Löschung nicht nur deklaratorisch[22]; nach § 264 Abs. 2 tritt die Vollbeendigung nicht ohne Vermögenslosigkeit ein, die Löschung *allein* ist daher auch nicht konstitutiv für die Vollbeendigung[23]. Die gesetzliche Regelung ist am besten erklärt, wenn man Löschung und Vermögenslosigkeit als **„Doppeltatbestand"** versteht[24].

---

19 BGH v. 8.10.1979 – II ZR 257/78, BGHZ 75, 178, 180. Kritisch zur masselosen Liquidation *K. Schmidt*, GmbHR 1994, 829, 833.
20 Vorgängervorschrift des § 2 LöschungsG abgedruckt und erläutert bei *Kraft* in KölnKomm. AktG, § 262 Rz. 59 ff. Zum LöschungsG *Crisolli*, JW 1934, 2657; zur Aufhebung durch EG-InsO *K. Schmidt*, GmbHR 1994, 829 ff.; *Vallender*, NZG 1998, 249 ff.
21 Kritisch zur Systematik *K. Schmidt*, GmbHR 1994, 829, 831 f.
22 So aber BGH v. 4.6.1957 – VIII ZR 68/56, WM 1957, 975; BGH v. 23.2.1970 – II ZR 5/69, BGHZ 53, 264, 266 = NJW 1970, 1044; RG v. 27.4.1937 – VII 331/36, RGZ 155, 42, 45; RG v. 12.11.1935 – II 48/35, RGZ 149, 293, 296 f.; OLG Düsseldorf v. 13.7.1979 – 3 W 139/79, GmbHR 1979, 227, 228.
23 Für konstitutive Löschung aber etwa *Hüffer* in MünchKomm. AktG, § 262 Rz. 85, 89 ff., § 273 Rz. 16; *Hüffer* in GS Dietrich Schultz, S. 99 ff.; *Hönn*, ZHR 138 (1974), 50 ff.; *Kraft* in KölnKomm. AktG, Vorb. § 262 Rz. 10; § 273 Rz. 37; *Lindacher* in FS Henckel, 1995, S. 549, 553 ff.
24 *K. Schmidt* in Scholz, GmbHG, § 60 Rz. 56 ff.; *K. Schmidt*, GmbHR 1994, 829, 832; *K. Schmidt*, GmbHR 1988, 209; *Hirte*, Kapitalgesellschaftsrecht, 5. Aufl. 2006, Rz. 7.24; *Lutter/Kleindiek* in Lutter/Hommelhoff, GmbHG, § 74 Rz. 7; *Vallender*, NZG 1998, 249, 250;

16 § 141a Abs. 1 FGG betrifft zwei Fallgruppen, (1) die Vermögenslosigkeit ohne Abwicklung und ohne Durchführung des Insolvenzverfahrens, Satz 1; und (2) nach Durchführung des Insolvenzverfahrens, Satz 2. **Zweck** der Vorschrift ist es, „lebensunfähige Unternehmungen aus dem Rechtsleben auszuschalten und den Rechtsverkehr vor Geschäftsbeziehungen zu Scheinfirmen zu schützen"[25].

17 **Vermögenslos** i.S.v. § 141a Abs. 1 Satz 1 FGG ist die Gesellschaft, wenn sie keine wirtschaftlichen Werte hat, die verwertet und an die Gläubiger verteilt werden könnten[26], wenn, m.a.W., keine Aktiva vorhanden sind, die ein ordentlicher Kaufmann in seine Bilanz einsetzen kann[27]. Vermögenslosigkeit unterscheidet sich, da es auf die Aktiva ankommt, von der Masselosigkeit und der Überschuldung. Auch ein geringes Vermögen kann entgegenstehen[28], doch bleibt ein im Verhältnis zu den Außenständen „verschwindend geringes" Vermögen außer Betracht[29]. Das Registergericht ist wegen der weitreichenden Folgen zu besonders sorgfältiger Prüfung (Amtsermittlung, § 12 FGG) verpflichtet[30]. Führt die Gesellschaft Aktivprozesse, spricht das gegen Vermögenslosigkeit[31]. Die Führung eines Passivprozesses hindert die Löschung zwar nicht, spricht aber ebenfalls gegen Vermögenslosigkeit[32]. Maßgeblicher Zeitpunkt ist die Eintragung der Löschung[33], im Beschwerdeverfahren der Zeitpunkt der letzten tatrichterlichen Entscheidung[34].

BAG v. 4.6.2003 – 10 AZR 447/02, GmbHR 2003, 1009, 1010; OLG Düsseldorf v. 14.11.2003 – 16 U 95/98, NZG 2004, 916, 918 = GmbHR 2004, 572; OLG Köln v. 12.6.2002 – 18 W 6/02, NZG 2002, 1062 f. = AG 2003, 449; OLG Koblenz v. 1.4.1998 – 1 U 463/97, NZG 1998, 637; OLG Stuttgart v. 30.9.1998 – 20 U 21/98, NZG 1999, 31, 32 = AG 1999, 280, 281; OLG Saarbrücken v. 6.3.1991 – 1 U 143/90, GmbHR 1992, 311; OLG Köln v. 11.3.1992 – 2 U 101/91, GmbHR 1992, 536; OLG Stuttgart v. 28.2.1986 – 2 U 148/85, NJW-RR 1986, 836 = ZIP 1986, 647, 648; vgl. auch BAG v. 22.3.1988 – 3 AZR 350/86, NJW 1988, 2637 f.; wohl auch BayObLG v. 14.8.2002 – 3 Z BR 154/02, GmbHR 2002, 1077 = ZIP 2002, 1845.

25 S. etwa (zu § 2 LöschungsG) OLG Köln v. 9.2.1994 – 2 Wx 48/93, NJW-RR 1994, 726, 727 = FGPrax 1995, 41; BayObLG v. 12.1.1995 – 3 Z BR 256/94, BayObLGZ 1995, 9, 12 = NJW-RR 1995, 612; OLG Hamm v. 12.11.1992 – 15 W 266/92, NJW-RR 1993, 547, 549.

26 Mit Sicherungsrechten belastete Gegenstände bleiben daher außer Betracht; BAG v. 19.3.2002 – 9 AZR 752/00, BAGE 100, 369, 372 f. = NJW 2003, 80; OLG Frankfurt a.M. v. 7.9.1977 – 20 W 660/77, OLGZ 1978, 48, 49 = RPfl 1978, 22.

27 BayObLG v. 12.1.1995 – 3 Z BR 256/94, BayObLGZ 1995, 9, 12 = NJW-RR 1995, 612, 613; OLG Brandenburg v. 6.3.2000 – 8 Wx 595/99, NJW-RR 2001, 176, 177; OLG Hamm v. 12.11.1992 – 15 W 266/92, NJW-RR 1993, 547, 549. Einschränkend zum Gesichtspunkt der Bilanzierung *Kraft* in KölnKomm. AktG, § 262 Rz. 61; *Lutter/Kleindiek* in Lutter/Hommelhoff, GmbHG, § 60 Rz. 16. Zu einzelnen Bewertungsfragen *Kraft* in KölnKomm. AktG, § 262 Rz. 61; *K. Schmidt* in Scholz, GmbHG, § 60 Rz. 49; *Grziwotz*, DStR 1992, 1813; OLG Frankfurt a.M. v. 7.9.1977 – 20 W 660/77, OLGZ 1978, 48, 49 (know how).

28 BayObLG v. 20.12.1983 – BReg 3 Z 90/83, WM 1984, 602 = BB 1984, 315; OLG Koblenz v. 8.10.1993 – U 1851/91, NJW-RR 1994, 500, 501 = GmbHR 1994, 483.

29 BayObLG v. 10.11.1994 – 3 Z BR 225/94, GmbHR 1995, 530, 531; BayObLG v. 10.2.1999 – 3 Z BR 43/99, GmbHR 1999, 414 f.; OLG Brandenburg v. 6.3.2000 – 8 Wx 595/99, NJW-RR 2001, 176, 177.

30 BayObLG v. 12.1.1995 – 3 Z BR 256/94, BayObLGZ 1995, 9, 12; OLG Hamm v. 12.11.1992 – 15 W 266/92, NJW-RR 1993, 547, 549 („Überzeugung muss auf ausreichender Ermittlung beruhen"); *Piorreck*, RPfl 1978, 157, 158; *K. Schmidt* in Scholz, GmbHG, § 60 Rz. 52. Grenzen: OLG Brandenburg v. 6.3.2000 – 8 Wx 595/99, NJW-RR 2001, 176, 177 f.; OLG Hamm v. 12.11.1992 – 15 W 266/92, NJW-RR 1993, 547, 549 (nicht „quasi ins Blaue hinein").

31 BayObLG v. 12.1.1995 – 3 Z BR 256/94, BayObLGZ 1995, 9, 12; *K. Schmidt* in Scholz, GmbHG, § 60 Rz. 49; *Piorreck*, RPfl 1978, 157.

32 *K. Schmidt* in Scholz, GmbHG, § 60 Rz. 49; *Piorreck*, RPfl 1978, 157; einschränkend BayObLG v. 12.1.1995 – 3 Z BR 256/94, BayObLGZ 1995, 9, 12; a.M. *Hüffer* in MünchKomm. AktG, § 262 Rz. 78.

33 OLG Köln v. 9.2.1994 – 2 Wx 48/93, NJW-RR 1994, 726, 727 = FGPrax 1995, 41. A.M. noch *Crisolli*, JW 1934, 2657, 2659.

34 OLG Hamm v. 12.11.1992 – 15 W 266/92, NJW-RR 1994, 547, 549.

Vermögenslosigkeit wird nach § 141a Abs. 1 Satz 2 FGG **vermutet**, wenn das Verfahren über das Vermögen der Gesellschaft durchgeführt (nicht: mangels Masse abgelehnt!) wurde, d.h. mit Schlussverteilung nach § 196 InsO. Die Löschung erfolgt dann, wenn keine Anhaltspunkte vorliegen, dass die Gesellschaft noch Vermögen besitzt. 18

Zuständig für die Löschung ist das Registergericht (Richter, nicht Rechtspfleger, § 17 19 Nr. 1e RPflG), bei dem die Gesellschaft eingetragen ist. Es wird von Amts wegen betrieben, auch wenn es auf Antrag in Gang gesetzt wurde. Ungeachtet der missverständlichen Formulierung von § 141a Abs. 1 Satz 1 FGG, wo mit „kann" nur ein Aufgreifermessen bezeichnet wird, hat das Gericht kein Ermessen über die Durchführung des Löschungsverfahrens und die Löschung, wenn Vermögenslosigkeit vorliegt[35]. Zum Verfahrensablauf – Bekanntmachung, Widerspruch[36] – s. § 144 Abs. 2 FGG[37].

3. Auflösung wegen Satzungsmangels (§ 262 Abs. 1 Nr. 5 i.V.m. § 144a FGG)

§ 144a FGG. (1) Enthält die Satzung einer in das Handelsregister eingetragenen Aktiengesellschaft oder einer Kommanditgesellschaft auf Aktien eine der nach § 23 Abs. 3 Nr. 1, 4, 5 oder 6 des Aktiengesetzes wesentlichen Bestimmungen nicht oder ist eine dieser Bestimmungen oder die Bestimmung nach § 23 Abs. 3 Nr. 3 des Aktiengesetzes nichtig, so hat das Registergericht die Gesellschaft aufzufordern, innerhalb einer bestimmten Frist eine Satzungsänderung, die den Mangel der Satzung behebt, zur Eintragung in das Handelsregister anzumelden oder die Unterlassung durch Widerspruch gegen die Verfügung zu rechtfertigen. Das Gericht hat in der Verfügung darauf hinzuweisen, dass ein nicht behobener Mangel nach Absatz 2 festzustellen ist und dass die Gesellschaft dadurch nach Abs. 1 Nr. 5, § 289 Abs. 2 Nr. 2 des Aktiengesetzes aufgelöst wird.

(2) Wird innerhalb der nach Absatz 1 bestimmten Frist weder der Aufforderung genügt noch Widerspruch erhoben oder ist ein Widerspruch zurückgewiesen worden, so hat das Gericht den Mangel der Satzung festzustellen. Die Feststellung kann mit der Zurückweisung des Widerspruchs verbunden werden.

(3) Gegen Verfügungen, durch welche eine Feststellung nach Absatz 2 getroffen oder ein Widerspruch zurückgewiesen wird, findet die sofortige Beschwerde statt.

(4)... [betrifft entsprechende Anwendung auf GmbH]

Infolge der Publizitätsrichtlinie (68/151/EWG)[38] sieht § 275 Abs. 1 nur noch drei 20 Nichtigkeitsgründe vor. Bei anderen Verstößen gegen § 23 Abs. 3, die der Gesetzgeber als weniger gravierend angesehen hat, kommt nur die weniger einschneidende Sanktion des § 144a FGG in Betracht, bei der es zuerst um die Behebung des Mangels geht (Abs. 1) und notfalls eine Amtsauflösung durch das Registergericht erfolgt (Abs. 2 i.V.m. Abs. 1 Nr. 5). Die Regelung dient dem Allgemeininteresse, aber auch dem Aktionärs- und Gläubigerinteresse an der Beachtung der wesentlichen Satzungsvorgaben, deren Einhaltung mit der Auflösungsandrohung gesichert werden soll.

§ 144a Abs. 1 FGG bezieht sich auf fünf nach § 23 Abs. 3 wesentliche Satzungsinhal- 21 te:

---

35 *K. Schmidt* in Scholz, GmbHG, § 60 Rz. 55; *Lutter/Kleindiek* in Lutter/Hommelhoff, GmbHG, § 60 Rz. 16; *Hüffer* in MünchKomm. AktG, § 262 Rz. 98 (vorbehaltlich Unverhältnismäßigkeit). A.M. etwa *Piorreck*, RPfl 1978, 157, 158; *Wiedemann* in Großkomm. AktG, § 262 Rz. 34 a.E.; *Winnefeld*, BB 1975, 70, 72; OLG Frankfurt v. 7.9.1977 – 20 W 660/77, OLGZ 1978, 48, 49 ff.

36 Anforderungen: OLG Köln v. 9.2.1994 – 2 Wx 48/93, NJW-RR 1994, 726, 727 = FGPrax 1995, 41 f.; OLG Brandenburg v. 6.3.2000 – 8 Wx 595/99, NJW-RR 2001, 176.

37 Eingehend *Hüffer* in MünchKomm. AktG, § 262 Rz. 93–99; *K. Schmidt* in Scholz, GmbHG, § 60 Rz. 51–55. *Vallender*, NZG 1998, 249, 251 f.

38 Dazu *Grundmann*, Europäisches Gesellschaftsrecht, Rz. 201–207; *Habersack*, Europäisches Gesellschaftsrecht, § 5 Rz. 1 ff., 32 ff.; *Lutter*, Europäisches Unternehmensrecht, S. 101 ff.; *Einmahl*, AG 1969, 210 ff.; kürzlich *Habersack*, ZIP 2006, 1813.

- Bestimmungen über **Firma und Sitz** (§ 23 Abs. 3 Nr. 1) fehlen zwar normalerweise nicht anfänglich (Registerkontrolle, § 38), können aber nichtig sein. Das ist bei der *Firma* z.B. der Fall bei Verstoß gegen § 4 (Firmenzusatz) oder gegen die §§ 18 Abs. 1 und 2, 30 HGB (Unterscheidungskraft, Irreführungsverbot)[39]. Nach h.M. kann auch die nachträgliche Änderung der tatsächlichen Verhältnisse zur Nichtigkeit der Firma führen[40]. Ein nachträglicher Beschluss einer firmenrechtswidrigen Satzungsänderung ist nichtig (§ 241 Nr. 3), die Eintragung kann nach § 144 Abs. 2 FGG gelöscht werden und es bleibt bei der früheren Firma; § 144a FGG findet keine Anwendung[41]. Die *Sitz*bestimmung ist bei Verstoß gegen § 5 Abs. 2[42] nichtig. Bei nachträglicher Unvereinbarkeit wegen tatsächlicher Sitzverlegung soll indes nach dem Gesetzgeberwillen der Satzungssitz maßgeblich bleiben[43]. Für den rechtswidrigen Beschluss einer Satzungsänderung gilt dasselbe wie soeben zur Firma ausgeführt.

- Fehlt eine Bestimmung über die **Höhe des Grundkapitals** (§ 23 Abs. 3 Nr. 3), kann die Gesellschaft für nichtig erklärt werden, § 275 Abs. 1. Eine Verfügung nach § 144a FGG kommt in Betracht, wenn die Bestimmung *nichtig* ist (Verstoß gegen §§ 6, 7; s. auch § 275 Rz. 3).

- Das Registergericht kann ferner einschreiten, wenn Bestimmungen über die Zerlegung des Grundkapitals in **Aktien** gem. § 23 Abs. 3 Nr. 4 (Aktienform, Einteilung des Grundkapitals, Gattungen und ggf. Zahl der Aktien jeder Gattung; s. vor allem § 8) oder

- über die Ausstellung als Inhaber- oder Namensaktien gem. § 23 Abs. 3 Nr. 5 fehlen oder nichtig sind.

- Schließlich kann die Amtsauflösung angedroht werden, wenn die Angaben zur **Zahl der Vorstandsmitglieder** fehlen oder nichtig sind.

22 Zuständig ist das **Amtsgericht des Gesellschaftssitzes**, das von Amts wegen tätig wird. Zum Verfahren s. § 144a Abs. 1 und 2 FGG[44]. Das Gericht stellt den Mangel nur förmlich fest (§ 144a Abs. 2 FGG), die Auflösungsfolge ergibt sich mit Rechtskraft der Verfügung aus § 262 Abs. 1 Nr. 5. Die (deklaratorische) Eintragung ins Handelsregister erfolgt von Amts wegen (keine Anmeldepflicht, § 263 Satz 2).

4. Andere Gründe

23 Die Vorschriften der §§ 263–274 gelten auch, wenn die Gesellschaft aus anderen gesetzlichen[45] (s. oben Rz. 2) Gründen aufgelöst wird. Das sind – sämtlich wenig praktisch – vor allem[46]

---

39 BayObLG v. 23.2.1989 – BReg. 3 Z 136/88, BayObLGZ 1989, 44, 48 = NJW-RR 1989, 867, 868 f.; KG v. 8.2.1991 – 1 W 3211/90, OLGZ 1991, 396, 400 = NJW-RR 1991, 860, 861.
40 *Kraft* in KölnKomm. AktG, § 262 Rz. 74; *Wiedemann* in Großkomm. AktG, § 262 Rz. 38b a.E.; *Hüffer* in MünchKomm. AktG, § 262 Rz. 62. A.M. BayObLG v. 29.6.1979 – BReg 3 Z 83/76, BayObLGZ 1979, 207, 209 ff. = GmbHR 1980, 11.
41 *Hüffer* in MünchKomm. AktG, § 262 Rz. 61; ähnlich *Kraft* in KölnKomm. AktG, § 262 Rz. 75.
42 Mit dem geplanten MoMiG (RegE v. 23.5.2007, BR-Drucks. 354/07) wird § 5 Abs. 2 aufgehoben.
43 *Kraft* in KölnKomm. AktG, § 262 Rz. 76; BayObLG v. 8.3.1982 – BReg 1 Z 71/81, BayObLGZ 1982, 140, 141 ff. = BB 1982, 578. A.M. *Hüffer* in MünchKomm. AktG, § 262 Rz. 62, 65.
44 Näher *Hüffer* in MünchKomm. AktG, § 262 Rz. 69 ff.; s. auch *K. Schmidt* in Scholz, GmbHG, § 60 Rz. 41.
45 OLG Düsseldorf v. 29.5.1987 – 3 W 447/85, NJW-RR 1988, 354, 355.
46 Eingehend *Hüffer* in MünchKomm. AktG, § 262 Rz. 100 ff.; *Kraft* in KölnKomm. AktG, § 262 Rz. 82 ff.

– Entstehung einer „Keinmann-AG"[47];
– auf Antrag der zuständigen obersten Landesbehörde bei Gemeinwohlgefährdung, § 396;
– Vereinsverbot durch die oberste Landesbehörde, § 3 Abs. 1 Satz 1 i.V.m. §§ 2, 17 Nr. 1 VereinsG[48];
– im Ermessen der BaFin aufgrund Rücknahme der Geschäftserlaubnis einer Bank-AG nach §§ 35, 38 Abs. 1 KWG[49] oder einer Versicherungs-AG nach §§ 81, 87 VAG[50].

§ 263
Anmeldung und Eintragung der Auflösung

Der Vorstand hat die Auflösung der Gesellschaft zur Eintragung in das Handelsregister anzumelden. Dies gilt nicht in den Fällen der Eröffnung und der Ablehnung der Eröffnung des Insolvenzverfahrens (§ 262 Abs. 1 Nr. 3 und 4) sowie im Falle der gerichtlichen Feststellung eines Mangels der Satzung (§ 262 Abs. 1 Nr. 5). In diesen Fällen hat das Gericht die Auflösung und ihren Grund von Amts wegen einzutragen. Im Falle der Löschung der Gesellschaft (§ 262 Abs. 1 Nr. 6) entfällt die Eintragung der Auflösung.

| I. Übersicht und Regelungszweck .... | 1 | III. Wirkung der Eintragung .... | 6 |
| II. Eintragung .... | 2 | | |

I. Übersicht und Regelungszweck

Die Auflösung der Gesellschaft soll für jedermann erkennbar sein[1]. Die **Publizität** 1 wird durch die (deklaratorische, Rz. 6) Eintragung der Auflösung ins Handelsregister bewirkt. Die Auflösung ist nach der Grundregel von § 263 Satz 1 vom Vorstand anzumelden, sofern sie nicht, wie in den Fällen von § 263 Sätzen 2 und 3, von Amts wegen erfolgt (Rz. 2) oder die Eintragung im Fall der Löschung gem. § 263 Satz 4 entbehrlich ist (Rz. 6).

II. Eintragung

Im gesetzlichen Regelfall ist die Auflösung **anzumelden**: bei Auflösung wegen Zeit- 2 ablaufs und nach Auflösungsbeschluss (§ 262 Abs. 1 Nr. 1 und 2). Zur (unverzüglichen)[2] Anmeldung ist (nach dem unzweideutigen Wortlaut) der Vorstand (§ 78)[3] ver-

---

47 Dazu *Kreutz* in FS Stimpel, 1985, S. 379 ff.
48 I.E. *Reichert*, Handbuch Vereins- und Verbandsrecht, 10. Aufl. 2005, Rz. 6045 ff.
49 *Rittner* in FS Ballerstedt, 1975, S. 105 ff.; *Fischer* in Boos/Fischer/Schulte-Mattler, KWG, 2. Aufl. 2004, § 35 Rz. 50 und § 38 Rz. 11.
50 Vgl. *Kollhosser* in Prölss, VAG, 2005, § 81 Rz. 103 ff., § 87 Rz. 18.

1 Begr. RegE bei *Kropff*, Aktiengesetz, S. 354.
2 *Kraft* in KölnKomm. AktG, § 263 Rz. 2; RG v. 3.7.1934 – II 116/34, RGZ 145, 99, 103 f. (angemessener Spielraum mit Rücksicht auf die Belange der Gesellschaft und der Gesellschafter).
3 Fehlen einzelne Vorstandsmitglieder, erfolgt die Anmeldung durch die verbliebenen; fehlen sämtliche, können sie vom Registergericht bestellt werden; *Kraft* in KölnKomm. AktG, § 263 Rz. 3; *Hüffer* in MünchKomm. AktG, § 263 Rz. 8.

pflichtet, und zwar so, wie er zur Zeit der Auflösung im Amt war[4]. Sie erfolgt beim Amtsgericht des Gesellschaftssitzes (§ 125 FGG, § 14; Zweigniederlassungen: § 13 HGB) in der Form des § 12 HGB. Anzumelden ist nach § 263 die Auflösung; im Hinblick auf die Prüfungs- und Ermittlungspflicht des Registergerichts (§ 12 FGG) ist es zweckmäßig, den Auflösungsgrund mit anzugeben[5]. Das Registergericht verfügt die **Eintragung** nach förmlicher und sachlicher Prüfung der Anmeldung; Bekanntmachung gem. § 10 HGB.

3   Von der Auflösung wegen Satzungsmangels (§ 262 Abs. 1 Nr. 5) hat das Registergericht, das den Mangel gem. § 144a FGG feststellt, schon eigene Kenntnis. Von der Eröffnung des Insolvenzverfahrens (§ 262 Abs. 1 Nr. 3) oder der Ablehnung mangels Masse (§ 262 Abs. 1 Nr. 4) erfährt es durch amtliche Mitteilung nach § 31 InsO. Anmeldung durch den Vorstand ist daher entbehrlich (§ 263 Satz 2), Eintragung von Auflösung und Auflösungsgrund erfolgt **von Amts wegen** (§ 263 Satz 3). Die Bekanntmachung erfolgt nach § 10 HGB; außer bei Eröffnung des Insolvenzfahrens (§ 32 Abs. 2 Satz 1 HGB).

4   **Amtliche Kenntnis** hat das Gericht auch von Auflösung nach
   – § 396 (Gemeinwohlgefährdung; Mitteilung nach § 398),
   – § 3 VereinsG (Vereinsverbot; Anzeige nach § 7 Abs. 2 VereinsG),
   – § 38 KWG (Rücknahme der Geschäftserlaubnis; Mitteilung nach § 38 Abs. 1 Satz 3 KWG) und
   – § 87 VAG (Rücknahme der Geschäftserlaubnis; Anzeige nach § 87 Abs. 5 Satz 2 VAG)

   Die Anmeldungspflicht des § 263 Satz 1 beansprucht hier teleologisch keine Geltung, so dass die Eintragung **analog § 263 Satz 3** von Amts wegen erfolgt[6].

5   Wird die Gesellschaft wegen Vermögenslosigkeit gem. § 141a FGG gelöscht, so ist die Eintragung der aus § 262 Abs. 1 Nr. 6 folgenden Auflösung für den Publizitätszweck unnötig[7], wenn nicht irreführend[8], und daher **entbehrlich**, § 263 Satz 4.

III. Wirkung der Eintragung

6   Die Eintragung dient der Publizität und hat nur **deklaratorische Wirkung**. Die Auflösung tritt bereits nach § 262 ein. Konstitutiv ist nur die Eintragung der Löschung, bei der die Auflösung nach § 263 Satz 4 gerade nicht einzutragen ist. Die Auflösung iVm einer Satzungsänderung erfolgt nach § 262 Abs. 1 Nr. 1; hier sind die konstitutive Satzungsänderung und deklaratorische Eintragung der Auflösung zu unterscheiden[9].

7   Außer bei Auflösung wegen Eröffnung des Insolvenzverfahrens (§ 32 Abs. 2 Satz 2 HGB) haben Eintragung und Bekanntmachung grundsätzlich die **Publizitätswirkung** des § 15 HGB. Praktische Bedeutung hat das nicht, da § 269 die Vertretung nach außen entsprechend § 78 gestaltet und Aktionäre keine Dritten i.S.v. § 15 HGB sind[10].

---

4   Nicht die – vom *Vorstand* zu unterscheidenden und von den Vorstandsmitgliedern möglicherweise unterschiedlichen, § 265 Abs. 2 – Abwickler; s. § 265 Rz. 5–8.
5   *Kraft* in KölnKomm. AktG, § 263 Rz. 2; auch *Hüffer* in MünchKomm. AktG, § 263 Rz. 4. Zu § 64 GmbHG *K. Schmidt* in Scholz, GmbHG, § 64 Rz. 4, 8.
6   I.E. ebenso *Hüffer* in MünchKomm. AktG, § 263 Rz. 12; *Kraft* in MünchKomm. AktG, § 263 Rz. 7.
7   Begr. RegE, BT-Drucks. 12/3803, S. 82, 85.
8   *Hüffer*, § 263 Rz. 5.
9   S. nur *Hüffer* in MünchKomm. AktG, § 263 Rz. 10.
10   *Hüffer* in MünchKomm. AktG, § 263 Rz. 11, 13.

Zweiter Unterabschnitt. Abwicklung

§ 264
Notwendigkeit der Abwicklung

(1) Nach der Auflösung der Gesellschaft findet die Abwicklung statt, wenn nicht über das Vermögen der Gesellschaft das Insolvenzverfahren eröffnet worden ist.

(2) Ist die Gesellschaft durch Löschung wegen Vermögenslosigkeit aufgelöst, so findet eine Abwicklung nur statt, wenn sich nach der Löschung herausstellt, dass Vermögen vorhanden ist, das der Verteilung unterliegt. Die Abwickler sind auf Antrag eines Beteiligten durch das Gericht zu ernennen.

(3) Soweit sich aus diesem Unterabschnitt oder aus dem Zweck der Abwicklung nichts anderes ergibt, sind auf die Gesellschaft bis zum Schluss der Abwicklung die Vorschriften weiterhin anzuwenden, die für nicht aufgelöste Gesellschaften gelten.

I. Übersicht und Regelungszweck 1	III. Gesellschaftsinsolvenz und Abwicklung (Übersicht) 11
II. Die reguläre Abwicklung 3	IV. Die Nachtragsabwicklung 13
1. Die Abwicklung als Regelfall 3	
2. Anwendbarkeit der Vorschriften über die werbende Gesellschaft 4	

Literatur: *Gehrlein*, Möglichkeiten und Grenzen der Fortsetzung einer aufgelösten GmbH, DStR 1997, 31; *Grziwotz*, Sonderfälle der Liquidation von Gesellschaften, DStR 1992, 1813; *Hüffer*, Das Ende der Rechtspersönlichkeit von Kapitalgesellschaften, in GS Schultz, 1987, S. 99; *Lindacher*, Die Nachgesellschaft – Prozessuale Fragen bei gelöschten Kapitalgesellschaften, in FS Henckel, 1995, S. 509; *Piorreck*, Löschung und Liquidation von Kapitalgesellschaften nach dem Löschungsgesetz, RPfl 1978, 157; *Sethe*, Die Satzungsautonomie in Bezug auf die Liquidation einer AG, ZIP 1998, 770.

I. Übersicht und Regelungszweck

Als **Einleitung** regelt § 264 zum einen den Anwendungsbereich des Zweiten Unterabschnitts, zum anderen die für die Abwicklung anwendbaren Normen. Grundsätzlich zieht die Auflösung die Abwicklung nach sich. Anderes gilt nur in zwei Fällen: aus teleologischen Gründen, wenn das Insolvenzverfahren eröffnet ist (§ 264 Abs. 1 Halbsatz 2), und aus sachlogischen, wenn die Auflösung wegen Vermögenslosigkeit erfolgt (§ 264 Abs. 2 Satz 1). Eine folgerichtige Unterausnahme gilt bei nur vermeintlicher Vermögenslosigkeit („Nachtragsabwicklung", § 264 Abs. 2). Auf die Gesellschaft in Liquidation bleiben die Vorschriften über die werbende Gesellschaft anwendbar, soweit nicht die Vorschriften dieses Unterabschnitts (§§ 264 Abs. 2 Satz 2, 265–274) anderes bestimmen oder der Abwicklungszweck anderes verlangt. 1

Mit der grundsätzlichen Anordnung der Abwicklung als *geordnetes Verfahren* der Vermögensverteilung **bezweckt** der Gesetzgeber den Schutz der Gläubiger (deren Schutz auch der Vorrang des Insolvenzverfahrens dient), die mangels persönlicher Haftung der Aktionäre nach Beendigung kein Haftungssubjekt mehr haben, aber auch dem Interesse der Aktionäre. Da die Auflösung nur zu einer Zweckänderung führt und die große Zahl der Sachfragen der AG unverändert besteht, ist die grund- 2 sätzlich andauernde Anwendbarkeit der allgemeinen Regeln sachgerecht; diese sind von ihren Zwecken getragen.

II. Die reguläre Abwicklung

1. Die Abwicklung als Regelfall

3   Im **Regelfall** muss nach der Auflösung eine Abwicklung nach §§ 265–274 durchgeführt werden. § 264 lässt von diesem Grundsatz nur zwei Ausnahmen zu: die Auflösung nach Eröffnung (und für die Dauer) des Insolvenzverfahrens (§ 262 Abs. 1 Nr. 3) und die Auflösung durch Löschung wegen (echter) Vermögenslosigkeit (§ 262 Abs. 1 Nr. 6). Das Insolvenzverfahren enthält eine vorrangige, insbesondere die Gleichbehandlung der Gläubiger sichernde Spezialregelung (s. noch Rz. 11 f.). Bei Vermögenslosigkeit gibt es nichts abzuwickeln (s. noch Rz. 13 ff.). Da der Gesetzgeber mit der Abwicklung auch einen prozeduralen (also formalen!) Schutz der Gläubiger und Anteilseigner bezweckt, kommt ein Verzicht aus (nur) materiellen Erwägungen nicht in Betracht. Eine teleologische Reduktion ist daher insbesondere auch dann nicht möglich, wenn die Gesellschaft schuldenfrei[1] oder (etwa durch Fristablauf oder Hauptversammlungsbeschluss aufgelöst, aber:) vermögenslos ist[2] oder es sich um eine Einmann-AG[3] handelt. Die Abwicklung steht als solche auch nicht zur Disposition der Anteilseigner (§§ 23 Abs. 5, 241 Nr. 3), die nur (in Grenzen) Einzelheiten bestimmen können[4], insbesondere über die Verwertung des verteilbaren Vermögens (§ 271; s. §§ 271, 272 Rz. 9).

2. Anwendbarkeit der Vorschriften über die werbende Gesellschaft

4   Auf die Gesellschaft sind bis zum Schluss der Abwicklung die Vorschriften über die werbende Gesellschaft weiterhin anzuwenden, soweit nicht das Gesetz in §§ 265–274 anderes bestimmt oder der Abwicklungszweck anderes gebietet[5].

5   Die Gesellschaft besteht nach Auflösung als **juristische Person** weiter (§ 1; s. schon § 262 Rz. 1) und ist damit rechtsfähig und folglich parteifähig (§ 50 Abs. 1 ZPO), insolvenzfähig (§ 11 Abs. 3 InsO), und registerfähig. Sie ist weiterhin Kaufmann (§ 3) und behält Firma und Sitz (§§ 4, 5).

6   **Aktionäre** sind auch nach Auflösung gleichzubehandeln (§ 53a). Rückständige Einlagen sind einzuziehen (§ 268 Abs. 1 Satz 1), soweit nach dem Abwicklungszweck erforderlich um die Gläubiger zu befriedigen oder um, bei ungleichmäßiger Einlagenleistung, die Einlagen gem. 271 Abs. 3 zu erstatten[6]; *offenbar* (enge Ausnahme; pflichtgemäße Prüfung erforderlich) vermögenslose Gesellschafter müssen die Abwickler nicht in Anspruch nehmen[7]; entsprechend für Nebenleistungspflichten (§ 55)[8]. Das Gebot der Kapitalerhaltung gilt nach dem Abwicklungszweck nur eingeschränkt, doch ist die Rückgewähr von Einlagen bis zur Befriedigung der Gesellschaftsgläubiger unzulässig (§ 57 i.V.m. §§ 271 f.). Die Verwendung des Jahresüber-

---

1 *Hüffer*, § 264 Rz. 2.
2 A.M. *Grziwotz*, DStR 1992, 1813, 1814.
3 OLG Karlsruhe v. 5.8.1903, OLGR 9, 268; *Kraft* in KölnKomm. AktG, § 264 Rz. 3.
4 *Sethe*, ZIP 1998, 770 ff.
5 OLG Hamburg v. 6.11.2002 – 11 W 91/01, NZG 2003, 132, 134 = AG 2003, 643, 644.
6 *Hoffmann-Becking* in MünchHdb. AG, § 66 Rz. 2. S. auch RG v. 9.12.1899 – Rep. I 334/99, RGZ 45, 153, 155; RG v. 18.10.1932 – II 91/32, RGZ 138, 106, 111.
7 RG v. 12.11.1935 – II 48/35, RGZ 149, 293, 300.
8 *Kraft* in KölnKomm. AktG, Vorb. § 262 Rz. 20. Vgl. RG v. 27.10.1909 – Rep. I 615/08, RGZ 72, 236, 239 f.

schusses (§ 58) folgt §§ 271 f. Der Erwerb eigener Aktien (§§ 71–71e) bleibt nach dem Gläubigerschutzzweck grundsätzlich verboten.

Die **Verfassungsstruktur** (§§ 76–149) bleibt erhalten, doch treten die Abwickler an 7 die Stelle des Vorstands, § 265. **Vorstand** und die an seine Stelle tretenden Abwickler (§§ 264 Abs. 2 Satz 2, 265) haben vorrangig die besonderen Pflichten und Befugnisse der §§ 266–269 (teils den allgemeinen Vorschriften nachgebildet), für die verbleibenden Fragen verweist speziell § 268 Abs. 2 Satz 1 auf die §§ 76 ff.; s. § 268 Rz. 5. Soweit Vorstandsmitglieder Abwickler werden (§ 265), berührt das ihr Anstellungsverhältnis und den Gehaltsanspruch nicht; das ist i.d.R. auch sachgerecht, da das Amt des Abwicklers vorstandsgleich gestaltet ist. Kann eine Tantieme mangels Ermittlung des Jahresgewinns nicht gewährt werden und enthält der Vertrag keine Ersatzlösung (Risikozuweisung, alternative Berechnung), erfolgt Anpassung gem. § 313 BGB (d.h. vorrangig Nachverhandlung![9]) am Maßstab des § 87 Abs. 1. Herabsetzung nach § 87 Abs. 2 ist auch in der Abwicklung möglich.

Der **Aufsichtsrat** bleibt im Amt und behält seine Überwachungsfunktion (§§ 111, 8 268 Abs. 2 Satz 2)[10]. Für die Bestellung der Abwickler gilt aber § 265 (nicht § 84), für die Feststellung des Jahresabschlusses § 270 Abs. 2 (nicht § 172). Vertretungsmacht gegenüber den Abwicklern hat der Aufsichtsrat (§ 112), gegenüber ehemaligen Vorstandsmitgliedern aber die Abwickler[11]. Für die Vergütung bleibt es bei der Festsetzung bzw. Bewilligung nach § 113[12], eine gewinnabhängige Tantieme (§ 113 Abs. 3) ist analog § 313 BGB[13] am Maßstab des § 113 Abs. 1 Satz 3 zu ersetzen (s. auch Rz. 7). Änderung der Vergütung bleibt durch Beschluss der Hauptversammlung (ggf. § 113 Abs. 1 Satz 4) möglich.

Für die **Hauptversammlung**, die auch im Abwicklungsstadium einberufen werden 9 kann[14], gelten im Grundsatz weiter die §§ 118 ff. Sie hat die zusätzlichen Zuständigkeiten nach §§ 265 Abs. 2 Satz 1, 270 Abs. 2[15]. Ihre Beschlüsse dürfen dem Abwicklungszweck nicht widersprechen[16]. Für Beschlussmängel gelten §§ 241 ff. **Satzungsänderungen** sind im Rahmen des Abwicklungszwecks zulässig[17], z.B. Firmenänderung[18] oder Sitzverlegung; Änderung des Gegenstands str[19]. Kapitalerhöhung gegen Einlagen (§§ 182 ff.; nicht aber aus Gesellschaftsmitteln, §§ 207 ff.) führt der Gesellschaft neue Mittel zu und ist daher mit dem Abwicklungszweck vereinbar[20]. Kapitalherabsetzung kann wirtschaftlich sinnvoll sein und mit Rücksicht auf den eigenen

---

9 Dazu *Riesenhuber*, BB 2004, 2697, 2698 ff.
10 Vgl. BGH v. 10.3.1960 – II ZR 56/59, BGHZ 32, 114, 117 = NJW 1960, 1006, 1007.
11 OLG Köln v. 12.6.2002 – 18 W 6/02, NZG 2002, 1062, 1063.
12 Ebenso *Hüffer* in MünchKomm. AktG, § 264 Rz. 26. A.M. *Kraft* in KölnKomm. AktG, § 264 Rz. 13; *Wiedemann* in Großkomm. AktG, § 264 Rz. 3.
13 Vgl. allgemein *Riesenhuber/Domröse*, JuS 2006, 208, 210.
14 OLG Hamburg v. 6.11.2002 – 11 W 91/01, NZG 2003, 132, 134 = AG 2003, 643, 644: nicht bei Rechtsmissbrauch.
15 OLG Hamburg v. 6.11.2002 – 11 W 91/01, NZG 2003, 132, 134 = AG 2003, 643, 644.
16 OLG Hamburg v. 6.11.2002 – 11 W 91/01, NZG 2003, 132, 134 = AG 2003, 643, 644.
17 RG v. 8.6.1928 – II 18/28, RGZ 121, 246, 253; BGH v. 23.5.1957 – II ZR 250/55, BGHZ 24, 279, 286 = NJW 1957, 1279; OLG Frankfurt v. 14.9.1973 – 20 W 639/73, OLGZ 1974, 129 = NJW 1974, 463; BayObLG v. 15.12.1921, OLGR 42 (1922), 226, 227; *Kraft* in KölnKomm. AktG, Vorb. § 262 Rz. 16.
18 RG v. 8.6.1928 – II 18/28, RGZ 121, 246, 253.
19 Unzulässig nach OLG München v. 28.9.1938 – 8 WX 410/38, HRR 1938 Nr. 1547; zulässig: *Kraft* in KölnKomm. AktG, Vor § 262 Rz. 16; *Zöllner* in KölnKomm. AktG, § 179 Rz. 202; einschränkend (nur bei Fortsetzungsbeschluss) *Hüffer* in MünchKomm. AktG, § 264 Rz. 28.
20 BGH v. 23.5.1957 – II ZR 250/55, BGHZ 24, 279, 286 = NJW 1957, 1279; *Hüffer* in MünchKomm. AktG, § 264 Rz. 29; *Kraft* in KölnKomm. AktG, § 264 Rz. 16.

Gläubigerschutz (§ 225) und unter Beachtung der §§ 271 f. (Sperrjahr!) mit dem Abwicklungszweck vereinbar[21].

10   **Unternehmensverträge** (§§ 291 ff.) sollen (nach ergänzender Vertragsauslegung, § 157 BGB) grundsätzlich mit Auflösung enden[22].

III. Gesellschaftsinsolvenz und Abwicklung (Übersicht)

Literatur: *Henckel*, Insolvenzrechtsreform zwischen Vollstreckungsrecht und Unternehmensrecht, in FS Merz, 1992, S. 197; *Noack* in Kübler/Prütting (Hrsg.), InsO, Sonderband 1: Gesellschaftsrecht, 1999; *K. Schmidt*, Insolvenzordnung und Gesellschaftsrecht, ZGR 1998, 633; *K. Schmidt*, „Altlasten in der Insolvenz" – unendliche Geschichte oder ausgeschriebenes Drama, ZIP 2000, 1913; *W. Schultz*, Zur Verdrängung und Ersetzung der Gesellschaftsorgane durch den Konkursverwalter, KTS 1986, 389; *Steinbeck*, Die Verwertbarkeit der Firma und der Marke in der Insolvenz, NZG 1999, 133; *F. Weber*, Die Funktionsteilung zwischen Konkursverwalter und Gesellschaftsorganen im Konkurs der Kapitalgesellschaft, KTS 1970, 73 und die Beiträge von *W. Uhlenbruck, J. Uhlenbruck, K. Schmidt, Limmer, Hirte, Henssler, Henze/Bauer, Bork* und *Crezelius* in Arbeitskreis für Insolvenz- und Schiedgerichtswesen e.V. (Hrsg.), Kölner Schrift zur Insolvenzordnung, 2. Aufl. 2000, Teil 5: Gesellschaftsrechtliche Aspekte der Insolvenzordnung.

11   Die Eröffnung des Insolvenzverfahrens ist zwar Auflösungsgrund (§ 262 Abs. 1 Nr. 3), führt aber für die Dauer des Verfahrens nicht zur Abwicklung (§ 264 Abs. 1 Halbsatz 2)[23]. Ist die Gesellschaft nach Durchführung des Insolvenzverfahrens vermögenslos, kann Amtslöschung nach § 141a Abs. 1 Satz 2 FGG folgen; eine Abwicklung findet dann im Regelfall nicht statt (Rz. 3). Sonst (keine Vermögenslosigkeit) bleibt es bei der Auflösung nach § 262 Abs. 1 Nr. 3, die Abwicklung gem. §§ 264 ff. nach sich zieht, Fortsetzung nur gem. § 274 ermöglicht[24].

12   Zur Gesellschaftsinsolvenz s. die Literaturhinweise vor Rz. 11[25].

IV. Die Nachtragsabwicklung

13   Nach § 141a FGG i.V.m. § 262 Abs. 1 Nr. 6 wird die **wegen Vermögenslosigkeit** gelöschte AG „aufgelöst". Nach der Lehre vom Doppeltatbestand (§ 262 Rz. 15) führt dies zur Vollbeendigung, wenn die Gesellschaft gelöscht *und* tatsächlich vermögenslos ist. Ist sie nicht vermögenslos, findet nach § 264 Abs. 2 Satz 1 eine sog. „Nachtrags"abwicklung statt[26]. Bei Löschung nach Durchführung des Insolvenzverfahrens (s. § 262 Rz. 13) erfolgt die Nachtragsabwicklung vorrangig nach § 203 InsO, sieht das Insolvenzgericht davon nach § 203 Abs. 3 InsO ab, kommt vor Löschung nach § 141a FGG Abwicklung gem. § 264 Abs. 1 in Betracht, danach Nachtragsabwicklung nach § 264 Abs. 2[27].

---

21 *Hüffer* in MünchKomm. AktG, § 264 Rz. 30; BGH v. 9.2.1998 – II ZR 278/96, BGHZ 138, 71, 78 ff. = NJW 1998, 2054; OLG Frankfurt v. 14.9.1973 – 20 W 639/73, OLGZ 1974, 129 f. = NJW 1974, 463 f. = GmbHR 1974, 90 f. Abl. *Kraft* in KölnKomm. AktG, Vorb. § 262 Rz. 16; *Lutter* in KölnKomm. AktG, § 222 Rz. 52.

22 BGH v. 14.12.1987 – II ZR 170/87, BGHZ 103, 1, 6 f. = NJW 1988, 1326, 1327; *Hüffer* in MünchKomm. AktG, § 264 Rz. 31; a.M. *Kraft* in KölnKomm. AktG, Vorb. § 262 Rz. 20.

23 BVerwG v. 13.4.2005 – 6 C 4/04, NJW-RR 2005, 1207, 1208; OLG München v. 10.11.1994 – 24 U 1036/93, AG 1995, 232.

24 Näher *Hüffer* in MünchKomm. AktG, § 264 Rz. 83 ff. S. auch BVerwG v. 13.4.2005 – 6 C 4/04, NJW-RR 2005, 1207, 1208.

25 Übersicht bei *Hüffer* in MünchKomm. AktG, § 264 Rz. 32–88; auch *Hüffer*, § 264 Rz. 3–11.

26 *K. Schmidt*, GmbHR 1988, 209, 211 ff.

27 *Hüffer* in MünchKomm. AktG, § 264 Rz. 88.

Voraussetzung ist, dass nach der Löschung noch verteilungsfähiges Vermögen vor-   14
handen ist (s. Erl. zur Vermögenslosigkeit, § 262 Rz. 17 f.)[28]. Praktisch dürfte v.a.
sein, dass erst nachträglich Haftungssachverhalte (z.B. Organhaftung[29], Haftung des
Aktionärs nach § 62, Ansprüche gegen den heimlichen Arbeitnehmererfinder) oder
die Einbringlichkeit eines Anspruchs (z.B. Einlagenleistung, § 54)[30] offenbar werden.
Da es um die Verteilung geht, ist bei Forderungen nicht nur Verität, sondern auch Bonität erforderlich.

Die Nachtragsabwicklung findet nach h.M. auch statt, wenn zwar kein Vermögen   15
vorhanden ist, aber **Erklärungen abzugeben** sind[31]. Der Sache nach geht es nicht um
Abwicklung und passen die §§ 265–274 weitgehend nicht; gemeint ist eine punktuelle Analogie von § 273 Abs. 4 und (regelmäßig) § 269 Abs. 1.

Nach Löschung kommt die Übernahme der Abwickleraufgaben durch den Vorstand   16
(§ 265) nicht in Betracht, **Abwickler** werden auf Antrag eines Beteiligten (unbefriedig-
ter Gläubiger, Aktionär, Organmitglieder) vom Registergericht des Gesellschaftssitzes nach pflichtgemäßem Ermessen[32] bestellt[33]. In Betracht kommen auch ehemalige
Vorstandsmitglieder, deren Amt aber nicht automatisch wieder auflebt[34]. Entgegen
der systematischen Stellung gilt hier die Verweisung des § 264 Abs. 3 (s. oben Rz. 4)
nicht; die für Nachtragsabwicklung bestehende Lücke ist durch analoge Anwendung
einzelner Regelungen über die Abwicklung zu schließen. Entbehrlich sind danach[35]:
(bei eng begrenztem Aufgabenbereich:) Eintragung der Abwickler (§ 266 Abs. 4)[36];
Gläubigeraufruf (§ 267); Bilanzierung, Verteilung, Sperrjahr (§§ 269–272). Fortsetzung
nach § 274 ist nicht möglich[37]. Für die Vergütung und Aufwendungsersatz gelten die
Grundsätze von § 265; s. dort Rz. 11.

---

28 Zu Amtsermittlung (§ 12 FGG) und Darlegung KG v. 16.9.1957 – 1 W 1617/1618/57, NJW
    1957, 1722, 1723.
29 OLG Köln v. 12.6.2002 – 18 W 6/02, NZG 2002, 1062, 1063. S. auch BayObLG v. 23.9.1993 – 3
    Z BR 172/93, BayObLGZ 1993, 332, 333 f.
30 Vgl. BayObLG v. 30.10.1984 – BReg. 3 Z 204/84, BB 1985, 7 = GmbHR 1985, 215.
31 *Hüffer* in MünchKomm. AktG, § 264 Rz. 12; ebenso die h.M. zur GmbH, s. *K. Schmidt* in
    Scholz, GmbHG, § 60 Rz. 20 (der selbst, Rz. 20a und GmbHR 1988, 209, 212 f., analog § 74
    Abs. 2 GmbHG vorgehen möchte). S. auch § 273 Rz. 10.
32 Vgl. BGH v. 23.2.1970 – II ZB 5/69, BGHZ 53, 264, 269 = NJW 1970, 1044, 1046; OLG Celle v.
    12.12.1961 – 9 WX 6/61, AG 1962, 254.
33 *Kirberger*, RPfl 1975, 341; Rechtsmittel: sofortige Beschwerde; KG v. 16.9.1957 – 1 W 1617/
    1618/57, NJW 1957, 1722; *Piorreck*, RPfl 1978, 157, 159; a.M. OLG Hamm v. 26.11.1986 – 14
    W 78/85, RPfl 1987, 251, 252. Beschwerdebefugnis der Gesellschafter str., bejahend BayObLG
    v. 2.8.1995 – 3 Z BR 143/95, FGPrax 1995, 244.
34 *Kirberger*, RPfl 1975, 341; *Piorreck*, RPfl 1978, 157, 159.
35 *Hüffer* in MünchKomm. AktG, § 264 Rz. 16 f.
36 BayObLG v. 4.10.1955 – BReg. 2 Z 104/55, BayObLGZ 1955, 288, 292 f.
37 RG v. 12.10.1937 – II 51/37, RGZ 156, 23, 27; *Hüffer* in GS Schultz, 1987, S. 99, 113 ff. (wg.
    konstitutiver Löschung); *Kraft* in KölnKomm. AktG, § 274 Rz. 7. Zur GmbH *Gehrlein*, DStR
    1997, 31, 34; *K. Schmidt* in Scholz, GmbHG, § 60 Rz. 99 (auch nach der Lehre vom Doppeltat-
    bestand).

§ 265
Abwickler

(1) Die Abwicklung besorgen die Vorstandsmitglieder als Abwickler.

(2) Die Satzung oder ein Beschluss der Hauptversammlung kann andere Personen als Abwickler bestellen. Für die Auswahl der Abwickler gilt § 76 Abs. 3 Satz 3 und 4 sinngemäß. Auch eine juristische Person kann Abwickler sein.

(3) Auf Antrag des Aufsichtsrats oder einer Minderheit von Aktionären, deren Anteile zusammen den zwanzigsten Teil des Grundkapitals oder den anteiligen Betrag von 500 000 Euro erreichen, hat das Gericht bei Vorliegen eines wichtigen Grundes die Abwickler zu bestellen und abzuberufen. Die Aktionäre haben glaubhaft zu machen, dass sie seit mindestens drei Monaten Inhaber der Aktien sind. Zur Glaubhaftmachung genügt eine eidesstattliche Versicherung vor einem Gericht oder Notar. Gegen die Entscheidung ist die sofortige Beschwerde zulässig.

(4) Die gerichtlich bestellten Abwickler haben Anspruch auf Ersatz angemessener barer Auslagen und auf Vergütung für ihre Tätigkeit. Einigen sich der gerichtlich bestellte Abwickler und die Gesellschaft nicht, so setzt das Gericht die Auslagen und die Vergütung fest. Gegen die Entscheidung ist die sofortige Beschwerde zulässig. Die weitere Beschwerde ist ausgeschlossen. Aus der rechtskräftigen Entscheidung findet die Zwangsvollstreckung nach der Zivilprozessordnung statt.

(5) Abwickler, die nicht vom Gericht bestellt sind, kann die Hauptversammlung jederzeit abberufen. Für die Ansprüche aus dem Anstellungsvertrag gelten die allgemeinen Vorschriften.

(6) Die Absätze 2 bis 5 gelten nicht für den Arbeitsdirektor, soweit sich seine Bestellung und Abberufung nach den Vorschriften des Montan-Mitbestimmungsgesetzes bestimmen.

I. Übersicht und Zweck 1	2. Bestellung und Abberufung durch das Registergericht 9
II. Abwickler 2	a) Bestellung und Abberufung 9
1. Autonom bestimmte Abwickler . . . 2	b) Anstellungsverhältnis gerichtlich bestellter Abwickler 11
a) Gesetzliche Regel: Vorstandsmitglieder 2	c) Beendigung bei gerichtlicher Bestellung 12
b) Bestellung durch Satzung oder Hauptversammlungsbeschluss . . . 5	III. Der Arbeitsdirektor 13

I. Übersicht und Zweck

1   § 265 regelt vor allem, wer Abwickler wird. Als Regellösung werden die Vorstandsmitglieder zu Abwicklern bestimmt (Abs. 1), doch können die Anteilseigner über Bestellung (Abs. 2[1]: Satzung oder Hauptversammlungsbeschluss) und Abberufung (Abs. 5: Hauptversammlungsbeschluss) grundsätzlich selbst bestimmen. Vor allem zum Schutz der Minderheit (Antrag einer qualifizierten Minderheit), aber auch für Notlagen (Antrag des Aufsichtsrats) hat das Gericht aus wichtigem Grund Abwickler zu bestellen (dann Vergütung nach Abs. 4) und abzuberufen (Abs. 3). Für die Vor-AG

---

1 Mit dem geplanten MoMiG (RegE v. 23.5.2007, BR-Drucks. 354/07) wird § 265 Abs. 2 Satz 2 an die Änderungen des § 76 Abs. 3 angepasst.

sollte nach bisher h.M. nicht § 265 anwendbar sein, sondern §§ 730 ff. BGB[2]; der BGH hat aber jüngst anders entschieden[3]. Zu dem **Zweck**, eine flüssige und kompetente Abwicklung zu erleichtern, hat der Gesetzgeber für den Regelfall die Vorstandsmitglieder zu Abwicklern bestimmt; sie sind dazu wegen ihrer Kenntnis der Gesellschaft und der Geschäfte regelmäßig geeignet, eine aufwendige Auswahl ist entbehrlich. Die Satzungsautonomie und die Hoheit der Hauptversammlung bleiben indes gewahrt. Die Minderheit wird durch die Möglichkeit gerichtlicher Bestellung geschützt.

II. Abwickler

1. Autonom bestimmte Abwickler

a) Gesetzliche Regel: Vorstandsmitglieder

Um einen zügigen und reibungslosen Übergang zur Abwicklung zu gewährleisten, bestimmt § 265 Abs. 1 die Vorstands*mitglieder* (soweit tatsächlich vorhanden; nicht *der Vorstand*) als regelmäßige, gleichsam **geborene Abwickler**. Die Organstellung des Vorstandsmitglieds setzt sich von Gesetzes wegen (ohne neue Bestellung) in der als Abwickler fort (Eintragung, § 266 Abs. 1, nur klarstellend). 2

Eines neuen **Anstellungsverhältnis**ses bedarf es ebensowenig: Ist in der (den Vertragspartnern bekannten) Satzung keine Abweichung vom gesetzlichen Regelfall des § 265 Abs. 1 bestimmt, so entspricht es auch wegen der Gleichwertigkeit von Vorstands- und Abwickleraufgaben (§§ 265 Abs. 2, 268 Abs. 1 und 2) dem Willen der Parteien (§§ 133, 157 BGB), die Anstellung auch für die Abwicklertätigkeit zu vereinbaren, wenn sie nichts anderes (auflösende Bedingung, Kündigungsrecht, ggf. mit Neuverhandlungspflicht) verabreden[4]. Da die Fortsetzung der Vorstandsstellung als Abwickler ein Regelfall ist, kommt auch eine Kündigung (aus wichtigem Grund) nicht *wegen der Auflösung* als solcher in Betracht (ggf. wegen der Umstände der Auflösung o.ä.). Zur Vergütung s. § 264 Rz. 7. 3

Das Amt des Abwicklers **endet** mit Abschluss der Abwicklung (§ 273), Fortsetzung der Gesellschaft (§ 274) oder vorzeitig durch die – jederzeit mögliche – Abberufung durch die Hauptversammlung (§ 265 Abs. 5) oder das Gericht (§ 265 Abs. 3; dazu unten Rz. 12) oder durch – nach allgemeinen Grundsätzen[5] mögliche – Amtsniederlegung[6]. Die Laufzeit des Anstellungsverhältnisses muss ggf. durch (auch konkludent durch Fortsetzung der Tätigkeit mögliche) Verlängerung bzw. Aufhebung oder Kündigung (§ 112 i.V.m. § 265 Abs. 4) angepasst werden. 4

b) Bestellung durch Satzung oder Hauptversammlungsbeschluss

Satzung oder Hauptversammlungsbeschluss können (einzelne oder alle) Vorstandsmitglieder ausschließen und/oder Dritte als Abwickler bestellen und dabei auch die Zahl der Personen abweichend bestimmen; die Hauptversammlung muss wegen 5

---

2 BGH v. 24.10.1968 – II ZR 216/66, BGHZ 51, 30, 34 = NJW 1969, 509; BGH v. 10.1.1963 – II ZR 19/62, NJW 1963, 859; OLG Frankfurt a.M. v. 21.8.1995 – 20 W 580/94, NJW-RR 1996, 290; BayObLG v. 23.7.1965 – BReg. 2 Z 7/65, NJW 1965, 2254 ff.; *Riedel*, GmbHR 1973, 220; a.M. BAG v. 8.11.1962 – 2 AZR 11/62, NJW 1963, 680, 681; *Hüffer* in MünchKomm. AktG, § 265 Rz. 4; *Kraft* in KölnKomm. AktG, § 265 Rz. 16; *Ganssmüller*, GmbHR 1963, 101.
3 BGH v. 16.7.2007 – II ZR 3/04, GmbHR 2007, 927.
4 Vgl. auch RG v. 9.10.1889 – Rep. I 182/89, RGZ 24, 70, 71 ff.
5 *Hüffer*, § 84 Rz. 36; dazu BGH v. 8.2.1993 – II ZR 58/92, BGHZ 121, 257, 261 f.; BGH v. 14.7.1980 – II ZR 161/79, BGHZ 78, 82, 84 ff.; *Schneider/Schneider*, GmbHR 1980, 4 ff.
6 OLG Hamm v. 30.12.1959 – 15 W 519/59, NJW 1960, 872; *Gottschling*, GmbHR 1960, 141.

Gleichwertigkeit von Vorstands- und Abwickleraufgaben (§ 268 Abs. 1, 2) aber § 76 Abs. 2 i.V.m. § 264 Abs. 3 beachten.

6 Die Aufnahme in die Satzung dient v.a. der Vorsorge, um den zügigen und reibungslosen Übergang zur Abwicklung zu ermöglichen, indes nicht der Beständigkeit der Auswahl, da die Hauptversammlung auch satzungsmäßig bestellte Abwickler nach § 265 Abs. 5 mit einfacher Mehrheit abberufen kann. Die anfänglich oder nachträglich (durch Satzungsänderung, §§ 179 ff.[7]; auch – kaum sinnvoll – nach Beginn der Abwicklung möglich[8]) aufgenommene **Satzungsbestimmung** ist nach § 265 Abs. 2 Satz 1 schon selbst (aufschiebend bedingte) Bestellung. Sie muss die Person selbst *bestimmen*, und zwar nicht nur der Funktion nach, und darf das nicht Dritten oder dem Aufsichtsrat (arg.: auch § 265 Abs. 2 Satz 2 gibt nur der Hauptversammlung diese Kompetenz) überlassen[9].

7 Die **Hauptversammlung** kann mit einfacher Stimmenmehrheit (§ 133 Abs. 1) andere Abwickler bestellen. Das Recht ist satzungsfest (§ 23 Abs. 5) und setzt sich auch gegen eine Abwicklerbestellung in der Satzung durch, arg. e § 265 Abs. 5 Satz 1[10]. Vor oder zeitgleich mit der Auflösung liegt darin i.d.R. zugleich ein Ausschluss der Vorstandsmitglieder, danach i.d.R. eine Abberufung i.S.v. § 265 Abs. 5 Satz 1 (§§ 133, 157 BGB).

8 Wegen der Gleichwertigkeit mit Vorstandstätigkeit folgerichtig gelten die **Bestellungshindernisse** des § 76 Abs. 3 Satz 3 und 4[11]. Die Abwicklerfähigkeit auch juristischer Personen – nach h.M. auch oHG und KG[12] – ermöglicht die Bestellung von Treuhandgesellschaften[13].

2. Bestellung und Abberufung durch das Registergericht

a) Bestellung und Abberufung

9 **Voraussetzungen** für die gerichtliche Bestellung oder Abberufung der Abwickler sind (1) Antrag von Aufsichtsrat oder qualifizierter Minderheit (Gesellschaftsgläubiger sind nicht antragsberechtigt)[14] sowie (2) Vorliegen eines wichtigen Grundes. **Antrag** des Aufsichtsrats erfordert Beschluss nach § 108 Abs. 1, auch Abs. 4 (Niederschrift nach Abs. 2 Satz 1 und 2 geboten, aber nur Beweisfunktion; Satz 3). Antragsunterzeichnung durch alle Mitglieder ist einerseits nicht nach §§ 108 Abs. 1, 4, 107 Abs. 2 Satz 1, 2 erforderlich und genügt § 108 Abs. 1 andererseits nur, wenn darin zugleich die Beschlussfassung (ggf. im Verfahren des § 108 Abs. 4) zum Ausdruck kommt[15]. Beim Antrag der Minderheit sind Quorum und Haltefrist wie bei § 258 Abs. 2 Satz 3

---

7 *Kraft* in KölnKomm. AktG, § 265 Rz. 6; *Zöllner* in KölnKomm. AktG, § 179 Rz. 76; a.M. *Hüffer* in MünchKomm. AktG, § 265 Rz. 8; §§ 179 Abs. 2, 181 Abs. 3 nicht anwendbar, da nur formeller Satzungsbestandteil.

8 *Wiedemann* in Großkomm. AktG, § 265 Rz. 3.

9 KG v. 15.2.1904, OLGR 8, 235 f.; *Hüffer* in MünchKomm. AktG, § 265 Rz. 9. A.M. *Sethe*, ZIP 1998, 770, 771.

10 *Kraft* in KölnKomm. AktG, § 265 Rz. 6.

11 Nach dem geplanten MoMiG (RegE v. 23.5.2007, BR-Drucks. 354/07) § 76 Abs. 3 Satz 2 und 3.

12 *Hüffer* in MünchKomm. AktG, § 265 Rz. 11; *Wiedemann* in Großkomm. AktG, § 265 Rz. 6; mit guten Gründen kritisch *Kraft* in KölnKomm. AktG, § 265 Rz. 10–12.

13 *Kraft* in KölnKomm. AktG, § 265 Rz. 6; *Hüffer* in MünchKomm. AktG, § 265 Rz. 11; OLG Karlsruhe v. 14.4.1925 – Z I R P H 14/25, JW 1925, 2017.

14 *Kraft* in KölnKomm. AktG, § 265 Rz. 19; ratio: Gesetz geht – anders als bei Insolvenz – von ausreichendem Gesellschaftsvermögen zur Gläubigerbefriedigung aus.

15 Ähnlich *Hüffer* in MünchKomm. AktG, § 265 Rz. 14; wohl auch *Kraft* in KölnKomm. AktG, § 265 Rz. 17 f.

erforderlich (s. dort; aber nicht Hinterlegung): Aktionäre müssen (unabhängig vom Stimmrecht) 5 % des Grundkapitals oder den anteiligen Betrag von 500.000 Euro erreichen. **Wichtiger Grund** für die Abberufung liegt vor, wenn der Abwicklungszweck gefährdet ist, insbesondere weil der Abwickler seine Pflichten (objektiv) in erheblichem Maße verletzt (unabhängig vom Verschulden), Misstrauen gegen seine Unparteilichkeit (insb. § 53a) besteht, Streitigkeiten mit einzelnen Aktionären[16]; mangelnde Eignung ist nur dann wichtiger Grund, wenn Abberufung durch die Hauptversammlung (§ 265 Abs. 5) nicht abgewartet werden kann. Wichtiger Grund für die Bestellung ist gegeben, wenn Abwickler aus wichtigem Grund abberufen wurde oder auf Dauer (sonst § 85 i.V.m. § 264 Abs. 3) fehlt und Bestellung nach § 265 Abs. 2 nicht abgewartet werden kann.

Zuständig ist im **Verfahren der freiwilligen Gerichtsbarkeit**[17] das **Amtsgericht** (§ 145   10 Abs. 1 FGG) des Gesellschaftssitzes (§ 14). Die AG, vertreten durch ihre Abwickler, ist nach § 146 Abs. 1 FGG zu hören. Für Vorliegen der Voraussetzungen gilt Amtsermittlung (§ 12 FGG). Abwickler wählt das Gericht nach Eignung (fehlt, wenn erkennbar nicht zur Übernahme bereit, kein Übernahmezwang, Anfrage zweckmäßig)[18] und ohne Bindung an den Antrag[19]. Es soll die Bestellung schon von Zahlung eines Auslagenvorschusses (s. sogleich Rz. 11) abhängig machen können[20]. Rechtsmittel[21] sind sofortige Beschwerde (§ 265 Abs. 3 Satz 2) und weitere Beschwerde (§§ 27, 29 Abs. 2 FGG). Beschwerdebefugt sind die unterlegenen Beteiligten, Antragsteller (§ 20 Abs. 2 FGG; Aufsichtsrat oder qualifizierte Minderheit; auch für die Beschwerde gilt das Quorum) und Gesellschaft (§ 20 Abs. 1 FGG), nicht andere Aktionäre[22].

b) Anstellungsverhältnis gerichtlich bestellter Abwickler

Wird der Abwickler durch das Gericht bestellt, so kommt zugleich für die Dauer der   11 Amtsstellung ein gesetzliches Schuldverhältnis zustande[23], aufgrund dessen er Anspruch auf **Auslagenersatz** (auch Vorschuss, § 669 BGB) **und Vergütung** hat. Rahmen für die Höhe ergibt sich aus § 87, wegen der grundsätzlichen Gleichwertigkeit von Vorstands- und Abwickleraufgaben (§ 268 Abs. 1 und 2) können Vorstandsbezüge als Anhaltspunkt dienen. Festsetzung erfolgt durch Vertrag[24] zwischen der Gesellschaft vertreten durch den Aufsichtsrat (§ 112 i.V.m. § 264 Abs. 3) und Abwickler, einigen sie sich nicht, durch gerichtlichen Beschluss (zugleich Titel i.S.v. § 794 Abs. 1 Nr. 3 ZPO). Rechtsmittel: § 265 Abs. 4 Satz 3, 4.

---

16 BayObLG v. 6.12.1995 – 3 Z BR 216/95, NJW-RR 1996, 1384; BayObLG v. 20.2.1968 – BReg. 2 Z 93/68, BayObLGZ 1969, 65, 68 ff.; BayObLG v. 13.5.1955 – 2 Z 14/55, NJW 1955, 1678 (auch Gesetzesverstoß als Vorstand); OLG Dresden v. 1.10.2002 – 20 W 0514/02, VIZ 2003, 504; OLG Hamm v. 13.12.1957 – 15 W 522/57, BB 1958, 497; OLG Hamm v. 14.6.1960 – 15 W 194/60, BB 1960, 918; OLG Hamm v. 29.9.1960 – 15 W 305/60, BB 1960, 1355.

17 Abberufung durch einstweilige Verfügung nicht möglich; OLG Dresden v. 26.8.1907, OLGR 16, 196 ff.

18 BayObLG v. 12.6.1996 – 3 Z BR 90/96, BayObLGZ 1996, 129, 131 = NJW-RR 1997, 419.

19 BayObLG v. 12.6.1996 – 3 Z BR 90/96, BayObLGZ 1996, 129, 131 = NJW-RR 1997, 419; BayObLG v. 7.2.1925 – Reg. III 5/25, BayObLGZ 24 (1925), 58, 59 f.

20 *Kraft* in KölnKomm. AktG, § 265 Rz. 33; *Hüffer* in MünchKomm. AktG, § 265 Rz. 29; zw., da Höhe von Auslagenersatz und Vergütung erst anschließend bestimmt wird und Anspruch noch nicht entstanden ist.

21 Rechtsmittelbelehrung entbehrlich, da Handelssache i.S.v. § 145 FGG; OLG Frankfurt v. 30.4.2003 – 20 W 119/03, AG 2004, 217 = NZG 2004, 95.

22 KG v. 15.2.1904, OLGR 8, 235 f.

23 So wohl auch *Hüffer* in MünchKomm. AktG, § 265 Rz. 28.

24 Grenze: §§ 134, 138 BGB; vgl. BGH v. 13.6.1996 – III ZR 113/95, BGHZ 133, 90, 93 ff. = NJW 1996, 2499 (erfolgsabhängige Vergütung).

c) Beendigung bei gerichtlicher Bestellung

12 Sind Abwickler gerichtlich bestellt, so liegt nur die Festsetzung der Höhe von Auslagenersatz und Vergütung in den Händen der Parteien. **Abberufung** kann **nur** unter
den Voraussetzungen des § 265 Abs. 3 **durch das Gericht** erfolgen (dazu oben Rz. 9),
nicht durch die Hauptversammlung, § 265 Abs. 5 Satz 1. Auch der gerichtlich bestellte Abwickler kann sein Amt nach allgemeinen Grundsätzen niederlegen (vgl. oben
Rz. 4). Die Bestellung endet *ipso iure* mit der Vollbeendigung. Das gesetzliche Anstellungsverhältnis (oben Rz. 11) endet mit dem Amt.

III. Der Arbeitsdirektor

13 Um den besonderen Einfluss der Arbeitnehmerseite bei der Abwicklung zu erhalten,
wird der Arbeitsdirektor nach § 13 **MontanMBG** (nicht jener nach § 33 MitbestG;
§ 13 MitbestErgG i.V.m. § 13 MontanMBG) stets nach § 265 Abs. 1 Abwickler. Für
den Widerruf der Bestellung bleibt es bei §§ 12, 13 Abs. 1 Satz 2, 3 MontanMBG
i.V.m. § 84 Abs. 3, Neubestellung nach §§ 12, 13 Abs. 1 Satz 2 MontanMBG i.V.m.
§ 76. § 265 Abs. 2–4 gelten nicht.

§ 266
Anmeldung der Abwickler

**(1) Die ersten Abwickler sowie ihre Vertretungsbefugnis hat der Vorstand, jeden
Wechsel der Abwickler und jede Änderung ihrer Vertretungsbefugnis haben die Abwickler zur Eintragung in das Handelsregister anzumelden.**

**(2) Der Anmeldung sind die Urkunden über die Bestellung oder Abberufung sowie
über die Vertretungsbefugnis in Urschrift oder öffentlich beglaubigter Abschrift beizufügen.**

**(3) In der Anmeldung haben die Abwickler zu versichern, dass keine Umstände vor-
liegen, die ihrer Bestellung nach § 265 Abs. 2 Satz 2 entgegenstehen, und dass sie
über ihre unbeschränkte Auskunftspflicht gegenüber dem Gericht belehrt worden
sind. § 37 Abs. 2 Satz 2 ist anzuwenden.**

**(4) Die Bestellung oder Abberufung von Abwicklern durch das Gericht wird von
Amts wegen eingetragen.**

1 Abwickler haben weithin entsprechende Pflichten wie Vorstandsmitglieder (§§ 268
Abs. 1 und 2), § 266 gestaltet die Anmeldung der Abwickler und ihrer Vertretungsbefugnis und die Zeichnung entsprechend aus. Die Eintragung ins Handelsregister dient
der Publizität und bewirkt über § 15 HGB Schutz des Rechtsverkehrs. Sie ist aber
nur deklaratorisch[1]. Durch das EHUG (BGBl. I 2006, 2553) wurde § 267 Abs. 2 geändert und ist die Pflicht zur Zeichnung (§ 267 Abs. 5 a.F.) entfallen.

---

1 BayObLG v. 21.9.1994 – 3 Z BR 177/94, ZIP 1994, 1767, 1770 (daher keine Löschung von nur
verfahrensfehlerhaft zustande gekommener, sachlich richtiger Eintragung).

Anmeldung der ersten Abwickler und (grundsätzlich in abstrakter Form)[2] ihrer Vertretungsbefugnis (auch wenn gesetzlicher Regelfall[3]; entspr. § 37 Abs. 3) ist (zwangsgeldbewehrte, § 14 HGB) Pflicht des Vorstands (§ 78) in seinem Bestand bei Auflösung, notfalls durch die vorhandenen Mitglieder. Spätere Wechsel der Abwickler oder Änderungen ihrer Vertretungsbefugnis zeigen die (gegenwärtigen, nicht die ausgeschiedenen)[4] Abwickler (in vertretungsberechtigter Zahl, § 269) an. Inhalt: vgl. § 43 Nr. 4b HRV; Form: § 12 HGB, bei Zweigniederlassung § 13 HGB. Beizufügen für das Gericht sind Urkunden über die Bestellung nach Abs. 2 (entbehrlich, soweit schon vorhanden) sowie die an das Gericht gerichtete **Versicherung** nach § 266 Abs. 3 (entspr. § 37 Abs. 2; s. dort). Bekanntmachung: § 10 HGB.   2

Bestellung oder Abberufung durch das Gericht (§§ 265 Abs. 3, 264 Abs. 2 Satz 2) – einschließlich Vertretungsbefugnis[5] – wird **von Amts wegen** eingetragen, § 266 Abs. 4. Anmeldung, Anlagen und Versicherungen nach § 266 Abs. 1–3 entfallen.   3

§ 267
Aufruf der Gläubiger

Die Abwickler haben unter Hinweis auf die Auflösung der Gesellschaft die Gläubiger der Gesellschaft aufzufordern, ihre Ansprüche anzumelden. Die Aufforderung ist dreimal in den Gesellschaftsblättern bekanntzumachen.

Der Gläubigeraufruf setzt das Sperrjahr in Lauf (§ 272) und **bezweckt** den Schutz der Gläubiger (die durch den Aufruf auf die bevorstehende Vermögensverteilung und den Untergang der Schuldnerin hingewiesen werden) sowie der Aktionäre (denen die Verteilung des Vermögens ermöglicht wird). Da § 267 auch einen prozeduralen Schutzzweck hat, kommt eine teleologische Reduktion auch dann nicht in Betracht, wenn (vermeintlich) alle Gläubiger bekannt sind oder die Gesellschaft schuldenfrei ist; persönliches Anschreiben an Gläubiger ist weder erforderlich noch ausreichend.   1

Der **Aufruf** muss seinem Zweck entsprechend (1) die **Aufforderung** zur Anmeldung der Ansprüche, (2) unter **Hinweis** auf die Auflösung und (3) mit **Angabe** der Abwickler und ihrer Funktion enthalten[1]. Die Abwickler, handelnd in vertretungsberechtigter Zahl (§ 269), sind im Interesse einer zügigen Abwicklung verpflichtet, die Aufforderung unverzüglich nach der Auflösung (§ 262; auch vor der nur deklaratorischen Eintragung, § 263) durchzuführen[2]. Erforderlich ist dreimalige Bekanntmachung in den Gesellschaftsblättern i.S.v. § 25 (BAnz; ggf. weitere nach Satzung), ggf. in der Form gem. § 23 Abs. 4. Die Wiederholung soll sicherstellen, dass die Gläubiger (etwa unabhängig von Urlaub) effektiv eine Wahrnehmungschance haben und muss daher mit angemessenem Abstand erfolgen[3].   2

---

2 BGH v. 28.2.1983 – II ZB 8/82, BGHZ 87, 59, 63 = NJW 1983, 1676; *Hüffer* in MünchKomm. AktG, § 266 Rz. 3.

3 BGH v. 5.12.1974 – II ZB 11/73, BGHZ 63, 761, 263 = NJW 1975, 213; s. auch die Nachweise vorige Fn.

4 KG v. 31.3.1916, OLGR 34, 348 f.

5 *Hüffer* in MünchKomm. AktG, § 266 Rz. 15.

1 Minimumtext *Hüffer*, § 267 Rz. 3: „Die X-AG in Y ist aufgelöst. Die Gläubiger werden aufgefordert, ihre Ansprüche anzumelden. X-AG in Abwicklung. A und B als Abwickler."

2 *Hüffer* in MünchKomm. AktG, § 267 Rz. 5.

3 Ähnlich, aber wohl großzügiger *Hüffer* in MünchKomm. AktG, § 267 Rz. 6 a.E.

3 (Dreimalige!) Bekanntmachung des Aufrufs setzt die Sperrfrist in Lauf, begründet aber keinen Gläubigerausschluss. Durchführung ist **Pflicht** der Abwickler **gegenüber der Gesellschaft**, für einen Verzögerungsschaden sind sie (bei Überwachungsfehler auch Aufsichtsratsmitglieder) nach §§ 93 Abs. 2 (§ 116 Satz 1), 264 Abs. 3 verantwortlich. Verteilung ohne (ausreichenden) Aufruf erfolgt vor Ablauf des Sperrjahres und ist verbotene Leistung i.S.v. § 62: s. §§ 271, 272 Rz. 7. Im Verhältnis zu den Gläubigern handelt es sich um eine Obliegenheit, bewehrt durch die Verzögerung des Fristbeginns (§ 272). Eine registerrechtlich durchsetzbare öffentlich-rechtliche Pflicht besteht nicht, vgl. § 12 HGB, § 407.

§ 268
Pflichten der Abwickler

(1) Die Abwickler haben die laufenden Geschäfte zu beenden, die Forderungen einzuziehen, das übrige Vermögen in Geld umzusetzen und die Gläubiger zu befriedigen. Soweit es die Abwicklung erfordert, dürfen sie auch neue Geschäfte eingehen.

(2) Im Übrigen haben die Abwickler innerhalb ihres Geschäftskreises die Rechte und Pflichten des Vorstands. Sie unterliegen wie dieser der Überwachung durch den Aufsichtsrat.

(3) Das Wettbewerbsverbot des § 88 gilt für sie nicht.

(4) Auf allen Geschäftsbriefen, die an einen bestimmten Empfänger gerichtet werden, müssen die Rechtsform und der Sitz der Gesellschaft, die Tatsache, dass die Gesellschaft sich in Abwicklung befindet, das Registergericht des Sitzes der Gesellschaft und die Nummer, unter der die Gesellschaft in das Handelsregister eingetragen ist, sowie alle Abwickler und der Vorsitzende des Aufsichtsrats mit dem Familiennamen und mindestens einem ausgeschriebenen Vornamen angegeben werden. Werden Angaben über das Kapital der Gesellschaft gemacht, so müssen in jedem Fall das Grundkapital sowie, wenn auf die Aktien der Ausgabebetrag nicht vollständig eingezahlt ist, der Gesamtbetrag der ausstehenden Einlagen angegeben werden. Der Angaben nach Satz 1 bedarf es nicht bei Mitteilungen oder Berichten, die im Rahmen einer bestehenden Geschäftsverbindung ergehen und für die üblicherweise Vordrucke verwendet werden, in denen lediglich die im Einzelfall erforderlichen besonderen Angaben eingefügt zu werden brauchen. Bestellscheine gelten als Geschäftsbriefe im Sinne des Satzes 1; Satz 3 ist auf sie nicht anzuwenden.

I. Übersicht	1	1. Geschäftskreis: Liquidationsaufgabe .	2
II. Geschäftskreis und Rechtsstellung der Abwickler	2	2. Rechte und Pflichten	5
		III. Angaben auf Geschäftsbriefen	8

I. Übersicht

1 § 268 umreißt den Geschäftskreis der Abwickler durch die Liquidationsaufgabe (Abs. 1) und bestimmt ihre Rechtsstellung im Übrigen durch eine weitgehende Verweisung auf das Recht des Vorstands (Abs. 2 und 3). Absatz 4 regelt die Angaben auf Geschäftsbriefen. Die Regelung über die Befugnisse der Abwickler in Abs. 1, 2 wird ergänzt durch die Vertretungsmacht nach § 269.

II. Geschäftskreis und Rechtsstellung der Abwickler

1. Geschäftskreis: Liquidationsaufgabe

$\S$ 268 Abs. 1 beschreibt die Aufgabe ($\S$ 268 Abs. 2: „Geschäftskreis") der Abwickler 2 als eine Liquidation im Wege der **Zerschlagung**. Über den zu engen Wortlaut hinaus, wird die Liquidation heute ihrem Zweck entsprechend weiter verstanden, nämlich als **unternehmerische Aufgabe** mit dem Ziel, eine möglichst große Verteilungsmasse zu erwirtschaften und dazu ggf. auch das Unternehmen als lebende Einheit vorübergehend fortzuführen[1]. Das entspricht in der Tat dem Zweck der Abwicklung, den Anteilseignern nach Befriedigung der Gläubiger den vollen wirtschaftlichen Wert der Gesellschaft zu verteilen. Die Vorschrift beschreibt die zu Gebote stehenden Abwicklungsmaßnahmen daher nur ausschnittweise; die Vorgehensweise im Einzelnen bestimmen grundsätzlich die Abwickler nach pflichtgemäßem Ermessen; zu den Rechten von Aufsichtsrat und Hauptversammlung unten Rz. 6 f.

Zu den **Abwicklungsmaßnahmen nach $\S$ 268 Abs. 1** gehören 3

– Beendigung, d.h. die ordnungsgemäße Durchführung laufender Geschäfte (also nicht notwendig vorzeitiger Abbruch);

– Einziehung (besser: die Realisierung) von Forderungen[2], neben (ggf. klageweiser) Durchsetzung auch etwa durch Aufrechnung, Verkauf und Abtretung, Vergleich;

– Versilberung des übrigen Vermögens, insbes. durch Verkauf; Vorgehensweise liegt dabei grundsätzlich im Ermessen der Abwickler (s. noch Rz. 7), die, wenn geboten, die Versilberung im Rahmen des Abwicklungszwecks auch zugunsten einer (auch unternehmerischen oder strategischen) Interimslösung hinausschieben können. Nach h.M. kann die Hauptversammlung mit einfacher Mehrheit Verteilung in Natur beschließen[3] ($\S\S$ 271, 272 Rz. 9); insoweit muss die Versilberung unterbleiben (s. auch unten Rz. 7);

– Befriedigung der Gläubiger, $\S\S$ 362 ff. BGB, $\S$ 272 Abs. 2 und 3 (s. auch $\S\S$ 271, 272 Rz. 5);

– Abschluss neuer Geschäfte, soweit es die Abwicklung „erfordert"; Erforderlichkeit steht im pflichtgemäßen Ermessen und kann auch die vorübergehende Fortsetzung der werbenden Tätigkeit umfassen, z.B. zur Vorbereitung einer Unternehmensveräußerung oder zur Verbesserung des Liquidationserlöses.

Über $\S$ 268 Abs. 1 hinaus können Abwickler **Unternehmensvermögen als ganzes** ver- 4 äußern; das ist geboten, wenn sich so ein höherer Erlös erzielen lässt als durch Zerschlagung[4]. In Betracht kommen etwa

– Unternehmens(teil)veräußerung[5];

---

1 *Hüffer* in MünchKomm. AktG, $\S$ 268 Rz. 3; *Kraft* in KölnKomm. AktG, $\S$ 268 Rz. 3; *Wiedemann* in Großkomm. AktG, $\S$ 268 Rz. 6; *Hoffmann-Becking* in MünchHdb. AG, $\S$ 66 Rz. 7.
2 RG v. 1.5.1899 – Rep. V 137/99, RGZ 44, 80, 84; BayObLG v. 16.1.1914, OLGR 28, 365 f.
3 RG v. 15.11.1905 – Rep. I 198/05, RGZ 62, 56, 58 f.; RG v. 13.5.1929 – II 313/28, RGZ 124, 279, 300; BGH v. 20.9.2004 – II ZR 334/02, NZG 2005, 69 = AG 2004, 670, 671; *Kraft* in KölnKomm. AktG, $\S$ 268 Rz. 7; *Wiedemann* in Großkomm. AktG, $\S$ 268 Rz. 5. A.M. (nur mit Zustimmung aller Aktionäre) *Hüffer* in MünchKomm. AktG, $\S$ 268 Rz. 20.
4 *Wiedemann* in Großkomm. AktG, $\S$ 268 Rz. 6.
5 RG v. 10.12.1912 – III 112/12, LZ 1913, Sp. 212 Nr. 4; vgl. BGH v. 1.2.1988 – II ZR 75/87, BGHZ 103, 184, 192 = NJW 1988, 1579; BGH v. 28.1.1980 – II ZR 124/78, BGHZ 76, 352, 356 = NJW 1980, 1278; OLG Hamm v. 27.7.1954 – 15 W 287/54, BB 1954, 913; RG v. 15.11.1905 – Rep. I 198/05, RGZ 62, 56, 61; RG v. 13.5.1929 – II 313/28, RGZ 124, 279, 300.

– Umwandlung[6]: Verschmelzung (§ 3 Abs. 3 UmwG)[7]; Spaltung (§ 124 Abs. 2 UmwG); Formwechsel (§ 191 Abs. 3 UmwG)[8];
– Vermögensübertragung (mit Zustimmung der Hauptversammlung, § 179a)[9].

2. Rechte und Pflichten

5   Die Abwickler haben innerhalb ihres Geschäftskreises im Übrigen die **Rechte und Pflichten wie Vorstandsmitglieder** (s. auch § 264 Rz. 7): Sie leiten die Gesellschaft unter eigener Verantwortung (§ 76 Abs. 1)[10], mehrere Abwickler grundsätzlich in Gesamtgeschäftsführung (§ 77); im Innenverhältnis haben sie Beschränkungen zu beachten (§ 82 Abs. 2), sofern diese auch für die Abwicklung Geltung beanspruchen (§§ 133, 157 BGB)[11]. Buchführung gem. § 91; bei Insolvenz etc.: § 92[12]. Das *gesetzliche* **Wettbewerbsverbot** des § 88 gilt nicht (§ 268 Abs. 3), denn entsprechende *Vereinbarungen* mit Vorstandsmitgliedern erlöschen i.d.R. (§§ 133, 157 BGB), wenn diese Abwickler werden. Vertragliches Wettbewerbsverbot kann aber auch mit Abwicklern vereinbart werden. Sorgfaltspflichten und Verantwortlichkeit ergeben sich aus § 93, der mit Rücksicht auf den Abwicklungszweck zu konkretisieren ist, die 3-Jahres-Frist des § 268 Abs. 4 ist unanwendbar[13].

6   Abwickler können dem **Aufsichtsrat** nicht angehören (§ 105), dem sie Bericht erstatten (§ 90) und der sie – „wie den Vorstand" – überwacht (§ 268 Abs. 2 Satz 2; i.E. gilt § 111). S. auch noch § 264 Rz. 8.

7   Die Abwickler berufen die **Hauptversammlung** ein (§ 121 Abs. 2), bereiten deren Beschlüsse vor und führen sie aus (§ 83). Hauptversammlung hat die Zuständigkeiten nach § 119 Abs. 1 und entscheidet zudem auf Verlangen der Abwickler über Fragen der Geschäftsführung, § 119 Abs. 2. Ein allgemeines **Weisungsrecht** der Hauptversammlung in *Geschäftsführungsfragen* wird teilweise angenommen[14] und ist teleologisch durchaus begründbar, findet aber im Gesetz keine Grundlage: die spezifische Verweisung in § 268 Abs. 2 Satz 1 enthält anders als § 264 Abs. 3 keinen Vorbehalt im Hinblick auf den Abwicklungszweck; mit Rücksicht auf die punktuellen Änderungen der Organkompetenzen (§§ 265 Abs. 2 Satz 1, Abs. 5 Satz 1, 270 Abs. 2 Satz 1) ist das Schweigen beredt[15]. Zudem hat die eigenverantwortliche Tätigkeit des Vorstands mit Rücksicht auf die unternehmerische Aufgabe (oben Rz. 2) ihren guten Sinn. Anders entscheidet die h.M. aber für Gegenstände außerhalb der Geschäftsführung i.S.v. § 119 Abs. 2, wozu insbesondere die Art der Verwertung zählen soll; darüber bestimmt mit (nach h.M. mit einfacher Mehrheit) die Hauptversammlung (s. auch oben Rz. 3)[16].

---

6 *Kraft* in KölnKomm. AktG, § 268 Rz. 3, § 262 Rz. 90.
7 RG v. 13.5.1929 – II 313/28, RGZ 124, 279, 300.
8 Vgl. schon LG Berlin v. 3.4.1993 – 98 T 18/93, AG 1993, 433 f.
9 *Kraft* in KölnKomm. AktG, § 268 Rz. 12.
10 *Kraft* in KölnKomm. AktG, § 268 Rz. 19; a.M. *Wiedemann* in Großkomm. AktG, § 268 Rz. 5, 9; s. noch sogleich Rz. 7 zum Weisungsrecht der Hauptversammlung.
11 *Hüffer* in MünchKomm. AktG, § 268 Rz. 26.
12 Nach dem geplanten MoMiG (RegE v. 23.5.2007, BR-Drucks. 354/07) auch § 15a Abs. 1 InsO.
13 *Hüffer* in MünchKomm. AktG, § 268 Rz. 27; *Kraft* in KölnKomm. AktG, § 268 Rz. 20. Weitergehend ist § 268 Abs. 4 nach *Wiedemann* in Großkomm. AktG, § 268 Rz. 9 überhaupt nicht anwendbar.
14 *Wiedemann* in Großkomm. AktG, § 268 Rz. 5, 9.
15 *Hüffer* in MünchKomm. AktG, § 268 Rz. 29; *Kraft* in KölnKomm. AktG, § 268 Rz. 4, 21; *Hoffmann-Becking* in MünchHdb. AG, § 66 Rz. 8.
16 *Kraft* in KölnKomm. AktG, § 268 Rz. 5; wohl ebenso *Hüffer* in MünchKomm. AktG, § 268 Rz. 29. S. auch die Nachw. oben § 268 Fn. 3.

III. Angaben auf Geschäftsbriefen

Angaben auf den Geschäftsbriefen müssen **entsprechend § 80** gestaltet werden (s. 8 dort), außer § 80 Abs. 1 Satz 2 (einen „Vorsitzenden der Abwickler" gibt es nicht). Hinzu kommt der – deutliche (anders als § 269 Abs. 6) – Hinweis auf die Abwicklung. Durchsetzung nach § 407 im Zwangsgeldverfahren (§§ 132 ff. FGG).

§ 269
Vertretung durch die Abwickler

(1) Die Abwickler vertreten die Gesellschaft gerichtlich und außergerichtlich.

(2) Sind mehrere Abwickler bestellt, so sind, wenn die Satzung oder die sonst zuständige Stelle nichts anderes bestimmt, sämtliche Abwickler nur gemeinschaftlich zur Vertretung der Gesellschaft befugt. Ist eine Willenserklärung gegenüber der Gesellschaft abzugeben, so genügt die Abgabe gegenüber einem Abwickler.

(3) Die Satzung oder die sonst zuständige Stelle kann auch bestimmen, dass einzelne Abwickler allein oder in Gemeinschaft mit einem Prokuristen zur Vertretung der Gesellschaft befugt sind. Dasselbe kann der Aufsichtsrat bestimmen, wenn die Satzung oder ein Beschluss der Hauptversammlung ihn hierzu ermächtigt hat. Absatz 2 Satz 2 gilt in diesen Fällen sinngemäß.

(4) Zur Gesamtvertretung befugte Abwickler können einzelne von ihnen zur Vornahme bestimmter Geschäfte oder bestimmter Arten von Geschäften ermächtigen. Dies gilt sinngemäß, wenn ein einzelner Abwickler in Gemeinschaft mit einem Prokuristen zur Vertretung der Gesellschaft befugt ist.

(5) Die Vertretungsbefugnis der Abwickler kann nicht beschränkt werden.

(6) Abwickler zeichnen für die Gesellschaft, indem sie der Firma einen die Abwicklung andeutenden Zusatz und ihre Namensunterschrift hinzufügen.

I. Übersicht und Zweck 1
II. Die Vertretung der Gesellschaft 2
III. Zeichnung der Abwickler 6

Literatur : *K. Schmidt*, Liquidationszweck und Vertretungsmacht, AcP 174 (1974), 55.

I. Übersicht und Zweck

Die Auflösung lässt die Vertretungsbefugnisse von Aufsichtsrat (§§ 112, 264 Abs. 3) 1 und Prokuristen oder sonstigen Bevollmächtigten (vgl. § 269 Abs. 3) grundsätzlich unberührt, mit dem Vorstandsamt endet aber dessen Vertretungsbefugnis. In Ergänzung zu der Bestimmung über den Geschäftskreis der Abwickler (§ 268) regelt § 269 deren Vertretungsbefugnis. Unter Berücksichtigung des Abwicklungszwecks ist sie entsprechend der Vertretungsmacht des Vorstands (§§ 78, 82 Abs. 1, 79) ausgestaltet: Die Abwickler vertreten die Gesellschaft gerichtlich und außergerichtlich unbeschränkt (Abs. 1) und unbeschränkbar (Abs. 5). Grundsatz ist Gesamtvertretung (Abs. 2), unechte Gesamtvertretung und Alleinvertretung kann zugelassen werden (Abs. 3), eine Ermächtigung zur Vornahme von Geschäften ist möglich (Abs. 4). Die

Regelung **bezweckt** so, die Handlungsfähigkeit der Gesellschaft zu erhalten und dabei einerseits den Rechtsverkehr durch die Unbeschränkbarkeit zu schützen, andererseits die Gesellschaft durch die Gesamtvertretung.

II. Die Vertretung der Gesellschaft

2   Die Abwickler treten als **organschaftliche Vertreter** der Gesellschaft an die Stelle des Vorstands; die Regelung entspricht weithin §§ 78, 82 Abs. 1, s. auch dort. Im Verhältnis zu den Abwicklern (nicht ehemaligen Vorstandsmitgliedern!)[1] vertritt der Aufsichtsrat die AG, § 264 Abs. 3 i.V.m. § 112 (s. auch § 264 Rz. 8).

3   Die Vertretungsmacht ist im Außenverhältnis insbesondere **nicht** auf Abwicklungsgeschäfte **beschränkt** (§ 269 Abs. 1) und auch nicht beschränkbar. Beschränkungen (insbes. § 268 Abs. 1) binden die Abwickler im Verhältnis zur Gesellschaft (Haftung nach §§ 93, 264 Abs. 3; ggf. Abberufung nach § 265 Abs. 3 Satz 1), wirken nach außen aber nur bei evidentem[2] (keine Nachforschungspflicht) oder erkanntem Missbrauch der Vertretungsmacht.

4   Mehrere Abwickler sind **grundsätzlich gemeinschaftlich** zur Aktivvertretung befugt, und zwar auch, wenn bis auf einen alle Abwickler aus dem Amt ausgeschieden sind (Neubestellung oder Änderung der Vertretungsmacht nötig)[3]. Unechte Gesamtvertretung oder Alleinvertretung der Abwickler kann in jedem Fall die Satzung[4] bestimmen[5], darüber hinaus die „zuständige Stelle": für die nach § 265 Abs. 1 und 2 bestellten Abwickler auch die Hauptversammlung[6] und der durch Satzung oder Hauptversammlungsbeschluss ermächtige Aufsichtsrat, für gerichtlich bestellte Abwickler das Gericht[7]. Passiv vertreten (Empfang von Willenserklärungen oder geschäftsähnlichen Handlungen) die Abwickler die Gesellschaft zwingend allein (§ 269 Abs. 2 Satz 2, Abs. 3 Satz 3; s. auch § 170 Abs. 3 ZPO). Die Kompetenz der Hauptversammlung kann die Satzung nicht beschränken, arg.: § 23 Abs. 5 sowie § 265 Abs. 5[8].

5   Eine **Ermächtigung** zur Vornahme von bestimmten Geschäften oder Geschäftsarten ist nach § 269 Abs. 4 ebenso möglich wie nach § 78 Abs. 4[9]; s. dort.

---

1 OLG Brandenburg v. 28.11.2001 – 7 U 102/01, NZG 2002, 1024 = AG 2003, 44; OLG Köln v. 12.6.2002 – 18 W 6/02, NZG 2002, 1062, 1063.
2 Kritisch *K. Schmidt*, AcP 174 (1974), 55, 60 ff.
3 BGH v. 8.2.1993 – II ZR 62/92, BGHZ 121, 263, 264 f. = NJW 1993, 1654; BGH v. 18.12.1974 – VIII ZR 179/73, WM 1975, 157, 158.
4 Ebenso *Hüffer* in MünchKomm. AktG, § 269 Rz. 18; a.M. *Kraft* in KölnKomm. AktG, § 269 Rz. 9; *Sethe*, ZIP 1998, 770, 771.
5 Satzungsbestimmung betr. Vorstand wird i.d.R. (§§ 133, 157 BGB) nicht für Abwickler gelten; *Kraft* in KölnKomm. AktG, § 269 Rz. 8.
6 Bei Anfechtungs- oder Nichtigkeitsklage gegen die Bestellung/Abberufung vertritt der durch Hauptversammlungsbeschluss Bestellte die Gesellschaft; OLG Köln v. 17.2.2003 – 18 W 6/03, NJW-RR 2003, 758.
7 *Hüffer* in MünchKomm. AktG, § 269 Rz. 18; *Hoffmann-Becking* in MünchHdb. AG, § 66 Rz. 11a. A.M. *Kraft* in KölnKomm. AktG, § 269 Rz. 9: Da Gericht nach § 265 Abs. 3 Abwickler abberufen und bestellen kann, ist es auch für die Abwickler nach § 265 Abs. 1 und 2 zuständige Stelle.
8 *Sethe*, ZIP 1998, 770, 771.
9 Vgl. BGH v. 25.11.1985 – II ZR 115/85, NJW-RR 1986, 778; BFH v. 22.6.1988 – X R 37/82, BFH/NV 1989, 183.

III. Zeichnung der Abwickler

Die Abwickler zeichnen durch Firma nebst Abwicklungszusatz – „in Liquidation", 6
auch („andeutend":) „i.L." – und Namensunterschrift.

§270
Eröffnungsbilanz. Jahresabschluss und Lagebericht

(1) Die Abwickler haben für den Beginn der Abwicklung eine Bilanz (Eröffnungsbilanz) und einen die Eröffnungsbilanz erläuternden Bericht sowie für den Schluss eines jeden Jahres einen Jahresabschluss und einen Lagebericht aufzustellen.

(2) Die Hauptversammlung beschließt über die Feststellung der Eröffnungsbilanz und des Jahresabschlusses sowie über die Entlastung der Abwickler und der Mitglieder des Aufsichtsrats. Auf die Eröffnungsbilanz und den erläuternden Bericht sind die Vorschriften über den Jahresabschluss entsprechend anzuwenden. Vermögensgegenstände des Anlagevermögens sind jedoch wie Umlaufvermögen zu bewerten, soweit ihre Veräußerung innerhalb eines übersehbaren Zeitraums beabsichtigt ist oder diese Vermögensgegenstände nicht mehr dem Geschäftsbetrieb dienen; dies gilt auch für den Jahresabschluss.

(3) Das Gericht kann von der Prüfung des Jahresabschlusses und des Lageberichts durch einen Abschlussprüfer befreien, wenn die Verhältnisse der Gesellschaft so überschaubar sind, dass eine Prüfung im Interesse der Gläubiger und Aktionäre nicht geboten erscheint. Gegen die Entscheidung ist die sofortige Beschwerde zulässig.

I. Übersicht und Zweck	1	III. Rechnungslegung der aufgelösten AG	3
II. Abschließende Rechnungslegung der werbenden AG	2	1. Umfang der Rechnungslegung	3
		2. Verfahren	6

Literatur: Budde/Förschle, Sonderbilanzen, 3. Aufl. 2002; *Förschle/Deubert,* Entsprechende Anwendung allgemeiner Vorschriften über den Jahresabschluss in der Liquidations-Eröffnungsbilanz, DStR 1996, 1743; *Forster,* Die Rechnungslegung der Aktiengesellschaft während der Abwicklung, in FS Knorr, 1968, S. 77; *Förster/Grönwoldt,* Das Bilanzrichtlinien-Gesetz und die Liquidationsbilanz, BB 1987, 577; *Jurowsky,* Bilanzierungszweckentsprechende Liquidationsrechnungslegung für Kapitalgesellschaften, DStR 1997, 1782; *Moxter,* Anschaffungswertprinzip für Abwicklungsbilanzen?, Eine Stellungnahme zu § 270 AktG, WPg 1982, 473; *Olbrich,* Der Grundsatz der Unternehmensfortführung in der Rechnungslegung der Kapitalgesellschaft bei Auflösung, DB 2005, 565; *Sarx,* Zur Abwicklungsrechnungslegung einer Kapitalgesellschaft, in FS Forster, 1992, S. 547; *Scherrer/Heni,* Externe Rechnungslegung bei Liquidation, DStR 1992, 797; *Scherrer/Heni,* Offene Fragen zur Liquidationsbilanz, WPg 1996, 681; *K. Schmidt,* Liquidationsbilanzen und Konkursbilanzen, (ZHR Beiheft 64), 1989; *K. Schmidt,* Liquidationsergebnisse und Liquidationsrechnungslegung im Handels- und Steuerrecht, in FS L. Schmidt, 1993, S. 227.

I. Übersicht und Zweck

Die mit der Auflösung einhergehende Zweckänderung bedeutet auch unternehmerisch einen neuen Abschnitt. Grundlage für die Rechnungslegung in der Abwicklung ist die Eröffnungsbilanz, mit Schluss jeden Jahres sind ein Jahresabschluss und ein Lagebericht aufzustellen (Abs. 1). Die Kompetenz zur Feststellung von Eröffnungsbilanz und Jahresabschluss hat während der Abwicklung die Hauptversammlung, für die Einzelheiten gelten weithin die Regeln über den Jahresabschluss, die punktuell dem Abwicklungszweck entsprechend angepasst werden (Abs. 2, 3). Die abschließende Rechnungslegung der *werbenden* Gesellschaft ist im Gesetz nicht gesondert geregelt. Zur speziellen Insolvenzbilanz s. § 153 InsO.

II. Abschließende Rechnungslegung der werbenden AG

2   Bei Auflösung zum Geschäftsjahresablauf wird nach allgemeinen Regeln Jahresabschluss nebst Anhang sowie Lagebericht aufgestellt (§§ 264, 284, 289 HGB). Nach h.M. ist bei Auflösung vor Ablauf des Geschäftsjahres (**Rumpfgeschäftsjahr**) ebenso zu verfahren, dafür spricht schon § 120 Abs. 3[1]. Maßgeblich ist grundsätzlich das Ende des Tages vor der Auflösung[2]. Feststellung der Schlussbilanz erfolgt dann analog § 270 Abs. 2[3]. Wegen § 272 darf die Hauptversammlung auch für das abgelaufene (Rumpf-) Geschäftsjahr *nach Auflösung* keinen Gewinn mehr ausschütten[4]. Davon zu unterscheiden ist die – zulässige[5] – Auszahlung einer vor Auflösung beschlossenen Dividende.

III. Rechnungslegung der aufgelösten AG

1. Umfang der Rechnungslegung

3   Die **Abwickler** sind verpflichtet, für den Beginn der Abwicklung eine Bilanz (Eröffnungsbilanz) nebst erläuterndem Bericht zu erstellen, für den Schluss jeden Jahres einen Jahresabschluss und einen Lagebericht.

4   Auf die **Eröffnungsbilanz** und den erläuternden Bericht sind die Vorschriften über den Jahresabschluss (§§ 242–256, 264–274a, 279–283 HGB, §§ 150, 152 AktG) grundsätzlich entsprechend anzuwenden, § 270 Abs. 2 Satz 2; der Gesetzgeber ist davon ausgegangen, dass Auflösung i.d.R. nicht zur sofortigen Einstellung des Geschäftsbetriebs führt[6]. Daher ist die Bewertung in der Eröffnungsbilanz aus der Schlussbilanz der werbenden Gesellschaft (Rz. 2) abzuleiten, eine Neubewertung erfolgt seit BiRiLiG v. 1985 nicht mehr[7]. Damit gilt im Grundsatz auch das *going-concern*-Prinzip des § 252 Abs. 1 Nr. 2 HGB (str.), von dem methodisch sauber abgewichen werden kann, wenn der Auflösungsgrund (z.B. § 396) oder die Umstände des Einzelfalles der

---

1   BayObLG v. 14.1.1994 – 3 Z BR 307/93, DB 1994, 523, 524 m. abl. Bspr. *Förschle/Kropp/Deubert*, DB 1994, 998; BFH v. 17.7.1974 – I R 233/71, BFHE 113, 112, 114 f.; *Hüffer* in MünchKomm. AktG, § 270 Rz. 8 m.N. zur Gegenansicht; *Hüffer* in Großkomm. Bilanzrecht, § 242 Rz. 54; *Kraft* in KölnKomm. AktG, § 270 Rz. 16; *Wiedemann* in Großkomm. AktG, § 270 Rz. 1; *K. Schmidt*, Liquidationsbilanzen und Konkursbilanzen, S. 41 f.; *Förster/Döring*, Die Liquidationsbilanz, 4. Aufl. 2005, Rz. 293; *K. Schmidt* in Scholz, GmbHG, § 71 Rz. 8. A.A. *Förschle/Kropp/Deubert*, DStR 1992, 1523 f.; *Hoffmann-Becking* in MünchHdb. AG, § 66 Rz. 13.
2   BayObLG v. 14.1.1994 – 3 Z BR 307/93, DB 1994, 523, 524; *Hüffer* in MünchKomm. AktG, § 270 Rz. 9; *Adler/Düring/Schmaltz*, § 270 AktG Rz. 13.
3   *Kraft* in KölnKomm. AktG, § 270 Rz. 27; *Wiedemann* in Großkomm. AktG, § 270 Rz. 1; a.A. *Godin/Wilhelmi*, § 270 Anm. 3.
4   *Hüffer* in MünchKomm. AktG, § 270 Rz. 11–13; *Kraft* in KölnKomm. AktG, § 270 Rz. 17; *Adler/Düring/Schmaltz*, § 270 AktG Rz. 14; BFH v. 12.9.1973 – I R 9/72, BFHE 110, 353, 356.
5   *Hüffer* in MünchKomm. AktG, § 270 Rz. 11.
6   Begr. RegE BT-Drucks. 10/317, S. 107.
7   Näher *Hüffer* in MünchKomm. AktG, § 270 Rz. 28 f. mit Hinweisen zur Rechtsentwicklung und Kritik; *Hoffmann-Becking* in MünchHdb. AG, § 66 Rz. 12; *K. Schmidt*, Liquidationsbilanzen und Konkursbilanzen, S. 42; zur GmbH *K. Schmidt* in Scholz, GmbHG, § 71 Rz. 4.

Fortsetzung rechtlich oder tatsächlich entgegenstehen (s. § 252 Abs. 1 Nr. 2 HGB)[8]. Bilanzgliederung folgt § 266 HGB[9], Modifikationen mit Rücksicht auf den Abwicklungszweck sind str., insbes. für Grundkapital und offenen Rücklagen[10]. Gegenstände des Anlagevermögens sind aber als Umlaufvermögen zu bewerten (§ 253 Abs. 3 HGB), wenn sie innerhalb eines übersehbaren Zeitraums (jedenfalls: ein Geschäftsjahr) veräußert werden *sollen* (Absicht entscheidend) oder nicht mehr dem Geschäftsbetrieb dienen (z.B. [Teil-] Betriebseinstellung), § 270 Abs. 2 Satz 3[11]. Bilanzstichtag ist der Eintritt der Auflösung. Der **erläuternde Bericht**, der Anhang und Lagebericht ersetzt, dient dazu, Bewertungsunterschiede gegenüber bisherigen Jahresabschlüssen verständlich zu machen[12]. § 270 Abs. 2 Satz 2 verweist insoweit auf § 284 HGB, nach h.M. aber auch auf § 289 HGB (Bericht ersetzt Lagebericht) und § 160 AktG[13].

Um der Hauptversammlung periodisch einen Überblick über den Vermögensstand und den Abwicklungsfortschritt zu geben[14], stellen die Abwickler am Schluss eines jeden Jahres (Frist: § 264 Abs. 1 Satz 2, 3 HGB) einen **Jahresabschluss** und einen **Lagebericht** auf; bewehrt durch § 407 (Zwangsgeld). „Jahr" wird gerechnet vom Auflösungstag; die Hauptversammlung kann beschließen, das bisherige Geschäftsjahr beizubehalten[15]. Die Rechnungslegung folgt – als selbstverständlich vorausgesetzt – den allgemeinen Regeln für die werbende Gesellschaft, § 264 Abs. 3 (§§ 242 ff., 264 ff. 289 HGB); § 270 Abs. 2 Satz 3 gilt auch hier[16]. Für die Gewinn- und Verlustrechnung gelten §§ 275–278 HGB; für den Anhang §§ 284–288 HGB. Im Lagebericht sind entsprechend § 289 HGB der Verlauf und Ergebnisse der Abwicklung und die Lage der Gesellschaft darzustellen. 5

2. Verfahren

Eröffnungsbilanz und Erläuterungsbericht sowie Jahresabschluss und Lagebericht sind vor ihrer Feststellung **durch Abschlussprüfer zu prüfen**, § 270 Abs. 2 Satz 2 i.V.m. § 316 HGB[17]. Auswahl nach §§ 319 f. HGB; Bestellung durch die Hauptversammlung, § 318 HGB; Prüfungsauftrag durch den Aufsichtsrat, § 111 Abs. 2 Satz 3; Prüfungsgegenstand und -umfang, § 317 HGB; Mitwirkungspflichten, § 318 HGB. Die Prüfer erstellen einen schriftlichen Bericht und erteilen ggf. Bestätigungsvermerk[18], §§ 321 f. HGB. Die Abwickler haben Eröffnungsbilanz nebst Bericht und Jahresabschluss nebst Lagebericht unverzüglich nach ihrer Aufstellung dem Aufsichts- 6

---

8 Eingehend, *Hüffer* in MünchKomm. AktG, § 270 Rz. 30–32; *Förschle/Deubert*, DStR 1996, 1743, 1746 f.; *Sarx* in FS Forster, 1992, S. 547; zur GmbH *K. Schmidt* in Scholz, GmbHG, § 71 Rz. 22. A.M. *Kraft* in KölnKomm. AktG, § 270 Rz. 7.

9 *Ellrott/Krämer* in Beck'scher Bilanz-Kommentar, § 266 HGB Rz. 3.

10 Eingehend *Hüffer* in MünchKomm. AktG, § 270 Rz. 22–27.

11 *Förschle/Deubert*, DStR 1996, 1743, 1747 f.; enger *Hoyos/F. Huber* in Beck'scher Bilanz-Kommentar, § 247 HGB Rz. 369 („…, wenn sie nach außen erkennbar zum Verkauf bereitgestellt werden.").

12 Begr. RegE bei *Kropff*, Aktiengesetz, S. 360.

13 *Hüffer* in MünchKomm. AktG, § 270 Rz. 43; *Budde/Förschle*, Sonderbilanzen, Abschnitt R Rz. 185; zur GmbH *K. Schmidt* in Scholz, GmbHG, § 71 Rz. 11; a.M. *Kraft* in KölnKomm. AktG, § 270 Rz. 10.

14 *Hüffer* in MünchKomm. AktG, § 270 Rz. 53. Wegen §§ 271, 272 geht es nicht um Gewinnermittlung. S. auch *K. Schmidt*, Liquidationsbilanzen und Konkursbilanzen, S. 50 (allgemeines Verbandsrecht).

15 Begr. RegE bei *Kropff*, Aktiengesetz, S. 360 („versteht sich von selbst"); KG v. 30.4.1931 – 1b X 240/31, JW 1931, 2993.

16 Besondere Verweisung wegen § 264 Abs. 3 unnötig; BT-Drucks. 10/4268, S. 128.

17 *Förschle/Küster* in Beck'scher Bilanz-Kommentar, § 266 HGB Rz. 15.

18 Dazu *Förschle/Deubert*, WPg 1993, 397.

rat vorzulegen, § 270 Abs. 2 Satz 2 i.V.m. § 170; Prüfungsbericht legt Abschlussprüfer dem Aufsichtsrat vor, § 270 Abs. 2 Satz 2 i.V.m. § 321 Abs. 5 Satz 2 Halbsatz 1 HGB.

7 Für **kleine AG** i.S.v. § 267 HGB besteht von vornherein **keine Prüfungspflicht**, § 270 Abs. 2 Satz 2 i.V.m. § 316 HGB[19]. Im Übrigen **kann das Gericht** (Amtsgericht des Gesellschaftssitzes, § 145 FGG, § 14) – über § 270 Abs. 2 Satz 2 auch für Eröffnungsbilanz und Bericht[20] – gem. § 270 Abs. 3 **von der Prüfungspflicht befreien**, wenn die Verhältnisse so überschaubar sind, dass eine Prüfung im Interesse der Gläubiger und Aktionäre nicht geboten erscheint[21]: nicht wenn noch erhebliche Geschäftstätigkeit zu erwarten ist oder die Gläubiger- oder Aktionärsinteressen wegen besonderer Umstände (Zweifel an der Vollständigkeit der Eröffnungsbilanz, der Pflichtmäßigkeit der Abwicklung oder der Zuverlässigkeit der Abwickler) Prüfung gebieten. Rechtsmittel gegen die Befreiung: sofortige Beschwerde, § 270 Abs. 3 Satz 2, § 20 Abs. 1 FGG; gegen die Versagung steht der Gesellschaft einfache Beschwerde zu, § 19 FGG.

8 Über die **Feststellung** von Eröffnungsbilanz und Jahresabschluss sowie über die **Entlastung** (§§ 264 Abs. 3, 120) der Abwickler und der Mitglieder des Aufsichtsrats beschließt die Hauptversammlung, § 270 Abs. 2 Satz 1 (abweichend von § 172). Unverzüglich nach Eingang des Berichts haben die Abwickler die Hauptversammlung einzuberufen; §§ 270 Abs. 2 Satz 2, 175 f.

§ 271
Verteilung des Vermögens

(1) Das nach der Berichtigung der Verbindlichkeiten verbleibende Vermögen der Gesellschaft wird unter die Aktionäre verteilt.

(2) Das Vermögen ist nach den Anteilen am Grundkapital zu verteilen, wenn nicht Aktien mit verschiedenen Rechten bei der Verteilung des Gesellschaftsvermögens vorhanden sind.

(3) Sind die Einlagen auf das Grundkapital nicht auf alle Aktien in demselben Verhältnis geleistet, so werden die geleisteten Einlagen erstattet und ein Überschuss nach den Anteilen am Grundkapital verteilt. Reicht das Vermögen zur Erstattung der Einlagen nicht aus, so haben die Aktionäre den Verlust nach ihren Anteilen am Grundkapital zu tragen; die noch ausstehenden Einlagen sind, soweit nötig, einzuziehen.

§ 272
Gläubigerschutz

(1) Das Vermögen darf nur verteilt werden, wenn ein Jahr seit dem Tage verstrichen ist, an dem der Aufruf der Gläubiger zum drittenmal bekanntgemacht worden ist.

(2) Meldet sich ein bekannter Gläubiger nicht, so ist der geschuldete Betrag für ihn zu hinterlegen, wenn ein Recht zur Hinterlegung besteht.

---

19 BGH v. 26.3.1990 – II ARZ 1/90, AG 1990, 543.
20 BT-Drucks. 10/4268, S. 128.
21 Vgl. AG München v. 6.10.2004 – HRB 44551, ZIP 2004, 2110, 2111.

(3) Kann eine Verbindlichkeit zur Zeit nicht berichtigt werden oder ist sie streitig, so darf das Vermögen nur verteilt werden, wenn dem Gläubiger Sicherheit geleistet ist.

I. Übersicht und Zweck 1

II. Vorrang der Gläubigerbefriedigung . . 2

1. Sperrjahr 3

2. Berichtigung der Verbindlichkeiten, Hinterlegung, Sicherheitsleistung . . 5

3. Rechtsfolgen 6

III. Verteilung des Vermögens 8

1. Recht auf den Abwicklungsüberschuss 8

2. Verteilungsmaßstäbe 10

3. Durchführung 11

Literatur: *Erle*, Die Funktion des Sperrjahres in der Liquidation der GmbH, GmbHR 1998, 216; *K. Schmidt*, Zur Gläubigersicherung im Liquidationsrecht der Kapitalgesellschaften, Genossenschaften und Vereine, ZIP 1981, 1; *K. Schmidt*, Vorfinanzierung der Liquidationsquote im Einklang mit dem Ausschüttungssperrjahr?, DB 1994, 2013; *Sethe*, Aktien ohne Vermögensbeteiligung?, ZHR 162 (1998), 474; *Sethe*, Die Satzungsautonomie in Bezug auf die Liquidation einer AG, ZIP 1998, 770; *Vomhof*, Die Haftung des Liquidators der GmbH, 1988.

I. Übersicht und Zweck

§§ 271, 272 gehören zusammen: Sie verbinden die Berichtigung der Verbindlichkeiten und die Verteilung durch den grundsätzlichen Vorrang der Gläubigerbefriedigung des § 271 Abs. 1, den § 272 formal durch die einjährige Sperrfrist (§ 272 Abs. 1) und inhaltlich durch Vorschriften über Hinterlegung und Sicherheitsleistung ausfüllt. Unter diesen Voraussetzungen ist abweichend von § 57 eine Einlagenrückgewähr zulässig. Für die Verteilung des Gesellschaftsvermögens stellt § 271 die Gleichbehandlung der Aktionäre (§ 53a) sicher (§ 271 Abs. 2), mit besonderer (vereinfachender) Verfahrensweise bei unterschiedlicher Einlagenleistung (§ 271 Abs. 3). Zuständigkeit der Abwickler und Verfahrensweise ergeben sich aus allgemeinen Grundsätzen.

II. Vorrang der Gläubigerbefriedigung

Damit der Vorrang der Gläubigerbefriedigung die zügige Verteilung nicht unnötig behindert, kommt Hinterlegung als Erfüllungssurrogat (§ 272 Abs. 2) oder Sicherheitsleistung (§ 272 Abs. 3) in Betracht. Die **Vorschrift ist zwingend:** Die Sperrfrist schützt gerade die unbekannten Gläubiger, so dass der Verzicht der bekannten Gläubiger nicht ausreicht; bei der Hinterlegungsmöglichkeit wird die Unerreichbarkeit des Gläubigers vorausgesetzt; das Ob der Sicherheitsleistung ist vorgeschrieben, nur die Art und Weise kann nach BGB im Einvernehmen mit dem Gläubiger bestimmt werden. Verzichtet ein Gläubiger für seine Person auf die Einhaltung von § 272, kann das aber Ersatzansprüche ausschließen (s. noch Rz. 7).

1. Sperrjahr

Prozedural werden die Gläubiger (zumal die unbekannten) dadurch geschützt, dass sie dreimal zur Geltendmachung ihrer Ansprüche aufgerufen werden (§ 267) und das Vermögen für eine einjährige **Sperrfrist** (Berechnung: §§ 187 Abs. 1, 188 Abs. 2 Halbsatz 1 BGB) nach dem dritten Aufruf nicht verteilt werden darf[1]. Diesem Zweck entsprechend bedeutet die Sperrfrist keine Präklusion der Gläubiger oder Aufschiebung

1

2

3

---

1 *K. Schmidt*, ZIP 1981, 1 f.

der Fälligkeit ihrer Forderung. Die Verteilungssperre steht auch einer sachlichen Vorwegnahme der Ausschüttung durch Darlehensgewährung an die Aktionäre (etwa: in Höhe der voraussichtlichen Verteilungsquote) entgegen[2].

4   Nicht gehindert wird die Befriedigung von Gesellschaftern als **Drittgläubiger** aus Verkehrsgeschäften (Kauf, Miete, Darlehen). Auch Zahlungsansprüche aus dem Gesellschaftsverhältnis (vor Auflösung beschlossene Dividende; s. § 270 Rz. 2) können befriedigt werden, solange Grundkapital und gesetzliche Rücklagen (§ 150) nicht geschmälert werden[3]. Der Rückzahlungsanspruch aus kapitalersetzendem Darlehen (dazu § 57 Rz. 54 ff.) ist indes erst im Rahmen der Verteilung zu berücksichtigen[4].

2. Berichtigung der Verbindlichkeiten, Hinterlegung, Sicherheitsleistung

5   Darüber hinaus darf das Vermögen aber erst nach **Berichtigung der Verbindlichkeiten** verteilt werden: Vorrang der Gläubigerbefriedigung, § 271 Abs. 1. Berichtigung der Verbindlichkeiten bedeutet primär **Erfüllung** oder Surrogate, §§ 362 ff. BGB. Schon danach kann Hinterlegung – nach Ermessen der Abwickler – als Befriedungsoption in Betracht kommen. **Hinterlegung** ist nach § 272 Abs. 2 Verteilungsvoraussetzung und daher geboten, wenn sich ein „bekannter Gläubiger" – nach Sinn und Zweck auch der unbekannte Gläubiger einer bekannten *Forderung*[5] – einer Geldschuld („Betrag") nicht meldet und die Gesellschaft dazu nach § 372 BGB, § 373 HGB berechtigt ist (keine spezielle Hinterlegungsbefugnis); die Forderung muss nach Grund und Betrag wenigstens im wesentlichen (positiv) bekannt sein (nicht Kennenmüssen)[6]. Sonst, wenn Erfüllung oder Surrogate nicht in Betracht kommen, ist nach § 272 Abs. 3 **Sicherheit** zu leisten: wenn eine Verbindlichkeit zur Zeit nicht berichtigt werden kann, z.B. weil sie befristet oder bedingt ist (vorzeitige Erfüllung, § 271 Abs. 2 BGB, nach Ermessen), künftige Rentenansprüche; oder wenn die Verbindlichkeit streitig ist, nach h.M. ausgenommen offensichtlich unbegründete Forderungen (Ermessen der Abwickler). Sicherheitsleistung erfolgt nach §§ 232 ff. BGB[7].

3. Rechtsfolgen

6   Nur bei **gesetzmäßigem** Vorgehen (§§ 267, 268 Abs. 1, 271, 272) ist die Verteilung zulässig. Unberücksichtigte Ansprüche (z.B. unbekannte, unangemeldete Forderung) bleiben bestehen und können geltend gemacht werden, sofern noch Vermögen vorhanden ist (ggf. Nachtragsabwicklung, § 273 Abs. 4). Rückgewährpflicht der Aktionäre nach § 62 Abs. 1 Satz 1 besteht indes nicht[8].

7   **Verstoß gegen Gläubigerschutz** der §§ 271 Abs. 1, 272 macht zwar die Verteilung nicht unwirksam[9], kann aber bei Verschulden Haftung von Abwickler und Aufsichtsrat gegenüber Gesellschaft und ggf. Gläubigern begründen (§§ 268 Abs. 2, 93; 264 Abs. 3, 116 sowie §§ 823, 826 BGB)[10]. Die Aktionäre trifft nach § 62 Abs. 1 Satz 1,

---

2 *K. Schmidt*, DB 1994, 2013; *K. Schmidt*, GesR, § 30 VI (S. 931 f.).
3 *Hüffer* in MünchKomm. AktG, § 272 Rz. 8 ff. A.M. *K. Schmidt*, ZIP 1981, 1, 2; *K. Schmidt* in Scholz, GmbHG, § 73 Rz. 1.
4 *Hüffer* in MünchKomm. AktG, § 272 Rz. 12; *K. Schmidt*, ZIP 1981, 1, 2.
5 Allg.M. *Hüffer* in MünchKomm. AktG, § 272 Rz. 18; *Kraft* in KölnKomm. AktG, § 272 Rz. 8; *K. Schmidt*, ZIP 1981, 1, 2.
6 RG v. 21.1.1918 – Rep. 339/17, RGZ 92, 77, 80 f.; RG v. 12.5.1930 – VI 343/29, JW 1930, 2943.
7 RG v. 8.10.1909 – Rep. VII 602/08, RGZ 72, 15, 20; aber dispositiv, s. RG v. 6.2.1934 – II 263/33, RGZ 143, 301.
8 *Kraft* in KölnKomm. AktG, § 272 Rz. 15; *K. Schmidt*, ZIP 1981, 1, 6.
9 BGH v. 4.7.1973 – VIII ZR 156/72, NJW 1973, 1695; *Kraft* in KölnKomm. AktG, § 272 Rz. 16; *Wiedemann* in Großkomm. AktG, § 272 Rz. 8d.
10 Näher *K. Schmidt*, ZIP 1981, 1, 6 ff.

Abs. 2 eine Rückgewährpflicht[11]. **Vorbeugend** können Gläubiger zwar nicht Sicherheitsleistung nach § 272 Abs. 3 verlangen[12]. Ihnen steht aber wegen ihres Primäranspruchs das Arrestverfahren (§§ 916 ff. ZPO) zu Gebote. Zudem können sie gegen die Abwickler ihren Anspruch auf Unterlassung verbotswidriger (§§ 271 Abs. 1, 272) Verteilung auch im Wege der einstweiligen Verfügung (§§ 935 ff. ZPO) sichern[13].

III. Verteilung des Vermögens

1. Recht auf den Abwicklungsüberschuss

Das Recht auf den Abwicklungsüberschuss ist zuerst ein (nicht selbständig durchsetzbares) **mitgliedschaftliches Vermögensrecht**, unter der Voraussetzung von § 271 Abs. 1 erstarkt es zum selbständigen (und unentziehbaren)[14] Gläubigerrecht[15]. Die ursprüngliche Satzung kann das Recht aber ausschließen (z.B. zugunsten wohltätiger oder gemeinnütziger Zwecke)[16], ein nachträglicher Hauptversammlungsbeschluss nur mit Einverständnis aller betroffenen Aktionäre[17].   8

Der Anspruch ist auf **Zahlung** eines Geldbetrags gerichtet. Aufgrund Hauptversammlungsbeschlusses mit einfacher Mehrheit kann nach h.M.[18] Sachleistung erfolgen, insbesondere die Rückgewähr von Sacheinlagen *in natura*, Gleichbehandlung der Aktionäre vorausgesetzt (s. auch § 268 Rz. 3).   9

2. Verteilungsmaßstäbe

Das nach Gläubigerbefriedigung verbleibende Vermögen der Gesellschaft ist im Regelfall **im Verhältnis der Anteile** am Grundkapital (Nennbetrag : Grundkapital bzw. Stückzahl : Gesamtzahl) zu verteilen. Die Satzung kann gem. § 271 Abs. 2 Halbsatz 2, § 11 Satz 1 anderes bestimmen, nämlich bestimmte Aktien mit einem Vorrecht bei der Verteilung ausstatten, so dass erst nach deren Bedienung der Rest gem. Halbsatz 1 anteilig zu verteilen ist; Gewinnvorzugsrecht ist aber regelmäßig (§§ 133, 157 BGB) nicht schon Liquidationsvorzugsrecht[19]. Nach der *speziellen* Regelung des § 271 Abs. 3 werden die geleisteten Einlagen erstattet und nur ein verbleibender Überschuss anteilig verteilt, wenn die **Einlagen unterschiedlich geleistet** wurden. Reicht das Gesellschaftsvermögen nicht zur vollständigen Erstattung der Einlagen, so tragen die Aktionäre den Fehlbetrag anteilig. (Nur) Soweit das für die (anteilig)   10

---

11 *K. Schmidt*, ZIP 1981, 1, 6; *Kraft* in KölnKomm. AktG, § 272 Rz. 18. Zu § 73 GmbHG RG v. 6.1.1925 – II 735/23, RGZ 109, 387, 291 f.; bestätigend RG v. 23.4.1929 – II 406/28, RGZ 124, 210, 215

12 Treffend *K. Schmidt*, ZIP 1981, 1, 3 f. *Hüffer* in MünchKomm. AktG, § 272 Rz. 19; *Kraft* in KölnKomm. AktG, § 272 Rz. 11; anders noch RG v. 6.2.1934 – II 263/33, RGZ 143, 301, 303.

13 *Hüffer* in MünchKomm. AktG, § 272 Rz. 27; *Kraft* in KölnKomm. AktG, § 272 Rz. 13; *K. Schmidt*, ZIP 1981, 1, 4 f. Für Verfahren gegen AG ist Rechtsschutzinteresse str.: verneinend *K. Schmidt*, ZIP 1981, 1, 5; differenzierend *Hüffer* in MünchKomm. AktG, § 272 Rz. 28.

14 RG v. 15.11.1905 – Rep. I 198/05, RGZ 62, 56, 60 f.; zur Dividende BGH v. 24.1.1957 – II ZR 208/55, BGHZ 23, 150, 152 ff. = NJW 1957, 588.

15 *Hüffer* in MünchKomm. AktG, § 271 Rz. 3; *Wiedemann*, Gesellschaftsrecht I, § 7 III 3 (S. 391).

16 *Kraft* in KölnKomm. AktG, § 271 Rz. 3; *Wiedemann* in Großkomm. AktG, § 270 Rz. 1.

17 *Hüffer* in MünchKomm. AktG, § 271 Rz. 6 f.; *Kraft* in KölnKomm. AktG, § 271 Rz. 4; *Sethe*, ZHR 162 (1998), 474, 483 ff.

18 H.M. (Mehrheitsbeschluss): *Kraft* in KölnKomm. AktG, § 268 Rz. 7, § 271 Rz. 6; *Wiedemann* in Großkomm. AktG, § 268 Rz. 5, § 271 Rz. 5; a.M. (Einzelzustimmung) *Hüffer* in MünchKomm. AktG, § 268 Rz. 19 f., § 271 Rz. 4.

19 RG v. 17.1.1894 – Rep. I 355/93, RGZ 33, 16, 17; *Kraft* in KölnKomm. AktG, § 271 Rz. 12; *Hüffer* in MünchKomm. AktG, § 271 Rz. 22.

gleichmäßige Allokation des Fehlbetrags erforderlich ist, ziehen die Abwickler nicht geleistete Einlagen noch ein.

3. Durchführung

11 **Zuständig** für die Verteilung sind mangels anderer Anordnung (vgl. § 270 Abs. 2 Satz 1) die Abwickler. Das Verfahren bestimmt deren pflichtgemäßes Ermessen (§§ 93 Abs. 1, 264 Abs. 3), soweit – wie weithin – gesetzlich oder im Rahmen von § 23 Abs. 5 durch die Satzung nicht besonders geregelt. Beginn ist frühestens möglich nach Ablauf des Sperrjahres und Gläubigerbefriedigung bzw. Hinterlegung (§§ 271 Abs. 1, 272). Je nach den Verhältnissen der Gesellschaft wird zweckmäßig sein: Die Aufstellung einer **Schlussbilanz**, die das Gesellschaftsvermögen ausweist und einen Verteilungsplan enthalten kann; ein Aufruf der Aktionäre (die ihr Recht mangels Kenntnis der Voraussetzungen sonst nicht gut geltend machen können) etwa in den Gesellschaftsblättern (§ 25). Bei der Abwicklung ist **Legitimation** der Aktionäre (Namensaktien gem. Aktienregister, § 67 Abs. 2; Inhaberaktien: Vorlegung von Aktie oder, wenn Rechteausübung durch Dritte ausgeschlossen, Hinterlegungsbescheinigung) geboten: Zum *Beleg für die Befriedigung* kann mit h.M. nicht Aushändigung der Aktienurkunde verlangt werden, die noch als Legitimation für die Zwecke von § 273 Abs. 1, 2 benötigt werde[20]. In jedem Fall besteht Quittungsanspruch nach § 368 BGB, (Teil-) Leistung kann zudem auf der Urkunde vermerkt werden. Bei Inhaberaktien sind Name und Anschrift des Zahlungsempfängers (für evtl. Rückgriff, § 62) festzuhalten.

12 Der Anspruch **verjährt** in der regelmäßigen Frist von 3 Jahren (§§ 195, 199 BGB) ab Schluss des Jahres der Entstehung, Satzung kann kürzere Frist bestimmen. (Anspruchsvernichtende) **Ausschlussfrist** ergibt sich für Inhaberaktien aus § 801 BGB[21] (30 Jahre) und kann in der Satzung verkürzt werden, soweit dadurch die effektive Rechteausübung nicht behindert wird (5 Jahre ausreichend)[22].

§ 273
Schluss der Abwicklung

(1) Ist die Abwicklung beendet und die Schlussrechnung gelegt, so haben die Abwickler den Schluss der Abwicklung zur Eintragung in das Handelsregister anzumelden. Die Gesellschaft ist zu löschen.

(2) Die Bücher und Schriften der Gesellschaft sind an einem vom Gericht bestimmten sicheren Ort zur Aufbewahrung auf zehn Jahre zu hinterlegen.

(3) Das Gericht kann den Aktionären und den Gläubigern die Einsicht der Bücher und Schriften gestatten.

---

20 LG München v. 15.4.1958 – WP 8448, WM 1958, 1111; *Kraft* in KölnKomm. AktG, § 271 Rz. 20; *Wiedemann* in Großkomm. AktG, § 271 Rz. 6. A.M. trägt dem andauernden Legitimationsinteresse durch Austausch gegen ein anderes Legitimationspapier Rechnung; *Hüffer* in MünchKomm. AktG, § 271 Rz. 15.

21 H.M.: s. nur *Hüffer* in MünchKomm. AktG, § 271 Rz. 18; *Wiedemann* in Großkomm. AktG, § 271 Rz. 2.

22 RG v. 17.2.1882 – Rep. II 133/81, RGZ 7, 32, 33 f.; *Kraft* in KölnKomm. AktG, § 271 Rz. 22; *Hüffer* in MünchKomm. AktG, § 271 Rz. 18; *Sethe*, ZIP 1998, 770, 773.

(4) Stellt sich nachträglich heraus, dass weitere Abwicklungsmaßnahmen nötig sind, so hat auf Antrag eines Beteiligten das Gericht die bisherigen Abwickler neu zu bestellen oder andere Abwickler zu berufen. § 265 Abs. 4 gilt.

(5) Gegen die Entscheidungen nach den Absätzen 2, 3 und 4 Satz 1 ist die sofortige Beschwerde zulässig.

I. Übersicht und Zweck	1	2. Aufbewahrung der Bücher	8
II. Löschung und Vollbeendigung	2	IV. Nachtragsabwicklung	10
III. Schluss der Abwicklung	5	V. Rechtsmittel	14
1. Anmeldung und Löschung	5		

Literatur: *Bokelmann,* Der Prozess gegen eine im Handelsregister gelöschte GmbH, NJW 1977, 1130; *Delius,* Die Aufbewahrung, Einsichtnahme und Benutzung der Handelsbücher nach Auflösung der Gesellschaft, ZHR 46 (1897), 48; s. auch die Hinweise zu § 262.

I. Übersicht und Zweck

§ 273 regelt den Schluss der Abwicklung und seine Folgen. Ist die Abwicklung beendet und Schlussrechnung gelegt, ist der Schluss der Abwicklung zum Handelsregister anzumelden und die Gesellschaft zu löschen (Abs. 1). Die Bücher der Gesellschaft sind zu hinterlegen (Abs. 2 und 3). Absatz 4 schließlich regelt die Nachtragsabwicklung.   1

II. Löschung und Vollbeendigung

Umstritten ist, ob Eintragung (mit der wohl h.L.) konstitutiv oder (mit der Rspr.) deklaratorisch wirkt oder (mit vordringender Meinung) zusammen mit Vermögenslosigkeit konstitutiver Bestandteil eines Doppeltatbestands darstellt; dazu § 262 Rz. 15 m.w.N. Über die praktischen Folgen besteht indes i.E. weithin Einigkeit. Die gesetzliche Regelung der §§ 262 Abs. 1, 264 Abs. 2, 273 Abs. 4 ist mit der Lehre vom **Doppeltatbestand** am besten erklärt (s. schon § 262 Rz. 15).   2

Vollbeendigung tritt ein, wenn eine vermögenslose Gesellschaft gelöscht wird. Die Gesellschaft geht als Rechtssubjekt unter und mit ihr auch etwa noch offene **Verbindlichkeiten**[1]. **Sicherheiten,** auch akzessorische, bestehen ihrem Zweck nach (Vorsorge vor Vermögenslosigkeit des Schuldners!) indes fort[2]. Da mit Existenz auch die **Parteifähigkeit** entfällt, ist Klage gegen die AG ist nach Löschung unzulässig, Löschung während des laufenden Rechtsstreits führt ebenfalls zu Unzulässigkeit[3]; Kläger kann wg. Kostenrisiko Hauptsache für erledigt erklären[4]. Wenn gerade die Exis-   3

---

1 BGH v. 5.4.1979 – II ZR 73/78, BGHZ 74, 212, 215 = NJW 1979, 1592; *Hüffer,* § 273 Rz. 8.
2 Teleologische Auslegung der akzessorietätsbegründenden Normen; BGH v. 25.11.1981 – VIII ZR 299/80, BGHZ 82, 323, 326 ff. = NJW 1982, 875; *K. Schmidt* in Scholz, GmbHG, § 74 Rz. 16.
3 BGH v. 5.4.1979 – II ZR 73/78, BGHZ 74, 212, 213 = NJW 1979, 1592; OLG Rostock v. 28.6.2001 – 1 U 203/99, NZG 2002, 94; OLG Saarbrücken v. 6.3.1991 – 1 U 143/90, GmbHR 1992, 311.
4 BGH v. 29.9.1981 – VI ZR 21/80, NJW 1982, 238 = ZIP 1981,1268.

tenz der Gesellschaft oder die Kosten ihres Wegfalls streitig sind, wird das Fortbestehen fingiert[5].

4   Anders – auch bei Annahme einer deklaratorischen Löschung –, bei nur vermeintlicher Vermögenslosigkeit: Vollbeendigung tritt noch nicht ein, die Gesellschaft ist Rechtsträger im Nachtragsliquidationsverfahren, bleibt auch parteifähig[6].

III. Schluss der Abwicklung

1. Anmeldung und Löschung

5   Die **Abwicklung** ist **beendet**, wenn (kumulativ)

(1) das Sperrjahr abgelaufen ist[7]; für GmbH ist Ausnahme von diesem Erfordernis für den Fall der Vermögenslosigkeit anerkannt[8] (zw., da das Gesetz hierfür besondere Verfahren vorsieht, § 262 Abs. 1 Nr. 3, 4, 6, § 264 Abs. 1 Halbsatz 2, Abs. 2 Satz 1);

(2) das Gesellschaftsvermögen verwertet ist (§ 268 Abs. 1);

(3) die Verbindlichkeiten berichtigt sind (§ 268 Abs. 1); insoweit reicht (anders als für Verteilung, § 272 Abs. 1!) zwar Hinterlegung nach § 272 Abs. 2, nicht aber Sicherheitsleistung nach § 272 Abs. 3;

(4) das restliche Vermögen an die Aktionäre verteilt ist; weiteres Vermögen (auch Haftungsansprüche gegen Organe, §§ 93, 116) darf nicht mehr vorhanden sein;

(5) schwebende Prozesse der Gesellschaft erledigt sind; auch über (3) und (4) hinaus, z.B. Anfechtungsklagen.

6   Die Abwickler haben der Hauptversammlung[9] nach § 259 BGB Rechenschaft abzulegen (**Schlussrechnung**; vorausgesetzt in §§ 268 Abs. 1, 273 Abs. 1 Satz 1). Bilanz ist dafür nicht erforderlich, kann aber zweckmäßig sein. Billigung der Hauptversammlung (sog. „Entlastung") ist nach h.M. nicht Entlastung i.S.v. §§ 120, 270 Abs. 2. Sie soll mit Leistungsklage durchsetzbar und (anders als § 120 Abs. 2 Satz 2) Präklusionswirkung für aufgrund Rechenschaft erkennbare Ansprüche haben (arg. Abwicklungszweck)[10].

7   Die Abwickler, handelnd in vertretungsberechtigter Zahl (§ 269 Abs. 2), haben unter diesen Voraussetzungen den „Schluss der Abwicklung" beim Registergericht des Gesellschaftssitzes (§ 14) in der Form des § 12 HGB **anzumelden**; Vorlage von Schlussrechnung und Entlastungsbeschluss ist zweckmäßig. Sanktion: Zwangsgeld, § 14 HGB. Das Registergericht prüft formelle und materielle Voraussetzungen des § 273 Abs. 1 Satz 1, verfügt die Eintragung ins Register (§ 43 Nr. 6 lit. b, ff HRV) sowie, von Amts wegen, die Löschung (§ 273 Abs. 1 Satz 2).

---

5   BGH v. 11.4.1957 – VII ZR 280/56, BGHZ 24, 91, 94 = NJW 1957, 989; BGH v. 5.4.1979 – II ZR 73/78, BGHZ 74, 212, 213; BGH v. 29.9.1981 – VI ZR 21/80, NJW 1982, 238 = ZIP 1981,1268; BAG v. 22.3.1988 – 3 AZR 350/86, NJW 1988, 2637; weitergehend (keine Auflösung während laufender Prozesse) BAG v. 9.7.1981 – 2 AZR 329/79, BAGE 36, 125, 129 ff. = NJW 1982, 1831; BAG v. 4.6.2003 – 10 AZR 448/02, NZA 2003, 1049, 1050.
6   Vgl. BayObLG v. 14.8.2002 – 3 Z BR 154/02, ZIP 2002, 1843.
7   RG v. 8.11.1911 – Rep. I 461/10, RGZ 77, 268, 273; KG v. 21.4.1932 – 1b X 182/32, JW 1932, 2623, 2625.
8   S. nur OLG Köln v. 5.11.2004 – 2 Wx 33/04, NZG 2005, 83, 84; *K. Schmidt* in Scholz, GmbHG, § 74 Rz. 1.
9   BayObLG v. 14.3.1963 – BReg. 2 Z 151/62, BB 1963, 664.
10 *Hüffer* in MünchKomm. AktG, § 273 Rz. 7 f.; *Wiedemann* in Großkomm. AktG, § 273 Rz. 1 b. A.M. mit beachtlichen Erwägungen (§ 268 i.V.m. § 120) *Kraft* in KölnKomm. AktG, § 273 Rz. 9; *K. Schmidt*, ZGR 1978, 425, 442 ff.

2. Aufbewahrung der Bücher

In Ergänzung zu § 257 HGB verpflichtet § 273 Abs. 2 die Abwickler, die Bücher und 8
Schriften zu **hinterlegen**; zwangsgeldbewehrt, § 407 Abs. 1. Zu hinterlegen sind (ggf.
auf Datenträger, § 257 Abs. 3 HGB) die Unterlagen i.S.v. § 257 Abs. 1 HGB, Unterlagen der Gesellschaft (z.B. Aktienregister, § 67) sowie Abwicklungsunterlagen (z.B.
Gläubigeraufruf und Schlussrechnung)[11]. Sicheren Verwahrungsort, z.B. Bank oder
Treuhandgesellschaft, bestimmt das Gericht des Gesellschaftssitzes (§ 14), das Anregung der Abwickler folgen kann. (Entgeltlicher) Verwahrungsvertrag (nach Maßgabe
von § 273 Abs. 3) kommt zwischen Gesellschaft oder (zugunsten Dritter) den Abwicklern und dem bestimmten Verwahrer zustande, wenn dieser zustimmt. Kosten
trägt die Gesellschaft, müssen die Abwickler daher zurückbehalten. Die Frist von
zehn Jahren beginnt mit Hinterlegung (§ 188 Abs. 2 Fall 1 BGB).

Das Gericht kann Aktionären (auch ehemaligen) und Gläubigern, die ein berechtig- 9
tes Interesse glaubhaft machen, **Einsicht** gestatten. Berechtigte dürfen, zweckentspre-
chend ggf. unter Zuziehung eines Sachverständigen, einsehen[12], ferner (selbst!) Notizen, Abschriften und (auf eigene Kosten) Kopien fertigen; kein Anspruch auf Aushändigung der Bücher und Schriften. Durchsetzung des Einsichtsrechts erfolgt nach h.M.
über § 33 FGG[13]. Das gesetzliche Einsichtsrecht nach § 810 BGB bleibt unberührt
und kann vor den ordentlichen Gerichten geltend gemacht werden.

IV. Nachtragsabwicklung

Eine Nachtragsabwicklung findet statt, wenn sich nachträglich herausstellt[14], dass 10
weitere Abwicklungsmaßnahmen nötig sind. Das ist v.a. der Fall, wenn weiteres Vermögen (auch – realisierbare[15] – Regressansprüche, §§ 93, 116, Rückgewähransprüche,
§ 62) in verteilungsfähigem Umfang (Kosten!) vorhanden ist. Als „nötige Abwick-
lungsmaßnahme" ist aber nach h.M. auch die Abgabe von Erklärungen für die Gesellschaft (z.B. Zustimmung zur Löschung einer Buchposition, Steuererklärung, Zeug-
niserteilung) anerkannt[16].

Den **Antrag** können die Beteiligten – wer z.Z. der Löschung Aktionär war[17], frühere 11
Organmitglieder, Gläubiger[18] – beim Amtsgericht des Gesellschaftssitzes (§ 14)[19]

---

11 BayObLG v. 14.6.1967 – BReg. 2 Z 20/67, BayObLGZ 1967, 240, 242 = NJW 1968, 56.
12 Vgl. RG v. 8.6.1907 – I 322/06, JW 1907, 523 Nr. 32; BGH v. 8.7.1957 – II ZR 54/56, BGHZ 25,
   115, 123 = NJW 1957, 1555; BGH v. 28.5.1962 – II ZR 156/61, DB 1962, 1139.
13 KG v. 27.5.1937 – 1 Wx 171/37, JW 1937, 2289; OLG Oldenburg v. 10.2.1983 – 5 W 77/82, BB
   1983, 1434; *Hüffer* in MünchKomm. AktG, § 273 Rz. 28 m.N. zum Streitstand; abl. *Kraft* in
   KölnKomm. AktG, § 273 Rz. 23; *Wiedemann* in Großkomm. AktG, § 273 Rz. 4 b.
14 Nicht nur, wenn Abwicklungsbedarf nachträglich entsteht; „herausstellen" ist subjektiv zu
   verstehen, so dass auch ein anfänglich erkennbarer, von den Abwicklern aber (auch pflichtwidrig) übersehener Abwicklungsbedarf ausreicht; *Kraft* in KölnKomm. AktG, § 273 Rz. 24.
15 BayObLG v. 30.10.1984 – BReg 3 Z 204/84, ZIP 1985, 33, 34.
16 BFH v. 1.10.1992 – IV R 60/81, BFHE 169, 294, 296 f.; OLG Hamm v. 13.7.1990 – 15 W 40/90,
   NJW-RR 1990, 1371, 1372; aber nicht nur Zustellung eines Steuerbescheids ohne Realisie-
   rungsaussicht: OLG Karlsruhe v. 21.6.1989 – 4 W 126/88, NJW-RR 1990, 100. *Hüffer* in
   MünchKomm. AktG, § 273 Rz. 34 f.; *Kraft* in KölnKomm. AktG, § 273 Rz. 26; BayObLG v.
   4.10.1955 – BReg 2 Z 104/55, DNotZ 1955, 638, 640. A.M. *Ulmer* in Hachenburg, GmbHG,
   Anh § 60 Rz. 40 (Pfleger); *K. Schmidt* in Scholz, GmbHG, § 74 Rz. 20a sowie *K. Schmidt*,
   GmbHG 1988, 209, 212 f. (analog § 74 Abs. 2 GmbHG).
17 OLG Jena v. 30.11.2000 – 6 W 770/00, NZG 2001, 417 = AG 2001, 536; KG v. 7.7.1998 – 1 W
   6250/96, NZG 1999, 163, 164 = AG 1999, 123; s. auch BGH v. 2.6.2003 – II ZR 102/02, BGHZ
   155, 121, 126.
18 BayObLG v. 31.5.1983 – BReg 3 Z 13/83, BayObLGZ 1983, 130, 135 ff.
19 KG v. 4.6.1991 – 1 W 5/91, AG 1992, 29, 30.

stellen. Antragsteller muss durch substantiierte Behauptungen darlegen, dass noch verteilbares Vermögen der bereits gelöschten Gesellschaft vorhanden ist[20]. Das **Gericht** – Richter, nicht Rechtspfleger (§§ 3 Nr. 2d, 17 Nr. 2a RPflG)[21] – prüft die formellen und materiellen Voraussetzungen von Amts wegen (§ 12 FGG)[22]. Seine Entscheidung über das „Ob" ist gebunden. Es kann (Ermessen) – ohne Bindung an den Antrag – die bisherigen Abwickler neu (kein automatisches Wiederaufleben) oder andere Abwickler bestellen[23]; letzteres ist geboten, wenn Ansprüche gegen die Abwickler durchzusetzen sind[24]. Bestellte Person muss ihr Einverständnis erklären[25] (und kann dies auch von Vorschuss abhängig machen; ggf. zweckmäßig). Mit Einverständnis kommt Amtsstellung sowie gesetzliches Schuldverhältnis zustande, aufgrund dessen der Abwickler Anspruch auf Auslagenersatz und Vergütung hat (kein Vergütungsanspruch gegen die Staatskasse[26]; klarstellend § 273 Abs. 4 Satz 2; s. die Erläuterungen zu § 265 Rz. 11). Nach § 266 Abs. 4 sind die Abwickler von Amts wegen ins Handelsregister einzutragen. Den Geschäftskreis bestimmt das Gericht, ggf. begrenzt auf Einzelaufgaben (s. oben Rz. 10).

12   Die **Gesellschaft** besteht nach der Lehre vom Doppeltatbestand fort, wenn sie nicht vermögenslos war (anders bei Annahme konstitutiver Löschung); s. oben Rz. 2. Ob sie (mit wohl h.M.)[27] wieder **einzutragen** oder (nach vordringender Meinung)[28] nicht, ist davon unabhängig; aus pragmatischen und teleologischen Gründen (Eintragung der Abwickler hinreichend deutlich) kann davon abgesehen werden. Amtslöschung der Löschung (§ 142 FGG) kommt (nur) bei Eintragung ungeachtet des Mangels einer wesentlichen Voraussetzung in Betracht[29]. Die **Parteifähigkeit** (§ 50 ZPO) bleibt nach h.M. erhalten[30], Prozessfähigkeit ist mit Bestellung der Abwickler wieder hergestellt. Für Prozessvollmacht gilt § 86 ZPO, für laufende Verfahren § 246 ZPO[31].

---

20   OLG Frankfurt v. 27.6.2005 – 20 W 458/04, FGPrax 2005, 271.

21   OLG Frankfurt v. 25.2.1993 – 20 W 50/93, NJW-RR 1993, 932 f. = DStR 1993, 809 = DB 1993, 578.

22   BayObLG v. 23.9.1993 – 3 Z BR 172/93, BayObLGZ 43 (1993), 332, 333 f. (Klageeinreichung im Aktivprozess Indiz für weiteres Vermögen); KG v. 7.7.1998 – 1 W 6250/96, NZG 1999, 163, 164 f. = AG 1999, 123

23   BGH v. 23.2.1970 – II ZB 5/69, BGHZ 53, 264, 269 = WM 1970, 520; KG v. 9.1.2001 – 1 W 2002/00, FGPrax 2001, 86, 87; OLG Celle v. 12.12.1961 – 9 WX 6/61, AG 1962, 254.

24   OLG Hamm v. 5.9.1996 – 15 W 125/96, NJW-RR 1997, 32 f. = FGPrax 1997, 33 f.

25   KG v. 9.1.2001 – 1 W 2002/00, FGPrax 2001, 86, 87 f.; OLG Hamm v. 5.9.1996 – 15 W 125/96, FGPrax 1997, 33.

26   Vgl. OLG Frankfurt v. 3.6.1994 – 20 W 257/94, NJW-RR 1995, 675 f.

27   KG v. 11.2.1937 – 1 Wx 718/36, JW 1937, 1739, 1740; *Wiedemann* in Großkomm. AktG, § 273 Rz. 5c.

28   *Hüffer* in MünchKomm. AktG, § 273 Rz. 42; *Kraft* in KölnKomm. AktG, § 273 Rz. 34; BayObLG v. 6.4.2000 – 3Z BR 23/00, NZG 2000, 833, 834.

29   OLG Düsseldorf v. 13.7.1979 – 3 W 139/79, GmbHR 1979, 227, 228; BayObLG v. 12.1.1995 – 3 Z BR 314/94, NJW-RR 1996, 417; OLG Hamm v. 9.5.2001 – 15 W 43/01, NZG 2001, 1040, 1041 = NZI 2001, 483.

30   (Vom Boden der deklaratorischen Löschung; i.E. ebenso die Lehre vom Doppeltatbestand) BGH v. 26.6.1995 – II ZR 282/93, WM 1995, 1446, 1448; BGH v. 18.1.1994 – XI ZR 95/93, NJW-RR 1994, 542; BGH v. 21.10.1985 – II ZR 82/85, NJW-RR 1986, 145 = WM 1986, 145; BGH v. 5.4.1979 – II ZR 73/78, BGHZ 74, 212 = NJW 1979, 1592; BGH v. 29.9.1967 – V ZR 40/66, BGHZ 48, 303, 307 = NJW 1968, 297; BGH v. 4.6.1957 – VIII ZR 68/56, BB 1957, 725 = WM 1957, 975. Zur Konzeption bei Annahme konstitutiver Löschung *Hüffer* in MünchKomm. AktG, § 273 Rz. 46.

31   BGH v. 8.2.1993 – II ZR 62/92, BGHZ 121, 263, 265 f. = NJW 1993, 1654 = AG 1993, 338; BGH v. 18.1.1994 – XI ZR 95/93, NJW-RR 1994, 542; BayObLG v. 21.7.2004 – 3 Z BR 130/04, FGPrax 2004, 297, 298.

Rechte und Pflichten der **Nachtragsabwickler** sind im Gesetz nicht gesondert gere- 13
gelt, doch werden sie ähnlich wie Abwickler tätig, so dass einzelne Vorschriften der
§§ 264 ff. analog angewendet werden können, soweit sie für den Nachtragsfall passen[32] (grds. nicht §§ 267 [Gläubigeraufruf], 270 [Eröffnungsbilanz etc.], 272 [Sperr-
jahr]). Grundlegend ist der gerichtlich bestimmte Geschäftskreis des Nachtragsab-
wicklers, der auch die Vertretungsmacht abgrenzt (nicht § 269)[33]. Abberufung analog
§ 265 Abs. 3 möglich[34].

V. Rechtsmittel

§ 273 Abs. 5 stellt klar, dass gegen – stattgebende oder versagende – Entscheidungen 14
des Gerichts über den Verwahrungsort (§ 273 Abs. 2), die Einsichtnahme (§ 273
Abs. 3) und die Nachtragsabwicklung (§ 273 Abs. 4) die sofortige Beschwerde zulässig
ist. Frist: 2 Wochen (§ 22 FGG; ebenso für weitere Beschwerde, § 29 FGG). Beschwerdeberechtigt: § 273 Abs. 2: Abwickler sowie (bis zur Löschung) AG; § 273 Abs. 3: bei
Versagung die Antragsteller, bei Stattgabe die Abwickler; § 273 Abs. 4: bei Versagung
die Antragsteller, bei Stattgabe die gelöschte Gesellschaft[35].

§ 274
Fortsetzung einer aufgelösten Gesellschaft

**(1) Ist eine Aktiengesellschaft durch Zeitablauf oder durch Beschluss der Hauptver-
sammlung aufgelöst worden, so kann die Hauptversammlung, solange noch nicht
mit der Verteilung des Vermögens unter die Aktionäre begonnen ist, die Fortsetzung
der Gesellschaft beschließen. Der Beschluss bedarf einer Mehrheit, die mindestens
drei Viertel des bei der Beschlussfassung vertretenen Grundkapitals umfasst. Die Satzung kann eine größere Kapitalmehrheit und weitere Erfordernisse bestimmen.**

(2) Gleiches gilt, wenn die Gesellschaft

**1. durch die Eröffnung des Insolvenzverfahrens aufgelöst, das Verfahren aber auf An-
trag des Schuldners eingestellt oder nach der Bestätigung eines Insolvenzplans, der
den Fortbestand der Gesellschaft vorsieht, aufgehoben worden ist;**

**2. durch die gerichtliche Feststellung eines Mangels der Satzung nach § 262 Abs. 1
Nr. 5 aufgelöst worden ist, eine den Mangel behebende Satzungsänderung aber spätestens zugleich mit der Fortsetzung der Gesellschaft beschlossen wird.**

**(3) Die Abwickler haben die Fortsetzung der Gesellschaft zur Eintragung in das Han-
delsregister anzumelden. Sie haben bei der Anmeldung nachzuweisen, dass noch
nicht mit der Verteilung des Vermögens der Gesellschaft unter die Aktionäre begonnen worden ist.**

32 KG v. 7.7.1998 – 1 W 6250/96, NZG 1999, 163, 165 = AG 1999, 123.
33 BayObLG v. 31.5.1983 – BReg 3 Z 13/83, BayObLGZ 1983, 130, 134 = WM 1984, 159; KG v.
7.7.1998 – 1 W 6250/96, NZG 1999, 163, 165 = AG 1999, 123; *Hüffer* in MünchKomm. AktG,
§ 273 Rz. 43; *Kraft* in KölnKomm. AktG, § 273 Rz. 35; *Wiedemann* in Großkomm. AktG,
§ 273 Rz. 5c.
34 OLG Dresden v. 1.10.2002 – 15 W 514/02, VIZ 2003, 504; OLG Jena v. 30.11.2000 – 6 W 770/
00, NZG 2001, 417 = AG 2001, 536; s. auch OLG Köln v. 6.1.2003 – 2 Wx 39/02, FGPrax 2003,
86, 87.
35 BayObLG v. 15.11.1912 – Reg. III 58/12, BayObLGZ 13 (1913), 681, 684 f.; BayObLG v.
31.5.1983 – BReg 3 Z 13/83, BayObLGZ 1983, 130, 133 = WM 1984, 159.

(4) Der Fortsetzungsbeschluss wird erst wirksam, wenn er in das Handelsregister des Sitzes der Gesellschaft eingetragen worden ist. Im Falle des Absatzes 2 Nr. 2 hat der Fortsetzungsbeschluss keine Wirkung, solange er und der Beschluss über die Satzungsänderung nicht in das Handelsregister des Sitzes der Gesellschaft eingetragen worden sind; die beiden Beschlüsse sollen nur zusammen in das Handelsregister eingetragen werden.

I. Übersicht und Zweck 1

II. Fortsetzungsmöglichkeiten und -voraussetzungen 2

III. Fortsetzungsbeschluss und Anmeldung 6

Literatur: *Rob. Fischer*, Die Fortsetzung einer GmbH, GmbHR 1955, 165; *Galla*, Fortsetzung einer GmbH in Nachtragsliquidation, GmbHR 2006, 635; *Hennrichs*, Fortsetzung einer mangels Masse aufgelösten GmbH, ZHR 159 (1995), 593.

I. Übersicht und Zweck

1 § 274 bestimmt, in welchen Fällen Fortsetzung der Gesellschaft möglich ist. Voraussetzung ist Hauptversammlungsbeschluss, der zum Schutz der gegenwärtigen und künftigen Gläubiger vor Beginn der Verteilung erfolgen muss. Anmeldung regelt Abs. 3, Wirksamwerden Abs. 4. Fortsetzungsbeschluss ist (erneute) Zweckänderung, nicht Satzungsänderung.

II. Fortsetzungsmöglichkeiten und -voraussetzungen

2 Die Hauptversammlung kann die Fortsetzung nur in den nach oder – aufgrund Verweisung – entsprechend § 274 Abs. 1 und 2 vorgesehenen Fällen beschließen. Das sind **Fälle**, in denen die Auflösung selbst oder die Beseitigung des Auflösungsgrundes in ihrer Hand liegt.

– Bestimmt die Hauptversammlung in den Fällen von § 262 Abs. 1 Nr. 1 und 2 über die Auflösung, kann sie auch die Fortsetzung beschließen[1].

– Der innere Grund für die Auflösung wegen Insolvenzeröffnung nach § 262 Abs. 1 Nr. 3 fällt weg, wenn das Insolvenzverfahren aufgehoben wurde: (a) auf Antrag des Schuldners nach §§ 212, 213 InsO oder (b) nach Bestätigung eines Insolvenzplans (§ 258), der den Fortbestand der Gesellschaft vorsieht, § 274 Abs. 2 Nr. 1.

– Der innere Grund für eine Auflösung wegen Satzungsmangels nach § 262 Abs. 1 Nr. 5 entfällt, wenn diesem abgeholfen wird; das muss spätestens zugleich mit dem Fortsetzungsbeschluss erfolgen; § 274 Abs. 2 Nr. 2.

– Entsprechend § 274 Abs. 2 Nr. 2 ist die Fortsetzung über § 277 Abs. 1 bei heilbarem Satzungsmangel nach Nichtigerklärung (§§ 275 f.) möglich.

– Entsprechendes gilt (analog § 274 Abs. 2 Nr. 1) über § 262 Abs. 2, wenn der Verwaltungsakt, durch den die Gesellschaft aufgelöst wurde (Vereinsverbot; Rücknahme der Geschäftserlaubnis; s. § 262 Rz. 23), zurückgenommen oder widerrufen (§§ 48,

---

1 Hält man entgegen § 262 Rz. 12 ein satzungsmäßiges Kündigungsrecht für zulässig, so soll Fortsetzung entsprechend Nr. 1 (grds. mit Zustimmung des Kündigenden) möglich sein; *Wiedemann* in Großkomm. AktG, § 274 Rz. 4; vgl. auch *Hüffer* in MünchKomm. AktG, § 274 Rz. 7; *Kraft* in KölnKomm. AktG, § 274 Rz. 4.

49 VwVfG) wurde (bei Nichtigkeit, § 44 VwVfG, oder Aufhebung im Widerspruchs- oder Anfechtungsverfahren schon keine Auflösung)[2].

Umgekehrt liegt die Fortsetzung *nicht* in der Hand der Hauptversammlung, 3
- wenn die Auflösung wegen Ablehnung der Insolvenzeröffnung mangels kostendeckender Masse erfolgte, § 262 Abs. 1 Nr. 4[3];
- wenn das Insolvenzverfahren nach Schlusstermin aufgehoben (§ 200 InsO) oder mangels kostendeckender Masse eingestellt wurde (§ 207 InsO)[4];
- bei Auflösung wegen Vermögenslosigkeit gem. § 262 Abs. 1 Nr. 6[5];
- bei Auflösung wegen Gemeinwohlgefährdung gem. § 396.

In diesen Fällen kommt gem. § 3 Abs. 2 UmwG auch eine Umwandlung nicht in Betracht.

Allgemeine Voraussetzung ist, dass noch **nicht mit der Verteilung** des Vermögens an 4
die Aktionäre **begonnen** wurde. Zum Gläubigerschutz knüpft § 274 Abs. 1 damit an
die Erhaltung des Grundkapitals nach § 57 an. Der Schutzmechanismus stellt *formal*
auf den Beginn der Verteilung ab. Daher stellt die Rückgewähr von Verteiltem oder
ausreichendes Vermögen die Fortsetzungsfähigkeit nicht wieder her, kommt es aber
umgekehrt auch nicht auf ein Mindestvermögen an; auch die Unterschreitung des
Grundkapitals oder Vermögenslosigkeit schaden, anders als bei Neugründung, nicht.
Grenze ist Überschuldung i.S.v. § 19 InsO[6].

Auch wenn in den Fällen von § 262 Abs. 1 Nr. 1 und 2 eine **Nachtragsabwicklung** 5
gem. § 273 Abs. 4 (nicht § 264 Abs. 2 Satz 1; s. oben Rz. 3) erfolgt, ohne dass mit der
Verteilung begonnen wurde (oben Rz. 4), ist nach dem Wortlaut eine Fortsetzung der
Gesellschaft möglich. Das lässt sich von der Lehre vom Doppeltatbestand (§ 262
Rz. 15) auch begründen, da noch keine Vollbeendigung eingetreten ist. Indes dürfte
der Wortlaut hier, gemessen am Zweck der Regelung, zu weit gefasst sein: Die Gesellschaft existiert auch nach der Lehre vom Doppeltatbestand nur noch zum Zwecke der Abwicklung und auch nur noch als Hülle ohne Organisation; der Nachtragsabwickler wird oft nur ähnlich wie ein Pfleger tätig (§ 273 Rz. 10 f.). Im Wege der teleologischen Reduktion ist daher die Fortsetzungsmöglichkeit auszuschließen[7].

III. Fortsetzungsbeschluss und Anmeldung

In allen Fällen (auch § 274 Abs. 2) ist ein Fortsetzungsbeschluss erforderlich, der (wie 6
der Auflösungsbeschluss, § 262 Rz. 9) mit **doppelter Mehrheit** – einfache Stimmenmehrheit i.S.v. § 133 Abs. 1 sowie als „weiteres Erfordernis" (§ 133 Abs. 1 Halbsatz 2)

---

2 Zutr. *Hüffer* in MünchKomm. AktG, § 274 Rz. 13. Anders (mit Genehmigung der Behörde) *Wiedemann* in Großkomm. AktG, § 274 Rz. 7b.
3 BGH v. 8.10.1979 – II ZR 257/78, BGHZ 75, 178, 180 = NJW 1980, 233; BayObLG v. 14.10.1993 – 3 Z BR 116/93, BayObLGZ 1993, 341, 342 ff. = NJW 1994, 594; BayObLG v. 12.1.1995 – 3 Z BR 314/94, NJW-RR 1996, 417; KG v. 1.7.1993 – 1 W 6135/92, NJW-RR 1994, 229 f. = ZIP 1993, 1476, 1477; KG v. 22.9.1998 – 1 W 2161/97, NJW-RR 1999, 475, 476 = FGPrax 1999, 33. A.M. *Hennrichs*, ZHR 159 (1995), 593 (bei neuer Kapitalausstattung); zur GmbH *K. Schmidt* in Scholz, GmbHG, § 60 Rz. 83.
4 BGH v. 25.10.2002 – V ZR 243/01, AG 2003, 424, 426. A.M. *Hennrichs*, ZHR 159 (1995), 593.
5 I.E. strittig: Wie hier RG v. 12.10.1937 – II 51/37, RGZ 156, 23, 26 f.; OLG Düsseldorf v. 13.7.1979 – 3 W 139/79, GmbHR 1979, 227 (Ausnahme, wenn das Stammkapital noch gedeckt ist).
6 OLG Dresden v. 13.6.2001 – 13 U 2639/00, AG 2001, 489, 491; *Hüffer* in MünchKomm. AktG, § 274 Rz. 22; *Kraft* in KölnKomm. AktG, § 274 Rz. 14.
7 I.E. ebenso *Hüffer* in MünchKomm. AktG, § 274 Rz. 15; *K. Schmidt* in Scholz, GmbHG, § 60 Rz. 83 („aus praktischen und rechtspolitischen Gründen"); a.M. *Galla*, GmbHR 2006, 635.

Mehrheit von drei Viertel des bei der Beschlussfassung vertretenen Grundkapitals – gefasst wird. Satzung kann Erschwerungen vorsehen, wg. Minderheitenschutzes keine Erleichterungen (§ 274 Abs. 1 Satz 3), wg. § 23 Abs. 5 Satz 1 aber auch keinen vollständigen Ausschluss. Bei Fortsetzung i.V.m. Beseitigung von Satzungsmängeln (§ 274 Abs. 2 Nr. 2; § 276) ist auch Satzungsänderung erforderlich.

7   Die Abwickler, handelnd in vertretungsberechtigter Zahl (§ 269), haben die Fortsetzung in der Form des § 12 HGB beim Amtsgericht des Gesellschaftssitzes (§ 14) zur Eintragung in das Handelsregister **anzumelden**, § 274 Abs. 3. Den Nachweis, dass sie mit der Verteilung des Vermögens noch nicht begonnen haben (§ 274 Abs. 3 Satz 2), erbringen die Abwickler durch Bescheinigung von Wirtschaftsprüfern oder Buchprüfern, bloße eigene Versicherung reicht nicht[8]. Der Fortsetzungsbeschluss wird erst mit Eintragung in das Register **wirksam**, § 274 Abs. 4 Satz 1. Bei Fortsetzung nach Beseitigung von Satzungsmangel gem. § 274 Abs. 2 Nr. 2 muss auch der Beschluss über die Satzungsänderung eingetragen werden, § 274 Abs. 4 Satz 2, da er erst dadurch wirksam wird, § 181 Abs. 3. Das Gebot gleichzeitiger Eintragung (§ 274 Abs. 4 Satz 2 Halbsatz 2) ist Ordnungsvorschrift, nicht Wirksamkeitsvoraussetzung.

8   Mit Wirksamwerden wird die AG als werbende Gesellschaft fortgesetzt, die **Abwicklung** wird **beendet**. Das Amt der Abwickler endet automatisch (s. § 265 Rz. 4). § 273 gilt für diesen Fall nicht, doch haben die Abwickler analog § 273 Abs. 1 Schlussrechnung zu legen, Entlastung folgt, da Abwicklungszweck nicht mehr entgegensteht, nach § 120. Der fortbestehende Aufsichtsrat bestellt neuen Vorstand, außer im Fall von § 265 Abs. 1 (dort deklaratorische Bestätigung möglich).

Zweiter Abschnitt. Nichtigerklärung der Gesellschaft

§ 275
Klage auf Nichtigerklärung

(1) Enthält die Satzung keine Bestimmungen über die Höhe des Grundkapitals oder über den Gegenstand des Unternehmens oder sind die Bestimmungen der Satzung über den Gegenstand des Unternehmens nichtig, so kann jeder Aktionär und jedes Mitglied des Vorstands und des Aufsichtsrats darauf klagen, dass die Gesellschaft für nichtig erklärt werde. Auf andere Gründe kann die Klage nicht gestützt werden.

(2) Kann der Mangel nach § 276 geheilt werden, so kann die Klage erst erhoben werden, nachdem ein Klageberechtigter die Gesellschaft aufgefordert hat, den Mangel zu beseitigen, und sie binnen drei Monaten dieser Aufforderung nicht nachgekommen ist.

(3) Die Klage muss binnen drei Jahren nach Eintragung der Gesellschaft erhoben werden. Eine Löschung der Gesellschaft von Amts wegen nach § 144 Abs. 1 des Gesetzes über die Angelegenheiten der freiwilligen Gerichtsbarkeit wird durch den Zeitablauf nicht ausgeschlossen.

(4) Für die Anfechtung gelten § 246 Abs. 2 bis 4, §§ 247, 248 Abs. 1 Satz 1, §§ 248a, 249 Abs. 2 sinngemäß. Der Vorstand hat eine beglaubigte Abschrift der Klage und das rechtskräftige Urteil zum Handelsregister einzureichen. Die Nichtigkeit der Gesellschaft auf Grund rechtskräftigen Urteils ist einzutragen.

---

8 *Hüffer* in MünchKomm. AktG, § 274 Rz. 30.

I. Übersicht und Zweck . . . . 1 | III. Nichtigkeitsgründe 5

II. Anwendungsbereich . . . . 4 | IV. Nichtigkeitsklage 9

Literatur: *Einmahl*, Die erste gesellschaftsrechtliche Richtlinie des Rates der Europäischen Gemeinschaften und ihre Bedeutung für das deutsche Aktienrecht, AG 1969, 131, 167, 210; *Lutter*, Die Auslegung angeglichenen Rechts, JZ 1992, 593; *Priester*, Mantelverwendung und Mantelgründung bei der GmbH, DB 1983, 2291; *Riesenhuber* (Hrsg.), Europäische Methodenlehre, 2006.

I. Übersicht und Zweck

Der Zweite Abschnitt (§§ 275–277) über die **Nichtigerklärung** enthält in § 277 einen *numerus clausus* der Nichtigkeitsgründe sowie Vorschriften über die Zulässigkeit und Begründetheit der Nichtigkeitsklage. In den Fällen von § 276 kommt Heilung in Frage. Die Nichtigkeitsfolgen – Abwicklung nach §§ 264–274 – regelt § 277. **1**

Die auf die **Publizitätsrichtlinie** (68/151/EWG, geändert durch RL 2003/58/EG)[1] zurückgehende Beschränkung der Nichtigkeitsgründe (§ 275 Abs. 1) dient dem Schutz der Aktionäre und des Rechtsverkehrs in seiner besonderen Bedeutung für den Binnenmarkt; die Regelung ist unter Berücksichtigung der Rechtsprechung des EuGH richtlinienkonform auszulegen[2]. Die Nichtigkeit kann nur durch Klage geltend gemacht werden, Zulässigkeitsvoraussetzung ist bei heilbaren Mängeln fruchtlose Beseitigungsaufforderung (§ 275 Abs. 2), § 275 Abs. 3 bestimmt eine dreijährige Ausschlussfrist. Bestimmte Vorschriften über die Anfechtungsklage sind sinngemäß anwendbar, Abs. 4. Die Regelung der §§ 275–277 dient dem Schutz des Rechtsverkehrs. Ihr liegt der Gedanke der fehlerhaften Gesellschaft zugrunde. Ungeachtet eines Fehlers im Errichtungsakt wird danach der Gesellschaft als ausgeführter Organisation Rechnung getragen. **2**

§ 275 ist Bestandteil eines **Systems** von Regeln über die Berücksichtigung von Mängeln. **3**

– § 142 FGG ermöglicht dem Registergericht die Amtslöschung einer Eintragung, die Löschung der Gesellschaft jedoch nur, wenn die Eintragung wegen wesentlicher Verfahrensmängel unzulässig war[3].

– Wegen Satzungsmangels i.S.v. § 275 Abs. 1 kommt gem. § 144 FGG Amtslöschung in Betracht, wenn *öffentliches Interesse* daran besteht.

– Satzungsmängel gem. § 23 Abs. 3 Nr. 1, 4, 5 oder 6 können vom Registergericht gem. § 144a FGG festgestellt werden mit der Folge der Auflösung nach § 262 Abs. 1 Nr. 5 (s. dort Rz. 20–22).

– Eine AG, die kein Vermögen besitzt, kann von Amts wegen oder auf Antrag der Steuerbehörde nach § 141a FGG gelöscht werden (Auflösung nach § 262 Abs. 1 Nr. 6; s. dort Rz. 15–19).

---

1 Dazu *Grundmann*, Europäisches Gesellschaftsrecht, Rz. 201–207; *Habersack*, Europäisches Gesellschaftsrecht, § 5 Rz. 1 ff., 32 ff.; *Lutter*, Europäisches Unternehmensrecht, S. 101 ff.; *Einmahl*, AG 1969, 210 ff.; kürzlich *Habersack*, ZIP 2006, 1813.

2 Zur richtlinienkonformen Auslegung *W.-H. Roth* in Riesenhuber (Hrsg.), Europäische Methodenlehre, § 14 S. 308 ff.

3 Näher *Steden* in Jansen, FGG, 3. Aufl. 2006, § 144 Rz. 8; *Kraft* in KölnKomm. AktG, § 275 Rz. 8; *Hüffer* in MünchKomm. AktG, § 275 Rz. 11. Nicht wenn nach Löschung wegen Vermögenslosigkeit (§ 141a FGG) noch Vermögen auftaucht; OLG Düsseldorf v. 13.7.1979 – 3 W 139/79, GmbHR 1979, 227.

– Und endlich sind gesetzwidrige (§ 134 BGB) fakultative Satzungsbestimmungen (§ 23 Abs. 5 Satz 2) nichtig; Feststellung nach § 256 ZPO möglich[4].

Die Verfahren nach §§ 142, 144 FGG ergänzen § 275, verdrängen aber die Anfechtungsklage nicht[5]; §§ 141a und 144a FGG betreffen andere Fälle und ergänzen § 275 so.

II. Anwendungsbereich

4 § 275 gilt für die **eingetragene** AG. Vor Eintragung gelten die Grundsätze der fehlerhaften Gesellschaft[6]. Das Registergericht kann die Eintragung verweigern, § 38, über § 16 Abs. 2 HGB kann sie verhindert werden.

III. Nichtigkeitsgründe

5 Nichtigkeit kommt nur aus drei Gründen in Betracht (§ 275 Abs. 1 Satz 1), die zudem eng auszulegen sind[7]. Zu anderen Sanktionsmöglichkeiten, s. oben Rz. 3.

6 Erster Nichtigkeitsgrund ist das *gänzliche Fehlen* einer Bestimmung über die **Höhe des Grundkapitals** (Verletzung von § 23 Abs. 3 Nr. 3; Art. 11 Abs. 2 lit. c Publizitätsrichtlinie). Nichtigkeit einer Bestimmung steht dem (anders als beim Gegenstand des Unternehmens, Fälle 2, 3) nicht gleich, ist auch nach Art. 11 Abs. 2 Publizitätsrichtlinie kein möglicher Nichtigkeitsgrund. Heilung nach § 276 kommt nicht in Betracht.

7 Zweiter Nichtigkeitsgrund ist das vollständige **Fehlen** einer Bestimmung über den **Gegenstand** des Unternehmens, also den Schwerpunkt der beabsichtigten Tätigkeit[8] (Verletzung von § 23 Abs. 3 Nr. 2; Art. 11 Abs. 2 lit. c Publizitätsrichtlinie). Die bloße Unklarheit steht dem nicht gleich, könnte richtlinienkonform auch nicht gleichgestellt werden[9].

8 Dritter Nichtigkeitsgrund ist die **Nichtigkeit** der Satzungsbestimmungen über den **Gegenstand** des Unternehmens (zu unterscheiden von der Nichtigkeit einer Satzungsänderung: § 249!)[10]. *Nichtigkeit* ist nicht nach §§ 134, 138 BGB zu beurteilen, sondern in teleologisch-systematischer Auslegung i.S.v. § 241 Nr. 3 und 4 zu verstehen[11]. Die zugrundeliegende Vorschrift des Art. 11 Abs. 2 lit. b Publizitätsrichtlinie hat der EuGH (ungeachtet des *deutschen* Wortlauts „tatsächlich", der sich in anderen Richtlinien nicht findet) dahin verstanden, dass damit „ausschließlich der im Errichtungsakt oder in der Satzung umschriebene Gegenstand gemeint" sei[12]; das ist auch bei der (richtlinienkonformen) Auslegung von § 275 zu beachten, für abweichende ältere Ansichten[13] ist kein Raum mehr. Daher können Umstände außerhalb der Satzung, nämlich der (anfänglich oder später) tatsächlich verfolgte Unterneh-

---

4 *Kraft* in KölnKomm. AktG, § 275 Rz. 11.

5 Zu §§ 142, 144 FGG *Hüffer* in MünchKomm. AktG, § 275 Rz. 11, 63.

6 *Hüffer* in MünchKomm. AktG, § 275 Rz. 14 f.; *Kraft* in KölnKomm. AktG, § 275 Rz. 5.

7 Vgl. EuGH v. 13.11.1990 – Rs. C-106/89 – „Marleasing", Slg. 1990, I-4135 Rz. 12.

8 BGH v. 3.11.1980 – II ZB 1/79, WM 1981, 163, 164; BayObLG v. 15.12.1975 – 2 Z 53/75, BayObLGZ 1975, 447 f. = NJW 1976, 1694.

9 Zutr. *Hüffer* in MünchKomm. AktG, § 275 Rz. 19; i.E. auch *Kraft* in KölnKomm. AktG, § 275 Rz. 16.

10 BayObLG v. 5.12.1984 – BReg 3 Z 219/84, BayObLGZ 34 (1984), 283, 286 f.

11 Überzeugend *Hüffer* in MünchKomm. AktG, § 275 Rz. 21; zust. *Kraft* in KölnKomm. AktG, § 275 Rz. 17.

12 EuGH v. 13.11.1990 – Rs. C-106/89 – „Marleasing", Slg. 1990, I-4135 Rz. 11 f.

13 S. noch *Wiedemann* in Großkomm. AktG, § 275 Rz. 3.

mensgegenstand Nichtigkeit nicht begründen[14]. **Beispiele** für nichtige Satzungsbestimmungen über den Gegenstand: wenn beabsichtigte Tätigkeit strafbar ist[15], gegen staatliches Monopol[16], Gesetz oder die guten Sitten verstößt[17]. Kein Nichtigkeitsgrund ist die offene Mantelgründung mit dem Unternehmensgegenstand „Verwaltung eigenen Vermögens"[18]. Wegen Spezialregelung (§ 396) auch nicht Gemeinwohlgefährdung im Zusammenhang mit Gegenstand.

IV. Nichtigkeitsklage

Auf Klage *erklärt* das Gericht die Gesellschaft für nichtig: die bisher trotz Nichtigkeitsgrundes rechtlich bestehende, fehlerhafte Gesellschaft wird aufgelöst und von einer werbenden in eine Abwicklungsgesellschaft (§ 277 Abs. 1) umgewandelt (**Gestaltungsklage**)[19]. Anders – etwa im Schiedsgerichtsverfahren oder im Wege der Einrede – kann die Nichtigkeit nicht begründet und können die Nichtigkeitsgründe nicht geltend gemacht werden[20], auch von Europarechts wegen (Art. 11 Abs. 1 Publizitätsrichtlinie).   9

Aktivlegitimiert[21] sind die Aktionäre – ohne Rücksicht auf Quorum oder Stimmrecht – und Mitglieder von Vorstand (auch nach §§ 85, 94; während Abwicklung: die Abwickler, § 268 Abs. 3[22]) und Aufsichtsrat. Aktionärseigenschaft muss bei Klageerhebung und bis zur letzten mündlichen Verhandlung bestehen[23]; dasselbe muss auch für Amtsstellung gelten. Mehrere Kläger sind notwendige Streitgenossen, § 62 Abs. 1 Fall 1 ZPO. Dritte, auch Gläubiger, haben kein Klagerecht.   10

Besondere Prozessvoraussetzung (Zulässigkeit) ist nach § 275 Abs. 2 bei heilbaren Mängeln der fruchtlose Ablauf einer 3-monatigen **Beseitigungsfrist**. Sie wird in Gang gesetzt durch die von einem Klageberechtigten (Rz. 9) geltend gemachte, konkrete (nicht nur allgemein gehaltene) **Beseitigungsaufforderung**. Konfligiert die Beseitigungsfrist mit der Ausschlussfrist des § 275 Abs. 3 (sogleich Rz. 12), so verkürzt sie sich entsprechend, um die Klage nicht zu vereiteln; Kläger trägt aber Kostenrisiko nach § 91a ZPO[24].   11

Schließlich enthält § 275 Abs. 3 eine materiell-rechtliche (Begründetheit) dreijährige **Ausschlussfrist**, die mit der Eintragung der Gesellschaft beginnt (§ 187 Abs. 1 BGB).   12

---

14 Eingehend und mit Nachweisen zu früher, vor „Marleasing" (Fn. 12) vertretenen Meinungen *Hüffer* in MünchKomm. AktG, § 275 Rz. 22 ff.
15 RG v. 30.9.1919 – III 206/19, RGZ 96, 282: gewerbsmäßiger Schmuggel.
16 Vgl. BayObLG v. 22.12.1970 – 8 Ws (B) 19/70, NJW 1971, 528: Arbeitsvermittlungsmonopol; BayObLG v. 27.3.1972 – BReg 2 Z 60/70, BayObLGZ 1972, 126, 129: Zündwarenmonopol.
17 Vgl. BGH v. 28.4.1958 – II ZR 197/57, BGHZ 27, 172, 176 = NJW 1958, 989: organisierter Austausch von Wechselakzepten; OLG Koblenz v. 22.2.1979 – 6 U 365/78, WM 1979, 1435 f.: Steuerhinterziehung; nicht mehr ohne weiteres sittenwidrig ist Bordellbetrieb: *Heinrichs* in Palandt, BGB, § 138 Rz. 52; BGH v. 16.5.1988 – II ZR 316/87, NJW-RR 1988, 1379.
18 BGH v. 16.3.1992 – II ZB 17/91, BGHZ 117, 323, 330 ff. = NJW 1992, 1824; BGH v. 9.12.2002 – II ZB 12/02, BGHZ 158, 161 ff. = NJW 2003, 892; *Hüffer* in MünchKomm. AktG, § 275 Rz. 30; *Kraft* in KölnKomm. AktG, § 275 Rz. 20 ff.
19 BGH v. 17.5.1999 – II ZR 293/98, NZG 1999, 1120, 1121.
20 *Hüffer* in MünchKomm. AktG, § 275 Rz. 38; a.A. *K. Schmidt* in Scholz, GmbHG, § 75 Rz. 18.
21 *Hüffer* in MünchKomm. AktG, § 275 Rz. 45; zu § 61 GmbHG wie hier *Lutter/Kleindiek* in Lutter/Hommelhoff, GmbHG, § 61 Rz. 3; a.M. (Klagebefugnis) *Kraft* in KölnKomm. AktG, § 275 Rz. 34; *K. Schmidt* in Scholz, GmbHG, § 61 Rz. 4, 7.
22 A.M. *Hüffer* in MünchKomm. AktG, § 275 Rz. 48: ehemalige Vorstandsmitglieder.
23 *Hüffer* in MünchKomm. AktG, § 275 Rz. 47.
24 *Hüffer* in MünchKomm. AktG, § 275 Rz. 44; *Kraft* in KölnKomm. AktG, § 275 Rz. 27.

Nichtigkeitsklage muss vor Fristablauf erhoben werden (§ 253 Abs. 1 ZPO), Anhängigkeit reicht, wenn die Zustellung demnächst erfolgt (§ 167 ZPO)[25]. Prozesskostenhilfe-Antrag reicht zur Fristwahrung, wenn Klage unverzüglich nach Entscheidung erhoben wird[26]. Fristablauf ändert nichts an dem Nichtigkeitsgrund, sondern bewirkt nur die Unanfechtbarkeit[27]; Amtslöschung nach § 144 Abs. 1 FGG ist weiterhin möglich, § 275 Abs. 3 Satz 2.

13   Für **Einzelheiten des Verfahrens** verweist § 275 Abs. 4 auf die Regeln über die Anfechtungsklage: über den Klagegegner (Gesellschaft, § 246 Abs. 2 Satz 1) und seine Vertretung (grds. Doppelvertretung, § 246 Abs. 2 Satz 2 und 3)[28]; die Zuständigkeit (Landgericht, in dessen Bezirk Gesellschaft sitzt, ggf. KfH, § 246 Abs. 3 Satz 1 und 2); Frist des § 246 Abs. 2 Satz 3 beruht auf dem unanwendbaren Abs. 1 und ist nicht anwendbar; Verbindung mehrerer Nichtigkeitsklagen (§ 246 Abs. 3 Satz 5; überflüssig daher Verweis auf § 249 Abs. 2 Satz 1), auch Nichtigkeits- und Anfechtungsprozesse können verbunden werden (§ 249 Abs. 2 Satz 2); Bekanntmachung von Klageerhebung und Termin zur mündlichen Verhandlung in Gesellschaftsblättern (§ 246 Abs. 4, zwangsgeldbewehrt, § 407 Abs. 1; ratio: Unterrichtung aller Klageberechtigten); Bekanntmachung der Beendigung des Anfechtungsprozesses nach § 248a; über den Streitwert (§ 247).

14   Materielle Rechtskraft des **stattgebenden Urteils** wirkt für und gegen alle Aktionäre und Mitglieder der Verwaltungsorgane, § 275 Abs. 4 Satz 1 i.V.m. § 248 Abs. 1 Satz 1. Gestaltungswirkung tritt mit Rechtskraft ein, (entgegen missverständlich § 277 Abs. 1) nicht erst mit Eintragung[29]. Das abweisende Urteil wirkt nach allgemeinen Grundsätzen nur *inter partes*.

15   Der Vorstand hat eine beglaubigte Abschrift der Klage sowie eine mit Rechtskraftzeugnis (§ 706 ZPO) versehene Ausfertigung des (abweisenden oder stattgebenden) Urteils beim Handelsregister **einzureichen**; zwangsgeldbewehrt, § 14 HGB. Nichtigkeit trägt das Registergericht ein, Bekanntmachung nach § 10 HGB.

§ 276
Heilung von Mängeln

Ein Mangel, der die Bestimmungen über den Gegenstand des Unternehmens betrifft, kann unter Beachtung der Bestimmungen des Gesetzes und der Satzung über Satzungsänderungen geheilt werden.

1   Von den drei Fehlern, die gem. § 275 eine Nichtigkeitsklage begründen können, sind nur völliges Fehlen und Nichtigkeit der Bestimmungen über den Unternehmensge-

---

25 Zur Anfechtungsklage BGH v. 14.11.1988 – II ZR 82/88, NJW 1989, 904, 905; OLG Köln v. 26.10.2000 – 18 U 79/00, AG 2001, 426.
26 BVerfG v. 6.6.1967 – 1 BvR 282/65, NJW 1967, 1267; *Hüffer* in MünchKomm. AktG, § 275 Rz. 53.
27 BGH v. 17.5.1999 – II ZR 293/98, NZG 1999, 1120, 1121.
28 Klagezustellung bei Doppelvertretung: OLG Hamm v. 28.2.1973 – 8 U 168/72, AG 1973, 206; OLG Frankfurt a.M. v. 28.2.1973 – 13 U 2/72, AG 1973, 136.
29 *Hüffer* in MünchKomm. AktG, § 275 Rz. 61, § 277 Rz. 4; s. auch *K. Schmidt* in Scholz, GmbHG, § 61 Rz. 11; a.M. *Kraft* in KölnKomm. AktG, § 275 Rz. 46.

genstand **heilbar**, nach dem eindeutigen Wortlaut nicht das Fehlen einer Bestimmung über die Höhe des Grundkapitals[1].

Heilung ist **bis zur Eintragung** der Nichtigkeit nach § 277 Abs. 1 möglich, d.h. auch 2 noch nach Klageerhebung (ggf. Erledigung in der Hauptsache) oder Einleitung des Amtslöschungsverfahrens. Nach Eintragung findet die Abwicklung nach §§ 264 ff. statt, Fortsetzung ist nur noch nach § 274 möglich.

Heilung erfolgt nach den Regeln der Satzungsänderung in Gesetz (§§ 179 ff.) und (un- 3 geachtet des Satzungsmangels) Satzung. Die erforderliche Mehrheit des § 179 Abs. 2 Satz 1 kann durch Satzung nur verschärft werden, § 179 Abs. 2 Satz 2. Einberufung der Hauptversammlung nach §§ 121 ff. durch den Vorstand; ist geboten, wenn eine Beseitigungsaufforderung gem. § 275 Abs. 2 vorliegt[2]. Eine Zustimmungspflicht der Aktionäre besteht nicht ohne weiteres, kann sich aber aus besonderen Gründen ergeben; erwogen für die Gründer, wenn es nur um eine sprachliche Klarstellung des ein- vernehmlich Gewollten geht[3]; ausnahmsweise auch aus der Treuepflicht, wenn die Erhaltung für sie ohne Nachteil ist und die Liquidation die übrigen Aktionäre schädi- gen würde[4].

Der Vorstand (§ 78) muss den Beschluss beim Amtsgericht des Gesellschaftssitzes 4 (§ 14) unter Beifügung der Unterlagen gem. § 181 Abs. 1 Satz 2, 3 **anmelden**; der Be- schluss wird mit Eintragung wirksam, §§ 181 Abs. 3.

§ 277
Wirkung der Eintragung der Nichtigkeit

(1) Ist die Nichtigkeit einer Gesellschaft auf Grund rechtskräftigen Urteils oder einer Entscheidung des Registergerichts in das Handelsregister eingetragen, so findet die Abwicklung nach den Vorschriften über die Abwicklung bei Auflösung statt.

(2) Die Wirksamkeit der im Namen der Gesellschaft vorgenommenen Rechtsgeschäf- te wird durch die Nichtigkeit nicht berührt.

(3) Die Gesellschafter haben die Einlagen zu leisten, soweit es zur Erfüllung der ein- gegangenen Verbindlichkeiten nötig ist.

Die Nichtigerklärung führt nicht zur (rückwirkenden) Vernichtung der AG, sondern 1 zur Abwicklung nach den §§ 264–274 (Art. 12 Abs. 2 Publizitätsrichtlinie), sie bedeu- tet in diesem Sinne Auflösung der AG[1].

---

1 *Hüffer* in MünchKomm. AktG, § 276 Rz. 5; *Kraft* in KölnKomm. AktG, § 276 Rz. 3; *Wiede- mann* in Großkomm. AktG, § 276 Rz. 1. Zur GmbH a.M. (und in der Tat *contra legem*) *K. Schmidt* in Scholz, GmbHG, § 76 Rz. 5.
2 *Kraft* in KölnKomm. AktG, § 276 Rz. 10.
3 *Kraft* in KölnKomm. AktG, § 276 Rz. 11; *Wiedemann* in Großkomm. AktG, § 276 Rz. 2; a.M. *Hüffer* in MünchKomm. AktG, § 276 Rz. 10.
4 *Kraft* in KölnKomm. AktG, § 276 Rz. 11; a.M. *Hüffer* in MünchKomm. AktG, § 276 Rz. 11.
1 *K. Schmidt*, GesR, § 30 VI 2 (S. 930 f.): „Etikettenschwindel …: Die Nichtigerklärung ist eine Auflösungsentscheidung".

2 Der Zeitpunkt der Auflösung ist nach h.M. unterschiedlich[2]: (1) Bei Nichtigkeit aufgrund Urteils (§ 275) unmittelbar mit Rechtskraft des Gestaltungsurteils; die Eintragung gem. § 277 Abs. 1 ist entgegen dem Wortlaut nur deklaratorisch. (2) Die Entscheidung des Registergerichts (§ 144 FGG) gestaltet die Rechtswirklichkeit nicht unmittelbar und hat auch nicht dieselbe Bindungswirkung (§ 18 FGG!), daher ist die Eintragung hier für die Auflösung konstitutiv.

3 Die Abwicklung folgt den §§ 264–274. Grundsätzlich werden Vorstandsmitglieder Abwickler (§ 265, Anmeldung § 266, Geschäftskreis § 268, Vertretung § 269, Rechnungslegung § 270), und zwar mit dem Zeitpunkt der Auflösung (soeben Rz. 2). Rückständige Einlagen sind einzuziehen, soweit die Abwicklung das erfordert (§§ 268 Abs. 1 Satz 1, 271 Abs. 3; Art. 12 Abs. 5 Publizitätsrichtlinie) Verteilung erfolgt nach der durch Gläubigeraufruf ausgelösten Sperrfrist gem. §§ 271, 272. Bei heilbaren Satzungsmängeln ist Fortsetzungsbeschluss nach § 274 möglich.

4 Nur deklaratorisch bestimmt § 277 Abs. 2 (Art. 12 Abs. 3 Publizitätsrichtlinie), dass die Nichtigkeit die im Namen der Gesellschaft vorgenommenen Rechtsgeschäfte nicht berührt. Ungeachtet der Nichtigkeitsgründe bestand die AG als juristische Person (und besteht sie bis zum Schluss der Abwicklung, § 264 Rz. 5), und zwar unabhängig von (Un-) Kenntnis von den Nichtigkeitsgründen; auch ein falscher Rechtsschein (i.S.v. § 15 HGB) liegt insoweit nicht vor.

5 Ab dem Auflösungszeitpunkt (oben Rz. 2) ist die Pflicht zur Einlagenleistung (§ 54) auf das beschränkt, was (unter gleichmäßiger Belastung der Aktionäre, § 53a) zur Erfüllung der Verbindlichkeiten nötig ist (Beweislast Aktionär)[3].

---

2 *Hüffer* in MünchKomm. AktG, § 277 Rz. 4–6; für die GmbH *K. Schmidt* in Scholz, GmbHG, § 77 Rz. 6; mit beachtlichen Erwägungen a.M. *Kraft* in KölnKomm. AktG, § 277 Rz. 2.
3 *Hüffer* in MünchKomm. AktG, § 277 Rz. 10.

Zweites Buch. Kommanditgesellschaft auf Aktien

§ 278
Wesen der Kommanditgesellschaft auf Aktien

(1) Die Kommanditgesellschaft auf Aktien ist eine Gesellschaft mit eigener Rechtspersönlichkeit, bei der mindestens ein Gesellschafter den Gesellschaftsgläubigern unbeschränkt haftet (persönlich haftender Gesellschafter) und die übrigen an dem in Aktien zerlegten Grundkapital beteiligt sind, ohne persönlich für die Verbindlichkeiten der Gesellschaft zu haften (Kommanditaktionäre).

(2) Das Rechtsverhältnis der persönlich haftenden Gesellschafter untereinander und gegenüber der Gesamtheit der Kommanditaktionäre sowie gegenüber Dritten, namentlich die Befugnis der persönlich haftenden Gesellschafter zur Geschäftsführung und zur Vertretung der Gesellschaft, bestimmt sich nach den Vorschriften des Handelsgesetzbuchs über die Kommanditgesellschaft.

(3) Im Übrigen gelten für die Kommanditgesellschaft auf Aktien, soweit sich aus den folgenden Vorschriften oder aus dem Fehlen eines Vorstands nichts anderes ergibt, die Vorschriften des Ersten Buchs über die Aktiengesellschaft sinngemäß.

I. Grundlagen 1	1. Satzungsregeln 27
1. Begriff und Rechtsnatur 1	2. Eintritt und Ausscheiden von Komplementären 28
2. Vermögensstruktur 4	3. Rechtsübergang 31
3. Organisationsstruktur 7	**IV. Rechtsstellung des Komplementärs (der Komplementäre) nach § 278 Abs. 2** 33
4. Die Mitgliedschaft 11	1. Anwendung von Kommanditgesellschaftsrecht 33
5. Typen der KGaA 15	2. Rechtsstellung im Innenverhältnis . . 36
II. Taugliche Komplementäre 16	3. Atypische Gestaltungen 41
1. Natürliche Personen 16	4. Rechtsstellung im Außenverhältnis . 42
2. Juristische Personen und rechtsfähige Personengesellschaften 19	**V. Anwendung von Vorschriften des AktG auf die KGaA (§ 278 Abs. 3)** . . . 44
a) Körperschaften 19	1. Die Verweisungsnorm 44
b) Rechtsfähige Personengesellschaften 20	2. Anwendbare Vorschriften des Ersten Buchs 45
c) Auslandsgesellschaften 21	3. Drittes und Viertes Buch 46
d) Stiftungen 22	
3. Komplementärunfähige Rechtsgemeinschaften 23	
III. Erwerb und Verlust der Komplementäreigenschaft 27	

Literatur: *Ammenwerth*, Die KGaA – eine Rechtsformalternative für personenbezogene Unternehmen?, 1997; *Arnold*, Die GmbH & Co. KGaA, 2001; *Baumann/Kusch*, Die Kapitalgesellschaft & Co. KG auf Aktien – Faktizität und Recht, in FS Boujong, 1996, S. 3; *Bayreuther*, Kapitalgesellschaft & Co. KGaA, JuS 1999, 651; *Binz/Sorg*, Die GmbH & Co. KGaA, BB 1988, 2041; *Cahn*, Die Änderung der Satzungsbestimmungen nach § 281 AktG bei der Kommanditgesellschaft auf Aktien, AG 2001, 579; *Claussen*, Perspektiven für die Kommanditgesellschaft auf Aktien, in FS Heinsius, 1991, S. 61; *Dirksen/Möhrle*, Die Kapitalistische KGaA, ZIP 1998, 1377; *Dreisow*, Die Kommanditgesellschaft auf Aktien als echte Einmanngesellschaft, WPg 1976, 658; *Durchlaub*,

Mitwirkung der Hauptversammlung und des Aufsichtsrats bei Geschäftsführungsmaßnahmen in der Kommanditgesellschaft auf Aktien, BB 1977, 1581; *Elschenbroich*, Die Kommanditgesellschaft auf Aktien, 1959; *Fischer*, Die Besteuerung der KGaA und ihrer Gesellschafter, SStR 1997, 851; *Flämig*, Die KGaA – Vor- und Nachteile für Investoren, in FS Peltzer, 2001, S. 99; *Freudenberg/Binz*, Die KGaA mbH, 1999; *Graf*, Die Kapitalgesellschaft & Co. KG auf Aktien, 1993; *Grobe*, Zum Rechtsverhältnis des persönlich haftenden Gesellschafters einer Kommanditgesellschaft auf Aktien, NJW 1968, 1709; *Haase*, Die Vorteile der GmbH oder der GmbH & Co. KGaA..., GmbHR 1997, 917; *Hageböke/Koetz*, Die Gewinnermittlung des persönlich haftenden Gesellschafters einer KGaA, DStR 2006, 293; *Halasz/Kloster*, Die GmbH & Co. KGaA..., GmbHR 2002, 77; *Hartel*, Umwandlung einer GmbH & Co. KG in eine KG auf Aktien, DB 1992, 2329; *Heermann*, Unentziehbare Mitwirkungsrechte... in der GmbH & Co. KGaA, ZGR 2000, 61; *Heinecke*, Anlegerschutz in der KGaA, 2002; *Hennerkes/May*, Noch einmal: Die GmbH & Co. KGaA, BB 1988, 2393; *Herfs*, Die Satzung der börsennotierten GmbH & Co. KGaA, in VGR (Hrsg.), Gesellschaftsrecht in der Diskussion 1998, 1999, S. 23; *Herfs*, Vereinbarungen zwischen der KGaA und ihren Komplementären, AG 2005, 589; *Hesselmann*, GmbH & Co. KGaA, GmbHR 1988, 472; *Hoffmann-Becking/Herfs*, Struktur und Satzung der Familien-KGaA, in FS Sigle, 2000, S. 273; *Kallmeyer*, Rechte und Pflichten des Aufsichtsrats in der Kommanditgesellschaft auf Aktien, ZGR 1983, 57; *Kallmeyer*, Die Kommanditgesellschaft auf Aktien – eine interessante Rechtsformalternative für den Mittelstand?, DStR 1994, 977; *Kessler*, Die Entwicklung des Binnenrechts der KGaA seit BGHZ 134, 392 = NJW 1997, 1923, NZG 2005, 145; *Kiefer*, Anlegerschutz durch Gesellschaftsrecht in der börsennotierten GmbH & Co. KGaA, 2001; *Knur*, Die Eignung der Kommanditgesellschaft auf Aktien für Familienunternehmen, in FS Flume, Bd. II, 1978, S. 173; *Krug* Gestaltungsmöglichkeiten bei der KGaA..., AG 2000, 510; *Ladwig/Motte*, Die GmbH & Co. KGaA..., DStR 1997, 1539; *Lorz*, Die GmbH & Co. KGaA und ihr Weg an die Börse, in VGR (Hrsg.), Gesellschaftsrecht in der Diskussion 1998, 1999, S. 57; *Martens*, Der Beirat in der Kommanditgesellschaft auf Aktien, AG 1982, 113; *Mertens*, Zur Existenzberechtigung der Kommanditgesellschaft auf Aktien, in FS Barz, 1974, S. 253; *Mertens*, Die Handelsgesellschaft KGaA... und die Wissenschaft vom Gesellschaftsrecht, in FS Ritter, 1997, S. 731; *Niederlag*, Juristische Person als persönlich haftender Gesellschafter einer Kommanditgesellschaft auf Aktien, Diss. Münster 1973; *Overlack*, Der Komplementär in der GmbH & Co. KGaA, in Hommelhoff/Röhricht (Hrsg.), RWS-Forum Gesellschaftsrecht 1997, 1998, S. 237; *Petersen*, Geschäftsführende Organe von Handelsgesellschaften, in FS Martin Luther, 1976, S. 127; *Pfeiffer*, Die KGaA als Beteiligte eines Beherrschungsvertrags und einer Eingliederung, 2005; *Pflug*, Der persönlich haftende Gesellschafter in der Kommanditgesellschaft auf Aktien, NJW 1971, 345; *Philbert*, Die Kommanditgesellschaft auf Aktien zwischen Personengesellschaftsrecht und Aktienrecht, 2005; *Priester*, Die Kommanditgesellschaft auf Aktien ohne natürlichen Komplementär, ZHR 160 (1996), 250; *Schaumburg*, Die KGaA als Rechtsform für den Mittelstand, DStZ 1998, 525; *W.U. Schilling*, Die GmbH & Co. KGaA zwischen Unternehmergeist und Aktionärs- bzw. Anlegerschutz, BB 1998, 1905; *Schlitt*, Die Satzung der Kommanditgesellschaft auf Aktien, 1999; *Karsten Schmidt*, Deregulierung des Aktienrechts durch Denaturierung der Kommanditgesellschaft auf Aktien?, ZHR 160 (1996), 265; *Karsten Schmidt*, Zur Vermögensstruktur der KGaA, in FS Forstmoser, 2003, S. 87; *Karsten Schmidt*, Zehn Jahre GmbH & Co. KGaA, in FS Priester, 2007, S. 691; *Karsten Schmidt*, 150 Jahre KGaA, in Bayer/Habersack (Hrsg.), Aktienrecht im Wandel, Bd. II, 2007, 26. Kap., S. 1184; *Schreiber*, Kommanditgesellschaft auf Aktien, 1925; *Schütz/Bürgers/Riotte* (Hrsg.), Die KGaA, 2004; *Sethe*, Aufsichtsratsreform mit Lücken – Die Einbeziehung der Kommanditgesellschaft auf Aktien in die gegenwärtige Reformdiskussion, AG 1996, 289; *Sethe*, Die personalistische Kapitalgesellschaft mit Börsenzugang, 1996; *Steindorff*, Kommanditgesellschaft auf Aktien und Mitbestimmung, in FS Ballerstedt, 1975, S. 127; *Strieder/Habel*, Zur Problematik einer Genossenschaft bzw. einer Kapitalgesellschaft als einzigem persönlich haftenden Gesellschafter einer Kommanditgesellschaft auf Aktien, DB 1994, 1557; *Ulmer* (Hrsg.), Die GmbH & Co. KGaA nach dem Beschluss BGHZ 134, 392 (ZHR-Beiheft 67), 1998, mit Beiträgen von *Hommelhoff* und *Ihrig/Schlitt*; *Veil*, Die Kündigung der KGaA durch persönlich haftende Gesellschafter und Kommanditaktionäre, NZG 2000, 72; *Wichert*, Die Finanzen der KGaA, 1999; *Wiesner*, Die Enthaftung ausgeschiedener persönlich haftender Gesellschafter einer Kommanditgesellschaft auf Aktien, ZHR 148 (1984), 56.

I. Grundlagen

1. Begriff und Rechtsnatur

a) Die KGaA ist eine **juristische Person** („Gesellschaft mit eigener Rechtspersönlich- 1
keit") mit einem aktienrechtlich konzipierten Grundkapital und einer kommandit-
gesellschaftsrechtlich konzipierten Unternehmensleitung durch (mindestens) einen
persönlich haftenden Gesellschafter (Komplementär). Das AktG rechnet die Gesellschaft zu den Körperschaften und Kapitalgesellschaften[1], während das ADHGB
(Art. 173–206a) sie in den Fassungen von 1861, 1870 und 1884 noch als Variante der
Kommanditgesellschaft regelte[2]. Die KGaA ist eine **aktienrechtliche Mischform** aus
kapitalgesellschaftlichen und personengesellschaftlichen Elementen[3]. Ob die aktienrechtlichen[4] oder personengesellschaftlichen Züge überwiegen[5], ist umstritten. BGH
v. 24.2.1997 – II ZB 11/96, BGHZ 134, 392, 398 = AG 1997, 370, 371 stellt heraus,
dass die KGaA eine **Rechtsform eigener Art** ist und nicht bloß eine Variante der Aktiengesellschaft[6]. Die praktische Bedeutsamkeit dieser Diskussion um die Rechtsnatur der KGaA ist umstritten. Als Körperschaft kann die KGaA auch aus einem einzigen Gesellschafter bestehen, der dann gleichzeitig Komplementär und Kommanditaktionär ist (vgl. Rz. 2 a.E., 12 a.E.)[7]. Wie sich aus der Neufassung des § 280 ergibt,
kann die KGaA ohne Zwischenschaltung einer juristischen Person auch durch eine
Person gegründet werden (**Einpersonen-KGaA**). Das ist anders als bei der Kommanditgesellschaft nach § 161 HGB. Während bei dieser dieselbe Person nicht gleichzeitig
Komplementär und Kommanditist sein kann[8], kann bei der KGaA der einzige Komplementär auch einziger Kommanditaktionär sein (Rz. 2 a.E., 12 a.E.). Im **Steuerrecht**
unterliegt die KGaA als Körperschaft der Körperschaftsteuer (§ 1 KStG)[9]. Die Komplementäre sind deshalb nicht Mitunternehmer i.S. von § 15 EStG, werden aber „wie
Mitunternehmer behandelt" und erzielen als solche Einkünfte aus Gewerbebetrieb
(§ 15 Abs. 1 Satz 1 Nr. 3 EStG)[10]. Das gilt auch für eine Komplementär-GmbH, der
auf diese Weise etwaige Einkünfte wie die eines Mitunternehmers zugerechnet werden[11]. Die Komplementär-Gewinnanteile werden vor der KStG-Besteuerung der Gesellschaft in Abzug gebracht[12].

b) Begriffsvoraussetzung des § 278 Abs. 1 ist das **Vorhandensein mindestens eines** 2
persönlich haftenden Gesellschafters und das **Vorhandensein eines „in Aktien zerlegten Grundkapitals".** Es muss **mindestens ein unbeschränkt haftender Gesellschafter**

---

1 Vgl. schon § 219 AktG 1937.
2 Art. 173 ff. ADHGB; eingehend zur Geschichte *Karsten Schmidt* in Bayer/Habersack (Hrsg.),
   Aktienrecht im Wandel, Bd. II, 26. Kap.
3 *Herfs* in MünchHdb. AG, § 75 Rz. 7; *Assmann/Sethe* in Großkomm. AktG, § 278 Rz. 3, 8 f.;
   Semler/Perlitt in MünchKomm. AktG, vor § 278 Rz. 29; *Priester*, ZHR 160 (1996), 250, 257 ff.
4 So etwa *Hüffer*, § 278 Rz. 3.
5 So *Assmann/Sethe* in Großkomm. AktG, § 278 Rz. 9.
6 Übereinstimmend *Assmann/Sethe* in Großkomm. AktG, § 278 Rz. 3; *Semler/Perlitt* in
   MünchKomm. AktG, vor § 278 Rz. 29; *Priester*, ZHR 160 (1996), 250, 259.
7 Statt vieler *Hüffer*, § 278 Rz. 5
8 Vgl. nur *Baumbach/Hopt*, HGB, § 161 Rz. 4; ausführlich *Karsten Schmidt* in MünchKomm.
   HGB, § 105 Rz. 77; a.M. *Grunewald* in MünchKomm. HGB, § 161 Rz. 4 f. m.w.N.
9 Ausführlich *Kraft* in MünchHdb. AG, § 81; *Riotte/Dümichen/Engel* in Schütz/Bürgers/Riotte,
   § 9; *Wacker* in L. Schmidt, EStG, 26. Aufl. 2007, § 15 Rz. 890.
10 BFH v. 8.2.1994 – I R 11/80, BFHE 140, 465 = BStBl. II 1984, 381; BFH v. 23.10.1985 – I R 235/
   81, BFHE 145, 76 = BStBl. II 1986, 72; BFH v. 21.6.1989 – XR 14/88, BFHE 157, 382 = NJW
   1990, 1812; *Riotte/Dümichen/Engel* in Schütz/Bürgers/Riotte, § 9 Rz. 116 ff.
11 Näher *Riotte/Dümichen/Engel* in Schütz/Bürgers/Riotte, § 9 Rz. 144 ff.
12 *Kraft* in MünchHdb. AG, § 81 Rz. 12; *Wacker* in L. Schmidt, EStG, 26. Aufl. 2007, § 15
   Rz. 890.

vorhanden sein (§ 278 Abs. 1). Fehlt er, so liegt eine als KGaA eintragungsfähige Gesellschaft nicht vor. Fällt der einzige oder der letzte Komplementär fort, so gelten die bei § 289 Rz. 15, 25 geschilderten Grundsätze. Mehr als einen Komplementär verlangt das Gesetz nicht. § 76 Abs. 2, wonach eine Aktiengesellschaft mit einem Grundkapital von mehr als 3 Mio. Euro einen mindestens zweiköpfigen Vorstand haben muss, findet keine entsprechende Anwendung[13]. Eine gesetzliche Höchstzahl an Komplementären gibt es ebensowenig[14]. Die Satzung kann allerdings Mindest- und Höchstzahlen vorschreiben[15]. Außerdem muss die Gesellschaft mindestens einen Kommanditaktionär haben[16]. Die unterschiedliche Redeweise des § 278 Abs. 1, der neben mindestens einem Komplementär „die übrigen Gesellschafter" als „Kommanditaktionäre" bezeichnet, bedeutet nicht, dass eine Mehrzahl von Aktionären vorgeschrieben wäre. Selbst das Vorhandensein mehrerer Aktien ist trotz des missverständlichen Gesetzeswortlauts („in Aktien zerlegtes Grundkapital") nicht erforderlich. Auch kann der einzige Komplementär zugleich einziger Kommanditaktionär sein (vgl. zur **Einpersonen-KGaA** Rz. 1 a.E., 12 a.E.). Seit der Änderung des § 280 ist sogar die **Einpersonengründung** zulässig (§ 280 Rz. 3).

3 c) Als juristische Person ist die KGaA **rechtsfähig** (vgl. § 278 Abs. 1 Satz 1), **parteifähig** (§ 50 Abs. 1 ZPO), **insolvenzrechtsfähig** (§ 11 InsO) und im öffentlichen Recht **beteiligtenfähig** (§ 11 Nr. 1 VwVfG, § 61 Nr. 1 VwGO, § 77 GWB). Die KGaA ist **Handelsgesellschaft** (§ 278 Abs. 3 i.V.m. § 3 Abs. 1). Sie ist damit ohne weiteres **Kaufmann kraft Rechtsform** (§ 6 HGB). Das Gesetz unterscheidet zwischen der **KGaA mit und ohne Börsennotierung** (§ 278 Abs. 3 i.V.m. § 3 Abs. 2).

2. Vermögensstruktur

4 a) Die KGaA ist **juristische Person** (Rz. 1). Als solche ist sie **Inhaberin eines ungeteilten Gesellschaftsvermögens.** Im Außenverhältnis steht dieses weder den Komplementären noch den Kommanditaktionären noch beiden Gesellschaftergruppen in irgendeiner Art von Gemeinschaft zu, sondern ausschließlich und ungeteilt der KGaA. Das gilt für Einlagen der Komplementäre ebenso wie für die Einlagen der Kommanditaktionäre. Das Vermögen auf der Aktivseite ist m.a.W. ungeteilt.

5 b) Dagegen hat die KGaA typischerweise ein **geteiltes Kapital**: Gezeichnetes **Aktienkapital** und etwaige **Kapitalanteile der Komplementäre** (dazu § 286 Rz. 5) bilden **getrennte Kapitalkreise** und werden auf der Passivseite der Bilanz getrennt abgebildet (vgl. § 286 Abs. 1)[17]. Dies wirkt sich auf das Außenverhältnis nicht aus, wohl aber auf die Vermögensverteilung im Innenverhältnis. Der Gesetzgeber des 19. Jahrhunderts hat sich die Komplementäre als die Inhaber und die „Gesamtheit der Kommanditaktionäre" (§ 278 Abs. 2, § 287 Abs. 2) wie ein mit einem einzigen Kommanditanteil beteiligtes Investorenkonsortium vorgestellt[18]. Verhielte es sich so, so müsste die KGaA **dualistisch** verstanden werden: als eine Personengesellschaft, an der eine Quasi-AG als einzige Kommanditistin beteiligt wäre. Die „Gesamtheit der Kommanditaktionäre" wäre nach „innen" (im Verhältnis zu den Kommanditaktionären) virtuelle AG, nach „außen" (im Verhältnis zu den Komplementären) virtuelle Treuhand-Kommanditistin. Diese Vorstellung hat, obwohl teilweise überholt, Spuren im

---

13 *Assmann/Sethe* in Großkomm. AktG, § 278 Rz. 18; *Semler/Perlitt* in MünchKomm. AktG, § 278 Rz. 8.
14 *Assmann/Sethe* in Großkomm. AktG, § 278 Rz. 18.
15 *Assmann/Sethe* in Großkomm. AktG, § 278 Rz. 17.
16 *Assmann/Sethe* in Großkomm. AktG, § 278 Rz. 18.
17 Eingehend *Karsten Schmidt* in FS Forstmoser, S. 87 ff.
18 Eingehend *Karsten Schmidt* in Bayer/Habersack (Hrsg.), Aktienrecht im Wandel, Bd. II, 26. Kap. Rz. 19 ff.

Recht der KGaA hinterlassen. Das Gesetz stellt den Komplementären (dem Komplementär) die „Gesamtheit der Kommanditaktionäre" wie einen Treuhandkommanditisten gegenüber. Gleichwohl sind die Kommanditaktionäre in der „Gemeinschaft der Kommanditaktionäre" nur organisationsrechtlich und für Zwecke der Gewinnverteilung zusammengefasst und dem Komplementär (den Komplementären) gegenübergestellt. Inhaber von Aktionärsrechten ist jeder einzelne Kommanditaktionär. Er steht in einem direkten mitgliedschaftlichen Verhältnis zur KGaA (Rz. 11), weshalb auch die Hauptversammlung Organ der KGaA und nicht bloß Suborgan ist (vgl. Rz. 9). Die KGaA erscheint heute als eine ganzheitlich verfasste juristische Person (**monistisches Verständnis**). Eine dualistische Organisation entsteht allerdings, wenn die Kommanditaktionäre ihre sämtlichen Aktien in eine Pool-GbR einbringen, denn dann ist die GbR einziger Kommanditaktionär[19]. Aber die KGaA selbst (mit nur einem Kommanditaktionär) bleibt auch in diesem Fall **monistisch verfasst**. Gleichzeitig bleiben die Komplementäreinlagen (soweit vorhanden) und das Grundkapital als Kapitalkreise getrennt. Eine **Umwandlung von Komplementär-Kapitalkonten in Aktien** (ungenau: Umwandlung „von Komplementäranteilen" in Aktien) ist nur durch Sachkapitalerhöhung unter Ausschluss des Bezugsrechts der Kommanditaktionäre möglich[20]. Das ist anders als bei der KG, bei der das Komplementärkapitalkonto ohne weiteres als Kommanditkonto weitergeführt werden kann (Rücktritt des Komplementärs in die Kommanditistenposition).

c) Für die Verbindlichkeiten der **KGaA haftet** diese selbst **als juristische Person** (§ 278   **6** Abs. 1 Satz 1) **mit ihrem Gesellschaftsvermögen**. Für die Gesellschaftsverbindlichkeiten haftet der **Komplementär** (haften die Komplementäre) persönlich (§ 278 Abs. 2 i.V.m. §§ 128 ff., 159 f., 161 Abs. 2 HGB und dazu Rz. 43)[21]. Daneben gibt es vorbehaltlich allgemeiner Durchgriffsregeln (dazu § 1 Rz. 14 ff.) **keine persönliche Gesellschafterhaftung der Kommanditaktionäre** (§ 278 Abs. 3 i.V.m. § 1 Satz 2). Das gilt, anders als bei der Kommanditgesellschaft (§§ 171 Abs. 1, 172 Abs. 4 HGB), auch dann, wenn die Einlagen nicht geleistet oder ungedeckte Ausschüttungen vorgenommen werden. Hieraus ergeben sich nur Ansprüche der KGaA gegen die Kommanditaktionäre (z.B. aufgrund ausstehender Zeichnungszusagen oder nach § 278 Abs. 3 i.V.m. § 62), nicht der Gläubiger. Deshalb bedarf es in der Insolvenz, anders als hinsichtlich der Komplementäre (§ 93 InsO), keiner besonderen Zuweisung der Haftungsansprüche an die Zuständigkeit des Insolvenzverwalters (vgl. demgegenüber für Kommanditisten § 171 Abs. 2 HGB).

3. Organisationsstruktur

a) Die KGaA ist **selbstorganschaftlich** verfasst. **Leitungsorgan** ist **der Komplementär**   **7** (der unbeschränkt haftende Gesellschafter) bzw. sind **die Komplementäre**. Für ihn bzw. sie gilt teils das Recht der Kommanditgesellschaft (§ 278 Abs. 2), teils Aktienrecht (§ 278 Abs. 3 sowie § 283). Da § 76 keine Anwendung findet, gibt es – wie in der Kommanditgesellschaft – typusverschieden den „starken" wie auch den „schwachen", nämlich weisungsabhängigen (z.B. angestellten) Komplementär[22]. Das wirkt sich vor allem bei der Kapitalgesellschaft & Co. KGaA (insbesondere also bei der GmbH & Co. KGaA) aus (vgl. Rz. 41).

---

19 Beispiel: BFH v. 27.8.2003 – II R 35/01, BFH/NV 2004, 467.
20 *Schlitt*, S. 151 ff.; *Mertens/Cahn* in KölnKomm. AktG, § 281 Rz. 26; eingehend *Krug*, AG 2000, 510.
21 Die sich aus §§ 128 ff. HGB ergebenden allgemeinen Regeln werden hier nicht erläutert; Überblick bei *Herfs* in MünchHdb. AG, § 77 Rz. 19 ff.
22 *Karsten Schmidt* in FS Priester, S. 691, 695 ff.

8   **b) Aufsichtsorgan** ist der Aufsichtsrat. Der Aufsichtsrat ist **obligatorisch**, gleich, ob
     die KGaA mitbestimmt nach § 1 MitbestG ist oder nicht. Wegen der Einzelheiten
     wird verwiesen auf die Erläuterungen zu **§ 287**.

9   **c) Beschlussorgan** ist die Hauptversammlung. Die **Hauptversammlung der KGaA**
     wird vom Gesetz als ein nur die „Gesamtheit der Kommanditaktionäre" umfassen-
     des Organ begriffen, dessen Beschlüsse der Zustimmung der Komplementäre teils be-
     dürfen, teils nicht bedürfen (vgl. § 285). Heute ist die Hauptversammlung als **Organ
     der Gesellschaft insgesamt** zu begreifen (§ 285 Rz. 1)[23]. Träger des organschaftlichen
     Willens der Hauptversammlung sind allerdings nur die Kommanditaktionäre (Einzel-
     heiten bei § 285).

10   **d) Kein Organ der Gesellschaft** ist die in § 278 Abs. 2 sowie in § 287 Abs. 2 erwähnte
     Gesamtheit der Kommanditaktionäre. Die Gesamtheit der Kommanditaktionäre ist
     auch kein teilrechtsfähiges Teil-Subjekt im Innenrecht der KGaA[24], obwohl sie nach
     dem historischen Rechtsbild der KGaA wie ein Treuhand-Kommanditist erschien,
     der den Kommanditanteil für die Kommanditaktionäre beschreibt (Rz. 5). Der Begriff
     „Gesamtheit der Kommanditaktionäre" beschreibt nur den Kreis der durch Aktienin-
     vestment belegten und in der Hauptversammlung repräsentierten kollektiven Aktio-
     närsinteressen[25]. Nur scheinbar weist § 287 Abs. 2 der Gesamtheit der Kommandit-
     aktionäre Parteifähigkeit zu (vgl. 287 Rz. 20).

4. Die Mitgliedschaft

11   **a)** Es ist streng zwischen dem **Komplementäranteil** und den **Anteilen der Kommandit-
     aktionäre** zu unterscheiden. Zu unterscheiden ist weiter zwischen der Mitgliedschaft
     als Anteils-Innehabung und den mitgliedschaftlichen Rechtsverhältnissen[26]. Der
     Komplementäranteil unterliegt dem Recht der Personengesellschaft, die Aktien der
     Kommanditaktionäre unterliegen dem Aktienrecht. Für die mitgliedschaftlichen
     Rechtsverhältnisse gilt diese strenge Trennung nicht. Jeder Komplementär ist, wie der
     Komplementär in einer KG, mitgliedschaftlich direkt mit der Gesellschaft (und mit
     den Mitgesellschaftern) verbunden und unterliegt in beiderlei Richtung der Treupflicht
     (zum Wettbewerbsverbot vgl. § 284; zum Kommanditaktionär vgl. § 284 Rz. 11)[27].
     Auch jeder Kommanditaktionär ist Mitglied der einheitlich zu begreifenden KGaA
     (**monistisches Verständnis der KGaA**; vgl. Rz. 5)[28]. Es verhält sich also nicht so, dass
     die Kommanditaktionäre lediglich an dem auf die „Gesamtheit der Kommanditaktio-
     näre" verteilten Grundkapital und die „Gesamtheit der Kommanditaktionäre" ihrer-
     seits als Kommanditistin an der KGaA beteiligt ist[29]. Lediglich die Vermögensver-
     hältnisse im Innenverhältnis werden angesehen, als stünde der „Gesamtheit der Kom-
     manditaktionäre" als Kollektiv ein einziger Kommanditanteil zu (vgl. Rz. 5; zur
     Bilanzierung § 286 Rz. 4). Dagegen sind alle Kommanditaktionäre mitgliedschaftlich

---

23 *Assmann/Sethe* in Großkomm. AktG, vor § 278 Rz. 65; *Hüffer*, § 278 Rz. 17; *Schreiber*,
    S. 157 ff.; zur Einordnung der Hauptversammlung eingehend *Karsten Schmidt* in Bayer/Ha-
    bersack (Hrsg.), Aktienrecht im Wandel, Bd. II, 26. Kap. Rz. 24.
24 *Assmann/Sethe* in Großkomm. AktG, § 278 Rz. 93, § 287 Rz. 31, 62; *Mertens/Cahn* in Köln-
    Komm. AktG, § 278 Rz. 45; ausführlich *Philbert*, S. 93 ff.
25 Vgl. *Mertens/Cahn* in KölnKomm. AktG, § 278 Rz. 45.
26 Zu diesen beiden Seiten der Mitgliedschaft vgl. *Karsten Schmidt*, GesR, § 19 I 3, S. 548 f.
27 Vgl. allgemein zur Treupflicht des Komplementärs *Herfs* in MünchHdb. AG, § 77 Rz. 27.
28 Näher *Karsten Schmidt* in Bayer/Habersack (Hrsg.), Aktienrecht im Wandel, Bd. II, 26. Kap.
    Rz. 20 ff.
29 In diesem Sinne noch *Schreiber*, S. 12 ff., 37 f., 87.

nicht nur untereinander verbunden, sondern auch mit dem Komplementär (den Komplementären) und der KGaA (vgl. zur Treupflicht des Aktionärs § 53a Rz. 48 ff.)[30].

b) Unteilbarkeit der Mitgliedschaft? Das Recht der Personengesellschaften kennt einen Grundsatz der Unteilbarkeit der Mitgliedschaft[31]. Nach h.M. kann kein Personengesellschafter mehrere Mitgliedschaftsrechte gleichzeitig innehaben[32]. Das gilt auch für die **Komplementärbeteiligung an einer KGaA**. Der Komplementär kann (auch im Fall des nachträglichen Hinzuerwerbs eines Zweitanteils) nur einen (ggf. vergrößerten) Komplementäranteil halten. **Nicht** ausgeschlossen ist dagegen, dass ein und derselbe **Kommanditaktionär** mehrere (auch: alle) Aktien hält. Ebensowenig ist ausgeschlossen, dass ein und derselbe Komplementär Aktien (auch: alle Aktien) an der Gesellschaft hält (vgl. zur **Einpersonen-KGaA** Rz. 2 a.E.)[33]. Zur Einpersonengründung vgl. § 280 Rz. 3. 12

c) Einheitsgesellschaft. Nicht ausgeschlossen ist, dass die KGaA – wie bei der Einheits-GmbH & Co. KG – selbst Inhaberin sämtlicher Anteile an ihrer Komplementär-Kapitalgesellschaft ist (Rz. 41). Dieser Fall wird hier als **vertikale Einheitsgesellschaft** bezeichnet, im Gegensatz zur „normalen" „horizontalen" Einpersonengesellschaft (Rz. 12). Die Einheits-KGaA ist eine Variante der Kapitalgesellschaft & Co. KGaA (zu dieser vgl. Rz. 19) mit der Besonderheit, dass die KGaA gleichzeitig einzige Gesellschafterin ihrer Komplementärin ist[34]. Die Einheits-KGaA könnte (ähnlich wie die Einheits-GmbH & Co. KG) eine schlagartige Lösung aller Verzahnungsprobleme der GmbH & Co. KGaA mit sich bringen, wenn sich die Praxis entschlösse, eine Direktkompetenz der Hauptversammlung gegenüber den Organen der Komplementär-GmbH zuzulassen[35]. Dies ist freilich bis heute umstritten, weshalb zur Einrichtung eines Beirats geraten wird, der die Personalkompetenz gegenüber dem Geschäftsführer ausübt (womit freilich das Durchgriffsproblem nicht ohne weiteres behoben ist) (vgl. § 287 Rz. 24). 13

d) Die **Aktien** können Inhaberaktien oder Namensaktien, auch vinkulierte Namensaktien, sein[36]. 14

5. Typen der KGaA

Die Typenordnung der KGaA ist vielfältig. Besonders hervorzuheben sind die folgenden, sich bisweilen überschneidenden Typengegensätze: 15

- **die gesetzestypische KGaA** mit natürlichem Komplementär und die **Kapitalgesellschaft & Co. KGaA** (zu dieser vgl. besonders Rz. 19);

- **die Publikums-KGaA**, insbesondere die börsennotierte KGaA, die **personalistische KGaA** und die **Einpersonen-KGaA**;

- die KGaA **ohne und mit Gesellschafteridentität** und die **Einheitsgesellschaft** (zu dieser vgl. Rz. 13, 19);

---

30 A.M. wohl *Herfs* in MünchHdb. AG, § 77 Rz. 59: Treupflicht (nur?) gegenüber den anderen Kommanditaktionären.
31 *Karsten Schmidt* in MünchKomm. HGB, § 105 Rz. 76; zur Gegenauffassung ebd. Rz. 77.
32 A.M. *Grunewald* in MünchKomm. HGB, § 161 Rz. 4.
33 *Assmann/Sethe* in Großkomm. AktG, § 278 Rz. 18; *Hüffer*, § 278 Rz. 5; *Mertens/Cahn* in KölnKomm. AktG, § 278 Rz. 4; *Semler/Perlitt* in MünchKomm. AktG, § 278 Rz. 10.
34 Vgl. nur *Bürgers/Schütz* und *Schütz/Reger* in Schütz/Bürgers/Riotte, § 4 Rz. 23, § 5 Rz. 30, § 5 Rz. 216; *Herfs* in MünchHdb. AG, § 77 Rz. 11a; *Assmann/Sethe* in Großkomm. AktG, § 278 Rz. 18; *Wichert* in Heidel, § 278 Rz. 20; *Gonella/Mikic*, AG 1988, 508; *Schrick*, NZG 2000, 675; rechtspolitische Kritik noch bei *Karsten Schmidt*, ZHR 160 (1996), 265, 285.
35 Dafür z.B. *Schütz/Reger* in Schütz/Bürgers/Riotte, § 5 Rz. 216 (Abberufungsdurchgriff).
36 *Semler/Perlitt* in MünchKomm. AktG, § 278 Rz. 104 f.

– **die KGaA mit starkem und** die KGaA **mit schwachem** (weisungsabhängigem) **Komplementär** (Rz. 7, 41).

II. Taugliche Komplementäre

1. Natürliche Personen

16   **a)** Die **Komplementärfähigkeit natürlicher Personen** steht außer Frage. Besondere Voraussetzungen (Nationalität, Berufsqualifikation) verlangt das Aktienrecht nicht. Auch Solvenz des Komplementärs ist nicht zwingend gefordert (im Zweifel ist aber die Eröffnung des Insolvenzverfahrens über das Komplementärvermögen Ausscheidensgrund nach §§ 289 Abs. 1 AktG, 161 Abs. 2, 131 Abs. 3 Nr. 2 HGB). Berufsrechtliche Verbote können eine Tätigkeit als geschäftsführender Gesellschafter ausschließen, aber grundsätzlich nicht die Beteiligung als solche. Die **Satzung** kann besondere Qualifikationsvoraussetzungen formulieren[37].

17   **b) Geschäftsfähigkeit? aa)** Ob Geschäftsfähigkeit zu fordern ist, ist **umstritten**. Drei Meinungen werden vertreten: Die strengste Meinung lässt generell nur voll geschäftsfähige Personen als Komplementäre zu[38]. Die Gegenansicht lehnt das Erfordernis generell ab[39]. Die vermittelnde h.M. geht davon aus, dass ein geschäftsführender und vertretungsberechtigter Komplementär voll geschäftsfähig sein muss[40].

18   **bb) Stellungnahme.** Die Frage hat praktisch nur geringe Bedeutung, bedarf aber der Klärung. Ein Erfordernis unbeschränkter Geschäftsfähigkeit ist nicht anzuerkennen. Es ergibt sich insbesondere nicht, auch nicht im Fall des geschäftsführungs- und vertretungsberechtigten Komplementärs, aus § 76 Abs. 3 Satz 1[41]. Diese Bestimmung gilt für den nach den Regeln des AktG bestellten Vorstand, nicht für den kraft Gesetzes mit organschaftlichen Befugnissen ausgestatteten (selbstorganschaftlichen)[42] Komplementär. Die Stellung des persönlich haftenden Gesellschafters ergibt sich aus § 278 Abs. 2 i.V.m. §§ 114 ff., 125 ff., 161 Abs. 2 HGB und aus § 283. Diese Bestimmungen setzen eine Geschäftsfähigkeit nicht voraus. Insbesondere die Beerbung eines Komplementärs durch eine nicht voll geschäftsfähige Person bringt deshalb den Komplementäranteil nicht zum Erlöschen[43]. Die Gründung einer KGaA mit einem nicht voll geschäftsfähigen natürlichen Komplementär (ein ganz theoretischer Fall!) würde allerdings die familien- bzw. vormundschaftsgerichtliche Genehmigung nach §§ 1643, 1822 Nr. 3 BGB voraussetzen. Für den nicht unbeschränkt geschäftsfähigen Komplementär handelt dessen gesetzlicher Vertreter[44]. Ein volljährig werdender Gesellschafter kann binnen dreier Monate nach dem Eintritt der Volljährigkeit die Beteiligung als Komplementär nach § 278 Abs. 2 i.V.m. §§ 161 Abs. 2, 105 Abs. 3 HGB, §§ 723 Abs. 1 Satz 3 Nr. 2, 1629a BGB mit haftungsbeschränkender Wirkung kündigen.

---

37 Vgl. *Sethe*, S. 127 ff.; *Assmann/Sethe* in Großkomm. AktG, § 278 Rz. 28; *Wichert* in Heidel, § 278 Rz. 32; *Mertens/Cahn* in KölnKomm. AktG, § 278 Rz. 16.
38 *Elschenbroich*, S. 130; *Schlegelberger/Quassowski*, § 219 AktG 1937 Rz. 9.
39 *Herfs* in MünchHdb. AG, § 76 Rz. 14; *Sethe*, S. 129 ff.; *Assmann/Sethe* in Großkomm. AktG, § 278 Rz. 23 ff.; sympathisierend *Hüffer*, § 278 Rz. 7.
40 *Hüffer*, § 278 Rz. 7; *Mertens/Cahn* in KölnKomm. AktG, § 278 Rz. 16; *Semler/Perlitt* in MünchKomm. AktG, § 278 Rz. 24 f., 26 f.
41 Ausführlich *Assmann/Sethe* in Großkomm. AktG, § 278 Rz. 24, 26 f.
42 Zur Bedeutung der Selbstorganschaft für die Konstitution von Organen vgl. *Karsten Schmidt* in GS Knobbe-Keuk, 1997, S. 307 ff.
43 Vgl. auch hierzu *Assmann/Sethe* in Großkomm. AktG, § 278 Rz. 26.
44 Vgl. sinngemäß *Karsten Schmidt* in MünchKomm. HGB, § 125 Rz. 18.

2. Juristische Personen und rechtsfähige Personengesellschaften

a) Körperschaften

Eine Körperschaft kann Komplementärin einer KGaA sein[45]. Das war lange umstrit-   19
ten. Die Frage war nicht rein begrifflich oder rein dogmatisch zu klären (insofern bestanden keine Bedenken), sondern sie war dahin zu stellen, ob die KGaA ohne gesetzgeberische Hilfe einem Rechtsfortbildungsprogramm unterworfen werden sollte, wie
es zuvor im Recht der GmbH & Co. KG hatte vollzogen werden müssen[46]. Seit dem
Urteil BGH v. 24.2.1997 – II ZB 11/96, BGHZ 134, 392 = AG 1997, 370 ist diese Frage
geklärt, die **Kapitalgesellschaft & Co. KGaA als zulässige Gestaltung** anerkannt[47].
Auch der Gesetzgeber hat mit der Einführung des § 279 Abs. 2 durch Art. 8 Nr. 5
HRefG 1998[48] diese Entwicklung zur Kenntnis genommen und die Komplementärfähigkeit nicht-natürlicher Personen mittelbar anerkannt. Sie ist deshalb nicht mehr
zu bestreiten. Taugliche Komplementärinnen sind deshalb: als **Kapitalgesellschaften**
AG, KGaA, SE, GmbH, als **sonstige Körperschaften** eG und eV (wobei die Eintragungsfähigkeit eines solchen Vereins nach § 21 BGB im Einzelfall zweifelhaft, jedoch
kein Problem des § 278 ist)[49]. Auch der „nicht rechtsfähige" (besser: „nicht eingetragene") Verein kann Komplementär sein (zur Zweckmäßigkeitsfrage vgl. sinngemäß
Rz. 20). Im Fall einer KGaA als Komplementärin entsteht eine **doppelstöckige
KGaA**[50]. Hiervon zu unterscheiden ist die **Einheits-Kapitalgesellschaft & Co. KGaA**
(Rz. 13). Bei ihr ist nicht eine KGaA Komplementärin einer KGaA. Vielmehr geht es
darum, dass Komplementärin der KGaA eine Kapitalgesellschaft (z.B. eine GmbH)
ist, deren Anteile sämtlich in der Hand der KGaA sind (näher Rz. 13). Über **Auslandsgesellschaften** als Komplementärinnen vgl. Rz. 21. **Juristische Personen des öffentlichen Rechts** sind, soweit nicht Regelungen des öffentlichen Rechts eine (erwerbs-
wirtschaftliche) Beteiligung als unbeschränkt haftende Gesellschafter untersagen,
komplementärfähig[51].

b) Rechtsfähige Personengesellschaften

Taugliche Komplementärinnen sind: als Handelsgesellschaften die **oHG** und die **KG**,   20
auch in ihrer Spielart als **GmbH (Kapitalgesellschaft) & Co. KG**. Seit der Einführung
des § 105 Abs. 2 HGB durch das HRefG 1998 kann eine oHG oder KG sogar mit dem
alleinigen Zweck, Komplementärin zu sein, als nicht gewerbliche und in diesem Sinne „nur eigenes Vermögen verwaltende" Handelsgesellschaft eingetragen werden[52].
Die **Komplementärfähigkeit der (Außen-)Gesellschaft bürgerlichen Rechts (GbR)** ist
bis heute **umstritten**[53]. Die traditionelle Auffassung hält die GbR im Recht der Kom-

---

45 Vgl. *Assmann/Sethe* in Großkomm. AktG, § 278 Rz. 37, 40 (allerdings beschränkt auf juristi-
    sche Personen); *Mertens/Cahn* in KölnKomm. AktG, § 278 Rz. 13 (ebenfalls beschränkt auf
    juristische Personen).
46 Vgl. *Karsten Schmidt*, ZHR 160 (1996), 265 ff. mit diesbezüglichen Bedenken.
47 Zu den Folgen des Urteils vgl. *Bayreuther*, JuS 1999, 651; *Geck*, NZG 1998, 586; *Goette*, DStR
    1997, 1014; *Hennerkes/Lorz*, DB 1997, 1388; *Herfs*, WiB 1997, 688; *Hommelhoff* und *Ihrig/
    Schlitt* in Ulmer (Hrsg.), Die GmbH & Co. KGaA, 1998; *Kessler*, NZG 2005, 145; *Schilling*, BB
    1997, 1220; *Karsten Schmidt* in FS Priester, S. 691.
48 BGBl. I 1998, 1474.
49 *Herfs* in MünchHdb. AG, § 77 Rz. 12; *Dirksen/Möhrle*, ZIP 1998, 1377, 1381; über die Genos-
    senschaft als Komplementärin vgl. *Strieder*, BB 1998, 2276.
50 Vgl. nur *Assmann/Sethe* in Großkomm. AktG, § 278 Rz. 43.
51 Vgl. sinngemäß *Karsten Schmidt* in MünchKomm. HGB, § 105 Rz. 90.
52 Vgl. *Assmann/Sethe* in Großkomm. AktG, § 278 Rz. 42; ausführlich zu § 105 Abs. 2 HGB
    Karsten Schmidt in MünchKomm. HGB, § 105 Rz. 50 ff.
53 Vgl. *Bürgers/Schütz* in Schütz/Bürgers/Riotte, § 4 Rz. 9; *Mertens/Cahn* in KölnKomm. AktG,
    § 278 Rz. 13; *Wichert* in Heidel, § 278 Rz. 30.

manditgesellschaft[54] und folgerichtig auch hier nicht für komplementärfähig[55]. Während einer solchen Gesellschaft die Fähigkeit, Kommandititistin zu sein, seit BGH v. 16.7.2001 – II ZB 23/00, BGHZ 148, 291 = NJW 2001, 3121 und im Hinblick auf § 162 Abs. 1 Satz 2 HGB nicht mehr abgesprochen werden kann, gilt die Gesellschaft bürgerlichen Rechts bis heute als unfähig, eine andere Gesellschaft als unbeschränkt haftender, geschäftsführungs- und vertretungsberechtigter Gesellschafter zu führen. Die Überzeugungskraft dieser h.M. ist stark zu bezweifeln[56]. Unabhängig von dieser Grundsatzfrage ist aber die GbR, auch wenn man ihre Komplementärfähigkeit bejaht, **unter Praktikabilitätsgesichtspunkten als Komplementärin wenig geeignet** (keine Registrierung der Gesellschaft als Rechtsträgerin, keine Registrierung ihrer Gesellschafter und der Vertretungsverhältnisse, keine Haftungsbeschränkung, keine Eintragung der Gesellschaft in das Handelsregister als Komplementärin ohne Benennung ihrer Gesellschafter, vgl. § 162 Abs. 1 Satz 2 HGB). Deshalb wird mit der Übernahme eines Komplementäranteils durch eine GbR in der Praxis stets ein Eintragungsantrag nach **§ 105 Abs. 2 HGB**, also eine Umwandlung der GbR in eine Handelsgesellschaft (oHG oder KG), verbunden sein. Doch bleibt die Frage auch in diesem Fall bedeutsam (Wirksamkeit des Beitritts schon vor der Eintragung der Komplementärin als Handelsgesellschaft). **Partnerschaftsgesellschaft** (§ 1 PartGG) und **Partenreederei** (§ 489 HGB) sind gleichfalls (theoretisch) taugliche Komplementärinnen neben ihrem gesetzlichen Hauptzweck (Freiberuflergesellschaft bzw. Betrieb eines Seeschiffs). Die **EWIV** scheidet nach Art. 3 Abs. 2 EWIV-VO dagegen auch de iure aus.

c) Auslandsgesellschaften

21   Rechtsfähige Auslandsgesellschaften sind taugliche Komplementärinnen[57]. Für Gesellschaften, die im EU-Bereich als rechtsfähig registriert sind, ergibt sich deren Anerkennung als Komplementärinnen schon aus Artt. 43, 48 EG und der dazu ergangenen Rechtsprechung (dazu oben IntGesR Rz. 18 ff.). Aber die Komplementärfähigkeit beschränkt sich nicht auf sie[58]. Die Unzweckmäßigkeit einer solchen Gestaltung liegt allerdings auf der Hand.

d) Stiftungen

22   Eine rechtsfähige Stiftung (§ 80 BGB) kann Komplementärin sein (Beispiel: Beteiligung an einer gemeinnützigen KGaA). Eine andere, rein stiftungsrechtliche Frage ist, ob dies nach § 80 BGB die Anerkennung als juristische Person gefährden kann.

---

54   Ausführlich *Karsten Schmidt* in MünchKomm. HGB, § 105 Rz. 97 f.; gegen Komplementärfähigkeit *Heymann/Emmerich*, HGB, § 105 Rz. 46; *Ebenroth/Boujong/Joost*, HGB, § 105 Rz. 102; *Kübler/Assmann*, GesR, § 6 III 1c, S. 53; *Ulmer* in MünchKomm. BGB, § 705 Rz. 317; für Komplementärfähigkeit LG Berlin v. 8.4.2003 – 102 T 6/03, BB 2003, 1351; *Bergmann*, ZIP 2003, 2231 ff.; *Baumbach/Hopt*, HGB, § 105 Rz. 28, 29; *Karsten Schmidt* in MünchKomm. HGB, § 105 Rz. 97 ff.; *Steinbeck*, DStR 2001, 1162, 1164 f.; *Weiss*, Rechtsfähigkeit, Parteifähigkeit und Haftungsordnung der BGB-Gesellschaft nach dem Grundlagenurteil des Bundesgerichtshofs vom 29.01.2001, 2005, S. 223 ff.; *Westermann* in Erman, BGB, § 705 Rz. 21.
55   *Assmann/Sethe* in Großkomm. AktG, § 278 Rz. 42; *Semler/Perlitt* in MünchKomm. AktG, § 278 Rz. 36; a.A. nunmehr *Mertens/Cahn* in KölnKomm. AktG, § 278 Rz. 13; vgl. auch BGH v. 5.12.2005 – II ZR 291/03, BGHZ 165, 192 = NJW 2006, 266 = AG 2006, 138.
56   *Karsten Schmidt* in MünchKomm. HGB, § 105 Rz. 97 ff.
57   *Mertens/Cahn* in KölnKomm. AktG, § 278 Rz. 13; *Semler/Perlitt* in MünchKomm. AktG, § 278 Rz. 35 (beschränkt auf ausländische juristische Personen); a.M. *Bürgers/Schütz* in Schütz/Bürgers/Riotte, § 4 Rz. 14 f.
58   Offen gelassen bei *Semler/Perlitt* in MünchKomm. AktG, § 278 Rz. 35.

3. Komplementärunfähige Rechtsgemeinschaften

a) Nicht komplementärfähig sind **Innengesellschaften** unter Einschluss der stillen   23
Gesellschaft (auch der sog. GmbH & Still). Zum Streit um die BGB-Außengesell-
schaft vgl. Rz. 20.

b) Die **eheliche Gütergemeinschaft** ist **nicht** komplementärfähig[59]. Zwar ist das Ge-   24
samtgut (§ 1416 BGB) als Gesamthandsvermögen konzipiert, aber der Komplementäranteil gehört nicht zum Gesamtgut[60]. Ehegatten können nur als je einzelne, nicht
„in Gütergemeinschaft" Komplementäre sein. Das Halten eines Komplementäranteils im Gesamtgut ist ausgeschlossen.

c) Nicht komplementärfähig ist auch die **Erbengemeinschaft**[61]. Sie scheidet aus orga-   25
nisationsrechtlichen Gründen als Gründerin wie auch als Erwerberin eines Komplementäranteils aus[62]. Wird eine natürliche Person als Komplementär von mehreren
Miterben beerbt, so fällt der Anteil diesen Miterben abweichend von §§ 2032 ff. BGB
je einzeln geteilt zu (vgl. Rz. 31). Über den Sonderfall des Anfalls eines Liquidations-
komplementäranteils einer aufgelösten KGaA an eine Erbengemeinschaft vgl. gleichfalls Rz. 31.

d) Gleichfalls **nicht** komplementärfähig ist eine **Bruchteilsgemeinschaft** (§§ 741 ff.   26
BGB)[63]. Für die **Wohnungseigentümergemeinschaft** sollte, obwohl der 5. Zivilsenat
des BGH sie für rechtsfähig erklärt hat[64], im Ergebnis dasselbe gelten. Mehrere Mitberechtigte können nur als je einzelne Personen Komplementäre werden.

III. Erwerb und Verlust der Komplementäreigenschaft

1. Satzungsregeln

Das **Prinzip der Selbstorganschaft** (Rz. 7) schließt einen Bestellungsakt wie nach § 84   27
aus. Wer Komplementär ist, ergibt sich aus der **Satzung**. Die Aufnahme eines Neu-
Komplementärs ohne Satzungsermächtigung bzw. Satzungsänderung ist nicht möglich (zum Sonderproblem des Übergangs eines vorhandenen Komplementäranteils
vgl. Rz. 31 ff.).

2. Eintritt und Ausscheiden von Komplementären

a) Der **Eintritt eines neuen Komplementärs** kann nach Voraussetzungen und Proze-   28
dur **in der Satzung** geregelt werden[65]. Fehlt eine solche Regelung, so setzt der Eintritt
eines neuen Komplementärs eine Satzungsänderung voraus (über die Satzungsänderung in der KGaA vgl. § 281 Rz. 12 ff.)[66]. Dazu gehört die Zustimmung vorhandener
Komplementäre und ein den Erfordernissen des § 179 Abs. 2 genügender Hauptver-

---

59 Vgl. *Assmann/Sethe* in Großkomm. AktG, § 278 Rz. 42; *Wichert* in Heidel, § 278 Rz. 30.
60 Vgl. im Einzelnen *Karsten Schmidt* in MünchKomm. HGB, § 105 Rz. 105; im Detail str.
61 Vgl. *Assmann/Sethe* in Großkomm. AktG, § 278 Rz. 42.
62 Näher *Karsten Schmidt* in MünchKomm. HGB, § 105 Rz. 104.
63 Vgl. sinngemäß *Karsten Schmidt* in MünchKomm. HGB, § 105 Rz. 106.
64 BGH v. 2.6.2005 – V ZB 32/05, BGHZ 163, 154 = NJW 2005, 2061 = ZIP 2005, 1233.
65 *Schütz/Reger* in Schütz/Bürgers/Riotte, § 5 Rz. 299; *Assmann/Sethe* in Großkomm. AktG,
   § 278 Rz. 46 ff.; *Mertens/Cahn* in KölnKomm. AktG, § 278 Rz. 22; *Semler/Perlitt* in Münch-
   Komm. AktG, § 278 Rz. 67 ff.
66 *Schütz/Reger* in Schütz/Bürgers/Riotte, § 5 Rz. 300; *Assmann/Sethe* in Großkomm. AktG,
   § 278 Rz. 49; *Mertens/Cahn* in KölnKomm. AktG, § 278 Rz. 20.

sammlungsbeschluss[67]. Der Eintritt hat die Schaffung eines neuen Komplementäran-teils zur Folge und unterscheidet sich dadurch vom Erwerb des Anteils durch Rechts-nachfolge (dazu Rz. 31 ff.).

29 **b)** Das **Ausscheiden (Austritt oder Ausschluss) von Komplementären** richtet sich nach Personengesellschaftsrecht. Nach **§ 289 Abs. 5** können persönlich haftende Ge-sellschafter außer durch Ausschließung aus wichtigem Grund (dazu § 289 Rz. 30) nur ausscheiden, wenn die Satzung dies zulässt. Die Auslegung dieser Bestimmung ist, nicht zuletzt vor dem Hintergrund des 1998 eingeführten § 131 Abs. 3 HGB zweifel-haft[68]. Richtigerweise will die Vorschrift das gesetzlich bestimmte Ausscheiden nicht verhindern (dazu § 289 Rz. 25). Das bedeutet: Soweit dem Komplementär nach der Satzung ein **Kündigungsrecht** (Austrittsrecht) zusteht, berechtigt ihn dieses zum Ausscheiden aus der Gesellschaft (vgl. § 131 Abs. 3 Nr. 3 HGB). Das einverständliche **Ausscheiden eines Komplementärs aus der Gesellschaft** unter Fortbestand der KGaA ohne Auflösung bedarf zu seiner Wirksamkeit einer Satzungsänderung (zu dieser vgl. § 281 Rz. 12 ff.)[69]. Für den **Ausschluss eines Komplementärs** gilt § 140 HGB (§ 289 Rz. 30). Die Ausschließungsklage wird nach § 287 Abs. 2 im Namen der Gesellschaft (der „Gesamtheit der Kommanditaktionäre") durch den Aufsichtsrat erhoben[70]. Ein bloßer Hauptversammlungsbeschluss genügt nach dem Gesetz nicht. Die **Satzung** kann die Ausschließungsprozedur erleichtern (z.B. Hauptversammlungsbeschluss statt Ausschließungsprozess). Inwieweit sie auch **die materiellen Voraussetzungen des Ausschlusses** unter diejenigen eines wichtigen Grundes hinabstufen kann, rich-tet sich nach den für Personengesellschaften geltenden Grundsätzen. Hier verlangte die hM lange Zeit mindestens einen sachlichen Grund[71]. Die neuere Praxis zum GmbH- und Personengesellschaftsrecht lässt aber auch die Aufnahme eines „Gesell-schafters auf Zeit" zu („Managermodell", „Mitarbeitermodell")[72]. Auch bei der KGaA ist also die **Aufnahme eines angestellten Komplementärs auf Zeit** (nämlich bis zu seinem Ausscheiden) zulässig (zu all dem auch § 289 Rz. 27, 33).

30 Im **Fall des Ausscheidens** gilt über § 278 Abs. 2 AktG i.V.m. §§ 161 Abs. 2, 105 Abs. 3 HGB die **Anwachsungs- und Abfindungsregel des § 738 BGB**[73]. Damit kommen auch die von der Rechtsprechung entwickelten Regeln über **Abfindungsbeschränkungen** zur Anwendung[74], einschließlich der Öffnung durch die neuere Rechtsprechung bei Manager- und Mitarbeitermodellen[75]. Es ist deshalb zulässig, eine KGaA mit ange-stellten Komplementären auszustatten, die keine dem inneren Wert des Unterneh-mens entsprechenden Einlagen leisten und keine dem inneren Wert entsprechende Abfindung erhalten (vgl. § 289 Rz. 32 f.).

---

67 *Assmann/Sethe* in Großkomm. AktG, § 278 Rz. 49; *Mertens/Cahn* in KölnKomm. AktG, § 278 Rz. 20; *Semler/Perlitt* in MünchKomm. AktG, § 278 Rz. 66; *Cahn*, AG 2001, 582; für einfache Mehrheit *Wichert*, AG 1999, 365 ff.
68 Eingehend *Herfs* in MünchHdb. AG, § 77 Rz. 29; *Assmann/Sethe* in Großkomm. AktG, § 278 Rz. 78; *Hüffer*, § 289 Rz. 8.
69 Vgl. *Assmann/Sethe* in Großkomm. AktG, § 289 Rz. 9.
70 *Hüffer*, § 289 Rz. 7
71 BGH v. 5.6.1989 – II ZR 227/88, BGHZ 107, 351 = NJW 1989, 2681; *Karsten Schmidt* in MünchKomm. HGB, § 140 Rz. 98.
72 BGH v. 19.9.2005 – II ZR 173/04 – „Managermodell", BGHZ 164, 98 = NJW 2005, 3641; BGH v. 19.9.2005 – II ZR 342/03 – „Mitarbeitermodell", BGHZ 164, 107 = NJW 2005, 3644; *Karsten Schmidt* in MünchKomm. HGB, § 131 Rz. 86.
73 Zur KGaA *Assmann/Sethe* in Großkomm. AktG, § 289 Rz. 173.
74 Zur KGaA *Assmann/Sethe* in Großkomm. AktG, § 289 Rz. 177; *Mertens/Cahn* in Köln-Komm. AktG, § 289 Rz. 67.
75 Vgl. BGH v. 19.9.2005 – II ZR 173/04, BGHZ 164, 98 = NJW 2005, 3641 = ZIP 2005, 1917; BGH v. 19.9.2005 – II ZR 342/03, BGHZ 164, 107 = NJW 2005, 3644 = ZIP 2005, 1920.

3. Rechtsübergang

a) Übergang der Komplementäreigenschaft durch **Gesamtrechtsnachfolge** ist möglich 31
im Erbfall (§ 1922 BGB) sowie **in Fällen der umwandlungsrechtlichen Gesamtrechts-**
nachfolge, wenn der Komplementär keine natürliche Person ist (§§ 20, 131 UmwG
sowie „Anwachsungslösung bei Personengesellschaften"). Die Gesamtrechtsnachfolge im Erbfall muss in der **Satzung** angeordnet werden, damit das Ausscheiden nach
§§ 278 Abs. 2 AktG, 161 Abs. 2, 131 Abs. 3 Nr. 1 HGB vermieden wird (sog. einfache
Nachfolgeklausel)[76]. Bei einer **Mehrheit von Erben** fällt der vererbte Komplementäranteil den Erben trotz Gesamtrechtsnachfolge je einzeln nach Maßgabe ihrer Quote
an (kein Anfall bei der Erbengemeinschaft; vgl. Rz. 25)[77]. Diese Vervielfältigung des
Komplementäranteils kann durch sog. qualifizierte Nachfolgeklausel in der Satzung
(Anfall nur an den „qualifizierten" Erben) vermieden werden. Ist die Gesellschaft
durch den Tod aufgelöst, so fällt der Komplementäranteil bei Vorhandensein mehrerer Miterben ungeteilt in die Erbengemeinschaft[78].

b) Ein **Rechtsübergang unter Lebenden** durch Einzelrechtsnachfolge ist im Gesetz 32
nicht vorgesehen. Das ist nicht anders als bei der oHG und KG. Die **Satzung** kann
den Rechtsübergang – z.B. beschränkt auf nahe Angehörige – zulassen[79]. Fehlt es hieran, so bedarf die Übertragung des Komplementäranteils eines mit qualifizierter
Mehrheit zu fassenden Satzungsänderungsbeschlusses mit Zustimmung etwaiger
Mit-Komplementäre[80]. Wird die Übertragung des Kommanditanteils im Wege der
Satzungsänderung förmlich beschlossen, so bedarf auch die Zustimmung eines Mit-
komplementärs der notariellen Beurkundung und der Eintragung im Handelsregister
(vgl. 285 Abs. 3 Satz 2)[81]. Die Behandlung der **Komplementär-Auswechslung als Sat-**
zungsänderung, die erst mit Eintragung wirksam wird, kann praktische Probleme
auslösen. Zu erwägen ist deshalb, auch ein in der Satzung nicht vorgegebenes Veräußerungsgeschäft (anders als im Fall des satzungsgemäßen Neueintritts eines Komplementärs) wie bei einer KG bei Zustimmung eines qualifizierten Mehrheitsbeschlusses der Hauptversammlung und der etwa vorhandenen Mit-Komplementäre als formlos wirksam und die Eintragung im Handelsregister als rein deklaratorisch zu
behandeln (dann findet § 15 HGB Anwendung). Als gesicherter Weg ist aber die Satzungsänderung zu empfehlen.

IV. Rechtsstellung des Komplementärs (der Komplementäre) nach § 278 Abs. 2

1. Anwendung von Kommanditgesellschaftsrecht

a) Das **Kommanditgesellschaftsrecht der §§ 161 ff. HGB** regelt nach § 278 Abs. 2 das 33
Rechtsverhältnis der persönlich haftenden Gesellschafter untereinander sowie gegenüber der Gesamtheit der Kommanditaktionäre und gegenüber Dritten. Nach
§ 161 Abs. 2 HGB schließt dies, soweit keine KG-Besonderheiten geregelt sind, die
§§ 109 ff. HGB ein. Soweit auch das oHG-Recht keine Regelungen enthält, gelten

---

76 *Hüffer*, § 289 Rz. 8; *Mertens/Cahn* in KölnKomm. AktG, § 289 Rz. 37.
77 *Semler/Perlitt* in MünchKomm. AktG, § 289 Rz. 54.
78 Vgl. sinngemäß *Karsten Schmidt* in MünchKomm. HGB, § 139 Rz. 9.
79 Vgl. *Schütz/Reger* in Schütz/Bürgers/Riotte, § 5 Rz. 324 f.; *Herfs* in MünchHdb. AG, § 76
   Rz. 33; *Assmann/Sethe* in Großkomm. AktG, § 289 Rz. 114 f.; *Mertens/Cahn* in KölnKomm.
   AktG, § 278 Rz. 22; h.M.; unrichtig insofern noch *Karsten Schmidt*, ZHR 160 (1996), 265,
   282.
80 OLG Stuttgart v. 27.11.2002 – 20 U 14/02, AG 2003, 587 = ZIP 2003, 670; *Schütz/Reger* in
   Schütz/Bürgers/Riotte, § 5 Rz. 324 f.; *Assmann/Sethe* in Großkomm. AktG, § 289 Rz. 115.
81 OLG Stuttgart v. 27.11.2002 – 20 U 14/02, AG 2003, 587 = ZIP 2003, 670.

nach § 105 Abs. 3 HGB subsidiär die **§§ 705 ff. BGB** über die GbR. Daraus ergibt sich folgende **Hierarchie der Gesetzesregelungen**: Vorrangig gelten die §§ 278 ff., hilfsweise die §§ 162 f. HGB, ggf. ergänzt durch die §§ 109 ff. HGB, ganz hilfsweise die §§ 705 ff. BGB.

34   **b)** Das **Verhältnis zum Aktienrecht** ist durch dessen Vorrang gekennzeichnet (Rz. 33). **Kommanditgesellschaftsrecht** gilt nach **§ 278 Abs. 2** nur, soweit nicht für Komplementäre nach **§ 283** die **Regeln über den Vorstand der Aktiengesellschaft** gelten. Nach der in § 278 Abs. 2 angelegten Normenhierarchie hat § 283 in diesem Fall Vorrang (vgl. Rz. 33).

35   **c)** Das **Verhältnis zum Satzungsrecht** ist das folgende: Im Rahmen der §§ 278 ff. gilt Satzungsstrenge nach § 278 Abs. 3 i.V.m. § 23 Abs. 5, soweit Aktienrecht zur Anwendung kommt. Soweit § 278 Abs. 2 auf das HGB verweist, haben Satzungsbestimmungen Vorrang (vgl. § 109 HGB).

2. Rechtsstellung im Innenverhältnis

36   **a)** Für mehrere **Komplementäre untereinander** gelten die §§ 161 Abs. 2, 115, 119 HGB. Das bedeutet: Wer nicht von der **Geschäftsführung** ausgeschlossen ist (§ 114 HGB), für den gilt vorbehaltlich anderer Satzungsregelung Einzelgeschäftsführung mit Vetorecht des Mit-Geschäftsführers (§ 115 Abs. 1 HGB)[82]. Für Beschlüsse der Komplementäre gilt im Zweifel das Prinzip der Einstimmigkeit (§ 119 HGB)[83]. Die Satzung kann diese Fragen abweichend regeln. Mehrere Komplementäre können sich eine **Geschäftsordnung** geben. Dies ist auch bei der KGaA Bestandteil der Corporate Governance (vgl. sinngemäß Nr. 4.2.1 des Deutschen Corporate Governance Kodex). Eine Befugnis des Aufsichtsrats zum Erlass einer Geschäftsordnung kann, anders als nach § 77 Abs. 2, nur von der Satzung bestimmt werden[84].

37   **b)** Im **Verhältnis zur „Gesamtheit der Kommanditaktionäre"** gelten die §§ 161 Abs. 2, 114–118 HGB. Der Komplementär steht (die Komplementäre stehen) den Kommanditaktionären ähnlich gegenüber wie in der KG den Kommanditisten, genauer: Die „Gesamtheit der Kommanditaktionäre" (§ 278 Abs. 2, § 287 Abs. 2) steht dem Komplementär (den Komplementären) gegenüber wie ein Kommanditist (vgl. zur Rechtskonstruktion der KGaA und zur mitgliedschaftlichen Stellung des Komplementärs vgl. Rz. 11). Das bedeutet im Einzelnen:

38   **aa)** Die **Geschäftsführungszuständigkeit** liegt vorbehaltlich abweichender Satzungsregelung **allein bei den Komplementären** (vgl. sinngemäß § 164 HGB). Wie bei der AG (§ 119 Abs. 2) entscheidet deshalb die Hauptversammlung über Geschäftsführungsfragen nur, wenn die Komplementäre solche Fragen der Hauptversammlung vorlegen. Dazu sind sie jederzeit befugt[85]. Für **außergewöhnliche Geschäfte** gelten die §§ 164 HGB (bezüglich der Kommanditaktionäre) und 116 Abs. 2 HGB (bezüglich etwaiger Mit-Komplementäre)[86]. Das bedeutet: Alle etwa vorhandenen **Komplemen-**

---

82   *Herfs* in MünchHdb. AG, § 78 Rz. 4; *Assmann/Sethe* in Großkomm. AktG, § 278 Rz. 106; *Hüffer*, § 278 Rz. 11; *Semler/Perlitt* in MünchKomm. AktG, § 278 Rz. 173 f.

83   Vgl. *Assmann/Sethe* in Großkomm. AktG, § 278 Rz. 111; *Mertens/Cahn* in KölnKomm. AktG, § 278 Rz. 61. Zur Erforderlichkeit von Beschlüssen der Komplementäre vgl. unten Rz. 38 f.

84   *Assmann/Sethe* in Großkomm. AktG, § 278 Rz. 135 mit Fn. 280; vgl. auch *Semler/Perlitt* in MünchKomm. AktG, § 278 Rz. 78.

85   *Assmann/Sethe* in Großkomm. AktG, § 278 Rz. 111.

86   *Herfs* in MünchHdb. AG, § 78 Rz. 13 ff.; *Assmann/Sethe* in Großkomm. AktG, § 278 Rz. 110; *Hüffer*, § 278 Rz. 13; *Mertens/Cahn* in KölnKomm. AktG, § 278 Rz. 59, 61; im Ergebnis auch *Semler/Perlitt* in MünchKomm. AktG, § 278 Rz. 17.

täre, selbst wenn nicht geschäftsführungsbefugt, müssen zustimmen[87]. Die **Kommanditaktionäre** haben entgegen dem zu engen Wortlaut des § 164 HGB nicht nur ein Widerspruchsrecht, sondern es bedarf ihrer Zustimmung[88]. Für die KGaA bedeutet dies: Es bedarf eines zustimmenden Hauptversammlungsbeschlusses[89]. Für diesen genügt die einfache Mehrheit (§§ 278 Abs. 3, 133 Abs. 1). Der Beschluss ist anfechtbar, soweit er gegen Treupflichten verstößt (dazu vgl. § 243 Rz. 4 ff.). Die **Satzung** kann die Vorlagepflicht der Komplementäre verschärfen (das ist kaum praktisch). Sie kann den Zustimmungsvorbehalt bei außergewöhnlichen Geschäften auch abbedingen (eine verbreitete Regelung)[90]. Allerdings wird mit guten Gründen vertreten, dass dann das Zustimmungsrecht einem anderen Kontrollorgan (Aufsichtsrat, Beirat) zugewiesen werden muss[91].

bb) Grundlagengeschäfte unterliegen der zwingenden, durch Satzung nicht abdingbaren Kompetenz der Hauptversammlung[92]. Das gilt unstreitig für Fälle der Gesamtvermögensübertragung nach § 179a[93], für die auch schon im Recht der Kommanditgesellschaften ähnlich entschieden wurde. Die sog. **Holzmüller-Doktrin**[94] ist nach einer verbreiteten, aber bestrittenen Auffassung nicht auf die KGaA anwendbar[95]. Diese Auffassung geht auf den vor dem **Gelatine-Urteil**[96] bestehenden Stand der Rechtsfortbildung zurück (vgl. zu diesen Fragen § 119 Rz. 26 ff.). Die in dieser neueren Rechtsprechung formulierten Grundsätze (Individualschutz gegen sog. faktische Satzungsänderungen) verdienen Anerkennung auch im Bereich der KGaA und werden durch die Anwendung der §§ 116, 164 HGB nicht ersetzt. Erforderlich ist ein mit qualifizierter (treupflichtgebundener) Mehrheit gefasster Hauptversammlungsbeschluss und die Zustimmung etwaiger nicht geschäftsführungsbefugter Mit-Komplementäre. 39

c) Eine **Entziehung der Geschäftsführungsbefugnis** ist nach § 278 Abs. 2 i.V.m. § 117 HGB (vorbehaltlich abweichender Satzungsbestimmung) nur durch Klage möglich. Diese wird nach § 287 Abs. 2 vom Aufsichtsrat (statt, wie nach § 117 von sämt- 40

---

87 *Assmann/Sethe* in Großkomm. AktG, § 278 Rz. 110; *Hüffer*, § 278 Rz. 13; *Mertens/Cahn* in KölnKomm. AktG, § 278 Rz. 61.
88 Grundlegend für die KG RG v. 22.10.1983 – II 58/38, RGZ 158, 302, 305; heute h.M.; vgl. für die KGaA statt aller *Hüffer*, § 278 Rz. 13.
89 *Herfs* in MünchHdb. AG, § 78 Rz. 13; *Assmann/Sethe* in Großkomm. AktG, § 278 Rz. 111; *Hüffer*, § 278 Rz. 13; *Mertens/Cahn* in KölnKomm. AktG, § 278 Rz. 61.
90 *Assmann/Sethe* in Großkomm. AktG, § 278 Rz. 113; *Mertens/Cahn* in KölnKomm. AktG, § 278 Rz. 86; *Semler/Perlitt* in MünchKomm. AktG, § 278 Rz. 230. Zur teilweise abweichenden Beurteilung bei der Publikums-KGaA vgl. *Assmann/Sethe* in Großkomm. AktG, § 278 Rz. 114 ff.; *Mertens/Cahn* in KölnKomm. AktG, § 278 Rz. 86, beide m.w.N.
91 So *Koch*, DB 2002, 1701 ff.
92 OLG Stuttgart v. 14.5.2003 – 20 U 31/02, AG 2003, 527, 531 f. = NZG 2003, 778, 782 f.; *Herfs* in MünchHdb. AG, § 78 Rz. 16; *Assmann/Sethe* in Großkomm. AktG, § 278 Rz. 122 f.; *Hüffer*, § 278 Rz. 17a; *Mertens/Cahn* in KölnKomm. AktG, § 278 Rz. 65; *Semler/Perlitt* in MünchKomm. AktG, § 278 Rz. 180.
93 Statt aller *Hüffer*, § 278 Rz. 17 a.
94 BGH v. 25.2.1982 – II ZR 174/80, BGHZ 83, 122 = NJW 1982, 1703 = AG 1982, 158.
95 *Herfs* in MünchHdb. AG, § 78 Rz. 43 (s. aber ebd. Rz. 13a); *Assmann/Sethe* in Großkomm. AktG, vor § 278 Rz. 102; *Hüffer*, § 278 Rz. 17a; *Mertens/Cahn* in KölnKomm. AktG, § 278 Rz. 53, 63, 65; *Hoffmann-Becking/Herfs* in FS Sigle, S. 273, 286 f.; a.A. *Ihrig/Schlitt* in Ulmer (Hrsg.), Die GmbH & Co. KGaA, S. 33, 65; *Herfs* in MünchHdb. AG, § 78 Rz. 13a (s. aber ebd. Rz. 44); *Semler/Perlitt* in MünchKomm. AktG, § 278 Rz. 180; *Heermann*, ZGR 2000, 61, 70 f.; *Wichert*, AG 2000, 268, 270; *Koch*, DB 2002, 1701, 1703; ausführlich zur Holzmüller-Doktrin in der KGaA auch *Philbert*, S. 183 ff.; für die KG BGH v. 9.1.1995 – II ZR 24/94, NJW 1995, 596 = ZIP 1995, 278 und dazu *Karsten Schmidt*, ZGR 1995, 675.
96 BGH v. 26.4.2004 – II ZR 155/02, BGHZ 159, 30 = AG 2004, 384.

lichen Gesellschaftern) und von etwa vorhandenen Mit-Komplementären als notwendigen Streitgenossen erhoben. Abweichende Satzungsregeln sind möglich.

3. Atypische Gestaltungen

41   Es gibt **starke und schwache Komplementäre** (§ 283 Rz. 2). Die Satzung kann bestimmen, inwieweit ein Komplementär an Weisungen der Hauptversammlung gebunden und zur Vorlage von Geschäftsführungsangelegenheiten an die Gesellschafter verpflichtet ist. Vor allem die **GmbH & Co. KGaA** (Rz. 19) kann in der Praxis als ein zentralistisch (von der Komplementärin) geführtes Unternehmen gestaltet sein, aber auch als ein in der Hand der Kommanditaktionäre liegendes Unternehmen mit weisungsabhängigem Leitungsorgan[97]. Noch klarer gilt dies, wenn man entgegen der (noch) herrschenden Auffassung[98] den organisationsrechtlichen Durchgriff von der Hauptversammlung auf die Geschäftsführung zulässt, für die sog. Einheits-GmbH & Co. KGaA (Rz. 13). Das Personengesellschaftsrecht steht der satzungsmäßigen Zuständigkeit der Aktionäre für Geschäftsführungsangelegenheiten nicht im Wege[99]. Insbesondere findet § 76 keine Anwendung

4. Rechtsstellung im Außenverhältnis

42   **a)** Die Komplementäre sind ausschließliche und geborene **organschaftliche Stellvertreter** der KGaA (§ 278 Abs. 2 i.V.m. §§ 161 Abs. 2, 125 ff. HGB; zum Sonderfall der Vertretung durch den Aufsichtsrat vgl. § 287 Rz. 20). Die KGaA ist selbstorganschaftlich verfasst (Rz. 7). Sind mehrere Komplementäre vorhanden, so steht ihnen, anders als dem AG-Vorstand, vorbehaltlich abweichender Satzungsregelung **Einzelvertretungsmacht** zu (§ 278 Abs. 2 i.V.m. §§ 161 Abs. 2, 125 Abs. 2 HGB). Die **Vertretungsmacht** ist anders als die Geschäftsführung (Rz. 36), **unbeschränkt und unbeschränkbar** (§ 278 Abs. 2 i.V.m. §§ 161 Abs. 2, 126 Abs. 2 HGB); zu den auch hier geltenden Grundsätzen über den Missbrauch der Vertretungsmacht vgl. § 82 Rz. 5 ff. Eine **Entziehung der Vertretungsbefugnis** durch Klage ist nach § 278 Abs. 2 i.V.m. §§ 161 Abs. 2, 127 HGB möglich (vgl. sinngemäß die Ausführungen zu § 117 HGB bei Rz. 40). Die Komplementäre sind (der Komplementär ist) **ausschließlich zuständig für die Erteilung und den Widerruf** von Prokuren (§§ 48 Abs. 1, 52 HGB). Die Komplementäre sind zur **Eintragung im Handelsregister** anzumelden, ebenso Änderungen der Vertretungsbefugnis (§ 278 Abs. 2 i.V.m. §§ 161 Abs. 2, 106 Nr. 4 HGB). § 15 HGB findet Anwendung. Auch für die sonstige Organzurechnung (Deliktszurechnung, Wissenszurechnung, Zurechnung im Verwaltungs-, Straf- und Ordnungswidrigkeitenrecht) sind die Komplementäre denjenigen einer KG (und damit auch dem Vorstand einer AG) gleichgestellt. Wegen der **Angaben auf Geschäftsbriefen** vgl. § 279 Rz. 6 f.).

43   **b)** Die **Haftung für Gesellschaftsverbindlichkeiten** folgt aus § 278 Abs. 2 i.V.m. §§ 161 Abs. 2, 128, 130, 160 HGB (vgl. Rz. 6). Das bedeutet (vgl. wegen der Details die Kommentierungen zum HGB): Jeder Komplementär haftet unbeschränkt, akzessorisch und primär für alle Drittverbindlichkeiten der Gesellschaft. Der Regress gegenüber der Gesellschaft bestimmt sich nach § 278 Abs. 2 i.V.m. §§ 161 Abs. 2, 110 HGB, der Regress unter den haftenden Komplementären nach § 426 BGB. Für Altverbindlichkeiten haften **neu eintretende Komplementäre** nach § 130 HGB, **ausscheidende Komplementäre** nach § 160 HGB (§ 289 Rz. 34).

---

97 *Karsten Schmidt* in FS Priester, S. 691, 695 ff.
98 Zusammenfassend *Wichert* in Heidel, § 278 Rz. 41.
99 Die Kommanditisten (also die Gesamtheit der Kommanditaktionäre) können durch Gesellschaftsvertrag sogar zu Geschäftsführern erklärt werden.

V. Anwendung von Vorschriften des AktG auf die KGaA (§ 278 Abs. 3)

1. Die Verweisungsnorm

Nach § 278 Abs. 3 sind Vorschriften des AktG sinngemäß anzuwenden, soweit sich 44
nicht aus den §§ 279–290 oder aus dem Fehlen eines Vorstands ein anderes ergibt.
Die Bestimmung verweist nur auf die §§ 1–277 („Vorschriften des Ersten Buchs").
Das ist unsachgemäß. Es gibt auch außerhalb des Ersten Buchs sinngemäß anwendbare aktienrechtliche Vorschriften (Rz. 46 ff.).

2. Anwendbare Vorschriften des Ersten Buchs

Ein abschließender Katalog ist hier nicht aufzustellen. Anwendbar ist insbesondere 45
§ 23 Abs. 5: Soweit Vorschriften des AktG (also nicht die durch § 278 Abs. 2 in Bezug
genommenen KG-Regeln) in Frage stehen, kann die KGaA-Satzung von den Bestimmungen des Gesetzes nur abweichen, wo das AktG dies gestattet (sog. Satzungsstrenge). Hervorzukehren ist auch **§ 112**: Den Komplementären gegenüber vertritt der
Aufsichtsrat die KGaA[100]. Nach BGH v. 29.11.2004 – II ZR 364/02, AG 2005, 239 =
EWiR 2005, 285 (*Hasselbach/Sprengler*) = WuB II B § 112 AktG 1.05 (*Kersting*) gilt
dies auch gegenüber ehemaligen Komplementären. Über das Verhältnis dieser Regelung zu § 287 Abs. 2 (Vertretung in Rechtsstreitigkeiten der „Gesamtheit der Kommanditaktionäre gegen die Komplementäre" vgl. § 287 Rz. 20. Zum Recht der Hauptversammlung (§§ 118 ff.) vgl. § 285 Rz. 1).

3. Drittes und Viertes Buch

a) Für das **Konzernrecht** verweist § 278 Abs. 3 auf die §§ 15 ff., nicht jedoch auf das 46
Dritte Buch. Das ist unschädlich, denn die §§ 291 Abs. 1 und 311 Abs. 1 beziehen die
KGaA ausdrücklich ein[101]. Die KGaA kann sowohl als herrschendes als auch als abhängiges Unternehmen an einem Unternehmensvertrag beteiligt sein. Sie kann unter
faktische Abhängigkeit auch dadurch gestellt sein, dass sich ein herrschendes Unternehmen als Komplementär beteiligt.

b) Für die **Eingliederung** spricht § 319 keine Ausdehnung auf die KGaA aus, auch 47
nicht für den Fall, dass sich Aktien und Komplementäranteile oder alle Aktien einer
Einheitsgesellschaft in der Hand der künftigen Hauptgesellschaft befinden. Die h.M.
lehnt deshalb eine Anwendung auf die KGaA ab (zweifelhaft; vgl. § 319 Rz. 6). Gute
Gründe sprechen dafür, die Eingliederung analog § 319 zuzulassen, jedoch nur mit
der Folge, dass nur die Anteile der Kommanditaktionäre nach § 320a auf die Hauptgesellschaft übergehen[102]. Im Ergebnis spricht aber auch dies für eine Umwandlung in
eine AG.

c) Wegen der Vorschriften über **Zweigniederlassungen** ergänzt § 13a Abs. 4 HGB den 48
§ 278 Abs. 3.

d) Das Vierte Buch (§§ 394–410) enthält besondere Regeln in §§ 396, 408. 49

---

100 Vgl. nur BGH v. 29.11.2004 – II ZR 364/02, AG 2005, 239 = EWiR 2005, 285 (*Hasselbach/Sprengler*) = WuB II B § 112 AktG 1.05 (*Kersting*); *Assmann/Sethe* in Großkomm. AktG, § 287 Rz. 67; *Mertens/Calm* in KölnKomm. AktG, § 287 Rz. 18; *Semler/Perlitt* in Münch-Komm. AktG, § 287 Rz. 68; anders *Bürgers* in Schütz/Bürgers/Riotte, § 5 Rz. 497 ff.
101 Zum Konzernrecht der KGaA vgl. *Pfeiffer*, Die KGaA als Beteiligte eines Beherrschungsvertrags, 2005; *Wichert* in Heidel, § 278 Rz. 66 ff.; *Pfeiffer*, Der Konzern 2006, 122; *Frotscher*, Der Konzern 2005, 139.
102 So *Pfeiffer*, Der Konzern 2006, 122.

§ 279
Firma

(1) Die Firma der Kommanditgesellschaft auf Aktien muss, auch wenn sie nach § 22 des Handelsgesetzbuchs oder nach anderen gesetzlichen Vorschriften fortgeführt wird, die Bezeichnung „Kommanditgesellschaft auf Aktien" oder eine allgemein verständliche Abkürzung dieser Bezeichnung enthalten.

(2) Wenn in der Gesellschaft keine natürliche Person persönlich haftet, muss die Firma, auch wenn sie nach § 22 des Handelsgesetzbuchs oder nach anderen gesetzlichen Vorschriften fortgeführt wird, eine Bezeichnung enthalten, welche die Haftungsbeschränkung kennzeichnet.

I. Grundlagen	1	III. Angaben auf Geschäftsbriefen	6
II. Firmenrecht	2	1. Grundsatz	6
1. § 18 HGB	2	2. KGaA ohne natürlichen Komplementär	7
2. Rechtsformzusatz	3	IV. Rechtsfolgen eines Verstoßes	8
3. Firmenzusatz bei Fehlen persönlicher Haftung	4		

Literatur (vgl. zunächst die Angaben bei § 278): *Bokelmann*, Das Recht der Firmen und Geschäftsbezeichnungen, 5. Aufl. 2000.

I. Grundlagen

1   Die Bestimmung befasst sich mit dem **Firmenrecht** (§§ 17–37 HGB) der KGaA (vgl. dazu grundsätzlich die Erl. bei § 4). § 279 ist dem § 4 nachgebildet und wie dieser durch die **§§ 18 ff. HGB** zu ergänzen. Aus diesen Vorschriften ergibt sich das materielle Firmenrecht. **§ 279 ist Spezialvorschrift** nur noch **im Verhältnis zu § 19 HGB (Firmenzusatz)**. Das war in der Urfassung des AktG 1965 anders, weil Abs. 1 a.F. zur Bildung einer Sachfirma anhielt, soweit nicht eine abgeleitete Firma nach § 22 HGB vorlag. Durch das Handelsrechtsreformgesetz von 1998 wurde § 279 in einem doppelten Sinne verändert: Die Liberalisierung des Firmenrechts gilt auch für die KGaA (Rz. 2), und aus § 279 Abs. 2 wurde eine Sondervorschrift für die nunmehr vom BGH zugelassene Kapitalgesellschaft & Co. KGaA (Rz. 4). Über die **Angaben auf Geschäftsbriefen** sagt § 279 nichts. Die Regelung ergibt sich aus §§ 80, 278 Abs. 3 (vgl. Rz. 6).

II. Firmenrecht

1. § 18 HGB

2   Die Firma der KGaA muss **zur Kennzeichnung** der Gesellschaft **geeignet** sein, muss **Unterscheidungskraft** besitzen und darf **nicht irreführend** sein (§ 18 HGB). Sie ist als Sach-, Personal- oder Phantasiefirma zulässig (bis zur HGB-Reform 1998 hatte die Firma „in der Regel" eine Sachfirma zu sein, die sich aus dem Unternehmensgegenstand ableitete). Der **Eigenname einer natürlichen Person, die nicht Komplementär ist**[1], darf bei einer mit dem Firmenzusatz nach § 279 Abs. 2 versehenen Firma ohne

---

1 Die Verwendung des Komplementär-Namens ist unstreitig; vgl. *Herfs* in MünchHdb. AG, § 76 Rz. 7.

Verstoß gegen § 18 Abs. 2 HGB verwendet werden, sonst ohne weiteres im Fall des § 22 HGB. Im Hinblick auf die Angaben auf Geschäftsbriefen (Rz. 6) sollte man aber die Verwendung eines Aktionärsnamens in der Firma einer KGaA generell nicht mehr als irreführend ansehen[2]. Der Rechtsverkehr verbindet mit dem Eigennamen in einer Gesellschaftsfirma nicht mehr die allgemeine Vorstellung, dass es sich um einen lebenden unbeschränkt haftenden Gesellschafter handelt.

2. Rechtsformzusatz

Die Verpflichtung, einen Rechtsformzusatz aufzunehmen, ergibt sich aus **§ 279 Abs. 1 (Spezialvorschrift zu § 19 Abs. 1 HGB)**. Als allgemein verständliche Abkürzung hat sich „KGaA" durchgesetzt. Auch „Kommanditgesellschaft aA" oder „KG auf Aktien" ist allgemein verständlich[3]. Andere Abkürzungen wie „KAG" können, weil ungebräuchlich, nicht als eintragungsfähig anerkannt werden[4]. Für die Unterscheidbarkeit der KGaA-Firma von anderen Firmen – auch von der Firma ihrer Komplementärin – gilt § 30 HGB. Als ein von der KGaA-Firma unterscheidender Firmenzusatz bei einer GmbH-Komplementärin genügt aber die Hinzufügung des Worts „Verwaltungs-" bei der Komplementärin[5]. Aber da die KGaA-Firma nicht (wie bis 1998 eine KG-Firma) den Namen des Komplementärs enthalten muss, ist die Firmenunterscheidbarkeit auch bei einer GmbH & Co. KGaA auf einfache Weise herbeizuführen.

3. Firmenzusatz bei Fehlen persönlicher Haftung

a) § 279 Abs. 2 ist eine Parallelvorschrift zu § 19 Abs. 2 HGB. Die Bestimmung geht auf das Urteil BGH v. 24.2.1997 – II ZB 11/96, BGHZ 134, 392 = NJW 1997, 1923 = AG 1997, 370 zurück und ist hauptsächlich auf GmbH & Co. KGaA gemünzt (zu dieser vgl. § 278 Rz. 7). Sie gilt aber für jede KGaA ohne persönliche Haftung (z.B. auch mit einer GmbH & Co-, AG-, SE-, Auslands- oder Stiftungskomplementärin). Der Firmenzusatz lautet dann zweckmäßigerweise „GmbH & Co. KGaA", „AG & Co. KGaA" etc. Der Hinweis auf das Fehlen persönlicher Haftung muss i.S. des Firmenrechts allgemeinverständlich sein[6]. Zur Firmenunterscheidbarkeit vgl. Rz. 3.

b) Bei mittelbarer persönlicher Haftung (z.B. bei einer gesetzestypischen KG oder KGaA als Komplementärin mit ihrerseits natürlichem Komplementär) gilt § 279 Abs. 2 nicht[7]. Das brauchte in § 279 Abs. 2 im Gegensatz z.B. zu §§ 125a, 129a, 130a HGB nicht besonders durch einen Nachsatz herausgestellt zu werden, denn § 279 Abs. 2 stellt nicht, wie diese Vorschriften, auf die bloße Gesellschaftereigenschaft, sondern auf die persönliche Haftung einer natürlichen Person ab. Das ist wie bei § 19 Abs. 2 HGB. Wenn als Komplementär einer Komplementärgesellschaft der KGaA eine natürliche Person für die Schulden der KGaA haftet, ist § 279 Abs. 2 nach dem klaren Wortlaut unanwendbar. Nur die Formulierung des § 279 Abs. 2 ist etwas unge-

3

4

5

---

2 So auch für die KG OLG Saarbrücken v. 25.2.2006 – 5 W 42/06, NJW-RR 2006, 902 = ZIP 2006, 1772: Die Firma einer KG darf den Namen ihres Kommanditisten tragen.
3 Ähnlich *Göz* in Schütz/Bürgers/Riotte, § 4 Rz. 65; *Assmann/Sethe* in Großkomm. AktG, § 279 Rz. 11; *Mertens/Cahn* in KölnKomm. AktG, § 279 Rz. 4.
4 Ähnlich Assmann/*Sethe* in Großkomm. AktG, § 279 Rz. 13; *Wichert* in Heidel, § 279 Rz. 1; *Mertens/Cahn* in KölnKomm. AktG, § 279 Rz. 13; s. auch *Hüffer*, § 279 Rz. 2 („Sollten nicht gewählt werden").
5 Vgl. für die Komplementärin einer GmbH & Co. KG sinngemäß BGH v. 16.3.1981 – II ZB 9/80, BGHZ 80, 353 = NJW 1981, 2746.
6 Einzelheiten bei *Assmann/Sethe* in Großkomm. AktG, § 279 Rz. 17 ff.; *Mertens/Cahn* in KölnKomm. AktG, § 279 Rz. 8.
7 Vgl. nur *Hüffer*, § 279 Rz. 3; *Mertens/Cahn* in KölnKomm. AktG, § 279 Rz. 7; *Semler/Perlitt* in MünchKomm. AktG, § 279 Rz. 6.

nau. Die nur mittelbar persönlich haftende natürliche Person haftet nicht „in" der KGaA persönlich (sie ist ja nicht deren direkter Komplementär), wohl aber „für" alle Verbindlichkeiten der KGaA. Die Haftung muss eine gesellschaftsrechtlich begründete akzessorische unbeschränkte Haftung im Außenverhältnis sein (z.B. aus § 128 HGB i.V.m. §§ 161 Abs. 2 HGB, 278 Abs. 2 AktG). Eine Haftung aus Bürgschaft, Garantie oder Patronatserklärung genügt auch dann nicht, wenn sie allen Gläubigern der KGaA zugute kommt.

III. Angaben auf Geschäftsbriefen

1. Grundsatz

6   Es gelten die §§ 80, 278 Abs. 3. Auf die sinngemäß geltenden Erläuterungen zu § 80 wird verwiesen. An die Stelle der Vorstandsmitglieder treten die Komplementäre. Bei einem nicht-natürlichen Komplementär sind die sich für diesen Komplementär ergebenden Angaben (§ 80 AktG, § 35a GmbHG, §§ 125a, 177a HGB) richtigerweise auch dann zu machen, wenn daneben eine andere Person, sei es als weiterer Komplementär, sei es mittelbar (Rz. 5), haftet.

2. KGaA ohne natürlichen Komplementär

7   Nicht ausdrücklich geregelt sind die **Angaben bei fehlender persönlicher Haftung** (Kapitalgesellschaft und Co. KGaA). Die §§ 125a Abs. 1 Satz 2, 177a HGB sind entsprechend anzuwenden[8]. Hier müssen also, anders als im Handelsregister (§ 282 Rz. 5, 6) die Handelsregisternummer der Komplementärin sowie die organschaftlichen Vertreter genannt werden. Die in § 125 Abs. 1 Satz 3 HGB vorgesehene Befreiung bei mittelbarer persönlicher Haftung (Rz. 5) passt aber nach der hier vertretenen Ansicht nicht auf die Publizität der KGaA (vgl. Rz. 6 a.E.).

IV. Rechtsfolgen eines Verstoßes

8   Ein Verstoß der Firma gegen § 279 kann nach § 37 HGB geahndet werden. Die Nichtbefolgung des § 80 kann Zwangsmaßnahmen nach § 407 nach sich ziehen. Eine Vertrauenshaftung wegen Nichtverwendung des warnenden Firmenzusatzes (vgl. dazu § 4 Rz. 9) kann bei der Kapitalgesellschaft & Co. KG die für die Komplementärgesellschaft handelnden Organe treffen, evtl. auch die von ihnen Bevollmächtigten, grundsätzlich nicht dagegen die bloßen Gesellschafter der Komplementärgesellschaft (anders nur bei entsprechender Einflussnahme).

§ 280
Feststellung der Satzung. Gründer

(1) Die Satzung muss durch notarielle Beurkundung festgestellt werden. In der Urkunde sind bei Nennbetragsaktien der Nennbetrag, bei Stückaktien die Zahl, der Ausgabebetrag und, wenn mehrere Gattungen bestehen, die Gattung der Aktien an-

---

8 Vgl. nur *Herfs* in MünchHdb. AG, § 76 Rz. 9; *Mertens/Cahn* in KölnKomm. AktG, § 279 Rz. 10; *Semler/Perlitt* in MünchKomm. AktG, § 278 Rz. 343; *Dirksen/Möhrle*, ZIP 1998, 1377, 1380.

zugeben, die jeder Beteiligte übernimmt. **Bevollmächtigte bedürfen einer notariell beglaubigten Vollmacht.**

(2) Alle persönlich haftenden Gesellschafter müssen sich bei der Feststellung der Satzung beteiligen. Außer ihnen müssen die Personen mitwirken, die als Kommanditaktionäre Aktien gegen Einlagen übernehmen.

(3) Die Gesellschafter, die die Satzung festgestellt haben, sind die Gründer der Gesellschaft.

I. Grundlagen	1		III. Gründungsregeln	5
1. Allgemeine Regeln	1		1. Errichtung der KGaA	5
2. Sonderbestimmungen	2		2. Organbestellung, Gründungsbericht und Gründungsprüfung	6
II. § 280 im Besonderen	3			
1. Formalien der Errichtung der GmbH	3		3. Anmeldung, Eintragung und Bekanntmachung	8
2. Gründungsbeteiligte	4		4. Nachgründung	10

Literatur (vgl. zunächst die Angaben bei § 278): *Krafka/Willer*, Registerrecht, 7. Aufl. 2007; *Schlitt*, Die Satzung der KGaA, 1999.

I. Grundlagen

1. Allgemeine Regeln

Nach § 278 Abs. 3 gelten, soweit nicht in **§ 280–282** besondere **Regeln über die Errichtung der Gesellschaft** enthalten sind, die **§§ 6–13** und die **§§ 23–53** (vgl. dazu Rz. 3 ff.)[1]. Die Bestimmungen betreffen die **Neugründung** einer KGaA, **nicht** deren Entstehung durch **Verschmelzung** (§§ 36 ff. UmwG), durch **Spaltung** zur Neugründung (§ 123 Abs. 1–3, jeweils Nr. 2, UmwG) oder durch **Formwechsel** (§§ 190 ff. UmwG). Für die **Neugründung** gelten damit insbesondere die §§ 6 ff. (Grundkapital einschließlich des Mindestgrundkapitals von 50.000 Euro), § 23 (Satzung, modifiziert durch §§ 280, 289), § 26 (Sondervorteile und Gründungsaufwand), § 27 (Sacheinlagen, Sachübernahmen), § 28 (Gründer, modifiziert durch §§ 280, 281), § 29 (Errichtung), §§ 30 und 31 (Organbestellung), § 32 (Gründungsbericht), §§ 33–35 (Gründungsprüfung), §§ 36–40 (Anmeldung, Eintragung, Bekanntmachung, bezüglich der Komplementäre modifiziert durch § 282), §§ 46–51 (Gründungshaftung), §§ 52 und 53 (Nachgründung) (dazu Rz. 10). 1

2. Sonderbestimmungen

Die **§§ 280–282** ergänzen die §§ 6–13, 23–53 durch einzelne die KGaA betreffende Sonderbestimmungen. Die §§ 23–53 sind aber auch insoweit nicht vollständig verdrängt (Rz. 1). **§ 280** ist Nachfolgevorschrift zu § 221 AktG 1937. Die wichtigsten Änderungen seit 1965 betrafen § 280 Abs. 1 Satz 2 (Art. 1 des Gesetzes über die Zulassung von Stückaktien vom 25.3.1998[2]) sowie § 280 Abs. 1 Satz 1 (Streichung des Erfordernisses von fünf Gründern durch Art. 1 Nr. 34 des UMAG vom 22.9.2005[3]). 2

---

1 Näher *Semler/Perlitt* in MünchKomm. AktG, § 280 Rz. 19 ff.
2 BGBl. I 1998, 590.
3 BGBl. I 2005, 2802.

II. § 280 im Besonderen

1. Formalien der Errichtung der GmbH

3   **§ 280 Abs. 1 Satz 1** schreibt die **Feststellung der Satzung in der Form notarieller Beur-kundung** vor. Auch Vollmachten bedürfen der notariellen Form (§ 280 Abs. 1 Satz 3). Die bis 2005 in § 280 Abs. 1 Satz 1 enthaltene Vorschrift über die Satzungsfeststellung durch mindestens fünf Personen ist durch Art. 1 Nr. 34 des UMAG weggefallen (Rz. 2). Da Komplementäre und Kommanditaktionäre identisch sein können (vgl. § 278 Rz. 1, 2, 12), entspricht die Regelung im Ergebnis jetzt dem § 2: Die Satzung kann durch eine oder mehrere Personen festgestellt werden, vorausgesetzt allerdings, dass mindestens eine Person als Komplementär neben dem Aktienkapital unbe-schränkt haftet. Die unter der alten Fassung geführte Diskussion um den bis 2005 abweichenden Gesetzeswortlaut ist erledigt[4]. Über **taugliche Gründer** vgl. § 278 Rz. 16 ff.

2. Gründungsbeteiligte

4   sind alle Komplementäre und alle Kommanditaktionäre (**§ 280 Abs. 2**). Die Definitionsnorm des **§ 280 Abs. 3** erweitert die Legaldefinition des § 28 (vgl. die Erl. ebd.). Wichtige Bezugsnormen sind die §§ 46 (Gründerhaftung) und 399 Abs. 1 Nr. 1 und 2 (Strafbarkeit wegen falscher Angaben).

III. Gründungsregeln

1. Errichtung der KGaA

5   Die KGaA ist **errichtet**, wenn die Satzung beurkundet ist und alle Aktien übernom-men sind (§§ 29, 278 Abs. 3). Für den **Rechtszustand bis zur Eintragung** gelten die bei **§ 41** dargestellten Grundsätze. Die errichtete KGaA ist bereits eine nach den Grund-sätzen der §§ 278 ff. verfasste rechtsfähige **Vorgesellschaft** (§ 41 Rz. 2 ff.). Die Streit-frage, ob die **Haftung der Gründer für Gesellschaftsverbindlichkeiten im Gründungs-stadium** eine Innen- oder Außenhaftung ist (§ 41 Rz. 11 ff.), stellt sich nur bezüglich der Kommanditaktionäre, während die Haftung der Komplementäre ohne weiteres eine Außenhaftung ist. Auch die Unterbilanzhaftung nach Eintragung der Gesell-schaft (§ 41 Rz. 18) trifft nur die Kommanditaktionäre als Garanten des Grundkapi-tals. Die grundsätzlich auf Vertretungsorgane beschränkte Handelndenhaftung nach §§ 278 Abs. 3, 41 Abs. 1 Satz 2 kann außer in dem eher theoretischen Fall, dass ein Kommanditaktionär als faktisches Organ im Namen der Vor-KGaA handelt, bei der Kapitalgesellschaft & Co. KGaA von Interesse sein. Hier trifft sie außer der Komple-mentärin auch die Organe der Komplementärgesellschaft (wenig geklärt).

2. Organbestellung, Gründungsbericht und Gründungsprüfung

6   a) Der **erste Aufsichtsrat** und **die Gründungsprüfer für das erste Geschäftsjahr** werden durch die Kommanditaktionäre bestellt (§§ 30 Abs. 1, 278 Abs. 3)[5]. Die Komplemen-täre sind, obgleich „Gründer" (§ 280 Abs. 3), von der Abstimmung hierüber ausge-schlossen (vgl. § 285 Abs. 1 Nr. 1 und 6). Anderes gilt nur, wenn die Komplementäre sämtliche Aktien übernommen haben (vgl. § 278 Rz. 12, 2, § 285 Rz. 8), vor allem al-so im Fall der Einpersonengründung (dazu Rz. 3).

---

4 Angaben bei *Bürgers/Schütz* in Schütz/Bürgers/Riotte, § 4 Rz. 21.
5 *Mertens/Cahn* in KölnKomm. AktG, § 280 Rz. 8; *Semler/Perlitt* in MünchKomm. AktG, § 280 Rz. 23.

b) Den **Gründungsbericht** (§ 32) erstatten alle Gründer unter Einschluss der Komplementäre (§ 280 Abs. 3). Für die **Gründungsprüfung** sind die Komplementäre und der Aufsichtsrat zuständig (vgl. § 33 Abs. 1)[6]. Hinzu kommen muss wegen des sinngemäß anzuwendenden § 33 Abs. 2 Nr. 1 eine Gründungsprüfung durch unabhängige Gründungsprüfer[7]. Der **Gegenstand der Gründungsprüfung** ist umstritten. Nur auf das Aktienkapital zielt die Gründungsprüfung nach § 34 Abs. 1 Nr. 1. Soweit **Sacheinlagen** in Frage stehen (§ 34 Abs. 1 Nr. 2), erfasst die Gründungsprüfung nach einer verbreiteten Auffassung auch die satzungsmäßigen Sondereinlagen der Komplementäre (§ 281 Abs. 2)[8]. Dagegen spricht, dass die Einlagen der Komplementäre zwar auf das Eigenkapital der Gesellschaft, aber nicht auf das Aktienkapital geleistet werden[9]. Sie müssen zum Zeitpunkt der Anwendung auch noch nicht geleistet sein[10]. Das spricht gegen die Ausdehnung. Allerdings ist auch die Komplementäreinlage Bestandteil des ungeteilten Gesellschaftsvermögens, und spätestens seit der Zulassung der Kapitalgesellschaft & Co. KGaA (§ 278 Rz. 19) wird man die Komplementär-Einlage nicht mehr im Vertrauen auf die unbeschränkte Komplementärhaftung streng von der kapitalgesellschaftlichen Eigenfinanzierung trennen dürfen[11]. Aber Gegenstand des kapitalgesellschaftlichen Kapitalaufbringungsrechts ist die Komplementäreinlage nicht. Kein überzeugendes Argument für die Ausdehnung der Gründungsprüfung ist auch der Hinweis auf die Auswirkungen des Werts der Sondereinlage auf die Vermögensverhältnisse der Kommanditaktionäre[12], denn das Verhältnis zwischen den Komplementären und der Gesamtheit der Kommanditaktionäre bestimmt sich nach Kommanditgesellschaftsrecht, nicht nach Aktienrecht (§ 278 Abs. 2)[13]. Das alles spricht gegen eine Ausdehnung der Gründungsprüfung.

3. Anmeldung, Eintragung und Bekanntmachung

a) Die **Anmeldung** zur Eintragung im Handelsregister folgt zunächst dem sinngemäß anwendbaren § 36 (vgl. auch § 282 Rz. 2). Berechtigt und verpflichtet zur Anmeldung sind die Gründer (also alle Komplementäre und Kommanditaktionäre, vgl. § 280 Abs. 2 und 3) und die Mitglieder des Aufsichtsrats[14]. Eine Anmeldung durch Bevollmächtigte ist nicht zulässig (§ 36 Rz. 10), anders selbstverständlich eine Anmeldung durch gesetzliche (in der Praxis meist: organschaftliche) Vertreter Gründungsbeteiligter[15]. Für den **Inhalt der Anmeldung** und die abzugebenden **Versicherungen** gelten die §§ 37 und 282 (§ 282 Rz. 2). Insbesondere sind statt eines Vorstands die persönlich haftenden Gesellschafter und ihre Vertretungsbefugnis anzugeben (§ 282 Satz 2). Nach § 37 Abs. 5 müssen die Komplementäre ihre Namensunterschrift zur Aufbe-

7

8

---

6 *Semler/Perlitt* in MünchKomm. AktG, § 280 Rz. 25; unklar *Assmann/Sethe* in Großkomm. AktG, § 281 Rz. 20.

7 *Bürgers/Schütz* in Schütz/Bürgers/Riotte § 4 Rz. 39; *Assmann/Sethe* in Großkomm. AktG, § 280 Rz. 20, § 283 Rz. 16; *Mertens/Cahn* in KölnKomm. AktG, § 280 Rz. 9; *Semler/Perlitt* in MünchKomm. AktG § 283 Rz. 17.

8 *Raiser/Veil*, Kapitalgesellschaften, § 23 Rz. 12; *Sethe*, S. 186 f.; *Assmann/Sethe* in Großkomm. AktG, § 281 Rz. 24 ff.; *Hüffer*, § 286 Rz. 2; *Mertens/Cahn* in KölnKomm. AktG, § 280 Rz. 10; *Diekmann*, ZIP 1996, 2149, 2150; *Sethe*, DB 1998, 1044, 1046; s. auch *Schlitt*, S. 20: umstritten, aber empfehlenswert.

9 Ablehnend *Wichert*, S. 112 f.; *Herfs* in MünchHdb. AG, § 76 Rz. 3; *Semler/Perlitt* in MünchKomm. AktG, § 278 Rz. 47; ausführlich *Bürgers/Schütz* in Schütz/Bürgers/Riotte, § 4 Rz. 36 ff.

10 *Krafka/Willer*, Rz. 1773.

11 Anders *Bürgers/Schütz* in Schütz/Bürgers/Riotte, § 4 Rz. 38.

12 So etwa *Sethe*, S. 186 f.; *Sethe*, DB 1998, 1044, 1046; *Assmann/Sethe* in Großkomm. AktG, § 281 Rz. 24.

13 Insofern überzeugend *Bürgers/Schütz* in Schütz/Bürgers/Riotte, § 4 Rz. 37.

14 Vgl. statt aller *Krafka/Willer*, Rz. 1773; *Mertens/Cahn* in KölnKomm. AktG, § 282 Rz. 2.

15 *Bürgers/Schütz* in Schütz/Bürgers/Riotte, § 4 Rz. 40.

wahrung beim Handelsregister zeichnen. Bei einer Kapitalgesellschaft & Co. KGaA sind dies die Namensunterschriften der organschaftlichen Vertreter der Komplementärin, im Fall der GmbH & Co. KGaA also der bzw. die Geschäftsführer der Komplementär-GmbH[16].

9   **b)** Das **Registergericht** (§ 14) prüft nach §§ 38, 278 Abs. 3 die Einhaltung der gesetzlichen Voraussetzungen der Eintragung. Die **Eintragung** (über den Inhalt vgl. Erl. § 282) macht aus der Vorgesellschaft eine fertige KGaA (über die Kontinuität der Rechtsverhältnisse vgl. Erl. § 41) und aus der unbeschränkten Haftung der Kommanditaktionäre eine Unterbilanzhaftung (vgl. sinngemäß § 41 Rz. 18). Für die **Bekanntmachung** gelten die §§ 40, 278 Abs. 3.

4. Nachgründung

10   Bei der für die Anwendung des § 52 durchzuführenden Feststellung des Vertragsvolumens von mehr als 10 % des Grundkapitals sind die Komplementär-Kapitalanteile (soweit vorhanden) nach einer verbreiteten Auffassung dem Grundkapital hinzuzurechnen[17]. Das ist im Hinblick auf die ohnedies einschränkungsbedürftige Nachgründungsregelung verständlich. Aber § 52 hebt nicht auf das Eigenkapital, sondern auf das kapitalgesellschaftlich gesicherte Grundkapital ab. Das spricht gegen diese Modifikation des § 52[18].

§ 281
Inhalt der Satzung

(1) Die Satzung muss außer den Festsetzungen nach § 23 Abs. 3 und 4 den Namen, Vornamen und Wohnort jedes persönlich haftenden Gesellschafters enthalten.

(2) Vermögenseinlagen der persönlich haftenden Gesellschafter müssen, wenn sie nicht auf das Grundkapital geleistet werden, nach Höhe und Art in der Satzung festgesetzt werden.

I. Grundlagen	1	3. Vermögenseinlagen der Komplementäre (§ 281 Abs. 2)	7
II. Notwendiger Satzungsinhalt	2	IV. Fakultative Satzungsbestandteile	8
1. Aktienrechtlicher Standard (§ 23 Abs. 3 und 4)	2	1. Satzungsstrenge und Gestaltungsfreiheit	8
2. Angaben über die Komplementäre (§ 281 Abs. 1)	3	2. Beispiele für fakultative Satzungsbestandteile	9
III. Potentiell notwendiger Satzungsinhalt	5	V. Satzungsänderungen	12
1. §§ 26, 27, 202	5	1. Die anzuwendenden Regeln	12
2. Angaben über Komplementäre	6	2. Entformalisierte Vorgänge	16

---

16 Vgl. sinngemäß *Langhein* in MünchKomm. HGB, § 108 Rz. 23.
17 *Wichert*, S. 113 ff.; *Wichert* in Heidel, § 280 Rz. 2; *Mertens/Cahn* in KölnKomm. AktG, § 280 Rz. 14; s. auch *Semler/Perlitt* in MünchKomm. AktG, § 278 Rz. 346.
18 So im Ergebnis auch *Bürgers/Schütz* in Schütz/Bürgers/Riotte, § 4 Rz. 55.

Literatur (vgl. zunächst die Angaben bei § 278): *Cahn,* Die Änderung der Satzungsbestimmungen nach § 281 AktG bei der KGaA, AG 2001, 579; *Herfs,* Die Satzung der börsennotierten GmbH & Co. KGaA, in: VGR (Hrsg.), Gesellschaftsrecht in der Diskussion 1998, 1999, S. 23; *Hoffmann-Becking/Herfs,* Struktur und Haftung der Familien-KGaA, in FS Sigle, 2000, S. 273; *Krug,* Gestaltungsmöglichkeiten bei der KGaA durch Umwandlung von Komplementäranteilen in Aktien, AG 2000, 510; *Masuch,* Sachkapitalerhöhung des Komplementärkapitals in der KGaA, NZG 2003, 1033; *Niedner/Kusterer,* Die atypisch ausgestattete Familien-KGaA aus der Sicht des Kommanditaktionärs, DB 1997, 2010; *Schlitt,* die Satzung der Kommanditgesellschaft auf Aktien, 1999; *Schürmann/Groh,* KGaA und GmbH & Co. KGaA, BB 1995, 684; *Wichert,* Satzungsänderungen in der Kommanditgesellschaft auf Aktien, AG 1999, 362.

I. Grundlagen

Auf § 280 Rz. 1 f. kann verwiesen werden. **§ 281 ergänzt und variiert § 23 Abs. 3 und** 1
4. Ein früherer Abs. 3 (Sondervorteile für persönlich haftende Gesellschafter) wurde, weil neben der gegenwärtigen Fassung des § 26 („einem einzelnen Aktionär oder einem Dritten") obsolet, durch Art. 1 Nr. 3 des Gesetzes zur Durchführung der Zweiten Richtlinie[1] gestrichen. Die anfangs vorgeschriebene Berufsangabe ist seit Art. 8 Nr. 6 des Handelsrechtsreformgesetzes 1998[2], wie auch bei § 40 entfallen.

II. Notwendiger Satzungsinhalt

1. Aktienrechtlicher Standard (§ 23 Abs. 3 und 4)

Nach § 23 Abs. 3 und 4 i.V.m. § 278 muss die Satzung Regelungen über Firma und 2
Sitz, Unternehmensgegenstand, Grundkapital, Aktienarten und Aktiennennbeträge bzw. -stückzahl und über die Form von Bekanntmachungen enthalten. Auf die Erläuterungen zu **§ 23** kann verwiesen werden[3]. Gegenstandslos ist nach § 278 Abs. 3 die Verweisung auf § 23 Abs. 3 Nr. 6 (Zahl der Vorstandsmitglieder). Nicht die Zahl der Komplementäre wird durch die Satzung festgelegt, sondern festgelegt wird die Identität jedes Komplementärs (vgl. Satz 1).

2. Angaben über die Komplementäre (§ 281 Abs. 1)

a) Notwendiger Satzungsinhalt sind der **Name, Vorname und Wohnort jedes persön-** 3
lich haftenden Gesellschafters (§ 281 Abs. 1). Zur Registereintragung vgl. § 282 Rz. 5. Zum Ausscheiden eines persönlich haftenden Gesellschafters vgl. § 289 Rz. 26. Zur Frage der Anteilsübertragung vgl. § 278 Rz. 31 f.

b) Im **Fall einer nicht-natürlichen Person** (insbesondere Kapitalgesellschaft) treten an 4
die Stelle der Merkmale von § 281 Abs. 1 die Firma und der Sitz[4]. Ist eine Gesellschaft bürgerlichen Rechts Komplementärin (zur umstrittenen Zulässigkeit § 278 Rz. 20), so sind rechtsähnlich § 162 Abs. 1 Satz 2 HGB auch deren Gesellschafter zu nennen[5]. Einfacher ist aber, die Komplementärin nach § 105 Abs. 2 HGB in eine Handelsgesellschaft zu verwandeln (§ 278 Rz. 20).

---

1 BGBl. I 1978, 1959.
2 BGBl. I 1998, 1474.
3 Zur Frage, inwieweit die Firma einer KGaA-Zweigniederlassung notwendiger Satzungsbestandteil ist, vgl. BayObLG v. 19.3.1992 – 3 Z BR 15/92, AG 1992, 455 = NJW-RR 1992, 1062 (nur bei Abweichung von der KGaA-Firma).
4 *Assmann/Sethe* in Großkomm. AktG, § 281 Rz. 7; *Mertens/Cahn* in KölnKomm. AktG, § 281 Rz. 4; *Semler/Perlitt* in MünchKomm. AktG, § 281 Rz. 11.
5 *Mertens/Cahn* in KölnKomm. AktG, § 281 Rz. 4.

III. Potentiell notwendiger Satzungsinhalt

1. §§ 26, 27, 202

5 **Sondervorteile** und **Gründungsaufwand** setzen entsprechende Satzungsregeln voraus (§§ 26, 27, 278 Abs. 3). Das gilt auch für Sondervorteile zugunsten der Komplementäre (vgl. Rz. 1). **Genehmigtes Kapital** bedarf einer Ermächtigung in der Satzung (§§ 202, 278 Abs. 3).

2. Angaben über Komplementäre

6 Auch Abweichungen vom gesetzlichen Normalstatut bezüglich der Komplementäre, insbesondere bezüglich ihrer **Geschäftsführungs- und Vertretungsbefugnisse** (Rz. 8) bedürfen besonderer Satzungsregeln.

3. Vermögenseinlagen der Komplementäre (§ 281 Abs. 2)

7 **Komplementäreinlagen** müssen nach Höhe und Art in der Satzung festgelegt werden. Deshalb bedarf eine Erhöhung des Komplementärkapitals einer förmlichen Satzungsänderung[6]. **Keine Komplementäreinlagen** sind von einem Komplementär **übernommene Aktien** (das Gesetz spricht von Einlagen, die „auf das Grundkapital geleistet werden"). Gleichfalls keine Komplementäreinlagen sind Beiträge der Komplementäre, die nicht auf das Eigenkapital geleistet werden (z.B. Kredite oder Gebrauchsüberlassungen).

IV. Fakultative Satzungsbestandteile

1. Satzungsstrenge und Gestaltungsfreiheit

8 **§ 23 Abs. 5** im Rahmen des § 278 Abs. 3 gilt auch für die KGaA[7]. **Soweit die KGaA** nach dieser Bestimmung bzw. nach den §§ 279–290 den **Regeln des Aktiengesetzes folgt**, kann die Satzung nur Regelungen über Gegenstände enthalten, die im Gesetz nicht geregelt oder mit Satzungsvorbehalt geregelt sind. Dagegen besteht **Satzungsfreiheit, soweit die KGaA dem Recht der Kommanditgesellschaft unterliegt**, also bezüglich des Rechtsverhältnisses der Komplementäre untereinander bzw. ihres Verhältnisses gegenüber der Gesamtheit der Kommanditaktionäre (vgl. § 278 Abs. 2)[8].

2. Beispiele für fakultative Satzungsbestandteile

9 **a)** Gegenstand zulässiger Satzungsregeln sind vor allem **Geschäftsführung und Vertretung** der Komplementäre. Beispiele sind: Regelungen über die Gesamtgeschäftsführung oder/und Gesamtvertretungsmacht der Komplementäre (§§ 161 Abs. 2, 114 Abs. 1, 125 Abs. 1 HGB i.V.m. § 278 Abs. 2)[9]. Fehlt eine solche Regelung, so gilt das Prinzip der Einzelgeschäftsführung und Einzelvertretungsmacht (§ 278 Rz. 36, 42). Satzungsbestimmungen über die Gesamtvertretung können Dritten nur entgegengehalten werden, wenn sie diesen Dritten bekannt oder im Handelsregister eingetragen und bekannt gemacht sind (§ 278 Rz. 42). Die Satzung kann auch einzelne Komplementäre von der Geschäftsführung und Vertretung ausschließen[10].

---

6 *Masuch*, NZG 2003, 1048 ff.
7 Vgl. statt vieler *Arnold*, S. 56; *Fett* in Schütz/Bürgers/Riotte, § 3 Rz. 7; *Hüffer*, § 278 Rz. 18.
8 Vgl. nur *Fett* in Schütz/Bürgers/Riotte, § 3 Rz. 8.
9 *Assmann/Sethe* in Großkomm. AktG, § 281 Rz. 10.
10 *Assmann/Sethe* in Großkomm. AktG, § 281 Rz. 10.

b) Im **Verhältnis zur Gesamtheit der Kommanditaktionäre** können die Kompetenzen 10
der Komplementäre erweitert oder eingeschränkt werden. Das gilt insbesondere für
die Komplementärkompetenz bei außergewöhnlichen Geschäften (§ 278 Rz. 38).

c) Unzulässig sind Regelungen, die im Außenverhältnis die selbstorganschaftliche 11
Vertretungszuständigkeit des Komplementärs (der Komplementäre) beseitigen oder
im Innenverhältnis mit § 23 Abs. 5 unvereinbar sind, insbesondere zwingende Aktionärsrechte aufheben (zur Satzungsstrenge vgl. § 278 Rz. 35, 45).

V. Satzungsänderungen

1. Die anzuwendenden Regeln

Die **Durchführung von Satzungsänderungen** in der KGaA ist umstritten. Die hM un- 12
terscheidet zwischen der **Änderung von Satzungsgegenständen personengesellschaftsrechtlichen Inhalts** (§§ 278 Abs. 2, 281) und **Satzungsgegenständen kapitalgesellschaftlichen Inhalts** (§ 278 Abs. 3)[11]. Zweifelhaft ist aber, welche unterschiedlichen Voraussetzungen und Rechtsfolgen sich hieraus ergeben.

a) Nach der wohl herrschenden Meinung unterliegen Satzungsänderungen aktien- 13
rechtlichen Inhalts (§ 278 Abs. 3) den §§ 179 ff.[12] Für Satzungsänderungen komman-
ditgesellschaftlichen Inhalts (§ 278 Abs. 2) verlangt eine verbreitete Auffassung nur
eine einfache Mehrheit der Kommanditaktionäre (§ 133)[13]. Der Gedanke ist wohl
der, dass sich hier nur die „Gesamtheit der Kommanditaktionäre" als virtueller Treu-
hand-Kommanditist (vgl. § 278 Rz. 5) mit dem oder den Komplementären einigen
muss. Die Zustimmung der Komplementäre ist bei jedem Satzungsänderungsbeschluss erforderlich (§ 285 Abs. 2)[14]. Von diesem Erfordernis kann die Satzung allerdings in den durch die Kernbereichslehre gezogenen Grenzen abweichen[15].

b) Eine **Gegenansicht** verlangt grundsätzlich, d.h. auch bei der Änderung von Rege- 14
lungen personengesellschaftsrechtlichen Inhalts sowohl die qualifizierte Aktionärsmehrheit (§ 179) als auch die Zustimmung der Komplementäre[16].

c) Stellungnahme: Die **§§ 179 ff.** gelten **für jede Satzungsänderung** (notarielle Form, 15
qualifizierte Mehrheit, konstitutiv wirkende Eintragung in das Handelsregister). Die
Satzung ist eine ungeteilte Verfassung der KGaA, auch soweit sie „das Rechtsverhältnis der persönlich haftenden Gesellschafter untereinander und gegenüber der Gesamtheit der Kommanditaktionäre" betrifft (§ 278 Abs. 2). Entgegen einer noch das
19. Jahrhundert beherrschenden Vorstellung besteht die Verfassung der KGaA nicht
in einer die Kommanditaktionäre umfassenden körperschaftlichen Satzung und einer
die Kommanditaktionäre mit den Komplementären verbindenden Personengesellschaft (§ 278 Rz. 5), sondern sie ist eine beide Gruppen umfassende **körperschaftliche**

---

11 *Assmann/Sethe* in Großkomm. AktG, Vor § 278 Rz. 58 ff.; *Mertens/Cahn* in KölnKomm.
  AktG, Vor § 278 Rz. 13; *Wichert*, AG 1999, 362; *Cahn*, AG 2001, 579 ff.; *Fett* in Schütz/Bür-
  gers/Riotte, § 3 Rz. 38 ff.
12 *Wichert* in Heidel, § 281 Rz. 23; *Hüffer*, § 281 Rz. 1; *Wichert*, AG 1999, 362, 365; *Cahn*, AG
  2001, 579, 581.
13 *Wichert* in Heidel, § 281 Rz. 23; *Wichert*, AG 1999, 362, 365.
14 Insoweit übereinstimmend *Fett* in Schütz/Bürgers/Riotte, § 3 Rz. 32 ff.; *Wichert* in Heidel,
  § 281 Rz. 23 ff.; *Wichert*, AG 1999, 369 ff.; *Cahn*, AG 2001, 679 ff.
15 Vgl. *Wichert* in Heidel, § 281 Rz. 24.
16 So offenbar *Semler/Perlitt* in MünchKomm. AktG, § 281 Rz. 60 ff.

Einheitsverfassung (vgl. zum monistischen Modell der KGaA § 278 Rz. 11)[17]. Für Entformalisierung der Strukturumwandlung bei der KGaA ist auf andere Weise zu sorgen: Die Satzung kann **materiell** von den personengesellschaftlichen Regeln des KGaA-Rechts abweichen (insofern kein Hindernis durch § 23 Abs. 5, vgl. § 278 Rz. 35, 45). Ob sie dies aber tut, ist der Satzung als einer dem Körperschaftsrecht des AktG unterliegenden Verfassung zu entnehmen. Für eine echte Satzungsänderung ist also – unabhängig von dem „personengesellschaftlichen" oder „körperschaftlichen" Gegenstand der geänderten Satzungsregel – stets **dreierlei erforderlich**: die Dreiviertelmehrheit der Hauptversammlung (§ 179; zwingend), die Zustimmung der Komplementäre (§ 285 Abs. 2; dispositiv) und die Eintragung im Handelsregister (§ 181; zwingend).

2. Entformalisierte Vorgänge

16　**a)** Bloße **Änderungen der Wortfassung** sind rein deklaratorisch. Hier hat die Eintragung, anders als nach § 281 keine konstitutive, sondern nur deklaratorische Bedeutung[18].

17　**b)** Hiervon zu unterscheiden sind **Satzungsdurchbrechungen** (dazu § 179 Rz. 26). Hier ist die Frage allein die, unter welchen Voraussetzungen diese Durchbrechungen ohne förmliche Satzungsänderung als rechtens und wirksam akzeptiert werden können.

18　**c)** Die **Übertragung eines Komplementäranteils** (§ 278 Rz. 32) kann aus demselben Grund, wenn die materiellen Voraussetzungen (Hauptversammlungsbeschluss und Zustimmung vorhandener Komplementäre) vorliegen, wirksam sein (str.). Sie unterscheidet sich damit von der Aufnahme eines neuen Komplementärs (Schaffung eines neuen Komplementäranteils) durch förmliche Satzungsänderung.

§ 282
Eintragung der persönlich haftenden Gesellschafter

Bei der Eintragung der Gesellschaft in das Handelsregister sind statt der Vorstandsmitglieder die persönlich haftenden Gesellschafter anzugeben. Ferner ist einzutragen, welche Vertretungsbefugnis die persönlich haftenden Gesellschafter haben.

I. Grundsatz	1	**III. Eintragung**	4
II. Anmeldungen	2	1. Erstmalige Eintragung	4
1. Erstmalige Anmeldung	2	2. Änderungen	8
2. Anmeldung von Satzungsänderungen	3		

Literatur (vgl. zunächst die Angaben bei § 278): *Krafka/Willer*, Registerrecht, 7. Aufl. 2007, Rz. 1769 ff.

17　*Karsten Schmidt* in Bayer/Habersack (Hrsg.), Aktienrecht im Wandel, Bd. II, 26. Kap. Rz. 19 ff.
18　*Fett* in Schütz/Bürgers/Riotte, § 3 Rz. 38; *Semler/Perlitt* in MünchKomm. AktG, § 281 Rz. 64.

I. Grundsatz

Die Bestimmung tritt neben die sonst nach § 278 Abs. 3 geltende Eintragungsregel 1
des § 39 (Rz. 4). § 282 modifiziert diese Bestimmung bezüglich der Komplementäre.
Die praktische Umsetzung ergibt sich aus **§ 43 HRV**.

II. Anmeldungen

1. Erstmalige Anmeldung

Die **erstmalige Anmeldung** der KGaA zur Eintragung im Handelsregister wird **von den** 2
Gründern (d.h. allen Komplementären und Zeichnern, § 280 Abs. 3), **und von allen**
Mitgliedern des ersten Aufsichtsrats vorgenommen (§ 280 Rz. 8)[1]. Zuständiges Gericht
ist das Registergericht am Sitz der Gesellschaft (vgl. Erl. § 14). Für die Leistungen auf
die gezeichneten Einlagen gelten nach § 278 Abs. 3 die §§ 36 Abs. 2, 36a[2]. Für die mit
der Anmeldung abzugebenden Versicherungen gilt § 37 (näher dazu § 280 Rz. 8)[3].

2. Anmeldung von Satzungsänderungen

Satzungsänderungen sind nach §§ 181 Satz 1, 278 Abs. 3 vom Komplementär bzw. 3
bei Vorhandensein mehrerer Komplementäre von **Komplementären in vertretungsbe-**
rechtigter Zahl anzumelden (vgl. sinngemäß Erl. § 181)[4].

III. Eintragung

1. Erstmalige Eintragung

a) Die Regeln des **§ 39** gelten sinngemäß, soweit sie nicht den Vorstand betreffen. 4
Einzutragen sind: die **Firma**, der **Sitz**, der **Unternehmensgegenstand** und der **Tag der**
Satzungsfeststellung (§ 39 Abs. 1 Satz 1). Auch etwaige Satzungsregeln über die
Dauer der Gesellschaft und über **genehmigtes Kapital** sind einzutragen (§ 39 Abs. 2).
Für die **Bekanntmachung** gilt § 10 HGB.

b) Statt der Vorstandsmitglieder sind die **Komplementäre** einzutragen (**§ 282 Satz 1**). 5
Einzutragen sind die Namen, Vornamen, Geburtsdaten und der Wohnort (vgl. sinnge-
mäß § 281 Abs. 1)[5]. Bei einer juristischen Person oder Personengesellschaft (§ 278
Rz. 19 ff.) sind deren Firma bzw. Name und Sitz einzutragen[6], bei einer Gesellschaft
bürgerlichen Rechts (zur umstrittenen Frage der Komplementärfähigkeit vgl. § 278
Rz. 20) zusätzlich auch deren Gesellschafter (vgl. sinngemäß § 161 Abs. 1 Satz 2
HGB). Die Eintragung der **Handelsregisternummer** bei einer Handelsgesellschaft als
Komplementärin wäre sachgerecht, wird aber vom Gesetz **nicht** verlangt. Dasselbe
gilt für die **Vertretungsorgane** einer nicht natürlichen Komplementärin. Diese Daten
müssen ggf. der Eintragung der Komplementärin selbst entnommen werden, nicht
der Eintragung der KGaA, obwohl die Organe der Komplementärin als natürliche Person wie ein Vorstand im Namen der KGaA handeln (vgl. auch Rz. 6).

---

1 *Krafka/Willer*, Rz. 1773.
2 Näher *Assmann/Sethe* in Großkomm. AktG, § 282 Rz. 6; *Semler/Perlitt* in MünchKomm.
  AktG, § 282 Rz. 4.
3 Näher *Assmann/Sethe* in Großkomm. AktG, § 282 Rz. 5; *Semler/Perlitt* in MünchKomm.
  AktG, § 282 Rz. 6.
4 *Krafka/Willer*, Rz. 1779.
5 Vgl. § 43 Nr. 4b HRV; *Krafka/Willer*, Rz. 1775; *Mertens/Cahn* in KölnKomm. AktG, § 282
  Rz. 3.
6 Vgl. sinngemäß *Langhein* in MünchKomm. HGB, § 106 Rz. 20.

6   **c)** Die **Vertretungsbefugnis der Komplementäre** ist in jedem Fall einzutragen (**§ 282 Satz 2**), auch wenn die Satzung schweigt (oder von der gesetzlichen Regel, vgl. § 281 Rz. 6, nicht abweicht)[7]. Ist ein Komplementär eine juristische Person, so wird deren organschaftlicher Vertreter (Vorstand oder Geschäftsführer) nicht gem. § 282 Satz 1 oder Satz 2 eingetragen (vgl. schon Rz. 5). Denn es geht dabei weder um den Komplementär selbst (das ist die juristische Person) noch um deren Vertretungsmacht in der KGaA. Wer Vorstand oder Geschäftsführer ist, ergibt sich aus der eigenen Eintragung der Komplementärin als AG oder GmbH und aus den vorgeschriebenen Angaben auf Geschäftsbriefen (§ 279 Rz. 7).

7   **d) Nicht eingetragen werden Komplementäreinlagen,** also die „nicht auf das Grundkapital" zu leistenden „Sondereinlagen". Sie sind nach § 281 Abs. 2 zwar in der Satzung anzugeben(§ 281 Rz. 7), erscheinen aber nicht im Handelsregister[8].

2. Änderungen

8   **a) Satzungsänderungen, Kapitaländerungen, Umwandlungen nach dem UmwG** und **Unternehmensverträge** werden nach allgemeinen Grundsätzen eingetragen[9]. Näher zur Satzungsänderung § 281 Rz. 12 ff. Über Auflösung, Löschung und Vollbeendigung vgl. § 289 Rz. 1, 38, § 290 Rz. 16.

9   **b) Änderungen bei den Komplementären (§ 282 Satz 1) oder bei deren Vertretungsmacht (§ 282 Satz 2)** bedürfen der Anmeldung und Eintragung. § 15 Abs. 1 HGB findet Anwendung[10].

§ 283
Persönlich haftende Gesellschafter

Für die persönlich haftenden Gesellschafter gelten sinngemäß die für den Vorstand der Aktiengesellschaft geltenden Vorschriften über

1. **die Anmeldungen, Einreichungen, Erklärungen und Nachweise zum Handelsregister sowie über Bekanntmachungen;**

2. **die Gründungsprüfung;**

3. **die Sorgfaltspflicht und Verantwortlichkeit;**

4. **die Pflichten gegenüber dem Aufsichtsrat;**

5. **die Zulässigkeit einer Kreditgewährung;**

6. **die Einberufung der Hauptversammlung;**

7. **die Sonderprüfung;**

8. **die Geltendmachung von Ersatzansprüchen wegen der Geschäftsführung;**

9. **die Aufstellung, Vorlegung und Prüfung des Jahresabschlusses und des Vorschlags für die Verwendung des Bilanzgewinns;**

10. **die Vorlegung und Prüfung des Lageberichts sowie eines Konzernabschlusses und eines Konzernlageberichts;**

---

7 Vgl. auch *Hüffer*, § 282 Rz. 1.
8 *Assmann/Sethe* in Großkomm. AktG, § 281 Rz. 7; *Mertens/Cahn* in KölnKomm. AktG, § 281 Rz. 11; *Semler/Perlitt* in MünchKomm. AktG, § 281 Rz. 7.
9 *Krafka/Willer*, Rz. 1778, 1784 ff., 1787 ff.
10 *Assmann/Sethe* in Großkomm. AktG, § 282 Rz. 13.

11. die Vorlegung, Prüfung und Offenlegung eines Einzelabschlusses nach § 325 Abs. 2a des Handelsgesetzbuchs;

12. die Ausgabe von Aktien bei bedingter Kapitalerhöhung, bei genehmigtem Kapital und bei Kapitalerhöhung aus Gesellschaftsmitteln;

13. die Nichtigkeit und Anfechtung von Hauptversammlungsbeschlüssen;

14. den Antrag auf Eröffnung des Insolvenzverfahrens.

I. Grundlagen 1
1. Die Komplementäre als Leitungsorgan 1
2. Komplementäre mit und ohne Geschäftsführungs- und Vertretungsbefugnis 3

II. Die einzelnen Regelungen 4
1. Handelsregisteranmeldungen sowie Bekanntmachungen (§ 283 Nr. 1) . . . 4
2. Gründungsprüfung (§ 283 Nr. 2) 5
3. Sorgfaltspflicht und Verantwortlichkeit (§ 283 Nr. 3) 6
4. Pflichten gegenüber dem Aufsichtsrat (§ 283 Nr. 4) 8
5. Gesetzliche Grenzen der Kreditgewährung (§ 283 Nr. 5) 9
6. Einberufung der Hauptversammlung (§ 283 Nr. 6) 10

7. Sonderprüfung (§ 283 Nr. 7) 11
8. Geltendmachung von Ersatzansprüchen (§ 283 Nr. 8) 12
9. Jahresabschluss und Ergebnisverwendung (§ 283 Nr. 8) 13
10. Prüfung des Jahresabschlusses (§ 283 Nr. 10) 15
11. Konzernrechnungslegung (§ 283 Nr. 11) 16
12. Ausgabe von Aktien bei Kapitalerhöhungen (§ 283 Nr. 12) 18
13. Fehlerhafte Hauptversammlungsbeschlüsse (§ 283 Nr. 13) 19
14. Insolvenzantrag (§ 283 Nr. 14) 20

Literatur (vgl. zunächst die Angaben bei § 278): *Grobe*, Zum Rechtsverhältnis des persönlich haftenden Gesellschafters einer KGaA, NJW 1968, 1709; *Herfs*, Vereinbarungen zwischen der KGaA und ihren Komplementären, AG 2005, 589; *Mertens*, Abhängigkeitsbericht bei „Unternehmenseinheit" in der Handelsgesellschaft KGaA?, in FS Claussen, 1997, S. 297; *Pflug*, Der persönlich haftende Gesellschafter in der KGaA, NJW 1971, 345.

I. Grundlagen

1. Die Komplementäre als Leitungsorgan

Geborenes Leitungsorgan der KGaA ist **der Komplementär** (sind **die Komplementäre**). **1** Es gilt der Grundsatz selbstorganschaftlicher Kompetenz[1]. Auf § 278 Rz. 7, 42 wird verwiesen. Nach § 278 Abs. 2 richten sich die Komplementärkompetenzen in Sachen Geschäftsführung und Vertretung nach den §§ 161 Abs. 2, 114 ff., 125 ff. HGB i.V.m. § 278 Abs. 2. Die Komplementäre können, wenn auch nicht alle, von der Geschäftsführung und Vertretung ausgeschlossen sein (vgl. Rz. 3). Die Übertragung der organschaftlichen Geschäftsführung auf Dritte ist dagegen unzulässig, ebenso der Ausschluss aller Komplementäre von der gesetzlichen Vertretung der Gesellschaft[2]. Im Fall der Kapitalgesellschaft & Co. KGaA (§ 278 Rz. 19) herrscht de facto Fremdorgan-

---

1 Statt vieler *Herfs* in MünchHdb. AG, § 78 Rz. 3, 24; *Schütz/Reger* in Schütz/Bürgers/Riotte, § 5 Rz. 10 und 78; zur Bedeutung der Selbstorganschaft als Rechtsfigur vgl. *Karsten Schmidt* in GS Knobbe-Keuk, 1997, S. 307 ff.

2 *Schütz/Reger* in Schütz/Bürgers/Riotte, § 5 Rz. 78; *Semler/Perlitt* in MünchKomm. AktG, § 283 Rz. 22, § 278 Rz. 228.

schaft[3]: selbstorganschaftlich legitimiert ist als Komplementärin die Kapitalgesellschaft, die ihrerseits fremdorganschaftlich durch das bei ihr bestellte Organ handelt. Insofern agiert hier ohne formellen Bruch mit dem Prinzip der Selbstorganschaft ein bestelltes (Fremd-) Organ im Namen der KGaA. Mit dem Komplementär bzw. mit den Organen einer Komplementär-Kapitalgesellschaft können Geschäftsleiterverträge abgeschlossen werden[4]. Besonders naheliegend ist das beim Komplementär ohne Kapitalanteil (§ 286 Rz. 5). Zur Offenlegung von Vergütungen vgl. § 286 Rz. 12, 13.

2 **Normzweck des § 283** ist die Anwendung einzelner den Vorstand betreffender Regelungen des AktG auf den Komplementär (die Komplementäre) der KGaA. Insoweit werden die durch § 278 Abs. 2 in Bezug genommenen Vorschriften des HGB (hilfsweise des BGB) durch § 283 verdrängt. Die Vorschrift basiert auf § 225 AktG 1937. Sie wurde durch das AktG 1965 modernisiert und mehrfach geändert, zuletzt durch Gesetz vom 4.12.2004[5]. Der Katalog des § 283 ist abschließend[6]. Andere Vorstandsaufgaben sind durch §§ 289 Abs. 6 Satz 1 und 290 Abs. 1 auf die Komplementäre übertragen. Auch gibt es zahlreiche Aufgaben, die das Gesetz schlechthin dem Leitungsorgan einer Gesellschaft und damit auch dem Komplementär einer KGaA zuweist[7]. Die **Geschäftsführungs- und Vertretungsbefugnisse** der Komplementäre beruhen auf §§ 278 Abs. 2 AktG, 114 ff., 125 ff. HGB (vgl. Rz. 3). Diese Regeln können durch Satzung abbedungen werden (über Grenzen vgl. Rz. 1, 3). Im Übrigen ist § 283 Bestandteil des Aktienrechts und damit zwingend[8].

2. Komplementäre mit und ohne Geschäftsführungs- und Vertretungsbefugnis

3 Nach **§ 278 Abs. 2 AktG, §§ 114, 125 HGB** sind grundsätzlich alle Komplementäre zur Geschäftsführung und Vertretung berechtigt, und zwar jeder einzeln (§§ 114 Abs. 1, 115 Abs. 1, 125 Abs. 1 HGB). Widerspricht ein zur Einzelgeschäftsführung befugter Komplementär der Geschäftsführungshandlung eines anderen, so muss die Geschäftsführungshandlung unterbleiben. Die **Satzung** kann festlegen, dass mehrere Komplementäre nur gemeinschaftlich zur Geschäftsführung (§§ 115 Abs. 2, 125 Abs. 2 HGB) berechtigt sind. Sie kann den Komplementär vom Widerspruchsrecht der anderen befreien (zum Widerspruch der Kommanditaktionäre vgl. § 278 Rz. 18). Durch **Satzungsbestimmung** können auch Komplementäre von der Geschäftsführung ausgeschlossen oder an Weisungen der Kommanditaktionäre gebunden werden. Das letztere ist typischerweise bei der GmbH & Co. KGaA der Fall[9]. Bei der KGaA, insbesondere bei der Kapitalgesellschaft & Co. KGaA können insofern **verschiedene Modelle** unterschieden werden (§ 278 Rz. 41). Diese reichen von der gesetzestypischen **Dominanz der Komplementäre** (Vorstands- oder Zentralverwaltungsmodell) bis hin zur Führung der KGaA durch einen von **Weisungen der Kommanditaktionäre** abhängigen Geschäftsführer der Komplemenär-GmbH (Integrationsmodell)[10]. Von diesen Satzungsregeln zu unterscheiden ist die **Entziehung der Geschäftsführungs- bzw. Vertretungskompetenz** durch Klage (§§ 278 Abs. 2 AktG, 161 Abs. 2, 117, 127 HGB)[11]. Mit Zustimmung der Hauptversammlung und etwa vor-

---

3 Eingehend *Karsten Schmidt* in FS Priester, S. 691, 699 f.
4 *Herfs* in MünchHdb. AG, § 78 Rz. 21 ff.; *Herfs*, AG 2005, 589 ff.
5 BGBl. I 2004, 3166.
6 BGH v. 24.2.1997 – II ZB 11/96, BGHZ 134, 392, 394 = AG 1997, 370 = NJW 1997, 1923, 1924; *Assmann/Sethe* in Großkomm. AktG, § 283 Rz. 4; *Mertens/Cahn* in KölnKomm. AktG, § 283 Rz. 4; a.M. *Semler/Perlitt* in MünchKomm. AktG, § 283 Rz. 6: Prüfung im Einzelfall.
7 *Mertens/Cahn* in KölnKomm. AktG, § 283 Rz. 5 mit Hinweisen.
8 *Assmann/Sethe* in Großkomm. AktG, § 283 Rz. 5; *Hüffer*, § 283 Rz. 1.
9 *Karsten Schmidt* in FS Priester, 2007, S. 691, 707.
10 Zur Herausarbeitung dieser Modelle vgl. ebd.
11 Vgl. statt vieler *Herfs* in MünchHdb. AG, § 77 Rz. 9.

handener Mit-Komplementäre kann ein Komplementär auch seine Geschäftsführungs- und Vertretungsbefugnis niederlegen (ein eher theoretischer Fall)[12]. Folgt man dem zur KG ergangenen Urteil BGH v. 9.12.1968 – II ZR 33/67, BGHZ 51, 198, so kann dem einzigen Komplementär nicht die Vertretungsbefugnis entzogen werden. Den Vorzug verdient die Auffassung, wonach eine solche Ausschließung zulässig ist, jedoch die KGaA auflöst, sofern nicht für einen neuen vertretungsbefugten Komplementär gesorgt wird[13]. **Umstritten** ist, ob im Fall der **Kapitalgesellschaft & Co. KGaA** (insbesondere der **GmbH & Co. KGaA** eine **Personalhoheit der Hauptversammlung gegenüber den Komplementärorganen** (z.B. GmbH-Geschäftsführern), insbesondere ein **Abberufungsdurchgriff** möglich ist, also eine Abberufung der Leitungsorgane der Komplementärin (insbesondere der Geschäftsführer der Komplementär-GmbH) durch die Aktionäre stattfinden kann (vgl. auch § 287 Rz. 5, 22). Die h.M. lehnt dies ab[14] und erkennt direkte Rechtsverhältnisse zwischen den Organen einer Komplementär-Kapitalgesellschaft nur auf der Ebene von Organ-Anstellungsverträgen an[15]. Viel spricht dafür, bei der Einheits-GmbH-&-Co.-KGaA (§ 278 Rz. 19) und auch sonst bei der verzahnten GmbH & Co. KGaA mit Identität der Gesellschafter in beiden Parteien einen solchen organisationsrechtlichen Durchgriff jedenfalls auf satzungsmäßiger Grundlage anzuerkennen[16].

II. Die einzelnen Regelungen

1. Handelsregisteranmeldungen sowie Bekanntmachungen (§ 283 Nr. 1)

Es gelten die Vorstandsregeln über Anmeldungen, Einreichungen, Erklärungen und Nachweise zum Handelsregister sowie über Bekanntmachungen. Hinzuweisen ist auf die §§ 36, 37, 81, 106, 130 Abs. 5, 181, 184, 188. Besondere Regeln gelten für die erste Anmeldung der Gesellschaft zum Handelsregister (vgl. § 280 Rz. 8, § 282 Rz. 2).   4

2. Gründungsprüfung (§ 283 Nr. 2)

Wegen der Vorschriften über die Gründungsprüfung vgl. §§ 33, 34, 35. Im Hinblick auf die Gründungsbeteiligung der persönlich haftenden Gesellschafter (§ 280 Abs. 2, 3) ist nach § 33 Abs. 1 Nr. 1 eine **externe Gründungsprüfung** unentbehrlich (§ 280 Rz. 7).   5

3. Sorgfaltspflicht und Verantwortlichkeit (§ 283 Nr. 3)

a) Die Sorgfaltspflicht der Komplementäre richtet sich nicht nach § 708 BGB i.V.m. §§ 161 Abs. 2, 105 Abs. 3 HGB, sondern nach **§ 93 Abs. 1** (bei der Gründung nach § 48 Satz 2)[17]. Die Komplementäre haben die Sorgfalt ordentlicher Geschäftsleiter zu beachten. Wegen der Einzelheiten wird auf die Erläuterungen bei § 93 verwiesen. Die persönliche Haftung gibt den persönlich haftenden Gesellschaftern keinen Sonderstatus. Die **business judgment rule des § 93 Abs. 1 Satz 2** ist im Grundsatz anwendbar, dies jedoch mit der besonderen Maßgabe, dass die Komplementäre die Zuständigkeitsordnung bei außergewöhnlichen Geschäften (§ 164 HGB und dazu § 278 Rz. 38)   6

---

12 *Herfs* in MünchHdb. AG, § 77 Rz. 10.
13 Vgl. zur KG *Karsten Schmidt*, ZGR 2004, 227.
14 Vgl. nur *Herfs* in MünchHdb. AG, § 78 Rz. 9 m.w.N.
15 Vgl. *Dirksen/Möhrle*, ZIP 1998, 1377, 1384.
16 *Karsten Schmidt* in FS Priester, S. 691, 706; zur Einheitsgesellschaft vgl. auch *Karsten Schmidt* in FS Westermann, 2008.
17 BGH v. 24.2.1997 – II ZB 11/96, BGHZ 134, 392, 394 = AG 1997, 370 = NJW 1997, 1923, 1924; *Herfs* in MünchHdb. AG, § 78 Rz. 20; *Schütz/Reger* in Schütz/Bürgers/Riotte, § 5 Rz. 114 ff.; *Assmann/Sethe* in Großkomm. AktG, § 283 Rz. 18; *Mertens/Cahn* in KölnKomm. AktG, § 283 Rz. 9.

beachten müssen. Anwendung findet auch **§ 117** (Haftung wegen schädigender Einflussnahme)[18]. Anwendung findet auch die **Verschwiegenheitspflicht** nach § 93 Abs. 1 Satz 3[19].

7   **b)** Ist eine **juristische Person** Komplementärin, so haftet deren **Organ** für die Sorgfalt eines ordentlichen Geschäftsleiters (§ 93 AktG, § 43 GmbHG). Da die Rechtsverbindung zwischen diesem Organ und der Komplementärin Schutzwirkung zugunsten eines Dritten (der KGaA) hat, kann sich eine direkte Haftung des Organs der Komplementärin gegenüber der KGaA ergeben[20]. Die Komplementärin ihrerseits haftet der KGaA für das Organverschulden entsprechend § 31 BGB[21]. Für die straf- und ordnungsrechtliche Verantwortung gelten die § 14 Abs. 1 Nr. 3, Abs. 3 StGB und § 9 Abs. 1 Nr. 1 und Abs. 3 OWiG.

4. Pflichten gegenüber dem Aufsichtsrat (§ 283 Nr. 4)

8   Die aktienrechtlichen Vorstandspflichten gegenüber dem Aufsichtsrat sind von den Komplementären zu beachten. Es handelt sich um die Berichtspflicht (**§ 90**) und die Pflicht zur Vorlage des Jahresabschlusses und des Lageberichts (**§ 170 i.V.m. §§ 242, 264 HGB**). Diese Pflichten sind zwingend und können durch die Satzung nicht ausgeschlossen werden. Das gilt auch für die Einsichtsrechte des Aufsichtsrates (**§ 111 Abs. 2**)[22].

5. Gesetzliche Grenzen der Kreditgewährung (§ 283 Nr. 5)

9   Die Bestimmung verweist auf **§ 89**, macht also Kredite an Komplementäre von einer besonderen Gestattung abhängig[23]. Zuständig für die Beschlussfassung über die Kreditgewährung an Komplementäre ist auch bei der KGaA der Aufsichtsrat[24]. Umstritten ist die Abgrenzung gegen **verbotene Ausschüttungen an Komplementäre** (§ 288 Abs. 1). Entnahmen, die die Kapitalkonten der Komplementäre (weiter) unter den satzungsmäßigen Betrag sinken lassen, fallen unter § 288 Abs. 1, nicht unter § 89 i.V.m. § 283 Nr. 5 (vgl. § 288 Rz. 10, 16)[25]. Eine andere Frage ist, ob **Kredite an Komplementäre** (§ 288 Abs. 2) auch unter § 288 Abs. 1 fallen können (vgl. § 288 Rz. 16). Für **Kredite an Aufsichtsratsmitglieder** gilt § 115 i.V.m. § 278 Abs. 3[26].

6. Einberufung der Hauptversammlung (§ 283 Nr. 6)

10 Die Hauptversammlung wird durch die Komplementäre (den Komplementär) im Rahmen ihrer Geschäftsführungs- und Vertretungsbefugnisse einberufen. Es gelten

---

18   *Assmann/Sethe* in Großkomm. AktG, § 283 Rz. 17.
19   *Schütz/Reger* in Schütz/Bürgers/Riotte, § 5 Rz. 122.
20   *Assmann/Sethe* in Großkomm. AktG, § 283 Rz. 20 (Schutzwirkung zugunsten der KGaA); rechtsdogmatisch noch weitergehend der Vorschlag des Verfassers *Karsten Schmidt* in FS Priester, S. 691, 702 ff.: Durchgriff nach § 93.
21   *Assmann/Sethe* in Großkomm. AktG, § 283 Rz. 18.
22   *Assmann/Sethe* in Großkomm. AktG, § 283 Rz. 24; *Mertens/Cahn* in KölnKomm. AktG, § 283 Rz. 11; *Semler/Perlitt* in MünchKomm. AktG, § 283 Rz. 24; *Wichert* in Heidel, § 283 Rz. 2.
23   OLG Stuttgart v. 28.7.2004 – 20 U 5/04, AG 2004, 678, 680 = DB 2004, 1768, 1771.
24   *Assmann/Sethe* in Großkomm. AktG, § 283 Rz. 24, § 287 Rz. 48; *Hüffer*, § 283 Rz. 2; *Mertens/Cahn* in KölnKomm. AktG, § 283 Rz. 12; *Semler/Perlitt* in MünchKomm. AktG, § 283 Rz. 24; a.M. *Kallmeyer*, ZGR 1983, 57, 74 f.
25   *Mertens/Cahn* in KölnKomm. AktG, § 283 Rz. 12; a.M. *Assmann/Sethe* in Großkomm. AktG § 283 Rz. 25, § 288 Rz. 54; *Semler/Perlitt* in MünchKomm. AktG, § 288 Rz. 57; *Wichert* in Heidel, § 283 Rz. 2.
26   *Assmann/Sethe* in Großkomm. AktG, § 283 Rz. 25.

die §§ 121 ff.[27] Mit einbezogen ist auch die Pflicht zur Einberufung einer (außerordentlichen) Hauptversammlung nach § 92 Abs. 1[28]. Nicht geschäftsführungs- und vertretungsberechtigte Komplementäre haben, wie eine Aktionärsminderheit, entsprechend § 122 ein außerordentliches Einberufungs- und Ankündigungsrecht[29].

7. Sonderprüfung (§ 283 Nr. 7)

Es gelten die §§ 142 ff., 258 ff.　　　　　　　　　　　　　　　　　　　　　　　11

8. Geltendmachung von Ersatzansprüchen (§ 283 Nr. 8)

Die Verweisung zielt auf die Aktionärsrechte nach § 147, seit 2005 (UMAG) auch auf 　12
das Klagezulassungsverfahren nach §§ 148, 149.

9. Jahresabschluss und Ergebnisverwendung (§ 283 Nr. 8)

a) Die **Aufstellung des Jahresabschlusses** (§§ 264 ff. HGB) **und ggf. des Lageberichts** 　13
(§§ 289 ff. HGB) ist Aufgabe des Komplementärs (der Komplementäre). Das gilt auch
für die Vorlage an den Aufsichtsrat (§ 170) einschließlich des Lageberichts. Für die
Beschlussfassung über den Jahresabschluss gilt § 286 Abs. 1 (näher § 286 Rz. 2).

b) Für die **Gewinnverwendung** gelten die §§ 278 Abs. 3, 170 Abs. 2 (Vorschlag an den 　14
Aufsichtsrat). Über die Gewinnverwendung entscheidet die Hauptversammlung
(§ 174). Vgl. näher § 288 Rz. 8.

10. Prüfung des Jahresabschlusses (§ 283 Nr. 10)

Nach **§ 316 Abs. 1 Satz 1 HGB** ist die Prüfung erforderlich, soweit es sich nicht um 　15
eine kleine KGaA i.S. von § 267 HGB handelt. Den Prüfungsauftrag erteilt der Aufsichtsrat (§ 111 Abs. 2 Satz 3). Die Vorlage- und Auskunftspflichten nach § 320 HGB
obliegen dem Komplementär (bzw. den geschäftsführenden Komplementären).

11. Konzernrechnungslegung (§ 283 Nr. 11)

a) Der Komplementär (die geschäftsführenden Komplementäre) einer **KGaA-Konzern-** 　16
obergesellschaft stellen den Konzernabschluss und den Konzernlagebericht auf (**§ 290**
HGB). Für die Abschlussprüfung (§ 316 Abs. 2 HGB) durch einen vom Aufsichtsrat
(§§ 111 Abs. 2 Satz 3, 278 Abs. 3) beauftragten Abschlussprüfer werden Konzernabschluss, Konzernlagebericht und die in § 320 Abs. 3 Satz 1 HGB genannten Dokumente vorgelegt. Für den Konzernabschluss nach internationalen Rechnungslegungsstandards gilt § 315a HGB.

b) Eine **KGaA-Konzerntochtergesellschaft** erstellt einen Lagebericht (§ 312) und legt 　17
ihn dem Aufsichtsrat vor (§ 314).

12. Ausgabe von Aktien bei Kapitalerhöhungen (§ 283 Nr. 12)

Der Komplementär hat (die geschäftsführenden Komplementäre haben) bei der Aus- 　18
gabe junger Aktien die **§§ 199** (bedingte Kapitalerhöhung), **203** (genehmigtes Kapital)
und **214** (Kapitalerhöhung aus Geschäftsmitteln) zu beachten.

---

27 *Wichert* in Heidel, § 283 Rz. 2.
28 Heute unstreitig; vgl. *Schütz/Reger* in Schütz/Bürgers/Rotte, § 5 Rz. 130; *Assmann/Sethe* in
　Großkomm. AktG, § 283 Rz. 26; *Hüffer*, § 283 Rz. 2; *Mertens/Cahn* in KölnKomm. AktG,
　§ 283 Rz. 12; *Semler/Perlitt* in MünchKomm. AktG, § 283 Rz. 43.
29 *Assmann/Sethe* in Großkomm. AktG, § 283 Rz. 27; *Wichert* in Heidel, § 283 Rz. 2.

13. Fehlerhafte Hauptversammlungsbeschlüsse (§ 283 Nr. 13)

19   Für die Nichtigkeit und Anfechtbarkeit von Hauptversammlungsbeschlüssen gelten zunächst gem. **§ 278 Abs. 3** die **§§ 241 ff.** Die Anfechtungsbefugnis der Kommanditaktionäre ergibt sich aus § 245 Nr. 1. Die Komplementäre sind anfechtungsbefugt nach § 283 Nr. 12 i.V.m. § 245 Nr. 4 und 5. Das gilt auch für nicht geschäftsführende Komplementäre[30]. Nicht anwendbar ist wegen § 286 Abs. 1 der § 256 Abs. 2.

14. Insolvenzantrag (§ 283 Nr. 14)

20   Den Eigenantrag auf Eröffnung des Insolvenzverfahrens (**§ 15 InsO**) stellt der Komplementär bzw. jeder einzelne Komplementär. Auf die Geschäftsführungs- und Vertretungsbefugnis kommt es nicht an[31]. Bei einer aufgelösten Gesellschaft stellen die Abwickler den Insolvenzantrag (vgl. § 290)[32]. Die Insolvenzantragspflicht (§ 92 Abs. 2, aufgrund des MoMiG künftig § 15a InsO) trifft nur die geschäftsführenden, also nicht die von der Geschäftsführung ausgeschlossenen Komplementäre[33].

§ 284
Wettbewerbsverbot

(1) Ein persönlich haftender Gesellschafter darf ohne ausdrückliche Einwilligung der übrigen persönlich haftenden Gesellschafter und des Aufsichtsrats weder im Geschäftszweig der Gesellschaft für eigene oder fremde Rechnung Geschäfte machen noch Mitglied des Vorstands oder Geschäftsführer oder persönlich haftender Gesellschafter einer anderen gleichartigen Handelsgesellschaft sein. Die Einwilligung kann nur für bestimmte Arten von Geschäften oder für bestimmte Handelsgesellschaften erteilt werden.

(2) Verstößt ein persönlich haftender Gesellschafter gegen dieses Verbot, so kann die Gesellschaft Schadenersatz fordern. Sie kann statt dessen von dem Gesellschafter verlangen, dass er die für eigene Rechnung gemachten Geschäfte als für Rechnung der Gesellschaft eingegangen gelten lässt und die aus Geschäften für fremde Rechnung bezogene Vergütung herausgibt oder seinen Anspruch auf die Vergütung abtritt.

(3) Die Ansprüche der Gesellschaft verjähren in drei Monaten seit dem Zeitpunkt, in dem die übrigen persönlich haftenden Gesellschafter und die Aufsichtsratsmitglieder von der zum Schadensersatz verpflichtenden Handlung Kenntnis erlangen oder ohne grobe Fahrlässigkeit erlangen müssten. Sie verjähren ohne Rücksicht auf diese Kenntnis oder grob fahrlässige Unkenntnis in fünf Jahren von ihrer Entstehung an.

I. Sinn und Zweck der Bestimmung ..	1	2. Verbotsinhalt	12
1. Konkretisierung der Treupflicht	1	3. Befreiung	15
2. Verhältnis zu anderen Bestimmungen	3	4. Sanktionen	18
II. Die Regelung im Einzelnen	6	5. Abweichende Regelungen	22
1. Geltungsbereich	6		

---

30 *Assmann/Sethe* in Großkomm. AktG, § 283 Rz. 37; *Hüffer,* § 283 Rz. 2; *Mertens/Cahn* in KölnKomm. AktG, § 283 Rz. 20.
31 *Schmahl* in MünchKomm. InsO, § 15 Rz. 13.
32 Vgl. *Schmahl* in MünchKomm. InsO, § 15 Rz. 13.
33 Statt vieler *Mertens/Cahn* in KölnKomm. AktG, § 283 Rz. 21.

Literatur (vgl. zunächst die Angaben bei § 278): *Armbrüster*, Wettbewerbsverbote in Kapitalgesellschaften, ZIP 1997, 169; *Ihrig/Schlitt* in Ulmer (Hrsg.), Die KGaA nach dem Beschluss vom 24.2.1997 – organisationsrechtliche Folgerungen, Die GmbH & Co. KGaA (ZHR-Beiheft 67), 1998, S. 33; *Salfeld*, Wettbewerbsverbote im Gesellschaftsrecht, 1987; *Tillmann*, Konkurrierende Tätigkeit des beherrschenden Geschäftsführers, in FS Felix, 1989, S. 527.

I. Sinn und Zweck der Bestimmung

1. Konkretisierung der Treupflicht

a) Das gesetzliche Wettbewerbsverbot ist **Ausdruck der Treupflicht**[1]. Das Wettbewerbsverbot wirkt Interessenkonflikten entgegen. Es verhindert zum einen, dass Komplementäre den Marktinteressen der Gesellschaft durch Konkurrenztätigkeit entgegenarbeiten; zum anderen hindert das Wettbewerbsverbot den schädigenden Gebrauch (Missbrauch) von Informationen[2]. Im Gegensatz zu § 88 geht es nicht auch um die Sicherung der Leistungsfähigkeit der Komplementäre im Dienste der Gesellschaft[3]. Eine diesbezügliche Erweiterung kann sich aus Vereinbarungen mit dem Komplementär (den Komplementären) ergeben.   1

b) Eine **Ergänzung des § 284 durch die allgemeine Treupflicht** (§ 278 Rz. 11) wird weitgehend abgelehnt[4]. Das ist missverständlich. Aus der Treupflicht kann sich im Einzelfall durchaus eine Intensivierung des Wettbewerbsverbots ergeben (Rz. 11, 14) als auch dessen Ergänzung durch die sog. **Geschäftschancenlehre** (zu ihr vgl. § 93 Rz. 16).   2

2. Verhältnis zu anderen Bestimmungen

a) § 284 verbindet **Elemente der §§ 112, 113, 161 Abs. 2 HGB** auf der einen Seite und **des § 88** auf der anderen. Wie bei § 112 HGB beschränkt sich das Wettbewerbsverbot auf den Geschäftszweig der Gesellschaft und auf die Leitungstätigkeit in einer gleichartigen Gesellschaft. Wie in § 88 ist dieses Verbot nicht auf die Leitungstätigkeit als Komplementär beschränkt.   3

b) Nicht in § 284 geregelt ist das aus der Treuepflicht in Konkurrenzsituationen evtl. resultierende **Stimmverbot in der Hauptversammlung**[5]. Hierfür gilt § 285 Abs. 1 Satz 2.   4

c) Das **Kartellverbot** (§ 1 GWB, Art. 81 Abs. 1 EG) steht dem gesetzlichen Wettbewerbsverbot nicht entgegen[6]. Die kartellrechtliche Immanenztheorie lässt Wettbewerbsverbote, die einer kartellfreien gesellschaftsrechtlichen Aktionsgemeinschaft immanent sind, als kartellrechtskonform erscheinen[7]. Allerdings bedarf das gesetzliche Wettbewerbsverbot einer kartellrechtskonformen Interpretation und ggf. auch Reduktion (Rz. 12).   5

---

1 *Karsten Schmidt*, GesR, § 20 V 1, S. 595 ff.; *Assmann/Sethe* in Großkomm. AktG, § 284 Rz. 2, 4; *Wichert* in Heidel, § 284 Rz. 1; *Semler/Perlitt* in MünchKomm. AktG, § 284 Rz. 3.
2 *Mertens/Cahn* in KölnKomm. AktG, § 284 Rz. 2.
3 *Assmann/Sethe* in Großkomm. AktG, § 284 Rz. 4; *Mertens/Cahn* in KölnKomm. AktG, § 284 Rz. 2; *Semler/Perlitt* in MünchKomm. AktG, § 284 Rz. 4.
4 Näher *Assmann/Sethe* in Großkomm. AktG, § 284 Rz. 12.
5 *Mertens/Cahn* in KölnKomm. AktG, § 284 Rz. 2.
6 Überblick bei *Nordemann* in Loewenheim/Meessen/Riesenkampff, GWB, 2006, § 1 Rz. 169 f.
7 BGH v. 21.2.1978 – KZR 6/77 – „Gabelstapler", BGHZ 70, 331, 336 = NJW 1978, 1001 f.; BGH v. 5.12.1983 – II ZR 242/82 – „Werbeagentur", BGHZ 89, 162, 169 = NJW 1984, 1351, 1353; BGH v.15.4.1986 – KVR 1/85 – „Taxigenossenschaften", NJW-RR 1986, 1298 = ZIP 1986, 1008; BGH v. 27.5.1986 – KZR 32/84 – „Spielkarten", NJW-RR 1986, 1486 = ZIP 1986, 1489.

II. Die Regelung im Einzelnen

1. Geltungsbereich

6 **a) Der sachliche Geltungsbereich** erfasst jede KGaA unter Einschluss der Kapitalgesellschaft & Co. KGaA[8]. **In der aufgelösten**, jedoch noch nicht abgewickelten **KGaA** bleibt das Wettbewerbsverbot im Grundsatz bestehen[9]. Das Verbot ist aber im Hinblick auf den Abwicklungszweck teleologisch zu reduzieren[10]. Das Verbot besteht fort, soweit seine Beachtung im Zuge der Abwicklung noch durch die Treupflicht geboten ist.

7 **b) Der persönliche Geltungsbereich** zielt auf die Komplementäre und nur auf sie (vgl. zu den Kommanditaktionären Rz. 11, für den Aufsichtsrat vgl. § 116 Rz. 16). Für den ausgeschiedenen Komplementär gilt das Verbot nicht[11]. Ein Wettbewerbsverbot kann sich für ihn nur aus der nachwirkenden Treupflicht ergeben (Rz. 2)[12].

8 **aa) Ein geschäftsführender (und vertretungsberechtigter) Komplementär** (das ist der Regelfall) fällt unzweifelhaft und unstrittig unter das Wettbewerbsverbot. Umstritten ist die Geltung des § 284 für **von der Geschäftsführung und Vertretung ausgeschlossene Komplementäre**. Der Gesetzeswortlaut erfasst auch sie. Ob es damit sein Bewenden hat[13] oder ob das Wettbewerbsverbot die Geschäftsführungs- (und Vertretungs-)Kompetenz voraussetzt[14], wird unterschiedlich beurteilt[15]. Richtig scheint: Der Gesetzeswortlaut ist eindeutig und im Grundsatz auch richtig, denn die Gefahr eines Missbrauchs von Informationen hängt nicht notwendig an der formellen Geschäftsführungskompetenz[16]. Die teleologische Reduktion des Tatbestands (Rz. 5) erlaubt es aber, Wettbewerbshandlungen eines solchen Kommanditisten von dem Verbot auszunehmen, die die durch das Verbot geschützten Interessen (Rz. 1) nicht berühren[17].

9 **bb)** Handelt es sich um eine **juristische Person als Komplementärin** (vgl. Rz. 6), so unterliegt zunächst diese Komplementärin selbst dem Wettbewerbsverbot[18]. Verstöße ihrer Leitungsorgane werden einer solchen Komplementärin nach dem Grundgedanken des § 31 BGB zugerechnet. Die Mitglieder des Leitungsorgans dieser juristischen Person (Vorstandsmitglieder, Geschäftsführer) sind aber auch selbst an das Wettbewerbsverbot gebunden[19]. Die Gesellschafter der Komplementärin sind grund-

---

8 BGH v. 24.2.1997 – II ZB 11/96, BGHZ 134, 392, 394 = NJW 1997, 1923, 1924 = AG 1997, 370; *Assmann/Sethe* in Großkomm. AktG, § 284 Rz. 2 ff.; *Mertens/Cahn* in KölnKomm. AktG, § 284 Rz. 3; *Ihrig/Schlitt* in Ulmer (Hrsg.), Die GmbH & Co. KGaA, S. 33, 48; *Priester*, ZHR 160 (1996), 250, 256; a.M. *Graf*, S. 261 ff.
9 Vgl. sinngemäß m.w.N. *Langhein* in MünchKomm. HGB, § 112 Rz. 19; a.M. *Semler/Perlitt* in MünchKomm. AktG, § 284 Rz. 13; im Ausgangspunkt auch *Assmann/Sethe* in Großkomm. AktG, § 284 Rz. 20.
10 Ähnlich *Mertens/Cahn* in KölnKomm. AktG, § 284 Rz. 9.
11 Vgl. *Assmann/Sethe* in Großkomm. AktG, § 284 Rz. 8.
12 Vgl. *Herfs* in MünchHdb. § 78 Rz. 27.
13 So *Graf*, S. 260; *Joens*, S. 46; *Schütz/Reger* in Schütz/Bürgers/Riotte, § 5 Rz. 278; *Assmann/Sethe* in Großkomm. AktG, § 284 Rz. 5; *Semler/Perlitt* in MünchKomm. AktG, § 284 Rz. 4.
14 So *Salfeld*, S. 217 f.; *Herfs* in MünchHdb. AG, § 77 Rz. 24; *Armbrüster*, ZIP 1997, 1269, 1271.
15 Zweifelnd *Hüffer*, § 284 Rz. 1.
16 Vgl. sinngemäß auch *Langhein* in MünchKomm. HGB, § 112 Rz. 5 m.w.N.
17 Ähnlich *Mertens/Cahn* in KölnKomm. AktG, § 284 Rz. 4.
18 BGH v. 24.2.1997 – II ZB 11/96, BGHZ 134, 392, 394 = NJW 1997, 1923, 1924 = AG 1997, 370; *Assmann/Sethe* in Großkomm. AktG, § 284 Rz. 9; *Mertens/Cahn* in KölnKomm. AktG, § 284 Rz. 3.
19 *Assmann/Sethe* in Großkomm. AktG, § 284 Rz. 10; *Mertens/Cahn* in KölnKomm. AktG, § 284 Rz. 3; *Ihrig/Schlitt* in Ulmer (Hrsg.), Die GmbH & Co KGaA, S. 33, 37, 48.

sätzlich nicht direkt vom Wettbewerbsverbot betroffen[20]. Erfasst sind aber Gesellschafter, die als einzelne oder als Gesellschaftergruppe die Komplementärin beherrschen[21].

cc) Sonstige Fälle drittwirkender Wettbewerbsverbote sind **nur ausnahmsweise** anzuerkennen. **Konzerndimensionale Wettbewerbsverbote** sind anzuerkennen, wenn eine Komplementär-Gesellschaft ihrerseits i.S. von § 17 Abs. 1 von einer Drittgesellschaft beherrscht wird[22]. Dann erstreckt sich das Wettbewerbsverbot über die Organe der Komplementär-Gesellschaft (Rz. 9) auf die Drittgesellschaft und deren Organe. Dagegen sind **die gesetzlichen Vertreter** eines natürlichen Komplementärs nicht persönlich an das Wettbewerbsrecht gebunden[23]. Wohl allerdings kann ein Handeln dieser Vertreter in Wahrnehmung ihrer Vertretungsmacht dem Komplementär als Vertretenem zugerechnet werden[24].

10

dd) Kommanditaktionäre, die nicht gleichzeitig Komplementäre sind, unterliegen nicht dem Wettbewerbsverbot des § 284. Im Einzelfall kann sich ein solches aus der Treupflicht ergeben (vgl. zur Treupflicht des Aktionärs § 53a Rz. 48 ff.), des Kommanditaktionärs § 278 Rz. 11). Im Normalfall des reinen Anlageaktionärs begründet indessen die Treupflicht kein Wettbewerbsverbot.

11

2. Verbotsinhalt

a) Unzulässige Wettbewerbstätigkeit liegt vor, wenn ein Gesellschafter ohne ausdrückliche Einwilligung **im Geschäftszweig der Gesellschaft** Geschäfte für eigene oder für fremde Rechnung macht (dazu auch Erl. § 88). Mit dem „Geschäftszweig" ist **der für die Unternehmenstätigkeit relevante Markt**[25], also der tatsächlich oder latent aktuelle Tätigkeitsbereich gemeint[26]. Der satzungsmäßige Gegenstand des Unternehmens gibt hierfür lediglich Hinweise[27]. Missverständlich ist deshalb die Formel, wonach „sowohl der Unternehmensgegenstand als auch die darüberhinausgehende Tätigkeit" entscheidet[28]. Missverständlich ist der Gesetzeswortlaut auch insofern, als er die räumliche Begrenzung des relevanten Markts unterschlägt. Nur wenn das von der Gesellschaft tatsächlich oder latent aktuell erfasste räumliche Marktsegment betroffen ist, handelt es sich um eine Wettbewerbstätigkeit im „Geschäftszweig" der Gesellschaft[29].

12

b) Als unzulässige Mandate verbietet § 284 Abs. 1 Tätigkeiten als Mitglied des Vorstands oder als Geschäftsführer oder als persönlich haftender Gesellschafter einer anderen „gleichartigen" Handelsgesellschaft. Im Grundsatz ergeben sich die Vorausset-

13

---

20 A.M. *Halasz/Kloster/Kloster,* GmbHR 2002, 77, 85.
21 *Assmann/Sethe* in Großkomm. AktG, § 284 Rz. 11; *Ihrig/Schlitt* in Ulmer (Hrsg.), Die GmbH & Co. KGaA, S. 33, 39, 49; *Mertens/Cahn* in KölnKomm. AktG, § 284 Rz. 3; vgl. auch für die GmbH & Co. KG BGH v. 5.12.1983 – II ZR 242/87, BGHZ 89, 162 = NJW 1984, 1351.
22 Vgl. sinngemäß zur GmbH & Co. KG BGH v. 5.12.1983 – II ZR 242/87, BGHZ 89, 162, 167 = NJW 1984, 1351, 1352; *Langhein* in MünchKomm. HGB, § 112 Rz. 7.
23 *Assmann/Sethe* in Großkomm. AktG, § 284 Rz. 7; *Mertens/Cahn* in KölnKomm. AktG, § 284 Rz. 5; *Semler/Perlitt* in MünchKomm. AktG, § 284 Rz. 6.
24 Ähnlich *Assmann/Sethe* in Großkomm. AktG, § 284 Rz. 7; *Semler/Perlitt* in MünchKomm. AktG, § 284 Rz. 6.
25 Die hier verwendete wettbewerbsrechtliche Terminologie weicht von der bisher üblichen ab.
26 Nicht der Formulierung, aber der Sache nach wie hier *Assmann/Sethe* in Großkomm. AktG, § 284 Rz. 6 f.
27 *Assmann/Sethe* in Großkomm. AktG, § 284 Rz. 16; ähnlich *Mertens/Cahn* in KölnKomm. AktG, § 284 Rz. 6.
28 So *Semler/Perlitt* in MünchKomm. AktG, § 284 Rz. 9; im Ausgangspunkt ähnlich *Assmann/Sethe* in Großkomm. AktG, § 284 Rz. 16.
29 Im Ergebnis wie hier *Mertens/Cahn* in KölnKomm. AktG, § 284 Rz. 7.

zungen aus den Erl. zu § 88. Das einschränkende Merkmal der „Gleichartigkeit" be-zieht sich nicht nur auf den Eintritt als persönlich haftender Gesellschafter, sondern auch auf die Vorstands- und Geschäftsführermandate[30]. Mit der „Gleichartigkeit" ist nicht die Rechtsform oder Struktur der Gesellschaft gemeint, auch nicht der Sitz[31]. Auch das Merkmal der „Gleichartigkeit" ist nämlich am relevanten Markt auszu-richten (vgl. Rz. 12)[32]. Es kommt auf die sachliche und räumliche Berührung der Ge-schäftsfelder der Gesellschaften an[33]. Auch die Tätigkeit bei einer Auslandsgesell-schaft (Ausländische Rechtsform, ausländischer Gründungs- oder Verwaltungssitz) kann unerlaubt sein[34]. Auch die Beteiligung als oHG-Gesellschafter oder als KG-Komplementär kann Beteiligung an einer „gleichartigen" Gesellschaft sein, ebenso das Mandat als Geschäftsführer einer GmbH & Co. KG.

14   **c)** Die **bloße Kapitalbeteiligung** an einer Konkurrenzgesellschaft ist grundsätzlich nicht untersagt[35]. Einzelheiten sind allerdings zweifelhaft. Die Beteiligung an einer Drittgesellschaft als Komplementär (Rz. 13) muss auch dann als schädlich gelten, wenn sie nicht mit Geschäftsführungs- und Vertretungsbefugnissen verbunden ist, weil die Interessenbindung in der Drittgesellschaft auch dann die geschützten Inte-ressen (Rz. 1) gefährdet (die bei Rz. 8 diskutierte Reduktion des § 284 Abs. 1 lässt sich also nicht umdrehen). Aber auch die Beteiligung ohne Übernahme eines Vorstands-oder Geschäftsführeramts oder einer unbeschränkten Haftung kann gegen das Wett-bewerbsverbot verstoßen, wenn sie mit Einfluss in der Drittgesellschaft verbunden ist[36]. Der Wortlaut des § 284 Abs. 1 trägt diese Ausweitung allerdings nicht, weshalb theoretisch darüber gestritten werden mag, ob dies teleologische Extension oder Ana-logie oder ein Rückgriff auf die allgemeine Treupflicht (Rz. 2) ist.

3. Befreiung

15   **a)** Für eine **Freistellung vom Verbot** verlangt das Gesetz eine ausdrückliche **Einwilli-gung der übrigen persönlich haftenden Gesellschafter und des Aufsichtsrats.** Der Be-griff „Einwilligung" ist technisch i.S. von § 183 BGB gemeint (vorherige Zustim-mung). Eine Genehmigung (nachträgliche Zustimmung) genügt nicht (vgl. zum Ver-zicht auf Ersatzansprüche Rz. 19)[37]. Eine bloß konkludente Einwilligung durch Gewährenlassen genügt nicht. Das gilt nach dem klaren Wortlaut nicht nur für die Einwilligung der Komplementäre, sondern auch des Aufsichtsrats[38]. Auch die Ver-mutung des § 112 Abs. 2 HGB kommt nicht zum Zuge[39]. Allerdings wird man auf-grund des § 242 BGB im Fall eines solchen Gewährenlassens verlangen, dass ein Ver-stoß gegen § 284 Abs. 1, bevor Sanktionen ergriffen werden, gerügt wird (Abmah-nung).

---

30 Das wird im sonstigen Schrifttum offenbar unausgesprochen vorausgesetzt.
31 *Mertens/Cahn* in KölnKomm. AktG, § 284 Rz. 8.
32 *Assmann/Sethe* in Großkomm. AktG, § 284 Rz. 17.
33 *Assmann/Sethe* in Großkomm. AktG, § 284 Rz. 17; *Mertens/Cahn* in KölnKomm. AktG,
    § 284 Rz. 8; *Semler/Perlitt* in MünchKomm. AktG, § 284 Rz. 12; *Armbrüster*, ZIP 1997, 261,
    262 f.
34 *Mertens/Cahn* in KölnKomm. AktG, § 284 Rz. 8.
35 *Assmann/Sethe* in Großkomm. AktG, § 284 Rz. 18.
36 *Assmann/Sethe* in Großkomm. AktG, § 284 Rz. 18.
37 *Assmann/Sethe* in Großkomm. AktG, § 284 Rz. 34; *Mertens/Cahn* in KölnKomm. AktG,
    § 284 Rz. 13.
38 So wohl auch *Assmann/Sethe* in Großkomm. AktG, § 284 Rz. 31; *Semler/Perlitt* in Münch-
    Komm. AktG, § 284 Rz. 20; a.M. *Mertens/Cahn* in KölnKomm. AktG, § 284 Rz. 11.
39 *Assmann/Sethe* in Großkomm. AktG, § 284 Rz. 31; *Mertens/Cahn* in KölnKomm. AktG,
    § 284 Rz. 10; *Armbrüster*, ZIP 1997, 1269, 1272.

b) Die Erteilung der Einwilligung steht im **Ermessen** des persönlich haftenden Gesell- 16
schafters und der Aufsichtsratsmitglieder[40]. Einen Anspruch auf Einwilligung gibt es
grundsätzlich nicht (vgl. demgegenüber zur teleologischen Reduktion des § 284
Abs. 1 Rz. 5 und 8). Die Einwilligung ist Rechtsgeschäft i.S. des BGB und unterliegt
den entsprechenden Vorschriften, ggf. auch der **Anfechtung** nach §§ 119, 123, 142
BGB[41]. Die Einwilligung kann auch mit einem **Widerrufsvorbehalt** versehen werden[42].

c) Aus § 284 Abs. 1 Satz 2 ergibt sich ein **Verbot der Blanketteinwilligung** (vgl. auch 17
§ 88 Abs. 1 Satz 3 und dazu § 88 Rz. 9)[43]. Die Blanketteinwilligung liefe auf eine partielle Satzungsänderung hinaus (zur Abbedingung des § 284 in der Satzung vgl.
Rz. 22 f.).

4. Sanktionen

a) Ansprüche auf Schadensersatz und Eintrittsansprüche sind in § 284 Abs. 2 geregelt. 18
Die Bestimmung entspricht § 88 Abs. 2 und ist wie diese Regelung an § 113 HGB angelehnt. Auf § 88 Rz. 12 ff. wird verwiesen.

b) Ein **Erlass dieser Ansprüche** kann nicht, wie eine Einwilligung (Rz. 15), von den 19
Mitkomplementären und vom Aufsichtsrat ausgesprochen werden. Zuständig ist
vielmehr die Hauptversammlung (vgl. §§ 283 Nr. 3, 285 Abs. 1 Satz 2 Nr. 5, 93 Abs. 4
Satz 3)[44].

c) Für die **Verjährung** gilt § 284 Abs. 3. Die Bestimmung entspricht § 88 Abs. 3 (vgl. 20
deshalb näher § 88 Rz. 16).

d) Sonstige Sanktionen sind durch § 284 Abs. 2 nicht ausgeschlossen[45]. Die Gesell- 21
schaft kann Unterlassung der verbotenen Aktivitäten verlangen. In Betracht kommt
auch eine Entziehung der Geschäftsführungs- und Vertretungsbefugnis (§§ 278 Abs. 2
AktG, 161 Abs. 2, 117, 127 HGB), im äußersten Fall auch ein Ausschluss des Komplementärs nach § 278 Abs. 2 AktG, §§ 161 Abs. 2, 140 HGB[46]. Mit der Ausschließung endet allerdings auch das Wettbewerbsverbot[47]. Das schließt aber nicht aus,
dass die Verwendung erlangten Insiderwissens als Treupflichtverstoß geahndet werden kann (Rz. 2).

5. Abweichende Regelungen

a) Nach h.M. ist § 284 **dispositiv**, kann also durch die Satzung eingeschränkt oder 22
ausgeschlossen werden[48]. Da § 284 eine aktienrechtliche Bestimmung und damit die
Parallelnorm zu § 88 ist, spricht viel für die Gegenansicht[49].

---

40 *Mertens/Cahn* in KölnKomm. AktG, § 284 Rz. 15.
41 *Mertens/Cahn* in KölnKomm. AktG, § 284 Rz. 16.
42 *Mertens/Cahn* in KölnKomm. AktG, § 284 Rz. 14, 17.
43 *Assmann/Sethe* in Großkomm. AktG, § 284 Rz. 32; *Mertens/Cahn* in KölnKomm. AktG,
   § 284 Rz. 13.
44 *Assmann/Sethe* in Großkomm. AktG, § 284 Rz. 34; *Mertens/Cahn* in KölnKomm. AktG,
   § 284 Rz. 13.
45 *Mertens/Cahn* in KölnKomm. AktG, § 284 Rz. 18.
46 *Assmann/Sethe* in Großkomm. AktG, § 284 Rz. 39; *Mertens/Cahn* in KölnKomm. AktG,
   § 284 Rz. 18.
47 Ausführlich *Assmann/Sethe* in Großkomm. AktG, § 284 Rz. 39; str.
48 *Schlitt*, S. 130; *Schütz/Reger* in Schütz/Bürgers/Riotte, § 5 Rz. 281; *Hüffer*, § 284 Rz. 1; *Mer-
   tens/Cahn* in KölnKomm. AktG, § 284 Rz. 20; *Semler/Perlitt* in MünchKomm. AktG, § 284
   Rz. 26.
49 Vgl. *Salfeld*, S. 270; *Herfs* in MünchHdb. AG, § 77 Rz. 25; *Wichert* in Heidel, § 284 Rz. 3; *Armbrüster*, ZIP 1997, 1269, 1272.

23   **b) Verschärfungen des Wettbewerbsverbots** sind möglich, soweit nicht das Kartellverbot (§ 1 GWB, Art. 81 EG) im Weg ist[50]. Insbesondere kann das Wettbewerbsverbot auf ausgeschiedene Komplementäre ausgedehnt werden[51]. Soweit ein Komplementär als „angestellter Komplementär" in die Gesellschaft aufgenommen ist (vgl. § 278 Rz. 29), kann das Wettbewerbsverbot auch einzelvertraglich verschärft werden[52].

§ 285
Hauptversammlung

(1) In der Hauptversammlung haben die persönlich haftenden Gesellschafter nur ein Stimmrecht für ihre Aktien. Sie können das Stimmrecht weder für sich noch für einen anderen ausüben bei Beschlussfassungen über

1. die Wahl und Abberufung des Aufsichtsrats;

2. die Entlastung der persönlich haftenden Gesellschafter und der Mitglieder des Aufsichtsrats;

3. die Bestellung von Sonderprüfern;

4. die Geltendmachung von Ersatzansprüchen;

5. den Verzicht auf Ersatzansprüche;

6. die Wahl von Abschlussprüfern.

Bei diesen Beschlussfassungen kann ihr Stimmrecht auch nicht durch einen anderen ausgeübt werden.

(2) Die Beschlüsse der Hauptversammlung bedürfen der Zustimmung der persönlich haftenden Gesellschafter, soweit sie Angelegenheiten betreffen, für die bei einer Kommanditgesellschaft das Einverständnis der persönlich haftenden Gesellschafter und der Kommanditisten erforderlich ist. Die Ausübung der Befugnisse, die der Hauptversammlung oder einer Minderheit von Kommanditaktionären bei der Bestellung von Prüfern und der Geltendmachung von Ansprüchen der Gesellschaft aus der Gründung oder der Geschäftsführung zustehen, bedarf nicht der Zustimmung der persönlich haftenden Gesellschafter.

(3) Beschlüsse der Hauptversammlung, die der Zustimmung der persönlich haftenden Gesellschafter bedürfen, sind zum Handelsregister erst einzureichen, wenn die Zustimmung vorliegt. Bei Beschlüssen, die in das Handelsregister einzutragen sind, ist die Zustimmung in der Verhandlungsniederschrift oder in einem Anhang zur Niederschrift zu beurkunden.

I. Regelungsgegenstand	1	II. Teilnahme- und Stimmrechte	4
1. Die Hauptversammlung der KGaA	1	1. Teilnahmerecht und Teilnahmepflicht der Komplementäre	4
2. Komplementäre und Hauptversammlung	3	2. Stimmrecht und Stimmrechtsausübung	8

---

50   *Mertens/Cahn* in KölnKomm. AktG, § 284 Rz. 22.
51   *Assmann/Sethe* in Großkomm. AktG, § 284 Rz. 27.
52   *Assmann/Sethe* in Großkomm. AktG, § 284 Rz. 30.

III. Stimmverbote nach § 285 Abs. 1 Satz 2 11
1. Überblick 11
2. Die gesetzlichen Stimmverbote 15
3. Stimmverbote außerhalb von § 285 Abs. 1 21
4. Sanktionen der Stimmverbote 25
5. Satzungsregelungen 26

IV. Zustimmung der Komplementäre (§ 285 Abs. 2) 27
1. Grundsatz 27
2. Fallgruppen 28
3. Rechtsfolgen 30
V. Einreichung zum Handelsregister ... 31
1. § 285 Abs. 3 Satz 1 31
2. § 285 Abs. 3 Satz 2 32

Literatur (vgl. zunächst die Angaben bei § 278): *Depetri*, Die Berechtigungen und Verpflichtungen der Generalversammlung in der KGaA, ZHR 87 (1924), 11; *Dreisow*, Zu den Stimmverboten für die Komplementäre einer KGaA, DB 1977, 851; *Durchlaub*, Mitwirkung der Hauptversammlung und des Aufsichtsrates bei den Geschäftsführungsmaßnahmen in der KGaA, BB 1977, 1581; *Harmann*, Unentziehbare Mitwirkungsrechte der Minderheitsaktionäre bei außergewöhnlichen Geschäften in der GmbH & Co. KGaA, ZGR 2005, 61; *Hoffmann-Becking/Herfs*, Struktur und Satzung der Familien-KGaA, in FS Sigle, 2000, S. 273; *Ihrig/Schlitt*, Die KGaA nach dem Beschluss des BGH vom 24.2.1997, in Ulmer (Hrsg.), Die GmbH & Co. KGaA, 1998, S. 33; *Koch*, Mitwirkungsrechte der Kommanditaktionäre bei der GmbH & Co. KGaA..., DB 2002, 1701; *Schlitt*, Die Satzung der KGaA, 1999; *Wichert*, Satzungsänderungen in der KGaA, AG 1999, 362; *Wichert*, Die GmbH & Co KGaA nach dem Beschluss BGHZ 134, 392, Besprechung des Beihefts 67/1998 zur ZHR, AG 2000, 268.

I. Regelungsgegenstand

1. Die Hauptversammlung der KGaA

a) Das **Recht der Hauptversammlung** der KGaA ist im Gesetz nicht besonders geregelt, auch nicht in § 285. Es gelten die §§ 118 ff. i.V.m. § 278 Abs. 3 (dazu § 278 Rz. 4 ff.). Die Hauptversammlung ist eine **Versammlung der Kommanditaktionäre** (nicht aller Gesellschafter der KGaA)[1], aber doch ein **Gesellschaftsorgan der gesamten KGaA** (monistisches Modell)[2], nicht bloß ein Organ der Kommanditaktionäre als der Inhaber eines Kommanditteils (§ 278 Rz. 5, 11)[3] und richtigerweise auch kein „Doppelorgan" der Kommanditaktionäre und der KGaA (vgl. zur dualistischen Betrachtung § 278 Rz. 5, 11)[4]. Die Lehre vom „Doppelorgan" beschreibt nur die funktionelle Teilung zwischen Komplementärin und Kommanditaktionären. Die Einberufung richtet sich nach §§ 121 ff. i.V.m. § 278 Abs. 3. Für den Ablauf der Hauptversammlung (Geschäftsordnung, Niederschrift, Auskunftsrecht, Stimmrecht) gelten die §§ 129 ff., 133 ff. i.V.m. § 278 Abs. 3. Die Hauptversammlung entscheidet mit einfacher **Stimmenmehrheit** (§ 133 i.V.m. § 278 Abs. 3). Für qualifizierte Beschlüsse (Satzungsänderung, Kapitalmaßnahmen, Umwandlungsbeschlüsse, Unternehmensverträge) gilt das Erfordernis einer qualifizierten Mehrheit (vgl. sinngemäß § 133 Rz. 34). Auch die Satzung kann höhere Mehrheiten vorschreiben. Zum Erfordernis einer Zustimmung des Komplementärs (der Komplementäre) vgl. § 285 Abs. 2 und 3 und dazu Rz. 27 ff. Für **fehlerhafte Hauptversammlungsbeschlüsse** gelten die §§ 241 ff. (vgl. § 278 Rz. 44). Anfechtungsklagen werden gegen die Gesellschaft, vertreten durch die

1

---

1 *Assmann/Sethe* in Großkomm. AktG, § 278 Rz. 65, § 286 Rz 3.
2 Zum monistischen Modell der KGaA vgl. *Karsten Schmidt* in Bayer/Habersack (Hrsg.), Aktienrecht im Wandel, Bd. II, 26. Kap. Rz. 24.
3 In dieser Richtung aber wohl *Assmann/Sethe* in Großkomm. AktG, § 278 Rz. 65, § 285 Rz. 3.
4 Dazu noch *Schreiber*, S. 157 ff.

vertretungsberechtigten Komplementäre (§ 283 Rz. 3) und den Aufsichtsrat erhoben (vgl. §§ 246 Abs. 2 Satz 2 i.V.m. § 278 Abs. 3)[5].

2 **b)** Bei einer **Kapitalgesellschaft & Co. KGaA** muss zwischen der Hauptversammlung der KGaA und dem Beschlussorgan der Komplementär-Kapitalgesellschaft unterschieden werden. Der Grundsatz, dass die Satzung höhere Mehrheiten in der Hauptversammlung vorschreiben kann (§ 133 und dazu Rz. 1), gilt auch hier[6].

2. Komplementäre und Hauptversammlung

3 § 285 regelt die Rechtsstellung der Komplementäre in Bezug auf die Hauptversammlung.

II. Teilnahme- und Stimmrechte

1. Teilnahmerecht und Teilnahmepflicht der Komplementäre

4 **a)** Wie der Vorstand (§ 118 Abs. 2 und dazu § 118 Rz. 35) haben die Komplementäre ein **zwingendes Teilnahmerecht**[7]. Dieses Teilnahmerecht ist nicht davon abhängig, ob der nach der Tagesordnung zu fassende Hauptversammlungsbeschluss nach § 285 Abs. 2 der Zustimmung der Komplementäre bedarf[8]. Es ist nicht durch Satzungsregelung abdingbar[9]. Auch nicht geschäftsführende Komplementäre sind teilnahmeberechtigt. Soweit nicht die Zustimmung der Komplementäre nach § 285 Abs. 2, 3 erforderlich ist, genügt allerdings nach h.M. ein bloßer Beschluss der Kommanditaktionäre, um die Komplementäre von einer solchen Hauptversammlung auszuschließen[10]. Es geht hierbei aber nicht um eine satzungsmäßige Entziehung des Teilnahmerechts, sondern um eine Entscheidung ad hoc. In dieser ist gleichzeitig eine vorsorgliche Entbindung von der Teilnahmepflicht (Rz. 5) enthalten. Das Teilnahmerecht als Mitgliedschaftsrecht wird hiervon im Kern nicht berührt. Das Teilnahmerecht kann ungeachtet des Beschlusses ausgeübt werden, wenn der Tagesordnungspunkt Interessen des Komplementärs berührt (z.B. wegen der Haftung).

5 **b)** Mit dem Teilnahmerecht geht grundsätzlich eine **Teilnahmepflicht** einher (vgl. §§ 118 Abs. 2, 278 Abs. 3)[11]. Die Teilnahmepflicht wird insbesondere aus dem Informationsrecht der Kommanditaktionäre (§§ 131, 278 Abs. 3) abgeleitet[12]. Nicht zur Teilnahme verpflichtet ist ein von der Geschäftsführung ausgeschlossener Komplementär[13]. Vertreten wird, dass die Teilnahmepflicht auch bei einer nicht unter § 285

---

5 *Assmann/Sethe* in Großkomm. AktG, § 278 Rz. 157.
6 *Arnold*, S. 135 f.; für Inhaltskontrolle aber *Ihrig/Schlitt* in Ulmer (Hrsg.), Die GmbH & Co KGaA, S. 33, 70 f.
7 *Mertens/Cahn* in KölnKomm. AktG, § 285 Rz. 3; *Semler/Perlitt* in MünchKomm. AktG, § 285 Rz. 5.
8 *Assmann/Sethe* in Großkomm. AktG, § 285 Rz. 9; *Mertens/Cahn* in KölnKomm. AktG, § 285 Rz. 4.
9 *Mertens/Cahn* in KölnKomm. AktG, § 285 Rz. 3; insoweit *Assmann/Sethe* in Großkomm. AktG, § 285 Rz. 9; *Semler/Perlitt* in MünchKomm. AktG, § 285 Rz. 7 f.
10 *Assmann/Sethe* in Großkomm. AktG, § 285 Rz. 9; *Wichert* in Heidel, § 285 Rz. 3; *Semler/Perlitt* in MünchKomm. AktG, § 285 Rz. 8; a.M. *Mertens/Cahn* in KölnKomm. AktG, § 285 Rz. 4 (nur für nicht geschäftsführungsbefugte Komplementäre; vgl. Rz. 5).
11 Allg. M.
12 Vgl. *Herfs* in MünchHdb. AG, § 78 Rz. 30.
13 *Semler/Perlitt* in MünchKomm. AktG, § 285 Rz. 7.

Abs. 2 fallenden Tagesordnung entfällt[14]. Dem ist, weil auch hier Fragen der Aktionäre beantwortet werden müssen, nicht zuzustimmen. Wohl allerdings kann die Hauptversammlung von der Teilnahmepflicht befreien (vgl. Rz. 4).

c) Eine **juristische Person als Komplementärin** nimmt ihre Teilnahmerechte und   6
Teilnahmepflichten durch ihre vertretungsberechtigten Organe (Vorstand, Geschäftsführer) wahr. Die **Entsendung von Bevollmächtigten** kann von der Hauptversammlung für ausreichend erachtet werden. Nach der gesetzlichen Regel genügt sie nicht[15].

d) **Komplementäre, die gleichzeitig Kommanditaktionäre** sind, sind nach allgemei-   7
nen Grundsätzen auch als Aktionäre teilnahmeberechtigt[16]. Zu ihrem **Stimmrecht** vgl. §285 Abs. 1 Satz 1 (dazu sogleich Rz. 8).

2. Stimmrecht und Stimmrechtsausübung

a) Aus **§285 Abs. 1 Satz 1** ergibt sich, dass **nur Kommanditaktionäre** ein Stimmrecht   8
in der Hauptversammlung haben. Eine Mitwirkung der Komplementäre an der Willensbildung der KGaA ergibt sich aus §285 Abs. 2 (dazu Rz. 27 ff.). Aber ein Komplementär, der zugleich Aktien hält (§278 Rz. 12), kann aus diesen sein Stimmrecht als Kommanditaktionär ausüben (§285 Abs. 1 Satz 1), sofern er nicht nach §285 Abs. 1 Satz 2 vom Stimmrecht ausgeschlossen ist (dazu Rz. 12 ff.).

b) Für das **Stimmrecht**, auch für satzungsgemäße Stimmrechtsbeschränkungen, gilt   9
§134, für den Ausschluss von Kommanditaktionären vom Stimmrecht §136 (§285 Abs. 1 Satz 2 gilt nur für Komplementäre als Kommanditaktionäre)[17].

c) Die **Stimmrechtsausübung** durch den Komplementär muss nicht persönlich erfol-   10
gen. Die §§134 Abs. 3 (Stimmrechtsvollmacht) und 135 (Kreditinstitute und gleichgestellte Dritte) gelten auch für die Kommanditaktionäre in der KGaA und auch für das Aktienstimmrecht eines Komplementärs. Insgesamt sind die §§134–137 auf das Aktienstimmrecht der Komplementäre anwendbar[18].

III. Stimmverbote nach §285 Abs. 1 Satz 2

1. Überblick

a) **§285 Abs. 1 Satz 2** enthält Stimmverbote für persönlich haftende Gesellschafter.   11
Es handelt sich um eine **Sonderregelung gegenüber §136**. Zur Anwendbarkeit dieser Bestimmung vgl. Rz. 9. §136 ist nicht durch Spezialität verdrängt[19]. Denn §285 Abs. 1 Satz 2 regelt nur Sachverhalte, bei denen die Komplementäre unabhängig vom individuellen Betroffensein vom Stimmrecht ausgeschlossen sind. Deshalb kommen **individuelle Stimmverbote nach §136 i.V.m. §278 Abs. 3** hinzu (Rz. 21). Daneben kann es auch personengesellschaftsrechtliche Stimmrechtsausschlüsse geben (Rz. 23).

b) **Die personelle Reichweite des Verbots** ergibt sich aus §285 Abs. 2 Satz 2 und 3:   12
Wer Komplementär ist, darf in den Fällen des **§285 Abs. 1 Satz 2** weder das eigene

---

14 *Herfs* in MünchHdb. AG, §78 Rz. 30; *Semler/Perlitt* in MünchKomm. AktG, §285 Rz. 7;
   wohl auch *Mertens/Cahn* in KölnKomm. AktG, §285 Rz. 3.
15 *Mertens/Cahn* in KölnKomm. AktG, §285 Rz. 3.
16 *Mertens/Cahn* in KölnKomm. AktG, §285 Rz. 3.
17 *Assmann/Sethe* in Großkomm. AktG, §285 Rz. 22; *Mertens/Cahn* in KölnKomm. AktG,
   §285 Rz. 6.
18 Vgl. ebd.
19 *Assmann/Sethe* in Großkomm. AktG, §285 Rz. 36.

noch ein fremdes Stimmrecht ausüben. Handelt es sich bei der Komplementärin um eine Kapitalgesellschaft (vgl. zur Kapitalgesellschaft & Co. KGaA § 278 Rz. 19), so sind auch deren Leitungsorgane (z.B. Geschäftsführer) und ebenso unternehmerisch beteiligte Gesellschafter mit ihren Aktien in den in § 285 Abs. 1 Satz 2 genannten Fällen vom Stimmrecht ausgeschlossen[20]. Nach **§ 285 Abs. 1 Satz 3** ist der Anteil auch für die Stimmrechtsausübung durch Dritte gesperrt. Auch **Umgehungen des Stimmverbots durch Treuhandvereinbarungen** helfen nicht: Ein für Rechnung eines Komplementärs handelnder Treuhandaktionär ist gleichfalls vom Stimmrecht ausgeschlossen. Eine **Stimmbindungsvereinbarung** zwischen einem Komplementär und einem Kommanditaktionär ist nichtig, soweit sie mit § 285 Abs. 1 Satz 2 oder 3 unvereinbar ist[21]. Sehr zurückhaltend ist der BGH allerdings nach einer Anteilsübertragung an dem Komplementär nahestehende Personen verfahren (vgl. auch Rz. 16). Da der Anteil nicht schon deshalb, weil er sich in der Hand eines Komplementärs befunden hat, auf Dauer mit dem Stimmverbot „infiziert" sei, hat der BGH den an eine nahestehende Person (aber nicht bloß als Treuhänder) übertragenen Anteil als vom Stimmverbot entstrickt angesehen[22].

13   **c)** Eine **teleologische Reduktion bei Gruppenidentität** macht § 285 Abs. 1 unanwendbar im Fall der Einpersonen-KGaA[23] und auch in anderen Fällen, bei denen sich alle Aktien in der Hand der Komplementäre befinden[24]. Inwieweit zwischen den einzelnen Stimmverboten der Nr. 1–6 oder zwischen geschäftsführungsberechtigten und nicht geschäftsführungsberechtigten Komplementären zu unterscheiden ist, ist umstritten[25]. Richtigerweise scheidet das spezifische Stimmverbot des § 285 Abs. 1 in all diesen Fällen vollständig aus, sogar in den Anwendungsfällen der Nr. 4 und 5[26], denn § 285 Abs. 1 stellt nur auf den Interessenkonflikt zwischen den Gesellschaftergruppen insgesamt ab, nicht auf individuelle Betroffenheit[27]. Für diese bleibt das Stimmverbot analog § 136 (Rz. 11, 21).

14   Die Stimmverbote des § 285 Abs. 1 sind **satzungsfest**. Sie können durch die Satzung nicht eingeschränkt oder aufgehoben werden[28]. Ein Hauptversammlungsbeschluss, der von § 285 Abs. 1 befreit, wäre nichtig (§ 241 Nr. 3). Eine Verschärfung der gesetzlichen Stimmverbote ist zulässig[29].

2. Die gesetzlichen Stimmverbote

15   Die **Stimmverbote im Einzelnen**[30] umfassen die Wahl und Abberufung des Aufsichtsrats (1), die Entlastung der persönlich haftenden Gesellschafter und der Mitglieder des Aufsichtsrats (2), die Bestellung von Sonderprüfern (3), die Geltendmachung von Ersatzansprüchen (4), den Verzicht auf Ersatzansprüche (5), die Wahl von Abschluss-

---

20 Näher *Karsten Schmidt* in FS Priester, S. 691, 702, 705; strenger (grundsätzlich alle Gesellschafter) *Ihrig/Schlitt* in Ulmer (Hrsg.), Die GmbH & Co. KGaA, S. 33, 47 ff.; *Wichert* in Heidel, § 285 Rz. 4; *Wichert*, AG 2000, 268, 274.
21 *Mertens/Cahn* in KölnKomm. AktG, § 285 Rz. 10, 11.
22 BGH v. 5.12.2005 – II ZR 291/03, BGHZ 165, 193 = NJW 2006, 510; dazu *Karsten Schmidt* in FS Priester, S. 691, 706.
23 Allg. M.; vgl. nur *Dreisow*, DB 1977, 851, 853 f.
24 Vgl. nur *Dreisow*, DB 1977, 851, 853 f.
25 Überblick bei *Assmann/Sethe* in Großkomm. AktG, § 285 Rz. 32 ff.
26 A.M. *Mertens/Cahn* in KölnKomm. AktG, § 285 Rz. 24.
27 Wie hier *Semler/Perlitt* in MünchKomm. AktG, § 285 Rz. 20 f.; *Dreisow*, DB 1977, 851, 853.
28 *Ihrig/Schlitt* in Ulmer (Hrsg.), Die GmbH & Co. KGaA, 1998, S. 33, 45 f.; *Assmann/Sethe* in Großkomm. AktG, § 285 Rz. 44; *Wichert* in Heidel, § 285 Rz. 5; *Mertens/Cahn* in KölnKomm. AktG, § 285 Rz. 12, 30; *Semler/Perlitt* in MünchKomm. AktG, § 285 Rz. 23.
29 *Wichert* in Heidel, § 285 Rz. 5; *Mertens/Cahn* in KölnKomm. AktG, § 285 Rz. 32.
30 Vgl. näher *Dreisow*, DB 1977, 851.

prüfern (6). Beschlüsse in direktem sachlichen Zusammenhang mit diesen Gegenständen sind gleichfalls vom Stimmverbot erfasst[31], auch Verfahrensanträge[32], nicht allerdings reine Formalien wie Umstellungen der Tagesordnung[33].

aa) Wahl und Abberufung des Aufsichtsrats (§ 285 Abs. 1 Satz 2 Nr. 1). Die Kontrollierten sollen nicht über die Kontrolleure entscheiden. Das Verbot gilt auch für einen von der Geschäftsführung und Vertretung ausgeschlossenen Komplementär, denn alle Komplementäre sind ausgeschlossen[34]. Aus Nr. 1 wird gefolgert, dass es auch **keine satzungsmäßigen Entsendungsrechte** für Kommanditaktionäre geben kann, die Komplementäre sind[35]. Die Übertragung der Aktie durch den vom Stimm- und Entsendungsrecht ausgeschlossenen Komplementär auf einen von § 285 Abs. 1 Satz 2 nicht erfassten, dem Komplementär nahestehenden Dritten ist nicht ohne weiteres ein unzulässiges Umgehungsgeschäft (vgl. auch Rz. 12)[36].

bb) Entlastung (§ 285 Abs. 1 Satz 2 Nr. 2). Die Vorschrift entspricht hinsichtlich der Entlastung der Komplementäre allgemeinen Grundsätzen. Hinsichtlich der Entlastung des Aufsichtsrats ergänzt sie die Nr. 1. Das Stimmverbot lässt sich insoweit nicht umdrehen. Ein Aufsichtsratsmitglied kann aus seinen Aktien bei der Beschlussfassung über die Entlastung der Komplementäre mitstimmen[37].

cc) Bestellung von Sonderprüfern (§ 285 Abs. 1 Satz 2 Nr. 3). Im Gegensatz zu § 142 Abs. 1 Satz 2 gilt dieses Stimmverbot ausnahmslos für jede Sonderprüferbestellung[38]. Es kommt auch nicht darauf an, ob der Komplementär Geschäftsführungsrechte hat[39].

dd) Geltendmachung von Ersatzansprüchen und Verzicht auf Ersatzansprüche (§ 285 Abs. 1 Satz 2 Nr. 4, 5). Auch hier sind alle Komplementäre von der Wahrnehmung ihrer Aktionärsstimmrechte ausgeschlossen, ohne dass es darauf ankommt, ob sie selbst betroffen sind[40]. Wiederum kommt es nicht darauf an, ob ein Komplementär geschäftsführungsbefugt ist[41]. Vergleichsverträge sind mit erfasst, ohne dass es auf einen konkreten Verzichtsinhalt ankäme[42].

ee) Wahl von Abschlussprüfern (§ 285 Abs. 1 Satz 2 Nr. 6). Ausgeschlossen ist die Wahrnehmung eines Aktionärsstimmrechts, nicht auch die Befugnis, eine gerichtliche Prüferbestellung nach § 318 Abs. 3 HGB zu beantragen[43].

16

17

18

19

20

---

31 *Hüffer*, § 285 Rz. 1.
32 *Mertens/Cahn* in KölnKomm. AktG, § 285 Rz. 9.
33 *Hüffer*, § 285 Rz. 1.
34 *Mertens/Cahn* in KölnKomm. AktG, § 285 Rz. 14.
35 BGH v. 5.12.2005 – II ZR 291/03, BGHZ 165, 192, 202 = NJW 2006, 510; *Hoffmann-Becking/Herfs* in FS Sigle, S. 273, 289; *Ihrig/Schlitt* in Ulmer (Hrsg.), Die GmbH & Co. KGaA, S. 33, 45; *Assmann/Sethe* in Großkomm. AktG, § 285 Rz. 26; *Mertens/Cahn* in KölnKomm. AktG, § 285 Rz. 13.
36 BGH v. 5.12.2005 – II ZR 291/03, BGHZ 165, 192 = NJW 2006, 510; dazu *Karsten Schmidt* in FS Priester, S. 691, 701 f.
37 *Mertens/Cahn* in KölnKomm. AktG, § 285 Rz. 16.
38 *Assmann/Sethe* in Großkomm. AktG, § 285 Rz. 29; *Mertens/Cahn* in KölnKomm. AktG, § 285 Rz. 17; *Semler/Perlitt* in MünchKomm. AktG, § 285 Rz. 30.
39 Anders (teleologische Reduktion) *Mertens/Cahn* in KölnKomm. AktG, § 285 Rz. 18 für den Fall einer Sonderprüfung in Geschäftsführungsfragen.
40 *Assmann/Sethe* in Großkomm. AktG, § 285 Rz. 29; *Mertens/Cahn* in KölnKomm. AktG, § 285 Rz. 20; *Semler/Perlitt* in MünchKomm. AktG, § 285 Rz. 31.
41 Anders wohl *Mertens/Cahn* in KölnKomm. AktG, § 285 Rz. 19.
42 Vgl. *Mertens/Cahn* in KölnKomm. AktG, § 285 Rz. 20.
43 *Assmann/Sethe* in Großkomm. AktG, § 285 Rz. 31; *Mertens/Cahn* in KölnKomm. AktG, § 285 Rz. 23; *Semler/Perlitt* in MünchKomm. AktG, § 285 Rz. 33.

3. Stimmverbote außerhalb von § 285 Abs. 1

21   **a) § 136** kann neben § 285 Abs. 1 eingreifen[44]. Die Bestimmung regelt **Fälle des individuellen Betroffenseins**, nicht, wie § 285 Abs. 1, den kollektiven Interessenkonflikt zwischen den Gesellschaftergruppen der Komplementäre und der „Gesamtheit der Kommanditaktionäre". Es geht um das jedem Aktionärsstimmrecht inhärente Stimmverbot bezüglich der Entlastung, der Geltendmachung von Ansprüchen und der Befreiung von einer Verbindlichkeit (§ 136 Rz. 25 ff.). Nicht vom Wortlaut des § 136 erfasst ist das Stimmverbot bei der Beschlussfassung über Rechtsgeschäfte mit dem Kommanditaktionären[45]. Auf die Erl. zu § 136 ist wegen weiterer Einzelheiten zu verweisen.

22   **b) § 68 Abs. 2** unterscheidet bei der Zustimmung zur Übertragung vinkulierter Namensaktien zwischen der Zustimmung des Vorstands (nach § 278 Abs. 3 also der geschäftsführenden Komplementäre) und der Hauptversammlung. Bei der Zustimmung der an die Stelle des Vorstands tretenden Komplementäre wirkt ein an dem Geschäft beteiligter Komplementär (soweit nicht einziger Komplementär) nicht mit[46]. Bei einem Beschluss der Hauptversammlung darf der betroffene Komplementär dagegen mitstimmen (vgl. sinngemäß § 68 Rz. 27)[47].

23   **c)** Ein **personengesellschaftsrechtlicher Stimmrechtsausschluss** kommt – sowohl für die Stimmrechtsausübung aus Aktien als auch für die Zustimmung der persönlich haftenden Gesellschafter nach § 285 Abs. 2 – für den betroffenen Komplementär zum Zug, wenn es um die Ausschließung eines Komplementärs (§ 140 HGB) oder die Entziehung von Geschäftsführer- oder Vertretungsrechten (§§ 117, 127 HGB) geht[48].

24   **d)** **Nicht** ausreichend für einen Stimmrechtsausschluss ist eine **allgemeine**, von den geschilderten Regeln nicht erfasste **Interessenkollision**[49].

4. Sanktionen der Stimmverbote

25   Die Verletzung von Stimmverboten macht die **Stimmabgabe nichtig**[50]. Bezogen auf den Beschluss ist dieser Mangel, sofern für die Beschlussfeststellung relevant, Anfechtungsgrund, nicht Nichtigkeitsgrund (vgl. § 243 Rz. 21)[51]. Der Verstoß kann eine Ordnungswidrigkeit darstellen (§§ 408, 405 Abs. 3 Nr. 5).

5. Satzungsregelungen

26   Die **Satzung** kann die Aktionärsstimmrechte der Komplementäre nicht erweitern. Sie kann weder den Komplementären Stimmrechte in der Hauptversammlung ohne Aktienbesitz einräumen noch von den Stimmverboten nach § 285 Abs. 1 Satz 2 befreien[52]. Sie kann allerdings durch Ausgabe von Aktien besonderer Gattung (§ 11)

---

44 *Mertens/Cahn* in KölnKomm. AktG, § 285 Rz. 25; *Semler/Perlitt* in MünchKomm. AktG, § 285 Rz. 34 f.
45 Kritik bei *Karsten Schmidt*, GesR, § 28 IV 4 B dd.
46 *Assmann/Sethe* in Großkomm. AktG, § 285 Rz. 38; *Mertens/Cahn* in KölnKomm. AktG, § 285 Rz. 26.
47 *Semler/Perlitt* in MünchKomm. AktG, § 285 Rz. 36.
48 Ausführlich *Assmann/Sethe* in Großkomm. AktG, § 285 Rz. 39 ff.; *Mertens/Cahn* in KölnKomm. AktG, § 285 Rz. 27.
49 Allg. M.; vgl. *Assmann/Sethe* in Großkomm. AktG, § 285 Rz. 43; *Semler/Perlitt* in MünchKomm. AktG, § 285 Rz. 35.
50 *Wichert* in Heidel, § 285 Rz. 4.
51 *Assmann/Sethe* in Großkomm. AktG, § 285 Rz. 47; *Wichert* in Heidel, § 285 Rz. 4.
52 *Mertens/Cahn* in KölnKomm. AktG, § 285 Rz. 30; *Semler/Perlitt* in MünchKomm. AktG, § 285 Rz. 45.

und von Vorzugsaktien ohne Stimmrecht (§§ 139 ff.) die Aktionärsstimmrechte von Komplementären beschränken, in den Grenzen des § 134 auch durch Höchststimmrechtsaktien.

IV. Zustimmung der Komplementäre (§ 285 Abs. 2)

1. Grundsatz

Nach § 285 Abs. 2 bedarf ein Hauptversammlungsbeschluss der Zustimmung der persönlich haftenden Gesellschafter, soweit er Angelegenheiten betrifft, für die es bei einer KG des Einverständnisses der Komplementäre und der Kommanditisten bedarf. Die Regelung gilt nur für positive, nicht für ablehnende Beschlussfassung über diese Gegenstände[53].

27

2. Fallgruppen

a) Erfasst sind zunächst **strukturändernde Grundlagenbeschlüsse** (Satzungsänderung einschließlich Kapitalmaßnahmen, Umwandlungsbeschlüsse, Beschlüsse über Unternehmensverträge, Auflösungsbeschlüsse)[54]. Auch ein Beschluss über den Wechsel von Komplementären (§ 278 Rz. 32) ist ein solcher Grundlagenbeschluss[55].

28

b) Erfasst sind sodann die sog. **außergewöhnlichen Geschäfte** (vgl. § 278 Abs. 2 AktG, §§ 161 Abs. 2, 116 Abs. 2, 164 Abs. 2 HGB)[56]. Die Bestimmung setzt voraus, dass die Hauptversammlung überhaupt mit diesen Geschäftsführungsmaßnahmen befasst ist. Die Vorlagepflicht der Komplementäre wird – im Gegensatz zu § 119 Abs. 2 – aus § 164 HGB gefolgert[57]. Auf § 278 Rz. 38 ist zu verweisen.

29

3. Rechtsfolgen

Fehlende Zustimmung der persönlich haftenden Gesellschafter macht den Beschluss schwebend unwirksam[58].

30

V. Einreichung zum Handelsregister

1. § 285 Abs. 3 Satz 1

Die missverständliche Regelung des § 285 Abs. 3 Satz 1 ist nur eine **Ordnungsbestimmung**[59]. Sie schreibt keine Registereinreichung vor, betrifft vielmehr nur die Reihenfolge (erst Zustimmung, dann Einreichung zum Handelsregister). Wird dagegen verstoßen, so kann das Registergericht durch Zwischenverfügung auf Nachreichung der Zustimmung dringen. Diese reicht aus[60].

31

---

53 *Assmann/Sethe* in Großkomm. AktG, § 285 Rz. 58; *Mertens/Cahn* in KölnKomm. AktG, § 285 Rz. 37.
54 *Assmann/Sethe* in Großkomm. AktG, § 285 Rz. 54; *Mertens/Cahn* in KölnKomm. AktG, § 285 Rz. 35.
55 OLG Stuttgart v. 27.11.2002 – 20 U 14/02, AG 2003, 587; *Hüffer*, § 285 Rz. 2
56 *Assmann/Sethe* in Großkomm. AktG, § 285 Rz. 55; *Mertens/Cahn* in KölnKomm. AktG, § 285 Rz. 36.
57 Vgl. nur *Hüffer*, § 285 Rz. 2.
58 *Wichert* in Heidel, § 285 Rz. 6; *Mertens/Cahn* in KölnKomm. AktG, § 285 Rz. 48; *Semler/Perlitt* in MünchKomm. AktG, § 285 Rz. 66.
59 *Hüffer*, § 285 Rz. 4; str.
60 Vgl. nur *Wichert* in Heidel, § 285 Rz. 11.

2. § 285 Abs. 3 Satz 2

32   § 285 Abs. 3 Satz 2 regelt die **Form der Zustimmung bei eintragungsbedürftigen Beschlüssen.** Hier muss die Zustimmung im schriftlichen Sitzungsprotokoll (§ 130) oder in einem schriftlichen Anhang niedergelegt sein[61]. Fehlt es daran, so ist der Beschluss schwebend unwirksam (Rz. 30)[62].

§ 286
Jahresabschluss. Lagebericht

(1) Die Hauptversammlung beschließt über die Feststellung des Jahresabschlusses. Der Beschluss bedarf der Zustimmung der persönlich haftenden Gesellschafter.

(2) In der Jahresbilanz sind die Kapitalanteile der persönlich haftenden Gesellschafter nach dem Posten „Gezeichnetes Kapital" gesondert auszuweisen. Der auf den Kapitalanteil eines persönlich haftenden Gesellschafters für das Geschäftsjahr entfallende Verlust ist von dem Kapitalanteil abzuschreiben. Soweit der Verlust den Kapitalanteil übersteigt, ist er auf der Aktivseite unter der Bezeichnung „Einzahlungsverpflichtungen persönlich haftender Gesellschafter" unter den Forderungen gesondert auszuweisen, soweit eine Zahlungsverpflichtung besteht; besteht keine Zahlungsverpflichtung, so ist der Betrag als „Nicht durch Vermögenseinlagen gedeckter Verlustanteil persönlich haftender Gesellschafter" zu bezeichnen und gemäß § 268 Abs. 3 des Handelsgesetzbuchs auszuweisen. Unter § 89 fallende Kredite, die die Gesellschaft persönlich haftenden Gesellschaftern, deren Ehegatten, Lebenspartnern oder minderjährigen Kindern oder Dritten, die für Rechnung dieser Personen handeln, gewährt hat, sind auf der Aktivseite bei den entsprechenden Posten unter der Bezeichnung „davon an persönlich haftende Gesellschafter und deren Angehörige" zu vermerken.

(3) In der Gewinn- und Verlustrechnung braucht der auf die Kapitalanteile der persönlich haftenden Gesellschafter entfallende Gewinn oder Verlust nicht gesondert ausgewiesen zu werden.

(4) § 285 Satz 1 Nr. 9 Buchstabe a und b des Handelsgesetzbuchs gilt für die persönlich haftenden Gesellschafter mit der Maßgabe, dass der auf den Kapitalanteil eines persönlich haftenden Gesellschafters entfallende Gewinn nicht angegeben zu werden braucht.

I. Regelungsinhalt	1	2. Der Kapitalanteil des Komplementärs	5
II. Feststellung des Jahresabschlusses (§ 286 Abs. 1)	2	IV. Gewinn- und Verlustrechnung (§ 286 Abs. 3)	10
1. Hauptversammlung	2	1. Allgemeine Grundsätze	10
2. Zustimmung der persönlich haftenden Gesellschafter	3	2. Die Sonderregel des § 286 Abs. 3	11
III. Die Jahresbilanz (§ 286 Abs. 2)	4	V. Gewinnverwendung	12
1. Jahresbilanz für die gesamte KGaA	4	VI. Sonderbestimmung über Gesamtbezüge im Anhang (§ 286 Abs. 4)	13

---

61 OLG Stuttgart v. 27.11.2002 – 20 U 14/02, AG 2003, 587.
62 *Assmann/Sethe* in Großkomm. AktG, § 285 Rz. 97.

Literatur (vgl. zunächst die Angaben bei § 278): *Hageböke/Koetz,* Die Gewinnermittlung des persönlich haftenden Gesellschafters einer KGaA durch Betriebsvermögensvergleich, DStR 2006, 293; *Kessler,* Die KGaA im System der dualen Unternehmensbesteuerung, in FS Korn, 2005, S. 302; *Kusterer,* Ergänzungsbilanz des persönlich haftenden Gesellschafters einer KGaA, DStR 2004, 77; *Riotte/Hansen* in Schütz/Bürgers/Riotte (Hrsg.), Die KGaA, 2004, § 6; *Sethe,* Die Besonderheiten der Rechnungslegung bei der KGaA, DB 1998, 1044; *Werther,* Zur freien Rücklage im Jahresabschluss, insbesondere bei der KGaA, AG 1966, 305; *Wichert,* Die Finanzen der KGaA, 1999.

I. Regelungsinhalt

Die Bestimmung enthält ganz unterschiedliche Regeln im Zusammenhang mit dem Jahresbeschluss, den Kapitalkonten der Komplementäre und dem Lagebericht. § 286 **Abs. 1 Satz 1** ist aus § 228 Satz 1 AktG 1937 hervorgegangen. Die Vorschrift stellt klar, dass über die Feststellung des Jahresabschlusses die Hauptversammlung beschließt, und zwar zwingend. Hiervon zu unterscheiden und einer Satzungsregelung zugänglich ist die Zustimmung des Komplementärs (der Komplementäre) zur Feststellung des Jahresabschlusses. Die **Absätze 2–4** enthalten bilanzrechtliche Vorschriften für die KGaA. Sie wurden durch das Bilanzrichtliniengesetz vom 19.12.1985[1] der neuen Rechtslage angepasst. Im Grundsatz gilt für die Rechnungslegung der KGaA das Rechnungslegungsrecht des HGB (§§ 238 ff., 264 ff.) unter Einschluss der aktienrechtlichen Sonderregeln[2]. Für den Konzernabschluss gelten die §§ 290 ff. HGB[3]. | 1

II. Feststellung des Jahresabschlusses (§ 286 Abs. 1)

1. Hauptversammlung

Die **Aufstellung des Jahresabschlusses** obliegt nach § 283 Nr. 9 dem Komplementär | 2 (den geschäftsführenden Komplementären). Unterzeichnet wird der Jahresabschluss ggf. von allen, auch nicht geschäftsführenden Komplementären[4]. Bei einer Komplementär-GmbH genügt Unterzeichnung durch Geschäftsführer in vertretungsberechtigter Zahl. Für die **Prüfung des Jahresabschlusses** gelten nach § 283 Nr. 9 die §§ 242, 264 HGB. Für die **Feststellung des Jahresabschlusses** ist nicht der Aufsichtsrat zuständig (so § 172), sondern die Hauptversammlung (§ 286 Abs. 1). Die **Feststellungszuständigkeit der Hauptversammlung** ist gesetzlich zwingend und nicht durch Satzungsregelung abdingbar[5]. Vorbehaltlich strengerer Satzungsregelung bedarf der Beschluss der einfachen Mehrheit. Er kann nach Maßgabe des § 257 angefochten werden (vgl. Erl. § 257), ebenso, verbunden mit positiver Beschlussfeststellungsklage, ein ablehnender Beschluss (vgl. dazu § 246 Rz. 29 ff.)[6]. Aufgrund von § 286 Abs. 1 Satz 2 ist dem Komplementär im Anfechtungsrechtsstreit der Streit zu verkünden (nicht unzweifelhaft, weil der Komplementär als Vertreter der Gesellschaft ohnedies an dem Prozess teilzunehmen pflegt; vgl. § 283 Rz. 19, § 285 Rz. 1). Verweigert die Hauptversammlung rechtswidrig die Feststellung des Jahresabschlusses, so kann jeder Komplementär die Zustimmungspflicht gerichtlich prüfen lassen (vgl. sinngemäß

---

1 BGBl. I 1985, 2355.
2 *Herfs* in MünchHdb. AG, § 80 Rz. 2.
3 *Assmann/Sethe* in Großkomm. AktG, § 286 Rz. 49 ff.
4 *Riotte/Hansen* in Schütz/Bürgers/Riotte, § 6 Rz. 10.
5 *Assmann/Sethe* in Großkomm. AktG, § 286 Rz. 6; *Hüffer,* § 286 Rz. 1; *Mertens/Cahn* in KölnKomm. AktG, § 286 Rz. 22; *Semler/Perlitt* in MünchKomm. AktG, § 286, Rz. 6; *Sethe,* DB 1998, 1044, 1045.
6 Vgl. hierzu *Mertens/Cahn* in KölnKomm. AktG, § 286 Rz. 32.

Rz. 3). Nach § 278 Abs. 3 gelten für den Beschluss die Regeln des § 173 Abs. 2 und 3[7]. Das Informationsverweigerungsrecht des § 131 Abs. 3 Nr. 3 und 4 steht den Komplementären in der KGaA wegen Abs. 1 nicht zu[8].

2. Zustimmung der persönlich haftenden Gesellschafter

3   Nach **§ 286 Abs. 1 Satz 2** bedarf der Feststellungsbeschluss der Zustimmung des Komplementärs (bzw. aller, auch nicht geschäftsführender Komplementäre). Die Zustimmung ist auch konkludent möglich[9]. Kommt die Bilanzfeststellung mangels Zustimmung nicht zustande, so muss die Rechtslage gerichtlich geklärt werden. Die Durchführung dieses Prozesses (Klagart? Parteien?) ist sehr umstritten[10]. Richtig scheint: Der Prozess kann zwischen der durch den Aufsichtsrat vertretenen Aktiengesellschaft und dem die Zustimmung versagenden Komplementär ausgetragen werden (nichts anderes ist nach der hier vertretenen Auffassung der im Namen der „Gesamtheit der Kommanditaktionäre" nach § 287 Abs. 2 geführte Prozess; vgl. § 287 Rz. 20)[11]. Die Zustimmungspflicht des Komplementärs kann aber auch inzident in einem Anfechtungs- oder positiven Beschlussfeststellungsprozess geklärt werden, in dem dem Komplementär notwendig der Streit zu verkünden ist (vgl. schon Rz. 2).

III. Die Jahresbilanz (§ 286 Abs. 2)

1. Jahresbilanz für die gesamte KGaA

4   Auch über den **Inhalt des Jahresabschlusses** trifft das Gesetz nur eine fragmentarische Regelung. Es gilt das Recht der AG (§ 278 Abs. 3), und es gelten die Bestimmungen über Kapitalgesellschaften (§§ 264 ff.). § 286 Abs. 2 enthält jedoch einige rechtsformspezifische Besonderheiten. Im Hinblick hierauf ist **umstritten**, ob neben der einheitlichen Jahresbilanz hinsichtlich der Ergebnisbeteiligung **unterschiedliche Rechnungslegungswerke** erstellt werden müssen: vorab nach personengesellschaftlichen Grundsätzen zur Ergebnisermittlung für die Komplementäre und sodann nach kapitalgesellschaftsrechtlichen Grundsätzen für die die Kommanditaktionäre betreffende Ergebnisfeststellung[12]. Das Beharrungsvermögen dieser Auffassung mag darauf beruhen, dass die KGaA zwar nach § 1 UStG dem Körperschaftsteuerrecht unterliegt, dies jedoch erst nach Abzug der der Mitunternehmerbesteuerung nach § 15 EStG unterliegenden Komplementär-Gewinnanteile (§ 278 Rz. 1). Unzweifelhaft müssen deshalb die Gewinnanteile der Komplementäre nach den Grundsätzen der Mitunternehmerschaft ausgewiesen werden. Die **Überwindung des dichotomischen Rechtsbilds der KGaA** (§ 278 Rz. 5, 11)[13] spricht für die folgende, heute wohl vorherrschende Lösung (vgl. auch § 288 Rz. 3): Für die **Ergebnisfeststellung** wird nur ein einziger KGaA-Abschluss nach kapitalgesellschaftlichen Regeln aufgestellt[14], was Satzungsregelun-

---

7 *Hüffer*, § 286 Rz. 1.
8 *Hüffer*, § 286 Rz. 1 und § 131 Rz. 29; *Mertens/Cahn* in KölnKomm. AktG, § 286 Rz. 23; *Semler/Perlitt* in MünchKomm. AktG, § 286 Rz. 69.
9 *Mertens/Cahn* in KölnKomm. AktG, § 286 Rz. 28.
10 Ausführlich *Reger* in Schütz/Bürgers/Riotte, § 6 Rz. 629 ff.; *Riotte/Hansen* in Schütz/Bürgers/Riotte, § 6 Rz. 31 ff.
11 Insofern ähnlich, *Herfs* in MünchHdb. AG, § 80 Rz. 13.
12 Vgl. *Assmann/Sethe* in Großkomm. AktG, § 286 Rz. 20; *Semler/Perlitt* in MünchKomm. AktG, § 286 Rz. 28 ff.; *Sethe*, DB 1998, 1044, 1045.
13 Zu den Konsequenzen aus dem Rechtsbild der KGaA für den Jahresabschluss *Karsten Schmidt* in Bayer/Habersack (Hrsg.), Aktienrecht im Wandel, Bd. II, 26. Kap. Rz. 27 f.
14 Vgl. statt vieler *Herfs* in MünchHdb. AG, § 80 Rz. 10.

gen über die Ergebnisverteilung auf die Komplementäre nicht ausschließt[15]. Nach der Ergebnisfeststellung für die ganze Gesellschaft folgt die Verteilung des Ergebnisses auf den Komplementär (die einzelnen Komplementäre) und die „Gesamtheit der Kommanditaktionäre". Auf die Darstellung bei § 288 wird verwiesen. Für die Konzernrechnungslegung gelten die §§ 290 ff. HGB.

2. Der Kapitalanteil des Komplementärs

a) Der **Kapitalanteil** ist nicht mit dem Gesellschaftsanteil eines Komplementärs und nicht einmal mit seiner Vermögensbeteiligung identisch, sondern er ist nichts als ein Rechnungsposten in der Bilanz, der dem Stand der Einlage eines Gesellschafters im Verhältnis zum Grundkapital (also zu den „Einlagen" der „Gesamtheit der Kommanditaktionäre") und ggf. auch im Verhältnis zu anderen Komplementären entspricht[16]. Der Kapitalanteil eines Personengesellschafters und dementsprechend auch eines KGaA-Komplementärs ist nach dem gesetzlichen Ausgangsmodell beweglich (**bewegliches Kapitalkonto**)[17]. Von diesem Modell geht § 286 Abs. 2 aus. Die Praxis kennt dagegen, wie bei der Kommanditgesellschaft, auch **Festkapitalkonten**, durch die der Umfang der Beteiligung am Unternehmen in Relation zu anderen Kapitalanteilen und zum Aktienkapital festgeschrieben ist[18]. Auf einen solchen Festkapitalanteil findet nur § 286 Abs. 2 Satz 1 Anwendung. Neben dem unbeweglichen (Fest-)Kapitalkonto werden dann bewegliche Konten geführt (z.B. Rücklagenkonto, Verlustvortragskonto, Darlehnskonto)[19]. Möglich und vor allem bei der GmbH & Co. KGaA (§ 278 Rz. 19, 41) naheliegend ist auch das Fehlen jeder Kapitalbeteiligung („**Komplementär ohne Kapitalanteil**")[20]. Auf diese Fälle (**Null-Kapitalkonto**) sind die Regeln des § 286 Abs. 2 nicht anzuwenden. Soweit in diesen Fällen Gutschriften oder Lastschriften des Komplementärs (der Komplementäre) in Betracht kommen, schlagen sie sich auf besonderen Gesellschafterkonten nieder. 5

b) **§ 286 Abs. 2 Satz 1** besagt, dass der Ausweis des Kapitalanteils auf der Passivseite nach dem Posten „gezeichnetes Kapital" (vgl. § 266 Abs. 3 HGB) gesondert erfolgen muss. Gemeint ist: Es ist für die dem Ausschüttungsverbot des § 57 nicht unterliegenden Komplementäreinlagen ein vom Aktienkapital unterscheidbarer Posten zu bilden[21]. Die Bildung eines Gesamtpostens für die Kapitalanteile mehrerer Komplementäre ist nach h.M. zulässig[22], nicht jedoch die Saldierung positiver und negativer Konten[23]. Im Hinblick auf die Sätze 2–3 scheint ein separater Ausweis indes praktisch unerlässlich. 6

c) **§ 286 Abs. 2 Satz 2 und 3** regeln die **Abschreibung von Verlusten**: Die auf einen Komplementär entfallenden Verlustanteile sind vom beweglichen Kapitalkonto abzuschreiben (Satz 2). Zur Frage, wie das Jahresergebnis auf die Gesellschafter verteilt wird, vgl. § 288 Rz. 4 ff. Bei aufgezehrtem Kapitalkonto sind Verlustanteile des Komplementärs auf der Aktivseite als Forderung besonders auszuweisen, soweit der Komplementär zum Ausgleich durch Zahlung verpflichtet ist (Satz 3 Halbsatz 1). Besteht keine Pflicht zur Ausgleichszahlung, so ist der Betrag nach § 268 Abs. 3 HGB als 7

---

15 Vgl. nur *Herfs* in MünchHdb. AG, § 80 Rz. 18; *Hüffer*, § 288 Rz. 2; *Mertens/Cahn* in Köln-Komm. AktG, § 286 Rz. 4; *Wichert*, S. 141 ff.; *Wichert* in Heidel, § 286 Rz. 2.
16 Ähnlich *Schütz/Reger* in Schütz/Bürgers/Riotte, § 5 Rz. 239.
17 Vgl. nur *Baumbach/Hopt*, HGB, § 120 Rz. 14; *Priester* in MünchKomm. HGB, § 120 Rz. 94 ff.
18 Vgl. nur *Schlitt*, S. 124.
19 Vgl. *Riotte/Hansen* in Schütz/Bürgers/Riotte, § 6 Rz. 64; *Schlitt*, S. 120 ff.
20 Vgl. *Schlitt*, S. 125 f.
21 Vgl. nur *Mertens/Cahn* in KölnKomm. AktG, § 286 Rz. 36.
22 *Hüffer*, § 286 Rz. 3; *Semler/Perlitt* in MünchKomm. AktG, § 286 Rz. 83.
23 Vgl. nur *Hüffer*, § 286 Rz. 3; *Sethe*, DB 1998, 1044, 1047.

„nicht durch Eigenkapital gedeckter Fehlbetrag" auf der Aktivseite gesondert auszuweisen (Satz 3 Halbsatz 2). Diese Regeln sind, anders als bei einer oHG oder KG,
zwingend[24].

8 **d) Nicht besonders geregelt** ist die **Zuschreibung von Gewinnanteilen.** Aus der Natur
der Sache ergibt sich aber, dass die auf einen Komplementär entfallenden Gewinn-
teile dem beweglichen Konto zugeschrieben werden, soweit nicht die Satzung etwas
anderes besagt.

9 **e)** Über **Entnahmerechte der Komplementäre** sagt § 286 Abs. 2 nichts. Darüber vgl.
§ 288 Rz. 7 f.

9a **f) Kredite an Komplementäre und nahestehende Dritte** (vgl. Wortlaut § 286 Abs. 2
Satz 4) sind nach § 286 Abs. 2 Satz 4 gesondert auszuweisen als Forderungen gegen
„persönlich haftende Gesellschafter und deren Angehörige". Erfasst sind Kredite, die
unter § 89 fallen, also nicht Kredite bis zur Höhe eines Monatsgehalts (§ 89 Abs. 1
Satz 5). Aufschlüsselung auf einzelne Kreditnehmer verlangt § 286 Abs. 2 Satz 4
nicht[25]. Solche Kredite sind als „sonstige Vermögensgegenstände" zu bilanzieren[26].
Unberührt bleibt die Verpflichtung, die Kredite im Anhang zu erläutern[27].

IV. Gewinn- und Verlustrechnung (§ 286 Abs. 3)

1. Allgemeine Grundsätze

10 Die allgemeinen Grundsätze der Gewinn- und Verlustrechnung ergeben sich aus
§§ 275 ff. HGB. Das Jahresergebnis wird für die Gesellschaft insgesamt festgestellt.
Die Verteilung auf Komplementäre und Kommanditaktionäre schließt sich daran an
(§ 288 Rz. 3).

2. Die Sonderregel des § 286 Abs. 3

11 Die Sonderregel des § 286 Abs. 3 will es den Komplementären ersparen, die auf ihren
Kapitalanteil entfallenden Gewinne in der GuV offenzulegen[28]. Das sich hieraus ergebende Wahlrecht soll durch Zusammenfassung der Gewinn- und Verlustanteile mit
anderen Posten der GuV ausgeübt werden können[29].

V. Gewinnverwendung

12 Nicht im § 287 geregelt ist die Zuständigkeit für die Gewinnverwendungsentschei-
dung in Bezug auf die Kommanditaktionäre[30]. Hierüber entscheidet nach §§ 278
Abs. 3, 174 die **Hauptversammlung**[31]. Diese ist an den festgestellten Jahresabschluss
gebunden[32]. Den Komplementären steht nur das Vorschlagsrecht zu (§ 283 Nr. 9),
kein Zustimmungsrecht nach § 286 Abs. 1[33]. Die Satzung kann ihnen ein solches

---

24 *Hüffer*, § 286 Rz. 4; *Sethe*, DB 1998, 1044, 1047.
25 *Hüffer*, § 286 Rz. 5.
26 *Assmann/Sethe* in Großkomm. AktG, § 286 Rz. 44.
27 *Assmann/Sethe* in Großkomm. AktG, § 286 Rz. 45.
28 Begr. RegE in *Kropff*, Aktiengesetz, S. 370; *Hüffer*, § 286 Rz. 6.
29 Vgl. nur *Herfs* in MünchHdb. AG, § 80 Rz. 6; *Mertens/Cahn* in KölnKomm. AktG, § 286
Rz. 44; *Semler/Perlitt* in MünchKomm. AktG, § 286 Rz. 91.
30 Vgl. Begr. RegE in *Kropff*, Aktiengesetz, S. 369 f.
31 Allg.M.; vgl. *Herfs* in MünchHdb. AG, § 80 Rz. 19.
32 *Mertens/Cahn* in KölnKomm. AktG, § 286 Rz. 33 m.w.N.
33 *Herfs* in MünchHdb. AG, § 80 Rz. 19; *Assmann/Sethe* in Großkomm. AktG, § 286 Rz. 28.

Recht allerdings einräumen[34]. Der den **Gegenstand der Gewinnverwendung** bildende **Bilanzgewinn** ist bereits um Tätigkeitsvergütungen bzw. Gewinnanteile der Komplementäre (§ 283 Rz. 4 ff.) bereinigt[35]. Die aktienrechtlichen Bestimmungen der §§ 58, 59, 174 Abs. 2, 3 gelten sinngemäß.

VI. Sonderbestimmung über Gesamtbezüge im Anhang (§ 286 Abs. 4)

a) Dieses **Privileg** für die Komplementäre steht im Zusammenhang mit § 286 Abs. 3. 13 Nach **§ 285 Nr. 9 HGB** sind bei der Rechnungslegung im Anhang die Gesamtbezüge der Leitungsorgane anzugeben. Hiervon befreit § 286 Abs. 4, soweit es um die auf die Komplementäre entfallenden Gewinnanteile geht.

b) Unklar ist, ob **§ 285 Nr. 9a HGB**, also die durch das Gesetz über die Offenlegung 14 von Vorstandsvergütungen von 2005 geschaffene **Pflicht zu individualisierten Offenlegung bei börsennotierten Gesellschaften** Anwendung findet. Der Wortlaut des § 286 Abs. 4 befreit nur von § 285 Nr. 9 HGB, und auch der Normzweck des § 285 Nr. 9a HGB spricht für die Anwendung[36]. § 286 Abs. 4 ist also zu lesen, als stünde darin die klarstellende Regel: „§ 285 Nr. 9a HGB bleibt unberührt."

§ 287
Aufsichtsrat

(1) Die Beschlüsse der Kommanditaktionäre führt der Aufsichtsrat aus, wenn die Satzung nichts anderes bestimmt.

(2) In Rechtsstreitigkeiten, die die Gesamtheit der Kommanditaktionäre gegen die persönlich haftenden Gesellschafter oder diese gegen die Gesamtheit der Kommanditaktionäre führen, vertritt der Aufsichtsrat die Kommanditaktionäre, wenn die Hauptversammlung keine besonderen Vertreter gewählt hat. Für die Kosten des Rechtsstreits, die den Kommanditaktionären zur Last fallen, haftet die Gesellschaft unbeschadet ihres Rückgriffs gegen die Kommanditaktionäre.

(3) Persönlich haftende Gesellschafter können nicht Aufsichtsratsmitglieder sein.

I. Grundlagen	1	1. Organisationsrechtliche Stellung in der KGaA	13
1. Der Aufsichtsrat der KGaA	1	2. Ausführung von Hauptversammlungsbeschlüssen (§ 287 Abs. 1)	17
2. Der Aufsichtsrat als Gesellschaftsorgan	2	3. Vertretung gegenüber den Komplementären (§ 287 Abs. 2)	20
II. Zusammensetzung und Rechtsstellung des Aufsichtsrats	3	4. Organisationsrechtlicher Durchgriff bei der GmbH & Co. KGaA?	22
1. Bestellung	3	IV. Beiratsverfassung	23
2. Inkompatibilität nach § 287 Abs. 3	7	1. Fakultative Organe	23
3. Haftungsverhältnisse	12	2. Rechtliche Stellung	24
III. Aufgaben des Aufsichtsrats	13		

---

34 *Mertens/Cahn* in KölnKomm. AktG, § 286 Rz. 33.
35 *Mertens/Cahn* in KölnKomm. AktG, § 286 Rz. 34.
36 *Herfs* in MünchHdb. AG, § 78 Rz. 23a.

Literatur (vgl. zunächst die Angaben bei § 287): *Assmann/Sethe*, Der Beirat in der KGaA, in FS Lutter, 2000, S. 251; *Fischer*, Die KGaA nach dem Mitbestimmungsgesetz, 1982; *Kallmeyer*, Rechte und Pflichten des Aufsichtsrats in der Kommanditgesellschaft auf Aktien, ZGR 1983, 57; *Herfs*, Vereinbarungen zwischen der KGaA und ihren Komplementären, AG 2005, 589; *Joost*, Mitbestimmung in der kapitalistischen KGaA, ZGR 1998, 334; *Martens*, Der Beirat in der KGaA, AG 1982, 113; *Mertens*, Zur Reichweite der Inkompatibilitätsregelung des § 287 Abs. 3 AktG, in FS Ulmer, 2003, S. 419; *Sethe*, Aufsichtsratsreform mit Lücken – Die Einbeziehung der Kommanditgesellschaft auf Aktien in die gegenwärtige Reformdiskussion, AG 1996, 289; *Steindorff*, Kommanditgesellschaft auf Aktien und Mitbestimmung, in FS Ballerstedt, 1975, S. 127.

I. Grundlagen

1. Der Aufsichtsrat der KGaA

1   Der Aufsichtsrat ist **notwendiges Organ jeder KGaA**, nicht nur der mitbestimmten KGaA. Das ergibt sich aus §§ 95 ff. i.V.m. § 278 Abs. 3 (vgl. dazu auch § 278 Rz. 44). Die Regelung des § 287 ist aus § 229 AktG 1937 hervorgegangen[1]. Die Stellung des Aufsichtsrats in der Gesellschaft und der Kreis seiner Aufgaben (Rz. 13 ff.) unterscheidet sich erheblich von der eines AG-Aufsichtsrats[2]. **Zusätzliche fakultative Organe (z.B. Beiräte)** können durch Satzung eingesetzt werden[3]. Sie dürfen aber zwingende aktienrechtliche Zuständigkeiten nicht tangieren (Rz. 24).

2. Der Aufsichtsrat als Gesellschaftsorgan

2   In Anbetracht der sich aus § 287 ergebenden Besonderheiten der Aufsichtsratsaufgaben in der KGaA ist umstritten, inwieweit der Aufsichtsrat Gesellschaftsorgan oder jedenfalls in den Fällen des § 287 Abs. 1, 2 als Organ der Gesamtheit der Kommanditaktionäre anzusehen ist. Nach der tradierten Auffassung hat der Aufsichtsrat eine Doppelstellung als Organ der Gesellschaft und in den Fällen des § 287 Abs. 1, 2 als Organ der Gesamtheit der Kommanditaktionäre[4]. Die heute wohl h.M. sieht den Aufsichtsrat **ungeteilt als Organ der Gesellschaft** an[5]. Dem ist zu folgen. Die Gesamtheit der Kommanditaktionäre (§ 278 Abs. 2, § 287 Abs. 2) ist eine durch Hauptversammlung und Aufsichtsrat repräsentierte organisierte Interessengruppierung innerhalb der KGaA, nicht aber eine mit eigenen Organen ausgestattete Teil-Organisation (§ 278 Rz. 9). Nicht die organisatorische Zugehörigkeit des Aufsichtsrats, sondern nur sein Aufgabenkreis in der KGaA ist geteilt.

II. Zusammensetzung und Rechtsstellung des Aufsichtsrats

1. Bestellung

3   **a) Größe und Zusammensetzung des Aufsichtsrats** sind in §§ 95 ff. bestimmt (vgl. § 278 Abs. 3)[6]. Auf die Kommentierung dieser Regelungen wird verwiesen. Die Be-

---

1 Näher *Assmann/Sethe* in Großkomm. AktG, § 287 Rz. 2; *Mertens/Cahn* in KölnKomm. AktG, § 287 Rz. 1.

2 Statt vieler *Herfs* in MünchHdb. AG, § 78 Rz. 44, 51.

3 *Assmann/Sethe* in Großkomm. AktG, § 287 Rz. 79 ff.; *Mertens/Cahn* in KölnKomm. AktG, § 287 Rz. 26 ff.

4 *Elschenbroich*, S. 131 f.; *v. Godin/Wilhelmi*, § 287 Anm. 1; s. auch *Semler/Perlitt* in MünchKomm. AktG, § 287 Rz. 60, 78.

5 Vgl. BGH v. 5.12.2005 – II ZR 291/03, BGHZ 165, 192, 197 = NJW 2006, 510; *Herfs* in MünchHdb. AG, § 78 Rz. 46; *Assmann/Sethe* in Großkomm. AktG, § 287 Rz. 31; *Wichert* in Heidel, § 287 Rz. 1; *Mertens/Cahn* in KölnKomm. AktG, § 287 Rz. 2; *Sethe*, AG 1996, 289, 299 f.; grundlegend *Mertens* in FS Barz, S. 235, 255 f.

6 *Bürgers* in Schütz/Bürgers/Riotte, § 5 Rz. 441.

stellung erfolgt durch Wahl oder Entsendung seitens der Kommanditaktionäre bzw. bei mitbestimmten Gesellschaften durch Wahl seitens der Arbeitnehmer (§ 101).

b) Wahl und Abberufung richten sich nach §§ 101 ff. i.V.m. § 278 Abs. 3[7]. Auch inso-   4
weit wird auf die Kommentierung dieser Bestimmungen verwiesen. Über satzungsmäßige **Entsendungsrechte** bestimmter Kommanditaktionäre vgl. die Erl. zu § 101
Abs. 1 Satz 1. Personen, die nach § 287 Abs. 3 selbst inhabil sind (Komplementäre
oder Leitungsorgane von Komplementär-Gesellschaften), können ein Entsendungsrecht nicht ausüben[8].

c) Das **Mitbestimmungsrecht** erfasst auch die KGaA (§ 1 Abs. 1 Nr. 1 MitbestG, § 1   5
Abs. 1 Nr. 2 DrittelbG; anders dagegen § 1 Abs. 2 MontanMitbestG, § 1 Mitbest-
ErgG)[9]. **Sonderregeln**, die mit der Stellung des persönlich haftenden Gesellschafters
als Leitungsorgan zusammenhängen, enthalten § 31 Abs. 1 Satz 2 MitbestG (kein
Einfluss auf die Bestellung des Leitungsorgans) und § 33 Abs. 1 Satz 2 (kein Arbeitsdirektor). Diese auf der unbeschränkten Haftung beruhenden Privilegien **passen** allerdings **nicht auf die GmbH & Co. KGaA**[10]. Die h.M. behilft sich mit der Anwendung
des § 4 bzw. § 5 MitbestG, siedelt also den Aufsichtsrat bei der Komplementärgesellschaft an[11]. Das ist unbefriedigend[12]. Die in BGH v. 24.2.1997 – II ZB 11/96, BGHZ
134, 392, 400 = NJW 1997, 1923, 1925 vertretene Auffassung, die durch die vom Mit-
bestimmungsgesetzgeber nicht vorausgesehene Zulassung der Kapitalgesellschaft &
Co. KGaA entstandene Lücke im Mitbestimmungsrecht könne de lege lata nicht im
Wege der Rechtsfortbildung behoben werden[13], überzeugt vollends nicht. Die Mitbestimmung in der Kapitalgesellschaft & Co. KGaA sollte unter Fortfall der KGaA-Pri-
vilegien bei dem Aufsichtsrat der KGaA angesiedelt werden[14]. Doch ist dies nicht die
h.M. Auch setzt das hier vertretene Mitbestimmungsmodell voraus, dass der mitbestimmte Aufsichtsrat in der GmbH & Co. KGaA organisationsrechtlich auf die Geschäftsführung der Komplementär-GmbH durchgreifen kann (Rz. 22).

d) Persönliche Wählbarkeitsvoraussetzungen ergeben sich zunächst aus §§ 278   6
Abs. 3, 100 (dazu die Erläuterungen zu § 100)[15] sowie aus der Inkompatibilitätsregel
des **§ 287 Abs. 3** (dazu Rz. 7 ff.). Daneben gilt, soweit nicht durch Abs. 3 spezialgesetzlich verdrängt, **§ 105 Abs. 1.** Auch Prokura und Gesamthandlungsvollmacht sind
also mit dem Aufsichtsratsmandat unvereinbar[16]. Nicht anwendbar ist § 105
Abs. 2[17]. Die **Satzung** kann besondere Wählbarkeitserfordernisse aufstellen, allerdings nur für Anteilseignervertreter, nicht für Arbeitnehmervertreter in der mitbestimmten KGaA (vgl. § 100 Abs. 4)[18].

---

7 Ausführlich *Bürgers* in Schütz/Bürgers/Riotte, § 5 Rz. 459 ff.
8 Allg. M.; vgl. nur *Bürgers* in Schütz/Bürgers/Riotte, § 5 Rz. 466; *Ihrig/Schlitt* in Ulmer (Hrsg.),
   Die GmbH & Co. KGaA, S. 33, 45.
9 Dazu *Ulmer/Habersack* in Ulmer/Habersack/Henssler, § 1 MitbestG Rz. 38 ff., § 1 DrittelbG
   Rz. 21.
10 Eingehend *Assmann/Sethe* in Großkomm. AktG, Vor § 287 Rz. 9 ff.
11 Vgl. nur *Herfs* in MünchHdb. AG, § 77 Rz. 59; *Ulmer/Habersack* in Ulmer/Habersack/Henss-
   ler, § 1 MitbestG Rz. 40 f. jeweils mit ausführlichen Nachweisen.
12 *Karsten Schmidt* in FS Priester, S. 691, 709.
13 Zustimmend z.B. *Herfs* in MünchHdb. AG, § 78 Rz. 63.
14 Vgl. auch bereits *Steindorff* in FS Ballerstedt, S. 127 ff.
15 *Bürgers* in Schütz/Bürgers/Riotte, § 5 Rz. 442 ff.
16 *Assmann/Sethe* in Großkomm. AktG, § 287 Rz. 9; *Mertens/Cahn* in KölnKomm. AktG, § 287
   Rz. 9; *Semler/Perlitt* in MünchKomm. AktG, § 287 Rz. 26.
17 Allg. M.; vgl. *Mertens/Cahn* in KölnKomm. AktG, § 287 Rz. 10.
18 Ausführlich *Bürgers* in Schütz/Bürgers/Riotte, § 5 Rz. 455 ff.

2. Inkompatibilität nach § 287 Abs. 3

7 **a)** Nach § 287 Abs. 3 können **persönlich haftende Gesellschafter** nicht Aufsichtsratsmitglieder sein. Damit entfällt auch ein Entsendungsrecht (Rz. 4). Die Vorschrift will Interessenkonflikte vermeiden und die Aufsichtsfunktion sicherstellen. Sie entspricht § 105 Abs. 1 und gilt auch für persönlich haftende Gesellschafter ohne Geschäftsführungs- und Vertretungsbefugnisse[19]. § 105 Abs. 2 hat keine Parallele in § 287 (vgl. Rz. 6).

8 **b)** Wegen der **Anwendung** der Inkompatibilitätsregel **auf nahestehende Dritte** wird auf die Erläuterungen zu § 105 verwiesen.

9 **c)** Im Fall einer **Komplementärgesellschaft** (§ 278 Rz. 19), die selbst nach § 100 nicht Aufsichtsratsmitglied sein kann, sind deren **Leitungsorgane** – bei der GmbH & Co. KGaA also die GmbH-Geschäftsführer – gleichfalls vom Aufsichtsratsamt ausgeschlossen[20]. Auf **Gesellschafter der Komplementärin** ist § 287 Abs. 3 nicht generell anwendbar[21], wohl aber auf maßgeblich beteiligte, insbesondere herrschende Gesellschafter[22].

10 **d)** Die **Satzung** kann statutarische Wählbarkeitsanforderungen aufstellen (Rz. 6). Sie kann § 287 Abs. 1 auch verschärfen. Dagegen kann die Satzung nicht wirksam von § 287 Abs. 3 befreien.

11 **e) Rechtsfolge des § 287 Abs. 3** ist, dass die Wahl oder Entsendung einer von der Inkompatibilität betroffenen Person (Komplementär, Geschäftsführer einer Komplementär-GmbH) nichtig ist. Auch ein Entsendungsrecht steht einer solchen Person nicht zu (Rz. 4). Die in Wahrnehmung eines solchen Entsendungsrechts vorgenommene Bestellung als Aufsichtsratsmitglied ist gleichfalls nichtig.

3. Haftungsverhältnisse

12 Für die Haftung gelten die **§§ 278 Abs. 3, 116, 93.** Auf die Kommentierung zu § 116 wird verwiesen. Umstritten ist, ob sich insbesondere aus § 287 Abs. 1 und 2 eine Haftung gegenüber den Kommanditaktionären ergeben kann[23]. Das Verständnis des Aufsichtsrats als Organ der Gesellschaft (Rz. 2) spricht für eine Haftung nur gegenüber der KGaA[24]. Eine Haftung kann sich nicht nur aus § 116, sondern unter den strengen Voraussetzungen des § 117 auch aus dieser Bestimmung ergeben[25].

---

19 *Assmann/Sethe* in Großkomm. AktG, § 287 Rz. 16; *Hüffer*, § 287 Rz. 4; allg. M.
20 OLG München v. 13.8.2003 – 7 U 2927/02, AG 2004, 151, 153 = ZIP 2004, 214, 217; *Arnold*, S. 108; *Ihrig/Schlitt* in Ulmer (Hrsg.), Die GmbH & Co. KGaA, S. 33, 43 ff.; *Assmann/Sethe* in Großkomm. AktG, § 287 Rz. 16; *Wichert* in Heidel, § 287 Rz. 7; *Hüffer*, § 287 Rz. 4; *Mertens/ Cahn* in KölnKomm. AktG, § 287 Rz. 8; *Semler/Perlitt* in MünchKomm. AktG, § 287 Rz. 27; *Karsten Schmidt* in FS Priester, S. 691, 705; sympathisierend BGH v. 5.12.2005 – II ZR 291/03, BGHZ 165, 192, 198 = NJW 2006, 510, 511 f. = AG 2006, 117, 118.
21 BGH v. 5.12.2005 – II ZR 291/03, BGHZ 165, 192 = NJW 2006, 510 = AG 2006, 117; h.M.; weiter als die h.M., aber mit Unterschieden im Detail *Bürgers* in Schütz/Bürgers/Riotte, § 5 Rz. 452 (Ausnahme nur bei Bagatellbeteiligungen); *Ihrig/Schlitt* in Ulmer (Hrsg.), Die GmbH & Co. KGaA, S. 33, 47 ff.; *Wichert*, AG 2000, 268, 274.
22 OLG München v. 13.8.2003 – 7 U 2927/02, AG 2004, 151, 154 = ZIP 2004, 214, 217; *Arnold*, S. 107; *Assmann/Sethe* in Großkomm. AktG, § 287 Rz. 10; *Herfs* in MünchHdb. AG, § 78 Rz. 49; *Karsten Schmidt* in FS Priester, S. 691,705; a.M. *Mertens/Cahn* in KölnKomm. AktG, § 287 Rz. 8; *Mertens* in FS Ulmer, S. 419 ff. (nur bei Ausübung von Organschaftsbefugnissen durch die Gesellschafter).
23 Dafür *Semler/Perlitt* in MünchKomm. AktG, § 287 Rz. 79.
24 *Mertens/Cahn* in KölnKomm. AktG, § 287 Rz. 25.
25 Ebd.

III. Aufgaben des Aufsichtsrats

1. Organisationsrechtliche Stellung in der KGaA

a) Die **Überwachungsbefugnis** des Aufsichtsrats gegenüber der Unternehmensleitung 13
ergibt sich aus §§ 278 Abs. 3, 111 Abs. 1–3[26]. Zur Überwachungsaufgabe im Einzelnen vgl. § 111 Rz. 4 ff. Sie kann dem Aufsichtsrat nicht durch **Satzung** entzogen werden[27]. Eine Erweiterung der Aufsichtsratskompetenzen ist dagegen zulässig, soweit
nicht in zwingende Kompetenzen eingegriffen wird (unzulässig ist z.B. die Übertragung der Unternehmensleitung auf den Aufsichtsrat)[28].

b) Dagegen hat der Aufsichtsrat nach dem Gesetz **keine Personalkompetenz**, weil 14
die Komplementäre geborene Leitungsorgane sind (Selbstorganschaft; vgl. § 278
Rz. 27)[29]. Das gilt nach § 31 Abs. 1 Satz 2 MitbestG grundsätzlich auch für die mitbestimmte KGaA (zum Sonderproblem der mitbestimmten Kapitalgesellschaft & Co.
KGaA vgl. Rz. 5).

c) Der Aufsichtsrat hat im Grundsatz **keine Geschäftsführungskompetenz** (vgl. § 111 15
Abs. 4 Satz 1 und dazu § 111 Rz. 37). Auch aus Abs. 1 ergibt sich eine solche Kompe-
tenz nicht (vgl. Rz. 18). Der Aufsichtsrat kann auch nicht nach § 111 Abs. 4 Satz 2
Geschäftsführungsmaßnahmen an seine Zustimmung binden[30]. Ebenso wenig kann
er eine Geschäftsordnung für Komplementäre erlassen. Über **Satzungsregeln** vgl.
Rz. 19.

d) Gleichzeitig ist der Aufsichtsrat **Repräsentant der für die Gesamtheit der Kom-** 16
manditaktionäre wahrzunehmenden Interessen[31]. Das ergibt sich insbesondere aus
§ 287 Abs. 1 (Rz. 17 ff.) und Abs. 2 (Rz. 20 ff.). Er handelt auch insofern nicht als Organ der Kommanditaktionäre, sondern als Gesellschaftsorgan (Rz. 20).

2. Ausführung von Hauptversammlungsbeschlüssen (§ 287 Abs. 1)

a) „Beschlüsse der Kommanditaktionäre" führt der Aufsichtsrat aus. Die auf das 17
ADHGB zurückzuführende Formulierung meint aus heutiger Sicht **Beschlüsse der**
Hauptversammlung, die sich mit dem **Verhältnis zwischen der Gesamtheit der Kom-**
manditaktionäre und den Komplementären befassen[32]. Beispiele für § 287 Abs. 1 sind
Maßnahmen der Willensbildung unter den Kommanditaktionären oder ihres Zusam-
menwirkens mit den Komplementären[33]. Andere Hauptversammlungsbeschlüsse
werden von den Komplementären ausgeführt[34].

b) Soweit die Beschlussausführung in einer **Geschäftsführungsmaßnahme** besteht, 18
fällt diese in die Kompetenz des Komplementärs (der Komplementäre). Der Aufsichtsrat hat keine Geschäftsführungskompetenz (vgl. Rz. 15, aber auch Rz. 19 zu
Satzungsregelungen).

---

26 Ausführlich m.w.N. *Bürgers* in Schütze/Bürgers/Riotte, § 5 Rz. 482 ff.
27 *Semler/Perlitt* in MünchKomm. AktG, § 287 Rz. 7.
28 *Herfs* in MünchHdb. AG, § 78 Rz. 57.
29 Ausführlich *Bürgers* in Schütze/Bürgers/Riotte, § 5 Rz. 477 ff.
30 *Bürgers* in Schütze/Bürgers/Riotte, § 5 Rz. 479; *Assmann/Sethe* in Großkomm. AktG, § 287
   Rz. 39; *Hüffer*, § 278 Rz. 15; *Mertens/Cahn* in KölnKomm. AktG, § 287 Rz. 15; *Semler/Perlitt*
   in MünchKomm. AktG, § 287 Rz. 43; *Sethe*, AG 1996, 289, 291; *Binz/Sorg*, DB 1997, 313, 315;
   a.M. *v. Godin/Wilhelmi*, § 287 Anm. 2; *Raiser/Veil*, Kapitalgesellschaften, § 23 Rz. 33.
31 Vgl. *Herfs* in MünchHdb. AG, § 78 Rz. 56; *Assmann/Sethe* in Großkomm. AktG, § 287
   Rz. 95, § 287 Rz. 27 f.; *Mertens/Cahn* in KölnKomm. AktG, § 287 Rz. 45.
32 Vgl. *Assmann/Sethe* in Großkomm. AktG, § 287 Rz. 49.
33 *Semler/Perlitt* in MünchKomm. AktG, § 287 Rz. 58.
34 *Mertens/Cahn* in KölnKomm. AktG, § 287 Rz. 16.

19   **c)** Die **Satzung** kann Sonderregeln treffen, z.B. einen Beirat (Rz. 23 f.) zur Ausführung ermächtigen oder die Hauptversammlung zur Beschlussfassung über die Ausführung ermächtigen[35].

3. Vertretung gegenüber den Komplementären (§ 287 Abs. 2)

20   **a) Im Verhältnis zu den Komplementären** wird die Gesellschaft nicht durch Kommanditaktionäre **vertreten**, sondern **durch den Aufsichtsrat.** Das ergibt sich aus **§ 112 i.V.m. § 278 Abs. 3** (vgl. § 278 Rz. 45). Diese Vertretungsregelung gilt grundsätzlich für alle Rechtsgeschäfte und Prozesse, die außerkorporativen ebenso wie die korporativen (zum Sonderfall der Anfechtungsklage vgl. § 285 Rz. 1 a.E.)[36]. Hauptbeispiel ist die Gehaltsvereinbarung. Aber die Bestimmung gilt, soweit ein Sachzusammenhang besteht, auch für Verträge mit ausgeschiedenen Komplementären[37]. Schwer einzuordnen ist die in **§ 287 Abs. 2** geregelte **Vertretung der „Gesamtheit der Kommanditaktionäre"** gegenüber den Komplementären in Prozessen. Die „Gesamtheit der Kommanditaktionäre" kann nach heutigem Verständnis nicht Prozesspartei sein (§ 278 Rz. 10). Der Gesetzgeber verstand sie aber früher wie eine Treuhand-Kommanditistin (vgl. § 278 Rz. 5). Nun gibt es in dem für die Innenbeziehung zu Komplementären maßgeblichen Personengesellschaftsrecht (§ 278 Abs. 2) Prozesse, die die Gesellschafter als Kollektiv gegen die Komplementäre führen können (§§ 117, 127, 133, 140 HGB). Diese Kollektivbefugnis nimmt nach § 287 Abs. 2 der Aufsichtsrat wahr. Aber die Kommanditaktionäre können als Kollektiv nicht Prozesspartei sein. Aus heutiger Sicht ist deshalb die Bestimmung eine **Parallelvorschrift zu § 112.** Es geht um eine Vertretung nicht der Kommanditaktionäre[38], sondern der Gesellschaft (vgl. Rz. 2, 16)[39]. Da die Frage umstritten ist, wird allerdings empfohlen, bei der Parteibezeichnung im Klagrubrum „die Kommanditaktionäre der X-KGaA" zu nennen[40]. Die Regelung ist dispositiv[41], jedenfalls, soweit es um nicht korporative Rechtsgeschäfte, z.B. um Verkehrsgeschäfte, geht. Das müsste bedeuten: Die Komplementäre können von § 287 Abs. 2 befreit werden. Eine solche Befreiung ist z.B. erteilt, wenn die Komplementäre von § 181 BGB befreit sind.

21   **b) Prozesskosten** fallen der Gesellschaft zur Last (§ 287 Abs. 2 Satz 2). Die komplizierte Formulierung des Gesetzes beruht darauf, dass der Gesetzgeber noch von der Parteirolle der „Gesamtheit der Kommanditaktionäre" ausging (eine überholte Prämisse!)[42]. Auch die den **Rückgriff gegen Kommanditaktionäre** betreffende Formulierung des § 287 Abs. 2 Satz 2 basiert auf dieser überholten Prämisse (die KGaA zahlte nach dieser Vorstellung für Rechnung der Kommanditaktionäre). Aus heutiger Sicht hat diese Formulierung nur Erinnerungswert: Die Gesellschaft ist Prozesspartei und

---

35 *Mertens/Cahn* in KölnKomm. AktG, § 287 Rz. 16.

36 H.M.; vgl. BGH v. 29.11.2004 – II ZR 364/02, AG 2005, 239 = EWiR 2005, 285 (*Hasselbach/Spengler*) = WuB II B § 112 AktG 1.05 (*Kersting*); anders *Bürgers* in Schütz/Bürgers/Riotte, § 5 Rz. 496 ff.

37 BGH v. 29.11.2004 – II ZR 364/02, AG 2005, 239 = EWiR 2005, 285 (*Hasselbach/Spengler*) = WuB II B § 112 AktG 1.05 (*Kersting*).

38 So noch RG v. 24.10.1910 – I 80/10, RGZ 74, 301, 303.

39 Heute h.M.; vgl. BGH v. 29.11.2004 – II ZR 364/02, AG 2005, 239 = EWiR 2005, 285 (*Hasselbach/Spengler*) = WuB II B § 112 AktG 1.05 (*Kersting*); *Wichert*, S. 50 f.; *Assmann/Sethe* in Großkomm. AktG, § 287 Rz. 62; *Hüffer*, § 287 Rz. 2; *Mertens/Cahn* in KölnKomm. AktG, § 287 Rz. 20; *Sethe*, AG 1996, 289, 299 f.; *Wichert*, AG 2005, 589, 594; a.M. *Semler/Perlitt* in MünchKomm. AktG, § 287 Rz. 74.

40 *Hüffer*, § 287 Rz. 2.

41 OLG München v. 26.7.1995 – 7 U 5169/94, AG 1996, 86, 87 = WM 1996, 782, 784; *Herfs* in MünchHdb. AG, § 78 Rz. 56.

42 *Mertens/Cahn* in KölnKomm. AktG, § 287 Rz. 21.

damit ggf. auch Kostenschuldner. Schadensersatzansprüche gegen Kommanditaktionäre im Fall mutwilliger Rechtsverfolgung sind nicht ausgeschlossen[43].

4. Organisationsrechtlicher Durchgriff bei der GmbH & Co. KGaA?

Wenig geklärt ist, ob der Aufsichtsrat bei der GmbH & Co. KGaA Befugnisse direkt   22
gegenüber dem Geschäftsführer der Komplementär-GmbH ausüben kann (vgl. Rz. 5
a.E.). Viel spricht dafür[44]. Doch ist dies nicht h.M.

IV. Beiratsverfassung

1. Fakultative Organe

Fakultative Organe, insbesondere ein **Beirat, Schiedsstellen** oder **Ausschüsse**, können   23
durch Satzungsregelung eingerichtet werden, dies jedoch nur in den Grenzen zwingenden KGaA-Rechts[45].

2. Rechtliche Stellung

Die Rechtsverhältnisse solcher Organmitglieder und damit auch die Haftungsgrundlagen sind entweder rein vertraglicher oder organisationsrechtlicher Art[46]. Die §§ 93,   24
116 gelten nicht ohne weiteres analog. Aktienrechtlich **zwingende Organkompetenzen** der Hauptversammlung und des Aufsichtsrats können durch eine Beiratsverfassung nicht beseitigt werden[47]. Aber das gilt nicht, soweit es sich um die nach Kommanditgesellschaftsrecht zu behandelnden Rechtsverhältnisse zwischen den persönlich haftenden Gesellschaftern und den Kommanditaktionären handelt[48]. Insbesondere die Befugnis zur Zustimmung zu außergewöhnlichen Geschäften der Komplementäre (§ 278 Rz. 38) kann deshalb einem Beirat überlassen werden[49]. Dasselbe dürfte bei einer GmbH & Co. KGaA für die Auswahl des Geschäftsführers gelten (vgl. zum organisationsrechtlichen Durchgriff Rz. 22; sonst nur bei Ansiedelung des Beirats in der Komplementär-GmbH). Voraussetzung für solche **Kompetenzverlagerungen** von den Kommanditaktionären auf den Beirat dürfte allerdings sein, dass die Hauptversammlung den Beirat bestimmt.

---

43 Vgl. im Einzelnen *Assmann/Sethe* in Großkomm. AktG, § 287 Rz. 64; *Hüffer*, § 287 Rz. 3; *Mertens/Cahn* in KölnKomm. AktG, § 287 Rz. 21; *Sethe*, AG 1996, 289, 300; anders heute noch *Semler/Perlitt* in MünchKomm. AktG, § 287 Rz. 76: Gesetzlicher Anspruch gegen die Kommanditaktionäre begrenzt auf deren Anteile.
44 *Karsten Schmidt* in FS Priester, S. 691, 707.
45 *Herfs* in MünchHdb. AG, § 78 Rz. 65 ff.; *Assmann/Sethe* in Großkomm. AktG, § 287 Rz. 89 ff.; *Mertens/Cahn* in KölnKomm. AktG, § 287 Rz. 26 ff.; *Semler/Perlitt* in MünchKomm. AktG, § 287 Rz. 87 ff.
46 *Mertens/Cahn* in KölnKomm. AktG, § 287 Rz. 33.
47 Vgl. nur *Mertens/Cahn* in KölnKomm. AktG, § 287 Rz. 28.
48 *Herfs* in MünchHdb. AG, § 78 Rz. 65a; *Assmann/Sethe* in FS Lutter, S. 251, 258 f.
49 *Herfs* in MünchHdb. AG, § 78 Rz. 67; *Assmann/Sethe* in FS Lutter, S. 251, 260.

§ 288
Entnahmen der persönlich haftenden Gesellschafter. Kreditgewährung

(1) Entfällt auf einen persönlich haftenden Gesellschafter ein Verlust, der seinen Kapitalanteil übersteigt, so darf er keinen Gewinn auf seinen Kapitalanteil entnehmen. Er darf ferner keinen solchen Gewinnanteil und kein Geld auf seinen Kapitalanteil entnehmen, solange die Summe aus Bilanzverlust, Einzahlungsverpflichtungen, Verlustanteilen persönlich haftender Gesellschafter und Forderungen aus Krediten an persönlich haftende Gesellschafter und deren Angehörige die Summe aus Gewinnvortrag, Kapital- und Gewinnrücklagen sowie Kapitalanteilen der persönlich haftenden Gesellschafter übersteigt.

(2) Solange die Voraussetzung von Absatz 1 Satz 2 vorliegt, darf die Gesellschaft keinen unter § 286 Abs. 2 Satz 4 fallenden Kredit gewähren. Ein trotzdem gewährter Kredit ist ohne Rücksicht auf entgegenstehende Vereinbarungen sofort zurückzugewähren.

(3) Ansprüche persönlich haftender Gesellschafter auf nicht vom Gewinn abhängige Tätigkeitsvergütungen werden durch diese Vorschriften nicht berührt. Für eine Herabsetzung solcher Vergütungen gilt § 87 Abs. 2 Satz 1 sinngemäß.

I. Regelungsgegenstand 1

II. Ergebnisermittlung und Gewinnverwendung 2

  1. Jahresergebnis der Gesellschaft: Feststellung und Verwendung 3

  2. Ergebnisverteilung 4

  3. Entnahmerechte 7

  4. Das Kapitalsicherungskonzept 9

III. Zahlungsverbote 13

  1. Ausschüttungssperren zu Lasten der Komplementäre 13

  2. Ausschüttungssperren zu Lasten der Kommanditaktionäre 15

  3. Kreditverbote (§ 288 Abs. 2) 16

  4. Tätigkeitsvergütungen (§ 288 Abs. 3) . 18

Literatur (vgl. zunächst die Angaben bei § 278): *Menzel*, Die Besteuerung der Entgelte der KGaA an den persönlich haftenden Gesellschafter, StuW 1971, 204; *Herfs*, Vereinbarungen zwischen der KGaA und ihren Komplementären, AG 2005, 289; *Schlüter*, Handelsrechtliche und steuerrechtliche Behandlung der Gewinnanteile der Komplementäre einer KGaA, StuW 1978, 295; *Sethe*, Die Besonderheiten der Rechnungslegung bei der KGaA, DB 1998, 1044; *Wichert*, Die Finanzen der KGaA, 1999, S. 150 ff.

I. Regelungsgegenstand

1 Die an § 230 AktG 1937 anknüpfende Regelung handelt von Entnahme- bzw. Ausschüttungsverboten. Sie steht damit im Gesamtkontext der Vermögensverwendung in der KGaA. Wie die Vorgängervorschrift enthält aber § 288 keine Bestimmung über die schwierigen Fragen der Ergebnisermittlung und Gewinnverwendung in der KGaA. Diese Fragen haben jedoch Vorrang vor § 288.

II. Ergebnisermittlung und Gewinnverwendung

2 Die Fragen der Ergebnisermittlung und Gewinnverwendung bei der KGaA sind umstritten. Gestritten wird vor allem darüber, ob der Gewinn einheitlich festgestellt

und verteilt werden soll (**monistische Methode**) oder ob er für den bzw. die Komplementäre auf der einen und die Kommanditaktionäre auf der anderen Seite gesondert nach Grundsätzen des Personengesellschaftsrechts (Komplementäre) bzw. des Aktienrechts (Kommanditaktionäre) festzusetzen und zu verteilen ist (**dualistische Methode**)[1]. Die Frage hängt mit dem historisch unsicheren Bild der KGaA zusammen (dazu § 278 Rz. 5, 11)[2]. Ist die KGaA als eine Personengesellschaft mit nur einem einzigen in Aktien zerlegten Kommanditanteil zu denken (so der Ansatz des ADHGB 1861)? Ist sie umgekehrt eine Aktiengesellschaft, ergänzt durch einen oder mehrere personengesellschaftliche Kapitalanteile? Oder ist sie ein in Kapitalanteile und Aktien zerlegbares Ganzes? Auch die duale Besteuerung der KGaA-Gewinne teils nach KStG, teils nach EStG (§ 278 Rz. 1) dürfte bei der dualen Methode Pate gestanden haben (§ 286 Rz. 2) Richtigerweise muss zwischen der **Feststellung** (Rz. 3) und der **Verteilung** des Jahresergebnisses (Rz. 4 ff.) unterschieden werden[3]. Hiervon unterscheidet sich wieder die **Ergebnisverwendung**. Erst sie entscheidet darüber, ob der auf die Kommanditaktionäre entfallende Gewinn auch an sie ausgeschüttet wird (dazu Rz. 8 und § 286 Rz. 2).

1. Jahresergebnis der Gesellschaft: Feststellung und Verwendung

Der **Jahresgewinn bzw. Jahresverlust** der KGaA als einer ungeteilten Kapitalgesellschaft ergibt sich aus einem nach den für die AG geltenden Regeln aufzustellenden und zu prüfenden (§ 283 Nr. 9, 10) und nach § 286 Abs. 1 festzustellenden Jahresabschluss[4]. Es sind nicht verschiedene Bilanzen und Gewinn- und Verlustrechnungen für zwei fiktiv getrennte Gesellschaften (Personengesellschaft und Kapitalgesellschaft) aufzumachen[5]. Von der Gewinnfeststellung zu unterscheiden sind die **Verteilung des Gewinns** auf die Komplementäre und die Gesamtheit der Kommanditaktionäre (Rz. 4) und die **Gewinnverwendung**. Über die Verwendung des Bilanzgewinns vgl. § 286 Rz. 12. Erst sie entscheidet darüber, ob der an die Kommanditaktionäre fallende Gewinn auch ausgeschüttet wird (vgl. auch Rz. 8)[6]. 3

2. Ergebnisverteilung

Auch die **Methode der Ergebnisverteilung** ist nach dem Gesetz unklar. Aus §§ 278 Abs. 2 AktG, 168, 121 HGB folgert die hM, dass die Gewinnverteilung zugunsten der Komplementäre und der Kommanditaktionäre einheitlich dem **Personengesellschaftsrecht** unterliegt[7]. Richtig scheint, dass dies nur für das **Verhältnis zwischen den Komplementären und der „Gesamtheit der Kommanditaktionäre"** (§§ 278 Abs. 2, 287 Abs. 2) gilt[8]. Vorbehaltlich abweichender Satzungsregeln werden zunächst die Einlagen der Komplementäre und die Gesamteinlage der Kommanditaktionäre mit 4% verzinst (falls der Gewinn nicht ausreicht, entsprechend niedriger). 4

---

1 Ausführlich *Riotte/Hansen* in Schütz/Bürgers/Riotte, § 6 Rz. 41 ff.; zusammenfassend *Wichert* in Heidel, § 288 Rz. 1 f.; unentschieden BFH v. 21.6.1989 – XR 14/88, BFHE 157, 382, 391 = NJW 1990, 1812, 1814 f.
2 Dazu eingehend *Karsten Schmidt* in Bayer/Habersack (Hrsg.), Aktienrecht im Wandel, Bd. II, 26. Kap.
3 Vgl. insbesondere *Ammenwerth*, S. 55 ff.; *Wichert* in Heidel, § 288 Rz. 1 ff. m.w.N.
4 So beispielsweise *Herfs* in MünchHdb. AG, § 80 Rz. 10; *Riotte/Hansen* in Schütz/Bürgers/Riotte, § 6 Rz. 52; *Wichert*, S. 141; *Hüffer*, § 288 Rz. 1, 2; *Mertens/Cahn* in KölnKomm. AktG, § 286 Rz. 4; für modifizierte KG-Bilanz *Semler/Perlitt* in MünchKomm. AktG, § 286 Rz. 5; für Maßgeblichkeit nur der Gewinn- und Verlustrechnung *Wichert* in Heidel, § 288 Rz. 3.
5 So aber *Assmann/Sethe* in Großkomm. AktG, § 288 Rz. 8 ff.
6 *Mertens/Cahn* in KölnKomm. AktG, § 288 Rz. 9.
7 Vgl. *Riotte/Hansen* in Schütz/Bürgers/Riotte, § 6 Rz. 61 ff.; *Hüffer*, § 288 Rz. 3.
8 Vgl. *Ammerwerth*, S. 56 ff.; *Wichert*, S. 144 ff.; *Wichert* in Heidel, § 288 Rz. 4.

Der Rest wird nach § 168 Abs. 2 HGB zwischen diesen Gesellschaftsgruppen in einem angemessenen Verhältnis verteilt[9]. Die **Verteilung** eines der „Gesamtheit der Kommanditaktionäre" zukommenden Gewinns **unter die Aktionäre** folgt dem Aktienrecht. Dasselbe gilt für die Ergebnisverwendung. Das bedeutet:

5   **Bei Komplementären ohne Kapitalanteil** (also ohne Komplementär-Kapitalkonto) bleibt es bei einer aktienrechtlichen Gewinnverteilung (vgl. zum Komplementär ohne Kapitalanteil § 286 Rz. 5). Eine satzungsmäßige Gewinnzuteilungsregelung (z.B. in Gestalt einer prozentualen Haftungsquote) zugunsten eines solchen Komplementärs ist dabei zu berücksichtigen. Aber einen gesetzlichen Anteil am Jahresergebnis hat ein solcher Komplementär nicht. So wird es sich regelmäßig bei der **GmbH & Co. KGaA** verhalten (vgl. zu dieser § 278 Rz. 19, 41).

6   Beim **Komplementär mit Kapitalanteil (Kapitalkonto)** wird nach dem gesetzlichen KGaA-Modell auch ein Kapitalkonto für die „Gesamtheit der Kommanditaktionäre" benötigt. Diese sind zwar nicht Personengesellschafter, aber die „Gesamtheit der Kommanditaktionäre" wird im Verhältnis zum Kapitalkonto des Komplementärs wie ein fiktiver Treuhandkommanditist behandelt (§ 278 Rz. 11). Das Verhältnis der Ergebnisverteilung zwischen dem Komplementär (den Komplementären) und der „Gesamtheit der Kommanditaktionäre" bestimmt sich nach der Satzung, hilfsweise nach § 168 HGB. Es herrscht **Satzungsfreiheit bezüglich der Gewinnverteilung zwischen Komplementär(en) und Kommanditaktionären**[10]. Dagegen unterliegt die **Gewinnverwendung für die Kommanditaktionäre** zwingendem Aktienrecht.

3. Entnahmerechte

7   **a) Entnahmerechte der Komplementäre** folgen den Regeln der §§ 161 Abs. 2, 122 HGB i.V.m. § 278 Abs. 2 AktG. Der gesetzliche Entnahmeanspruch entsteht mit der Feststellung der Bilanz für das Geschäftsjahr. Er endet mit der nächsten Bilanzfeststellung. Die gesetzliche Regel des § 122 HGB ist dispositiv. Der Satzungsinhalt hat Vorrang.

8   **b) Die Ausschüttungsansprüche der Kommanditaktionäre** ergeben sich aus dem Gewinnverwendungsbeschluss (dazu § 286 Rz. 12). Über die Gewinnverwendung entscheiden, bezogen auf den den Kommanditaktionären zustehenden Anteil am Jahresergebnis, nach §§ 278 Abs. 3, 174 die Kommanditaktionäre (auch hierzu § 286 Rz. 12). Entnahmen, die ein persönlich haftender Gesellschafter als Kommanditaktionär tätigt, sind steuerlich Einnahmen aus Kapitalvermögen.

4. Das Kapitalsicherungskonzept

9   **a)** Für die **Kommanditaktionäre** gilt § 57[11]. Abschlagszahlungen auf den Bilanzgewinn sind unter den Voraussetzungen des § 59 möglich[12].

10 **b)** Für den **Komplementär** (die Komplementäre) gilt nach **§ 288 Abs. 1** ein doppelter, nämlich individueller und kollektiver Kapitalschutz: Nach § 288 Abs. 1 Satz 1 ist eine Ausschüttung verboten, wenn und solange das eigene Kapitalkonto negativ ist (Rz. 13). Nach § 288 Abs. 1 Satz 2 hindert auch ein bei Zusammenrechnung der Komplementärkonten insgesamt negativer Komplementäranteil die Ausschüttung (Rz. 14). **§ 288 Abs. 2 und Abs. 3** ergänzen diesen Kapitalschutz durch Zahlungssperren auch für Zahlungen ohne Ausschüttungscharakter, nämlich für **Kreditgewährun-**

---

9 Vgl. nur *Mertens/Cahn* in KölnKomm. AktG, § 288 Rz. 8; *Hüffer*, § 288 Rz. 2, 3.
10 *Assmann/Sethe* in Großkomm. AktG, § 288 Rz. 34 ff.; *Wichert* in Heidel, § 288 Rz. 6–8.
11 *Assmann/Sethe* in Großkomm. AktG, § 278 Rz. 92.
12 *Assmann/Sethe* in Großkomm. AktG, § 288 Rz. 40.

gen (§ 288 Abs. 2) und für **Tätigkeitsvergütungen** (§ 288 Abs. 3). Über das umstrittene Verhältnis zu § 283 Nr. 5 vgl. § 283 Rz. 9.

c) Für **Kredite an Aufsichtsratsmitglieder** gelten aufgrund § 278 Abs. 3 die Regeln des § 115[13].   **11**

d) Die Kapitalschutzregeln sind **zwingendes Recht**[14]. Im Gegensatz zum Gewinnver-   **12** teilungsschlüssel, der dem Recht der Kommanditgesellschaft entnommen wird (Rz. 6), handelt es sich um unübersteigbare, dem zwingenden Gläubigerschutz dienende Barrieren. Das ist im Hinblick auf die unbeschränkte Komplementärhaftung bemerkenswert.

III. Zahlungsverbote

1. Ausschüttungssperren zu Lasten der Komplementäre

a) **Negativer Kapitalanteil (§ 288 Abs. 1 Satz 1).** Die Vorschrift ist etwas ungenau for-   **13** muliert, so, als käme es auf einen persönlichen Verlustanteil an („entfällt … ein Verlust"). Gemeint ist, dass der Kapitalanteil negativ ist oder durch die Auszahlung negativ würde[15]. Werden mehrere Kapitalkonten geführt (vgl. § 286 Rz. 5: festes Kapitalkonto und bewegliches Kapitalkonto), so kommt es auf den Saldo dieser Konten an[16]. Unter dieser Voraussetzung ist die Auszahlung auch eines dem Komplementär gutgebrachten Bilanzgewinns unzulässig. Unzulässig bezogener Gewinn ist zurückzugewähren (kein Schutz bei redlichem Empfang)[17]. § 288 Abs. 1 Satz 1 ist **zwingend**, kann also weder durch Satzungsregelung noch durch Beschluss wirksam durchbrochen werden[18].

b) **Negatives konsolidiertes Komplementärkapital (§ 288 Abs. 1 Satz 2).** Die Auszah-   **14** lung an einen Komplementär ist auch verboten, wenn sie im aktivischen Kapitalkonto des Empfängers gedeckt ist, aber die Summe aus auf die Komplementäre entfallendem Bilanzverlust (auch vorgetragenem Bilanzverlust!), Einzahlungsverpflichtungen, Komplementär-Verlustanteilen und Kreditforderungen gegenüber Komplementären und Angehörigen die Summe aus Gewinnvortrag, Kapital- und Gewinnrücklagen sowie Kapitalanteilen der persönlich haftenden Gesellschafter übersteigt[19]. Auf das konsolidierte Komplementärkapital kommt es an, also auf eine **Gesamtrechnung**[20]. Es entscheidet der **Auszahlungszeitpunkt**. Auf den letzten Jahresabschluss[21] dürfen sich die Komplementäre nur verlassen, wenn keine Anzeichen für Verluste in auszahlungshindernder Höhe vorhanden sind[22]. Gibt es solche Anzeichen, so darf erst ausgezahlt werden, nachdem durch Aufstellung einer Zwischenbilanz klargestellt ist, dass kein Auszahlungshindernis besteht[23]. Die Komplementäre müssen die

---

13 Vgl. *Semler* in MünchKomm. AktG, § 115 Rz. 21.
14 *Assmann/Sethe* in Großkomm. AktG, § 288 Rz. 48, 57, 71; *Hüffer*, § 288 Rz. 4, 5, 6.
15 *Assmann/Sethe* in Großkomm. AktG, § 288 Rz. 49; *Mertens/Cahn* in KölnKomm. AktG, § 288 Rz. 29; *Semler/Perlitt* in MünchKomm. AktG, § 288 Rz. 48.
16 *Mertens/Cahn* in KölnKomm. AktG, § 288 Rz. 30.
17 *Mertens/Cahn* in KölnKomm. AktG, § 288 Rz. 34.
18 *Hüffer*, § 288 Rz. 4.
19 *Mertens/Cahn* in KölnKomm. AktG, § 288 Rz. 31.
20 Ebd.
21 *Assmann/Sethe* in Großkomm. AktG, § 288 Rz. 53.
22 In diesem Sinne auch *Mertens/Cahn* in KölnKomm. AktG, § 288 Rz. 33; *Semler/Perlitt* in MünchKomm. AktG, § 288 Rz. 55 f. sowie *Assmann/Sethe* in Großkomm. AktG, § 288 Rz. 53.
23 *Semler/Perlitt* in MünchKomm. AktG, § 288 Rz. 56.

Notwendigkeit einer Zwischenbilanz mit der Sorgfalt ordentlicher Geschäftsleiter prüfen[24].

2. Ausschüttungssperren zu Lasten der Kommanditaktionäre

15   Es gelten die §§ 57, 62 (vgl. § 278 Abs. 3). Auf die Kommentierung dieser Bestimmungen wird verwiesen.

3. Kreditverbote (§ 288 Abs. 2)

16   **a)** § 288 Abs. 2 bezieht sich auf **Kredite**, die die Gesellschaft **an persönlich haftende Gesellschafter**, deren Ehegatten, Lebenspartner oder minderjährige Kinder oder für die Rechnung dieser Personen handelnden Dritte ausleiht (§ 286 Abs. 2 Satz 4). Diese Kredite sind unter den Voraussetzungen des § 288 Abs. 2 verboten (Satz 1) und müssen zurückgezahlt werden (Satz 2). Ist ein herrschendes Unternehmen Komplementär, so kann sich sinngemäß die bei § 57 diskutierte Frage stellen, ob Darlehnsausreichungen sogar verbotene Ausschüttungen darstellen und unter § 288 Abs. 1 fallen können (vgl. § 57 Rz. 22 f.). § 288 Abs. 2 ist Bestandteil des Kapitalschutzes und deshalb zwingend[25]. Neben diese Barriere tritt, auch wenn § 288 Abs. 2 nicht verletzt ist, § 283 Nr. 5 (vgl. § 283 Rz. 9). Auf die Erläuterung zu § 89 kann sinngemäß, auch wegen weiterer Drittzurechnungen (z.B. bei der GmbH & Co. KGaA), verwiesen werden.

17   **b)** Inwieweit **Kredite an Kommanditaktionäre** verbotene Ausschüttungen darstellen können, ergibt sich aus der bei § 57 Rz. 22 dargestellten Diskussion.

4. Tätigkeitsvergütungen (§ 288 Abs. 3)

18   **a)** § 288 Abs. 3 Satz 1 enthält eine Klarstellung für gewinnunabhängige Tätigkeitsvergütungen (also für Gehälter)[26]. Sie sind, soweit wirksam vereinbart und nicht von der Herabsetzung nach § 288 Abs. 3 Satz 2 betroffen, nicht von den Zahlungsverboten der Absätze 1 und 2 erfasst.

19   **b)** § 288 Abs. 3 Satz 2 verweist wegen der **Herabsetzung** der Vergütung auf § 87 Abs. 2 Satz 1. Entgegen dem Wortlaut ist dieser Teil des § 288 Abs. 3 auch auf gewinnabhängige Vergütungen (Tantiemen) anwendbar[27]. Die Herabsetzung ist Ermäßigung, nicht bloß Stundung. Spätere vertragliche Rück-Änderung ist möglich[28]. Aber eine automatische Fälligkeit der herabgesetzten Beträge tritt nicht ein.

§ 289
Auflösung

(1) Die Gründe für die Auflösung der Kommanditgesellschaft auf Aktien und das Ausscheiden eines von mehreren persönlich haftenden Gesellschaftern aus der Gesellschaft richten sich, soweit in den Absätzen 2 bis 6 nichts anderes bestimmt ist, nach den Vorschriften des Handelsgesetzbuchs über die Kommanditgesellschaft.

(2) Die Kommanditgesellschaft auf Aktien wird auch aufgelöst

---

24 Vgl. auch *Semler/Perlitt* in MünchKomm. AktG, § 288 Rz. 56: „pflichtgemäßes Ermessen".
25 Vgl. nur *Hüffer*, § 288 Rz. 5.
26 Statt vieler *Mertens/Cahn* in KölnKomm. AktG, § 288 Rz. 38.
27 *Hüffer*, § 288 Rz. 6; a.M. *Semler/Perlitt* in MünchKomm. AktG, § 288 Rz. 78; unentschieden *Mertens/Cahn* in KölnKomm. AktG, § 288 Rz. 42.
28 *Mertens/Cahn* in KölnKomm. AktG, § 288 Rz. 43.

1. mit der Rechtskraft des Beschlusses, durch den die Eröffnung des Insolvenzverfahrens mangels Masse abgelehnt wird;

2. mit der Rechtskraft einer Verfügung des Registergerichts, durch welche nach § 144a des Gesetzes über die Angelegenheiten der freiwilligen Gerichtsbarkeit ein Mangel der Satzung festgestellt worden ist;

3. durch die Löschung der Gesellschaft wegen Vermögenslosigkeit nach § 141a des Gesetzes über die Angelegenheiten der freiwilligen Gerichtsbarkeit.

(3) Durch die Eröffnung des Insolvenzverfahrens über das Vermögen eines Kommanditaktionärs wird die Gesellschaft nicht aufgelöst. Die Gläubiger eines Kommanditaktionärs sind nicht berechtigt, die Gesellschaft zu kündigen.

(4) Für die Kündigung der Gesellschaft durch die Kommanditaktionäre und für ihre Zustimmung zur Auflösung der Gesellschaft ist ein Beschluss der Hauptversammlung nötig. Gleiches gilt für den Antrag auf Auflösung der Gesellschaft durch gerichtliche Entscheidung. Der Beschluss bedarf einer Mehrheit, die mindestens drei Viertel des bei der Beschlussfassung vertretenen Grundkapitals umfasst. Die Satzung kann eine größere Kapitalmehrheit und weitere Erfordernisse bestimmen.

(5) Persönlich haftende Gesellschafter können außer durch Ausschließung nur ausscheiden, wenn es die Satzung für zulässig erklärt.

(6) Die Auflösung der Gesellschaft und das Ausscheiden eines persönlich haftenden Gesellschafters ist von allen persönlich haftenden Gesellschaftern zur Eintragung in das Handelsregister anzumelden. § 143 Abs. 3 des Handelsgesetzbuchs gilt sinngemäß. In den Fällen des Absatzes 2 hat das Gericht die Auflösung und ihren Grund von Amts wegen einzutragen. Im Falle des Absatzes 2 Nr. 3 entfällt die Eintragung der Auflösung.

I. Grundlagen 1
  1. Auflösung, Abwicklung und Vollbeendigung 1
  2. Auflösung und Ausscheiden 3
II. Die Auflösungstatbestände 4
  1. Auflösung nach KG-Recht (§ 289 Abs. 1) 4
  2. Aktienrechtliche Auflösungstatbestände nach § 289 Abs. 2 14
  3. Gesetzliche Auflösungstatbestände außerhalb des § 289 15
  4. Keine Auflösungsgründe 19
  5. Satzungsklauseln 23
  6. Fortsetzung aufgelöster Gesellschaften 24

III. Ausscheiden von Gesellschaftern . . . 25
  1. Ausscheiden kraft Gesetzes 25
  2. Austritt durch Kündigung 26
  3. Ausschließung 30
  4. Gläubigerkündigung 31
  5. Abfindung 32
  6. Nachhaftung des ausgeschiedenen Komplementärs 34
IV. Umwandlung 35
  1. Umwandlungsgesetz 35
  2. Umwandlung außerhalb des Umwandlungsgesetzes? 36
V. Handelsregister (§ 289 Abs. 6) 38
  1. Eintragungs- und Anmeldungspflicht 38
  2. Anmeldepflichtige Personen 40

Literatur (vgl. zunächst die Angaben zu § 278): *Marcuse*, Auflösung und Nichtigkeit der KGaA, Diss. Erlangen, 1928; *Mertens*, Die Auflösung der KGaA durch Kündigung der Kommanditaktionäre, AG 2004, 333; *Richartz*, Die Auflösung der KGaA durch Kündigung und Liquidation der KGaA, Diss. Köln, 1934; *Sethe*, Die Satzungsautonomie in Bezug auf die Liquidation einer KGaA, ZIP 1998, 1139; *Siebert*, Insolvenzeröffnung bei der KGaA, ZInsO 2004, 773; *Veil*, Die Kündigung der KGaA durch persönlich haftende Gesellschafter und Kommanditaktionäre, NZG 2000, 72.

I. Grundlagen

1. Auflösung, Abwicklung und Vollbeendigung

1 **a)** Wie allgemein im Recht der Handelsgesellschaften sind nach Tatbestand und Rechtsfolge die **Auflösung**, die **Abwicklung** und die **Vollbeendigung** der Gesellschaft zu unterscheiden (dazu auch Erl. § 260). Grundsätzlich überführen Auflösungstatbestände die Gesellschaft in das **Auflösungsstadium** (vgl. sinngemäß § 264). Die aufgelöste Gesellschaft ist der Fortsetzung fähig (vgl. Rz. 24 und § 290 Rz. 17 sowie ausführlich Erl. § 274). **Vollbeendigung** der Gesellschaft tritt grundsätzlich erst ein, wenn die Abwicklung beendet und die Gesellschaft im Handelsregister gelöscht ist (Doppeltatbestand)[1]. Über den Sonderfall des § 289 Abs. 2 Nr. 3 (Löschung wegen Vermögenslosigkeit) vgl. Rz. 14. Ein automatisches Erlöschen durch Zusammenfallen aller Anteile in einer Person wie bei der Personengesellschaft gibt es bei der KGaA als Körperschaft nicht[2].

2 **b)** Die Bestimmung geht auf **§ 231 AktG 1937** zurück. Die Vorschrift wurde geändert durch Art. 47 Nr. 14 EGInsO 1994[3]. Mittelbare Auswirkungen auf § 289 hatten die Änderungen des § 131 HGB durch das Handelsrechtsreformgesetz von 1998[4]. Bemängelt wird die fehlende Anpassung des § 289 an diese Gesetzesänderung.

2. Auflösung und Ausscheiden

3 **Von der Auflösung zu unterscheiden** ist das **Ausscheiden eines Gesellschafters** (Rz. 25 ff.). Das Ausscheiden des einzigen Komplementärs aus der KGaA hat allerdings deren Auflösung zur Folge (Rz. 15).

II. Die Auflösungstatbestände

1. Auflösung nach KG-Recht (§ 289 Abs. 1)

4 Aus § 289 Abs. 1 ergibt sich, dass die Auflösungsgründe im Grundsatz „den Vorschriften des Handelsgesetzbuchs über die Kommanditgesellschaft" folgen. Die Auflösungsgründe des KG-Rechts sind allerdings nicht sämtlich im HGB genannt. Einzelne im Gesetz nicht genannte Auflösungsgründe des KG-Rechts, aber nicht alle, passen auch auf die KGaA. Aber auch die im HGB genannten Auflösungsgründe sind durch § 289 Abs. 1 nur insoweit in Bezug genommen, als sie auf die KGaA passen.

5 Die **Auflösungsgründe des § 131 Abs. 1 HGB** sind kraft Verweisung anwendbar.

6 **aa) Zeitablauf (§ 131 Abs. 1 Nr. 1 HGB).** Mit Ablauf der satzungsmäßigen Dauer der KGaA (Bestimmbarkeit nach dem Kalender genügt) ist die Gesellschaft aufgelöst. Satzungsänderung ist möglich[5]. Zur Fortsetzung der Gesellschaft vgl. § 290 Rz. 17. Stillschweigende Fortsetzung der Gesellschaft beendet das Liquidationsstadium nicht[6]. In der Praxis ist dieser Auflösungsgrund unbedeutend.

7 **bb) Beschluss (§ 131 Abs. 1 Nr. 2 HGB).** Erforderlich ist eine **Zustimmung beider Gesellschaftergruppen.** Für die **Kommanditaktionäre** gilt § 289 Abs. 4. Notwendig ist ein Beschluss der Hauptversammlung (§ 289 Abs. 4 Satz 1) mit qualifizierter Mehr-

1 *Karsten Schmidt*, GmbHR 1988, 209 ff.
2 *Hüffer*, § 289 Rz. 1; allg. M.
3 BGBl. I 1994, 2911.
4 BGBl. I 1998, 1474.
5 *Assmann/Sethe* in Großkomm. AktG, § 289 Rz. 16.
6 *Assmann/Sethe* in Großkomm. AktG, § 289 Rz. 17; *Mertens/Cahn* in KölnKomm. AktG, § 289 Rz. 10; *Semler/Perlitt* in MünchKomm. AktG, § 289 Rz. 14.

heit von drei Vierteln des bei der Beschlussfassung vertretenen Grundkapitals (§ 289 Abs. 4 Satz 3), sofern nicht die Satzung eine höhere Mehrheit oder weitere Erfordernisse verlangt (§ 289 Abs. 4 Satz 4)[7]. Auch die **Komplementäre** müssen zustimmen. Die Zustimmung bedarf nach § 285 Abs. 3 Satz 2 der Beurkundung[8]. Sind **mehrere Komplementäre** vorhanden, so bedarf es der Zustimmung aller (vgl. sinngemäß § 119 Abs. 1 HGB)[9]. Die Satzung kann unter Wahrung des Bestimmtheitsgrundsatzes (Mehrheitskompetenz bei Satzungsänderung deckt nicht ohne weiteres die Auflösung!) eine Mehrheitsentscheidung auch der Komplementäre zulassen[10]. Der gesellschaftsrechtliche Kernbereichsschutz steht ebenso wenig entgegen wie im Recht der Personengesellschaften[11]. Ein Auflösungsbeschluss ohne die Kommanditaktionäre oder eine Auflösung ohne qualifizierte Mehrheit kann dagegen nicht bestimmt werden[12]. Soll die Zustimmung der Komplementäre ganz entbehrlich gemacht werden (etwa im Fall einer natürlichen Person als angestelltem Komplementär oder einer gesellschafteridentischen GmbH & Co. KGaA), so ist dies nur in dem Sinne möglich, dass mit der Auflösung eine Ausschließung des Komplementärs verbunden wird (zur Möglichkeit einer solchen Ausschließung vgl. Rz. 30).

cc) Eröffnung des Insolvenzverfahrens über das Vermögen der Gesellschaft (§ 131 Abs. 1 Nr. 3 HGB). Der Auflösungsstichtag ergibt sich aus dem Eröffnungsbeschluss. Zum Insolvenzantragsrecht der Komplementäre und zu ihrer Insolvenzantragspflicht vgl. § 283 Rz. 20. Diese Verfahrenseröffnung führt zur **Abwicklung nach der InsO**, nicht nach § 290. Die Abweisung des Insolvenzantrags mangels Masse ist Auflösungsgrund nach § 289 Abs. 2 Nr. 1 (Rz. 14).   **8**

dd) Gerichtliche Entscheidung (§ 131 Abs. 1 Nr. 4 HGB). Die Bestimmung verweist mittelbar auf § 133 HGB. Nach dieser Bestimmung kann die Kommanditgesellschaft aus wichtigem Grund auf Antrag eines Gesellschafters durch Gerichtsurteil aufgelöst werden. Kläger kann bei der Personengesellschaft jeder Gesellschafter sein, Beklagte sind alle Gesellschafter, die nicht auf Klägerseite am Prozess teilnehmen[13].   **9**

Die **Parteirollen im Auflösungsprozess der KGaA** sind umstritten. Unstreitig kann **jeder Komplementär** die Klage erheben[14]. Unstreitig ist auch, dass der einzelne Kommanditaktionär nicht zur Auflösungsklage befugt ist[15]. Umstritten ist dagegen, ob die **Gesamtheit der Kommanditaktionäre** zur Auflösung durch Klage befugt ist[16]. Auch ohne eine solche Klagebefugnis könnte die Hauptversammlung der Kommanditaktionäre die Auflösung beschließen und hiermit eine Ausschließung der widerstrebenden Komplementäre verbinden. Unentbehrlich ist die Auflösungsbefugnis der   **10**

7 *Schulz* in Schütz/Bürgers/Riotte, § 8 Rz. 8; *Hüffer*, § 289 Rz. 6.
8 *Assmann/Sethe* in Großkomm. AktG, § 289 Rz. 36; *Mertens/Cahn* in KölnKomm. AktG, § 289 Rz. 15.
9 Vgl. *Wichert* in Heidel, § 289 Rz. 6; *Schulz* in Schütz/Bürgers/Riotte, § 9 Rz. 13; zur GmbH & Co. KG OLG Hamm v. 26.10.1988 – 8 U 21/88, DB 1989, 815.
10 *Herfs* in MünchHdb. AG, § 76 Rz. 31; *Mertens/Cahn* in KölnKomm. AktG, § 289 Rz. 14; *Semler/Perlitt* in MünchKomm. AktG, § 289 Rz. 17; vgl. auch für die KG *Karsten Schmidt* in MünchKomm. HGB, § 131 Rz. 15 m.w.N.; a.M. *Assmann/Sethe* in Großkomm. AktG, § 289 Rz. 22 ff.
11 A.M. *Assmann/Sethe* in Großkomm. AktG, § 289 Rz. 24 ff.
12 *Assmann/Sethe* in Großkomm. AktG, § 289 Rz. 27; *Wichert* in Heidel, § 289 Rz. 14.
13 *Karsten Schmidt* in MünchKomm. HGB, § 133 Rz. 45, 48.
14 Vgl. für alle *Semler/Perlitt* in MünchKomm. AktG, § 289 Rz. 26.
15 *Assmann/Sethe* in Großkomm. AktG, § 289 Rz. 45.
16 Bejahend *Schulz* in Schütz/Bürgers/Riotte, § 8 Rz. 23; *Assmann/Sethe* in Großkomm. AktG, § 289 Rz. 45, 47; *Hüffer*, § 289 Rz. 6; *Semler/Perlitt* in MünchKomm. AktG, § 289 Rz. 26; verneinend *Mertens/Cahn* in KölnKomm. AktG, § 289 Rz. 17; wohl auch *Wichert* in Heidel, § 289 Rz. 6 f.

Kommanditaktionäre in ihrer Gesamtheit insofern nicht. Für eine solche kollektive Klagebefugnis der Kommanditaktionäre zur Auflösungsklage spricht, dass eine solche Berechtigung dem Gesetz nicht fremd ist (vgl. § 287 Abs. 2) und dass nach den Maßstäben des KG-Rechts die Kommanditaktionäre dem Komplementär (den Komplementären) ähnlich gegenüberstehen wie ein Treuhandkommanditist im Anlagemodell, dazu § 278 Rz. 11. Die Klage setzt einen mit qualifizierter Mehrheit gefassten Hauptversammlungsbeschluss voraus[17]. Da aber die Gesamtheit der Kommanditaktionäre nicht rechtsfähig ist (§ 278 Rz. 10) ist nach der bei § 287 Rz. 20 vertretenen Auffassung die Gesellschaft, vertreten durch den Aufsichtsrat, Klägerin im formellen Sinne (str.). § 287 Abs. 2 regelt die Vertretung der „Gesamtheit der Kommanditaktionäre" in dem Sinne, dass die Gesellschaft im Verhältnis zu den Komplementären Partei ist (vgl. § 287 Rz. 20). **Passivpartei** ist nicht, wie es der körperschaftlichen Struktur der KGaA entspräche, die Gesellschaft[18], sondern, rechtsähnlich dem personengesellschaftsrechtlichen Anwendungsbereich des § 133 HGB jeder Mitgesellschafter, wobei die „Gesamtheit der Kommanditaktionäre" als eine Partei zählt[19].

11 Begründet ist die Klage nur, wenn ein **wichtiger Grund** i.S. von § 133 HGB vorliegt. Dafür genügt nicht ein die Ausschließung eines Gesellschafters (Rz. 30) rechtfertigender wichtiger Grund. Vielmehr muss es sich um einen Grund handeln, der die Fortsetzung der Gesellschaft unzumutbar macht[20]. Einer solchen Klage bedarf es **in der Praxis** kaum je. Die Klage der „Gesamtheit der Kommanditaktionäre" gegen den oder die Komplementäre wird nicht eine Auflösungsklage, sondern eine **Ausschließungsklage** (Rz. 30) sein.

12 **Satzungsregeln** können das Recht zur Auflösung durch Klage nicht beseitigen (vgl. § 133 Abs. 3 HGB)[21]. Wohl aber können sie das Verfahren abweichend regeln und auch die wichtigen Auflösungsgründe konkretisieren[22]. Die Zuweisung des Rechtsstreits an ein Schiedsgericht durch Satzungsklausel ist entgegen der früher h.M. zulässig[23].

13 Umstritten ist, ob die Satzung **einseitige Kündigungsrechte**, insbesondere für den Komplementär, einräumen darf. Nach h.M. ist die **auflösende einseitige Kündigung unzulässig**[24]. Nur dies entspricht der gleichfalls h.M., wonach die Mehrheitsanforderungen beim Auflösungsbeschluss nicht gemindert werden können (Rz. 7)[25].

2. Aktienrechtliche Auflösungstatbestände nach § 289 Abs. 2

14 Die in § 289 Abs. 2 genannten Auflösungstatbestände der masselosen Insolvenz (§ 289 Abs. 2 Nr. 1), der Feststellung eine Satzungsmangels (§ 289 Abs. 2 Nr. 2) und der Löschung wegen Vermögenslosigkeit (§ 289 Abs. 2 Nr. 3) entsprechen denen des § 262 Abs. 1 Nr. 4–6 (vgl. dazu näher § 262 Rz. 13 ff.).

---

17 *Assmann/Sethe* in Großkomm. AktG, § 289 Rz. 47.
18 So aber *Wichert* in Heidel, § 289 Rz. 6; *Mertens/Cahn* in KölnKomm. AktG, § 289 Rz. 17.
19 *Assmann/Sethe* in Großkomm. AktG, § 289 Rz. 46 f.; *Semler/Perlitt* in MünchKomm. AktG, § 289 Rz. 28.
20 Eingehend zur KG *Karsten Schmidt* in MünchKomm. HGB, § 133 Rz. 11 ff.
21 *Assmann/Sethe* in Großkomm. AktG, § 289 Rz. 52; *Wichert* in Heidel, § 289 Rz. 15.
22 *Assmann/Sethe* in Großkomm. AktG, § 289 Rz. 53.
23 *Assmann/Sethe* in Großkomm. AktG, § 289 Rz. 53; *Mertens/Cahn* in KölnKomm. AktG, § 289 Rz. 19.
24 *Assmann/Sethe* in Großkomm. AktG, § 289 Rz. 53; *Wichert* in Heidel, § 289 Rz. 15; *Semler/Perlitt* in MünchKomm. AktG, § 289 Rz. 33; a.M. *Mertens/Cahn* in KölnKomm. AktG, § 289 Rz. 19.
25 Vgl. nur *Mertens/Cahn* in KölnKomm. AktG, § 289 Rz. 12 m.w.N.

3. Gesetzliche Auflösungstatbestände außerhalb des § 289

a) Das **Fehlen eines Komplementärs**, insbesondere das Ausscheiden des einzigen 15
Komplementärs ist Auflösungsgrund (im Gegensatz zur Rechtsnachfolge in den
Komplementäranteil)[26]; die Gesellschaft wird hierdurch aufgelöste KGaA (mit Fortsetzungsmöglichkeit), nicht AG (Rz. 36)[27]. Auch durch Insolvenz des einzigen Komplementärs kann es hierzu kommen (Rz. 25). Der **Tod eines Komplementärs** führt
zum Ausscheiden und dann ggf. auch zur Auflösung im Fall des einzigen Komplementärs, wenn keine Rechtsnachfolge in den Anteil eintritt (vgl. Rz. 25)[28]. Einer analogen Anwendung des § 139 Abs. 3 Satz 1 HGB (Dreimonatsfrist für die Aufnahme eines neuen Komplementärs)[29] bedarf es nicht, denn auch die aufgelöste Gesellschaft
kann fortgesetzt werden (Rz. 24).

b) Die **Entziehung der Vertretungsbefugnis des einzigen Komplementärs** (§ 278 16
Abs. 2 i.V.m. §§ 127, 161 Abs. 2 HGB) ist Auflösungsgrund[30]; die Möglichkeit nach
§ 29 BGB durch Ersatzbestellung für die Vertretung der Gesellschaft zu sorgen, beseitigt nicht diesen konstitutionellen Mangel der Gesellschaft (str.).

c) Auflösungsgründe sind: die Nichtigerklärung der Gesellschaft (**§§ 275 ff.**), die Auf- 17
lösung der Gesellschaft wegen Gefährdung des Gemeinwohls (**§ 396**), wegen Verstoßes gegen das Vereinsgesetz (**§§ 2, 3, 17 VereinsG**) und die Aufhebung der Erlaubnis
zur Führung eines Bankgeschäfts oder zur Erbringung von Finanzdienstleistungen
(**§ 38 Abs. 1 KWG**).

d) Die **Verlegung des (Satzungs-)Sitzes in das (EU-)Ausland** ist Auflösungsgrund, weil 18
die Gesellschaft den Rechtsstatus einer KGaA nach §§ 278 ff. aufgibt (vgl. dagegen
zum Streitfall der Verlegung des Verwaltungssitzes Rz. 22 sowie § 262 Rz. 21)[31].

4. Keine Auflösungsgründe

a) Das **Zusammenfallen** aller Komplementäranteile und aller Aktien in einer Person 19
führt nicht zur Auflösung (vgl. § 278 Rz. 2, 12).

b) Die **Insolvenz eines Gesellschafters** oder die **Kündigung durch seinen Gläubiger** 20
löst die KGaA nicht auf (§ 289 Abs. 3 und dazu Rz. 31).

c) Kein Auflösungsgrund ist die **Kündigung durch Gesellschafter**[32]. Die **Gesetzeslage** 21
ist allerdings **unklar**, weil § 289 nicht sorgfältig an den durch das HRefG 1998 geänderten § 131 HGB angepasst wurde und **§ 289 Abs. 4** unklar gefasst ist[33]. Abs. 4 bezog
sich vor dem HRefG auf die Auflösungskündigung. Ob es dabei geblieben ist[34], ist
umstritten[35]. Nach gegenwärtiger Gesetzeslage ist es hinsichtlich des § 289 Abs. 4

---

26 Vgl. *Schulz* in Schütz/Bürgers/Riotte, § 8 Rz. 27 ff; *Hüffer*, § 289 Rz. 9; *Mertens/Cahn* in Köln-
   Komm. AktG, § 289 Rz. 61; *Semler/Perlitt* in MünchKomm. AktG, § 289 Rz. 143 ff.
27 *Hüffer*, § 289 Rz. 9; unklar *Assmann/Sethe* in Großkomm. AktG, § 289 Rz. 147.
28 *Herfs* in MünchHdb. AG, § 77 Rz. 31.
29 Dafür *Assmann/Sethe* in Großkomm. AktG, § 289 Rz. 147; *Wichert* in Heidel, § 289 Rz. 22.
30 Vgl. *Semler/Perlitt* in MünchKomm. AktG, § 289 Rz. 143, 147; a.M. *Hüffer*, § 289 Rz. 9; *Mer-
   tens/Cahn* in KölnKomm. AktG, § 289 Rz. 22; eingehend *Assmann/Sethe* in Großkomm.
   AktG, § 289 Rz. 139 ff.; zur Entziehungsklage gegen den eigenen Komplementär vgl. *Karsten
   Schmidt*, ZGR 2004, 227 ff.
31 Unentschieden mit Literaturangaben *Mertens/Cahn* in KölnKomm. AktG, § 289 Rz. 25.
32 So auch *Assmann/Sethe* in Großkomm. AktG, § 289 Rz. 68; *Mertens/Cahn* in KölnKomm.
   AktG, § 289 Rz. 6; *Veil*, NZG 2000, 72, 73 f.
33 Dazu m.w.N. *Mertens/Cahn* in KölnKomm. AktG, § 289 Rz. 32; zur Kündigung der Kommanditaktionäre ausführlich *Mertens*, AG 2004, 333 ff.
34 So *Mertens*, AG 2004, 333 ff. für § 289 Abs. 4.
35 Für Anwendung des § 131 Abs. 3 HGB *Veil*, NZG 2000, 72 ff.

dabei geblieben. Aber die Auflösung der Gesellschaft durch qualifizierten Mehrheitsbeschluss ist Auflösungsbeschluss, nicht Kündigung (vgl. Rz. 6). Und die Komplementäre haben schon im Hinblick auf § 289 Abs. 5 (Erst-recht-Schluss) kein gesetzliches Recht zur Auflösungskündigung[36].

22   **d)** Kein Auflösungsgrund ist nach wohl richtiger Auffassung auch die **Verlegung des bloßen Verwaltungssitzes in das (EU-) Ausland** (str., vgl. § 45 Rz. 27)[37].

5. Satzungsklauseln

23   Satzungsmäßige Auflösungsgründe sind **zulässig**. Das ergibt sich, da im Recht der Kommanditgesellschaft gesellschaftsvertragliche Auflösungsgründe (auch im Vergleich mit § 131 Abs. 1 Nr. 1 HGB) unproblematisch sind, aus der Verweisung des § 289 Abs. 1 auf das Recht der KG[38]. Bedenken, die im Rahmen von § 262 aus § 23 Abs. 5 hergeleitet werden, verfangen jedenfalls bei der KGaA nicht.

6. Fortsetzung aufgelöster Gesellschaften

24   Eine Rückverwandlung in eine werbend tätige KGaA setzt einen mit qualifizierter Mehrheit gefassten **Hauptversammlungsbeschluss** sowie die **Zustimmung des Komplementärs (aller Komplementäre)** voraus[39]. Der Fortsetzungsbeschluss kann mit einem Umwandlungsbeschluss einhergehen (vgl §§ 3 Abs. 3, 191 Abs. 2 UmwG). Voraussetzung eines Fortsetzungsbeschlusses ist außerdem die **Beseitigung des Auflösungsgrundes**.

Ist die Gesellschaft durch Fortfall des einzigen Komplementärs aufgelöst (Rz. 15), so bedarf es für die Fortsetzung der Gesellschaft der Aufnahme eines neuen Komplementärs[40].

III. Ausscheiden von Gesellschaftern

1. Ausscheiden kraft Gesetzes

25   § 289 Abs. 1 verweist auf § 131 **Abs. 3 HGB**. § 289 Abs. 5 schließt trotz seines missverständlichen Wortlauts die Anwendung der in § 131 Abs. 3 HGB genannten gesetzlichen Ausscheidungsgründe nicht aus[41]. Komplementäre scheiden kraft Gesetzes aus, wenn über ihr Vermögen das Insolvenzverfahren eröffnet worden ist (**§ 131 Abs. 3 Nr. 2 HGB**)[42]. Eine natürliche Person scheidet mit ihrem Tod aus (**§ 131 Abs. 3 Nr. 1 HGB**), jedoch kann die Satzung eine Nachfolge von Todes wegen anordnen (vgl. § 278 Rz. 31)[43]. Handelt es sich um eine juristische Person (oder rechtsfähige Personengesellschaft), so steht nach h.M. erst deren Vollbeendigung dem Tod gleich, so dass die bloße Auflösung der Komplementär-Gesellschaft nicht zum Ausscheiden

---

36 *Assmann/Sethe* in Großkomm. AktG, § 289 Rz. 85; im Grundsatz auch *Mertens/Cahn* in KölnKomm. AktG, § 289 Rz. 48.

37 Unentschieden m.w.N. *Mertens/Cahn* in KölnKomm. AktG, § 289 Rz. 29.

38 *Mertens/Cahn* in KölnKomm. AktG, § 289 Rz. 7 f.

39 *Schulz* in Schütz/Bürgers/Riotte, § 8 Rz. 69; *Semler/Perlitt* in MünchKomm. AktG, § 289 Rz. 113.

40 *Assmann/Sethe* in Großkomm. AktG, § 289 Rz. 142, 147; *Mertens/Cahn* in KölnKomm. AktG, § 289 Rz. 63; *Semler/Perlitt* in MünchKomm. AktG, § 289 Rz. 152.

41 *Herfs* in MünchHdb. AG, § 77 Rz. 29 ff.; *Assmann/Sethe* in Großkomm. AktG, § 289 Rz. 78; *Hüffer*, § 289 Rz. 8.

42 *Herfs* in MünchHdb. AG, § 77 Rz. 35.

43 *Herfs* in MünchHdb. AG, § 77 Rz. 32 ff.

führt[44]. Das entspricht der h.M. im Recht der KG, vermag aber schwerlich zu überzeugen, denn die Liquidatoren einer Komplementär-Gesellschaft taugen nicht als Leiter einer nicht in Liquidation befindlichen KGaA[45]. **Keine gesetzlichen Ausscheidensgründe** ergeben sich demgegenüber aus § 131 Abs. 3 Nr. 5 und 6 HGB (Eintritt weiterer in der Satzung vorgesehener Fälle; Beschluss der Gesellschafter). Diese Ausscheidensgründe sind auch bei der KG keine gesetzlichen.

2. Austritt durch Kündigung

a) **Komplementäre** können nach § 289 Abs. 5 außer durch Ausschließung nur ausscheiden, wenn die Satzung dies zulässt. Das Verhältnis dieser Bestimmung zu dem geänderten § 131 HGB und zu § 723 BGB ist umstritten. Nach dem klaren Wortlaut von § 289 Abs. 5 gibt es für Komplementäre kein gesetzliches ordentliches Kündigungsrecht[46]. Dem wird von der hM ein „Kündigungsrecht" nach § 131 Abs. 3 Nr. 3 HGB entgegengesetzt[47]. Aber die Vorschrift begründet kein Kündigungsrecht, sondern setzt es voraus. Richtig scheint: § 289 Abs. 5 verdrängt die §§ 723 BGB, 132, 134 HGB[48]. Die Rolle des Komplementärs in der KGaA ist eine andere als in der KG. Ein Austritt aus wichtigem Grund ist nicht ausgeschlossen. Zulässig ist damit auch ein Austritt von Komplementär-Erben nach § 139 Abs. 2 HGB i.V.m. § 278 Abs. 2 (§ 278 Rz. 33). | 26

Satzungsmäßige Austrittsrechte bleiben nach dem klaren Wortlaut von § 289 Abs. 5 unberührt. Dasselbe gilt für automatisch wirkende **Ausscheidensklauseln**[49]. Ausscheidensregeln, die eine Komplementär-Kapitalgesellschaft oder einen angestellten Komplementär betreffen, können nach der Rechtsprechung zum „Managermodell" und zum „Mitarbeitermodell" zulässig sein[50]. | 27

b) Die **Kommanditaktionäre** können als einzelne nicht aus der Gesellschaft austreten[51]. Nach h.M. kann allerdings die **Gesamtheit der Kommanditaktionäre** das Gesellschaftsverhältnis kündigen (vgl. § 289 Abs. 4 Satz 1) und hierdurch den Austritt herbeiführen[52]. Dieser praktisch fern liegende Fall müsste, wie bei einer Kommanditgesellschaft, zur Folge haben, dass das Gesellschaftsvermögen im Wege der Gesamtrechtsnachfolge dem einzigen Komplementär als Einzelunternehmer (im Fall einer Kapitalgesellschaft & Co. KGaA als Kapitalgesellschaft) anfällt[53]. Handelt es sich um eine KGaA mit mehreren Komplementären, so führt der Fortfall der Kommanditaktionäre zur Umwandlung der Gesellschaft in eine oHG[54]. Der „Gesamtheit der Kommanditaktionäre" würde ein Abfindungsanspruch zufallen. | 28

---

44 Vgl. nur *Assmann/Sethe* in Großkomm. AktG, § 289 Rz. 83; *Mertens/Cahn* in KölnKomm. AktG, § 289 Rz. 44; *Semler/Perlitt* in MünchKomm. AktG, § 289 Rz. 69.
45 Eingehend *Karsten Schmidt* in MünchKomm. HGB, § 131 Rz. 68.
46 Vgl. *Herfs* in MünchHdb. AG, § 77 Rz. 29; *Schlitt*, S. 140.
47 *Assmann/Sethe* in Großkomm. AktG Rz. 78; *Wichert* in Heidel, § 289 Rz. 21; *Hüffer*, § 289 Rz. 8; *Mertens/Cahn* in KölnKomm. AktG, § 289 Rz. 49; *Semler/Perlitt* in MünchKomm. AktG, § 289 Rz. 84.
48 A.M. *Mertens/Cahn* in KölnKomm. AktG, § 289 Rz. 48: Kündigung einer auf unbestimmte Zeit eingegangenen Gesellschaft.
49 *Wichert* in Heidel, § 289 Rz. 26.
50 BGH v. 19.9.2005 – II ZR 173/04 – „Managermodell", BGHZ 164, 98 = NJW 2005, 3641; BGH v. 19.9.2005 – II ZR 342/03 – „Mitarbeitermodell", BGHZ 164, 107 = NJW 2005, 3644.
51 *Assmann/Sethe* in Großkomm. AktG, § 289 Rz. 71; *Hüffer*, § 289 Rz. 3; *Semler/Perlitt* in MünchKomm. AktG, § 289 Rz. 92.
52 *Assmann/Sethe* in Großkomm. AktG, § 289 Rz. 74 f.; *Herfs* in MünchHdb. AG, § 76 Rz. 37; a.M. *Schulz* in Schütz/Bürgers/Riotte, § 8 Rz. 52; *Hüffer*, § 289 Rz. 6.
53 *Assmann/Sethe* in Großkomm. AktG, § 289 Rz. 75.
54 Ebd.

29　**Satzungsregeln** über das Ausscheiden von Kommanditaktionären sind von § 131 Abs. 1 Nr. 5 HGB nicht erfasst. Die Bestimmung lässt nur (theoretisch) Regeln über das Ausscheiden der „Gesamtheit der Kommanditaktionäre" zu. Für die einzelnen Kommanditaktionäre gilt Aktienrecht.

3. Ausschließung

30　**Komplementäre** können nach § 278 Abs. 2 i.V.m. §§ 161 Abs. 2, 140 HGB durch Klage bzw. nach einem satzungsmäßig bestimmten Verfahren ausgeschlossen werden[55]. Nach h.M. ist die Ausschließungsklage ultima ratio[56]. Das ist missverständlich. Sie kann sogar Vorrang gegenüber der Auflösung aus wichtigem Grund haben (Rz. 11). Der Unterschied gegenüber der Auflösungsklage (Rz. 10) liegt nicht in der Schwere, sondern in der Einseitigkeit des wichtigen Grundes[57]. Nach § 287 Abs. 2 erhebt der Aufsichtsrat als „Vertreter der Kommanditaktionäre" (nach wohl richtiger Auffassung als Vertreter der Gesellschaft) die Klage (s. auch § 287 Rz. 20)[58]. Die **Kommanditaktionäre** können nicht als einzelne nach Personengesellschaftsrecht ausgeschlossen werden, sondern (ein theoretischer Fall) nur als „Gesamtheit der Kommanditaktionäre".

4. Gläubigerkündigung

31　Der **Gläubiger eines Komplementärs** kann unter den Voraussetzungen des § 135 HGB i.V.m. § 278 Abs. 2 die Austrittskündigung herbeiführen[59]. § 289 Abs. 3 Satz 2 hindert diese Kündigung nicht, denn die Bestimmung handelt nur von der Auflösung der Gesellschaft durch Kündigung[60]. Die Kündigung hat die Folge des § 131 Abs. 3 Nr. 4 HGB: Der Schuldner-Gesellschafter scheidet aus, und der Gläubiger kann sich aus dem Abfindungsguthaben (Rz. 32) befriedigen.

5. Abfindung

32　**a)** Die **gesetzliche Abfindung** eines ausgeschiedenen Komplementärs bestimmt sich nach §§ 161 Abs. 2, 105 Abs. 3 HGB, 738 BGB i.V.m. § 278 Abs. 2 (§ 278 Rz. 30). An den Rücklagen nimmt der Komplementär nur teil, wenn dies in der Satzung bestimmt ist[61]. Ein Komplementär ohne Kapitalanteil erhält nur die Auszahlung eines etwaigen Darlehnskontos.

33　**b)** **Abfindungsklauseln** unterliegen den für diese Klauseln allgemein geltenden Regeln. Die auf GmbH und Personengesellschaft gemünzte Rechtsprechung zum „Managermodell" und zum „Mitarbeitermodell"[62] kommt im Fall des Ausscheidens eines angestellten Komplementärs auch der KGaA zugute (§ 278 Rz. 10).

6. Nachhaftung des ausgeschiedenen Komplementärs

34　Es gelten die §§ 161 Abs. 2, 160 HGB i.V.m. § 287 Abs. 2 AktG.

55　*Wichert* in Heidel, § 289 Rz. 29; *Hüffer*, § 289 Rz. 7; eingehend *Mertens/Cahn* in KölnKomm. AktG, § 289 Rz. 58 ff.
56　*Assmann/Sethe* in Großkomm. AktG, § 289 Rz. 91; *Mertens/Cahn* in KölnKomm. AktG, § 289 Rz. 57; *Semler/Perlitt* in MünchKomm. AktG, § 289 Rz. 120.
57　*Karsten Schmidt* in MünchKomm. HGB, § 140 Rz. 19 ff.
58　Im Ergebnis ähnlich *Wichert* in Heidel, § 289 Rz. 20.
59　*Semler/Perlitt* in MünchKomm. AktG, § 289 Rz. 100 ff.
60　Vgl. *Assmann/Sethe* in Großkomm. AktG, § 289 Rz. 68.
61　*Herfs* in MünchHdb. AG, § 77 Rz. 52; *Mertens/Cahn* in KölnKomm. AktG, § 289 Rz. 67; *Semler/Perlitt* in MünchKomm. AktG, § 289 Rz. 194.
62　BGH v. 19.9.2005 – II ZR 173/04 – „Managermodell", BGHZ 164, 98 = NJW 2005, 3641; BGH v. 19.9.2005 – II ZR 342/03 – „Mitarbeitermodell", BGHZ 164, 107 = NJW 2005, 3644.

IV. Umwandlung

1. Umwandlungsgesetz

Das Umwandlungsgesetz regelt den **Formwechsel** (§§ 190 ff. UmwG), die **Verschmel-** 35
zung (§§ 2 ff. UmwG) und die **Spaltung** (§§ 123 ff. UmwG). Die KGaA ist ein um-
wandlungsfähiger Rechtsträger (§§ 3 Abs. 1 Nr. 2, 124, 191 UmwG). Sonderregeln für
KGaA enthalten die §§ 78 ff., 141 ff., 227, 229, 242 UmwG.

2. Umwandlung außerhalb des Umwandlungsgesetzes?

a) Umwandlung in eine AG durch Umwandlung „auf" die Gesamtheit der Aktionä- 36
re? Es wird die Auffassung vertreten, dass die Gesellschaft durch Austritt aller Komplementäre zur AG wird[63]. Nach aM tritt diese Rechtsnachfolge ein, wenn die Fortsetzung ohne Komplementäre mit qualifizierter Mehrheit beschlossen wird[64]. Auch
könne die Satzung eine solche Umwandlung im Fall des Ausscheidens vorsehen, aber
auch dann bedürfe es des besonderen Beschlusses[65]. Dieser Auffassung ist zu folgen.
Der Fortfall der Komplementäre überführt die Gesellschaft zunächst nur in das Auflösungsstadium als KGaA i.L. (Rz. 15, 1).

b) Umwandlung auf den Komplementär (bzw. die Gesamtheit der Komplementäre)? 37
Der Fall, dass die „Gesamtheit der Kommanditaktionäre" aus der KGaA ausscheidet,
scheint theoretisch (vgl. Rz. 30). Bei einer GmbH & Co. KGaA wäre diese Methode
als verschmelzende Umwandlung auf die GmbH möglich.

V. Handelsregister (§ 289 Abs. 6)

1. Eintragungs- und Anmeldungspflicht

a) Grundsatz. Die **Auflösung** bzw. das **Ausscheiden** werden im Handelsregister einge- 38
tragen. Die Ausnahme im Fall des § 289 Abs. 2 Nr. 3 (vgl. § 289 Abs. 6 Satz 4) erklärt
sich daraus, dass hier bereits das Erlöschen im Handelsregister publik gemacht wird.
Nicht im Gesetz genannt ist der Eintritt neuer Komplementäre. Er ist eintragungspflichtig nach § 278 Abs. 2 i.V.m. §§ 161 Abs. 2, 107 HGB[66]. Auch im HGB nicht genannt, aber gleichfalls eintragungspflichtig ist der Übergang des Komplementäranteils unter Lebenden oder von Todes wegen[67]. Vgl. zu diesen Vorgängen § 278 Rz. 31 f.

b) Amtseintragung und Anmeldung. In den Fällen von § 289 Abs. 2 Nr. 1 und 2 trägt 39
das Registergericht die Auflösung und ihren Grund von Amts wegen ein (§ 289
Abs. 6 Satz 3). Im Fall der Amtslöschung (§ 289 Abs. 2 Nr. 3) ist eine zusätzliche Eintragung überflüssig (§ 289 Abs. 6 Satz 4). In den übrigen Fällen bedarf die Eintragung
der Anmeldung.

2. Anmeldepflichtige Personen

a) Anmeldepflichtig sind die **Komplementäre** (§ 289 Abs. 6 Satz 1). Das gilt auch für 40
ausscheidende Komplementäre.

b) Im **Fall des Todes eines Komplementärs** kann die Mitwirkung der Erben nach 41
§ 289 Abs. 6 Satz 2 AktG i.V.m. § 143 Abs. 3 HGB entbehrlich sein.

---

63 *Assmann/Sethe* in Großkomm. AktG, § 289 Rz. 147; *Kallmeyer*, ZIP 1994, 1746, 1751.
64 *Semler/Perlitt* in MünchKomm. AktG, § 289 Rz. 157 ff.
65 *Semler/Perlitt* in MünchKomm. AktG, § 289 Rz. 161 ff.
66 *Assmann/Sethe* in Großkomm. AktG, § 278 Rz. 6.
67 *Mertens/Cahn* in KölnKomm. AktG, § 289 Rz. 65; *Karsten Schmidt* in MünchKomm. HGB,
    § 143 Rz. 7 f.

§ 290
Abwicklung

(1) Die Abwicklung besorgen alle persönlich haftenden Gesellschafter und eine oder mehrere von der Hauptversammlung gewählte Personen als Abwickler, wenn die Satzung nichts anderes bestimmt.

(2) Die Bestellung oder Abberufung von Abwicklern durch das Gericht kann auch jeder persönlich haftende Gesellschafter beantragen.

(3) Ist die Gesellschaft durch Löschung wegen Vermögenslosigkeit aufgelöst, so findet eine Abwicklung nur statt, wenn sich nach der Löschung herausstellt, dass Vermögen vorhanden ist, das der Verteilung unterliegt. Die Abwickler sind auf Antrag eines Beteiligten durch das Gericht zu ernennen.

I. Normzweck und Normgeschichte . .	1	IV. Das Abwicklungsverfahren	11
II. Regeln über die Abwicklung	2	1. Ablauf der Abwicklung	11
1. Aktienrecht oder KG-Recht?	2	2. Verteilung von Liquidationsquoten . .	15
2. Insolvenzverfahren	4	V. Atypische Abläufe	17
III. Die Abwickler	5	1. Fortsetzung der aufgelösten KGaA . .	17
1. Gesetzliche Regelung	5	2. Nachtragsabwicklung nach Löschung	
2. Abberufung, Amtsniederlegung	7	der KGaA	18
3. Satzungsgestaltung	10	3. Masselose Insolvenz	19

Literatur (vgl. zunächst die Angaben bei § 289): *Sethe*, Die Satzungsautonomie in Bezug auf die Liquidation einer KGaA, ZIP 1998, 1138; *Schulz* in Schütz/Bürgers/Riotte, Die KGaA, 2004, § 8 Rz. 54 ff.; *Wichert*, Die Finanzen der KGaA, 1999, S. 223 ff.

I. Normzweck und Normgeschichte

1   Es handelt sich um die Nachfolgeregelung zu § 232 AktG 1937. Abs. 3 beruht auf Art. 47 Nr. 15 EGInsO von 1994[1], in Kraft seit dem 1.1.1999.

II. Regeln über die Abwicklung

1. Aktienrecht oder KG-Recht?

2   **a)** Nach **§ 278 Abs. 3** gelten für die Abwicklung die **§§ 264 ff.** Umstritten ist, ob dies auch hinsichtlich der Komplementäre (des Komplementärs) gilt[2]. Richtig scheint: Die KGaA als Organisation wird **nach aktienrechtlichen Regeln** abgewickelt. Auch die Rechte und Pflichten der **Kommanditaktionäre** in der Liquidation richten sich nach Aktienrecht[3]. Für die **Komplementäre**, insbesondere für ihre Befugnisse als Li-

---

1 BGBl. I 1994, 2911.
2 Überblick bei *Sethe*, ZIP 1998, 1138 ff.; *Sethe* selbst will nach den Stadien der Liquidation unterscheiden.
3 *Sethe*, ZIP 1998, 1138, 1139 meint, die Rechtsstellung der „Gesamtheit der Kommanditaktionäre" richte sich nach Personengesellschaftsrecht; das trifft zu für das Verhältnis der Komplementäre zur „Gesamtheit der Kommanditaktionäre", nicht für deren Innenverhältnis.

quidatoren (Rz. 3) und ihre Haftung, gilt nach wie vor Kommanditgesellschaftsrecht[4]. Die unbeschränkte Haftung der Komplementäre (§ 278 Rz. 43) besteht unverändert fort, und zwar auch für Neuverbindlichkeiten (vgl. dagegen zur Insolvenz Rz. 4)[5].

b) Die **Befugnisse der Abwickler** (Geschäftsführung und Vertretung) richten sich da- 3 gegen nach Aktienrecht (§§ 265 ff.). Das gilt gleichermaßen hinsichtlich der persönlich haftenden Gesellschafter und der durch die Hauptversammlung (§ 290 Abs. 1) oder durch das Gericht (§ 290 Abs. 2) bestellten Abwickler[6]. Für die Vertretung gilt § 269. Die **Satzung** kann eine andere Regelung treffen. Von der Geschäftsführung bzw. Vertretung (also der Kompetenzordnung) zu unterscheiden ist der Ablauf der Abwicklung (Rz. 11 ff.).

2. Insolvenzverfahren

Besonderheiten gelten **im Fall eines Insolvenzverfahrens** über das Vermögen der 4 KGaA. Die Abwicklungszuständigkeit geht auf den Insolvenzverwalter über (§ 80 InsO). Mit der Insolvenzverfahrenseröffnung **endet die persönliche Haftung der Komplementäre für Neuverbindlichkeiten (Masseverbindlichkeiten)**[7]. Für die zu diesem Zeitpunkt begründete **persönliche Haftung** gilt § 93 InsO. Für die Nachrangigkeit von **Gesellschafterdarlehen** und die Anfechtung der Darlehensrückgewähr gelten die §§ 39, 135 InsO. Im Fall der Simultaninsolvenz der KGaA und ihres Komplementärs bei der Kapitalgesellschaft & Co. KGaA ist nicht § 131 Abs. 3 Nr. 2 HGB (Ausscheiden des Komplementärs durch Insolvenzverfahrenseröffnung) anzuwenden[8], sondern es findet eine konsolidierte insolvenzrechtliche Abwicklung beider Gesellschaften statt (str.)[9]. Im Fall der Eigenverwaltung (§§ 270 ff. InsO) behält die Komplementärin die Geschäftsführungskompetenz. Über das Abwicklungsverfahren bei masseloser Insolvenz vgl. Rz. 19.

III. Die Abwickler

1. Gesetzliche Regelung

a) Geborene Abwickler sind **nach § 290 Abs. 1** alle persönlich haftenden Gesellschaf- 5 ter (insofern rechtsähnlich § 146 HGB). Auch nicht geschäftsführende Gesellschafter sind Abwickler[10]. Das Prinzip der Selbstorganschaft (§ 278 Rz. 7) gilt damit auch hier. Juristische Personen als Komplementäre (§ 278 Rz. 19) können auch Abwickler sein[11]. Die **Zuwahl gekorener Vertreter** ist fakultativ, nicht obligatorisch (missverständlich also § 290 Abs. 1)[12]. Die Zuwahl erfolgt durch die Hauptversammlung, also die Versammlung der Kommanditaktionäre, mit einfacher Mehrheit (§ 133). Einer

---

4 So *Mertens/Cahn* in KölnKomm. AktG, § 290 Rz. 2.

5 Vgl. für die Personengesellschaft *Karsten Schmidt*, ZHR 152 (1988), 105 ff.

6 *Assmann/Sethe* in Großkomm. AktG, § 290 Rz. 18, 24: §§ 278 Abs. 3, 264 ff.; *Mertens/Cahn* in KölnKomm. AktG, § 290 Rz. 9; *Semler/Perlitt* in MünchKomm. AktG, § 290 Rz. 3.

7 Vgl. sinngemäß *Karsten Schmidt* in MünchKomm. HGB, § 128 Rz. 76 ff.; *Karsten Schmidt*, ZHR 152 (1988), 114 ff.

8 So wohl die h.M. bei der GmbH & Co. KG; vgl. BGH v. 15.3.2004 – II ZR 247/01, BB 2004, 1244 = NZG 2004, 611.

9 Näher für die GmbH & Co. KG *Karsten Schmidt* in MünchKomm. HGB, § 131 Rz. 76.

10 *Assmann/Sethe* in Großkomm. AktG, § 290 Rz. 10; *Hüffer*, § 290 Rz. 1; *Mertens/Cahn* in KölnKomm. AktG, § 290 Rz. 5.

11 *Mertens/Cahn* in KölnKomm. AktG, § 290 Rz. 5.

12 *Assmann/Sethe* in Großkomm. AktG, § 290 Rz. 11; *Hüffer*, § 290 Rz. 1; *Mertens/Cahn* in KölnKomm. AktG, § 290 Rz. 6.

Zustimmung des Komplementärs (der Komplementäre) bedarf es nicht[13]. Komplementäre, die zugleich Kommanditaktionäre sind, stimmen in dieser Eigenschaft mit (§ 285 Abs. 1 Satz 1)[14]. Auch gewählte Abwickler können juristische Personen sein (vgl. § 265 Abs. 2 Satz 3).

6   **b) Gerichtlich bestellte Abwickler** (vgl. § 265 Abs. 3, 4) können nicht nur vom Aufsichtsrat oder von einer Aktionärsminderheit beantragt werden, sondern auch von jedem persönlich haftenden Gesellschafter (§ 290 Abs. 2). Dieser braucht nicht, wie ein Kommanditaktionär (§ 265 Abs. 3 Satz 2), einen dreimonatigen Anteilsbesitz glaubhaft zu machen[15]. Das Antragsrecht jedes unbeschränkt haftenden Gesellschafters kann nicht durch Satzungsregeln ausgeschlossen werden[16].

2. Abberufung, Amtsniederlegung

7   **a)** Die **Hauptversammlung** kann die nicht gerichtlich bestellten Abwickler abberufen (§ 265 Abs. 5). Der Zustimmung der persönlich haftenden Gesellschafter bedarf es auch hierfür nicht[17]. Das gilt jedoch nicht für die Komplementäre als geborene Abwickler nach § 290 Abs. 1[18]. Sie können, sofern nicht eine Satzungsregelung vorliegt, nur vom Gericht abberufen werden[19].

8   **b)** Eine **gerichtliche Abberufung** ist (auch gegenüber Komplementären als geborenen Abwicklern) nach §§ 265 Abs. 3, 278 Abs. 3 **aus wichtigem Grund** möglich.[20]

9   **c)** Eine **Amtsniederlegung** ist möglich und wirksam, auch wenn sie mit den Abwicklerpflichten unvereinbar sein sollte. Auch ein Komplementär als geborener Abwickler (Rz. 5) kann das Amt niederlegen[21].

3. Satzungsgestaltung

10   Die Bestimmung der Abwickler in der KGaA unterliegt der **Gestaltungsfreiheit**[22]. Die Satzung kann sogar die Komplementäre ganz von der Abwicklung ausschließen. Zwingend sind allerdings die Regeln über die Berufung bzw. Einsetzung von Abwicklern durch das Gericht aus wichtigem Grund.

---

13 *Assmann/Sethe* in Großkomm. AktG, § 290 Rz. 12; *Mertens/Cahn* in KölnKomm. AktG, § 290 Rz. 6.
14 *Assmann/Sethe* in Großkomm. AktG, § 290 Rz. 12; *Hüffer*, § 290 Rz. 1; *Mertens/Cahn* in KölnKomm. AktG, § 290 Rz. 6; *Semler/Perlitt* in MünchKomm. AktG, § 290 Rz. 19.
15 *Assmann/Sethe* in Großkomm. AktG, § 290 Rz. 16.
16 *Mertens/Cahn* in KölnKomm. AktG, § 290 Rz. 8; *Sethe*, ZIP 1998, 1338, 1140.
17 *Mertens/Cahn* in KölnKomm. AktG, § 290 Rz. 10.
18 *Assmann/Sethe* in Großkomm. AktG, § 290 Rz. 13; *Semler/Perlitt* in MünchKomm. AktG, § 290 Rz. 20.
19 *Assmann/Sethe* in Großkomm. AktG, § 290 Rz. 13.
20 Vgl. *Assmann/Sethe* in Großkomm. AktG, § 290 Rz. 15 f.; *Mertens/Cahn* in KölnKomm. AktG, § 290 Rz. 10.
21 Vgl. *Schulz* in Schütz/Bürgers/Riotte, § 8 Rz. 57, 61; *Assmann/Sethe* in Großkomm. AktG, § 290 Rz. 10.
22 *Schulz* in Schütz/Bürgers/Riotte, § 8 Rz. 62; *Mertens/Cahn* in KölnKomm. AktG, § 290 Rz. 8; *Semler/Perlitt* in MünchKomm. AktG, § 290 Rz. 24 f.; *Sethe*, ZIP 1998, 1138, 1140.

IV. Das Abwicklungsverfahren

1. Ablauf der Abwicklung

a) Die Auflösung der Gesellschaft wird von den Komplementären zur **Eintragung ins** 11
Handelsregister angemeldet (§§ 263, 278 Abs. 3), nicht allerdings in den Fällen des
§ 263 Satz 2 (Eröffnung und Ablehnung eines Insolvenzverfahrens).

b) Die **Abwickler beenden die Geschäfte** nach den Regeln des § 268. Ihre Vertretungs- 12
macht ist unbeschränkt. Sie sind zu einem Gläubigeraufruf verpflichtet (§§ 267, 278
Abs. 3). Die **Liquidations-Rechnungslegung** richtet sich sinngemäß nach § 270[23].

c) Die **Sperrjahrregelung** des § 272 findet Anwendung, und zwar nicht nur bei der 13
GmbH & Co. KGaA (zu dieser § 278 Rz. 19, 41), sondern auch bei der regulären
KGaA, denn die persönliche Haftung eines Komplementärs kompensiert nicht das
durch Vermögensverteilung drohende Gläubigerrisiko[24]. Umstritten ist, ob § 272 nur
für die **Verteilung an Kommanditaktionäre** gilt[25] oder auch für die **Verteilung an
Komplementäre**[26]. Beide Auffassungen sind logisch begründbar und auch nach der
unterschiedlichen Rolle der Gesellschaftergruppen plausibel. Den Vorzug verdient
die zweite, strengere Auffassung. Sie unterwirft das Gesellschaftsvermögen ungeteilt
der Ausschüttungssperre und verhindert, dass sich ausgerechnet die Komplementäre
als Abwickler vor Ablauf des Sperrjahrs mit Jahresdividenden oder Liquidationsquo-
ten bedienen können[27].

d) Im **Fall der Unterdeckung** sind die persönlich haftenden Gesellschafter (ist der per- 14
sönlich haftende Gesellschafter) zu einem Verlustausgleich verpflichtet (§ 155 HGB,
§§ 105 Abs. 3 HGB, 735 BGB). Der Ausgleich dieser Verluste ist Bestandteil des Liqui-
dationsverfahrens[28], nicht bloß Angelegenheit der Gesellschafter untereinander[29].
Das gilt für die KGaA noch entschiedener als für die KG[30]. Bei ihr als einer Kapitalgesellschaft darf der Schluss der Abwicklung (§ 273) erst angemeldet werden, wenn eine
etwaige Unterdeckung ausgeglichen ist. Gelingt dies nicht, so ist nach §§ 278 Abs. 3,
92 AktG, 19 InsO ein Insolvenzantrag wegen Überschuldung zu stellen.

2. Verteilung von Liquidationsquoten

Die **Verteilung eines Überschusses an die Gesellschafter** erfolgt getrennt nach Ge- 15
sellschaftergruppen (Komplementär/Kommanditaktionäre)[31], weshalb die Führung
eines KG-ähnlichen Kapitalkontos für die Gesamtheit der Kommanditaktionäre
zweckmäßig sein kann, sofern der Komplementär einen Kapitalanteil hat, für ihn also ein Kapitalkonto geführt wird (vgl. § 286 Rz. 5). Ein Komplementär ohne Kapitalanteil (§ 286 Rz. 5) ist am Liquidationsergebnis nicht beteiligt. Ihm wird nur ein etwa
vorhandenes Darlehnskonto ausgezahlt. Ein Komplementär mit Kapitalanteil erhält,

---

23 So *Assmann/Sethe* in Großkomm. AktG, § 290 Rz. 27 ff.; *Mertens/Cahn* in KölnKomm.
   AktG, § 290 Rz. 3; *Sethe*, ZIP 1998, 1138, 1139 f.; *Wichert*, S. 226 f.
24 *Assmann/Sethe* in Großkomm. AktG, § 290 Rz. 24.
25 So *Schlitt*, S. 234; *Schulz* in Schütz/Bürgers/Riotte, § 8 Rz. 67; *Semler/Perlitt* in Münch-
   Komm. AktG, § 290 Rz. 8 f.
26 So *Herfs* in MünchHdb. AG, § 76 Rz. 44; *Wichert*, S. 226 f.; *Assmann/Sethe* in Großkomm.
   AktG, § 290 Rz. 4 ff.; *Wichert* in Heidel, § 290 Rz. 5; *Hüffer*, § 290 Rz. 1; *Mertens/Cahn* in
   KölnKomm. AktG, § 290 Rz. 3; *Sethe*, ZIP 1998, 1138, 1139.
27 Dafür allerdings *Schulz* in Schütz/Bürgers/Riotte, § 8 Rz. 65, 67.
28 So *Karsten Schmidt* in MünchKomm. HGB, § 155 Rz. 25 ff., 31; speziell für die KGaA *Ass-
   mann/Sethe* in Großkomm. AktG, § 290 Rz. 24.
29 *Wichert*, S. 225; anders aber die traditionelle Auffassung im Personengesellschaftsrecht.
30 Richtig *Wichert*, S. 225.
31 *Assmann/Sethe* in Großkomm. AktG, § 290 Rz. 40; *Sethe*, ZIP 1998, 1138, 1142.

wie bei einer KG, nicht nur eine Auszahlung auf sein aktivisches Kapitalkonto, sondern er nimmt, wie die Kommanditaktionäre, auch an den stillen Reserven teil. Abweichende **Satzungsbestimmungen** sind möglich. Es gibt also: (1) den Komplementär ohne Kapitalanteil, also auch ohne Liquidationsquote; (2) den Komplementär mit Kapitalanteil, aber ohne Beteiligung an den stillen Rücklagen, der nur eine Auszahlung des aktivischen Kapitalkontos erhält; (3) den Komplementär mit Teilnahme auch an den stillen Rücklagen (dies ist die Variante, bei der auch für die Gesamtheit der Kommanditaktionäre ein Kapitalkonto geführt werden sollte).

16   Der **Schluss der Abwicklung** ist zum Handelsregister anzumelden (§ 273). Zur Vollbeendigung der Gesellschaft durch Löschung im Handelsregister und Vermögenslosigkeit vgl. Erl. § 273.

V. Atypische Abläufe

1. Fortsetzung der aufgelösten KGaA

17   Die aufgelöste, aber noch nicht beendete KGaA ist der Fortsetzung fähig (vgl. sinngemäß die Ausführungen bei § 274). Der **Fortsetzungsbeschluss** bedarf der Zustimmung der Komplementäre (§ 285 Abs. 2). Satzungsbestimmungen über Zustimmungspflichten oder Bestimmungen über den Ausschluss zustimmungsunwilliger Gesellschafter bedürfen hinreichender Bestimmtheit. Eine aufgelöste, aber noch fortsetzungsfähige KGaA kann noch durch **Verschmelzung** oder **Formwechsel** umgewandelt werden (§ 3 Abs. 3, § 191 Abs. 2 UmwG).

2. Nachtragsabwicklung nach Löschung der KGaA

18   Abs. 3 betrifft den Auflösungsfall des § 289 Abs. 2 Nr. 3 (dazu § 289 Rz. 14). Die Bestimmung entspricht dem § 264 Abs. 2 (vgl. deshalb sinngemäß die Erläuterungen zu dieser Bestimmung).

3. Masselose Insolvenz

19   Wird mangels Masse das Insolvenzverfahren nicht eröffnet (§ 26 InsO) oder eingestellt (§ 207), so findet eine gesellschaftsrechtliche Abwicklung statt. Inwieweit diese insolvenzrechtlichen Regeln zu folgen hat[32], ist umstritten (vgl. auch § 262 Rz. 14)

---

32 Dafür *Karsten Schmidt*, GesR, § 11 VI 5, S. 329 f.

Drittes Buch. Verbundene Unternehmen

Erster Teil. Unternehmensverträge

Erster Abschnitt. Arten von Unternehmensverträgen

§ 291
Beherrschungsvertrag. Gewinnabführungsvertrag

(1) Unternehmensverträge sind Verträge, durch die eine Aktiengesellschaft oder Kommanditgesellschaft auf Aktien die Leitung ihrer Gesellschaft einem anderen Unternehmen unterstellt (Beherrschungsvertrag) oder sich verpflichtet, ihren ganzen Gewinn an ein anderes Unternehmen abzuführen (Gewinnabführungsvertrag). Als Vertrag über die Abführung des ganzen Gewinns gilt auch ein Vertrag, durch den eine Aktiengesellschaft oder Kommanditgesellschaft auf Aktien es übernimmt, ihr Unternehmen für Rechnung eines anderen Unternehmens zu führen.

(2) Stellen sich Unternehmen, die voneinander nicht abhängig sind, durch Vertrag unter einheitliche Leitung, ohne dass dadurch eines von ihnen von einem anderen vertragschließenden Unternehmen abhängig wird, so ist dieser Vertrag kein Beherrschungsvertrag.

(3) Leistungen der Gesellschaft auf Grund eines Beherrschungs- oder eines Gewinnabführungsvertrags gelten nicht als Verstoß gegen die §§ 57, 58 und 60.

I. Überblick: Konzernrecht, Vertragskonzernrecht, Unternehmensvertrag 1
1. Terminologie und gesetzliche
   Systematik 1
2. Regelungszweck 5
   a) Schutzrecht und Organisations-
      recht 5
      aa) Schutzrecht 7
      bb) Organisationsrecht 10
   b) Konzernrecht als Inter-Unter-
      nehmensrecht 11
3. Zukunftsfähigkeit 13
4. Europäisches Konzernrecht 15
II. Regelungszweck, Regelungsgegenstand und Terminologie des § 291 . . 17
III. Der Beherrschungsvertrag (§ 291
   Abs. 1 Satz 1 Alt. 1) 21
1. Parteien des Beherrschungsvertrages 21
   a) Die Untergesellschaft 21
   b) Die Obergesellschaft 22
1. Inhaltliche Mindestanforderungen an
   den wirksamen Beherrschungsvertrag 23

a) Unterstellung der Untergesellschaft
   unter fremde Leitung 23
b) Qualifikation weiterer Abreden . . 24
2. Die Beurteilung kautelarischer Abweichungen von den Vorgaben des
   § 291 27
   a) Atypische Beherrschungsverträge . 28
   b) Teilbeherrschungsverträge 30
   c) Modifikationen des Weisungs-
      rechts 32
   d) Besondere Konzernverbindungen . 34
3. Wirkungen des Beherrschungsvertrages 36
   a) Wirkungen für die Untergesell-
      schaft 36
   b) Wirkungen für die Obergesell-
      schaft 39
      aa) Konzernleitungspflicht 40
      bb) Konzernvertrauenshaftung . . . 43
      cc) Schutzwirkungen zugunsten
         Dritter im Konzern 48
IV. Der Gewinnabführungsvertrag (§ 291
   Abs. 1 Satz 1 Alt. 2) 50

1. Inhaltliche Mindestanforderungen an den wirksamen Gewinnabführungsvertrag 51

2. Die Beurteilung besonderer Vertragsgestaltungen und Abgrenzungsfragen 55

3. Wirkungen des Gewinnabführungsvertrages 59

V. Geschäftsführungsvertrag (§ 291 Abs. 1 Satz 2) 62

1. Inhaltliche Mindestanforderungen an den wirksamen Geschäftsführungsvertrag 63

2. Wirkungen des Geschäftsführungsvertrages 65

VI. Gleichordnungskonzernvertrag (§ 291 Abs. 2) 66

1. Vertragsschluss 67

2. Wirkungen des Gleichordnungskonzernvertrages 68

VII. Die Lockerung der Vermögensbindung (§ 291 Abs. 3) 70

VIII. Intertemporäres Konzernrecht 72

Literatur: *Bachmann/Veil*, Grenzen atypischer stiller Beteiligung an einer Aktiengesellschaft, ZIP 1999, 348; *Hommelhoff*, Die Konzernleitungspflicht, 1982; *Kort*, Der Abschluss von Beherrschungs- und Gewinnabführungsverträgen im GmbH-Recht, Übergang vom faktischen zum Vertragskonzern, 1986; *Lutter*, Organzuständigkeiten im Konzern, in FS Stimpel, 1985, S. 824; *Lutter*, Zur Binnenstruktur des Konzerns, in FS Westermann, 1974, S. 347; *Mülbert*, Unternehmensbegriff und Konzernorganisationsrecht, ZHR 163 (1999), 3; *K. Schmidt*, Konzernunternehmen, Unternehmensgruppe und Konzern-Rechtsverhältnis, in FS Lutter, 2000, S. 1167; *K. Schmidt*, Gleichordnung im Konzern: terra incognita?, ZHR 155 (1991), 417; *Uwe H. Schneider*, Der Auskunftsanspruch des Aktionärs im Konzern, in FS Lutter, 2000, S. 1193; *Schön*, Abschied vom Vertragskonzern?, ZHR 169 (2004), 629; *Veil*, Unternehmensverträge, Organisationsautonomie und Vermögensschutz im Recht der Aktiengesellschaft, 2003.

I. Überblick: Konzernrecht, Vertragskonzernrecht, Unternehmensvertrag

1. Terminologie und gesetzliche Systematik

1   Mit dem vereinfachenden[1] Begriff **Konzernrecht** sind die Definitionsnormen der §§ 15 bis 19, die Mitteilungspflichten der §§ 20 bis 22 und die materiellen Vorschriften der §§ 291 bis 328 angesprochen (s. oben § 15 Rz. 9 ff.)[2]. Die §§ 15 bis 19, 291 bis 328 adressieren das Problem verbundener Unternehmen und sollen bereits **existierende Unternehmensverbindungen** in die Bahnen einer gesetzlichen Verfassung lenken[3]. Die **Bildung** einer **Unternehmensverbindung** ist nur in den §§ 20 bis 22 geregelt (s. unten § 311 Rz. 117 ff.)[4]. Neben dem Konzernrecht hat sich vor allem das Übernahmerecht dieser Problematik angenommen, §§ 10 ff. WpÜG[5].

---

1 Vgl. *Hüffer*, § 15 Rz. 2 zur dogmatisch korrekten Bezeichnung als Recht der verbundenen Unternehmen.

2 Die Konzernrechnungslegung knüpft an andere Begriffe an, vgl. *Busse von Colbe* in MünchKomm. HGB, § 290 Rz. 27 ff.

3 *Lutter/Timm*, NJW 1982, 409, 411; allgemein zum Konzernrecht der Personengesellschaften *Haar*, Die Personengesellschaft im Konzern, 2006; *Mülbert* in MünchKomm. HGB, KonzernR Rz. 1 ff.

4 Krit. bereits *Lutter/Timm*, NJW 1982, 409, 412; unter Hinweis auf die Holzmüller-Rechtsprechung diff. *K. Schmidt*, JZ 1992, 856, 859; umfassend *Seydel*, Konzernbildungskontrolle bei der AG, 1995, S. 55 ff., 93 ff., 361 ff.

5 Forum Europaeum Konzernrecht, ZGR 1998, 672, 725 ff.; *Herkenroth*, Konzernierungsprozesse im Schnittfeld von Konzernrecht und Übernahmerecht, 1994, S. 39 ff., 297 ff.; *Lübking*, Einheitliches Konzernrecht für Europa, 2000, S. 108 ff., 255 ff.; *K. Schmidt*, GesR, § 17 II 4 (S. 498), § 31 I 3 (S. 935).

Das Dritte Buch des AktG hat der Gesetzgeber als Gerüst einer **Konzernverfassung** 2
konzipiert[6]. Dem liegt die Unterscheidung zwischen Konzernverbindungen auf vertraglicher Basis und anderen Abhängigkeitsverhältnissen zugrunde. Der erste Teil
des dritten Buches behandelt die Unternehmensverträge, der zweite Teil andere Ab-
hängigkeitsverhältnisse. Ihren Ausgang nimmt eine Unternehmensverbindung im
praktischen Regelfall selten beim Abschluss eines Unternehmensvertrages, sondern
beim vorhergehenden Erwerb einer Mehrheitsbeteiligung. Insoweit spiegelt die Ver-
ortung des Vertragskonzernrechts im ersten Teil des dritten Buches die Praxis nicht
adäquat wider[7].

Eine konzernspezifische Regelung ist im dritten Teil des dritten Buches für **Einglie-** 3
derungen und im fünften Teil für **wechselseitige Beteiligungen** getroffen worden.
Den Ausschluss von **Minderheitsaktionären** hat der Gesetzgeber im vierten Teil des
dritten Buches geregelt[8].

Gegenstand des **Vertragskonzernrechts** der §§ 291 ff. sind die Vorschriften über die 4
Arten von Unternehmensverträgen, deren Zustandekommen und Beendigung, die Sicherung von Gesellschaft, Gläubigern und außenstehenden Aktionären sowie Regeln
zur Leitungsmacht und Verantwortlichkeit bei Bestehen eines Beherrschungsvertrages.

2. Regelungszweck

a) Schutzrecht und Organisationsrecht

Das Konzernrecht ist durch die **Aktienrechtsreform von 1965** neu geschaffen wor- 5
den[9]. Rechtsvergleichend handelt es sich um einen deutschen Sonderweg[10] mit Kon-
flikten umzugehen, die sich in Gesellschaften ergeben, „auf deren Geschicke ein
Großaktionär maßgebenden Einfluss ausübt"[11].

Mit dem Konzernrecht werden vor allem zwei Regelungszwecke verfolgt, deren Ver- 6
hältnis zueinander manche alternativ[12], die meisten aber kumulativ[13] begreifen:

---

6 *Kropff*, Aktiengesetz, S. 374; einschränkend *Lutter* in FS Stimpel, 1985, S. 825, 828 („Teilver-
  fassung"); *Mestmäcker* in FS Kronstein, 1967, S. 129, 131.
7 *Kalss*, Die Reform des Österreichischen Kapitalgesellschaftsrechts, 16. ÖJT Band II/1,
  S. 668 f.; *Lutter/Timm*, NJW 1982, 409, 411, 413; *Wiedemann*, ZGR 1978, 477, 487.
8 Krit. zur systematischen Stellung die ganz herrschende Meinung s. *Veil* in Spindler/Stilz, Vor
  § 291 Rz. 2; zum kapitalmarktrechtlichen squeeze-out s. § 39a WpÜG.
9 *Dettling*, Die Entstehungsgeschichte des Konzernrechts im Aktiengesetz von 1965, 1997,
  S. 83 ff.
10 Außer Deutschland hat in Europa vor allem noch Portugal ein Konzernrecht, vgl. *Gause*, Europäisches Konzernrecht im Vergleich, S. 152 und passim; *Kalss*, Die Reform des Österreichischen Kapitalgesellschaftsrechts, 16. ÖJT Band II/1, S. 666 f.; *Koppensteiner* in KölnKomm.
  AktG, Vor § 291 Rz. 115 ff.; *Lutter/Overath*, ZGR 1991, 394; *Wiedemann/Hirte* in FS 50 Jahre
  BGH, S. 337, 369. In Italien gelten seit kurzem konzernspezifische Haftungsregeln, vgl.
  Strnad, RIW 2004, 255. Rechtsvergleichend *Dettling*, Die Entstehungsgeschichte des Konzernrechts im AktG von 1965, 1997, S. 15 ff.; *Ebenroth*, Konzernbildungs- und Konzernleitungskontrolle, 1987, S. 84 ff.; Forum Europaeum Konzernrecht, ZGR 1998, 672, 676 ff.; *Lübking*, Einheitliches Konzernrecht für Europa, 2000, S. 143 ff.; *Lutter* in FS Kellermann, 1991,
  S. 257; *Schuberth*, Konzernrelevante Regelungen im britischen Recht, 1997, S. 23 ff.
11 *Kropff*, Aktiengesetz, S. 373.
12 Primär für Schutzrechtsfunktion *Hüffer*, § 15 Rz. 3.
13 *Lutter* in Druey, Das St. Galler Konzerngespräch, 1988, S. 228; *Lutter* in FS Westermann,
  1973, S. 434 und passim; *K. Schmidt* in FS Lutter, 2000, S. 1169 ff.; *K. Schmidt*, GesR, § 17 I 1
  (S. 487), § 17 II 1 (S. 491 f.), § 31 I 2 (S. 935); *Veil* in Spindler/Stilz, Vor § 291 Rz. 4; trotz eines
  anderen Ausgangspunkts auch *Mülbert*, ZHR 163 (1999), 1, 24 ff.

7   **aa) Schutzrecht.** Konzernrecht verstanden als **Schutzrecht** setzt bei den einzelnen Rechtsträgern an und soll Gefahren abwehren, die sich aus der drohenden Instrumentalisierung der Untergesellschaft für die Zwecke des Mehrheitsaktionärs ergeben[14]. Ihren gedanklichen Ausgangspunkt hat die gesetzliche Regelung beim Schutz der **beherrschten Gesellschaft** selbst[15], aber auch für deren **Minderheitsaktionäre** und **Gläubiger**[16]. Mit Hinsicht auf diese berührt sich der Schutzzweck des Konzernrechts mit demjenigen des Übernahmerechts.

8   In der beherrschten Gesellschaft erfolgt allerdings durch die Mehrheitsbeteiligung eines Großaktionärs eine **Gleichrichtung der Interessen** mit denen des herrschenden Unternehmens. Auswirkungen zeitigen die Schutzvorschriften folglich auch für Minderheitsaktionäre und Gläubiger der beherrschten Gesellschaft.

9   Trotz der erheblichen Eingriffe, welche eine Konzernierung für die nach Art. 14 Abs. 1 GG geschützte Position der außenstehenden Aktionäre bedeutet, ist die Regelung der §§ 291 ff. **verfassungsgemäß**, da das Gesetz mit den §§ 293 ff., 304 ff. ausreichende Schutzmechanismen bereit hält[17]. Bei der Auslegung des einfachen Rechts ist dem Schutzgebot des Art. 14 GG Rechnung zu tragen[18].

10   **bb) Organisationsrecht.** Wer Konzernrecht als **Organisationsrecht** begreift, nimmt das Gesamtgebilde „Konzern" in den Blick[19]. Dabei geht es um die Herausarbeitung der Besonderheiten der Konzerngesellschaft gegenüber unabhängigen Gesellschaften, somit nicht nur um die §§ 17 ff., 291 ff., sondern um sämtliche Vorschriften, die den institutionellen Rahmen für die Ausübung von Leitungsmacht durch die Konzernspitze, deren Überwachung und ihre Legitimation durch die „Konzern-Eignerversammlung" schaffen[20]. Da das rechtliche Gebilde „Konzern" nur in wenigen Vorschriften eine eigenständige Behandlung erfährt[21], geht es hier in der Sache um ein Recht der Konzern-Obergesellschaft[22]. Für diese werden spezifisch auf die Konzernsituation ausgerichtete Regeln entwickelt[23].

---

14   BGH v. 13.10.1977 – II ZR 123/76 – „VEBA", BGHZ 69, 334, 337 = AG 1978, 50 1167, 1170. Darstellend *Dettling*, Die Entstehungsgeschichte des Konzernrechts im AktG von 1965, 1997, S. 187 ff.
15   *Lutter/Timm*, NJW 1982, 409, 411.
16   BGH v. 13.10.1977 – II ZR 123/76 – „VEBA", BGHZ 69, 334, 337 = AG 1978, 50 – BGH v. 16.9.1985 – II ZR 275/84 – „Autokran", AG 1986, 15, 17 – BGH v. 17.3.1997 – II ZB 3/96 – „VW", AG 1997, 374, 376 ; *Ebenroth*, Konzernbildungs- und Konzernleitungskontrolle, 1987, S. 17; krit. *Mülbert*, ZHR 163 (1999), 1, 50; *Teubner* in FS Steindorff, 1990, S. 261, 267.
17   BVerfG v. 27.1.1999 – 1 BvR 1805/94 – „SEN/KHS", AG 1999, 218 – BGH v. 20.5.1997 – II ZB 9/96 – „Guano", AG 1997, 515 ff. *K. Schmidt*, GesR, § 31 III 2 (S. 950).
18   BVerfG v. 27.1.1999 – 1 BvR 1805/94 – „SEN/KHS", AG 1999, 218, 219.
19   *Hommelhoff*, Konzernleitungspflicht, 1982, passim; *Lutter*, Konzernrecht: Schutzrecht oder Organisationsrecht?, in FS Volhard, 1996, S. 105 ff.; *Lutter*, AG 2006, 517; *Uwe H. Schneider*, BB 1981, 249; darstellend *Dettling*, Die Entstehungsgeschichte des Konzernrechts im AktG von 1965, 1997, S. 181 ff.; krit. jüngst *Goette*, AG 2006, 522.
20   *Hommelhoff*, Konzernleitungspflicht, 1982, passim; *Lutter*, ZGR 1987, 324, 336 f.; *Lutter* in FS Stimpel, 1985, S. 824, 833; *Lutter* in FS Westermann, 1974, S. 347 passim; *Uwe H. Schneider*, BB 1981, 249.
21   *Hoffmann-Becking*, ZHR 159 (1995), 325, 329; *K. Schmidt* in FS Lutter, 2000, S. 1167, 1170.
22   *Lutter* in FS Stimpel, 1985, S. 824, 832, 841, 844; *Lutter*, AG 2006, 517; vgl. auch *Ebenroth*, Konzernbildungs- und Konzernleitungskontrolle, 1987, S. 28 f.
23   *Lutter*, ZGR 1987, 324, 344 ff.; *Lutter* in FS Westermann, 1974, S. 347, 349 ff.; *Lutter* in FS Stimpel, 1985, S. 824, 828 ff.; *K. Schmidt*, GesR, § 17 II 1 (S. 491 f.); *Uwe H. Schneider*, BB 1981, 249 ff.; *Uwe H. Schneider* in FS Lutter, 2000, S. 1193 ff.; *Timm*, Die Aktiengesellschaft als Konzernspitze, 1979, passim. Krit. etwa *Martens*, ZHR 147 (1983), 377, 411, 416 f.

b) Konzernrecht als Inter-Unternehmensrecht

Das Konzernrecht betrifft im Grundsatz selbstständige Unternehmen. Das impliziert 11
nach herrschender Meinung, dass der **private Mehrheitsgesellschafter** nicht „anderes
Unternehmen" im Sinne des § 291 Abs. 1 Satz 1 sein kann[24]. Die auf dieser Grundla-
ge vorzunehmende Abgrenzung zwischen Unternehmen im Sinne des § 291 Abs. 1
Satz 1 und Privatpersonen ohne unternehmerische Interessen hat sich primär am
Konzernkonflikt auszurichten (s. aber oben § 15 Rz. 34, 36 f.).

Der **herrschenden Meinung ist beizutreten**, sie steht in Einklang mit der schutzrecht- 12
lichen Interpretation des Konzernrechts. Der von einem privaten Großaktionär ausgehenden Gefahr der Verfolgung von Sonderinteressen im Rahmen seiner Beteiligung
muss mit den allgemeinen Regeln des Minderheitenschutzes begegnet werden[25].
Dem lässt sich auch nicht entgegenhalten, dass damit dem privaten Großaktionär zu
Unrecht die Privilegien der Konzernierung vorenthalten bleiben (ausführlich zu den
Einzelfällen oben § 15 Rz. 41 ff.)[26]. Eben dies entspricht nämlich – bislang – der gesetzgeberischen Anordnung (zu abweichenden jüngeren Entwicklungen s. oben § 15
Rz. 29)[27]. Hinzu kommt, dass die Beschränkung des Konzernrechts auf unternehmerisch tätige Aktionäre durch die Kapitalrichtlinie europarechtlich zwingend vorgege-
ben sein dürfte[28].

3. Zukunftsfähigkeit

Für den Abschluss und die Ausgestaltung von Unternehmensverträgen hatten bis- 13
lang **steuerrechtliche Parameter** zentrale Bedeutung[29]. Die eine Gewinn- und Verlust-
konsolidierung gestattende ertragsteuerliche Organschaft setzte den Abschluss eines
Beherrschungs- und Gewinnabführungsvertrages voraus[30]. Seit dem Veranlagungs-
zeitraum 2001 ist ein Beherrschungsvertrag nicht mehr erforderlich, dessen steuerliche Relevanz mithin weitgehend entfallen[31]. § 14 KStG stellt stattdessen auf das Vorliegen eines (ggf.) isolierten Gewinnabführungsvertrages ab. Ob das insgesamt zu einem Rückgang von Unternehmensverträgen führen wird[32], wird man abzuwarten
haben. Dem Konzernrecht kommt auch unabhängig von steuerrechtlichen Erwägungen konzernorganisatorische Bedeutung zu[33].

---

24 *Altmeppen* in MünchKomm. AktG, § 291 Rz. 5 ff.; *Emmerich* in Emmerich/Habersack, Ak-
tien- und GmbH-Konzernrecht, § 291 Rz. 9; *Koppensteiner* in KölnKomm. AktG, § 291
Rz. 11 ff.; *Kropff*, Aktiengesetz, S. 373; abweichend *Mülbert*, ZHR 163 (1999), 1, 24 ff.; 31 ff.;
K. Schmidt in FS Koppensteiner, 2001, S. 191, 206 ff.; *K. Schmidt*, GesR, § 31 II 1 (S. 939).
25 BGH v. 13.10.1977 – II ZR 123/76 – „VEBA", BGHZ 69, 334, 337 = AG 1978, 50; widersprüchlich deshalb *Rubner*, Der Konzern 2003, 735, 740 unter III 2.
26 *K. Schmidt* in FS Koppensteiner, 2001, S. 191, 206 ff.; jüngst auch *Rubner*, Der Konzern 2003,
735, 739 ff.; *Wackerbarth*, Der Konzern 2005, 562 ff.
27 *Altmeppen* in MünchKomm. AktG, § 291 Rz. 3 ff., 8; *Emmerich* in Emmerich/Habersack, Ak-
tien- und GmbH-Konzernrecht, § 291 Rz. 9; *Koppensteiner* in KölnKomm. AktG, § 291
Rz. 6 f.; *Kropff*, Aktiengesetz, S. 373; *Veil* in Spindler/Stilz, § 291 Rz. 7.
28 *Veil*, Unternehmensverträge, 2003, S. 173 f.; *Veil* in Spindler/Stilz, § 291 Rz. 7.
29 *Knobbe-Keuk* in FS 100 Jahre GmbH-Gesetz, 1992, S. 737, 742; *K. Schmidt*, GesR, § 1 II 6d
(S. 23); *Schön*, ZHR 168 (2004), 629; *Wiedemann/Hirte* in FS 50 Jahre BGH 2000, S. 337, 367.
30 *Veil* in Spindler/Stilz, Vor § 291 Rz. 3, 15 ff.
31 StSenkG BGBl. I 2000, 1433, 1453; UntStFG BGBl. I 2001, 3858, 3863 f.; StVergAbG BGBl. I
2003, 660, 661; *Dötsch*, Der Konzern 2003, 21, 23 f.; *Paschos/Goslar*, Der Konzern 2006, 479;
Schön, ZHR 168 (2004), 629, 631; zur umsatzsteuerlichen Organschaft vgl. *Schön*, ZHR 168
(2004), 629, 632 ff.; *Wackerbarth*, Der Konzern 2005, 562.
32 So die Prognose von *Schön*, ZHR 168 (2004), 629, 632 ff.
33 *Veil* in Spindler/Stilz, § 291 Rz. 8.

14 **Europarechtliche Vorgaben** zwingen bislang nicht dazu, die Voraussetzung eines Gewinnabführungsvertrages in § 14 KStG zu beseitigen[34]. Zwar führt die Formulierung der Vorschrift dazu, dass die Verluste ausländischer Töchter steuerlich nicht berücksichtigt werden[35]. Nach der Entscheidung des EuGH in der Rechtssache **Marks & Spencer plc** wird man aber davon auszugehen haben, dass eine derartige Bestimmung zwar die Niederlassungsfreiheit nach den Art. 43, 48 EG beschränkt, diese Beschränkung aber durch zwingende Gründe des Allgemeininteresses legitimiert werden kann, solange der Grundsatz der Verhältnismäßigkeit gewahrt bleibt[36]. Fehlt es hieran, kann eine entsprechende Bestimmung unwirksam sein[37].

4. Europäisches Konzernrecht

15 Auf Grundsätze eines europäischen Konzernrechts hat man sich seit dem **Scheitern der geplanten 9. Richtlinie** nicht verständigen können, sieht man einmal von der Konzernbilanzrichtlinie ab[38]. Auch die SE-Verordnung enthält bekanntlich keine ausdrücklichen konzernrechtlichen Regelungen[39].

16 Allerdings arbeitet die Kommission an **einzelnen gemeinschaftsrechtlichen Normsetzungsprojekten**[40]. Für börsennotierte Gesellschaften gelten mit Inkrafttreten der IFRS-Verordnung spezielle Berichtspflichten und damit erhöhte **Transparenz**. Die **einheitliche Leitung** eines Konzerns soll auf der Grundlage des französischen Rozenblum-Konzepts[41] auch dann ermöglicht werden, wenn sie den Interessen abhängiger Gesellschaften entgegenläuft, sofern zu deren Gunsten Schutzmechanismen eingreifen. Erwogen werden auch Schutzinstrumente zur Verhinderung missbräuchlicher **Pyramidenstrukturen**. Auf diesem Gebiet soll Regelungsbedarf allerdings erst nach Abschluss weiterer Untersuchungen bestehen. Zuletzt ist fraglich geworden, inwieweit sich die für das deutsche Konzernrecht charakteristische **Doppelmandatsträgerschaft** zwischen herrschendem und abhängigem Unternehmen mit europäischen Vorstellungen in Einklang bringen lässt (s. unten § 308 Rz. 7 ff.).

II. Regelungszweck, Regelungsgegenstand und Terminologie des § 291

17 Die Bezeichnung „**Unternehmensvertrag**" ist ein Oberbegriff. Unter ihn fasst der Gesetzgeber die in den §§ 291 Abs. 1, 292 Abs. 1 geregelten Vertragstypen. Im Einzelnen sind das: Beherrschungs-, Gewinnabführungs- und Geschäftsführungsverträge (§ 291) sowie Gewinngemeinschafts-, Teilgewinnabführungs-, Betriebspacht- und Betriebsüberlassungsverträge (§ 292)[42].

---

34 S. aber *Herzig/Wagner*, Der Konzern 2006, 176, 185.
35 *Heidinger*, NZG 2005, 502, 503; *Raupach/Pohl*, NZG 2005, 489, 491 ff.
36 EuGH v. 13.12.2005 – C-446/03 Rz. 34, 41 ff., AG 2006, 82, 83 ff.; aus ökonomischer Sicht *Maiterth*, DStR 2006, 915.
37 *Herzig/Wagner*, Der Konzern 2006, 176, 183 f., 185; *Hey*, GmbHR 2006, 118 f.; *Sedemund/ Sterner*, DStZ 2006, 34.
38 83/349/EWG ABl. EG Nr. L 193 v. 18.7.1983, S. 1–17; Vorschläge bei *Lübking*, Einheitliches Konzernrecht für Europa, 2000, S. 305 ff.
39 Zur Frage, ob die Zulässigkeit nachteiliger Weisungen gem. §§ 308, 311 gegenüber einer abhängigen SE europarechtlich haltbar ist, *Hommelhoff*, AG 2003, 179, 182 ff.
40 Hierzu *Habersack*, NZG 2004, 1, 7 f.
41 Hierzu Forum Europaeum Konzernrecht, ZGR 1998, 672, 704 ff.; *Lutter* in FS Kellermann, 1991, S. 254; *Maul*, NZG 1998, 965, 966; *Schön*, RabelsZ 2000, 1, 22 ff. Die drei Kriterien sind (1) Organisatorisch verfestigter Konzern, (2) Vorgang lässt sich einer einheitlichen Konzernpolitik zuordnen, (3) Gleichgewicht der Vor- und Nachteile innerhalb eines überschaubaren Zeitrahmens.
42 *Veil* in Spindler/Stilz, § 291 Rz. 1; zur Diskussion im Vorfeld *Ballerstedt*, DB 1956, 837, 839; *Flume*, DB 1955, 485; *Flume*, DB 1956, 455; *Flume*, DB 1956, 672.

Die herrschende Meinung begreift die Unternehmensverträge des § 291 als **Organisa-** 18 **tionsverträge**[43]. Das soll die tief in die Verfassung vor allem der abhängigen Gesellschaft eingreifende Wirkung solcher Verträge verdeutlichen. Die Existenz **schuldrechtlicher Bindungen** (samt der Anwendbarkeit der §§ 273, 280 und 320 BGB) wird dadurch nicht in Frage gestellt[44]. Die Auslegung von Unternehmensverträgen richtet sich aber, anders als bei einfachen Schuldverträgen, nach den für Satzungen geltenden Regeln, jedenfalls soweit es um korporative Bestimmungen geht[45].

Die Unternehmensverträge des § 292 werden dagegen überwiegend als **schuldrechtli-** 19 **che Austauschverträge** eingeordnet (s. unten § 292 Rz. 1)[46]. Praktisch relevant ist die dogmatische Einordnung als Schuld- oder als Organisationsvertrag vor allem bei der Behandlung fehlerhafter Unternehmensverträge (s. unten § 293 Rz. 47).

Das Gesetz bezeichnet die Parteien des Unternehmensvertrages als „**verpflichteten** 20 **Vertragsteil**" und „**anderes Unternehmen**". Synonym mit dem „anderen Vertragsteil" spricht man bei Abschluss eines Beherrschungsvertrages auch von der **Obergesellschaft**, synonym mit dem „verpflichteten Vertragsteil" von der **Untergesellschaft**. Dem folgt diese Kommentierung. Die Begriffe **herrschendes** und **abhängiges** Unternehmen sind nicht deckungsgleich mit dem Begriffspaar „anderer" und „verpflichteter" Vertragsteil (s. oben § 17 Rz. 42 f.).

III. Der Beherrschungsvertrag (§ 291 Abs. 1 Satz 1 Alt. 1)

1. Parteien des Beherrschungsvertrages

a) Die Untergesellschaft

§ 291 regelt den Unternehmensvertrag mit einer **AG** oder **KGaA** als Untergesell- 21 schaft. Nach ganz herrschender Meinung muss diese ihren **Sitz im Inland** haben, um die §§ 291 ff. zur Anwendung zu bringen (s. unten § 292 Rz. 2)[47]. Der Abschluss eines Unternehmensvertrages mit einem **Unternehmen anderer Rechtsform** ist in § 291 nicht erfasst. Das bedeutet aber nur, dass die §§ 291 ff. auf derartige Verträge keine unmittelbare Anwendung finden, nicht etwa dass diese unzulässig wären[48]. Die materielle Beurteilung solcher Unternehmensverträge kann sich an die §§ 291 ff. anlehnen. Zulässig ist deshalb neben der **GmbH**[49] auch eine **Personenhandelsgesell-**

---

43 *Altmeppen* in MünchKomm. AktG, Vor § 291 Rz. 4, § 291 Rz. 25; *Emmerich* in Emmerich/ Habersack, Aktien- und GmbH-Konzernrecht, § 291 Rz. 26; *Hüffer*, § 291 Rz. 17; *K. Schmidt*, GesR, § 31 III 1 (S. 948); *Veil* in Spindler/Stilz, Vor § 291 Rz. 24, § 291 Rz. 10.

44 *Altmeppen* in MünchKomm. AktG, § 291 Rz. 35 ff.; *Emmerich* in Emmerich/Habersack, Aktien- und GmbH-Konzernrecht, § 291 Rz. 25, 27; *Hüffer*, § 291 Rz. 18; abweichende Konzeption bei *Ballerstedt*, DB 1956, 813, 815.

45 *Altmeppen* in MünchKomm. AktG, § 291 Rz. 34; *Koppensteiner* in KölnKomm. AktG, § 291 Rz. 158; zur Auslegung einer Klausel über die Mindestlaufzeit FG Bremen v. 7.7.2005 – 1 K 46/05, EFG 2005, 1554 ff.; hierzu *Passarge*, BB 2006, 2770, 2771.

46 *Altmeppen* in MünchKomm. AktG, Vor § 291 Rz. 9; *Koppensteiner* in KölnKomm. AktG, Vor § 291 Rz. 8, 153, diff. Rz. 161; a.A. *Veil* in Spindler/Stilz, Vor § 291 Rz. 24.

47 *Altmeppen* in MünchKomm. AktG, § 291 Rz. 15; *Hüffer*, § 291 Rz. 5; *Koppensteiner* in KölnKomm. AktG, § 291 Rz. 7; *Krieger* in MünchHdb. AG, § 70 Rz. 8.

48 *Veil* in Spindler/Stilz, § 291 Rz. 4. Anders aber die Schlussfolgerung des LAG Berlin v. 27.10.1995 – 6 TaBV 1/95 – „Berliner Landesbank", AG 1996, 140, 142 .

49 Hierzu *Emmerich* in Emmerich/Habersack, Aktien- und GmbH-Konzernrecht, Vor § 291 Rz. 6 ff.; *Kropff* in FS Semler, 1993, S. 517; *Koppensteiner* in KölnKomm. AktG, Vor § 291 Rz. 169 ff.; *Lutter/Hommelhoff*, GmbHG, Anh. § 13 passim; *Zeidler* in Michalski, GmbHG, Syst. Darst. 4 Konzernrecht passim; *Zöllner* in Baumbach/Hueck, GmbHG, SchlAnhKonzernR passim.

schaft[50] oder eine **Genossenschaft**[51] als Untergesellschaft. Aus gesellschaftsrechtlicher Sicht spricht auch nichts gegen einen Unternehmensvertrag mit einer **Anstalt des öffentlichen Rechts** als verpflichtetem Unternehmen (s. oben § 15 Rz. 68 ff.)[52].

b) Die Obergesellschaft

22 Der Begriff des „anderen Unternehmens", der Obergesellschaft, ist **rechtsformneutral**, um jeden Interessenkonflikt zu erfassen, der durch die Beherrschung einer AG oder KGaA entsteht[53]. Deshalb kommen neben Kapital- auch Personengesellschaften, Einzelkaufleute und die öffentliche Hand in Betracht[54]. Ein **Sitz der Obergesellschaft im Ausland** steht dem Abschluss eines Beherrschungsvertrages nicht entgegen[55]. Unter den Wortlaut des § 291 lässt sich auch der Abschluss eines Unternehmensvertrages mit einem **Dritten**, der nicht Aktionär ist, subsumieren[56]. Mit einem **nicht unternehmerisch tätigen Rechtsträger** kann dagegen ein Unternehmensvertrag nicht abgeschlossen werden (s. oben Rz. 12 und § 15 Rz. 35)[57].

1. Inhaltliche Mindestanforderungen an den wirksamen Beherrschungsvertrag

a) Unterstellung der Untergesellschaft unter fremde Leitung

23 Inhalt des Beherrschungsvertrages muss die Übertragung der Leitungsbefugnis des Vorstands (s. oben § 76 Rz. 17) auf eine andere Gesellschaft sein[58]. Dies muss nach überwiegender Ansicht nicht die gesamten Vorstandskompetenzen erfassen, wohl aber hinreichende Instrumente bereithalten, um zu gewährleisten, dass abweichende Strategien und Konzeptionen des Vorstands der Untergesellschaft durch eine **einheitliche Konzernleitung** ersetzt werden können (zum Teilbeherrschungsvertrag s. unten Rz. 30; zur Beschränkung des Weisungsrechts s. unten Rz. 32)[59].

---

50 BGH v. 5.2.1979 – II ZR 210/76 – „Gervais", NJW 1980, 231; *Altmeppen* in MünchKomm. AktG, § 291 Rz. 19; *Hüffer*, § 291 Rz. 7; *Emmerich* in Emmerich/Habersack, Aktien- und GmbH-Konzernrecht, Vor § 291 Rz. 10 ff.; *Koppensteiner* in KölnKomm. AktG, Vor § 291 Rz. 175 f.; *Raiser*, ZGR 1980, 558; *Veil* in Spindler/Stilz, § 291 Rz. 4; ablehnend *Reuter*, ZHR 146 (1982), 1, 15 ff.; *Reuter*, AG 1986, 130, 136.
51 *Emmerich* in Emmerich/Habersack, Aktien- und GmbH-Konzernrecht, Vor § 291 Rz. 13; *Koppensteiner* in KölnKomm. AktG, Vor § 291 Rz. 177.
52 *Raiser*, ZGR 1996, 458; *Veil* in Spindler/Stilz, § 291 Rz. 4; a.A. LAG Berlin v. 27.10.1995 – 6 TaBV 1/95 – „Berliner Landesbank", AG 1996, 140.
53 BGH v. 13.10.1977 – II ZR 123/76 – „VEBA", BGHZ 69, 334, 338 = AG 1978, 50; *Hüffer*, § 291 Rz. 8.
54 BGH v. 13.10.1977 – II ZR 123/76 – „VEBA", BGHZ 69, 334, 337 = AG 1978, 50; BGH v. 17.3.1997 – II ZB 3/96 – „VW", AG 1997, 374, 376; *Altmeppen* in MünchKomm. AktG, § 291 Rz. 21; *Emmerich* in Emmerich/Habersack, Aktien- und GmbH-Konzernrecht, § 291 Rz. 9; *Hüffer*, § 291 Rz. 8; *Raiser*, ZGR 1996, 458, 463 ff.; *K. Schmidt*, GesR, § 31 II 1 (S. 939); *Veil* in Spindler/Stilz, § 291 Rz. 6.
55 *Altmeppen* in MünchKomm. AktG, § 291 Rz. 24; *Emmerich* in Emmerich/Habersack, Aktien- und GmbH-Konzernrecht, § 291 Rz. 9; *Hüffer*, § 291 Rz. 8; *Krieger* in MünchHdb. AG, § 70 Rz. 9; *Veil* in Spindler/Stilz, § 291 Rz. 6.
56 Strafrechtliche Bedenken bei *Emmerich* in Emmerich/Habersack, Aktien- und GmbH-Konzernrecht, § 291 Rz. 9a.
57 *Altmeppen* in MünchKomm. AktG, § 291 Rz. 4 ff.; *Emmerich* in Emmerich/Habersack, Aktien- und GmbH-Konzernrecht, § 291 Rz. 9b; *Koppensteiner* in KölnKomm. AktG, § 291 Rz. 8 ff.; *Mülbert*, ZHR 163 (1999), 1, 29 ff., 31 ff.; *Veil* in Spindler/Stilz, § 291 Rz. 7; a.A. *K. Schmidt* in FS Koppensteiner, 2001, S. 191 ff.
58 *Emmerich* in Emmerich/Habersack, Aktien- und GmbH-Konzernrecht, § 291 Rz. 12; *Hüffer*, § 291 Rz. 10; *Koppensteiner* in KölnKomm. AktG, § 291 Rz. 20; *Veil* in Spindler/Stilz, § 291 Rz. 11.
59 *Emmerich* in Emmerich/Habersack, Aktien- und GmbH-Konzernrecht, § 291 Rz. 13a; *Hüffer*, § 291 Rz. 10; *Koppensteiner* in KölnKomm. AktG, § 291 Rz. 27 ff., 35; nur auf die Durchset-

b) Qualifikation weiterer Abreden

Voraussetzung eines wirksamen Beherrschungsvertrages ist die Vereinbarung einer **24** **Ausgleichsregelung** im Sinne des § 304 (s. § 304 Rz. 15 ff.). Ohne diese ist der Beherrschungsvertrag nichtig[60].

Die korrekte **Bezeichnung** des Beherrschungsvertrages ist für seine Wirksamkeit **25** nicht Voraussetzung[61]. Dasselbe gilt für konkrete Umschreibungen des Weisungsrechts und dessen Umfang im Vertrag oder sonstige **Präzisierungen des Eingriffsbereichs und der Eingriffsintensität**[62]. Dem dahingehenden Informationsinteresse der Aktionäre[63] trägt das Gesetz durch die Berichts- und Prüfungspflichten der §§ 293a ff. hinreichend Rechnung[64].

Der **rückwirkende Abschluss** eines Beherrschungsvertrages scheidet nach überwie- **26** gender Ansicht aus, da auf diesem Wege sonst bereits begründeten Ansprüchen aus §§ 311 und 317 der Boden entzogen werden könnte[65]. Häufig wird die Vereinbarung der Rückwirkung aber nur zur Teilnichtigkeit des Unternehmensvertrages führen, § 139 BGB[66].

2. Die Beurteilung kautelarischer Abweichungen von den Vorgaben des § 291

Es ist umstritten, ob und wie weit sich die vertragliche Ausgestaltung von den Vorga- **27** ben des § 291 entfernen darf, ohne dadurch den Charakter eines Beherrschungsvertrages zu verlieren. Für breiten kautelarischen Gestaltungsspielraum werden die Privatautonomie sowie § 308 Abs. 1 Satz 2 am Anfang bemüht, der Modifikationen des Weisungsrechts zulässt[67]. Das überzeugt wegen § 291 Abs. 3 nicht, denn dieses Privileg steht nicht zur Disposition der Parteien. Stattdessen stellt die herrschende Meinung bei der Subsumtion eines Unternehmensvertrages zu Recht auf die Ermöglichung **einheitlicher Konzernleitungsmacht** ab. Von dieser hängt die Aufhebung des Kapitalschutzes verbunden mit den Ausgleichspflichten der §§ 302 ff. ab. Ermöglicht ein Unternehmensvertrag die Ausübung einheitlicher Konzernleitungsmacht nicht, kann auch § 291 Abs. 3 nicht zum Zuge kommen. Im Einzelnen gilt Folgendes:

a) Atypische Beherrschungsverträge

Der **terminologisch** wenig glückliche Begriff des atypischen Beherrschungsvertrages **28** bezeichnet Verträge, die sich nicht unmittelbar unter die Merkmale des § 291 fassen lassen, beispielsweise weil sie nicht als Beherrschungsvertrag bezeichnet sind

---

zung der eigenen Interessen der Obergesellschaft abstellend *Bachmann/Veil*, ZIP 1999, 348, 354.

60 *Altmeppen* in MünchKomm. AktG, § 291 Rz. 74; *Koppensteiner* in KölnKomm. AktG, § 291 Rz. 52; *Krieger* in MünchHdb. AG, § 70 Rz. 7; *Veil* in Spindler/Stilz, § 291 Rz. 20.

61 *Altmeppen* in MünchKomm. AktG, § 291 Rz. 44; *Emmerich* in Emmerich/Habersack, Aktien- und GmbH-Konzernrecht, § 291 Rz. 17; *Hüffer*, § 291 Rz. 13; *Koppensteiner* in KölnKomm. AktG, Vor § 291 Rz. 155; *Krieger* in MünchHdb. AG, § 70 Rz. 7; *Veil* in Spindler/Stilz, § 291 Rz. 12.

62 *Altmeppen* in MünchKomm. AktG, § 291 Rz. 63; *Koppensteiner* in KölnKomm. AktG, § 291 Rz. 52; a.A. *Emmerich* in Emmerich/Habersack, Aktien- und GmbH-Konzernrecht, § 291 Rz. 17a; *Hommelhoff*, Konzernleitungspflicht, 1982, S. 304 ff.

63 *Emmerich* in Emmerich/Habersack, Aktien- und GmbH-Konzernrecht, § 291 Rz. 17a.

64 *Koppensteiner* in KölnKomm. AktG, § 291 Rz. 53.

65 *Emmerich* in Emmerich/Habersack, Aktien- und GmbH-Konzernrecht, § 291 Rz. 15; *Hüffer*, § 291 Rz. 11; *Kort*, DZWiR 1993, 292, 293.

66 *Emmerich* in Emmerich/Habersack, Aktien- und GmbH-Konzernrecht, § 291 Rz. 15.

67 Vgl. *Altmeppen* in MünchKomm. AktG, § 291 Rz. 88; *Grobecker*, DStR 2002, 1953, 1954; *Veil* in Spindler/Stilz, § 291 Rz. 24.

(s. oben Rz. 25) oder die Ausübung einzelner Führungsfunktionen beim Vorstand der Untergesellschaft belassen (s. unten Rz. 30).

29   Soll der Vertrag die Unterstellung der Untergesellschaft unter fremde Leitung ermöglichen, ist er gleichwohl ein **Beherrschungsvertrag im Sinne des § 291** (zur Abgrenzung des § 291 gegenüber § 292 s. unten § 292 Rz. 2)[68].

b) Teilbeherrschungsverträge

30   Ein Teilbeherrschungsvertrag liegt vor, wenn die Leitungsbefugnis der Obergesellschaft nicht die gesamte **Leitungsverantwortung** des Vorstands, sondern nur einen oder mehrere **Teilbereiche** betrifft. Die herrschende Meinung subsumiert diese Verträge im Grundsatz unter § 291, jedenfalls wenn immerhin einzelne Leitungsbereiche vollständig erfasst sind (s. oben § 18 Rz. 6 ff.).[69] Das gilt auch, wenn **personelle** und **soziale Angelegenheiten** von einem Beherrschungsvertrag ausgenommen sind[70].

31   Die Begrenzung eines Beherrschungsvertrages auf **einzelne Betriebe** oder **Unternehmensteile** ermöglicht im Regelfall keine einheitliche Durchsetzung von Konzernleitungsmacht. Sie kann deshalb nur in besonderen Fällen für die Qualifikation als Teilbeherrschungsvertrag hinreichen[71] (großzügiger oben § 18 Rz. 11[72]).

c) Modifikationen des Weisungsrechts

32   Die gesetzlich vorgesehene Form der Einflussnahme ist die Weisungsbefugnis des § 308[73]. Eine vertragliche **Beschränkung** des Weisungsrechts der Obergesellschaft ändert nichts an der Qualifikation als Unternehmensvertrag, solange die Möglichkeit einheitlicher Leitung erhalten bleibt[74].

33   Der vollständige **Ausschluss** des Weisungsrechts nimmt der Obergesellschaft ihr Leitungsinstrument und ist daher mit der Konzeption des Beherrschungsvertrages unvereinbar[75]. Ebensowenig begründet ein bloßer **Zustimmungsvorbehalt** etwa im Rahmen eines stillen Gesellschaftsvertrages oder eines Sanierungskredits unter Vereinbarung von covenants einen Beherrschungsvertrag[76], denn hierdurch wird die

---

68 *Hüffer*, § 291 Rz. 14; *Koppensteiner* in KölnKomm. AktG, § 291 Rz. 26.
69 *Altmeppen* in MünchKomm. AktG, § 291 Rz. 86; *Hüffer*, § 291 Rz. 10; *Krieger* in MünchHdb. AG, § 70 Rz. 5; *Veil*, Unternehmensverträge, 2003, S. 245; krit. *Däubler*, NZG 2005, 617, 618; a.A. *Koppensteiner* in KölnKomm. AktG, § 291 Rz. 49, der die Unterstellung aller Leitungsfunktionen für erforderlich hält.
70 A.A. *Däubler*, NZG 2005, 617, 619 aus verfassungsrechtlichen Gründen. Dessen Argumentation verfängt aber für die Untergesellschaft schon wg. Art. 19 Abs. 3 GG nicht; der juristischen Person lassen sich auch bei verfassungsrechtlicher Betrachtung keine moralischen Bedenken zuschreiben.
71 *Bachmann/Veil*, ZIP 1999, 348, 353; *Emmerich* in Emmerich/Habersack, Aktien- und GmbH-Konzernrecht, § 291 Rz. 21; *Hüffer*, § 291 Rz. 15; *Koppensteiner* in KölnKomm. AktG, § 291 Rz. 45; *Krieger* in MünchHdb. AG, § 70 Rz. 5.
72 In diese Richtung auch *Altmeppen* in MünchKomm. AktG, § 291 Rz. 88 ff., 103; *Grobecker*, DStR 2002, 1953, 1954; *Veil* in Spindler/Stilz, § 291 Rz. 24.
73 *Hüffer*, § 291 Rz. 11.
74 *Hüffer*, § 308 Rz. 13; weiter *Veil* in Spindler/Stilz, § 291 Rz. 25.
75 LG München I v. 2.5.2000 – 5 HKO 21647/99 – „Bayer. Brau Holding", AG 2001, 318; *Emmerich* in Emmerich/Habersack, Aktien- und GmbH-Konzernrecht, § 291 Rz. 23; *Krieger* in MünchHdb. AG, § 70 Rz. 6. Zu Rechtsfortbildung in diesem Bereich *Veil* in Spindler/Stilz, § 291 Rz. 25, 28. Abweichend von der herrschenden Meinung *Altmeppen* in MünchKomm. AktG, § 291 Rz. 94 ff.
76 *Hüffer*, § 291 Rz. 10; *Koppensteiner* in KölnKomm. AktG, § 308 Rz. 23; a.A. *Bachmann/Veil*, ZIP 1999, 348, 354; offen auch *Emmerich* in Emmerich/Habersack, Aktien- und GmbH-Konzernrecht, § 291 Rz. 24a.

Obergesellschaft noch nicht in die Lage versetzt, eine einheitliche Konzernleitung durchzuführen.[77]

d) Besondere Konzernverbindungen

Einen Unternehmensvertrag zwischen Mutter-, Tochter- und Enkelgesellschaft sieht das Gesetz nicht vor, ohne freilich ein dahingehendes Verbot aufzustellen. Die Zulässigkeit dieser **mehrstufigen Konzernierung** entspricht deshalb der ganz herrschenden Meinung[78]. **34**

Dasselbe gilt für die **Mehrmütterherrschaft**, d.h. die Beherrschung eines Unternehmens durch mehrere Obergesellschaften (s. unten § 308 Rz. 14)[79]. Nach der Aufhebung der § 14 Abs. 2 KStG a.F.[80]. und § 2 Abs. 2 GewStG a.F.[81]. dürfte dieser Konstruktion aber künftig nur noch eingeschränkte praktische Bedeutung zukommen[82]. **35**

3. Wirkungen des Beherrschungsvertrages

a) Wirkungen für die Untergesellschaft

Mit dem Abschluss eines wirksamen Beherrschungsvertrages sind die **Kapitalerhaltungsregeln** der §§ 57, 58 und 60 für Leistungen aufgrund des Vertrages nicht mehr anwendbar (s. unten Rz. 70). Stattdessen greifen die Sicherungen der §§ 300 ff. Zur Situation de lege ferenda nach dem MoMiG s. oben § 57 Rz. 23. **36**

An die Stelle der eigenverantwortlichen Leitung der Gesellschaft durch ihren Vorstand tritt die **Pflicht zur Befolgung von Weisungen** der herrschenden Gesellschaft, §§ 308 bis 310. Solange keine Weisungen erfolgen, bleibt zur Vermeidung eines Kompetenzvakuums zwar die Zuständigkeit des Vorstands der Untergesellschaft erhalten[83]. Durch den Abschluss eines Beherrschungsvertrages entsteht aber eine Pflicht zu **konzernfreundlichem Verhalten** (s. unten § 308 Rz. 42). **37**

Die Kompetenzen der **Hauptversammlung** und des **Aufsichtsrats** der Untergesellschaft bleiben von einem Unternehmensvertrag unberührt, sieht man von § 308 Abs. 3 einmal ab[84]. Im Regelfall werden freilich die Stimmverhältnisse in der Hauptversammlung von der Mehrheitsbeteiligung der Obergesellschaft geprägt (s. unten § 293 Rz. 25), der Aufsichtsrat von Vertretern der Obergesellschaft beschickt sein. **38**

---

77 Anders *Bachmann/Veil*, ZIP 1999, 348, 354.
78 *Emmerich* in Emmerich/Habersack, Aktien- und GmbH-Konzernrecht, § 291 Rz. 38; *Koppensteiner* in KölnKomm. AktG, § 291 Rz. 65 ff.; *Krieger* in MünchHdb. AG, § 70 Rz. 10 f.; *Veil* in Spindler/Stilz, § 291 Rz. 30.
79 *Altmeppen* in MünchKomm. AktG, § 291 Rz. 106 ff.; *Emmerich* in Emmerich/Habersack, Aktien- und GmbH-Konzernrecht, § 291 Rz. 57; *Koppensteiner* in KölnKomm. AktG, § 291 Rz. 58.
80 In der Fassung vom 19.12.2001, BGBl. I 2001, 3858 ff.
81 In der Fassung vom 15.10.2002, BGBl. I 2002, 4167 ff.
82 *Dötsch*, Der Konzern 2003, 21, 25 f.
83 *Altmeppen* in MünchKomm. AktG, § 291 Rz. 77, 230; *Emmerich* in Emmerich/Habersack, Aktien- und GmbH-Konzernrecht, § 291 Rz. 76; *Hommelhoff*, Konzernleitungspflicht, 1982, S. 218 f.; *Hüffer*, § 291 Rz. 37; *Koppensteiner* in KölnKomm. AktG, § 291 Rz. 109; anders *Veil* in Spindler/Stilz, § 291 Rz. 11.
84 *Emmerich* in Emmerich/Habersack, Aktien- und GmbH-Konzernrecht, § 291 Rz. 14; *Hüffer*, § 291 Rz. 10; *Koppensteiner* in KölnKomm. AktG, § 291 Rz. 20; *Wackerbarth*, Grenzen der Leitungsmacht in der internationalen Unternehmensgruppe, 2001, S. 441; anders *Martens* in FS Fischer, 1979, S. 437, 450: Ausrichtung am Konzerninteresse.

b) Wirkungen für die Obergesellschaft

39   An den Abschluss eines Unternehmensvertrages knüpft das Gesetz für die Obergesellschaft **Sicherungspflichten** gegenüber der Untergesellschaft und deren Gläubigern, §§ 300 bis 303, 309 Abs. 4 Satz 3, 310 Abs. 4. Die außenstehenden Aktionäre
     haben gegenüber der Gesellschaft Rechte aus den §§ 304 f.

40   **aa) Konzernleitungspflicht.** Ob durch den Abschluss eines Unternehmensvertrages
     für den Konzernvorstand im Verhältnis zur Obergesellschaft eine haftungsrechtlich
     relevante Pflicht entsteht, in der Untergesellschaft Leitungsverantwortung zu übernehmen, ist umstritten. Eine umfassende Konzernleitungspflicht zur Zentralisierung
     sämtlicher Führungsaufgaben beim Konzernvorstand[85] **lehnt die herrschende Meinung zu Recht ab.** Stattdessen wird dem Vorstand der Obergesellschaft ein breiter Ermessensspielraum zur Dezentralisierung von Leitungsfunktionen eingeräumt,[86] von
     einigen werden überhaupt nur situationsbedingte Leitungspflichten[87] anerkannt.

41   Im Einzelnen gilt: Hat die Hauptversammlung des herrschenden Unternehmens
     nicht **ausnahmsweise** eine Konzernleitungspflicht in der **Satzung** verankert[88], gehört
     die Art und Weise, wie die Verwaltung von Beteiligungen ausgeübt wird, zur Geschäftsführungskompetenz des Vorstands. Diesem steht folglich ein **weiter**, durch
     § 93 Abs. 1 Satz 2 abgesicherter **Ermessensspielraum** zu, der zentrale wie dezentrale
     Führung ermöglicht, sofern der Vorstand nur hierfür verantwortlich zeichnet[89]. Das
     gilt auch im Vertragskonzern[90]. Zwar gewährt § 308 dem Vorstand ein Weisungsrecht, welches die besonders intensive Leitung der Tochter ermöglicht. Aus der Sicht
     der herrschenden Gesellschaft und ihrer Aktionäre spricht aber nichts dafür, dass
     sich diese Befugnis des Vorstands notwendig zu einer Weisungs- oder gar Konzernleitungspflicht verdichtet, mithin ein rechtlich abgesichertes, unflexibles Primat zentralistischer Führungsstrukturen rechtlich geboten wäre. Anders kann zu entscheiden
     sein, wenn eine Situation entstanden ist, die ein Eingreifen der Obergesellschaft ausnahmsweise erforderlich macht. Das kommt in Betracht, wenn nur auf diese Weise
     eine Wertminderung der Beteiligung an der Untergesellschaft und zugleich ein Schaden auf der Ebene der Obergesellschaft verhindert werden kann[91].

---

85   Hierfür prägend *Hommelhoff*, Konzernleitungspflicht, 1982, S. 43 ff., 165 ff. S. auch *Uwe H.
     Schneider*, BB 1981, 249, 253; *Timm*, Die Aktiengesellschaft als Konzernspitze, 1980, S. 95 f.;
     außerdem *K. Schmidt*, GesR, § 31 II 4c.
86   *Bayer* in MünchKomm. AktG, § 18 Rz. 18 ff.; *Fleischer* in Fleischer, Handbuch des Vorstandsrechts, § 18 Rz. 9 ff.; *Fleischer*, DB 2005, 759, 760 f.; *Hüffer*, § 76 Rz. 17; *Koppensteiner* in
     KölnKomm. AktG, Vor § 291 Rz. 72; *Martens* in FS Heinsius, 1991, S. 523, 531; *Mertens* in
     KölnKomm. AktG, § 76 Rz. 54 f.; *Mülbert*, Aktiengesellschaft, Unternehmensgruppe und Kapitalmarkt, 1996, S. 29 ff.; *Hefermehl/Spindler* in MünchKomm. AktG, § 76 Rz. 41; *Spindler/
     Speier*, BB 2005, 2031, 2032; z.T. auch *K. Schmidt* in FS Lutter, 2000, S. 1167, 1175 f.
87   *Hüffer*, § 76 Rz. 17a.
88   Zur Zulässigkeit einer solchen Bestimmung *Fleischer* in Fleischer, Handbuch des Vorstandsrechts, § 18 Rz. 15; *Fleischer*, DB 2005, 759, 761; implizit auch *Götz*, ZGR 1998, 524, 526; a.A.
     Hüffer, § 76 Rz. 17a: satzungsfestes Leitungsermessen.
89   *Fleischer* in Fleischer, Handbuch des Vorstandsrechts, § 18 Rz. 12, 14, 18 ff.; *Hefermehl/
     Spindler* in MünchKomm. AktG, § 76 Rz. 39; im Grundsatz auch *Sven H. Schneider/Uwe H.
     Schneider*, AG 2005, 57, 58, die aber von einer Konzernleitungspflicht mit den Mindestinhalten Finanzierung, Personal, Risikoüberwachung, compliance und Information ausgehen.
90   A.A. *Bayer* in MünchKomm. AktG, § 18 Rz. 19; *Götz*, ZGR 1998, 524, 526; *Krieger* in
     MünchHdb. AG, § 70 Rz. 155; *Rieger* in FS Peltzer, 2001, S. 339, 346.
91   Zu den Schwierigkeiten eines hierauf zurückgehenden Schadensersatzanspruchs aber *Sven H.
     Schneider/Uwe H. Schneider*, AG 2005, 57, 62.

Vereinzelt wird angenommen, dass die Obergesellschaft bei unterlassener Konzern- 42
leitung gegenüber der **Untergesellschaft** zum Schadensersatz verpflichtet sein kann.[92]
Die herrschende Meinung lehnt das zu Recht ab[93]. Das Konzernrecht kennt keine
Pflicht zur Ausfüllung der eingeräumten Leitungsmacht gegenüber der Untergesellschaft, unterlassene Weisungen verpflichten gerade nicht zum Schadensersatz (s. unten § 309 Rz. 17).

bb) Konzernvertrauenshaftung. Für Verbindlichkeiten, welche eine Tochtergesell- 43
schaft im Rahmen ihrer Geschäftstätigkeit eingeht, haftet deren Muttergesellschaft
im Außenverhältnis mangels abweichender Vereinbarung ebenso wenig wie für gegen jene gerichtete Schadensersatzansprüche[94]. Die Gläubiger der Tochtergesellschaft
sind auf die Pfändung des Anspruchs des verpflichteten Unternehmens aus § 302
Abs. 1 verwiesen (s. unten § 302 Rz. 56).

Ob in besonderen Fällen doch ein Direktanspruch von Gläubigern der verpflichteten 44
Gesellschaft gegen die Mutter auf der Grundlage einer Konzernvertrauenshaftung in
Betracht kommt, ist noch ungeklärt. Voraussetzung hierfür wäre, dass gerade der einheitliche **Auftritt als Gruppe** einen zu Schadensersatz verpflichtenden Vertrauenstatbestand setzt. Das Schweizerische Bundesgericht hat in der auf Werbeunterlagen,
Briefpapier und dergleichen erfolgten Betonung der Zusammengehörigkeit von Mutter und Tochter die Schaffung eines solchen Vertrauenstatbestandes erblickt: Beim
Gläubiger entstehe der Eindruck, die Mutter statte die Tochter mit für eine ordnungsgemäße Geschäftsführung erforderlichen Mitteln aus[95]. Hieraus sei die Mutter
gegenüber hierauf vertrauenden Gläubigern zu Schadensersatz verpflichtet[96]. Im
deutschen Recht hat sich dieser Ansatz bislang nicht durchgesetzt[97].

Nach den allgemeinen Regeln kommen Ansprüche aus rechtsgeschäftlichen Bindun- 45
gen, etwa aus einer Patronatserklärung[98], und Ansprüche aus allgemeiner **Rechtsscheinhaftung** in Betracht[99]. Wird im Verkehr der Anschein erweckt, Mutter und
Tochter bildeten einen einheitlichen Rechtsträger, etwa aufgrund eines einheitlichen
Auftritts gegenüber Geschäftspartnern und Endabnehmern, liegt ein Rechtsschein-
tatbestand vor. Wurde dieser Tatbestand wissentlich gesetzt, haftet die Mutter einem

---

92 Hierfür insbesondere *Uwe H. Schneider*, BB 1981, 249, 257; *Sven H. Schneider/Uwe H. Schneider*, AG 2005, 57, 60 ff.
93 *Altmeppen* in MünchKomm. AktG, § 309 Rz. 51 f.; *Emmerich* in Emmerich/Habersack, Ak-
   tien- und GmbH-Konzernrecht, § 311 Rz. 10; *Fleischer* in Fleischer, Handbuch des Vorstandsrechts, § 18 Rz. 17; *Koppensteiner* in KölnKomm. AktG, § 311 Rz. 52; de lege ferenda offen
   Kropff, ZGR 1984, 112, 133.
94 *Lutter* in GS Knobbe-Keuk, 1997, S. 229, 232. Für Markenverletzungen aber: BGH v. 7.4.2005
   – I ZR 221/02 – „Meißner Dekor II", GRUR 2005, 864.
95 Schweizer. Bundesgericht v. 15.11.1994 – „Wibru/Swissair", AG 1996, 44, 45; mehr rechtsver-
   gleichendes Fallmaterial bei *Fleischer*, ZHR 163 (1999), 461, 465 f.
96 Schweizer. Bundesgericht v. 15.11.1994 – „Wibru/Swissair", AG 1996, 44; hierzu *Fleischer*,
   NZG 1999, 685, 687 ff.; *Lutter* in GS Knobbe-Keuk, 1997, S. 229, 230 f.; *Stein* in FS Peltzer,
   2001, S. 557, 566.
97 BAG v. 23.2.1978 – 3 AZR 376/76, AG 1979, 108; OLG Düsseldorf v. 15.7.2005 – 4 U 114/04,
   NJOZ 2005, 3430; LG Frankfurt v. 8.3.1977 – 2/13 O 7/76, AG 1977, 321; *Habersack* in Emme-
   rich/Habersack, Aktien- und GmbH-Konzernrecht, § 311 Rz. 91; *Honsell* in GS Sonnenschein, 2003, S. 661; *Lutter* in GS Knobbe-Keuk, 1997, S. 229 ff.; *Lutter* in FS Druey, 2002,
   S. 463; *Lutter*, ZGR 1982, 244, 256 f.; *Rieckers*, NZG 2007, 125, 126; *K. Schmidt*, GesR, § 17 II
   2 (S. 496); aufgeschlossener *Emmerich* in Emmerich/Habersack, Aktien- und GmbH-Konzernrecht, § 302 Rz. 15a; positiv *Broichmann/Burmeister*, NZG 2006, 687; *Fleischer*, ZHR 163
   (1999), 461, 474 ff.
98 LG Frankfurt v. 8.3.1977 – 2/13 O 7/76, AG 1977, 321; *Lutter*, ZGR 1982, 244, 254 f.
99 LG Frankfurt v. 8.3.1977 – 2/13 O 7/76, AG 1977, 321; *Fleischer*, ZHR 163 (1999), 461, 467 ff.

hierauf vertrauenden Gläubiger. Dasselbe kann gelten, wenn es zur Risikosphäre der Mutter gehört, die Entstehung eines solchen Rechtsscheins zu verhindern[100].

46   Auf der Grundlage des **§ 311 Abs. 3 BGB** lässt sich ein Schadensersatzanspruch begründen, wenn die Mutter gegenüber einem Gläubiger der Tochter besonderes persönliches Vertrauen für sich in Anspruch nimmt, sich etwa selbst aktiv in Vertragsverhandlungen einschaltet oder mit Hinweis auf ihre Größe oder Finanzkraft auf einen Abschluss zu für die Gruppe günstigen Konditionen hinwirkt[101].

47   Außerhalb dieser Tatbestände wird man präzise zu untersuchen haben, ob tatsächlich ein Vertrauenstatbestand entstanden, ob Vertrauen investiert wurde und, wenn dem so ist, ob dieses schutzwürdig ist. Einen schutzwürdigen **Vertrauenstatbestand** setzt angesichts des Trennungsprinzips noch nicht, wer nur die bestehende Konzernverbindung verlautbart oder mit dieser wirbt[102]. Wer sich allein auf dieser Basis auf eine Haftungseinheit verlässt, unterliegt einem vermeidbaren Rechtsirrtum, den man nicht im Wege einer Vertrauenshaftung prämieren sollte[103]. Zu berücksichtigen ist auch, dass das Recht der Handelsfirma es dem Rechtsverkehr zumutet, den Unterschied zwischen Mutter- und Tochtergesellschaft eines Konzerns zu erfassen, sodass allein die Namensähnlichkeit der Firma kein Indiz für einen haftungsrelevanten Vertrauenstatbestand bilden kann[104].

48   **cc) Schutzwirkungen zugunsten Dritter im Konzern.** Ein Gläubiger, der mit einer Konzerngesellschaft in vertraglicher Verbindung steht, ist nicht allein aus diesem Grund verpflichtet, auch den übrigen Konzerngesellschaften gegenüber Sorgfalt walten zu lassen. Aus dem Darlehensvertrag einer Bank mit einer Tochtergesellschaft lassen sich deshalb zunächst einmal keine Schutzpflichten zugunsten anderer Konzerngesellschaften ableiten[105]. Der Existenz solcher Schutzpflichten steht nicht nur das konzernrechtliche Trennungsprinzip, sondern auch die Notwendigkeit einschränkender Handhabung des Vertrages mit Schutzwirkung zu Gunsten Dritter entgegen[106].

49   Anders kann für Sorgfaltspflichtverletzungen, insbesondere Verletzungen des **Bankgeheimnisses**, zu entscheiden sein, wenn diese dazu führen, dass im Rahmen der Geschäftsverbindung mit einem Konzernunternehmen geheimhaltungsbedürftige Informationen über ein anderes Konzernunternehmen erlangt werden[107]. Hier kann die enge Verbindung mehrerer Unternehmen durch eine Konzernbeziehung in der Tat dazu führen, dass der Schädiger neben seinem Vertragspartner auch einem anderen Konzernunternehmen schadensersatzpflichtig ist.

---

100 *Canaris*, Vertrauenshaftung, 1971, S. 177 f.; *Fleischer*, ZHR 163 (1999), 461, 471 ff.
101 LG Frankfurt v. 8.3.1977 – 2/13 O 7/76, AG 1977, 321; *Emmerich* in Emmerich/Habersack, Aktien- und GmbH-Konzernrecht, § 302 Rz. 15a; *Fleischer*, ZHR 163 (1999), 461, 475; *Lutter* in GS Knobbe-Keuk, 1997, S. 229, 235 f.; *Lutter*, ZGR 1982, 244, 257; *Rehbinder*, Konzernaußenrecht und Allgemeines Privatrecht, 1969, S. 311 ff.; *Wiedemann* in FS Bärmann, 1975, S. 1037, 1054 ff.
102 *Lutter* in GS Knobbe-Keuk, 1997, S. 229, 237 ff.; *Rieckers*, NZG 2007, 125, 126; die von *Druey* in FS Lutter, 2000, S. 1069, 1072 f. ins Auge gefasste „Erzeugung von Konzernvertrauen" verbindet Elemente der Rechtsscheinhaftung mit denen der Erklärungshaftung und kann deshalb keine eigenständige Konzernvertrauenshaftung begründen.
103 *Druey* in FS Lutter, 2000, S. 1069, 1070; *Fleischer*, ZHR 163 (1999), 461, 478.
104 *Lutter* in GS Knobbe-Keuk, 1997, S. 229, 232; anders auf der Grundlage einer „Marktvertrauenshaftung" *Stein* in FS Peltzer, 2001, S. 557, 567 ff.
105 OLG München v. 10.12.2003 – 21 U 2392/03 – „Kirch/Breuer", NJW 2004, 224; hierzu *Canaris*, ZIP 2004, 1781; *Canaris*, ZIP 2004, 2362; *Schumann*, ZIP 2004, 2353; *Schumann*, ZIP 2004, 2367.
106 *Canaris*, ZIP 2004, 1781, 1786; *Spindler*, JZ 2006, 732, 742.
107 *Canaris*, ZIP 2004, 1781, 1786 ff.

IV. Der Gewinnabführungsvertrag (§ 291 Abs. 1 Satz 1 Alt. 2)

Ein Gewinnabführungsvertrag verpflichtet eine AG oder KGaA, ihren gesamten Ge- 50
winn an die Obergesellschaft abzuführen. Kombiniert man diese Verpflichtung mit
der nach § 302 geschuldeten Verlustübernahmepflicht, ergibt sich das Gesamtbild
der Übernahme des Jahresergebnisses. Synonym zum Gewinnabführungsvertrag wird
deshalb vom **Ergebnisabführungs-** oder **Ergebnisübernahmevertrag** gesprochen[108].

1. Inhaltliche Mindestanforderungen an den wirksamen Gewinnabführungsvertrag

Zum Abschluss eines Gewinnabführungsvertrages gilt mit Blick auf die Festsetzung 51
eines **Ausgleichs** nach § 304 Abs. 3 Satz 1 (s. oben Rz. 24)[109] und die **Bezeichnung** als
Gewinnabführungsvertrag (s. oben Rz. 25)[110] das bereits Gesagte. Parallel zum Beherrschungsvertrag ist auch die Einordnung des Gewinnabführungsvertrages als **Organisationsvertrag** vorzunehmen. Für den Gewinnabführungsvertrag erklärt sich das
aus den tiefen Eingriffen in die Finanzverfassung der Gesellschaft (s. unten Rz. 59).
Die Existenz schuldrechtlicher Elemente schließt das ebenso wenig aus wie beim Beherrschungsvertrag (s. oben Rz. 18)[111].

Abzuführen ist der **ganze Gewinn** (s. unten Rz. 55). Dieser Begriff dient vor allem der 52
Abgrenzung des Gewinnabführungsvertrages vom Teilgewinnabführungsvertrag, der
sich nicht auf Abführung des gesamten Gewinnes richtet (s. unten § 292 Rz. 15). Mit
dem gesamten Gewinn ist der Bilanzgewinn, der sich ohne Gewinnabführungsver-
pflichtung ergäbe, gemeint, jedoch unter Berücksichtigung der §§ 300 Nr. 1, 301 (s.
unten § 300 Rz. 1 f.; § 301 Rz. 5)[112]. In der Bilanz der Untergesellschaft wird der tatsächliche Bilanzgewinn nicht ausgewiesen, da er durch die Passivierung der Gewinnabführungspflicht neutralisiert wird[113].

Ein Gewinnabführungsvertrag wird in der Praxis häufig mit einem Beherrschungsver- 53
trag verknüpft. Zwingend ist das nicht. Schon die §§ 316, 324 Abs. 2 Satz 1 belegen,
dass auch ein **isolierter Gewinnabführungsvertrag** zulässig ist[114]. Die ertragsteuerliche Organschaft setzt nach den §§ 14 ff. KStG eine Laufzeit von mindestens fünf Jahren voraus[115].

Der isolierte Gewinnabführungsvertrag kann schuldrechtliche **Rückwirkung** haben 54
(anders beim Beherrschungsvertrag, s. oben Rz. 26)[116]. Die **steuerrechtliche** Rückwir-

---

108 *Altmeppen* in MünchKomm. AktG, § 291 Rz. 143; *Emmerich* in Emmerich/Habersack, Ak-
tien- und GmbH-Konzernrecht, § 291 Rz. 62; *Koppensteiner* in KölnKomm. AktG, § 291
Rz. 76; *Krieger* in MünchHdb. AG, § 71 Rz. 1.
109 *Koppensteiner* in KölnKomm. AktG, § 291 Rz. 78.
110 *Emmerich* in Emmerich/Habersack, Aktien- und GmbH-Konzernrecht, § 291 Rz. 54.
111 *Emmerich* in Emmerich/Habersack, Aktien- und GmbH-Konzernrecht, § 291 Rz. 53.
112 *Altmeppen* in MünchKomm. AktG, § 291 Rz. 145; *Hüffer*, § 291 Rz. 26.
113 *Altmeppen* in MünchKomm. AktG, § 291 Rz. 145; *Emmerich* in Emmerich/Habersack, Ak-
tien- und GmbH-Konzernrecht, § 291 Rz. 64; *Koppensteiner* in KölnKomm. AktG, § 291
Rz. 77; *Veil* in Spindler/Stilz, § 291 Rz. 35.
114 OLG Karlsruhe v. 12.4.2001 – 11 Wx 77/00, AG 2001, 536, 537; LG Kassel v. 15.11.95 – 12 T
10/95, AG 1997, 239; *Altmeppen* in MünchKomm. AktG, § 291 Rz. 142, 148 f.; *Ebenroth/
Parche*, BB 1989, 637, 638 f.; *Emmerich* in Emmerich/Habersack, Aktien- und GmbH-Konzernrecht, § 291 Rz. 61; *Hüffer*, § 291 Rz. 24; *Koppensteiner* in KölnKomm. AktG, § 291
Rz. 78; *Krieger* in MünchHdb. AG, § 71 Rz. 1a; *Veil* in Spindler/Stilz, § 291 Rz. 32, 40, 42.
115 *Passarge*, BB 2006, 2769.
116 BGH v. 5.4.1993 – II ZR 238/91, AG 1993, 422, 425; OLG München v. 14.6.1991 – 23 U 4638/
90, AG 1991, 358, 359; *Altmeppen* in MünchKomm. AktG, § 291 Rz. 144; *Emmerich* in Em-
merich/Habersack, Aktien- und GmbH-Konzernrecht, § 291 Rz. 55; *Hüffer*, § 291 Rz. 24;
Kort, DZWiR 1993, 292, 293; *Veil* in Spindler/Stilz, § 291 Rz. 33.

kung bestimmt sich nach § 14 Abs. 1 Satz 2 KStG. Hiernach ist das Einkommen der Organgesellschaft dem Organträger erstmals für das Kalenderjahr zuzurechnen, in dem das Wirtschaftsjahr der Organgesellschaft endet, in dem der Gewinnabführungsvertrag wirksam wird[117]. **Gesellschaftsrechtlich** ist diese Beschränkung der Rückwirkung nicht zwingend. Unzweifelhaft ist die Rückwirkung auf den Beginn des Geschäftsjahres, in welchem der Gewinnabführungsvertrag wirksam wird, zulässig[118]. Solange der Jahresabschluss noch nicht festgestellt ist, spricht darüber hinaus auch nichts gegen die Rückwirkung auf ein abgelaufenes Geschäftsjahr[119]. Dem ist entgegengehalten worden, hierin liege eine unzulässige Beschränkung des Wahlrechts der Aktionäre zwischen Ausgleich und Abfindung, da eine Abfindung nicht „mit Rückwirkung" gewährt werden könne[120]. Was sich freilich bei einem Geschäftsjahr, das dem Kalenderjahr entspricht, in dieser Frage zwischen dem 28. Dezember und dem 5. Januar ändern soll, ist nicht deutlich. Dass die Abfindung nach § 305 Abs. 3 Satz 3 erst mit der Eintragung zu verzinsen ist, ist die Entscheidung des Gesetzgebers und führt auch für den Normalfall zu einer Lücke zwischen dem Bewertungsstichtag und dem Tag der Eintragung. Angesichts der steuerrechtlichen Regelung hat es aber in der Praxis wenig Sinn, von § 14 KStG abzuweichen.

2. Die Beurteilung besonderer Vertragsgestaltungen und Abgrenzungsfragen

55 **a) Als verschleierten Gewinnabführungsvertrag** bezeichnet man einen Teilgewinnabführungsvertrag, der nahezu den gesamten Jahresgewinn erfasst. Hier sollen die Anforderungen des § 291 neben die des § 292 Abs. 1 Nr. 2 treten[121]. Diese kumulative Anwendung der Voraussetzungen der §§ 291 und 292 überzeugt nicht. Vielmehr sind derartige Abreden zunächst daraufhin zu untersuchen, ob die praktische Folge des Vertrages die Abführung des gesamten Gewinnes ist. In diesem Fall muss der Vertrag nur den Anforderungen des § 291 genügen[122]. Ist die Abführung des gesamten Gewinnes weder vereinbart noch Sinn des Vertrages, ist dessen Wirksamkeit ausschließlich an § 292 zu messen[123].

56 **b)** Die Zulässigkeit eines **Gewinnabführungsvertrages zugunsten Dritter**, insbesondere im **mehrstufigen Konzern**, ist noch ungeklärt. Bezweifelt wird die Zulässigkeit dieser Gestaltungsvariante, weil die Tochter die Verluste der Enkelgesellschaft zu tragen hätte, ohne zugleich an deren Gewinnen wenigstens partizipieren zu können[124]. Für ihre Zulässigkeit ist aber zu Recht auf den Wortlaut des Gesetzes verwiesen worden,

---

117 *Emmerich* in Emmerich/Habersack, Aktien- und GmbH-Konzernrecht, § 291 Rz. 55.
118 BGH v. 5.4.1993 – II ZR 238/91, AG 1993, 422, 425; OLG Düsseldorf v. 12.7.1996 – 17 U 201/95, AG 1996, 473; OLG Karlsruhe v. 12.10.1993 – 11 Wx 48/93, AG 1994, 283; *Emmerich* in Emmerich/Habersack, Aktien- und GmbH-Konzernrecht, § 291 Rz. 55; *Krieger* in MünchHdb. AG, § 71 Rz. 11a.
119 LG Kassel v. 15.11.1995 – 12 T 10/95, AG 1997, 239; *Krieger* in MünchHdb. AG, § 71 Rz. 11a; zur ähnlich liegenden Frage, wie lange neue Aktien nach Ablauf des Geschäftsjahres noch mit einem Gewinnbezugsrecht versehen werden können, ebenso *Hüffer*, § 60 Rz. 10; *Lutter* in KölnKomm. AktG, § 60 Rz. 22. Noch weitergehend *Scharber/Hertstein*, Der Konzern 2004, 6, 9 f., die eine Rückwirkung bis zum Zeitpunkt des Gewinnverwendungsbeschlusses für zulässig halten. Dagegen spricht aber, dass die Wirkungen des Gewinnabführungsvertrages bei Aufstellung und Feststellung des Jahresabschlusses berücksichtigt werden müssen.
120 *Emmerich* in Emmerich/Habersack, Aktien- und GmbH-Konzernrecht, § 291 Rz. 55a.
121 *Emmerich* in Emmerich/Habersack, Aktien- und GmbH-Konzernrecht, § 291 Rz. 48; *Krieger* in MünchHdb. AG, § 71 Rz. 6.
122 Vgl. *Altmeppen* in MünchKomm. AktG, § 291 Rz. 161.
123 Vgl. *Koppensteiner* in KölnKomm. AktG, § 291 Rz. 90 f.
124 *Emmerich* in Emmerich/Habersack, Aktien- und GmbH-Konzernrecht, § 291 Rz. 59; *Hüffer*, § 291 Rz. 25.

der keine Einschränkung vorsieht, sowie auf die §§ 302, 308 Abs. 1, die man als hinreichende Legitimation für die Umschichtung des Gewinnes innerhalb eines mehrstufigen Konzerns begreifen kann[125].

c) Ein Gewinnabführungsvertrag mit **mehreren Müttern** ist gesellschaftsrechtlich ohne weiteres zulässig. Für Ansprüche aus § 302 wird gesamtschuldnerisch gehaftet[126]. 57

d) Ein **Verlustübernahmevertrag** lässt sich jedenfalls dann nicht unter § 291 subsumieren, wenn die Mutter die Verluste der Tochtergesellschaft übernimmt[127]. Auch im umgekehrten Fall, wenn mithin die Untergesellschaft nicht den gesamten Gewinn abführt, sondern nur die Verluste der Obergesellschaft übernimmt, findet § 291 keine Anwendung[128]. 58

3. Wirkungen des Gewinnabführungsvertrages

Der wirksame Gewinnabführungsvertrag führt wie der Beherrschungsvertrag zur Unanwendbarkeit der §§ 57, 58 und 60, soweit Leistungen aufgrund des Vertrages in Rede stehen (zum MoMiG s. oben § 57 Rz. 23 f.). Das wird kompensiert durch die §§ 302 ff. Die **Gewinnverwendungskompetenz** der Hauptversammlung und das **Gewinnbezugsrecht** der Aktionäre werden durch die Verpflichtung zur Gewinnabführung gegenstandslos. Den ökonomischen Ausgleich hierfür bietet § 304[129]. 59

Inwieweit der Vorstand durch den Gewinnabführungsvertrag zur **Befolgung von Weisungen** verpflichtet werden kann, ist umstritten. Die herrschende Meinung geht zutreffend davon aus, dass es hierzu des Abschlusses eines Beherrschungsvertrages bedarf[130]. Wird nur ein Gewinnabführungsvertrag geschlossen, hat der Vorstand der Untergesellschaft diese weiterhin eigenverantwortlich zu leiten und „stand alone" auf Gewinnerzielung hin auszurichten[131]. Über die Bildung von Rücklagen oder bilanzpolitische Entscheidungen können vertragliche Vereinbarungen getroffen werden[132]. Vereitelt der Vorstand der Untergesellschaft die vertraglich geschuldete Gewinnabführung oder belastet er die Obergesellschaft entgegen der getroffenen Vereinbarung, macht sich die Gesellschaft nach § 280 Abs. 1 BGB schadensersatzpflichtig[133]. 60

---

125 *Koppensteiner* in KölnKomm. AktG, § 291 Rz. 96; *Krieger* in MünchHdb. AG, § 71 Rz. 5; diff. *Altmeppen* in MünchKomm. AktG, § 291 Rz. 154 ff.

126 *Altmeppen* in MünchKomm. AktG, § 291 Rz. 151 f.; *Emmerich* in Emmerich/Habersack, Aktien- und GmbH-Konzernrecht, § 291 Rz. 57; *Hüffer*, § 291 Rz. 25; *Koppensteiner* in KölnKomm. AktG, § 291 Rz. 94; *Veil* in Spindler/Stilz, § 291 Rz. 43.

127 *Altmeppen* in MünchKomm. AktG, § 291 Rz. 163; *Emmerich* in Emmerich/Habersack, Aktien- und GmbH-Konzernrecht, § 291 Rz. 63; *Hüffer*, § 291 Rz. 28; *Veil* in Spindler/Stilz, § 291 Rz. 46.

128 *Koppensteiner* in KölnKomm. AktG, § 291 Rz. 80; *Krieger* in MünchHdb. AG, § 72 Rz. 3.

129 *Altmeppen* in MünchKomm. AktG, § 291 Rz. 143.

130 *Altmeppen* in MünchKomm. AktG, § 291 Rz. 150; *Emmerich* in Emmerich/Habersack, Aktien- und GmbH-Konzernrecht, § 291 Rz. 50; a.A. *Veil* in Spindler/Stilz, § 291 Rz. 39.

131 *Krieger* in MünchHdb. AG, § 71 Rz. 16.

132 *Altmeppen* in MünchKomm. AktG, § 291 Rz. 144, 147; *Emmerich* in Emmerich/Habersack, Aktien- und GmbH-Konzernrecht, § 291 Rz. 65; a.A. *Veil* in Spindler/Stilz, § 291 Rz. 39.

133 OLG Frankfurt v. 29.6.1999 – 5 U 251/97, NZG 2000, 603; *Emmerich* in Emmerich/Habersack, Aktien- und GmbH-Konzernrecht, § 291 Rz. 53, 65. Die Schadensersatzpflicht hängt entgegen *Veil* in Spindler/Stilz, § 291 Rz. 38 nicht davon ab, ob die bilanzpolitische Entscheidung die Grenzen der Leitungsmacht des Vorstands überschreitet. Das mag für einen Anspruch aus § 93 Abs. 2 Voraussetzung sein. Der Anspruch des Vertragspartners aus § 280 Abs. 1 BGB setzt schon bei einer Vertragsverletzung an, auch wenn diese durch eine im Leitungsermessen liegende Handlung vorgenommen wurde.

61   Die §§ 311, 317 und 318 sind anwendbar, wenn zwischen den Vertragsparteien ein Abhängigkeitsverhältnis besteht. Nur den **Abhängigkeitsbericht** schließt § 316 aus[134].

V. Geschäftsführungsvertrag (§ 291 Abs. 1 Satz 2)

62   Durch den Geschäftsführungsvertrag verpflichtet sich eine AG oder KGaA, ihr Unternehmen für Rechnung eines anderen Unternehmens zu führen. Ob ein Gewinn bei der Untergesellschaft erst gar nicht entsteht, da diese für fremde Rechnung arbeitet, oder entstandener Gewinn abgeführt wird, macht keinen Unterschied. Das Gesetz ordnet den Geschäftsführungsvertrag deshalb als Gewinnabführungsvertrag ein[135]. In der **Praxis** hält man diesen Vertragstyp bislang für **bedeutungslos**[136].

1. Inhaltliche Mindestanforderungen an den wirksamen Geschäftsführungsvertrag

63   Der Geschäftsführungsvertrag muss die **gesamte geschäftliche Tätigkeit** des *eigenen* Unternehmens erfassen (zur Führung eines fremden Unternehmens s. unten § 292 Rz. 29 ff.). Sind nur ein Teil der geschäftlichen Tätigkeit oder nur einzelne Betriebe betroffen, liegt kein Geschäftsführungsvertrag vor[137].

64   Die Tätigkeit muss für **fremde Rechnung** ausgeübt werden, sodass ein eigener Gewinn der verpflichteten Gesellschaft erst gar nicht entsteht[138]. Unerheblich ist, ob die Gesellschaft die Geschäfte im **eigenen** oder im **fremden Namen** betreibt[139]. § 291 Abs. 1 Satz 2 setzt weiter voraus, dass die Geschäftsführung **unentgeltlich** erfolgt. Für einen entgeltlichen Geschäftsführungsvertrag gilt § 291 nicht, weil sonst bei der Untergesellschaft ein Gewinn verbliebe[140]. Stattdessen ist vorgeschlagen worden, diesen Vertrag analog § 292 Abs. 1 Nr. 3 den für die Betriebspacht geltenden Regeln zu unterwerfen[141].

2. Wirkungen des Geschäftsführungsvertrages

65   Das fremdnützige Handeln der Untergesellschaft im Rahmen eines Geschäftsführungsvertrages ist zivilrechtlich als **Auftrag** einzuordnen, §§ 662 ff. BGB[142], so dass sich die verpflichtete Gesellschaft um bestmögliche Führung der Geschäfte zu bemühen hat[143]. Das spricht auf den ersten Blick für die Existenz eines **Weisungsrechts** auf der Grundlage des § 665 BGB[144]. Bei näherem Hinsehen ließe sich aber ein solches Weisungsrecht kaum von § 308 abgrenzen, der das Weisungsrecht den Beherr-

---

134 *Krieger* in MünchHdb. AG, § 71 Rz. 16a.
135 *Altmeppen* in MünchKomm. AktG, § 291 Rz. 170 f.; *Emmerich* in Emmerich/Habersack, Aktien- und GmbH-Konzernrecht, § 291 Rz. 67; *Hüffer*, § 291 Rz. 30.
136 *Krieger* in MünchHdb. AG, § 71 Rz. 1.
137 *Altmeppen* in MünchKomm. AktG, § 291 Rz. 173; *Emmerich* in Emmerich/Habersack, Aktien- und GmbH-Konzernrecht, § 291 Rz. 68; *Hüffer*, § 291 Rz. 31; *Krieger* in MünchHdb. AG, § 71 Rz. 10.
138 *Schulze-Osterloh*, ZGR 1974, 427, 452.
139 *Emmerich* in Emmerich/Habersack, Aktien- und GmbH-Konzernrecht, § 291 Rz. 68; *Hüffer*, § 291 Rz. 31; *Koppensteiner* in KölnKomm. AktG, § 291 Rz. 83; *Krieger* in MünchHdb. AG, § 71 Rz. 10; § 72 Rz. 24; *Veil* in Spindler/Stilz, § 291 Rz. 48.
140 *Emmerich* in Emmerich/Habersack, Aktien- und GmbH-Konzernrecht, § 291 Rz. 68; *Hüffer*, § 291 Rz. 31; *Koppensteiner* in KölnKomm. AktG, § 291 Rz. 84; *Krieger* in MünchHdb. AG, § 71 Rz. 10; *Veil* in Spindler/Stilz, § 291 Rz. 49.
141 *Krieger* in MünchHdb. AG, § 71 Rz. 10.
142 *Emmerich* in Emmerich/Habersack, Aktien- und GmbH-Konzernrecht, § 291 Rz. 72.
143 *Koppensteiner* in KölnKomm. AktG, § 291 Rz. 86.
144 *Van Venrooy*, DB 1981, 675, 677.

schungsverträgen vorbehält. Die herrschende Meinung begreift diesen zu Recht als lex specialis mit der Folge, dass die Vereinbarung eines Weisungsrechts im Rahmen eines Geschäftsführungsvertrages unwirksam ist[145].

VI. Gleichordnungskonzernvertrag (§ 291 Abs. 2)

Durch einen Gleichordnungskonzernvertrag stellen sich mehrere Unternehmen un-   66
ter eine einheitliche Leitung, ohne voneinander abhängig zu sein oder es durch diesen Vertrag zu werden (s. oben § 18 Rz. 22 ff.)[146]. Das Gesetz nimmt den Gleichordnungskonzernvertrag von den Beherrschungsverträgen aus. Die herrschende Meinung sieht darüber hinausgehend im Gleichordnungskonzernvertrag **überhaupt
keinen Unternehmensvertrag**, da weder Konzernleitungsmacht noch ein Weisungsrecht begründet werden (s. oben § 18 Rz. 29)[147]. Das zwingt zur Schlussfolgerung, es
handele sich um einen schuldrechtlichen Vertrag, der **nicht** unter die **§§ 293 ff.**
fällt[148].

1. Vertragsschluss

Der Gleichordnungskonzernvertrag kann von den beteiligten Vorständen **formfrei**   67
und **ohne Eintragung** in das Handelsregister abgeschlossen werden[149]. Einen „Holz-
müller/Gelatine"-Beschluss wird man nach den Grundsätzen der Rechtsprechung
nicht verlangen können[150], denn der Gleichordnungskonzernvertrag bewirkt keine
Verkürzung der Zuständigkeiten der Hauptversammlung, sondern allenfalls eine Einschränkung der Organkompetenzen des Vorstands[151].

2. Wirkungen des Gleichordnungskonzernvertrages

Der Gleichordnungskonzernvertrag führt **nicht** zu den **Privilegien des Beherr-**   68
schungsvertrages, insbesondere was die Ausnahme von den Kapitalschutzregeln angeht (s. oben § 18 Rz. 27). Ein **Konzernbetriebsrat** ist nach § 54 Abs. 1 Satz 1 BetrVG
nicht zu bilden, auch die **Konzernmitbestimmung** erfasst den Gleichordnungskonzernvertrag nicht, § 5 Abs. 1 Satz 1 MitbestG. Ebensowenig greifen die Vorschriften
zur **Konzernrechnungslegung**, § 290 HGB, § 11 PublG[152].

Ob ein Gleichordnungskonzernvertrag Grundlage von **Weisungen**, insbesondere   69
nachteiliger Art, sein kann, ist umstritten. Ordnet man den Gleichordnungskonzernvertrag nicht als Unternehmensvertrag ein, fehlt es an einer organisationsrechtlichen
Legitimation hierfür[153]. An gleichwohl erteilte nachteilige Weisungen ist die ver-

---

145 *Altmeppen* in MünchKomm. AktG, § 291 Rz. 181; *Emmerich* in Emmerich/Habersack, Ak-
     tien- und GmbH-Konzernrecht, § 291 Rz. 72; *Hüffer*, § 291 Rz. 32; *Koppensteiner* in Köln-
     Komm. AktG, § 291 Rz. 88; *Veil* in Spindler/Stilz, § 291 Rz. 47, 50.
146 Zur kartellrechtlichen Bedeutung *K. Schmidt* in FS Rittner, 1991, S. 561 ff.
147 *Altmeppen* in MünchKomm. AktG, § 291 Rz. 212; *Hüffer*, § 291 Rz. 34.
148 *Altmeppen* in MünchKomm. AktG, § 291 Rz. 213; *Hüffer*, § 291 Rz. 34; *Koppensteiner* in
     KölnKomm. AktG, § 291 Rz. 104; *K. Schmidt*, GesR, § 17 III 4 (S. 505).
149 *Raiser/Veil*, Kapitalgesellschaften, § 56 Rz. 9.
150 A.A. *Altmeppen* in MünchKomm. AktG, § 291 Rz. 215; für einen Hauptversammlungsbe-
     schluss mit qualifizierter Mehrheit *Veil*, Unternehmensverträge, 2003, S. 279 ff.; *Raiser/
     Veil*, Kapitalgesellschaften, § 56 Rz. 9 f.
151 *Hommelhoff*, Konzernleitungspflicht, 1982, S. 389; *Koppensteiner* in KölnKomm. AktG,
     § 291 Rz. 104 f.; *Krieger* in MünchHdb. AG, § 68 Rz. 87; § 72 Rz. 3.
152 *Krieger* in MünchHdb. AG, § 68 Rz. 91; *Raiser/Veil*, Kapitalgesellschaften, § 56 Rz. 7.
153 A.A. *Emmerich* in Emmerich/Habersack, Aktien- und GmbH-Konzernrecht, § 291 Rz. 74; *K.
     Schmidt*, ZHR 155 (1991), 417, 428; auch *Koppensteiner* in KölnKomm. AktG, § 291
     Rz. 103.

pflichtete Gesellschaft deshalb nicht gebunden, ein vertraglich ausbedungenes Recht hierzu ist unwirksam (s. oben § 18 Rz. 29). Kommt es gleichwohl zur Befolgung unzulässiger Weisungen, soll nach einer verbreiteten Ansicht eine **Ausgleichspflicht** des anderen Vertragsteils in Betracht kommen[154]. Das ist nur auf der Grundlage der allgemeinen Regeln denkbar (s. oben § 18 Rz. 31 ff.).

VII. Die Lockerung der Vermögensbindung (§ 291 Abs. 3)

70   Leistungen auf der Grundlage von Beherrschungs- und Gewinnabführungsverträgen gelten nicht als Verstoß gegen die Kapitalerhaltungsgrundsätze, auch wenn Aktionäre Vertragspartner sind (zur Situation de lege ferenda nach dem MoMiG s. oben § 57 Rz. 23 f.)[155]. Das ermöglicht im Grundsatz ein konzernweites **Cash Management**[156].

71   Die ganz herrschende Meinung hält das deutsche Konzernrecht für mit der **Kapitalrichtlinie** vereinbar[157], da diese die Sondersituation des konzerngebundenen Unternehmens nicht erfasst[158].

VIII. Intertemporäres Konzernrecht

72   Vor dem 31.12.1965 abgeschlossene Altverträge unterfallen nicht den §§ 291 ff. Beherrschungsabreden innerhalb solcher Altverträge sind gültig, wenn die Hauptversammlung mit qualifizierter Mehrheit zugestimmt hat[159], eine vertragliche Dividendengarantie gegeben wurde und eine Registereintragung nach § 22 Abs. 2 EGAktG erfolgte. Unter dieser Voraussetzung kommen nach § 22 Abs. 1 Satz 1 EGAktG die §§ 295 bis 303, 307 bis 310, 316 zur Anwendung[160].

§ 292
Andere Unternehmensverträge

(1) Unternehmensverträge sind ferner Verträge, durch die eine Aktiengesellschaft oder Kommanditgesellschaft auf Aktien

1. sich verpflichtet, ihren Gewinn oder den Gewinn einzelner ihrer Betriebe ganz oder zum Teil mit dem Gewinn anderer Unternehmen oder einzelner Betriebe anderer Unternehmen zur Aufteilung eines gemeinschaftlichen Gewinns zusammenzulegen (Gewinngemeinschaft),

---

154 *Lutter/Drygala*, ZGR 1995, 557, 562 ff.; *Raiser/Veil*, Kapitalgesellschaften, § 56 Rz. 13.
155 *Kropff*, Aktiengesetz, S. 378; *Koppensteiner* in KölnKomm. AktG, § 291 Rz. 107.
156 *Hüffer*, AG 2004, 416 f.; *Maier-Reimer* in VGR, Gesellschaftsrecht in der Diskussion 2005, 2006, S. 127, 143; *J. Vetter* in Lutter, Holding-Handbuch, § 8 Rz. 31; einschränkend *Habersack/Schürnbrand*, NZG 2004, 689, 690 f.; *Henze*, WM 2005, 717, 723; *Jula/Breitbarth*, AG 1997, 256, 262.
157 77/91/EWG ABl. L 26 v. 31.1.1977, S. 1-13.
158 *Emmerich* in Emmerich/Habersack, Aktien- und GmbH-Konzernrecht, § 291 Rz. 75; *Schön* in FS Kropff, 1997, S. 287, 298 ff., jedoch anders für faktischen Konzern; *Veil* in Spindler/ Stilz, § 291 Rz. 71.
159 OLG Karlsruhe v. 4.11.1966 – 3 W 46/66, NJW 1967, 831, 832; a.A. KG v. 3.6.2000 – 14 U 8337/98 – „Allianz", AG 2001, 186, 187; LG Berlin v. 7.9.1998; 93 O 86/98 – „Allianz", AG 1999, 188 f.
160 *Altmeppen* in MünchKomm. AktG, § 291 Rz. 231 f.; *Emmerich* in Emmerich/Habersack, Aktien- und GmbH-Konzernrecht, Vor § 291 Rz. 5; *Hüffer*, § 291 Rz. 22; *Koppensteiner* in KölnKomm. AktG, Vor § 291 Rz. 167.

2. sich verpflichtet, einen Teil ihres Gewinns oder den Gewinn einzelner ihrer Betriebe ganz oder zum Teil an einen anderen abzuführen (Teilgewinnabführungsvertrag),

3. den Betrieb ihres Unternehmens einem anderen verpachtet oder sonst überlässt (Betriebspachtvertrag, Betriebsüberlassungsvertrag).

(2) Ein Vertrag über eine Gewinnbeteiligung mit Mitgliedern von Vorstand und Aufsichtsrat oder mit einzelnen Arbeitnehmern der Gesellschaft sowie eine Abrede über eine Gewinnbeteiligung im Rahmen von Verträgen des laufenden Geschäftsverkehrs oder Lizenzverträgen ist kein Teilgewinnabführungsvertrag.

(3) Ein Betriebspacht- oder Betriebsüberlassungsvertrag und der Beschluss, durch den die Hauptversammlung dem Vertrag zugestimmt hat, sind nicht deshalb nichtig, weil der Vertrag gegen die §§ 57, 58 und 60 verstößt. Satz 1 schließt die Anfechtung des Beschlusses wegen dieses Verstoßes nicht aus.

I. Regelungszweck, Regelungsgegenstand und Terminologie 1

II. Vertragsparteien 2

III. Gewinngemeinschaft (§ 292 Abs. 1 Nr. 1) 3

1. Inhaltliche Mindestanforderungen an die wirksame Gewinngemeinschaft . 5

2. Besondere Vertragsgestaltungen und Abgrenzungsfragen 13

IV. Der Teilgewinnabführungsvertrag (§ 292 Abs. 1 Nr. 2) 15

1. Inhaltliche Anforderungen an den wirksamen Teilgewinnabführungsvertrag 16

2. Stille Gesellschaft 23

3. Genussrechte, Zinsen, Gewinne einzelner Geschäfte 26

V. Die Betriebspacht, die Betriebsüberlassung (§ 292 Abs. 1 Nr. 3) 29

1. Relevante Elemente des Vertragsschlusses 30
   a) Betriebspacht 30
   b) Betriebsüberlassung 32
   c) Betriebsführung 35

2. Abgrenzung zu Dauerschuldverhältnissen außerhalb des Anwendungsbereichs des § 292 37
   a) Besondere Gestaltungen von Betriebspacht-, Betriebsüberlassungs-, Betriebsführungsverträgen 37
   b) Teleologische Extension des § 292? . 41

3. Wirkungen des Vertrages 45

VI. Besondere Gewinnbeteiligungen (§ 292 Abs. 2) 47

VII. Kapitalbindungsregeln (§ 292 Abs. 3) . 51

Literatur: *Bachmann/Veil,* Grenzen atypischer stiller Beteiligung an einer Aktiengesellschaft, ZIP 1999, 348; *Fenzl,* Betriebspachtvertrag und Betriebsführungsvertrag – Verträge im Grenzbereich zwischen gesellschaftsrechtlichen Organisations- und schuldrechtlichen Austauschverträgen, Der Konzern 2006, 18; *K. Schmidt,* Konzernrechtliche Wirksamkeitsvoraussetzungen für typische stille Beteiligungen an Kapitalgesellschaften? – Zugleich zur systematischen Einordnung des Teilgewinnabführungsvertrages, ZGR 1984, 295.

I. Regelungszweck, Regelungsgegenstand und Terminologie

Die strukturelle Ähnlichkeit der Verträge des § 292 zu den Unternehmensverträgen des § 291 legitimiert die **Anwendbarkeit der §§ 293 bis 299**[1]. Dogmatisch sind sie als Schuldverträge einzuordnen[2], die Sicherungsmechanismen der §§ 302 bis 305 mithin nicht einschlägig. An deren Stelle tritt nach der Konzeption des Gesetzgebers das

1

---

1 *Hüffer,* § 292 Rz. 1.
2 *Altmeppen* in MünchKomm. AktG, § 292 Rz. 7; *Blaurock* in FS Großfeld, 1989, S. 83, 84; *Emmerich* in Emmerich/Habersack, Aktien- und GmbH-Konzernrecht, § 292 Rz. 4; *Raupach* in FS Bezzenberger, 2000, S. 327, 335; *K. Schmidt,* ZGR 1984, 295, 305.

schuldvertragsrechtliche Instrumentarium, insbesondere die Notwendigkeit einer angemessenen Gegenleistung[3]. Unanwendbar sind außerdem die §§ 308 bis 310.

II. Vertragsparteien

2   Der **verpflichtete Vertragsteil**, die Untergesellschaft, ist nach § 292 eine AG oder KGaA mit Sitz im Inland (s. oben § 291 Rz. 21)[4]. Der **andere Vertragsteil**, die Obergesellschaft, kann ein – auch ausländischer – Unternehmensträger beliebiger Rechtsform, im Falle der Gewinngemeinschaft aber nicht Privatperson, sein (s. oben § 291 Rz. 22)[5]. Für die Vertragstypen des § 292 Abs. 1 Nr. 2 und 3 ist die Unternehmensträgerschaft dagegen nach dem Wortlaut der Norm nicht Voraussetzung. Der Hauptversammlungskompetenz unterfällt der Vertrag deshalb auch, wenn eine Privatperson Partei eines solchen Unternehmensvertrages ist[6].

III. Gewinngemeinschaft (§ 292 Abs. 1 Nr. 1)

3   Die Gewinngemeinschaft setzt voraus, dass sich sämtliche Parteien sowohl auf die Zusammenlegung des ganzen oder eines Teils ihres Gewinnes oder des Gewinnes einzelner Betriebe als auch auf die Aufteilung des Gesamtbetrages einigen[7]. Sie fällt mit Rücksicht auf die §§ 119 Abs. 1 Nr. 2, 174 in die Hauptversammlungskompetenz nach § 293[8].

4   Die Gewinngemeinschaft begründet vertragliche Ansprüche auf Zusammenlegung und Aufteilung des erfassten Gewinnes nach dem vereinbarten Schlüssel. Sie ist eine **Gesellschaft bürgerlichen Rechts**, §§ 705 ff. BGB[9]. Diese organisationsrechtliche Verselbstständigung hat insbesondere für die Anwendbarkeit der Grundsätze vom fehlerhaften Vertragsschluss Bedeutung (s. unten Rz. 11).

1. Inhaltliche Mindestanforderungen an die wirksame Gewinngemeinschaft

5   Unter Gewinn ist **periodisch ermittelter Gewinn**, nicht Einnahmen aus einzelnen Geschäften zu verstehen[10]. Zulässig ist deshalb die Anknüpfung an den Bilanzgewinn oder an den Jahresüberschuss. Die herrschende Meinung akzeptiert auch den Rohertrag als Bezugspunkt einer Gewinngemeinschaft[11]. Konsortien, die syndizierte

---

3   Hierzu *Koppensteiner* in KölnKomm. AktG, Vor § 291 Rz. 152 ff.

4   *Emmerich* in Emmerich/Habersack, Aktien- und GmbH-Konzernrecht, § 292 Rz. 8; *Hüffer*, § 292 Rz. 3; *Koppensteiner* in KölnKomm. AktG, § 292 Rz. 4.

5   *Veil* in Spindler/Stilz, § 292 Rz. 6.

6   *Emmerich* in Emmerich/Habersack, Aktien- und GmbH-Konzernrecht, § 292 Rz. 9, 41; *Hüffer*, § 292 Rz. 3; *Koppensteiner* in KölnKomm. AktG, § 292 Rz. 5; *Veil* in Spindler/Stilz, § 292 Rz. 13; anders *Mülbert*, ZHR 163 (1999), 1, 11 Fn. 40.

7   *Krieger* in MünchHdb. AG, § 72 Rz. 8; *Veil* in Spindler/Stilz, § 292 Rz. 8; zur steuerlichen Behandlung *Walter*, BB 1995, 1876.

8   *Koppensteiner* in KölnKomm. AktG, § 292 Rz. 16.

9   *Altmeppen* in MünchKomm. AktG, § 292 Rz. 12; *Emmerich* in Emmerich/Habersack, Aktien- und GmbH-Konzernrecht, § 292 Rz. 14; *Hüffer*, § 292 Rz. 4; *Veil* in Spindler/Stilz, § 292 Rz. 6.

10   *Emmerich* in Emmerich/Habersack, Aktien- und GmbH-Konzernrecht, § 292 Rz. 11; *Hüffer*, § 292 Rz. 8; *Koppensteiner* in KölnKomm. AktG, § 292 Rz. 35; *Krieger* in MünchHdb. AG, § 72 Rz. 10; *Veil* in Spindler/Stilz, § 292 Rz. 7; a.A. *Altmeppen* in MünchKomm. AktG, § 292 Rz. 6.

11   *Emmerich* in Emmerich/Habersack, Aktien- und GmbH-Konzernrecht, § 292 Rz. 11; *Hüffer*, § 292 Rz. 8; *Krieger* in MünchHdb. AG, § 72 Rz. 10; *Veil* in Spindler/Stilz, § 292 Rz. 7; a.A. *Koppensteiner* in KölnKomm. AktG, § 292 Rz. 35.

Kredite ausreichen, sind dagegen nicht vom Begriff der Gewinngemeinschaft erfasst[12].

Es bestehen keine **höhenmäßig** fixierten **Schwellen** für den abzuführenden Gewinn. 6
§ 301 findet keine Anwendung (s. unten § 301 Rz. 9)[13].

Jeder Vertragspartner muss zur Abführung des vertraglich fixierten Gewinnes verpflichtet sein, sonst liegt ein (Teil-)Gewinnabführungsvertrag vor[14]. Der so entstandene Gewinn ist vereinbarungsgemäß aufzuteilen. Die Dividendengarantie fällt nach überwiegender Ansicht nicht unter diesen Vertragstyp[15]. 7

Über den eigenen Anteil muss jeder Vertragspartner die **freie Verfügung** erhalten[16]. 8
Zweifelhaft ist, wie eine Vereinbarung zu beurteilen ist, nach der bei Vertragsabschluss bereits feststeht, wie der Gewinnanteil zu verwenden ist. Die herrschende Meinung lehnt für diese Fälle das Vorliegen einer Gewinngemeinschaft ab. Das Gewinnbezugsrecht der Aktionäre sei nicht beeinträchtigt, so dass der Abschluss eines solchen Vertrages in die Kompetenz des Vorstands nach § 76 Abs. 1 falle.[17] Dagegen spricht allerdings, dass die §§ 293 ff. an der Verwendung desjenigen Gewinnes ansetzen, über den ohne den Unternehmensvertrag die Hauptversammlung hätte entscheiden müssen. Ist Vertragsgegenstand nicht die Finanzierung eines gemeinsamen Vorhabens, sondern die Verwendung eines gemeinsamen Gewinnes, liegt deshalb eine Gewinngemeinschaft vor[18].

Wie sich die Anteile zueinander verhalten, muss sich einem festgelegten **Verteilungsschlüssel** entnehmen lassen[19]. Dabei ist ein **angemessenes** Verhältnis zwischen eingelegtem und zu entnehmenden Gewinn zu vereinbaren. Fehlt es hieran oder fehlt die Gegenleistung vollständig, ist zu differenzieren[20]: 9

Ist der **Vertragspartner nicht Aktionär der benachteiligten Gesellschaft**, handelt es 10
sich bei unangemessener Gegenleistung um einen für die Gesellschaft unvorteilhaften Vertrag. Dessen Abschluss kann für die Organe eine Schadensersatzpflicht nach den §§ 93, 116 AktG, § 823 Abs. 2 BGB i.V.m. § 266 StGB und auch die Sanktion des § 84 Abs. 3 Satz 1 AktG nach sich ziehen[21]. Die Wirksamkeit des Vertrages beeinträchtigt dies, soweit nicht § 138 BGB greift, nicht[22].

---

12 *Hüffer*, § 292 Rz. 9.
13 *Altmeppen* in MünchKomm. AktG, § 292 Rz. 14; *Krieger* in MünchHdb. AG, § 72 Rz. 10.
14 *Emmerich* in Emmerich/Habersack, Aktien- und GmbH-Konzernrecht, § 292 Rz. 12; *Koppensteiner* in KölnKomm. AktG, § 292 Rz. 37; *Krieger* in MünchHdb. AG, § 72 Rz. 11.
15 *Altmeppen* in MünchKomm. AktG, § 292 Rz. 13, 20, 70; *Krieger* in MünchHdb. AG, § 72 Rz. 11.
16 *Emmerich* in Emmerich/Habersack, Aktien- und GmbH-Konzernrecht, § 292 Rz. 12; *Hüffer*, § 292 Rz. 9.
17 *Altmeppen* in MünchKomm. AktG, § 292 Rz. 22; *Hüffer*, § 292 Rz. 9.
18 *Emmerich* in Emmerich/Habersack, Aktien- und GmbH-Konzernrecht, § 292 Rz. 13; *Koppensteiner* in KölnKomm. AktG, § 292 Rz. 38; *Veil* in Spindler/Stilz, § 292 Rz. 9; s. auch *Krieger* in MünchHdb. AG, § 72 Rz. 11.
19 *Hüffer*, § 292 Rz. 10.
20 A.A., nämlich für eine vollständig fehlende Gegenleistung, *Altmeppen* in MünchKomm. AktG, § 292 Rz. 75 f.
21 *Altmeppen* in MünchKomm. AktG, § 292 Rz. 38; *Emmerich* in Emmerich/Habersack, Aktien- und GmbH-Konzernrecht, § 292 Rz. 20; *Hüffer*, § 292 Rz. 11; *Krieger* in MünchHdb. AG, § 72 Rz. 13; *Veil* in Spindler/Stilz, § 292 Rz. 11.
22 *Altmeppen* in MünchKomm. AktG, § 292 Rz. 37; *Koppensteiner* in KölnKomm. AktG, § 292 Rz. 53.

11 Handelt es sich bei dem **Vertragspartner** um einen **Aktionär der benachteiligten Gesellschaft**, ist der Vertrag wegen Verstoßes gegen die §§ 57, 58, 60 nichtig[23]. Den über Gebühr eingelegten Gewinn kann die Gesellschaft nach § 62 zurückfordern. Im Übrigen wird die Gewinngemeinschaft aber, wegen ihres Charakters als GbR, für die Vergangenheit nach der Lehre von der fehlerhaften Gesellschaft als wirksam behandelt (s. oben Rz. 4)[24].

12 Besteht zwischen den Vertragsparteien ein **Abhängigkeitsverhältnis** i.S.d. § 17, finden die §§ 311 ff. Anwendung. Das bedeutet, dass die Vereinbarung trotz eines Verstoßes gegen die §§ 57, 58, 60 wirksam ist, aber eine Verpflichtung zum Nachteilsausgleich gem. den §§ 311, 317, 318 besteht[25].

2. Besondere Vertragsgestaltungen und Abgrenzungsfragen

13 Zusätzlich zu einer Gewinngemeinschaft kann auch eine **Verlustgemeinschaft** vereinbart werden; man spricht dann von einer Ergebnisgemeinschaft[26]. Die **isolierte Verlustgemeinschaft** fällt dagegen weder nach dem Wortlaut noch nach dem Sinn der Vorschrift unter § 292 Abs. 1 Nr. 1[27].

14 Vom **Gleichordnungskonzernvertrag** unterscheidet sich die Gewinngemeinschaft durch das Fehlen einer einheitlichen Leitung (s. oben § 18 Rz. 29).

IV. Der Teilgewinnabführungsvertrag (§ 292 Abs. 1 Nr. 2)

15 Durch einen Teilgewinnabführungsvertrag verpflichtet sich die Gesellschaft, einen Teil ihres Gewinnes oder den Gewinn einzelner Betriebe ganz oder teilweise an einen anderen abzuführen. Der Gewinnbezugsberechtigte hat einen vertraglichen Anspruch auf Abführung des Teilgewinnes gegen Erbringung der geschuldeten Gegenleistung. Ist dieser ein Unternehmen, führt ein Teilgewinnabführungsvertrag dazu, dass verbundene Unternehmen im Sinne des **§ 15** entstehen[28]. **Geschäftsführungsbefugnisse** sind mit dem Teilgewinnabführungsvertrag nicht verbunden. Praktisch bedeutsam sind Teilgewinnabführungsverträge deshalb vor allem in ihrer Variante als **stille Beteiligungen**[29].

1. Inhaltliche Anforderungen an den wirksamen Teilgewinnabführungsvertrag

16 Unter Teilgewinn ist jeder **periodisch ermittelte** Gewinnbetrag zu verstehen, der unterhalb der Schwelle des gesamten Gewinnes im Sinne eines Gewinnabführungsver-

---

23 *Emmerich* in Emmerich/Habersack, Aktien- und GmbH-Konzernrecht, § 292 Rz. 19; *Hüffer*, § 292 Rz. 11; *Koppensteiner* in KölnKomm. AktG, § 292 Rz. 53; *Krieger* in MünchHdb. AG, § 72 Rz. 13; *Veil* in Spindler/Stilz, § 292 Rz. 11; a.A. *Altmeppen* in MünchKomm. AktG, § 292 Rz. 30.
24 *Hüffer*, § 292 Rz. 11.
25 *Emmerich* in Emmerich/Habersack, Aktien- und GmbH-Konzernrecht, § 292 Rz. 20; *Krieger* in MünchHdb. AG, § 72 Rz. 13.
26 *Altmeppen* in MünchKomm. AktG, § 292 Rz. 15; *Emmerich* in Emmerich/Habersack, Aktien- und GmbH-Konzernrecht, § 292 Rz. 10a; *Krieger* in MünchHdb. AG, § 72 Rz. 10.
27 *Altmeppen* in MünchKomm. AktG, § 292 Rz. 15, 73; *Emmerich* in Emmerich/Habersack, Aktien- und GmbH-Konzernrecht, § 292 Rz. 10a; *Hüffer*, § 292 Rz. 7; *Krieger* in MünchHdb. AG, § 72 Rz. 3.
28 *Emmerich* in Emmerich/Habersack, Aktien- und GmbH-Konzernrecht, § 292 Rz. 32.
29 *Armbrüster/Joos*, ZIP 2004, 189, 194; *Bachmann/Veil*, ZIP 1999, 348, 352; *Krieger* in MünchHdb. AG, § 72 Rz. 14; *K. Mertens*, AG 2000, 32; *Veil* in Spindler/Stilz, § 292 Rz. 12; zum sale-and-lease-back-Verfahren KG v. 15.3.1999 – 8 U 4630/98, NZG 1999, 1102, 1105 = AG 2000, 183.

trages bleibt. Hierunter lassen sich folglich der Jahresüberschuss ebenso fassen wie der Bilanzgewinn oder der Rohertrag[30]. Der Gewinn aus einzelnen Geschäften fällt dagegen nach herrschender Meinung nicht darunter[31].

Betragsmäßig fixierbare **Schwellen** existieren nach dem Wortlaut des Gesetzes weder   17
nach oben noch nach unten: Die Verpflichtung zu einer verhältnismäßig geringen Gewinnabführung wird von § 292 Abs. 1 Nr. 2 ebenso erfasst wie die Verpflichtung zur Abführung nahezu des gesamten Gewinnes[32]. Der Teilgewinnabführungsvertrag schlägt erst dann in einen Gewinnabführungsvertrag nach § 291 Abs. 1 Satz 1 Alt. 2 um, wenn Vertragsgegenstand der gesamte Gewinn ist (s. oben § 291 Rz. 52).

Ob die Abführung eines Teilgewinnes **entgeltlich** oder **unentgeltlich** erfolgt, ist für   18
die Subsumtion unter § 292 Abs. 1 Nr. 2 nach herrschender Meinung irrelevant[33].
Das entspricht dem Wortlaut des Gesetzes. Dem kann man auch nicht entgegenhalten, aus dem Sinn und Zweck des § 292 Abs. 1 Nr. 2 lasse sich keine Kompetenz der Hauptversammlung zur unentgeltlichen Weitergabe des Gewinnes begründen[34]. Diese Kompetenz folgt schon aus § 119 Abs. 1 Nr. 2. Für die Rechtsfolgen des Abschlusses solcher Verträge gelten die allgemeinen Regeln der Kapitalbindung. Das bedeutet im Einzelnen:

Schließt der Vorstand mit einem **Vertragspartner**, der **nicht Aktionär** ist, einen Teil-   19
gewinnabführungsvertrag ohne oder mit nicht angemessener Gegenleistung, hat er sich hierfür nach den § 93 AktG, § 266 StGB zu verantworten[35]. Auch ein Missbrauch der Vertretungsmacht kann in Betracht kommen[36].

Handelt es sich bei dem **Vertragspartner** um einen **Aktionär**, ist der Teilgewinnabfüh-   20
rungsvertrag nichtig, §§ 57, 58, 60[37]. Für den Rückforderungsanspruch der AG gilt § 62, für den Vertragspartner und Aktionär gelten die §§ 812 ff. BGB. Die Lehre von der fehlerhaften Gesellschaft findet wegen des Fehlens eines Gesellschaftsverhältnisses keine Anwendung (s. unten § 293 Rz. 47)[38].

Im Rahmen eines **Abhängigkeitsverhältnisses** sind Nachteile nach § 311 auszuglei-   21
chen[39].

---

30 KG v. 15.3.1999 – 8 U 4630/98, NZG 1999, 1102, 1106 = AG 2000, 183; *Emmerich* in Emmerich/Habersack, Aktien- und GmbH-Konzernrecht, § 292 Rz. 25; *Krieger* in MünchHdb. AG, § 72 Rz. 16; *Veil* in Spindler/Stilz, § 292 Rz. 15.
31 *Emmerich* in Emmerich/Habersack, Aktien- und GmbH-Konzernrecht, § 292 Rz. 26; *Koppensteiner* in KölnKomm. AktG, § 292 Rz. 55.
32 *Altmeppen* in MünchKomm. AktG, § 292 Rz. 48; *Emmerich* in Emmerich/Habersack, Aktien- und GmbH-Konzernrecht, § 292 Rz. 24; *Hüffer*, § 292 Rz. 13; *Krieger* in MünchHdb. AG, § 72 Rz. 15; *Veil* in Spindler/Stilz, § 292 Rz. 17.
33 *Hüffer*, § 292 Rz. 14; *Krieger* in MünchHdb. AG, § 72 Rz. 17; *Raiser/Veil*, Kapitalgesellschaften, § 57 Rz. 10.
34 *Veil* in Spindler/Stilz, § 292 Rz. 19.
35 *Emmerich* in Emmerich/Habersack, Aktien- und GmbH-Konzernrecht, § 292 Rz. 28; *Hüffer*, § 292 Rz. 16; *Koppensteiner* in KölnKomm. AktG, § 292 Rz. 71; *Veil* in Spindler/Stilz, § 292 Rz. 20.
36 *Altmeppen* in MünchKomm. AktG, § 292 Rz. 88.
37 OLG Düsseldorf v. 12.7.1996 – 17 U 201/95, AG 1996, 473, 474; *Emmerich* in Emmerich/Habersack, Aktien- und GmbH-Konzernrecht, § 292 Rz. 27a; *Hüffer*, § 292 Rz. 16; *Koppensteiner* in KölnKomm. AktG, § 292 Rz. 71; *Krieger* in MünchHdb. AG, § 72 Rz. 23; *Veil* in Spindler/Stilz, § 292 Rz. 20.
38 *Hüffer*, § 292 Rz. 16.
39 *Emmerich* in Emmerich/Habersack, Aktien- und GmbH-Konzernrecht, § 292 Rz. 27a; *Krieger* in MünchHdb. AG, § 72 Rz. 23.

22 Eine Gegenleistung ist **unangemessen**, wenn sie zur Höhe des abzuführenden Gewinnes außer Verhältnis steht[40]. Maßgeblich ist hierfür der Prognosehorizont der vertragschließenden Parteien ex ante. Soweit ein Verstoß gegen die Kapitalbindungsregeln in Rede steht, ist diese Prognose vollständig gerichtlich nachprüfbar. Geht es dagegen um eine Haftung des Vorstands für den Abschluss eines Teilgewinnabführungsvertrages, greift § 93 Abs. 1 Satz 2 ein[41].

2. Stille Gesellschaft

23 Die **stille Beteiligung** an einer AG, §§ 230 ff. HGB, führt zu einer Gewinnbeteiligung des stillen Gesellschafters, ohne dass die Innengesellschaft selbst Unternehmensträgerin wäre[42]. Die herrschende Meinung qualifiziert stille Beteiligungen deshalb für den Regelfall als Teilgewinnabführungsverträge[43]. Auf die Höhe der Gewinnbeteiligung kommt es hierfür nicht an[44].

24 Bei einer **atypischen stillen Beteiligung** können zusätzlich Geschäftsführungs- oder auch Weisungsbefugnisse des stillen Gesellschafters vereinbart sein. Dies ist als Beherrschungsabrede zulässig, wegen der für den Abschluss eines Beherrschungsvertrages geltenden Voraussetzungen aber in der Regel kautelarjuristisch unattraktiv[45]. Die Vereinbarung von Mitwirkungsrechten im Rahmen eines Teilgewinnabführungsvertrages ist nicht von vornherein unzulässig[46], führt insbesondere nicht zwingend zu einem Betriebsüberlassungsvertrag[47]. Das gilt jedenfalls, wenn begrenzte und in engem Zusammenhang mit der stillen Beteiligung stehende Weisungsbefugnisse vereinbart werden[48].

25 Auch wenn eine Vielzahl stiller Gesellschaftsverträge abgeschlossen und die Beteiligungen als Finanzierungsinstrumente eingesetzt werden, sieht das Gesetz **kein Be-**

---

40 *Veil* in Spindler/Stilz, § 292 Rz. 20.
41 Für den Maßstab der Unvertretbarkeit durchgängig *Veil* in Spindler/Stilz, § 292 Rz. 20.
42 Zur Konkurrenz einer stillen Beteiligung mit bereits existierenden unternehmensvertraglichen Bindungen gegenüber anderen Partnern *Berninger*, DB 2004, 297, 298 ff.
43 BGH v. 8.5.2006 – II ZR 123/05, WM 2006, 1154, 1156; LG Bonn v. 10.1.2006 – 11 O 79/05, Der Konzern 2006, 557, 558; LG Berlin v. 19.7.2000 – 105 O 32/00 – „Deutsche Hypothekenbank AG", AG 2001, 95, 96; *Berninger*, DB 2004, 297, 299; *Blaurock* in FS Großfeld, 1989, S. 83, 85; *Jebens*, BB 1996, 701; *K. Schmidt*, ZGR 1984, 295, 299 ff.; zum Vertragsschluss bei Umwandlung einer GmbH als verpflichteter Gesellschaft in eine AG: *K. Mertens*, AG 2000, 32, 37 f.
44 BGH v. 21.7.2003 – II ZR 109/02, AG 2003, 625, 626 f.; OLG Celle v. 15.5.1996 – 9 U 41/95, AG 1996, 370; OLG Celle v. 22.9.1999 – 9 U 1/99, AG 2000, 280; OLG Düsseldorf v. 12.7.1996 – 17 U 201/95 – „Citicorp Deutschland AG", AG 1996, 473; OLG Hamm v. 28.11.2002 – 27 U 66/02, AG 2003, 520, 521; OLG Stuttgart v. 16.6.1999 – 20 U 5/99, NZG 2000, 93, 94; *Altmeppen* in MünchKomm. AktG, § 292 Rz. 65; *Bachmann/Veil*, ZIP 1999, 348, 351; *Emmerich* in Emmerich/Habersack, Aktien- und GmbH-Konzernrecht, § 292 Rz. 29; *Hüffer*, § 292 Rz. 15; *Koppensteiner* in KölnKomm. AktG, § 292 Rz. 61; *K. Schmidt*, ZGR 1984, 295, 297 ff.; *Semler* in FS Werner, 1984, S. 855, 861; *Winter* in FS Peltzer, 2001, S. 645, 649 f.; *Veil* in Spindler/Stilz, § 292 Rz. 21.
45 *Veil* in Spindler/Stilz, § 292 Rz. 24.
46 OLG Braunschweig v. 3.9.2003 – 3 U 140/02, ZIP 2003, 1793, 1794 = AG 2003, 686; *Altmeppen* in MünchKomm. AktG, § 292 Rz. 67; *Blaurock* in FS Großfeld, 1989, S. 83, 86; *Hüffer*, § 292 Rz. 15; *Jebens*, BB 1996, 701; *Koppensteiner* in KölnKomm. AktG, § 292 Rz. 62; *K. Schmidt*, ZGR 1984, 295, 297, 306.
47 *K. Schmidt*, ZGR 1984, 295, 297 ff. Für eine Einordnung der atypisch stillen Gesellschaft als Betriebsüberlassung *Schulze-Osterloh*, ZGR 1974, 427, 447 f., 450 ff.; krit. *Bachmann/Veil*, ZIP 1999, 348, 352 f.; *Veil* in Spindler/Stilz, § 292 Rz. 23. Weniger Bedenken bei BGH v. 21.7.2003 – II ZR 109/02, NJW 2003, 3412, 3414 = AG 2003, 625.
48 Ähnlich *Schulze-Osterloh*, ZGR 1974, 427, 457 ff.

zugsrecht der Aktionäre vor. Eine Analogie zu § 221 Abs. 4 lehnt die herrschende Meinung ab[49].

3. Genussrechte, Zinsen, Gewinne einzelner Geschäfte

Gewinnorientierte **Genussrechte** unterliegen nach herrschender Meinung den für Teilgewinnabführungsverträge geltenden Voraussetzungen (s. oben § 221 Rz. 45)[50].   26

Zinsen sind kein Gewinn und deshalb auch kein Teilgewinn im Sinne des § 292. Das gilt unabhängig von der Ausgestaltung der Zinsabrede als fest oder variabel. Auch ein Zinssatz, der in Abhängigkeit vom Gewinn variiert, ist nicht selbst Gewinn und aus diesem Grund kein tauglicher Gegenstand eines Teilgewinnabführungsvertrages[51]. Auf die Frage, ob das Gewinnbezugsrecht des Aktionärs durch eine Zinsvereinbarung in ähnlicher Weise beeinträchtigt wird wie durch einen Teilgewinnabführungsvertrag, kommt es nicht an[52].   27

Die Verpflichtung zur Abführung von **Gewinnen** aus **einzelnen Transaktionen** stellt im Regelfall keinen Teilgewinnabführungsvertrag dar, da sie sich **nicht** auf Abführung eines **periodisch ermittelten** Gewinnes richtet. Verpflichtet sich die Gesellschaft durch einen solchen Vertrag im praktischen Ergebnis zur Abführung großer Teile ihres Gewinnes, ändert sich die Beurteilung nach herrschender Meinung zu Recht nicht[53]. Für den Abschluss wirtschaftlich ungünstiger Verträge hat sich der Vorstand allenfalls haftungsrechtlich zu verantworten.   28

V. Die Betriebspacht, die Betriebsüberlassung (§ 292 Abs. 1 Nr. 3)

Betriebspacht und Betriebsüberlassung sind gem. § 292 Abs. 1 Nr. 3 Unternehmensverträge. Grund für diese gesetzgeberische Qualifikation ist die zumindest zeitweise vorgenommene Änderung des Unternehmensgegenstands von unternehmerischer Tätigkeit zur Erwirtschaftung einer Rente[54]. Durch diese Verträge kann eine ähnliche „**Eingliederungswirkung**" erzielt werden wie beim Abschluss von Beherrschungs- und Gewinnabführungsverträgen. Die Vorstandskompetenzen werden in der Sache auf die Entscheidung über die Verwendung des Pachtzinses reduziert[55]. Vor diesem   29

---

49 BGH v. 21.7.2003 – II ZR 109/02, NJW 2003, 3412, 3413 = AG 2003, 625; *Busch*, AG 1994, 93, 97 f.; a.A. *Veil* in Spindler/Stilz, § 292 Rz. 22; *Veil*, Unternehmensverträge: Organisationsautonomie und Vermögensschutz im Recht der Aktiengesellschaft, 2003, S. 159.

50 BGH v. 21.7.2003 – II ZR 109/02 – „Deutsche Hypothekenbank", BGHZ 156, 38, 42 = AG 2003, 625; *Busch*, AG 1994, 93, 97; *Hirte*, ZBB 1992, 50, 52; *Hirte*, ZIP 1988, 477, 485; *Koppensteiner* in KölnKomm. AktG, § 292 Rz. 59; a.A. *Emmerich* in Emmerich/Habersack, Aktien- und GmbH-Konzernrecht, § 292 Rz. 31a; für obligationsähnliche Genussrechte *Gehling*, WM 1992, 1093, 1096.

51 BayObLG v. 21.3.2001 – 3 Z BR 318/00, AG 2001, 424; *Hüffer*, § 292 Rz. 13; *Emmerich* in Emmerich/Habersack, Aktien- und GmbH-Konzernrecht, § 292 Rz. 26; *K. Schmidt*, ZGR 1984, 295, 300 f.; *Veil* in Spindler/Stilz, § 292 Rz. 15; a.A. OLG Hamburg v. 31.1.2003 – 11 U 196/02, AG 2003, 519.

52 *K. Schmidt*, ZGR 1984, 295, 306.

53 *Veil* in Spindler/Stilz, § 292 Rz. 16.

54 *Altmeppen* in MünchKomm. AktG, § 292 Rz. 6; *Veil* in Spindler/Stilz, § 292 Rz. 37; krit. *Koppensteiner* in KölnKomm. AktG, § 292 Rz. 19. Verbleibende Weisungsbefugnisse des verpachtenden Unternehmens ändern nichts am Rückzug der Unternehmensleitung von unternehmerischer Tätigkeit, a.A. *Fenzl*, Der Konzern 2006, 18, 28 f.

55 *Bachmann/Veil*, ZIP 1999, 348, 352; *Emmerich* in Emmerich/Habersack, Aktien- und GmbH-Konzernrecht, § 292 Rz. 39a.

Hintergrund werden gerade Betriebspacht und Betriebsüberlassung von manchen sogar zu den in § 291 geregelten Organisationsverträgen gezählt[56].

1. Relevante Elemente des Vertragsschlusses

a) Betriebspacht

30   Mit einer Betriebspacht ist ein Vertrag im Sinne der §§ 581 ff. BGB gemeint. Daraus
folgt, dass der Pächter die operative Tätigkeit bezüglich einzelner oder aller Betriebe
des Verpächters übernimmt[57]. Der Pächter handelt dabei im **eigenen Namen** und auf
eigene Rechnung[58]. Auch die Früchte aus dem Pachtgegenstand stehen im Rahmen
einer ordnungsgemäßen Wirtschaft dem Pächter zu, so dass dieser den residualen Ertrag, aber auch das unternehmerische Risiko trägt[59]. Wegen der Qualifikation der Betriebspacht als Pacht im Sinne des § 581 Abs. 1 Satz 2 BGB ist die Vereinbarung einer
Gegenleistung nach herrschender Meinung erforderlich[60].

31   **Arbeitsverhältnisse** gehen nach § 613a BGB auf den Pächter über[61]. Gegebenenfalls
ist **§ 25 HGB** zu beachten[62].

b) Betriebsüberlassung

32   Bei der Betriebsüberlassung führt der Betriebsführer die Geschäfte der **überlassenden
AG oder KGaA in deren Namen.** Hierdurch unterscheidet sich die Betriebsüberlassung von der Betriebspacht[63]. Der Übernehmer wird für **eigene Rechnung** tätig[64].

33   Die Vereinbarung einer **Gegenleistung** ist nach herrschender Meinung nicht Voraussetzung eines Betriebsüberlassungsvertrages[65]. Auf diese Weise wird die Betriebsüberlassung zum Auffangtatbestand, mit welchem auch pachtähnliche Verträge erfasst
werden können, bei denen keine Gegenleistung vereinbart wurde[66]. Die Rechtsfolgen
der Vereinbarung einer unangemessenen Gegenleistung regelt § 292 Abs. 3 (s. unten
Rz. 70 ff.).

---

56 Vgl. *Hommelhoff*, Konzernleitungspflicht, 1982, S. 276 ff.; *Veil*, Unternehmensverträge: Organisationsautonomie und Vermögensschutz im Recht der Aktiengesellschaft, 2003, S. 287 ff.
57 *Altmeppen* in MünchKomm. AktG, § 292 Rz. 97; *Emmerich* in Emmerich/Habersack, Ak-
tien- und GmbH-Konzernrecht, § 292 Rz. 40; *Hüffer*, § 292 Rz. 18; *Koppensteiner* in Köln-
Komm. AktG, § 292 Rz. 75; *Krieger* in MünchHdb. AG, § 72 Rz. 28; *Veil* in Spindler/Stilz,
§ 292 Rz. 38.
58 *Fenzl*, Der Konzern 2006, 18, 21; *Krieger* in MünchHdb. AG, § 72 Rz. 24; *Veil* in Spindler/Stilz,
§ 292 Rz. 38.
59 *Fenzl*, Der Konzern 2006, 18, 21.
60 *Emmerich* in Emmerich/Habersack, Aktien- und GmbH-Konzernrecht, § 292 Rz. 40a; a.A.
Koppensteiner in KölnKomm. AktG, § 292 Rz. 77; *Krieger* in MünchHdb. AG, § 72 Rz. 32;
diff. *Altmeppen* in MünchKomm. AktG, § 292 Rz. 110.
61 *Koppensteiner* in KölnKomm. AktG, § 292 Rz. 95.
62 *Koppensteiner* in KölnKomm. AktG, § 292 Rz. 95.
63 *Raupach* in FS Bezzenberger, 2000, S. 327, 334.
64 *Altmeppen* in MünchKomm. AktG, § 292 Rz. 106; *Emmerich* in Emmerich/Habersack, Ak-
tien- und GmbH-Konzernrecht, § 292 Rz. 44; *Huber*, ZHR 152 (1988), 1, 3 f.; *Hüffer*, § 292
Rz. 19; *Koppensteiner* in KölnKomm. AktG, § 292 Rz. 78; *Krieger* in MünchHdb. AG, § 72
Rz. 24; *Veil* in Spindler/Stilz, § 292 Rz. 38.
65 *Emmerich* in Emmerich/Habersack, Aktien- und GmbH-Konzernrecht, § 292 Rz. 40a; a.A.
Koppensteiner in KölnKomm. AktG, § 292 Rz. 77; *Krieger* in MünchHdb. AG, § 72 Rz. 32;
Schulze-Osterloh, ZGR 1974, 427, 455; diff. *Altmeppen* in MünchKomm. AktG, § 292
Rz. 110.
66 *Hüffer*, § 292 Rz. 18 f.; undeutlich Rz. 25: angemessene Gegenleistung für alle Vertragstypen;
a.A. *Veil* in Spindler/Stilz, § 292 Rz. 42, 45.

Die Geschäftsführung im fremden Namen setzt **Vertretungsmacht** voraus, im Regel- 34
fall aufgrund einer Prokura, § 48 HGB, oder einer Generalhandlungsvollmacht, § 54
HGB (zur Unwiderruflichkeit s. unten Rz. 38)[67].

c) Betriebsführung

Der Betriebsführungsvertrag ist **in § 292 nicht erwähnt**. Durch ihn wird eine betriebs- 35
führende Gesellschaft zur Führung des Unternehmens einer AG oder KGaA gegen
Entgelt verpflichtet[68]. Die Betriebsführung erfolgt für Rechnung dieser Eigentümergesellschaft[69]. Der Betriebsführungsvertrag stellt bislang den einzigen Vertragstyp
dar, welchen die ganz herrschende Meinung trotz des engen Wortlauts unter § 292
Abs. 1 Nr. 3 fasst[70]. Für eine Analogie[71] zu dieser Norm spricht in der Tat der strukturändernde Charakter dieser Verträge, insbesondere die Übertragung der Vorstandskompetenzen auf Dritte[72].

Im Regelfall wird die Geschäftsführung **im Namen der Eigentümergesellschaft** mit 36
Vertretungsmacht erfolgen (sog. echter Betriebsführungsvertrag)[73]. Das ist allerdings
keine zwingende Voraussetzung. Tritt der Betriebsführer **im eigenen Namen** auf, liegt
ein unechter Betriebsführungsvertrag vor[74]. Das wirtschaftliche Risiko aus dem Betriebsführungsvertrag trägt im Grundsatz die Eigentümergesellschaft. Dem Betriebsführer werden seine Aufwendungen ersetzt sowie ein Betriebsführungsentgelt bezahlt[75]. Insofern gilt Vertragsfreiheit. Nur ein besonders grobes Missverhältnis in der
Verteilung der Verlustrisiken führt ausnahmsweise zur Sittenwidrigkeit des Vertrages nach § 138 BGB[76].

---

67 *Altmeppen* in MünchKomm. AktG, § 292 Rz. 107; *Emmerich* in Emmerich/Habersack, Ak-
   tien- und GmbH-Konzernrecht, § 292 Rz. 43; *Koppensteiner* in KölnKomm. AktG, § 292
   Rz. 78; *Krieger* in MünchHdb. AG, § 72 Rz. 29a.
68 *Raupach* in FS Bezzenberger, 2000, S. 327, 339; *K. Schmidt*, GesR, § 17 III 1 (S. 502); *Windbichler*, ZIP 1987, 825, 827.
69 BGH v. 5.10.1981 – II ZR 203/80 – „Holiday Inn", NJW 1982, 1817; zum Betriebsführungsvertrag einer KG; *Veil* in Spindler/Stilz, § 292 Rz. 52.
70 *Altmeppen* in MünchKomm. AktG, § 292 Rz. 149; *Hüffer*, § 292 Rz. 17; *Koppensteiner* in
   KölnKomm. AktG, § 292 Rz. 68; *Veil* in Spindler/Stilz, § 292 Rz. 54; *Weißmüller*, BB 2000,
   1949, 1950; einschränkend *Fenzl*, Der Konzern 2006, 18, 26 f.; anders auch *K. Schmidt*, GesR,
   § 31 III 1 (S. 950): Nähe zum Beherrschungsvertrag.
71 Für unmittelbare Anwendbarkeit *Geßler*, DB 1965, 1691, 1693.
72 *Altmeppen* in MünchKomm. AktG, § 292 Rz. 149; *Hüffer*, § 292 Rz. 17; *Koppensteiner* in
   KölnKomm. AktG, § 292 Rz. 68, 81; *Veil* in Spindler/Stilz, § 292 Rz. 54; mit zutr. Kritik an der
   Methodik der h.M. *Veil*, Unternehmensverträge: Organisationsautonomie und Vermögensschutz im Recht der Aktiengesellschaft, 2003, S. 289; methodisch offen *Krieger* in
   MünchHdb. AG, § 72 Rz. 46.
73 *Huber*, ZHR 152 (1988), 1, 2.
74 *Emmerich* in Emmerich/Habersack, Aktien- und GmbH-Konzernrecht, § 292 Rz. 55; *Fenzl*,
   Der Konzern 2006, 18, 23; *Huber*, ZHR 152 (1988), 1, 4 f.; *Hüffer*, § 292 Rz. 20; *Krieger* in
   MünchHdb. AG, § 72 Rz. 45; *Raupach* in FS Bezzenberger, 2000, S. 327, 339; *K. Schmidt*,
   GesR, § 17 III 1 (S. 502); *Weißmüller*, BB 2000, 1949, 1951 f.
75 *Fenzl*, Der Konzern 2006, 18, 23 f.; *Weißmüller*, BB 2000, 1949, 1952 f.
76 OLG München v. 7.3.1986 – 23 U 1936/82 – „Holiday Inn", AG 1987, 380, 381 (Entscheidung
   nach Zurückverweisung); auch *Huber*, ZHR 152 (1988), 1, 13; s. aber BGH v. 25.2.1982 – II ZR
   174/80 – „Holiday Inn", WM 1982, 394, 396 f.

2. Abgrenzung zu Dauerschuldverhältnissen außerhalb des Anwendungsbereichs des § 292

a) Besondere Gestaltungen von Betriebspacht-, Betriebsüberlassungs-, Betriebsführungsverträgen

37   Betrifft ein Pacht- oder Betriebsüberlassungsvertrag nur **Teilbereiche** der **operativen Tätigkeit** des Unternehmens, handelt es sich nach herrschender Meinung um rein schuldrechtliche Vereinbarungen außerhalb des § 292 Abs. 1 Nr. 3[77]. Dafür spricht, dass die Leitungsmacht des Vorstands im übrigen erhalten bleibt und dass das Gesetz Verpflichtungen, die sich auf Teile beziehen, ausdrücklich hervorhebt, wenn diese erfasst werden sollen, vgl. § 292 Abs. 1 Nr. 1, 2.

38   Wird bei Abschluss eines Betriebsführungs- oder eines Betriebsüberlassungsvertrages eine **unwiderrufliche Generalvollmacht** erteilt und dies mit einem **Ausschluss** von **Weisungs-** oder jedenfalls **Vetorechten** des Eigentümerunternehmens kombiniert, sind die Vorstandskompetenzen der verpflichteten Gesellschaft stark beschränkt. Bereits nach den allgemeinen Grundsätzen des bürgerlichen Rechts ist eine solche Vereinbarung problematisch[78]. Auch § 292 Abs. 1 Nr. 3 legitimiert die restlose Übertragung von Vorstandskompetenzen auf Dritte nicht[79]. Die Wirksamkeit einer solchen Vereinbarung setzt deshalb nach herrschender Meinung die Erfüllung der Anforderungen des § 291 voraus, der diese Kompetenzverlagerung gestattet[80].

39   Die **Abgrenzung** der Betriebspacht und der Betriebsüberlassung von den in § 291 Abs. 1 erfassten **Gewinnabführungs-** und **Beherrschungsverträgen** ist umstritten und wenig übersichtlich. Die überwiegende Meinung neigt zu einer extensiven Interpretation der Tatbestandsmerkmale des § 291, um auf diese Weise atypische Vertragsgestaltungen noch zu erfassen[81]. Der Stand der Literatur entspricht dabei einer Art „beweglichem System", nach welchem die Anforderungen an einen Beherrschungsvertrag erfüllt sein müssen, wenn möglichst viele der folgenden Merkmale vorliegen: vertragliche Vereinbarung eines Weisungsrechts, das in Inhalt und praktischem Ergebnis dem beherrschungsvertraglichen Weisungsrecht entspricht, Übertragung der Rechte aus Beteiligungen, Entscheidung über betriebliche Erhaltungs- und Erweiterungsmaßnahmen mit Kostenübernahme durch die verpflichtete Gesellschaft,[82] Angemessenheit der Gegenleistung und Eignung des Vertrages zur Durchsetzung einheitlicher Leitung[83].

40   Ein Betriebspacht-, Betriebsüberlassungs- oder Betriebsführungsvertrag kann **isoliert**, aber auch in **Kombination mit anderen Unternehmensverträgen**, etwa des § 291, abgeschlossen werden[84]. Beide Verträge müssen in diesem Fall den Anforderungen der §§ 293 ff. vollständig entsprechen. Ein Hauptversammlungsbeschluss über einen Be-

---

77 *Emmerich* in Emmerich/Habersack, Aktien- und GmbH-Konzernrecht, § 292 Rz. 40 f.; *Hüffer*, § 292 Rz. 18; *Krieger* in MünchHdb. AG, § 72 Rz. 28, 48; *Lutter* in FS Westermann, 1974, S. 347, 368; a.A. *Veil*, Unternehmensverträge: Organisationsautonomie und Vermögensschutz im Recht der Aktiengesellschaft, 2003, S. 290.

78 Eingehend *Huber*, ZHR 152 (1988), 1, 16 ff.

79 *Bachmann/Veil*, ZIP 1999, 348, 352; *Hefermehl/Spindler* in MünchKomm. AktG, § 76 Rz. 38; *Krieger* in MünchHdb. AG, § 72 Rz. 51.

80 *Emmerich* in Emmerich/Habersack, Aktien- und GmbH-Konzernrecht, § 292 Rz. 57; *Veil* in Spindler/Stilz, § 292 Rz. 57; wohl auch *Koppensteiner* in KölnKomm. AktG, § 292 Rz. 78, 96; *Krieger* in MünchHdb. AG, § 72 Rz. 29a.

81 Für Anwendung der Grundsätze über den qualifizierten faktischen Konzern *Veil* in Spindler/Stilz, § 292 Rz. 47 ff.; dagegen *Mestmäcker* in FS Kronstein, 1967, S. 129, 150.

82 *Krieger* in MünchHdb. AG, § 72 Rz. 39; *Veil* in Spindler/Stilz, § 292 Rz. 45.

83 *Krieger* in MünchHdb. AG, § 72 Rz. 39.

84 *Krieger* in MünchHdb. AG, § 72 Rz. 41.

herrschungsvertrag ersetzt nicht etwa den Beschluss über einen Vertrag im Sinne des §292 Abs. 1 Nr. 3[85].

b) Teleologische Extension des §292?

Eine teleologische Extension des §292 auf Verträge, welche in bedeutendem Umfang 41 die Einflussnahme auf die unternehmerischen Geschicke des Vertragspartners zulassen, ist insbesondere für langfristige **Liefer-** und **Kreditverträge** diskutiert worden.

Eine Analogie zu §292 hat *Martens* für **Situationen „existentieller wirtschaftlicher** 42 **Abhängigkeit"**, insbesondere für langfristige Lieferbeziehungen mit erheblichem unternehmenspolitischen Einfluss oder Kontrollrechten vorgeschlagen[86]. Das hat zu Recht wenig Gefolgschaft gefunden[87]. Für die von *Martens* beschriebene Gefährdungslage[88] ist es bislang nicht gelungen, prägnante Abgrenzungskriterien zu formulieren.

Die **Einflussnahme auf die Geschäftsführung** des Vertragspartners kommt bei Kredit- 43 verträgen vor allem in Sanierungsfällen, etwa in Form von **financial covenants**, vor[89]. Hieraus hat man abgeleitet, dass solche Verträge nur als Unternehmensverträge analog §292 Abs. 1 Nr. 3 wirksam abgeschlossen werden können[90]. Die herrschende Meinung hält dem die mangelnde Vergleichbarkeit der Sach- und Interessenlage entgegen[91]. Dem ist zu folgen: Die der Mindermeinung zugrunde liegende Prämisse, der Gesetzgeber wolle Verträge, die eine Einflussnahme auf die Leitungsmacht des Vorstandes vorsehen, von vornherein nur in Form eines Unternehmensvertrages zulassen, ist unzutreffend. Auch durch Verträge der AG mit einem dritten Unternehmen werden zu dessen Gunsten keine organschaftlichen Kompetenzen begründet. Diese Verträge wirken folglich rein schuldrechtlich, ihr Bruch wirkt (nur) als Vertragsverletzung.

Franchiseverträge sind nach ganz herrschender Meinung, trotz der engen Einbindung 44 des Franchisenehmers in das unternehmerische Konzept des Franchisegebers, keine Unternehmensverträge[92].

3. Wirkungen des Vertrages

Die verpachtende oder überlassende Eigentümergesellschaft betreibt keine eigene 45 Unternehmenspolitik mehr, ihre Tätigkeit ist auf das Vereinnahmen der vertraglich vereinbarten Gegenleistung beschränkt[93]. Ist der andere Vertragsteil ein Unterneh-

---

85 *Emmerich* in Emmerich/Habersack, Aktien- und GmbH-Konzernrecht, §292 Rz. 45; *Hüffer*, §292 Rz. 21.
86 *Martens*, Die existentielle Wirtschaftsabhängigkeit, 1979, S. 33-36, 140 Mitte.
87 *Altmeppen* in MünchKomm. AktG, §292 Rz. 104; *Emmerich* in Emmerich/Habersack, Aktien- und GmbH-Konzernrecht, §292 Rz. 32; *Hüffer*, §292 Rz. 22; *Krieger* in MünchHdb. AG, §72 Rz. 27; *Koppensteiner* in KölnKomm. AktG, §292 Rz. 85.
88 Z.B. Verpflichtung des abhängigen Unternehmens, seine gesamte Produktion ausschließlich seinem Vertragspartner nach dessen Weisungen anzudienen, s. *Martens*, Die existentielle Wirtschaftsabhängigkeit, 1979, S. 35.
89 *Veil*, Unternehmensverträge: Organisationsautonomie und Vermögensschutz im Recht der Aktiengesellschaft, 2003, S. 284 ff.
90 *Veil*, Unternehmensverträge: Organisationsautonomie und Vermögensschutz im Recht der Aktiengesellschaft, 2003, S. 286 f.
91 *Hüffer*, §292 Rz. 22; *Koppensteiner* in KölnKomm. AktG, §292 Rz. 86; *Krieger* in MünchHdb. AG, §72 Rz. 27.
92 *Veil* in Spindler/Stilz, §292 Rz. 61 f.
93 *Veil* in Spindler/Stilz, §292 Rz. 37.

men, führen Betriebspacht, Betriebsüberlassung und Betriebsführungsvertrag dazu, dass **verbundene Unternehmen** im Sinne des § 15 entstehen[94].

46   Umstritten ist die **Kombination einer Betriebspacht oder eines Betriebsüberlassungs-vertrages mit einem Beherrschungsvertrag.** Die pachtvertraglichen Grundlagen für eine Einflussnahme samt der Folgen des Übergangs der Arbeitsverhältnisse nach § 613a BGB werden im Regelfall weiter reichen als der Umfang des beherrschungs-vertraglichen Weisungsrechts nach § 308. Daraus lässt sich jedoch nicht der Schluss ziehen, in einem mit einem Beherrschungsvertrag kombinierten Betriebspacht- oder Betriebsüberlassungsvertrag müssten diese Instrumente von vornherein auf den Umfang des Weisungsrechts des § 308 reduziert werden. Allerdings geht die herrschende Meinung davon aus, dass die Regelungen der §§ 308 bis 310, insbesondere hinsichtlich der Grenzen nachteiliger Einflussnahme, anwendbar bleiben[95].

VI. Besondere Gewinnbeteiligungen (§ 292 Abs. 2)

47   § 292 Abs. 2 nimmt bestimmte Teilgewinnabführungsverträge aus dem Anwendungsbereich der Vorschrift aus. Dabei handelt es sich nach der Wertung des Gesetzgebers um gängige Gestaltungen, die nach ihrer Bedeutung eine Befassung der Hauptversammlung nicht rechtfertigen[96].

48   Das betrifft bestimmte **Personengruppen**, nämlich Vorstands- oder Aufsichtsratsmitglieder sowie einzelne Arbeitnehmer. Wegen der Bezugnahme auf einzelne Arbeitnehmer fallen Betriebsvereinbarungen nicht unter diesen Ausnahmetatbestand, für sie sind die §§ 293 ff. zu beachten[97].

49   Weiter sind abschließend zwei **Vertragstypen** von den Teilgewinnabführungsverträgen ausgenommen: Verträge des laufenden Geschäftsverkehrs und Lizenzverträge. Bei der Beurteilung der Frage, ob es sich um einen **Vertrag des laufenden Geschäftsverkehrs** handelt, sollen die Grundsätze des § 116 HGB einschlägig sein[98]. Verträge des laufenden Geschäftsverkehrs sind hiernach alle Geschäfte, die keine ungewöhnlichen oder Grundlagengeschäfte sind. Die Entscheidung ist aus der Perspektive des Unternehmers zu fällen, wobei ein großzügiger Maßstab empfohlen wird. Besondere Bedeutung kommt insofern dem Zuschnitt des Unternehmens sowie der Satzung zu[99].

50   Der Begriff des **Lizenzvertrages** ist unter Berücksichtigung des Normzwecks weit zu fassen, insbesondere fallen hierunter auch Know-how-Verträge[100].

---

94 *Emmerich* in Emmerich/Habersack, Aktien- und GmbH-Konzernrecht, § 292 Rz. 47.
95 *Krieger* in MünchHdb. AG, § 72 Rz. 43.
96 *Kropff*, Aktiengesetz, S. 379.
97 *Emmerich* in Emmerich/Habersack, Aktien- und GmbH-Konzernrecht, § 292 Rz. 34; *Hüffer*, § 292 Rz. 27; *Krieger* in MünchHdb. AG, § 72 Rz. 19; *Veil* in Spindler/Stilz, § 293 Rz. 31.
98 *Altmeppen* in MünchKomm. AktG, § 292 Rz. 80 f.; *Hüffer*, § 292 Rz. 28; *Veil* in Spindler/ Stilz, § 292 Rz. 32.
99 Vgl. *Jickeli* in MünchKomm. HGB, § 161 Rz. 6, 8, 10 f.; *Koppensteiner* in KölnKomm. AktG, § 292 Rz. 58.
100 *Altmeppen* in MünchKomm. AktG, § 292 Rz. 82; *Emmerich* in Emmerich/Habersack, Aktien- und GmbH-Konzernrecht, § 292 Rz. 36; *Hüffer*, § 292 Rz. 28; *Koppensteiner* in KölnKomm. AktG, § 292 Rz. 58; *Krieger* in MünchHdb. AG, § 72 Rz. 19.

VII. Kapitalbindungsregeln (§ 292 Abs. 3)

§ 292 Abs. 3 ordnet die **Wirksamkeit von Betriebspacht-, Betriebsüberlassungs- und Betriebsführungsverträgen** trotz eines Verstoßes gegen die §§ 57, 58, 60 an. Auch wenn eine unangemessene Gegenleistung vereinbart wurde, ist der Vertrag mithin zunächst einmal wirksam. Das soll (außerhalb der Lehre von der fehlerhaften Gesellschaft) die erheblichen praktischen Schwierigkeiten, welche die Rückabwicklung durchgeführter Betriebspacht- oder Betriebsüberlassungsverträge aufwirft, vermeiden[101].   51

Die **Richtlinienkonformität** dieser Vorschrift ist für konzernexterne, mit einem Aktionär geschlossene Verträge bezweifelt worden[102]. Das nationale Konzernrecht fällt aber nach einhelliger Auffassung in die Regelungshoheit des nationalen Gesetzgebers. Dieser hat auch europarechtlich die Normsetzungskompetenz, einzelne Verträge mit Aktionären mit Rücksicht auf deren strukturelle Besonderheiten dem Konzernrecht zuzuordnen. Geschieht dies, sind Ausnahmen von der strengen Kapitalbindung die notwendige Folge.   52

Der **Hauptversammlungsbeschluss** ist nach § 292 Abs. 3 Satz 2 anfechtbar, wenn der andere Vertragsteil Aktionär ist und ein Verstoß gegen die §§ 57, 58, 60 vorliegt[103]. Wegen der Kürze der Anfechtungsfrist und deren Warnfunktion hat der Gesetzgeber dies für zumutbar gehalten[104].   53

Anfechtungsgrund kann § 243 Abs. 1 oder § 243 Abs. 2 Satz 1 sein[105]. Die erfolgreiche Anfechtungsklage führt zur Unwirksamkeit des zustimmenden Hauptversammlungsbeschlusses und somit auch des Vertrages[106].   54

Die herrschende Meinung erstreckt den **Anfechtungsausschluss** des **§ 243 Abs. 2 Satz 2** auf die Anfechtung gem. § 243 Abs. 1 (s. oben § 243 Rz. 21). Dagegen spricht, dass die ganz überwiegende Meinung § 243 Abs. 2 Satz 2 zugleich für misslungen hält und die Norm bereits in ihrem unmittelbaren Anwendungsbereich restriktiv handhabt. Das steht einer Ausdehnung des Anfechtungsausschlusses entgegen[107].   55

Die Anwendung der §§ 302, 311 ff. tritt neben die Anfechtung des Zustimmungsbeschlusses der Hauptversammlung[108]. Im Umkehrschluss zu § 292 Abs. 3 sind nach herrschender Meinung die Verträge des § 292 Abs. 1 Nr. 1, 2 auch **rückwirkend** vernichtbar.   56

---

101 *Kropff*, Aktiengesetz, S. 379.
102 *Veil*, Unternehmensverträge: Organisationsautonomie und Vermögensschutz im Recht der Aktiengesellschaft, 2003, S. 174 f.; *Veil* in Spindler/Stilz, § 292 Rz. 45.
103 *Altmeppen* in MünchKomm. AktG, § 292 Rz. 121; *Koppensteiner* in KölnKomm. AktG, § 292 Rz. 28; *Krieger* in MünchHdb. AG, § 72 Rz. 33.
104 *Hüffer*, § 292 Rz. 29; *Veil* in Spindler/Stilz, § 292 Rz. 32.
105 *Emmerich* in Emmerich/Habersack, Aktien- und GmbH-Konzernrecht, § 292 Rz. 51.
106 *Koppensteiner* in KölnKomm. AktG, § 292 Rz. 22.
107 *Altmeppen* in MünchKomm. AktG, § 292 Rz. 122; *Veil* in Spindler/Stilz, § 292 Rz. 44.
108 *Emmerich* in Emmerich/Habersack, Aktien- und GmbH-Konzernrecht, § 292 Rz. 52.

Zweiter Abschnitt. Abschluss, Änderung und Beendigung von Unternehmensverträgen

§ 293
Zustimmung der Hauptversammlung

(1) Ein Unternehmensvertrag wird nur mit Zustimmung der Hauptversammlung wirksam. Der Beschluss bedarf einer Mehrheit, die mindestens drei Viertel des bei der Beschlussfassung vertretenen Grundkapitals umfasst. Die Satzung kann eine größere Kapitalmehrheit und weitere Erfordernisse bestimmen. Auf den Beschluss sind die Bestimmungen des Gesetzes und der Satzung über Satzungsänderungen nicht anzuwenden.

(2) Ein Beherrschungs- oder ein Gewinnabführungsvertrag wird, wenn der andere Vertragsteil eine Aktiengesellschaft oder Kommanditgesellschaft auf Aktien ist, nur wirksam, wenn auch die Hauptversammlung dieser Gesellschaft zustimmt. Für den Beschluss gilt Absatz 1 Satz 2 bis 4 sinngemäß.

(3) Der Vertrag bedarf der schriftlichen Form.

I. Regelungszweck und Regelungsgegenstand 1

II. Der Vertragsschluss 2
1. Kompetenzen und Pflichten des Vorstands 3
   a) Geschäftsführungsbefugnis 3
   b) Einwirkungen der künftigen Obergesellschaft 4
   c) Vertretungsmacht 8
2. Der schwebend unwirksame Unternehmensvertrag 10
   a) Die Verpflichtung des Vorstands im Innenverhältnis 11
   b) Die Verpflichtung der AG im Außenverhältnis 14
      aa) Keine leistungssichernde Nebenpflicht 18
      bb) Culpa in contrahendo 19
      cc) Beendigung des Schwebezustandes 20

III. Zustimmungsbeschluss der Hauptversammlung der Untergesellschaft (§ 293 Abs. 1) 21
1. Anwendungsbereich und Gegenstand des Zustimmungsbeschlusses 21
2. Zustandekommen des Zustimmungsbeschlusses 24

IV. Zustimmungsbeschluss der Hauptversammlung der Obergesellschaft (§ 293 Abs. 2) 29

V. Zustimmungsbeschluss bei mehrstufigen Unternehmensverbindungen . . 30

VI. Schriftform des Unternehmensvertrages (§ 293 Abs. 3) 33

VII. Beschlussmängel 34

VIII. Rechtsfolgen einer erteilten oder verweigerten Zustimmung 36

IX. Fehlerhafte Unternehmensverträge . . 40
1. Fehlerhafte Beherrschungs- und Gewinnabführungsverträge 40
   a) Voraussetzungen 40
   b) Grenzen 42
   c) Rechtsfolgen 46
2. Fehlerhafte Unternehmensverträge nach § 292 47
   a) Unanwendbarkeit der Lehre von der fehlerhaften Gesellschaft 47
   b) Die Lehre von der fehlerhaften Gesellschaft bei der atypischen stillen Gesellschaft 48

Literatur: *Krieger*, Fehlerhafte Satzungsänderungen – Fallgruppen und Bestandskraft, ZHR 158 (1994), 35; *C. Schäfer*, Die Lehre vom fehlerhaften Verband: Grundlagen, Verhältnis zum allgemeinen Vertragsrecht und Anwendung auf Strukturänderungen, 2002.

I. Regelungszweck und Regelungsgegenstand

Wegen der einschneidenden institutionellen und wirtschaftlichen Folgen eines Unternehmensvertrages verlangt § 293 die **Zustimmung der Hauptversammlung**. Für die Untergesellschaft ist die Mitwirkung der Aktionäre nach § 293 Abs. 1 Satz 1 stets erforderlich[1]. Für die **Obergesellschaft** gilt das gem. § 293 Abs. 2 für Beherrschungs- und Gewinnabführungsverträge wegen der weitreichenden Folgen der §§ 302 ff., insbesondere der Verlustübernahmepflicht[2]. 1

II. Der Vertragsschluss

Das Vertragskonzernrecht enthält, sieht man von § 293 Abs. 3 ab, keine Regelungen zum Abschluss des Unternehmensvertrages, so dass die **§§ 145 ff. BGB** zur Anwendung gelangen (zur Schriftform s. unten Rz. 133). 2

1. Kompetenzen und Pflichten des Vorstands

a) Geschäftsführungsbefugnis

Bei der Entscheidung über den Abschluss eines Unternehmensvertrages hat der Vorstand der Untergesellschaft die **Bonität der künftigen Obergesellschaft** zu prüfen und auf eine möglichst günstige kautelarische Ausgestaltung des Unternehmensvertrages hinzuwirken (zum Fehlen einer Absicherung gegen existenzvernichtende Weisungen s. unten § 308 Rz. 31)[3]. 3

b) Einwirkungen der künftigen Obergesellschaft

Dem Abschluss eines Unternehmensvertrages geht **im Regelfall** der Erwerb einer **Mehrheitsbeteiligung** an der verpflichteten Gesellschaft voraus[4]. Dies ermöglicht einen mit den Stimmen des Mehrheitsaktionärs herbeigeführten Weisungsbeschluss der Hauptversammlung, § 83 Abs. 1 Satz 2, zu einem für die Mehrheit günstigen Zeitpunkt[5]. Insofern besteht kein Stimmrechtsausschluss (s. oben § 136 Rz. 6 ff.), § 83 Abs. 1 Satz 3 verlangt aber die nach § 293 Abs. 1 erforderliche Mehrheit[6]. 4

Schließt der Vorstand in Befolgung eines Weisungsbeschlusses einen Unternehmensvertrag, befreit ihn das gem. § 93 Abs. 4 Satz 1 von seiner **Haftung**[7]. 5

---

1 *Kropff*, Aktiengesetz, S. 380.
2 *Kalss*, Die Reform des Österreichischen Kapitalgesellschaftsrechts, 16. ÖJT Band II/1, S. 678 f.; *Kropff*, Aktiengesetz, S. 381.
3 *Fleischer* in Fleischer, Handbuch des Vorstandsrechts, § 18 Rz. 101; *Koppensteiner* in KölnKomm. AktG, § 308 Rz. 73.
4 *Lutter* in FS Westermann, 1974, S. 347, 349; zu Abhängigkeitsbericht und Nachteilsausgleich in der Phase zwischen Übernahme und Abschluss eines Beherrschungsvertrages: *Friedl*, NZG 2005, 875.
5 Krit. zum Zeitpunkt *Reul*, Die Pflicht zur Gleichbehandlung der Aktionäre bei privaten Kontrolltransaktionen, 1991, S. 282. Allg. *Altmeppen* in MünchKomm. AktG, § 293 Rz. 6; *Emmerich* in Emmerich/Habersack, Aktien- und GmbH-Konzernrecht, § 293 Rz. 16; *Koppensteiner* in KölnKomm. AktG, § 293 Rz. 5; *Veil* in Spindler/Stilz, § 293 Rz. 2.
6 BGH v. 16.11.1981 – II ZR 150/80 – „Hoesch/Hoogovens", BGHZ 82, 188, 195 ff. = AG 1982, 129 (zu § 361 a.F.); *Hüffer*, § 293 Rz. 2.
7 *Altmeppen* in MünchKomm. AktG, § 293 Rz. 28 f.; *Canaris*, ZGR 1978, 207, 216; *Emmerich* in Emmerich/Habersack, Aktien- und GmbH-Konzernrecht, § 293 Rz. 14; *Koppensteiner* in KölnKomm. AktG, § 293 Rz. 23.

6   **Weigert sich der Vorstand, einen Weisungsbeschluss auszuführen**, haftet er im
    Grundsatz nach § 93 Abs. 2 und setzt im Regelfall einen wichtigen Grund für seine
    Abberufung, § 84 Abs. 3. Eine auf Erfüllung gerichtete Klage ist im Grundsatz zuläs-
    sig. Die Weigerung des Vorstands ist aber zulässig, wenn schon vor Vertragsabschluss
    Tatsachen vorlagen, die zur Kündigung aus wichtigem Grund berechtigt hätten.

7   Die **Hauptversammlung** der **künftigen Obergesellschaft** kann nach zutreffender
    herrschender Meinung ebenfalls einen Weisungsbeschluss fassen (s. oben § 83
    Rz. 6)[8].

c) Vertretungsmacht

8   Zum Abschluss des Unternehmensvertrages ist nur der Vorstand befugt, § 78. Die
    Zustimmungserfordernisse des § 293 Abs. 1, 2 beschränken allerdings dessen **Vertre-
    tungsmacht** im Außenverhältnis[9]. Solange kein wirksamer Zustimmungsbeschluss
    vorliegt, bleibt der Unternehmensvertrag damit schwebend unwirksam. Wird der Zu-
    stimmungsbeschluss endgültig verweigert, hat der Vorstand ohne Vertretungsmacht
    gehandelt. Seiner **Haftung aus § 179 Abs. 1 BGB** steht aber § 179 Abs. 3 Satz 1 BGB
    entgegen. Die Kenntnis des gesetzlichen Zustimmungserfordernisses kann man vom
    Vertragspartner im Regelfall verlangen[10].

9   Der **Aufsichtsrat** hat beim Abschluss von Unternehmensverträgen keine Vertre-
    tungszuständigkeit. Eine Zustimmungsbedürftigkeit kann im Rahmen des § 111
    Abs. 4 Satz 2 begründet werden[11]. Verweigert der Aufsichtsrat die Zustimmung, kann
    sie nach § 111 Abs. 4 Satz 3 durch Hauptversammlungsbeschluss ersetzt werden. Da-
    bei sprechen die besseren Gründe dafür, für diesen Beschluss eine qualifizierte Mehr-
    heit zu verlangen, um den von § 293 intendierten Schutz auch auf dieser Ebene zur
    Geltung zu bringen[12].

2. Der schwebend unwirksame Unternehmensvertrag

10 Die Wirksamkeit des Unternehmensvertrages setzt nach dem Vertragsschluss noch
    die Zustimmung der Hauptversammlung und die Eintragung voraus. Bevor beides ge-
    schehen ist, ist der Vertrag schwebend unwirksam[13]. Dieser Zustand schafft Proble-
    me, wenn der Vorstand die Vorlage an die Hauptversammlung oder die Eintragung
    beim Handelsregister nicht betreibt und wenn die Hauptversammlung einen gefass-
    ten Zustimmungsbeschluss wieder aufhebt.

---

8   *Altmeppen* in MünchKomm. AktG, § 293 Rz. 7; *Emmerich* in Emmerich/Habersack, Aktien-
    und GmbH-Konzernrecht, § 293 Rz. 16; *Veil* in Spindler/Stilz, § 293 Rz. 3; a.A. *Hüffer*, § 293
    Rz. 23; *Koppensteiner* in KölnKomm. AktG, § 293 Rz. 9.

9   *Altmeppen* in MünchKomm. AktG, § 293 Rz. 5; *Emmerich* in Emmerich/Habersack, Aktien-
    und GmbH-Konzernrecht, § 293 Rz. 15; *Koppensteiner* in KölnKomm. AktG, § 293 Rz. 11;
    Veil in Spindler/Stilz, § 293 Rz. 5.

10 *Altmeppen* in MünchKomm. AktG, § 293 Rz. 5; *Emmerich* in Emmerich/Habersack, Aktien-
    und GmbH-Konzernrecht, § 293 Rz. 15; *Hüffer*, § 293 Rz. 24; *Koppensteiner* in KölnKomm.
    AktG, § 293 Rz. 11; *Veil* in Spindler/Stilz, § 293 Rz. 5.

11 *Emmerich* in Emmerich/Habersack, Aktien- und GmbH-Konzernrecht, § 293 Rz. 34; *Hüffer*,
    § 293 Rz. 25; diff. *Altmeppen* in MünchKomm. AktG, § 293 Rz. 11.

12 *Emmerich* in Emmerich/Habersack, Aktien- und GmbH-Konzernrecht, § 293 Rz. 34; *Hüffer*,
    § 293 Rz. 25; *Krieger* in MünchHdb. AG, § 70 Rz. 14; a.A. *Veil* in Spindler/Stilz, § 293 Rz. 4;
    diff. *Altmeppen* in MünchKomm. AktG, § 293 Rz. 12.

13 KG v. 15.3.1999 – 8 U 4630/98, AG 2000, 183, 185.

a) Die Verpflichtung des Vorstands im Innenverhältnis

Im Verhältnis der AG zu ihrem Vorstand ist dieser zur **Vorlage des Unternehmens-** 11
vertrages vor der Hauptversammlung nur verpflichtet, wenn ein dahingehender Weisungsbeschluss der Hauptversammlung vorliegt, § 83 Abs. 1[14].

Hat die Hauptversammlung dem Unternehmensvertrag bereits zugestimmt, ist der 12
Vorstand nach § 83 Abs. 2 zur Ausführung der beschlossenen Maßnahmen, mithin
zur **Anmeldung beim Handelsregister**, verpflichtet. Kommt der Vorstand diesen
Pflichten nicht nach, greifen die §§ 93 Abs. 2, 84 Abs. 3 (s. oben § 83 Rz. 10).

Hebt die Hauptversammlung noch während der schwebenden Unwirksamkeit einen 13
Zustimmungsbeschluss wieder auf, ist der Vorstand auch verpflichtet, den Vertragspartner hiervon in Kenntnis zu setzen und einen etwa gestellten Anmeldungsantrag
beim Handelsregister zurückzunehmen.

b) Die Verpflichtung der AG im Außenverhältnis

Im Verhältnis der AG zu ihrem Vertragspartner liegt **vor Zustimmungsbeschluss und** 14
Eintragung kein wirksamer Vertrag vor. Vertragliche Leistungspflichten sind zu diesem Zeitpunkt noch nicht entstanden, sonstige Folgen, wie § 291 Abs. 3, treten noch
nicht ein.

Hiervon scharf zu trennen ist die Frage, ob ein **Anspruch des Vertragspartners gegen** 15
die Gesellschaft auf Hauptversammlungsbefassung oder auf Handelsregisteranmeldung besteht[15].

Ein einklagbarer Anspruch kann durch eine **explizite vertragliche Vereinbarung** au- 16
ßerhalb des Unternehmensvertrages begründet werden[16]. Das Recht, von dieser Vereinbarung zurückzutreten oder Schadensersatz zu verlangen, bestimmt sich nach den
§§ 280, 281, 323, 325 BGB. Der Begründung einer solchen Pflicht stehen verbandsrechtliche Aspekte nicht entgegen, solange die verbandsinterne Willensbildung nur
beschleunigt, nicht dagegen in eine bestimmte Richtung gelenkt werden soll. Eine
konkludente Vereinbarung setzt deutliche Anhaltspunkte voraus[17].

Ohne vertragliche Vereinbarung über die Befassung der Hauptversammlung oder die 17
Anmeldung beim Handelsregister sind für einen gegen die AG gerichteten vertraglichen Anspruch **zwei dogmatische Grundlagen** vorstellbar: leistungssichernde Nebenpflichten oder culpa in contrahendo[18].

aa) Keine leistungssichernde Nebenpflicht.

aa) Keine leistungssichernde Nebenpflicht. Die **herrschende Meinung** nimmt eine 18
leistungssichernde Nebenpflicht an, alles zu unterlassen, was den Erfolg des angestrebten Vertrages gefährdet.[19] Noch darüber hinausgehend wird von vielen die

---

14 OLG München v. 14.6.1991 – 23 U 4638/90, AG 1991, 358; *Geßler* in G/H/E/K § 293 Rz. 13.
15 Auf unterschiedlichste Weise begründen eine solche eingeschränkte Bindungswirkung des
    schwebend unwirksamen Vertrages: KG v. 15.3.1999 – 8 U 4630/98, AG 2000, 183, 186; *Hüf-*
    fer, § 293 Rz. 15 und § 294 Rz. 2; *Krieger* in MünchHdb. AG, § 70 Rz. 17; *Mutze*, AG 1967,
    215, 217; für eine dahingehende vertragliche Nebenpflicht *Koppensteiner* in KölnKomm.
    AktG, § 293 Rz. 24; wohl auch *Kort*, DZWiR 1993, 292, 293; dagegen *Altmeppen* in Münch-
    Komm. AktG, § 293 Rz. 17 ff.; *Emmerich* in Emmerich/Habersack, Aktien- und GmbH-Kon-
    zernrecht, § 293 Rz. 29; *Veil* in Spindler/Stilz, § 293 Rz. 10 ff.
16 A.A. *Altmeppen* in MünchKomm. AktG, § 293 Rz. 20.
17 Geringere Anforderungen stellt insoweit wohl *Koppensteiner* in KölnKomm. AktG, § 293
    Rz. 24 und ihm folgend OLG Braunschweig v. 3.9.2003 – 3 U 140/02 – „Securenta AG I", AG
    2003, 686, 687.
18 Hierfür *Geßler* in G/H/E/K, § 293 Rz. 14, aber mit unklarer Rechtsfolge unter Rz. 15.
19 *Koppensteiner* in KölnKomm. AktG, § 293 Rz. 24 ff.; *Krieger* in MünchHdb. AG, § 70 Rz. 17,
    52.

Pflicht bejaht, das weitere Wirksamwerden des Vertrages positiv zu befördern[20]. Dem ist **nicht zu folgen**. Rein vertragsrechtliche Erwägungen berücksichtigen nicht, dass die §§ 293, 83 vorrangige Regeln über den Abschluss der verbandsinternen Willensbildung begründen. Der Vertragspartner kann deshalb die Gesellschaft nicht auf Vorlage des Vertrages vor der Hauptversammlung, auf Unterlassung der Aufhebung eines bereits gefassten Zustimmungsbeschlusses durch die Hauptversammlung oder auf Anmeldung des Vertrages zum Handelsregister in Anspruch nehmen.

19   **bb) Culpa in contrahendo.** Ein Anspruch des Vertragspartners aus cic kommt in Betracht, richtet sich aber nur auf Schadensersatz in Geld[21]. Aus den §§ 311 Abs. 2, 241 Abs. 2 BGB lässt sich unstreitig eine Treuepflicht ableiten, die zu einem Grundmaß an loyalem Verhalten gegenüber dem Partner verpflichtet[22]. Wer einen Vertragsschluss als sicher in Aussicht stellt[23] und hierdurch qualifiziertes Vertrauen der Gegenseite erweckt, ist bei **Nichtvorlage des Vertrages zur Zustimmung der Hauptversammlung** oder bei **Nichtanmeldung beim Handelsregister** ohne triftigen Grund zum Ersatz des Vertrauensschadens verpflichtet[24]. Diese cic setzt noch nicht abgeschlossene Verhandlungen voraus und kollidiert deshalb nicht mit vorrangigen Regeln über die verbandsinterne Willensbildung. Bei der Bemessung der Schadenshöhe ist die Kenntnis des Vertragspartners von der schwebenden Unwirksamkeit in Rechnung zu stellen[25]. **Hebt die Hauptversammlung** in einer außerordentlichen Sitzung noch vor der Eintragung des Vertrages **ihren Zustimmungsbeschluss wieder auf**, gilt dasselbe[26].

20   **cc) Zur Beendigung des Schwebezustandes** hält das BGB analogiefähige Vorschriften bereit: Widerrufs- oder Rücktrittsrecht des vertragstreuen Partners (§ 178[27], § 323 Abs. 4 BGB[28]), eine Aufforderung zur Genehmigung (§§ 108 Abs. 2, 177 Abs. 2 BGB[29]) oder die Lösung vom Vertrag aus wichtigem Grund (§ 314 Abs. 1, 2 BGB). Für eine Analogie zu der zuletzt genannten Vorschrift spricht deren Flexibilität. Hiernach ist

---

20   *Hüffer*, § 293 Rz. 15; *Koppensteiner* in KölnKomm. AktG, § 293 Rz. 24 ff.; *Krieger* in MünchHdb. AG, § 70 Rz. 17, 52; ebenso für die Verschmelzung *Austmann/Frost*, ZHR 169 (2005), 431, 458 ff.
21   *Geßler* in G/H/E/K, § 293 Rz. 14; ausnahmsweise *Altmeppen* in MünchKomm. AktG, § 293 Rz. 21; im Ergebnis ablehnend *Emmerich* in Emmerich/Habersack, Aktien- und GmbH-Konzernrecht, § 293 Rz. 29.
22   Vgl. *Emmerich* in MünchKomm. BGB, § 311 Rz. 177.
23   Zur Abgrenzung von noch unverbindlichen Verhandlungen im Fall einer Verschmelzung *Austmann/Frost*, ZHR 169 (2005), 431, 438 f.
24   BGH v. 7.2.1980 – III ZR 23/78, BGHZ 76, 343, 349; BGH v. 6.2.1969 – II ZR 86/67, WM 1969, 595; BGH v. 10.7.1975 – II ZR 154/72, BGHZ 65, 79; zu Pflichten im Vorfeld von Verschmelzungen *Austmann/Frost*, ZHR 169 (2005), 431, 438 f.
25   *Altmeppen* in MünchKomm. AktG, § 293 Rz. 21; *Koppensteiner* in KölnKomm. AktG, § 293 Rz. 27. Nach denselben Grundsätzen ist zu entscheiden, wenn die Gesellschaft während der Schwebezeit einen Unternehmensvertrag mit einem konkurrierenden Unternehmen schließt; a.A. *Koppensteiner* in KölnKomm. AktG, § 293 Rz. 24 a.E.; wie hier *Veil* in Spindler/Stilz, § 293 Rz. 12.
26   Für einen Hauptversammlungsbeschluss des Inhalts, der Vorstand dürfe die Anmeldung nicht vornehmen, bietet das AktG hingegen keine Grundlage; anders *Emmerich* in Emmerich/Habersack, Aktien- und GmbH-Konzernrecht, § 293 Rz. 32.
27   Für eine Analogie *Altmeppen* in MünchKomm. AktG, § 293 Rz. 25; *Veil* in Spindler/Stilz, § 293 Rz. 12.
28   Für eine Analogie *Emmerich* in Emmerich/Habersack, Aktien- und GmbH-Konzernrecht, § 293 Rz. 31a; *Altmeppen* in MünchKomm. AktG, § 293 Rz. 71 ff.; *Krieger* in MünchHdb. AG, § 70 Rz. 17; OLG Braunschweig v. 3.9.2003 – 3 U 140/02, AG 2003, 686, 687; offen in: OLG Celle v. 15.5.1996 – 9 U 41/95, AG 1996, 370, 371; OLG Hamm v. 28.11.2002 – 27 U 66/02, AG 2003, 520, 521; OLG Stuttgart v. 6.11.2002 – 14 U 21/02, AG 2003, 53; *Koppensteiner* in KölnKomm. AktG, § 293 Rz. 27.
29   Für eine Parallele hierzu *Altmeppen* in MünchKomm. AktG, § 293 Rz. 23.

beiden Vertragspartnern die Abstandnahme von dem schwebend unwirksamen Vertrag gestattet und zwar unabhängig davon, ob die Hauptversammlung einer der Parteien bereits zugestimmt oder die reguläre Hauptversammlung stattgefunden hat[30].

III. Zustimmungsbeschluss der Hauptversammlung der Untergesellschaft (§ 293 Abs. 1)

1. Anwendungsbereich und Gegenstand des Zustimmungsbeschlusses

§ 293 Abs. 1 Satz 1 verlangt „einen Hauptversammlungsbeschluss". Jedenfalls für 21 Gewinnabführungs- und Beherrschungsverträge ergibt sich aus dem Zusammenhang mit § 293 Abs. 2 Satz 1, dass der **Zustimmungsbeschluss der Untergesellschaft** gemeint ist. Für Unternehmensverträge im Sinne des § 292 muss dementsprechend die Hauptversammlung der Untergesellschaft zustimmen, mithin die zur Teilgewinnabführung verpflichtete, die verpachtende oder überlassende AG[31].

Der Zustimmungsbeschluss ist für jeden Unternehmensvertrag im Sinne der 22 §§ 291, 292 erforderlich (zu Altverträgen s. oben § 291 Rz. 72)[32]. **Gegenstand des Zustimmungsbeschlusses** ist der gesamte Vertrag samt aller Nebenabreden, die mit dem Vertrag ein einheitliches Rechtsgeschäft im Sinne des § 139 BGB bilden[33]. Die Hauptversammlung kann nur insgesamt zustimmen oder ablehnen.

Für die Zustimmung gelten die **§§ 183 f. BGB**. Der Zustimmungsbeschluss kann 23 dem Abschluss des Unternehmensvertrages vorangehen oder nachfolgen[34]. Wird die Verwaltung durch den Zustimmungsbeschluss ermächtigt, bezieht sich diese Ermächtigung nur auf den Vertragsentwurf, welcher der Hauptversammlung vorgelegen hat[35].

2. Zustandekommen des Zustimmungsbeschlusses

Der Zustimmungsbeschluss bedarf nach § 133 Abs. 1 der einfachen Mehrheit der abgegebenen Stimmen und zusätzlich einer Mehrheit von drei Vierteln des vertretenen 24 Grundkapitals, § 293 Abs. 1 Satz 2. Für Vorzugsaktien gilt § 140 Abs. 2 Satz 2.[36]

Jeder Aktionär ist stimmberechtigt[37]. § 293 Abs. 1 liegt die bewusste Entscheidung 25 des Gesetzgebers gegen einen Stimmrechtsausschluss für den Mehrheitsaktionär zugrunde[38]. Das impliziert die **Tolerierung dominierender Sonderinteressen des Mehr-**

---

30 Zum letzten Punkt a.A. *Altmeppen* in MünchKomm. AktG, § 293 Rz. 25.
31 *Altmeppen* in MünchKomm. AktG, § 293 Rz. 30; *Emmerich* in Emmerich/Habersack, Aktien- und GmbH-Konzernrecht, § 293 Rz. 5; *Hüffer*, § 293 Rz. 3.
32 *Hüffer*, § 293 Rz. 2.
33 *Altmeppen* in MünchKomm. AktG, § 293 Rz. 56; *Emmerich* in Emmerich/Habersack, Aktien- und GmbH-Konzernrecht, § 293 Rz. 26; *Hüffer*, § 293 Rz. 5; *Koppensteiner* in KölnKomm. AktG, § 293 Rz. 32 ff.; *Veil* in Spindler/Stilz, § 293 Rz. 14.
34 BGH v. 16.11.1981 – II ZR 150/80 – „Hoesch/Hoogovens", BGHZ 82, 188, 193 f. = AG 1982, 129; *Emmerich* in Emmerich/Habersack, Aktien- und GmbH-Konzernrecht, § 293 Rz. 25; *Hüffer*, § 293 Rz. 4; *Kropff*, Aktiengesetz, S. 383; *Veil* in Spindler/Stilz, § 293 Rz. 16.
35 *Koppensteiner* in KölnKomm. AktG, § 293 Rz. 6.
36 *Altmeppen* in MünchKomm. AktG, § 293 Rz. 37; *Emmerich* in Emmerich/Habersack, Aktien- und GmbH-Konzernrecht, § 293 Rz. 30; *Koppensteiner* in KölnKomm. AktG, § 293 Rz. 28; *Krieger* in MünchHdb. AG, § 70 Rz. 49; *Veil* in Spindler/Stilz, § 293 Rz. 17.
37 Zu § 32 MitbestG s. *Altmeppen* in MünchKomm. AktG, § 293 Rz. 42; *Veil* in Spindler/Stilz, § 293 Rz. 21.
38 *Altmeppen* in MünchKomm. AktG, § 293 Rz. 41; *Emmerich*, AG 1991, 303, 307; *Koppensteiner* in KölnKomm. AktG, § 293 Rz. 30; *Kropff*, Aktiengesetz, S. 381 f.; *Veil* in Spindler/Stilz, § 293 Rz. 20.

heitsaktionärs. Den Interessen der Minderheit tragen die §§ 29, 35 WpÜG, bei Vertragsabschluss die §§ 302 ff. Rechnung. Bei Unternehmensverträgen gem. § 292 hält der Gesetzgeber das Schutzinstrumentarium der §§ 57 ff. sowie des Bürgerlichen Rechts für hinreichend[39]. Eine materielle Inhaltskontrolle findet grundsätzlich nicht statt[40].

26   Ein **Minderheitsaktionär, der über eine Sperrminorität verfügt,** kann nur in Ausnahmefällen verpflichtet sein, dem Unternehmensvertrag zuzustimmen[41].

27   Für die **Beschlussfassung über eine Vielzahl von Verträgen,** insbesondere bei stillen Beteiligungen, hat die Rechtsprechung anerkannt, dass nicht jeder einzelne Vertrag in einem eigenen Tagesordnungspunkt erörtert und zur Abstimmung gestellt werden muss, jedenfalls wenn zwischen diesen ein enger Sachzusammenhang besteht[42].

28   Die **Bestimmungen über Satzungsänderungen** sind nach § 293 Abs. 1 Satz 4 nicht anwendbar. Die Norm entscheidet eine Streitfrage zum alten Recht und hat wenig praktische Bedeutung[43].

IV. Zustimmungsbeschluss der Hauptversammlung der Obergesellschaft (§ 293 Abs. 2)

29   § 293 Abs. 2 verlangt einen Zustimmungsbeschluss der Obergesellschaft. Auf die Frage, ob diese **außenstehende Aktionäre** hat, kommt es nicht an[44].

V. Zustimmungsbeschluss bei mehrstufigen Unternehmensverbindungen

30   Bei mehrstufigen Unternehmensverbindungen kann es (steuerrechtlich) vorteilhaft sein, Beherrschungs- oder Gewinnabführungsverträge zwischen Mutter und Tochter sowie zwischen Tochter und Enkelin zu schließen. Wenn zum Zeitpunkt des Vertragsabschlusses zwischen Mutter und Tochter bereits Unternehmensverträge zwischen Tochter und Enkelin bestehen, deckt der Zustimmungsbeschluss der Hauptversammlung der Mutter zum Unternehmensvertrag mit der Tochter deren Verträge mit der Enkelin ab[45].

31   Umstritten ist, ob in der umgekehrten Situation, wenn einem bestehenden Vertrag zwischen Mutter und Tochter ein Unternehmensvertrag zwischen Tochter und Enkelin nachfolgt, die Hauptversammlung der Mutter **analog § 293 Abs. 2** diesem Ver-

---

39 *Veil* in Spindler/Stilz, § 293 Rz. 25.
40 *Altmeppen* in MünchKomm. AktG, § 293 Rz. 51; *Hüffer*, § 293 Rz. 7; *Krieger* in MünchHdb. AG, § 70 Rz. 50; *Lutter*, ZGR 1979, 401, 411 f.; *Lutter*, ZGR 1981, 171, 176 f.; *Semler*, BB 1983, 1566, 1569; *Veil* in Spindler/Stilz, § 293 Rz. 24; *Wiedemann/Hirte* in FS 50 Jahre BGH, S. 337, 373; jetzt auch *Emmerich* in Emmerich/Habersack, Aktien- und GmbH-Konzernrecht, § 293 Rz. 35 für die abhängige Gesellschaft, anders Rz. 37 für die herrschende Gesellschaft; a.A. noch *Emmerich*, AG 1991, 303, 307; *Timm*, ZGR 1987, 403, 427 für erstmalige Begründung einer Konzernlage.
41 *Emmerich* in Emmerich/Habersack, Aktien- und GmbH-Konzernrecht, § 293 Rz. 30; *Veil* in Spindler/Stilz, § 293 Rz. 22; weiter *Altmeppen* in MünchKomm. AktG, § 293 Rz. 43 ff.
42 OLG Celle v. 15.5.1996 – 9 U 41/95, AG 1996, 370; LG Berlin v. 19.7.2000 – 105 O 32/00 – „Deutsche Hypothekenbank AG", AG 2001, 95, 96.
43 *Altmeppen* in MünchKomm. AktG, § 293 Rz. 2; *Emmerich* in Emmerich/Habersack, Aktien- und GmbH-Konzernrecht, § 293 Rz. 23; *Veil* in Spindler/Stilz, § 293 Rz. 19.
44 *Hüffer*, § 293 Rz. 17.
45 *Altmeppen* in MünchKomm. AktG, § 293 Rz. 28 f.; *Emmerich* in Emmerich/Habersack, Aktien- und GmbH-Konzernrecht, § 293 Rz. 12a; *Hüffer* § 293 Rz. 20; *Koppensteiner* in KölnKomm. AktG, § 293 Rz. 45; *Veil* in Spindler/Stilz, § 293 Rz. 41.

trag zustimmen muss. Eine **verbreitete Meinung nimmt das an**[46]. Dem ist **nicht zu folgen.**[47] Die Vermögensinteressen der Mutter werden nicht zwingend beeinträchtigt. Denkbar ist allenfalls, dass der **Vorstand der Mutter nach den Holzmüller/Gelatine-Grundsätzen verpflichtet ist**, seiner Hauptversammlung den Abschluss eines Unternehmensvertrages der Tochter mit der Enkelin vorzulegen und in der Hauptversammlung der Tochter entsprechend abzustimmen. Das wird man bei einer konzernfremden Enkelin bejahen müssen, nicht dagegen, wenn die Enkelin Konzernunternehmen ist (s. oben § 119 Rz. 26 ff.).

Schließt die **Mutter** selbst einen **Unternehmensvertrag** mit der **Enkelin**, besteht keine Kompetenz der Hauptversammlung der Tochter[48].   32

VI. Schriftform des Unternehmensvertrages (§ 293 Abs. 3)

Der Unternehmensvertrag mit all seinen Nebenabreden bedarf nach § 293 Abs. 3 der 33 Schriftform, § 126 BGB. Die **Urkunde** über den Unternehmensvertrag und ihre **Anlagen** sind gem. § 126 BGB zu einer ohne weiteres erkennbar fortlaufenden Einheit zu verbinden[49]. Die elektronische Form ist zulässig[50]. **Fehlt** es an der Einhaltung der Formerfordernisse, ist der betreffende Vertragsteil nichtig; das Schicksal der übrigen Vertragsteile bestimmt sich nach § 139 BGB.

VII. Beschlussmängel

Konzernrechtliche Besonderheiten bei der Geltendmachung von Beschlussmängeln 34 ergeben sich aus der Zuweisung bewertungsbezogener Mängel zum Spruchverfahren nach den §§ 1 ff. SpruchG und der korrespondierenden Regelung in § 243 Abs. 4 Satz 2 (s. oben § 243 Rz. 32, s. unten § 304 Rz. 110 ff., § 305 Rz. 140).

Das Konzernrecht enthält mit § 304 Abs. 3 Satz 1 eine **besondere Nichtigkeitsanordnung** für den Unternehmensvertrag (s. unten § 304 Rz. 104 ff., § 305 Rz. 138). **Einschränkungen** der allgemeinen Vorschriften zur Nichtigkeit von Hauptversammlungsbeschlüssen finden sich in den §§ 291 Abs. 3, 292 Abs. 3 (s. oben § 291 Rz. 70; § 292 Rz. 51).   35

VIII. Rechtsfolgen einer erteilten oder verweigerten Zustimmung

Ohne Zustimmungsbeschluss ist der Unternehmensvertrag **schwebend unwirksam**[51]. Das gilt grundsätzlich auch, wenn es an einem Zustimmungsbeschluss fehlt, weil seine Erforderlichkeit von den Beteiligten verkannt wurde[52]. Wird der Unterneh-   36

---

46 *Altmeppen* in MünchKomm. AktG, § 293 Rz. 114; *Emmerich* in Emmerich/Habersack, Aktien- und GmbH-Konzernrecht, § 293 Rz. 12; *Lutter* in FS Barz, 1974, S. 199, 213.

47 Ablehnend *Hüffer*, § 293 Rz. 20; *Koppensteiner* in KölnKomm. AktG, § 293 Rz. 45; *Veil* in Spindler/Stilz, § 293 Rz. 41.

48 *Bayer* in FS Ballerstedt, 1975, S. 157, 166; *Pentz*, AG 2004, 1543, 1545.

49 *Altmeppen* in MünchKomm. AktG, § 293 Rz. 16; *Emmerich* in Emmerich/Habersack, Aktien- und GmbH-Konzernrecht, § 293 Rz. 21 f.; *Hüffer*, § 293 Rz. 26; *Koppensteiner* in Köln-Komm. AktG, § 293 Rz. 12; *Krieger* in MünchHdb. AG, § 70 Rz. 15; *Veil* in Spindler/Stilz, § 293 Rz. 9.

50 *Emmerich* in Emmerich/Habersack, Aktien- und GmbH-Konzernrecht, § 293 Rz. 21.

51 *Veil* in Spindler/Stilz, § 293 Rz. 10.

52 *Emmerich* in Emmerich/Habersack, Aktien- und GmbH-Konzernrecht, § 291 Rz. 29a.

mensvertrag dagegen in Vollzug gesetzt, ist er nach der Lehre von der fehlerhaften Gesellschaft wirksam (s. unten Rz. 46).

37   Ist der **Zustimmungsbeschluss angefochten**, hat aber ein **Freigabeverfahren** nach § 246a Erfolg, gilt § 246a Abs. 4 Satz 2 (s. oben § 246a Rz. 27).

38   Wurde die **Zustimmung** nur für **einen Teil des Vertrages** erteilt, für den Rest aber verweigert, werden die Teile, für welche die Zustimmung fehlt, nicht wirksam. Im Übrigen gilt **§ 139 BGB**. Das bedeutet, im Regelfall vollständige Unwirksamkeit[53].

39   Wird die **Zustimmung verweigert**, ist der Unternehmensvertrag endgültig unwirksam. Das gilt auch, wenn die Zustimmung **unter Abänderung** des Vertragstextes **erteilt** wird[54]. Für rein redaktionelle Änderungen ist eine Ausnahme vorgeschlagen worden[55]. Dem ist mit der Maßgabe zuzustimmen, dass es sich nur um Textkorrekturen handelt, die im Beschlussvorschlag sowie im Hauptversammlungsprotokoll festgehalten sind[56].

IX. Fehlerhafte Unternehmensverträge

1. Fehlerhafte Beherrschungs- und Gewinnabführungsverträge

a) Voraussetzungen

40   Die Grundsätze von der fehlerhaften Gesellschaft sind **nach herrschender Meinung** auf fehlerhafte Beherrschungs- und Gewinnabführungsverträge **anwendbar**[57]. Das setzt unstreitig den Abschluss eines Unternehmensvertrages voraus, der nach allgemeinen Grundsätzen unwirksam oder anfechtbar wäre[58]. Die beteiligten Verwaltungen müssen mithin zu einer Willensübereinstimmung gelangt sein. Fehlt es schon hieran, kommen die §§ 311 ff. zur Anwendung.

41   Die Rechtsprechung zur GmbH geht davon aus, die Lehre von der fehlerhaften Gesellschaft greife ein, wenn der fehlerhafte Organisationsakt entweder in Vollzug gesetzt oder eingetragen ist[59]. Was die AG betrifft, **verlangt** dagegen **die wohl herrschende Meinung zwingend die Eintragung**[60]. Dafür sprechen die § 294 Abs. 2 AktG, § 22 EGAktG, wonach vor der Eintragung investiertes Vertrauen auf die Gültigkeit des Vertrages nicht schutzwürdig ist. Folgt man dem, kommt dem Merkmal der **Involl-**

---

53 OLG München v. 14.6.1991 – 23 U 4638/90, AG 1991, 358, 360; *Hüffer*, § 293 Rz. 12.
54 *Emmerich* in Emmerich/Habersack, Aktien- und GmbH-Konzernrecht, § 293 Rz. 15, 23; *Hüffer*, § 293 Rz. 5, 13; *Koppensteiner* in KölnKomm. AktG, § 293 Rz. 38.
55 *Deilmann/Messerschmidt*, NZG 2004, 977, 984.
56 Ein Antrag hierauf soll nur aus dem Kreis der Aktionäre zulässig sein, s. *Deilmann/Messerschmidt*, NZG 2004, 977, 986.
57 *Altmeppen* in MünchKomm. AktG, § 291 Rz. 202; *Kleindiek*, ZIP 1988, 613, 614 f.; *Krieger/Jannott*, DStR 1995, 1473, 1476; *K. Schmidt*, GesR, S. 147; aus praktischen Erwägungen heraus auch *Koppensteiner* in KölnKomm. AktG, § 297 Rz. 54 f.; für die GmbH: BGH v. 14.12.1987 – II ZR 170/87 – „Familienheim", AG 1988, 133 f.; a.A. für isolierte Gewinnabführungsverträge *C. Schäfer*, Die Lehre vom fehlerhaften Verband, 2002, S. 463 ff.; *Timm*, BB 1981, 1491, 1497; gänzlich gegen die Anwendung *Köhler*, ZGR 1985, 307 ff.
58 BGH v. 28.11.1953 – II ZR 188/52, BGHZ 11, 190; *K. Schmidt*, GesR, § 6 III 1a (S. 147).
59 BGH v. 14.12.1987 – II ZR 170/87 – „Familienheim", AG 1988, 133, 134; BGH v. 11.11.1991 – II ZR 287/90, AG 1992, 83, 84; BGH v. 5.11.2001 – II ZR 119/00, AG 2002, 240; *K. Schmidt*, GesR, § 6 II 1a (S. 141), § 6 III 1 (S. 147).
60 *Altmeppen* in MünchKomm. AktG, § 291 Rz. 196, 202; *Emmerich* in Emmerich/Habersack, Aktien- und GmbH-Konzernrecht, § 291 Rz. 24, 30; *Hüffer*, § 291 Rz. 21; *Koppensteiner* in KölnKomm. AktG, § 297 Rz. 55; *Krieger* in MünchHdb. AG, § 70 Rz. 19; *Veil* in Spindler/Stilz, § 291 Rz. 64. Anders die Verfasserin zur Vertragsänderung, s. unten § 295 Rz. 21.

zugsetzung keine eigenständige Bedeutung mehr zu, da diese mit dem Betreiben der Eintragung im Regelfall vorliegt.

b) Grenzen

Die Lehre von der fehlerhaften Gesellschaft ist nach herrschender Meinung **nicht an-** 42 **wendbar, wenn vorrangige Interessen der Allgemeinheit oder schutzwürdige Belange Einzelner entgegenstehen**[61]. Das setzt voraus, dass diese Interessen gerade dadurch beeinträchtigt werden, dass die auf fehlerhafter Grundlage entstandene Gesellschaft als wirksam behandelt wird. Im Konzernrecht verhält es sich häufig umgekehrt so, dass den schutzwürdigen Belangen Einzelner durch die Anerkennung einer fehlerhaften Gesellschaft besser Rechnung getragen wird als durch den Verweis auf eine Rückabwicklung nach Bereicherungsrecht oder nach den §§ 311 ff.[62]

Die Grundsätze von der fehlerhaften Gesellschaft bleiben deshalb **trotz eines Versto-** 43 **ßes** des Unternehmensvertrages **gegen die §§ 134, 138 BGB anwendbar**[63].

Dagegen **lehnt die herrschende Meinung** die Anwendung der Grundsätze von der feh- 44 lerhaften Gesellschaft **bei Nichtigkeit des Vertrages** gem. **§ 304 Abs. 3 Satz 1 ab**[64]. Das Kompensationsinteresse der außenstehenden Aktionäre wird auf der Grundlage der §§ 812 ff. BGB, §§ 311 ff. zwar möglicherweise nicht vollständig befriedigt. Gleichwohl ist der herrschenden Meinung zu folgen, denn der außenstehende Aktionär erhält sonst keinen Ausgleich: Der Vertrag sieht einen solchen nicht vor und die Anerkennung eines Ausgleichsanspruchs im Wege ergänzender Vertragsauslegung oder analog § 305 Abs. 5 Satz 2 lässt sich kaum begründen.

Fehlt der Zustimmungsbeschluss (noch), wurde der Vertrag aber ausnahmsweise 45 gleichwohl eingetragen und in Vollzug gesetzt, **lehnt die herrschende Meinung die Anwendung der Lehre von der fehlerhaften Gesellschaft ab**[65]. Dem ist **nicht zu folgen**. Die Interessen außenstehender Aktionäre sind im Regelfall besser gewahrt, wenn über die Lehre von der fehlerhaften Gesellschaft eine im Vertrag vorgesehene Ausgleichsregelung zur Anwendung gebracht wird. Das mangelnde Einverständnis der beherrschten Gesellschaft kann man dem nicht entgegenhalten:[66] Nach Invollzugsetzung des vermeintlich wirksamen Vertrages spricht mehr dafür, zu deren Gunsten die Schutzmechanismen des Vertragskonzernrechts zur Anwendung zu bringen, anstatt sie auf die Abschöpfung noch vorhandener Vorteile im Vermögen der herrschenden Gesellschaft zu verweisen.

---

61 BGH v. 24.10.1951 – II ZR 18/51, BGHZ 3, 285, 288; BGH v. 30.4.1955 – II ZR 202/53, BGHZ 17, 160, 167; BGH v. 6.2.1958 – II ZR 210/56, BGHZ 26, 330, 335; BGH v. 29.6.1970 – II ZR 158/69, BGHZ 55, 5, 9; BGH v. 24.9.1979 – II ZR 95/78, BGHZ 75, 214, 217 f.; a.A. *Grunewald*, GesR, Rz. 1 A 161; *K. Schmidt*, GesR, § 6 III 3 (S. 149 ff.).
62 *Altmeppen* in MünchKomm. AktG, § 291 Rz. 204.
63 So auch *Altmeppen* in MünchKomm. AktG, § 291 Rz. 206; *K. Schmidt*, GesR, § 6 III 3c aa (S. 151).
64 *Krieger* in MünchHdb. AG, § 70 Rz. 19; *Veil* in Spindler/Stilz, § 291 Rz. 67; a.A. *Altmeppen* in MünchKomm. AktG, § 291 Rz. 206.
65 *Hüffer*, § 291 Rz. 21; *Koppensteiner* in KölnKomm. AktG, § 297 Rz. 55; *Veil* in Spindler/Stilz, § 291 Rz. 65; a.A. *Krieger* in MünchHdb. AG, § 70 Rz. 54; *Hommelhoff*, ZHR 158 (1994), 11, 31 f.; *Krieger*, ZHR 158 (1994), 35, 37 f.; diff. *Altmeppen* in MünchKomm. AktG, § 291 Rz. 205, 207 ff.
66 S. aber *Altmeppen* in MünchKomm. AktG, § 291 Rz. 205; *Hüffer*, § 291 Rz. 21.

c) Rechtsfolgen

46   Greift die Lehre von der fehlerhaften Gesellschaft, liegt ein wirksamer Unternehmensvertrag vor, bis er beendet wird[67]. Die §§ 311 ff. sind unanwendbar[68]. Der Mangel des Vertrages stellt im Regelfall einen wichtigen Kündigungsgrund nach § 297 dar[69]. Eine Fortsetzung des Vertragsverhältnisses für die **Zukunft** kann auf der Grundlage eines fehlerhaften Unternehmensvertrages nicht verlangt werden[70].

2. Fehlerhafte Unternehmensverträge nach § 292

a) Unanwendbarkeit der Lehre von der fehlerhaften Gesellschaft

47   Die ganz herrschende Meinung wendet auf fehlerhafte Unternehmensverträge nach § 292 die Grundsätze von der fehlerhaften Gesellschaft nicht an. Stattdessen ist die **bereicherungsrechtliche Rückabwicklung** nach § 62 AktG oder nach § 812 BGB einschlägig. Daneben können Ansprüche aus den §§ 311 ff. AktG, § 311 Abs. 2 BGB in Betracht kommen. Dem ist wegen des im Kern schuldrechtlichen Charakters dieser Verträge beizutreten[71]. Soweit sich ein unter § 292 fallender Unternehmensvertrag, wie die Gewinngemeinschaft, als **GbR** darstellt, kommt die Wirksamkeit des Vertrages nach der Lehre von der fehlerhaften Gesellschaft dagegen in Betracht. Davon ist jedenfalls dann auszugehen, wenn mehr als zwei Vertragspartner beteiligt sind, denn in diesem Fall liegt eine über den reinen Schuldvertrag hinausgreifende verbandsrechtliche Organisation vor[72].

b) Die Lehre von der fehlerhaften Gesellschaft bei der atypischen stillen Gesellschaft

48   Die Rückabwicklung eines Teilgewinnabführungsvertrages in Form einer **atypischen stillen Gesellschaft** ist umstritten. In Betracht kommt die Rückabwicklung entlang bereicherungs- oder rücktrittsrechtlicher Grundsätze sowie die Anwendung der Lehre von der fehlerhaften Gesellschaft. Letzteres verweist den Stillen auf Kündigung der Gesellschaft und Forderung eines Auseinandersetzungsguthabens. Ersteres erlaubt einen Anspruch auf Rückzahlung der geleisteten Einlage.

49   Die **herrschende Meinung in der Literatur lehnt** die Anwendung der Grundsätze von der fehlerhaften Gesellschaft **zu Recht ab**, denn die für Außengesellschaften angeführten Gesichtspunkte lassen sich auf Innengesellschaften kaum übertragen. Das gilt insbesondere für den Gläubigerschutz, aber auch für die fehlende verbandsrechtliche Verfestigung der stillen Gesellschaft[73]. Jedenfalls wenn es sich um eine zweigliedrige Gesellschaft handelt, steht der Schutz weiterer Gesellschafter nicht im Raum[74].

---

67 BGH v. 14.12.1987 – II ZR 170/87 – „Familienheim", AG 1988, 133 ; *Krieger* in MünchHdb. AG, § 70 Rz. 19; *K. Schmidt*, GesR, § 6 III 2 (S. 148 f.); *Veil* in Spindler/Stilz, § 291 Rz. 68; a.A. *Emmerich* in Emmerich/Habersack, Aktien- und GmbH-Konzernrecht, § 291 Rz. 32, der ein einfaches Berufen auf Nichtigkeit für ausreichend hält.
68 *Krieger*, ZHR 158 (1994), 35, 40.
69 BGH v. 24.10.1951 – II ZR 18/51, BGHZ 3, 285; BGH v. 30.3.1967 – II ZR 102/65, BGHZ 47, 293, 300 ff.; *Koppensteiner* in KölnKomm. AktG, § 297 Rz. 60; *Krieger* in MünchHdb. AG, § 70 Rz. 19; *Krieger*, ZHR 158 (1994), 35, 41; diff. *K. Schmidt*, GesR, § 6 III 2 (S. 149).
70 *Krieger*, ZHR 158 (1994), 35, 41. Für fehlerhafte Anstellungsverträge hat die Rechtsprechung bisweilen anders entschieden, s. BGH v. 23.10.1975 – II ZR 90/73, BGHZ 65, 190, 194; BGH v. 25.3.1991 – II ZR 188/89, AG 1991, 312, 315.
71 *Koppensteiner* in KölnKomm. AktG, § 297 Rz. 57 ff.
72 Dafür *Hüffer*, § 292 Rz. 11; *Koppensteiner* in KölnKomm. AktG, § 297 Rz. 57.
73 Vgl. *C. Schäfer*, Die Lehre vom fehlerhaften Verband, 2002, S. 87 ff., 143 ff.; *K. Schmidt* in MünchKomm. HGB, § 230 Rz. 133; *Ulmer* in MünchKomm. BGB, § 705 Rz. 359; a.A. *Wertenbruch*, NJW 2005, 2823.
74 OLG Schleswig v. 13.6.2002 – 5 U 78/01, BKR 2002, 1004, 1008 m. Anm. *C. Schäfer*; OLG Jena v. 26.2.2003 – 4 U 786/02, DB 2003, 766, 767.

Die Rechtsprechung wendet die Lehre von der fehlerhaften Gesellschaft auch auf die   50
stille Gesellschaft an[75]. Im praktischen Ergebnis ähneln sich die Ansichten aber,
denn die Rechtsprechung hält dem Stillen nicht nur den Weg über eine Kündigung
der Gesellschaft samt Forderung des Auseinandersetzungsguthabens, sondern im
Grundsatz auch einen bereicherungsrechtlichen Anspruch auf Rückgewähr seiner
Einlage offen. Das soll in Betracht kommen, wenn der Inhaber des Handelsgeschäfts
im Sinne des § 230 HGB dem Stillen schadensersatzrechtlich verpflichtet ist, ihn so
zu stellen, als wäre er nicht beigetreten[76].

§ 293a
Bericht über den Unternehmensvertrag

(1) Der Vorstand jeder an einem Unternehmensvertrag beteiligten Aktiengesellschaft
oder Kommanditgesellschaft auf Aktien hat, soweit die Zustimmung der Hauptversammlung nach § 293 erforderlich ist, einen ausführlichen schriftlichen Bericht zu
erstatten, in dem der Abschluss des Unternehmensvertrags, der Vertrag im Einzelnen
und insbesondere Art und Höhe des Ausgleichs nach § 304 und der Abfindung nach
§ 305 rechtlich und wirtschaftlich erläutert und begründet werden; der Bericht kann
von den Vorständen auch gemeinsam erstattet werden. Auf besondere Schwierigkeiten bei der Bewertung der vertragschließenden Unternehmen sowie auf die Folgen
für die Beteiligungen der Aktionäre ist hinzuweisen.

(2) In den Bericht brauchen Tatsachen nicht aufgenommen zu werden, deren Bekanntwerden geeignet ist, einem der vertragschließenden Unternehmen oder einem
verbundenen Unternehmen einen nicht unerheblichen Nachteil zuzufügen. In diesem Falle sind in dem Bericht die Gründe, aus denen die Tatsachen nicht aufgenommen worden sind, darzulegen.

(3) Der Bericht ist nicht erforderlich, wenn alle Anteilsinhaber aller beteiligten Unternehmen auf seine Erstattung durch öffentlich beglaubigte Erklärung verzichten.

I. Regelungszweck und Regelungsgegen-stand 1	a) Eigenhändige Unterzeichnung . . . 7
	b) Elektronische Form 9
II. Bericht über den Unternehmensver-trag (§ 293a Abs. 1) 4	3. Inhalt des Berichts 11
1. Berichtsverpflichtung und Form . . . 4	a) Der Vertragsinhalt 13
2. Beschlussfassung des Gesamtvor-stands 6	b) Ergänzende Hinweise (§ 293a Abs. 1 Satz 2) 18
	III. Schutzklausel (§ 293a Abs. 2) 20

---

75 BGH v. 29.11.1952 – II ZR 15/52, BGHZ 8, 157; BGH v. 29.6.1970 – II ZR 158/69, BGHZ 55, 5,
8 f.; BGH v. 25.3.1974 – II ZR 63/72, BGHZ 62, 234, 237; OLG Braunschweig v. 3.9.2003 – 3 U
140/02, AG 2003, 686; OLG Stuttgart v. 6.11.2002 – 14 U 21/02, AG 2003, 533; OLG Celle v.
15.5.1996 – 9 U 41/95, AG 1996, 370; OLG Hamm v. 28.11.2002 – 27 U 66/02, AG 2003, 520;
zust. *Wälzholz*, DStR 2003, 1533; diff. OLG Schleswig v. 13.6.2002 – 5 U 78/01, BKR 2002,
1004, 1008; OLG Jena v. 26.2.2003 – 4 U 786/02, DB 2003, 766, 767; krit. *C. Schäfer*, Die Lehre
vom fehlerhaften Verband, 2002, S. 87 ff., 143 ff.; *Veil* in Spindler/Stilz, § 292 Rz. 27.
76 BGH v. 19.7.2004 – II ZR 354/02, AG 2004, 610; BGH v. 29.11.2004 – II ZR 6/03, AG 2005,
201; BGH v. 21.3.2005 – II ZR 140/03 – „Göttinger Gruppe", AG 2005, 390, 393; BGH v.
26.9.2005 – II ZR 314/03, NZG 2006, 57; *Bayer/Riedel*, NJW 2003, 2567, 2571 f.; *von Gerkan*,
EWiR, § 235 HGB 1/03, S. 1037 f.; *K. Schmidt*, GesR, § 6 3d (S. 145 f.); *Wertenbruch*, NJW
2005, 2823; a.A. *Armbrüster/Joos*, ZIP 2004, 189, 198.

IV. Entbehrlichkeit des Berichts (§ 293a Abs. 3) 23

V. Rechtsfolgen fehlerhafter Berichterstattung 27

1. Anfechtungsklage 27

2. Auswirkungen auf die Eintragung . . . 30

Literatur: *Altmeppen,* Zum richtigen Verständnis der neuen §§ 293a–293g AktG zu Bericht und Prüfung beim Unternehmensvertrag, ZIP 1998, 1853; *Bungert,* Unternehmensvertragsbericht und Unternehmensvertragsprüfung gemäß §§ 293a ff. AktG, Teil I und II, DB 1995, 1384 und 1449; *Hüffer,* Die gesetzliche Schriftform bei Berichten des Vorstands gegenüber der Hauptversammlung, in FS Claussen, 1997, S. 171.

I. Regelungszweck und Regelungsgegenstand

1 § 293a bezweckt die **Information der Aktionäre**, die nach § 293 über den Unternehmensvertrag zu beschließen haben. Ein mehrstufiges Verfahren soll die angemessene Informationstiefe sicherstellen: Auf den Abschluss des Unternehmensvertrages folgt die Erstellung eines Unternehmensvertragsberichts nach § 293a und eine Prüfung des Vertrages durch Wirtschaftsprüfer nach §§ 293b-e. Beide Berichte sind, gemeinsam mit dem Unternehmensvertrag, nach §§ 293f, 293g vor und während der Hauptversammlung auszulegen. Auf dieser Grundlage sollen vor allem die außenstehenden Aktionäre ihr Fragerecht sinnvoll nutzen und eine informierte Entscheidung treffen können.

2 Den Gesetzgeber hat das Vorbild des § 8 UmwG zum Erlass der §§ 293a ff. bewogen: Verschmelzung und Abschluss eines Unternehmensvertrages begreift er als eng verwandte Mittel zur Erreichung ähnlicher Zwecke. Um der wertungsmäßigen Folgerichtigkeit, aber auch um der Vermeidung von Umgehungsversuchen willen müssten demnach für beide Instrumente einheitliche Anforderungen gelten[1]. Dieser Ansatz des Gesetzgebers hat sowohl was das telos als auch was die gesetzgeberische Ausgestaltung im Detail angeht, verbreitet rechtspolitische Kritik erfahren[2]. Ob die literarische Kritik der Vorschrift zu Recht jeden einleuchtenden Zweck abspricht, mag man bezweifeln. Nicht haltbar ist die „**teleologische Reduktion**" des Anwendungsbereichs der §§ 293a ff. nur auf Unternehmensverträge des § 291[3]. Eine so radikale Beschränkung ist keine Reduktion eines überschießenden Wortsinns[4], sondern eine Korrektur der Vernünftigkeit der gesetzgeberischen Anordnung[5]. Das rückt sie in die Nähe einer Rechtsfortbildung contra legem, deren hohe methodologische Hürden nicht genommen werden können.

3 Die Vorschrift enthält **keine intertemporale Regelung**. Für Unternehmensverträge, deren Eintragung am 31.12.1994 bevorstand und die deshalb noch nicht wirksam wa-

---

1 BT-Drucks. 12/6699, S. 178.

2 *Altmeppen,* ZIP 1998, 1853; *Altmeppen* in MünchKomm. AktG, § 293a Rz. 1 ff.; *Bungert,* DB 1995, 1384 ff.; *Hüffer,* § 293a Rz. 3 ff.; *Emmerich* in Emmerich/Habersack, Aktien- und GmbH-Konzernrecht, § 293a Rz. 6 f.; *Koppensteiner* in KölnKomm. AktG, § 293a Rz. 4 ff.; *Krieger* in MünchHdb. AG, § 70 Rz. 25.

3 *Altmeppen,* ZIP 1998, 1853; *Altmeppen* in MünchKomm. AktG, § 293a Rz. 5 ff.; *Bungert,* DB 1995, 1384, 1386.

4 *Larenz/Canaris,* Methodenlehre der Rechtswissenschaften, 4. Aufl. 2002, S. 210.

5 *Altmeppen,* ZIP 1998, 1853.

ren, fehlt es mithin an einer Übergangsvorschrift. Die ganz herrschende Meinung löst das Problem mittels einer analogen Anwendung des § 318 UmwG 1994[6].

II. Bericht über den Unternehmensvertrag (§ 293a Abs. 1)

1. Berichtsverpflichtung und Form

§ 293a Abs. 1 Satz 1 verlangt vom **Vorstand der Untergesellschaft** die schriftliche Berichterstattung über den Unternehmensvertrag. Bei Beherrschungs- und Gewinnabführungsverträgen hat zusätzlich der **Vorstand der Obergesellschaft** nach §§ 293a Abs. 1 Satz 1, 293 Abs. 2 einen Bericht zu erstellen. Jedes Vorstandsmitglied ist berechtigt, an der Abfassung des Berichts mitzuwirken[7]. Sind von den Vorständen beider Vertragsparteien Berichte zu erstatten, so können diese gemeinsam handeln, § 293a Abs. 1 Satz 1 a.E.   **4**

Umstritten ist, **wozu das einzelne Vorstandsmitglied verpflichtet** ist. Bei der Vorbereitung des Berichts und dessen Abfassung selbst ist Arbeitsteilung innerhalb des Vorstands ebenso zulässig wie Delegation dieser Arbeiten auf nachgeordnete Mitarbeiter und externe Berater[8]. Von seiner haftungsrechtlichen Verantwortlichkeit kann sich der Vorstand durch eine solche Delegation jedoch nicht freizeichnen. Uneinigkeit besteht zudem darüber, inwieweit § 293a eine persönliche Verpflichtung zur Beschlussfassung und zur eigenhändigen Unterzeichnung aufstellt.   **5**

2. Beschlussfassung des Gesamtvorstands

Die überwiegende Ansicht entnimmt § 293a eine Verpflichtung zur gemeinsamen **Beschlussfassung aller Vorstandsmitglieder** einschließlich ihrer Stellvertreter, § 94[9]. Das steht in Einklang mit dem Grundsatz des § 77 Abs. 1 Satz 1. Eine **Vertretung** bei der Beschlussfassung scheidet auf dieser Grundlage aus.   **6**

a) Eigenhändige Unterzeichnung

Die **herrschende Meinung** fasst den Begriff des schriftlichen Bericht unter § 126 Abs. 1 BGB und **verlangt die eigenhändige Unterschrift**[10]. Dem ist **nicht beizutreten**. Mit einem „schriftlichen" Bericht, ist wie in § 186 Abs. 4 Satz 2 nur die körperliche   **7**

---

6 *Altmeppen* in MünchKomm. AktG, § 293a Rz. 24 ff.; *Hüffer*, § 293a Rz. 6; *Gratzel*, BB 1995, 2438, 2439 f.; *Humbeck*, BB 1995, 1893, 1895; *Koppensteiner* in KölnKomm. AktG, § 293a Rz. 11; ebenso für einen Bestätigungsbeschluss OLG München v. 8.8.1997 – 23 U 1974/97, AG 1997, 516, 518; a.A. LG Ingolstadt v. 7.1.1997 – 1 HKO 382/96, AG 1997, 273.

7 *Altmeppen* in MünchKomm. AktG, § 293a Rz. 29; *Koppensteiner* in KölnKomm. AktG, § 293a Rz. 17, der einen Anspruch auf Wiedergabe einer abweichenden Ansicht annimmt.

8 *Altmeppen* in MünchKomm. AktG, § 293a Rz. 29; s. auch *Hefermehl/Spindler* in Münch-Komm. AktG § 77 Rz. 31.

9 *Emmerich* in Emmerich/Habersack, Aktien- und GmbH-Konzernrecht, § 293a Rz. 16; *Hüffer*, § 293a Rz. 8; *Koppensteiner* in KölnKomm. AktG, § 293a Rz. 17; *Krieger* in MünchHdb. AG, § 70 Rz. 28; *Veil* in Spindler/Stilz, § 293a Rz. 6; a.A. *Altmeppen* in MünchKomm. AktG, § 293a Rz. 29.

10 *Heinrichs* in Palandt, BGB, § 126 Rz. 1; *Palm* in Erman, BGB, § 126 Rz. 2; *Einsele* in Münch-Komm. BGB, § 126 Rz. 2; *Hefermehl* in Soergel, BGB, § 126 Rz. 2; *Hertel* in Staudinger, BGB, § 126 Rz. 1; wohl auch *Hüffer* in FS Claussen, 1997, S. 171, 175 f.; a.A. aber BAG v. 11.6.2002 – 1 ABR 43/01, NJW 2003, 843, 844; KG v. 25.10.2004 – 23 U 234/03 – „Vattenfall Europe AG/Bewag AG", AG 2005, 205; *Köhler*, AcP 182 (1982), 126, 151.

Fixierung, mithin das Verbot eines mündlichen Berichts gemeint[11]. Kommt es dem Gesetzgeber auf eine eigenhändige Unterschrift an, so ordnet er dies an, vgl. § 245 HGB.

8   Eine **Vertretung in der Erklärungshandlung lehnt die herrschende Ansicht ab**[12]. Der Bericht ist damit nichtig, wenn nur ein Vorstandsmitglied nicht unterzeichnet hat. Dem ist **nicht beizutreten**[13]. Zwar scheidet eine Stellvertretung bei der Erlangung von Wissen im engeren Sinne aus. Daraus folgt aber nicht, dass auch die Erklärung über Wissen nur von dem Wissenden selbst erfolgen kann[14].

b) Elektronische Form

9   Die Ersetzung der Schriftform durch die elektronische Form ist insbesondere wegen der Auslegungspflichten der §§ 293f Abs. 1 Nr. 3, 293g Abs. 1[15] umstritten. Nach zutreffender Ansicht lässt sich gegen sie nichts einwenden, denn für die Auslegung kommt es auf das Original gar nicht an, sondern es genügen Abschriften. Solange die Auslegung in körperlich fixierter, in der Regel papiergebundener Form erfolgt, ist deshalb die elektronische Form zulässig[16].

10   Zu beachten ist, dass die herrschende Meinung im Zivilrecht für die Nutzung elektronischer Form nach § 126a BGB das **Einverständnis des anderen Vertragsteils** verlangt[17]. Im aktienrechtlichen Zusammenhang wäre hierfür nicht etwa auf die Hauptversammlung abzustellen: Deren Anliegen wahren die Auslegungspflichten. In der **Satzung oder der Geschäftsordnung des Vorstands** muss sich aber eine Legitimation für die Nutzung der elektronischen Form im Geschäftsgang des Vorstands finden.

3. Inhalt des Berichts

11   Der Bericht über den Unternehmensvertrag dient vornehmlich der Information außenstehender Aktionäre, um ihr Abstimmungsverhalten in der Hauptversammlung, gegebenenfalls auch eigene Anträge vorzubereiten. Hierfür verlangt § 293a Abs. 1 Satz 1 einen „**ausführlichen**" Bericht. Der Aktionär muss, ggf. unter Heranziehung sachkundiger Berater, die Entscheidung der Verwaltung nachvollziehen, nicht aber

---

11 *Peifer* in MünchKomm. AktG, § 186 Rz. 68. Die Situation in § 327c Abs. 2 Satz 1 lässt sich dagegen nicht vergleichend heranziehen. Dort ist die Unterzeichnung durch Vorstandsmitglieder in vertretungsberechtigter Zahl ausreichend, vgl. OLG Hamm v. 17.3.2005 – 27 W 3/05 – „GEA AG", ZIP 2005, 1457; *Hüffer*, § 327c Rz. 3.

12 *Bungert*, DB 1995, 1384, 1389; *Emmerich* in Emmerich/Habersack, Aktien- und GmbH-Konzernrecht, § 293a Rz. 16; *Krieger* in MünchHdb. AG, § 70 Rz. 28; *Lutter* in Lutter, UmwG, § 8 Rz. 9.

13 So auch KG v. 25.10.2004 – 23 U 234/03 – „Vattenfall Europe AG/Bewag AG", AG 2005, 205 zu § 8 UmwG; *Altmeppen* in MünchKomm. AktG, § 293a Rz. 24; *Hüffer* in FS Claussen, 1997, S. 171, 175 ff.; *Koppensteiner* in KölnKomm. AktG, § 293a Rz. 19; *Veil* in Spindler/Stilz, § 293a Rz. 8.

14 *Hüffer* in FS Claussen, 1997, S. 171, 175 ff.

15 *Emmerich* in Emmerich/Habersack, Aktien- und GmbH-Konzernrecht, § 293a Rz. 18a; *Veil* in Spindler/Stilz, § 293a Rz. 8.

16 *Koppensteiner* in KölnKomm. AktG, § 293a Rz. 19; zur Parallelfrage bei § 186 Abs. 4 Satz 2 *Peifer* in MünchKomm. AktG, § 186 Rz. 68.

17 *Heinrichs* in Palandt, BGB, § 126a Rz. 3; *Hertel* in Staudinger, BGB, § 126a Rz. 39, § 126 Rz. 167; *Palm* in Erman, BGB, § 126a Rz. 6.

eigenständig überprüfen können[18]. Es existiert ein weiter Gestaltungsspielraum des Vorstands[19].

Der **Bericht soll** darüber **aufklären**, aus welchen Gründen ein Unternehmensvertrag 12 für die Untergesellschaft für geschäftspolitisch sinnvoll gehalten wird und inwieweit alternative Gestaltungsmöglichkeiten in Betracht kommen, etwa eine Verschmelzung, eine Eingliederung[20] oder ein squeeze-out der Minderheit. Informationen über Belange der Arbeitnehmer und der breiteren Öffentlichkeit sind nicht von vornherein obsolet[21]. Wegen ihrer Relevanz für den Börsenwert können beide Aspekte für die Aktionäre von besonderem Interesse sein. Was die Wahl des Vertragspartners angeht, ist dessen wirtschaftliche Lage und Bonität darzustellen[22].

a) Der Vertragsinhalt

Über den Vertragsinhalt soll gem. § 293a Abs. 1 Satz 1 „im Einzelnen" berichtet wer- 13 den. Die **Wiedergabe des Vertragstyps ist** unstreitig **erforderlich**[23], die Wiederholung des gesamten Wortlauts des Vertrages dagegen nicht zwingend[24]. Bei einem Standardvertrag ist die Beschränkung auf knappe Erklärungen der wichtigsten Bestimmungen zulässig[25].

Die **Besonderheiten des einzelnen Vertrages**, insbesondere die Vereinbarung über die 14 Gegenleistung bei den § 292 unterfallenden Verträgen, und ungewöhnliche Regelungen, etwa atypische Beendigungsgründe, sind darzustellen. Auch wird man auf einschlägige steuerrechtliche Vorschriften hinzuweisen haben[26].

Ausgleich und Abfindung nach den §§ 304 f. sind ausschließlich für Beherrschungs- 15 und Gewinnabführungsverträge mitsamt den Geschäftsführungsverträgen des § 291 Abs. 1 Satz 2 relevant. Eine Aussage zur Angemessenheit der Gegenleistung bei den anderen Unternehmensverträgen verlangt das Gesetz nur im Rahmen der allgemei-

---

18 BGH v. 18.12.1989 – II ZR 254/88 – „DAT/Altana", AG 1990, 259, 260 f.; zur Verschmelzung: LG Essen v. 8.2.1999 – 44 O 249/98 – „Thyssen/Krupp", AG 1999, 329, 331; LG Frankenthal v. 5.10.1989 – 2 (HK) O 80/89, AG 1990, 549; LG München I v. 31.8.1999 – 5 HKO 8188/99 – „MHM Mode Holding AG/Hucke AG", AG 2000, 86, 87; *Altmeppen* in MünchKomm. AktG, § 293a Rz. 37; *Emmerich* in Emmerich/Habersack, Aktien- und GmbH-Konzernrecht, § 293a Rz. 20 f.
19 *Mertens*, AG 1990, 20, 23.
20 *Emmerich* in Emmerich/Habersack, Aktien- und GmbH-Konzernrecht, § 293a Rz. 19; *Koppensteiner* in KölnKomm. AktG, § 293a Rz. 28; *Krieger* in MünchHdb. AG, § 70 Rz. 30; *Veil* in Spindler/Stilz, § 293a Rz. 12.
21 BT-Drucks. 12/6699, S. 83 f.; *Hüffer*, § 293a Rz. 12; a.A. *Koppensteiner* in KölnKomm. AktG, § 293a Rz. 23, der die Interessen nicht berücksichtigt wissen will.
22 Ein detaillierter Synergiefahrplan ist allerdings nicht erforderlich, vgl. OLG Düsseldorf v. 15.3.1999 – 17 W 18/99 – „Thyssen/Krupp", AG 1999, 418, 420; OLG Hamm v. 4.3.1999 – 8 W 11/99 – „Idunahall/Hoesch/Krupp", AG 1999, 422, 424; s. *Koppensteiner* in KölnKomm. AktG, § 293a Rz. 26; *Lutter* in Lutter, UmwG, § 8 Rz. 16; bei Teilgewinnabführungsverträgen ist das Interesse hieran geringer, *Veil* in Spindler/Stilz, § 293a Rz. 11.
23 Unstreitig, vgl. *Bungert*, DB 1995, 1384, 1388; *Emmerich* in Emmerich/Habersack, Aktien- und GmbH-Konzernrecht, § 293a Rz. 22; *Hüffer*, § 293a Rz. 13; *Veil* in Spindler/Stilz, § 293a Rz. 14; noch weitergehend *Koppensteiner* in KölnKomm. AktG, § 293a Rz. 29, der dies schon im Vertragstext für erforderlich hält.
24 Anders wohl *Emmerich* in Emmerich/Habersack, Aktien- und GmbH-Konzernrecht, § 293a Rz. 21.
25 *Bungert*, DB 1995, 1384, 1388; *Emmerich* in Emmerich/Habersack, Aktien- und GmbH-Konzernrecht, § 293a Rz. 21; *Lutter* in Lutter, UmwG, § 8 Rz. 17; a.A. *Hüffer*, § 293a Rz. 13; *Koppensteiner* in KölnKomm. AktG, § 293a Rz. 29; *Veil* in Spindler/Stilz, § 293a Rz. 14.
26 *Emmerich* in Emmerich/Habersack, Aktien- und GmbH-Konzernrecht, § 293a Rz. 22; *Koppensteiner* in KölnKomm. AktG, § 293a Rz. 29; *Veil* in Spindler/Stilz, § 293a Rz. 14.

nen Erläuterung des Vertrages. Geht es um einen Unternehmensvertrag gem. § 291, ist der Aktionär zu informieren, welche Form der Entschädigung ihm zusteht und wie deren Höhe ermittelt wurde. Was die Form der Entschädigung angeht, müssen den Aktionären die nach §§ 304 f. eröffneten Optionen aufgezeigt, sowie Vor- und Nachteile der Ausgleichszahlung gegenüber der Abfindung erläutert werden. Bei der Darstellung der Ausgleichszahlung ist auf die Frage einzugehen, ob die Ausgleichszahlung fest oder variabel erfolgen soll.

16 Die Erläuterung der **Höhe von Abfindung und Ausgleichszahlung** setzt die Begründung der Methode voraus, die man zur Bewertung des abhängigen Unternehmens eingesetzt hat (s. unten § 305 Rz. 47 ff.), und den auf dieser Grundlage eingeschlagenen Rechenweg. Bei dessen Darstellung verlangt die Rechtsprechung neben verbalen Erläuterungen auch Berechnungen[27]. Es bleibt aber zu beachten, dass dem Aktionär keine eigenständige Überprüfung der Höhe von Abfindung und Ausgleich, sondern nur eine Plausibilitätskontrolle zum Zwecke der Vorbereitung des Abstimmungsverhaltens in der Hauptversammlung ermöglicht werden soll[28].

17 Der Berichtspflicht ist Genüge getan, wenn die AG die tatsächlich ermittelten und der Berechnung zugrunde gelegten Annahmen darstellt. **Ergibt sich in einem nachfolgenden Spruchverfahren eine Diskrepanz,** etwa weil das Gericht andere Planzahlen oder einen abweichenden Kapitalisierungszinsfuß für angemessen hält, wird der Bericht hierdurch **nicht nachträglich fehlerhaft.**

b) Ergänzende Hinweise (§ 293a Abs. 1 Satz 2)

18 Gem. § 293a Abs. 1 Satz 2 ist auf **besondere Bewertungsschwierigkeiten** hinzuweisen. Das wird nur bei den Unternehmensverträgen des § 291 und der Betriebspacht relevant[29].

19 Die Aufklärung über die **Folgen für die Beteiligungen** der Aktionäre erhellt vor dem Hintergrund der Vorschriften zur Verschmelzung. Ist noch nicht bekannt, für welche Form der Entschädigung sich die Aktionäre entscheiden werden, kann auch über eine Änderung der Beteiligungsquote keine Auskunft gegeben werden[30]. Von Bedeutung ist der Hinweis in § 293a Abs. 1 Satz 2, wenn nach § 305 Abs. 2 Nr. 1, 2 Alt. 2 abgefunden wird. Dann ist über Stimmgewicht und Beteiligungsquote der umgetauschten Aktien aufzuklären[31]. Ein Hinweis auf die sich aus den §§ 302, 308 ergebenden Folgen ist nicht erforderlich[32].

---

27 BGH v. 22.5.1989 – II ZR 206/88 – „Kochs Adler AG/Dürkoppwerke GmbH", AG 1989, 399, 400 zur Verschmelzung; LG Mainz v. 19.12.2000 – 10 HKO 143/99, AG 2002, 247, 248; *Bayer*, WM 1989, 121, 122; *Emmerich* in Emmerich/Habersack, Aktien- und GmbH-Konzernrecht, § 293a Rz. 25; *Hüffer*, § 293a Rz. 15; *Krieger* in MünchHdb. AG, § 70 Rz. 31; *Veil* in Spindler/ Stilz, § 293a Rz. 16; a.A. bezüglich des Verschmelzungsberichts *Nirk* in FS Steindorff, 1990, S. 187, 192 ff.
28 Zur Verschmelzung LG Frankenthal v. 5.10.1989 – 2 (HK) O 80/89, AG 1990, 549, 550; OLG Karlsruhe v. 30.6.1989 – 15 U 76/88, WM 1989, 1134, 1137.
29 BGH v. 29.10.1990 – II ZR 146/89 – „SEN", AG 1991, 102 f.; *Emmerich* in Emmerich/Habersack, Aktien- und GmbH-Konzernrecht, § 293a Rz. 28; *Krieger* in MünchHdb. AG, § 70 Rz. 32.
30 *Hüffer*, § 293a Rz. 17; *Krieger* in MünchHdb. AG, § 70 Rz. 29.
31 *Koppensteiner* in KölnKomm. AktG, § 293a Rz. 34; a.A. *Altmeppen* in MünchKomm. AktG, § 293a Rz. 46: schon nach § 293a Abs. 1 Satz 1, aber: erst Satz 2 verlangt den besonderen Hinweis.
32 *Hüffer*, § 293a Rz. 17; *Koppensteiner* in KölnKomm. AktG, § 293a Rz. 35 Fn. 108; *Veil* in Spindler/Stilz, § 293a Rz. 17; a.A. *Emmerich* in Emmerich/Habersack, Aktien- und GmbH-Konzernrecht, § 293a Rz. 29.

III. Schutzklausel (§ 293a Abs. 2)

§ 293a Abs. 2 gestattet ausnahmsweise **Berichtslücken**. Sie sind kenntlich zu ma- 20
chen und es ist ein nachvollziehbarer Grund für deren Geheimhaltungsbedürftigkeit
darzulegen.

Die Entscheidung über die **Geheimhaltungsbedürftigkeit der Tatsache** ist am Maß- 21
stab eines vernünftigen kaufmännischen Geschäftsleiters auszurichten, der seinen
Anteilseignern zur Auskunft verpflichtet ist[33]. Die Anwendung des § 93 Abs. 1 Satz 2
kommt nicht in Betracht, da es um eine Maßnahme im Innenverhältnis der Gesellschaft geht[34]. Für geheimhaltungsbedürftig darf der Vorstand Informationen halten,
wenn den vertragschließenden Parteien oder einem verbundenen Unternehmen ein
nicht unerheblicher Nachteil droht. Anders als bei § 142 Abs. 4 ist somit keine Abwägung der Belange der AG gegenüber dem Informationsinteresse des Aktionärs vorzunehmen.

Steht die Geheimhaltungsbedürftigkeit fest, muss die **Berichtslücke** deutlich ge- 22
macht und begründet werden[35]. In der Literatur ist (einzelfallabhängig) die Geheimhaltungsbedürftigkeit für Angaben über Einzelheiten der Ertragsprognose, über Rückstellungen und über die Aufdeckung stiller Reserven bejaht worden[36].

IV. Entbehrlichkeit des Berichts (§ 293a Abs. 3)

Da § 293a die Information der außenstehenden Aktionäre bezweckt, lässt deren **Ver-** 23
zicht die Notwendigkeit für einen Bericht entfallen. Das ist eine dogmatische Selbstverständlichkeit, deren Ausgestaltung dem Gesetzgeber allerdings in verschiedener
Hinsicht missglückt ist.

§ 293a Abs. 3 verlangt stets einen ausdrücklichen Verzicht. Anders als § 8 Abs. 3 24
UmwG sieht die Norm **keine Ausnahme für 100%-Besitz** vor. Das überzeugt mit
Blick auf § 293b Abs. 1 Halbsatz 2 weder systematisch noch sachlich[37].

Bei einem **Unternehmensvertrag nach § 292 ist § 293a Abs. 3 teleologisch zu reduzie-** 25
ren. Die Hauptversammlung der Obergesellschaft muss dem Vertrag nicht zustimmen und daher entgegen dem Wortlaut der Norm auch nicht verzichten[38].

Hat bei einem **Unternehmensvertrag gem. § 291** die Hauptversammlung nur eines 26
der beteiligten Unternehmen verzichtet, ist dies nach herrschender Meinung in Einklang mit dem Gesetzeswortlaut wirkungslos,[39] obwohl der mit dem Bericht verbundene Zeit- und Kostenaufwand gegen die hierdurch bewirkte Gleichordnung von An-

---

33 *Altmeppen* in MünchKomm. AktG, § 293a Rz. 60; *Emmerich* in Emmerich/Habersack, Ak-
    tien- und GmbH-Konzernrecht, § 293a Rz. 32; *Koppensteiner* in KölnKomm. AktG, § 293a
    Rz. 45; *Veil* in Spindler/Stilz, § 293a Rz. 19.
34 *Langenbucher*, DStR 2005, 2083.
35 *Bayer*, WM 1989, 121, 123; *Bungert*, DB 1995, 1384, 1389.
36 *Altmeppen* in MünchKomm. AktG, § 293a Rz. 61; *Bungert*, DB 1995, 1384, 1389.
37 *Bungert*, DB 1995, 1384, 1388 f.; *Emmerich* in Emmerich/Habersack, Aktien- und GmbH-
    Konzernrecht, § 293a Rz. 38; *Hüffer*, § 293a Rz. 22; *Koppensteiner* in KölnKomm. AktG,
    § 293a Rz. 43.
38 *Altmeppen* in MünchKomm. AktG, § 293a Rz. 48; *Koppensteiner* in KölnKomm. AktG,
    § 293a Rz. 39; wohl auch *Hüffer*, § 293a Rz. 21.
39 *Altmeppen* in MünchKomm. AktG, § 293a Rz. 51 ff.; *Emmerich* in Emmerich/Habersack, Ak-
    tien- und GmbH-Konzernrecht, § 293a Rz. 36; *Hüffer*, § 293a Rz. 21; *Veil* in Spindler/Stilz,
    § 293a Rz. 22.

teilsinhabern mit gegenläufigen Interessen spricht[40]. Was die **Form** des Verzichts angeht, handhabt die ganz herrschende Meinung die Vorschrift großzügig. Neben den in § 293a Abs. 3 angesprochenen individuellen Verzichtserklärungen im Sinne des § 129 BGB soll auch ein öffentlich beglaubigter Beschluss aller Anteilsinhaber hinreichen[41].

V. Rechtsfolgen fehlerhafter Berichterstattung

1. Anfechtungsklage

27   Fehlt ein Bericht, ist dieser unvollständig oder unrichtig, berechtigt das im Rahmen des § 243 Abs. 1, Abs. 4 Satz 1 zur Anfechtung (s. oben § 243 Rz. 8, 26 ff.). Die Angemessenheit der Ausgleichszahlung nach § 304 ist zwar im Spruchverfahren zu behandeln (s. unten § 304 Rz. 110). Eine auf **Informationsmängel im Bericht gestützte Anfechtungsklage bleibt** daneben aber **zulässig**, wenn es um Mängel **bezüglich der Ausgleichszahlung** nach § 304 geht. Das folgt aus der Beschränkung des § 243 Abs. 4 Satz 2 auf die fehlerhafte Information in der Hauptversammlung[42].

28   Betrifft die mangelhafte Abfassung des Berichts die Abfindung nach § 305, ist entgegen dem Wortlaut des § 243 Abs. 4 Satz 2 die Anfechtungsklage nicht eröffnet (s. unten § 305 Rz. 140)[43].

29   Die herrschende Meinung erkennt **keine Heilung von Mängeln des Berichts in der Hauptversammlung** an.[44] Dem ist wegen des Regelungszwecks von § 293a und wegen des mit dem UMAG verfolgten Ziels, Informationen möglichst aus der Hauptversammlung heraus zu verlagern[45], zuzustimmen.

2. Auswirkungen auf die Eintragung

30   Ist eine **Anfechtungsklage wegen behaupteter Mängel des Berichts erhoben**, tritt auch nach der Neuregelung durch das UMAG **keine Registersperre** ein. Gleichwohl ist zu erwarten, dass der Registerrichter regelmäßig die Entscheidung nach § 127 Satz 1 FGG aussetzen wird, bis über die Anfechtungsklage entschieden wurde[46]. Die AG kann Verzögerungen durch ein Freigabeverfahren vermeiden (s. oben § 246a Rz. 21).

---

40 *Altmeppen*, ZIP 1998, 1853, 1861; *Koppensteiner* in KölnKomm. AktG, § 293a Rz. 39; *Krieger* in MünchHdb. AG, § 70 Rz. 27.

41 *Altmeppen* in MünchKomm. AktG, § 293a Rz. 57 f.; *Emmerich* in Emmerich/Habersack, Aktien- und GmbH-Konzernrecht, § 293a Rz. 35; *Hüffer*, § 293a Rz. 21; *Veil* in Spindler/Stilz, § 293a Rz. 23.

42 RegE UMAG, BT-Drucks. 15/5092, S. 57 f.; krit. und de lege ferenda gegen jede Zulassung bewertungsbezogener Informationsrügen bei der Anfechtungsklage *Veil*, AG 2005, 567, 570.

43 In diese Richtung wohl auch bezüglich einer formwechselnden Umwandlung: BGH v. 18.12.2000 – II ZR 1/99 – „MEZ", BGHZ 146, 179, 184 f. = AG 2001, 301; BGH v. 29.1.2001 – II ZR 368/98 – „Aqua Butzke", NJW 2001, 1428, 1429; zum squeeze-out LG Hamburg v. 13.1.2003 – 415 O 140/02, NZG 2003, 787, 789; DAV Handelsrechtsausschuss, NZG 2005, 388, 392; a.A. LG Frankfurt v. 27.8.2003 – 3–13 – O 205/02, NZG 2003, 1027, 1029 zum squeeze-out; *Altmeppen* in MünchKomm. AktG, § 293a Rz. 71; *Emmerich* in Emmerich/Habersack, Aktien- und GmbH-Konzernrecht, § 293 Rz. 38f, 38h.

44 LG München I v. 31.8.1999 – 5 HKO 8188/99 – „MHM Mode Holding AG/Hucke AG", AG 2000, 86, 87; *Altmeppen* in MünchKomm. AktG, § 293a Rz. 65; *Emmerich* in Emmerich/Habersack, Aktien- und GmbH-Konzernrecht, § 293a Rz. 42; *Koppensteiner* in KölnKomm. AktG, § 293a Rz. 49; *Veil* in Spindler/Stilz, § 293a Rz. 25.

45 RegE UMAG, BT-Drucks. 15/5092, S. 57.

46 *Altmeppen* in MünchKomm. AktG, § 293a Rz. 42; *Emmerich* in Emmerich/Habersack, Aktien- und GmbH-Konzernrecht, § 293a Rz. 42.

Ist **keine Anfechtungsklage erhoben, hält** die wohl **herrschende Meinung**[47] den Regis- 31
terrichter für verpflichtet, mit Blick auf den Schutz der Gläubiger oder der Öffentlichkeit[48] in eine **umfassende eigenständige Prüfung des Unternehmensvertrages**
samt des Berichts hierüber einzutreten. Dem ist **für Mängel des Berichts nicht beizutreten**[49]. Der Bericht soll nur die Aktionäre informieren. Für die Wahrnehmung ihrer
Interessen ist die Anfechtungsklage, nicht das Eintragungsverfahren der richtige
Weg[50]. Hätte der Gesetzgeber das anders gesehen, würde er in den §§ 294 Abs. 1
Satz 2, 293 Abs. 2 Satz 2 nicht auf die Vorlage des Berichts beim Registerrichter verzichtet haben.

§293b
Prüfung des Unternehmensvertrags

**(1) Der Unternehmensvertrag ist für jede vertragschließende Aktiengesellschaft oder
Kommanditgesellschaft auf Aktien durch einen oder mehrere sachverständige Prüfer
(Vertragsprüfer) zu prüfen, es sei denn, dass sich alle Aktien der abhängigen Gesell-
schaft in der Hand des herrschenden Unternehmens befinden.**

(2) § 293a Abs. 3 ist entsprechend anzuwenden.

I. Regelungszweck und Regelungsgegenstand 1

II. Prüfungspflicht und Prüfungsaussagen 2

III. Rechtsfolgen einer fehlerhaften Vertragsprüfung für den daraufhin erge-
henden Hauptversammlungsbe-
schluss 7

Literatur: S. bei § 293a.

I. Regelungszweck und Regelungsgegenstand

Die §§ 293b bis 293e regeln die Prüfung des Unternehmensvertrages und die Erstel- 1
lung des Berichts. § 293b ordnet die Prüfungspflicht an, § 293e bestimmt den Prü-
fungsinhalt. Zweck der Norm ist neben dem **Schutz der Minderheitsaktionäre** vor allem die **Entlastung des Spruchverfahrens** durch die Stellungnahme eines neutralen
Sachverständigen[1].

---

47 *Altmeppen* in MünchKomm. AktG, § 293a Rz. 72; *Bokelmann*, DB 1994, 1341, 1344; wohl
   auch *Emmerich* in Emmerich/Habersack, Aktien- und GmbH-Konzernrecht, § 293a Rz. 18a
   für den Fall der fehlenden eigenhändigen Unterzeichnung des Berichts und § 294 Rz. 19 zur
   Gesamtprüfung in materieller Hinsicht; *Veil* in Spindler/Stilz, § 293a Rz. 26.
48 *Hüffer*, § 243 Rz. 56; *Lutter*, NJW 1969, 1873, 1879.
49 BGH v. 18.12.2000 – II ZR 1/99 – „MEZ", BGHZ 146, 179, 185 = AG 2001, 301; *Lutter* in Lutter, UmwG, § 8 Rz. 56.
50 A.A. *Altmeppen* in MünchKomm. AktG, § 293a Rz. 72; *Baums*, Eintragung und Löschung
   von Gesellschafterbeschlüssen, 1981, S. 64 ff.; *Bokelmann*, DB 1994, 1341, 1344; *Wiedemann*
   in Großkomm. AktG, § 181 Rz. 25.

1 *Altmeppen* in MünchKomm. AktG, § 293b Rz. 4; *Emmerich* in Emmerich/Habersack, Ak-
   tien- und GmbH-Konzernrecht, § 293b Rz. 7; *Hüffer*, § 293b Rz. 1; *Koppensteiner* in Köln-
   Komm. AktG, § 293b Rz. 3; *Krieger* in MünchHdb. AG, § 70 Rz. 34.

II. Prüfungspflicht und Prüfungsaussagen

2 Eine Vertragsprüfung hat nur bei dem Unternehmen stattzufinden, dessen Hauptversammlung zur Beschlussfassung zuständig ist[2].

3 Nach § 293b Abs. 1 Halbsatz 2 ist eine **Vertragsprüfung bei 100%-Besitz nicht erforderlich**, da sich dann eine Stellungnahme zu den §§ 304 f. erübrigt. Eine Zurechnung nach § 16 Abs. 4 findet bei der Bestimmung der Beteiligungshöhe zwar nicht statt[3]. Bei der Mehrmütterherrschaft gilt aber jedenfalls dann eine Ausnahme von der Prüfungspflicht des § 293b, wenn mehrere Mütter eine Gesellschaft bürgerlichen Rechts gegründet haben, die alle Aktien der abhängigen Gesellschaft hält[4].

4 Nach § 293b Abs. 2 ist eine Vertragsprüfung nicht vorzunehmen, wenn alle Anteilsinhaber durch öffentlich beglaubigte Erklärung auf diese verzichten. Der praktische Anwendungsbereich hierfür ist wegen § 293b Abs. 1 Halbsatz 2 gering.

5 **Prüfungsgegenstand** ist nach § 293b **nicht der Vorstandsbericht**, so dass sich der Vertragsprüfer nicht über dessen sachlichen Gehalt äußern muss, diesen freilich als Beurteilungsgrundlage heranziehen wird[5]. Kein Raum ist auch für die Prüfung der wirtschaftlichen Zweckmäßigkeit des Unternehmensvertrages[6], der Angemessenheit des Verteilungsschlüssels bei der Gewinngemeinschaft oder der Gegenleistung bei Betriebspacht und Betriebsführungsvertrag[7]. Nicht Prüfungsgegenstand ist außerdem die rechtliche Wirksamkeit des Unternehmensvertrages[8].

6 Die herrschende Meinung beschränkt die erforderlichen Prüfungsaussagen zu Recht auf die **Angemessenheit von Ausgleich und Abfindung**[9]. Bei den Verträgen des § 292 ist § 293b seinem Wortlaut nach anwendbar, entbehrt aber eines vernünftigen Sinngehalts[10]. Für die Praxis sind die Prüfung der korrekten firmenrechtlichen Bezeichnung der Vertragsparteien[11] sowie der Vermerk zu empfehlen, Ausgleich und Abfindung seien nicht vorgesehen[12].

---

2 *Altmeppen* in MünchKomm. AktG, § 293b Rz. 12; *Emmerich* in Emmerich/Habersack, Aktien- und GmbH-Konzernrecht, § 293b Rz. 10, 10a; *Koppensteiner* in KölnKomm. AktG, § 293b Rz. 8; *Hüffer*, § 293b Rz. 7; *Veil* in Spindler/Stilz, § 293b Rz. 9.

3 *Emmerich* in Emmerich/Habersack, Aktien- und GmbH-Konzernrecht, § 293b Rz. 12; *Krieger* in MünchHdb. AG, § 70 Rz. 35; *Koppensteiner* in KölnKomm. AktG, § 293b Rz. 31.

4 *Altmeppen* in MünchKomm. AktG, § 293b Rz. 19; *Emmerich* in Emmerich/Habersack, Aktien- und GmbH-Konzernrecht, § 293b Rz. 12; *Veil* in Spindler/Stilz, § 293b Rz. 12.

5 *Emmerich* in Emmerich/Habersack, Aktien- und GmbH-Konzernrecht, § 293b Rz. 15, § 293e Rz. 18, 19; *Koppensteiner* in KölnKomm. AktG, § 293b Rz. 9; für eine weitergehende Prüfung des Berichts selbst LG Berlin v. 13.11.1995 – 9 O 126/95 – „Brau & Brunnen", AG 1996, 230, 232 f.; *Altmeppen* in MünchKomm. AktG, § 293b Rz. 10; *Hüffer*, § 293b Rz. 3; *Veil* in Spindler/Stilz, § 293b Rz. 3.

6 *Altmeppen* in MünchKomm. AktG, § 293b Rz. 3; *Hüffer*, § 293b Rz. 4; *Koppensteiner* in KölnKomm. AktG, § 293b Rz. 14; *Veil* in Spindler/Stilz, § 293b Rz. 9.

7 *Emmerich* in Emmerich/Habersack, Aktien- und GmbH-Konzernrecht, § 293b Rz. 6; *Koppensteiner* in KölnKomm. AktG, § 293b Rz. 6; a.A. *Veil* in Spindler/Stilz, § 293e Rz. 6.

8 *Koppensteiner* in KölnKomm. AktG, § 293b Rz. 13, § 293e Rz. 11; weitergehend *Emmerich* in Emmerich/Habersack, Aktien- und GmbH-Konzernrecht, § 293b Rz. 19; *Veil* in Spindler/Stilz, § 293b Rz. 7; a.A. *Altmeppen* in MünchKomm. AktG, § 293b Rz. 7.

9 *Hüffer*, § 293e Rz. 6; a.A. *Altmeppen* in MünchKomm. AktG, § 293e Rz. 6 zur Vertragsbezeichnung, Rz. 7 zur essentialia negotii, Rz. 17 zu den vertraglichen Gegenleistungen.

10 *Emmerich* in Emmerich/Habersack, Aktien- und GmbH-Konzernrecht, § 293b Rz. 11; *Hüffer*, § 293b Rz. 2; *Veil* in Spindler/Stilz, § 293b Rz. 2; a.A. *Altmeppen* in MünchKomm. AktG, § 293b Rz. 5; *Koppensteiner* in KölnKomm. AktG, § 293b Rz. 8.

11 *Emmerich* in Emmerich/Habersack, Aktien- und GmbH-Konzernrecht, § 293b Rz. 6, 9; *Koppensteiner* in KölnKomm. AktG, § 293b Rz. 12, 17, § 293e Rz. 11.

12 *Hüffer*, § 293e Rz. 8.

III. Rechtsfolgen einer fehlerhaften Vertragsprüfung für den daraufhin ergehenden Hauptversammlungsbeschluss

Unterbleibt eine erforderliche Vertragsprüfung ganz und wird somit kein Bericht erstellt, ist ein gleichwohl ergehender **Zustimmungsbeschluss** der Hauptversammlung nach § 243 Abs. 1 **anfechtbar**[13]. Der Registerrichter muss bei unterbliebener Vertragsprüfung die Eintragung ablehnen[14]. 7

Die **mangelhafte Durchführung** der Vertragsprüfung begründet im Regelfall **nicht** die Anfechtbarkeit des Hauptversammlungsbeschlusses[15], denn die Gesellschaft ist nur zur Ermöglichung der Prüfung als solcher und zur Auslage der erstatteten Berichte verpflichtet. Das gilt schon wegen der Unabhängigkeit und Weisungsfreiheit des Prüfers[16]. Den Bericht des Prüfers macht sich die Gesellschaft nicht zu Eigen. Ausnahmen gelten allenfalls bei gravierenden Berichtsmängeln, beispielsweise fehlendem Testat (s. unten § 293e Rz. 7), so dass von einem gesetzmäßigen Bericht im Sinne der §§ 293b, 293e nicht mehr gesprochen werden kann[17]. 8

§ 293c
Bestellung der Vertragsprüfer

(1) Die Vertragsprüfer werden jeweils auf Antrag der Vorstände der vertragschließenden Gesellschaften vom Gericht ausgewählt und bestellt. Sie können auf gemeinsamen Antrag der Vorstände für alle vertragschließenden Gesellschaften gemeinsam bestellt werden. Zuständig ist das Landgericht, in dessen Bezirk die abhängige Gesellschaft ihren Sitz hat. Ist bei dem Landgericht eine Kammer für Handelssachen gebildet, so entscheidet deren Vorsitzender an Stelle der Zivilkammer. Für den Ersatz von Auslagen und für die Vergütung der vom Gericht bestellten Prüfer gilt § 318 Abs. 5 des Handelsgesetzbuchs.

(2) § 10 Abs. 3 bis 7 des Umwandlungsgesetzes gilt entsprechend.

I. Regelungszweck und Regelungsgegenstand 1
II. Gerichtliche Bestellung 2
III. Verweisung auf UmwG (§ 293c Abs. 2) 6

Literatur: S. bei § 293a.

---

13 *Altmeppen* in MünchKomm. AktG, § 293b Rz. 20, § 293e Rz. 23; *Emmerich* in Emmerich/Habersack, Aktien- und GmbH-Konzernrecht, § 293b Rz. 21.
14 *Altmeppen* in MünchKomm. AktG, § 293b Rz. 20, § 293e Rz. 23; *Emmerich* in Emmerich/Habersack, Aktien- und GmbH-Konzernrecht, § 293b Rz. 20, § 293e Rz. 24; *Veil* in Spindler/Stilz, § 293b Rz. 14.
15 A.A. *Altmeppen* in MünchKomm. AktG, § 293a Rz. 65 ff., § 293e Rz. 23.
16 Vgl. zu § 327c OLG Hamm v. 17.3.2005 – 27 W 3/05 – „GEA AG", ZIP 2005, 1457, 1460 = AG 2005, 773.
17 OLG Hamm v. 17.3.2005 – 27 W 3/05 – „GEA AG", ZIP 2005, 1457, 1460 = AG 2005, 773 zu § 327c; LG Berlin v. 13.11.1995 – 99 O 126/95, AG 1996, 230, 232 f. zu § 320; *Emmerich* in Emmerich/Habersack, Aktien- und GmbH-Konzernrecht, § 293f Rz. 23; wohl auch *Koppensteiner* in KölnKomm. AktG, § 293b Rz. 30, § 293f Rz. 20.

I. Regelungszweck und Regelungsgegenstand

1 § 293c regelt die **gerichtliche Bestellung** des Vertragsprüfers. Diese soll dessen Neutralität wahren, Streit vermeiden und so das Spruchverfahren entlasten[1]. Dort kann das persönliche Erscheinen der Vertragsprüfer als sachkundige gerichtliche Auskunftspersonen angeordnet werden, §§ 7 Abs. 6, 8 Abs. 2 SpruchG[2].

II. Gerichtliche Bestellung

2 Das Landgericht ist nach § 293c Abs. 1 Satz 3 für die Prüferbestellung zuständig. Die Bestellung setzt einen verfahrenseinleitenden **Antrag der Vorstände** voraus, § 293c Abs. 1 Satz 1. Die gemeinsame Bestellung für alle vertragschließenden Gesellschaften erfolgt durch einen gemeinsamen Antrag, § 293c Abs. 1 Satz 2, eine Bindung für das Gericht wird dadurch nicht begründet[3].

3 Die **Parallelprüfung** durch den gerichtlich bestellten Prüfer und externe Bewertungsgutachter hält die herrschende Meinung zu Recht für zulässig, denn die Unabhängigkeit des Prüfers hängt mit dem Zeitpunkt seiner Prüfung nicht zusammen[4].

4 Sachlich zuständig ist das LG. Die örtliche Zuständigkeit bestimmt sich nach dem Gesellschaftssitz der Untergesellschaft[5]. Funktionell zuständig ist nach § 293c Abs. 1 Satz 4 die Kammer für Handelssachen. Sie entscheidet nicht in voller Besetzung, sondern durch ihren Vorsitzenden. Ist eine Kammer für Handelssachen nicht gebildet, bleibt die Zivilkammer zuständig[6].

5 Durch die gerichtliche Bestellung entsteht ein **vertragsähnliches Verhältnis zwischen Vertragsprüfer und Gesellschaft**[7]. Eine hinzutretende vertragliche Vereinbarung über Honorar und Auslagenersatz ist zulässig[8]. Fehlt es an einer solchen, hat der Vertragsprüfer nach den §§ 293c Abs. 1 Satz 5 AktG, 318 Abs. 5 Satz 1 HGB Anspruch auf Auslagenersatz sowie angemessene Vergütung[9]. Wird der Vertragsprüfer für mehrere Gesellschaften tätig, haften ihm diese als Gesamtschuldner nach §§ 421 ff. BGB[10].

1 *Emmerich* in Emmerich/Habersack, Aktien- und GmbH-Konzernrecht, § 293c Rz. 3; *Hüffer*, § 293c Rz. 1; *Koppensteiner* in KölnKomm. AktG, § 293c Rz. 3; *Veil* in Spindler/Stilz, § 293c Rz. 1.
2 *Emmerich* in Emmerich/Habersack, Aktien- und GmbH-Konzernrecht, § 293c Rz. 4. Skeptisch *Koppensteiner* in KölnKomm. AktG, § 293c Rz. 5.
3 *Emmerich* in Emmerich/Habersack, Aktien- und GmbH-Konzernrecht, § 293c Rz. 8; *Koppensteiner* in KölnKomm. AktG, § 293c Rz. 6; *Veil* in Spindler/Stilz, § 293c Rz. 5.
4 So jetzt auch BGH v. 18.9.2006 – II ZR 225/04, AG 2006, 887, 889; ebenfalls *Dißars*, BKR 2004, 389, 392; *Leuering*, NZG 2004, 606; a.A. LG Wuppertal v. 6.11.2003 – 12 O 119/03, AG 2004, 161; *Puszkajler*, ZIP 2003, 518, 521.
5 *Altmeppen* in MünchKomm. AktG, § 293c Rz. 18; *Hüffer*, § 293c Rz. 3; *Koppensteiner* in KölnKomm. AktG, § 293c Rz. 16; *Veil* in Spindler/Stilz, § 293c Rz. 3.
6 *Hüffer*, § 293c Rz. 3; *Koppensteiner* in KölnKomm. AktG, § 293c Rz. 16.
7 Für ein echtes Vertragsverhältnis *Koppensteiner* in KölnKomm. AktG, § 293c Rz. 20. Zur parallelen Frage beim Sonderprüfer *Hüffer*, § 142 Rz. 32.
8 *Emmerich* in Emmerich/Habersack, Aktien- und GmbH-Konzernrecht, § 293c Rz. 13; *Koppensteiner* in KölnKomm. AktG, § 293c Rz. 20.
9 *Emmerich* in Emmerich/Habersack, Aktien- und GmbH-Konzernrecht, § 293c Rz. 13; *Veil* in Spindler/Stilz, § 293c Rz. 7. Zur parallelen Frage beim Sonderprüfer *Hüffer*, § 142 Rz. 33.
10 *Hüffer*, § 293c Rz. 5.

III. Verweisung auf UmwG (§ 293c Abs. 2)

Für die Bestellung des Vertragsprüfers gilt das FGG, § 10 Abs. 2 UmwG, § 293c   6
Abs. 2 AktG[11]. Nach § 10 Abs. 4 FGG ist die **Konzentration** mehrerer Bezirke **auf ein
LG** zulässig[12].

§ 10 Abs. 5 bis 7 UmwG regelt das **Rechtsmittel** der sofortigen Beschwerde gegen die   7
Bestellung des Vertragsprüfers[13]. **Antragsberechtigt** sind die Vorstände. Ein Kontrollrecht der Aktionäre ist nicht vorgesehen[14]. Über die Beschwerde entscheidet grundsätzlich das OLG, § 10 Abs. 6 Satz 1 UmwG. Auch hierfür ist eine Konzentration
durch Rechtsverordnung der Landesregierung zulässig, § 10 Abs. 7 Satz 1 UmwG. Eine weitere Beschwerde ist ausgeschlossen, §§ 293c Abs. 2 AktG, 10 Abs. 6 UmwG[15].

§ 293d
Auswahl, Stellung und Verantwortlichkeit der Vertragsprüfer

(1) Für die Auswahl und das Auskunftsrecht der Vertragsprüfer gelten § 319 Abs. 1
bis 4, § 319a Abs. 1, § 320 Abs. 1 Satz 2 und Abs. 2 Satz 1 und 2 des Handelsgesetzbuchs entsprechend. Das Auskunftsrecht besteht gegenüber den vertragschließenden
Unternehmen und gegenüber einem Konzernunternehmen sowie einem abhängigen
und einem herrschenden Unternehmen.

(2) Für die Verantwortlichkeit der Vertragsprüfer, ihrer Gehilfen und der bei der Prüfung mitwirkenden gesetzlichen Vertreter einer Prüfungsgesellschaft gilt § 323 des
Handelsgesetzbuchs entsprechend. Die Verantwortlichkeit besteht gegenüber den
vertragschließenden Unternehmen und deren Anteilsinhabern.

I. Regelungszweck und Regelungsgegen-   III. Prüfungs- und Auskunftsrecht   5
    stand   1   IV. Verantwortlichkeit des Vertragsprü-
II. Auswahl der Vertragsprüfer   2   fers   7

Literatur: S. bei § 293a.

I. Regelungszweck und Regelungsgegenstand

§ 293d, der § 11 UmwG nachgebildet ist, verweist für Auswahl, Stellung und Verant-   1
wortlichkeit der Vertragsprüfer auf die Vorschriften des **HGB** zur Stellung von Abschlussprüfern[1].

---

11 *Altmeppen* in MünchKomm. AktG, § 293c Rz. 20; *Emmerich* in Emmerich/Habersack, Ak-
tien- und GmbH-Konzernrecht, § 293c Rz. 6 f.; *Hüffer*, § 293c Rz. 4; *Veil* in Spindler/Stilz,
§ 293c Rz. 4.
12 *Altmeppen* in MünchKomm. AktG, § 293c Rz. 19; *Hüffer*, § 293c Rz. 6; zur erfolgten Verfahrenskonzentration in Niedersachsen und Nordrhein-Westfalen *Veil* in Spindler/Stilz, § 293c
Rz. 3 mit Fn. 7, 8; *Emmerich* in Emmerich/Habersack, Aktien- und GmbH-Konzernrecht,
§ 293c Rz. 14 und *Koppensteiner* in KölnKomm. AktG, § 293c Rz. 17 noch zu Bayern.
13 *Veil* in Spindler/Stilz, § 293c Rz. 6.
14 *Veil* in Spindler/Stilz, § 293c Rz. 6.
15 *Emmerich* in Emmerich/Habersack, Aktien- und GmbH-Konzernrecht, § 293c Rz. 9.
 1 *Hüffer*, § 293d Rz. 1.

II. Auswahl der Vertragsprüfer

2 Die **Prüferbefähigung** bestimmt sich nach §§ 319 Abs. 1 bis 4, 319a HGB. Für Aktiengesellschaften kommen hiernach nur Wirtschaftsprüfer und Wirtschaftsprüfungsgesellschaften in Betracht[2].

3 **Bestellungsverbote** finden sich in § 319 Abs. 2 bis 4 sowie § 319a HGB. § 319 Abs. 2 HGB stellt die Grundregel auf, wonach sich die Bestellung eines Abschlussprüfers bei Besorgnis der Befangenheit verbietet. Die §§ 319 Abs. 3, Abs. 4, 319a HGB enthalten einzelne Ausschlussgründe[3]. Für den Vertragsprüfer ist zu beachten, dass dieser gegenüber beiden Vertragsparteien frei von Befangenheitsgründen sein muss[4]. Die **Tätigkeit als Abschlussprüfer einer der beteiligten Gesellschaften** begründet nach herrschender Meinung keine Befangenheit[5]. Das ist nicht zweifelsfrei und sollte in der Praxis vermieden werden.

4 Wird trotz Besorgnis der Befangenheit ein Vertragsprüfer bestellt, ist der diesen bestellende **Gerichtsbeschluss** fehlerhaft, aber nicht nichtig[6]. Gegen die fehlerhafte Bestellung ist das Rechtsmittel der sofortigen Beschwerde statthaft. Antragsberechtigt sind die Vorstände, nicht die Aktionäre der beteiligten Gesellschaften (s. oben § 293c Rz. 7)[7]. Ein etwa schon geschlossener Vertrag über die Prüfungsleistung ist nach den §§ 134 BGB, 319 HGB, 293d AktG nichtig[8]. Wird die gerichtliche Bestellung nicht angegriffen, ist der daraufhin ergehende Hauptversammlungsbeschluss nicht anfechtbar.

III. Prüfungs- und Auskunftsrecht

5 Der Verweis des § 293d Abs. 1 Satz 1 AktG auf § 320 Abs. 1 Satz 2, Abs. 2 Sätze 1, 2 HGB begründet das **Prüfungsrecht**. Dieses besteht nach vorzugswürdiger Auffassung nur gegenüber der den Prüfer beauftragenden Gesellschaft[9]. Dafür spricht, dass § 293d Abs. 1 Satz 2 die Erweiterung auf die vertragschließenden Unternehmen nur für das Auskunfts-, nicht für das Prüfungsrecht bestimmt.

6 Das **Auskunftsrecht** des Vertragsprüfers folgt aus den § 293d Abs. 1 Satz 1 AktG, § 320 Abs. 2 Satz 1 HGB. Zur **Auskunft verpflichtet** sind nach § 293d Abs. 1 Satz 2 beide Vertragsparteien, Konzernunternehmen, abhängige und herrschende Unternehmen[10]. Die Auskunftspflicht hat der Vorstand der AG oder der persönlich haftende Gesellschafter der KGaA, nicht dagegen der Aufsichtsrat, zu erfüllen[11].

2 *Koppensteiner* in KölnKomm. AktG, § 293d Rz. 3.
3 BT-Drucks. 15/3419, S. 35 ff.
4 *Hüffer*, § 293d Rz. 3.
5 *Altmeppen* in MünchKomm. AktG, § 293d Rz. 5; *Hüffer*, § 293d Rz. 3; *Lutter* in Lutter, UmwG, § 11 Rz. 6. S. den Vorschlag von *Hoffmann-Becking* in FS Fleck, 1988, S. 105, 121.
6 Hierfür aber *Altmeppen* in MünchKomm. AktG, § 293d Rz. 10; *Veil* in Spindler/Stilz, § 293d Rz. 3.
7 *Emmerich* in Emmerich/Habersack, Aktien- und GmbH-Konzernrecht, § 293d Rz. 6; *Hüffer*, § 293d Rz. 3; *Koppensteiner* in KölnKomm. AktG, § 293d Rz. 10.
8 *Altmeppen* in MünchKomm. AktG, § 293d Rz. 6; *Emmerich* in Emmerich/Habersack, Aktien- und GmbH-Konzernrecht, § 293d Rz. 6; *Hüffer*, § 293d Rz. 3.
9 *Emmerich* in Emmerich/Habersack, Aktien- und GmbH-Konzernrecht, § 293d Rz. 8; a.A. *Koppensteiner* in KölnKomm. AktG, § 293d Rz. 15; *Veil* in Spindler/Stilz, § 293d Rz. 5.
10 *Emmerich* in Emmerich/Habersack, Aktien- und GmbH-Konzernrecht, § 293d Rz. 7; *Hüffer*, § 293d Rz. 4.
11 *Altmeppen* in MünchKomm. AktG, § 293d Rz. 12; *Emmerich* in Emmerich/Habersack, Aktien- und GmbH-Konzernrecht, § 293d Rz. 10; *Veil* in Spindler/Stilz, § 293d Rz. 6.

IV. Verantwortlichkeit des Vertragsprüfers

§ 293d Abs. 2 verweist für die Verantwortlichkeit des Vertragsprüfers auf § 323 HGB. **7**
§ 323 Abs. 1 Sätze 1, 2 HGB kodifiziert den für Abschlussprüfer geltenden **Pflichten-**
maßstab, insbesondere Unparteilichkeit und Verschwiegenheit[12]. § 323 Abs. 1 Satz 3
HGB begründet einen gesetzlichen **Schadensersatzanspruch**, wenn die Prüfer ihre
Pflichten schuldhaft verletzen[13]. Die Haftung greift unabhängig vom Vorliegen eines
wirksamen vertraglichen Verhältnisses ein[14]. Für die Haftung des Vertragsprüfers gilt
nach § 293d Abs. 2 AktG, § 323 Abs. 2 HGB eine **Haftungshöchstgrenze** von 1 Mio. €
oder aber von 4 Mio. €, wenn die Aktien der Gesellschaft zum Handel im amtlichen
Markt zugelassen sind.

Potenzielle Schadensersatzgläubiger sind nach § 293d Abs. 2 Satz 2 die vertrag- **8**
schließenden Unternehmen und deren Anteilsinhaber. Für letztere ist damit ein Direktanspruch gegen die Prüfer kodifiziert, der sich auf Ersatz eines infolge mangelhafter Bewertung entstandenen Schadens richtet[15]. Die mit den vertragschließenden Aktiengesellschaften verbundenen Unternehmen sind hingegen nicht ersatzberechtigt,
soweit sie nicht selbst Anteilsinhaber sind[16]. **Schuldner** sind die Prüfer, ihre Gehilfen
sowie mitwirkende gesetzliche Vertreter einer Prüfungsgesellschaft.

Wurde zwischen Gesellschaft und Vertragsprüfer ein Vertrag geschlossen, geht **9**
§ 323 HGB den allgemeinen Regeln einer Haftung aus **§ 280 Abs. 1 BGB** vor[17]. Die
Regelung ist nach § 323 Abs. 4 HGB zwingend. Neben die Haftung aus § 323 HGB
kann die Verantwortlichkeit nach § 823 Abs. 2 BGB, §§ 403 f. AktG treten[18].

§ 293e
Prüfungsbericht

(1) Die Vertragsprüfer haben über das Ergebnis der Prüfung schriftlich zu berichten.
Der Prüfungsbericht ist mit einer Erklärung darüber abzuschließen, ob der vorge-
schlagene Ausgleich oder die vorgeschlagene Abfindung angemessen ist. Dabei ist
anzugeben,

1. nach welchen Methoden Ausgleich und Abfindung ermittelt worden sind;

2. aus welchen Gründen die Anwendung dieser Methoden angemessen ist;

3. welcher Ausgleich oder welche Abfindung sich bei der Anwendung verschiedener
Methoden, sofern mehrere angewandt worden sind, jeweils ergeben würde; zu-
gleich ist darzulegen, welches Gewicht den verschiedenen Methoden bei der Be-

---

12 *Altmeppen* in MünchKomm. AktG, § 293d Rz. 16; *Emmerich* in Emmerich/Habersack, Ak-
  tien- und GmbH-Konzernrecht, § 293d Rz. 12; *Koppensteiner* in KölnKomm. AktG, § 293d
  Rz. 17.
13 *Emmerich* in Emmerich/Habersack, Aktien- und GmbH-Konzernrecht, § 293d Rz. 13.
14 *Ebke* in MünchKomm. HGB, 1. Aufl. 2001, § 323 Rz. 13.
15 *Altmeppen* in MünchKomm. AktG, § 293d Rz. 18; *Ebke* in MünchKomm. HGB, 1. Aufl.
  2001, § 323 Rz. 13; *Koppensteiner* in KölnKomm. AktG, § 293d Rz. 20.
16 Krit. *Altmeppen* in MünchKomm. AktG, § 293d Rz. 19; *Emmerich* in Emmerich/Habersack,
  Aktien- und GmbH-Konzernrecht, § 293d Rz. 13; *Koppensteiner* in KölnKomm. AktG, § 293d
  Rz. 20; *Veil* in Spindler/Stilz, § 293d Rz. 10.
17 *Ebke* in MünchKomm. HGB, 1. Aufl. 2001, § 323 Rz. 13.
18 *Emmerich* in Emmerich/Habersack, Aktien- und GmbH-Konzernrecht, § 293d Rz. 11; *Koppensteiner* in KölnKomm. AktG, § 293d Rz. 23.

stimmung des vorgeschlagenen Ausgleichs oder der vorgeschlagenen Abfindung und der ihnen zugrunde liegenden Werte beigemessen worden ist und welche besonderen Schwierigkeiten bei der Bewertung der vertragschließenden Unternehmen aufgetreten sind.

(2) § 293a Abs. 2 und 3 ist entsprechend anzuwenden.

I. Regelungszweck und Regelungsgegenstand	1	III. Rechtsfolgen fehlerhafter Berichterstattung	6
II. Form, Adressat und Gegenstand des Berichts (§ 293e Abs. 1 Sätze 1–3) . . .	2		

Literatur: S. bei § 293a.

I. Regelungszweck und Regelungsgegenstand

1   § 293e standardisiert den Inhalt der aus § 293b folgenden Prüfungspflicht. Damit soll neben dem Schutz der Minderheitsaktionäre die Entlastung des Spruchverfahrens erreicht werden[1].

II. Form, Adressat und Gegenstand des Berichts (§ 293e Abs. 1 Sätze 1–3)

2   § 293e verlangt **Schriftform**. Der Vertragsprüfer hat deshalb das Original des Berichts nach § 126 Abs. 1 BGB eigenhändig zu unterzeichnen[2] oder nach §§ 126 Abs. 3, 126a BGB elektronisch zu signieren[3].

3   Der Bericht ist stets dem **Vorstand der abhängigen Gesellschaft** vorzulegen, auch wenn das Gericht nach § 293c Abs. 1 Satz 1 Fall 2 den Vertragsprüfer bestellt hat[4].

4   Der Vertragsprüfer hat eine **Plausibilitätskontrolle**, keine Unternehmensbewertung durchzuführen.[5] Es sind die Methoden anzugeben, nach denen Ausgleich und Abfindung ermittelt wurden, es ist zu begründen, inwieweit die Anwendung der gewählten Methode angemessen ist, und es sind Vergleichsrechnungen anzustellen[6]. Der Bericht ist durch eine Schlusserklärung abzuschließen (§ 293e Abs. 1 Satz 2)[7]. Zum Gegenstand des Berichts s. oben § 293a Rz. 11 ff.

---

1 *Altmeppen* in MünchKomm. AktG, § 293e Rz. 1; *Emmerich* in Emmerich/Habersack, Aktien- und GmbH-Konzernrecht, § 293e Rz. 4; *Koppensteiner* in KölnKomm. AktG, § 293e Rz. 2; *Veil* in Spindler/Stilz, § 293e Rz. 1.

2 *Altmeppen* in MünchKomm. AktG, § 293e Rz. 3; *Emmerich* in Emmerich/Habersack, Aktien- und GmbH-Konzernrecht, § 293e Rz. 7; *Hüffer*, § 293e Rz. 2; *Veil* in Spindler/Stilz, § 293e Rz. 4.

3 So auch *Koppensteiner* in KölnKomm. AktG, § 293e Rz. 5; a.A. *Emmerich* in Emmerich/Habersack, Aktien- und GmbH-Konzernrecht, § 293e Rz. 7; *Veil* in Spindler/Stilz, § 293e Rz. 4.

4 *Altmeppen* in MünchKomm. AktG, § 293e Rz. 4; *Emmerich* in Emmerich/Habersack, Aktien- und GmbH-Konzernrecht, § 293e Rz. 7; *Hüffer*, § 293e Rz. 2; *Veil* in Spindler/Stilz, § 293e Rz. 3.

5 *Altmeppen* in MünchKomm. AktG, § 293b Rz. 8, 13; *Emmerich* in Emmerich/Habersack, Aktien- und GmbH-Konzernrecht, § 293e Rz. 17; *Veil* in Spindler/Stilz, § 293b Rz. 5.

6 *Hüffer*, § 293e Rz. 5; a.A. *Emmerich* in Emmerich/Habersack, Aktien- und GmbH-Konzernrecht, § 293e Rz. 14.

7 *Altmeppen* in MünchKomm. AktG, § 293e Rz. 14.

Der Vertragsprüfungsbericht muss **geheimhaltungsbedürftige Tatsachen** nicht ent- 5
halten, die Darstellungslücke aber kenntlich machen.[8] Der Verzicht sämtlicher Anteilsinhaber in öffentlich beglaubigter Form macht den Prüfungsbericht entbehrlich,
§ 293e Abs. 2[9].

III. Rechtsfolgen fehlerhafter Berichterstattung

Ein **fehlender Vertragsprüfungsbericht** begründet eine Anfechtungsklage[10], die be- 6
gehrte Eintragung ist abzulehnen (s. oben § 293b Rz. 7 f. auch zu Berichtsmängeln)[11].

Wird das Testat erteilt, erfolgt aber **keine Bestätigung der Angemessenheit von Aus-** 7
gleich oder Abfindung, führt das nicht zur Fehlerhaftigkeit des Berichts. Eine Anfechtungsklage kann hierauf nicht gestützt werden, denn die Aktionäre sind an das Urteil
der Vertragsprüfer nicht gebunden[12]. Ein Stimmrechtsmissbrauch der Mehrheit
kommt allenfalls in Ausnahmefällen in Betracht[13]. Im Regelfall ist nur das Spruchverfahren einschlägig[14].

§ 293f
Vorbereitung der Hauptversammlung

**(1) Von der Einberufung der Hauptversammlung an, die über die Zustimmung zu
dem Unternehmensvertrag beschließen soll, sind in dem Geschäftsraum jeder der beteiligten Aktiengesellschaften oder Kommanditgesellschaften auf Aktien zur Einsicht der Aktionäre auszulegen**

1. der Unternehmensvertrag;

**2. die Jahresabschlüsse und die Lageberichte der vertragschließenden Unternehmen
für die letzten drei Geschäftsjahre;**

**3. die nach § 293a erstatteten Berichte der Vorstände und die nach § 293e erstatteten
Berichte der Vertragsprüfer.**

**(2) Auf Verlangen ist jedem Aktionär unverzüglich und kostenlos eine Abschrift der
in Absatz 1 bezeichneten Unterlagen zu erteilen.**

---

8 *Altmeppen* in MünchKomm. AktG, § 293e Rz. 18-20; *Emmerich* in Emmerich/Habersack,
Aktien- und GmbH-Konzernrecht, § 293e Rz. 21; *Hüffer*, § 293e Rz. 9; *Koppensteiner* in Köln-
Komm. AktG, § 293e Rz. 18; *Veil* in Spindler/Stilz, § 293e Rz. 11.

9 *Altmeppen* in MünchKomm. AktG, § 293e Rz. 21 f.; *Emmerich* in Emmerich/Habersack, Ak-
tien- und GmbH-Konzernrecht, § 293e Rz. 22; *Hüffer*, § 293e Rz. 10; *Koppensteiner* in Köln-
Komm. AktG, § 293e Rz. 19; *Krieger* in MünchHdb. AG, § 70 Rz. 40; *Veil* in Spindler/Stilz,
§ 293e Rz. 12.

10 *Altmeppen* in MünchKomm. AktG, § 293b Rz. 20, § 293e Rz. 23; *Emmerich* in Emmerich/Ha-
bersack, Aktien- und GmbH-Konzernrecht, § 293b Rz. 21; *Koppensteiner* in KölnKomm.
AktG, § 293e Rz. 20; *Veil* in Spindler/Stilz, § 293e Rz. 13.

11 *Altmeppen* in MünchKomm. AktG, § 293b Rz. 20, § 293e Rz. 23; *Emmerich* in Emmerich/Ha-
bersack, Aktien- und GmbH-Konzernrecht, § 293b Rz. 20, § 293e Rz. 24; *Humbeck*, BB 1995,
1893, 1898; *Veil* in Spindler/Stilz, § 293b Rz. 14, § 293e Rz. 13.

12 *Emmerich* in Emmerich/Habersack, Aktien- und GmbH-Konzernrecht, § 293e Rz. 23.

13 Dafür *Altmeppen* in MünchKomm. AktG, § 293e Rz. 24 unter Berufung auf *Lutter* in Lutter,
UmwG, § 12 Rz. 16.

14 *Kraft* in KölnKomm. AktG, § 340b a.F. Rz. 17; wohl auch *Emmerich* in Emmerich/Habersack,
Aktien- und GmbH-Konzernrecht, § 293e Rz. 23.

I. Regelungszweck und Regelungsgegen-		3. Art und Ort der Auslegung	9
stand	1	III. Der Anspruch auf die Abschrift (§ 293f	
II. Die Auslegungspflichten (§ 293f		Abs. 2)	12
Abs. 1)	2	IV. Die Rechtsfolgen fehlerhafter Ausle-	
1. Auslegungsverpflichteter	2	gung	16
2. Auslegungspflichtige Unterlagen	5		

Literatur: S. bei § 293a.

I. Regelungszweck und Regelungsgegenstand

1 § 293f standardisiert die **Informationserteilung im Vorfeld der Hauptversammlung.** Informiert wird nur bei Entscheidungszuständigkeit der Hauptversammlung nach § 293 Abs. 1, 2. Zum geschützten Personenkreis gehören somit stets die Aktionäre der Untergesellschaft, im Fall von Beherrschungs- und Gewinnabführungsverträgen auch die Anteilsinhaber der Obergesellschaft.

II. Die Auslegungspflichten (§ 293f Abs. 1)

1. Auslegungsverpflichteter

2 Der Vorstand der Untergesellschaft ist zur Auslegung verpflichtet, in den Fällen des § 293 Abs. 2 zusätzlich der Vorstand der Obergesellschaft. Ist eine KGaA beteiligt, sind die persönlich haftenden Gesellschafter Schuldner der Auslegungspflicht[1].

3 **Unterbleibt die Auslegung,** kann das Registergericht nach § 407 Abs. 1 Satz 1 ein Zwangsgeld festsetzen. Ein Aktionär kann dies bei Gericht nur anregen, ein Anspruch auf dessen Tätigwerden besteht nicht[2]. Gegen die Ablehnung einer derartigen Anregung ist die Beschwerde statthaft[3].

4 Die herrschende Meinung nimmt einen **klagbaren Anspruch auf Auslegung** an[4]. Dessen Durchsetzung ist auch im Wege der **einstweiligen Verfügung,**[5] freilich mit erhöhten Anforderungen an die Glaubhaftmachung, möglich.[6]

2. Auslegungspflichtige Unterlagen

5 Auszulegen ist der gesamte Unternehmensvertrag, § 293f Abs. 1 Nr. 1, ggf. in deutscher Übersetzung[7]. Hierfür sowie für die übrigen in § 293f Abs. 1 Nr. 1 bis 3 genannten Unterlagen genügt stets die Auslegung einfacher Abschriften[8].

---

1 *Altmeppen* in MünchKomm. AktG, § 293f Rz. 4; *Emmerich* in Emmerich/Habersack, Aktien- und GmbH-Konzernrecht, § 293f Rz. 6; *Kropff* in MünchKomm. AktG, § 175 Rz. 33.
2 *Hüffer*, § 175 Rz. 5; *Koppensteiner* in KölnKomm. AktG, § 293f Rz. 9.
3 Vgl. BGH v. 17.3.1997 – II ZB 3/96, BGHZ 135, 107, 109 f. = AG 1997, 374; *Kropff* in Münch-Komm. AktG, § 175 Rz. 33.
4 Unstr., s. *Mülbert* in Großkomm. AktG, Vor §§ 118-147 Rz. 218; für eine Fortführung des Rechtsstreits auch nach der Hauptversammlung *Leuering*, ZIP 2000, 2053, 2057.
5 A.A. *Adler/Düring/Schmalz*, § 175 AktG Rz. 22; *Kropff* in G/H/E/K, § 175 Rz. 25; *Mutze*, AG 1966, 173, 176. *Kropff* in MünchKomm. AktG, § 175 Rz. 33 hält die Möglichkeit einer Klage für praktisch bedeutungslos.
6 *Brönner* in Großkomm. AktG, § 175 Rz. 18; *Claussen/Korth* in KölnKomm. AktG, § 175 Rz. 15; *Hüffer*, § 175 Rz. 5; *Leuering*, ZIP 2000, 2053, 2057 f.
7 *Deilmann/Messerschmidt*, NZG 2004, 977, 980.
8 *Hüffer*, § 293f Rz. 3.

Ob die Reichweite der Verpflichtung zur Auslage der **Jahresabschlüsse** und **Lagebe-** 6
richte nach § 293f Abs. 1 Nr. 2 mit dem Gesetzeswortlaut auch Verträge nach § 292
betrifft, ist umstritten.[9] Zur Vermeidung des Anfechtungsrisikos empfiehlt sich in
der Praxis die Auslegung. Auszulegen sind bereits existente Abschlüsse der letzten
drei Geschäftsjahre. Ist die Gesellschaft jünger als drei Jahre, genügen die vorhandenen Unterlagen[10]. Entschließt sich die AG wegen der Bedeutung des Vertrages zu einer außerordentlichen Hauptversammlung, kann es vorkommen, dass das Geschäftsjahr bereits abgelaufen, der Abschluss aber noch nicht aufgestellt oder jedenfalls noch
nicht festgestellt ist. Dann ist § 293f Abs. 1 Nr. 2 auf die vorvergangenen drei Abschlüsse zu beziehen, denn § 293f verlangt anders als § 63 Abs. 1 Nr. 3 UmwG keine
Zwischenbilanz. Es besteht keine Pflicht, mit der Hauptversammlung abzuwarten,
bis aktuelle aufgestellte Jahresabschlüsse vorliegen. Die Verwaltung ist in der Wahl
des Versammlungstermins frei[11].

Die Vorlagepflicht bezieht sich nur auf die vertragschließenden Unternehmen. **Kon-** 7
zernabschluss und **Konzernlagebericht** sind nicht angesprochen und damit nicht aus-
lagepflichtig[12].

Die Auslegung der **Vorstands- und Prüfungsberichte** nach § 293f Abs. 1 Nr. 3 gilt nur, 8
wenn Berichte nach den §§ 293a, 293e zu erstatten sind. Das ist für Unternehmensverträge nach § 291 stets der Fall, soweit nicht nach § 293a Abs. 3 verzichtet wurde.
Für die anderen Unternehmensverträge gilt das nach wohl herrschender Meinung
ebenfalls[13].

3. Art und Ort der Auslegung

Die Auslegungspflicht beginnt mit der **Einberufung der Hauptversammlung**, § 121 9
Abs. 3. Sie hat in den **Geschäftsräumen** der AG stattzufinden[14]. Die Auslegung am
Sitz der Hauptverwaltung der Gesellschaft genügt nach überwiegender Ansicht[15].
Den Interessen der Aktionäre kommt das im Regelfall eher entgegen als der Sitz der
Gesellschaft[16]. Zur Sicherheit wird die Auslegung an beiden Orten und noch in den
Geschäftsräumen aller Vorstandsmitglieder empfohlen[17].

---

9 *Altmeppen* in MünchKomm. AktG, § 293f Rz. 2; *Emmerich* in Emmerich/Habersack, Aktien-
und GmbH-Konzernrecht, § 293f Rz. 2; *Hüffer*, § 293f Rz. 4; anders *Koppensteiner* in Köln-
Komm. AktG, § 293f Rz. 4; wohl auch *Veil* in Spindler/Stilz, § 293f Rz. 4.
10 *Koppensteiner* in KölnKomm. AktG, § 293f Rz. 6; *Krieger* in MünchHdb. AG, § 70 Rz. 45.
11 Vgl. OLG Hamburg v. 11.4.2003 – 11 U 215/02 – „Philips/PKV", AG 2003, 441, 443 (zum
squeeze-out); *Emmerich* in Emmerich/Habersack, Aktien- und GmbH-Konzernrecht, § 293f
Rz. 8; *Hüffer*, § 293f Rz. 3; *Koppensteiner* in KölnKomm. AktG, § 293f Rz. 6; *J. Vetter*, NZG
1999, 925, 929; a.A. LG Hamburg v. 30.10.2002 – 411 O 34/02 – „Philips", AG 2003, 109 (zum
squeeze-out); *Krieger* in MünchHdb. AG, § 70 Rz. 45 mit Fn. 123.
12 OLG Düsseldorf v. 14.1.2005 – 16 U 59/04, AG 2005, 293, 296 zum squeeze-out; *Emmerich* in
Emmerich/Habersack, Aktien- und GmbH-Konzernrecht, § 293f Rz. 8; *Hüffer*, § 293f Rz. 3;
Kort, Der Konzern 2006, 604 zum squeeze-out; offen: OLG München v. 16.11.2005 – 23 W
2384/05, NZG 2006, 398 = AG 2006, 296 zum squeeze-out.
13 *Hüffer*, § 293f Rz. 4; *Veil* in Spindler/Stilz, § 293f Rz. 4; a.A. *Altmeppen*, ZIP 1998, 1853; *Altmeppen* in MünchKomm. AktG, § 293a Rz. 5 ff., § 293f Rz. 2; *Bungert*, DB 1995, 1384, 1386;
Koppensteiner in KölnKomm. AktG, § 293f Rz. 4.
14 *Altmeppen* in MünchKomm. AktG, § 293f Rz. 3.
15 *Altmeppen* in MünchKomm. AktG, § 293f Rz. 3; *Hüffer*, § 175 Rz. 5; *Koppensteiner* in Köln-
Komm. AktG, § 293f Rz. 12; *Veil* in Spindler/Stilz, § 293f Rz. 5.
16 Hierfür aber *Emmerich* in Emmerich/Habersack, Aktien- und GmbH-Konzernrecht, § 293f
Rz. 4.
17 *Hüffer*, § 175 Rz. 5.

10   Von dem Einsicht begehrenden Aktionär kann ein **Nachweis** seiner Aktionärsstellung verlangt werden[18].

11   Erfüllt ist die Auslegungspflicht, wenn **Abschriften** bereit gehalten werden. Ein Anspruch auf Einsicht in das Original besteht nicht[19]. Wenn Original und bereit gehaltene Abschrift inhaltlich divergieren, liegt hierin ein Anfechtungsgrund[20].

III. Der Anspruch auf die Abschrift (§ 293f Abs. 2)

12   § 293f Abs. 2 begründet einen Anspruch jedes Aktionärs auf **unverzügliche** und **kostenlose Übersendung**[21] einer Abschrift, auf das Bestehen eines Stimmrechts kommt es nicht an[22].

13   Die **Unverzüglichkeit** bestimmt sich nach § 121 BGB. Die AG ist nicht zur Vorhaltung fertiger Abschriften, sondern nur dazu verpflichtet, ausreichende Hilfsmittel bereit zu halten, um die unverzügliche Herstellung und Versendung zu ermöglichen[23].

14   Den **Anspruch auf Erteilung einer Abschrift** kann der Aktionär unter Nachweis seiner Aktionärsstellung[24] formlos, auch vor der Einberufung, geltend machen. Fällig wird der Anspruch erst mit der Einberufung[25]. Erfüllt wird der Anspruch durch die kostenlose Übersendung der Abschrift. Das kann auch als Beifügung zu den Unterlagen zur Einberufung erfolgen[26]. Der Anspruch erlischt nicht mit dem Beginn der Hauptversammlung[27].

15   Wird die Abschrift verweigert, kann der Aktionär sie durch **Leistungsklage** und im **einstweiligen Rechtsschutz** durchsetzen[28].

IV. Die Rechtsfolgen fehlerhafter Auslegung

16   Die fehlerhafte Auslegung und die nicht ordnungsgemäße Erteilung einer Abschrift können im Rahmen des § 243 Abs. 1, Abs. 4 Satz 1 mit der **Anfechtungsklage** gerügt werden (s. oben § 243 Rz. 8)[29]. Sind Abfindung und Ausgleichszahlung betroffen, gilt das unter § 293a Rz. 27 Gesagte.

---

18 *Emmerich* in Emmerich/Habersack, Aktien- und GmbH-Konzernrecht, § 293f Rz. 4; *Hüffer*, § 175 Rz. 6.

19 *Hüffer*, § 293f Rz. 3; *Kropff* in MünchKomm. AktG, § 175 Rz. 20; anders *Emmerich* in Emmerich/Habersack, Aktien- und GmbH-Konzernrecht, § 293g Rz. 5.

20 Vgl. *Kropff* in MünchKomm. AktG, § 175 Rz. 24.

21 Die Versendung zahlt die AG, *Altmeppen* in MünchKomm. AktG, § 293f Rz. 9; *Hüffer*, § 175 Rz. 6; *Koppensteiner* in KölnKomm. AktG, § 293f Rz. 13.

22 *Hüffer*, § 175 Rz. 6.

23 *Altmeppen* in MünchKomm. AktG, § 293f Rz. 9; *Hüffer*, § 293f Rz. 5; *Koppensteiner* in KölnKomm. AktG, § 293f Rz. 13.

24 *Emmerich* in Emmerich/Habersack, Aktien- und GmbH-Konzernrecht, § 293f Rz. 10; *Koppensteiner* in KölnKomm. AktG, § 293f Rz. 14.

25 *Hüffer*, § 175 Rz. 6.

26 *Bungert*, DB 1995, 1449, 1450; *Koppensteiner* in KölnKomm. AktG, § 293f Rz. 15.

27 *Bungert*, DB 1995, 1449, 1450; *Koppensteiner* in KölnKomm. AktG, § 293g Rz. 4.

28 *Altmeppen* in MünchKomm. AktG, § 293f Rz. 10; *Hüffer*, § 175 Rz. 6.

29 *Altmeppen* in MünchKomm. AktG, § 293f Rz. 11; *Emmerich* in Emmerich/Habersack, Aktien- und GmbH-Konzernrecht, § 293f Rz. 11; *Koppensteiner* in KölnKomm. AktG, § 293f Rz. 16; *Veil* in Spindler/Stilz, § 293f Rz. 8.

§ 293g
Durchführung der Hauptversammlung

(1) In der Hauptversammlung sind die in § 293f Abs. 1 bezeichneten Unterlagen auszulegen.

(2) Der Vorstand hat den Unternehmensvertrag zu Beginn der Verhandlung mündlich zu erläutern. Er ist der Niederschrift als Anlage beizufügen.

(3) Jedem Aktionär ist auf Verlangen in der Hauptversammlung Auskunft auch über alle für den Vertragschluss wesentlichen Angelegenheiten des anderen Vertragsteils zu geben.

I. Regelungszweck und Regelungsgegenstand 1

II. Die Pflichten des Vorstands (§ 293g
Abs. 1, 2) 2

III. Das Auskunftsrecht des Aktionärs
(§ 293g Abs. 3) 7

IV. Die Rechtsfolgen eines Verstoßes gegen § 293g 12

Literatur: S. bei § 293a.

I. Regelungszweck und Regelungsgegenstand

§ 293g standardisiert die während der Hauptversammlung zu erteilende Information. Das setzt die Entscheidungszuständigkeit der Hauptversammlung nach § 293 Abs. 1, 2 voraus[1]. 1

II. Die Pflichten des Vorstands (§ 293g Abs. 1, 2)

Die **Auslegungspflicht** trifft die beteiligten Gesellschaften und ist durch den Vorstand der Untergesellschaft sowie im Falle des § 293 Abs. 2 zusätzlich durch den Vorstand der Obergesellschaft zu erfüllen. Im Falle einer KGaA sind die persönlich haftenden Gesellschafter verpflichtet[2]. 2

Die Auslegungspflicht während der Hauptversammlung tritt kumulativ neben die Pflicht im Vorfeld. Sie bleibt deshalb bestehen, wenn sich sämtliche Aktionäre im Vorfeld informiert haben[3]. 3

Im Versammlungsraum sind vom Beginn der Hauptversammlung bis zum Zustimmungsbeschluss sämtliche der in § 293f Abs. 1 bezeichneten Unterlagen auszulegen[4]. Dabei genügen Abschriften dieser Unterlagen, das Original muss nicht vorgelegt werden[5]. Die Zurverfügungstellung von **Bildschirmen** oder von elektronischen Speichermedien, von denen der Bericht heruntergeladen werden kann, ist vom Wortlaut nicht erfasst und widerspricht dem telos, die Durchsicht der Unterlagen an Ort und Stelle 4

---

1 *Altmeppen* in MünchKomm. AktG, § 293g Rz. 1; *Veil* in Spindler/Stilz, § 293g Rz. 1.

2 *Emmerich* in Emmerich/Habersack, Aktien- und GmbH-Konzernrecht, § 293g Rz. 1, 3.

3 *Hüffer*, § 176 Rz. 2.

4 *Altmeppen* in MünchKomm. AktG, § 293g Rz. 3, 4; a.A. *Emmerich* in Emmerich/Habersack, Aktien- und GmbH-Konzernrecht, § 293g Rz. 5: bis zum Ende der Hauptversammlung.

5 Vgl. *Kropff* in MünchKomm. AktG, § 175 Rz. 24; a.A. *Emmerich* in Emmerich/Habersack, Aktien- und GmbH-Konzernrecht, § 293g Rz. 5.

zu ermöglichen. Die **Erteilung einer Abschrift** kann hier nicht gem. § 293g, wohl aber gem. § 293f Abs. 2 verlangt werden (s. oben § 293f Rz. 12 ff.).

5   Die **Erläuterungspflicht** trifft den Vorstand als Organ. Vorzutragen hat somit der Vorsitzende oder das nach der Geschäftsordnung zuständige Mitglied[6]. Die Erläuterung ist an die Stelle der in § 293 Abs. 3 Satz 5 a.F. vorgesehenen Verlesung getreten. Die Vorverlagerung der Informationsgewähr durch § 293f erlaubt dem Vorstand, sich auf die zentralen Bestimmungen zu beschränken[7]. Wichtig ist gegebenenfalls die Aktualisierung des Stands des Berichts, insbesondere mit Blick auf den Börsenkurs[8]. Ein Schwerpunkt der Erläuterungen sollte auf einer Darstellung der Ausgleichsregelungen und deren Angemessenheit liegen[9].

6   Der **Unternehmensvertrag** ist nach ganz herrschender Meinung der notariellen[10] Niederschrift **als Anlage** beizufügen. Nur so lässt sich der Vertragstext, welchem die Hauptversammlung zugestimmt hat, eindeutig identifizieren[11].

III. Das Auskunftsrecht des Aktionärs (§ 293g Abs. 3)

7   Die Vorschrift dehnt § 131 für die Hauptversammlungen beider beteiligten Gesellschaften[12] auf die für einen Unternehmensvertrag nach §§ 291, 292[13] wesentlichen Angelegenheiten des anderen Teils aus[14]. Die §§ 131, 132 bleiben mit Ausnahme des § 131 Abs. 3 (s. unten Rz. 10) anwendbar[15].

8   **Auskunftsverpflichtet** ist der Vorstand der eigenen Gesellschaft. Einen Informationsanspruch gegenüber dem Vorstand der anderen Vertragspartei sieht das Gesetz nicht vor[16]. Für die Reichweite der Informationsbeschaffungspflicht gilt § 131 (s. oben § 131 Rz. 34 ff.).

9   Ist der Vorstand zur Beschaffung wesentlicher **Informationen über den anderen Vertragspartner** nicht in der Lage, muss er der Hauptversammlung gegenüber seine Bedenken offen legen, um eine hinreichende Informationsgrundlage für deren Entscheidung zu liefern. Zahlreiche Stimmen in der Literatur halten den Vorstand in dieser Situation für verpflichtet, eine Ablehnung des Vertragsschlusses zu empfehlen.[17]

---

6 *Deilmann/Messerschmidt*, NZG 2004, 977, 984; *Hüffer*, § 176 Rz. 3.

7 *Koppensteiner* in KölnKomm. AktG, § 293g Rz. 7; *Krieger* in MünchHdb. AG, § 70 Rz. 48; *Veil* in Spindler/Stilz, § 293f Rz. 5.

8 *Emmerich* in Emmerich/Habersack, Aktien- und GmbH-Konzernrecht, § 293g Rz. 6; *Hüffer*, § 293g Rz. 2, 7a.

9 *Altmeppen* in MünchKomm. AktG, § 293g Rz. 6.

10 Das ist wegen § 130 Abs. 1 Satz 3 auch bei nicht börsennotierten Gesellschaften erforderlich.

11 BGH v. 30.1.1992 – II ZB 15/91 – „Siemens", NJW 1992, 1452 = AG 1992, 192 (zu § 293 Abs. 3 Satz 6); *Altmeppen* in MünchKomm. AktG, § 293g Rz. 8; *Hüffer*, § 293g Rz. 2; *Veil* in Spindler/Stilz, § 293g Rz. 7.

12 *Hüffer*, § 293g Rz. 3.

13 *Emmerich* in Emmerich/Habersack, Aktien- und GmbH-Konzernrecht, § 293g Rz. 9; *Hüffer*, § 293g Rz. 3; *Koppensteiner* in KölnKomm. AktG, § 293g Rz. 18; *Veil* in Spindler/Stilz, § 293g Rz. 9; a.A. *Altmeppen* in MünchKomm. AktG, § 293g Rz. 14.

14 BayObLG v. 25.6.1975 – BReg 2 Z 15/75, AG 1975, 325, 325; OLG Karlsruhe v. 7.12.1990 – 15 U 256/89 – „Asea BB AG", AG 1991, 144, 147; LG Frankfurt v. 15.2.1989 – 3/8 O 184/88 – „Nestlé Deutschland AG", AG 1989, 331.

15 *Emmerich* in Emmerich/Habersack, Aktien- und GmbH-Konzernrecht, § 293g Rz. 12.

16 *Emmerich* in Emmerich/Habersack, Aktien- und GmbH-Konzernrecht, § 293g Rz. 14; für Ausnahmefälle anders Rz. 16 f.; hierzu a.A. *Koppensteiner* in KölnKomm. AktG, § 293g Rz. 20.

17 *Emmerich* in Emmerich/Habersack, Aktien- und GmbH-Konzernrecht, § 293g Rz. 18a; *Veil* in Spindler/Stilz, § 293g Rz. 11; jedenfalls bei ganz unzureichender Informationslage auch *Altmeppen* in MünchKomm. AktG, § 293g Rz. 17; *Hüffer*, § 293g Rz. 4; *Koppensteiner* in KölnKomm. AktG, § 293g Rz. 17.

Dem ist nicht zu folgen. Steht die Gesellschaft bereits im Mehrheitsbesitz eines anderen Unternehmens, wird diese Mehrheit ihre zustimmende Entscheidung nicht von der Informationslage des Vorstands abhängig machen[18].

Umstritten ist, inwieweit dem Vorstand ein **Auskunftsverweigerungsrecht** zusteht. 10 Die Rechtsprechung hat die Frage bisher offen gelassen[19]. In Betracht kommt eine Analogie zu § 131 Abs. 3[20] oder zu § 293a Abs. 2[21], wenn man nicht eine bewusste Entscheidung des Gesetzgebers gegen ein Auskunftsverweigerungsrecht annimmt und damit schon die Regelungslücke verneint[22]. Für eine ausfüllungsbedürftige Lücke spricht der sonst unvermeidliche Wertungswiderspruch zwischen § 293g und § 293a: Im Bericht wäre Geheimhaltungsbedürftigkeit zu wahren, in der Hauptversammlung, die nicht minder öffentlichkeitswirksam ist, müssten dagegen sämtliche verlangten Informationen preisgegeben werden. Folgt man dem, überzeugt die **Analogie zu § 293a Abs. 2**, da sie den Gleichlauf der Information im Vorfeld und während der Hauptversammlung garantiert. Hiernach hat der Vorstand die Auslassung präzise zu umreißen und dies zu legitimieren (s. oben § 293a Rz. 22).

In den während des Laufs des Unternehmensvertrages stattfindenden Hauptversammlungen steht den außenstehenden Aktionären der beherrschten Gesellschaft 11 das allgemeine **Auskunftsrecht des § 131 Abs. 1** zu[23]. Das erweiterte Auskunftsrecht des § 131 Abs. 4 Satz 1 kommt nach herrschender Meinung nicht in Betracht[24].

IV. Die Rechtsfolgen eines Verstoßes gegen § 293g

Gegen eine Auskunftsverweigerung des Vorstands kann der Aktionär nach **§ 132** vorgehen[25]. Davon unabhängig kann auf Verstöße gegen § 293g eine **Anfechtungsklage** 12 gestützt werden, jedoch gem. § 243 Abs. 4 Satz 2 nicht bei kompensationsbezogenen Verletzungen der Auskunftspflicht. Rechtsschutz wird insofern im Spruchverfahren gewährt[26].

§ 294
Eintragung. Wirksamwerden

(1) Der Vorstand der Gesellschaft hat das Bestehen und die Art des Unternehmensvertrages sowie den Namen des anderen Vertragsteils zur Eintragung in das Handelsregister anzumelden; beim Bestehen einer Vielzahl von Teilgewinnabführungsverträ-

---

18 S. auch *Hüffer*, § 293g Rz. 4; *Krieger* in MünchHdb. AG, § 70 Rz. 48.
19 BGH v. 15.6.1992 – II ZR 18/91 – „ASEA/BBC", AG 1992, 450.
20 LG Frankfurt v. 15.2.1989 – 3/8 O 184/88 – „Nestlé Deutschland AG", AG 1989, 331; in diese Richtung auch: RegE UmwG BT-Drucks. 12/6699, S. 103; *Krieger* in MünchHdb. AG, § 70 Rz. 48.
21 In diese Richtung *Altmeppen* in MünchKomm. AktG, § 293g Rz. 21; *Emmerich* in Emmerich/Habersack, Aktien- und GmbH-Konzernrecht, § 293g Rz. 8, 23; *Koppensteiner* in KölnKomm. AktG, § 293g Rz. 22.
22 So *Hüffer*, § 293g Rz. 4.
23 *Decher*, ZHR 158 (1994), 473, 491 f.
24 *Decher*, ZHR 158 (1994), 473, 479 ff.; *Hüffer*, § 131 Rz. 38 f.
25 *Emmerich* in Emmerich/Habersack, Aktien- und GmbH-Konzernrecht, § 293g Rz. 26.
26 *Hüffer*, § 293g Rz. 5; krit. zu § 243 Abs. 4 n.F. *Emmerich* in Emmerich/Habersack, Aktien- und GmbH-Konzernrecht, § 293g Rz. 26.

gen kann anstelle des Namens des anderen Vertragsteils auch eine andere Bezeich-
nung eingetragen werden, die den jeweiligen Teilgewinnabführungsvertrag konkret
bestimmt. Der Anmeldung sind der Vertrag sowie, wenn er nur mit Zustimmung der
Hauptversammlung des anderen Vertragsteils wirksam wird, die Niederschrift dieses
Beschlusses und ihre Anlagen in Urschrift, Ausfertigung oder öffentlich beglaubigter
Abschrift beizufügen.

(2) Der Vertrag wird erst wirksam, wenn sein Bestehen in das Handelsregister des Sitzes der Gesellschaft eingetragen worden ist.

I. Regelungszweck und Regelungsgegen-		3. Anmeldungsverpflichtung des Vor-	
stand	1	stands	10
II. Die Anmeldung zur Eintragung (§ 294		III. Die Kontrolle durch das Registerge-	
Abs. 1)	3	richt (noch § 294 Abs. 1)	12
1. Form und Inhalt der Anmeldung . . .	3	IV. Die Wirkung der Eintragung	22
2. Beizufügende Schriftstücke	6	V. Die Löschung der Eintragung	27

Literatur: *Bayer*, Herrschaftsveränderungen im Vertragskonzern, ZGR 1993, 599; *Ebenroth/Par-
che*, Konzernrechtliche Beschränkungen der Umstrukturierung des Vertragskonzerns, BB 1989,
637; *Gerth*, Die Beendigung des Gewinnabführungsvertrages und Beherrschungsvertrages, BB
1978, 1497; *Humbeck*, Die Prüfung der Unternehmensverträge nach neuem Recht, BB 1995,
1893; *Kort*, Die Registereintragung gesellschaftsrechtlicher Strukturänderungen nach dem Umwandlungsgesetz und nach dem Gesetz zur Unternehmensintegrität und Modernisierung des Anfechtungsrechts (UMAG), BB 2005, 1577; *Krieger/Jannott*, Änderung und Beendigung von Beherr-
schungs- und Gewinnabführungsverträgen im Aktien- und GmbH-Recht, DStR 1995, 1473;
Klaus J. Müller, Auswirkungen von Umstrukturierungen nach dem Umwandlungsgesetz auf Beherrschungsverträge und Gewinnabführungsverträge, BB 2002, 157; *Paschos/Goslar*, Die Beendigung von Gewinnabführungsverträgen mit einer abhängigen GmbH während des (laufenden) Ge-
schäftsjahres, Der Konzern 2006, 479; *Paschos/Johannsen-Roth*, Freigabeverfahren und
Bestandsschutz bei aktien- und umwandlungsrechtlichen Strukturmaßnahmen, NZG 2006, 327;
Pentz, Die verbundene Aktiengesellschaft als außenstehende Aktionär, AG 1996, 97; *Priester*,
Herrschaftswechsel beim Unternehmensvertrag, ZIP 1992, 293; *Riegger/Mutter*, Wann muss der
Vorstand einer beherrschten AG den Beherrschungsvertrag kündigen?, DB 1997, 1603; *Timm*,
Rechtsfragen der Änderung und Beendigung von Unternehmensverträgen, in FS Kellermann,
1991, S. 461; *Trendelenburg*, Der Gewinnabführungs- und Beherrschungsvertrag in der Krise der
Obergesellschaft, NJW 2002, 647.

I. Regelungszweck und Regelungsgegenstand

1   Für das Wirksamwerden des Unternehmensvertrages bedarf es der Eintragung im
    Handelsregister. Das sichert die Information von Gläubigern und potentiellen Eigen-
    kapitalinvestoren und fixiert den Zeitpunkt des Wirksamwerdens des Unterneh-
    mensvertrages[1]. Die Eintragungspflicht besteht für sämtliche Unternehmensverträge
    nach §§ 291, 292[2].

2   § 294 betrifft die Eintragung des Vertrages in das **Handelsregister der Untergesell-
    schaft**. Für die Obergesellschaft gilt die Vorschrift nicht[3], entgegen einer Mindermei-

---

1 *Koppensteiner* in KölnKomm. AktG, § 294 Rz. 2; *Kropff*, Aktiengesetz, S. 382; *Veil* in Spindler/
   Stilz, § 294 Rz. 1.
2 *Koppensteiner* in KölnKomm. AktG, § 294 Rz. 4.
3 *Altmeppen* in MünchKomm. AktG, § 294 Rz. 12 f.; *Emmerich* in Emmerich/Habersack, Ak-
   tien- und GmbH-Konzernrecht, § 294 Rz. 5; *E. Vetter*, AG 1994, 110, 112; *Koppensteiner* in
   KölnKomm. AktG, § 294 Rz. 5; *Veil* in Spindler/Stilz, § 294 Rz. 2.

nung[4] auch nicht analog. Dem Informationsinteresse potentieller Eigenkapitalinvestoren[5] auf der Ebene der Obergesellschaft wird durch die Konzernrechnungslegung hinreichend Rechnung getragen.

II. Die Anmeldung zur Eintragung (§ 294 Abs. 1)

1. Form und Inhalt der Anmeldung

Die Anmeldung hat **in öffentlich beglaubigter Form** zu erfolgen, § 12 HGB, § 129 **3** BGB, §§ 39, 40 BeurkG[6]. Es ist der Abschluss eines Unternehmensvertrages anzumelden und dieser zu bezeichnen[7]. Benennt der Vorstand den Vertrag nicht, darf nicht eingetragen werden[8].

Zudem muss der Antrag diejenigen **Angaben** enthalten, welche zur Individualisie- **4** rung des anderen Vertragsteils erforderlich sind, d.h. Name bzw. Firma, wenn notwendig auch der Gesellschaftssitz bzw. die Hauptniederlassung[9]. Soweit noch Mehrmütterverträge abgeschlossen werden[10], sind alle Mütter und zusätzlich die GbR zu bezeichnen[11].

Für **Teilgewinnabführungsverträge** gelten nach § 294 Abs. 1 Satz 1 Halbsatz 2 Verein- **5** fachungen. Die vollständige Eintragung jedes Einzelvertrages kann durch eine individualisierende Angabe, in der Regel eine Nummerierung, ersetzt werden[12].

2. Beizufügende Schriftstücke

Der **Anmeldung** ist der Unternehmensvertrag im Original, in Ausfertigung oder in öf- **6** fentlich beglaubigter Abschrift beizufügen[13]. Das Gesetz geht mit Rücksicht auf § 130 Abs. 5 davon aus, dass die Niederschrift des Zustimmungsbeschlusses der Untergesellschaft dem Gericht bereits vorliegt. Ist das der Fall, genügt Bezugnahme[14], sonst ist die Niederschrift mit dem Unternehmensvertrag einzureichen[15].

---

4 *Heckschen*, DB 1989, 29, 30 f., als Ergebnis einer Rechtsfortbildung; *Hommelhoff*, Die Konzernleitungspflicht, 1982, S. 319 f.; *Uwe H. Schneider*, WM 1986, 181, 187.
5 *Lutter*, NJW 1988, 1240, 1242.
6 *Hüffer*, § 294 Rz. 3; *Veil* in Spindler/Stilz, § 294 Rz. 9.
7 *Altmeppen* in MünchKomm. AktG, § 294 Rz. 18; *Hüffer*, § 294 Rz. 5; *Veil* in Spindler/Stilz, § 294 Rz. 6.
8 *Emmerich* in Emmerich/Habersack, Aktien- und GmbH-Konzernrecht, § 294 Rz. 9; *Hüffer*, § 294 Rz. 11; *Koppensteiner* in KölnKomm. AktG, § 294 Rz. 9; weitergehend *Altmeppen* in MünchKomm. AktG, § 294 Rz. 19: auch bei falscher Bezeichnung.
9 *Altmeppen* in MünchKomm. AktG, § 294 Rz. 20; *Emmerich* in Emmerich/Habersack, Aktien- und GmbH-Konzernrecht, § 294 Rz. 11; *Hüffer*, § 294 Rz. 3; *Koppensteiner* in KölnKomm. AktG, § 294 Rz. 10; *Veil* in Spindler/Stilz, § 294 Rz. 7.
10 Zur Neuregelung der Mehrmütterorganschaft durch das StVergAbG *Veil* in Spindler/Stilz, § 294 Rz. 7.
11 *Hüffer*, § 294 Rz. 4; *Veil* in Spindler/Stilz, § 294 Rz. 7.
12 *Emmerich* in Emmerich/Habersack, Aktien- und GmbH-Konzernrecht, § 294 Rz. 1, 12 ff.; *Hüffer*, § 294 Rz. 6; *Koppensteiner* in KölnKomm. AktG, § 294 Rz. 27; *Veil* in Spindler/Stilz, § 294 Rz. 8. Eine Vielzahl von Verträgen im Sinne dieser Vorschrift wird man jedenfalls ab zehn Verträgen annehmen können, vgl. *Veil* in Spindler/Stilz, § 294 Rz. 8; schon ab drei Verträgen *Emmerich* in Emmerich/Habersack, Aktien- und GmbH-Konzernrecht, § 294 Rz. 12b.
13 *Altmeppen* in MünchKomm. AktG, § 294 Rz. 22; *Hüffer*, § 294 Rz. 7; *Veil* in Spindler/Stilz, § 294 Rz. 10.
14 *Altmeppen* in MünchKomm. AktG, § 294 Rz. 22; *Emmerich* in Emmerich/Habersack, Aktien- und GmbH-Konzernrecht, § 294 Rz. 14; *Hüffer*, § 294 Rz. 7.
15 *Altmeppen* in MünchKomm. AktG, § 294 Rz. 23; *Hüffer*, § 294 Rz. 7; ähnlich *Koppensteiner* in KölnKomm. AktG, § 294 Rz. 11.

7   Für die Fälle des § 293 Abs. 2 Satz 1 ist nach § 294 Abs. 1 Satz 2 die Vorlage der **Niederschrift des Zustimmungsbeschlusses** des anderen Vertragsteils erforderlich. Der Unternehmensvertrag ist als Anlage nach § 293g Abs. 2 Satz 2 vorzulegen, § 294 Abs. 1 Satz 2. Die Bezugnahme auf eine nach § 130 Abs. 5 eingereichte Niederschrift kann diese nur ersetzen, wenn (zufällig) dasselbe Registergericht zuständig ist[16].

8   Die **Berichte des Vorstands und der Vertragsprüfer** sind nicht vorzulegen, § 294.

9   **Staatliche Genehmigungen** sind zwingend einzureichen, wenn der Registerrichter diese anfordert[17]. Unterlässt er das, nimmt die überwiegende Ansicht gleichwohl eine Pflicht an, derartige Schriftstücke analog § 181 Abs. 1 Satz 3 vorzulegen[18].

3. Anmeldungsverpflichtung des Vorstands

10 Der Vorstand der **Untergesellschaft** stellt im Namen der AG den Antrag auf Eintragung[19]. Hierfür genügt das Handeln von Mitgliedern in vertretungsberechtigter Zahl, die Bevollmächtigung eines Dritten ist zulässig[20].

11 Stellt der Vorstand keinen Antrag, kann ein **Zwangsgeld nach § 14 HGB** nicht verhängt werden; die Vorschrift ist wegen § 407 Abs. 2 Satz 1 unanwendbar[21]. Im Verhältnis zu seiner eigenen AG ist der Vorstand nach § 83 Abs. 2 zur Antragstellung verpflichtet. Die Obergesellschaft hat nach herrschender Meinung einen Anspruch auf Vornahme der Eintragung. Das überzeugt nicht, in Betracht kommt allenfalls ein Ersatz des Vertrauensschadens aus cic (s. oben § 293 Rz. 19).

III. Die Kontrolle durch das Registergericht (noch § 294 Abs. 1)

12 Die **sachliche Zuständigkeit** liegt beim Amtsgericht, § 8 HGB, § 125 Abs. 1 FGG, die **örtliche Zuständigkeit** bestimmt sich nach dem Sitz der anmeldepflichtigen Gesellschaft, §§ 5, 14.[22] **Funktionell** zuständig ist der Richter, § 17 Abs. 1 Nr. 1d RPflG[23].

13 Das Registergericht prüft die **Rechtmäßigkeit und inhaltliche Richtigkeit des Unternehmensvertrages**[24]. Das betrifft die **formellen Voraussetzungen der Anmeldung**, namentlich die Zuständigkeit des Gerichts, die Form der Anmeldung und die Vollständigkeit der beizufügenden Unterlagen.

---

16 *Emmerich* in Emmerich/Habersack, Aktien- und GmbH-Konzernrecht, § 294 Rz. 15; *Hüffer*, § 294 Rz. 8.

17 *Hüffer*, § 294 Rz. 9.

18 *Emmerich* in Emmerich/Habersack, Aktien- und GmbH-Konzernrecht, § 294 Rz. 16 f.; *Hüffer*, § 294 Rz. 9; *Koppensteiner* in KölnKomm. AktG, § 294 Rz. 12; *Veil* in Spindler/Stilz, § 294 Rz. 13; enger *Altmeppen* in MünchKomm. AktG, § 294 Rz. 12.

19 *Emmerich* in Emmerich/Habersack, Aktien- und GmbH-Konzernrecht, § 294 Rz. 6; *Hüffer*, § 294 Rz. 2; *Veil* in Spindler/Stilz, § 294 Rz. 4.

20 *Altmeppen* in MünchKomm. AktG, § 294 Rz. 8; *Emmerich* in Emmerich/Habersack, Aktien- und GmbH-Konzernrecht, § 294 Rz. 21; *Hüffer*, § 294 Rz. 2; *Koppensteiner* in KölnKomm. AktG, § 294 Rz. 6; *Krieger* in MünchHdb. AG, § 70 Rz. 55; *Veil* in Spindler/Stilz, § 294 Rz. 4.

21 *Altmeppen* in MünchKomm. AktG, § 294 Rz. 9; *Emmerich* in Emmerich/Habersack, Aktien- und GmbH-Konzernrecht, § 294 Rz. 7; *Hüffer*, § 294 Rz. 2, 7; *Koppensteiner* in KölnKomm. AktG, § 294 Rz. 8; *Veil* in Spindler/Stilz, § 294 Rz. 5.

22 *Emmerich* in Emmerich/Habersack, Aktien- und GmbH-Konzernrecht, § 294 Rz. 18; *Hüffer*, § 294 Rz. 10; *Veil* in Spindler/Stilz, § 294 Rz. 14.

23 *Emmerich* in Emmerich/Habersack, Aktien- und GmbH-Konzernrecht, § 294 Rz. 18; *Hüffer*, § 294 Rz. 10; *Veil* in Spindler/Stilz, § 294 Rz. 14.

24 *Altmeppen* in MünchKomm. AktG, § 294 Rz. 26; *Emmerich* in Emmerich/Habersack, Aktien- und GmbH-Konzernrecht, § 294 Rz. 19; *Hüffer*, § 294 Rz. 11; *Koppensteiner* in KölnKomm. AktG, § 294 Rz. 14.

In **materieller Hinsicht** prüft das Gericht die Schriftform des Unternehmensvertra- 14
ges, das Vorhandensein der nach § 293 erforderlichen Zustimmungsbeschlüsse sowie
einer Ausgleichsregelung nach § 304 Abs. 1 und die Abwesenheit von Nichtigkeitsgründen nach § 241. Geprüft und gerügt werden können auch ein Verstoß des Vertrages gegen § 134 BGB, § 57 AktG[25], die unrichtige Bezeichnung des Unternehmensvertrages[26] in der Anmeldung oder das Fehlen einer nach der Satzung erforderlichen
Voraussetzung.

Hat das Gericht Unwirksamkeits- oder Nichtigkeitsgründe übersehen, können au- 15
ßenstehende Aktionäre mit der **Beschwerde** gegen eine noch nicht vollzogene Eintragungsverfügung vorgehen. Bei vollzogener Eintragung kann nur noch die Einleitung
eines Amtslöschungsverfahrens angeregt werden (s. unten Rz. 27)[27].

Ergeben sich bei der Prüfung **anfechtungsbegründende Mängel des Zustimmungsbe-** 16
schlusses, hat das Registergericht nach pflichtgemäßem Ermessen zu entscheiden,
ob es die Eintragung vornimmt, aussetzt oder ablehnt[28].

Ist vor **Ablauf der Anfechtungsfrist** des § 246 Abs. 1 noch keine Anfechtungsklage er- 17
hoben worden, so kann der Registerrichter bis zum Fristablauf aussetzen[29]. Wurde eine Anfechtungsklage erhoben tritt keine Registersperre ein[30]. Gegen eine Aussetzung
kann die Gesellschaft nach § 246a vorgehen. Eine mit dem gleichen Ziel erhobene
einstweilige Verfügung kommt nach überwiegender Ansicht daneben in Betracht (s.
oben § 246a Rz. 36 f.)[31]. Trägt der Richter vor Ablauf der Anfechtungsfrist ein, steht
die Bestandskraft dieser Eintragung unter dem Vorbehalt des Erfolges einer Anfechtungsklage[32].

Ist **Anfechtungsklage erhoben und kein Freigabeverfahren** durchgeführt, steht die 18
Entscheidung, ob der Richter gleichwohl eintragen will, in seinem pflichtgemäßen
Ermessen (s. oben § 246a Rz. 21)[33]. Der Anfechtungskläger kann im Wege des **einst-**
weiligen Rechtsschutzes vorgehen (s. oben § 246a Rz. 36 f.)[34].

Wird der Anfechtungsklage stattgegeben, ist auch der Registerrichter hieran gebun- 19
den[35]. Hat er den Unternehmensvertrag bereits eingetragen, ist das im Anfech-

---

25 *Veil* in Spindler/Stilz, § 294 Rz. 15.
26 *Hüffer*, § 294 Rz. 11; *Koppensteiner* in KölnKomm. AktG, § 294 Rz. 18; *Veil* in Spindler/Stilz,
§ 294 Rz. 17. Fehlt die Bezeichnung in der Anmeldung vollständig, ist diese schon formell fehlerhaft und die Eintragung abzulehnen, s. oben Rz. 3.
27 *Steder* in Großkomm. FGG, § 142 Rz. 42; *Winkler* in Keidel/Kuntze/Winkler, FGG, § 142
Rz. 20; *Bumiller/Winkler* in Bumiller/Winkler, FGG, § 19 Rz. 5, § 142 Rz. 18.
28 *Krafka* in MünchKomm. HGB, § 8 Rz. 73.
29 *Hüffer*, § 243 Rz. 52; *Krafka* in MünchKomm. HGB, § 8 Rz. 74; *Winkler* in Keidel/Kuntze/
Winkler, FGG, § 127 Rz. 13; a.A. *K. Schmidt* in Großkomm. AktG, § 243 Rz. 72, der eine sofortige Eintragung bei fehlenden Anzeichen einer bevorstehenden Anfechtungsklage befürwortet; in diese Richtung auch *Ulmer* in Hachenburg, GmbHG, § 54 Rz. 48.
30 *Altmeppen* in MünchKomm. AktG, § 294 Rz. 31; *Deilmann/Messerschmidt*, NZG 2004, 977,
987; *Emmerich* in Emmerich/Habersack, Aktien- und GmbH-Konzernrecht, § 294 Rz. 3; *Hüffer*, § 294 Rz. 13; *Krieger* in MünchHdb. AG, § 70 Rz. 56; *Paschos/Johannsen-Roth*, NZG
2006, 327, 328.
31 *Veil* in Spindler/Stilz, § 294 Rz. 22; anders *Kort*, BB 2005, 1577, 1581, der eine einstweilige
Verfügung für „eher denkbar" hält.
32 *Kort*, BB 2005, 1577, 1581.
33 *Veil* in Spindler/Stilz, § 294 Rz. 19.
34 *Altmeppen* in MünchKomm. AktG, § 294 Rz. 33; *Hüffer*, § 294 Rz. 15; *Krieger* in MünchHdb.
AG, § 70 Rz. 57; *Veil* in Spindler/Stilz, § 294 Rz. 22; einschränkend *Baur*, ZGR 1972, 421,
424.
35 *Hüffer*, § 243 Rz. 54; *Krafka* in MünchKomm. HGB, § 8 Rz. 74.

tungsprozess ergangene Urteil einzutragen. Die Löschung der Eintragung des Unternehmensvertrages im Wege des Amtslöschungsverfahrens kommt allerdings nur in Betracht, wenn die Gesellschaft kein Freigabeverfahren betrieben hat, § 246a Abs. 4[36].

20 An ein **zu Unrecht klageabweisendes Urteil** ist der Registerrichter nicht gebunden. Im Vertragskonzernrecht sprechen die besseren Gründe dafür, im Regelfall einzutragen: Etwa entgegenstehende Interessen der Gläubiger schützen die §§ 300 ff. und der Registerrichter kann sich gegenüber der die Eintragung begehrenden Gesellschaft nicht auf das Spruchrichterprivileg des § 839 Abs. 2 Satz 1 BGB berufen.[37]

21 Die die Eintragung begehrenden Parteien haben einen **Anspruch auf unverzügliche Eintragung.** Der Registerrichter hat keine Prüfung der sachlichen Richtigkeit der angemeldeten Tatsache vorzunehmen (zu kompensationsbezogenen Mängeln s. oben § 293a Rz. 27)[38]. Den Parteien steht gegen eine Ablehnung der Eintragung oder gegen eine Aussetzungsverfügung die unbefristete Beschwerde zur Verfügung[39]. Denkbar ist darüber hinaus ein Amtshaftungsanspruch[40].

IV. Die Wirkung der Eintragung

22 Eingetragen werden die zu einer ordnungsgemäßen Anmeldung erforderlichen Angaben: Bestehen und Art des Unternehmensvertrages, Name bzw. Firma und Sitz des Vertragspartners sowie das Datum der Eintragung. Bei Teilgewinnabführungsverträgen ist eine vereinfachte Kenntlichmachung einzutragen.[41]

23 Die Eintragung wirkt **konstitutiv**[42]. Wird eine Gewinngemeinschaft eingetragen, setzt die konstitutive Wirkung die Eintragung des letzten der zusammengehörenden Verträge voraus[43].

24 Eine **Abstandnahme vom Vertrag** ist im Zeitraum zwischen dem Hauptversammlungsbeschluss und der Eintragung zwar im Grundsatz möglich. Eine dahingehende Erklärung muss aber erkennen lassen, dass die Lösung von dem Unternehmensvertrag gerade wegen des Eintragungsmangels erfolgen soll. Stützt sich die Erklärung hingegen auf einen anderen Grund, reicht das nicht hin. Eine Umdeutung scheidet in solchen Fällen aus[44].

---

36 Offen *Veil* in Spindler/Stilz, § 294 Rz. 28.
37 *Hüffer* in Staub, HGB, § 8 Rz. 75; *Schmidt-Leithoff* in Rowedder/Schmidt-Leithoff, GmbHG, § 9c Rz. 40.
38 OLG Düsseldorf v. 29.3.1995 – 3 Wx 568/94, NJW 1995, 2927, 2928; *Krafka* in MünchKomm. HGB, § 8 Rz. 62; *Hüffer* in Staub, HGB, § 8 Rz. 56; *Keidel/Krafka/Willer*, Registerrecht, Rz. 159; anders *Bokelmann*, DB 1994, 1341, 1344.
39 *Bumiller/Winkler* in Bumiller/Winkler, FGG, § 127 Rz. 14; *Heyder* in Michalski, GmbHG, § 9c Rz. 48; *Ulmer* in Ulmer, GmbHG, § 9c Rz. 62.
40 *Krafka* in MünchKomm. HGB, § 8 Rz. 63; *Hüffer* in Staub, HGB, § 8 Rz. 75; *Schmidt-Leithoff* in Rowedder/Schmidt-Leithoff, GmbHG, § 9c Rz. 40.
41 *Emmerich* in Emmerich/Habersack, Aktien- und GmbH-Konzernrecht, § 294 Rz. 24; *Koppensteiner* in KölnKomm. AktG, § 294 Rz. 26; *Veil* in Spindler/Stilz, § 294 Rz. 23.
42 *Altmeppen* in MünchKomm. AktG, § 294 Rz. 38; *Emmerich* in Emmerich/Habersack, Aktien- und GmbH-Konzernrecht, § 294 Rz. 26; *Hüffer*, § 294 Rz. 17; *Koppensteiner* in KölnKomm. AktG, § 294 Rz. 29.
43 *Hüffer*, § 294 Rz. 17.
44 BGH v. 8.5.2006 – II ZR 123/05, WM 2006, 1154, 1156 = AG 2006, 546.

Die rechtsgeschäftliche Vereinbarung eines aufgeschobenen Beginns der Wirkungen 25
des Unternehmensvertrages ist zulässig[45]. Zur **Rückwirkung** s. oben § 291 Rz. 26[46].

Eine **Heilung** von Mängeln des Vertrages ist mit der Eintragung **nicht** verbunden.[47] 26

V. Die Löschung der Eintragung

Stellt sich nach der Eintragung die **Nichtigkeit oder** die endgültige **Unwirksamkeit** 27
des Unternehmensvertrages heraus, kann das Gericht ein Amtslöschungsverfahren
betreiben, § 142 FGG[48]. Wurde ein erfolgreiches Freigabeverfahren durchgeführt,
kommt wegen § 246a Abs. 4 die Amtslöschung nicht mehr in Betracht[49].

Für die Zeit zwischen der Feststellung des Mangels und der Löschung kann der Ver- 28
trag nach den Grundsätzen zur **fehlerhaften Gesellschaft** als wirksam zu behandeln
sein (s. oben § 293 Rz. 40)[50]. Eine Mindermeinung lässt für diesen Zeitraum die Berufung auf **§ 15 Abs. 3 HGB** zu[51]. Dem ist nicht zu folgen. § 407 Abs. 2 Satz 1 spricht
schon gegen die Eintragungspflichtigkeit der Tatsache[52]. Jedenfalls ist der Vertrag für
die Vergangenheit als wirksam zu behandeln, so dass bekannt gemachte und wahre
Rechtslage für diesen Zeitraum übereinstimmen[53]. Zuletzt könnte sich hierauf nur
die zur Anmeldung verpflichtete, nicht die herrschende Gesellschaft berufen, da nur
in deren Angelegenheiten einzutragen ist[54].

§ 295
Änderung

**(1) Ein Unternehmensvertrag kann nur mit Zustimmung der Hauptversammlung ge-
ändert werden. §§ 293 bis 294 gelten sinngemäß.**

**(2) Die Zustimmung der Hauptversammlung der Gesellschaft zu einer Änderung der
Bestimmungen des Vertrags, die zur Leistung eines Ausgleichs an die außenstehenden Aktionäre der Gesellschaft oder zum Erwerb ihrer Aktien verpflichten, bedarf,
um wirksam zu werden, eines Sonderbeschlusses der außenstehenden Aktionäre. Für
den Sonderbeschluss gilt § 293 Abs. 1 Satz 2 und 3. Jedem außenstehenden Aktionär
ist auf Verlangen in der Versammlung, die über die Zustimmung beschließt, Auskunft auch über alle für die Änderung wesentlichen Angelegenheiten des anderen
Vertragsteils zu geben.**

---

45 *Emmerich* in Emmerich/Habersack, Aktien- und GmbH-Konzernrecht, § 294 Rz. 28; *Hüffer*,
§ 294 Rz. 18; *Koppensteiner* in KölnKomm. AktG, § 294 Rz. 30; *Veil* in Spindler/Stilz, § 294
Rz. 25.
46 *Hüffer*, § 294 Rz. 18, 20.
47 *Altmeppen* in MünchKomm. AktG, § 294 Rz. 38; *Emmerich* in Emmerich/Habersack, Ak-
tien- und GmbH-Konzernrecht, § 294 Rz. 26; *Hüffer*, § 294 Rz. 17, 21; *Koppensteiner* in Köln-
Komm. AktG, § 294 Rz. 36; *Veil* in Spindler/Stilz, § 294 Rz. 28.
48 *Emmerich* in Emmerich/Habersack, Aktien- und GmbH-Konzernrecht, § 294 Rz. 26; *Kropff*,
Aktiengesetz, S. 383; *Hüffer*, § 294 Rz. 21; *Veil* in Spindler/Stilz, § 294 Rz. 29.
49 Schwankend *Veil* in Spindler/Stilz, § 294 Rz. 28.
50 *Hüffer*, § 294 Rz. 21; *Veil* in Spindler/Stilz, § 294 Rz. 28.
51 *Köhler*, ZGR 1985, 307, 320.
52 *Emmerich* in Emmerich/Habersack, Aktien- und GmbH-Konzernrecht, § 294 Rz. 7, 26.
53 *Hüffer*, § 294 Rz. 21.
54 *Altmeppen* in MünchKomm. AktG, § 294 Rz. 41 ff.; *Koppensteiner* in KölnKomm. AktG,
§ 294 Rz. 39.

I. Regelungszweck und Regelungsgegenstand 1	b) Verlängerung der Laufzeit 12
	c) Wechsel der Vertragsart 15
II. Vertragsänderung (§ 295 Abs. 1 Satz 1) 3	d) Veränderung der Vertragspartei . . . 16
1. Zweiseitige Vereinbarung 4	III. Verweis auf die §§ 293 bis 294 (§ 295 Abs. 1 Satz 2) 21
2. Rechtsgeschäftliche Vereinbarung . . 6	IV. Der Sonderbeschluss der außenstehenden Aktionäre (§ 295 Abs. 2) 22
3. Modifikation des Vertragsinhalts . . . 7	1. Änderung relevanter Vertragsbestimmungen 22
4. Änderung während der Vertragslaufzeit: Abgrenzung zur Vertragsaufhebung mit anschließendem Neuabschluss 10	2. Begriff des außenstehenden Aktionärs 23
a) Verkürzung der Laufzeit 11	3. Beschlussfassung und Zustimmungsbeschluss 29

Literatur: S. bei § 294.

I. Regelungszweck und Regelungsgegenstand

1   § 295 Abs. 1 verhindert eine Umgehung des Zustimmungserfordernisses des § 293 (samt der Berichts- und Informationspflichten der §§ 293a ff.) durch Änderung des Unternehmensvertrages, indem er diese demselben Verfahren unterwirft wie dessen Abschluss[1].

2   § 295 Abs. 2 zielt auf einen Ausgleich zwischen den gegenläufigen Interessen der außenstehenden Aktionäre und der Vertragsparteien. Diesen wird dadurch geholfen, dass eine individuelle Zustimmung jedes außenstehenden Aktionärs für die den Ausgleich betreffende Vertragsänderung nicht erforderlich ist. Die Notwendigkeit eines Sonderbeschlusses sichert die zuerst Genannten vor einer Übervorteilung durch die Mehrheit[2].

II. Vertragsänderung (§ 295 Abs. 1 Satz 1)

3   Vertragsänderung ist jede zweiseitige rechtsgeschäftliche Vereinbarung über die Modifikation des Vertragsinhalts, die noch während der Vertragslaufzeit wirksam wird[3], nicht etwa nur solche von besonderer Bedeutung oder mit verschlechternder Wirkung[4].

1. Zweiseitige Vereinbarung

4   An einer **zweiseitigen** Vereinbarung fehlt es bei einseitigen Rechtsgeschäften, insbesondere bei Kündigung, Anfechtung oder Rücktritt[5]. Das ermöglicht es, eine Kündigung ohne den nach § 295 erforderlichen Sonderbeschluss auszusprechen und diese

---

1 *Emmerich* in Emmerich/Habersack, Aktien- und GmbH-Konzernrecht, § 295 Rz. 1; *Hüffer*, § 295 Rz. 1; *Koppensteiner* in KölnKomm. AktG, § 295 Rz. 1 f.

2 *Emmerich* in Emmerich/Habersack, Aktien- und GmbH-Konzernrecht, § 295 Rz. 2; *Hüffer*, § 295 Rz. 2; *Koppensteiner* in KölnKomm. AktG, § 295 Rz. 30; *Kropff*, Aktiengesetz, S. 385.

3 *Emmerich* in Emmerich/Habersack, Aktien- und GmbH-Konzernrecht, § 295 Rz. 6; *Hüffer*, § 295 Rz. 3; *Koppensteiner* in KölnKomm. AktG, § 295 Rz. 5.

4 *Ebenroth/Parche*, BB 1989, 637, 639; *Emmerich* in Emmerich/Habersack, Aktien- und GmbH-Konzernrecht, § 295 Rz. 6; *Kropff*, Aktiengesetz, S. 384.

5 *Emmerich* in Emmerich/Habersack, Aktien- und GmbH-Konzernrecht, § 295 Rz. 7; *Koppensteiner* in KölnKomm. AktG, § 295 Rz. 6.

mit dem Angebot auf Abschluss eines neuen Vertrages zu verbinden[6]. Dieser unterfällt (nur) § 293.

Wird eine echte **Änderungskündigung** erklärt, das heißt die Kündigung für den Fall 5
aufschiebend bedingt, dass ein zugleich ausgesprochenes Angebot auf Vertragsänderung angenommen wird[7], ist für die Annahme dieses Angebots der Weg des § 295 zu beschreiten[8].

2. Rechtsgeschäftliche Vereinbarung

Die rechtsgeschäftliche Vereinbarung setzt den Austausch von Willenserklärungen 6
voraus. Eine **konkludente Vertragsänderung** („faktische Vertragsänderung") ist wegen Nichtbeachtung der Voraussetzungen des § 295 nichtig (§ 125 Satz 1 BGB[9], nach einigen überdies § 134 BGB[10]). Wird der Inhalt des nur konkludent geänderten Vertrages gleichwohl praktiziert, kann das eine Schadensersatzpflicht der Gesellschaft mit Blick auf den ursprünglichen Vertrag nach § 280 Abs. 1 BGB[11] und der Organmitglieder nach den §§ 93, 116, 309 f., 317 f.[12] begründen. Außerdem kann es zur Versagung des Prüfervermerks kommen[13]. Die Grundsätze zum fehlerhaften Unternehmensvertrag setzen dagegen die Eintragung im Handelsregister voraus. Die konkludente Vertragsänderung kann deshalb nicht nach diesen Grundsätzen als für die Vergangenheit wirksam behandelt werden (s. oben § 293 Rz. 41)[14].

3. Modifikation des Vertragsinhalts

§ 295 Abs. 1 erfasst **jede inhaltliche Veränderung** des Unternehmensvertrages ohne 7
Rücksicht darauf, ob es sich um wesentliche oder unwesentliche Änderungen handelt[15].

Eine Modifikation des Vertragsinhalts fehlt bei **Berichtigungen** und **tatsächlichen** 8
Aktualisierungen des ursprünglich Vereinbarten, etwa der Änderung von Firma oder Gesellschaftssitz einer der Parteien[16]. Neufassungen fallen wegen des auf Rechtssi-

---

6 *Hüffer*, § 295 Rz. 7.
7 *Weidenkaff* in Palandt, BGB, Vorb. § 620 Rz. 40a; *Hergenröder* in MünchKomm. BGB, § 2 KSchG Rz. 5; *Rost* in Gemeinschaftskommentar zum Kündigungsschutzgesetz, 7. Aufl. 2004, § 2 Rz. 12 ff.; *Künzel* in Ascheid/Preis/Schmidt, Kündigungsrecht, § 2 KSchG Rz. 5 ff.
8 *Koppensteiner* in KölnKomm. AktG, § 295 Rz. 6. Bereits für die Kündigung auf § 295 abstellend wohl *Altmeppen* in MünchKomm. AktG, § 295 Rz. 14; *Emmerich* in Emmerich/Habersack, Aktien- und GmbH-Konzernrecht, § 295 Rz. 8a; *Veil* in Spindler/Stilz, § 295 Rz. 12.
9 *Altmeppen* in MünchKomm. AktG, § 295 Rz. 15; *Emmerich* in Emmerich/Habersack, Aktien- und GmbH-Konzernrecht, § 295 Rz. 9; *Veil* in Spindler/Stilz, § 295 Rz. 13.
10 *Emmerich* in Emmerich/Habersack, Aktien- und GmbH-Konzernrecht, § 295 Rz. 9; *Veil* in Spindler/Stilz, § 295 Rz. 13.
11 *Emmerich* in Emmerich/Habersack, Aktien- und GmbH-Konzernrecht, § 295 Rz. 9; *Hüffer*, § 295 Rz. 4; *Koppensteiner* in KölnKomm. AktG, § 295 Rz. 4; *Veil* in Spindler/Stilz, § 295 Rz. 13.
12 *Emmerich* in Emmerich/Habersack, Aktien- und GmbH-Konzernrecht, § 295 Rz. 9; *Hüffer*, § 295 Rz. 4; *Koppensteiner* in KölnKomm. AktG, § 295 Rz. 4; *Veil* in Spindler/Stilz, § 295 Rz. 13.
13 *Emmerich* in Emmerich/Habersack, Aktien- und GmbH-Konzernrecht, § 295 Rz. 9; *Hüffer*, § 295 Rz. 4.
14 A.A. *Emmerich* in Emmerich/Habersack, Aktien- und GmbH-Konzernrecht, § 295 Rz. 9, 39; *Veil* in Spindler/Stilz, § 295 Rz. 13; für eine „Analogie" zu diesen Grundsätzen *Altmeppen* in MünchKomm. AktG, § 295 Rz. 28.
15 *Bayer*, ZGR 1993, 599, 603; *Kropff*, Aktiengesetz, S. 384; *Priester*, ZIP 1992, 293, 295; a.A. *Humbeck*, BB 1995, 1893, 1894.
16 Vgl. *Emmerich* in Emmerich/Habersack, Aktien- und GmbH-Konzernrecht, § 295 Rz. 6; *Koppensteiner* in KölnKomm. AktG, § 295 Rz. 6.

cherheit gerichteten Normzwecks auch dann unter § 295, wenn sie nur redaktioneller Art sind[17].

9   Bloße **Vorbereitungshandlungen** zu einer Vertragsänderung sind von § 295 nicht erfasst. Sie können aber unter den Voraussetzungen des § 299 unzulässig sein.

4. Änderung während der Vertragslaufzeit: Abgrenzung zur Vertragsaufhebung mit anschließendem Neuabschluss

10   Vertragsänderungen lassen sich häufig auch im Wege der Aufhebung des bestehenden und des Abschlusses eines neuen Vertrages bewirken. § 295 Abs. 1 einerseits und die §§ 296 Abs. 1 Satz 2, 304 f. andererseits stellen freilich unterschiedliche Anforderungen an diese eng verwandten Gestaltungsvarianten. Im Einzelnen gilt:

a) Verkürzung der Laufzeit

11   Die Laufzeitverkürzung subsumiert die herrschende Meinung zu Recht unter § 296[18]. Zwar ist ein Sonderbeschluss außenstehender Aktionäre sowohl nach § 295 als auch nach § 296 erforderlich, sodass dieses Merkmal nicht den Ausschlag geben kann[19]. Allein § 296 Abs. 1 Satz 1 enthält jedoch eine Bestimmung über den frühestmöglichen Zeitpunkt, zu welchem eine Vertragsaufhebung greifen darf. Die hiermit intendierte Rechtssicherheit und Kontrollierbarkeit ist eine auch für die Laufzeitverkürzung sinnvolle Vorgabe.

b) Verlängerung der Laufzeit

12   Die Vertragsverlängerung durch **Neuabschluss** eines Unternehmensvertrages im Anschluss an die Beendigung des ursprünglichen Vertrages ist unstreitig nur nach den §§ 293, 294 zu beurteilen. Ein Sonderbeschluss nach § 295 Abs. 2 kommt nicht in Betracht. Die Ausgleichs- und Abfindungsansprüche der §§ 304 f. sind neu festzusetzen (s. unten § 304 Rz. 136)[20].

13   Enthält bereits der ursprünglich geschlossene Vertrag eine **Verlängerungsklausel**, die bei Ausbleiben einer Kündigung eingreift, ist er auf unbestimmte Zeit geschlossen. Die Position der Vertragsparteien und der außenstehenden Aktionäre ist folglich bereits konsentiert. Es kommt deshalb nicht in Betracht, für jeden Verlängerungszeitraum die Beachtung der Anforderungen des § 295 Abs. 2 oder eine erneute Festsetzung von Ausgleich und Abfindung zu verlangen[21].

14   Wird während der Laufzeit des zunächst geschlossenen Unternehmensvertrages und mit Bezug auf diesen entweder eine **Änderung der Klausel über die Laufzeit** vereinbart oder der laufende Vertrag aufgehoben und zugleich ein verlängerter Unternehmensvertrag abgeschlossen, liegt nach herrschender Meinung ein Neuabschluss im

17 *Emmerich* in Emmerich/Habersack, Aktien- und GmbH-Konzernrecht, § 295 Rz. 3; *Humbeck*, BB 1995, 1893, 1894; *Hüffer*, § 295 Rz. 3; *Koppensteiner* in KölnKomm. AktG, § 295 Rz. 5; *Priester*, ZIP 1992, 293, 295; a.A. *Krieger/Jannott*, DStR 1995, 1473, 1474; wohl auch *Deilmann/Messerschmidt*, NZG 2004, 977, 984.
18 *Koppensteiner* in KölnKomm. AktG, § 295 Rz. 17; *Krieger* in MünchHdb. AG, § 70 Rz. 176 a.E.; *Veil* in Spindler/Stilz, § 295 Rz. 8; a.A. *Altmeppen* in MünchKomm. AktG, § 295 Rz. 9.
19 *Emmerich* in Emmerich/Habersack, Aktien- und GmbH-Konzernrecht, § 295 Rz. 10; anders aber *Altmeppen* in MünchKomm. AktG, § 295 Rz. 9.
20 LG München I v. 2.5.2000 – 5 HKO 21647/99 – „Bayerische Brau-Holding", AG 2001, 318, 319; *Altmeppen* in MünchKomm. AktG, § 295 Rz. 10; *Koppensteiner* in KölnKomm. AktG, § 295 Rz. 16; *Veil* in Spindler/Stilz, § 295 Rz. 9 am Anfang.
21 *Krieger* in MünchHdb. AG, § 70 Rz. 175.

Sinne der §§ 293, 294 vor[22]. Dem ist zuzustimmen. Eine Mindermeinung fordert hierfür unter Berufung auf den Wortlaut der §§ 295 Abs. 2, 296 Abs. 2 einen Sonderbeschluss der außenstehenden Aktionäre.[23] Teleologisch leuchtet aber nicht ein, warum die außenstehenden Aktionäre durch einen Sonderbeschluss geschützt werden sollten. Viel näher liegt es, deren Anliegen durch eine Neufestsetzung von Ausgleich und Abfindung nach den §§ 304 f. zu berücksichtigen[24]. Im Kern erkennt das auch die Mindermeinung an, die sich zusätzlich mit einer Analogie zu den §§ 304 f. behilft[25]. Hierfür fehlt es freilich an einer Regelungslücke, denn die Änderung eines bestehenden Vertrages bewirkt nach der gesetzlichen Systematik gerade keine Neufestsetzung von Ausgleich und Abfindung. Hinzu kommt, dass in der Sache nichts anderes als in den in unter Rz. 12 beleuchteten Fällen vereinbart wird und eine Ungleichbehandlung dieser Konstellationen nicht überzeugt[26].

c) Wechsel der Vertragsart

Der Wechsel der Vertragsart ist wegen der hiermit verbundenen Einwirkung auf die 15
essentialia negotii nach herrschender Meinung stets Aufhebung des bestehenden Vertrages, § 296, und Neuabschluss eines anderen Vertrages, §§ 293 ff.[27]. Das überzeugt (nur) im Ergebnis. Die zivilrechtliche Dogmatik kennt einen solchen Grundsatz nicht[28]. Er lässt sich aber mit den Normzwecken der §§ 296, 304 absichern (s. unten § 304 Rz. 136): Zum einen ist nur auf der Basis des § 296 Abs. 1 Satz 2 der Wechsel der Vertragsart ex tunc unzulässig[29]. Zum anderen eröffnet nur der Abschluss eines neuen Unternehmensvertrages auch ein neues Spruchverfahren. Für die Durchführung eines Spruchverfahrens sprechen jedenfalls dann die besseren Gründe, wenn sich der Wechsel des Vertragstyps auf die Höhe von Ausgleich und Abfindung auswirkt und eine Anpassung nach oben in Rede steht. Die Mindermeinung folgt dem im Ergebnis durch eine Analogie zu den §§ 304 f.[30].

d) Veränderung der Vertragspartei

Die **Vertragsübernahme**[31] ist sowohl in Form eines dreiseitigen Vertrages als auch in 16
Form der Zustimmung der im Vertrag verbleibenden Partei eine Änderung des existierenden Vertrages, so dass § 295 zur Anwendung gelangt[32]. Dasselbe Ergebnis lässt sich durch die Aufhebung des laufenden Vertrages mit der bisherigen Vertragspartei,

---

22 *Altmeppen* in MünchKomm. AktG, § 295 Rz. 10; *Humbeck*, BB 1995, 1893, 1894 f.; *Hüffer*, § 295 Rz. 7; *Krieger* in MünchHdb. AG, § 70 Rz. 176; *Koppensteiner* in KölnKomm. AktG, § 295 Rz. 16; *Veil* in Spindler/Stilz, § 295 Rz. 9.
23 *Bungert*, DB 1995, 1449; *Emmerich* in Emmerich/Habersack, Aktien- und GmbH-Konzernrecht, § 293 Rz. 11.
24 *Veil* in Spindler/Stilz, § 295 Rz. 9.
25 *Emmerich* in Emmerich/Habersack, Aktien- und GmbH-Konzernrecht, § 295 Rz. 11.
26 *Koppensteiner* in KölnKomm. AktG, § 295 Rz. 16.
27 *Altmeppen* in MünchKomm. AktG, § 295 Rz. 8; *Veil* in Spindler/Stilz, § 295 Rz. 10; ebenso im Ergebnis *Hüffer*, § 295 Rz. 7; diff. *Koppensteiner* in KölnKomm. AktG, § 295 Rz. 18.
28 Zur Änderung einer Hauptleistungspflicht BGH v. 26.2.1992 – XII ZR 129/90, NJW 1992, 2283; zur Änderung des Vertragstyps OLG Celle v. 2.11.1988 – 3 U 191/87, WM 1988, 1815; zur Abgrenzung BGH v. 19.11.1998 – VII ZR 424-97, NJW 1999, 575, 576.
29 Aus diesem Grunde krit. *Koppensteiner* in KölnKomm. AktG, § 295 Rz. 18.
30 *Emmerich* in Emmerich/Habersack, Aktien- und GmbH-Konzernrecht, § 295 Rz. 12.
31 OLG Karlsruhe v. 7.12.1990 – 15 U 256/89 – „Asea BB AG", AG 1991, 144, 145; *Emmerich* in Emmerich/Habersack, Aktien- und GmbH-Konzernrecht, § 295 Rz. 13; *Krieger/Jannott*, DStR 1995, 1473, 1477; *Veil* in Spindler/Stilz, § 295 Rz. 12.
32 *Altmeppen* in MünchKomm. AktG, § 295 Rz. 4; *Emmerich* in Emmerich/Habersack, Aktien- und GmbH-Konzernrecht, § 295 Rz. 13; *Veil* in Spindler/Stilz, § 295 Rz. 4.

§ 296, in Kombination mit dem Neuabschluss eines Vertrages mit einer neuen Partei, § 293, erreichen[33]. Um eine Aufhebung handelt es sich aber noch nicht, wenn das bislang herrschende Unternehmen zeitweilig auf die Ausübung seines Weisungsrechts verzichtet[34]. Stattdessen ist für eine Vertragsaufhebung zu verlangen, dass der bisherige Vertragspartner als Berechtigter und Verpflichteter vertraglicher Ansprüche überhaupt nicht mehr zur Verfügung steht.

17 Für sämtliche Varianten der Vertragsaufhebung sieht das Gesetz einen **Hauptversammlungsbeschluss** sowie einen **Sonderbeschluss** und die Verpflichtung zur Aktualisierung der Eintragung im Handelsregister vor[35]. Nur beim Abschluss eines weiteren Vertrages sind allerdings Ausgleich und Abfindung neu festzusetzen[36]. Das kann in manchen Fällen günstiger sein. Hieraus lässt sich aber ein Anspruch außenstehender Aktionäre auf die Wahl dieses Vorgehens ebenso wenig ableiten wie aus der Tatsache, dass der Austausch der Leitungsmacht zu tatsächlichen Veränderungen in der Ausübung der Gläubigerkompetenzen führen kann[37]. Davor schützt das AktG nur im durch § 295 bestimmten Umfang, Vergleichbares gilt nach § 398 BGB.

18 Der **Vertragsbeitritt** bedarf des Einverständnisses sämtlicher Vertragsparteien[38]. Der Grund hierfür ist das Entstehen einer Gesamtgläubigerschaft im Sinne des § 428 BGB[39]. Sie lässt sich unstreitig nicht analog § 398 BGB, sondern nur unter Mitwirkung des Schuldners begründen[40]. Ein **Sonderbeschluss** nach § 295 Abs. 2 Satz 1 **ist nach herrschender Meinung entbehrlich**, soweit die Stellung der außenstehenden Aktionäre durch den Vertragsbeitritt unberührt und folglich auch die bestehende Ausgleichs- und Abfindungsregelung unverändert bleibt (s. unten § 304 Rz. 137). Die (ausschließlich) **konzerninterne Umstrukturierung** behandelt die herrschende Meinung nach denselben Grundsätzen[41].

19 Die **Mehrmütterorganschaft** hat ihre praktische Bedeutung wegen der Beendigung ihrer steuerrechtlichen Anerkennung aller Voraussicht nach eingebüßt[42]. Ist die zwischen mehreren Müttern bestehende GbR selbst Vertragspartnerin, führt der Gesellschafterwechsel nicht zu einer Änderung des Unternehmensvertrages[43]. Nur wenn neben der GbR auch deren Gesellschafter Partei des Unternehmensvertrages sind, liegt im Wechsel des Gesellschafterbestandes eine Änderung des Unternehmensvertrages.

20 **Gesamtrechtsnachfolge.** Werden Maßnahmen der Umwandlung, insbesondere eine Verschmelzung, durchgeführt, ist § 295 nach überwiegender Ansicht unanwendbar,

33 *Altmeppen* in MünchKomm. AktG, § 295 Rz. 4; *Koppensteiner* in KölnKomm. AktG, § 295 Rz. 12; *Veil* in Spindler/Stilz, § 295 Rz. 5.
34 BGH v. 15.6.1992 – II ZR 18/91 – „ASEA/BBC", AG 1992, 450.
35 OLG Karlsruhe v. 7.12.1990 – 15 U 256/89 – „Asea BB AG", AG 1991, 144, 145.
36 Abweichend *Priester*, ZIP 1992, 293, 297.
37 BGH v. 15.6.1992 – II ZR 18/91 – „ASEA/BBC", AG 1992, 450; *Priester*, ZIP 1992, 293, 301.
38 *Krieger/Jannott*, DStR 1995, 1473, 1477; *Roth* in MünchKomm. BGB, § 398 Rz. 59, 197; *Priester*, ZIP 1992, 293, 300.
39 *Roth* in MünchKomm. BGB, § 398 Rz. 59 f., 197.
40 BGH v. 5.3.1975 – VIII ZR 97/73, BGHZ 64, 67, 70.
41 *Bayer*, ZGR 1993, 599, 603 f.; *Emmerich* in Emmerich/Habersack, Aktien- und GmbH-Konzernrecht, § 295 Rz. 15; a.A. *Priester*, ZIP 1992, 293, 300; *Säcker*, DB 1988, 271.
42 *Veil* in Spindler/Stilz, § 295 Rz. 11 Fn. 25.
43 *Altmeppen* in MünchKomm. AktG, § 295 Rz. 6; *Veil* in Spindler/Stilz, § 295 Rz. 11; a.A. die h.M., *Emmerich* in Emmerich/Habersack, Aktien- und GmbH-Konzernrecht, § 295 Rz. 13; *Hüffer*, § 295 Rz. 5; *Koppensteiner* in KölnKomm. AktG, § 295 Rz. 14 will dagegen § 295 Abs. 1 analog anwenden.

weil es an einem rechtsgeschäftlichen Eingriff in den Unternehmensvertrag fehlt[44]. Gleichwohl ist der neue Vertragspartner analog §§ 294, 295 Abs. 1 Satz 2 einzutragen, um das Unrichtigwerden des Handelsregisters zu verhindern[45].

III. Verweis auf die §§ 293 bis 294 (§ 295 Abs. 1 Satz 2)

§ 295 Abs. 1 Satz 2 ordnet die **sinngemäße Anwendung der §§ 293 bis 294** an. Des- 21 halb ist die Zustimmung der Hauptversammlung einzuholen, die Vertragsänderung ist anzumelden und daraufhin in das Handelsregister einzutragen. Eine Ermächtigung des Vorstands durch die Hauptversammlung, Vertragsänderungen ohne erneute Zustimmung vorzunehmen, ist unzulässig[46]. **Im Einzelnen bedeutet das**: Es muss die Untergesellschaft mit qualifizierter Mehrheit zustimmen[47] und die Zustimmung der Hauptversammlung des anderen Teils ist entsprechend § 293 Abs. 2 erforderlich[48]. Die Vertragsänderung hat schriftlich zu erfolgen[49], Bericht und Prüfung sind erforderlich[50]. Zugunsten der Aktionäre gelten standardisierte Informationspflichten[51]. Die Tatsache der Vertragsänderung ist zum Handelsregister anzumelden und einzutragen, ihr Inhalt ergibt sich aus den beigefügten Änderungen. Die Eintragung wirkt konstitutiv, vorher ist die Änderung schwebend unwirksam[52].

IV. Der Sonderbeschluss der außenstehenden Aktionäre (§ 295 Abs. 2)

1. Änderung relevanter Vertragsbestimmungen

Der **Zustimmungsbeschluss** der Hauptversammlung zu einer Vertragsänderung be- 22 **darf** zu seiner Wirksamkeit **eines Sonderbeschlusses der außenstehenden Aktionäre**, wenn Regelungen über die Ausgleichszahlung oder die Abfindung betroffen sind. Erfasst sind positive wie negative Abänderungen[53], Beherrschungs- und Gewinnabfüh-

---

44 *Altmeppen* in MünchKomm. AktG, § 295 Rz. 16; *Emmerich* in Emmerich/Habersack, Aktien- und GmbH-Konzernrecht, § 295 Rz. 16; *Hüffer*, § 295 Rz. 6; *Koppensteiner* in Köln-Komm. AktG, § 295 Rz. 7 f.; *Veil* in Spindler/Stilz, § 295 Rz. 14; a.A. *Bayer*, ZGR 1993, 599, 603 ff.
45 *Hüffer*, § 295 Rz. 9.
46 *Krieger/Jannott*, DStR 1995, 1473, 1474.
47 *Altmeppen* in MünchKomm. AktG, § 295 Rz. 18; *Emmerich* in Emmerich/Habersack, Aktien- und GmbH-Konzernrecht, § 295 Rz. 17; *Hüffer*, § 295 Rz. 8; *Koppensteiner* in Köln-Komm. AktG, § 295 Rz. 21; *Krieger* in MünchHdb. AG, § 70 Rz. 177; *Veil* in Spindler/Stilz, § 295 Rz. 17.
48 *Altmeppen* in MünchKomm. AktG, § 295 Rz. 18; *Emmerich* in Emmerich/Habersack, Aktien- und GmbH-Konzernrecht, § 295 Rz. 17; *Hüffer*, § 295 Rz. 8; *Koppensteiner* in Köln-Komm. AktG, § 295 Rz. 21; *Krieger* in MünchHdb. AG, § 70 Rz. 177; *Veil* in Spindler/Stilz, § 295 Rz. 17.
49 *Altmeppen* in MünchKomm. AktG, § 295 Rz. 17; *Hüffer*, § 295 Rz. 8; *Veil* in Spindler/Stilz, § 295 Rz. 15.
50 *Emmerich* in Emmerich/Habersack, Aktien- und GmbH-Konzernrecht, § 295 Rz. 23; *Hüffer*, § 295 Rz. 8; *Koppensteiner* in KölnKomm. AktG, § 295 Rz. 22 f.; *Veil* in Spindler/Stilz, § 295 Rz. 16; restriktiv *Altmeppen* in MünchKomm. AktG, § 295 Rz. 20 f.; *Bungert*, DB 1995, 1449 f.
51 *Altmeppen* in MünchKomm. AktG, § 295 Rz. 22 f.; *Emmerich* in Emmerich/Habersack, Aktien- und GmbH-Konzernrecht, § 295 Rz. 19 ff.; *Hüffer*, § 295 Rz. 8; *Koppensteiner* in Köln-Komm. AktG, § 295 Rz. 24 ff.
52 *Altmeppen* in MünchKomm. AktG, § 295 Rz. 26; *Emmerich* in Emmerich/Habersack, Aktien- und GmbH-Konzernrecht, § 295 Rz. 35; *Hüffer*, § 295 Rz. 9; *Koppensteiner* in Köln-Komm. AktG, § 295 Rz. 27, 29; *Veil* in Spindler/Stilz, § 295 Rz. 18.
53 *Emmerich* in Emmerich/Habersack, Aktien- und GmbH-Konzernrecht, § 295 Rz. 26; *Krieger* in MünchHdb. AG, § 70 Rz. 180; *Veil* in Spindler/Stilz, § 295 Rz. 20.

rungsverträge ebenso wie andere Unternehmensverträge mit Ausgleichsregelungen[54]. Das gilt auch für konzerninterne Umstrukturierungen (s. oben Rz. 18)[55].

2. Begriff des außenstehenden Aktionärs

23   Den gesetzlich nicht definierten Begriff des außenstehenden Aktionärs interpretiert die herrschende Meinung mit Blick auf die §§ 304 f., schränkt aber den dort erfassten Aktionärskreis noch weiter ein.

24   **Außenstehend** im Sinne der §§ 304 f. sind demnach alle Aktionäre der Untergesellschaft mit Ausnahme der Obergesellschaft selbst sowie Aktionäre, die an der Obergesellschaft zu 100 % beteiligt sind oder an denen die Obergesellschaft zu 100 % beteiligt ist, sowie Aktionäre, die mit der Obergesellschaft durch einen Beherrschungs- oder Gewinnabführungsvertrag verbunden sind (s. unten § 304 Rz. 64 ff.).

25   **Weitere Eingrenzung.** Für den Sonderbeschluss nach § 295 Abs. 2 grenzt die herrschende Meinung diesen Aktionärskreis weiter ein[56]. Das rechtfertigt sich aus folgender Überlegung: Mit dem Normzweck des § 304 lässt es sich vereinbaren, auch Aktionäre, die von der Obergesellschaft abhängig sind, in den Genuss von Ausgleich oder Abfindung zu bringen. Bei § 295 Abs. 2 beeinträchtigt eine derartige Auslegung hingegen den mit der Norm verfolgten Zweck. Je mehr Aktionäre, auf welche die Obergesellschaft Einfluss ausüben kann, an der Sonderbeschlussfassung teilnehmen dürfen, desto geringer ist die durch diesen Beschluss erzielte Legitimation. Der Kompromisscharakter der Regelung in § 295 Abs. 2 (s. oben Rz. 2) sollte nicht dadurch verwässert werden, dass der Obergesellschaft Chancen zur Beeinflussung der Stimmberechtigten mit dem Ziel der Herbeiführung eines zustimmenden Sonderbeschlusses gewährt werden.

26   **Im Einzelnen gilt:** Die ganz überwiegende Ansicht schließt Aktionäre, die von der Obergesellschaft abhängig sind, von der Teilnahme am Sonderbeschluss aus[57]. Dasselbe gilt für Aktionäre, welche die Obergesellschaft beherrschen[58]. Kein außenstehender Aktionär ist zudem, wer Aktien auf der Grundlage eines Treuhandverhältnisses für die Obergesellschaft hält[59].

27   **Umstritten ist,** inwieweit eine **Teilnahme am Sonderbeschluss auch dann ausgeschlossen ist, wenn aus anderen Gründen eine enge Einbindung in den Entscheidungsprozess** vorliegt[60]. Hierfür genügt nach herrschender Meinung noch nicht, dass

---

54 *Altmeppen* in MünchKomm. AktG, § 295 Rz. 29; *Emmerich* in Emmerich/Habersack, Aktien- und GmbH-Konzernrecht, § 295 Rz. 25; *Koppensteiner* in KölnKomm. AktG, § 295 Rz. 52; a.A. *Veil* in Spindler/Stilz, § 295 Rz. 19; *Veil*, Unternehmensverträge, Organisationsautonomie und Vermögensschutz im Recht der Aktiengesellschaft, 2003, S. 141.
55 *Altmeppen* in MünchKomm. AktG, § 295 Rz. 33; *Veil* in Spindler/Stilz, § 295 Rz. 21; a.A. *Priester*, ZIP 1992, 293, 300 f.; *Säcker*, DB 1988, 271, 273.
56 OLG Nürnberg v. 17.1.1996 – 12 U 2801/91, AG 1996, 228, 229; LG Essen v. 16.12.1994 – 470 212/94 – „RAG Immobilien AG", AG 1995, 189, 190 f.; *Koppensteiner* in KölnKomm. AktG, § 295 Rz. 47; stattdessen von einem Stimmverbot ausgehend: *Pentz*, AG 1996, 97, 108.
57 OLG Nürnberg v. 17.1.1996 – 12 U 2801/91 – „Tucherbräu", AG 1996, 228, 229; LG Essen v. 16.12.1994 – 470 212/94 – „RAG Immobilien AG", AG 1995, 189, 190 f.; *Altmeppen* in MünchKomm. AktG, § 295 Rz. 45 f.; *Hüffer*, § 295 Rz. 12; *Koppensteiner* in KölnKomm. AktG, § 295 Rz. 47; *Pentz*, AG 1996, 97, 108; *Veil* in Spindler/Stilz, § 295 Rz. 24.
58 *Pentz*, AG 1996, 97, 109.
59 *Emmerich* in Emmerich/Habersack, Aktien- und GmbH-Konzernrecht, § 295 Rz. 30; *Koppensteiner* in KölnKomm. AktG, § 295 Rz. 48; *Hüffer*, § 295 Rz. 12; *Veil* in Spindler/Stilz, § 295 Rz. 24.
60 LG Essen v. 16.12.1994 – 47 O 212/94 – „RAG Immobilien AG", AG 1995, 189, 191; *Hüffer*, § 295 Rz. 12; Stimmrechtsverweigerung bei *Altmeppen* in MünchKomm. AktG, § 295 Rz. 49.

Aktien von der Obergesellschaft erworben wurden[61]. Besteht aber aus sonstigen Gründen die Gewähr, dass die Obergesellschaft sich eines Aktionärs zur Herbeiführung eines zustimmenden Beschlusses bedienen kann, ist der Schutzzweck des § 295 Abs. 2 beeinträchtigt. Nach vorzugswürdiger Ansicht ist deshalb auch diese Aktionärsgruppe von der Beschlussfassung auszuschließen[62]. Der Gegenansicht sind zwar Schwierigkeiten bei der Abgrenzung des betroffenen Aktionärskreises zuzugeben[63]. Jedenfalls wenn Abreden über eine nur vorübergehende Stellung als Aktionär gerade während der Beschlussfassung getroffen werden, liegt aber eine hinreichende Einbindung vor[64].

Zeitpunkt. Die Stellung als außenstehender Aktionär muss bei der Beschlussfassung   28
vorliegen. Wer seine Aktien bereits übertragen hat, ist nicht mehr außenstehender Aktionär. Das gilt auch dann, wenn er zum Zwecke der Ergänzung seines Abfindungsanspruchs noch an einem noch laufenden Spruchverfahren teilnimmt.[65] Teilweise wird hier eine Analogie befürwortet, um den Eingriff in die möglicherweise erhöhte Abfindung zu erfassen[66].

3. Beschlussfassung und Zustimmungsbeschluss

Für den Sonderbeschluss gilt § 138[67], die Mehrheitserfordernisse richten sich nach   29
den §§ 293 Abs. 1 Satz 2, 295 Abs. 2 Satz 2[68].

§ 295 Abs. 2 Satz 3 gibt den außenstehenden Aktionären ein **erweitertes Auskunfts-**   30
recht. Das gilt sowohl für die Hauptversammlung, die über die Zustimmung beschließt, als auch für die gesonderte Versammlung nach § 138[69].

Bis zur Sonderbeschlussfassung ist der Zustimmungsbeschluss der Hauptversamm-   31
lung **schwebend unwirksam**, nach der Verweigerung des Sonderbeschlusses wird er endgültig unwirksam[70].

Eintragung. Die Niederschrift des Sonderbeschlusses ist der Registeranmeldung ana-   32
log § 294 Abs. 1 Satz 2 beizufügen[71]. Das Fehlen eines Sonderbeschlusses ist ein Eintragungshindernis. Wird ohne Sonderbeschluss versehentlich eingetragen, kommt

---

61 OLG Nürnberg v. 17.1.1996 – 12 U 2801/91 – „Tucherbräu", AG 1996, 228, 229; *Hüffer*, § 295 Rz. 12.
62 LG Essen v. 16.12.1994 – 47 O 212/94 – „RAG Immobilien AG", AG 1995, 189, 191; *Hüffer*, § 295 Rz. 12; ähnlich, nämlich für eine Stimmrechtsverweigerung, *Altmeppen* in Münch-Komm. AktG, § 295 Rz. 49.
63 So *Koppensteiner* in KölnKomm. AktG, § 295 Rz. 48; *Krieger* in MünchHdb. AG, § 70 Rz. 181.
64 Anders im Fall OLG Nürnberg v. 17.1.1996 – 12 U 2801/91 – „Tucherbräu", AG 1996, 228, 229.
65 *Emmerich* in Emmerich/Habersack, Aktien- und GmbH-Konzernrecht, § 295 Rz. 28 f.; *Hüffer*, § 295 Rz. 13; *Koppensteiner* in KölnKomm. AktG, § 295 Rz. 51; *Veil* in Spindler/Stilz, § 295 Rz. 25.
66 *Altmeppen* in MünchKomm. AktG, § 295 Rz. 53; *Emmerich* in Emmerich/Habersack, Aktien- und GmbH-Konzernrecht, § 295 Rz. 29.
67 *Altmeppen* in MünchKomm. AktG, § 295 Rz. 55; *Emmerich* in Emmerich/Habersack, Aktien- und GmbH-Konzernrecht, § 295 Rz. 32; *Hüffer*, § 295 Rz. 14; *Krieger* in MünchHdb. AG, § 70 Rz. 183; *Veil* in Spindler/Stilz, § 295 Rz. 26.
68 *Altmeppen* in MünchKomm. AktG, § 295 Rz. 56; *Emmerich* in Emmerich/Habersack, Aktien- und GmbH-Konzernrecht, § 295 Rz. 31; *Hüffer*, § 295 Rz. 14; *Koppensteiner* in Köln-Komm. AktG, § 295 Rz. 53; *Veil* in Spindler/Stilz, § 295 Rz. 26.
69 *Altmeppen* in MünchKomm. AktG, § 295 Rz. 57; *Emmerich* in Emmerich/Habersack, Aktien- und GmbH-Konzernrecht, § 295 Rz. 32; *Veil* in Spindler/Stilz, § 295 Rz. 29.
70 *Emmerich* in Emmerich/Habersack, Aktien- und GmbH-Konzernrecht, § 295 Rz. 33; *Hüffer*, § 295 Rz. 15; *Koppensteiner* in KölnKomm. AktG, § 295 Rz. 54; *Veil* in Spindler/Stilz, § 295 Rz. 27.
71 *Hüffer*, § 295 Rz. 15.

der Eintragung keine heilende Wirkung zu[72]. Richtet sich eine Anfechtungsklage gegen den Zustimmungsbeschluss und hat ein Freigabeverfahren nach § 246a Erfolg, steht nur fest, dass trotz erhobener Anfechtungsklage eingetragen werden kann. Fehlt ein Sonderbeschluss, liegt hierin aber weiterhin ein Eintragungshindernis[73]. Für die **Anfechtung** des Sonderbeschlusses gelten die für den Zustimmungsbeschluss einschlägigen Regeln (s. oben § 293 Rz. 34)[74].

§ 296
Aufhebung

(1) Ein Unternehmensvertrag kann nur zum Ende des Geschäftsjahrs oder des sonst vertraglich bestimmten Abrechnungszeitraums aufgehoben werden. Eine rückwirkende Aufhebung ist unzulässig. Die Aufhebung bedarf der schriftlichen Form.

(2) Ein Vertrag, der zur Leistung eines Ausgleichs an die außenstehenden Aktionäre oder zum Erwerb ihrer Aktien verpflichtet, kann nur aufgehoben werden, wenn die außenstehenden Aktionäre durch Sonderbeschluss zustimmen. Für den Sonderbeschluss gilt § 293 Abs. 1 Satz 2 und 3, § 295 Abs. 2 Satz 3 sinngemäß.

I. Regelungszweck und Regelungsgegenstand	1	III. Der Sonderbeschluss außenstehender Aktionäre (§ 296 Abs. 2)	10
II. Der Aufhebungsvertrag (§ 296 Abs. 1)	3	IV. Die Rechtsfolgen des Aufhebungsvertrages	13
1. Vertragsschluss	3		
2. Vertragsinhalt	7		

Literatur: S. bei § 294.

I. Regelungszweck und Regelungsgegenstand

1   § 296 regelt die vertragliche **Aufhebung des Unternehmensvertrages**, § 311 Abs. 1 BGB[1]. Die Gestaltungsfreiheit der Parteien ist dabei vor allem insoweit eingeschränkt, als eine unterjährige Aufhebung verboten ist, § 296 Abs. 1 Satz 1. Hierfür kommt es auf das Geschäftsjahr der Untergesellschaft an. Das dient der Rechtssicherheit, erleichtert die Abrechnungsvorgänge samt deren Kontrolle und wirkt etwaigen Gewinnmanipulationen entgegen[2]. Im Interesse der Gesellschaft, ihrer Aktionäre und Gläubiger ist außerdem die rückwirkende Aufhebung eines Unternehmensvertrages unzulässig, § 296 Abs. 1 Satz 2. Das soll die ex tunc wirkende Beseitigung be-

---

72 *Emmerich* in Emmerich/Habersack, Aktien- und GmbH-Konzernrecht, § 295 Rz. 33; *Hüffer*, § 295 Rz. 15; *Koppensteiner* in KölnKomm. AktG, § 295 Rz. 54; *Veil* in Spindler/Stilz, § 295 Rz. 27.
73 A.A. wohl *Veil* in Spindler/Stilz, § 295 Rz. 27.
74 *Altmeppen* in MünchKomm. AktG, § 295 Rz. 58; *Emmerich* in Emmerich/Habersack, Aktien- und GmbH-Konzernrecht, § 295 Rz. 34; *Hüffer*, § 295 Rz. 15; *Koppensteiner* in KölnKomm. AktG, § 295 Rz. 55; *Veil* in Spindler/Stilz, § 295 Rz. 28.
1   *Altmeppen* in MünchKomm. AktG, § 296 Rz. 1; *Emmerich* in Emmerich/Habersack, Aktien- und GmbH-Konzernrecht, § 296 Rz. 3; *Hüffer*, § 296 Rz. 1.
2   *Koppensteiner* in KölnKomm. AktG, § 296 Rz. 12.

reits zur Entstehung gelangter Rechte aus einem Unternehmensvertrag verhindern[3]. Schriftform ist in § 296 Abs. 1 Satz 3 angeordnet.

Wie § 295 Abs. 2 sieht auch § 296 Abs. 2 die **Sonderbeschlussfassung** vor. Einen Zu- 2 stimmungsbeschluss der Hauptversammlung verlangt § 296 nicht[4]. Den Gesetzgeber leitete die Erwägung, dass die Interessen des Mehrheitsaktionärs durch die Vertragsaufhebung mehr oder weniger unberührt blieben[5]. Unberücksichtigt bleibt somit freilich, dass auch die Vertragsaufhebung einen Eingriff in die durch den Vertrag geschaffene Organisationsverfassung darstellt[6] und die Lebensfähigkeit der Untergesellschaft ungesichert sein kann.

II. Der Aufhebungsvertrag (§ 296 Abs. 1)

1. Vertragsschluss

Anwendungsbereich. Ein Aufhebungsvertrag liegt bei jeder Beendigung eines laufen- 3 den Unternehmensvertrages vor. Das gilt auch, wenn unmittelbar im Anschluss ein neuer Unternehmensvertrag geschlossen wird[7]. „Vertragserledigung" durch Verschmelzung oder Eingliederung fällt nicht unter § 296, erfordert mithin keinen Sonderbeschluss[8].

Der Vertragsschluss fällt in den **Kompetenzbereich des Vorstands**, eine Weisung des 4 anderen Vertragsteils ist nicht zulässig (s. unten § 299 Rz. 4). Ein aufgrund Satzung oder Geschäftsordnung etwa bestehender Zustimmungsvorbehalt des Aufsichtsrats ist zu beachten[9].

Das Gesetz sieht **keine Beschlusskompetenz der Hauptversammlung** vor. Das gilt 5 unabhängig davon, ob die Aufhebung im Einzelfall dazu führt, dass die Lebensfähigkeit der wieder selbstständigen Gesellschaft ungesichert ist[10]. Der Vorstand kann nach § 119 Abs. 2 vorlegen[11]. Für eine Vorlageverpflichtung nach den Grundsätzen der Rechtsprechung zu Holzmüller/Gelatine ist wegen der ausdrücklich diesen Fall erfassenden Regelung in § 296 kein Raum[12].

Der Vertrag bedarf nach § 296 Abs. 1 Satz 3 der **Schriftform**, § 126 BGB. Die elektro- 6 nische Form ist grundsätzlich zulässig[13]. Wird die Schriftform nicht eingehalten, ist

---

3 BGH v. 5.11.2001 – II ZR 119/00, NJW 2002, 822, 823 = AG 2002, 240; *Kropff*, Aktiengesetz, S. 385.
4 *Krieger/Jannott*, DStR 1995, 1473, 1477.
5 *Kropff*, Aktiengesetz, S. 385.
6 *K. Schmidt*, GesR, § 31 III 4 (S. 956).
7 *Emmerich* in Emmerich/Habersack, Aktien- und GmbH-Konzernrecht, § 296 Rz. 5; *Hüffer*, § 296 Rz. 2; *Koppensteiner* in KölnKomm. AktG, § 296 Rz. 5.
8 *Hüffer*, § 296 Rz. 7; *Koppensteiner* in KölnKomm. AktG, § 296 Rz. 20.
9 *Emmerich* in Emmerich/Habersack, Aktien- und GmbH-Konzernrecht, § 296 Rz. 8; *Hüffer*, § 296 Rz. 5; *Koppensteiner* in KölnKomm. AktG, § 296 Rz. 9; *Veil* in Spindler/Stilz, § 296 Rz. 10.
10 *Altmeppen* in MünchKomm. AktG, § 296 Rz. 11, gegen *Geßler* in G/H/E/K, § 296 Rz. 4; krit. *K. Schmidt*, GesR, § 31 III 4 (S. 956).
11 *Altmeppen* in MünchKomm. AktG, § 296 Rz. 18; *Emmerich* in Emmerich/Habersack, Aktien- und GmbH-Konzernrecht, § 296 Rz. 9 f.; *Hüffer*, § 296 Rz. 5; *Veil* in Spindler/Stilz, § 296 Rz. 10.
12 *Altmeppen* in MünchKomm. AktG, § 296 Rz. 18; *Emmerich* in Emmerich/Habersack, Aktien- und GmbH-Konzernrecht, § 296 Rz. 10; *Veil* in Spindler/Stilz, § 296 Rz. 10; a.A. *K. Schmidt*, GesR, § 31 III 4 (S. 956).
13 A.A. *Emmerich* in Emmerich/Habersack, Aktien- und GmbH-Konzernrecht, § 296 Rz. 11.

der Aufhebungsvertrag nach § 125 BGB nichtig, die Beendigung des laufenden Vertrages nicht erfolgreich[14].

2. Vertragsinhalt

7 **Zeitpunkt.** § 296 Abs. 1 Satz 1 fixiert das Ende des Geschäftsjahres bzw. einer abweichend vereinbarten Abrechnungsperiode des verpflichteten Unternehmens als zulässigen Aufhebungszeitpunkt[15]. Sind mehrere Gesellschaften mit unterschiedlichen Geschäftsjahren beteiligt, genügt es, wenn nur ein Geschäftsjahr abgelaufen ist[16].

8 Ein Verstoß gegen diese Regelung führt zur **Nichtigkeit der Abrede**, § 134 BGB[17]. Die Wirksamkeit des Aufhebungsvertrages im Übrigen beurteilt sich nach § 139 BGB[18]. § 140 BGB führt nach vorzugswürdiger Auffassung nicht dazu, dass die Vereinbarung eines unzulässigen Aufhebungszeitpunkts regelmäßig als Vereinbarung des nächsten zulässigen Zeitpunkts zu lesen wäre[19]. Hiergegen spricht der Wortlaut des § 140 BGB, wonach das abgeschlossene Rechtsgeschäft selbst den Erfordernissen eines anderen Rechtsgeschäfts entsprechen muss. Das ist nicht der Fall, wenn erst im Wege ergänzender Vertragsauslegung ein zulässiger Aufhebungszeitpunkt hineingelesen werden müsste[20].

9 **Fehlt ein Aufhebungszeitpunkt** oder haben die Parteien dem Zeitpunkt keine Bedeutung zugemessen, kann hingegen die ergänzende Vertragsauslegung dazu führen, dass der nächste zulässige Zeitpunkt angenommen wird[21].

III. Der Sonderbeschluss außenstehender Aktionäre (§ 296 Abs. 2)

10 Zum **Begriff der außenstehenden Aktionäre** und zum **Zustandekommen des Beschlusses** s. oben § 295 Rz. 23. Der Sonderbeschluss kann jederzeit vor oder nach Zustandekommen des Aufhebungsvertrages gefasst werden[22]. Solange er nicht vorliegt, ist der Aufhebungsvertrag schwebend unwirksam[23]. Der andere Vertragsteil kann analog § 178 BGB widerrufen[24].

11 Ein **Sonderbeschluss nach dem Eintritt des Aufhebungszeitpunkts** wirkt grundsätzlich auf den Zeitpunkt der Vertragsaufhebung zurück, § 184 Abs. 1 BGB. § 296 Abs. 1 Satz 2 steht dem schon deshalb nicht entgegen, weil der Sonderbeschluss hier nicht

---

14 *Emmerich* in Emmerich/Habersack, Aktien- und GmbH-Konzernrecht, § 296 Rz. 11; *Gerth*, BB 1978, 1497; *Hüffer*, § 296 Rz. 6; *Koppensteiner* in KölnKomm. AktG, § 296 Rz. 8.

15 *Emmerich* in Emmerich/Habersack, Aktien- und GmbH-Konzernrecht, § 296 Rz. 13; *Hüffer*, § 296 Rz. 2; *Koppensteiner* in KölnKomm. AktG, § 296 Rz. 12; *Veil* in Spindler/Stilz, § 296 Rz. 5.

16 *Altmeppen* in MünchKomm. AktG, § 296 Rz. 21; *Emmerich* in Emmerich/Habersack, Aktien- und GmbH-Konzernrecht, § 296 Rz. 13; *Hüffer*, § 296 Rz. 2; *Koppensteiner* in KölnKomm. AktG, § 296 Rz. 13.

17 *Koppensteiner* in KölnKomm. AktG, § 296 Rz. 16.

18 *Hüffer*, § 296 Rz. 3; *Koppensteiner* in KölnKomm. AktG, § 296 Rz. 16.

19 So aber *Altmeppen* in MünchKomm. AktG, § 296 Rz. 25; *Krieger* in MünchHdb. AG, § 70 Rz. 190; a.A. zu Recht *Hüffer*, § 296 Rz. 3.

20 Vgl. nur RG v. 23.10.1937 – I 81/37, JW 1938, 44.

21 *Altmeppen* in MünchKomm. AktG, § 296 Rz. 26; *Emmerich* in Emmerich/Habersack, Aktien- und GmbH-Konzernrecht, § 296 Rz. 14, 16.

22 *Hüffer*, § 296 Rz. 8.

23 *Altmeppen* in MünchKomm. AktG, § 296 Rz. 33; *Emmerich* in Emmerich/Habersack, Aktien- und GmbH-Konzernrecht, § 296 Rz. 21; *Gerth*, BB 1978, 1497; *Hüffer*, § 296 Rz. 7; *Krieger* in MünchHdb. AG, § 70 Rz. 191; *Veil* in Spindler/Stilz, § 296 Rz. 9.

24 *Altmeppen* in MünchKomm. AktG, § 296 Rz. 34; *Emmerich* in Emmerich/Habersack, Aktien- und GmbH-Konzernrecht, § 296 Rz. 22.

angesprochen ist und bei zustimmendem Beschluss die Interessen der außenstehenden Aktionäre gar nicht beeinträchtigt werden[25]. Etwas anderes kann nach § 184 Abs. 1 a.E. BGB gelten, wenn die Rückwirkung nach § 184 Abs. 1 BGB nach dem Inhalt des Sonderbeschlusses ausgeschlossen werden sollte[26].

Der Sonderbeschluss über die Vertragsaufhebung ist **anfechtbar**; die §§ 304 f. sehen für die Aufhebung eines Unternehmensvertrages keinen Vorrang des Spruchverfahrens vor[27]. 12

IV. Die Rechtsfolgen des Aufhebungsvertrages

Der wirksame Aufhebungsvertrag beendet die unternehmensvertragliche Bindung. Die Eintragung im Handelsregister hat nur deklaratorische Bedeutung[28]. 13

Der andere Vertragsteil hat deshalb **Ausgleichsansprüche** zu erfüllen, die bis zum Aufhebungszeitpunkt entstanden sind. Bezüglich einer bereits gezahlten Abfindung fällt nicht etwa nachträglich der Rechtsgrund für diese Zahlung, der in einem selbstständigen Kauf- oder Tauschvertrag liegt, fort[29]. Auch kommt bei einem bereits vollständig erfüllten Vertrag über eine Abfindung gegen Übertragung der Aktien keine Störung der Geschäftsgrundlage in Betracht, § 313 BGB[30]. Das gilt auch, wenn der Unternehmensvertrag während des Laufs eines Spruchverfahrens beendet wird[31]. 14

Eine Rechtsgrundlage für die Unterstützung der Gesellschaft beim **Zurückfinden in die Selbstständigkeit** sieht das Gesetz nicht vor. Dem Interesse der Gläubiger wollte der Gesetzgeber durch die Verpflichtung zur Sicherheitsleistung aus § 303 abschließend Rechnung tragen. Eine Korrektur dieses Systems durch die Anerkennung nachwirkender Treuepflichten würde dieses gesetzgeberische Anliegen konterkarieren und ist daher abzulehnen[32]. 15

25 LG Essen v. 16.12.1994 – 47 O 212/94 – „RAG Immobilien-AG", AG 1995, 189, 191; *Hüffer*, § 296 Rz. 8; *Koppensteiner* in KölnKomm. AktG, § 296 Rz. 21; a.A., nämlich für ein Wirksamwerden zum nächstzulässigen Zeitpunkt, *Altmeppen* in MünchKomm. AktG, § 296 Rz. 37; *Krieger* in MünchHdb. AG, § 70 Rz. 191; *Veil* in Spindler/Stilz, § 296 Rz. 19.
26 A.A. *Emmerich* in Emmerich/Habersack, Aktien- und GmbH-Konzernrecht, § 296 Rz. 23.
27 *Altmeppen* in MünchKomm. AktG, § 296 Rz. 39; *Emmerich* in Emmerich/Habersack, Aktien- und GmbH-Konzernrecht, § 296 Rz. 24; *Krieger* in MünchHdb. AG, § 70 Rz. 191; *Koppensteiner* in KölnKomm. AktG, § 296 Rz. 19.
28 *Altmeppen* in MünchKomm. AktG, § 296 Rz. 40; *Emmerich* in Emmerich/Habersack, Aktien- und GmbH-Konzernrecht, § 296 Rz. 25; *Hüffer*, § 296 Rz. 9; *Koppensteiner* in KölnKomm. AktG, § 296 Rz. 1.
29 *Altmeppen* in MünchKomm. AktG, § 296 Rz. 41; *Emmerich* in Emmerich/Habersack, Aktien- und GmbH-Konzernrecht, § 296 Rz. 26; *Hüffer*, § 296 Rz. 9; *Koppensteiner* in KölnKomm. AktG, § 296 Rz. 17; *Veil* in Spindler/Stilz, § 296 Rz. 13.
30 *Hüffer*, § 296 Rz. 9; *Koppensteiner* in KölnKomm. AktG, § 296 Rz. 17.
31 BGH v. 20.5.1997 – II ZB 9/96 – „Guano", BGHZ 135, 374, 377 = AG 1997, 515.
32 *Altmeppen* in MünchKomm. AktG, § 296 Rz. 40; *Emmerich* in Emmerich/Habersack, Aktien- und GmbH-Konzernrecht, § 296 Rz. 27; *Hüffer*, § 296 Rz. 9; *Priester*, ZIP 1989, 1301, 1305; *Veil* in Spindler/Stilz, § 296 Rz. 12.

§ 297
Kündigung

(1) Ein Unternehmensvertrag kann aus wichtigem Grunde ohne Einhaltung einer Kündigungsfrist gekündigt werden. Ein wichtiger Grund liegt namentlich vor, wenn der andere Vertragsteil voraussichtlich nicht in der Lage sein wird, seine auf Grund des Vertrags bestehenden Verpflichtungen zu erfüllen.

(2) Der Vorstand der Gesellschaft kann einen Vertrag, der zur Leistung eines Ausgleichs an die außenstehenden Aktionäre der Gesellschaft oder zum Erwerb ihrer Aktien verpflichtet, ohne wichtigen Grund nur kündigen, wenn die außenstehenden Aktionäre durch Sonderbeschluss zustimmen. Für den Sonderbeschluss gilt § 293 Abs. 1 Satz 2 und 3, § 295 Abs. 2 Satz 3 sinngemäß.

(3) Die Kündigung bedarf der schriftlichen Form.

I. Regelungsgegenstand und Regelungszweck 1

II. Außerordentliche Kündigung (§ 297 Abs. 1) 3

  1. Voraussichtliche Leistungsunfähigkeit (§ 297 Abs. 1 Satz 2) 4

  2. Weitere wichtige Gründe 6
    a) Störungen aus der Sphäre der Obergesellschaft 7
    b) Störungen aus der Sphäre der Untergesellschaft 11
    c) Sonstige Störungen 14

  3. Zulässigkeit vertraglicher Regelung . 17

  4. Die Geltendmachung des außerordentlichen Kündigungsgrundes 18

III. Die ordentliche Kündigung (§ 297 Abs. 2) 20

IV. Die Kündigungserklärung (§ 297 Abs. 3) 25

V. Andere Beendigungsgründe 27

VI. Rechtsfolgen der Kündigung 38

Literatur: S. bei § 294.

I. Regelungsgegenstand und Regelungszweck

1   Die Vorschrift bestimmt einzelne Zulässigkeitsvoraussetzungen, denen die **Kündigung eines Unternehmensvertrages** zu genügen hat. Für die außerordentliche Kündigung ist ein wichtiger Grund, aber kein Sonderbeschluss erforderlich[1]. Das wird zu Recht kritisiert, ist aber vom Gesetzgeber ausdrücklich so gewollt[2]. Abhilfe ist allenfalls im Rahmen des Verlustausgleichs möglich (s. unten § 302 Rz. 36)[3]. Für die ordentliche Kündigung ist nach § 297 Abs. 2 ein Sonderbeschluss der außenstehenden Aktionäre Voraussetzung. In jedem Fall ist Schriftform notwendig, 297 Abs. 3. Außerhalb des Regelungsbereichs des § 297 herrscht Vertragsfreiheit[4].

2   Die Vorschrift bezweckt in erster Linie den **Schutz der Untergesellschaft**, daneben den Schutz der **außenstehenden Aktionäre**. Das folgt aus § 297 Abs. 1 Satz 2, wonach

---

1 Krit. *Sonnenschein*, ZGR 1981, 429, 438 f.
2 *Altmeppen* in MünchKomm. AktG, § 297 Rz. 62 ff.; *Gerth*, BB 1978, 1497, 1498; *Kropff*, Aktiengesetz, S. 386; krit. *Hirte*, ZGR 1994, 644, 655 f.; *Hüffer*, § 297 Rz. 18; *Kort*, DZWiR 1993, 292, 294; *Krieger* in MünchHdb. AG, § 70 Rz. 194; *Veil* in Spindler/Stilz, § 297 Rz. 26.
3 *Altmeppen* in MünchKomm. AktG, § 297 Rz. 64 ff.
4 *Emmerich* in Emmerich/Habersack, Aktien- und GmbH-Konzernrecht, § 297 Rz. 2; *Kropff*, Aktiengesetz, S. 386; *Veil* in Spindler/Stilz, § 297 Rz. 1.

der Untergesellschaft eine Ausstiegsmöglichkeit gewährt wird, wenn die den Rechten der Obergesellschaft korrespondierenden Pflichten nicht mehr erfüllt werden oder dies droht. Eine entsprechende Vorschrift für die Obergesellschaft enthält das Gesetz nicht.

II. Außerordentliche Kündigung (§ 297 Abs. 1)

Das Vorliegen eines wichtigen Grundes berechtigt beide Vertragsparteien zwingend 3 zur Auflösung eines Dauerschuldverhältnisses[5]. Daran hält auch § 297 Abs. 1 fest. Im Einzelnen bedeutet das:

1. Voraussichtliche Leistungsunfähigkeit (§ 297 Abs. 1 Satz 2)

Außerordentlicher Kündigungsgrund ist die voraussichtliche Leistungsunfähigkeit 4 der Obergesellschaft bezüglich der Ansprüche der Untergesellschaft oder der Aktionäre[6]. Ist ein Insolvenzantrag gestellt, liegt ein Kündigungsgrund vor[7]. Im Vorfeld der Insolvenz verlangt die herrschende Meinung konkrete Anhaltspunkte für die befürchteten Leistungsstörungen, die mit einiger Wahrscheinlichkeit zu einer Nichterfüllbarkeit führen werden[8]. Die Heranziehung eines strengeren Maßstabs, etwa dass die bevorstehende Nichterfüllbarkeit außerhalb jedes vernünftigen Zweifels stehe[9], widerspräche nicht nur dem Wortlaut, sondern auch dem auf Schutz der Untergesellschaft gerichteten Normzweck des § 297 Abs. 1 Satz 2. Die herrschende Meinung verlangt außerdem zu Recht eine Störung langfristiger Natur[10]. Allein der Verzugseintritt rechtfertigt deshalb noch keine außerordentliche Kündigung[11].

Zur Kündigung berechtigt ist zweifelsohne die Untergesellschaft. Die herrschende 5 Meinung gestattet zudem eine Kündigung durch die Obergesellschaft[12]. Dem ist nicht zu folgen. Eigenes Unvermögen entlastet den Schuldner nicht[13]. Im Rahmen des § 313 BGB findet die nachteilige Veränderung der eigenen Vermögenslage nur in seltenen Ausnahmefällen Berücksichtigung[14]. Liegt ein solcher Extremfall vor, kann die Obergesellschaft wegen der Verschlechterung ihrer eigenen wirtschaftlichen Situation kündigen. Diese Schwelle liegt aber höher als diejenige der Leistungsunfähigkeit nach § 297 Abs. 1 Satz 2.

---

5 *Altmeppen* in MünchKomm. AktG, § 297 Rz. 16; *Gerth*, BB 1978, 1497, 1498; *Hüffer*, § 297 Rz. 3, 5; *Koppensteiner* in KölnKomm. AktG, § 293 Rz. 16; *Krieger* in MünchHdb. AG, § 70 Rz. 195; *Krieger/Jannott*, DStR 1995, 1473, 1475; *Veil* in Spindler/Stilz, § 297 Rz. 5; einschränkend offenbar *Emmerich* in Emmerich/Habersack, Aktien- und GmbH-Konzernrecht, § 297 Rz. 22 a.E., s. aber Rz. 21a.
6 *Hüffer*, § 297 Rz. 4.
7 *Trendelenburg*, NJW 2002, 647, 648 und 650.
8 *Altmeppen* in MünchKomm. AktG, § 297 Rz. 19; *Hüffer*, § 297 Rz. 4.
9 Vgl. BGH v. 24.11.2003 – II ZR 171/01, NJW 2004, 1111, 1112 zu § 30 GmbHG.
10 *Emmerich* in Emmerich/Habersack, Aktien- und GmbH-Konzernrecht, § 297 Rz. 21; *Hüffer*, § 297 Rz. 4; *Krieger* in MünchHdb. AG, § 70 Rz. 196; *Veil* in Spindler/Stilz, § 297 Rz. 9; etwas anders *Altmeppen* in MünchKomm. AktG, § 297 Rz. 20.
11 A.A. *Altmeppen* in MünchKomm. AktG, § 297 Rz. 23; gegen *Geßler* in G/H/E/K, § 297 Rz. 32, 34.
12 *Emmerich* in Emmerich/Habersack, Aktien- und GmbH-Konzernrecht, § 297 Rz. 21; *Gerth*, BB 1978, 1497, 1498; *Koppensteiner* in KölnKomm. AktG, § 297 Rz. 10; *Krieger* in MünchHdb. AG, § 70 Rz. 196.
13 *Altmeppen* in MünchKomm. AktG, § 297 Rz. 35; *Veil* in Spindler/Stilz, § 297 Rz. 15.
14 *Roth* in MünchKomm. BGB, § 313 Rz. 206.

2. Weitere wichtige Gründe

6   Die voraussichtliche Unfähigkeit zur Erfüllung führt das Gesetz nur beispielhaft auf. Daneben ist eine außerordentliche Kündigung bei **Vorliegen eines wichtigen Grundes** stets zulässig. Wie bei anderen Dauerschuldverhältnissen ist das Vorliegen eines wichtigen Grundes einzelfallorientiert in einem beweglichen System von Abwägungsfaktoren zu prüfen. Von besonderem Gewicht ist hierbei zunächst eine **zeitliche Komponente**. Je kurzfristiger die Störung ist, desto schwerer muss die Pflichtverletzung wiegen. Erkennbar kurzfristige Störungen rechtfertigen mit anderen Worten keine Kündigung, sofern nicht ausnahmsweise eine besonders gravierende Pflichtverletzung vorliegt[15]. Eine anhaltende und unabsehbare Störung im gegenseitigen Pflichtengefüge stellt dagegen regelmäßig einen wichtigen Grund dar[16]. Hinzu tritt eine **qualitative Komponente**. Die Kündigung setzt voraus, dass die Störung so schwerwiegend ist, dass dem Kündigenden eine Fortsetzung des Vertragsverhältnisses auch unter Abwägung mit den Interessen des anderen Vertragsteils nicht zumutbar ist, § 314 Abs. 1 Satz 2 BGB[17].

a) Störungen aus der Sphäre der Obergesellschaft

7   **Hartnäckige Vertragsverletzungen** der Obergesellschaft, insbesondere die endgültige und ernsthafte Erfüllungsverweigerung[18] oder die fortgesetzte Überschreitung des Weisungsrechts, rechtfertigen die außerordentliche Kündigung durch die Untergesellschaft[19].

8   **Veräußert die Obergesellschaft ihre Beteiligung an der Untergesellschaft**, ist die Untergesellschaft aus diesem Grund nicht zur Kündigung befugt. Gegen den damit einhergehenden Gläubigerwechsel ist die Untergesellschaft außerhalb der §§ 404 ff. BGB nicht geschützt[20]. Auch die Obergesellschaft ist aus diesem Grund nicht zur außerordentlichen Kündigung berechtigt[21]. Dafür spricht schon, dass sich diese sonst durch die Veräußerung der Beteiligung ohne weiteres ihrer vertraglichen Verpflichtungen entziehen könnte. Anders kann in Ausnahmefällen zu entscheiden sein, wenn ein zwingender Veräußerungsgrund vorliegt[22], etwa sich die wirtschaftlichen Verhältnisse in ganz außergewöhnlichem Umfang verschlechtert haben[23]. Auch kann der Ver-

---

15 *Hüffer*, § 297 Rz. 4; *Veil* in Spindler/Stilz, § 297 Rz. 9.

16 *Koppensteiner* in KölnKomm. AktG, § 297 Rz. 18.

17 OLG München v. 7.3.1986 – 23 U 1936/82 – „Holiday Inn", AG 1987, 380, 381 und 382; *Koppensteiner* in KölnKomm. AktG, § 297 Rz. 17. Zur Anwendbarkeit des § 314 BGB im Rahmen des § 297 *Emmerich* in Emmerich/Habersack, Aktien- und GmbH-Konzernrecht, § 297 Rz. 19; *Veil* in Spindler/Stilz, § 297 Rz. 8.

18 *Altmeppen* in MünchKomm. AktG, § 297 Rz. 22; *Hüffer*, § 297 Rz. 6; *Veil* in Spindler/Stilz, § 297 Rz. 12.

19 *Altmeppen* in MünchKomm. AktG, § 297 Rz. 27; *Emmerich* in Emmerich/Habersack, Aktien- und GmbH-Konzernrecht, § 297 Rz. 23.

20 OLG Düsseldorf v. 19.8.1994 – 3 Wx 178/94, AG 1995, 137; LG Duisburg v. 18.10.1993 – 16 T 2/93, AG 1994, 379; *Hüffer*, § 297 Rz. 7; *Koppensteiner* in KölnKomm. AktG, § 297 Rz. 19; *Wiedemann/Hirte* in FS 50 Jahre BGH, 2000, S. 337, 376; a.A. *Altmeppen* in MünchKomm. AktG, § 297 Rz. 30; *Emmerich* in Emmerich/Habersack, Aktien- und GmbH-Konzernrecht, § 297 Rz. 24; *Krieger* in MünchHdb. AG, § 70 Rz. 196; *Veil* in Spindler/Stilz, § 297 Rz. 11.

21 OLG Düsseldorf v. 19.8.1994 – 3 Wx 178/94, AG 1995, 137; LG Duisburg v. 18.10.1993 – 16 T 2/93, AG 1994, 379; LG Frankenthal v. 4.8.1988 – 2 (HK) 0 178/87, AG 1989, 253, 254; *Paschos/Goslar*, Der Konzern 2006, 479, 481; a.A. LG Bochum v. 1.7.1986 – 12 O 67/86, AG 1987, 323. Zur steuerrechtlichen Folge *Knott/Rodewald*, BB 1996, 472.

22 OLG Düsseldorf v. 19.8.1994 – 3 Wx 178/94, AG 1995, 137, 139; *Emmerich* in Emmerich/Habersack, Aktien- und GmbH-Konzernrecht, § 297 Rz. 24 a.E.; *Koppensteiner* in KölnKomm. AktG, § 297 Rz. 19; *Veil* in Spindler/Stilz, § 297 Rz. 10.

23 *Ebenroth/Parche*, BB 1989, 637, 642.

trag selbst ein Kündigungsrecht innerhalb bestimmter Grenzen vorsehen (s. unten Rz. 17).

Eine **Umstrukturierung der Obergesellschaft** berechtigt die Untergesellschaft nur 9 dann zur Kündigung aus wichtigem Grund, wenn deshalb eine hartnäckige Vertragsverletzung zu erwarten ist, sich etwa durch eine Verschmelzung der Obergesellschaft auf einen dritten Rechtsträger die wirtschaftliche Lage des Vertragspartners der Untergesellschaft erheblich verschlechtert[24]. Dasselbe gilt für die Abspaltung, wenn die Untergesellschaft hierdurch die Fähigkeit zur Erfüllung ihrer vertraglichen Verbindlichkeiten verliert[25].

Veränderungen in der **Zusammensetzung des Gesellschafterkreises** der Obergesell- 10 schaft berechtigen als solche noch nicht zur Kündigung des Unternehmensvertrages[26]. Anderes gilt, wenn in der Person des neu aufgenommenen Gesellschafters selbst ein Kündigungsgrund vorliegt.

b) Störungen aus der Sphäre der Untergesellschaft

Die **Erfüllungsverweigerung durch die Untergesellschaft** ist ein außerordentlicher 11 Kündigungsgrund. Umstritten ist, ob auch die **Verschlechterung der Ertragslage der Untergesellschaft** der Obergesellschaft einen Kündigungsgrund an die Hand gibt. Die wohl herrschende Meinung lehnt dies auf der Basis des allgemeinen Grundsatzes ab, dass eine Verschlechterung der Leistungsfähigkeit einer Partei grundsätzlich in den Risikobereich desjenigen Vertragspartners fällt, der sich diese Partei ausgesucht hat. Das bedeutet, die Obergesellschaft hat das Risiko verminderter Bonität der Untergesellschaft zunächst einmal zu absorbieren[27]. In dieser Allgemeinheit ist das nicht richtig, das belegen bereits die §§ 321, 490 Abs. 1 BGB, aber auch § 297 Abs. 1 Satz 2[28]: Für einen Vertrag mit einmaligem Austausch von Leistung und Gegenleistung mag man das Insolvenzrisiko auf dieser Grundlage zuweisen. Bei Dauerschuldverhältnissen haben beide Seiten hingegen ein Interesse daran, nicht für die gesamte Laufzeit des Vertrages an den Bedingungen festgehalten zu werden, die zum Zeitpunkt des Vertragsabschlusses galten. Deshalb bildet die **Eröffnung des Insolvenzverfahrens** über die Untergesellschaft, etwa bei der Eigenverwaltung im Sinne der §§ 270 ff. InsO, nach vorzugswürdiger Ansicht einen Kündigungsgrund[29]. Wird die Untergesellschaft **aufgelöst**, endet der Unternehmensvertrag auch ohne Kündigung[30].

Die **Vermögensverschlechterung der Untergesellschaft** berechtigt im Regelfall nicht 12 zur Kündigung, insbesondere wenn die Obergesellschaft die Vermögensverschlechterung zu vertreten hat (s. unten § 305 Rz. 151)[31]. Ein Kündigungsgrund ist in Ausnahmefällen gegeben, wenn der Beitrag der Obergesellschaft zur schleppenden Erfüllung gering oder nicht existent ist, die Vermögensverschlechterung so gravierend ist, dass

---

24 *Klaus J. Müller*, BB 2002, 157, zum umgekehrten Fall auf S. 158.
25 *Klaus J. Müller*, BB 2002, 157, 158.
26 A.A. LG Bochum v. 1.7.1986 – 12 O 67/86, AG 1987, 323; *Laule*, AG 1990, 145, 152.
27 *Trendelenburg*, NJW 2002, 647, 650.
28 Vgl. *Gaier* in MünchKomm. BGB, § 314 Rz. 12; *Roth* in MünchKomm. BGB, § 242 Rz. 406, § 313 Rz. 211.
29 Allg. *Roth* in MünchKomm. BGB, § 313 Rz. 211; zu § 297 *Hüffer*, § 297 Rz. 6; *Peltzer*, AG 1975, 309, 133; *Veil* in Spindler/Stilz, § 297 Rz. 37.
30 *Hüffer*, § 297 Rz. 22; für die Obergesellschaft gilt das nicht, s. *Trendelenburg*, NJW 2002, 647, 648.
31 Gegen einen Kündigungsgrund *Altmeppen* in MünchKomm. AktG, § 297 Rz. 32; *Hüffer*, § 297 Rz. 7; *Koppensteiner* in KölnKomm. AktG, § 297 Rz. 18; *Emmerich* in Emmerich/Habersack, Aktien- und GmbH-Konzernrecht, § 297 Rz. 22. Dafür: *Krieger* in MünchHdb. AG, § 70 Rz. 196.

eine Existenzgefährdung der Obergesellschaft droht, und es sich um ein kaum vorhersehbares Risiko handelt, gegen welches sich die Obergesellschaft nicht oder schlecht absichern konnte[32].

13 Für die **unerwartete Verbesserung der Ertragslage der Untergesellschaft** gilt Entsprechendes: Diese kann im Regelfall nicht unter Berufung darauf kündigen, dass sie wesentlich bessere Jahresergebnisse erwirtschaftet, als bei Vertragsabschluss vorhersehbar gewesen ist.

c) Sonstige Störungen

14 Zerschlagen sich an den Unternehmensvertrag geknüpfte **wirtschaftliche oder steuerliche Erwartungen**[33] oder verändern sich die **gesamtwirtschaftlichen Rahmenbedingungen**, liegt hierin im Regelfall kein wichtiger Grund, der zu einer Lösung vom Vertrag berechtigt. Von diesem Grundsatz kann nach den allgemeinen Regeln nur ausnahmsweise abgewichen werden, wenn es sich um ganz außergewöhnliche Ereignisse von besonderer Tragweite handelt (s. unten § 304 Rz. 139 f.)[34].

15 Das gilt auch für die **Veränderung steuerlicher Rahmenbedingungen**, sofern sich diese unterhalb der Schwelle des § 313 Abs. 1 BGB bewegen. Das wird aber regelmäßig der Fall sein, insbesondere wenn man hinzunimmt, dass die feste Laufzeit in der Regel maximal fünf Jahre beträgt[35]. Denkbar ist allerdings für Extremfälle die Anpassung von Ausgleich und Abfindung (s. unten § 304 Rz. 139 f., § 305 Rz. 148).

16 **Mängel des Unternehmensvertrages** bilden im Regelfall einen außerordentlichen Kündigungsgrund (s. oben § 293 Rz. 46). Dasselbe gilt, wenn ein Zustimmungsbeschluss in Folge eines **Freigabeverfahrens** eingetragen wurde, sich die Anfechtungsklage aber als erfolgreich erweist (s. oben § 293 Rz. 37).

3. Zulässigkeit vertraglicher Regelung

17 Das Recht, aus wichtigem Grund zu kündigen, kann **vertraglich nicht eingeschränkt** werden[36]. Werden im Vertrag **bestimmte Ereignisse als wichtiger Kündigungsgrund fixiert**, kann hierin die Einräumung eines modifizierten ordentlichen Kündigungsrechts[37], unter Umständen auch eine aufschiebend bedingte Vertragsaufhebung liegen. Derartige vertragliche Vereinbarungen über die ordentliche Kündigung sind nicht von vornherein unzulässig[38]. Das Erfordernis eines Sonderbeschlusses kann auf diese Weise freilich nicht umgangen werden[39]. Die Zulässigkeit einer außerordentli-

---

32 Vgl. *Altmeppen* in MünchKomm. AktG, § 297 Rz. 33; *Emmerich* in Emmerich/Habersack, Aktien- und GmbH-Konzernrecht, § 297 Rz. 22; *Krieger/Jannott*, DStR 1995, 1473, 1475.
33 *Koppensteiner* in KölnKomm. AktG, § 297 Rz. 18.
34 Vgl. *Roth* in MünchKomm. BGB, § 313 Rz. 189 ff.
35 Offener *Paschos/Goslar*, Der Konzern 2006, 479, 481 f.
36 *Emmerich* in Emmerich/Habersack, Aktien- und GmbH-Konzernrecht, § 297 Rz. 16; *Koppensteiner* in KölnKomm. AktG, § 297 Rz. 20.
37 BGH v. 5.4.1993 – II ZR 238/91 – „SSI AG", AG 1993, 422; *Paschos/Goslar*, Der Konzern 2006, 479, 481.
38 BGH v. 5.4.1993 – II ZR 238/91 – „SSI AG", AG 1993, 422; *Altmeppen* in MünchKomm. AktG, § 297 Rz. 48 f.; *Emmerich* in Emmerich/Habersack, Aktien- und GmbH-Konzernrecht, § 297 Rz. 17; *Hirte*, ZGR 1994, 644, 651 ff.; *Hüffer*, § 297 Rz. 8; *Krieger* in MünchHdb. AG, § 70 Rz. 197; a.A. *Koppensteiner* in KölnKomm. AktG, § 297 Rz. 20, 5.
39 BGH v. 5.4.1993 – II ZR 238/91 – „SSI AG", AG 1993, 422, 427; *Altmeppen* in MünchKomm. AktG, § 297 Rz. 49; *Emmerich* in Emmerich/Habersack, Aktien- und GmbH-Konzernrecht, § 297 Rz. 17; *Hüffer*, § 297 Rz. 8; *Krieger* in MünchHdb. AG, § 70 Rz. 197; *Veil* in Spindler/Stilz, § 297 Rz. 6.

chen Kündigung auch ohne wichtigen Grund lässt sich dagegen durch vertragliche Vereinbarung nicht erreichen[40].

4. Die Geltendmachung des außerordentlichen Kündigungsgrundes

Die § 314 Abs. 2, 3 BGB gelangen neben § 297 zur Anwendung[41]. Der wirksamen Kündigung muss deshalb eine erfolglose Fristsetzung oder eine Abmahnung vorange-hen. In den Fällen des § 323 Abs. 2 BGB kann die Fristsetzung entbehrlich sein. Nach § 314 Abs. 3 BGB muss die Kündigung außerdem innerhalb einer angemessenen Frist ausgesprochen werden, nachdem der Berechtigte von dem Kündigungsgrund Kennt-nis erlangt hat[42].

Die Kündigung wird durch den Vorstand des jeweils kündigungswilligen Vertrags-partners erklärt. Ein Recht außenstehender Aktionäre, auf die Kündigung eines un-vorteilhaften Unternehmensvertrages hinzuwirken, sieht das Gesetz nicht vor[43]. In-soweit müssen die allgemeinen Regeln, insbesondere die §§ 93, 142, 147 f., genügen.

III. Die ordentliche Kündigung (§ 297 Abs. 2)

§ 297 enthält keine eigene Regelung der ordentlichen Kündigung, setzt diese aber als zulässig voraus, wenn ein vertraglicher oder gesetzlicher Kündigungsgrund gegeben ist[44]. Einen darüber hinausreichenden Grundsatz, wonach ein Dauerschuldverhältnis nicht nur außerordentlich, sondern auch ordentlich kündbar sein muss, kennt das bürgerliche Recht nicht[45]. Fehlt es deshalb an einer vertraglichen Regelung, scheidet die ordentliche Kündigung eines Unternehmensvertrages nach § 297 aus[46].

Vertragliche Regelungen zur Laufzeit eines Unternehmensvertrages unterliegen in vollem Umfang der Privatautonomie der Parteien, sieht man von der zwingenden Natur des Rechts zur außerordentlichen Kündigung ab[47]. Es empfiehlt sich, eine Kündigungsklausel explizit zu verabreden. Die konkludente Vereinbarung einer Kün-digung ist zwar nach den allgemeinen Grundsätzen der §§ 133, 157 BGB zulässig, er-forderlich sind aber konkrete Anhaltspunkte, aus welchen auf den Willen der Par-teien, eine Kündigungserklärung stillschweigend mitgeregelt zu haben, geschlossen werden kann[48]. Wurde eine Kündigungsklausel vergessen, kann im Allgemeinen er-

18

19

20

21

---

40 LG Ingolstadt v. 12.6.1990 – HKO 763 und 853/89, AG 1991, 24, 25; *Ebenroth/Parche*, BB 1989, 637, 642; a.A. OLG München v. 14.6.1991 – 23 U 4638/90, AG 1991, 358, 360; *Timm* in FS Kellermann, 1991, S. 461, 467.
41 *Emmerich* in Emmerich/Habersack, Aktien- und GmbH-Konzernrecht, § 297 Rz. 18a.
42 *Emmerich* in Emmerich/Habersack, Aktien- und GmbH-Konzernrecht, § 297 Rz. 26; *Veil* in Spindler/Stilz, § 297 Rz. 13.
43 Krit. *Hecker/Wenger*, ZBB 1995, 321, 331; die dort postulierte Verpflichtung des Vorstands der Untergesellschaft, sich an den Interessen der Minderheitsaktionäre auszurichten, lässt sich aber entgegen *Hecker/Wenger* nicht aus § 299 ableiten.
44 *Kropff*, Aktiengesetz, S. 386.
45 *Hüffer*, § 297 Rz. 13; *Krieger* in MünchHdb. AG, § 70 Rz. 192; a.A. *Timm* in FS Kellermann, 1991, S. 461, 470 f. unter Verweis auf § 723 BGB, der freilich für den auf Zeit abgeschlossenen Vertrag auch nur die Kündigung aus wichtigem Grund vorsieht, § 723 Abs. 1 Satz 2 BGB.
46 *Hüffer*, § 297 Rz. 13; *Koppensteiner* in KölnKomm. AktG, § 297 Rz. 10; *Krieger/Jannott*, DStR 1995, 1473, 1475; *Riegger/Mutter*, DB 1997, 1603; a.A. *Hüchting*, Abfindung und Ausgleich im aktienrechtlichen Beherrschungsvertrag, 1972, S. 115; *Kley*, Die Rechtsstellung der außen-stehenden Aktionäre bei der vorzeitigen Beendigung von Unternehmensverträgen, 1986, S. 57 f.; *Timm* in FS Kellermann, 1991, S. 461, 470 f.
47 *Hüffer*, § 297 Rz. 11.
48 *Emmerich* in Emmerich/Habersack, Aktien- und GmbH-Konzernrecht, § 297 Rz. 6; *Hüffer*, § 297 Rz. 13; *Veil* in Spindler/Stilz, § 297 Rz. 20.

gänzend ausgelegt werden[49]. **Zulässige vertragliche Regelungen** sind die Vereinbarung einer Befristung, einer Verlängerungsklausel, der Zulässigkeit oder des Ausschlusses der ordentlichen Kündigung. Für die ordentliche Kündigung können einzelne Kündigungsgründe vereinbart oder ausgeschlossen werden. Auch die Bindung der Kündigung durch die Obergesellschaft an die Zustimmung außenstehender Aktionäre der Untergesellschaft ist zulässig[50].

22   **Gesetzliche Kündigungsgründe** finden sich in § 723 BGB (für Gewinngemeinschaften), in den §§ 594a ff. BGB (für Betriebspacht- oder Betriebsüberlassungsverträge), §§ 621 oder 671 BGB (für Betriebsführungsverträge) und §§ 132, 134, 234 HGB, 723 BGB (für stille Gesellschaften, die als Teilgewinnabführungsvertrag zu qualifizieren sind)[51].

23   Für die **Kündigungsfrist** ist die vertragliche Regelung, bei deren Fehlen sind die Vorschriften des BGB zum jeweiligen Vertragstyp einschlägig[52]. Enthält ein Unternehmensvertrag im Sinne des § 291 zwar eine Kündigungsklausel, aber keine Regelung zur Kündigungsfrist, ist nach herrschender Meinung § 132 HGB analog anzuwenden[53].

24   Für den **Kündigungstermin** gilt der Grundsatz der Privatautonomie[54]. Fehlt eine vertragliche Regelung und lässt sich diese Lücke auch nicht durch ergänzende Auslegung schließen, ist § 132 HGB mit § 296 Abs. 1 Satz 1 entsprechend anzuwenden. Der Kündigungstermin ist in diesem Fall das Ende des Geschäftsjahres[55].

IV. Die Kündigungserklärung (§ 297 Abs. 3)

25   Die ordentliche wie die außerordentliche Kündigung sind **einseitige empfangsbedürftige Willenserklärungen**. Die Voraussetzungen für die wirksame Abgabe und den Zugang der Kündigungserklärung richten sich nach den allgemeinen Vorschriften. Eine Angabe des Kündigungsgrundes bei der außerordentlichen Kündigung empfiehlt sich zwar, ist aber nicht Wirksamkeitserfordernis, sofern deutlich gemacht wird, dass nicht ordentlich, sondern außerordentlich gekündigt wird[56]. Die Kündigungserklärung muss der **Schriftform** genügen, § 126 BGB. Das ist nicht abdingbar, Verschärfungen des Formerfordernisses sind zulässig[57].

---

49 *Altmeppen* in MünchKomm. AktG, § 297 Rz. 70.
50 *Altmeppen* in MünchKomm. AktG, § 297 Rz. 12; *Hüffer*, § 297 Rz. 11; *Veil* in Spindler/Stilz, § 297 Rz. 22.
51 *Altmeppen* in MünchKomm. AktG, § 297 Rz. 72; *Emmerich* in Emmerich/Habersack, Aktien- und GmbH-Konzernrecht, § 297 Rz. 5a; *Hüffer*, § 297 Rz. 14; *Koppensteiner* in KölnKomm. AktG, § 297 Rz. 9; *Veil* in Spindler/Stilz, § 297 Rz. 21.
52 BGH v. 5.4.1993 – II ZR 238/91 – „SSI AG", AG 1993, 422; *Hüffer*, § 297 Rz. 15; *Veil* in Spindler/Stilz, § 297 Rz. 23.
53 So zu Recht *Hüffer*, § 297 Rz. 15; im Anschluss hieran auch *Altmeppen* in MünchKomm. AktG, § 297 Rz. 76; *Emmerich* in Emmerich/Habersack, Aktien- und GmbH-Konzernrecht, § 297 Rz. 11; *Veil* in Spindler/Stilz, § 297 Rz. 24.
54 *Hüffer*, § 297 Rz. 16; *Krieger* in MünchHdb. AG, § 70 Rz. 193; *Kropff*, Aktiengesetz, S. 386.
55 *Hüffer*, § 297 Rz. 16.
56 *Emmerich* in Emmerich/Habersack, Aktien- und GmbH-Konzernrecht, § 297 Rz. 10; *Krieger* in MünchHdb. AG, § 70 Rz. 198; *Weidenkaff* in Palandt, BGB, § 626 Rz. 32; a.A. *Altmeppen* in MünchKomm. AktG, § 297 Rz. 88.
57 *Altmeppen* in MünchKomm. AktG, § 297 Rz. 86; *Emmerich* in Emmerich/Habersack, Aktien- und GmbH-Konzernrecht, § 297 Rz. 10; *Hüffer*, § 297 Rz. 20; *Koppensteiner* in KölnKomm. AktG, § 297 Rz. 12.

Die **Abgabe der Kündigungserklärung der Untergesellschaft erfolgt durch deren Vor-** 26
stand, § 78[58]. Die Entscheidung hierüber liegt als Geschäftsführungsmaßnahme bei
ihm, §§ 76, 299[59]. Zugrunde zu legen ist die Sicht der Untergesellschaft: Wird deren
Unternehmenswohl durch eine Kündigung befördert, kann an dem Vertrag nicht deshalb festgehalten werden, weil dies für die Obergesellschaft oder für konzernverbun-
dene Unternehmen vorteilhaft wäre. Auf die Sicht des Großaktionärs oder außenstehender Aktionäre kommt es nicht an[60].

V. Andere Beendigungsgründe

Neben die Kündigung tritt, in den Grenzen des § 296, die einverständliche Vertrags- 27
aufhebung. Ein vertragliches Rücktrittsrecht sowie die gesetzlichen Rücktrittsrechte
des BGB werden dagegen bei in Vollzug gesetzten Unternehmensverträgen durch die
Kündigung aus wichtigem Grund ersetzt[61].

Kündigungsrechte kennt das AktG in § 304 Abs. 4 (s. unten § 304 Rz. 116 f.) und 28
§ 305 Abs. 5 Satz 4 i.V.m. § 304 Abs. 4 (s. unten § 305 Rz. 127 ff.), die Kündigungsre-
geln des BGB kommen hinzu[62].

In zahlreichen weiteren Fällen erfolgt eine **Beendigung** des Unternehmensvertrages 29
kraft Gesetzes, etwa aufgrund einer Befristungsklausel[63].

Die **Eröffnung des Insolvenzverfahrens** über das Vermögen einer der beiden Vertrags- 30
parteien führt nach herrschender Meinung zur Beendigung des Unternehmensvertrages[64]. Nach anderer Ansicht überlagert dagegen das Insolvenzrecht nur die Herr-
schafts- und Haftungsordnung nach dem Beherrschungsvertrag, so dass dessen Folgen
lediglich suspendiert sind[65].

Dasselbe gilt bei einer **Auflösung** der Gesellschaft aus sonstigen Gründen, § 262[66]. 31

Erlischt eine Vertragspartei im Rahmen einer **Verschmelzung**, endet der Vertrag kraft 32
Gesetzes. Wird auf eine Vertragspartei verschmolzen, bleibt der Unternehmensvertrag bestehen[67].

---

58 *Altmeppen* in MünchKomm. AktG, § 297 Rz. 5; *Emmerich* in Emmerich/Habersack, Aktien-
und GmbH-Konzernrecht, § 297 Rz. 7; *Hüffer*, § 297 Rz. 19.
59 *Kropff*, Aktiengesetz, S. 387.
60 *Riegger/Mutter*, DB 1997, 1603, 1604 f.
61 *Altmeppen* in MünchKomm. AktG, § 297 Rz. 92 ff. mit abweichender Ansicht zu vertraglichen Rücktrittsrechten unter Rz. 99; *Emmerich* in Emmerich/Habersack, Aktien- und
GmbH-Konzernrecht, § 297 Rz. 31 ff.; *Hüffer*, § 297 Rz. 23; *Krieger/Jannott*, DStR 1995, 1473,
1476; *Koppensteiner* in KölnKomm. AktG, § 297 Rz. 28 ff.; *Veil* in Spindler/Stilz, § 297 Rz. 32.
62 *Emmerich* in Emmerich/Habersack, Aktien- und GmbH-Konzernrecht, § 297 Rz. 18a; *Pa-
schos/Goslar*, Der Konzern 2006, 479, 481; *Veil* in Spindler/Stilz, § 297 Rz. 7; für Verträge des
§ 291 einschränkend *Koppensteiner* in KölnKomm. AktG, § 297 Rz. 16.
63 *Emmerich* in Emmerich/Habersack, Aktien- und GmbH-Konzernrecht, § 297 Rz. 33 f.; *Krieger* in MünchHdb. AG, § 170 Rz. 200; *Veil* in Spindler/Stilz, § 297 Rz. 30.
64 BGH v. 14.12.1987 – II ZR 170/87, BGHZ 103, 1 = AG 1988, 133; *Altmeppen* in MünchKomm.
AktG, § 297 Rz. 43, 106 ff., 117 ff.; *Emmerich* in Emmerich/Habersack, Aktien- und GmbH-
Konzernrecht, § 297 Rz. 52c; *Hüffer*, § 297 Rz. 22a; *Krieger* in MünchHdb. AG, § 70 Rz. 201;
Veil in Spindler/Stilz, § 297 Rz. 35 ff.; a.A. *Koppensteiner* in KölnKomm. AktG, § 297
Rz. 47 ff.
65 *K. Schmidt*, GesR, § 31 III 5 (S. 957 f.).
66 *Emmerich* in Emmerich/Habersack, Aktien- und GmbH-Konzernrecht, § 297 Rz. 50; *Veil* in
Spindler/Stilz, § 297 Rz. 39; a.A. *Koppensteiner* in KölnKomm. AktG, § 297 Rz. 44 ff.
67 *Altmeppen* in MünchKomm. AktG, § 297 Rz. 133; *Westermann* in FS Schilling, 1973, S. 271
passim.

33 **Im Einzelnen gilt:** Wenn die Vertragspartner miteinander verschmolzen werden, und wenn die Untergesellschaft auf eine andere Gesellschaft verschmolzen wird, endet ein Unternehmensvertrag im Sinne des § 291[68]. Nur die Gewinngemeinschaft wird anders behandelt, falls sie mehr als zwei Mitglieder hat: Die Verringerung der Anzahl ihrer Mitglieder berührt den Bestand des Vertrages im Übrigen nicht[69]. Nimmt die Untergesellschaft einen anderen Rechtsträger auf, bleibt der Unternehmensvertrag bestehen[70]. Wird die Obergesellschaft mit einem dritten Unternehmen verschmolzen, bleibt der Unternehmensvertrag wiederum bestandskräftig, soweit die Obergesellschaft übernehmender Rechtsträger ist[71]. Ist die Obergesellschaft hingegen übertragender Rechtsträger, erlischt sie gem. § 20 Abs. 1 Nr. 2 UmwG und der übernehmende Rechtsträger wird neuer Vertragspartner[72].

34 Eine **Abspaltung** (§ 123 Abs. 2 UmwG) oder **Ausgliederung** (§ 123 Abs. 3 UmwG) aus der Obergesellschaft lässt den Unternehmensvertrag unberührt, soweit diese als Vertragspartner bestehen bleibt[73]. Die **Aufspaltung** der Obergesellschaft führt zu deren Erlöschen, § 131 Abs. 1 Nr. 2 Satz 1 UmwG. Der Unternehmensvertrag kann in diesem Fall einem der übernehmenden Rechtsträger zugeordnet werden[74]. Die Aufspaltung der Untergesellschaft führt nach § 123 Abs. 1 UmwG zu deren Erlöschen und damit auch zur Beendigung des mit ihr bestehenden Unternehmensvertrages[75]. Bei Abspaltung oder Ausgliederung von Vermögen der Untergesellschaft bleibt der Unternehmensvertrag bestehen[76].

35 Zweifelhaft ist, ob das aus dem **Unternehmensvertrag** sich ergebende Rechtsverhältnis **abgespalten** werden kann. Auf der Ebene der Untergesellschaft kommt allenfalls eine Übertragung durch Spaltung zur Neugründung in Betracht, eine Übertragung durch Spaltung zur Aufnahme ist unzulässig[77]. Auf der Ebene der Obergesellschaft hält die wohl herrschende Meinung eine Abspaltung des Vertrages für zulässig[78].

36 Unberührt bleibt die Bestandskraft des Unternehmensvertrages von einer **Vermögensübertragung** nach § 179a und von einem **Formwechsel**[79].

---

68 *Altmeppen* in MünchKomm. AktG, § 297 Rz. 130; *Emmerich* in Emmerich/Habersack, Aktien- und GmbH-Konzernrecht, § 297 Rz. 39; *Krieger* in MünchHdb. AG, § 70 Rz. 202, 205; *Klaus J. Müller*, BB 2002, 157, 159; *Veil* in Spindler/Stilz, § 297 Rz. 40, 43 m.w.N. zu Unternehmensverträgen im Sinne des § 292.
69 *Veil* in Spindler/Stilz, § 297 Rz. 40.
70 *Emmerich* in Emmerich/Habersack, Aktien- und GmbH-Konzernrecht, § 297 Rz. 42; *Koppensteiner* in KölnKomm. AktG, § 297 Rz. 36; *Krieger* in MünchHdb. AG, § 70 Rz. 205; *Klaus J. Müller*, BB 2002, 157, 160; *Veil* in Spindler/Stilz, § 297 Rz. 44.
71 *Emmerich* in Emmerich/Habersack, Aktien- und GmbH-Konzernrecht, § 297 Rz. 44; *Krieger* in MünchHdb. AG, § 70 Rz. 204; *Veil* in Spindler/Stilz, § 297 Rz. 41.
72 *Emmerich* in Emmerich/Habersack, Aktien- und GmbH-Konzernrecht, § 297 Rz. 43; *Krieger* in MünchHdb. AG, § 70 Rz. 203; *Veil* in Spindler/Stilz, § 297 Rz. 41.
73 *Altmeppen* in MünchKomm. AktG, § 297 Rz. 125; *Krieger* in MünchHdb. AG, § 70 Rz. 206; *Veil* in Spindler/Stilz, § 297 Rz. 42.
74 *Krieger* in MünchHdb. AG, § 70 Rz. 208; *Veil* in Spindler/Stilz, § 297 Rz. 42.
75 *Veil* in Spindler/Stilz, § 297 Rz. 45.
76 *Veil* in Spindler/Stilz, § 297 Rz. 45.
77 *Emmerich* in Emmerich/Habersack, Aktien- und GmbH-Konzernrecht, § 297 Rz. 47; *Krieger* in MünchHdb. AG, § 70 Rz. 207.
78 *Emmerich* in Emmerich/Habersack, Aktien- und GmbH-Konzernrecht, § 297 Rz. 46; *Krieger* in MünchHdb. AG, § 70 Rz. 207.
79 *Emmerich* in Emmerich/Habersack, Aktien- und GmbH-Konzernrecht, § 297 Rz. 48; *Koppensteiner* in KölnKomm. AktG, § 297 Rz. 35; *Krieger* in MünchHdb. AG, § 70 Rz. 209 f.; *Veil* in Spindler/Stilz, § 297 Rz. 47, 55.

Die **Eingliederung** der Untergesellschaft in die Obergesellschaft beendet den Unter- 37
nehmensvertrag. Dasselbe gilt im Regelfall für die Eingliederung der Untergesellschaft in eine dritte Gesellschaft[80].

VI. Rechtsfolgen der Kündigung

Die Kündigung beendet den Unternehmensvertrag ex nunc, und zwar im Fall der au- 38
ßerordentlichen Kündigung mit Zugang der Erklärung, im Fall der ordentlichen Kündigung zum nächsten zulässigen Termin. Ist der Sonderbeschluss außenstehender
Aktionäre noch nicht gefasst, wird die ordentliche Kündigung bei dessen Vorliegen
wirksam. Die **Eintragung** der Beendigung des Vertrags hat nur **deklaratorische** Bedeutung[81].

§ 298
Anmeldung und Eintragung

**Der Vorstand der Gesellschaft hat die Beendigung eines Unternehmensvertrags, den
Grund und den Zeitpunkt der Beendigung unverzüglich zur Eintragung in das Handelsregister anzumelden.**

I. Regelungszweck und Regelungsgegenstand 1

II. Die Anmeldung 2

III. Die Eintragung 6

Literatur: S. bei § 294.

I. Regelungszweck und Regelungsgegenstand

§ 298 sichert die **Publizität**. Das Handelsregister muss richtig gestellt, alle Interes- 1
sierten müssen unterrichtet werden[1]. Nach ihrem Wortlaut erfasst die Norm nur die
Beendigung eines Unternehmensvertrages. Die herrschende Meinung wendet die Anmeldepflicht auf die Nichtigkeit und die endgültige Unwirksamkeit des Unternehmensvertrages analog an. Die Möglichkeit zur Amtslöschung ersetzt dies wegen der
größeren Sachnähe der Gesellschaft nicht[2].

---

80 *Emmerich* in Emmerich/Habersack, Aktien- und GmbH-Konzernrecht, § 297 Rz. 34; *Koppensteiner* in KölnKomm. AktG, § 297 Rz. 40 f.; *Krieger* in MünchHdb. AG, § 70 Rz. 211; *Veil* in
Spindler/Stilz, § 297 Rz. 49 f.; diff. *Altmeppen* in MünchKomm. AktG, § 297 Rz. 140 ff.
81 *Veil* in Spindler/Stilz, § 297 Rz. 29.
1 *Altmeppen* in MünchKomm. AktG, § 298 Rz. 1; *Hüffer*, § 298 Rz. 1; *Koppensteiner* in Köln-
Komm. AktG, § 298 Rz. 1; *Veil* in Spindler/Stilz, § 298 Rz. 1.
2 *Altmeppen* in MünchKomm. AktG, § 298 Rz. 5; *Emmerich* in Emmerich/Habersack, Aktien-
und GmbH-Konzernrecht, § 298 Rz. 2; *Koppensteiner* in KölnKomm. AktG, § 298 Rz. 7; *Veil*
in Spindler/Stilz, § 298 Rz. 2; a.A. *Hüffer*, § 298 Rz. 2.

II. Die Anmeldung

2   Zur unverzüglichen Anmeldung ist der **Vorstand der Untergesellschaft** gem. § 12 HGB vepflichtet. Hierzu kann er im Zwangsgeldverfahren nach § 14 HGB angehalten werden[3].

3   Der **Unternehmensvertrag** ist konkret zu bezeichnen. Weiter sind Grund und Zeitpunkt der Beendigung anzumelden; Ersteres um eine materielle Prüfung zu ermöglichen, Letzteres weil die Eintragung die erfolgte Beendigung nur erklärt (deklaratorische Wirkung)[4].

4   Bei einer **Verschmelzung** nimmt die überwiegende Ansicht an, die Beendigung des Unternehmensvertrages ergebe sich bereits aus deren Eintragung, so dass § 298 als subsidiär zurücktrete[5]. Ob die Beendigung des Unternehmensvertrages gleichwohl noch einmal einzutragen ist, ist umstritten[6]. Der Rechtssicherheit dient die zusätzliche Eintragung, auch wenn die Verschmelzung bereits eingetragen wurde[7].

5   Die Beifügung von **Unterlagen** verlangt das Gesetz nicht. Der Registerrichter kann sie aber nach § 12 FGG anfordern[8]. Die herrschende Meinung wendet zur Vereinfachung § 294 Abs. 1 Satz 2 analog an und verpflichtet den Vorstand zur Beibringung des Aufhebungsvertrages, des Kündigungsschreibens und ggf. eines Sonderbeschlusses nach den §§ 296 Abs. 2, 297 Abs. 2, falls sich dieser nicht ohnehin bei den Registerakten befindet[9]. Werden diese Unterlagen nicht beigefügt, wird der Registerrichter sie nachfordern. Denkbar ist in diesem Fall, dass die Anmeldung ohne Unterlagen den Vorstand nach § 93 Abs. 2 wegen eines Schadens, der durch die verzögerte Anmeldung entsteht, haftbar macht.

III. Die Eintragung

6   Das Registergericht prüft die formelle und die materielle Richtigkeit der Angaben (s. oben § 294 Rz. 13 f.)[10]. Der Inhalt der Eintragung korrespondiert mit der Anmeldung[11].

---

3   *Altmeppen* in MünchKomm. AktG, § 298 Rz. 8; *Emmerich* in Emmerich/Habersack, Aktien- und GmbH-Konzernrecht, § 298 Rz. 5, 7; *Koppensteiner* in KölnKomm. AktG, § 298 Rz. 4; *Kropff*, Aktiengesetz, S. 387; *Veil* in Spindler/Stilz, § 298 Rz. 6, 7.
4   *Altmeppen* in MünchKomm. AktG, § 298 Rz. 2, 6; *Emmerich* in Emmerich/Habersack, Aktien- und GmbH-Konzernrecht, § 298 Rz. 8; *Hüffer*, § 298 Rz. 3; *Koppensteiner* in KölnKomm. AktG, § 298 Rz. 3; *Veil* in Spindler/Stilz, § 298 Rz. 1, 4.
5   *Altmeppen* in MünchKomm. AktG, § 298 Rz. 4; *Koppensteiner* in KölnKomm. AktG, § 298 Rz. 3; *Veil* in Spindler/Stilz, § 298 Rz. 2.
6   Gegen die nochmalige Eintragung *Altmeppen* in MünchKomm. AktG, § 298 Rz. 4; *Hüffer*, § 298 Rz. 3; *Hohner*, DB 1973, 1487, 1491; *Koppensteiner* in KölnKomm. AktG, § 298 Rz. 3; *Krieger* in MünchHdb. AG, § 70 Rz. 212; für eine nochmalige Eintragung *Emmerich* in Emmerich/Habersack, Aktien- und GmbH-Konzernrecht, § 298 Rz. 4.
7   Dafür *Emmerich* in Emmerich/Habersack, Aktien- und GmbH-Konzernrecht, § 298 Rz. 4; *Hüffer*, § 298 Rz. 3.
8   *Hüffer*, § 298 Rz. 4.
9   *Altmeppen* in MünchKomm. AktG, § 298 Rz. 7; *Emmerich* in Emmerich/Habersack, Aktien- und GmbH-Konzernrecht, § 298 Rz. 9; *Hüffer*, § 298 Rz. 4; *Veil* in Spindler/Stilz, § 298 Rz. 5; ähnlich *Koppensteiner* in KölnKomm. AktG, § 298 Rz. 5.
10 *Koppensteiner* in KölnKomm. AktG, § 298 Rz. 6; *Veil* in Spindler/Stilz, § 298 Rz. 9.
11 *Emmerich* in Emmerich/Habersack, Aktien- und GmbH-Konzernrecht, § 298 Rz. 11; *Hüffer*, § 298 Rz. 5; *Koppensteiner* in KölnKomm. AktG, § 298 Rz. 6; *Veil* in Spindler/Stilz, § 298 Rz. 10.

§299
Ausschluss von Weisungen

Auf Grund eines Unternehmensvertrags kann der Gesellschaft nicht die Weisung erteilt werden, den Vertrag zu ändern, aufrechtzuerhalten oder zu beendigen.

I. Regelungszweck und Regelungsgegenstand 1
II. Unzulässige Weisung 2
III. Rechtsfolge 6
IV. Weisung der Hauptversammlung . . . 8

Literatur: S. bei §294.

I. Regelungszweck und Regelungsgegenstand

Die Norm soll die **selbständige Entscheidung des Vorstands** über die Änderung, Fortführung oder Beendigung des Unternehmensvertrages sichern[1]. Dieses telos wird wegen der tatsächlichen Einflussnahme der Obergesellschaft selten erreicht, so dass die Vorschrift nur noch haftungsrechtliche Relevanz hat[2]. 1

II. Unzulässige Weisung

§299 untersagt unzulässige Weisungen innerhalb eines Beherrschungsvertrages. Das Verbot beschränkt sich auf das Verhältnis des herrschenden zum abhängigen Unternehmen. Eine Weisung der Mutter an die Tochter, die im mehrstufigen Konzern einen Vertrag mit der Enkelgesellschaft betrifft, ist deshalb nicht erfasst[3]. 2

Ebenso wenig erfasst sind **Zustimmungsvorbehalte** des regelmäßig vom herrschenden Unternehmen dominierten **Aufsichtsrates**. Die pflichtwidrige Verweigerung der Zustimmung verpflichtet aber zum Schadensersatz, §§116, 93[4]. 3

Untersagt ist zunächst die **Änderung** des Vertrages. Sie fällt bereits unter §295 Abs. 1. §299 hat aber im Hinblick auf Weisungen des herrschenden Unternehmens zu Vorbereitungshandlungen eigenständige Bedeutung[5]. 4

Die **Aufhebung** und **Kündigung** sind nach den §§296, 297 Geschäftsführungsmaßnahmen, an denen die außenstehenden Aktionäre durch Sonderbeschluss teilnehmen. Zu diesen Maßnahmen darf das herrschende Unternehmen nicht anweisen[6]. 5

---

1 *Kropff*, Aktiengesetz, S. 387.
2 *Altmeppen* in MünchKomm. AktG, §299 Rz. 2; *Emmerich* in Emmerich/Habersack, Aktien- und GmbH-Konzernrecht, §299 Rz. 1; *Hüffer*, §299 Rz. 1; *Koppensteiner* in KölnKomm. AktG, §299 Rz. 1; *Veil* in Spindler/Stilz, §299 Rz. 1; *Wiedemann/Hirte* in FS 50 Jahre BGH, 2000, S. 337, 378.
3 *Emmerich* in Emmerich/Habersack, Aktien- und GmbH-Konzernrecht, §299 Rz. 3; *Hüffer*, §299 Rz. 3; *Koppensteiner* in KölnKomm. AktG, §299 Rz. 3; *Veil* in Spindler/Stilz, §299 Rz. 3.
4 *Altmeppen* in MünchKomm. AktG, §299 Rz. 16; *Emmerich* in Emmerich/Habersack, Aktien- und GmbH-Konzernrecht, §299 Rz. 8; *Hüffer*, §299 Rz. 4; *Veil* in Spindler/Stilz, §299 Rz. 10.
5 *Veil* in Spindler/Stilz, §299 Rz. 4; a.A. *Altmeppen* in MünchKomm. AktG, §299 Rz. 8.
6 *Altmeppen* in MünchKomm. AktG, §299 Rz. 10; *Veil* in Spindler/Stilz, §299 Rz. 5.

III. Rechtsfolge

6   Die unzulässige Weisung ist nach § 134 BGB **nichtig**[7]. Der Vorstand der abhängigen Gesellschaft darf sie deshalb nicht befolgen. Kommt er der Weisung nach, hat er den haftungsbegründenden Tatbestand der §§ 93 Abs. 2, 310 Abs. 1 erfüllt[8].

7   Der Vorstand der herrschenden Gesellschaft und diese selbst haben für die unzulässige Weisung im Rahmen des **§ 309** einzustehen[9].

IV. Weisung der Hauptversammlung

8   Der Weisungsbeschluss der Hauptversammlung, in der das herrschende Unternehmen regelmäßig die Mehrheit hat, **verpflichtet** den Vorstand nach § 83 Abs. 1 Satz 2 **zur Änderung des Vertrages**, soweit der Beschluss nicht anfechtbar ist[10].

9   Für **Fortführung und Beendigung des Unternehmensvertrages** besteht keine Hauptversammlungskompetenz. Diese wird nur begründet, wenn der Vorstand den Beschluss fasst, nach § 119 Abs. 2 vorzulegen. Hierzu kann ihn die herrschende Gesellschaft nicht verpflichten, da hierdurch auf dem Umweg über die Hauptversammlung die unzulässige Weisung doch gestattet würde[11].

Dritter Abschnitt. Sicherung der Gesellschaft und der Gläubiger

§ 300
Gesetzliche Rücklage

In die gesetzliche Rücklage sind an Stelle des in § 150 Abs. 2 bestimmten Betrags einzustellen,

1. wenn ein Gewinnabführungsvertrag besteht, aus dem ohne die Gewinnabführung entstehenden, um einen Verlustvortrag aus dem Vorjahr geminderten Jahresüberschuss der Betrag, der erforderlich ist, um die gesetzliche Rücklage unter Hinzurechnung einer Kapitalrücklage innerhalb der ersten fünf Geschäftsjahre, die während des Bestehens des Vertrags oder nach Durchführung einer Kapitalerhöhung beginnen, gleichmäßig auf den zehnten oder den in der Satzung bestimmten höheren Teil des Grundkapitals aufzufüllen, mindestens aber der in Nummer 2 bestimmte Betrag;

2. wenn ein Teilgewinnabführungsvertrag besteht, der Betrag, der nach § 150 Abs. 2 aus dem ohne die Gewinnabführung entstehenden, um einen Verlustvortrag aus

---

7   *Altmeppen* in MünchKomm. AktG, § 299 Rz. 20; *Emmerich* in Emmerich/Habersack, Aktien- und GmbH-Konzernrecht, § 299 Rz. 5; *Hüffer*, § 299 Rz. 4; *Veil* in Spindler/Stilz, § 299
8   *Emmerich* in Emmerich/Habersack, Aktien- und GmbH-Konzernrecht, § 299 Rz. 5; *Hüffer*, § 299 Rz. 4.
9   *Emmerich* in Emmerich/Habersack, Aktien- und GmbH-Konzernrecht, § 299 Rz. 5; *Hüffer*, § 299 Rz. 4; *Veil* in Spindler/Stilz, § 299 Rz. 6.
10   *Altmeppen* in MünchKomm. AktG, § 299 Rz. 17; *Emmerich* in Emmerich/Habersack, Aktien- und GmbH-Konzernrecht, § 299 Rz. 6; *Hüffer*, § 299 Rz. 6; *Koppensteiner* in KölnKomm. AktG, § 299 Rz. 4; *Veil* in Spindler/Stilz, § 299 Rz. 9.
11   *Altmeppen* in MünchKomm. AktG, § 296 Rz. 20, § 299 Rz. 18; *Hüffer*, § 299 Rz. 6; *Koppensteiner* in KölnKomm. AktG, § 299 Rz. 5; *Veil* in Spindler/Stilz, § 299 Rz. 8; a.A. *Emmerich* in Emmerich/Habersack, Aktien- und GmbH-Konzernrecht, § 299 Rz. 7.

dem Vorjahr geminderten Jahresüberschuss in die gesetzliche Rücklage einzustellen wäre;

3. wenn ein Beherrschungsvertrag besteht, ohne dass die Gesellschaft auch zur Abführung ihres ganzen Gewinns verpflichtet ist, der zur Auffüllung der gesetzlichen Rücklage nach Nummer 1 erforderliche Betrag, mindestens aber der in § 150 Abs. 2 oder, wenn die Gesellschaft verpflichtet ist, ihren Gewinn zum Teil abzuführen, der in Nummer 2 bestimmte Betrag.

I. Regelungsgegenstand und -zweck . . .	1		1. Anwendungsbereich	21
II. Gewinnabführungsvertrag (einschließlich Beherrschungs- und Gewinnabführungsvertrag) (§ 300 Nr. 1)	6		2. Fiktiver Jahresüberschuss/Berechnung des Zuführungsbetrags	24
1. Anwendungsbereich	6		3. Auswirkungen auf den abzuführenden Gewinn	25
2. Voraussetzung: Fiktiver Jahresüberschuss	7		**IV. Beherrschungsvertrag (einschließlich Beherrschungs- und Teilgewinnabführungsvertrag) (§ 300 Nr. 3)**	26
3. Berechnung des Zuführungsbetrags: Regeldotierung	9		1. Anwendungsbereich	26
4. Erhöhung der Regeldotierung nach § 150 Abs. 2	18		2. Jahresüberschuss als Erfordernis	27
5. Geschäftsführungsvertrag	20		3. Berechnung des Zuführungsbetrags beim isolierten Beherrschungsvertrag	30
III. Teilgewinnabführungsvertrag (§ 300 Nr. 2)	21		4. Beherrschungs- und Teilgewinnabführungsvertrag	32

I. Regelungsgegenstand und -zweck

§ 300 regelt die **Einstellung in die gesetzliche Rücklage** bei Bestehen eines Beherrschungsvertrags, Gewinnabführungsvertrags oder Teilgewinnabführungsvertrags. Nach der Konzeption des Aktiengesetzes soll ein Teil des Jahresüberschusses verwendet werden, um eine gesetzliche Rücklage zu bilden (§ 150 Abs. 2). Beim Gewinnabführungsvertrag entsteht bei der Untergesellschaft aufgrund der Gewinnabführung **kein Jahresüberschuss**, und beim Teilgewinnabführungsvertrag wird der Jahresüberschuss im Umfang der Gewinnabführung gemindert. Der Grundgedanke der Regelung in § 300 ist in diesen Fällen, den Umfang der Einstellung in die gesetzliche Regelung so zu bestimmen, als bestünde der (Teil-) Gewinnabführungsvertrag nicht. 1

Das Bestehen eines Beherrschungsvertrags steht zwar dem Entstehen eines Jahresüberschusses grundsätzlich nicht entgegen. Aufgrund des Dispenses von den Beschränkungen des § 57 (s. § 291 Abs. 3) und der Möglichkeit nachteiliger Weisungen kann aber die **Gewinnsituation** der Untergesellschaft **nachteilig beeinflusst** werden. § 300 Nr. 3 bestimmt deshalb auch für den (nicht mit einem Gewinnabführungsvertrag kombinierten) Beherrschungsvertrag einen Mindestbetrag der Einstellung in die gesetzliche Rücklage. Alle Fallgestaltungen von § 300 setzen einen wirksamen Unternehmensvertrag voraus[1]. 2

§ 300 beruht auf der Wertung des Gesetzgebers, dass die **Sicherung der Gesellschaft und ihrer Gläubiger** durch die Verpflichtung der Obergesellschaft zur Verlustübernahme (§ 302) den Gedanken einer Stärkung des Eigenkapitals über das Grundkapital hinaus im Wege einer gesetzlichen Rücklage nicht überflüssig macht. 3

---

1 Differenzierend *Hirte* in Großkomm. AktG, § 300 Rz. 60 ff.

4   Die Regelung in § 300 ist **zwingend** und kann weder durch Satzungsregelungen noch durch Parteiabreden oder Weisungen geändert werden[2]. Eine Verletzung der Bestimmungen in § 300 im festgestellten Jahresabschluss macht den Jahresabschluss nach § 256 Abs. 1 Nr. 4 nichtig. Das gilt nach Sinn und Zweck der Regelung in § 256 Abs. 1 jedoch nur dann, wenn ein geringerer als der gesetzlich geforderte Betrag in die gesetzliche Rücklage eingestellt wurde[3].

5   **Höhere Beträge** kann die Untergesellschaft beim Gewinnabführungsvertrag mit Zustimmung der Obergesellschaft einstellen. Eine autonome Mehreinstellung durch die Untergesellschaft bedeutet in der Regel eine Verletzung des Unternehmensvertrags. Die Obergesellschaft kann Korrektur verlangen. Der dennoch festgestellte Jahresabschluss ist aber nicht nach § 256 Abs. 1 Nr. 4 nichtig. Wenn ein isolierter Beherrschungsvertrag besteht, ist die Zustimmung der Hauptversammlung im Rahmen des Gewinnverwendungsbeschlusses erforderlich[4].

II. Gewinnabführungsvertrag (einschließlich Beherrschungs- und Gewinnabführungsvertrag) (§ 300 Nr. 1)

1. Anwendungsbereich

6   § 300 Nr. 1 betrifft sämtliche Fälle, in denen ein **Gewinnabführungsvertrag** besteht, unabhängig davon, ob der Gewinnabführungsvertrag mit einem Beherrschungsvertrag kombiniert ist. Letzteres ergibt sich aus dem Rückschluss aus § 300 Nr. 3[5]. Keine Anwendung findet § 300 auf den Gewinnabführungsvertrag mit einer **eingegliederten** Aktiengesellschaft oder KGaA (§ 324 Abs. 1)[6].

2. Voraussetzung: Fiktiver Jahresüberschuss

7   Eine Dotierung der gesetzlichen Rücklage ist nach § 300 Nr. 1 nur erforderlich, wenn ohne die Gewinnabführung nach Abzug eines Verlustvortrags aus dem Vorjahr ein Jahresüberschuss (der aufgrund der Verpflichtung zur Gewinnabführung nicht als solcher ausgewiesen wird) fiktiv entstanden wäre. Der um einen Verlustvortrag geminderte Jahresüberschuss ist der **Höchstbetrag** der gesetzlich geforderten Einstellung in die gesetzliche Rücklage im Rahmen von § 300 Nr. 1. Er muss komplett für diesen Zweck eingesetzt werden, wenn das erforderlich ist, um die Regeldotierung herzustellen. Er muss **mindestens zu 5 %** eingesetzt werden, selbst wenn die Regeldotierung damit überschritten wird (§ 300 Nr. 1 letzter Halbsatz, Nr. 2, § 150 Abs. 2).

8   Während des Bestehens des Gewinnabführungsvertrags kann aufgrund der Verpflichtung der Obergesellschaft zum Verlustausgleich (§ 302) ein Verlust nicht entstehen. Der **Verlustvortrag** kann deshalb nur aus der Zeit vor Abschluss des Unternehmensvertrags stammen[7]. Soweit dem (fiktiven) Jahresüberschuss ein Verlustvortrag gegenübersteht und damit eine Einstellung in die gesetzliche Rücklage nach § 300 und eine Gewinnabführung nach § 301 ausscheidet, wird der Verlustvortrag mit dem Jah-

---

2 *Emmerich* in Emmerich/Habersack, Aktien- und GmbH-Konzernrecht, § 300 Rz. 6.
3 Ebenso wohl *Emmerich* in Emmerich/Habersack, Aktien- und GmbH-Konzernrecht, § 300 Rz. 6, 6a.
4 *Kropff* in MünchKomm. AktG, § 150 Rz. 22.
5 *Emmerich* in Emmerich/Habersack, Aktien- und GmbH-Konzernrecht, § 300 Rz. 9.
6 *Emmerich* in Emmerich/Habersack, Aktien- und GmbH-Konzernrecht, § 300 Rz. 7.
7 *Altmeppen* in MünchKomm. AktG, § 300 Rz. 11.

resüberschuss verrechnet und kommt in diesem Umfang in den Folgejahren nicht mehr in Betracht[8].

3. Berechnung des Zuführungsbetrags: Regeldotierung

Ausgangspunkt der Berechnung des Zuführungsbetrags ist die **Zielgröße** der gesetzlichen Rücklage, die **10 % des Grundkapitals** beträgt, wenn nicht in der Satzung ein höherer Teil des Grundkapitals festgesetzt ist (§ 150 Abs. 2). Davon ist zunächst der Betrag abzuziehen, der bei Beginn des Gewinnabführungsvertrags bereits in die gesetzliche Rücklage eingestellt ist. Ferner bestimmt § 300 Nr. 1, dass sich die gesetzliche Rücklage „unter Hinzurechnung einer **Kapitalrücklage**" versteht. Damit ist gemeint, dass die bereits vorhandene gesetzliche Rücklage und eine vorhandene Kapitalrücklage zusammengenommen mit der Zielgröße der gesetzlichen Rücklage zu vergleichen sind[9].   9

Im Unterschied zu der parallelen Regelung in § 150 Abs. 2 verweist § 300 Nr. 1 nicht lediglich auf die Kapitalrücklagen nach § 272 Abs. 2 Nr. 1 bis 3 HGB, sondern bezieht dem Wortlaut nach auch die „**sonstigen Zuzahlungen**" nach **§ 272 Abs. 2 Nr. 4 HGB** mit ein. Die Kapitalrücklage nach § 272 Abs. 2 Nr. 4 HGB unterliegt jedoch im Vergleich zu der Kapitalrücklage nach § 272 Abs. 2 Nr. 1 bis 3 HGB einer wesentlich herabgesetzten Kapitalbindung. Insbesondere finden die Vorschriften von § 150 Abs. 3 und Abs. 4 auf die „sonstigen Zuzahlungen" keine Anwendung. § 300 Nr. 1 ist aus diesem Grund und aufgrund des engen Zusammenhangs mit § 150 Abs. 2 restriktiv dahingehend auszulegen, dass nur die Kapitalrücklage nach § 272 Abs. 2 Nr. 1 bis 3 HGB abzuziehen ist[10].   10

Der sich nach Abzug der bereits bestehenden gesetzlichen Rücklage und der Kapitalrücklage nach § 272 Abs. 2 Nr. 1 bis 3 HGB ergebende Betrag soll innerhalb der ersten fünf Geschäftsjahre gleichmäßig aufgefüllt werden (**Regeldotierung**).   11

Wenn der Gewinnabführungsvertrag, wie fast immer, auf den **Beginn eines Geschäftsjahres** abgeschlossen wird, zählt dieses Geschäftsjahr mit, und zwar auch dann, wenn der Beginn rückwirkend gewählt wird[11]. Wenn ausnahmsweise der Vertragsbeginn in das laufende Geschäftsjahr fällt, ist (wie sich bereits aus dem Wortlaut ergibt) erst das auf den Vertragsbeginn folgende Geschäftsjahr zu zählen[12]. Für das bei Vertragsbeginn laufende Geschäftsjahr gilt dann noch § 150 Abs. 2[13], unter Hinnahme der teilweisen Minderung des Jahresüberschusses durch die auf einen Teil des Geschäftsjahres entfallende Gewinnabführung.   12

Wenn auch der gesamte fiktive Jahresüberschuss (abzüglich eines Verlustvortrags) nicht ausreicht, um die Regeldotierung zu erreichen, muss der Fehlbetrag in den Fol-   13

---

8 Zu eng *Emmerich* in Emmerich/Habersack, Aktien- und GmbH-Konzernrecht, § 301 Rz. 9, wonach ein Verlustvortrag nur im ersten Jahr des Gewinnabführungsvertrags denkbar sei.
9 *Hüffer*, § 300 Rz. 3.
10 *Altmeppen* in MünchKomm. AktG, § 300 Rz. 5; *Hüffer*, § 300 Rz. 3; *Adler/Düring/Schmaltz*, § 300 AktG Rz. 34; *Hirte* in Großkomm. AktG, § 300 Rz. 33.
11 *Altmeppen* in MünchKomm. AktG, § 300 Rz. 16.
12 *Altmeppen* in MünchKomm. AktG, § 300 Rz. 16; *Adler/Düring/Schmaltz*, § 300 AktG Rz. 33; *Koppensteiner* in KölnKomm. AktG, § 300 Rz. 10; *Krieger* in MünchHdb. AG, § 70 Rz. 60, § 71 Rz. 15; *Hirte* in Großkomm. AktG, § 300 Rz. 38; a.A. *Emmerich* in Emmerich/Habersack, Aktien- und GmbH-Konzernrecht, § 300 Rz. 15, ebenfalls unter Berufung auf den Wortlaut; das erste während des Bestehens des Vertrags beginnende Geschäftsjahr ist aber, wenn der Vertragsbeginn in den Lauf eines Geschäftsjahrs fällt, nicht das dann laufende, sondern das folgende Geschäftsjahr.
13 *Altmeppen* in MünchKomm. AktG, § 300 Rz. 16.

gejahren **nachgeholt** werden. Das geschieht in der Weise, dass für die an der Referenzperiode von 5 Jahren fehlende Zahl von Jahren die Regeldotierung unter Verteilung auf die verbleibenden Jahre neu berechnet wird[14]. Falls nach Ablauf der 5 Jahre die gesetzliche Rücklage nicht auf Sollstärke aufgefüllt werden konnte, muss in den Jahren danach der fiktive Jahresüberschuss **in voller Höhe** der gesetzlichen Rücklage zugeführt werden, bis die Sollstärke erreicht ist[15].

14   Im Fall einer **Kapitalerhöhung** gelten, wie § 300 Nr. 1 ausdrücklich regelt, die gleichen Grundsätze. Der Betrag, um den die gesetzliche Rücklage aufgrund der Kapitalerhöhung zu erhöhen ist (also 10 % der Erhöhung des Grundkapitals oder der in der Satzung bestimmte höhere Teil), muss in den ersten fünf Geschäftsjahren, die nach Eintragung der Durchführung der Kapitalerhöhung beginnen, aufgefüllt werden.

15   Wenn die Eintragung der Durchführung der Kapitalerhöhung vor Ablauf des vorletzten Geschäftsjahres der ersten Fünfjahresperiode erfolgt, so dass sich beide Perioden teilweise überdecken, besteht nach der zutreffenden herrschenden Meinung ein **Wahlrecht** der Gesellschaft dahingehend, ob die Dotierungsbeträge einheitlich während der aufgrund der Kapitalerhöhung beginnenden neuen Fünfjahresperiode neu berechnet werden, oder ob der bereits laufende Referenzzeitraum zu Ende geführt wird und der aufgrund der Kapitalerhöhung beginnende neue fünf Jahreszeitraum nur auf den Erhöhungsbetrag angewandt wird[16]. Die erste Methode ist einfacher und entspricht eher dem Wortlaut der Regelung. Die zweite Methode führt zu einer schnelleren Rücklagenbildung und dient damit dem Schutzzweck der Regelung.

16   Wenn zum Zeitpunkt der Kapitalerhöhung zwar die **ursprüngliche Fünfjahresperiode abgelaufen** ist, die gesetzliche Rücklage aber dennoch nicht aufgefüllt ist und damit von Jahr zu Jahr der gesamte fiktive Jahresüberschuss eingesetzt werden muss, gilt Entsprechendes: Die Gesellschaft hat ein Wahlrecht dahingehend, ob sie auf den gesamten fehlenden Betrag die neue Fünfjahresperiode anwendet oder hinsichtlich des noch fehlenden Betrags nach Möglichkeit aus dem fiktiven Jahresüberschuss voll dotiert und die Fünfjahresperiode nur für den Zusatzbetrag aus der Kapitalerhöhung zur Anwendung bringt.

17   Die Kapitalherabsetzung ist nicht ausdrücklich geregelt. Die gesetzliche Rücklage mindert sich in diesem Fall, die Zuführungsbeträge sind entsprechend anzupassen[17].

4. Erhöhung der Regeldotierung nach § 150 Abs. 2

18   Die jährliche Zuführung zur gesetzlichen Rücklage **erhöht** sich über die **Regeldotierung** (regelmäßig 20 % der Differenz zur Zielgröße) hinaus, wenn aus dem fiktiven Jahresabschluss in Anwendung der Grundsätze von § 150 Abs. 2 ein höherer Betrag als der Betrag der jährlichen Regeldotierung zur Verfügung steht. Der Zuführungsbetrag nach § 150 Abs. 2 beläuft sich auf 5 % des um einen Verlustvortrag aus dem Vorjahr geminderten Jahresüberschusses. Dieser Betrag ist auch im Rahmen von § 300

14 *Altmeppen* in MünchKomm. AktG, § 300 Rz. 21.
15 *Altmeppen* in MünchKomm. AktG, § 300 Rz. 22.
16 *Altmeppen* in MünchKomm. AktG, § 300 Rz. 19; *Emmerich* in Emmerich/Habersack, Aktien- und GmbH-Konzernrecht, § 300 Rz. 16; *Adler/Düring/Schmaltz*, § 300 AktG Rz. 27 ff.; *Krieger* in MünchHdb. AG, § 70 Rz. 62; *Henze*, Konzernrecht, Rz. 328 f.; mit Präferenz für die zweite Methode *Hüffer*, § 300 Rz. 8 a.E.; *Hirte* in Großkomm. AktG, § 300 Rz. 41.
17 *Emmerich* in Emmerich/Habersack, Aktien- und GmbH-Konzernrecht, § 300 Rz. 16 a.E.; *Hirte* in Großkomm. AktG, § 300 Rz. 42 (der allerdings die Kapitalherabsetzung grds. für unzulässig hält, Rz. 44).

Nr. 1 in die gesetzliche Rücklage einzustellen, wenn er höher ist als die Regeldotierung.

Diese erhöhte Zuführung gilt bei Vorhandensein eines hinreichend hohen fiktiven 19
Jahresüberschusses auch in den Folgejahren und führt dann ggf. zu einer **schnelleren
Auffüllung** der gesetzlichen Rücklage. Für die Anwendung der Regeldotierung – Verteilung der Auffüllung auf fünf Jahre – hat die Gesellschaft dagegen in entsprechender Anwendung der oben geschilderten Grundsätze ein Wahlrecht, ob sie trotz des erzielten „Vorsprungs" bei der Rücklagendotierung bei der ursprünglichen Berechnung bleibt, oder aber (entsprechend dem Gesetzeswortlaut) eine Neuberechnung der jährlichen Rücklagendotierung auf Grundlage der bereits erreichten Tilgung vornimmt.

5. Geschäftsführungsvertrag

Die Gleichstellung des (unentgeltlichen[18]) Geschäftsführungsvertrags mit dem Ge- 20
winnabführungsvertrag durch § 291 Abs. 1 Satz 2 gilt auch im Anwendungsbereich
von § 300[19]. Beim Geschäftsführungsvertrag entsteht (ebenso wie beim Gewinnabführungsvertrag) kein Jahresüberschuss (vgl. § 291 Rz. 62 ff.). Es ist der fiktive Jahresüberschuss zu ermitteln, wie er sich ohne Durchführung der Geschäftsführungsabrede ergäbe. Dieser fiktive Jahresüberschuss ist für die Anwendung von § 300 Nr. 1 zugrunde zu legen[20].

III. Teilgewinnabführungsvertrag (§ 300 Nr. 2)

1. Anwendungsbereich

§ 300 Nr. 2 gilt für den **isolierten** (d.h. nicht mit einem Beherrschungsvertrag kombi- 21
nierten) **Teilgewinnabführungsvertrag**[21]. Das ergibt sich aus § 300 Nr. 3. § 300 Nr. 2
regelt nicht, ob der Teilgewinnabführungsvertrag „**entgeltlich**" oder „**unentgeltlich**"
ist und ob die Gegenleistung des anderen Vertragsteils ertragswirksam wird. Dabei
handelt es sich um Fragen der Zulässigkeit der Vertragsgestaltung im Anwendungsbereich von § 292 Abs. 1 Nr. 2[22]. Wenn der Teilgewinnabführungsvertrag wegen Verstoßes gegen zwingende Regeln nichtig ist, findet auch § 300 Nr. 2 keine Anwendung. Insbesondere ist für Zwecke von § 300 Nr. 2 nicht etwa bei einem im Einzelfall wegen fehlender Gegenleistung unzulässigen Teilgewinnabführungsvertrag diese fehlende Gegenleistung fiktiv in die Berechnung des Jahresüberschusses einzustellen.

Ein Teilgewinnabführungsvertrag kann sich nach § 292 Abs. 1 Nr. 2 auf einen Teil 22
des **(Gesamt-)Gewinns** der Gesellschaft oder auf den **Gewinn einzelner Betriebe** beziehen. Nach der Regierungsbegründung zum Aktiengesetz 1965 soll § 300 Nr. 2 für
betriebsgewinnbezogene Verträge nicht gelten[23]. Dafür lassen sich weder aus dem
Wortlaut noch aus Sinn und Zweck der Vorschrift Anhaltspunkte gewinnen. § 300

---

18 Vgl. *Hüffer*, § 291 Rz. 31.
19 *Hüffer*, § 300 Rz. 5; *Altmeppen* in MünchKomm. AktG, § 300 Rz. 39; *Emmerich* in Emmerich/Habersack, Aktien- und GmbH-Konzernrecht, § 300 Rz. 17; *Krieger* in MünchHdb. AG, § 71 Rz. 18; *Hirte* in Großkomm. AktG, § 300 Rz. 45; a.A. (wegen Problemen der Durchführung) *Koppensteiner* in KölnKomm. AktG, § 300 Rz. 7.
20 *Altmeppen* in MünchKomm. AktG, § 300 Rz. 40 f.; *Emmerich* in Emmerich/Habersack, Aktien- und GmbH-Konzernrecht, § 300 Rz. 17; *Krieger* in MünchHdb. AG, § 71 Rz. 18.
21 Die Einbeziehung der Teilgewinnabführungsverträge, die schuldrechtliche Austauschverträge sind, in § 300 ist rechtspolitisch fragwürdig, *Hirte* in Großkomm. AktG, § 300 Rz. 6.
22 Vgl. *Emmerich* in Emmerich/Habersack, Aktien- und GmbH-Konzernrecht, § 292 Rz. 27 ff.; *Krieger* in MünchHdb. AG, § 72 Rz. 23; BGH v. 21.7.2003 – II ZR 109/02 – „Deutsche Hypothekenbank", AG 2003, 625 .
23 *Kropff*, Aktiengesetz, S. 389.

Nr. 2 gilt deshalb unterschiedslos für alle Teilgewinnabführungsverträge im Sinne von § 292 Abs. 1 Nr. 2[24].

23 Erfasst sind auch Verträge, die materiell als Teilgewinnabführungsverträge gewertet und als solche behandelt werden, wie insbesondere Verträge über **stille Gesellschaften**[25]. In gleicher Weise gilt die Einschränkung des Anwendungsbereichs des Teilgewinnabführungsvertrags in § 292 Abs. 2 ebenfalls für § 300[26]. § 300 kann dagegen nicht auf sonstige, mehr oder weniger ähnliche Gestaltungen angewandt werden, die gerade nicht den Regelungen über Teilgewinnabführungsverträge unterliegen. Das gilt insbesondere für **Genussrechte**[27] und für sonstige strukturierte Finanzinstrumente, soweit sie nicht unter § 292 Abs. 1 Nr. 2 fallen.

2. Fiktiver Jahresüberschuss/Berechnung des Zuführungsbetrags

24 Beim Teilgewinnabführungsvertrag ist in gleicher Weise wie im Anwendungsbereich von § 300 Nr. 1 der um einen Verlustvortrag aus dem Vorjahr geminderte **fiktive Jahresüberschuss** zu ermitteln. Auf den so ermittelten Betrag findet die Regelung in § 150 Abs. 2 Anwendung, das heißt Einstellung von 5 % dieses Betrags in die gesetzliche Rücklage, bis die gesetzliche Rücklage zusammen mit den Kapitalrücklagen nach § 272 Abs. 2 Nr. 1 bis 3 HGB den Betrag von 10 % des Grundkapitals erreicht hat. Dagegen findet die auf fünf Jahre verteilte Regeldotierung nach § 300 Nr. 1 auf Teilgewinnabführungsverträge keine Anwendung.

3. Auswirkungen auf den abzuführenden Gewinn

25 **Zu wessen Lasten sich die Zuführung zur gesetzliche Rücklage** auswirkt, regelt § 300 Nr. 2 nicht. Das ist eine Frage der Ausgestaltung des Teilgewinnabführungsvertrags, der Schutzzweck von § 300 ist davon nicht betroffen. Die Ausschüttung an den anderen Vertragspartner aus einem Teilgewinnabführungsvertrag wird aufgrund der Zuführung zur Rücklage dann gemindert, wenn die Zuführung Teil der Bemessungsgrundlage der Gewinnabführung ist (wie das beim (Gesamt-)Gewinnabführungsvertrag kraft gesetzlicher Anordnung in § 301 der Fall ist). Eine **betriebsgewinnbezogene Gewinnabführung** wird in der Regel von der Zuführung zur gesetzlichen Rücklage **unberührt bleiben**. Wenn der Teilgewinnabführungsvertrag an den Jahresüberschuss anknüpft, gilt Entsprechendes. Anders ist es, wenn die Bemessungsgrundlage für die Gewinnabführung der (ohne Gewinnabführung entstehende) Bilanzgewinn ist, weil dort die Zuführung zur gesetzlichen Rücklage bereits abgesetzt ist (§ 158 Abs. 1). Aber auch dann können die Parteien vereinbaren, dass Bemessungsgrundlage der Bilanzgewinn vor Zuführung zur gesetzlichen Rücklage sein soll.

---

24 *Altmeppen* in MünchKomm. AktG, § 300 Rz. 24; *Emmerich* in Emmerich/Habersack, Aktien- und GmbH-Konzernrecht, § 300 Rz. 19; *Hüffer*, § 300 Rz. 10; *Krieger* in MünchHdb. AG, § 72 Rz. 21; a.A. für betriebsgewinnbezogene Verträge *Koppensteiner* in KölnKomm. AktG, § 300 Rz. 14.

25 BGH v. 21.7.2003 – II ZR 109/02 – „Deutsche Hypothekenbank", AG 2003, 625, 626 f.; BGH v. 8.5.2006 – II ZR 123/05 – „Securenta", AG 2006, 546, 548.

26 *Emmerich* in Emmerich/Habersack, Aktien- und GmbH-Konzernrecht, § 300 Rz. 19, *Hüffer*, § 300 Rz. 10.

27 BGH v. 21.7.2003 – II ZR 109/02 – „Deutsche Hypothekenbank", AG 2003, 625, 626 f.: je eigenständige Regelungskomplexe; a.A. *Busch*, AG 1994, 93, 97; *Häger/Elkemann-Reusch*, Mezzanine Finanzierungsinstrumente, Anm. 584.

IV. Beherrschungsvertrag (einschließlich Beherrschungs- und Teilgewinnabführungsvertrag) (§ 300 Nr. 3)

1. Anwendungsbereich

§ 300 Nr. 3 regelt die Zuführung zur gesetzlichen Rücklage bei Bestehen eines **isolierten Beherrschungsvertrags** und eines **mit einem Teilgewinnabführungsvertrag kombinierten Beherrschungsvertrags**. Die letztere Kombination kommt praktisch nicht vor. Ein Beherrschungsvertrag liegt dann vor, wenn die begrifflichen Erfordernisse von § 291 Abs. 1 Satz 1 erster Fall erfüllt sind. Für den Teilgewinnabführungsvertrag ist § 292 Abs. 1 Nr. 2 unter Berücksichtigung der Einschränkungen in § 292 Abs. 2 maßgeblich. Weitergehende Einschränkungen, wie sie im Rahmen von § 300 Nr. 2 vertreten werden (s. oben Rz. 22), sind im Anwendungsbereich von § 300 Nr. 3 ebenso wenig wie im Anwendungsbereich von § 300 Nr. 2 vorzunehmen.

26

2. Jahresüberschuss als Erfordernis

Im Unterschied zu § 300 Nr. 1 und Nr. 2 enthält § 300 Nr. 3 keine ausdrückliche Regelung dahingehend, dass eine **Zuführung** zur gesetzlichen Rücklage immer nur aus einem (ggf. fiktiv berechneten) **Jahresüberschuss** erfolgen kann. Diese Auffassung, im Fall von § 300 Nr. 3 sei die gesetzliche Rücklage auch dann aufzufüllen, wenn **kein Jahresüberschuss** vorhanden ist[28], stützt sich vorwiegend auf den Wortlaut der gesetzlichen Regelung, teilweise auch auf die Gesetzgebungsgeschichte und auf die besondere Gefährdungslage bei Beherrschungsverträgen, die eine Verschärfung der Verpflichtung zur Rücklagenbildung nahe lege.

27

Die **Gegenauffassung**[29] bestreitet das Wortlautargument, bezieht sich ebenfalls auf die Gesetzesmaterialien[30] und weist auf die ansonsten bestehende Ungleichbehandlung im Vergleich zu dem mit einem Gewinnabführungsvertrag kombinierten Beherrschungsvertrag nach § 300 Nr. 1 hin. Dieser Auffassung ist der Vorzug zu geben. Eine Verpflichtung der Obergesellschaft zur Finanzierung einer Erhöhung des Eigenkapitals der Untergesellschaft aus eigenen Mitteln ist der gesetzlichen Systematik fremd.

28

Von den Vertretern der Auffassung, es käme nicht auf einen Jahresüberschuss an, wird weitgehend unterstellt, dass ansonsten **ein um nachteilige Einflüsse bereinigter Jahresüberschuss** berechnet werden müsste, was in der Tat wenig praktikabel wäre[31]. Das ist indessen nicht der Fall[32]. § 300 knüpft in seiner Nr. 1 im Sinne einer übersichtlichen Handhabung an den lediglich um die Gewinnabführung und einen etwaigen Verlustvortrag, nicht aber um andere Effekte bereinigten Jahresüberschuss an. Das gilt sinngemäß auch für § 300 Nr. 3. Der Betrag der Zuführung zur gesetzlichen Rücklage wird durch den im Jahresabschluss ausgewiesenen, um einen Verlustvortrag geminderten Jahresüberschuss begrenzt. Bei der Kombination mit einem Teilgewinnabführungsvertrag ist ferner der Betrag der Gewinnabführung hinzuzurechnen.

29

---

28 *Altmeppen* in MünchKomm. AktG, § 300 Rz. 29 ff.; *Adler/Düring/Schmalz*, § 300 AktG Rz. 53; *Hüffer*, § 300 Rz. 13; *Henze*, Konzernrecht, Rz. 332; *Hirte* in Großkomm. AktG, § 300 Rz. 52; zum Zeitpunkt der Zuführung *Würdinger* in Großkomm. AktG, 3. Aufl. 1970 ff., § 300 Anm. 3 und *Altmeppen* in MünchKomm. AktG, § 300 Rz. 34.
29 *Emmerich* in Emmerich/Habersack, Aktien- und GmbH-Konzernrecht, § 300 Rz. 22; *Koppensteiner* in KölnKomm. AktG, § 300 Rz. 20; *Krieger* in MünchHdb. AG, § 70 Rz. 61; *Veit*, Unternehmensverträge und Eingliederung, S. 93 f.
30 Die allerdings ambivalent sind: *Altmeppen* in MünchKomm. AktG, § 300 Rz. 31.
31 *Hüffer*, § 300 Rz. 13.
32 A.A. *Koppensteiner* in KölnKomm. AktG, § 300 Rz. 21.

3. Berechnung des Zuführungsbetrags beim isolierten Beherrschungsvertrag

30   Beim **isolierten Beherrschungsvertrag** berechnet sich der Zuführungsbetrag nach den Grundsätzen von § 300 Nr. 1 unter Einschluss der Mindestgrenze der Zuführung in Anwendung von § 150 Abs. 2. Die **Regeldotierung** beträgt demnach jährlich 20 % des Auffüllungsbetrags. Der Auffüllungsbetrag beträgt 10 % des Grundkapitals abzüglich des in die gesetzliche Rücklage bereits eingestellten Betrags abzüglich einer Kapitalrücklage nach § 272 Abs. 1 Nr. 1 bis 3 HGB. Die Regeldotierung ist nach zutreffender Auffassung (s. oben Rz. 9 ff.) jedoch **begrenzt** auf den Betrag des um einen Verlustvortrag aus dem Vorjahr geminderten Jahresüberschusses.

31   Wenn 5 % des um einen Verlustvortrag aus dem Vorjahr geminderten Jahresüberschusses den Betrag der Regeldotierung übersteigen, ist dieser **höhere Betrag** der gesetzlichen Rücklage zuzuführen (§ 300 Nr. 3 i.V.m. § 150 Abs. 2). Für die Einzelheiten, einschließlich der Behandlung von Kapitalerhöhungen, wird auf die Erläuterung zu § 300 Nr. 1 verwiesen.

4. Beherrschungs- und Teilgewinnabführungsvertrag

32   Für den mit **einem Teilgewinnabführungsvertrag kombinierten Beherrschungsvertrag** besteht aufgrund der unklaren Formulierung in § 300 Nr. 3 Streit, ob sich die Zuführung zur gesetzlichen Rücklage ausschließlich nach § 300 Nr. 2 richtet, oder ob § 300 Nr. 1 anzuwenden ist und die nach § 300 Nr. 2 berechnete Zuführung lediglich die Mindestgrenze der Zuführung darstellt[33]. Da der Wortlaut noch am ehesten für die letztgenannte Auslegung spricht und wertungsmäßig nicht ersichtlich ist, weshalb durch das Hinzutreten eines Teilgewinnabführungsvertrags die beim isolierten Beherrschungsvertrag bestehende Verpflichtung zur Zuführung zur gesetzlichen Rücklage vermindert werden sollte, ist der letztgenannten Auffassung zu folgen.

33   Im Ergebnis folgt also die Zuführung zur gesetzlichen Rücklage bei einem Beherrschungs- und Teilgewinnabführungsvertrag den **gleichen Regeln** wie beim **isolierten Beherrschungsvertrag**. Bei der Berechnung des Zuführungsbetrags ergibt sich lediglich der Unterschied, dass dem ausgewiesenen Jahresüberschuss jeweils der Betrag der Gewinnabführung aufgrund des Teilgewinnabführungsvertrags hinzuzurechnen ist.

§ 301
Höchstbetrag der Gewinnabführung

Eine Gesellschaft kann, gleichgültig welche Vereinbarungen über die Berechnung des abzuführenden Gewinns getroffen worden sind, als ihren Gewinn höchstens den ohne die Gewinnabführung entstehenden Jahresüberschuss, vermindert um einen Verlustvortrag aus dem Vorjahr und um den Betrag, der nach § 300 in die gesetzliche Rücklage einzustellen ist, abführen. Sind während der Dauer des Vertrags Beträge in andere Gewinnrücklagen eingestellt worden, so können diese Beträge den anderen Gewinnrücklagen entnommen und als Gewinn abgeführt werden.

---

33   Für Ersteres *Adler/Düring/Schmalz*, § 300 AktG Rz. 55; *Altmeppen* in MünchKomm. AktG, § 300 Rz. 36 ff.; *Würdinger* in Großkomm. AktG, 3. Aufl. 1970 ff., § 300 Anm. 3; für Letzteres *Koppensteiner* in KölnKomm. AktG, § 300 Rz. 19; *Hüffer*, § 300 Rz. 15; *Hirte* in Großkomm. AktG, § 300 Rz. 54.

I. Regelungsgegenstand und -zweck . . . 1

II. Höchstbetrag der Gewinnabführung
(§ 301 Satz 1) 9

1. Anwendungsbereich 9

2. Berechnung des Höchstbetrags 15

3. Entstehen, Fälligkeit und Maßgeblichkeit des Jahresabschlusses 18

III. Behandlung von Rücklagen (§ 301
Satz 2) 22

1. Anwendungsbereich 22

2. Erweiterung des Anwendungsbereichs
von § 301 Satz 2? 25

IV. Verfahren und Verhältnis zu § 174
Abs. 1 27

Literatur: *Cahn/Simon,* Isolierte Gewinnabführungsverträge, Der Konzern 2003, 1; *Geßler,* Rücklagenbildung bei Gewinnabführungsverträgen, in FS Meilicke, 1985, S. 18; *Geßler;* Rücklagenbildung im Konzern, AG 1985, 257; *Hans-Peter Müller,* Zur Gewinn- und Verlustermittlung bei aktienrechtlichen Gewinnabführungsverträgen, in FS Goerdeler, 1987, S. 375; *Priester,* Rücklagenauskehrung beim Gewinnabführungsvertrag, ZIP 2001, 725; *Rust,* Die Vereinbarkeit einer gewinnunabhängigen Festvergütung zugunsten eines stillen Gesellschafters mit § 301 AktG, AG 2006, 563; *Sünner,* Grenzen der Gewinnabführung von AG und GmbH aufgrund Gewinnabführungsvertrag nach dem Inkrafttreten des Bilanzrichtlinien-Gesetzes, AG 1989, 414; *Willenberg/Welte,* Ausschüttung vororganschaftlicher Gewinnrücklagen, DB 1994, 1688.

I. Regelungsgegenstand und -zweck

§ 301 regelt den **Höchstbetrag des abzuführenden Gewinns** und setzt damit das Vorliegen einer Verpflichtung zur Gewinnabführung voraus. Die Höchstgrenze knüpft an den fiktiven, also ohne die Gewinnabführung entstehenden Jahresüberschuss (§ 275 Abs. 2 Nr. 20, Abs. 3 Nr. 19 HGB) an. Ein aufgrund von Entnahmen aus Rücklagen entstehender übersteigender Bilanzgewinn (§ 158 Abs. 1 Nr. 5) kann dagegen grundsätzlich nicht abgeführt werden. Eine Ausnahme macht § 301 Satz 2 für andere Gewinnrücklagen (§ 272 Abs. 3 Satz 2 HGB), soweit sie durch Einstellungen während der Dauer des Vertrags entstanden sind. 1

Jahresüberschuss und Jahresfehlbetrag als Kerngrößen der Regelungen in § 301 und § 302 sind (nur mit anderen Vorzeichen) ein- und dieselbe Position des Jahresabschlusses (vgl. §§ 275 Abs. 2 Nr. 20, Abs. 3 Nr. 19 HGB). Ihre Ermittlung muss deshalb in beiden Vorschriften denselben Regeln folgen. 2

§ 301 befasst sich nicht damit, wie der Jahresüberschuss zustandekommt. Der (fiktive) Jahresüberschuss kann in erheblichem Umfang durch **Beurteilungsspielräume** (z.B. bei der Bildung von Rückstellungen nach § 249 HGB) und **Ansatz- und Bewertungswahlrechte** beeinflusst werden. Das fällt **nicht in den Regelungsgegenstand** von § 301[1]. Die etwas dunkle Formulierung über die „Berechnung des abzuführenden Gewinns" stellt, wenn sie sich überhaupt auf das Rechenwerk der Untergesellschaft bezieht, nur klar, dass vertragliche Abreden grundsätzlich zulässig sind. 3

Der Vorstand der Untergesellschaft bleibt berechtigt und verpflichtet, den Jahresabschluss unter Beachtung der einschlägigen Regeln aufzustellen. Bei Bestehen eines Beherrschungsvertrags ist die Obergesellschaft zu **Weisungen hinsichtlich der Aufstellung des Jahresabschlusses** berechtigt[2], soweit der Rahmen der einschlägigen 4

---

1 *H.-P. Müller* in FS Goerdeler, 1987, S. 375, 386 f.

2 BVerfG v. 27.1.1999 – 1 BvR 1638/94 – „Tarkett/Pegulan", AG 1999, 217; BGH v. 20.5.1997 – II ZB 9/96 – „Guano", BGHZ 135, 374, 377 f. = AG 1997, 515; *Emmerich* in Emmerich/Habersack, Aktien- und GmbH-Konzernrecht, § 301 Rz. 7; enger *H.-P. Müller* in FS Goerdeler, 1987, S. 375, 380 f.: kein Weisungsrecht hinsichtlich der Ausübung von Beurteilungsspielräumen.

Buchführungs- und Bilanzierungsregeln eingehalten wird. Wenn der Vorstand der Untergesellschaft erkennt, dass die Interessen der Obergesellschaft besonders betroffen sind, muss er der Obergesellschaft Gelegenheit zur Ausübung des Weisungsrechts geben und kann sich bei Verletzung dieser Pflicht schadensersatzpflichtig machen[3].

5   § 301 verbietet nicht, hinter dem Höchstbetrag zurückzubleiben; insoweit besteht Vertragsfreiheit[4]. Die Höchstgrenze der Gewinnabführung nach § 301 ist jedoch zugleich die **Mindestgrenze** der Gewinnabführung als begriffliche Voraussetzung des Gewinnabführungsvertrags im Sinne von § 291 Abs. 1 Satz 1 Alt. 2. Denn vorausgesetzt ist dort die Verpflichtung zur Abführung des „ganzen Gewinns", also des Bilanzgewinns unter Beachtung der Höchstgrenze von § 301[5]. Eine Ausnahme greift insoweit, wie der Gewinnabführungsvertrag die Einstellung in Rücklagen durch die Verwaltung zulässt; denn in diesem Fall wird der abzuführende „ganze" Bilanzgewinn vorab reduziert (vgl. § 158 Abs. 1) und bleibt hinter dem Höchstbetrag der Gewinnabführung nach § 301 zurück.

6   In der Praxis werden die aktienrechtlichen Regeln durch die **steuerlichen Regelungen** in § 14 KStG überlagert. Die Anerkennung der körperschaftsteuerlichen Organschaft setzt (wie § 291 Abs. 1 Satz 1) die Verpflichtung voraus, den „ganzen Gewinn" abzuführen (§ 14 Abs. 1 Satz 1 KStG). Die Gewinnabführung muss, wenn (wie in der Regel) die körperschaftssteuerliche Organschaft angestrebt wird, der Höchstgrenze des § 301 entsprechen[6]. Die Einstellung in Gewinnrücklagen wird steuerlich nur insoweit anerkannt, wie sie bei „vernünftiger kaufmännischer Beurteilung wirtschaftlich begründet ist" (§ 14 Abs. 1 Nr. 4 KStG).

7   § 301 bezweckt den **Schutz der Gesellschaft** vor Aushöhlung. Geschützt werden damit in erster Linie die Gläubiger der Gesellschaft, daneben aber auch die **außenstehenden Gesellschafter**. Letzteres ist alleiniger Schutzzweck der Beschränkungen hinsichtlich der Ausschüttung eines aus der Auflösung von Rücklagen entstehenden Bilanzgewinns; denn da der Bilanzgewinn an die Gesellschafter ausgeschüttet werden darf, kann es insoweit nicht um den Schutz der Gläubiger gehen.

8   Die Regelung in § 301 ist **zwingend**[7]. Weisungen, die gegen § 301 verstoßen, sind unzulässig und dürfen von der Untergesellschaft nicht befolgt werden[8]. Eine vertragliche Regelung, die ausdrücklich eine höhere Abführung erlaubt, ist nach § 134 BGB unwirksam[9]. Die Auswirkungen auf den Vertrag im übrigen richten sich nach § 139 BGB[10], dessen Vermutungswirkung allerdings in der Vertragspraxis durch sogenannte salvatorische Klauseln in der Regel zugunsten der Vermutung für die Wirksamkeit des Vertrags umgekehrt wird.

---

3   Vgl. OLG Frankfurt v. 29.6.1999 – 5 U 251/97, NZG 2000, 603, 604 f. (isolierter Gewinnabführungsvertrag bei GmbH: Pflicht zur Abstimmung); *Emmerich* in Emmerich/Habersack, Aktien- und GmbH-Konzernrecht, § 301 Rz. 7a.
4   *Altmeppen* in MünchKomm. AktG, § 301 Rz. 1.
5   *Hüffer*, § 291 Rz. 26; ebenso die Sichtweise des Steuerrechts, s. sogleich.
6   *Emmerich* in Emmerich/Habersack, Aktien- und GmbH-Konzernrecht, § 301 Rz. 3a; *Cahn/Simon*, Der Konzern 2003, 1, 5.
7   *Hüffer*, § 301 Rz. 1.
8   *Emmerich* in Emmerich/Habersack, Aktien- und GmbH-Konzernrecht, § 301 Rz. 10; *Altmeppen* in MünchKomm. AktG, § 301 Rz. 22.
9   BMF v. 27.11.2003 – IV A 2 – S 2770 – 31/03, GmbHR 2004, 144: „unbeachtlich"; a.A. *Altmeppen* in MünchKomm. AktG, § 301 Rz. 22.
10 *Hüffer*, § 301 Rz. 8 a.E.

II. Höchstbetrag der Gewinnabführung, (§ 301 Satz 1)

1. Anwendungsbereich

§ 301 gilt unstreitig für **Gewinnabführungsverträge** im Sinne von § 291 Abs. 1 Satz 1   9
Alt. 2, unabhängig davon, ob sie mit einem Beherrschungsvertrag verknüpft sind[11].
§ 301 gilt dagegen **nicht** für **isolierte Beherrschungsverträge**[12]. Dazu fehlt es schon an
der Vergleichbarkeit der Ausgangssituation. Das herrschende Unternehmen kann
aufgrund des Beherrschungsvertrags zwar nachteilige Weisungen erteilen und damit
mittelbar das Gewinnbezugsrecht der außenstehenden Aktionäre beeinträchtigen (s.
oben Rz. 4). Der einmal entstandene Bilanzgewinn unterliegt aber der Disposition
der Hauptversammlung (§ 174 Abs. 1 Satz 1).

Problematisch ist die Anwendung von § 301 auf **Teilgewinnabführungsverträge**. Die   10
Stimmen sind geteilt: Die ganz herrschende Meinung bejaht die Anwendbarkeit jedenfalls auf unternehmensgewinnbezogene Teilgewinnabführungsverträge (§ 292
Abs. 1 Nr. 2 Alt. 1)[13]. Gemischt ist das Meinungsbild zur Anwendbarkeit auf betriebsgewinnbezogene Teilgewinnabführungsverträge (§ 292 Abs. 1 Nr. 2 Alt. 2)[14].
Teilweise wird die Anwendbarkeit von § 301 AktG auf Teilgewinnabführungsverträge auch überhaupt verneint[15]. Die Auffassung, wonach zwar unternehmensgewinnbezogene, nicht aber betriebsgewinnbezogene Teilgewinnabführungsverträge unter
§ 301 fallen, kann sich auf die **Materialien** zum AktG 1965 stützen[16]: Für betriebsbe-
zogene Teilgewinnabführungsverträge könne die Höchstgrenze nicht gelten, weil die
Gewinnabführung sonst „mit Unsicherheit belastet wäre".

Die **Anwendung auf Teilgewinnabführungsverträge** ist trotz den Ausführungen in   11
den Materialien und entgegen der ganz herrschenden Meinung **zu verneinen**. Teilgewinnabführungsverträge sind im Kern **schuldrechtliche Austauschverträge**[17], die für
ihre Zulässigkeit eine angemessene Gegenleistung voraussetzen[18]. Ein hinreichender
Grund für eine Begrenzung der Leistung der Gesellschaft nach § 301 fehlt. Insbesondere gibt es keine Rechtfertigung dafür, weshalb die Gesellschaft nicht in der Lage
sein sollte, ihren Verpflichtungen aus einem Austauschvertrag ggf. auch unter Einsatz der vorvertraglichen Rücklagen nachzukommen.

Wenn man dem nicht folgen will, ist § 301 jedenfalls auf **diejenigen Teilgewinnab-**   12
führungsverträge zu beschränken, die den Charakter einer **echten Gewinnabführung**
haben[19]. Das trifft zu, soweit die Gewinnabführung unmittelbar an den Bilanzgewinn
oder den Jahresüberschuss der Gesellschaft anknüpft. Beim Gewinn einzelner Betriebe ist das nicht der Fall. Aus diesem Grund ist der Meinung zuzustimmen, die betriebsgewinnbezogene Teilgewinnabführungsbeträge vom Anwendungsbereich von

11 *Hüffer*, § 301 Rz. 2; *Altmeppen* in MünchKomm. AktG, § 301 Rz. 5; *Emmerich* in Emmerich/
Habersack, Aktien- und GmbH-Konzernrecht, § 301 Rz. 5.
12 *Hüffer*, § 301 Rz. 2; *Koppensteiner* in KölnKomm. AktG, § 301 Rz. 7.
13 LG Bonn v. 10.1.2006 – 11 O 79/05, AG 2006, 465; *Hüffer*, § 301 Rz. 2; *Koppensteiner* in Köln-
Komm. AktG, § 301 Rz. 5; *Emmerich* in Emmerich/Habersack, Aktien- und GmbH-Konzernrecht, § 301 Rz. 5; *Krieger* in MünchHdb. AG, § 72 Rz. 22.
14 Für die Anwendbarkeit *Emmerich* in Emmerich/Habersack, Aktien- und GmbH-Konzernrecht, § 301 Rz. 5; *Krieger* in MünchHdb. AG, § 72 Rz. 22; *Hirte* in Großkomm. AktG, § 301
Rz. 29; dagegen: *Hüffer*, § 301 Rz. 2; *Koppensteiner* in KölnKomm. AktG, § 301 Rz. 6.
15 *Altmeppen* in MünchKomm. AktG, § 301 Rz. 8 a.E., Rz. 9.
16 *Kropff*, Aktiengesetz, S. 390.
17 *Kropff*, Aktiengesetz, S. 378: „Schuldrechtliche Verträge mit Austausch von Leistung und Gegenleistung".
18 S. § 292 Rz. 15 ff.; *Hüffer*, § 292 Rz. 16.
19 LG Bonn v. 10.1.2006 – 11 O 79/05, AG 2006, 465 f.; *Rust* AG 2006, 563, 565 ff.

§ 301 ausschließt. Nach der Abrede der Parteien soll dort der der abführungsberechtigten Gesellschaft zufließende Betrag eben gerade nicht vom Gewinn des Gesamtunternehmens abhängen[20]. Das gleiche gilt für Verträge, die sich zwar auf das Gesamtunternehmen beziehen, aber an vorgelagerte Positionen bis hin zu den Umsatzerlösen anknüpfen[21]. Ebensowenig unterfallen bei **strukturierten Finanzinstrumenten** in Form von Teilgewinnabführungsverträgen diejenigen Vergütungbestandteile dem Anwendungsbereich von § 301, die nicht gewinnbezogen im beschriebenen Sinn sind (also z.B. eine Festverzinsung als „Sockelvergütung")[22].

13 Streitig ist auch die Behandlung der **Geschäftsführungsverträge** im Sinne von § 291 Abs. 1 Satz 2. Die Gleichstellung in § 291 Abs. 1 Satz 2 spricht für die Anwendung von § 301[23]. Auch sonst spricht wenig für eine andere Behandlung als beim Gewinnabführungsvertrag, da hier wird dort der ganze Gewinn abfließt und eine Gegenleistung nicht erbracht wird[24]. Die technischen Probleme, die sich im übrigen in gleicher Weise im Anwendungsbereich von § 300 stellen (s. dort Rz. 20), sind nicht unüberwindbar. Im Ergebnis bedeutet dies, dass bei der geschäftsführenden Gesellschaft ein Jahresüberschuss in der Höhe verbleiben muss, dass ein bestehender Verlustvortrag aus vorvertraglicher Zeit gedeckt ist. Wenn der gesamte Jahresüberschuss dazu nicht ausreicht, wird der – im Umfang des vorhandenen Jahresüberschusses reduzierte – Verlustvortrag weiter vorgetragen, und im nächsten Jahr gelten die gleichen Grundsätze.

14 § 301 ist eine Spezialvorschrift für Gewinnabführungsverträge. Eine analoge Anwendung auf andere Sachverhalte kommt nicht in Betracht. Das gilt insbesondere für **Genussrechte**[25].

2. Berechnung des Höchstbetrags

15 **Ausgangspunkt** der Berechnung ist der ohne die Gewinnabführung entstehende **Jahresüberschuss** (§ 275 Abs. 2 Nr. 20, Abs. 3 Nr. 19 HGB). Naheliegenderweise würde man den Betrag der Gewinnabführung und den ohne diese entstehenden Jahresüberschuss dem festgestellten Jahresabschluss entnehmen. Für den Verlustausgleich hat der BGH indes entschieden, dass nicht der festgestellte Jahresabschluss, sondern der bei zutreffender Behandlung auszuweisende Jahresfehlbetrag maßgeblich sei[26] (s. unten Rz. 21 und § 302 Rz. 23).

---

20 *Koppensteiner* in KölnKomm. AktG, § 301 Rz. 6.
21 Ob darin Teilgewinnabführungsverträge zu sehen sind, ist str., bejahend § 292 Rz. 39 (Rohertrag); *Emmerich* in Emmerich/Habersack, Aktien- und GmbH-Konzernrecht, § 292 Rz. 25; *Altmeppen* in MünchKomm. AktG, § 301 Rz. 58 ff.; a.A. *Rust*, AG 2006, 563, wohl auch *Koppensteiner* in KölnKomm. AktG, § 292 Rz. 55 (allerdings mehr mit Betonung auf die periodische Ermittlung als auf die Art der Position der Gewinn- und Verlustrechnung); unentschieden *Hüffer*, § 292 Rz. 13 mit Rz. 8 a.E.
22 LG Bonn v. 10.1.2006 – 11 O 79/05, AG 2006, 465 f.; *Rust* AG 2006, 563, 565 f.; a.A. *Häger/Elkemann-Reusch*, Mezzanine Finanzierungsinstrumente, 2004, S. 112; *Hofert/Arends*, ZIP 2005, 1297, 1298 (bei Fn. 24), 1303 (bei Fn. 72).
23 *Altmeppen* in MünchKomm. AktG, § 301 Rz. 5; *Emmerich* in Emmerich/Habersack, Aktien- und GmbH-Konzernrecht, § 301 Rz. 6; *Hirte* in Großkomm. AktG, § 301 Rz. 31; a.A. *Hüffer*, § 301 Rz. 2; *Koppensteiner* in KölnKomm. AktG, § 301 Rz. 4; *Krieger* in MünchHdb. AG, § 71 Rz. 23.
24 Vgl. *Emmerich* in Emmerich/Habersack, Aktien- und GmbH-Konzernrecht, § 291 Rz. 68; *Veil*, Unternehmensverträge, S. 22 f.; *Hüffer*, § 291 Rz. 31.
25 BGH v. 21.7.2003 – II ZR 109/02 – „Deutsche Hypothekenbank", AG 2003, 625, 626 f.: je eigenständige Regelungskomplexe; a.A. *Busch*, AG 1994, 93, 97; *Häger/Elkemann-Reusch*, Mezzanine Finanzierungsinstrumente, Anm. 584.
26 BGH v. 11.10.1999 – II ZR 120/98, AG 2000, 129, 130.

Erträge aus der Auflösung von **Sonderposten mit Rücklagenanteil** fließen in den Jahresüberschuss (§§ 281 Abs. 2 Satz 2, 275 Abs. 2 Nr. 4, Abs. 3 Nr. 6 HGB)[27]. Gleiches gilt für Erträge aus der Auflösung „stiller Reserven"[28] und für Aufwendungen aus der Aufdeckung bilanzieller Überbewertungen (die den Jahresüberschuss mindern oder ggf. zu einem ausgleichspflichtigen Jahresfehlbetrag führen). Steuerzahlungen der Obergesellschaft für die Untergesellschaft sind von der Untergesellschaft nicht zusätzlich zur Abführung des Jahresüberschusses zu ersetzen[29]. 16

Von dem (fiktiven) Jahresüberschuss ist ein **Verlustvortrag** (§ 158 Abs. 1) aus dem Vorjahr abzuziehen. Der Verlustvortrag muss zwar seine Ursache wegen § 302 in vorvertraglicher Zeit haben[30], kann aber, soweit kein ausreichenden Überschuss zur Verrechnung zur Verfügung steht, über mehrere Jahr „weitergeschleppt" werden[31]. Der Verlustvortrag kann allerdings (in den Grenzen von § 150) durch **Verrechnung mit vorvertraglichen Rücklagen** ausgeglichen und die Abführungssperre damit beseitigt werden[32], und zwar bereits mit Wirkung für das Geschäftsjahr, dessen Verlustvortrag auf diese Weise ausgeglichen wird. Denn andernfalls wäre in dieser Höhe ein betragsmäßig entsprechender Teil des Jahresüberschusses als ein der Disposition der Hauptversammlung unterliegender Bilanzgewinn auszuweisen, was dem Sinn der Gewinnabführung zuwiderliefe. Des weiteren ist der Betrag der **Einstellung in die gesetzliche Rücklage** abzuziehen (vgl. die Erläuterungen zu § 300). 17

3. Entstehen, Fälligkeit und Maßgeblichkeit des Jahresabschlusses

Entstehen und **Fälligkeit** des durch § 301 begrenzten Anspruchs auf Gewinnabführung sind der vertraglichen Regelung zugänglich. Insbesondere stellen Fälligkeitsregelungen nicht in Frage, dass der „ganze Gewinn" (im Sinne von § 291 Abs. 1 Satz 1 Alt. 2) abgeführt wird. In der **Praxis** kommen zwei Regelungsmodelle vor: Teilweise wird die Fälligkeit an den Zeitpunkt der Feststellung des Jahresabschlusses geknüpft (z.B. 10 Tage nach Feststellung), teilweise wird – in Anlehnung an die Rechtsprechung des BGH zum Verlustausgleichsanspruch[33] – die Fälligkeit auf den Stichtag des Jahresabschlusses gelegt (also häufig 31. Dezember, 24 Uhr). Beides ist möglich. Die Gründe, die den BGH bewogen haben, beim Verlustausgleichsanspruch Entstehen und Fälligkeit zwingend auf den Bilanzstichtag zu legen, liegen im Bereich der Missbrauchsvermeidung und treffen auf die Gewinnabführung nicht zu.[34] 18

Wenn vertragliche Regelungen fehlen, liegt es in der Konsequenz der Entscheidung des BGH, dass der Anspruch **zum Abschlussstichtag** entsteht und fällig wird.[35] Die 19

---

27 *Hüffer*, § 301 Rz. 3; *Emmerich* in Emmerich/Habersack, Aktien- und GmbH-Konzernrecht, § 301 Rz. 18; *Koppensteiner* in KölnKomm. AktG, § 301 Rz. 21; *Altmeppen* in MünchKomm. AktG, § 301 Rz. 30.
28 *Hüffer*, § 301 Rz. 4; *Koppensteiner* in KölnKomm. AktG, § 301 Rz. 22; *Altmeppen* in MünchKomm. AktG, § 301 Rz. 32 ff.; *H.-P. Müller* in FS Goerdeler, 1987, S. 375, 389 f.
29 OLG Oldenburg v. 28.11.2000 – 5 U 84/00, AG 2002, 76 f.
30 *Hüffer*, § 301 Rz. 5.
31 A.A. anscheinend *Emmerich* in Emmerich/Habersack, Aktien- und GmbH-Konzernrecht, § 301 Rz. 9. Der Verlustausgleich nach § 302 erfasst aber einen vorvertraglichen Verlustvortrag nicht.
32 *Emmerich* in Emmerich/Habersack, Aktien- und GmbH-Konzernrecht, § 301 Rz. 9 a.E.; *Cahn/Simon*, Der Konzern 2003, 1, 6.
33 BGH v. 11.10.1999 – II ZR 120/98, AG 2000, 129, 130.
34 Insoweit zutreffend *M. Wolf*, NZG 2007, 641, 644 f.
35 A.A. *M. Wolf*, NZG 2007, 641, 645.

Entscheidung des BGH ist in ihrer Begründung und ihren Folgen fragwürdig[36], aber der Praxis zugrundezulegen. Das bereitet in der Abwicklung offenkundige Schwierigkeiten, denn der abzuführende Gewinn ist erst geraume Zeit nach dem Bilanzstichtag bekannt. Die Obergesellschaft kann ab Fälligkeit **Abschlagszahlungen** in Höhe des nach den vorliegenden Erkenntnissen mindestens abzuführenden Betrags verlangen.

20 Auch die **Verzinsung** kann vertraglich geregelt werden. Ohne vertragliche Regelung sind Fälligkeitszinsen nach §§ 352 f. HGB zu zahlen[37]. In Verzug kommt die Untergesellschaft vor Feststellung des Abschlusses nur dann, wenn sie trotz Aufforderung der Obergesellschaft den mindestens abzuführenden Betrag nicht abführt.

21 Im Zusammenhang mit § 301 wird kaum diskutiert, ob der **festgestellte Jahresabschluss** für den Betrag der Gewinnabführung maßgeblich ist oder ob auch nach Eintritt der „Bestandskraft" im Sinne von § 256 seine Unrichtigkeit geltend gemacht werden kann. Da Jahresüberschuss und Jahresfehlbetrag abschlusstechnisch die gleiche Position sind – einmal mit positivem und einmal mit negativem Vorzeichen –, kann die Antwort nur einheitlich ausfallen.[38] Für den Jahresfehlbetrag hat der BGH zu § 302 entschieden, es komme auf den „richtigen" Jahresabschluss an[39] Das wird im Zusammenhang von § 302 erörtert.

III. Behandlung von Rücklagen (§ 301 Satz 2)

1. Anwendungsbereich

22 § 301 Satz 2 betrifft seinem Wortlaut nach die Abführung von Gewinnbestandteilen aus der **Auflösung** von Beträgen, die während der Vertragslaufzeit in **andere Gewinnrücklagen** eingestellt wurden. Die Regelung beinhaltet eine Ausnahme zu § 301 Satz 1. Die Auflösung von Rücklagen erhöht im Gliederungsschema von § 158 Abs. 1 nicht den Jahresüberschuss und damit nicht die Höchstgrenze nach § 301 Satz 1. Ein den Jahresüberschuss im Sinne von § 301 Satz 1 übersteigender, aus der Auflösung von Rücklagen gespeister Bilanzgewinn kann deshalb grundsätzlich nicht als Gewinn abgeführt werden. Davon macht § 301 Satz 2 eine Ausnahme[40]. § 301 Satz 2 betrifft dagegen nicht die Frage, in welchem Umfang die **Rücklagenbildung während der Vertragslaufzeit zulässig** ist und wer dafür zuständig ist[41].

23 Mit dem Begriff „**andere Gewinnrücklagen**" bezieht sich § 301 Satz 2 AktG auf § 272 Abs. 3 Satz 2 HGB. Es handelt sich um aus dem Ergebnis gebildete Rücklagen, soweit diese Beträge nicht in die gesetzliche Rücklage oder eine satzungsmäßige Rücklage eingestellt wurden. Innerhalb der Gewinnrücklagen kann ferner eine **Rücklage für eigene Aktien** gebildet sein (§ 272 Abs. 4 HGB, § 158 Abs. 1 Nr. 3b, Nr. 4b AktG). Diese Rücklage kann nur in bestimmten Fällen aufgelöst werden (vgl. § 272 Abs. 4 Satz 2

---

36 Eingehend *Krieger*, NZG 2005, 787; s. § 302 Rz. 42 f.; insbesondere ist der Ausgangspunkt des BGH, dass bereits am Bilanzstichtag feststehe, „ob die abhängige Gesellschaft ein positives Jahresergebnis erzielt oder ob sie einen Jahresfehlbetrag erwirtschaftet hat" (BGH v. 11.10.1999 – II ZR 120/98, AG 2000, 129), angesichts der Beurteilungsspielräume und Ansatz- und Bewertungswahlrechte des geltenden Rechts unrichtig; vgl. *H.-P. Müller* in FS Goerdeler, 1987, S. 375, 385 ff.

37 *M. Wolf*, NZG 2007, 641, 645; a.A. *Thoß*, DB 2007, 206 f.: kein Handelsgeschäft.

38 A.A. *M. Wolf*, NZG 2007, 641, 643.

39 BGH v. 11.10.1999 – II ZR 120/98, AG 2000, 129, 130.

40 BGH v. 2.6.2003 – II ZR 85/02 – „Philips I", AG 2003, 629, 630; *Hüffer*, § 301 Rz. 6; *Emmerich* in Emmerich/Habersack, Aktien- und GmbH-Konzernrecht, § 301 Rz. 11 ff.; *Altmeppen* in MünchKomm. AktG, § 301 Rz. 24 ff.

41 Vgl. dazu *Hüffer*, § 58 Rz. 15 und *Geßler* in FS Meilicke, 1985, S. 18 ff.

HGB). Der entsprechende Betrag fällt mangels anderweitiger Verwendung grundsätzlich in die Kategorie zurück, aus der er gebildet wurde. Soweit die Rücklage für eigene Aktien aus anderen Gewinnrücklagen dotiert wurde, die ihrerseits während der Vertragsdauer gebildet wurden, kann sie bei Auflösung nach § 301 Satz 2 sofort als Gewinn abgeführt werden. Die vorherige Einstellung in die anderen Gewinnrücklagen[42] würde eine wertungsmäßig überflüssige Verzögerung der Ausschüttung um ein Jahr bedeuten.

Wenig problematisiert wird die **zeitliche Abgrenzung** von § 301 Satz 2. Der Wortlaut   24
scheint eindeutig: Die Rede ist von „während der Dauer des Vertrags" und nicht von „aus während der Vertragsdauer entstandenen Gewinnen" gebildeten Rücklagen. Erfasst sind damit auch die anderen Gewinnrücklagen, die im ersten Jahr der Vertragsdauer aus dem Gewinn des Vorjahrs gebildet wurden. Nach Sinn und Zweck der Regelung ist das allerdings fragwürdig.

2. Erweiterung des Anwendungsbereichs von § 301 Satz 2?

Die in § 301 Satz 2 nicht behandelten **Gewinnvorträge** sind gleich zu behandeln wie   25
andere Gewinnrücklagen: Soweit sie während der Vertragsdauer gebildet wurden, können sie in Folgejahren als Gewinn abgeführt werden[43]. Nach der früher ganz herrschenden Meinung galt das gleiche für die in die **Kapitalrücklage** eingestellten anderen Zuzahlungen nach **§ 272 Abs. 2 Nr. 4 HGB**[44]. Der BFH hat sich nach ausführlicher Auseinandersetzung mit den vorgebrachten Argumenten der Mindermeinung angeschlossen[45].

Dem BFH ist zuzustimmen: **Entnahmen aus der Kapitalrücklage** nach § 272 Abs. 2   26
Nr. 4 HGB sind **von der Gewinnabführung ausgeschlossen**. Der Wortlaut von § 301 ist eindeutig. Die Unterscheidung zwischen anderen Gewinnrücklagen und der Kapitalrücklage nach § 272 Abs. 2 Nr. 4 HGB ist auch nicht von vorherein so sachwidrig, dass eine Korrektur des klaren Wortlauts zwingend angebracht wäre. Die Kapitalrücklage kann während der Vertragslaufzeit auch aus Beiträgen der außenstehenden Gesellschafter gespeist sein (praktisch ist das allerdings eher unwahrscheinlich). Eine Abführung an die Obergesellschaft nach Auflösung der Rücklage wäre dann ungerechtfertigt. Die Obergesellschaft muss sich auf diese Situation einstellen. Sie wird im Zweifel keine „anderen Zuzahlungen" nach **§ 272 Abs. 2 Nr. 4 HGB** mehr leisten, da diese Beträge dann nicht nur ihr, sondern auch den außenstehenden Gesellschaftern zuständen. Das entspricht der Situation ohne Unternehmensvertrag. Entsprechendes gilt (unstreitig) für Entnahmen aus der **Kapitalrücklage nach § 272 Abs. 2 Nr. 1 bis 3 HGB**.

---

42 So anscheinend *Emmerich* in Emmerich/Habersack, Aktien- und GmbH-Konzernrecht, § 301
    Rz. 17; *Sünner*, AG 1989, 414, 416 f.; *Hirte* in Großkomm. AktG, § 301 Rz. 13.
43 *Hüffer*, § 301 Rz. 7; *Koppensteiner* in KölnKomm. AktG, § 301 Rz. 19; *Emmerich* in Emmerich/Habersack, Aktien- und GmbH-Konzernrecht, § 301 Rz. 16; *Hirte* in Großkomm. AktG,
    § 301 Rz. 20.
44 OLG Frankfurt v. 29.6.1999 – 5 U 251/97, NZG 2000, 603, 604; *Hoffmann-Becking*, WiB 1994,
    57, 61; *Krieger* in MünchHdb. AG, § 71 Rz. 21; *Altmeppen* in MünchKomm. AktG, § 301
    Rz. 18; ebenso das steuerrechtliche Schrifttum, vgl. die Nachweise bei BFH v. 8.8.2001 – I R
    25/00, AG 2002, 680, 681.
45 BFH v. 8.8.2001 – I R 25/00, AG 2002, 680 ff.; die Finanzverwaltung hat sich dem angeschlossen: BMF v. 27.11.2003 – IV A 2 – S 2770 – 31/03, BStBl. I 2003, 647; ebenso *Priester*, ZIP 2001,
    725, 728 f.; *Willenberg/Welte*, DB 1994, 1688, 1690; *Emmerich* in Emmerich/Habersack, Aktien- und GmbH-Konzernrecht, § 301 Rz. 17, 18a; *Hirte* in Großkomm. AktG, § 301 Rz. 13;
    tendenziell noch auf der Linie der bisher h.M. *Hüffer*, § 301 Rz. 8.

IV. Verfahren und Verhältnis zu § 174 Abs. 1

27 Soweit sich die Gewinnabführung auf den **Jahresüberschuss** bezieht, wird der Jahresüberschuss im Umfang der Gewinnabführung von vornherein reduziert und fließt nicht in den Bilanzgewinn ein. Das ergibt sich bereits aus §§ 300, 301. Soweit der Jahresüberschuss **von der Abführung ausgenommen** ist – nämlich zwecks Einstellung in die gesetzliche Rücklage oder Verrechnung mit einem Verlustvortrag –, wird er im Rahmen des Gliederungsschemas von § 158 Abs. 1 durch den entsprechenden Gegenposten (Verlustvortrag, § 158 Abs. 1 Nr 1, oder Einstellung in die gesetzliche Rücklage, § 158 Abs. 1 Nr. 4a) neutralisiert und fließt ebenfalls nicht in den Bilanzgewinn ein. Soweit im Rahmen von § 301 Satz 2 **andere Gewinnrücklagen aufgelöst** und als Gewinn abgeführt werden, führt die den Jahresüberschuss übersteigende Gewinnabführung zu einem Jahresfehlbetrag, der auf der Ebene des Bilanzgewinns durch die Entnahme aus der Gewinnrücklage neutralisiert wird[46]. Andere Fälle der Entnahme aus Rücklagen führen dagegen zu einem **Bilanzgewinn**, der nach § 174 Abs. 1 Satz 1 **zur Disposition der Hauptversammlung** steht[47].

28 Die Obergesellschaft kann **auf die Gewinnabführung** ganz oder teilweise **verzichten** und in Abstimmung mit der Verwaltung nach § 58 Abs. 2 oder im Rahmen der Gewinnverwendung nach § 58 Abs. 3 Beträge in die anderen Gewinnrücklagen einstellen[48]. Ebenso möglich ist die Behandlung als Gewinnvortrag[49]. Die spätere Entnahme und Abführung richtet sich nach § 301 Satz 2. Die Obergesellschaft ist nach § 308 hinsichtlich der Entnahme weisungsbefugt[50]. Bei Fehlen eines Beherrschungsvertrags kann sie die Entnahme verlangen, wenn sie bei Einstellung in die Rücklage einen entsprechenden Vorbehalt gemacht hatte oder der Vertrag es vorsieht[51].

29 In § 301 ist die Möglichkeit vorausgesetzt, **innerhalb der anderen Gewinnrücklagen bestimmte Teile**, für die eine rechtliche unterschiedliche Behandlung Platz greift, „anzusteuern". Wenn vertragliche und vorvertragliche andere Gewinnrücklagen bestehen, können die einen oder die anderen mit jeweils unterschiedlichen Folgen (Abführung oder Ausschüttung) aufgelöst werden. Eine bestimmte vorgeschriebene Reihenfolge gibt es nicht. Wenn ein Beherrschungsvertrag besteht, trifft die Entscheidung die Obergesellschaft im Rahmen ihres Weisungsrechts.

---

46 Für eine Einstellung in den Jahresüberschuss und Abführung als Teil des Jahresüberschusses (so *Emmerich* in Emmerich/Habersack, Aktien- und GmbH-Konzernrecht, § 301 Rz. 15) fehlt es an einer Grundlage.
47 BGH v. 2.6.2003 – II ZR 85/02 – „Philips I", AG 2003, 629, 630; *Emmerich* in Emmerich/Habersack, Aktien- und GmbH-Konzernrecht, § 301 Rz. 12 f.; *Cahn/Simon*, Der Konzern 2003, 1, 6 ff.
48 *Altmeppen* in MünchKomm. AktG, § 301 Rz. 29; *Emmerich* in Emmerich/Habersack, Aktien- und GmbH-Konzernrecht, § 301 Rz. 14; zu den steuerlichen Grenzen oben Rz. 6.
49 *Emmerich* in Emmerich/Habersack, Aktien- und GmbH-Konzernrecht, § 301 Rz. 14.
50 S. bereits oben Rz. 4 und *Altmeppen* in MünchKomm. AktG, § 301 Rz. 27 f.; *Emmerich* in Emmerich/Habersack, Aktien- und GmbH-Konzernrecht, § 301 Rz. 15; *Hirte* in Großkomm. AktG, § 301 Rz. 15; *Koppensteiner* in KölnKomm. AktG, § 301 Rz. 17.
51 *Koppensteiner* in KölnKomm. AktG, § 301 Rz. 17; *Krieger* in MünchHdb. AG, § 71 Rz. 20.

§ 302
Verlustübernahme

(1) Besteht ein Beherrschungs- oder ein Gewinnabführungsvertrag, so hat der andere Vertragsteil jeden während der Vertragsdauer sonst entstehenden Jahresfehlbetrag auszugleichen, soweit dieser nicht dadurch ausgeglichen wird, dass den anderen Gewinnrücklagen Beträge entnommen werden, die während der Vertragsdauer in sie eingestellt worden sind.

(2) Hat eine abhängige Gesellschaft den Betrieb ihres Unternehmens dem herrschenden Unternehmen verpachtet oder sonst überlassen, so hat das herrschende Unternehmen jeden während der Vertragsdauer sonst entstehenden Jahresfehlbetrag auszugleichen, soweit die vereinbarte Gegenleistung das angemessene Entgelt nicht erreicht.

(3) Die Gesellschaft kann auf den Anspruch auf Ausgleich erst drei Jahre nach dem Tage, an dem die Eintragung der Beendigung des Vertrags in das Handelsregister nach § 10 des Handelsgesetzbuchs bekannt gemacht worden ist, verzichten oder sich über ihn vergleichen. Dies gilt nicht, wenn der Ausgleichspflichtige zahlungsunfähig ist und sich zur Abwendung des Insolvenzverfahrens mit seinen Gläubigern vergleicht oder wenn die Ersatzpflicht in einem Insolvenzplan geregelt wird. Der Verzicht oder Vergleich wird nur wirksam, wenn die außenstehenden Aktionäre durch Sonderbeschluss zustimmen und nicht eine Minderheit, deren Anteile zusammen den zehnten Teil des bei der Beschlussfassung vertretenen Grundkapitals erreichen, zur Niederschrift Widerspruch erhebt.

(4) Die Ansprüche aus diesen Vorschriften verjähren in zehn Jahren seit dem Tag, an dem die Eintragung der Beendigung des Vertrags in das Handelsregister nach § 10 des Handelsgesetzbuchs bekannt gemacht worden ist.

I. Überblick	1	4. Entstehung und Fälligkeit	41
1. Regelungsgegenstand	1	5. Erfüllung und Abschlagszahlungen	45
2. Regelungszweck	5	6. Abtretung und Verpfändung	56
3. Dogmatische Grundlage und Erweiterungen des Anwendungsbereichs	10	7. Geltendmachung durch Dritte	58
II. Verpflichtung zum Verlustausgleich (§ 302 Abs. 1)	12	III. Betriebspacht und Betriebsüberlassung (§ 302 Abs. 2)	59
1. Anwendungsbereich, Gläubiger und Schuldner	12	1. Anwendungsbereich	59
2. Höhe	18	2. Rechtsfolgen	64
3. Zeitliche Abgrenzung	32	IV. Verzicht und Vergleich (§ 302 Abs. 3)	67
		V. Verjährung (§ 302 Abs. 4)	76

Literatur: *Cahn/Simon*, Isolierte Gewinnabführungsverträge, Der Konzern 2003, 1; *Exner*, Beherrschungsvertrag und Vertragsfreiheit, 1984; *Geßler*, Bestandsschutz der beherrschten Gesellschaft im Vertragskonzern?, ZHR 140 (1976), 433; *Hengeler/Hoffmann-Becking*, Insolvenz im Vertragskonzern, in FS Hefermehl, 1976, S. 283; *Hentzen*, Zulässigkeit der Verrechnung des Verlustausgleichsanspruchs aus § 302 Abs. 1 AktG im Cash Pool, AG 2006, 133; *Hommelhoff*, Der Verlustausgleich im Mehrmütter-Vertragskonzern – zu den Legitimationsgrundlagen der aktienrechtlichen Ausgleichspflicht –, in FS Goerdeler, 1987, S. 221; *Krieger*, Verlustausgleich und Jahresabschluss, NZG 2005, 787; *Liebscher*, Die Erfüllung des Verlustausgleichsanspruchs nach § 302 AktG, ZIP 2006, 1221; *Hans-Peter Müller*, Zur Gewinn- und Verlustermittlung bei aktienrechtlichen Gewinnabführungsverträgen, in FS Goerdeler, 1987, S. 375; *Pentz*, Die Rechtsstellung der Enkel-AG in einer mehrstufigen Unternehmensverbindung, 1994; *Priester*, Liquiditätsausstattung der abhängigen Gesellschaft und unterjährige Verlustdeckung bei

Unternehmensverträgen, ZIP 1989, 1301; *Priester*, Verlustausgleich nach § 302 AktG – zwingend in Geld?, BB 2005, 2483; *Karsten Schmidt*, Die konzernrechtliche Verlustübernahmepflicht als gesetzliches Dauerschuldverhältnis, ZGR 1983; 513; *Karsten Schmidt*, Zwingend gesamtschuldnerischer Verlustausgleich bei der Mehrmütterorganschaft?, DB 1984, 1181; *Spindler/Klöhn*, Verlustausgleichspflicht und Jahresfehlbetrag (§ 302 AktG), NZG 2005, 585; *Thoß*, Verzinsung des Verlustausgleichs- und Gewinnabführungsanspruchs im Vertragskonzern, DB 2007, 206; *Ulmer*, Verlustübernahmepflicht des herrschenden Unternehmens als konzernspezifischer Kapitalerhaltungsschutz, AG 1986, 123.

I. Überblick

1. Regelungsgegenstand

1   § 302 regelt die Verpflichtung der Obergesellschaft zum **Ausgleich der Verluste der Untergesellschaft** bei Beherrschungs- oder Gewinnabführungsverträgen. Anknüpfungspunkt der gesetzlichen Regelung ist der ohne die Verlustübernahme entstehende (fiktive) Jahresfehlbetrag. Die Verpflichtung zum Verlustausgleich reduziert sich um Entnahmen aus anderen Gewinnrücklagen, die während der Vertragsdauer gebildet wurden. § 302 weist damit deutliche **Parallelen** zur Regelung des Höchstbetrags der Gewinnabführung in **§ 301** auf.

2   § 302 Abs. 2 enthält eine begrenzte Verlustausgleichspflicht der herrschenden Gesellschaft, wenn mit der abhängigen Gesellschaft ein **Betriebspacht- oder -überlassungsvertrag** zu unangemessenen Bedingungen geschlossen wurde.

3   Für einen **Verzicht** auf oder **Vergleich** über den Anspruch auf Verlustausgleich besteht eine Sperrfrist von 3 Jahren (§ 302 Abs. 3). Ausnahmen von der Sperrfrist gelten bei drohender Insolvenz und im Insolvenzverfahren der Obergesellschaft. In jedem Fall ist für den Verzicht oder Vergleich die Zustimmung der außenstehenden Aktionäre der Untergesellschaft durch Sonderbeschluss erforderlich.

4   Nach Irrungen und Wirrungen im Gefolge der Schuldrechtsreform gilt nunmehr für Ansprüche aus § 302 eine **Verjährungsfrist** von 10 Jahren ab Bekanntmachung der Beendigung des Vertrags[1].

2. Regelungszweck

5   Der Regelungszweck von § 302 wird nicht einheitlich beurteilt. Nach wohl herrschender Meinung handelt es sich um eine **Kapitalerhaltungsvorschrift**, die die durch § 291 Abs. 3 bewirkte Lockerung der Vermögensbindung ausgleichen soll[2]. Mit ähnlichem Ansatz und etwas anderer Betonung sehen andere den Kerngedanken zwar nicht in der Kapitalerhaltung, aber doch in der Kompensation der Suspendierung der Kapitalbindungsvorschriften[3], oder im Ausgleich für die Beeinträchtigung der Verfolgung des Eigeninteresses durch die Untergesellschaft[4]. Andere Erklärungsversuche knüpfen an den Gedanken des Aufwendungsersatzanspruchs nach § 670, 683 BGB an[5].

---

1   Artikel 11 Nr. 6 des Gesetzes zur Anpassung von Verjährungsvorschriften an das Gesetz zur Modernisierung des Schuldrechts vom 9.12.2004, BGBl. I 2004, 3214; zur Rechtslage davor *Altmeppen*, DB 2002, 879.
2   *Ulmer*, AG 1986, 123, 126; *Hüffer*, § 302 Rz. 3; *Cahn/Simon*, Der Konzern 2003, 1, 11 ff.; *Koppensteiner* in KölnKomm. AktG, § 302 Rz. 9; BGH v. 14.12.1987 – II ZR 170/87 – „Familienheim", BGHZ 103, 1, 10 = AG 1988, 133, 135 für einen Beherrschungsvertrag; kritisch *Hentzen*, AG 2006, 136.
3   *Hentzen*, AG 2006, 133, 136.
4   *Pentz*, Die Rechtsstellung der Enkel-AG, S. 41 ff.
5   *Emmerich* in Emmerich/Habersack, Aktien- und GmbH-Konzernrecht, § 302 Rz. 17; *Altmeppen* in MünchKomm. AktG, § 302 Rz. 12.

Weniger anspruchsvoll, aber prägnant wird in den **Materialien** die Verpflichtung zum 6
Verlustausgleich damit erklärt, dass die Obergesellschaft „die Geschicke der Gesellschaft bestimmen kann oder ihren ganzen Gewinn erhält"[6]. In Anknüpfung an diese Alternativität sollte zwischen dem Regelungszweck beim Beherrschungsvertrag und beim Gewinnabführungsvertrag unterschieden werden[7]:

Der Beherrschungsbetrag ermöglicht nachteilige Weisungen ohne Individualaus- 7
gleich nach §§ 311 ff. Die dadurch veranlasste Gefährdung des Gesellschaftsvermögens durch nachteilige Weisungen bedarf des Ausgleichs. Der pauschale Verlustausgleich ermöglicht den Dispens vom individuellen Nachteilsausgleich, ist allerdings in seinen Wirkungen nicht deckungsgleich, sondern ein Schutzsystem eigener Art[8]. Beim Gewinnabführungsvertrag ist die Verpflichtung zum Verlustausgleich das Pendant zum Recht auf Gewinnabführung und beruht damit auf dem gleichen Gedanken wie die §§ 670 und 683 BGB. Am augenfälligsten ist das beim Geschäftsführungsvertrag nach § 291 Abs. 1 Satz 2.

Wenn auch § 302 teilweise eine den Kapitalerhaltungsregeln vergleichbare Schutz- 8
richtung hat, handelt es sich doch um eine spezifische Regelung mit ihren eigenen Gesetzmäßigkeiten, auf die die **Grundsätze der Kapitalaufbringung und -erhaltung nicht ohne weiteres übertragen** werden können[9].

§ 302 ist **zwingend**, zum Nachteil der Untergesellschaft kann von der Regelung nicht 9
abgewichen werden[10].

3. Dogmatische Grundlage und Erweiterungen des Anwendungsbereichs

Der Verpflichtungsgrund der Verlustausgleichspflicht wird wohl überwiegend in ei- 10
nem **gesetzlichen Schuldverhältnis** gesehen[11]. Naheliegender ist es, § 302 als gesetzlich normierten Vertragsinhalt des Beherrschungs- oder Gewinnabführungsvertrags zu betrachten. Für die Rechtsanwendung ist das von geringem Belang[12].

Eine in der Praxis wesentliche, wenn auch hinsichtlich der Zahl der Anwendungsfäl- 11
le wohl überschätzte Erweiterung des Anwendungsbereichs von § 302 bestand zu Zeiten der Rechtsprechung des BGH zum **qualifiziert faktischen GmbH-Konzern**. Der BGH hat diese Rechtsprechung für die GmbH inzwischen aufgegeben[13]. Die seinerzeit vielfach vertretene Anwendbarkeit der Rechtsfigur auf die Aktiengesellschaft hat sich damit erledigt[14]. In der Praxis hatte sich ohnehin bei der AG nie ein Anwendungsbeispiel gefunden.

---

6 *Kropff*, Aktiengesetz, S. 391.
7 Ähnlich z.B. *Verse*, ZIP 2005, 1627, 1631; *Hirte* in Großkomm. AktG, § 302 Rz. 4 f.; dagegen *Priester*, BB 2005, 2483, 2484 f.
8 Vgl. *Priester*, BB 2005, 2483, 2484.
9 BGH v. 10.7.2006 – II ZR 238/04, AG 2006, 629, 631; deshalb verdrängt nach Auffassung des BGH § 302 bei der GmbH nicht ohne weiteres §§ 30 f. GmbHG; *Hentzen*, AG 2006, 133, 136.
10 *Hüffer*, § 302 Rz. 1; *Altmeppen* in MünchKomm. AktG, § 302 Rz. 3.
11 *K. Schmidt*, ZGR 1983, 513, 516 ff.; *Hüffer*, § 302 Rz. 4.
12 A.A. *K. Schmidt*, ZGR 1983, 513, 514.
13 BGH v. 17.9.2001 – II ZR 178/99 – „Bremer Vulkan", AG 2002, 43 ff.; BGH v. 24.6.2002 – II ZR 300/00 – „KBV", BGHZ 151, 181 ff.
14 *Hüffer*, § 1 Rz. 26; *Emmerich* in Emmerich/Habersack, Aktien- und GmbH-Konzernrecht, § 302 Rz. 26, jeweils mit Nachweisen zur früheren Literatur und Rechtsprechung; *Decher*, ZHR 171 (2007), 126, 137; a.A. *Hirte* in Großkomm. AktG, § 302 Rz. 101 für „Extremsituationen".

II. Verpflichtung zum Verlustausgleich (§ 302 Abs. 1)

1. Anwendungsbereich, Gläubiger und Schuldner

12 § 302 Abs. 1 gilt für **Beherrschungs- und Gewinnabführungsverträge** im Sinne von § 291 Abs. 1 Satz 1. Bei der Untergesellschaft muss es sich demgemäß um eine Aktiengesellschaft oder KGaA mit Sitz in Deutschland handeln. Als Verpflichteter kommt unabhängig von Sitz oder Rechtsform jedes Unternehmen in Betracht, das einen Beherrschungs- oder Gewinnabführungsvertrag als berechtigtes Unternehmen abschließen kann[15].

13 Gläubiger des Verlustausgleichsanspruch ist die Untergesellschaft, Schuldner die Obergesellschaft. Mehrere Vertragspartner haften nach ganz herrschender und zutreffender Meinung als **Gesamtschuldner**[16]. Das ergibt sich aus dem Schutzzweck, dem die mit einer Teilschuldnerschaft verbundenen Durchsetzungsrisiken zuwiderliefen. Mehrere Vertragspartner kommen selten, wohl eher noch bei Beherrschungsverträgen vor[17]. Wenn die gemeinsame Beherrschung **außerhalb des Beherrschungsvertrags** begründet wird[18], haften die nicht vertraglich gebundenen (mit-)herrschenden Unternehmen nicht auf Verlustausgleich.

14 Das gilt erst recht bei **mehrstufigen Unternehmensverbindungen**[19]. Es versteht sich, dass im mehrstufigen Vertragskonzern mit Mutter-, Tochter- und Enkelgesellschaft die Verlustausgleichsverpflichtung der Tochter gegenüber der Enkelin bei der Tochter zu einem durch die Mutter ausgleichspflichtigen Verlust führen kann.

15 Streitig ist die Anwendung von § 302 Satz 1 auf **Geschäftsführungsverträge** im Sinne von § 291 Abs. 1 Satz 2. Die herrschende Meinung verneint die Anwendbarkeit, weil aufgrund der Verpflichtung der Obergesellschaft zum Aufwändungsersatz kein Bedarf nach einem weiteren Verlustausgleich bestehe[20]. Auf welcher Grundlage etwaige Verluste der Untergesellschaft bei Geschäftsführungsverträgen auszugleichen sind, kann im Ergebnis dahinstehen. Wenn sich in der Rechnungslegung der Untergesellschaft trotz Bestehen des Geschäftsführungsvertrag ein Jahresfehlbetrag ergäbe, wäre jedenfalls die Obergesellschaft zum Ausgleich verpflichtet.

---

15 *Emmerich* in Emmerich/Habersack, Aktien- und GmbH-Konzernrecht, § 302 Rz. 18; *Hüffer*, § 302 Rz. 21; *Koppensteiner* in KölnKomm. AktG, § 302 Rz. 43.

16 *Koppensteiner* in KölnKomm. AktG, § 302 Rz. 44; *Emmerich* in Emmerich/Habersack, Aktien- und GmbH-Konzernrecht, § 302 Rz. 19; *Altmeppen* in MünchKomm. AktG, § 302 Rz. 80; *Hirte* in Großkomm. AktG, § 302 Rz. 66; *Hommelhoff* in FS Goerdeler, S. 221 ff.; *Hüffer*, § 302 Rz. 21; *Krieger* in MünchHdb. AG, § 70 Rz. 72; *Exner*, Beherrschungsvertrag, S. 285 ff.; anders *K. Schmidt*, DB 1984, 1181 ff.: Haftung *pro rata* entsprechend der Beteiligung.

17 Vgl. den aus anderen Gründen die Gerichte jahrelang beschäftigenden Fall Asea Brown Boveri mit Sachverhalt bei LG Mannheim v. 23.10.1989 – 24 O 84/88 – „Asea Brown Boveri I", AG 1991, 26 sowie BGH v. 15.6.1992 – II ZR 18/91 – „Asea Brown Boveri I", BGHZ 119, 1 = AG 1992, 450 und BGH v. 4.3.1998 – II ZB 5/97 – „Asea Brown Boveri II", BGHZ 138, 136 = AG 1998, 286; in diesem Fall war die gesamtschuldnerische Haftung im Übrigen im Vertrag geregelt.

18 Bsp.: Die Obergesellschaft des Beherrschungsvertrags schließt einen Konsortialvertrag mit einem weiteren Gesellschafter über die gemeinsame Entscheidung in Fragen der Ausübung des Weisungsrechts.

19 *Koppensteiner* in KölnKomm. AktG, § 302 Rz. 49; *Emmerich* in Emmerich/Habersack, Aktien- und GmbH-Konzernrecht, § 302 Rz. 19; *Altmeppen* in MünchKomm. AktG, § 302 Rz. 97 – 99; *Hüffer*, § 302 Rz. 21; *Hirte* in Großkomm. AktG, § 302 Rz. 67; anders *Pentz*, Die Rechtsstellung der Enkel-AG, S. 49 f.

20 *Altmeppen* in MünchKomm. AktG, § 302 Rz. 14; *Hüffer*, § 302 Rz. 10; *Krieger* in MünchHdb. AG, § 71 Rz. 24; a.A. *Emmerich* in Emmerich/Habersack, Aktien- und GmbH-Konzernrecht, § 302 Rz. 20.

Auf die **Unternehmensverträge nach § 292** ist § 302 mit alleiniger Ausnahme der Be-   16
triebspacht- und -überlassungsverträge (vgl. insoweit § 302 Abs. 2) nicht anwendbar[21]. Das ergibt sich schon im Umkehrschluss aus der Spezialregelung in § 302
Abs. 2. Bei den Unternehmensverträgen nach § 292 handelt es sich im übrigen um
schuldrechtliche Austauschverträge, die grundsätzlich eine angemessene Gegenleistung voraussetzen. Für eine ausdehnende Anwendung der wenig geglückten Regelung von § 302 Abs. 2 besteht kein Anlass.

Eine analoge Anwendung von § 302 Abs. 1 oder Abs. 2 kommt auch dann nicht in Be-   17
tracht, wenn bei einem **Teilgewinnabführungsvertrag** der abzuführende Gewinnanteil nahezu den gesamten Gewinn des Unternehmens ausmacht. Entscheidender Unterschied zum Gewinnabführungsvertrag im Sinne von § 291 Abs. 1 Satz 1 ist der
Umstand, dass der Teilgewinnabführungsvertrag für seine Zulässigkeit eine angemessene Gegenleistung voraussetzt[22]. Die jeweils deutlich unterschiedlichen Rege-
lungskreise sind schon aus Gründen der Rechtssicherheit streng auseinanderzuhal-
ten und sperren sich gegen unscharfe Abgrenzungen wie einem Kriterium des „nahezu" gesamten Gewinns.

2. Höhe

Der Höhe nach beläuft sich die Verpflichtung zum Verlustausgleich auf den **Jahres-**   18
fehlbetrag im Sinne von § 275 Abs. 2 Nr. 20, Abs. 3 Nr. 19 HGB, wie er sich ohne die
Verpflichtung zum Verlustausgleich ergäbe. Die Regelung ist damit weitgehend spie-
gelbildlich zu § 301[23]. Jahresüberschuss und Jahresfehlbetrag sind dieselbe Bilanzpo-
sition mit positiven bzw. negativen Vorzeichen. Der Anspruch auf Verlustausgleich
wird in der Gewinn- und Verlustrechnung ertragswirksam ausgewiesen (§ 277 Abs. 2
Satz 2 HGB). Dadurch wird der Jahresfehlbetrag in der Gewinn- und Verlustrechnung
der Untergesellschaft neutralisiert, so dass die Untergesellschaft – Einbringlichkeit
des Anspruchs auf Verlustausgleich vorausgesetzt – immer **mit einem ausgegliche-**
nen Ergebnis abschließt[24].

Oft wird formuliert, der Betrag des Verlustausgleichs sei in einer „**Vorbilanz**" zu ermit-   19
teln[25]. Indessen lässt sich ein solches Erfordernis weder der gesetzlichen Regelung entnehmen, noch ist die erforderliche Rechenoperation so kompliziert, dass es einer formalisierten Vorbilanz (oder „Vor-Gewinn- und Verlustrechnung") bedürfte. Unerheblich sind die Gründe, aus denen der (fiktive) Jahresfehlbetrag entstanden ist[26].

Für die **Ermittlung des (fiktiven) Jahresfehlbetrags** gelten die jeweils anwendbaren   20
handelsrechtlichen Regeln[27]. In diesen Grenzen kann die Obergesellschaft durch
Rechtsgeschäfte mit der Untergesellschaft und (bei Bestehen eines Beherrschungsvertrags) durch Erteilung entsprechender Weisungen **auf die Entstehung oder die Höhe**

---

21 *Hüffer*, § 302 Rz. 10.
22 A.A. *Emmerich* in Emmerich/Habersack, Aktien- und GmbH-Konzernrecht, § 302 Rz. 24.
23 *Emmerich* in Emmerich/Habersack, Aktien- und GmbH-Konzernrecht, § 302 Rz. 28.
24 *Emmerich* in Emmerich/Habersack, Aktien- und GmbH-Konzernrecht, § 302 Rz. 28; *Altmep-*
    pen in MünchKomm. AktG, § 302 Rz. 17; *Hüffer*, § 302 Rz. 11.
25 Z.B. *Altmeppen* in MünchKomm. AktG, § 302 Rz. 16; *Emmerich* in Emmerich/Habersack,
    Aktien- und GmbH-Konzernrecht, § 302 Rz. 28; *Hirte* in Großkomm. AktG, § 302 Rz. 20.
26 *Emmerich* in Emmerich/Habersack, Aktien- und GmbH-Konzernrecht, § 302 Rz. 30.
27 BGH v. 10.7.2006 – II ZR 238/04, AG 2006, 629, 630 f.; *H.-P. Müller* in FS Goerdeler, S. 375,
    387 f.; *Lwowski/Groeschke*, WM 1994, 613, 615; *Emmerich* in Emmerich/Habersack, Aktien-
    und GmbH-Konzernrecht, § 302 Rz. 29; *Koppensteiner* in KölnKomm. AktG, § 302 Rz. 37.
    Problematisch ist die von *Cahn/Simon*, Der Konzern 2003, 1, 15 f. geforderte Bereinigung des
    handelsbilanziellen Ergebnisses um periodenfremde Einflüsse aus Steuernachzahlungen.
    Grundsätzlich kommt eine Bereinigung um periodenfremde Einflüsse nicht in Betracht.

eines Jahresfehlbetrags **einwirken**[28]. Ein zwischen der Obergesellschaft und der Untergesellschaft während der Rechnungsperiode vereinbarter Forderungserlass reduziert einen sonst entstehenden Jahresfehlbetrag unabhängig von der Werthaltigkeit um den Nominalbetrag des Anspruchs[29]. Auch wenn der Anspruch der Obergesellschaft **eigenkapitalersetzenden Charakter** hatte, ist der Erlass handelsrechtlich geeignet, einen sonst entstehenden Jahresüberschuss zu erhöhen oder einen sonst entstehenden Jahresfehlbetrag zu verringern[30].

21 Nach Auffassung des BGH unterliegen im Übrigen die **Entstehung** des (fiktiven) Jahresfehlbetrags und die **Erfüllung** des Anspruchs auf Verlustausgleich **je eigenen Regeln**[31].

22 Generell besteht eine Verpflichtung der Untergesellschaft zu angemessener Rücksichtnahme auf die Belange der Obergesellschaft bei der Ausübung von Bewertungsspielräumens und Ansatz- und Bewertungswahlrechten[32]. Der **Umfang der Verpflichtung zum Verlustausgleich** richtet sich nach dem unter Berücksichtigung aller gesetzlichen Wahlrechte und Beurteilungsspielräume korrekt ausgewiesenen (fiktiven) Jahresfehlbetrag. Das ist im Ausgangspunkt unstreitig. Nach einer früher vielfach vertretenen Auffassung sollte allerdings die **Unrichtigkeit** des festgestellten Jahresabschlusses **nur in den Grenzen von § 256** geltend gemacht werden können[33].

23 Der BGH hat die Frage inzwischen dahingehend entschieden, dass es in jedem Fall auf den **korrekt aufgestellten Jahresabschluss** ankomme und in diesem Zusammenhang die Unrichtigkeit des Jahresabschlusses ungeachtet der Grenzen von § 256 geltend gemacht werden kann[34]. Dem ist mit der Maßgabe zuzustimmen, dass dies nicht dazu führen darf, im Einklang mit den gesetzlichen Bestimmungen ausgeübte Spielräume zu negieren[35]. Maßgebend bleibt die **Betrachtungsweise zum Zeitpunkt der Aufstellung des Jahresabschlusses**. Rückstellungen sind deshalb nicht aufgrund später gewonnener Erkenntnisse zu erhöhen oder herabzusetzen[36].

24 Die **Beweislast** für das Entstehen und die Höhe des Anspruchs auf Verlustausgleich trägt nach allgemeinen Regeln die Untergesellschaft als Inhaberin des behaupteten Anspruchs[37]. Demzufolge muss auch die Untergesellschaft die Unrichtigkeit (aber nicht die Nichtigkeit) des festgestellten Jahresabschlusses darlegen und beweisen,

---

28 BGH v. 10.7.2006 – II ZR 238/04, AG 2006, 629, 630 f.
29 *Hentzen*, AG 2006, 133, 139 f.; so wohl auch BGH v. 10.7.2006 – II ZR 238/04, AG 2006, 629, 630 f.
30 Die Geltung der Eigenkapitalersatzregeln im Vertragskonzern ist streitig, dafür z.B. *Hirte* in Großkomm. AktG, § 302 Rz. 38; dagegen z.B. *Liebscher*, ZIP 2006, 1221, 1226; *Hentzen*, AG 2006, 133, 141.
31 BGH v. 10.7.2006 – II ZR 238/04, AG 2006, 629, 631 (s. dazu unten Rz. 46).
32 *Emmerich* in Emmerich/Habersack, Aktien- und GmbH-Konzernrecht, § 301 Rz. 7a; a.A. *Hirte* in Großkomm. AktG, § 302 Rz. 22.
33 *Meister*, WM 1976, 1182, 1184 f.; *Koppensteiner* in KölnKomm. AktG, 2. Aufl., § 302 Rz. 11.
34 Grundlegend BGH v. 11.10.1999 – II ZR 120/98, AG 2000, 129, 130 (bestätigt in BGH v. 14.2.2005 – II ZR 361/02, AG 2005, 397, 398; BGH v. 10.7.2006 – II ZR 238/04, AG 2006, 629, 631) und im Anschluss daran die herrschende Meinung, *Emmerich* in Emmerich/Habersack, Aktien- und GmbH-Konzernrecht, § 302 Rz. 29, *Henze*, Konzernrecht, Rz. 341; *Koppensteiner* in KölnKomm. AktG, § 302 Rz. 20; *Spindler/Klöhn*, NZG 2005, 584, 585 f.; *Altmeppen*, DB 1999, 2453 f.; a.A. *Krieger*, NZG 2005, 787 ff.; *Krieger* in MünchHdb. AG, §70 Rz. 74.
35 Ausführlich *Krieger*, NZG 2005, 787 ff.
36 BGH v. 5.6.1989 – II ZR 172/88, AG 1989, 358, 359; *Krieger*, NZG 2005, 787, 790 f.; *Emmerich* in Emmerich/Habersack, Aktien- und GmbH-Konzernrecht, § 302 Rz. 29; *Spindler/Klöhn*, NZG 2005, 584, 585 f. mit Hinweis auf die Schwierigkeiten, die Bewertung von nachträglich gewonnenen Erkenntnissen frei zu halten.
37 BGH v. 14.2.2005 – II ZR 361/02, AG 2005, 397, 398.

wenn sie (oder, wie in solchen Fällen wohl die Regel, ihr Insolvenzverwalter) sich darauf beruft.

Aus der gesetzlichen Regelung ergibt sich, dass **Verlustvorträge** aus vorvertraglicher 25
Zeit nicht unter die Verlustausgleichspflicht fallen, weil sie nicht Teil des Jahresfehlbetrags künftiger Jahre sind, § 158 Abs. 1[38]. Verlustvorträge aus vorvertraglicher Zeit sind allerdings bevorzugt aus künftigen Überschüssen zu bedienen, vgl. § 301.

Die einzige im Gesetz vorgesehene Möglichkeit der Reduzierung des Anspruchs auf 26
Verlustausgleich besteht in der entsprechenden **Verwendung anderer Gewinnrücklagen**, die während der Vertragsdauer gebildet wurden. Die Regelung entspricht in ihrer Formulierung und in ihrem Sinn § 301 Satz 2 und ist entsprechend zu verstehen und anzuwenden[39]. Auf die Erläuterungen zu § 301 (Rz. 22 ff.) wird verwiesen.

Daraus ergibt sich folgendes: Mit dem Begriff „andere Gewinnrücklagen" wird auf 27
§ 272 Abs. 2 Satz 2 HGB verwiesen. Auf die **Kapitalrücklagen** nach § 272 Abs. 2
Nr. 1–3 HGB und auch auf die Kapitalrücklage nach § 272 Abs. 2 Nr. 4 HGB ist die
Regelung **nicht anzuwenden**[40]. Nach dem Wortlaut fallen alle während der Vertragsdauer gebildeten anderen Gewinnrücklagen unter die Regelung, also auch Gewinnrücklagen, die im ersten Jahr der Laufzeit des Vertrags aus den Gewinnen des Vorjahres gebildet wurden.

Die **Entscheidung über die Entnahme** liegt zunächst beim Vorstand im Rahmen der 28
Aufstellung des Jahresabschlusses, § 170. Bei Bestehen eines Beherrschungsvertrags
kann die Obergesellschaft dazu anweisen[41]. Bei Fehlen eines Beherrschungsvertrags
muss der Vorstand die Interessen der Obergesellschaft angemessen berücksichtigen[42].

Unzutreffend ist die teilweise vertretene Auffassung, der **Aufsichtsrat** dürfe die **Billigung** 29
des Jahresabschlusses nicht deshalb verweigern, weil der Vorstand keine anderen Gewinnrücklagen aufgelöst hat[43]. Der Aufsichtsrat hat eine umfassende Prüfungskompetenz hinsichtlich der Rechtmäßigkeit und Zweckmäßigkeit des aufgestellten Jahresabschlusses. Das gilt insbesondere auch für Bildung und Auflösung
von Rücklagen[44]. Es ist schlechterdings kein Grund ersichtlich, warum der Aufsichtsrat in seiner Prüfung, ob er die vom Gesetz ausdrücklich zugelassene Verwendung anderer Gewinnrücklagen zur Reduzierung des Verlustausgleichs für sinnvoll
hält, beschränkt sein sollte.

Während der Laufzeit des Vertrags **vorgetragener Gewinn** ist in § 302 Abs. 1 zwar 30
nicht erwähnt, ist aber nach Sinn und Zweck den anderen Gewinnrücklagen gleichzustellen und kann damit in Folgejahren zur Reduzierung des Verlustausgleichsanspruchs eingesetzt werden[45].

---

38 *Kropff*, Aktiengesetz, S. 391; *Altmeppen* in MünchKomm. AktG, § 302 Rz. 22; *K. Schmidt*, ZGR 1983, 513, 523.
39 *Cahn/Simon*, Der Konzern 2003, 1, 14.
40 *Altmeppen* in MünchKomm. AktG, § 302 Rz. 44; *Emmerich* in Emmerich/Habersack, Aktien- und GmbH-Konzernrecht, § 302 Rz. 34; *Cahn/Simon*, Der Konzern 2003, 1, 14; *Hirte* in Großkomm. AktG, § 302 Rz. 29 f.; a.A. *Krieger* in MünchHdb. AG, § 70 Rz. 67.
41 *Krieger* in MünchHdb. AG, § 70 Rz. 69; *Emmerich* in Emmerich/Habersack, Aktien- und GmbH-Konzernrecht, § 302 Rz. 36; *Hirte* in Großkomm. AktG, § 302 Rz. 33.
42 *Emmerich* in Emmerich/Habersack, Aktien- und GmbH-Konzernrecht, § 301 Rz. 7a; a.A. *Altmeppen* in MünchKomm. AktG, § 302 Rz. 48: freies Ermessen.
43 So aber *Altmeppen* in MünchKomm. AktG, § 302 Rz. 48; *Geßler* in G/H/E/K § 302 Rz. 23; a.A. *Krieger* in MünchHdb. AG, § 70 Rz. 69.
44 Vgl. nur *Kropff* in MünchKomm. AktG, § 171 Rz. 21 ff., 34 ff.
45 *Altmeppen* in MünchKomm. AktG, § 302 Rz. 47; *Hüffer*, § 302 Rz. 14; *Emmerich* in Emmerich/Habersack, Aktien- und GmbH-Konzernrecht, § 302 Rz. 33; *Krieger* in MünchHdb. AG, § 70 Rz. 67.

31 Eine **Kapitalherabsetzung** nach § 229 kann nicht dazu verwendet werden, den Anspruch auf Verlustausgleich zu reduzieren[46].

3. Zeitliche Abgrenzung

32 Die Verpflichtung zum Verlustausgleich beginnt mit Wirksamwerden des Unternehmensvertrags. Wirksamkeitsvoraussetzung ist die Eintragung im Handelsregister (§ 294 Abs. 2). Die Verlustausgleichspflicht kann sich je nach der Regelung im Unternehmensvertrag auch auf Zeiträume vor dem Wirksamwerden des Vertrags erstrecken. **Gewinnabführungsverträge** werden praktisch ausnahmslos **mit Wirkung ab Beginn eines Geschäftsjahres** (sei es des laufenden Geschäftsjahres oder des folgenden Geschäftsjahres) abgeschlossen. Die Verpflichtung zum Verlustausgleich besteht dann erstmalig für das erste Geschäftsjahr, auf den sich der Vertrag bezieht[47]. Beherrschungsverträge können **nicht rückwirkend** geschlossen werden und treten daher in der Regel mit Eintragung im Handelsregister während eines laufenden Geschäftsjahres in Kraft.

33 Nach ganz herrschender Meinung erstreckt sich bei **Wirksamwerden während des laufenden Geschäfsjahrs** die Verpflichtung zum Verlustausgleich mangels anderweitiger vertraglicher Regelung (s. sogleich Rz. 34) auf den (fiktiven) **Fehlbetrag des gesamten bei Eintragung laufenden Geschäftsjahres**[48]. Das ergibt sich zwar weder zwingend aus dem Wortlaut von § 302 Abs. 1[49] (denn der Jahresfehlbetrag ist periodenbezogen und nicht stichtagsbezogen) noch wäre eine zeitliche Abgrenzung, ggf. im Wege der Schätzung, undurchführbar, ist aber angesichts der Möglichkeit zur Bildung eines Rumpfgeschäftsjahrs als typisierte Vertragsauslegung zu akzeptieren.

34 Bei Beherrschungs- wie bei Gewinnabführungsverträgen besteht die Möglichkeit der Bildung eines **Rumpfgeschäftsjahrs**, um den Beginn der Verlustausgleichspflicht mit dem Beginn des Unternehmensvertrags abzustimmen[50]. Ganz überwiegend wird unter einem „Rumpfgeschäftsjahr" dabei auch ein Teil des laufenden Geschäftsjahrs verstanden, der durch den **willkürlich gewählten Stichtag** eines Zwischenabschlusses auf den Beginn des Unternehmensvertrags abgestimmt wird[51]. Da das Gesetz in § 296 Abs. 1 die vertragliche Bestimmung von Abrechnungszeiträumen, die vom Geschäftsjahr abweichen, ausdrücklich zulässt[52], spricht nichts gegen eine solche vertragliche Gestaltung. Eine Änderung des satzungsmäßigen Geschäftsjahrs ist nicht

---

46 *Altmeppen* in MünchKomm. AktG, § 302 Rz. 50; *Koppensteiner* in KölnKomm. AktG, § 302 Rz. 26; *Krieger* in MünchHdb. AG, § 70 Rz. 70; *Emmerich* in Emmerich/Habersack, Aktien- und GmbH-Konzernrecht, § 302 Rz. 35; *Hirte* in Großkomm. AktG, § 302 Rz. 24.

47 *Koppensteiner* in KölnKomm. AktG, § 302 Rz. 28; *Hüffer*, § 302 Rz. 12.

48 *Hüffer*, § 302 Rz. 12; *Altmeppen* in MünchKomm. AktG, § 302 Rz. 20 f.; *Koppensteiner* in KölnKomm. AktG, § 302 Rz. 28; *Emmerich* in Emmerich/Habersack, Aktien- und GmbH-Konzernrecht, § 302 Rz. 37; *Krieger* in MünchHdb. AG, § 70 Rz. 65.

49 *Hengeler/Hoffmann-Becking* in FS Hefermehl, 1976, S. 283, 292; a.A. *K. Schmidt*, ZGR 1983, 513, 523.

50 *K. Schmidt*, ZGR 1983, 513, 523 f.; *Altmeppen* in MünchKomm. AktG, § 302 Rz. 21; *Hüffer* § 302 Rz. 12; *Emmerich* in Emmerich/Habersack, Aktien- und GmbH-Konzernrecht, § 302 Rz. 37; *Cahn/Simon*, Der Konzern 2003, 1, 15; *Koppensteiner* in KölnKomm. AktG, § 302 Rz. 28; *Hirte* in Großkomm. AktG, § 302 Rz. 17.

51 Vgl. *Altmeppen* in MünchKomm. AktG, § 302 Rz. 21 Fn. 41; die dort diskutierte abw. Auffassung ist von *Koppensteiner* inzwischen aufgegeben worden, in KölnKomm. AktG, § 302 Rz. 28 a.E.

52 Tendenziell gegen die Anwendbarkeit auf Beherrschungs- und Gewinnabführungsverträge allerdings *Altmeppen* in MünchKomm. AktG, § 296 Rz. 21 Fn. 45.

erforderlich[53]. Zulässig ist es, einen Beherrschungsvertrag erst mit **Wirkung ab Beginn des folgenden Geschäftsjahres** abzuschließen[54], so dass dann auch die Verpflichtung zum Verlustausgleich (und natürlich auch das Weisungsrecht) erst mit dem folgenden Geschäftsjahr beginnt.

Teilweise wird vertreten, für **Verluste, die bereits vor Vertragsschluss „angelegt" waren**, bestünde keine Ausgleichspflicht[55]. Das lässt sich mit der bilanziellen Betrachtungsweise von § 302 nicht vereinbaren und wäre kaum handhabbar. Verluste aus einem vor Inkrafttreten des Unternehmensvertrags geschlossenen Vertrag, die während der Vertragslaufzeit anfielen, werden ohne weiteres von der Verlustausgleichspflicht erfasst.

35

Bei Ende einer festen Laufzeit, bei ordentlicher Kündigung oder bei Aufhebung (§ 296), **endet** der Vertrag in der Regel **zum Ende eines Geschäftsjahres**. In diesem Fall besteht die Verlustausgleichspflicht noch für den (fiktiven) Jahresfehlbetrag dieses Geschäftsjahres. Insbesondere bei Kündigung aus wichtigem Grund (§ 297) oder bei Auflösung der Untergesellschaft (dazu oben § 297 Rz. 18) kann der Vertrag allerdings auch **während eines Geschäftsjahres enden**. In diesem Fall besteht die Verpflichtung zur Verlustübernahme für den bis zum Stichtag der Beendigung eingetretenen (fiktiven) Fehlbetrag[56]. Zum Zwecke der Feststellung des auszugleichenden Betrags ist ein **Zwischenabschluss** aufzustellen[57], ggf. ist der Anspruch in analoger Anwendung von § 287 ZPO zu schätzen[58].

36

Der **Jahresabschluss oder sonstige Periodenabschluss** für die letzte Periode der Laufzeit des Beherrschungs- oder Gewinnabführungsvertrags ist grundsätzlich **nach allgemeinen Regeln** aufzustellen. Streitig ist in diesem Zusammenhang die Behandlung sogenannter **Abwicklungsverluste**, d.h. der Verluste (oder besser Aufwendungen), die insbesondere nach Insolvenzeröffnung oder Auflösung aus sonstigen Gründen anfallen[59]. In diese Zusammenhang gehört auch die Frage, ob im letzten Jahresabschluss ggf. statt Fortführungswerten Zerschlagungswerte anzusetzen sind.

37

---

53 *Altmeppen* in MünchKomm. AktG, § 302 Rz. 21 und Fn. 41; ebenso wohl auch alle anderen Autoren, die ein Rumpfgeschäftsjahr für möglich halten.
54 Allg. Meinung, *Hüffer*, § 294 Rz. 18.
55 *Hirte* in Großkomm. AktG, § 302 Rz. 16; *Decher* in MünchHdb. GmbH, § 70 Rz. 28.
56 BGH v. 14.12.1987 – II ZR 170/87 – „Familienheim", BGHZ 103, 1 = AG 1988, 133 ff.; BGH v. 19.9.1988 – II ZR 255/87 – „Hamburger Stahlwerke", AG 1989, 27, 29 f.; BGH v. 5.11.2001 – II ZR 119/00, AG 2002, 240, 241; *Hengeler/Hoffmann-Becking* in FS Hefermehl, 1976, S. 283, 292; *Emmerich* in Emmerich/Habersack, Aktien- und GmbH-Konzernrecht, § 302 Rz. 38; *Altmeppen* in MünchKomm. AktG, § 302 Rz. 24 ff.; *Cahn/Simon*, Der Konzern 2003, 1, 16; *Henze*, Konzernrecht, Rz. 346; *Hüffer*, § 302 Rz. 13; *K. Schmidt*, ZGR 1983, 513, 525; *Krieger* in MünchHdb. AG, § 70 Rz. 66; *H.-P. Müller* in FS Goerdeler, S. 375, 391 ff.; *Hirte* in Großkomm. AktG, § 302 Rz. 19; die frühere vertretene Auffassung (z.B. *Peltzer*, AG 1975, 309, 311), wonach für die Verluste des Jahres der Beendigung nicht mehr gehaftet werde, ist überholt.
57 BGH v. 14.12.1987 – II ZR 170/87 – „Familienheim", BGHZ 103, 1, 10 = AG 1988, 133, 135; BGH v. 5.11.2001 – II ZR 119/00, AG 2002, 240, 241.
58 BGH v. 5.11.2001 – II ZR 119/00, AG 2002, 240, 241.
59 Für eine Berücksichtigung des Abwicklungsverlusts: *Emmerich* in Emmerich/Habersack, Aktien- und GmbH-Konzernrecht, § 302 Rz. 39; *Altmeppen* in MünchKomm. AktG, § 302 Rz. 27 bis 42; *Meister*, WM 1976, 1182, 1186 f.; *H.-P. Müller* in FS Goerdeler, S. 375, 391 ff.; *K. Schmidt*, ZGR 1983, 513, 531 ff.; zurückhaltend: *Koppensteiner* in KölnKomm. AktG, § 302 Rz. 36 f.; BGH v. 14.12.1987 – II ZR 170/87 – „Familienheim", BGHZ 103, 1, 10 = AG 1988, 133, 135; OLG Düsseldorf v. 2.4.1998 – 19 W 3/93 AktE – „Guano", AG 1999, 89, 91; *Krieger* in MünchHdb. AG, § 70 Rz. 66.

38   Nach zutreffender Auffassung **endet** der Beherrschungs- oder Gewinnabführungsvertrag ohne weiteres **mit Insolvenzeröffnung** oder Auflösung der Untergesellschaft aus sonstigem Grund[60]. Die bis dahin anfallenden laufende Verluste sind in jedem Fall zu übernehmen[61]. Fraglich kann das nur für die nachvertraglichen Verluste sein.

39   Indessen gelten dafür **keine Sonderregeln**. Die handelsrechtlich anzuwendenden Abgrenzungskriterien liefern brauchbare Lösungen. Soweit danach in der Schlussbilanz Abwertungen vorzunehmen oder Rückstellungen zu bilden sind, fallen die entsprechenden Aufwendungen in das relevante Jahresergebnis und sind von der Verlustausgleichspflicht erfasst[62]. Rückstellungen sind insoweit zu bilden sind, wie sie der Vergangenheit zuzuordnende Aufwendungen betreffen (vgl. § 249 Abs. 2 HGB). Wenn zum Stichtag die **Fortführungsprognose** zu verneinen ist (§ 252 Abs. 1 Nr. 2 HGB), sind Vermögensgegenstände u.U. zu **Zerschlagungswerten** anzusetzen und führen ggfs. zu einem ausgleichspflichtigen Verlust. Eine schlechte wirtschaftliche Lage oder gar Insolvenzgefahr der Untergesellschaft bei Beendigung wird sich danach in vielen Fällen in einem ausgleichspflichtigen Verlust zum Stichtag niederschlagen. Eine Verlustausgleichspflicht für bilanziell erst in der Zukunft eintretende Verluste besteht aber nicht.

40   Vor diesem Hintergrund kann die Frage der Hoheit über die Aufstellung und Feststellung des letzten Abschlusses der Vertragslaufzeit virulent werden. Das Weisungsrecht nach § 308 ist strikt laufzeitbezogen und endet mit der Beendigung des Beherrschungsvertrags. Der Vorstand hat aber die nachwirkende Vertragspflicht, **Wahlrechte und Beurteilungsspielräume** innerhalb des gesetzlichen Rahmens **grundsätzlich in gleicher Weise** auszuüben wie während der Vertragslaufzeit. Wenn er das nicht beachtet, kann der Aufsichtsrat die Billigung des Abschlusses verweigern, es entscheidet dann die Hauptversammlung (§ 173 Abs. 1). Wenn der Unternehmensvertrag wegen Veräußerung der Untergesellschaft endet, kann die ehemalige Obergesellschaft mit dem Erwerber Abreden treffen, wie dieser seine Einflussmöglichkeiten hinsichtlich der Aufstellung und Feststellung des Abschlusses auszuüben hat.

4. Entstehung und Fälligkeit

41   Nach der zur GmbH ergangenen, aber auf die AG übertragbaren Rechtsprechung des BGH **entsteht** der Anspruch auf Verlustausgleich **zum Bilanzstichtag** und wird gleichzeitig **fällig**[63]. Jedenfalls hinsichtlich der Fälligkeit des Anspruchs wendet sich dagegen nach wie vor unter Hinweis auf die fehlende Bezifferbarkeit des Anspruchs ein beachtlicher Teil des Schrifttums[64].

42   In der Tat ist der **Ausgangspunkt des BGH**, wonach bereits am Bilanzstichtag feststeht, ob ein Jahresüberschuss oder ein Jahresfehlbetrag entsteht, angesichts der ge-

---

60 Vgl. BGH v. 14.12.1987 – II ZR 170/87 – „Familienheim", BGHZ 103, 1, 6 f. = AG 1988, 133, 135 sowie *Hüffer*, § 297 Rz. 22 f.; a.A. *Koppensteiner* in KölnKomm. AktG, § 302 Rz. 36.

61 *Emmerich* in Emmerich/Habersack, Aktien- und GmbH-Konzernrecht, § 302 Rz. 39; *Krieger* in MünchHdb. AG, § 70 Rz. 66; a.A. (von anderem Ausgangspunkt zur Beendigung aus) *Koppensteiner* in KölnKomm. AktG, § 302 Rz. 36.

62 *H.-P. Müller* in FS Goerdeler, S. 375, 391 f., 394; ähnlich *Hirte* in Großkomm. AktG, § 302 Rz. 23; *Krieger* in MünchHdb AG, § 70 Rz. 66.

63 BGH v. 11.10.1999 – II ZR 120/98, AG 2000, 129 f.; BGH v. 14.2.2005 – II ZR 361/02, AG 2005, 397, 398; BGH v. 10.7.2006 – II ZR 238/04, AG 2006, 629, 631; ebenso *Altmeppen* in MünchKomm. AktG, § 302 Rz. 68 bis 73; *Hüffer*, § 302 Rz. 15; *Henze*, Konzernrecht, Rz. 342 f.; *Kleindiek*, ZGR 2001, 478, 488 ff.; *Röhricht* in VGR, Gesellschaftsrecht in der Diskussion 2000, S. 3, 18 ff.; *Emmerich* in Emmerich/Habersack, Aktien- und GmbH-Konzernrecht, § 302 Rz. 40.

64 *Koppensteiner* in KölnKomm. AktG, § 302 Rz. 53 f.; *Krieger*, NZG 2005, 787 ff.; *Liebscher* in Beck'sches Handbuch AG, § 14 Rz. 136; *Lwowski/Groeschke*, WM 1994, 613, 614.

setzlichen Beurteilungsspielräume und Ansatz- und Bewertungswahlrechte in dieser Form **unzutreffend**[65]. Andererseits ist das Anliegen der (vorwiegend mit pathologischen Fällen befassten) Gerichte verständlich, das Unterlaufen des Verlustausgleichs durch Hinauszögern der Feststellung des Jahresabschlusses zu verhindern.

Der Ausgleich ist darin zu suchen, bei der Umsetzung des Ansatzes des BGH **auf die** 43 **Rechte der Obergesellschaft und Anforderungen der Praktikabilität Rücksicht zu nehmen**. Die wesentliche Rechtsfolge der Fälligkeit zum Bilanzstichtag ist die früher einsetzende Verpflichtung zur Zahlung von **Fälligkeitszinsen** nach §§ 352, 353 HGB[66]. Für die Durchführung des Verlustausgleichs können die Beteiligten die im ordnungsmäßigen Geschäftsgang erfolgende Aufstellung und Feststellung des Jahresabschlusses abwarten[67]. Für diesen Zeitraum tritt kein Verzug ein[68]. Der Obergesellschaft ist Gelegenheit zu geben, ihre Einflussmöglichkeiten auf den Inhalt des Jahresabschlusses (s. oben Rz. 20) geltend zu machen. Das ist auch bei einer Schätzung analog § 287 ZPO zu berücksichtigen.

Die Obergesellschaft kommt erst dann in **Verzug**, wenn der Anspruch bezifferbar ist 44 und sie dem Zahlungsverlangen der Untergesellschaft nicht nachkommt[69]. Da die Verlustausgleichspflichten jeweils am Bilanzstichtag entstehen und fällig werden, sind sie (bei identischem Bilanzstichtag) **phasengleich** in den Jahresabschlüssen von Mutter, Tochter und Enkelin zu berücksichtigen.

5. Erfüllung und Abschlagszahlungen

Der Anspruch auf Verlustausgleich ist auf **Zahlung in Geld** gerichtet[70]. Das beant- 45 wortet nicht die Frage, in welchem Umfang statt Barzahlung Erfüllungssurrogate zulässig sind. Im Anschluss an eine Entscheidung des OLG Jena[71] hat sich eine lebhafte Diskussion entwickelt, ob der Verlustausgleichsanspruch durch **Aufrechnung** befriedigt werden kann[72]. Der BGH hat die Frage unter der Voraussetzung bejaht, dass die zur Aufrechnung gestellte Forderung **werthaltig** ist[73]. Neben der Aufrechnung sind auch andere Erfüllungssurrogate denkbar wie z. B. die Übernahme der Befriedigung von Drittgläubigern der Untergesellschaft an Erfüllung Statt[74].

---

65 *Krieger*, NZG 2005, 787, 789 f.; *Kleindiek*, ZGR 2001, 479, 485 ff.
66 *Hüffer*, § 302 Rz. 16; *Röhricht* in VGR, Gesellschaftsrecht in der Diskussion 2000, S. 19; *Emmerich* in Emmerich/Habersack, Aktien- und GmbH-Konzernrecht, § 302 Rz. 40a; *Hirte* in Großkomm. AktG, § 302 Rz. 64; *Krieger* in MünchHdb AG, § 70 Rz. 74; OLG Oldenburg v. 23.3.2000 – 1 U 75/99, NZG 2000, 1138, 1140 bejaht Fälligkeitszinsen, allerdings ab Feststellung des Abschlusses; a.A. *Thoß*, DB 2007, 206, 207: kein Handelsgeschäft.
67 *Emmerich* in Emmerich/Habersack, Aktien- und GmbH-Konzernrecht, § 302 Rz. 43; *Röhricht* in VGR, Gesellschaftsrecht in der Diskussion 2000, S. 18.
68 *Hirte* in Großkomm. AktG, § 302 Rz. 64; vgl. auch *Emmerich* in Emmerich/Habersack, Aktien- und GmbH-Konzernrecht, § 302 Rz. 40a einerseits und Rz. 43 andererseits.
69 *Thoß*, DB 2007, 206, 206 (ab Feststellung des Abschlusses); tendenziell strenger *Emmerich* in Emmerich/Habersack, Aktien- und GmbH-Konzernrecht, § 302 Rz. 40a.
70 *Koppensteiner* in KölnKomm. AktG, § 302 Rz. 50; *Altmeppen* in MünchKomm. AktG, § 302 Rz. 67; *Hüffer*, § 302 Rz. 15.
71 OLG Jena v. 21.9.2004 – 8 U 1187/03, AG 2005, 405 ff.
72 Ablehnend OLG Jena v. 21.9.2004 – 8 U 1187/03, AG 2005, 405 ff.; *Hirte* in Großkomm. AktG, § 302 Rz. 63; *Petersen*, GmbHR 2005, 1031 ff.; differenzierend *Verse*, ZIP 2005, 1627; gegen das OLG Jena mit Vollwertigkeitspostulat *Priester*, BB 2005, 2483 ff.; *A. Reuter*, DB 2005, 2339 ff. (aber mit Ausnahme von der Vollwertigkeit beim Cash Pool); ohne Vollwertigkeitspostulat *Grunewald*, NZG 2005, 781 ff.; *Hentzen*, AG 2006, 133 ff.; *Liebscher*, ZIP 2006, 1221 ff.; für die Möglichkeit der Aufrechnung ohne Stellungnahme zur Vollwertigkeit *Krieger* in MünchHdb. AG, § 70 Rz. 71.
73 BGH v. 10.7.2006 – II ZR 238/04, AG 2006, 629, 631.
74 BGH v. 10.7.2006 – II ZR 238/04, AG 2006, 629, 631.

46 Dem **BGH ist** im Ausgangspunkt **zuzustimmen.** § 302 enthält keine Beschränkung
    hinsichtlich der Erfüllung. **Zweifelhaft** bleibt das **Vollwertigkeitspostulat**[75]. § 302 ist
    ein an die bilanzielle Situation anknüpfendes Schutzsystem eigener Art, auf das Ge-
    danken der Kapitalaufbringung und -erhaltung nicht ohne Wertungswiderspruch
    übertragen werden können. Beispielsweise führt der ertragswirksame Verzicht auf
    ein eigenkapitalersetzendes Darlehen unmittelbar zur Verbesserung des Jahresergeb-
    nisses in Höhe des Nennbetrags des Darlehens, auch wenn das Darlehen nicht oder
    jedenfalls nicht in voller Höhe als Sacheinlage verwendbar wäre und einer Rückzah-
    lungssperre unterliegt[76].

47 Die **Beweislast** für das Erlöschen der Forderung durch Erfüllung und damit (vom Aus-
    gangspunkt des BGH aus) auch für die Vollwertigkeit der zur Aufrechnung gestellten
    Forderung trägt die Obergesellschaft[77]. So lange die Obergesellschaft zahlungsfähig
    ist, sind allerdings Verbindlichkeiten der Untergesellschaft – sei es gegenüber der
    Obergesellschaft oder sonstigen Gläubigern – in der Regel voll werthaltig.

48 Die Obergesellschaft kann während des laufenden Geschäftsjahres oder vor endgülti-
    ger Feststellung der Höhe des Verlustausgleichs **Abschlagszahlungen** leisten. Die
    Obergesellschaft muss in diesem Fall eine klare Zweckbestimmung treffen[78]. Ab-
    schlagszahlungen während des laufenden Geschäftsjahrs werden nicht in der Ge-
    winn- und Verlustrechung, sondern nur in der Bilanz (Kasse gegen Anzahlung) be-
    rücksichtigt. Sie tilgen den einmal entstandenen Anspruch auf Verlustausgleich ohne
    weiteres in Höhe der geleisteten Abschlagszahlung, auf eine weitere Vollwertigkeits-
    prüfung kann es (auch vom Ausgangspunkt des BGH aus) nicht ankommen.

49 Unterschiedlich wird die Frage beurteilt, ob die Obergesellschaft zu **Abschlagszah-
    lungen verpflichtet** ist. Nach Eintritt der Fälligkeit, d.h. nach Bilanzstichtag, ergibt
    sich das aus der Fälligkeit des Anspruchs, soweit bereits während der Aufstellung des
    Jahresabschlusses mit Sicherheit von einem Jahresfehlbetrag in bestimmter Höhe
    ausgegangen werden kann. Falls es zu einer Überzahlung kommt, ist die Untergesell-
    schaft zur Rückerstattung verpflichtet[79]. Dagegen enthält die gesetzliche Regelung
    keine Grundlage für ein Recht der Untergesellschaft auf Abschlagszahlungen **wäh-
    rend des laufenden Geschäftsjahres**[80].

50 Das bedeutet, dass die Untergesellschaft auch bei Bestehen eines Beherrschungs- oder
    Gewinnabführungsvertrags und trotz Zahlungsfähigkeit der Obergesellschaft **nicht**
    in jeder Konstellation **insolvenzfest** ist. Die Verweigerung von Abschlagszahlungen
    ist, wenn sie zur Insolvenz der Untergesellschaft führt, für die Obergesellschaft aller-
    dings keine sehr sinnvolle Vorgehensweise, wenn sich dadurch der dann demnächst

---

75 Kritisch zur BGH-Entscheidung deshalb *Rodewald*, BB 2006, 1877 f. und zum Vollwertigkeits-
    postulat vor der Entscheidung schon *Hentzen*, AG 2006, 133, 137 f.; *Liebscher*, ZIP 2006,
    1221, 1225 ff. und wohl auch *Grunewald*, NZG 2005, 781 ff.
76 *Liebscher*, ZIP 2006, 1221, 1226.
77 BGH v. 10.7.2006 – II ZR 238/04, AG 2006, 629, 631.
78 BGH v. 10.7.2006 – II ZR 238/04, AG 2006, 629, 631.
79 BGH v. 11.10.1999 – II ZR 120/98, AG 2000, 129, 130.
80 BGH v. 19.9.1988 – II ZR 255/87 – „Hamburger Stahlwerke", AG 1989, 27, 29 (kein „rechtlich
    unzweifelhafter Anspruch") und OLG Hamburg v. 24.7.1987 – 11 U 182/86 – „Hamburger
    Stahlwerke", AG 1988, 22, 24; *Krieger* in MünchHdb. AG, § 70 Rz. 74; *Hirte* in Großkomm.
    AktG, § 302 Rz. 62; *Lwowsksi/Groeschke*, WM 1994, 613, 615; *Priester*, ZIP 1989, 1301, 1305
    und BB 2005, 2483, 2485 f.; auch *K. Schmidt*, ZGR 1983, 513, 520 ff. leitet aus seiner Theorie
    der „kontinuierlichen Alimentierung" gerade keine Verpflichtung zu Abschlagszahlungen
    her; a.A. *Emmerich* in Emmerich/Habersack, Aktien- und GmbH-Konzernrecht, § 302 Rz. 41;
    Altmeppen in MünchKomm. AktG, § 302 Rz. 36, 71 sowie der Tendenz nach *Geßler*, ZHR
    140 (1976), 433, 439; *Hommelhoff*, WM 1984, 1105, 1112 f. (allerdings mehr unter dem Ge-
    sichtspunkt des Verbots des Entzugs notwendiger Mittel).

auszugleichende Jahresfehlbetrag erhöhen wird (s. oben Rz. 39 zur Bilanzierung bei Wegfall der positiven Fortführungsprognose).

Aus der Rechtsprechung des BGH ergeben sich damit **verschiedene Handlungsmög-** 51 **lichkeiten** für die Obergesellschaft: Die Obergesellschaft kann während des laufenden Geschäftsjahres Maßnahmen treffen, um das Entstehen eines Jahresfehlbetrags von vornherein zu verhindern. Sie kann dazu beispielsweise ertragswirksam Zuschüsse leisten oder auf eigene Forderungen verzichten. Sie kann stattdessen auch Zahlungen mit der Bestimmung leisten, dass sie auf den künftigen Verlustausgleichsanspruch anzurechnen sind. In diesem Fall verringert die Zahlung nicht von vornherein den Jahresfehlbetrag, sondern ist auf den Verlustausgleich anzurechnen. Schließlich kann sie den entstandenen Anspruch auf Verlustausgleich durch Barzahlung oder durch vollwertige Erfüllungssurrogate befriedigen.

In der Literatur wird beim isolierten Beherrschungsvertrag eine **Erstattung** des geleis- 52 teten Verlustausgleichs **aus späteren Gewinnen** teilweise für zulässig gehalten[81]. Eine solche Gestaltung wäre aber im Ergebnis ein mit dem Beherrschungsvertrag gekoppelter Teilgewinnabführungsvertrag ohne adäquate Gegenleistung und damit unzulässig[82].

Besondere Fragestellungen bestehen für die Durchführung des Verlustausgleichs im 53 Rahmen eines **konzernweiten Cash Managements**[83]. Wenn die Untergesellschaft ihren Zahlungsanspruch aus § 302 in den Cash Pool einstellt und der **Saldo im Cash Pool** vorher mindestens in diesem Umfang **negativ** war, kommt es zur Verrechnung. Die Untergesellschaft wird in Höhe des Anspruchs auf Verlustausgleich von einer gegen sie bestehenden Fordeurng befreit. Dabei ist unerheblich, ob es sich um eine Forderung der Obergesellschaft oder eines anderen (als zentrale Clearingstelle im Cash Pool fungierenden) Unternehmens handelt.

Nach der Rechtsprechung des BGH[84] tritt allerdings Erfüllung des Anspruchs auf Ver- 54 lustausgleich nur insoweit ein, wie die Forderung **vollwertig** war (wovon bei zahlungsfähiger Obergesellschaft auszugehen ist)[85]. Dieser Fall ist, wenn die Untergesellschaft Verluste schreibt, der Regelfall, denn dann wird häufig (wenn auch nicht zwingend) auch der Liquiditätssaldo negativ sein und der Finanzierung über den Cash Pool bedürfen[86]. Ob die unterjährigen Ziehungen der Untergesellschaft aus dem Cash Pool ohne weiteres als Vorauszahlungen auf den Verlustausgleich behandelt weden können, bei denen wohl auch nach Auffassung des BGH keine weitere Vollwertigkeitsprüfung erforderlich wäre, ist zweifelhaft[87].

---

81 *Würdinger* in Großkomm. AktG, 3. Aufl., § 302 Anm. 6; *van Venrooy*, BB 1981, 1003, 1005.
82 So mit unterschiedlicher Begründung *Hüffer*, § 302 Rz. 19; *Altmeppen* in MünchKomm. AktG, § 302 Rz. 94 f.; *Koppensteiner* in KölnKomm. AktG, § 302 Rz. 56; *Krieger* in MünchHdb. AG, § 70 Rz. 76.
83 *Hentzen*, AG 2006, 133 ff.; *Reuter*, DB 2005, 2339, 2343; *Liebscher*, ZIP 2006, 1221 f., 1227 und allgemein zum Cash Pool *J. Vetter/Stadler*, Haftungsrisiken beim konzernweiten Cash Pooling, 2003.
84 BGH v. 10.7.2006 – II ZR 238/04, AG 2006, 629, 631.
85 A.A. *Hentzen*, AG 2006, 133, 138; kritisch auch *Rodewald*, BB 2006, 1877 f.
86 *Liebscher*, ZIP 2006, 1221, 1227 denkt ersichtlich nur an diesen Fall.
87 So aber *A. Reuter*, DB 2005, 2343; das geltende Recht kennt bisher keine Privilegierung des Cash Pools, auch wenn das in mancherlei Hinsicht begrüßenswert wäre; vgl. zum GmbH-Recht *de lege lata* BGH v. 16.1.2006 – II ZR 76/04, AG 2006, 333 ff. sowie *de lege ferenda* den Entwurf eines Gesetzes zur Modernisierung des GmbH-Rechts und zur Bekämpfung von Missbräuchen (MoMiG) und dazu *Priester*, ZIP 2006, 1557 ff.; *C. Schäfer*, BB Special 7/2006, 5 ff. Explizite Regelungen im Rahmen des Cash Pools, die den Ziehungen Vorauszahlungscharakter beilegen, sind u.U. denkbar.

55   Soweit die Einstellung des Verlustausgleichsanspruchs in den Cash Pool einen **positiven Saldo** herbeiführt oder erhöht, tritt (bei unterstellter Wirksamkeit des Vorgangs) an die Stelle des Anspruchs auf Verlustausgleich im Wege der **Novation** ein neuer Anspruch[88]. Die Einräumung eines neuen schuldrechtlichen Anspruchs gegen die Obergesellschaft ist angesichts der spezifischen Regelungen in § 302 Abs. 3 kaum geeignet, den Anspruch auf Verlustausgleich zum Erlöschen zu bringen[89]. Ähnliches wird gelten, wenn der Anspruch gegen ein anderes Konzernunternehmen als Clearingstelle des Cash Pools gerichtet ist. Erst wenn die Untergesellschaft im weiteren Verlauf Mittel aus dem Cash Pool beansprucht und der positive Saldo auf Null geführt wird, ist der Anspruch auf Verlustausgleich getilgt[90].

6. Abtretung und Verpfändung

56   Der Anspruch auf Verlustausgleich ist **abtretbar**. Allerdings wird allgemein gefordert, dass die Gesellschaft den **vollen Gegenwert** erhält, sonst sei die Abtretung unwirksam[91]. Das ist unzutreffend. Ein bei unangemessener Gegenleistung zur Unwirksamkeit führendes gesetzliches Verbot (§ 134 BGB) ist kaum auffindbar. § 302 Abs. 3 betrifft Vereinbarungen mit dem Schuldner und ist nicht ohne weiteres auf die Abtretung an einen unverbundenen Dritten sinngemäß anwendbar. Aus vergleichbaren Gründen passen die im Rahmen der Erfüllung des Anspruchs auf Verlustausgleich geltenden Grundsätze hier nicht. Die Rechtsfolge der Unwirksamkeit ist auch nicht interessengerecht. Der Untergesellschaft ist wenig geholfen, wenn sie bei zweifelhafter Zahlungsfähigkeit der Obergesellschaft an einer wirtschaftlich sinnvollen Verwertung z.B. im Weg des Verkaufs der Forderung, gehindert ist[92]. Ob im konkreten Fall die Abtretung im Interesse der Gesellschaft liegt, ist Sache der – haftungsbewehrten – Einschätzung des Vorstands nach § 93.

57   Jedenfalls beinhalten marktübliche und vernünftige Handlungen wie die **Sicherungszession**[93] oder auch der Forderungsverkauf mit einem üblichen Abschlag in diesem Sinn eine vollwertige Gegenleistung. Der Gegenseite des Geschäfts mutet die herrschende Meinung aber immer noch erhebliche Risikobereitschaft zu. Entsprechendes gilt für die Verpfändung des Anspruchs. Hier nimmt die herrschende Meinung insbesondere bei Übersicherung Unwirksamkeit an[94].

---

88 *Hentzen*, AG 2006, 133, 138 f.

89 A.A. *Hentzen*, AG 2006, 133, 138 f.

90 Das muss der Annahme der Durchführung des Unternehmensvertrags bereits mit Einstellung in den Cash Pool für steuerliche Zwecke nicht unbedingt entgegensteuern, vgl. *Dötsch/Witt* in Dötsch/Jost/Pung/Witt, Die Körperschaftsteuer, 56. Lfg. April 2006, § 14 KStG Rz. 210.

91 *Hüffer*, § 302 Rz. 17; *Emmerich* in Emmerich/Habersack, Aktien- und GmbH-Konzernrecht, § 302 Rz. 4; *Altmeppen* in MünchKomm. AktG, § 302 Rz. 93; *Koppensteiner* in KölnKomm. AktG, § 302 Rz. 39; *Hirte* in Großkomm. AktG, § 302 Rz. 73; *Krieger* in MünchHdb. AG, § 70 Rz. 73; *Hentzen*, AG 2006, 133, 137 f.; *Lwowski/Groeschke*, WM 1994, 613, 617; a.A. *K. Schmidt*, ZHR 157 (1993), 291, 304 (für die Einlageforderung bei der GmbH).

92 Vgl. *Bayer* in MünchKomm. AktG, § 66 Rz. 71; bei der Beurteilung der Gleichwertigkeit deshalb immerhin etwas flexibel OLG Hamburg v. 2.6.2006 – 11 U 244/05, BB 2006, 2212 (Leitsatz 2).

93 *Koppensteiner* in KölnKomm. AktG, § 302 Rz. 39; *Emmerich* in Emmerich/Habersack, Aktien- und GmbH-Konzernrecht, § 302 Rz. 44.

94 *Hüffer*, § 302 Rz. 17.

7. Geltendmachung durch Dritte

Gläubiger der Untergesellschaft können den Anspruch im Weg der Zwangsvollstre- 58
ckung pfänden und sich überweisen lassen[95]. Ein unmittelbares Klagerecht (wie etwas bei §§ 93 Abs. 5 oder 309 Abs. 4 Satz 3) haben sie nicht. Auch die **Aktionäre** der
Untergesellschaft haben kein unmittelbares Forderungsrecht auf Leistung an die Gesellschaft. Eine analoge Anwendung der §§ 317 Abs. 4, 309 Abs. 4 verbietet sich angesichts der ausdifferenzierten Regelungen des Aktiengesetzes zu Klagerechten der Aktionäre[96]. Ein Eingriff in individuelle Mitgliedschaftsrechte der Aktionäre, der über
die ausdrücklichen Regelungen des Gesetzes hinaus die Direktklage begründen
könnte[97], liegt nicht vor.

III. Betriebspacht und Betriebsüberlassung (§ 302 Abs. 2)

1. Anwendungsbereich

§ 302 Abs. 2 enthält eine **Sonderregelung für Betriebspacht- und Betriebsüber-** 59
lassungsverträge im Sinne von § 292 Abs. 1 Nr. 3[98]. Die Regelung ist auf die anderen Unternehmensverträge von § 292 ebensowenig anwendbar wie auf den Betriebsführungsvertrag[99]. Wenn mit derselben Gesellschaft auch ein Beherrschungs-
oder Gewinnabführungsvertrag besteht, verdrängt § 302 Abs. 1 die Regelung in
Abs. 2[100]. § 302 Abs. 2 ist im Ergebnis auch dann unanwendbar, wenn ein Beherr-
schungs- oder Gewinnabführungsvertrag mit einem Dritten besteht (näher unten
Rz. 65).

§ 302 Abs. 2 ist ein **Fremdkörper** im gesetzlichen Regelungssystem und hat keinen 60
vernünftigen Anwendungsbereich. Da Abhängigkeit zwischen Pächter und Verpächter bestehen muss, findet zusätzlich das völlig ausreichende und passendere System
des **Nachteilsausgleichs nach §§ 311 ff.** Anwendung[101]. Erschwerend kommt hinzu,
dass die Vereinbarung einer angemessenen Gegenleistung ohnehin aktienrechtlich
gefordert ist, so dass weitere Sanktionsmechanismen zur Verfügung stehen; § 292
Abs. 3 schließt lediglich die Nichtigkeit des Vertrags, nicht aber die Anfechtung des

---

95 *Koppensteiner* in KölnKomm. AktG, § 302 Rz. 39; *Emmerich* in Emmerich/Habersack, Ak-
   tien- und GmbH-Konzernrecht, § 302 Rz. 44; *Hüffer*, § 302 Rz. 18; *Hirte* in Großkomm.
   AktG, § 302 Rz. 59.
96 *Altmeppen* in MünchKomm. AktG, § 302 Rz. 76 ff.; *Krieger* in MünchHdb. AG, § 70 Rz. 73;
   Hüffer, § 302 Rz. 20; a.A. *Lutter*, AG 1968, 73, 74; *Koppensteiner* in KölnKomm. AktG,
   § 302 Rz. 41; *Emmerich* in Emmerich/Habersack, Aktien- und GmbH-Konzernrecht, § 302
   Rz. 44; *Hirte* in Großkomm. AktG, § 302 Rz. 58.
97 BGH v. 10.10.2005 – II ZR 90/03 – „Mangusta/Commerzbank II", AG 2006, 38, 39 f. m.w.N.
98 *Emmerich* in Emmerich/Habersack, Aktien- und GmbH-Konzernrecht, § 302 Rz. 45; *Koppensteiner* in KölnKomm. AktG, § 302 Rz. 59; *Altmeppen* in MünchKomm. AktG, § 302
   Rz. 51; *Hüffer*, § 302 Rz. 22.
99 *Hüffer*, § 302 Rz. 22; *Koppensteiner* in KölnKomm. AktG, § 302 Rz. 59; *Altmeppen* in
   MünchKomm. AktG, § 302 Rz. 52; *Emmerich* in Emmerich/Habersack, Aktien- und GmbH-
   Konzernrecht, § 302 Rz. 23.
100 *Hüffer*, § 302 Rz. 22; *Altmeppen* in MünchKomm. AktG, § 302 Rz. 53; *Koppensteiner* in
    KölnKomm. AktG, § 302 Rz. 60; *Emmerich* in Emmerich/Habersack, Aktien- und GmbH-
    Konzernrecht, § 302 Rz. 23; *Hirte* in Großkomm. AktG, § 302 Rz. 42 (allerdings – zu Un-
    recht – zweifelnd hinsichtlich der – bei Abs. 2 nicht gegebenen – Möglichkeit der Verwen-
    dung von Gewinnrücklagen zur Verlustdeckung).
101 *Kropff*, Aktiengesetz, S. 391; *Krieger* in MünchHdb. AG, § 72 Rz. 36.

Zustimmungsbeschlusses aus[102]. Die Regelung in § 302 Abs. 2 sollte bei nächster Gelegenheit **ersatzlos gestrichen** werden[103].

61   § 302 Abs. 2 greift nur ein, wenn zwischen den Vertragsparteien ein **unmittelbares Abhängigkeitsverhältnis** besteht[104]. Das ergibt sich schon aus dem Wortlaut. Die Voraussetzungen einer Analogie liegen mangels Regelungslücke nicht vor: Soweit die Vereinbarung auf Veranlassung des herrschenden Unternehmens erfolgt, greifen die §§ 311 ff. Das Abhängigkeitsverhältnis muss bereits **bei Vertragsschluss** vorliegen, weil ansonsten die in § 302 Abs. 2 vermutete Gefährdungslage nicht besteht[105].

62   Das Gesetz enthält keine näheren **Kriterien für die Angemessenheit** der Gegenleistung. In erster Linie sind dafür **Marktpreise** heranzuziehen[106]. Die (wohl noch) herrschende Meinung stellt demgegenüber auf den **Ertragswert** des verpachteten Unternehmens ab[107]. Im praktischen Ergebnis sollte das nicht zu wesentlich unterschiedlichen Ergebnissen führen. Der Marktpreis wird sich normalerweise daran ausrichten, welcher Ertrag mit dem verpachteten oder überlassenen Unternehmen erwirtschaftet werden kann. Wenn ein wesentlicher Unterschied zwischen einer Berechnung auf Grundlage des Ertragswerts und dem Marktpreis besteht, spricht einiges dafür, dass bei der Ableitung des Ertragswerts mit falschen Annahmen gearbeitet wurde. Im Übrigen versteht sich, dass bei der Angemessenheit der Gegenleistung zu berücksichtigen ist, dass der Betriebspächter unternehmerisches Risiko übernimmt und ebenfalls Gewinne erzielen will.

63   In die Prüfung der Angemessenheit fließen Leistungen, die der Betriebspächter möglicherweise aus anderem Rechtsgrund gegenüber Dritten erbringen muss, nicht ein[108]. Genannt wird dafür die **Dividendengarantie** gegenüber außenstehenden Aktionären. Anwendungsfälle wird es kaum geben, weil bei Bestehen eines Beherrschungs- oder Gewinnabführungsvertrag die Regelung in § 302 Abs. 2 ohnehin verdrängt wird.

2. Rechtsfolgen

64   Unter den dargestellten Voraussetzungen ist die Obergesellschaft **verpflichtet**, den in gleicher Weise wie bei § 302 Abs. 1 berechneten **(fiktiven) Jahresfehlbetrag auszugleichen**, jedoch nur bis zur Höhe des Betrags, um den die vereinbarte Gegenleistung hinter der angemessenen Gegenleistung zurückbleibt. Anders als im Fall von § 302

---

102   Ausweislich der Materialien wurde die Regelung in § 302 Abs. 2 als erforderlich empfunden, um den Ausschluss der Nichtigkeitsfolge zu rechtfertigen, *Kropff*, Aktiengesetz, S. 391. Nichtigkeit als Rechtsfolge würde aber hier wie in vergleichbaren Fällen wenig Sinn machen.

103   Ähnlich *Koppensteiner* in KölnKomm. AktG, Vorb. § 300 Rz. 5; *Emmerich* in Emmerich/Habersack, Aktien- und GmbH-Konzernrecht, § 302 Rz. 48.

104   *Emmerich* in Emmerich/Habersack, Aktien- und GmbH-Konzernrecht, § 302 Rz. 23, 45; *Koppensteiner* in KölnKomm. AktG, § 302 Rz. 60; a.A. *Altmeppen* in MünchKomm. AktG, § 302 Rz. 57; *Krieger* in MünchHdb. AG, § 72 Rz. 34; *Hirte* in Großkomm. AktG, § 302 Rz. 44.

105   *Altmeppen* in MünchKomm. AktG, § 302 Rz. 56; *Hüffer*, § 302 Rz. 23; *Koppensteiner* in KölnKomm. AktG, § 302 Rz. 58; *Emmerich* in Emmerich/Habersack, Aktien- und GmbH-Konzernrecht, § 302 Rz. 22; *Krieger* in MünchHdb. AG, § 72 Rz. 34; *Hirte* in Großkomm. AktG, § 302 Rz. 43.

106   *Emmerich* in Emmerich/Habersack, Aktien- und GmbH-Konzernrecht, § 302 Rz. 46; *Hirte* in Großkomm. AktG, § 302 Rz. 46.

107   *Hüffer*, § 302 Rz. 24; *Altmeppen* in MünchKomm. AktG, § 302 Rz. 60, *Koppensteiner* in KölnKomm. AktG, § 292 Rz. 101.

108   *Hüffer*, § 302 Rz. 24; *Emmerich* in Emmerich/Habersack, Aktien- und GmbH-Konzernrecht, § 302 Rz. 46; *Altmeppen* in MünchKomm. AktG, § 302 Rz. 64; *Krieger* in MünchHdb. AG, § 70 Rz. 36; *Hirte* in Großkomm. AktG, § 302 Rz. 47.

Abs. 1 ist eine Reduzierung dieser Verpflichtung durch **Entnahmen aus anderen Gewinnrücklagen** nicht vorgesehen[109]. Daraus ergeben sich Fragen des **Rangverhältnisses**, die wie folgt zu beantworten sind:

Wenn **mit demselben Vertragspartner** auch ein Beherrschungs- oder Gewinnabführungsvertrag besteht, scheidet § 302 Abs. 2 von vornherein aus (oben Rz. 59). Wenn **mit einem anderen Vertragspartner ein Beherrschungsvertrag** besteht, scheidet § 302 Abs. 2 deshalb aus, weil zwischen den Vertragsparteien des Betriebspacht- oder Betriebsüberlassungsvertrags dann kein Abhängigkeitsverhältnis besteht. Wenn **mit einem anderen Vertragspartner ein Gewinnabführungsvertrag** (ohne Abhängigkeit) besteht und die Untergesellschaft im Abhängigkeitsverhältnis zum Vertragsparter des Betriebspacht- oder Betriebsüberlassungsvertrags besteht, kommt ein mehrfacher Ausgleich des Jahresfehlbetrags nicht in Betracht. Die Verlustausgleichspflicht nach § 302 Abs. 1 hat in diesem Fall gegenüber Abs. 2 Priorität. Allerdings bleibt es bei den anderen Rechtsfolgen, die mit der unangemessenen Gegenleistung verknüpft sind. Insbesondere ist das herrschende Unternehmen zum Nachteilsausgleich nach §§ 311 ff. verpflichtet. Der Anspruch auf Nachteilsausgleich ist zu bilanzieren und reduziert ggf. den (fiktiven) Jahresfehlbetrag, der aufgrund des Gewinnabführungsvertrags zu übernehmen ist[110].

65

§ 302 Abs. 2 gewährt Gläubigern und Aktionären der Untergesellschaft ebenso wenig ein **unmittelbares Klagerecht** wie § 302 Abs. 1 (dazu oben Rz. 58). Davon unberührt bleiben die Rechtsfolgen, die sich möglicherweise aus §§ 311 ff., einschließlich des direkten Klagerechts nach §§ 317 Abs. 5, 309 Abs. 4, ergeben[111].

66

IV. Verzicht und Vergleich (§ 302 Abs. 3)

Nach § 302 Abs. 3 besteht grundsätzlich eine dreijährige **Sperrfrist** für den Verzicht auf oder den Vergleich über den Anspruch auf Verlustausgleich. Die Frist beginnt mit dem Ablauf des Tages, an dem die elektronische Bekanntmachung erschienen ist, § 302 Abs. 3 Satz 1 AktG i.V.m. § 10 HGB, Art. 61 Abs. 4 Satz 4 EGHGB. Die Fristberechnung richtet sich nach §§ 187, 188 BGB. Sie endet mit dem Ablauf des Tages des dritten Jahres, dessen Monat und Zahl dem Tag entspricht, an dem das letzte der die Bekanntmachung enthaltenen Blätter erschien[112].

67

Ein Verzicht oder Vergleich vor Ablauf der Sperrfrist ist **nichtig**[113]. Der Sinn des gesetzlichen Verbots leuchtet nicht in jeder Konstellation ein, insbesondere wenn außenstehende Aktionäre nicht vorhanden und die Gläubiger durch § 303 ausreichend geschützt sind[114]. Die Regelung ist aber als Entscheidung des Gesetzgebers hinzunehmen.

68

Mit dem Verzicht ist insbesondere der **Erlassvertrag** nach § 397 BGB und jede entsprechende Handlung gemeint, die die Untergesellschaft der Möglichkeit beraubt,

69

---

109 *Emmerich* in Emmerich/Habersack, Aktien- und GmbH-Konzernrecht, § 302 Rz. 46; *Kropff*, Aktiengesetz, S. 391; *Hüffer*, § 302 Rz. 26; *Koppensteiner* in KölnKomm. AktG, § 302 Rz. 61; ebenso *Altmeppen* in MünchKomm. AktG, § 302 Rz. 66 unter Betonung der unstreitig davon unberührt bleibenden Möglichkeit, andere Gewinnrücklagen dennoch aufzulösen.

110 Vgl. *Hirte* in Großkomm. AktG, § 302 Rz. 50 ff., 54 a.E.

111 *Emmerich* in Emmerich/Habersack, Aktien- und GmbH-Konzernrecht, § 302 Rz. 48; *Hüffer*, § 302 Rz. 26; *Koppensteiner* in KölnKomm. AktG, § 302 Rz. 64.

112 *Emmerich* in Emmerich/Habersack, Aktien- und GmbH-Konzernrecht, § 302 Rz. 49: Berechnung nach §§ 187 Abs. 1, 188 Abs. 2 BGB.

113 *Emmerich* in Emmerich/Habersack, Aktien- und GmbH-Konzernrecht, § 302 Rz. 49; *Hüffer*, § 302 Rz. 27; *Koppensteiner* in KölnKomm. AktG, § 302 Rz. 71.

114 *Altmeppen* in MünchKomm. AktG, § 302 Rz. 85.

den Anspruch durchzusetzen, wie insbesondere ein **prozessualer Verzicht** nach § 306 ZPO[115]. Ebenfalls unzulässig sind **Weisungen** des herrschenden Unternehmens, die einen Verzicht in diesem Sinne veranlassen sollen[116]. Vorsicht ist gegenüber weitergehenden Äußerungen in der Literatur geboten, die jede Handlung, die zum Verlust des Anspruchs führen kann, als Verzicht betrachten[117]. Das ist schon deshalb unrichtig, weil nach ganz überwiegender Auffassung die **Abtretung** des Verlustausgleichsanspruch jedenfalls dann zulässig ist, wenn die Gesellschaft eine angemessene Gegenleistung erhält (vgl. oben Rz. 56). Nach Sinn und Zweck der Regelung in § 302 Abs. 3 ist deshalb auch eine **befreiende Schuldübernahme** während der Dreijahresfrist nicht von vornherein ausgeschlossen, wenn der neue Schuldner mindestens ebenso zahlungskräftig ist wie der alte[118]. Auch die schlichte **Klagerücknahme** ist für sich genommen einem Verzicht auf den Anspruch nicht gleichzustellen, wenn sie nicht (was allerdings häufig der Fall sein) z.B. im Rahmen eines Vergleichs mit Abreden verbunden ist, die die Durchsetzung des Anspruchs erschweren[119].

70   Ein **Vergleich** über den Anspruch ist innerhalb wie außerhalb eines laufenden Prozesses verboten[120], wenn sich der Vergleich nicht darauf beschränkt, das Bestehen des Anspruchs festzustellen. Auf Grundlage der Rechtsprechung des BGH, wonach der Anspruch auf Verlustausgleich einen festgestellten Jahresabschluss weder voraussetzt noch durch diesen beschränkt wird (vgl. oben Rz. 41 ff.), ist ein **Vergleich über die Höhe des Anspruchs** innerhalb der Dreijahresfrist aber selbst dann unzulässig, wenn der Vergleich dazu auf den festgestellten Jahresabschluss Bezug nimmt.

71   Die Sperrfrist von drei Jahren findet keine Anwendung, wenn die Obergesellschaft **zahlungsunfähig** ist oder es bei Bedienung des Anspruchs werden würde[121] und zur Abwendung des Insolvenzverfahrens ein Vergleich mit ihren Gläubigern schließt[122], oder wenn im Insolvenzverfahren die Ersatzpflicht in einem **Insolvenzplan** (§§ 217 ff. InsO) geregelt wird. In beiden Fällen sind Verzicht und Vergleich jederzeit während des Laufs des Unternehmensvertrags und danach möglich[123]. Wirtschaftlich würde es dann in der Regel keinen Sinn machen, auf dem vollen Verlustausgleich zu bestehen; im Gegenteil könnte dadurch die Chance einer Sanierung verpasst werden.

72   Beim Insolvenzplan kommt es nicht darauf an, **wer den Plan vorgelegt hat** und ob die Obergesellschaft als Schuldnerin nach § 247 InsO dem Plan zugestimmt hat[124]. Ebenso wenig ist es erforderlich, dass die Untergesellschaft dem Insolvenzplan zugestimmt hat[125]. Entscheidend ist nur, dass der Insolvenzplan durch gerichtliche Bestätigung (§ 248 InsO) wirksam geworden ist.

---

115 *Altmeppen* in MünchKomm. AktG, § 302 Rz. 86; *Emmerich* in Emmerich/Habersack, Aktien- und GmbH-Konzernrecht, § 302 Rz. 50.

116 *Krieger* in MünchHdb. AG, § 70 Rz. 76; *Emmerich* in Emmerich/Habersack, Aktien- und GmbH-Konzernrecht, § 302 Rz. 50.

117 Vgl. *Emmerich* in Emmerich/Habersack, Aktien- und GmbH-Konzernrecht, § 302 Rz. 50; *Altmeppen* in MünchKomm. AktG, § 302 Rz. 86.

118 A.A. *Altmeppen* in MünchKomm. AktG, § 302 Rz. 86; *Emmerich* in Emmerich/Habersack, Aktien- und GmbH-Konzernrecht, § 302 Rz. 50.

119 Vgl. LG Bochum v. 29.7.1986 – O 146/86, AG 1987, 324, 325; *Emmerich* in Emmerich/Habersack, Aktien- und GmbH-Konzernrecht, § 302 Rz. 50; *Henze*, Konzernrecht, Rz. 347.

120 *Emmerich* in Emmerich/Habersack, Aktien- und GmbH-Konzernrecht, § 302 Rz. 50; *Altmeppen* in MünchKomm. AktG, § 302 Rz. 86.

121 *Hirte* in Liber amicorum Happ, S. 65, 72.

122 Ausführlich zum Abwendungsvergleich *Hirte* in Liber amicorum Happ, S. 65 ff.

123 *Emmerich* in Emmerich/Habersack, Aktien- und GmbH-Konzernrecht, § 302 Rz. 51; *Altmeppen* in MünchKomm. AktG, § 302 Rz. 87; *Hüffer*, § 302 Rz. 28; *Koppensteiner* in Köln-Komm. AktG, § 302 Rz. 72.

124 *Altmeppen* in MünchKomm. AktG, § 302 Rz. 87.

125 *Hirte* in Großkomm. AktG, § 302 Rz. 2.

Ein Vergleich des Ausgleichspflichtigen „mit seinen Gläubigern" liegt nicht nur 73
dann vor, wenn der Vergleich mit sämtlichen Gläubigern geschlossen wird. Das würde die Vorschrift weitgehend leerlaufen lassen. Vielmehr muss es genügen, wenn der Vergleich mit einer beliebigen Zahl von Gläubigern geschlossen wird und **durch den Vergleich ein sonst bestehender Insolvenzeröffnungsgrund** (sei es im Vorfeld oder bei laufendem Insolvenzverfahren) **beseitigt** wird[126].

In jedem Fall ist für den Verzicht oder Vergleich die **Zustimmung der außenstehen-** 74
den Aktionäre durch Sonderbeschluss erforderlich, § 302 Abs. 3 Satz 3. Es handelt sich dabei nicht nur um ein internes Zustimmungserfordernis, sondern um ein im Außenverhältnis bestehendes Wirksamkeitserfordernis[127]. Die Regelung beruht auf der Wertung, dass eine Beeinträchtigung des Verlustausgleichsanspruchs nicht ohne Zustimmung der Aktionäre erfolgen soll und die Obergesellschaft, die in der Regel über die Mehrheit verfügt, aufgrund ähnlicher Überlegungen wie bei § 136 dabei nicht mitstimmen sollte[128].

Der **Begriff der außenstehenden Aktionäre** entspricht demselben Begriff in § 295[129]. 75
Auf die dortigen Ausführungen wird Bezug genommen. Der Sonderbeschluss der außenstehenden Aktionäre bedarf der Mehrheit der von ihnen abgegebenen Stimmen (§§ 138 Satz 2, 133 Abs. 1). Der Beschluss verliert ohne weiteres seine Wirkung, wenn Aktionäre, deren Anteil zusammen 10 % des bei der Beschlussfassung vertretenen Grundkapitals erreichen, Widerspruch zu Protokoll erklärt haben. Einer Anfechtung bedarf es in diesem Fall nicht[130].

V. Verjährung (§ 302 Abs. 4)

Die Ansprüche aus § 302 **verjähren** in 10 Jahren. Die Verjährung beginnt mit dem Ab- 76
lauf des Tages der elektronischen Veröffentlichung über die Beendigung des Vertrags, §§ 302 Abs. 4 AktG, 10 HGB, Art. 61 Abs. 4 Satz 4 EGHGB. Die Regelung wurde durch Artikel 11 Nr. 6 des Gesetzes zur Anpassung von Verjährungsvorschriften an das Gesetz zur Modernisierung des Schuldrechts vom 9.12.2004[131] neu eingefügt. Nachdem ursprünglich die allgemeine Verjährungsfrist von 30 Jahren gegolten hatte, wurde im Rahmen der Schuldrechtsreform für gesellschaftsrechtliche Ansprüche einschließlich § 302 zunächst keine Sonderregelung geschaffen, so dass grundsätzlich die neue Regelverjährung von 3 Jahren nach §§ 195, 199 Abs. 1 BGB anwendbar gewesen wäre. Dies wurde weitgehend als unbefriedigend empfunden. Zur Lösung wurden vor der gesetzlichen Neuregelung verschiedene Vorschläge gemacht[132].

---

126 *Hirte* in Großkomm. AktG, § 302 Rz. 76 ff.
127 *Emmerich* in Emmerich/Habersack, Aktien- und GmbH-Konzernrecht, § 302 Rz. 52; *Hüffer*, § 302 Rz. 29.
128 *Kropff*, Aktiengesetz, S. 392; *Hüffer*, § 302 Rz. 29; *Emmerich* in Emmerich/Habersack, Aktien- und GmbH-Konzernrecht, § 302 Rz. 52.
129 *Altmeppen* in MünchKomm. AktG, § 302 Rz. 89; *Emmerich* in Emmerich/Habersack, Aktien- und GmbH-Konzernrecht, § 302 Rz. 53; *Koppensteiner* in KölnKomm. AktG, § 302 Rz. 73.
130 *Altmeppen* in MünchKomm. AktG, § 302 Rz. 91; *Emmerich* in Emmerich/Habersack, Aktien- und GmbH-Konzernrecht, § 302 Rz. 53.
131 BGBl. I 2004, 3214.
132 *Altmeppen*, DB 2002, 879 ff.; *Altmeppen* in MünchKomm. AktG, § 302 Rz. 92; *Cahn/Simon*, Der Konzern 2003, 1, 16 f.; *Koppensteiner* in KölnKomm. AktG, § 302 Rz. 75; *Schockenhoff/ Fiege*, ZIP 2002, 917, 925; *Emmerich* in Emmerich/Habersack, Aktien- und GmbH-Konzernrecht, § 302 Rz. 42 f.

77 Für die Verjährung gilt nunmehr Folgendes:

– Für Ansprüche aus § 302, **die nach dem Inkrafttreten der Neuregelung** am 15.12.2004 entstanden sind, gilt ohne weiteres § 302 Abs. 4.

– Für Ansprüche aus § 302, **die vor dem 15.12.2004 entstanden** sind und die **am 15.12.2004 noch nicht verjährt** waren, gilt grundsätzlich ebenfalls § 302 Abs. 4 (vgl. Artikel 229 § 12 Abs. 2 EGBGB); denn die durch die Schuldrechtsmodernisierung zum 1.1.2002 eingeführte Regelverjährung hätte frühestens am 31.12.2004 ablaufen können, war also in keinem Fall bereits eingetreten. Die Anwendung von Artikel 229 § 12 Abs. 2 EGBGB kann nicht mit der Erwägung verneint werden, für die Ansprüche aus § 302 habe ab dem 1.1.2002 nicht die neue Regelverjährung, sondern – im Sinne der in der Literatur zur Korrektur des als problematisch empfundenen Zustandes empfohlenen Lösungen – eine andere Verjährung Anwendung gefunden.

– Nach Artikel 229 § 12 Abs. 2 Satz 2 EGBGB wird **der vor dem 15.12.2004 abgelaufene Zeitraum in die Verjährungsfrist eingerechnet.** Fraglich ist allerdings, wie sich diese Anrechnungsregelung zu der Neuregelung des Beginns der Verjährung, die an die Bekanntmachung der Beendigung des Vertrags anknüpft, verhält. Nach dem Wortlaut der Regelung erfolgt die Anrechnung auch dann, wenn der Vertrag noch nicht beendet war, aber nach der davor geltenden Regelverjährung bereits die Verjährungsfrist lief. Demnach verkürzt sich die neue Verjährung von 10 Jahren, die mit Bekanntmachung der Beendigung beginnt, um die zwischen dem 1.1.2002 und dem 15.12.2004 bereits abgelaufene Verjährungsfrist.

– Vor der Schuldrechtsreform unterlagen Ansprüche aus § 302 der **Verjährung von 30 Jahren**, berechnet ab Fälligkeit. Soweit die Verjährung am 1.1.2002 bereits abgelaufen war, bleibt es dabei. Soweit Ansprüche früher verjährt wären als bei Anwendung der neuen, ab 1.1.2002 geltenden Verjährungvorschriften, blieb es nach Artikel 229 § 6 Abs. 4 EGBGB beim Verjährungsablauf nach dreißig Jahren. Demnach bleibt es auch für die Fälle, in denen die dreißigjährige Verjährung vor dem 15.12.2004 abgelaufen ist, beim Verjährungseintritt[133].

– Soweit die **ab 1.1.2002 geltende Regelverjährung** zu einer **Vorverlegung** des Verjährungszeitpunkts im Vergleich zu einer am 1.1.2002 bereits laufenden Verjährungsfrist geführt hat, trat die Stelle der alten Verjährungsfrist die neue Regelverjährung von drei Jahren, die jetzt wiederum durch die Verjährungsfrist von 10 Jahren mit Anrechnung des ab dem 1.1.2002 verstrichenen Verjährungszeitraum ersetzt wurde[134].

– Nach dem Wortlaut von Artikel 229 § 12 Abs. 2 Satz 2 EGBGB käme grundsätzlich auch die **Anrechnung von Verjährungszeiten** in Betracht, die **bereits vor dem 1.1.2002 verstrichen** waren. Das könnte im Extremfall dazu führen, dass durch die Anrechungsregelung sofortige Verjährung eingeträten wäre, was wohl nicht der Intention des Gesetzgebers entsprach. Andererseits sollte die Verjährung auch nicht über die ursprüngliche Frist von 30 Jahren hinaus ausgedehnt werden. Die neue Verjährungsregelung findet deshalb keine Anwendung, soweit die alte dreißigjährige Regelverjährung früher eintritt[135].

133 S. OLG Düsseldorf v. 30.11.2005 – 16 W 76/05, GmbHR 2006, 654, 655.
134 OLG Düsseldorf v. 30.11.2005 – 16 W 76/05, GmbHR 2006, 654, 655.
135 OLG Düsseldorf v. 30.11.2005 – 16 W 76/05, GmbHR 2006, 654, 655.

§ 303
Gläubigerschutz

(1) Endet ein Beherrschungs- oder ein Gewinnabführungsvertrag, so hat der andere Vertragsteil den Gläubigern der Gesellschaft, deren Forderungen begründet worden sind, bevor die Eintragung der Beendigung des Vertrags in das Handelsregister nach § 10 des Handelsgesetzbuchs bekannt gemacht worden ist, Sicherheit zu leisten, wenn sie sich binnen sechs Monaten nach der Bekanntmachung der Eintragung zu diesem Zweck bei ihm melden. Die Gläubiger sind in der Bekanntmachung der Eintragung auf dieses Recht hinzuweisen.

(2) Das Recht, Sicherheitsleistung zu verlangen, steht Gläubigern nicht zu, die im Fall des Insolvenzverfahrens ein Recht auf vorzugsweise Befriedigung aus einer Deckungsmasse haben, die nach gesetzlicher Vorschrift zu ihrem Schutz errichtet und staatlich überwacht ist.

(3) Statt Sicherheit zu leisten, kann der andere Vertragsteil sich für die Forderung verbürgen. § 349 des Handelsgesetzbuchs über den Ausschluss der Einrede der Vorausklage ist nicht anzuwenden.

I. Regelungsgegenstand und -zweck . . .	1	3. Ausschlussfrist für die Meldung	19
II. Recht auf Sicherheitsleistung (§ 303 Abs. 1)	4	4. Hinweispflicht	21
1. Anwendungsbereich	4	III. Anderweitige Sicherheit (§ 303 Abs. 2)	22
a) Beendigung eines Beherrschungs- und Gewinnabführungsvertrags . .	4	1. Anwendungsbereich	22
b) Gläubiger von Altforderungen . . .	6	2. Erweiterung des Anwendungsbereichs von § 303 Abs. 2?	24
2. Sicherheitsleistung	12	IV. Sicherheitsleistung durch Bürgschaft (§ 303 Abs. 3)	25
a) Art der Sicherheitsleistung	12	V. Ausfallhaftung	28
b) Höhe der Sicherheitsleistung	13		
c) Schuldner der Verpflichtung zur Sicherheitsleistung	18		

Literatur: *Habersack*, Der persönliche Schutzbereich des § 303 AktG, in FS Koppensteiner, 2001, S. 31; *Hattstein*, Gläubigersicherung durch das ehemals herrschende Unternehmen, 1995; *Jaeger*, Sicherheitsleistung für Ansprüche aus Dauerschuldverhältnissen bei Kapitalherabsetzung, Verschmelzung und Beendigung eines Unternehmensvertrages, DB 1996, 1069; *Krieger*, Sicherheitsleistung für Versorgungsrechte?, in FS Nirk, 1992, S. 551; *Lwowski/Groeschke*, Die Konzernhaftung der §§ 302, 303 AktG als atypische Sicherheit?, WM 1994, 613; *Rittner*, Die Sicherheitsleistung bei der ordentlichen Kapitalherabsetzung, in FS Oppenhoff, 1985, S. 317; *Ströhmann*, Haftungsfalle §§ 302, 303 AktG? – Kein Ende mit der Endloshaftung?, NZG 1999, 1030; *van Venrooy*, Probleme der Gläubigersicherung nach § 303 AktG, BB 1981, 1003.

I. Regelungsgegenstand und -zweck

§ 303 begründet die Verpflichtung der Obergesellschaft, den Gläubigern der Untergesellschaft bei Beendigung eines Beherrschungs- oder Gewinnabführungsvertrags **Sicherheit zu leisten**. Die Verpflichtung erstreckt sich auf alle zum Zeitpunkt der Bekanntmachung der Beendigung begründeten Forderungen. Über die Möglichkeit der Sicherheitsleistung nach §§ 232 ff. BGB hinaus lässt § 303 Abs. 3 die Sicherheitsleistung durch Bürgschaft der Obergesellschaft zu. Sie besteht nach der gesetzlichen Regelung dann nicht, wenn die Gläubiger bereits in bestimmter qualifizierter Weise gesichert sind. 1

2   § 303 AktG gibt den Gläubigern einen **eigenen durchsetzbaren Anspruch** gegen die Obergesellschaft. Bei Verletzung der Verpflichtung zur Sicherheitsleistung kann sich die Obergesellschaft nach § 280 BGB schadenersatzpflichtig machen[1]. § 303 ist dagegen **kein Schutzgesetz** im Sinne von § 823 Abs. 2 BGB[2].

3   § 303 bezweckt den Schutz der Gläubiger gegen die mit Wegfall des Anspruchs der Untergesellschaft auf Verlustausgleich nach § 302 eintretende mittelbare Verschlechterung ihrer Position. § 303 steht **in einer Reihe vergleichbarer Regelungen** bei der Kapitalherabsetzung (§§ 225, 233 Abs. 2), Eingliederung (§ 321) und Umwandlung (§ 22 UmwG). Parallelen bestehen auch zur Nachhaftung des oHG-Gesellschafters nach § 160 HGB. Das Regelungskonzept von § 303 ist als solches unbestritten. Probleme bereitet hauptsächlich die sinnvolle Abgrenzung des Umfangs der Sicherheitsleistung im Hinblick auf **Dauerschuldverhältnisse**.

II. Recht auf Sicherheitsleistung (§ 303 Abs. 1)

1. Anwendungsbereich

a) Beendigung eines Beherrschungs- und Gewinnabführungsvertrags

4   § 303 findet ausschließlich auf **Beherrschungsverträge** (§ 291 Abs. 1 Satz 1, 1. Alternative) und **Gewinnabführungsverträge** (§ 291 Abs. 1 Satz 1, 2. Alternative) unter Einschluss der den Gewinnabführungsverträgen gleichgestellten **Geschäftsführungsverträge** (§ 291 Abs. 1 Satz 2) Anwendung[3].

5   Der Vertrag muss **wirksam beendet** worden sein. Die Bekanntmachung der Beendigung schließt den Einwand nicht aus, in Wirklichkeit sei keine Beendigung erfolgt[4]. § 15 Abs. 2 HGB ist nicht anwendbar[5]. Entscheidend ist die objektive Rechtslage. Der **Grund der Beendigung** ist für § 303 unerheblich[6].

b) Gläubiger von Altforderungen

6   Mit den in § 303 Abs. 1 Satz 1 näher bezeichneten **Altforderungen** sind in sachlicher Hinsicht **in erster Linie schuldrechtliche Ansprüche** gemeint[7]. Bei dinglichen Ansprüchen wie dem Eigentumsherausgabeanspruch aus § 985 BGB besteht oft kein entsprechendes Sicherungsbedürfnis, und sie fallen dann nicht unter § 303. Ansprüche aus §§ 987 ff. BGB und Folgenbeseitigungsansprüche aus § 1004 BGB können grundsätzlich in den Anwendungsbereich von § 303 fallen[8].

---

1 § 303 lässt sich wohl am sinnvollsten als eine gesetzlich definierte, nachwirkende, drittbegünstigende Vertragspflicht aus dem Unternehmensvertrag verstehen.
2 *Emmerich* in Emmerich/Habersack, Aktien- und GmbH-Konzernrecht, § 303 Rz. 23.
3 *Emmerich* in Emmerich/Habersack, Aktien- und GmbH-Konzernrecht, § 303 Rz. 3; *Hüffer*, § 303 Rz. 2; *Altmeppen* in MünchKomm. AktG, § 303 Rz. 5; *Hirte* in Großkomm. AktG, § 303 Rz. 9; im Ergebnis auch *Koppensteiner* in KölnKomm. AktG, § 303 Rz. 6.
4 *Emmerich* in Emmerich/Habersack, Aktien- und GmbH-Konzernrecht, § 303 Rz. 7a; *Ströhmann*, NZG 1999, 1030, 1032 f.; *Hirte* in Großkomm. AktG, § 303 Rz. 10.
5 *Koppensteiner* in KölnKomm. AktG, § 303 Rz. 13; *Hüffer*, § 303 Rz. 4; *Altmeppen* in MünchKomm. AktG, § 303 Rz. 19. Ob es der Sache nach überhaupt um einen Fall von § 15 Abs. 2 HGB ginge, ist zweifelhaft, aber im Ergebnis unerheblich.
6 *Emmerich* in Emmerich/Habersack, Aktien- und GmbH-Konzernrecht, § 303 Rz. 7a.
7 *Koppensteiner* in KölnKomm. AktG, § 303 Rz. 11; *Hüffer*, § 303 Rz. 3; *Altmeppen* in MünchKomm. AktG, § 303 Rz. 13; *Emmerich* in Emmerich/Habersack, Aktien- und GmbH-Konzernrecht, § 303 Rz. 9.
8 Ausführlich *Habersack* in FS Koppensteiner, 2001, S. 31, 33 f.; ebenso *Emmerich* in Emmerich/Habersack, Aktien- und GmbH-Konzernrecht, § 303 Rz. 9a, *Koppensteiner* in KölnKomm. AktG, § 303 Rz. 11; gegen die Einbeziehung dinglicher Ansprüche *Altmeppen* in MünchKomm. AktG, § 303 Rz. 13; *Hüffer*, § 303 Rz. 3.

In zeitlicher Hinsicht muss die Forderung **vor elektronischer Bekanntmachung der** **7**
Eintragung der Beendigung des Vertrags in das Handelsregister (vgl. § 10 HGB,
Art. 61 Abs. 4 Satz 4 EGHGB) begründet worden sein. Die Verpflichtung zur Sicherheitsleistung kann damit auch Forderungen betreffen, die **erst nach der Beendigung**
des Unternehmensvertrags begründet wurden. Das herrschende Unternehmen kann
die Anmeldung nicht selbst vornehmen (vgl. § 298), und **§ 15 Abs. 1 HGB** ist nach
ganz überwiegender Auffassung ist **nicht anwendbar**[9], so dass die Obergesellschaft
nicht die Möglichkeit hat, mit haftungsbegrenzender Wirkung die Gläubiger selbst
zu informieren. In Ausnahmefällen kann das Verlangen des Gläubigers **treuwidrig**
sein[10], insbesondere, wenn die Obergesellschaft Sicherheitsleistung § 303 konkret
angeboten hat und der Gläubiger danach weitere Geschäfte mit der Untergesellschaft
tätigt. Daneben sind **Schadensersatzansprüche** gegen die Untergesellschaft und
Amtshaftungsansprüche denkbar[11].

Gelegentlich erfolgt in der Praxis die **Anmeldung** der Beendigung bereits **vor dem** **8**
Wirksamkeitszeitpunkt der Beendigung. Zwar ist das Registergericht nicht verpflichtet, vor Wirksamkeit der Beendigung die Eintragung zu verfügen[12]. Die dennoch erfolgte Eintragung und Bekanntmachung sind jedoch wirksam. Allerdings können die
Gläubiger für die bis zur Beendigung des Unternehmensvertrags begründeten Ansprüche Sicherheit verlangen, selbst wenn die Bekanntmachung der Beendigung davor erfolgt sein sollte.

Nach der der gesetzlichen Regelung muss die Forderung bis zur Bekanntmachung der **9**
Beendigung **dem Grunde nach entstanden** sein; Fälligkeit und Feststellbarkeit der
Höhe nach sind nicht erforderlich[13]. Fälligkeit am Stichtag schadet aber auch nicht[14].
Ansprüche auf Erfüllung vertraglicher Hauptleistungspflichten entstehen dem Grunde nach zum **Zeitpunkt des Vertragsschlusses.** Das gilt auch für die künftigen Leistungen aus einem Sukzessivlieferungsvertrag[15]. Deliktische Ansprüche entstehen in
der Regel mit der deliktischen **Verletzungshandlung.** Bei Ansprüchen aus Vertragsverletzung bedarf es zusätzlich zum Vertragsschluss der Verletzungshandlung.

Eine **Reduzierung vertraglicher Forderungen** nach dem Stichtag lässt den Anspruch **10**
auf Sicherheitsleistung – bezogen auf den reduzierten Umfang – unberührt, soweit

9 BGH v. 11.11.1991 – II ZR 287/90, AG 1992, 83, 85; *Altmeppen* in MünchKomm. AktG, § 303
  Rz. 19; *Hüffer*, § 303 Rz. 4; *Koppensteiner* in KölnKomm. AktG, § 303 Rz. 13; *Krieger* in
  MünchHdb. AG, § 70 Rz. 219; *Ströhmann*, NZG 1999, 1030, 1032 f.; *Hirte* in Großkomm.
  AktG, § 303 Rz. 15; *Emmerich* in Emmerich/Habersack, Aktien- und GmbH-Konzernrecht,
  § 303 Rz. 12a; a.A. *Peltzer*, AG 1975, 309, 312 f.
10 Nach BGH v. 11.11.1991 – II ZR 287/90, AG 1992, 83, 85 kann trotz Unanwendbarkeit von
  § 15 Abs. 1 HGB im Einzelfall der Vertrauensschutz entfallen; *Hirte* in Großkomm. AktG,
  § 303 Rz. 15.
11 Zu Letzterem *Emmerich* in Emmerich/Habersack, Aktien- und GmbH-Konzernrecht, § 303
  Rz. 12a.
12 BayObLG v. 5.2.2003 – 3 Z BR 232/02, DB 2003, 761.
13 Vgl. mit leichten Unterschieden in der Formulierung *Hüffer*, § 303 Rz. 3; *Koppensteiner* in
  KölnKomm. AktG, § 303 Rz. 14 ff.; *Emmerich* in Emmerich/Habersack, Aktien- und GmbH-
  Konzernrecht, § 303 Rz. 10; *Altmeppen* in MünchKomm. AktG, § 303 Rz. 15 ff.
14 Allgemeine Meinung, *Hüffer*, § 303 Rz. 3; *Koppensteiner* in KölnKomm. AktG, § 303 Rz. 17;
  Habersack in FS Koppensteiner, 2001, S. 31, 35 f.; *Emmerich* in Emmerich/Habersack, Ak-
  tien- und GmbH-Konzernrecht, § 303 Rz. 10; ähnlich OLG Zweibrücken v. 8.1.2004 – 4 U 70/
  03, AG 2004, 568, 569.
15 BGH v. 11.11.1991 – II ZR 287/90, AG 1992, 83, 85 f.; anders müsste bei Wiederkehrschuldver-
  hältnissen zu entscheiden sein (*Emmerich* in Emmerich/Habersack, Aktien- und GmbH-Konzernrecht, § 303 Rz. 10a), die jedoch nur noch von rechtshistorischem Interesse sind.

der ursprüngliche Rechtsgrund fortbesteht[16]. Der Anspruch auf Sicherheitsleistung erfasst **sich** im Zeitablauf **erhöhende Vertragsleistungen** nur, soweit diese Leistungen vor dem Stichtag so vereinbart waren. Dagegen berechtigen nach dem Stichtag vereinbarte zusätzliche oder erhöhte Leistungen nicht zur Sicherheitsleistung[17].

11   § 303 enthält keine zeitliche Begrenzung hinsichtlich künftig fällig werdender Forderungen aus Dauerschuldverhältnissen. Im Grundsatz ist unbestritten, dass zur Vermeidung einer „**Endloshaftung**" eine angemessene Begrenzung der Verpflichtung zur Sicherheitsleistung vorgenommen werden muss[18]. Im neueren Schrifttum wird überwiegend die **analoge Anwendung der §§ 26, 160 HGB** (Begrenzung auf die innerhalb von 5 Jahren fällig werdenden Forderungen) befürwortet[19]. Dem steht entgegen, dass der Gesetzgeber im Jahr 2004 § 327 Abs. 4 AktG an § 160 HGB angepasst hat, ohne gleichzeitig auch § 303 zu ändern. Die Ausgangslage bei § 160 HGB und bei § 327 AktG ist auch nicht in jeder Beziehung mit § 303 vergleichbar, da es dort um eine bereits vorher bestehende Außenhaftung geht[20]. Im Ergebnis ist deshalb in Anlehnung an eine Entscheidung des BGH zur Verschmelzung die **Begrenzung der Haftung** der Höhe nach **auf das vernünftige Sicherungsinteresse** des Gläubigers zu bevorzugen[21]. Teilweise wird ein Maßstab zur Konkretisierung aus der erstmaligen Kündigungsmöglichkeit gewonnen[22]. Diese Begrenzung gilt nicht nur für den Umfang der Verpflichtung zur Sicherheitsleistung bei Dauerschuldverhältnissen, sondern auch für die Frage, ob der Gläubiger bereits **anderweitig ausreichend gesichert** ist.

2. Sicherheitsleistung

a) Art der Sicherheitsleistung

12   § 303 Abs. 1 Satz 1 verweist implizit auf die **Sicherheitsleistung nach § 232 BGB**[23]. In der Praxis ist die Sicherheitsleistung nach §§ 232 ff. BGB nahezu bedeutungslos, weil die Obergesellschaft nach § 303 Abs. 3 bequemer und kostengünstiger selbst Bürgschaft leisten kann[24]. Unabhängig von der Art der gestellten Sicherheit können die Gläubiger daraus entsprechend den jeweiligen Verwertungsvoraussetzungen (gerade) auch in der Insolvenz der Untergesellschaft selbst vorgehen[25].

---

16 Von OLG Zweibrücken v. 8.1.2004 – 4 U 70/03, AG 2004, 568, 569 bejaht für den Übergang von einem Arbeitsverhältnis zu einem Altersteilzeitvertrag.

17 OLG Zweibrücken v. 8.1.2004 – 4 U 70/03, AG 2004, 568, 569 f. für einen nach dem Stichtag vereinbarten Ausgleich für Abschläge in der gesetzlichen Rentenversicherung.

18 BGH v. 18.3.1996 - II ZR 299/94, AG 1996, 321 ff.; OLG Frankfurt a.M. v. 16.2.2000 – 19 U 226/98, AG 2001, 139, 141; *Koppensteiner* in KölnKomm. AktG, § 303 Rz. 16; *Hüffer*, § 303 Rz. 3; *Emmerich* in Emmerich/Habersack, Aktien- und GmbH-Konzernrecht, § 303 Rz. 11 ff.; *Altmeppen* in MünchKomm. AktG, § 303 Rz. 26 ff.; eher zurückhaltend OLG Zweibrücken v. 8.1.2004 – 4 U 70/03, AG 2004, 568, 569.

19 *Habersack* in FS Koppensteiner, S. 31, 37 f.; *Jaeger*, DB 1996, 1069, 1070 f.; *Hoffmann*, NZG 2000, 935, 936 f. (kombiniert mit der Kündigungstheorie); *Emmerich* in Emmerich/Habersack, Aktien- und GmbH-Konzernrecht, § 303 Rz. 11b; *Hirte* in Großkomm. AktG, § 303 Rz. 17; *Krieger* in Münch Hdb. AG, § 60 Rz. 41 (zusätzlich beschränkt durch zum. abstraktes Sicherungsbedürfnis, Rz. 4).

20 Vgl. *Krieger* in FS Nirk, S. 551, 556 f. am Beispiel der verfallbaren Anwartschaft.

21 BGH v. 18.3.1996 - II ZR 299/94, AG 1996, 321, 322; OLG Frankfurt a.M. v. 16.2.2000 – 19 U 226/98, AG 2001, 139, 141; *Hüffer*, § 303 Rz. 3.

22 *Altmeppen* in MünchKomm. AktG, § 303 Rz. 31 f. (in Anlehnung an die früher zu §§ 159 f. HGB vertretene, dort inzwischen weithin aufgegebene Kündigungstheorie).

23 Allg. M., *Rittner* in FS Oppenhoff, S. 317, 320 ff.; *Hüffer*, § 303 Rz. 6; *Emmerich* in Emmerich/Habersack, Aktien- und GmbH-Konzernrecht, § 303 Rz. 18.

24 *Werner* in FS Goerdeler, S. 677, 685; kritisch zur Möglichkeit der Bürgschaft *van Venrooy*, BB 1981, 1003, 1005 f.

25 Vgl. *Emmerich* in Emmerich/Habersack, Aktien- und GmbH-Konzernrecht, § 303 Rz. 25a für die Ausfallhaftung.

b) Höhe der Sicherheitsleistung

Der Betrag der in § 303 Abs. 1 Satz 1 definierten „Altforderungen" bestimmt auch 13 die **Obergrenze** der Sicherheitsleistung, die von den Gläubigern gefordert werden kann[26]. Eine Abzinsung künftig fällig werdender Forderungen ist nicht vorzunehmen. Die Sicherheitsleistung müsste andernfalls im Zeitablauf ständig angepasst werden. Den Interessen der Obergesellschaft wird durch die kostengünstige Möglichkeit, sich selbst zu verbürgen (§ 303 Abs. 3), hinreichend Rechnung getragen.

Nicht auf Geldzahlung gerichtete Forderungen sind zu bewerten. In vielen solchen 14 Fällen besteht jedoch kein hinreichendes Sicherungsbedürfnis des Gläubigers, so dass diese Forderungen dann nicht in die Höhe der Sicherheitsleistung eingehen (s. sogleich).

Nach der hier vertretenen Auffassung ist die Höhe der Sicherheitsleistung ferner 15 durch das objektiv zu bestimmende, angemessene **Sicherungsinteresse des Gläubigers** begrenzt[27]. Eine gesetzliche Ausprägung dieses Gedankens (und keine abschließende Spezialregelung) ist § 303 Abs. 2. Sicherheitsleistung kann der Gläubiger deshalb nicht verlangen, wenn er anderweitig hinreichend gesichert ist. Das ist bei **Realsicherheiten** zu bejahen, soweit der Wert der Sicherheit ausreicht und das Sicherungsinteresse des Gläuberigers durch Aussonderungs- oder Absonderungsrechte im Insolvenzverfahren befriedigt ist[28]. Entsprechendes gilt für **Aufrechnungsmöglichkeiten**[29] und je nach den Umständen auch für **Zurückbehaltungsrechte** aus §§ 320, 273 BGB. **Insolvenzvorrechte**, die sich lediglich auf die Reihenfolge der Befriedigung beziehen, kommen auf Grundlage des gegenwärtigen Insolvenzrechts (vgl. §§ 53 bis 55 InsO) praktisch nicht in Betracht und würden wohl auch nur in Ausnahmefällen zu einer Einschränkung des Sicherungsbedürfnisses führen[30].

Bei **Miet- und Pachtverhältnisse** hat der **Mieter** oder Pächter in der Regel **kein Siche-** 16 **rungsinteresse**, weil er durch die Möglichkeit zum Einbehalt des Miet- oder Pachtzinses ausreichend geschützt ist. Im Einzelfall kann das anders sein, wenn z.B. der Miet- oder Pachtzins für einen längeren Zeitraum vorausbezahlt wurde. Der **Vermieter** oder Verpächter hat grundsätzlich Anspruch auf Sicherheitsleistung in Höhe der innerhalb der Vertragslaufzeit, bei unbestimmter Laufzeit innerhalb von drei bis fünf Jahren fällig werdenden Miet- oder Pachtzahlungen[31]. Entsprechendes gilt für **Ansprüche auf Arbeitslohn**[32].

Für **unverfallbare Ruhegeldanwartschaften** kann mangels Sicherungsbedürfnis keine 17 Sicherheitsleistung verlangt werden, soweit sie nach § 7 f. BetrAVG vom Pensionssi-

---

26 *Hüffer*, § 303 Rz. 3; *Emmerich* in Emmerich/Habersack, Aktien- und GmbH-Konzernrecht, § 303 Rz. 19.
27 BGH v. 18.3.1996 - II ZR 299/94, AG 1996, 321, 322; *Hüffer*, § 303 Rz. 3; ähnlich *Altmeppen* in MünchKomm. AktG, § 303 Rz. 31 f.; ebenso zu § 22 UmwG *Marsch-Barner* in Kallmeyer, UmwG, § 22 Rz. 12; *Schröer*, DB 1999, 317, 321 f.; die Gegenauffassung wendet § 160 HGB analog an, s. oben Rz. 11.
28 *Emmerich* in Emmerich/Habersack, Aktien- und GmbH-Konzernrecht, § 303 Rz. 27; *Lwowski/Groeschke*, WM 1994, 613, 619 f.; *Altmeppen* in MünchKomm. AktG, § 303 Rz. 58.
29 *Emmerich* in Emmerich/Habersack, Aktien- und GmbH-Konzernrecht, § 303 Rz. 27; *Altmeppen* in MünchKomm. AktG, § 303 Rz. 58; *Hirte* in Großkomm. AktG, § 303 Rz. 28.
30 OLG Zweibrücken v. 8.1.2004 – 4 U 70/03, AG 2004, 568, 569; ähnlich *Emmerich* in Emmerich/Habersack, Aktien- und GmbH-Konzernrecht, § 303 Rz. 27.
31 BGH v. 18.3.1996 – II ZR 299/94, AG 1996, 321, 322: mindestens der dreifache Jahresbetrag der Miete; *Emmerich* in Emmerich/Habersack, Aktien- und GmbH-Konzernrecht, § 303 Rz. 19; anders *Altmeppen* in MünchKomm. AktG, § 303 Rz. 31: erste ordentliche Kündigungsmöglichkeit; zur analogen Anwendung § 160 HGB oben Rz. 11.
32 Wohl weitergehend OLG Zweibrücken v. 8.1.2004 – 4 U 70/03, AG 2004, 568, 569.

cherungsverein gedeckt sind[33]. Der **Pensionssicherungsverein selbst** kann nur dann Sicherheitsleistung verlangen, wenn er innerhalb der Ausschlussfrist von § 303 Abs. 1 Satz 1 durch Forderungsübergang nach § 9 Abs. 2 BetrAVG Forderungsinhaber geworden ist; denn vorher ist seine eigene Forderung nicht im Sinne von § 303 „begründet"[34]. **Verfallbare Anwartschaften** begründen mangels hinreichend konkretisierter Rechtsposition keinen Anspruch auf Sicherheitsleistungen[35]. Bei **nicht vom Pensionssicherungsverein gesicherten unverfallbaren Anwartschaften** (einschließlich der Fälle, in denen bereits Pensionszahlungen erfolgen) erschiene eine Begrenzung auf die innerhalb der nächsten drei bis fünf Jahre fällig werdenden Zahlungen ohne ausdrückliche gesetzliche Anordnung als etwas kurz bemessen. Andererseits ist auch in diesen Fällen eine Endloshaftung der Obergesellschaft nicht zu rechtfertigen, weil die Gläubiger der Untergesellschaft nicht darauf vertrauen konnten, dass die Verpflichtung der Obergesellschaft zur Verlustdeckung nach § 302 zeitlich unbegrenzt andauern werde. Denkbar ist eine Begrenzung auf die in den 5 bis 10 Jahren nach Vertragsbeendigung fällig werdenden Zahlungen.

c) Schuldner der Verpflichtung zur Sicherheitsleistung

18   Die Verpflichtung zur Sicherheitsleistung trifft die **Obergesellschaft**. Das gilt auch bei gleichzeitiger Beendigung mehrerer Beherrschungs- oder Gewinnabführungsverträge auf mehreren Konzernstufen. Berechtigt sind demnach immer nur die Gläubiger der Untergesellschaft, mit der der Beherrschungs- oder Gewinnabführungsvertrag bestand, und verpflichtet ist nur die Obergesellschaft dieses Vertrags[36].

3. Ausschlussfrist für die Meldung

19   Der Gläubiger muss sich innerhalb einer **Ausschlussfrist von sechs Monaten** nach der Bekanntmachung der Eintragung bei der Obergesellschaft melden, § 303 Abs. 1 Satz 1 letzter Halbsatz. Die Meldung muss „zu diesem Zweck" erfolgen, also das Begehren nach Sicherheitsleistung und die Bezeichnung der Forderung, für die die Sicherheitsleistung begehrt wird, enthalten[37]. **Bezifferung der Forderung der Höhe nach** ist für den Gläubiger schon aus Gründen der Individualisierung der Forderung ratsam, aber bei anderweitiger hinreichender Indentifizierung nicht unbedingt erforderlich[38].

20   Der Ablauf der Frist von sechs Monaten berechnet sich nach §§ 187 Abs. 1, 188 Abs. 2 BGB. Die Meldung kann **bereits vor der Bekanntmachung** der Eintragung erfol-

---

33 BAG v. 30.7.1996 – 3 AZR 397/95, AG 1997, 268 ff.; OLG Zweibrücken, v. 8.1.2004 – 4 U 70/03, AG 2004, 568, 569; *Krieger* in FS Nirk, S. 551, 559 ff.; *Emmerich* in Emmerich/Habersack, Aktien- und GmbH-Konzernrecht, § 303 Rz. 27; *Hirte* in Großkomm. AktG, § 303 Rz. 28.

34 Etwas weitergehend *Krieger* in FS Nirk, S. 551, 564 ff., 568 (Forderungsübergang „hinreichend wahrscheinlich"); generell ablehnend *Emmerich* in Emmerich/Habersack, Aktien- und GmbH-Konzernrecht, § 303 Rz. 27.

35 *Krieger* in FS Nirk, S. 551, 556; *Krieger* in Münch Hdb. AG, § 60 Rz. 42; a.A. *Emmerich* in Emmerich/Habersack, Aktien- und GmbH-Konzernrecht, § 303 Rz. 10a.

36 *Emmerich* in Emmerich/Habersack, Aktien- und GmbH-Konzernrecht, § 303 Rz. 4; *Altmeppen* in MünchKomm. AktG, § 303 Rz. 36; *Koppensteiner* in KölnKomm. AktG, § 303 Rz. 7; *Krieger* in MünchHdb. AG, § 70 Rz. 218; teilweise anders *Pentz*, Enkel-AG, S. 161 ff.; *Hirte* in Großkomm. AktG, § 303 Rz. 25.

37 *Emmerich* in Emmerich/Habersack, Aktien- und GmbH-Konzernrecht, § 303 Rz. 17; *Altmeppen* in MünchKomm. AktG, § 303 Rz. 22; *Koppensteiner* in KölnKomm. AktG, § 303 Rz. 19; dagegen will *Hirte* in Großkomm. AktG, § 303 Rz. 20 auf die Bezeichnung der Forderung verzichten.

38 Wie hier *Altmeppen* in MünchKomm. AktG, § 303 Rz. 22; *Emmerich* in Emmerich/Habersack, Aktien- und GmbH-Konzernrecht, § 303 Rz. 17; a.A. *Hüffer*, § 303 Rz. 5; *Koppensteiner* in KölnKomm. AktG, § 303 Rz. 19: Bezifferung erforderlich.

gen[39]. Die Frist wird durch rechtzeitigen **Zugang** bei der Obergesellschaft gewahrt[40]. Eine besondere **Form** ist nicht vorgeschrieben. Mündliche Meldung ist grundsätzlich möglich, aber für alle Beteiligten unpraktisch[41]. Die Beweislast für die rechtzeitige und inhaltlich ausreichende Meldung obliegt dem die Sicherheitsleistung begehrenden Gläubiger. Bei **Versäumen der Frist**, gleich aus welchem Grund, entfällt das Recht auf Sicherheitsleistung[42]. Wiedereinsetzung ist nicht möglich, fehlende Kenntnis des Gläubigers von der Eintragung und ihrer Bekanntmachung hindert den Fristablauf nicht[43].

4. Hinweispflicht

In der **Bekanntmachung** der Eintragung müssen die Gläubiger auf das Recht, Sicherheitsleistung zu verlangen, **hingewiesen** werden, § 303 Abs. 1 Satz 2. Der Hinweis obliegt dem **Registergericht** in eigener Verantwortung. Wenn das Registergericht den Hinweis unterlässt, ändert das nichts daran, dass der Gläubiger das Recht auf Sicherheitsleistung mit Ablauf der Frist verliert. Denkbar sind in diesem Fall Amtshaftungsansprüche nach § 839 BGB[44].   21

III. Anderweitige Sicherheit (§ 303 Abs. 2)

1. Anwendungsbereich

§ 303 Abs. 2 schließt das Recht auf Sicherheitsleistung aus, soweit dem Gläubiger   22
ein Recht auf vorzugsweise Befriedigung aus **gesetzlich vorgeschriebenen, staatlich überwachten Deckungsmassen** zusteht.

Unter § 303 Abs. 2 fallen insbesondere die Ansprüche der Inhaber von Hypotheken-   23
pfandbriefen, öffentlichen Pfandbriefen und Schiffspfandbriefen nach **§ 1 PfandbriefG** (vgl. zur Deckung und Überwachung §§ 5, 7 ff., 30 PfandbriefG). Entsprechendes gilt für gedeckte Schuldverschreibungen der **Landwirtschaftlichen Rentenbank** (§§ 13, 14 LwRentBkG). Des Weiteren gehören hierher die Ansprüche der Inhaber von **Lebensversicherungen und substitutiven Krankenversicherungen** (§ 12 VAG) sowie **privaten Pflegeversicherungen** nach § 12f VAG (vgl. §§ 66, 71, 77a VAG) Der Treuhänder wird zwar vom Aufsichtsrat des Versicherungsunternehmens bestellt, jedoch im Benehmen mit der Bundesanstalt für Finanzdienstleistungen als Aufsichtsbehörde (§ 71 VAG). Zusammen mit der generellen staatlichen Überwachung (§§ 81 ff. VAG) genügt dies den Anforderungen von § 303 Abs. 2. Hinzu tritt neuerdings der Sicherungsfonds nach §§ 124 ff. VAG. Unter § 303 Abs. 2 fällt der Art nach auch das Son-

---

39 *Emmerich* in Emmerich/Habersack, Aktien- und GmbH-Konzernrecht, § 303 Rz. 17, *Krieger* in MünchHdb. AG, § 70 Rz. 222.

40 *Emmerich* in Emmerich/Habersack, Aktien- und GmbH-Konzernrecht, § 303 Rz. 17; *Hüffer*, § 303 Rz. 5.

41 *Emmerich* in Emmerich/Habersack, Aktien- und GmbH-Konzernrecht, § 303 Rz. 17; *Altmeppen* in MünchKomm. AktG, § 303 Rz. 22; *Hüffer*, § 303 Rz. 5; *Koppensteiner* in KölnKomm. AktG, § 303 Rz. 19.

42 *Emmerich* in Emmerich/Habersack, Aktien- und GmbH-Konzernrecht, § 303 Rz. 16; *Koppensteiner* in KölnKomm. AktG, § 303 Rz. 18; *Krieger* in MünchHdb. AG, § 70 Rz. 222; *Hüffer*, § 303 Rz. 5.

43 *Emmerich* in Emmerich/Habersack, Aktien- und GmbH-Konzernrecht, § 303 Rz. 16; *Altmeppen* in MünchKomm. AktG, § 303 Rz. 21. Das ergibt sich nicht, wie gelegentlich gesagt wird, aus der Unanwendbarkeit von § 15 Abs. 2 HGB; eher spräche § 15 Abs. 2 HGB, wenn er anwendbar wäre, für das gleiche Ergebnis.

44 *Emmerich* in Emmerich/Habersack, Aktien- und GmbH-Konzernrecht, § 303 Rz. 16; *Altmeppen* in MünchKomm. AktG, § 303 Rz. 23; *Hüffer*, § 303 Rz. 5; *Koppensteiner* in KölnKomm. AktG, § 303 Rz. 18; *Krieger* in MünchHdb. AG, § 70 Rz. 222.

dervermögen nach §§ 30 ff. Investmentgesetz, aber insoweit werden bereits keine unter § 303 Abs. 1 Satz 1 subsumierbaren Forderungen bestehen.

2. Erweiterung des Anwendungsbereichs von § 303 Abs. 2?

24 § 303 Abs. 2 ist aufgrund seiner sehr speziellen Anforderungen **nur begrenzt analogiefähig**. Bejaht werden kann die Analogie für Ansprüche gegen den **Pensionssicherungsverein** nach § 7 f. BetrAVG[45]. Entsprechendes gilt für die **gesetzliche Einlagensicherung** der Einlagen bei Kreditinstituten nach dem Einlagensicherungs- und Anlegerentschädigungsgesetz. Dagegen kann § 303 Abs. 2 mangels staatlicher Überwachung nicht analog auf die **privatrechtlich organisierte Einlagensicherung** der Kreditinstitute angewendet werden. Hierfür gelten allerdings die allgemeinen Grundsätze über das Vorliegen eines vernünftigen Sicherungsbedürfnisses (dazu oben Rz. 11), die den Anspruch auf Sicherheitsleistung reduzieren oder ausschließen können.

IV. Sicherheitsleistung durch Bürgschaft (§ 303 Abs. 3)

25 Statt Sicherheit nach § 232 BGB zu leisten, kann sich die Obergesellschaft für die Forderung **verbürgen**. Das ist für die Obergesellschaft in fast allen Fällen der einfachste und kostengünstigste, und deshalb auch **in der Praxis der ganz vorherrschende Weg**. Die Entscheidung, Sicherheit durch Bürgschaft zu leisten, liegt allein bei der Obergesellschaft. Mit Ausübung des Wahlrechts beschränkt sich die geschuldete Leistung auf die Stellung der Bürgschaft (§ 263 Abs. 2 BGB). Im Angebot der Obergesellschaft zum Abschluss des Bürgschaftsvertrags nach § 765 BGB liegt gleichzeitig die Ausübung des Wahlrechts. Lehnt der Gläubiger das Angebot ab, verliert er die Rechte aus § 303[46]. Die Obergesellschaft ist nicht verpflichtet, dass Angebot zu wiederholen[47].

26 Wenn (wie nahezu immer) die Bürgschaft auf Seiten der Obergesellschaft ein **Handelsgeschäft** ist, bedarf das Bürgschaftsversprechen nicht der Schriftform des § 350 HGB[48]. Allerdings kann wegen der sonst bestehenden Beweisschwierigkeiten der Gläubiger verlangen, dass das Bürgschaftsangebot in geeigneter Form (zumindest in Textform, § 126b BGB) dokumentiert wird. Mit Annahme des Bürgschaftsangebots kommt der Bürgschaftsvertrag zustande. Die Annahme bedarf des Zugangs bei der Obergesellschaft, wenn die Obergesellschaft nicht darauf verzichtet hat (§ 151 BGB)[49].

27 Die Obergesellschaft hat als Bürge die **Einrede der Vorausklage**, auch wenn die Bürgschaft für sie ein Handelsgeschäft ist. § 349 HGB findet keine Anwendung, § 303 Abs. 3 Satz 2. Im Übrigen richten sich die Voraussetzungen des Vorgehens aus der Bürgschaft nach Bürgschaftsrecht. Die Einrede ist unter anderem dann ausgeschlossen, wenn über das Vermögen der Untergesellschaft das Insolvenzverfahren eröffnet

---

45 S. bereits oben Rz. 17 und BAG v. 30.7.1996 – 3 AZR 397/95, AG 1997, 268 ff.; OLG Zweibrücken v. 8.1.2004 - 4 U 70/03, AG 2004, 568, 569; a.A. *Rittner* in FS Oppenhoff, 1985, S. 317, 327 f.; zweifelnd *Hüffer*, § 225 Rz. 10.
46 *Emmerich* in Emmerich/Habersack, Aktien- und GmbH-Konzernrecht, § 303 Rz. 22; *Altmeppen* in MünchKomm. AktG, § 303 Rz. 60; *Koppensteiner* in KölnKomm. AktG, § 303 Rz. 22; a.A. *Hirte* in Großkomm. AktG, § 303 Rz. 31 (mit der kaum haltbaren Begründung, geschuldet sei die Sicherheitsleistung und nicht nur ein Angebot darauf).
47 *Emmerich* in Emmerich/Habersack, Aktien- und GmbH-Konzernrecht, § 303 Rz. 22.
48 *Emmerich* in Emmerich/Habersack, Aktien- und GmbH-Konzernrecht, § 303 Rz. 21.
49 *Emmerich* in Emmerich/Habersack, Aktien- und GmbH-Konzernrecht, § 303 Rz. 22.

ist, § 773 Abs. 1 Nr. 3 BGB[50]. Wenn die Eröffnung des Insolvenzverfahrens über das Vermögen der Untergesellschaft mangels Masse abgelehnt wird, kann der Gläubiger auf Grundlage von § 773 Abs. 1 Nr. 4 BGB unmittelbar gegen die Obergesellschaft vorgehen.

V. Ausfallhaftung

Wenn eine Inanspruchnahme der Untergesellschaft von vornherein völlig aussichtslos wäre, kann der Gläubiger die Obergesellschaft **direkt auf Zahlung** in Anspruch nehmen[51]. Fälle dieser Art sind im AG-Konzern selten. Die Untergesellschaft ist nur selten bereits insolvent, wenn es zur Sicherheitsleistung kommt. Die in der Rechtsprechung entschiedenen Fälle[52] betreffen fast durchweg pathologische Gestaltungen wie den qualifiziert faktischen GmbH-Konzern oder „unerkannte" Beherrschungsverträge, so dass mangels Bekanntmachung der Beendigung die Frist von § 303 Abs. 1 Satz 1 noch nicht in Gang gesetzt war. **Im Regelfall** kann demnach von der Obergesellschaft (wie in § 303 vorgesehen) **nur Sicherheitsleistung** verlangt werden kann. 28

Wenn ausnahmsweise an die Stelle des Anspruchs auf Sicherheitsleistung ein unmittelbarer Zahlungsanspruch tritt, weil die Untergesellschaft insolvent ist, kann jeder Gläubiger den Anspruch selbst geltend machen. Im Unterschied zu den Fällen der Durchgriffshaftung handelt es sich **nicht um Ansprüche**, die grundsätzlich allen Gläubigern der Untergesellschaft in gleicher Weise zukämen und für die die **Geltendmachung durch den Insolvenzverwalter** analog §§ 93 InsO, 171 Abs. 2 HGB sinnvoll wäre[53]. 29

Vierter Abschnitt. Sicherung der außenstehenden Aktionäre bei Beherrschungs- und Gewinnabführungsverträgen

§ 304
Angemessener Ausgleich

(1) **Ein Gewinnabführungsvertrag muss einen angemessenen Ausgleich für die außenstehenden Aktionäre durch eine auf die Anteile am Grundkapital bezogene wiederkehrende Geldleistung (Ausgleichszahlung) vorsehen. Ein Beherrschungsvertrag muss, wenn die Gesellschaft nicht auch zur Abführung ihres ganzen Gewinns verpflichtet ist, den außenstehenden Aktionären als angemessenen Ausgleich einen bestimmten jährlichen Gewinnanteil nach der für die Ausgleichszahlung bestimmten Höhe garantieren. Von der Bestimmung eines angemessenen Ausgleichs kann nur abgesehen werden, wenn die Gesellschaft im Zeitpunkt der Beschlussfassung ihrer Hauptversammlung über den Vertrag keinen außenstehenden Aktionär hat.**

50 *Emmerich* in Emmerich/Habersack, Aktien- und GmbH-Konzernrecht, § 303 Rz. 25 f.; *Koppensteiner* in KölnKomm. AktG, § 303 Rz. 25 f.
51 BGH v. 11.11.1991 – II ZR 287/90, AG 1992, 83, 84; *Emmerich* in Emmerich/Habersack, Aktien- und GmbH-Konzernrecht, § 303 Rz. 24; *Hirte* in Großkomm. AktG, § 303 Rz. 12.
52 Vgl. die Nw. bei *Emmerich* in Emmerich/Habersack, Aktien- und GmbH-Konzernrecht, § 303 Rz. 24 Fn 60.
53 Vgl. *Emmerich* in Emmerich/Habersack, Aktien- und GmbH-Konzernrecht, § 303 Rz. 25; a.A. *Hirte* in Großkomm. AktG, § 303 Rz. 12.

(2) Als Ausgleichszahlung ist mindestens die jährliche Zahlung des Betrags zuzusichern, der nach der bisherigen Ertragslage der Gesellschaft und ihren künftigen Ertragsaussichten unter Berücksichtigung angemessener Abschreibungen und Wertberichtigungen, jedoch ohne Bildung anderer Gewinnrücklagen, voraussichtlich als durchschnittlicher Gewinnanteil auf die einzelne Aktie verteilt werden könnte. Ist der andere Vertragsteil eine Aktiengesellschaft oder Kommanditgesellschaft auf Aktien, so kann als Ausgleichszahlung auch die Zahlung des Betrags zugesichert werden, der unter Herstellung eines angemessenen Umrechnungsverhältnisses auf Aktien der anderen Gesellschaft jeweils als Gewinnanteil entfällt. Die Angemessenheit der Umrechnung bestimmt sich nach dem Verhältnis, in dem bei einer Verschmelzung auf eine Aktie der Gesellschaft Aktien der anderen Gesellschaft zu gewähren wären.

(3) Ein Vertrag, der entgegen Absatz 1 überhaupt keinen Ausgleich vorsieht, ist nichtig. Die Anfechtung des Beschlusses, durch den die Hauptversammlung der Gesellschaft dem Vertrag oder einer unter § 295 Abs. 2 fallenden Änderung des Vertrags zugestimmt hat, kann nicht auf § 243 Abs. 2 oder darauf gestützt werden, dass der im Vertrag bestimmte Ausgleich nicht angemessen ist. Ist der im Vertrag bestimmte Ausgleich nicht angemessen, so hat das in § 2 des Spruchverfahrensgesetzes bestimmte Gericht auf Antrag den vertraglich geschuldeten Ausgleich zu bestimmen, wobei es, wenn der Vertrag einen nach Absatz 2 Satz 2 berechneten Ausgleich vorsieht, den Ausgleich nach dieser Vorschrift zu bestimmen hat.

(4) Bestimmt das Gericht den Ausgleich, so kann der andere Vertragsteil den Vertrag binnen zwei Monaten nach Rechtskraft der Entscheidung ohne Einhaltung einer Kündigungsfrist kündigen.

A. Überblick 1

  I. Regelungsgegenstand 1

  II. Regelungszweck 8

  III. Verfassungsrechtliche Grundlagen . . 13

B. Ausgleichspflicht (§ 304 Abs. 1 und Besonderheiten beim variablen Ausgleich nach § 304 Abs. 2 Satz 2) 15

  I. Ausgleichszahlung, Gewinnabführungsvertrag 15

    1. Inhalt 15

    2. Gläubiger 20

    3. Schuldner 26

      a) Fester Ausgleich 26

      b) Besonderheiten beim variablen Ausgleich 30

    4. Entstehen, Fälligkeit, Verjährung, Verzinsung 34

    5. Verfügungen über den Anspruch . . . 40

    6. Dauer 41

  II. Ausgleichszahlung, Beherrschungs- und Gewinnabführungsvertrag 47

  III. Garantiedividende, Beherrschungsvertrag 48

    1. Inhalt 48

    2. Gläubiger und Schuldner 53

    3. Entstehen, Fälligkeit, Verjährung, Verzinsung 55

    4. Verfügungen über den Anspruch 58

    5. Dauer 59

  IV. Sonstige Unternehmensverträge 63

  V. Vorhandensein außenstehender Aktionäre 64

    1. Begriff des außenstehenden Aktionärs 64

      a) Erweiterung des Begriffs der außenstehenden Aktionäre? 68

      b) Eingrenzungen des Begriffs der außenstehenden Aktionäre? 69

    2. Fehlen außenstehender Aktionäre . . 73

C. Höhe des Ausgleichs (§ 304 Abs. 2) . . 75

  I. Fester Ausgleich (§ 304 Abs. 2 Satz 1) 75

    1. Grundsätzliches 75

    2. Rechtliche Vorgaben zur Berechnung des Unternehmenswerts 78

      a) Stichtag, Stand alone, Wurzeltheorie, Verbundeffekte 78

      b) Berechnungsgrundlagen, Bereinigungen, Aktiengattungen, Nullausgleich 79

3. Rechtliche Vorgaben zur Ableitung
der Ausschüttungserwartung 84

4. Steuerliche Fragen 86

II. **Variabler Ausgleich (§ 304 Abs. 2
Satz 2)** 92

1. Allgemeines 92

2. Gewinnanteil der Obergesellschaft
als Berechnungsgrundlage 93

3. Verschmelzungsrelation 100

D. **Vertrags- und Beschlussmängel
(§ 304 Abs. 3)** 104

I. **Vertragsmängel (§ 304 Abs. 3 Satz 1)** . 104

II. **Beschlussmängel** 109

III. **Bestimmung des Ausgleichs durch
das Gericht** 114

E. **Kündigung (§ 304 Abs. 4)** 116

F. **Anpassungen des Ausgleichsanspruchs** 118

I. **Kapitalmaßnahmen** 119

1. Bei der Untergesellschaft 120

2. Bei der Obergesellschaft 125

II. **Maßnahmen nach dem UmwG, Gesamtrechtsnachfolge, Aktiensplit** . . . 132

III. **Vertragsänderungen** 136

IV. **Steuerliche Änderungen und Änderung sonstiger wirtschaftlicher Rahmendaten** 139

V. **Verfahren** 141

Literatur: Vgl. die Lit. zu § 305 und *Lutter/Drygala*, Wie fest ist der feste Ausgleich nach § 304 Abs. 2 S. 1 AktG?, AG 1995, 49; *Pentz*, Die verbundene Aktiengesellschaft als außenstehender Aktionär, AG 1996, 97; *G. Roth*, Die Berechnung der Garantiedividende von Vorzugsaktien im Rahmen von Unternehmensverträgen, Der Konzern 2005, 685.

A. Überblick

I. Regelungsgegenstand

§ 304 befasst sich mit dem **Ausgleich**, den außenstehende Aktionäre im Falle des Abschlusses eines Gewinnabführungsvertrags, eines Beherrschungsvertrags oder der Kombination beider erhalten sollen. Das Gesetz nennt den beherrschten oder den Gewinn abführenden Vertragspartner die „Gesellschaft" und den herrschenden oder den Gewinn erhaltenden Vertragspartner den „anderen Vertragsteil". Der leichteren Lesbarkeit halber wird hier in der Folge von „**Obergesellschaft**" und „**Untergesellschaft**" gesprochen. 1

Die Grundregel nennt § 304 Abs. 1: Den außenstehenden Aktionären ist ein angemessener Ausgleich vertraglich zuzusichern. Beim Gewinnabführungsvertrag (und ebenso beim Beherrschungs- und Gewinnabführungsvertrag) ist das ein Anspruch auf „**Ausgleichszahlung**", beim reinen Beherrschungsvertrag ein **garantierter Gewinnanteil**. Der Unterschied ist vorwiegend technischer Natur. Beim Gewinnabführungsvertrag entsteht im Jahresabschluss der Untergesellschaft von vornherein kein Gewinn mehr, so dass kein „Gewinnanteil" garantiert werden kann. **Der garantierte Gewinnanteil entspricht der Höhe nach der Ausgleichszahlung.** 2

Die **Höhe** des Ausgleichs ist in § 304 Abs. 2 geregelt. An erster Stelle steht die Einräumung eines ein für allemal für die Vertragslaufzeit festgelegten, jährlich zu zahlenden Betrages, der sich an der bisherigen und der künftig zu erwartenden Ertragslage der Gesellschaft ausrichtet und nach dem auf dieser Grundlage zu erwartenden durchschnittlichen Gewinnanteil bemisst. Die eher vereinzelten Regelungen zur Berechnung lassen dennoch deutlich werden, dass damit der gesamte nach Bildung der gesetzlichen Rücklagen zur Ausschüttung zur Verfügung stehende Gewinnanteil gemeint ist. 3

Alternativ zum festen Ausgleich kann ein **variabler Ausgleich** versprochen werden. Das geht allerdings nur dann, wenn die Obergesellschaft eine Aktiengesellschaft oder 4 eine Kommanditgesellschaft auf Aktien ist. In diesem Fall kann festgelegt werden, dass die außenstehenden Aktionäre von Jahr zu Jahr jeweils einen Betrag erhalten, der sich nach dem auf die Aktien der Obergesellschaft tatsächlich entfallenden Gewinnanteil bemisst. Die **Umrechnung** ist dabei **nach Maßgabe einer fiktiven Verschmelzungsrelation** zwischen beiden Gesellschaften vorzunehmen.

5   Diese Grundsätze zu Art und Höhe des Ausgleichs sind im Ausgangspunkt einleuchtend, **lassen aber im Einzelnen Fragen offen**, beginnend mit der Festlegung von Gläubiger und Schuldner des Ausgleichs bis hin zu Einzelheiten der Ausgleichsberechnung. Zur Bewältigung der besonderen Schwierigkeiten bei der Berechnung der Höhe des Ausgleichs hat der Gesetzgeber das **Spruchverfahren** geschaffen. Soweit der Vertrag nur überhaupt irgendeinen Ausgleich vorsieht, ist der Streit über dessen Höhe dem Anfechtungsverfahren nach § 243 entzogen. Im Spruchverfahren wird, wenn der Ausgleich nicht angemessen war, der Ausgleich vom Gericht bestimmt. Das Gericht muss dabei die vorhergehende Entscheidung der Vertragspartner für festen oder variablen Ausgleich respektieren, soweit diese Entscheidung als solche zulässig war. Folglich kommt die Heraufsetzung der Ausgleichsleistung oder die Änderung der im Vertrag vorgesehenen Ausgleichsart (wenn diese unzulässig war) in Betracht.

6   Wenn das Gericht den vertraglich vereinbarten Ausgleich **ändert** (d.h. heraufsetzt oder seiner Art nach ändert), kann die Obergesellschaft den Vertrag innerhalb von zwei Monaten nach Rechtskraft der Entscheidung fristlos **kündigen**.

7   § 304 begründet keine unmittelbaren gesetzlichen Ansprüche der außenstehenden Aktionäre, sondern schreibt gewisse **Mindestbedingungen** für Beherrschungs- und Gewinnabführungsverträge vor. Die Ansprüche selbst sind vertraglicher Natur. Da die Begünstigten nicht Vertragspartner sind und gleichwohl umittelbare Ansprüche aufgrund des Vertrags erwerben, handelt es sich um einen echten **Vertrag zugunsten Dritter** im Sinne von § 328 BGB[1].

II. Regelungszweck

8   Nach der Konzeption des Aktiengesetzes von 1965 steht es dem herrschenden Unternehmen[2] frei, das abhängige Unternehmen im Vertragskonzern seinen Weisungen zu unterstellen und es nachteiligen Maßnahmen zu unterwerfen sowie den gesamten Gewinn des abhängigen Unternehmens für sich zu beanspruchen. Erforderlich ist allein die Zustimmung der Hauptversammlung der Untergesellschaft und der Obergesellschaft mit qualifizierter Mehrheit. § 304 ist Teil des Schutzsystems, das als Korrelat für die mit einem Unternehmensvertrag verbundene **Beeinträchtigung der Vermögensinteressen** der außenstehenden Aktionäre erforderlich wurde[3].

9   Beim Gewinnabführungsvertrag ist evident, dass die außenstehenden Aktionäre eines Ausgleichs für den **Verlust des Gewinnanspruchs** bedürfen; denn da der gesamte Gewinn an die Obergesellschaft abgeführt wird, fehlt es von vornherein an einem Bilanzgewinn, der an die Aktionäre verteilt werden könnte. Beim Beherrschungsvertrag

---

1   *Bilda* in MünchKomm. AktG, § 304 Rz. 100; *Koppensteiner* in KölnKomm. AktG, § 304 Rz. 7; *Hüffer*, § 304 Rz. 5; *Busch*, AG 1993, 1; für § 305 BGH v. 20.5.1997 – II ZB 9/96 – „Guano", BGHZ 135, 374, 380 = AG 1997, 515, 516; a.A. *Habersack*, AG 2005, 710.

2   Unternehmensverträge, bei denen die Untergesellschaft nicht von der Obergesellschaft abhängig ist, sind beim Gewinnabführungsvertrag zwar denkbar, kommen in der Praxis aber kaum vor.

3   BGH v. 12.3.2001 – II ZB 15/00 – „DAT/Altana IV", BGHZ 147, 108, 113 = AG 2001, 417; BGH v. 4.3.1998 – II ZB 5/97 – „Asea Brown Boveri II", BGHZ 138, 136, 139 f. = AG 1998, 286, 287; *Röhricht*, ZHR 162 (1998), 249, 256 f.; *Kropff*, Aktiengesetz, S. 394.

ist die Situation nicht ganz so eindeutig; aber auch hier schafft die Zulässigkeit nachteiliger Weisungen und die Aufhebung des Verbots der Einlagenrückgewähr eine **Gefährdungslage** für die Vermögensinteressen der außenstehenden Aktionäre. Der Anspruch auf Ausgleichszahlung ist, plakativ gesagt, **nicht der Kaufpreis** für den Abkauf einer Vermögensposition, sondern die **Entschädigung** für die Beeinträchtigung dieser Vermögensposition[4].

Die gesetzliche Regelung wagt den Spagat zwischen der Unmöglichkeit der Ermittlung dessen, was ohne den Unternehmensvertrag geschehen wäre, und der **schadensrechtlich beeinflussten fiktiven Betrachtung**: Im Ausgangspunkt soll der außenstehende Aktionär so gestellt werden, als sei der Unternehmensvertrag nicht abgeschlossen worden. Deshalb erhält beim Gewinnabführungsvertrag der Aktionär Jahr für Jahr seinen **fiktiv berechneten Gewinnanteil als festen Ausgleich**. Auch hier handelt es sich um eine modellhafte Betrachtung. Welchen Gewinn die Gesellschaft tatsächlich erreicht hätte, lässt sich nicht vorhersagen, und dass sie den gesamten ausschüttungsfähigen Gewinn an die Aktionäre ausgeschüttet hätte, widerspricht der Lebenserfahrung und der Statistik. 10

Der **variable Ausgleich** sucht diese Nachteile zu vermeiden. Er knüpft den Ausgleich daran, was die außenstehenden Aktionäre bei einer **fiktiven Verschmelzung** mit der Obergesellschaft als Gewinnanteil erhalten würden. Aber auch diese Ausgleichsmöglichkeit stößt bei der Abbildung der Realität an ihre Grenze: Die außenstehenden Aktionäre können dabei trotz schlechter Lage der Untergesellschaft von den Ausschüttungen der Obergesellschaft profitieren oder aber trotz glänzender Lage der Untergesellschaft keinen Ausgleich erhalten, weil es der Obergesellschaft (auch nach Berücksichtigung ihrer Einkünfte aus der Untergesellschaft) schlecht geht. Das Gesetz nimmt das in Kauf[5]. 11

Die gesetzliche Regelung ist ein **Kompromiss** zwischen den Interessen der außenstehenden Aktionäre und den Interessen der Obergesellschaft. Hinweise auf den Schutzzweck der Regelung sind deshalb mit Vorsicht zu betrachten, wenn sie nur die Interessen einer Seite im Auge haben. Soweit die gesetzliche Regelung den Rechten der außenstehenden Aktionäre Grenzen setzt, schützt sie eben auch die Obergesellschaft vor überzogenen Begehrlichkeiten. 12

III. Verfassungsrechtliche Grundlagen

Das **BVerfG** hat sich in einer Reihe von Entscheidungen mit den Regelungen zu Ausgleich und Abfindung nach §§ 304, 305 befasst und dabei für die Anwendung der aktienrechtlichen Vorschriften insbesondere die folgenden verfassungsrechtlichen Leitlinien festgelegt: 13

Die außenstehenden Aktionäre müssen für Nachteile, die mit der Konzernierungsmaßnahme verbunden sind, **wirtschaftlich voll entschädigt** werden[6]. Beim **variablen Ausgleich** nach § 304 Abs. 2 Satz 2 muss den außensteheden Aktionären Rechtsschutz gegen eine „**missbräuchliche Dividendenpolitik**" des herrschenden Unter- 14

---

4 BGH v. 4.3.1998 – II ZB 5/97 – „Asea Brown Boveri II", BGHZ 138, 136, 139 f. = AG 1998, 286, 287; BGH v. 13.2.2006 – II ZR 392/03 – „Nullausgleich", AG 2006, 331, 332; *Bilda* in Münch-Komm. AktG, § 304 Rz. 9; zur Gegenauffassung *Hommelhoff* in FS Claussen, S. 129, 134, 137.
5 Anders tendenziell *Koppensteiner* in KölnKomm. AktG, § 304 Rz. 69 ff., 72 und passim.
6 BVerfG v. 7.8.1962 – 1 BvL 16/60 – „Feldmühle", BVerfGE 14, 263, 283 f.; BVerfG v. 27.4.1999 – 1 BvR 1613/94 – „DAT/Altana", AG 1999, 566, 567; BVerfG v. 10.2.2000 – 2 BvR 2317/99, AG 2000, 321, 322; BVerfG v. 25.7.2003 – 1 BvR 243/01, AG 2003, 624, 625 (zur Verschmelzung).

nehmens und gegen erhebliche **Verwässerungen** des Ausgleichsanspruchs durch Kapitalmaßnahmen beim herrschenden Unternehmen gewährt werden[7]. Die aus der Rechtsprechung des BVerfG im Einzelnen zu ziehenden Schlussfolgerungen werden im jeweiligen sachlichen Zusammenhang behandelt.

B. Ausgleichspflicht (§ 304 Abs. 1 und Besonderheiten beim variablen Ausgleich nach § 304 Abs. 2 Satz 2)

I. Ausgleichszahlung, Gewinnabführungsvertrag

1. Inhalt

15   Nach § 304 Abs. 1 Satz 1 muss ein Gewinnabführungsvertrag einen angemessenen Ausgleich durch eine auf die Anteile im Grundkapital bezogene **wiederkehrende Geldleistung** vorsehen. Bei dieser Ausgleichszahlung handelt es sich um einen schuldrechtlichen Anspruch und nicht um ein in der Aktie verkörpertes Mitgliedschaftsrecht[8]. Aufgrund der Gewinnabführung entsteht regelmäßig kein Bilanzgewinn, der Grundlage für eine Dividendenausschüttung sein könnte[9]. Wirtschaftlich gesehen trifft allerdings die Bezeichnung „**Garantiedividende**" auch auf die Ausgleichszahlung zu.

16   § 304 Abs. 1 Satz 1 betrifft ausschließlich den **Gewinnabführungsvertrag** im Sinne von § 291 Abs. 1 Satz 1 und den **Geschäftsführungsvertrag** nach § 291 Abs. 1 Satz 2[10]. Insbesondere findet § 304 keine Anwendung auf Teilgewinnabführungsverträge nach § 292 Abs. 1 Nr. 2[11]. Der Ausgleich muss **angemessen** sein. Dieses Erfordernis wird in § 304 Abs. 2 näher konkretisiert. Eine darüber hinausgehende Bedeutung hat der Begriff „angemessen" in § 304 Abs. 1 nicht. Es kann deshalb auf die Ausführungen zu § 304 Abs. 2 (unten Rz. 75 ff.) verwiesen werden.

17   Die Ausgleichszahlung muss auf die Anteile am Grundkapital bezogen sein. Das bedeutet, dass im Gewinnabführungsvertrag die **Ausgleichszahlung** sinnvollerweise **pro Aktie** festgelegt wird. Dementsprechend spricht § 304 Abs. 2 von dem „auf die einzelne Aktie" entfallenden fiktiven Gewinnanteil. Wenn die Gesellschaft Nennbetragsaktien verschiedenen Nennbetrags ausgegeben hat, sollte die Ausgleichszahlung im Gewinnabführungsvertrag jeweils separat (entsprechend dem jeweils verbrieften Anteil am Grundkapital) erfolgen. Möglich ist es auch, die Festlegung im Verhältnis zum Nennbetrag vorzunehmen (z.B. „je einem Euro Nennbetrag jeder Aktie wird eine Ausgleichszahlung in Höhe von Euro 0,10 pro Geschäftsjahr gewährt", oder „es wird eine Ausgleichszahlung in Höhe von 10% des Nennbetrags pro Geschäftsjahrjahr gewährt")[12].

18   Die Ausgleichszahlung muss **wiederkehrend** festgelegt werden. Wie sich aus § 304 Abs. 2 Satz 1 ergibt, ist damit eine **jährliche Zahlung** gemeint. Die Zahlung eines Ab-

---

7 BVerfG v. 8.9.1999 – 1 BvR 301/89 – „Hartmann & Braun", AG 2000, 40, 41 und dazu *E. Vetter*, ZIP 2000, 561.

8 BGH v. 8.5.2006 – II ZR 27/05 – „Jenoptik", AG 2006, 543, 544 (für die Abfindung nach § 305); a.A. *Hasselbach/Hirte* in Großkomm. AktG, § 304 Rz. 45, 48.

9 Ein Bilanzgewinn kann allerdings entstehen, wenn Rücklagen aufgelöst werden. Vgl. im Einzelnen die Erläuterungen zu § 301.

10 *Koppensteiner* in KölnKomm. AktG, § 304 Rz. 7.

11 OLG Düsseldorf v. 22.8.1997 – 3 Wx 302/95 – „Citicorp Deutschland", AG 1997, 578; *Hüffer*, § 291 Rz. 29; *Bilda* in MünchKomm. AktG, § 304 Rz. 14; *Hasselbach/Hirte* in Großkomm. AktG, § 304 Rz. 141; a.A. *Brauksiepe*, BB 1966, 144, 145.

12 *Bilda* in MünchKomm. AktG, § 304 Rz. 92; *Spindler/Klöhn*, Der Konzern 2003, 511, 516.

schlags vor Fälligkeit des Ausgleichsanspruchs ist unbedenklich, da die außenstehenden Aktionäre dadurch im Vergleich zu alljährlichen Zahlungen nicht benachteiligt werden. In der Literatur wird teilweise ein zwar von vornherein festgelegter, aber im Zeitablauf in Abhängigkeit von der Ertragsprognose sich ändernder Ausgleich („**Staffelausgleich**") für zulässig gehalten[13]. Wollte man dieser Auffassung folgen, wäre ein solcher fluktuierender Ausgleich der Regelfall, weil die Ertragsprognose im Betrachtungszeitraum in der Regel mehr oder weniger stark schwanken wird. Ein fluktuierender Ausgleich widerspricht aber § 304 Abs. 2 Satz 1, wonach der Ausgleich dem durchschnittlichen Gewinnanteil entsprechen soll. Er ist deshalb grundsätzlich unzulässig[14]. Ausnahmen mögen möglich sein, wenn sich ein gravierend schwankender Gewinnverlauf mit hoher Sicherheit prognostizieren lässt[15].

Statt eines festen Ausgleichbetrags kann im Vertrag auch ein **variabler Ausgleich** vereinbart werden, § 304 Abs. 2 Satz 2. Besonderheiten, die den Inhalt des variablen Ausgleichanspuchs betreffen, werden im Zusammenhang mit der Höhe des Anspruchs (unten Rz. 92 ff.) erörtert.   19

2. Gläubiger

Gläubiger des Ausgleichsanspruchs sind die **außenstehenden Aktionäre**. Das sind im Ausgangspunkt sämtliche Aktionäre mit Ausnahme der Obergesellschaft. Ob und in welchem Umfang mit der Obergesellschaft verbundene Unternehmen ebenfalls nicht als außenstehende Aktionäre zählen, ist umstritten (s. unten Rz. 69 ff.).   20

Ausgleichsberechtigt sind die zum Zeitpunkt des **Entstehens des Anspruchs** vorhandenen außenstehenden Aktionäre der Untergesellschaft[16]. In der Literatur wird demgegenüber in der Regel auf die **Fälligkeit** des Anspruchs verwiesen[17]. Das liegt daran, dass für das Entstehen des Anspruchs teilweise auf das Wirksamwerden des Unternehmensvertrags abgestellt wird und dieser Zeitpunkt offensichtlich für die Berechtigung des außenstehenden Aktionärs nicht maßgeblich sein kann, wenn es danach zu Übertragungen kommt. Nach der hier vertretenen Auffassung fallen Entstehung und Fälligkeit des konkreten Anspruchs zusammen oder sind doch zeitlich nur geringfügig voneinander zu unterscheiden (s. unten Rz. 34 f.), so dass der Unterschied zur herrschenden Meinung gering ist.   21

Der im Unternehmensvertrag begründete Ausgleichsanspruch steht **originär** den zum Zeitpunkt des Entstehens (oder, nach herrschender Meinung, der Fälligkeit) vorhandenen außenstehenden Aktionären zu[18]. Das gilt auch dann, wenn der außenstehende Aktionär die Aktie von einem nicht-außenstehenden Aktionär **erworben** hatte[19]. Im Normalfall bedarf es deshalb einer Übertragung des Anspruchs nicht. Bei Übertragung der Aktie vor Entstehung des Ausgleichsanspruchs erlischt nicht ein in   22

---

13 *Lutter/Drygala*, AG 1995, 49, 54 f.; *Bilda* in MünchKomm. AktG, § 304 Rz. 92; *Hüffer*, § 304 Rz. 11; *Spindler/Klöhn*, Der Konzern 2003, 511, 516.
14 OLG Hamburg v. 3.8.2000 – 11 W 36/95 – „Wünsche", AG 2001, 479, 481; LG Hamburg v. 23.6.1995 – 414 O 54/91 – „Wünsche", AG 1995, 517, 518; *Koppensteiner* in KölnKomm. AktG, § 304 Rz. 36.
15 OLG Hamburg v. 3.8.2000 – 11 W 36/95 – „Wünsche", AG 2001, 479, 481.
16 *Tebben*, AG 2003, 600, 602.
17 *Emmerich* in Emmerich/Habersack, Aktien- und GmbH-Konzernrecht, § 304 Rz. 21; *Koppensteiner* in KölnKomm. AktG, § 304 Rz. 17.
18 BGH v. 8.5.2006 – II ZR 27/05 – „Jenoptik", AG 2006, 543, 544 f. zur Abfindung.
19 OLG Nürnberg v. 17.1.1996 – 12 U 2801/91 – „Tucherbräu", AG 1996, 228, 229; *Emmerich* in Emmerich/Habersack, Aktien- und GmbH-Konzernrecht, § 304 Rz. 21; *Tebben*, AG 2003, 600, 601 ff.

der Person des Übertragenden begründeter Ausgleichsanspruch[20], sondern der Anspruch kommt für die maßgebliche Rechnungsperiode nur in der Person des Erwerbers zur Entstehung.

23 Wenn der Ausgleichsanspruch nach dem Inhalt der dafür in erster Linie maßgeblichen vertraglichen Regelung mit dem Ende der ordentlichen Hauptversammlung zur Entstehung gelangt, aber erst am Tag darauf fällig wird und **zwischen dem Ende der Hauptversammlung und dem Folgetag die Aktie übertragen** wird, richtet es sich nach dem Inhalt der Übertragungsvereinbarung, ob der Ausgleichsanspruch dem Erwerber abgetreten wird. Mangels ausdrücklicher vertraglicher Vereinbarung ist dies vor allem danach zu entscheiden, ob der Wert des Ausgleichsanspruchs im Kaufvertrag berücksichtigt wurde[21].

24 Wenn die Untergesellschaft börsennotiert ist, erfolgt die Notierung zu Beginn des auf die Hauptversammlung folgenden Tages „**Ex-Ausgleichszahlung**"[22]. Ab diesem Zeitpunkt erwirbt der Käufer bei Börsengeschäften die Aktie ohne den Ausgleichsanspruch. Wenn nach den obigen Grundsätzen der Ausgleichsanspruch bereits entstanden ist, die Notierung aber den Ausgleichsanspruch noch beinhaltet (also vor allem in der Zeit zwischen dem Ende der Hauptversammlung und dem Beginn des Folgetages) ist nach den Börsenhandelsusancen davon auszugehen, dass die Übertragung der Aktie die Abtretung des Ausgleichsanspruchs mit beinhaltet[23].

25 Wenn der außenstehende Aktionär das **Abfindungsangebot nach § 305 annimmt**, ist er ab Zugang der Annahmeerklärung bei der Obergesellschaft oder der von ihr bestimmten Stelle nicht mehr zum Bezug der Ausgleichsleistung berechtigt (s. § 305 Rz. 29)[24].

3. Schuldner

a) Fester Ausgleich

26 Das Gesetz regelt nicht, wer Schuldner des Ausgleichsanspruchs ist. In Betracht kommt die Obergesellschaft oder die Untergesellschaft. Nach heute ganz herrschender Auffassung muss den außenstehenden Aktionären ein **unmittelbarer Zahlungsanspruch** gegen die Obergesellschaft eingeräumt werden[25]. Da der Abschluss des Gewinnabführungsvertrags wesentliche sonst zugunsten der Aktionäre bestehende Schutzmechanismen und insbesondere das Verbot der Einlagenrückgewähr (§ 57) außer Kraft setzt (vgl. § 291 Abs. 3) kann den außenstehenden Aktionären nicht zugemutet werden, den Ausgleich nur von der Untergesellschaft fordern zu können. Die Gegenauffassung[26] berücksichtigt diese Gefährdungslage nicht hinreichend. Dies gilt auch für die Auffassung, wonach eine interne Verpflichtung der Obergesellschaft ge-

---

20 So aber *Hüffer*, § 304 Rz. 2 a.E.

21 *Tebben*, AG 2003, 600, 603.

22 Vgl. § 33 II. Nr. 15 der Börsenordnung für die Frankfurter Wertpapierbörse.

23 *Tebben*, AG 2003, 600, 603; für die entsprechende Situation bei den Dividenden *Fortun/Mühlbauer*, DB 2002, 2522, 2524.

24 A.A. *Hasselbach/Hirte* in Großkomm. AktG, § 304 Rz. 52 (erst mit Übertragung der Aktie); für das Nebeneinander von Ausgleichsanspruch und Verzinsung der Abfindung entfällt aber die Rechtfertigung, sobald sich der Aktionär für Abfindung entschieden hat.

25 OLG Düsseldorf v. 12.2.1992 – 19 W 3/91 – „Agrippina/Zürich", AG 1992, 200, 201; LG Mannheim v. 30.5.1994 – 23 AktE 1/90 – „Klöckner/SEN", AG 1995, 89, 90; *Krieger* in MünchHdb. AG, § 70 Rz. 81; *Hüffer*, § 304 Rz. 4; *Bilda* in MünchKomm. AktG, § 304 Rz. 32, *Koppensteiner* in KölnKomm. AktG, § 304 Rz. 22 f.

26 *Möhring* in FS Hengeler, S. 216, 220 f.; *Würdinger* in Großkomm. AktG, 3. Aufl., § 304 Anm. 18; *v. Godin/Wilhelmi*, § 304 Anm. 2.

genüber der Untergesellschaft zur Bereitstellung der erforderlichen Mittel genüge[27]. Nach allgemeiner Auffassung ist es zulässig, dass die Untergesellschaft als **Zahlstelle** für die im Außenverhältnis verpflichtete Obergesellschaft fungiert[28].

§ 304 steht Gestaltungen nicht entgegen, bei denen sich **sowohl die Untergesell-** **schaft als auch die Obergesellschaft** gegenüber den außenstehenden Aktionären zur Zahlung verpflichten. Der Ausgleich im Innenverhältnis ist dann Sache der Ober- und Untergesellschaft. Andererseits genügt ein Anspruch gegen die Obergesellschaft auch dann, wenn es sich um ein ausländisches Unternehmen handelt[29].   27

Die Obergesellschaft kann ihrerseits (als **Tochtergesellschaft**) abhängiges Unternehmen (ihrer Muttergesellschaft) sein. Sonderregeln gelten dafür nicht. Inbesondere ist die Muttergesellschaft nicht verpflichtet, im Verhältnis zu den außenstehenden Aktionären der **Enkelgesellschaft** den Ausgleich zu garantieren[30]. Zwischen der Muttergesellschaft und der Tochtergesellschaft gelten die allgemeinen Schutzvorschriften zugunsten der Gläubiger der Tochtergesellschaft (wie z.B. §§ 317 Abs. 4, 309 Abs. 4 Satz 3), zu denen auch die außenstehenden Aktionäre der Untergesellschaft gehören[31].   28

Im Übrigen ist es für den angemessenen Ausgleich nach § 304 Abs. 1 gleichgültig, wer die Obergesellschaft ist. Es kommt **jedes Unternehmen** in Betracht, das nach Maßgabe von § 291 Partei des Beherrschungsvertrags sein kann. Insbesondere kann das auch die öffentliche Hand oder ein ausländisches Unternehmen sein[32]. Wenn der Beherrschungsvertrag mit mehreren herrschenden Unternehmen geschlossen wird, haften diese für den Ausgleich als Gesamtschuldner[33]. Wenn sich mehrere herrschende Unternehmen untereinander über eine BGB-Gesellschaft koordinieren, kommt nach der neueren Rechtsprechung des BGH[34] auch die BGB-Gesellschaft (als Außengesellschaft) als Vertragspartnerin in Betracht und ist dann Schuldnerin des Ausgleichsanspruchs[35]. Die Gesellschafter der BGB-Gesellschaft haften in diesem Fall entsprechend § 128 HGB für die Erfüllung des Ausgleichsanspruchs[36].   29

b) Besonderheiten beim variablen Ausgleich

Statt des festen Ausgleichs können die vertragsschließenden Parteien[37] den **variablen Ausgleich** nach § 304 Abs. 2 Satz 2 wählen, wenn die Voraussetzungen dafür vorliegen. Beim **variablen Ausgleich** kommt als Obergesellschaft und damit als Schuldner des Ausgleichsanspruchs nur eine **Aktiengesellschaft** oder **Kommanditgesellschaft auf Aktien** in Betracht, § 304 Abs. 2 Satz 2. Das kann eine Gesellschaft dieser   30

---

27 *Hüchting*, Abfindung und Ausgleich, S. 8 ff.
28 *Hüffer*, § 304 Rz. 4; *Krieger* in MünchHdb. AG, § 70 Rz. 81; *Koppensteiner* in KölnKomm. AktG, § 304 Rz. 25; *Bilda* in MünchKomm. AktG, § 304 Rz. 33; *Emmerich* in Emmerich/Habersack, Aktien- und GmbH-Konzernrecht, § 304 Rz. 24.
29 *Hasselbach/Hirte* in Großkomm. AktG, § 304 Rz. 37.
30 *Krieger* in MünchHdb. AG, § 70 Rz. 99, 101; *Koppensteiner* in KölnKomm. AktG, § 304 Rz. 37; *Hasselbach/Hirte* in Großkomm. AktG, § 304 Rz. 116.
31 *Bilda* in MünchKomm. AktG, § 304 Rz. 54; *Koppensteiner* in KölnKomm. AktG, § 304 Rz. 39; teilweise weitergehend *Krieger* in MünchHdb. AG, § 70 Rz. 101, der offenbar § 309 Abs. 4 Satz 1 analog anwenden will.
32 *Koppensteiner* in KölnKomm. AktG, § 304 Rz. 27.
33 *Koppensteiner* in KölnKomm. AktG, § 304 Rz. 28.
34 BGH v. 29.1.2001 – II ZR 331/00, BGHZ 146, 341 = AG 2001, 307.
35 *Koppensteiner* in KölnKomm. AktG, § 291 Rz. 58 ff.; *Altmeppen* in MünchKomm. AktG, § 291 Rz. 113; a.A. *Hüffer*, § 291 Rz. 16; *Krieger* in MünchHdb. AG, § 70 Rz. 11.
36 *Koppensteiner* in KölnKomm. AktG, § 291 Rz. 60.
37 *Hasselbach/Hirte* in Großkomm. AktG, § 304 Rz. 66.

Rechtsform mit Sitz in Deutschland oder eine Gesellschaft entsprechender Rechtsform mit Sitz im **Ausland** sein[38]. § 304 geht diesbezüglich nach wie vor weiter als § 305 Abs. 2 Nr. 2, der früher (in europarechtlich bedenklicher Weise) eine Gesellschaft mit Sitz im Inland verlangte und nunmehr eine Gesellschaft mit Sitz im EWiR verlangt[39].

31   Wenn die **Obergesellschaft (als Tochtergesellschaft)** durch einen Gewinnabführungsvertrag zur Abführung ihres Gewinns an ein anderes Unternehmen (ihre Muttergesellschaft) verpflichtet ist, kommt der variable Ausgleich unter Anknüpfung an den Gewinn der Obergesellschaft nicht in Betracht[40]. Auch bei einem isolierten Beherrschungsvertrag ist wegen der Zulässigkeit nachteiliger Weisungen die Anknüpfung an den Gewinn der Obergesellschaft nicht möglich[41]. Teilweise wird es in diesen Fällen für möglich gehalten, den variablen Ausgleich an den **Gewinn der Muttergesellschaft** anzuknüpfen[42]. Das ist im Gesetz nicht vorgesehen, und die Voraussetzungen einer Analogie liegen nicht vor[43].

32   Bei **Mehrmütterorganschaft** kommt die Festsetzung eines variablen Ausgleichs wegen der praktisch nicht lösbaren Anknüpfung an die Gewinnsituation mehrerer Unternehmen nicht in Betracht[44]. Das gilt auch dann, wenn lediglich eine der Muttergesellschaften für den variablen Ausgleich qualifiziert ist, weil nicht einfach von den anderen Muttergesellschaften abgesehen werden kann.

33   Wenn sich während der Laufzeit des Unternehmensvertrags die **Verhältnisse** dergestalt **ändern**, dass bei einem Neuabschluss die Vereinbarung eines variablen Ausgleichs nicht mehr zulässig wäre und die außenstehenden Aktionäre dadurch in ihren Interessen betroffen werden, ist von der variablen Ausgleichsleistung auf eine feste Ausgleichsleistung überzugehen. Da nur die Art der Ausgleichsleistung betroffen ist und generell Anpassungen auf das erforderliche Mindestmaß zu beschränken sind, ist eine formale Vertragsänderung im Verfahren nach § 295 Abs. 1, Abs. 2 ebenso wenig erforderlich wie ein neues Spruchverfahren. Ein laufendes Spruchverfahren ist fortzuführen, jetzt allerdings auf die Festsetzung des festen Ausgleichs (zum alten Stichtag) gerichtet. Ansonsten ist der Anspruch auf festen Ausgleich mit der Leistungsklage zu verfolgen[45].

---

38 *Emmerich* in Emmerich/Habersack, Aktien- und GmbH-Konzernrecht, § 304 Rz. 45; *Krieger* in MünchHdb. AG, § 70 Rz. 94; *Bilda* in MünchKomm. AktG, § 304 Rz. 48, 93; a.A. *Koppensteiner* in KölnKomm. AktG, § 304 Rz. 42.
39 *Hasselbach/Hirte* in Großkomm. AktG, § 304 Rz. 67.
40 *Hüffer*, § 304 Rz. 17; *Krieger* in MünchHdb. AG, § 70 Rz. 99.
41 *Hüffer*, § 304 Rz. 17; *Emmerich* in Emmerich/Habersack, Aktien- und GmbH-Konzernrecht, § 304 Rz. 57; *Krieger* in MünchHdb. AG, § 70 Rz. 99.
42 *Emmerich* in Emmerich/Habersack, Aktien- und GmbH-Konzernrecht, § 304 Rz. 57; OLG Düsseldorf v. 12.2.1992 – 19 W 3/91 – „Agrippina/Zürich", AG 1992, 200, 204 f.; *Krieger* in MünchHdb. AG, § 70 Rz. 99.
43 Abl. auch *Koppensteiner* in KölnKomm. AktG, § 304 Rz. 36; skeptisch *Hüffer*, § 304 Rz. 17; *Hasselbach/Hirte* in Großkomm. AktG, § 304 Rz. 117.
44 *Emmerich* in Emmerich/Habersack, Aktien- und GmbH-Konzernrecht, § 304 Rz. 45; *Hüffer*, § 304 Rz. 14; *Krieger* in MünchHdb. AG, § 70 Rz. 94; *Hasselbach/Hirte* in Großkomm. AktG, § 304 Rz. 63.
45 Insgesamt seht streitig; für Neufestsetzung *Bilda* in MünchKomm. AktG, § 304 Rz. 168 f.; vgl. auch *Emmerich* in Emmerich/Habersack, Aktien- und GmbH-Konzernrecht, § 304 Rz. 58 f.; *Koppensteiner* in KölnKomm. AktG, § 304 Rz. 38.

4. Entstehen, Fälligkeit, Verjährung, Verzinsung

Das Recht auf Zahlung des Ausgleichsbetrags **entsteht dem Grunde nach** mit dem 34
Wirksamwerden des Gewinnabführungsvertrags[46]. Entsprechend dem Gewinnbezugsrecht[47] sollte zwischen dem abstrakten Stammrecht, das mit dem Wirksamwerden des Gewinnabführungsvertrags entsteht, und dem **konkreten Anspruch** auf Zahlung unterschieden werden[48]. Entstehung und Fälligkeit des konkreten Zahlungan-
spuchs richten sich zunächst nach der vertraglichen Regelung[49], die allerdings das
gesetzliche Postulat eines angemessenen Ausgleichs beachten muss. Mangels vertraglicher Regelung liegt es nahe, dass der Ausgleichsanspruch, da er an die Stelle des
Dividendenanspruchs tritt, zum gleichen Zeitpunkt wie dieser **entsteht und fällig**
wird.

Entscheidend ist damit der **Gewinnverwendungsbeschluss** oder – wenn kein Ge- 35
winnverwendungsbeschluss gefasst wird – das Ende der ordentlichen Hauptversammlung der Untergesellschaft[50]. Für den Anspruch aus der Dividendengarantie
kommt ohnehin kaum ein früherer Zeitpunkt in Betracht, weil sich der Anspruch
vorher nicht berechnen lässt[51]. Beim **variablen Ausgleich** richtet sich die Höhe des
Anspruchs nach dem auf Aktien der Obergesellschaft entfallenden Gewinnanteil.
Der Anspruch wird deshalb in diesem Fall mit dem Gewinnverwendungsbeschluss
bei der Obergesellschaft fällig[52]. Unbedenklich ist eine vertragliche Regelung, die
den Fälligkeitszeitpunkt unter Berücksichtigung der für die banktechnische Abwicklung erforderlichen Zeit auf den **Tag nach der Hauptversammlung** legt. Das entspricht der allgemein üblichen Praxis für die Dividendenzahlung börsennotierter Gesellschaften.

Der Anspruch auf Ausgleichszahlung **verjährt** mit dem Ablauf von 3 Jahren ab dem 36
Ende des Jahres, in dem der Anspruch fällig geworden ist, §§ 195, 199 Abs. 1 BGB[53].
Das Entstehen des Ausgleichsanspruchs im Sinne von § 199 Abs. 1 BGB setzt grund-

---

46 BGH v. 2.6.2003 – II ZR 85/02 – „Philips I", AG 2003, 629; OLG Hamburg v. 29.1.2002 – 11 U
37/01 – „Philips I", AG 2002, 409, 411; LG Hamburg v. 29.1.1991 – 402 O 121/90 – „Bau Verein AG, Hamburg", AG 1991, 365, 366; *Bilda* in MünchKomm. AktG, § 304 Rz. 96; *Emmerich* in Emmerich/Habersack, Aktien- und GmbH-Konzernrecht, § 304 Rz. 42.
47 Dazu z.B. *Bayer* in MünchKomm. AktG, § 58 Rz. 96 ff.
48 *Tebben*, AG 2003, 600, 601.
49 *Tebben*, AG 2003, 600, 601; *Geßler* in G/H/E/K, § 304 Rz. 52; *Hüffer*, § 304 Rz. 13; *Hoffmann-
Becking* in Münchener Vertragshandbuch, Band 1 Gesellschaftsrecht, 6. Aufl., Formular X.1
Anm. 14; a.A. *Koppensteiner* in KölnKomm. AktG, § 304 Rz. 9 (kein Hinausschieben der Fälligkeit); *Emmerich* in Emmerich/Habersack, Aktien- und GmbH-Konzernrecht, § 304
Rz. 42b, der ein gesetzliches Verbot für vertragliche Fälligkeitsregelungen im Sinne von § 134
BGB annimmt. Angesichts des Meinungsstreits, wie der Fälligkeitszeitpunkt überhaupt zu
bestimmen ist, fällt es schwer, aus der gesetzlichen Regelung das Verbot einer abweichenden
(wovon eigentlich?) vertraglichen Regelung herauszulesen.
50 *Bilda* in MünchKomm. AktG, § 304 Rz. 104 f.; *Krieger* in MünchHdb. AG, § 70 Rz. 85; *Koppensteiner* in KölnKomm. AktG, § 304 Rz. 9; *Hüffer*, § 304 Rz. 13; a.A. *Emmerich* in Emme-
rich/Habersack, Aktien- und GmbH-Konzernrecht, § 304 Rz. 42b (Ende der jeweiligen Rechnungsperiode); *Stimpel*, AG 1998, 259; *Hasselbach/Hirte* in Großkomm. AktG, § 304 Rz. 42
(Feststellung des Jahresabschlusses).
51 Wohl einhellige Meinung, vgl. *Emmerich* in Emmerich/Habersack, Aktien- und GmbH-Konzernrecht, § 304 Rz. 42b.
52 *Bilda* in MünchKomm. AktG, § 304 Rz. 106; *Hüffer*, § 304 Rz. 15; *Koppensteiner* in Köln-
Komm. AktG, § 304 Rz. 9; *Hasselbach/Hirte* in Großkomm. AktG, § 304 Rz. 43; a.A. *Emmerich* in Emmerich/Habersack, Aktien- und GmbH-Konzernrecht, § 304 Rz. 55: Feststellung
des Jahresabschlusses der Obergesellschaft.
53 *Hasselbach/Hirte* in Großkomm. AktG, § 304 Rz. 50.

sätzlich die Fälligkeit voraus[54]. Die **Verzinsung** des Anspruchs richtet sich nach allgemeinen Regeln. Ein Anspruch auf Fälligkeitszinsen besteht nicht, da es sich nicht um Forderungen aus beiderseitigen Handelsgeschäften unter Kaufleuten im Sinne von § 353 HGB handelt[55]. Aus der Einfügung einer Verzinsungsregelung in § 305 Abs. 3 Satz 3 muss im Umkehrschluss entnommen werden, dass der Gesetzgeber für § 304 keine besondere Verzinsung einführen wollte[56].

37   Streitig ist, ob die Obergesellschaft nach Fälligkeit auch ohne Mahnung in **Verzug** gerät[57]. Der Obergesellschaft ist für die Erfüllung des Anspruchs auf Ausgleichszahlung jedenfalls die zur technischen Durchführung erforderliche Zeit zuzubilligen[58]. Üblicherweise erfolgen Dividendenzahlungen am Tag nach der Hauptversammlung. Entsprechendes sollte im Regelfall für die Ausgleichszahlung gelten. Mit diesem festgelegten und routinemäßigen Ablauf verträgt es sich schlecht, für den Verzug eine Mahnung des Gläubigers zu verlangen.

38   Jedenfalls bei **börsennotierten Gesellschaften** ist deshalb nach § 286 Abs. 2 Nr. 2 BGB davon auszugehen, dass die Obergesellschaft in Verzug gerät, wenn sie den entsprechenden Betrag nicht innerhalb von zwei Bankarbeitstagen nach dem Tag der Hauptversammlung den Depotbanken zur Gutschrift zugunsten der außenstehenden Aktionäre zur Verfügung stellt[59].

39   Bei **nicht börsennotierten Gesellschaften** sind die Verhältnisse zu vielgestaltig, als dass sich eine Regel aufstellen ließe. Soweit der Obergesellschaft die Aktionäre der Untergesellschaft und ihre Bankverbindungen bekannt sind, hat die Obergesellschaft die Ausgleichszahlung grundsätzlich an dem der Hauptversammlung folgenden Bankarbeitstag auf den Weg zu bringen. Unterlässt sie dies und tritt dadurch eine Verzögerung der Geldeingangs ein, gerät sie in Verzug[60].

5. Verfügungen über den Anspruch

40   Der Anspruch auf Ausgleichszahlung ist (auch im Voraus) **abtretbar** und kann **verpfändet** und **gepfändet**[61] sowie erlassen werden. Die Abtretung, Verpfändung oder Pfändung des Dividendenanspruchs erstreckt sich jedoch nicht automatisch auf den

---

54 *Heinrichs* in Palandt, BGB, § 199 Rz. 3.
55 Ganz herrschende Meinung, OLG München v. 12.11.1997 – 7 U 4229/97, AG 1998, 239, 240; LG Bremen v. 18.2.2002 – 13 O 458/96 – „Gestra/Foxboro", AG 2003, 214; LG Berlin v. 22.9.1999 – 97 AktE 4/91 – „Aluminiumwerk Unna", AG 2000, 284, 287; LG Frankfurt a.M. v. 19.12.1995 – 3-03 O 162/88 – „Nestlé", AG 1996, 187, 190; *Bilda* in MünchKomm. AktG, § 304 Rz. 108; *Hüffer*, § 304 Rz. 13; *Krieger* in MünchHdb. AG, § 70 Rz. 85.
56 Die Analogie zu § 320b Abs. 1 Satz 6 (damals § 320 Abs. 5 Satz 6), auf die *Busch*, AG 1993, 1, 4 f. eine Verpflichtung zur Verzinsung ab Entstehung des Anspruch stützt, lässt sich deshalb heute kaum noch vertreten; vgl. *Koppensteiner* in KölnKomm. AktG, § 304 Rz. 10; *Hasselbach/Hirte* in Großkomm. AktG, § 304 Rz. 46.
57 Dafür grundsätzlich *Emmerich* in Emmerich/Habersack, Aktien- und GmbH-Konzernrecht, § 304 Rz. 43; *Koppensteiner* in KölnKomm. AktG, § 304 Rz. 10 (der unter Verweis auf § 286 Abs. 2 Nr. 4 Verzug bereits ab Fälligkeit annimmt); für das Erfordernis der Mahnung ausdrücklich *Bilda* in MünchKomm. AktG, § 304 Rz. 111.
58 *Bilda* in MünchKomm. AktG, § 304 Rz. 111; a.A. *Koppensteiner* in KölnKomm. AktG, § 304 Rz. 10 (der unter Verweis auf § 286 Abs. 2 Nr. 4 BGB Verzug bereits ab Fälligkeit annimmt).
59 Im Ergebnis ähnlich für den Dividendenanspruch *Kropff* in MünchKomm. AktG, § 174 Rz. 39.
60 Zu der umstrittenen Frage, wer im Überweisungsverkehr Verzögerungen zu vertreten hat, *Bittner* in Staudinger, BGB, Neubearbeitung 2004, § 270 Rz. 28 ff.; *Langenbucher*, Die Risikozuordnung im bargeldlosen Zahlungsverkehr, 2001, S. 157 ff.
61 *Emmerich* in Emmerich/Habersack, Aktien- und GmbH-Konzernrecht, § 304 Rz. 44; *Bilda* in MünchKomm. AktG, § 304 Rz. 177; *Hüffer*, § 304 Rz. 13; *Koppensteiner* in KölnKomm. AktG, § 304 Rz. 19; *Krieger* in MünchHdb. AG, § 70 Rz. 85.

Anspruch auf Ausgleichszahlung[62]. Das der Ausgleichsanspruch in der Person eines Erwerbers der Aktie originär neu entsteht[63], wird der Erwerber durch Vorausverfügungen seines Rechtsvorgängers nicht gebunden.

6. Dauer

Die Verpflichtung zur Ausgleichszahlung bezieht sich auf den Zeitraum, auf den der **41** **Gewinnabführungsvertrag** Anwendung findet, denn für diesen Zeitraum wird faktisch der Dividendenanspruch des Aktionärs beseitigt. Der **Beginn** dieses Zeitraums fällt beim Gewinnabführungsvertrag regelmäßig nicht mit dem Zeitpunkt zusammen, in dem das Recht auf Ausgleichszahlung entsteht. **Gewinnabführungsverträge** werden in aller Regel **rückwirkend** auf den Beginn eines Geschäftsjahres geschlossen. Steuerrechtlich wird die Rückbeziehung nur mit Wirkung ab Beginn des Geschäftsjahrs anerkannt, in dem der Vertrag wirksam wird, § 14 Abs. 1 Satz 2 KStG. Handelsrechtlich ist die Rückbeziehung auch mit Wirkung für abgelaufene Geschäftsjahre möglich, für die der Jahresabschluss noch nicht festgestellt ist[64]. Die Ausgleichsberechtigung beginnt in diesen Fällen mit dem Beginn des entsprechenden Geschäftsjahres.

Die Ausgleichsberechtigung **endet mit** dem Zeitpunkt, zu dem die Beendigung des **42** Gewinnabführungsvertrags wirksam wird[65]. Wenn der Gewinnabführungsvertrag während eines Geschäftsjahres endet, wird der Ausgleich **zeitanteilig** geschuldet[66]. Das gilt auch, wenn es während des laufenden Gewinnabführungsvertrags zu einem Rumpfgeschäftsjahr kommt: Der Ausgleichsanspruch wird dann entsprechend der Länge des Rumpfgeschäftsjahrs gekürzt. Das kann im Vertrag klargestellt werden[67], gilt aber auch unabhängig von einer solchen Klarstellung bereits deshalb, weil sich die volle Ausgleichszahlung jeweils auf ein volles Jahr bezieht[68]. Entsprechendes gilt bei der Beendigung des Unternehmensvertrags durch **Verschmelzung** auf die Obergesellschaft oder auf ein drittes Unternehmen[69].

Anders sind dagegen Fälle zu beurteilen, die den Unternehmensvertrag nicht beenden, sondern bei denen lediglich die Aktionärsstellung wechselt. Das gilt insbesondere für den **Squeeze-out** nach §§ 327a ff. Der Umstand, dass die Aktionäre für einen bestimmten Zeitraum noch keinen Ausgleich erhalten haben, ist bei der Höhe der Barabfindung nach § 327b zu berücksichtigen[70]. In der Praxis wird gelegentlich davon

---

62 Für die Pfändung: *Emmerich* in Emmerich/Habersack, Aktien- und GmbH-Konzernrecht, § 304 Rz. 44; *Krieger* in MünchHdb. AG, § 70 Rz. 85; *Koppensteiner* in KölnKomm. AktG, § 304 Rz. 14; *Hüffer*, § 304 Rz. 13.

63 BGH v. 8.5.2006 – II ZR 27/05 – „Jenoptik", AG 2006, 543, 544 f.; vgl. *Tebben*, AG 2003, 600, 602.

64 BGH v. 5.4.1993 – II ZR 238/91 – „SSI", BGHZ 122, 211, 223 f. = AG 1993, 422, 435; *Hüffer*, § 294 Rz. 20.

65 *Koppensteiner* in KölnKomm. AktG, § 304 Rz. 12; *Bilda* in MünchKomm. AktG, § 304 Rz. 183 ff.; *Emmerich* in Emmerich/Habersack, Aktien- und GmbH-Konzernrecht, § 304 Rz. 74.

66 *Koppensteiner* in KölnKomm. AktG, § 304 Rz. 12; *Bilda* in MünchKomm. AktG, § 304 Rz. 191 ff.; *Emmerich* in Emmerich/Habersack, Aktien- und GmbH-Konzernrecht, § 304 Rz. 74; *Hengeler/Hoffmann-Becking* in FS Hefermehl, S. 283, 302; *Hasselbach/Hirte* in Großkomm. AktG, § 304 Rz. 51.

67 Formulierungsbeispiel: „Soweit in einem Geschäftsjahr die Laufzeit dieses Vertrages nicht einem vollen Kalenderjahr entspricht, wird der Ausgleich zeitanteilig gewährt."

68 *Hoffmann-Becking* in Münchener Vertragshandbuch, Bd. 1, Gesellschaftsrecht, 6. Aufl., Formular X.1, Anm. 13.

69 *Koppensteiner* in KölnKomm. AktG, § 304 Rz. 12, Fn. 37.

70 OLG München v. 11.10.2006 – 7 U 3515/06, ZIP 2007, 582; *Tebben*, AG 2003, 600, 604 ff.; *Emmerich* in Emmerich/Habersack, Aktien- und GmbH-Konzernrecht, § 304 Rz. 75; a.A. wohl

abgewichen und den Aktionären für die Zeit bis zur Eintragung des Übertragungsbe-schlusses im Handelsregister zeitanteilig der Ausgleich gewährt. Da es im Rahmen des Squeeze-out lediglich darauf ankommt, dass den Minderheitsaktionären insge-samt eine angemessene Abfindung gezahlt wird, ist auch diese Verfahrensweise mög-lich. Die Abfindung reduziert sich dann entsprechend.

44 Die **Eingliederung** in die Obergesellschaft beendet einen isolierten Gewinnabfüh-rungsvertrag nicht[71]. Dann ist – wie beim Squeeze-out – der Zeitraum, für den aus-scheidenden Aktionäre keinen Ausgleich erhalten, im Rahmen der Abfindung nach § 320b zu berücksichtigen[72].

45 Das **abstrakte Recht** auf Ausgleichszahlung **bleibt** während der Laufzeit des Vertrages auch dann **bestehen**, wenn keine konkreten Ansprüche daraus entstehen, weil sämt-liche Aktien von der Obergesellschaft erworben wurden oder für alle außenstehenden Aktionäre eine **Ausübungssperre** besteht (vgl. Rz. 72). Wenn zu einem späteren Zeit-punkt die Voraussetzungen für das Entstehen eines konkreten Ausgleichsanspruch wieder erfüllt sind, erwerben die dann vorhandenen außenstehenden Aktionäre ohne weiteres den Ausgleichsanspruch.

46 Wenn die Obergesellschaft oder ein Dritter Aktien der Untergesellschaft **nach dem Ende des Unternehmensvertrags**, aber vor dem Entstehen des (letzten) Ausgleichsan-spruchs veräußert, sind diese Aktien nicht mehr ausgleichsberechtigt[73]. Der Börsen-handel muss sich darauf einstellen. Mit Wirksamwerden der Beendigung des Unter-nehmensvertrags sollten die Aktien „ex Ausgleichsanspruch" (und „ex Abfindung") notieren, weil diese Rechte dann nicht mehr mit der Aktie erworben werden[74].

II. Ausgleichszahlung, Beherrschungs- und Gewinnabführungsvertrag

47 § 304 Abs. 1 regelt den in der Praxis häufigen **kombinierten Beherrschungs- und Ge-winnabführungsvertrag** mittelbar dadurch, dass § 304 Abs. 1 Satz 2 ausdrücklich nur auf den isolierten Beherrschungsvertrag Anwendung findet. Damit wird zugleich aus-gesagt, dass für den Beherrschungs- und Gewinnabführungsvertrag die Regelung über die Ausgleichszahlung in § 304 Abs. 1 Satz 1 Anwendung findet[75]. Auf die obigen Er-läuterungen (Rz. 15 ff.) kann uneingeschränkt verwiesen werden.

III. Garantiedividende, Beherrschungsvertrag

1. Inhalt

48 § 304 Abs. 1 Satz 2 regelt den Ausgleich für die außenstehenden Aktionäre im Fall ei-nes isolierten, also nicht mit einem Gewinnabführungsvertrag verbundenen Beherr-schungsvertrags. In diesem Fall ist als Ausgleich die **Garantie** eines bestimmten jähr-

---

OLG Frankfurt a.M. v. 2.11.2006 – 20 W 233/93 – „Koepp/Deutsche Vita", AG 2007, 403; s. auch OLG Düsseldorf v. 29.6.2005 – I-15 W 38/05, AG 2005, 654, 657 zur Fassung eines Squeeze-out-Beschlusses gleichzeitig mit der Zustimmung zu einem Beherrschungsvertrag.
71 *Emmerich* in Emmerich/Habersack, Aktien- und GmbH-Konzernrecht, § 297 Rz. 35.
72 So wohl auch *Emmerich* in Emmerich/Habersack, Aktien- und GmbH-Konzernrecht, § 304 Rz. 75.
73 Zu dem entsprechenden Fall bei der Abfindung vgl. BGH v. 8.5.2006 – II ZR 27/05 – „Jenop-tik", AG 2006, 543, 544 f. und § 305 Rz. 15.
74 Die Börsenordnung der Frankfurter Wertpapierbörse sieht in § 33 derzeit nur eine Notierung „ex Ausgleichszahlung" vor. Auch dieser Hinweis ist nicht in erster Linie für den endgültigen Wegfall des Ausgleichsanspruchs, sondern für die erste Notiz nach der jährlichen Auszahlung (entsprechend der Handhabung bei Dividenden) gedacht.
75 *Krieger* in MünchHdb. AG, § 70 Rz. 77.

lichen **Gewinnanteils** geschuldet, dessen Höhe sich nach der im Fall eines Gewinnabführungsvertrags geschuldeten Ausgleichszahlung bestimmt. Die unterschiedliche Technik erklärt sich zunächst daraus, dass der Beherrschungsvertrag im Unterschied zum Gewinnabführungsvertrag das Entstehen eines Bilanzgewinns unbeeinträchtigt lässt und die außenstehenden Aktionäre deshalb nach wie vor Ausschüttungen von ihrer Gesellschaft erhalten können. Um sie vor den finanziellen Auswirkungen der nach § 308 zulässigen Eingriffe der Obergesellschaft zu schützen, soll ihnen als Gewinnanteil derjenige Betrag garantiert werden, den sie im Fall eines Gewinnabführungsvertrags als Ausgleichszahlung erhalten würden. Man kann insofern von einer „Dividendengarantie" sprechen.

Nach ganz herrschender Meinung kann im (isolierten) Beherrschungsvertrag **keine**   49
Festlegung des Inhalts erfolgen, die garantierte Dividende stelle gleichzeitig auch den **Höchstbetrag** der Ausschüttung dar[76]. Da die Ausgleichszahlung den Verlust des Dividendenanspruchs komplett ausgleichen soll, ist dies eine schwer zu rechtfertigende Bevorzugung der außenstehenden Aktionäre. Die Obergesellschaft wird dadurch gezwungen, die Festlegung einer den garantierten Betrag übersteigenden Dividende zu verhindern.

Andererseits steht den außenstehenden Aktionären angesichts dessen, dass der Be   50
trag der garantierten Dividende auf Grundlage einer fiktiven Vollausschüttung berechnet wird (s. unten Rz. 84) **kein Recht** auf eine die Garantiedividende **übersteigende Ausschüttung** zu. Eine Anfechtung des Gewinnverwendungsbeschlusses durch außenstehende Aktionäre nach § 254 Abs. 1 ist deshalb selbst dann ausgeschlossen, wenn bei Zugrundelegung eines auszuschüttenden Gewinns in Höhe von 4 % des Grundkapitals der Betrag der garantierten Dividende überschritten würde.

Die Dividendengarantie richtet sich auf die Zahlung der **Differenz** zwischen einer an   51
die außenstehenden Aktionäre ausgeschütteten **Dividende** und dem Betrag der **Dividendengarantie**[77]. Wenn die Gewinnausschüttung den Betrag der garantieren Dividende erreicht oder übersteigt, kommt die Garantie nicht zum Zug[78].

Die Dividendengarantie kann in Form des **variablen Ausgleichs** nach § 304 Abs. 2   52
Satz 2 gewährt werden[79]. In diesem Fall richtet sich der Anspruch auf die Differenz zwischen dem von der Untergesellschaft ausgeschütteten Gewinn und einem höheren, sich aus der Gewinnausschüttung bei der Obergesellschaft bemessenen Ausgleichsanspruch.

2. Gläubiger und Schuldner

Gläubiger des Anspruchs auf Zahlung der Garantiedividende sind wiederum die au   53
ßenstehenden Aktionäre (s. oben Rz. 20; s. unten Rz. 69 ff.). Der Begriff ist im gesamten Anwendungsbereich der §§ 304, 305 identisch zu verstehen.

Schuldner des Anspruchs auf Zahlung des garantierten Gewinnanteils ist die Oberge   54
sellschaft (s. oben Rz. 26 ff.). Die **Dividendengarantie** erfaßt als **Ausfallgarantie** auch die Zahlung der bei der Untergesellschaft beschlossenen **Dividende**[80], da die Oberge

---

76 *Krieger* in MünchHdb. AG, § 70 Rz. 83; *Emmerich* in Emmerich/Habersack, Aktien- und GmbH-Konzernrecht, § 304 Rz. 27; *Bilda* in MünchKomm. AktG, § 304 Rz. 44.

77 *Emmerich* in Emmerich/Habersack, Aktien- und GmbH-Konzernrecht, § 304 Rz. 27.

78 *Krieger* in MünchHdb. AG, § 70 Rz. 82.

79 *Emmerich* in Emmerich/Habersack, Aktien- und GmbH-Konzernrecht, § 304 Rz. 45; *Bilda* in MünchKomm. AktG, § 304 Rz. 46.

80 Anders die herrschende Meinung, *Hasselbach/Hirte* in Großkomm. AktG, § 304 Rz. 35; *Bilda* in MünchKomm. AktG, § 304 Rz. 43; *Koppensteiner* in KölnKomm. AktG, § 304 Rz. 31.

sellschaft gegenüber den außenstehenden Aktionären aufgrund der mit dem Abschluss des Beherrschungsvertrags verbundenen Gefährdung ihrer Vermögensinteressen die Verantwortung für die Erfüllung der Ausgleichsansprüche übernehmen muss. Üblicherweise wird die Dividende am Tag nach der Hauptversammlung ausbezahlt. Falls es dazu nicht kommt, können sich die außenstehenden Aktionäre direkt an die Obergesellschaft wenden. Die Obergesellschaft muss nur Zug um Zug gegen Abtretung des Dividendenanspruchs leisten.

3. Entstehen, Fälligkeit, Verjährung, Verzinsung

55 Das Recht auf Zahlung der garantierten Dividende – im Sinne der Differenz zwischen der von der Untergesellschaft ausgeschütteten Dividende und dem garantierten Betrag – **entsteht dem Grunde** nach mit dem Wirksamwerden des Beherrschungsvertrags[81]. Der **konkrete Anspruch** auf Zahlung aus der Dividendengarantie kann seiner Höhe nach erst dann bestimmt werden, wenn feststeht, ob und in welcher Höhe die Ausschüttung eines Gewinns bei der Untergesellschaft beschlossen wird. Er entsteht frühestens mit dem Gewinnverwendungsbeschluss[82]. Im übrigen richten sich **Entstehung** und **Fälligkeit** nach der vertraglichen Regelung[83]. Für die Einzelheiten kann auf die Ausführungen zur Ausgleichszahlung verwiesen werden (s. oben Rz. 34 ff.). Im Ergebnis wird der Anspruch aus der Dividendengarantie auf Ergänzung einer betragsmäßig hinter der garantierten Dividende zurückbleibenden, von der Untergesellschaft auszuschüttenden Dividende mangels abweichender vertraglicher Regelung mit dem Gewinnverwendungsbeschluss der Untergesellschaft fällig[84]. Unbedenklich ist eine vertragliche Regelung, die den Fälligkeitszeitpunkt unter Berücksichtigung der für die **banktechnische Abwicklung** erforderlichen Zeit auf den Tag nach der Hauptversammlung legt.

56 Der Anspruch auf Dividendenergänzung **verjährt** mit dem Ablauf von 3 Jahren ab dem Ende des Jahres, in dem der Anspruch fällig geworden ist, §§ 195, 199 Abs. 1 BGB. Das Entstehen des Gewinnanspruchs im Sinne von § 199 Abs. 1 BGB setzt grundsätzlich die Fälligkeit voraus[85].

57 Die **Verzinsung** des Anspruchs richtet sich nach den allgemeinen Regeln. Besonderheiten im Vergleich zum Ausgleichsanspruch (s. oben Rz. 36 ff.) bestehen nicht.

4. Verfügungen über den Anspruch

58 Der Anspruch auf Dividendenergänzung ist (auch im Voraus) **abtretbar** und kann **verpfändet** und **gepfändet**[86] sowie erlassen werden (vgl. näher oben Rz. 40).

---

81 OLG Hamburg v. 29.1.2002 – 11 U 37/01 – „Philips I", AG 2002, 409, 411; LG Hamburg v. 29.1.1991 – 402 O 121/90 – „Bau Verein AG, Hamburg", AG 1991, 365, 366; *Bilda* in Münch-Komm. AktG, § 304 Rz. 96; *Emmerich* in Emmerich/Habersack, Aktien- und GmbH-Konzernrecht, § 304 Rz. 42.
82 Vgl. *Kropff* in MünchKomm. AktG, § 174 Rz. 38.
83 *Tebben*, AG 2003, 600, 601.
84 *Bilda* in MünchKomm. AktG, § 304 Rz. 105; *Busch*, AG 1993, 1, 4; *Hüffer*, § 304 Rz. 13; unzutreffend *Emmerich* in Emmerich/Habersack, Aktien- und GmbH-Konzernrecht, § 304 Rz. 42b, der auf die Gewinnverwendungsbeschlüsse beider Gesellschaften abstellt.
85 *Heinrichs* in Palandt, BGB, § 199 Rz. 3.
86 *Emmerich* in Emmerich/Habersack, Aktien- und GmbH-Konzernrecht, § 304 Rz. 44; *Bilda* in MünchKomm. AktG, § 304 Rz. 177; *Hüffer*, § 304 Rz. 13; *Koppensteiner* in KölnKomm. AktG, § 304 Rz. 19; *Krieger* in MünchHdb. AG, § 70 Rz. 85.

5. Dauer

Für die Dauer des Anspruchs auf Garantiedividende kann grundsätzlich auf die Ausführungen zum Gewinnabführungsvertrag verwiesen werden (s. oben Rz. 41 ff.). Im Unterschied zu Gewinnabführungsverträgen können Beherrschungsverträge allerdings **nicht rückwirkend** auf den Beginn des laufenden Geschäftsjahres geschlossen werden (s. § 291 Rz. 26). Deshalb stellt sich die Frage, ob sich die Garantiedividende für das erste Geschäftsjahr der Laufzeit des Beherrschungsvertrags nur auf die **Zeit ab Wirksamwerden** des Beherrschungsvertrags, also Eintragung im Handelsregister, bezieht oder auf das gesamte Geschäftsjahr. 59

Die parallele Frage stellt sich bei **unterjähriger Beendigung** des Beherrschungsvertrags. Für diesen Fall besteht Einigkeit, dass der Ausgleich (in Form der Garantiedividende) nur zeitanteilig für die Zeit bis zur Beendigung geschuldet wird[87]. Im Unterschied dazu wird für den Beginn des Beherrschungsvertrags während eines laufenden Geschäftsjahrs vertreten, dass sich die Dividendengarantie auf das gesamte Jahr bezieht[88]. Für eine unterschiedliche Behandlung der beiden Fälle gibt es jedoch keinen Anlass. Allerdings muss der Beherrschungsvertrag für eine zeitliche Abgrenzung Sorge tragen[89]. 60

Für das **Verfahren** gilt folgendes: Wenn die Untergesellschaft für das Geschäftsjahr, in dessen Verlauf der Beherrschungsvertrag begann oder endete, einen Gewinn ausschüttet, erhalten die außenstehenden Aktionäre den auf die von ihnen gehaltenen Aktien entfallenden Gewinnanteile (selbstverständlich) in voller Höhe. Wenn die garantierte Dividende den ausgeschütteten Gewinn übersteigt, erhalten sie darüber hinaus die Differenz zwischen der anteilig auf die Dauer des Beherrschungsvertrags während des relevanten Geschäftsjahres entfallenden garantierten Dividende und der anteilig auf diesen Zeitraum entfallenden ausgeschütteten Dividende. Zur Abgrenzung muss ein Abrechnungsabschluss zum Stichtag des Wirksamwerdens des Beherrschungsvertrags erstellt werden. Der Beherrschungsvertrag kann aber ohne weiteres (auch durch Schweigen) festlegen, dass die Dividendengarantie für das gesamte Geschäftsjahr, in dessen Verlauf der Beherrschungsvertrag beginnt, gewährt wird. 61

Bei **Eingliederung in die Obergesellschaft** endet ein Beherrschungsvertrag, während ein Gewinnabführungsvertrag weiterbesteht[90]. Für den Zeitraum bis zu der durch die Eingliederung bewirkten Beendigung des Unternehmensvertrag steht den außenstehenden Aktionären ein zeitanteiliger Ausgleich zu[91]. Wenn im Fall der Eingliederung zwischen Untergesellschaft und Obergesellschaft ein reiner Gewinnabführungsvertrag bestand, der durch die Eingliederung nicht beendet wird, ist dafür kein Raum. Dann ist – wie beim Squeeze-out – der Zeitraum, für den ausscheidende Aktionäre keinen Ausgleich erhalten, im Rahmen der Abfindung nach § 320b zu berücksichtigen[92]. 62

---

87 *Krieger* in MünchHdb. AG, § 70 Rz. 77, 215; *Koppensteiner* in KölnKomm. AktG, § 304 Rz. 12; *Bilda* in MünchKomm. AktG, § 304 Rz. 191; *Emmerich* in Emmerich/Habersack, Aktien- und GmbH-Konzernrecht, § 304 Rz. 74.

88 *Krieger* in MünchHdb. AG, § 70 Rz. 77; *Hoffmann-Becking* in Münchener Vertragshandbuch, Bd. 1 Gesellschaftsrecht, 6. Aufl., Formular X.1, Anm. 13 („Vorsorglich").

89 Vgl. zur entsprechenden Situation beim Verlustausgleich wo die ganz h.M. eine zeitliche Abgrenzung für zulässig hält, § 302 Rz. 34.

90 *Emmerich* in Emmerich/Habersack, Aktien- und GmbH-Konzernrecht, § 297 Rz. 34 f.

91 BGH v. 12.3.2001 – II ZB 15/00 – „DAT/Altana IV", BGHZ 147, 108, 112 = AG 2001, 417; a.A. *Tebben*, AG 2003, 600, 604 f.: Berücksichtigung dieses Zeitraums im Rahmen der Abfindung nach § 320b.

92 So wohl auch *Emmerich* in Emmerich/Habersack, Aktien- und GmbH-Konzernrecht, § 304 Rz. 75.

IV. Sonstige Unternehmensverträge

63 Als Gewinnabführungsvertrag gilt auch der **Geschäftsführungsvertrag** nach § 291 Abs. 1 Satz 2. Für den Geschäftsführungsvertrag gelten deshalb alle auf den Gewinnabführungsvertrag bezogenen Regelungen von § 304. Auf die **Unternehmensverträge** im Sinne von § 292 findet § 304 dagegen keine, auch keine analoge Anwendung[93].

V. Vorhandensein außenstehender Aktionäre

1. Begriff des außenstehenden Aktionärs

64 Die gesetzliche Regelung verwendet den Begriff des **außenstehenden Aktionärs**, ohne ihn zu definieren. Jedenfalls im Anwendungsbereich der §§ 304, 305 und 307 ist der Begriff einheitlich zu verstehen[94]. Die Abgrenzungsfrage stellt sich in zwei Richtungen, nämlich

65 – ob Personen, die nicht Aktionäre der Untergesellschaft sind, aufgrund eines vergleichbaren Schutzbedürfnisses der Gruppe der außenstehenden Aktionäre **hinzuzurechnen** sind, und

66 – ob andere Personen als die Obergesellschaft, die Aktionäre der Untergesellschaft sind, wegen ihrer besonderen Beziehung zur Obergesellschaft aus der Gruppe der außenstehenden Aktionäre **auszuschließen** sind.

67 Da die Rechte aus dem Beherrschungs- oder Gewinnabführungsvertrag vertraglicher Natur sind, kommt es für die Frage, wer den Ausgleich nach § 304 beanspruchen kann, zunächst auf den **Vertragsinhalt** an. Wenn der Vertrag hinter dem gesetzlich Geforderten zurückbleibt, hat das möglicherweise Folgerungen für seine Wirksamkeit, erweitert aber nicht den Kreis der Anspuchsberechtigten. Wenn der Vertrag – wie häufig – bezüglich des Ausgleichs auf die „außenstehenden Aktionäre" verweist, ist damit die in Auslegung von § 304 zu bestimmende Personengruppe gemeint.

a) Erweiterung des Begriffs der außenstehenden Aktionäre?

68 Als außenstehende Aktionäre kommen **nur unmittelbare Aktionäre** der Untergesellschaft in Betracht[95]. Insbesondere gehören bei einem Unternehmensvertrag zwischen einer Muttergesellschaft und einer Enkelgesellschaft die **Aktionäre der Tochtergesellschaft** nicht zu den außenstehenden Aktionären der Enkelgesellschaft[96]. Den Interessen der außenstehenden Aktionäre der Tochtergesellschaft wird durch die §§ 311 ff. Rechnung getragen. Ebensowenig kommt eine Anwendung der §§ 304 f. auf **Gläubiger der Untergesellschaft** in Betracht, deren Rechte gewinnabhängig ausgestaltet sind, wie z.B. die Gläubiger aus Genussrechten oder aus Teilgewinnabführungsverträgen[97]. Je nach vertraglicher Ausgestaltung der Position dieser Gläubiger bestehen bei Abschluss eines Unternehmensvertrags unter Umständen außerordentliche Kündigungsrechte oder Schadensersatzansprüche oder aber Ansprüche aus § 313 BGB. Für Unterlassungsansprüche ist in der Regel kein Raum, da der Vorstand die Gesell-

---

93 OLG Düsseldorf v. 22.8.1997 – 3 Wx 302/95 – „Citicorp Deutschland", AG 1997, 578; *Bilda* in MünchKomm. AktG, § 304 Rz. 14; *Koppensteiner* in KölnKomm. AktG, § 304 Rz. 7.

94 Insoweit wohl unbestritten; für § 295 wird teilweise eine enge Abgrenzung vertreten, *Koppensteiner* in KölnKomm. AktG, § 295 Rz. 38 ff., 47 ff.

95 *Koppensteiner* in KölnKomm. AktG, § 304 Rz. 18; *Krieger* in MünchHdb. AG, § 70 Rz. 79, 100; *Emmerich* in Emmerich/Habersack, Aktien- und GmbH-Konzernrecht, § 304 Rz. 60.

96 A.A. *Bayer* in FS Ballerstedt, S. 157, 169 ff.

97 *Bilda* in MünchKomm. AktG, § 304 Rz. 26; *Krieger* in MünchHdb. AG, § 70 Rz. 78; a.A. *Hasselbach/Hirte* in Großkomm. AktG, § 304 Rz. 147.

schaft nicht wirksam verpflichten kann, den Abschluss eines Unternehmensvertrags zu unterlassen[98].

b) Eingrenzungen des Begriffs der außenstehenden Aktionäre?

Der Anspruch auf Ausgleichszahlung soll die mit dem Abschluss des Beherrschungs-   69
oder Gewinnabführungsvertrags einhergehende Gefährdung oder Beeinträchtigung der Vermögensinteressen der Aktionäre kompensieren. Nicht ausgleichsberechtigt ist danach jedenfalls die Obergesellschaft. Im Anschluss an die Begründung zum Regierungsentwurf des Aktiengesetzes von 1965[99] bezieht die h.M. weitere, mit der Obergesellschaft in bestimmter Weise verbundene Personen in den Anspruchsausschluss ein. Allerdings unterliegt die Übertragbarkeit dieser in der Regierungsbegründung zum heutigen § 295 angestellten Überlegungen auf die §§ 304, 305 gravierenden Zweifeln[100]. Die Auffassung, wonach (mit Ausnahme der Obergesellschaft) **sämtliche Aktionäre der Untergesellschaft außenstehende Aktionäre** sind, **vermeidet Abgrenzungschwierigkeiten** und die Frage nach dem Schutz der Gläubiger der vom Ausgleich ausgeschlossenen Aktionäre und der Verfassungsmäßigkeit der entschädigungslosen Beeinträchtigung der Vermögensrechte dieser Aktionäre[101]. Dieser Aufassung ist deshalb der Vorzug zu geben[102].

Die herrschende Meinung schließt dagegen diejenigen Aktionäre, die an der Oberge-   70
sellschaft zu **100 % beteiligt** sind oder an denen die Obergesellschaft zu 100 % beteiligt ist, sowie Aktionäre, die mit der Obergesellschaft durch einen **Beherrschungs- oder Gewinnabführungsvertrag** verbunden sind, aus dem Kreis der außenstehenden Aktionäre aus[103]. Auf Grundlage der herrschenden Meinung kommen im faktischen Konzern im Verhältnis zu den Aktionären der Untergesellschaft, die vom Ausgleichsanspruch ausgeschlossen wird, ggf. die Grundsätze der §§ 311 ff. zum Tragen. Das wird nicht dadurch ausgeschlossen, dass die Obergesellschaft sämtliche Anteile an diesen Aktionären hält.

Die Praxis sollte sich im Sinne einer **pragmatischen Handhabung** auf den Standpunkt   71
der herrschenden Meinung stellen. Im Vertrag kann der Kreis der Anspruchsberechtigten im Sinne der hier vertretenen Auffassung weiter gezogen werden[104]; das sollte dann aber im Vertrag explizit geregelt werden.

---

98 Vgl. § 83 und BGH v. 5.4.1993 – II ZR 238/91 – „SSI", BGHZ 122, 211, 217 = AG 1993, 422, 423.

99 *Kropff*, Aktiengesetz, S. 385.

100 Vgl. *Koppensteiner* in KölnKomm. AktG, § 295 Rz. 49; *Altmeppen* in MünchKomm. AktG, § 295 Rz. 47.

101 Im Ansatz ähnlich *Bilda* in MünchKomm. AktG, § 304 Rz. 19, der allerdings eine mittelbare Kompensation für den Vermögensentzug durch die rechtliche Verbindung zum anderen Vertragsteil ausreichen lässt.

102 *Kley*, Die Rechtsstellung der außenstehenden Aktionäre, 1986, S. 29 ff.; *Pentz*, AG 1996, 97, 99 ff.

103 OLG Nürnberg v. 17.1.1996 – 12 U 2801/91 – „Tucherbräu", AG 1996, 228, 229; *Hasselbach/Hirte* in Großkomm. AktG, § 304 Rz. 27 ff.; *Krieger* in MünchHdb. AG, § 70 Rz. 79; *Emmerich* in Emmerich/Habersack, Aktien- und GmbH-Konzernrecht, § 304 Rz. 18; KG v. 15.12.1970 – 1 W 2982/69, AG 1971, 158; *Bilda* in MünchKomm. AktG, § 304 Rz. 21 ff.; *Henze*, Konzernrecht, Rz. 351; *Hüffer*, § 304 Rz. 3; *Liebscher* in Beck'sches Handbuch AG, § 14 Rz. 141; vereinzelt wird in der Literatur auch vertreten, alle verbundenen Unternehmen oder Konzernunternehmen seien aus dem Kreis der außenstehenden Aktionäre auszuschließen, *W. F. Bayer* in FS Ballerstedt, S. 157, 174; *J. Schmidt*, Das Recht der außenstehenden Aktionäre, 1979, S. 38 ff.; vgl. auch BGH v. 8.5.2006 – II ZR 27/05 – „Jenoptik", AG 2006, 543 (obiter) mit wenig präziser Umschreibung.

104 A.A. *Koppensteiner* in KölnKomm. AktG, § 295 Rz. 39.

72 Weitere Eingrenzungen der Anspruchsberechtigung ergeben sich aus gesetzlicher Anordnung: Die Untergesellschaft selbst kann bezüglich **eigener Aktien** keinen Ausgleichsanspruch geltend machen, § 71b. Entsprechendes gilt für Dritte, die aufgrund von § 71d keine Rechte aus Aktien aus der Untergesellschaft ausüben können. **Ausübungssperren** für den Ausgleichsanspruch können sich darüber hinaus aus § 21 Abs. 4 AktG, § 59 WpÜG und § 28 WpHG ergeben.

2. Fehlen außenstehender Aktionäre

73 Der Beherrschungs- oder Gewinnabführungsvertrag kann von der Bestimmung eines Ausgleichs absehen, wenn die Untergesellschaft im Zeitpunkt der Beschlussfassung ihrer Hauptversammlung über den Vertrag **keine außenstehenden Aktionäre** hat. Die Festsetzung von Ausgleich und Abfindung ist unschädlich, kann aber die Anwendung von § 307 nicht hindern[105].

74 Wenn sämtliche Aktionäre, die an sich als außenstehende Aktionäre anzusehen wären, vorab auf den Ausgleich **verzichtet** haben (vgl. oben Rz. 40), ist das so zu behandeln, als habe die Gesellschaft keine außenstehenden Aktionäre; der vertraglichen Regelung eines Ausgleichs bedarf es dann nicht[106]. Entsprechendes gilt für die **Ausübungssperren** nach § 71b und § 71d. Demgegenüber bleiben Aktionäre, die ihre Rechte aufgrund der rein verhaltensbezogenen Vorschriften der § 21 Abs. 4 AktG, § 59 WpÜG oder § 28 WpHG nicht ausüben können, trotzdem außenstehende Aktionäre. Sollten alle als außenstehende Aktionäre in Betracht kommenden Personen einer solchen Ausübungssperre unterliegen, bedarf es trotzdem der Bestimmung eines Ausgleichs im Vertrag.

C. Höhe des Ausgleichs (§ 304 Abs. 2)

I. Fester Ausgleich (§ 304 Abs. 2 Satz 1)

1. Grundsätzliches

75 Die **feste Ausgleichszahlung** besteht in einem Betrag in Höhe des fiktiven künftigen durchschnittlichen Gewinnanteils, der auf die einzelne Aktie entfällt. Für die Berechnung enthält das Gesetz nur rudimentäre Vorgaben. Sie erfolgt in **zwei Schritten**: Auf Grundlage der in der **Unternehmensplanung** abgebildeten Ertragserwartung ist ein **Unternehmenswert zum Stichtag** zu berechnen, und aus dem Unternehmenswert wird eine **Ausschüttungserwartung** (in Form einer Verzinsung des Unternehmenswerts) abgeleitet.

76 Die **Berechnung des Unternehmenswerts zum Stichtag deckt sich** grundsätzlich mit der für Zwecke der Abfindung nach **§ 305** durchzuführenden Berechnung. Die nachfolgenden Erläuterungen beschränken sich auf Spezifika des Ausgleichsanspruchs. Ergänzend wird auf die Ausführungen in der Kommentierung zu § 305 (Rz. 47 ff.) verwiesen.

77 Die Berechung des Ausgleichs nach diesen Grundsätzen ist **verfassungsrechtlich** zulässig[107]. Allerdings darf bei der Berechnung des Unternehmenswerts börsennotierter

---

105 *Hasselbach/Hirte* in Großkomm. AktG, § 304 Rz. 148; *Bilda* in MünchKomm. AktG, § 304 Rz. 16.

106 Str. ist, ob ein Ausgleich festgesetzt werden darf (dafür: *Hasselbach/Hirte* in Großkomm. AktG, § 304 Rz. 148, dagegen *Bilda* in MünchKomm. AktG, § 304 Rz. 16). Jedenfalls gilt § 307 auch dann, wenn Ausgleich und Abfindung festgesetzt wurden.

107 BVerfG v. 27.4.1999 – 1 BvR 1613/94 – „DAT/Altana", AG 1999, 566, 568.

Unternehmen der **Kurswert** nicht außer Betracht bleiben. Das BVerfG bezog sich dabei u.a. auf die Berechnung der Verschmelzungsrelation beim variablen Ausgleich nach § 304 Abs. 2 Satz 2[108]. Im Unterschied dazu geht es beim festen Ausgleich nicht um den Unternehmenswert als solchen – sei es als Grundlage einer einmaligen Abfindung oder eines relativen Anteils an Gewinnausschüttungen –, sondern um die Entschädigung für die Ausschüttungserwartungen der außenstehenden Aktionäre. Die erwarteten künftigen Ausschüttungen hätten sich aber nicht aus dem Börsenkurs speisen können, sondern nur aus tatsächlich erzielten Erträgen. **Börsenkurse** sind deshalb (im Unterschied zur Abfindung) für die Berechnung des festen Ausgleichs **unerheblich**[109].

2. Rechtliche Vorgaben zur Berechnung des Unternehmenswerts

a) Stichtag, Stand alone, Wurzeltheorie, Verbundeffekte

Stichtag der Bewertung ist der Tag, an dem die Hauptversammlung der Untergesellschaft über den Unternehmensvertrag beschließt, auch wenn bei § 304 eine dem § 305 Abs. 2 Satz 3 entsprechende ausdrückliche Vorschrift fehlt[110]. Die Bewertung ist nach „**stand alone**"-Grundsätzen durchzuführen, am Stichtag bereits angelegte Entwicklungen sind zu berücksichtigen („**Wurzeltheorie**"), nicht aber ausschließlich durch den künftigen Unternehmensvertrag oder bei der Obergesellschaft eintretende Effekte einschließlich sog. **echter Synergien** (vgl. näher § 305 Rz. 66 ff.).   78

b) Berechnungsgrundlagen, Bereinigungen, Aktiengattungen, Nullausgleich

Der angemessene Ausgleich ist auf Grundlage der **bisherigen Ertragslage** der Gesellschaft und ihren **künftigen Ertragsaussichten** zu berechnen (vgl. § 305 Rz. 70). Für Zwecke der Berechnung der Ausgleichszahlung ist grundsätzlich nicht zu prüfen, ob der **Liquidationswert** (unter Berücksichtigung der Liquidationskosten[111]) des **gesamten Unternehmens** höher ist als der nach obigen Grundsätzen ermittelte Wert. Insbesondere ist diese Prüfung entbehrlich, wenn weder eine Absicht noch eine Verpflichtung zur Liquidation besteht noch die Fortführung des Unternehmens als wirtschaftlich unvertretbar erscheint[112]. Aber auch dann ist es für die Berechnung der allein aus der Ausschüttungserwartung abzuleitenden Ausgleichzahlung zulässig, den Liquidationswert außer acht zu lassen[113], weil sich aus ihm nicht per se eine Ertragserwartung ableiten lässt. Die Regeln zur Berücksichtigung des Liquidationswerts bei der Festsetzung der Abfindung finden insoweit keine Anwendung.   79

---

108 BVerfG v. 27.4.1999 – 1 BvR 1613/94 – „DAT/Altana", AG 1999, 566, 568 f..
109 BGH v. 13.2.2006 – II ZR 392/03 – „Nullausgleich", AG 2006, 331, 333; OLG Hamburg v. 7.8.2002 – 11 W 14/94 – „Texaco/RWE", AG 2003, 583, 585; OLG Frankfurt a. M. v. 9.1.2003 – 20 W 425/93 und 20 W 434/93 – „Henninger Bräu", AG 2003, 581, 582; LG Hamburg v. 15.7.2005 – 414 O 99/01 – „Maihak", AG 2005, 822, 823; *Hüffer*, § 304 Rz. 8; *Koppensteiner* in KölnKomm. AktG, § 304 Rz. 55; *Wilm*, NZG 2000, 234, 239; *Spindler/Klöhn*, Der Konzern 2003, 511, 516 f.
110 Allgemeine Meinung, vgl. *Bilda* in MünchKomm. AktG, § 304 Rz. 88 m.w.N.; missverständlich BGH v. 21.7.2003 – 2 ZB 17/01 – „Ytong", AG 2003, 627, 630: „... aufgrund der Genehmigung durch die Hauptversammlung ... wirksam geworden ist".
111 *Knoll*, ZIP 2003, 2329, 2330 f.
112 BGH v. 17.3.1982 – IVa ZR 27/81, NJW 1982, 2497, 2498; OLG Düsseldorf v. 27.2.2004 – 19 W 3/00 AktE – „EVA", AG 2004, 324, 328; OLG Düsseldorf v. 20.11.2001 – 19 W 2/00 – „Kaufhof/Metro", AG 2002, 398, 402; LG Dortmund v. 22.10.2001 – 20 AktE 15/99, AG 2003, 50, 51; wohl weitergehend *Knoll*, ZIP 2003, 2329, 2330 f.
113 BayObLG v. 31.5.1995 – 3 Z BR 67/89, AG 1995, 509, 512 f.; s. auch unten Rz. 81 zum so genannten Nullausgleich.

80 Der **Einwand, Ausgleich und Abfindung** würden insoweit **unterschiedlichen Regelungen** unterworfen, verfängt nicht[114]. Ausgleich und Abfindung streben zwar jeweils die „volle Entschädigung" des außenstehenden Aktionärs an, aber diese volle Entschädigung bezieht sich auf zwei unterschiedliche Szenarien: Beim Ausgleich auf den Verlust oder die Gefährdung der Ausschüttungserwartung, bei der Abfindung auf den Verlust der Aktionärsstellung insgesamt[115]. Die Ausschüttungserwartung leitet sich aber aus den tatsächlich zu erwartenden Erträgen ab.

81 Daraus ergibt sich auch, dass der Ausgleich mit Null angesetzt werden kann, wenn die Planungsrechnung insgesamt keine zur Ausschüttung zur Verfügung stehenden Beträge ausweist (sogenanter „**Nullausgleich**")[116]. Es ist **nicht erforderlich**, dann einen Ausgleich in Form der **Verzinsung des Liquidationswerts** zu gewähren[117]. Für die **Anpassung des Nullausgleichs** an veränderte Umstände gelten keine Sonderregeln. Änderungen der wirtschaftlichen Lage der Untergesellschaft können deshalb für sich genommen ebenso wenig wie in anderen Fällen zu einer Anpassung führen[118].

82 Um eine verwandte Fragestellung geht es bei der Bewertung von **nicht betriebsnotwendigem Vermögen**. Nach dem Standard IDW S 1 handelt es sich dabei um Vermögensteile, „die frei veräußert werden [können], ohne dass davon die eigentliche Unternehmensaufgabe berührt wird."[119] Das nicht betriebsnotwendige Vermögen ist bei der Berechnung des Ausgleichs nur soweit zuberücksichtigen, **wie Erträge daraus tatsächlich erzielt werden**[120]. Das gilt auch für Erträge aus einer bereits geplanten Veräußerung. Ansonsten bleibt das nicht betriebsnotwendige Vermögen bei der Berechnung des Ausgleichs außer Betracht, denn § 304 garantiert keine fiktive Mindestverzinsung des eingesetzten Kapitals.

---

114 Anders *Koppensteiner* in KölnKomm. AktG, § 304 Rz. 61 f.; *Emmerich* in Emmerich/Habersack, Aktien- und GmbH-Konzernrecht, § 304 Rz. 34.
115 BGH v. 13.2.2006 – II ZR 392/03 – „Nullausgleich", AG 2006, 331, 332.
116 BGH v. 13.2.2006 – II ZR 392/03 – „Nullausgleich", AG 2006, 331 ff.; BayObLG v. 31.5.1995 – 3 Z BR 67/89, AG 1995, 509, 511 f.; OLG Düsseldorf v. 2.4.1998 – 19 W 3/93 AktE – „Guano", AG 1999, 89, 90; OLG Düsseldorf v. 29.10.1976 – 19 W 6/73 – „Stolberger Zink", AG 1977, 168, 171; LG Frankfurt a.M. v. 19.12.1995 – 3-03 O 162/88 – „Nestlé", AG 1996, 187, 189; *Lutter/Drygala*, AG 1995, 49, 51; *Hüffer*, § 304 Rz. 12; *Krieger* in MünchHdb. AG, § 70 Rz. 89; *Hartmann/Hartmann* in FS Pleyer, S. 287 ff., 297, 299; *Bungert*, BB 2006, 1129; *Spindler/Klöhn*, Der Konzern 2003, 511, 521.
117 So aber *Koppensteiner* in KölnKomm. AktG, § 304 Rz. 60; *Geßler* in G/H/E/K, § 304 Rz. 86.
118 Anders, allerdings ohne tragfähig Begründung, die h.M., *Emmerich* in Emmerich/Habersack, Aktien- und GmbH-Konzernrecht, § 304 Rz. 35; *Spindler/Klöhn*, Der Konzern 2003, 511, 521; in diese Richtung auch *Bilda* in MünchKomm. AktG, § 304 Rz. 91; der BGH v. 13.2.2006 – II ZR 392/03 – „Nullausgleich", AG 2006, 331, 333 hat die Frage offen gelassen, tendiert aber offenbar (zu Recht) dahin, insoweit kein Sonderrecht des Nullausgleichs zu etablieren.
119 IDW S 1 Ziffer 67; vgl. auch mit im einzelnen leicht unterschiedlicher Wortwahl OLG Düsseldorf v. 8.7.2003 – 19 W 6/00 – „Veba", AG 2003, 688, 692; OLG Düsseldorf v. 11.4.1988 – 19 W 32/86 – „Colditz Industrieholding", AG 1988, 275, 279; OLG Düsseldorf v. 11.1.1990 – 19 W 6/86, AG 1990, 397, 401; *Bilda* in MünchKomm. AktG, § 305 Rz. 84; *Aha*, AG 1997, 26, 35; *Seetzen*, WM 1994, 45, 50; *Weiss* in FS Semler, S. 631, 643.
120 BGH v. 21.7.2003 – II ZB 17/01 – „Ytong", AG 2003, 627, 629; BayObLG v. 28.10.2005 – 3 Z BR 71/00 – „Pilkington", AG 2006, 41, 45; BayObLG v. 11.7.2001 – 3 Z BR 153/00 – „Rieter Ingolstadt II", AG 2002, 390, 391; OLG Düsseldorf v. 19.10.1999 – 19 W 1/96 – „Hoffmann's Stärkefabriken", AG 2000, 323, 325; *Bilda* in MünchKomm. AktG, § 304 Rz. 73; *Lutter/Drygala*, AG 1995, 49, 51; *Weiss* in FS Semler, S. 631, 644 ff.; a.A. OLG Hamburg v. 3.8.2000 – 11 W 36/95 – „Wünsche", AG 2001, 479, 480; *Koppensteiner* in KölnKomm. AktG, § 304 Rz. 61 f.; *Knoll*, ZIP 2003, 2329, 2335 f.; *Emmerich* in Emmerich/Habersack, Aktien- und GmbH-Konzernrecht, § 304 Rz. 34; *Hasselbach/Hirte* in Großkomm. AktG, § 304 Rz. 74.

Die Gewinnberechtigung verschiedener **Aktiengattungen** ist bei der Festlegung des 83
Ausgleichs zu berücksichtigen[121]. Praktisch zum Tragen kommt das nur dann, wenn
die pro Aktie berechnete Ausgleichzahlung unter dem Betrag des auf **Vorzugsaktien**
zu zahlenden Gewinnvorzugs liegt[122]. In diesem Fall ist die auf die Vorzugsaktien
entfallende Ausgleichszahlung entsprechend den Bedingungen des Vorzugs zu Lasten
der Stammaktien zu erhöhen. Im Extremfall ist der Ausgleich für die Stammaktionäre mit Null anzusetzen.

3. Rechtliche Vorgaben zur Ableitung der Ausschüttungserwartung

Für die Ermittlung des künftig für Ausschüttungen voraussichtlich zur Verfügung 84
stehenden durchschnittlichen Gewinnanteils sind gem. § 304 Abs. 2 Satz 1 Einstellungen in die anderen Gewinnrücklagen nicht zu berücksichtigen. Es ist also grundsätzlich von der **Vollausschüttung** auszugehen. Voraussichtliche Einstellungen in die
gesetzliche Rücklage sind in Abzug zu bringen[123]. Die Vorgabe, bei der Berechnung
der Ausgleichszahlung vom Grundsatz der Vollausschüttung auszugehen, betrifft nur
den letzten Rechenschritt der Ableitung der Ausgleichszahlung, nämlich die Verzinsung des Unternehmenswerts. Der Unternehmenswert selbst ist auf Grundlage einer
wirtschaftlich vernünftigen Ausschüttungshypothese zu ermitteln (s. näher § 305
Rz. 79).

Die jährliche Ausgleichszahlung (**Annuität**) wird aus dem Unternehmenswert abge- 85
leitet. Der dabei verwendete Zinssatz wird in der Regel etwas unter dem Kapitalisierungszinssatz angesetzt, um der höheren Sicherheit der Ausgleichszahlung im Vergleich zu Ausschüttungen der AG Rechnung zu tragen[124]. Teilweise wird auch vertreten, dass der gleiche Zinssatz zugrundezulegen ist, der auch der Berechnung des
Unternehmenswerts zugrunde lag[125]. Der BGH hat die letztere Vorgehensweise jedenfalls für zulässig gehalten[126].

4. Steuerliche Fragen

Für die Methodik der Berücksichtigung von Steuereffekten wird auf die Ausführun- 86
gen zu § 305 (Rz. 84 ff.) verwiesen. Nach **heutiger Bewertungspraxis** erfolgt die Ablei-

---

121 *Koppensteiner* in KölnKomm. AktG, § 304 Rz. 49; *Bilda* in MünchKomm. AktG, § 304
Rz. 6; ausführlich *Hasselbach/Hirte* in Großkomm. AktG, § 304 Rz. 86 ff.

122 *Hasselbach/Hirte* in Großkomm. AktG, § 304 Rz. 88; *G. Roth*, Der Konzern 2005, 685,
686, f., 693.; a.A. wohl *E. Vetter*, ZIP 2000, 561, 567.

123 *Krieger* in MünchHdb. AG, § 70 Rz. 88; enger *Geßler* in G/H/E/K, § 304 Rz. 90, der nur die
Mindestbeträge nach § 300 Nr. 1 oder Nr. 3 berücksichtigen will; das trifft jedoch nicht zu,
weil es gerade um die fiktive Ermittlung des ohne den Unternehmensvertrag bestehenden
Zustands geht.

124 Vgl. *Maul*, DB 2002, 1423, 1425; LG Bremen v. 18.2.2002 – 13 O 458/96 – „Gestra/Foxboro",
AG 2003, 214, 215 (Kapitalisierungszinssatz vor Steuer 8,92 %, Zinssatz zur Berechnung der
Annuität 8,01 %); im Ergebnis auch OLG Stuttgart v. 1.10.2003 – 4 W 34/93 – „Vereinigte
Filzfabriken", AG 2004, 43, 46 f. (Berechnung sowohl des Unternehmenswerts wie auch der
Annuität auf Grundlage des Basiszinssatzes, Berücksichtigung des Unternehmerrisikos bei
der Ertragsprognose).

125 *Knoll*, ZIP 2003, 2329, 2335; BayObLG v. 28.10.2005 – 3 Z BR 71/00 – „Pilkington", AG
2006, 41, 45; OLG Stuttgart v. 1.10.2003 – 4 W 34/93 – „Vereinigte Filzfabriken", AG 2004,
43, 46 f. (keine Berücksichtigung eines Risikozuschlags beim Basiszinssatz; hier war vom
Sachverständigen von vornherein ein von IDW S 1 abweichendes Verfahren gewählt worden).

126 BGH v. 21.7.2003 – II ZB 17/01 – „Ytong", AG 2003, 627, 629; weitergehende Schlussfolgerungen zieht daraus *Knoll*, ZIP 2003, 2329, 2335.

tung des Unternehmenswerts grundsätzlich auf Grundlage einer **Nachsteuerbetrachtung**, und zwar auf Ebene der Gesellschaft wie auch des Aktionärs[127].

87   Für Zwecke der Ausgleichsleistung wird aus dem Unternehmenswert mit Hilfe eines Zinssatzes eine jährliche Ausschüttung (**Annuität**) errechnet. Teilweise wird dieser Zinssatz gedanklich aus einem Zinssatz für eine sichere Anlage abgeleitet und unter Zugrundelegung eines Steuersatzes von 35 % in einen jährlichen Ausschüttungsbetrag nach typisierter Einkommensteuer umgerechnet. Da der Aktionär aber mit der erhaltenen Ausschüttung der Einkommensteuer unterliegt[128], wird dieser Betrag auf Grundlage eines Steuersatzes von 17,5 % (typisierter Steuersatz 35 %, Halbeinkünfteverfahren) in einen Bruttobetrag (vor Einkommensteuer) umgerechnet.

88   Der BGH hat in der „**Ytong**"-Entscheidung für die Ausgleichsleistung eine Sonderbehandlung der von der Untergesellschaft zu tragenden Körperschaftsteuer – nicht aber für die **Gewerbeertragsteuer** – gefordert[129]. Den außenstehenden Aktionären solle der „voraussichtlich verteilungsfähige durchschnittliche Bruttogewinnanteil als feste Größe zu gewährleisten [sein], von dem die Körperschaftsteuerbelastung in der jeweils gesetzlich vorgegebenen Höhe abzusetzen ist."[130] Die wohl überwiegende Praxis[131] bezieht diese Aussage auf den **Körperschaftsteuersatz** (und nicht auf die tatsächliche **Körperschaftsteuerlast**) und auf denjenigen Teil der Ausgleichszahlung, der sich aus den der **deutschen Körperschaftsteuer** unterliegenden Erträgen ableitet, und behandelt diesen Teil variabel nach Maßgabe des jeweiligen Körperschaftsteuersatzes zuzüglich Solidaritätszuschlag[132]. Der BGH möchte diese Grundsätze auf das frühere

127 Zustimmend zur Berücksichtigung der persönlichen Steuerbelastung des Aktionärs: LG Frankfurt a.M. v. 8.8.2001 – 3/8 O 69/97, AG 2002, 357, 358; LG Mannheim v. 25.3.2002 – 28 AktE 1/97 – „Rheinelektra", AG 2002, 466, 467; LG Bremen v. 18.2.2002 – 13 O 458/96 – „Gestra/Foxboro", AG 2003, 214, 215; *Großfeld*, Unternehmens- und Anteilsbewertung, S. 100 ff. (anders noch die Voraufl.); offen *Baldamus*, AG 2005, 77, 79 f.; ablehnend OLG Hamburg v. 3.8.2000 – 11 W 36/95 – „Wünsche", AG 2001, 479, 481; LG München I v. 25.2.2002 – 5 HKO 1080/96 – „Frankona", AG 2002, 563, 567; ebenso *Hennrichs*, ZHR 164 (2000), 453 ff.; *Emmerich* in Emmerich/Habersack, Aktien- und GmbH-Konzernrecht, § 304 Rz. 34b und auch noch die die vom Hauptfachausschuss des Arbeitskreises Unternehmensbewertung des IDW abgegebene Stellungnahme HFA 2/1983.
128 Vgl. *Hasselbach/Hirte* in Großkomm. AktG, § 304 Rz. 10.
129 BGH v. 21.7.2003 – II ZB 17/01 – „Ytong", AG 2003, 627 ff.; zustimmend insoweit *Knoll*, ZIP 2003, 2329, 2334; ablehnend *Baldamus*, AG 2005, 79, 82.
130 BGH v. 21.7.2003 – II ZB 17/01 – „Ytong", AG 2003, 627, 628; dem BGH folgend OLG Stuttgart v. 1.10.2003 – 4 W 34/93 – „Vereinigte Filzfabriken", AG 2004, 43, 47.
131 Formulierungsbeispiel: „Die [Obergesellschaft] garantiert den außenstehenden Aktionären der [Untergesellschaft] als angemessenen Ausgleich für jedes volle Geschäftsjahr der [Untergesellschaft], erstmals für das am 1. Januar 2007 beginnende Geschäftsjahr, die Zahlung einer wiederkehrenden Geldleistung (Ausgleichszahlung). Die Ausgleichszahlung beträgt brutto EUR [___] je Stückaktie für jedes volle Geschäftsjahr abzüglich Körperschaftsteuer sowie Solidaritätszuschlag nach dem jeweils für diese Steuern für das betreffende Geschäftsjahr geltenden Satz, wobei dieser Abzug nur auf den in dem Bruttobetrag enthaltenen anteiligen Ausgleich von EUR [___] je Stückaktie aus mit deutscher Körperschaftsteuer belasteten Gewinnen zu berechnen ist. Nach den Verhältnissen zum Zeitpunkt des Vertragsabschlusses gelangen auf den anteiligen Ausgleich von EUR [___] je Stückaktie aus mit deutscher Körperschaftsteuer belasteten Gewinnen 25 % Körperschaftsteuer zzgl. 5,5 % Solidaritätszuschlag, das sind EUR [___] zum Abzug. Zusammen mit dem übrigen anteiligen Ausgleich von EUR [___] je Stückaktie aus nicht mit deutscher Körperschaftsteuer belasteten Gewinnen ergibt sich daraus nach den Verhältnissen zum Zeitpunkt des Vertragsabschlusses eine Ausgleichszahlung in Höhe von insgesamt EUR [___] je Stückaktie für ein volles Geschäftsjahr."
132 *Hasselbach/Hirte* in Großkomm. AktG, § 304 Rz. 159; *Baldamus*, AG 2005, 83 r.Sp. oben; auf die tatsächliche Belastung stellt *Emmerich* in Emmerich/Habersack, Aktien- und GmbH-Konzernrecht, § 304 Rz. 34a ab.

Körperschaftsteueranrechnungsverfahren wie auf das Halbeinkünfteverfahren anwenden[133].

Vor der Entscheidung des BGH war die Praxis nahezu durchweg davon ausgegangen, dass in Anwendung des Stichtagsprinzips künftige **Änderungen** der auf die Untergesellschaft einwirkenden **steuerlichen Gegebenheiten grundsätzlich ohne Auswirkung** auf den festen Ausgleich seien[134]. Die Oberlandesgerichte haben sich, vor die gleiche Problemlage gestellt, teils für das strikte Stichtagsprinzip entschieden[135], teils steuerliche Änderungen im laufenden Spruchverfahren berücksichtigt[136].   89

Die Entscheidung des BGH zur Berücksichtigung der Körperschafsteuer betrifft – jedenfalls aus Sicht des BGH – ein Sonderproblem der Ausgleichsleistung. Der BGH **weicht damit**, auch wenn das in der Entscheidung bestritten wird, vom **Stichtagsprinzip** ab[137]. Die Entscheidung kann zu **willkürlichen Ergebnissen** führen und berücksichtigt Änderungen steuerlicher Gegebenheiten, die u.U. lange nach der Beschlussfassung der Hauptversammlung eintreten. Die unterschiedliche Behandlung der Körperschaftsteuer und der Gewerbeertragsteuer ist sachlich nicht begründbar[138].   90

Im Ergebnis **ist die „Ytong"-Entscheidung des BGH deshalb abzulehnen**. Fälle, die wegen gravierender Verschiebungen eine Neuberechnung des Ausgleichs für die Zukunft, aber – bis auf die geänderte steuerliche Lage – auf Grundlage der Verhältnisse am Stichtag erforderlich machen, lassen sich mit den Grundsätzen über die **Störung der Geschäftsgrundlage** (§ 313 BGB) lösen (s. unten Rz. 139)[139].   91

II. Variabler Ausgleich (§ 304 Abs. 2 Satz 2)

1. Allgemeines

An Stelle des festen Ausgleichs kann beim Gewinnabführungsvertrag ebenso wie beim Beherrschungsvertrag die Zahlung eines Betrags zugesichert werden, der sich nach dem auf Aktien der Obergesellschaft entfallenden Gewinnanteil bemisst, § 304 Abs. 2 Satz 2. Dieser **variable Ausgleich** kann in Abhängigkeit von der Gewinnentwicklung und der Ausschüttungspolitik der Obergesellschaft für die außenstehenden Aktionäre zu besseren oder schlechteren Ergebnissen führen als der feste Ausgleich. In der Praxis kommt der variable Ausgleich **eher selten** vor, obwohl in der rechtswissenschaftlichen Diskussion gemeinhin die Risiken für die außenstehenden Aktionäre höher eingeschätzt werden als die Chancen[140] und der variable Ausgleich damit für die Obergesellschaft günstiger sein müsste. Die Gründe dürften hauptsächlich in dem deutlich **erhöhten Bewertungsaufwand** liegen (s. unten Rz. 100). Gegen den variablen Ausgleich mag in gewissem Umfang auch sprechen, dass Kapitalerhöhungen bei der Obergesellschaft unter Umständen eine Neuberechnung des variablen Ausgleichs erforderlich machen können (s. oben Rz. 126 ff.).   92

---

133 *Baldamus*, AG 2005, 77, 82 (entsprechend der aktuellen Bewertungspraxis); zweifelnd *Hasselbach/Hirte* in Großkomm. AktG, § 304 Rz. 85.
134 Vgl. *Baldamus*, AG 2005, 77, 80 mit zahlreichen Nachweisen.
135 BayObLG v. 11.9.2001 – 3Z BR 101/99 – „Ytong", AG 2002, 392, 394 (Vorinstanz zu BGH); OLG Düsseldorf v. 19.10.1999 – 19 W 1/96 – „Hoffmann's Stärkefabriken", AG 2000, 323, 326.
136 OLG Zweibrücken v. 9.3.1995 – 3 W 133 u. 145/92 – „Saint Gobain", AG 1995, 421, 422.
137 *Emmerich* in Emmerich/Habersack, Aktien- und GmbH-Konzernrecht, § 304 Rz. 34a; *Baldamus*, AG 2005, 77, 82.
138 *Hasselbach/Hirte* in Großkomm. AktG, § 304 Rz. 85.
139 *Beckstein/Simon*, ZIP 2001, 1906, 1909; in diese Richtung auch *Koppensteiner* in KölnKomm. AktG, § 304 Rz. 102.
140 Vgl. nur *Bilda* in MünchKomm. AktG, § 304 Rz. 66.

2. Gewinnanteil der Obergesellschaft als Berechnungsgrundlage

93   Die Berechnungsgrundlage für den variablen Ausgleich ist der auf Aktien der Obergesellschaft jeweils von Jahr zu Jahr entfallende **Gewinnanteil**. Über das Verständnis
dieses Begriffs besteht Streit: Nach der in der Rechtsprechung, soweit ersichtlich,
durchgehend vertretenen[141] und von Teilen der Literatur unterstützten Meinung[142]
ist der Gewinnanteil im Sinne von § 304 Abs. 2 Satz 2 die an die Aktionäre **ausgeschüttete Dividende**. Demgegenüber möchte ein anderer Teil der Literatur auf den
Jahresüberschuss der Obergesellschaft abstellen[143].

94   Das **BVerfG** hat beide Auslegungen für verfassungsrechtlich zulässig erklärt, aber
verlangt, dass bei Zugrundelegung der ersten Auffassung die außenstehenden Aktionäre gegen eine missbräuchliche Dividendenpolitik der Obergesellschaft geschützt
werden.[144] Eine mißbräuchliche Dividendenpolitik liege „jedenfalls" dann vor, wenn
die Minderheitsaktionäre in Folge einer Gewinnthesaurierung der Obergesellschaft
weniger erhalten „als sie als Dividende oder Wertsteigerung ihres Unternehmens erhalten hätten, wenn es den Unternehmensvertrag nicht gegeben hätte", obwohl die
Untergesellschaft tatächlich Gewinn abführt[145].

95   Das herkömmliche Verständnis des Begriffs „**Gewinnanteil**" in § 304 Abs. 2 Satz 2
als der **ausgeschütteten Dividende** wird dem **Wortlaut** und der **Entstehungsgeschichte** am besten gerecht[146]. Die Anknüpfung an den **Jahresüberschuss** löst das Problem
der möglichen Beeinträchtigung der außenstehenden Aktionäre nicht wirklich, weil
die Höhe des Jahresüberschusses der Obergesellschaft durch Gewinnthesaurierungen
bei Tochtergesellschaften beeinflusst sein kann[147].

96   Grundsätzlich ist deshalb die Konzeption des BVerfG vorzugswürdig, **missbräuchliche Gewinnthesaurierungen** bei der Obergesellschaft im Einzelfall zu unterbinden.
Da es beim variablem Ausgleich im wirtschaftlichen Risiko des Minderheitsaktionärs liegt, „ob und ggf. in welcher Höhe das herrschende Unternehmen Gewinn
macht"[148], kann eine missbräuchliche Thesaurierungspolitik – mit der Folge der Erhöhung des variablen Ausgleichs – deshalb jedenfalls dann nicht vorliegen, wenn die
Obergesellschaft den **vollen** zur Verteilung an die Aktionäre zur Verfügung stehenden
Bilanzgewinn ausschüttet. Dabei sind nach der Wertung des Gesetzes Einstellungen
in die **gesetzliche Rücklage** sowie Einstellungen in **andere Gewinnrücklagen** im Umfang von § 58 Abs. 2 Satz 1 zulässig. Wenn die bei der Obergesellschaft beschlossene
Dividende dahinter zurückbleibt, ist das ebenfalls nicht zu beanstanden, wenn der
Betrag des variablen Ausgleichs nicht hinter dem Betrag der anteiligen Gewinnabführung für das betreffende Jahr zurückbleibt[149]. Auf einen hypothetischen Vergleich

---

141   OLG Düsseldorf v. 26.1.1978 – 19 W 5/77 – „Rheinstahl I", AG 1978, 238, 239; OLG Düsseldorf v. 17.2.1984 – 19 W 1/81 – „Rheinstahl II", AG 1984, 216, 219; LG Dortmund v.
31.10.1980 – 18 AktE 2/79, AG 1981, 236, 239; LG Frankfurt a.M. v. 1.10.1986 – 3/3 O 145/
83, AG 1987, 315, 317 f.
142   *Hüffer*, § 304 Rz. 15; *Bilda* in MünchKomm. AktG, § 304 Rz. 66; *Krieger* in MünchHdb. AG,
§ 70 Rz. 96; nur referierend *Hasselbach/Hirte* in Großkomm. AktG, § 304 Rz. 101 ff.
143   *Emmerich* in Emmerich/Habersack, Aktien- und GmbH-Konzernrecht, § 304 Rz. 49; wieder
anders *Koppensteiner* in KölnKomm. AktG, § 304 Rz. 81: „den um anteilige Rücklagen erhöhten Betrag"; weitere Lösungsvorschläge bei *Hüchting*, Abfindung und Ausgleich, S. 63 f.
(zusätzliche Garantie des festen Ausgleichs) und *Exner*, Beherrschungsvertrag und Vertragsfreiheit, S. 183 ff.
144   BVerfG v. 8.9.1999 – 1 BvR 301/89 – „Hartmann & Braun", AG 2000, 40, 41.
145   BVerfG v. 8.9.1999 – 1 BvR 301/89 – „Hartmann & Braun", AG 2000, 40, 41.
146   *Kropff*, Aktiengesetz, S. 395.
147   *Emmerich* in Emmerich/Habersack, Aktien- und GmbH-Konzernrecht, § 304 Rz. 49.
148   BVerfG v. 8.9.1999 – 1 BvR 301/89 – „Hartmann & Braun", AG 2000, 40, 41.
149   Für eine Betrachtung über fünf Jahre hinweg E. *Vetter*, ZIP 2000, 561, 565.

mit dem Betrag, den die außenstehenden Aktionäre als **festen Ausgleich** erhalten hätten, kann es demgegenüber nicht ankommen.

Beim **isolierten Beherrschungsvertrags** ist statt auf den an die Obergesellschaft abgeführten Gewinn auf den Betrag abzustellen, der bei Bestehen eines Gewinnabführungsvertrags nach § 301 höchstens als Gewinn abzuführen gewesen wäre. Eine weitere Korrektur des variablen Ausgleichs aufgrund des Umstands, dass beim isolierten Beherrschungsvertrag der gesamte Gewinn der Untergesellschaft dort thesauriert werden kann[150], ist dann nicht erforderlich.   97

Wenn ein Aktionär der Untergesellschaft der Auffassung ist, dass er nach diesen Grundsätzen zu wenig als variablen Ausgleich erhalten hat, kann er einen darüber hinausgehenden Anspruch (nur) im Weg der **Leistungsklage** verfolgen. Das Spruchverfahren ist dafür nicht eröffnet[151].   98

Es kann nicht übersehen werden, dass der skizzierte Korrekturbedarf den variablen Ausgleich nicht nur **schwer handhabbar** macht, sondern auch keine mit dem festen Ausgleich vergleichbare abgesicherte Stellung der außenstehenden Aktionäre bewirkt. Eine breitere empirische Untersuchung über Anwendungsbereiche des variablen Ausgleichs könnte zu der Schlussfolgerung führen, dass dieses Instrument letztlich entbehrlich ist.   99

3. Verschmelzungsrelation

Die von der Obergesellschaft ausgeschüttete Dividende ist nach Maßgabe der **Verschmelzungsrelation** in den variablen Ausgleich umzurechnen, § 304 Abs. 2 Satz 3. Dazu muss eine **komplette Bewertung der Obergesellschaft** und der Untergesellschaft durchgeführt und auf Grundlage dieser Bewertungen bestimmt werden, wieviele Aktien der Obergesellschaft für eine Aktie der Untergesellschaft zu gewähren wären.   100

Für die Festlegung des variablen Ausgleichs geht es allein um das **Verhältnis der Unternehmenswerte** und nicht um die Ausschüttungserwartungen. Im Rahmen der Bestimmung der Verschmelzungsrelation nach § 304 Abs. 2 Satz 3 gelten deshalb die Bewertungsgrundsätze, die bei § 305 Anwendung finden (s. dort Rz. 47 ff.)[152].   101

Problematisch ist die Behandlung von **Vorzugsaktien** für Zwecke des variablen Ausgleichs[153]. Der Verweis auf die Verschmelzungrelation könnte bedeuten, dass die Vorzugsaktien beim variablen Ausgleich (wie in der Regel bei der Verschmelzungsrelation) mit einem Abschlag belegt werden[154]. Umgekehrt wird ins Feld geführt, aufgrund des Gewinnvorzugs müssten die Vorzugsaktien einen Zuschlag bekommen[155]. Im Ergebnis spricht viel dafür, Vorzugsaktien mit einem reinen Gewinnvorzug beim variablen Ausgleich gleich[156] zu behandeln wie die Stämme. Ein erhöhtes Gewinnbezugsrecht (Mehrdividende) ist bei der Festsetzung des Ausgleichs dagegen zugunsten   102

---

150 Vgl. *Emmerich* in Emmerich/Habersack, Aktien- und GmbH-Konzernrecht, § 304 Rz. 49.

151 BVerfG v. 8.9.1999 – 1 BvR 301/89 – „Hartmann & Braun", AG 2000, 40, 41; *E. Vetter*, ZIP 2000, 561, 567 f.

152 *Bilda* in MünchKomm. AktG, § 304 Rz. 94; *Emmerich* in Emmerich/Habersack, Aktien- und GmbH-Konzernrecht, § 304 Rz. 52.

153 Vgl. *G. Roth*, Der Konzern 2005, 685, 692 f.

154 Vgl. *Krieger* in MünchHdb. AG, § 70 Rz. 124 für die Abfindung.

155 *E. Vetter*, ZIP 2000, 561, 567.

156 Vgl. *Bilda* in MünchKomm. AktG, § 304 Rz. 94; *Krieger* in FS Lutter, 2000, S. 504 f.; *Krieger* in MünchHdb. AG, § 70 Rz. 95; OLG Frankfurt a.M. v. 24.1.1989 – 20 W 477/86, AG 1989, 442, 443; gegen eine Berücksichtigung unterschiedlicher Börsenkurse, aber für eine Berücksichtigung der Gattungsunterschiede *Hasselbach/Hirte* in Großkomm. AktG, § 304 Rz. 100.

der Vorzugsaktionäre zu berücksichtigen[157]. Bei Vorhandensein von **Vorzügen und Stämmen bei der Obergesellschaft** kommt es auf die pro Aktie der Obergesellschaft durchschnittlich ausgeschüttete Dividende an (mit anderen Worten: Gesamtausschüttung dividiert durch die Gesamtzahl der Aktien der Obergesellschaft).

103 Das BVerfG betrachtet den **Börsenkurs** der Untergesellschaft grundsätzlich als **Untergrenze** der Bewertung[158]. Das gilt gerade auch bei der Feststellung der Verschmelzungsrelation zur Festsetzung des variablen Ausgleichs. Für das Verhältnis des Börsenwerts zu einem höheren Ertragswert der Untergesellschaft und für die Bewertung der Obergesellschaft sowie die **Methodengleichheit** der Bewertung der Unter- und der Obergesellschaft gelten die gleichen Grundsätze wie im bei § 305 (s. dort Rz. 107).

D. Vertrags- und Beschlussmängel (§ 304 Abs. 3)

I. Vertragsmängel (§ 304 Abs. 3 Satz 1)

104 Wenn der Unternehmensvertrag **überhaupt keinen Ausgleich** vorsieht, obwohl dies nach § 304 Abs. 1 erforderlich wäre, ist der Vertrag **nichtig**, § 304 Abs. 3 Satz 1. Angesichts der auf einen engen Anwendungsbereich der Nichtigkeitsfolge abzielenden Gesetzesformulierung („überhaupt keinen Ausgleich") ist bei der Annahme der Nichtigkeit Zurückhaltung geboten. Die Nichtigkeitsfolge greift insbesondere dann nicht ein, wenn die Untergesellschaft im Zeitpunkt der Beschlussfassung ihrer Hauptversammlung **keine außenstehenden Aktionäre** hat, wenn sämtliche außenstehende Aktionäre auf den Ausgleich **verzichtet** haben (s. oben Rz. 40, 74) oder wenn der Ausgleich auf **Null** festgelegt wurde (s. oben Rz. 81)[159].

105 Wenn in dem Vertrag lediglich **Ansprüche gegen die Untergesellschaft** eingeräumt wurden und keine unmittelbaren Ansprüche gegen die Obergesellschaft, möchte die ganz herrschende Meinung Nichtigkeit nach § 304 Abs. 3 Satz 1 annehmen[160]. Der **Wortlaut** von § 304 Abs. 3 Satz 1 **spricht gegen diese Meinung**. Der Vertrag ist in einem solchen Fall **wirksam**. Das Spruchverfahren ist (wie sonst auch) gegen die Obergesellschaft zu richten. Auch außerhalb des Spruchverfahrens haben die außenstehenden Aktionären aufgrund des Unternehmensvertrags i.V.m. § 304 einen **Anspruch** gegen die Obergesellschaft **auf Übernahme der Haftung** gegenüber den außenstehenden Aktionären für die Verpflichtung zur Ausgleichszahlung.

106 Wenn unzulässigerweise **ein variabler Ausgleich** festgesetzt wurde, tritt ebenfalls keine Nichtigkeit ein. In diesem Fall kann das Gericht im Spruchverfahren den zulässigen festen Ausgleich bestimmen. § 304 Abs. 3 Satz 3, der grundsätzlich den Wechsel der Ausgleichsart durch das Gericht unterbindet, findet keine Anwendung, wenn die festgesetzte Ausgleichsart unzulässig war[161].

---

157 *Krieger* in FS Lutter, 2000, S. 505; *G. Roth*, Der Konzern 2005, 685, 692.

158 BVerfG v. 27.4.1999 – 1 BvR 1613/94 – „DAT/Altana", AG 1999, 566, 569.

159 BGH v. 13.2.2006 – II ZR 392/03 – „Nullausgleich", AG 2006, 331, 333.

160 *Emmerich* in Emmerich/Habersack, Aktien- und GmbH-Konzernrecht, § 304 Rz. 78; *Bilda* in MünchKomm. AktG, § 304 Rz. 195; *Hüffer*, § 304 Rz. 20; *Koppensteiner* in KölnKomm. AktG, § 304 Rz. 104; *Krieger* in MünchHdb. AG, § 70 Rz. 108; *Hasselbach/Hirte* in Großkomm. AktG, § 304 Rz. 123; a.A. *Bayer*, Der grenzüberschreitende Beherrschungsvertrag, 1988, S. 123.

161 *Koppensteiner* in KölnKomm. AktG, § 304 Rz. 104; *Bilda* in MünchKomm. AktG, § 304 Rz. 195; a.A. (Nichtigkeit) *Hasselbach/Hirte* in Großkomm. AktG, § 304 Rz. 123; widersprüchlich *Emmerich* in Emmerich/Habersack, Aktien- und GmbH-Konzernrecht, § 304 Rz. 79, der zwar Nichtigkeit analog § 304 Abs. 3 Satz 1 annimmt, andererseits aber auch Bestimmung der Ausgleichsart durch das Gericht im Spruchverfahren. Dafür ist bei einem nichtigen Unternehmensvertrag aber kein Raum.

Die **komplette Abschaffung** einer nach wie vor erforderlichen Ausgleichsregelung   107
durch Vertragsänderung nach § 295[162] ist angesichts des Erfordernisses eines Sonderbeschlusses der außenstehenden Aktionäre kaum denkbar, wäre aber jedenfalls ein
Fall der Nichtigkeit.

Wenn der **spezielle Nichtigkeitsgrund von § 304 Abs. 3 Satz 1 nicht eingreift**, gelten   108
für die Wirksamkeit des Vertrags die allgemeinen Regeln des **BGB**[163]. Wie sich aus
§ 304 Abs. 3 Satz 1 im Gegenschluss ergibt, führen andere Verstöße gegen die in
§ 304 Abs. 1 und 2 enthaltenen inhaltlichen Anforderungen jedoch nicht zur Nichtigkeit des Vertrags[164].

II. Beschlussmängel

Beschlussmängel können grundsätzlich nach den §§ 241 ff. geltend gemacht werden.   109
Es gelten aber einige **Sonderregeln**.

Fragen der **Angemessenheit des Ausgleichs** sind, soweit die Aktionäre der Unterge-   110
sellschaft die Unangemessenheit geltend machen, ausschließlich dem **Spruchverfahren** vorbehalten, § 304 Abs. 3 Satz 2 und 3. Die Anfechtung ist insoweit ausgeschlossen. Das gilt für § 243 Abs. 1 ebenso wie für eine auf die Behauptung eines Sondervorteils gestützte Klage nach § 243 Abs. 2. Vom Anfechtungsausschluss sind **sämtliche
Fragen erfasst, die die Höhe des Ausgleichsanspruchs** betreffen. Soweit beim variablen Ausgleich die Höhe des Ausgleichs vom Börsenkurs beeinflusst ist, gilt dies auch
für die Bestimmung des maßgeblichen Börsenkurses einschließlich des dafür maßgeblichen Referenzzeitraums. Die Frage der Zulässigkeit der **Ausgleichsart** (fester oder
variabler Ausgleich) ist ebenfalls nicht im Anfechtungsverfahren, sondern ggf. im
Spruchverfahren zu klären (vgl. Rz. 106).

Der Anfechtungsausschluss umfasst, wie durch den durch das UMAG eingefügten   111
neuen § 243 Abs. 4 Satz 2 geregelt ist, auch Rechtsverletzungen in Form von unrichtigen, unvollständigen oder unzureichenden **Informationen in der Hauptversammlung**, die die Ermittlung, Höhe oder Angemessenheit des Ausgleichs betreffen[165].
Fraglich ist insoweit insbesondere, ob das auch für Informationspflichtverletzungen
außerhalb der Hauptversammlung gilt[166].

Für die **Anfechtung des Zustimmungsbeschlusses** der **Obergesellschaft** (§ 293 Abs. 2)   112
gelten die allgemeinen aktienrechtlichen Regeln. Die Aktionäre der Obergellschaft
können die Ausgleichsleistung mit Begründung anfechten, sie sei **zu hoch** bemessen[167]. Allerdings führt **nicht jede Festsetzung** der Ausgleichszahlung **über dem gesetzlichen Mindestmaß** per se zu einem Rechtsverstoß, weil § 304 grundsätzlich nur
den Mindestbetrag der Ausgleichszahlung regelt. Eine **übermäßig großzügige** Festle-

---

162 Dazu *Bilda* in MünchKomm. AktG, § 304 Rz. 197.
163 *Emmerich* in Emmerich/Habersack, Aktien- und GmbH-Konzernrecht, § 304 Rz. 79.
164 *Kropff*, Aktiengesetz, S. 395; so wohl im Ergebnis auch *Emmerich* in Emmerich/Habersack,
     Aktien- und GmbH-Konzernrecht, § 304 Rz. 79.
165 So für das Umwandlungsrecht schon BGH v. 29.1.2001 – II ZR 368/98 – „Aqua Butzke", AG
     2001, 263; BGH v. 18.12.2000 – II ZR 1/99 – „MEZ", AG 2001, 301.
166 Ablehnend *Emmerich* in Emmerich/Habersack, Aktien- und GmbH-Konzernrecht, § 293
     Rz. 38f; befürwortend (ohne allerdings auf die Problematik einzugehen) *Hasselbach/Hirte* in
     Großkomm. AktG, § 304 Rz. 126.
167 *Bilda* in MünchKomm. AktG, § 304 Rz. 199 a.E.; *Emmerich* in Emmerich/Habersack, Ak-
     tien- und GmbH-Konzernrecht, § 304 Rz. 83; zur rechtspolitischen Diskussion über die Er-
     weiterung des Spruchverfahrens vgl. Handelsrechtsausschuss des DAV, BB 2003 Sonderbeila-
     ge 4, S. 9; *Krieger* in MünchHdb. AG, § 70 Rz. 108 a.E.; *J. Vetter*, ZHR 168 (2004), 8, 36.

gung der Ausgleichszahlung kann aber die Ausgleichszahlung selbst und den Zustimmungsbeschluss der Aktionäre objektiv rechtswidrig machen.

113 Der Unternehmensvertrag bedarf zu seiner Wirksamkeit der **Eintragung im Handelsregister**. Es liegt in der Hand des Registerrichters, ob er trotz gegen den oder die Zustimmungsbeschlüsse erhobener Klagen die Eintragung verfügt. Eine **Registersperre besteht nicht**. Der Gesetzgeber ging offenbar davon aus, dass der Registerrichter auch bei anhängigen Klagen regelmäßig die Eintragung verfügen wird[168].

III. Bestimmung des Ausgleichs durch das Gericht

114 Soweit für Aktionäre der Untergesellschaft die Anfechtungsklage ausgeschlossen ist, tritt an deren Stelle das **Spruchverfahren** nach § 1 Nr. 1 SpruchG. Gegenstand des Spruchverfahrens ist die Festsetzung des vertraglich geschuldeten Ausgleichs durch das Gericht. Das betrifft in aller Regel ausschließlich die Frage, ob der im Vertrag festgelegte Ausgleich **heraufzusetzen** ist. Das Gericht ist grundsätzlich nicht befugt, statt der im Vertrag bestimmten Ausgleichsart eine andere Ausgleichsart zu bestimmen, also an Stelle eines festen Ausgleichs einen variablen Ausgleich oder umgekehrt, § 304 Abs. 3 Satz 3. Dies ist ausnahmsweise dann anders, wenn der im Vertrag festgelegte variable Ausgleich unzulässig war. In diesem Fall hat das Gericht im Rahmen des Spruchverfahrens den zulässigen festen Ausgleich zu bestimmen (s. oben Rz. 106).

115 Wenn das Gericht auf eine Änderung der im Vertrag festgelegten Zahlung erkennt, werden die sich daraus ergebenden Zahlungsansprüche **rückwirkend ab Vertragsbeginn** geschuldet. Der entsprechende Zahlungsanspruch wird jedoch erst mit Rechtskraft der gerichtlichen Entscheidung fällig[169]. Auf den Erhöhungsbetrag werden deshalb für die Vergangenheit **weder Fälligkeitszinsen noch Verzugszinsen** geschuldet. Prozesszinsen gemäß § 291 BGB können im Rahmen des Spruchverfahrens ebenfalls nicht verlangt werden, weil das Spruchverfahren nicht auf Zahlung gerichtet ist. Die Verzinsung eines sich aus dem Spruchverfahren ergebenden Nachzahlungsanspruchs kommt deshalb erst ab Rechtskraft der gerichtlichen Entscheidung in Betracht und richtet sich dann nach den allgemeinen Regeln[170].

E. Kündigung (§ 304 Abs. 4)

116 Wenn im Rahmen des Spruchverfahrens das Gericht den vertraglich festgelegten Ausgleich ändert (also den festen Ausgleich **heraufsetzt** oder ausnahmsweise statt eines variablen Ausgleichs einen festen Ausgleich bestimmt, siehe oben) kann die Obergesellschaft den Vertrag innerhalb von zwei Monaten nach Rechtskraft fristlos kündigen. Die Vorschrift hat geringe Bedeutung, weil sie die finanziellen Folgen der Erhöhung des Anspruchs nur für die Zukunft vermeiden hilft[171].

117 Für die Einhaltung der Frist ist nach allgemeinen Regeln der Zugang der Kündigungserklärung bei der Untergesellschaft erforderlich[172]. Die Kündigung beendet den Vertrag **mit Wirkung für die Zukunft**. Für die Zeit bis zur Beendigung des Vertrags ist die Ausgleichsleistung einschließlich einer sich aus dem Spruchverfahren ergebenden

---

168 Vgl. *Kropff*, Aktiengesetz, S. 395.
169 *Bilda* in MünchKomm. AktG, § 304 Rz. 107.
170 *Bilda* in MünchKomm. AktG, § 304 Rz. 112.
171 Überzogen deshalb die Kritik bei *F. Kübler* in FS Goerdeler, S. 279, 289 ff.
172 *Hüffer*, § 304 Rz. 24.

Nachzahlungspflicht zu erbringen[173]. Eine davon abweichende vertragliche Regelung wäre unzulässig.

F. Anpassungen des Ausgleichsanspruchs

Von der Konzeption des Gesetzes her bleiben der feste ebenso wie der variable Aus- 118
gleich während der Laufzeit des Vertrags unverändert. Insbesondere führen **wirtschaftliche Veränderungen** bei der Obergesellschaft oder der Untergesellschaft nicht
zu einer Anpassung des festgesetzten Ausgleichs nach oben oder nach unten. Auch
bei Verträgen mit fester Laufzeit und Verlängerungsklausel ist zum Ablauf der ursprünglich vorgesehenen Laufzeit keine Neufestsetzung vorzusehen[174]. Dennoch
sind in einer Reihe von Fällen Anspassungen unausweichlich.

I. Kapitalmaßnahmen

Kapitalmaßnahmen bei der Ober- oder Untergesellschaft führen unter Umständen 119
zum Anpassungsbedarf beim festen oder variablen Ausgleich[175]. Dieser Anpassung-
bedarf ist rein rechnerischer Art, wenn die Kapitalmaßnahmen „nominell" sind, das
heißt nicht zu Auschüttungen führen oder gegen Einlagen erfolgen. Im anderen Fall
sind die Folgen je nach Fallgestaltung nur mit größeren Schwierigkeiten zu bewältigen. Mit Ausnahme des variablen Ausgleichs im Fall einer Kapitalerhöhung gegen
Einlagen bei der Obergesellschaft und möglicherweise der effektiven Kapitalherabsetzung bei der Untergesellschaft ist aber eine formale Neufestsetzung des Ausgleichs
nicht erforderlich. Die erforderlichen Anpassungen können vielmehr aus ergänzender
Vertragsauslegung oder aus § 216 Abs. 3 (ggf. in analoger Anwendung) hergeleitet
werden. Im einzelnen:

1. Bei der Untergesellschaft

Bei einer **Kapitalerhöhung aus Gesellschaftsmitteln** bei der **Untergesellschaft** durch 120
Ausgabe neuer Aktien findet entsprechend der prozentualen Erhöhung des Grundkapitals eine prozentuale Kürzung des Ausgleichsanspruchs statt, § 216 Abs. 3[176]. Wenn
bei Stückaktien die Kapitalerhöhung ohne Ausgabe neuer Aktien durchgeführt wird
(§ 207 Abs. 2 Satz 2), bleibt der Ausgleich pro Aktie unverändert, gegebenenfalls kann
der auf den (nunmehr überholten) anteiligen Betrag des Grundkapital Bezug nehmen-
de Vertrag redaktionell berichtigt werden.

Bei einer **effektiven Kapitalerhöhung** bei der **Untergesellschaft** findet nach ganz 121
herrschender Meinung keine Anpassung statt[177]. Da der Ausgleichsanspruch den jeweiligen außenstehenden Aktionären zusteht, sind die während der Laufzeit des Unternehmensvertrags im Rahmen einer effektiven Kapitalerhöhung ausgegebenen

173 Allgemeine Meinung, *Hüffer*, § 304 Rz. 24; *Bilda* in MünchKomm. AktG, § 304 Rz. 235.
174 *Koppensteiner* in KölnKomm. AktG, § 304 Rz. 99; *Hasselbach/Hirte* in Großkomm. AktG,
§ 304 Rz. 151; a.A. *Geßler* in G/H/E/K, § 304 Rz. 78.
175 *Hasselbach/Hirte* in Großkomm. AktG, § 304 Rz. 106 ff.
176 *Koppensteiner* in KölnKomm. AktG, § 304 Rz. 83; *Krieger* in MünchHdb. AG, § 70 Rz. 105;
Schwenn, Der Ausgleichs- und Abfindungsanspruch der außenstehenden Aktionäre, S. 121.
177 *Koppensteiner* in KölnKomm. AktG, § 304 Rz. 84; *Exner*, Beherrschungsvertrag und Vertragsfreiheit, S. 208 f.; *Schwenn*, Der Ausgleichs- und Abfindungsanspruch der außenstehenden Aktionäre, S. 122; *Bilda* in MünchKomm. AktG, § 304 Rz. 162; *Hüchting*, Abfindung
und Ausgleich, S. 135.

neuen Aktien ausgleichsberechtigt[178]. Dagegen bestünden nur in dem praktisch nicht vorkommenden Fall Bedenken, dass gegen den Willen der Obergesellschaft bei der Untergesellschaft eine Kapitalerhöhung mit einem unangemessen niedrigen Ausgabebetrag vorgenommen wird. In diesem Fall müsste entsprechend der Wertung von § 304 Abs. 4 erwogen werden, der Obergesellschaft ein Kündigungsrecht aus wichtigem Grund zuzugestehen.

122   Eine **vereinfachte Kapitalherabsetzung** nach §§ 229 ff., die nicht zu Rückzahlungen an die Aktionäre führen darf (§ 230) und praktisch nur zum Ausgleich vorvertraglicher Verluste in Betracht kommt, lässt nach herrschender Meinung den **festen Ausgleich** unberührt[179]. Das ist für die Gesamtsumme des zu zahlenden Ausgleiches und (wenn die Aktienzahl unverändert bleibt) für den für jede Aktie zu zahlenden Ausgleich richtig. Wenn Aktien zusammengelegt werden oder wenn der Ausgleich unter Bezugnahme auf den Nennbetrag oder (bei Stückaktien) den anteiligen Betrag des Grundkapital festgelegt wurde, ist der Vertrag so zu lesen, dass die Summe der geschuldeten Ausgleichszahlungen unverändert bleibt. Eine Vertragsänderung ist das nicht, eine redaktionelle Klarstellung empfiehlt sich. Beim **variablen Ausgleich** gilt im Ergebnis nichts anderes[180].

123   Eine **effektive Kapitalherabsetzung** mit Einlagenrückzahlung führt zur **Herabsetzung** des festen oder variablen Ausgleichsanspruchs[181]. Statt einer rechnerich nicht ganz einfachen Neuberechnung des Ausgleichs[182] sollte man der Obergesellschaft im Sinne einer pragmatischen Handhabung erlauben, den Betrag der Ausschüttung (der gedanklich dem kapitalisierten Betrag einer fiktiven Herabsetzung des Ausgleichsanspruchs entspricht) von den folgenden Ausgleichszahlungen abzuziehen und danach wieder den ursprünglich geschuldeten Ausgleich zahlen.

124   Entsprechendes gilt für die Auflösung und **Ausschüttung vorvertraglicher Gewinnrücklagen**. Gewinne aus der Auflösung solcher Rücklagen unterliegen nicht der Gewinnabführung (s. § 301 Rz. 22), sondern sind vorbehaltlich eines Gewinnverwendungsbeschlusses der Hauptversammlung an alle Aktionäre entsprechend ihrer Beteiligung auszuschütten[183]. Wie der BGH entschieden hat, ist eine solche „**Sonderdividende**" nicht im Rahmen der Grundsätze über die Verrechnung von Ausgleichszahlungen mit Zinsen auf die Abfindung zu berücksichtigen[184]. Das ist systematisch richtig, weil es sich nicht um einen Teil der Ausgleichszahlung handelt. Andererseits beruht die Berechnung der Ausgleichszahlung auf dem Prinzip der vollen Entschädi-

---

178 BGH v. 8.5.2006 – II ZR 27/05 – „Jenoptik", AG 2006, 543 (für die Abfindung nach § 305); *Koppensteiner* in KölnKomm. AktG, § 304 Rz. 17; *Emmerich* in Emmerich/Habersack, Aktien- und GmbH-Konzernrecht, § 304 Rz. 72; *Bilda* in MünchKomm. AktG, § 304 Rz. 141; *Krieger* in MünchHdb. AG, § 70 Rz. 105. Erwägenswert ist die Auffassung von *Bungert/Bednarz* (BB 2006, 1865, 1867 f.), dass eine ausdrückliche abweichende Regelung im Unternehmensvertrag zulässig sein sollte; eine Einschränkung bei Aktienausgabe (§ 204) kommt wohl weniger in Betracht, weil der Unternehmensvertrag – und sei es durch Schweigen – bereits eine Regelung zu der Frage enthält, ob sich das Abfindungsangebot auch an die Zeichner neuer Aktien richtet.

179 *Emmerich* in Emmerich/Habersack, Aktien- und GmbH-Konzernrecht, § 304 Rz. 73.

180 Wie hier wohl *Krieger* in MünchHdb. AG, § 70 Rz. 105; *Koppensteiner* in KölnKomm. AktG, § 304 Rz. 85 und auch die Autoren die nur beim variablen Ausgleich Anpassungsbedarf sehen: *Emmerich* in Emmerich/Habersack, Aktien- und GmbH-Konzernrecht, § 304 Rz. 73.

181 *Krieger* in MünchHdb. AG, § 70 Rz. 105; *Koppensteiner* in KölnKomm. AktG, § 304 Rz. 85.

182 *Koppensteiner* in KölnKomm. AktG, § 304 Rz. 85: „proportionale Herabsetzung" – aber um welche Proportionen es geht, bleibt unklar. Eine Herabsetzung im Verhältnis der Kapitalherabsetzung kommt jedenfalls nicht in Betracht (so aber anscheinend *Bilda* in MünchKomm. AktG, § 304 Rz. 142).

183 BGH v. 2.6.2003 – II ZR 85/02 – „Philips I", AG 2003, 629, 630.

184 BGH v. 2.6.2003 – II ZR 85/02 – „Philips I", AG 2003, 629, 630.

gung und ist deshalb zur Vermeidung einer Doppelkompensation bei jeder Ausschüttung aus dem Eigenkapital, die den außenstehenden Aktionären zugute kommt, entsprechend zu kürzen.

2. Bei der Obergesellschaft

Kapitalveränderungen welcher Art auch immer bei der **Obergesellschaft** lassen den **festen Ausgleich** unberührt[185].   125

Bei einer Kapitalerhöhung aus Gesellschaftsmitteln durch Ausgabe neuer Aktien   126
muss der **variable Ausgleich** im Verhältnis der Ausgabe neuer Aktien angepasst werden[186]. Bei einer Kapitalerhöhung gegen Einlagen besteht die Gefahr der **Verwässerung** des auf die Aktien entfallenden Gewinnanteils, wenn der Ausgabebetrag hinter dem Wert der neuen Aktien zurückbleibt. Es ist schon aus verfassungsrechtlichen Gründen erforderlich, die Interessen der außenstehenden Aktionäre in diesem Fall angemessen zu berücksichtigen[187]. Die herrschende Meinung tendiert dazu, einen Anspruch auf Anpassung der Ausgleichszahlung zu gewähren[188]. Im Einzelnen ist danach zu differenzieren:

Bei einer **Bezugsrechtskapitalerhöhung** kann es in rechtlich zulässiger Weise zu einer   127
erheblichen Verwässerung kommen. § 255 Abs. 2 gilt nicht, die Aktionäre der Obergesellschaft haben es in der Hand, den Ausgabepreis deutlich unter dem Börsenkurs oder dem inneren Wert festzulegen. Der variable Ausgleich ist in diesem Fall grundsätzlich im Umfang der Verwässerung anzupassen. Bei einer börsennotierten Gesellschaft kann die Verwässerung aus dem Wert des Bezugsrechts und dem Volumen abgeleitet werden[189].

Bei einer **Kapitalerhöhung unter Bezugsrechtsausschluss nach § 186 Abs. 3 Satz 4**   128
entspricht es der Wertung des Gesetzgebers, dass eine dadurch eintretende Verwässerung so unerheblich ist, dass sie von den Aktionären der Obergesellschaft hingenommen werden muss. Das sollte auch für außenstehende Aktionäre der Untergesellschaft gelten[190]. Die sich aus dem maximalen Volumen von 10% und dem maximalen Kursabstand von 3–5 %[191] errechnende theoretische Verwässerung liegt bei börsennotierten Unternehmen im Bereich der ohnehin bestehenden Kursvolatilität und wird kaum einen Einfluss auf das tatsächliche Ausschüttungsverhalten der Obergesellschaft haben.

Bei einer **Barkapitalerhöhung** unter **Bezugsrechtsausschluss** gilt das gleiche. § 255   129
Abs. 2 verbietet unangemessen niedrige Ausgabepreise. Wenn sich die Verwässerung in der gleichen Größenordnung hält, die im Anwendungsbereich von § 186 Abs. 3

---

185 *Koppensteiner* in KölnKomm. AktG, § 304 Rz. 86.
186 *Krieger* in MünchHdb. AG, § 70 Rz. 102; *Bilda* in MünchKomm. AktG, § 304 Rz. 161; *Hüffer*, § 304 Rz. 19; *E. Vetter*, ZIP 2000 561, 565 f.
187 BVerfG v. 8.9.1999 – 1 BvR 301/89 – „Hartmann & Braun", AG 2000, 40, 41.
188 *Krieger* in MünchHdb. AG, § 70 Rz. 102 (Anpassung kraft Gesetzes); *Hüffer*, § 304 Rz. 19 (ergänzende Vertragsauslegung); *Koppensteiner* in KölnKomm. AktG, § 304 Rz. 88 ff. (Anspruch aus § 304); *Emmerich* in Emmerich/Habersack, Aktien- und GmbH-Konzernrecht, § 304 Rz. 70 f. (ergänzende Vertragsauslegung); eher zurückhaltend *Bilda* in MünchKomm. AktG, § 304 Rz. 161 (ergänzende Vertragsauslegung); *Schwenn*, Der Ausgleichs- und Abfindungsanspruch der außenstehenden Aktionäre, S. 114 ff.
189 *Krieger* in MünchHdb. AG, § 70 Rz. 102 m.w.N. Fn. 303.
190 Nach ganz durchgängiger Praxis gewähren die Bedingungen marktgängiger Wandelschuldverschreibungen und Optionsschuldverschreibungen (deren Inhaber sich wirtschaftlich hinsichtlich der Verwässerungsgefahr in einer ähnlichen Situation befinden) keinen Verwässerungsschutz, wenn der Emittent eine Kapitalerhöhung nach § 186 Abs. 3 Satz 4 durchführt.
191 Vgl. *Hüffer*, § 186 Rz. 39d.

Satz 4 gilt, ist eine Anpassung nicht erforderlich. Bei höheren Abschlägen auf den Kurs kann das anders sein. Bei börsennotierten Gesellschaften der Umfang der Verwässerung aus dem Ausgabepreis und aus dem Börsenkurs in der Zeit unmittelbar davor berechnet werden.

130   Bei einer **Sachkapitalerhöhung** unter Bezugsrechtsausschluss ist ggf. eine Neuberechnung des Ausgleichs erforderlich, wenn es zu einer erheblichen Verwässerung kommt.

131   Die dogmatische Begründung der Anpassung (**ergänzende Vertragsauslegung, § 216** Abs. 3 analog oder **Vertragsänderung**[192]) hat auch Einfluss auf die Frage, ob der Rechtsschutz der außenstehenden Aktionäre über die Leistungsklage (was bei § 216 Abs. 3 naheliegt[193]) oder über das Spruchverfahren zu gewährleisten ist. Generell sind rechnerische Anpassungen der Leistungsklage, Neuberechnungen aber dem Spruchverfahren zuzuordnen (s. unten Rz. 142).

II. Maßnahmen nach dem UmwG, Gesamtrechtsnachfolge, Aktiensplit

132   Ein **Rechtsformwechsel** bei der Obergesellschaft hat keinen Einfluß auf den festen Ausgleich[194]. Das gleiche gilt für den Rechtsformwechsel der Untergesellschaft[195].

133   Fälle der **Gesamtrechtsnachfolge** auf Seiten der Obergesellschaft oder der Untergesellschaft lassen den **festen Ausgleich** unberührt, wenn der Vorgang nicht zur Beendigung des Unternehmensvertrags führt (dazu näher § 297 Rz. 27 ff.).

134   Wenn ein Unternehmen auf die Obergesellschaft verschmolzen wird, sollten die Regelungen über die Verschmelzung dazu führen, dass der **variable Ausgleich** nicht beeinträchtigt wird. Eine Anpassung ist nicht erforderlich[196]. Wenn die Obergesellschaft auf ein anderes Unternehmen verschmolzen wird, ist der variable Ausgleich entsprechend dem Verschmelzungsverhältnis analog § 216 Abs. 3 anzupassen[197].

135   Ein **Aktiensplit** bei der Untergesellschaft verringert den auf die einzelne Aktie entfallenden Ausgleichsanspruch entsprechend. Ein Aktiensplit bei der Obergesellschaft ändert am festen Ausgleich nichts, der variable Ausgleich ist entsprechend anzupassen[198]. Diese Anpassungen folgen aus ergänzender Vertragsauslegung oder aus analoger Anwendung von § 216 Abs. 3, sind aber jedenfalls keine Vertragsänderung nach § 295[199].

III. Vertragsänderungen

136   **Änderungen** des Beherrschungs- oder Gewinnabführungsvertrags im Sinne von § 295 sind zunächst daraufhin zu prüfen, ob es sich um die (geänderte) **Fortführung** des bisherigen Vertrags oder um die Beendigung des bestehenden und den **Abschluss eines neuen Vertrags** handelt. Beim Neuabschluss ist der Ausgleich nach § 304 nach

---

192   Ausführlich dazu *Bilda* in MünchKomm. AktG, § 304 Rz. 132 ff., 148 ff.
193   *Bilda* in MünchKomm. AktG, § 304 Rz. 150.
194   *Koppensteiner* in KölnKomm. AktG, § 304 Rz. 94.
195   *Emmerich* in Emmerich/Habersack, Aktien- und GmbH-Konzernrecht, § 297 Rz. 45.
196   *Krieger* in MünchHdb. AG, § 70 Rz. 204.
197   OLG Karlsruhe v. 7.12.1990 – 15 U 256/89 – „Asea Brown Boveri I", AG 1991, 144, 146; *Krieger* in MünchHdb. AG, § 70 Rz. 204; *Altmeppen* in MünchKomm. AktG, § 297 Rz. 125; *Emmerich* in Emmerich/Habersack, Aktien- und GmbH-Konzernrecht, § 297 Rz. 43; a.A. *Bayer*, ZGR 1993, 599, 604 ff.
198   *Krieger* in MünchHdb. AG, § 70 Rz. 105.
199   Vgl. *Bilda* in MünchKomm. AktG, § 304 Rz. 142.

den dann maßgeblichen Verhältnissen neu festzusetzen. Der Übergang von einem isolierten Gewinnabführungsvertrag zu einem isolierten Beherrschungsvertrag ist, jedenfalls was den Ausgleich angeht, als Neuabschluss zu behandeln, so dass der Ausgleich neu festzusetzen und ggf. ein Spruchverfahren durchzuführen ist[200].

Der **Beitritt** eines weiteren herrschenden Unternehmens zum Beherrschungs- oder 137
Gewinnabführungsvertrag[201] bedingt keine neue Ausgleichsregelung, wenn ein fester Ausgleich festgesetzt war[202]. Ein variabler Ausgleich wird dagegen nachträglich seiner Art nach unzulässig (s. oben Rz. 32). Es handelt sich dennoch nicht um einen Fall von § 295 Abs. 2, weil lediglich die Art der Ausgleichs unzulässig wurde. Auf Grundlage des bisherigen Stichtags ist nunmehr eine fester Ausgleich festzusetzen[203]. Ein laufendes Spruchverfahren kann fortgesetzt werden, ansonsten ist der Anspruch ggf. mit der Leistungsklage zu verfolgen.

Vertragsänderungen, die die Ausgleichsleistung nicht betreffen, bedürfen lediglich 138
der Zustimmung der Hauptversammlung, § 295 Abs. 1. Änderungen des Vertrags, die in einer für die außenstehenden Aktionäre nachteiligen Weise die vertraglichen Bestimmungen über den Ausgleich betreffen, bedürfen nach § 295 Abs. 2 eines **Sonderbeschlusses** der außenstehenden Aktionäre. In diesen Fällen ist auch die Prüfung der geänderten Ausgleichsregelung im Spruchverfahren nach dem SpruchG eröffnet[204]. Vertragsänderungen, die nicht unter § 295 Abs. 2 fallen, führen demgegenüber nicht zu der Möglichkeit eines neuen Spruchverfahrens[205].

IV. Steuerliche Änderungen und Änderung sonstiger wirtschaftlicher Rahmendaten

Änderungen der **Steuergesetzgebung** können dazu führen, dass sich der Ausgleich bei 139
einer Neuberechnung nicht lediglich aufgrund geänderter wirtschaftlicher Umstän-

---

200 BayObLG v. 15.11.2001 – 3 Z BR 175/00, AG 2003, 42, 43; LG München I v. 2.5.2000 – 5 HKO 21647/99, AG 2001, 318 f.; *Hüffer*, § 304 Rz. 6; zweifelnd *Koppensteiner* in Köln-Komm. AktG, § 304 Rz. 100.
201 Für die Beurteilung nach § 295 s. dort Rz. 18, 22 ff.
202 BGH v. 15.6.1992 – II ZR 18/91 – „Asea Brown Boveri I", BGHZ 119, 1, 10 f. = AG 1992, 450, 452; BGH v. 4.3.1998 – II ZB 5/97 – „Asea Brown Boveri II", BGHZ 138, 136, 139 ff. = AG 1998, 286, 287; *Hüffer*, § 304 Rz. 6; *Pentz* in FS Kropff, S. 225, 237; *Röhricht*, ZHR 162 (1998), 249, 252; *Geng*, NZG 1998, 715 f.; *Koppensteiner* in KölnKomm. AktG, § 304 Rz. 98; *Hasselbach/Hirte* in Großkomm. AktG, § 304 Rz. 153; noch weitergehend für den Austausch des Vertragspartners im Konzern *Säcker*, DB 1988, 271 ff.; a.A. OLG Karlsruhe v. 28.2.1997 – 15 W 35/95 – „Asea Brown Boveri II", AG 1997, 270, 271 f.; *Hommelhoff* in FS Claussen, S. 129, 139 ff.; offen beim festen Ausgleich *Emmerich* in Emmerich/Habersack, Aktien- und GmbH-Konzernrecht, § 295 Rz. 27b.
203 Wie hier *Bilda* in MünchKomm. AktG, § 305 Rz. 20 für die Abfindung in Aktien; dagegen geht die h.M. von einer Neufestsetzung des Ausgleichs aus: *Emmerich* in Emmerich/Habersack, Aktien- und GmbH-Konzernrecht, § 295 Rz. 27b; *Hasselbach/Hirte* in Großkomm. AktG, § 304 Rz. 153; *Pentz* in FS Kropff, 1997, S. 226, 237 f.; *Röhricht*, ZHR 162 (1998), 249, 252 f.; für Neufestsetzung mit Wahlrecht des Aktionärs zwischen altem und neuem Ausgleich *Hommelhoff* in FS Claussen, S. 127, 139 ff., 142; gegen jeden Einfluss des Beitritts auf den variablen Ausgleich *Koppensteiner* in KölnKomm. AktG, § 304 Rz. 98; BGH v. 4.3.1998 – II ZB 5/97 – „Asea Brown Boveri II", BGHZ 138, 136, 139 ff. = AG 1998, 286, 287 betraf einen festen Ausgleich und trifft wohl auch implizit keine Aussage zur Situation beim variablen Ausgleich.
204 BayObLG v. 23.10.2002 – 3 Z BR 370/01 – „PKV/Philips", AG 2003, 631, 633; *Emmerich* in Emmerich/Habersack, Aktien- und GmbH-Konzernrecht, § 295 Rz. 34a; *Altmeppen* in MünchKomm. AktG, § 295 Rz. 58; *Henze*, Konzernrecht, Rz. 324; *Hüffer*, § 295 Rz. 15; *Krieger* in MünchHdb. AG, § 70 Rz. 185.
205 *Koppensteiner* in KölnKomm. AktG, § 304 Rz. 100.

de, sondern gerade wegen der Gesetzesänderung wesentlich ändern würde[206]. Die vom BGH geforderte Festsetzung eines Bruttoausgleichs vor jeweils anwendbarer Körperschaftsteuer[207] löst das Problem nicht (s. oben Rz. 88)[208]. In gravierenden Fällen kommt die Anpassung des Ausgleichs nach den Regeln über die **Störung der Geschäftsgrundlage** (§ 313 BGB) in Betracht[209], und zwar am ehesten dann, wenn nach dem Stichtag eintretende Umstände gerade eine **Umverteilung** zwischen Aktionär und Gesellschaft bewirken, aufgrund derer die festgesetzte Ausgleichzahlung substantiell unangemessen erscheint. Eine Größenordnung der (hypothetischen) Änderung der Ausgleichzahlung bei Berücksichtigung der veränderten Umstände (im übrigen aber aufgrund der Verhältnisse am Stichtag) von 50 % ist als Richtwert wohl eher zu hoch bemessen[210]. Die Umsetzung erfolgt außerhalb des Spruchverfahrens über die Leistungsklage[211].

140   Eine Anpassung aufgrund der **Änderung** sonstiger **wirtschaftlicher Rahmendaten**, insbesondere durch grassierende Inflation, kommt nur in Extremfällen unter den dafür unter dem Gesichtspunkt der Störung der Geschäftsgrundlage (nunmehr § 313 BGB) entwickelten Voraussetzungen in Betracht[212].

V. Verfahren

141   Wenn der Ausgleichsanspruch geändert werden muss, stellt sich die Frage, wie aus Sicht der außenstehenden Aktionäre die **Richtigkeit** der neuen Festsetzung gewährleistet werden kann.

142   Soweit es sich um eine formale **Vertragsänderung** handelt, die den Ausgleich betrifft, ist für die Neuberechung des Ausgleichs das Spruchverfahren eröffnet (oben Rz. 138). Die Fälle unmittelbarer Anwendung von **§ 216 Abs. 3** scheiden aus dem Spruchverfahren aus, dafür ist die Feststellungs-oder Leistungsklage eröffnet[213]. Entsprechend sind alle weiteren Fälle zu behandeln, bei denen es um eine **rechnerische Korrektur** geht, wie zum Beispiel beim Aktiensplit der Untergesellschaft. Wenn für die Anpassung des Ausgleichs dagegen Wertungen oder **Neuberechnungen** des Unternehmenswerts zu einem aktuellen Stichtag erforderlich sind, ist dafür das Spruchverfahren eröffnet[214].

---

206 Vgl. zu den Auswirkungen der Unternehmenssteuerreform 2000 mit Übergang zum Halbeinkünfteverfahren *Beckmann/Simon*, ZIP 2001, 1906 ff. (unter Verneinung einer wesentlichen Änderung).
207 BGH v. 21.7.2003 – II ZB 17/01 – „Ytong", AG 2003, 627 ff.
208 Vgl. mit uneinheitlichem Ergebnis BayObLG v. 11.9.2001 – 3 Z BR 101/99 – „Ytong", AG 2002, 392, 394; OLG Zweibrücken v. 9.3.1995 – 3 W 133 u. 145/92 – „Saint Gobain", AG 1995, 421, 422; *Bilda* in MünchKomm. AktG, § 304 Rz. 175; *Koppensteiner* in KölnKomm. AktG, § 304 Rz. 102.
209 *Beckstein/Simon*, ZIP 2001, 1906, 1909; in diese Richtung auch *Koppensteiner* in KölnKomm. AktG, § 304 Rz. 102.
210 Vgl. auch *Beckstein/Simon*, ZIP 2001, 1906, 1909.
211 Vgl. *Beckstein/Simon*, ZIP 2001, 1906, 1909 f.
212 *Hasselbach/Hirte* in Großkomm. AktG, § 304 Rz. 98.
213 *Hüffer*, § 216 Rz. 11; *Bilda* in MünchKomm. AktG, § 304 Rz. 150 (der allerdings gerade deswegen generell das Spruchverfahren gegenüber der Anpassung nach § 216 Abs. 3 vorzieht); verfassungsrechtlich ist die Verweisung auf die Leistungs- und Feststellungsklage unbedenklich, BVerfG v. 8.9.1999 – 1 BvR 301/89 – „Hartmann & Braun", AG 2000, 40, 41.
214 *Bilda* in MünchKomm. AktG, § 304 Rz. 154 ff., 158; ähnlich, aber weitergehend *Hasselbach/Hirte* in Großkomm. AktG, § 304 Rz. 113: wenn über „Umfang oder Notwendigkeit einer Anpassung Streit besteht".

§ 305
Abfindung

(1) Außer der Verpflichtung zum Ausgleich nach § 304 muss ein Beherrschungs- oder ein Gewinnabführungsvertrag die Verpflichtung des anderen Vertragsteils enthalten, auf Verlangen eines außenstehenden Aktionärs dessen Aktien gegen eine im Vertrag bestimmte angemessene Abfindung zu erwerben.

(2) Als Abfindung muss der Vertrag,

1. wenn der andere Vertragsteil eine nicht abhängige und nicht in Mehrheitsbesitz stehende Aktiengesellschaft oder Kommanditgesellschaft auf Aktien mit Sitz in einem Mitgliedstaat der Europäischen Union oder in einem anderen Vertragsstaat des Abkommens über den Europäischen Wirtschaftsraum ist, die Gewährung eigener Aktien dieser Gesellschaft,

2. wenn der andere Vertragsteil eine abhängige oder in Mehrheitsbesitz stehende Aktiengesellschaft oder Kommanditgesellschaft auf Aktien und das herrschende Unternehmen eine Aktiengesellschaft oder Kommanditgesellschaft auf Aktien mit Sitz in einem Mitgliedstaat der Europäischen Union oder in einem anderen Vertragsstaat des Abkommens über den Europäischen Wirtschaftsraum ist, entweder die Gewährung von Aktien der herrschenden oder mit Mehrheit beteiligten Gesellschaft oder eine Barabfindung,

3. in allen anderen Fällen eine Barabfindung

vorsehen.

(3) Werden als Abfindung Aktien einer anderen Gesellschaft gewährt, so ist die Abfindung als angemessen anzusehen, wenn die Aktien in dem Verhältnis gewährt werden, in dem bei einer Verschmelzung auf eine Aktie der Gesellschaft Aktien der anderen Gesellschaft zu gewähren wären, wobei Spitzenbeträge durch bare Zuzahlungen ausgeglichen werden können. Die angemessene Barabfindung muss die Verhältnisse der Gesellschaft im Zeitpunkt der Beschlussfassung ihrer Hauptversammlung über den Vertrag berücksichtigen. Sie ist nach Ablauf des Tages, an dem der Beherrschungs- oder Gewinnabführungsvertrag wirksam geworden ist, mit jährlich zwei vom Hundert über dem jeweiligen Basiszinssatz nach § 247 des Bürgerlichen Gesetzbuchs zu verzinsen; die Geltendmachung eines weiteren Schadens ist nicht ausgeschlossen.

(4) Die Verpflichtung zum Erwerb der Aktien kann befristet werden. Die Frist endet frühestens zwei Monate nach dem Tag, an dem die Eintragung des Bestehens des Vertrags im Handelsregister nach § 10 des Handelsgesetzbuchs bekannt gemacht worden ist. Ist ein Antrag auf Bestimmung des Ausgleichs oder der Abfindung durch das in § 2 des Spruchverfahrensgesetzes bestimmte Gericht gestellt worden, so endet die Frist frühestens zwei Monate nach dem Tag, an dem die Entscheidung über den zuletzt beschiedenen Antrag im elektronischen Bundesanzeiger bekannt gemacht worden ist.

(5) Die Anfechtung des Beschlusses, durch den die Hauptversammlung der Gesellschaft dem Vertrag oder einer unter § 295 Abs. 2 fallenden Änderung des Vertrags zugestimmt hat, kann nicht darauf gestützt werden, dass der Vertrag keine angemessene Abfindung vorsieht. Sieht der Vertrag überhaupt keine oder eine den Absätzen 1 bis 3 nicht entsprechende Abfindung vor, so hat das in § 2 des Spruchverfahrensgesetzes bestimmte Gericht auf Antrag die vertraglich zu gewährende Abfindung zu bestimmen. Dabei hat es in den Fällen des Absatzes 2 Nr. 2, wenn der Vertrag die Gewährung von Aktien der herrschenden oder mit Mehrheit beteiligten Gesellschaft

vorsieht, das Verhältnis, in dem diese Aktien zu gewähren sind, wenn der Vertrag nicht die Gewährung von Aktien der herrschenden oder mit Mehrheit beteiligten Gesellschaft vorsieht, die angemessene Barabfindung zu bestimmen. § 304 Abs. 4 gilt sinngemäß.

A. Überblick 1	3. Steuerliche Fragen 84
I. Regelungsgegenstand 1	a) Meinungsstand 84
II. Regelungszweck 6	b) Stellungnahme 92
III. Verfassungsrechtliche Grundlagen . . 7	4. HGB/IFRS/US-GAAP 96
B. Abfindungsangebot (§ 305 Abs. 1) . . . 8	5. Börsenkurs 98
I. Einräumung einer Option 8	6. Sonstige „Marktpreise" 111
II. Gläubiger 13	**IV. Verschmelzungsrelation und Spitzen-**
1. Außenstehende Aktionäre 13	**ausgleich (§ 305 Abs. 3 Satz 1)** 112
2. Veräußerung der Aktie 14	**V. Stichtag (§ 305 Abs. 3 Satz 2)** 116
3. Kapitalerhöhung bei der Untergesell-	**VI. Verzinsung (§ 305 Abs. 3 Satz 3) und**
schaft und sonstige Strukturmaßnah-	**Verhältnis zum Ausgleichsanspruch** . 119
men 19	**E. Befristung (§ 305 Abs. 4), Kündigung**
4. Veräußerung von Aktien der Unterge-	**(§ 305 Abs. 5 Satz 4) und sonstige**
sellschaft durch die Obergesellschaft	**Fälle des Wegfalls des Abfindungs-**
oder durch die Untergesellschaft . . . 23	**anspruchs** 125
5. Annahme des Abfindungsangebots	**I. Befristung (§ 305 Abs. 4)** 125
und Rechtsnachfolge 24	**II. Außerordentliche Kündigung nach**
III. Schuldner 27	**Durchführung des Spruchverfahrens**
IV. Entstehen, Fälligkeit, Verjährung,	**(§ 305 Abs. 5 Satz 5 i.V.m. § 304**
Verzinsung 29	**Abs. 4)** 127
V. Verfügungen über den Anspruch . . . 32	**III. Beendigung des Unternehmensver-**
C. Art der Abfindung (§ 305 Abs. 2) . . . 35	**trags bei schwebendem Spruchver-**
I. Überblick 35	**fahren** 132
II. Zwingende Abfindung in Aktien . . . 36	**F. Vertrags- und Beschlussmängel (§ 305**
III. Wahlrecht zwischen Aktien und Bar-	**Abs. 5 Satz 1 bis 3)** 138
zahlung 43	**I. Vertragsmängel (§ 305 Abs. 5 Satz 1**
IV. Zwingende Barabfindung 45	**und 2)** 138
V. Mehrere herrschende Unternehmen . 46	**II. Beschlussmängel** 140
D. Höhe der Abfindung (§ 305 Abs. 3) . . 47	**III. Bestimmung der Abfindung durch**
I. Grundsätzliches 47	**das Gericht** 141
II. Ertragswertverfahren 49	**G. Anpassung der Abfindung an Ände-**
III. Rechtliche Vorgaben zur Berechnung	**rung der Verhältnisse** 143
des Ertragswerts 66	**I. Aktionär hat bereits Abfindung ge-**
1. Stichtag, Stand alone, Wurzeltheorie,	**wählt** 145
Verbundeffekte 66	**II. Barabfindung bei noch laufendem**
2. Berechnungsgrundlagen, Bereinigun-	**Abfindungsangebot** 147
gen, Liquidationswert, nicht betriebs-	**III. Abfindung in Aktien bei noch laufen-**
notwendiges Vermögen, Aktiengat-	**dem Abfindungsangebot** 153
tungen 70	**IV. Änderung der Verhältnisse nach Frist-**
	ablauf für das Abfindungsangebot . . . 157

Literatur: S. bei § 304 sowie IDW Standard: Grundsätze zur Durchführung von Unternehmensbewertungen (IDW S 1). Stand 18.10.2005, FN-IDW 2005, 690; *Adolff*, Unternehmensbewertung im Recht der börsennotierten Aktiengesellschaft, 2007; *Bungert/Bednarz*, Anspruchsinhaberschaft von Abfindungsansprüchen bei Beherrschungs- und Gewinnabführungsverträgen, BB 2006, 1865; *W. Busse von Colbe*, Der Vernunft eine Gasse, in FS Lutter, 2000, S. 1053; *Fleischer*, Die Barabfindung der außenstehenden Aktionäre: Stand-alone-Prinzip oder Verbundberücksichtigungsprinzip, ZGR 1997, 368; *Geng*, Ausgleich und Abfindung der Minderheitsaktionäre der beherrschten Aktiengesellschaft bei Verschmelzung und Spaltung, 2003; *Großfeld*, Unternehmens- und Anteilsbewertung im Gesellschaftsrecht, 4. Aufl. 2002; *Grüner*, Die Beendigung von Gewinnabführungs- und Beherrschungsverträgen, 2003; *Chr. Gude*, Strukturänderungen und Unternehmensbewertung zum Börsenkurs, 2004; *Henze*, Die Berücksichtigung des Börsenkurses, in FS Lutter, S. 1101; *Hommelhoff*, Der Beitritt zum Beherrschungsvertrag und seine Auswirkungen auf die Sicherung außenstehender Aktionäre, in FS Claussen, 1997, S. 129; *Hüchting*, Abfindung und Ausgleich im aktienrechtlichen Beherrschungsvertrag, 1972; *Hüffer*, Bewertungsgegenstand und Bewertungsmethode, in FS Hadding, 2004, S. 441; *Hüffer/Schmidt-Aßmann/M. Weber*, Anteilseigentum, Unternehmenswert und Börsenkurs, 2005; *L. Knoll* Unternehmensverträge und der BGH: Volle Entschädigung der außenstehenden Aktionäre?, ZIP 2003, 2339; *Komp*, Zweifelsfragen des aktienrechtlichen Abfindungsanspruch nach §§ 305, 320b AktG, 2002; *Kübler*, Gerichtliche Entscheidungen als Spielsteine der Konzernstrategie?, in FS Goerdeler, 1987, S. 279; *Land/Hennings*, Aktuelle Probleme von Spruchverfahren nach gesellschaftsrechtlichen Strukturmaßnahmen, AG 2005, 380; *Lutter*, Aktienerwerb von Rechts wegen: Aber welche Aktien?, in FS Mestmäcker, 1996, S. 943; *Martens*, Die Unternehmensbewertung nach dem Grundsatz der Methodengleichheit und dem Grundsatz der Meistbegünstigung, AG 2003, 593; *Mertens*, Zur Geltung des Stand-alone-Prinzips für die Unternehmensbewertung bei Zusammenführung von Unternehmen, AG 1992, 321; *W. Müller*, Die Unternehmensbewertung in der Rechtsprechung, in FS Bezzenberger, 2000, S. 705; *Pentz*, Mitwirkungsrechte und Sicherung außenstehender Aktionäre im Falle der Änderung des Unternehmensvertrags durch Beitritt eines weiteren Unternehmens, in FS Kropff, 1997, S. 226; *Piltz*, Die Unternehmensbewertung in der Rechtsprechung, 3. Aufl. 1994; *Puszkajler/Weber/Elsland*, Der Wert von börsennotierten, potenziell abfindungsberechtigten Aktien, ZIP 2006, 692; *A. Reuter*, Nationale und internationale Unternehmensbewertung mit CAPM und Steuer-CAPM, AG 2007, 1; *Röhricht*, Die Rechtstellung der außenstehenden Aktionäre beim Beitritt zum Beherrschungsvertrag, ZHR 162 (1998), 249; *Röhricht*, Spruchverfahren und Unternehmensbewertung im Wandel, WM 1999, 565; *D. Schwenn*, Der Ausgleichs- und Abfindungsanspruch der außenstehenden Aktionäre im Unternehmensvertrag bei Eintritt neuer Umstände, 1998; *Veil*, Klagemöglichkeiten bei Beschlussmängeln der Hauptversammlung nach dem UMAG, AG 2005, 567; *N. Weiland*, Synergieeffekte bei der Abfindung außenstehender Gesellschafter, 2003.

A. Überblick

I. Regelungsgegenstand

§ 305 befasst sich mit der Verpflichtung der Obergesellschaft, auf Verlangen eines jeden außenstehenden Aktionärs dessen Aktien gegen **angemessene Abfindung** zu erwerben. Diese Verpflichtung besteht in jedem Fall eines Beherrschungs- oder Gewinnabführungsvertrags mit einer Aktiengesellschaft als Untergesellschaft. Das Angebot der Obergesellschaft zum Erwerb der Aktien der außenstehenden Aktionäre tritt neben die Verpflichtung zur Leistung eines wiederkehrenden Ausgleichs nach § 304. **1**

Die im Vertrag festzulegende angemessene Abfindung muss nach näherer Regelung im Gesetz entweder in einer **Barzahlung oder** in **Aktien** bestehen. Bei Abfindung in Aktien entscheidet über die Zahl der zu gewährenden Aktien die Verschmelzungsrelation, d.h. es ist diejenige Aktienzahl als Abfindung zu gewähren, die bei einer Verschmelzung auf eine Aktie der Untergesellschaft entfiele. Spitzenbeträge können durch bare Zuzahlung ausgeglichen werden. Für die Höhe der angemessenen Barabfindung enthält § 305 keine besondere Regelung, sondern hebt lediglich hervor, dass für die Barabfindung die Situation am Tag der Beschlussfassung der Hauptversammlung der Untergesellschaft über den Vertrag zugrunde zu legen ist. **2**

3   Die zur Festlegung der angemessenen Abfindung erforderliche **Unternehmensbewertung** erfolgte traditionell auf Grundlage des Ertragswertverfahrens. Nach der neueren Rechtsprechung des Bundesverfassungsgerichts darf jedoch bei börsennotierten Gesellschaften der **Börsenkurs** nicht unberücksichtigt bleiben und stellt grundsätzlich für die Aktien der Untergesellschaft die Untergrenze der Bewertung dar. Der Barabfindungsbetrag ist ab Wirksamkeit des Unternehmensvertrags mit jährlich 2 Prozentpunkten über dem jeweiligen Basiszinssatz nach § 247 BGB zu verzinsen.

4   Die Verpflichtung zum Erwerb der Aktien kann **befristet** werden, wobei die **Frist** frühestens zwei Monate nach der Eintragung des Vertrags im Handelsregister oder, falls ein Spruchverfahren anhängig gemacht wurde, nach Bekanntmachung der Entscheidung über den zuletzt beschiedenen Antrag enden darf.

5   Das **Fehlen einer Abfindungsregelung** im Vertrag führt – im Unterschied zum Fehlen einer Ausgleichsregelung nach § 304 – nicht zur Nichtigkeit des Vertrags. Bei Fehlen einer Abfindungsregelung oder im Falle einer nicht gesetzeskonformen Abfindung wird die Abfindung auf Antrag im Spruchverfahren vom Gericht bestimmt. Bei einer von der vertraglich vereinbarten Abfindung anweichenden Festsetzung der Abfindung durch das Gericht kann die Obergesellschaft den Unternehmensvertrag fristlos kündigen.

II. Regelungszweck

6   § 305 schützt die außenstehenden Aktionäre vor den Wirkungen eines Beherrschungs- oder Gewinnabführungsvertrags, dessen Zustandekommen sie bei Vorliegen der entsprechenden Mehrheiten nach der Konzeption des Aktiengesetzes nicht verhindern können. § 305 ergänzt die Regelung über den angemessenen Ausgleich in § 304: Die außenstehenden Aktionäre sollen zwischen dem Verbleib in der Gesellschaft auf Grundlage eines im Vertrag festgelegten wiederkehrenden Ausgleichs und dem Ausscheiden aus der Gesellschaft gegen Abfindung wählen können. Die Abfindung ist dabei nicht eine Gegenleistung der Obergesellschaft für den Erwerb von Vermögens- und Herrschaftsrechten, sondern **Entschädigung** für die Beinträchtigung oder den Verlust mitgliedschaftlicher Rechte auf Seiten des außenstehenden Aktionärs[1].

III. Verfassungsrechtliche Grundlagen

7   Nach der Rechtsprechung des Bundesverfassungsgerichs müssen die außenstehenden Aktionäre sowohl durch den Ausgleich nach § 304 wie durch die Abfindung nach § 305 je wirtschaftlich **voll entschädigt** werden[2]. Diese Entschädigung darf nicht unter dem Verkehrswert liegen. Der Verkehrswert darf bei börsennotierten Unternehmen nicht ohne Rücksicht auf den Börsenkurs festgelegt werden[3]. Die daraus im Einzelnen zu ziehenden Schlussforderungen werden im Zusammenhang mit der Festlegung der Höhe der Abfindung behandelt.

---

1   BGH v. 4.3.1998 – II ZB 5/97 – „Asea Brown Boveri II", BGHZ 138, 136, 138 f. = AG 1998, 286, 287; BGH v. 13.2.2006 – II ZR 392/03 – „Nullausgleich", AG 2006, 331 (zu § 304).
2   BVerfG v. 8.9.1999 – 1 BvR 301/89 – „Hartmann & Braun", AG 2000, 40, 41; *Adolff*, Unternehmensbewertung, 2007, S. 292 ff.
3   Grundlegend BVerfG v. 27.4.1999 – 1 BvR 1613/94 – „DAT/Altana", AG 1999, 566, 567 ff.; bestätigend BVerfG v. 10.12.1999 – 1 BvR 1677/99 – „EURAG", AG 2000, 178.

B. Abfindungsangebot (§ 305 Abs. 1)

I. Einräumung einer Option

§ 305 Abs. 1 verlangt die Begründung einer Verpflichtung zum Erwerb der Aktien zu **8** Gunsten der außenstehenden Aktionäre. Den außenstehenden Aktionären muss mithin eine **Option**[4] eingeräumt werden, ihre Anteile gegen die im Vertrag festgelegte Gegenleistung der Obergesellschaft zu übertragen. Die Gegenleistung kann in einer Barzahlung oder in Lieferung von Aktien der Obergesellschaft oder des die Obergesellschaft beherrschenden Unternehmens bestehen (dazu näher unten Rz. 35 ff.).

Die Verpflichtung zum Abfindungsangebot tritt **neben die Verpflichtung zur Ausgleichsleistung**, § 305 Abs. 1 Satz 1. Wenn keine Ausgleichsleistung geschuldet ist, **9** muss auch keine Abfindung angeboten werden, so zum Beispiel wenn keine außenstehenden Aktionäre vorhanden sind[5].

In der Rechtsprechung und Literatur wird in der Regel ohne weitere Diskussion davon ausgegangen, es handele sich bei der Verpflichtung zum Erwerb der Aktien des **10** außenstehenden Aktionärs bereits um ein an diesen gerichtetes **Angebot** auf Abschluss des **Kauf- oder Tauschvertrags**[6]. Die in der Praxis üblicherweise verwendeten Vertragstexte[7], die die Formulierung von § 305 Abs. 1 wiederholen, werden in diesem Sinn ausgelegt. Das vermeidet den überflüssigen Umweg, im Fall der Ausübung der Option für das Zustandekommen des Vertrag noch eine Annahmeerklärung der Obergesellschaft zu verlangen.

Nach der ganz herrschenden Meinung handelt sich bei dem Unternehmensvertrag insoweit um einen **Vertrag zugunsten Dritter**[8]. Der Verpflichtungsgrund für die Leis- **11** tung der Abfindung ist jedenfalls der auf Grundlage des Unternehmensvertrag zustande kommende **Kauf- oder Tauschvertrag**[9]. Keinesfalls ist das Recht aus der Abfindungsoption ein in der Aktie verbrieftes Mitgliedschaftsrecht[10].

Teilweise wird angenommen, dass der Abfindungsanspruch in manchen Fällen auch **12** unmittelbar auf **Gesetz** oder auf einem **gesetzlichen Schuldverhältnis** beruht, so z.B.

---

4 BGH v. 20.5.1997 – II ZB 9/96 – „Guano", BGHZ 135, 374, 380 = AG 1997, 515, 516; LG Stuttgart v. 13.5.1997 – 25 O 703/96 – „Gestra", AG 1998, 103; *Emmerich* in Emmerich/Habersack, Aktien- und GmbH-Konzernrecht, § 305 Rz. 5, 25; *Hasselbach/Hirte* in Großkomm. AktG, § 305 Rz. 7 f.

5 *Hasselbach/Hirte* in Großkomm. AktG, § 305 Rz. 6.

6 BGH v. 20.5.1997 – II ZB 9/96 – „Guano", BGHZ 135, 374, 380 = AG 1997, 515, 516; BayObLG v. 18.7.1978 – BReg 3 Z 148/76 – „Baumwollspinnerei Augsburg", AG 1980, 76, 77; LG München I v. 11.6.1997 – 15 HKO 11066/96 – „Paulaner/Hacker-Pschorr", AG 1998, 147, 149; LG Stuttgart v. 13.5.1997 – 25 O 703/96 – „Gestra", AG 1998, 103; *Emmerich* in Emmerich/Habersack, Aktien- und GmbH-Konzernrecht, § 305 Rz. 25, *Habersack*, AG 2005, 709, 710; *Hüffer*, § 305 Rz. 3; *Bilda* in MünchKomm. AktG, § 305 Rz. 9; *Koppensteiner* in KölnKomm. AktG, § 305 Rz. 12; *Hasselbach/Hirte* in Großkomm. AktG, § 305 Rz. 18.

7 Vgl. z.B. *Hoffmann-Becking* in Münchener Vertragshandbuch, Band I Gesellschaftsrecht, 6. Aufl., Formular X.1 § 4 (1) (S. 1378): „A ist verpflichtet ... zu erwerben."

8 BGH v. 20.5.1997 – II ZB 9/96 – „Guano", BGHZ 135, 374, 380 = AG 1997, 515, 516; LG Stuttgart v. 13.5.1997 – 25 O 703/96 – „Gestra", AG 1998, 103; *Hüffer*, § 305 Rz. 3; *Emmerich* in Emmerich/Habersack, Aktien- und GmbH-Konzernrecht, § 305 Rz. 25; *Bilda* in Münch-Komm. AktG, § 305 Rz. 8; *Koppensteiner* in KölnKomm. AktG, § 305 Rz. 12; vorsichtiger BGH v. 8.5.2006 – II ZR 27/05 – „Jenoptik", AG 2006, 543, 544: „... nach Art eines berechtigenden Vertrages zugunsten Dritter ..."; kritisch zu Recht *Habersack*, AG 2005, 709, 710; ebenfalls kritisch, aber aus anderen Gründen *Luttermann*, NZG 2006, 816, 817.

9 *Bilda* in MünchKomm. AktG, § 305 Rz. 5 ff.; *Hüffer*, § 305 Rz. 2 ff.; *Emmerich* in Emmerich/Habersack, Aktien- und GmbH-Konzernrecht, § 305 Rz. 7 f.

10 BGH v. 8.5.2006 – II ZR 27/05 – „Jenoptik", AG 2006, 543, 544; *Lehmann*, WM 2007, 771, 776.

dann, wenn der Vertrag keine Abfindungsregelung enthält und die Abfindung im Spruchverfahren festgesetzt wird, bezüglich eines im Spruchverfahren bestimmten Erhöhungsbetrags oder bei Fortdauer der Veräußerungsoption trotz Beendigung des Unternehmensvertrags[11]. Vorzugswürdig (weil mit dem Wortlaut von § 305 Abs. 5 Satz 2 besser vereinbar) ist es, in allen diesen Fällen einen vertraglichen Anspruch – ggf. nach **Vertragsergänzung oder -umgestaltung durch das Gericht** des Spruchverfahrens – anzunehmen[12].

II. Gläubiger

1. Außenstehende Aktionäre

13   **Gläubiger** der Abfindung und Inhaber der Option, also nach herrschender Meinung (oben Rz. 10) Adressaten des Angebots auf Abschluss des Kauf- oder Tauschvertrags, sind die außenstehenden Aktionäre. Für die Abgrenzung der Reichweite des Begriffs der außenstehenden Aktionäre gelten uneingeschränkt die Ausführungen zu § 304 (dort Rz. 64 ff.). Richtigerweise sind damit **sämtliche Aktionäre der Untergesellschaft** mit alleiniger Ausnahme des anderen Vertragsteils, also der Obergesellschaft, außenstehende Aktionäre[13]. Nach herrschender Meinung gehören dagegen Unternehmen, die mit der Obergesellschaft durch einen Beherrschungs- oder Gewinnabführungsvertrag oder durch 100 %-igen Anteilsbesitz mit der Obergesellschaft verbunden sind, nicht zu den außenstehenden Aktionären[14].

2. Veräußerung der Aktie

14   Mit **Veräußerung** der Aktie verliert ein außenstehender Aktionär das Abfindungsrecht, und der neue Aktionär erwirbt, wenn er außenstehender Aktionär ist, originär das Recht, das nunmehr (auch) an ihn gerichtete Abfindungsangebot anzunehmen[15]. Für den **originären Erwerb** sprechen sowohl die Formulierung des Gesetzes als auch

---

11 Offen gelassen in BGH v. 8.5.2006 – II ZR 27/05 – „Jenoptik", AG 2006, 543, 544 f.; für gesetzlichen Anspruch BGH v. 20.5.1997 – II ZB 9/96 – „Guano", BGHZ 135, 374, 380 = AG 1997, 515, 516; *Emmerich* in Emmerich/Habersack, Aktien- und GmbH-Konzernrecht, § 305 Rz. 7 f.; *Bilda* in MünchKomm. AktG, § 305 Rz. 7; *Hüffer*, § 305 Rz. 4a f.; *Luttermann*, JZ 1997, 1183 ff.; dagegen *Koppensteiner* in KölnKomm. AktG, § 305 Rz. 22.

12 In diese Richtung BGH v. 12.3.2001 – II ZB 15/00 – „DAT/Altana IV", BGHZ 147, 108, 112 = AG 2001, 417: „… hat [das Gericht] den Unternehmensvertrag für den Zeitraum seines Bestehens umzugestalten …".

13 *Pentz*, AG 1996, 97, 99 ff., 107.

14 *Krieger* in MünchHdb. AG, § 70 Rz. 79; *Hüffer*, § 304 Rz. 3; BGH v. 8.5.2006 – II ZR 27/05 – „Jenoptik", AG 2006, 543 (obiter).

15 Im Ergebnis wohl unbestritten, vgl. *Bilda* in MünchKomm. AktG, § 305 Rz. 14; *Krieger* in MünchHdb. AG, § 70 Rz. 110; *Habersack*, AG 2005, 709, 711; *Emmerich* in Emmerich/Habersack, Aktien- und GmbH-Konzernrecht, § 305 Rz. 20 f.; zum originären Erwerb grundlegend *Bayer*, ZIP 2005, 1053, 1058 und ihm folgend BGH v. 8.5.2006 – II ZR 27/05 – „Jenoptik", AG 2006, 544 f.; *Ruoff*, BB 2005, 2201 ff.; *Lehmann*, ZIP 2005, 1489, 1493 f. sowie WM 2007, 771, 773 ff.; anders (nämlich für derivativen Erwerb) die vor der Entscheidung des BGH überwiegende Meinung, *Habersack*, AG 2005, 709, 711; *Altmeppen* in FS Ulmer, 2003, S. 3, 12; *Bilda*, NZG 2005, 375, 377 f.; *Koppensteiner* in KölnKomm. AktG, § 305 Rz. 32; *Hasselbach/Hirte* in Großkomm. AktG, § 305 Rz. 12 sowie die Vorinstanz OLG Jena v. 22.12.2004 – 7 U 391/03 – „Jenoptik", AG 2005, 619, 620 f.; eine Analyse der wirtschaftlichen Situation der Jenoptik-Aktionäre findet sich bei *Puszkajler/Weber/Elsland*, ZIP 2006, 692. Der Konstruktion, der Abfindungsanspruch sei auflösend bedingt durch den Verlust der Aktionärseigenschaft (*Braun/Krämer*, ZIP 2006, 1396, 1398; *Bungert/Bednarz*, BB 2006, 1865, 1866), bedarf es nicht. Das Abfindungsangebot bleibt unverändert bestehen, aber es kann eben nur von außenstehenden Aktionären angenommen werden.

die üblichen Formulierungen in Unternehmensverträgen[16]. Ein solches Verständnis entspricht am besten der Verkehrsfähigkeit der Aktie und der Untrennbarkeit von Aktie und Option.

Da die Berechtigung aus dem Abfindungsangebot unmittelbar auf dem Unternehmensvertrag beruht und die Eigenschaft als außenstehender Aktionär voraussetzt, kann das Recht auf Abfindung **nicht mehr erworben** werden, wenn die Übertragung der Aktie **nach Beendigung des Unternehmensvertrags** erfolgt[17]. Zwar wäre es nicht ausgeschlossen, im Unternehmensvertrag eine solche, über die gesetzliche Regelung in § 305 hinausgehende und die Beendigung des Unternehmensvertrags überdauernde Position einzuräumen. Die üblichen, sich an § 305 anlehnenden Formulierungen beinhalten jedoch ein solches „überschießendes" Abfindungsangebot nicht.

Ab Beendigung des Unternehmensvertrags sind damit mit den Aktien **unterschiedliche Rechte** verbunden, je nachdem ob die Aktie vor Beendigung und danach ununterbrochen von ein und demselben außenstehenden Aktionär gehalten wurde, oder ob nach Beendigung des Unternehmensvertrags eine Übertragung erfolgte[18]. Mit der Übertragung geht in diesem Fall die Rechtsposition aus dem Abfindungsangebot unter und entsteht nicht wieder neu beim Erwerber. Die Börsenparaxis sollte sich auf die „Jenoptik"-Entscheidung des BGH einstellen und zur Klarstellung erwägen, die Aktien ab Beendigung des Unternehmensvertrags „ex Abfindungsrecht" zu notieren[19].

Die **Beweislast** dafür, dass ein Abfindungsrecht besteht, trägt in diesem Fall wie auch sonst der Aktionär[20]. Eine technische Kennzeichnung der Aktien durch einen separate Kennnummer (ISIN/WKN) ist nicht erforderlich[21]. Den Nachweis, dass die Aktien schon vor der Beendigung des Unternehmensvertrags erworben und seither gehalten wurden, sollte der Aktionär zum Beispiel durch eine Bestätigung seiner Depotbank recht einfach führen können[22].

Der Verlust der Aktionärsstellung führt auch dann zum Verlust des Abfindungsanspruchs, wenn er unfreiwillig (z.B. **Squeeze-out** oder **Verschmelzung**) ist[23]. Der Abfindungsanspruch ist in die Berechnung der Gegenleistung einzubeziehen. Die damit zusammenhängenden Probleme sind noch weitgehend ungelöst.

15

16

17

18

---

16 A.A. *Habersack*, AG 2005, 711 (ein solches Verständnis des Angebots sei „in hohem Maße fiktiv").
17 BGH v. 8.5.2006 – II ZR 27/05 – „Jenoptik", AG 2006, 543, 544 f.; *Bayer*, ZIP 2005, 1053, 1058 f.; *Bilda*, NZG 2005, 375, 378 ff.; *Lehmann*, WM 2007, 771, 777; insoweit dem BGH zustimmend auch *Bungert/Bednarz*, BB 2006, 1865, 1867; a.A. OLG Jena v. 22.12.2004 – 7 U 391/03 – „Jenoptik", AG 2005, 619, 620 f. (Vorinstanz zu BGH); *Habersack*, AG 2005, 709, 712; *Hirte* in FS Hadding, 2004, S. 427, 431 f.; *Altmeppen* in FS Ulmer, 2003, S. 3, 12; *Emmerich* in Emmerich/Habersack, Aktien- und GmbH-Konzernrecht, § 305 Rz. 21.
18 Das ist jedenfalls im Fall der Einzelübertragung verfassungsrechtlich unbedenklich; offen bei Gesamtrechtsnachfolge BVerfG v. 19.4.2007 – 1 BvR 1995/06 – „Jenoptik", AG 2007, 483 f.
19 Die Börsenordnung der Frankfurter Wertpapierbörse sieht das im Moment nicht vor, vgl. dort § 33.
20 BGH v. 8.5.2006 – II ZR 27/05 – „Jenoptik", AG 2006, 543, 546.
21 Sie wäre bei dieser Ausgangslage auch kaum möglich, weil sie an individuelle Veräußerungsvorgänge anknüpfen müsste; im Übrigen ist allerdings die Vergabe von WKNs sehr flexibel, setzt keine eigene Gattung voraus, kann auch für Übergangszeiträume erfolgen (ständige Praxis bei Übernahmeangeboten) und ist nicht unbedingt von der Zustimmung des Emittenten abhängig; a.A. *Lehmann*, ZIP 2005, 1489, 1490 ff.
22 BGH v. 8.5.2006 – II ZR 27/05 – „Jenoptik", AG 2006, 543, 544; *Ruoff*, DB 2005, 2201, 2205.
23 A.A. OLG Düsseldorf v. 1.10.2006 – I-26 W 7/06 (19 W 7/05) AktE – „Siemens/DUEWAG", ZIP 2006, 2379, 2382 ff.; OLG Frankfurt a.M. v. 2.11.2006 – 20 W 233/93 – „Koepp/Deutsche Vita", AG 2007, 403.

3. Kapitalerhöhung bei der Untergesellschaft und sonstige Strukturmaßnahmen

19   Neue Aktien aus einer **Kapitalerhöhung der Untergesellschaft** sind nach h.M. abfindungsberechtigt, soweit zum Zeitpunkt der Kapitalerhöhung der Unternehmensvertrag noch besteht und die gattungsgleichen Altaktien noch abfindungsberechtigt sind[24]. Bei der **Kapitalerhöhung aus Gesellschaftsmitteln** ergibt sich das aus § 216 Abs. 3. Wenn keine neuen Aktien ausgegeben werden (§ 207 Abs. 2 Satz 2), bleibt die Abfindung pro Aktie unverändert. Wenn neue Aktien oder Teilrechte (§ 213) ausgegeben werden, verringert sich die pro Aktie geschuldete Abfindung proportional zum Umfang der Kapitalerhöhung. Teilrechte sind anteilig abfindungsberechtigt. Der Unternehmensvertrag kann erforderlichenfalls redaktionell berichtigt werden, § 295 findet keine Anwendung.

20   Bei einer **Kapitalerhöhung gegen Einlagen** spricht der Umstand, dass das Abfindungsrecht an alle (jeweiligen) außenstehenden Aktionäre zu richten ist[25], gegen eine Unterscheidung zwischen den Inhabern von Altaktien und neuen Aktien, und Gründe der Praktikabilität sprechen ebenfalls dafür, dass gattungsgleiche Aktien[26] nach Möglichkeit auch wirtschaftlich gleichwertig sein sollten. Der herrschenden Meinung ist deshalb zuzustimmen[27].

21   Aktien aus einer **nach Beendigung** des Unternehmensvertrags durchgeführten **Kapitalerhöhung** sind **nicht abfindungsberechtigt**[28]. Bei börsengehandelten Aktien ist das dennoch **kein Anlass** zur Vergabe einer **separaten Kennnummer (ISIN, WKN)**, denn nicht nur die neuen Aktien sind nicht abfindungsberechtigt, sondern auch Altaktien, die nach Beendigung des Unternehmensvertrags übertragen wurden[29]. Eine separate Kennnummer nur für neue Aktien würde deshalb einerseits keine Transparenz herbeiführen und andererseits die Liquidität des Börsenhandels in der Aktie einschränken.

22   Wenn die Frist für die Annahme des Abfindungsangebots abgelaufen ist, sind danach aufgrund einer Kapitalerhöhung (auch im Zusammenhang mit einer **Verschmelzung oder Eingliederung**) ausgegebene neue Aktien nicht abfindungsberechtigt[30].

---

24   BGH v. 8.5.2006 – II ZR 27/05 – „Jenoptik", AG 2006, 543, 544; LG München I v. 11.6.1997 – 15 HKO 11066/96 – „Paulaner/Hacker-Pschorr", AG 1998, 147, 149; *Emmerich* in Emmerich/ Habersack, Aktien- und GmbH-Konzernrecht, § 305 Rz. 21; *Krieger* in MünchHdb. AG, § 70 Rz. 110; *Altmeppen* in FS Ulmer, 2003, S. 3, 13 (unter Betonung des – nicht zu bestreitenden – Umstands, dass bei Kapitalerhöhung nach Beendigung des Unternehmensvertrags Abfindungsansprüche nicht mehr entstehen); *Bayer*, ZIP 2005, 1053, 1058; a.A. *Habersack*, AG 2005, 709, 714 f., der bei Ununterscheidbarkeit der Aktien nach Beweislast entscheiden will, und ihm folgend *Bungert/Bednarz*, BB 2006, 1865, 1866 f.

25   BGH v. 8.5.2006 – II ZR 27/05 – „Jenoptik", AG 2006, 543 ff.

26   Die mit dem Abfindungsangebot verbundene Option führt als schuldrechtliche Rechtsposition nicht zur Gattungsverschiedenheit nach § 11.

27   Erwägenswert ist die Auffassung von *Bungert/Bednarz* (BB 2006, 1865, 1867 f.), dass eine ausdrückliche abweichende Regelung im Unternehmensvertrag zulässig sein sollte; eine Einschränkung bei Aktienausgabe (§ 204) kommt wohl weniger in Betracht, weil der Unternehmensvertrag – und sei es durch Schweigen – bereits eine Regelung zu der Frage enthält, ob sich das Abfindungsangebot auch an die Zeichner neuer Aktien richtet.

28   *Altmeppen* in FS Ulmer, 2003, S. 3, 13; BGH v. 8.5.2006 – II ZR 27/05 – „Jenoptik", AG 2006, 544 f. zu der im Ergebnis nicht anders zu beurteilenden Frage des Erwerbs von Altaktien nach Vertragsbeendigung.

29   BGH v. 8.5.2006 – II ZR 27/05 – „Jenoptik", AG 2006, 544 f. und oben Rz. 15.

30   *Koppensteiner* in KölnKomm. AktG, § 305 Rz. 33; *Hasselbach/Hirte* in Großkomm. AktG, § 305 Rz. 15 f.; a.A. *Geng*, Ausgleich und Abfindung der Minderheitsaktionäre, S. 96 ff.: Abfindungsberechtigung auch noch nach Fristablauf des Abfindungsangebots.

4. Veräußerung von Aktien der Untergesellschaft durch die Obergesellschaft oder durch die Untergesellschaft

Aktien der Untergesellschaft sind in Händen der Obergesellschaft nicht abfindungs-   23
berechtigt, weil die Obergesellschaft nicht außenstehender Aktionär ist. Im Ergebnis
dasselbe gilt für **eigene Aktien** der Untergesellschaft. Da das Abfindungsangebot an
alle außenstehenden Aktionäre gerichtet ist, die während der Laufzeit des Abfindungsangebots und vor Beendigung des Unternehmensvertrags Aktien erworben haben, entsteht ein **Recht auf Abfindung**, wenn ein außenstehender Aktionär innerhalb
dieser zeitlichen Grenzen solche Aktien erwirbt[31]. Das entspricht der Behandlung
bei dem Erwerb neuer Aktien aus einer Kapitalerhöhung gegen Einlagen. Lösungen
über eine **Beweislastumkehr** erübrigen sich damit. Der Aktionär muss beweisen,
dass er zur Annahme des Abfindungsangebots berechtigt ist[32].

5. Annahme des Abfindungsangebots und Rechtsnachfolge

Nach Annahme des Abfindungsangebots und Einlieferung der Aktien steht dem Ak-   24
tionär nach § 13 Satz 2 SpruchG ein sog. **Abfindungsergänzungsanspruch** zu, wenn
im Spruchverfahren die Abfindung erhöht wird[33].

Wenn der Aktionär das Abfindungsangebot angenommen hat und vor Einlieferung   25
die betreffende Aktie auf einen Dritten übergeht, tritt im Fall der **Gesamtrechtsnachfolge** der Erwerber in die vertragliche Stellung des bisherigen Aktionärs ein und ist
damit verpflichtet, die betreffenden Aktien gegen Abfindungsleistung zu liefern[34].

Nach herrschender Meinung gilt das auch im Fall der **Einzelrechtsnachfolge**[35]. Diese   26
Auffassung ist auf Grundlage der „Jenoptik"-Entscheidung des BGH[36] wohl nicht
mehr haltbar. Während der Laufzeit des Unternehmensvertrags entsteht das Abfindungsrecht originär in der Person des Erwerbers, wenn er außenstehender Aktionär
ist[37]. Der bisherige außenstehende Aktionär wird, wenn er nach Annahme des Abfin-

---

31 BGH v. 8.5.2006 – II ZR 27/05 – „Jenoptik", AG 2006, 543, 544 f.; OLG Nürnberg v. 17.1.1996
– 12 U 2801/91 – „Tucherbräu", AG 1996, 228, 229 (Erwerb vom herrschenden Unternehmen);
Bayer, ZIP 2005, 1053, 1058; a.A. (vor der „Jenoptik"-Entscheidung des BGH) *Emmerich* in
Emmerich/Habersack, Aktien- und GmbH-Konzernrecht, § 305 Rz. 21; *Habersack* AG 2005,
709, 711 f.
32 BGH v. 8.5.2006 – II ZR 27/05 – „Jenoptik", AG 2006, 543, 546; anders noch die Vorinstanz,
OLG Jena v. 22.12.2004 – 7 U 391/03 – „Jenoptik", AG 2005, 619, 621. Vgl. die Nachweise
oben Rz. 14 zum umfangreichen Schrifttum zu der „Jenoptik"-Situation und den dazu vertretenen Lösungen.
33 Bereits vor dem SpruchG herrschende Meinung, vgl. *Bilda* in MünchKomm. AktG, § 305
Rz. 125 ff.; *Haase*, AG 1995, 7 ff.
34 Für die Gesamtrechtsnachfolge bisher unstreitig, *Bilda* in MünchKomm. AktG, § 305
Rz. 15 f.; *Emmerich* in Emmerich/Habersack, Aktien- und GmbH-Konzernrecht, § 305 Rz. 20;
Stimpel, AG 1998, 259, 264; unklar *Krieger* in Münch Hdb. AG, § 70 Rz. 110.
35 *Emmerich* in Emmerich/Habersack, Aktien- und GmbH-Konzernrecht, § 305 Rz. 20; *Koppensteiner* in KölnKomm. AktG, § 305 Rz. 32; *Hasselbach/Hirte* in Großkomm. AktG, § 305
Rz. 14; a.A. *Bilda* in MünchKomm. AktG, § 305 Rz. 16; *Krieger* in MünchHdb. AG, § 70
Rz. 110.
36 BGH v. 8.5.2006 – II ZR 27/05 – „Jenoptik", AG 2006, 543 ff.
37 BGH v. 8.5.2006 – II ZR 27/05 – „Jenoptik", AG 2006, 543, 544 f. Ob die „Jenoptik"-Entschei-
dung des BGH bei § 305 für eine abweichende Gestaltung entsprechend der Praxis bei öffentlichen Angeboten nach dem WpÜG Raum ließe, ist zweifelhaft. Soweit dort der Handel mit
Aktien, für die das Angebot bereits angenommen wurde, zugelassen wird, soll der Erwerber
an die bereits erfolgte Annahme gebunden sein. Die Aktien, für die das Angebot angenommen
wurde, werden durch eine separate ISIN/WKN identifiziert. Vgl. z.B. die Angebotsunterlage
der AXA vom 6.1.2006 mit dem freiwilligen öffentlichen Angebot an die Aktionäre der AXA
Konzern AG, Ziffer 10.6.

dungsangebots nicht liefern kann, gegenüber der Obergesellschaft vertragsbrüchig. Der schuldrechtliche Kauf- oder Tauschvertrag ist nicht etwa auflösend bedingt durch die Aktionärseigenschaft. Die Rechtsfolgen richten sich nach allgemeinem Zivilrecht.

III. Schuldner

27   **Schuldner** der Abfindungsverpflichtung ist nach ausdrücklicher Anordnung in § 305 Abs. 1 der andere Vertragsteil, also die **Obergesellschaft**[38]. Wenn auf Seiten des anderen Vertragsteils **mehrere Obergesellschaften** Vertragspartei des Unternehmensvertrags sind, haften sie als Gesamtschuldner[39]. Die Einschaltung der Untergesellschaft oder eines Dritten, etwa einer Bank, in die **Abwicklung** ist ohne weiteres möglich[40].

28   Soweit nach § 305 Abs. 2 und der entsprechenden Regelung im Unternehmensvertrag die **Abfindung in Aktien** zu leisten ist, ist es Sache der Obergesellschaft, wie sie sich die Aktien besorgt. Das gilt auch dann, wenn nach § 305 Abs. 2 Nr. 2 und der Regelung im Unternehmensvertrag Aktien der Muttergesellschaft der Obergesellschaft zu liefern sind. Die Obergesellschaft ist verpflichtet, sich vor Abschluss des Unternehmensvertrags der Möglichkeit zur Lieferung dieser Aktien zu vergewissern. Andernfalls kann im Rahmen des Wahlrechts nach § 305 Abs. 2 Nr. 2 nur eine Barabfindung vereinbart werden. Wenn Aktien einer deutschen Aktiengesellschaft zu liefern sind, kann dafür ein bedingtes Kapital nach § 192 Abs. 2 Nr. 2 geschaffen werden[41].

IV. Entstehen, Fälligkeit, Verjährung, Verzinsung

29   Der Anspruch auf Abfindung entsteht mit Zugang der Annahme des Abfindungsangebots[42] bei der Obergesellschaft oder der von dieser dafür bestimmtem Stelle und wird mit Einlieferung der Aktien bei der im Vertrag bestimmten Stelle, mangels einer solchen Bestimmung bei der Obergesellschaft, **fällig**[43]. Bereits mit Ausübung der Option, also dem Zugang der Annahme des Abfindungsangebots, und nicht erst mit Einlieferung der Aktien durch den außenstehenden Aktionär[44], erlischt der Ausgleichsanspruch des außenstehenden Aktionärs nach § 304. Denn mit Annahme des Abfindungsangebots steht fest, dass der außenstehende Aktionär die rückwirkende Verzinsung nach § 305 Abs. 3 Satz 3 in Anspruch nehmen kann, und für die weitere Leistung eines Ausgleichs besteht kein Anlass mehr.Die Einleitung eines **Spruchverfahrens** ändert nichts an der Fälligkeit der im Unternehmensvertrag festgelegten Gegenleistung für die Einlieferung der Aktien[45]. Ein Hinausschieben der Fälligkeit im Unternehmensvertrag wäre unzulässig[46].

---

38 Unstreitig, *Hüffer*, § 305 Rz. 5; *Bilda* in MünchKomm. AktG, § 305 Rz. 33.
39 *Bilda* in MünchKomm. AktG, § 305 Rz. 34.
40 *Hüffer*, § 305 Rz. 5.
41 *Hüffer*, § 192 Rz. 14.
42 *Hüffer*, § 305 Rz. 7; *Hasselbach/Hirte* in Großkomm. AktG, § 305 Rz. 18.
43 Allgemeine Meinung, BGH v. 2.6.2003 – II ZR 85/02 – „Philips I", AG 2003, 629; LG Stuttgart v. 13.5.1997 – 25 O 703/96 – „Gestra", AG 1998, 103; *Koppensteiner* in KölnKomm. AktG, § 305 Rz. 17; *Bilda* in MünchKomm. AktG, § 305 Rz. 11; *Krieger* in MünchHdb. AG, § 70 Rz. 114; *Hüffer*, § 305 Rz. 8; *Emmerich* in Emmerich/Habersack, Aktien- und GmbH-Konzernrecht, § 305 Rz. 30; *Hasselbach/Hirte* in Großkomm. AktG, § 305 Rz. 19.
44 So aber *Emmerich* in Emmerich/Habersack, Aktien- und GmbH-Konzernrecht, § 305 Rz. 30; *Hasselbach/Hirte* in Großkomm. AktG, § 304 Rz. 52.
45 *Bilda* in MünchKomm. AktG, § 305 Rz. 13; *Hüffer*, § 305 Rz. 8.
46 *Bilda* in MünchKomm. AktG, § 305 Rz. 13.

Wenn nach Ausübung der Option ein Kauf- oder Tauschvertrag zustande gekommen 30
ist, unterliegen die Ansprüche daraus der allgemeinen **Verjährung** nach § 195 BGB[47].
Das Optionsrecht selbst kann während des Zeitraums ausgeübt werden, für den es
eingeräumt ist[48]. Die damit zusammenhängenden Fragen werden im Zusammenhang
mit der Möglichkeit zur Befristung (unten Rz. 125) erörtert.

Die **Verzinsung** eines mit Ausübung der Option entstehenden Barabfindungsan- 31
spruchs ist nunmehr gesetzlich geregelt (s. unten Rz. 119).

V. Verfügungen über den Anspruch

Die mit der Option verbundene Rechtsposition ist den jeweiligen außenstehenden 32
Aktionären der Untergesellschaft eingeräumt und entsteht jeweils originär mit Erwerb der Stellung eines außenstehenden Aktionärs[49]. Sie ist deshalb **nicht selbstständig verkehrsfähig** und kann ohne die Aktie weder übertragen noch verpfändet werden[50]. Grundsätzlich möglich ist die **Übertragung oder Verpfändung einer künftigen**,
nach Ausübung der Option entstehenden **Abfindungsforderung**[51]. Eine solche Übertragung oder Verpfändung geht jedoch ins Leere, wenn die Forderung in der Person
des Verfügenden nicht entsteht, weil er z.B. die Aktie vor Ausübung der Option veräußert (vgl. zu der entsprechenden Konstellation beim Ausgleichsanspruch § 304
Rz. 40).

Die Abfindungsforderung wird in der Hand des Zessionars ebenso wie in der Hand 33
des Aktionärs erst mit Einlieferung der Aktien fällig. Aus diesem Grund ist die isolierte **Pfändung** der Abfindungsforderung für den Pfandrechtsgläubiger wenig wert, er
muss zusätzlich die Aktien pfänden[52].

Der außenstehende Aktionär kann das Angebot auf Abschluss eines Kauf- oder 34
Tauschvertrags ablehnen und damit auf die Option „**verzichten**". Die Entgegennahme von Ausgleichsleistungen nach § 304 ist nicht als konkludente Ablehnung des
Abfindungsangebots zu verstehen[53]. Die **Ablehnung des Angebots** muss ausdrücklich erfolgen oder sich jedenfalls sehr deutlich aus den Umständen ergeben, da im
Regelfall nicht dazu auszugehen ist, dass der außenstehende Aktionär auf die Option verzichten will. Die Ablehnung des Angebots wirkt nur für den jeweiligen außenstehenden Aktionär. Der **Erwerber der Aktie** wird durch den Verzicht **nicht gebunden**.

---

47 *Bilda* in MünchKomm. AktG, § 305 Rz. 26; *Hasselbach/Hirte* in Großkomm. AktG, § 305
   Rz. 33.
48 *Hasselbach/Hirte* in Großkomm. AktG, § 305 Rz. 33; Optionsrechte können grds. je nach
   Ausgestaltung der Verjährung unterliegen oder auch nicht, vgl. OLG Düsseldorf v. 28.2.1996 –
   9 U 220/94, NJW-RR 1997, 1174, 1175.
49 BGH v. 8.5.2006 – II ZR 27/05 – „Jenoptik", AG 2006, 543, 544 f.
50 *Hasselbach/Hirte* in Großkomm. AktG, § 305 Rz. 22; gelegentlich anzutreffende Formulierungen, der Abfindungsanspruch sei insofern verkehrsfähig, als er mit der Aktie auf den Erwerber übergehe, beruhen auf der vom BGH zu Recht abgelehnten Vorstellung vom derivativen Erwerb der mit dem Abfindungsangebot verbundenen Rechtsstellung.
51 *Hasselbach/Hirte* in Großkomm. AktG, § 305 Rz. 23.
52 *Bilda* in MünchKomm. AktG, § 305 Rz. 17.
53 *Bilda* in MünchKomm. AktG, § 305 Rz. 27.

C. Art der Abfindung (§ 305 Abs. 2)

I. Überblick

35   § 305 Abs. 2 sieht als Abfindung entweder zwingend eine **Barabfindung** (§ 305 Abs. 2 Nr. 3), zwingend die **Gewährung von Aktien** (§ 305 Abs. 2 Nr. 1) oder ein **Wahlrecht** zwischen der Gewährung von Aktien oder einer Barabfindung (§ 305 Abs. 2 Nr. 2) vor. Die Art der Abfindung richtet sich nach bestimmten Qualifikationen der Obergesellschaft (Abhängigkeit, Sitz und Rechtsform).

II. Zwingende Abfindung in Aktien

36   Die im Unternehmensvertrag anzubietende Abfindung muss **zwingend in Aktien** der Obergesellschaft bestehen, wenn die Obergesellschaft **drei Voraussetzungen** erfüllt:

- Die Obergesellschaft muss eine Aktiengesellschaft oder Kommanditgesellschaft auf Aktien sein.
- Der Sitz der Obergesellschaft muss in einem Mitgliedsstaat der Europäischen Union oder in einem anderen Vertragsstaat des Abkommens über den Europäischen Wirtschaftsraum liegen.
- Die Obergesellschaft darf nicht abhängig sein und nicht in Mehrheitsbesitz stehen.

37   Die **Rechtsform** der Obergesellschaft ist bei Sitz der Obergesellschaft im Inland leicht feststellbar. Für Gesellschaften mit Sitz in anderen Mitgliedsstaaten des EWR lassen sich die entsprechenden Rechtsformen aufgrund der zahlreichen Rechtsvorschriften der EU, die Bezugnahmen auf die Aktiengesellschaft und Kommanditgesellschaft auf Aktien sowie die entsprechenden Rechtsformen anderer Länder enthalten, einfach feststellen[54]. Diese europäischen Regelungen enthalten zwar keine für die Auslegung von § 305 Abs. 2 Nr. 1 verbindlichen Vorgaben, werden aber praktisch ausnahmslos zu einer zutreffenden Zuordnung führen.

38   Nach der früheren Gesetzeslage galt die zwingende Abfindung in Aktien nur für Obergesellschaften mit Sitz im Inland. Die Europäische Kommission hatte insoweit wegen Verletzung der Niederlassungsfreiheit ein Vertragsverletzungsverfahren eingeleitet[55]. Durch das UMAG[56] wurde daraufhin die Beschränkung auf Gesellschaften mit Sitz im Inland aufgehoben und durch die Bezugnahme auf Gesellschaften mit **Sitz** in der **EU** oder einem anderen Land des **EWR** ersetzt.

39   Die Frage, ob unter dem Sitz der Gesellschaft in diesem Zusammenhang der **Verwaltungssitz** oder der **Satzungssitz** zu verstehen ist, kann nur in Ausnahmefällen relevant werden. Gesellschaften mit Satzungssitz innerhalb des EWR und Verwaltungssitz außerhalb des EWR, die nach den Vorschriften ihres Heimatstaats wirksam in einer der Aktiengesellschaft oder der KGaA entsprechenden Rechtsform bestehen, werden nach der neueren Rechtsprechung des EuGH[57] als Gesellschaften mit Sitz im EWR zu behandeln sein. Außerhalb des EWR gegründete Gesellschaften mit Sat-

---

54 Vgl. z.B. Artikel 1 der Publizitätsrichtlinie (Richtlinie 68/151 EWG v. 9.3.1968, ABl. Nr. L 65/8, geändert durch Richtlinie 2003/58/EG v. 15.7.2004, ABl. Nr. 221/13).
55 *Emmerich* in Emmerich/Habersack, Aktien- und GmbH-Konzernrecht, § 305 Rz. 10.
56 Gesetz zur Unternehmensintegrität und Modernisierung des Anfechtungsrechts (UMAG), BGBl. I 2005, 2802.
57 EuGH v. 5.11.2002 – C 208/00 – „Überseering", AG 2003, 37; EuGH v. 30.9.2003 – C 167/01 – „Inspire Art", AG 2003, 680; EuGH v. 11.3.2004 – C 9/02 – „de Lasteyrie du Saillant", ZIP 2004, 662.

zungssitz außerhalb, aber Verwaltungssitz innerhalb des EWR sind dagegen wohl keine Gesellschaften mit Sitz im EWR im Sinne von § 305 Abs. 2 Nr. 1[58].

Eine Obergesellschaft, die **abhängig** ist oder in **Mehrheitsbesitz** steht, kann als Abfindung keine eigenen Aktien anbieten, § 305 Abs. 2 Nr. 1. Die Begriffe Mehrheitsbesitz und Abhängigkeit verweisen auf §§ 16, 17. Auf ausländische Unternehmen sind die §§ 16, 17 sinngemäß anzuwenden. 40

Die Abfindung in Aktien der Obergesellschaft muss in **gattungsgleichen** Aktien erfolgen, soweit die entsprechende Gattung bei der Obergesellschaft bereits vorhanden ist. Ansonsten ist in Stammaktien abzufinden[59]. Wenn bei der Obergesellschaft Stämme und (stimmrechtslose) Vorzüge vorhanden sind, bei der Untergesellschaft aber nur Stämme, können den Aktionären der Untergesellschaft wegen der sonst eintretenden Übergewichtung des Stimmrechts anteilig Stämme und Vorzüge angeboten werden[60]. Eine Verpflichtung zu dieser Vorgehensweise besteht für die Obergesellschaft jedenfalls dann, wenn sonst eine insgesamt oder im Hinblick auf bestimmte Stimmrechtsschwellen erhebliche Verschiebung der Stimmgewichte einträte[61]. Ein mit dem Umtausch in Stammaktien der Obergesellschaft verbundener Verlust des Vorzugs bei der Untergesellschaft ist nicht nach § 141 Abs. 1 zustimmungspflichtig[62]. 41

Woher die Obergesellschaft die zur Abfindung benötigten Aktien nimmt, ist ihre Sache. In Betracht kommt insbesondere der **Erwerb eigener Aktien** nach § 71 Abs. 1 Nr. 3 oder die Schaffung eines **bedingten Kapitals** nach § 192 Abs. 2 Nr. 2[63]. Möglich ist es aber auch, Dritte (z.B. Kreditinstitute) die benötigten Aktien auf Rechnung der Obergesellschaft bereitstellen zu lassen. 42

III. Wahlrecht zwischen Aktien und Barzahlung

Wenn die Obergesellschaft als Vertragspartner des Unternehmensvertrags **eine abhängige oder in Mehrheitsbesitz stehende Aktiengesellschaft oder KGaA** ist, kommt die Abfindung in Aktien der Obergesellschaft nicht in Betracht. Wenn das herrschende oder mit Mehrheit beteiligte[64] Unternehmen seinerseits eine Aktiengesellschaft oder KG mit Sitz in der EU oder einem anderem Mitgliedsstaats des EWR ist, besteht ein Wahlrecht zwischen der Gewährung von Aktien dieser Gesellschaft oder einer 43

---

58 Vgl. Art. 48 EG-Vertrag und EuGH v. 5.11.2002 – C 208/00 – „Überseering", AG 2003, 37, 38 bei Entscheidungsgrund 56.
59 OLG Düsseldorf v. 31.1.2003 – 19 W 9/00 – „Siemens/SNI", AG 2003, 329, 334; *Hüffer*, § 305 Rz. 11; *Emmerich* in Emmerich/Habersack, Aktien- und GmbH-Konzernrecht, § 305 Rz. 13; a.A. (strikte Gattungsgleichheit) *Bilda* in MünchKomm. AktG, § 305 Rz. 45 f.; ähnlich *Hasselbach/Hirte* in Großkomm. AktG, § 305 Rz. 42: gattungsverschiedene Aktien nur mit Sonderbeschluss.
60 *Lutter* in FS Mestmäcker, S. 943, 948 ff.; *Krieger* in MünchHdb. AG, § 70 Rz. 118; *Krieger* in FS Lutter, S. 493, 516 ff.; *Hüffer*, § 305 Rz. 11; *Habersack* in Emmerich/Habersack, Aktien- und GmbH-Konzernrecht, § 320b Rz. 7; a.A *Emmerich* in Emmerich/Habersack, Aktien- und GmbH-Konzernrecht, § 305 Rz. 13; *Bilda* in MünchKomm. AktG, § 305 Rz. 44 f.; *Hasselbach/Hirte* in Großkomm. AktG, § 305 Rz. 43; *Timm/Schöne* in FS Kropff, S. 316, 322, 324 (für einen konkreten Eingliederungsfall).
61 Für generelle Verpflichtung zur Vermeidung von Verschiebungen *Hüffer*, § 305 Rz. 11; *Habersack* in Emmerich/Habersack, Aktien- und GmbH-Konzernrecht, § 320b Rz. 7.
62 OLG Düsseldorf v. 31.1.2003 – 19 W 9/00 – „Siemens/SNI", AG 2003, 329, 334; *Krieger* in FS Lutter S. 497, 513 ff.
63 *Hüffer*, § 305 Rz. 11; *Hasselbach/Hirte* in Großkomm. AktG, § 305 Rz. 41.
64 Insoweit in § 305 Abs. 2 Nr. 2 nicht ausdrücklich erwähnt, aber sinngemäß zu ergänzen: *Hüffer*, § 305 Rz. 13.

Barabfindung. Wenn die herrschende oder mehrheitlich beteiligte Gesellschaft ihrerseits abhängig ist oder in Mehrheitsbesitz steht, kann § 305 Abs. 1 Nr. 2 auch über mehrere Stufen hinweg analog angewandt werden. Voraussetzung ist, dass die **Konzernspitze** die Qualifikationsmerkmale von § 305 Abs. 2 Nr. 2 erfüllt, also eine Aktiengesellschaft oder KGaA mit Sitz im EWR ist[65]. Bei den zu gewährenden Aktien handelt es sich immer um Aktien der Konzernspitze.

44 Die **unmittelbare Obergesellschaft**, also der „andere Vertragsteil" des Unternehmensvertrags, muss eine **Aktiengesellschaft oder KGaA** sein. Der Sitz dieser Gesellschaft spielte schon bisher und spielt erst Recht nach der Neuregelung durch das UMAG keine Rolle[66]. Bei einer ausländischen Gesellschaft als „anderer Vertragsteil" muss die Rechtsform dieser Gesellschaft mit der AG oder KGaA vergleichbar sein. Eine analoge Anwendung auf inländische oder ausländische Gesellschaften anderer Rechtsform kommt angesicht der ausdrücklichen gesetzlichen Regelung nicht in Betracht[67]. Soweit nach § 305 Abs. 2 Nr. 2 ein **Wahlrecht** zwischen der Gewährung von Aktien oder einer Barabfindung besteht, muss die **Wahl im Vertrag** getroffen werden. Daraus ergibt sich, dass die Ausübung des Wahlrechts den Vertragsparteien zusteht[68].

IV. Zwingende Barabfindung

45 Als Auffangregelung sieht § 305 Abs. 2 Nr. 3 in allen anderen, d.h. nicht in § 305 Abs. 2 Nr. 1 oder Nr. 2 geregelten Fällen eine **Barabfindung** vor. Dies betrifft insbesondere sämtliche Fälle, in denen die Obergesellschaft keine AG oder KGaA ist. Die Anknüpfung der gesetzlichen Regelung an die Rechtsform der Obergesellschaft bedeutet, dass die Vertragsparteien, wenn sie dies wünschen, mit geringem Aufwand durch das **„Dazwischenschieben"** z.B. einer GmbH die Abfindung in Aktien vermeiden können. Das ist aus Sicht der außenstehenden Aktionäre akzeptabel, weil die Barabfindung eine Vollentschädigung bieten muss und weil letztlich die Barabfindung den außenstehenden Aktionären die größtmögliche Flexibilität bei der Wiederanlage gibt. Aus Sicht der Vertragsparteien vermeidet diese Regelung den Zwang, Aktien auch dann liefern zu müssen, wenn die Lieferung rechtliche Schwierigkeiten bereitet oder wirtschaftlich unerwünscht ist.

V. Mehrere herrschende Unternehmen

46 Die gesetzliche Regelung geht beim Unternehmensvertrag von einem Zweiparteienverhältnis aus. Zulässig sind jedoch auch Gestaltungen, bei denen **mehrere herrschende Unternehmen** einen Unternehmensvertrag mit einer Untergesellschaft schließen („Mehrmütterorganschaft"). In diesen Fällen wäre die Abfindung in Aktien

---

65 *Emmerich* in Emmerich/Habersack, Aktien- und GmbH-Konzernrecht, § 305 Rz. 14a; *Bilda* in MünchKomm. AktG, § 305 Rz. 48; *Koppensteiner* in KölnKomm. AktG, § 305 Rz. 45; *Krieger* in MünchHdb. AG, § 70 Rz. 119; *Hüffer*, § 305 Rz. 13.

66 *Emmerich* in Emmerich/Habersack, Aktien- und GmbH-Konzernrecht, § 305 Rz. 14; *Krieger* in MünchHdb. AG, § 70 Rz. 119; *Hasselbach/Hirte* in Großkomm. AktG, § 305 Rz. 47.

67 A.A. *Emmerich* in Emmerich/Habersack, Aktien- und GmbH-Konzernrecht, § 305 Rz. 14a; zuzugeben ist, dass die Beschränkung keinen Sinn macht (*Koppensteiner* in KölnKomm. AktG, § 305 Rz. 44), aber eine Regelungslücke tut sich nicht wirklich auf.

68 Ganz herrschende Meinung, *Bilda* in MünchKomm. AktG, § 305 Rz. 51; *Hüffer*, § 305 Rz. 15; *Koppensteiner* in KölnKomm. AktG, § 305 Rz. 46; *Krieger* in MünchHdb. AG, § 70 Rz. 119; *Hasselbach/Hirte* in Großkomm. AktG, § 305 Rz. 48; jetzt auch unter Aufgabe der früher vertretenen abweichenden Auffassung *Emmerich* in Emmerich/Habersack, Aktien- und GmbH-Konzernrecht, § 305 Rz. 16.

nicht nur wegen der Vervielfachung der Bewertungstätigkeiten sehr aufwändig und praktisch kaum lösbar. Bei der Mehrmütterorganschaft handelt es sich deshalb um einen „anderen Fall" im Sinne von § 305 Abs. 1 Nr. 3, in dem zwingend eine Barabfindung geschuldet wird[69].

D. Höhe der Abfindung (§ 305 Abs. 3)

I. Grundsätzliches

Für die Berechnung der angemessenen Abfindung enthält das Gesetz keine ausdrücklichen Vorgaben. Sie erfolgte in der Praxis bis zur DAT/Altana-Entscheidung des Bundesverfassungsgerichts[70] nahezu durchweg auf Grundlage des **Ertragswertverfahrens**[71].   47

Nach der DAT/Altana-Entscheidung ist es bei börsennotierten Gesellschaften grundsätzlich geboten, den Börsenkurs der Untergesellschaft bei der Bewertung zu berücksichtigen. Diese Entscheidung hat das Ertragswertverfahren für börsennotierte Unternehmen allerdings nicht überflüssig gemacht. In der Gerichtspraxis nach DAT/Altana wird der Börsenwert als **Untergrenze** der Bewertung angesetzt und nach wie vor der Ertragswert zugrunde gelegt, wenn er höher ist als der Börsenwert (näher unten Rz. 99). Eine Verschlankung der Bewertungspraxis hat sich aus den verfassungsgerichtlichen Vorgaben deshalb nicht ergeben.   48

II. Ertragswertverfahren

Die Ermittlung des Ertragswerts erfolgt praktisch durchweg unter Heranziehung der Grundsätze ordnungsmäßiger Unternehmensbewertung, die vom Hauptfachausschuss (HFA) des Instituts der Wirtschaftsprüfer in Deutschland e.V. (IDW) in Form von Prüfungsstandards verabschiedet werden[72]. Der aktuelle **Prüfungsstandard IDW S 1** datiert vom 18.10.2005[73]. Die Zugrundelegung der Prüfungsstandards des IDW liegt schon deshalb nahe, weil als Vertragsprüfer lediglich Wirtschaftsprüfer und Wirtschaftsprüfungsgesellschaften zugelassen sind (§ 293d Abs. 1 i.V.m. § 319a Abs. 1).   49

Der Prüfungsstandard IDW S 1 sieht die Ermittlung des Unternehmenswerts entweder nach dem **Ertragswertverfahren** oder nach dem sogenannten **Discounted Cash-**   50

---

69 *Emmerich* in Emmerich/Habersack, Aktien- und GmbH-Konzernrecht, § 305 Rz. 18; *Bilda* in MünchKomm. AktG, § 305 Rz. 54 f.; *Hüffer*, § 305 Rz. 12; *Koppensteiner* in KölnKomm. AktG, § 305 Rz. 43; differenzierend *Hasselbach/Hirte* in Großkomm. AktG, § 305 Rz. 50.

70 BVerfG v. 27.4.1999 – 1 BvR 1613/94 – „DAT/Altana", AG 1999, 566, 568.

71 BGH v. 21.7.2003 – II ZB 17/01 – „Ytong", AG 2003, 627, 628; OLG Düsseldorf v. 15.1.2004 – I-19 W 5/03 AktE – „Krupp Stahl/Hoesch-Krupp", AG 2004, 212, 213; OLG Stuttgart v. 1.10.2003 – 4 W 34/93 – „Vereinigte Filzfabriken", AG 2004, 43, 44; OLG Hamburg v. 7.8.2002 – 11 W 14/94 – „Texaco/RWE-DEA", AG 2003, 583, 585; OLG Frankfurt a.M. v. 30.7.2001 – 20 W 4/96 – „Nestlé", AG 2002, 404, 405; BayObLG v. 28.10.2005 – 3 Z BR 71/00 – „Pilkington", AG 2006, 41, 42; BayObLG v. 11.9.2001 – 3 Z BR 101/99 – „Ytong", AG 2002, 392, 393; OLG Celle v. 31.7.1998 – 9 W 128/97 – „Wolters/Gilde", AG 1999, 128, 129; *Hentzen*, DB 2005, 1891; im Ansatz auch *Knoll*, ZIP 2003, 2329, 2330: „ökonomisch grundsätzlich sinnvolle[s] Verfahren"; vgl. zu weiteren Bewertungsverfahren *Hasselbach/Hirte* in Großkomm. AktG, § 305 Rz. 111 ff.

72 Vgl. nur BGH v. 21.7.2003 – II ZB 17/01 – „Ytong", AG 2003, 627, 628; OLG Düsseldorf v. 15.1.2004 – I-19 W 5/03 AktE – „Krupp Stahl/Hoesch-Krupp", AG 2004, 212, 214.

73 Zu den Änderungen im Vergleich zur Vorversion aus juristischer Sicht *A. Reuter/S. Lenz*, DB 2006, 1689.

flow-Verfahren („DCF-Verfahren") vor[74]. Beim ersten Verfahren wird der Unternehmenswert aus der diskontierten künftigen Ertragserwartung, im zweiten Fall aus dem diskontierten erwarteten künftigen Kapitalfluss abgeleitet. Beide Bewertungsverfahren führen bei konsistenter Festsetzung der Prämissen zu identischen Ergebnissen. Die Rechtsprechung bezieht sich in der Regel auf das Ertragswertverfahren als übliches und zulässiges Verfahren[75]. Das DCF-Verfahren ist aber methodisch (mindestens) gleichwertig und ebenfalls zulässig[76].

51 Da die Bewertung heute üblicherweise auf Grundlage von **Nettozuflüssen** erfolgt, werden die prognostizierten Überschüsse[77] ebenso wie der zur Diskontierung verwendete Kapitalisierungszinssatz[78] aufgrund typisierter Annahmen in Nach-Steuer-Werte umgerechnet[79].

52 Die Berechnung der Abfindung nach dem Ertragswertverfahren erfolgt dergestalt, dass auf Grundlage der in der **Unternehmensplanung** abgebildeten Ertragserwartung ein **Unternehmenswert zum Stichtag** berechnet und daraus bei der Barabfindung ein Barwert je Aktie abgeleitet wird. Bei der Abfindung in Aktien wird die Bewertung für die beiden relevanten Unternehmen durchgeführt und aus den jeweiligen Barwerten pro Aktie die Verschmelzungsrelation gebildet.

53 Die aus der Vergangenheitsbetrachtung und der Kenntnis und Einschätzung künftiger ertragsbestimmender Faktoren abzuleitende **Planung** erfolgt in der Regel in **zwei Phasen**[80]: Die Detailplanungsphase bildet einen Zeitraum von ca. drei bis fünf Jahren ab und berücksichtigt konkrete Erkennntisse über den vorausssichtlichen Geschäftsverlauf in diesem Zeitraum. Die sich anschließende fernere Planungsphase enthält nur noch pauschale, gleichbleibende Annahmen zu den erzielbaren Erträgen oder Überschüssen.

54 Da die erzielbaren Überschusse für Zwecke der Ableitung des Unternehmenswerts in die Ewigkeit fortgeschrieben werden („**Ewige Rente**"), entfällt praktisch immer der bei weitem größte Teil des ermittelten Unternehmenswerts auf die Überschüsse der zweiten Planphase. Anders ist das nur dann, wenn die für die zweite Planphase prognostizierten Überschüsse sehr gering sind. Die prognostizierten **Überschüsse der zweiten Planphase** haben damit für das Bewertungsergebnis großes Gewicht.

55 Die in der Planung prognostizierten Überschüsse werden auf Grundlage eines Kapitalisierungszinssatzes in den Unternehmenswert umgerechnet. Der Kapitalisierungszinssatz ergibt sich aus einem **Basiszinssatz** und einem **Risikozuschlag**[81].

56 Der **Basiszinssatz** fußt im wesentlichen auf der langfristig zu erwartenden Verzinsung von Bundesanleihen. Bisher wurde dafür vorwiegend die Zinsentwicklung der Vergangenheit zugrundegelegt. In der neuesten Fassung der IDW-Grundätze wird statt dessen auf die aktuelle **Zinsstrukturkurve** verwiesen[82]. Daraus hat sich eine

---

74 IDW S 1 Ziffer 7.
75 Sehr prononciert BGH v. 9.11.1998 – II ZR 190/97, AG 1999, 122, 123 („hat ... nach der Ertragswertmethode zu erfolgen"); die Rspr. legt sich sonst weniger deutlich fest.
76 *Habersack/Lüssow*, NZG 1999, 629, 633.
77 IDW S 1 Ziffer 121; *Riegger* in KölnKomm. SpruchG, 2005, Anh. § 11 Rz. 15.
78 IDW S 1 Ziffern 124 ff., 132.
79 Näher zu den steuerlichen Effekten unten Rz. 84 ff.
80 IDW S 1 Ziffern 83 ff.; *Hasselbach/Hirte* in Großkomm. AktG, § 305 Rz. 181 ff.; abweichend *Bilda* in MünchKomm. AktG, § 305 Rz. 71, § 304 Rz. 81: drei Phasen.
81 IDW S 1 Ziffern 124 ff.; umfangreiche Nachweise aus der Rspr. bei OLG Stuttgart v. 16.2.2007 – 20 W 6/06 – „DaimlerChrysler", AG 2007, 209, 213.
82 IDW S 1 Ziffer 127; zur Auswirkung sich ändernder wirtschaftswissenschaftlicher Postulate auf die Bewertung OLG Stuttgart v. 26.10.2006 – 20 W 14/05, AG 2007, 128, 132.

Verringerung der zu verwendenden Basiszinssätze ergeben. Aktuelle Basiszinssätze (März 2007) liegen in der Größenordnung von 4,0 % bis 4,5 % vor Steuern (entsprechend 2,6 % bis 2,9 % nach Steuern). Der **Basiszinssatz** kann für Phase I und Phase II **unterschiedlich** festgelegt werdenm, wenn dafür aufgrund des aktuellen und des zukünftig zu erwartenden Zinsniveaus Anlass besteht[83].

Der **Risikozuschlag** reflektiert die im Vergleich zur Vergleichsanlage (Bundesanleihe) höhere Unsicherheit der erzielbaren Rendite und damit einhergehend die höhere Renditeerwartung der Investoren, die empirisch belegbar auch berechtigt ist. Der Risikozuschlag soll nach der neuesten Fassung der IDW-Grundätze aufgrund von Kapitalmarktpreisbildungsmodellen (Capital Asset Pricing Model, „**CAPM**") ermittelt werden. Die Blickrichtung ist hier nicht (mehr) das Investment in eine Bundesanleihe, sondern ein risikoäquivalentes Investment[84]. Dieses Verfahren wird zur Gewinnung von Nachsteuerwerten modifiziert („**Tax-CAPM**")[85] und liefert derzeit typischerweise Risikozuschläge (nach Steuern) in der Größenordnung von 5,5 %. In der Rspr. werden Risikozuschläge von mehr als 2 % dagegen teilweise als besonders begründungsbedürftig angesehen[86]. 57

Der Risikozuschlag wird mittels des sogenannten **Beta-Faktors** an die Verhältnisse der jeweiligen Gesellschaft angepasst[87]. Der Beta-Faktor ist ein Gradmesser für die Volatilität und damit die Risikogeneigtheit einer Anlage in Aktien der Gesellschaft. Bei eine Beta-Faktor von 1,2 und einem abstrakten Risikozuschlag von 5,5 % läge der konkrete Risikozuschlag bei 6,6 %. Teilweise wird auf den **Risikozuschlag verzichtet** und stattdessen das spezifische Unternehmensrisiko bereits durch entsprechend konservative Planansätze berücksichtigt[88]. 58

Der als Summe aus dem Basisizinssatz und dem Risikozuschlag ermittelte Kapitalisierungszinssatz wird teilweise um einen **Geldentwertungsabschlag (Inflationsabschlag)** korrigiert[89]. Damit soll dem Umstand Rechnung getragen werden, dass das Unternehmen möglicherweise die Geldentwertung durch Preiserhöhungen auffangen kann, während bei dem Vergleichsinvestment (Anleihe) die Rückzahlung zum nicht inflationsbereinigten Nominalbetrag erfolgt. Für die erste Planperiode kommt der 59

---

83 BayObLG v. 28.10.2005 – 3Z BR 71/00 – „Pilkington", AG 2006, 41, 44.
84 IDW S 1 Ziffer 128 ff. sowie Anhang; allgemein zum CAPM *Adolff*, Unternehmensbewertung, 2007, S. 25 ff.; ob daraus eine objektivere Festlegung der Risikoprämie folgt, wird unterschiedlich beurteilt, vgl. BayObLG v. 28.10.2005 – 3Z BR 71/00 – „Pilkington", AG 2006, 41, 43; LG Frankfurt a.M. v. 21.3.2006 – 3-5 O 153/04, AG 2007, 42; OLG München v. 26.10.2006 – 31 Wx 12/06 – „N-Ergie", ZIP 2007, 375, 378; OLG Stuttgart v. 26.10.2006 – 20 W 14/05, AG 2007, 128, 133; OLG München v. 30.11.2006 – 31 Wx 059/06, AG 2007, 411, 412 f.; *Reuter*, AG 2007, 1 ff.; *Aha*, AG 1997, 26, 34 f.; *Böcking/Nowak*, DB 1998, 685, 690; *D. Schneider*, DB 1998, 1473, 1477; *Großfeld*, Unternehmens- und Anteilsbewertung, S. 134 ff., 139; *Adolff*, Unternehmenbewertung, S. 72 ff.
85 IDW S 1 Ziffer 132 und Anhang; *A. Reuter/Lenz*, BB 2006, 1689, 1691.
86 OLG München v. 26.10.2006 – 31 Wx 12/06 – „N-Ergie" ZIP 2007, 375, 378; anders OLG Stuttgart v. 26.10.2006 – 20 W 14/05, AG 2007, 128, 133 f. sowie OLG Stuttgart v. 16.2.2007 – 20 W 6/06 – „DaimlerChrylser", AG 2007, 209, 214 f. (jeweils mit zahlreichen Nachweisen): 4,5 %.
87 IDW S 1 Ziffer 131.
88 Vgl. z.B. OLG Düsseldorf v. 27.2.2004 – 19 W 3/00 – „EVA", AG 2004, 324, 329; OLG Stuttgart v. 1.10.2003 – 4 W 34/93 – „Vereinigte Filzfabriken", AG 2004, 43, 46; OLG Düsseldorf v. 31.1.2003 – 19 W 9/00 AktE – „Siemens/SNI", AG 2003, 329, 333; LG München I v. 25.2.2002 – 5 HKO 1080/96 – „Frankona", AG 2002, 563, 566; BayObLG v. 11.7.2001 – 3 Z BR 153/00 – „Rieter Ingolstadt II", AG 2002, 390, 391.
89 BayObLG v. 11.7.2001 – 3 Z BR 172/99 – „Rieter Ingolstadt I", AG 2002, 388, 389; *Hasselbach/Hirte* in Großkomm. AktG, § 305 Rz. 206 f.; *Bilda* in MünchKomm. AktG, § 305 Rz. 79 mit Nachweisen aus der älteren Rspr.

Abschlag regelmäßig nicht zum Tragen, weil insoweit die Detailplanung etwaige Ertragssteigerungen konkret berücksichtigt. Für die zweite Planperiode wird bei Berücksichtigung eines Inflationsabschlags ein bestimmtes Ertragswachstum unterstellt, so dass der Geldentwertungsabschlag zutreffender auch **Wachstumsabschlag** genannt wird[90]. Er ist dann gerechtfertigt, wenn tatsächlich für die Planperiode II eine im Rahmen der Prognosemöglichkeiten abgesicherte Wachstumserwartung besteht[91]. In der Praxis sind oft Wachstumsabschläge beim Kapitalisierungszinssatz der Planphase II in der Größenordnung von 0,5 % bis 1,5 % anzutreffen. Je nach den konkreten langfristige Geschäftsaussichten kann der Wert aber auch niedriger oder höher sein.

60 Gelegentlich werden in der Rechtsprechung **Risikozuschlag** und **Wachstumsabschlag** im Rahmen des Schätzungsermessens des Gerichts (§ 287 ZPO) als etwa **gleichgewichtig** und sich neutralisierend angesehen[92]. Das entspricht allerdings kaum auch nur annähernd den üblicherweise von Wirtschaftsprüfern im Rahmen der Bewertung angesetzen Werten.

61 Wie schon diese kurze Übersicht zeigt, unterliegt die Ableitung des Unternehmenswerts zahlreichen **Ungewissheiten** und **Ermessensspielräumen**. Das gilt insbesondere für die in die Planung eingestellten Überschüsse der zweiten Planphase und den Beta-Faktor. Jenseits faktischer Ungewissheiten unterliegt auch die jeweils gängige betriebswirtschaftliche Auffassung über Einzelheiten der Bewertungsmethodik Änderungen, die sich in Überarbeitungen der IDW Prüfungsstandards niederschlagen[93]. Den einen „richtigen" Unternehmenswert und damit die eine „richtige" Abfindung gibt es deshalb nicht[94]. Die Berechnung der Abfindung liefert immer nur einen **Näherungswert**, der auf bestimmten Prämissen beruht. Im Spruchverfahren entscheidet das Gericht deshalb auf Grundlage einer Schätzung analog § 287 Abs. 2 ZPO[95].

62 Die Unternehmensbewertung bleibt damit schwerpunktmäßig eine **Tatfrage**[96], die allerdings rechtlichen Prämissen unterliegt und im übrigen den üblichen Anforderungen an die korrekte Feststellung von tatsächliche Umständen unterliegt.

---

90 OLG Stuttgart v. 26.10.2006 – 20 W 14/05, AG 2007, 128, 135; OLG Düsseldorf v. 15.1.2004 – I-19 W 5/03 AktE – „Krupp Stahl/Hoesch-Krupp", AG 2004, 212, 214.

91 Tendenziell geringere Anforderungen stellt die Rechtsprechung des BayObLG, BayObLG v. 19.10.1995 – 3 Z BR 17/90 – „Paulaner", AG 1996, 127, 129; BayObLG v. 11.12.1995 – 3 Z BR 36/91, AG 1996, 176, 179; BayObLG v. 11.7.2001 – 3 Z BR 172/99 – „Rieter Ingolstadt I", AG 2002, 388, 389; ähnlich auch OLG Düsseldorf v. 31.1.2003 – 19 W 9/00 AktE – „Siemens/SNI", AG 2003, 329, 333; wie hier OLG München v. 26.10.2006 – 31 Wx 12/06 – „N-Ergie", ZIP 2007, 375, 379; OLG Düsseldorf v. 27.2.2004 – 19 W 3/00 – „EVA", AG 2004, 324, 329; zurückhaltend auch LG München I v. 25.2.2002 – 5 HKO 1080/96 – „Frankona", AG 2002, 563, 566.

92 BayObLG v. 28.10.2005 – 3Z BR 71/00 – „Pilkington", AG 2006, 41, 44; BayObLG v. 11.7.2001 – 3 Z BR 153/00 – „Rieter Ingolstadt II", AG 2002, 390, 391; in diese Richtung auch LG Frankfurt a.M. v. 21.3.2006 – 3-5 O 153/04, AG 2007, 42, 45: Risikozuschlag 1,5 % vor Steuern.

93 Vgl. BayObLG v. 28.10.2005 – 3Z BR 71/00 – „Pilkington", AG 2006, 41, 43.

94 Vgl. nur BayObLG v. 28.10.2005 – 3Z BR 71/00 – „Pilkington", AG 2006, 41, 42; OLG Stuttgart v. 1.10.2003 – 4 W 34/93 – „Vereinigte Filzfabriken", AG 2004, 43, 45; OLG Düsseldorf v. 8.7.2003 – 19 W 6/00 AktE – „Veba"; OLG München v. 30.11.2006 – 31 Wx 059/06, AG 2007, 411 f.

95 BGH v. 12.3.2001 – II ZB 15/00 – „DAT/Altana IV", BGHZ 147, 108, 116 = AG 2001, 417, 418; BayObLG v. 28.10.2005 – 3Z BR 71/00 – „Pilkington", AG 2006, 41, 43; OLG Stuttgart v. 1.10.2003 – 4 W 34/93 – „Vereinigte Filzfabriken", AG 2004, 43, 45.

96 So schon BGH v. 13.3.1978 – II ZR 142/76 – „Kali+Salz", AG 1978, 196, 199 m.w.N. (in BGHZ 71, 40 sind die entsprechenden Passagen des Urteils nicht abgedruckt); i.E. ähnlich OLG Stuttgart v. 26.10.2006 – 20 W 14/05, AG 2007, 128, 129; OLG Frankfurt a.M. v. 11.1.2007 – 20 W 323/04 – „Bekaert", AG 2007, 449, 450; *Hasselbach/Hirte* in Großkomm. AktG, § 305 Rz. 62 ff.

Aus rechtlicher Sicht sind an das **Verfahren** folgende **Anforderungen** zu stellen: 63

- Die der Berechnung zugrunde liegenden tatsächlichen Annahmen müssen plausibel begründet sein.
- Das Verfahren muss in sich schlüssig sein.
- Es muss anerkannten betriebswirtschaftlichen Grundsätzen entsprechen, wovon grundsätzlich auszugehen ist, wenn es dem aktuellen IDW Prüfungsstandard entspricht. Dabei ist es schon aus Praktikabilitätsgründen zulässig, den zum Zeitpunkt des Bewertungsstichtags geltenden Prüfungsstandard zugrunde zu legen[97].
- Es muss die rechtlichen Vorgaben zur Berechnung der Abfindungszahlung einhalten.

Wenn diese Kriterien eingehalten sind, ist die Abfindung „**angemessen**". Wenn sie 64 nicht eingehalten sind und daraus eine Reduzierung der Abfindung im Vergleich zu der Zahlung resultiert, die bei korrektem Bewertungsverfahren festzulegen gewesen wäre, ist die Abfindung im Spruchverfahren heraufzusetzen. Die festgesetzte Abfindung ist nicht allein deshalb unangemessen, weil auch eine andere Bewertungsmethodik mit möglicherweise abweichendem Ergebnis denkbar wäre[98].

Bei der Prüfung der Angemessenheit der Abfindung im Spruchverfahren ist eine **Ge-** 65 **samtbeurteilung** durchzuführen. Eine nach Auffassung des Gerichts zu konservative Planung kann beispielsweise unter Berücksichtigung eines nach Auffassung des Gerichts niedriger als erforderlich angesetzten Kapitalisierungszinssatzes im Ergebnis dazu führen, dass die Abfindung, wenn auch auf anderer rechnerischer Grundlage, insgesamt doch angemessen ist. Die Aufgabe des Gerichts im Spruchverfahren ist die Prüfung, ob die Abfindung insgesamt angemessen ist. Auf welchen Rechenschritten das beruht, ist gleichgültig.

III. Rechtliche Vorgaben zur Berechnung des Ertragswerts

1. Stichtag, Stand alone, Wurzeltheorie, Verbundeffekte

Stichtag der Bewertung ist der Tag, an dem die Hauptversammlung der Untergesell- 66 schaft über den Unternehmensvertrag beschließt, § 305 Abs. 2 Satz 3. Ein etwaiger früherer Zeitpunkt der Begründung „qualifizierter faktischer Abhängigkeit" bleibt schon deshalb außer Betracht, weil nach dem Regelungssystem des AktG die faktische Konzernierung die Rechtsfolgen der §§ 304, 305 gerade nicht auslöst[99]. Da die außenstehenden Aktionäre so gestellt werden sollen, wie sie ohne den Unternehmensvertrag stünden, ist die Gesellschaft grundsätzlich so zu bewerten, wie sie ohne

---

97 BayObLG v. 28.10.2005 – 3Z BR 71/00 – „Pilkington", AG 2006, 41, 43; gegen die rückwirkende Anwendung auch OLG München v. 30.11.2006 – 31 Wx 059/06, AG 2007, 411, 412; die Modifikationen, die *A. Reuter/S. Lenz*, DB 2006, 1689, 1693 im Rahmen der Bewertung von Sacheinlagen erforderlich halten, spielen bei §§ 304, 305 keine Rolle.

98 Instruktiv die Begründung des BayObLG v. 11.7.2001 – 3 Z BR 153/00 – „Rieter Ingolstadt II", AG 2002, 390, 391 bei lit. f) für den von BayObLG v. 11.7.2001 – 3 Z BR 172/99 – „Rieter Ingolstadt I", AG 2002, 388 ff. abweichenden Kapitalisierungszinssatz.

99 I. E. ebenso *Koppensteiner* in KölnKomm. AktG, § 304 Rz. 47; *Bilda* in MünchKomm. AktG, § 304 Rz. 89; *Spindler/Klöhn*, Der Konzern 2003, 511, 515 f.; *Krieger* in MünchHdb. AG, § 70 Rz. 91; a.A. *Hasselbach/Hirte* in Großkomm. AktG, § 304 Rz. 96; *Hüffer*, § 304 Rz. 10 erwägt eine Vorverlegung auf den Zeitpunkt eines etwaigen „existenzvernichtenden Eingriffs", was angesichts des im Kern deliktischen, handlungsbezogenen Charakters dieser Haftung wenig einsichtig ist. Der BGH hat die Rechtsfigur des qualifiziert faktischen Konzern auch bei der GmbH aufgegeben, BGH v. 17.9.2001 – II ZR 178/99 – „Bremer Vulkan", AG 2001, 43 ff.; bei der AG war sie nie zu praktischem Leben erwacht.

Abschluss des Unternehmensvertrags stünde („**stand alone**")[100]. Das gilt im Ausgangspunkt für negative wie positive Ertragseffekte. Diejenigen Entwicklungen, die am Stichtag in ihren Ursprüngen bereits angelegt waren, sind bei der Bewertung zu berücksichtigen (sog. **Wurzeltheorie**)[101].

67 Effekte, die **erst durch den künftigen Unternehmensvertrag** eintreten, fließen nicht in die Bewertung ein. Gleiches gilt für Effekte, die nicht bei der Untergesellschaft, sondern bei der Obergesellschaft eintreten werden[102]. Andererseits sind die Auswirkungen einer vor Abschluss des Unternehmensvertrags **schon bestehenden Konzernierung** mit in die Betrachtung einzubeziehen[103].

68 Diese Regeln gelten insbesondere für Verbundvorteile („**Synergien**"). Synergien, die erst durch den Unternehmensvertrag realisiert werden können (sogenannte **echte Synergien**), bleiben für die Bewertung außer Betracht[104]. Ob das zwingend aus dem Stichtagsprinzip folgt, mag man bezweifeln können[105]. Es würde aber dem Ausgleichsgedanken von § 305 widersprechen, wenn die außenstehenden Aktionäre nicht nur so gestellt würden, wie sie ohne den Abschluss des Unternehmensvertrags stünden, sondern gerade an den spezifisch durch den Vertrag herbeigeführten Vorteilen partizipierten. Das Problem stellt sich im übrigen nur bei der Barabfindung.

69 Sogenannte **unechte Synergien**, die nicht spezifisch auf dem Unternehmensvertrag beruhen, sind im Rahmen der Bewertung zu berücksichtigen, soweit sie zum Stichtag bereits in einer Weise absehbar waren, dass sie zum Gegenstand der Planung gemacht werden können[106].

---

100 BGH v. 21.7.2003 – II ZB 17/01 – „Ytong", AG 2003, 627, 628; BGH v. 4.3.1998 – II ZB 5/97 – „Asea Brown Boveri II", BGHZ 138, 136, 140 = AG 1998, 286; OLG Düsseldorf v. 27.2.2004 – 19 W 3/00 – „EVA", AG 2004, 324, 327; allgemein zur stand alone-Bewertung *Mertens*, AG 1992, 321.

101 BGH v. 17.1.1973 – IV ZR 142/70, NJW 1973, 509, 511; BGH v. 4.3.1998 – II ZB 5/97 – „Asea Brown Boveri II", BGHZ 138, 136, 140 = AG 1998, 286, 287; OLG Stuttgart v. 16.2.2007 – 20 W 6/06 – „DaimlerChrysler", AG 2007, 209, 214; OLG Düsseldorf v. 27.2.2004 – 19 W 3/00 –„EVA", AG 2004, 324, 326; *Bilda* in MünchKomm. AktG, § 304 Rz. 90; *Seetzen*, WM 1999, 565, 569.

102 BGH v. 13.2.2006 – II ZR 392/03 – „Nullausgleich", AG 2006, 331; *Bungert*, BB 2006, 1129, 1130.

103 OLG Düsseldorf v. 27.2.2004 – 19 W 3/00 – „EVA", AG 2004, 324, 327.

104 BGH v. 4.3.1998 – II ZB 5/97 – „Asea Brown Boveri II", BGHZ 138, 136, 140 = AG 1998, 286, 287 (das wird auch durch die Entscheidung BGH v. 12.3.2001 – II ZB 15/00 – „DAT/Altana IV", BGHZ 147, 108, 119 ff. = AG 2001, 417, 419, wonach mögliche Verbundvorteile im Börsenkurs enthalten sein können, nicht relativiert); BayObLG v. 19.10.1995 – 3 Z BR 17/90 – „Paulaner", AG 1996, 127, 128; BayObLG v. 11.12.1995 – 3 Z BR 36/91, AG 1996, 176, 177; OLG Celle v. 4.4.1979 – 9 W 2/77 – „Ilseder Hütte", AG 1979, 230, 233; OLG Celle v. 31.7.1998 – 9 W 128/97 – „Wolters/Gilde", AG 1999, 128, 130; OLG Düsseldorf v. 26.9.1997 – 19 W 1/97 – „Hageda/M und H", AG 1998, 37, 38; OLG Düsseldorf v. 19.10.1999 – 19 W 1/96 – „Hoffmann's Stärkefabriken", AG 2000, 323, 324; *Bilda* in MünchKomm. AktG, § 305 Rz. 82; *Land/Hennings*, AG 2005, 386; *Seetzen*, WM 1999, 565, 572; a.A. *Krieger* in MünchHdb. AG, § 70 Rz. 132; *Fleischer*, ZGR 2001, 1, 27; *Emmerich* in Emmerich/Habersack, Aktien- und GmbH-Konzernrecht, § 304 Rz. 70 ff.; *Hasselbach/Hirte* in Großkomm. AktG, § 305 Rz. 70 ff., 86; *Großfeld*, Unternehmens- und Anteilsbewertung, S. 67 f.

105 Vgl. BGH v. 12.3.2001 – II ZB 15/00 – „DAT/Altana IV", BGHZ 147, 108, 118 f. = AG 2001, 417, 419.

106 BGH v. 12.3.2001 – II ZB 15/00 – „DAT/Altana IV", BGHZ 147, 108, 119 = AG 2001, 417, 419.

2. Berechnungsgrundlagen, Bereinigungen, Liquidationswert, nicht betriebsnotwendiges Vermögen, Aktiengattungen

Die angemesse Abfindung ist auf Grundlage der bisherigen Ertragslage der Gesellschaft und ihren künftigen Ertragsaussichten zu berechnen. Rechnerisch erfolgt die Ableitung ausschließlich aus den erwarteten **künftigen Erträgen**, da die in der Vergangenheit erzielten Erträge für den in der Zukunft erwarteten durchschnittlichen Gewinnanteil nicht mehr ausschlaggebend sein können[107].   70

Möglich (und üblich) ist es, von einer **konsolierten Planungsrechnung** auszugehen und dort die entsprechenden Anpassungen, zum Beispiel für die Anteile von Minderheitsgesellschaftern der Tochtergesellschaften, vorzunehmen. Die Erträge der in den Konsolidierungskreis einbezogenen **Tochtergesellschaften der Untergesellschaft** werden in diesem Fall bei der Unternehmensbewertung (bereinigt um Minderheitsbeteiligungen) voll berücksichtigt.   71

Die Bewertung **nicht voll konsolidierter Beteiligungen** lässt sich schwer verallgemeinern. Unter Umständen handelt es sich um **nicht betriebsnotwendiges Vermögen**, und es finden dann die dafür geltenden Regeln Anwendung. Ansonsten sind Beteiligungen mit dem Wert zu berücksichtigen, der sich aus ihren prognostizierten Beiträgen zum Ergebnis der Untergesellschaft ergibt. Die **Vollausschüttungshypothese gilt** hier **nicht**. Je nach den Umständen des Einzelfalls kann diese Betrachtungsweise auch für voll konsolidierte Tochtergesellschaften der Untergesellschaft zutreffen.   72

Die **bisherige Ertragslage** ist zwar nicht unmittelbar Grundlage der Berechnung des Unternehmenswerts, spielt jedoch im Rahmen der **Plausibilisierung** der Planungsrechnung der Gesellschaft eine wichtige Rolle[108]. Der dabei zu betrachtende Zeitraum hängt von den Umständen des Einzelfalls ab und beträgt in der Regel **drei bis fünf Jahre**[109]. Bei der Bemessung des maßgeblichen Vergangenheitszeitraums ist insbesondere darauf Rücksicht zu nehmen, in welchem Umfang die Vergangenheitsergebnisse noch Grundlage der Ertragsprognose sein können.   73

Damit die Vergangenheitsergebnisse einen Anhaltspunkt für die Plausibilisierung der Planung bieten können, sind sie um außerordentliche Effekte zu **bereinigen**, die in der Zukunft voraussichtlich keine Rolle mehr spielen werden. Soweit auch nach Bereinigung um außerordentliche Effekte keine Vergleichbarkeit herzustellen ist, sind Vorjahre unter Umständen ganz aus der Betrachtung auszuklammern[110].   74

Die Bildung **stiller Reserven** ist nach herrschender Meinung bei der Betrachtung des Vergangenheitsergebnisses zu eliminieren, soweit sie nicht auf Wertsteigerungen beruhen[111]. Wichtiger ist allerdings, wie sich die Bildung stiller Reserven in der Planung niederschlägt, die rechnerisch der Ableitung des Unternehmenswertes zugrundeliegt. Die Bildung stiller Reserven ist insoweit nicht ertragsmindernd zu berücksichtigen, als die Bildung solcher Reserven aufgrund einer autonomen Entscheidung   75

---

107   *Koppensteiner* in KölnKomm. AktG, § 304 Rz. 50.
108   IDW S 1 Ziffer 80; *Koppensteiner* in KölnKomm. AktG, § 305 Rz. 50; OLG Karlsruhe v. 13.6.1997 – 15 W 1/97 – „SEN/Klöckner", AG 1998, 96 f.
109   *Hüffer*, § 304 Rz. 9; *Koppensteiner* in KölnKomm. AktG, § 305 Rz. 58; *Emmerich* in Emmerich/Habersack, Aktien- und GmbH-Konzernrecht, § 304 Rz. 31; eher in Richtung fünf Jahre tendierend: *Bilda* in MünchKomm. AktG, § 304 Rz. 75; *Krieger* in MünchHdb. AG, § 70 Rz. 87; OLG Celle v. 1.7.1980 – 9 Wx 9/79, AG 1981, 234.
110   OLG Stuttgart v. 1.10.2003 – 4 W 34/93 – „Vereinigte Filzfabriken", AG 2004, 43, 45; *Bilda* in MünchKomm. AktG, § 304 Rz. 76.
111   *Hüffer*, § 304 Rz. 9; *Bilda* in MünchKomm. AktG, § 304 Rz. 76; *Krieger* in MünchHdb. AG, § 70 Rz. 87.

der Gesellschaft zu Lasten des Ergebnisses erfolgen würde, ohne dass dem ein tatsächlicher Aufwand oder eine Ertragsminderung gegenüberstünde[112].

76   Ansonsten ist der Aufbau stiller Reserven **nicht generell als Ertrag** zu behandeln[113]. Absehbare Wertsteigerungen im (betriebsnotwendigen) Anlagevermögen sind nur dann zu berücksichtigen, wenn die Planung ihre Realisierung vorsieht.

77   Reine Buchungsvorgänge, denen keine zu erwartenden Einnahmeschmälerungen gegenüberstehen, sind zu eliminieren. Das gilt zum Beispiel für **Abschreibungen** auf einen in der Vergangenheit derivativ erworbenen **Geschäftswert**. Ansonsten hebt das Gesetz in § 304 Abs. 2 Satz 1 hervor, dass angemessene Abschreibungen und Wertminderungen zu berücksichtigen sind. Das gilt in gleicher Weise für die Berechnung der Abfindung. Maßgeblich für Abschreibungen und Wertminderungen sind die entsprechenden Bestimmungen des HGB[114] oder die sonstigen der Vergangenheitsbetrachtung und der Planungsrechnung zugrundegelegten Rechnungslegungsregeln. Wenn aber in der Planungsrechnung die Wertminderungen des Anlagevermögens bereits durch entsprechende Ersatzinvestitionen berücksichtigt sind, können nicht zusätzlich Abschreibungen in Abzug gebracht werden.

78   Für die Ermittlung des künftig für Ausschüttungen voraussichtlich zur Verfügung stehenden durchschnittlichen Gewinnanteils sind gem. § 304 Abs. 2 Satz 1 **Einstellungen in die anderen Gewinnrücklagen** nicht zu berücksichtigen. Diese Vorgabe, bei der Berechnung der Ausgleichszahlung vom Grundsatz der **Vollausschüttung** auszugehen, betrifft nur den letzten Rechenschritt der Ableitung der Ausgleichszahlung, nämlich die Verzinsung des Unternehmenswerts (vgl. § 304 Rz. 84). Für § 305 spielt sie **keine Rolle**.

79   Der Unternehmenswert selbst ist auf Grundlage eines wirtschaftlich vernünftigen oder tatsächlich belegbaren Ausschüttungsverhaltens der Untergesellschaft zu ermitteln. Bei Geltung des Köperschaftsteueranrechnungsverfahrens galt für die Berechnung des Unternehmenswerts die **Vollausschüttungshypothese**[115], weil eine andere Berechnungweise zu geringeren Unternehmenswerten geführt hätte. Unter der Geltung des Halbeinkünfteverfahrens trifft das nicht mehr zu. Die Vollauschüttungshypothese würde hier u.U. zu einer Reduzierung des Unternehmenswerts führen. Die Neufassung des Prüfungsstandards IDW S 1 sieht deshalb eine **differenzierte Betrachtung des Ausschüttungsverhaltens** vor[116].

80   Anstelle des Ertragswerts ist der **Liquidationswert** (unter Berücksichtigung der Liquidationskosten[117]) der Untergesellschaft anzusetzen, wenn tatsächlich die Liquidation geplant ist. Darüber hinaus wird teilweise die Auffassung vertreten, der Liquidationswert sei die Untergrenze der Bewertung[118]. Das trifft nach der mittlerweile wohl auch in der Rechtsprechung überwiegenden Auffassung in dieser Allgemeinheit nicht zu. Der Liquidationswert ist danach dann nicht anzusetzen, wenn der Unter-

---

112 *Koppensteiner* in KölnKomm. AktG, § 304 Rz. 59.
113 OLG Düsseldorf v. 19.10.1999 – 19 W 1/96 – „Hoffmann's Stärkefabriken", AG 2000, 323, 325; LG Dortmund v. 14.2.1996 – 20 AktE 3/94 – „Hoffmann's Stärkefabriken", AG 1996, 278, 279.
114 *Bilda* in MünchKomm. AktG, § 304 Rz. 78.
115 Vgl. IDW S 1 Fn 1.
116 IDW S 1 Ziff. 45 ff.; *Hasselbach/Hirte* in Großkomm. AktG, § 305 Rz. 166 ff.
117 *Knoll*, ZIP 2003, 2329, 2330 f.
118 Vgl. BayObLG v. 31.5.1995 – 3 Z BR 67/89, AG 1995, 509, 510; LG München I v. 3.12.1998 – 5 HKO 14889/92 – „Ytong", AG 1999, 476, 477; LG Frankfurt a.M. v. 19.12.1995 – 3/03 O 162/88 – „Nestlé", AG 1996, 187, 188; LG Frankfurt a.M. v. 16.5.1984 – 3/3 AktE 144/80 – „Adlerwerke", AG 1985, 310, 311; LG Dortmund v. 31.10.1980 – 18 Akt E 2/79, AG 1981, 236, 238.

nehmer nicht die Absicht hat, das Unternehmen zu liquidieren, keine finanzielle Notwendigkeit besteht, den Betrieb ganz oder teilweise aufzulösen, die Betriebsfortführung wirtschaftlich nicht unvertretbar erscheint und der Unternehmer nicht zur Liquidation des Betriebes verpflichtet war[119].

Daraus ergibt sich auch, dass die Abfindung – im Unterschied zum Ausgleich – dann **nicht mit Null** angesetzt werden kann, wenn die Planungsrechnung insgesamt keine zur Ausschüttung zur Verfügung stehenden Erträge ausweist, aber der Liquidationswert positiv ist. In diesem Fall wäre es finanziell langfristig nicht tragbar und wirtschaftlich unvernünftig, das Unternehmen fortzuführen[120].   81

Um eine verwandte Fragestellung geht es bei der Bewertung von **nicht betriebsnotwendigem Vermögen**. Nach dem Standard IDW S 1 handelt es sich dabei um Vermögensteile, „die frei veräußert werden [können], ohne dass davon die eigentliche Unternehmensaufgabe berührt wird"[121], wobei teilweise auf die tatsächliche Funktion des Vermögensgegenstandes[122] und teilweise darauf abgestellt wird, wie die Funktion des Vermögensgegenstandes aus der Sicht eines objektiven, wirtschaftlich denkenden Beobachters zu bestimmen wäre[123]. Diese Gegenstände, die zur Erzielung des prognostizierten künftigen Ertrages nicht benötigt werden, sind bei der Berechnung des Unternehmenswerts mit dem bei einer Veräußerung erzielbaren Wert (Liquidationswert) abzüglich der dabei entstehenden Kosten anzusetzen[124].   82

Schwierig ist die Bewertung unterschiedlicher **Aktiengattungen** im Rahmen der Aufteilung des berechneten gesamten Ertragswerts auf jede Aktie. Der praktisch relevante Fall ist das Vorhandensein von Stammaktien und stimmrechtslosen Vorzugsaktien. Teilweise wird bei börsennotierten Unternehmen eine Korrektur in Anlehnung an die **Kursdifferenz** zwischen beiden Gattungen vorgenommen[125]. Die Kursdifferenz   83

119 BGH v. 17.1.1973 – IV ZR 142/70, NJW 1973, 509 und v. 17.3.1982 – IVa ZR 27/81, NJW 1982, 2498, jeweils zur Unternehmensbewertung beim Pflichtteilergänzungsanspruch; OLG Düsseldorf v. 27.2.2004 – 19 W 3/00 AktE – „EVA", AG 2004, 324, 327 f.; ähnlich LG Dortmund v. 22.10.2002 -20 AktE 15/99, AG 2003, 50, 51; OLG Düsseldorf v. 20.11.2001 – 19 W 2/00 – „Kaufhaus/Metro", AG 2002, 398, 400; *Emmerich* in Emmerich/Habersack, Aktien- und GmbH-Konzernrecht, § 305 Rz. 74; *Bilda* in MünchKomm. AktG, § 305 Rz. 85; *Krieger* in MünchHdb. AG, § 70 Rz. 133; *Tebben*, AG 2003, 600, 607; *Land/Hennings*, AG 2005, 380, 385.
120 BGH v. 17.3.1982 – IVa ZR 27/81, NJW 1982, 2497, 2498; BayObLG v. 31.5.1995 – 3 Z BR 67/89, AG 1995, 509, 510 ff.; OLG Düsseldorf v. 27.2.2004 – 19 W 3/00 AktE – „EVA", AG 2004, 324, 327 f.; *Bilda* in MünchKomm. AktG, § 305 Rz. 85.
121 IDW S 1 Ziffer 67; vgl. auch mit im Einzelnen leicht unterschiedlicher Wortwahl OLG Düsseldorf v. 8.7.2003 – 19 W 6/00 – „Veba", AG 2003, 688, 692; OLG Düsseldorf v. 11.4.1988 – 19 W 32/86 – „Colditz Industrieholding", AG 1988, 275, 279; OLG Düsseldorf v. 11.1.1990 – 19 W 6/86, AG 1990, 397, 401; *Bilda* in MünchKomm. AktG, § 305 Rz. 84; *Aha*, AG 1997, 26, 35; *Seetzen*, WM 1994, 45, 50; *Weiss* in FS Semler, S. 631, 643.
122 OLG Düsseldorf v. 16.10.1990 – 19 W 9/88, AG 1991, 106, 107; OLG Düsseldorf v. 20.11.2001 – 19 W 2/00 AktE – „Kaufhof/Metro", AG 2002, 398, 401; *Aha*, AG 1997, 26, 35; *Riegger* in: KölnKomm. zum SpruchG, 1. Aufl. Anh. § 11 Rz. 43.
123 BayObLG v. 19.10.1995 – 3 Z BR 17/90 – „Paulaner", AG 1996, 127, 128.
124 IDW S 1 Ziffer 67 ff.; OLG Stuttgart v. 26.10.2006 – 20 W 14/05, AG 2007, 128, 135; OLG Düsseldorf v. 27.2.2004 – 19 W 3/00 – „EVA", AG 2004, 324, 326.
125 OLG Düsseldorf v. 20.11.2001 – 19 W 2/00 AktE – „Kaufhof/Metro", AG 2002, 398, 402 (Abschlag von 20% für die Vorzugsaktien, abgeleitet aus Börsenkursdifferenz); LG Frankfurt v. 1.10.1986 – 3/3 O 145/83, AG 1987, 315, 317; s. auch OLG Düsseldorf v. 31.1.2003 – 19 W 9/00 – „Siemens/SNI", AG 2003, 329, 331 (Abschlag von 10 % für die nicht börsennotierten Stammaktien); ablehnend OLG Karlsruhe v. 10.1.2006 – 12 W 136/04 – „ADITRON AG", NZG 2006, 670 f. für zum Zeitpunkt eines Verschmelzungsbeschlusses wegen § 140 Abs. 2 AktG stimmberechtigte Vorzugsaktien (dann Bewertung 1:1 mit Stammaktien); generell ablehnend *Mülbert/Uwe H. Schneider*, WM 2003, 2301, 2312 f.

kann (in Abhängigkeit von der unterschiedlichen Liquidität der Gattungen, der Aufnahme der einen oder anderen Gattung in wichtige Börsenindices und der vom Markt dem Stimmgewicht einerseits und dem Gewinnvorzug andererseits zugemessenen Wert) zugunsten der Stammaktien oder der Vorzugsaktien ausfallen[126]. Das gilt dann auch für die Korrektur[127]. Eine solche Korrektur wird durch die neuere Rechtsprechung über die Relevanz des Börsenkurses für die Bewertung nahegelegt. Wenn nur eine oder keine Gattung börsennotiert ist, sind an die Plausibilität einer Korrektur erhöhte Anforderungen zu stellen[128].

3. Steuerliche Fragen

a) Meinungsstand

84   Zu unterscheiden sind bei der Abfindung (wie bei der Ausgleichleistung auch) die Berücksichtigung **steuerlicher Effekte bei der Ermittlung des Unternehmenswerts** einerseits und die Frage der **Einbeziehung nachträglicher steuerlicher Änderungen** andererseits. Hinsichtlich der Berücksichtigung im Zeitablauf wechselnder Erhebungssysteme und Ertragsteuersätze ist die Abfindung allerdings bisher nicht in gleicher Weise in das Blickfeld geraten wie die Ausgleichsleistung (s. § 304 Rz. 88).

85   Der Aktionär unterliegt mit dem empfangenen Abfindungsbetrag nach Maßgabe seiner individuellen Verhältnisse grundsätzlich der Besteuerung. Die Frage nach der **Besteuerungssituation des Aktionärs** stellt sich nur im Rahmen der Berechnung des Unternehmenswerts und der daraus abzuleitenden Abfindung. Der als Abfindung festgesetzte Betrag ist insofern immer ein Betrag vor Steuern, als er der Besteuerung beim Aktionär unterliegt.

86   Die Praxis der Unternehmensbewertung geht bei der Ermittlung des Unternehmenswerts derzeit so vor, dass der Ermittlung des Ertragswerts die projektierten **Zukunftserträge** der Gesellschaft **nach Steuern** (also insbesondere auch nach Gewerbeertragsteuer und nach Körperschaftsteuer) zugrunde gelegt werden. Über diesen Ansatz scheint auch rechtswissenschaftlich (weitgehend unausgesprochen) Einigkeit zu bestehen. In der neueren Bewertungspraxis wird aber auch **auf Seiten des Aktionärs** eine **Nachsteuerbetrachtung** angewandt[129]. Dabei wird zwischen (in der Projektion) ausgeschütteten und thesaurierten Erträgen unterschieden: Die ausgeschütteten Beträge werden üblicherweise auf Grundlage eines typisierenden persönlichen Steuersatzes von 35 % und unter Berücksichtigung des Halbeinkünfteverfahrens mit einer Belastung von 17,5 % belegt[130]. Auf thesaurierte Beträge fällt dagegen keine weitere Steuer an.

---

126 Zum empirischen Befund *Jung/Wachtler*, AG 2001, 513 ff.
127 OLG Düsseldorf v. 31.1.2003 – 19 W 9/00 – „Siemens/SNI", AG 2003, 329, 331; a.A. *Emmerich* in Emmerich/Habersack, Aktien- und GmbH-Konzernrecht, § 305 Rz. 75a: Stammaktien dürfen nicht niedriger bewertet werden als Vorzugsaktien. Diese Auffassung ist in ihrer Allgemeinheit auf Grundlage der neueren Börsenkursrechtsprechung wohl zumindest dann nicht mehr haltbar, wenn (was durchaus vorkommt) die Vorzüge nachhaltig über den Stämmen notieren.
128 Beispiel für eine Korrektur zugunsten der Vorzüge: OLG Düsseldorf v. 31.1.2003 – 19 W 9/00 – „Siemens/SNI", AG 2003, 329, 331; eher in die umgekehrte Richtung tendierend: *Emmerich* in Emmerich/Habersack, Aktien- und GmbH-Konzernrecht, § 305 Rz. 75a; mangels verlässlicher Grundlagen der Wertermittlung keine Korrektur: OLG München v. 26.10.2006 – 31 Wx 12/06 – „N-Ergie", ZIP 2007, 375, 379 f.
129 Vgl. *Emmerich* in Emmerich/Habersack, Aktien- und GmbH-Konzernrecht, § 305 Rz. 64a; in der Vergangenheit war eher die Betrachtung vor Ertragsteuern des Aktionärs die Regel.
130 Vgl. IDW S 1 Ziffern 53, 66, 121.

Auf der Ebene des Kapitalisierungssatzes sind konsequenterweise ebenfalls **Zinssätze** 87
nach Steuern zu verwenden[131]. Dabei wurde in der Vergangenheit der fiktive durchschnittliche Steuersatz von 35 % in voller Höhe zugrundegelegt, weil der Kapitalisierungszinssatz aus der Rendite der Bundesanleihe abgeleitet war, für die das Halbeinkünfteverfahren nicht gilt. Seit der **Neufassung der IDW S 1** (Stand 18.10.2005) soll
der Kapitalisierungszinssatz nach Steuern aus dem um die typisierte persönliche Einkommensteuer (35 %) gekürzten Basiszinssatz und dem auf Basis eines die Steuerbelastung berücksichtigenden Verfahrens („**Tax-CAPM**") ermittelten Risikozuschlag
ermittelt werden[132].

Im Ergebnis wird die in der Vergangenheit mit ca. 5 % vor Steuern und dementspre- 88
chend mit ca. 3,25 % nach Steuern angesetzte **Marktrisikoprämie** nunmehr in Gestalt des Tax-CAPM bei ca. 5,5 % nach Steuern angesiedelt. Die Begründung ergibt
sich aus der **ungünstigeren Besteuerungssituation von Anleihen** im Vergleich zu Aktien, insbesondere aus dem höheren Gewicht steuerfreier Veräußerungsgewinne bei
Aktien und der geringeren steuerlichen Belastung der Dividenden im Vergleich zu
Anleihezinsen aufgrund des Halbeinkünfteverfahrens[133].

Der Wert des **nicht betriebsnotwendigen Vermögens** wird gesondert ermittelt. 89
Steuern auf Unternehmensebene sind dabei zu berücksichtigen[134]. Die Berücksichtigung persönlicher Steuern der Aktionäre hängt von der Art des Vermögensgegen-
stands und der beabsichtigten Verwendung ab[135].

Die Berücksichtigung der persönlichen (typisierten) Steuerbelastung des Aktionärs 90
bei der Berechnung des Unternehmenswerts wird in der **Rechtsprechung** teilweise
abgelehnt[136], teilweise gutgeheißen[137]. Die im Zusammenhang mit der Behandlung
des Anrechnungsguthabens der Aktionäre nach dem inzwischen abgeschafften **körperschaftsteuerlichen Anrechnungsverfahren** hervorgehobene Trennung der steuerlichen Sphären der Gesellschaft und des Aktionärs[138] betrifft dagegen nicht die Frage,
ob bei der Berechnung des Unternehmenswerts die persönliche Ertragsteuer des Aktionärs einzubeziehen ist[139].

---

131 *Emmerich* in Emmerich/Habersack, Aktien- und GmbH-Konzernrecht, § 305 Rz. 64a.
132 IDW S 1 Ziffer 132.
133 *Stehe*, WPg 2004, 906, 914 ff.; kritisch *Wenger*, Verzinsungsparameter in der Unternehmensbewertung – Betrachtungen aus theoretischer und empirischer Sicht, www.wifak.uni-wuerz-
burg.de/bwl4/download/SdK-Manuskript.pdf, S. 31 ff., mit der nicht ganz unproblematischen Begründung, in der Realität bestimmten die „steuerbefreiten, steuervermeidenden
und steuerhinterziehenden Anleger" das Bild (S. 33).
134 OLG München v. 26.10.2006 – 31 Wx 12/06 – „N-Ergie", ZIP 2007, 375, 379; *Emmerich* in
Emmerich/Habersack, Aktien- und GmbH-Konzernrecht, § 305 Rz. 64.
135 IDW S 1 Ziffer 69; zurückhaltend BayObLG v. 28.10.2005 – 3 Z BR 71/00 – „Pilkington", AG
2006, 41, 44.
136 OLG Hamburg v. 3.8.2000 – 11 W 36/95 – „Wünsche", AG 2001, 479, 481; LG München I v.
25.2.2002 – 5 HKO 1080/96 – „Frankona", AG 2002, 563, 567; ebenso *Hennrichs*, ZHR 164
(2000), 453 ff.; *Emmerich* in Emmerich/Habersack, Aktien- und GmbH-Konzernrecht, § 304
Rz. 34b und auch noch die die vom Hauptfachausschuss des Arbeitskreises Unternehmensbewertung des IDW abgegebene Stellungnahme HFA 2/1983.
137 OLG München v. 26.10.2006 – 31 Wx 12/06 – „N-Ergie", ZIP 2007, 375, 379; LG Frankfurt
a.M. v. 8.8.2001 – 3/8 O 69/97, AG 2002, 357, 358; LG Mannheim v. 25.3.2002 – 28 AktE 1/
97 – „Rheinelektra", AG 2002, 466, 467; LG Bremen v. 18.2.2002 – 13 O 458/96 – „Gestra/
Foxboro", AG 2003, 214, 215; *Großfeld*, Unternehmens- und Anteilsbewertung, S. 100 ff.
(anders noch die Voraufl.); offen *Baldamus*, AG 2005, 77, 79 f.
138 BGH v. 2.6.2003 – II ZR 85/02 – „Philips I", AG 2003, 629, 631; OLG Hamburg v. 29.1.2002 -
11 U 37/01 – „Philips I", AG 2002, 409, 412; tendenziell auch BayObLG v. 11.9.2001 – 3 Z
BR 101/99 – „Ytong", AG 2002, 392, 394.
139 A.A. *Emmerich* in Emmerich/Habersack, Aktien- und GmbH-Konzernrecht, § 304 Rz. 34b;
unklar *Baldamus*, AG 2005, 77, 79.

91   Soweit der Bundesgerichtshof in der **„Ytong"-Entscheidung** gefordert hat, die Ausgleichszahlung nach § 304 vor der darauf entfallenden Körperschaftsteuer festzusetzen und davon die Körperschaftsteuer in der jeweils anfallenden Höhe abzuziehen[140], wird das, soweit ersichtlich, für die Abfindung nicht nachvollzogen[141]. Der Bundesgerichtshof hat sich in „Ytong"-Entscheidung auch mit der Abfindung befasst, aber diesen Gesichtspunkt nicht erwähnt. Er hält ihn offenbar bei der Abfindung für irrelevant[142].

b) Stellungnahme

92   Die Berücksichtigung der typisierten **persönlichen Ertragsteuern** der Aktionäre bei der **Unternehmensbewertung** ist eine in der Betriebswirtschaftslehre umstrittene Frage, bezüglich derer sich im Lauf der Jahre die Empfehlungen des IDW – die als Maßstab für die jeweils herrschende Auffassung der Bewertungspraxis gelten können – gewandelt haben.

93   Die derzeit, im Prüfungsstandard IDW S 1, empfohlene Bewertung unter Einbeziehung der typisierten Ertragsteuer der Aktionäre hat wohl den **Vorteil**, dass das Bewertungsergebnis etwas mehr dem Anspruch gerecht wird, den Aktionär so zu stellen, wie er ohne den Abschluss des Unternehmensvertrags stünde. Andererseits kann die Steuersituation des einzelnen Aktionärs von den Bewertungsannahmen deutlich abweichen. Die Besteuerung kann sich im Zeitablauf auch ändern, so dass bei der Bewertung unter Einbeziehung der Ertragssteuern der Aktionäre die Frage auftauchen könnte, ob Anpassungen vorzunehmen sind.

94   Insgesamt sind **beide Verfahren** in sich **schlüssig** und plausibel und in der Betriebswirtschaftlehre grundsätzlich anerkannt. Beide Verfahrensweisen genügen damit den rechtlichen Anforderungen an das Bewertungsverfahren. Um einen möglichen Vorwurf der Manipulation zu vermeiden mag es aber ratsam sein, den jeweils maßgeblichen **Empfehlungen der Fachgremien** zu folgen[143]. Insgesamt ist es allerdings **nicht ohne weiteres einleuchtend**, dass der erhebliche theoretische Aufwand der Berücksichtigung der persönlichen Steuerbelastung angesichts der unvermeidlichen Pauschalierungen wirklich durch einen Zugewinn an Richtigkeit gerechtfertigt ist.

95   Die Entscheidung des Bundesgerichtshofs zur Festsetzung einer Ausschüttung vor Körperschaftsteuer der Gesellschaft[144] lässt sich in eine konsistente Bewertung kaum integrieren (s. § 304 Rz. 90). Insofern ist von einer (theoretisch an sich naheliegenden) Übertragung dieses Gedankengangs auf die Abfindung abzusehen. Davon zu unterscheiden ist die Frage, ob eine Anpassung der Abfindung wegen **Störung der Geschäftsgrundlage** in Betracht kommen kann, wenn sich zwischen Berechung und Auszahlung der Abfindung die steuerlichen Parameter gravierend verändert haben (dazu unten Rz. 148).

---

140 BGH v. 21.7.2003 – II ZB 17/01 – „Ytong", AG 2003, 627, 628.
141 Zustimmend *Emmerich* in Emmerich/Habersack, Aktien- und GmbH-Konzernrecht, § 305 Rz. 64.
142 *Baldamus*, AG 2005, 77, 82.
143 So wohl auch LG Frankfurt a.M. v. 8.8.2001 – 3/8 O 69/97, AG 2002, 357, 358; LG Mannheim v. 25.3.2002 – 28 AktE 1/97 – „Rheinelektra", AG 2002, 466, 467; allerdings ist damit zu rechnen, dass die Gerichte die betriebswirtschaftliche Plausibilität der bisherigen und der in der Neufassung der IDW S 1 vorgesehenen Herleitung des Kapitalisierungszinssatzes insbesondere hinsichtlich der Berücksichtigung der persönliche Ertragsteuer des Anlegers kritisch hinterfragen werden; vgl. die ausführliche (die Frage letzlich offen lassende) Darstellung bei OLG Stuttgart v. 16.2.2007 – 20 W 6/06 – „DaimlerChrysler", AG 2007, 209, 215 ff.
144 BGH v. 21.7.2003 – II ZB 17/01 – „Ytong", AG 2003, 627, 628.

4. HGB/IFRS/US-GAAP

Der Unternehmensbewertung wird üblicherweise die **konsolidierte Planung** zugrunde gelegt. Das bedingt aus Konsistenzgründen, dass die Plausibilisierung der Planungsrechnung anhand der (ggf. bereinigten) konsolidierten Jahresabschlüsse der Vergangenheit vorgenommen wird. Konsolidierte Abschlüsse werden heute oft nach **IFRS** erstellt. In vielen Fällen ist das zwingend (§§ 315a HGB i.V.m. Art. 58 Abs. 3 EGHGB). Manche, insbesondere börsennotierte Unternehmen planen auf Grundlage u.s.-amerikanischer Rechnungslegungsvorschriften („US-GAAP"), die für Zwecke der börsenrechtlichen Berichtspflichten zugelassen sind[145]. Teilweise wird behauptet, dass dies Einfluss auf das Bewertungsergebnis habe[146] und nur eine Bewertung auf Grundlage des HGB zulässig sei[147].   96

Diese Auffassung ist unzutreffend[148]. Das Gesetz schreibt **weder bestimmte Bewertungsmethoden noch ein bestimmtes Zahlenwerk** vor, auf dessen Grundlage die Bewertung durchzuführen ist. Die materiellen Anforderungen an die Bewertung, zum Beispiel im Bereich der Bildung stiller Reserven, sind unabhängig davon einzuhalten, welche Rechnungslegungsgrundsätze zugrundegelegt wurden, und erfordern ggf. eine Bereinigung des Rechenwerks und der Planung. Tendenziell dürfte der **Bereinigungsbedarf bei Rechnungslegung nach HGB größer** sein als bei Rechnungslegung nach IFRS oder US-GAAP, da das HGB in größerem Umfang vom **Vorsichtsprinzip** – und damit einhergehend der Bildung stiller Reserven und der Verschiebung der Realisierung von Erträgen in die Zukunft – geprägt ist. Bei der Ableitung eines Unternehmenswerts aus der in die Ewigkeit projizierten Ertragserwartung dürfen im Übrigen bei konsistenten Annahmen aus den jeweils zugrundegelegten Rechnungslegungsgrundsätzen keine abweichenden Unternehmenswerte resultieren. Die Unternehmensbewertung kann deshalb auf Grundlage von HGB oder IFRS[149] oder auch US-GAAP erfolgen.   97

5. Börsenkurs[150]

Bei börsennotierten Unternehmen stellt sich die Frage, inweiweit der Börsenkurs auf die Höhe der Abfindung Einfluss haben soll. Die **Materialien zum AktG 1965** waren insoweit offen formuliert: Es sollte „für die Bemessung der Abfindung **nicht allein** auf den Kurswert der Aktien ankommen"[151] (*Hervorhebung hinzugefügt*). Danach und bis zur „DAT/Altana"-Entscheidung des Bundesverfassungsgerichts[152] war es allerdings herrschende Meinung in der Literatur[153] und nahezu durchgehende Praxis und Rechtsprechung[154], **Börsenkurse** bei der Bestimmung des angemessenen Werts von   98

---

145 Vgl. § 62 Abs. 1 der Börsenordnung der Frankfurter Wertpapierbörse.
146 *Moser/Doleczik/Granget/Marmann*, BB 2003, 1664 ff.
147 *Knoll*, EWR 2005, 287 f.
148 Eingehend *Hentzen*, DB 2005, 1891 ff.
149 OLG Hamburg v. 29.9.2004 – 11 W 78/04 – „RWE/SEA", AG 2005, 253, 254; *Hentzen*, DB 2005, 1891.
150 Überblicke bei *Naschke*, Der Börsenkurs als Abfindungsgrundlage, 2003; *Großfeld*, Unternehmens- und Anteilsbewertung, S. 180 ff.
151 Zitiert nach *Kropff*, Aktiengesetz, S. 399.
152 BVerfG v. 27.4.1999 – 1 BvR 1613/94 – „DAT/Altana", AG 1999, 566 ff.
153 Vgl. zur älteren Literatur *Hüchting*, Abfindung und Ausgleich, S. 39 ff.
154 Grundlegend BGH v. 30.3.1967 – II ZR 141/64, AG 1967, 264: „Der Börsenkurs kann sich mit dem wahren Wert der Aktien decken, er kann aber auch niedriger oder höher sein. Er ergibt sich aus dem im Augenblick der Kursbildung vorhandenen Verhältnis von Angebot und Nachfrage, das von der Größe oder Enge des Marktes, von zufallsbedingten Umsätzen, von spekulativen Einflüssen und sonstigen nicht wertbezogenen Faktoren wie politischen Ereignissen, Gerüchten, Informationen, psychologischen Momenten oder einer allgemeinen Ten-

Aktien, sei es im Rahmen der §§ 304, 305, bei der Eingliederung (§ 320b) oder bei Umwandlungsvorgängen, **völlig außer acht** zu lassen[155].

99   In Abkehr davon betrachtet das BVerfG seit der DAT/Altana-Entscheidung den Börsenkurs der Untergesellschaft grundsätzlich als **Untergrenze** der Bewertung[156]. Ob es verfassungsrechtlich zwingend geboten ist, einen über den Börsenkurs liegenden, nach dem Ertragswertverfahren ermittelten Wert anzusetzen, ergibt sich aus der Entscheidung nicht eindeutig. Die Formulierungen des BVerfG sprechen eher dagegen[157]. Verfassungsrechtlich unzulässig ist es jedenfalls nicht. In der Praxis wird überwiegend so verfahren[158]. Allerdings gibt ein den Ertragswert überschreitender Börsenkurs besonderen Anlass, den berechneten Ertragswert auf seine Plausibilität zu überprüfen[159].

100 Ein **Unterschreiten** des Börsenkurses ist demnach bei der Festsetzung der Abfindung nur in **Ausnahmefällen** zulässig. Dem herrschenden Unternehmen ist die Möglichkeit offen zu lassen, im Spruchverfahren „darzulegen und ggf. zu beweisen, daß der Börsenkurs nicht dem Verkehrswert entspricht"[160]. Diese Möglichkeit besteht ganz allgemein, insbesondere aber in den vom BVerfG beispielhaft genannten Fällen der **Marktenge** und der **Manipulation**.

101 Eine die Bezugnahme auf den Börsenkurs verbietende **Marktenge** hat der BGH abgelehnt, wenn in vier aufeinanderfolgenden Monaten an 15, 8, 9 und wiederum 8 Tagen Börenhandel stattfand und knapp 9 % der Aktien im freien Handel verfügbar waren. Schematisierende Betrachtungen seien nicht gerechtfertigt[161]. Wenn es auch ver-

---

denz abhängt. Außerdem unterliegt der Börsenkurs unberechenbaren Schwankungen und Entwicklungen, wie die Aktienkurse der letzten Jahre besonders deutlich gemacht haben. Das schließt es aus, der Berechnung der angemessenen Abfindung den Börsenkurs zugrunde zu legen."

155 Vgl. nur *Krieger* in MünchHdb. AG, 2. Aufl., § 70 Rz. 104 ff., 106; empirisch zum damaligen Stand der Abfindungswerte im Vergleich zu Börsenwerten *Dörfler/Gahler/Unterstraßer/Wirichs*, BB 1994, 156 ff.

156 BVerfG v. 27.4.1999 – 1 BvR 1613/94 – „DAT/Altana", AG 1999, 566 ff.; vorher schon BayObLG v. 29.9.1998 – 3 Z BR 159/94 – „EKU/März", AG 1999, 43, 45 sowie *Götz*, DB 1996, 259 ff.; *Aha*, AG 1997, 26, 27 f.; *Steinhauer*, AG 1999, 299 ff.; *Rodloff*, DB 1999, 1149 ff.; *Luttermann*, ZIP 1999, 45 ff.

157 „Das Gebot, bei der Festsetzung der angemessenen Entschädigung den Börsenkurs zu berücksichtigen, bedeutet nicht, dass er stets allein maßgeblich sein müsse. Eine Überschreitung ist verfassungsrechtlich unbedenklich.", BVerfG v. 27.4.1999 – 1 BvR 1613/94 – „DAT/Altana", AG 1999, 566, 568.

158 KG v. 16.10.2006 – 2 W 148/01 – „DeTeWe II", ZIP 2007, 75, 78 f.; BayObLG v. 28.10.2005 – 3Z BR 71/00 – „Pilkington", AG 2006, 41, 45; OLG Frankfurt a.M. v. 9.1.2003 – 20 W 434/93 und 425/93 – „Henninger Bräu", AG 2003, 581, 582 ; LG Hamburg v. 15.7.2005 – 414 O 99/01 – „Maihak", AG 2005, 822, 823; LG Frankfurt a.M. v. 17.1.2006 – 3-5 O 75/03 – „MAN/MAN Roland", AG 2006, 757, 759 – wohl auch BGH v. 21.7.2003 – II ZB 17/01 – „Ytong", AG 2003, 627, 628 („Ertragswertmethode mit Korrekturprüfung anhand des Börsenkurses"); ebenso *Koppensteiner* in KölnKomm. AktG, § 305 Rz. 100, 112; *Hasselbach/Hirte* in Großkomm. AktG, § 305 Rz. 154; für die Maßgeblichkeit des niedrigeren Börsenwerts z.B. *Krieger* in MünchHdb. AG, § 70 Rz. 135.

159 OLG Stuttgart v. 1.10.2003 – 4 W 34/93 – „Vereinigte Filzfabriken", AG 2004, 43, 45: höherer Ertragswert ist „überzeugend zu begründen"; ähnlich OLG Stuttgart v. 26.10.2006 – 20 W 14/05, AG 2007, 128, 130: Börsenkurs sei „Indikator für den Unternehmenswert".

160 BVerfG v. 27.4.1999 – 1 BvR 1613/94 – „DAT/Altana", AG 1999, 566, 569.

161 BGH v. 12.3.2001 – II ZB 15/00 – „DAT/Altana IV", BGHZ 147, 108, 123 = AG 2001, 417, 420, gegen *Wilm*, NZG 2000, 234, 238 f.; zustimmend, aber nicht ohne Vorbehalte *Koppensteiner* in KölnKomm. AktG, § 305 Rz. 99. Der BGH war insoweit etwas festgelegt, als das BVerfG in derselben Sache eine Marktenge allein aufgrund des Umstands, dass das „umlaufende Kapital" weniger als 10 % des Grundkapitals betragen hatte, verneint hatte, BVerfG v. 27.4.1999 – 1 BvR 1613/94 – „DAT/Altana", AG 1999, 566, 569; ohne feste Kriterien auch

ständlich ist, dass ein Gericht für die Bestimmung einer Marktenge nicht als Ersatz-
gesetzgeber feste Grenzen vorgeben will, ist aus Gründen der **Rechtssicherheit** für alle Beteiligten eine schematisierende Betrachtungsweise doch dringend geboten, weil
die Festlegung einer „Marktenge" notwendig ein arbiträres Element beinhaltet.

Für die Marktenge sollte im Sinne einer Vereinheitlichung der Kriterien deshalb in   102
erster Linie der (erst nach der Entscheidung des BGH Gesetz gewordene) Maßstab
von § 5 Abs. 4 **WpÜG-Angebotsverordnung** herangezogen werden[162]. Danach ist der
(durchschnittliche) Börsenkurs für die Bemessung des Werts der Aktie jedenfalls
dann ungeeignet, wenn an weniger als einem Drittel der Börsentage im Referenzzeitraum ein Börsenkurs festgestellt wurde und mehrere nacheinander festgestellte Börsenkurse um mehr als 5 % voneinander abweichen. Diese Definition führt allerdings
nicht immer zu vernünftigen Ergebnissen. So wäre bei strikt wörtlichem Verständnis
ein Börsenkurs schon dann maßgeblich, wenn an einem einzigen Tag eine einzige
Aktien gehandelt worden wäre, weil das weitere Ausschlusskriterium der mehrfachen Abweichung 5 % dann nicht vorliegen kann. In diesen Fällen bleibt der Einwand möglich, ein nach § 5 Abs. 4 WpÜG-Angebotsverordnung gültiger Kurs sei dennoch wegen Marktenge nicht maßgeblich.

Das BVerfG hat einige Hinweise darauf gegeben, wie **der maßgebliche Börsenkurs** zu   103
bestimmen ist. Entscheidend ist demnach, „daß die Zivilgerichte durch die Wahl eines entsprechenden Referenzkurses einem Mißbrauch beider Seiten begegnen. Sie
können insoweit etwa auf einen Durchschnittskurs im Vorfeld der Bekanntgabe des
Unternehmensvertrags zurückgreifen."[163] Durch das Stichtagsprinzip seien die Gerichte daran nicht gehindert, zulässig sei auch ein „auf diesen Tag bezogener Durch-
schnittswert". Der BGH hat das aufgegriffen und den **Durchschnittskurs** während
der **drei Monate** vor der über den Unternehmensvertrag abstimmenden Hauptversammlung für maßgeblich erklärt[164]. Der Entscheidung ist hinsichtlich der Länge der
Referenzperiode zuzustimmen[165]. Sie entspricht § 5 Abs. 1 WpÜG-Angebotsverordnung. Für die **Berechnungsmodalitäten** sollte ebenfalls auf die WpÜG-Angebotsverordnung (§ 5 Abs. 3) zurückgegriffen werden[166]. Das hat den großen Vorteil, dass damit ein von der BaFin berechneter und ständig veröffentlichter Durchschnittskurs
zur Verfügung steht.

LG Frankfurt a.M. v. 17.1.2006 – 3-5 O 75/03 – „MAN/MAN Roland", AG 2006, 757, 758
(hinreichende Liquidität bei Börsenhandel an 43 Tagen innerhalb von 3 Monaten mit einem
Gesamtvolumen von 6,8 % der Aktien); OLG Frankfurt a.M. v. 2.11.2006 – 20 W 233/93, AG
2007, 403 f. (Börsenhandel an 18 Tagen innerhalb von 3 Monaten, umgesetztes Volumen
0,274 % aller Aktien).

162 Grundsätzlich für die Übernahme der Berechnungsmodalitäten des WpÜG und der WpÜG-
Angebotsverordnung (wenn auch ohne ausdr. Bezugnahme auf § 5 Abs. 4 WpÜG-Angebots-
verordnung) OLG Frankfurt a.M. v. 9.1.2003 – 20 W 434/93 und 425/93 – „Henninger Bräu",
AG 2003, 581, 582.

163 BVerfG v. 27.4.1999 – 1 BvR 1613/94 – „DAT/Altana", AG 1999, 566, 569; BVerfG v.
29.11.2006 – 1 BvR 704/03 – „Siemens/Nixdorf", ZIP 2007, 175, 176 f.

164 BGH v. 12.3.2001 – II ZB 15/00 – „DAT/Altana IV", BGHZ 147, 108, 118 = AG 2001, 417,
419; zum damaligen Meinungsstand *Piltz*, ZGR 2001, 185 ff.

165 A.A. *Hüffer*, § 305 Rz. 24 f.: längere Referenzperiode erforderlich; so wohl auch *Koppensteiner* in KölnKomm. AktG, § 305 Rz. 108; gegen Durchschnittskurse *Weber*, ZGR 2004, 280,
290 ff.; unentschieden *E. Vetter*, DB 2001, 1347, 1350 ff.

166 *Hasselbach/Hirte* in Großkomm. AktG, § 305 Rz. 142; OLG Frankfurt a.M. v. 9.1.2003 – 20
W 434/93 und 425/93 – „Henninger Bräu" AG 2003, 581, 582; LG Frankfurt a.M. v.
17.1.2006 – 3-5 O 75/03 – „MAN/MAN Roland", AG 2006, 757, 759; kaum nachvollziehbar
OLG Düsseldorf v. 8.11.2004 – I-19 W 9/03 AktE – „Ritterbrauerei", AG 2005, 538, 541, wo-
nach gewichtete Durchschnittskurse verfassungsrechtlich (!) unzulässig sein sollen; dagegen
OLG Stuttgart v. 16.2.2007 – 20 W 6/06 – „DaimlerChrysler", AG 2007, 209, 213.

104 Die Anknüpfung an den **Stichtag** ist dagegen problematisch. Der BGH sah sich insoweit wohl durch das Stichtagsprinzip gebunden. Wenn die Referenzperiode zu wesentlichen Teilen in die Zeit nach Ankündigung des Vorhabens fällt, bestehen erhebliche **Manipulationsmöglichkeiten** mit dem Ziel, den Börsenkurs nach oben zu treiben und damit die Abfindung zu erhöhen[167]. Andererseits sollte der Referenzzeitraum nicht zu weit vom Stichtag entfernt sein.

105 Der Referenzzeitraum sollte deshalb jedenfalls dann vom Tag der **Ankündigung** des Unternehmensvertrags zurückgerechnet werden, wenn zwischen der Ankündigung und der Hauptversammlung keine deutlich größere als die üblicherweise für die Einberufung der Hauptversammlung benötigte Zeitspanne von ca. 6 bis 7 Wochen liegt[168]. Wenn zwischen der Ankündigung (i.d.R. nach § 15 WpHG) und dem Tag der Hauptversammmung mehrere Monate liegen (was wegen der notwendigen Vorbereitungen ohne weiteres der Fall sein kann), wird von der Obergesellschaft darzulegen sein, dass der durchschnittliche Börsenkurs noch repräsentativ für die Verhältnisse am Stichtag ist. Die **Instanzgerichte** folgten dagegen bisher ganz überwiegend dem BGH[169]. In jüngerer Zeit haben sich davon das Kammergericht und vor allem das OLG Stuttgart in einem außergewöhnlich sorgfältig begründeten Vorlagebeschluss an den BGH distanziert.[170]

106 Das Bundesverfassungsgericht hat in seiner Entscheidung möglicherweise noch keine endgültige Formel für die Behandlung der Fälle gefunden, in denen es nicht um die Festellung eines absoluten Werts, sondern wie bei der Abfindung in Aktien der Muttergesellschaft oder beim variablen Ausgleich um eine **Wertrelation** geht[171]. Der Entscheidung des Bundesverfassungsgerichts lässt sich nicht entnehmen, dass notwendigerweise beide Unternehmen nach der gleichen Bewertungsmethode zu bewerten sind; insbesondere hat das BVerfG festgestellt, es sei verfassungsrechtlich unbedenklich, der Obergesellschaft einen höheren „inneren Wert" beizulegen als den Börsenkurs[172].

107 Demgegenüber ist festzuhalten, dass eine unterschiedliche Bewertungsmethode für die Ober- und Untergesellschaft aufgrund der Volatilität der Aktienmärkte zu kaum hinnehmbaren Resultaten führen könnte. In der Rechtsprechung wird deshalb zu Recht für die **Methodengleichheit** der Bewertung von Ober- und Untergesellschaft plädiert[173].

---

167 Verfassungsrechtlich ist es allerdings ebenso möglich, die Referenzperiode an den Stichtag anzuknüpfen wie an den Tag der Bekanntgabe, BVerfG v. 29.11.2006 – 1 BvR 704/03 – „Siemens/Nixdorf", ZIP 2007, 175, 176 f.
168 Für Rückrechnung ab Bekanntgabe *Hüffer*, § 305 Rz. 24e; *Koppensteiner* in KölnKomm. AktG, § 305 Rz. 104; in der Tendenz ähnlich auch *E. Vetter*, DB 2001, 2001, 1348 f.; *Bungert*, BB 2001, 1163, 1164.
169 OLG Karlsruhe v. 5.5.2004 – 12 W 12/01 – „SEN", AG 2005, 45, 47; OLG Hamburg v. 31.7.2001 – 11 W 29/94 – „Bavaria und St. Pauli/März", AG 2002, 406, 407 f.; OLG Düsseldorf v. 31.1.2003 – 19 W 9/00 – „Siemens/SNI", AG 2003, 329, 330 f.; OLG Düsseldorf v. 8.11.2004 – I-19 W 9/03 AktE – „Ritterbrauerei", AG 2005, 538, 541; OLG Stuttgart v. 1.10.2003 – 4 W 34/93 – „Vereinigte Filzfabriken", AG 2004, 43, 44; LG Frankfurt a.M. v. 17.1.2006 – 3-5 O 75/03 – „MAN/MAN Roland", AG 2006, 757, 758 f.; a.A. KG v. 16.10.2006 – 2 W 148/01, ZIP 2007, 75, 77.
170 KG v. 16.10.2006 – 2 W 148/01, ZIP 2007, 75, 77; OLG Stuttgart v. 16.2.2007 – 20 W 6/06 – „DaimlerChrysler", AG 2007, 209, 210 ff. mit umfangreichen Nachweisen.
171 Vgl. zur Problematik *Hasselbach/Hirte* in Großkomm. AktG, § 305 Rz. 155 ff.
172 BVerfG v. 27.4.1999 – 1 BvR 1613/94 – „DAT/Altana", AG 1999, 566, 569.
173 OLG Düsseldorf v. 31.1.2003 – 19 W 9/00 – „Siemens/SNI", AG 2003, 329, 334 f.; OLG Düsseldorf v. 4.6.2003 – 19 W 3/03 – „DAT/Altana V", AG 2003, 507, 508; OLG Düsseldorf v. 8.7.2003 – 19 W 6/00 – „Veba", AG 2003, 688, 693; wohl auch BGH v. 12.3.2001 – II ZB 15/ 00 – „DAT/Altana IV", BGHZ 147, 108 = AG 2001, 417 (Leitsatz 4); ebenso die herrschende

Der Standpunkt des **BGH** ist aus der DAT/Altana-Entscheidung nicht klar ersicht- 108
lich. Einerseits knüpft der BGH die Berücksichtigung eines den Börsenwert übersteigenden Ertragswerts bei der Obergesellschaft an restriktivere Einschränkungen als
bei der Untergesellschaft[174]. Andererseit deutet der (amtliche) Leitsatz Nr. 4 deutlich
in Richtung Methodengleichheit.

Aus den genannten Vorgaben – höherer Wert der Untergesellschaft und Methoden- 109
gleichheit – folgt, dass **zunächst bei der Untergesellschaft die höhere Bewertung** (Börsenkurs oder Ertragswert) zu ermitteln ist und das den höheren Wert ergebende Bewertungsverfahren dann der Bewertung beider Unternehmen zugrunde zu legen
ist[175]. Dies kann dazu führen, dass die Aktionäre der Untergesellschaft bei Zugrundelegung des höheren Börsenwerts letztlich weniger erhalten als bei Zugrundelegung
des Ertragswerts, weil trotz eines höheren absoluten Börsenwerts die Börsenwertrela-
tion zur Obergesellschaft für die Untergesellschaft ungünstiger ist als die Ertragswertrelation. Es ist nicht ganz klar, ob das BVerfG diese Konsequenz seiner Entscheidung hinreichend gewürdigt hat. Vorläufig ist der Festlegung der relevanten Bewertungsmethode jedenfalls diese Systematik zugrunde zu legen.

Wenn die Untergesellschaft nicht börsennotiert ist, ist demnach das Verhältnis der 110
(inneren) Unternehmenswerte maßgeblich[176]. Wenn nur die Obergesellschaft **nicht
börsennotiert** ist, scheint der Wortlaut der Entscheidung des BVerfG nur die Möglichkeit zu lassen, vom Grundsatz der Methodengleichheit abzuweichen. Vorzugswürdig
wäre es, in diesem Fall beide Unternehmen auch dann zum Ertragswert zu bewerten,
wenn der Börsenwert der Untergesellschaft höher ist.

6. Sonstige „Marktpreise"

Sonstige am Markt von der Obergesellschaft oder von Dritten gezahlte **Preise**, insbe- 111
sondere **aus privaten Veräußerungsgeschäften**, sind in der Regel keine verlässliche
Grundlage für die Beurteilung der Angemessenheit des Abfindungsangebots[177]. Sie
können durch Sonderüberlegungen beeinflusst sein (wie zum Beispiel – werterhö-
hend – das Erlangen der Kontrolle oder – wertmindernd – die Möglichkeit zur Unter-
bringung eines sonst schwer zu veräußernden Pakets), die bei § 305 keine Rolle spielen. Allerdings können die Preise privater Veräußerungsgeschäfte zur Plausibilisierung der Berechnung nach dem Ertragswertverfahren herangezogen werden.

Meinung in der Literatur: *Koppensteiner* in KölnKomm. AktG, § 305 Rz. 110; *Emmerich* in
Emmerich/Habersack, Aktien- und GmbH-Konzernrecht, § 305 Rz. 48a; *Spindler/Klöhn*,
Der Konzern 2003, 511, 521 f.; *Martens*, AG 2003, 593 ff.; *Piltz*, ZGR 2001, 185, 204; *Bungert*, BB 2000, 1845, 1846; *Adolff*, Unternehmensbewertung, 2007, S. 463 f.; a.A. *Hüffer*,
§ 305 Rz. 24h (Bewertung der Obergesellschaft zum Ertragswert), der aber nur den Fall im
Blick hat, dass bei einem den Ertragswert übersteigenden Börsenwert der Tochter die Verhältnisse bei der Mutter umgekehrt sind und die Belastung sich damit noch weiter erhöht;
E. Vetter, DB 2001, 1347, 1352 f. (Bewertung der Obergesellschaft zum höheren Ertragswert).
174 BGH v. 12.3.2001 – II ZB 15/00 – „DAT/Altana IV", BGHZ 147, 108, 121 f. = AG 2001, 417,
420 und kritisch dazu *Bungert*, BB 2001, 1163; *E. Vetter*, DB 2001, 1347, 1352 f.
175 A.A. *Hasselbach/Hirte* in Großkomm. AktG, § 305 Rz. 162: grds. Verschmelzungsrelation
zu Ertragswerten, u.U. zusätzlich nach Wahl der außenstehenden Aktionäre Barabfindung
zum Börsenkurs; Letzteres lässt sich mit der *lex lata* kaum vereinbaren; für generelle Anwendung der Ertragswertrelation auch *Adolff*, Unternehmensbewertung, 2007, S. 471 ff.
176 *Koppensteiner* in KölnKomm. AktG, § 305 Rz. 110 a.E.
177 OLG Düsseldorf v. 31.1.2003 – 19 W 9/00 AktE – „Siemens/SNI", AG 2003, 329, 331; *Hüffer*,
§ 305 Rz. 21; *Land/Hennings*, AG 2005, 380, 386 f.; a.A. *Hasselbach/Hirte* in Großkomm.
AktG, § 305 Rz. 144 f.

IV. Verschmelzungsrelation und Spitzenausgleich (§ 305 Abs. 3 Satz 1)

112 Bei Abfindung in Aktien entscheidet die **Verschmelzungsrelation** über die Zahl der zu gewährenden Aktien. Das setzt voraus, dass beide Unternehmen bewertet werden[178]. Die Bewertung der Obergesellschaft schließt dabei die Untergesellschaft im Umfang der bestehenden Beteiligungsquote mit ein. Die Verschmelzungsrelation entspricht dem Verhältnis des Werts pro Aktie der Untergesellschaft zum Wert pro Aktie der Obergesellschaft. Bei einem Wert pro Aktie der Untergesellschaft von 20 Euro und der Obergesellschaft von 35 Euro beträgt das Umtauschverhältnis 7:4 oder 1:0,571429.

113 **Aktienspitzen** können immer dann entstehen, wenn nicht einer Aktie der Untergesellschaft genau eine Aktie oder ein geradzahliges Vielfaches an Aktien der Obergesellschaft entspricht (also in den allermeisten Fällen). Der Spitzenausgleich kann durch **bare Zuzahlung** erfolgen. Wenn in obigem Beispiel ein Aktionär 5 Aktien einliefert, kann er dafür den Gegenwert von 2 6/7 Aktien der Obergesellschaft beanspruchen, also Lieferung von 2 Aktien und Barausgleich in Höhe von 6/7 des Werts einer Aktie der Obergesellschaft. Der **Betrag des Spitzenausgleichs** richtet sich nach den der Wertrelation zugrundeliegenden Beträgen (seien es Börsenkurse oder Ertragswerte)[179].

114 Der Spitzenausgleich ist im Rahmen des Zumutbaren durch entsprechend **kleine Stückelung** zu vermeiden[180]. Bei börsennotierten Gesellschaften ist allerdings eine Änderung der Stückelung, soweit überhaupt möglich, meist unpraktisch und in der Regel nicht zumutbar. Soweit ein Spitzenausgleich nicht vermieden werden kann, ist die bare Zuzahlung durch die Obergesellschaft nicht nur möglich, sondern zwingend. Die Aktionäre können weder auf eine eigene Zuzahlung noch auf den Zukauf von Stücken verwiesen werden[181].

115 Vom Spitzenausgleich ist die **Glättung des Umtauschverhältnisses** durch bare Zuzahlung zu unterscheiden. Beispielsweise könnte im obigen Beispiel daran gedacht werden, das Umtauschverhältnis auf 2:1 mit einer baren Zuzahlung in Höhe von Euro 2,50 pro Aktie festzulegen. Die Zulässigkeit der Glättung ist angesichts des Wortlauts von § 305 Abs. 3 Satz 1 und wegen Fehlens eines wirklichen Bedarfs grundsätzlich abzulehnen[182]. Geringe Glättungen lassen sich aber unter § 305 Abs. 3 Satz 1 subsumieren[183].

V. Stichtag (§ 305 Abs. 3 Satz 2)

116 **Stichtag der Bewertung** ist der Tag der Beschlussfassung der Hauptversammung der Untergesellschaft über den Unternehmensvertrag. Bei der Abfindung in Aktien richtet sich die Bewertung beider Unternehmen einheitlich nach dem Tag der Hauptver-

---

178 Zur Methodengleichheit bei der Bewertung oben Rz. 107.
179 Die Auffassung von *J. Vetter*, AG 1997, 6, 10, wonach es auf den Börsenkurs nicht ankomme, ist durch die zwischenzeitliche Rechtsprechung zur Maßgeblichkeit des Börsenkurses bei der Wertermittlung überholt.
180 LG Berlin v. 13.11.1995 – 99 O 126/95 – „Brau- und Brunnen", AG 1996, 230, 232; *Hüffer*, § 305 Rz. 25; *Krieger* in MünchHdb. AG, § 70 Rz. 124; *Hasselbach/Hirte* in Großkomm. AktG, § 305 Rz. 52; a.A. *Koppensteiner* in KölnKomm. AktG, § 305 Rz. 42.
181 *Hüffer*, § 305 Rz. 25; *Koppensteiner* in KölnKomm. AktG, § 305 Rz. 41.
182 *Hüffer*, § 305 Rz. 25; *Bilda* in MünchKomm. AktG, § 305 Rz. 91; a.A. *J. Vetter*, AG 1997, 6, 9 ff.: § 68 Abs. 3 UmwG analog.
183 In diesem Sinne wohl auch *Hasselbach/Hirte* in Großkomm. AktG, § 305 Rz. 52 und Rz. 98 (zur Berechnung): keine „(erhebliche) bare Zuzahlung" aus Vereinfachungsgründen.

sammlung der Untergesellschaft[184]. Eine Vorverlegung des gesetzlich fixierten Stichtags aufgrund bereits bestehender Abhängigkeit der Untergesellschaft kommt nicht in Betracht[185].

Da die gesetzliche Regelung verlangt, dass die Bewertungsgutachten bereits mit der 117 Einladung zur Hauptversammlung ausgelegt werden, die Bewertungsarbeiten also in der Praxis mehrere Monate vor dem Stichtag beginnen und mehrere Wochen vorher abgeschlossen sein müssen, erfolgt die **Bewertung zunächst zu einem früheren Datum** (für den insbesondere die erforderlichen Zahlenunterlagen vorliegen), und das Bewertungsergebnis wird dann zum eigentlichen Stichtag aufgezinst.

Wenn sich zwischen dem Abschluss der Bewertungsarbeiten und dem Bewertungs- 118 stichtag **bewertungsrelevante Änderungen** ergeben, muss das erforderlichenfalls durch eine auf der Hauptversammlung vorzuschlagende und zu erläuternde Änderung des Abfindungsangebots berücksichtigt werden. Die **Prüfung der Änderung** durch den gerichtlich bestellten Prüfer ist dann naturgemäß nicht mehr möglich[186]. Der Rechtsschutz erfolgt ggf. über das Spruchverfahren. Der gerichtlich bestellte Prüfer hat auf der Hauptversammlung keine offizielle Funktion. Wenn er auf Einladung der Gesellschaft anwesend ist, ist das eine im Ermessen der Gesellschaft stehende Vorkehrung zur Erleichterung der Beantwortung etwaiger Fragen (§ 131), die sich auf sein Gutachten beziehen.

VI. Verzinsung (§ 305 Abs. 3 Satz 3) und Verhältnis zum Ausgleichsanspruch

Der Anspruch auf Barabfindung ist ab dem Tag des Wirksamwerdens des Unterneh- 119 mensvertrags mit jährlich 2 % über dem Basiszinssatz (§ 247 BGB) zu **verzinsen**, § 305 Abs. 3 Satz 3. Eine analoge Anwendung der Vorschrift auf die Abfindung in Aktien kommt nicht in Betracht[187]. Es ist eher fernliegend, dass der Gesetzgeber bei der Einführung der Regelung (1994) übersehen haben sollte, dass § 305 in manchen Fällen die Abfindung in Aktien vorsieht.

Der **Beginn der Verzinsungspflicht** ist einheitlich für den Beherrschungs- und für den 120 Gewinnabführungsvertrag der Tag der Eintragung in das Handelsregister. Auf die Frage, ob und in welchem Umfang die Wirkungen des Vertrags zeitlich zurückbezogen werden (beim Gewinnabführungsvertrag üblicherweise auf den Beginn des Geschäftsjahrs), kommt es nicht an.

Solange der Aktionär nicht die Abfindung wählt, hat er Anspruch auf Ausgleich nach 121 § 304. Auch bei einer Befristung des Abfindungsangebots nach § 305 Abs. 4 kann ein Aktionär u.U. mehrere Jahre Ausgleich beziehen, bevor er Abfindung wählt, weil die Frist für das Abfindungsangebot erst mit Beendigung etwaiger Spruchverfahren beginnt. Im Ergebnis besteht weitestgehend[188] Einigkeit, dass der Aktionär **nicht beides, Ausgleich und Verzinsung der Abfindung**, beanspruchen kann[189].

---

184 *Koppensteiner* in KölnKomm. AktG, § 305 Rz. 62.
185 OLG Stuttgart v. 4.2.2000 – 4 W 15/98 – „Schwaben Zell/Hannover Papier", AG 2000, 428, 430; differenzierend *Hasselbach/Hirte* in Großkomm. AktG, § 305 Rz. 101.
186 A.A. *Hasselbach/Hirte* in Großkomm. AktG, § 305 Rz. 100: erneute Prüfung.
187 A.A. *Hasselbach/Hirte* in Großkomm. AktG, § 305 Rz. 26.
188 A.A. *Knoll*, ZIP 2003, 2329, 2332 f.
189 BGH v. 16.9.2002 – II ZR 284/01 – „Rütgers", AG 2003, 40, 41, und danach BGH v. 21.7.2003 – II ZB 17/01 – „Ytong", AG 2003, 627, 628; BGH v. 2.6.2003 – II ZR 85/02 – „Philips I", AG 2003, 629 f.

122   Den Streit über das **Verhältnis zwischen Ausgleich und Verzinsung der Abfindung**[190] hat der BGH dahingehend entschieden, dass erhaltene Ausgleichszahlungen unverzinst auf die Verzinsung der Abfindung, nicht aber auf die Abfindungszahlung selbst **angerechnet** werden[191]. Bei Rückwirkung des Vertrags unterbleibt die Anrechnung auf die sich nicht überdeckenden Zeiträume zwischen Vertragsbeginn (= Beginn der Ausgleichspflicht) und Eintragung des Vertrags im Handelsregister (= Beginn der Verzinsungspflicht)[192]. Die h.M. hat sich dem seither angeschlossen[193]. Diese „betont anlegerfreundliche Lösung"[194] lässt sich ökonomisch kaum rechtfertigen, belässt sie doch dem Aktionär u.U. auf Jahre hinaus die Möglichkeit, die Risikovergütung in Gestalt des Ausgleichs zu beziehen und zu behalten, obwohl er das unternehmerische Risiko wegen des schwebenden Abfindungsangebots nicht mehr trägt. Sie beruht aber auf einem nicht ganz fernliegenden Verständnis der Neuregelung der Verzinsung durch die Einfügung von § 305 Abs. 3 Satz 3 im Jahr 1994[195] und ist für die Praxis hinzunehmen.

123   Wenn der Abfindungsberechtigte seine Aktie **veräußert**, verliert er das Abfindungsrecht, das aufgrund des Abfindungsangebots dann (originär) dem Erwerber zusteht (s. oben Rz. 14). Daraus ergibt sich, dass der Abfindungsanspruch in diesem Fall erst ab Erwerb zu verzinsen ist. Darauf sind (nur) die vom Erwerber bezogenen Ausgleichszahlungen anzurechnen[196].

124   Die Verzinsung und die Anrechung erhaltener Ausgleichleistungen ist keine Frage der Bewertung, sondern des konkreten Zahlungsanspruchs des Aktionärs, und ist damit **nicht Gegenstand des Spruchverfahrens**[197]. Im Streitfall ist vom Aktionär Klage auf Zahlung zu erheben. Ein den Zinsanspruch **übersteigender Schaden** kann vom Aktionär bei Vorliegen der gesetzlichen Voraussetzungen, also insbesondere Verzugseintritt, geltend gemacht werden[198].

E. Befristung (§ 305 Abs. 4), Kündigung (§ 305 Abs. 5 Satz 4) und sonstige Fälle des Wegfalls des Abfindungsanspruchs

I. Befristung (§ 305 Abs. 4)

125   Das Abfindungsangebot kann gem. § 305 Abs. 4 **befristet** werden. Die Praxis macht davon häufig Gebrauch. Die Befristung ist im Unternehmensvertrag vorzusehen. Die Frist endet frühestens zwei Monate nach Bekantmachung der Eintragung des Unternehmensvertrags gemäß § 10 HGB (§ 305 Abs. 4 Satz 2), nicht jedoch vor Ablauf von zwei Monaten nach Bekanntmachung der rechtskäftigen Entscheidung[199] des letzten

---

190   Zum Meinungsstand vor BGH v. 16.9.2002 – II ZR 284/01 – „Rütgers", AG 2003, 40 vgl. ebenda S. 41; *Hasselbach/Hirte* in Großkomm. AktG, § 305 Rz. 27 ff.; *Hüffer*, § 305 Rz. 26b; *Bilda* in MünchKomm. AktG, § 305 Rz. 94 ff.; *Liebscher*, AG 1996, 455 ff.; *Meilicke*, AG 1999, 103 ff.; *Stimpel*, AG 1998, 259 ff.
191   BGH v. 16.9.2002 – II ZR 284/01 – „Rütgers", AG 2003, 40, 41, und danach BGH v. 21.7.2003 – II ZB 17/01 – „Ytong", AG 2003, 627, 628; BGH v. 2.6.2003 – II ZR 85/02 – „Philips I", AG 2003, 629 f.
192   BGH v. 2.6.2003 – II ZR 85/02 – „Philips I", AG 2003, 629, 630.
193   *Hüffer*, § 305 Rz. 26b m.N.
194   *Hüffer*, § 305 Rz. 26b.
195   Vgl. *Röhricht* in VGR, Gesellschaftsrecht in der Diskussion 2002, S. 35.
196   *Bungert/Bednarz*, BB 2006, 1865, 1866.
197   BGH v. 21.7.2003 – II ZB 17/01 – „Ytong", AG 2003, 627, 628.
198   *Koppensteiner* in KölnKomm. AktG, § 305 Rz. 123; *Bilda* in MünchKomm. AktG, § 305 Rz. 100.
199   § 14 SpruchG.

anhängigen Spruchverfahrens (§ 305 Abs. 4 Satz 3). Nach Sinn und Zweck der Regelung steht der rechtskräftigen Entscheidung die Verfahrensbeendigung durch Erklärung der Parteien gleich (Antragsrücknahme, übereinstimmende Erledigungserklärung, gerichtlicher Vergleich, § 11 Abs. 4 SpruchG)[200].

Die Befristung bezieht sich auf die Verpflichtung zum Erwerb der Aktien, also auf die Annahme des im Unternehmensvertrags abgegebenen Abfindungsangebots. Selbst wenn der Unternehmensvertrag vorsehen sollte, dass die Erklärung des Aktionärs der Annahme durch die Obergesellschaft bedarf, kommt es für die Fristwahrung lediglich auf den **Zugang der Erklärung des Aktionärs** bei der Obergesellschaft an. Eine Annahme des Abfindungsangebots **nach Ablauf der Frist** kommt nicht in Betracht[201].

126

II. Außerordentliche Kündigung nach Durchführung des Spruchverfahrens (§ 305 Abs. 5 Satz 5 i.V.m. § 304 Abs. 4)

Wenn im Spruchverfahren die Abfindung vom Gericht bestimmt, das heißt erhöht oder ausnahmsweise (s. Rz. 141) seiner Art nach geändert wird, steht der Obergesellschaft ein **außerordentliches gesetzliches Kündigungsrecht** zu. Das Kündigungsrecht muss innerhalb von zwei Monaten ab Rechtskraft der gerichtlichen Entscheidung ausgeübt werden. Entscheidend ist der **Zugang** bei der Untergesellschaft.

127

Die Ausübung des gesetzlichen Kündigungsrechts führt zur sofortigen Beendigung des Unternehmensvertrags (vgl. § 304 Abs. 4: „ohne Einhaltung einer Frist") **ex nunc**[202]. Auf vor Kündigung wirksam erklärte Annahmen des Abfindungsangebots ist die Kündigung ohne Einfluss[203]. Rücktrittsregelungen im Unternehmensvertrag bezüglich der Abfindungsvereinbarung für den Fall der Kündigung des Unternehmensvertrags sind unwirksam[204]. Den früheren Aktionären steht das Recht auf Nachzahlung aus § 13 Satz 2 SpruchG zu (**Abfindungsergänzungsanspruch**).

128

Bei **Befristung** des Abfindungsangebots kann das Angebot selbst dann bis zum Ablauf der Mindestfrist von § 305 Abs. 4 angenommen werden, wenn der Unternehmensvertrag schon vorher (zum Beispiel unmittelbar nach der Entscheidung im Spruchverfahren) fristlos gekündigt wurde[205].

129

Das wirft die Frage auf, wie in den (eher seltenen) Fällen zu entscheiden ist, in denen das Abfindungsangebot **nicht befristet** wurde. Wenn in diesen Fällen die fristlose Kündigung zum sofortigen Wegfall des Abfindungsangebots führte, wäre paradoxerweise das unbefristete Angebot früher beendet als das befristete[206]. Es spricht wohl einiges dafür, das Fehlen einer ausdrücklichen Befristung des Abfindungsangebots im

130

---

200 BGH v. 29. 10. 1990 – II ZR 226/89, BGHZ 112, 382, 384 ff. = AG 1991, 104, 105 f. für Antragsrücknahme; *Bilda* in MünchKomm. AktG, § 305 Rz. 107; *Hasselbach/Hirte* in Großkomm. AktG, § 305 AktG Rz. 249.

201 *Bilda* in MünchKomm. AktG, § 305 Rz. 106.

202 *Bilda* in MünchKomm. AktG, § 305 Rz. 132; *Emmerich* in Emmerich/Habersack, Aktien- und GmbH-Konzernrecht, § 305 Rz. 85.

203 *Bilda* in MünchKomm. AktG, § 305 Rz. 132.

204 *Emmerich* in Emmerich/Habersack, Aktien- und GmbH-Konzernrecht, § 305 Rz. 85; *Bilda* in MünchKomm. AktG, § 305 Rz. 135; individuelle Vereinbarungen zwischen Obergesellschaft und Aktionär sind allerdings möglich, *Krieger* in MünchHdb. AG, § 70 Rz. 144; a.A. *Bilda* in MünchKomm. AktG, § 305 Rz. 132.

205 *Bilda* in MünchKomm. AktG, § 305 Rz. 133; *Krieger* in MünchHdb. AG, § 70 Rz. 144; *Hasselbach/Hirte* in Großkomm. AktG, § 305 Rz. 261; a.A. *Geßler* in G/H/E/K, § 305 Rz. 82.

206 So anscheinend *Bilda* in MünchKomm. AktG, § 305 Rz. 132 f.

Unternehmensvertrag als Befristung auf das Ende des Unternehmensvertrags zu behandeln und ebenfalls den Grenzen von § 305 Abs. 4 Satz 2 zu unterwerfen[207].

131   Durch die Möglichkeit, das Abfindungsangebot selbst noch nach Kündigung anzunehmen, **verliert das Kündigungsrecht praktisch seinen Sinn**, die Obergesellschaft vor unvorhergesehenen Belastungen zu bewahren[208]. Das ist als Folge der gesetzlichen Regelung in § 305 Abs. 4 Satz 2 hinzunehmen.

III. Beendigung des Unternehmensvertrags bei schwebendem Spruchverfahren

132   Grundsätzlich endet die Möglichkeit zur Annahme eines unbefristeten Abfindungsangebots mit **Beendigung des Unternehmensvertrags**[209] und eines befristeten Abfindungsangebots **mit Ablauf der Annahmefrist**. Wenn im Fall einer auf zwei Monate bestimmten Annahmefrist der Vertrag bereits vorher beendet wird (als Beendigungsgrund kommt dann wohl nur fristlose Kündigung nach § 297 in Betracht), kann das Abfindungsangebot innerhalb der Annahmefrist noch angenommen werden, § 305 Abs. 4 Satz 2.

133   Wenn der Unternehmensvertrag durch Kündigung, Aufhebung oder Zeitablauf während des schwebenden Spruchverfahrens **endet**, kann das Abfindungsangebot auch **danach noch angenommen** werden[210]. Soweit das Abfindungsangebot befristet wurde, wäre ein anderes Ergebnis nur schwer mit § 305 Abs. 4 Satz 3 zu vereinbaren. Der Fortbestand des Abfindungsanspruchs ist trotz Beendigung des Unternehmensvertrags jedenfalls dann auch verfassungsrechtlich geboten, wenn „die Vertragspartner den die Beendigung auslösenden Umstand (**Kündigung, Auflösung, Verschmelzung**) zeitlich nach dem Beginn des Spruchstellenverfahrens veranlaßt haben"[211]. Gleiches muss gelten, wenn das Spruchverfahren noch nicht begonnen hat, aber die Fristen für die Einleitung noch laufen[212] und das Verfahren dann auch tatsächlich fristgerecht eingeleitet wird.

134   Den Rechtsgrund der Abfindungsverpflichtung hat ein Teil der Literatur nach Beendigung des Unternehmensvertrags in einem **gesetzlichen Schuldverhältnis** gesehen[213]. Vorzugswürdig ist die Auffassung, wonach der Anspruch auf Abfindung einheitlich vertraglicher Natur ist[214].

---

207   Dass die Aktionäre die Möglichkeit haben müssen, sich noch nach Beendigung des Spruchverfahrens für die Abfindung zu entscheiden, ergibt sich auch aus der „Guano"-Entscheidung des BGH v. 20.5.1997 – II ZB 9/96, BGHZ 135, 374, 379 f. = AG 1997, 515, 516.
208   Aufgrund eines anderen Verständnisses der Vorschrift heftige Kritik aus rechtspolitischer Sicht übend *F. Kübler* in FS Goerdeler, S. 279, 289 ff.
209   *Bilda* in MünchKomm. AktG, § 305 Rz. 28; *Emmerich* in Emmerich/Habersack, Aktien- und GmbH-Konzernrecht, § 305 Rz. 34; vgl. auch *Koppensteiner* in KölnKomm. AktG, § 305 Rz. 20 ff.
210   BGH v. 20.5.1997 – II ZB 9/96 – „Guano", BGHZ 135, 374, 377 = AG 1997, 515 f.; der Vertrag wurde dort durch Kündigung beendet, vgl. BVerfG v. 27.1.1999 – 1 BvR 1805/94 – „SEN/KHS", AG 1999, 218, 219; dem BGH folgend die h.M., *Hüffer*, § 305 Rz. 4a; *Emmerich* in Emmerich/Habersack, Aktien- und GmbH-Konzernrecht, § 11 SpruchG Rz. 12; *Bilda* in MünchKomm. AktG, § 305 Rz. 30.
211   BVerfG v. 27.1.1999 – 1 BvR 1638/94 – „Tarkett/Pegulan", AG 1999, 217, 218; BVerfG v. 27.1.1999 – 1 BvR 1805/94 – „SEN/KHS", AG 1999, 218, 219.
212   *Emmerich* in Emmerich/Habersack, Aktien- und GmbH-Konzernrecht, § 305 Rz. 34a.
213   Z.B. *Hüffer*, § 305 Rz. 4b; *Bilda* in MünchKomm. AktG, § 305 Rz. 7.
214   *Koppensteiner* in KölnKomm. AktG, § 305 Rz. 22; *Ruoff*, BB 2005, 2201, 2202; *Hasselbach/Hirte* in Großkomm. AktG, § 305 Rz. 8.

Der BGH hat sich nicht mit der Frage auseinandergesetzt, **während welcher Zeitspanne** das Abfindungsangebot nach Beendigung des Unternehmensvertrags noch angenommen werden kann. Bei einem befristeten Angebot ergibt sich die Antwort aus § 305 Abs. 4 Satz 3 zusammen mit der entsprechenden Regelung im Unternehmensvertrag. Wenn der Vertrag – was die Ausnahme sein dürfte – keine Befristung enthält, ist zur Füllung der Lücke § 305 Abs. 4 Abs. 3 analog heranzuziehen, d.h. die Aktionäre können trotz vorheriger Beendigung des Unternehmensvertrags noch bis zum Ablauf von zwei Monaten nach Bekanntmachung der Beendigung des letzten Spruchverfahrens die Abfindung verlangen. 135

Diese Grundsätze gelten nicht nur bei der Beendigung des Unternehmensvertrags durch Kündigung, Aufhebung oder Zeitablauf, sondern auch bei der **Beendigung durch Verschmelzung**[215] **oder Eingliederung**[216]. Wenn die aufgrund des späteren Vorgangs zu beanspruchende Entschädigung durch Maßnahmen während der Dauer des Unternehmensvertrags nicht beeinflusst werden konnte, besteht zu einer **Verdoppelung des Rechtsschutzes** allerdings kein Anlass, und der Aktionär, der sich noch nicht für Abfindung entschieden hatte, kann auf den Rechtsschutz im Rahmen der Verschmelzung oder Eingliederung verwiesen werden[217]. Soweit der Aktionär nach diesen Grundsätzen nach Abschluss des Spruchverfahrens den ihm günstiger erscheinenden Anspruch wählen kann, erlischt mit der Wahl der Abfindung der alternativ gegebene Anspruch. Bei mehreren bezüglich der verschiedenen Maßnahmen (z.B. Unternehmensvertrag und Verschmelzung) laufenden Spruchverfahren verlängert sich die Ausübungsfrist nicht bis zum Abschluss des letzten Spruchverfahrens[218]. 136

Von der Beendigung des Unternehmensvertrags ist die nach Anfechtungs- oder Nichtigkeitsklage **rechtskräftig festgestellte Unwirksamkeit** des Zustimmungsbeschlusses der Hauptversammlung und damit des Vertrags zu unterscheiden. Auch wenn für während der Schwebezeit auf Grundlage des Vertrags vorgenommene Rechtsgeschäfte die Grundsätze der fehlerhaften Gesellschaft anzuwenden sind (dazu § 293 Rz. 40 ff.), fehlt doch nach Feststellung der Unwirksamkeit die Rechtsgrundlage für das Verlangen nach Abfindung[219]. 137

F. Vertrags- und Beschlussmängel (§ 305 Abs. 5 Satz 1 bis 3)

I. Vertragsmängel (§ 305 Abs. 5 Satz 1 und 2)

Im Unterschied zu § 304 Abs. 3 Satz 1 ist der Unternehmensvertrag nicht deshalb nichtig, weil er **keine Abfindungsregelung** enthält. Vielmehr ergibt sich aus § 305 Abs. 5 Satz 2, dass das Spruchverfahren zur Bestimmung der Höhe der Abfindung in gleicher Weise bei (angeblich) unangemessener wie bei völlig fehlender Abfindungsregelung im Unternehmensvertrag eröffnet ist. Dabei ist gleichgültig, aus welchen Gründen auf eine Abfindungsregelung verzichtet wurde und ob diese Gründe durchschlagen oder nicht. 138

215 BVerfG v. 27.1.1999 – 1 BvR 1805/94 – „SEN/KHS", AG 1999, 218 f.; grds. auch OLG Hamm v. 19.2.2003 – 8 U 139/02 – „DAB/Hansa", AG 2003, 585 f.
216 BGH v. 12.3.2001 – II ZB 15/00 – „DAT/Altana IV", BGHZ 147, 108 = AG 2001, 417; zum Squeeze-out s. oben Rz. 18.
217 OLG Karlsruhe v. 29.8.1994 – 15 W 4/94 – „SEN/KHS", AG 1995, 139 ff., insoweit ausdrücklich aufrechterhalten durch BVerfG v. 27.1.1999 – 1 BvR 1805/94 – „SEN/KHS", AG 1999, 218, 219 (Bewertungsstichtag der Verschmelzung lag zeitlich vor Inkrafttreten des Unternehmensvertrags); a.A. Meilicke, AG 1995, 187.
218 OLG Hamm v. 19.2.2003 – 8 U 139/02 – „DAB/Hansa", AG 2003, 585, 586.
219 OLG Zweibrücken v. 2.3.2004 – 3 W 167/03 – „Diebels/Reginaris", AG 2005, 256 ff.

139   Für die Wirksamkeit des Vertrags gelten die allgemeinen Regeln des **BGB**[220]. Verstöße gegen die in § 305 Abs. 1 und 2 enthaltenen inhaltlichen Anforderungen führen jedoch nicht zur Nichtigkeit des Vertrags nach § 134 BGB. Insoweit haben die **aktienrechtlichen Rechtsbehelfe Vorrang**[221].

II. Beschlussmängel

140   Beschlussmängel können grundsätzlich nach den §§ 241 ff. geltend gemacht werden. Es gelten aber einige **Sonderregeln**. Fragen der **Angemessenheit des Ausgleichs** sind, soweit die Aktionäre der Untergesellschaft die Unangemessenheit geltend machen, ausschließlich dem **Spruchverfahren** vorbehalten, § 305 Abs. 3 Satz 1. Das entspricht der Regelung bei der Ausgleichszahlung. Auf § 304 Rz. 110 wird verwiesen. Der Anfechtungsausschluss umfasst auch Rechtsverletzungen in Form von unrichtigen, unvollständigen oder unzureichenden **Informationen in der Hauptversammlung**, die die Ermittlung, Höhe oder Angemessenheit der Abfindung betreffen (vgl. § 304 Rz. 111). Für Zwecke der Abfindung gilt der Anfechtungsausschluss darüber hinaus für alle sonstigen Rügen, die die Abfindung und die dazu übermittelten Unterlagen und Informationen betreffen[222]. Denn wenn bereits das völlige Absehen von einer Abfindungsregelung (und damit auch von den dazu bereitzustellenden Informationen) ins Spruchverfahren führt, muss das für angeblich fehlerhafte Informationen erst recht gelten[223]. Die **Aktionäre der Obergellschaft** können die versprochene Abfindung nur mit Begründung anfechten, sie sei **zu hoch** bemessen; auf § 304 Rz. 112 wird verwiesen.

III. Bestimmung der Abfindung durch das Gericht

141   Soweit nach diesen Grundsätzen für Aktionäre der Untergesellschaft die Anfechtungsklage ausgeschlossen ist, tritt an deren Stelle das **Spruchverfahren** nach § 1 Nr. 1 SpruchG. Gegenstand des Spruchverfahrens ist die Festsetzung der vertraglich geschuldeten Abfindung durch das Gericht. Das betrifft in aller Regel ausschließlich die Frage, ob die im Vertrag festgelegte Abfindung **heraufzusetzen** ist. Das Gericht ist grundsätzlich nicht befugt, statt der im Vertrag bestimmten Abfindungsart eine andere Abfindungsart zu bestimmen, also an Stelle einer Barabfindung eine Abfindung in Aktien oder umgekehrt (§ 305 Abs. 5 Satz 3). Dies ist ausnahmsweise dann anders, wenn die im Vertrag festgelegte Abfindungsart unzulässig ist. In diesem Fall hat das Gericht im Rahmen des Spruchverfahrens (auch) die zulässige Abfindungsart zu bestimmen[224]. Wenn das Gericht auf eine Änderung der im Vertrag festgelegten Abfindung erkennt, gilt das auch für die Aktionäre, die bereits gegen Abfindung ausgeschieden sind (§ 13 Satz 2 SpruchG). Für die Verzinsung gilt § 305 Abs. 3 Satz 3.

142   Wenn in dem Vertrag entgegen der ausdrücklichen Regelung in § 305 Abs. 1 lediglich **Ansprüche gegen die Untergesellschaft** eingeräumt wurden und keine unmittel-

---

220 *Emmerich* in Emmerich/Habersack, Aktien- und GmbH-Konzernrecht, § 304 Rz. 79.
221 *Kropff*, Aktiengesetz, S. 399; *Hüffer*, § 305 Rz. 29.
222 BGH v. 29.1.2001 – II ZR 368/98 – „Aqua Butzke", AG 2001, 263; *Hüffer*, § 305 Rz. 29.
223 § 293 Rz. 34 „selbstverständlich" (*Weißhaupt*, ZIP 2005, 1766, 1772) ist das allerdings nicht; im Gesetzgebungsverfahren wurde dieser Unterschied zwischen § 304 und § 305 zuwenig beachtet, Begr. RegE UMAG, BT-Drucks. 15/5092, 58; aus rechtspolitischer Sicht kritisch – weil nicht weitgehend genug – dazu *Veil*, AG 2005, 567, 570, und aus der anderen Richtung – zu weitgehend – *Emmerich* in Emmerich/Habersack, Aktien- und GmbH-Konzernrecht, § 293 Rz. 38h; dem Wortlaut von § 243 Abs. 4 Satz 2 folgend *Hüffer*, § 243 Rz. 47c; *Wilsing*, DB 2005, 35, 36; *Bungert* in VGR, Gesellschaftsrecht in der Diskussion 2005, S. 59, 89.
224 *Hasselbach/Hirte* in Großkomm. AktG, § 305 Rz. 255.

baren Ansprüche gegen die Obergesellschaft, ist ebenfalls das Spruchverfahren eröffnet, das sich unmittelbar gegen die Obergesellschaft als Antragsgegnerin richtet. Für die Anfechtungsklage besteht kein Bedürfnis. Die außenstehenden Aktionäre können auch außerhalb des Spruchverfahrens aufgrund des Unternehmensvertrags i.V.m. § 305 von der Obergesellschaft die Abgabe eines dem Unternehmensvertrags entsprechenden Abfindungsangebots verlangen. In der Praxis wird so ein Fall kaum vorkommen.

G. Anpassung der Abfindung an Änderung der Verhältnisse

Grundsätzlich wird die Abfindung, vorbehaltlich möglicher Änderungen im Spruchverfahren, **ein für alle Mal** im Unternehmensvertrag auf Grundlage der Verhältnisse zum Zeitpunkt der Hauptversammlung festgelegt. Insbesondere führen Änderungen der wirtschaftlichen Verhältnisse der Obergesellschaft oder der Untergesellschaft, die am Stichtag nicht schon in den dann vorhandenen Verhältnissen angelegt waren, nicht zu einer Anpassung der Abfindung[225]. Eine Anpassung kommt überhaupt nur dann in Betracht, wenn aufgrund einer Änderung der Verhältnisse die Modalitäten der ursprünglichen Abfindung wesentlichen schutzwürdigen Interessen der Beteiligen nicht mehr gerecht werden.   143

In der Praxis werden Abfindungsangebote jedenfalls bei börsennotierten Unternehmen regelmäßig entsprechend § 305 Abs. 4 Satz 2 auf zwei Monate befristet. Die geringe Laufzeit macht dann eine **wesentliche Änderung der Verhältnisse unwahrscheinlich**[226]. Anders ist das aber in den vielen Fällen, in denen ein Spruchverfahren eingeleitet wird. Das Abfindungsangebot bleibt wegen § 305 Abs. 4 Satz 3 oft für viele Jahre zur Annahme offen. Es ist sinnvoll, zwischen verschiedenen Fallgruppen zu unterscheiden.   144

I. Aktionär hat bereits Abfindung gewählt

Für den Aktionär, der bereits Abfindung gewählt hat, kommt eine **Anpassung** der bereits bezogenen Abfindungsleistung aufgrund nachträglicher Änderungen der Verhältnisse **nicht in Betracht**[227]. Der Aktionär hat in diesem Fall das erhalten, was ihm nach der gesetzlichen Regelung zusteht, nämlich die volle Entschädigung. Ob die im Vertrag festgesetzte Abfindung den Grundsätzen einer vollen Entschädigung entsprach, konnte er im Spruchverfahren überprüfen lassen. Das Ergebnis eines Spruchverfahrens wirkt auch nach dem Ausscheiden noch zu seinen Gunsten, § 13 Satz 2 SpruchG (**Abfindungsergänzungsanspruch**)[228]. Eines weiteren Schutzes bedarf der ausgeschiedene Aktionär nicht. Wie er mit der Abfindung verfährt, unterliegt seiner Dispostionsfreiheit, die daraus erwachsenden Chancen und Risiken trägt er selbst.   145

Das gilt insbesondere auch dann, wenn der Aktionär als Abfindung **Aktien der Obergesellschaft bezogen** hat und die Kontrolle über die Obergesellschaft später von einem dritten Unternehmen übernommen wird. Zu seinen Gunsten gelten dann die   146

---

225 Im Ausgangspunkt einhellige Meinung, vgl. BGH v. 4.3.1998 – II ZB 5/97 – „Asea Brown Boveri II", BGHZ 138, 136, 139 f. = AG 1998, 286; BGH v. 21.7.2003 – II ZB 17/01 – „Ytong", AG 2003, 627, 629; *Emmerich* in Emmerich/Habersack, Aktien- und GmbH-Konzernrecht, § 305 Rz. 35, 56; *Bilda* in MünchKomm. AktG, § 305 Rz. 67 ff.
226 *Emmerich* in Emmerich/Habersack, Aktien- und GmbH-Konzernrecht, § 305 Rz. 35.
227 *Bilda* in MünchKomm. AktG, § 305 Rz. 21; *Röhricht*, ZHR 162 (1998), 249, 252; *Kort*, ZGR 1999, 402, 425.
228 Bereits vor dem SpruchG herrschende Meinung, vgl. *Bilda* in MünchKomm. AktG, § 305 Rz. 125 ff.; *Haase*, AG 1995, 7 ff.; *Hasselbach/Hirte* in Großkomm. AktG, § 305 Rz. 256 ff.

allgemeinen Schutzvorschriften, die auch für die übrigen Aktionäre der Obergesellschaft gelten[229].

II. Barabfindung bei noch laufendem Abfindungsangebot

147   Ein Anspruch auf **Anpassung eines noch laufenden Barabfindungsangebots** außerhalb des Spruchverfahrens aufgrund geänderter Verhältnisse kann wohl nur dann erwogen werden, wenn sich der Wert der versprochenen Barabfindung für den außenstehenden Aktionär aufgrund einer Änderung der Besteuerungssituation ganz wesentlich ändert, oder die Barabfindung wäre bei Berücksichtigung nachträglicher Veränderungen als solche nicht mehr zulässig.

148   Bei einer wesentlichen nachträglichen Änderung der Besteuerungssituation sind keine Gründe ersichtlich, anders zu entscheiden als bei der Ausgleichszahlung[230]. Die Barabfindung ist deshalb nach den Regeln über die **Störung der Geschäftsgrundlage** (§ 313 BGB) anzupassen, wenn sich die steuerliche Belastung der außenstehenden Aktionäre bei Bezug der Barabfindung gravierend ändert und wenn die Barabfindung wesentlich anders festgelegt worden wäre, wenn die neue steuerliche Situation bereits zum Stichtag bestanden hätte. Eine Anpassung kommt insbesondere in Betracht, wenn die Änderung beim Aktionär mit einer wirtschaftlich gegenläufigen Änderung bei der Obergesellschaft korrespondiert.

149   Die außenstehenden Aktionäre können in diesem Fall zur **Neufestlegung** der Barabfindung das Spruchverfahren betreiben. Die Obergesellschaft kann, da im Spruchverfahren eine Herabsetzung der Abfindung nicht möglich ist, eine Neufestsetzung nur im Wege der Feststellungsklage oder der Verteidigung gegen die Leistungsklage von Aktionären betreiben. Daneben kommt eine Vertragsänderung nach § 295 in Betracht. Soweit ein Anspruch auf Anpassung der Abfindung nach den Regeln über den Störung der Geschäftsgrundlage besteht, sind die außenstehenden Aktionäre zur Zustimmung verpflichtet.

150   Die **Ersetzung** der **Barabfindung** durch eine **Abfindung in Aktien** ist dagegen nicht erforderlich, wenn aufgrund nachträglicher Veränderungen auf Grundlage der Regelungen in § 305 Abs. 2 nicht mehr eine Barabfindung, sondern eine Abfindung in Aktien anzubieten wäre[231]. Für die Inkaufnahme des ganz erheblichen Aufwands für die Durchführung der zusätzlichen Unternehmensbewertung der Obergesellschaft und die Lösung der schwierigen, sich auf Grund des Stichtagsprinzips geltenden Bewertungsprobleme **besteht kein Anlass**. Die außenstehenden Aktionäre sind durch die Barabfindung hinreichend geschützt. Eine Änderung der Abfindungsart kommt in einem solchen Fall nur auf Grundlage einer (im Ermessen der Vertragsparteien liegenden und der Hauptversammlung vorzulegenden) **Vertragsänderung** nach § 295 in Betracht, in deren Rahmen dann eine neue Abfindung auf Grundlage der Verhältnisse zum Zeitpunkt der Vertragsänderung festzusetzen wäre.

151   Ansonsten sind keine Änderungen ersichtlich, die ausnahmsweise zu einem Anpassungsbedarf führen könnten. Die ggf. im Spruchverfahren überprüfte angepasste Barabfindung behält ihren Wert auch dann, wenn sich die wirtschaftlichen Verhältnisse der beteiligten Unternehmen ändern. Eine Berücksichtigung solcher Änderungen würde gegen das Stichtagsprinzip (§ 305 Abs. 3 Satz 2) verstoßen. **Positive oder nega-**

---

229 *Bilda* in MünchKomm. AktG, § 305 Rz. 21.
230 A.A. *Emmerich* in Emmerich/Habersack, Aktien- und GmbH-Konzernrecht, § 305 Rz. 64 f.; grds. gegen eine Anlassung der Abfindung auch *Schwenn*, Der Ausgleichs- und Abfindungsanspruch der außenstehenden Aktionäre, S. 200 f., 203.
231 A.A. *Bilda* in MünchKomm. AktG, § 305 Rz. 20.

tive **Veränderungen der Zahlungsfähigkeit des Schuldners** der Abfindungsleistung ebenso wie das Geldentwertungsrisiko sind hier wie in vielen vergleichbaren Fällen nach der gesetzlichen Regelung als allgemeines wirtschaftliches Risiko hinzunehmen.

Der **Beitritt eines weiteren Unternehmens** als Obergesellschaft bedingt nach ganz h.M. ebenfalls keine Anpassung des Barangebots[232]. Die Interessen der außenstehenden Aktionäre werden dadurch nicht in rechtlich relevanter Weise beeinträchtigt. Die Gründe, die von der dies bestreitenden Auffassung[233] ins Feld geführt werden – Änderung der Risikoabschätzung der außenstehenden Aktionäre hinsichtlich Dauer und Intensität der Konzerneinbindung – sind zum einen spekulativer Art und entziehen sich jeder Überprüfung, und spielen zum anderen für Art und Höhe der Abfindung keine Rolle. Die Auffassung, die formal an den Umstand des Beitritts anknüpft[234], vermag nicht zu zeigen, weshalb angesichts der Regelung in § 295 Abs. 1 das Festhalten an der ursprünglichen Abfindung unzumutbar sein soll.   152

III. Abfindung in Aktien bei noch laufendem Abfindungsangebot

Wenn im Unternehmensvertrag eine Abfindung in Aktien angeboten wurde, ist die Abfindung immer dann anzupassen, wenn aufgrund einer **Änderung der Verhältnisse**, die nicht nur in der wirtschaftlichen Entwicklung der Unter- oder Obergesellschaft besteht, das Umtauschverhältnis **nicht mehr angemessen** ist. Die maßgeblichen Kriterien entsprechen denjenigen, die für die Anpassung der Ausgleichsleistung beim variablen Ausgleich Anwendung finden. Für eine Anpassung aufgrund dieser Grundsätze kommen somit insbesondere die Zusammenlegung von Aktien oder der Aktiensplit bei der Ober- oder Untergesellschaft, Kapitalmaßnahmen und Verschmelzungen in Betracht (vgl. § 304 Rz. 118 ff.).   153

Änderungen der **steuerlichen Verhältnisse** können auch auf die Angemessenheit eines in Aktien bestehenden Abfindungsangebots einwirken. Dafür gelten die gleichen Grundsätze wie bei der Barabfindung (oben Rz. 148).   154

Wenn die zum Zeitpunkt des Unternehmensvertrags im Sinne von § 305 Abs. 2 Nr. 1 nicht abhängige Obergesellschaft **später der Kontrolle eines anderen Unternehmens** unterliegt und die Abfindung in Aktien der Obergesellschaft damit unzulässig wird, ist die versprochene Abfindung anzupassen und eine dann zulässige Art der Abfindung zu bestimmen. Am **Stichtagsprinzip** ist allerdings festzuhalten. Praktisch kommt deshalb wohl nur der Übergang von der Abfindung in Aktien zur Barabfindung in Betracht. Da zwecks Bestimmung der Verschmelzungsrelation die entsprechenden Bewertungsarbeiten zum Stichtag bereits durchgeführt wurden, sollte die Bestimmung der Barabfindung in diesen Fällen unproblematisch sein. Ggf. kann die Barabfindung im Spruchverfahren festgestellt werden.   155

Schwierig ist der Fall des **Vertragsbeitritts** eines weiteres Unternehmens auf Seiten der Obergesellschaft zu entscheiden, wenn die Barabfindung in Aktien der zunächst   156

---

232 BGH v. 4.3.1998 – II ZB 5/97 – „Asea Brown Boveri II", BGHZ 138, 136 = AG 1998, 286, 287; *Röhricht*, ZHR 162 (1998), 249, 253 ff.; *Pentz* in FS Kropff, 1997, S. 226, 238 f.; *Kort*, ZGR 1999, 402, 419 ff.; *Bilda* in MünchKomm. AktG, § 305 Rz. 20; *Hasselbach/Hirte* in Großkomm. AktG, § 305 Rz. 10.
233 OLG Karlsruhe v. 28.2.1997 – 15 W 35/95 – „Asea Brown Boveri II", AG 1997, 270, 271 ff. (aufgehoben durch BGH v. 4.3.1998 – II ZB 5/97 – „Asea Brown Boveri II", BGHZ 138, 136 = AG 1998, 286); i.E. ebenso *Emmerich* in Emmerich/Habersack, Aktien- und GmbH-Konzernrecht, § 305 Rz. 35a.
234 *Hommelhoff* in FS Claussen, S. 127, 136 ff., 138.

alleinigen Obergesellschaft festgelegt war[235]. Wenn mehrere herrschende Unternehmen mit einem abhängigen Unternehmen einen Beherrschungs- oder Gewinnabführungsvertrag schließen, kommt nach zutreffender Auffassung die Abfindung in Aktien grundsätzlich nicht in Betracht (s. oben Rz. 46). Das beruht in erster Linie auf Praktikabilitätserwägungen. Wenn durch Umstände im Bereich der Obergesellschaft die im Unternehmensvertrag zunächst zulässigerweise festgesetzte Abfindung in Aktien unzulässig wird, spricht dennoch einiges dafür, dass **nunmehr eine Barabfindung festzusetzen** ist. Da es nur um die Abfindungsart geht, sind nach wie vor die Verhältnisse zum ursprünglichen Stichtag maßgeblich[236].

IV. Änderung der Verhältnisse nach Fristablauf für das Abfindungsangebot

157   Wenn der außenstehende Aktionär das Abfindungsangebot innerhalb der dafür maßgeblichen Frist nicht angenommen hat, hat er sich grundsätzlich **zum Verbleib** in der Gesellschaft mit allen damit verbundenen Chancen und Risiken **entschieden**. Ein Anspruch auf ein neues Anfindungsangebot wäre eine ungerechtfertigte Besserstellung gegenüber denjenigen Aktionären, die das Abfindungsangebot rechtzeitig angenommen haben. Denn der in der Gesellschaft verbleibende Aktionär behielte einerseits die mit der Aktie verbundenen wirtschaftlichen Chancen, wäre andererseits aber zusätzlich gegen Veränderungen geschützt.

158   Der BGH hat für den Fall des **Beitritts eines weiteren herrschenden Unternehmens** in den Entscheidungsgründen ausgeführt, dass zwar kein Anspruch auf Anpassung der Abfindung besteht, aber erwogen, ob die außenstehenden Aktionäre die Möglichkeit haben müssten, auf den Beitritt eines weiteren herrschenden Unternehmens durch Annahme des Abfindungsangebots zu reagieren[237]. Im konkreten Fall war das nicht entscheidungserheblich, weil das ursprüngliche Abfindungsangebot noch fortbestand. Nach der im Schrifttum herrschenden Meinung muss den Aktionären in einer solchen Situation auch nach Fristablauf des Abfindungsangebots die **Möglichkeit zum Austritt** aus der Gesellschaft eröffnet werden[238], wobei entweder das alte Angebot wieder aufleben[239] oder ein neues Angebot (nach den Verhältnissen zum Zeitpunkt des Beitritts) zu unterbreiten[240] sein soll.

159   Nach der hier vertretenen Auffassung kommt die „**Wiedereröffnung**" eines bereits abgelaufenen Abfindungsangebots nur dann in Betracht, wenn die maßgebliche Änderung im Ergebnis als Neuabschluss des Vertrags zu werten ist. In diesem Fall wäre dann die Abfindung nach den Verhältnissen zum Zeitpunkt der maßgeblichen Änderung neu festzusetzen. Der Beitritt eines weiteren Unternehmens zum Beherr-

---

235 Den Fall BGH v. 4.3.1998 – II ZB 5/97 – „Asea Brown Boveri II", BGHZ 138, 136 = AG 1998, 286, 287 betrifft das nicht unmittelbar, da dort von vornherein eine Barabfindung festgelegt war. Für eine Änderung der Abfindung in diesen Fällen *Bilda* in MünchKomm. AktG, § 305 Rz. 20; *Pentz* in FS Kropff, 1997, S. 226, 240 f.

236 *Bilda* in MünchKomm. AktG, § 305 Rz. 20; für komplett neues Angebot zusätzlich zum alten Angebot *Hommelhoff* in FS Claussen, S. 127, 137 f., 142; ähnlich auch *Emmerich* in Emmerich/Habersack, Aktien- und GmbH-Konzernrecht, § 305 Rz. 35a.

237 BGH v. 4.3.1998 – II ZB 5/97 – „Asea Brown Boveri II", BGHZ 138, 136, 141 f. = AG 1998, 286, 287.

238 *Bilda* in MünchKomm. AktG, § 305 Rz. 22; *Hüffer*, § 305 Rz. 2; *Hasselbach/Hirte* in Großkomm. AktG, § 305 Rz. 10; *Bayer*, ZGR 1993, 599, 607; *Geng*, NZG 1998, 715, 717; *Kort*, ZGR 1999, 402, 424; *Priester*, ZIP 1992, 293, 298; *Röhricht*, ZHR 162 (1998), 249, 253 ff.; *Kort*, ZGR 1999, 402, 424 f.; a.A. *Pentz*, NZG 1998, 380, 382.

239 *Röhricht*, ZHR 162 (1998), 249, 253 ff.; *Hasselbach/Hirte* in Großkomm. AktG, § 305 Rz. 10.

240 *Geng*, NZG 1998, 715, 717.

schungsvertrag ist jedoch einem **Neuabschluss** des Vertrags **nicht gleichzusetzen**[241] und bewegt sich im Bereich der Änderungen, die die verbliebenen außenstehenden Aktionäre, die sich gegen die Annahme des Abfindungsangebots entschieden (oder Aktien trotz Verfristung des Abfindungsangebots erworben) haben, hinzunehmen haben[242]. Die Überlegungen im Schrifttum zur Änderung des Risikokalküls der außenstehenden Aktionäre beim Vertragsbeitritt eines weiteren Unternehmnes sind spekulativ und bewegen sich außerhalb des Bereichs, in dem die Interessen der außenstehenden Aktionäre rechtlich geschützt sind. Die Obergesellschaft ist in der Art und Weise der Ausübung des Einflusses auf die Untergesellschaft in den Grenzen der §§ 308 ff. frei. Für die Wiedereröffnung des verfristeten Abfindungsangebots *praeter legem* besteht beim Vertragsbeitritt ebenso wenig Anlass wie z.B. bei einer Änderung der Geschäfsführung oder der nachträglichen Konzernierung der vormals unabhängigen Obergesellschaft.

§ 306
(weggefallen)

§ 307
Vertragsbeendigung zur Sicherung außenstehender Aktionäre

Hat die Gesellschaft im Zeitpunkt der Beschlussfassung ihrer Hauptversammlung über einen Beherrschungs- oder Gewinnabführungsvertrag keinen außenstehenden Aktionär, so endet der Vertrag spätestens zum Ende des Geschäftsjahrs, in dem ein außenstehender Aktionär beteiligt ist.

I. Regelungsgegenstand und -zweck . . .	1	2. Keine außenstehenden Aktionäre . . .	4
II. Voraussetzungen	3	3. Zeitpunkt	5
1. Betroffene Verträge	3	III. Rechtsfolge	6

I. Regelungsgegenstand und -zweck

§ 307 regelt die Beendigung des Unternehmensvertrags im Fall des **nachträglichen** 1 **Beitritts außenstehender Aktionäre**. Wenn keine außenstehenden Aktionäre vorhanden waren, musste der Unternehmensvertrag keine Regelung zu Ausgleich und Abfindung (§§ 304, 305) enthalten. Auch wenn er eine solche Regelung enthält, konnte diese Regelung nicht zum Gegenstand einer gerichtlichen Prüfung im Spruchverfahren gemacht werden (vgl. § 3 Satz 1 Nr. 1 i.V.m. § 1 Nr. 1 SpruchG). § 307 möchte die (neuen) außenstehenden Aktionäre vor der Beteiligung an einer Untergesellschaft bewahren, bei der die Schutzmechanismen der §§ 304, 305 nicht eingehalten sind.

---

241 So ausdrücklich BGH v. 4.3.1998 – II ZB 5/97 – „Asea Brown Boveri II", BGHZ 138, 136, 141 = AG 1998, 286, 287.
242 *Pentz* in FS Kropff, S. 225, 234 ff.

2   **Rechtspolitisch** ist die Norm dennoch **fragwürdig**. Sie kann zur Beendigung des Unternehmensvertrags in einer Situation führen, in der die Untergesellschaft auf die Verlustausgleichspflicht nach § 302 dringend angewiesen wäre[1].

II. Voraussetzungen

1. Betroffene Verträge

3   § 307 findet ausschließlich auf **Beherrschungsverträge** (§ 291 Abs. 1 Satz 1 Alt. 1), **Gewinnabführungsverträge** (§ 291 Abs. 1 Satz 1 Alt. 2) und die den Gewinnabführungsverträgen gleichgestellten **Geschäftsführungsverträge** (§ 291 Abs. 1 Satz 2) Anwendung[2]. Der Vertrag muss wirksam, das heißt auch im Handelsregister eingetragen sein. Wenn er zwar im Register eingetragen, aber nichtig ist (z.B. nach § 304 Abs. 3 Satz 1), besteht für eine Anwendung kein Raum[3].

2. Keine außenstehenden Aktionäre

4   Die **außenstehenden Aktionäre** sind identisch zu bestimmen **wie bei §§ 304, 305**. Die h.M. bezieht in die nicht-außenstehenden Aktonäre auch Unternehmen ein, die mit dem anderen Vertragsteil in bestimmter Weise konzernverbunden sind (vgl. näher § 304 Rz. 69 ff.). Dies ist der Rechtsanwendung derzeit zugrunde zu legen. Für § 307 kommt es nicht darauf an, auf welche Weise die Beteiligung des neuen außenstehenden Aktionärs zustande kommt. Es kann sich auch um eine Umqualifizierung ohne Aktienerwerb handeln, etwa wenn ein Aktionär aus dem Konzernverbund ausscheidet[4].

3. Zeitpunkt

5   Nach dem ausdrücklichen Wortlaut von § 307 kommt es für das Vorhandensein außenstehender Aktionäre auf den **Zeitpunkt der Beschlussfassung der Hauptversammlung** an. Wenn die Gesellschaft zwar nicht im Zeitpunkt der Beschlussfassung der Hauptversammlung, aber bei Entscheidung des Registergerichts über die Eintragung außenstehende Aktionäre hatte, ist der Vertrag nicht nichtig[5]. Der Registerrichter ist weder berechtigt noch verpflichtet, die Eintragung abzulehnen[6], weil der Unternehmensvertrag nicht zu beanstanden ist. Vielmehr gilt dann § 307. Keinen Anhaltspunkt bietet § 307 für die Auffassung, er fände nur dann Anwendung, wenn ein außenstehender Aktionäre nach Wirksamwerden (also nach Eintragung im Handelregister) beteiligt ist[7]. Vielmehr entstünde dadurch eine Lücke für diejenigen Fälle, in denen die Beteiligung zwischen Beschlussfassung und Eintragung erfolgte.

III. Rechtsfolge

6   Mit Beteiligung des außenstehenden Aktionärs **endet der Vertrag ohne weiteres** kraft zwingender gesetzlicher Anordnung „spätestens" zum Ende des laufenden Geschäfts-

---

1 Vgl. *Hirte* in Großkomm. AktG, § 307 Rz. 6.
2 OLG Düsseldorf v. 22.8.1997 – 3 Wx 302/95 – „Citicorp Deutschland", AG 1997, 578 (keine Anwendung auf Teilgewinnabführung); *Bilda* in MünchKomm. AktG, § 307 Rz. 4.
3 *Hirte* in Großkomm. AktG, § 307 Rz. 9 a.E., 10 f.
4 Vgl. *Bilda* in MünchKomm. AktG, § 307 Rz. 7; *Hüffer*, § 307 Rz. 2; *Hirte* in Großkomm. AktG, § 307 Rz. 15.
5 *Bilda* in MünchKomm. AktG, § 304 Rz. 196.
6 A.A. *Bilda* in MünchKomm. AktG, § 307 Rz. 4.
7 So aber *Bilda* in MünchKomm. AktG, § 307 Rz. 7.

jahrs. Eine frühere Beendigung aus anderem Rechtsgrund bleibt unbeeinträchtigt[8]. In Betracht kommt in erster Linie die Kündigung mit sofortiger Wirkung aus wichtigem Grund (§ 297). Die Aufhebung (§ 296) wirkt demgegenüber meistens ebenfalls zum Ende des Geschäftsjahrs und überholt dann die Beendigung nach § 307 nicht. Wenn das Geschäftsjahr nach Eintritt des Ereignisses verkürzt wird, tritt die Beendigung zum Ende des verkürzten Geschäftsjahrs ein. Eine Einschränkung der Rechtsfolge kommt nur in Ausnahmefällen unter Missbrauchsgesichtspunkten in Betracht[9].

Wenn zwischen Beendigungsereignis und -wirksamkeit der **Beendigungsgrund wieder** 7 **entfällt**, ändert das an der eingetretenen Beendigungsfolge zunächst nichts[10]. Allerdings sollte man in diesem Fall den Parteien die Möglichkeit zubilligen, den Vertrag fortzusetzen. Ob die Anforderungen von § 295 eingehalten werden müssen, ist zumindest zweifelhaft. Davon zu trennen ist der **Neuabschluss** eines Unternehmensvertrags nach Eintritt des Beendigungsereignisses unter Berücksichtigung der nunmehr erforderlichen Ausgleichs- und Abfindungsregelungen (§§ 304, 305). Das ist unter Beachtung aller Anforderungen an den Vertragsschluss und die Beteiligung der Hauptversammlung(en) auch schon vor Beendigung mit Wirkung ab dem Beendigungszeitpunkt zulässig[11]. Die Rechtsfolgen der Beendigung nach § 307 unterscheiden sich im übrigen nicht von denjenigen der Beendigung aus sonstigen Gründen. Die Rechte und Pflichten aus dem Unternehmensvertrag bestehen bis zum Beendigungszeitpunkt fort[12].

---

8 *Bilda* in MünchKomm. AktG, § 307 Rz. 10; *Hüffer*, § 307 Rz. 3.
9 Weitergehend *Hirte* in Großkomm. AktG, § 307 Rz. 16.
10 *Bilda* in MünchKomm. AktG, § 307 Rz. 11.
11 *Bilda* in MünchKomm. AktG, § 307 Rz. 10; *Hüffer*, § 307 Rz. 3.
12 *Bilda* in MünchKomm. AktG, § 307 Rz. 12.

Zweiter Teil. Leitungsmacht und Verantwortlichkeit bei Abhängigkeit von Unternehmen

Erster Abschnitt. Leitungsmacht und Verantwortlichkeit bei Bestehen eines Beherrschungsvertrags

§ 308
Leitungsmacht

(1) Besteht ein Beherrschungsvertrag, so ist das herrschende Unternehmen berechtigt, dem Vorstand der Gesellschaft hinsichtlich der Leitung der Gesellschaft Weisungen zu erteilen. Bestimmt der Vertrag nichts anderes, so können auch Weisungen erteilt werden, die für die Gesellschaft nachteilig sind, wenn sie den Belangen des herrschenden Unternehmens oder der mit ihm und der Gesellschaft konzernverbundenen Unternehmen dienen.

(2) Der Vorstand ist verpflichtet, die Weisungen des herrschenden Unternehmens zu befolgen. Er ist nicht berechtigt, die Befolgung einer Weisung zu verweigern, weil sie nach seiner Ansicht nicht den Belangen des herrschenden Unternehmens oder der mit ihm und der Gesellschaft konzernverbundenen Unternehmen dient, es sei denn, dass sie offensichtlich nicht diesen Belangen dient.

(3) Wird der Vorstand angewiesen, ein Geschäft vorzunehmen, das nur mit Zustimmung des Aufsichtsrats der Gesellschaft vorgenommen werden darf, und wird diese Zustimmung nicht innerhalb einer angemessenen Frist erteilt, so hat der Vorstand dies dem herrschenden Unternehmen mitzuteilen. Wiederholt das herrschende Unternehmen nach dieser Mitteilung die Weisung, so ist die Zustimmung des Aufsichtsrats nicht mehr erforderlich; die Weisung darf, wenn das herrschende Unternehmen einen Aufsichtsrat hat, nur mit dessen Zustimmung wiederholt werden.

I. Regelungszweck und Regelungsgegenstand 1

II. Die Weisungsbefugnis des herrschenden Unternehmens (§ 308 Abs. 1) . . . 2

1. Beherrschungsvertrag 2
2. Die Weisung 3
   a) Begriff und Rechtsnatur der Weisung 3
   b) Formen der Weisungserteilung . . . 4
   c) Doppelmandatsträgerschaft 7
   d) Zuständigkeit zur Weisungserteilung 11
   e) Der Weisungsempfänger 18
3. Umfang und Rechtsfolgen des Weisungsrechts 21

   a) Gegenstand des Weisungsrechts . . 21
   b) Grenzen des Weisungsrechts 24
   c) Verbot existenzgefährdender Weisungen 31

III. Die Rechtsfolge einer Weisung 37

1. Die Folgepflicht des Vorstands (§ 308 Abs. 2) 37
2. Die Zurechnung von Handlungen nach Weisung 41
3. Die Pflicht zu konzernfreundlichem Verhalten außerhalb einer Weisung . . 42

IV. Zustimmungspflichtige Geschäfte (§ 308 Abs. 3) 43

Literatur: *Altmeppen,* Zur Delegation des Weisungsrechts im mehrstufigen Konzern, in FS Lutter, 2000, S. 975; *Cahn,* Zur Anwendbarkeit der §§ 311 ff. AktG im mehrstufigen Vertragskonzern, BB 2000, 1477; *Geßler,* Bestandsschutz der beherrschten Gesellschaft im Vertragskonzern?,

ZHR 140 (1976), 433; *Clemm*, Die Grenzen der Weisungsbefolgungspflicht des Vorstands der beherrschten AG bei bestehendem Beherrschungsvertrag, ZHR 141 (1977), 197; *Hoffmann-Becking*, Vorstands-Doppelmandate im Konzern, ZHR 150 (1986), 570; *Hommelhoff*, Die Konzernleitungspflicht, 1982; *Immenga*, Bestandsschutz der beherrschten Gesellschaft im Vertragskonzern?, ZHR 140 (1976), 301; *Priester*, Liquiditätsausstattung der abhängigen Gesellschaft und unterjährige Verlustdeckung bei Unternehmensverträgen, ZIP 1989, 1301; *Semler*, Doppelmandats-Verbund im Konzern, in FS Stiefel, 1987, S. 719; *Sina*, Die Grenzen des Konzern-Weisungsrechts nach § 308 AktG, AG 1991, 1.

I. Regelungszweck und Regelungsgegenstand

Nach § 308 Abs. 1 darf das herrschende Unternehmen Weisungen erteilen, an die 1 sich der Vorstand der abhängigen Gesellschaft nach § 308 Abs. 2 halten muss. Nachteilige Weisungen sind nur in den Grenzen des Unternehmensvertrages und des § 308 Abs. 1 Satz 2 zulässig[1]. Die Vorschrift ist zwingend, das heißt ein Beherrschungsvertrag kann zwar geringere, aber keine weiter gehenden Steuerungs- und Eingriffsbefugnisse vorsehen[2].

II. Die Weisungsbefugnis des herrschenden Unternehmens (§ 308 Abs. 1)

1. Beherrschungsvertrag

Eine Weisungsbefugnis ohne Beherrschungsvertrag ist nicht möglich, bloße Abhän- 2 gigkeit genügt nicht. Die Koppelung eines Beherrschungsvertrages mit anderen Unternehmensverträgen ist unschädlich, die Verbindung mit einem Gewinnabführungsvertrag verbreitet[3]. Das Recht, Weisungen zu erteilen, entsteht mit dem Wirksamwerden des Vertrages durch Eintragung. Auf Empfehlungen und andere Formen der Einflussnahme, die ohne Beherrschungsvertrag erteilt werden, finden die §§ 311 ff. Anwendung.

2. Die Weisung

a) Begriff und Rechtsnatur der Weisung

Die Weisung ist das Leitungsinstrument des § 308 Abs. 1. An sie ist die Folgepflicht 3 des Vorstands und die haftungsrechtliche Verantwortlichkeit gem. § 309 geknüpft[4]. Weisung ist jede Willensäußerung des herrschenden Unternehmens, die auf Bewirkung eines bestimmten Verhaltens des Vorstands der Untergesellschaft gerichtet ist[5]. Die Weisung kann im Einzelfall eine Willenserklärung sein[6], meist wird jedoch eine geschäftsähnliche Handlung vorliegen, auf welche die §§ 116 ff., 130, 164 ff. BGB ana-

---

1 *Kropff*, Aktiengesetz, S. 403.
2 *Kropff*, Aktiengesetz, S. 403.
3 *Altmeppen* in MünchKomm. AktG, § 308 Rz. 6 ff.; *Hüffer*, § 308 Rz. 2; *Emmerich* in Emmerich/Habersack, Aktien- und GmbH-Konzernrecht, § 308 Rz. 4 f.
4 *Hüffer*, § 308 Rz. 10; krit. zur gesetzlichen Konzeption etwa *Martens* in FS Fischer, 1979, S. 437, 449.
5 *Altmeppen* in MünchKomm. AktG, § 308 Rz. 9; *Emmerich* in Emmerich/Habersack, Aktien- und GmbH-Konzernrecht, § 308 Rz. 23; *Koppensteiner* in KölnKomm. AktG, § 308 Rz. 20, 22; *Sven H. Schneider/Uwe H.Schneider*, AG 2005, 57, 61; *Sina*, AG 1991, 1.
6 Stets für eine Willenserklärung *Koppensteiner* in KölnKomm. AktG, § 308 Rz. 20. Die Weisung ist aber nicht notwendig darauf gerichtet, Rechtsfolgen hervorzubringen, sondern zielt im Gegenteil regelmäßig auf die Bewirkung tatsächlichen Handelns.

log anwendbar sind[7]. Das Gesetz verlangt für die Weisung keine bestimmte Form. Im Beherrschungsvertrag kann das anders geregelt sein[8].

b) Formen der Weisungserteilung

4   **Verbindlich** ist eine Weisung, wenn ein typischer Vorstand der Untergesellschaft die Willensäußerung als auf Bewirken eines bestimmten Verhaltens gerichtet zu verstehen hatte[9]. Das sind sicher spezielle oder generelle Direktiven, die sich auf eine bestimmte Handlung richten. Ob andere Willensäußerungen, etwa in Form von Anregungen oder Empfehlungen, eine Weisung darstellen, ist eine Frage der Auslegung[10]. Ob der Vorstand der herrschenden Gesellschaft eine Weisung abgeben wollte (oder sich ihrer konzernrechtlichen Rechtsfolgen bewusst war), ist für die Wirksamkeit der Weisung irrelevant.[11]

5   Ein **vertraglicher Zustimmungsvorbehalt der Obergesellschaft** allein ist nach herrschender Meinung noch kein Beherrschungsvertrag (s. oben § 291 Rz. 33). Besteht aber ein typischer Beherrschungsvertrag, ist die Vereinbarung eines Zustimmungsvorbehalts trotz der Beschränkung des § 308 Abs. 1 auf Weisungen als Steuerungsinstrument zulässig. Im Regelfall ergibt die Auslegung, dass die Zustimmungserteilung dann eine Weisung darstellt.

6   Die **Generalvollmacht zugunsten der Obergesellschaft** ist nach zutreffender herrschender Meinung nach § 134 BGB nichtig, da hierdurch die Kontrollbefugnisse des Vorstands gem. § 308 Abs. 2 Satz 2 ausgehebelt werden[12]. Die nachträgliche Genehmigung eines ohne Vertretungsmacht vorgenommenen Geschäfts durch den Vorstand hält die überwiegende Ansicht für unwirksam, da es im Falle der Beherrschung an der von § 177 Abs. 1 BGB vorausgesetzten freien Willensbildung fehle[13]. Dem ist nicht zu folgen. Die Beachtlichkeit von Willensmängeln regeln die §§ 116 ff. BGB abschließend. Seine Kontrollfunktion kann der Vorstand bei der nachträglichen Entscheidung ausüben. Zu einer Genehmigung kann die Obergesellschaft deshalb auch anweisen, da der Vorstand der Untergesellschaft vor der Befolgung der Anweisung von seiner Kontrollkompetenz Gebrauch machen kann[14].

c) Doppelmandatsträgerschaft

7   De lege lata besteht **kein Verbot der Doppelmandatsträgerschaft**[15]. Die Beteiligung des Doppelmandatsträgers sowohl auf der Seite des Weisungserteilenden als auch auf

---

7 *Altmeppen* in MünchKomm. AktG, § 308 Rz. 9; *Emmerich* in Emmerich/Habersack, Aktien- und GmbH-Konzernrecht, § 308 Rz. 26; *Hirte* in Großkomm. AktG, § 308 Rz. 17; *Hüffer*, § 308 Rz. 11.

8 *Emmerich* in Emmerich/Habersack, Aktien- und GmbH-Konzernrecht, § 308 Rz. 27.

9 *Palm* in Erman, BGB, § 133 Rz. 19; *Armbrüster* in Erman, BGB, § 145 Rz. 3; *Heinrichs* in Palandt, BGB, § 133 Rz. 9; *Hirte* in Großkomm. AktG, § 308 Rz. 18; *Singer* in Staudinger, BGB, § 133 Rz. 18.

10 *Altmeppen* in MünchKomm. AktG, § 308 Rz. 9, 14 f.; *Emmerich* in Emmerich/Habersack, Aktien- und GmbH-Konzernrecht, § 308 Rz. 23 f.; *Hüffer*, § 308 Rz. 10.

11 Vgl. aber *Emmerich* in Emmerich/Habersack, Aktien- und GmbH-Konzernrecht, § 308 Rz. 23.

12 *Emmerich* in Emmerich/Habersack, Aktien- und GmbH-Konzernrecht, § 308 Rz. 32; *Hüffer*, § 308 Rz. 9; *Krieger* in MünchHdb. AG, § 70 Rz. 154; a.A. OLG München v. 11.7.1979 – 15 U 1532/78, AG 1980, 272, 273; *Exner*, AG 1981, 175, 178.

13 *Hüffer*, § 308 Rz. 9; *Koppensteiner* in KölnKomm. AktG, § 308 Rz. 25.

14 *Krieger* in MünchHdb. AG, § 70 Rz. 154; a.A. *Emmerich* in Emmerich/Habersack, Aktien- und GmbH-Konzernrecht, § 308 Rz. 33.

15 *Aschenbeck*, NZG 2000, 1015; *Fleischer* in Fleischer, Handbuch des Vorstandsrechts, § 18 Rz. 127; *Hefermehl/Spindler* in MünchKomm. AktG, § 76 Rz. 44; *Hoffmann-Becking*, ZHR 150 (1986), 570, 574 f.; *Koppensteiner* in KölnKomm. AktG, § 308 Rz. 26; *K. Schmidt*, GesR,

der Seite des Weisungsempfängers stellt auch **kein unzulässiges Insichgeschäft** dar, denn im Regelfall ist von einer Gestattung dieser Mitwirkung auszugehen, § 181 BGB[16]. **Ebenso wenig liegt** nach zutreffender Ansicht **eine Generalweisung vor**, stets die Vorschläge des Doppelmandatsträgers zu befolgen[17]. Empfänger einer Weisung ist nach § 308 Abs. 1 der Vorstand, nicht die Gesellschaft. Denkbar ist allenfalls die an den Gesamtvorstand gerichtete Weisung, den Vorgaben des „entsandten" Vorstandsmitglieds stets zu folgen. Das setzt Anhaltspunkte für die wenigstens konkludente Erteilung einer solchen Weisung voraus.

Nach vorzugwürdiger Ansicht gilt für den Doppelmandatsträger auch **kein umfassendes Stimmverbot analog § 34 BGB**[18], **wohl aber ein Stimmverbot analog § 136**, um die dort adressierte Gefahrenlage auszuschließen[19]. Gegen das umfassende Stimmverbot spricht, dass das Gesetz weder ein allgemeines gesellschaftrechtliches Stimmverbot bei Interessenkollisionen noch gerade ein konzernrechtliches Stimmverbot im Hinblick auf Anbahnung oder Durchführung eines Unternehmensvertrages kennt[20]. Die Effektivität eines solchen Verbots wäre ohnehin fragwürdig, da sich die Einflussnahme nicht auf die Stimmrechtsausübung beschränken wird, sondern die gesamte Geschäftsführung des Vorstands bzw. Überwachungstätigkeit des Doppelaufsichtsrats betrifft[21]. Eine **freiwillige Stimmenthaltung** ist in diesen Situationen stets zulässig, aber ohne dahingehende Pflicht nur begrenzt effektiv[22]. Dasselbe gilt für die vielerorts ausgesprochene Empfehlung, bei intensiven und andauernden Interessenkonflikten das **Mandat aufzugeben**[23].

Haftungsrechtlich hat sich der Doppelmandatsträger im Rahmen der Kontrollpflicht nach § 308 Abs. 2 Satz 2 a.E. an den Interessen der Untergesellschaft, bei der Weisungserteilung dagegen an den Interessen der Obergesellschaft auszurichten (s. unten § 309 Rz. 45)[24].

Die **Entsprechenserklärung nach § 161 kann** bei zahlreichen Doppelmandatsträgern wegen mangelnder Unabhängigkeit **einzuschränken sein**, Ziffer 5.4.2 Corporate Governance Kodex. Auf der Grundlage der Nr. 13.1, Nr. 1d des Anhangs II der **Empfehlung der Kommission 2005/162/EG**[25] ist ein Vertreter der Mutter im **Aufsichtsrat der**

8

9

10

---

§ 31 II 4 (S. 947); *Semler* in FS Stiefel, 1987, S. 719, 735 f.; zusammenfassend *Anders*, Vorstandsdoppelmandate, 2006, S. 82 ff.

16 *Hoffmann-Becking*, ZHR 150 (1986), 570, 572; *Timm*, AcP 193 (1993), 423, 428 ff.

17 Hierfür aber *Aschenbeck*, NZG 2000, 1015, 1020; *Emmerich* in Emmerich/Habersack, Aktien- und GmbH-Konzernrecht, § 308 Rz. 29; a.A. *Hüffer*, § 309 Rz. 28 f.

18 *Semler* in FS Stiefel, 1987, S. 719, 746 f., 757 f.; hierfür offen auch *Hoffmann-Becking*, ZHR 150 (1986), 570, 580 ff.

19 *Fleischer* in Fleischer, Handbuch des Vorstandsrechts, § 18 Rz. 130; zum Streit um die Reichweite eines Stimmverbots OLG München v. 17.3.1995 – 23 U 5930/94, NJW-RR 1996, 159; *Hügel/Klepsch*, NZG 2005, 905, 907 ff.; *Mülbert* in Großkomm. AktG, § 120 Rz. 112.

20 *Anders*, Vorstandsdoppelmandate, 2006, S. 115 ff.; *Fleischer* in Fleischer, Handbuch des Vorstandsrechts, § 18 Rz. 129; *Mertens* in KölnKomm. AktG, § 77 Rz. 29.

21 *Fleischer* in Fleischer, Handbuch des Vorstandsrechts, § 18 Rz. 129; *Hefermehl/Spindler* in MünchKomm. AktG, § 76 Rz. 46.

22 *Anders*, Vorstandsdoppelmandate, 2006, S. 123; *Aschenbeck*, NZG 2000, 1015, 1023; hierfür *Semler* in FS Stiefel, 1987, S. 719, 735.

23 *Fleischer* in Fleischer, Handbuch des Vorstandsrechts, § 18 Rz. 130; ablehnend *Anders*, Vorstandsdoppelmandate, 2006, S. 124.

24 BGH v. 21.12.1979 – II ZR 244/78 – „Schaffgotsch", NJW 1980, 1629; *Fleischer* in Fleischer, Handbuch des Vorstandsrechts, § 18 Rz. 128; *Hefermehl/Spindler* in MünchKomm. AktG, § 76 Rz. 45; *Hoffmann-Becking*, ZHR 150 (1986), 570, 574 f.; *Semler* in FS Stiefel, 1987, S. 719, 750 f., 756; *Ulmer*, NJW 1980, 1603 ff.

25 Empfehlung der Kommission vom 15. Februar 2005 zu den Aufgaben von nicht geschäftsführenden Direktoren/Aufsichtsratsmitgliedern/börsennotierter Gesellschaften sowie zu den Ausschüssen des Verwaltungs-/Aufsichtsrats, ABl. EG Nr. L 52 v. 25.2.2005, S. 51.

Tochter nicht unabhängig[26], denn in Gesellschaften mit einem kontrollierenden Mehrheitsaktionär soll der Aufsichtsrat aus der Sicht des Gemeinschaftsrechts über die Rechte der Minderheit wachen[27]. Damit ist die Doppelmandatsträgerschaft aber nach wie vor nicht ausgeschlossen. Immerhin muss nur eine „ausreichende Zahl" der Aufsichtsratsmitglieder unabhängig sein und das meint eine Zahl unterhalb der Mehrheit[28]. Auch ist die Empfehlung nicht nur inhaltlich auf heftige Kritik gestoßen[29], sondern darüber hinaus ist umstritten, inwieweit sie für den Bereich des deutschen Konzernrechts überhaupt einschlägig ist[30]. Gegen Transparenz bezüglich der Besetzung des Aufsichtsrats lässt sich freilich wenig einwenden[31].

d) Zuständigkeit zur Weisungserteilung

11   Zur Erteilung von Weisungen ist nach § 308 Abs. 1 Satz 1 das **herrschende Unternehmen** berechtigt.[32] Die Ausübung dieses Rechts erfolgt durch dessen organschaftliche Vertreter, § 309 Abs. 1, oder leitende Angestellte sowie sonstige Bevollmächtigte des herrschenden Unternehmens[33].

12   Die **Abtretung** des Weisungsrechts gem. § 398 BGB hält die ganz herrschende Meinung für unzulässig, da kein selbstständig übertragbares Recht vorliegt[34]. Dem ist zuzustimmen, da der eingeschränkte Schutz, den die §§ 404 ff. BGB gegenüber einem Gläubigerwechsel bieten, den Besonderheiten des Beherrschungsvertrages nicht gerecht wird. Für die Erteilung des Zustimmungsbeschlusses der Hauptversammlung kommt es nämlich auf die Identität des anderen Vertragsteils entscheidend an[35].

13   Die **Delegation** des Weisungsrechts ist zulässig, soweit man hierunter die Einschaltung Dritter in den Prozess der Kommunikation an anderer Stelle gefällter Leitungsentscheidungen versteht[36]. Im Regelfall handelt es sich hierbei um eigene Angestellte des herrschenden Unternehmens[37]. Die Zurechnung von Willenserklärungen findet dann nach den §§ 164 ff. BGB statt. § 185 BGB ist nach herrschender Meinung auf

---

26 Für eine Auslegung in diesem Lichte *Hüffer*, ZIP 2006, 637, 639; anders *Lieder*, NZG 2005, 569, 571; *Langenbucher*, ZGR 2007, 571, 595 f.; *E. Vetter*, BB 2005, 1689, 1691.

27 Empfehlung Erwägungsgrund (7).

28 *Hüffer*, ZIP 2006, 637, 640; s. auch Empfehlung Erwägungsgrund (8).

29 Arbeitsgruppe Europäisches Gesellschaftsrecht, ZIP 2003, 863, 869; *Bayer*, BB 2004, 1, 7; DAV-Stellungnahme, ZIP 2003, 1909, 1910; Gemeinsame Stellungnahme BDI et al., NZG 2004, 1052; *Habersack*, ZHR 168 (2004), 373, 377 f.; *Habersack*, NZG 2004, 1, 5; *Hoffmann-Becking*, ZGR 2004, 355, 360; *Maul/Lanfermann*, BB 2004, 1861, 1864; *Wirth*, ZGR 2005, 327, 339.

30 Ablehnend *Lieder*, NZG 2005, 569, 571; *E. Vetter*, BB 2005, 1689, 1691.

31 *Hüffer*, ZIP 2006, 637, 642; *Langenbucher*, ZGR 2007, 571, 587 f.

32 *Fleischer* in Fleischer, Handbuch des Vorstandsrechts, § 18 Rz. 38; *Hüffer*, § 308 Rz. 3; *Koppensteiner* in KölnKomm. AktG, § 308 Rz. 5.

33 *Emmerich* in Emmerich/Habersack, Aktien- und GmbH-Konzernrecht, § 308 Rz. 11, 13; *Fleischer* in Fleischer, Handbuch des Vorstandsrechts, § 18 Rz. 39; *Hüffer*, § 308 Rz. 3, 5.

34 *Fleischer* in Fleischer, Handbuch des Vorstandsrechts, § 18 Rz. 41; *Hirte* in Großkomm. AktG, § 308 Rz. 17; *Hüffer*, § 308 Rz. 6.

35 *Cahn*, BB 2000, 1477, 1482.

36 *Altmeppen* in MünchKomm. AktG, § 308 Rz. 57; *Altmeppen* in FS Lutter, 2000, S. 975, 978; *Emmerich* in Emmerich/Habersack, Aktien- und GmbH-Konzernrecht, § 308 Rz. 15; *Hüffer*, § 308 Rz. 7; a.A., nämlich für die Delegation an ein herrschendes Unternehmen *Koppensteiner* in KölnKomm. AktG, § 308 Rz. 14; a.A. auch *Cahn*, BB 2000, 1477, 1482.

37 *Altmeppen* in MünchKomm. AktG, § 308 Rz. 41, 54; *Emmerich* in Emmerich/Habersack, Aktien- und GmbH-Konzernrecht, § 308 Rz. 13; *Hüffer*, § 308 Rz. 5; *Koppensteiner* in KölnKomm. AktG, § 308 Rz. 11.

Verpflichtungsgeschäfte nicht anwendbar, kommt aber in Betracht, wenn es um Gestaltungsgeschäfte geht[38].

Wird ein **Beherrschungsvertrag mit mehreren Müttern** geschlossen, steht allen ein Weisungsrecht zu. Um widersprüchliche Weisungen zu verhindern, empfiehlt sich eine vertragliche Abstimmung. Kommt es zu nicht eindeutigen Weisungen, ist jede Weisung für die abhängige Gesellschaft verbindlich. Soweit sie sich widersprechen, gilt keine der Weisungen als erteilt[39].   14

Im **mehrstufigen Konzern** darf sich nach zutreffender herrschender Meinung die Mutter das Weisungsrecht der Tochter gegenüber der Enkelgesellschaft delegieren lassen[40]. Dagegen spricht nicht, dass die Mutter in der Praxis die Leitungsentscheidung inhaltlich selbst treffen wird[41]. Dass die Leitungsentscheidung aus der Sicht der Tochter fremdbestimmt ist, ist die Folge des Beherrschungsvertrages zwischen Mutter und Tochter. Von der Anerkennung eines eigenen Weisungsrechts unterscheidet sich die Delegation dadurch, dass das Weisungsrecht rechtlich bei der Tochter verankert bleibt, dieser mithin weiterhin ihre Kontrollkompetenz nach § 308 Abs. 2 Satz 2 a.E. zusteht.   15

Die Mutter hat aber aufgrund eines Beherrschungsvertrages mit der Tochter **kein originäres Weisungsrecht gegenüber der Enkelgesellschaft**, welches die Mutter unter Übergehung der Tochter ausüben kann[42]. Kommt es gleichwohl zu indirekter Einflussnahme der Mutter auf die Enkelgesellschaft, stellt sich die Frage, ob die §§ 311 ff. einschlägig sind (s. unten § 311 Rz. 20)[43].   16

In Abgrenzung vom Begriff der Delegation versteht man unter **Übertragung** die vollständige Abgabe der Leitungsmacht vom herrschenden Unternehmen an einen Dritten. Da die Weisungsbefugnis Rechtsfolge des Unternehmensvertrages und nicht selbstständig übertragbares Recht ist, kommt die Übertragung nur als Vertragsübernahme in Betracht. Hierfür ist die Zustimmung der Untergesellschaft und deren Hauptversammlung erforderlich[44]. Fehlt es hieran, ist die vermeintliche Weisung rechtlich unbeachtlich[45].   17

e) Der Weisungsempfänger

Weisungsempfänger ist der **Vorstand**, nicht die Untergesellschaft, § 308 Abs. 1 Satz 1. Direkte Weisungen an dem Vorstand nachgeordnete Mitarbeiter sind von § 308 nicht gedeckt[46]. Der Vorstand des abhängigen Unternehmens kann im Rahmen seines Di-   18

---

38 BGH v. 21.12.1960 – VIII ZR 89/59, BGHZ 34, 122, 125; BGH v. 20.3.1991 – VIII ARZ 6/90, BGHZ 114, 96, 100; *Heinrichs* in Palandt, BGB, § 185 Rz. 2, 3.

39 Vgl. §§ 711 BGB, 115 HGB, *Emmerich* in Emmerich/Habersack, Aktien- und GmbH-Konzernrecht, § 308 Rz. 8.

40 BGH v. 14.5.1990 – II ZR 122/89, AG 1990, 459, 460; *Koppensteiner* in KölnKomm. AktG, § 308 Rz. 6; anders *Altmeppen* in FS Lutter, 2000, S. 975, 988; *Cahn*, BB 2000, 1477, 1482 f.; *Koppensteiner* in KölnKomm. AktG, § 308 Rz. 14.

41 *Altmeppen* in FS Lutter, 2000, S. 975, 979.

42 *Hirte* in Großkomm. AktG, § 308 Rz. 24.

43 Hierzu *Bayer* in FS Ballerstedt, 1975, S. 157, 180; *Cahn*, BB 2000, 1477, 1478 ff.

44 BGH v. 15.6.1992 – II ZR 18/91 – „ASEA/BBC", BGHZ 119, 1, 6; *Emmerich* in Emmerich/Habersack, Aktien- und GmbH-Konzernrecht, § 308 Rz. 16; *Hüffer*, § 308 Rz. 6; *Koppensteiner* in KölnKomm. AktG, § 308 Rz. 15; *Sina*, AG 1991, 1, 4.

45 Sie ist nicht etwa schwebend unwirksam und nach § 177 BGB genehmigungsfähig. Bei der misslungenen Zession handelt der vermeintliche Zessionar in Ausübung eines vermeintlich erworbenen eigenen Rechts und nicht als Vertreter des Zedenten.

46 *Altmeppen* in MünchKomm. AktG, § 308 Rz. 72; *Emmerich* in Emmerich/Habersack, Aktien- und GmbH-Konzernrecht, § 308 Rz. 19; *Hüffer*, § 308 Rz. 8; *Kropff*, Aktiengesetz, S. 403; *Sina*, AG 1991, 1, 4; für die Zulässigkeit vertraglicher Einräumung direkter Weisungsbefugnis aber *Altmeppen* in MünchKomm. AktG, § 308 Rz. 77 ff.

rektionsrechts die ihm nachgeordneten Mitarbeiter zwar zur Befolgung von Weisungen der herrschenden Gesellschaft anhalten[47]. Bei einer hierauf gerichteten Weisung des herrschenden Unternehmens an den Vorstand ist aber das Prüfungsrecht des Vorstands zu beachten[48].

19   Ein **vertragsübergreifendes Weisungsrecht zwischen Mutter und Enkel** kommt nicht in Betracht[49]. Vergleichbare Ergebnisse lassen sich aber in zwei Varianten erzielen. Zum einen kann die Mutter der Tochter die Weisung erteilen, ihren Wunsch unverändert an die Enkel **durchzuleiten**. Zum anderen kann die Mutter die Tochter anweisen, deren Weisungsrecht auf die Mutter zu delegieren (s. oben Rz. 15)[50]. In beiden Fallkonstellationen liegt eine wirksame Weisung vor, es stellen sich aber haftungsrechtliche Fragen (s. unten § 309 Rz. 12 f.). Ist dagegen ein vollumfängliches Weisungsrecht zwischen Mutter und Tochter gewollt, muss ein weiterer Unternehmensvertrag geschlossen werden[51].

20   Die **Kompetenzen von Aufsichtsrat und Hauptversammlung** bleiben vom Abschluss eines Beherrschungsvertrages unberührt. Auf Angelegenheiten, die außerhalb der Kompetenz des Vorstands liegen, bezieht sich deshalb das Weisungsrecht nicht[52].

3. Umfang und Rechtsfolgen des Weisungsrechts

a) Gegenstand des Weisungsrechts

21   Das Weisungsrecht betrifft die **Leitung der Gesellschaft** (zum Begriff s. oben § 76 Rz. 8 f.)[53]. Erfasst sind Weisungen bzgl. der Geschäftsführung, der organschaftlichen Vertretung sowie Maßnahmen im Innenverhältnis der Gesellschaft unter Einschluss der Rechnungslegung[54]. Hiermit korrespondiert ein umfassender Informationsanspruch der Obergesellschaft[55].

---

47 *Altmeppen* in MünchKomm. AktG, § 308 Rz. 75 ff.; *Emmerich* in Emmerich/Habersack, Aktien- und GmbH-Konzernrecht, § 308 Rz. 19; *Fleischer* in Fleischer, Handbuch des Vorstandsrechts, § 18 Rz. 42.
48 *Emmerich* in Emmerich/Habersack, Aktien- und GmbH-Konzernrecht, § 308 Rz. 19 f.; *Hefermehl/Spindler* in MünchKomm. AktG, § 76 Rz. 35; *Koppensteiner* in KölnKomm. AktG, § 308 Rz. 18; *Krieger* in MünchHdb. AG, § 70 Rz. 153.
49 *Altmeppen* in MünchKomm. AktG, § 308 Rz. 29, § 309 Rz. 25; *Hüffer*, § 308 Rz. 3; *Emmerich* in Emmerich/Habersack, Aktien- und GmbH-Konzernrecht, § 308 Rz. 6; *Koppensteiner* in KölnKomm. AktG, § 308 Rz. 4; *Krieger* in MünchHdb. AG, § 70 Rz. 152.
50 BGH v. 14.5.1990 – II ZR 122/89, AG 1990, 459, 460; Altmeppen in MünchKomm. AktG, § 308 Rz. 29; Emmerich in Emmerich/Habersack, Aktien- und GmbH-Konzernrecht, § 308 Rz. 6; *Hüffer*, § 308 Rz. 3; *Krieger* in MünchHdb. AG, § 70 Rz. 152.
51 Die Delegation löst das Problem nicht, da sie das Weisungsrecht nicht vollständig von der Tochter auf die Mutter verlagern kann, s. oben Rz. 15; diff. *Altmeppen* in MünchKomm. AktG, § 308 Rz. 58
52 *Altmeppen* in MünchKomm. AktG, § 308 Rz. 85; *Emmerich* in Emmerich/Habersack, Aktien- und GmbH-Konzernrecht, § 308 Rz. 42; *Hüffer*, § 308 Rz. 12; *Krieger* in MünchHdb. AG, § 70 Rz. 145; *Turner*, DB 1991, 583.
53 *Altmeppen* in MünchKomm. AktG, § 308 Rz. 83, 86; *Emmerich* in Emmerich/Habersack, Aktien- und GmbH-Konzernrecht, § 308 Rz. 36, 39; *Fleischer* in Fleischer, Handbuch des Vorstandsrechts, § 18 Rz. 43; *Hüffer*, § 308 Rz. 12; *Koppensteiner* in KölnKomm. AktG, § 308 Rz. 28; *Kropff*, Aktiengesetz, S. 403.
54 *Altmeppen* in MünchKomm. AktG, § 308 Rz. 88 ff.; *Emmerich* in Emmerich/Habersack, Aktien- und GmbH-Konzernrecht, § 308 Rz. 40; *Fleischer* in Fleischer, Handbuch des Vorstandsrechts, § 18 Rz. 44; *Hüffer*, § 308 Rz. 12; *Krieger* in MünchHdb. AG, § 70 Rz. 146.
55 *Decher*, ZHR 158 (1994), 473, 480; *Fleischer* in Fleischer, Handbuch des Vorstandsrechts, § 18 Rz. 34.

Beispiele: Zulässig ist deshalb die Weisung, eine Hauptversammlung mit einer be- 22
stimmten Tagesordnung einzuberufen[56], bestehendes genehmigtes Kapital auszunutzen oder eine Satzungsänderung vorzubereiten[57]. Das herrschende Unternehmen
kann weiter zum Abschluss eines Unternehmensvertrages und zum Gebrauch der
hierdurch eingeräumten Leitungsmacht bei einer Enkelgesellschaft in einer bestimmten Art und Weise anweisen, soweit die Kompetenz des Vorstands reicht[58].
Was den mit dem herrschenden Unternehmen abgeschlossenen Beherrschungsvertrag angeht, gilt § 299[59]. Das Weisungsrecht deckt auch Vermögensverlagerungen
oder Schuldentransfers vom abhängigen zum herrschenden Unternehmen. Solange
kein Gewinnabführungsvertrag geschlossen wurde, ist die Verpflichtung zur Abführung des Gewinns hingegen unzulässig. Das ergibt sich für den Bilanzgewinn schon
aus § 174, im Übrigen aus § 292[60]. Verdeckte Gewinnausschüttungen sind wegen
§ 291 Abs. 3 im Regelfall gesellschaftsrechtlich zulässig[61] (zum cash management
s. unten § 311 Rz. 58).

Unzulässig ist die Weisung, nach den §§ 111 Abs. 4 Satz 3, 119 Abs. 2 die Hauptver- 23
sammlung anzurufen, da es sich hierbei nicht mehr um eine Maßnahme der Geschäftsführung des Vorstands handelt[62]. Dem herrschenden Unternehmen steht es
aber frei, den Weg des § 83 Abs. 1 Satz 1 zu beschreiten.

b) Grenzen des Weisungsrechts

Grenzen des Weisungsrechts können sich aus dem **Beherrschungsvertrag**[63] oder aus 24
einem **Verstoß gegen gesetzliche Vorschriften** ergeben. Letzteres kommt bei einem
Verstoß gegen die §§ 66, 71 ff., 89, 113 ff., 300, 302 in Betracht. § 291 Abs. 3 nimmt
hingegen einen Verstoß gegen die §§ 57, 58 und 60 aus. Normen außerhalb des AktG,
wie die §§ 246 ff., 252 ff. 279 ff. HGB, § 826 BGB, steuer- oder wettbewerbsrechtliche
Vorschriften, ziehen dem Weisungsrecht zusätzlich Grenzen[64].

Nichtig ist weiter eine Weisung, die gegen **§ 308 Abs. 2 Satz 2 a.E.** insoweit verstößt, 25
als sie die Erfüllung der Kontrollpflicht des Vorstands der abhängigen Gesellschaft
unmöglich macht. Die **Satzung** des abhängigen Unternehmens, insbesondere deren
Bestimmungen über den Unternehmensgegenstand, begrenzt die Weisungsbefugnis

---

56 *Krieger* in MünchHdb. AG, § 70 Rz. 146; *Wackerbarth*, Grenzen der Leitungsmacht in der internationalen Unternehmensgruppe, 2001, S. 441.
57 *Krieger* in MünchHdb. AG, § 70 Rz. 146.
58 OLG Karlsruhe v. 7.12.1990 – 15 U 256/89 – „Asea BB AG", AG 1991, 144, 146; *Altmeppen* in
MünchKomm. AktG, § 308 Rz. 89; *Bayer* in FS Ballerstedt, 1975, S. 157, 180; *Koppensteiner*
in KölnKomm. AktG, § 308 Rz. 32.
59 *Koppensteiner* in KölnKomm. AktG, § 308 Rz. 31; *Krieger* in MünchHdb. AG, § 70 Rz. 147.
60 *Emmerich* in Emmerich/Habersack, Aktien- und GmbH-Konzernrecht, § 308 Rz. 43 f.; *Koppensteiner* in KölnKomm. AktG, § 308 Rz. 36; *Krieger* in MünchHdb. AG, § 70 Rz. 149.
61 *Emmerich* in Emmerich/Habersack, Aktien- und GmbH-Konzernrecht, § 308 Rz. 44.
62 *Altmeppen* in MünchKomm. AktG, § 308 Rz. 90; *Emmerich* in Emmerich/Habersack, Aktien-
und GmbH-Konzernrecht, § 308 Rz. 41; *Fleischer* in Fleischer, Handbuch des Vorstandsrechts,
§ 18 Rz. 44; *Koppensteiner* in KölnKomm. AktG, § 308 Rz. 34; *Wackerbarth*, Grenzen der Leitungsmacht in der internationalen Unternehmensgruppe, 2001, S. 441 f.; a.A. *Hüffer*, § 309
Rz. 12. Umgekehrt gilt aber: Es kann untersagt werden, nach § 119 Abs. 2 die Hauptversammlung des abhängigen Unternehmens anzurufen, s. *Altmeppen* in MünchKomm. AktG, § 308
Rz. 91; *Emmerich* in Emmerich/Habersack, Aktien- und GmbH-Konzernrecht, § 308 Rz. 41.
63 *Fleischer* in Fleischer, Handbuch des Vorstandsrechts, § 18 Rz. 50; *Krieger* in MünchHdb. AG,
§ 70 Rz. 150.
64 *Altmeppen* in MünchKomm. AktG, § 308 Rz. 94 ff.; *Emmerich* in Emmerich/Habersack, Ak-
tien- und GmbH-Konzernrecht, § 308 Rz. 37, 55 ff.; *Fleischer* in Fleischer, Handbuch des Vorstandsrechts, § 18 Rz. 48; *Hommelhoff*, Konzernleitungspflicht, 1982, S. 151 f.; *Hüffer*, § 308
Rz. 14; *Koppensteiner* in KölnKomm. AktG, § 308 Rz. 30.

des herrschenden Unternehmens. Der Beherrschungsvertrag wirkt nur im Rahmen der Kompetenzen des Vorstands der abhängigen Gesellschaft, nicht der Hauptversammlung, § 179[65].

26   **Nachteilige Weisungen** sind nach § 308 Abs. 1 Satz 2 zulässig, soweit sie den Belangen des herrschenden Unternehmens oder einem mit dem herrschenden und der Untergesellschaft konzernverbundenen Unternehmen dienen[66]. Der Begriff des **Nachteils** entspricht dem in § 311 (s. unten § 311 Rz. 48 ff.)[67].

27   **Konzernbelangen** dient eine Weisung, wenn sie sich unmittelbar oder mittelbar positiv auf die Vermögens- oder Ertragslage des herrschenden oder eines konzernverbundenen Unternehmens auswirkt[68]. Der nur auf Eigeninteressen des herrschenden oder anderer konzernverbundener Unternehmen abstellende Wortlaut ist der Vorsicht der Gesetzesverfasser geschuldet[69]. Belange des Gesamtkonzerns sollten dadurch nicht ausgeschlossen werden[70]. Die **überwiegende Meinung** legt deshalb eine **Gesamtbetrachtung aller Glieder des Konzerns zugrunde**[71].

28   Die vertragliche Verbindung gerade der begünstigten Gesellschaft auch mit der Untergesellschaft ist wegen § 18 Abs. 1 Satz 1 Halbsatz 2 nicht erforderlich, da die einheitliche Leitung beide Unternehmen zu Konzernunternehmen macht[72]. Auch die **Begünstigung einer faktisch konzernierten Gesellschaft** kann genügen. Liegt der Vorteil für das begünstigte, nicht vertraglich verbundene Unternehmen zugleich im Interesse des herrschenden Unternehmens, ist die nachteilige Weisung zulässig[73].

29   Die **Beurteilung der Frage, ob eine Weisung den Belangen des herrschenden oder eines konzerngebundenen Unternehmens dient**, erfolgt ex ante[74] und unterliegt dem unternehmerischen Ermessen des Vorstands der herrschenden Gesellschaft[75]. Eine positive Auswirkung wird beispielsweise bejaht für Konzernverrechnungspreise[76], Verlagerung attraktiver Geschäftsfelder auf das herrschende Unternehmen oder Beschaffung von Liquidität zu Lasten der Untergesellschaft[77].

---

65 *Altmeppen* in MünchKomm. AktG, § 308 Rz. 130 f.; *Emmerich* in Emmerich/Habersack, Aktien- und GmbH-Konzernrecht, § 308 Rz. 56 f.; *Fleischer* in Fleischer, Handbuch des Vorstandsrechts, § 18 Rz. 49; *Hirte* in Großkomm. AktG, § 308 Rz. 40; *Hommelhoff*, Konzernleitungspflicht, 1982, S. 149; *Koppensteiner* in KölnKomm. AktG, § 308 Rz. 55; *Krieger* in MünchHdb. AG, § 70 Rz. 145; *Sina*, AG 1991, 1, 2.

66 *Hirte* in Großkomm. AktG, § 308 Rz. 48; anders *Geßler*, ZHR 140 (1976), 433, 437, der eine Gesamtbetrachtung des Konzerninteresses für notwendig hält.

67 *Clemm*, ZHR 141 (1977), 197, 201; *Emmerich* in Emmerich/Habersack, Aktien- und GmbH-Konzernrecht, § 308 Rz. 45; *Hüffer*, § 308 Rz. 15; *Koppensteiner* in KölnKomm. AktG, § 308 Rz. 39.

68 *Emmerich* in Emmerich/Habersack, Aktien- und GmbH-Konzernrecht, § 308 Rz. 49 f.; *Hüffer*, § 308 Rz. 17; *Koppensteiner* in KölnKomm. AktG, § 308 Rz. 46; *Krieger* in MünchHdb. AG, § 70 Rz. 148; *Wellkamp*, WM 1993, 2155, 2157.

69 *Geßler*, ZHR 140 (1976), 433, 437.

70 Sie tauchen im RegE mit Blick auf § 308 Abs. 2 auf, vgl. *Kropff*, Aktiengesetz, S. 403.

71 Vgl. *Geßler*, ZHR 140 (1976), 433, 438; *Immenga*, ZHR 140 (1976), 301, 305; implizit auch *Clemm*, ZHR 141 (1977), 197, 199.

72 *Emmerich* in Emmerich/Habersack, Aktien- und GmbH-Konzernrecht, § 308 Rz. 47; *Koppensteiner* in KölnKomm. AktG, § 308 Rz. 44.

73 *Altmeppen* in MünchKomm. AktG, § 308 Rz. 109; *Hüffer*, § 308 Rz. 18; *Emmerich* in Emmerich/Habersack, Aktien- und GmbH-Konzernrecht, § 308 Rz. 47; *Krieger* in MünchHdb. AG, § 70 Rz. 148; *Veil* in Spindler/Stilz, § 308 Rz. 25.

74 *Veil* in Spindler/Stilz, § 308 Rz. 26.

75 *Immenga*, ZHR 140 (1976), 301, 304 f.; stark einschränkend *Geßler*, ZHR 140 (1976), 433, 438; wohl auch *Clemm*, ZHR 141 (1977), 197, 203.

76 Krit. *Ballerstedt*, ZHR 137 (1973), 388 ff.

77 *Hüffer*, § 308 Rz. 17.

Drittinteressen legitimieren die nachteilige Weisung nicht. Unzulässig ist deshalb die Befolgung der Interessen des Mehrheitsaktionärs der Obergesellschaft oder auch der Hausbank oder der öffentlichen Hand[78]. 30

c) Verbot existenzgefährdender Weisungen

Über den Wortlaut der Norm hinaus **misst die herrschende Meinung Weisungen** des herrschenden Unternehmens zusätzlich **am Maßstab der Verhältnismäßigkeit.** Existenzgefährdende Weisungen sind danach unzulässig, so dass ihre Befolgung im Rahmen des § 308 Abs. 1 Satz 2 abgelehnt werden kann[79]. **Dem ist zu folgen.** Zwar wird durch wertungsoffene Begriffe nicht unerhebliche Rechtsunsicherheit in die Erteilung und die Befolgungspflicht von Weisungen getragen[80]. Für eine Einschränkung der Weisungsbefugnis spricht aber ein systematisch-teleologisches Argument: Die §§ 302-305 gehen vom Fortbestand der Untergesellschaft während der Beherrschung aus bzw. setzen ihre Lebensfähigkeit nach Vertragsende voraus[81], soll nicht die herrschende Gesellschaft auf Kosten der verbliebenen außenstehenden Aktionäre wirtschaften können[82]. Zwar können sich Beeinträchtigungen der (stand alone) Lebensfähigkeit als nicht intendiertes Ergebnis des gesamten Prozesses der Beherrschung ergeben. Dies spricht aber nicht gegen die herrschende Meinung[83], denn daraus lässt sich nicht ableiten, dass einzelne auf Vernichtung der Existenzfähigkeit gerichtete Weisungen zulässig sind. Für die Mindermeinung, die das annimmt, lässt sich auch nicht anführen, die juristische Person als solche habe keinen Eigenwert, der ihre Bestandssicherung legitimieren könnte[84]. Die Existenzsicherung ist im Hinblick auf Gläubiger, Arbeitnehmer und noch nicht vollständig entschädigte außenstehende Aktionäre, insbesondere solche, die sich für eine Ausgleichszahlung nach § 304 entschieden haben, in gewissen Grenzen auch im Vertragskonzern geboten. 31

Eine **existenzgefährdende Weisung** liegt vor, wenn deren Befolgung für die verpflichtete AG die ernstzunehmende Gefahr der Insolvenz begründet. Hinzu kommen muss, dass Ansprüche der verpflichteten Gesellschaft gegen den anderen Vertragsteil wegen ihrer wirtschaftlichen Wertlosigkeit nicht mehr helfen können[85]. Das lässt 32

---

78 BGH v. 17.3.1997 – II ZB 3/96 – „VW/Niedersachsen", BGHZ 135, 107, 113 f. = AG 1997, 374; *Emmerich* in Emmerich/Habersack, Aktien- und GmbH-Konzernrecht, § 308 Rz. 50; *Geßler*, ZHR 140 (1976), 433, 438; *Immenga*, ZHR 140 (1976), 301, 305; *Kropff*, Aktiengesetz, S. 403; *Sina*, AG 1991, 1, 5 f.; *Mestmäcker* in FS Kronstein, 1967, S. 129, 136; *Veil* in Spindler/Stilz, § 308 Rz. 27; anders *Koppensteiner* in KölnKomm. AktG, § 308 Rz. 41.

79 *Clemm*, ZHR 141 (1977), 197, 204; *Hommelhoff*, Konzernleitungspflicht, 1982, S. 148 f.; *Hüffer*, § 308 Rz. 19; *Kantzas*, Das Weisungsrecht im Vertragskonzern, 1988, S. 112; *Kleindiek*, Strukturvielfalt im Personengesellschafts-Konzern, 1991, S. 141 f., 146 f., 168 f.; *Koppensteiner* in KölnKomm. AktG, § 308 Rz. 47, anders aber für existenzgefährdende Weisungen, Rz. 50; *Priester*, ZIP 1989, 1301, 1303; *K. Schmidt*, GesR, § 31 III 2 (S. 952 f.); *Streyl*, Zur konzernrechtlichen Problematik von Vorstands-Doppelmandaten, 1991, S. 52 ff.; *Wiedemann/Hirte* in FS 50 Jahre BGH, 2000, S. 337, 383; offener *Fleischer* in Fleischer, Handbuch des Vorstandsrechts, § 18 Rz. 51.

80 *Veil* in Spindler/Stilz, § 308 Rz. 31; *Zöllner*, ZGR 1992, 173, 189.

81 *Emmerich* in Emmerich/Habersack, Aktien- und GmbH-Konzernrecht, § 308 Rz. 64; *Geßler*, ZHR 140 (1976), 433, 438 f.; *Hüffer*, § 308 Rz. 19; *Krieger* in MünchHdb. AG, § 70 Rz. 148; *Sina*, AG 1991, 1, 7.

82 *Hommelhoff*, Konzernleitungspflicht, 1982, S. 308; *Kleindiek*, Strukturvielfalt im Personengesellschafts-Konzern, 1991, S. 168 f.

83 So aber *Immenga*, ZHR 140 (1976), 301, 307; *Kropff*, Aktiengesetz, S. 393, 397.

84 *Koppensteiner* in KölnKomm. AktG, § 308 Rz. 51.

85 *Clemm*, ZHR 141 (1977), 197, 204 ff.; *Priester*, ZIP 1989, 1301, 1303.

sich durch die Kontrollfrage ermitteln, ob nach Durchführung der Maßnahme eine Kündigung des Vertrages aus wichtigem Grund noch sinnvoll wäre[86].

33   Wirkt sich eine Weisung während des laufenden Beherrschungsvertrages **existenzge-**
fährdend aus, setzt deren Unzulässigkeit voraus, dass die Obergesellschaft die Erfüllung der Ansprüche aus § 302 endgültig und ernsthaft verweigert oder hierzu nicht in
der Lage ist[87]. Dass die beherrschte Gesellschaft diesen Zustand nicht hinnehmen
muss, zeigt § 297 Abs. 1 Satz 2: Ist es der Gesellschaft gestattet, sich von dem Vertrag
vollständig zu lösen, ist es ihr erst recht gestattet, die Befolgung einer Weisung zu
verweigern, welche diesen Zustand noch vertiefen würde[88]. Eine Ausnahme für den
Fall der Rettung der illiquiden Obergesellschaft auf Kosten der verpflichteten Gesellschaft und ihrer Gläubiger ist nicht anzuerkennen[89].

34   Wirkt sich eine Weisung **nicht existenzgefährdend** aus, belastet sie aber die Untergesellschaft mit Nachteilen, die im Verhältnis zu den hiermit einhergehenden Vorteilen **unverhältnismäßig** sind, gilt im Grundsatz dasselbe. Greifen die §§ 302 f. nicht
und stehen die Vorteile für den Konzern eindeutig außerhalb eines vernünftigen Verhältnisses zu den mit der Weisung einhergehenden Nachteilen für die verpflichtete
Gesellschaft[90], ist diese unzulässig.

35   **Wirkt sich eine Weisung erst nach Beendigung des Laufs eines Beherrschungsvertra-**
ges existenzgefährdend aus, dürfte eigentlich für eine Existenzvernichtung kein
Raum mehr sein: Zwar endet die Verpflichtung zur Verlustübernahme nach § 302.
Berücksichtigt man aber in der letzten Bilanz, für die ein Verlustausgleich stattfindet,
die Auswirkungen der Beherrschung, dürfen Aktiva nur zu Zerschlagungswerten angesetzt werden, ggf. sind Restrukturierungsrückstellungen zu bilden (s. unten § 302
Rz. 37 ff.). Die Gläubiger der Gesellschaft sind im Rahmen des § 303 gesichert. Unzulässig kann eine Weisung deshalb nur sein, wenn bereits bei ihrer Erteilung deutlich
ist, dass die herrschende Gesellschaft diese Sicherung nicht wird leisten können oder
sie endgültig und ernsthaft verweigert.

36   Dasselbe gilt, wenn die Erfüllung der Ansprüche der Gläubiger im Rahmen des § 303
AktG zwar erfolgen kann, der Weisung aber aus anderen Gründen **existenzgefährden-**
de Wirkung zu Lasten der verpflichteten Gesellschaft nach Beendigung des Beherr-
schungsvertrages zukommt[91]. Der Beherrschungsvertrag begründet kein Recht auf
Existenzvernichtung der abhängigen Gesellschaft, sondern nur auf deren Leitung[92].
Gerade umgekehrt zählt es deshalb zu den Pflichten des herrschenden Vertragsteils,

---

86 *Schulze-Osterloh*, ZHR 142 (1978), 519, 523; im Anschluss hieran *Priester*, ZIP 1989, 1301,
     1303.
87 *Habersack/Schürnbrand*, NZG 2004, 689, 690; *Henze*, WM 2005, 717, 723; *Jula/Breitbarth*,
     AG 1997, 256, 262; *Priester*, ZIP 1989, 1301, 1304; enger *Hommelhoff*, WM 1984, 1105, 1113,
     eine jederzeitige Rückführung der Mittel muss gewährleistet sein.
88 *Altmeppen* in MünchKomm. AktG, § 308 Rz. 113 f.; *Clemm*, ZHR 141 (1977), 197, 203 f. für
     hoch spekulative Finanztransaktionen; *Emmerich* in Emmerich/Habersack, Aktien- und
     GmbH-Konzernrecht, § 308 Rz. 51; *Hommelhoff*, Konzernleitungspflicht, 1982, S. 150.
89 Anders *Geßler*, ZHR 140 (1976), 433, 440; *Koppensteiner* in KölnKomm. AktG, § 308 Rz. 52;
     offen *Clemm*, ZHR 141 (1977), 197, 204.
90 Für hoch spekulative Finanztransaktionen *Clemm*, ZHR 141 (1977), 197, 203 f.; *Emmerich* in
     Emmerich/Habersack, Aktien- und GmbH-Konzernrecht, § 308 Rz. 51 meint dagegen, der
     Schädigung der abhängigen Gesellschaft dürften hierfür keine vergleichbaren Vorteile für an-
     dere Konzernunternehmen gegenüberstehen; nach *Hommelhoff*, Konzernleitungspflicht,
     1982, S. 149 dürfen die Nachteile nicht außer Verhältnis zu den Vorteilen stehen; nur auf
     Rechtswidrigkeit (nicht Nichtigkeit) abstellend *Altmeppen* in MünchKomm. AktG, § 308
     Rz. 113 f.
91 Beispiele bei *Hommelhoff*, Konzernleitungspflicht, 1982, S. 307 f.
92 *Hommelhoff*, Konzernleitungspflicht, 1982, S. 150.

die Liquidität der abhängigen Gesellschaft jedenfalls soweit zu bewahren, dass deren Fortexistenz nach Vertragsende noch möglich ist[93]. Entsprechendes gilt, wenn die nachteiligen Wirkungen einer Weisung sich erst nach dem Ende des Beherrschungsvertrages auswirken und diese im Verhältnis zu den für den Konzern erzielten Vorteilen **unverhältnismäßig** sind.

III. Die Rechtsfolge einer Weisung

1. Die Folgepflicht des Vorstands (§ 308 Abs. 2)

Die **zulässige Weisung** i.V.m. dem Beherrschungsvertrag begründet nach § 308 Abs. 2 Satz 1 eine Folgepflicht des Vorstands und des abhängigen Unternehmens[94]. Von beiden kann das herrschende Unternehmen Erfüllung bzw. Schadensersatz verlangen[95]. Der **unzulässigen Weisung** darf der Vorstand nicht nachkommen, im Falle fortgesetzt unzulässiger Weisungen kann ihn eine Pflicht zur Kündigung nach § 297 treffen[96].   37

Ob die Weisung zulässig ist, hat der Vorstand zu überprüfen[97]. In die Wahrnehmung dieser **Prüfungspflicht** kann er nach den allgemeinen Regeln Dritte einschalten[98]. Für einen **Doppelmandatsträger** ist die Pflicht zur inhaltlichen Überprüfung nicht etwa ausgeschlossen[99]. Sie mag in ihrer Effizienz durch die Personenidentität beeinträchtigt sein. Das ist aber kein Grund, bereits die Pflichtenstellung abzulehnen, zumal sich Verletzungen haftungsrechtlich sanktionieren lassen.   38

Verstößt die Weisung gegen den Beherrschungsvertrag, gegen **das Gesetz** oder **die Satzung**, darf und muss der Vorstand dies vollumfänglich prüfen[100]. Gelangt er zu der Überzeugung, ihm sei eine hiernach rechtswidrige Weisung erteilt worden, muss er die Befolgung der Weisung verweigern[101].   39

Meint der Vorstand, die Weisung liege **nicht im Interesse des herrschenden oder des konzernverbundenen Unternehmens**, hat er seine Beurteilung zunächst einmal hinter die Annahmen des Vorstands der herrschenden Gesellschaft zurückzustellen[102]. Das erschien dem Gesetzgeber naheliegend, weil dem Vorstand der abhängigen Ge-   40

---

93 BGH v. 17.9.2001 – II ZR 178/99 – „Bremer Vulkan", BGHZ 149, 10, 18 ff. zum faktischen GmbH-Konzern; *Clemm*, ZHR 141 (1977), 197, 205; *Geßler*, ZHR 140 (1976), 433, 439; zur Übertragbarkeit dieser Grundsätze auf den faktischen AG-Konzern *Emmerich* in Emmerich/ Habersack, Aktien- und GmbH-Konzernrecht, Anh. § 317 Rz. 5; *Hüffer*, § 1 Rz. 25.
94 *Hirte* in Großkomm. AktG, § 308 Rz. 52.
95 *Emmerich* in Emmerich/Habersack, Aktien- und GmbH-Konzernrecht, § 308 Rz. 52, 67 f.; *Fleischer* in Fleischer, Handbuch des Vorstandsrechts, § 18 Rz. 85, 87; *Koppensteiner* in KölnKomm. AktG, § 308 Rz. 62; ablehnend in Bezug auf die Geltendmachung eines eigenen Schadensersatzanspruches der herrschenden Gesellschaft *Hirte* in Großkomm. AktG, § 308 Rz. 53.
96 *Emmerich* in Emmerich/Habersack, Aktien- und GmbH-Konzernrecht, § 308 Rz. 64b, 69.
97 *Fleischer* in Fleischer, Handbuch des Vorstandsrechts, § 18 Rz. 86; *Hüffer*, § 308 Rz. 20.
98 *Altmeppen* in MünchKomm. AktG, § 308 Rz. 79; zweifelnd *Emmerich* in Emmerich/Habersack, Aktien- und GmbH-Konzernrecht, § 308 Rz. 20.
99 *Anders*, Vorstandsdoppelmandate, 2006, S. 144; *Fleischer* in Fleischer, Handbuch des Vorstandsrechts, § 18 Rz. 132.
100 *Altmeppen* in MünchKomm. AktG, § 308 Rz. 140; *Clemm*, ZHR 141 (1977), 197, 199; *Emmerich* in Emmerich/Habersack, Aktien- und GmbH-Konzernrecht, § 308 Rz. 52.
101 *Emmerich* in Emmerich/Habersack, Aktien- und GmbH-Konzernrecht, § 308 Rz. 52; *Hüffer*, § 308 Rz. 20, 22.
102 *Emmerich* in Emmerich/Habersack, Aktien- und GmbH-Konzernrecht, § 308 Rz. 52; *Hüffer*, § 308 Rz. 21; *Koppensteiner* in KölnKomm. AktG, § 308 Rz. 66; *Krieger* in MünchHdb. AG, § 70 Rz. 156; *Kropff*, Aktiengesetz, S. 403.

sellschaft regelmäßig der Überblick über den Gesamtkonzern fehlt[103]. Es liegt auf der Hand, dass er das Recht und die Pflicht hat, das herrschende Unternehmen auf den Eintritt nicht offenkundiger Nachteile hinzuweisen[104]. Gelangt der Vorstand der abhängigen Gesellschaft allerdings zu dem Schluss, dass es sich um eine **offensichtliche Abweichung von den Interessen des herrschenden und des abhängigen Unternehmens** handelt, und kann er dies nachweisen[105], hat er das Recht und die Pflicht, die Befolgung der Weisung abzulehnen. Offensichtlich bedeutet dabei, dass die Abweichung für jeden Sachkenner ohne weiteres erkennbar ist[106].

2. Die Zurechnung von Handlungen nach Weisung

41   **Handlungen,** welche die Untergesellschaft **in Befolgung einer Weisung** vornimmt, sind **vollständig dieser Gesellschaft zuzurechnen.** Deshalb sind Willenserklärungen, die in Befolgung einer Weisung abgegeben werden, nicht etwa allein aufgrund der Tatsache mangelhaft, dass eine Weisung abgegeben wurde. Für schadensverursachende Handlungen hat zunächst einmal die Untergesellschaft selbst einzustehen. Daneben kann eine Haftung der Obergesellschaft aufgrund der Erteilung der Weisung als Anstifter in Betracht kommen, § 830 Abs. 2 BGB[107].

3. Die Pflicht zu konzernfreundlichem Verhalten außerhalb einer Weisung

42   **Unabhängig von einer Weisungserteilung** begründet der Beherrschungsvertrag die **Pflicht zu konzernfreundlichem Verhalten**[108]. Damit sind konzernfeindliche Maßnahmen unzulässig und verpflichten zu Schadensersatz, § 280 BGB[109]. Zusätzlich ist der Vorstand der abhängigen Gesellschaft zur Nachfrage bei der herrschenden Gesellschaft verpflichtet, wenn er meint, Interessen des Konzerns könnten verletzt sein[110]. Die herrschende Meinung lehnt eine Pflicht des Vorstands der abhängigen Gesellschaft, die Interessen des Konzerns ausfindig zu machen und sich auch außerhalb von Weisungen hieran auszurichten, zu Recht als zu weitgehend ab[111].

IV. Zustimmungspflichtige Geschäfte (§ 308 Abs. 3)

43   § 308 Abs. 3 Satz 1 betrifft die Weisung, ein zustimmungspflichtiges Geschäft vorzunehmen. **Erteilt der Aufsichtsrat die Zustimmung,** ist der Vorstand zur Befolgung verpflichtet. **Verweigert der Aufsichtsrat die Zustimmung** oder erteilt er sie nicht in angemessener Frist, ist der Vorstand der Untergesellschaft zur unverzüglichen Mitteilung an das herrschende Unternehmen verpflichtet. Die Weigerung des Aufsichts-

---

103 *Clemm,* ZHR 141 (1977), 197, 199; *Fleischer* in Fleischer, Handbuch des Vorstandsrechts, § 18 Rz. 88.
104 *Emmerich* in Emmerich/Habersack, Aktien- und GmbH-Konzernrecht, § 308 Rz. 53a; *Hüffer,* § 308 Rz. 21; *Koppensteiner* in KölnKomm. AktG, § 308 Rz. 68.
105 *Hüffer,* § 308 Rz. 22; *Krieger* in MünchHdb. AG, § 70 Rz. 156; a.A. zur Beweislast *Emmerich* in Emmerich/Habersack, Aktien- und GmbH-Konzernrecht, § 308 Rz. 53c.
106 *Altmeppen* in MünchKomm. AktG, § 308 Rz. 141, 148; *Emmerich* in Emmerich/Habersack, Aktien- und GmbH-Konzernrecht, § 308 Rz. 53; *Fleischer* in Fleischer, Handbuch des Vorstandsrechts, § 18 Rz. 89; *Hüffer,* § 308 Rz. 22.
107 *Hüffer,* § 308 Rz. 14.
108 *Hüffer,* § 308 Rz. 20; *Koppensteiner* in KölnKomm. AktG, § 308 Rz. 71; *Martens* in FS Fischer, 1979, S. 437, 449 f.; *Sven H. Schneider/Uwe H. Schneider,* AG 2005, 57, 58 ff.
109 *Altmeppen* in MünchKomm. AktG, § 308 Rz. 155; *Emmerich* in Emmerich/Habersack, Aktien- und GmbH-Konzernrecht, § 308 Rz. 54.
110 *Emmerich* in Emmerich/Habersack, Aktien- und GmbH-Konzernrecht, § 308 Rz. 54.
111 Dagegen *Altmeppen* in MünchKomm. AktG, § 308 Rz. 154; *Emmerich* in Emmerich/Habersack, Aktien- und GmbH-Konzernrecht, § 308 Rz. 54; weiter wohl *Sven H. Schneider/Uwe H. Schneider,* AG 2005, 57, 58.

rats kann durch eine erneute Weisung überwunden werden, § 308 Abs. 3 Satz 2. Sie setzt allerdings im Interesse der Wahrnehmung der Mitbestimmungsrechte zumindest auf der Konzernebene die Zustimmung des Aufsichtsrats des herrschenden Unternehmens voraus[112]. Fehlt die Zustimmung des Aufsichtsrats des herrschenden Unternehmens, ist die Weisung rechtswidrig. Hält der Vorstand der herrschenden Gesellschaft an ihr fest, verpflichtet ihn das zum Schadensersatz.

Die **Zustimmung des Aufsichtsrats** hat nach zutreffender Meinung **keine Außenwir** 44 **kung.** Sie beseitigt mithin die Vertretungsmacht des Vorstands nicht, dass § 308 Abs. 3 eine Einschränkung des § 78 bezweckt, ist nicht ersichtlich[113]. Im Einzelfall können die Regeln vom Missbrauch der Vertretungsmacht zur Anwendung gelangen[114].

§ 309
Verantwortlichkeit der gesetzlichen Vertreter des herrschenden Unternehmens

(1) Besteht ein Beherrschungsvertrag, so haben die gesetzlichen Vertreter (beim Einzelkaufmann der Inhaber) des herrschenden Unternehmens gegenüber der Gesellschaft bei der Erteilung von Weisungen an diese die Sorgfalt eines ordentlichen und gewissenhaften Geschäftsleiters anzuwenden.

(2) Verletzen sie ihre Pflichten, so sind sie der Gesellschaft zum Ersatz des daraus entstehenden Schadens als Gesamtschuldner verpflichtet. Ist streitig, ob sie die Sorgfalt eines ordentlichen und gewissenhaften Geschäftsleiters angewandt haben, so trifft sie die Beweislast.

(3) Die Gesellschaft kann erst drei Jahre nach der Entstehung des Anspruchs und nur dann auf Ersatzansprüche verzichten oder sich über sie vergleichen, wenn die außenstehenden Aktionäre durch Sonderbeschluss zustimmen und nicht eine Minderheit, deren Anteile zusammen den zehnten Teil des bei der Beschlussfassung vertretenen Grundkapitals erreichen, zur Niederschrift Widerspruch erhebt. Die zeitliche Beschränkung gilt nicht, wenn der Ersatzpflichtige zahlungsunfähig ist und sich zur Abwendung des Insolvenzverfahrens mit seinen Gläubigern vergleicht oder wenn die Ersatzpflicht in einem Insolvenzplan geregelt wird.

(4) Der Ersatzanspruch der Gesellschaft kann auch von jedem Aktionär geltend gemacht werden. Der Aktionär kann jedoch nur Leistung an die Gesellschaft fordern. Der Ersatzanspruch kann ferner von den Gläubigern der Gesellschaft geltend gemacht werden, soweit sie von dieser keine Befriedigung erlangen können. Den Gläubigern gegenüber wird die Ersatzpflicht durch einen Verzicht oder Vergleich der Gesellschaft nicht ausgeschlossen. Ist über das Vermögen der Gesellschaft das Insolvenzverfahren eröffnet, so übt während dessen Dauer der Insolvenzverwalter oder der

---

112 *Altmeppen* in MünchKomm. AktG, § 308 Rz. 160; *Emmerich* in Emmerich/Habersack, Aktien- und GmbH-Konzernrecht, § 308 Rz. 71 f.; *Fleischer* in Fleischer, Handbuch des Vorstandsrechts, § 18 Rz. 91.
113 *Emmerich* in Emmerich/Habersack, Aktien- und GmbH-Konzernrecht, § 308 Rz. 72; *Hüffer*, § 308 Rz. 23.
114 *Altmeppen* in MünchKomm. AktG, § 308 Rz. 162; hierzu allg. *Fleischer* in FS Huber, 2006, S. 719 ff.

Sachverwalter das Recht der Aktionäre und Gläubiger, den Ersatzanspruch der Gesellschaft geltend zu machen, aus.

(5) Die Ansprüche aus diesen Vorschriften verjähren in fünf Jahren.

I. Regelungsgegenstand und Regelungs- zweck	1	4. Haftung mehrerer und Freistellung . .	30
1. Grundlagen	1	IV. Verzicht und Vergleich (§ 309 Abs. 3)	31
2. Zur Lehre von der Doppelfunktion des § 309 Abs. 2	4	V. Geltendmachung des Anspruchs durch Aktionäre und Gläubiger (§ 309 Abs. 4)	32
II. Verhaltenspflichten (§ 309 Abs. 1) . .	6	VI. Verjährung (§ 309 Abs. 5)	38
1. Sorgfaltsverpflichteter	6	VII. Die Haftung des herrschenden Unter- nehmens	40
2. Berechtigter	15	1. Anspruchsgrundlage	41
3. Ausübung von Leitungsmacht	16	2. Haftung des herrschenden Unterneh- mens bei Doppelmandatsträgerschaft	45
III. Schadensersatzhaftung (§ 309 Abs. 2)	21	3. Haftung der gesetzlichen Vertreter ge- genüber dem herrschenden Unterneh-	
1. Haftungsbegründender Tatbestand . .	21	men	48
2. Haftungsausfüllender Tatbestand . . .	24		
3. Darlegungs- und Beweislast	28		

Literatur: *Emmerich*, Zur Organhaftung im Vertragskonzern, in GS Sonnenschein, 2003, S. 651; *Kropff*, Der konzernrechtliche Ersatzanspruch – ein zahnloser Tiger?, in FS Bezzenberger, 2000, S. 232; *Langenbucher*, Vorstandshandeln und Kontrolle, DStR 2005, 2083; *Mertens*, Die Haftung wegen Missbrauchs der Leitungsmacht nach § 309 AktG aus schadensersatzrechtlicher Sicht, AcP 168 (1968), 225; *Ulmer*, Zur Haftung der abordnenden Körperschaft nach § 31 BGB für Sorgfaltsverstöße des von ihr benannten Aufsichtsratsmitglieds, in FS Stimpel, 1985, S. 705.

I. Regelungsgegenstand und Regelungszweck

1. Grundlagen

1   Die Vorschrift bestimmt die Verhaltensanforderungen an die gesetzlichen Vertreter des herrschenden Unternehmens bzw. an einen herrschenden Einzelkaufmann (§ 309 Abs. 1) und ordnet deren haftungsrechtliche Verantwortlichkeit an (§ 309 Abs. 2). Diese tritt neben ihre Haftung gegenüber der eigenen Gesellschaft, die sich aus § 93 Abs. 1 bzw. aus dem Anstellungsverhältnis ergibt[1].

2   Die zwingend[2] angeordnete Haftung nach § 309 dient wie § 93 sowohl der Schadensprävention als auch dem Schadensausgleich und zieht dabei aus der Verlagerung des Herrschaftszentrums die gebotene Konsequenz: Wem die Leitungsmacht für die abhängige Gesellschaft eingeräumt wird, den trifft auch die haftungsrechtliche Verantwortlichkeit[3].

3   Bislang hat die Norm **wenig Bedeutung in der Praxis** erlangt, denn nicht im Konzerninteresse liegende Weisungen sind selten und ein Schaden hieraus trifft im Regelfall

---

1   *Altmeppen* in MünchKomm. AktG, § 309 Rz. 72.
2   *Emmerich* in Emmerich/Habersack, Aktien- und GmbH-Konzernrecht, § 309 Rz. 6; *Fleischer* in Fleischer, Handbuch des Vorstandsrechts, § 18 Rz. 53; *Hüffer*, § 309 Rz. 1; *Koppensteiner* in KölnKomm. AktG, § 309 Rz. 1.
3   *Emmerich* in Emmerich/Habersack, Aktien- und GmbH-Konzernrecht, § 309 Rz. 4; *Emmerich* in GS Sonnenschein, 2003, S. 651, 652; *Fleischer* in Fleischer, Handbuch des Vorstandsrechts, § 18 Rz. 52 f.; *Hüffer*, § 309 Rz. 1; *Kropff*, Aktiengesetz, S. 404.

nur das herrschende Unternehmen selbst. Auch stößt die Geltendmachung von Ersatzansprüchen durch einzelne Aktionäre wegen deren begrenzter Einsicht in die Interna des Geschäftsverkehrs zwischen den Partnern des Unternehmensvertrages an seine Grenzen[4]. Die Neuregelung des § 142 Abs. 2 Satz 1 durch das UMAG mag dies ändern, insbesondere in Kombination mit der erleichterten Darlegungs- und Beweislast, welche die Rechtsprechung außenstehenden Aktionären zugesteht (zum Prozesskostenrisiko s. unten Rz. 33)[5]. § 117 ist neben § 309 anwendbar[6].

2. Zur Lehre von der Doppelfunktion des § 309 Abs. 2

Die Einzelheiten der dogmatischen Einordnung des § 309, insbesondere der Haftungsanordnung im zweiten Absatz, sind umstritten. Nach einer Ansicht baut die Haftungsanordnung des § 309 Abs. 2 systematisch auf § 308 auf. Nur für nach dieser Vorschrift unzulässige Weisungen soll § 309 Abs. 2 eine haftungsrechtliche Verantwortlichkeit bestimmen. **§ 309 Abs. 1** dient nach dieser Ansicht allein der Bestimmung des **Verschuldensmaßstabs** nach dem Muster des § 276 Abs. 1 BGB[7].   4

Demgegenüber nimmt die Lehre von der **Doppelfunktion** des **§ 309 Abs. 2** an, die Norm regele sowohl den Verschuldensmaßstab als auch den objektiven Unrechtstatbestand. Für diese Meinung spricht vor allem die Parallele zu § 93 Abs. 2 sowohl was die systematische Ausformung als auch was den Regelungszweck der Norm angeht[8]. Die Rechtswidrigkeit einer Weisung gegenüber der Untergesellschaft lässt sich nicht allein aus einem Verstoß gegen das Konzerninteresse herleiten[9]. Hinzu kommen Vereinfachungen bei der Schadensberechnung bezüglich des abhängigen Unternehmens[10]. Große praktische Bedeutung hat der Streit nicht[11].   5

II. Verhaltenspflichten (§ 309 Abs. 1)

1. Sorgfaltsverpflichteter

Die Sorgfaltspflicht trifft **die gesetzlichen Vertreter eines herrschenden Unternehmens**, das heißt: Vorstandsmitglieder der AG, Geschäftsführer der GmbH, vertretungsberechtigte Gesellschafter einer oHG oder GbR[12] und vertretungsberechtigte Komplementäre einer KG[13]. Auch der Einzelkaufmann unterliegt den gleichen Verhaltenspflichten wie fremdnützig tätige Unternehmensleiter.[14]   6

---

4 *Kropff* in FS Bezzenberger, 2000, S. 233, 237.
5 BGH v. 29.3.1993 – II ZR 265/91 – „TBB", BGHZ 122, 123 zur GmbH.
6 *Hüffer*, § 309 Rz. 1.
7 *Altmeppen* in MünchKomm. AktG, § 309 Rz. 68; *Koppensteiner* in KölnKomm. AktG, § 309 Rz. 11.
8 *Emmerich* in Emmerich/Habersack, Aktien- und GmbH-Konzernrecht, § 309 Rz. 29; *Emmerich* in GS Sonnenschein, 2003, S. 651, 656 f.; *Fleischer* in Fleischer, Handbuch des Vorstandsrechts, § 18 Rz. 54 f.; *Hüffer*, § 309 Rz. 14; *Hirte* in Großkomm. AktG, § 309 Rz. 5.
9 *Hüffer*, § 309 Rz. 14.
10 *Mertens*, AcP 168 (1968), 225, 230 f.
11 *Fleischer* in Fleischer, Handbuch des Vorstandsrechts, § 18 Rz. 55; *Krieger* in MünchHdb. AG, § 70 Rz. 160.
12 *Altmeppen* in MünchKomm. AktG, § 309 Rz. 13; *Koppensteiner* in KölnKomm. AktG, § 309 Rz. 26.
13 *Altmeppen* in MünchKomm. AktG, § 309 Rz. 13; *Hüffer*, § 309 Rz. 3; *Koppensteiner* in KölnKomm. AktG, § 309 Rz. 26.
14 *Hüffer*, § 309 Rz. 5; *Hirte* in Großkomm. AktG, § 309 Rz. 16; für überflüssig halten den Zusatz *Emmerich* in Emmerich/Habersack, Aktien- und GmbH-Konzernrecht, § 309 Rz. 1, 19; *Koppensteiner* in KölnKomm. AktG, § 309 Rz. 34; s. auch *Altmeppen* in MünchKomm. AktG, § 309 Rz. 17; *Mertens*, AcP 168 (1968), 225, 228 f.

7   Bei der **GmbH & Co. KG** trifft die Verantwortlichkeit zunächst die Komplementär-GmbH. Die an diese gestellten Verhaltensanforderungen füllt ihr Geschäftsführer aus. Das spricht dafür, ihn analog § 309 Abs. 1 ebenfalls den Sorgfaltspflichten wie der haftungsrechtlichen Verantwortlichkeit zu unterwerfen[15].

8   Zu den nach § 309 Verpflichteten zählt auch der **Testamentsvollstrecker**[16]. Die Mitglieder des **Aufsichtsrats** der herrschenden Gesellschaft sind keine gesetzlichen Vertreter und unterfallen deshalb nicht dem Anwendungsbereich des § 309. Daran ändert sich nichts, wenn der Aufsichtsrat durch seine Zustimmung in eine Weisungserteilung eingebunden wurde und zwar auch im Fall des § 308 Abs. 3 Satz 2 a.E.[17]

9   Im Fall der **Mehrmütterorganschaft** haften die gesetzlichen Vertreter sämtlicher Mütter gesamtschuldnerisch. Wird die Ausübung des Weisungsrechts einer der Mütter übertragen, haften deren gesetzliche Vertreter für Pflichtwidrigkeiten, die übrigen für Auswahlverschulden[18].

10 Für **Gebietskörperschaften** gelten, was die Haftung der für diese handelnden Personen angeht, die Amtshaftungsregeln. § 309 soll nach herrschender Meinung aus diesem Grund keine Anwendung finden[19].

11 Die mehrstufige Konzernierung ist vom unmittelbaren Anwendungsbereich des § 309 nur erfasst, wenn **zwischen Mutter und Enkel** ein **Beherrschungsvertrag geschlossen** ist, der die Mutter zur Erteilung von Weisungen direkt an die Enkelin ermächtigt[20].

12 Besteht hingegen nur ein **Beherrschungsvertrag zwischen Mutter und Tochter sowie ein weiterer Beherrschungsvertrag zwischen Tochter und Enkel**, hat die Mutter kein direktes Weisungsrecht. Auf der Grundlage nur des Wortlauts des § 309 ist die Tochter allein haftungsrechtlich verantwortlich. **Die herrschende Meinung lehnt diese Haftung** mangels Handlungsautonomie **ab, wenn die Tochter** im Rahmen einer Weisungskette die von der Mutter erteilte **Weisung** an die Enkelin „**durchleitet**"[21].

13 Dem ist nicht zu folgen. Können die gesetzlichen Vertreter der Tochter nach § 308 Abs. 2 Satz 2 a.E. im Verhältnis zur Mutter die Befolgung der Weisung verweigern, ist eine Haftung der Tochter gegenüber der Enkelgesellschaft angemessen[22]. Ist die **Weisung auf der Basis des Beherrschungsvertrages zwischen Tochter und Enkel zulässig**, scheidet eine Pflichtverletzung der gesetzlichen Vertreter der Tochter und damit eine

---

15 *Altmeppen* in MünchKomm. AktG, § 309 Rz. 15; *Hüffer*, § 309 Rz. 3; *Koppensteiner* in KölnKomm. AktG, § 309 Rz. 28.
16 *Mertens*, AcP 168 (1968), 225, 226.
17 *Altmeppen* in MünchKomm. AktG, § 309 Rz. 18 f.; *Emmerich* in Emmerich/Habersack, Aktien- und GmbH-Konzernrecht, § 309 Rz. 17; *Hüffer*, § 309 Rz. 4; *Koppensteiner* in KölnKomm. AktG, § 309 Rz. 35; *Krieger* in MünchHdb. AG, § 70 Rz. 161; zur Haftung des Aufsichtsrats im Konzern *Lutter*, AG 2006, 517, 519 ff.
18 *Altmeppen* in MünchKomm. AktG, § 309 Rz. 13, 76; *Emmerich* in Emmerich/Habersack, Aktien- und GmbH-Konzernrecht, § 309 Rz. 12; wohl auch *Hüffer*, § 309 Rz. 7; *Hirte* in Großkomm. AktG, § 309 Rz. 18.
19 *Hüffer*, § 309 Rz. 6; krit. *Altmeppen* in MünchKomm. AktG, § 309 Rz. 20 f.; *Emmerich* in Emmerich/Habersack, Aktien- und GmbH-Konzernrecht, § 309 Rz. 18; *Koppensteiner* in KölnKomm. AktG, § 309 Rz. 32; *Hirte* in Großkomm. AktG, § 309 Rz. 17.
20 *Altmeppen* in MünchKomm. AktG, § 309 Rz. 23; *Emmerich* in Emmerich/Habersack, Aktien- und GmbH-Konzernrecht, § 310 Rz. 8.
21 *Emmerich* in Emmerich/Habersack, Aktien- und GmbH-Konzernrecht, § 309 Rz. 10; *Hüffer*, § 309 Rz. 7.
22 *Emmerich* in Emmerich/Habersack, Aktien- und GmbH-Konzernrecht, § 309 Rz. 10; *Hirte* in Großkomm. AktG, § 309 Rz. 52; *Koppensteiner* in KölnKomm. AktG, § 309 Rz. 30. Anders *Altmeppen* in MünchKomm. AktG, § 309 Rz. 32, der § 310 anwenden will.

Haftung aus. Ist die **Weisung unzulässig**[23], bleibt die haftungsrechtliche Verantwortlichkeit der Tochter gegenüber der Enkelin entgegen der herrschenden Meinung[24] bestehen. Die vertragliche Verpflichtung gegenüber einem Dritten beseitigt die Verpflichtung gegenüber dem eigenen Vertragspartner nicht. Stattdessen begründet die Überschreitung des Weisungsrechts zwischen Tochter und Enkel eine Schadensersatzpflicht der Tochter und ihrer gesetzlichen Vertreter.

Die Tochter und ihre gesetzlichen Vertreter können wegen der im Verhältnis zur Enkelgesellschaft unzulässigen Weisung, zu deren Befolgung sie gegenüber der Mutter nach §308 verpflichtet waren, bei der Mutter Regress nehmen[25]. Veranlasst die Mutter die Tochter außerhalb eines Beherrschungsvertrages zu einem Vertragsbruch der Tochter gegenüber der Enkelgesellschaft, gilt dasselbe.   14

2. Berechtigter

Eine Sorgfaltspflichtverletzung begründet einen Anspruch allein der **abhängigen Gesellschaft**. Deren Gläubiger oder Aktionäre sind nicht Partei des Unternehmensvertrages und auch nicht vom Wortlaut des §309 Abs. 2 Satz 1 erfasst[26] (zur Geltendmachung s. unten Rz. 32, 36).   15

3. Ausübung von Leitungsmacht

§309 ordnet nach herrschender Meinung die Beobachtung bestimmter Sorgfaltspflichten **bei der Weisungserteilung** an[27]. Zum Begriff der Weisung s. oben §308 Rz. 3 ff.   16

Ob auch die **Unterlassung von Weisungen** durch §309 erfasst wird, ist umstritten[28]. Das Konzept der Konzernleitungspflicht ist weiter oben abgelehnt worden (s. oben §291 Rz. 40 ff.). Aus §309 selbst lässt sich eine Handlungspflicht der herrschenden Gesellschaft allenfalls in Ausnahmefällen ableiten, wenn nämlich gerade durch vorangegangene Maßnahmen der Konzernleitung eine Situation geschaffen wurde, die nunmehr eine weitere Weisung erforderlich macht. Das ist denkbar, wenn ohne eine Folgeweisung der Vorstand der Untergesellschaft in seinen Handlungsmöglichkeiten blockiert wäre oder wenn bei mehreren inhaltlich zusammenhängenden Weisungen eine Folgeweisung ausbleibt[29].   17

---

23 Das beurteilt sich nur nach dem Beherrschungsvertrag zwischen Tochter und Enkelgesellschaft. Auf die Frage, ob die Weisung im Interesse des gesamten Konzerns unter Einbeziehung der Mutter liegt, kommt es dabei nicht an. Es ist deshalb unerheblich, dass die Tochter diese Frage nicht beurteilen kann, s. aber *Altmeppen* in MünchKomm. AktG, §309 Rz. 32.
24 *Altmeppen* in MünchKomm. AktG, §309 Rz. 31 ff.; *Emmerich* in Emmerich/Habersack, Aktien- und GmbH-Konzernrecht, §309 Rz. 9.
25 Für die Bejahung eines solchen Anspruchs im Grundsatz *Altmeppen* in MünchKomm. AktG, §309 Rz. 36. Das verträgt sich allerdings nicht mit dessen Ansicht, einen Direktanspruch der Enkelgesellschaft gegen die Mutter zu etablieren, *Altmeppen* in MünchKomm. AktG, §309 Rz. 32 f.
26 *Altmeppen* in MünchKomm. AktG, §309 Rz. 73; *Hüffer*, §309 Rz. 8.
27 *Hüffer*, §309 Rz. 9 f.; 15; *Hirte* in Großkomm. AktG, §309 Rz. 26; *Koppensteiner* in KölnKomm. AktG, §309 Rz. 5; *Krieger* in MünchHdb. AG, §70 Rz. 160; weiter *Emmerich* in GS Sonnenschein, 2003, S. 651, 655; krit. *Mertens*, AcP 168 (1968), 225, 227.
28 Dagegen *Hüffer*, §309 Rz. 10; *Krieger* in MünchHdb. AG, §70 Rz. 160; dafür *Emmerich* in Emmerich/Habersack, Aktien- und GmbH-Konzernrecht, §309 Rz. 35; *Hirte* in Großkomm. AktG, §309 Rz. 26.
29 *Altmeppen* in MünchKomm. AktG, §309 Rz. 57; *Fleischer* in Fleischer, Handbuch des Vorstandsrechts, §18 Rz. 57; *Hefermehl/Spindler* in MünchKomm. AktG, §76 Rz. 40; *Hüffer*, §309 Rz. 10; *Koppensteiner* in KölnKomm. AktG, §309 Rz. 6.

18   Erfolgt die Einflussnahme des herrschenden Unternehmens in anderer Form als durch Erteilung einer Weisung, ist § 309 nach Wortlaut und Entstehungsgeschichte nicht anwendbar[30]. **Ausnahmen** gelten, wenn die Einflussnahme des herrschenden Unternehmens der Erteilung einer Weisung nahezu gleich kommt, beispielsweise bei Erteilung einer Vollmacht zugunsten des herrschenden Unternehmens durch das abhängige Unternehmen[31].

19   Eine **Ausdehnung des § 309** auf eine Inanspruchnahme der gesetzlichen Vertreter für **jede Pflichtverletzung des herrschenden Unternehmens** aus dem Beherrschungsvertrag[32] ist mit der herrschenden Meinung abzulehnen. Dagegen spricht neben dem engen systematischen Zusammenhang der beiden Absätze des § 309, dass die Weisungserteilung Recht des herrschenden Unternehmens, nicht seines Vorstandes persönlich ist. Der anweisende Vorstand handelt deshalb als Organ des herrschenden Unternehmens und haftet hierfür im Grundsatz nicht persönlich[33]. Das stellt die verpflichtete Gesellschaft nicht schutzlos: Die herrschende Gesellschaft kann sie gem. § 280 BGB in Anspruch nehmen.

20   Auch ein **Doppelmandatsträger** haftet für Sorgfaltspflichtverletzungen der abhängigen Gesellschaft in den Grenzen des § 309[34] (zur Haftung des Vorstands gegenüber dem herrschenden Unternehmen s. unten Rz. 48 f.). Außerhalb der Erteilung von Weisungen gilt das nach überwiegender Ansicht nicht. Dafür spricht die Entscheidung des Gesetzgebers für das im Kern formale System der Weisungserteilung als einziges Instrument der Machtausübung im Vertragskonzern[35]. Immerhin hat die abhängige Gesellschaft auch außerhalb der Weisungserteilung einen Schadensersatzanspruch gegen die herrschende Gesellschaft. Fallen dem Doppelmandatsträger als Organ der Tochter Sorgfaltspflichtverletzungen zur Last, haftet er (nur) gem. § 93[36].

III. Schadensersatzhaftung (§ 309 Abs. 2)

1. Haftungsbegründender Tatbestand

21   Die Haftung auf der Grundlage des § 309 setzt einen Verstoß gegen die Sorgfaltspflichten eines ordentlichen und gewissenhaften Geschäftsleiters voraus[37]. Diese sind objektiv zu bestimmen. Sie sind verletzt, wenn eine unzulässige Weisung erteilt[38] oder in anderer Weise gegen die Sorgfaltspflichten im Kontext der Weisungserteilung verstoßen wurde[39].

22   Die **business judgment rule** hat der Gesetzgeber für § 309 nicht übernommen. Ein Schluss e contrario gegen deren Anwendbarkeit lässt sich aber aus zwei Gründen nicht ziehen: Zum einen ging schon der Gesetzgeber davon aus, die business judgment rule könne als „Anknüpfungs- und Ausgangspunkt für die weitere Rechtsent-

---

30 *Hüffer*, § 309 Rz. 11; krit. *Mertens*, AcP 168 (1968), 225, 227.
31 *Altmeppen* in MünchKomm. AktG, § 309 Rz. 59; *Emmerich* in Emmerich/Habersack, Aktien- und GmbH-Konzernrecht, § 309 Rz. 16; *Hüffer*, § 309 Rz. 12; *Koppensteiner* in KölnKomm. AktG, § 309 Rz. 8.
32 Dafür *Emmerich* in Emmerich/Habersack, Aktien- und GmbH-Konzernrecht, § 309 Rz. 30 f.; *Emmerich* in GS Sonnenschein, 2003, S. 651 passim.
33 *Altmeppen* in MünchKomm. AktG, § 291 Rz. 76 f.; § 309 Rz. 46.
34 *Altmeppen* in MünchKomm. AktG, § 309 Rz. 60; *Hüffer*, § 309 Rz. 29.
35 *Hüffer*, § 309 Rz. 28 f.
36 *Altmeppen* in MünchKomm. AktG, § 309 Rz. 61; *Hüffer*, § 309 Rz. 28 f.
37 *Fleischer* in Fleischer, Handbuch des Vorstandsrechts, § 18 Rz. 56; *Hüffer*, § 309 Rz. 15; a.A. *Emmerich* in Emmerich/Habersack, Aktien- und GmbH-Konzernrecht, § 309 Rz. 30 f.
38 *Beuthien*, DB 1969, 1781; *Fleischer* in Fleischer, Handbuch des Vorstandsrechts, § 18 Rz. 56.
39 *Emmerich* in Emmerich/Habersack, Aktien- und GmbH-Konzernrecht, § 309 Rz. 33.

wicklung" dienen[40]. Zum anderen entspricht der Normtext des § 93 Abs. 1 Satz 2 der bereits vor dessen Kodifizierung geübten Auslegungspraxis[41]. Die Erteilung einer Weisung wird man im Regelfall als unternehmerische Entscheidung einordnen können. Kann der nach § 309 Verpflichtete beweisen, dass er vernünftige Annahmen zur notwendigen Information sowie zum Wohle der Gesellschaft getroffen hat, haftet er analog § 93 Abs. 1 Satz 2 nicht[42].

Die Pflichtverletzung muss **rechtswidrig** und **schuldhaft** gewesen sein. Für die Be-   23
stimmung des Verschuldens gilt der typisierende Maßstab des § 93, so dass persönliche Unfähigkeit nicht entlastend wirkt (s. oben § 93 Rz. 29)[43].

2. Haftungsausfüllender Tatbestand

Die Verantwortlichkeit der nach § 309 Verpflichteten setzt den **Eintritt eines Scha-**   24
dens, die haftungsausfüllende **Kausalität** sowie gegebenenfalls die Berücksichtigung von Mitverschulden voraus.

Die Ersatzfähigkeit des Schadens der Untergesellschaft beurteilt sich nach den   25
§§ 249 ff. BGB. Die hiernach durchzuführende Differenzhypothese ergibt keinen Schaden, wenn der erlittene Nachteil einen Anspruch aus § 302 Abs. 1 auslöst oder, falls ein Gewinnabführungsvertrag besteht, den abzuführenden Betrag mindert[44]. Außer Betracht bleibt dabei ein ggf. entstehender Zinsvorteil, soweit der Schadensersatzanspruch sofort, der Anspruch auf Verlustausgleich aber erst zum Jahresende fällig ist[45].

Solange noch kein Ausgleich nach § 302 erfolgt ist, bleibt der Anspruch aus § 309   26
nach zutreffender herrschender Meinung **bestehen.**[46] Dafür spricht, dass die Vorschrift sonst nahezu jedes praktischen Anwendungsbereichs beraubt würde[47].

Das herrschende Unternehmen und sein gesetzlicher Vertreter haften nach überwie-   27
gender Ansicht dem abhängigen Unternehmen als **Gesamtschuldner**[48].

3. Darlegungs- und Beweislast

§ 309 Abs. 2 Satz 2 kehrt die Darlegungs- und Beweislast um. Die **Untergesellschaft**   28
muss die Tatsachen vortragen und beweisen, aus denen sich die mögliche Pflichtwidrigkeit im Kontext einer Weisung ergibt, weiter den Eintritt eines Schadens und die adäquate Kausalität zwischen pflichtwidriger Handlung und Schadenseintritt. Ein

---

40 BT-Drucks. 15/5092, S. 12 Sp. 1.
41 In der Sache ähnlich *Altmeppen* in MünchKomm. AktG, § 309 Rz. 71; *Emmerich* in Emmerich/Habersack, Aktien- und GmbH-Konzernrecht, § 309 Rz. 32; *Mertens*, AcP 168 (1968), 224, 232.
42 So i. Erg. auch *Fleischer* in Fleischer, Handbuch des Vorstandsrechts, § 18 Rz. 56. Zu den Voraussetzungen der business judgement rule *Fleischer*, ZIP 2004, 685, 691; *Ihrig*, WM 2004, 2098, 2103; *Langenbucher*, DStR 2005, 2083, 2087 f.; *Linnerz*, NZG 2004, 307, 311 f.; *Semler*, AG 2005, 321, 324 f.; *Spindler* in MünchKomm. AktG, § 93 Rz. 25 ff.; *Thümmel*, DB 2004, 471, 472; *Ulmer*, DB 2004, 859, 859 ff.; *Weiss/Buchner*, WM 2005, 162, 163 ff.
43 *Fleischer* in Fleischer, Handbuch des Vorstandsrechts, § 18 Rz. 58.
44 *Koppensteiner* in KölnKomm. AktG, § 309 Rz. 14 ff.; *Krieger* in MünchHdb. AG, § 70 Rz. 159; krit. zur Gewinnminderung *Altmeppen* in MünchKomm. AktG, § 309 Rz. 84.
45 *Emmerich* in GS Sonnenschein, 2003, S. 651, 658.
46 *Hüffer*, § 309 Rz. 18; *Mertens*, AcP 168 (1968), 224, 231.
47 *Altmeppen* in MünchKomm. AktG, § 309 Rz. 85; *Emmerich* in Emmerich/Habersack, Aktien- und GmbH-Konzernrecht, § 309 Rz. 40; *Emmerich*, GS Sonnenschein, 2003, S. 651, 657; *Fleischer* in Fleischer, Handbuch des Vorstandsrechts, § 18 Rz. 59; *Hüffer*, § 309 Rz. 18.
48 *Altmeppen* in MünchKomm. AktG, § 309 Rz. 101 f.

Tatsachenvortrag hinsichtlich der Belange des herrschenden oder konzernverbundener Unternehmen wird nicht verlangt[49].

29   Der – sachnähere – **Anspruchsschuldner** muss beweisen, dass kein Verstoß gegen den Pflichtenmaßstab des § 309 oder jedenfalls kein schuldhaftes Handeln vorlag[50].

4. Haftung mehrerer und Freistellung

30   Mehrere gesetzliche Vertreter, in deren Person jeweils der Haftungstatbestand erfüllt ist, haften nach § 309 Abs. 2 Satz 1 als **Gesamtschuldner**[51]. Das herrschende Unternehmen darf nach zutreffender herrschender Meinung zur Absicherung seiner Organe vor einer Inanspruchnahme aus § 93 Abs. 2 eine **D&O-Versicherung** abschließen (s. oben § 93 Rz. 70)[52]. Folgt man dem, darf die herrschende Gesellschaft überdies ihren Vorstand für Schadensersatzansprüche aus der Ausübung von Leitungsmacht gegenüber einer beherrschten Gesellschaft **freistellen**[53].

IV. Verzicht und Vergleich (§ 309 Abs. 3)

31   § 309 Abs. 3 Satz 1 verlangt für den wirksamen Verzicht oder Vergleich der abhängigen Gesellschaft den Ablauf von drei Jahren nach der Entstehung des Anspruchs sowie einen Sonderbeschluss außenstehender Aktionäre, gegen den die Minderheit von 10% des vertretenen Grundkapitals nicht Widerspruch zur Niederschrift erhoben haben darf. Dadurch soll der Gefahr einer kollegialen Haftungsbefreiung innerhalb des Konzerns sowie einer Einschränkung der Rechte außenstehender Aktionäre vorgebeugt werden[54]. Für die **Zahlungsunfähigkeit** des in Anspruch Genommenen ordnet § 309 Abs. 3 Satz 2 Abweichendes an. Die Norm entspricht im Wesentlichen § 93 Abs. 4 Satz 3 (s. oben § 93 Rz. 53).

V. Geltendmachung des Anspruchs durch Aktionäre und Gläubiger (§ 309 Abs. 4)

32   Nach § 309 Abs. 4 Satz 1 kann jeder **einzelne Aktionär** den Schadensersatzanspruch der Gesellschaft gegen deren gesetzliche Vertreter geltend machen[55]. Das geht im Interesse des Minderheitenschutzes über die in den §§ 147 f. geforderten Quoren weit hinaus[56]. Wie dort kann Leistung an die Gesellschaft gefordert werden, § 309 Abs. 4 Satz 2. Anders als im Klageerzwingungsverfahren trägt aber der klagende Aktionär selbst die Kosten des Rechtsstreits.

---

49 *Emmerich* in Emmerich/Habersack, Aktien- und GmbH-Konzernrecht, § 309 Rz. 36, 42 f.; *Emmerich* in GS Sonnenschein, 2003, S. 651, 659; *Fleischer* in Fleischer, Handbuch des Vorstandsrechts, § 18 Rz. 61; *Hüffer*, § 309 Rz. 16; *Koppensteiner* in KölnKomm. AktG, § 309 Rz. 21; s. auch *Altmeppen* in MünchKomm. AktG, § 309 Rz. 116.
50 *Fleischer* in Fleischer, Handbuch des Vorstandsrechts, § 18 Rz. 61; *Hüffer*, § 309 Rz. 16; *Koppensteiner* in KölnKomm. AktG, § 309 Rz. 57.
51 *Emmerich* in Emmerich/Habersack, Aktien- und GmbH-Konzernrecht, § 309 Rz. 27; *Koppensteiner* in KölnKomm. AktG, § 309 Rz. 33.
52 *Fleischer* in Fleischer, Handbuch des Vorstandsrechts, § 12 Rz. 1 ff.
53 Krit. *Emmerich* in GS Sonnenschein, 2003, S. 651, 658.
54 *Mertens* in FS Fleck, 1988, S. 209, 210.
55 *Fleischer* in Fleischer, Handbuch des Vorstandsrechts, § 18 Rz. 64; *Hüffer*, § 309 Rz. 21; *Kropff*, Aktiengesetz, S. 405.
56 *Fleischer* in Fleischer, Handbuch des Vorstandsrechts, § 18 Rz. 65; *Kropff*, Aktiengesetz, S. 405; gleichwohl krit. *Emmerich* in Emmerich/Habersack, Aktien- und GmbH-Konzernrecht, § 309 Rz. 2, 49.

Ob **§ 148 Abs. 5 Satz 5, 6** auf konzernrechtliche Ersatzansprüche **anwendbar** ist, ist 33
umstritten. Die überwiegende Ansicht spricht sich zu Unrecht dagegen aus[57]. Für
diese Ansicht lässt sich zwar anführen, dass diese Ansprüche in den §§ 148 Abs. 1,
147 Abs. 1 nicht ausdrücklich erwähnt sind. Ob der Gesetzgeber freilich die Regelung
des § 309 als Ersatz[58] oder als zweiten Weg neben § 148[59] begriffen hat, ist undeutlich. Für eine Anwendbarkeit des Klageerzwingungsverfahren auch im Konzernrecht
spricht die Zielrichtung des UMAG, wonach die Verfolgung von Ersatzansprüchen,
die sich aus unredlichem Handeln von Organmitgliedern ergeben, erleichtert werden
sollte[60]. Auch könnten auf diese Weise die prohibitiv wirkenden Kosten einer Klage
im Interesse der Gesellschaft gemindert werden[61]. Missbräuchlicher Nutzung des
Klageerzwingungsverfahrens wirkt § 148 Abs. 5 Satz 1, 4 entgegen. Folgt man der hier
vertretenen Ansicht, erledigt sich auch der sachliche Gehalt einer Diskussion, die
über die Entlastung der Kläger von ihrem **Prozesskostenrisiko** geführt wird. Hier ist
eine **Streitwertspaltung** analog § 247[62] und eine „zuvorkommende Handhabung" des
§ 3 ZPO vorgeschlagen worden[63].

§ 149 Abs. 2 ist analog anzuwenden. Dafür spricht, dass § 309 mehr Minderheiten- 34
schutz erreichen will als die §§ 147 ff. Ist aber bereits im Rahmen der § 148 f. eine
Vergleichsvereinbarung zu veröffentlichen, muss dies erst recht für § 309 gelten.

Den Anspruch versteht die herrschende Meinung als **gesetzliche Prozessstandschaft**, 35
wie sie auch dem Klageerzwingungsverfahren zugrunde liegt (s. oben § 148 Rz. 36)[64].
Relevant wird diese Frage insbesondere bei einem **Verzicht** oder **Vergleich** der beklagten AG. Dieser führt mangels abweichender gesetzlicher Regelung zur Unbegründetheit der Klage in der Hauptsache. War die Klage bis zu diesem Ereignis begründet, tragen die beklagten gesetzlichen Vertreter die Kosten des Verfahrens[65].

§ 309 Abs. 4 Satz 3 ermöglicht es den **Gläubigern** der Gesellschaft, den Ersatzan- 36
spruch geltend zu machen, soweit sie von dieser keine Befriedigung zu erlangen vermögen. Sie können dann **Leistung an sich selbst** fordern. Ihnen gegenüber wirkt ein
Verzicht oder Vergleich der Gesellschaft nicht, § 309 Abs. 4 Satz 4. Naheliegender ist
es für die Gesellschaftsgläubiger allerdings, den Anspruch der verpflichteten Gesellschaft aus § 302 zu pfänden oder ggf. nach § 303 vorzugehen[66].

In der **Insolvenz der Gesellschaft** ruhen das Klagerecht der Aktionäre wie das Verfol- 37
gungsrecht der Gläubiger[67].

---

57 *Hüffer*, § 309 Rz. 21; *Koppensteiner* in KölnKomm. AktG, § 309 Rz. 31.
58 So *Koppensteiner* in KölnKomm. AktG, § 317 Rz. 27.
59 So *Kropff* in FS Bezzenberger, 2000, S. 233, 244 ff.
60 RegE UMAG, BT-Drucks. 15/5092, S. 43.
61 *Kropff* in FS Bezzenberger, 2000, S. 233, 243 zur Regelung vor dem UMAG.
62 *Altmeppen* in MünchKomm. AktG, § 309 Rz. 128; *Emmerich* in Emmerich/Habersack, Ak-
   tien- und GmbH-Konzernrecht, § 309 Rz. 49a; *Hirte* in Großkomm. AktG, § 309 Rz. 43; *Koppensteiner* in KölnKomm. AktG, § 309 Rz. 47; *Krieger* in MünchHdb. AG, § 70 Rz. 163; *Kropff*
   in FS Bezzenberger, 2000, S. 233, 241 ff.
63 *Mertens*, AcP 168 (1968), 225, 227; *Hüffer*, § 309 Rz. 22; offen *Fleischer* in Fleischer, Handbuch des Vorstandsrechts, § 18 Rz. 65.
64 *Hüffer*, § 309 Rz. 21; *Hirte* in Großkomm. AktG, § 309 Rz. 43; *Koppensteiner* in KölnKomm.
   AktG, § 309 Rz. 44. Anders *Emmerich* in Emmerich/Habersack, Aktien- und GmbH-Konzernrecht, § 309 Rz. 49a: zugleich actio pro socio und Prozessstandschaft; *Altmeppen* in Münch-
   Komm. AktG, § 309 Rz. 124: actio pro socio.
65 *Hüffer*, § 309 Rz. 21; offen *Fleischer* in Fleischer, Handbuch des Vorstandsrechts, § 18 Rz. 65.
66 *Fleischer* in Fleischer, Handbuch des Vorstandsrechts, § 18 Rz. 66.
67 *Hüffer*, § 309 Rz. 24.

VI. Verjährung (§ 309 Abs. 5)

38 Die Ansprüche aus § 309 verjähren in fünf Jahren, § 309 Abs. 5. Das entspricht § 93 Abs. 6. Wie dort handelt es sich **nicht** um die **regelmäßige Verjährung** im Sinne des § 199 Abs. 1 BGB, so dass es auf die Kenntnis der Gesellschaft nicht ankommt[68].

39 **Konkurrierende Schadensersatzansprüche** verjähren nach den § 199 Abs. 1, 3 BGB. Für die Schadensersatzhaftung des herrschenden Unternehmens aus § 280 BGB wird dagegen § 309 Abs. 5 analog angewandt (s. unten Rz. 42).

VII. Die Haftung des herrschenden Unternehmens

40 Die Haftung des herrschenden Unternehmens ist in § 309 nicht geregelt, wird aber von der Norm jedenfalls nicht verdrängt[69].

1. Anspruchsgrundlage

41 Die Anspruchsgrundlage für die Haftung des herrschenden Unternehmens ist umstritten. Für Verletzungen ihres aus dem Beherrschungsvertrag resultierenden Pflichtenprogramms haftet sie nach **§ 280 Abs. 1 BGB**[70].

42 Zusätzlich wendet die ganz herrschende Meinung die **§ 309 Abs. 3 bis 5** an[71]. Dafür spricht, dass die dort geregelten Besonderheiten hinsichtlich des Berechtigten, der Verfügung über den Schadensersatzanspruch und seiner Durchsetzung gerade der konzernrechtlichen Situation des Haftungsschuldners Rechnung tragen. Die Regeln zu Verzicht, Verjährung und klageweiser Geltendmachung sind auf dieser Grundlage auf den Anspruch aus § 280 Abs. 1 BGB übertragbar.

43 Ob man darüber hinaus die **gesamte Haftung der herrschenden Gesellschaft in § 309** statt in § 280 BGB verankern sollte, **ist umstritten**. Relevant ist diese Frage nur, wenn daraus die Reduktion der Haftung des herrschenden Unternehmens auf Pflichtverletzungen im Kontext einer Weisungserteilung abgeleitet wird. Davon kann nicht ausgegangen werden. Gem. § 280 BGB ist vielmehr der gesamte Pflichtenmaßstab des Unternehmensvertrages haftungsrechtlich relevant[72].

44 Für das Eintreten eines Schadens ist wie bei der Haftung des gesetzlichen Vertreters von der normativen **Korrektur der Differenzhypothese** auszugehen (s. oben Rz. 25 f.)[73].

---

68 So ausdrücklich BT-Drucks. 15/3653, S. 11; s. auch *Emmerich* in Emmerich/Habersack, Aktien- und GmbH-Konzernrecht, § 309 Rz. 52; anders *Hüffer*, § 93 Rz. 37; *Hefermehl/Spindler* in MünchKomm. AktG, § 93 Rz. 158.

69 *Hüffer*, § 309 Rz. 26.

70 *Emmerich* in Emmerich/Habersack, Aktien- und GmbH-Konzernrecht, § 309 Rz. 21; *Emmerich* in GS Sonnenschein, 2003, S. 651, 652; *Koppensteiner* in KölnKomm. AktG, § 309 Rz. 37; *Hirte* in Großkomm. AktG, § 309 Rz. 36; offen zwischen § 280 BGB und § 309 AktG *Altmeppen* in MünchKomm. AktG, § 309 Rz. 89, 137; a.A. nämlich für § 31 BGB, mit § 309 Abs. 2 AktG analog, *Beuthien*, DB 1969, 1781, 1783.

71 *Emmerich* in Emmerich/Habersack, Aktien- und GmbH-Konzernrecht, § 309 Rz. 22; *Hüffer*, § 309 Rz. 27.

72 So im Ergebnis aber mit anderer Begründung auch *Emmerich* in Emmerich/Habersack, Aktien- und GmbH-Konzernrecht, § 309 Rz. 22, 30 f.; s. aber *Koppensteiner* in KölnKomm. AktG, § 309 Rz. 37.

73 *Altmeppen* in MünchKomm. AktG, § 309 Rz. 90.

2. Haftung des herrschenden Unternehmens bei Doppelmandatsträgerschaft

Der Doppelmandatsträger haftet für die **Erteilung einer unzulässigen Weisung** nach 45
§ 309 (s. oben Rz. 20)[74]. Für dieses Verhalten hat außerdem die Gesellschaft einzustehen. Die herrschende Meinung stützt das auf die Zurechnung des durch den gesetzlichen Vertreter verwirklichten Haftungstatbestandes aus § 309 zur herrschenden Gesellschaft gem. § 31 BGB[75].

Außerhalb der Erteilung einer unzulässigen Weisung ist die herrschende Gesellschaft 46
nach den §§ 280, 278 BGB für Fehlverhalten des entsandten Organs verantwortlich,
wenn dieses bei Erfüllung einer der herrschenden Gesellschaft gegenüber der abhängigen Gesellschaft obliegenden Verbindlichkeit gehandelt hat. Daran wird es im Regelfall fehlen[76].

Für die Verletzung der **Sorgfaltspflicht des Doppelmandatsträgers** gegenüber der ab- 47
hängigen Gesellschaft haftet nach zutreffender Ansicht auch die herrschende Gesellschaft nach Maßgabe des § 31 BGB[77]. Dafür spricht, dass in diesen Fällen ein Interessenkonflikt geradezu institutionalisiert ist. Der BGH entscheidet mit dem Argument, der persönlich unabhängige Doppelmandatsträger „könne" nur als Organ der
aufnehmenden, nicht als Organ der entsendenden Gesellschaft tätig werden, anders[78].

3. Haftung der gesetzlichen Vertreter gegenüber dem herrschenden Unternehmen

Die gesetzlichen Vertreter des herrschenden Unternehmens haften diesem gegenüber 48
für die **sorgfaltswidrige Geschäftsleitung**, § 93 AktG, § 43 GmbHG, §§ 705, 708, 713,
280 BGB bzw. § 280 BGB i.V.m. dem geschlossenen Anstellungsvertrag des Geschäftsleiters[79].

An einem **Schaden** fehlt es, wenn die nach § 309 in Anspruch genommenen gesetzli- 49
chen Vertreter den bei der abhängigen Gesellschaft entstandenen Schaden ausgleichen. Solange das nicht geschieht, kommt ein Schaden vor allem als Regress nach einer Inanspruchnahme des herrschenden Unternehmens aus § 302 AktG oder § 280
BGB, aber auch bei einer Wertminderung der Anteile des herrschenden am abhängigen Unternehmen in Betracht.

In Konkurrenz hierzu kann ein **Regressanspruch** des herrschenden Unternehmens 50
aus § 426 BGB entstehen, wenn dieses neben dem gesetzlichen Vertreter haftet und
die hieraus resultierende Verbindlichkeit ausgeglichen hat. Im Innenverhältnis wird

---

74 *Altmeppen* in MünchKomm. AktG, § 309 Rz. 60; *Emmerich* in Emmerich/Habersack, Ak-
  tien- und GmbH-Konzernrecht, § 309 Rz. 23; *Fleischer* in Fleischer, Handbuch des Vorstandsrechts, § 18 Rz. 133; *Hüffer*, § 309 Rz. 29.
75 *Hüffer*, § 309 Rz. 29; *Ulmer* in FS Stimpel, 1985, S. 705, 712.
76 Offen, ob § 31 BGB oder § 278 BGB, *Emmerich* in Emmerich/Habersack, Aktien- und GmbH-
  Konzernrecht, § 309 Rz. 25.
77 Dazu *Ulmer* in FS Stimpel, 1985, S. 705, 707, 717 ff.; krit. auch *Emmerich* in Emmerich/Ha-
  bersack, Aktien- und GmbH-Konzernrecht, § 309 Rz. 25; *Hüffer*, § 309 Rz. 29; *Koppensteiner*
  in KölnKomm. AktG, § 309 Rz. 41; offen *Fleischer* in Fleischer, Handbuch des Vorstandsrechts, § 18 Rz. 136.
78 BGH v. 29.1.1962 – II ZR 1/61, BGHZ 36, 296, 309 f.; BGH v. 26.3.1984 – II – ZR 171/83, BGHZ
  90, 381, 398; zust. *Hoffmann-Becking*, ZHR 150 (1986), 570, 577; anders auch *Altmeppen* in
  MünchKomm. AktG, § 309 Rz. 146 ff.: Zurechnung nur von unerlaubten Handlungen.
79 *Emmerich* in Emmerich/Habersack, Aktien- und GmbH-Konzernrecht, § 309 Rz. 5. Für Unanwendbarkeit des § 93 im Fall der Organverflechtung *Altmeppen* in MünchKomm. AktG,
  § 309 Rz. 60, anders aber bei Rz. 72; *Hüffer*, § 309 Rz. 29; *Koppensteiner* in KölnKomm. AktG,
  § 309 Rz. 6.

regelmäßig nur der gesetzliche Vertreter, der die unzulässige Weisung ausgesprochen hat, verantwortlich sein[80].

§ 310
Verantwortlichkeit der Verwaltungsmitglieder der Gesellschaft

(1) Die Mitglieder des Vorstands und des Aufsichtsrats der Gesellschaft haften neben dem Ersatzpflichtigen nach § 309 als Gesamtschuldner, wenn sie unter Verletzung ihrer Pflichten gehandelt haben. Ist streitig, ob sie die Sorgfalt eines ordentlichen und gewissenhaften Geschäftsleiters angewandt haben, so trifft sie die Beweislast.

(2) Dadurch, dass der Aufsichtsrat die Handlung gebilligt hat, wird die Ersatzpflicht nicht ausgeschlossen.

(3) Eine Ersatzpflicht der Verwaltungsmitglieder der Gesellschaft besteht nicht, wenn die schädigende Handlung auf einer Weisung beruht, die nach § 308 Abs. 2 zu befolgen war.

(4) § 309 Abs. 3 bis 5 ist anzuwenden.

I. Regelungszweck und Regelungsgegenstand 1	III. Kein Haftungsausschluss durch Aufsichtsratsbilligung (§ 310 Abs. 2) . . . 10
II. Die Haftung der Verwaltung der Untergesellschaft (§ 310 Abs. 1) 2	IV. Haftungsausschluss bei verbindlicher Weisung (§ 310 Abs. 3) 11
1. Abgrenzung zu § 93 2	V. Geltung des § 309 Abs. 3–5 (§ 310 Abs. 4) 15
2. Haftungsbegründender Tatbestand . . 5	
3. Haftungsausfüllender Tatbestand . . . 9	

Literatur: S. bei §§ 308 f.

I. Regelungszweck und Regelungsgegenstand

1   Die Vorschrift regelt zwingend den Pflichtenmaßstab und die haftungsrechtliche Verantwortlichkeit der Verwaltungsmitglieder der Untergesellschaft im Verhältnis zu dieser. Sie hat eigenständige Bedeutung, soweit in § 310 Abs. 1 Satz 1 gesamtschuldnerische Haftung angeordnet und in Abs. 4 auf § 309 Abs. 3 bis 5 verwiesen wird[1].

---

80 Anders *Altmeppen* in MünchKomm. AktG, § 309 Rz. 101 f., wenn die Weisung für den Konzern insgesamt vorteilhaft war. Dann ist sie aber nicht unzulässig.

1 *Altmeppen* in MünchKomm. AktG, § 310 Rz. 1; *Emmerich* in Emmerich/Habersack, Aktien- und GmbH-Konzernrecht, § 310 Rz. 6; *Fleischer* in Fleischer, Handbuch des Vorstandsrechts, § 18 Rz. 92; *Hirte* in Großkomm. AktG, § 310 Rz. 2; *Hüffer*, § 310 Rz. 1; *Koppensteiner* in KölnKomm. AktG, § 310 Rz. 11; *Sven H. Schneider/Uwe H. Schneider*, AG 2005, 57, 63.

II. Die Haftung der Verwaltung der Untergesellschaft (§ 310 Abs. 1)

1. Abgrenzung zu § 93

Für die Haftung der Verwaltung sind an sich bereits die §§ 93, 116, 117 einschlägig.   2
Ihnen gegenüber ist § 310 die speziellere Norm, soweit es um die Haftung im Kontext einer Weisungserteilung geht[2]. Die Einzelheiten der Abgrenzung der beiden Vorschriften sind streitig.

Einigkeit besteht darüber, dass § 310 Abs. 1 einen wirksamen Beherrschungsvertrag,   3
eine rechtswidrige[3] Weisung sowie eine Schädigung der Gesellschaft voraussetzt[4].
Zweifelsfrei erfasst sind darüber hinaus Pflichtverletzungen bei der Prüfung einer
Weisung sowie die pflichtwidrige Ausführung einer unzulässigen Weisung. Das
kommt in Betracht, wenn versäumt wurde, die herrschende Gesellschaft auf nicht offensichtliche Nachteile hinzuweisen[5] und die Voraussetzungen einer wirksamen Delegation zu prüfen[6].

Auf die **sorgfaltswidrige Ausführung einer zulässigen Weisung** wendet die herrschen-   4
de Meinung § 310 nicht an[7]. Dafür spricht, dass die §§ 308-310 nicht den Beherrschungsvertrag insgesamt, sondern gerade die Verantwortlichkeit für unzulässige
Weisungen in den Blick nehmen[8]. Hierfür hat der Vorstand der verpflichteten Gesellschaft ebenso nach § 93 Abs. 2 einzustehen wie für den Fall des Fehlens jeder Weisung[9].

2. Haftungsbegründender Tatbestand

Der **Vorstand** hat nach § 310 die Rechtmäßigkeit empfangener Weisungen zu über-   5
prüfen und bei der Ausführung von Weisungen pflichtgemäß zu handeln. Setzt er
hierfür Mitarbeiter ein, muss er diese sorgfältig überwachen[10].

Der **Aufsichtsrat** ist selbst nicht Adressat von Weisungen. Er überwacht die Prüfung   6
der Weisung sowie die Ausführung pflichtwidriger Weisungen des angewiesenen Vorstandes. Daneben hat er pflichtgemäß über sein Zustimmungsrecht nach § 111
Abs. 4 Satz 2 zu entscheiden. Der Ausführung einer unzulässigen Weisung darf der
Aufsichtsrat nicht zustimmen. Für Fehlverhalten haftet er nach § 310[11]. Für Überwa-

---

2 *Altmeppen* in MünchKomm. AktG, § 310 Rz. 40; *Fleischer* in Fleischer, Handbuch des Vorstandsrechts, § 18 Rz. 92; *Hirte* in Großkomm. AktG, § 310 Rz. 9; *Koppensteiner* in KölnKomm. AktG, § 310 Rz. 9.
3 Nicht notwendig schuldhaft, vgl. *Altmeppen* in MünchKomm. AktG, § 310 Rz. 9; *Koppensteiner* in KölnKomm. AktG, § 310 Rz. 1.
4 *Altmeppen* in MünchKomm. AktG, § 310 Rz. 6; *Emmerich* in Emmerich/Habersack, Aktien- und GmbH-Konzernrecht, § 310 Rz. 4; *Koppensteiner* in KölnKomm. AktG, § 310 Rz. 1.
5 Um eine Pflichtverletzung nach den §§ 93, 116 geht es dagegen, wenn die Weisung auszuführen, aber zusätzlich auf einen Nachteil hinzuweisen war, vgl. *Altmeppen* in MünchKomm. AktG, § 310 Rz. 31; *Krieger* in MünchHdb. AG, § 70 Rz. 166.
6 *Altmeppen* in MünchKomm. AktG, § 310 Rz. 29 f.
7 *Altmeppen* in MünchKomm. AktG, § 310 Rz. 31; *Hüffer*, § 310 Rz. 3; *Krieger* in MünchHdb. AG, § 70 Rz. 166; *Koppensteiner* in KölnKomm. AktG, § 310 Rz. 1.
8 A.A. *Emmerich* in Emmerich/Habersack, Aktien- und GmbH-Konzernrecht, § 310 Rz. 8.
9 *Altmeppen* in MünchKomm. AktG, § 310 Rz. 20; *Fleischer* in Fleischer, Handbuch des Vorstandsrechts, § 18 Rz. 99; *Hüffer*, § 310 Rz. 1 f.; *Krieger* in MünchHdb. AG, § 70 Rz. 168; *Koppensteiner* in KölnKomm. AktG, § 310 Rz. 12.
10 *Hüffer*, § 310 Rz. 2 f.; *Koppensteiner* in KölnKomm. AktG, § 310 Rz. 5.
11 *Altmeppen* in MünchKomm. AktG, § 310 Rz. 35; *Hüffer*, § 310 Rz. 2 f.; *Hirte* in Großkomm. AktG, § 310 Rz. 25; *Krieger* in MünchHdb. AG, § 70 Rz. 165; *Koppensteiner* in KölnKomm. AktG, § 310 Rz. 5.

chungsverschulden bei der Ausführung einer zulässigen Weisung haftet das Aufsichtsratsmitglied nach § 116[12].

7   **Angestellte der abhängigen Gesellschaft** haften nicht nach § 310, sondern nur aus ihrem Anstellungsvertrag[13].

8   Die **business judgment rule** des § 93 Abs. 1 Satz 2 hat der Gesetzgeber auf § 310 ebenso wenig erstreckt wie auf § 309. Die dort befürwortete Übertragung ihrer Grundsätze sollte gleichwohl auch für § 310 gelten[14].

3. Haftungsausfüllender Tatbestand

9   Bei Erfüllung der Haftungsvoraussetzungen sind die Mitglieder der Verwaltung der Gesellschaft zum **Schadensersatz** verpflichtet. Sie haften als Gesamtschuldner nebeneinander sowie mit den nach § 309 Verantwortlichen und dem herrschenden Unternehmen selbst[15]. Für den Innenausgleich gelten die §§ 426, 254 BGB[16].

III. Kein Haftungsausschluss durch Aufsichtsratsbilligung (§ 310 Abs. 2)

10 Die Anordnung entspricht § 93 Abs. 4 Satz 2[17]. **Billigt die Hauptversammlung ein pflichtwidriges Handeln des Vorstands**, wird dieser dadurch nach ganz überwiegender Meinung ebenso wenig entlastet[18]. Dafür spricht neben Wortlaut und Systematik des Gesetzes auch die Beibehaltung einer effektiven Sanktion gegenüber Pflichtverletzungen, die im Bereich der Kontrollpflicht des § 308 Abs. 2 Satz 2 a.E. unterlaufen. Würde man hier einem Hauptversammlungsbeschluss haftungsausschließende Wirkung beilegen, wäre diese Pflicht vollständig entwertet[19].

IV. Haftungsausschluss bei verbindlicher Weisung (§ 310 Abs. 3)

11 War der **Vorstand** der Untergesellschaft nach § 308 Abs. 2 zur Befolgung einer Weisung verpflichtet, weil diese zulässig oder jedenfalls nicht offensichtlich unzulässig war, kann er für die in Ausführung dieser Weisung vorgenommenen Handlungen

---

12 Ohne diese Differenzierung stets für § 116 *Altmeppen* in MünchKomm. AktG, § 310 Rz. 36; stets für § 310 *Hüffer*, § 310 Rz. 2; *Koppensteiner* in KölnKomm. AktG, § 310 Rz. 5.

13 *Emmerich* in Emmerich/Habersack, Aktien- und GmbH-Konzernrecht, § 310 Rz. 20; *Koppensteiner* in KölnKomm. AktG, § 310 Rz. 4; a.A. auf der Basis einer abweichenden Konzeption bereits zu § 308 *Altmeppen* in MünchKomm. AktG, § 310 Rz. 34.

14 In der Sache ähnlich *Emmerich* in Emmerich/Habersack, Aktien- und GmbH-Konzernrecht, § 310 Rz. 14.

15 *Altmeppen* in MünchKomm. AktG, § 310 Rz. 37; *Emmerich* in Emmerich/Habersack, Aktien- und GmbH-Konzernrecht, § 310 Rz. 21; *Hüffer*, § 310 Rz. 4; *Koppensteiner* in KölnKomm. AktG, § 310 Rz. 4.

16 *Altmeppen* in MünchKomm. AktG, § 310 Rz. 37; *Koppensteiner* in KölnKomm. AktG, § 310 Rz. 4.

17 *Altmeppen* in MünchKomm. AktG, § 310 Rz. 15; *Emmerich* in Emmerich/Habersack, Aktien- und GmbH-Konzernrecht, § 310 Rz. 18; *Hüffer*, § 310 Rz. 5; *Krieger* in MünchHdb. AG, § 70 Rz. 166; *Koppensteiner* in KölnKomm. AktG, § 310 Rz. 8.

18 *Altmeppen* in MünchKomm. AktG, § 310 Rz. 16; *Emmerich* in Emmerich/Habersack, Aktien- und GmbH-Konzernrecht, § 310 Rz. 19; *Fleischer* in Fleischer, Handbuch des Vorstandsrechts, § 18 Rz. 97; *Hirte* in Großkomm. AktG, § 310 Rz. 22; *Hüffer*, § 310 Rz. 5; *Krieger* in MünchHdb. AG, § 70 Rz. 166; *Kropff*, Aktiengesetz, S. 406; a.A. *Canaris*, ZGR 1978, 207.

19 *Fleischer* in Fleischer, Handbuch des Vorstandsrechts, § 18 Rz. 97; *Koppensteiner* in KölnKomm. AktG, § 310 Rz. 9; a.A. *Canaris*, ZGR 1978, 207, 209.

nicht in Anspruch genommen werden. Das ist die im Gesetz nur deklaratorisch festgehaltene Konsequenz der Weisungsbefolgungspflicht des Vorstands[20].

Dasselbe gilt, wenn der **Aufsichtsrat** im Rahmen des § 111 Abs. 4 Satz 2 oder bei der 12 Wahrnehmung seiner Pflichten aus § 111 Abs. 1 sorgfaltswidrig handelt, sich die Folgen dieser Pflichtverletzung aber in der Nichtverhinderung einer zu befolgenden Weisung erschöpfen[21].

Angestellte der verpflichteten Gesellschaft fallen nicht unter § 310 Abs. 3, da sie von 13 vornherein nur aufgrund ihres Anstellungsvertrages haften[22].

Die Darlegungs- und **Beweislast** für die fehlende Offensichtlichkeit weist die herr- 14 schende Meinung der Verwaltung der abhängigen Gesellschaft zu[23].

V. Geltung des § 309 Abs. 3–5 (§ 310 Abs. 4)

Für den Verzicht auf Ersatzansprüche und den Vergleich über sie gilt § 309 Abs. 3. 15 Das Klagerecht der Aktionäre und das Verfolgungsrecht der Gläubiger ergibt sich aus § 309 Abs. 4. Für die Verjährung gilt § 309 Abs. 5.

Zweiter Abschnitt. Verantwortlichkeit bei Fehlen eines Beherrschungsvertrags

§ 311
Schranken des Einflusses

(1) Besteht kein Beherrschungsvertrag, so darf ein herrschendes Unternehmen seinen Einfluss nicht dazu benutzen, eine abhängige Aktiengesellschaft oder Kommanditgesellschaft auf Aktien zu veranlassen, ein für sie nachteiliges Rechtsgeschäft vorzunehmen oder Maßnahmen zu ihrem Nachteil zu treffen oder zu unterlassen, es sei denn, dass die Nachteile ausgeglichen werden.

(2) Ist der Ausgleich nicht während des Geschäftsjahrs tatsächlich erfolgt, so muss spätestens am Ende des Geschäftsjahrs, in dem der abhängigen Gesellschaft der Nachteil zugefügt worden ist, bestimmt werden, wann und durch welche Vorteile der Nachteil ausgeglichen werden soll. Auf die zum Ausgleich bestimmten Vorteile ist der abhängigen Gesellschaft ein Rechtsanspruch zu gewähren.

I. Grundlagen	1		4. Anwendbarkeit auf andere Rechts-	
1. Überblick	1		formen	10
2. Normzweck	3		**II. Tatbestand**	13
3. Rechtspolitische Beurteilung und			1. Abhängigkeitsverhältnis	13
Reformüberlegungen	8		a) Grundlagen	13

---

20 *Fleischer* in Fleischer, Handbuch des Vorstandsrechts, § 18 Rz. 96; *Hüffer*, § 310 Rz. 6.
21 *Hüffer*, § 310 Rz. 2; *Koppensteiner* in KölnKomm. AktG, § 310 Rz. 6.
22 *Hüffer*, § 310 Rz. 2.
23 *Emmerich* in Emmerich/Habersack, Aktien- und GmbH-Konzernrecht, § 310 Rz. 16 f.; *Hüffer*, § 310 Rz. 6; *Krieger* in MünchHdb. AG, § 70 Rz. 166; *Koppensteiner* in KölnKomm. AktG, § 310 Rz. 7; a.A. *Altmeppen* in MünchKomm. AktG, § 310 Rz. 27 f.

b) Unanwendbarkeit bei Beherrschungsvertrag und Eingliederung   16

2. Veranlassung 23
   a) Rechtsgeschäft und Maßnahme . . 23
   b) Art und Weise der Veranlassung . . 25
   c) Beweiserleichterungen 29
   d) Sonderfälle 32
     aa) Vorstandsdoppelmandat; Beteiligung am Aktienoptionsprogramm der Mutter 32
     bb) Einflussnahme über den Aufsichtsrat 34
     cc) Hauptversammlungsbeschluss 35
     dd) Zustimmungsvorbehalt 36
     ee) Mehrfache Abhängigkeit 37
     ff) Mehrstufige Abhängigkeit . . . 38
     gg) Öffentliche Hand 39

3. Nachteil 40
   a) Grundlagen 40
   b) Nachteilsermittlung 48
   c) Einzelfälle 56
   d) Sonderfall Hauptversammlungsbeschlüsse 67

III. Nachteilsausgleich 72

1. Anforderungen an den zu gewährenden Vorteil 73

2. Maßgeblicher Bewertungszeitpunkt . 79

3. Erfüllung der Ausgleichsverpflichtung 83
   a) Überblick 83
   b) Vertrag 84
   c) Bestimmungsrecht des herrschenden Unternehmens? 90
   d) Ausnahmen vom Aufschub des Nachteilsausgleichs 91

4. Rechtsnatur des Ausgleichsanspruchs, Leistungsstörungen 92
   a) Überblick 83
   b) Vertrag 84
   c) Bestimmungsrecht des herrschenden Unternehmer? 90
   d) Ausnahmen vom Aufschub des Nachteilsausgleichs 91

IV. Befolgungsrecht und Pflichten des Vorstands 95

V. Verhältnis zu anderen Vorschriften . . 104

1. Kapitalerhaltung (§§ 57, 62, 71 ff.) . . . 104

2. §§ 76, 93, 116 106

3. § 243 109

4. § 117 110

5. Treupflicht 111

VI. Grundzüge des Organisationsrechts des faktischen Konzerns 112

Literatur: *Altmeppen*, Zur Vermögensbindung in der faktisch abhängigen AG, ZIP 1996, 696; *Altmeppen*, Die Grenzen der Zulässigkeit des Cash Pooling, ZIP 2006, 1025; *Altmeppen*, Interessenkonflikte im Konzern, ZHR 171 (2007), 320; *Anders*, Vorstandsdoppelmandate – Zulässigkeit und Pflichtenkollision, 2006; *Bälz*, Einheit und Vielheit im Konzern, in FS Raiser, 1974, S. 287; *Bälz*, Verbundene Unternehmen, AG 1992, 277; *W. F. Bayer*, Mehrstufige Unternehmensverträge, in FS Ballerstedt, 1975, S. 157; *W. Bayer*, Zentrale Konzernfinanzierung, Cash Management und Kapitalerhaltung, in FS Lutter, 2000, S. 1011; *Bayer/Lieder*, Darlehen der GmbH an Gesellschafter und Sicherheiten aus dem GmbH-Vermögen für Gesellschafterverbindlichkeiten, ZGR 2005, 133; *Bechlivanis*, Vermögensbindung bei der unabhängigen und der einfach faktisch konzernierten Aktiengesellschaft, 2004; *Beuthien*, Art und Grenzen der aktienrechtlichen Haftung herrschender Unternehmen für Leitungsmachtmissbrauch, DB 1969, 1781; *Binnewies*, Die Konzerneingangskontrolle in der abhängigen Gesellschaft, 1996; *T. Bezzenberger*, Das Kapital der Aktiengesellschaft: Kapitalerhaltung, Vermögensbindung, Konzernrecht, 2005; *Bollmann*, Schadensersatzanspruch gemäß § 317 AktG bei Schädigung der abhängigen Eine-Person-AG, 1995; *Born*, Die abhängige Kommanditgesellschaft auf Aktien, 2004; *Brüggemeier*, Die Einflussnahme auf die Verwaltung einer Aktiengesellschaft, AG 1988, 390; *Burgard*, Das Wettbewerbsverbot des herrschenden Aktionärs, in FS Lutter, 2000, S. 1033; *Burgard*, Rechtsfragen der Konzernfinanzierung, AG 2006, 527; *Cahn*, Kapitalerhaltung im Konzern, 1998; *Cahn*, Zur Anwendbarkeit der §§ 311 ff. AktG mehrstufigen Vertragskonzern, BB 2000, 1477; *Cahn*, Das richterrechtliche Verbot der Kreditvergabe an Gesellschafter und seine Folgen, Der Konzern 2004, 235; *Cho*, Minderheitenschutz der abhängigen Aktiengesellschaft im Aktienkonzern, 2004; *Decher*, Personelle Verflechtungen im Aktienkonzern, 1990; *Decher*, Das Konzernrecht des Aktiengesetzes: Bestand und Bewährung, ZHR 171 (2007), 126; *Dettling*, Die Entstehungsgeschichte des Konzernrechts im Aktiengesetz von 1965, 1997; *Druey*, Empfiehlt es sich, das Recht faktischer Unternehmensverbindungen – auch im Hinblick auf das Recht anderer EG-Staaten neu zu regeln?, Gutachten H zum 59. DJT, Bd. I, 1992; *Eckert*, Konzerneingangsschutz im Aktienrecht auf der Ebene der Untergesellschaft, 1998; *Ehinger*, Die juristischen Personen des öffentlichen Rechts als herrschende Unternehmen, 2000; *Ehricke*, Gedanken zu einem allgemeinen Konzernorganisationsrecht zwischen Markt und Regulierung, ZGR 1996, 300; *Ehricke*, Das abhängige Konzernunternehmen in der Insolvenz, 1998; *Ekkenga/Weinbrenner/Schütz*, Einflusswege und Einflussfolgen im faktischen Unternehmensverbund – Ergebnisse einer empirischen Untersuchung, Der Konzern 2005, 261; *Emmerich*, Konzernbildungskontrolle, AG 1991, 303; *Eschenbruch*, Konzernhaftung, 1996; *Fabritius*, Zu den Grenzen der Durchsetzung eines kapitalmarktrechtlich begründeten Informationsinteresses des herrschenden Unternehmens im faktischen Konzern, in FS Huber, 2006, S. 705; *Feddersen*, Gewerbesteuerumlage im faktischen Konzern, ZGR 2000, 523; *Forum Europaeum Konzernrecht*, Konzernrecht für Europa, ZGR 1998, 672; *Friedl*, Abhängigkeitsbericht und Nachteilsausgleich zwischen erfolgreicher Übernahme und Abschluss eines Beherrschungsvertrags, NZG 2005, 875; *Gansweid*, Gemeinsame Tochtergesellschaften im deutschen Konzern- und Wettbewerbsrecht, 1976; *Geiger*, Wettbewerbsverbote im Konzernrecht, 1996; *Geßler*, Der Schutz der abhängigen Gesellschaft, in FS W. Schmidt, 1959, S. 247; *Geßler*, Probleme des neuen Konzernrechts (Teil II), DB 1965, 1729; *Geßler*, Leitungsmacht und Verantwortlichkeit im faktischen Konzern, in FS H. Westermann, 1974, S. 145; *Geßler*, Überlegungen zum faktischen Konzern, in FS Flume, Bd. II, 1978, S. 55; *Geßler*, Schutz vor Fremdeinflüssen im Aktienrecht, ZHR 145 (1981), 457; *Görling*, Die Konzernhaftung in mehrstufigen Unternehmensverbindungen, 1998; *H. Götz*, Leitungssorgfalt und Leitungskontrolle der Aktiengesellschaft hinsichtlich abhängiger Unternehmen, ZGR 1998, 524; *Grothaus/Halberkamp*, Probleme des Cash-Poolings nach der neuen Rechtsprechung des BGH zur Stammkapitalrückgewähr, GmbHR 2005, 1317; *Haarmann*, Der Begriff des Nachteils nach § 311 AktG, in Hommelhoff/Rowedder/Ulmer (Hrsg.), Max Hachenburg – Vierte Gedächtnisvorlesung 2000, 2001, S. 45; *Habersack*, Alte und neue Ungereimtheiten im Rahmen der §§ 311 ff. AktG, in FS Peltzer, 2001, S. 139; *Habersack*, Das Konzernrecht der „deutschen" SE, ZGR 2003, 724; *Habersack*, Europäisches Gesellschaftsrecht im Wandel, NZG 2004, 1; *Habersack*, Die Einbeziehung des Tochtervorstands in das Aktienoptionsprogramm der Muttergesellschaft – Ein Problem der §§ 311 ff. AktG?, in FS Raiser, 2005, S. 111; *Habersack*, Die UMTS-Auktion – ein Lehrstück des Aktienkonzernrechts, ZIP 2006, 1327; *Habersack/Schürnbrand*, Cash Management und Sicherheitenbestellung bei AG und GmbH im Lichte des richterrechtlichen Verbots der Kreditvergabe an Gesellschafter, NZG 2004, 689; *Haesen*, Der Abhängigkeitsbericht im faktischen Konzern, 1970; *Hentzen*, Konzerninnenfinanzierung nach BGHZ 157, 72, ZGR 2005, 480; *Henze*, Konzernfinanzierung und Besicherung, WM 2005, 717; *Herkenroth*, Konzernierungsprozesse im Schnittfeld von Konzernrecht und Übernahmerecht, 1994; *Hoffmann-Becking*, Vorstands-Doppelmandate im Konzern, ZHR 150 (1986), 570; *Hoffmann-Becking*, Empfiehlt es sich, das Recht faktischer Unternehmensverbindungen neu zu regeln? Referat zum 59. DJT 1992, Bd. II, S. R8; *Hoffmann-Becking*, Der Aufsichtsrat im Konzern, ZHR 159 (1995), 325; *Hogh*, Die Nachteilsermittlung im Rahmen des § 311 I AktG, 2004; *Hommelhoff*, Die Konzernleitungspflicht, 1982; *Hommelhoff*, Empfiehlt es sich, das Recht faktischer Unternehmensverbindungen neu zu regeln? Gutachten G zum 59. DJT, 1992; *Hommelhoff*, Praktische Erfahrungen mit dem Abhängigkeitsbericht, ZHR 156 (1992), 295; *Hommelhoff/Kleindiek*, Das Recht der konzerninternen Fremdfinanzierung, in Lutter/Scheffler/U. H. Schneider (Hrsg.), Handbuch der Konzernfinanzierung, 1998, § 21; *Hopt*, Konzernrecht: Die europäische Perspektive, ZHR 171 (2007), 199; *Hormuth*, Recht und Praxis des konzernweiten Cash Managements, 1997; *Hüffer*, Probleme des Cash Managements im faktischen Aktienkonzern, AG 2000, 416; *Hüffer*, Der herrschende Aktionär – Adressat eines ungeschriebenen Wettbewerbsverbots?, in FS Röhricht, 2005, S. 251; *Jula/Breitbarth*, Liquiditätsausgleich im Konzern durch konzerninterne Darlehen, AG 1997, 256; *Kakies*, Der Schutz der Minderheitsaktionäre und Gläubiger im faktischen Konzern unter besonderer Berücksichtigung der Sonderprüfung gemäß § 315 AktG, 2003; *Kalss*, Alternativen zum deutschen Aktienkonzernrecht, ZHR 171 (2007), 146; *Kellmann*, Schadensersatz und Ausgleich im faktischen Konzern, BB 1969, 1509; *Kellmann*, Zum „faktischen Konzern" – Auslegungsfragen und Reformüberlegungen, ZGR 1974, 220; *Kerber*, Die aktienrechtlichen Grenzen der finanziellen Unterstützung des Aktienerwerbs im Buy-out-Verfahren, DB 2004, 1027; *Kerber*, Die Beurteilung von Cash-Pool-Verträgen im Lichte höchstrichterlicher Rechtsprechung, ZGR 2005, 437; *Kirchner*, Ökonomische Überlegungen zum Konzernrecht, ZGR 1985, 214; *Kleindiek*, Steuerumlagen im gewerbesteuerlichen Organkreis – Anmerkungen aus aktienrechtlicher Perspektive, DStR 2000, 559; *Koppensteiner*, Abhängige Aktiengesellschaften aus rechtspolitischer Sicht, in FS Steindorff, 1990, S. 79; *Kronstein*, Die Anwendbarkeit der §§ 311 ff. über die Verantwortlichkeit im „faktischen" Konzern bei mehrstufigen Unternehmensverbindungen, BB 1967, 637; *Kronstein*, Aktienrechtliche und wettbewerbsrechtliche Aspekte der Konzentration, in FS Geßler, 1971, S. 219; *Kropff*, Der „faktische Konzern" als Rechtsverhältnis, DB 1967, 2147, 2204; *Kropff*, Zur Anwendung des Rechts der verbundenen Unternehmen auf den Bund, ZHR 144 (1980), 74; *Kropff*, Zur Konzernleitungsmacht, ZGR 1984, 112; *Kropff*, Konzerneingangskontrolle bei der qualifiziert konzerngebundenen Aktiengesellschaft, in FS Goerdeler, 1987, S. 259; *Kropff*, Außenseiterschutz in der faktisch abhängigen „kleinen Aktiengesellschaft", ZGR 1988, 558; *Kropff*, Benachteiligungsverbot und Nachteilsausgleich im faktischen Konzern, in FS Kastner, 1992, S. 279; *Kropff*, Der GmbH-Beherrschungsvertrag: Voraussetzung für den Vorrang von Konzerninteressen?, in FS Semler, 1993, S. 517; *Kropff*, Ausgleichspflichten bei passiven Konzernwirkungen?, in FS Lutter, 2000, S. 1133; *Lakner*, Der mehrstufige Konzern, 2005; *Lieb*, Abfindungsansprüche im (qualifizierten?) faktischen Konzern, in FS Lutter, 2000, S. 1151; *Liebscher*, Konzernbildungskontrolle, 1995; *Löbbe*, Unternehmenskontrolle im Konzern, 2003; *Luchterhandt*, Leitungsmacht und Verantwortlichkeit im faktischen Konzern, ZHR 133 (1970), 1; *Lutter*, Vermögensveräußerungen einer abhängigen AG, in FS Steindorff, 1990, S. 125; *Lutter*, Grenzen zulässiger Einflussnahme im faktischen Konzern – Nachbetrachtung zum Mannesmann/Vodafone-Takeover, in FS Peltzer, 2001, S. 241; *J. Mai*, Aktionärsschutz und Minderheitenschutz bei der Abwehr unkoordinierter Übernahmen börsennotierter Aktiengesellschaften, 2004; *Maier-Reimer*, Das Recht der konzernexternen Fremdfinanzierung, in Lutter/Scheffler/U. H. Schneider (Hrsg.), Handbuch Konzernfinanzierung, 1998, S. 484; *Meier-Reimer*, Rechtsfragen des Cash Management, in VGR (Hrsg.), Gesellschaftsrecht in der Diskussion 2005, 2006, S. 127; *S. Maul*, Die faktisch abhängige SE (Societas Europaea) im Schnittpunkt zwischen deutschem und europäischem Recht, 1998; *S. Maul*, Haftungsprobleme im Rahmen von deutsch-französischen Unternehmensverbindungen, NZG 1998, 965; *S. Maul*, Probleme im Rahmen von grenzüberschreitenden Unternehmensverbindungen, NZG 1999, 741; *S. Maul*, Aktienrechtliches Konzernrecht und Gemeinschaftsunternehmen, NZG 2000, 470; *Mertens*, Der Nachteilsausgleich im faktischen Konzern – Nachlese zu Mannesmann/Vodafone, in Hommelhoff/Rowedder/Ulmer (Hrsg.), Max Hachenburg – Vierte Gedächtnisvorlesung 2000, 2001, S. 27; *Mestmäcker*, Verwaltung, Konzerngewalt und Rechte der Aktionäre, 1958; *Mestmäcker*, Zur Systematik des Rechts der verbundenen Unternehmen im neuen Aktiengesetz, in FG Kronstein, 1967, S. 129; *Michalski*, Ungeklärte Fragen bei der Einlagenrückgewähr im Aktienrecht, AG 1980, 261; *Möhring*, Zur Systematik der §§ 311, 317, in FS Schilling, 1973, S. 253; *Möhrle*, Zur Erstattungspflicht des Mutterunternehmens für Buchführungskosten bei Aufstellung eines IFRS-Jahresabschlusses von Tochterunternehmen im faktischen Konzern, Der Konzern 2006, 487; *Mülbert*, Aktiengesellschaft, Unternehmensgruppe und Kapitalmarkt, 2. Aufl. 1996; *Mülbert*, Unternehmensbegriff und Konzernorganisationsrecht, ZHR 163 (1999), 1; *H.-P. Müller*, Bilanzrecht und materieller Konzernschutz, AG 1994, 410; *K. Müller*, Die Haftung der Muttergesellschaft für die Verbindlichkeiten der Tochtergesellschaft im Aktienrecht, ZGR 1977, 1; *Neuhaus*, Die Grenzen der Konzernleitungsgewalt im faktischen Konzern und der Nachteilsbegriff des § 311 AktG 65, DB 1970, 1913; *Nienhaus*, Kapitalschutz in der Aktiengesellschaft mit atypischer Zwecksetzung, 2002; *Paehler*, Die Zulässigkeit des faktischen Konzerns, 1972; *Paschke*, Rechtsfragen der Durchgriffsproblematik im mehrstufigen Unternehmensverbund, AG 1988, 196; *Pentz*, Die Rechtsstellung der Enkel-AG in einer mehrstufigen Unternehmensverbindung, 1994; *Pentz*, Schutz der AG und der außenstehenden Aktionäre in mehrstufigen faktischen und unternehmensvertraglichen Unternehmensverbindungen, NZG 2000, 1103; *Pentz*, Einzelfragen zu Cash Mangement und Kapitalerhaltung, ZIP 2006, 781; *Philipp*, Die UMTS-Lizenzen der Deutschen Telekom AG, ein nachteiliges Geschäft im Mehrheitsaktionär?, AG 2001, 463; *Pyszka*, Verdeckte Gewinnausschüttungen bei Gewerbesteuerumlagen im Organkreis, GmbHR 1999, 646; *Rehbinder*, Gesellschaftsrechtliche Probleme mehrstufiger Unternehmensverbindungen, ZGR 1977, 581; *Reidenbach*, Cash Pooling und Kapitalerhaltung nach neuerer höchstrichterlicher Rechtsprechung, WM 2004, 1421; *Remmen*, Konzernverrechnungspreise und Konzernumlagen im Aktien- und GmbH-Recht, 2002; *Reul*, Die Pflicht zur Gleichbehandlung der Aktionäre bei privaten Kontrolltransaktionen, 1991; *Riedel*, Unzulässige Vermögenszuwendungen und ihre Rechtsfolgen im Recht der Aktiengesellschaft, 2004; *Rittner*, Konzernorganisation und Privatautonomie, AcP 183 (1983), 295; *Rittner*, Gesellschaftsrecht und Unternehmenskonzentration – zu den Vorschlägen der Monopolkommission, ZGR 1990, 203; *Rümker*, Gestaltungsfragen des Cash Pooling und die Rechtsprechung des BGH, in FS Huber, 2066, S. 919; *Säcker*, Zur Problematik von Mehrfachfunktionen im Konzern, ZHR 151 (1987), 59; *P. M. Schäfer*, Die Organstellung, Anstellungsverhältnisse und Haftung der Mitglieder des Vorstands und der Geschäftsführer abhängiger Gesellschaften, 2003; *Karsten Schmidt*, Abhängigkeit und faktischer Konzern als Aufgaben der Rechtspolitik, JZ 1992, 856; *Karsten Schmidt*, Konzernunternehmensgruppe und Konzern-Rechtsverhältnis, in FS Lutter, 2000, S. 1167; *Schmidt-Hern*, Schutz der außenstehenden Aktionäre im faktischen Konzern, 2001; *Sven H. Schneider*, Informationspflichten und Informationssystemeinrichtungspflichten im Aktienkonzern, 2006; *Sven H. Schneider/Uwe H. Schneider*, Vorstandshaftung im Konzern, AG 2005, 57; *U. H. Schneider*, Das Recht des konzernweiten Cash-Managements, in Lutter/Scheffler/U. H. Schneider (Hrsg.), Handbuch der Konzernfinanzierung, 1998, § 25; *Schön*, Abschied vom Vertragskonzern?, ZHR 168 (2004), 629; *Schön*, Kreditbesicherung durch abhängige Kapitalgesellschaften, ZHR 159 (1995), 351; *Schön*, Deutsches Konzernprivileg und europäischer Kapitalschutz – ein Widerspruch?, in FS Kropff, 1997, S. 285; *Seydel*, Konzernbildungskontrolle bei der Aktiengesellschaft, 1995; *Simon*, Steuerumlagen im Konzern, ZGR 2007, 71; *Simon*, Zulässigkeit von Gewerbesteuerumlagen nach der Belastungsmethode im Lichte der zivilrechtlichen Rechtsprechung, DStR 2000, 431; *Simon*, Zur Ausgestaltung von Gewerbesteuer-umlagen, DStR 2000, 537; *Spindler*, Konzernfinanzierung, ZHR 171 (2007), 245; *Streyl*, Zur konzernrechtlichen Problematik von Vorstands-Doppelmandaten, 1991; *Strohn*, Die Verfassung der Aktiengesellschaft im faktischen Konzern, 1977; *Teichmann*, Austrittsrecht und Pflichtangebot bei Gründung einer europäischen Aktiengesellschaft, AG 2004, 67; *Tielmann*, Zur Zulässigkeit von aufsteigenden Gesellschafterdarlehen einer Aktiengesellschaft, in Liber amicorum Happ, 2006, S. 311; *Timm*, Das Recht der faktischen Unternehmensverbindungen im Umbruch, NJW 1992, 2185; *H. Timmann*, Die Durchsetzung von Konzerninteressen in der Satzung der abhängigen Aktiengesellschaft, 2001; *Tröger*, Treupflicht im Konzernrecht, 2000; *Ulmer*, Der Gläubigerschutz im faktischen GmbH-Konzern beim Fehlen von Minderheitsgesellschaftern, ZHR 148 (1984), 391; *E. Vetter*, Interessenkonflikte im Konzern – vergleichende Betrachtungen zum faktischen Konzern und zum Vertragskonzern, ZHR 171 (2007), 342; *J. Vetter/Stadler*, Haftungsrisiken beim konzernweiten Cash Pooling, 2003; *Voigt*, Haftung aus Einfluss auf die Aktiengesellschaft (§§ 117, 309, 317 AktG), 2004; *Wackerbarth*, Grenzen der Leitungsmacht der internationalen Unternehmensgruppe, 2001; *Wälde*, Die Angemessenheit konzerninterner Transfergeschäfte bei multinationalen Unternehmen nach Konzernrecht, AG 1974, 370; *Wanner*, Konzernrechtliche Probleme mehrstufiger Unternehmensverbindungen nach Aktienrecht, 1998; *Weinbrenner*, Moderne Kommunikationsmittel und Konzerncontrolling im faktischen Konzern – zugleich ein Beitrag zur Verbesserung des Rechtsschutzes für Außenseiter, Der Konzern, 2006, 583; *Wessels*, Aufsteigende Finanzierungshilfen in GmbH und AG, ZIP 2004, 793; *Wessels*, Cash Pooling und Upstream-Sicherheiten – Gestaltungspraxis im Lichte aktueller BGH-Rechtsprechung und anstehender GmbH-Novelle, ZIP 2006, 1701; *Wazlawik*, Die Konzernhaftung der deutschen Muttergesellschaft für die Schulden ihrer US-amerikanischen Tochtergesellschaft, 2004; *Wiedemann/Strohn*, Die Zulässigkeit einer Konzernumlage im Aktienrecht, AG 1979, 113; *Wiedemann/Fleischer*, Das Recht der konzerninternen Verrechnungspreise, Konzernumlagen und verdeckte Gewinnausschüttungen im Konzern, in Lutter/Scheffler/U. H. Schneider, (Hrsg.), Handbuch der Konzernfinanzierung, 1998, § 29; *Wimmer-Leonhardt*, Konzernhaftungsrecht: Die Haftung der Konzernmuttergesellschaften für die Tochtergesellschaften im deutschen und englischen Recht, 2004; *Zeidler*, Zentrales Cashmanagement im faktischen Aktienkonzern, 1999; *Zöllner*, Empfiehlt es sich, das Recht faktischer Unternehmensverbindungen neu zu regeln? Referat zum 59. DJT 1992, Bd. II, S. R35; *Zöllner*, Schutz der Aktionärsminderheit bei einfacher Konzernierung, in FS Kropff, 1995, S. 333; *Zöllner*, Treupflichtgesteuertes Aktienkonzernrecht, ZHR 162 (1998), 235.

I. Grundlagen

1. Überblick

Die §§ 311 ff. bilden das rechtliche **Grundgerüst des sog. faktischen Konzerns** (zur Unzulänglichkeit des Begriffs Konzern § 15 Rz. 8, zu weiteren Ausprägungen nachfolgend Rz. 112 ff.) unter Beteiligung von abhängigen Aktiengesellschaften. Dessen Grundnorm ist § 311, der einerseits ein absolutes Benachteiligungsverbot enthält, andererseits aber einen zeitlich verzögerten Nachteilsausgleich zulässt. Anders als beim Vertragskonzern ist Anknüpfungspunkt die einzelne Leitungsmaßnahme des herrschenden Unternehmens und nicht der Tatbestand der Begründung der Konzernierung. Dieser unterschiedliche Ansatz wird auch an den Rechtsfolgen deutlich: Nachteilsausgleich und Schadensersatzhaftung nach §§ 317 f., statt pauschalem Verlustausgleich nach § 302. 1

Die folgenden Vorschriften enthalten im Wesentlichen zum einen spezielle Mechanismen zur Überprüfung der Einhaltung der Grundnorm (Abhängigkeitsbericht nach § 312, dessen Prüfung durch den Abschlussprüfer (§ 313) und den Aufsichtsrat (§ 314) sowie die Möglichkeit der Aktionäre nach § 315, eine Sonderprüfung durchzusetzen), zum anderen Haftungsfolgen auf Seiten des herrschenden Unternehmens (§ 317) und der abhängigen Aktiengesellschaft (§ 318) bei Verstößen gegen die Grundnorm. 2

2. Normzweck

3   § 311 dient (zumindest auch) dem **Außenseiterschutz**, also dem Schutz von Minderheitsaktionären und Gläubigern der Gesellschaft[1]. Diese werden durch das Verbot einer Schädigung der Gesellschaft mittelbar geschützt. Für das herrschende Unternehmen bedeutet dies zugleich, dass Nachteile nie allein aufgrund des Interesses des herrschenden Unternehmens oder des Konzerns gerechtfertigt werden können[2], sondern immer nur durch einen wirtschaftlichen Ausgleich des Nachteils.

4   Weniger klar ist, ob § 311 neben dem Schädigungsverbot auch eine **Konzernprivilegierung** innewohnt, indem die Ausübung von Leitungsmacht auch ohne Beherrschungsvertrag in begrenztem Umfang ermöglicht werden soll. Dafür spricht zunächst ein Vergleich mit der Rechtslage, die gelten würde, wenn es § 311 nicht gäbe: Soweit, wie in vielen Fällen, der Nachteil zugleich einen Verstoß gegen § 57 begründete, wäre die Nachteilszufügung unzulässig und nach § 62 Abs. 1 sofort durch Rückgewähr der Leistung (nicht nur wertmäßig) auszugleichen. Nach heutiger Dogmatik zur gesellschaftsrechtlichen Treupflicht wäre jede Nachteilszufügung ohne Zustimmung der Minderheitsgesellschafter im Grundsatz ein unzulässiger Treupflichtverstoß, der durch einen sofort fälligen Schadensersatzanspruch sanktioniert wäre. § 311 Abs. 2 lässt dagegen einen zeitlich aufgeschobenen Nachteilsausgleich durch Wertersatz im Interesse des herrschenden Unternehmens zu (zum Verhältnis des § 311 zu §§ 57, 62 und zur Treupflicht nachfolgend Rz. 104 und 111).

5   Der **Gesetzgeber** hat mit der Schaffung des § 311 zwar einerseits die besonderen Gefahren einer faktischen Konzernierung aufgrund des potenziellen Interessenkonflikts betont[3]. Andererseits wurden aber nach kontroversen Diskussionen Vorschläge für eine deutlich restriktivere Ermöglichung des Nachteilsausgleichs (sofortiger Ausgleich; nur aufgrund Vertrags, der mit nachteiliger Maßnahme so eng zusammenhängt, dass sie wirtschaftlich als einheitliches Geschäft anzusehen sind) abgelehnt[4].

6   Aus Entstehungsgeschichte und Regelungsinhalt lässt sich daher ableiten, dass der faktische Konzern **nicht verboten oder unzulässig** ist[5]. Darüber hinaus wird der faktische Konzern nicht nur geduldet; seine Berechtigung wird vielmehr gesetzlich anerkannt, und die Ausübung von Herrschaftsmacht durch ein herrschendes Unternehmen wird gegenüber der Einflussnahme durch einen im Privatinteresse handelnden Mehrheitsaktionär bewusst privilegiert[6]. Diese Privilegierung wird erkauft durch die

---

1 Unstreitig, vgl. nur *Habersack* in Emmerich/Habersack, Aktien- und GmbH-Konzernrecht, § 311 Rz. 1; *Koppensteiner* in KölnKomm. AktG, vor § 311 Rz. 6, § 311 Rz. 1; *Kropff* in MünchKomm. AktG, § 311 Rz. 3.

2 Dies war zum AktG von 1937 noch umstritten, vgl. *Kropff* in MünchKomm. AktG, Vor § 311 Rz. 9 ff.; Begr. RegE zu § 311, abgedruckt bei *Kropff*, Aktiengesetz, S. 407.

3 Vgl. Begr. RegE., *Kropff*, Aktiengesetz, S. 407 f.

4 Ausschussbericht zu § 311, abgedruckt bei *Kropff*, Aktiengesetz, S. 409 f.; zu weiteren Materialien vgl. *Dettling*, S. 319 ff.; *Kropff* in MünchKomm. AktG, vor § 311 Rz. 13 ff.

5 Entgegen zunächst vereinzelt vertretener Auffassung heute ganz einhellige M., vgl. etwa *Habersack* in Emmerich/Habersack, Aktien- und GmbH-Konzernrecht, § 311 Rz. 8; *Hüffer*, § 311 Rz. 6; *Krieger* in MünchHdb. AG, § 69 Rz. 22; *Kropff* in MünchKomm. AktG, § 311 Rz. 25; a.A. insb. *Bälz* in FS Raiser, 1974, S. 287, 300 ff. und AG 1992, 277, 303 f.; *Lieb* in FS Lutter, 2000, S. 1151 ff.

6 So auch die heute wohl h. M., vgl. etwa *Hommelhoff*, Konzernleitungspflicht, S. 109 ff., 124 f.; *Habersack* in Emmerich/Habersack, Aktien- und GmbH-Konzernrecht, § 311 Rz. 2; *Hüffer*, § 311 Rz. 7; *Kropff* in MünchKomm. AktG, § 311 Rz. 30 f.; *Habersack/Schürnbrand*, NZG 2004, 689, 691 f.; *Habersack* in FS Raiser, 2005, S. 111, 121; *Habersack*, ZIP 2006, 1327, 1328; *Hogh*, S. 12 f.; *Mülbert*, ZHR 163 (1999), 1, 21 ff.; *Strohn*, S. 6 ff.; *Wimmer-Leonhardt*, S. 70; demgegenüber für bloße Duldung *Koppensteiner* in KölnKomm. AktG, vor § 311 Rz. 10 ff. m.w.N.; gegen eine Privilegierungsabsicht etwa *Ehricke*, S. 321.

besonderen Kontroll- und Abschreckungsinstrumente der §§ 312 ff., die über die allgemeinen Schutzinstrumente, insb. § 62, hinausgehen. Dieses Grundverständnis hat auch Auswirkungen auf das Verständnis des Aktienkonzernrechts und der ihm zugrunde liegenden Grundbegriffe, insb. den des Unternehmens[7].

Die Privilegierung des herrschenden Unternehmens ist begrenzt auf die Möglichkeit, Nachteile durch nicht unmittelbar mit dem Rechtsgeschäft oder der Maßnahme zusammenhängende Vorteile zu kompensieren, und wichtiger noch die Möglichkeit, den Nachteilsausgleich zeitlich verzögert zu leisten. Der Vorstand der abhängigen Gesellschaft ist jedoch nicht verpflichtet, **Weisungen** der Mutter zu befolgen (hierzu näher nachfolgend Rz. 95). Auch eine Berechtigung oder gar Verpflichtung zur **Konzernleitung** des herrschenden Unternehmens lässt sich § 311 nicht entnehmen[8]. Die Möglichkeiten einer straffen zentralen Führung des faktischen Konzerns unter konsequenter Ausrichtung auf das Konzerninteresse sind daher erheblich eingeschränkt. 7

3. Rechtspolitische Beurteilung und Reformüberlegungen

Während früher erhebliche Kritik am grundsätzlichen Konzept und erhebliche Zweifel an der **Effektivität des Außenseiterschutzes** geäußert wurde[9], haben sich Praxis und Wissenschaft heute mit dem Modell arrangiert[10]. Trotz aller Schwierigkeiten bei der Bestimmung des Nachteilsausgleichs erscheinen die Kontrollmaßnahmen und Haftungsrisiken doch als zur Gewährleistung eines angemessenen Außenseiterschutzes ausreichend. Weder die Wirtschaftspraxis noch die Gerichtspraxis haben Defizite zum Vorschein gebracht, die eine Änderung des Konzepts erfordern würden. Eine Einschränkung gilt auch nicht für Formen qualifizierter Beherrschung, die keinen Einzelausgleich ermöglichen. Diese sind nach § 311 verboten[11]. Der Umstand, dass die von der Rechtsprechung entschiedenen Fälle qualifiziert faktischer Beherrschung fast ausnahmslos beherrschte GmbHs betrafen[12], mag als Beleg für die Funktionsfähigkeit der §§ 311 ff. gewertet werden. 8

---

7 Zum organisationsrechtlichen Konzernverständnis und dessen Auswirkungen auf den Begriff des herrschenden Unternehmens § 15 Rz. 35 ff. Die noch h.M. verharrt demgegenüber zu § 15 noch bei dem reinen Schutzrechtsverständnis, wie es auch für § 311 lange Zeit prägend war.

8 Ausführlich *Kropff* in MünchKomm. AktG, § 311 Rz. 279 ff.; *Habersack* in Emmerich/Habersack, Aktien- und GmbH-Konzernrecht, § 311 Rz. 10 f.; *Hüffer*, § 311 Rz. 8, jeweils m.w.N.; a.A. *Luchterhandt*, ZHR 133 (1970), 1, 11 f.; vgl. zur Konzernleitungspflicht auch nachfolgend Rz. 117.

9 Vgl. insb. VII. Hauptgutachten der Monopolkommission, 1986/87, BT-Drucks. 11/2677, Rz. 839 ff.; *Großfeld*, Aktiengesellschaft, Unternehmenskonzentration und Kleinaktionär, 1968, S. 218 f.; *Kronstein* in FS Geßler, S. 219, 222 f.; wohl auch *Timm*, NJW 1992, 2185, 2193 f.; auch heute noch kritisch etwa *Koppensteiner* in KölnKomm. AktG, vor § 291 Rz. 141, 143 m.w.N., § 311 Rz. 90 f.; *Burgard* in FS Lutter, S. 1033, 1043 f.; *Kalss*, ZHR 171 (2007), 146, 169 ff.; *Wackerbarth*, S. 308 ff.

10 Grundsätzlich zustimmend etwa *Hommelhoff*, Gutachten G zum 59. DJT, 1992, S. 19 ff.; *Hommelhoff*, ZHR 156 (1992), 295 ff.; *Kropff* in MünchKomm. AktG, Vor § 311 Rz. 28 ff.; *Decher*, ZHR 171 (2007), 126, 132 ff.; *Habersack* in FS Peltzer, 2001, S. 139, 141 f.; *Lutter*, ZHR 151 (1987), 444, 459 f.; *Rittner*, ZGR 1990, 203, 214 ff.; *Karsten Schmidt*, JZ 1992, 856, 858; *Kropff* in FS Kastner, 1992, S. 279, 283 ff. (allerdings ablehnend gegenüber dem zeitlich verzögerten Nachteilsausgleich).

11 Vgl. nachfolgend Rz. 95 f.; zur Frage, ob in diesen Fällen weitergehende Haftungsfolgen greifen müssen, vgl. nachfolgend § 317 Rz. 44 ff.

12 Zu qualifiziert beherrschten AG OLG Stuttgart v. 4.2.2000 – 4 W 15/98, AG 2000, 428, 430; OLG Hamm v. 10.5.1995 – 8 U 59/94, AG 1995, 512, 515; OLG Hamm v. 3.11.1986 – 8 U 59/86, AG 1987, 38 (im konkreten Fall jeweils abgelehnt).

9   Insb. zu Beginn der 90er Jahre wurde die **Reformbedürftigkeit** der §§ 311 ff. intensiver diskutiert[13]. Die Reformvorschläge sind vom Gesetzgeber nicht aufgegriffen worden und autonome Initiativen des deutschen Gesetzgebers sind in absehbarer Zeit nicht zu erwarten. Etwaige Impulse könnten allenfalls von dem Bestreben nach Rechtsvereinheitlichung innerhalb der EU ausgehen, sind aber jedenfalls kurzfristig nicht zu erwarten[14]. Am ehesten dürfte in den nächsten Jahren eine intensivere Diskussion und ggf. Reform der Vertraulichkeit des Abhängigkeitsberichts nach § 312 zu erwarten sein, zumal die Anforderungen an die Veröffentlichung von Geschäften mit verbundenen Unternehmen international und auch in Deutschland tendenziell immer strenger werden.[15]

4. Anwendbarkeit auf andere Rechtsformen

10 Die §§ 311 ff. finden nur auf abhängige Aktiengesellschaften und **KGaA**[16] Anwendung. Die Anwendbarkeit auf die **SE** mit Sitz in Deutschland ist streitig.

11 Auf die **GmbH** finden die §§ 311 ff. nach ganz herrschender Meinung dagegen keine Anwendung[17]. Bei der Einmann-GmbH gibt es außerhalb des Kapitalschutzes nach § 30 GmbHG und des Verbots der Existenzvernichtung kein allgemeines Schädigungsverbot. Zum Schutz von Minderheitsgesellschaftern in der mehrgliedrigen GmbH ist bisher keine Privilegierung des herrschenden Unternehmens anerkannt worden, was angesichts des personalistischeren Gepräges der GmbH verständlich ist. Auf abhängige Gesellschaften **ausländischer Rechtsform** finden §§ 311 ff. ebenfalls keine Anwendung[18].

---

13 Vgl. insb. *Hommelhoff*, Gutachten G zum 59. DJT, 1992, S. 16 ff.; zuvor schon das VII. Hauptgutachten der Monopolkommission, 1986/87, BT-Drucks. 11/2677, Rz. 839 ff.; ausführliche Übersichten bei *Koppensteiner* in KölnKomm. AktG, vor § 291 Rz. 140 ff.

14 S. allerdings die Vorschläge des Forum Europaeum Konzernrecht, ZGR 1998, 672, 710 ff.; den Abschlussbericht vom 4.11.2002 der High Level Group über „Moderne gesellschaftsrechtliche Rahmenbedingungen in Europa", abrufbar unter http://www.europa.eu.int/comm/internal_-market/de/, S. 102 ff.; hierzu die Stellungnahme der Group of German Experts on Corporate Law Group, ZIP 2003, 863, 876; den Aktionsplan der EG-Kommission „Modernisierung des Gesellschaftsrechts und Verbesserung der Corporate Governance in der Europäischen Union", Mitteilung an den Rat und das Europäische Parlament (KOM (2003), 284, S. 22 f. = NZG 2003, Sonderbeil. zu Heft 13, S. 10 f.; zur vom Forum Europaeum (ZGR 1998, 672, 705 ff.) favorisierten „Rozenblum"-Doktrin des französischen Rechts *Maul*, NZG 1998, 965, 966 ff.; kritisch *Kropff* in MünchKomm. AktG, Vor § 311 Rz. 38; *Habersack*, NZG 2004, 1, 7 f.

15 Vgl. etwa die Anforderungen an die Angaben über Beziehungen zu nahe stehenden Unternehmen und Personen gem. IAS 24 sowie die Anforderungen an die Mitteilung von „related party transactions" in Prospekten gem. § 7 WpPG i.V.m. der Verordnung (EG) Nr. 809/2004 der Kommission vom 29.4.2004 zur Umsetzung der Richtlinie 2003/71/EG, dort insb. Ziffer 19 der Anlage 1; eine generelle Offenlegung des Abhängigkeitsberichts zumindest bei Beteiligung von außenstehenden Aktionären fordern *Koppensteiner* in FS Steindorff, 1990, S. 79, 109; *Kalss*, ZHR 171 (2007), 146, 197; *E. Vetter*, ZHR 171 (2007), 342, 365 ff. m.w.N.; für eine Offenlegung nur in der Insolvenz entsprechend § 321a HGB *Baums*, Bericht Regierungskommission, Rz. 180; *Decher*, ZHR 171 (2007), 126, 138.

16 Ausführlich *Born*, Die abhängige KGaA, 2004, zur von ihm abgelehnten Anwendbarkeit auf die Komplementärin als herrschendes Unternehmen S. 118 ff., zur Anwendung auf einen Kommanditisten S. 217 ff.

17 S. nur BGH v. 16.9.1985 – II ZR 275/84, BGHZ 95, 330, 339 f. = AG 1986, 15; BGH v. 17.9.2001 – II ZR 178/99, BGHZ 149, 10, 15 f. = AG 2002, 43; *Hüffer*, § 311 Rz. 51; *Koppensteiner* in KölnKomm. AktG, Vorb. § 311 Rz. 34; *Assmann* in FS 100 Jahre GmbHG, 1992, S. 657, 695 ff.; *Ulmer*, ZHR 148 (1984), 391, 411 ff.; *M. Winter*, Mitgliedschaftliche Treubindungen im GmbH-Recht, 1988, S. 114 ff.; a.A. *Bälz*, AG 1992, 277, 303 f., 305 f.; *Kropff* in FS Kastner, 1992, S. 279, 296 ff.; *Kropff* in FS Semler, 1993, S. 517, 536 ff. (für Teilanalogie).

18 Wohl unstr., vgl. nur *Habersack* in Emmerich/Habersack, Aktien- und GmbH-Konzernrecht, § 311 Rz. 21; *Hüffer*, § 311 Rz. 12.

Die Rechtsform des herrschenden Unternehmens ist irrelevant, solange Unterneh- 12
menseigenschaft vorliegt (dazu § 15 Rz. 30 ff.). Auch herrschende **öffentlich-rechtliche Rechtsträger** (vgl. hierzu auch Rz. 39) und herrschende **Unternehmen ausländischer Rechtsform** werden erfasst[19].

II. Tatbestand

1. Abhängigkeitsverhältnis

a) Grundlagen

Die §§ 311 ff. knüpfen nicht an das Vorliegen eines Konzerns gem. § 18, sondern das 13
Vorliegen eines herrschenden Unternehmens und einer abhängigen AG oder KGaA
nach § 17 an; eine **Einmann-AG** genügt[20]. Die §§ 15 bis 17 gelten unmittelbar, einschließlich der Abhängigkeitsvermutung des § 17 Abs. 2. Die Widerlegung der
Vermutung obliegt demjenigen, der sich auf die Nichtanwendbarkeit der §§ 311 ff.
beruft (vgl. § 17 Rz. 51); dies ist typischerweise die abhängige AG (etwa wenn sie keinen Abhängigkeitsbericht nach § 312 aufstellen möchte), nicht dagegen das herrschende Unternehmen, das ohnehin aus § 311 kein durchsetzbares Recht gegenüber
der AG ableiten kann und typischerweise auch unabhängig von einer Beherrschung
zum Ersatz veranlasster Nachteile verpflichtet wäre. Wegen der grundlegenden Begriffe Unternehmen, herrschendes Unternehmen und abhängiges Unternehmen ist
auf die Erläuterungen zu den §§ 15 ff. zu verweisen.

Mehrstufige Abhängigkeit: Da zur Begründung des Abhängigkeitsverhältnisses nach 14
§ 17 auch die Ausübung eines mittelbaren beherrschenden Einflusses ausreicht (vgl.
§ 17 Rz. 18), gelten die §§ 311 ff. auch im Verhältnis zur Großmutter. Vermittelt diese ihren Einfluss nicht unmittelbar, sondern wie üblich über die Mutter, finden die
§§ 311 ff. im Verhältnis zu jedem herrschenden Unternehmen Anwendung; Mutter
und Großmutter (bzw. nach § 317 Abs. 3 deren Organe) haften gesamtschuldnerisch
(zur Frage der Veranlassung Rz. 38, zur gesamtschuldnerischen Haftung auch § 317
Rz. 20).

Auch für die Frage der **mehrfachen Abhängigkeit** gelten die zu § 17 dargestellten 15
Grundsätze (Stichwort **Mehrmütterherrschaft**)[21]. Die §§ 311 ff. finden damit insb. bei
einem durch zwei Unternehmen gemeinsam beherrschten Gemeinschaftsunternehmen in der Rechtsform der AG gegenüber jedem herrschenden Unternehmen Anwendung. Bei gemeinsamer Veranlassung beider herrschenden Unternehmen haften
beide Unternehmen gesamtschuldnerisch (hierzu näher Rz. 37)[22]. Beherrscht ein
selbst rechtsfähiges Gemeinschaftsunternehmen eine AG, treffen also mehrstufige
und mehrfache Abhängigkeit aufeinander, ist die Veranlassung durch das Gemeinschaftsunternehmen dessen Gesellschaftern zuzurechnen, wenn sie ihrerseits die
Einflussnahme des Gemeinschaftsunternehmens veranlasst haben.

---

19 BGH v. 13.12.2004 – II ZR 256/02, ZIP 2005, 250, 251; OLG Frankfurt/M v. 23.3.1988 – 9 U
  80/94, AG 1988, 267, 272; hierzu und der Durchsetzung von Ansprüchen gegen das ausländische herrschende Unternehmen näher *Maul*, NZG 1999, 741 ff.; zu Gerichtsstands- und Vollstreckungsfragen *Maul*, AG 1998, 404, 405 ff.
20 Ganz allg. Auffassung, vgl. nur *Kropff* in MünchKomm. AktG, § 312 Rz. 27; *Habersack* in
  Emmerich/Habersack, Aktien- und GmbH-Konzernrecht, § 311 Rz. 13; § 312 Rz. 6; *Habersack* in FS Raiser, 2005, S. 111, 126 f.; ausführlich *Bollmann*, S. 83 ff.; speziell zu § 312 s. § 312
  Rz. 9.
21 BGH v. 4.3.1977 – II ZR 89/72 – „Seitz", BGHZ 62, 193, 196 ff. = AG 1974, 220 ff.; näher hierzu
  § 17 Rz. 45 ff.
22 Zu dem Fall, dass nur einer der Partner Unternehmensqualität aufweist, § 17 Rz. 49.

b) Unanwendbarkeit bei Beherrschungsvertrag und Eingliederung

16 §§ 311 ff. sind bei Bestehen eines Beherrschungsvertrags i.S.d. § 291 Abs. 1 Satz 1 1. Alt. unanwendbar, da (i) § 308 dem herrschenden Unternehmen anders als § 311 ein Recht auf Leitung einschließlich Nachteilszufügung einräumt und (ii) die §§ 300 ff. einen weitergehenden Außenseiterschutz gewährleisten. § 323 Abs. 1 Satz 3 schließt konsequent die §§ 311 ff. bei der Eingliederung aus. Beim **Gewinnabführungsvertrag** fehlt das Weisungsrecht des § 308; entsprechend schließt § 316 nur die §§ 312–315 aus. Bei sonstigen Unternehmensverträgen gelten die §§ 311 ff. uneingeschränkt[23] (zur Geltung im **Gleichordnungskonzern** § 18 Rz. 32).

17 Teilweise umstritten ist der Ausschluss der §§ 311 ff., wenn ein **Beherrschungsvertrag** – Gleiches gilt für Gewinnabführungsverträge (hierzu § 316 Rz. 4) und Eingliederung – **in mehrstufigen Verbindungen** nur auf einer Stufe vorliegt:

18 (1) **Beherrschungsvertrag zwischen Tochter und Enkel**: Die wohl h.M. schließt die §§ 311 ff. auch im Verhältnis zur Mutter aus[24]. Die Gegenauffassung wendet die §§ 311 ff. auf das Verhältnis zur Mutter jedenfalls bei unmittelbarer[25], teilweise auch mittelbarer Veranlassung durch diese an[26], insb. um Schutzlücken im Fall der Insolvenz der Tochter auszuschließen. Teilweise wird von der Gegenauffassung die Anwendung des § 311 im Hinblick auf den Nachteilsbegriff derart modifiziert, dass es auf den Vergleich mit dem Verhalten nicht einer unabhängigen, sondern einer vertraglich beherrschten AG ankommen soll[27].

19 Obwohl derartige **Schutzlücken**, insb. bei Töchtern mit Sitz im Ausland, nicht völlig ausgeschlossen werden können, ist der h.M. zu folgen. Ansonsten würden die Vorteile des Beherrschungsvertrags, das Weisungsrecht der Tochter nach § 308 und der Verzicht auf den aufwendigen Abhängigkeitsbericht entfallen, sobald die Tochter unmittelbar oder mittelbar faktisch beherrscht wird. Zumindest einen gewissen Schutz gegen eine Aushöhlung der §§ 302 ff. durch Maßnahmen der Mutter bei der Tochter gewährt das außerordentliche Kündigungsrecht des § 297 Abs. 1. Dass die Mutter kein originäres Weisungsrecht hat, steht nicht entgegen. Unmittelbare Weisungen der Mutter muss die Enkelin nicht befolgen, soweit diese keine zulässige Ausübung des Weisungsrechts der Tochter darstellen[28]. Befolgt die Enkelin sie, richtet sich der Außenseiterschutz aber nach den §§ 302 ff. Eine Befolgung durch die Enkelin ist entsprechend nur zulässig, wenn eine entsprechende Weisung der Tochter zulässig wäre, insbesondere also der Verlustausgleichsanspruch vollwertig erscheint[29].

---

23 Zu Abschluss/Beendigung eines Beherrschungsvertrags während des Geschäftsjahres § 312 Rz. 11, 14, zu Gewinnabführungsverträgen § 316 Rz. 5 f.

24 LG Frankfurt/M v. 16.11.1998 – 3/1 O 114/98, AG 1999, 238; *Kropff* in MünchKomm. AktG, § 311 Anh. Rz. 61 ff.; *Koppensteiner* in KölnKomm. AktG, Vor § 311 Rz. 31 f.; *Krieger* in MünchHdb. AG, § 69 Rz. 70; *ADS*, § 311 AktG Rz. 15; *Paschke*, AG 1988, 196, 201 f.; ebenso die typischerweise vom Abschlussprüfer befolgte IDW Stellungnahme HFA 3/1991 unter I, 16 = WPg 1992, 91, 92.

25 *W.F. Bayer* in FS Ballerstedt, 1975, S. 157, 181 f.; *Rehbinder*, ZGR 1977, 581, 633.

26 *Cahn*, BB 2000, 1477, 1478 ff.; *Habersack* in Emmerich/Habersack, Aktien- und GmbH-Konzernrecht, § 311 Rz. 19; *Görling*, S. 218 f.; *Haesen*, S. 57 f.; *Kronstein*, BB 1967, 637, 641 ff.; *Lakner*, S. 251 ff.; *Pentz*, S. 201 ff.; *Pentz*, NZG 2000, 1103, 1106 f. (der eine mittelbare Einflussnahme sogar für unzulässig hält); *Wanner*, S. 158 ff.; *Wimmer-Leonhardt*, S. 124 ff. (die aber vom Erfordernis eines Abhängigkeitsberichts absieht).

27 *Pentz*, S. 202 f.; *Pentz*, NZG 2000, 1103, 1106; *Lakner*, S. 280 ff.; *Wanner*, S. 162; *Wimmer-Leonhardt*, S. 127.

28 Zur Delegation/Ermächtigung des Weisungsrechts aus § 308 vgl. *Langenbucher*, oben § 308 Rz. 18 f.; gegen jede Zulässigkeit einer solchen Ausübung durch die Mutter *Cahn*, BB 2000, 1477, 1482 f.

29 Allg. zu den Grenzen des Weisungsrechts nach § 308 oben § 308 Rz. 24 ff.

(2) **Erst recht** finden die §§ 311 ff. **keine Anwendung**, wenn die Mutter mit der Toch- 20
ter und die Tochter mit der Enkel-AG durch **Beherrschungsvertrag** verbunden sind,
und zwar auch dann, wenn die Mutter unmittelbar Einfluss auf die Tochter nimmt[30].

(3) **Beherrschungsvertrag zwischen Mutter und Enkel:** Die ganz h.M. hält die 21
§§ 311 ff. zu Recht auch im Verhältnis Tochter-Enkel für ausgeschlossen, da der konzernrechtliche Status der Enkel-AG durch den Beherrschungsvertrag mit der Mutter
geprägt wird und die Mutter ihr Weisungsrecht im Übrigen auch über die Tochter ausüben könnte[31].

(4) Nur im Übrigen bleibt es bei dem Grundsatz, dass der Beherrschungsvertrag die 22
§§ 311 ff. nur **im Verhältnis der Vertragsparteien** ausschließt, also ein Vertrag zwischen Mutter und Tochter die Geltung der §§ 311 ff. im Verhältnis der Enkel-AG sowohl zur Mutter als auch zur Tochter nicht berührt[32].

2. Veranlassung

a) Rechtsgeschäft und Maßnahme

Gem. § 311 Abs. 1 ist weitere Voraussetzung, dass das herrschende Unternehmen die 23
auf Grund des Abhängigkeitsverhältnisses bestehende Einflussnahmemöglichkeit
nicht dazu benutzt, ein für die abhängige Gesellschaft nachteiliges Rechtsgeschäft
oder andere Maßnahmen zu ihrem Nachteil zu treffen. Maßnahme ist jedes willens-
geleitete Verhalten, das sich auf die Vermögens- oder Ertragslage unmittelbar oder
mittelbar auswirken kann. Die tatbestandsbegrenzende Wirkung dieses Merkmals ist
gering. Rechtsgeschäft ist ein Unterfall der Maßnahme, so dass die Erwähnung der
Unterlassung von Maßnahmen auch unterlassene Rechtsgeschäfte umfasst[33].

Ausgeschlossen sind jedoch die sog. **passiven Konzerneffekte** wie etwa Abkehr von 24
Kunden aufgrund der Konzernzugehörigkeit oder kartellrechtliche Schwierigkeiten
bei Unternehmenskäufen, die gerade nicht auf einer Einwirkung auf die Willensbildung der abhängigen Gesellschaft beruhen[34].

---

30 OLG Frankfurt/M v. 4.4.2000 – 5 U 224/98, AG 2001, 53; insoweit auch *Habersack* in Emme-
rich/Habersack, Aktien- und GmbH-Konzernrecht, § 311 Rz. 18; *Lakner*, S. 295 ff.; *Wimmer-
Leonhardt*, S. 120 ff.; nur für indirekte Einflussnahmen auch *Cahn*, BB 2000, 1477, 1480 f.;
a.A. *Pentz*, Die Rechtsstellung der Enkel AG, S. 214 ff.; *Pentz*, NZG 2000, 1103, 1105 f.; gegen
ihn *Kropff* in MünchKomm. AktG, § 311 Anh. Rz. 21 ff.
31 *Habersack* in Emmerich/Habersack, Aktien- und GmbH-Konzernrecht, § 311 Rz. 18; *Hüffer*,
§ 311 Rz. 15; *Koppensteiner* in KölnKomm. AktG, Vorb. § 311 Rz. 29; *Krieger* in MünchHdb.
AG, § 69 Rz. 70; *Kropff* in MünchKomm. AktG, § 311 Anh. Rz. 49 ff.; *Kronstein*, BB 1967,
637, 641; *Lakner*, S. 284 ff.; a.A., soweit die Tochter nicht die Weisungsrechte aus dem Beherrschungsvertrag für die Mutter, sondern eigenständigen Einfluss ausübt, *Görling*, S. 222 f.;
Pentz, S. 218; *Rehbinder*, ZGR 1977, 581, 620; *Wanner*, S. 122 f.; *Wimmer-Leonhardt*, S. 129 f.
32 Unstreitig, vgl. nur *Kropff* in MünchKomm. AktG, § 311 Anh. Rz. 10 f.; *Habersack* in Emme-
rich/Habersack, Aktien- und GmbH-Konzernrecht, § 311 Rz. 18.
33 Allg. Ansicht, vgl. *Habersack* in Emmerich/Habersack, Aktien- und GmbH-Konzernrecht,
§ 311 Rz. 37; *Hüffer*, § 311 Rz. 24; *Koppensteiner* in KölnKomm. AktG, § 311 Rz. 14; *Kropff* in
MünchKomm. AktG, § 305 Rz. 136 f.; ausführlicher zum Begriff des Rechtsgeschäfts und der
Maßnahme § 312 Rz. 29.
34 Im Grundsatz unstreitig, vgl. nur *Habersack* in Emmerich/Habersack, Aktien- und GmbH-
Konzernrecht, § 311 Rz. 52; *Hüffer*, § 311 Rz. 26; *Koppensteiner* in KölnKomm. AktG, § 311
Rz. 34 f.; *Kropff* in MünchKomm. AktG, § 311 Rz. 346 f.; *Kropff* in FS Lutter, 2000, S. 1133,
1141 ff. (dort auch zum Schadensersatz aufgrund von Treupflichten); zu den Kosten des Ab-
hängigkeitsberichts vgl. § 312 Rz. 21.

b) Art und Weise der Veranlassung

25 Die Maßnahme muss vom herrschenden Unternehmen veranlasst sein. Auch dieses Tatbestandsmerkmal ist weit auszulegen und umfasst jedes dem herrschenden Unternehmen zuzurechnende Verhalten, das für die Maßnahme zumindest **mitursächlich** ist[35]. Gleichgültig ist, wie das herrschende Unternehmen seinen Wunsch zum Ausdruck bringt, z.B. ob schriftlich oder mündlich oder ob als Weisung, Anregung, Vorschlag oder Erwartung deklariert[36], und ob die Einflussnahme einen Einzelfall oder eine Vielzahl von Anwendungsfällen (z.B. Richtlinien) betrifft.

26 Eine Einflussnahme ist stets gegeben, wenn die Mutter aufgrund einer **Vollmacht** für die Tochter handelt[37]. Ein rechtsgeschäftliches Verhalten ist jedoch nicht erforderlich. Entsprechend ist eine Anfechtung mit die Haftung nach § 317 ausschließender Wirkung auch dann nicht möglich, wenn die Einflussnahme tatsächlich einmal durch Willenserklärung erfolgt ist.

27 Andererseits geht es bei § 317 doch um eine Haftung für willensgesteuertes Verhalten; die Veranlassungswirkung muss dem Unternehmen bewusst oder zumindest **zurechenbar** sein[38]. Der bloße Anschein einer Veranlassung aus Sicht der abhängigen AG genügt nicht[39].

28 Die Veranlassung muss nicht vom Vertretungsorgan des herrschenden Unternehmens ausgehen; ausreichend ist ein Verhalten **nachgeordneter Stellen**, aber auch von Dritten, z.B. von Schwestergesellschaften, die dem herrschenden Unternehmen durch bewusste Einschaltung oder auf sonstige Weise zurechenbar sind[40]. Auch auf Adressatenseite ist keine unmittelbare Einwirkung auf den Vorstand erforderlich, eine Einwirkung auf den Aufsichtsrat oder dem Vorstand nachgeordnete Stellen reicht aus[41].

c) Beweiserleichterungen

29 Da die Einflussnahme häufig auf informellem, für Dritte nicht erkennbarem und damit nur schwer nachweisbarem Wege erfolgt, sind den Aktionären und Gläubigern der AG nach heute h.M. Beweiserleichterungen zu gewähren[42]. Verbreitet wird unter

---

35 Unstr., s. nur *Habersack* in Emmerich/Habersack, Aktien- und GmbH-Konzernrecht, § 311 Rz. 38; *Hüffer*, § 311 Rz. 16; *Koppensteiner* in KölnKomm. AktG, § 311 Rz. 2, 6; *Kropff* in MünchKomm. AktG, § 311 Rz. 78.

36 Unstr., s. nur *Habersack* in Emmerich/Habersack, Aktien- und GmbH-Konzernrecht, § 311 Rz. 23; *Koppensteiner* in KölnKomm. AktG, § 311 Rz. 3; *Kropff* in MünchKomm. AktG, § 311 Rz. 73; zu Methoden in der Praxis *Ekkenga/Weinbrenner/Schütz*, Der Konzern 2005, 261, 263 ff.

37 So auch *Habersack* in Emmerich/Habersack, Aktien- und GmbH-Konzernrecht, § 311 Rz. 31; *Hüffer* § 311 Rz. 17; *Koppensteiner* in KölnKomm. AktG, § 311 Rz. 23; *Kropff* in MünchKomm. AktG, § 311 Rz. 109.

38 So auch *Kropff* in MünchKomm. AktG, § 311 Rz. 75; ähnlich *Koppensteiner* in KölnKomm. AktG, § 311 Rz. 5, der eine objektive Veranlassung verlangt; a.A. *Habersack* in Emmerich/Habersack, Aktien- und GmbH-Konzernrecht, § 311 Rz. 24; *Hüffer*, § 311 Rz. 16.

39 A.A. *Habersack* in Emmerich/Habersack, Aktien- und GmbH-Konzernrecht, § 311 Rz. 24, 14, 26, § 317 Rz. 6; *Hüffer*, § 311 Rz. 16.

40 Ähnlich *Kropff* in MünchKomm. AktG, § 311 Rz. 76; *Koppensteiner* in KölnKomm. AktG, § 311 Rz. 17; auf die Sicht der Tochter abstellend *Habersack* in Emmerich/Habersack, Aktien- und GmbH-Konzernrecht, § 311 Rz. 25; *Hüffer*, § 311 Rz. 17.

41 Unstr., *Habersack* in Emmerich/Habersack, Aktien- und GmbH-Konzernrecht, § 311 Rz. 27; *Hüffer*, § 311 Rz. 19; *Koppensteiner* in KölnKomm. AktG, § 311 Rz. 21; *Kropff* in MünchKomm. AktG, § 311 Rz. 77; speziell zur Einflussnahme auf Angestellte der Gesellschaft die Begr. des RegE zu § 317, *Kropff*, Aktiengesetz, S. 418 f.

42 A.A. *Haesen*, S. 90 f. (jedenfalls für § 312); *Säcker*, ZHR 151 (1987), 59, 63.

bestimmten Voraussetzungen eine Veranlassungsvermutung angenommen[43]. Dies würde eine materiell-rechtliche Rechtsfortbildung erfordern, die aber angesichts der verfügbaren prozessualen Beweiserleichterungen sachlich und methodisch nicht zu rechtfertigen ist.

Überzeugender ist es, Gläubigern und Minderheitsaktionären den **Beweis des ersten** 30 **Anscheins** zu gewähren[44]. Der erforderliche typische Geschehensablauf[45] liegt dann vor, wenn die Maßnahme nicht nur für die abhängige AG nachteilig, sondern zugleich für das herrschende Unternehmen bzw. die Unternehmensgruppe vorteilhaft ist. Dies wird bei nachteiligen gruppeninternen Verträgen immer der Fall sein[46]. Das Vorliegen eines Konzerns gem. § 18 ist dagegen nicht erforderlich, aber auch nicht generell ausreichend[47]. Ein typischer Geschehensablauf ist auch dann anzunehmen, wenn die abhängige AG tatsächlich von der Konzernmutter breitflächig zentral geführt wird und die in Frage stehende Maßnahme nach Bedeutung und Art im Übrigen zentral entschiedenen Maßnahmen gleichkommt (zu Vorstandsdoppelmandaten nachfolgend Rz. 32). Eine weitergehende Vermutung würde zur Vermeidung von Haftungsrisiken die faktische Verpflichtung des herrschenden Unternehmens begründen, die Geschäftsführung der abhängigen AG zur Vermeidung nachteiliger Geschäfte zu kontrollieren.

Soweit dem Kläger ein substantiierter Vortrag der häufig informellen Einflussnahme 31 nicht möglich ist, sind darüber hinaus die Anforderungen an seine **Darlegungslast** zu mindern[48].

d) Sonderfälle

aa) Vorstandsdoppelmandat; Beteiligung am Aktienoptionsprogramm der Mutter. 32 Unstreitig kann die Veranlassung durch Personenidentität eines Geschäftsleiters oder leitenden Angestellten des herrschenden Unternehmens mit einem Vorstandsmitglied oder leitenden Angestellten der AG erfolgen, ohne dass eine externe Kommunikation erforderlich wäre[49]. Umstritten ist allein der Umgang mit Beweiserleichterungen: Teilweise wird insoweit eine unwiderlegliche Vermutung angenommen[50]. Diese Ansicht übersieht, dass es, beispielsweise in Spartenkonzernen, trotz Vertretung der Tochter-Vorstände im Vorstand der Holding durchaus Entscheidungen gibt,

---

43 *Kropff* in MünchKomm. AktG, § 311 Rz. 85 ff.; *Hüffer*, § 311 Rz. 21; *Krieger* in MünchHdb. AG, § 69 Rz. 76; *Hogh*, S. 29 f.; *Wimmer-Leonhardt*, S. 85 f.

44 So *Habersack* in Emmerich/Habersack, Aktien- und GmbH-Konzernrecht, § 311 Rz. 33; *Koppensteiner* in KölnKomm. AktG, § 311 Rz. 10; a.A. *Kropff* in MünchKomm. AktG, § 311 Rz. 84; *Wimmer-Leonhardt*, S. 85.

45 Zu den Voraussetzungen des Anscheinsbeweis allgemein etwa *Greger* in Zöller, ZPO, vor § 284 Rz. 29; zur Ablehnung eines typischen Geschehensablaufs für eine Veranlassung LG Bonn v. 27.4.2005 – 16 O 13/04, AG 2005, 542, 543 f.

46 Eine Veranlassungsvermutung bei Verträgen annehmend *Koppensteiner* in KölnKomm. AktG, § 311 Rz. 10; auf Konzernverhältnisse beschränkt *Kropff* in MünchKomm. AktG, § 311 Rz. 86.

47 So auch *Koppensteiner* in KölnKomm. AktG, § 311 Rz. 11, 13; *Hogh*, S. 30; die Vermutungswirkung dagegen rein an das Vorliegen eines Konzerns anknüpfend *Hüffer*, § 311 Rz. 21; *Krieger* in MünchHdb. AG, § 69 Rz. 76.

48 So auch *Kropff* in MünchKomm. AktG, § 311 Rz. 88; ausführlicher § 317 Rz. 16.

49 Vgl. nur *Habersack* in Emmerich/Habersack, Aktien- und GmbH-Konzernrecht, § 311 Rz. 28; *Hüffer*, § 311 Rz. 22; *Koppensteiner* in KölnKomm. AktG, § 311 Rz. 29; *Kropff* in MünchKomm. AktG, § 311 Rz. 96 ff.; zu praktischen Hinweisen *Ekkenga/Weinbrenner/Schütz*, Der Konzern 2005, 261, 264 f.

50 So wohl *Hüffer*, § 311 Rz. 22; *Neuhaus*, DB 1970, 1913, 1916; *Säcker*, ZHR 151 (1987), 59, 65 f. nimmt sogar unwiderleglich einen qualifiziert faktischen Konzern an; a.A. *Decher*, S. 174; zur Frage einer qualifizierten Nachteilszufügung nachfolgend Rz. 98 und § 317 Rz. 45.

die die Tochter autonom trifft. Der Gegenbeweis oder richtiger die Widerlegung des Anscheins (vgl. Rz. 30) ist daher zuzulassen[51]; der für den Anscheinsbeweis erforderliche typische Geschehensablauf ist hier bei Vorteilhaftigkeit für das herrschende Unternehmen besonders offensichtlich.

33   Die Einbeziehung des Vorstands der Tochter in das **Aktienoptionsprogramm der Mutter** ist im Vergleich zum Vorstandsdoppelmandat eine weniger weit gehende Ausrichtung des Vorstands an den Interessen des herrschenden Unternehmens und verstößt genauso wenig gegen § 311[52]. Allerdings liegt eine Veranlassung durch die Mutter von für sie vorteilhaften Maßnahmen ähnlich wie beim Vorstandsdoppelmandat nahe.

34   **bb) Einflussnahme über den Aufsichtsrat.** Trotz der formalen Weisungsfreiheit des Aufsichtsratsmitglieds wird heute ganz einhellig angenommen, dass die Handlungen eines Vertreters der Mutter im Aufsichtsrat der Tochter-AG der Mutter zuzurechnen sind[53]. Die Möglichkeit einer Einflussnahme ist daher gegeben (zur Einflussnahme durch Zustimmungsvorbehalte nachfolgend Rz. 36). Praktisch wichtiger ist auch hier die Frage nach Beweiserleichterungen. Anders als bei Vorstandsdoppelmandaten wird zwar keine unwiderlegliche, wohl aber eine widerlegbare Veranlassungsvermutung vertreten[54]. Der für den Anscheinsbeweis erforderliche typische Geschehensablauf liegt bei Vorteilhaftigkeit der Maßnahme für den Konzern insb. dann nahe, wenn ein aktiver Aufsichtsratsvorsitzender sich in die Entscheidungsfindung einschaltet; trotz fehlenden Weisungsrechts und Geschäftsführungsbefugnis ist die Situation jedenfalls bei einem starken Aufsichtsratsvorsitzenden dem Vorstandsdoppelmandat vergleichbar[55]. Der Anschein wird auch dadurch nicht ausgeschlossen, dass die Vertreter der Mutter im Aufsichtsrat nicht die Mehrheit haben.

35   **cc) Hauptversammlungsbeschluss.** Jeder mit der Mehrheit des herrschenden Unternehmens gefasste Hauptversammlungsbeschluss, der eine Maßnahme der Tochter zur Folge hat, stellt eine ausreichende Veranlassung dar[56]. Problematisch kann allein das Vorliegen eines Nachteils bzw. der Ausschluss der §§ 311 ff. aufgrund spezieller Instrumente des Außenseiterschutzes sein (hierzu Rz. 69 ff.). Mittlerweile ist die frühere Privilegierung der nicht herrschenden Aktionäre bei der Stimmrechtsausübung durch § 117 Abs. 7 Nr. 1 a.F. durch das UMAG vom 22.9.2005 aufgehoben worden.

36   **dd) Zustimmungsvorbehalt.** Die Hauptversammlung und auch der Aufsichtsrat haben in Geschäftsführungsangelegenheiten typischerweise kein Initiativrecht (Ausnahme für die Hauptversammlung: § 83), sondern lediglich die Möglichkeit zur re-

---

51 So auch *Habersack* in Emmerich/Habersack, Aktien- und GmbH-Konzernrecht, § 311 Rz. 35; *Kropff* in MünchKomm. AktG, § 311 Rz. 100 f.; *Fleischer* in Fleischer, Handbuch des Vorstandsrechts, § 18 Rz. 134; *Streyl*, S. 167 f.; *Raiser/Veil*, Kapitalgesellschaften, § 53 Rz. 31.

52 Ausführlich *Habersack* in FS Raiser, 2005, S. 111, 123 ff.; ebenso *Krieger* in MünchHdb. AG, § 63 Rz. 39 m.w.N. auch zur Gegenauffassung; *Martens* in FS Ulmer, 2005, S. 399, 416 f.; a.A. etwa *Baums* in FS Claussen, 1997, S. 1, 12; *Baums*, AG 1997, Sonderheft Aktienrechtsreform, S. 26, 35 f.

53 *Kropff* in MünchKomm. AktG, § 311 Rz. 103; *Krieger* in MünchHdb. AG, § 69 Rz. 75; *Koppensteiner* in KölnKomm. AktG, § 311 Rz. 24; *Decher*, S. 196.

54 *Hüffer*, § 311 Rz. 23; deutlich zurückhaltender *Kropff* in MünchKomm. AktG, § 311 Rz. 105 ff.

55 So auch *Kropff* in MünchKomm. AktG, § 311 Rz. 107.

56 Im Grundsatz unstreitig, wobei aber Veranlassung und Nachteiligkeit häufig nicht getrennt diskutiert werden; vgl. *Habersack* in Emmerich/Habersack, Aktien- und GmbH-Konzernrecht, § 311 Rz. 29 f.; *Koppensteiner* in KölnKomm. AktG, § 311 Rz. 25 ff.; *Kropff* in MünchKomm. AktG, § 311 Rz. 110 ff.; s. auch deutlich die Begr. RegE zu § 311, *Kropff*, Aktiengesetz, S. 408.

pressiven Kontrolle durch Verweigerung der Zustimmung. Hierunter fallen auch Beschlüsse nach § 119 Abs. 2. Wenn in einem solchen Fall der Vorstand der AG (möglicherweise in vorauseilendem Gehorsam) einen Vorschlag zur Abstimmung stellt, dem das herrschende Unternehmen zustimmt, hat das herrschende Unternehmen die Maßnahme zwar möglicherweise nicht initiiert, hat aber durch das Unterlassen einer Verhinderung eine Mitursache für die Durchführung der Maßnahme gesetzt. Die Ausübung von Zustimmungsrechten kann daher als Veranlassung ausreichen. War aber der Vorstand unabhängig von jeder Einflussnahme zur Vornahme des Geschäfts entschlossen, wird man in der bloßen Unterlassung einer Verhinderung der Maßnahme im Aufsichtsrat noch keine ausreichende Veranlassung sehen können[57].

ee) Mehrfache Abhängigkeit. Bei einem Gemeinschaftsunternehmen haften beide Mütter, wenn die Einflussnahme koordiniert erfolgt oder die Veranlassung durch die eine der anderen Mutter zurechenbar ist, nicht aber dann, wenn eine Mutter im Alleingang handelt. Dass die Einflussnahme des einen Partners von einer Vereinbarung zwischen den Partnern des Gemeinschaftsunternehmens (Gesellschaftsvertrag oder Gesellschaftervereinbarung) gedeckt ist, genügt allein noch nicht[58], sofern die vertragliche Regelung nicht schon als Anweisung zur Einflussnahme zu verstehen ist, sollte jedoch als Anschein für zurechenbare gemeinsame Veranlassung ausreichen[59]. Maßgeblich ist auch hier objektive Zurechenbarkeit der Veranlassung, nicht allein die Sicht der abhängigen Gesellschaft[60].

ff) Mehrstufige Abhängigkeit. Maßgeblich ist auch hier, welches Unternehmen die Maßnahme zurechenbar veranlasst hat. Eine Veranlassung der Enkelin unmittelbar durch die Mutter ist nicht ohne Weiteres der Tochter zuzurechnen[61]. Eine von der Tochter ausgehende Veranlassung ist nicht ohne Weiteres der Mutter zuzurechnen[62]. Bei der Frage, ob die Tochter von der Mutter zu einer Einflussnahme veranlasst worden ist und entsprechend Tochter und Mutter als Gesamtschuldner verantwortlich sind, gelten die vorstehend erläuterten Grundsätze einschließlich der Beweiserleichterungen entsprechend.

gg) Öffentliche Hand. Hoheitliches Handeln durch Gesetz, Verordnung und Verwaltungsakt begründet keine Veranlassung[63]. Auch darüber hinaus wird man im privatrechtlichen Verkehr ein Mindestmaß gesellschaftsrechtlicher Vermittlung fordern

37

38

39

---

57 So auch LG Bonn v. 27.4.2005 – 16 O 13/04, AG 2005, 542, 543 f.; *Kropff* in MünchKomm. AktG, § 311 Rz. 78.
58 A.A. *Habersack* in Emmerich/Habersack, Aktien- und GmbH-Konzernrecht, § 311 Rz. 14, 26; wohl auch *Koppensteiner* in KölnKomm. AktG, § 311 Rz. 20.
59 Ähnlich *Maul*, NZG 2000, 470, 471 f.
60 Allein auf die Sicht der Tochter abstellend *Habersack* in Emmerich/Habersack, Aktien- und GmbH-Konzernrecht, § 311 Rz. 14, 26; *Hüffer*, § 311 Rz. 18; *Kropff* in MünchKomm. AktG, § 311 Anh. Rz. 129, 131, vgl. hierzu auch oben Rz. 27.
61 So grundsätzlich auch *Habersack* in Emmerich/Habersack, Aktien- und GmbH-Konzernrecht, § 311 Rz. 26; *Koppensteiner* in KölnKomm. AktG, § 311 Rz. 19; *Kropff* in MünchKomm. AktG, § 311 Rz. 135.
62 So auch *Habersack* in Emmerich/Habersack, Aktien- und GmbH-Konzernrecht, § 311 Rz. 26; *Hüffer*, § 311 Rz. 18; *Koppensteiner* in KölnKomm. AktG, § 311 Rz. 19; *Görling*, S. 164; für eine Vermutung in diesen Fällen *Kropff* in MünchKomm. AktG, § 311 Rz. 133; *Kronstein*, BB 1967, 637, 640.
63 LG Bonn v. 27.4.2005 – 16 O 13/04, AG 2005, 542, 543 f.; OLG Köln v. 27.4.2006 – 18 U 90/05, ZIP 2006, 997, 1000 = AG 2006, 586 (jeweils zur Veranstaltung der UMTS-Auktion des Bundes, an der eine Tochter der vom Bund abhängigen Deutsche Telekom AG teilnahm); hierzu *Habersack*, ZIP 2006, 1327, 1329; allgemein *Kropff* in MünchKomm. AktG, § 311 Rz. 125 f.; *Kropff*, ZHR 144 (1980), 74, 91 ff.; *Ehinger*, S. 73 ff.

müssen, das bspw. nicht gegeben ist, wenn die Einflussnahme durch eine andere Stelle erfolgt, der die Beteiligung nicht bekannt ist, und keinen Bezug zur Gesellschafterstellung hat[64].

3. Nachteil

a) Grundlagen

40   **aa)** § 311 Abs. 1 erfasst Maßnahmen, die den Wert des im Interesse der Außenseiter zu schützenden Gesellschaftsvermögens unter Einbeziehung aller Chancen und Risiken gegenüber dem Wert mindern, den das Gesellschaftsvermögen bei Beachtung der Sorgfalt eines ordentlichen und gewissenhaften Geschäftsleiters haben würde; Vermögensminderungen aufgrund des allgemeinen Unternehmensrisikos, die gerade nicht auf der Abhängigkeit beruhen, sondern auch bei Anwendung der **Sorgfalt eines ordentlichen und gewissenhaften Geschäftsleiters** eingetreten wären, stellen keinen Nachteil i.S.d. § 311 dar[65]. Dies wird gesetzlich durch § 317 Abs. 2 klargestellt, der den Sorgfaltsmaßstab des § 93 Abs. 1 Satz 1 in Bezug nimmt (hierzu § 317 Rz. 7). Dessen Präzisierung durch den durch das UMAG vom 22.9.2005 neu eingeführten § 93 Abs. 1 Satz 2 gilt entsprechend.

41   Bei der **Vergleichsbetrachtung** ist gem. **§ 317 Abs. 2** allein die Abhängigkeit zu eliminieren; im Übrigen kommt es auf die konkreten Verhältnisse der AG unter Beachtung ihres satzungsmäßigen Unternehmensgegenstands/-zwecks an[66] (zur Änderung des Unternehmensgegenstands vgl. Rz. 71). Was Eliminierung der Abhängigkeit bedeutet, kann bei schon länger bestehender Abhängigkeit fraglich sein. Richtig ist, allein das Konzerninteresse an der veranlassten Maßnahme zu eliminieren; im Übrigen hat der Vorstand aber in der konkreten Situation der AG zu entscheiden, die von passiven Konzerneffekten, der Einbindung in ein Liefer- und Leistungsgeflecht und möglicherweise früheren zulässigen Veränderungen und Einflussnahmen des herrschenden Unternehmens mitgeprägt ist[67].

42   Für den Wert des Gesellschaftsvermögens ist primär die Vermögens- und Ertragslage maßgeblich[68]. Eine **Quantifizierbarkeit** der Minderung ist zur Annahme eines Nach-

---

64 Ähnlich *Kropff* in MünchKomm. AktG, § 311 Rz. 128; *Kropff*, ZHR 144 (1980), 74, 90 f.; *Koppensteiner* in KölnKomm. AktG, § 311 Rz.18; *ADS*, § 311 AktG Rz. 23; *Ehinger*, S. 76. Einflussnahmen der Treuhandanstalt waren durch Gesetz (§ 28a EGAktG) ausdrücklich vom Anwendungsbereich des Konzernrechts ausgenommen.

65 Hierzu näher BGH v. 1.3.1999 – II ZR 312/97, BGHZ 141, 79, 84 = AG 1999, 372; OLG Köln v. 27.4.2006 – 18 U 90/05, ZIP 2006, 997, 998 = AG 2006, 586; LG Bonn v. 27.4.2005 – 16 O 13/04, AG 2005, 542, 543; *Habersack* in Emmerich/Habersack, Aktien- und GmbH-Konzernrecht, § 311 Rz. 40; *Hüffer*, § 311 Rz. 27; *Koppensteiner* in KölnKomm. AktG, § 311 Rz. 36 ff.; *Kropff* in MünchKomm. AktG, § 311 Rz. 139 f.; *Krieger* in MünchHdb. AG, § 69 Rz. 78; *Lutter* in FS Peltzer, 2001, S. 241, 245 ff.; a.A. *Voigt*, S. 332 ff. m.w.N.

66 Zur Relevanz des Unternehmensgegenstands näher *Habersack* in Emmerich/Habersack, Aktien- und GmbH-Konzernrecht, § 311 Rz. 41; *Koppensteiner* in KölnKomm. AktG, § 311 Rz. 41 ff.; ausführlich *Timmann*, S. 74 ff.

67 So deutlich *Mülbert*, S. 276 f.; ähnlich *Altmeppen*, ZHR 171 (2007), 320, 335 f.; die Problematik ist intensiv im Zusammenhang mit dem von Vodafone angeregten Verkauf der Orange durch Mannesmann zur Ermöglichung der kartellrechtlichen Freigabe der Übernahme Anfang 2000 diskutiert worden, s. einerseits *Haarmann* in Hommelhoff/Rowedder/Ulmer, Hachenburg-Gedächtnisvorlesung 2000, S. 45, 59 ff.; andererseits *Lutter* in FS Peltzer, 2001, S. 241, 245 ff.; *Mertens* in Hommelhoff/Rowedder/Ulmer, Hachenburg-Gedächtnisvorlesung 2000, S. 27, 36 ff.; vgl. auch die Überlegungen, bei Einflussnahmen der Mutter auf die durch die Tochter vertraglich beherrschte Enkelin auf das Verhalten des Vorstands einer beherrschten Gesellschaft abzustellen, oben Rz. 18.

68 S. nur BGH v. 1.3.1999 – II ZR 312/97, BGHZ 141, 79, 84 = AG 1999, 372; OLG Köln v. 27.4.2006 – 18 U 90/05, ZIP 2006, 997, 998 = AG 2006, 586; *Habersack* in Emmerich/Haber-

teils jedoch nicht erforderlich (vgl. aber Rz. 74 und 100 zu den Rechtsfolgen bei fehlender Quantifizierbarkeit)[69]. Bilanzielle Auswirkungen oder gar der **Eintritt eines Verlusts** sind für die Annahme eines Nachteils weder hinreichend (Beispiel: auch ein gewissenhafter Vorstand hätte das Verlustgeschäft vorgenommen) noch notwendig (Beispiel: pflichtwidriger Verzicht auf gewinnträchtiges Geschäft)[70]. Mit zu berücksichtigen sind die langfristigen Folgen auf die zukünftige Überlebensfähigkeit und Ertragsstärke[71], und zwar auch nach einer möglichen Beendigung der Unternehmensverbundbeziehung (zu konzernintegrativen Maßnahmen nachfolgend Rz. 64 ff.).

Fraglich ist, ob ein Nachteil zum Schutz der Minderheitsgesellschafter auch ohne Verschlechterung der Vermögens- oder Ertragslage anzuerkennen ist, wenn die Maßnahme trotzdem eine nachhaltige **negative Auswirkung auf den Börsenkurs** hat, wie dies etwa bei Abweichungen von anerkannten Grundsätzen zur Corporate Governance oder Finanzkommunikation, die vom Kapitalmarkt mit Abschlägen bewertet werden, oder bei vom Kapitalmarkt mit Abschlägen bewerteter Zusammensetzung des Konzernportfolios („Konglomeratsabschlag") denkbar ist. Dies würde letztlich eine Verpflichtung der Unternehmenstätigkeit auf die Maximierung des Börsenkurses bedeuten. Angesichts der Abhängigkeit von Stimmungen und häufig tendenziell kurz- bis mittelfristiger Bewertungskriterien des Kapitalmarkts (z.B. Zurückhaltung gegenüber langfristigen Investitionen, bei denen mitunter ein strategischer Preis bezahlt wird) und der Schwierigkeit, komplexe Entscheidungen dem Kapitalmarkt verständlich zu machen, sollte es bei der traditionellen Berücksichtigung der Vermögens- und Ertragslage bleiben. | 43

bb) Ausreichend ist auch eine **konkrete Gefährdung** der Vermögens- oder Ertragslage, bei der die Vermögensminderung bei Durchführung der Maßnahme noch nicht unmittelbar eintritt[72]. | 44

cc) Insb. in diesen Fällen stellt sich die Frage nach dem **maßgeblichen Beurteilungszeitpunkt**: Nach einhelliger Ansicht sind für die Beurteilung des nachteiligen Charakters der Zeitpunkt der Vornahme der Maßnahme und damit die zu diesem Zeitpunkt verfügbaren Informationen maßgeblich (vgl. auch § 312 Abs. 3 Satz 1). Nur zu diesem Zeitpunkt kann der Vergleich mit dem gewissenhaften Geschäftsleiter erfolgen[73]. Aus diesem Grund kann Nachteil auch nicht mit dem **zivilrechtlichen Schaden** gleichgesetzt werden[74] (zum für die Quantifizierung des ausgleichsfähigen Nachteils maßgeblichen Zeitpunkt nachfolgend Rz. 79 ff.). | 45

sack, Aktien- und GmbH-Konzernrecht, § 311 Rz. 39, 45; *Kropff* in MünchKomm. AktG, § 311 Rz. 138.
69 S. nur BGH v. 1.3.1999 – II ZR 312/97, BGHZ 141, 79, 84 = AG 1999, 372; OLG Köln v. 27.4.2006 – 18 U 90/05, ZIP 2006, 997, 998 = AG 2006, 586; *Hüffer*, § 311 Rz. 25; *Krieger* in MünchHdb. AG, § 69 Rz. 80; *Koppensteiner* in KölnKomm. AktG, § 311 Rz. 54; *Kropff* in MünchKomm. AktG, § 311 Rz. 138.
70 *Kropff* in MünchKomm. AktG, § 311 Rz. 147 ff.; *Habersack* in Emmerich/Habersack, Aktien- und GmbH-Konzernrecht, § 311 Rz. 45; *Hüffer*, § 311 Rz. 26.
71 Deutlich *Lutter* in FS Peltzer, 2001, S. 241, 244 ff.
72 BGH v. 1.3.1999 – II ZR 312/97, BGHZ 141, 79, 84 = AG 1999, 372; *Habersack* in Emmerich/Habersack, Aktien- und GmbH-Konzernrecht, § 311 Rz. 39; *Hüffer*, § 311 Rz. 25.
73 OLG Köln v. 13.4.2006 – 7 U 31/05, AG 2007, 371, 372; OLG Köln v. 27.4.2006 – 18 U 90/05, ZIP 2006, 997, 998 = AG 2006, 586; *Habersack* in Emmerich/Habersack, Aktien- und GmbH-Konzernrecht, § 311 Rz. 44; *Hüffer*, § 311 Rz. 28; *Koppensteiner* in KölnKomm. AktG, § 311 Rz. 39; *Kropff* in MünchKomm. AktG, § 311 Rz. 141; *Krieger* in MünchHdb. AG, § 69 Rz. 79; *Hogh*, S. 35 ff.; *Timmann*, S. 91 f.
74 Ausführlicher *Habersack* in Emmerich/Habersack, Aktien- und GmbH-Konzernrecht, § 311 Rz. 45; *Koppensteiner* in KölnKomm. AktG, § 311 Rz. 53; *Kropff* in MünchKomm. AktG, § 311 Rz. 143 ff.; a.A. etwa *Möhring* in FS Schilling, 1973, S. 253, 264.

46   **dd)** Fraglich ist, ob die Nachteiligkeit auch **dem herrschenden Unternehmen** hätte **erkennbar** sein müssen (Beispiel: der Vorstand der AG informiert das herrschende Unternehmen nicht über dem herrschenden Unternehmen nicht erkennbare nachteilige Folgehandlungen von Arbeitnehmern oder Geschäftspartnern auf die vermeintlich vorteilhafte Maßnahme). Der Vorstand hätte in einem solchen Fall das herrschende Unternehmen auf die Nachteile hinweisen und den Nachteilsausgleich mit diesem abstimmen müssen (s. auch Rz. 102). Versteht man § 311 als Verhaltenshaftung, dürfte es näher liegen, über die bloße Kausalität der Veranlassung für den Nachteil auch eine Adäquanz im Sinne objektiver Vorhersehbarkeit zu verlangen (zur Berücksichtigung weiterer Nachteile nachfolgend Rz. 80 ff.), wobei hierbei ein tendenziell weiter Maßstab anzuwenden ist und auch das herrschende Unternehmen verpflichtet sein kann, sich über etwaige Nachteile zu erkundigen. Nicht erforderlich ist ein Verschulden auf Seiten des herrschenden Unternehmens (hierzu auch § 317 Rz. 7).

47   **ee)** Allgemeine **Beweiserleichterungen** für das Vorliegen eines Nachteils haben sich noch nicht herausgebildet (zur Problematik des Nachweises der Veranlassung oben unter Rz. 29 ff.)[75]. Zu beachten ist aber, dass eine sorgfältige Unternehmerentscheidung nur bei ausreichender Informationsgrundlage möglich ist (vgl. § 93 Abs. 1 Satz 2). Wird die Tochter in eine Maßnahme gedrängt, ohne deren Auswirkungen überprüfen zu können, begründet dies zwar allein noch nicht zwingend einen Nachteil[76]. Jedenfalls die Darlegungslast wird man bei einem Streit über das Vorliegen eines Nachteils jedoch auf das herrschende Unternehmen verlagern müssen (zur Beweislast i.R.d. Geltendmachung von Schadensersatzansprüchen vgl. § 317 Rz. 10 ff.).

b) Nachteilsermittlung

48   **aa) Grundsätze.** Zur Ermittlung des nachteiligen Charakters der Maßnahme ist das konkrete Verhalten des Vorstands mit dem fiktiven Verhalten eines ordentlichen und gewissenhaften Geschäftsleiters in, vom Abhängigkeitsverhältnis abgesehen, derselben konkreten Situation zu vergleichen. Entsprechend ist das unternehmerische Ermessen des Vorstands gem. § 93 Abs. 1 anzuerkennen mit der Folge, dass nur ein **Ermessensfehlgebrauch** einen Nachteil zur Folge hat. Die auf die einzelne Maßnahme bezogene Konkretisierung ist in der Theorie und häufig auch der Praxis nicht einfach; andererseits hat die persönliche Haftung der Handelnden nach §§ 317 f. eine Mäßigung bei der Veranlassung und Durchführung nachteiliger Geschäfte und eine im Großen und Ganzen recht sorgfältige Bewertung der einzelnen Maßnahme durch abhängiges und herrschendes Unternehmen zur Folge.

49   Ein vergleichbares Bewertungsproblem stellt sich bei Verstößen gegen § 57 sowie den steuerrechtlichen Grundsätzen zur sog. **verdeckten Gewinnausschüttung**, so dass auf die dort dargestellten Grundsätze verwiesen werden kann[77] (vgl. im Einzelnen § 57 Rz. 12 ff.). Dies gilt allerdings nur im Hinblick auf die Methodik der Bewertung, nicht das Bewertungsobjekt (bei § 57 der Vorteil für den Gesellschafter, bei § 311 der Nachteil für die Gesellschaft)[78].

---

75 Für eine Vermutung des Nachteils bei Vorteilhaftigkeit der Maßnahme für das herrschende Unternehmen *Zöllner*, ZHR 162 (1998), 235, 242.
76 So auch *Koppensteiner* in KölnKomm. AktG, § 311 Rz. 93 f.; zu den besonders problematischen konzernintegrativen Maßnahmen nachfolgend Rz. 64 ff.
77 Näher *Koppensteiner* in KölnKomm. AktG, § 311 Rz. 61; ausführlich und differenzierend *Hogh*, S. 191 ff.
78 So auch *Habersack* in Emmerich/Habersack, Aktien- und GmbH-Konzernrecht, § 311 Rz. 54; *Krieger* in MünchHdb. AG, § 69 Rz. 81; *Kropff* in MünchKomm. AktG, § 311 Rz. 160 ff.; *Hüffer*, § 311 Rz. 30. Ein vergleichbares Bewertungsproblem stellt sich im GmbH-Recht bei der Frage, wann ein vom herrschenden Gesellschafter veranlasstes Geschäft wegen Verletzung

Beurteilungsgegenstand ist das konkrete Rechtsgeschäft oder die konkrete Maß- 50
nahme. Zu bewerten sind damit alle im Zusammenhang stehenden Nachteile und
Vorteile; der Zusammenhang muss nicht zwingend rechtlicher Natur sein (Beispiel:
reelle Chance auf Folgeaufträge nach Angebot zur Lieferung unter Marktpreis). Die
strengen Grundsätze zum Vorteilsausgleich bei der steuerrechtlichen verdeckten Gewinnausschüttung können insoweit nicht herangezogen werden. Klauseln, nach denen eine unzureichende Gegenleistung bei gerichtlicher Feststellung der Unangemessenheit zu erhöhen ist, ändern an der Nachteiligkeit nichts[79].

Kompensationsgeschäfte, die mit der fraglichen Maßnahme in keinem unmittelbaren 51
sachlichen Zusammenhang stehen, können nicht die Nachteiligkeit ausschließen,
sondern nur im Rahmen des Nachteilsausgleichs berücksichtigt werden[80].

bb) Sonderfall Liefer- und Leistungsverkehr. Soweit vorhanden und bekannt, sind 52
Ausgangspunkt des Vergleichs die Marktkonditionen, insb. ein bekannter Preis für
Drittgeschäfte mit Konzernfremden, aber auch Nebenbedingungen wie Zahlungszie-
le, Nebenkosten, Gewährleistungsrisiken, Qualitätsstandards oder Zeitpunkt und
Art der Leistungserbringung[81]. Auch bei Vorliegen von Marktpreisen darf jedoch
nicht vernachlässigt werden, dass auch ein sorgfältiger Vorstand bei Vorliegen besonderer Umstände (z.B. Markteintritt oder Abwerbung eines wichtigen Kunden, Über-
kapazitäten, Liquiditätsschwierigkeiten, anstehender Modellwechsel) Geschäfte
auch zu unter dem Marktniveau liegenden Preis abschließen würde[82].

Bei Fehlen von Marktpreisen oder Drittgeschäften können sich Anhaltspunkte für 53
den Vergleichspreis aus betriebswirtschaftlich anerkannten Kalkulationsprinzipien
ergeben. Die **Kostenaufschlagsmethode** setzt bei den Selbstkosten an, auf den eine
Gewinnmarge aufgeschlagen wird. Sowohl bei der Kostenermittlung (z.B. ob und wie
Gemeinkosten aufgeteilt werden) als auch der Gewinnmarge ist die besondere Situation des Unternehmens und das unternehmerische Ermessen des Vorstands zu beachten[83]. Das **Absatzpreisverfahren** kann bei der Bewertung von Beiträgen zu einem
Endprodukt mit eigenem Marktpreis nützlich sein, indem durch Rückrechnung vom
Wiederverkaufspreis die Selbstkosten nebst angemessener Rohgewinnspanne des
Wiederverkäufers und etwaiger weiterer Zulieferer abgezogen werden[84]. Methodisch
(nicht im Hinblick auf die Zielsetzung der Ermittlung eines steuerlich anzuerken-
nenden Wertes) kann Rückgriff bei den Grundsätzen zur Ermittlung von Konzernverrechnungspreisen genommen werden[85].

---

der Treupflicht gegenüber den Minderheitsgesellschaftern wegen Nachteiligkeit unzulässig
ist.
79 OLG München v. 16.11.2004 – VIII ZB 45/04, NZG 2005, 181, 183; vgl. auch Rz. 89 f. zum
Nachteilsausgleich.
80 *Habersack* in Emmerich/Habersack, Aktien- und GmbH-Konzernrecht, § 311 Rz. 42; *Koppen-*
steiner in KölnKomm. AktG, § 311 Rz. 70; *ADS*, § 311 AktG Rz. 41; *Strohn*, S. 82 f.
81 Näher *Habersack* in Emmerich/Habersack, Aktien- und GmbH-Konzernrecht, § 311 Rz. 55;
Koppensteiner in KölnKomm. AktG, § 311 Rz. 62 ff.; *Kropff* in MünchKomm. AktG, § 311
Rz. 164 ff.; WP-Hdb. 2006, Bd. I, Rz. F 975 f.; ausführlich zu Konzernverrechnungspreisen
Remmen, S. 79 ff.
82 So zu Recht *Habersack* in Emmerich/Habersack, Aktien- und GmbH-Konzernrecht, § 311
Rz. 55; *Kropff* in MünchKomm. AktG, § 311 Rz. 167.
83 Ausführlicher *ADS*, § 311 AktG Rz. 50; WP-Hdb. 2006, Bd. I, Rz. F 980 ff.; *Kropff* in Münch-
Komm. AktG, § 311 Rz. 170 ff.
84 So etwa *Theisen* in Lutter, Holding-Handbuch, § 11 Rz. 76 ff.; *Kropff* in MünchKomm. AktG,
§ 311 Rz. 174; *ADS*, § 311 AktG Rz. 51; WP-Hdb. 2006, Bd. I, Rz. F 979.
85 Hierzu etwa *Theisen* in Lutter, Holding-Handbuch, § 11 Rz. 76 ff.; *Sieker* in Lutter/Scheffler/
U.H. Schneider (Hrsg.), Handbuch der Konzernfinanzierung, 1998, § 28.

54　**Der Buchwert** ist dagegen regelmäßig ohne Bedeutung; nützlich können im Einzelfall allerdings in ihn einfließende Elemente wie die Herstellungskosten oder Abschreibungstafeln sein[86].

55　**cc) Für sonstige Maßnahmen** wie z.B. Organisations-, Investitions- oder Personalmaßnahmen, lassen sich typisierte Grundsätze oder betriebswirtschaftliche Methoden zur Ermittlung einer Überschreitung des unternehmerischen Ermessens, die über die dargestellten Grundlagen und die allgemeinen Grenzen des Befolgungsrechts des Vorstands (hierzu Rz. 97 ff.) hinausgehen, kaum heranziehen[87]. Gerade bei **Investitionen** kann ein Parallelverhalten unabhängiger Wettbewerber oder die Unterstützung der Maßnahme durch Banken oder andere unabhängige Geschäftspartner gegen eine Nachteiligkeit sprechen[88].

c) Einzelfälle[89]

56　**aa) Aufsteigende Gesellschafterdarlehen.** Inwieweit Darlehen der AG an ihren Gesellschafter mit § 57 vereinbar sind, ist gerade nach der Verschärfung der Regeln zu aufsteigenden Darlehen bei der GmbH[90] umstritten (hierzu § 57 Rz. 22). Allerdings ist insoweit eine Ergänzung des § 57 Abs. 1 in der Diskussion[91]. Unabhängig von einer gesetzlichen Klarstellung wird sich jedenfalls im faktischen Konzern ein allgemeines Verbot der Übernahme eines Kredit- und Insolvenzrisikos im Hinblick auf das herrschende Unternehmen nicht begründen lassen, da eine (unbesicherte) Kreditierung dem Konzept des nachfolgenden Nachteilsausgleichs des § 311 Abs. 2 immanent ist[92]. Aufgrund der Verdrängung der Kapitalschutzvorschriften durch § 311 (vgl. Rz. 104) lassen sich dem Urteil des BGH vom 24.11.2003 keine unmittelbaren Folgerungen für den faktischen AG-Konzern entnehmen. Bei angemessener Verzinsung und Vollwertigkeit des Rückzahlungsanspruchs ist auch ein unbesichertes Darlehen nicht per se nachteilig. Anders, wenn Zweifel an der Vollwertigkeit des Rückzahlungsanspruchs bestehen: die Darlehensvergabe ist wie bei sonstigen Maßnah-

---

86　*ADS*, § 311 AktG Rz. 53; kritisch zum Buchwert auch *Habersack* in Emmerich/Habersack, Aktien- und GmbH-Konzernrecht, § 311 Rz. 56; *Hüffer*, § 311 Rz. 32; *Koppensteiner* in KölnKomm. AktG, § 311 Rz. 69.

87　Zu Konkretisierungsversuchen vgl. *Koppensteiner* in KölnKomm. AktG, § 311 Rz. 72 ff.; *Kropff* in MünchKomm. AktG, § 311 Rz. 175 ff.

88　Instruktiv zum Erwerb der UMTS-Lizenzen durch eine Tochter der vom Bund abhängigen Deutsche Telekom AG OLG Köln v. 27.4.2006 – 18 U 90/05, ZIP 2006, 997, 998 ff. = AG 2006, 586; *Habersack*, ZIP 2006, 1327, 1331.

89　Zu weiteren Einzelfällen *Koppensteiner* in KölnKomm. AktG, § 311 Rz. 77 ff.; *Kropff* in MünchKomm. AktG, § 311 Rz. 180 ff.; *E. Vetter*, ZHR 171 (2007), 342, 351 ff.

90　BGH v. 24.11.2003 – II ZR 171/01, BGHZ 157, 72.

91　S. Art. 5 Nr. 5 des Regierungsentwurfs eines Gesetzes zur Modernisierung des GmbH-Rechts und zur Bekämpfung von Missbräuchen (MoMiG) v. 23.5.2007. Nach der dadurch neu eingefügten § 57 Satz 3 soll § 57 Satz 1 u.a. nicht bei Leistungen gelten, die durch einen vollwertigen Gegenleistungs- oder Rückgewähranspruch gegen den Aktionär gedeckt sind.

92　So zutreffend *Habersack* in Emmerich/Habersack, Aktien- und GmbH-Konzernrecht, § 311 Rz. 47 f.; *Habersack/Schürnbrand*, NZG 2004, 689, 693 f.; *Hentzen*, ZGR 2005, 480, 509 f., 512 f.; *Henze*, WM 2005, 717, 723; *Krieger* in MünchHdb. AG, § 69 Rz. 61, 63; *Maier-Reimer* in VGR, Gesellschaftsrecht in der Diskussion, Tagungsband 2005, S. 127, 141 f.; *Grothaus/Halberkamp*, GmbHR 2005, 1317,1318 f.; *Pentz*, ZIP 2006. 781, 785; *Reidenbach*, WM 2004, 1421, 1428; *Tielmann* in Liber amicorum Happ, 2006, § 311, 317 ff.; *Wessels*, ZIP 2006, 1701, 1707 f.; ebenso wohl *Spindler*, ZHR 171 (2007), 245, 264 ff.; im Grundsatz auch *Burgard*, AG 2006, 527, 531 f., der jedoch tendenziell höhere Anforderungen an die Vollwertigkeit des Rückzahlungsanspruchs zu stellen scheint; tedenziell enger auch OLG Jena v. 25.4.2007 – 6 U 947/05, ZIP 2007, 1314 (nach dem geschilderten Sachverhalt schien allerdings ein klarer Verstoß gegen § 311 vorzuliegen); a.A. *Hüffer*, § 57 Rz. 3a f., § 311 Rz. 49a; *Bayer* in MünchKomm. AktG, § 57 Rz. 131; *Altmeppen*, ZIP 2006, 1025, 1032; wohl auch *Kerber*, ZGR 2005, 437, 446 f., 449 und *Rümker* in FS Huber, 2006, S. 919, 921, 928.

men, bei denen die Fähigkeit der Mutter zum Nachteilsausgleich zweifelhaft ist (vgl. Rz. 101), unzulässig; ein Nachteilsausgleich kommt nicht in Betracht. Dies kann im Einzelfall, insbesondere bei hohen Beträgen, langfristiger Gewährung oder zweifelhafter Bonität, eine **Besicherung** verlangen[93]; doch kann die Vollwertigkeit auch aufgrund anderer Umstände ausreichend sicher erscheinen[94]. Bei der Beurteilung der Nachteiligkeit ist darauf zu achten, dass alle Risiken einschließlich eines „Klumpenrisikos" durch Anlage der Mittel bei nur einem Schuldner marktgerecht im Zins widergespiegelt sind. Besonderheiten gelten wegen § 71a bei Darlehen zur Finanzierung des Aktienerwerbs (vgl. Rz. 105).

bb) Ähnliche Grundsätze gelten für die **Stellung von Sicherheiten** zu Gunsten des   57
herrschenden Unternehmens[95]. Die Vergütung erfolgt hier im Sinne einer Avalprovision. Im Zeitpunkt der Gewährung ist allerdings bei der Überprüfung der Nachteiligkeit mit zu berücksichtigen, dass ein Rückgriffsanspruch gegen den Gesellschafter in dem Fall, dass der Gläubiger die Sicherheit vollstreckt, wohl immer ausfällt (ist das herrschende Unternehmen zahlungsfähig, wird die Sicherheit typischerweise nicht in Anspruch genommen). Zulässig kann die Stellung von Sicherheiten insbesondere dann sein, wenn die durch die Besicherung erreichten Konditionenvorteile an die AG weitergereicht werden. Unproblematisch ist eine Besicherung, soweit das vom herrschenden Unternehmen extern aufgenommene Darlehen an die Tochter weitergereicht wird[96].

cc) Cash Pooling. Heute ist allgemein anerkannt, dass die Beteiligung an einem or-   58
dentlich dokumentierten Cash Pooling nicht per se unzulässig ist, insb. nicht deshalb, weil ein isolierter Nachteilsausgleich nicht möglich ist[97]. Aufgrund des komplexeren Rechtsgefüges kann die Ermittlung der damit verbundenen Vor- und Nachteile[98] auf-

---

93 So in den Harpener/Omni Entscheidungen OLG Hamm v. 10.5.1995 – 8 U 59/94, AG 1995, 512, 515; LG Dortmund v. 1.8.2001 – 20 O 143/93, AG 2002, 97, 98 f.: erhebliche Darlehensbeträge; Weitergabe der Mittel an Konzerngesellschaft, die sich bekanntermaßen bereits in Liquiditätsschwierigkeiten befand.
94 So auch *Habersack* in Emmerich/Habersack, Aktien- und GmbH-Konzernrecht, § 311 Rz. 92 f.; *Habersack/Schürnbrand*, NZG 2004, 689, 693 f.; *Hentzen*, ZGR 2005, 480, 508 ff.; *Henze*, WM 2005, 717, 723; *Reidenbach*, WM 2004, 1421, 1428; *Spindler*, ZHR 171 (2007), 245, 265 f.; *J. Vetter/Stadler*, Rz. 76, 222; *Krieger* in MünchHdb. AG, § 69 Rz. 62; *Koppensteiner* in KölnKomm. AktG, § 311 Rz. 79; *Kropff* in MünchKomm. AktG, § 311 Rz. 186; für eine generelle Verpflichtung zur Besicherung dagegen *Bayer* in MünchKomm. AktG, § 57 Rz. 131; *Bayer* in FS Lutter, 2000, S. 1011, 1017 f., 1030 f.; *Bayer/Lieder*, ZGR 2005, 133, 148 f.; *Hüffer*, § 57 Rz. 3a; *Hüffer*, AG 2004, 416, 419; *Schön*, ZHR 159 (1995), 351, 372; *Jula/Breitbarth*, AG 1997, 256, 250; ähnlich *Wessels*, ZIP 2004, 793, 796, der aus dem Urteil des BGH v. 24.11.2003 eine volle Besicherung oder Rückzahlung bis zum Geschäftsjahresende ableitet.
95 *Kropff* in MünchKomm. AktG, § 311 Rz. 190 ff.; *Habersack* in Emmerich/Habersack, Aktien- und GmbH-Konzernrecht, § 311 Rz. 47a; *Koppensteiner* in KölnKomm. AktG, § 311 Rz. 82; *Krieger* in MünchHdb. AG, § 69 Rz. 64; *Hüffer*, § 311 Rz. 49; für eine generelle Unzulässigkeit dagegen *Schön*, ZHR 159 (1995), 351, 372; *Maier-Reimer* in Lutter/Scheffler/U.H. Schneider (Hrsg.), Handbuch der Konzernfinanzierung, 1998, Rz. 16.61.
96 So *Bastuck*, WM 2000, 1091, 1094; *Bayer* in FS Lutter, 2000, S. 1011, 1025; *Kropff* in MünchKomm. AktG, § 311 Rz. 191; *Maier-Reimer* in Lutter/Scheffler/U.H. Schneider (Hrsg.), Handbuch der Konzernfinanzierung, 1998, Rz. 16.20; *Schön*, ZHR 159 (1995), 351, 368; *J. Vetter/Stadler*, Rz. 227.
97 Teilweise wurde wegen mangelnder Einzelausgleichsfähigkeit der Nachteile eine qualifiziert faktische Beherrschung angenommen, so *Bayer* in FS Lutter, 2000, S. 1011, 1030; zutreffend a.A. *Habersack* in Emmerich/Habersack, Aktien- und GmbH-Konzernrecht, § 311 Rz. 48; *Hüffer*, AG 2004, 416, 417; *Hommelhoff/Kleindiek* in Lutter/Scheffler/U.H. Schneider (Hrsg.), Handbuch der Konzernfinanzierung, 1998, Rz. 21.12; *U.H. Schneider* in Lutter/Scheffler/U.H. Schneider (Hrsg.), Handbuch der Konzernfinanzierung, 1998, Rz. 25.74 ff.; *Hormuth*, S. 216 ff.; *Krieger* in MünchHdb. AG, § 69 Rz. 65; *J. Vetter/Stadler*, Rz. 127 f.; *Zeidler*, S. 45 ff.
98 Hierzu ausführlich *J. Vetter/Stadler*, Rz. 103 ff.

wendiger sein (zur Darstellung des Cash Management im Abhängigkeitsbericht § 312 Rz. 32). Insb. besteht das Problem, dass die Werthaltigkeit des Anspruchs auf Rückzahlung abgeführter Liquidität aufgrund der konzernweiten Einflussfaktoren schwieriger zu beurteilen ist. Dem kann jedoch durch eine sachgemäße Ausgestaltung, insb. durch Installierung eines aus Informationsrechten und Kündigungsrechten bestehenden **Frühwarnsystems** entgegengetreten werden[99]. Bei der Beurteilung der Nachteiligkeit sind neben den Zinsen auch sonstige Vor- und Nachteile zu berücksichtigen wie die Möglichkeit günstiger Liquiditätsinanspruchnahme, die Einräumung eines Rechtsanspruchs auf Liquiditätsversorgung, ersparte Kosten für ein eigenes Finanzmanagement, andererseits aber auch die Bestellung von Sicherheiten, der Grad der Aufgabe der für eine eigenständige Liquiditätsversorgung erforderlichen Ressourcen und die Frage, ob nur brach liegende oder auch sinnvoll operativ einsetzbare Liquidität entzogen wird und über das Cash Management eine reine Zinsoptimierung hinaus auch unternehmerische Entscheidungen über den konzernweiten Einsatz von Liquidität getroffen werden[100]. Es empfiehlt sich dringend, die Rechte der abhängigen Gesellschaft vertraglich zu fixieren[101].

59   **dd) Konzernumlagen** sind nicht nachteilig, wenn die erbrachten Leistungen im Interesse der Gesellschaft und nicht allein der Konzernspitze oder des Konzerns insgesamt liegen und die Vergütung marktgerecht ist, was einen Gewinnaufschlag nicht ausschließt[102]. Management- und Kontrollleistungen, durch die das herrschende Unternehmen seine einheitliche Leitung ausübt, liegen typischerweise nicht im Interesse der AG[103] (zur Frage der Weitergabe von Synergieeffekten nachfolgend Rz. 63).

60   **ee)** Vergleichbare Grundsätze gelten für die Frage, ob das herrschende Unternehmen die Kosten eines auf sein Verlangen erstellten, gesetzlich nicht erforderlichen **IFRS-Einzelabschlusses** der abhängigen AG ersetzen muss: solange die AG lediglich einen HGB-Einzelabschluss erstellen muss und am IFRS-Einzelabschluss kein eigenes Interesse hat, sind die dadurch bedingten Nachteile auszugleichen[104]. Anderes gilt für die Kosten der im öffentlichen Interesse nach § 294 Abs. 3 HGB dem herrschenden Unternehmen zu gewährenden Unterlagen und Informationen (zu der vergleichbaren Frage der Kosten des Abhängigkeitsberichts § 312 Rz. 21).

61   **ff) Steuerumlagen.** Ausdrücklich hat der **BGH** entschieden, dass **im Falle einer gewerbesteuerlichen Organschaft** die tatsächlich vom Organträger gezahlte Steuer auf die einzelnen einbezogenen Gesellschaften nicht nach der Belastungsmethode, bei der jede abhängige Gesellschaft mit dem Betrag belastet wird, der ihrer Steuerlast ohne

---

99 Hierzu ausführlich *J. Vetter/Stadler*, Rz. 187 ff.; *J. Vetter* in Lutter, Holding-Handbuch, § 8 Rz. 32 ff.; *Hentzen*, ZGR 2005, 480, 499 ff., 514.

100 Ausführlicher *J. Vetter/Stadler*, Rz. 102 ff.; *Zeidler*, S. 45 ff.; außerdem; *Kropff* in Münch-Komm. AktG, § 311 Rz. 185 ff.; *Habersack* in Emmerich/Habersack, Aktien- und GmbH-Konzernrecht, § 311 Rz. 48; *Koppensteiner* in KölnKomm. AktG, § 311 Rz. 81; *Krieger* in MünchHdb. AG, § 69 Rz. 65; *Wiedemann/Strohn*, AG 1979, 113, 119 f.

101 So auch *Kropff* in MünchKomm. AktG, § 311 Rz. 189; *U.H. Schneider* in Lutter/Scheffler/ U.H. Schneider (Hrsg.), Handbuch der Konzernfinanzierung, 1998, Rz. 25.11; *J. Vetter* in Lutter, Holding-Handbuch, § 8 Rz. 33; zwingend einen schriftlichen Vertrag verlangend *Hüffer*, AG 2004, 416, 421.

102 *Koppensteiner* in KölnKomm. AktG, § 311 Rz. 85; *Habersack* in Emmerich/Habersack, Aktien- und GmbH-Konzernrecht, § 311 Rz. 49; *Kropff* in MünchKomm. AktG, § 311 Rz. 202; *Wiedemann/Fleischer* in Lutter/Scheffler/U.H. Schneider (Hrsg.), Handbuch der Konzernfinanzierung, 1998, § 29 Rz. 28; ausführlich *Remmen*, S. 139 ff., 169 ff.

103 *Habersack* in Emmerich/Habersack, Aktien- und GmbH-Konzernrecht, § 311 Rz. 49; *Koppensteiner* in KölnKomm. AktG, § 311 Rz. 84; *Kropff* in MünchKomm. AktG, § 311 Rz. 200; ausführlich zu verwaltungsbezogenen Dienstleistungen *Wiedemann/Fleischer* in Lutter/ Scheffler/U. H. Schneider (Hrsg.), Handbuch der Konzernfinanzierung, 1998, § 29 Rz. 30 ff.

104 Ausführlich *Möhrle*, Der Konzern 2006, 487, 493 f.

Einbeziehung in die Organschaft entsprochen hätte, sondern nach der Verteilungsmethode zu erfolgen hat. Hierbei wird die tatsächliche Steuerlast des Organträgers nach einem betriebswirtschaftlich vernünftigen Schlüssel verteilt; die wirtschaftlichen Vorteile der Organschaft werden also angemessen an die abhängigen Gesellschaften weitergegeben[105]. Ohne Gewinnabführungsvertrag gibt es nach derzeitigem Steuerrecht weder eine körperschaftsteuerliche, noch eine gewerbesteuerliche Organschaft (vgl. § 14 Abs. 1 KStG, § 2 Abs. 2 Satz 2 GewStG). Für die umsatzsteuerliche Organschaft (§ 2 Abs. 2 Nr. 2 UStG), bei der der Vorsteuererstattungsanspruch der abhängigen Gesellschaft zu einer Minderung der Umsatzsteuer beim herrschenden Unternehmen führt, erscheint die Belastungsmethode als das zur Vermeidung von Nachteilen sachgerechte Verfahren.

In Zukunft ist allerdings zu erwarten, dass die konzernrechtliche Bedeutung ertrag- **62** steuerlicher Umlagen nach einem Wechsel zur Gruppenbesteuerung erheblich zunehmen wird. Folgende Prinzipien sind dann zu beachten[106]:

– Die Tochter-AG, die einen Verlust erwirtschaftet hat, den sie selbst aufgrund der Gruppenbesteuerung zukünftig nicht nutzen kann, erleidet einen ausgleichspflichtigen Nachteil.

– Das herrschende Unternehmen darf diesen Nachteilsausgleich (sowie die an Verlust-Töchter in anderen Rechtsformen aufgrund sonstiger Rechtsgründe geleisteten Ausgleiche) als negative Steuerumlage ebenso wie die tatsächlich gezahlten Steuern auf die Gewinn-Töchter umlegen. Wirtschaftlich führt dies zu einer deutlichen Annäherung der Belastungs- und der Verteilungsmethode.

– Aufgrund der Komplexität der Ermittlung insb. des Nachteils einer Verlust-Gesellschaft (wann hätte diese den eigenen Verlust steuerlich nutzen können?) sind Pauschalierungen bei einer Bemessung positiver und negativer Steuerumlagen unumgänglich; plausible und konsistent fortgeführte Pauschalierungen sollten dann auch konzernrechtlich anerkannt werden.

– Sollte bei der Gruppenobergesellschaft nach Zahlung der Gruppensteuer und der negativen Umlagen ein Vorteil verbleiben, richtet sich die Verpflichtung zur Weitergabe dieses Vorteils an die Tochter-AGs nach der Beantwortung der in der nachfolgenden Rz. angesprochenen Frage.

gg) Ob die **Weitergabe von Synergievorteilen** bei der Beteiligung der AG an zentralen **63** Koordinierungsmaßnahmen des Konzerns (z.B. Cash Management oder zentraler Einkauf) zur Vermeidung einer Nachteiligkeit erforderlich ist, ist äußerst umstritten. Das vorstehend erwähnte Urteil des BGH zu Steuerumlagen beantwortet diese Frage mit seiner spezifisch steuerrechtlichen Argumentation (Anlehnung an steuerliche vGA; Fehlen einer Leistung der Mutter) nicht[107]. Zutreffend ist auch hier der Vergleich mit Drittkonditionen: Solange die AG nicht mehr bezahlt, als sie stand-alone ohne Ein-

---

105 BGH v. 1.3.1999 – II ZR 312/97, BGHZ 141, 79 = AG 1999, 372; zustimmend *Habersack* in Emmerich/Habersack, Aktien- und GmbH-Konzernrecht, § 311 Rz. 50; *Habersack*, BB 2007, 1397, 1400 f.; *Koppensteiner* in KölnKomm. AktG, § 311 Rz. 86; *Kropff* in MünchKomm. AktG, § 311 Rz. 204 f.; *Kleindiek*, DStR 2000, 559, 561 f.; *Wiedemann/Fleischer*, JZ 2000, 159 ff.; ablehnend zu Recht *Dietlein*, JR 2000, 285; *Feddersen*, ZGR 2000, 523, 528 ff.; *Hüttemann*, ZHR 171 (2007), 451, 465 ff.; *Krieger* in MünchHdb. AG, § 69 Rz. 82; *Pyska*, GmbHR 1999, 812 und GmbHR 1999, 646, 648 f.; *Schön*, ZHR 168 (2004), 629, 634 f.; *Simon*, DStR 2000, 431 und 537.
106 Hierzu und zu den zugrundeliegenden zivilrechtlichen Ansprüchen aus §§ 426 und 812 BGB ausführlich *Hüttemann*, ZHR 171 (2007), 451 ff.; *Simon*, ZGR 2007, 71 ff., insb. 103 ff.; *Simon*, DStR 2000, 537, jeweils m.w.N.; a.A. ausführlich *Habersack*, BB 2007, 1397 ff., der die steuerlichen Folgen der Organschaft als passive Konzerneffekte qualifiziert.
107 So zu Recht auch *Koppensteiner* in KölnKomm. AktG, § 311 Rz. 49.

beziehung in den Unternehmensverbund zahlen müsste, liegt keine Benachteiligung vor, auch wenn die Synergievorteile bei der Konzernspitze verbleiben[108].

64 **hh)** Besonders schwierig sind **konzernintegrative Maßnahmen** (z.B. Zentralisierung von Kompetenzen; konzernweite Aufgabenverteilung, im Konzerninteresse erfolgender Verkauf von Aktivitäten) zu beurteilen. Zusammenfassend lassen sich folgende Grundsätze aufstellen:

– Zwingend zu beachten sind selbstverständlich die Grenzen des satzungsmäßigen Unternehmensgegenstands.

– Bei der Vergleichsbetrachtung zur Beurteilung der Nachteiligkeit ist lediglich das Konzerninteresse an der veranlassten Maßnahme, nicht jedoch die Einbindung in den Konzern im Übrigen zu eliminieren (hierzu bereits Rz. 41).

– Der Vorstand der AG ist nach Begründung der Abhängigkeit berechtigt, die eigene Strategie zu überprüfen und dem geänderten Konzernumfeld anzupassen[109].

– Erforderlich ist stets eine Gesamtabwägung einerseits der Auswirkungen auf die Zeit der Abhängigkeit, andererseits der Folgen bei Beendigung der Konzernverbindung. Erscheint die selbstständige Lebensfähigkeit der Gesellschaft bei Beendigung der Unternehmensverbindung nicht ausreichend sicher oder drohen bei Beendigung der Konzernbeziehung Wertminderungen, die nicht durch schuldrechtliche Vereinbarungen abgefedert werden, ist die Maßnahme nachteilig und im Zweifel unzulässig[110].

– Gerade bei konzerninternen Maßnahmen ist die Zulässigkeitsschranke der Ausgleichsfähigkeit des Nachteils (vgl. Rz. 99 f.) besonders genau zu prüfen.

– Bei konzernintegrativen Maßnahmen ist die Gegenleistung keinem Markttest unterzogen worden ist, empfiehlt sich die Einholung eines schriftlichen externen Wertgutachtens.

– Soweit mit der Maßnahme der Verlust auf einen objektiven strategischen Mehrwert verbunden ist, der ausnahmsweise im Bewertungsgutachten nicht berücksichtigt ist, ist dieser ebenfalls in die Beurteilung der Nachteiligkeit einzubeziehen und ggf. auszugleichen[111].

65 **ii)** Konzernintegrative Wirkung kann auch die Gewährung weitgehenden **Datenzugriffs** zugunsten des herrschenden Unternehmens haben.[112] Unzulässig, da nachteilig, aber nicht ausgleichsfähig, ist regelmäßig der Ausschluss der AG von der **unmittelbaren Kommunikation** zwischen ihrer Mutter und der Tochter der AG[113].

---

108 Ebenso wohl *Koppensteiner* in KölnKomm. AktG, § 311 Rz. 45, 118; *Krieger* in MünchHdb. AG, § 69 Rz. 82; *Seydel*, S. 239 f.; *Strohn*, S. 58 f.; *Mertens*, AG 1992, 321, 332; *Kropff* in FS Kastner, 1992, S. 279, 291 Fn. 56; *Kropff* in MünchKomm. AktG, § 311 Rz. 344 f. (der aber im Einzelfall eine Verpflichtung zur Weitergabe des Konzernerfolgs aus der Treupflicht des herrschenden Unternehmens ableiten will); a.A. *Habersack* in Emmerich/Habersack, Aktien- und GmbH-Konzernrecht, § 311 Rz. 48, 49; *Liebscher* in Beck'sches Hdb. AG, § 14 Rz. 75a; *Mülbert*, S. 470; *Hogh*, S. 58 ff.; *Tröger*, S. 296 ff.; *Wiedemann/Fleischer*, JZ 2000, 159, 160 f.
109 So auch *Lutter* in FS Peltzer, 2001, S. 241, 247; *Mertens* in Hommelhoff/Rowedder/Ulmer, Hachenburg-Gedächtnisvorlesung 2000, S. 27, 32, 41; *E. Vetter*, ZHR 171 (2007), 342, 355 f.
110 Näher dazu *Kropff* in MünchKomm. AktG, § 311 Rz. 208; *Habersack* in Emmerich/Habersack, Aktien- und GmbH-Konzernrecht, § 311 Rz. 57 a; *Koppensteiner* in KölnKomm. AktG, § 311 Rz. 71, 73; *Wimmer-Leonhardt*, S. 94 ff.; *Baums/Steck*, WM 1998, 2261, 2262 (auch zu schuldrechtlichen Nutzungsmöglichkeiten für abgegebene Teilbereiche für die Zeit nach Beendigung der Abhängigkeit); *E. Vetter*, ZHR 171 (2007), 342, 348 f.; hierzu auch deutlich *Zöller*, ZHR 162 (1998), 235, 242 f.
111 Hierzu *E. Vetter*, ZHR 171 (2007), 342, 355.
112 Ausführlicher insb. zur Nachteiligkeit des Datenzugriffs *Weinbrenner*, Der Konzern 2006, 583 ff.
113 So auch *Decher*, ZHR 171 (2007), 126, 136.

jj) Einflussnahmen auf die **Bilanzaufstellung** haben nur ausnahmsweise eine Wert- 66 minderung des Unternehmens zur Folge. Denkbar ist ein Nachteil aber bspw. dann, wenn durch die Auflösung von Gewinnrücklagen Mittel als Bilanzgewinn ausgeschüttet werden, die der Vorstand eigentlich für Erhaltungsinvestitionen oder die Wahrnehmung wertsteigender Geschäftschancen benötigt hätte, soweit deren Finanzierung durch Fremdkapital nicht möglich oder nachteilig ist[114].

d) Sonderfall Hauptversammlungsbeschlüsse

Eine Veranlassung durch den Mehrheitsaktionär kann grundsätzlich **auch durch** 67 **Stimmabgabe in der Hauptversammlung** erfolgen (vgl. Rz. 35). Die Unanwendbarkeit der §§ 311 ff. bei bestimmten Beschlüssen kann sich jedoch aus vorrangigen gesetzlichen Wertungen oder spezieller abschließender Regelung des Außenseiterschutzes ergeben. Wann diese Voraussetzungen im Einzelfall vorliegen, ist nach wie vor nicht abschließend geklärt.

Eine Ausnahme gilt jedenfalls bei **Strukturmaßnahmen**, wenn und soweit sowohl der 68 Schutz der Minderheitsgesellschafter als auch der Gesellschaftsgläubiger speziell geregelt ist. Dies ist bei **Beherrschungs- und Gewinnabführungsverträgen** und Eingliederungen weitgehend anerkannt[115], muss entsprechend aber – entgegen der h.M.[116] und trotz der § 27 UmwG, § 351 AktG a.F. – auch bei **Verschmelzungen** und sonstigen Umwandlungsvorgängen gelten. Das Weisungsrecht nach § 308, die Pflicht zur Gewinnabführung sowie das Erlöschen des übertragenden Rechtsträgers bei der Verschmelzung begründen daher keinen ausgleichspflichtigen Nachteil i.S.d. § 311.

Soweit Minderheitsaktionäre und Gläubiger allerdings nicht speziell geschützt sind, 69 müssen die §§ 311 ff. Anwendung finden, bspw. bei einer Verschmelzung mit einer überschuldeten Gesellschaft, dem Abschluss eines Beherrschungsvertrags mit einer Gesellschaft, die nicht in der Lage ist, den Verlustausgleich zu leisten[117] oder sonstigen Gestaltungen, die mit dem Wesen der Aktiengesellschaft nicht vereinbar sind oder gegen gläubigerschützende Normen i.S.d. § 241 Nr. 3 verstoßen.

An sich sprechen gute Gründe dafür, im **Anfechtungsrecht der Minderheitsaktionäre** 70 nach §§ 243 ff., insb. § 243 Abs. 2 einen ausreichenden, die §§ 311 ff. verdrängenden anderweitigen Schutz der Minderheitsaktionäre zu sehen und einen konzernrechtlichen Dulde-und-liquidiere-Grundsatz nicht anzuerkennen, soweit durch den Beschluss keine Interessen der Gläubiger berührt werden[118] (zum Verhältnis des § 311 zum Anfechtungsrecht s. auch Rz. 109)[119]. Allerdings lassen die Gesetzesmaterialien klar erkennen, dass die Minderheitsaktionäre über ihr Anfechtungsrecht hinaus auch durch die §§ 311 ff. geschützt werden sollten[120].

---

114 Hierzu näher *E. Vetter*, ZHR 171 (2007), 342, 359 ff. m.w.N.; zur Anwendung der §§ 311 f. auf Gewinnverwendungsbeschlüsse nachfolgend Rz. 71.

115 *Kropff* in MünchKomm. AktG, § 311 Rz. 117; *Habersack* in Emmerich/Habersack, Aktien- und GmbH-Konzernrecht, § 311 Rz. 29.

116 *Habersack* in Emmerich/Habersack, Aktien- und GmbH-Konzernrecht, § 311 Rz. 29 f.; *Hüffer*, § 311 Rz. 17; *Kropff* in MünchKomm. AktG, § 311 Rz. 111; *Koppensteiner* in Köln-Komm. AktG, § 311 Rz. 25; *Krieger* in MünchHdb. AG, § 69 Rz. 84; *Kerber*, DB 2004, 1027, 1029 f.; a.A. *ADS*, § 311 AktG Rz. 30.

117 So auch *Krieger* in MünchHdb. AG, § 69 Rz. 84.

118 Beispiel: Abschluss eines Beherrschungsvertrags durch abhängige AG als Obergesellschaft mit dritter Gesellschaft, bei der Ausgleich oder Abfindung gem. §§ 304 f. zu hoch festgesetzt werden; für die Anwendbarkeit der §§ 311 ff. in diesem Fall *Krieger* in MünchHdb. AG, § 69 Rz. 84.

119 In diese Richtung auch OLG Stuttgart v. 21.12.1993 – 10 U 48/93, AG 1994, 411, 412.

120 Begr. RegE zu § 311, *Kropff*, Aktiengesetz, S. 408.

71   Die §§ 311 ff. finden mangels Beeinträchtigung legitimer Außenseiterinteressen allerdings grundsätzlich keine Anwendung auf Beschlüsse, die keiner sachlichen Rechtfertigung bedürfen und alle Aktionäre in gleicher Weise betreffen, wie etwa **Gewinnverwendungsbeschlüsse**[121], **Liquidationsbeschlüsse**[122] oder **Änderungen des Unternehmensgegenstandes**[123]. Hier sollte ein Nachteil allein aufgrund einer Anfechtbarkeit des Beschlusses wegen Verletzung der Treupflicht oder § 243 Abs. 2 nicht anerkannt werden, wenn der Beschluss nicht fristgerecht angefochten worden ist[124]. §§ 311 ff. zielen auf die Einflussnahme auf den Kompetenzbereich des Vorstands der abhängigen Gesellschaft, während es bei den in Frage stehenden Maßnahmen um solche auf Gesellschafterebene geht. Im Übrigen lässt sich bei derartigen Maßnahmen regelmäßig nicht bestimmen, wie sich der sorgfältige Vorstand verhalten hätte (vgl. Rz. 40 f.). Etwas anderes gilt lediglich dann, wenn die geschützten Interessen der Gläubiger verletzt werden, bspw. durch eine Ausschüttung existenznotwendiger Mittel.

III. Nachteilsausgleich

72   Die nachteilige Einflussnahme wird legitimiert, wenn die Nachteile durch Gewährung gleichwertiger Vorteile kompensiert werden (§ 311 Abs. 1); § 311 Abs. 2 konkretisiert und erweitert die Möglichkeiten des Nachteilsausgleichs.

1. Anforderungen an den zu gewährenden Vorteil

73   Der AG muss ein konkreter Vorteil gewährt werden; **passive Abhängigkeits- oder Konzerneffekte** reichen nicht aus, soweit die abhängige AG nicht real Aufwendungen erspart (zur fehlenden Veranlassung passiver Nachteile vgl. Rz. 24)[125]. Der Vorteil muss die Wertminderung der abhängigen AG durch den Nachteil zumindest ausgleichen.

74   Ein Nachteilsausgleichs setzt daher voraus, dass sowohl der Nachteil als auch der Vorteil **bewertbar** sind. Schwierigkeiten können sich bei zukunftsgerichteten Maßnahmen wie Investitionen, Desinvestitionen oder konzernintegrativen Maßnahmen

---

121 So auch *Habersack* in Emmerich/Habersack, Aktien- und GmbH-Konzernrecht, § 311 Rz. 30; *Koppensteiner* in KölnKomm. AktG, § 311 Rz. 26; *ADS*, § 311 AktG Rz. 30; *Krieger* in MünchHdb. AG, § 69 Rz. 84; *Axer* in Lutter/Scheffler/U.H.Schneider (Hrsg.), Handbuch der Konzernfinanzierung, 1998, Rz. 7.44; *E. Vetter*, ZHR 171 (2007), 342, 360; a.A. *Kropff* in MünchKomm. AktG, § 311 Rz. 113; *Prühs*, AG 1973, 395, 400; *Wimmer-Leonhardt*, S. 102 f.; anderes gilt für die Einflussnahme auf die Aufstellung des Jahresabschlusses einschließlich der Dotierung der Gewinnrücklagen, wobei ein Nachteil allerdings nur ausnahmsweise denkbar sein wird.

122 Für generelle Unanwendbarkeit der §§ 311 ff. *Koppensteiner* in KölnKomm. AktG, § 311 Rz. 27; *Krieger* in MünchHdb. AG, § 69 Rz. 84; *ADS*, § 311 AktG Rz. 30; *Wimmer-Leonhardt*, S. 101 f.; a.A. *Kropff* in MünchKomm. AktG, § 311 Rz. 116; *Habersack* in Emmerich/Habersack, Aktien- und GmbH-Konzernrecht, § 311 Rz. 30.

123 So auch *Koppensteiner* in KölnKomm. AktG, § 311 Rz. 28, 42; *Krieger* in MünchHdb. AG, § 69 Rz. 84; *ADS*, § 311 AktG Rz. 30; ausführlich *Timmann*, S. 153 ff.; a.A. *Habersack* in Emmerich/Habersack, Aktien- und GmbH-Konzernrecht, § 311 Rz. 30; *Kropff* in MünchKomm. AktG, § 311 Rz. 116, z.B. bei Zuweisung einer dienenden Funktion der abhängigen AG; ausführlich *Wimmer-Leonhardt*, S. 103 ff.

124 Ebenso *Krieger* in MünchHdb. AG, § 69 Rz. 84; a.A. *Habersack* in Emmerich/Habersack, Aktien- und GmbH-Konzernrecht, § 311 Rz. 30.

125 Vgl. Begr. RegE, *Kropff*, Aktiengesetz, S. 409; *Habersack* in Emmerich/Habersack, Aktien- und GmbH-Konzernrecht, § 311 Rz. 62; *Hüffer*, § 311 Rz. 39; *Koppensteiner* in KölnKomm. AktG, § 311 Rz. 116; *Krieger* in MünchHdb. AG, § 69 Rz. 86; *Kropff* in MünchKomm. AktG, § 311 Rz. 236 f.

ergeben. Teilweise wird auf der Grundlage der modernen Unternehmensbewertung im Grundsatz jede Maßnahme für bewertbar angesehen[126]; teilweise herrscht eine erhebliche Skepsis gegenüber prognostischen Bewertungen[127]. Die Bewertung durch den Vorstand ist eine unternehmerische Entscheidung, die den Voraussetzungen des § 93 Abs. 1 Satz 2, insb. Gutgläubigkeit und angemessene Informationsgrundlage, genügen muss. Der Vorstand muss vor Durchführung der Maßnahme ausreichend sicher sein, dass die Maßnahme überhaupt bewertbar ist und dass er jedenfalls vor dem Jahresende zu einer belastbaren und vom herrschenden Unternehmen dann akzeptierten Bewertung kommen wird. Dagegen findet der auf nachträgliche Beweisschwierigkeiten abzielende § 287 ZPO keine entsprechende Anwendung zugunsten des Vorstands und des herrschenden Unternehmens[128].

Eine **Ausnahme vom Erfordernis der Bewertbarkeit** wird angenommen, soweit ein – 75 dann typischerweise auch nicht quantifizierbarer – Nachteil, etwa aus einem vom unternehmerischen Ermessen nicht mehr gedeckten Risikogeschäft, durch einen nicht quantifizierbaren Vorteil trotzdem vollständig ausgeglichen wird, z.B. Ausgleich einer unbeschränkten Haftungsübernahme durch unbeschränkte Rückgriffsmöglichkeit bester Bonität, Ablehnung eines Auftrags oder einer gesamten Kundenbeziehung gegen Übernahme eines anderen Auftrags oder neuen Kunden, Eingehung eines Verlustrisikos gegen Einräumung einer mindestens gleichwertigen Gewinnchance oder Zusage, alle etwaigen Nachteile auszugleichen (zum Zeitpunkt des Nachteilsausgleichs in derartigen Fällen vgl. Rz. 91)[129]. Da nachteiliges und vorteilhaftes Geschäft in diesen Fällen wohl immer nur gleichzeitig vereinbart werden, dürfte es bei einer solchen Kombination allerdings regelmäßig schon an der Nachteiligkeit fehlen[130].

Verbreitet wird gefordert, dass der Vorteil zwar nicht **bilanzierungsfähig**, wohl aber 76 geeignet sein muss, die bilanziellen Auswirkungen des Nachteils bilanziell auszugleichen, und zwar noch im gleichen Geschäftsjahr[131]. Dies überzeugt in dieser Allgemeinheit nicht. Ein Ausgleich der negativen bilanziellen Wirkungen lässt sich zunächst nur mit dem Interesse der Minderheitsgesellschafter an unverminderter Dividendenfähigkeit begründen und damit nicht bei Einmann-Gesellschaften. Für den Gläubigerschutz kommt es dagegen „nur" auf den Ausgleich einer Verminderung des Unternehmenswerts, unabhängig von den bilanziellen Wirkungen an. Aber selbst in der mehrgliedrigen AG überschreitet der Vorstand nicht zwingend sein unternehmerisches Ermessen, wenn er eine negative bilanzielle Auswirkung im laufenden Geschäftsjahr in Kauf nimmt, sofern dem ein mindestens gleichwertiger Vorteil gegen-

---

126 Besonders pointiert *Haarmann* in Hommelhoff/Rowedder/Ulmer, Hachenburg-Gedächtnisvorlesung 2000, S. 45, 64 ff.; ähnlich *Bezzenberger*, S. 338 ff.

127 Etwa *Mertens* in Hommelhoff/Rowedder/Ulmer, Hachenburg-Gedächtnisvorlesung 2000, S. 27, 30 ff.

128 A.A. *Haarmann* in Hommelhoff/Rowedder/Ulmer, Hachenburg-Gedächtnisvorlesung 2000, S. 45, 66 f.

129 So auch *Koppensteiner* in KölnKomm. AktG, § 311 Rz. 110; *Krieger* in MünchHdb. AG, § 69 Rz. 87; *Kropff* in MünchKomm. AktG, § 311 Rz. 241; *ADS*, § 311 AktG Rz. 59; *Strohn*, S. 91 f.; *E. Vetter*, ZHR 171 (2007), 342, 356 f.; a.A. (wohl) *Hüffer*, § 311 Rz. 39; *Mertens* in Hommelhoff/Rowedder/Ulmer, Hachenburg-Gedächtnisvorlesung 2000, S. 27, 34 f.; *Lutter* in FS Peltzer, 2001, S. 241, 254 f.; *K. Müller*, ZGR 1977, 1, 15.

130 Ähnlich *Habersack* in Emmerich/Habersack, Aktien- und GmbH-Konzernrecht, § 311 Rz. 64; *Mertens* in Hommelhoff/Rowedder/Ulmer, Hachenburg-Gedächtnisvorlesung 2000, S. 45, S. 27, 35.

131 *Habersack* in Emmerich/Habersack, Aktien- und GmbH-Konzernrecht, § 311 Rz. 63; *Hüffer*, § 311 Rz. 39; *Krieger* in MünchHdb. AG, § 69 Rz. 86; differenzierend *Kropff* in MünchKomm. AktG, § 311 Rz. 242 ff.; *Koppensteiner* in KölnKomm. AktG, § 311 Rz. 112 ff.

übersteht, auch wenn dieser sich bilanziell erst in späteren Jahren oder ausnahmsweise sogar überhaupt nicht positiv niederschlägt, ohne dass dadurch die nachhaltige Dividendenfähigkeit beeinträchtigt wird[132]. Auch bei sonstigen unternehmerischen Entscheidungen außerhalb des § 311 lässt sich die Vorteilhaftigkeit einer Maßnahme nicht allein aufgrund ihrer Auswirkung auf die Dividendenfähigkeit beurteilen.

77　Ein **innerer Zusammenhang zwischen Vorteil und Nachteil** ist nicht erforderlich[133]. Entsprechend können auch mehrere Nachteile und Vorteile ähnlich einem Kontokorrent zusammengefasst werden[134]. Schon wegen der Berichtspflicht im Abhängigkeitsbericht muss aber deutlich werden, welche Nachteile durch die betreffenden Vorteile ausgeglichen werden[135].

78　Selbst durch **vor der Nachteilszufügung gewährte Vorteile** kann der Nachteil ausgeglichen werden, wenn sich das herrschende Unternehmen dies bei der Vorteilsgewährung vorbehalten hat[136]. Der Ausgleich muss auch nicht zwingend durch das herrschende Unternehmen selbst erfolgen[137].

2. Maßgeblicher Bewertungszeitpunkt

79　Maßgeblicher Zeitpunkt für die Bewertung des Vorteils kann nur der **Zeitpunkt der Vorteilsgewährung** sein[138]. Unklar ist, zu welchem Zeitpunkt bei verzögertem Nachteilsausgleich der auszugleichende Wert des Nachteils zu bestimmen ist. Ganz allgemein wird zwar für die Bewertung des Nachteils auf den Zeitpunkt der Durchführung der nachteiligen Maßnahme verwiesen[139].

80　Nach – allerdings bestrittener – Auffassung sollen zwischen Maßnahme und Ausgleich eingetretene **weitere Nachteile** allerdings ebenfalls auszugleichen sein, da § 311 volle Kompensation fordere[140]. Dem ist zuzustimmen, und zwar nicht nur für einen Verzögerungsschaden im Sinne einer Aufzinsung des Nachteils auf den Zeitpunkt des Ausgleichs bzw. eine Abzinsung des Ausgleichs auf den Zeitpunkt der

---

132　Ähnlich *Kropff* in MünchKomm. AktG, § 311 Rz. 242 ff.; *Koppensteiner* in KölnKomm. AktG, § 311 Rz. 112; zurückhaltender *Geßler*, DB 1965, 1729, 1731.

133　*Habersack* in Emmerich/Habersack, Aktien- und GmbH-Konzernrecht, § 311 Rz. 62; *Kropff* in MünchKomm. AktG, § 311 Rz. 239.

134　*Habersack* in Emmerich/Habersack, Aktien- und GmbH-Konzernrecht, § 311 Rz. 70; *Hüffer*, § 311 Rz. 45; *Kropff* in MünchKomm. AktG, § 311 Rz. 240.

135　*Hüffer*, § 311 Rz. 45; *Kropff* in MünchKomm. AktG, § 311 Rz. 240.

136　*Habersack* in Emmerich/Habersack, Aktien- und GmbH-Konzernrecht, § 311 Rz. 69; *Koppensteiner* in KölnKomm. AktG, § 311 Rz. 127; *Krieger* in MünchHdb. AG, § 69 Rz. 88; *ADS*, § 311 AktG Rz. 68; dagegen eine Verrechnungsabrede fordernd *Hüffer*, § 311 Rz. 41 a.E.; zur Frage, ob generell eine Abrede zum Nachteilsausgleich erforderlich ist, vgl. Rz. 90.

137　Unstreitig, vgl. nur *Koppensteiner* in KölnKomm. AktG, § 311 Rz. 120; *Hüffer*, § 311 Rz. 39; *Krieger* in MünchHdb. AG, § 69 Rz. 85; *Kropff* in MünchKomm. AktG, § 311 Rz. 238.

138　Einh. Meinung, vgl. nur *Habersack* in Emmerich/Habersack, Aktien- und GmbH-Konzernrecht, § 311 Rz. 68; *Hüffer*, § 311 Rz. 40; *Krieger* in MünchHdb. AG, § 69 Rz. 86; *Kropff* in MünchKomm. AktG, § 311 Rz. 232.

139　Heute ganz einh. Meinung, vgl. OLG Köln v. 13.4.2006 – 7 U 31/05, AG 2007, 371, 372; *Habersack* in Emmerich/Habersack, Aktien- und GmbH-Konzernrecht, § 311 Rz. 44; *Habersack*, ZIP 2006, 1327, 1330 f.; *Kropff* in MünchKomm. AktG, § 311 Rz. 142, 229; *Koppensteiner* in KölnKomm. AktG, § 311 Rz. 52, 107, 119; *Krieger* in MünchHdb. AG, § 69 Rz. 79; a.A. *Haesen*, S. 102 ff.; *Kellmann*, ZGR 1974, 220, 221 ff.; *Luchterhandt*, ZHR 133 (1970), 1, 21 ff.

140　*Habersack* in Emmerich/Habersack, Aktien- und GmbH-Konzernrecht, § 311 Rz. 68; *Hüffer*, § 311 Rz. 40; a.A. *Kropff* in MünchKomm. AktG, § 311 Rz. 229 ff.; *Koppensteiner* in KölnKomm. AktG, § 311 Rz. 119; *Hogh*, S. 41 ff.

Maßnahme[141], sondern auch für sonstige adäquate Folgeschäden: Der Schutz der Außenseiter wäre ansonsten z.B. in dem Fall unzureichend, dass der Nachteil eines Risikogeschäfts im Zeitpunkt der Vornahme bei Anwendung wahrscheinlichkeitstheoretischer Bewertungsverfahren geringer ist als der dann tatsächlich eingetretene Schaden bei Realisierung des vollen Risikos. Dem Vorstand gibt eine insoweit erweiterte Nachteilsausgleichspflicht etwas mehr Flexibilität, einer nachteiligen Weisung zu folgen, was wiederum auch für das herrschende Unternehmen vorteilhaft sein kann. Dagegen trägt das herrschende Unternehmen nicht das über die mit der Maßnahme adäquat verbundenen Risiken hinausgehende allgemeine Unternehmensrisiko (vgl. auch schon Rz. 46).

Demgegenüber soll eine **Verringerung des Nachteils in der Zwischenzeit** dem herrschenden Unternehmen nicht zugute kommen[142]. Etwas anderes muss aber auch insoweit gelten, als der Nachteilsausgleich durch die Verpflichtung zum Ausgleich der tatsächlich aus dem Geschäft resultierenden Nachteile zulässig gewesen wäre[143]. Beispiel: Risikoinvestment ohne vorherige Due Diligence. Ein Nachteilsausgleich wäre nicht nur durch Erstattung des Schadens aus der Rückabwicklung des Investments, sondern auch durch die Verpflichtung möglich, dass alle Nachteile aus dem durchgeführten Investment abzüglich der erzielten Erträge/Erlöse ausgeglichen werden. Erweist sich das Investment vor Ablauf des Geschäftsjahres als erfolgreich, wäre trotz ursprünglicher Nachteilhaftigkeit kein Ausgleich erforderlich. Im Übrigen spricht auch das Fehlen eines klagbaren Anspruchs auf Nachteilsausgleich und dessen Ersetzung durch den Schadensersatzanspruch des § 317 (vgl. Rz. 89) dafür, dass sich der Vorstand der abhängigen AG bei der Vereinbarung des Nachteilsausgleichs auf das einlassen darf, was er bei Scheitern einer Vereinbarung nach dem Gesetz verlangen könnte[144]. **81**

Im Ergebnis ist damit festzuhalten, dass die Nachteiligkeit zwar im Zeitpunkt der Maßnahme bestimmt wird (Rz. 45), dass sich aber die **Bewertung des Nachteils** und damit die Bestimmung des erforderlichen Ausgleichs in nicht unerheblichem Umfang **nach dem Zeitpunkt der Gewährung/Vereinbarung des Ausgleichs** richten. Folge ist, dass das herrschende Unternehmen damit die adäquaten wirtschaftlichen Folgen der von ihm veranlassten Maßnahme in beide Richtungen trägt. **82**

3. Erfüllung der Ausgleichsverpflichtung

a) Überblick

§ 311 Abs. 2 eröffnet zwei Arten des Nachteilsausgleichs, die jeweils vor Ablauf des Geschäftsjahres erfolgt sein müssen: den **tatsächlichen Ausgleich** im Sinne eines Vermögenszuflusses oder einer sonstigen Unternehmenswertsteigerung in mindestens der Höhe des Nachteils und die **Begründung eines Rechtsanspruchs** auf einen solchen Nachteilsausgleich. **83**

---

141 Zu solchen Verzögerungsnachteilen auch *Habersack* in Emmerich/Habersack, Aktien- und GmbH-Konzernrecht, § 311 Rz. 68; *Koppensteiner* in KölnKomm. AktG, § 311 Rz. 106; *Kropff* in MünchKomm. AktG, § 311 Rz. 227.
142 Ganz h.M., besonders deutlich *Kropff* in MünchKomm. AktG, § 311 Rz. 144 ff.; 229 ff., vgl. im Übrigen Nachw. in Fn. 139.
143 Ähnlich *Krieger* in MünchHdb. AG, § 69 Rz. 79; gegen ihn *Kropff* in MünchKomm. AktG, § 311 Rz. 145.
144 Hinzuweisen ist allerdings darauf, dass gem. § 317 nach verbreiteter Ansicht als Folge des normativen Schadensbegriffs zumindest ein Schaden in Höhe des Nachteils zu ersetzen ist, vgl. § 317 Rz. 8.

b) Vertrag

84　Die Begründung eines Rechtsanspruchs erfolgt typischerweise durch Vertrag; denkbar ist aber auch ein einseitiges Schuldversprechen. **Schriftform** ist vom Gesetz nicht vorgesehen[145], ergibt sich aber in vielen Fällen faktisch aus § 93, da der Vorstand der abhängigen Gesellschaft darauf zu achten hat, dass eine Überprüfung des Nachteilsausgleichs nach §§ 312 ff. möglich ist[146].

85　Der Vertrag muss zwar spätestens am Bilanzstichtag abgeschlossen werden; die Erfüllung durch das herrschende Unternehmen kann aber auf einen späteren Zeitpunkt aufgeschoben werden. Die **Leistungszeit** ist in dem Vertrag anzugeben, muss aber nicht zwingend nach dem Kalender bestimmt sein. Ausreichend ist, dass sich der Leistungszeitpunkt aus äußeren Umständen, etwa der Realisierung eines bestimmten Risikos, bestimmen lässt[147].

86　Bei der Festlegung des Vorteils ist bei Begründung eines erst später zu erfüllenden Rechtsanspruchs ein verminderter Barwert der aufgeschobenen Leistung sowie ein mit dem Aufschub verbundenes **Kreditrisiko** wirtschaftlich zu berücksichtigen[148].

87　Angesichts der strikten Befristung des Nachteilsausgleichs auf das **Geschäftsjahresende**, die auch mit Zustimmung der abhängigen AG nicht aufgeschoben werden kann[149], können die Beteiligten bei der Festsetzung des Ausgleichs nicht auf den Ergebnissen des Abhängigkeitsberichts und dessen Überprüfung aufbauen.

88　Die Ausgleichsvereinbarung muss **Art und Umfang** der zugesagten Vorteile konkret bestimmen. Die Bezifferung des Ausgleichsbetrags kann nicht einem Dritten, etwa dem Abschlussprüfer, überlassen oder von den Feststellungen des Prüfers abhängig gemacht werden[150]. Auch eine Anpassungsklausel im Vertrag, wonach die Gegenleistung bei gerichtlicher Feststellung ihrer Unangemessenheit zu erhöhen ist, genügt nicht[151]. Als Ausnahme vom Erfordernis betragsmäßiger Konkretisierung ist die Verpflichtung anerkannt, noch nicht quantifizierbare Nachteile in Höhe der tatsächlich eintretenden Nachteile auszugleichen[152].

89　Eine Wahlschuld, bei der jede Alternative allein klar genug bezeichnet ist, ist zulässig, wenn der Gesellschaft das **Wahlrecht** zusteht[153]. Trotz der daraus folgenden Unsicherheit für die Gesellschaft wird man auch ein Wahlrecht des herrschenden Unter-

---

145　OLG Köln v. 18.6.1999 – 2 Wx 7/99, AG 1999, 519; LG Köln v. 5.2.1999 – 89 T 2/99, DB 1999, 685.
146　Ähnlich *Kropff* in MünchKomm. AktG, § 311 Rz. 262; *Koppensteiner* in KölnKomm. AktG, § 311 Rz. 130.
147　H.M., vgl. *Habersack* in Emmerich/Habersack, Aktien- und GmbH-Konzernrecht, § 311 Rz. 73; *Hüffer*, § 311 Rz. 47; *Koppensteiner* in KölnKomm. AktG, § 311 Rz. 131; *Kropff* in MünchKomm. AktG, § 311 Rz. 239.
148　Hierzu auch *Habersack* in Emmerich/Habersack, Aktien- und GmbH-Konzernrecht, § 311 Rz. 73; *Kropff* in MünchKomm. AktG, § 311 Rz. 228.
149　Ausdrücklich *Krieger* in MünchHdb. AG, § 69 Rz. 88; *Kropff* in MünchKomm. AktG, § 311 Rz. 256.
150　*Habersack* in Emmerich/Habersack, Aktien- und GmbH-Konzernrecht, § 311 Rz. 74, § 313 Rz. 17; *Krieger* in MünchHdb. AG, § 69 Rz. 88; *Kropff* in MünchKomm. AktG, § 311 Rz. 256 f., § 313 Rz. 54; *Koppensteiner* in KölnKomm. AktG, § 313 Rz. 21; a.A. *ADS*, § 311 AktG Rz. 71.
151　OLG München v. 16.11.2004 – VIII ZB 45/04, NZG 2005, 181, 183; vgl. auch Rz. 50 zum Vorliegen eines Nachteils.
152　*Kropff* in MünchKomm. AktG, § 311 Rz. 257, 241; vgl. hierzu bereits Rz. 75.
153　Unstreitig, vgl. nur *Habersack* in Emmerich/Habersack, Aktien- und GmbH-Konzernrecht, § 311 Rz. 74; *Hüffer*, § 311 Rz. 47; *Krieger* in MünchHdb. AG, § 69 Rz. 88; *Kropff* in MünchKomm. AktG, § 311 Rz. 238.

nehmens oder eines Dritten zulassen können[154]; §§ 315, 317 BGB und die Sorgfaltspflicht des Vorstands bei der Zustimmung zu einer solchen Vereinbarung erscheinen
als ausreichendes Korrektiv, eine für die Gesellschaft nachteilige Unsicherheit bis
zur tatsächlichen Leistung des Ausgleichs, der im Einzelfall keine Vorteile gegenüberstehen, zu vermeiden.

c) Bestimmungsrecht des herrschenden Unternehmens?

Umstritten ist, ob das herrschende Unternehmen berechtigt ist, die Art des Nach- 90
teilsausgleichs allein zu bestimmen[155] oder ob die abhängige AG jedenfalls dem Inhalt des Nachteilsausgleichs[156] oder darüber hinaus auch der Höhe des Ausgleichs
zustimmen muss[157]. Zwei Fragen sind zu unterscheiden: (i) Hat die AG das Recht, einen nicht für vollwertig erachteten Ausgleich abzulehnen? Der Wortlaut des Abs. 2
im Hinblick auf einen während des Geschäftsjahres tatsächlich erfolgten Ausgleich,
die fehlende Einklagbarkeit der Ausgleichsleistung (vgl. Rz. 93) und insb. die Möglichkeiten der abhängigen Gesellschaft, ihre abweichende Auffassung im Abhängigkeitsbericht darzulegen und Ansprüche nach § 317 geltend zu machen, sprechen eher
für ein Bestimmungsrecht des herrschenden Unternehmens. (ii) Praktisch wichtiger
ist die zweite Frage, wessen unternehmerisches Ermessen im Hinblick auf die Bewertung des Ausgleichs maßgeblich sein soll. Hintergrund ist, dass bei Vermögensge-
samtheiten, komplexen Vertragsverhältnissen und Unternehmen häufig kein präziser objektiver Wert, sondern lediglich eine Bandbreite bestimmbar ist. Vorzugswürdig
ist, mit der Mindermeinung das unternehmerische Ermessen des Vorstands nicht nur
bei der Befolgung einer nachteiligen Weisung, sondern auch der Bewertung des
Nachteilsausgleichs anzuerkennen[158]. Bei einem Streit über die Vollwertigkeit des
Ausgleichs (bspw. i.R.d. Geltendmachung von Schadensersatz nach § 317) hat ein Gericht daher das unternehmerische Ermessen des Vorstands der abhängigen AG anzuerkennen. Faktisch schafft dies einen erheblichen Anreiz für das herrschende Unternehmen, die Ausgleichsleistung im Vorhinein mit dem Vorstand der AG abzustimmen[159].

d) Ausnahmen vom Aufschub des Nachteilsausgleichs

Grundsätzlich wird das herrschende Unternehmen privilegiert, indem der Nachteils- 91
ausgleich erst am Ende des Geschäftsjahres erfolgt oder bestimmt wird. Dies kann jedoch dann nicht gelten, wenn der Vorstand der abhängigen AG ohne sofortigen
Nachteilsausgleich nicht berechtigt wäre, sich einer nachteiligen Einflussnahme zu

---

154 So auch *Habersack* in Emmerich/Habersack, Aktien- und GmbH-Konzernrecht, §311
Rz. 74; *Koppensteiner* in KölnKomm. AktG, §311 Rz. 132; *Krieger* in MünchHdb. AG, §69
Rz. 88; *Kropff* in MünchKomm. AktG, §311 Rz. 238; a.A. *Hüffer*, §311 Rz. 47.
155 So die wohl h.M., *Habersack* in Emmerich/Habersack, Aktien- und GmbH-Konzernrecht,
§311 Rz. 71; *Hüffer*, §311 Rz. 41; *Krieger* in MünchHdb. AG, §69 Rz. 88; *Beuthien*, DB
1969, 1781, 1783; *Möhring* in FS Schilling, 1973, S. 253, 265; *Wimmer-Leonhardt*, S. 117 f.
156 *Koppensteiner* in KölnKomm. AktG, §311 Rz. 123 ff.; *E. Vetter*, ZHR 171 (2007), 342, 361 f.
157 *Kropff* in MünchKomm. AktG, §311 Rz. 250 ff.; *Kropff* in FS Kastner, 1992, S. 279, 287; *Geßler* in FS Westermann, 1974, S. 145, 161; *ADS*, §311 AktG Rz. 69; *Altmeppen*, ZIP 1996,
693, 696; *Altmeppen*, Haftung des Managers im Konzern, 1998, S. 61, 69; *Altmeppen*, ZHR
171 (2007), 320, 333 f.; *Schäfer*, S. 233 f.; *Strohn*, S. 185 f.
158 Ähnlich *Koppensteiner* in KölnKomm. AktG, §311 Rz. 123; *Kropff* in MünchKomm. AktG,
§311 Rz. 255.
159 Zur Frage, ob der Vorstand der abhängigen AG vor Befolgung einer nachteiligen Weisung einen zufriedenstellenden Nachteilsausgleich mit dem herrschenden Unternehmen abstimmen muss, nachfolgend Rz. 102.

beugen. Beispiele: Zweifel des Vorstands der abhängigen AG an der Fähigkeit des herrschenden Unternehmens, am Ende des Geschäftsjahres adäquaten Ausgleich zu leisten[160]; Veranlassung nicht quantifizierbarer Nachteile, die nur unter besonderen Voraussetzungen ausgleichsfähig sind[161].

4. Rechtsnatur des Ausgleichsanspruchs, Leistungsstörungen

92 Nach heute h.M. handelt es sich bei dem Nachteilsausgleich nicht um eine Leistung auf eine Schadensersatzverpflichtung, sondern um eine **Kompensationsleistung sui generis**; die Einflussnahme ist bei Gewährung des Nachteilsausgleichs ja gerade nicht rechtswidrig (vgl. Rz. 6)[162].

93 Der gesetzlichen Verpflichtung zum Nachteilsausgleich steht, sofern der Nachteilsausgleich nicht vertraglich fixiert ist, **kein durchsetzbarer pfändbarer Anspruch** der Gesellschaft gegenüber; bei Ausbleiben des Ausgleichs bestehen nur die Ansprüche aus § 317[163], daneben sind Ansprüche aus § 62 denkbar (hierzu nachfolgend Rz. 104).

94 Ist ein Rechtsanspruch auf Nachteilsausgleich gem. § 311 Abs. 2 eingeräumt worden, ergeben sich die Rechtsfolgen von **Leistungsstörungen** nach allgemeinem Zivilrecht[164].

IV. Befolgungsrecht und Pflichten des Vorstands

95 Der Vorstand der abhängigen AG ist nicht verpflichtet, nachteiligen Weisungen des herrschenden Unternehmens nachzukommen (s. auch Rz. 7)[165]. Fraglich ist daher allein, in welchen Fällen er einer nachteiligen Weisung auch nicht nachkommen **darf**. Soweit der Vorstand der abhängigen AG einer Weisung nicht folgen darf, ist diese **Einflussnahme unzulässig**. Hier sind jedenfalls die Grenzen einzuhalten, die auch der Vorstand der durch Beherrschungsvertrag gebundenen Gesellschaft zu beachten hat (hierzu oben § 308 Rz. 24 ff.). Im Einzelnen ergeben sich folgende Schranken:

96 – Die nachteilige Maßnahme muss entsprechend § 308 Abs. 1 Satz 2 im **Interesse des herrschenden Unternehmens** oder eines mit ihm verbundenen Unternehmens

---

160 So zu Finanzierungsmaßnahmen wie aufsteigenden Garantien oder Darlehen mit unangemessenem Ausfallrisiko *Habersack* in Emmerich/Habersack, Aktien- und GmbH-Konzernrecht, § 311 Rz. 62a; *Habersack/Schürnbrand*, NZG 2004, 689, 694; *Zeidler*, S. 53 f., 147 f.
161 Hierzu *Strohn*, S. 92; zu derartigen Maßnahmen bereits oben Rz. 75 und nachfolgend Rz. 99 f.
162 *Habersack* in Emmerich/Habersack, Aktien- und GmbH-Konzernrecht, § 311 Rz. 61; *Hüffer*, § 311 Rz. 37; *Kropff* in MünchKomm. AktG, § 311 Rz. 218 ff., jeweils auch mit Nachw. zur früher vertretenen Gegenauffassung.
163 BGH v. 15.11.1993 – II ZR 235/92, BGHZ 124, 111, 119 = AG 1994, 124; *Habersack* in Emmerich/Habersack, Aktien- und GmbH-Konzernrecht, § 311 Rz. 75; *Hüffer*, § 311 Rz. 38; *Koppensteiner* in KölnKomm. AktG, § 311 Rz. 122; *Krieger* in MünchHdb. AG, § 69 Rz. 85; *Kropff* in MünchKomm. AktG, § 311 Rz. 263.
164 *Habersack* in Emmerich/Habersack, Aktien- und GmbH-Konzernrecht, § 311 Rz. 76; *Kropff* in MünchKomm. AktG, § 311 Rz. 265 f.; für die von *Koppensteiner* in KölnKomm. AktG, § 311 Rz. 115 vertretene Modifikation der Risikotragungsgrundsätze besteht kein Anlass.
165 Unstreitig, vgl. nur KG v. 3.12.2002 – 1 W 363/02, ZIP 2003, 1042, 1049; *Habersack* in Emmerich/Habersack, Aktien- und GmbH-Konzernrecht, § 311 Rz. 77 f.; *Hüffer*, § 311 Rz. 48; *Koppensteiner* in KölnKomm. AktG, § 311 Rz. 139; *Kropff* in MünchKomm. AktG, § 311 Rz. 281.

liegen[166]; zu eng erscheint dagegen die Forderung, es müsse sich stets um einen Konzern i.S.d. § 18 handeln; schlichte Abhängigkeit nach § 17 reicht aus[167].

– Die Maßnahme muss vom satzungsmäßigen **Unternehmensgegenstand** der abhängigen Gesellschaft noch umfasst sein[168].   97

– Der Nachteil darf **keine Existenzgefährdung** der Gesellschaft zur Folge haben[169].   98

– Der Nachteil muss von seiner Art her **einem Einzelausgleich zugänglich** sein: Qualifizierte Nachteile, die so weitgehend in die Struktur oder die Unternehmenstätigkeit der Gesellschaft eingreifen, dass einzelne Nachteile nicht mehr zu isolieren sind, sind unzulässig[170]. Maßgeblich ist die mangelnde Isolierbarkeit oder Quantifizierbarkeit von Einzelmaßnahmen; dagegen wird das System der §§ 311 ff. noch nicht durch eine intensive Konzernstruktur gesprengt, die, wie bspw. **Vorstandsdoppelmandate**, lediglich die Veranlassung durch das herrschende Unternehmen schwieriger erkennen lassen (zu Beweiserleichterungen in diesen Fällen Rz. 29 f., 32)[171].   99

– Die nachteilige Wirkung der Maßnahme muss im Grundsatz quantifizierbar sein; eine Ausnahme gilt insoweit, als damit im Zusammenhang ein alle denkbaren Nachteile erfassender Ausgleich angeboten wird[172]. Statt auf Quantifizierbarkeit ist daher besser auf **Ausgleichsfähigkeit** abzustellen.   100

– Im Zeitpunkt der Durchführung der Maßnahme muss der Vorstand der abhängigen Gesellschaft davon ausgehen können, dass das herrschende Unternehmen willens und in der Lage sein wird, den Nachteil gem. § 311 auszugleichen[173]. Maßstab ist die „vernünftige kaufmännische Beurteilung", wie sie auch bei der Bewertung von   101

---

166 *Habersack* in Emmerich/Habersack, Aktien- und GmbH-Konzernrecht, § 311 Rz. 60; *Kropff* in MünchKomm. AktG, § 311 Rz. 217, 334; *Hüffer*, § 311 Rz. 43; *Koppensteiner* in KölnKomm. AktG, § 311 Rz. 102; *Karsten Schmidt*, GesR, S. 961; *Beuthien*, DB 1969, 1781, 1784; a.A. *Gansweid*, S. 177; wohl auch *Würdinger* in Großkomm. AktG, 3. Aufl., § 311 Anm. 2 e.

167 A.A. *Kropff* in MünchKomm. AktG, § 311 Rz. 217; s. auch Rz. 1.

168 Hierzu auch *Koppensteiner* in KölnKomm. AktG, § 311 Rz. 100 m.w.N.; *Habersack* in Emmerich/Habersack, Aktien- und GmbH-Konzernrecht, § 311 Rz. 9.

169 So ausdrücklich etwa *Kropff* in MünchKomm. AktG, § 311 Rz. 216; zur Haftung wegen existenzvernichtenden Eingriffs vgl. § 1 Rz. 18.

170 Wohl unstr., s. nur *Kropff* in MünchKomm. AktG, § 311 Rz. 334; *Geßler* in FS Westermann, 1974, S. 145, 156; *Hommelhoff*, Konzernleitungspflicht, S. 141 ff. umschreibt diese Fälle schlagwortartig einerseits mit dem Bereich des laufenden Tagesgeschäfts, andererseits mit außergewöhnlichen, die aktuelle und zukünftige Lage maßgeblich beeinflussenden Maßnahmen; daraus kann jedoch nicht abgeleitet werden, dass die Veranlassung zu außergewöhnlichen Maßnahmen generell unzulässig wäre, solange die Funktionsfähigkeit der § 311 nicht ausgehebelt wird, ähnlich *Koppensteiner* in KölnKomm. AktG, § 311 Rz. 104 f.; zu konzernintegrativen Maßnahmen näher oben Rz. 64; zu qualifiziert faktischen Konzernlagen § 317 Rz. 44 ff.

171 Entsprechend wurde jedenfalls nach dem TBB Urteil des BGH v. 29.3.1992 (II ZR 265/91, BGHZ 122, 123 = AG 1993, 371) ganz überwiegend ein qualifiziert faktischer Konzern bzw. eine Vermutung für dessen Vorliegen bei Vorstandsdoppelmandaten abgelehnt, *Kort* in Großkomm. AktG, § 76 Rz. 180 f.; *Kropff* in MünchKomm. AktG, Anh. § 317 Rz. 84; *Binnewies*, S. 373 ff.; *Habersack* in FS Raiser, 2005, S. 111, 123, 125 f. (auch zur Teilnahme an Aktienoptionsprogrammen der Mutter); *Kowalski*, GmbHR 1993, 253, 255; *Krieger*, ZGR 1994, 375, 386; *Lutter*, DB 1994, 129, 130; mit ausführlichem Überblick über den Meinungsstand *Anders*, S. 53 ff.; a.A. noch *Säcker*, ZHR 151 (1987), 59, 65 ff.; *Mai*, S. 63 f.

172 Hierzu oben Rz. 75; außerdem *Kropff* in MünchKomm. AktG, § 311 Rz. 241; *Habersack* in Emmerich/Habersack, Aktien- und GmbH-Konzernrecht, § 311 Rz. 64; *Koppensteiner* in KölnKomm. AktG, § 311 Rz. 89.

173 *Habersack* in Emmerich/Habersack, Aktien- und GmbH-Konzernrecht, § 311 Rz. 78; *Koppensteiner* in KölnKomm. AktG, § 311 Rz. 142; *Kropff* in MünchKomm. AktG, § 311 Rz. 334.

Drittgeschäften im Zusammenhang mit der Bilanzierung (vgl. § 253 HGB) maßgeblich ist. Formulierungen, dass der Nachteilsausgleich „mit an Sicherheit grenzender Wahrscheinlichkeit" gewährleistet ist[174], erscheinen überspitzt und für unternehmerisches Handeln nicht angemessen.

102   Der Vorstand ist verpflichtet, das Vorliegen der vorstehenden Voraussetzungen zu überprüfen. Entscheidet er sich, eine nachteilige Maßnahme durchzuführen, ist er sich allerdings nicht sicher, ob das herrschende Unternehmen die Maßnahme ebenfalls als nachteilig ansieht oder ausgleichsfähig oder -willig ist, muss er das herrschende Unternehmen auf die zu erwartenden Nachteile hinweisen und vorab eine tatsächliche, nicht zwingend rechtsgeschäftliche[175], **Klärung** mit dem herrschenden Unternehmen über dessen Anerkennung der Nachteiligkeit und dessen Bereitschaft zum Nachteilsausgleich herbeiführen[176].

103   Um die vorstehenden Pflichten gegenüber seiner Gesellschaft erfüllen zu können, treffen den Vorstand **Organisationspflichten**, die auf seine Information über nachteilige Einflussnahmen des herrschenden Unternehmens gegenüber nachgeordneten Ebenen (vgl. hierzu Rz. 28) und die vollständige Dokumentation aller vom herrschenden Unternehmen veranlassten Rechtsgeschäfte und Maßnahmen sowie des erfolgten Nachteilsausgleichs abzielen[177].

V. Verhältnis zu anderen Vorschriften[178]

1. Kapitalerhaltung (§§ 57, 62, 71 ff.)

104   Bei vom herrschenden Unternehmen veranlassten Nachteilen liegt zwar nicht zwingend, wohl aber typischerweise ein **Verstoß gegen § 57** vor. Mangels Möglichkeit eines zeitlich gestreckten Nachteilsausgleichs würde bei Anwendbarkeit der §§ 57, 62 die Privilegierung des § 311 Abs. 2 ausgehebelt. Mit der h.M. ist daher trotz Fehlens einer § 291 Abs. 3 entsprechenden Bestimmung von einer zeitweisen Verdrängung der §§ 57, 62 durch § 311 bis zum ordnungsgemäßen Nachteilsausgleich auszugehen[179], wobei allerdings bei unterbliebenem Nachteilsausgleich keine nachträgliche

---

174 *Bayer* in MünchKomm. AktG, § 57 Rz. 130; ebensowenig kann der vom BGH für die Beurteilung der Werthaltigkeit eines Darlehens der GmbH an ihren Gesellschafter angedeutete Maßstab angewandt werden, wonach „die Kreditwürdigkeit des Gesellschafters selbst bei Anlegung strengster Maßstäbe außerhalb jedes vernünftigen Zweifels steht", BGH v. 24.11.2003 – II ZR 171/01, BGHZ 157, 72, 77.

175 So ausdrücklich auch *Habersack* in Emmerich/Habersack, Aktien- und GmbH-Konzernrecht, § 311 Rz. 78; *Koppensteiner* in KölnKomm. AktG, § 311 Rz. 145; eine rechtsverbindliche Vereinbarung fordernd *Altmeppen*, ZIP 1996, 693, 696; *Strohn*, S. 185 f.

176 Für eine generelle Pflicht zur Einholung eines solchen Anerkenntnisses wohl *Fleischer* in Fleischer, Handbuch des Vorstandsrechts, § 18 Rz. 110 f.; *Habersack* in Emmerich/Habersack, Aktien- und GmbH-Konzernrecht, § 311 Rz. 78; *Koppensteiner* in KölnKomm. AktG, § 311 Rz. 145; *Kropff* in MünchKomm. AktG, § 311 Rz. 336; *Altmeppen*, Haftung des Managers im Konzern, 1998, S. 61, 69 (auf S. 69 allerdings einschränkend: „in aller Regel"); *Geßler* in FS Westermann, 1974, S. 145, 157; *Luchterhandt*, ZHR 133 (1970), 1, 46 f.; *Strohn*, S. 184 ff.; s. auch OLG Hamm v. 10.5.1995 – 8 U 59/94, AG 1995, 512, 516.

177 Ebenso etwa *Habersack* in Emmerich/Habersack, Aktien- und GmbH-Konzernrecht, § 311 Rz. 80; *Koppensteiner* in KölnKomm. AktG, § 311 Rz. 144, 148; *Krieger* in MünchHdb. AG, § 69 Rz. 28.

178 Zum Verhältnis zu § 256 vgl. § 312 Rz. 26; zum Verhältnis der §§ 311 ff. zu sonstigen Schadensersatz- und Durchgriffsansprüchen gegen das herrschende Unternehmen § 317 Rz. 39 ff.

179 OLG München v. 15.12.2004 – 7 U 5665/03, NZG 2005, 181, 183 = AG 2005, 486; OLG Hamm v. 10.5.1995 – 8 U 59/94, AG 1995, 512, 516; OLG Frankfurt v. 30.11.1995 – 6 U 192/91, AG 1996, 324, 327; OLG Stuttgart v. 21.12.1993 – 10 U 48/93, AG 1994, 411, 412; *Habersack* in Emmerich/Habersack, Aktien- und GmbH-Konzernrecht, § 311 Rz. 82; *Hüffer*, § 311

rückwirkende Nichtigkeit nach § 57 angenommen werden kann. Eine Begrenzung des Vorrangs des § 57 auf das freie Vermögen der AG[180] könnte zu einem angemessenen Ausgleich zwischen Gläubigerschutz und Gruppeninteresse führen, entspricht aber nicht dem noch ganz herrschenden Verständnis der Vermögensbindung nach § 57. Der Vorrang des § 311 verstößt auch nicht gegen **Art. 15, 16 der Kapitalrichtlinie**[181]. Soweit der Nachteilsausgleich nicht erfolgt oder der Vorstand der nachteiligen Weisung nicht hätte folgen dürfen (Rz. 95 ff.), verbleibt es bei den allgemeinen Kapitalschutzvorschriften, insb. § 62[182].

Für §§ 71 ff. und insb. **§ 71a** wird ein entsprechender Vorrang des § 311 dagegen verbreitet verneint[183].   105

2. §§ 76, 93, 116

§§ 76, 93 bleiben im Grundsatz unberührt (zur fehlenden Pflicht zur Befolgung von Weisungen bereits Rz. 95); zu beachten ist aber, dass der Vorstand gerade nicht sorgfaltswidrig handelt, wenn er eine nachteilige Maßnahme in den Grenzen des § 311 (vgl. Rz. 6 f.) durchführt[184]. § 93 ist das erste Glied in der Kette von Instrumenten zum Schutz der Gesellschaft und damit der Außenseiter, in dem die Zulässigkeit der Maßnahme und die Möglichkeit des Nachteilsausgleichs präventiv vom Vorstand zu überprüfen ist (vgl. auch § 312 Rz. 1 ff.).   106

Aus der Geltung des § 76 folgt die Unzulässigkeit von **Zustimmungsvorbehalten** zu Gunsten des herrschenden Unternehmens[185].   107

Entsprechendes gilt für die **Befugnisse und Pflichten des Aufsichtsrats** der AG. Die Zustimmungsvorbehalte gem. § 111 Abs. 4 Satz 2 bleiben unberührt; allerdings darf   108

Rz. 49; *Koppensteiner* in KölnKomm. AktG, § 311 Rz. 161 ff.; *Kropff* in MünchKomm. AktG, § 311 Rz. 326 ff.; *Henze*, BB 1996, 489, 498 f.; *Michalski*, AG 1980, 261, 264 f.; *Strohn*, S. 24 ff.; *Wiedemann/Strohn*, AG 1979, 113, 120; *Zeidler*, S. 97 ff.; weitergehend i.S. einer dauerhaften Verdrängung der §§ 57, 62 *Bezzenberger*, S. 331 ff.; wohl auch LG Düsseldorf v. 22.12.1978 – 40 O 138/78, AG 1979, 290, 291 f.; a.A. *Altmeppen*, ZIP 1996, 693, 697 f.; *Bommert*, Verdeckte Vermögensverlagerungen im Aktienrecht, 1989, S. 81 ff.; *Cahn*, S. 64 ff.; *Ehricke*, S. 320 f.; *Schön* in FS Kropff, 1997, S. 285 ff., insb. 288, 294 f.

180 So *Bayer* in MünchKomm. AktG, § 57 Rz. 133; *Bayer* in FS Lutter, 2000, S. 1001, 1030 f.; *Reidenbach*, WM 2004, 1421, 1428; *Riedel*, S. 258 f.; differenzierend zwischen den verschiedenen Gründen der Vermögensbindung *Schön* in FS Röhricht, 2005, S. 559 ff.

181 So aber *Schön* in FS Kropff, 1997, S. 285 ff.; *Werlauff*, EC Company Law, 1993, S. 178; gegen ihn *Bayer* in MünchKomm. AktG, § 57 Rz. 133; *Kropff* in MünchKomm. AktG, § 311 Rz. 41; *Habersack* in Emmerich/Habersack, Aktien- und GmbH-Konzernrecht, § 311 Rz. 82; *Habersack*, Europäisches Gesellschaftsrecht, § 6 Rz. 40; *Habersack*, ZGR 2003, 724, 733 f.; *Koppensteiner* in KölnKomm. AktG, Vorb. § 311 Rz. 7; *Bezzenberger*, S. 325; *Nienhaus*, S. 228 ff.; *Wimmer-Leonhardt*, S. 132 f.

182 Ausdrücklich zur Nichtigkeitsfolge eines Verstoßes gegen § 57 OLG München v. 16.11.2004 – VIII ZB 45/04, NZG 2005, 181, 183; außerdem OLG Frankfurt/M v. 30.11.1995 – 6 U 192/91, AG 1996, 324, 327; OLG Hamm v. 10.5.1995 – 8 U 59/94, AG 1995, 512, 516; *Habersack* in Emmerich/Habersack, Aktien- und GmbH-Konzernrecht, § 311 Rz. 83; *Hüffer*, § 311 Rz. 49; *Krieger* in MünchHdb. AG, § 69 Rz. 52, 71; vgl. auch § 317 Rz. 39.

183 *Koppensteiner* in KölnKomm. AktG, § 311 Rz. 163; *Klass*, Der Buyout von Aktiengesellschaften, 2000, S. 136 ff.; *Lutter/Wahlers*, AG 1989, 1, 9; a.A. *Krieger* in MünchHdb. AG, § 69 Rz. 54, 71; *Oechsler* in MünchKomm. AktG, § 71a Rz. 8; *Schroeder*, Finanzielle Unterstützung des Aktienerwerbs, 1995, S. 274 ff.; tendenziell zustimmend *Fleischer*, AG 1996, 494, 507.

184 Ausdrücklich KG v. 3.12.2002 – 1 W 363/02, ZIP 2003, 1042, 1049; *Habersack* in Emmerich/Habersack, Aktien- und GmbH-Konzernrecht, § 311 Rz. 78; *Hüffer*, § 311 Rz. 48; *Koppensteiner* in KölnKomm. AktG, § 311 Rz. 160.

185 *Hüffer*, § 311 Rz. 48; *Kropff* in MünchKomm. AktG, § 311 Rz. 287; *H. Götz*, ZGR 1998, 524, 538.

auch der Aufsichtsrat die Zustimmung nur, aber auch immer dann erteilen, wenn die Voraussetzungen vorliegen, unter denen der Vorstand eine nachteilige Maßnahme umsetzen darf[186].

3. § 243

109   Im **Verhältnis zur Beschlussanfechtung** sind zwei Fragen zu unterscheiden. Erstens: Kann ein nachteiliger Beschluss, der wegen des Nachteils anfechtbar ist, aber nicht angefochten worden ist, einen Nachteilsausgleichs- und Schadensersatzpflichten nach §§ 311 ff. begründen? Hierzu bereits Rz. 71. Zweitens: Muss der Nachteilsausgleich zur Vermeidung der Anfechtbarkeit entgegen § 311 Abs. 2 und in Übereinstimmung mit § 243 Abs. 2 im Hauptversammlungsbeschluss selbst vorgesehen werden? Dies ist mit der h.M. schon wegen der einmonatigen Anfechtungsfrist des § 246 Abs. 1 zu bejahen[187] (hierzu ausführlicher § 243 Rz. 24). Im Ergebnis entfällt damit bei angefochtenen Hauptversammlungsbeschlüssen die Privilegierung des herrschenden Unternehmens durch die Möglichkeit, die Art und Weise des Nachteilsausgleichs erst am Geschäftsjahresende festzulegen[188].

4. § 117

110   **Nach h.M. verdrängt § 311 den § 117**, da ansonsten die Privilegierungsfunktion des Abs. 2 leer laufen würde. § 117 greift aber ein, wenn es nicht zum Nachteilsausgleich kommt oder die Voraussetzungen für eine Befolgung einer nachteiligen Weisung nicht vorliegen[189] (näher hierzu § 117 Rz. 34 und § 317 Rz. 40).

5. Treupflicht

111   Entgegen einer starken Mindermeinung[190] ist eine **Herleitung von die §§ 311 ff. modifizierenden Folgen aus der gesellschaftsrechtlichen Treupflicht** innerhalb des Anwendungsbereichs der §§ 311 ff. mit der wohl h.M. **abzulehnen**[191]. Dabei sind allerdings die Grenzen des Anwendungsbereichs der §§ 311 ff. zu beachten (zu Hauptversammlungsbeschlüssen oben Rz. 67 ff.).

VI. Grundzüge des Organisationsrechts des faktischen Konzerns

112   § 311 wird häufig als **Grundnorm** des faktischen Konzerns angesehen. Hierzu, aufbauend auf den vorherigen Erläuterungen, nur die folgenden Hinweise[192]:

---

186 *Habersack* in Emmerich/Habersack, Aktien- und GmbH-Konzernrecht, § 311 Rz. 81; *Kropff* in MünchKomm. AktG, § 311 Rz. 293 f.
187 OLG Frankfurt v. 28.2.1973 – 13 U 2/72, WM 1973, 348, 350; LG Bonn v. 20.4.2000 – 14 O 36/00, AG 2001, 201, 204; LG München I v. 17.5.2001 – 5 HK O 154/4/99, NZG 2002, 826, 827; *Habersack* in Emmerich/Habersack, Aktien- und GmbH-Konzernrecht, § 311 Rz. 85; *Kropff* in MünchKomm. AktG, § 311 Rz. 120 ff.; *Karsten Schmidt* in Großkomm. AktG, § 243 Rz. 58; *Hüffer*, § 243 Rz. 43; nunmehr auch *Koppensteiner* in KölnKomm. AktG, § 311 Rz. 166; a.A. *Abrell*, BB 1974, 1463, 1467; *Wimmer-Leonhardt*, S. 136.
188 Ausführlicher *Strohn*, S. 36 ff.
189 *Habersack* in Emmerich/Habersack, Aktien- und GmbH-Konzernrecht, § 311 Rz. 88; *Koppensteiner* in KölnKomm. AktG, § 311 Rz. 164.
190 *Zöllner*, ZHR 162 (1998), 235 ff.; *Ehricke*, S. 437 ff.; *Tröger*, S. 210 ff.; *Voigt*, S. 317 ff.
191 Ausführlicher *Koppensteiner* in KölnKomm. AktG, § 311 Rz. 167 ff.; *Habersack* in Emmerich/Habersack, Aktien- und GmbH-Konzernrecht, § 311 Rz. 89; *Kropff* in MünchKomm. AktG, § 311 Rz. 111 f.; *Bezzenberger*, S. 133 ff.; *Mülbert*, ZHR 163 (1999), 1, 26 f.; s. auch § 317 Rz. 43.
192 Eingehender *Koppensteiner* in KölnKomm. AktG, § 311 Rz. 155 ff. m.w.N.; *Kropff* in MünchKomm. AktG, § 311 Rz. 268 ff.

– Der Begriff „**faktischer Konzern**" ist insoweit irreführend, als § 311 gerade nicht an   113
den Konzernbegriff des § 18, sondern den Begriff der Abhängigkeit nach § 17 anknüpft (vgl. auch schon Rz. 1 und § 15 Rz. 8). Im Übrigen stellt § 311 nicht auf eine
dauerhafte einheitliche Leitung, sondern die einzelne nachteilige Einflussnahme
ab.

– Die Leitung der abhängigen AG verbleibt gem. § 76 Abs. 1 beim Vorstand der Toch-   114
ter. Mangels Weisungsrechts (Rz. 1, 95) geht es bei § 311 immer nur um von der
Tochter **geduldete Konzernierung**. Gegen den Willen der Tochter kann keine Maßnahme getroffen werden.

– Die Veranlassung nicht ausgleichsfähiger, sog. **qualifizierter nachteiliger Maßnah-**   115
men ist anders als im Vertragskonzern unzulässig; entsprechende Weisungen dürfen nicht befolgt werden (Rz. 95 f.). Werden solche qualifiziert nachteiligen Maßnahmen dennoch umgesetzt, ergeben sich dogmatisch schwierige, praktisch bei
der AG allerdings nicht übermäßig relevante Fragen im Hinblick auf die Art des
Nachteilsausgleichs und weitere Rechte der Minderheitsaktionäre (hierzu ausführlicher § 317 Rz. 44 ff.).

– Darüber hinausgehende Ansätze weitergehender Leitungsbefugnis des herrschen-   116
den Unternehmens im Hinblick auf die Durchsetzung von Maßnahmen im faktischen Konzern sind mit § 311 nicht vereinbar[193].

Das Gesetz räumt dem herrschenden Unternehmen damit keine wirkliche **Konzern-**   117
leitungsmacht ein. Die Pflicht zur Leitung der abhängigen Gesellschaft liegt weiterhin bei ihrem Vorstand. Dies schließt nicht aus, dass die Geschäftsleitung des
herrschenden Unternehmens eine **Konzernleitungspflicht** gegenüber ihren Gesellschaftern trifft[194]. Eine Konzernleitungspflicht des herrschenden Unternehmens gegenüber der abhängigen AG wird dagegen zu Recht im Grundsatz abgelehnt[195].

Aufbauend auf die grundsätzliche Anerkennung von Konzernierung außerhalb des   118
Vertragskonzerns haben sich Erweiterungen im Hinblick auf ein umfassenderes
Recht des faktischen Konzerns durch Präzisierung der Rechte und Pflichten des
herrschenden Unternehmens und der beherrschten AG ergeben. Hinzuweisen ist
insb. auf das Recht der beherrschten AG, außerhalb des § 131 **Informationen** an das
herrschende Unternehmen weiterzugeben, allerdings immer nur unter Einhaltung
der Grenzen des § 311[196], sowie die besonderen **Treupflichten** des herrschenden Unternehmens (hierzu § 53a Rz. 61; s. aber auch vorstehend Rz. 111).

Kontrovers diskutiert werden die gesetzlich nicht geregelten Aspekte im Bereich der   119
Konzernbildungskontrolle (hierzu bereits knapp § 15 Rz. 15).

---

193 Zum Überblick über die verschiedenen Ansätze vgl. etwa *Kropff* in MünchKomm. AktG,
§ 311 Rz. 268 ff.
194 Grundlegend *Hommelhoff*, Konzernleitungspflicht; näher hierzu § 291 Rz. 40 ff.
195 Näher *Koppensteiner* in KölnKomm. AktG, § 311 Rz. 152; *Kropff* in MünchKomm. AktG,
§ 311 Rz. 280; *Bayer* in MünchKomm. AktG, § 18 Rz. 20 f.; *Habersack* in Emmerich/Haber-
sack, Aktien- und GmbH-Konzernrecht, § 311 Rz. 10, jeweils m.w.N.; a.A. grundlegend
Hommelhoff, Konzernleitungspflicht, S. 43 ff.; 165 ff.; 182 ff.; *U.H. Schneider*, BB 1981, 249,
256 ff.; vgl. auch *Sven H. Schneider/Uwe H. Schneider*, AG 2005, 57, 61.
196 Hierzu etwa *Fabritius* in FS Huber, 2006, S. 705, 710 ff.; *Lutter*, ZIP 1997, 613, 617 f.; *Sven
H. Schneider*, S. 182 ff., insb. 186 f., 195 f.; *Menke*, NZG 2004, 697, 698 ff.; *Koppensteiner* in
KölnKomm. AktG, § 311 Rz. 147; einschränkend zur Anwendung des § 131 Abs. 4 im fakti-
schen Konzern jüngst allerdings LG Frankfurt v. 21.2.2006 – 3-5 O 71/05, AG 2007, 48, 50;
LG München I v. 22.3.2007 – 5 HK O 19919/06, Der Konzern 2007, 365, 367; allgemeiner
zum Informationsfluss im faktischen Konzern *Kropff* in MünchKomm. AktG, § 311
Rz. 299 ff.; hierzu außerdem § 131 Rz. 34 ff.

Diese wird zunächst im Hinblick auf die mit der Konzernbildung verbundene Mediatisierung der Mitgliedschaftsrechte beim herrschenden Unternehmen relevant[197].

120   – Ein **Konzerneingangsschutz** der Minderheit auf der Ebene der abhängigen AG durch Gewährung eines allgemeinen **Austrittsrechts gegen Abfindung** wird verbreitet in Analogie zu § 305 für den sog. qualifiziert faktischen Konzern gefordert (hierzu § 317 Rz. 64), teilweise unter Berufung auf Unzulänglichkeiten im Schutzsystem der §§ 311 ff. und die Schwierigkeiten, Aktien an einer faktisch beherrschten AG zu einem angemessenen Preis zu veräußern, aber auch für den einfachen faktischen Konzern[198]. Für den einfachen faktischen Konzern lehnt die h.M. diese Art der Konzernbildungskontrolle zu Recht ab[199]. Bei der börsennotierten Aktiengesellschaft gewährt die kapitalmarktrechtliche Bestimmung des **§ 35 WpÜG** in Fällen der Kontrollerlangung und des Kontrollwechsels zwar ein Austrittsrecht gegen Abfindung. Die ausdrückliche Regelung dieser rechtspolitisch brisanten Frage in einem Teilbereich, nämlich dem des Kapitalmarktrechts, spricht aber eher gegen als für eine darüber hinausgehende Rechtsfortbildung hin zu einem allgemeinen aktienrechtlichen Konzerneingangsschutz der Minderheit.

121   – Mit Ausnahme der Vinkulierung von Namensaktien nach § 68 Abs. 2 kennt das AktG darüber hinaus im faktischen Konzern anders als im Vertragskonzern auch keine **Konzerneingangskontrolle** durch das Erfordernis der Zustimmung der Hauptversammlung der abhängigen Gesellschaft zu einem derivativen abhängigkeitsbegründenden Aktienerwerb[200]. Eine solche generelle Zustimmungspflicht lässt sich auch bei personalistischen Gesellschaften nicht mit der gesellschaftsrechtlichen Treupflicht begründen[201].

122   – Eine faktische Konzerneingangskontrolle lässt sich auch nicht mittelbar durch die Annahme eines (gesetzlich gerade nicht vorgesehenen) allgemeinen **Wettbewerbsverbots** des herrschenden Unternehmens mit der Möglichkeit der Befreiung durch Hauptversammlungsbeschluss (unter Stimmrechtsausschluss des herrschenden Unternehmens) einführen[202]. Das Konzept der §§ 311 ff. knüpft an die nachteilige Ausübung herrschenden Einflusses an, verhindert aber nicht präventiv divergierende Interessen zwischen herrschendem Gesellschafter und abhängiger AG. Dieses

197 Hierzu etwa *Habersack* in Emmerich/Habersack, Aktien- und GmbH-Konzernrecht, Vor § 311 Rz. 31 ff. m.w.N.; *Krieger* in MünchHdb. AG, § 69 Rz. 37 ff.
198 So etwa *Lieb* in FS Lutter, 2000, S. 1151, 1156 ff.; *Teichmann*, AG 2004, 67, 72 f.; mit erheblichen Einschränkungen *Liebscher*, Konzernbildungskontrolle, S. 200 ff., insb. S. 207 ff.
199 Ausführlich und m.w.N. zur Gegenansicht *Mai*, S. 47 ff.; *Mülbert*, S. 458 ff.; *Seydel*, S. 63 ff., 304 f.; außerdem etwa *Habersack* in Emmerich/Habersack, Aktien- und GmbH-Konzernrecht, Vor § 311 Rz. 1; *Krieger* in MünchHdb. AG, § 69 Rz. 21.
200 S. nur *Habersack* in Emmerich/Habersack, Aktien- und GmbH-Konzernrecht, Vor § 311 Rz. 1; *Koppensteiner* in KölnKomm. AktG, Anh. § 318 Rz. 15 ff., 35; *Kropff* in MünchKomm. AktG, Vor § 311 Rz. 44, 47; ausführlich *Seydel*, S. 231 ff. (zur Frage einer erforderlichen Satzungsänderung wegen Änderung des Gesellschaftszwecks) und S. 307 ff. (zu ungeschriebenen Hauptversammlungszuständigkeiten); *Mülbert*, S. 453 ff.
201 So im Grundsatz auch *Habersack* in Emmerich/Habersack, Aktien- und GmbH-Konzernrecht, Vor § 311 Rz.5; *Kropff* in MünchKomm. AktG, Vor § 311 Rz. 55 ff.; a.A. für die personalistische AG etwa *Binnewies*, S. 355 ff.
202 *Kropff* in MünchKomm. AktG, Vor § 311 Rz. 62 ff.; *Koppensteiner* in KölnKomm. AktG, Anh. § 318 Rz. 8 f.; *Hüffer*, § 311 Rz. 2; *Hüffer* in FS Röhricht, 2005, S. 251, 257 ff.; *Binnewies*, S. 341 ff.; *Uwe H. Schneider*, BB 1981, 249, 258; *Seydel*, S. 175 ff.; *Tröger*, S. 241 ff.; *Liebscher*, S. 366 f., anders allerdings auf S. 388 f. für personalistische AG; im Grundsatz ablehnend auch OLG Stuttgart v. 30.5.2007 – 20 U 12/06, AG 2007, 633, 639 f.; a.A. *Burgard* in FS Lutter, S. 1033 ff.; *Geiger*, S. 64 ff.; *Henze*, BB 1996, 489, 497 f.; *Armbrüster*, ZIP 1997, 1269, 1271; nur für nicht börsennotierte AG *Habersack* in Emmerich/Habersack, Aktien- und GmbH-Konzernrecht, Vor § 311 Rz. 7 m.w.N. zum Meinungsstand.

Konzept nur deshalb, weil man es rechtspolitisch für unzureichend hält, über die Hintertür durch ein allgemeines Wettbewerbsverbot des herrschenden Unternehmens, das Übernahmen faktisch auf Finanzinvestoren unter Ausschluss von strategischen Investoren begrenzen würde, lässt sich methodisch nicht begründen.

– Die Ausübung beherrschenden Einflusses setzt schließlich auch weder zum Schutz der Gesellschafter des herrschenden Unternehmens (umgesetzt durch eine Zustimmung der Hauptversammlung) noch dem der abhängigen Gesellschaft und deren Minderheitsaktionären eine **Konzernierungserklärung** des herrschenden Unternehmens voraus[203].

123

– Vereinzelt geblieben sind Forderungen, den außenstehenden Aktionären in Analogie zu § 304 auch im einfachen faktischen Konzern **Ausgleichsansprüche** zu gewähren (zum qualifiziert faktischen Konzern § 317 Rz. 65)[204].

124

§ 312
Bericht des Vorstands über Beziehungen zu verbundenen Unternehmen

(1) Besteht kein Beherrschungsvertrag, so hat der Vorstand einer abhängigen Gesellschaft in den ersten drei Monaten des Geschäftsjahrs einen Bericht über die Beziehungen der Gesellschaft zu verbundenen Unternehmen aufzustellen. In dem Bericht sind alle Rechtsgeschäfte, welche die Gesellschaft im vergangenen Geschäftsjahr mit dem herrschenden Unternehmen oder einem mit ihm verbundenen Unternehmen oder auf Veranlassung oder im Interesse dieser Unternehmen vorgenommen hat, und alle anderen Maßnahmen, die sie auf Veranlassung oder im Interesse dieser Unternehmen im vergangenen Geschäftsjahr getroffen oder unterlassen hat, aufzuführen. Bei den Rechtsgeschäften sind Leistung und Gegenleistung, bei den Maßnahmen die Gründe der Maßnahme und deren Vorteile und Nachteile für die Gesellschaft anzugeben. Bei einem Ausgleich von Nachteilen ist im Einzelnen anzugeben, wie der Ausgleich während des Geschäftsjahrs tatsächlich erfolgt ist, oder auf welche Vorteile der Gesellschaft ein Rechtsanspruch gewährt worden ist.

(2) Der Bericht hat den Grundsätzen einer gewissenhaften und getreuen Rechenschaft zu entsprechen.

(3) Am Schluss des Berichts hat der Vorstand zu erklären, ob die Gesellschaft nach den Umständen, die ihm in dem Zeitpunkt bekannt waren, in dem das Rechtsgeschäft vorgenommen oder die Maßnahme getroffen oder unterlassen wurde, bei jedem Rechtsgeschäft eine angemessene Gegenleistung erhielt und dadurch, dass die Maßnahme getroffen oder unterlassen wurde, nicht benachteiligt wurde. Wurde die Gesellschaft benachteiligt, so hat er außerdem zu erklären, ob die Nachteile ausgeglichen worden sind. Die Erklärung ist auch in den Lagebericht aufzunehmen.

---

203 Ganz h.M., s. nur *Habersack* in Emmerich/Habersack, Aktien- und GmbH-Konzernrecht, Vor § 311 Rz. 1; *Koppensteiner* in KölnKomm. AktG, Vorb. § 291 Rz. 66, Anh. § 318 Rz. 36; *Krieger* in MünchHdb. AG, § 69 Rz. 25, jeweils m.w.N.; a.A. grundlegend *Hommelhoff*, Konzernleitungspflicht, S. 377 ff., 408 ff.; *Tröger*, S. 314 ff.; *Zöllner* in FS Kropff, 1995, S. 333, 340 f.
204 *Lieb* in FS Lutter, 2000, S. 1151, 1161 f.

I. Grundlagen 1
1. Normzweck 1
2. Publizität/Informationsrechte 7
II. **Voraussetzungen, Adressat und
    Durchsetzung der Berichtspflicht** . . . 9
1. Abhängigkeit 9
2. Veränderungen während des Geschäftsjahrs 11
3. Zuständigkeit und Verfahren der
   Erstellung 18
   a) Zuständigkeit 18
   b) Frist 19
   c) Dauer der Verpflichtung 20
   d) Kosten 21
4. Durchsetzung und Rechtsfolgen von
   Mängeln 22
III. **Inhalt des Abhängigkeitsberichts
     (§ 312 Abs. 1)** 27
1. Überblick 27
2. Berichtspflichtige Vorgänge (§ 312
   Abs. 1 Satz 2) 29
   a) Unterscheidung Rechtsgeschäft
      und Maßnahme 29

b) Rechtsgeschäfte 30
c) Maßnahmen 35
d) Maßnahmen „der Gesellschaft" . . 37
e) Auf Veranlassung oder im Interesse
   des herrschenden Unternehmens . 38
f) Vergangenes Geschäftsjahr 41
g) Sonderfall: Abhängigkeit von juristischer Person des öffentlichen
   Rechts 46
3. Einzelangaben (§ 312 Abs. 1 Satz 3
   und 4) 47
   a) Grundsatz 47
   b) Rechtsgeschäfte 48
   c) Maßnahmen 49
   d) Nachteilsausgleich (§ 312 Abs. 1
      Satz 4) 50
IV. **Allgemeine Grundsätze der Bericht-
    erstattung (§ 312 Abs. 2)** 51
V. **Schlusserklärung (§ 312 Abs. 3)** 58
1. Inhalt 58
2. Maßgeblicher Zeitpunkt 60
3. Aufnahme in den Lagebericht 62

Literatur: *Bachmann,* Die Einmann-AG, NZG 2001, 961; *Bode,* Abhängigkeitsbericht und Kostenlast im einstufigen faktischen Konzern, AG 1995, 261; *Bunte,* Auskunftsrecht der Aktionäre bei berichtspflichtigen Vorgängen?, AG 1974, 374; *Döllerer,* Der Abhängigkeitsbericht und seine Prüfung bei einem Vorstandswechsel, in FS Semler, 1993, S. 441; *Friedl,* Abhängigkeitsbericht und Nachteilsausgleich zwischen erfolgreicher Übernahme und Abschluss eines Beherrschungsvertrags, NZG 2005, 875; *Goerdeler,* Geschäftsbericht, Konzerngeschäftsbericht und Abhängigkeitsbericht aus der Sicht des Wirtschaftsprüfers, WPg 1966, 113; *J. Götz,* Der Abhängigkeitsbericht der 100 %igen Tochtergesellschaft, AG 2000, 498; *J. Götz,* Anfechtungsklage gegen Entlastungsbeschlüsse wegen unterlassener Aufstellung eines Abhängigkeitsberichts – OLG Düsseldorf, NZG 2000, 314, JuS 2000, 1054; *J. Götz,* Zeitliche Begrenzung der Verpflichtung zur Erstellung eines Abhängigkeitsberichts, NZG 2001, 68; *Habersack/Verse,* Zum Auskunftsrecht des Aktionärs im faktischen Konzern, AG 2003, 300; *Haesen,* Der Abhängigkeitsbericht im faktischen Konzern, 1970; *Hommelhoff,* Praktische Erfahrungen mit dem Abhängigkeitsbericht, ZHR 156 (1992), 295; *IdW,* Zur Aufstellung und Prüfung des Berichts über Beziehungen zu verbundenen Unternehmen (Abhängigkeitsbericht nach § 312 AktG), Stellungnahme HFA 3/1991, Slg. IdW/HFA, S. 227 = WPg 1992, 91; *Klussmann,* Einzelfragen zu Inhalt und Gliederung des Abhängigkeitsberichtes § 312 AktG 1965, DB 1967, 1487; *Kropff,* Außenseiterschutz in der faktisch abhängigen „kleinen Aktiengesellschaft", ZGR 1988, 558; *Kropff,* Die Beschlüsse des Aufsichtsrats zum Jahresabschluss und zum Abhängigkeitsbericht, ZGR 1994, 628; *Kupsch,* Die Auswirkungen einer fehlenden Schlusserklärung nach § 312 Abs. 3 AktG im Lagebericht auf den Bestätigungsvermerk des Abschlussprüfers, DB 1993, 493; *K.-H. Maul,* Der Abhängigkeitsbericht im künftigen Konzernrecht – ein Vergleich zwischen der Regelung des Vorentwurfs der 9. EG-Richtlinie und des geltenden AktG, DB 1985, 1749; *A. Meier,* Inhalt und Prüfung des Abhängigkeitsberichts WPg 1968, 64; *Mertens,* Verpflichtung der Volkswagen AG, einen Bericht gemäß § 312 AktG über ihre Beziehungen zum Land Niedersachsen zu erstatten?, AG 1996, 241; *Mertens,* Abhängigkeitsbericht bei „Unternehmenseinheit" in der Handelsgesellschaft KGaA?, in FS Claussen, 1997, S. 297; *Mutter/Frick,* „Die Sperrwirkungen" des Abhängigkeitsberichts, AG Report 2005, 270; *Pöppl,* Aktienrechtlicher Minderheitenschutz durch den „Abhängigkeitsbericht", 1972; *Rasner,* Der Abhängigkeitsbericht des § 312 des Aktiengesetzes, BB 1966, 1043; *Schiessl,* Abhängigkeitsbericht bei Beteiligungen in der öffentlichen Hand, ZGR 1998, 87 ff.; *Stehle,* Abhängigkeitsbericht oder Beherrschungsvertrag?, AG 1966, 233; *Strieder,* Der aktienrechtliche Abhängigkeitsbericht bei der kapitalistischen Kommanditgesellschaft auf Aktien, DB 2004, 799; *van Venrooy,* Erfüllungsgeschäfte im Abhängigkeitsbericht der Aktiengesellschaft, DB 1980, 385;

Weimar, Wegfall des Abhängigkeitsberichts bei treuhandeigenen Aktiengesellschaften?, DB 1992, 1969; *Wieland*, Die Abbildung von Fremdeinfluss im Abhängigkeitsbericht, 1998; *Winkhaus*, Der Bericht des Vorstands einer Aktiengesellschaft über Beziehungen zu verbundenen Unternehmen, 1967. S. im Übrigen die Angaben zu § 311.

I. Grundlagen

1. Normzweck

Der Abhängigkeitsbericht nach § 312 ist im Anschluss an die Sorgfaltspflicht des Vorstands bei der Befolgung nachteiliger Weisungen das erste ausdrücklich geregelte **Instrument zur Sicherung der Einhaltung des § 311**, und zwar durch folgende Funktionen: 1

– Der Vorstand weiß bereits im Vorfeld jeder Maßnahme, dass er später über die Auswirkungen auf die Gesellschaft schriftlich berichten und gem. Abs. 3 eine schriftliche Bewertung abgeben muss, die anschließend als Teil des Lageberichts öffentlich zugänglich sein wird („**Präventivschutz**").   2

– Der Abhängigkeitsbericht bildet die **Grundlage der Überprüfung** durch den Abschlussprüfer nach § 313 und den Aufsichtsrat nach § 314.   3

– Durch die **Veröffentlichung** der Abschlusserklärung nach § 312 Abs. 3 und das Ergebnis der Prüfung durch den Aufsichtsrat nach § 314 Abs. 2 wird den Aktionären und Gläubigern die Geltendmachung von Schadensersatzansprüchen nach §§ 317 Abs. 4, 318 Abs. 4 i.V.m. § 309 Abs. 4 sowie die Beantragung einer Sonderprüfung nach § 315 ermöglicht[1].   4

Ebenso wie das Grundkonzept der §§ 311 ff. ist auch das wichtige Instrument des Abhängigkeitsberichts rechtspolitisch umstritten, sollte aber gerade wegen seiner Präventivfunktion nicht unterschätzt werden[2].   5

Bei der Ausformung dieses Schutzzwecks sollte allerdings darauf geachtet werden, den Bericht nicht mit zu weitgehenden Anforderungen, die zu einer Flut von Informationen zu an sich unproblematischen Themen führen, zu überfrachten und den Informationsgehalt damit letztlich zu verwässern (vgl. nachfolgend etwa Rz. 34, 36, 46, 56).   6

2. Publizität/Informationsrechte

Der bezweckte Außenseiterschutz wird primär durch eine Binnenkontrolle durch die Organe der Gesellschaft, den Abschlussprüfer und ggfs. den Sonderprüfer erstrebt. Der Abhängigkeitsbericht selbst ist nicht zu veröffentlichen[3]. Weder die Aktionäre noch die Gläubiger haben einen Anspruch auf Vorlage des Berichts, selbst wenn sie   7

---

1 S. zum Normzweck bereits die Begr. RegE, abgedruckt bei *Kropff*, Aktiengesetz, S. 411; BGH v. 17.3.1997 – II ZB 3/96, BGHZ 135, 107, 109 f., 111 f. = AG 1997, 374.

2 Zur rechtspolitischen Beurteilung und Reformvorschlägen *Hommelhoff*, Gutachten G zum 59. DJT, 1992, S. 52 ff.; *Zöllner* in FS Kropff, 1995, S. 333, 339, *Koppensteiner* in FS Steindorff, 1990, S. 79, 108 f.; *Habersack* in Emmerich/Habersack, Aktien- und GmbH-Konzernrecht, § 312 Rz. 3; *Kropff* in MünchKomm. AktG, § 312 Rz. 18 ff.; *Schiessl*, ZGR 1998, 871, 873; zur elementaren Bedeutung der Präventivfunktion vgl. auch die empirische Untersuchung von *Hommelhoff*, ZHR 156 (1992), 295, 313.

3 Unstreitig, vgl. nur OLG Frankfurt a.M. v. 6.1.2003 – 20 W 449/93, AG 2003, 335, 336; *Habersack* in Emmerich/Habersack, Aktien- und GmbH-Konzernrecht, § 312 Rz. 4; *Hüffer*, § 312 Rz. 38; *Kropff* in MünchKomm. AktG, § 312 Rz. 7 ff.; zur rechtspolitischen Diskussion hierzu bereits § 311 Rz. 9.

Ansprüche nach §§ 317 Abs. 4, 318 Abs. 4, 309 Abs. 4 geltend machen[4]. Gleiches gilt für das herrschende Unternehmen. Auch die Satzung kann nichts Abweichendes bestimmen[5]. Allerdings wird man ein Verfügungsrecht des Insolvenzverwalters und ein Einsichtnahmerecht des Gläubigerausschusses in der Insolvenz anerkennen müssen[6].

8   Die dadurch ermöglichte Wahrung von Geheimhaltungsinteressen beschränkt sich allerdings auf den Abhängigkeitsbericht als solchen; entgegen einzelnen Gerichtsentscheidungen[7] bleibt das **Auskunftsrecht der Aktionäre** nach § 131 unberührt[8]. Ein darüber hinausgehendes Einsichtsrecht in den Abhängigkeitsbericht analog § 51a GmbHG bei der „kleinen" AG ohne zu prüfenden Jahresabschluss ist dem Gesetz nicht zu entnehmen und sollte zum Schutz der Gesellschafter nicht erforderlich sein[9].

II. Voraussetzungen, Adressat und Durchsetzung der Berichtspflicht

1. Abhängigkeit

9   Wie § 311 knüpft § 312 an das Bestehen eines Abhängigkeitsverhältnisses i.S.d. § 17 an; Zweifelsfragen sind entsprechend den Grundsätzen zu § 311 zu entscheiden (dort Rz. 13 ff.). Insbesondere gilt:

– Das Vorhandensein von Minderheitsgesellschaftern ist irrelevant[10].

– **Beherrschungsvertrag** und Eingliederung schließen § 312 aus[11]; gleiches gilt gem. § 316 für den Gewinnabführungsvertrag.

– Bei **mehrstufigen Abhängigkeitsverhältnissen** hat die AG einen Bericht im Hinblick auf jedes der herrschenden Unternehmen zu erstellen, die aber in einem einzigen Bericht zusammengefasst werden können, sofern dieser die unterschiedlichen Veranlasser der einzelnen Maßnahmen deutlich bestimmt[12].

– Ebenso muss bei **mehrfacher Abhängigkeit** der Bericht die Beziehung zu jedem der herrschenden Unternehmen in separaten Berichten oder einem einheitlichen Bericht aufzeigen[13].

---

4 OLG Düsseldorf v. 11.4.1988 – 19 W 32/86, AG 1988, 275, 277.

5 *Habersack* in Emmerich/Habersack, Aktien- und GmbH-Konzernrecht, § 312 Rz. 4; *Kropff* in MünchKomm. AktG, § 312 Rz. 11; *Krieger* in MünchHdb. AG, § 69 Rz. 89.

6 *Habersack* in Emmerich/Habersack, Aktien- und GmbH-Konzernrecht, § 312 Rz. 4; zur Verfügungsbefugnis des Insolvenzverwalters *Kropff* in MünchKomm. AktG, § 312 Rz. 11.

7 KG v. 11.2.1972 – 1 W 1672/71, AG 1973, 25, 27 f.; OLG Frankfurt a.M. v. 6.1.2003 – 20 W 449/93, AG 2003, 335 f.; zust. *Mutter/Frick*, AG-Report 2005, 270 f.

8 OLG Stuttgart v. 11.8.2004 – 20 U 3/04, AG 2005, 94, 95; *Habersack* in Emmerich/Habersack, Aktien- und GmbH-Konzernrecht, § 312 Rz. 5; *Hüffer*, § 312 Rz. 39; *Kropff* in MünchKomm. AktG, § 312 Rz. 16 f.; Koppensteiner in KölnKomm. AktG, § 312 Rz. 6; *Krieger* in MünchHdb. AG, § 69 Rz. 90; *Bunte*, AG 1974, 374 ff.; *Habersack/Verse*, AG 2003, 300, 303 ff.; *Uwe H. Schneider* in FS Lutter, 2000, S. 1193, 1197 ff.

9 A.A. *Kropff*, ZGR 1988, 558 ff., 568 ff.; *Kropff* in MünchKomm. AktG, § 312 Rz. 12 ff.

10 *Habersack* in Emmerich/Habersack, Aktien- und GmbH-Konzernrecht, § 312 Rz. 6; *Kropff* in MünchKomm. AktG, § 312 Rz. 27; *Bollmann*, S. 136; rechtspolitisch ablehnend *Götz*, AG 2000, 498 ff.; gegen ihn *Bachmann*, NZG 2001, 961, 970.

11 Vgl. § 311 Rz. 16 ff., insb. zu Beherrschungsverträgen nur auf einer Stufe bei mehrstufigen Unternehmensverbindungen.

12 *Habersack* in Emmerich/Habersack, Aktien- und GmbH-Konzernrecht, § 312 Rz. 9; *Kropff* in MünchKomm. AktG, § 312 Rz. 129; *Krieger* in MünchHdb. AG, § 69 Rz. 92; *Lakner*, S. 87 f., der auch die Zusammenfassung des Berichts der Enkelgesellschaft und der Tochter in der mehrstufigen Verbindung für zulässig hält (S. 90).

13 *Habersack* in Emmerich/Habersack, Aktien- und GmbH-Konzernrecht, § 312 Rz. 9; *Krieger* in MünchHdb. AG, § 69 Rz. 92; *Kropff* in MünchKomm. AktG, § 312 Rz. 127; kritisch zu einheitlicher Berichterstattung auf Grund von Geheimhaltungsinteressen S. *Maul*, Die faktisch abhängige SE, S. 111 ff.; *Maul*, NZG 2000, 470, 471 f.

– Eine **Auflösung** der abhängigen AG ändert an der Berichtspflicht nichts[14].

Aus der Annexfunktion des § 312 folgt seine Anwendung auch auf die **KGaA**, trotz   10
der gegenüber § 311 abweichenden Formulierung[15].

2. Veränderungen während des Geschäftsjahrs

Treten die für die Berichtspflicht erforderlichen Voraussetzungen erst im Lauf des   11
Geschäftsjahres ein, ist nur für die Zeit danach zu berichten[16].

Schwieriger ist der Wegfall einer Voraussetzung während des Geschäftsjahres. Hier   12
gilt:

– Bei **Wegfall der Abhängigkeit** ist für die Zeit der Abhängigkeit zu berichten[17].   13

– Bei Abschluss eines **Beherrschungs- oder eines Gewinnabführungsvertrags** und der   14
Eingliederung entfällt nach ganz h.M. die Berichtspflicht für das gesamte Geschäftsjahr, in dem die Maßnahme wirksam wird[18]. Dies ist gerechtfertigt, weil die
Verlustausgleichspflicht nach § 302 den Jahresfehlbetrag des gesamten Geschäftsjahres erfasst (vgl. auch § 316).

– **Wechsel in nicht berichtspflichtige Rechtsform**: Nach h.M. ist für die Zeit bis zum   15
Wirksamwerden des Formwechsels zu berichten[19]. Da §§ 312 ff. speziell auf die Besonderheiten der AG abstellen (eigenverantwortlicher Vorstand, Aufsichtsrat, Sonderprüfung, nur begrenzte unmittelbare Informationsrechte der Gesellschafter),
sprechen jedoch bessere Gründe für die Gegenansicht, nach der das zum Jahresende bestehende Regime für das gesamte Geschäftsjahr maßgeblich ist und ein Abhängigkeitsbericht einer GmbH nicht erforderlich ist, andererseits aber die Informationsrechte des § 51a GmbHG auch die Zeit vor Wirksamwerden des Formwechsels erfassen[20].

---

14 *Habersack* in Emmerich/Habersack, Aktien- und GmbH-Konzernrecht, § 312 Rz. 6; *Koppen-*
steiner in KölnKomm. AktG, § 312 Rz. 9; *Kropff* in MünchKomm. AktG, § 312 Rz. 27.
15 Heute ganz h.M., vgl. etwa *Habersack* in Emmerich/Habersack, Aktien- und GmbH-Konzernrecht, § 312 Rz. 10; *Hüffer*, § 312 Rz. 5; *Koppensteiner* in KölnKomm. AktG, § 312 Rz. 10;
Kropff in MünchKomm. AktG, § 312 Rz. 23; *Mertens* in FS Claussen, 1997, S. 297 f.; *Strieder*,
DB 2004, 799 ff., dort auch näher zum Abhängigkeitsbericht im Verhältnis zum Komplementär in der Rechtsform einer Kapitalgesellschaft; a.A. *Gail*, WPg 1966, 425, 429.
16 Wohl unstreitig, *Habersack* in Emmerich/Habersack, Aktien- und GmbH-Konzernrecht,
§ 312 Rz. 11 f.; *Hüffer*, § 312 Rz. 6; *Koppensteiner* in KölnKomm. AktG, § 312 Rz. 14 f.; *Krie-*
ger in MünchHdb. AG, § 69 Rz. 93; *Kropff* in MünchKomm. AktG, § 312 Rz. 29 ff., der aber
im Fall des Formwechsels in eine AG die Berichtspflicht auf das ganze Jahr erstrecken will
(Rz. 43).
17 Heute wohl unstreitig, vgl. *Habersack* in Emmerich/Habersack, Aktien- und GmbH-Konzernrecht, § 312 Rz. 11; *Hüffer*, § 312 Rz. 6; *Krieger* in MünchHdb. AG, § 69 Rz. 93; *Koppen-*
steiner in KölnKomm. AktG, § 312 Rz. 14 f.; *Kropff* in MünchKomm. AktG, § 312 Rz. 31.
18 *Habersack* in Emmerich/Habersack, Aktien- und GmbH-Konzernrecht, § 312 Rz. 12; *Hüffer*,
§ 312 Rz. 7; *Krieger* in MünchHdb. AG, § 69 Rz. 93; *Koppensteiner* in KölnKomm. AktG,
§ 312 Rz. 18; *Kropff* in MünchKomm. AktG, § 312 Rz. 47 f.; *Friedl*, NZG 2005, 875, 877 f.;
a.A. *Förschle/Kropp* in BeckBilkomm., 5. Aufl. 2003, § 289 HGB Rz. 104; *Haesen*, S. 64 ff.; ausführlicher zu Gewinnabführungsverträgen § 316 Rz. 5 f., die Ausführungen gelten für Beherrschungsverträge und Eingliederung entsprechend.
19 *Habersack* in Emmerich/Habersack, Aktien- und GmbH-Konzernrecht, § 312 Rz. 11; *Koppen-*
steiner in KölnKomm. AktG, § 312 Rz. 16; *Krieger* in MünchHdb. AG, § 69 Rz. 93.
20 *Kropff* in MünchKomm. AktG, § 312 Rz. 45; *ADS*, § 312 AktG Rz. 26; anders aber beim Formwechsel in die AG: hier beschränkt sich der Abhängigkeitsbericht auf die Zeit nach dessen
Wirksamwerden, s. Rz. 12.

16 – **Verschmelzung:**

Bei der Verschmelzung erlischt die übertragende AG; ihre Organe können und müssen nach dem Erlöschen keinen Abhängigkeitsbericht mehr erstellen[21].

Solange die übertragende abhängige AG mangels Wirksamwerdens der Verschmelzung besteht, trifft sie die Berichtspflicht allerdings unabhängig davon, ob ihre Handlungen nach dem Verschmelzungsvertrag schon als für Rechnung des übernehmenden Rechtsträgers vorgenommen gelten[22].

Ist die aufnehmende Gesellschaft eine AG, hat sie für die Zeit ab dem Verschmelzungsstichtag über die bei dem übertragenden Rechtsträger gleich welcher Rechtsform veranlassten Maßnahmen als eigene zu berichten[23].

Wird eine abhängige AG auf eine andere AG verschmolzen, trifft die übernehmende AG die Verpflichtung zur Erstellung eines Abhängigkeitsberichts für die Zeit bis zum Wirksamwerden der Verschmelzung als Gesamtrechtsnachfolgerin der übertragenden AG, auch wenn die übernehmende selbst nicht abhängig ist[24].

Bei einer up-stream Verschmelzung auf die herrschende AG wird man allerdings auf die Berichtspflicht über Maßnahmen beim übertragenden Rechtsträger wie bei den „milderen" Konzernierungsformen Beherrschungsvertrag und Eingliederung für das gesamte Geschäftsjahr, in dem die Verschmelzung wirksam wird, verzichten können.

17 – Für **Spaltungen** ergeben sich vergleichbare Fragestellungen bei der Aufspaltung; bei der Abspaltung und der Ausgliederung bleibt der übertragende Rechtsträger und damit auch seine Berichtspflicht bestehen.

3. Zuständigkeit und Verfahren der Erstellung

a) Zuständigkeit

18 Die Erstellung des Abhängigkeitsberichts fällt wie die Aufgaben nach § 91 AktG, §§ 242, 264 Abs. 1 HGB in die Gesamtverantwortung des Vorstands. Handeln in vertretungsberechtigter Zahl genügt nicht; vielmehr müssen alle Mitglieder einschließlich der stellvertretenden (§ 94) den Bericht unterzeichnen. Maßgeblich ist die Besetzung im Zeitpunkt der Erstellung, selbst bei zwischenzeitlicher vollständiger Auswechslung des Vorstands[25].

b) Frist

19 Der Bericht ist auf den Stichtag des Jahresabschlusses innerhalb der ersten drei Monate des folgenden Geschäftsjahres aufzustellen. Die Dreimonatsfrist entsprach der für die Aufstellung des Jahresabschlusses geltenden Frist des § 148 AktG 1965. Dieser wurde durch das BiRiLiG aufgehoben; seitdem erlaubt § 264 Abs. 1 HGB kleinen

---

21 *Kropff* in MünchKomm. AktG, § 312 Rz. 46; a.A. *Koppensteiner* in KölnKomm. AktG, § 312 Rz. 17; wohl auch *Habersack* in Emmerich/Habersack, Aktien- und GmbH-Konzernrecht, § 312 Rz. 11.
22 So auch *Förschle/Kropp* in BeckBilKomm., 5. Aufl. 2003, § 289 HGB Rz. 108.
23 So auch *Kropff* in MünchKomm. AktG, § 312 Rz. 46; *ADS*, § 312 AktG Rz. 26a.
24 So auch *Kropff* in MünchKomm. AktG, § 312 Rz. 46; bei Verschmelzung auf eine GmbH sollten dagegen die gleichen Grundsätze wie bei dem Formwechsel in eine GmbH gelten, hierzu Rz. 15.
25 *Habersack* in Emmerich/Habersack, Aktien- und GmbH-Konzernrecht, § 312 Rz. 14; *Hüffer*, § 312 Rz. 2; *Koppensteiner* in KölnKomm. AktG, § 312 Rz. 28; *Kropff* in MünchKomm. AktG, § 312 Rz. 51; *Döllerer* in FS Semler, 1993, S. 441, 448 zur vollständigen Auswechslung aller Mitglieder.

Kapitalgesellschaften eine flexiblere Aufstellung (max. sechs Monate). Obwohl § 312 Abs. 1 nicht ebenfalls geändert wurde, ist dem Vorstand entgegen dem Wortlaut zu gestatten, die für die Aufstellung des Jahresabschlusses zulässige Frist auch für die Aufstellung des Abhängigkeitsberichts auszunutzen, um eine einheitliche Prüfung zu ermöglichen. Entsprechendes gilt bei sonstigen gesetzlichen Verlängerungen der Frist zur Aufstellung des Jahresabschlusses, z.B. nach § 341a Abs. 1 und 5 HGB für Versicherungsgesellschaften[26].

c) Dauer der Verpflichtung

Die Verpflichtung zur Aufstellung des Abhängigkeitsberichts entfällt nicht mit der Feststellung des Jahresabschlusses[27]. Aus Gründen der Rechtssicherheit ist davon auszugehen, dass die Verpflichtung endet, wenn Ansprüche aus §§ 317 und 318 wegen dieser Verletzung verjährt sind[28].   20

d) Kosten

Teilweise wird ein Anspruch der AG auf Ersatz der ihr durch die Aufstellung und Prüfung des Abhängigkeitsberichts entstandenen Kosten gegen das herrschende Unternehmen in Analogie zu §§ 311, 317 bejaht[29]. Die wohl überwiegende Ansicht lehnt dies zu Recht ab[30], da die Aufstellung nicht vom herrschenden Unternehmen veranlasst ist, sondern gesetzliche Folge der Abhängigkeit ist und es sich um einen rein passiven Konzerneffekt handelt (hierzu § 311 Rz. 24), wie besonders plastisch das Erfordernis eines Berichts selbst bei Fehlen jeder Einflussnahme zeigt (s. Rz. 28).   21

4. Durchsetzung und Rechtsfolgen von Mängeln

Solange die Berichtspflicht besteht, kann das Registergericht die Aufstellung des Abhängigkeitsberichts nach § 407 durch Zwangsgeld erzwingen. Gläubiger und Aktionäre haben keinen klagbaren Anspruch auf Erstellung des Abhängigkeitsberichts. Aktionäre haben jedoch die Möglichkeit, die Festsetzung eines Zwangsgelds anzuregen. Bei Ablehnung durch das Registergericht steht ihnen die Beschwerde und die weitere Beschwerde offen; ein beeinträchtigtes Recht i.S.d. § 20 Abs. 1 FGG liegt in der Befugnis, nach § 315 Abs. 1 die Bestellung eines Sonderprüfers zu beantragen[31].   22

---

26 So auch *Habersack* in Emmerich/Habersack, Aktien- und GmbH-Konzernrecht, § 312 Rz. 15; *Hüffer*, § 312 Rz. 9; *Kropff* in MünchKomm. AktG, § 312 Rz. 53 f.

27 BGH v. 17.3.1997 – II ZB 3/96, BGHZ 135, 107, 111 = AG 1997, 374; OLG Braunschweig v. 27.2.1996 – 2 W 166/95, AG 1996, 271, 272 = EWiR § 312 AktG 1/96, S. 583 mit zust. Anm. *Hirte*; LG Frankfurt v. 7.6.1993 – 3/1 O 10/93, ZIP 1994, 784, 785 = AG 1993, 520; LG Traunstein v. 17.6.1993 – 2 HKT 5087/92, ZIP 1993, 1551 = AG 1993, 521; *Habersack* in Emmerich/Habersack, Aktien- und GmbH-Konzernrecht, § 312 Rz. 16; *Hüffer*, § 312 Rz. 10; *Koppensteiner* in KölnKomm. AktG, § 312 Rz. 32; *Kropff* in MünchKomm. AktG, § 312 Rz. 62; *Schiessl*, ZGR 1998, 871, 875 f.; a.A. OLG Köln v. 22.12.1977 – 2 W 32/76, AG 1978, 171, 172; AG Bremen v. 8.7.1976 – 38 HRB 4953, DB 1976, 1760; *ADS*, § 312 AktG Rz. 103; *Mertens*, AG 1996, 241, 247 ff.; vermittelnd *J. Götz*, JuS 2000, 1054, 1057 f. und NZG 2001, 68, 69 f., der auf die Sechsmonatsfrist des § 256 Abs. 6 abstellt.

28 So auch *Schiessl*, ZGR 1998, 871, 876; *Habersack* in Emmerich/Habersack, Aktien- und GmbH-Konzernrecht, § 312 Rz. 18; BGH v. 17.3.1997 – II Z 3/96, BGHZ 135, 107, 112 f. = AG 1997, 374 ließ diese Frage offen.

29 *Bode*, AG 1995, 261, 169 ff.; *Hüffer*, § 312 Rz. 40.

30 *Habersack* in Emmerich/Habersack, Aktien- und GmbH-Konzernrecht, § 312 Rz. 17; *Koppensteiner* in KölnKomm. AktG, § 312 Rz. 29 und § 311 Rz. 35; *Krieger* in MünchHdb. AG, § 69 Rz. 89; *Kropff* in MünchKomm. AktG, § 312 Rz. 56 f.; *Kropff* in FS Lutter, 2000, S. 1133, 1137, 1142 f.; *Strieder*, DB 2004, 799, 800.

31 Grundlegend BGH v. 17.3.1997 – II Z 3/96, BGHZ 135, 107, 109 f. = AG 1997, 374.

23 Ob auch Gläubigern das **Beschwerderecht** zusteht, ist zweifelhaft und dürfte jedenfalls dann abzulehnen sein, wenn die Voraussetzungen zur selbständigen Geltendmachung eines Schadensersatzanspruchs nach §§ 317 Abs. 4, 318 Abs. 4 i.V.m. § 309 Abs. 4 nicht vorliegen.

24 Wird kein Abhängigkeitsbericht aufgestellt oder entspricht er nicht den Vorgaben des § 312, ergeben sich zunächst die Konsequenzen aus §§ 313 ff., insb. die Schadensersatzpflicht des Vorstands nach § 318 Abs. 1, 3 und 4. Abgesehen von einer Verweigerung des Vermerks nach § 313 Abs. 3 hat der Abschlussprüfer sein Testat zur Prüfung des Jahresabschlusses, die auch den Lagebericht umfasst (§ 322 Abs. 6 HGB), einzuschränken oder zu versagen (§ 322 Abs. 4 HGB)[32]. Der Aufsichtsrat hat in dem nach § 171 Abs. 2 zu erstattenden Bericht auf die Mangelhaftigkeit hinzuweisen (näher hierzu § 314 Rz. 15 ff.).

25 Fehler oder Mängel des Abhängigkeitsberichts können rechtfertigen, die Entlastung des Vorstands zu verweigern und den **Entlastungsbeschluss** anzufechten[33], unabhängig von der Möglichkeit zur Erzwingung eines Verfahrens nach § 407[34].

26 Mängel führen dagegen nicht per se zur **Nichtigkeit des Jahresabschlusses**, da der Abhängigkeitsbericht kein Bestandteil des Jahresabschlusses ist[35]. Eine Nichtigkeit kann sich lediglich mittelbar aus der unterlassenen Aktivierung eines Schadensersatzanspruchs nach §§ 317 oder 318 ergeben[36]. Entgegen dem BGH werden diese Voraussetzungen aber nur ausnahmsweise vorliegen: Zum einen sind Schadensersatzansprüche nur dann zu bilanzieren, wenn sie hinreichend konkretisiert sind, was bei bestrittenen Ansprüchen typischerweise nicht der Fall ist (hierzu auch § 317 Rz. 21). Zum anderen wäre selbst bei ausreichend konkretisiertem Anspruch genau zu prüfen, ob der unter Berücksichtigung der Zahlungsfähigkeit des Schuldners aktivierungsfähige Betrag wirklich eine für § 256 ausreichende Erheblichkeit erreicht[37].

---

32 *Kropff* in MünchKomm. AktG, § 312 Rz. 65 f.; *ADS*, § 312 AktG Rz. 104; *Habersack* in Emmerich/Habersack, Aktien- und GmbH-Konzernrecht, § 312 Rz. 19; *Hüffer*, § 312 Rz. 10, 37; *Krieger* in MünchHdb. AG, Rz. 94 f.; *Kopsch*, DB 1993, 493 ff.; IDW-Grundsätze HFA 3/1991 unter III.3., WPg 1992, 91, 93; a.A. OLG Köln v. ZIP 1993, 110, 113.

33 BGH v. 4.3.1974 – II ZR 89/72, BGHZ 62, 193, 194 f. = AG 1974, 220; OLG Karlsruhe v. 9.6.1999 – 1 U 288/98, AG 2000, 78, 79 = NZG 1999, 953, 954 mit Anm. *Maul*; OLG Frankfurt a.M. v. 4.4.2000 – 5 U 224/98, AG 2001, 53; LG Berlin v. 2.12.1996 – 99 O 173/96, AG 1997, 183, 184 f.; LG Berlin v. 7.9.1998 – 93 O 86/98, AG 1999, 188; *Habersack* in Emmerich/Habersack, Aktien- und GmbH-Konzernrecht, § 312 Rz. 20; *Krieger* in MünchHdb. AG, § 69 Rz. 94; *Kropff* in MünchKomm. AktG, § 312 Rz. 74; *Lutter*, NJW 1973, 113 f.; *Pentz*, NZG 2000, 1103, 1104; eingehender *J. Götz*, JuS 2000, 1054, 1055, 1058; zu einem Verstoß gegen § 314 Abs. 2 BGH v. 25.11.2002 – II ZR 133/01, DB 2003, 544, 555 = AG 2003, 273; allerdings offen gelassen von BGH v. 18.6.2001 – II ZR 212/99, BGHZ 148, 123, 124 = AG 2001, 588, dazu überzeugend *Bayer*, ZGR 2002, 933, 952 ff.; a.A. OLG München v. 10.4.2002 – 7 U 3919/01, AG 2003, 452, 453; OLG München v. 14.6.1991 – 23 U 4638/90, WM 1991, 1843, 1851 = AG 1991, 358, wonach die Entlastung im Ermessen der Hauptversammlung steht; zur Anfechtung der Entlastung des Aufsichtsrats wegen Verletzung des § 314 s. § 314 Rz. 21.

34 So ausdrücklich OLG Düsseldorf v. 19.11.1999 – 17 U 46/99, AG 2000, 365; hierzu *J. Götz*, JuS 2000, 1054, 1055.

35 So ausdrücklich BGH v. 15.11.1993 – II ZR 235/92, BGHZ 124, 111, 121 = AG 1994, 124; OLG Köln v. 24.11.1992 – 22 U 72/92, ZIP 1993, 110, 112 f. = AG 1993, 86; s. auch BGH v. 17.3.1997 – II ZB 3/96, BGHZ 135, 107, 111 = AG 1997, 374.

36 BGH v. 15.11.1993 – II ZR 235/92, BGHZ 124, 111, 119 f. = AG 1994, 124; vgl. auch BGH v. 12.1.1998 – II ZR 82/93, WM 1998, 510, 512 = AG 1998, 280; angedeutet auch von OLG Köln v. 24.11.1992 – 22 U 72/92, ZIP 1993, 110, 112 f. = AG 1993, 86.

37 Zutreffend *H. P. Müller*, AG 1994, 410 f.; *Kropff*, ZGR 1994, 628, 635 ff.; *Schön*, JZ 1994, 684 f.; *ADS*, § 312 AktG Rz. 103a; *Krieger* in MünchHdb. AG, § 69 Rz. 96; *Kropff* in MünchKomm. AktG, § 317 Rz. 22 ff.; *Habersack* in Emmerich/Habersack, Aktien- und GmbH-Konzernrecht, § 317 Rz. 18.

III. Inhalt des Abhängigkeitsberichts (§ 312 Abs. 1)

1. Überblick

§ 312 Abs. 1 Satz 1 stellt den **Grundsatz** auf, dass über „die Beziehungen der Gesellschaft zu verbundenen Unternehmen" zu berichten ist. Dies wird in den folgenden Sätzen durch das Erfordernis bestimmter Einzelangaben präzisiert. Um den Normzweck (Rz. 1 ff.) effektiv zu verwirklichen, geht der Abhängigkeitsbericht inhaltlich deutlich weiter als der Tatbestand des § 311. Insb. kommt es weder auf die Veranlassung durch das herrschende Unternehmen noch die Nachteiligkeit der Maßnahme an.   27

Ein Abhängigkeitsbericht ist auch dann zu erstellen, wenn keine berichtspflichtigen Geschäfte oder Einflussnahmen stattgefunden haben. Bericht und Abschlusserklärung haben in diesem Fall eine entsprechende **Negativverklärung** zu enthalten[38].   28

2. Berichtspflichtige Vorgänge (§ 312 Abs. 1 Satz 2)

a) Unterscheidung Rechtsgeschäft und Maßnahme

§ 312 Abs. 1 Satz 2 unterscheidet zwischen Rechtsgeschäften und Maßnahmen. Über Letztere ist nur zu berichten, wenn sie auf Veranlassung oder im Interesse der Gruppe getroffen worden sind. Nach zutreffender Auffassung ist entsprechend dem Wortlaut („andere" Maßnahmen), dem Zusammenhang mit § 311 und dem Zweck des § 312 davon auszugehen, dass **Maßnahme der Oberbegriff** ist, der auch Rechtsgeschäfte mit umfasst[39]. Dementsprechend sind die für Maßnahmen nach § 312 Abs. 1 Satz 3 geforderten Angaben auch für Rechtsgeschäfte anzugeben, sofern diese ausnahmsweise zur Beurteilung einer Nachteiligkeit des Rechtsgeschäfts erforderlich sind[40]. Entsprechend ist, sofern die Voraussetzungen der Berichtspflicht für Maßnahmen vorliegen, auch über unterlassene Rechtsgeschäfte zu berichten, auch wenn § 312 Abs. 1 Satz 2 dies nur für Maßnahmen verlangt[41].   29

b) Rechtsgeschäfte

Der Begriff entspricht dem allgemeinen Zivilrecht. Neben Verträgen werden auch Beschlussfassungen[42] sowie Gestaltungserklärungen und sonstige **einseitige Rechtsgeschäfte** wie Anfechtung, Kündigung, Aufrechnung, Ausübung von Optionen u.ä. er-   30

---

38 Unstr., vgl. nur *Habersack* in Emmerich/Habersack, Aktien- und GmbH-Konzernrecht, § 312 Rz. 13; *Hüffer*, § 312 Rz. 8; *Krieger* in MünchHdb. AG, § 69 Rz. 106; *Koppensteiner* in Kölner Komm AktG, § 312 Rz. 13; *Kropff* in MünchKomm. AktG, § 312 Rz. 28; s. auch IDW-Grundsätze HFA 3/1991 unter I.17., WPg 1992, 91, 92.

39 Einhellige Auffassung, s. nur *Habersack* in Emmerich/Habersack, Aktien- und GmbH-Konzernrecht, § 312 Rz. 22; *Koppensteiner* in KölnKomm. AktG, § 312 Rz. 36 f.; *Kropff* in MünchKomm. AktG, § 312 Rz. 77; *ADS*, § 312 AktG Rz. 41a.

40 Näher *Koppensteiner* in KölnKomm. AktG, § 312 Rz. 39; *Kropff* in MünchKomm. AktG, § 312 Rz. 116 f.; *Habersack* in Emmerich/Habersack, Aktien- und GmbH-Konzernrecht, § 312 Rz. 22; *Haesen*, S. 81; *Strohn*, S. 82.

41 A.A. *Klussmann*, DB 1967, 1487, 1488 f.

42 Hierzu näher *Habersack* in Emmerich Habersack, Aktien- und GmbH-Konzernrecht, § 312 Rz. 24; *Koppensteiner* in KölnKomm. AktG, § 312 Rz. 46 mit dem zutreffenden Hinweis, dass die Ausübung des Stimmrechts durch das herrschende Unternehmen in der Hauptversammlung der AG kein Rechtsgeschäft i.d.S. darstellt.

fasst[43]. Entgegen früher vertretener Ansicht[44] folgt auch aus dem den typischen Fall betreffenden Erfordernis, Leistung und Gegenleistung anzugeben, nichts Abweichendes.

31   Über zum Stichtag noch nicht angenommene **Angebote** ist als solche zu berichten. Diese können im Einzelfall einen eigenen Wert haben (z.B. Optionsprämie bei Einräumung einer Option)[45]. Bei an einen unbestimmten Personenkreis gerichteten Angeboten (z.B. Übernahme- oder Abfindungsangebote, Angebot auf Erwerb eigener Aktien) erscheint es sinnvoll, die für Maßnahmen geltenden Beschränkungen des § 312 Abs. 1 Satz 2 anzuwenden, um Angebote auszuschließen, die sich lediglich unbeabsichtigt und in unbedeutendem Umfang auch an verbundene Unternehmen wenden[46].

32   Bei Rahmenverträgen ist darüber hinaus auch über die einzelnen Ausführungsgeschäfte zu berichten. Bei einem **Cash-Management-Vertrag** sind die einzelnen Elemente (insb. Netting und Clearing, ggfs. die Etablierung eines Haftungsverbunds) sowie die einzelnen Darlehensvergaben und -inanspruchnahmen, letztere regelmäßig in übersichtlicher Zusammenfassung, zu adressieren[47].

33   Es ist vertretbar, über reine **Erfüllungsgeschäfte** nicht zu berichten, sofern sie sich auf die Erfüllung eines bestehenden Verpflichtungsgeschäfts beschränken, ohne die causa zu verändern[48]. Zu beachten ist allerdings, dass die Annahme einer unzureichenden Erfüllung als Verzicht auf bestehende Rechte und damit als unterlassene Maßnahme berichtspflichtig ist.

34   Über Rechtsgeschäfte mit dem herrschenden Unternehmen und mit ihm verbundenen Unternehmen ist nach § 312 Abs. 1 Satz 2 generell, unabhängig von Veranlassung und Konzerninteresse, zu berichten. Die Verbundenheit richtet sich nach § 15 AktG, nicht nach § 271 Abs. 2 HGB[49]. Auch Schwester- und Tochtergesellschaften der AG sind regelmäßig mit der Mutter verbunden; die h.M. verlangt vom Vorstand daher generell, auch über **Rechtsgeschäfte mit Töchtern** der AG zu berichten[50]. Zur Vermeidung eines Aufblähens des Abhängigkeitsberichts mit in der Sache unproblematischen Vorgängen sollte dies jedoch auf Geschäfte begrenzt werden, die auf Veranlassung oder im Interesse des herrschenden oder eines mit ihm verbundenen Un-

---

43 *Habersack* in Emmerich/Habersack, Aktien- und GmbH-Konzernrecht, § 312 Rz. 23 f.; *Hüffer*, § 312 Rz. 13; *Kropff* in MünchKomm. AktG, § 312 Rz. 81 ff., 84; *Krieger* in MünchHdb. AG, § 69 Rz. 98; *Koppensteiner* in KölnKomm. AktG, § 312 Rz. 42 ff.

44 *Rasner*, BB 1966, 1043, 1044; *Meier*, WPg 1968, 64, 65; dagegen zu Recht *Klussmann*, DB 1967, 1487, 1488; *Haesen*, S. 72 f.; *Koppensteiner* in KölnKomm. AktG, § 312 Rz. 43: *Kropff* in MünchKomm. AktG, § 312 Rz. 82.

45 Gegen eine Berichtspflicht *Habersack* in Emmerich/Habersack, Aktien- und GmbH-Konzernrecht, § 312 Rz. 23.

46 So zu Recht *Kropff* in MünchKomm. AktG, § 312 Rz. 85; kritisch *Habersack* in Emmerich/Habersack, Aktien- und GmbH-Konzernrecht, § 312 Rz. 23.

47 Ausführlich zur Darstellung des Cash Management im Abhängigkeitsbericht *Zeidler*, S. 77 ff.; *Hüffer*, AG 2004, 416, 421 f.; *J. Vetter/Stadler*, Rz. 165.

48 Heute h.M., vgl. *Habersack* in Emmerich/Habersack, Aktien- und GmbH-Konzernrecht, § 312 Rz. 26; *Hüffer*, § 312 Rz. 14; *Kropff* in MünchKomm. AktG, § 312 Rz. 86 f.; *ADS*, § 312 AktG Rz. 58; IDW-Grundsätze HFA 3/1991 unter II. 4., WPg 1992, 91, 92; a.A. *van Venrooy*, DB 1980, 385 ff.

49 Unstr., vgl. nur *Habersack* in Emmerich/Habersack, Aktien- und GmbH-Konzernrecht, § 312 Rz. 30; *Hüffer*, § 312 Rz. 18; *Kropff* in MünchKomm. AktG, § 312 Rz. 98.

50 *Habersack* in Emmerich/Habersack, Aktien- und GmbH-Konzernrecht, § 312 Rz. 30; *Hüffer*, § 312 Rz. 19; *Koppensteiner* in KölnKomm. AktG, § 312 Rz. 56; *Kropff* in MünchKomm. AktG, § 312 Rz. 99; a.A. *Klussmann*, DB 1967, 1487; *J. Götz*, AG 2000, 498, 501 ff.; *Winkhaus*, S. 46 ff.

ternehmens vorgenommen worden sind[51]. Bei **Gemeinschaftsunternehmen** sind die Beziehungen zu allen herrschenden und mit ihnen verbundenen Unternehmen in den Bericht aufzunehmen[52].

c) Maßnahmen

Die „anderen Maßnahmen" i.S.d. § 312 Abs. 1 Satz 2 umfassen alle nicht rechtsge- 35
schäftlichen Handlungen und alle Unterlassungen, die eine nachteilige Wirkung für die Gesellschaft haben können (zum Nachteilsbegriff vgl. § 311 Rz. 40 ff.). Der Begriff ist weit auszulegen und umfasst bspw. die Entscheidung über die Wahrnehmung oder den Verzicht auf Geschäftschancen, Investitionsentscheidungen, Änderungen in der Produktion, Stilllegung von Betriebsteilen, Aufnahme oder Aufgabe von Forschungs-vorhaben, die Aufnahme von Eigen- oder Fremdkapital und sonstige Finanzierungs-maßnahmen[53]. Besondere Bedeutung hat der Bericht über Maßnahmen für Unterlas-sungen einschließlich der Unterlassung von Rechtsgeschäften (Rz. 29) und die Ent-scheidung über den Abschluss von Rechtsgeschäften mit Dritten.

Maßnahmen, die offensichtlich keine **Auswirkungen auf den Unternehmenswert** ha- 36
ben können, müssen nicht berichtet werden[54], z.B. vom Aufsichtsrat genehmigte Er-teilung von Prokuren oder der Erlass einer Geschäftsordnung für die Ausgestaltung des internen Berichtswesens, sofern damit im Einzelfall keine zusätzlichen Kosten ver-bunden sind. Auch Personalmaßnahmen können hierzu zählen, sofern die Vergütung im Rahmen des Üblichen liegt und keine besondere Nähe des Betroffenen zum herrschenden Unternehmen gegeben ist[55]. Angesichts der Weite des Veranlassungsbe-griffs i.S. bloßer Mitursächlichkeit (vgl. § 311 Rz. 25) müssten ansonsten insb. alle der Zustimmung des Aufsichtsrats unterliegenden Geschäfte im Bericht erläutert werden.

d) Maßnahmen „der Gesellschaft"

Zu berichten ist nur über Rechtsgeschäfte und Maßnahmen der abhängigen Tochter- 37
AG selbst. Bei Rechtsgeschäften muss sie selbst eine Willenserklärung abgegeben ha-ben. Rechtsgeschäfte von **Enkelgesellschaften**, an denen die Tochter selbst nicht un-mittelbar beteiligt ist, sind nicht als Rechtsgeschäfte aufzuführen. Allerdings liegt ei-ne berichtpflichtige Maßnahme vor, wenn die Tochter und ihre Vertreter in Organen der Enkelin diese zu dem Rechtsgeschäft oder der sonstigen Maßnahme veranlasst haben oder diese nicht unterbunden haben, obwohl sie davon wussten und die Mög-lichkeit zur Unterbindung gehabt hätten. Die Berichtspflicht besteht in diesem Fall nicht nur bei unmittelbarer Veranlassung durch die Konzernspitze oder die Tochter, sondern auch, wenn die Enkelin die Maßnahme im antizipierten Konzerninteresse in Kenntnis der Tochter durchgeführt hat, ohne dass Letztere eingeschritten ist[56].

---

51 So *J. Götz*, AG 2000, 498, 501 ff.
52 *Habersack* in Emmerich/Habersack, Aktien- und GmbH-Konzernrecht, § 312 Rz. 30; *Hüffer*, § 312 Rz. 19; *Koppensteiner* in KölnKomm. AktG, § 312 Rz. 57.
53 Vgl. IDW-Grundsätze HFA 3/1991 unter II.6., WPg 1992, 91, 92; zu Beispielen auch *Habersack* in Emmerich/Habersack, Aktien- und GmbH-Konzernrecht, § 312 Rz. 34; *Hüffer*, § 312 Rz. 23; *Kropff* in MünchKomm. AktG, § 312 Rz. 89; *Koppensteiner* in KölnKomm. AktG, § 312 Rz. 48; *Krieger* in MünchHdb. AG, § 69 Rz. 98.
54 Vom Grundsatz her ebenso *Kropff* in MünchKomm. AktG, § 312 Rz. 90; *Krieger* in MünchHdb. AG, § 69 Rz. 98; *Habersack* in Emmerich/Habersack, Aktien- und GmbH-Kon-zernrecht, § 312 Rz. 34; a.A. *Koppensteiner* in KölnKomm. AktG, § 312 Rz. 47, der im Erfor-dernis der Veranlassung bzw. des Konzerninteresses ein ausreichendes Korrektiv sieht.
55 Speziell zu Personalmaßnahmen *Kropff* in MünchKomm. AktG, § 312 Rz. 91.
56 *Kropff* in MünchKomm. AktG, § 312 Rz. 97; *Habersack* in Emmerich/Habersack, Aktien- und GmbH-Konzernrecht, § 312 Rz. 72; *Förschle/Kropp* in BeckBilKomm., 5. Aufl. 2003, § 289 HGB Rz. 114.

e) Auf Veranlassung oder im Interesse des herrschenden Unternehmens

38 Über Rechtsgeschäfte mit Dritten und andere Maßnahmen ist zu berichten, wenn sie durch das herrschende oder mit ihm verbundene Unternehmen veranlasst oder in deren Interesse vorgenommen oder unterlassen worden sind. Für die Veranlassung ist der Veranlassungsbegriff des § 311 maßgeblich (hierzu § 311 Rz. 25 ff.). Eine generelle Ausnahme für Geschäfte, die durch Hauptversammlungsbeschluss veranlasst worden sind, ist nicht zu begründen[57]. Eine teleologische Reduktion ist jedoch insoweit gerechtfertigt, als Unternehmensverträge, Eingliederungen oder Umwandlungsmaßnahmen von einem unabhängigen Prüfer überprüft worden sind oder aus sonstigen Gründen keine nachteilige Maßnahme i.S.d. § 312 sein können (vgl. § 311 Rz. 67 ff.)[58].

39 Das Rechtsgeschäft oder eine Maßnahme wird im Interesse des herrschenden oder eines mit ihm verbundenen Unternehmens vorgenommen, wenn die abhängige Gesellschaft entweder eine **Begünstigungsabsicht** hatte oder das Geschäft objektiv dem **Gruppeninteresse** dient[59].

40 Das Interesse des herrschenden Unternehmens ist nur ein solches, das über das Interesse als Aktionär der abhängigen Gesellschaft hinausgeht oder von ihm abweicht[60]. Bei diesem Verständnis des Konzerninteresses wird die Berichtspflicht nicht dadurch ausgeschlossen, dass das Rechtsgeschäft zugleich auch im Interesse der abhängigen Gesellschaft liegt, ohne dass es darauf ankommt, welches Interesse überwiegt[61].

f) Vergangenes Geschäftsjahr

41 Bei Rechtsgeschäften ist das **Zustandekommen** des jeweiligen Rechtsgeschäfts maßgeblich, bei Verträgen also der Vertragsschluss, bei einseitigen Willenserklärungen deren Abgabe durch die AG[62]. Hat die AG vor dem Geschäftsjahresende nur ein Angebot auf Vertragsschluss abgegeben und wird dieses erst im Folgejahr angenommen, so ist maßgebliches Rechtsgeschäft in Jahr 1 das Angebot (vgl. Rz. 31), während in Jahr 2 über den Vertrag selbst zu berichten ist. Nicht maßgeblich ist dagegen der Eintritt der durch das Geschäft beabsichtigten Wirkungen oder dessen bilanzielle Erfassung.

42 Bei anderen Maßnahmen ist zu unterscheiden: Sofern es sich um eine Entscheidung handelt, die anschließend ausgeführt wird, ist der **Zeitpunkt der Entscheidung** maß-

---

57 A.A. *Kropff* in MünchKomm. AktG, § 312 Rz. 111 f.; gegen ihn *Koppensteiner* in KölnKomm. AktG, § 312 Rz. 53; *Habersack* in Emmerich/Habersack, Aktien- und GmbH-Konzernrecht, § 312 Rz. 31; *Hüffer*, § 312 Rz. 20; *Krieger* in MünchHdb. AG, Rz. 101.

58 Ausdrücklich auch in diesen Fällen a.A. *Koppensteiner* in KölnKomm. AktG, § 312 Rz. 53.

59 So auch *Krieger* in MünchHdb. AG, Rz. 102; *Habersack* in Emmerich/Habersack, Aktien- und GmbH-Konzernrecht, § 312 Rz. 31; *Hüffer*, § 312 Rz. 21; *Kropff* in MünchKomm AktG, § 312 Rz. 106; dagegen allein auf eine objektive Beurteilung abstellend *Koppensteiner* in KölnKomm. AktG, § 312 Rz. 50; stets eine subjektive Absicht fordernd *ADS*, § 312 AktG Rz. 47; WP-Hdb. 2006, Bd. I, Rz. F 961; HFA-Stellungnahme 3/1991, II.9., WPg 1992, 91, 93.

60 So ausdrücklich auch *Koppensteiner* in KölnKomm. AktG, § 312 Rz. 50; *Haesen*, S. 92 f.; skeptisch *Kropff* in MünchKomm. AktG, § 312 Rz. 109.

61 So zu Recht *Krieger* in MünchHdb. AG, § 69 Rz. 102; *Habersack* in Emmerich/Habersack, Aktien- und GmbH-Konzernrecht, § 312 Rz. 31; *Koppensteiner* in KölnKomm. AktG, § 312 Rz 50; auf ein Überwiegen des Konzerninteresses abstellend *Kropff* in MünchKomm. AktG, § 312 Rz. 110; *Förschle/Kropff* in BeckBilKomm., 5. Aufl. 2003, § 289 HGB Rz. 125; *ADS*, § 312 AktG Rz. 49; die Kausalität des Konzerninteresses verlangend *Haesen*, S. 93.

62 *Habersack* in Emmerich/Habersack, Aktien- und GmbH-Konzernrecht, § 312 Rz. 33; *Krieger* in MünchHdb. AG, § 69 Rz. 103; *Hüffer*, § 312 Rz. 17; *Koppensteiner* in KölnKomm. AktG, § 312 Rz. 65; demgegenüber auch bei Verträgen allein auf die Abgabe der Willenserklärung durch die AG abstellend *Kropff* in MünchKomm. AktG, § 312 Rz. 13.

geblich. Ohne eine vorangehende Entscheidung kommt es auf den Zeitpunkt der ersten Ausführungshandlung an[63].

Hat ein Rechtsgeschäft oder eine Maßnahme Auswirkungen in **Folgejahren** oder ist   43
ein Rechtsgeschäft in einem Folgejahr zu erfüllen, ist im Folgejahr grundsätzlich
nicht noch einmal zu berichten (zu Erfüllungsgeschäften vgl. Rz. 33)[64], es sei denn
die Durchführung des Vertrages oder der Maßnahme im Folgejahr weicht von dem
Rechtsgeschäft oder der Grundentscheidung des Vorjahres ab[65].

Bei **Unterlassungen** ist der Zeitpunkt maßgeblich, in dem ein ordentlicher Geschäfts-   44
leiter nach den Umständen des Einzelfalls eingeschritten hätte[66].

Zwar nicht aus § 312, wohl aber aus §§ 76 Abs. 1, 93 Abs. 1 Satz 1 wird verbreitet ei-   45
ne Berichtspflicht für im Vorjahr **pflichtwidrig nicht berichtete Rechtsgeschäfte** und
Maßnahmen angenommen[67].

g) Sonderfall: Abhängigkeit von juristischer Person des öffentlichen Rechts

Eine juristische Person des öffentlichen Rechts kann Unternehmen i.S.d. § 15 und   46
damit herrschendes Unternehmen i.S.d. §§ 311 ff. sein[68] (näher § 15 Rz. 68 ff.). Wegen
der Weite der denkbaren Geschäftsbeziehungen wird über Einschränkungen der Berichtspflicht nachgedacht. Keine Einschränkungen sind bei veranlassten Rechtsgeschäften und Maßnahmen möglich (vgl. zur Veranlassung durch die öffentliche Hand
allerdings § 311 Rz. 39). Praktikable Lösungen bei Rechtsgeschäften mit verbundenen
Unternehmen lassen sich über pauschalierende Erläuterungen im Bericht finden. Eine gewisse Modifikation der Berichtspflicht ist lediglich bei Maßnahmen im Interesse des herrschenden Unternehmens möglich: Auch dem öffentlichen Interesse dienende Maßnahmen sind nur insoweit zu berichten, als Zweifel bestehen, ob der Vorstand einer unabhängigen Gesellschaft sie vorgenommen hätte[69].

3. Einzelangaben (§ 312 Abs. 1 Satz 3 und 4)

a) Grundsatz

Der Bericht muss es dem Abschlussprüfer und dem Aufsichtsrat ermöglichen, zu   47
prüfen, ob eine Maßnahme für die Gesellschaft nachteilig ist und ob die Nachteile
ausgeglichen worden sind. Die hierzu in § 312 Abs. 1 Satz 3 geforderten Angaben ermöglichen eine solche Prüfung typischer Weise, aber nicht zwingend. Die geforder-

---

63 So auch *Habersack* in Emmerich/Habersack, Aktien- und GmbH-Konzernrecht, § 312 Rz. 36;
   Hüffer, § 312 Rz. 25; *Kropff* in MünchKomm. AktG, § 312 Rz. 113; *ADS*, § 312 AktG Rz. 55.
64 *Krieger* in MünchHdb. AG, § 69 Rz. 103; *ADS*, § 312 AktG Rz. 55; einschränkend für Erfüllungsgeschäfte, sofern Tatbestandsmerkmale bei Verpflichtungsgeschäft noch nicht vorlagen,
   Habersack in Emmerich/Habersack, Aktien- und GmbH-Konzernrecht, § 312 Rz. 33.
65 *Habersack* in Emmerich/Habersack, Aktien- und GmbH-Konzernrecht, § 312 Rz. 36; *Hüffer*,
   § 312 Rz. 25.
66 *Habersack* in Emmerich/Habersack, Aktien- und GmbH-Konzernrecht, § 312 Rz. 33; *Kropff*
   in MünchKomm. AktG, § 312 Rz. 113; *Krieger* in MünchHdb. AG, § 69 Rz. 103.
67 *Habersack* in Emmerich/Habersack, Aktien- und GmbH-Konzernrecht, § 312 Rz. 33; *Hüffer*,
   § 312 Rz. 17; *Koppensteiner* in KölnKomm. AktG, § 312 Rz. 65; a.A. *ADS*, § 312 AktG Rz. 57.
68 Grundlegend BGH v. 17.3.1997 – II ZB 3/96, BGHZ 135, 107, 113 f. = AG 1997, 374.
69 Ähnlich *Kropff* in MünchKomm. AktG, § 312 Rz. 124 ff.; *Habersack* in Emmerich/Habersack,
   Aktien- und GmbH-Konzernrecht, § 312 Rz. 32; *Koppensteiner* in KölnKomm. AktG, § 312
   Rz. 52; *Krieger* in MünchHdb. AG, § 69 Rz. 102; *ADS*, § 312 AktG Rz. 51; *Schiessl*, ZGR 1998,
   871, 879 f.; s. auch die Andeutungen in BGH v. 13.10.1977 – II ZR 123/76, BGHZ 69, 334, 343
   = AG 1978, 50, 53; ausführlich zum Abhängigkeitsbericht juristischer Personen des öffentli-
   chen Rechts, allerdings praktisch ohne Zulassung irgendwelcher Erleichterungen *Ehinger*,
   S. 77 ff.

ten Einzelangaben sind nicht abschließend gemeint, sondern müssen, soweit zur Erreichung des Zwecks des Berichts erforderlich, ergänzt werden.

b) Rechtsgeschäfte

48 Bei Austauschverträgen sind Leistung und Gegenleistung so detailliert anzugeben, dass Abschlussprüfer und Aufsichtsrat die Angemessenheit beurteilen können. Soweit erforderlich, sind im Hinblick auf die Leistung Gegenstand, Umfang/Menge, Qualität, Einstandskosten, Listen- oder Marktpreise und Lieferzeit anzugeben, im Hinblick auf den Preis, dessen Höhe, Zahlungsmodalitäten sowie etwaige Nachlässe[70]. Insb. wenn der Preis oder sonstige Konditionen zu Gunsten anderer Konzernunternehmen vom Marktstandard abweichen oder Marktkonditionen nicht existieren, können zusätzliche Angaben dazu erforderlich sein, warum die konkreten Konditionen im Einzelfall gewählt worden und angemessen sind. Entsprechendes gilt für Rechtsgeschäfte ohne Gegenleistung, insb. einseitige Rechtsgeschäfte. Wie bei sonstigen Maßnahmen sind in diesen Fällen die Gründe und Vor- und Nachteile für die Gesellschaft zu erläutern[71].

c) Maßnahmen

49 Erforderlich ist eine Beschreibung der Maßnahme, die Gründe der Gesellschaft für deren Durchführung bzw. Unterlassung sowie die Vor- und Nachteile für die Gesellschaft. Maßgeblich sind grundsätzlich die im Zeitpunkt der Vornahme erwarteten Vor- und Nachteile; haben sich die Erwartungen nicht erfüllt, ist auch dies zu erläutern[72]. Vor- und Nachteile sind für sich anzugeben und nach Möglichkeit zu beziffern[73].

d) Nachteilsausgleich (§ 312 Abs. 1 Satz 4)

50 Bei nachteiligen Geschäften und Maßnahmen i.S.d. § 311 ist zunächst anzugeben, ob der Nachteil tatsächlich oder durch Begründung eines Rechtsanspruchs ausgeglichen worden ist und wie der Ausgleich erfolgt ist oder aufgrund des Rechtsanspruchs erfolgen soll. Auch hier ist regelmäßig eine Bezifferung des Nachteils und des zum Ausgleich gewählten Vorteils erforderlich[74].

IV. Allgemeine Grundsätze der Berichterstattung (§ 312 Abs. 2)

51 Der Abhängigkeitsbericht hat den Grundsätzen einer gewissenhaften und getreuen Rechenschaft zu entsprechen. Dieser auch in §§ 90 Abs. 4 und 131 Abs. 2 verwandte Maßstab lässt sich durch die folgenden Einzelgebote konkretisieren:

---

70 Ähnlich *ADS*, § 312 AktG Rz. 66; *Habersack* in Emmerich/Habersack, Aktien- und GmbH-Konzernrecht, § 312 Rz. 37; *Krieger* in MünchHdb. AG, § 69 Rz. 104; *Kropff* in MünchKomm. AktG, § 312 Rz. 115.
71 *ADS*, § 312 AktG Rz. 67 f.; *Habersack* in Emmerich/Habersack, Aktien- und GmbH-Konzernrecht, § 312 Rz. 37 f.; *Hüffer*, § 312 Rz. 28; *Koppensteiner* in KölnKomm. AktG, § 312 Rz. 58; *Krieger* in MünchHdb. AG, § 69 Rz. 104; *Kropff* in MünchKomm. AktG, § 312 Rz. 116 f.
72 *Habersack* in Emmerich/Habersack, Aktien- und GmbH-Konzernrecht, § 312 Rz. 39; *Kropff* in MünchKomm. AktG, § 312 Rz. 119; a.A. wohl *Hüffer*, § 312 Rz. 29.
73 *ADS*, § 312 AktG Rz. 74; *Habersack* in Emmerich/Habersack, Aktien- und GmbH-Konzernrecht, § 312 Rz. 39; *Koppensteiner* in KölnKomm. AktG, § 312 Rz. 75; *Hüffer*, § 312 Rz. 29; *Krieger* in MünchHdb. AG, § 69 Rz. 104; *Kropff* in MünchKomm. AktG, § 312 Rz. 119.
74 *Habersack* in Emmerich/Habersack, Aktien- und GmbH-Konzernrecht, § 312 Rz. 40; *Koppensteiner* in KölnKomm. AktG, § 312 Rz. 77; *Kropff* in MünchKomm. AktG, § 312 Rz. 122.

(1) **Grundsatz der Wahrheit:** Der Bericht muss nach bestem Wissen des Vorstands   52
wahr, vollständig und nicht irreführend sein. Geheimhaltungsinteressen und -pflich-
ten rechtfertigen grundsätzlich keine unwahren oder unvollständigen Angaben[75].

(2) **Vollständigkeit:** Der Bericht hat alle erforderlichen Angaben selbst zu enthalten.   53
Ein Verweis auf dem Prüfer und dem Aufsichtsrat nicht zur Verfügung stehende Unterlagen oder gar Personen ist nicht zulässig[76].

(3) **Pflicht zur Organisation und Informationsverschaffung:** Der Vorstand darf sich   54
nicht damit begnügen, nur das mitzuteilen, was er ohnehin weiß. Vielmehr trifft ihn
die Verpflichtung, geeignete organisatorische Maßnahmen zur Dokumentation, Meldung und Kontrolle berichtspflichtiger Rechtsgeschäfte und Maßnahmen zu ergreifen
und die den Mitarbeitern und Beratern der Gesellschaft zustehenden Informationen
zusammenzutragen. Hilfreich können insoweit die Einrichtung einer zentralen Abteilung für die Ermittlung und Aufbereitung der relevanten Informationen, Richtlinien über das Verfahren, ggfs. kombiniert mit Zustimmungsvorbehalten sowie die
Einrichtung eines Vertragskatasters für Verträge mit verbundenen Unternehmen
sein[77]. Beim herrschenden Unternehmen sind die mit diesem verbundenen Unternehmen abzufragen. Ob ein **Anspruch auf Mitteilung** besteht, ist umstritten[78].

(4) **Klarheit und Übersichtlichkeit:** Jedenfalls bei komplexen Strukturen ist dem Be-   55
richt eine Verbundübersicht oder ein **Konzernschaubild** voranzustellen[79]. Im Einzelfall kann auch ein Überblick über die Einordnung der Gesellschaft in die konzernweite Arbeitsteilung und die wirtschaftliche Bedeutung der Verbundbeziehungen erforderlich sein[80]. Der Bericht ist möglichst übersichtlich zu gliedern[81].

Eine **Gruppenbildung** und Zusammenfassung vergleichbarer Geschäfte, insb. bei Ba-   56
gatell-, Massen- und Standardgeschäften kann zulässig und im Einzelfall geboten
sein, wenn dies die Übersichtlichkeit erhöht[82].

Im Hinblick auf § 313 Abs. 1 Nr. 1 ist deutlich zwischen **Tatsachenangaben** und eige-   57
nen **Wertungen** zu unterscheiden.

---

75 *Kropff* in MünchKomm. AktG, § 312 Rz. 133; *Förschle/Kropp* in BeckBilKomm., 5. Aufl.
2003, § 289 HGB Rz. 74.
76 *Habersack* in Emmerich/Habersack, Aktien- und GmbH-Konzernrecht, § 312 Rz. 42; *Kropff*
in MünchKomm. AktG, § 312 Rz. 134.
77 Ausführlicher *ADS*, § 312 AktG Rz. 97 f.; *Förschle/Kropp* in BeckBilKomm., 5. Aufl. 2003,
§ 289 HGB Rz. 131 ff.
78 Aufgrund der Treupflicht des herrschenden Unternehmens bejahend *Kropff* in MünchKomm.
AktG, § 312 Rz. 137; *Förschle/Kropp* in BeckBilKomm., 5. Aufl. 2003, § 289 HGB Rz. 77; allgemeiner *Uwe H. Schneider* in FS Lutter, 2000, S. 1193, 1203 f.; ablehnend *Koppensteiner* in
KölnKomm. AktG, § 312 Rz. 60; *Krieger* in MünchHdb. AG, § 69 Rz. 100; *ADS*, § 312 AktG
Rz. 99; *Sven H. Schneider*, S. 168.
79 *Kropff* in MünchKomm. AktG, § 312 Rz. 137; *Förschle/Kropp* in BeckBilKomm., 5. Aufl.
2003, § 289 HGB Rz. 76; *Habersack* in Emmerich/Habersack, Aktien- und GmbH-Konzernrecht, § 312 Rz. 43; *Hüffer*, § 312 Rz. 33; IDW-Grundsätze HFA 3/1991 unter II. 2., WPg 1992,
91, 92.
80 So auch *Kropff* in MünchKomm. AktG, § 312 Rz. 138.
81 Vorschläge hierzu finden sich bei *Förschle/Kropp* in BeckBilKomm., 5. Aufl. 2003, § 289 HGB
Rz. 78; *ADS*, § 312 AktG Rz. 84; *Klussmann*, DB 1967, 1487, 1489 (mit Muster eines Berichts);
Knoll in Münch. Anwalts Hdb. Aktienrecht, § 52 Rz. 154.
82 Begr. RegE, *Kropff*, Aktiengesetz, S. 411 zu wiederkehrenden Geschäften zu gleichen Bedingungen; OLG München v. 10.4.2002 – 7 U 3919/01, AG 2003, 452, 453; näher hierzu *ADS*,
§ 312 AktG Rz. 69 f., 76; *Kropff* in MünchKomm. AktG, § 312 Rz. 139; *Koppensteiner* in Köln-
Komm. AktG, § 312 Rz. 69; *Habersack* in Emmerich/Habersack, Aktien- und GmbH-Konzernrecht, § 312 Rz. 43; IDW-Grundsätze HFA 3/1991 unter II.10., WPg 1992, 91, 93.

V. Schlusserklärung (§ 312 Abs. 3)

1. Inhalt

58   Nach § 312 Abs. 3 muss sich der Vorstand zu folgenden Umständen erklären: (1) Angemessenheit der Gegenleistung bei Rechtsgeschäften (2) Benachteiligung durch andere Maßnahme und (3) Nachteilsausgleich bei eingetretener Benachteiligung. Anders als in § 313 Abs. 3 schreibt das Gesetz keine bestimmte Formulierung vor; dies erlaubt die erforderliche Flexibilität, etwa im Hinblick auf eine **Negativerklärung**[83]. Insb. ist durch die geforderte Aussage zur angemessenen Gegenleistung bei Rechtsgeschäften keine Beschränkung der Schlusserklärung in Fällen verbunden, in denen das Rechtsgeschäft keine Gegenleistung vorsieht oder sich die Benachteiligung nicht aus der Gegenleistung ergibt (zur vergleichbaren Fragestellung zu § 312 Abs. 1 Satz 3 bereits Rz. 29; zur Erklärung des Abschlussprüfers nach § 313 Abs. 3 Nr. 2 vgl. § 313 Rz. 40 f.)[84].

59   Zu beachten ist, dass ein Hinweis auf die Nachteiligkeit eines Rechtsgeschäfts oder einer Maßnahme **auch** dann erforderlich ist, **wenn** dieser **Nachteil** bereits vor Jahresende **ausgeglichen** worden ist.

2. Maßgeblicher Zeitpunkt

60   Für die Beurteilung der Angemessenheit der Gegenleistung oder sonstigen Nachteiligkeit von Rechtsgeschäften und Maßnahmen sind nach § 312 Abs. 1 Satz 1 die Umstände maßgeblich, die dem Vorstand in dem Zeitpunkt bekannt waren, in dem das Rechtsgeschäft vorgenommen oder die Maßnahme getroffen oder unterlassen wurde, auch wenn für den Nachteilsbegriff des § 311 die Sichtweise eines ordentlichen und gewissenhaften Geschäftsleiters maßgeblich ist. Eine teleologische Erweiterung in dem Fall, dass der Vorstand vor Abgabe der Erklärung eine sorgfaltswidrig verkannte Nachteiligkeit erkennt, würde den Schutzzweck zwar in der Theorie optimieren, würde den Vorstand aber zwingen, einen eigenen Pflichtverstoß zu publizieren. Angesichts der nachfolgenden Prüfung durch Aufsichtsrat und Prüfer sollte es mit der h.M. bei einer am Wortlaut orientierten Auslegung bleiben[85].

61   Ausreichend ist die **Kenntnis nur eines Vorstandsmitglieds**[86]. Bei einem Austausch aller Vorstandsmitglieder nach Durchführung der betreffenden Maßnahme sind die beschränkten Erkenntnisquellen des neuen Vorstands in der Erklärung zum Ausdruck zu bringen[87].

---

83 Zu Formulierungsvorschlägen *ADS*, § 312 AktG Rz. 91; *Knoll* in Münch. Anwalts Hdb. Aktienrecht, § 52 Rz. 157.

84 *Habersack* in Emmerich/Habersack, Aktien- und GmbH-Konzernrecht, § 312 Rz. 45; *Koppensteiner* in KölnKomm. AktG, § 312 Rz. 82; *Krieger* in MünchHdb. AG, § 69 Rz. 105.

85 *Kropff* in MünchKomm. AktG, § 312 Rz. 145 f.; *Habersack* in Emmerich/Habersack, Aktien- und GmbH-Konzernrecht, § 312 Rz. 46; *Hüffer*, § 312 Rz. 36; *Krieger* in MünchHdb. AG, § 69 Rz. 105; *Haesen*, S. 102 ff.; *ADS*, § 312 AktG Rz. 91; *Förschle/Kropp* in BeckBilKomm., 5. Aufl. 2003, § 289 HGB Rz. 172; a.A. *Koppensteiner* in KölnKomm. AktG, § 312 Rz. 80, der ein Redaktionsversehen annimmt.

86 *Kropff* in MünchKomm. AktG, § 312 Rz. 147 f.; *Döllerer* in FS Semler, 1993, S. 441, 451.

87 Ausführlicher und mit Formulierungsvorschlägen *Döllerer* in FS Semler, 1993, S. 441, 450 f.; *Kropff* in MünchKomm. AktG, § 312 Rz. 148 f.; *Förschle/Kropp* in BeckBilKomm., 5. Aufl. 2003, § 289 HGB Rz. 173; *ADS*, § 312 AktG Rz. 91.

3. Aufnahme in den Lagebericht

Durch die Aufnahme in den Lagebericht werden die Aktionäre, aber auch die Öffentlichkeit und damit insb. die Gläubiger informiert (vgl. § 175 Abs. 2 AktG, § 325 Abs. 1 und 2 HGB).   62

Soweit eine **kleine AG** nach § 264 Abs. 1 Satz 3 HGB von der Erstellung eines Lageberichts befreit ist, ist die entstandene Publizitätslücke durch Aufnahme der Erklärung in den Anhang zu schließen[88]. Ist nach § 264 Abs. 3 HGB auch kein Anhang zu erstellen, ist ein Vermerk unter dem Jahresabschluss oder eine separate Erklärung zu fordern, die zusammen mit dem Jahresabschluss zu veröffentlichen und zum Handelsregister einzureichen ist[89].   63

§ 313
Prüfung durch den Abschlussprüfer

(1) Ist der Jahresabschluss durch einen Abschlussprüfer zu prüfen, so ist gleichzeitig mit dem Jahresabschluss und dem Lagebericht auch der Bericht über die Beziehungen zu verbundenen Unternehmen dem Abschlussprüfer vorzulegen. Er hat zu prüfen, ob

1. die tatsächlichen Angaben des Berichts richtig sind,

2. bei den im Bericht aufgeführten Rechtsgeschäften nach den Umständen, die im Zeitpunkt ihrer Vornahme bekannt waren, die Leistung der Gesellschaft nicht unangemessen hoch war; soweit sie dies war, ob die Nachteile ausgeglichen worden sind,

3. bei den im Bericht aufgeführten Maßnahmen keine Umstände für eine wesentlich andere Beurteilung als die durch den Vorstand sprechen.

§ 320 Abs. 1 Satz 2 und Abs. 2 Satz 1 und 2 des Handelsgesetzbuchs gilt sinngemäß. Die Rechte nach dieser Vorschrift hat der Abschlussprüfer auch gegenüber einem Konzernunternehmen sowie gegenüber einem abhängigen oder herrschenden Unternehmen.

(2) Der Abschlussprüfer hat über das Ergebnis der Prüfung schriftlich zu berichten. Stellt er bei der Prüfung des Jahresabschlusses, des Lageberichts und des Berichts über die Beziehungen zu verbundenen Unternehmen fest, dass dieser Bericht unvollständig ist, so hat er auch hierüber zu berichten. Der Abschlussprüfer hat seinen Bericht zu unterzeichnen und dem Aufsichtsrat vorzulegen; dem Vorstand ist vor der Zuleitung Gelegenheit zur Stellungnahme zu geben.

(3) Sind nach dem abschließenden Ergebnis der Prüfung keine Einwendungen zu erheben, so hat der Abschlussprüfer dies durch folgenden Vermerk zum Bericht über die Beziehungen zu verbundenen Unternehmen zu bestätigen:

Nach meiner/unserer pflichtmäßigen Prüfung und Beurteilung bestätige ich/bestätigen wir, dass

---

88 *ADS*, § 312 AktG Rz. 88; *Kropff* in MünchKomm. AktG, § 312 Rz. 152; *Habersack* in Emmerich/Habersack, Aktien- und GmbH-Konzernrecht, § 312 Rz. 47; WP-Hdb. 2006, Bd. I Rz. F 970; *Strieder*, DB 2004, 799, 801; a.A. *Krieger* in MünchHdb. AG, § 69 Rz. 105; *Pfitzer/Wirth*, DB 1994, 1937, 1938 (nur fakultativ, aber keine Pflicht).
89 Für Vermerk unter dem Jahresabschluss *Kropff* in MünchKomm. AktG, § 312 Rz. 152; zustimmend *Koppensteiner* in KölnKomm. AktG, § 312 Rz. 87.

1. die tatsächlichen Angaben des Berichts richtig sind,

2. bei den im Bericht aufgeführten Rechtsgeschäften die Leistung der Gesellschaft nicht unangemessen hoch war oder Nachteile ausgeglichen worden sind,

3. bei den im Bericht aufgeführten Maßnahmen keine Umstände für eine wesentlich andere Beurteilung als die durch den Vorstand sprechen.

Führt der Bericht kein Rechtsgeschäft auf, so ist Nummer 2, führt er keine Maßnahme auf, so ist Nummer 3 des Vermerks fortzulassen. Hat der Abschlussprüfer bei keinem im Bericht aufgeführten Rechtsgeschäft festgestellt, dass die Leistung der Gesellschaft unangemessen hoch war, so ist Nummer 2 des Vermerks auf diese Bestätigung zu beschränken.

(4) Sind Einwendungen zu erheben oder hat der Abschlussprüfer festgestellt, dass der Bericht über die Beziehungen zu verbundenen Unternehmen unvollständig ist, so hat er die Bestätigung einzuschränken oder zu versagen. Hat der Vorstand selbst erklärt, dass die Gesellschaft durch bestimmte Rechtsgeschäfte oder Maßnahmen benachteiligt worden ist, ohne dass die Nachteile ausgeglichen worden sind, so ist dies in dem Vermerk anzugeben und der Vermerk auf die übrigen Rechtsgeschäfte oder Maßnahmen zu beschränken.

(5) Der Abschlussprüfer hat den Bestätigungsvermerk mit Angabe von Ort und Tag zu unterzeichnen. Der Bestätigungsvermerk ist auch in den Prüfungsbericht aufzunehmen.

I. Grundlagen	1	e) Fehlen eines Abhängigkeitsberichts	24
II. Prüfungspflicht nach § 313 Abs. 1	4	4. Umfang und Durchführung der Prüfung	25
1. Anknüpfung an Jahresabschlussprüfung	4	a) Allgemeines	25
2. Prüfungsverfahren	6	b) Vollständigkeit	27
a) Prüfungsauftrag	6	c) Einsichts- und Auskunftsrecht (§ 313 Abs. 1 Satz 3 und 4)	29
b) Einleitung des Prüfungsverfahrens	8	III. Berichtspflicht nach § 313 Abs. 2	33
c) Abschluss der Prüfung	10	IV. Bestätigungsvermerk nach § 313 Abs. 3 bis 5	37
3. Prüfungsgegenstand (§ 313 Abs. 1 Satz 2)	12	1. Überblick	37
a) Überblick	12	2. Erteilung	40
b) Nr. 1: Richtigkeit der tatsächlichen Angaben im Bericht	13	3. Einschränkung und Versagung	43
c) Nr. 2: Rechtsgeschäfte	16		
d) Nr. 3: Maßnahmen	22		

Literatur: S. die Angaben zu § 311 und insb. § 312.

I. Grundlagen

1　§ 313 bindet den Abschlussprüfer in das Schutzkonzept der §§ 311 ff. ein. Der Schutzzweck knüpft unmittelbar an den des Abhängigkeitsberichts selbst an (hierzu § 312 Rz. 1 ff.): Die Überprüfung des Abhängigkeitsberichts durch den externen Abschlussprüfer steigert die **Präventivfunktion**. Die Prüfung des Abhängigkeitsberichts gem. § 313 Abs. 1 und der Bericht hierüber an den Aufsichtsrat gem. § 313 Abs. 2 dienen der Vorbereitung und Unterstützung der Prüfung des Abhängigkeitsberichts durch den Aufsichtsrat nach § 314. Darüber hinausgehend bildet die externe Prüfung durch den Abschlussprüfer aber ein eigenständiges Kontrollelement neben der Prüfung durch den nicht immer kompetenten und regelmäßig vom herrschenden Unternehmen zumindest teilweise bestimmten Aufsichtsrat[1].

Durch die **Veröffentlichung des Prüfungsvermerks** gem. § 314 Abs. 2 Satz 2 und 3 erlangt der Abhängigkeitsbericht eine begrenzte, mittelbare Publizität, die eine Sonderprüfung gem. § 315 Nr. 1 ermöglicht und damit mittelbar die Geltendmachung von Ansprüchen nach §§ 317 und 318 erleichtert.   2

Von den verschiedenen unmittelbaren und mittelbaren Änderungen der Vorschrift   3
hat die **Befreiung kleiner Gesellschaften** i.S.d. § 267 Abs. 1 HGB von der Pflichtprüfung nach § 316 Abs. 1 HGB durch das BiRiLiG von 1985 die größte Bedeutung (hierzu nachfolgend Rz. 4)[2].

II. Prüfungspflicht nach § 313 Abs. 1

1. Anknüpfung an Jahresabschlussprüfung

Die Prüfung des Abhängigkeitsberichts durch den Abschlussprüfer ist nach § 313   4
Abs. 1 Satz 1 nur in dem Fall vorgesehen, dass der Jahresabschluss durch den Abschlussprüfer zu prüfen ist. Während bei Einführung des Abhängigkeitsberichts 1965 noch der Jahresabschluss jeder AG vom Abschlussprüfer zu prüfen war, ist durch das BiRiLiG von 1985 eine **Ausnahme für kleine Aktiengesellschaften** i.S.d. § 267 Abs. 1 HGB eingeführt worden. Die dadurch bedingte Lücke im Schutzkonzept der §§ 311 ff. mag rechtspolitisch zu bedauern sein[3] und ist so sicherlich nicht beabsichtigt gewesen, muss aber angesichts des eindeutigen Wortlauts de lege lata hingenommen werden[4].

Die Pflicht zur Prüfung des Jahresabschlusses kann sich allerdings nicht nur aus dem   5
Gesetz, sondern auch aus der Satzung ergeben; die Anordnung einer **freiwilligen Prüfung** umfasst im Zweifel auch die Prüfung des Abhängigkeitsberichts[5]. Aufgrund der grundsätzlich bestehenden Prüfungspflicht für den Jahresabschluss während der Liquidation (§ 270) ist auch der im **Liquidationsstadium** zu erstellende Abhängigkeitsbericht vom Abschlussprüfer zu prüfen[6].

---

1 Vgl. Begr. RegE bei *Kropff*, Aktiengesetz, S. 413.

2 Zu einem Überblick über sonstige Änderungen etwa *Habersack* in Emmerich/Habersack, Aktien- und GmbH-Konzernrecht, § 313 Rz. 4 f.; *Kropff* in MünchKomm. AktG, § 313 Rz. 9 ff.

3 Hierzu ausführlicher *Hommelhoff*, Gutachten zum 59. DJT, 1992, S. 55 f.; *Habersack* in FS Peltzer, 2001, S. 139, 142 f.; *Kropff* in MünchKomm. AktG, § 313 Rz. 13, 19 f.; *Kropff* in FS Goerdeler, 1987, S. 259, 271 f.; *Kropff*, ZGR 1988, 558, 564 f.

4 Demgegenüber für eine eigenständige, von der Jahresabschlussprüfung unabhängige Prüfung durch einen externen Prüfer *Habersack* in FS Peltzer, 2001, S. 139, 143 ff.; *Habersack* in Emmerich/Habersack, Aktien- und GmbH-Konzernrecht, § 313 Rz. 7; a.A. *Kropff*, ZGR 1988, 558, 565 ff.; *Kropff* in MünchKomm. AktG, § 313 Rz. 20 (der stattdessen ein weitgehendes Einsichtsrecht analog § 51a GmbHG annimmt, hierzu § 312 Rz. 8); *Koppensteiner* in KölnKomm. AktG, § 313 Rz. 9; *Krieger* in MünchHdb. AG, § 69 Rz. 107; WP-Handbuch 2006, Bd. I, Rz. F 989.

5 So ausdrücklich auch *Habersack* in Emmerich/Habersack, Aktien- und GmbH-Konzernrecht, § 313 Rz. 7; *Koppensteiner* in KölnKomm. AktG, § 313 Rz. 9; *Kropff* in MünchKomm. AktG, § 313 Rz. 22 f., 28; *Kropff*, ZGR 1988, 558, 561 f.; WP-Handbuch 2006, Bd. I, Rz. F 989; a.A. *Krieger* in MünchHdb. AG, § 69 Rz. 107.

6 Bei der Befreiung nach § 270 Abs. 3 müssen dessen Voraussetzungen auch im Hinblick auf den Abhängigkeitsbericht vorliegen, so zutreffend *Habersack* in Emmerich/Habersack, Aktien- und GmbH-Konzernrecht, § 313 Rz. 8; *Kropff* in MünchKomm. AktG, § 313 Rz. 18.

2. Prüfungsverfahren

a) Prüfungsauftrag

6   Die Prüfung ist **Teil der Abschlussprüfung**; entsprechend wird ein besonderer Prüfungsauftrag nicht erteilt[7]. § 313 ergänzt insoweit § 317 HGB. Für Verantwortlichkeit und Haftung gelten entsprechend die §§ 403, 404 Abs. 1 Nr. 2 AktG und §§ 323, 333 HGB[8].

7   Die Aufgabe des Abschlussprüfers beschränkt sich zwingend auf die Prüfung; die Erstellung des Abhängigkeitsberichts kann ihm nicht übertragen werden. Auch insoweit gelten die gleichen Grundsätze wie für die Beteiligung des Abschlussprüfers an der Erstellung des Jahresabschlusses[9].

b) Einleitung des Prüfungsverfahrens

8   Der Vorstand hat den Abhängigkeitsbericht gleichzeitig mit Jahresabschlusses und Lagebericht vorzulegen, also unverzüglich nach deren Aufstellung (§ 320 HGB), die grundsätzlich in den ersten drei Monaten des Geschäftsjahres zu erfolgen hat (§ 264 Abs. 1 HGB)[10].

9   Streitigkeiten zwischen AG und Prüfer über die Notwendigkeit eines Abhängigkeitsberichts können – anders als Streitigkeiten über dessen Inhalt – nach **§ 324 HGB** ausgetragen werden[11].

c) Abschluss der Prüfung

10   Die Prüfung endet gem. § 313 Abs. 2 Satz 3 mit der Vorlage des unterzeichneten Berichts an den Aufsichtsrat (entsprechend der Jahresabschlussprüfung gem. § 321 Abs. 5 HGB). Die Vorlage kann und sollte an den **Aufsichtsratsvorsitzenden** erfolgen, der ihn dann gem. § 314 Abs. 2 an die zuständigen Mitglieder weiterleiten kann[12].

11   Dem Vorstand ist nach § 313 Abs. 2 Satz 3 vor der Zuleitung Gelegenheit zur Stellungnahme zu geben. Auch insoweit entspricht das Verfahren dem der Prüfung des Jahresabschlusses (§ 321 Abs. 5 Satz 2 HGB). Die **Stellungnahme des Vorstands** wird kein Bestandteil des Prüfungsberichts[13].

3. Prüfungsgegenstand (§ 313 Abs. 1 Satz 2)

a) Überblick

12   Gegenstand der Prüfung ist der Abhängigkeitsbericht, nicht allgemein die Beziehungen zu verbundenen Unternehmen. § 313 Abs. 1 Satz 2 Nr. 1 betrifft die tatsächli-

---

7   *ADS*, § 313 AktG Rz. 6; *Habersack* in Emmerich/Habersack, Aktien- und GmbH-Konzernrecht, § 313 Rz. 9 f.; *Hüffer*, § 313 Rz. 4; *Kropff* in MünchKomm. AktG, § 313 Rz. 27.

8   Wohl unstreitig, vgl. nur *Habersack* in Emmerich/Habersack, Aktien- und GmbH-Konzernrecht, § 313 Rz. 9; *Kropff* in MünchKomm. AktG, § 313 Rz. 104.

9   Näher *Emmerich* in Emmerich/Habersack, Aktien- und GmbH-Konzernrecht, § 313 Rz. 10; *Kropff* in MünchKomm. AktG, § 313 Rz. 34 ff.; *Koppensteiner* in KölnKomm. AktG, § 313 Rz. 7.

10   Zu Ausnahmen für kleine AGs und Versicherungsunternehmen § 312 Rz. 19.

11   *Habersack* in Emmerich/Habersack, Aktien- und GmbH-Konzernrecht, § 313 Rz. 13; *Hüffer*, § 313 Rz. 3; *Kropff* in MünchKomm. AktG, § 313 Rz. 105; *Krieger* in MünchHdb. AG, § 69 Rz. 94; für lediglich analoge Anwendung *Koppensteiner* in KölnKomm. AktG, § 313 Rz. 13.

12   So auch *Habersack* in Emmerich/Habersack, Aktien- und GmbH-Konzernrecht, § 313 Rz. 26; *Koppensteiner* in KölnKomm. AktG, § 313 Rz. 31; *Kropff* in MünchKomm. AktG, § 314 Rz. 14.

13   Zur Vorlagepflicht an den Aufsichtsrat s. § 314 Rz. 4.

chen Grundlagen des Berichts, während Nr. 2 und 3 auf die Nachteiligkeit von Rechtsgeschäften (Nr. 2) und Maßnahmen (Nr. 3) und deren Ausgleich abzielen und damit ein Wertungselement beinhalten. Für dessen Ausfüllung macht der Gesetzgeber Vorgaben („nicht unangemessen hoch" in Nr. 2; „für eine wesentlich andere Beurteilung … sprechen" in Nr. 3), die das **unternehmerische Ermessen** des Vorstands bei der Bewertung anerkennen. Teilweise wird insoweit bei Nr. 2 vom Beurteilungsspielraum oder Ermessen des Prüfers gesprochen[14]; präziser geht es jedoch sowohl bei Nr. 2 als auch Nr. 3 um das anzuerkennende unternehmerische Ermessen des Vorstands. Entscheidend ist, ob das Handeln des Vorstands noch als mit der Sorgfalt eines ordentlichen und gewissenhaften Geschäftsleiters vereinbar erscheint.

b) Nr. 1: Richtigkeit der tatsächlichen Angaben im Bericht

Tatsachen sind in der Vergangenheit liegende, objektiv nachprüfbare Vorgänge. Bewertungen und Prognosen werden daher von Nr. 1 nicht erfasst[15], sie sind also nicht auf Richtigkeit zu überprüfen, haben aber Bedeutung für die Prüfung nach Nr. 2 und Nr. 3.   13

Prüfungsgegenstand sind die tatsächliche Vornahme des Rechtsgeschäfts/der Maßnahme, deren zutreffende Beschreibung einschließlich der tatsächlichen Angaben über Leistung und Gegenleistung, die mitgeteilten tatsächlichen Gründe für die Vornahme, die tatsächlichen Auswirkungen sowie der erfolgte Nachteilsausgleich, wobei sich gerade bei auf Tatsachen gestützten Prognosen Abgrenzungsschwierigkeiten zwischen Tatsachen und Wertungen ergeben können.   14

Die Prüfung der **Vollständigkeit** der tatsächlichen Angaben gehört bewusst nicht zum Auftrag[16]. Dies betrifft primär die Frage, ob alle berichtspflichtigen Geschäfte und Maßnahmen erwähnt sind. Im Hinblick auf den Bericht über eine bestimmte Maßnahme ist zu beachten, dass sich die Unrichtigkeit der Angaben auch aus dem willkürlichen Weglassen relevanter Einzelheiten ergeben kann[17].   15

c) Nr. 2: Rechtsgeschäfte

aa) Nach Nr. 2 hat der Prüfer zunächst die Nachteiligkeit des Rechtsgeschäfts zu überprüfen. Wie bei § 312 Abs. 1 Satz 3 (vgl. § 311 Rz. 30, 47 f.) zielt der Wortlaut auf den typischen Fall des Austauschvertrags. Auch hier bedeutet dies keine Begrenzung des Prüfungsauftrags nur auf den Vergleich von Leistung und Gegenleistung; maßgeblich ist vielmehr der **nachteilige Charakter insgesamt**, woraus er sich auch ergeben mag[18].   16

bb) Maßstab für die Prüfung ist, ob das Rechtsgeschäft nach vernünftiger kaufmännischer Beurteilung nachteilig ist; das kaufmännische Ermessen des Vorstands ist i.R.d. § 93 Abs. 1 zu respektieren (hierzu bereits Rz. 12). Darüber hinaus stellt die Formulierung klar, dass der Prüfer ein Rechtsgeschäft nicht schon dann zu beanstan-   17

---

14 *ADS*, § 313 AktG Rz. 22; *Habersack* in Emmerich/Habersack, Aktien- und GmbH-Konzernrecht, § 313 Rz. 16, 17; *Hüffer*, § 313 Rz. 6; so auch die Gesetzesbegründung zu § 313 Abs. 1 Satz 2 Nr. 2, während sie für Nr. 3 das kaufmännische Ermessen des Vorstands betont, vgl. Begr. RegE bei *Kropff*, Aktiengesetz, S. 414 f.
15 Einh. Meinung, vgl. nur *Habersack* in Emmerich/Habersack, Aktien- und GmbH-Konzernrecht, § 313 Rz. 14; *Hüffer*, § 313 Rz. 5; *Kropff* in MünchKomm. AktG, § 313 Rz. 37 f.
16 Begr. RegE bei *Kropff*, Aktiengesetz, S. 414; hierzu Rz. 27.
17 *Koppensteiner* in KölnKomm. AktG, § 313 Rz. 26; *Kropff* in MünchKomm. AktG, § 313 Rz. 62.
18 So ausdrücklich auch *Koppensteiner* in KölnKomm. AktG, § 313 Rz. 19 f.; *Habersack* in Emmerich/Habersack, Aktien- und GmbH-Konzernrecht, § 313 Rz. 15.

den hat, wenn er von der Angemessenheit von Leistung und Gegenleistung nicht überzeugt ist, sondern erst dann, wenn die Leistung der Gesellschaft unangemessen hoch war. Nach der Gesetzesbegründung braucht der Prüfer geringfügige Abweichungen von dem von ihm eigentlich für angemessen gehaltenen Preis nicht zu beanstanden. Entscheidend ist, ob die Gegenleistung bei vernünftiger kaufmännischer Überlegung vertretbar erscheint[19].

18   **cc) Maßgeblicher Zeitpunkt für die Beurteilung** der Nachteiligkeit ist nach dem eindeutigen Gesetzeswortlaut der Zeitpunkt der Vornahme des Geschäfts; allein die zu diesem Zeitpunkt dem Vorstand bekannten oder erkennbaren Umstände sind zu berücksichtigen[20]. Im Hinblick auf die dem Vorstand nicht bekannten, aber bei Anwendung pflichtgemäßer Sorgfalt erkennbaren Umstände ergibt sich damit ein Unterschied zur Schlusserklärung des Vorstands nach § 312 Abs. 3 (vgl. § 312 Rz. 60).

19   **dd) Prüfung des Nachteilsausgleichs.** Kommt der Abhängigkeitsbericht selbst oder dessen Prüfung zum nachteiligen Charakter eines bestimmten Rechtsgeschäfts, hat der Prüfer zu prüfen, ob der Nachteil ausgeglichen worden ist, entweder durch tatsächlichen Ausgleich oder durch Einräumung eines Rechtsanspruchs nach § 311 Abs. 2. Der Maßstab für die Überprüfung des Ausgleichs entspricht dem für die Prüfung der Nachteiligkeit: maßgeblich ist, ob der Nachteil im Vergleich zu dem gewährten Ausgleich nicht unangemessen hoch ist, die Beurteilung durch den Vorstand also noch vertretbar ist[21].

20   **Maßgeblicher Zeitpunkt** für die Bewertung des gewährten Ausgleichs ist der Zeitpunkt der Leistung bzw. der Einräumung des Anspruchs auf Ausgleichsleistung[22].

21   Zu berücksichtigen ist nur ein nach § 311 rechtzeitiger, ausreichend bestimmter Nachteilsausgleich (näher zu den Anforderungen und Grenzen § 311 Rz. 72 ff.). Ein erst auf Veranlassung des Prüfers bewirkter Ausgleich bleibt unberücksichtigt[23].

d) Nr. 3: Maßnahmen

22   Bei sonstigen Maßnahmen hat der Prüfer (lediglich) zu prüfen, ob keine Umstände für eine wesentlich andere Beurteilung der Nachteiligkeit als die durch den Vorstand sprechen (Nr. 3). Mit dieser recht zurückhaltenden Formulierung wollte der Gesetzgeber die Beachtung des unternehmerischen Ermessens des Vorstands besonders betonen, dessen Überprüfung auf Vertretbarkeit bei Fehlen einer vertraglichen Gegenleistung besonders schwierig sein kann. Der Prüfer soll lediglich ein Urteil darüber abgeben, ob der Vorstand bei seiner Maßnahme alle wesentlichen Punkte berücksichtigt hat und ob diese Gesichtspunkte die Beurteilung des Vorstands als vertretbar erscheinen lassen, wobei es wiederum nicht darauf ankommt, ob das eigene Urteil des Prüfers in Schattierungen von dem des Vorstands abweicht[24]. Der Prüfer kann neben den vom Vorstand aufgeführten Gesichtspunkten auch solche berücksichtigen, die

---

19 Begr. RegE bei *Kropff*, Aktiengesetz, S. 414.
20 So auch *Kropff* in MünchKomm. AktG, § 313 Rz. 42; *Habersack* in Emmerich/Habersack, Aktien- und GmbH-Konzernrecht, § 313 Rz. 16; *Hüffer*, § 313 Rz. 7.
21 *Habersack* in Emmerich/Habersack, Aktien- und GmbH-Konzernrecht, § 313 Rz. 17; *Hüffer*, § 313 Rz. 8; *Koppensteiner* in KölnKomm. AktG, § 313 Rz. 21; *Kropff* in MünchKomm. AktG, § 313 Rz. 50 f.; *Krieger* in MünchHdb. AG, § 69 Rz. 108.
22 *Habersack* in Emmerich/Habersack, Aktien- und GmbH-Konzernrecht, § 313 Rz. 17; *Kropff* in MünchKomm. AktG, § 313 Rz. 53; vgl. hierzu auch vgl. § 311 Rz. 79 ff.
23 Unstreitig, vgl. nur *Habersack* in Emmerich/Habersack, Aktien- und GmbH-Konzernrecht, § 313 Rz. 17; *Hüffer*, § 313 Rz. 8; *Koppensteiner* in KölnKomm. AktG, § 313 Rz. 21; *Kropff* in MünchKomm. AktG, § 313 Rz. 54.
24 Begr. RegE, *Kropff*, Aktiengesetz, S. 414 f.

ihm auf Grund seiner Sachkenntnis oder Vertrautheit mit der Gesellschaft bekannt sind, ohne diese aber beweisen zu müssen[25].

Wie bei Nr. 2 ist auch bei Nr. 3 ein etwaiger **Nachteilsausgleich** in die Prüfung mit einzubeziehen. Für den Prüfungsmaßstab und den Beurteilungszeitpunkt gelten die zu Nr. 2 dargestellten Grundsätze entsprechend[26].   23

e) Fehlen eines Abhängigkeitsberichts

Die Prüfungspflicht umfasst auch die Frage, ob bei Fehlen eines Abhängigkeitsberichts ein solcher hätte erstellt werden müssen. Wurde ein Abhängigkeitsbericht zu Unrecht nicht erstellt, hat der Prüfer dies in seinem Bericht zur Jahresabschlussprüfung zu erwähnen und seinen Bestätigungsvermerk hierzu nach § 322 Abs. 4 HGB einzuschränken (zur Möglichkeit einer Sonderprüfung nach § 315 vgl. § 315 Rz. 6)[27]. Alternativ kann der Prüfer auch einen Prüfungsbericht nach § 313 erstellen und den Bestätigungsvermerk für diesen versagen[28].   24

4. Umfang und Durchführung der Prüfung

a) Allgemeines

Für die Prüfungsintensität und Sorgfalt gelten grundsätzlich die gleichen Grundsätze wie für die Prüfung des Jahresabschlusses, deren Bestandteil die Prüfung des Abhängigkeitsberichts ist[29]. Die Prüfung erfolgt retrograd. Dies schließt aber **Zwischenprüfungen** vor Vorlage des Berichts nicht aus (Rz. 30).   25

Bei der Überprüfung der tatsächlichen Angaben nach § 313 Abs. 1 Satz 2 Nr. 1 kann sich der Prüfer wie bei der Prüfung der Inventur i.R.d. Jahresabschlussprüfung auf **Stichproben**, insb. bei Routinevorgängen und Massengeschäften, beschränken[30], wobei anders als bei § 241 Abs. 1 HGB eine wahrscheinlichkeitstheoretische Absicherung nicht erforderlich ist[31].   26

b) Vollständigkeit

Die **Prüfung der Vollständigkeit** der tatsächlichen Angaben gehört bewusst nicht zum Auftrag[32]; der Prüfer braucht also nicht nach nicht aufgeführten Rechtsgeschäften und Maßnahmen zu forschen. Bestehenden Verdachtsmomenten muss er allerdings nachgehen; über festgestellte Unvollständigkeiten muss er nach § 313 Abs. 2 Satz 2 berichten[33]. Dabei kann und muss er nicht nur Kenntnisse berücksichtigen, die ihm im Zusammenhang mit der aktuellen Jahresabschlussprüfung bekannt werden, sondern auch solche, die ihm aufgrund eigener Sachkenntnis oder auch der Prü-   27

25 *Koppensteiner* in KölnKomm. AktG, § 313 Rz. 22; *Kropff* in MünchKomm. AktG, § 313 Rz. 47; *Habersack* in Emmerich/Habersack, Aktien- und GmbH-Konzernrecht, § 313 Rz. 18.

26 *Habersack* in Emmerich/Habersack, Aktien- und GmbH-Konzernrecht, § 313 Rz. 19; *Koppensteiner* in KölnKomm. AktG, § 313 Rz. 23; *Kropff* in MünchKomm. AktG, § 313 Rz. 49 f.; *Krieger* in MünchHdb. AG, § 69 Rz. 108; *Hüffer*, § 313 Rz. 9.

27 *Kropff* in MünchKomm. AktG, § 313 Rz. 25; *Koppensteiner* in KölnKomm. AktG, § 313 Rz. 33; *Habersack* in Emmerich/Habersack, Aktien- und GmbH-Konzernrecht, § 313 Rz. 13; *Krieger* in MünchHdb. AG, § 69 Rz. 94, 107.

28 So zutreffend *Kropff* in MünchKomm. AktG, § 313 Rz. 86.

29 Näher *Kropff* in MünchKomm. AktG, § 313 Rz. 64.

30 So ausdrücklich die Begr. RegE, *Kropff*, Aktiengesetz, S. 414.

31 *Kropff* in MünchKomm. AktG, § 313 Rz. 66.

32 Begr. RegE, *Kropff*, Aktiengesetz, S. 414.

33 Unstreitig, vgl. nur *Kropff* in MünchKomm. AktG, § 313 Rz. 57 ff.; *Habersack* in Emmerich/Habersack, Aktien- und GmbH-Konzernrecht, § 313 Rz. 21; *Hüffer*, § 313 Rz. 5, 11; *Koppensteiner* in KölnKomm. AktG, § 313 Rz. 25; *Krieger* in MünchHdb. AG, § 69 Rz. 108.

fung in den Vorjahren oder der Prüfung verbundener Unternehmen bekannt geworden sind[34].

28   Vom Prüfer ist zu fordern, dass er sich ein eigenes Bild über die **organisatorischen Vorkehrungen** für eine vollständige Erfassung der in den Abhängigkeitsbericht aufzunehmenden Geschäfte und Maßnahmen macht[35]. Er ist berechtigt, vom Vorstand eine **Vollständigkeitserklärung** zu verlangen[36].

c) Einsichts- und Auskunftsrecht (§ 313 Abs. 1 Satz 3 und 4)

29   Nach § 313 Abs. 1 Satz 3 und 4 hat der Prüfer die in § 320 Abs. 1 Satz 2 und Abs. 2 Satz 1 und 2 HGB vorgesehenen **Auskunfts- und Einsichtsrechte**: § 320 Abs. 1 Satz 2 HGB regelt ein weitgehendes Recht, Einsicht in die Bücher und Unterlagen der Gesellschaft zu nehmen. § 313 Abs. 2 Satz 1 normiert ein weitgehendes Auskunftsrecht. Verpflichteter ist jeweils der gesetzliche Vertreter, also der Vorstand der Gesellschaft.

30   Die sinngemäße Geltung des § 320 Abs. 2 Satz 2 HGB bedeutet, dass der Prüfer die vorbezeichneten Einsichts- und Auskunftsrechte auch schon vor der Erstellung des Abhängigkeitsberichts hat, soweit es die Vorbereitung der Prüfung des Abhängigkeitsberichts erfordert. Dadurch werden dem Prüfer **Zwischenprüfungen** ermöglicht, z.B. im Hinblick auf den Kreis der verbundenen Unternehmen, die organisatorische Erfassung der Verbundbeziehungen oder bereits abgeschlossene wichtige Einzelmaßnahmen[37].

31   Nach § 313 Abs. 1 Satz 4 hat der Prüfer die vorstehenden Einsichts- und Auskunftsrechte auch **gegenüber Konzernunternehmen** (i.S.d. § 18) sowie abhängigen oder herrschenden Unternehmen (i.S.d. § 17), und zwar auch solchen mit Sitz im **Ausland**[38]. Gewisse Inkonsistenzen mit § 312, der an die Verbundenheit i.S.d. § 15 anknüpft, sind de lege lata hinzunehmen[39].

32   Die Einsichts- und Auskunftsrechte können nach § 407 Abs. 1 mit **Zwangsgeld** durchgesetzt werden; falsche Angaben sind nach § 400 Abs. 1 Nr. 2 strafbar. Dies gilt jeweils auch gegenüber den deutschen nach § 313 Abs. 1 Satz 4 zur Gewährung von Auskünften und Einsicht verpflichteten Unternehmen, während gegenüber ausländischen Gesellschaften nach h.M. keine Ordnungsstrafgewalt besteht[40], so dass im Verweigerungsfall als Sanktion nur die Einschränkung des Testats bleibt.

---

34 So ausdrücklich etwa auch *Kropff* in MünchKomm. AktG, § 313 Rz. 58; *Habersack* in Emmerich/Habersack, Aktien- und GmbH-Konzernrecht, § 313 Rz. 21.

35 *Kropff* in MünchKomm. AktG, § 313 Rz. 59; *Hüffer*, § 313 Rz. 11.

36 Nach *Kropff* in MünchKomm. AktG, § 313 Rz. 63 sollte der Prüfer eine Vollständigkeitserklärung verlangen; nach *ADS*, § 313 AktG Rz. 48 und WP-Hdb. 2006, Bd. I, Rz. F Rz. 1006 ist sie nicht erforderlich.

37 *ADS*, § 313 AktG Rz. 55; *Habersack* in Emmerich/Habersack, Aktien- und GmbH-Konzernrecht, § 313 Rz. 22; *Koppensteiner* in KölnKomm. AktG, § 313 Rz. 15; *Kropff* in MünchKomm. AktG, § 313 Rz. 65.

38 Ganz einh.M., vgl. nur *Habersack* in Emmerich/Habersack, Aktien- und GmbH-Konzernrecht, § 313 Rz. 24; *Hüffer*, § 313 Rz. 13; *Koppensteiner* in KölnKomm. AktG, § 313 Rz. 16; *Krieger* in MünchHdb. AG, § 69 Rz. 109; *Kropff* in MünchKomm. AktG, § 313 Rz. 76; *S. Maul*, Die faktisch abhängige SE, S. 58 f.; *S. Maul*, NZG 1999, 741, 744 f.; a.A. *Würdinger* in Großkomm. AktG, 3. Aufl., § 313 Anm. 14; vgl. zur Durchsetzung allerdings Rz. 32.

39 Einh. Auffassung, vgl. nur *Habersack* in Emmerich/Habersack, Aktien- und GmbH-Konzernrecht, § 313 Rz. 23; *Hüffer*, § 313 Rz. 13; *Koppensteiner* in KölnKomm. AktG, § 313 Rz. 14; *Krieger* in MünchHdb. AG, § 69 Rz. 109; *Kropff* in MünchKomm. AktG, § 313 Rz. 72 f.

40 *Kropff* in MünchKomm. AktG, § 313 Rz. 77; *Habersack* in Emmerich/Habersack, Aktien- und GmbH-Konzernrecht, § 313 Rz. 24; *Koppensteiner* in KölnKomm. AktG, § 313 Rz. 16; *Krieger* in MünchHdb. AG, § 69 Rz. 109; *S. Maul*, Die faktisch abhängige SE, S. 59 f.; a.A. allerdings *S. Maul*, NZG 1999, 741, 745.

III. Berichtspflicht nach § 313 Abs. 2

Nach § 313 Abs. 2 hat der Prüfer über das Ergebnis seiner Prüfung schriftlich zu berichten. Die Grundsätze über den Prüfungsbericht zum Jahresabschluss gem. **§ 321 HGB** sind auf den Abhängigkeitsbericht zu übertragen (insb. gebotene Klarheit entsprechend § 321 Abs. 1 Satz 1 HGB, problemorientierte Darstellung[41] sowie Erläuterung von Gegenstand, Art und Umfang der Prüfung entsprechend § 321 Abs. 3 HGB)[42]. Nach § 313 Abs. 2 Satz 2 ist zwingend über Unvollständigkeiten zu berichten.   33

Der Bericht sollte daneben **Aussagen** enthalten über den Kreis der Verbundunternehmen, die Kooperationsbereitschaft des Vorstands und der übrigen Konzernunternehmen, bei denen Auskünfte oder Einsicht begehrt worden sind, die Art und Weise der Überprüfung (z.B. Akteneinsicht, Interviews und den Einsatz von Stichproben), eine Beurteilung der organisatorischen Vorkehrungen der Gesellschaft zur vollständigen Erfassung berichtspflichtiger Tatbestände, Veränderungen gegenüber dem Vorjahr sowie die einzelnen Geschäfte und Maßnahmen, bei denen die Prüfer Beanstandungen zu den vorgelegten Tatsachen oder Beurteilungen des Vorstands haben[43].   34

Der schriftliche Bericht ist **vom Prüfer** unter Angabe von Ort und Datum[44] **zu unterzeichnen** (§ 313 Abs. 2 Satz 4). Zur Zuleitung an den Aufsichtsrat und Gelegenheit des Vorstands zur Stellungnahme bereits Rz. 10 f.   35

Wie der Abhängigkeitsbericht und der Prüfbericht zum Jahresabschluss wird auch der Bericht nach § 313 Abs. 2 nicht offen gelegt (zur **Offenlegung** des Prüfungsvermerks Rz. 37). Daran hat sich auch durch die im Rahmen des BilanzrechtsreformG[45] durch § 321a HGB neu eingeführte Offenlegung des Prüfungsberichts zum Jahresabschluss in besonderen Fällen nichts geändert. Die Gesetzesänderung beschränkt sich gerade auf diesen Prüfungsbericht zum Jahresabschluss. Gegen eine Analogie spricht schon, dass beim Prüfungsbericht nach § 313 nicht einmal das zu prüfende Dokument – anders als der Jahresabschluss – offen gelegt werden muss (zur Vertraulichkeit des Abhängigkeitsberichts vgl. § 312 Rz. 7).   36

IV. Bestätigungsvermerk nach § 313 Abs. 3 bis 5

1. Überblick

Die Prüfung muss zu einem definitiven Ergebnis führen, das sich in dem Bestätigungsvermerk ausdrückt. Das Gesetz eröffnet dem Prüfer die drei Alternativen Erteilung, Einschränkung oder Versagung des Vermerks. Der Bestätigungsvermerk ist nach § 313 Abs. 5 Satz 2 in den Prüfungsbericht mit aufzunehmen. Er erlangt über den Prüfungsbericht des Aufsichtsrats nach § 314 Abs. 2 Satz 2 und 3 **Publizität**. Einschränkung und Versagung berechtigen jeden Aktionär nach § 315 Abs. 1 Nr. 1 zu einer Sonderprüfung.   37

---

41 Hierzu Begr. RegE KonTraG zu § 321 HGB, BR-Drucks. 872/97, S. 75.
42 So auch *Kropff* in MünchKomm. AktG, § 313 Rz. 80 f.; *Habersack* in Emmerich/Habersack, Aktien- und GmbH-Konzernrecht, § 313 Rz. 29, *Koppensteiner* in KölnKomm. AktG, § 313 Rz. 29.
43 Zu Hinweisen zum Inhalt vgl. auch *ADS*, § 313 AktG Rz. 63 ff.; *Kropff* in MünchKomm. AktG, § 313 Rz. 81 ff.; WP-Handbuch 2006, Bd. I, Rz. F 1008.
44 Entsprechend § 315 Abs. 5 Satz 1; hierzu *Habersack* in Emmerich/Habersack, Aktien- und GmbH-Konzernrecht, § 313 Rz. 29; *Kropff* in MünchKomm. AktG, § 313 Rz. 85.
45 BT-Drucks. 15/4054.

38   Da der Vermerk publik wird, muss er aus sich allein verständlich sein. Der Vermerk ist gem. § 313 Abs. 5 mit Angabe von Ort und Datum zu **unterzeichnen**, und zwar von allen bestellten Abschlussprüfern[46].

39   Er kann unter den gleichen Voraussetzungen wie der Bestätigungsvermerk zur Jahresabschlussprüfung **widerrufen** werden, wenn der Prüfer im Nachhinein seine Unrichtigkeit erkennt[47].

2. Erteilung

40   Sind nach dem abschließenden Ergebnis der Prüfung keine Einwendungen zu erheben, hat der Prüfer dies grundsätzlich mit dem in § 313 Abs. 3 vorgegebenen **Formaltestat** zu bestätigen. Dessen Formulierung geht von dem Vorliegen von Rechtsgeschäften, die teilweise nicht nachteilig sind und bei denen teilweise Nachteile ausgeglichen sind, und Maßnahmen aus. Irrelevante Teile sind gem. § 313 Abs. 2 und 3 fortzulassen. Bei einem Negativbericht des Vorstands (weder berichtspflichtige Rechtsgeschäfte noch sonstige Maßnahmen) ist lediglich die Erklärung nach Nr. 1 abzugeben[48].

41   Die von *Koppensteiner* vorgeschlagene generelle **Ergänzung des Testats** im Hinblick auf den über den Wortlaut des § 313 Abs. 1 Satz 2 hinausgehenden Prüfungsauftrag[49] ist verständlich, aber nicht erforderlich und aus Gründen der Rechtssicherheit abzulehnen[50]. Bedeutung hat die zu Recht angenommene Erweiterung des Prüfungsauftrags weniger für die Erteilung als vielmehr die Einschränkung oder Versagung des Testats.

42   **Erläuternde Zusätze** zum Testat sind – gerade nachdem der Gesetzgeber solchen Zusätzen beim Bestätigungsvermerk zur Jahresabschlussprüfung positiver gegenüber steht[51] – im Grundsatz zwar nicht geboten, aber zulässig, soweit sie keine verkappte Einschränkung darstellen und als Zusatz klar erkennbar sind[52].

3. Einschränkung und Versagung

43   Sind Einwendungen gegen den Abhängigkeitsbericht zu erheben oder ist dieser unvollständig, ist der Bestätigungsvermerk nach § 313 Abs. 4 Satz 1 einzuschränken oder zu versagen. Die **Einschränkung** ist in Anlehnung an § 322 Abs. 4 Satz 4 HGB n.F. nur zulässig, wenn der Abhängigkeitsbericht trotz der vom Prüfer vorgenomme-

---

46   *Hüffer*, § 313 Rz. 16; *Habersack* in Emmerich/Habersack, Aktien- und GmbH-Konzernrecht, § 313 Rz. 30.

47   So auch *Kropff* in MünchKomm. AktG, § 313 Rz. 103; *Habersack* in Emmerich/Habersack, Aktien- und GmbH-Konzernrecht, § 313 Rz. 30; *Koppensteiner* in KölnKomm. AktG, § 313 Rz. 41; enger (nur bei Täuschung durch den Vorstand) ADS, § 313 AktG Rz. 102.

48   Unstreitig, vgl. nur ADS, § 313 AktG Rz. 84 f.; *Habersack* in Emmerich/Habersack, Aktien- und GmbH-Konzernrecht, § 313 Rz. 33; *Hüffer*, § 313 Rz. 18; *Kropff* in MünchKomm. AktG, § 313 Rz. 91.

49   Zur Prüfung auch einer sich nicht aus fehlender Gleichwertigkeit von Leistung und Gegenleistung ergebenden Nachteiligkeit von Rechtsgeschäften über § 313 Abs. 1 Satz 2 Nr. 2 hinaus oben Rz. 16; zur Prüfung auch des Nachteilsausgleichs bei Maßnahmen über § 313 Abs. 1 Satz 2 Nr. 3 hinaus oben Rz. 23.

50   *Koppensteiner* in KölnKomm. AktG, § 313 Rz. 32; gegen ihn ADS, § 313 AktG Rz. 83; *Hüffer*, § 313 Rz. 17; *Habersack* in Emmerich/Habersack, Aktien- und GmbH-Konzernrecht, § 313 Rz. 31; *Kropff* in MünchKomm. AktG, § 313 Rz. 92, 95.

51   Begr. RegE KonTraG, BR-Drucks. 872/97, S. 77 f.

52   OLG Köln v. 18.6.1999 – 2 Wx 7/99, AG 1999, 519; LG Köln v. 5.2.1999 – 89 T 2/99, DB 1999, 685; *Kropff* in MünchKomm. AktG, § 313 Rz. 100; *Habersack* in Emmerich/Habersack, Aktien- und GmbH-Konzernrecht, § 313 Rz. 32; *Hüffer*, § 313 Rz. 17; ADS, § 313 AktG Rz. 83; IDW-Grundsätze HFA 3/1991 unter III.10., WPg 1992, 91, 94.

nen, in ihrer Tragweite erkennbaren Einschränkung ein den tatsächlichen Verhältnissen im Wesentlichen entsprechendes Bild der Verbundbeziehungen vermittelt[53]. Die Notwendigkeit einer **Versagung** kann sich – wiederum in Anlehnung an § 322 Abs. 2, 4 Satz 4 und Abs. 5 HGB – zum einen aus der Quantität oder Qualität der Einwendungen, zum anderen aber auch daraus ergeben, dass der Prüfer nach Ausschöpfung aller angemessenen Möglichkeiten der Klärung nicht in der Lage war, ein Prüfungsurteil abzugeben.

Einschränkungen sind deutlich von erläuternden Zusätzen abzugrenzen und sollten 44
mit der Formulierung „mit der Einschränkung, dass" eingeleitet werden[54]. Eine **Begründung** der Einschränkung ist gesetzlich nicht ausdrücklich vorgeschrieben, aber entsprechend § 322 Abs. 4 Satz 3 HGB zu fordern[55].

Die Versagung des Vermerks braucht nach bisher h.M. nicht formell in einer geson- 45
derten Erklärung zum Ausdruck gebracht werden[56]. Überzeugender ist es jedoch, entsprechend § 324 Abs. 4 Satz 2 und Abs. 5 Satz 2 HGB einen nicht als Bestätigungsvermerks zu bezeichnenden **Versagungsvermerk** zu fordern, in dem die Versagung und die Gründe für die Versagung aufgenommen werden und der in den Prüfungsbericht aufgenommen wird[57].

Den Sonderfall, dass der Vorstand selbst von einer Benachteiligung ohne Ausgleich 46
ausgeht, ist in **§ 313 Abs. 4 Satz 2** geregelt: der Prüfer hat diesen Teil der Schlusserklärung des Vorstands in seinen Vermerk zu übernehmen und seine eigene Stellungnahme auf die übrigen Geschäfte und Maßnahmen zu beschränken.

§ 314
Prüfung durch den Aufsichtsrat

(1) Der Vorstand hat den Bericht über die Beziehungen zu verbundenen Unternehmen unverzüglich nach dessen Aufstellung dem Aufsichtsrat vorzulegen. Dieser Bericht und, wenn der Jahresabschluss durch einen Abschlussprüfer zu prüfen ist, der Prüfungsbericht des Abschlussprüfers sind auch jedem Aufsichtsratsmitglied oder, wenn der Aufsichtsrat dies beschlossen hat, den Mitgliedern eines Ausschusses zu übermitteln.

(2) Der Aufsichtsrat hat den Bericht über die Beziehungen zu verbundenen Unternehmen zu prüfen und in seinem Bericht an die Hauptversammlung (§ 171 Abs. 2) über das Ergebnis der Prüfung zu berichten. Ist der Jahresabschluss durch einen Abschlussprüfer zu prüfen, so hat der Aufsichtsrat in diesem Bericht ferner zu dem Ergebnis der Prüfung des Berichts über die Beziehungen zu verbundenen Unternehmen

---

53 Im Ergebnis ganz ähnlich auch schon die h.M. vor Neufassung des § 322 Abs. 4 HGB, vgl. *ADS*, § 313 AktG Rz. 88, 95; *Habersack* in Emmerich/Habersack, Aktien- und GmbH-Konzernrecht, § 313 Rz. 35; *Hüffer*, § 313 Rz. 19.
54 So der Vorschlag von *Kropff* in MünchKomm. AktG, § 313 Rz. 98, s. auch OLG Köln v. 18.6.1999 – 2 Wx 7/99, AG 1999, 519.
55 *Kropff* in MünchKomm. AktG, § 313 Rz. 98; eine Begründung lediglich für zweckmäßig haltend *ADS*, § 313 AktG Rz. 87; *Hüffer*, § 313 Rz. 19; IDW-Grundsätze HFA 3/1991 unter III.10., WPg 1992, 91, 93 f.
56 *ADS*, § 313 AktG Rz. 94; *Hüffer*, § 313 Rz. 21; *Koppensteiner* in KölnKomm. AktG, § 313 Rz. 39.
57 So zutreffend *Kropff* in MünchKomm. AktG, § 313 Rz. 99; *Habersack* in Emmerich/Habersack, Aktien- und GmbH-Konzernrecht, § 313 Rz. 34.

durch den Abschlussprüfer Stellung zu nehmen. Ein von dem Abschlussprüfer erteilter Bestätigungsvermerk ist in den Bericht aufzunehmen, eine Versagung des Bestätigungsvermerks ausdrücklich mitzuteilen.

(3) Am Schluss des Berichts hat der Aufsichtsrat zu erklären, ob nach dem abschließenden Ergebnis seiner Prüfung Einwendungen gegen die Erklärung des Vorstands am Schluss des Berichts über die Beziehungen zu verbundenen Unternehmen zu erheben sind.

(4) Ist der Jahresabschluss durch einen Abschlussprüfer zu prüfen, so hat dieser an den Verhandlungen des Aufsichtsrats oder eines Ausschusses über den Bericht über die Beziehungen zu verbundenen Unternehmen teilzunehmen und über die wesentlichen Ergebnisse seiner Prüfung zu berichten.

I. Grundlagen	1	IV. Prüfung durch den Aufsichtsrat 10
II. Vorlage an den Aufsichtsrat	4	V. Bericht an die Hauptversammlung .. 15
III. Informationsrecht der Aufsichtsratsmitglieder	6	VI. Beschluss 22

Literatur: *Kropff*, Die Beschlüsse des Aufsichtsrats zum Jahresabschluss und zum Abhängigkeitsbericht, ZGR 1994, 628. S. zudem die Angaben zu § 311 und insb. § 312.

I. Grundlagen

1   § 314 regelt die Einbeziehung des Aufsichtsrats in die Prüfung des Abhängigkeitsberichts. Die Regelung ist eng an die Vorschriften der **§§ 170 Abs. 1 und 3, 171** zur Prüfung des Jahresabschlusses durch den Aufsichtsrat angelehnt. Auch Änderungen der Vorschrift betrafen §§ 170 f. und 314 entweder gleichermaßen oder passten § 314 an Änderungen der §§ 170 f. an[1].

2   Durch § 314 wird der Aufsichtsrat als Kontrollorgan in die **Prüfung der Verbundbeziehungen und des Schutzes der Gesellschaft nach § 311** einbezogen. Die Gesetzesbegründung betont in diesem Zusammenhang die umfassende Prüfungspflicht und das besondere Wissen, das häufig Vertreter des herrschenden Unternehmens im Aufsichtsrat haben[2]. Konsequent haften daher auch die Aufsichtsratsmitglieder für die Verletzung ihrer Pflichten aus § 314 nach § 318 Abs. 2.

3   § 314 ist darüber hinaus ein Glied in der Kette zu den durch die **§§ 311 ff.** geschützten Außenseitern. Zwar darf die Funktion der Aufsichtsratsmitglieder als Vertreter der Anteilseigner nicht überbewertet werden, da sie typischer Weise gerade vom herrschenden Unternehmen bestellt werden. Über die Aufnahme des Prüfungsergebnisses in den Bericht an die Hauptversammlung nach § 314 Abs. 2 erlangt die Prüfung der Verbundbeziehungen jedoch eine **beschränkte Publizität**, die insb. Grundlage einer Sonderprüfung nach § 315 Satz 1 darstellen kann[3].

---

1 Näher zur Entstehungsgeschichte und Gesetzesänderungen *Habersack* in Emmerich/Habersack, Aktien- und GmbH-Konzernrecht, § 314 Rz. 3; *Koppensteiner* in KölnKomm. AktG, § 314 Rz. 2.

2 Begr. RegE, *Kropff*, Aktiengesetz, S. 416.

3 Zu Reformvorschlägen insb. im Hinblick auf die Wiedereinführung der Unterstützung durch den Abschlussprüfer bei „kleinen" AG und der zwingenden Beteiligung eines Vertreters der Außenseiter im Aufsichtsrat vgl. *Kropff* in MünchKomm. AktG, § 314 Rz. 7 f. m.w.N., *Hommelhoff*, Gutachten für den 59. DJT 1992, G S. 57, 63 ff.

II. Vorlage an den Aufsichtsrat

Die Zuleitung und das weitere Prüfungsverfahren entsprechen weitgehend der Prü- 4
fung des Jahresabschlusses durch den Aufsichtsrat (§§ 170 f.). Der Vorstand leitet den
von ihm erstellten Abhängigkeitsbericht unverzüglich (§ 121 Abs. 1 BGB) dem Aufsichtsrat zu. Der Prüfer legt seinen Prüfungsbericht dem Aufsichtsrat unmittelbar
vor (§ 313 Abs. 2 Satz 3). Eine Stellungnahme des Vorstands zum Bericht des Abschlussprüfers nach § 313 Abs. 2 Satz 3 ist unmittelbar vom Vorstand an den Aufsichtsrat zu leiten⁴. Trotz der unabhängigen Zuleitung durch Vorstand und Prüfer
werden dem Aufsichtsrat Jahresabschluss, Lagebericht und Abhängigkeitsbericht sowie die Prüfungsberichte häufig sehr zeitnah zugeleitet, da die Erstellung von Abhängigkeitsbericht und Jahresabschluss sowie deren Prüfung in der Praxis weitgehend parallel erfolgen.

Empfänger ist der Aufsichtsrat als Organ. Zu den Verfahrensdetails (z.B. Willensbil- 5
dung des Vorstands, Zuständigkeit für die Übermittlung und Entgegennahme) gelten
die Regelungen über den Jahresabschluss nach **§ 170 Abs. 1** entsprechend. Die Vorlagepflichten des Vorstands können nach § 407 Abs. 1 Satz 1 durch Zwangsgeld durchgesetzt werden.

III. Informationsrecht der Aufsichtsratsmitglieder

Nach § 314 Abs. 1 Satz 2 sind Abhängigkeitsbericht und Prüfungsbericht zwingend 6
jedem Aufsichtsratsmitglied zu übermitteln. Gleiches wird auch für die Stellungnahme des Vorstands nach § 313 Abs. 2 Satz 3 zu gelten haben. Der Aufsichtsrat hat nach
§ 314 Abs. 1 Satz 2 lediglich die Möglichkeit, dieses **Informationsrecht** auf die Mitglieder eines Ausschusses zu beschränken. Darüber hinaus steht das Informationsrecht weder zur Disposition des Aufsichtsrats noch der Satzung.

Aus dem Fehlen einer § 170 Abs. 3 Satz 1 entsprechenden Vorschrift kann nicht ge- 7
schlossen werden, dass Aufsichtsratsmitglieder, die dem zuständigen Ausschuss
nicht angehören, kein **Recht zur Kenntnisnahme** haben⁵. Es bleibt vielmehr bei dem
in §§ 90 Abs. 5 Satz 1 und 170 Abs. 3 Satz 1 zum Ausdruck kommenden Grundsatz,
dass jedes Mitglied von an den Aufsichtsrat als Organ zu richtenden Berichten Kenntnis nehmen darf. Ein zwingendes Informationsrecht ist schon wegen der Verantwortlichkeit jedes Aufsichtsratsmitglieds (zum Beschlusserfordernis Rz. 22) und seiner
Haftung unumgänglich.

Zu den **Details** (z.B. Art der Übermittlung oder der Geltendmachung des Informa- 8
tionsrechts) gelten die gleichen Grundsätze wie zu der entsprechenden Vorschrift des
§ 170 Abs. 3.

Teilnahme des Abschlussprüfers: Nach § 314 Abs. 4 hat der Abschlussprüfer zwin- 9
gend an den Verhandlungen des Aufsichtsrats oder seines Ausschusses über den Bericht teilzunehmen und über die wesentlichen Ergebnisse seiner Prüfung zu berichten. Die Regelung entspricht § 171 Abs. 1 Satz 2, auf dessen Kommentierung insb. zu

---

4 *Habersack* in Emmerich/Habersack, Aktien- und GmbH-Konzernrecht, § 314 Rz. 5, § 313
Rz. 27; *Kropff* in MünchKomm. AktG, § 314 Rz. 13.
5 So auch *Habersack* in Emmerich/Habersack, Aktien- und GmbH-Konzernrecht, § 314 Rz. 7;
Hüffer, § 314 Rz. 3; *Kropff* in MünchKomm. AktG, § 314 Rz. 16; *Koppensteiner* in KölnKomm.
AktG, § 314 Rz. 4.

den Pflichten und Aufgaben des Abschlussprüfers und den Folgen seines Fernbleibens für den Beschluss zu verweisen ist[6].

IV. Prüfung durch den Aufsichtsrat

10 **Zuständigkeit**: Die nach § 314 Abs. 2 Satz 1 erforderliche Prüfung obliegt dem Aufsichtsrat als Organ. Wie bei der Prüfung nach § 171 Abs. 1 kann einem Aufsichtsratsausschuss nur die Vorbereitung übertragen werden.

11 **Umfang**: Anders als die inhaltlich begrenzte Prüfung des Abschlussprüfers (§ 313 Abs. 1 Satz 2) hat der Aufsichtsrat den Abhängigkeitsbericht umfassend auf Vollständigkeit und Richtigkeit zu prüfen[7].

12 Für die **Intensität der Prüfung** gelten wiederum die gleichen Grundsätze wie zu § 171. Die Aufsichtsratsmitglieder haben den Abhängigkeitsbericht sorgfältig und kritisch durchzuarbeiten. Bedenken gegen die Beurteilung der Nachteiligkeit oder die Gleichwertigkeit des Nachteilsausgleichs müssen Sie nachgehen. Dagegen brauchen sie ohne Anhaltspunkte keine eigenen Recherchen zur Überprüfung zu veranlassen.

13 Nach ganz einhelliger Meinung muss bei der Überprüfung auch das **unabhängig von der Aufsichtsratstätigkeit erworbene Wissen** berücksichtigt werden, was insb. Bedeutung für die Repräsentanten des herrschenden Unternehmens hat, die bei einem Interessenwiderstreit allein im Interesse der abhängigen AG handeln müssen[8].

14 Prüfungsgegenstand ist auch die Beachtung der **allgemeinen Grundsätze der Berichterstattung** (hierzu § 312 Rz. 51 ff.). Die Sicherstellung der erforderlichen organisatorischen Vorkehrungen wird dabei sinnvoller Weise als Teil der laufenden Überwachung schon während des Geschäftsjahres überprüft[9].

V. Bericht an die Hauptversammlung

15 Nach § 314 Abs. 2 hat der Aufsichtsrat über seine Prüfung in seinem Bericht an die Hauptversammlung nach § 171 Abs. 2 zu berichten und darin auch zu dem Ergebnis der Prüfung durch den Abschlussprüfer Stellung zu nehmen. Aus § 171 Abs. 3 ergibt sich die für die Prüfung zur Verfügung stehende **Zeit** von einem Monat; aus § 175 Abs. 2 die **Publizität** des Berichts.

16 In dem Bericht ist nach § 314 Abs. 2 Satz 3 der Bestätigungsvermerk des Abschlussprüfers **wörtlich**[10] aufzunehmen bzw. dessen Versagung mitzuteilen, was dem Prüfungsbericht die insb. im Hinblick auf § 315 Satz 1 Nr. 1 notwendige beschränkte

6 Zur Bedeutung des Fernbleibens speziell für den Beschluss nach § 314 *Habersack* in Emmerich/Habersack, Aktien- und GmbH-Konzernrecht, § 314 Rz. 10 (Nichtigkeit); dagegen zu Recht *Koppensteiner* in KölnKomm. AktG, § 314 Rz. 7.

7 Unstreitig, vgl. nur *Habersack* in Emmerich/Habersack, Aktien- und GmbH-Konzernrecht, § 314 Rz. 12; *Hüffer*, § 314 Rz. 4; *Kropff* in MünchKomm. AktG, § 314 Rz. 18; *Koppensteiner* in KölnKomm. AktG, § 314 Rz. 5; ebenso schon die Begr. RegE, *Kropff*, Aktiengesetz, S. 416.

8 *Habersack* in Emmerich/Habersack, Aktien- und GmbH-Konzernrecht, § 314 Rz. 13; *Hüffer*, § 314 Rz. 4; *Koppensteiner* in KölnKomm. AktG, § 314 Rz. 6; *Kropff* in MünchKomm. AktG, § 314 Rz. 20, 24; davon geht auch die Begr. RegE, *Kropff*, Aktiengesetz, S. 416 aus.

9 So auch *Habersack* in Emmerich/Habersack, Aktien- und GmbH-Konzernrecht, § 314 Rz. 13; *Koppensteiner* in KölnKomm. AktG, § 314 Rz. 5; *Kropff* in MünchKomm. AktG, § 314 Rz. 19; *Semler*, Rz. 465.

10 BGH v. 25.11.2002 – II ZR 133/01, AG 2003, 273, 274; LG München I v. 31.5.2001 – 5 HK O 17738/00, AG 2002, 302, 303; *Kropff* in MünchKomm. AktG, § 314 Rz. 26.

Publizität verleiht. Hat der Vorstand entgegen der Auffassung des Aufsichtsrats keinen Abhängigkeitsbericht erstellt, hat der Aufsichtsrat hierüber zu berichten[11].

Nach § 314 Abs. 3 hat der Aufsichtsrat am Schluss des Berichts zu erklären, ob **Ein-** **wendungen** gegen die Schlusserklärung des Vorstands im Abhängigkeitsbericht zu erheben sind. Bedeutung hat dies für das Recht der Aktionäre, Sonderprüfung nach § 315 Satz 1 Nr. 2 zu erheben. Für die Beurteilung ist wie bei der Schlusserklärung des Vorstands nach § 312 Abs. 3 der Zeitpunkt der Vornahme des Rechtsgeschäfts bzw. der Durchführung der Maßnahme maßgeblich. Die Formulierung des § 314 Abs. 3 knüpft an § 313 Abs. 4 an. Auch der Aufsichtsrat darf dem Vorstand ein **unternehmerisches Ermessen** zuerkennen (vgl. § 313 Rz. 12). 17

Kleinere Beanstandungen, beispielsweise nicht ganz vollständige Sachverhaltsaufklärung bei vergleichsweise unbedeutenden Geschäften, die weder im Einzelfall von Bedeutung, noch für die Einflussnahme des herrschenden Unternehmens symptomatisch sind, zwingen nicht zur Erhebung von Einwendungen in der Schlusserklärung[12]. 18

Umfang: In der Praxis sind die Berichte des Aufsichtsrats, wie jedenfalls früher auch die Berichte zu Jahresabschluss und Lagebericht nach § 171 Abs. 2, meist recht knapp gefasst[13]. Die gerade in jüngerer Zeit erhobene Forderung nach deutlich detaillierterer Berichterstattung nach § 171 Abs. 2[14] kann nicht auf die stark ergebnisorientierte Berichterstattung nach § 314 Abs. 2 über die Prüfung des seinerseits vertraulichen Abhängigkeitsberichts übertragen werden. 19

Hält der Aufsichtsrat Einwendungen für gerechtfertigt, kann er sich nicht mit einer entsprechenden Erklärung nach Abs. 3 begnügen. Die besonderen Rechte der Aktionäre nach §§ 315 und 317 f. entbinden den Aufsichtsrat nicht von seiner Sorgfaltspflicht nach §§ 116, 93 Abs. 1, die eine alsbaldige **Einwirkung auf den Vorstand** zur Vermeidung weiterer Benachteiligungen der Gesellschaft und ein Hinwirken auf die **Geltendmachung von Ersatzansprüchen** nach § 317 erfordern kann[15]. 20

Mängel des Berichts wie das Fehlen der Bestätigung eigener Prüfung des Abhängigkeitsberichts oder des Bestätigungsvermerks des Prüfers, stellen nach der Rechtsprechung einen schwerwiegenden Gesetzesverstoß dar, der die **Anfechtung der Entlastung** rechtfertigt[16]. 21

VI. Beschluss

Das Aufsichtsratsplenum entscheidet über seine Stellungnahme zum Abhängigkeitsbericht durch Beschluss, der in dem Beschluss über den Bericht an die Hauptversammlung enthalten sein kann[17]. Für dessen Anfechtbarkeit und Nichtigkeit gelten die allgemeinen Grundsätze[18]; eine Nichtigkeit kann sich insb. aus § 57 wegen Un- 22

---

11 So ausdrücklich auch *Kropff* in MünchKomm. AktG, § 314 Rz. 15.
12 So auch *Hüffer*, § 314 Rz. 6; *Habersack* in Emmerich/Habersack, Aktien- und GmbH-Konzernrecht, § 314 Rz. 16; *Koppensteiner* in KölnKomm. AktG, § 314 Rz. 10.
13 Zu Formulierungs-/Gliederungsvorschlägen *Kropff* in Semler/v. Schenck, Arbeitshandbuch Aufsichtsratsmitglieder, Rz. 273; *Kropff* in MünchKomm. AktG, § 314 Rz. 28 f.
14 S. nur LG München I v. 10.3.2005 – 5 HK O 18110/04, ZIP 2005, 1031, 1032 f.
15 So zutreffend *Semler*, Rz. 468 f.
16 BGH v. 25.11.2002 – II ZR 133/01, BGHZ 153, 47, 50 ff., 52 f. = AG 2003, 273; BGH v. 4.3.1974 – II ZR 89/72, BGHZ 62, 193, 194 f.; LG Hamburg v. 23.1.2002 – 411 O 91/01, AG 2002, 525, 527; LG Karlsruhe v. 11.5.2000 – O 88/99 KfH IV, AG 2001, 204, 205; LG München I v. 31.5.2001 – 5 HK O 17738/00, AG 2002, 302, 303; *Lutter*, JZ 2003, 684, 685.
17 *Kropff* in Semler/v. Schenck, Arbeitshandbuch Aufsichtsratsmitglieder, Rz. 276.
18 Ausführlicher *Kropff* in MünchKomm. AktG, Rz. 30 ff.; zu den Folgen eines Fernbleibens des Abschlussprüfers bereits Rz. 9.

terstützung einer verbotenen Einlagenrückgewähr ergeben[19]. Bei getrennter Beschlussfassung zu Jahresabschluss und Lagebericht können Mängel des einen den anderen infizieren, wobei die Grundsätze des § 139 BGB maßgeblich sind[20].

§ 315
Sonderprüfung

Auf Antrag eines Aktionärs hat das Gericht Sonderprüfer zur Prüfung der geschäftlichen Beziehungen der Gesellschaft zu dem herrschenden Unternehmen oder einem mit ihm verbundenen Unternehmen zu bestellen, wenn

1. **der Abschlussprüfer den Bestätigungsvermerk zum Bericht über die Beziehungen zu verbundenen Unternehmen eingeschränkt oder versagt hat,**

2. **der Aufsichtsrat erklärt hat, dass Einwendungen gegen die Erklärung des Vorstands am Schluss des Berichts über die Beziehungen zu verbundenen Unternehmen zu erheben sind,**

3. **der Vorstand selbst erklärt hat, dass die Gesellschaft durch bestimmte Rechtsgeschäfte oder Maßnahmen benachteiligt worden ist, ohne dass die Nachteile ausgeglichen worden sind.**

Liegen sonstige Tatsachen vor, die den Verdacht einer pflichtwidrigen Nachteilszufügung rechtfertigen, kann der Antrag auch von Aktionären gestellt werden, deren Anteile zusammen den Schwellenwert des § 142 Abs. 2 erreichen, wenn sie glaubhaft machen, dass sie seit mindestens drei Monaten vor dem Tage der Antragstellung Inhaber der Aktien sind. Über den Antrag entscheidet das Landgericht, in dessen Bezirk die Gesellschaft ihren Sitz hat. Ist bei dem Landgericht eine Kammer für Handelssachen gebildet, so entscheidet diese an Stelle der Zivilkammer. § 142 Abs. 5 Satz 5 und 6, Abs. 8 gilt entsprechend. Gegen die Entscheidung ist die sofortige Beschwerde zulässig. Hat die Hauptversammlung zur Prüfung derselben Vorgänge Sonderprüfer bestellt, so kann jeder Aktionär den Antrag nach § 142 Abs. 4 stellen.

I. Grundlagen	1	IV. Durchführung der Sonderprüfung	21
II. Voraussetzungen der Sonderprüfung	5	1. Gegenstand	21
1. Formalisierter Verdachtstatbestand des § 315 Satz 1	5	2. Durchführung	25
		3. Bericht, Publizität	27
2. Erweiterter Verdachtstatbestand des § 315 Satz 2	10	V. Bestellung eines anderen Sonderprüfers (§ 315 Satz 6)	29
III. Bestellungsverfahren	15		

Literatur: *Jänig*, Die aktienrechtliche Sonderprüfung, 2005; *Krag*, Konzepte für die Durchführung von Sonderprüfungen gem. § 315 AktG, BB 1988, 1850; *Noack*, Die konzernrechtliche Sonderprüfung nach § 315 AktG, WPg 1994, 225. S. im Übrigen die Angaben zu § 311 und insb. § 312.

---

19 So zu Recht *Kropff*, ZGR 1994, 628, 642; *Kropff* in MünchKomm. AktG, Rz. 31.
20 Hierzu BGH v. 15.11.1993 – II ZR 235/92, BGHZ 124, 111, 121 ff. = AG 1994, 124; dazu *Kropff*, ZGR 1994, 628, 639 ff.; *Kropff* in MünchKomm. AktG, Rz. 32.

I. Grundlagen

Überblick: § 315 Satz 1 gewährt jedem Aktionär das Recht, bei Vorliegen bestimmter 1
formalisierter Voraussetzungen eine Sonderprüfung der geschäftlichen Beziehungen
zum herrschenden Unternehmen oder einem mit ihm verbundenen Unternehmen zu
initiieren. § 315 Satz 2 gewährt das gleiche Recht einer **qualifizierten Minderheit** von
Aktionären, soweit außerhalb dieser formalisierten Voraussetzungen der Verdacht einer pflichtwidrigen Nachteilszufügung besteht. Im letzten Satz wird ergänzend jedem einzelnen Aktionär das Recht eingeräumt, auf die Ersetzung eines zur Prüfung
derselben Vorgänge von der (typischer Weise vom herrschenden Unternehmen dominierten) Hauptversammlung bestellten Sonderprüfers hinzuwirken.

Zweck: § 315 ist ein **Element der beschränkten Publizität** der Überprüfung des § 311. 2
Zum Schutz der Gesellschaft sind der Abhängigkeitsbericht und der Prüfungsbericht
mit Ausnahme der jeweiligen Schlusserklärungen nicht öffentlich zugänglich. Bei einem begründeten Verdacht werden allerdings die zugrundeliegenden Umstände mittels der Sonderprüfung, insb. des schriftlichen, grundsätzlich nach § 145 Abs. 6 (n.F.)
öffentlich zugänglichen Sonderprüfungsberichts öffentlich. Dadurch wird den Minderheitsaktionären und mittelbar den nicht selbst nach § 315 antragsbefugten Gläubigern die Durchsetzung von Schadensersatzansprüchen nach §§ 317 f. erleichtert[1].
Da Vorstand und herrschendem Unternehmen diese Möglichkeit bewusst ist, wird
die **präventive Wirkung** der §§ 312 ff. deutlich erhöht.

Verhältnis zu §§ 142 ff.: Die Sonderprüfungstatbestände in § 315 Sätzen 1 und 2 sind 3
besondere Anwendungsfälle der allgemeinen Sonderprüfung nach §§ 142 ff., die daher
ergänzend anwendbar sind, soweit § 315 keine vorrangige oder abschließende Regelung enthält[2]. Wie der letzte Satz des § 315 zeigt, verdrängt § 315 die §§ 142 ff. mit ihren abweichenden Initiativrechten für die Überprüfung von Verbundbeziehungen
nicht[3].

Entstehungsgeschichte: § 315 Satz 2 (a.F.) mit seinem zusätzlichen Sonderprüfungs- 4
tatbestand ist durch das KonTraG vom 27.4.1998[4] eingeführt und durch das **UMAG**[5],
das das Recht der Sonderprüfung in vielerlei Hinsicht modifiziert hat, durch die jetzigen Sätze 2–4 ersetzt worden. Die Änderungen durch das UMAG betrafen zum einen
die Herabsetzung des Antragsquorums von 5 % des Grundkapitals bzw. des anteiligen Betrags von 500.000 Euro auf 1 % des Grundkapitals bzw. einen anteiligen Betrag
von 100.000 Euro gem. § 142 Abs. 2, zum anderen die Begründung der Zuständigkeit
des Landgerichts (nach Möglichkeit KfH) statt des bisher zuständigen Amtsgerichts.
Die weitergehenden Änderungen der §§ 142 ff. durch das UMAG sind bei deren subsidiärer Geltung für die Sonderprüfung nach § 315 zu beachten, insb. die §§ 145
Abs. 4, 146.

---

1 BGH v. 17.3.1997 – II ZB 3/96, BGHZ 135, 107, 109 f. = AG 1997, 374; OLG Hamm v. 29.6.2000
  – 15 W 69/00, ZIP 2000, 1299 = AG 2001, 192.
2 Unstreitig, Begr. RegE, *Kropff*, Aktiengesetz, S. 417; OLG Hamm v. 29.6.2000 – 15 W 69/00,
  ZIP 2000, 1299 f. mit zust. Anm. *Fleischer*, EWiR 2000, 801 = AG 2001, 192; LG Münster v.
  19.1.2000 – 21 T 1/99, AG 2001, 54; *Habersack* in Emmerich/Habersack, Aktien- und GmbH-
  Konzernrecht, § 315 Rz. 3; *Hüffer*, § 315 Rz. 1; *Kropff* in MünchKomm. AktG, § 315 Rz. 8.
3 So ausdrücklich auch *Habersack* in Emmerich/Habersack, Aktien- und GmbH-Konzernrecht,
  § 315 Rz. 4.
4 Art. 1 Nr. 31 des Gesetzes zur Kontrolle und Transparenz im Unternehmensbereich (KonTraG)
  vom 27.4.1998, BGBl. I 1998, 786, geändert durch Art. 3 § 1 Nr. 8 EuroEG vom 9.6.1998, BGBl. I
  1998, 1242.
5 Art. 1 Nr. 36 des Gesetzes zur Unternehmensintegrität und Modernisierung des Anfechtungsrechts (UMAG) vom 22.9.2005, BGBl. I 2005, 2902.

II. Voraussetzungen der Sonderprüfung

1. Formalisierter Verdachtstatbestand des § 315 Satz 1

5   § 315 Satz 1 knüpft materiell an drei formalisierte Aufgreifkriterien an, die sich auf formale Erklärungen der Verwaltung bzw. des Abschlussprüfers zu Verstößen gegen § 311 beziehen und allesamt dem öffentlich zugänglichen Bericht des Aufsichtsrats zu entnehmen sind. Dieser enthält gem. § 314 Abs. 2 Satz 3 die Einschränkung und Versagung des Bestätigungsvermerks des Abschlussprüfers nach Nr. 1, gem. § 314 Abs. 3 die eigenen Einwendungen des Aufsichtsrats nach Nr. 2 und gem. §§ 313 Abs. 4 Satz 2, 314 Abs. 2 Satz 3 mittelbar auch die Erklärung des Vorstands nach Nr. 3, die im Übrigen auch nach § 312 Abs. 3 Satz 3 in den Lagebericht aufzunehmen ist.

6   Den Erklärungen zu Nr. 1–3 ist die **Einschränkung des Testats zur Jahresabschlussprüfung nach § 322 HGB** bzw. Einwendungen des Aufsichtsrats nach Nr. 2 wegen völligen Fehlens eines erforderlichen Abhängigkeitsberichts gleichzustellen[6]; die bloße Nichterstattung des Berichts ohne formale Manifestation genügt dagegen nicht[7]. Der Erhebung von Einwendungen durch den Aufsichtsrat nach Nr. 2 wird man das Fehlen der Erklärung des Aufsichtsrats nach § 314 Abs. 3 und die rechtskräftige gerichtliche Vernichtung eines keine Einwendungen enthaltenden Aufsichtsratsbeschlusses gleichstellen können[8].

7   Liegt eine dieser formalen Erklärungen vor, ist der Antrag des Aktionärs begründet. Das Gericht hat lediglich zu prüfen, ob wirklich eine entsprechende Erklärung vorliegt[9]. Es hat dagegen keine weitergehende Prüfungspflicht und **kein Prüfungsrecht** und prüft insb. nicht, ob die Erklärung zutreffend ist[10].

8   Formell ist für § 315 Satz 1 der Antrag eines einzigen Aktionärs hinreichend und notwendig. Ein **Gläubiger** hat nach unbestrittener Ansicht kein Antragsrecht, auch wenn § 315 dadurch bei Einmann-Gesellschaften leer läuft[11].

9   Im Gegensatz zu § 315 Satz 2 ist **keine Mindestdauer der Beteiligung** vor Antragstellung erforderlich. Auch muss der Aktionär das Halten der Beteiligung während des Verfahrens nicht von sich aus glaubhaft machen. Allerdings könnte das Gericht einen Nachweis bei (wohl nur theoretisch denkbarer) Verfahrensverzögerung verlangen, da mit Verlust der Aktionärsstellung auch die Antragsberechtigung erlischt[12].

---

6   So auch *Koppensteiner* in KölnKomm. AktG, § 315 Rz. 3, 9, § 312 Rz. 33; *Kropff* in Münch-Komm. AktG, § 315 Rz. 15; *Habersack* in Emmerich/Habersack, Aktien- und GmbH-Konzernrecht, § 312 Rz. 19; wohl auch *Kupsch*, DB 1993, 493, 496; s. hierzu auch § 313 Rz. 24.

7   A.A. wohl *Haesen*, S. 123.

8   So auch *Kropff* in MünchKomm. AktG, § 315 Rz. 14; *Koppensteiner* in KölnKomm. AktG, § 315 Rz. 3; *Habersack* in Emmerich/Habersack, Aktien- und GmbH-Konzernrecht, § 314 Rz. 11.

9   Zur Abgrenzung der Einschränkung des Bestätigungsvermerks von irrelevanten Zusätzen OLG Köln v. 18.6.1999 – 2 Wx 7/99, AG 1999, 519; AG Köln v. 7.12.1998 – 42 HRB 20614, AG 1999, 284 mit zust. Anm. *Dreher/Schnorbus*, EWiR 1999, 145, 146; LG Köln v. 5.2.1999 – 89 T 2/99, DB 1999, 685 = AG 1999, 282; s. außerdem § 313 Rz. 42, 44.

10 Unstreitig, vgl. nur *Dreher/Schnorbus*, EWiR 1999, 145, 146; *Habersack* in Emmerich/Habersack, Aktien- und GmbH-Konzernrecht, § 315 Rz. 5; *Hüffer*, § 315 Rz. 3; *Kropff* in Münch-Komm. AktG, § 315 Rz. 11.

11 *Kropff* in MünchKomm. AktG, § 315 Rz. 10; *Habersack* in Emmerich/Habersack, Aktien- und GmbH-Konzernrecht, § 315 Rz. 7; rechtspolitisch kritisch *Koppensteiner* in KölnKomm. AktG, § 315 Rz. 7; *Weinbrenner*, Der Konzern 2006, 583, 591 f.

12 *Habersack* in Emmerich/Habersack, Aktien- und GmbH-Konzernrecht, § 315 Rz. 7; *Koppensteiner* in KölnKomm. AktG, § 315 Rz. 3; *Kropff* in MünchKomm. AktG, § 315 Rz. 16.

2. Erweiterter Verdachtstatbestand des § 315 Satz 2

Materiell erfordert § 315 Satz 2 das Vorliegen sonstiger **Tatsachen, die den Verdacht** 10 **einer pflichtwidrigen Nachteilszufügung rechtfertigen**. Pflichtwidrige Nachteilszufügung verlangt einen Verstoß gegen § 311 (vom herrschenden Unternehmen veranlasste Nachteilszufügung ohne Ausgleich)[13]. Die Formulierung orientiert sich an § 142 Abs. 2 Satz 1 an, der Tatsachen, die den Verdacht von Unredlichkeiten oder groben Verletzungen rechtfertigen, verlangt. Wegen der Tatbestandsmerkmale Tatsachen und Verdacht kann daher auf die Kommentierung zu § 142 verwiesen werden.

Die Antragsteller müssen Tatsachen vortragen, die den Verdacht einer pflichtwidri- 11 gen Nachteilszufügung rechtfertigen. **Beweis oder Glaubhaftmachung** ist nicht erforderlich; die Tatsachen müssen jedoch ausreichend fundiert sein, um dem Gericht Anlass zur eigenen Überprüfung nach § 12 FGG zu geben[14]. Im Zusammenhang mit der Herabsetzung des erforderlichen Quorums (Rz. 4) hat der Gesetzgeber zu § 142 betont, dass „hohe Anforderungen an die Überzeugung des Gerichts zum Vorliegen der Tatsachen zu stellen" sind[15].

Antragsbefugt sind nach dem durch das UMAG (vgl. Rz. 4) neugefassten § 315 Satz 2 12 Aktionäre, deren Anteile zusammen den Schwellenwert des § 142 Abs. 2 erreichen. Demgegenüber waren nach altem Recht die Schwellenwerte des § 315 Satz 2 halb so hoch wie die des § 142 Abs. 2. Schwellenwert des § 142 Abs. 2 ist das Erreichen von entweder 1 % des Grundkapitals oder eines anteiligen Betrags von 100.000 Euro. Wegen der Einzelheiten einschließlich der Berücksichtigung vom Stimmrecht ausgeschlossener Aktien wird auf die Kommentierung zu § 142 Abs. 2 zu verweisen.

Die Antragsteller müssen **glaubhaft** machen, dass sie seit mindestens drei Monaten 13 vor dem Tage der Antragstellung Inhaber der Aktien sind. § 142 Abs. 2 verlangt dagegen den **Nachweis** einer dreimonatigen Vorhaltefrist[16]. Für die Glaubhaftmachung reicht wie bisher eine eidesstattliche Versicherung vor einem Notar aus (vgl. §§ 142 Abs. 2 Satz 3 a.F., 258 Abs. 2 Satz 5).

Wie beim Antrag nach § 315 Satz 1 (Rz. 9) erlischt die Antragsbefugnis mit dem **Ver-** 14 **lust der Aktionärsstellung**. Abweichend von § 142 Abs. 2 verlangt § 315 Satz 2 nicht ausdrücklich, das **Halten der Aktien bis zur Entscheidung** über den Antrag nachzuweisen oder glaubhaft zu machen. Dem entspricht, dass nach altem Recht die Hinterlegung der Aktien bis zur Entscheidung nur von § 142 Abs. 2 angeordnet wurde, was die ganz h.M. allerdings nicht davon abhielt, dieses Erfordernis aufgrund dessen subsidiärer Geltung auch auf § 315 Satz 2 anzuwenden[17]. Den Gesetzesmaterialien lassen sich keine Hinweise auf eine bewusste Abweichung von der Grundnorm des § 142 Abs. 2 entnehmen[18], was für eine einheitliche Interpretation beider Normen

13 *Kropff* in MünchKomm. AktG, § 315 Rz. 17; auf Tatsachen zum fehlenden Nachteilsausgleich verzichtend *Koppensteiner* in KölnKomm. AktG, § 315 Rz. 6.
14 Ebenso *Habersack* in Emmerich/Habersack, Aktien- und GmbH-Konzernrecht, § 315 Rz. 10; *Hüffer*, § 315 Rz. 3c; *Koppensteiner* in KölnKomm. AktG, § 315 Rz. 6; *Kropff* in Münch-Komm. AktG, § 315 Rz. 18.
15 Begr. RegE zum UMAG, BR-Drucks. 3/05, S. 36.
16 Eine vergleichbare Divergenz besteht zwischen § 258 Abs. 2 und § 142 Abs. 2; zur Berechnung der Frist wird auf die Erläuterungen zu § 142 Abs. 2 Satz 2 verwiesen.
17 OLG Hamm v. 29.6.2000 – 15 W 69/00, ZIP 2000, 1299 = AG 2001, 192 mit zust. Anm. *Fleischer*, EWiR 2000, 801; LG Münster v. 19.1.2000 – 21 T 1/99, AG 2001, 54; *Koppensteiner* in KölnKomm. AktG, § 315 Rz. 5; *Kropff* in MünchKomm. AktG, § 315 Rz. 20.
18 Die Gesetzesbegründung sieht in den Änderungen zu § 315 eine bloße Folgeänderung zu § 142, vgl. Begr. RegE zum UMAG, BR-Drucks. 3/05, S. 65.

sprechen könnte[19]. Da aber der Wortlaut des § 315 und die Unterschiede zu § 142 Abs. 2 eindeutig und die Unterschiede zu § 142 Abs. 2 durch das UMAG sogar noch verschärft worden sind, ist dem trotz eines möglicherweise vorliegenden Versehens des Gesetzgebers bei einer Norm, die den Zugang zu den staatlichen Gerichten regelt, nicht zu folgen. Eine fehlende Glaubhaftmachung führt daher nicht zur Unzulässigkeit oder Unbegründetheit des Antrags. Allerdings kann das Gericht wie beim Antrag nach § 315 Satz 1 (Rz. 9) einen Nachweis der fortbestehenden Aktionärsstellung während des Verfahrens verlangen.

III. Bestellungsverfahren

15 Das Bestellungsverfahren wird mit dem Antrag eingeleitet. Trotz Fehlens einer ausdrücklichen Regelung muss der Antrag vor der Verjährung etwaiger Ansprüche nach §§ 317 f. eingehen[20]. Auch vor Ablauf dieser Frist kann der Antrag nach allgemeinen Grundsätzen **rechtsmissbräuchlich** sein, was aber bei einem Antrag nach § 315 Satz 1 praktisch kaum denkbar sein wird[21].

16 **Zuständig** ist nach der Änderung durch das UMAG nicht mehr das Amtsgericht, sondern wie bei Anträgen nach § 142 Abs. 2[22] das Landgericht des Sitzes der Gesellschaft, und zwar, soweit vorhanden, die **Kammer für Handelssachen** (§ 315 Satz 3 und 4). Über die Verweisung auf § 142 Abs. 5 besteht auch hier die Möglichkeit der Landesverwaltung, diese Zuständigkeit für mehrere Gerichtsbezirke zu konzentrieren, sofern dies der Sicherung einer einheitlichen Rechtsprechung dient.

17 Das Gericht entscheidet im **FGG-Verfahren** (§ 315 Satz 5 i.V.m. § 142 Abs. 8). Trotz Fehlens einer ausdrücklichen Verweisung findet § 142 Abs. 5 Satz 1 (**Anhörung des Aufsichtsrats**) Anwendung[23].

18 Liegen die Voraussetzungen des § 315 Satz 1 oder Satz 2 vor, hat das Gericht einen oder mehrere **Sonderprüfer** namentlich zu bestellen. Für deren Auswahl gilt § 143. Der Abschlussprüfer, der den Abhängigkeitsbericht nach § 314 geprüft hat, kann nicht als Sonderprüfer bestellt werden[24].

19 Der durch das Bilanzkontrollgesetz[25] neu eingeführte **§ 142 Abs. 7** gilt entsprechend: Das Gericht hat bei börsennotierten Gesellschaften und Gesellschaften, die sonstige

---

19 So zur neuen Rechtslage *Krieger* in MünchHdb. AG, § 69 Rz. 116; wohl auch *Habersack* in Emmerich/Habersack, Aktien- und GmbH-Konzernrecht, § 315 Rz. 12; *Hüffer*, § 315 Rz. 3 b.

20 *Habersack* in Emmerich/Habersack, Aktien- und GmbH-Konzernrecht, § 315 Rz. 8, 13; *Koppensteiner* in KölnKomm. AktG, § 315 Rz. 8; *Kropff* in MünchKomm. AktG, § 315 Rz. 21 Fn. 49; *Noack*, WPg 1994, 225, 235.

21 Zu den Grundsätzen des Rechtsmissbrauchs bei Beantragung einer Sonderprüfung vgl. die Ausführungen zu § 142 Abs. 2 bei § 142 Rz. 57 ff.; speziell zu § 315 *Kropff* in MünchKomm. AktG, § 315 Rz. 22; *Noack*, WPg 1994, 225, 235, der jedoch eine Verwirkung zu weitgehend bereits dann annimmt, wenn bereits in der nächsten Hauptversammlung über die Prüfung des Abhängigkeitsberichts für das Folgejahr berichtet wurde; *Habersack* in Emmerich/Habersack, Aktien- und GmbH-Konzernrecht, § 315 Rz. 13 und 8, wo er Rechtsmissbrauch bei § 315 Satz 1 allerdings generell ablehnt; ebenso *Koppensteiner* in KölnKomm. AktG, § 315 Rz. 8.

22 Vgl. die durch das UMAG neu eingeführten Sätze 3 ff., des § 142 Abs. 5.

23 *Habersack* in Emmerich/Habersack, Aktien- und GmbH-Konzernrecht, § 315 Rz. 14; *Hüffer*, § 315 Rz. 4; *Koppensteiner* in KölnKomm. AktG, § 315 Rz. 10; *Kropff* in MünchKomm. AktG, § 315 Rz. 23.

24 Unstr., s. nur *Habersack* in Emmerich/Habersack, Aktien- und GmbH-Konzernrecht, § 315 Rz. 14; *Kropff* in MünchKomm. AktG, § 315 Rz. 25; vgl. auch die Grundwertung des § 258 Abs. 4 Satz 3, der den Ausschluss aber auch auf die Abschlussprüfer der letzten drei Jahre erstreckt.

25 Vom 15.12.2004, BGBl. I 2004, 3408.

börsenzugelassene Wertpapiere ausgegeben haben, der **BaFin** sowohl den Eingang des Antrags auf Bestellung, als auch die gerichtliche Bestellung selbst sowie den Prüfungsbericht mitzuteilen[26].

Gegen die Entscheidung ist nach § 315 Satz 3 die **sofortige Beschwerde** innerhalb von   20 zwei Wochen (§ 22 FGG) zulässig. Zur **Kostentragung** gilt der durch das UMAG neugefasste § 146; ein Regress der Gesellschaft nach §§ 317 f. oder § 93 Abs. 2 ist grundsätzlich denkbar[27].

IV. Durchführung der Sonderprüfung

1. Gegenstand

Die Sonderprüfung bezieht sich einerseits – anders als die Prüfung nach § 313 – nicht   21 auf den Abhängigkeitsbericht und andererseits nicht auf die gesamten Verbundbeziehungen, sondern nur auf **die geschäftlichen Beziehungen** zu dem oder denjenigen Unternehmen, die das Gericht in seinem Beschluss bestimmt hat[28]. Im Verhältnis zu diesen sind aber die gesamten geschäftlichen Beziehungen zu prüfen[29].

Der Prüfer überprüft, ob Verstöße gegen § 311 (Veranlassung, Nachteiligkeit, Aus-   22 gleich) vorliegen und im Abhängigkeitsbericht vollständig und zutreffend wiedergegeben sind[30]. Der **Prüfungsgegenstand** ist damit anders als die Prüfung durch den Abschlussprüfer nach § 313 Abs. 1 Satz 2 nicht beschränkt.

Objekt sind wie bei §§ 311 f. die Beziehungen eines bestimmten **Geschäftsjahres**; Ge-   23 schehnisse der Vorjahre sind nur insoweit einzubeziehen, als sie für die Beurteilung des eigentlichen Überprüfungszeitraums relevant sein können[31].

Auch der Sonderprüfer hat bei seiner eigenen Beurteilung zu beachten, dass es bei der   24 Bewertung der Nachteiligkeit einer Maßnahme häufig keine eindeutige Lösung, sondern einen unternehmerischen **Beurteilungs- und Ermessensspielraum** gibt und dass ein Verstoß gegen § 311 entsprechend nur bei nicht mehr von diesem Spielraum gedeckten Entscheidungen vorliegt[32]. Das Vorliegen einer Pflichtwidrigkeit des Vorstands ist nur insoweit Prüfungsgegenstand, als eine Pflichtwidrigkeit Voraussetzung einer Nachteilszufügung nach § 311 ist (hierzu § 311 Rz. 40); eine Pflichtwidrigkeit des Aufsichtsrats ist nie Gegenstand der Sonderprüfung nach § 315[33]. Dies schließt

---

26 Aufgrund der durch das UMAG erfolgten Änderung der gerichtlichen Zuständigkeit in §§ 142 Abs. 5, 315 Satz 3 (LG statt AG) erlangt das Bestellungsgericht nicht mehr offiziell Kenntnis vom Bericht, der nach § 145 Abs. 6 Satz 3 lediglich zum HRG einzureichen ist. Für die Mitteilung des Prüfungsberichts wird man daher den Vorstand verantwortlich erachten müssen; näher hierzu die Kommentierung zu § 142 Abs. 7.
27 *Noack*, WPg 1994, 225, 236.
28 *Habersack* in Emmerich/Habersack, Aktien- und GmbH-Konzernrecht, § 315 Rz. 16; *Hüffer*, § 315 Rz. 6; *Koppensteiner* in KölnKomm. AktG, § 315 Rz. 12; *Krieger* in MünchHdb. AG, § 69 Rz. 119; *Noack*, WPg 1994, 225, 235; für eine Prüfung der gesamten Verbundbeziehungen dagegen *Kropff* in MünchKomm. AktG, WP-Hdb. 2006, Bd I, Rz. F 1020.
29 Wohl unstr., vgl. schon die Begr. RegE, *Kropff*, Aktiengesetz, S. 417; *Habersack* in Emmerich/Habersack, Aktien- und GmbH-Konzernrecht, § 315 Rz. 17; *Hüffer*, § 315 Rz. 6; *Krieger* in MünchHdb. AG, § 69 Rz. 119; *Kropff* in MünchKomm. AktG, § 315 Rz. 31; *Noack*, WPg 1994, 225, 226 ff.
30 Ausführlicher zu den betriebswirtschaftlichen Methoden der Bewertung *Karg*, BB 1988, 1850, 1852 ff.
31 *Kropff* in MünchKomm. AktG, § 315 Rz. 32; *Habersack* in Emmerich/Habersack, Aktien- und GmbH-Konzernrecht, § 315 Rz. 17; *Noack*, WPg 1994, 225, 229.
32 Deutlich auch *Noack*, WPg 1994, 225, 230 f., 232.
33 So deutlich *Noack*, WPg 1994, 225, 231 ff.

nicht aus, Umstände, die für oder gegen einen Sorgfaltspflichtverstoß sprechen, in den Bericht aufzunehmen[34].

2. Durchführung

25   Für die Durchführung der Prüfung und die diesbezüglichen Rechte des Prüfers gilt § 145, der insb. über die allgemeinen Rechte des Abschlussprüfers (§ 313 Abs. 1 Satz 3) hinausgehende **Informationsrechte** auch gegenüber dem Aufsichtsrat gewährt.

26   Für die **Verantwortlichkeit** des Sonderprüfers gilt § 144, für Vergütung und Kostenersatz § 142 Abs. 6.

3. Bericht, Publizität

27   Der Prüfer hat über das Ergebnis seiner Prüfung nach § 145 Abs. 6 schriftlich zu berichten. Dieser **Bericht** erlangt über dessen Sätze 3–6 sowie § 142 Abs. 7 (hierzu Rz. 19) uneingeschränkte **Publizität**. § 145 Abs. 6 Satz 2 gibt dem Informationsinteresse der Außenseiter den weitgehenden Vorrang vor Geheimhaltungsinteressen der Gesellschaft, indem grundsätzlich auch Tatsachen, deren Bekanntwerden einen nicht unerheblichen Nachteil für die Gesellschaft oder ein verbundenes Unternehmen bedeutet, in den Bericht aufzunehmen sind, wenn dies zur Beurteilung des zu prüfenden Vorgangs erforderlich ist.

28   Um diese nachteiligen Wirkungen abzumildern und Minderheitsgesellschaftern nicht die Möglichkeit einer Ausforschung zu Schädigungszwecken einzuräumen[35], erlaubt der durch das UMAG neu eingeführte **§ 145 Abs. 4** dem Vorstand, bei Gericht zu beantragen, dass bestimmte Tatsachen nicht in den Bericht aufgenommen werden. Diese Möglichkeit soll nur bei der Beantragung der Sonderprüfung durch Minderheitsgesellschafter nach § 142 Abs. 2, nicht aber der Einleitung durch die Hauptversammlung nach § 142 Abs. 1 offen stehen[36]. Es fragt sich daher, ob § 145 Abs. 4 nur für die Beantragung der Sonderprüfung nach § 315 Satz 2 oder auch nach dessen Satz 1 entsprechend gilt. Für die zweite Alternative spricht zunächst, dass auch der Antrag nach § 315 Satz 1 – wie der Antrag nach § 142 Abs. 2 – ein Minderheitsrecht ist. Darüber hinaus ist zu beachten, dass der Prüfungsumfang bei § 315 (vgl. Rz. 21 f.) typischerweise wesentlich weiter als der des § 142 ist. Bei der Entscheidung nach § 145 Abs. 4 wird das Gericht berücksichtigen müssen, ob die konkrete Information zur Geltendmachung von Ansprüchen nach §§ 317 f. benötigt wird. Dem Antrag ist stattzugeben, wenn überwiegende Belange der Gesellschaft dies gebieten und die Tatsachen zur Darlegung des Verstoßes gegen § 311 nicht unerlässlich sind. Wegen der Details ist auf die Kommentierung zu § 145 zu verweisen.

V. Bestellung eines anderen Sonderprüfers (§ 315 Satz 6)

29   § 315 schließt die Bestellung eines **Sonderprüfers durch die Hauptversammlung nach § 142 Abs. 1** zu einem völlig oder teilweise gleichen Prüfungsgegenstand nicht aus, und umgekehrt[37]. Um Doppelprüfungen zu vermeiden, gibt § 315 Satz 6 jedem Aktionär die Möglichkeit, bei einer zum selben Prüfungsgegenstand bereits nach § 142 Abs. 1 eingeleiteten Sonderprüfung statt einer zusätzlichen Prüfung die für die Ge-

---

34 *Kropff* in MünchKomm. AktG, § 315 Rz. 30; a.A. *Noack*, WPg 1994, 225, 233.

35 S. Begr. RegE zum UMAG, BR-Drucks. 3/05, S. 37 f. zu Nr. 12.

36 Zu dieser Beschränkung ausdrücklich die Begr. RegE zum UMAG, BR-Drucks. 3/05, S. 38 zu Nr. 12.

37 Ausdrücklich *Habersack* in Emmerich/Habersack, Aktien- und GmbH-Konzernrecht, § 315 Rz. 4, 22; *Kropff* in MünchKomm. AktG, § 315 Rz. 8, 37; *Noack*, WPg 1994, 225, 236.

sellschaft mildere und kostengünstigere Auswechslung des Prüfers bei Vorliegen der in § 142 Abs. 4 bestimmten Gründe zu verlangen. Die Vorschrift dient nicht dem Minderheitenschutz, sondern der Effizienzsteigerung und der Vermeidung unnötiger Kosten[38]. Das Antragsrecht jedes einzelnen Aktionärs ist bei Vorliegen der Voraussetzungen des § 315 Satz 1 konsequent, im Fall des erst nachträglich durch das KontraG eingeführten § 315 Satz 2 dagegen nicht[39].

„Dieselben Vorgänge" wird die Sonderprüfung nach § 142 Abs. 1, die immer zur Prü- 30 fung bestimmter Vorgänge beschlossen wird, nur selten betreffen. Sehr häufig tangiert der Prüfungsgegenstand bei § 142 Abs. 1 auch die Beziehungen zum herrschenden Unternehmen und stellt damit einen Teilbereich der nach § 315 umfassend zu prüfenden Geschäftsbeziehungen dar. Liegen die Voraussetzungen des § 315 Satz 1 vor, wird man dem einzelnen Aktionär das Recht nach § 315 Satz 6 schon dann geben können, wenn der Gegenstand der Sonderprüfung nach § 142 Abs. 1 auch von einer umfassenden Sonderprüfung nach § 315 erfasst würde. Liegen nicht die Voraussetzungen des § 315 Satz 1, sondern nur die des § 315 Satz 2 vor, wird man dagegen einen zumindest ganz überwiegend einheitlichen Prüfungsgegenstand verlangen müssen, sofern man mit der h.M. ein Antragsrecht jedes einzelnen Aktionärs bejaht (vgl. Rz. 29); ansonsten würden die wohl austarierten Mehrheitserfordernisse des § 142 Abs. 4 für eine Vielzahl der Fälle ausgehebelt[40].

Entsprechend wird man eine **Erweiterung des Prüfungsauftrags** nach § 142 Abs. 1 31 durch einen Antrag nach § 315 Satz 6 nur dann zulassen können, wenn auch die materiellen und formellen Voraussetzungen für eine weitergehende Sonderprüfung nach § 315 Satz 1 oder 2 vorliegen[41].

Für die Gründe für die Auswechslung des Sonderprüfers und das **Verfahren** gelten die 32 Grundsätze des § 142 Abs. 4, auf dessen Kommentierung insoweit verwiesen wird.

---

38 A.A. insb. *Habersack* in Emmerich/Habersack, Aktien- und GmbH-Konzernrecht, § 315 Rz. 20, *Hüffer*, § 315 Rz. 5, nach denen Zweck des § 315 Satz 6 die Verhinderung einer Vereitelung des § 315 durch Bestellung eines genehmen Sonderprüfers durch die Hauptversammlung ist; eine solche Vereitelung ist aufgrund des Nebeneinanders von § 142 Abs. 1 und § 315 jedoch nicht möglich.
39 Zutreffend *Krieger* in MünchHdb. AG, § 69 Rz. 118 unter Annahme eines Redaktionsversehens; anders aber die h.M., die entsprechend dem Wortlaut auch bei Fehlen der Voraussetzungen des § 315 Satz 1 jedem einzelnen Aktionär das Antragsrecht einräumt, *Habersack* in Emmerich/Habersack, Aktien- und GmbH-Konzernrecht, § 315 Rz. 21; *Koppensteiner* in KölnKomm. AktG, § 315 Rz. 13; *Kropff* in MünchKomm. AktG, § 315 Rz. 36; *Hüffer*, § 315 Rz. 5; *Habersack* in FS Peltzer, 2001, S. 139, 147.
40 A.A. *Habersack* in Emmerich/Habersack, Aktien- und GmbH-Konzernrecht, § 315 Rz. 22.
41 Weitergehend *Kropff* in MünchKomm. AktG, § 315 Rz. 38; *Koppensteiner* in KölnKomm. AktG, § 315 Rz. 14.

§ 316
Kein Bericht über Beziehungen zu verbundenen Unternehmen bei Gewinnabführungsvertrag

§§ 312 bis 315 gelten nicht, wenn zwischen der abhängigen Gesellschaft und dem herrschenden Unternehmen ein Gewinnabführungsvertrag besteht.

I. Regelungsgegenstand und Normzweck 1

II. Voraussetzungen 3

Literatur: *Bachmayr,* Der reine Verlustübernahmevertrag, ein Unternehmensvertrag i.S.d. Aktiengesetzes 1965, BB 1967, 135; *Cahn/Simon,* Isolierte Gewinnabführungsverträge, Der Konzern 2003, 1. S. im Übrigen die Angaben zu § 311 und § 312.

I. Regelungsgegenstand und Normzweck

1　Nach § 316 gelten die §§ 312–315 bei einem isolierten Gewinnabführungsvertrag nicht. **Die §§ 311 und 317 f. bleiben unberührt,** wobei § 318 praktisch allerdings leer läuft[1]. Grund für die Unanwendbarkeit der §§ 312 ff. ist, dass bei einem Gewinnabführungsvertrag die vom Gesetzgeber als zumindest gleichwertig angesehenen Außenseiterschutzvorschriften der §§ 300–307 gelten. Dadurch werden die §§ 311, 317 zwar ihrer praktischen Durchsetzbarkeit weitgehend beraubt; eine Kombination zweier unterschiedlicher Außenseiterschutzkonzepte hielt der Gesetzgeber jedoch nicht für erforderlich[2].

2　Ob § 316 auch die **Minderheitsrechte des § 315** Satz 2 und 6 ausschließt, ist umstritten[3]. Angesichts des Außenseiterschutzes der §§ 302 ff. besteht für eine Abweichung vom Wortlaut des § 316 jedenfalls nach Angleichung der Minderheitserfordernisse in § 142 Abs. 2 und 4 einerseits und § 315 Satz 2 andererseits durch das UMAG[4] kein Bedarf.

II. Voraussetzungen

3　§ 316 setzt das **Bestehen eines in das Handelsregister eingetragenen** (§ 294 Abs. 2) **isolierten Gewinnabführungsvertrags** voraus, der zur Anwendung der §§ 300–307 führt. Entsprechend gilt er insb. nicht für die Gewinngemeinschaft und den Teilgewinnabführungsvertrag[5], und nach h.M. trotz der §§ 264 Abs. 3 Nr. 2, 325 HGB auch nicht für den sog. **Verlustübernahmevertrag**[6].

1　Rechtspolitische Kritik an diesem Konzept bei *Koppensteiner* in KölnKomm. AktG, vor § 291 Rz. 151, Vorb. § 311 Rz. 27, § 316 Rz. 1.

2　Begr. RegE, *Kropff,* Aktiengesetz, S. 417 f.

3　Dafür *Habersack* in Emmerich/Habersack, Aktien- und GmbH-Konzernrecht, § 316 Rz. 9; *Koppensteiner* in KölnKomm. AktG, § 316 Rz. 6; *Kropff* in MünchKomm. AktG, § 316 Rz. 13; ausführlicher *Habersack* in FS Peltzer, S. 139, 147 ff.

4　Art. 1 Nr. 36 des Gesetzes zur Unternehmensintegrität und Modernisierung des Anfechtungsrechts (UMAG) vom 22.9.2005, BGBl. I 2005, 2902; hierzu § 315 Rz. 4.

5　Unstreitig, vgl. nur *Habersack* in Emmerich/Habersack, Aktien- und GmbH-Konzernrecht, § 316 Rz. 2.

6　*Habersack* in Emmerich/Habersack, Aktien- und GmbH-Konzernrecht, § 316 Rz. 3; *Hüffer,* § 316 Rz. 2; *Koppensteiner* in KölnKomm. AktG, § 316 Rz. 4; *Haesen,* S. 62 ff.; trotz Bedenken auch *Kropff* in MünchKomm. AktG, § 316 Rz. 7; a.A. *Bachmayr,* BB 1967, 135 ff.

Bei **mehrstufiger Abhängigkeit** gelten die gleichen Grundsätze wie bei dem Ausschluss der §§ 311 ff. bei Bestehen eines Beherrschungsvertrags (§ 311 Rz. 17 ff. m.w.N.): Ein Gewinnabführungsvertrag zwischen Tochter und Enkel schließt die §§ 311 ff. auch im Verhältnis zur Mutter aus[7]. Gleiches gilt, wenn nur zwischen Mutter und Enkel ein Gewinnabführungsvertrag besteht[8]. 4

Zeitliche Abgrenzung: Auch für Vertragsbeginn oder -ende während des Geschäftsjahres gelten die gleichen Grundsätze wie bei Beherrschungsverträgen (§ 312 Rz. 12 ff.): Da bei Vertragsschluss während des Geschäftsjahres die Verlustausgleichspflicht des § 302 das gesamte Geschäftsjahr erfasst, sind die §§ 312 ff. für das gesamte Geschäftsjahr unanwendbar[9]. Gleiches gilt für ein abgelaufenes Geschäftsjahr, wenn der Gewinnabführungsvertrag mit Rückwirkung auch für dieses abgeschlossen wird[10]. Allerdings muss der Vertrag spätestens in dem Zeitpunkt, in dem die Abschlussunterlagen für das abgelaufene Geschäftsjahr dem Abschlussprüfer vorzulegen sind, durch Eintragung im Handelsregister wirksam geworden sein[11]. 5

Wird der Vertrag ausnahmsweise **während des Geschäftsjahres beendet**, ist die Verlustausgleichsverpflichtung nach § 302 auf die bis dahin entstandenen Verluste begrenzt; die §§ 312 ff. finden daher (nur) für die Zeit danach Anwendung, und zwar unabhängig davon, ob zum Zeitpunkt der Beendigung ein Rumpfgeschäftsjahr eingelegt wird[12]. Auch ohne Rumpfgeschäftsjahr bestand ein Gewinnabführungsvertrag bis zu dessen Beendigung; befürchtete Schutzdefizite der §§ 302 f., wenn sie denn bestehen sollten, sind nicht über §§ 312 ff. zu lösen. 6

§ 317
Verantwortlichkeit des herrschenden Unternehmens und seiner gesetzlichen Vertreter

(1) Veranlasst ein herrschendes Unternehmen eine abhängige Gesellschaft, mit der kein Beherrschungsvertrag besteht, ein für sie nachteiliges Rechtsgeschäft vorzunehmen oder zu ihrem Nachteil eine Maßnahme zu treffen oder zu unterlassen, ohne dass es den Nachteil bis zum Ende des Geschäftsjahrs tatsächlich ausgleicht oder der

---

7 *Hüffer*, § 316 Rz. 3; *Koppensteiner* in KölnKomm. AktG, § 316 Rz. 3; *Kropff* in MünchKomm. AktG, § 316 Rz. 11; a.A. *Habersack* in Emmerich/Habersack, Aktien- und GmbH-Konzernrecht, § 316 Rz. 7; *Kronstein*, BB 1967, 637, 641 ff., die § 316 nur im jeweiligen Verhältnis der Unternehmensparteien anwenden und für einen kompletten Ausschluss eine durchgehende Kette von Gewinnabführungsverträgen verlangen.
8 So auch *Kropff* in MünchKomm. AktG, § 316 Rz. 11; a.A. *Habersack* in Emmerich/Habersack, Aktien- und GmbH-Konzernrecht, § 316 Rz. 7.
9 Ausführlicher *Kropff* in MünchKomm. AktG, § 316 Rz. 8 f.; ebenso *Habersack* in Emmerich/Habersack, Aktien- und GmbH-Konzernrecht, § 316 Rz. 5; *Hüffer*, § 316 Rz. 4; *ADS*, § 312 AktG Rz. 27; nicht ganz klar *Koppensteiner* in KölnKomm. AktG, § 316 Rz. 2.
10 *Kropff* in MünchKomm. AktG, § 316 Rz. 8 f.; *Habersack* in Emmerich/Habersack, Aktien- und GmbH-Konzernrecht, § 316 Rz. 5; *Hüffer*, § 316 Rz. 4.
11 *Koppensteiner* in KölnKomm. AktG, § 316 Rz. 2; *Kropff* in MünchKomm. AktG, § 316 Rz. 6; a.A. *Habersack* in Emmerich/Habersack, Aktien- und GmbH-Konzernrecht, § 316 Rz. 5 (Eintragung bis zum Ende des Geschäftsjahres).
12 So auch *Habersack* in Emmerich/Habersack, Aktien- und GmbH-Konzernrecht, § 316 Rz. 6; *Koppensteiner* in KölnKomm. AktG, § 316 Rz. 2; einen Abhängigkeitsbericht für das gesamte Geschäftsjahr fordernd, wenn kein Rumpfgeschäftsjahr eingelegt wird, *Hüffer*, § 316 Rz. 5; *Kropff* in MünchKomm. AktG, § 316 Rz. 10 (anders zur Beendigung eines Beherrschungsvertrags, in MünchKomm. AktG, § 312 Rz. 49).

abhängigen Gesellschaft einen Rechtsanspruch auf einen zum Ausgleich bestimmten Vorteil gewährt, so ist es der Gesellschaft zum Ersatz des ihr daraus entstehenden Schadens verpflichtet. Es ist auch den Aktionären zum Ersatz des ihnen daraus entstehenden Schadens verpflichtet, soweit sie, abgesehen von einem Schaden, der ihnen durch Schädigung der Gesellschaft zugefügt worden ist, geschädigt worden sind.

(2) Die Ersatzpflicht tritt nicht ein, wenn auch ein ordentlicher und gewissenhafter Geschäftsleiter einer unabhängigen Gesellschaft das Rechtsgeschäft vorgenommen oder die Maßnahme getroffen oder unterlassen hätte.

(3) Neben dem herrschenden Unternehmen haften als Gesamtschuldner die gesetzlichen Vertreter des Unternehmens, die die Gesellschaft zu dem Rechtsgeschäft oder der Maßnahme veranlasst haben.

(4) § 309 Abs. 3 bis 5 gilt sinngemäß.

I. Grundlagen	1	III. Haftung der gesetzlichen Vertreter (§ 317 Abs. 3)	32
II. Haftung des herrschenden Unternehmens (§ 317 Abs. 1 und Abs. 2)	5	IV. Verzicht, Vergleich, Verjährung (§ 317 Abs. 4)	37
1. Voraussetzungen	5	V. Verhältnis zu anderen Haftungsvorschriften	39
a) Verstoß gegen § 311 (Abs. 1 Satz 1)	5		
b) § 317 Abs. 2, Verschulden	5	VI. Qualifizierte Nachteilszufügung (qualifiziert faktischer Konzern)	44
c) Schaden	8	1. Problem	44
d) Beweislast	10	2. Nachteilsausgleich bei fehlender Einzelausgleichsfähigkeit, qualifizierter Nachteilszufügung	48
2. Rechtsfolgen	18		
a) Schadensersatz	18	a) Lösung über Haftung wegen existenzvernichtenden Eingriffs?	48
b) Bilanzierung	21	b) Verlustausgleich	50
c) Unterlassung, Beseitigung	22	c) Tatbestand der qualifizierten Nachteilszufügung und Beweislast	62
3. Geltendmachung der Ansprüche	24	3. Weitergehender Minderheitenschutz	64
a) Geltendmachung durch die Gesellschaft	24	a) Austrittsrecht analog § 305	64
b) Geltendmachung durch Aktionäre	25	b) Ausgleich analog § 304	65
c) §§ 147 f., insb. Klagezulassungsverfahren	26	c) Sonstige Ansprüche, insb. Unterlassungsanspruch	66
d) Geltendmachung durch Gläubiger	27		
e) Insolvenz	28		
4. Ersatz des unmittelbaren Schadens der Aktionäre (§ 317 Abs. 1 Satz 2)	29		

Literatur: *Altmeppen*, Die Haftung des Managers im Konzern, 1998; *Beuthien*, Art und Grenzen der aktienrechtlichen Haftung herrschender Unternehmen für Leitungsmachtmissbrauch, DB 1969, 1781; *Bollmann*, Schadensersatzanspruch gemäß § 317 AktG bei Schädigung der abhängigen Eine-Person-AG, 1995; *Brandes*, Ersatz von Gesellschafts- und Gesellschafterschaden, in FS Fleck, 1988, S. 13; *Brüggemeier*, Die Einflussnahme auf die Verwaltung einer AG, AG 1988, 93; *Eschenbruch*, Konzernhaftung, 1995; *Kellmann*, Schadensersatz und Ausgleich im faktischen Konzern, BB 1969, 1509; *Kropff*, Der konzernrechtliche Ersatzanspruch – ein zahnloser Tiger?, in FS Bezzenberger, 2000, S. 233; *S. Maul*, Gerichtsstände und Vollstreckungsfragen bei konzernrechtlichen Ansprüchen gegenüber einem herrschenden Unternehmen im EG-Ausland, AG 1998, 404; *Möhring*, Zur Systematik der §§ 311, 317 AktG, in FS Schilling, 1993, S. 253; *G. Müller*, Gesellschafts- und Gesellschafterschaden, in FS Kellermann, 1991, S. 317; *H.-F. Müller*, Die Durchsetzung konzernrechtlicher Ersatzansprüche nach dem UMAG, Der Konzern 2006, 725; *Neuhaus*, Der Schadensersatzanspruch des außenstehenden Aktionärs gegenüber dem Vorstand seiner faktisch beherrschten Aktiengesellschaft nach § 93 AktG 65, DB 1971, 1193; *Pickardt*, Die zivilrechtliche Haftung des Vorstands nach dem Aktiengesetz vom 6.9.1965, 1973; *Sven H. Schneider/Uwe H. Schneider*, Vorstandshaftung im Konzern, AG 2005, 57; *Shin*, Die Verantwortlichkeit der Vorstandsmitglieder im Konzernverhältnis, 1989; *Trescher*, Aufsichtsratshaftung zwischen Norm und Wirklichkeit, DB 1995, 691; *Versteegen*, Konzernverantwortlichkeit und Haftungsprivileg, 1993; *Voigt*, Haftung aus Einfluss auf die Aktiengesellschaft (§§ 117, 309, 317 AktG), 2004; *Wälde*, Die Anwendbarkeit des § 31 BGB und der Begriff des „gesetzlichen Vertreters" im Rahmen konzernrechtlicher Haftungstatbestände des faktischen Konzerns, DB 1972, 2289; *Wellkamp*, die Haftung von Geschäftsleitern im Konzern, WM 1993, 2155. S. im Übrigen die Angaben zu § 311.

Speziell zur qualifizierten Nachteilszufügung: *Altmeppen*, Abschied vom qualifiziert faktischen Konzern, 1991; *Cahn*, Verlustübernahme und Einzelausgleich im qualifizierten faktischen Konzern, ZIP 2001, 2159; *Decher*, Personelle Verflechtungen im Aktienkonzern, 1990; *Deilmann*, Die Entstehung des qualifizierten faktischen Konzerns, 1990; *Drygala*, Verhaltenshaftung im faktischen GmbH-Konzern, GmbHR 1993, 317; *Ebenroth*, Die qualifiziert faktische Konzernierung und ihre körperschaftsteuerrechtliche Auswirkung, AG 1990, 188; *Eckert*, Konzerneingangsschutz im Aktienrecht auf der Ebene der Untergesellschaft, 1998; *Henssler*, Die Betriebsaufspaltung – konzernrechtliche Durchgriffshaftung im Gleichordnungskonzern?, ZGR 2000, 479; *Henze*, Reichweite und Grenzen des aktienrechtlichen Grundsatzes der Vermögensbindung – Ergänzung durch die Rechtsprechung zum Existenz vernichtenden Eingriff?, AG 2004, 405; *Heyder*, Der qualifizierte faktische Aktienkonzern, 1997; *Hoffmann-Becking*, Der qualifizierte faktische AG-Konzern: Tatbestand und Abwehransprüche, in Ulmer (Hrsg.), Probleme des Konzernrechts, 1989, S. 68; *Koppensteiner*, Über die Verlustausgleichspflicht im qualifizierten AG-Konzern, in Ulmer (Hrsg.), Probleme des Konzernrechts, 1989, S. 87; *Krieger*, Kann die Praxis mit TBB leben?, ZGR 1994, 375; *Kropff*, Konzerneingangskontrolle bei der qualifiziert konzerngebundenen Aktiengesellschaft, in FS Goerdeler, 1987, S. 259; *Kropff*, Das „TBB"-Urteil und das Aktienkonzernrecht, AG 1993, 485; *Lehmann*, Der qualifizierte faktische Konzern – ein Phantom?, in FS Beusch, 1993, S. 479; *Lieb*, Abfindungsansprüche im (qualifizierten?) faktischen Konzern, in FS Lutter, 2000, S. 1151; *Lutter*, Der qualifizierte faktische Konzern, AG 1990, 179; *Mülbert*, Aktiengesellschaft, Unternehmensgruppe und Kapitalmarkt, 2. Aufl. 1996; *Priester*, Uneingeschränkter Verlustausgleich – zwingende Folge qualifizierter Konzernherrschaft, in FS Semler, 1993, S. 561; *Schulze-Osterloh*, Gläubiger- und Minderheitenschutz bei der steuerlichen Betriebsaufspaltung, ZGR 1983, 123; *Schwörer*, Kein Austrittsrecht nach § 305 AktG im qualifizierten faktischen Aktienkonzern, NZG 2001, 550; *Seydel*, Konzernbildungskontrolle bei der AG, 1995; *Timm*, Grundfragen des „qualifizierten" faktischen Konzerns im Aktienrecht, NJW 1987, 977; *Weigl*, Die Haftung im (qualifizierten) faktischen Konzern, 1996; *Zöllner*, Qualifizierte Konzernierung im Aktienrecht, in GS Knobbe-Keuk, 1997, S. 369.

I. Grundlagen

Überblick: § 317 bestimmt die Haftungsfolgen eines Verstoßes gegen § 311. Verantwortlich sind zunächst das herrschende Unternehmen (§ 317 Abs. 1), daneben aber auch dessen handelnde gesetzliche Vertreter (§ 317 Abs. 3). Zu ersetzen ist der Schaden der abhängigen AG (§ 317 Abs. 1 Satz 1), darüber hinaus aber auch ein weitergehender Schaden der Aktionäre (§ 317 Abs. 1 Satz 2). Die Schadensersatzpflicht tritt nach Abs. 2 nicht ein, wenn sich auch ein ordentlicher und gewissenhafter Geschäftsleiter der AG entsprechend verhalten hätte. In diesem Fall liegt schon kein Verstoß gegen § 311 vor (vgl. Rz. 7). Über § 317 Abs. 4 gelten für den einmal entstandenen Anspruch die Sondervorschriften des § 309 Abs. 3–5. 1

Durch die Sanktionierung von Verstößen gegen § 311 dient § 317 der **Verwirklichung des Normzwecks des § 311** (hierzu § 311 Rz. 3 ff.). Trotz der geringen Zahl an Gerichtsentscheidungen[1] sollte die präventive Wirkung insb. der Haftung der Organe nicht unterschätzt werden. 2

Die **dogmatische Einordnung** der Haftung insb. des § 317 Abs. 1 ist umstritten. Teilweise wird eine Organhaftung angenommen[2], wobei die Beurteilung der Ausübung von Leitungsmacht als faktisches Organhandeln heute zumindest befremdlich wirkt. 3

---

1 Hierzu näher *Kropff* in FS Bezzenberger, 2000, S. 233, 235 (Fn. 13).
2 *Koppensteiner* in KölnKomm. AktG, § 317 Rz. 5; *Kropff* in MünchKomm. AktG, § 317 Rz. 8; ausführlich *Voigt*, S. 305 ff., 357 f.

Teilweise wird eine Deliktshaftung angenommen[3], was die Subsidiarität des Deliktsrechts gegenüber Sonderrechtsbeziehungen übersieht. Bei dem heutigen Stand der Konzernrechtsdogmatik lässt sich § 317 am schlüssigsten als Ausprägung des **gesetzlichen Sonderrechtsverhältnisses** zwischen dem faktisch herrschenden und dem abhängigen Unternehmen und Sanktion des Verstoßes gegen die daraus folgende Treupflicht verstehen[4].

4   **Reformüberlegungen** zielten vor allem darauf, die Klagebefugnis des einzelnen Aktionärs nach § 317 Abs. 4 i.V.m. § 309 Abs. 4 Satz 1 zu erleichtern und insb. das Kostenrisiko zu reduzieren[5]. Im Rahmen des UMAG[6] hat der Gesetzgeber die Geltendmachung der konzernrechtlichen Haftungstatbestände der §§ 309, 317 f., anders als die des § 117, durch die Neufassung der §§ 147 f. allerdings nicht erleichtert.

II. Haftung des herrschenden Unternehmens (§ 317 Abs. 1 und Abs. 2)

1. Voraussetzungen

a) Verstoß gegen § 311 (Abs. 1 Satz 1)

5   Die Haftung nach § 317 Abs. 1 knüpft an einen Verstoß gegen § 311 an, dessen Tatbestand in Abs. 1 Satz 1 nahezu wörtlich wiederholt wird. Zu den Voraussetzungen des § 311, insb. Abhängigkeitsverhältnis einschließlich mehrstufiger und mehrfacher Abhängigkeit, Fehlen eines Beherrschungsvertrags, Veranlassung, Nachteiligkeit von Rechtsgeschäft und Maßnahme sowie den Anforderungen an einen ausreichenden Nachteilsausgleich ist auf die Kommentierung zu § 311 zu verweisen. Herrschendes Unternehmen und Schuldner des Anspruchs können insb. auch **Gebietskörperschaften** und **ausländische Unternehmen** sein[7].

6   Zum Haftungstatbestand gehört auch der **fehlende Nachteilsausgleich**. Solange ein Nachteilsausgleich nach § 311 möglich und zulässig ist, liegt kein rechtswidriges, auch kein schwebend rechtswidriges Verhalten des herrschenden Unternehmens und damit keine Verpflichtung zum Schadensersatz vor[8]. Der Schadensersatzanspruch entsteht daher nur dann vor Ablauf des Geschäftsjahres, wenn schon zu einem früheren Zeitpunkt feststeht, dass ein Verstoß gegen § 311 vorliegt, weil der Ausgleich entweder nicht ausgleichsfähig ist oder abzusehen ist, dass der Ausgleich nicht geleistet wird, oder die nachteilige Veranlassung deshalb rechtswidrig ist, weil sie keinen Konzernbelangen dient (hierzu § 311 Rz. 96)[9].

---

3 *Habersack* in Emmerich/Habersack, Aktien- und GmbH-Konzernrecht, § 317 Rz. 11.
4 Ähnlich *Wimmer-Leonhardt*, S. 70, 138 ff.; hierzu auch Rz. 22.
5 Ausführlicher *Habersack* in Emmerich/Habersack, Aktien- und GmbH-Konzernrecht, § 317 Rz. 3; *Kropff* in MünchKomm. AktG, § 317 Rz. 9 f., jeweils m.w.N.
6 Art. 1 Nr. 14 des Gesetzes zur Unternehmensintegrität und Modernisierung des Anfechtungsrechts (UMAG) vom 22.9.2005, BGBl. I 2005, 2902.
7 Vgl. § 311 Rz. 12; zu den prozessualen Besonderheiten der Geltendmachung eines Anspruchs gegen ausländische Unternehmen *Kropff* in MünchKomm. AktG, § 317 Rz. 101 ff.; *S. Maul*, NZG 1999, 741, 742 ff.; *S. Maul*, AG 1998, 404 ff.; *S. Maul*, Die faktisch abhängige SE, S. 75 ff.; zur Unternehmenseigenschaft von Gebietskörperschaften § 15 Rz. 68 ff.
8 So auch *Kropff* in MünchKomm. AktG, § 317 Rz. 17 f.; *Habersack* in Emmerich/Habersack, Aktien- und GmbH-Konzernrecht, § 317 Rz. 9; *Hüffer*, § 317 Rz. 6; ähnlich *Brüggemeier*, AG 1998, 93, 100; a.A. verbreitet insb. das ältere Schrifttum, das Rechtswidrigkeit oder zumindest schwebende Rechtswidrigkeit schon der Veranlassung annahm, auch wenn ein Ausgleich noch möglich war, so auch heute noch *Koppensteiner* in KölnKomm. AktG, § 317 Rz. 6 ff. m.w.N.
9 So auch *Kropff* in MünchKomm. AktG, § 317 Rz. 20 f.; *Habersack* in Emmerich/Habersack, Aktien- und GmbH-Konzernrecht, § 317 Rz. 10, 18; im Ergebnis ebenso *Koppensteiner* in KölnKomm. AktG, § 317 Rz. 8.

b) § 317 Abs. 2, Verschulden

Da ein Nachteil i.S.d. § 311 nicht vorliegt, wenn auch ein ordentlicher und gewissen- 7
hafter Geschäftsleiter einer unabhängigen Gesellschaft das Rechtsgeschäft vorgenommen oder die Maßnahme getroffen oder unterlassen hätte (§ 311 Rz. 40), stellt
auch § 317 Abs. 2 lediglich einen Verweis auf den Tatbestand des § 311 dar. Aus ihm
kann jedoch kein Verschuldenserfordernis abgeleitet werden. Ein Verschulden auf
Seiten des herrschenden Unternehmens ist nach zutreffender herrschender Meinung
nicht erforderlich[10]. Die objektive Zurechenbarkeit der Veranlassung (vgl. hierzu
auch § 311 Rz. 27) reicht zur Begründung der Haftung aus. § 317 Abs. 2 ist damit
nicht mehr und nicht weniger als eine materielle **Regelung zur Beweislast**: Diese
trägt insoweit das herrschende Unternehmen.

c) Schaden

Zu ersetzen ist der bei der Gesellschaft eingetretene Schaden. Der Schadensbegriff 8
deckt sich nicht mit dem des Nachteils (vgl. bereits § 311 Rz. 45). Geht der Schaden
über den Betrag des Nachteils hinaus, so ist er auf Grund des klaren Wortlauts des
§ 317 zu ersetzen[11]. Darüber hinaus wird verbreitet aus dem Normzweck und dem
normativen Schadensbegriff abgeleitet, dass als Mindestschaden der Betrag des Nachteils zu ersetzen ist, auch wenn der tatsächlich eingetretene Schaden auf Grund uner-
wartet günstiger Entwicklung geringer ist[12].

Der Einwand des herrschenden Unternehmens, es hätte den gleichen Erfolg auch auf 9
legalem Weg erzielen können, beispielsweise durch Abschluss eines Beherrschungsvertrags, oder die Unterlassung der Nachteilszufügung hätte zu einer **höheren Gewinnausschüttung** geführt, ist ausgeschlossen[13]. Bei Bestehen eines Gewinnabführungsvertrags wird man den Verlustausgleich nach § 302 aufgrund der ausdrücklichen Anordnung des § 316 nicht schadensmindernd berücksichtigen können[14], wohl
aber kann der Ausgleich bzw. der Schadensersatz verlustmindernd oder gewinnerhö-
hend zu verbuchen sein.

d) Beweislast

Die Darlegungs- und Beweislast für die Anspruchsvoraussetzungen trägt nach allge- 10
meinen Regeln der Kläger, wobei folgende, überwiegend im Gesetz selbst angelegte
Besonderheiten zu beachten sind:

– Für den Nachweis des Abhängigkeitsverhältnisses gilt die Vermutung des § 17 11
  Abs. 2.

---

10 *Habersack* in Emmerich/Habersack, Aktien- und GmbH-Konzernrecht, § 317 Rz. 5, 7; *Hüffer*,
§ 317 Rz. 5; *Kropff* in MünchKomm. AktG, § 317 Rz. 26; im Ergebnis ebenso *Koppensteiner* in
KölnKomm. AktG, § 317 Rz. 11, 14; a.A. *Würdinger* in Großkomm. AktG, 3. Aufl., § 317
Anm. 5; *Altmeppen*, ZHR 171 (2007), 320, 331 f.; *Brüggemeier*, AG 1988, 93, 100 (Vorsatz bzgl.
veranlasster Maßnahme und Nachteil/Schaden); s. auch *Voigt*, S. 332 ff.; 340 ff.
11 Heute allgemeine Meinung, ausführlich *Kropff* in MünchKomm. AktG, § 317 Rz. 30 ff.; außerdem etwa *Hüffer*, § 317 Rz. 7; *Koppensteiner* in KölnKomm. AktG, § 317 Rz. 16; a.A. *Möhring* in FS Schilling, 1973, S. 253, 265.
12 *Habersack* in Emmerich/Habersack, Aktien- und GmbH-Konzernrecht, § 317 Rz 17; *Hüffer*,
§ 317 Rz. 7; *Kropff* in MünchKomm. AktG, § 317 Rz. 32 f.; kritisch *Koppensteiner* in Köln-
Komm. AktG, § 317 Rz. 17; vgl. hierzu einschränkend auch § 311 Rz. 81 f.
13 *Koppensteiner* in KölnKomm. AktG, § 317 Rz. 18; *Kropff* in MünchKomm. AktG, § 317
Rz. 35; *Habersack* in Emmerich/Habersack, Aktien- und GmbH-Konzernrecht, § 317 Rz 17.
14 *Koppensteiner* in KölnKomm. AktG, § 317 Rz. 19.

12 – Für den Nachweis der Veranlassung gelten die zu § 311 (dort Rz. 29 ff.) dargestellten Erleichterungen.

13 – Auch für den Schaden trifft den Kläger die Beweislast[15], wobei ihm § 287 ZPO zugute kommt (hierzu Rz. 18).

14 – Bei Vorliegen eines Schadens ist von einem Nachteil auszugehen, es sei denn, der Vorstand der abhängigen AG handelte pflichtgemäß. Hierfür trägt nach der ausdrücklichen Regelung des § 317 Abs. 2 der Beklagte den Nachweis (vgl. bereits Rz. 7).

15 – Aus dem letzten Halbsatz des § 311 Abs. 1 folgt, dass der Beklagte auch die Darlegungs- und Beweislast für einen ordnungsgemäßen Nachteilsausgleich trägt[16].

16 – Bei Klagen durch einen Aktionär oder Gläubiger finden die **Erleichterungen der Darlegungslast**, die der BGH für Ansprüche der Gläubiger bei qualifizierter Nachteilszufügung entwickelt hat[17], Anwendung[18]. Danach verbleibt die Beweislast beim Kläger; der Außenseiter ohne Einblick in die Interna der Gesellschaft genügt jedoch seiner Darlegungslast, wenn er Anhaltspunkte für einen Nachteil und dessen Veranlassung durch das herrschende Unternehmen (sowie ggfs. die Unmöglichkeit des Nachteilsausgleichs im Wege des Schadensersatzes) vorträgt. Bei der Frage, ob der Kläger Einblick in die Interna der Gesellschaft hat, ist zu berücksichtigen, ob er allein eine Sonderprüfung nach § 315 durchsetzen könnte[19]. Genügt der Kläger seiner eingeschränkten Darlegungslast, hat der Beklagte hierzu nähere Angaben zu machen, wenn er im Gegensatz zum Kläger die maßgebenden Tatsachen kennt und ihm die Darlegung des Sachverhalts zumutbar ist; ansonsten gilt der Vortrag des Klägers nach § 138 Abs. 3 ZPO als zugestanden. Bei der Frage der Zumutbarkeit sind die Wertungen der §§ 131 Abs. 3 und 145 Abs. 4 zu beachten[20].

17 Um eine Ausforschung zu vermeiden, kann der Beklagte allerdings auf offenkundig **spekulativen Sachvortrag** mit schlichtem Bestreiten reagieren[21].

---

15 H.M., LG Bonn v. 27.4.2005 – 16 O 13/04, AG 2005, 542; *Habersack* in Emmerich/Habersack, Aktien- und GmbH-Konzernrecht, § 317 Rz. 21; *Hüffer*, § 317 Rz. 12; *Kropff* in MünchKomm. AktG, § 317 Rz. 72; wohl auch *Koppensteiner* in KölnKomm. AktG, § 317 Rz. 34.

16 Unbestritten, s. nur *Habersack* in Emmerich/Habersack, Aktien- und GmbH-Konzernrecht, § 317 Rz. 21; *Hüffer*, § 317 Rz. 12; *Kropff* in MünchKomm. AktG, § 317 Rz. 74.

17 BGH v. 29.3.1993 – II ZR 265/91, BGHZ 122, 123, 133 = AG 1993, 371 im Anschluss an *Kleindiek*, GmbHR 1992, 574, 578 ff.; hierzu *Kropff* in MünchKomm AktG, Anh. § 317 Rz. 56; *Habersack* in Emmerich/Habersack, Aktien- und GmbH-Konzernrecht, Anh. § 317 Rz. 21 f.; *Drygala*, GmbHR 1993, 317, 326 ff.; *Krieger*, ZGR 1994, 375, 387 ff.; *Krieger* in MünchHdb. AG, § 69 Rz. 140 f.; *Kowalski*, GmbHR 1993, 253, 258 f.; *Lutter*, JZ 1993, 580; tendenziell kritischer *Kiethe/Groeschke*, BB 1994, 2149, 2151; zu diesen Grundsätzen und ihren Grenzen auch OLG Stuttgart v. 30.5.2007 – 20 U 12/06, AG 2007, 633, 637 ff.

18 Ebenso *Habersack* in Emmerich/Habersack, Aktien- und GmbH-Konzernrecht, § 317 Rz. 21; *Kropff* in MünchKomm. AktG, § 317 Rz. 75 f.; *Kropff* in FS Bezzenberger, 2000, S. 233, 238 f.; zur Übertragung der Grundsätze auf die Existenzvernichtungshaftung *Drygala*, GmbHR 2003, 729, 737 f.; *J. Vetter*, ZIP 2003, 601, 611 f.

19 So auch *Kropff* in MünchKomm. AktG, Anh. § 317 Rz. 58; *Kropff* in FS Bezzenberger, 2000, S. 233, 239; in diese Richtung auch OLG Stuttgart v. 30.5.2007 – 20 U 12/06, AG 2007, 633, 638.

20 Zu § 131 Abs. 3 auch *Krieger*, ZGR 1994, 375, 389 f.; zust. *Habersack* in Emmerich/Habersack, Aktien- und GmbH-Konzernrecht, Anh. § 317 Rz. 21.

21 LG Bonn v. 27.4.2005 – 16 O 13/04, AG 2005, 542, 543 ; *Kropff* in MünchKomm AktG, Anh. § 317 Rz. 57; *Drygala*, GmbHR 1993, 317, 328.

2. Rechtsfolgen

a) Schadensersatz

Der Inhalt des Schadensersatzanspruchs richtet sich nach §§ 249 ff. BGB, so dass 18
grundsätzlich **Naturalrestitution** nach § 249 BGB verlangt werden kann[22]. Soweit die
Wiederherstellung des ursprünglichen Zustands – wie in der Praxis sehr häufig –
nicht möglich ist, ist nach § 251 Abs. 1 Satz 1 BGB Geldersatz zu leisten. Die Höhe
des zu ersetzenden Schadens kann nach **§ 287 ZPO** geschätzt werden[23].

Der Nachteilsausgleich bei fehlender Einzelausgleichsfähigkeit, der sog. **qualifizier-** 19
ten Nachteilszufügung, wird im Zusammenhang mit sonstigen Schutzmechanismen
ausführlicher nachfolgend in Rz. 50 ff. erläutert.

Im Falle **mehrfacher oder mehrstufiger Abhängigkeit** richtet sich der Anspruch gegen 20
den Veranlasser des Nachteils (hierzu § 311 Rz. 14 f., 37 f.). Bei einer Veranlassung, die
mehreren Unternehmen objektiv zurechenbar ist, haften diese als Gesamtschuldner[24].

b) Bilanzierung

Die Entstehung des Anspruchs quasi in der letzten Sekunde des Geschäftsjahres (vgl. 21
Rz. 6) schließt dessen Bilanzierung im Jahresabschluss der Gesellschaft nicht aus[25].
Entgegen der Auffassung des BGH[26], der bei fehlender Bilanzierung sogar eine Nichtigkeit des Jahresabschlusses erwägt, dürfte die für eine Bilanzierung erforderliche
ausreichende Konkretisierung jedoch nur ausnahmsweise vorliegen, da es hieran
insb. bei bestrittenen Ansprüchen typischerweise fehlt[27].

c) Unterlassung, Beseitigung

Im Ergebnis unstreitig ist, dass bei einem Verstoß gegen § 311, also nicht, solange ein 22
zulässiger Nachteilsausgleich möglich und zu erwarten ist, Unterlassungs- und Beseitigungsansprüche gegen das herrschende Unternehmen bestehen. Im Hinblick auf
den Beseitigungsanspruch ist allerdings fraglich, ob hierfür neben dem Schadensersatz durch Naturalrestitution überhaupt noch ein praktisches Bedürfnis besteht[28].
Verbreitet wird der Unterlassungs- und Beseitigungsanspruch mit dem Schutzgesetzcharakter des § 311 über §§ 1004, 823 Abs. 2 BGB begründet[29]. Andere leiten den An-

---

22 Unbestritten, vgl. nur *Habersack* in Emmerich/Habersack, Aktien- und GmbH-Konzernrecht,
§ 317 Rz. 15; *Hüffer*, § 317 Rz. 9; *Koppensteiner* in KölnKomm. AktG, § 317 Rz. 20; *Kropff* in
MünchKomm. AktG, § 317 Rz. 28.
23 Unstreitig, s. nur *Habersack* in Emmerich/Habersack, Aktien- und GmbH-Konzernrecht,
§ 317 Rz. 16; *Hüffer*, § 317 Rz. 9; *Kropff* in MünchKomm. AktG, § 317 Rz. 28.
24 Dass eine objektive Zurechnung erforderlich ist, dürfte der h.M., insb. zu § 317, entsprechen,
vgl. nur *Hüffer*, § 317 Rz. 3; *Koppensteiner* in KölnKomm. AktG, § 317 Rz. 41; *Kropff* in
MünchKomm. AktG, § 317 Rz. 70; *Krieger* in MünchHdb. AG, § 69 Rz. 124; a.A. oder zumindest unklar jedoch diejenigen, die für die Frage der Veranlassung allein auf die Sicht der abhängigen Gesellschaft abstellen, so *Habersack* in Emmerich/Habersack, Aktien- und GmbH-Konzernrecht, § 317 Rz. 6; vgl. außerdem § 311 Rz. 27; eine gesamtschuldnerische Haftung in
allen Fällen einer mehrfachen Abhängigkeit erwägend BGH v. 4.3.1974 – II ZR 89/72, BGHZ
62, 193, 198 = AG 1974, 220, 221.
25 *Kropff* in MünchKomm. AktG, § 317 Rz. 22; zweifelnd *H. P. Müller*, AG 1994, 410.
26 BGH v. 15.11.1993 – II ZR 235/92, BGHZ 124, 111, 119 f. = AG 1994, 124.
27 Hierzu ausführlicher mit Nachweisen § 312 Rz. 26.
28 Zutreffend *Habersack* in Emmerich/Habersack, Aktien- und GmbH-Konzernrecht, § 317
Rz. 19; a.A. *Kropff* in MünchKomm. AktG, § 317 Rz. 43; *Koppensteiner* in KölnKomm. AktG,
§ 317 Rz. 29.
29 So etwa *Koppensteiner* in KölnKomm. AktG, § 317 Rz. 27; *Kropff* in MünchKomm. AktG,
§ 317 Rz. 41.

spruch unmittelbar aus § 317 ab[30]. Überzeugend erscheint auch hier, den Unterlassungsanspruch als eine Ausprägung der besonderen Pflichtenbindung des herrschenden Unternehmens aufgrund seiner Sonderrechtsbeziehung zur abhängigen Gesellschaft zu verstehen[31].

23 **Entsprechend § 317 Abs. 4 i.V.m. § 309 Abs. 4** kann der Unterlassungsanspruch auch durch die außenstehenden Aktionäre im Wege der **Prozessstandschaft** geltend gemacht werden[32]., nicht dagegen durch die außenstehenden Gläubiger[33]. Da der Vorstand, wenn er schon eine rechtswidrige Weisung des herrschenden Unternehmens befolgt, im Zweifel keinen Unterlassungsanspruch geltend machen wird, kann dieses Recht praktische Bedeutung erlangen.

3. Geltendmachung der Ansprüche

a) Geltendmachung durch die Gesellschaft

24 Die Ansprüche nach Abs. 1 stehen zunächst der Gesellschaft zu. Die Geltendmachung erfolgt den gesetzlichen Vertretungsregeln entsprechend grundsätzlich durch den Vorstand, bei Ansprüchen gegen Mitglieder des eigenen Vorstands (denkbar etwa bei Ansprüchen nach § 317 Abs. 3 und Personenidentität sowie Ansprüchen nach § 318) ausnahmsweise durch den Aufsichtsrat (§ 112). Für die Pflicht zur Geltendmachung von Ansprüchen gelten die auch sonst für die Geltendmachung von Ansprüchen gegen Organe und Dritte maßgeblichen Grundsätze[34].

b) Geltendmachung durch Aktionäre

25 Nach § 317 Abs. 4 i.V.m. § 309 Abs. 4 Satz 1 und 2 kann der Anspruch auch von jedem Aktionär geltend gemacht werden, wobei der Aktionär allerdings nur Leistung an die Gesellschaft fordern kann[35]. Für die Aktionärsstellung kommt es nicht auf den Zeitpunkt der Nachteilszufügung oder der Entstehung des Anspruchs, sondern den der Geltendmachung an[36]. Praktische Bedeutung hat dieses Individualklagerecht bisher nicht erfahren, vermutlich wegen des Kostenrisikos und des Umstands, dass Leistung nur an die Gesellschaft verlangt werden kann (§ 309 Abs. 4 Satz 2).

c) §§ 147 f., insb. Klagezulassungsverfahren

26 Umstritten ist, ob der durch das UMAG vom 22.9.2005 modifizierte § 147 sowie das Klagezulassungsverfahren des § 148 auch auf die konzernrechtlichen Ansprüche der

---

30 *Habersack* in Emmerich/Habersack, Aktien- und GmbH-Konzernrecht, § 317 Rz. 19; *Lutter* in FS Peltzer, 2001, S. 241, 257 f.

31 Vgl. bereits Rz. 3 zur dogmatischen Einordnung der Haftung aus § 317; ähnlich *Hüffer*, § 317 Rz. 10, der die Unterlassungs- und Beseitigungsansprüche aus der Treupflicht des herrschenden Unternehmens ableitet.

32 Wohl im Ergebnis unstr., *Habersack* in Emmerich/Habersack, Aktien- und GmbH-Konzernrecht, § 317 Rz. 20; *Koppensteiner* in KölnKomm. AktG, § 317 Rz. 37; *Kropff* in Münch-Komm. AktG, § 317 Rz. 44; *Lutter* in FS Peltzer, 2001, S. 241, 258 f.

33 So ausdrücklich auch *Habersack* in Emmerich/Habersack, Aktien- und GmbH-Konzernrecht, § 317 Rz. 20, 28.

34 Grundlegend BGH v. 21.4.1997 – II ZR 175/95 – „ARAG/Garmenbeck", BGHZ 135, 244, 251 ff. = AG 1997, 377; speziell zu § 317 *Habersack* in Emmerich/Habersack, Aktien- und GmbH-Konzernrecht, § 317 Rz. 26; *Kropff* in MünchKomm. AktG, § 317 Rz. 46.

35 Zur dogmatischen Einordnung und Details einschließlich Kostenrisiko vgl. oben § 309 Rz. 32 ff.; zur analogen Anwendung des § 247 ausführlich *Kropff* in FS Bezzenberger, 2000, S. 233, 241 ff.

36 *Kropff* in MünchKomm. AktG, § 317 Rz. 48; *Koppensteiner* in KölnKomm. AktG, § 317 Rz. 37; *Bollmann*, S. 132; *Lutter* in FS Steindorff, 1990, S. 125, 140 ff.

Gesellschaft nach §§ 309 und 317 Anwendung finden[37]. Der Umstand, dass der Gesetzgeber trotz grundlegender Überarbeitung und Ergänzung des § 147 an dessen ausdrücklicher Beschränkung auf die Ansprüche aus Geschäftsführung gegen Mitglieder des Vorstands und des Aufsichtsrats und aus § 117 nichts geändert hat, sprechen eher gegen eine unmittelbare oder analoge Anwendung. Trotzdem überwiegen die Argumente für eine entsprechende Anwendung, sofern alle übrigen Voraussetzungen der §§ 147 f. vorliegen, auch wenn die praktische Bedeutung des § 147 allenfalls nach Beendigung der beherrschenden Stellung Bedeutung haben dürfte und eine Klagezulassung nach § 148 wegen der Klagebefugnis jedes einzelnen Aktionärs nicht zwingend erforderlich ist. Bedeutung hat jedoch die Kostenerleichterung nach § 148 Abs. 6. Bei Vorliegen der Voraussetzungen des § 317 werden regelmäßig auch die des § 117 vorliegen, der die §§ 147 f. eröffnet. Zu § 318 ergibt sich eine Parallelität zu den Ansprüchen aus §§ 93, 116 (hierzu § 318 Rz. 13 f.), für die §§ 147 f. ebenfalls gelten. Dann liegt es aber nahe, §§ 147 f. als zusätzliche Möglichkeit neben dem Individualklagerecht zu verstehen und auch auf §§ 317 f. zu erstrecken. Fraglich könnte im Hinblick auf § 148 wegen §§ 317 Abs. 4, 309 Abs. 4 Satz 1 zwar das Rechtsschutzbedürfnis sein; dieses wird man jedoch aufgrund der Bedeutung des Verfahrens für die Kostenregelung nach § 148 Abs. 6 bejahen können.

d) Geltendmachung durch Gläubiger

Nach § 317 Abs. 4 i.V.m. § 309 Abs. 4 Satz 3 kann der Ersatzanspruch auch von Gesellschaftsgläubigern geltend gemacht werden, soweit sie von der Gesellschaft keine Befriedigung erlangen können. Der Gläubiger, kann anders als der Aktionär, zu seiner eigenen Befriedigung Leistung an sich selbst verlangen.   27

e) Insolvenz

Nach § 317 Abs. 4 i.V.m. § 309 Abs. 4 Satz 5 übt nach Eröffnung des Insolvenzverfahrens über das Vermögen der Gesellschaft der Insolvenzverwalter nicht nur die Rechte der Gesellschaft selbst, sondern auch die ergänzenden Klagerechte der Aktionäre und Gläubiger aus.   28

4. Ersatz des unmittelbaren Schadens der Aktionäre (§ 317 Abs. 1 Satz 2)

Nach § 317 Abs. 1 Satz 2 ist das herrschende Unternehmen bei einem Verstoß gegen § 311 auch unmittelbar **den Aktionären gegenüber** ersatzpflichtig, soweit ihnen ein eigener, über den durch die Mitgliedschaft vermittelten **Reflexschaden** aufgrund der Minderung des Gesellschaftsvermögens hinausgehender **Eigenschaden** entstanden ist. Die Vorschrift ist § 117 Abs. 1 Satz 2 nachgebildet, auf dessen Kommentierung verwiesen wird. Bloße Kursverluste sind stets Reflexschäden; Eigenschäden können sich insb. aus der Entwertung aufgrund der Aktionärsstellung getroffener Vermögensdispositionen ergeben[38].   29

Anders als bei der Geltendmachung des Anspruchs der Gesellschaft im Wege der Prozessstandschaft nach § 317 Abs. 4 i.V.m. § 309 Abs. 4 Satz 1 kommt es auf die **Aktio-**   30

---

37 Ausführlich *H.-F. Müller*, Der Konzern 2006, 725, 728 ff. m.w.N.; dezidiert für eine Anwendung des § 147 bereits *Kropff* in FS Bezzenberger, 2000, S. 233, 244 ff.; *Kropff* in MünchKomm. AktG, § 317 Rz. 57 ff.; außerdem *Habersack* in Emmerich/Habersack, Aktien- und GmbH-Konzernrecht, § 317 Rz. 27 (allerdings ausdrücklich gegen eine Anwendung des § 148); dagegen *Hüffer*, § 317 Rz. 16; *Koppensteiner* in KölnKomm. AktG, § 317 Rz. 35; ausführlicher oben § 147 Rz. 4 und § 309 Rz. 33.
38 Ausführlicher die Kommentierung zu § 117 Abs. 1 Satz 2; außerdem *Habersack* in Emmerich/Habersack, Aktien- und GmbH-Konzernrecht, § 317 Rz. 13; *Kropff* in MünchKomm. AktG, § 317 Rz. 79.

närsstellung im Zeitpunkt der Begründung des Anspruchs, regelmäßig also der nachteiligen Veranlassung an; durch eine spätere Veräußerung verliert der Aktionär seine Aktivlegitimation nicht[39]. Der Anspruch besteht unabhängig von einem Anspruch der Gesellschaft nach § 317 Abs. 1[40] und etwaigen zusätzlichen Ansprüchen der Minderheitsaktionäre bei qualifizierter Nachteilszufügung, insb. auf Abfindung (hierzu Rz. 64 f.)[41].

31   Eine **Nebenintervention** anderer Aktionäre der abhängigen Gesellschaft ist kaum denkbar. Insbesondere ergibt sich das nach § 66 Abs. 1 ZPO erforderliche rechtliche Interesse weder aus einem eigenen Anspruch nach § 317 Abs. 1 Satz 2 noch aus dem Recht, den Schadensersatzanspruch der Gesellschaft nach § 317 Abs. 1 Satz 1 gem. § 317 Abs. 4 i.V.m. § 309 Abs. 4 geltend zu machen[42].

III. Haftung der gesetzlichen Vertreter (§ 317 Abs. 3)

32   Nach § 317 Abs. 3 haften als Gesamtschuldner (**§§ 421 ff. BGB**) neben dem herrschenden Unternehmen auch die gesetzlichen Vertreter des veranlassenden Unternehmens. Der Wortlaut ist unklar; gemeint sind die gesetzlichen Vertreter des herrschenden Unternehmens, nicht eines sonstiges Unternehmens, von dem die Veranlassung ausgeht[43].

33   **Gesetzliche Vertreter** (zum Begriff ausführlicher oben § 309 Rz. 6 ff.) sind insb. die Geschäftsführer der GmbH, die Vorstände, nicht dagegen die Aufsichtsräte[44] der AG sowie bei sonstigen Rechtsformen die organschaftlich zur Geschäftsführung[45] bestellten Personen[46], **nicht** dagegen **Prokuristen und Handlungsbevollmächtigte**[47]. Bei herrschenden **ausländischen Unternehmen** sind als gesetzliche Vertreter diejenigen Personen zu behandeln, die im Hinblick auf Geschäftsführung und Vertretung die dem Vorstand einer AG ähnlichste Stellung einnehmen[48]. Ist der gesetzliche Vertreter seinerseits eine Gesellschaft, findet § 317 Abs. 3 auch auf deren gesetzliche Vertreter Anwendung[49].

---

39 So auch *Habersack* in Emmerich/Habersack, Aktien- und GmbH-Konzernrecht, § 317 Rz. 14; *Kropff* in MünchKomm. AktG, § 317 Rz. 80.
40 So ausdrücklich *Kropff* in MünchKomm. AktG, § 317 Rz. 81.
41 *Habersack* in Emmerich/Habersack, Aktien- und GmbH-Konzernrecht, § 317 Rz. 14; *Kropff* in MünchKomm. AktG, § 317 Rz. 81.
42 BGH v. 24.4.2006 – II ZB 16/05, AG 2006, 550.
43 Einh. Meinung, vgl. nur *Kropff*, Aktiengesetz, S. 219; *Habersack* in Emmerich/Habersack, Aktien- und GmbH-Konzernrecht, § 317 Rz. 22; *Koppensteiner* in KölnKomm. AktG, § 317 Rz. 42.
44 *Habersack* in Emmerich/Habersack, Aktien- und GmbH-Konzernrecht, § 317 Rz. 23; *Hüffer*, § 317 Rz. 13; *Kropff* in MünchKomm. AktG, § 317 Rz. 94; a.A. *Wälde*, DB 1972, 2289, 2292.
45 Ein geschäftsführungsbefugter Gesellschafter einer Personengesellschaft kann daher auch ohne Vertretungsmacht haften, *Habersack* in Emmerich/Habersack, Aktien- und GmbH-Konzernrecht, § 317 Rz. 22; a.A. wohl *Kropff* in MünchKomm. AktG, § 317 Rz. 91.
46 Bei Organen von Gebietskörperschaften § 317 Abs. 3 bejahend *Eschenbruch*, Rz. 5107, 5109; ablehnend *Kropff* in MünchKomm. AktG, § 317 Rz. 93; *Koppensteiner* in KölnKomm. AktG, § 317 Rz. 46.
47 Unstr., s. *Kropff* in MünchKomm. AktG, § 317 Rz. 92; *Habersack* in Emmerich/Habersack, Aktien- und GmbH-Konzernrecht, § 317 Rz. 23; *Hüffer*, § 317 Rz. 13; *Koppensteiner* in KölnKomm. AktG, § 317 Rz. 47; diese können allerdings nach § 117 haften, vgl. nachfolgend Rz. 40.
48 *Kropff* in MünchKomm. AktG, § 317 Rz. 105; *Koppensteiner* in KölnKomm. AktG, § 309 Rz. 27.
49 So ausdrücklich auch *Habersack* in Emmerich/Habersack, Aktien- und GmbH-Konzernrecht, § 317 Rz. 3.

Die Haftung trifft die veranlassenden Personen, nicht auch die Mitglieder des Organs, die an der Veranlassung nicht mitgewirkt haben[50]. Der Tatbestand entspricht dem der Haftung nach § 317 Abs. 1. Zu fordern ist jedoch eine zumindest bedingt **vorsätzliche Veranlassung**. Wie bei der internen Haftung des Vorstands gegenüber seiner eigenen Gesellschaft aus § 93 Abs. 2 und der Haftung nach § 309 Abs. 2 handelt es sich um eine Verschuldenshaftung. Eine Zurechnung des Verschuldens Dritter nach §§ 278, 831 BGB scheidet aus. Ausreichend kann ein bewusstes Gewährenlassen einer Veranlassung durch Untergebene sein, nicht jedoch die unbewusste Ermöglichung durch **unzureichende Überwachung** oder Organisation[51]. 34

Mehrere veranlassende **gesetzliche Vertreter**, bei mehrfacher oder mehrstufiger Beherrschung möglicherweise unterschiedlicher Unternehmen, haften gesamtschuldnerisch. Ein gesetzlicher Vertreter eines nachrangigen herrschenden Unternehmens haftet allerdings nicht, wenn die Weisung durch das ultimativ herrschende Unternehmen bindend war[52]. 35

Der gesetzliche Vertreter **haftet auch den Aktionären** nach § 317 Abs. 1 Satz 2. Zudem finden § 317 Abs. 2 und 4 Anwendung[53]. 36

IV. Verzicht, Vergleich, Verjährung (§ 317 Abs. 4)

Nach **§ 309 Abs. 3**, auf den § 317 Abs. 4 verweist, kann die Gesellschaft wie bei § 93 Abs. 4 Satz 3 erst drei Jahre nach der Entstehung und nur mit zustimmendem Sonderbeschluss der außenstehenden Aktionäre, dem nicht eine Minderheit von 10 % des vertretenen Grundkapitals widersprochen hat, auf ihren Ersatzanspruch verzichten oder sich über ihn vergleichen. In der Insolvenz und zur Abwendung der Insolvenz des Ersatzpflichtigen gilt die Ausnahme des § 309 Abs. 3 Satz 2. Die Gläubiger sind bei der Geltendmachung ihres Rechts zur Geltendmachung des Anspruchs (vgl. Rz. 28) nach § 317 Abs. 4 i.V.m. **§ 309 Abs. 4 Satz 4** nicht an einen solchen Verzicht gebunden. 37

Nach § 317 Abs. 4 i.V.m. **§ 309 Abs. 5** verjähren die Ansprüche aus § 317 in fünf Jahren[54]. Dies gilt für alle Ansprüche, also auch die nach § 317 Abs. 1 Satz 2 und Abs. 3. Die Verjährung beginnt mit der Entstehung des Anspruchs durch Verwirklichung des Verstoßes gegen § 311, bei ausgleichsfähigen, aber nicht ordnungsgemäß ausgeglichenen Nachteilen also erst mit Ablauf des Geschäftsjahres[55]. 38

---

50 Wohl unstr., vgl. nur *Habersack* in Emmerich/Habersack, Aktien- und GmbH-Konzernrecht, § 317 Rz. 24; *Hüffer*, § 317 Rz. 14; *Koppensteiner* in KölnKomm. AktG, § 317 Rz. 42; *Krieger* in MünchHdb. AG, § 69 Rz. 127; *Kropff* in MünchKomm. AktG, § 317 Rz. 85.

51 Ebenso *Habersack* in Emmerich/Habersack, Aktien- und GmbH-Konzernrecht, § 317 Rz. 24; *Hüffer*, § 317 Rz. 14; *Krieger* in MünchHdb. AG, § 69 Rz. 127; *Kropff* in MünchKomm. AktG, § 317 Rz. 90; a.A. *Koppensteiner* in KölnKomm. AktG, § 317 Rz. 44; *Altmeppen*, Haftung des Managers, S. 65 f.; *Eschenbruch*, Rz. 4205.

52 Zutreffend *Kropff* in MünchKomm. AktG, § 317 Rz. 86.

53 Zur Geltendmachung eines Anspruchs des herrschenden Unternehmens als klagebefugtem Aktionär der abhängigen AG gegen den eigenen Vorstand und der Pflicht des Aufsichtsrats des herrschenden Unternehmens, einen solchen Anspruch zu verfolgen, *Sven H. Schneider/ Uwe H. Schneider*, AG 2005, 57, 62.

54 Wegen der Einzelheiten einschließlich der Verjährung konkurrierender Ansprüche vgl. oben § 309 Rz. 38 f.

55 So auch *Kropff* in MünchKomm. AktG, § 317 Rz. 98; zum Entstehen des Anspruchs vgl. auch Rz. 6.

V. Verhältnis zu anderen Haftungsvorschriften

39   Der Vorrang des § 311 gegenüber Bestimmungen des ersten Buches gilt nur insoweit, als der Nachteilsausgleich tatsächlich, wie in § 311 vorgesehen, erfolgt. Folglich finden insb. **§§ 57, 62, 93, 116 und 243** grundsätzlich neben § 317 Anwendung (vgl. § 311 Rz. 104 ff.). Ein Verstoß gegen §§ 57, 62 kann insb. für die strafrechtliche Verantwortung der Handelnden Bedeutung haben, da die Strafgerichte bei einem Verstoß gegen Kapitalerhaltungsgrundsätze regelmäßig trotz Zustimmung der Gesellschafter oder des Aufsichtsrats die Verwirklichung des Treubruchtatbestands des **§ 266 StGB** annehmen[56].

40   Nach allgemeiner Meinung findet neben § 317 auch **§ 117** Anwendung, was Bedeutung insb. für Angestellte des herrschenden Unternehmens und Nutznießer (vgl. § 117 Abs. 3) hat[57].

41   Stellt die Nachteilszufügung einen **existenzvernichtenden Eingriff** dar, kommt neben § 317 eine (Durchgriffs-)Haftung des herrschenden Unternehmens in Betracht[58].

42   **Deliktische Ansprüche** aus §§ 823, 826 BGB einschließlich der für sie geltenden besonderen Verjährungsfrist des § 852 BGB bleiben unberührt[59].

43   Eine nach § 311 unzulässige Nachteilszufügung durch das herrschende Unternehmen stellt immer zugleich auch eine Verletzung der **Treupflicht** des herrschenden Unternehmens gegenüber der Gesellschaft und ggfs. den Mitgesellschaftern dar. Soweit sich diese Treupflichtverletzung allerdings in der Veranlassung von Nachteilen erschöpft, ist die Schadensersatzpflicht nach § 317 lex specialis und verdrängt daneben sonstige Ansprüche aus Treupflichtverletzung wegen der konkreten nachteiligen Veranlassung[60]. Nach dem hier vertretenen dogmatischen Grundverständnis des § 317 folgt dies schon daraus, dass § 317 selbst gerade Ausprägung und Konkretisierung der aus dem Sonderrechtsverhältnis folgenden Treupflichten des herrschenden Unternehmens ist (Rz. 3).

VI. Qualifizierte Nachteilszufügung (qualifiziert faktischer Konzern)

1. Problem

44   Ein Außenseiterschutz durch Schadensersatz läuft leer, wenn der durch eine nachteilige Einflussnahme verursachte Schaden selbst unter Zuhilfenahme des § 287 ZPO nicht bestimmbar ist. Dies ist bei Einzeleingriffen denkbar, die unabsehbare Folgen haben, wie etwa die Abtrennung oder Verlagerung wichtiger Unternehmensfunktionen oder der Verkauf eines wesentlichen Geschäftsbereichs im Interesse des Gesell-

---

56   Zur entsprechenden Problematik bei der GmbH vgl. nur BGH v. 20.7.1999 1 – StR 668/98, NJW 2000, 154, 155; BGH v. 14.5.2004 – StR 73/03, ZIP 2004, 1200, 1205; ausführlicher *Maurer*, GmbHR 2004, 1549; *Radtke* GmbHR 1998, 311, 314 ff., 361, 362 ff.

57   Ganz h.M., vgl. nur *Habersack* in Emmerich/Habersack, Aktien- und GmbH-Konzernrecht, § 317 Rz. 3 f.; *Hüffer*, § 317 Rz. 17; *Krieger* in MünchHdb. AG, § 69 Rz. 129; *Koppensteiner* in KölnKomm. AktG, § 317 Rz. 52; *Kropff* in MünchKomm. AktG, § 317 Rz. 108; a.A. *Brüggemeier*, AG 1988, 93, 101 f.; vgl. auch § 311 Rz. 106.

58   Ebenso *Koppensteiner* in KölnKomm. AktG, § 317 Rz. 54, Anh. § 318 Rz. 72 ff.; zum Verhältnis zu Ansprüchen aufgrund qualifizierter Nachteilszufügungen nachfolgend Rz. 48 f.

59   *Kropff* in MünchKomm. AktG, § 317 Rz. 109, zur Verjährung Rz. 99; *Hüffer*, § 317 Rz. 17; zur auf § 826 BGB gestützten Existenzvernichtungshaftung s. auch Rz. 48.

60   So auch *Kropff* in MünchKomm. AktG, § 317 Rz. 111 f.; a.A. *Habersack* in Emmerich/Habersack, Aktien- und GmbH-Konzernrecht, Anh. § 311 Rz. 89; seit Verkürzung der Regelverjährung auf drei Jahre gem. § 195 BGB hat der Streit allerdings keine praktische Bedeutung mehr; zum Verhältnis der §§ 311 ff. zur Treupflicht s. auch § 311 Rz. 111.

schafters[61]. Eine fehlende Ausgleichsmöglichkeit kann auch durch unzureichende Verbuchung der Verbundbeziehungen herbeigeführt werden („**Waschkorblage**")[62]. Schließlich ist der Fall denkbar, dass das herrschende Unternehmen einen solch intensiven Einfluss auf die AG ausübt, dass einzelne Einflussnahmen nicht mehr isolierbar sind, die Tochter also beispielsweise wie eine Betriebsabteilung geführt wird[63].

Allerdings reicht die bloße Möglichkeit zu einer solch intensiven Leitung, beispielsweise durch **Vorstandsdoppelmandate**, nicht aus, solange die faktische Leitungsmacht nicht tatsächlich zur Veranlassung qualifizierter, nicht mehr dem Einzelausgleich zugänglicher Nachteile ausgenutzt worden ist[64].   45

Kann der Nachteil nicht bestimmt und/oder nicht ausgeglichen werden, ist die Maßnahme unzulässig[65]. Ist sie trotzdem durchgeführt worden, stellt sich die Frage, wie der Außenseiterschutz zu gestalten ist. Diskutiert wurden diese Fälle traditionell unter dem Schlagwort **qualifiziert faktischer Konzern**, wobei die Bezeichnung **qualifizierte Nachteilszufügung**[66] zutreffender ist, da nicht zwingend eine besondere Art der Einbindung in den Konzern, sondern eine besondere Qualität des möglicherweise singulären Eingriffs maßgeblich ist. Danach war überwiegend anerkannt, dass eine pflichtwidrige Nachteilszuführung, die einem Einzelausgleich nicht zugänglich ist, zur entsprechenden Anwendung der §§ 302 ff. führt[67].   46

Allerdings ist zu beachten, dass das vorstehend beschriebene Schutzkonzept in der Vergangenheit für die AG keine praktische Bedeutung hatte (s. § 311 Rz. 8); die Rechtsprechung zum qualifiziert faktischen Konzern betraf fast ausschließlich abhängige (Einpersonen)GmbHs und selbst bei diesen wurde die fehlende Möglichkeit des Einzelausgleichs nur ausnahmsweise bejaht.   47

2. Nachteilsausgleich bei fehlender Einzelausgleichsfähigkeit, qualifizierter Nachteilszufügung

a) Lösung über Haftung wegen existenzvernichtenden Eingriffs?

Die Grundsätze zum qualifiziert faktischen Konzern, die praktisch nur im GmbH-Recht relevant wurden (Rz. 47), sind **nach überwiegender Ansicht** jedenfalls für den GmbH-Konzern **durch die Rechtsprechung zum existenzvernichtenden Eingriff** (zunächst Durchgriffshaftung, dann Innenhaftung aus § 826 BGB) **ersetzt** worden[68], die   48

---

61 Diese Frage wurde intensiv im Hinblick auf eine Veräußerung der Orange-Anteile durch Mannesmann im Zusammenhang mit der Übernahme durch Vodafone diskutiert, vgl. einerseits *Mertens* in Hommelhoff/Rowedder/Ulmer, Hachenburg-Gedächtnisvorlesung 2000, S. 27 ff.; *Lutter* in FS Peltzer, 2001, S. 241 ff.; eine Einzelausgleichsfähigkeit bejahend dagegen *Haarmann* in Hommelhoff/Rowedder/Ulmer, Hachenburg-Gedächtnisvorlesung 2000, S. 45, 53 ff., 64 ff.; ähnlich *Bezzenberger*, S. 338 ff.; hierzu auch *Karsten Schmidt*, GesR, S. 962; *E. Vetter*, ZHR 171 (2007), 342, 354 ff. und § 311 Rz. 67 ff., 75, 99; allg. hierzu *Kropff* in MünchKomm. AktG, Anh. § 317 Rz. 92 ff.

62 Vgl. hierzu etwa *Kropff* in MünchKomm. AktG, Anh. § 317 Rz. 71 ff. im Zusammenhang mit dem sog. qualifiziert faktischen Konzern, m.w.N.

63 So etwa *Karsten Schmidt*, GesR, S. 964.

64 Hierzu § 311 Rz. 99, insb. zur personellen Verflechtung.

65 Hierzu bereits § 311 Rz. 99 f.

66 *Kropff* in MünchKomm. AktG, Anh. § 317 Rz. 44; zustimmend *Koppensteiner* in KölnKomm. AktG, Anh. § 318 Rz. 54.

67 Zu ausführlichen Übersichten über die Entwicklung der Rechtsprechung und Literatur vgl. nur *Habersack* in Emmerich/Habersack, Aktien- und GmbH-Konzernrecht, Anh. § 317 Rz. 1 ff.; *Kropff* in MünchKomm. AktG, Anh. § 317 Rz. 5 ff., jeweils m.w.N.

68 Vgl. BGH v. 17.9.2001 – II ZR 178/99 – „Bremer Vulkan", BGHZ 149, 10, 16 f.; BGH v. 13.12.2004 – II ZR 256/02, ZIP 2005, 250, 251 (jeweils zur Durchgriffshaftung); BGH v. 16.7.2007 – II ZR 3/04, GmbHR 2007, 927, 929 (zur Haftung aus § 826 BGB); im Übrigen nur

nach wohl überwiegender Ansicht auch auf die Aktiengesellschaft zu erstrecken ist. Teilweise wird daraus eine Verdrängung der besonderen Haftung bei qualifizierter Nachteilszufügung im faktischen Aktienkonzern abgeleitet[69].

49   Eine solche auf den Gläubigerschutz fokussierte Durchgriffshaftung wegen existenzvernichtenden Eingriffs **kann den Schutzzweck des § 317** jedoch **nicht vollständig kompensieren**[70]: Sie knüpft an eine Existenzgefährdung, genauer die Beeinträchtigung der Fähigkeit, die Gläubiger zu befriedigen, an. Mit der Rechtsfolge der Durchgriffshaftung hat sie zunächst nur den Schutz der Gläubiger im Blick. Der Schutz der Minderheitsgesellschafter, der ja auch weit im Vorfeld einer Insolvenz bei einer wirtschaftlich erfolgreichen AG zu gewährleisten ist, wird nicht sichergestellt. Aber auch die Gläubiger sind bei der AG gerade nicht nur in der Zahlungsunfähigkeit, sondern präventiv gegen alle nicht ausgeglichenen nachteiligen Vermögenseingriffe durch die Gesellschafter zu schützen.

b) Verlustausgleich

50   Zur Kompensation qualifizierter Nachteilszufügungen ist daher ein von den konkreten, gerade nicht bestimmbaren Auswirkungen des Eingriffs unabhängiger Schutz der Gesellschaft und damit sowohl der Gläubiger als auch der Minderheitsgesellschafter erforderlich. Insoweit kommt mangels Bestimmbarkeit des Nachteils eine Verpflichtung zum Ausgleich des entstehenden Jahresfehlbetrags in Betracht, wie sie schon vor, aber insb. nach dem TBB-Urteil des BGH[71] in Anwendung der zum GmbH-Konzern entwickelten Grundsätze zum qualifiziert faktischen Konzern auch für den AG-Konzern befürwortet wurde. Teilweise wird dies weiterhin, auch nach Entwicklung der Rechtsprechung zum existenzvernichtenden Eingriff, über eine pauschale analoge Anwendung der §§ 302 ff. im Falle qualifizierter Nachteilszufügung erreicht[72].

51   Die Alternative besteht darin, die Rechtsfolge des Verlustausgleichs in das Schutzkonzept des § 317 zu integrieren. Nimmt das herrschende Unternehmen einen unzulässigen nachteiligen Eingriff vor, dessen Nachteile nicht im Wege des Schadensersatzes ausgeglichen werden können, ist als Mindestschaden der Jahresfehlbetrag des Jahres oder der Jahre auszugleichen, während der der Eingriff nicht quantifizierbare Wirkungen für die abhängige AG entfaltet[73].

---

die Stellungnahmen der Richter *Gehrlein*, BB 2005, 613; *Goette*, DStR 2005, 197, 200; *Röhricht* in VGR, Gesellschaftsrecht in der Diskussion, Tagungsband 2002, S. 3, 23.

69 So wohl *Hüffer*, § 1 Rz. 26, § 311 Rz. 11; *Liebscher* in Beck'sches Hdb. AG, § 14 Rz. 97; *Lutter/Trölitzsch* in Lutter, Holding-Handbuch, § 7 Rz. 60; *Mai*, S. 57 f.; *Decher*, ZHR 171 (2007), 126, 137; tendenziell auch *Knoll* in Münch. AnwaltsHdb. Aktienrecht, § 52 Rz. 30; wohl auch OLG Stuttgart v. 30.5.2007 – 20 U 12/06 AG 2007, 633, 636 f.

70 So ausdrücklich *Habersack* in Emmerich/Habersack, Aktien- und GmbH-Konzernrecht, Anh. § 317 Rz. 5; *Krieger* in MünchHdb. AG, § 69 Rz. 134; *Karsten Schmidt*, GesR, S. 965; *Cahn*, ZIP 2001, 2159, 2160; *Eberl-Borges*, WM 2003, 105; *Schürnbrand*, ZHR 169 (2005), 35, 58; jedenfalls bei Insolvenz der abhängigen AG OLG Köln v. 13.4.2006 – 7 U 31/05, AG 2007, 371, 372 f.

71 BGH v. 29.3.1993 – II ZR 265/91, BGHZ 122, 123.

72 *Habersack* in Emmerich/Habersack, Aktien- und GmbH-Konzernrecht, Anh. § 317 insb. Rz. 23 ff.; *Krieger* in MünchHdb. AG, § 69 Rz. 124 ff., 143; *Karsten Schmidt*, GesR, S. 965; *Cahn*, ZIP 2001, 2159, 2160; aus dem älteren Schrifttum *Henssler*, ZGR 2000, 479, 482 f.; *Heyder*, S. 175 ff.; *Lutter* in 25 Jahre AktG, 1995, S. 53, 74; *Zöllner* in GS Knobbe-Keuk, 1997, S. 369 ff.; a.A. etwa OLG Düsseldorf v. 29.1.1999 – 16 U 193/97, AG 2000, 567, 568 f.; *Koppensteiner* in KölnKomm. AktG, Anh. § 318 Rz. 64 ff. m.w.N.; *Koppensteiner* in Ulmer (Hrsg.), Probleme des Konzernrechts, 1989, S. 87, 90 ff.; *Hüffer*, § 1 Rz. 25 f., § 311 Rz. 4; *Altmeppen*, Abschied vom qualifiziert faktischen Konzern, S. 5 ff.; *Bollmann*, S. 39 ff., s. auch 120 ff.; *Ehricke*, Das abhängige Unternehmen in der Insolvenz, 1998, S. 436 f.

73 *Kropff* in MünchKomm. AktG, Anh. § 317 Rz. 46 ff.; *Koppensteiner* in KölnKomm. AktG, § 317 Rz. 22 ff.; *Bälz*, AG 1992, 277, 292 f.; s. außerdem die nachfolgende Fn.

Teilweise ist versucht worden, dies über § 287 ZPO zu begründen[74]. Überzeugender 52
erscheint jedoch, dies als echte **Rechtsfortbildung** zu verstehen. Die §§ 311 ff. enthalten eine Lücke, für die der Gesetzgeber keine Lösung zur Verfügung gestellt hat[75].
Die Fortentwicklung der aufgrund der Intensität des unzulässigen Eingriffs nicht
mehr passenden Rechtsfolge erfolgt dabei in Anlehnung an diejenigen Tatbestände,
bei denen solche Eingriffe vom Gesetzgeber bedacht und geregelt worden sind, also
die §§ 302 ff. Weiterführend ist insoweit auch der Gedanke von *Kropff*, der darauf
hinweist, dass eine qualifizierte Nachteilszufügung nur bei Abschluss eines Beherrschungsvertrages gem. § 308 zulässig ist; verstößt das herrschende Unternehmen gegen die Pflicht, einen Beherrschungsvertrag abzuschließen, hat es die Außenseiter so
zu stellen, als wäre es seiner Pflicht nachgekommen und hätte einen Beherrschungsvertrag abgeschlossen[76].

Während in der Rechtsfolge des Verlustausgleichs zwischen beiden Ansätzen Einig- 53
keit besteht, ergeben sich doch aus dem unterschiedlichen dogmatischen Grundverständnis Unterschiede im Detail und bei der Konkretisierung der Rechtsfolgen. Aus
den folgenden Gründen erscheint die **punktuelle Erweiterung der Rechtsfolge des
§ 317** gegenüber der Schaffung eines Sonderrechts des qualifiziert faktischen Konzerns vorzugswürdig:

– Der Anspruch aus § 302 steht allein der beherrschten Gesellschaft zu. Wenn der 54
  Vorstand dieser Gesellschaft aber schon den unzulässigen Eingriff des herrschenden Unternehmens hingenommen hat, ist kaum zu erwarten, dass er nun selbst
  den Verlustausgleich einfordern wird. Den Gläubigern bliebe nur die Pfändung dieses Anspruchs. Demgegenüber hat der Gesetzgeber diesen Konflikt bei §§ 317 f. gesehen und durch die Ermöglichung einer **Geltendmachung des Anspruchs durch
  Minderheitsaktionäre und Gläubiger** eine sachgerechte Lösung getroffen (§§ 317
  Abs. 4 und 318 Abs. 4 i.V.m. § 309 Abs. 4)[77].

– Das Bestehen unterschiedlicher Ansprüche neben und unabhängig von einander 55
  wird vermieden. Ist die Schadenshöhe unklar, kann aber (unter Zuhilfenahme des
  § 287 ZPO) nachgewiesen werden, dass zumindest ein über den Jahresfehlbetrag
  hinausgehender Schaden entstanden ist, so ist der höhere Schaden zu ersetzen;
  dann ist aber daneben nicht auch noch der Jahresfehlbetrag auszugleichen[78].

– Anders als bei einer analogen Anwendung des § 302 haften nach dem Konzept der 56
  §§ 317 f. auch die **Organe** der Gesellschaft und des herrschenden Unternehmens.
  Dies ist konsequent, da sie bei qualifizierten Eingriffen ansonsten eine geringere
  Haftung treffen würde als bei quantifizierbaren Eingriffen.

– Es wird deutlich, dass die Verpflichtung zur Verlustübernahme an die qualifizierte 57
  Nachteilszufügung (**Verhaltenshaftung**), nicht eine qualifizierte Art der Beherr-

---

74 So *Koppensteiner* in KölnKomm. AktG, § 317 Rz. 22 ff.; *Koppensteiner* in Ulmer (Hrsg.), Probleme des Konzernrechts, 1989, S. 87, 99 f.; *Schulze-Osterloh*, ZGR 1983, 123, 153 f.; *Lutter/
   Banerjea*, ZGR 2003, 402, 434 zur mehrgliedrigen GmbH; ablehnend etwa *Kropff* in Münch-
   Komm. AktG, Anh. § 317 Rz. 49 m.w.N.; *Zöllner* in GS Knobbe-Keuk, 1997, S. 369, 376.
75 A.A. *Koppensteiner* in KölnKomm. AktG, Anh. § 318 Rz. 64, anders aber in Rz. 73; *Koppensteiner* in Ulmer (Hrsg.), Probleme des Konzernrechts, 1989, S. 87, 91 f.
76 *Kropff* in MünchKomm. AktG, Anh. § 317 Rz. 50 f. m.w.N.
77 Näher *Kropff* in MünchKomm. AktG, Anh. § 317 Rz. 117 ff.; zur Frage, ob der Anspruch aus
   § 302 analog §§ 309 Abs. 4, 317 Abs. 4 von Gläubigern geltend gemacht werden kann, *Emmerich* in Emmerich/Habersack, Aktien- und GmbH-Konzernrecht, § 302 Rz. 44, und oben § 302
   Rz. 58.
78 A.A. wohl *Habersack* in Emmerich/Habersack, Aktien- und GmbH-Konzernrecht, Anh. § 317
   Rz. 24, nach dem die Ansprüche der Gesellschaft aus § 302 und die der Gläubiger aus §§ 317 f.
   unabhängig voneinander sind.

schung (Zustandshaftung) anknüpft und entsprechend auch keine vorschnelle Gesamtanalogie zu den §§ 302–305 gerechtfertigt ist. Die hier befürwortete Lösung über einer Modifikation der Rechtsfolge des § 317 könnte darüber hinaus auch außerhalb von Konzernlagen in Fällen von verbotenen Einflussnahmen auf die AG, für die das Gesetz keine adäquate Rechtsfolge enthält, einen Ansatz liefern. Zu denken ist insoweit an qualifizierte Eingriffe von Gesellschaftern, die nicht als Unternehmen anzusehen sind, oder Dritten, bei denen die an den Einzelausgleich anknüpfenden §§ 62, 117 genauso versagen wie § 317, daneben aber auch an qualifizierte Eingriffe bei der mehrgliedrigen GmbH.

58   Rechtsgrund für die Verlustausgleichspflicht ist die rechtswidrige Zufügung eines Nachteils, für den das Gesetz keinen adäquaten Ausgleich vorsieht, nicht eine qualifizierte Art der Beherrschung. Daraus folgt, dass sie nicht automatisch mit dem **Wegfall der beherrschenden Stellung** enden kann[79]. Der Anspruch auf Verlustausgleich besteht vielmehr auch für dem Jahr des Eingriffs folgende Geschäftsjahre solange, wie nicht quantifizierbare Folgen des Anspruchs vernünftigerweise denkbar sind. Eine vorherige Beendigung ist nur denkbar, wenn das herrschende Unternehmen Minderheitsaktionären und Altgläubigern auf andere Weise einen Ausgleich gewährt hat, der dem bei Abschluss und Beendigung eines Beherrschungsvertrags mindestens entspricht.

59   Inhaltlich geht der Anspruch neben dem Ausgleich des Verlusts auf **Wiederherstellung des Eigenkapitals**, das vor Beginn der qualifizierten Nachteilszufügung vorhanden war[80].

60   Die Grundsätze des BGH zum existenzvernichtenden Eingriff, nach der den Gesellschafter eine Durchgriffshaftung für alle Verbindlichkeiten der Gesellschaft trifft, sofern er nicht ausnahmsweise nachweisen kann, dass der Gesellschaft im Vergleich zur Vermögenslage bei einem redlichen Verhalten nur ein begrenzter Nachteil entstanden ist[81], ist insoweit übertragbar, als das herrschende Unternehmen beweisen kann, dass im Einzelfall ein **geringerer Schaden** als der Jahresfehlbetrag entstanden ist[82]. Praktische Bedeutung dürfte diese Möglichkeit nicht haben, da ein solcher Nachweis bei qualifizierter Nachteilszufügung kaum denkbar ist.

61   Nach Beseitigung der nachteiligen Wirkung oder Beendigung der Beherrschung wird verbreitet die entsprechende Anwendung des **§ 303** einschließlich der dazu durch den BGH für das GmbH-Recht entwickelten Ausfallhaftung bei Vermögenslosigkeit der abhängigen Gesellschaft[83] befürwortet[84]. Nach der hier vertretenen Auffassung, nach der die Gläubiger den Verlustausgleich selbst nach § 317 Abs. 4 geltend machen können und der Verlustausgleich auch nicht zwingend mit Beendigung der Beherrschung

---

79 So wohl auch *Kropff* in MünchKomm. AktG, Anh. § 317 Rz. 112; a.A. wohl *Habersack* in Emmerich/Habersack, Aktien- und GmbH-Konzernrecht, Anh. § 317 Rz. 23; *Heyder*, S. 210 ff.; vgl. hierzu auch *Zöllner* in GS Knobbe-Keuk, 1997, S. 369, 378 f.
80 Zutreffend *Kropff* in MünchKomm. AktG, Anh. § 317 Rz. 110.
81 BGH v. 13.12.2004 – II ZR 206/02, ZIP 2005, 117, 118 mit Anm. *Altmeppen*; BGH v. 13.12.2004 – II ZR 256/02, ZIP 2005, 250, 252; ebenso bereits *J. Vetter*, ZIP 2003, 601, 603 ff.
82 Im Erg. ebenso *Krieger* in MünchHdb. AG, § 69 Rz. 144 m.w.N. zur entsprechenden Begrenzung unter Geltung der Grundsätze zum qualifiziert faktischen Konzern; *Priester* in FS Semler, 1993, S. 561 ff., 577 f.; a.A. *Kropff* in MünchKomm. AktG, Anh. § 317 Rz. 109; *Habersack* in Emmerich/Habersack, Aktien- und GmbH-Konzernrecht, Anh. § 317 Rz. 23
83 S. nur BGH v. 16.9.1985 – II ZR 275/84, BGHZ 95, 330, 347 = AG 1986, 15; BGH v. 19.9.1988 – II ZR 255/87, BGHZ 105, 168, 183 = AG 1989, 27; BGH v. 23.9.1991 – II ZR 135/90, BGHZ 115, 187, 200 = AG 1991, 429; BGH v. 11.11.1991 – II ZR 287/90, BGHZ 116, 37, 42 = AG 1992, 83.
84 *Habersack* in Emmerich/Habersack, Aktien- und GmbH-Konzernrecht, Anh. § 317 Rz. 24 f. m.w.N.; *Krieger* in MünchHdb. AG, § 69 Rz. 146.

endet, besteht hierfür kein Bedürfnis[85]. Im Übrigen knüpft § 303 an die formale und bekannt gemachte Beendigung einer besonderen Art der Beherrschung an. An einer solchen formalen Information der Gläubiger wird es bei den hier diskutierten Fällen häufig gerade fehlen.

c) Tatbestand der qualifizierten Nachteilszufügung und Beweislast

Aus dem Vorstehenden ergibt sich unmittelbar, dass die einzige zusätzliche Voraussetzung für den Verlustausgleichsanspruch über die Voraussetzungen des § 317 Abs. 1 und 2 hinaus die **fehlende Ausgleichsfähigkeit im Wege des Schadensersatzes** ist, während für die Unzulässigkeit nach § 311 die fehlende Möglichkeit zum Nachteilsausgleich ausreicht, auch wenn der dadurch eingetretene Schaden im Wege der Naturalrestitution nach § 317 beseitigt werden könnte[86]. Eine über die fehlende Einzelausgleichsfähigkeit hinausgehende Qualifizierung des Verhaltens des herrschenden Unternehmens, etwa eine besondere Rücksichtslosigkeit, ist nicht zu verlangen[87]. 62

Aus der Anknüpfung an § 317 folgt ohne weiteres, dass die oben bereits dargestellten Regeln zur Beweislast und insb. die **Erleichterungen der Darlegungslast** auch bei qualifizierter Nachteilszufügung gelten (s. Rz. 10 ff., zum Nachweis eines geringeren Schadens Rz. 60). 63

3. Weitergehender Minderheitenschutz

a) Austrittsrecht analog § 305

Die Zufügung eines dem Einzelausgleich nicht mehr zugänglichen Nachteils stellt eine gravierende Verletzung der Treupflichten gegenüber Gesellschaft und Mitgesellschaftern durch das herrschende Unternehmen dar, die die Mitgesellschafter in Anlehnung an die Wertung des Gesetzgebers in § 305 ausnahmsweise zum Austritt aus der Gesellschaft aus wichtigem Grund berechtigt[88]. Die Abfindung ist durch das herrschende Unternehmen, das das Sonderrechtsverhältnis in gravierendem Maße verletzt hat, zu zahlen. Abweichend von § 305 Abs. 2 ist die Abfindung durch das herrschende Unternehmen immer in bar zu zahlen[89]. Viel spricht dafür, dass die Höhe der Abfindung im Wege des Spruchverfahrens analog § 305 Abs. 5 und den Bestimmungen des SpruchG bestimmt wird, wobei jedoch zuvor im Wege der Feststellungsklage das Vorliegen einer zur Abfindung berechtigenden qualifizierten Nachteilszufügung festgestellt worden sein muss[90]. 64

---

85 Ebenso *Kropff* in MünchKomm. AktG, Anh. § 317 Rz. 119 ff.
86 So deutlich auch *Kropff* in MünchKomm. AktG, Anh. § 317 Rz. 40.
87 Ebenso *Kropff* in MünchKomm. AktG, Anh. § 317 Rz. 34 ff.; in Begründung und Terminologie, nicht aber im Ergebnis a.A. *Krieger* in MünchHdb. AG, § 69 Rz. 136 f.
88 So die h.M. in Analogie zu § 305, *Habersack* in Emmerich/Habersack, Aktien- und GmbH-Konzernrecht, Anh. § 317 Rz. 29; *Lieb* in FS Lutter, 2000, S. 1151, 1154 ff.; *Seydel*, S. 334 ff.; *Zöllner* in GS Knobbe-Keuk, 1997, S. 369, 379 ff.; im Erg. auch *Koppensteiner* in KölnKomm. AktG, Anh. § 318 Rz. 105 ff.; *Kropff* in MünchKomm. AktG, Anh. § 317 Rz. 123.; im Erg. ähnlich, aber gestützt auf die Treupflicht, *Mülbert*, S. 494 ff.; a.A. etwa *Heyder*, S. 216 ff.; *Schwörer*, NZG 2001, 550.
89 Allg. Meinung, vgl. nur *Habersack* in Emmerich/Habersack, Aktien- und GmbH-Konzernrecht, Anh. § 317 Rz. 29; *Koppensteiner* in KölnKomm. AktG, Anh. § 318 Rz. 110; *Kropff* in MünchKomm. AktG, Anh. § 317 Rz. 123; *Mülbert*, S. 498; *Zöllner* in GS Knobbe-Keuk, 1997, S. 369, 381.
90 So auch *Habersack* in Emmerich/Habersack, Aktien- und GmbH-Konzernrecht, Anh. § 317 Rz. 29; *Koppensteiner* in KölnKomm. AktG, Anh. § 318 Rz. 109 f.; *Krieger* in MünchHdb. AG, § 69 Rz. 147; *Kropff* in MünchKomm. AktG, Anh. § 317 Rz. 129; *Ebenroth*, AG 1990, 188, 193 Fn. 65; *Mülbert*, S. 499 f.; *Seydel*, S. 342 ff.; für Bestimmung auch des Leistungsgrunds im

b) Ausgleich analog § 304

65 Sehr **umstritten** ist, ob die Minderheitsaktionäre bei qualifizierter Nachteilszufügung zusätzlich durch einen Anspruch auf Ausgleichszahlung analog § 304 zu schützen sind[91]. Gegen eine Analogie könnte zunächst sprechen, dass der Anspruch auch bei einem Beherrschungsvertrag nicht schon kraft Gesetzes entsteht (vgl. § 304 Abs. 3). Wichtiger aber noch ist, dass der Ausgleichsanspruch des § 304 an eine an sich zulässige Art der Ausübung von Leitungsmacht anknüpft. Die qualifizierte Nachteilszufügung im faktischen Konzern ist dagegen unzulässig und ist zu unterbinden. Nachteile sind – im Interesse der Minderheitsaktionäre und der Gläubiger – auszugleichen. Ein Recht zum „dulde und liquidiere" und damit ein Schutz der Minderheitsaktionäre, der den Gläubigern nicht zugute kommt, ist dagegen abzulehnen.

c) Sonstige Ansprüche, insb. Unterlassungsanspruch

66 Teilweise wird darüber hinaus ein Anspruch auf Abschluss eines Beherrschungsvertrages bejaht[92], der praktisch aber keine Bedeutung haben dürfte. Zum Anspruch auf Unterlassung einer qualifizierten Nachteilszufügung gelten die unter Rz. 22 f. dargestellten Grundsätze erst Recht[93].

§ 318
Verantwortlichkeit der Verwaltungsmitglieder der Gesellschaft

(1) Die Mitglieder des Vorstands der Gesellschaft haften neben den nach § 317 Ersatzpflichtigen als Gesamtschuldner, wenn sie es unter Verletzung ihrer Pflichten unterlassen haben, das nachteilige Rechtsgeschäft oder die nachteilige Maßnahme in dem Bericht über die Beziehungen der Gesellschaft zu verbundenen Unternehmen aufzuführen oder anzugeben, dass die Gesellschaft durch das Rechtsgeschäft oder die Maßnahme benachteiligt wurde und der Nachteil nicht ausgeglichen worden war. Ist streitig, ob sie die Sorgfalt eines ordentlichen und gewissenhaften Geschäftsleiters angewandt haben, so trifft sie die Beweislast.

(2) Die Mitglieder des Aufsichtsrats der Gesellschaft haften neben den nach § 317 Ersatzpflichtigen als Gesamtschuldner, wenn sie hinsichtlich des nachteiligen Rechtsgeschäfts oder der nachteiligen Maßnahme ihre Pflicht, den Bericht über die Beziehungen zu verbundenen Unternehmen zu prüfen und über das Ergebnis der Prüfung an die Hauptversammlung zu berichten (§ 314), verletzt haben; Absatz 1 Satz 2 gilt sinngemäß.

Spruchverfahren *Zöllner* in GS Knobbe-Keuk, 1997, S. 369, 381; für Bestimmung auch der Höhe im Wege der Leistungsklage *Eschenbruch*, Rz. 3420.

91 Eine Analogie zu § 304 bejahend *Habersack* in Emmerich/Habersack, Aktien- und GmbH-Konzernrecht, Anh. § 317 Rz. 30; *Kropff* in MünchKomm. AktG, Anh. § 317 Rz. 124 ff.; *Eckert*, S. 173 f.; *Görling*, Die Konzernhaftung in mehrstufigen Unternehmensverbindungen, 1998, S. 214 f.; *Seydel*, S. 344 ff.; *Lieb* in FS Lutter, 2000, S. 1151, 1161; gegen eine Analogie *Koppensteiner* in KölnKomm. AktG, Anh. § 318 Rz. 111; *Krieger* in MünchHdb. AG, § 69 Rz. 147; *Deilmann*, S. 132 f.; *Heyder*, S. 216 ff.; *Mülbert*, S. 500 f.

92 *Kropff* in MünchKomm. AktG, Anh. § 317 Rz. 114 ff.; zum Anspruch auf Abschluss eines Entherrschungs- oder Beherrschungsvertrags *Heyder*, S. 155 ff.

93 Speziell zur qualifizierten Nachteilszufügung *Habersack* in Emmerich/Habersack, Aktien- und GmbH-Konzernrecht, Anh. § 317 Rz. 27 f.; *Kropff* in MünchKomm. AktG, Anh. § 317 Rz. 102 ff., jeweils m.w.N.

(3) Der Gesellschaft und auch den Aktionären gegenüber tritt die Ersatzpflicht nicht ein, wenn die Handlung auf einem gesetzmäßigen Beschluss der Hauptversammlung beruht.

(4) § 309 Abs. 3 bis 5 gilt sinngemäß.

I. Grundlagen	1	III. Rechtsfolgen	8
II. Tatbestand	4	IV. Verhältnis zu §§ 93, 116	12
1. Tatbestand der Haftung nach § 318 Abs. 1	4	V. Hauptversammlungsbeschluss (§ 318 Abs. 3)	15
2. Tatbestand der Haftung nach § 318 Abs. 2	7		

Literatur: S. die Angaben zu § 317.

I. Grundlagen

§ 318 bestimmt die Haftungsfolgen einer Verletzung der Verwaltung der abhängigen AG der ihnen in §§ 312 und 314 auferlegten Pflichten und dient damit wie § 317 der Durchsetzung des § 311. Die Vorschrift wird heute allgemein und zu Recht aus folgenden Gründen für verfehlt gehalten[1]: 1

– Sie sanktioniert nur einen Teil der insb. den Vorstand im Zusammenhang mit der Einflussnahme durch ein herrschendes Unternehmen obliegenden Pflichten.

– § 318 erweckt den Eindruck, auch vom Tatbestand her lex specialis zu §§ 93, 116 zu sein.

– Der Haftungsausschluss des § 318 Abs. 3 läuft völlig leer (Rz. 15 f.).

Der RegE sah noch in Parallele zu §§ 117 Abs. 2 und 310 Abs. 1 eine gesamtschuldnerische Haftung der Mitglieder der Verwaltung vor, wenn sie unter Verletzung ihrer Pflichten gehandelt hatten[2]. Grund für die Änderung war die Fehlvorstellung des Gesetzgebers, wegen der Zulassung eines zeitlich aufgeschobenen Nachteilsausgleichs die Umschreibung der Pflichten der Verwaltung einschränken zu müssen. 2

Durch die Anwendung der §§ 93, 116 neben § 318 (Rz. 12 ff.) und die Anwendung der speziellen Rechtsfolgen des § 318 auch auf in § 318 nicht speziell angesprochene Pflichtverstöße (Rz. 14) wird heute im Ergebnis § 318 i.d.F. des RegE, also eine Norm folgenden Wortlauts angewandt: „Die Mitglieder des Vorstands und des Aufsichtsrats haften neben den nach § 317 Ersatzpflichtigen als Gesamtschuldner, wenn sie unter Verletzung ihrer Pflichten gehandelt haben. § 309 Abs. 3 bis 5 AktG gelten sinngemäß." 3

---

1 S. nur *Habersack* in Emmerich/Habersack, Aktien- und GmbH-Konzernrecht, § 318 Rz. 2; *Hüffer*, § 318 Rz. 1; *Koppensteiner* in KölnKomm. AktG, § 318 Rz. 2; *Kropff* in MünchKomm. AktG, § 318 Rz. 5.
2 *Kropff*, Aktiengesetz, S. 420; hierzu näher *Kropff* in MünchKomm. AktG, § 318 Rz. 4 f.

II. Tatbestand

1. Tatbestand der Haftung nach § 318 Abs. 1

4   Erste Voraussetzung der Haftung der Vorstandsmitglieder ist, wie aus dem Hinweis auf die gesamtschuldnerische Haftung neben den nach § 317 Ersatzpflichtigen folgt, die Verwirklichung des **Tatbestands des § 317** durch das herrschende Unternehmen, insb. also eine nach § 311 unzulässige Einflussnahme und das Fehlen eines ordnungsgemäßen Nachteilsausgleichs. Für die Beweis- und Darlegungslast gelten auch i.R.d. § 318 die zu § 317 anerkannten Erleichterungen (vgl. § 317 Rz. 10 ff.)[3]. Geltend gemacht muss der Anspruch aus § 317 dagegen nicht sein.

5   Zweite Voraussetzung ist ein **Verstoß gegen die Berichtspflicht** aus § 312. Der in § 318 Abs. 1 Satz 1 erwähnten Unvollständigkeit steht die Unrichtigkeit und das gänzliche Fehlen eines Berichts gleich[4].

6   Die Haftung der einzelnen Vorstandsmitglieder setzt, wie § 318 Abs. 1 Satz 2 zeigt, in Übereinstimmung mit § 93 **Verschulden** voraus; für dessen Fehlen trägt das betreffende Vorstandsmitglied die Beweislast.

2. Tatbestand der Haftung nach § 318 Abs. 2

7   Statt einer Verletzung des § 312 kommt es für die Haftung der Aufsichtsratsmitglieder auf die **Verletzung der Prüfungs- und Berichtspflichten** des § 314 an. Der Tatbestand ist auch dann erfüllt, wenn der Aufsichtsrat nicht mitteilt, dass ein Abhängigkeitsbericht zu Unrecht nicht erstellt worden ist, oder Einwendungen pflichtwidrig nicht in die Schlusserklärung aufnimmt[5].

III. Rechtsfolgen

8   Die **Mitglieder des Vorstands bzw. des Aufsichtsrats** haften neben dem herrschenden Unternehmen als Gesamtschuldner. Teilweise wird angenommen, die Haftung beschränke sich auf den sich aus der Verletzung der Prüfungs- oder Berichtspflicht ergebenden Schaden[6]. Dem Wortlaut lässt sich diese Beschränkung jedoch nicht entnehmen. Allerdings ist diese Frage wegen der neben § 318 bestehenden Haftung aus §§ 93, 116 (Rz. 13) ohne Belang.

9   Über den Schaden der Gesellschaft hinaus haften auch die Vorstandmitglieder jedem **außenstehenden Aktionär** auf Ersatz seines eigenen, nicht durch die Mitgliedschaft vermittelten Schadens gem. § 317 Abs. 1 Satz 2[7].

---

3   So ausdrücklich auch *Kropff* in MünchKomm. AktG, § 318 Rz. 10; *Habersack* in Emmerich/Habersack, Aktien- und GmbH-Konzernrecht, § 318 Rz. 6.

4   Heute unstr., vgl. nur *Habersack* in Emmerich/Habersack, Aktien- und GmbH-Konzernrecht, § 318 Rz. 5; *Hüffer*, § 318 Rz. 3; *Koppensteiner* in KölnKomm. AktG, § 318 Rz. 5; *Kropff* in MünchKomm. AktG, § 318 Rz. 7; a.A. allerdings noch *Würdinger* in Großkomm. AktG, 3. Aufl., § 318 Anm. 4.

5   *Habersack* in Emmerich/Habersack, Aktien- und GmbH-Konzernrecht, § 318 Rz. 14; *Hüffer*, § 318 Rz. 6; *Koppensteiner* in KölnKomm. AktG, § 318 Rz. 5; *Kropff* in MünchKomm. AktG, § 318 Rz. 8.

6   *Habersack* in Emmerich/Habersack, Aktien- und GmbH-Konzernrecht, § 318 Rz. 7; *Kropff* in MünchKomm. AktG, § 318 Rz. 11.

7   So bereits die Begr. RegE, *Kropff*, Aktiengesetz, S. 420; *Habersack* in Emmerich/Habersack, Aktien- und GmbH-Konzernrecht, § 318 Rz. 3; *Koppensteiner* in KölnKomm. AktG, § 318 Rz. 9; *Kropff* in MünchKomm. AktG, § 318 Rz. 21.

Primärer Gläubiger ist die Gesellschaft. Gem. § 318 Abs. 4 gelten wie zu § 317 die Be- 10
stimmungen des **§ 309 Abs. 3 bis 5** zur Geltendmachung des Anspruchs durch Aktionäre und Gläubiger sowie Verzicht und Verjährung entsprechend. Auch für das Verhältnis zu §§ 147 f. gilt das zu § 317 Ausgeführte entsprechend (vgl. § 317 Rz. 26).

Bei der Befolgung nicht einzelausgleichsfähiger **qualifizierter Nachteile**, die per se 11
rechtswidrig sind, haften die Verwaltungsmitglieder gesamtschuldnerisch auf den
i.R.d. § 317 zu leistenden **Verlustausgleich**[8]. Demgegenüber sollte die zusätzliche
Verpflichtung des herrschenden Unternehmens zur Ermöglichung eines Austritts der
außenstehenden Aktionäre gegen **Barabfindung** (hierzu § 317 Rz. 64) als spezifische
Verpflichtung des herrschenden Unternehmens aufgefasst werden, für deren Erfüllung die Verwaltungsmitglieder nicht im Rahmen ihrer Schadensersatzverpflichtung
gesamtschuldnerisch haften[9].

IV. Verhältnis zu §§ 93, 116

Das Verhältnis des § 318 zu den allgemeinen Haftungstatbeständen der §§ 93, 116 12
kann heute als geklärt gelten:

– § 318 ist **nicht lex specialis** mit der Folge, dass die §§ 93, 116 für in § 318 Abs. 1 13
und 2 nicht angesprochene Pflichtverletzungen im Zusammenhang mit Einflussnahmen des herrschenden Unternehmens ausgeschlossen sind. §§ 93, 116 bleiben
insoweit anwendbar[10].

– Soweit die §§ 93, 116 auf Pflichtverletzungen im Zusammenhang mit dem Abhän- 14
gigkeitsverhältnis anwendbar sind und das herrschende Unternehmen nach § 317
haftet, gelten die speziellen, die allgemeine Haftung verschärfenden Grundsätze/
Regelungen des § 318 auch für Ansprüche aus §§ 93 Abs. 2, 116, insb. Ersatz des Ei-
genschadens der Aktionäre (Rz. 9), Erfordernis eines Sonderbeschlusses der außenstehenden Aktionäre zu Verzicht und Vergleich (§ 318 Abs. 4 i.V.m. § 309 Abs. 3)
und Geltendmachung durch Aktionäre nach § 318 Abs. 4 i.V.m. § 309 Abs. 4[11].
Gleiches muss für die Modifikation der Rechtsfolge bei qualifizierten Nachteilen
gelten (Rz. 11). Durch diese **Überlagerung der allgemeinen Vorschriften durch
§ 318** wird die vom Gesetzgeber eigentlich gewollte, aber oberflächlich umgesetzte
Modifikation der allgemeinen Haftungsbestimmungen im Abhängigkeitsverhältnis zur Verbesserung des Außenseiterschutzes konsequent umgesetzt (vgl. auch
schon Rz. 1 ff.).

V. Hauptversammlungsbeschluss (§ 318 Abs. 3)

Der Ausschluss der Haftung gem. § 318 Abs. 3 bei Handeln auf Grund gesetzmäßigen 15
Hauptversammlungsbeschlusses läuft im unmittelbaren Anwendungsbereich des

---

8 *Kropff* in MünchKomm. AktG, § 318 Rz. 13; zur Verlustausgleichspflicht des herrschenden
   Unternehmens bei qualifizierter Nachteilszufügung s. § 317 Rz. 50 ff.
9 A.A. *Kropff* in MünchKomm. AktG, § 318 Rz.13.
10 *Habersack* in Emmerich/Habersack, Aktien- und GmbH-Konzernrecht, § 318 Rz. 10; *Hüffer*,
   § 318 Rz. 9; *Koppensteiner* in KölnKomm. AktG, § 318 Rz. 10; *Kropff* in MünchKomm. AktG,
   § 318 Rz. 24; *Krieger* in MünchHdb. AG, § 69 Rz. 132; *Geßler* in FS Westermann, 1974, S. 145,
   158 ff.; a.A. *Luchterhandt*, ZHR 133 (1970), 1, 44 f.
11 *Habersack* in Emmerich/Habersack, Aktien- und GmbH-Konzernrecht, § 318 Rz. 11 f.; *Koppensteiner* in KölnKomm. AktG, § 318 Rz. 11; *Kropff* in MünchKomm. AktG, § 318 Rz. 25 f.;
   Hüffer, § 318 Rz. 10; *Krieger* in MünchHdb. AG, § 69 Rz. 132; a.A. *Baumbach/Hueck*, § 318
   Anm. 7.

§ 318 leer, da die Pflichten der §§ 312 und 314 nicht zur Disposition der Hauptversammlung stehen.

16 **Bedeutung** könnte er **allenfalls in Ergänzung zu § 93 Abs. 4 Satz 1** bei einer Verletzung der sonstigen Pflichten aus § 311 haben. Gesetzmäßig sind insb. anfechtbare Beschlüsse, die innerhalb der Anfechtungsfrist nicht angefochten worden sind. Im Zusammenhang mit § 311 ist insoweit insb. an eine Anfechtbarkeit nach § 243 Abs. 2 zu denken[12]. Anerkannt ist, dass der Hauptversammlungsbeschluss die Verwaltungsmitglieder dann nicht entlastet, wenn sie ihr **Anfechtungsrecht nach § 245 Nr. 4 und 5** pflichtwidrig nicht ausgeübt haben[13]. Nicht jeder Verzicht auf eine solche Anfechtung ist jedoch pflichtwidrig[14]. Zu denken ist etwa an Hauptversammlungsbeschlüsse der Einmann-AG oder Fälle, in denen die Verwaltung davon ausgehen durfte, dass ein anfechtungsberechtigter Minderheitsgesellschafter sein Anfechtungsrecht bewusst nicht ausgeübt hat.

---

12 Zu rechtswidriger Veranlassung i.S.d. § 311 durch einen Hauptversammlungsbeschluss und das Verhältnis des § 311 zum Anfechtungsrecht vgl. § 311 Rz. 35, 69 ff., 101.
13 Vgl. § 245 Rz. 28 ff.; *Habersack* in Emmerich/Habersack, Aktien- und GmbH-Konzernrecht, § 318 Rz. 13; *Koppensteiner* in KölnKomm. AktG, § 318 Rz. 11; *Kropff* in MünchKomm. AktG, § 318 Rz. 27.
14 A.A. wohl *Kropff* in MünchKomm. AktG, § 318 Rz. 27; *Habersack* in Emmerich/Habersack, Aktien- und GmbH-Konzernrecht, § 318 Rz. 13; *Koppensteiner* in KölnKomm. AktG, § 318 Rz. 11.

Dritter Teil. Eingegliederte Gesellschaften

§ 319
Eingliederung

(1) Die Hauptversammlung einer Aktiengesellschaft kann die Eingliederung der Gesellschaft in eine andere Aktiengesellschaft mit Sitz im Inland (Hauptgesellschaft) beschließen, wenn sich alle Aktien der Gesellschaft in der Hand der zukünftigen Hauptgesellschaft befinden. Auf den Beschluss sind die Bestimmungen des Gesetzes und der Satzung über Satzungsänderungen nicht anzuwenden.

(2) Der Beschluss über die Eingliederung wird nur wirksam, wenn die Hauptversammlung der zukünftigen Hauptgesellschaft zustimmt. Der Beschluss über die Zustimmung bedarf einer Mehrheit, die mindestens drei Viertel des bei der Beschlussfassung vertretenen Grundkapitals umfasst. Die Satzung kann eine größere Kapitalmehrheit und weitere Erfordernisse bestimmen. Absatz 1 Satz 2 ist anzuwenden.

(3) Von der Einberufung der Hauptversammlung der zukünftigen Hauptgesellschaft an, die über die Zustimmung zur Eingliederung beschließen soll, sind in dem Geschäftsraum dieser Gesellschaft zur Einsicht der Aktionäre auszulegen

1. der Entwurf des Eingliederungsbeschlusses;

2. die Jahresabschlüsse und die Lageberichte der beteiligten Gesellschaften für die letzten drei Geschäftsjahre;

3. ein ausführlicher schriftlicher Bericht des Vorstands der zukünftigen Hauptgesellschaft, in dem die Eingliederung rechtlich und wirtschaftlich erläutert und begründet wird (Eingliederungsbericht). Auf Verlangen ist jedem Aktionär der zukünftigen Hauptgesellschaft unverzüglich und kostenlos eine Abschrift der in Satz 1 bezeichneten Unterlagen zu erteilen. In der Hauptversammlung sind diese Unterlagen auszulegen. Jedem Aktionär ist in der Hauptversammlung auf Verlangen Auskunft auch über alle im Zusammenhang mit der Eingliederung wesentlichen Angelegenheiten der einzugliedernden Gesellschaft zu geben.

(4) Der Vorstand der einzugliedernden Gesellschaft hat die Eingliederung und die Firma der Hauptgesellschaft zur Eintragung in das Handelsregister anzumelden. Der Anmeldung sind die Niederschriften der Hauptversammlungsbeschlüsse und ihre Anlagen in Ausfertigung oder öffentlich beglaubigter Abschrift beizufügen.

(5) Bei der Anmeldung nach Absatz 4 hat der Vorstand zu erklären, dass eine Klage gegen die Wirksamkeit eines Hauptversammlungsbeschlusses nicht oder nicht fristgemäß erhoben oder eine solche Klage rechtskräftig abgewiesen oder zurückgenommen worden ist; hierüber hat der Vorstand dem Registergericht auch nach der Anmeldung Mitteilung zu machen. Liegt die Erklärung nicht vor, so darf die Eingliederung nicht eingetragen werden, es sei denn, dass die klageberechtigten Aktionäre durch notariell beurkundete Verzichtserklärung auf die Klage gegen die Wirksamkeit des Hauptversammlungsbeschlusses verzichten.

(6) Der Erklärung nach Absatz 5 Satz 1 steht es gleich, wenn nach Erhebung einer Klage gegen die Wirksamkeit eines Hauptversammlungsbeschlusses das für diese Klage zuständige Landgericht auf Antrag der Gesellschaft, gegen deren Hauptversammlungsbeschluss sich die Klage richtet, durch rechtskräftigen Beschluss festgestellt hat, dass die Erhebung der Klage der Eintragung nicht entgegensteht. Der Beschluss nach Satz 1 darf nur ergehen, wenn die Klage gegen die Wirksamkeit des

Hauptversammlungsbeschlusses unzulässig oder offensichtlich unbegründet ist oder wenn das alsbaldige Wirksamwerden der Eingliederung nach freier Überzeugung des Gerichts unter Berücksichtigung der Schwere der mit der Klage geltend gemachten Rechtsverletzungen zur Abwendung der vom Antragsteller dargelegten wesentlichen Nachteile für die Gesellschaft und ihre Aktionäre vorrangig erscheint. Der Beschluss kann in dringenden Fällen ohne mündliche Verhandlung ergehen. Der Beschluss soll spätestens drei Monate nach Antragstellung ergehen; Verzögerungen der Entscheidung sind durch unanfechtbaren Beschluss zu begründen. Die vorgebrachten Tatsachen, aufgrund derer der Beschluss nach Satz 2 ergehen kann, sind glaubhaft zu machen. Gegen den Beschluss findet die sofortige Beschwerde statt. Die Rechtsbeschwerde ist ausgeschlossen. Erweist sich die Klage als begründet, so ist die Gesellschaft, die den Beschluss erwirkt hat, verpflichtet, dem Antragsgegner den Schaden zu ersetzen, der ihm aus einer auf dem Beschluss beruhenden Eintragung der Eingliederung entstanden ist.

(7) Mit der Eintragung der Eingliederung in das Handelsregister des Sitzes der Gesellschaft wird die Gesellschaft in die Hauptgesellschaft eingegliedert.

I. Überblick	1	2. Durchführung der Hauptversammlung	22
1. Eingliederung	1	3. Zustimmungsbeschluss	24
2. § 319	4	4. Mehrstufiger Konzern	27
II. Beteiligte der Eingliederung (§ 319 Abs. 1 Satz 1)	6	V. Handelsregisteranmeldung (§ 319 Abs. 4 und 5)	29
1. Rechtsform	6	1. Negativerklärung	30
2. Anteilsbesitz	9	a) Inhalt	30
III. Eingliederungsbeschluss (§ 319 Abs. 1)	11	b) Zeitpunkt	32
		c) Surrogat: Verzichtserklärung	33
IV. Zustimmungsbeschluss der Hauptgesellschaft (§ 319 Abs. 2 und 3)	16	2. Registersperre	34
1. Vorbereitung der Hauptversammlung	16	VI. Freigabeverfahren (§ 319 Abs. 6)	36
a) Eingliederungsbericht	17	VII. Handelsregistereintragung	40
b) Auslage von Unterlagen	21		

Literatur: *Bülow*, Einrede der Aufrechenbarkeit für Personengesellschafter, Bürgen und Hauptgesellschaft im Eingliederungskonzern, ZGR 1988, 192; *Fleischer*, Konzernleitung und Leitungssorgfalt der Vorstandsmitglieder im Unternehmensverbund, DB 2005, 759; *Frisinger*, Wahlrechte bei der Abfindung nach §§ 320 Abs. 5 AktG, 15 Abs. 1 UmwG und Beendigung des Schwebezustandes, BB 1972, 819; *Geßler*, Die Haftung der Hauptgesellschaft bei der Eingliederung – § 322 AktG, ZGR 1978, 251; *Hommelhoff*, Die Konzernleitungspflicht, 1982; *Kamprad/Römer*, Die Abfindung der außenstehenden Aktionäre bei der Eingliederung durch Mehrheitsbeschluss nach § 320 AktG, AG 1990, 486; *Kley/Lehmann*, Probleme der Eingliederungshaftung, DB 1972, 1421; *Kowalski*, Eingliederung: Abfindung durch Ausnutzung genehmigten Kapitals, AG 2000, 555; *Martens*, Die rechtliche Behandlung von Options- und Wandlungsrechten anlässlich der Eingliederung der verpflichteten Gesellschaft, AG 1992, 209; *Pfeiffer*, Die KGaA im Eingliederungskonzern, Der Konzern 2006, 122; *Pfeiffer*, Eingegliederte Gesellschaften, DZWiR 2005, 452; *Rehbinder*, Gesellschaftsrechtliche Probleme mehrstufiger Unternehmensverbindungen, ZGR 1977, 581; *Singhof*, Haftung und Rückgriff der Hauptgesellschaft nach Beendigung der Eingliederung, in FS Hadding, 2004, S. 655; *Sonnenschein*, Die Eingliederung im mehrstufigen Konzern, BB 1975, 1088; *Timm/Schick*, Die Auswirkungen der routinemäßigen Geltendmachung der Abfindung durch die Depotbanken auf die Rechte der außenstehenden Aktionäre bei der Mehrheitseingliederung, WM 1994, 185; *Veit*, Unternehmensverträge und Eingliederung als aktienrechtliche Instrumente der Unternehmensverbindung, 1974.

I. Überblick

1. Eingliederung

Der 3. Teil des 3. Buchs behandelt die Eingliederung. Die Eingliederung nimmt eine **1**
Zwitterstellung zwischen Vertragskonzern und Verschmelzung ein[1]. Einerseits ist
die eingegliederte Gesellschaft nach wie vor rechtlich selbständig, andererseits erlangt die Hauptgesellschaft aufgrund der Eingliederung derart umfassende Einwirkungsbefugnisse, dass der Status der eingegliederten Gesellschaft dem einer rechtlich
selbständigen Betriebsabteilung gleichkommt[2].

Mit Einführung des Squeeze Out gem. §§ 327a ff., der nicht nur einen Ausschluss ei- **2**
ner 5%-Minorität aus der betreffenden Gesellschaft, sondern einen vollständigen
Ausschluss der Minderheitsaktionäre aus dem Unternehmensverbund ermöglicht,
hat die Eingliederung, deren Bedeutung ohnehin nie sehr groß war, noch mehr an Boden verloren[3].

§§ 319 bis 321 behandeln Voraussetzungen und Verfahren der Eingliederung, wobei **3**
§§ 320 bis 320b die sog. Mehrheitseingliederung betreffen. §§ 322 bis 326 regeln die
Wirkungen der Eingliederung und § 327 deren Beendigung.

2. § 319

§ 319 Abs. 1 befasst sich mit dem Beschluss der Hauptversammlung der einzuglie- **4**
dernden Gesellschaft, deren Aktien sich zu 100% in der Hand der zukünftigen
Hauptgesellschaft befinden. § 319 Abs. 3 enthält Regelungen betreffend die Vorbereitung und Durchführung der Hauptversammlung der zukünftigen Hauptgesellschaft
und § 319 Abs. 2 betrifft deren Beschluss. Die Handelsregisteranmeldung ist in § 319
Abs. 4 und 5 geregelt, während § 319 Abs. 7 sich mit den Folgen der Handelsregistereintragung befasst. § 319 Abs. 6 enthält schließlich das Freigabeverfahren, das die
durch Erhebung einer Anfechtungs- oder Nichtigkeitsklage gegen den Beschluss der
Hauptversammlung ausgelöste Registersperre überwinden hilft.

Mit Ausnahme von § 319 Abs. 1 Satz 1 findet die Vorschrift auch bei der Mehrheits- **5**
eingliederung Anwendung, § 320 Abs. 1 Satz 3.

II. Beteiligte der Eingliederung (§ 319 Abs. 1 Satz 1)

1. Rechtsform

Einzugliedernde wie Hauptgesellschaft müssen **Aktiengesellschaften mit Satzungs-** **6**
sitz[4] **in der Bundesrepublik Deutschland** sein. Gesellschaften anderer Rechtsform,
einschließlich KGaA[5], können nicht an einer Eingliederung beteiligt sein[6]; der Wortlaut der Norm ist insoweit eindeutig – irgendwie gearteter Gläubigerschutzerwägun-
gen[7] bedarf es daher nicht[8].

---

1 *Koppensteiner* in KölnKomm. AktG, Vor § 319 Rz. 6.
2 *Habersack* in Emmerich/Habersack, Aktien- und GmbH-Konzernrecht, § 319 Rz. 3; *Koppen-*
  steiner in KölnKomm. AktG, Vor § 319 Rz. 6; relativierend: *Grunewald* in MünchKomm.
  AktG, vor § 319 Rz. 3.
3 Ähnlich: *Koppensteiner* in KölnKomm. AktG, Vor § 319 Rz. 7.
4 Strenger *Krieger* in MünchHdb. AG, § 73 Rz. 4: auch Verwaltungssitz muss im Inland sein.
5 A.A.: *Habersack* in Emmerich/Habersack, Aktien- und GmbH-Konzernrecht, § 319 Rz. 6.
6 *Hüffer*, § 319 Rz. 4; *Koppensteiner* in KölnKomm. AktG, Vor § 319 Rz. 10 f.; *Grunewald* in
  MünchKomm. AktG, § 319 Rz. 1.
7 So aber die h.M. *Grunewald* in MünchKomm. AktG, § 319 Rz. 1 m.w.N.
8 Die von *Habersack* in Emmerich/Habersack, Aktien- und GmbH-Konzernrecht, § 319 Rz. 6 zu
  Recht abgelehnt werden.

7   Von der h.M. wird man aber in Hinblick auf eine **Europäische Gesellschaft** (SE) mit Sitz in der Bundesrepublik eine Ausnahme zu machen haben: Art. 10 der SE-Verordnung[9] bestimmt, dass die SE in jedem Mitgliedstaat wie eine Aktiengesellschaft behandelt wird, die nach dem Recht des Sitzstaats der SE gegründet wurde. Da die gegenüber dem AktG höherrangige SE-Verordnung die Gleichbehandlung von inländischer AG und inländischer SE verlangt, kann letztere sowohl Hauptgesellschaft als auch eingegliederte Gesellschaft sein.

8   Es ist zweifelhaft, ob §§ 319 ff. insoweit mit der europäischen **Niederlassungsfreiheit** vereinbar sind, als sie das Institut der Eingliederung nicht auch für Hauptgesellschaften aus dem europäischen Ausland eröffnen, die der 2. gesellschaftsrechtlichen Richtlinie unterliegen und einen der AG gleichwertigen Kapitalschutz aufweisen[10].

2. Anteilsbesitz

9   Die Hauptgesellschaft muss **Eigentümerin sämtlicher Aktien** der einzugliedernden Gesellschaft sein. Die Inhaberschaft von 100% der ausgegebenen Aktien muss sowohl im Zeitpunkt der Fassung der Zustimmungsbeschlüsse nach § 319 Abs. 1 und Abs. 2, als auch in dem der Handelsregistereintragung nach Abs. 7 als auch während der gesamten Dauer der Eingliederung (arg. § 327 Abs. 1 Nr. 3) gegeben sein. Eigene Aktien sind bei der Ermittlung der 100%-Quote zu berücksichtigen (d.h. nicht vom Grundkapital abzusetzen) und stehen somit einer Eingliederung nach § 319 entgegen[11]; dies folgt zwar nicht aus dem Wortlaut „in der Hand ... befinden"[12], aber daraus, dass eine entsprechende Anwendung von § 16 Abs. 2 Satz 2 nicht angeordnet wird. Mangels entsprechender Anordnung in § 319 erfolgt außerdem keine Zurechnung der von Konzerngesellschaften der Hauptgesellschaft gehaltenen Aktien gem. § 16 Abs. 2 Satz 3 und 4[13].

10   Im Rahmen des § 319 ist es irrelevant, ob die Aktien der einzugliedernden Gesellschaft der Hauptgesellschaft nur zur Sicherheit übereignet oder von ihr bereits veräußert (aber noch nicht übereignet) wurden oder von einem Dritten aufgrund einer Kaufoption erworben werden können[14]. Derartige Gestaltungen können ebenso wie ausstehende Wandel- oder Bezugsrechte auf Aktien der einzugliedernden Gesellschaft unter Missbrauchsaspekten relevant werden, da der Verlust der für die Eingliederung erforderlichen Beteiligungsquote absehbar ist. Insoweit kommt ein **Missbrauch** aber nur bei der Mehrheitseingliederung gem. § 320 in Betracht, dazu § 320 Rz. 5.

III. Eingliederungsbeschluss (§ 319 Abs. 1)

11   Die Hauptversammlung der einzugliedernden Gesellschaft muss den sog. Eingliederungsbeschluss fassen. Dieser ist – entsprechend der Rechtsnatur der Eingliederung

---

9   Verordnung (EG) Nr. 2157/2001 des Rates vom 8.10.2001 über das Statut der Europäischen Gesellschaft (SE), ABl. EG Nr. L 294 v. 10.11.2001, S. 1.

10   Vgl. dazu auch *Habersack* in Emmerich/Habersack, Aktien- und GmbH-Konzernrecht, § 319 Rz. 7.

11   *Hüffer*, § 319 Rz. 4

12   So wohl *Habersack* in Emmerich/Habersack, Aktien- und GmbH-Konzernrecht, § 319 Rz. 8; *Koppensteiner* in KölnKomm. AktG, Vor § 319 Rz. 14.

13   *Habersack* in Emmerich/Habersack, Aktien- und GmbH-Konzernrecht, § 319 Rz. 8; i.E. ebenso: *Koppensteiner* in KölnKomm. AktG, Vor § 319 Rz. 14.

14   *Grunewald* in MünchKomm. AktG, § 319 Rz. 4 m.w.N.; a.A. *Koppensteiner* in KölnKomm. AktG, Vor § 319 Rz. 15.

als korporationsrechtlichem Vorgang[15] – die Satzung der einzugliedernden Gesellschaft überlagernder Akt der Hauptversammlung[16].

Für den Eingliederungsbeschluss gelten die allgemeinen Regeln über Hauptversammlungsbeschlüsse. D.h. er **bedarf der einfachen Mehrheit der abgegebenen Stimmen**; eine Kapitalmehrheit ist nicht erforderlich. Demzufolge ist grundsätzlich die privatschriftliche Niederschrift der Hauptversammlung gem. § 130 Abs. 1 Satz 3 (dazu § 130 Rz. 23 ff.) zulässig[17]. 12

Kraft ausdrücklicher Anordnung in **§ 319 Abs. 1 Satz 2** finden auf den Beschluss die gesetzlichen und satzungsmäßigen Vorschriften über Satzungsänderungen keine Anwendung. Diese Vorschrift hat keine selbständige Bedeutung, sondern sollte nur einen seinerzeit bestehenden Meinungsstreit entscheiden[18]. 13

Der **Inhalt des Beschlusses** beschränkt sich darauf, zu bestimmen, dass die Gesellschaft in die näher zu bezeichnende Hauptgesellschaft eingegliedert wird[19]. Weitere Angaben sind nicht erforderlich. 14

Anfechtbarkeit und Nichtigkeit des Beschlusses beurteilen sich nach allgemeinen Regeln. Zu beachten ist, dass ein Beschluss der gem. § 241 Nr. 3 nichtig ist, weil die Hauptgesellschaft nicht Inhaberin sämtlicher Aktien ist, nicht gem. § 242 geheilt werden kann[20]. 15

IV. Zustimmungsbeschluss der Hauptgesellschaft (§ 319 Abs. 2 und 3)

1. Vorbereitung der Hauptversammlung

Um eine **ausreichende Information der Aktionäre** der Hauptgesellschaft zu gewährleisten, stellt § 319 Abs. 3 umfassende Berichts-, Auslegungs- und Erläuterungspflichten im Vorfeld und in der Hauptversammlung auf. Im Einzelnen: 16

a) Eingliederungsbericht

Der Vorstand der zukünftigen Hauptgesellschaft hat einen schriftlichen Eingliederungsbericht zu erstellen. Der Bericht ist vom Vorstand als Organ[21] zu erstatten und demzufolge von allen Mitgliedern des Vorstands zu unterzeichnen[22]. 17

Der Eingliederungsbericht muss ausführlich sein und muss die Eingliederung rechtlich und wirtschaftlich erläutern und begründen[23]. **Inhaltlich** ist insbesondere auf die wirtschaftlichen und rechtlichen Folgen der Eingliederung für die Hauptgesellschaft (Haftung der Hauptgesellschaft gem. § 322, Verlustübernahmepflicht gem. § 324 18

---

15 *Hüffer*, § 319 Rz. 2.
16 *Hüffer*, § 319 Rz. 3; a.A. *Würdinger* in Großkomm. AktG, 3. Aufl., § 319 Anm. 10; Begr. RegE bei *Kropff*, Aktiengesetz, S. 422: Formalakt; *Koppensteiner* in KölnKomm. AktG, § 319 Rz. 2: Willenserklärung der Hauptgesellschaft.
17 *Hüffer*, § 319 Rz. 5.
18 Vgl. zum gleichlautenden § 293 Abs. 1 Satz 4: Begr. RegE bei *Kropff*, Aktiengesetz, S. 381; *Habersack* in Emmerich/Habersack, Aktien- und GmbH-Konzernrecht, § 293 Rz. 23.
19 *Habersack* in Emmerich/Habersack, Aktien- und GmbH-Konzernrecht, § 319 Rz. 12; *Grunewald* in MünchKomm. AktG, § 319 Rz. 8. A.A. *Hommelhoff*, Konzernleitungspflicht, S. 349 ff.
20 *Habersack* in Emmerich/Habersack, Aktien- und GmbH-Konzernrecht, § 319 Rz. 9.
21 *Habersack* in Emmerich/Habersack, Aktien- und GmbH-Konzernrecht, § 319 Rz. 19.
22 *Koppensteiner* in KölnKomm. AktG, § 319 Rz. 11; *Habersack* in Emmerich/Habersack, Aktien- und GmbH-Konzernrecht, § 319 Rz. 19; a.A. BGH v. 21.5.2007 – II ZR 266/04, ZIP 2007, 1524.
23 Zum Inhalt vgl. *Krieger* in MünchHdb. AG, § 73 Rz. 13.

Abs. 3) einzugehen[24]. Daneben sind Hintergrund und Zweck der beabsichtigten Eingliederung, alternative Gestaltungsmöglichkeiten und deren Vor- und Nachteile sowie der Abwägungsvorgang darzustellen[25].

19   Soweit grundsätzlich in den Bericht aufzunehmende Tatsachen geeignet sein können, mindestens einer der an der Eingliederung beteiligten Gesellschaften oder einem mit diesen verbundenen Unternehmen einen nicht unerheblichen Nachteil zuzufügen, kann von ihrer Aufnahme in den Bericht abgesehen werden; statt dessen sind in den Bericht die Gründe für die Nichtaufnahme darzulegen[26]. Dieser allgemeine Rechtsgrundsatz, der z.B. in den **Schutzklauseln** der §§ 131 Abs. 3 Nr. 1, 145 Abs. 5, 293a Abs. 2, 327c Abs. 2 AktG, §§ 8 Abs. 2, 12 Abs. 3 UmwG zum Ausdruck kommt, gilt auch hier – einer Analogie zu einzelnen der genannten Vorschriften bedarf es daher nicht[27]. Inhaltliche Mängel des Berichts können nicht durch ausführliche Erläuterungen des Vorstands in der Hauptversammlung (Rz. 22) kompensiert werden[28].

20   Auf den Bericht kann **nicht verzichtet** werden. Eine entsprechende Anwendung der § 293a Abs. 3 AktG und § 8 Abs. 3 UmwG dürfte mangels planwidriger Regelungslücke ausscheiden[29], da der Gesetzgeber nach Bekanntwerden des Problems die Eingliederungsvorschriften mehrfach geändert hat, ohne die Verzichtsmöglichkeit einzuführen. Wie § 186 zeigt[30], gibt es auch keinen allgemeinen aktienrechtlichen Grundsatz, wonach Berichte des Vorstands generell verzichtbar sind.

b) Auslage von Unterlagen

21   Ab Einberufung der Hauptversammlung (Veröffentlichung im elektronischen Bundesanzeiger[31] oder Versand gem. § 121 Abs. 4) und in derselben sind neben dem Eingliederungsbericht der Entwurf des Eingliederungsbeschlusses, den die Hauptversammlung der einzugliedernden Gesellschaft fasst, die Jahresabschlüsse und Lageberichte für die drei letzten Geschäftsjahre der beteiligten Gesellschaften in den Geschäftsräumen der Gesellschaft auszulegen und den Aktionären auf Verlangen zuzusenden. Wegen der Einzeleinheiten wird auf die Kommentierung der Parallelregelung § 293f verwiesen.

2. Durchführung der Hauptversammlung

22   In der Hauptversammlung hat der Vorstand die Eingliederung mündlich zu erläutern[32]. Diese **Pflicht zur Erläuterung** folgt aus dem allgemeinen und z.B. in §§ 179a Abs. 2 Satz 4, 293g Abs. 1, 327d Satz 2 zum Ausdruck gekommenen Grundsatz, dass

---

24 *Habersack* in Emmerich/Habersack, Aktien- und GmbH-Konzernrecht, § 319 Rz. 20; *Koppensteiner* in KölnKomm. AktG, § 319 Rz. 12.

25 *Hüffer*, § 319 Rz. 11; *Koppensteiner* in KölnKomm. AktG, § 319 Rz. 12; *Grunewald* in MünchKomm. AktG, § 319 Rz. 14.

26 *Grunewald* in MünchKomm. AktG, § 319 Rz. 16. Einschränkend: *Koppensteiner* in KölnKomm. AktG, § 319 Rz. 13.

27 So aber die h.M. *Habersack* in Emmerich/Habersack, Aktien- und GmbH-Konzernrecht, § 319 Rz. 20; *Koppensteiner* in KölnKomm. AktG, § 319 Rz. 13 je m.w.N.

28 *Habersack* in Emmerich/Habersack, Aktien- und GmbH-Konzernrecht, § 319 Rz. 19; *Grunewald* in MünchKomm. AktG, § 319 Rz. 17.

29 A.A. *Habersack* in Emmerich/Habersack, Aktien- und GmbH-Konzernrecht, § 319 Rz. 20; *Koppensteiner* in KölnKomm. AktG, § 319 Rz. 13; *Grunewald* in MünchKomm. AktG, § 319 Rz. 15.

30 Dazu *Ziemons* in Nirk/Ziemons/Binnewies, Handbuch AG, Rz. I 5.934 m.w.N.

31 *Grunewald* in MünchKomm. AktG, § 319 Rz. 18.

32 *Koppensteiner* in KölnKomm. AktG, § 319 Rz. 14; *Krieger* in MünchHdb. AG, § 73 Rz. 14; a.A. *Würdinger* in Großkomm. AktG, 3. Aufl. 1971, § 319 Anm. 14.

Strukturmaßnahmen in der Hauptversammlung – ungeachtet einer Pflicht zur schriftlichen Berichterstattung – zu erläutern sind[33].

§ 319 Abs. 3 Satz 4 erstreckt das **Auskunftsrecht der Aktionäre** der Hauptgesellschaft 23 auch auf alle in Zusammenhang mit der Eingliederung wesentlichen Angelegenheiten der einzugliedernden Gesellschaft. Ob dieser Vorschrift angesichts des konzernweiten Auskunftsrechts gem. § 131 Abs. 1 Satz 2 heute noch eigenständige Bedeutung zukommt, ist fraglich[34]. Jedenfalls kann aus ihr keine Einschränkung des Auskunftsrechts auf „wesentliche Angelegenheiten" entnommen werden. Das Auskunftsrecht umfasst sämtliche für die Vermögens-, Finanz- und Ertragslage der einzugliedernden Gesellschaft wesentlichen Aspekte[35]; insoweit sind dann auch dem Auskunftsverweigerungsrecht des § 131 Abs. 3 Nr. 1 Grenzen gesetzt[36].

3. Zustimmungsbeschluss

Der Zustimmungsbeschluss der Hauptversammlung ist **Wirksamkeitsvoraussetzung** 24 des Eingliederungsbeschlusses der einzugliedernden Gesellschaft[37]. Er kann vor oder nach dem Eingliederungsbeschluss gefasst werden[38]. Das Beschlusserfordernis findet seine rechtspolitische Legitimation darin, dass die Eingliederung für die Hauptgesellschaft weitreichende (und möglicherweise einschneidende) Haftungsfolgen hat[39]. Er bedarf keiner sachlichen Rechtfertigung[40].

Inhaltlich ist der Beschluss auf Zustimmung zur Eingliederung[41], nicht auf Zustim- 25 mung zum Eingliederungsbeschluss der einzugliedernden Gesellschaft gerichtet. Weitere Anforderungen an den Inhalt bestehen nicht[42].

Der Beschluss bedarf der einfachen **Mehrheit** der abgegebenen Stimmen (§ 133) und 26 zwingend einer Mehrheit von ¾ des bei Beschlussfassung vertretenen Grundkapitals; die Satzung kann die Mehrheitserfordernisse erhöhen und weitere Erfordernisse (z.B. Zustimmung der Aktionäre einer bestimmten Gattung) vorsehen, § 319 Abs. 2 Satz 2 und 3. Zur entsprechenden Anwendbarkeit von § 319 Abs. 1 Satz 2 vgl. oben Rz. 5.

4. Mehrstufiger Konzern

Soll im mehrstufigen Konzern die Enkel- in die Tochtergesellschaft eingegliedert 27 werden, so soll nach h.M. die **Zustimmung der Hauptversammlung der Muttergesell-**

---

33 A.A. Analogie zu § 293g Abs. 1 AktG und § 64 Abs. 1 Satz 1 UmwG: *Habersack* in Emmerich/ Habersack, Aktien- und GmbH-Konzernrecht, § 319 Rz. 21; *Hüffer*, § 319 Rz. 12; *Grunewald* in MünchKomm. AktG, § 319 Rz. 22.
34 A.A. *Hüffer*, § 319 Rz. 12: Erweiterung des allgemeinem Auskunftsrechts. Ähnlich wie hier *Grunewald* in MünchKomm. AktG, § 319 Rz. 24: Konkretisierung des Auskunftsanspruchs.
35 *Habersack* in Emmerich/Habersack, Aktien- und GmbH-Konzernrecht, § 319 Rz. 22; *Koppensteiner* in KölnKomm. AktG, § 319 Rz. 10.
36 *Habersack* in Emmerich/Habersack, Aktien- und GmbH-Konzernrecht, § 319 Rz. 23; *Hüffer*, § 319 Rz. 12; *Krieger* in MünchHdb. AG, § 73 Rz. 14; *Würdinger* in Großkomm. AktG, 3. Aufl. 1971, § 319 Anm. 14; einschränkend: *Koppensteiner* in KölnKomm. AktG, § 319 Rz. 16 a.E.; *Grunewald* in MünchKomm. AktG, § 319 Rz. 25.
37 *Habersack* in Emmerich/Habersack, Aktien- und GmbH-Konzernrecht, § 319 Rz. 13. A.A. wohl *Grunewald* in MünchKomm. AktG, § 319 Rz. 20.
38 *Habersack* in Emmerich/Habersack, Aktien- und GmbH-Konzernrecht, § 319 Rz. 15; *Hüffer*, § 319 Rz. 6; *Grunewald* in MünchKomm. AktG, § 319 Rz. 11.
39 *Habersack* in Emmerich/Habersack, Aktien- und GmbH-Konzernrecht, § 319 Rz. 13; *Hüffer*, § 319 Rz. 6; *Koppensteiner* in KölnKomm. AktG, § 319 Rz. 5.
40 *Habersack* in Emmerich/Habersack, Aktien- und GmbH-Konzernrecht, § 319 Rz. 15.
41 *Hüffer*, § 319 Rz. 8.
42 *Hüffer*, § 319 Rz. 8; *Koppensteiner* in KölnKomm. AktG, § 319 Rz. 8. A.A. *Hommelhoff*, Konzernleitungspflicht, S. 354 ff.

schaft erforderlich sein, wenn Mutter- und Tochtergesellschaft durch einen Gewinn-abführungs- oder Beherrschungsvertrag verbunden sind oder zwischen diesen Gesellschaften ebenfalls ein Eingliederungsverhältnis besteht[43]. Zur Begründung wird angeführt, dass sich durch die Eingliederung der Enkelgesellschaft in die Tochter und deren daraus resultierende Haftung auch die Haftungsexposition der Mutergesellschaft nachteilig verändert[44].

28 Nach **Beschränkung der Holzmüller-Doktrin**[45] **auf Mediatisierungsfälle**[46] kann Rechtsgrundlage eines solchen Zustimmungserfordernisses nicht diese[47], sondern nur die analoge Anwendung des § 319 Abs. 2 sein[48], mit der Folge, dass die Zustimmung auch der Obergesellschaft weitere Wirksamkeitsvoraussetzung des Eingliederungsbeschlusses wäre[49] und nicht nur Bedeutung für die Geschäftsführungsbefugnis des Vorstands der Obergesellschaft hat[50] und daher auch einer Ausnahme für weniger bedeutsame Fälle[51] nicht zugänglich ist. Abgesehen davon, dass die Voraussetzungen einer Analogie zu § 319 Abs. 2 auf der Ebene der Obergesellschaft schwer darzutun sein werden, spricht vor allem der Blick auf die soeben aufgezeigte Rechtsfolgenseite **gegen ein entsprechendes Beschlusserfordernis** auf der Ebene der Konzernspitze[52].

V. Handelsregisteranmeldung (§ 319 Abs. 4 und 5)

29 Der Vorstand der einzugliedernden Gesellschaft hat gem. § 319 Abs. 4 Satz 1 die Eingliederung und die Firma der Hauptgesellschaft zum Handelsregister unter Beifügung der in § 319 Abs. 4 Satz 2 genannten Unterlagen anzumelden.

1. Negativerklärung

a) Inhalt

30 Bei der Anmeldung ist die sog. Negativerklärung abzugeben, d.h. der Vorstand muss erklären, dass gegen die Wirksamkeit des Beschlusses keine oder nicht fristgemäß Klage erhoben oder eine solche Klage rechtskräftig abgewiesen oder zurückgenommen wurde. Wird der Beschlussmängelrechtsstreit übereinstimmend für erledigt erklärt, so steht dies der Klagerücknahme gleich[53]. Die Negativerklärung **bezieht sich**

---

43 *Habersack* in Emmerich/Habersack, Aktien- und GmbH-Konzernrecht, § 319 Rz. 16; *Koppensteiner* in KölnKomm. AktG, § 319 Rz. 7. Kritisch: *Grunewald* in MünchKomm. AktG, § 319 Rz. 13.
44 *Habersack* in Emmerich/Habersack, Aktien- und GmbH-Konzernrecht, § 319 Rz. 16; *Koppensteiner* in KölnKomm. AktG, § 319 Rz. 7; *Grunewald* in MünchKomm. AktG, § 319 Rz. 13.
45 BGH v. 25.2.1982 – II ZR 174/80, BGHZ 83, 122 = AG 1982, 158.
46 BGH v. 26.4.2004 – II ZR 155/02, BGHZ 159, 30 = AG 2004, 384; BGH v. 26.4.2004 – II ZR 154/02, ZIP 2004, 1001; BGH v. 20.11.2006 – II ZR 226/05, AG 2007, 203 zu OLG Stuttgart v. 13.7.2005 – 20 U 1/05, AG 2005, 693.
47 So aber: *Habersack* in Emmerich/Habersack, Aktien- und GmbH-Konzernrecht, § 319 Rz. 16; *Hüffer*, § 319 Rz. 7.
48 *Koppensteiner* in KölnKomm. AktG, § 319 Rz. 7
49 Insoweit konsequent: *Sonnenschein*, BB 1975, 1088, 1091 f. A.A. *Koppensteiner* in KölnKomm. AktG, § 319 Rz. 7.
50 *Habersack* in Emmerich/Habersack, Aktien- und GmbH-Konzernrecht, § 319 Rz. 16; *Hüffer*, § 319 Rz. 7; so auch i.E. *Koppensteiner* in KölnKomm. AktG, § 319 Rz. 7.
51 Dafür: *Habersack* in Emmerich/Habersack, Aktien- und GmbH-Konzernrecht, § 319 Rz. 16; ablehnend: *Koppensteiner* in KölnKomm. AktG, § 319 Rz. 7.
52 I.E. auch *Krieger* in MünchHdb. AG, § 73 Rz. 15.
53 *Koppensteiner* in KölnKomm. AktG, § 319 Rz. 23; *Hüffer*, § 319 Rz. 14.

sowohl auf den Eingliederungsbeschluss, als auch auf den Zustimmungsbeschluss[54], da dieser dessen Wirksamkeitsvoraussetzung ist. Abweichend vom Wortlaut „bei der Anmeldung" kann die Negativerklärung auch nachgereicht werden.

In Hinblick auf Anfechtungsklagen (§ 246) ist die Erklärung unproblematisch abzuge- 31
ben. In Hinblick auf etwaige **Nichtigkeitsklagen** (§ 249), die unbefristet[55] erhoben werden können, wird man die Vorschrift einschränkend dahingehend auszulegen haben, dass zu erklären ist, dass innerhalb der Monatsfrist des § 246 Abs. 1 keine Nichtigkeitsklage erhoben wurde. Im Umwandlungsrecht stellt sich dieses Problem nicht, da dort die Frist für die Erhebung von Beschlussmängelklagen einheitlich auf einen Monat festgesetzt wurde (§ 14 Abs. 1 UmwG).

b) Zeitpunkt

Die Erklärung kann bereits **unmittelbar nach der Hauptversammlung** abgegeben wer- 32
den[56], der Ablauf der Anfechtungsfrist braucht nicht abgewartet zu werden[57]. Wird nach Abgabe der Erklärung (und Anmeldung zum Handelsregister) Klage erhoben, muss der Vorstand das Registergericht hierüber unterrichten, § 319 Abs. 5 Satz 1 Halbsatz 2. Angesichts dessen, dass Anfechtungsklagen auch noch am letzten Tag der Anfechtungsfrist erhoben werden können und es dann auch noch geraume Zeit bis zur Zustellung dauern kann, ohne dass diese nicht demnächst im Sinne von § 167 ZPO erfolgt, wird man das Registergericht für berechtigt erachten müssen, nach Ablauf dieser Zeit (dazu auch Rz. 35) eine Aktualisierung der Negativerklärung zu verlangen.

c) Surrogat: Verzichtserklärung

Die Negativerklärung kann dadurch ersetzt werden, dass alle Aktionäre in notariell 33
beurkundeter Form auf die Erhebung von Anfechtungs- und Nichtigkeitsklagen verzichten, § 319 Abs. 5 Satz 2 Halbsatz 2. Auch in der Ein-Personen-AG oder bei einstimmig in Vollversammlungen gefassten Beschlüssen ist die Negativerklärung des Vorstands bzw. sind die **Verzichtserklärungen der Aktionäre** nicht entbehrlich[58], da neben den Aktionären auch die Organe bzw. deren Mitglieder klagebefugt sind, §§ 245 Nr. 4 und 5, 249 Abs. 1 Satz 1.

2. Registersperre

Die **Negativerklärung oder ihre Surrogate** (Verzichtserklärung der Aktionäre (Rz. 33), 34
Beschluss des Prozessgerichts gem. § 319 Abs. 6 (Rz. 37) sind Voraussetzung der Eintragung der Eingliederung in das Handelsregister. Ihr Fehlen bedingt eine Registersperre. Die Eingliederung darf nicht eingetragen werden.

Liegen keine Verzichtserklärungen aller Aktionäre vor, darf das Registergericht die 35
Eingliederung erst nach Ablauf der Anfechtungsfrist[59] sowie einer weiteren Frist, in-

---

54 *Habersack* in Emmerich/Habersack, Aktien- und GmbH-Konzernrecht, § 319 Rz. 26.
55 *Koppensteiner* in KölnKomm. AktG, § 319 Rz. 22. A.A. *Hüffer*, § 319 Rz. 14: Frist stets 3 Jahre.
56 *Habersack* in Emmerich/Habersack, Aktien- und GmbH-Konzernrecht, § 319 Rz. 28; *Koppensteiner* in KölnKomm. AktG, § 319 Rz. 21.
57 A.A. BGH v. 5.10.2006 – III ZR 283/05, NZG 2006, 956, 958 = AG 2006, 934.
58 A.A. *Bork* in Lutter, UmwG, § 16 Rz. 13; *Grunewald* in MünchKomm. AktG, § 319 Rz. 31; *Krieger* in MünchHdb. AG, § 73 Rz. 12; einschränkend: *Koppensteiner* in KölnKomm. AktG, § 319 Rz. 25.
59 *Habersack* in Emmerich/Habersack, Aktien- und GmbH-Konzernrecht, § 319 Rz. 28; *Hüffer*, § 319 Rz. 14, 16. Weitergehend: *Grunewald* in MünchKomm. AktG, § 319 Rz. 40.

nerhalb derer die demnächstige Zustellung (§ 167 ZPO) erfolgen kann, eintragen. Ob diese Frist mindestens 2 Wochen betragen muss[60], hat der BGH offen gelassen[61].

VI. Freigabeverfahren (§ 319 Abs. 6)

36 Die durch eine anhängige Anfechtungs- oder Nichtigkeitsklage ausgelöste Registersperre kann durch einen stattgebenden Beschluss des Prozessgerichts überwunden werden. Die daraufhin erfolgende Eintragung der Eingliederung hat aber **keine Bestandskraft**, wenn der streitgegenständliche Beschluss im Anfechtungs- oder Nichtigkeitsverfahren für nichtig erklärt wird. Insoweit weichen die Rechtswirkungen des stattgebenden Beschlusses im Freigabeverfahren nach § 319 Abs. 6 von denen der Verfahren nach § 16 Abs. 3 UmwG bzw. § 246a Abs. 1 AktG ab, da § 20 UmwG bzw. § 246a Abs. 4 AktG vergleichbare Anordnungen fehlen[62].

37 Das **Prozessgericht**, d.h. das Gericht, bei dem die Anfechtungsklage anhängig ist, hat dem Antrag der Gesellschaft, deren Beschluss angefochten wurde, stattzugeben, wenn die Klage unzulässig oder offensichtlich unbegründet ist oder ein vorrangiges Interesse der Gesellschaft am Vollzug der Maßnahme besteht (dazu § 246a Rz. 2 ff.).

38 In Hinblick auf das **Kriterium des vorrangigen Vollzugsinteresses** sind bei der Eingliederung[63] folgende Aspekte zu berücksichtigen: Erstens ist die Eintragung nicht bestandskräftig. Wird der Anfechtungsklage stattgegeben, fällt die Eingliederung rückwirkend fort. Zweitens ist die Eingliederung auch in diesem Fall nur in gewissem Umfang revisibel, da ihre Wirkungen zwar ex tunc entfallen, aber die Eingliederung für die Vergangenheit nach den Grundsätzen der fehlerhaften Gesellschaft (dazu Rz. 43) zu behandeln ist. Vor diesem Hintergrund ist fraglich, ob eine großzügigere Handhabung als in Freigabeverfahren nach dem UmwG oder nach § 246a opportun ist[64]. Eher dürfte das Gegenteil zutreffen. Drittens werden mit der Verzögerung der Eintragung der Eingliederung verbundene wirtschaftliche Nachteile schwerer darzutun sein als im Falle der Verschmelzung mit einem unverbundenen Dritten, da das Zeitmoment bei solchen konzerninternen Maßnahmen regelmäßig nicht derart kritisch ist, dass ein Eintragungsinteresse der Gesellschaft das Aktionärsinteresse auch dann überwiegen kann, wenn die Anfechtungsklage weder unzulässig noch offensichtlich unbegründet ist. Vor diesem Hintergrund **verbleibt für eine auf die 3. Alternative des § 319 Abs. 6 Satz 3 gestützte Freigabeentscheidung wenig Raum**. Demzufolge liegt in den meisten der in der Literatur genannten Fälle[65] in Zusammenhang mit Eingliederungsmaßnahmen kein überwiegendes Interesse der Gesellschaft vor.

Der Freigabegrund des überwiegenden Vollzugsinteresses mag bei Beschlüssen nach dem UmwG oder den in § 246a genannten Beschlussgegenständen seine Berechtigung haben, nicht jedoch bei der Eingliederung, da die Freigabeentscheidung die Bestandskraft der Eingliederung nicht gewährleisten kann. Entsprechende Überlegungen gelten auch für den Squeeze out.

---

60 OLG Hamburg v. 20.8.2003 – 11 W 39/03, NZG 2003, 981, 982; OLG Hamm v. 9.11.2005 – 11 U 70/04, ZIP 2006, 1296.
61 BGH v. 5.10.2006 – III ZR 283/05, NZG 2006, 956, 958 = AG 2006, 934.
62 *Habersack* in Emmerich/Habersack, Aktien- und GmbH-Konzernrecht, § 319 Rz. 32.
63 *Koppensteiner* in KölnKomm. AktG, § 319 Rz. 28.
64 So aber *Habersack* in Emmerich/Habersack, Aktien- und GmbH-Konzernrecht, § 319 Rz. 33; *Grunewald* in MünchKomm. AktG, § 319 Rz. 38.
65 Z.B. bei *Hüffer*, § 319 Rz. 19; *Koppensteiner* in KölnKomm. AktG, § 319 Rz. 31 f.; *Grunewald* in MünchKomm. AktG, § 319 Rz. 37 f.

VII. Handelsregistereintragung

Die Eingliederung wird mit Eintragung in das Handelsregister der einzugliedernden 40
Gesellschaft wirksam. Die **Eintragung ist konstitutiv.**

Mit Wirksamkeit der Eingliederung endet ein eventuell bestehender **Beherrschungs-** 41
vertrag zwischen der eingegliederten Gesellschaft als abhängiger Gesellschaft und
der Hauptgesellschaft als herrschender Gesellschaft[66]. Entsprechendes gilt grundsätzlich auch, wenn herrschendes Unternehmen nicht die Hauptgesellschaft, sondern
ein Dritter ist, es sei denn, eine gemeinsame Beherrschung durch Hauptgesellschaft
und herrschendes Unternehmen ist gewährleistet[67]. Keine Auswirkungen auf den Bestand des Beherrschungsvertrages hat die Eingliederung des herrschenden Unternehmens in eine dritte Gesellschaft[68], hier sind jedoch die Kautelen der Vertragsübernahme zu beachten[69].

Etwaige Mängel der Eingliederung werden durch die Eintragung nicht geheilt, da eine 42
§ 20 UmwG bzw. § 246a Abs. 4 AktG vergleichbare Regelung fehlt[70]. Praktisch relevant wird die **fehlende Heilungswirkung der Eintragung,** wenn die Eintragung aufgrund eines stattgebenden Beschlusses im Freigabeverfahren erfolgt ist und der angefochtene Beschluss im Anfechtungsverfahren für nichtig erklärt wird.

Da die Eingliederung ein Organisationsakt ist, spricht viel dafür, dass im Fall der 43
Nichtigkeit des Eingliederungs- oder des Zustimmungsbeschlusses keine Rückabwicklung erfolgt[71], sondern in Anwendung der **Lehre von der fehlerhaften Gesell-**
schaft das Eingliederungsverhältnis ex nunc beendet wird[72].

Worauf der dem Antragsgegner, d.h. Anfechtungs- oder Nichtigkeitskläger gem. 44
§ 319 Abs. 6 Satz 6 zustehende **Schadensersatzanspruch** gerichtet ist, ist weitgehend
ungeklärt. Gewiss kann er Ersatz seiner Anwaltskosten verlangen. Darüber hinaus
wird er zwar nicht die Rückgängigmachung der Folgen der zwischenzeitlichen statt-
gehabten Eingliederung verlangen können[73], wohl aber, dass die Gesellschaft finanziell so gestellt wird, als wäre die Eingliederung nicht zwischenzeitlich im Handelregister eingetragen gewesen. Ein darauf gerichteter Anspruch ist mit der Lehre von der
fehlerhaften Gesellschaft vereinbar und gleicht den Aktionärsschaden (Entwertung
des Anteils durch die zwischenzeitliche Eingliederung) aus, ohne dass anfechtende
im Vergleich zu nicht anfechtenden Aktionären bevorzugt werden.

---

66 *Emmerich* in Emmerich/Habersack, Aktien- und GmbH-Konzernrecht, § 297 Rz. 34; *Haber-*
sack in Emmerich/Habersack, Konzernrecht, § 319 Rz. 32, 41.
67 *Emmerich* in Emmerich/Habersack, Aktien- und GmbH-Konzernrecht, § 297 Rz. 36.
68 *Emmerich* in Emmerich/Habersack, Aktien- und GmbH-Konzernrecht, § 297 Rz. 37.
69 *Emmerich* in Emmerich/Habersack, Aktien- und GmbH-Konzernrecht, § 297 Rz. 37.
70 *Habersack* in Emmerich/Habersack, Aktien- und GmbH-Konzernrecht, § 319 Rz. 32, 41.
71 So aber *Köbler*, ZGR 1985, 307, 321 f.; *Koppensteiner* in KölnKomm. AktG, § 319 Rz. 36, anders aber § 327 Rz. 23.
72 *Habersack* in Emmerich/Habersack, Aktien- und GmbH-Konzernrecht, § 319 Rz. 41; *Grune-*
wald in MünchKomm. AktG, § 319 Rz. 6, 43.
73 *Koppensteiner* in KölnKomm. AktG, § 319 Rz. 36.

§ 320
Eingliederung durch Mehrheitsbeschluss

(1) Die Hauptversammlung einer Aktiengesellschaft kann die Eingliederung der Gesellschaft in eine andere Aktiengesellschaft mit Sitz im Inland auch dann beschließen, wenn sich Aktien der Gesellschaft, auf die zusammen fünfundneunzig vom Hundert des Grundkapitals entfallen, in der Hand der zukünftigen Hauptgesellschaft befinden. Eigene Aktien und Aktien, die einem anderen für Rechnung der Gesellschaft gehören, sind vom Grundkapital abzusetzen. Für die Eingliederung gelten außer § 319 Abs. 1 Satz 2, Abs. 2 bis 7 die Absätze 2 bis 4.

(2) Die Bekanntmachung der Eingliederung als Gegenstand der Tagesordnung ist nur ordnungsgemäß, wenn

1. sie die Firma und den Sitz der zukünftigen Hauptgesellschaft enthält,

2. ihr eine Erklärung der zukünftigen Hauptgesellschaft beigefügt ist, in der diese den ausscheidenden Aktionären als Abfindung für ihre Aktien eigene Aktien, im Falle des § 320b Abs. 1 Satz 3 außerdem eine Barabfindung anbietet.

Satz 1 Nr. 2 gilt auch für die Bekanntmachung der zukünftigen Hauptgesellschaft.

(3) Die Eingliederung ist durch einen oder mehrere sachverständige Prüfer (Eingliederungsprüfer) zu prüfen. Diese werden auf Antrag des Vorstands der zukünftigen Hauptgesellschaft vom Gericht ausgewählt und bestellt. § 293a Abs. 3, §§ 293c bis 293e sind sinngemäß anzuwenden.

(4) Die in § 319 Abs. 3 Satz 1 bezeichneten Unterlagen sowie der Prüfungsbericht nach Absatz 3 sind jeweils von der Einberufung der Hauptversammlung an, die über die Zustimmung zur Eingliederung beschließen soll, in dem Geschäftsraum der einzugliedernden Gesellschaft und der Hauptgesellschaft zur Einsicht der Aktionäre auszulegen. In dem Eingliederungsbericht sind auch Art und Höhe der Abfindung nach § 320b rechtlich und wirtschaftlich zu erläutern und zu begründen; auf besondere Schwierigkeiten bei der Bewertung der beteiligten Gesellschaften sowie auf die Folgen für die Beteiligungen der Aktionäre ist hinzuweisen. § 319 Abs. 3 Satz 2 bis 4 gilt sinngemäß für die Aktionäre beider Gesellschaften.

(5) – (7) *(weggefallen)*

I. Überblick	1	V. Eingliederungsprüfung (§ 320 Abs. 3) . 12
II. Mindestbeteiligungsquote (§ 320 Abs. 1 Satz 1 und 2)	3	VI. Eingliederungsbericht 15
III. Entsprechende Geltung von § 319 . .	6	VII. Sonstige Informationspflichten 16
IV. Bekanntmachung der Tagesordnung (§ 320 Abs. 2)	8	

Literatur: Vgl. die Angaben bei § 319.

I. Überblick

1   § 320 behandelt zusammen mit den §§ 320a und 320b die sog. **Mehrheitseingliederung** als Variante der in § 319 geregelten Eingliederung. §§ 320 ff. ermöglichen eine Eingliederung auch dann, wenn der Hauptgesellschaft nicht sämtliche, sondern min-

destens 95% der Aktien gehören. Mit Wirksamkeit der Eingliederung scheiden die Minderheitsaktionäre aus der eingegliederten Gesellschaft gegen Abfindung nach Maßgabe des § 320b aus und gehen ihre Aktien auf die Hauptgesellschaft über, vgl. § 320a.

Zum **Schutz der Minderheitsaktionäre** der einzugliedernden Gesellschaft und der 2 Hauptgesellschaft sowie ihrer Aktionäre sieht § 320 Abs. 3 die Prüfung der Eingliederung durch einen oder mehrere sachverständige Prüfer vor. § 320 Abs. 1 Satz 3, Abs. 2 und Abs. 4 befassen sich direkt oder im Wege der Verweisung mit Vorbereitung und Durchführung der Hauptversammlungen beider Gesellschaften sowie dem Register- und Freigabeverfahren.

II. Mindestbeteiligungsquote (§ 320 Abs. 1 Satz 1 und 2)

Gem. § 320 Abs. 1 Satz 1 kann der Eingliederungsbeschluss gefasst werden, wenn 3 sich in der Hand der Hauptgesellschaft Aktien befinden, auf die **mindestens 95% des Grundkapitals** der einzugliedernden Gesellschaft entfallen. Ausreichend, aber auch erforderlich ist, dass sich Aktien mit dem entsprechenden Gesamtnennbetrag bzw. rechnerischen Anteil am Grundkapital in der Hand der Hauptgesellschaft befinden; unerheblich ist demgegenüber, ob es sich bei diesen Aktien um stimmrechtslose Vorzugsaktien handelt[1], da eine Stimmrechtsquote von 95 % nicht gefordert wird.

Abweichend vom Berechnungsmodus bei der Eingliederung nach § 319 sind für die 4 Zwecke der **Berechnung der 95%-Beteiligungsquote** eigene Aktien der einzugliedernden Gesellschaft sowie Aktien, die von Dritten für Rechnung der einzugliedernden Gesellschaft gehalten werden, vom Grundkapital abzusetzen. Die Regelung in § 320 Abs. 1 Satz 2 entspricht § 16 Abs. 2 Satz 2 und 3. Mangels entsprechender gesetzlicher Anordnung findet weder eine Zurechnung von Aktien gem. § 16 Abs. 4 statt, noch werden andere als die in § 320 Abs. 1 Satz 2 genannten Aktien, aus denen die Rechte gem. §§ 71d Satz 4 i.V.m. 71b ruhen, vom Grundkapital abgesetzt[2].

Anders als bei der Eingliederung einer 100 %igen Tochtergesellschaft kann die Mehr- 5 heitseingliederung **rechtsmissbräuchlich** sein, wenn die Eingliederung alsbald gem. § 327 Abs. 1 Nr. 3 beendet werden würde, etwa weil ein Teil der das Quorum bildenden Aktien demnächst veräußert werden soll (Aktien sind verkauft, veroptioniert, nur zur Sicherheit übereignet etc.) oder wenn die Hauptgesellschaft nur zum Zweck der Eingliederung gebildet wurde und nach deren Vollzug wieder aufgelöst werden soll oder weil eine Beendigung der Eingliederung aus anderen Gründen absehbar ist. Hier gilt ganz das gleiche wie beim Squeeze out, so dass auf die Erläuterungen zu § 327a verwiesen werden kann.

III. Entsprechende Geltung von § 319

§ 320 Abs. 1 Satz 3 ordnet die Geltung von § 319 mit Ausnahme von dessen Abs. 1 6 Satz 1 (Erfordernis des 100%-Besitzes) an. Vor den Hintergrund, dass die Mehrheitseingliederung nach dem Verständnis des Gesetzes ein Unterfall der Eingliederung nach § 319 ist[3], ist dies folgerichtig.

---

1 *Hüffer*, § 320 Rz. 4; *Krieger* in MünchHdb. AG, § 73 Rz. 31a; a.A. *Koppensteiner* in KölnKomm. AktG, § 319 Rz. 7.
2 *Hüffer*, § 320 Rz. 4; *Krieger* in MünchHdb. AG, § 73 Rz. 31; *Grunewald* in MünchKomm. AktG, § 320 Rz. 3; a.A. *Koppensteiner* in KölnKomm. AktG, § 320 Rz. 4.
3 *Habersack* in Emmerich/Habersack, Aktien- und GmbH-Konzernrecht, § 320 Rz. 3.

7   Für Eingliederungs- wie Zustimmungsbeschluss gelten daher die **Mehrheitserforder-nisse des § 319**, also jeweils einfache Stimmenmehrheit[4] und für den Zustimmungs-beschluss außerdem eine Mehrheit von ¾ des bei Beschlussfassung vertretenen Grundkapitals.

IV. Bekanntmachung der Tagesordnung (§ 320 Abs. 2)

8   Gem. § 320 Abs. 2 muss die Bekanntmachung der **Eingliederung als Gegenstand der Tagesordnung** gem. § 124 Firma und Sitz der zukünftigen Hauptgesellschaft sowie die Erklärung der zukünftigen Hauptgesellschaft über das Abfindungsangebot gem. § 320b enthalten.

9   Das **Abfindungsangebot** muss konkret formuliert sein, d.h. sowohl das Umtauschver-hältnis der als Abfindung angebotenen Aktien der zukünftigen Hauptgesellschaft muss angegeben werden, wie der Betrag einer etwaigen Barabfindung gem. § 320b Abs. 1 Satz 3. Fehlen Angaben zum Abfindungsangebot, darf nicht Beschluss gefasst werden (§ 124 Abs. 4 Satz 1) und sind gleichwohl gefasste Beschlüsse anfechtbar[5].

10 Grundsätzlich kann das Abfindungsangebot auch noch in **der Hauptversammlung er-höht** werden[6]; eine Erhöhung ist aber ausgeschlossen, wenn die Hauptversammlung der anderen Gesellschaft bereits Beschluss gefasst hat. Zu beachten ist außerdem, dass die für die Minderheitsaktionäre der einzugliedernden Gesellschaft vorteilhafte Erhöhung der Abfindung für die Hauptgesellschaft und deren Aktionäre nachteilig ist und damit nicht gerechtfertigten ad hoc Erhöhungen Grenzen gesetzt sind.

11 § 121 Abs. 6 findet analoge Anwendung, d.h. findet die Hauptversammlung der be-treffenden Gesellschaft als **Vollversammlung** statt, kann auf die von § 320 Abs. 2 an-geordnete Bekanntmachung verzichtet werden[7], vorausgesetzt, die Erklärung der zu-künftigen Hauptaktionärin zur Abfindung liegt in der Hauptversammlung vor. Auf letzteres kann nicht verzichtet werden, da die angebotene Abfindung – anders als beim Squeeze out – nicht Bestandteil des Eingliederungsbeschlusses ist.

V. Eingliederungsprüfung (§ 320 Abs. 3)

12 § 320 Abs. 3 ordnet die Prüfung der Eingliederung durch Eingliederungsprüfer an, es sei denn, sämtliche Aktionäre beider beteiligter Unternehmen **verzichten** auf die Er-stattung des Prüfungsberichts in öffentlich beglaubigter Form (§ 129 BGB), §§ 320 Abs. 3 Satz 3 i.V.m. 293e Abs. 3 i.V.m. 293a Abs. 3.

13 Der oder die Eingliederungsprüfer werden auf Antrag des Vorstands der zukünftigen Hauptgesellschaft vom Landgericht (Kammer für Handelssachen) am Sitz der einzu-gliedernden Gesellschaft **ausgewählt und bestellt**, §§ 320 Abs. 3 Satz 2 und 3 i.V.m. 293c; Zuständigkeitskonzentration ist über die Verweisung in § 293c Abs. 2 AktG auf § 10 Abs. 3 bis 7 UmwG möglich. In Hinblick auf Auswahl, Rechte, Stellung und Verantwortlichkeit des Eingliederungsprüfers gilt § 293d entsprechend.

14 In Hinblick auf den **Inhalt des Eingliederungsprüfungsberichts** verweist § 320 Abs. 3 Satz 3 auf § 293e. Gegenstand der Prüfung und Inhalt des Prüfungsberichts sind das Vorliegen der Voraussetzungen der Mehrheitseingliederung und die Angemessenheit der angebotenen Abfindung nach näherer Maßgabe des § 293e; nicht jedoch die

---

4 *Grunewald* in MünchKomm. AktG, § 320 Rz. 7.
5 *Krieger* in MünchHdb. AG, § 73 Rz. 36; *Grunewald* in MünchKomm. AktG, § 320 Rz. 6.
6 *Grunewald* in MünchKomm. AktG, § 320 Rz. 5 m.w.N.
7 A.A. *Habersack* in Emmerich/Habersack, Aktien- und GmbH-Konzernrecht, § 320 Rz. 12.

Zweckmäßigkeit der Eingliederung[8]. Ob auch der Eingliederungsbericht des Vorstands oder jedenfalls dessen Teile, die sich mit der Rechtmäßigkeit der Eingliederung und der Angemessenheit der Barabfindung befassen[9], Gegenstand der Prüfung sind, ist zweifelhaft, aber im Ergebnis auch nicht entscheidend. Aufgrund der vom Vorstand vorgenommenen Bewertung muss der Eingliederungsprüfer die Angemessenheit der Abfindung prüfen; ob er diese Informationen dem Eingliederungsbericht oder anderen Unterlagen entnimmt, ist unerheblich – zumal es nach Sinn und Zweck der Eingliederungsprüfung (Entlastung der Gerichte von Streitigkeiten über die Abfindungshöhe) nicht geboten ist, dass der Eingliederungsbericht auf Vollständigkeit und Richtigkeit geprüft wird[10].

VI. Eingliederungsbericht

Der nach § 319 Abs. 3 Nr. 3 ausschließlich vom Vorstand der zukünftigen Hauptgesellschaft zu erstattende Eingliederungsbericht ist gem. § 320 Abs. 4 Satz 2 um Ausführungen zur Abfindung gem. § 320b zu ergänzen. Art und Höhe der Abfindung sind rechtlich und wirtschaftlich zu erläutern und zu begründen. Wegen der Einzelheiten zu Inhalt und Umfang der Erläuterungen wird auf die Kommentierung zu § 293a verwiesen. 15

VII. Sonstige Informationspflichten

§ 320 Abs. 4 Satz 1 und 3 erweitern die von § 319 Abs. 3 angeordneten **Auslage- und Übersendungspflichten** inhaltlich um den Prüfungsbericht und personell auf die Aktionäre der einzugliedernden Gesellschaft und regeln die Auskunftsrechte der Aktionäre beider betroffener Gesellschaften. 16

Es ist fraglich, wer die Eingliederung in der Hauptversammlung der einzugliedernden Gesellschaft erläutern muss – der Vorstand der einzugliedernden Gesellschaft entsprechend den allgemeinen Regeln oder der Vorstand der zukünftigen Hauptgesellschaft in Anlehnung an § 327d Satz 2[11]. Es spricht viel dafür, die **Pflicht zur Erläuterung** beim Vorstand der einzugliedernden Gesellschaft zu sehen, aber darüber hinaus dem Vorstand der zukünftigen Hauptgesellschaft das Recht zu ergänzenden Erläuterungen zu geben. Ob letzteres nun auf eine Analogie zu § 327d Satz 2 gestützt wird oder (wie diese Norm) Ausfluss des Rederechts der Hauptgesellschaft als Aktionärin ist, kann dahinstehen. 17

Das **Auskunftsrecht** der Aktionäre bezieht sich jeweils auf beide Gesellschaften. Soweit Auskünfte über die jeweilige andere Gesellschaft begehrt werden, ist die Auskunftpflicht des Vorstands nicht auf präsente und ad hoc beschaffbare Informationen beschränkt[12]. 18

---

8 *Hüffer*, § 320 Rz. 12.
9 *Habersack* in Emmerich/Habersack, Aktien- und GmbH-Konzernrecht, § 320 Rz. 20; *Krieger* in MünchHdb. AG, § 73 Rz. 35.
10 I.E. ebenso für Verschmelzungsprüfung: *Lutter/Drygala* in Lutter, UmwG, § 9 Rz. 12 f.;
11 Vgl. dazu *Koppensteiner* in KölnKomm. AktG, § 320 Rz. 16.
12 A.A. *Grunewald* in MünchKomm. AktG, § 320 Rz. 15.

§ 320a
Wirkungen der Eingliederung

Mit der Eintragung der Eingliederung in das Handelsregister gehen alle Aktien, die sich nicht in der Hand der Hauptgesellschaft befinden, auf diese über. Sind über diese Aktien Aktienurkunden ausgegeben, so verbriefen sie bis zu ihrer Aushändigung an die Hauptgesellschaft nur den Anspruch auf Abfindung.

I. Überblick	1	2. Wandlungs- bzw. Optionsrechte	6
II. Übergang der Mitgliedschaften (§ 320a		III. Eigentum an und Inhalt der Aktienur-	
Satz 1)	3	kunde (§ 320a Satz 2)	9
1. Aktien	4		

Literatur: Vgl. die Angaben bei § 319.

I. Überblick

1 § 320a behandelt die Folgen der Eintragung der Mehrheitseingliederung bezüglich der Inhaberschaft an den Aktien der einzugliedernden Gesellschaft, die sich vor Wirksamkeit der Eingliederung noch nicht in der Hand der Hauptgesellschaft befinden.

2 Angeordnet werden der Übergang der Mitgliedschaften und der Inhalt des in der Aktienurkunde verbrieften Rechts nach Eintragung der Eingliederung. Nicht geregelt ist das Schicksal der von der eingegliederten Gesellschaft ausgegebenen Bezugs- oder Wandlungsrechte auf Aktien der Gesellschaft.

II. Übergang der Mitgliedschaften (§ 320a Satz 1)

3 Mit Eintragung der Eingliederung in das Handelsregister der eingegliederten Gesellschaft gehen die Aktien der eingegliederten Gesellschaft, die sich nicht in der Hand der Hauptgesellschaft befinden, **ex lege** auf diese über, § 320a Satz 1.

1. Aktien

4 **Ungeschriebene Voraussetzung** des Übergangs der Mitgliedschaften ist außerdem, dass die übrigen Voraussetzungen der Eingliederung, d.h. Beteiligungsquote der Hauptgesellschaft von mindestens 95% und wirksamer Eingliederungs- bzw. Zustimmungsbeschluss im Zeitpunkt der Eintragung[1], vorliegen. Etwaige anhängige Anfechtungsklagen hindern den Eintritt der Wirkungen des § 320a nicht. Ist die Eingliederung trotz nichtigen Eingliederungs- oder Zustimmungsbeschlusses eingetragen worden, erfolgt der Übergang der Mitgliedschaften erst mit Eintritt der Heilungswirkungen des § 242 Abs. 2[2], falls der Eintritt der Heilungswirkung nicht wegen Nichterreichens der Beteiligungsquote ausgeschlossen ist[3], § 319 Rz. 15.

---

1 *Koppensteiner* in KölnKomm. AktG, § 320a Rz. 4; *Habersack* in Emmerich/Habersack, Aktien- und GmbH-Konzernrecht, § 320a Rz. 2. A.A. *Grunewald* in MünchKomm. AktG, § 320a Rz. 2.

2 *Habersack* in Emmerich/Habersack, Aktien- und GmbH-Konzernrecht, § 320a Rz. 2; *Koppensteiner* in KölnKomm. AktG, § 320a Rz. 4.

3 *Habersack* in Emmerich/Habersack, Aktien- und GmbH-Konzernrecht, § 320 Rz. 10.

Kraft Gesetzes gehen nur die **Mitgliedschaften** über, während das Eigentum an den 5
Aktienurkunden bei den Aktionären verbleibt. Der Eigentumsübergang erfasst auch
eigene Aktien der eingegliederten Gesellschaft und solche, die für ihre Rechnung von
Dritten gehalten werden[4] – insoweit sind die Wirkungen der Eingliederung gem.
§ 320a weiter als die der Eintragung des Squeeze out: § 327e Abs. 3 ordnet nur den
Übergang der Mitgliedschaften der Minderheitsaktionäre an.

2. Wandlungs- bzw. Optionsrechte

Das Gesetz regelt die Wirkungen der Eingliederung in Bezug auf von der eingeglieder- 6
ten Gesellschaft ausgegebene Wandlungs- oder Optionsrechte nicht. Nach herrschender, gleichwohl zweifelhafter Auffassung erhalten ihre Inhaber mit Wirksamkeit der
Eingliederung entsprechende Wandlungs- bzw. Optionsrechte auf Aktien der Hauptgesellschaft als Abfindung[5]. Dies impliziert, dass die Wandlungs- bzw. Optionsrechte
analog § 320a auf die Hauptgesellschaft übergehen. Tragende Argumente der h.M.
sind dabei, dass erstens andernfalls mit Ausübung des Optionsrechts die Wirkungen
der Eingliederung gem. § 327 entfallen würden, zweitens das Optionsrecht keinen
größeren Bestandsschutz als die Mitgliedschaft genießen könne und drittens die nach
Ausübung des Optionsrechts entstehende Mitgliedschaft in der eingegliederten Gesellschaft wirtschaftlich weitgehend wertlos sei und daher das Optionsrecht bzw.
dessen Ausübung als Druckmittel zur Erlangung von Leistungen, auf die kein Anspruch besteht, genutzt werden könnte[6].

Diese Argumente vermögen nicht zu überzeugen: Die Möglichkeit missbräuchlichen 7
Verhaltens spricht nicht gegen ein Interesse des Optionsrechtsinhabers am unveränderten Bestand seines Rechts und streitet keinesfalls für eine Analogie zu §§ 320a f.
Die fehlende Bestandskraft der nach stattgebender Entscheidung im Spruchverfahren
erfolgten Eintragung der Eingliederung zeigt, dass auch das AktG Eingliederungen
von vorübergehender Dauer anerkennt. Darüber hinaus ist gibt es kein Dogma, dass
die Rechtsposition eines Gläubigers nicht stärker geschützt sein kann als die eines
Aktionärs – betrachtet man § 192 Abs. 4 könnte man eher vom Gegenteil überzeugt
sein: Während in die Mitgliedschaft des Aktionärs durch mit Mehrheit gefasste Kapi-
talherabsetzungsbeschlüsse eingegriffen werden kann, sind anwartschaftsähnliche
Rechte der Inhaber von Optionen etc., die über bedingtes Kapital abgesichert sind,
vor Eingriffen mittels Mehrheitsbeschlusses der Hauptversammlung geschützt. Im
Übrigen ist am Vorliegen einer planwidrigen Regelungslücke zu zweifeln: Der Disput
um die Behandlung von Wandlungs- bzw. Optionsrechten musste dem Gesetzgeber
bekannt sein, als er die §§ 319 ff. im Zuge des UmwG änderte, gleichwohl hat er davon abgesehen, eine § 23 UmwG vergleichbare Regelung zu treffen. Zu berücksichtigen ist auch, dass den von der h.M. für nachteilig erachteten Folgen auch durch entsprechende Gestaltung der Options- bzw. Wandlungsbedingungen begegnet werden
kann (z.B. Sonderkündigungsrecht der Emittentin oder Recht der Emittentin, die Optionen etc. durch vergleichbare Instrumente auf Aktien der Hauptgesellschaft zu ersetzen). Schließlich müsste dem Optionsinhaber das Spruchverfahren offenstehen[7],
damit auch er das Umtauschverhältnis der Optionsrechte gerichtlich überprüfen las-

---

4 *Habersack* in Emmerich/Habersack, Konzernrecht, § 320a Rz. 3.
5 BGH v. 2.2.1998 – II ZR 117/97, NJW 1998, 2146, 2147 = AG 1998, 283; *Habersack* in Emme-
rich/Habersack, Aktien- und GmbH-Konzernrecht, § 320b Rz. 8; *Koppensteiner* in KölnKomm.
AktG, § 320a Rz. 8; *Grunewald* in MünchKomm. AktG, § 320b Rz. 13; a.A. *Würdinger* in
Großkomm. AktG, 3. Aufl. 1971, § 320 Anm. 25.
6 BGH v. 2.2.1998 – II ZR 117/97, NJW 1998, 2146, 2147 = AG 1998, 283; *Habersack* in Emme-
rich/Habersack, Aktien- und GmbH-Konzernrecht, § 320b Rz. 8.
7 Insoweit folgerichtig *Habersack* in Emmerich/Habersack, Aktien- und GmbH-Konzernrecht,
§ 320b Rz. 17.

sen könnte. Angesichts der Funktion des Spruchverfahrens (Surrogat für Anfechtungsklage) und seiner Wirkungen auf das Mitgliedschaftsrecht der Aktionäre ist aber sehr zweifelhaft, ob auch Nichtaktionären eine Antragsbefugnis im Spruchverfahren zuerkannt werden kann.

8 Folgt man gleichwohl der h.M. hat dies **Konsequenzen**: Werden Optionen und Wandlungsrechte einerseits und Aktien andererseits auf der Rechtsfolgenseite gleich behandelt, müsste dies auch für die Voraussetzungen der Eingliederung gelten: Eine Mehrheitseingliederung dürfte dann nur zulässig sein, wenn die Dritten gehörenden Aktien und die sich auf Aktien der einzugliedernden Gesellschaft beziehenden Options- bzw. Wandlungsrechte insgesamt nicht mehr als 5% ausmachen[8]. Nur dann kann man nämlich das von der h.M. angeführte[9] Motiv des Gesetzgebers[10], eine Minorität von weniger als 5% (gegenwärtiger oder zukünftiger) Aktionäre solle die Eingliederung nicht behindern können, dienstbar machen.

III. Eigentum an und Inhalt der Aktienurkunde (§ 320a Satz 2)

9 Abweichend von § 952 Abs. 2, Abs. 1 Satz 2 BGB ordnet § 320a Satz 2 an, dass die **Minderheitsaktionäre Eigentümer der Aktienurkunden** bleiben, obgleich die in ihnen verbrieften Mitgliedschaften nach Satz 1 auf die Hauptgesellschaft übergegangen sind. Sind die betreffenden Mitgliedschaften nicht in Aktienurkunden, sondern in Zwischenscheinen verbrieft, gilt die Vorschrift entsprechend[11].

10 Mit Wirksamkeit der Eingliederung verbriefen diese Aktienurkunden das Recht der ausgeschiedenen Aktionäre auf Abfindung gem. § 320b. Dieser **Inhalt der Verbriefung** ist nach dem Wortlaut der Norm befristet bis zur Aushändigung der Urkunde an die Hauptgesellschaft. Das Gesetz trifft keine Aussage darüber, ob und ggf. was die Urkunde nach ihrer Übergabe an die Hauptaktionärin verbrieft: Verbrieft sie wieder die Mitgliedschaft[12] oder hat sie ihren Charakter als Wertpapier verloren? Da die Urkunden den Abfindungsanspruch nicht bis zu dessen Erlöschen verbriefen, sondern bis zu ihrer Übergabe an die Hauptgesellschaft, spricht einiges dafür, dass sie nach Übergabe an die Hauptgesellschaft die Eigenschaft als Wertpapier verlieren.

11 **Mit Leistung der Abfindung** an den ausgeschiedenen Aktionär erwirbt die Hauptgesellschaft das Eigentum an der Aktienurkunde analog § 797 BGB[13] und kann diese entsprechend § 984 BGB herausverlangen, wenn sie die Abfindungsleistung nicht Zug um Zug gegen Aushändigung der Urkunde erbracht hat.

---

8 A.A.: *Grunewald* in MünchKomm. AktG, § 320b Rz. 13, Fn. 33. Für Begrenzung der ausstehenden Optionen auf 5%: BGH v. 2.2.1998 – II ZR 117/97, NJW 1998, 2146 = AG 1998, 283; *Habersack* in Emmerich/Habersack, Aktien- und GmbH-Konzernrecht, § 320b Rz. 8.

9 BGH v. 2.2.1998 – II ZR 117/97, NJW 1998, 2146 = AG 1998, 283.

10 Begr. RegE bei *Kropff*, Aktiengesetz, S. 424.

11 *Grunewald* in MünchKomm. AktG, § 320a Rz. 4.

12 So *Koppensteiner* in KölnKomm. AktG, § 320a Rz. 6; *Habersack* in Emmerich/Habersack, Aktien- und GmbH-Konzernrecht, § 320a Rz. 6; *Grunewald* in MünchKomm. AktG, § 320a Rz. 3; *Hüffer*, § 320a Rz. 3.

13 *Koppensteiner* in KölnKomm. AktG, § 320a Rz. 6; *Hüffer*, § 320a Rz. 3.

§320b
Abfindung der ausgeschiedenen Aktionäre

(1) Die ausgeschiedenen Aktionäre der eingegliederten Gesellschaft haben Anspruch auf angemessene Abfindung. Als Abfindung sind ihnen eigene Aktien der Hauptgesellschaft zu gewähren. Ist die Hauptgesellschaft eine abhängige Gesellschaft, so sind den ausgeschiedenen Aktionären nach deren Wahl eigene Aktien der Hauptgesellschaft oder eine angemessene Barabfindung zu gewähren. Werden als Abfindung Aktien der Hauptgesellschaft gewährt, so ist die Abfindung als angemessen anzusehen, wenn die Aktien in dem Verhältnis gewährt werden, in dem bei einer Verschmelzung auf eine Aktie der Gesellschaft Aktien der Hauptgesellschaft zu gewähren wären, wobei Spitzenbeträge durch bare Zuzahlungen ausgeglichen werden können. Die Barabfindung muss die Verhältnisse der Gesellschaft im Zeitpunkt der Beschlussfassung ihrer Hauptversammlung über die Eingliederung berücksichtigen. Die Barabfindung sowie bare Zuzahlungen sind von der Bekanntmachung der Eintragung der Eingliederung an mit jährlich zwei vom Hundert über dem jeweiligen Basiszinssatz nach § 247 des Bürgerlichen Gesetzbuchs zu verzinsen; die Geltendmachung eines weiteren Schadens ist nicht ausgeschlossen.

(2) Die Anfechtung des Beschlusses, durch den die Hauptversammlung der eingegliederten Gesellschaft die Eingliederung der Gesellschaft beschlossen hat, kann nicht auf § 243 Abs. 2 oder darauf gestützt werden, dass die von der Hauptgesellschaft nach § 320 Abs. 2 Nr. 2 angebotene Abfindung nicht angemessen ist. Ist die angebotene Abfindung nicht angemessen, so hat das in § 2 des Spruchverfahrensgesetzes bestimmte Gericht auf Antrag die angemessene Abfindung zu bestimmen. Das gleiche gilt, wenn die Hauptgesellschaft eine Abfindung nicht oder nicht ordnungsgemäß angeboten hat und eine hierauf gestützte Anfechtungsklage innerhalb der Anfechtungsfrist nicht erhoben oder zurückgenommen oder rechtskräftig abgewiesen worden ist.

(3) *(weggefallen)*

I. Überblick 1

II. Anspruch auf angemessene Abfindung (§ 320b Abs. 1) 2

  1. Anspruchsberechtigte 3

  2. Art der Abfindung 5

  3. Höhe der Abfindung 12

III. Ausschluss der Anfechtungsklage und Verweisung ins Spruchverfahren (§ 320b Abs. 2) 15

  1. Eingliederungsbeschluss 16

  2. Zustimmungsbeschluss 21

Literatur: Vgl. die Angaben bei § 319.

I. Überblick

§ 320b Abs. 1 statuiert den Anspruch der ausgeschiedenen Aktionäre auf angemessene   1
Abfindung und befasst sich mit deren Art und Höhe. Abs. 2 Satz 1 der Vorschrift enthält einen partiellen Ausschluss der Anfechtungsklage gegen den Eingliederungsbeschluss und § 320b Abs. 2 Satz 2 und 3 regeln die Zulässigkeit des Spruchverfahrens.

II. Anspruch auf angemessene Abfindung (§ 320b Abs. 1)

2   Die **mit Eintragung der Ausgliederung** ausgeschiedenen Aktionäre der eingegliederten Gesellschaft haben einen Anspruch auf angemessene Abfindung, der ex lege im Zeitpunkt ihres Ausscheidens entsteht.

1. Anspruchsberechtigte

3   Fraglich ist, ob dieser Anspruch **nur den außenstehenden Aktionären** zusteht oder auch der eingegliederten Gesellschaft bzw. dem für ihre Rechnung vormals Aktien haltenden Dritten, deren Aktien auch auf die Hauptgesellschaft übergehen[1]. Anders als bei §§ 304 f. spricht das Gesetz nicht von den außenstehenden Aktionären, sondern von den ausgeschiedenen Aktionären und differenziert mithin nicht nach dem Verbundenheitsgrad zur Hauptgesellschaft. Darüber hinaus verlangt die nach wie vor rechtliche Selbständigkeit der eingegliederten Gesellschaft einen Ausgleich für den Vermögensverlust, der mit der ex lege angeordneten Übereignung der Aktien an die Hauptgesellschaft einhergeht[2].

4   Andererseits ist zu berücksichtigen, dass dem Erwerb der regelmäßig in Aktien der Hauptgesellschaft bestehenden Abfindung durch die eingegliederte Gesellschaft entweder § 56 (wenn die Aktien im Wege der Kapitalerhöhung geschaffen werden) oder §§ 71, 71d[3] entgegenstehen[4]. Angesichts der ohnehin mit Wirksamkeit der Eingliederung erfolgenden Lockerung der Vermögensbindung der eingegliederten Gesellschaft (§ 323) und der umfassenden Haftung der Hauptgesellschaft gem. § 322 sprechen die besseren Gründe **gegen eine Abfindungsberechtigung der eingegliederten Gesellschaft** und des für ihre Rechnung eigene Aktien haltenden Dritten[5].

2. Art der Abfindung

5   Die Abfindung hat **grundsätzlich in Aktien der Hauptgesellschaft** zu erfolgen. Eine Abfindung in bar kann jedoch stets zusätzlich angeboten werden und muss wahlweise offeriert werden, wenn die Hauptgesellschaft ihrerseits abhängige Gesellschaft ist.

6   Über den Wortlaut der Norm hinaus ist aber ein **zusätzliches Barangebot** stets dann erforderlich, wenn eine börsennotierte in eine nicht börsennotierte Gesellschaft eingegliedert werden soll[6]; daraus, dass der Gesetzgeber in Verfolg der Macrotron-Entscheidung des BGH[7] für den Fall der Verschmelzung auf eine nicht börsennotierte AG eine entsprechende Abfindungsverpflichtung in § 29 UmwG im Zuge des 2. UmwGÄndG aufgenommen hat, kann nicht geschlossen werden, dass eine solche Verpflichtung bei der ein **Delisting** bewirkenden Eingliederung nicht besteht, da sie aus Art. 14 GG folgt.

7   Wenn man der hier vertretenen Auffassung (§ 320a Rz. 6 f.) nicht folgt, und mit der h.M. annimmt, dass auch **Wandlungs- und Optionsrechte** auf Aktien der eingeglie-

---

1 Dafür: *Grunewald* in MünchKomm. AktG, § 320b Rz. 2; *Habersack* in Emmerich/Habersack, Aktien- und GmbH-Konzernrecht, § 320b Rz. 4, 5a; *Koppensteiner* in KölnKomm. AktG, § 320b Rz. 3.
2 *Hüffer*, § 320b Rz. 2.
3 So z.B. auch *Grunewald* in MünchKomm. AktG, § 320b Rz. 2; *Krieger* in MünchHdb. AG, § 73 Rz. 43.
4 Dem Rechnung tragend und in diesen Fällen stets Barabfindung verlangend: *Koppensteiner* in KölnKomm. AktG, § 320b Rz. 4; *Grunewald* in MünchKomm. AktG, § 320b Rz. 2.
5 I.E. ebenso *Würdinger* in Großkomm. AktG, 3. Aufl. 1971, § 320 Anm. 12.
6 *Habersack* in Emmerich/Habersack, Aktien- und GmbH-Konzernrecht, § 320b Rz. 5; *Krieger* in MünchHdb. AG, § 73 Rz. 44.
7 BGH v. 25.11.2002 – II ZR 133/01, BGHZ 153, 47 = AG 2003, 273.

derten Gesellschaft auf die Hauptgesellschaft übergehen, sind deren Inhabern als Abfindung entsprechende Rechte auf Aktien der Hauptgesellschaft zu gewähren[8].

Die zur Leistung der Abfindung erforderlichen Aktien können aus Genehmigtem[9] oder Bedingtem Kapital[10] geschaffen werden. Es können aber auch eigene Aktien, die gem. § 71 Abs. 1 Satz 1 Nr. 3[11] oder aufgrund einer Ermächtigung gem. § 71 Abs. 1 Satz 1 Nr. 8[12] (entsprechende Verwendungsermächtigung vorausgesetzt) erworben wurden, verwandt werden.   8

Wird zur Leistung der Abfindung Genehmigtes Kapital verwandt, muss die Ermächtigung entsprechend gefasst sein. Gleiches gilt auch für Bedingtes Kapital, das zu diesem Zweck gem. § 192 Abs. 2 Nr. 2 verwandt werden kann. Problematisch ist in beiden Fällen die **Erbringung der Einlageleistung**, da die als Sacheinlage tauglichen Aktien der eingegliederten Gesellschaft bereits ex lege auf die Hauptgesellschaft übergegangen sind bzw. übergehen werden. Wie jedoch § 69 UmwG zeigt, steht die Übertragung des Einlagegegenstands ex lege der (rechtsgeschäftlichen) Leistung der Einlage durch den Zeichner bzw. Bezugsberechtigten gleich[13].   9

Ist die **Hauptgesellschaft ihrerseits abhängige Gesellschaft** i.S. von § 17 (Mehrheitsbesitz i.S. von § 16 ist nicht ausreichend[14]) muss sie alternativ zu eigenen Aktien eine Barabfindung anbieten. Da das Gesetz keine Frist für die Ausübung des Wahlrechts der Aktionäre vorsieht, kann diese von der Hauptgesellschaft festgesetzt werden. In Anlehnung an § 305 Abs. 4 ist eine Frist von 2 Monaten nach Bekanntmachung der Eintragung der Eingliederung ausreichend, aber auch erforderlich[15]. Zusätzlich zu den gesetzlich geforderten Abfindungsalternativen kann (nicht muss[16]) die Hauptgesellschaft aber auch freiwillig eigene Aktien des sie beherrschenden Unternehmens anbieten.   10

Falls die Hauptgesellschaft ihrerseits nicht nur abhängig, sondern **eingegliedert ist**, ist diese Art der Aktienabfindung (statt der Abfindung in Aktien der Hauptgesellschaft) die allein zulässige, soll nicht die Eingliederung der Hauptgesellschaft im Zeitpunkt der Abfindungsleistung gem. § 327 beendet werden. Daher kann und muss[17] die Hauptgesellschaft neben der Barabfindung und statt der Abfindung in eigenen Aktien bei mehrstufiger Eingliederung Aktien ihrer Hauptgesellschaft als Abfindung anbieten[18]. Die Pflicht (und nicht nur die Möglichkeit), Aktien der Obergesellschaft anzubieten, ergibt sich daraus, dass es andernfalls die Tochtergesellschaft in der Hand hätte, durch Eingliederung der Enkelgesellschaft ihre eigene Eingliederung in die Obergesellschaft zu beenden.   11

---

8 *Habersack* in Emmerich/Habersack, Aktien- und GmbH-Konzernrecht, § 320b Rz. 8.
9 *Habersack* in Emmerich/Habersack, Aktien- und GmbH-Konzernrecht, § 320b Rz. 5a.
10 *Grunewald* in MünchKomm. AktG, § 320b Rz. 9; *Habersack* in Emmerich/Habersack, Aktien- und GmbH-Konzernrecht, § 320b Rz. 5a.
11 *Grunewald* in MünchKomm. AktG, § 320b Rz. 9; *Habersack* in Emmerich/Habersack, Aktien- und GmbH-Konzernrecht, § 320b Rz. 5a.
12 *Habersack* in Emmerich/Habersack, Aktien- und GmbH-Konzernrecht, § 320b Rz. 5a.
13 *Hüffer*, § 320b Rz. 3.
14 *Hüffer*, § 320b Rz. 6.
15 *Hüffer*, § 320b Rz. 5; *Grunewald* in MünchKomm. AktG, § 320b Rz. 8; *Habersack* in Emmerich/Habersack, Aktien- und GmbH-Konzernrecht, § 320b Rz. 11.
16 *Grunewald* in MünchKomm. AktG, § 320b Rz. 5.
17 A.A. *Habersack* in Emmerich/Habersack, Aktien- und GmbH-Konzernrecht, § 320b Rz. 10; *Grunewald* in MünchKomm. AktG, § 320b Rz. 6; *Krieger* in MünchHdb. AG, § 73 Rz. 45 (keine Pflicht).
18 *Hüffer*, § 320b Rz. 6; *Grunewald* in MünchKomm. AktG, § 320b Rz. 6; *Habersack* in Emmerich/Habersack, Aktien- und GmbH-Konzernrecht, § 320b Rz. 10; *Koppensteiner* in KölnKomm. AktG, § 320b Rz. 7.

3. Höhe der Abfindung

12   In Hinblick auf die Höhe der in Aktien zu gewährenden Abfindung stellt § 320b Abs. 1 Satz 4 wie § 305 Abs. 3 Satz 1 auf die **Verschmelzungsrelation** ab; Spitzenbeträge sind ggf. durch bare Zuzahlungen auszugleichen. Für die Höhe der Barabfindung sind gem. § 320b Abs. 1 Satz 5 die Verhältnisse der eingegliederten Gesellschaft relevant. Maßgeblicher Bewertungszeitpunkt ist in beiden Fällen der Tag der Hauptversammlung, die den Eingliederungsbeschluss fasst.

13   Im Rahmen der Angemessenheit der Abfindung ist auch zu berücksichtigen, wenn die angebotenen Aktien der Hauptgesellschaft einer **anderen Gattung** angehören. Weisen die als Abfindung angebotenen Aktien die gleichen Ausstattungsmerkmale auf, wie die Aktien der abzufindenden Minderheitsaktionäre, so mag dies im Einzelfall den Bewertungsprozess und etwaige Angemessenheitsprüfungen vereinfachen, zwingend erforderlich ist dies jedoch nicht[19]. Sollen Stammaktionäre der einzugliedernden Gesellschaft mit stimmrechtslosen Vorzugsaktien der Hauptgesellschaft abgefunden werden, so sind die Regeln für die Umwandlung von Stamm- in stimmrechtslose Vorzugsaktien (Zustimmung aller betroffenen Aktionäre[20]) analog zu beachten[21].

14   Wegen der übrigen Einzelheiten wird auf die Kommentierung zu § 305 verwiesen.

III. Ausschluss der Anfechtungsklage und Verweisung ins Spruchverfahren (§ 320b Abs. 2)

15   Während es für den Zustimmungsbeschluss der Hauptgesellschaft bei den allgemeinen Regeln bezüglich Anfechtbarkeit und Nichtigkeit bleibt, schränkt § 320b Abs. 2 Satz 1 die Gründe, auf die eine Anfechtungsklage gegen den Eingliederungsbeschluss gestützt werden kann, ein.

1. Eingliederungsbeschluss

16   Eine Anfechtungsklage gegen den Eingliederungsbeschluss kann nicht darauf gestützt werden, dass die Hauptgesellschaft **Sondervorteile** für sich oder einen Dritten zu Lasten der Gesellschaft oder der übrigen Aktionäre zu erlangen sucht oder der Eingliederungsbeschluss geeignet ist, diesem Zweck zu dienen[22]. Da Eingliederungsbeschlüsse diese Kriterien regelmäßig erfüllen und andererseits die Abfindung, die eine den Anfechtungsgrund des Sondervorteils ausschließenden angemessenen Ausgleich im Sinne des § 243 Abs. 2 Satz 2 darstellt, nicht im Eingliederungsbeschluss, sondern getrennt davon angeboten wird, ist dieser Anfechtungsausschluss geboten, will man die Mehrheitseingliederung effektiv gestalten. Nicht sachgerecht ist es, den Anfechtungsausschluss nur auf solche Sondervorteile zu begrenzen, die in einer unangemessenen Abfindung bestehen[23].

17   Eine **vergleichbare Regelung** findet sich in § 327f für den Squeeze out Beschluss und für den Zustimmungsbeschluss zum Unternehmensvertrag in § 304 Abs. 3 Satz 2; Anfechtungsklagen gegen andere Strukturmaßnahmen (etwa gem. § 179a oder nach

---

19 A.A. *Grunewald* in MünchKomm. AktG, § 320b Rz. 3 f.; ähnlich: *Habersack* in Emmerich/ Habersack, Aktien- und GmbH-Konzernrecht, § 320b Rz. 6 f.; *Koppensteiner* in KölnKomm. AktG, § 320b Rz. 9.
20 *Hüffer*, § 139 Rz. 12 m.w.N.
21 A.A. *Grunewald* in MünchKomm. AktG, § 320b Rz. 4: nicht zulässig.
22 Einschränkend: *Grunewald* in MünchKomm. AktG, § 320b Rz. 11.
23 So aber: *Grunewald* in MünchKomm. AktG, § 320b Rz. 14.

dem UmwG) können demgegenüber auf § 243 Abs. 2 gestützt werden. Dies hat dazu geführt, dass vor Einführung des Squeeze out zur Senkung von Anfechtungsrisiken solchen Strukturmaßnahmen Mehrheitseingliederungen vorgeschaltet wurden.

Der Eingliederungsbeschluss kann auch nicht mit dem Argument, die von der Haupt- 18
gesellschaft **angebotene Abfindung sei nicht angemessen**, angegriffen werden. Insoweit entspricht § 320b Abs. 2 den §§ 304 Abs. 3 Satz 2, 305 Abs. 5 Satz 1 und 327f, so dass auf die dortigen Kommentierungen verwiesen werden kann. Möglich ist aber, den Eingliederungsbeschluss anzufechten, wenn die Abfindung nicht oder nicht ordnungsgemäß angeboten wurde, arg. § 320b Abs. 2 Satz 3.

Aktionäre der eingegliederten Gesellschaft können die Angemessenheit der ihnen an- 19
gebotenen Abfindung im **Spruchverfahren nach den §§ 1 ff. SpruchG** überprüfen lassen. Um unnötige Anfechtungsklagen zu vermeiden, gleichzeitig aber eine doppelte Befassung der Gerichte mit nicht oder nicht ordnungsgemäß angebotenen Abfindungen auszuschließen, eröffnet § 320b Abs. 2 Satz 3 das Spruchverfahren in diesen Fällen auch, wenn eine darauf gestützte Anfechtungsklage gegen den Eingliederungsbeschluss nicht fristgemäß erhoben oder rechtskräftig abgewiesen oder zurückgenommen wurde; das Gleiche muss gelten, wenn der Anfechtungsrechtsstreit aus anderen Gründen ohne eine stattgebende Sachentscheidung beendet wurde (z.B. Erledigung).

Im Übrigen gelten für die Anfechtung des Eingliederungsbeschlusses die allgemeinen 20
Regeln der §§ 243 ff.

2. Zustimmungsbeschluss

Die Anfechtbarkeit des Zustimmungsbeschlusses der Hauptgesellschaft wird nicht 21
eingeschränkt[24]. Erachten Aktionäre der Hauptgesellschaft die den Minderheitsaktionären der einzugliedernden Gesellschaft angebotene **Abfindung** für unangemessen (insbesondere für zu hoch), können (und müssen) sie den Zustimmungsbeschluss mit der Anfechtungsklage angreifen, dadurch die Registersperre des § 319 Abs. 5 auslösen und – falls das Gericht die Abfindung für unangemessen hält – den Eingliederungsprozess endgültig stoppen.

Da den Aktionären der Hauptgesellschaft ein Spruchverfahren nicht offen steht, kön- 22
nen sie **abfindungsbezogene Informationsmängel** mit der Anfechtungsklage geltend machen; § 243 Abs. 4 Satz 2 findet keine Anwendung[25].

§ 321
Gläubigerschutz

(1) Den Gläubigern der eingegliederten Gesellschaft, deren Forderungen begründet worden sind, bevor die Eintragung der Eingliederung in das Handelsregister bekanntgemacht worden ist, ist, wenn sie sich binnen sechs Monaten nach der Bekanntmachung zu diesem Zweck melden, Sicherheit zu leisten, soweit sie nicht Befriedigung verlangen können. Die Gläubiger sind in der Bekanntmachung der Eintragung auf dieses Recht hinzuweisen.

(2) Das Recht, Sicherheitsleistung zu verlangen, steht Gläubigern nicht zu, die im Falle des Insolvenzverfahrens ein Recht auf vorzugsweise Befriedigung aus einer De-

---

24 *Habersack* in Emmerich/Habersack, Aktien- und GmbH-Konzernrecht, § 320b Rz. 16.
25 *Habersack* in Emmerich/Habersack, Aktien- und GmbH-Konzernrecht, § 320b Rz. 16.

ckungsmasse haben, die nach gesetzlicher Vorschrift zu ihrem Schutz errichtet und staatlich überwacht ist.

I. Überblick 1

II. Gläubiger des Anspruchs 3

III. Schuldner des Anspruchs 5

IV. Form und Höhe der Sicherheitsleistung 6

Literatur: Vgl. die Angaben bei § 319.

I. Überblick

1 § 321 billigt den Gläubigern der einzugliedernden Gesellschaft ein Recht auf Sicherheitsleistung zu. Bezweckt wird eine Verbesserung des durch § 322 bewirkten Gläubigerschutzes, da die von dieser Norm angeordnete gesamtschuldnerische Haftung der Hauptgesellschaft für Verbindlichkeiten der eingegliederten Gesellschaft leerlaufen kann, wenn die Hauptgesellschaft insolvent ist bzw. wird.

2 Vergleichbare Regelungen finden sich in § 225 Abs. 1 AktG und §§ 22, 125, 204 UmwG sowie für den Fall der Beendigung eines Unternehmensvertrags in § 303.

II. Gläubiger des Anspruchs

3 Sicherheit können diejenigen **Gläubiger der eingegliederten Gesellschaft** verlangen, deren Forderungen vor der Bekanntmachung der Eingliederung (§ 10 HGB) begründet worden sind. Negativ ist Voraussetzung, dass diese Altgläubiger im Zeitpunkt des Sicherheitsverlangens keine Befriedigung verlangen können und dass keine Insolvenzsicherung nach näherer Maßgabe des § 321 Abs. 2 besteht.

4 **Gläubiger der Hauptgesellschaft** haben keinen Anspruch auf Sicherheitsleistung, auch wenn ihre Vermögensinteressen in vergleichbarer Weise gefährdet sind[1].

III. Schuldner des Anspruchs

5 Während es in den vergleichbar geregelten Fällen der Verschmelzung und Kapitalherabsetzung nur einen möglichen Schuldner des Anspruchs auf Sicherheitsleistung gibt, könnte sich das Sicherheitsverlangen sowohl gegen die eingegliederte, wie gegen die Hauptgesellschaft richten. Mit der h.M. ist aber davon auszugehen, dass sich der Anspruch auf Sicherheitsleistung gegen die **eingegliederte Gesellschaft** richtet und die Hauptgesellschaft nur über § 322 in Anspruch genommen werden kann[2].

IV. Form und Höhe der Sicherheitsleistung

6 Sicherheit kann **in den Formen der §§ 232 ff. BGB** geleistet werden; ausgeschlossen ist aber Sicherheitsleistung in Form einer Bürgschaft der Hauptgesellschaft, da diese dem Sicherheit begehrenden Gläubiger keine über § 322 hinausgehende Rechtsposition verschaffen würde[3].

---

1 *Koppensteiner* in KölnKomm. AktG, § 321 Rz. 6.
2 *Koppensteiner* in KölnKomm. AktG, § 321 Rz. 3; *Hüffer*, § 321 Rz. 3.
3 *Hüffer*, § 321 Rz. 4; *Habersack* in Emmerich/Habersack, Aktien- und GmbH-Konzernrecht, § 321 Rz. 8; *Koppensteiner* in KölnKomm. AktG, § 321 Rz. 4.

Ob Sicherheit in Höhe der zu sichernden Forderung oder nur in Höhe des konkret zu 7
bestimmenden Sicherungsinteresses des Gläubigers zu leisten ist, ist umstritten. Obgleich ein praktisches Bedürfnis zur **betragsmäßigen Begrenzung der Sicherheitsleis-**
tung insbesondere bei Dauerschuldverhältnissen nicht zu verkennen ist, sind derartige Versuche[4] abzulehnen[5]. Sie lassen sich insbesondere nicht mit der bei Fälligkeit
der Forderung eintretenden Haftung der Hauptgesellschaft gem. § 322 begründen:
§ 321 wurde eingeführt, weil der historische Gesetzgeber die Ausfallhaftung des
§ 322 nicht für ausreichend erachtete[6].

§ 322
Haftung der Hauptgesellschaft

(1) Von der Eingliederung an haftet die Hauptgesellschaft für die vor diesem Zeit-
punkt begründeten Verbindlichkeiten der eingegliederten Gesellschaft den Gläubi-
gern dieser Gesellschaft als Gesamtschuldner. Die gleiche Haftung trifft sie für alle
Verbindlichkeiten der eingegliederten Gesellschaft, die nach der Eingliederung be-
gründet werden. Eine entgegenstehende Vereinbarung ist Dritten gegenüber unwirk-
sam.

(2) Wird die Hauptgesellschaft wegen einer Verbindlichkeit der eingegliederten Ge-
sellschaft in Anspruch genommen, so kann sie Einwendungen, die nicht in ihrer Per-
son begründet sind, nur insoweit geltend machen, als sie von der eingegliederten Ge-
sellschaft erhoben werden können.

(3) Die Hauptgesellschaft kann die Befriedigung des Gläubigers verweigern, solange
der eingegliederten Gesellschaft das Recht zusteht, das ihrer Verbindlichkeit zugrun-
de liegende Rechtsgeschäft anzufechten. Die gleiche Befugnis hat die Hauptgesell-
schaft, solange sich der Gläubiger durch Aufrechnung gegen eine fällige Forderung
der eingegliederten Gesellschaft befriedigen kann.

(4) Aus einem gegen die eingegliederte Gesellschaft gerichteten vollstreckbaren
Schuldtitel findet die Zwangsvollstreckung gegen die Hauptgesellschaft nicht statt.

I. Überblick 1
II. Gesamtschuldnerische Haftung der
Hauptgesellschaft (§ 322 Abs. 1) 3
1. Rechtsnatur der Haftung 3
2. Umfang und Inhalt der Haftung 6
a) Haftungsumfang 6
b) Haftungsinhalt 8
c) Haftungsbegrenzung und Haftungsausschluss 10

III. Einwendungen und Einreden (§ 322
Abs. 2) 11
1. Überblick 11
2. Persönliche Einwendungen 13
3. Abgeleitete Einwendungen 14
IV. Leistungsverweigerungsrechte (§ 322
Abs. 3) 17
V. Interner Ausgleich 20
VI. Zwangsvollstreckung (§ 322 Abs. 4) . 22

Literatur: Vgl. die Angaben bei § 319.

---

4 *Habersack* in Emmerich/Habersack, Aktien- und GmbH-Konzernrecht, § 321 Rz. 9.
5 *Koppensteiner* in KölnKomm. AktG, § 321 Rz. 5.
6 Stellungnahme des BR und Rechtsausschuss des BT, bei *Kropff*, Aktiengesetz, S. 425 f.

I. Überblick

1   § 322 regelt die gesamtschuldnerische Mithaftung der Hauptgesellschaft für Verbindlichkeiten der eingegliederten Gesellschaft. Die Norm ist das Korrelat zu den unbegrenzten Einwirkungsmöglichkeiten der Hauptgesellschaft und der Aufhebung der
Vermögensbindung in der eingegliederten Gesellschaft (§§ 323 f.).

2   Abs. 1 ordnet die Haftung der Hauptgesellschaft für Alt- wie für Neuverbindlichkeiten an. Abs. 2 und 3 befassen sich mit Einwendungen und Einreden sowie Leistungs-
verweigerungsrechten der Hauptgesellschaft und Abs. 4 stellt klar, dass es zur Vollstreckung eines gegen die Hauptgesellschaft gerichteten Titels bedarf.

II. Gesamtschuldnerische Haftung der Hauptgesellschaft (§ 322 Abs. 1)

1. Rechtsnatur der Haftung

3   Unter Berufung auf die Begr. des RegE[1] und die aus § 322 Abs. 2 und 3 folgenden systematischen Brüche (Rz. 11 ff.) wird teilweise versucht, die vom Gesetzeswortlaut
angeordnete gesamtschuldnerische Haftung in eine **akzessorische Haftung der
Hauptgesellschaft** umzudeuten[2]; begründet wird dies damit, dass an die Stelle des seinerzeitigen Verständnisses der Haftung des OHG-Gesellschafters das heutige treten
müsse. Ob eine solche korrigierende Auslegung angesichts des ausdrücklichen Wortlauts der Norm und des rund 30 Jahre später geschaffenen § 133 UmwG, der bei vergleichbarer Problematik in ganz der gleichen Weise ebenfalls eine Haftung der an der
Spaltung beteiligten Rechtsträger als Gesamtschuldner anordnet[3], methodisch einwandfrei ist, ist nicht zweifelsfrei.

4   **Für die Zulässigkeit der berichtigenden Auslegung** könnte der Wortlaut der Begründung des RegE streiten: „In der Ausgestaltung dieser Mithaftung im Einzelnen
schließt der Entwurf sich an die gesetzliche Regelung vergleichbarer Gesamtschuld-
verhältnisse, namentlich an die §§ 128 und 129 HGB an."[4] Das legt nahe, dass der
historische Gesetzgeber fälschlicherweise davon ausging, dass die persönlich haftenden Gesellschafter einer OHG und diese als Gesamtschuldner haften, und er, da er eine vergleichbare Haftung anordnen wollte, diesen unzutreffenden Terminus verwandte[5]. Aber auch 1965 wurde eine gesamtschuldnerische Haftung zwischen OHG
und ihren Gesellschaftern bereits nahezu einhellig abgelehnt[6]. Somit ist der neueren
Lehre von der berichtigenden Auslegung entgegen zu halten, dass auch nach seiner-
zeitigem Verständnis durch § 128 HGB keine Gesamtschuld begründet wurde und daher das vorgeblich moderne Verständnis der Haftung des OHG-Gesellschafters (akzessorische Haftung) für § 322 nicht dienstbar gemacht werden kann.

5   **Andererseits** sind die Abs. 2 und 3 von § 322 nach h.M. mit dem Wesen der Gesamtschuld i.S.v. §§ 421 ff. BGB nicht oder nur schwer vereinbar[7]. Daher darf „als Gesamtschuldner" nicht gelesen werden: „als Gesamtschuldner im Sinne von §§ 421 ff.

---

1 Begr. RegE bei *Kropff*, Aktiengesetz, S. 426.
2 *Habersack* in Emmerich/Habersack, Aktien- und GmbH-Konzernrecht, § 322 Rz. 3 f.; *Singhof*
   in FS Hadding, 2004, S. 651, 662 ff.
3 Dazu z.B. *Hommelhoff/Schwab* in Lutter, UmwG, § 133 Rz. 24 ff. m.w.N.
4 Begr. RegE bei *Kropff*, Aktiengesetz, S. 426; a.A. *Geßler*, ZGR 1978, 251, 259 f.: 128 BGB ist
   noch einmal am Rande berücksichtigungsfähig. Irrtum in der Begr.
5 A.A. *Geßler*, ZGR 1978, 251, 255.
6 Vgl. nur: *Geßler* in Schlegelberger, HGB, 4. Aufl. 1965, § 128 Rz. 2, 21; *Weipert* in Staub, Großkomm. HGB, 2. Aufl. 1950, § 128 Anm. 12.
7 *Habersack* in Emmerich/Habersack, Aktien- und GmbH-Konzernrecht, § 322 Rz. 12; *Singhof*
   in FS Hadding, 2004, S. 651, 662.

BGB", sondern ist autonom unter besonderer Berücksichtigung von Sinn und Zweck der Norm auszulegen[8]. Bei der **autonomen Auslegung** ist also insbesondere zu berücksichtigen, dass die Mithaftung angeordnet wurde[9], um im Interesse des Gläubigerschutzes die umfassenden Eingriffsbefugnisse der Hauptgesellschaft in Leitung, Vermögen und Organisation der eingegliederten Gesellschaft auszugleichen. Zu berücksichtigen ist weiterhin, dass mit der Eingliederung wirtschaftlich die Folgen einer Verschmelzung erzielt werden sollen[10] (dazu § 319 Rz. 1), § 322 also (nur) dem Umstand Rechnung trägt, dass (anders als bei der Verschmelzung) zwei unterschiedliche Rechtsträger bestehen.

2. Umfang und Inhalt der Haftung

a) Haftungsumfang

Nach § 322 Abs. 1 Satz 1 haftet die Hauptgesellschaft mit Wirksamkeit der Eingliederung für alle **Altverbindlichkeiten** der eingegliederten Gesellschaft, unabhängig davon, ob sie im Zeitpunkt der Eingliederung bereits fällig waren oder erst später fällig werden. Satz 2 ordnet die gleiche Haftung für **Neuverbindlichkeiten** an. Für Verbindlichkeiten, die nach Eintragung der Beendigung der Eingliederung (und nach Ablauf der Frist des § 15 Abs. 2 Satz 2 HGB) begründet wurden, haftet die Hauptgesellschaft nicht[11].   6

Auf **Rechtsgrund und Rechtsnatur der Verbindlichkeit** kommt es nicht an[12]: Die   7 Hauptgesellschaft haftet für alle gegen die eingegliederte Gesellschaft gerichteten Forderungen, seien sie zivil- oder öffentlichrechtlicher Natur, mögen sie auf Vertrag oder Gesetz beruhen.

b) Haftungsinhalt

Es wird **keine bloße Einstandsverpflichtung** für Verbindlichkeiten der eingegliederten   8 Gesellschaft angeordnet[13]. Ein derart beschränkter Haftungsinhalt kann auch nicht daraus abgeleitet werden, dass die bezüglich des Gläubigerschutzes funktional vergleichbaren §§ 300–303 nicht die Erfüllung bestimmter Verbindlichkeiten gewährleisten[14]. Dabei würde nämlich übersehen, § 302 eine Innenhaftung und § 303 eine bloße Pflicht zur Sicherheitsleistung begründet und dies diametral zum Wortlaut des § 322 (Außenhaftung als Gesamtschuldner) steht.

Die **Hauptgesellschaft schuldet die gleiche Leistung** wie die eingegliederte Gesell-   9 schaft – sie schuldet also Erfüllung[15]. Das folgt aus der vom Gesetz angeordneten Gesamtschuld. Die Einschränkungen, die in Hinblick auf die Erfüllung der Primärleistungspflicht des haftenden OHG-Gesellschafters gemacht werden[16], gelten nicht für die Hauptgesellschaft, hier gibt es keine Privatsphäre, die es zu schützen gilt[17]; im Übrigen wäre eine solche Einschränkung auch nicht mit dem Gesamtschuldgedan-

---

8 Ähnlich: *Hüffer*, § 322 Rz. 3 und schon *Geßler*, ZGR 1978, 251, 254.
9 Zur ratio des § 322: *Grunewald* in MünchKomm. AktG, § 322 Rz. 1; *Habersack* in Emmerich/Habersack, Aktien- und GmbH-Konzernrecht, § 322 Rz. 1.
10 Worauf *Geßler*, ZGR 1978, 251, 261 zu Recht hinweist.
11 *Habersack* in Emmerich/Habersack, Aktien- und GmbH-Konzernrecht, § 322 Rz. 5.
12 *Habersack* in Emmerich/Habersack, Aktien- und GmbH-Konzernrecht, § 322 Rz. 5.
13 *Koppensteiner* in KölnKomm. AktG, § 322 Rz. 8; a.A. *Grunewald* in MünchKomm. AktG, § 322 Rz. 6.
14 So aber: *Koppensteiner* in KölnKomm. AktG, § 322 Rz. 8.
15 *Habersack* in Emmerich/Habersack, Aktien- und GmbH-Konzernrecht, § 322 Rz. 6; *Hüffer*, § 322 Rz. 4; *Grunewald* in MünchKomm. AktG, § 322 Rz. 5.
16 Vgl. dazu *Hopt* in Baumbach/Hopt, HGB, § 128 Rz. 9.
17 *Grunewald* in MünchKomm. AktG, § 322 Rz. 5.

ken vereinbar. Wandelt sich der Primäranspruch gegen die eingegliederte Gesellschaft in einen Schadensersatzanspruch um, schuldet die Hauptgesellschaft weiterhin Erfüllung (insoweit § 425 BGB), bis sie selbst gem. § 275 BGB von der Leistung
frei wird – und zwar auch dann, wenn das Unvermögen etc. (§ 275 BGB) der eingegliederten Gesellschaft nicht auf einer Einflussnahme der Hauptgesellschaft beruht[18].
Diese Fortdauer der Primärleistungspflicht ist eine Konsequenz der verschmelzungs-
ähnlichen wirtschaftlichen Folgen der Eingliederung.

c) Haftungsbegrenzung und Haftungsausschluss

10 Die gesamtschuldnerische Haftung der Hauptgesellschaft kann nicht durch Vereinbarung zwischen ihr und der eingegliederten Gesellschaft abbedungen werden, § 322
Abs. 1 Satz 3. Die Mithaftung kann nur durch bi- oder trilaterale Vereinbarung mit
dem Gläubiger beschränkt oder ausgeschlossen werden[19].

III. Einwendungen und Einreden (§ 322 Abs. 2)

1. Überblick

11 Nach allgemeiner, gleichwohl zweifelhafter Auffassung sind § 322 Abs. 2 und 3 **Ausdruck des Prinzips der akzessorischen Haftung**[20] und treten damit in systematischen
Widerspruch zur von Abs. 1 angeordneten gesamtschuldnerischen Haftung[21]. Eine
Stütze findet diese Auffassung in der Begründung des RegE, die insoweit auf § 129
HGB und die dort unstreitige Akzessorietät verweist. Dieser Konnex ist aber nicht
zwingend, zumal *Geßler* selbst die Begründung (nicht den Gesetzestext) für misslungen gehalten hat[22].

12 Es spricht nichts dagegen, § 322 Abs. 2 und 3 als **Modifizierung bzw. Konkretisierung
der §§ 423 ff. BGB** zu betrachten. Dadurch kommt man zu einer stimmigen im Einklang mit dem Wortlaut des Gesetzes stehenden Auslegung des § 322: Die §§ 423 ff.
BGB werden über ihre jeweiligen Öffnungsklauseln („soweit nicht ein anderes bestimmt" etc.) entsprechend Sinn und Zweck der von § 322 angeordneten Mithaftung
modifiziert[23].

2. Persönliche Einwendungen

13 Obgleich dies in § 322 Abs. 2 nicht erwähnt wird, kann die Hauptgesellschaft gegen
den Gläubiger sämtliche Einwendungen und Einreden geltend machen, die in ihrer
Person begründet sind[24]. Neben Vereinbarung von Erlass oder Stundung zwischen der
Hauptgesellschaft und dem Gläubiger kommen hier z.B. auch ausdrücklich zu Gunsten der Hauptgesellschaft wirkende Freistellungsvereinbarungen zwischen Gläubiger
und eingegliederter Gesellschaft in Betracht[25].

---

18 So aber *Habersack* in Emmerich/Habersack, Aktien- und GmbH-Konzernrecht, § 322 Rz. 6.
19 *Habersack* in Emmerich/Habersack, Aktien- und GmbH-Konzernrecht, § 322 Rz. 8; *Grune-
     wald* in MünchKomm. AktG, § 322 Rz. 2.
20 *Habersack* in Emmerich/Habersack, Aktien- und GmbH-Konzernrecht, § 322 Rz. 11; *Hüffer*,
     § 322 Rz. 6.
21 *Grunewald* in MünchKomm AktG, § 322 Rz. 12; *Hüffer*, § 322 Rz. 6.
22 *Geßler*, ZGR 1978, 251, 260.
23 Tendenziell ähnlich: *Grunewald* in MünchKomm. AktG, § 322 Rz. 12.
24 *Koppensteiner*, KölnKomm. AktG, § 322 Rz. 19.
25 *Hüffer*, § 322 Rz. 8; *Grunewald* in MünchKomm. AktG, § 322 Rz. 13; *Habersack* in Emme-
     rich/Habersack, Aktien- und GmbH-Konzernrecht, § 322 Rz. 10.

3. Abgeleitete Einwendungen

Abgeleitete Einwendungen, also **Einwendungen und Einreden der eingegliederten Ge-** 14
sellschaft kann die Hauptgesellschaft nur insoweit geltend machen, als sie von dieser
erhoben werden können[26]. Die primäre Bedeutung der Vorschrift liegt – neben der
Konkretisierung des § 425 Abs. 1 BGB („soweit sich nicht aus dem Schuldverhältnis
ein anderes ergibt") – darin, dass sich die Hauptgesellschaft nicht mehr auf Einwendungen der eingegliederten Gesellschaft berufen kann, die diese verloren hat.

Aus § 322 Abs. 2 darf aber im Umkehrschluss nicht geschlossen werden, dass die 15
Hauptgesellschaft sich auf jede der eingegliederten Gesellschaft zustehende Einrede
etc. berufen kann[27]. Ist z.B. die Verjährung gegenüber der Hauptgesellschaft gehemmt
oder unterbrochen, nicht aber gegenüber der eingegliederten Gesellschaft, so kann
sich letztere, nicht aber die Hauptgesellschaft auf die Verjährung berufen[28]. **§ 425**
BGB ist grundsätzlich anwendbar und wird durch § 322 Abs. 2 nicht verdrängt[29]. Die
notwendigen Modifikationen ergeben sich aus § 425 Abs. 1 BGB selbst[30]: Danach ist
die Berufung auf Einwendungen etc. ausgeschlossen, wenn diese nur in der Person
des anderen Gesamtschuldners eingetreten sind, es sei denn, es ergibt sich aus dem
Schuldverhältnis etwas anderes. Aus dem von § 322 Abs. 1 angeordneten Schuldverhältnis ergibt sich z.B. in Hinblick auf Konfusion oder andere Erlöschensgründe oder
bezüglich Stundung oder Verwirkung, dass diese sowohl für die eingegliederte wie
für die Hauptgesellschaft wirken und damit „ein anderes". Legt man § 322 Abs. 2 die
hier vertretene Bedeutung bei, vermeidet man die Ausnahmen und logischen Widersprüche der Akzessorietätstheorie und des damit einhergehenden Verständnisses der
Vorschrift.

Andererseits wird **§ 423 BGB** durch § 322 Abs. 2 verdrängt: Die Hauptgesellschaft 16
kann sich stets auf den **Erlassvertrag** zwischen eingegliederter Gesellschaft und
Gläubiger berufen. Insbesondere sind Abreden, wonach der Erlass nur im Verhältnis
zwischen eingegliederter Gesellschaft und Gläubiger gilt, während die Hauptgesellschaft weiter schulden soll, unwirksam[31].

IV. Leistungsverweigerungsrechte (§ 322 Abs. 3)

Die Hauptgesellschaft kann die Leistung verweigern, solange die eingegliederte Ge- 17
sellschaft das der Verbindlichkeit zugrunde liegende Rechtsgeschäft anfechten kann
(§ 322 Abs. 3 Satz 1) oder falls der Gläubiger sich durch Aufrechnung mit einer gegen
ihn gerichteten Forderung der eingegliederten Gesellschaft befriedigen kann (§ 322
Abs. 3 Satz 2).

Regulatorischer Hintergrund des insoweit identischen § 129 Abs. 2 und 3 HGB ist, 18
dass der haftende und in Anspruch genommene OHG-Gesellschafter weder anfechten noch über die Forderung der OHG verfügen noch die OHG entsprechend „anweisen" kann. Angesichts der umfassenden Weisungsbefugnis der Hauptgesellschaft ge-

---

26 *Habersack* in Emmerich/Habersack, Aktien- und GmbH-Konzernrecht, § 322 Rz. 11.
27 So aber wohl die h.M., die § 425 BGB durch § 322 Abs. 2 für verdrängt erachtet: *Grunewald* in
MünchKomm. AktG, § 322 Rz. 12.
28 *Krieger* in MünchHdb. AG, § 322 Rz. 55; *Koppensteiner* in KölnKomm. AktG, § 322 Rz. 17;
Hüffer, § 322 Rz. 9; *Grunewald* in MünchKomm. AktG, § 322 Rz. 11; a.A. *Habersack* in Em-
merich/Habersack, Aktien- und GmbH-Konzernrecht, § 322 Rz. 12.
29 *Grunewald* in MünchKomm. AktG, § 322 Rz. 12.
30 Insoweit zutreffend: *Koppensteiner* in KölnKomm. AktG, § 322 Rz. 16.
31 *Koppensteiner* in KölnKomm. AktG, § 322 Rz. 17; a.A. *Würdinger* in Großkomm. AktG,
3. Aufl. 1971, § 322 Anm. 6.

genüber der eingegliederten Gesellschaft[32] besteht im Fall der Eingliederung ein Regelungsbedürfnis nur für den Fall, dass die eingegliederte Gesellschaft nicht aufrechnen darf und nur der Gläubiger eine Aufrechnungsbefugnis hat, – und gerade dieser Fall begründet nach h.M. kein Leistungsverweigerungsrecht der Hauptgesellschaft[33]. Im Übrigen widerspricht die in § 322 Abs. 3 getroffene Regelung dem Grundsatz, dass beide Gesellschaften stets auf das Gleiche haften[34]. Gleichwohl ist diese Entscheidung des Gesetzgebers zu akzeptieren.

19 Ungeachtet dessen, dass die Hauptgesellschaft die eingegliederte Gesellschaft auch entsprechend anweisen kann, ist ihr analog § 322 Abs. 3 Satz 1 auch dann ein Leistungsverweigerungsrecht zuzubilligen, wenn die eingegliederte Gesellschaft **andere Gestaltungsrechte** (z.B. Rücktritt oder Minderung) ausüben kann[35].

V. Interner Ausgleich

20 Hat die Hauptgesellschaft den gegen sie gerichteten Anspruch erfüllt, stellt sich die Frage, ob und nach welchen Regeln sie bei der eingegliederten Gesellschaft Regress nehmen kann. Findet **§ 426 BGB**[36] Anwendung oder §§ 683 Satz 1, 670 BGB i.V.m. § 774 Abs. 1 BGB analog[37] oder § 110 HGB analog[38] ? Systemgerechter dürfte eine Anwendung des § 426 BGB sein, wobei entsprechend Sinn und Zweck der Haftung und Inanspruchnahme der Hauptgesellschaft (Gläubigerschutz und nicht Entlastung der eingegliederten Gesellschaft von einer Verbindlichkeit) regelmäßig „ein anderes" im Sinne von § 426 Abs. 1 Satz 1 BGB bestimmt ist und die eingegliederte Gesellschaft vollen und nicht nur hälftigen (quotalen) Ausgleich leisten muss.

21 Zweifelhaft ist, ob ein **Innenausgleich insoweit ausgeschlossen** ist, als die Verbindlichkeit, wegen derer die Hauptgesellschaft in Anspruch genommen wird, auf ihre Veranlassung hin entstanden ist[39]. Die Zweifel rühren daher, dass die eingegliederte Gesellschaft gegen die Hauptgesellschaft auch sonst keinen Anspruch auf Freistellung von infolge von Weisungen eingegangenen Verbindlichkeiten bzw. auf Ersatz entsprechender Aufwendungen hat[40]. Wieso soll sie besser gestellt werden, wenn der Gläubiger von der Hauptgesellschaft Befriedigung erhält?

VI. Zwangsvollstreckung (§ 322 Abs. 4)

22 § 322 Abs. 4 formuliert eine (überflüssige[41]) Selbstverständlichkeit, die der rechtlichen Selbstständigkeit der beteiligten Gesellschaften geschuldet ist: In das **Vermögen**

---

32 Auf die geringe Bedeutung des Leistungsverweigerungsrechts und dessen Entbehrlichkeit angesichts des Weisungsrechts weisen zutreffend hin: *Grunewald* in MünchKomm. AktG, § 322 Rz. 16, 13; *Koppensteiner* in KölnKomm. AktG, § 322 Rz. 20; *Hüffer*, § 322 Rz. 10.
33 *Grunewald* in MünchKomm. AktG, § 322 Rz. 15; *Koppensteiner* in KölnKomm. AktG, § 322 Rz. 21; *Habersack* in Emmerich/Habersack, Aktien- und GmbH-Konzernrecht, § 322 Rz. 14; a.A. wohl *Würdinger* in Großkomm. AktG, 3. Aufl. 1971, § 322 Anm. 11.
34 Vgl. dazu auch *Grunewald* in MünchKomm. AktG, § 322 Rz. 14 f.
35 *Habersack* in Emmerich/Habersack, Aktien- und GmbH-Konzernrecht, § 322 Rz. 15; a.A. *Grunewald* in MünchKomm. AktG, § 322 Rz. 14.
36 *Grunewald* in MünchKomm. AktG, § 322 Rz. 18.
37 *Habersack* in Emmerich/Habersack, Aktien- und GmbH-Konzernrecht, § 322 Rz. 7.
38 *Singhof* in FS Hadding, 2004, S. 651, 670.
39 So z.B. *Habersack* in Emmerich/Habersack, Aktien- und GmbH-Konzernrecht, § 322 Rz. 7; *Hüffer*, § 322 Rz. 6, und für rechtswidrige Weisungen als Ursache der Verbindlichkeit auch *Grunewald* in MünchKomm. AktG, § 322 Rz. 18.
40 Zur Haftung der Hauptgesellschaft § 323 Rz. 18.
41 *Habersack* in Emmerich/Habersack, Aktien- und GmbH-Konzernrecht, § 322 Rz. 16.

der **Hauptgesellschaft** kann nur aus einem gegen sie gerichteten Titel vollstreckt werden. Hat der Gläubiger lediglich einen Titel gegen die eingegliederte Gesellschaft erwirkt, ist die Vollstreckung nur gegen diese zulässig. Die Hauptgesellschaft kann gegen sie gerichtete Vollstreckungsmaßnahmen mit der Drittwiderspruchsklage (§ 771 ZPO) abwehren.

Fraglich ist, ob ein gegen die Hauptgesellschaft gerichteter Titel die Zwangsvollstre- 23 ckung in das **Vermögen der eingegliederten Gesellschaft** ermöglicht[42]. Zwar fehlt eine § 124 Abs. 2 HGB, § 736 ZPO vergleichbare Regelung, gleichwohl gebietet die trotz Eingliederung fortbestehende rechtliche Selbständigkeit der beiden Schuldner, dass die Zwangsvollstreckung nur gegen den im Titel genannten Schuldner durchgeführt wird.

Im Interesse einer effektiven Rechtsdurchsetzung sollten daher stets Hauptgesell- 24 schaft und eingegliederte Gesellschaft verklagt werden, es sei denn, die Klage gegen eine der beiden Schuldnerinnen ist nicht erfolgversprechend, z.B. weil sie Einwendungen etc. geltend machen kann.

§ 323
Leitungsmacht der Hauptgesellschaft und Verantwortlichkeit der Vorstandsmitglieder

(1) Die Hauptgesellschaft ist berechtigt, dem Vorstand der eingegliederten Gesellschaft hinsichtlich der Leitung der Gesellschaft Weisungen zu erteilen. § 308 Abs. 2 Satz 1, Abs. 3, §§ 309, 310 gelten sinngemäß. §§ 311 bis 318 sind nicht anzuwenden.

(2) Leistungen der eingegliederten Gesellschaft an die Hauptgesellschaft gelten nicht als Verstoß gegen die §§ 57, 58 und 60.

I. Überblick	1	a) Grundsatz	12
II. Weisungsbefugnis der Hauptgesell-		b) Keine Folgepflicht	13
schaft	5	c) Fehlen von Weisungen	15
1. Inhalt und Grenzen des Weisungs-		d) Hinweispflichten	16
rechts	5	III. Haftung in Zusammenhang mit Wei-	
2. Weisungsempfänger und Anweisen-		sungen	17
der	8	1. Hauptgesellschaft	17
a) Anweisender	8	2. Eingegliederte Gesellschaft	19
b) Weisungsempfänger	10	IV. Aufhebung der Kapitalbindung	20
3. Bindung der Organe der eingeglieder-		V. Unanwendbarkeit der §§ 311 ff	21
ten Gesellschaft an Weisungen	12		

Literatur: Vgl. die Angaben bei § 319.

I. Überblick

§ 323 stellt **aus unternehmerischer Sicht das Kernstück der Eingliederungsvorschrif-** 1 **ten** dar. Die Norm enthält mit der umfassenden Weisungsbefugnis der Hauptgesellschaft und der Lockerung der Kapitalbindung der eingegliederten Gesellschaft die we-

---

42 So wohl *Grunewald* in MünchKomm. AktG, § 322 Rz. 15.

sentlichen Punkte, die die wirtschaftlichen Nachteile der Eingliederung für die Hauptgesellschaft (Mithaft nach § 322 und Verlustausgleichspflicht nach § 324 Abs. 3) regelmäßig mehr als auszugleichen vermögen.

2   § 323 Abs. 1 regelt die **Weisungsbefugnis** der Hauptgesellschaft und über die Verweisung in Satz 2 die Folgepflicht des Vorstands und die Überspielung von Zustimmungsvorbehalten zugunsten des Aufsichtsrats der eingegliederten Gesellschaft.

3   Entsprechend der Regelung in § 291 Abs. 3 erklärt § 323 Abs. 2 die §§ 57, 58 und 60 im Verhältnis zur Hauptgesellschaft für unanwendbar. Die dadurch bewirkte **Lockerung der Vermögensbindung** der eingegliederten Gesellschaft wird verstärkt durch § 324 Abs. 1 und 2.

4   Über die **Verweisung in Satz 2** auf die §§ 309 f. wird die Haftung von Vorstand und ggf. Aufsichtsrat der beteiligten Gesellschaften geregelt. Die Vorschriften über den faktischen Konzern (§§ 311 bis 318) werden **in Satz 3** für unanwendbar erklärt.

II. Weisungsbefugnis der Hauptgesellschaft

1. Inhalt und Grenzen des Weisungsrechts

5   § 323 Abs. 1 Satz 1 bestimmt lapidar (und insoweit wortgleich mit § 308 Abs. 1 Satz 1), dass die Hauptgesellschaft berechtigt ist, dem Vorstand hinsichtlich der Leitung der Gesellschaft Weisungen zu erteilen. Einschränkungen, wonach nachteilige Weisungen nur zulässig sind, wenn sie im Konzerninteresse oder im Interesse eines Konzernunternehmens liegen, fehlen. Es besteht mithin ein grundsätzlich **uneingeschränktes Weisungsrecht** der Hauptgesellschaft.

6   Obgleich das Weisungsrecht (und damit korrespondierend die Folgepflicht des Vorstands, dazu unten Rz. 12 ff.) grundsätzlich uneingeschränkt besteht, sind ihm gleichwohl **immanente Grenzen** gesteckt. Unzulässig sind gesetzwidrige Weisungen[1]. Unzulässig sind aber grundsätzlich auch existenzgefährdende Weisungen[2], dies zwar weniger, weil ein Minimalschutz der Gesellschaft erforderlich ist, der durch die Vorschriften der §§ 322 ff. nicht gewährleistet wird, als dass existenzgefährdende bzw. existenzvernichtende Weisungen regelmäßig gesetzwidrig sind.

7   Eine **Pflicht der Hauptgesellschaft zur Erteilung von Weisungen** folgt aus dem Eingliederungsverhältnis als solchem nicht[3], d.h. die eingegliederte Gesellschaft hat keinen Anspruch auf Erteilung von Weisungen. Eine Pflicht zur Ausübung des Weisungsrechts durch den Vorstand der Hauptgesellschaft folgt aber regelmäßig aus dessen Organverhältnis zur Hauptgesellschaft[4]. Daher sind Vereinbarungen über die Einschränkung der Weisungsbefugnis unzulässig[5].

---

1   *Hüffer*, § 323 Rz. 3; *Habersack* in Emmerich/Habersack, Aktien- und GmbH-Konzernrecht, § 323 Rz. 2; *Koppensteiner* in KölnKomm. AktG, § 323 Rz. 4; *Krieger* in MünchHdb. AG, § 73 Rz. 56.

2   A.A.: *Krieger* in MünchHdb. AG, § 73 Rz. 56; *Habersack* in Emmerich/Habersack, Aktien- und GmbH-Konzernrecht, § 323 Rz. 2; *Koppensteiner* in KölnKomm. AktG, § 323 Rz. 4; *Grunewald* in MünchKomm. AktG, § 323 Rz. 3. Zweifelnd: *Hüffer*, § 323 Rz. 3.

3   *Hüffer*, § 323 Rz. 3.

4   *Krieger* in MünchHdb. AG, § 73 Rz. 58; weniger strikt: *Koppensteiner* in KölnKomm. AktG, § 323 Rz. 12.

5   A.A. *Grunewald* in MünchKomm. AktG, § 323 Rz. 6.

2. Weisungsempfänger und Anweisender

a) Anweisender

Das Weisungsrecht wird vom Vorstand der Hauptgesellschaft ausgeübt. Es kann nach allgemeinen Grundsätzen (dazu § 308 Rz. 11 ff.) auf Mitarbeiter der Hauptgesellschaft delegiert werden.   8

Ob demgegenüber eine **Übertragung des Weisungsrechts auf die Muttergesellschaft**   9 der Hauptgesellschaft möglich ist, ist sowohl bei bloß vertraglicher Konzernierung der Hauptgesellschaft als auch bei mehrstufiger Eingliederung fraglich[6]. Die besseren Gründe, insbesondere die Verantwortlichkeit des Vorstands der Hauptgesellschaft, sprechen dafür, dass direkte Weisungen von der Mutter an die Enkelgesellschaft auch bei mehrstufiger Eingliederung unzulässig sind[7].

b) Weisungsempfänger

Empfänger der Weisungen ist der Vorstand der eingegliederten Gesellschaft. Ange-   10 stellten der eingegliederten Gesellschaft können Weisungen unter Umgehung des Vorstands nicht erteilt werden[8]. Anderes mag gelten, wenn der Vorstand dem ausdrücklich zustimmt und durch organisatorische Vorkehrungen dafür Sorge getragen wird, dass der Vorstand seinen Pflichten gegenüber der eingegliederten Gesellschaft (z.B. Nichtausführung gesetzwidriger Weisungen, Rz. 6, oder bei zweifelhafter Solvenz der Hauptgesellschaft Rz. 14) Folge leisten kann.

Die trotz Eingliederung bestehenden Pflichten des Vorstands stehen auch einer um-   11 fassenden **Bevollmächtigung der Hauptgesellschaft** durch die eingegliederte Gesellschaft entgegen[9].

3. Bindung der Organe der eingegliederten Gesellschaft an Weisungen

a) Grundsatz

Korrespondierend mit dem weiten Weisungsrecht wird durch die Verweisung auf   12 § 308 Abs. 2 Satz 1 (ohne dessen Satz 2) eine im Wesentlichen uneingeschränkte Folgepflicht des Vorstands begründet. Fehlende oder verweigerte Zustimmungen des Aufsichtsrats[10] können in gleicher Weise wie bei bestehendem Beherrschungsvertrag in entsprechender Anwendung von § 308 Abs. 3 entbehrlich werden.

b) Keine Folgepflicht

Eine Folgepflicht besteht nicht, wenn die Weisung gesetzwidrig ist; zu existenzge-   13 fährdenden Weisungen oben Rz. 6. Den Vorstand trifft insofern eine uneingeschränkte Prüfungspflicht[11].

---

6 Zweifelnd: *Hüffer*, § 323 Rz. 2.
7 *Habersack* in Emmerich/Habersack, Aktien- und GmbH-Konzernrecht, § 323 Rz. 4; *Grunewald* in MünchKomm. AktG, § 323 Rz. 7; a.A. *Koppensteiner* in KölnKomm. AktG, § 323 Rz. 9.
8 *Habersack* in Emmerich/Habersack, Aktien- und GmbH-Konzernrecht, § 323 Rz. 5; *Koppensteiner* in KölnKomm. AktG, § 323 Rz. 10. Strenger: *Grunewald* in MünchKomm. AktG, § 323 Rz. 8. Zweifelnd: *Hüffer*, § 323 Rz. 2.
9 *Hüffer*, § 323 Rz. 2; *Habersack* in Emmerich/Habersack, Aktien- und GmbH-Konzernrecht, § 323 Rz. 5; *Grunewald* in MünchKomm. AktG, § 323 Rz. 9; a.A. *Koppensteiner* in Köln-Komm. AktG, § 323 Rz. 11; *Würdinger* in Großkomm. AktG, 3. Aufl. 1971, § 323 Anm. 2.
10 Zu Unrecht kritisch zur Funktion des Aufsichtsrats in der eingegliederten Gesellschaft: *Koppensteiner* in KölnKomm. AktG, § 323 Rz. 6.
11 *Habersack* in Emmerich/Habersack, Aktien- und GmbH-Konzernrecht, § 323 Rz. 6.

14 Fraglich ist auch, ob eine Folgepflicht in Hinblick auf für die Gesellschaft nachteilige Weisungen dann besteht, wenn die **finanzielle Situation der Hauptgesellschaft** derart beschaffen ist, dass eine Erfüllung ihrer Verpflichtungen aus §§ 322, 324 gefährdet erscheint. Gläubigerschutz- wie auch Bestandschutzaspekte sprechen dafür, den Vorstand für berechtigt, aber auch verpflichtet zu erachten, in diesen Fällen die nachteilige Weisung nicht zu befolgen[12]. Um dieser Pflicht genügen zu können, bestehen entsprechende **Informationsansprüche** gegenüber der Hauptgesellschaft.

c) Fehlen von Weisungen

15 Sofern und soweit keine Weisungen erteilt werden, besteht die Leitungsautonomie des Vorstands fort. Er hat die erforderlichen Entscheidungen unter Berücksichtigung des Interesses der eingegliederten Gesellschaft zu treffen[13]; eine Verpflichtung zur Berücksichtigung auch, oder gar: nur, der Konzernbelange besteht bei Fehlen einer entsprechenden „Generalanweisung" nicht[14].

d) Hinweispflichten

16 Ob dem Vorstand besondere Hinweispflichten gegenüber der Hauptgesellschaft obliegen, ist fraglich. Dies betrifft zum einen die von der h. M[15]. angenommene Pflicht, die Hauptgesellschaft auf die **Nachteiligkeit der Weisung** hinzuweisen, und zum anderen die Pflicht, die Hauptgesellschaft auf Sachverhalte hinzuweisen, die sie zur Erteilung einer Weisung veranlassen könnten[16]. Da die Hauptgesellschaft es in der Hand hat, durch Weisungen Informations- und Berichtspflichten zu etablieren, dürften derartige Pflichten nicht aus dem Eingliederungsverhältnis resultieren. Eine Pflicht, auf die Nachteiligkeit von Weisungen hinzuweisen, kann jedoch im Einzelfall aus dem Organverhältnis zur eingegliederten Gesellschaft resultieren.

III. Haftung in Zusammenhang mit Weisungen

1. Hauptgesellschaft

17 Bezüglich der **Haftung des Vorstands** der Hauptgesellschaft verweist § 323 Abs. 1 Satz 2 auf § 309. Auf die dortigen Erläuterungen kann verwiesen werden.

18 Die **Haftung der Hauptgesellschaft als solcher** für durch die Eingliederung schuldhaft verursachte Schäden wird – soweit dafür wegen § 322 noch ein praktischer Anwendungsbereich verbleibt – überwiegend bejaht[17]. Richtige Anspruchsgrundlage dürfte das durch die Eingliederung begründete besondere Treupflichtverhältnis zwischen eingegliederter Gesellschaft und Hauptgesellschaft sein[18], das über das allgemeine Treupflichtverhältnis von AG zu Aktionär hinausgeht und korrespondierend mit den größeren Einwirkungsmöglichkeiten auch eine größere Verantwortlichkeit begrün-

---

12 Für die Parallelsituation beim Beherrschungsvertrag: wie hier: *Hirte* in Großkomm. AktG, § 308 Rz. 58; *Altmeppen* in MünchKomm. AktG, § 308 Rz. 122 je m.w.N.
13 *Habersack* in Emmerich/Habersack, Aktien- und GmbH-Konzernrecht, § 323 Rz. 7; *Krieger* in MünchHdb. AG, § 73 Rz. 59.
14 So aber: *Koppensteiner* in KölnKomm. AktG, § 323 Rz. 8.
15 *Habersack* in Emmerich/Habersack, Aktien- und GmbH-Konzernrecht, § 323 Rz. 6; *Krieger* in MünchHdb. AG, § 73 Rz. 59: *Koppensteiner* in KölnKomm. AktG, § 323 Rz. 7.
16 So aber: *Grunewald* in MünchKomm. AktG, § 323 Rz. 10. Ablehnend wie hier: *Habersack* in Emmerich/Habersack, Aktien- und GmbH-Konzernrecht, § 323 Rz. 7.
17 A.A. *Koppensteiner* in KölnKomm. AktG, § 323 Rz. 17.
18 *Habersack* in Emmerich/Habersack, Aktien- und GmbH-Konzernrecht, § 323 Rz. 9; dem zuneigend wohl auch *Hüffer*, § 323 Rz. 5; *Grunewald* in MünchKomm. AktG, § 323 Rz. 16.

det. Daneben ist als Anspruchsgrundlage auch § 309 AktG i.V.m. § 31 BGB denkbar[19].

2. Eingegliederte Gesellschaft

In Hinblick auf die Haftung von Vorstand und Aufsichtsrat der eingegliederten Gesellschaft verweist § 323 Abs. 1 Satz 2 auf § 310. Auf die dortigen Erläuterungen wird verwiesen.   19

IV. Aufhebung der Kapitalbindung

Das umfassende Weisungsrecht der Hauptgesellschaft bedarf zu seiner effektiven Umsetzung einer Lockerung der aktienrechtlichen Kapitalbindung. Daher ordnet § 323 Abs. 2 an, dass die §§ 57, 58 und 60 im Verhältnis zur Hauptgesellschaft nicht gelten. Auf die Erläuterung des nahezu wortgleichen § 291 Abs. 3 AktG wird verwiesen. Anders als § 291 Abs. 3 AktG privilegiert § 323 Abs. 2 aber nur Leistungen an die Hauptgesellschaft, nicht auch solche an Konzernunternehmen. Des Weiteren ist nicht erforderlich, dass die Leistung aufgrund der Eingliederung erfolgt; eine nicht eingliederungsbedingte Einlagenrückgewähr ist also in gleicher Weise privilegiert.   20

V. Unanwendbarkeit der §§ 311 ff

Rein deklaratorischer Natur[20] ist § 323 Abs. 1 Satz 3, der die Vorschriften über den faktischen Konzern (§§ 311 bis 318) für unanwendbar erklärt.   21

§ 324
Gesetzliche Rücklage. Gewinnabführung. Verlustübernahme

(1) Die gesetzlichen Vorschriften über die Bildung einer gesetzlichen Rücklage, über ihre Verwendung und über die Einstellung von Beträgen in die gesetzliche Rücklage sind auf eingegliederte Gesellschaften nicht anzuwenden.

(2) Auf einen Gewinnabführungsvertrag, eine Gewinngemeinschaft oder einen Teilgewinnabführungsvertrag zwischen der eingegliederten Gesellschaft und der Hauptgesellschaft sind die §§ 293, 294, 295 und 296, 298, 299, 300, 301, 302 und 303 nicht anzuwenden. Der Vertrag, seine Änderung und seine Aufhebung bedürfen der schriftlichen Form. Als Gewinn kann höchstens der ohne die Gewinnabführung entstehende Bilanzgewinn abgeführt werden. Der Vertrag endet spätestens zum Ende des Geschäftsjahrs, in dem die Eingliederung endet.

(3) Die Hauptgesellschaft ist verpflichtet, jeden bei der eingegliederten Gesellschaft sonst entstehenden Bilanzverlust auszugleichen, soweit dieser den Betrag der Kapitalrücklagen und der Gewinnrücklagen übersteigt.

---

19 *Hüffer*, § 323 Rz. 5; a.A. *Habersack* in Emmerich/Habersack, Aktien- und GmbH-Konzernrecht, § 323 Rz. 9.
20 Rechtsausschuss BT, bei *Kropff*, Aktiengesetz, S. 427.

I. Überblick 1

II. Suspendierung der gesetzlichen Rück-
    lage 2

III. Gewinnabführung 7
    1. Abschluss des Gewinnabführungs-
       vertrages 8

2. Höhe des abzuführenden Gewinns . . 9

3. Beendigung des Gewinnabführungsvertrages 12

IV. Verlustausgleichspflicht 16

Literatur: Vgl. die Angaben bei § 319.

I. Überblick

1   § 324 Abs. 1 erklärt die Vorschriften über die gesetzliche Rücklage für unanwendbar, Abs. 2 modifiziert die Regeln für Abschluss und Durchführung von Gewinnabführungsverträgen und Abs. 3 ordnet die Verlustausgleichspflicht der Hauptgesellschaft an. Abs. 1 und 2 ergänzen damit § 323, während Abs. 3 den von § 322 bewirkten Gläubigerschutz komplettiert und mit dem Schutz des Grundkapitals die Existenz der Gesellschaft zu sichern versucht[1].

II. Suspendierung der gesetzlichen Rücklage

2   § 324 Abs. 1 1. Alt. setzt die von § 150 Abs. 1 begründete Pflicht zur **Bildung** einer gesetzlichen Rücklage außer Kraft[2].

3   Die Pflicht zur **Dotierung** der gesetzlichen Rücklage wird von § 324 Abs. 1 3. Alt. ausgesetzt. Das betrifft zum einen die Anordnung des § 150 Abs. 2, als auch die sie bei Bestehen eines Unternehmensvertrages ersetzende Norm des § 300[3].

4   Die Aufhebung der **Verwendungsbindung** der gesetzlichen Rücklage (§ 150 Abs. 3 und 4) durch § 324 Abs. 1 2. Alt. betrifft sowohl die (freiwillig) während der Eingliederung gebildete gesetzliche Rücklage als auch die bereits zu ihrem Beginn vorhandene. Die gesetzliche Rücklage kann also stets aufgelöst und frei verwandt werden[4].

5   Soweit Bildung, Dotierung und Verwendung der gesetzlichen Rücklage in der Satzung (oder auch in einem Unternehmensvertrag) geregelt sind, werden diese **Satzungsbestimmungen** von § 324 nicht tangiert und bleiben bis zu ihrer förmlichen Aufhebung (Satzungs- bzw. Vertragsänderung) in Kraft[5].

6   Unberührt bleiben von § 324 Abs. 1 auch die Vorschriften über Bildung, Dotierung und Auflösung von **Kapital- und Gewinnrücklagen**[6]. Zugriff auf die dort gebundenen Beträge kann die Hauptgesellschaft nur nach allgemeinen Regeln nehmen oder indem sie die eingegliederte Gesellschaft zu Verlusten zu ihren Gunsten veranlasst, da die von § 324 Abs. 3 angeordnete Verlustausgleichspflicht nur in Höhe des um diese Rücklagen geminderten Bilanzverlusts besteht.

---

1 Zu Recht kritisch zum Grundkapital- als Existenzschutz: *Grunewald* in MünchKomm. AktG, § 324 Rz. 12. Zu Unrecht kritisch gegenüber diesem verbleibenden Minimalschutz: *Koppensteiner* in KölnKomm. AktG, § 324 Rz. 3; dagegen: *Hüffer*, § 324 Rz. 1.
2 *Hüffer*, § 324 Rz. 2.
3 *Hüffer*, § 324 Rz. 2.
4 *Krieger* in MünchHdb. AG, § 71 Rz. 64.
5 *Koppensteiner* in KölnKomm. AktG, § 324 Rz. 5; *Krieger* in MünchHdb. AG, § 71 Rz. 64.
6 *Habersack* in Emmerich/Habersack, Aktien- und GmbH-Konzernrecht, § 324 Rz. 4; *Grunewald* in MünchKomm. AktG, § 324 Rz. 3; *Krieger* in MünchHdb. AG, § 71 Rz. 64.

III. Gewinnabführung

Zur Abführung ihres Gewinns kann die eingegliederte Gesellschaft auch **mittels einfacher Weisung** der Hauptgesellschaft verpflichtet werden[7]. Soll die Gewinnabführungspflicht (etwa zur Begründung einer steuerlichen Organschaft) gleichwohl auf eine vertragliche Grundlage gestellt werden, modifiziert § 324 Abs. 2 die §§ 293 ff. und erklärt zunächst die §§ 293 bis 303 mit Ausnahme von § 297 für unanwendbar. Da der Abschluss eines Gewinnabführungsvertrages für eine eingegliederte Gesellschaft keinen strukturändernden Charakter hat, ist der diesen Normen zugrunde liegende Regelungszweck nicht einschlägig[8]. 7

1. Abschluss des Gewinnabführungsvertrages

Zu seiner Wirksamkeit bedarf der Gewinnabführungsvertrag lediglich der **Schriftform**, § 324 Abs. 2 Satz 2; Zustimmung der Hauptversammlungen (§ 293) ist ebenso entbehrlich wie Eintragung in das Handelsregister (§ 294). 8

2. Höhe des abzuführenden Gewinns

Der unter dem Gewinnabführungsvertrag abzuführende Gewinn wird auf den **Bilanzgewinn**, der ohne die Gewinnabführung bestünde, begrenzt, § 324 Abs. 2 Satz 3. D.h. der nach G&V gem. § 275 HGB ausgewiesene Jahresüberschuss ist um die Positionen gem. § 158 bis zum Bilanzgewinn fortzuschreiben. 9

Eigenständige Bedeutung kommt dieser Vorschrift gegenüber dem von § 324 Abs. 2 Satz 1 für nicht anwendbar erklärten § 301 nur insoweit zu, als wohl auch vor Inkrafttreten des Gewinnabführungsvertrages gebildete Gewinnrücklagen aufgelöst werden können, da eine § 301 Satz 2 entsprechende Regelung, der man die Unzulässigkeit der Auflösung vorvertraglich gebildeter Gewinnrücklagen entnimmt, fehlt. Wie Gewinn- bzw. Kapitalrücklagen aufzulösen sind, bestimmt sich nach allgemeinen Regeln, da § 150 Abs. 3 und 4 für die Kapitalrücklage unverändert gelten[9]. Die von § 301 Satz 1 angeordnete Dotierung der gesetzlichen Rücklage gem. §§ 150 Abs. 2 bzw. 300 ist ohnehin (vgl. § 324 Abs. 1 sowie Abs. 2 Satz 1) nicht anwendbar. 10

Eine Verminderung des Jahresüberschusses um einen etwaigen **Verlustvortrag** ist entgegen der h. M[10]. erforderlich, da § 158 Abs. 1 Nr. 1 nicht außer Kraft gesetzt wird; dies hat aber wegen der von § 324 Abs. 3 angeordneten Verlustausgleichspflicht während bestehender Eingliederung nur eingeschränkte Bedeutung. 11

3. Beendigung des Gewinnabführungsvertrages

Das **Kündigungsrecht gem. § 297** besteht auch bei Eingliederung, d.h. die eingegliederte Gesellschaft kann den Gewinnabführungsvertrag kündigen, wenn die Hauptgesellschaft voraussichtlich nicht zur Erfüllung ihrer aufgrund des Vertrages bestehenden Verpflichtungen in der Lage sein wird. Da die Verlustausgleichspflicht des § 324 Abs. 3 unabhängig vom Bestehen des Gewinnabführungsvertrages besteht, ist fraglich, ob sie – wie die (von § 324 Abs. 2 Satz 1 für unanwendbar erklärte) Verlustausgleichspflicht des § 302 Abs. 1 – eine aufgrund des Vertrages bestehende Ver- 12

---

7 *Hüffer*, § 324 Rz. 4.
8 *Habersack* in Emmerich/Habersack, Aktien- und GmbH-Konzernrecht, § 324 Rz. 5.
9 A.A. wohl: *Grunewald* in MünchKomm. AktG, § 324 Rz. 7; *Koppensteiner* in KölnKomm. AktG, § 324 Rz. 10.
10 So z.B. *Habersack* in Emmerich/Habersack, Aktien- und GmbH-Konzernrecht, § 324 Rz. 7; *Hüffer*, § 324 Rz. 5.

pflichtung ist. Angesichts dessen, dass die eingegliederte Gesellschaft nach der hier (§ 323 Rz. 14) vertretenen Auffassung berechtigt ist, die Befolgung von Weisungen (z.B. auch Weisung zur Gewinnabführung) zu verweigern, wenn die Solvenz der Hauptgesellschaft gefährdet erscheint, spricht viel dafür, ihr das bei bestehendem Gewinnabführungsvertrag funktional vergleichbare Kündigungsrecht gem. § 297 in diesen Fällen zuzubilligen[11]. Ein wichtiger Grund zur Kündigung dürfte auch vorliegen, wenn die Hauptgesellschaft ihrer aus der Organschaft resultierenden Steuerzahlungspflicht voraussichtlich nicht nachkommen wird. Die Ausübung des Rechts zur Kündigung des Gewinnabführungsvertrages aus wichtigem Grund kann nicht im Wege der Weisung untersagt werden. Entgegen der h. M.[12] kann § 297 also gleichwohl Bedeutung zukommen.

13 **Beendigung ex lege.** § 324 Abs. 2 Satz 4 ordnet an, dass der Gewinnabführungsvertrag zum Ende des Geschäftsjahres, in dem die Eingliederung endet, ex lege endet. Nach solcher Beendigung muss er – wenn weiterhin Gewinnabführung gewünscht wird – unter Beachtung der §§ 293 ff. neu abgeschlossen werden. Eine automatische Fortsetzung bzw. Verlängerung aufgrund entsprechender Vertragsbestimmungen ist in Hinblick auf den fehlenden Schutz der Aktionäre der Hauptgesellschaft bei seinem Abschluss und die fehlende Publizität, falls er während der Eingliederung abgeschlossen wurde, unzulässig[13].

14 **§ 307** hat demgegenüber keine eigenständige Bedeutung, da mit Zutritt neuer Aktionäre die Eingliederung gem. § 327 Abs. 1 Nr. 3 endet und sodann der das gleiche Ergebnis wie § 307 zeitigende § 324 Abs. 2 Satz 4 greift[14].

15 Abgesehen vom oben (Rz. 12) angesprochen Fall der Kündigung gem. § 297 kann die Hauptgesellschaft der eingliederten Gesellschaft **Weisungen bzgl. der Beendigung** des Vertrages erteilen, z.B. zum Abschluss eines Aufhebungsvertrages anweisen, da die Anwendbarkeit des § 299 gem. § 324 Abs. 2 Satz 1 ausgeschlossen ist. Es gelten die allgemeinen Regeln zu den Grenzen des Weisungsrechts, § 323 Rz. 6, 13 f., was insbesondere in Zusammenhang mit einer Vertragsbeendigung zur Vermeidung von Verlustausgleichsansprüchen zu beachten ist.

IV. Verlustausgleichspflicht

16 Die von § 324 Abs. 3 angeordnete Verlustausgleichspflicht ist **der Höhe nach beschränkt.** Auszugleichen ist nicht der Bilanzverlust in voller Höhe, sondern nur insoweit, als er den Betrag von Kapital- und Gewinnrücklagen übersteigt. Anders gewendet: Eine Verlustausgleichspflicht besteht nur insoweit, als das Grundkapital durch Bilanzverluste angegriffen würde[15]. Einer förmlichen Auflösung dieser Rücklagen bedarf es nicht[16].

---

11 A.A. wohl: *Grunewald* in MünchKomm. AktG, § 324 Rz. 5.
12 *Hüffer*, § 324 Rz. 6; *Habersack* in Emmerich/Habersack, Aktien- und GmbH-Konzernrecht, § 324 Rz. 5; *Grunewald* in MünchKomm. AktG, § 324 Rz. 5; *Koppensteiner* in KölnKomm. AktG, § 324 Rz. 11.
13 Ähnlich: *Habersack* in Emmerich/Habersack, Aktien- und GmbH-Konzernrecht, § 324 Rz. 6. A.A. nur auf den Schutz der eingegliederten Gesellschaft abstellend: *Grunewald* in MünchKomm. AktG, § 324 Rz. 6.
14 A.A.: *Habersack* in Emmerich/Habersack, Aktien- und GmbH-Konzernrecht, § 324 Rz. 5; *Grunewald* in MünchKomm. AktG, § 324 Rz. 4; *Koppensteiner* in KölnKomm. AktG, § 324 Rz. 7: § 307 ist nicht anwendbar.
15 *Habersack* in Emmerich/Habersack, Aktien- und GmbH-Konzernrecht, § 324 Rz. 9.
16 A.A. wohl *Hüffer*, § 324 Rz. 7.

Der Verlustausgleichsanspruch **entsteht am Bilanzstichtag** und wird mit Feststellung 17
des Jahresabschlusses fällig[17]. Ein Entstehen des Verlustausgleichsanspruchs kann
nach h.M. durch vereinfachte Kapitalherabsetzung gem. § 229 – wenn deren Voraussetzungen im Übrigen vorliegen – vermieden werden[18].

Eine dem Schutz der eingegliederten Gesellschaft dienende § 302 Abs. 3 vergleichba- 18
re Regelung (kein **Verzicht auf Verlustausgleich** vor Ablauf von 3 Jahren nach Beendigung der Eingliederung) fehlt.

§ 325
(weggefallen)

§ 326
Auskunftsrecht der Aktionäre der Hauptgesellschaft

**Jedem Aktionär der Hauptgesellschaft ist über Angelegenheiten der eingegliederten
Gesellschaft ebenso Auskunft zu erteilen wie über Angelegenheiten der Hauptgesellschaft.**

I. Überblick . . . . 1 | II. Auskunftsrecht der Aktionäre 3

Literatur: Vgl. die Angaben bei § 319.

I. Überblick

§ 326 gibt den Aktionären der Hauptgesellschaft ein Auskunftsrecht in Bezug auf die 1
eingegliederte Gesellschaft. Ob es dieser Vorschrift überhaupt bedarf, ist fraglich, da
sich das Auskunftsrecht der Aktionäre der Hauptgesellschaft bezüglich der Angelegenheiten der eingegliederten Gesellschaft nach zutreffender Auffassung bereits aus
§ 131 Abs. 1 Satz 1 und 2 ergibt. Aufgrund des umfassenden Weisungsrechts und der
damit korrespondierenden Haftung werden die Angelegenheiten der eingegliederten
Gesellschaft automatisch zu Angelegenheiten der Hauptgesellschaft[1]. § 326 ist daher
keine Erweiterung von § 131.

Berichtspflichten des Vorstands gegenüber dem Aufsichtsrat und dessen Informa- 2
tionsrechte bestehen nach allgemeinen Regeln.

---

17 *Grunewald* in MünchKomm. AktG, § 324 Rz. 10.
18 *Habersack* in Emmerich/Habersack, Aktien- und GmbH-Konzernrecht, § 324 Rz. 9; *Krieger*
in MünchHdb. AG, § 71 Rz. 66.

1 A.A. die h.M. *Hüffer*, § 326 Rz. 1; *Koppensteiner* in KölnKomm. AktG, § 326 Rz. 1; *Habersack*
in Emmerich/Habersack, Aktien- und GmbH-Konzernrecht, § 326 Rz. 1.

II. Auskunftsrecht der Aktionäre

3   Unabhängig davon, ob man § 326 als konstitutive Erweiterung oder deklaratorische Ergänzung[2] von § 131 betrachtet, bezieht sich das hier geregelte Auskunftsrecht stets auf das Auskunftsrecht in der Hauptversammlung und unterliegt dessen **immanenten und expliziten Schranken**, insbesondere ist § 131 Abs. 3 anwendbar[3].

4   **Zur Auskunft verpflichtet** ist der Vorstand der Hauptgesellschaft, nicht derjenige der eingegliederten Gesellschaft. Der Vorstand der Hauptgesellschaft kann sich des Vorstands der eingegliederten Gesellschaft als Sprechgehilfe bedienen[4], der Zustimmung der Hauptversammlung bedarf es dazu nicht[5].

5   **Auskunftsberechtigt** ist jeder Aktionär der Hauptgesellschaft. Bei mehrstufiger Eingliederung bezieht sich das Auskunftsrecht auch auf die eingegliederte Enkelgesellschaft.

§ 327
Ende der Eingliederung

(1)Die Eingliederung endet

　　1. durch Beschluss der Hauptversammlung der eingegliederten Gesellschaft,

　　2. wenn die Hauptgesellschaft nicht mehr eine Aktiengesellschaft mit Sitz im Inland ist,

　　3. wenn sich nicht mehr alle Aktien der eingegliederten Gesellschaft in der Hand der Hauptgesellschaft befinden,

　　4. durch Auflösung der Hauptgesellschaft.

(2) Befinden sich nicht mehr alle Aktien der eingegliederten Gesellschaft in der Hand der Hauptgesellschaft, so hat die Hauptgesellschaft dies der eingegliederten Gesellschaft unverzüglich schriftlich mitzuteilen.

(3) Der Vorstand der bisher eingegliederten Gesellschaft hat das Ende der Eingliederung, seinen Grund und seinen Zeitpunkt unverzüglich zur Eintragung in das Handelsregister des Sitzes der Gesellschaft anzumelden.

(4) Endet die Eingliederung, so haftet die frühere Hauptgesellschaft für die bis dahin begründeten Verbindlichkeiten der bisher eingegliederten Gesellschaft, wenn sie vor Ablauf von fünf Jahren nach dem Ende der Eingliederung fällig und daraus Ansprüche gegen die frühere Hauptgesellschaft in einer in § 197 Abs. 1 Nr. 3 bis 5 des Bürgerlichen Gesetzbuchs bezeichneten Art festgestellt sind oder eine gerichtliche oder behördliche Vollstreckungshandlung vorgenommen oder beantragt wird; bei öffentlichrechtlichen Verbindlichkeiten genügt der Erlass eines Verwaltungsakts. Die Frist beginnt mit dem Tag, an dem die Eintragung des Endes der Eingliederung in das Handelsregister nach § 10 des Handelsgesetzbuchs bekannt gemacht worden ist. Die für die Verjährung geltenden §§ 204, 206, 210, 211 und 212 Abs. 2 und 3 des Bürgerlichen Gesetzbuchs sind entsprechend anzuwenden. Einer Feststellung in einer in

---

2 So wohl zu Recht: *Grunewald* in MünchKomm. AktG, § 326 Rz. 4, „Spezialfall".
3 *Grunewald* in MünchKomm. AktG, § 326 Rz. 4.
4 *Habersack* in Emmerich/Habersack, Aktien- und GmbH-Konzernrecht, § 326 Rz. 2; *Grunewald* in MünchKomm. AktG, § 326 Rz. 5.
5 A.A. *Koppensteiner* in KölnKomm. AktG, § 326 Rz. 2.

§ 197 Abs. 1 Nr. 3 bis 5 des Bürgerlichen Gesetzbuchs bezeichneten Art bedarf es nicht, soweit die frühere Hauptgesellschaft den Anspruch schriftlich anerkannt hat.

I. Überblick 1

II. Beendigungsgründe (§ 327 Abs. 1) . . . 3

1. Überblick 3

2. Beendigungsgründe auf der Ebene der Hauptgesellschaft 5

a) Beschluss der Hauptversammlung 5

b) Keine Aktiengesellschaft mit In-landssitz 6

c) Verlust der Alleinaktionärseigen-schaft 8

d) Auflösung 9

e) Nichtigkeit von Eingliederungs-oder Zustimmungsbeschluss 10

3. Beendigungsgründe auf der Ebene der eingegliederten Gesellschaft 11

III. Mitteilungspflichten (§ 327 Abs. 2) . . 13

IV. Anmeldung zum Handelsregister (§ 327 Abs. 3) 15

V. Nachhaftung und Verjährung (§ 327 Abs. 4) 18

VI. Sicherheiten gem. § 321 20

Literatur: Vgl. die Angaben bei § 319.

I. Überblick

§ 327 behandelt das Ende der Eingliederung. Abs. 1 benennt gesetzliche Beendigungs- 1 gründe. Abs. 3 verpflichtet den Vorstand der bisher eingegliederten Gesellschaft, die Beendigung der Eingliederung zum Handelsregister anzumelden, während Abs. 2 eine besondere Informationspflicht der Hauptgesellschaft in Hinblick auf den Beendi-gungsgrund des Verlusts der 100%-Beteiligung begründet. § 327 Abs. 4 ordnet – an-knüpfend an § 322 – die Nachhaftung der Hauptgesellschaft an und regelt deren De-tails.

Zur Sicherung der Existenzfähigkeit der ehemals eingegliederten Gesellschaft trifft 2 das Gesetz keine Vorkehrungen[1]. Ob eine Pflicht der Hauptgesellschaft zur Gestel-lung von **Wiederaufbauhilfen** bzw. zur Liquidation der eingegliederten Gesellschaft besteht, wenn deren Existenz im Zeitpunkt der Beendigung der Eingliederung gefähr-det ist, ist zu erwägen[2].

II. Beendigungsgründe (§ 327 Abs. 1)

1. Überblick

§ 327 Abs. 1 Nr. 1 bis 4 zählt die Sachverhalte auf, die zur Beendigung der Eingliede- 3 rung führen. Die Aufzählung ist nach h.M. abschließend (zu Erweiterungen unten Rz. 11 f.) und zwingend[3]. Weitere Beendigungsgründe können weder durch Satzungs-regelung oder durch Vertrag kreiert werden[4], noch kann einem der genannten Sach-verhalte die Beendigungswirkung aberkannt werden[5]. Dies beruht u.a. darauf, dass die Eingliederung ein gesetzlich definiertes Rechtsverhältnis begründet, das – anders als ein Unternehmensvertrag – privatautonomer Gestaltung nicht zugänglich ist. Zur Situation beim Unternehmensvertrag vgl. § 297.

---

1 *Habersack* in Emmerich/Habersack, Aktien- und GmbH-Konzernrecht, § 327 Rz. 2.
2 Ablehnend: Z.B. *Krieger* in MünchHdb. AG, § 71 Rz. 75; *Singhof* in FS Hadding, 2004, S. 655, 657.
3 *Koppensteiner* in KölnKomm. AktG, § 326 Rz. 5 f.
4 *Hüffer*, § 326 Rz. 2; *Grunewald* in MünchKomm. AktG, § 326 Rz. 12.
5 *Grunewald* in MünchKomm. AktG, § 326 Rz. 13.

4   Die Eingliederung **endet in dem Moment, in dem der Beendigungsgrund eintritt;** die
    Eintragung im Handelsregister (dazu Rz. 16) hat nur deklaratorische Bedeutung[6]. Da-
    her wird regelmäßig zur Ermittlung der Höhe des Verlustausgleichsanspruchs die
    Aufstellung einer Zwischenbilanz auf den Beendigungszeitpunkt erforderlich sein;
    die Situation gleicht der der Beendigung des Unternehmensvertrags aus wichtigem
    Grund[7], so dass auf die Erläuterungen zu § 297 verwiesen werden kann.

2. Beendigungsgründe auf der Ebene der Hauptgesellschaft

a) Beschluss der Hauptversammlung

5   Nach § 327 Abs. 1 Nr. 1 endet die Eingliederung durch Beschluss der Hauptversamm-
    lung der eingegliederten Gesellschaft. Enthält der Beschluss keinen kalendermäßig
    festgelegten Beendigungstermin[8], endet die Eingliederung mit Feststellung[9] des Be-
    schlusses (§ 130 Abs. 2). Ein Beschluss der Hauptversammlung der Hauptgesellschaft
    ist – wie bei der Beendigung eines Unternehmensvertrages – nicht erforderlich[10].

b) Keine Aktiengesellschaft mit Inlandssitz

6   Nach § 327 Abs. 1 Nr. 2 endet die Eingliederung, wenn die Hauptgesellschaft nicht
    mehr Aktiengesellschaft mit Sitz im Inland ist. Gemeint ist der Satzungssitz, eine
    Verlegung des Verwaltungssitzes in das Ausland ist insoweit unschädlich[11]. Von der
    Norm erfasst sind vor allem alle Fälle des Formwechsels der Hauptgesellschaft in ei-
    ne andere Rechtsform (GmbH, KGaA, KG, OHG etc.)[12]. **Formwechsel in die Rechts-
    form der SE** beendet die Eingliederung nicht, wenn die SE ihren Satzungssitz im In-
    land hat, da die SE nach Art. 10 der SE-Verordnung der deutschen Aktiengesellschaft
    gleichgestellt ist.

7   Es ist fraglich, ob diese Vorschrift (ebenso wie § 319) mit der **Niederlassungsfreiheit
    vereinbar** ist, jedenfalls wird man spätestens nach Inkrafttreten der 14. Richtlinie,
    sog. Sitzverlegungsrichtlinie, über ihre Zulässigkeit zu befinden haben. Im Übrigen
    stellt sich das Problem – abgesehen vom Formwechsel in die SE mit Sitz im Ausland
    oder der Sitzverlegung der deutschen SE in das Ausland[13] – solange nicht, als ein
    identitätswahrender Formwechsel in der Aktiengesellschaft vergleichbare ausländi-
    sche Rechtsformen gesellschaftsrechtlich nicht möglich ist.

c) Verlust der Alleinaktionärseigenschaft

8   Nach § 327 Abs. 1 Nr. 3 endet die Eingliederung außerdem, wenn sich nicht mehr
    sämtliche Aktien in der Hand der Hauptgesellschaft befinden. Auf den Grund, aus
    dem mindestens eine Aktie der eingegliederten Gesellschaft in das Eigentum eines
    Dritten gelangt, kommt es nicht an[14]. Es ist also unerheblich, ob der Dritte durch
    Veräußerung, Zeichnung neuer Aktien, Ausübung von Bezugs- oder Wandlungsrech-
    ten (dazu oben § 320a Rz. 6 f.) oder Einräumung bzw. Verwertung von Sicherungs-

---

6   *Koppensteiner* in KölnKomm. AktG, § 326 Rz. 3.
7   *Koppensteiner* in KölnKomm. AktG, § 326 Rz. 2.
8   *Grunewald* in MünchKomm. AktG, § 326 Rz. 3; *Habersack* in Emmerich/Habersack, Aktien-
    und GmbH-Konzernrecht, § 327 Rz. 4.
9   Unpräzise („Beschlussfassung"): *Grunewald* in MünchKomm. AktG, § 326 Rz. 3; *Habersack*
    in Emmerich/Habersack, Aktien- und GmbH-Konzernrecht, § 327 Rz. 4.
10 *Koppensteiner* in KölnKomm. AktG, § 326 Rz. 7.
11 I.E. auch *Hüffer*, § 326 Rz. 3.
12 *Hüffer*, § 326 Rz. 4.
13 Zur Eingliederungsfähigkeit deutscher SE oben § 319 Rz. 7.
14 *Grunewald* in MünchKomm. AktG, § 326 Rz. 6.

rechten o. ä. Aktionär wird. Dieser Beendigungsgrund entspricht § 307, so dass auf die Erläuterungen dort verwiesen werden kann.

d) Auflösung

Schließlich endet die Eingliederung mit Auflösung (nicht erst mit Beendigung[15]) der   9
Hauptgesellschaft, § 327 Abs. 1 Nr. 4. Hiermit sind nicht nur die Fälle der Auflösung gem. §§ 262, 396 gemeint, sondern auch die Auflösung durch Verschmelzung oder Aufspaltung nach dem UmwG[16]. Dass das UmwG in §§ 20 Abs. 1 Nr. 1 bzw. 131 Abs. 1 Nr. 1 UmwG Gesamtrechtsnachfolge anordnet, steht dem nicht entgegen[17], entscheidend ist, dass §§ 2 bzw. 123 Abs. 1 UmwG bei Verschmelzung wie Aufspaltung die Auflösung des übertragenden Rechtsträgers anordnen. Abspaltung oder Ausgliederung lassen die Eingliederung unberührt, § 133 Abs. 1 Nr. 1 Satz 2 UmwG[18].

e) Nichtigkeit von Eingliederungs- oder Zustimmungsbeschluss

Wurde die Eingliederung nach stattgebender Entscheidung im Freigabeverfahren ein-   10
getragen und wird gleichwohl der Eingliederungsbeschluss oder der Zustimmungsbeschluss im Anfechtungsprozess für nichtig erklärt, liegt kein Fall der Beendigung der Eingliederung vor, vielmehr war die Eingliederung dann von Anfang an unwirksam und ist nach den Regeln der fehlerhaften Gesellschaft zu behandeln[19].

3. Beendigungsgründe auf der Ebene der eingegliederten Gesellschaft

Vom Gesetz nicht genannt, weil selbstverständlich, endet die Eingliederung mit **Voll-**   11
beendigung der eingegliederten Gesellschaft, sei es nach Auflösung gem. §§ 262, 396, sei es infolge eines Vorgangs nach dem UmwG[20]. Beendet wird die Eingliederung außerdem durch **Formwechsel** der eingegliederten Gesellschaft[21], nicht aber dadurch, dass eine andere Gesellschaft auf sie verschmolzen wird[22]; eine Beendigung der Eingliederung kann sich im Verschmelzungsfall aber aus § 327 Abs. 1 Nr. 3 ergeben.

Demgegenüber endet die Eingliederung nicht, wenn nur ein Auflösungstatbestand   12
im Sinne von § 262 eingetreten ist[23]. Anderes gilt für den Auflösungsgrund der **Eröffnung des Insolvenzverfahrens**, § 262 Abs. 1 Nr. 3, da dem die Unternehmensleitungsfunktionen wahrnehmenden Insolvenzverwalter keine Weisungen erteilt werden können[24].

---

15 *Koppensteiner* in KölnKomm. AktG, § 326 Rz. 14.
16 A.A. *Koppensteiner* in KölnKomm. AktG, § 326 Rz. 15; *Grunewald* in MünchKomm. AktG, § 326 Rz. 9; *Habersack* in Emmerich/Habersack, Aktien- und GmbH-Konzernrecht, § 327 Rz. 8 f.; *Krieger* in MünchHdb. AG, § 71 Rz. 73.
17 Zweifelnd: *Hüffer*, § 327 Rz. 4; A.A. *Koppensteiner* in KölnKomm. AktG, § 326 Rz. 15; *Grunewald* in MünchKomm. AktG, § 326 Rz. 9.
18 A.A. *Habersack* in Emmerich/Habersack, Aktien- und GmbH-Konzernrecht, § 327 Rz. 9; *Koppensteiner* in KölnKomm. AktG, § 326 Rz. 15, *Grunewald* in MünchKomm. AktG, § 326 Rz. 9, *Krieger* in MünchHdb. AG, § 71 Rz. 73, die die Übertragung der Funktion der Hauptgesellschaft auf übernehmenden Rechtsträger der AG, für zulässig erachten.
19 *Koppensteiner* in KölnKomm. AktG, § 326 Rz. 21 ff.
20 *Koppensteiner* in KölnKomm. AktG, § 326 Rz. 16; *Grunewald* in MünchKomm. AktG, § 326 Rz. 10; teilw. abw. *Habersack* in Emmerich/Habersack, Aktien- und GmbH-Konzernrecht, § 327 Rz. 10.
21 *Koppensteiner* in KölnKomm. AktG, § 326 Rz. 11; *Habersack* in Emmerich/Habersack, Aktien- und GmbH-Konzernrecht, § 327 Rz. 10; *Hüffer*, § 327 Rz. 4.
22 A.A. *Krieger* in MünchHdb. AG, § 71 Rz. 74.
23 *Koppensteiner* in KölnKomm. AktG, § 326 Rz. 16; *Habersack* in Emmerich/Habersack, Aktien- und GmbH-Konzernrecht, § 327 Rz. 11.
24 *Grunewald* in MünchKomm. AktG, § 326 Rz. 11.

III. Mitteilungspflichten (§ 327 Abs. 2)

13   Nur für den Fall, dass die Eingliederung gem. § 327 Abs. 1 Nr. 3 endet, muss die Hauptgesellschaft der eingegliederten Gesellschaft unverzüglich in Schriftform mitteilen, dass sich nicht mehr alle Aktien der eingegliederten Gesellschaft in ihrer Hand befinden. Anzugeben ist auch der Zeitpunkt, in dem die erste Aktie von einem Dritten erworben wurde[25].

14   Zwar trifft die Überlegung des Gesetzgebers[26] zu, die eingegliederte Gesellschaft bzw. ihr Vorstand sei über den Beendigungsgrund § 327 Abs. 1 Nr. 1 (Beschluss der Hauptversammlung) ohnehin informiert und könne sich über die anderen Beendigungsgründe im Handelsregister informieren, gleichwohl spricht viel dafür, **stets eine Pflicht der Hauptgesellschaft zur Information der eingegliederten Gesellschaft** über den Eintritt eines Beendigungsgrundes anzunehmen[27]. Rechtsgrund ist das durch die Eingliederung begründete besondere Treupflichtverhältnis dazu § 323 Rz. 18.

IV. Anmeldung zum Handelsregister (§ 327 Abs. 3)

15   Die Beendigung der Eingliederung ist vom Vorstand der eingegliederten Gesellschaft unverzüglich zum Handelsregister anzumelden. In der Anmeldung sind anzugeben: (1) die Tatsache der Beendigung, (2) ihr Grund und (3) ihr Zeitpunkt.

16   Die **Eintragung im Handelsregister** ist zwar nur deklaratorisch, jedoch darf nicht übersehen werden, dass nur sie die Wirkungen des § 15 HGB bzgl. der eingetragenen Eingliederung beseitigt und dass die 5-Jahresfrist für die Nachhaftung gem. § 327 Abs. 4 an die Eintragung, und nicht an die tatsächliche Beendigung der Eingliederung anknüpft.

17   Zum Handelsregister der Hauptgesellschaft erfolgt keine Anmeldung; des Weiteren erfolgt dort keine Eintragung.

V. Nachhaftung und Verjährung (§ 327 Abs. 4)

18   § 327 Abs. 4 ordnet die Nachhaftung der Hauptgesellschaft für Verbindlichkeiten der eingegliederten Gesellschaft, die im Zeitpunkt der Beendigung der Eingliederung begründet waren, an. Voraussetzung ist, dass aus der betreffenden Verbindlichkeit (1) ein Anspruch von der Hauptgesellschaft schriftlich anerkannt wurde (§ 327 Abs. 4 Satz 4) oder (2) ein Anspruch gegen die Hauptgesellschaft in einer in § 197 Abs. 1 Nr. 1 bis 3 BGB bezeichneten Art (rechtskräftige Entscheidung, vollstreckbarer Vergleich oder vollstreckbare Urkunde bzw. vollstreckbar durch Feststellung im Insolvenzverfahren) festgestellt wurde (§ 327 Abs. 4 Satz 1 Halbsatz 2 1. Alt.) oder (3) eine gerichtliche oder behördliche Vollstreckungshandlung vorgenommen oder beantragt wird (§ 327 Abs. 4 Satz 1 Halbsatz 2 2. Alt.) oder (4) ein Verwaltungsakt erlassen wurde (§ 327 Abs. 4 Satz 1 Halbsatz 3). Die Vorschrift **entspricht § 133 Abs. 3 bis 5 UmwG** bzw. weitgehend § 160 Abs. 1 und 2 HGB (abweichender Beginn der 5-Jahresfrist).

---

25 *Koppensteiner* in KölnKomm. AktG, § 326 Rz. 13; *Grunewald* in MünchKomm. AktG, § 326 Rz. 7.
26 Begr. RegE bei *Kropff*, Aktiengesetz, S. 432.
27 *Grunewald* in MünchKomm. AktG, § 326 Rz. 5, 9; dem zuneigend: *Hüffer*, § 327 Rz. 5. A.A. *Habersack* in Emmerich/Habersack, Aktien- und GmbH-Konzernrecht, § 327 Rz. 12.

Der vor Beendigung der Eingliederung begründete Anspruch muss innerhalb der 5-   19
Jahresfrist fällig geworden sein.

VI. Sicherheiten gem. § 321

Gesetzlich nicht geregelt sind die Auswirkungen der Beendigung der Eingliederung   20
auf Sicherheiten, die bei Beginn der Eingliederung gem. § 321 Abs. 1 gewährt worden
und die nicht durch Erlöschen der gesicherten Forderung (oder Verwertung) in Wegfall gekommen sind. Auf sie findet die Fünfjahresfrist des § 327 entsprechende Anwendung[28]. Auch dann, wenn die gesicherte Forderung nach Ablauf der 5-Jahresfrist
noch nicht erfüllt wurde, ist die Sicherheit zu diesem Zeitpunkt zurückzugewähren.
Bei Dauerschuldverhältnissen wird die Sicherheit der Höhe nach auf die innerhalb
der 5-Jahresfrist fälligen Ansprüche begrenzt.

---

28 Vgl. dazu *Singhof* in FS Hadding, 2004, S. 655, 659 f.

Vierter Teil. Ausschluss von Minderheitsaktionären

Vorbemerkung zu §§ 327a–327f

I. Grundlagen	1	III. Verhältnis zwischen Hauptaktionär, Gesellschaft und Vorstand	18
1. Gegenstand	1	1. Konzernrechtliche Aspekte des Ausschlussverfahrens	18
2. Zweck	2		
3. Zeitplan	4	2. Rechtsstellung des Vorstandes der Gesellschaft	21
4. Verfassungsrechtliche Zulässigkeit	5		
II. Verhältnis zu anderen Gestaltungsmaßnahmen	6	IV. Kapitalmarktrechtliche Implikationen	24
1. Übernahmerechtliches Ausschlussverfahren (§§ 39a ff. WpÜG)	6	1. Insiderrecht	25
2. Übertragende Auflösung	10	2. Ad-hoc Meldepflicht und andere Mitteilungspflichten	26
3. Mehrheitseingliederung	13	3. Pflichtangebot nach § 35 WpÜG	27
4. Kaduzierung, Einziehung, Ausschluss aus wichtigem Grund	17	4. Börsennotierung	28

Literatur: *Austmann/Mennicke*, Übernahmerechtlicher Squeeze-out und Sell-out, NZG 2004, 846; *Phillip Baums*, Ausschluss von Minderheitsaktionären, 2001; *Bolte*, Squeeze out, Eröffnung neuer Umgehungstatbestände durch die §§ 327a ff. AktG?, DB 2001, 2587; *Börsensachverständigenkommission* beim Bundesministerium der Finanzen, Standpunktpapier zur künftigen Regelung von Unternehmensübernahmen vom Februar 1999; *Ehricke/Roth*, Squeeze-out im geplanten deutschen Übernahmerecht, DStR 2001, 1120; *Fleischer*, Das neue Recht zum Squeeze-out, ZGR 2002, 757; *Forum Europaeum Konzernrecht*, Konzernrecht für Europa, ZGR 1998, 672; *Ingo Fuchs*, Der aktienrechtliche Squeeze-out, 2007; *Sabine Funke*, Minderheitenschutz im Aktienrecht beim kalten Delisting, 2005; *Gampenrieder*, Squeeze-out: Rechtsvergleich, empirischer Befund und ökonomische Analyse, 2004; *Gesmann-Nuissl*, Die neuen Squeeze-out-Regeln im Aktiengesetz, WM 2002, 1205; *Grunewald*, Der Ausschluss aus Gesellschaft und Verein, 1987; *Grunewald*, Die neue Squeeze-out-Regelung, ZIP 2002, 18; *Grunewald*, Die Auswirkungen der Macrotron-Entscheidung auf das kalte Delisting, ZIP 2004, 542; *Habersack*, Der Finanzplatz Deutschland und die Rechte der Aktionäre, ZIP 2001, 1230; *Halm*, „Squeeze-Out" heute und morgen: Eine Bestandsaufnahme nach dem künftigen Übernahmerecht, NZG 2000; 1162; *Hamann*, Minderheitenschutz beim Squeeze-out-Beschluss, 2003; *Hanau*, Der Bestandsschutz der Mitgliedschaft anlässlich der Einführung des „Squeeze Out" im Aktienrecht, NZG 2002, 1040; *Handelsrechtsausschuss des Deutschen Anwaltvereins e.V.*, Stellungnahme zur Ergänzung des Aktiengesetz durch einen Titel „Aktienerwerb durch den Hauptaktionär", NZG 1999, 850; *Hasselbach*, Das Andienungsrecht von Minderheitsaktionären nach der EU-Übernahmerichtlinie, ZGR 2005, 387; *Henze*, Der Schlusspunkt des Bundesverfassungsgerichts unter den Streit um die „übertragende Auflösung", in FS Peltzer, 2001, S. 181; *Henze*, Erscheinungsformen des Squeeze-out von Minderheitsaktionären, in FS Wiedemann, 2002, S. 935; *Hopt*, Europäisches Konzernrecht, in FS Volhard, 1996, S. 74; *Kallmeyer*, Ausschluss von Minderheitsaktionären, AG 2000, 59; *Kiem*, Das neue Übernahmegesetz: Squeeze-out, in Henze/Hoffmann-Becking (Hrsg.), Gesellschaftsrecht 2001; *Kossmann*, Ausschluss („Freeze-out") von Aktionären gegen Barabfindung, NZG 1999, 1198; *Krieger*, Squeeze-Out nach neuem Recht: Überblick und Zweifelsfragen, BB 2002, 53; *Land/Hasselbach*, „Going Private" und „Squeeze-out" nach deutschem Aktien-Börsen-und Übernahmerecht, DB 2000, 557; *Lenz/Leinekugel*, Eigentumsschutz beim Squeeze out, 2004; *Lutter/Drygala*, Die übertragende Auflösung: Liquidation der Aktiengesellschaft oder Liquidation des Minderheitenschutzes?, in FS Kropff, 1997, S. 191; *A. Meyer*, Änderungen im WpÜG durch die Umsetzung der EU-Übernahmerichtlinie, WM 2006, 1135; *Moritz*, „Squeeze out": Der Ausschluss von Minderheitsaktionären nach §§ 327a ff. AktG, 2004; *Paefgen*, Zum Zwangsausschluss im neuen Übernahmerecht, WM 2007, 765; *Pötzsch/Möller*, Das künftige Übernahmerecht, WM Sonderbeilage 2/2000; *Püttmann*, Squeeze-Out, 2006; *Quandt*, Squeeze-out in

Deutschland, 2004; *Roth*, Die übertragende Auflösung nach Einführung des Squeeze-out, NZG 2003, 998; *Christian Schlitt*, Strafrechtliche Risiken bei Squeeze-out und Delisting, NZG 2006, 925; *Schmallowsky*, Squeeze out im normativen Umfeld. Ein Leitfaden zur Rechtsanwendung, 2004; *Schnorbus*, Gestaltungsfreiheit im Umwandlungsrecht, 2001; *Schnorbus*, Treuepflichten im Aktienrecht und Haftung des Stimmrechtsvertreters, JuS 1998, 877; *Schnorbus*, Die Teilnahme des Scheingesellschafters an Strukturmaßnahmen in der GmbH, ZGR 2004, 126; *Schwichtenberg*, Going Private und Squeezeouts in Deutschland, DStR 2001, 2075; *Schön*, Der Aktionär im Verfassungsrecht, in FS Ulmer, 2003, S. 1359; *Schüppen*, WpÜG-Reform: Alles Europa, oder was?, BB 2006, 165; *Seibt/Heiser*, Der neue Vorschlag einer EU-Übernahmerichtlinie und das deutsche Übernahmerecht, ZIP 2002, 2193; *Seibt/Heiser*, Analyse der EU-Übernahmerichtlinie und Hinweise für eine Reform des deutschen Übernahmerechts, ZGR 2005, 200; *Sieger/Hasselbach*, Der Ausschluss von Minderheitsaktionären nach den neuen §§ 327a ff. AktG, ZGR 2002, 120; *van Kann/Just*, Der Regierungsentwurf zur Umsetzung der europäischen Übernahmerichtlinie, DStR 2006, 328; *E. Vetter*, Squeeze-out in Deutschland, ZIP 2000, 1817; *E. Vetter*, Squeeze-out – Der Ausschluss der Minderheitsaktionäre aus der AG nach den §§ 327a–327f AktG, AG 2002, 176; *E. Vetter*, Squeeze-out – nur durch Hauptversammlungsbeschluss?, DB 2001, 743; *de Vries*, Delisting – Kapitalmarktrecht, Gesellschaftsrecht, Umwandlungsrecht, 2002; *Weiss*, Der Ausschluss von Minderheitsaktionären, 2003; *Wiesbrock*, Erfordernis eines Pflichtangebots nach dem Wertpapiererwerbs- und Übernahmegesetz bei gleichzeitigem Vorliegen der Voraussetzungen eines Squeeze-out?, DB 2003, 2584; *Wilhelm/Dreier*, Beseitigung von Minderheitsbeteiligungen auch durch übertragende Auflösung einer AG?, ZIP 2003, 1369; *Wirth/Arnold*, Anfechtungsklagen gegen Squeeze-out-Hauptversammlungsbeschlüsse wegen angeblicher Verfassungswidrigkeit, AG 2002, 503; *Wolf*, Der Minderheitenausschluss qua „übertragender Auflösung" nach Einführung des Squeeze-Out gemäß §§ 327a–f AktG, ZIP 2002, 153.

I. Grundlagen

1. Gegenstand

§§ 327a–327f ermöglichen dem Hauptaktionär einer AG oder KGaA, die übrigen Aktionäre im Rahmen eines formalisierten Verfahrens gegen Barabfindung aus der Gesellschaft auszuschließen (sog. *Squeeze-out*). Die Vorschriften sind durch Art. 7 Nr. 2 des Gesetzes zur Regelung von öffentlichen Angeboten zum Erwerb von Wertpapieren und von Unternehmensübernahmen (WpÜG) vom 21.12.2001 in das AktG eingeführt worden[1]. § 327a bestimmt als Spitzenvorschrift die Voraussetzungen für die Einleitung des Ausschlussverfahrens; § 327b regelt Höhe und Verzinsung der Barabfindung einschließlich Sicherheitsleistung; §§ 327c und 327d stellen besondere Anforderungen an die Vorbereitung und Durchführung der beschließenden Hauptversammlung, insbesondere an die Informationsrechte der Minderheitsaktionäre; §§ 327e und 327f behandeln die Eintragung des Übertragungsbeschlusses sowie den Rechtsschutz der Minderheitsaktionäre.

2. Zweck

Zweck des Ausschlussverfahrens ist die freie **Entfaltung der unternehmerischen** 2
Handlungsfreiheit des Hauptaktionärs[2]. Die Position des Alleinaktionärs führt zu einer Reihe von gesellschaftsrechtlichen Erleichterungen. Die Hauptversammlung ist dann Vollversammlung (§ 121 Abs. 6), für welche die Versammlungsformalien der §§ 121 bis 128 (insbesondere Berichts- und Erläuterungspflichten) nicht zu beachten sind. Weiter entfallen Auskunftsanspruch (§ 131), Treuepflicht zwischen Aktionären und Gleichbehandlungsgrundsatz (§ 53a) sowie Anfechtungsklagen (§§ 241 ff.). Die Position des Alleinaktionärs ermöglicht somit eine kostengünstigere, straffere und

---

1 BGBl. I 2001, 3822, 3838; näher zur Entstehungsgeschichte *Habersack* in Emmerich/Habersack, Aktien- und GmbH-Konzernrecht, § 327a Rz. 3.
2 BT-Drucks. 14/7034, S. 32; *Hüffer*, § 327a Rz. 1.

flexiblere Leitung der Gesellschaft und Integration in den Gesamtkonzern. Schließlich sind unternehmerische Neuordnungen der Gesellschaft oftmals nur mit einer 100%-igen Beteiligung durchführbar; besonders plastisch wird dies bei der Veräußerung der Beteiligung, wenn Minderheitsgesellschafter nicht veräußerungswillig sind und der potentielle Erwerber verbleibende Minderheitsgesellschafter nicht akzeptiert.

3   Im Übrigen ist der Ausschluss der Minderheitsaktionäre das Korrelat des Pflichtangebots nach § 35 WpÜG. Wer verpflichtet ist, bei Überschreiten bestimmter Schwellenwerte ein Angebot auf Erwerb sämtlicher Aktien abzugeben, soll auch flankierend die Möglichkeit erhalten, sich die vollständige Kontrolle über die Zielgesellschaft zu sichern. Allerdings ist die Durchführung des Ausschlussverfahrens nicht von einem vorangegangenen Erwerbs- oder Übernahmeangebot nach dem WpÜG abhängig und unterliegt auch sonst keiner Frist. Ohnehin ist der Ausschluss der Minderheitsaktionäre gem. § 327a Abs. 1 **nicht auf börsennotierte Gesellschaften beschränkt**, sondern steht jeder AG oder KGaA offen (vgl. § 327a Rz. 1).

3. Zeitplan

4   Vorbereitung und Durchführung des Ausschlussverfahrens benötigen je nach Einzelfall etwa 3 bis 5 Monate (vorbehaltlich etwaiger Anfechtungsklagen) und lassen sich wie folgt unterteilen:

– Überprüfung der Beteiligungsquote;

– Antrag beim zuständigen Landgericht auf Bestellung des sachverständigen Prüfers (§ 327c Abs. 2 Satz 2);

– Bestellung des sachverständigen Prüfers (§ 327c Abs. 2 Satz 3);

– Vorbereitung des Berichts des Hauptaktionärs und des Prüfungsberichts (§ 327c Abs. 2);

– Verlangen des Hauptaktionärs (§ 327a Abs. 1 Satz 1);

– Übermittlung der Bankgewährleistung an die Gesellschaft (§ 327b Abs. 3);

– Einladung zur Hauptversammlung und Auslegung der Unterlagen (§ 327c Abs. 3);

– Durchführung der Hauptversammlung (§ 327d) und Beschluss über den Ausschluss; sowie

– Anmeldung und Eintragung des Ausschlusses; mit Eintragung erfolgt Übertragung der Aktien an den Hauptaktionär (§ 327e).

4. Verfassungsrechtliche Zulässigkeit

5   Unter Berücksichtigung der einschlägigen Vorgaben des BVerfG zum Ausschluss von Minderheitsaktionären[3] sind die §§ 327a ff. **verfassungsrechtlich zulässig**, sie verstoßen insbesondere nicht gegen Art. 14 Abs. 1 GG[4]. Die Regelungen zum Squeeze-out

---

3 BVerfG v. 7.8.1962 – 1 BvL 16/60 – „Feldmühle", BVerfGE 14, 263; BVerfG v. 23.8.2000 – 1 BvR 68/95, 1 BvR 147/97 – „MotoMeter", ZIP 2000, 1670.

4 BVerfG v. 30.5.2007 – 1 BvR 390/04 – „Edscha AG", AG 2007, 544 ff.; BGH v. 25.10.2005 – II ZR 327/03 – „Invensys Metering Systems AG/Meinecke AG", ZIP 2005, 2107, 2107 f. = AG 2005, 921; BGH v. 18.9.2006 – II ZR 225/04, ZIP 2006, 2080, 2081; OLG Oldenburg v. 30.9.2002 – 1 W 45/02 – „KME Europa Metal AG", NZG 2003, 691 = AG 2002, 682 = ZIP 2003, 1351; OLG Hamburg v. 11.4.2003 – 11 U 215/02 – „Philips/PKV", ZIP 2003, 1344, 1348 ff. = AG 2005, 414; OLG Hamburg v. 8.8.2003 – 11 U 45/03 – „Volksfürsorge Holding AG", ZIP 2003, 2076, 2077 ff. = AG 2003, 698; OLG Köln v. 6.10.2003 – 18 W 35/03, AG 2004, 39 = BB 2003, 2307; OLG Stuttgart v. 3.12.2003 – 20 W 6/03 – „Alcatel SEL AG", AG 2004, 105, 108 = ZIP 2003, 2363; OLG Düsseldorf v. 16.1.2004 – I-16 W 63/03 – „Edscha AG", AG 2004, 207, 208 f. = ZIP

gewährleisten, dass die Minderheitsaktionäre durch wirksame Rechtsbehelfe gegen Missbrauch des Hauptaktionärs geschützt sind und eine vollständige Entschädigung für den Verlust ihres Anteilseigentums erhalten. Das steht inzwischen außer Frage[5]; Klagen auf der Grundlage eines angeblichen Verstoßes gegen Art. 14 Abs. 1 GG sind **offensichtlich unbegründet** (zu den Konsequenzen im Rahmen des Freigabeverfahrens vgl. § 327e Rz. 12).

II. Verhältnis zu anderen Gestaltungsmaßnahmen

1. Übernahmerechtliches Ausschlussverfahren (§§ 39a ff. WpÜG)

Hält der Bieter nach einem **Übernahme- oder Pflichtangebot** mindestens 95% des Grundkapitals und der stimmberechtigten Aktien einer (börsennotierten) Zielgesellschaft, so sind auf Antrag die übrigen Aktien gegen Gewährung einer angemessenen Abfindung per Gerichtsbeschluss zu übertragen (§ 39a Abs. 1 WpÜG)[6]. Der Antrag muss innerhalb von drei Monaten nach Ablauf der Annahmefrist des Angebots beim Landgericht Frankfurt a.M. gestellt werden (§ 39a Abs. 4 Satz 1 WpÜG). Mit rechtskräftiger Entscheidung gehen die Aktien der übrigen Aktionäre auf den zum Ausschluss berechtigten Aktionär über (§ 39b Abs. 5 WpÜG). 6

Der mögliche Ausschluss von Minderheitsaktionären nach **§§ 327a ff.** bleibt von den Regelungen §§ 39a ff. WpÜG **unberührt**. Es steht dem Hauptaktionär frei, zwischen beiden Ausschlussverfahren zu wählen. Während des übernahmerechtlichen Ausschlussverfahrens finden die §§ 327a ff. allerdings keine Anwendung (§ 39a Abs. 6 WpÜG). Das hat zur Folge, dass für diesen Zeitraum jeweils die Gesellschaft das Verlangen eines Hauptaktionärs zurückweisen muss, ein Hauptversammlungsbeschluss anfechtbar ist und das Registergericht den Übertragungsbeschluss nicht eintragen darf. Erst nach rechtskräftigem Abschluss des Ausschlussverfahrens ist der aktienrechtliche Squeeze-out wieder zulässig. Umgekehrt ist nicht ausdrücklich geregelt, dass während eines aktienrechtlichen Ausschlussverfahrens kein übernahmerechtlicher Squeeze-out durchgeführt werden könnte. Nach der Gesetzesbegründung können nen beide Verfahren aber nicht nebeneinander betrieben werden, so dass auch in diesem Fall verfahrensrechtliche Unzulässigkeit anzunehmen ist[7]. Mit Stellung des An- 7

2004, 359; OLG Düsseldorf v. 14.1.2005 – I-16 U 59/04, AG 2005, 293, 294; *E. Vetter*, AG 2002, 176, 180 ff.; *Wirth/Arnold*, AG 2002, 503, 504 ff.; *Dißars*, BKR 2004, 389, 390; *Grunewald* in MünchKomm. AktG, Vor § 327a Rz. 8 mit zahlreichen Nachweisen aus der Lit. in Fn. 24.

5 Skeptisch, aber letztlich Zulässigkeit annehmend *Schön* in FS Ulmer, S. 1359, 1383 ff.; für Unzulässigkeit *H. Hanau*, NZG 2002, 1040 ff. (nur zulässig bei börsennotierter AG, sofern zuvor ein Übernahmeangebot durchgeführt wurde); mit erheblichen Zweifeln, soweit Vorzugsaktionäre betroffen sind LG Frankfurt v. 9.3.2004 – 3/5 O 107/03, NZG 2004, 672, 675.

6 Nach der Gesetzesbegründung zu § 39a WpÜG (BT-Drucks. 16/1003, S. 21) muss der Bieter den Schwellenwert nicht durch Annahmen des Angebots überschritten haben. In Betracht kommt auch der Erwerb (etwa von Aktienpaketen) vor oder außerhalb des formellen Angebots, sofern diese Transaktion in engem zeitlichen Zusammenhang mit dem Angebot steht. Das ist der Fall beim Erwerb während der Annahmefrist und der weiteren Annahmefrist nach § 16 Abs. 1 und 2 WpÜG (*Meyer*, WM 2006, 1135, 1142). Überdies sollte in Anlehnung an die Praxis der BaFin zu § 35 Abs. 3 WpÜG (dazu *BaFin*, Merkblatt zur Auslegung des § 35 Abs. 3 WpÜG durch die Bundesanstalt für Finanzdienstleistungsaufsicht, 2007; *Kossmann/Hortz*, NZG 2006, 481 ff.) genügen, wenn Vollzug (Closing) des Paketkaufvertrages und des Übernahmeangebots (durch gegenseitige Bedingungen) im Falle kartellrechtlicher und sonstiger behördlicher Genehmigungsvorbehalte zusammenfallen. Ferner sollte es wegen des Verweises in § 39a Abs. 2 WpÜG auf § 16 Abs. 4 AktG genügen, wenn der Schwellenwert mittelbar erworben wird. Noch weitergehend – kein Erfordernis zeitlicher Nähe – *Paefgen*, WM 2007, 765, 766.

7 BT-Drucks. 16/1003, S. 26; *van Kann/Just*, DStR 2006, 328, 331; *Fleischer* in Großkomm. AktG, Vor §§ 327a–f Rz. 31.

trags nach § 39a Abs. 1 Satz 1 WpÜG wird das aktienrechtliche Ausschlussverfahren von Gesetzes wegen beendet.

8   Das übernahmerechtliche Ausschlussverfahren schafft theoretisch erhebliche **Vereinfachungen im Vergleich zum aktienrechtlichen Squeeze-out**. Der Ausschluss und die Übertragung erfolgen durch Gerichtsbeschluss, das aufwendige Verfahren eines Hauptversammlungsbeschlusses ist entbehrlich. Das Risiko von Anfechtungsklagen besteht also nicht. Verzögerungen können gleichwohl auftreten, weil der Ausschluss erst mit rechtskräftigem Abschluss des Verfahrens wirksam wird (§ 39b Abs. 5 Satz 1 WpÜG). Gegen einen Squeeze-out-Beschluss ist die sofortige Beschwerde mit aufschiebender Wirkung zum OLG Frankfurt a.M. eröffnet (§ 39b Abs. 3 Satz 2 und Satz 3 WpÜG). Ein Freigabeverfahren nach Maßgabe der §§ 327e Abs. 2, 319 Abs. 5 steht nicht zur Verfügung.

9   Eine weitere Besonderheit gegenüber den §§ 327a ff. ist, dass die angemessene Abfindung für die außenstehenden Aktionäre nicht mühsam in einem Spruchverfahren bestimmt wird, sondern ggf. die Gegenleistung des Übernahmeangebots zugrunde gelegt werden kann. Die Abfindung gilt – unwiderleglich[8] – als angemessen, wenn der Bieter **90% der vom Angebot betroffenen Aktien auf Grund des Angebotes** erworben hat (§ 39a Abs. 3 Satz 3 WpÜG). Hat der Bieter dagegen weniger als 90% der Aktien auf Grund des Angebots erworben, ist die Vermutung nicht anwendbar. Die Angemessenheit der Abfindung muss im Verfahren über die Angelegenheiten der freiwilligen Gerichtsbarkeit (§ 39b Abs. 1 WpÜG) bestimmt werden[9], was für die Praxis angesichts der Verfahrensdauer, die Bewertungsfragen auslösen können, in der Regel nicht akzeptabel ist. Das übernahmerechtliche Ausschlussverfahren ist daher regelmäßig **ohne praktische Relevanz**, sofern die besagte 90%-Schwelle nicht überschritten wird.

2. Übertragende Auflösung

10   Die übertragende Auflösung ist **Vermögensübertragung** (i.S.d. § 179a Abs. 1) auf den Mehrheitsaktionär oder dessen Tochtergesellschaft, verbunden mit einer (vorangegangenen oder anschließenden) **Auflösung des übertragenden Rechtsträgers** (§ 179a Abs. 3). Vermögensübertragung (§ 179a Abs. 1 i.V.m. § 179 Abs. 2) und Auflösung (§ 262 Abs. 1 Nr. 2) erfordern jeweils (lediglich) einen qualifizierten Hauptversammlungsbeschluss. Mit der Beendigung verlieren die Minderheitsaktionäre ihre Beteiligung an der übertragenden Gesellschaft, an deren Stelle der Liquidationserlös tritt (im Wesentlichen also der Veräußerungserlös). Vor Inkrafttreten der §§ 327a ff. galt die übertragende Auflösung als das klassische Mittel, wirtschaftlich die Wirkungen eines Squeeze-out zu erzielen[10]. Die Gerichtspraxis hat dieses Gestaltungsmittel aktien- und verfassungsrechtlich akzeptiert[11].

11   Der gewichtigste Nachteil der übertragenden Auflösung ist aus Sicht des Mehrheitsaktionärs, dass die Angemessenheit der Gegenleistung mit der Anfechtungsklage angegriffen werden kann (etwa wegen Verstößen gegen die Treuepflicht oder §§ 57, 58

---

8   A. A. *Paefgen*, WM 2007, 765, 766 ff.

9   *Van Kann/Just*, DStR 2006, 328, 331.

10 Näher dazu *Schnorbus*, Gestaltungsfreiheit im Umwandlungsrecht, 2001, S. 61 ff., 138 ff.

11 BVerfG v. 23.8.2000 – 1 BvR 68/95, 1 BvR 147/97 – „MotoMeter", ZIP 2000, 1670 ff.; BGH v. 1.2.1988 – II ZR 75/87 – „Linotype", BGHZ 103, 184, 186 ff.; OLG Stuttgart v. 21.12.1993 – 10 U 48/93 – „MotoMeter I", ZIP 1995, 1515, 1517 ff. = AG 1994, 411; OLG Stuttgart v. 4.12.1996 – 8 W 43/93 – „MotoMeter II", AG 1997, 136, 137 f.; BayObLG v. 17.9.1998 – 3 Z 37/98 – „Magna Media/WEKA", ZIP 1998, 2002 ff. Ebenso die h.L.; vgl. *Schnorbus*, Gestaltungsfreiheit im Umwandlungsrecht, 2001, S. 62, 138 ff. m.w.N.; kritisch dagegen *Lutter/Drygala* in FS Kropff, 1997, S. 191, 196 ff., 222; *Lutter/Leinekugel*, ZIP 1999, 261, 263 ff., 266 f.; *Wiedemann*, ZGR 1999, 857 ff.

Abs. 4) und damit ein **Blockaderisiko** besteht[12], während derartige Bewertungsrügen den Vollzug des Squeeze-out nicht hindern (§ 327f). Weitere Nachteile sind mit den üblichen Schwierigkeiten der Übertragung im Wege der Einzelrechtsnachfolge verbunden (eindeutige Bestimmung der Gegenstände, Zustimmung Dritter, arbeitsrechtlicher Betriebsübergang, Auflösung stiller Reserven). Hinzu kommt das langwierige Verfahren mit der einjährigen Verteilungssperre (§ 272 Abs. 1).

Vor diesem Hintergrund ist der Squeeze-out gegenüber der übertragenden Auflösung regelmäßig die vorzugswürdige Gestaltung, soweit sich der Hauptaktionär 95% der Aktien sichern kann. Gleichwohl stehen nach der gesetzlichen Konzeption beide Maßnahmen selbständig nebeneinander. Ein Ausschließlichkeitsverhältnis in dem Sinne, dass ein bestimmter Zweck nur mit einer bestimmten Gestaltung erreicht werden darf, besteht nicht (**Gestaltungsfreiheit**). Etwaige Schutzdefizite begründen noch kein Gestaltungsverbot, das zu dem Verdikt der Gesetzesumgehung führt[13].   12

3. Mehrheitseingliederung

Mehrheitseingliederung und Squeeze-out unterscheiden sich in den **Anwendungs-voraussetzungen** und in den **Rechtsfolgen**. Während die Mehrheitseingliederung nur Hauptgesellschaften in der **Rechtsform der AG mit Sitz im Inland** zur Verfügung steht (§§ 319 Abs. 1 Satz 1, 320 Abs. 1 Satz 1), kann den Squeeze-out **jeder Aktionär** mit entsprechender Beteiligungsquote verlangen (§ 327a). Die Belange des Gläubigerschutzes, die bei der Eingliederung die Beschränkung auf inländische Aktiengesellschaften rechtfertigen[14], sind im Fall des Squeeze-out nicht betroffen[15]. Der Squeeze-out ist außerdem – trotz seiner Stellung im dritten Buch des AktG – konzernrechtsneutral (vgl. Rz. 18 ff.)[16], löst insbesondere keine besonderen Haftungsrisiken gegenüber der Gesellschaft oder deren Gläubigern aus.   13

Beim Squeeze-out scheiden die Minderheitsaktionäre ausschließlich gegen **Barabfindung** gemessen am Wert der Gesellschaft aus. Dies führt zu einem Liquiditätsabfluss beim Hauptgesellschafter. Im Fall der Mehrheitseingliederung besteht die angemessene Abfindung dagegen grundsätzlich in **eigenen Aktien** der Hauptgesellschaft (§ 320b Abs. 1 Satz 2); vergleichbar mit der Verschmelzung setzt sich also die Beteiligung an der eingegliederten Gesellschaft an der Hauptgesellschaft fort. Daraus folgt, dass regelmäßig die Bewertung von zwei Unternehmensträgern erforderlich ist. Weiter wird der Minderheits-Mehrheits-Konflikt nicht gelöst, sondern lediglich auf eine höhere Ebene verschoben.   14

Insofern bietet es sich als **Gestaltungsempfehlung** an (auch für grenzüberschreitende Sachverhalte), die Aktien von der Mutter-Gesellschaft auf eine (speziell zu diesem Zweck gegründete) 100%-ige Tochter-AG zu übertragen und über diese Tochter als   15

---

12 *Kossmann*, NZG 1999, 1198, 1201; *Krieger*, BB 2002, 53, 54; *Grunewald*, ZIP 2002, 18, 20; *Angerer*, BKR 2002, 260, 263; *Schnorbus*, Gestaltungsfreiheit im Umwandlungsrecht, 2001, S. 139 f. Für analoge Anwendung der Regeln über das Spruchverfahren BayObLG v. 17.9.1998 – 3 Z 37/98 – „Magna Media/WEKA", ZIP 1998, 2002, 2003 ff.; *Lutter/Drygala* in FS Kropff, 1997, S. 191, 215; ebenso für das Delisting BGH v. 25.11.2002 – II ZR 133/01 – „Macrotron", BGHZ 153, 47 = ZIP 2003, 387 ff.
13 Eingehend dazu *Schnorbus*, Gestaltungsfreiheit im Umwandlungsrecht, 2001, S. 138 ff.; *Mülbert* in FS Ulmer, S. 433, 438; *Hüffer*, § 179a Rz. 6; *von Morgen*, WM 2003, 1553, 1554 ff.; *Wolf*, ZIP 2002, 153 ff.; kritisch (übertragende Auflösung nur bei gesonderter Rechtfertigung) *Grunewald* in MünchKomm. AktG, Vor § 327a Rz. 9; ablehnend (generelle Unzulässigkeit der übertragenden Auflösung nach Einführung der §§ 327a ff.) *Wilhelm/Dreier*, ZIP 2003, 1369, 1373.
14 *Habersack* in Emmerich/Habersack, Aktien- und GmbH-Konzernrecht, Vorb. § 319 Rz. 10.
15 *Koppensteiner* in KölnKomm. AktG, § 327a Rz. 4.
16 *Habersack* in Emmerich/Habersack, Aktien- und GmbH-Konzernrecht, § 327a Rz. 6.

Hauptgesellschaft i.S.d. § 319 Abs. 1 Satz 1 die Mehrheitseingliederung durchzuführen. Die hierdurch entstehende Enkel-AG wird sodann (im Wege der Verschmelzung, des Asset Deals oder Share Deals) von der Hauptgesellschaft auf die Mutter-Gesellschaft übertragen. Diese Gestaltung wird teilweise als unzulässige Umgehung/Missbrauch der Eingliederungsvorschriften gewertet[17], was aber nicht überzeugt. Da die Hauptgesellschaft ihrerseits eine abhängige Gesellschaft ist, sind den Minderheitsaktionären nach ihrer Wahl eigene Aktien der Hauptgesellschaft oder eine angemessene Barabfindung zwingend anzubieten (§ 320b Abs. 1 Satz 3). Die Eingliederungsvorschriften sehen also eine ausdrückliche Regelung für diesen Konflikt vor.

16 Insgesamt sollte sich der Squeeze-out in der Praxis grundsätzlich gegenüber der Mehrheitseingliederung durchsetzen. Doch auch hier stehen beide Maßnahmen weiterhin selbständig nebeneinander. Der Vorwurf der rechtswidrigen Umgehung der Regeln der einen zu Lasten der anderen Maßnahme kommt nicht in Betracht[18].

4. Kaduzierung, Einziehung, Ausschluss aus wichtigem Grund

17 Das Gesetz sieht ausdrücklich den Ausschluss von Aktionären vor, sofern sie ihre Einlagen nicht zahlen (Kaduzierung nach § 64) oder eine entsprechende Satzungsgrundlage bereits vorhanden ist (Einziehung nach § 237). Der Ausschluss aus wichtigem Grund ist rechtsformunabhängig und unabhängig von der Beteiligungshöhe auch in der AG zulässig[19]. Allein die Tatsache, dass Minderheitsaktionäre bestehen, begründet aber niemals einen wichtigen Grund. Auch wenn beide Maßnahmen nebeneinander frei wählbar zur Verfügung stehen, sollte der Ausschluss aufgrund der erschwerten Voraussetzungen (wichtiger Grund, Unzumutbarkeit) und der fehlenden Absicherung durch Rechtsprechung und Praxis allenfalls bei einer Beteiligungsquote unter 95 % eine denkbare Option für die Praxis sein.

III. Verhältnis zwischen Hauptaktionär, Gesellschaft und Vorstand

1. Konzernrechtliche Aspekte des Ausschlussverfahrens

18 Die §§ 327a ff. orientieren sich inhaltlich wie systematisch an den Vorschriften der Eingliederung. Gleichwohl ist das Ausschlussverfahren **keine eigenständige konzernrechtliche Maßnahme**[20]. Das Vorliegen einer Unternehmensverbindung nach §§ 15 ff. ist nicht wesensnotwendig, insbesondere muss der Hauptgesellschafter nicht Unternehmen sein. Die Übertragung sämtlicher Aktien auf den Hauptaktionär begründet keine Konzernvermutung nach § 18 Abs. 1 Satz 2 und keine besondere Leitungsmacht nach § 323 Abs. 1, führt dafür aber auch nicht zu einem gesonderten Gläubigerschutz nach Maßgabe der §§ 321, 322.

19 Es gelten die **allgemeinen Regeln der Abhängigkeit** (oftmals besteht wegen der Zurechnung über § 327a Abs. 2 i.V.m. § 16 Abs. 4 ein Konzernverhältnis, §§ 16 Abs. 1,

---

17 *Grunewald*, ZIP 2002, 18, 20; *Grunewald* in MünchKomm. AktG, Vor § 327a Rz. 10; *Steinmeyer/Häger*, § 327a AktG Rz. 12.

18 *Grunewald* in MünchKomm. AktG, Vor § 327a Rz. 9; *Habersack* in Emmerich/Habersack, Aktien- und GmbH-Konzernrecht, § 327a Rz. 9; vgl. aber auch *Henze* in FS Wiedemann, S. 935, 945 ff. zur Umgehung der Barabfindungspflicht nach § 327a über die Mehrheitseingliederung.

19 *Grunewald*, Der Ausschluss aus Gesellschaft und Verein, 1987, S. 52 ff.; *Becker*, ZGR 1986, 383 ff.; *K. Schmidt*, GesR, § 28 I 5; *Habersack* in Emmerich/Habersack, Aktien- und GmbH-Konzernrecht, § 327a Rz. 8; *anders noch* BGH v. 1.4.1953 – II ZR 235/52, BGHZ 9, 157, 163; BGH v. 27.10.1955 – II ZR 310/53, BGHZ 18, 350, 365.

20 *Habersack*, ZIP 2001, 1230, 1236 f.; *Habersack* in Emmerich/Habersack, Aktien- und GmbH-Konzernrecht, § 327a Rz. 6.

17 Abs. 2, 18 Abs. 1 Satz 3) sowie – je nach Grad der Konzernierung – des **faktischen Konzerns** (§§ 311 ff.) oder des **Vertragskonzerns** (§§ 308 ff.). Es ist zulässig, den Ausschluss der Minderheitsaktionäre und den Abschluss eines Unternehmensvertrages auf derselben Hauptversammlung zu beschließen[21]. Ist der Hauptgesellschafter kein Unternehmen, greifen in erster Linie die Treuepflicht und das Schädigungsverbot gegenüber der Gesellschaft.

Auf der **Ebene des Hauptaktionärs** handelt es sich bei dem Squeeze-out im Übrigen 20 um eine reine Geschäftsführungsmaßnahme, die bei einer AG vom Vorstand nach §§ 76 ff. ausgeführt wird und keinem (auch nicht ungeschriebenen) Zustimmungsvorbehalt der Hauptversammlung unterliegt. Gleiches gilt grundsätzlich auch für die GmbH. Wenn das Geschäftsführungsorgan als Hauptaktionär Beteiligungen an anderen Gesellschaften nur mit Zustimmung seines Aufsichtsrats erwerben darf (§ 111 Abs. 4 Satz 2), ist diese Zustimmung grundsätzlich auch für den Squeeze-out einzuholen.

2. Rechtsstellung des Vorstandes der Gesellschaft

Richtet sich das Rechtsverhältnis zwischen Hauptaktionär und Gesellschaft nach 21 allgemeinen Regeln, kann für das Verhältnis zwischen Hauptgesellschafter/Vorstand nichts anders gelten. Zwischen ihnen besteht grundsätzlich **kein gesellschaftsrechtliches Sonderrechtsverhältnis**[22]. Die gleiche Beurteilung gilt im Ausschlussverfahren. Das Verlangen des Hauptaktionärs auf Übertragung der Aktien der Minderheitsaktionäre nach § 327a Abs. 1 Satz 1 **verpflichtet daher ausschließlich die Gesellschaft**[23], das Ausschlussverfahren nach Maßgabe der §§ 327a ff. durchzuführen.

Daraus resultiert im **Innenverhältnis eine Folgepflicht** des Vorstandes, handelnd für 22 die Gesellschaft, den Hauptaktionär bei der Ermittlung der Abfindung zu unterstützen (§ 327b Abs. 1 Satz 2), die Hauptversammlung vorzubereiten (§ 327c) und durchzuführen (§ 327d), den Übertragungsbeschluss zur Eintragung anzumelden (§ 327e Abs. 1) und gegebenenfalls – bei entsprechenden Erfolgsaussichten – die Freigabe der Eintragung (§ 327e Abs. 2 i.V.m. § 319 Abs. 6) zu bewirken. Insoweit sind die (auch im faktischen Konzern bestehende) Leitungsmacht des Vorstandes (§ 76) einerseits sowie etwaige konzernrechtliche Weisungsrechte gegenüber Dritten andererseits eingeschränkt.

Der Vorstand ist ausschließlich dem **Interesse der Gesellschaft** und nicht des Haupt- 23 aktionärs verpflichtet (wobei diese sich durchaus decken können)[24]. Eine **persönliche Haftung** des Vorstands gegenüber dem Hauptgesellschafter besteht nicht[25]. Bei Weigerung oder sonstigem Fehlverhalten des Vorstandes greift das herkömmliche Instrumentarium eines Mehrheitsaktionärs, etwa Abberufung des Vorstandes und Kündigung des Dienstvertrages, jeweils durch den Aufsichtsrat[26]. Eine persönliche

---

21 Näher OLG Düsseldorf v. 29.6.2005 – I-15 W 38/05, AG 2005, 654, 657.
22 Vgl. *Sven H. Schneider/Uwe H. Schneider*, AG 2005, 57, 65.
23 Vgl. (jeweils zur Einberufung der Hauptversammlung) *Habersack* in Emmerich/Habersack, Aktien- und GmbH-Konzernrecht, § 327a Rz. 20; *Grunewald* in MünchKomm. AktG, § 327a Rz. 13; a.A. (persönliche Pflicht des Vorstands) wohl *Sieger/Hasselbach*, ZGR 2002, 120, 142; *Hüffer*, § 327a Rz. 8.
24 *Habersack* in Emmerich/Habersack, Aktien- und GmbH-Konzernrecht, § 327a Rz. 20; *Grunewald* in MünchKomm. AktG, § 327a Rz. 13.
25 *Grunewald* in MünchKomm. AktG, § 327a Rz. 13.
26 Ein *wichtiger Grund* (§ 84 Abs. 3 AktG, § 626 Abs. 1 Abs. 1 BGB) hierfür liegt aber nur dann vor, wenn dieses Fehlverhalten auch gegen die Interessen der Gesellschaft verstößt, was grundsätzlich anzunehmen ist.

Folgepflicht besteht dagegen, wenn der Hauptgesellschafter kraft eines **Beherrschungsvertrages** direkte Weisungen erteilen kann (§ 308 Abs. 2 Satz 1).

IV. Kapitalmarktrechtliche Implikationen

24 Soweit die Gesellschaft börsennotiert ist, sind für das Ausschlussverfahren einige wichtige kapitalmarktrechtliche Regeln zu beachten:

1. Insiderrecht

25 Allein die Tatsache, dass ein Ausschlussverfahren durchgeführt werden soll, begründet eine Insiderinformation (§ 13 WpHG), es sei denn, das Verhalten ist bereits im Markt bekannt, z. B. aufgrund der Offenlegung im Zusammenhang mit einem vorangegangenen Übernahmeangebot nach dem WpÜG. Dies gilt erst recht für die Höhe der angebotenen Barabfindung. Insofern ist das Verbot von Insidergeschäften (§ 14 WpHG) zu beachten. Das Weitergabeverbot (§ 14 Abs. 1 Nr. 2 WpHG) verpflichtet, den Kreis der involvierten Personen zu beschränken und nur solche Personen zu informieren, die diese Informationen für die Erfüllung der ihnen übertragenen Aufgaben benötigen. Diese Beschränkung betrifft insbesondere den Kreis der Wissensträger bei der Gesellschaft. Zu bedenken ist auch der Abschluss von Vertraulichkeitsvereinbarungen.

2. Ad-hoc Meldepflicht und andere Mitteilungspflichten

26 Die Insiderinformation über die Absicht und Durchführung eines Ausschlussverfahrens und die Barabfindung betrifft unmittelbar die Gesellschaft und unterliegt somit auch der Ad-hoc Meldepflicht nach § 15 Abs. 1 WpHG[27]. Jedenfalls solange das Verlangen des Hauptaktionärs nach § 327a Abs. 1 Satz 1 noch nicht formal der Gesellschaft zugegangen ist, kommt für sie eine Befreiung von der Meldepflicht nach Maßgabe des § 15 Abs. 3 WpHG in Betracht. Allein die rechtliche Möglichkeit, ein Ausschlussverfahren durchzuführen, begründet jedoch keine Ad-hoc-Meldepflicht. Es bestehen auch keine sonstigen Mitteilungspflichten aus der Treuepflicht zwischen den Aktionären oder der teleologischen Auslegung des WpHG[28], insbesondere weil der Squeeze-out ein eigennütziges Recht ist (vgl. § 327f Satz 1) und insofern keinen Treuebindungen unterliegt.

3. Pflichtangebot nach § 35 WpÜG

27 Fraglich ist, ob und unter welchen Voraussetzungen nach Erwerb der Kontrolle gem. § 29 Abs. 2 WpÜG ein Pflichtangebot nach § 35 WpÜG (als regelmäßig aufwendigeres Verfahren) entfallen kann, wenn der Hauptaktionär ohnehin beabsichtigt, ein Ausschlussverfahren nach §§ 327a ff. durchzuführen. Der Befreiungstatbestand des § 37 Abs. 1 Alt. 4 WpÜG (Beteiligungsverhältnisse an der Zielgesellschaft) kann eingreifen, wenn (1) der Anteil der Minderheitsaktionäre unter 1% der Aktien liegt und die Anzahl der Aktionäre gering ist oder (2) der Vollzug des Pflichtangebots wegen der Eintragung des Hauptversammlungsbeschlusses unmöglich wird[29]. Je nach Einzelfall sind Auflagen bzw. auflösende Bedingungen in der Befreiung zulässig, um sicherzustellen, dass das Squeeze-out-Verfahren rechtzeitig abgeschlossen wird, dass

---

27 *BaFin*, Emittentenleitfaden 2005, S. 40, 53; *Diekmann/Sustmann*, NZG 2004, 929, 934; vgl. auch schon *Fleischer*, ZGR 2002, 757, 778 f.; *E. Vetter*, AG 2002, 176, 186 f.
28 A. A. *Fleischer* in Großkomm. AktG, § 327a Rz. 22 f.
29 Vgl. – unter Hinweis auf eine entsprechende BaFin-Praxis – *Krause*, NJW 2004, 3681, 3686; *Krause/Pötzsch* in Assmann/Pötzsch/Uwe H. Schneider, WpÜG, § 37 Rz. 62 ff.

die Barabfindung den Mindestpreisen im Falle eines Pflichtangebots entspricht (§ 31 WpÜG i.V.m. §§ 4, 5 WpÜG-AngVO) und etwaige sonstige wirtschaftliche Nachteile im Vergleich zu einem Pflichtangebot ausgeglichen werden[30].

4. Börsennotierung

Mit Übergang sämtlicher Aktien auf den Hauptaktionär erlischt eine bestehende Bör- 28 senzulassung **nicht automatisch** durch Erledigung nach § 43 Abs. 2 VwVfG[31]. Die Zulassungsstelle kann die Zulassung lediglich nach Maßgabe § 38 Abs. 3 BörsG wegen dauerhaften Wegfalls des Börsenhandels von Amts wegen widerrufen[32]. Richtigerweise darf sie jedoch nur auf Antrag (§ 38 Abs. 4 BörsG) tätig werden: Die Wertpapiere verbriefen bis zur Aushändigung an den Hauptaktionär noch den Abfindungsanspruch und können als solche weiter gehandelt werden (§ 327e Abs. 3 Satz 2). Erst nach Zahlung der Abfindung gegen Ausbuchung der Aktien aus dem Depot der Minderheitsaktionäre, sind die Voraussetzungen des § 38 Abs. 3 BörsG erfüllt. Unabhängig davon steht es dem Hauptaktionär frei, nach Vollzug des Ausschlusses die Aktien wieder zu platzieren.

§ 327a
Übertragung von Aktien gegen Barabfindung

(1) Die Hauptversammlung einer Aktiengesellschaft oder einer Kommanditgesellschaft auf Aktien kann auf Verlangen eines Aktionärs, dem Aktien der Gesellschaft in Höhe von 95 vom Hundert des Grundkapitals gehören (Hauptaktionär), die Übertragung der Aktien der übrigen Aktionäre (Minderheitsaktionäre) auf den Hauptaktionär gegen Gewährung einer angemessenen Barabfindung beschließen. § 285 Abs. 2 Satz 1 findet keine Anwendung.

(2) Für die Feststellung, ob dem Hauptaktionär 95 vom Hundert der Aktien gehören, gilt § 16 Abs. 2 und 4.

I. Voraussetzungen des Ausschlussverfahrens (§ 327a Abs. 1 Satz 1)	1	dd) Zurechnung	11
1. Rechtsträger	1	ee) Art, Dauer, Zweck und Anfechtbarkeit des Erwerbs	14
2. Hauptaktionär	3	c) Zeitpunkt der Stellung des Hauptaktionärs	15
a) Definition	3		
b) Ermittlung der Beteiligungshöhe (§ 327a Abs. 2)	5	II. Verlangen des Hauptaktionärs	16
aa) Prozentuale Beteiligung am Grundkapital	6	III. Hauptversammlung	19
bb) Abzug eigener Aktien	7	1. Einberufung	19
cc) Bezugsrechte, Bedingungen, Stimmrechte	8	2. Ordentliche und außerordentliche Hauptversammlung	20

---

30 Näher *Strunk/Linke* in Veil/Drinkuth, Reformbedarf im Übernahmerecht, Band I/2, 2005, S. 11 ff.; *Krause/Pötzsch* in Assmann/Pötzsch/Uwe H. Schneider, WpÜG, § 37 Rz. 64.

31 Anders (automatische Erledigung der Zulassung ipso iure) *de Vries*, Delisting, S. 136; *Schäfer/Eckhold* in Marsch-Barner/Schäfer, Börsennotierte AG, § 63 Rz. 15; im Falle der Eingliederung *Groß*, ZHR 165 (2001), 141, 150.

32 Zutreffend *Sabine Funke*, Minderheitenschutz im Aktienrecht beim kalten Delisting, S. 39 f.; *Heidelbach* in Schwark, § 38 BörsG Rz. 51; *Grunewald*, ZIP 2004, 542, 542.

3. Übertragungsbeschluss .... 21 | IV. Besonderheiten bei der KGaA (§ 327a
   a) Gegenstand .... 21 | Abs. 1 Satz 2) 24
   b) Stimmenmehrheit .... 22 |

Literatur: *Angerer*, Der Squeeze-out, BKR 2002, 260; *Phillip Baums*, Ausschluss von Minderheitsaktionären nach §§ 327a ff. AktG nF, WM 2001, 1843; *Buchta/Ott*, Problembereiche des Squeeze-out, DB 2005, 990; *Fuhrmann/Simon*, Der Ausschluss von Minderheitsaktionären, WM 2002, 1211; *Maslo*, Zurechnungstatbestände und Gestaltungsmöglichkeiten zur Bildung eines Hauptaktionärs beim Ausschluss von Minderheitsaktionären (Squeeze-out), NZG 2004, 163; *Markwardt*, Squeeze-out: Anfechtungsrisiken in „Missbrauchsfällen", BB 2004, 277; *Kai Mertens*, Der Auskauf von Minderheitsaktionären in gemeinschaftlich beherrschten Unternehmen, AG 2002, 377; *Rühland*, Die Zukunft der übertragenden Auflösung, WM 2002, 1957; *Rühland*, Der Ausschluss von Minderheitsaktionären aus der Aktiengesellschaft (Squeeze-out), 2004; *Wilsing/Kruse*, Zur Behandlung bedingter Aktienbezugsrechte beim Squeeze-out, ZIP 2002, 1465, 1467; *Wittuhn/Giermann*, Herausdrängen von Minderheitsaktionären einer Aktiengesellschaft – Gestaltungsmöglichkeiten beim Squeeze-out, MDR 2003, 372.

I. Voraussetzungen des Ausschlussverfahrens (§ 327a Abs. 1 Satz 1)

1. Rechtsträger

1   §§ 327a ff. finden auf jede **AG** und **KGaA** Anwendung. Über Art. 9 Abs. 1 c) ii) der SE-Verordnung gilt das Ausschlussverfahren auch für die **Europäische Gesellschaft**. Nach Konzeption und Zweck des Ausschlussverfahrens (vgl. Vor § 327a Rz. 1) kommt es nicht darauf an, dass die Gesellschaft börsennotiert i.S.d. § 3 Abs. 2. ist[1]. Das Bestehen eines Unternehmensvertrags (§§ 291 f.) ist unschädlich[2]. Gleichgültig ist auch die Rechtsstruktur; §§ 327a ff. greifen auch in der zweigliedrigen AG[3].

2   Die Gesellschaft muss entstanden, also im **Handelsregister eingetragen** sein (§§ 39–41); fortan ist der Ausschluss bis zur **Beendigung** der AG zulässig[4]. Ein Squeeze-out im **Abwicklungsstadium** (§§ 264 ff.) ist auch nicht rechtsmissbräuchlich, da die Auflösung (§ 262) lediglich die Änderung des Gesellschaftszwecks bewirkt und § 327a hieran keine Anforderungen stellt[5]. Ein Squeeze-out ist selbst nach Eröffnung des **Insolvenzverfahrens** möglich[6]. Weder nach Wortlaut noch nach Sinn und Zweck findet § 327a dagegen auf die **Vor-AG** Anwendung, zumal in diesem Fall die Gesellschaft sich noch eher in der Rechtsstruktur einer Personengesellschaft befindet[7]. Mangels planwidriger Regelungslücke kann § 327a auch nicht analog auf **andere Rechtsformen** wie die GmbH angewendet werden[8].

---

1 LG Osnabrück v. 5.7.2002 – 13 O 177/02 – „KM Europa Metall AG", AG 2002, 527; LG Berlin v. 17.2.2003 – 99 O 111/02, DB 2003, 707, 708; *E. Vetter*, AG 2002, 176, 184; *Krieger*, BB 2002, 53, 55; kritisch de lege ferenda *Habersack*, ZIP 2001, 1230, 1234 f.; *Drygala*, AG 2001, 291, 297 f.; *Fleischer*, ZGR 2002, 757, 770 ff.

2 *Fleischer* in Großkomm. AktG, § 327a Rz. 6.

3 *Fleischer* in Großkomm. AktG, § 327a Rz. 55.

4 *Grunewald* in MünchKomm. AktG, § 327a Rz. 4.

5 BGH v. 18.9.2006 – II ZR 225/04, ZIP 2006, 2080, 2081 f.; OLG Köln v. 26.8.2004 – 18 U 48/04, NZG 2005, 931, 932; LG Bonn v. 4.2.2004 – 16 O 49/03, S. 13 (unveröffentlicht); *Buchta/Ott*, DB 2005, 990, 992; *Habersack* in Emmerich/Habersack, Aktien- und GmbH-Konzernrecht, § 327a Rz. 12; a.A. *Koppensteiner* in KölnKomm. AktG, § 327a Rz. 2.

6 *Fleischer* in Großkomm. AktG, § 327a Rz. 5; a. A. *Koppensteiner* in KölnKomm. AktG, § 327a Rz. 2.

7 *Koppensteiner* in KölnKomm. AktG, § 327a Rz. 2; näher *Fleischer* in Großkomm. AktG, § 327a Rz. 3.

8 *Schnorbus*, ZGR 2004, 126, 148; a.A. *von Morgen*, WM 2003, 1553, 1556 ff., 1558 ff.; vgl. auch *Harrer* in FS Sonnenberger, S. 235, 244 ff. (Anerkennung von Hinauskündigungsklauseln).

2. Hauptaktionär

a) Definition

Hauptaktionär ist der Aktionär, der wenigstens **95% des Grundkapitals** hält. Verfügt   3
der (vermeintliche) Hauptaktionär nicht über die Kapitalmehrheit von 95%, ist der
Übertragungsbeschluss nach § 241 Nr. 3 nichtig (vgl. § 327f Rz. 3).

Weitere Voraussetzungen werden an den Status des Hauptaktionärs nicht geknüpft.   4
In Betracht kommt jede inländische oder ausländische rechtsfähige natürliche, teilrechtsfähige oder juristische Person, die **Aktien an der Gesellschaft erwerben und
halten kann**. Gleiches gilt auch für die GbR, sofern die Beteiligung Bestandteil ihres
Gesellschaftsvermögens ist[9]. Aus diesem Grund kann ein Beteiligungspool oder ein
Konsortium ebenfalls Mehrheitsaktionär sein, wenn dessen Mitglieder eine GbR-Au-
ßengesellschaft gegründet und ihre jeweiligen Beteiligungen in das Gesellschaftsvermögen der GbR eingebracht haben[10]. Zu Recht nimmt die h. M. auch an, dass die Erbengemeinschaft (§ 2032 BGB) und die Gütergemeinschaft (§ 1419 BGB) Hauptaktionär sein können[11]. **Unternehmen i.S.d. §§ 15 ff. muss der Hauptaktionär nicht sein.**
Die **Bonität** spielt keine Rolle; die finanziellen Interessen der Minderheitsaktionäre
sind durch die nach § 327b Abs. 3 vorzulegende Gewährleistung eines Kreditinstituts
und das Spruchverfahren gesichert.

b) Ermittlung der Beteiligungshöhe (§ 327a Abs. 2)

Dem Hauptaktionär müssen Aktien der Gesellschaft in Höhe von 95% des Grundka-   5
pitals gehören (§ 327a Abs. 1 Satz 1); vorbehaltlich der Zurechnung nach § 327a
Abs. 2 i.V.m. § 16 Abs. Abs. 4 (Rz. 11 ff.) müssen die Aktien also im **Eigentum** des das
Ausschlussverfahren betreibenden Aktionärs stehen. Soweit keine Aktienurkunden
ausgegeben wurden, ist die Zuordnung der Mitgliedschaftsrechte maßgebend. Dingliche Belastungen und schuldrechtliche Bedingungen sind unbeachtlich.

aa) Prozentuale Beteiligung am Grundkapital. Bei Nennbetragsaktien ist auf den   6
Nennbetrag der Aktien des Hauptaktionärs im Verhältnis zum Grundkapital abzustellen, bei Stückaktien auf die Anzahl der Aktien des Hauptaktionärs im Verhältnis
zur gesamten Anzahl der ausgegebenen Aktien (§ 16 Abs. 2 Satz 1).

bb) Abzug eigener Aktien. Eigene Aktien sind vom Nennkapital, bei Gesellschaften   7
mit Stückaktien von der Zahl der Aktien abzuziehen (§ 16 Abs. 2 Satz 2). Eigene Aktien der Gesellschaft erhöhen also die Beteiligungsquote des Hauptaktionärs. Die Regeln über eigene Aktien gelten auch, soweit sie ein Dritter für Rechnung der Gesellschaft hält (§ 16 Abs. 3 Satz 3), sowie für die in § 71d genannten Aktien[12].

cc) Bezugsrechte, Bedingungen, Stimmrechte. Ansprüche (schuldrechtlicher oder   8
dinglicher Art) auf Übertragung von Aktien (Optionen, Bezugsrechte, Wandelanleihen) spielen bei der Berechnung der Kapitalmehrheit nach § 327a keine Rolle, weder
zugunsten der Minderheitsaktionäre (Übertragungsrechte stehen Dritten zu) noch
zugunsten des Hauptaktionärs (Übertragungsrechte stehen ihm zu)[13]. Kapitalmaß-

---

9 *Koppensteiner* in KölnKomm. AktG, § 327a Rz. 4; *Habersack* in Emmerich/Habersack, Ak-
     tien- und GmbH-Konzernrecht, § 327a Rz. 15.
10 *Habersack* in Emmerich/Habersack, Aktien- und GmbH-Konzernrecht, § 327a Rz. 15.
11 Näher *Fleischer* in Großkomm. AktG, § 327a Rz. 10.
12 *Koppensteiner* in KölnKomm. AktG, § 327a Rz. 6.
13 *P. Baums*, Ausschluss von Minderheitsaktionären, 2001, S. 152 ff.; *Ehricke/Roth*, DStR 2001,
     1120, 1122; *Krieger*, BB 2002, 53, 61; *Fuhrmann/Simon*, WM 2002, 1211, 1212; *Riehmer* in
     Schüppen/Schaub, Münchener Anwaltshandbuch Aktienrecht, § 44 Rz. 5; *Gesmann-Nuissl*,
     WM 2002, 1205, 1206; *Schlitt/Seiler/Singhof*, AG 2003, 254, 267; *Schlitt/Hemeling* in Haber-

nahmen sind also erst dann zu berücksichtigen, wenn sie im Handelsregister eingetragen sind und zu einer Erhöhung des nominellen Grundkapitals geführt haben (§§ 189, 203 Abs. 1, 211)[14]. Dagegen werden auch solche Aktien zugunsten des Hauptaktionärs berücksichtigt, die er als **Treuhänder** hält oder in deren Rechtsausübung er anderweitig schuldrechtlich beschränkt ist[15].

9   Diese Grundsätze gelten auch dann, wenn das **Recht wirksam ausgeübt, aber noch nicht bedient** wurde[16]. Bei aufschiebend bedingt übertragenen Aktien (§ 158 Abs. 1 BGB) muss die Bedingung eingetreten sein, damit die Aktien berücksichtigt werden; bei auflösend bedingter Übertragung darf die Bedingung nicht eingetreten sein (§ 158 Abs. 2 BGB).

10   Auf das Stimmrecht kommt es nach dem klaren Wortlaut des Gesetzes ebenfalls nicht an. Folglich sind **stimmrechtslose Vorzugsaktien** vollständig zu berücksichtigen. Zusätzlich **vermittelte Stimmrechte** (etwa durch Konsortial- und Stimmbindungsverträge) bleiben dagegen unberücksichtigt[17]. Gleichgültig ist auch, ob noch **Einzahlungen** auf das gezeichnete Kapital ausstehen oder **Rücklagen** bestehen.

11   **dd) Zurechnung.** Der Schwellenwert von 95% des Grundkapitals kann auch durch Zurechnung erlangt werden (§ 16 Abs. 4)[18]. Dies gilt insbesondere für sämtliche Aktien[19], die von einem **abhängigen Unternehmen** gehalten werden, auch dann, wenn das abhängige Unternehmen seinen Verwaltungssitz im Ausland hat[20]. Zugerechnet werden auch Aktien, die ein **Dritter für Rechnung** (also auf Kosten und Risiko, insbesondere bei der Treuhand) des Hauptaktionärs oder eines von letzterem abhängigen Unternehmens hält. Dem Einzelkaufmann werden in dieser Eigenschaft auch Anteile zugerechnet, die er in seinem Privatvermögen hält.

12   Möglich ist – insbesondere im mehrstufigen Konzern –, dass der **Zurechnungstatbestand zugunsten mehrerer Personen** verwirklicht wird, so dass (nach Wahl der Obergesellschaft) verschiedene „Hauptaktionäre" die Durchführung des Ausschlusses verlangen können[21]. Zu beachten ist jedoch, dass bei mehrstufigen Konzernen (Mut-

---

sack/Mülbert/Schlitt, Unternehmensfinanzierung am Kapitalmarkt, § 9 Rz. 62; *Grunewald* in MünchKomm. AktG, § 327a Rz. 9; a.A. für Erwerbsrechte Dritter LG Düsseldorf v. 4.3.2004 – 31 O 144/03 – „Kamps", NZG 2004, 1168, 1170 = ZIP 2004, 1755, 1757 (ohne Begründung); *Sieger/Hasselbach*, ZGR 2002, 120, 158; *Hasselbach* in KölnKomm. WpÜG, § 327a AktG Rz. 34.

14 Eine Ausnahme besteht für das bedingte Kapital, bei dem das Grundkapital bereits mit der Ausgabe der Bezugsaktien (§ 199) erhöht ist (§ 200) und die anschließende Handelsregistereintragung (§ 201) nur noch deklaratorischer Natur ist.

15 *Habersack* in Emmerich/Habersack, Aktien- und GmbH-Konzernrecht, § 327a Rz. 16; a.A. *Steinmeyer/Häger*, § 327a AktG Rz. 24 (vor allem unter Umgehungsgesichtspunkten, die aber nicht überzeugen und ohnehin nur für den Übertragungsbeschluss – nicht aber für den Aktienerwerb – Relevanz haben können; vgl. § 327f Rz. 13 ff.).

16 A.A. wohl *Wilsing/Kruse*, ZIP 2002, 1465, 1467 (für Bezugsaktien aus bedingtem Kapital).

17 *Angerer*, BKR 2002, 260, 267; *Grunewald* in MünchKomm. AktG, § 327a Rz. 6; *Maslo*, NZG 2004, 163, 166; a.A. *P. Baums*, Ausschluss von Minderheitsaktionären, 2001, S. 143; *K. Mertens*, AG 2002, 377, 379 f.

18 Die Sicherung des Status des Hauptaktionärs über Zurechnung nach § 16 Abs. 4 kann komplex und damit anfechtungsträchtig sein. Im Zweifel ist nach Abwägung der Risiken und Kosten der rechtssichere Weg der Anteilsübertragung vor Einleitung des Ausschlussverfahrens zu wählen.

19 Dem herrschenden Unternehmen werden sämtliche Aktien des abhängigen Unternehmens zugerechnet, nicht nur die anteilig dem Mehrheitsbesitz entsprechenden; vgl. LG Stuttgart v. 29.9.2004 – 39 O 49/03, DB 2005, 327, 327.

20 *Bayer* in MünchKomm. AktG, § 16 Rz. 43; *Hüffer*, § 16 Rz. 12.

21 Näher *Moritz*, „Squeeze out": Der Ausschluss von Minderheitsaktionären nach §§ 327a ff. AktG, S. 102. Bei einem Treuhandverhältnis über 95% des Grundkapitals können sowohl Treugeber (über § 16 Abs. 4) als auch Treuhänder (als Rechtsinhaber) Hauptaktionär sein.

ter-Tochter-Enkelin) Konstellationen denkbar sind, in denen etwa aufgrund der **Widerlegung der Abhängigkeitsvermutung** des § 17 Abs. 2 eine Obergesellschaft sich die Anteile eine untergeordneten Gesellschaft nicht zurechnen lassen kann[22].

Problematisch ist, ob der Status des Hauptaktionärs über § 16 Abs. 4 auch **vollständig** 13 **durch Zurechnung**[23] erworben werden kann oder mindestens **Eigentum an einer Aktie**[24] voraussetzt. § 327a erfordert zwar das Verlangen eines „Aktionärs" (Abs. 1) und zieht lediglich für die Feststellung der Beteiligungsquote § 16 Abs. 4 heran (Abs. 2). Doch die hier entscheidende gesetzgeberische Intention des § 327a Abs. 2 i.V.m. § 16 Abs. 4 ist, ein Umhängen von Beteiligungen zu vermeiden[25]. Diese Überlegung greift auch dann, wenn der Hauptaktionär noch nicht einmal eine Aktie hält, sich aber 95 % der Aktien kraft Zurechnung sichern kann. Der Status des Hauptaktionärs kann damit vollständig durch Zurechnung erworben werden.

ee) Art, Dauer, Zweck und Anfechtbarkeit des Erwerbs. Für die Ermittlung der Kapi- 14 talmehrheit sind Art[26], Dauer und Zweck[27] des Erwerbs der Aktien bzw. der zur Zurechnung nach § 16 Abs. 4 führenden Beteiligungsstruktur[28] unerheblich[29]. Zeitliche Befristungen für die Dauer des Beteiligungsbesitzes und die Ausübung des Ausschlussrechts bestehen nicht; es handelt sich gewissermaßen um eine unbefristete Erwerbsoption. Die Kapitalmehrheit ist eine rein formale Voraussetzung für das Ausschlussverfahren. Die Erlangung des Status eines Hauptaktionärs kann daher nicht wegen institutionellen Missbrauchs unbeachtlich sein[30]. Anfechtungsbefangene Aktien werden nach allgemeinen Regeln (§§ 119 ff., 142 ff. BGB) mitgezählt, solange keine wirksame Anfechtungserklärung abgegeben wurde.

c) Zeitpunkt der Stellung des Hauptaktionärs

Die 95 %-Schwelle ist Wirksamkeitserfordernis des Ausschlusses. Sie muss demnach 15 jedenfalls zum Zeitpunkt des **Hauptversammlungsbeschlusses** vorliegen[31]. Der Wortlaut des § 327a Abs. 1 Satz 1 deutet darauf hin, dass – anders als bei sonstigen Strukturmaßnahmen – diese Beteiligungsquote auch schon zum Zeitpunkt des „Verlangens" nach § 327a Abs. 1 Satz 1 vorliegen muss[32]. Hierfür spricht, dass der Vorstand

---

22 Vgl. OLG München v. 11.5.2004 – 7 W 1056/04, NZG 2004, 781, 782; *Schnurbein*, AG 2005, 725, 731.

23 So OLG Köln v. 6.10.2003 – 18 W 35/03, AG 2004, 39, 41 = BB 2003, 2307; LG Bonn v. 9.3.2004 – 11 O 35/03, Der Konzern 2004, 491, 496; *Rühland*, Der Ausschluss von Minderheitsaktionären aus der Aktiengesellschaft, S. 196 f.; *Schnurbein*, AG 2005, 725, 731; *Sieger/ Hasselbach*, ZGR 2002, 120, 134; *Fleischer*, ZGR 2002, 757, 775; *Steinmeyer/Häger*, § 327a AktG Rz. 26; *Koppensteiner* in KölnKomm. AktG, § 327a Rz 7.

24 So *Markwardt*, BB 2004, 277, 278; *Grzimek* in Geibel/Süßmann, § 327a AktG Rz. 50; *Grunewald* in MünchKomm. AktG, § 327a Rz. 7; *Habersack* in Emmerich/Habersack, Aktien- und GmbH-Konzernrecht, § 327a Rz. 17.

25 BT-Drucks. 14/7034, S. 72; LG Dortmund v. 7.4.2005 – 18 O 136/04 – „Harpen", Der Konzern 2005, 603 ff.; LG Bonn v. 9.3.2004 – 11 O 35/03, Der Konzern 2004, 491, 496; näher *Hüffer*, § 16 Rz. 12 f.; *Angerer*, BKR 2002, 260, 263.

26 Z.B. durch öffentliches Übernahmeangebot, Paketerwerb, Börsenhandel, Kapitalmaßnahmen oder Erbfolge.

27 Z.B. Durchführung des Squeeze-out mit anschließender Zerschlagung.

28 Z.B. Vermeidung von Grunderwerbsteuer, Schaffung intransparenter Holdingstrukturen.

29 OLG Düsseldorf v. 16.1.2004 – I-16 W 63/03 – „Edscha AG", AG 2004, 207, 210.

30 *Habersack* in Emmerich/Habersack, Aktien- und GmbH-Konzernrecht, § 327a Rz. 16; *Grunewald* in MünchKomm. AktG, § 327a Rz. 8; a.A. *Hüffer*, § 327a Rz. 12.

31 Unstr., vgl. OLG Düsseldorf v. 16.1.2004 – I-16 W 63/03 – „Edscha AG", AG 2004, 207, 210; *Fuhrmann/Simon* WM 2002, 1211, 1212; *Grzimek* in Geibel/Süßmann, § 327a AktG Rz. 52; *Koppensteiner* in KölnKomm. AktG, § 327a Rz. 11.

32 OLG Köln v. 6.11.2003 – 18 W 36/03, Der Konzern 2004, 30,32; OLG Düsseldorf v. 16.1.2004 – I-16 W 63/03 – „Edscha AG", AG 2004, 207, 210; *Maslo*, NZG 2004, 163, 164; *Habersack* in

nicht verpflichtet sein sollte, die Hauptversammlung einzuberufen, wenn die Voraussetzungen eines Squeeze-outs zum Zeitpunkt des „Verlangens" überhaupt (noch) nicht vorliegen[33]. Dagegen braucht die Beteiligungsquote zum Zeitpunkt der Anmeldung oder Eintragung nicht mehr erfüllt sein. Der Registerrichter prüft nach der Gesetzeslage nicht, ob die Beteilungsschwelle noch zu diesem Zeitpunkt vorliegt; eine **Reduzierung der Beteiligungsquote unmittelbar nach der Hauptversammlung** ist also unschädlich[34] und muss auch nicht wegen eines möglichen Vorwurfs der Umgehung vermieden werden (vgl. § 327f Rz. 15).

II. Verlangen des Hauptaktionärs

16   Das Verlangen ist ein korporationsrechtliches einseitiges Rechtsgeschäft (vgl. §§ 174, 180 BGB) gegenüber der Gesellschaft. Es wird wirksam, sobald es einem Vorstandsmitglied zugegangen ist (§ 78 Abs. 2 Satz 2 analog)[35]. Soweit die Voraussetzungen des § 327a Abs. 1 Satz 1 erfüllt sind, leitet das Verlangen des Hauptaktionärs das Ausschlussverfahren ein. Dazu gehört auch die Wahrung der Mitteilungspflichten nach § 28 WpHG oder § 20 Abs. 7 AktG; sind diese Pflichten verletzt, ruht das Recht des Hauptaktionärs mit § 327a Abs. 1 Satz 1[36]. Entgegen der h.M. muss mit dem „Verlangen" **nicht** zugleich die **Höhe der Barabfindung** festgesetzt werden (vgl. § 327b Rz. 9). Bis zur Veröffentlichung der Barabfindung kann das Verlangen jedoch jederzeit widerrufen werden mit der Konsequenz, dass das Ausschlussverfahren automatisch endet.

17   § 327a Abs. 1 Satz 1 sieht **keine besondere Form** vor. Das Verlangen kann daher schriftlich, mündlich oder konkludent erfolgen. Wegen des Nachweises gegenüber Aktionären und dem Registergericht ist zur Eintragung aber ein gewisser Grad an Dokumentation (Schriftform) grundsätzlich erforderlich (vgl. § 327e Rz. 2 ff.). Zur Durchführung eines Ausschlussverfahrens kann sich der Hauptaktionär (bzw. dessen Mehrheitsaktionär) nach allgemeinen zivilrechtlichen Regeln **gegenüber Dritten verpflichten**. Vereinigt der Hauptaktionär 95% des Grundkapitals auf sich, ist das Verlangen aber aus anderen Gründen **unwirksam** (z.B. bei beachtlichen Willensmängeln), ist der Hauptversammlungsbeschluss anfechtbar, aber nicht nichtig[37].

18   Den **Zeitpunkt für das Verlangen** legt das Gesetz nicht explizit fest. § 327a Abs. 1 Satz 1 bestimmt lediglich, dass auf Verlangen des Hauptaktionärs die Hauptversammlung den Ausschluss beschließen kann, so dass auch ein Verlangen unmittelbar

---

Emmerich/Habersack, Aktien- und GmbH-Konzernrecht, § 327a Rz. 18; *Hasselbach* in KölnKomm. WpÜG, § 327a AktG Rz. 38; *Riehmer* in Schüppen/Schaub, Münchener Anwaltshandbuch Aktienrecht, § 44 Rz. 7; a.A. (nur Zeitpunkt des Beschlusses) *Grzimek* in Geibel/Süßmann, § 327a AktG Rz. 52; *Grunewald* in MünchKomm. AktG, § 327a Rz. 11 (mit der – auf dem Boden dieser Auffassung wenig überzeugenden – Einschränkung, dass Vorstand ein Ausschlussverfahren nur dann einleiten müsse, wenn 95%-ige Kapitalmehrheit zum Zeitpunkt der Hauptversammlung absehbar sei).

33 *Koppensteiner* in KölnKomm. AktG, § 327a Rz. 11.

34 *Grunewald* in MünchKomm. AktG, § 327a Rz. 10; *Hasselbach* in KölnKomm. WpÜG, § 327a AktG Rz. 38; a.A. (Zeitpunkt Anmeldung bzw. Eintragung ebenfalls maßgeblich) *Fuhrmann*, WM 2002, 1211, 1212; *Habersack* in Emmerich/Habersack, Aktien- und GmbH-Konzernrecht, § 327a Rz. 18; *Austmann* in MünchHdb. AG, § 74 Rz. 28.

35 *Hüffer*, § 327a Rz. 8; *Riehmer* in Schüppen/Schaub, Münchener Anwaltshandbuch Aktienrecht, § 44 Rz. 7

36 OLG Köln v. 6.11.2003 – 18 W 36/03, Der Konzern 2004, 30, 32; LG Bonn v. 9.3.2004 – 11 O 35/03, Der Konzern 2004, 491, 494; *Austmann* in MünchHdb. AG, § 74 Rz. 32; *Fleischer* in Großkomm. AktG, § 327a Rz. 56.

37 *Habersack* in Emmerich/Habersack, Aktien- und GmbH-Konzernrecht, § 327a Rz. 19; *Grunewald* in MünchKomm. AktG, § 327a Rz. 12; a.A. (Nichtigkeit des Beschlusses) *Koppensteiner* in KölnKomm. AktG, § 327a Rz. 14.

vor der Hauptversammlung genügen könnte[38]. Aus den anderen Einzelregelungen, der Systematik, insbesondere der Reihenfolge der §§ 327a ff., sowie aus Sinn und Zweck des Gesetzes folgt jedoch, dass sämtliche Rechte und Pflichten der in das Ausschlussverfahren involvierten Parteien auf dem Verlangen des Hauptaktionärs beruhen. Ohne diese Voraussetzung muss und darf der Vorstand nicht das formale Ausschlussverfahren einleiten, insbesondere nicht Auskunft nach § 327b Abs. 1 Satz 2 erteilen oder zur Hauptversammlung nach § 327c einladen (zumal beide Vorschriften nach ihrem Wortlaut die Position des Hauptaktionärs eindeutig voraussetzen). Das heißt aber nicht, dass jede Kooperation des Vorstands mit einem potentiellen Aktionär unzulässig ist, sondern sich vielmehr nach allgemeinen Regeln messen lassen muss.

III. Hauptversammlung

1. Einberufung

Der Vorstand muss aufgrund des Verlangens des Hauptaktionärs die **Hauptversammlung** einberufen (§ 121 Abs. 1 u. Abs. 2). Vorab hat der Vorstand lediglich zu prüfen, ob das Verlangen ein Barabfindungsangebot enthält und die erforderliche Beteiligungsquote erfüllt ist. Eine Begründung oder Prüfung der Angemessenheit des Angebots hat der Vorstand dagegen nicht vorzunehmen; dies obliegt vielmehr dem Hauptaktionär (§ 327c Abs. 2 Satz 1) und dem Wirtschaftsprüfer (§ 327c Abs. 2 Satz 2)[39]. Für Form und Frist der Einberufung gelten die allgemeinen Vorschriften (§§ 121 ff.). 19

2. Ordentliche oder außerordentliche Hauptversammlung

Ob der Vorstand sogleich eine **außerordentliche Hauptversammlung** einberuft oder bis zur nächsten **ordentlichen Hauptversammlung** abwarten kann, bestimmt sich infolge der gesetzlichen Konzeption des Squeeze-out zwar nach dem Interesse der Gesellschaft, auch wenn das Verfahren eigentlich nur dem Hauptaktionär dient[40]. Da ein laufendes Ausschlussverfahren die Gesellschaft in ihrer operativen Geschäftstätigkeit belastet, hat im Zweifel die Einberufung gleichwohl **unverzüglich** (§ 121 Abs. 1 BGB) zu erfolgen[41]. Die **Kosten** der Vorbereitung und Durchführung der Hauptversammlung, die nach allgemeinen Grundsätzen ausschließlich die Gesellschaft trägt[42], treten dahinter grundsätzlich zurück[43]. Gegebenenfalls kann der Hauptaktionär sich auch an den Kosten beteiligen. Entspricht der Vorstand dem Verlangen nicht, kann sich der Hauptaktionär gem. § 122 Abs. 3 vom Gericht ermächtigen lassen, die Hauptversammlung selbst einzuberufen[44]. 20

---

38 So in der Tat *Austmann* in MünchHdb. AG, § 74 Rz. 37 f.
39 *Koppensteiner* in KölnKomm. AktG, § 327a Rz. 19.
40 *Koppensteiner* in KölnKomm. AktG, § 327a Rz. 16; *Grunewald* in MünchKomm. AktG, § 327a Rz. 13; vgl. aber auch *Sieger/Hasselbach*, ZGR 2002, 120, 143 (Interessen AG und Hauptaktionär maßgeblich).
41 So wohl auch *Hüffer*, § 327a Rz. 8.
42 *Sieger/Hasselbach*, ZGR 2002, 120, 142; ebenfalls bei Einberufung auf Verlangen des Hauptaktionärs, § 122 Abs. 4.
43 Anders (wegen Kosten kann bis zur ordentlichen Hauptversammlung gewartet werden) *Grunewald* in MünchKomm. AktG, § 327a Rz. 13; *Habersack* in Emmerich/Habersack, Aktien- und GmbH-Konzernrecht, § 327a Rz. 20.
44 Näher dazu *Butzke* in Obermüller/Werner/Winden, Die Hauptversammlung der Aktiengesellschaft, Rz. B 122 ff.

3. Übertragungsbeschluss

a) Gegenstand

21 Nach der gesetzlichen Konzeption ist der Squeeze-out **kein Gestaltungsrecht**. Erforderlich ist vielmehr ein Übertragungsbeschluss der Hauptversammlung, dessen Eintragung den gesetzlichen Übergang der Aktien auf den Hauptaktionär bewirkt (§ 327e Abs. 3)[45]. **Mindestinhalt** des Beschlusses ist, dass die Aktien der Minderheitsaktionäre gegen Zahlung einer Abfindung auf den Hauptaktionär übertragen werden. Der **Hauptaktionär** ist zu bezeichnen und bei juristischen Personen durch Firma und Sitz zu individualisieren (vgl. § 327e Abs. 1 Nr. 1). Die angemessene **Barabfindung** ist genau zu beziffern (vgl. § 327e Abs. 1 Nr. 2). Die **Minderheitsaktionäre** müssen und können oftmals auch nicht namentlich genannt werden. Der Beschluss muss sich auf **sämtliche Aktien** erstrecken, kann also nicht bestimmte Minderheitsaktionäre von den Übertragungswirkungen ausnehmen[46]. Weitere Angaben (wie Bankgarantie, Abwicklung des Verfahrens, Zahlstelle) sind nicht erforderlich. Sie sind auch nicht empfehlenswert, weil sie den Beschlussinhalt und (somit auch die Handelsregistereintragung) unnötig überfrachten[47].

b) Stimmenmehrheit

22 Der Beschluss über den Ausschluss der Minderheitsaktionäre bedarf der **einfachen Mehrheit der abgegebenen Stimmen**, soweit die Satzung keine größere Mehrheit oder weitere Erfordernisse bestimmt (§ 133 Abs. 1)[48]. Die Satzung kann sogar ein Einstimmigkeitserfordernis vorsehen[49]. Aus der Sicht des Hauptaktionärs ist dabei insbesondere zu beachten, dass – etwa nach Abschluss eines vorangegangenen Übernahmeangebots – die **Meldepflichten nach §§ 21 ff. WpHG eingehalten wurden**, da die Nichterfüllung gem. § 28 WpHG zu dem Verlust des Stimmrechts führt[50].

23 Die **Kapitalmehrheit von 95%** ist somit ausschließlich für die Begründung des Status des Hauptaktionärs erforderlich, spielt aber für die Beschlussmehrheiten keine Rolle[51]. Dies kann relevant werden, wenn der Hauptaktionär stimmrechtslose Vorzugsaktien hält oder die Satzung der Gesellschaft Höchststimmrechte vorsieht (§ 134 Abs. 1 Satz 2)[52]; in beiden Fällen wird der Hauptaktionär trotz seiner Beteiligung von 95% am Grundkapital eine geringere Mehrheit an Stimmen haben. Der Hauptaktio-

---

45 Auch wenn an dem Zustandekommen des Beschlusses keine Zweifel bestehen, liegt hierin kein Selbstzweck. Vielmehr dient das Beschlussverfahren dem Interesse der Information, des Rechtsschutzes und der Rechtssicherheit. Vgl. *DAV-Handelsrechtsausschuss*, NZG 1999, 850, 852; *DAV-Handelsrechtsausschuss*, NZG 2001, 420, 431; *Kiem*, RWS-Forum 2001, 329, 335 ff.; *kritisch E. Vetter*, ZIP 2000, 1817, 1819 ff.; *E. Vetter*, DB 2001, 743 ff.; *Kallmeyer*, AG 2000, 59 ff.; *Schiessl*, AG 1999, 442, 452; *Habersack*, ZIP 2001, 1230, 1236 ff.; *Habersack* in Emmerich/Habersack, Aktien- und GmbH-Konzernrecht, § 327a Rz. 21.

46 *Fuhrmann/Simon*, WM 2002, 1211, 1214; *Habersack* in Emmerich/Habersack, Aktien- und GmbH-Konzernrecht, § 327a Rz. 22.

47 Anders (weitere Angaben empfehlenswert) *Habersack* in Emmerich/Habersack, Aktien- und GmbH-Konzernrecht, § 327a Rz. 23.

48 OLG Düsseldorf v. 14.1.2005 – I-16 U 59/04, AG 2005, 293, 297; *Steinmeyer/Häger*, § 327a AktG Rz. 18; *Habersack* in Emmerich/Habersack, Aktien- und GmbH-Konzernrecht, § 327a Rz. 24.

49 *Fleischer* in Großkomm. AktG, § 327a Rz. 67.

50 Beispiel: OLG München v. 17.2.2005 – 23 W 2406/04 – „W.E.T.", WM 2005, 1414, 1415 = AG 2005, 407; vgl. auch OLG Düsseldorf v. 16.1.2004 – I-16 W 63/03 – „Edscha AG", AG 2004, 207, 211 = ZIP 2004, 359.

51 Ganz h.M., *Fuhrmann/Simon*, WM 2002, 1211, 1213; *Steinmeyer/Häger*, § 327a AktG Rz. 19; vgl. auch § 319 Abs. 1 Satz 2 zur Eingliederung; a.A. wohl nur *Grunewald*, ZIP 2002, 18, 19; *Koppensteiner* in KölnKomm. AktG, § 327a Rz. 12, 23, § 327c Rz. 5.

52 *Habersack* in Emmerich/Habersack, Aktien- und GmbH-Konzernrecht, § 327a Rz. 24.

när ist naturgemäß stets stimmberechtigt[53]. **Vorzugsaktionäre** nach § 139 Abs. 1 haben auch in der Squeeze-out-Hauptversammlung kein Stimmrecht; ebenfalls bedarf es keines Sonderbeschlusses[54].

IV. Besonderheiten bei der KGaA (§ 327a Abs. 1 Satz 2)

Abweichend von § 285 Abs. 2 Satz 1 bedarf der **Übertragungsbeschluss nicht der Zu-**   24
stimmung der Komplementäre (§ 327a Abs. 1 Satz 2). Hintergrund ist, dass durch das Ausschlussverfahren die Binnenorganisation der KGaA mit Komplementären und Kommanditaktionären (§ 278 Abs. 1) nicht berührt wird[55]. Betroffen sind nur die Minderheits-Kommanditaktionäre, während die Person des Komplementärs dieselbe bleibt. Die Komplementäre haben aus den von ihnen gehaltenen Aktien volles Stimmrecht.

§ 327b
Barabfindung

(1) Der Hauptaktionär legt die Höhe der Barabfindung fest; sie muss die Verhältnisse der Gesellschaft im Zeitpunkt der Beschlussfassung ihrer Hauptversammlung berücksichtigen. Der Vorstand hat dem Hauptaktionär alle dafür notwendigen Unterlagen zur Verfügung zu stellen und Auskünfte zu erteilen.

(2) Die Barabfindung ist von der Bekanntmachung der Eintragung des Übertragungsbeschlusses in das Handelsregister an mit jährlich 2 vom Hundert über dem jeweiligen Basiszinssatz nach § 247 des Bürgerlichen Gesetzbuchs zu verzinsen; die Geltendmachung eines weiteren Schadens ist nicht ausgeschlossen.

(3) Vor Einberufung der Hauptversammlung hat der Hauptaktionär dem Vorstand die Erklärung eines im Geltungsbereich dieses Gesetzes zum Geschäftsbetrieb befugten Kreditinstituts zu übermitteln, durch die das Kreditinstitut die Gewährleistung für die Erfüllung der Verpflichtung des Hauptaktionärs übernimmt, den Minderheitsaktionären nach Eintragung des Übertragungsbeschlusses unverzüglich die festgelegte Barabfindung für die übergegangenen Aktien zu zahlen.

I. Gegenstand und Zweck 1	e) Abzug von Ausgleichszahlungen und Dividenden 7	
II. Barabfindung 2	f) Vorerwerbs- Parallel- und Nacherwerbspreise 8	
1. Ermittlung der Höhe 2	2. Zeitpunkt der Festlegung der Barabfindung 9	
a) Bewertungsverfahren 2		
b) Börsenkurs 3	3. Zivilrechtliche Grundlagen und Modifikation des Abfindungsangebots 10	
c) Bewertungsstichtag, Durchschnittskurs 4		
aa) Grundsatz 4		
bb) Börsennotierte Gesellschaften 5		
d) Andere Abfindungsansprüche . . . 6		

---

53 *Fuhrmann/Simon*, WM 2002, 1211, 1213; *Koppensteiner* in KölnKomm. AktG, § 327a Rz. 16.
54 OLG Düsseldorf v. 14.1.2005 – I-16 U 59/04, AG 2005, 293, 297 f.; LG Bochum v. 7.12.2004 – 12 O 136/04 – „GEA AG", AG 2005, 738, 740; *Fuhrmann/Simon*, WM 2002, 1211, 1213; *Habersack* in Emmerich/Habersack, Aktien- und GmbH-Konzernrecht, § 327a Rz. 23.
55 *Koppensteiner* in KölnKomm. AktG, § 327a Rz. 24; *Habersack* in Emmerich/Habersack, Aktien- und GmbH-Konzernrecht, § 327a Rz. 13.

4. Anspruchsinhaber   12
   a) Aktien   12
   b) Bezugsrechte, insbesondere Wan-
      delanleihen   13
   c) Zwingender Charakter, zusätzliche
      Abfindungsangebote   18
5. Abfindungsanspruch   19
   a) Entstehung, Fälligkeit   19
   b) Verzinsung (§ 327b Abs. 2)   20
   c) Verjährung, Erfüllung   22
6. Besteuerung von Privatpersonen . . .   23
III. Informationsrechte des Haupt-
     aktionärs (§ 327b Abs. 1 Satz 2)   24
IV. Gewährleistungserklärung eines
    Kreditinstituts (§ 327b Abs. 3)   27
1. Überblick   27
2. Aufsichtsrechtliche Anforderungen .   28

   a) Kreditinstitut   28
   b) Eigenmittel   29
   c) Unabhängigkeit   30
3. Art und vertragliche Ausgestaltung
   des Sicherungsmittels   31
4. Sicherungsfall   33
5. Umfang   35
6. Form, Zeitpunkt, Publizität   39
7. Erlöschen, Hinterlegung, Verjährung .   42
8. Fehler, Nachreichung   43
9. Vertragsverhältnis zwischen
   Hauptaktionär und Bank   45
   a) Inhalt des Vertragsverhältnisses . .   45
   b) Kreditprüfung durch die Bank   47
   c) Bindungswirkung der Gewährleis-
      tungserklärung, Widerruf   48

Literatur: *Angerer*, Der Squeeze-out, BKR 2002, 260; *Dißars/Kocher*, Der Deckungsumfang der Banksicherheit im Squeeze-out-Verfahren, NZG 2004, 856; *Dißars*, Anfechtungsrisiken beim Squeeze-out – zugleich eine Analyse der bisherigen Rechtsprechung, BKR 2004, 389; *Friedl*, Die Rechte von Bezugsrechtsinhabern beim Squeeze-out im Vergleich zu den Rechten der Minderheitsaktionäre, Der Konzern 2004, 309; *Heidel/Lochner*, Squeeze-out ohne hinreichenden Eigentumsschutz, DB 2001, 2031; *Kames/Richter*, Die Spekulation auf höhere Abfindungsangebote dürfte bald vorüber sein, FAZ vom 18.12.2004; *Kruse*, Das kalte Delisting börsennotierter Aktiengesellschaften, 2003; *Lörcher*, Aktienoptionen bei Strukturveränderungen der Arbeitgebergesellschaft, 2003; *Mattes/Graf von Maldeghem*, Unternehmensbewertung beim Squeeze Out, BKR 2003, 531; *Rühland*, Der Squeeze-out nach dem Ref. zum Wertpapiererwerbs- und Übernahmegesetz vom 12.3.2001, NZG 2001, 448; *Schiffer/Roßmeier*, Auswirkungen des Squeeze-out auf rechtshängige Spruchverfahren, DB 2002, 1359; *Schüppen*, Übernahmegesetz ante portas, WPg 2001, 948; *Schlitt/Seiler/Singhof*, Aktuelle Rechtsfragen und Gestaltungsmöglichkeiten im Zusammenhang mit Wandelschuldverschreibungen, AG 2003, 254, 267; *Singhof/Weber*, Bestätigung der Finanzierungsmaßnahmen und Barabfindungsgewährleistung nach dem Wertpapiererwerbs- und Übernahmegesetz, WM 2002, 1158; *Sellmann*, Ausgleichs- und Verfahrensregelungen des Squeeze-out, WM 2003, 1545; *Tebben*, Ausgleichszahlungen bei Aktienübergang, AG 2003, 600; *Thaeter/Barth*, RefE eines Wertpapiererwerbs- und Übernahmegesetzes, NZG 2001, 545; *Vossius*, Squeeze-out-Checklisten für Beschlussfassung und Durchführung, ZIP 2002, 511; *Wenger/Kaserer/Hecker*, Konzernbildung und Ausschuss von Minderheiten im neuen Übernahmerecht: Eine verpasste Chance für marktorientierten Minderheitenschutz, ZBB 2001, 317; *Wilsing/Kruse*, Zur Behandlung bedingter Aktienbezugsrechte beim Squeeze-out, ZIP 2002, 1465.

I. Gegenstand und Zweck

1   Den Minderheitsaktionären ist eine angemessene **Barabfindung in Euro**[1] **zu gewähren**, die durch den Hauptaktionär festgelegt wird (Abs. 1). Der Anspruch ist zu verzinsen (Abs. 2) und durch eine Gewährleistungserklärung abzusichern (Abs. 3). Die angebotene Abfindung können die Aktionäre annehmen oder auf ihre Angemessenheit im Spruchverfahren überprüfen lassen (§ 327f). Zweck des § 327b ist es, den ausgeschlossenen Aktionären den vollen Gegenwert für die verlorenen Aktien zu sichern.

---

1 *Fleischer* in Großkomm. AktG, § 327b Rz. 3.

II. Barabfindung

1. Ermittlung der Höhe

a) Bewertungsverfahren

Die Ermittlung des Anteilswertes erfolgt nach den im Rahmen des § 305 entwickel- 2
ten Grundsätzen (vgl. daher zunächst § 305 Rz. 47 ff.)[2]. Die Abfindung muss den **vollen Wert der Beteiligung** an dem Unternehmen repräsentieren, um den verfassungsrechtlichen Vorgaben des Art. 14 Abs. 1 Satz 1 GG gerecht zu werden[3]. Eine unter-
schiedliche Festlegung der Abfindung für **Stammaktien** und **Vorzugsaktien** ist
zulässig, soweit sachliche Gründe vorliegen (z.B. Kursdifferenzen)[4]. Da die Prüfung
des Barabfindungsangebots durch Wirtschaftsprüfer erfolgt (vgl. § 327c Rz. 15), sind
für die Bewertung der IDW Standard S 1 (Grundsätze zur Durchführung von Unternehmensbewertungen) und somit der Ertragswert oder der Discounted-Cash-Flow
(DCF) maßgebend[5]. In der gesellschaftsrechtlichen Praxis findet nach wie vor nahezu
ausschließlich das **Ertragswertverfahren** Anwendung[6].

b) Börsenkurs

Bei der Ermittlung der Abfindung ist ein bestehender **Börsenkurs** entscheidendes Kri- 3
terium für die Unternehmensbewertung[7]. Er ist – auch beim Squeeze-out – grundsätzlich **Untergrenze** für die festzusetzende Barabfindung[8]. Die Abfindung darf in begründeten Ausnahmefällen jedoch auch den Börsenkurs unterschreiten. Dies ist etwa
der Fall, wenn **kein Handel stattfindet** oder der **Streubesitz zu gering** ist, um eine ausreichende Liquidität der Aktie zu gewährleisten (Marktenge), und der Börsenkurs infolgedessen den tatsächlichen Unternehmenswert unzutreffend (hoch) abbildet[9]. Das
ist indessen nicht in jedem Ausschlussszenario der Fall, weil auch ein unter 5% lieg-
ender Streubesitz ausreichend Handel und Liquidität gewährleisten kann[10]. Der Börsenkurs dürfte – in Anlehnung an § 5 Abs. 4 WpÜG-AV – jedenfalls dann kein zuver-
lässiges Kriterium mehr sein, wenn die Aktie innerhalb der letzten drei Monate seit
Bekanntgabe der Absicht des Hauptaktionärs (also spätestens mit Einladung zur

---

2 Ausführlich zur Unternehmensbewertung beim Squeeze-out *Mattes/Graf von Maldeghem*,
BKR 2003, 531 ff.
3 BVerfG v. 7.8.1962 – 1 BvL 16/60 – „Feldmühle", BVerfGE 14, 263, 284; BVerfG v. 27.4.1999 –
1 BvR 1613/94 – „DAT/Altana", BVerfGE 100, 289, 304 ff.; BT-Drucks. 14/7034, S. 72.
4 LG Bochum v. 7.12.2004 – 12 O 136/04 – „GEA AG", AG 2005, 738, 740.
5 IDW S 1 v. 18.10.2005, WPg 2005, 1303 ff. Zum früheren IDW S 1 v. 28.6. 2000 (WPg 2000,
825 ff.) vgl.: *Siepe/Dörschell/Schulte*, WPg 2000, 946 ff.; *Mattes/Graf von Maldeghem*, BKR
2003, 531, 534; sowie *Kames/Richter*, FAZ v. 18.11.2004.
6 Vgl. dazu sowie zur Berücksichtigung geänderter Bewertungsgrundsätze OLG Stuttgart v.
26.10.2006 – 20 W 14/05, NZG 2007, 112 ff.; näher dazu *Marten/Müller* in FS Röhricht, S. 963,
976 ff.; kritisch zur Anwendung der Ertragswertmethode: *Rühland*, NZG 2001, 448, 450; weitergehend *Hanau*, NZG 2002, 1040, 1043.
7 Vgl. BVerfG v. 27.4.1999 – 1 BvR 1613/94 – „DAT/Altana", BVerfGE 100, 289, 304 ff.
8 OLG Köln v. 26.8.2004 – 18 U 48/04, NZG 2005, 931, 933; BT-Drucks. 14/7034, S. 72.
9 OLG Köln v. 26.8.2004 – 18 U 48/04, NZG 2005, 931, 933; LG Frankfurt v. 22.6.2005 – 3/8 O
171/02 – „Alte Leipziger Versicherung AG", AG 2005, 930, 934; *Schiessl*, AG 1999, 442, 451
f.; *E. Vetter*, ZIP 2000, 1817, 1822; *Ehricke/Roth*, DStR 2001, 1120, 1123; *Habersack*, ZIP
2001, 1230, 1238; *Marten/Müller* in FS Röhricht, S. 963, 978 f.; *Hüffer*, § 327b Rz. 5; *Grunewald* in MünchKomm. AktG, § 327b Rz. 9.
10 OLG Frankfurt v. 2.11.2006 – 20 W 233/93 – „Koepp Schaum AG/Deutsche Vita Polymere
GmbH", AG 2007, 403, 404 (Handel nur an wenigen Tagen); LG Frankfurt v. 17.1.2006 – 3 – 5
O 75/03 – „MAN/MAN Roland", ZIP 2006, 757, 758; OLG München v. 11.7.2006 – 31 Wx
041/05 und 066/05, AG 2007, 246, 247 f. (Möglichkeit, Aktien innerhalb von drei Monaten an
vielen Börsentagen zu verkaufen, genügt).

Hauptversammlung) nur an einem Drittel der Handelstage gehandelt wurde und mehrere nacheinander festgestellte Börsenkurse um mehr als 5% voneinander abweichen[11]. Ein Abweichen vom Börsenkurs kann auch bei **Kursmanipulationen** gerechtfertigt sein. Allein Kursbewegungen durch Spekulationen genügen jedoch nicht[12]. Die **Darlegungs- und Beweislast** für diese Ausnahmefälle trägt der Abfindungsverpflichtete[13]. Auch bei einer **Gesellschaft in Abwicklung** ohne operatives Geschäft oder der Verzerrung des Kurses **durch die Zahlung ungerechtfertigt hoher Preise** ist nicht der Börsenwert als Untergrenze der Barabfindung heranzuziehen[14].

c) Bewertungsstichtag, Durchschnittskurs

4   **aa) Grundsatz.** Die Barabfindung muss nach § 327b Abs. 1 Satz 1 Halbsatz 2 die Verhältnisse der Gesellschaft zum Zeitpunkt der Beschlussfassung berücksichtigten. Bewertungsstichtag ist bei **nicht-börsennotierten** Gesellschaften daher der **Tag der Hauptversammlung**, die über den Übertragungsbeschluss entscheidet. Zu den Verhältnissen der Gesellschaft gehören auch die zu diesem Zeitpunkt noch nicht geleisteten und in Folge des Ausschlusses entfallenden Dividendenzahlungen (vgl. Rz. 7)[15].

5   **bb) Börsennotierte Gesellschaften.** Für börsennotierte Gesellschaften (§ 3 Abs. 2) kommt die Hauptversammlung als Stichtag – entgegen der Rechtsprechung des BGH[16] zum Unternehmensvertrag (durchschnittlicher Kurs in den letzten drei Monaten vor der Hauptversammlung) – regelmäßig nicht in Betracht, da der Börsenkurs zum Zeitpunkt der Einberufung der Hauptversammlung nicht absehbar ist und Marktveränderungen ausgesetzt sein kann, die in keinem unmittelbaren Zusammenhang mit dem Unternehmenswert stehen (Spekulation, Manipulation)[17]. Richtigerweise ist der Referenzkurs auch hier in Anlehnung an § 5 Abs. 1 WpÜG-AV als der **gewichtete durchschnittliche inländische Börsenkurs** der Aktie während der letzten **drei Monate vor Bekanntgabe der Transaktion zu ermitteln**[18]. Das entspricht auch der Bewertungs- und Prüfungspraxis. Stichtag ist damit spätestens der Tag der Einladung zur Hauptversammlung, kann aber auch ein früherer Zeitpunkt sein, etwa der Tag einer Pressemitteilung oder Ad-hoc Mitteilung der Gesellschaft oder des Haupt-

---

11 *Krieger*, BB 2002, 53, 56; *Riehmer* in Schüppen/Schaub, MAH Aktienrecht, § 44 Rz. 27; *Hasselbach* in KölnKomm. WpÜG, § 327b AktG Rz. 18; *Grunewald* in MünchKomm. AktG, § 327b Rz. 9; a.A. *Angerer*, BKR 2002, 260, 264.

12 BGH v. 12.3.2001 – II ZB 15/00 – „DAT/Altana", BGHZ 147, 108 = NJW 2001, 2080.

13 *Hüffer*, § 327b Rz. 5; *Habersack* in Emmerich/Habersack, Aktien- und GmbH-Konzernrecht, § 327b Rz. 9.

14 OLG Düsseldorf v. 4.10.2006 – I-26 W 7/06 (19 W 7/05) AktE – „Siemens/DUEWAG AG", ZIP 2006, 2379 ff. (Gesellschaft ohne operatives Geschäft und Zahlung eines Kaufpreises unter – unzutreffender – Annahme, dass Abfindungsanspruch aus Unternehmensvertrag mit übergehen würde); LG Düsseldorf v. 9.9.2005 – 40 O 295/03 AktE – „Siemens/DUEWAG", AG 2005, 929, 930.

15 *Koppensteiner* in KölnKomm. AktG, § 327b Rz. 7.

16 BGH v. 12.3.2001 – II ZB 15/00 – „DAT/Altana", BGHZ 147, 108, 118 = NJW 2001, 2080 (drei Monate vor Hauptversammlung) = AG 2001, 417; ebenso OLG Hamburg v. 31.7.2001 – 11 W 29/94 – „Bavaria und St. Pauli/März", AG 2002, 406, 407; OLG Hamburg v. 7.8.2002 – 11 W 14/94 – „RWE/DTA", NZG 2003, 89, 90; LG Frankfurt v. 17.1.2006 – 3-50 75/03 – „MAN/MAN Roland", ZIP 2006, 757, 758 f.; LG Mannheim v. 29.1.2007 – 24 AktE 15/04 (zitiert nach Beck RS 2007).

17 Vgl. auch BVerfG v. 27.4.1999 – 1 BvR 1613/94 – „DAT/Altana", BVerfGE 100, 289, 304 ff.

18 OLG Stuttgart v. 16.2.2007 – 20 W 6/06 – „Daimler/Chrysler", ZIP 2007, 530 ff.; KG v. 16.10.2006 – 2 W 148/01 – „DeTeWe II", ZIP 2007, 75 ff. (zum UmwG); *Marten/Müller* in FS Röhricht, S. 963, 969; *Riehmer* in Schüppen/Schaub, Münchner Anwaltshandbuch Aktienrecht, § 44 Rz. 28; *Hasselbach* in KölnKomm. WpÜG, § 327b AktG Rz. 20; *Koppensteiner* in KölnKomm. AktG, § 327b Rz. 19 f.; für 6-monatigen Referenzzeitraum *Hüffer*, § 305 Rz. 24 f.

aktionärs. Die BaFin ermittelt im Rahmen des §31 WpÜG diesen Durchschnittskurs und veröffentlicht ihn auf ihrer Webseite.

d) Andere Abfindungsansprüche

Sonstige bestehende Abfindungsansprüche bilden bei der Bemessung der Barabfindung nach §327b Abs. 1 nur dann eine Mindestvorgabe, wenn der Barabfindungsanspruch kraft Eintragung (§327c Abs. 3) untergeht[19]. Denn der Verkehrswert umfasst grundsätzlich diejenigen Zahlungen, die die Minderheitsaktionäre aufgrund einer anderweitigen Desinvestitionsentscheidung erhalten würden. Dies ist allerdings dann nicht der Fall, wenn der Abfindungsanspruch – wie insbesondere bei einem **Beherrschungs- und Gewinnabführungsvertrag (§305)**[20] – dem Minderheitsaktionär erhalten bleibt, weil er **kein akzessorisches Nebenrecht** darstellt, das automatisch auf den Erwerber übergeht[21]. Die Minderheitsaktionäre können den Anspruch nach §305 also auch noch nach Eintragung des Übertragungsbeschlusses geltend machen. Ein etwaiges Spruchverfahren im Hinblick auf die Abfindungshöhe nach §305 ist gleichwohl fortzuführen[22]. Entscheiden sich die ausgeschiedenen Minderheitsaktionäre nach Abschluss des vertragsüberdauernden Spruchverfahrens für die Abfindung nach §305, so müssen sie sich die ihnen nach §327a gewährte Barabfindung anrechnen lassen[23].

e) Abzug von Ausgleichszahlungen und Dividenden

Weiter bilden Ausgleichszahlungen (etwa nach §304)[24] oder Dividenden[25] **keinen Abzugsposten** bei der Bestimmung der Abfindungszahlung, auch wenn sie nach dem Bewertungsstichtag gezahlt werden[26]. Sie stehen als Verzinsung ihres Investments solange den Aktionären zu, bis die Aktien nach §327e Abs. 3 auf den Hauptaktionär übergehen. Anderweitige Festsetzungen sind unzulässig und begründen die Anfechtbarkeit des Übertragungsbeschlusses nach §327f Satz 3[27]. Aus den gleichen Überlegungen kann ein Gewinnverwendungsbeschluss nach §243 Abs. 2 angefochten werden, wenn das als weiterer Tagesordnungspunkt zu beschließende Barabfindungsan-

6

7

19 Vgl. *Koppensteiner* in KölnKomm. AktG, §327b Rz. 22.

20 Vgl. BGH v. 8.5.2006 – II ZR 27/05 – „Jenoptik", ZIP 2006, 1392 ff.

21 OLG Düsseldorf v. 4.10.2006 – I-26 W 7/06 (19 W 7/05) AktE – „Siemens/DUEWAG", ZIP 2006, 2379, 2382 f. (auch mit dem weiteren zutreffenden Hinweis, dass die Abfindungsansprüche nach §305 einerseits (Beeinträchtigung der Rechte) und nach §327b andererseits (Verlust der Rechts) systematisch nicht vergleichbar sind; vgl. aber auch OLG München v. 11.10.2006 – 7 U 3515/06 – „Hypo Real Estate Holding AG", AG 2007, 334, 335.

22 Explizit zum Squeeze-out *Schiffer/Roßmeier*, DB 2002, 1359 ff.; zur Mehrheitseingliederung BGH v. 12.3.2001 – II ZB 15/00 – „DAT/Altana", BGHZ 147, 108 = NJW 2001, 2080.

23 OLG Düsseldorf v. 4.10.2006 – I-26 W 7/06 (19 W 7/05) AktE – „Siemens/DUEWAG", ZIP 2006, 2379, 2383.

24 Vgl. BGH v. 16.9.2002 – II ZR 284/01 – „Rütgers AG", ZIP 2002, 1892 ff. = AG 2003, 40 ff.; *Habersack* in Emmerich/Habersack, Aktien- und GmbH-Konzernrecht, §327b Rz. 9.

25 OLG Hamburg v. 11.4.2003 – 11 U 215/02 – „Philips/PKV", ZIP 2003, 1344, 1345 f. = AG 2003, 441; LG Hamburg v. 30.10.2002 – 411 O 34/02 – „Philips/PKV", DB 2002, 2478, 2478 f. = ZIP 2003, 168; dazu *Wendt*, DB 2003, 191 ff.

26 A.A. *Riehmer* in Schüppen/Schaub, Münchener Anwaltshandbuch Aktienrecht, §44 Rz. 18; *Hasselbach* in KölnKomm. WpÜG, §327b AktG Rz. 22 f.; *Tebben*, AG 2003, 600, 608 (für Ausgleichszahlungen).

27 OLG Hamburg v. 11.4.2003 – 11 U 215/02 – „Philips/PKV", ZIP 2003, 1344, 1345 f. = AG 2003, 441; LG Hamburg v. 30.10.2002 – 411 O 34/02 – „Philips/PKV", DB 2002, 2478, 2478 f. = ZIP 2003, 168; dazu *Wendt*, DB 2003, 191 ff.

gebot um die auszuschüttende Dividende vollständig reduziert und somit letztlich durch die Minderheitsaktionäre quersubventioniert werden soll (vgl. § 327f Rz. 6)[28].

f) Vorerwerbs-, Parallel- und Nacherwerbspreise

8   Anders als im Übernahmerecht (§ 31 WpÜG, § 4 WpÜG-AV) haben Preise, die im zeitlichen Zusammenhang mit dem Ausschlussverfahren für einzelne gezahlt wurden, **keinen Einfluss** auf die den außenstehenden Aktionären zu zahlende Barabfindung[29]. Anders ist das sicherlich bei einem Aktienpaket mit Kontrollwechsel, dessen Preisfindung im Rahmen der Anwendung der einschlägigen Bewertungsmethoden (vgl. Rz. 2) zu reflektieren ist[30]. § 327b Abs. 1 Satz 3 in der Fassung des Regierungsentwurfes ging hingegen noch im Wege einer unwiderlegbaren Vermutung davon aus, dass Angebotspreise, die im Rahmen eines vorangegangenen Übernahmeverfahrens gezahlt und von 90 % der Aktionäre angenommen wurden, auch für die Barabfindung im Rahmen des Squeeze-out-Verfahrens als angemessen gelten[31]. Unter dem Eindruck verfassungsrechtlicher Bedenken ist die Regelung letztlich doch nicht Gesetz geworden[32]. Damit kann auch bei einer Annahmequote von 90 % im Übernahmeverfahren die Barabfindung im Spruchverfahren überprüft werden; in diesem Verfahren besteht aber eine – für alle Verfahrensbeteiligten – **widerlegbare Vermutung** dafür, dass das Angebot angemessen ist[33]. Davon geht nunmehr – allerdings in Form einer unwiderlegbaren Vermutung – auch § 39a Abs. 3 Satz 3 WpÜG für das übernahmerechtliche Ausschlussverfahren aus (vgl. Vor § 327a Rz. 9).

2. Zeitpunkt der Festlegung der Barabfindung

9   Die Barabfindung wird einseitig durch den Hauptaktionär festgelegt. Spätester Zeitpunkt hierfür ist die **Einladung der Hauptversammlung und Bekanntmachung der Tagesordnung** (§§ 327c Abs. 1 Nr. 2, 124). Die überwiegende Kommentarliteratur verlangt zwar, dass die Barabfindung bereits mit dem Verlangen des Hauptaktionärs nach § 327a Abs. 1 Satz 1 festgelegt wird[34]. Das überzeugt aber nicht: Aus dem Gesetz geht eine solche Verpflichtung nicht hervor; § 327a Abs. 1 Satz 1 beschreibt lediglich abstrakt die Merkmale des Ausschlusses. Die Information über die Barabfindung ist erforderlich für die Teilnahme und Durchführung der Hauptversammlung, die sich auch mit der Angemessenheit der Abfindung auseinandersetzt, aber nicht für den Vorstand, das Ausschlussverfahren einzuleiten. Er prüft daher auch nicht die Höhe der Barabfindung. Oftmals wird es dem Hauptaktionär gar nicht möglich sein, eine fundierte Aussage über die Höhe der Barabfindung zu treffen, zumal Bericht des Hauptaktionärs und Prüfungsbericht ebenfalls erst zur Einladung der Hauptversammlung vorliegen müssen (§ 327c Abs. 3 Nr. 3 und 4).

---

28   LG Frankfurt v. 12.10.2004 – 3-5 O 71/04, AG 2005, 545, 546 f. = DB 2004, 2742 mit zust. Anm. *Zschocke/Rahlf*.

29   *Koppensteiner* in KölnKomm. AktG, § 327b Rz. 24; *Habersack* in Emmerich/Habersack, Aktien- und GmbH-Konzernrecht, § 327b Rz. 9; *Krieger*, BB 2002, 53, 57; *Hasselbach* in KölnKomm. WpÜG, § 327b AktG Rz. 24; a.A. beim Unternehmensvertrag *Emmerich* in Emmerich/Habersack, Aktien- und GmbH-Konzernrecht, § 305 Rz. 49 f.

30   Insofern zutreffend *Schüppen/Tretter* in Frankfurter Kommentar WpÜG, § 327b AktG Rz. 16.

31   Vgl. BT-Drucks. 14/7034, S. 72; *Heidel/Lochner*, DB 2001, 2031 ff.; *Rühland*, NZG 2001, 448 ff.; *Mattes/Graf von Maldeghem*, BKR 2003, 531, 532.

32   Vgl. Finanzausschuss BT-Drucks. 14/7477, S. 54; *Sellmann*, WM 2003, 1545, 1547 f.; *Wirth/Arnold*, AG 2002, 503, 506.

33   *Rühland*, NZG 2001, 448, 453 ff.; *Ehricke/Roth*, DStR 2001, 1120, 1123; *Grunewald* in MünchKomm. AktG, § 327b Rz. 9.

34   *Schüppen/Tretter* in Frankfurter Kommentar WpÜG, § 327b AktG Rz. 3; *Koppensteiner* in KölnKomm. AktG, § 327a Rz. 14, § 327b Rz. 4; vgl. auch *Hüffer*, § 327b Rz. 6. *Habersack* in Emmerich/Habersack, Aktien- und GmbH-Konzernrecht, § 327b Rz. 4.

3. Zivilrechtliche Grundlagen und Modifikation des Abfindungsangebots

Mit der Einladung zur Hauptversammlung und Bekanntmachung der Tagesordnung **10** (§§ 327c Abs. 1 Nr. 2, 124) ist das Angebot zivilrechtlich **bindend** (§ 145 BGB)[35]. **Änderungs- oder Widerrufsvorbehalte** sieht § 327b Abs. 1 nicht vor und würden auch Sinn und Zweck der Regelung widersprechen; sie sind daher unwirksam. Gleichermaßen ist das veröffentlichte Angebot (zivilrechtlich) ein **bedingungsfeindliches** Rechtsgeschäft[36]. **Anfechtung** wegen Willensmängeln ist nach Maßgabe der §§ 119 ff. BGB möglich. **Bewertungsfehler** fallen jedoch grundsätzlich in die Risikosphäre des Hauptaktionärs und sind als Motivirrtum unbeachtlich[37]. Die **Herabsetzung des Angebots** ist ab Bindungswirkung ebenfalls nicht mehr möglich. Hinzu kommt, dass Tagesordnungspunkt (§ 327c Abs. 1 Nr. 2), Bericht des Hauptaktionärs (§ 327c Abs. 2 Satz 1) und Prüfungsbericht (§ 327c Abs. 2 Satz 2) auf einer unzutreffenden Annahme beruhen würden. Jede Änderung der Tagesordnung zum Nachteil der Minderheitsaktionäre begründet daher einen Anfechtungsgrund (vgl. § 124 Abs. 4)[38]. Dem Hauptaktionär ist allerdings dadurch die „**Flucht aus dem Abfindungsangebot**" möglich, indem er seinen eigenen Beschlussvorschlag in der Hauptversammlung scheitern lässt[39]. Vertrauensgrundsätze stehen diesem Verhalten nicht entgegen; mangels Vergleichbarkeit greift auch nicht der Rechtsgedanke des § 26 Abs. 1 WpÜG. Es gibt also keine besondere Sperrfrist, nach der das Verfahren nicht erneut durchgeführt werden könnte.

Zulässig ist die **Angabe eines Mindestpreises** in der Einladung, da die Barabfindung **11** die Verhältnisse der Gesellschaft zum Zeitpunkt des Hauptversammlungsbeschlusses berücksichtigen muss (vgl. § 327b Abs. 1 Satz 1)[40]. Weiter sind alle Änderungen des Angebots ausschließlich **zum Vorteil sämtlicher Minderheitsaktionäre** zivilrechtlich möglich, da deren Zustimmung unterstellt werden kann. Insbesondere ist eine **Erhöhung des Angebots** entsprechend der Rechtslage bei der Eingliederung zulässig (vgl. § 320 Rz. 10)[41]. Die Gewährleistungserklärung des Kreditinstituts muss sich auf diesen Mehrbetrag erstrecken (vgl. Rz. 35), soweit er von der Hauptversammlung beschlossen wurde und somit vom Hauptaktionär mit Eintragung geschuldet

---

35 *Koppensteiner* in KölnKomm. AktG, § 327b Rz. 4; anders – Ausschlussverfahren kann jederzeit bis zum Übertragungsbeschluss durch Widerruf des Verlangens beendet werden – *Austmann* in MünchHdb. AktG, § 74 Rz. 38, was jedoch die Bindungswirkung des Barabfindungsangebots übersieht.

36 Denkbar mag es sein, in der Bekanntmachung nach Maßgabe der §§ 121 ff. zwei Tagesordnungspunkte so miteinander zu verknüpfen, dass die Beschlussfassung über den einen Punkt nur erfolgen soll, wenn über den anderen Punkt wirksam beschlossen wurde (vgl. zu inhaltlich zusammenhängenden Tagesordnungspunkten auch *Werner* in Großkomm. AktG, § 124 Rz. 56). Eine irgendwie geartete zivilrechtliche Bedingung des Abfindungsangebotes darf damit aber nicht einhergehen. Anders implizit LG Frankfurt v. 12.10.2004 – 3-5 O 117/04 – „DEPFA Deutsche Pfandbriefbank AG", AG 2005, 490, 491; LG Frankfurt v. 12.10.2004 – 3-5 O 71/04, AG 2005, 545, 547. In beiden Verfahren ging das Gericht davon aus, dass das Barabfindungsangebot unter der Bedingung der vorherigen Beschlussfassung über die Gewinnverwendung stand; da die Bedingung (wegen Unwirksamkeit des Gewinnverwendungsbeschlusses) nicht eingetreten war, wurde das Angebot als unvollständig und damit nicht ordnungsgemäß beurteilt.

37 *Grunewald* in MünchKomm. AktG, § 327b Rz. 6.

38 *Grunewald* in MünchKomm. AktG, § 327b Rz. 8; *Koppensteiner* in KölnKomm. AktG, § 327b Rz. 4; *Hasselbach* in KölnKomm. WpÜG, § 327b AktG Rz. 6.

39 *Grunewald* in MünchKomm. AktG, § 327b Rz. 8; *Koppensteiner* in KölnKomm. AktG, § 327b Rz. 4.

40 LG Berlin v. 17.2.2003 – 99 O 111/02, DB 2003, 707, 707 f. mit zust. Anm. *Keul.*

41 OLG München v. 10.5.2007 – 31 Wx 119/06, NZG 2007, 635, 635; *Angerer*, BKR 2002, 260, 264; *Hasselbach* in KölnKomm. WpÜG, § 327b AktG Rz. 6; *Koppensteiner* in KölnKomm. AktG, § 327b Rz. 4.

ist. Die Formulierung der Gewährleistung kann entsprechende Änderungen vorab reflektieren. Im Übrigen sind die §§ 121 ff. bei entsprechender Änderung der Einberufung zur Hauptversammlung zu beachten[42].

4. Anspruchsinhaber

a) Aktien

12   Einen Anspruch auf Zahlung der angemessenen Barabfindung haben alle Minderheitsaktionäre, deren Aktien kraft Eintragung des Ausschlusses auf den Hauptaktionär übergehen. Nicht zur Abfindung berechtigen **eigene Aktien** der Gesellschaft sowie dem Hauptaktionär über § 327a Abs. 2 i.V.m. § 16 Abs. 4 **zuzurechnende Aktien**
(dazu näher § 327e Rz. 20 ff.).

b) Bezugsrechte, insbesondere Wandelanleihen

13   Inhabern von (verbrieften oder unverbrieften) Rechten zum Erwerb von Aktien gegenüber der Gesellschaft (Optionen, Bezugsrechte, Wandelanleihen) steht ebenfalls
analog § 327b Abs. 1 Satz 1 und vergleichbar mit der Situation bei der Mehrheitseingliederung (vgl. § 320b Rz. 2)[43] ein **Anspruch auf angemessene Barabfindung gegen
den Hauptaktionär** zu[44]. Der Barabfindungsanspruch der Inhaber von Bezugsrechten
entsteht wie bei den Inhabern von Aktien mit Eintragung und ist auch zu diesem
Zeitpunkt fällig[45]. Ein (bedingter) Anspruch auf Übertragung von Aktien besteht
nicht mehr, und zwar weder gegen die Gesellschaft noch gegen den Hauptaktionär[46].
Der Bestandsschutz der Inhaber von Bezugsrechten kann nicht weiter gehen als der
der Vollrechtsinhaber.

14   Diese Regeln gelten unabhängig von der Anzahl der ausgegebenen Optionen auch
dann, wenn nach deren Ausübung mehr als 5% des (erhöhten) Kapitals von Minderheitsaktionären gehalten würden[47]. Diese lediglich theoretische Möglichkeit ist

---

42 Dazu ausführlich *Butzke* in Obermüller/Werner/Winden, B Rz. 98 ff.
43 Vgl. BGH v. 2.2.1998 – II ZR 117/97 – „Siemens/Nixdorf", NJW 1998, 2146, 2146 f. (zur Mehr-
    heitseingliederung); grundlegend *Martens*, AG 1992, 209, 211 ff.
44 LG Düsseldorf v. 4.3.2004 – 31 O 144/03 – „Kamps", NZG 2004, 1168, 1170 = ZIP 2004, 1755,
    1757; *Quandt*, Squeeze-out in Deutschland, S. 138 ff.; *Hamann*, Minderheitenschutz beim
    Squeeze-out-Beschluss, 2003, S. 188 ff.; *Kruse*, Das kalte Delisting börsennotierter Aktienge-
    sellschaften, S. 154 ff.; *Rühland*, Der Auschluss von Minderheitsaktionären aus der Aktienge-
    sellschaft, S. 242 ff.; *Lörcher*, Aktienoptionen bei Strukturveränderungen der Arbeitgeberge-
    sellschaft, S. 111 ff.; *Moritz*, „Squeeze out": Der Ausschluss von Minderheitsaktionären nach
    §§ 327a ff. AktG, S. 189 ff.; *DAV-Handelsrechtsausschuss*, NZG 2001, 420, 431; *Ehricke/
    Roth*, DStR 2001, 1120, 1122; *Halm*, NZG 2000, 1162, 1165; *Wilsing/Kruse*, ZIP 2002, 1465,
    1467 ff.; *Gesmann-Nuissl*, WM 2002, 1205, 1207; *Sieger/Hasselbach*, NZG 2002, 120, 158;
    Schlitt/Seiler/Singhof, AG 2003, 254, 268 (für Wandelanleihen, die über dem Kapitalmarkt er-
    worben wurden); *Schlitt/Hemeling* in Habersack/Mülbert/Schlitt, Unternehmensfinanzie-
    rung am Kapitalmarkt, § 9 Rz. 63; *Hasselbach* in KölnKomm. WpÜG, § 327e AktG Rz. 22;
    Hüffer, § 327b Rz. 3; *Grzimek* in Geibel/Süßmann, § 327e AktG Rz. 32; *Riehmer* in Schüp-
    pen/Schaub, Münchener Anwaltshandbuch Aktienrecht, § 44 Rz. 40; *Habersack* in Emme-
    rich/Habersack, Aktien- und GmbH-Konzernrecht, § 327b Rz. 7.
45 *Wilsing/Kruse*, ZIP 2002, 1465, 1470; *Grunewald* in MünchKomm. AktG, § 327b Rz. 10; *Kop-
    pensteiner* in KölnKomm. AktG, § 327e Rz. 18; *Schlitt/Seiler/Singhof*, AG 2003, 254, 267.
46 So aber *P. Baums*, Ausschluss von Minderheitsaktionären, 2001, S. 156 ff.; *P. Baums*, WM
    2001, 1843, 1847 ff.; *Schüppen*, WPg 2001, 958, 975 f.; *Schüppen/Tretter* in Frankfurter Kom-
    mentar WpÜG, § 327a Rz. 18, § 327b Rz. 7, § 327e Rz. 18 f.; *Friedl*, Der Konzern 2004, 309,
    314 ff.; *Steinmeyer/Häger*, § 327e AktG Rz. 33; *Angerer*, BKR 2002, 260, 267; vgl. auch *Kiem*,
    RWS-Forum 2001, 329, 349 f.
47 *Wilsing/Kruse*, ZIP 2002, 1465, 1469; a.A. (weil bei Ausübung nicht mehr die Voraussetzun-
    gen des Squeeze-out vorliegen würden) die h.L. *Hamann*, Minderheitenschutz beim Squeeze-

ebenso wie bei der Feststellung der 95%-igen Kapitalmehrheit irrelevant (vgl. § 327a Rz. 8 ff.). Sie gelten auch nicht für Bezugsrechte, die nicht von der Gesellschaft ausgegeben und zu erfüllen sind (z.B. **Umtauschanleihen**). Hier ist der jeweilige Emittent nach allgemeinem Vertrags- und Schadensersatzrecht weiter verpflichtet.

Die Bezugsrechte – soweit sie zum Zeitpunkt der Eintragung ins Handelsregister nicht ausgeübt wurden – gehen kraft Gesetzes (analog § 327e Abs. 3, vgl. Rz. 17) **auf den Hauptaktionär über**[48]; damit verliert der Bezugsberechtigte die Verfügungsbefugnis über die Option[49]. Der Inhaber muss das Recht nicht ausüben (und kann es auch nicht mehr), um zur Barabfindung berechtigt zu sein. Nicht vom Übergang erfasst sind von dem Bezugsrecht **abtrennbare sonstige Rechte**, etwa bei Options- und Wandelanleihen nach § 221 der Anspruch auf Rückzahlung des Anleihebetrages zuzüglich etwaiger Zinsen (deren rechtliches Schicksal sich nach den Anleihebedingungen richtet)[50]. Über diese können die Anleiheinhaber weiter verfügen. 15

Die **Höhe der Abfindung** richtet sich nach dem **Marktwert des Bezugsrechts** als solches zum Zeitpunkt des Übertragungsbeschlusses, also nur mittelbar nach dem Marktwert der Aktie[51]. Nicht richtig ist es dagegen, auf die Barabfindung für die übergegangenen Aktien (abzüglich etwaiger zu erbringender Gegenleistungen und Fälligkeit bei Eintritt der Bezugsvoraussetzungen) abzustellen[52]. Denn es geht um den Ersatz einer Option, nicht des Vollrechts. Eine derartige „volle" Abfindung kommt allenfalls in Betracht, wenn die bedingten Bezugsrechte vor dem Übertragungsbeschluss wirksam ausgeübt[53] worden sind oder ausübungsreif[54] sind. 16

---

out-Beschluss, 2003, S. 193 ff. (auch zu der Frage, ob auf den Boden dieser Auffassung zusätzlich außenstehende Aktien gegen die 5%-Hürde zu rechnen sind); *Moritz*, „Squeeze out": Der Ausschluss von Minderheitsaktionären nach §§ 327a ff. AktG, S. 192 f.; *Habersack* in Emmerich/Habersack, Aktien- und GmbH-Konzernrecht, § 327b Rz. 7; *Krieger*, BB 2002, 53, 61; *Grunewald*, ZIP 2002, 18; *Grunewald* in MünchKomm. AktG, § 327b Rz. 11; vgl. auch *Koppensteiner* in KölnKomm. AktG, § 327e Rz. 17; vgl. auch *Röhricht* in VGR, Gesellschaftsrecht in der Diskussion, 1999, S. 10 (zur Mehrheitseingliederung).

48 *Wilsing/Kruse*, ZIP 2002, 1465, 1468; *Habersack* in Emmerich/Habersack, Aktien- und GmbH-Konzernrecht, § 327b Rz. 8; *Koppensteiner* in KölnKomm. AktG, § 327e Rz. 18.

49 A.A., aber nicht überzeugend *Schlitt/Seiler/Singhof*, AG 2003, 254, 267 (Option könne auch noch später je nach wirtschaftlicher Entwicklung ausgeübt werden); *Schlitt/Hemeling* in Habersack/Mülbert/Schlitt, Unternehmensfinanzierung am Kapitalmarkt, § 9 Rz. 63 (Bezugsberechtigter erhalte die Möglichkeit, nicht aber die Pflicht, Bezugsrecht auszuüben); vgl. auch *DAV-Handelsrechtsausschuss*, NZG 2001, 420, 431; *Friedl*, Der Konzern 2004, 309, 315 f.

50 *Habersack* in Emmerich/Habersack, Aktien- und GmbH-Konzernrecht, § 327b Rz. 8; *Koppensteiner* in KölnKomm. AktG, § 327e Rz. 18; unklar *Schlitt/Seiler/Singhof*, AG 2003, 254, 268 (Laufzeit der Wandelschuldverschreibung würde automatisch enden); LG Düsseldorf v. 4.3.2004 – 31 O 144/03 – „Kamps", NZG 2004, 1168, 1170 = ZIP 2004, 1755, 1757 (Anleihen würden sich in Barabfindungsanspruch umwandeln).

51 *Wilsing/Kruse*, ZIP 2002, 1465, 1470 u. Fn. 34; *Grunewald* in MünchKomm. AktG, § 327b Rz. 10; *Habersack* in Emmerich/Habersack, Aktien- und GmbH-Konzernrecht, § 327b Rz. 8; *Lörcher*, Aktienoptionen bei Strukturveränderungen der Arbeitgebergesellschaft, S. 114 ff.; *Moritz*, „Squeeze out": Der Ausschluss von Minderheitsaktionären nach §§ 327a ff. AktG, S. 192 Fn. 602; im Ergebnis auch *Koppensteiner* in KölnKomm. AktG, § 327e Rz. 18; *Schlitt/Seiler/Singhof*, AG 2003, 254, 268; *Schlitt/Hemeling* in Habersack/Mülbert/Schlitt, Unternehmensfinanzierung am Kapitalmarkt, § 9 Rz. 64; in der Tendenz *Hasselbach* in KölnKomm. WpÜG, § 327e AktG Rz. 22. Die Option muss also im Geld sein, damit ein Abfindungsanspruch besteht. Der Marktwert ist nach den für die Bewertung von Optionen üblichen Verfahren zu ermitteln (z.B. Black-Scholes-Modell).

52 So aber *Vossius*, ZIP 2002, 511, 513; *Krieger*, BB 2002, 53, 61; *Quandt*, Squeeze-out in Deutschland, S. 140.

53 *Wilsing/Kruse*, ZIP 2002, 1465, 1470.

54 Näher *Lörcher*, Aktienoptionen bei Strukturveränderungen der Arbeitgebergesellschaft, S. 116 f.

17   Für das weitere **Verfahren** ist zu differenzieren, ob es um die Sicherung der Barabfindung oder um das Beschlussverfahren und damit einhergehende Aktionärsrechte geht[55]. So müssen das Verlangen des Hauptaktionärs und der Übertragungsbeschluss nicht die Abfindung der Bezugsberechtigten berücksichtigen (analog §§ 327a Abs. 1 Satz 1, 327b Abs. 1 Satz 1), weil die Bezugsinhaber hierüber nicht beschließen[56]. Die Barabfindung ist zu verzinsen (analog § 327b Abs. 2) und durch eine Gewährleistungserklärung abzusichern (analog § 327b Abs. 3). Die §§ 327c, 327d sind dagegen auf Aktionärsrechte ausgerichtet und finden keine Anwendung zugunsten Bezugsberechtigter. Denkbar sind im Einzelfall Informationsansprüche aus Vertrag[57]. Die Barabfindung können die Inhaber von Bezugsrechten im Spruchverfahren (entsprechend § 327 Satz 2, § 3 Satz 1 Nr. 2) überprüfen lassen[58]. Eine Klagebefugnis nach §§ 241 ff. besteht keinesfalls[59].

c) Zwingender Charakter, zusätzliche Abfindungsangebote

18   Der Kreis der Anspruchsinhaber ist zwingend, auch im Falle von Erwerbsrechten[60]. Möglich ist nach allgemeinen Regeln jedoch, dass Minderheitsaktionäre auf ihre Ansprüche verzichten oder sich zur Stundung bereit erklären. Weiter können alternative Abfindungsangebote unterbreitet werden, z.B. in Aktien des Hauptaktionärs; die Abwicklung dieses Angebots erfolgt dann aber privatautonom und nicht nach Maßgabe der §§ 327a ff.

5. Abfindungsanspruch

a) Entstehung, Fälligkeit

19   Der Anspruch auf Zahlung der festgelegten Barabfindung entsteht kraft Gesetzes mit der Eintragung des Übertragungsbeschlusses; gesonderter Übertragungsverträge bedarf es nicht[61]. Fälligkeit tritt nach den Umständen (§ 271 Abs. 1 BGB) – ungeachtet der in § 327b Abs. 2 getroffenen Verzinsungsregelung – aber erst ein, wenn der Hauptaktionär seinen jeweiligen Gläubiger feststellen kann. Im Falle von **effektiven Aktienstücken** ist dies dann der Fall, wenn die betreffenden Aktienurkunden bei dem Hauptaktionär bzw. bei der von dieser benannten Abwicklungsstelle eingereicht werden[62]. Im Falle von **Globalurkunden** genügt die Umschreibung der Miteigentumsan-

---

55   Ähnlicher Ansatz bei *Koppensteiner* in KölnKomm. AktG, § 327e Rz. 19; für eher pauschale Anwendung der §§ 327a ff.: *Wilsing/Kruse*, ZIP 2002, 1465, 1470; vgl. ferner *Vossius*, ZIP 2002, 511, 513.

56   LG Düsseldorf v. 4.3.2004 – 31 O 144/03 – „Kamps", NZG 2004, 1168, 1170 = ZIP 2004, 1755, 1757; a.A. *Koppensteiner* in KölnKomm. AktG, § 327e Rz. 19; *Wilsing/Kruse*, ZIP 2002, 1465, 1470.

57   Entscheidend sind aber in erster Linie die Auslegung Anleihebedingungen. Vgl. ferner BGH v. 5.10.1992 – II ZR 172/91 – „Klöckner Genüsse", BGHZ 119, 305, 330 (Schutz- und Verhaltenspflichten zugunsten von Inhabern von Genussrechten); sehr weitgehend *Friedl*, Der Konzern 2004, 309, 312 ff. (generelle Aufklärungspflichten der AG über Squeeze out).

58   *Wilsing/Kruse*, ZIP 2002, 1465, 1470; *Habersack* in Emmerich/Habersack, Aktien- und GmbH-Konzernrecht, § 327b Rz. 8; *Grunewald* in MünchKomm. AktG, § 327b Rz. 10; *Moritz*, „Squeeze out": Der Ausschluss von Minderheitsaktionären nach §§ 327a ff. AktG, S. 192.

59   *Wilsing/Kruse*, ZIP 2002, 1465, 1470.

60   *Sieger/Hasselbach*, ZGR 2002, 120, 159.

61   BT-Drucks. 14/7034, S. 73; *Hasselbach* in KölnKomm. WpÜG, § 327b AktG Rz. 10.

62   OLG Düsseldorf v. 4.10.2006 – I-26 W 7/06 (19 W 7/05) AktE – „Siemens/DUEWAG", ZIP 2006, 2379, 2385; *Koppensteiner* in KölnKomm. AktG, § 327e Rz. 15; *Schüppen/Tretter* in Frankfurter Kommentar WpÜG, § 327b Rz. 23; *Hasselbach* in KölnKomm. WpÜG, § 327b AktG Rz. 12; *Groß* in Happ, Aktienrecht, 17.01 Rz. 14 f.; ebenso die h.M. in den Fällen der §§ 305, 320b, vgl. *Hüffer*, § 305 Rz. 8; *anders* wohl (Fälligkeit mit Eintragung) *Steinmeyer/Häger*, § 327b AktG Rz. 59.

teile durch die Clearstream Banking AG, wofür die Mitwirkung des betreffenden (früheren) Minderheitsaktionärs nicht erforderlich ist (näher § 327e Rz. 23 f.)[63]. Soweit **keine Aktienurkunden** ausgegeben worden sind, wird man einen gewissen Nachweis der Aktionärsstellung (§ 294 ZPO) verlangen können. Die Anhängigkeit eines **Spruchverfahrens** ist für die Fälligkeit irrelevant[64].

b) Verzinsung (§ 327b Abs. 2)

Die Abfindung ist ab Bekanntmachung der Eintragung (§ 10 HGB)[65] des Übertra-   20
gungsbeschlusses mit 2%(-Punkten) über Basiszinssatz gem. § 247 BGB zu verzinsen (§ 327b Abs. 2 Satz 1 Halbsatz 1)[66]. Alle Maßnahmen, die die Bekanntmachung verzögern – insbesondere Anfechtungsklagen – verlagern damit auch den Beginn des Zinslaufs. Im Falle der **Erhöhung der Barabfindung** durch ein Spruchverfahren ist allein dieser (ursprünglich geschuldete, weil angemessene) Wert für die Bemessung der Verzinsung maßgeblich[67]. Verzug (§ 286 BGB) ist nicht erforderlich. Ein weiterer Schaden kann (nur) geltend gemacht werden (§ 327b Abs. 2 Satz 1 Halbsatz 2), soweit entsprechende eigene Anspruchsvoraussetzungen erfüllt sind (z.B. §§ 280, 286 BGB)[68], im Falle des Verzugs etwa **erhöhte Zinsen** nach § 288 Abs. 1 BGB.

Nach richtigem Verständnis setzt die gesetzliche Verzinsung nach § 327b Abs. 2   21
Satz 1 Halbsatz 1 **Fälligkeit voraus**, der Hauptaktionär muss also seinen jeweiligen Gläubiger feststellen können (vgl. Rz. 19)[69]. Im Falle der Girosammelverwahrung genügt für Fälligkeit also die Umbuchung durch die Clearingstelle, während verbriefte sog. effektive Aktienstücke bei der Abwicklungsstelle physisch eingereicht werden müssen.

c) Verjährung, Erfüllung

Der Abfindungsanspruch unterliegt der Regelverjährung von 3 Jahren (§ 195 BGB)[70].   22
Verjährungsbeginn ist der Schluss des Jahres, in dem der Anspruch entstanden (also fällig nach § 271 Abs. 1 BGB)[71] ist und Kenntnis oder Kennenmüssen des Minderheitsaktionärs von den anspruchsbegründenden Tatsachen vorliegt (§ 199 Abs. 1 BGB). Kenntnis bzw. Kennenmüssen wird grundsätzlich im Zeitpunkt der **Abfin-**

---

63 *Schüppen/Tretter* in Frankfurter Kommentar WpÜG, § 327b Rz. 23; *Hasselbach* in Köln-Komm. WpÜG, § 327b AktG Rz. 12.
64 *Hasselbach* in KölnKomm. WpÜG, § 327b AktG Rz. 12.
65 Maßgeblich ist also nicht der Zeitpunkt des Rechtsverlustes, was verfassungsrechtlich keinen Bedenken unterliegt (*Schüppen/Tretter* in Frankfurter Kommentar WpÜG, § 327b Rz. 22; a.A. *Heidel/Lochner* in Heidel, § 327b Rz. 11).
66 Die Bestimmung entspricht §§ 305 Abs. 3 Satz 3, 320b Abs. 1 Satz 6; vgl. § 305 Rz. 119 ff. und § 320b Rz. 14.
67 *Schüppen/Tretter* in Frankfurter Kommentar WpÜG, § 327b Rz. 21; Begr. RegE UmwG 1994, BT-Drucks. 12/6699, S. 88, 179.
68 OLG Stuttgart v. 3.12.2003 – 20 W 6/03 – „Alcatel SEL AG", NZG 2004, 146, 150 = AG 2004, 105; *Schüppen/Tretter* in Frankfurter Kommentar WpÜG, § 327b Rz. 21; *Habersack* in Emmerich/Habersack, Aktien- und GmbH-Konzernrecht, § 327b Rz. 10; anders *Heidel/Lochner* in Heidel, § 327b Rz. 12 (Geltendmachung eines höheren Schadens verlange nicht die Voraussetzungen der weiteren Anspruchsgrundlagen).
69 *Schüppen/Tretter* in Frankfurter Kommentar WpÜG, § 327b Rz. 23; *Koppensteiner* in Köln-Komm. AktG, § 327b Rz. 8 Fn. 31 i.V.m. § 327e Rz. 16; wohl auch *Groß* in Happ, Aktienrecht, 17.01 Rz. 15; a.A. (Fälligkeit mit Zeitpunkt der Eintragung) *Steinmeyer/Häger*, § 327b AktG Rz. 59.
70 *Schüppen/Tretter* in Frankfurter Kommentar WpÜG, § 327b Rz. 24; *Hasselbach* in Köln-Komm. WpÜG, § 327b AktG Rz. 15.
71 *Palandt/Heinrichs*, § 199 BGB Rz. 3.

dungsbekanntmachung vorliegen[72]. Der Zahlungsanspruch ist durch ein Spruchverfahren nach § 204 Abs. 1 Nr. 1 BGB **gehemmt**, allerdings nur für den Erhöhungsbetrag, nicht aber für den im Übertragungsbeschluss bereits festgelegten Betrag[73].

6. Besteuerung von Privatpersonen

23 Die gezahlte Barabfindung unterliegt als privates Veräußerungsgeschäft der Besteuerung nach §§ 22 Nr. 2, 23 EStG[74]. Es ist steuerlich ohne Bedeutung, ob die Veräußerung freiwillig oder unter wirtschaftlichem Zwang erfolgt. Haben die Minderheitsaktionäre die Anteile innerhalb eines Jahres vor dem Übertragungsvorgang erworben, ist die Differenz zwischen der gewährten Gegenleistung und den Anschaffungskosten als privater Veräußerungsgewinn i.S. des § 23 Abs. 1 Satz 1 Nr. 2 EStG steuerpflichtig.

III. Informationsrechte des Hauptaktionärs (§ 327b Abs. 1 Satz 2)

24 Der Vorstand hat dem Hauptaktionär sämtliche zur Festlegung der Barabfindung erforderlichen **Unterlagen** zur Verfügung zu stellen und Auskünfte zu erteilen (§ 327b Abs. 1 Satz 2). Der Anspruch richtet sich gegen die Gesellschaft und ist im Innenverhältnis durch den Vorstand zu erfüllen (vgl. Vor § 327a Rz. 22)[75].

25 Das Informationsrecht besteht **außerhalb der Hauptversammlung** und ist Spezialregelung gegenüber § 131. Auskunftsverweigerungsgründe des § 131 Abs. 3 gelten weder direkt noch entsprechend. Die Auskunftserteilung nach § 327b Abs. 1 Satz 2 begründet keine Auskunftsrechte der übrigen Aktionäre nach § 131 Abs. 4 (vgl. § 327d Rz. 5 ff.).

26 § 327b Abs. 1 Satz 2 ist ebenfalls Spezialregelung zu § 93 Abs. 1 Satz 2, entbindet den Vorstand also von den entsprechenden **Verschwiegenheitspflichten**[76]. Gleichwohl ist der Abschluss einer Vertraulichkeitsvereinbarung mit dem Hauptaktionär ratsam, soweit Betriebs- und Geschäftsgeheimnisse oder Insiderinformationen betroffen sind; im Übrigen ist der Hauptaktionär kraft seiner mitgliedschaftlichen Treuepflicht der Gesellschaft zur Vertraulichkeit verpflichtet, darf sich aber natürlich – der Vertraulichkeit unterliegenden – Beratern bedienen. Es besteht zwar kein im Ermessen des Vorstands (Unternehmensinteresse) liegendes Auskunftsverweigerungsrecht[77]. Der Vorstand muss allerdings die **Auskunft verweigern**, wenn aus seiner Sicht (gestützt durch entsprechenden fachlichen Rat) die gesetzlichen Voraussetzungen für die Erteilung der Auskunft nicht vorliegen, insbesondere wenn das Verlangen nach § 327a Abs. 1 Satz 1 unwirksam ist (etwa wegen fehlender Beteiligungsquote) oder die nachgefragten Informationen nicht zur Unternehmensbewertung erforderlich sind. Bloße Zweifel genügen aber nicht zur Auskunftsverweigerung[78]; vielmehr muss der Vorstand die Sachverhalts- und Rechtsfragen zu seiner Überzeugung klären.

---

72 *Schüppen/Tretter* in Frankfurter Kommentar WpÜG, § 327b Rz. 24.
73 *Schüppen/Tretter* in Frankfurter Kommentar WpÜG, § 327b Rz. 24.
74 BMF v. 25.10.2004 – IV C 3 – S 2256 – 238/04, Tz. 40; a.A. *Waclawik*, DStR 2003, 447 ff.; *Schüppen/Tretter* in Frankfurter Kommentar WpÜG, § 327e Rz. 20.
75 *Grunewald* in MünchKomm. AktG, § 327b Rz. 4; *Habersack* in Emmerich/Habersack, Aktien- und GmbH-Konzernrecht, § 327b Rz. 5; *Koppensteiner* in KölnKomm. AktG, § 327b Rz. 6.
76 *Hüffer*, § 327b Rz. 7; vgl. ferner §§ 394, 395.
77 Das meinen wohl *Schüppen/Tretter* in Frankfurter Kommentar WpÜG, § 327b Rz. 5.
78 So aber *Steinmeyer/Häger*, § 327b AktG Rz. 55.

IV. Gewährleistungserklärung eines Kreditinstituts (§ 327b Abs. 3)

1. Überblick

Vor Einberufung der Hauptversammlung hat der Hauptaktionär dem Vorstand die **Gewährleistungserklärung eines Kreditinstituts** zu übermitteln (§ 327b Abs. 3). Dieses – dem deutschen Konzernrecht fremde – Sicherungsmittel räumt den Minderheitsaktionären zusätzlich einen **unmittelbaren Anspruch** gegen ein Kreditinstitut ein. Dadurch soll die Durchsetzung des Abfindungsanspruchs nicht nur gesichert, sondern – insbesondere bei ausländischen oder nicht ausreichend finanzstarken Hauptaktionären – auch erleichtert werden[79]. 27

2. Aufsichtsrechtliche Anforderungen

a) Kreditinstitut

Die Gewährleistung kann nur von einem Kreditinstitut (§ 1 Abs. 1 KWG) übernommen werden, das in der Bundesrepublik zum Geschäftsbetrieb befugt ist, also über eine inländische Bankerlaubnis verfügt (§§ 32 Abs. 1, 53 KWG)[80] oder aber – als ausländisches Kreditinstitut mit Sitz in einem anderen Mitgliedstaat des EWR – in dem jeweiligen Sitzland zum Betreiben von entsprechenden Bankgeschäften zugelassen ist (§ 53b Abs. 1 KWG)[81]. Kreditinstitute mit Sitz in einem Drittstaat kommen nur nach Maßgabe des § 53c KWG in Betracht (Bestimmung durch Rechtsverordnung). 28

b) Eigenmittel

Die Übernahme der Gewährleistung nach § 327b Abs. 3 ist ein Garantiegeschäft im Sinne des § 1 Abs. 1 Satz 2 Nr. 8 KWG und dementsprechend mit **aufsichtsrechtlich relevantem Eigenkapital** zu unterlegen[82]. Maßgeblicher Zeitpunkt hierfür ist nicht die Ausreichung der Gewährleistungserklärung, sondern **die Eintragung des Übertragungsbeschlusses im Handelsregister**. Zwar sind mit der Übergabe der Gewährleistungserklärung gewisse Bindungswirkungen eingetreten (vgl. Rz. 48), doch gegenüber den Minderheitsaktionären ist ein Sicherungsfall nur nach Wirksamkeit der Maßnahme denkbar. 29

c) Unabhängigkeit

Weitere Voraussetzungen knüpft das Gesetz nicht an das Kreditinstitut; insbesondere ist **nicht** verlangt, dass es sich bei dem Kreditinstitut um ein vom Hauptaktionär **unabhängiges Unternehmen** handelt[83]. Die Vorgaben des § 13 Abs. 1 Satz 2 WpÜG können nach der klaren Gesetzeslage weder analog noch wertungsmäßig auf § 327b 30

---

79 BT-Drucks. 14/7034, S. 72; *Hasselbach* in KölnKomm. WpÜG, § 327b AktG Rz. 28.

80 Vgl. § 53 Abs. 1 KWG für inländische Zweigstellen von Unternehmen mit Sitz im Ausland.

81 Also auch selbständige Niederlassungen einer Bank in einem EU-Mitgliedstaat; vgl. LG Frankfurt v. 4.5.2004 – 3-5 O 22/04, DB 2004, 1550.

82 Vgl. § 10 Abs. 1 KWG iVm. der Solvabilitätsverordnung, § 19 Abs. 1 Satz 3 Nr. 4. Dagegen handelt es sich bei der Finanzierungsbestätigung eines Wertpapierdienstleistungsunternehmens nach § 13 Abs. 1 Satz 2 WpÜG nicht um eine Garantie oder garantieähnliche Gewährleistung im bankaufsichtlichen Sinne. Sie ist weder den Bilanzaktiva noch den außerbilanziellen Geschäften im Sinne des § 4 des Grundsatzes I zuzuordnen und folglich nicht mit Eigenmitteln gem. § 10 KWG/Grundsatz I zu unterlegen.

83 LG München v. 14.8.2003 – 5HK O 13413/03, ZIP 2004, 167, 169; *Schüppen/Tretter* in Frankfurter Kommentar WpÜG, § 327b AktG Rz. 32; *Habersack* in Emmerich/Habersack, Aktien- und GmbH-Konzernrecht, § 327b Rz. 11 Fn. 45. Bedenken dagegen im Falle enger wirtschaftlicher Verbundenheit bei LG Frankfurt v. 9.3.2004 – 3/5 O 107/03, NZG 2004, 672, 674.

Abs. 3 übertragen werden[84]. Zu bedenken ist, dass die Finanzierungsbestätigung nach § 13 Abs. 1 Satz 2 WpÜG bereits von jedem Wertpapierdienstleistungsunternehmen erteilt werden kann, Gewährleistungserklärungen dagegen nur von Kreditinstituten mit entsprechender Eigenmittelausstattung (§ 10 KWG).

3. Art und vertragliche Ausgestaltung des Sicherungsmittels

31   Durch die Erklärung übernimmt das Kreditinstitut die Gewährleistung dafür, dass die Barabfindung nach Maßgabe des § 327b Abs. 1 tatsächlich gezahlt wird. Erforderlich ist nach dem Wortlaut und dem Zweck der Regelung ein **Zahlungsversprechen**, das den Minderheitsaktionären nach Eintragung des Übertragungsbeschlusses liquide die Barabfindung sichert, das heißt **direkte Zahlungsansprüche** der Minderheitsaktionäre gegen das Kreditinstitut[85], die von dem Verhalten des Hauptaktionärs unabhängig sind. Richtigerweise muss das Zahlungsversprechen daher als **Vertrag zugunsten Dritter** ausgestaltet werden[86], wobei **Einwendungen** aus dem Verhältnis zwischen Bank und Hauptaktionär nach § 334 BGB **ausgeschlossen sein müssen**[87]. Dagegen ist **keine abstrakte Bankgarantie** verlangt, die unabhängig von der Hauptschuld (Barabfindungsanspruch) eingreift. Vielmehr besteht **Akzessorität**. Der Hinweis, die Verpflichtung aus den Gewährleistungserklärungen würde erlöschen, soweit der Anspruch auf Barabfindung wegfällt, ist daher zulässig (weil er die Gesetzeslage wiedergibt)[88].

32   Die vertragliche Ausgestaltung ist – innerhalb dieses Rahmens – der Bank überlassen, wobei es sich aufgrund der Besonderheit des Sicherungsmittels in der Tat anbietet, von einer „Erfüllungsgewährleistung" zu sprechen und ihre gesetzliche geforderten Merkmal in der Erklärung zu umschreiben. Daneben kommen aber auch herkömmliche Sicherungsmittel wie Bankgarantie[89], (selbstschuldnerische) Bürgschaft (§ 765 BGB, unter Ausschluss der Einrede der Vorausklage (§ 771 BGB) entsprechend § 239 Abs. 2 BGB), Schuldbeitritt (§ 311 Abs. 1 BGB) oder abstraktes Schuldversprechen (§ 780 BGB) in Betracht[90]. Nicht ausreichend sind dagegen wegen des Bewertungs- und Verwertungsrisikos die in § 232 Abs. 1 BGB aufgeführten Sicherheiten[91]. Ebenso kommt eine Patronatserklärung nicht in Frage[92].

4. Sicherungsfall

33   Der Sicherungsfall tritt ein, wenn der Hauptaktionär nach Eintragung des Übertragungsbeschlusses nicht unverzüglich die festgelegte Barabfindung leistet. Ein Zahlungsversprechen auf erstes Anfordern ist nicht verlangt[93]. Wie der Hauptaktionär muss die Bank **erst leisten**, wenn im Fall von effektiven Stücken die Aktienurkunden der Bank (oder dem Hauptaktionär) angedient, im Fall von Globalurkunden die Miteigentumsanteile überschrieben oder im Fall unverbriefter Aktienrechte die Aktionärs-

---

84 Näher zum Abhängigkeitsbegriff des § 13 Abs. 1 Satz 2 WpÜG: *Berrar*, ZBB 2002, 174, 176 f.; *Singhof/Weber*, WM 2002, 1158, 1160; *Georgieff/Hauptmann*, AG 2005, 277, 280 f.
85 Vgl. BT-Drucks. 14/7034, S. 72; *Singhof/Weber*, WM 2002, 1158, 1168.
86 *Hüffer*, § 327b Rz. 10; *Habersack* in Emmerich/Habersack, Aktien- und GmbH-Konzernrecht, § 327b Rz. 13; *Grunewald* in MünchKomm. AktG, § 327b Rz. 16.
87 LG Landshut v. 27.7.2005 – 1 HK O 1446/05 – „Lindner Holding KGaA", AG 2005, 934, 935.
88 Vgl. OLG Karlsruhe v. 29.6.2006 – 7 W 22/06 – „Novasoft AG", AG 2007, 92, 93.
89 Ausdrücklich in Regierungsbegründung erwähnt, vgl. BT-Drucks. 14/7034, S. 72.
90 OLG Düsseldorf v. 14.1.2005 – I-16 U 59/04, AG 2005, 293, 296.
91 *Hüffer*, § 327b Rz. 10; *Habersack* in Emmerich/Habersack, Aktien- und GmbH-Konzernrecht, § 327b Rz. 12; a.A. *Grunewald* in MünchKomm. AktG, § 327b Rz. 15.
92 *M. Hakenberg* in Ebenroth/Boujong/Joost, HGB, BankR XI 680.
93 *Singhof/Weber*, WM 2002, 1158, 1168; *Krieger*, BB 2002, 53, 58.

stellung nachgewiesen wurde (vgl. Rz. 19)[94]. Darauf kann und sollte die Erklärung der Bank hinweisen.

Eine **Einrede der Vorausklage** oder ein vergleichbares Leistungsverweigerungsrecht ist dagegen unzulässig[95]. Banübliche **Bedingungen** und **Einschränkungen** sind dagegen grundsätzlich zulässig[96]. So ist ein Hinweis auf die Akzessorität der Gewährleistungserklärung und die gleichlaufende Verjährung unproblematisch. Eine **zeitliche Befristung** erlaubt das Gesetz nicht und scheidet schon wegen der Ungewissheit des Registerverfahrens grundsätzlich aus[97].   34

5. Umfang

Die **Gewährleistung** erstreckt sich auf die Barabfindung, die kraft Eintragung des Übertragungsbeschlusses und Untergang der Aktionärsrechte entstanden ist. Der Anspruch von Minderheitsaktionären, die ihre Aktien erst nach der Beschlussfassung, aber vor der Eintragung erwerben, ist von der Gewährleistung mit umfasst. Da Bezugsrechte auch zur Barabfindung berechtigten, muss sich die Gewährleistung auch hierauf beziehen (vgl. Rz. 13 ff.)[98].   35

Nicht umfasst sind dagegen nach dem Gesetzeswortlaut die **Aktien des Hauptaktionärs**, auch nicht solche, die ihm nach 327a Abs. 2 zugerechnet werden[99]. Die theoretische Möglichkeit, dass der Hauptaktionär oder ein verbundenes Unternehmen Aktien aus seinem Bestand vor Eintragung abgibt und hierdurch eine Unterdeckung einträte, ist praktisch nicht erheblich.   36

Vor diesem Hintergrund ist auch eine **Höchstbetragsgarantie** zulässig[100], soweit sie die Barabfindungsansprüche sämtlicher existierender und sämtlicher potentieller Minderheitsaktionäre umfasst. Für die Praxis bietet sich eine **Formulierung** dahingehend an, dass der Abfindungsbetrag je übergegangener Aktie von der Garantie erfasst wird[101].   37

---

94 *Schüppen/Tretter* in Frankfurter Kommentar WpÜG, § 327b Rz. 28; *Koppensteiner* in Köln-Komm. AktG, § 327b Rz. 10; *Steinmeyer/Häger*, § 327b AktG Rz. 61; vgl. auch *Singhof/Weber*, WM 2002, 1158, 1169.

95 Der Ausschluss der Einrede der Vorausklage folgt bereits aus § 349 HGB. Zwar ist § 349 HGB abdingbar, eine entsprechende Formulierung würde aber gerade gegen den Sinn und Zweck des § 327b Abs. 3 sprechen, dass Einwendungen aus dem Verhältnis zwischen Hauptaktionär und Bank den Minderheitsaktionär nicht berühren. Im Ergebnis ebenso *Singhof/Weber*, WM 2002, 1158, 1168; *Krieger*, BB 2002, 53, 58; *Vossius*, ZIP 2002, 511, 512; *Steinmeyer/Häger*, § 327b AktG Rz. 61; *Habersack* in Emmerich/Habersack, Aktien- und GmbH-Konzernrecht, § 327b Rz. 12; *Grzimek* in Geibel/Süßmann, § 327b AktG Rz. 43; *Koppensteiner* in KölnKomm. AktG, § 327b Rz. 11; *Schüppen/Tretter* in Frankfurter Kommentar WpÜG, § 327b Rz. 33; *anders*, aber unhaltbar *Fuhrmann/Simon*, WM 2002, 1211, 1216; *Grunewald* in MünchKomm. AktG, § 327b Rz. 15; *Sieger/Hasselbach*, ZGR 2002, 120, 151; ebenso noch, aber zurückhaltender *Hasselbach* in KölnKomm. WpÜG, § 327b AktG Rz. 31.

96 *Sieger/Hasselbach*, ZGR 2002, 120, 151; a.A. *Grunewald* in MünchKomm. AktG, § 327b Rz. 15.

97 *Vossius*, ZIP 2002, 511, 512.

98 *Singhof/Weber*, WM 2002, 1158, 1168; *Groß* in Happ, Aktienrecht, 17.01 Rz. 7.

99 *Habersack* in Emmerich/Habersack, Aktien- und GmbH-Konzernrecht, § 327b Rz. 15; a.A. LG Frankfurt v. 9.3.2004 – 3/5 O 107/03, NZG 2004, 672, 674 f.; *Singhof/Weber*, WM 2002, 1158, 1168; zur Paralleldiskussion der „Phantom-Finanzierung" im Rahmen des § 13 WpÜG vgl. *Krause* in Assmann/Pötzsch/Uwe. H. Schneider, WpÜG, Rz. 17.

100 *Dißars/Kocher*, NZG 2004, 856, 857; *Habersack* in Emmerich/Habersack, Aktien- und GmbH-Konzernrecht, § 327b Rz. 15; *Schüppen/Tretter* in Frankfurter Kommentar WpÜG, § 327b AktG Rz. 31; a.A. LG Frankfurt v. 9.3.2004 – 3/5 O 107/03, NZG 2004, 672, 674 f.; *Singhof/Weber*, WM 2002, 1158, 1168.

101 *Hasselbach* in KölnKomm. WpÜG, § 327b AktG Rz. 33; *Koppensteiner* in KölnKomm. AktG, § 327b Rz. 11 Fn. 53.

38   **Etwaige Erhöhungen nach Beschlussfassung,** freiwilliger Natur oder aufgrund eines Spruchverfahrens, muss die Gewährleistung nicht umfassen[102]. Gleichermaßen verlangt das Gesetz nicht, dass etwaige **Zinsen** nach § 327b Abs. 2 Halbsatz 1 durch die Sicherheitsleistung gedeckt sind[103]. Der Schutz der Minderheitsaktionäre ist insofern nur unerheblich beeinträchtigt. Setzt der Hauptaktionär die Barabfindung bewusst außerhalb jedes vertretbaren Bewertungsspielraums zu niedrig an, um die Kosten für die Gewährleistungserklärung zu reduzieren, wäre dieses Verhalten rechtsmissbräuchlich und der Übertragungsbeschluss anfechtbar[104]. **Ansprüche nach §§ 327e Abs. 2, 319 Abs. 6** wegen ungerechtfertigter Eintragung sind ebenfalls nicht abzusichern[105].

6. Form, Zeitpunkt, Publizität

39   Eine besondere Form sieht § 327b Abs. 3 nicht vor, sofern sich aus bankrechtlichen Vorgaben etwas anders ergibt[106]. **Schriftform** ist jedoch Praxis und aus Gründen der Dokumentation zwingend zu empfehlen[107]. Die Gewährleistungserklärung muss dem Vorstand der Gesellschaft **vor Einberufung der Hauptversammlung** übermittelt werden; ansonsten darf der Vorstand die Hauptversammlung nicht einberufen (zu den Konsequenzen vgl. unten Rz. 44).

40   Der Vorstand muss aber **nicht gem. § 327c Abs. 1** auf das Vorliegen der Gewährleistungserklärung in der Einladung zur Hauptversammlung hinweisen. Die Gewährleistungserklärung ist auch nicht vor oder während der Hauptversammlung zur Einsicht auszulegen; sie ist nicht in dem enumerativen Katalog des § 327c Abs. 3 i.V.m. § 327d Satz 1 aufgeführt. Gleichwohl ist es empfehlenswert und daher Praxis, auf die Gewährleistungserklärung in der Einladung hinzuweisen, sie in den Geschäftsräumen auszulegen und der Dokumentation für die Hauptversammlung beizufügen.

41   Dagegen ist die Gewährleistungserklärung Gegenstand des **Berichts des Hauptaktionärs** im Rahmen der Erläuterung der Übertragungsvoraussetzungen (vgl. § 327c

---

102 BVerfG v. 30.5.2007 – 1 BvR 390/04 – „Edscha AG", AG 2007, 544, 546; BGH v. 25.10.2005 – II ZR 327/03 – „Invensys Metering Systems AG/Meinecke AG", ZIP 2005, 2107, 2108 = AG 2005, 921; OLG Düsseldorf v. 14.1.2005 – I-16 U 59/04, AG 2005, 293, 296; OLG Hamburg v. 8.8.2003 – 11 U 45/03 – „Volksfürsorge Holding AG", ZIP 2003, 2076, 2077 ff. = AG 2003, 698; OLG Düsseldorf v. 29.6.2005 – I-15 W 38/05, AG 2005, 654, 655 f.; LG Berlin v. 17.2.2003 – 99 O 111/02, DB 2003, 707, 708; LG Hamburg v. 13.1.2003 – 415 O 140/02 – „Volksfürsorge Holding AG", ZIP 2003, 947, 949 = NZG 2003, 787; LG Bochum v. 7.12.2004 – 12 O 136/04 – „GEA AG", AG 2005, 738, 740; *DAV-Handelsrechtsausschuss*, NZG 2001, 1003, 1008; *Krieger*, BB 2002, 53, 58; *Koppensteiner* in KölnKomm. AktG, § 327b Rz. 12; *Sellmann*, WM 2003, 1545, 1548; *Singhof/Weber*, WM 2003, 1158, 1168; *E. Vetter*, AG 2002, 176, 189; a.A. *Heidel/Lochner* in Heidel, § 327b Rz. 16; *Steinmeyer/Häger*, § 327f AktG Rz. 15, 23; *Lenz/Leinekugel*, Eigentumsschutz beim Squeeze out, 2004, S. 47 ff. (aufgrund - verfassungsrechtlich gebotener Auslegung).

103 OLG Hamburg v. 8.8.2003 – 11 U 45/03 – „Volksfürsorge Holding AG", ZIP 2003, 2076, 2077, 2079 = AG 2003, 698; OLG Düsseldorf v. 29.6.2005 – I-15 W 38/05, AG 2005, 654, 655 f.; LG Bochum v. 7.12.2004 – 12 O 136/04 – „GEA AG", AG 2005, 738, 740; *Fuhrmann/ Simon*, WM 2002, 1211, 1216; a.A. wohl *Singhof/Weber*, WM 2002, 1158, 1168; *Vossius*, ZIP 2002, 511, 512; *Lenz/Leinekugel*, Eigentumsschutz beim Squeeze out, S. 47 ff. (aufgrund verfassungsrechtlich gebotener Auslegung).

104 *Grunewald* in MünchKomm. AktG, § 327b Rz. 18.

105 OLG Karlsruhe v. 29.6.2006 – 7 W 22/06 – „Novasoft AG", AG 2007, 92, 92 f.

106 Das Schriftformerfordernis für die Bürgschaft (§ 766 BGB), für das Schuldversprechen (§ 780 BGB) und Schuldanerkenntnis (§ 781 BGB) gilt nicht, da die Gewährleistung in der Regel Handelsgeschäft der Bank ist (§ 350 HGB); anders *Koppensteiner* in KölnKomm. AktG, § 327b Rz. 9.

107 OLG Düsseldorf v. 14.1.2005 – I-16 U 59/04, AG 2005, 293, 296.

Rz. 7). Im Übrigen muss der **Vertragsverhältnis zwischen Bank und Hauptaktionär** nicht offen gelegt werden, insbesondere nicht nach § 327c Abs. 2 Satz 1 (Bericht des Hauptaktionärs) und § 131 Abs. 1 (Auskunftsrecht des Aktionärs)[108].

7. Erlöschen, Hinterlegung, Verjährung

Die **Zahlungsverpflichtung der Bank** ist nach der gesetzlichen Konzeption akzessorisch zu dem Anspruch auf Barabfindung (vorbehaltlich privatautonomer Änderungen). Sie erlischt, wenn und soweit der Barabfindunganspruch untergeht, etwa durch Leistung der Barabfindungszahlung[109]. Anwendung finden die **Erfüllungssurrogate**, insbesondere die **Hinterlegung** unter Verzicht auf die Rücknahme nach §§ 372, 376 Abs. 2 Nr. 1, 378 BGB[110]. Dabei bestimmt sich die Zulässigkeit der Hinterlegung ausschließlich nach § 372 BGB, insbesondere Abs. 2 Satz 2 2. HS (Unwissenheit über den Gläubiger). Je nach Einzelfall genügt hierfür eine fruchtlose Fristsetzung zwischen einem und maximal sechs Monaten. Mangels Voraussetzung der Analogie (die Urkunden verbriefen keine Aktienrechte, sondern nur noch Zahlungsansprüche) gelten dagegen nicht die besonderen Anforderungen der § 214 Abs. 2 oder § 226 Abs. 3[111]. Wie der Barabfindungsanspruch unterliegt auch die Gewährleistung einer **Verjährungsfrist** von 3 Jahren (§ 195 BGB)[112]. 42

8. Fehler, Nachreichung

Die **Gewährleistungserklärung** des Kreditinstituts muss zum Zeitpunkt des Übertragungsbeschlusses wirksam sein, insbesondere durch berechtigte Personen unterzeichnet worden sein. Auf die Durchsetzbarkeit der Gewährleistung kraft Rechtsscheingrundsätzen kommt es für die gesellschaftsrechtliche Betrachtung (Registerprüfung, Anfechtungsklage) nicht an. Ist die Gewährleistungserklärung mangelhaft (z.B. weil die Haftungssumme zu gering ist) oder fehlt sie völlig, besteht ein Anfechtungsgrund (vgl. § 327f Rz. 8)[113]. Im Übrigen kommen Schadensersatzansprüche der Gesellschaft (§ 93) und der Aktionäre (allerdings nur nach Maßgabe der § 823 Abs. 1 BGB i.V.m. §§ 263, 266 StGB) gegen den Vorstand der Gesellschaft in Betracht. 43

Das Vorliegen oder die Wirksamkeit der Gewährleistungserklärung **vor der Einberufung** der Hauptversammlung ist jedoch **keine formale Beschlussvoraussetzung**. § 327b Abs. 3 ist insofern reine Ordnungsvorschrift, die dem Vorstand ermöglichen soll, die Voraussetzungen der späteren Beschlussfassung vorab zu prüfen. Ein Verstoß hiergegen führt schon mangels Kausalität des Abstimmungsergebnisses nicht zur Anfechtbarkeit. Vielmehr genügt es, wenn die wirksame Gewährleistungserklärung 44

---

108 *Hasselbach* in KölnKomm. WpÜG, § 327b AktG Rz. 37.
109 *Koppensteiner* in KölnKomm. AktG, § 327b Rz. 13; vgl. ferner § 767 Abs. 1 BGB für Bürgschaft, § 422 Abs. 1 BGB für die Gesamtschuld.
110 Ort der Hinterlegung ist das (deutsche) Amtsgericht am Wohnsitz bzw. Sitz des Hauptaktionärs; vgl. § 1 Abs. 2 HintO, § 374 BGB (Leistungsort ist nach § 269 bzw. 270 BGB der Sitz des Schuldners; *Grüneberg* in Palandt, § 374 BGB Rz. 1). Die Anwendung des § 14 (Amtsgericht am Sitz der Gesellschaft) wäre sachgerecht, ist aber wohl vom Gesetz nicht vorgesehen.
111 *Austmann* in MünchHdb. AG, § 74 Rz. 102; *Groß* in Happ, Aktienrecht, 17.01 Rz. 15; *Hüffer*, § 327b Rz. 8; wohl auch *Hasselbach* in KölnKomm. WpÜG, § 327b AktG Rz. 37 Fn. 75; *anders* (Voraussetzungen des § 214 Abs. 2 müssen gegeben sein) *Vossius*, ZIP 2002, 511, 515; *Habersack* in Emmerich/Habersack, Aktien- und GmbH-Konzernrecht, § 327b Rz. 16; *Koppensteiner* in KölnKomm. AktG, § 327b Rz. 13; *Quandt*, Squeeze-out in Deutschland, S. 257.
112 *Koppensteiner* in KölnKomm. AktG, § 327b Rz. 14; vgl. auch § 768 BGB zur Bürgschaft.
113 OLG Frankfurt v. 19.7.2005 - 5 U 134/04, DB 2005, 2807, 2808 = AG 2005, 657; a.A. – *Nichtigkeit – Heidel/Lochner* in Heidel, § 327b Rz. 14.

spätestens **zum Zeitpunkt des Übertragungsbeschlusses** vorliegt[114]. Ein Nachreichen bis zum Zeitpunkt der Eintragung des Beschlusses genügt dagegen nicht[115]; eine Ausnahme von der gesetzlichen Lage besteht auch nicht, wenn ad-hoc in der Hauptversammlung die Barabfindung erhöht wird (vgl. Rz. 10 f.)[116], denn die Voraussetzungen wirksamer Beschlüsse werden grundsätzlich zum Zeitpunkt der Beschlussfassung geprüft. Die Formulierung der Gewährleistungserklärung kann aber derartige freiwillige Erhöhungen von vornherein mitumfassen.

9. Vertragsverhältnis zwischen Hauptaktionär und Bank

a) Inhalt des Vertragsverhältnisses

45   Der Vertrag über die Ausreichung der Gewährleistung wird zwischen Kreditinstitut und Hauptaktionär geschlossen, in der Regel auf der Grundlage eines Geschäftsbesorgungsvertrages[117]. Die **Gesellschaft** ist regelmäßig nicht Vertragspartei[118]. Sie kann (nur) unter den Voraussetzungen der §§ 311, 317 (Nachteilsausgleich) sowie § 308 (Unternehmensvertrag) die **Bankprovision** übernehmen[119].

46   Jedenfalls bei Gesellschaften mit einem nicht überschaubaren Kreis an Minderheitsaktionären übernimmt die Bank zusätzlich die **bank- und wertpapiertechnische Abwicklung der Transaktion**. Da das Eigentum an den Aktien bereits mit Eintragung kraft Gesetzes von dem Hauptaktionär erworben wurde, geht es dabei in erster Linie um die Auszahlung der Barabfindung Zug um Zug gegen Übergabe etwaiger Aktienurkunden oder Umbuchung der Miteigentumsanteile (vgl. § 327e Rz. 23 f.).

b) Kreditprüfung durch die Bank

47   Wegen der **Haftungsqualität der Gewährleistung** nach § 327b Abs. 3 ist die Abgabe einer solchen Erklärung regelmäßig von einer bankinternen Prüfung abhängig, die einer Kreditentscheidung gleichkommt und sich an Bonität und Sicherheiten misst. Bei größeren Transaktionen, in denen die Bank gleichzeitig auch Abwicklungsfunktionen übernimmt, bietet es sich an, dass der Hauptaktionär den Gesamtbetrag der Barabfindung auf ein Sperrdepot bei der Bank einzahlt, damit diese dann unter Zuhilfenahme von Depotbanken die Gelder an die Minderheitsaktionäre auszahlt (über Clearstream Banking AG im Falle von Globalurkunden, direkt im Falle von effektiven Stücken oder durch Hinterlegung nach §§ 372, 376 Abs. 2 Nr. 1, 378 BGB). Alternativ oder zusätzlich kommen andere akzeptable Sicherheiten in Betracht (auch die Vorab-Verpfändung der Aktien der Minderheitaktionäre). Streitig ist in diesen Fällen oftmals, zu welchem Zeitpunkt das Geld auf das Sperrdepot der Bank gezahlt wird oder andere Sicherheiten bestellt werden (vor Ausreichung der Gewährleistung oder erst vor Eintragung in das Handelsregister).

---

114 *Krieger*, BB 2002, 53, 58; *Gesmann-Nuissl*, WM 2002, 1205, 1207; *Singhof/Weber*, WM 2002, 1158, 1167; *Hasselbach* in KölnKomm. WpÜG, § 327b AktG Rz. 34.

115 *Habersack* in Emmerich/Habersack, Aktien- und GmbH-Konzernrecht, § 327b Rz. 14; a.A. *Grunewald* in MünchKomm. AktG, § 327b Rz. 19.

116 A.A. *Habersack* in Emmerich/Habersack, Aktien- und GmbH-Konzernrecht, § 327b Rz. 14 a.E.

117 Näher *Singhof/Weber*, WM 2002, 1158, 1168 f.; *Hasselbach* in KölnKomm. WpÜG, § 327b AktG Rz. 35 ff.

118 *Grunewald* in MünchKomm. AktG, § 327b Rz. 16; vgl. aber auch *Vossius*, ZIP 2002, 511, 513.

119 *Habersack* in Emmerich/Habersack, Aktien- und GmbH-Konzernrecht, § 327b Rz. 13.

c) Bindungswirkung der Gewährleistungserklärung, Widerruf

Zusätzlich wird der Hauptaktionär gegenüber der Bank bestimmte Zusicherungen 48
und Verpflichtungen[120] eingehen mit der Folge, dass die Bank bei Verstößen den Geschäftsbesorgungsvertrag kündigen und die Herausgabe der Gewährleistungserklärung verlangen kann. Dabei stellt sich die Frage, bis zu welchem Zeitpunkt die Gewährleistung zurückgenommen werden kann, ohne dass die Gewährleistung die
Minderheitsaktionäre im Sicherungsfall berechtigen würde. Richtigerweise ist dies
auch noch nach Übergabe an den Hauptaktionär der Fall, soweit und solange die
Gewährleistungserklärung oder ihr Inhalt nicht veröffentlicht wird. Es ist davon auszugehen, dass die Gewährleistungserklärung als Angebot auf Abschluss eines entsprechenden Vertrages erst mit Zugang bei den Anspruchsberechtigten **unwiderruf-
lich** wird; die Annahme und damit das Zustandekommen des Gewährleistungsver-
trages zwischen Minderheitsaktionär und Bank erfolgt dann konkludent in der
Entgegennahme der Barabfindung[121]. Somit tritt jedenfalls zum Zeitpunkt der Einberufung und einer etwaigen Veröffentlichung der Gewährleistung zusammen mit der
Hauptversammlungsdokumentation (§ 327c Abs. 3) eine zivilrechtliche Bindungswirkung ein. Danach kann sich die Bank nur noch mit einer Verpflichtung des
Hauptaktionärs schützen, gegen den Übertragungsbeschluss zu stimmen, was in der
Sache (Rz. 10) und auch als Stimmbindungsvertrag gegenüber Nicht-Aktionären zu-
lässig ist (vgl. § 327f Rz. 19).

§ 327c
Vorbereitung der Hauptversammlung

**(1) Die Bekanntmachung der Übertragung als Gegenstand der Tagesordnung hat fol-
gende Angaben zu enthalten:**

1. Firma und Sitz des Hauptaktionärs, bei natürlichen Personen Name und Adresse;

2. die vom Hauptaktionär festgelegte Barabfindung.

**(2) Der Hauptaktionär hat der Hauptversammlung einen schriftlichen Bericht zu er-
statten, in dem die Voraussetzungen für die Übertragung dargelegt und die Angemessenheit der Barabfindung erläutert und begründet werden. Die Angemessenheit der
Barabfindung ist durch einen oder mehrere sachverständige Prüfer zu prüfen. Diese
werden auf Antrag des Hauptaktionärs vom Gericht ausgewählt und bestellt. § 293a
Abs. 2 und 3, § 293c Abs. 1 Satz 3 bis 5, Abs. 2 sowie die §§ 293d und 293e sind sinngemäß anzuwenden.**

**(3) Von der Einberufung der Hauptversammlung an sind in dem Geschäftsraum der
Gesellschaft zur Einsicht der Aktionäre auszulegen**

1. der Entwurf des Übertragungsbeschlusses;

2. die Jahresabschlüsse und Lageberichte für die letzten drei Geschäftsjahre;

3. der nach Absatz 2 Satz 1 erstattete Bericht des Hauptaktionärs;

4. der nach Absatz 2 Satz 2 bis 4 erstattete Prüfungsbericht.

---

120 Z.B.: Zulässige Verwendung der Gewährleistung, Rechtmäßigkeit des Verfahrens, Richtigkeit des Berichts des Hauptaktionärs, maximalen Höhe der Barabfindung und Informationsrechte. Hinzu kommen Freistellungs- und Aufwendungsersatzansprüche.
121 Vgl. *Steinmeyer/Häger*, § 327b AktG Rz. 62.

(4) Auf Verlangen ist jedem Aktionär unverzüglich und kostenlos eine Abschrift der in Absatz 3 bezeichneten Unterlagen zu erteilen.

I. Gegenstand und Zweck	1	1. Bestellung der Prüfer, Vergütung . . .	12
II. Bekanntmachung der Tagesordnung (§ 327c Abs. 1)	2	2. Eignung des Prüfers	15
III. Vorschläge zur Beschlussfassung . . .	3	3. Inhalt des Prüfungsberichts	18
IV. Bericht des Hauptaktionärs (§ 327c Abs. 2 Satz 1)	4	4. Auskunftsrecht, Entbehrlichkeit der Prüfung	19
1. Überblick	4	5. Fehler	20
2. Form, berichtspflichtige Person	5	6. Verantwortlichkeit des Prüfers	21
3. Inhalt	6	VI. Auslegung von Unterlagen (§ 327c Abs. 3)	26
a) Übertragungsvoraussetzungen . . .	7	1. Zeitpunkt und Ort	26
b) Angemessenheit der Barabfindung	8	2. Auszulegende Unterlagen, insbesondere Jahresabschlüsse	27
4. Entbehrlichkeit	9	3. Erteilung von Abschriften	30
5. Fehler, fakultative Angaben	10	4. Fehler	31
V. Prüfung der Angemessenheit der Barabfindung (§ 327c Abs. 2 Satz 2)	11		

Literatur: *Baßler*, Die Rüge der fehlerhaften Prüferbestellung im Anfechtungsprozess, AG 2006, 487; *Eisolt*, Die Squeeze-out-Prüfung nach § 372c Abs. 2 AktG, DStR 2002, 1145; *Leuering*, Die parallele Angemessenheitsprüfung durch den gerichtlich bestellten Prüfer, NZG 2004, 606, *Kai-Uwe Marten/Stefan Müller*, Squeeze-out-Prüfung, in FS Röhricht, 2005, S. 963; *Posegga*, Squeeze-Out. Unter besonderer Berücksichtigung möglicher Missbrauchsfälle sowie der Besonderheiten der Bemessung bei der Barabfindung, 2006; *Puszkajler*, Diagnose und Therapie von aktienrechtlichen Spruchverfahren, ZIP 2003, 518; *Ott*, Reichweite der Angemessenheitsprüfung bei Squeeze-out, DB 2003, 1615; *Veit*, Die Prüfung von Squeeze outs, DB 2005, 1697; *Wartenberg*, Die Auslage von Jahresabschlüssen für das letzte Geschäftsjahr beim Squeeze-out, AG 2004, 539; *Wendt*, Die Auslegung des letzten Jahresabschlusses zur Vorbereitung der Hauptversammlung – Strukturmaßnahmen als „Saisongeschäft"?, DB 2003, 191.

I. Gegenstand und Zweck

1   Die Norm regelt die **Vorbereitung der Hauptversammlung** und dient der Information der Minderheitsaktionäre über den wesentlichen Inhalt der Transaktion. § 327c gibt dazu den Inhalt der Tagesordnung vor (Abs. 1), verlangt die Erstattung eines schriftlichen Berichts durch den Hauptaktionär einschließlich seiner Prüfung durch Sachverständige (Abs. 2) und legt fest, dass bestimmte Unterlagen vor der Einberufung in den Geschäftsräumen auszulegen sind (Abs. 3). Auch wenn das Beschlussergebnis aufgrund der Mehrheitsverhältnisse präjudiziert ist, so ermöglicht dieser Grad an geforderter Mindestinformation eine sachgerechte Ausübung der Verwaltungsrechte (Auskunftsrecht, Anfechtungsrecht) und Entscheidung über die Einleitung des Spruchverfahrens.

II. Bekanntmachung der Tagesordnung (§ 327c Abs. 1)

2   Die Bekanntmachung des Ausschlusses als Gegenstand der Tagesordnung (§ 124 Abs. 1) muss Firma (§ 17 HGB) einschließlich der Rechtsform[1] und Sitz des Hauptak-

---

1 Vgl. § 4 AktG, § 4 GmbHG, §§ 5, 6 HGB.

tionärs enthalten (§ 327e Abs. 1 Nr. 1). Bei ausländischen Hauptaktionären sind gleichwertige Angaben erforderlich. Bei natürlichen Personen sind Name und Adresse (einschließlich Straße und Hausnummer)[2] anzugeben. Bei Kaufleuten genügt die Firma (§ 17 HGB). Ist Hauptaktionär eine GbR, sind entweder der Gesamtname oder – sofern sie einen solchen nicht führt – sämtliche Gesellschafter (jeweils mit Adresse) aufzuführen[3]. Bei Erben- und Gütergemeinschaften sind stets sämtliche Namen (jeweils mit Adresse) anzugeben. Schließlich muss die Bekanntmachung über die festgelegte Barabfindung informieren (§ 327e Abs. 1 Nr. 2). Das ist der Betrag, der je übergehender Aktie gezahlt werden soll. Die Angabe der Gesamtsumme genügt nicht. Verstöße gegen die Informationspflichten des § 327c Abs. 1 berechtigen nur unter den gesteigerten Voraussetzungen des § 243 Abs. 4 Satz 1 n.F. zu **Anfechtung**, die oftmals bei Verstößen gegen § 327c Abs. 1 Nr. 1 nicht erfüllt sein werden.

III. Vorschläge zur Beschlussfassung

Nach § 124 Abs. 3 sind Vorstand und Aufsichtsrat verpflichtet, der Hauptversammlung **Vorschläge zur Beschlussfassung** zu unterbreiten. Im Falle einer Squeeze-out-Hauptversammlung ist dies aber grundsätzlich wenig sinnvoll und entbehrlich, jedenfalls dann, wenn der Vorstand dem Verlangen des Hauptaktionärs ohne Weiteres entspricht[4]. Vorschläge zur Beschlussfassung sind ebenfalls entbehrlich, wenn der Gegenstand der Beschlussfassung aufgrund eines Verlangens nach § 122 auf die Tagesordnung gesetzt wurde (§ 124 Abs. 3 Satz 2 Fall 2). In beiden Fällen ist die Verwaltung aber auch nicht gehindert, ohne Rechtspflicht einen Vorschlag zu unterbreiten[5]. Sie ist dabei frei von Weisungen des Hauptaktionärs und unterliegt ausschließlich ihrem pflichtgemäßen Ermessen. Die Beschlussvorlage kann daher vom Vorstand abgelehnt werden, wenn sie nach seiner Auffassung nicht im Interesse der AG oder der Aktionäre liegt[6].

3

IV. Bericht des Hauptaktionärs (§ 327c Abs. 2 Satz 1)

1. Überblick

Der Bericht des Hauptaktionärs an die Hauptversammlung muss die **Voraussetzungen für die Übertragung** darlegen sowie die **Angemessenheit der Barabfindung** erläutern und begründen (§ 327c Abs. 2). Leitbilder sind die Berichte im Zusammenhang mit dem Unternehmensvertrag (§ 293a Abs. 1), der Eingliederung (§§ 319 Abs. 3 Nr. 3, 320 Abs. 4 Satz 2) und der Umwandlung (§ 8 UmwG); siehe daher zunächst Kommentierung zu § 293a Rz. 1 ff.

4

2. Form, berichtspflichtige Person

Der Bericht ist schriftlich abzufassen und durch den Hauptaktionär zu unterzeichnen (§ 126 BGB). Ist der Hauptaktionär juristische Person, genügt die Unterzeichnung des

5

---

2 *Hüffer*, § 327c Rz. 2; *Grunewald* in MünchKomm. AktG, § 327c Rz. 3.

3 *Hüffer*, § 327c Rz. 2; *Koppensteiner* in KölnKomm. AktG, § 327c Rz. 14 Fn. 42; a.A. *Grunewald* in MünchKomm. AktG, § 327c Rz. 3 (mit dem nicht überzeugenden Argument, die Minderheitsaktionäre seien durch die Gewährleistungserklärung nach § 327b Abs. 3 hinreichend geschützt; wäre dies richtig, wären sämtliche Angaben nach § 327c Abs. 1 Nr. 1 entbehrlich).

4 Zutreffend *Krieger*, BB 2002, 53, 59; *Hasselbach* in KölnKomm. WpÜG, § 327c AktG Rz. 5; anders (Erfordernis eines Beschlussvorschlags auch in diesem Fall) *E. Vetter*, AG 2002, 176, 186; *Hüffer*, § 327a Rz 8; grundsätzlich auch *Groß* in Happ, Aktienrecht, 17.01 Rz. 4.

5 Vgl. *Hüffer*, § 124 Rz. 15 (zu § 124 Abs. 3 Satz 2 Fall 2).

6 Vgl. *Hüffer*, § 327a Rz. 8 (Pflicht zum Beschlussvorschlag, der aber auch ablehnend sein kann).

Berichts durch Organe **in vertretungsberechtigter Zahl**, da es sich um einen Bericht des Hauptaktionärs und nicht – wie etwa beim Unternehmensvertrag nach § 293a Abs. 1 – um einen Bericht seines Vorstandes selbst handelt[7]. Ausschließlich der Hauptaktionär unterliegt der Berichtspflicht, nicht der Vorstand der Gesellschaft. Der Vorstand unterliegt aber dem Auskunftsrecht der Aktionäre in der Hauptversammlung (§ 131), das nach seinem Ermessen und unter Berücksichtigung der allgemeinen gesetzlichen Vorgaben zu erfüllen hat (vgl. § 327d Rz. 5 ff.). Eine Folgepflicht gegenüber dem Hauptaktionär besteht insofern nicht; vgl. Vor § 327a Rz. 21 ff.

3. Inhalt

6   Anders als im Falle des Unternehmensvertrages oder der Eingliederung (§§ 293a Abs. 1, 319 Abs. 3 Nr. 3, 320 Abs. 4 Satz 2) verlangt § 327c Abs. 2 Satz 1 keinen „ausführlichen" Bericht, so dass die **Berichtspflichten im Einzelfall reduziert** sein können[8]. Das macht insbesondere dann Sinn, soweit es sich um Informationen handelt, die die Gesellschaft selbst betreffen und dem Hauptaktionär nicht zugänglich sind. Aber auch ein knapper Bericht muss hinreichend schlüssig und nachvollziehbar sein. Mehr als eine Plausibilisierung ist aber nicht nötig. In der Praxis setzt sich eine dreiteilige Gliederung des Berichts durch: (1) In dem ersten, lediglich freiwilligen Teil werden (oftmals zu ausführlich) die Gesellschaft, der Hauptaktionär und die wirtschaftlichen Gründe der Transaktion dargestellt. (2) In dem zweiten Teil werden die Übertragungsvoraussetzungen erläutert. (3) Der dritte Teil ist der Angemessenheit der Barabfindung gewidmet.

a) Übertragungsvoraussetzungen

7   Die Übertragungsvoraussetzungen, insbesondere das Erreichen der 95%-Schwelle und das Vorliegen der Gewährleistungserklärung, sind **nachvollziehbar zu erläutern**. Ein erhöhter Darlegungsaufwand besteht bei Zurechnungstatbeständen nach § 16 Abs. 4; hier muss die Beteiligungsstruktur und die Verbindung einzelner Aktionäre zu dem Hauptaktionär transparent dargelegt werden[9]. Sofern eine Änderung der Beteiligungsverhältnisse absehbar ist (Transaktion auf der Seite des Hauptaktionärs, Kapitalmaßnahmen der Gesellschaft), muss dargelegt werden, dass die Übertragungsvoraussetzungen auch noch zum Zeitpunkt des Hauptversammlungsbeschlusses vorliegen werden.

b) Angemessenheit der Barabfindung

8   Die Angemessenheit der Barabfindung ist durch Angaben zur Unternehmensbewertung zu erläutern und zu begründen. In jedem Fall muss den Minderheitsaktionären eine Plausibilitätskontrolle möglich sein[10]. Wird der **Börsenkurs** angeboten, ist darzulegen, dass der Ertragswert nicht höher oder nicht maßgeblich ist (vgl. § 327b

---

7 OLG Stuttgart v. 3.12.2003 – 20 W 6/03 – „Alcatel SEL AG", AG 2004, 105, 106 = ZIP 2003, 2363; OLG Düsseldorf v. 16.1.2004 – I-16 W 63/03 – „Edscha AG", AG 2004, 207, 210 = ZIP 2004, 359; OLG Düsseldorf v. 14.1.2005 – I-16 U 59/04, AG 2005, 293, 295; OLG Düsseldorf v. 29.6.2005 – I-15 W 38/05, AG 2005, 654, 657; OLG Hamm v. 17.3.2005 – 27 W 3/05 – „GEA AG", AG 2005, 773, 774 = ZIP 2005, 1457; LG Mannheim v. 7.4.2005 – 23 O 102/04 – „Friatec AG", AG 2005, 780, 782; *Grzimek* in Geibel/Süßmann, § 327c AktG Rz. 5; *Habersack* in Emmerich/Habersack, Aktien- und GmbH-Konzernrecht, § 327c Rz. 7.

8 Anlagen können z. B. verkürzt/zusammengefasst wiedergegeben werden; vgl. BGH v. 18.9.2006 – II ZR 225/04, ZIP 2006, 2080, 2081.

9 *E. Vetter*, AG 2002, 176, 187.

10 *Hasselbach* in KölnKomm. WpÜG, § 327c AktG Rz. 12.

Rz. 3). Wird der Börsenkurs unterschritten, ist der Ausnahmegrund hierfür dazulegen (vgl. § 327b Rz. 3)[11].

4. Entbehrlichkeit

Der Bericht ist im Interesse des **Geheimnisschutzes** (§ 293a Abs. 2 Satz 1) oder bei 9 **Verzicht** aller Minderheitsaktionäre (§ 293 Abs. 3) **entbehrlich** (§ 327c Abs. 2 Satz 4). Im ersten Fall ist in dem Bericht darzulegen, aus welchen Gründen die Aufnahme unterblieben ist (§ 293a Abs. 2 Satz 2). Auch wenn in praxi regelmäßig nur die Verhältnisse der Gesellschaft für die Ermittlung der Abfindung relevant sind, kommt es im Prinzip nicht nur auf das Geheimhaltungsinteresse der Gesellschaft, sondern auch auf die Interessen des Hauptaktionärs an (z.B. bei Konzernsachverhalten)[12].

5. Fehler, fakultative Angaben

Die Angaben zu den Übertragungsvoraussetzungen und zur Angemessenheit der Bar- 10 abfindung sind zwingend. Fehlen sie oder sind sie unzureichend, ist der Hauptversammlungsbeschluss anfechtbar (vgl. aber § 243 Abs. 4 Satz 1). Weitere Informationen zu den Gründen des Squeeze-out[13] oder zu den (steuerlichen) Folgen für die Minderheitsaktionäre sind gesetzlich nicht gefordert, aber zulässig[14].

V. Prüfung der Angemessenheit der Barabfindung (§ 327c Abs. 2 Satz 2)

Die Angemessenheit ist gem. § 327c Abs. 2 Satz 2 durch einen oder mehrere sachver- 11 ständige Prüfer zu prüfen. § 327c Abs. 2 Satz 2 AktG entspricht den Vorgaben zur Prüfung des Unternehmensvertrags nach § 293b und der Eingliederung nach § 320 Abs. 2. Insofern verweist § 327c Abs. 2 Satz 4 wegen der Bestellung, Auswahl, Rechtsstellung sowie Verantwortlichkeit der sachverständigen Prüfer wiederum weitgehend auf die Regeln zum Unternehmensvertrag (vgl. daher §§ 293a Rz. 1 ff., 293c Rz. 1 ff., 293d Rz. 1 ff.; vgl. auch § 319 Abs. 1 bis 3 HGB).

1. Bestellung der Prüfer, Vergütung

Die Prüfer werden **auf Antrag des Hauptaktionärs** (nicht der Gesellschaft) vom Ge- 12 richt ausgewählt und bestellt (§ 327c Abs. 2 Satz 3). Das Gericht prüft dabei nicht, ob die Voraussetzungen des Ausschlussverfahrens vorliegen[15], gleichwohl setzt das Gesetz den Status des Hauptaktionärs voraus[16]. Durch die gerichtliche Bestellung soll gewährleistet werden, dass der Prüfer eine gewisse Distanz zum Hauptaktionär und das Prüfungsergebnis für die Minderheitsaktionäre ein höheres Maß an Objektivität hat, so dass es akzeptiert oder jedenfalls dem Spruchverfahren zugrunde gelegt wer-

---

11 *Koppensteiner* in KölnKomm. AktG, § 327c Rz. 7.
12 *Moritz,* „Squeeze out": Der Ausschluss von Minderheitsaktionären nach §§ 327a ff. AktG, S. 149 f.; *Grzimek* in Geibel/Süßmann, § 327c AktG Rz. 9; *Habersack* in Emmerich/Habersack, Aktien- und GmbH-Konzernrecht, § 327c Rz. 9; *Hasselbach* in KölnKomm. WpÜG, § 327c AktG Rz. 15; a.A. (nur Gesellschaft) *Koppensteiner* in KölnKomm. AktG, § 327c Rz. 10.
13 *Krieger,* BB 2002, 53, 59; *Fuhrmann/Simon,* WM 2002, 1211, 1216.
14 Es handelt sich nicht um eine Kapitalmarkttransaktion (vgl. z.B. § 11 Abs. 2 Satz 2 Nr. 2 WpÜG zur Angebotsunterlage), bei der Aktionäre überzeugt werden sollen, sondern um eine gesetzliche Strukturmaßnahme. Gleichwohl können solche Angaben aus Gründen der einheitlichen Kommunikationspolitik im Konzern angezeigt sein.
15 *Grunewald* in MünchKomm. AktG, § 327c Rz. 12; a.A. *K. Mertens,* AG 2002, 377, 382 (zum Status des Hauptaktionärs).
16 OLG Köln v. 6.10.2003 – 18 W 36/03, AG 2004, 39, 40; a.A. *Austmann* in MünchHdb. AG, § 74 Rz. 48.

den kann[17]. Dem Hauptaktionär steht es frei, dem Gericht bestimmte Vorschläge zu einem Prüfer zu unterbreiten; ein Anspruch auf dessen Bestellung besteht nicht. Soweit keine gegenteiligen sachlichen Gründe (insbesondere Ausschlusstatbestände, Zweifel an der Unabhängigkeit des Prüfers, vgl. unten Rz. 15 f.) vorliegen, wird das Gericht dem Antrag des Hauptaktionärs regelmäßig stattgeben, was bedenkenlos ist[18]. Sofern das Gericht einen anderen als den von ihm vorgeschlagenen Prüfer bestellt, hat der Hauptaktionär ein **Beschwerderecht** (§§ 327c Abs. 2 Satz 4, 293c Abs. 2 i.V.m. § 10 Abs. 5 UmwG)[19].

13 Von der **Ermächtigung zur Verfahrenskonzentration** für die gerichtliche Bestellung der Prüfer im Ausschlussverfahren (§§ 327c Abs. 2 Satz 4, 293c Abs. 2 i.V.m. § 10 Abs. 4 UmwG) haben bisher Baden-Württemberg (LG Mannheim, LG Stuttgart), Bayern (LG München, LG Nürnberg-Fürth), Hessen (LG Frankfurt), Niedersachsen (LG Hannover) sowie Nordrhein-Westfalen (LG Dortmund, LG Düsseldorf, LG Köln) Gebrauch gemacht[20]. Verordnungen nach § 293c Abs. 2 zum Unternehmensvertrag erstrecken sich nicht automatisch auf die Bestellung von Prüfern nach § 327c Abs. 2 Satz 3.

14 Die **Vergütung** des Prüfers einschließlich Auslagen richtet sich nach §§ 327c Abs. 2 Satz 4, 293c Abs. 1 Satz 5 AktG i.V.m. § 318 Abs. 5 HGB und ist vom Hauptaktionär zu tragen[21]. Ein höheres Honorar kann vereinbart werden[22].

2. Eignung des Prüfers

15 Für die Auswahl verweist § 327c Abs. 2 Satz 4 (über § 293d Abs. 1) auf §§ 319 Abs. 1 bis Abs. 4, 319a Abs. 1 HGB. Danach kommen als Prüfer Wirtschaftsprüfer und Wirtschaftsprüfungsgesellschaften in Betracht, die nicht von Gesetzes wegen daran gehindert sind, Abschlussprüfer der AG zu sein. Da die Bestellungshindernisse analog gelten, müssen sie auch dann eingreifen, wenn sie im Verhältnis zum Hauptaktionär verwirklicht sind[23]. Neben den Ausschlussgründen in Form von unwiderlegbaren Vermutungen der Befangenheit in § 319 Abs. 3 und § 319a Abs. 1 HGB spielt im Rahmen von Ausschlussverfahren der neue § 319 Abs. 2 HGB in der Fassung des **Bilanzrechtsreformgesetzes** eine Rolle. Danach darf das Gericht einen Prüfer nicht zur Prüfung nach § 327c Abs. 2 Satz 2 zulassen, wenn sonstige von den Vermutungen nicht erfasste Gründe, insbesondere Beziehungen geschäftlicher, finanzieller oder persönlicher Art, vorliegen, aufgrund derer die **Besorgnis der Befangenheit** besteht. Während die Besorgnis der Befangenheit nach § 318 Abs. 3 HGB a.F. lediglich die gerichtliche

17 BT-Drucks. 14/7477, S. 54; *Arnold/Wirth*, AG 2002, 503, 505; *Sellmann*, WM 2003, 1545, 1548 f.
18 OLG Hamm v. 19.8.2005 – 8 W 20/05 – „Harpen AG/RWE", AG 2005, 854, 855; LG Frankfurt v. 12.10.2004 – 3-5 O 71/04, AG 2005, 545, 547 f. = DB 2004, 2742.
19 Vgl. zur früheren Rechtslage *Fleischer* in GroßKomm. AktG, § 327c Rz. 20.
20 *Riehmer* in Schüppen/Schaub, Münchner Anwaltshandbuch Aktienrecht, § 44 Rz. 29. Vgl. dazu in Baden-Württemberg: § 13 Abs. 2 Nr. 10 ZuständigkeitsVO Justiz; in Bayern: Verordnung über gerichtliche Zuständigkeiten im Bereich des Staatsministeriums der Justiz (Gerichtliche Zuständigkeitsverordnung Justiz – GZV Ju) vom 16. November 2004; in Hessen: Verordnung über die Zuweisung von gesellschaftsrechtlichen Spruchverfahren nach dem Spruchverfahrensgesetz sowie über Verfahren nach § 10 des UmwG vom 19. Februar 2004; in Niedersachsen: § 11 Justiz-ZuständigkeitsVO; sowie in Nordrhein-Westfalen: Verordnung über die gerichtliche Zuständigkeit zur Entscheidung in gesellschaftsrechtlichen Angelegenheiten und in Angelegenheiten der Versicherungsvereine auf Gegenseitigkeit (Konzentrations-VO Gesellschaftsrecht) vom 31. Mai 2005.
21 *Grzimek* in Geibel/Süßmann, § 327c AktG Rz. 21; *Sieger/Hasselbach*, ZGR 2002, 120, 154.
22 *Marten/Müller* in FS Röhricht, S. 963, 984; *Steinmeyer/Häger*, § 327c AktG Rz. 15; zweifelnd wegen der Neutralitätspflicht *Grzimek* in Geibel/Süßmann, § 327c AktG Rz. 21.
23 *Habersack* in Emmerich/Habersack, Aktien- und GmbH-Konzernrecht, § 327c Rz. 12.

Ersetzung des Abschlussprüfers rechtfertigte und ohnehin nicht in dem Verweisungskatalog des § 327c Abs. 2 Satz 4 i.V.m § 293d Abs. 1 enthalten war, ist dieser Ausschlussgrund nunmehr von Gesetzes wegen im Rahmen der Bestellung des Prüfers für das Ausschlussverfahren zu berücksichtigen.

Übertragen auf das Ausschlussverfahren kann Besorgnis der Befangenheit insbesondere bestehen, wenn der Prüfer (1) ein wirtschaftliches oder sonstiges Eigeninteresse von nicht untergeordneter Bedeutung hat, (2) im Rahmen der Prüfung der Barabfindung Darstellungen zu beurteilen hat, an deren Gestaltung er mitgewirkt hat, (3) als Interessenvertreter für oder gegen den Hauptgesellschafter tätig ist, (4) nahe Beziehungen zur Unternehmensleitung des Hauptgesellschafters unterhält, die eine herausragende Vertrauensstellung begründen oder (5) besonderen Einflussnahmen durch den Hauptgesellschafter unterliegt, die seine Objektivität beeinträchtigen (z.B. Hauptaktionär ist maßgeblich an Prüfer beteiligt)[24]. Allein der Umstand, dass der Prüfer den Jahresabschluss der Gesellschaft oder des Hauptaktionärs geprüft hat, rechtfertigt dagegen nicht den Ausschluss[25]. Kritisch, aber jeweils vom Einzelfall abhängig ist dagegen die Situation, dass der Prüfer an einem vorangegangenen Angebot auf Übernahme der AG nach dem WpÜG mitgewirkt hat[26]. Eher unbedenklich sind Tätigkeiten bei der steuerlichen Strukturierung oder dem Finanzteil der Angebotsunterlage in Bezug auf den Bieter, bedenklich sind dagegen Tätigkeiten in Bezug auf die Bewertung der Zielgesellschaft. Unschädlich sind vorangegangene Tätigkeiten (sowohl beim Hauptaktionär als auch bei der Gesellschaft) als gerichtlich bestellter Prüfer; insoweit ist der sachverständige Prüfer nicht im Auftrag, sondern unparteilich tätig[27].

Eine **Parallelprüfung** zu dem im Auftrag des Hauptaktionärs tätigen Bewertungsgutachter, der insbesondere den schriftlichen Bericht nach § 327c Abs. 2 Satz 1 vorbereitet, ist unschädlich, selbst wenn die Aufnahme der Tätigkeit vor dem Zeitpunkt der gerichtlichen Bestellung erfolgt[28]. Insbesondere erfüllt dieses Vorgehen, das dem Gesetzgeber bekannt war (vgl. auch §§ 327c Abs. 2 Satz 4, 293d Abs. 1 Satz 1 AktG i.V.m. § 320 Abs. 2 Satz 2 HGB (Informationsrechte vor Aufstellung des Jahresab-

16

17

---

24 Vgl. *Marten/Müller* in FS Röhricht, S. 963, 973; RegE zum Bilanzrechtsreformgesetz, BT-Drucks. 15/3419, S. 38.

25 *Marten/Müller* in FS Röhricht, S. 963, 973; *Austmann* in MünchHdb. AG, § 74 Rz. 49; ebenso (allerdings nach alter Rechtslage) *Grunewald* in MünchKomm. AktG, § 327c Rz. 13. Die Beauftragung dieser Abschlussprüfer ist aber eher die Ausnahme.

26 Für generellen Ausschluss bei Bewertungsfragen *Austmann* in MünchHdb. AG, § 74 Rz. 49.

27 *Austmann* in MünchHdb. AG, § 74 Rz. 49.

28 BGH v. 18.9.2006 – II ZR 225/04, ZIP 2006, 2080, 2082; OLG Stuttgart v. 3.12.2003 – 20 W 6/03 – „Alcatel SEL AG", AG 2004, 105, 107 = ZIP 2003, 2363; OLG Hamburg v. 29.9.2004 – 11 W 78/04 – „RWE DEA AG", NZG 2005, 86 = ZIP 2004, 2288, 2289; OLG Köln v. 26.8.2004 – 18 U 48/04, NZG 2005, 931, 933; OLG Düsseldorf v. 16.1.2004 – I-16 W 63/03 – „Edscha AG", AG 2004, 207, 210 = ZIP 2004, 359; OLG Düsseldorf v. 13.1.2006 – I-16 U 137/04 – „Edscha AG", AG 2006, 202, 204 f.; OLG Düsseldorf v. 14.1.2005 – I-16 U 59/04, AG 2005, 293, 296 f.; OLG Düsseldorf v. 29.6.2005 – I-15 W 38/05, AG 2005, 654, 655 f.; OLG Hamm v. 19.8.2005 – 8 W 20/05 – „Harpen AG/RWE", AG 2005, 854, 855; LG Bochum v. 7.12.2004 – 12 O 136/04 – „GEA AG", AG 2005, 738, 740; LG Frankfurt v. 12.10.2004 – 3-5 O 71/04, AG 2005, 545, 547 f.; LG Mannheim v. 7.4.2005 – 23 O 102/04 – „Friatec AG", AG 2005, 780, 782; LG Saarbrücken v. 14.9.2005 – 71 O 7/04 – „Kaufhalle AG", AG 2006, 89, 90; *Dißars*, BKR 2004, 389, 392; *Hasselbach*, EWiR 2004, 833, 834 (mit instruktiver Begründung); *Habersack* in Emmerich/Habersack, Aktien- und GmbH-Konzernrecht, § 327c Rz. 11; *Leuering*, NZG 2004, 606, 607 f.; *Buchta/Ott*, DB 2005, 990, 992; anklingende Bedenken bei OLG Hamm v. 17.3.2005 – 27 W 3/05 – „GEA AG", AG 2005, 773, 775 = ZIP 2005, 1457; kritisch auch *Puszkajler*, ZIP 2003, 518, 521; für Unzulässigkeit LG Wuppertal v. 6.11.2003 – 12 O 119/03 – „Edscha AG", AG 2004, 161, 162; *Lenz/Leinekugel*, Eigentumsschutz beim Squeeze out, 2004, S. 38 f. (insbesondere mit verfassungsrechtlichen Erwägungen).

schlusses bzw. des Berichts), nicht die Besorgnis der Befangenheit nach § 319 Abs. 2 HGB. Die Tätigkeit des Wirtschaftsprüfers ist nach § 319 Abs. 3 Nr. 3 lit. a HGB lediglich dann ausgeschlossen, wenn er über die Prüfungstätigkeit hinaus an der Aufstellung des Berichts des Hauptaktionärs mitgewirkt[29]. Unschädlich und vielmehr gewünscht ist hingegen die Einwirkung im Rahmen der Prüfungstätigkeit, um das Testat erteilen zu können[30].

3. Inhalt des Prüfungsberichts

18 Der schriftliche Prüfungsbericht ist mit der Erklärung abzuschließen, dass die vorgeschlagene **Abfindung angemessen** ist (§ 327c Abs. 2 Satz 4 i.V.m. § 293e). Dabei ist insbesondere anzugeben, nach welchen Methoden die Abfindung ermittelt worden ist, aus welchen Gründen die Anwendung dieser Methoden angemessen ist und welche Abfindung sich bei der Anwendung verschiedener Methoden, sofern mehrere abgewandt worden sind, jeweils ergeben würden. Weiter ist darzulegen, welches Gewicht den verschiedenen Methoden bei der Bestimmung der vorgeschlagenen Abfindung und der ihr zugrunde liegenden Werte beigemessen worden ist und welche besonderen Schwierigkeiten bei der Bewertung aufgetreten sind (näher § 293e Rz. 1 ff.). Nach der gesetzlichen Lage muss der Prüfungsbericht **keine Aussagen** darüber treffen, ob die allgemeinen gesellschaftsrechtlichen **Voraussetzungen für den Ausschluss** der Minderheitsaktionäre erfüllt sind[31]; insbesondere wird das Vorliegen der Gewährleistung des Kreditinstituts nicht geprüft[32].

4. Auskunftsrecht, Entbehrlichkeit der Prüfung

19 Das gesetzliche Auskunftsrecht des Prüfers ergibt sich aus § 320 Abs. 2 Satz 1 u. 2 HGB (über § 327c Abs. 2 Satz 4 i.V.m. § 293d Abs. 1). Es besteht sowohl gegenüber der **Gesellschaft** als auch gegenüber dem **Hauptaktionär**[33]. Der Prüfungsbericht ist nicht erforderlich, sofern der Bericht des Hauptaktionärs nach Maßgabe der § 293a Abs. 2 und 3 (Geheimnisschutz, Verzicht) entbehrlich ist (§ 327c Abs. 2 Satz 4 i.V.m. § 293e Abs. 2).

5. Fehler

20 Das Vorliegen des Prüfungsberichts ist **Wirksamkeitsvoraussetzung** für den Übertragungsbeschluss. Fehlt der Bericht, bezieht er sich nicht auf das zuletzt abgegebene Barabfindungsangebot, ist er grob unvollständig oder weist er sonstige **gravierende inhaltliche Mängel** auf, die den Grad der Nichterfüllung erreichen, so ist der Hauptversammlungsbeschluss anfechtbar[34]. Die materielle Richtigkeit (fehlerhafte Durchführung der Bewertung und die fehlerhafte Prüfung der Barabfindung als angemessen), das Ergebnis des Berichts (selbst wenn die Barabfindung als unangemessen begutach-

---

29 *Marten/Müller* in FS Röhricht, S. 963, 973.

30 OLG Düsseldorf v. 14.1.2005 – I-16 U 59/04, AG 2005, 293, 297; OLG Düsseldorf v. 29.6.2005 – I-15 W 38/05, AG 2005, 654, 656.

31 *Veit*, DB 2005, 1697, 1700; *Marten/Müller* in FS Röhricht, S. 963, 974; *Hasselbach* in KölnKomm. WpÜG, § 327a AktG Rz. 39; *Koppensteiner* in KölnKomm. AktG, § 327c Rz. 12.

32 LG Bochum v. 7.12.2004 – 12 O 136/04 – „GEA AG", AG 2005, 738, 739; *Grunewald* in MünchKomm. AktG, § 327c Rz. 11; a.A. *Fuhrmann/Simon*, WM 2002, 1211, 1216; *Mertens*, AG 2002, 377, 382.

33 *Eisolt*, DStR 2002, 1145, 1147 f.; *Marten/Müller* in FS Röhricht, S. 963, 979; *Veit*, DB 2005, 1697, 1699; *Steinmeyer/Häger*, § 327c AktG Rz. 16.

34 OLG Hamm v. 17.3.2005 – 27 W 3/05 – „GEA AG", AG 2005, 773, 775 = ZIP 2005, 1457; *Veit*, DB 2005, 1697, 1702.

tet wird) oder sonstige Inhaltsmängel begründen dagegen keine Anfechtungsgründe[35]. Diese Fragen sind dem Spruchverfahren vorbehalten (§ 327f Satz 1)[36]. Im Übrigen rechtfertigt auch eine fehlerhafte Prüferbestellung keine Anfechtungsklage[37].

6. Verantwortlichkeit des Prüfers

Die Verantwortlichkeit des Prüfers folgt aus der allgemeinen Bestimmung des § 323 HGB i.V.m. §§ 327c Abs. 2 Satz 4, 293d Abs. 2 AktG. Über § 293d Abs. 2 Satz 2 **haftet der Prüfer unmittelbar** der Gesellschaft und sämtlichen Aktionären, also vor allem dem Hauptaktionär und den Minderheitsaktionären (einschließlich deren Anteilsinhabern)[38].   21

Die Gesellschaft ist zum Ersatz des entstandenen Schadens berechtigt, soweit ihre Geschäftstätigkeit rechtwidrig durch die Prüfung beeinträchtigt wird, etwa durch die Verletzung von Geschäfts- und Betriebsgeheimnissen (vgl. § 323 Abs. 1 Satz 3 HGB).   22

Haupt- und Minderheitsaktionäre sind insbesondere zum Schadensersatz berechtigt, soweit die Barabfindung nach § 327b Abs. 1 zu hoch bzw. zu niedrig bemessen ist und gleichwohl als angemessen testiert wird[39]. Dabei sind jedoch die **Wechselwirkungen zu dem Spruchverfahren** zu beachten[40]. Minderheitsaktionäre, die nicht von der Möglichkeit des Spruchverfahrens (§ 327f Satz 2 und 3) Gebrauch machen, um einen Schaden abzuwenden, verletzen ihre Schadensminderungspflicht aus § 254 Abs. 2 BGB. Auf Seiten der Minderheitsaktionäre scheidet ein Mitverschulden jedoch dann aus, wenn Sachverhaltsangaben, die auf die Unangemessenheit der Barabfindung hindeuten, erst nach Ablauf der Ausschlussfrist des § 4 SpruchG bekannt werden und kein anderweitiges Spruchverfahren in dieser Sache anhängig ist. Eine rechtskräftige Entscheidung im Spruchverfahren hat gem. § 13 Satz 2 SpruchG Bindungswirkung für alle Regressprozesse auf der Grundlage der § 323 HGB i.V.m. §§ 327c Abs. 2 Satz 4, 293d Abs. 2.   23

An sich sind auch die Aktionäre, deren Aktien dem Hauptaktionär über § 327a Abs. 2 i.V.m. § 16 Abs. 4 zugerechnet werden, sowie die Gesellschaft mit eigenen Aktien aktivlegitimiert. Da sie aber keinen Anspruch auf Barabfindung haben (vgl. § 327b Rz. 12) und Schäden der Gesellschaft als Reflexschäden grundsätzlich ausscheiden, kann sich hier ein Schaden allenfalls aus der unmittelbaren Entwertung der Aktien durch fehlerhafte Handlungen des Prüfers ergeben.   24

Die Haftung des Prüfers ist auf eine Million Euro für die gesamte Prüfung **beschränkt** (§ 323 Abs. 2 Satz 1 HGB); sind die Aktien der Gesellschaft zum **amtlichen Markt**[41] zugelassen, beträgt der Haftungshöchstbetrag vier Millionen Euro. Die Haftungsbeschränkung mag zwar wirtschaftlich unzureichend sein, ist aber verfassungsrechtlich zulässig und begründet keinen Grund zur Anfechtung des Übertragungsbeschlusses.   25

---

35 OLG Hamm v. 17.3.2005 – 27 W 3/05 – „GEA AG", AG 2005, 773, 775 = ZIP 2005, 1457; *Veit*, DB 2005, 1697, 1702; OLG Karlsruhe v. 29.6.2006 – 7 W 22/06 – „Novasoft AG", AG 2007, 92, 93 (mit Verweis auf die Haftung des Prüfers).
36 Vgl. *Ott*, DB 2003, 1615, 1616 ff.
37 *Baßler*, AG 2006, 487 ff.
38 *Marten/Müller* in FS Röhricht, S. 963, 985; *Hasselbach* in KölnKomm. WpÜG, § 327c AktG Rz. 29.
39 Vgl. BGH v. 25.10.2005 – II ZR 327/03 – „Invensys Metering Systems AG/Meinecke AG", ZIP 2005, 2107, 2107.
40 Näher dazu *Schnorbus*, ZHR 167 (2003), 666, 696.
41 Der geregelte Markt ist nicht erfasst.

VI. Auslegung von Unterlagen (§ 327c Abs. 3)

1. Zeitpunkt und Ort

26   Mit **Einberufung der Hauptversammlung** sind gem. § 327c Abs. 3 verschiedene Unterlagen zur Einsicht durch die Aktionäre auszulegen, die vom Gesetzgeber als essentiell für eine hinreichende Vorab-Information der Minderheitsaktionäre erachtet werden. Auszulegen sind die Unterlagen in den **Geschäftsräumen** der Gesellschaft, also am Ort der Hauptverwaltung zu den üblichen Geschäftszeiten[42]. Mit Beginn der Hauptversammlung endet die Auslegungsfrist; die betreffenden Unterlagen sind dann nach Maßgabe des § 327d in der Hauptversammlung auszulegen.

2. Auszulegende Unterlagen, insbesondere Jahresabschlüsse

27   Auszulegen sind der Entwurf des Übertragungsbeschlusses (Nr. 1); Jahresabschlüsse und Lageberichte für die letzten drei Geschäftsjahre (Nr. 2); der Bericht des Hauptaktionärs (Nr. 3); sowie der Bericht des sachverständigen Prüfers (Nr. 4). Die Aufzählung der verlangten Dokumente ist abschließend[43].

28   Eine **eigenständige Bilanzierungspflicht** folgt aus § 327c Abs. 3 Nr. 2 **nicht**. Die Vorschrift entspricht § 319 Abs. 3 Satz 1 Nr. 2. Vorzulegen sind die Jahresabschlüsse und Lageberichte der Gesellschaft für die letzten drei Jahre, für die sie nach Maßgabe der §§ 172, 173 **auf- und festgestellt sind oder sein müssten**[44]. Das letzte Geschäftsjahr ist nicht zu berücksichtigen, sofern hierfür noch kein Jahresabschluss festgestellt ist oder hätte festgestellt werden müssen[45]. Besteht die betroffene Gesellschaft noch keine drei Jahre, genügen Jahresabschlüsse und Lageberichte für die seit Gründung abgeschlossenen Geschäftsjahre[46]. Nach dem klaren Wortlaut der Nr. 2 sind ferner **keine Konzernabschlüsse** auszulegen[47]. Die auszulegenden Unterlagen beziehen sich nur auf die Gesellschaft, nicht auf den Hauptaktionär.

29   Die Verpflichtung zur **Aufstellung entsprechender Einzelabschlüsse** einschließlich ihrer Prüfung ergibt sich ausschließlich aus den maßgeblichen bilanz- und aktienrechtlichen Bestimmungen. Jahresabschlüsse sind nur dann aufzustellen, wenn eine entsprechende Pflicht dazu besteht[48]. Das gilt insbesondere, wenn hinsichtlich des zuletzt abgelaufenen Geschäftsjahres die Frist des § 264 Abs. 1 Satz 2 HGB noch nicht abgelaufen ist, oder wenn die Gesellschaft noch nicht drei Jahre existiert. Be-

---

42 *Grunewald* in MünchKomm. AktG, § 327c Rz. 16.
43 OLG Düsseldorf v. 14.1.2005 – I-16 U 59/04, AG 2005, 293, 296.
44 OLG Hamburg v. 11.4.2003 – 11 U 215/02 – „Philips/PKV", ZIP 2003, 1344, 1347 f. = AG 2003, 441; *Habersack* in Emmerich/Habersack, Aktien- und GmbH-Konzernrecht, § 327c Rz. 14; zu restriktiv *Wartenberg*, AG 2004, 539, 541 f. (keine Pflicht zur Auslegung zwischenzeitlich festgestellter Abschlüsse).
45 OLG Hamburg v. 11.4.2003 – 11 U 215/02 – „Philips/PKV", ZIP 2003, 1344, 1347 f. = AG 2003, 441; a.A. LG Hamburg v. 30.10.2002 – 411 O 34/02 – „Philips/PKV", DB 2002, 2478, 2478 = ZIP 2003, 168.
46 *Fleischer* in Großkomm. AktG, § 327c Rz. 51.
47 OLG Hamburg v. 8.8.2003 – 11 U 45/03 – „Volksfürsorge Holding AG", ZIP 2003, 2076, 2079 = AG 2003, 698; OLG Düsseldorf v. 14.1.2005 – I-16 U 59/04, AG 2005, 293, 296; LG Hamburg v. 13.1.2003 – 415 O 140/02 – „Volksfürsorge Holding AG", ZIP 2003, 947, 949 = NZG 2003, 787; *Dißars*, BKR 2004, 389, 391; *Koppensteiner* in KölnKomm. AktG, § 327c Rz. 15; *Grunewald* in MünchKomm. AktG, § 327c Rz. 16; a.A. für Ausschluss aus Holdinggesellschaft OLG Celle v. 29.9.2003 – 9 U 55/03, AG 2004, 206, 206 f. = DB 2004, 301.
48 OLG Hamburg v. 11.4.2003 – 11 U 215/02 – „Philips/PKV", ZIP 2003, 1344, 1347 f. = AG 2003, 441; *Dißars*, BKR 2004, 389, 391; *Wendt*, DB 2003, 191 ff.; *Dieckmann* in Semler/Stengel, UmwG, § 63 Rz. 11; a.A. noch LG Hamburg v. 30.10.2002 – 411 O 34/02, 411 O 48/02, 411 O 52/02, 411 O 53/02, 411 O 54/02, BB 2002, 2625 = AG 2003, 109.

steht eine solche Verpflichtung nicht oder nur teilweise, läuft die Bestimmung insoweit leer. Sonstige Abschlüsse (etwa im Zusammenhang mit Prospekten oder Geschäftsberichte) sind nicht vorzulegen.

3. Erteilung von Abschriften

Jeder abfindungsberechtigte Aktionär hat mit Einberufung einen Anspruch darauf, dass ihm unverzüglich und kostenlos eine Abschrift der auszulegenden Unterlagen zur Verfügung gestellt wird (§ 327c Abs. 4). Die Vorschrift entspricht § 293f Abs. 2 und § 319 Abs. 3 Satz 2.   30

4. Fehler

Werden die Unterlagen nicht oder nur verspätet vorgelegt oder keine Abschriften erteilt, kann der Anspruch im Wege der **Leistungsklage** geltend gemacht werden, auch durch einstweiligen Rechtsschutz[49]. Überdies ist der **Beschluss** unter den (gesteigerten) Voraussetzungen des § 243 Abs. 4 Satz 1 n.F. **anfechtbar**. Das ist jedenfalls nicht der Fall, wenn die umfassende Information des Aktionärs so zeitig nachgeholt wurde, dass er ausreichend vorbereitet von seinem Stimmrecht Gebrauch machen kann. Für ein Zwangsgeld nach § 407 fehlt die Rechtsgrundlage: § 327c ist nicht in § 407 aufgeführt; § 327c verweist weder direkt auf § 407 noch wird § 407 über einen Verweis auf §§ 293 f. mittelbar in Bezug genommen[50].   31

§ 327d
Durchführung der Hauptversammlung

In der Hauptversammlung sind die in § 327c Abs. 3 bezeichneten Unterlagen auszulegen. Der Vorstand kann dem Hauptaktionär Gelegenheit geben, den Entwurf des Übertragungsbeschlusses und die Bemessung der Höhe der Barabfindung zu Beginn der Verhandlung mündlich zu erläutern.

I. Gegenstand und Zweck	1	1. Hauptaktionär	3
II. Auszulegende Dokumentation (§ 327d Satz 1)	2	2. Vorstand	4
		IV. Auskunftsrecht des Aktionärs	5
III. Erläuterung des Übertragungsbeschlusses und der Barabfindung (§ 327d Satz 2)	3	V. Prüfung der Beschlussvoraussetzungen in der Hauptversammlung	10

Literatur: *Harry Schmidt*, Ausschluss der Anfechtung des Squeeze-out-Beschlusses bei abfindungsbezogenen Informationsmängeln, in FS Ulmer, 2003, S. 543.

I. Gegenstand und Zweck

Zusätzlich zu der in § 327c vorgeschriebenen schriftlichen Vorabinformation dient § 327d der **Information der Minderheitsaktionäre** in der Hauptversammlung, und   1

---

49 *Grzimek* in Geibel/Süßmann, § 327c AktG Rz. 44.
50 *Grunewald* in MünchKomm. AktG, § 327c Rz. 19; a.A. *Koppensteiner* in KölnKomm. AktG, § 327c Rz. 16; *Grzimek* in Geibel/Süßmann, § 327c AktG Rz. 44.

zwar durch Auslage der zugrunde liegenden Dokumentation und durch mündliche Erläuterungen.

II. Auszulegende Dokumentation (§ 327d Satz 1)

2 Die nach § 327c Abs. 3 zwischen Einladung und Beginn der Hauptversammlung den Aktionären zur Verfügung zu stellenden Unterlagen müssen auch **während der Hauptversammlung ausgelegt** werden. Die Bestimmung überträgt (vgl. §§ 293g Abs. 1, 319 Abs. 3 Satz 3, 320 Abs. 1 Satz 3) die Informationsbestimmungen des § 176 Abs. 1 Satz 1 für die ordentliche Hauptversammlung auf das Ausschlussverfahren (vgl. daher § 176 Rz. 1 ff.). Die Auslage erfolgt im Versammlungsraum durch Kopien in ausreichend bemessener Zahl, so dass alle erschienenen Aktionäre im Rahmen der Hauptversammlung in angemessener Zeit Einsicht nehmen können[1]. Auch wenn ein Verweis auf § 327c Abs. 4 – wohl aufgrund eines Redaktionsversehens – fehlt, können die Aktionäre gegebenenfalls auch noch Abschriften verlangen[2]. Die Verlesung der Dokumente ist weder erforderlich noch zweckmäßig.

III. Erläuterung des Übertragungsbeschlusses und der Barabfindung (§ 327d Satz 2)

1. Hauptaktionär

3 Der Vorstand kann dem **Hauptaktionär Gelegenheit geben**, den Entwurf des Übertragungsbeschlusses und die Bemessung der Höhe der Barabfindung zu Beginn der Verhandlung mündlich zu **erläutern** (§ 327d Satz 2). Den Hauptaktionär zur mündlichen Erläuterung zuzulassen, ist regelmäßig sachgerecht und damit im Rahmen des pflichtgemäßen Ermessens des Vorstands geboten, beruht aber nicht auf der Folgepflicht aus dem Verlangen des Hauptaktionärs (vgl. Vor § 327a Rz. 21). Eine **Erläuterungspflicht** des Hauptaktionärs besteht jedoch nicht (weder in der Hauptversammlung noch gegenüber der Gesellschaft)[3].

2. Vorstand

4 Ob eine **Erläuterungspflicht des Vorstandes** der Gesellschaft besteht, ist umstritten, richtigerweise jedoch **abzulehnen**[4]. Das Gesetz sieht dies nicht vor. § 327c Abs. 2 verweist zwar umfangreich auf die Regeln zum Unternehmensvertrag, aber gerade nicht auf die Erläuterungspflicht des Vorstandes nach § 293g Abs. 2. Die gesetzlichen Bestimmungen gehen von gewissen Unterstützungspflichten des Vorstands aus (§§ 327b Abs. 1 Satz 2, 327d Satz 2), um dem Hauptaktionär eine sachgerechte Durchführung der Transaktion zu ermöglichen. Die Pflicht des Vorstands zur Erläuterung mag als ein allgemeiner Rechtsgrundsatz gedeutet werden (vgl. §§ 176 Abs. 1 Satz 2, 293g Abs. 2 Satz 1, 320 Abs. 3 Satz 3), allerdings nur insoweit, als es primär um ge-

1 *Hüffer*, § 176 Rz. 2 u. § 327d Rz. 2.
2 *Koppensteiner* in KölnKomm. AktG, § 293g Rz. 4; *Altmeppen* in MünchKomm. AktG, § 293g Rz. 3.
3 OLG Stuttgart v. 3.12.2003 – 20 W 6/03 – „Alcatel SEL AG", AG 2004, 105, 106 = ZIP 2003, 2363; LG Bonn v. 9.3.2004 – 11 O 35/03, Der Konzern 2004, 491, 496; *Koppensteiner* in KölnKomm. AktG, § 327d Rz. 5; kritisch zur Zulässigkeit der fakultativen Anhörung: *Kiem*, RWS-Forum 2001, 329, 341; dagegen *Angerer*, BKR 2002, 260, 265.
4 Wie hier *Hasselbach* in KölnKomm. WpÜG, § 327d AktG Rz. 3 ff.; *Koppensteiner* in Köln-Komm. AktG, § 327d Rz. 4; *Krieger*, BB 2002, 53, 59; *Sellmann*, WM 2003, 1545, 1549; a.A. *H. Schmidt* in FS Ulmer, 2003, S. 543, 544; *Hüffer*, § 327d Rz. 4; vgl. auch OLG Hamburg v. 11.4.2003 – 11 U 215/02 – „Philips/PKV", ZIP 2003, 1344, 1348 = AG 2003, 441.

sellschaftsrechtliche Maßnahmen der Gesellschaft, verbunden mit einer eigenen Berichtspflicht des Vorstandes, geht. Er muss indessen nicht gegenüber den Minderheitsaktionären das Ausschlussverfahren und seine Bedingungen vertreten und kann es – abhängig von dem Grad seiner Beteiligung und Information – auch gar nicht. Maßnahmen wie das Ausschlussverfahren, die alleine von dem Hauptaktionär betrieben werden oder zu keinem unmittelbaren Rechtsverhältnis mit einem Dritten führen, unterliegen nicht einer derartigen Pflicht des Vorstands zur Erläuterung. Insofern ist § 327d bewusst lückenhaft. Unbenommen bleibt es dem Vorstand, ohne Rechtspflicht unter Wahrung des Interesses der Gesellschaft freiwillig Stellung zu beziehen.

IV. Auskunftsrecht des Aktionärs

§§ 327a ff. enthalten keine Sonderregeln für das Auskunftsrecht der Aktionäre gegenüber dem Vorstand. Es gilt § 131 Abs. 1 Satz 1, wonach jedem Aktionär Auskunft über Angelegenheiten der Gesellschaft zu geben ist, soweit sie zur sachgemäßen Beurteilung des Gegenstandes der Tagesordnung erforderlich sind (näher dazu § 131 Rz. 11 ff.). **Auskunftspflichtig** ist die Gesellschaft, nicht der Hauptaktionär[5]. Dies gilt selbst insoweit, als der Vorstand bei Fragen nach der Angemessenheit der Abfindung die Bewertung durch den Hauptaktionär erläutern muss[6]. Es gelten die allgemeinen **Auskunftsverweigerungsrechte** des § 131, insbesondere § 131 Abs. 3 Nr. 2–4. 5

Die Auskünfte müssen den Anforderungen an eine gewissenhafte und getreue Rechenschaft entsprechen (§ 131 Abs. 2). Erforderlich ist eine mündliche Auskunft in der Hauptversammlung. Ein Nachweis ist nicht erforderlich. Auch besteht kein Recht auf Einsicht in Unterlagen. Ein Verweis auf ausgelegte Unterlagen nach § 327c Abs. 3 kann aber dem Auskunftsanspruch aus § 131 Abs. 1 genügen, wenn dadurch das Informationsinteresse schneller und besser befriedigt wird. 6

Das Auskunftsrecht umfasst insbesondere den Gegenstand des Berichts des Hauptaktionärs nach § 327c Abs. 2 Satz 1, also die **Voraussetzungen der Übertragung** (Verlangen und Status des Hauptaktionärs, 95 % Beteiligung, Gewährleistungserklärung) sowie die **Angemessenheit der Barabfindung**[7]. Sofern der Vorstand nicht schon eingangs der Hauptversammlung dazu ausreichend Stellung nimmt (vgl. Rz. 4), können Aktionäre also zu sämtlichen Bewertungsfragen für die Bemessung der Barabfindung Auskunft verlangen. 7

Die Auskunftspflicht erstreckt sich auch auf die rechtlichen und geschäftlichen **Beziehungen zum Hauptaktionär als verbundenes Unternehmen**, allerdings nur soweit sie zur Beurteilung des Tagesordnungspunktes Ausschluss erforderlich sind (§ 131 Abs. 1 Satz 2 und Satz 1). Insofern kommen nur Fragen zum Verhältnis zwischen Gesellschaft und Hauptaktionär in Betracht, soweit sie für die Voraussetzungen des Ausschlusses oder die Bewertung der Abfindung relevant sind. 8

Ein **Auskunftsrecht nach § 131 Abs. 4** besteht nicht, soweit es um Informationen geht, die dem Hauptaktionäre im Vorfeld des beabsichtigten Erwerbs seiner Aktien[8] 9

---

5 *Habersack* in Emmerich/Habersack, Aktien- und GmbH-Konzernrecht, § 327d Rz. 5; a.A. *Gesmann-Nuissl*, WM 2002, 1205, 1209; *Grunewald* in MünchKomm. AktG, § 327d Rz. 5 (Sonderfälle aufgrund Treuepflicht).

6 *Koppensteiner* in KölnKomm. AktG, § 327d Rz. 8.

7 OLG Hamburg v. 11.4.2003 – 11 U 215/02 – „Philips/PKV", ZIP 2003, 1344, 1348 = AG 2003, 441; LG Frankfurt v. 27.8.2003 – 3-13 O 205/02, DB 2003, 2590, 2591; *Hasselbach* in KölnKomm. WpÜG, § 327d AktG Rz. 7.

8 OLG Düsseldorf v. 16.1.2004 – I-16 W 63/03 – „Edscha AG", NZG 2004, 328, 333 = AG 2004, 207 (bezüglich im Rahmen der Due Diligence überlassener Unterlagen); vgl. aber auch *Butzke*

oder anschließend auf der Grundlage des § 327b Abs. 1 Satz 1 zur Verfügung gestellt worden sind[9]. § 327b Abs. 1 Satz 1 ist insofern die speziellere Vorschrift; im Übrigen werden die Informationen auch nicht wegen der Eigenschaft als Aktionär gegeben, sondern regelmäßig zur Vorbereitung einer gesetzlich vorgesehenen Strukturmaßnahme und aufgrund einer Beherrschungssituation[10].

V. Prüfung der Beschlussvoraussetzungen in der Hauptversammlung

10   Eine Prüfung der (formalen) Beschlussvoraussetzungen in der Squeeze-out-Hauptversammlung sieht das Gesetz ebenso wenig vor wie für sonstige Hauptversammlungsbeschlüsse. Die Voraussetzungen sind im Bericht des Hauptaktionärs lediglich schlüssig darzulegen (§ 327e Abs. 2 Satz 1), während der sachverständige Prüfer in seinem Bericht dazu überhaupt keine Stellung nimmt (vgl. § 327c Rz. 18). Allerdings wird man den **Versammlungsleiter**, mit Unterstützung des beurkundenden Notars, als berechtigt und bei evidenten Anhaltspunkten auch als verpflichtet ansehen müssen, die Beschlussvoraussetzungen zu prüfen[11]. Für den Status als Hauptaktionär mit einer Beteiligung von mindestens 95% am Grundkapital folgt dies bereits aus der Beschlussfeststellung nach § 130 Abs. 2, die den Vorsitzenden berechtigt und bei evidenten Verstößen verpflichtet, die Gültigkeit der Stimmabgabe zu prüfen und nichtige Stimmen nicht zu berücksichtigen[12]. Der **Notar** darf schon kraft seiner Amtstellung nicht über evidente Rechtsverstöße in der Hauptversammlung hinwegsehen (fehlerhafte Einladung oder fehlerhafte Abstimmungsergebnisse) und muss sie dem Versammlungsleiter mitteilen[13].

§ 327e
Eintragung des Übertragungsbeschlusses

(1) Der Vorstand hat den Übertragungsbeschluss zur Eintragung in das Handelsregister anzumelden. Der Anmeldung sind die Niederschrift des Übertragungsbeschlusses und seine Anlagen in Ausfertigung oder öffentlich beglaubigter Abschrift beizufügen.

(2) § 319 Abs. 5 und 6 gilt sinngemäß.

(3) Mit der Eintragung des Übertragungsbeschlusses in das Handelsregister gehen alle Aktien der Minderheitsaktionäre auf den Hauptaktionär über. Sind über diese Aktien Aktienurkunden ausgegeben, so verbriefen sie bis zu ihrer Aushändigung an den Hauptaktionär nur den Anspruch auf Barabfindung.

---

    in Obermüller/Werner/Winden, Die Hauptversammlung der Aktiengesellschaft, Rz. G 91 (zu Unrecht sehr restriktiv).

  9 LG Saarbrücken v. 28.7.2004 – 7 I O 24/04, NZG 2004, 1012, 1013; LG Saarbrücken v. 14.9.2005 – 71 O 7/04 – „Kaufhalle AG", AG 2006, 89, 90; *Hüffer*, § 327b Rz. 7.

10 Näher zur Diskussion *Hüffer*, § 131 Rz. 38; vgl. aber auch *Butzke* in Obermüller/Werner/Winden, Die Hauptversammlung der Aktiengesellschaft, Rz. G 88 (Grundsätze würden nicht bei bloßer Mehrheitsbeteiligung gelten – obgleich § 17 Abs. 2 AktG auch hier eine Beherrschungssituation vermutet).

11 *Hasselbach* in KölnKomm. WpÜG, § 327a AktG Rz. 39.

12 Vgl. *Hüffer*, § 130 Rz. 22.

13 Zur Überwachungspflicht des Notars bei offensichtlichen Rechtsverstößen, deren Verletzung aber keinen Anfechtungsgrund begründet, vgl. OLG Hamburg v. 8.8.2003 – 11 U 45/03 – „Volksfürsorge Holding AG", ZIP 2003, 2076, 2078 = AG 2003, 698; OLG Düsseldorf v. 28.03.2003 – 16 U 79/02, AG 2003, 510, 512 f.; *Werner* in Großkomm. AktG, § 130 Rz. 96 ff.

I. Gegenstand und Zweck 1

II. Anmeldung, Prüfungskompetenz, beizufügende Unterlagen (§ 327e Abs. 1) 2

III. Negativerklärung (327e Abs. 2 i.V.m. § 319 Abs. 5) 5

IV. Registersperre, Verzicht (327e Abs. 2 i.V.m. § 319 Abs. 5) 6

V. Freigabeverfahren (327e Abs. 2 i.V.m. § 319 Abs. 6) 7

1. Verfahrensfragen 7

2. Materielle Beschlussvoraussetzungen 10
   a) Offensichtliche Unbegründetheit . 11

b) Vorrangiges Vollzugsinteresse . . . 12

3. Schadensersatz bei ungerechtfertiger Freigabe 15

VI. Wirkung der Eintragung (§ 327e Abs. 3) 17

1. Erwerb der Aktien der Minderheitsaktionäre 17

2. Übertragung des Hauptaktionärs nach Beschluss, Strukturmaßnahmen 18

3. Eigene Aktien, zugerechnete Aktien . 20

4. Aktienurkunden, Globalurkunden . . 23

5. Bekanntmachungen, Meldepflichten . 25

6. Mängel, Heilung, Amtslöschung . . . 27

Literatur: *Buchta/Sasse,* Freigabeverfahren bei Anfechtungsverfahren gegen Squeeze-out-Beschlüsse, DStR 2004, 958; *Fuhrmann,* Das Freigabeverfahren bei Squeeze out-Beschlüssen, Der Konzern 2004, 1; *Keul,* Anfechtungsklage und Überwindung der Registriersperre im Rahmen eines Squeeze-out, ZIP 2003, 566; *Paschos/Johannsen-Roth,* Freigabeverfahren und Bestandsschutz bei aktien- und umwandlungsrechtlichen Strukturmaßnahmen, NZG 2006, 327; *Riegger,* Das Schicksal eigener Aktien beim Squeeze-out, DB 2003, 541; *Harry Schmidt,* Schadensersatz nach § 327e Abs. 2 i.V.m. § 319 Abs. 6 Satz 6 AktG im Wege der Naturalrestitution beim fehlerhaften Squeeze-out?, AG 2004, 299; *von Schnurbein,* Anfechtung von Squeeze-out-Beschlüssen und Registersperre, AG 2005, 725.

I. Gegenstand und Zweck

§ 327e Abs. 1 regelt das Verfahren der Anmeldung des Übertragungsbeschlusses zur 1
Eintragung in das Handelsregister[1]. § 327e Abs. 2 verweist für die Registersperre und das Freigabeverfahren vollumfänglich auf die Bestimmung zur Eingliederung (§ 319 Abs. 5 und Abs. 6; vgl. zunächst Kommentierung dort). § 327e Abs. 3 ordnet die dingliche und konstitutive Wirkung der Eintragung in das Handelsregister an.

II. Anmeldung, Prüfungskompetenz, beizufügende Unterlagen (§ 327e Abs. 1)

Der Vorstand muss den Übertragungsbeschluss – in vertretungsberechtigter Zahl[2] – 2
zur Eintragung in das Handelsregister am Sitz der Gesellschaft (§ 14) **anmelden** (§ 327e Abs. 1 Satz 1). Da § 327e nicht in den Katalog des § 407 Abs. 2 aufgenommen wurde, kann die Anmeldung nicht durch **Zwangsgeld** erzwungen werden[3]. Der Vorstand muss aber die Interessen der Gesellschaft hinlänglich berücksichtigen und ist jedenfalls nach §§ 83 Abs. 2, 130 Abs. 5 verpflichtet, unverzüglich die Registereintragung zu beantragen. Im Außenverhältnis ist die Gesellschaft aufgrund des Ausschlussverfahrens als Sonderrechtsverhältnis und mitgliedschaftlichen Treuepflichten gehalten, die Anmeldung vorzunehmen.

---

1 Kritisch zum Erfordernis der Eintragung in das Handelsregister: *E. Vetter,* ZIP 2000, 1817, 1823.

2 *E. Vetter,* AG 2002, 176, 179.

3 *Habersack* in Emmerich/Habersack, Aktien- und GmbH-Konzernrecht, § 327e Rz. 2; *Koppensteiner* in KölnKomm. AktG, § 327e Rz. 3; *Hüffer,* § 327e Rz. 2; a.A. *Grunewald* in MünchKomm. AktG, § 327e Rz. 3.

3   Die **Prüfungskompetenz** des Registergerichts umfasst sowohl die formelle als auch die materielle Rechtsmäßigkeit des Übertragungsbeschlusses. Zu der materiellen Rechtsmäßigkeitsprüfung zählt insbesondere die Beschlussvoraussetzungen der §§ 327a–d. Die Angemessenheit der Barabfindung, auch wenn sie evident zu niedrig ist, ist Gegenstand des Spruchverfahrens und nicht von der Prüfungskompetenz gedeckt.

4   **Beizufügen** sind der Anmeldung gem. § 327e Abs. 1 Satz 2 die **Niederschrift des Übertragungsbeschlusses** und seine **Anlagen** in Ausfertigung oder öffentlich beglaubigter Abschrift. Bei nicht-börsennotierten Gesellschaften (§ 3 Abs. 2) genügt nach § 130 Abs. 1 Satz 3 eine vom Vorsitzenden des Aufsichtrats unterzeichnete Niederschrift, da der Übertragungsbeschluss nur der einfachen Mehrheit bedarf. Die Anlagen sind dagegen stets in Ausfertigung oder öffentlich beglaubigter Abschrift beizufügen[4]. Zu den Anlagen gehören die Dokumente, die neben dem Übertragungsbeschluss in der Hauptversammlung auszulegen sind (§ 327c Abs. 3 Nr. 2 bis 4 genannten Dokumente), also Bericht des Hauptaktionärs, Prüfungsbericht und **auch Jahresabschlüsse**[5].

III. Negativerklärung (327e Abs. 2 i.V.m. § 319 Abs. 5)

5   Bei der Anmeldung hat der Vorstand zu erklären, dass eine Klage gegen die Wirksamkeit des Squeeze-out-Beschlusses nicht oder nicht fristgemäß erhoben oder eine solche Klage rechtskräftig abgewiesen oder zurückgenommen worden ist (§ 327e Abs. 2 i.V.m. § 319 Abs. 5 Satz 1 Halbsatz 1). Der Vorstand muss nach § 319 Abs. 5 Satz 1 Halbsatz 2 das Registergericht auch nach der Anmeldung über die Erhebung einer Klage unterrichten. Aus § 319 Abs. 5 Satz 1 ergibt sich, dass eine Anmeldung **vor vollständiger Ausschöpfung der Frist** des § 246 Abs. 1 (noch) nicht vollständig ist. Liegt dem Registergericht ein Negativattest vor, das vor diesem Zeitpunkt datiert (z.B. wenige Tage nach dem Beschluss), so ist es gehalten, durch Zwischenverfügung eine Frist zur Nachreichung einer neuen Erklärung nach § 319 Abs. 5 Satz 1 Halbsatz 2 zu setzen. Wegen § 167 ZPO (Zeitraum für die Zustellung von Anfechtungsklagen) ist darüber hinaus eine weiterer angemessener Zeitraum, der in der Regel mindestens zwei Wochen nach Ablauf der Anfechtungsfrist beträgt, abzuwarten. Eine Eintragung ohne aktualisierte Negativerklärung oder vor Ablauf dieses weiteren Zeitraumes von zwei Wochen ist unzulässig; widrigenfalls drohen – bei grobem Verschulden – Staatshaftungsansprüche[6].

---

4 *Hüffer*, § 327e Rz. 2; *Habersack* in Emmerich/Habersack, Aktien- und GmbH-Konzernrecht, § 327e Rz. 3.

5 *Grzimek* in Geibel/Süßmann, § 327e AktG Rz. 3. A.A. (keine Jahresabschlüsse) *Schüppen/Tretter* in Frankfurter Kommentar WpÜG, § 327e Rz. 6 Fn. 9; *Habersack* in Emmerich/Habersack, Aktien- und GmbH-Konzernrecht, § 327e Rz. 3; *Vossius*, ZIP 2002, 511, 514; *Grunewald* in MünchKomm. AktG, § 327e Rz. 2 Fn. 1 mit dem nicht überzeugendem Argument, dass das Gericht nicht die Angemessenheit der Barabfindung überprüfen würde, was stimmt, aber zu kurz greift, weil das Gericht durchaus neben den Berichten die Existenz der Jahresabschlüsse prüft. Nicht überzeugend ist daher die Auffassung (vgl. *Koppensteiner* in KölnKomm. AktG, § 327 Rz. 3; *Hasselbach* in KölnKomm. WpÜG, § 327e AktG Rz. 3), die die beizufügenden Anlagen auf die Belege nach § 130 Abs. 3 (insbesondere über die Einberufung der Hauptversammlung) beschränken will.

6 BGH v. 5.10.2006 – III ZR 283/05, DB 2006, 2563 ff.; LG Dortmund v. 16.1.2004 – 80 26/01, DB 2004, 805, 805 (aktualisierte Negativerklärung); OLG Hamm v. 9.11.2005 – 11 U 70/04, ZIP 2006, 1296 (Nachfrist von zwei Wochen).

IV. Registersperre, Verzicht (§ 327e Abs. 2 i.V.m. § 319 Abs. 5)

Das Fehlen der Negativerklärung macht die Anmeldung nicht unzulässig, sondern 6 hindert die Eintragung (§ 319 Abs. 5 Satz 2 Halbsatz 1). Daraus folgt eine **Eintragungssperre** (Registersperre, nicht: Anmeldungssperre), solange nicht ein verlässliches Negativtestat vorliegt[7]. Die **Eintragung** des Übertragungsbeschlusses ist nach § 319 Abs. 5 Satz 2 Halbsatz 1 ohne Negativerklärung **sofort möglich**, wenn alle potentiell klageberechtigten Aktionäre durch notariell beurkundete Erklärung auf die Klage gegen die Wirksamkeit des Beschlusses **verzichtet** haben[8].

V. Freigabeverfahren (§ 327e Abs. 2 i.V.m. § 319 Abs. 6)[9]

1. Verfahrensfragen

Die Registersperre kann außer durch die Negativ- und Verzichtserklärungen auch 7 durch einen Beschluss des Prozessgerichts überwunden werden (§ 327e Abs. 2 i.V.m. § 319 Abs. 6). Erforderlich für dieses Verfahren ist ein **Antrag der Gesellschaft.** In diesem Verfahren wird die Gesellschaft nicht durch den Vorstand und den Aufsichtsrat, sondern nur durch den Vorstand allein vertreten. § 246 Abs. 2, der die gemeinsame Vertretung durch Vorstand und Aufsichtsrat bei Anfechtungsklagen vorsieht, gilt nicht für das Freigabeverfahren[10].

Der **Hauptaktionär** ist wie bei den anderen Freigabeverfahren, die in seinem Interesse 8 initiiert werden, entgegen einer in der Literatur teilweise vertretenen Auffassung[11] **nicht antragsberechtigt**[12]. Dies folgt aus dem Verweis des § 327e Abs. 2 auf § 319 Abs. 6. An dieser ausschließlichen Antragsbefugnis der Gesellschaft ändert sich auch nichts, wenn der Vorstand entgegen entsprechender Weisung untätig bleibt[13]. Unbenommen bleibt die Abberufung des Vorstands durch den Aufsichtsrat (§ 84 Abs. 3).

Die Gesellschaft – vertreten durch den Vorstand – ist gegenüber dem Hauptaktionär 9 allerdings verpflichtet, bei entsprechenden Erfolgsaussichten das **Freigabeverfahren** anzustrengen (vgl. Vor § 327a Rz. 22)[14]. Da die Schadensersatzverpflichtung wegen ungerechtfertigter Eintragung (§ 327e Abs. 2 i.V.m. § 319 Abs. 6 Satz 6) aber nur die Gesellschaft und nicht den Hauptaktionär trifft (vgl. § 327e Rz. 15), kann die Gesellschaft die Antragstellung von einer entsprechenden Freistellungserklärung seitens des Hauptaktionärs abhängig machen; außerhalb des Vertragskonzerns kann der Vorstand im Einzelfall sogar dazu verpflichtet sein (§ 93 Abs. 1 Satz 1)[15].

---

7 Vgl. *Bork* in Lutter, UmwG, § 16 Rz. 12.
8 Dazu gehören wohl auch der Hauptaktionär und anderer Aktionäre, deren Aktien ihm gem. § 16 Abs. 4 AktG zugerechnet werden. Vgl. *Grunewald* in MünchKomm. AktG, § 327e Rz. 5; *Habersack* in Emmerich/Habersack, Aktien- und GmbH-Konzernrecht, § 327e Rz. 5; *Koppensteiner* in KölnKomm. AktG, § 327e Rz. 5; a.A. *Grzimek* in Geibel/Süßmann, § 327e AktG Rz. 8.
9 Wegen der Einzelheiten vgl. § 319 Rz. 36 ff.
10 OLG Hamm v. 17.3.2005 – 27 W 3/05 – „GEA AG", AG 2005, 773, 774 = ZIP 2005, 1457; a.A. OLG Düsseldorf v. 16.1.2004 – I-16 W 63/03 – „Edscha AG", NZG 2004, 328, 328 = AG 2004, 207 (in AG insoweit nicht abgedruckt).
11 *Koppensteiner* in KölnKomm. AktG, § 327e Rz. 5; *Grzimek* in Geibel/Süßmann, § 327e AktG Rz. 12.
12 *Grunewald* in MünchKomm. AktG, § 327e Rz. 6; *Habersack* in Emmerich/Habersack, Aktien- und GmbH-Konzernrecht, § 327e Rz. 6; *Hüffer*, § 327e Rz. 3.
13 A.A. *Grzimek* in Geibel/Süßmann, § 327e Rz. 12.
14 *Habersack* in Emmerich/Habersack, Aktien- und GmbH-Konzernrecht, § 327e Rz. 2 u. 6.
15 Zutreffend *Habersack* in Emmerich/Habersack, Aktien- und GmbH-Konzernrecht, § 327e Rz. 6.

2. Materielle Beschlussvoraussetzungen

10   Der Beschluss darf nach § 327e Abs. 2 i.V.m. § 319 Abs. 6 Satz 2 nur bei Unzulässigkeit, offensichtlicher Unbegründetheit oder bei vorrangigem Vollzugsinteresse ergehen (näher § 319 Rz. 36 ff.). Hierfür bestehen grundsätzlich die gleichen Anforderungen wie in Umwandlungs- und Eingliederungsfällen[16]. Im Einzelfall sind geringer Anforderungen zu stellen, weil – anders als nach § 20 UmwG – die Eintragung gerade keine umfassende Heilung bewirkt und der Ausschluss somit nicht irreversibel ist (vgl. Rz. 27)[17].

a) Offensichtliche Unbegründetheit

11   Erforderlich hierfür ist nicht leichte Erkennbarkeit bei mehr oder minder kursorischer Prüfung[18], sondern **zweifelsfreie Unbegründetheit** der Klage[19]. Entscheidend ist nicht der Aufwand, sondern das Ergebnis. Rechtsfragen sind stets voll durchzuprüfen, auch bei zahlreichen und schwierigen Problemen[20]. Nur Tatsachen unterliegen einer kursorischen Prüfung. Die Notwendigkeit einer Beweisaufnahme spricht gegen Offensichtlichkeit[21], es sei denn, die Beweise sind präsent und können sofort in einer mündlichen Verhandlung aufgenommen werden[22]. Ein **non liquet** nach umfassender Prüfung der Sach- und Rechtslage geht zu Lasten des Antragstellers[23]. Offensichtlich unbegründet ist eine Klage, die sich auf **Verfassungswidrigkeit** der §§ 327a ff. beruft[24].

---

16 OLG Düsseldorf v. 16.1.2004 – I-16 W 63/03 – „Edscha AG", AG 2004, 207, 208 = ZIP 2004, 359; *Schnurbein*, AG 2005, 725, 728; a.A. für die offensichtliche Begründetheit LG Wuppertal v. 6.11.2003 – 12 O 119/03 – „Edscha AG", AG 2004, 161, 162.

17 *Schnurbein*, AG 2005, 725, 733; für die Eingliederung *Grunewald* in MünchKomm. AktG, § 319 Rz. 38; *Habersack* in Emmerich/Habersack, Aktien- und GmbH-Konzernrecht, § 319 Rz. 33; a.A. *Fleischer*, ZGR 2002, 757, 788; *Krieger*, BB 2002, 53, 60.

18 Verfahren mit schwierigen oder noch nicht geklärten Rechtsfragen sind danach niemals offensichtlich unbegründet. So aber OLG Stuttgart v. 17.12.1996 – 12 W 44/96, ZIP 1997, 75 = AG 1997, 138 (Ausgliederung); OLG Frankfurt (10. ZS) v. 9.6.1997 – 10 W 12/97, ZIP 1997, 1291, 1291 f. = DB 1997, 1911 (Formwechsel AG in GmbH & Co. KG); OLG Düsseldorf v. 15.3.1999 – 17 W 18/99, ZIP 1999, 793 (Verschmelzung); OLG Karlsruhe v. 18.2.1998 – 14 W 4/98, EWiR 1998, 469 = AG 1999, 418 (Formwechsel AG in GmbH); LG Freiburg v. 26.11.1997 – 11 T 1996 AG 1998, 536, 537; LG Hanau v. 5.10.1995 – 50 183/95, ZIP 1995, 1820, 1821 = AG 1996, 90.

19 OLG Düsseldorf v. 16.1.2004 – I-16 W 63/03 – „Edscha AG", AG 2004, 207, 207 f.; OLG Hamm v. 17.3.2005 – 27 W 3/05 – „GEA AG", AG 2005, 773, 774 = ZIP 2005, 1457; OLG Hamm v. 19.8.2005 – 8 W 20/05 – „Harpen AG/RWE", AG 2005, 854, 854; OLG Hamburg v. 29.9.2004 – 11 W 78/04 – „RWE DEA AG", NZG 2005, 86, 86 = ZIP 2004, 2288; LG Düsseldorf v. 4.3.2004 – 31 O 144/03 – „Kamps", NZG 2004, 1168, 1168 = ZIP 2004, 1755; LG Bonn v. 9.3.2004 – 11 O 35/03, Der Konzern 2004, 491, 492 f.; LG Frankfurt v. 10.5.2005 – 3-5 O 53/05 – „Hoechst AG", AG 2005, 740, 741; vgl. ferner zum Umwandlungsrecht OLG Hamm v. 4.3.1999 – 8W 11/99, NJW-RR 1999, 973 = AG 1999, 422 (Verschmelzung); OLG Frankfurt (5. ZS) v. 30.9.1999 – 1 X ZR 227/92, NJW-RR 1999, 334, 335 = AG 1998, 428 (Formwechsel AG in GmbH & Co. KG); OLG Düsseldorf v. 27.8.2001 – 6 W 28/01, ZIP 2001, 1717, 1718 = AG 2002, 47 (Formwechsel AG in KG); OLG Stuttgart v. 22.3.2002 – 20 W 32/01, AG 2003, 456, 456 f. (Verschmelzung); *Hüffer*, § 319 Rz. 18.

20 OLG München v. 16.11.2005 – 23 W 2384/05 – „Lindner Holding KGaA", WM 2006, 291, 291 f.; a.A. LG Landshut v. 27.7.2005 – 1 HK O 1446/05 – „Lindner Holding KGaA", AG 2005, 934, 935.

21 LG Frankfurt v. 10.5.2005 – 3-5 O 53/05 – „Hoechst AG", AG 2005, 740, 741.

22 OLG Düsseldorf v. 15.3.1999 – 17W 18/99, ZIP 1999, 793 = AG 1999, 418; LG Duisburg v. 4.2.1999 – 4403/99, NZG 1999, 564.

23 OLG Frankfurt v. 22.8.2000 – 14 W 23/00, ZIP 2000, 1928, 1930 ff.; LG München v. 5.8.1999 – 5 HKO 11213/99, AG 2000, 87, 88 (beide zu Mängeln des Verschmelzungsberichts); *Noack*, ZHR 164 (2000), 274, 283; *Hüffer*, § 319 Rz. 18.

24 OLG Oldenburg v. 30.9.2002 – 1 W 45/02 – „KME Europa Metal AG", NZG 2003, 691 = AG 2002, 682 = ZIP 2003, 1351; LG Osnabrück v. 5.7.2002 – 13 O 177/02 – „KM Europa Metall

b) Vorrangiges Vollzugsinteresse

Bei der Prüfung des vorrangigen Vollzugsinteresses sind die **Belange der AG** nach der 12 Konzeption des Ausschlussverfahrens nicht entscheidend, sie können allenfalls nachrangig eine Rolle spielen[25]. Die Interessenlage ist insofern anders als bei der Eingliederung. Während die Eingliederung unmittelbare Auswirkungen auf die Gesellschaft selbst hat, insbesondere durch das Weisungsrecht gem. § 323 Abs. 1, ändert sich im Fall eines Squeeze-out für die Gesellschaft insoweit nichts. Es findet lediglich eine Änderung in der Aktionärsstruktur statt.

Im Rahmen der Interessenabwägung kommt es deshalb maßgeblich auf die Abwä- 13 gung der **Interessen des Hauptaktionärs** mit den Interessen der Minderheitsaktionäre an. Die Vollzugsinteressen können grundsätzlich nur aus den **durch die Verzögerung** der Eintragung resultierenden wirtschaftlichen oder sonstigen Nachteilen begründet werden; erforderlich ist also **Eilbedürftigkeit**. Grds. sind die **Erfolgsaussichten in der Hauptsache** dafür nicht entscheidend, können aber im Rahmen der summarischen Entscheidung ergänzend durchaus herangezogen werden[26]. Sie müssen herangezogen werden, wenn der Erfolg in der Hauptsache einigermaßen wahrscheinlich ist; dann scheidet ein Freigabebeschluss naturgemäß aus[27]. Ebenso besteht grundsätzlich kein Vollzugsinteresse bei der Geltendmachung eines Nichtigkeitsgrundes (§ 241) oder der Verletzung einer dem Schutz öffentlicher Interessen dienenden Vorschrift[28].

Von Bedeutung sind nur **wesentliche Nachteile**, d.h. solche, denen im Hinblick auf 14 die durch den Ausschluss beabsichtigten wirtschaftlichen Folgen einiges Gewicht zukommt[29]. Das ist grundsätzlich der Fall, wenn das Ausschlussverfahren im **Kontext einer Umwandlung oder sonstigen umfassenden Umstrukturierung** zu sehen ist[30]. Bloße Kostenvorteile und das Interesse an einer strafferen Leitung als solche begründen dagegen kein Vollzugsinteresse[31]. Soweit die Beteiligung des Minderheitsaktionärs sehr gering ist, kann das Interesse der Gesellschaft, keine weitere Hauptver-

---

AG", AG 2002, 527; OLG Stuttgart v. 13.5.2005 – 20 W 9/05, AG 2005, 662, 663 f. = DB 2005, 2235; *Wirth/Arnold*, AG 2002, 503, 506; *Hüffer*, § 327e Rz. 3b; a.A. offenbar LG Hamburg v. 13.1.2003 – 415 O 140/02 – „Volksfürsorge Holding AG", AG 2003, 279.

25 *Habersack* in Emmerich/Habersack, Aktien- und GmbH-Konzernrecht, § 327e Rz. 7. Strikter – Interessen der Gesellschaft irrelevant – *Paschos/Johannsen-Roth*, NZG 2006, 327, 329; *Koppensteiner* in KölnKomm. AktG, § 327e Rz. 7; *Hüffer*, § 327e Rz. 3b.
26 BT-Drucks. 12/6699, S. 89; OLG Stuttgart v. 13.3.2002 – 20 W 32/01, AG 2003, 456, 458.
27 *Koppensteiner* in KölnKomm. AktG, § 327e Rz. 8; vgl. ferner *Hommelhoff*, ZGR 1993, 453, 469; *Riegger/Schockenhoff*, ZIP 1997, 2105, 2109; *Noack*, ZHR 164 (2000), 274, 283.
28 OLG München v. 17.2.2005 – 23 W 2406/06 – „W.E.T.", WM 2005, 1414, 1415 = AG 2005, 407 (Verstoß gegen WpHG-Meldepflichten bei komplexer Konzernstruktur des Hauptaktionärs); *Grzimek* in Geibel/Süßmann, § 327e AktG Rz. 16.
29 OLG Saarbrücken v. 11.2.2005 – 1 W 293/04-47 – „Kaufhalle AG", AG 2005, 366 (besondere atypische Nachteile für Gesellschaft oder Hauptaktionär); Amtl. Begr. S. 89; *Marsch-Barner* in Kallmeyer, UmwG, § 16 Rz. 46; *Paschos/Johannsen-Roth*, NZG 2006, 327, 329; *Bork* in Lutter, UmwG, § 16 Rz. 21.
30 So ausdrücklich Reg. Begr. BT-Drucks. 14/7034, S. 73; LG Regensburg v. 16.1.2004 – 2 HKO 2124/03 (1), Der Konzern 2004, 811, 817; *Habersack* in Emmerich/Habersack, Aktien- und GmbH-Konzernrecht, § 327e Rz. 7; *Koppensteiner* in KölnKomm. AktG, § 327e Rz. 8; *Hüffer*, § 327e Rz. 3b; wohl enger *Grunewald* in MünchKomm. AktG, § 327e Rz. 7 (Ausschluss Voraussetzung für den Squeeze-out).
31 LG Frankfurt v. 28.5.2003 – 3-13 O 22/03 – „SAI Automotive", NZG 2003, 731, 732 = DB 2003, 1726 (€ 1 Mio. Kostenersparnis bei € 22 Mio. Barabfindungsangebot); LG Saarbrücken v. 28.7.2004 – 7 I O 24/04, NZG 2004, 1012, 1014 (€ 100.000 Kostenersparnis bei Ertragsüberschuss von € 14,4 Mio.); LG Frankfurt v. 10.5.2005 – 3-5 O 53/05 – „Hoechst AG", AG 2005, 740, 741.

sammlung durchzuführen und keinen weiteren IFRS-Konzernabschluss aufzustellen (Kostenerparnis von 115.000 Euro), jedoch durchaus von Relevanz sein[32].

3. Schadensersatz bei ungerechtfertigter Freigabe

15   Ergeht der Beschluss und erweist sich die Klage später dennoch als begründet, so steht den ausgeschiedenen Minderheitsaktionären ebenso wie im Fall der Eingliederung ein Schadensersatzanspruch **gegen die Gesellschaft** gem. § 327e Abs. 2 i.V.m. § 319 Abs. 6 Satz 6 zu[33]. Die Ersatzleistung richtet sich nach den §§ 249 ff. BGB, kann also auch auf Naturalrestitution (§ 249 Abs. 1 BGB) gerichtet sein, also auf die Wiederaufnahme in die Gesellschaft (etwa im Rahmen eine Kapitalerhöhung, ggf. unter Ausschluss des Bezugsrechts des Hauptaktionärs)[34]. Die Ersatzleistung erfasst auch den entgangenen Gewinn (§ 252 BGB), wenn die Aktien in der Zwischenzeit zu einem höheren Preis hätten verkauft werden können.

16   Ein Anspruch auf **Wiedereinsetzung in die bisherige Aktionärsstellung** gegen die **Gesellschaft** (etwa durch Ausgabe neuer Aktien im Rahmen einer Kapitalerhöhung oder Übertragung eigener Aktien) scheidet aus[35]. Eine Haftung des am Freigabeverfahren nicht beteiligten **Hauptaktionärs** – etwa auf Rückübertragung der Aktien – gibt das Gesetz nicht her[36], auch wenn sie sicherlich interessengerecht wäre. Die Konzeption des Gesetzes lässt sich nur durch interne Freistellungsregelungen beheben (vgl. Rz. 9).

VI. Wirkung der Eintragung (§ 327e Abs. 3)

1. Erwerb der Aktien der Minderheitsaktionäre

17   Die Eintragung hat **konstitutive Wirkung**. Zu diesem Zeitpunkt gehen alle Aktien der Minderheitsaktionäre auf den Hauptaktionär über (§ 327e Abs. 3 Satz 1). **Bezugsrechte** auf Aktien gehen ebenfalls auf den Hauptaktionär über (näher § 327b Rz. 15). Soweit kraft Zurechnung mehrere Hauptaktionäre vorhanden sind (vgl. § 327a Rz. 12), gehen die Aktien auf denjenigen Hauptaktionär über, der die Übertragung unmittelbar verlangt hat. Ein Wahlrecht, dass die Aktien auf einen anderen Hauptaktionär oder auf einen Dritten übertragen werden, besteht nicht. Eventuell bestehende **dingliche Belastungen** der übertragenen Aktien setzen sich am Abfindungsanspruch fort (§ 1287 Satz 1 BGB analog.)[37]. Der Hauptaktionär erwirbt dagegen lastenfreies Eigentum. Ansonsten bleiben die Rechtsverhältnisse der Gesellschaft mit den Aktionä-

---

32 OLG Frankfurt v. 6.2.2007 – 5 W 46/06, NZG 2007, 472, 473.
33 *Koppensteiner* in KölnKomm. AktG, § 327e Rz. 9.
34 OLG Frankfurt v. 6.2.2007 – 5 W 46/06, NZG 2007, 472, 474. OLG Düsseldorf v. 16.1.2004 – I-16 W 63/03 – „Edscha AG", AG 2004, 207, 208 = ZIP 2004, 359; *Krieger*, BB 2002, 53, 60; *Fleischer*, ZGR 2002, 757, 788; *Keul*, ZIP 2003, 566, 568 f.; *Schnurbein*, AG 2005, 725, 728; *Koppensteiner* in KölnKomm. AktG, § 327e Rz. 9 u. § 319 Rz. 36; i.E. ebenso, allerdings mit Begründung über die Grundsätze der fehlerhaften Gesellschaft *Habersack* in Emmerich/Habersack, Aktien- und GmbH-Konzernrecht, § 327e Rz. 8; a.A. *H. Schmidt*, AG 2004, 299, 302 ff.; vgl. auch *Buchta/Sasse*, DStR 2004, 958, 960.
35 *Paschos/Johannsen-Roth*, NZG 2006, 327, 331, vgl. auch § 16 Abs. 3 Satz 6 Halbsatz 2 UmwG.
36 *Angerer*, BKR 2002, 260, 266; *Buchta/Sasse*, DStR 2004, 958, 960; *Habersack* in Emmerich/Habersack, Aktien- und GmbH-Konzernrecht, § 327e Rz. 6; *Hasselbach* in KölnKomm. WpÜG, § 327e Rz. 16; *Schüppen/Tretter* in Frankfurter Kommentar WpÜG, § 327e Rz. 21; a.A. *Grzimek* in Geibel/Süßmann, § 327e AktG Rz. 20; *Krieger*, BB 2002, 53, 60; *Heidel/Lochner* in Heidel, § 327e Rz. 11.
37 *Quandt*, Squeeze-out in Deutschland, S. 138; *Koppensteiner* in KölnKomm. AktG, § 327e Rz. 14; *Hüffer*, § 327e Rz. 4.

ren (schuldrechtliche Verträge, Beherrschungsvertrag mit Hauptgesellschafter) unberührt (vorbehaltlich anderweitiger Regelungen, auch mit Dritten). Dies gilt auch für den **Abfindungsanspruch aus einem Unternehmensvertrag**, der kein akzessorisches Nebenrecht der Aktie darstellt und somit trotz Eintragung des Ausschlusses bei dem Minderheitsaktionär verbleibt[38]. Bei Dividendenansprüchen ist zu unterscheiden, ob ein Gemeinverwendungsbeschluss vor (konkreter Gewinnauszahlungsanspruch verbleibt beim Minderheitsaktionär) oder nur nach Eintragung (konkreter Zahlungsanspruch entsteht in der Person des Hauptaktionärs) getroffen wurde[39].

2. Übertragungen des Hauptaktionärs nach Beschluss, Strukturmaßnahmen

Maßgeblich für die Wirkungen des § 327e Abs. 3 Satz 1 im Hinblick auf den Hauptaktionär ist der **Zeitpunkt der Beschlussfassung**. Nach Beschlussfassung kann der Hauptaktionär daher seine **95%-ige Beteiligung abbauen**, ohne die Rechtmäßigkeit der Eintragung des Übertragungsbeschlusses zu beeinträchtigen (vgl. auch § 327a Rz. 15). Trotz späterer Veräußerung gehen mit Eintragung im Handelsregister die Aktien auf den bisherigen Hauptaktionär, der das Verfahren initiiert hat und auch noch zum Zeitpunkt des Übertragungsbeschlusses Hauptaktionär war, über[40]. Die gesetzliche Haftung für die Barabfindung verbleibt bei ihm. Denkbar sind schuldrechtliche Vereinbarungen zwischen Hauptaktionär und Erwerber, einschließlich vorweggenommener Übereignung. 18

Gleiche Überlegungen gelten, wenn der Hauptaktionär **nach Beschlussfassung** anderweitig **verwässert** wird, etwa durch Kapitalerhöhungen (§§ 182 ff.), auch im Zusammenhang mit einer Verschmelzung eines Rechtsträgers auf die Gesellschaft (§§ 2 ff., 66 ff. UmwG). Bei einem Formwechsel oder einer Verschmelzung der Gesellschaft auf einen anderen Rechtsträger entfallen jedoch die Voraussetzungen für den Ausschluss mit der Folge, dass das Registergericht die Maßnahme nicht eintragen darf. 19

3. Eigene Aktien, zugerechnete Aktien

Nicht ausdrücklich geregelt ist, ob von der Rechtsfolge der Eintragung auch eigene Aktien der Gesellschaft erfasst sind und diese ebenfalls auf den Hauptaktionär mit übergehen. Nach Wortlaut und Systematik des Gesetzes ist das **nicht der Fall**[41]. Die amtliche Überschrift „Ausschluss von Minderheitsaktionären" sowie der Wortlaut des § 327e Abs. 3 Satz 1 „Aktien der Minderheitsaktionäre" zeigen, dass es beim Squeeze-out nur um die Sicherung der Aktien außenstehender Aktionäre geht, nicht aber (auch) um eine konzernrechtliche Umstrukturierung wie z.B. im Fall der Eingliederung, bei der nach § 320 Satz 1 mit Eintragung in das Handelsregister „alle Aktien, die sich nicht in der Hand der Hauptgesellschaft befinden," übergehen. Bestätigt wird diese Sicht durch § 327a Abs. 2 i.V.m. § 16 Abs. 2 Satz 2, wonach eigene Aktien bei der Berechnung der 95%-Schwelle vom Grundkapital abzusetzen sind[42]. 20

---

38 OLG Düsseldorf v. 4.10.2006 – I-26 W 7/06 (19 W 7/05) AktE – „Siemens/DUEWAG", ZIP 2006, 2379, 2382 f.
39 Näher *Fleischer* in GroßKomm. AktG, § 327e Rz. 50.
40 *Hasselbach* in KölnKomm. WpÜG, § 327e AktG Rz. 19; *Schüppen/Tretter* in Frankfurter Kommentar WpÜG, § 327e Rz. 14 Fn. 26; *Koppensteiner* in KölnKomm. AktG, § 327e Rz. 15; a.A. *Austmann* in MünchHdb. AG, § 74 Rz. 28 a.E. (mit guten Gründen).
41 *Riegger*, DB 2003, 541, 543 f.; *Hasselbach* in KölnKomm. WpÜG, § 327e AktG Rz. 20; *Grunewald* in MünchKomm. AktG, § 327e Rz. 10; *Steinmeyer/Häger*, § 327e AktG Rz. 27; *Koppensteiner* in KölnKomm. AktG, § 327e Rz. 12; a.A. *Habersack* in Emmerich/Habersack, Aktien- und GmbH-Konzernrecht, § 327e Rz. 9; *Hüffer*, § 327e Rz. 4.
42 *Koppensteiner* in KölnKomm. AktG, § 327e Rz. 12.

21 Diese Auffassung wird allerdings von gewichtigen Stimmen, insbesondere unter Hinweis auf Praktikabilitätserwägungen und die Parallelregelung des § 320 Satz 1 zur Eingliederung, **bestritten**[43]. Für die **Praxis** stellt sich damit die Frage, wie diesem – durch Rechtsprechung noch nicht entschiedenen – Problem Rechnung zu tragen ist, wenn diese Aktien später durch die Gesellschaft bzw. den Hauptaktionär weiter übertragen werden sollen. Zunächst sollte der Übertragungsbeschluss (klarstellend) bestimmen, dass die eigenen Aktien von der gesetzlichen Übertragung nicht erfasst sind. Weiter kann auf dem Boden der hier vertretenen Auffassung hinsichtlich der betroffenen Aktien eine hilfsweise unentgeltliche Rückübertragung auf die Gesellschaft (auch verbunden mit einer Einziehung nach § 237 Abs. 3) stattfinden, während die Übertragung von der Gesellschaft auf den Hauptaktionär die Vorgaben des § 57 beachten muss und im Einzelfall nicht unentgeltlich erfolgen kann.

22 Aus den gleichen Überlegungen findet keine gesetzliche Übertragung solcher Aktien statt, die nach Maßgabe des § 327a Abs. 2 i.V.m. § 16 Abs. 4 dem Hauptaktionär **zuzurechnen** sind[44]. Ansonsten würde der Zweck des § 327a Abs. 2 i.V.m. § 16 Abs. 4, ein „Umhängen" von Beteiligungen zu vermeiden, ausgehebelt werden.

4. Aktienurkunden, Globalurkunden

23 Sind **Aktienurkunden** ausgegeben und befinden sich diese im Besitz der Minderheitsaktionäre, so fallen diese weder (in Abweichung von der allgemeinen Regelung des § 952 Abs. 2 BGB) in das Eigentum des Hauptaktionärs noch werden sie gegenstandslos, sondern verbriefen bis zu ihrer Aushändigung an den Hauptaktionär den Anspruch auf Barabfindung (§ 327e Abs. 3 Satz 2). Wie bei der Mehrheitseingliederung kommt es zu einer vorübergehenden Auswechslung des verbrieften Rechts (vgl. § 320a Rz. 9 ff.). Das Gleiche gilt für **Zwischenscheine** i.S.d. § 8 Abs. 4. Die Minderheitsaktionäre sind nur Zug um Zug (§§ 273, 274 BGB) gegen Zahlung der Abfindung zur Besitzübertragung verpflichtet und erst mit Besitzübertragung erwirbt der Hauptaktionär analog § 797 Satz 2 BGB Eigentum an den betreffenden Urkunden. Eine Kraftloserklärung der Urkunden nach § 73 kommt erst dann in Betracht[45], wenn der Minderheitsaktionär trotz Zahlung nicht den Besitz an den Urkunden überträgt und diese somit gegenstandslos sind[46].

24 Sind eine oder mehrere **Globalurkunden** ausgegeben, verlieren die Minderheitsaktionäre ihre Miteigentümerstellung an der Globalurkunde nicht. Die Globalurkunden verbriefen ab Eintragung des Übertragungsbeschlusses den Anspruch der Minderheitsaktionäre auf Barabfindung. Die Abwicklung erfolgt über die Clearstream Banking AG und die jeweilige Depotbank dergestalt, dass der dem Minderheitsaktionär zustehende Miteigentumsanteil an der jeweiligen bei der Clearingstelle verwahrten Globalurkunde Zug um Zug gegen Zahlung der Barabfindung auf den Hauptaktionär übertragen wird. Von den Minderheitsaktionären ist insoweit nicht zu veranlassen. Eine körperliche Übertragung der Urkunde findet nicht statt. Die Aktien der Minder-

43 Insbesondere *Habersack*, ZIP 2001, 1230, 1236; *Habersack* in Emmerich/Habersack, Aktien- und GmbH-Konzernrecht, § 327e Rz. 9; *Grzimek* in Geibel/Süßmann, § 327e AktG Rz. 24; *Hüffer*, § 327b Rz. 2 u. § 327e Rz. 4.
44 BT-Drucks. 14/7034, S. 72; *Krieger*, BB 2002, 53, 55; *Sieger/Hasselbach*, ZGR 2002, 120, 136; *Grzimek* in Geibel/Süßmann, § 327e AktG Rz. 26; ebenso *Habersack* in Emmerich/Habersack, Aktien- und GmbH-Konzernrecht, § 327e Rz. 9.
45 Für grundsätzliche Zulässigkeit der Kraftloserklärung auch vor Zahlung der Barabfindung, *Grunewald* in MünchKomm. AktG, § 320b Rz. 6.
46 *Hasselbach* in KölnKomm. WpÜG, § 327e AktG Rz. 25; *Grzimek* in Geibel/Süßmann, § 327e AktG Rz. 29; a.A. *Steinmeyer/Häger*, § 327e AktG Rz. 32 (Urkunde verkörpere Mitgliedschaftsrecht des Hauptaktionärs).

heitsaktionäre werden nach entsprechendem Nachweis auf das Wertpapierkonto des Kreditinstituts des Hauptaktionärs bei Clearstream gebucht. Das Kreditinstitut schreibt diese dann dem Wertpierkonto des Hauptaktionärs gut. Zugleich wird die Barabfindung ausgezahlt.

5. Bekanntmachungen, Meldepflichten

Die Eintragung des Übertragungsbeschlusses wird durch das Registergericht im **Bun-** 25 **desanzeiger** bekannt gemacht (§§ 10, 11 HGB). Soweit die Aktien der Gesellschaft zum Handel am amtlichen oder geregelten Markt zugelassen sind, bestehen für sie kapitalmarktrechtliche Bekanntmachungspflichten (§ 30e Abs. 1 Nr. 1 WpHG). Im Übrigen hat der Hauptaktionär ein Interesse daran, die Zahlung gegen die Aktienurkunden (vgl. Rz. 23) möglichst zügig abzuwickeln. Praxis sind daher sog. **Abfindungsbekanntmachungen**, die das weitere Verfahren regeln.

Wird der Hauptaktionär mit Übergang der Aktien Alleinaktionär, ist unverzüglich 26 nach Maßgabe des § 42 eine entsprechende **Mitteilung zum Handelsregister** einzureichen. Diese Pflicht gilt nicht, wenn dem Hauptaktionär im Rahmen des Squeeze-out Aktien nach § 16 Abs. 4 lediglich zugerechnet werden, weil dann schon sprachlich der Hauptaktionär nicht zu einem Alleinaktionär aufgestiegen ist[47].

6. Mängel, Heilung, Amtslöschung

Die Wirkungen der Eintragung treten nur ein, wenn die Grundvoraussetzungen des 27 § 327a Abs. 1 erfüllt sind. Dazu zählt insbesondere der Status des Hauptaktionärs. Kann der der vermeintliche Hauptaktionär die Kapitalmehr von 95% nicht auf sich vereinigen, ist der Übertragungsbeschluss nach § 241 Nr. 3 **nichtig** (vgl. § 327f Rz. 3). Die Eintragung führt nicht zu einer umfassenden Heilung etwaiger Nichtigkeitsmängel (wie etwa nach § 20 UmwG), sondern nur nach Maßgabe des § 242. Ist der Beschluss lediglich **anfechtbar**, wird er mit Eintragung insoweit wie fehlerfreie Satzungsänderungen wirksam. Die betroffen Minderheitsaktionäre müssen gegen den Beschluss im Wege der Klage vor Ablauf der Anfechtungsfrist nach § 246 Abs. 1 vorgehen; die Eintragung hindert sie daran nicht. Die **Löschung** eines eingetragenen Squeeze-out-Beschlusses richtet sich nach § 144 FGG Abs. 2 (und nicht nach § 142 FGG) und kommt nur bei schwerwiegender Inhaltsmängel in Betracht[48].

§ 327f
Gerichtliche Nachprüfung der Abfindung

Die Anfechtung des Übertragungsbeschlusses kann nicht auf § 243 Abs. 2 oder darauf gestützt werden, dass die durch den Hauptaktionär festgelegte Barabfindung nicht angemessen ist. Ist die Barabfindung nicht angemessen, so hat das in § 2 des Spruchverfahrensgesetzes bestimmte Gericht auf Antrag die angemessene Barabfindung zu bestimmen. Das Gleiche gilt, wenn der Hauptaktionär eine Barabfindung nicht oder nicht ordnungsgemäß angeboten hat und eine hierauf gestützte Anfechtungsklage innerhalb der Anfechtungsfrist nicht erhoben, zurückgenommen oder rechtskräftig abgewiesen worden ist.

---

47 *Pentz* in MünchKomm. AktG, § 42 Rz. 21; *Hüffer*, § 42 Rz. 4; a.A. *Hoffmann-Becking*, ZIP 1995, 1, 3; *Kindler*, NJW 1994, 3041, 3043.
48 OLG Düsseldorf v. 22.6.2004 – 3 Wx 44/04, NZG 2004, 824, 825 f. = AG 2004, 509.

I. Gegenstand und Zweck	1	5. Keine materielle Beschlusskontrolle	12
II. Verfahrensfragen, Klagebefugnis	2	6. Rechtsmissbrauch, Umgehung	13
III. Nichtigkeit	3	a) Überblick über diskutierte Fallgruppen	13
IV. Spezifische Anfechtungsgründe	4	b) Maßnahmen des Hauptaktionärs	14
1. Sondervorteile, fehlerhafte Barabfindung	5	c) Maßnahmen der Gesellschaft	17
2. Fehlende oder fehlerhafte Barabfindung (§ 327f Satz 3)	7	7. Rechtsverhältnisse zwischen Aktionären, Zusagen des Hauptaktionärs	19
3. Bewertungsbezogene Informationsmängel	9	8. Missbrauch des Anfechtungsrechts	20
4. Verstöße gegen Treuepflicht	10	9. Rechtsfolgen erfolgreicher Anfechtungs- und Nichtigkeitsklagen	21
		V. Spruchverfahren	22

Literatur: *Aubel/Weber*, Ausgewählte Probleme bei Eingliederung und Squeeze Out während eines laufenden Spruchverfahrens, WM 2004, 857; *Brewdow/Tribulowsky*, Auswirkungen von Anfechtungsklagen und Squeeze-out auf ein laufendes Spruchverfahren, NZG 2002, 841; *Bungert*, Verlust der Klagebefugnis für anhängige Anfechtungsklagen nach Wirksamwerden eines Squeeze Out, BB 2005, 1345 ff.; *Grunewald*, Rechtsmissbräuchliche Umwandlungen, in FS Röhricht, 2005, S. 129; *Halasz/Kloster*, Nochmals: Squeeze-out – Eröffnung neuer Umgehungstatbestände durch die §§ 327a ff. AktG?, DB 2002, 1253; *Harrer*, Gestaltungsspielräume im Gesellschaftsrecht, in FS Sonnenberger, 2004, S. 235; *Heise/Dreier*, Wegfall der Anfechtungsbefugnis bei Verlust der Aktionärseigenschaft im Anfechtungsprozess, BB 2004, 1126; *Hirte*, Informationsmängel und Spruchverfahren, ZHR 167 (2003), 8; *Hoffmann-Becking*, Rechtsschutz bei Informationsmängeln im Unternehmensvertrags- und Umwandlungsrecht in Henze/Hoffmann-Becking (Hrsg.), Gesellschaftsrecht 2001, S. 55; *Kort*, Anwendbarkeit von § 405 AktG auf Wertpapierdarlehen, DB 2006, 1546; *Kort*, Hauptaktionär nach § 327a Abs. 1 Satz 1 AktG mittels Wertpapierdarlehen, AG 2006, 557; *Kort*, Squeeze-out-Beschlüsse: kein Erfordernis sachlicher Rechtfertigung und bloß eingeschränkte Rechtsmissbrauchskontrolle, ZIP 2006, 1519; *Lehmann*, Zum Verhältnis von Beschlussmängelklage und Squeeze-out, NZG 2007, 295; *Mülbert*, Abschwächungen des mitgliedschaftlichen Bestandsschutzes im Aktienrecht, in FS Ulmer, 2003, S. 433; *Sellmann*, Ausgleichs- und Verfahrensregelungen beim Squeeze-out, WM 2003, 1545; *E. Vetter*, Abfindungswertbezogene Informationsmängel und Rechtsschutz, in FS Wiedemann, 2002, S. 1323; *Wilsing/Kruse*, Anfechtbarkeit von Squeeze-out- und Eingliederungsbeschlüssen wegen abfindungswertbezogener Informationsmöglichkeit?, DB 2002, 1539.

I. Gegenstand und Zweck

1   § 327f entspricht § 320b Abs. 2, so dass der Rechtsschutz der Minderheitsaktionäre im Falle des Ausschlusses dem der Eingliederung weitestgehend nachgebildet ist (vgl. daher für die Einzelheiten § 320 Rz. 1 ff.). Die Norm betrifft – anderes als ihre Überschrift suggeriert – nicht nur den Rechtsschutz der Aktionäre bei inadäquater Barabfindung, sondern auch bei sonstigen Mängeln eines Übertragungsbeschlusses. § 327f Satz 1 schließt zunächst Anfechtungsklagen wegen (angeblicher) Verstöße gegen § 243 Abs. 2 (Sondervorteile) und Unangemessenheit der Barabfindung aus. Doch während bei einem Verstoß gegen § 243 Abs. 2 sämtliche Rechtsbehelfe ausgeschlossen sind, eröffnet § 327f Satz 2 für die Bewertungsrüge das Spruchverfahren[1]. Durch den Anfechtungsausschluss zugunsten des Spruchverfahrens nach § 327f Satz 1 soll verhindert werden, dass ein Aktionär durch jede Bewertungsrüge eine Registersperre (§§ 327e Abs. 2, 319 Abs. 5 Satz 2) erwirken und somit den Übergang der Aktien der

---

[1] Sondervorteile des Hauptaktionärs sind grundsätzlich nur im Fall einer zu niedrigen Barabfindung denkbar, so dass durch den Ausschluss der Anfechtungsklage und des Spruchverfahrens für diesen Tatbestand keine Rechtsschutzlücke entsteht.

Minderheitsaktionäre auf den Hauptaktionär (§ 327e Abs. 3) nachhaltig verzögern kann.

II. Verfahrensfragen, Klagebefugnis

Der Übertragungsbeschluss unterliegt den allgemeinen Vorschriften der §§ 241 ff. 2
über die Nichtigkeit und Anfechtbarkeit von Hauptversammlungsbeschlüssen[2]. **Passivlegitimiert** ist die AG, deren Hauptversammlung die Übertragung beschlossen hat, und nicht der Hauptaktionär, obwohl das Ausschlussverfahren in seinem alleinigen Interesse liegt[3]. Die **Klagebefugnis** setzt voraus, dass der Kläger bis zur gerichtlichen Entscheidung Aktionär ist. Die Anfechtungsbefugnis der Minderheitsaktionäre bleibt in einem anhängigen Verfahren auch dann bestehen, wenn der Übertragungsbeschluss eingetragen wird und die Aktien auf den Hauptaktionär übergehen[4]. § 265 Abs. 2 ZPO gilt hier analog, soweit der Kläger ein rechtliches Interesse an der Verfahrensfortsetzung hat. Das ist der Fall, soweit der Ausgang des Anfechtungsprozesses rechtlich erhebliche Auswirkungen auf die Höhe der Barabfindung haben kann. Die ursprünglichen Rechte setzen sich am Abfindungsanspruch fort. Etwas anderes gilt jedoch dann, wenn sich die Klage nicht gegen das Ausschluss richtet, sondern einen Aspekt betrifft, der in keinem Zusammenhang mit dem Ausschlussverfahren steht (z.B. Zahlung einer Dividende)[5].

III. Nichtigkeit

Die Nichtigkeit des Übertragungsgbeschlusses regelt sich nach §§ 241, 242. Nichtig- 3
keit nach § 241 Nr. 3 ist gegeben, wenn der Übertragung begehrende Aktionär nicht den Status eine Hauptaktionärs nach § 327a Abs. 1 Satz 1 erfüllt, insbesondere nicht über die Kapitalbeteiligung von mindestens 95% verfügt[6]. Die Grundsätze der fehlerhaften Organisationsakte greifen in diesem Fall nicht.

IV. Spezifische Anfechtungsgründe

In der Praxis erweisen sich Squeeze-out-Beschlüsse insbesondere wegen Fehlern bei 4
Vorbereitung und Durchführung der Hauptversammlung (§§ 327c f., 121 ff.) als anfechtungsträchtig[7]. Hinzu kommen folgende spezifische Fehlerquellen:

---

2 Vgl. Begr. RegE, BT-Drucks. 14/7034, S. 73; *Habersack* in Emmerich/Habersack, Aktien- und GmbH-Konzernrecht, § 327f Rz. 1.
3 *Hüffer*, § 327e Rz 3.
4 A.A. OLG Koblenz v. 27.1.2005 – 6 U 342/04 – „Massa AG", ZIP 2005, 714 ff. = AG 2005, 365; LG Mainz v. 17.2.2004 – 10 HK O 79/97, NZG 2004, 1118; *Bungert*, BB 2005, 1345 ff.; zutreffend dagegen BGH v. 9.10.2006 – II ZR 46/05 – „Massa AG", NZG 2007, 26 ff.; OLG Frankfurt v. 2.11.2006 – 20 W 233/93 – „Koepp Schaum AG/Deutsche Vita Polymere GmbH", AG 2007, 403, 403; *Heise/Dreier*, BB 2004, 1126, 1128 ff.; *Habersack* in Emmerich/Habersack, Aktien- und GmbH-Konzernrecht, § 327e Rz. 10; *Lehmann*, NZG 2007, 295 ff.
5 OLG Stuttgart v. 16.11.2005 – 20 U 2/05 – „Landesbank Baden-Württemberg", AG 2006, 340, 341 = ZIP 2006, 27 ff.
6 OLG München v. 11.5.2004 – 7 W 1056/04, NZG 2004, 781, 782 = AG 2004, 455; OLG München v. 23.11.2006 – 23 V 2306, NZG 2007, 192, 193; *Fleischer*, ZGR 2002, 757, 788; *Maslo*, NZG 2004, 163, 164; *Koppensteiner* in KölnKomm. AktG, § 327a Rz. 13; vgl. *Mertens*, AG 2002, 377, 383 (nur Anfechtbarkeit, Aktien gehen aber nicht über); a.A. (nur Anfechtbarkeit) *Grunewald* in MünchKomm. AktG, § 327e Rz. 9; *Gesmann-Nuissl*, WM 2002, 1205, 1209; vgl. auch *Hasselbach* in KölnKomm. WpÜG, § 327a AktG Rz. 40 f.; offen OLG Düsseldorf v. 16.1.2004 –I-16 W 63/03 – „Edeka AG", AG 2004, 207, 208 f. = ZIP 2004, 359.
7 Vgl. LG Frankfurt v. 9.3.2004 – 3/5 O 107/03, NZG 2004, 672 ff.; *Dißars*, BKR 2004, 389, 391.

1. Sondervorteile, fehlerhafte Barabfindung

5 Die Anfechtung des Übertragungsbeschlusses kann nicht auf § 243 Abs. 2 (**Verfolgung von Sondervorteilen**) gestützt werden (§ 327f Satz 1 Alt. 1). Weiter scheidet eine Anfechtungsklage wegen **unangemessener Barabfindung** von vornherein aus (§ 327f Satz 1 Alt. 2).

6 Der Ausschluss der Anfechtungsklage gem. § 327f Satz 1 betrifft ausschließlich den Übertragungsbeschluss. Andere Beschlussgegenstände der Tagesordnung sind davon nicht betroffen. So kann im Rahmen einer Squeeze-out-Hauptversammlung ein Gewinnverwendungsbeschluss nach § 243 Abs. 2 angefochten werden, wenn das als weiterer Tagesordnungspunkt zu beschließende Barabfindungsangebot um die auszuschüttende Dividende vollständig reduziert werden soll (vgl. auch § 327b Rz. 7).

2. Fehlende oder fehlerhafte Barabfindung (§ 327f Satz 3)

7 Dagegen kommt die **Anfechtungsklage in Betracht**, wenn der Hauptaktionär eine Barabfindung nicht oder nicht ordnungsgemäß angeboten hat (vgl. § 327f Satz 3). Das Spruchverfahren ist in diesem Fall subsidiär und nur dann zulässig, soweit die hierauf gestützte Anfechtungsklage innerhalb der Anfechtungsfrist nicht erhoben, zurückgenommen oder rechtskräftig abgewiesen wurde.

8 Ein Angebot fehlt auch dann völlig, wenn der Hauptaktionär die falsche Gegenleistung (z.B. eigene Aktien) anbietet. Die Barabfindung ist nicht ordnungsgemäß angeboten, wenn die Vorgaben des Abfindungsangebots nicht eingehalten sind (Höhe der Barabfindung ist nicht genau bestimmt[8]; unzulässige Abzugsposten für Ausgleichs- und Dividendenzahlungen (vgl. § 327b Rz. 7); fehlende Gewährleistung der Bank[9]; fehlender Vorstandsbericht oder Prüfungsbericht (vgl. § 327c Rz. 20). Nach § 243 Abs. 4 Satz 2 n.F. können abfindungsbezogene Informationsmängel in der Hauptversammlung allerdings nicht mit der Anfechtungsklage geltend gemacht werden (vgl. Rz. 9).

3. Bewertungsbezogene Informationsmängel

9 Nach Maßgabe des § 243 Abs. 4 Satz 1 n.F. begründen Informationsmängel grundsätzlich die Anfechtbarkeit des Übertragungsbeschlusses, wenn diese Information wesentliche Voraussetzung für die sachgerechte Wahrnehmung der Rechte eines objektiv urteilenden Aktionärs war. § 243 Abs. 4 Satz 2 schließt auch für den Squeeze-out[10] die Anfechtungsklage aus, soweit sie sich auf unrichtige, unvollständige oder unzureichende Informationen in der Hauptversammlung über die Ermittlung, Höhe oder Angemessenheit der Barabfindung stützt[11]. Dazu zählen Informationen auf

---

8 OLG Düsseldorf v. 29.6.2005 – I-15 W 38/05, AG 2005, 654, 656.

9 OLG Frankfurt v. 19.7.2005 – 5 U 134/04, AG 2005, 857, 858; LG Frankfurt v. 12.10.2004 – 3-5 O 117/04 – „DEPFA Deutsche Pfandbriefbank AG", AG 2005, 490, 491; *H. Schmidt* in FS Ulmer, S. 543, 554 f.; *Fuhrmann/Simon*, WM 2002, 1211, 1215 f.; a.A. (Nichtigkeit) *Heidel/Lochner* in Heidel, § 327b Rz. 14.

10 OLG Hamm v. 19.8.2005 – 8 W 20/05 – „Harpen AG/RWE", AG 2005, 854, 855; Begr. RegE, BT-Drucks. 15/5092, S. 26.

11 Vor der Einführung des § 243 Abs. 4 Satz 2 n.F. war unklar, ob bewertungsbezogene Informationsmängel auch mit der Anfechtungsklage gerügt werden konnten. Zwar hat der BGH in seiner Rechtsprechung zu §§ 210, 212 UmwG und zu § 305 AktG entschieden, dass auch Informationsmängel nur im Spruchverfahren gerügt werden, wenn diese Informationen betreffen, die für die Berechnung der Abfindung relevant sind (BGH v. 18.12.2000 – II ZR 1/99 – „Aqua-Butzke", BGHZ 146, 179, 182 ff. = NJW 2001, 1425 = AG 2001, 301; BGH v. 29.1.2001 – II ZR 368/98, NJW 2001, 1428 = AG 2001, 263). Diese Rechtsprechung war aber nach zahlreich vertretener Auffassung nicht auf den Squeeze-out übertragbar (OLG Hamm v. 17.3.2005

Grundlage des § 327d sowie des Auskunftsrechts nach § 131. Davon zu trennen sind die Rechtsgrundlagen der Ausgleichszahlung, insbesondere der Übertragungsbeschluss. Auch sind sämtliche Informationspflichten vor oder außerhalb der Hauptversammlung von § 243 Abs. 4 Satz 2 nicht erfasst[12], insbesondere nicht die Vorabinformation nach § 327c.

4. Verstöße gegen Treuepflicht

Nach § 243 Abs. 2 Satz 1 kann die Anfechtung eines Hauptversammlungsbeschlusses 10 auch damit begründet werden, dass ein Aktionär mit der Ausübung seines Stimmrechts Sondervorteile zum Schaden der Gesellschaft oder der anderen Aktionäre zu erlangen suchte.

Der Übertragungsbeschluss kann nicht mit dem Argument angegriffen werden 11 (§ 327f Satz 1 Alt. 1), dass der Ausschluss der Minderheitsaktionäre potentiell auf eine ausschließlich einseitige Durchsetzung der Interessen des Hauptaktionärs zielt. Im Prinzip ist anerkannt, dass § 243 Abs. 2 neben dem umfassenderen Anwendungsbereich des § 243 Abs. 1 grundsätzlich keine eigenständige Bedeutung hat, weil die unzulässige Verfolgung von Sondervorteilen schon als Ungleichbehandlung oder als Treuepflichtverstoß zur Anfechtbarkeit führt[13]. Im Umkehrschluss bedeutet dies für § 327f Satz 1 Alt. 1, dass sämtliche Sachverhalte einschließlich der Treuepflichtverletzung gegenüber der Gesellschaft und den Minderheitsaktionären, die hypothetisch einen Anfechtungsgrund nach § 243 Abs. 2 begründen würden, nicht mehr zur Anfechtung des Übertragungsbeschlusses nach § 243 Abs. 1 berechtigen. Sonst würde der Anfechtungsausschluss des § 327f faktisch leer laufen.

5. Keine materielle Beschlusskontrolle

Der Beschluss bedarf keiner besonderen Rechtfertigung[14]. Nach der gesetzgeberi- 12 schen Wertung ist der potentielle Konflikt zwischen den Interessen des Mehrheitsaktionärs und der Minderheitsaktionäre für sich genommen schon eine sachliche Rechtfertigung für den Ausschluss der Minderheitsaktionäre. Es handelt sich um eine unternehmerische Entscheidung des Hauptaktionärs, die keiner gerichtlichen Kontrolle unterliegt. Eine materielle Kontrolle des Ausschlusses der Minderheitsaktionäre – wie im Fall des Bezugsrechtsausschlusses nach § 186 Abs. 3 – auf ihre Zweckmäßigkeit, Erforderlichkeit und Verhältnismäßigkeit im engeren Sinne findet

---

– 27 W 3/05 – „GEA AG", AG 2005, 773, 774 = ZIP 2005, 1457; LG Frankfurt v. 27.8.2003 – 3-13 O 205/02, DB 2003, 2590, 2591 f.; LG Wuppertal v. 6.11.2003 – 12 O 119/03 – „Edscha AG", AG 2004, 161, 162; LG Saarbrücken v. 28.7.2004 – 7 I O 24/04, NZG 2004, 1012, 1013 f.; *Habersack* in Emmerich/Habersack, Aktien- und GmbH-Konzernrecht, § 327f Rz. 4; *Koppensteiner* in KölnKomm. AktG, § 327f Rz. 8; *Hüffer*, § 327f Rz. 2; a.A. OLG Köln v. 6.10.2003 – 18 W 35/03, AG 2004, 39, 40 = BB 2003, 2307, 2308; LG Hamburg v. 13.1.2003 – 415 O 140/02 – „Volksfürsorge Holding AG", ZIP 2003, 947, 950 = NZG 2003, 787; LG Bochum v. 7.12.2004 – 12 O 136/04 – „GEA AG", AG 2005, 738, 739; *H. Schmidt* in FS Ulmer, S. 543, 548 ff.).

12 Begr. RegE BT-Drucks. 15/5092, S. 26; *Bungert* in VGR, Gesellschaftsrecht in der Diskussion, 2005, S. 59, 89; *Wilsing*, DB 2005, 35, 36; *Austmann* in MünchHdb. AG, § 74 Rz. 74.

13 *Hüffer* in MünchKomm. AktG, § 243 Rz. 73.

14 OLG Köln v. 6.10.2003 – 18 W 35/03, AG 2004, 39, 40 = BB 2003, 2307; OLG Düsseldorf v. 16.1.2004 – I–16 W 63/03 – „Edscha AG", AG 2004, 207, 209; LG Düsseldorf v. 4.3.2004 – 31 O 144/03 – „Kamps", NZG 2004, 1168, 1169, 1170 = ZIP 2004, 1755 (keine Anfechtung des Übertragungsbeschlusses wegen Zahlungen an ehemalige Vorstandmitglieder im Vorfeld des Ausschlussverfahrens); LG Frankfurt v. 12.10.2004 – 3-5 O 71/04, AG 2005, 545, 546; LG Stuttgart v. 29.9.2004 – 39 O 49/03, DB 2005, 327, 328; *Habersack* in Emmerich/Habersack, Aktien- und GmbH-Konzernrecht, § 327a Rz. 26; *Halasz/Kloster*, DB 2002, 1253, 1256; *Sellmann*, WM 2003, 1545, 1549; *Sieger/Hasselbach*, ZGR 2002, 120, 143; *E. Vetter*, AG 2002, 176, 186; *Fleischer*, ZGR 2002, 757, 784.

deshalb nicht statt. Auch gibt es kein ungeschriebenes Tatbestandsmerkmal, das den Squeeze-out vom Vorliegen eines wichtigen Grundes abhängig macht[15]. Die Erlangung einer Beteiligung von mindestens 95% am Grundkapital ist nach der gesetzlichen Wertung bereits ausreichend[16]. Ebenfalls unerheblich ist die Streuung der Minderheitsaktionäre; ein sachlicher Grund ist also auch bei einer zweigliedrigen Gesellschaft mit einem Hauptaktionär und nur einem Minderheitsaktionär zulässig[17].

6. Rechtsmissbrauch, Umgehung

a) Überblick über diskutierte Fallgruppen

13 Nach einer Auffassung in der Literatur steht das Recht des Hauptaktionärs, unter bestimmten Voraussetzungen Minderheitsaktionäre gegen ihren Willen aus der Gesellschaft auszuschließen, wie jedes andere Rechtsinstitut unter dem Vorbehalt der Treuepflichtverletzung und des Rechtsmissbrauchs[18]. Geführt wird die Diskussion vor dem Hintergrund bestimmter Maßnahmen, die **ausschließlich oder primär** die Erlangung des Status eines Hauptaktionärs in einer AG und damit den **Ausschluss von Minderheitsaktionären bezwecken.** Folgende Fallgruppen werden als unzulässig erachtet:

(1) Temporäre Erlangung des Status des Hauptaktionärs, z.B. durch

– Vorübergehenden Erwerb[19];

– Übertragung der Aktien mit schuldrechtlicher Pflicht zur Rückübertragung (Wertpapierleihe)[20];

– Bündelung der Aktien in einer Holding- oder Zweckgesellschaft (Konsortium) gleich welcher Rechtsform[21];

---

15 *So aber Bolte,* DB 2001, 2587, 2590.

16 *P. Baums,* WM 2001, 1843, 1844.

17 *Habersack* in Emmerich/Habersack, Aktien- und GmbH-Konzernrecht, § 327a Rz. 26.

18 *P. Baums,* Ausschluss von Minderheitsaktionären, 2001, S. 133–146; *Bolte,* DB 2001, 2587 f.; *Kiem,* RWS-Forum 2001, 329, 340; *Halasz/Kloster,* DB 2002, 1253 ff.; *Krieger,* BB 2002, 53, 60 f.; *Grunewald,* ZIP 2002, 18, 22 f.; *Hasselbach* in KölnKomm. WpÜG, § 327a AktG Rz. 50 ff.; *Grzimek* in Geibel/Süßmann, § 327d AktG Rz. 11.

19 *Bolte,* DB 2001, 2587, 2589; *Fleischer,* ZGR 2002, 757, 777 f.; *Habersack* in Emmerich/Habersack, Aktien- und GmbH-Konzernrecht, § 327a Rz. 29; a.A. OLG Düsseldorf v. 16.1.2004 – I-16 W 63/03 – „Edscha AG", NZG 2004, 328, 331 = AG 2004, 207 (obiter); OLG Düsseldorf v. 13.1.2006 – I-16 U 137/04 – „Edscha AG", AG 2006, 202, 203 f. (obiter); *Krieger,* BB 2002, 53, 62; *Wittuhn/Giermann,* MDR 2003, 372 ff.; *Angerer,* BKR 2002, 260, 267.

20 *P. Baums,* Ausschluss von Minderheitsaktionären, S. 145; *P. Baums,* WM 2001, 1843, 1846 f.; *Grunewald* in MünchKomm. AktG, § 327a Rz. 20; nach der Rechtsprechung der Münchner Gerichte jedenfalls dann, *wenn der wirtschaftliche Wert der Aktien nach dem Darlehensvertrag bei dem Darlehensgeber verbleibt,* OLG München v. 23.11.2006 – 23 U 2306/06, NZG 2007, 792, 794 ff. („spricht jeweils dafür, dass Erwerb aufgrund Leihe stets missbräuchlich ist"); OLG München v. 16.11.2005 – 23 W 2384/05 – „Lindner Holding KGaA", WM 2006, 291, 292 = AG 2006, 296; *offen,* LG Landshut v. 27.7.2005 – 1 HK O 1446/05 – „Lindner Holding KGaA", AG 2005, 934, 934 f.; a.A. *Kort,* AG 2006, 557 ff. (mit eingehender Begründung); *Markmuth,* BB 2004, 277, 286; *Hüffer,* § 327a Rz. 12; *Austmann* in MünchHdb. AG, § 74, Rz. 126. § 405 Abs. 3 (Stimmkauf) ist beim Aktiendarlehen jedenfalls nicht erfüllt; vgl. *Kort,* DB 2006, 1546, 1546 f.

21 *P. Baums,* Ausschluss von Minderheitsaktionären, S. 140 ff.; *P. Baums,* WM 2001, 1843, 1845 f. (Beschluss soll sogar nichtig sein, was schon wegen § 327 Abs. 1 Nr. 3 nicht überzeugt); *Hamann,* Minderheitenschutz beim Squeeze-out-Beschluss, S. 164 f.; *Fleischer,* ZGR 2002, 757, 778; *Gesmann-Nuissl,* WM 2002, 1205, 1206, 1210; *Grunewald* in MünchKomm. AktG, § 327a Rz. 21; *Steinmeyer/Häger,* § 327a AktG Rz. 16 (für Ausnahmefälle); *Lenz/Leinekugel,* Eigentumsschutz beim Squeeze out, S. 24; vgl. *Maslo,* NZG 2004, 163, 164 f. (differenzierend nach vorübergehenden Zusammenschluss (zulässig) und Zusammenschluss nur zum Zwecke des Ausschlusses (unzulässig); a.A. *Krieger,* BB 2002, 53, 62 (allerdings zweifelnd);

- Schaffung von Zurechnungstatbeständen nach § 327a Abs. 2 i.V.m. § 16 Abs. 4[22];

- Durchführung des Ausschlusses und zeitnahe Aufnahme neuer Aktionäre, etwa im Zusammenhang mit einer erneuten Börsennotierung[23].

(2) **Formwechsel** oder Verschmelzung einer GmbH (oder anderen Rechtsform) in eine AG[24];

(3) **Maßnahmen der Gesellschaft**, wie

- Rückerwerb eigener Aktien, da eigene Aktien gem. § 327a Abs. 2 i.V.m. § 16 Abs. 2 bei der Berechnung der Beteiligungsschwelle vom maßgeblichen Grundkapital abzusetzen sind und somit der Rückerwerb zu einem „passiven" Erreichen der 95% Schwelle führen kann[25];

- Kapitalerhöhung oder Veräußerung eigener Aktien[26], wobei (1) nur der Großaktionär zum Bezug zugelassen wird oder (2) neue Aktien – etwa nach Maßgabe des § 186 Abs. 3 Satz 4 – bei nahe stehenden Dritten (etwa im Sinne von § 16 Abs. 4) oder zum Weiterverkauf bereiten Dritten platziert werden.

b) Maßnahmen des Hauptaktionärs

Maßnahmen des Hauptaktionärs sind in aller Regel **nicht missbräuchlich**[27]. Durch 14
die §§ 327a ff. kommt die Grundentscheidung des Gesetzgebers zum Ausdruck, das Ausschlussverfahren jedem Hauptaktionär als Instrument zur effizienten Kontrolle und internen Ausgestaltung der Organisation einer Aktiengesellschaft anzubieten. Die §§ 327a ff. sind bewusst vom Gesetzgeber nur mit objektiven Kriterien verknüpft worden; Absichten des Hauptaktionärs spielen keine Rolle. Die vom Gesetzgeber eingeräumte Gestaltungsfreiheit hat nur dort ihre Grenzen, wo sie missbräuchlich ausgeübt wird (§§ 226, 242, 826 BGB). Allein aus der Herbeiführung dieser Gestaltungsmöglichkeit folgt mangels ihrer Zweckbindung durch den Gesetzgeber allerdings nicht das Verdikt des Rechtsmissbrauchs. Die Rechtsaus-

---

überzeugend *Austmann* in MünchHdb. AG, § 74 Rz. 125.

22 *P. Baums*, WM 2001, 1843, 1846; *Bolte*, DB 2001, 2587, 2589; *Lenz/Leinekugel*, Eigentumsschutz beim Squeeze out, S. 24; a.A. *Mertens*, AG 2002, 377, 379 ff.; vgl. auch *Maslo*, NZG 2004, 163, 165.

23 *Fleischer*, ZGR 2002, 757, 785; *Grunewald* ZIP 2002, 18, 22; *Grunewald* in MünchKomm. AktG, § 327a Rz. 28; a.A. *E. Vetter*, AG 2002, 176, 185 f.; *Fuhrmann/Simon*, WM 2002, 1211, 1214.

24 Vgl. *Habersack*, ZIP 2001, 1230, 1234 f.; *Habersack* in Emmerich/Habersack, Aktien- und GmbH-Konzernrecht, § 327a Rz. 28; *Grunewald*, ZIP 2002, 18, 21 f.; *Grunewald* in MünchKomm. AktG, § 327a Rz. 28; *Grunewald* in FS Röhricht, S. 129, 135; *Krieger*, BB 2002, 53, 61 f.; *Gesmann-Nuissl*, WM 2002, 1205, 1210; *Grzimek* in Geibel/Süßmann, § 327d AktG Rz. 11; *Fleischer*, ZGR 2002, 757, 787; *Sellmann*, WM 2003, 1545, 1552 f.; *Witthun/Giermann*, MDR 2003, 372, 373; *Lutter* in Lutter, UmwG, § 13 Rz. 40; *Rühland*, Der Ausschluss von Minderheitsaktionären aus der Aktiengesellschaft, S. 248 f.; *Lenz/Leinekugel*, Eigentumsschutz beim Squeeze out, S. 24; reservierter *Fuhrmann/Simon*, WM 2002, 1211, 1213 (nur Ausnahmefälle); a.A. *Angerer*, BKR 2002, 260, 267; *Markwardt*, BB 2004, 277, 283; *Harrer* in FS Sonnenberger, S. 235, 246; *von Morgen*, WM 2003, 15553, 1560; *Hasselbach* in KölnKomm. WpÜG, § 327a AktG Rz. 56 ff.; *Austmann* in MünchHdb. AG, § 74 Rz. 119 ff.

25 Beispiel: Großaktionär hält 90% des Grundkapitals (900 von 1000 Aktien). Kauft Gesellschaft 75 Aktien zurück, wächst die Beteiligung des Großaktionärs nach Maßgabe des § 16 Abs. 2 AktG ohne weiteres Zutun auf 97,3% des Grundkapitals (900 von 925 relevanten Aktien) an.

26 *Fleischer*, ZGR 2002, 757, 777 f.

27 Wie hier *Koppensteiner* in KölnKomm. AktG, § 327f Rz. 11; ebenso als *obiter dictum* OLG Düsseldorf v. 16.1.2004 – I-16 W 63/03 – „Edscha AG", NZG 2004, 328, 331 = AG 2004, 207 (gesetzgeberische Zielsetzung spräche dafür, dass es ausreichend ist, wenn zu den maßgeblichen Zeitpunkten *formal* 95% der Aktien in einer Hand liegen); ferner im Hauptsacheverfahren OLG Düsseldorf v. 13.1.2006 – I-16 U 137/04 – „Edscha AG", AG 2006, 202, 203 f.

übung ist nur dann missbräuchlich, wenn ihr kein schutzwürdiges Eigeninteresse zugrunde liegt. Erst wenn durch eine Maßnahme z.B. ein Rechtsträger offensichtlich grundlos zur Unzeit zerschlagen wird oder der Rechtsverkehr getäuscht und übervorteilt werden soll, kann von einem Missbrauch der Gestaltungsfreiheit gesprochen werden[28].

15   Die vorübergehende Erlangung der Position eines Hauptaktionärs (**Fallgruppe 1**) kann vor diesem Hintergrund niemals rechtsmissbräuchlich sein, weil das Gesetz dafür offen ist, auf welche Weise, wann und wie lange der Aktionär sich eine Mehrheit von 95% der Aktien sichert[29]. Es besteht insbesondere keine Vermutung für einen Missbrauch im Fall einer nur – wie auch immer konkretisierten – „vorübergehenden" Erlangung einer Beteiligung von 95% und anschließender Rückübertragung durch den Hauptaktionär[30]. Dabei gibt es auch keinerlei Einschränkungen unter dem Gesichtspunkt, ob es sich bei den Minderheiten um Finanzbeteiligungen oder unternehmerische Beteiligungen handelt[31]. Horizontale Treuepflichten unter Aktionären, bei denen der Einfluss des Aktionärs im Verband auf der einen Seite und die Wirkungen der Maßnahme auf die mitgliedschaftlichen Interessen der Mitgesellschafter auf der anderen Seite (wirkungsbezogene Treuepflicht)[32] eine Rolle spielen, greifen beim Übertragungsbeschluss gerade nicht ein (vgl. Rz. 11)[33].

16   Gleichermaßen ist ein Wechsel in die AG zum Zwecke des Squeeze-out (**Fallgruppe 2**) nicht rechtsmissbräuchlich. Ebenso wenig wie der Ausschluss der Minderheitsaktionäre bedürfen Umwandlungsmaßnahmen nach dem UmwG einer sachlichen Rechtfertigung[34]. Nutzt der Mehrheitsaktionär die gesetzlich zur Verfügung gestellten Strukturmaßnahmen, handelt er in dem Rahmen der gesetzlich gewollten Gestaltungsfreiheit. In jedem Fall ist möglicher Anfechtungsgegenstand nicht der Übertragungsbeschluss[35], sondern ausschließlich der vorangegangene Umwandlungsbeschluss. Der Übertragungsbeschluss wird nicht durch einen rechtswidrigen Umwandlungsbeschluss „infiziert", selbst wenn der Rechtsverstoß zuvor nicht erkennbar war[36]. Es bleiben Schadensersatzansprüche gegen die Gesellschaft sowie unmittelbar gegen die den Formwechsel durchführenden Organmitglieder (§§ 205, 25 UmwG).

c) Maßnahmen der Gesellschaft

17   Soweit die Gesellschaft außerhalb des eigentlichen Squeeze-out-Verfahrens handelt, gelten andere Maßstäbe. Die Beschlussfassung über den Rückerwerb und die Veräu-

---

28 Vgl. BGH v. 17.03.1966 – II ZR 282/63 – „Rektorfall", BGHZ 45, 204, 208; BGH v. 1.2.1988 – II ZR 75/87 – „Linotype", BGHZ 103, 184, 189; *Röhricht*, ZGR 1999, 445, 473; näher *Schnorbus*, Gestaltungsfreiheit im Umwandlungsrecht, S. 135 ff.

29 Eingehend *Kort*, AG 2006, 557 ff.; *Koppensteiner* in KölnKomm. AktG, § 327f Rz. 11; a.A. *Habersack* in Emmerich/Habersack, Aktien- und GmbH-Konzernrecht, § 327a Rz. 28 f.

30 So aber *Habersack* in Emmerich/Habersack, Aktien- und GmbH-Konzernrecht, § 327a Rz. 29.

31 A.A. *Riehmer* in Schüppen/Schaub, Münchener Anwaltshandbuch Aktienrecht, § 44 Rz. 35.

32 Vgl. *Dreher*, ZHR 157 (1993), 150, 154 ff., 157 f.; *Schnorbus*, JuS 1998, 877, 879 f.

33 Vgl. auch § 327f Satz 1 sowie BVerfG v. 30.5.2007 – 1 BvR 390/04 – „Edscha AG", AG 2007, 544, 546.

34 OLG Frankfurt v. 10.2.2003 – 5 W 33/02 – „DIC Beteiligungs- und Immobilien AG", ZIP 2003, 1654, 1656 = AG 2003, 573; OLG Düsseldorf v. 16.1.2003 – 5 W 33/02, ZIP 2003, 1749, 1751 f. = AG 2003, 578; *Henze*, ZIP 1995, 1473, 1481; *Kort*, Bestandsschutz fehlerhafter Strukturveränderungen im Kapitalgesellschaftsrecht, S. 65 ff.; *Schnorbus*, ZGR 2004, 126, 134, Fn. 37; differenzierend *Lutter* in Lutter, UmwG, § 13 Rz. 31 ff.

35 So aber *Habersack* in Emmerich/Habersack, Aktien- und GmbH-Konzernrecht, § 327a Rz. 28.

36 Auf das Merkmal der „Erkennbarkeit" abstellend *Grunewald* in MünchKomm. AktG, § 327a Rz. 23 (was nicht überzeugt, weil ohne gesetzlichen Anhaltspunkt).

ßerung eigener Aktien sowie über die Kapitalerhöhung unter Ausschluss des Bezugs-rechts (**Fallgruppe 3**) unterliegt der vollen Sachkontrolle und der Treuepflicht. Führt eine Kapitalerhöhung ohne Bezugsrecht zu einer Kapitalkonzentration, die die Vor-aussetzungen für einen Squeeze-out schafft, spricht dies nicht grundsätzlich gegen die Rechtmäßigkeit des Bezugsrechtsausschlusses[37]. Der Bericht nach § 186 Abs. 4 muss hierzu darlegen, warum die Maßnahme (auch) im Unternehmensinteresse liegt. Ein Bezugsrechtausschluss, der **ausschließlich** dazu dient, einem Aktionär das Erreichen der 95%-Schwelle zu sichern, ist jedoch rechtswidrig[38]. Der Gesellschaft – vertreten durch den Vorstand –, die diese Beschlüsse ausführt, drohen Unterlas-sungs- und Schadensersatzansprüche. Die Gesellschaft kann im Innenverhältnis Re-gress nehmen (§§ 93, 116).

Davon zu trennen ist der **Übertragungsbeschluss**, der weiterhin nur im Falle des Rechtsmissbrauchs angreifbar ist. Die Rechtswidrigkeit vorangegangener Maßnah-men führt nicht dazu, selbst wenn der Rechtsverstoß seinerzeit nicht erkennbar war[39].   18

7. Rechtsverhältnisse zwischen Aktionären, Zusagen des Hauptaktionärs

Der Squeeze-out kann im Verhältnis der Aktionäre untereinander unzulässig sein.   19 Denkbar ist dies, wenn der Hauptgesellschafter sich gegenüber sämtlichen Minder-heitsgesellschaftern in einer **Aktionärsvereinbarung** verpflichtet hat, von der Mög-lichkeit des Ausschlusses keinen Gebrauch zu machen[40], oder einen entsprechenden **Vertrauenstatbestand** gesetzt hat, etwa dadurch, dass er die Minderheitsaktionäre erst zum Aktienerwerb veranlassen und sie kurz danach wieder ausschließen möch-te[41]. Den Minderheitsaktionären stehen die allgemeinen Rechtsbehelfe der Unterlas-sungs- und Schadensersatzklage zu. Doch soweit das Rechtsverhältnis zwischen Ak-tionären **nicht zugleich Gegenstand der Satzung** ist, scheiden nach richtiger Auffas-sung Anfechtungsklagen mangels Gesetzes- oder Satzungsverletzung (§ 243 Abs. 1) aus[42]. Horizontale Treuepflichtverletzungen zwischen den Aktionären können eben-

---

37 OLG Schleswig v. 18.12.2003 – 5 U 30/03, Der Konzern, 2004, 487, 489 ff.; *Habersack* in Em-merich/Habersack, Aktien- und GmbH-Konzernrecht, § 327a Rz. 27.
38 Vgl. *P. Baums*, Ausschluss von Minderheitsaktionären, S. 134 ff.; *P. Baums*, WM 2001, 1843, 1844; *Hamann*, Minderheitenschutz beim Squeeze-out-Beschluss, S. 202; *Rühland*, WM 2002, 1957, 1960; *Grunewald* in MünchKomm. AktG, § 327a Rz. 23; *Hasselbach* in Köln-Komm. WpÜG, § 327a AktG Rz. 58; *Habersack* in Emmerich/Habersack, Aktien- und GmbH-Konzernrecht, § 327a Rz. 27.
39 *Hamann*, Minderheitenschutz beim Squeeze-out-Beschluss, S. 203; a.A. *Grunewald* in MünchKomm. AktG, § 327a Rz. 23.
40 Vgl. *Grunewald* in MünchKomm. AktG, § 327a Rz. 28; *Habersack* in Emmerich/Habersack, Aktien- und GmbH-Konzernrecht, § 327a Rz. 31.
41 *Grunewald* in MünchKomm. AktG, § 327a Rz. 28; *Koppensteiner* in KölnKomm. AktG, § 327a Rz. 30; *Fleischer*, ZGR 2002, 757, 785 f.
42 *Fuhrmann/Simon*, WM 2002, 1211, 1214; *Koppensteiner* in KölnKomm. AktG, § 327f Rz. 6; und zwar unabhängig davon, ob ein Teil oder sämtliche Aktionäre schuldrechtlich/sonder-rechtlich berechtig sind. A.A., aber unzutreffend OLG Celle v. 29.9.2003 – 9 U 55/03 – „Al-liedSignal Chemical Holding AG", AG 2004, 206, 207; *Grunewald* in MünchKomm. AktG, § 327a Rz. 26, 28; *Habersack* in Emmerich/Habersack, Aktien- und GmbH-Konzernrecht, § 327a Rz. 31 (anders freilich *Habersack*, ZHR 164 (2000), 1, 10). Der BGH hat Anfechtbarkeit von Gesellschaftervereinbarungen außerhalb der Satzung dann bejaht, wenn alle Gesellschaf-ter sich durch die Nebenabrede gebunden hatten (BGH v. 20.1.1983 – II ZR 243/81, NJW 1983, 1910, 1911 = AG 1983, 249; BGH v. 27.10.1986 – II ZR 240/85, NJW 1987, 1890, 1892; dagegen *Ulmer*, NJW 1987, 1049, 1050 ff.; *Zimmermann* in Rowedder/Schmidt-Leithoff, GmbHG, § 53 Rz. 11; OLG Hamm v. 12.4.2000 – 8 U 165/99, GmbHR 2000, 673, 674). Doch dürfte diese Rechtsprechung inzwischen aufgegeben sein (vgl. *Pentz* in MünchKomm. AktG, § 23 Rz. 194 unter Bezugnahme auf *Goette* in Henze/Timm/Westermann (Hrsg.), GesR 1995, 1996, S. 113, 119 ff. mit Hinweis in Fn. 503 auf BGH v. 7.6.1993 – II ZR 81/92, BGHZ 123, 15, 20).

falls nach der Wertung des § 327f Satz 1 Alt. 1 nicht geltend gemacht werden (vgl. Rz. 11).

8. Missbrauch des Anfechtungsrechts

20 Eine Anfechtungsklage ist missbräuchlich und damit unbegründet, wenn der Kläger seine Aktie(n) nach der Bekanntmachung der Tagesordnung der Hauptversammlung erworben hat (§ 245 Nr. 1, Nr. 3 n.F.)[43].

9. Rechtsfolgen erfolgreicher Anfechtungs- und Nichtigkeitsklagen

21 Sofern Anfechtungs- oder Nichtigkeitsklage begründet sind, ist der Übertragungsbeschluss grundsätzlich nichtig und der Ausschluss gilt als nicht erfolgt (§§ 248 Abs. 1 Satz 1, 249 Abs. 1 Satz 1, 241 Nr. 5). Es gelten die Regeln über fehlerhafte Organisationsaktie[44]. Soweit ein Teil des Übertragungsbeschlusses erfolgreich angefochten wurden (z.B. fehlerhafte Einschränkung des Abfindungsangebots), ist – soweit keine anderweitigen Anhaltspunkte vorliegen – der der davon abtrennbare Teil des Übertragungsbeschlusses weiterhin wirksam[45].

V. Spruchverfahren

22 Das Spruchverfahren ist im SpruchG geregelt und findet nach Maßgabe des § 327f Satz 2, § 1 Nr. 3 SpruchG auch beim Squeeze-out Anwendung. **Antragsberechtigt** ist jeder ausgeschiedene Minderheitsaktionär (§ 3 Nr. 2 SpruchG) sowie Inhaber von Options- und Wandlungsrechten, die ebenfalls für den Verlust ihres Rechts eine Barabfindung erhalten (vgl. § 327b Rz. 13). Für Namensaktien greift die unwiderlegbare Vermutung des § 67 Abs. 2, wonach nur derjenige als Aktionär gilt, der im Aktienregister eingetragen ist[46]. Das Spruchverfahren ist erst **zulässig**, nachdem der Übertragungsbeschluss in das Handelsregister eingetragen wurde und die Aktien auf dem Hauptaktionär übergegangen sind. Die Bekanntmachung der Eintragung ist dagegen nicht entscheidend für die Zulässigkeit des Spruchverfahrens, sondern für die Berechnung der Antragsfrist von drei Monaten nach § 4 Abs. 1 Nr. 3 SpruchG[47]. **Antragsgegner** ist der Hauptaktionär (§ 5 Nr. 3 SpruchG), der die Abfindung zu leisten hat und grundsätzlich die Verfahrenskosten trägt (§ 15 Abs. 2 SpruchG).

43 So auch schon zur Rechtslage vor dem UMAG *Habersack* in Emmerich/Habersack, Aktien- und GmbH-Konzernrecht, § 327f Rz. 4; a.A. OLG Köln v. 6.10.2003 – 18 W 35/03, AG 2004, 39, 39 f. = BB 2003, 2307 mit zutreffend ablehnender Anm. *Aha*.

44 *Grunewald* in MünchKomm. AktG, § 327f Rz. 7; *Habersack* in Emmerich/Habersack, Aktien- und GmbH-Konzernrecht, § 327e Rz. 8.

45 Vgl. OLG Hamburg v. 11.4.2003 – 11 U 215/02 – „Philips/PKV", ZIP 2003, 1344, 1345 f. = AG 2003, 441 (im Rahmen des § 139 BGB auf den hypothetischen Willen des Hauptaktionärs abstellend); *Schnorbus*, ZGR 2004, 126, 140 f.

46 OLG Hamburg v. 11.9.2003 – 11 W 30/03, NZG 2004, 45 = AG 2003, 694 = ZIP 2003, 2301 f.; a.A. *Dißars*, BKR 2004, 389, 393.

47 LG Berlin v. 25.3.2003 – 102 O 19/03 AktG, NZG 2003, 930, 930 f. = ZIP 2003, 1300 f.; LG Frankfurt v. 10.3.2004 – 3-5 O 74/03 – „MAN/MAN Roland AG", ZIP 2004, 808, 809 = AG 2004, 392; *Dißars*, BKR 2004, 389, 393.

Fünfter Teil. Wechselseitig beteiligte Unternehmen

§ 328
Beschränkung der Rechte

(1) Sind eine Aktiengesellschaft oder Kommanditgesellschaft auf Aktien und ein anderes Unternehmen wechselseitig beteiligte Unternehmen, so können, sobald dem einen Unternehmen das Bestehen der wechselseitigen Beteiligung bekannt geworden ist oder ihm das andere Unternehmen eine Mitteilung nach § 20 Abs. 3 oder § 21 Abs. 1 gemacht hat, Rechte aus den Anteilen, die ihm an dem anderen Unternehmen gehören, nur für höchstens den vierten Teil aller Anteile des anderen Unternehmens ausgeübt werden. Dies gilt nicht für das Recht auf neue Aktien bei einer Kapitalerhöhung aus Gesellschaftsmitteln. § 16 Abs. 4 ist anzuwenden.

(2) Die Beschränkung des Absatzes 1 gilt nicht, wenn das Unternehmen seinerseits dem anderen Unternehmen eine Mitteilung nach § 20 Abs. 3 oder § 21 Abs. 1 gemacht hatte, bevor es von dem anderen Unternehmen eine solche Mitteilung erhalten hat und bevor ihm das Bestehen der wechselseitigen Beteiligung bekannt geworden ist.

(3) In der Hauptversammlung einer börsennotierten Gesellschaft kann ein Unternehmen, dem die wechselseitige Beteiligung gemäß Absatz 1 bekannt ist, sein Stimmrecht zur Wahl von Mitgliedern in den Aufsichtsrat nicht ausüben.

(4) Sind eine Aktiengesellschaft oder Kommanditgesellschaft auf Aktien und ein anderes Unternehmen wechselseitig beteiligte Unternehmen, so haben die Unternehmen einander unverzüglich die Höhe ihrer Beteiligung und jede Änderung schriftlich mitzuteilen.

I. Grundlagen 1	IV. Ausnahme bei rechtzeitiger Mitteilung (§ 328 Abs. 2) 19
II. Anwendungsbereich 5	V. Sonderregelung zum Stimmrecht bei Aufsichtsratswahlen (§ 328 Abs. 3) . . 21
III. Beschränkung der Rechte aus den Aktien nach § 328 Abs. 1 10	VI. Mitteilungspflicht nach § 328 Abs. 4 . 25
1. Kenntnis, Mitteilung 11	
2. Ausübungssperre 13	

Literatur: S. die Angaben zu § 19.

I. Grundlagen

Überblick: § 328 knüpft an die einfache wechselseitige Beteiligung des § 19 Abs. 1 unter Beteiligung einer AG/KGaA besondere Rechtsfolgen. § 328 Abs. 1 ordnet eine grundsätzliche **Ausübungssperre** für die eine Quote von 25 % übersteigenden Anteile am anderen Unternehmen an. § 328 Abs. 2 macht hiervon eine Ausnahme für dasjenige Unternehmen, das seine Beteiligung am anderen Unternehmen ordnungsgemäß gemeldet hatte, bevor ihm die wechselseitige Beteiligung bekannt wurde. Folge ist, dass die Ausübungssperre nach § 328 Abs. 1 regelmäßig nur eines der Unternehmen trifft. Der durch das KonTraG vom 27.4.1998 eingeführte § 328 Abs. 3 sieht einen speziellen Stimmrechtsausschluss für Aufsichtsratswahlen bei börsennotierten Gesellschaften vor. Schließlich ergänzt § 328 Abs. 4 die allgemeinen Mitteilungspflichten für wechselseitige Beteiligungen.

2   Nach § 19 Abs. 4 findet der gesamte § 328 keine Anwendung auf sog. **qualifizierte wechselseitige Beteiligungen** nach § 19 Abs. 2 und 3, bei denen zumindest ein Unternehmen von dem anderen abhängig ist. Ein Verbot, eine wechselseitige Beteiligung weiter auszubauen, ist – anders als noch im Referentenentwurf zum AktG 1965[1] – nicht vorgesehen.

3   **Zweck:** § 328 verfolgt den gleichen Schutzzweck wie § 19 und konzentriert sich dabei auf die Beschränkung des mittelbaren Einflusses der Verwaltung auf die eigene Gesellschaft (vgl. § 19 Rz. 1). Durch einen Ausschluss auch der Vermögensrechte, insb. des Dividendenrechts aus der über 25 % hinausgehenden Beteiligung soll ein Anreiz gegen den Aufbau neuer und für den Abbau bestehender wechselseitiger Beteiligungen gegeben werden. Zugleich ist der Gesetzgeber aber bemüht, den Gesellschafter, dem das Bestehen der wechselseitigen Beteiligung nicht bekannt ist oder der die Entstehung der wechselseitigen Beteiligung nicht verhindern konnte, nicht zu belasten (§ 328 Abs. 2)[2].

4   Problematisch an der Regelung ist die **fehlende Synchronisierung** der voneinander unabhängigen Schutzkonzepte für einfache wechselseitige Beteiligungen nach § 328 und qualifizierte wechselseitige Beteiligungen nach § 19 Abs. 2–4. Da Gesellschaft A bei einer Mehrheitsbeteiligung oder beherrschenden Stellung an Gesellschaft B ihre eigenen Rechte aus Anteilen an B uneingeschränkt ausüben könnte und lediglich Aktien von B an A gem. §§ 71d Satz 4, 71b keine Rechte gewähren und nach § 71c veräußert werden müssen, wird ein Anreiz für A gegeben, die eigene Beteiligung an B auszubauen[3].

II. Anwendungsbereich

5   Der Anwendungsbereich des § 328 ist aus folgenden Gründen sehr begrenzt, was seine **geringe praktische Bedeutung** bisher erklärt:

6   – § 328 knüpft an die einfache wechselseitige Beteiligung nach **§ 19 Abs. 1** an, die auf Kapitalgesellschaften mit Sitz im Inland beschränkt ist (zu Details s. § 19 Rz. 5 f.). Für die Beurteilung der 25 % übersteigenden Beteiligung kommt es nur auf die Beteiligung am Kapital, nicht der Stimmen an (s. § 19 Rz. 8).

7   – § 328 gilt gem. § 19 Abs. 4 nicht für **qualifizierte wechselseitige Beteiligungen** nach § 19 Abs. 2 und 3 (Mehrheitsbeteiligung oder beherrschende Stellung zumindest eines der Unternehmen, s. § 19 Rz. 14).

8   – Nach § 328 Abs. 1 muss zumindest eines der beteiligten Unternehmen die Rechtsform der AG oder KGaA haben.

---

1 S. *Kropff*, Aktiengesetz, S. 434.
2 Zu diesen Normzweckerwägungen näher die Begr. RegE, *Kropff*, Aktiengesetz, S. 433 f.; vgl. auch die Begr. RegE zur Einführung des § 328 Abs. 3, BT-Drucks. 13/9712, S. 25, wo allerdings außerdem darauf hingewiesen wird, dass wechselseitige Beteiligungen auch betriebswirtschaftlich sinnvolle Elemente strategischer Allianzen sein könnten.
3 Kritisch zur Regelungstechnik des Gesetzgebers auch *Hüffer*, § 328 Rz. 1; *Emmerich* in Emmerich/Habersack, Aktien- und GmbH-Konzernrecht, § 328 Rz. 7a; *Emmerich* in FS Westermann, 1974, S. 55, 71 ff.; *Grunewald* in MünchKomm. AktG, § 328 Rz. 1; *Koppensteiner* in KölnKomm. AktG, § 328 Rz. 1, 3.

Für **Altfälle** einfacher wechselseitiger Beteiligungen, die zum 1.1.1966 schon bestan- 9
den, trifft § 6 EGAktG eine die Anwendbarkeit des § 328 modifizierende Sonderregelung.

III. Beschränkung der Rechte aus den Aktien nach § 328 Abs. 1

Nach § 328 Abs. 1 kann bei Vorliegen einer wechselseitigen Beteiligung Gesell- 10
schaft A ihre Rechte nur für maximal 25 % der Anteile an Gesellschaft B ausüben,
sobald ihr das Bestehen der wechselseitigen Beteiligung entweder positiv bekannt geworden ist oder B eine Mitteilung nach § 20 Abs. 3 oder § 21 Abs. 1 gemacht hat.

1. Kenntnis, Mitteilung

Wie A die Mitteilung erlangt hat, ist irrelevant. **Kennenmüssen** genügt nicht. Nach 11
dem klaren Wortlaut genügt auch keine Mitteilung nach § 20 Abs. 1, da diese zugerechnete Aktien nach § 328 Abs. 2 beinhalten kann, die für die Begründung einer
wechselseitigen Beteiligung nach § 19 Abs. 1 nicht ausreichen.

§ 328 Abs. 1 ist im Rahmen des 3. Finanzmarktförderungsgesetzes von 1998 nicht an 12
die durch §§ 20 Abs. 8, 21 Abs. 5 AktG, §§ 21 ff. WpHG geänderte Regelung der Mitteilungspflichten bei börsennotierten Gesellschaften angepasst worden. Eine **Mitteilung nach §§ 21 f. WpHG**, aus der sich ergibt, dass das andere Unternehmen eine
wechselseitige Beteiligung i.S.d. § 19 Abs. 1 erworben hat, steht einer Mitteilung
nach § 20 Abs. 3 gleich[4]. Dazu empfiehlt sich aber eine von § 21 WpHG selbst nicht
geforderte Präzisierung der Mitteilung, da §§ 21 f. WpHG – anders als § 20 Abs. 3
AktG – nicht speziell die wechselseitige Beteiligung im Blick haben und insb. nicht
auf die Kapitalbeteiligung, sondern die Stimmrechte abstellen.

2. Ausübungssperre

Liegen die vorgenannten Voraussetzungen vor, kann Gesellschaft A die **Rechte aus** 13
denjenigen Anteilen, die 25 % der Anteile an Gesellschaft B übersteigen, nicht ausüben. Maßgeblich ist wie bei § 19 Abs. 1 das auf die Anteile entfallende Kapital,
nicht die Stimmrechte. § 19 Abs. 1 Satz 2 wird man für die Ermittlung der 25 %-
Grenze entsprechend anzuwenden haben.

Die Ausübungssperre umfasst alle Rechte aus den Anteilen, insbesondere das 14
Stimmrecht, das **Dividendenrecht** und das **Bezugsrecht** bei Kapitalerhöhungen gegen
Einlagen. Insbesondere sind Hauptversammlungsbeschlüsse, die auf den unter Verstoß gegen § 328 Abs. 1 ausgeübten Stimmen beruhen, **anfechtbar**; rechtswidrig erhaltene Dividenden sind nach § 62 Abs. 1 zu erstatten[5]. Wegen der Details einschließlich der Ausübung des Bezugsrechts unter Verstoß gegen § 328 Abs. 1 wird auf
die Kommentierung zu § 20 Abs. 7 verwiesen.

Eine Ausnahme gilt nach § 328 Abs. 1 Satz 2 lediglich für das Bezugsrecht bei einer 15
Kapitalerhöhung aus Gesellschaftsmitteln, da diese der Sache nach die Beteiligung
nicht verändert, sondern nur ihren Nennbetrag erhöht[6]. Eine Erstreckung dieser Aus-

---

4 So im Grundsatz auch *Emmerich* in Emmerich/Habersack, Aktien- und GmbH-Konzernrecht,
  § 328 Rz. 5; *Grunewald* in MünchKomm. AktG, § 328 Rz. 5 f.; *Koppensteiner* in KölnKomm.
  AktG, § 328 Rz. 6 spricht von einem Redaktionsversehen; für Erfordernis und Zulässigkeit einer Mitteilung nach §§ 20 f. AktG neben der nach §§ 21 f. WpHG *Korch*, S. 163 ff.
5 Diese Rechtsfolgen sind unstr., s. nur *Emmerich* in Emmerich/Habersack, Aktien- und GmbH-
  Konzernrecht, § 328 Rz. 21; *Grunewald* in MünchKomm. AktG, § 328 Rz. 12.
6 So die Begr. RegE, *Kropff*, Aktiengesetz, S. 433.

nahme auf das **Recht am Liquidationserlös**, dass eher dem Dividendenanspruch vergleichbar ist und dessen Ausschluss die vom Gesetzgeber bezweckte Anreizwirkung verstärkt, lässt sich wohl nicht begründen[7].

16   Die Ausübungssperre gilt, sobald und solange die Voraussetzungen des § 328 Abs. 1 vorliegen. Bei Rechten, die zu einem bestimmten Zeitpunkt ausgeübt werden, kommt es darauf an, ob zu diesem Zeitpunkt die Voraussetzungen vorliegen. Eine **zeitanteilige Kürzung** bspw. des Dividendenanspruchs in dem Fall, dass die Voraussetzungen bei Fälligkeit des Anspruchs nicht gegeben sind, wohl aber für einen gewissen Zeitraum vorher gegeben waren, findet nicht statt[8]. Auch insoweit gelten die gleichen Grundsätze wie zu § 20 Abs. 7 AktG und § 28 WpHG.

17   Die Ausübungssperre erfasst nach § 328 Abs. 1 Satz 3 auch **Anteile Dritter**, die Gesellschaft A nach § 16 Abs. 4 zuzurechnen sind. Die Aufteilung der Sperre auf die von A und dem Dritten gehaltenen Anteile richtet sich primär nach Vereinbarungen oder bindenden Weisungen in deren Innenverhältnis[9]. Bei Fehlen einer solchen Aufteilung im Innenverhältnis wird verbreitet eine quotale Aufteilung angenommen[10]. Richtiger scheint jedoch zu sein, die Ausübungssperre zunächst auf die Anteile von A zu beziehen, bevor ein unbeteiligter Dritter, der von der wechselseitigen Beteiligung ja noch nicht einmal etwas wissen muss, in seinen Eigentumsrechten beschränkt wird.

18   Die Ausübungssperre nach § 328 Abs. 1 verdrängt nicht die **allgemeinen Ausübungssperren** der §§ 20 Abs. 7, 21 Abs. 4 AktG und § 28 WpHG; **praktische Relevanz** hat § 328 Abs. 1 daher erst, wenn die allgemeinen Mitteilungen gemacht worden sind.

IV. Ausnahme bei rechtzeitiger Mitteilung (§ 328 Abs. 2)

19   Die Ausübungssperre des § 328 Abs. 1 gilt nach § 328 Abs. 2 nicht, wenn Gesellschaft A ihrerseits Gesellschaft B eine Mitteilung nach §§ 20 Abs. 3, 21 Abs. 1 oder, was bei entsprechender Präzisierung gleichzustellen ist (Rz. 12), § 21 WpHG gemacht hatte, bevor sie von B eine solche Mitteilung erhalten hat oder ihr das Bestehen der wechselseitigen Beteiligung positiv bekannt geworden ist (hierzu Rz. 11). Das Gesetz bezweckt hiermit die **Privilegierung des gutgläubigen Gesellschafters**, der die wechselseitige Beteiligung nicht vermeiden konnte (Rz. 3).

20   **Regelmäßig** wird also **nur eine der beteiligten Gesellschaften** von der Ausübungssperre des § 328 Abs. 1 betroffen. Zwingend ist dies jedoch nicht. § 328 Abs. 1 ist nach allg. Auffassung im theoretischen Fall gleichzeitiger Mitteilungen auf beide Gesellschaften anwendbar[11]. Gleiches gilt für den praktisch wichtigeren Fall der Bösgläubigkeit, insb. den miteinander **abgestimmten Aufbau der wechselseitigen Beteili-**

---

7 A.A. *Grunewald* in MünchKomm. AktG, § 328 Rz. 9; *Koppensteiner* in KölnKomm. AktG, § 328 Rz. 13 (im Gegensatz zur Voraufl., Rz. 13); *Krieger* in MünchHdb. AG, § 68 Rz. 102.

8 So ausdrücklich auch *Grunewald* in MünchKomm. AktG, § 328 Rz. 11; s. auch die Erläuterung zu § 20 Abs. 7.

9 *Emmerich* in Emmerich/Habersack, Aktien- und GmbH-Konzernrecht, § 328 Rz. 20; *Grunewald* in MünchKomm. AktG, § 328 Rz. 13; *Hüffer*, § 328 Rz. 5; *Krieger* in MünchHdb. AG, § 68 Rz. 103.

10 So *Bayer* in MünchKomm. AktG, § 19 Rz. 42; *Emmerich* in Emmerich/Habersack, Aktien- und GmbH-Konzernrecht, § 328 Rz. 20; *Grunewald* in MünchKomm. AktG, § 328 Rz. 13; *Hüffer*, § 328 Rz. 5; *Koppensteiner* in KölnKomm. AktG, § 328 Rz. 15; *Krieger* in MünchHdb. AG, § 68 Rz. 103; *Kropff*, DB 1959, 15, 19.

11 *Emmerich* in Emmerich/Habersack, Aktien- und GmbH-Konzernrecht, § 328 Rz. 18; *Grunewald* in MünchKomm. AktG, § 328 Rz. 8; *Koppensteiner* in KölnKomm. AktG, § 328 Rz. 12; *Krieger* in MünchHdb. AG, § 68 Rz. 105; *Korch*, S. 163.

gung; insoweit wird man die Kenntnis vom Entstehen der Kenntnis des Bestehens der wechselseitigen Beteiligung gleichstellen müssen[12].

V. Sonderregelung zum Stimmrecht bei Aufsichtsratswahlen (§ 328 Abs. 3)

Nach dem durch das KonTraG vom 27.4.1998 in § 328 aufgenommenen Abs. 3 kann ein Unternehmen, dem die wechselseitige Beteiligung gem. § 328 Abs. 1 bekannt ist, in der Hauptversammlung einer börsennotierten Gesellschaft sein Stimmrecht zur Wahl von Mitgliedern in den Aufsichtsrat nicht ausüben. Abweichend von der Ausübungssperre des § 328 Abs. 1 erfasst § 328 Abs. 3 **alle Anteile**, nicht nur die über 25 % hinausgehenden. Auch hier gilt, dass unzulässig abgegebene Stimmen die Anfechtung der darauf beruhenden Aufsichtsratswahl rechtfertigen (hierzu bereits 14). 21

Die **Börsennotierung** richtet sich nach dem ebenfalls durch das KonTraG eingeführten § 3 Abs. 2, nicht dagegen nach § 20 Abs. 8 AktG, § 21 Abs. 2 WpHG. Die Börsennotierung auch der anderen Gesellschaft ist nicht erforderlich. 22

Eine Erstreckung der speziellen Ausübungssperre auf nach **§ 16 Abs. 4** zuzurechnende Anteile abhängiger Unternehmen und Dritter ist nicht vorgesehen. Trotzdem wird zur Vermeidung von Umgehungen § 328 Abs. 1 Satz 3 zu Recht entsprechend angewandt[13]. 23

Umstritten ist, ob die **Ausnahme des § 328 Abs. 2** auch i.R.d. § 328 Abs. 3 zu berücksichtigen ist. Der Wortlaut spricht eher dagegen. Allerdings lässt sich den Gesetzesmaterialien entnehmen, dass der Gesetzgeber die nach § 328 Abs. 1 bestehende Ausübungssperre nur umfangmäßig erweitern wollte[14]. Für die Geltung des § 328 Abs. 2 spricht auch, dass der Normzweck der weitergehenden Beschränkung des Einflusses der Verwaltung schon dann erreicht wird, wenn nur eines der wechselseitig beteiligten Unternehmen von der Mitwirkung an der Aufsichtsratswahl ausgeschlossen ist[15]. 24

VI. Mitteilungspflicht nach § 328 Abs. 4

§ 328 Abs. 4 **ergänzt die §§ 20 und 21 AktG, § 21 WpHG**, indem die wechselseitig beteiligten Unternehmen, sofern eines von ihnen eine AG oder KGaA ist, einander unverzüglich nicht nur das Über- oder Unterschreiten bestimmter Schwellenwerte, sondern die genaue Höhe und jede Änderung ihrer Beteiligung schriftlich mitzuteilen haben. Anders als die §§ 20 f. gilt § 328 Abs. 4 auch für die Beteiligungen an börsennotierten Gesellschaften. Eine Sanktion ist allerdings nicht vorgesehen; die Anwen- 25

---

12 Hierzu näher *Kerstin Schmidt*, S. 77 f.; ebenso *Grunewald* in MünchKomm. AktG, § 328 Rz. 8.
13 *Emmerich* in Emmerich/Habersack, Aktien- und GmbH-Konzernrecht, § 328 Rz. 23; *Grunewald* in MünchKomm. AktG, § 328 Rz. 10; *Koppensteiner* in KölnKomm. AktG, § 328 Rz. 17; a.A. *Hüffer*, § 328 Rz. 7.
14 S. die Begr. RegE zum KonTraG, BT-Drucks. 13/9712, S. 25: „... Stimmrechtsbeschränkung bei börsennotierten Gesellschaften ... auszuweiten. Das in seinen Mitgliedschaftsrechten nach § 328 AktG beschränkte Unternehmen kann bei einer börsennotierten AG zusätzlich zu den schon bisher geltenden Regelungen seine Stimmrechte insgesamt nicht bei der Wahl von Mitgliedern zum Aufsichtsrat ausüben."
15 Für Anwendbarkeit des § 328 Abs. 2 auch *Emmerich* in Emmerich/Habersack, Aktien- und GmbH-Konzernrecht, § 328 Rz. 23a; *Grunewald* in MünchKomm. AktG, § 328 Rz. 10; *Koppensteiner* in KölnKomm. AktG, § 328 Rz. 7, 17; *Krieger* in MünchHdb. AG, § 68 Rz. 106; a.A. *Hüffer*, § 328 Rz. 7.

dung der scharfen Rechtsfolgen der §§ 20 Abs. 7, 21 Abs. 4 im Wege der Analogie lässt sich nicht rechtfertigen[16]. § 328 Abs. 4 wird jedoch teilweise als Schutzgesetz i.S.d. § 823 Abs. 2 BGB verstanden[17].

---

16 Wohl unstr., s. etwa *Emmerich* in Emmerich/Habersack, Aktien- und GmbH-Konzernrecht, § 328 Rz. 25; *Hüffer*, § 328 Rz. 8; *Koppensteiner* in KölnKomm. AktG, § 328 Rz. 18.
17 *Grunewald* in MünchKomm. AktG, § 328 Rz. 14; wohl auch *Koppensteiner* in KölnKomm. AktG, § 328 Rz. 18.

Sechster Teil. Rechnungslegung im Konzern

§§ 329–336

(weggefallen)

Die Vorschriften enthielten Regelungen zur Konzernrechnungslegung. Sie wurden durch Art. 2 BiRiLiG vom 19.12.1985 (BGBl. I 1998, 2335) aufgehoben. S. nunmehr §§ 290 ff. HGB.

§ 337

(weggefallen)

Die Vorschrift wurde durch Art. 1 Nr. 26 des Transparenz- und Publizitätsgesetzes (TransPuG) vom 19.7.2002 (BGBl. I 2002, 2681) aufgehoben. Sie regelte die Vorlage des Konzernabschlusses und des Konzernlageberichts an den Aufsichtsrat und die Hauptversammlung des Mutterunternehmens sowie die Auskunftspflicht des Vorstands in dieser Hauptversammlung. Jene Regelungsinhalte finden sich nunmehr in §§ 131 Abs. 1 Satz 4; 170 Abs. 1 Satz 2; 175 Abs. 1 Satz 1, Abs. 2 Satz 3, Abs. 3 Satz 1. Übergangsvorschrift in § 13 EGAktG.

§ 338

(weggefallen)

Die Vorschrift enthielt eine Regelung zur Publizität des Konzernabschlusses und wurde durch Art. 2 BiRiLiG vom 19.12.1985 (BGBl. I 1998, 2335) aufgehoben. S. jetzt §§ 325 ff. HGB.

§§ 339–393

(weggefallen)

Die Vorschriften enthielten Regelungen zu Umwandlungsvorgängen und sind durch Art. 6 Nr. 13 UmwBerG vom 28.10.1994 (BGBl. I 1994, 3210) aufgehoben worden. Es gelten nunmehr die Bestimmungen des UmwG, ergänzt durch § 179a.

Viertes Buch. Sonder-, Straf- und Schlussvorschriften

Erster Teil. Sondervorschriften bei Beteiligung von Gebietskörperschaften

Vorbemerkung zu §§ 394, 395

I. Überblick 1

II. Entstehungsgeschichtlicher Hintergrund der §§ 394, 395 3

III. Beteiligung von Gebietskörperschaften an Aktiengesellschaften . . . 6

1. Wirtschaftliche Betätigung der öffentlichen Hand 6

2. Geltung des Aktienrechts 9
   a) Allgemeines 9
   b) Anwendung des Aktienrechts auf Vertreter der Gebietskörperschaften im Aufsichtsrat 12
      aa) Gleichstellung mit den anderen Aufsichtsratsmitgliedern 12
      bb) Beamtenrechtliche Bindungen an Weisungen 13
      cc) Berücksichtigung der besonderen Interessen der öffentlichen Hand 16

3. Sonderrechte der öffentlichen Hand nach dem Haushaltsgrundsätzegesetz 17

   a) Anwendungsbereich und Zweck . . 17
   b) Mittelbare Prüfungsrechte (§ 53 HGrG). 19
      aa) Norminhalt 19
      bb) Voraussetzungen 20
      cc) Sonderrechte im Einzelnen . . . 23
      (1) Prüfung der Ordnungsmäßigkeit der Geschäftsführung (§ 53 Abs. 1 Nr. 1 HGrG) 23
      (2) Erweiterung der Pflicht zur Berichterstattung 25
      (3) Übersendung der Prüfungsberichte (§ 53 Abs. 1 Nr. 3 HGrG) 26
   c) Recht auf unmittelbare Unterrichtung (§ 54 HGrG) 27
      aa) Norminhalt 27
      bb) Voraussetzungen 29
      cc) Unterrichtungsbefugnis im Einzelnen 31
      (1) Inhalt und Grenzen 31
      (2) Rechtsträgerschaft 33

Literatur zur wirtschaftlichen Betätigung der öffentlichen Hand und Folgeproblemen: *Backhaus*, Öffentliche Unternehmen, 2. Aufl. 1980; *Badura*, Wirtschaftliche Betätigung der Gemeinde zur Erledigung von Angelegenheiten der örtlichen Gemeinschaft im Rahmen der Gesetze, DÖV 1998, 818; *Badura*, Die wirtschaftliche Betätigung der öffentlichen Hand mit besonderer Berücksichtigung der öffentlich-rechtlichen Wettbewerbs-Versicherungsunternehmen, ZHR 146 (1982), 448; *Berg*, Die wirtschaftliche Betätigung des Staates als Verfassungsproblem, GewArch. 1990, 225; *Berkemann*, Die staatliche Kapitalbeteiligung an Aktiengesellschaften, 1966; *Bolsenkötter*, Zum aktienrechtlichen Begriff des Unternehmens, DB 1967, 1098; *Böttcher/Krömker*, Abschied von der kommunalen AG in NW?, NZG 2001, 590; *Brauksiepe*, Zum Unternehmensbegriff des neuen Aktienrechts, BB 1966, 869; *Brede/Lösch*, Die Unternehmen der öffentlichen Wirtschaft in der Bundesrepublik Deutschland, 1986; *Büchner*, Die rechtliche Gestaltung kommunaler öffentlicher Unternehmen, 1982; *Cronauge*, Kommunale Unternehmen, Eigenbetriebe, Kapitalgesellschaften, Zweckverbände, 1992; *v. Danwitz*, Vom Verwaltungsprivat- zum Verwaltungsgesellschaftsrecht – Zu Begründung und Reichweite öffentlich-rechtlicher Ingerenzen in der mittelbaren Kommunalverwaltung, AöR 120 (1995), 595; *Dielmann*, Die Beteiligung der öffentlichen Hand an Kapitalgesellschaften und die Anwendung des Rechts der verbundenen Unternehmen, 1977; *Ehlers*, Das neue kommunale Wirtschaftsrecht in Nordrhein-Westfalen, NWVBl. 2000, 1; *Ehlers*, Interkommunale Zusammenarbeit in Gesellschaftsform, DVBl. 1997, 137; *Ehlers*, Die wirtschaftliche Betätigung der öffentlichen Hand in der Bundesrepublik Deutschland, JZ 1990, 1089; *Ehlers*, Verwaltung in Privatrechtsform, 1984; *Ehringer*, Unternehmensqualität der juristischen Personen des öffentlichen Rechts, DZWR 2000, 322; *Emmerich*, Das Wirtschaftsrecht der öffentlichen Unternehmen, 1969; *Engellandt*, Die Einflussnahme der Kommunen auf ihre Kapitalgesellschaften über das Anteilseignerorgan, 1995; *Erichsen*, Die Vertretung der Kommunen in den Mitgliederorganen von juristischen Personen des Privatrechts, 1990; *Fischer*, Das Entsendungs- und Weisungsrecht öffentlich-rechtlicher Körperschaften beim Aufsichtsrat einer Aktiengesellschaft, AG 1982, 85; *Gersdorf*, Öffentliche Unternehmen im Spannungsfeld zwischen Demokratie- und Wirtschaftlichkeitsprinzip, 2000; *Görning*, Public Private Partnership, ZIP 2001, 320; *Grupp*, Wirtschaftliche Betätigung der öffentlichen Hand unter dem Grundgesetz, ZHR 140 (1976), 367; *Habersack*, Private public partnership: Gemeinschaftsunternehmen zwischen Privaten und der öffentlichen Hand, ZGR 1996, 544; *Hohrmann*, Der Staat als Konzernunternehmer. Die Bundesrepublik Deutschland als herrschendes Unternehmen im Sinne des Rechts der verbundenen Unternehmen, 1983; *Hösch*, Die kommunale Wirtschaftstätigkeit – Teilnahme am wirtschaftlichen Wettbewerb oder Daseinsvorsorge, 2000; *Hösch*, Der öffentliche Zweck als Voraussetzung kommunaler Wirtschaftstätigkeit, GewArch. 2000, 1; *Kellmann*, Schadensersatz und Ausgleich im Faktischen Konzern, BB 1969, 1509; *Keßler*, Die Konzernhaftung kommunaler Gebietskörperschaften, GmbHR 2001, 320; *Kiethe*, Gesellschaftsrechtliche Spannungslagen bei Public Private Partnerships, NZG 2006, 45; *Kluth*, Öffentlich-rechtliche Zulässigkeit gewinnorientierter staatlicher und kommunaler Tätigkeit, in Stober/Vogel (Hrsg.), Wirtschaftliche Betätigung der öffentlichen Hand, 2000, S. 23; *Knauss*, Grundsätze bei der Besetzung der Aufsichtsgremien von Bundesbeteiligungen, ZögU 1978, 12; *Koch*, Der rechtliche Status kommunaler Unternehmer in Privatrechtsform, 1994; *Kraft*, Das Verwaltungsgesellschaftsrecht – Zur Verpflichtung kommunaler Körperschaften, auf ihre Privatrechtsgesellschaften einzuwirken, 1982; *Kropff*, Das Konzernrecht des Aktiengesetzes 1965, BB 1965, 1281; *Mann*, Die öffentlich-rechtliche Gesellschaft, 2002; *Mann*, Kritik am Konzept des Verwaltungsgesellschaftsrechts, Verw. 2002, 463; *Meier*, Inkompatibilität und Interessenwiderstreit von Verwaltungsangehörigen in Aufsichtsräten, NZG 2003, 54; *Nordmeyer*, Der Unternehmensbegriff im Konzernrecht, 1970; *Ossenbühl*, Mitbestimmung in Eigengesellschaften der öffentlichen Hand, ZGR 1996, 504; *Otting*, Neues Steuerungsmodell und rechtliche Betätigungsspielräume der Kommunen, 1997; *Otting*, Öffentlicher Zweck, Finanzhoheit und fairer Wettbewerb – Spielräume kommunaler Erwerbswirtschaft, DVBl. 1997, 1258; *Paschke*, Die kommunalen Unternehmen im Lichte des GmbH-Konzernrechts, ZHR 152 (1988), 263; *Pfeifer*, Möglichkeiten und Grenzen der Steuerung kommunaler Aktiengesellschaften durch ihre Gebietskörperschaften, 1991; *Püttner*, Die öffentlichen Unternehmen, 2. Aufl. 1985; *Quack*, Die Entsendung von Gemeindevertretern in die Organe von Kapitalgesellschaften, DVBl. 1965, 345; *Raiser*, Weisungen an Aufsichtsratsmitglieder, ZGR 1978, 391; *Rittner*, Der Staat – ein Unternehmen im Sinne des Aktiengesetzes?, in FS Flume, Bd. II., 1978, S. 241 ff.; *Ruffert*, Grundlagen und Maßstäbe einer wirkungsvollen Aufsicht über die kommunale wirtschaftliche Betätigung, VerwArch. 2001, 27; *Säcker*, Behördenvertreter im Aufsichtsrat, in FS Rebmann, 1989, S. 781; *Schäfer*, Wann ist der Großaktionär Unternehmer?, NJW 1967, 1741; *Schink*, Wirtschaftliche Betätigung kommunaler Unternehmen, NVwZ 2002, 129; *R. Schmidt*, Der Übergang öffentlicher Aufgabenerfüllung in private Rechtsformen, ZGR 1996, 345; *M. Schneider*, Die Gebietskörperschaft als Konzernspitze, 1985; *U. H. Schneider*, GmbH und GmbH & Co. KG in der Mitbestimmung – Korreferat, ZGR 1977, 335; *Schön*, Der Einfluss öffentlich-rechtlicher Zielsetzung auf das Statut privatrechtlicher Eigengesellschaften der öffentlichen Hand, ZGR 1996, 429; *Scholz/Aulehner*, Tochtergesellschaften und Unternehmensbeteiligungen der Deutschen Bundespost Telekom im Ausland, ArchivPT 1993, 103; *Schraffer*, Der kommunale Eigenbetrieb, 1993; *Schröder*, Geschäftsführungsrechte und Einwirkungsbefugnisse bei öffentlichen Unternehmen, ZögU 1979, 149; *Schuppert*, Verwaltungskooperationsrecht (Public Private Partnership), 2001; *Schwintowski*, Gesellschaftsrechtliche Bindungen für entsandte Aufsichtsratsmitglieder in öffentlichen Unternehmen, NJW 1995, 1316; *Spannowsky*, Die Verantwortung der öffentlichen Hand für die Erfüllung öffentlicher Aufgaben und die Reichweite ihrer Einwirkungspflicht auf Beteiligungsunternehmen, DVBl. 1992, 1072; *Stern*, Postreform zwischen Privatisierung und Infrastrukturgewährleistung, DVBl. 1997, 309; *Stober*, Die privatrechtlich organisierte öffentliche Verwaltung, NJW 1984, 449; *Storr*, Der Staat als Unternehmer, 2001; *Tietje*, Die Neuordnung des Rechts wirtschaftlicher Betätigung und privatrechtlicher Beteiligung der Gemeinden, 2000; *Veen*, Die Vereinbarkeit des Regierungsamts und Aufsichtsratsmandats in Wirtschaftsunternehmen, 1996; *Wais*, Gefahr von Interessenkollisionen bei gleichzeitiger Wahrnehmung eines öffentlichen Amts und eines Aufsichtsratsmandats?, NJW 1982, 1263; *Weiblen/May*, Die Weisungsgebundenheit der Gemeindevertreter in den Organen privatrechtlich geführter wirtschaftlicher Unternehmen, Gemeindehaushalt 1987, 169; *Wiedemann/Martens*, Die Unternehmensqualifikation von Gebietskörperschaften im Recht der verbundenen Unternehmen Teil (I), AG 1976, 197; *Zöllner*, Zum Unternehmensbegriff der §§ 15 ff. AktG, ZGR 1976, 1 sowie die weiteren Angaben bei § 394.

Speziell zu den §§ 53, 54 HGrG: *Bierwirth,* Die erweiterte Prüfung und Berichterstattung nach § 53 Haushaltsgrundsätzegesetz (HGrG), in FS Ludewig, 1996, S. 123; *Bolsenkötter,* Finanzkontrolle und Wirtschaftsprüfung öffentlicher Unternehmen, in GS Thiemeyer, 1994, S. 325; *Bolsenkötter,* Prüfung der wirtschaftlichen Verhältnisse und der Ordnungsmäßigkeit der Geschäftsführung bei öffentlichen Unternehmen, WPg 1981, 505; *Forster,* Die durch § 53 des Haushaltsgrundsätzegesetzes erweiterte Abschlussprüfung von privatrechtlichen Unternehmen, in FS Schäfer, 1975, S. 289; *Giesen,* Die Informations- und Prüfungsrechte der Gemeinden gegenüber Beteiligungsunternehmen, GHH 1989, 223; *Huppertz,* Prüfung der „Ordnungsmäßigkeit der Geschäftsführung" von Gesellschaften oder Betrieben der öffentlichen Hand im Rahmen der Abschlussprüfung, DB 1981, 150; *Ipsen,* Kollision und Kombination von Prüfungsvorschriften des Haushalts- und des Aktienrechts, JZ 1955, 593; *Karehnke,* Die Prüfung der Geschäftsführung nach § 53 des Haushaltsgrundsätzegesetzes, AG 1970, 259; *Kaufmann,* Die Prüfung kommunaler Unternehmen gemäß § 53 Absatz 1 Haushaltsgrundsätzegesetz, 1995; *Lenz,* die Prüfung der Ordnungsmäßigkeit der Geschäftsführung im Rahmen der Abschlussprüfung bei kommunalen Versorgungsunternehmen, WPg 1987, 669; *Lohl,* Die staatliche Betätigung bei privatrechtlichen Unternehmen nach der Haushaltsrechtsreform, AG 1970, 159; *Lutter/Grunewald,* Öffentliches Haushaltsrecht und privates Gesellschaftsrecht, WM 1984, 385; *Richter,* Die Aktiengesellschaft mit Beteiligung der öffentlichen Hand und die Prüfungsrechte nach der Reichshaushaltsordnung, JZ 1967, 440; *J.W. Schmidt,* Die Betätigungsprüfung nach § 54 HGrG im gemeindlichen Betrieb als Kontrolle öffentlicher Verwaltung, ZögU 1981, 456; *Weimar,* Haushaltsrechtliche Instrumente der Treuhandanstalt gegenüber ihren Beteiligungsunternehmen, DÖV 2002, 2; *Will,* Die besonderen Prüfungs- und Unterrichtungsrechte der Gemeinden gegenüber ihren Kapitalgesellschaften aus §§ 53, 54 HGrG, DÖV 2002, 319; *Zavelberg,* Die Prüfung der Betätigung des Bundes bei Unternehmen durch den Bundesrechnungshof, in FS Forster, 1992, S. 723; *Zeichner,* Die Voraussetzungen für die Beteiligung des Bundes/eines Landes an einem Unternehmen nach § 65 Abs. 1 BHO/LHO und ihre Prüfung durch den Rechnungshof, AG 1985, 61.

I. Überblick

Die §§ 394, 395 sind Sondervorschriften bei Beteiligung von Gebietskörperschaften   1 an AGen, regeln jedoch lediglich einen Teilaspekt der gesamten Problematik. In rechtlicher Hinsicht weist eine derartige Beteiligung die Besonderheit auf, dass sich die öffentliche Hand in privatrechtlichem Rahmen wirtschaftlich betätigt, so dass sich die Frage stellt, wie öffentliches Recht und Privatrecht ineinandergreifen bzw. inwieweit die Beteiligung der öffentlichen Hand das öffentliche Recht in die AG „trägt". Vor diesem Hintergrund ist insbesondere der Rechtsstatus, namentlich die Weisungsgebundenheit der Aufsichtsratsmitglieder, die auf Veranlassung einer Gebietskörperschaft in den Aufsichtsrat gewählt oder entsandt worden sind, gegenüber dieser näher zu betrachten (s. dazu unten Rz. 13 ff.). Da bei staatlicher Partizipation die privaten Interessen der Aktionäre und Gesellschafter in einem Spannungsverhältnis zu den Rechten der öffentlichen Hand stehen, tritt als weiterer Aspekt der Verzahnung von öffentlichem und privatem Recht die Auflösung von Interessenkonflikten innerhalb der Gesellschaft in den Vordergrund. Befinden sich alle Anteile einer AG in der Hand einer Gebietskörperschaft, sind das Interesse der (alleinigen) Gesellschafterin und der Gesellschaft identisch, so dass keine Interessenkonflikte innerhalb der Gesellschaft auftreten. Anders verhält sich dies, wenn entweder verschiedene Gebietskörperschaften mit divergierenden Interessen die Anteile halten oder neben der öffentlichen Hand auch private Aktionäre an der AG beteiligt sind. Im letzteren Fall sog. gemischt-wirtschaftlicher Unternehmen („private public partnerships", „Kooperationsmodelle") kollidiert zum einen das staatliche Leistungsinteresse an möglichst preiswerter Bedürfnisbefriedigung mit den privaten Interessen an hoher Gewinnerzielung. Diesem Interessenkonflikt ist in erster Linie der Vorstand als Leitungsorgan ausgesetzt (dazu näher unten Rz. 9). Zum anderen treten Konflikte zwischen dem staatlichen Interesse an möglichst umfassender Prüfung der Vermögensvorgänge innerhalb der AG und den privaten Interessen an der Geheimhaltung von Büchern und sonstigen Unterlagen der Gesellschaft auf. Dieses Dilemma versuchen die für Bund und Länder geltenden §§ 53, 54 HGrG zu lösen (vgl. dazu unten Rz. 17–34). Letztlich kollidiert die aktienrechtliche Verschwiegenheitspflicht der Aufsichtsratsmitglieder, die die Gebietskörperschaft vertreten, mit ihrer öffentlich-rechtlichen Berichterstattungspflicht gegenüber der öffentlichen Hand; kompromissbildende Vorschriften hierfür sind die §§ 394, 395.

2   Im Bereich der Daseinsvorsorge (z.B. Strom-, Wasser-, Wärmeversorgung) ist die wirtschaftliche Betätigung der Gebietskörperschaften, namentlich der Bundesrepublik, der Länder und der Gemeinden, in privatrechtlichen Organisationsformen ein verbreitetes Phänomen. Die AG bietet sich organisationsrechtlich für das Zusammenwirken mit der öffentlichen Hand an, weil sie klar getrennte Organzuständigkeiten aufweist, die eine eigenverantwortliche Unternehmensleitung durch den Vorstand ermöglichen, und die Mitwirkung der ArbN im Aufsichtsrat garantiert[1]. Insbesondere auf kommunaler Ebene ist allerdings ein starker Trend zur Beteiligung an der GmbH zu beobachten[2]. Diese ermöglicht der Gebietskörperschaft über die Gesellschafterversammlung die Durchsetzung von Weisungen gegenüber der Geschäftsführung und sichert ihr somit weiterreichende Einwirkungsmöglichkeiten.

II. Entstehungsgeschichtlicher Hintergrund der §§ 394, 395

3   Die §§ 394, 395 haben keine Vorgängernormen und entschieden einen langjährigen Meinungsstreit über das Verhältnis von Aktienrecht und öffentlichem Haushaltsrecht bei der Beteiligung von Gebietskörperschaften an AGen.

4   Die Entstehungsgeschichte der §§ 394, 395 zeigt die eminente Bedeutung, aber auch die Schwierigkeit eines Ausgleichs von privaten Gesellschafterinteressen und Rechten der öffentlichen Hand. Schon die Reichshaushaltsordnung (RHO) sah in § 48 für die Beteiligung des Reiches an einem gewerblichen Unternehmen besondere Prüfungsrechte des zuständigen Ministers z.B. auf Prüfung der Gesellschaft durch einen ihm genehmen Prüfer nach von ihm festgesetzten Prüfungsrichtlinien sowie das Recht des Rechnungshofes auf Einsicht in die Unterlagen der Gesellschaft vor. Zudem waren nach § 111 Abs. 1 Nr. 2 RHO die Aufsichtsratsmitglieder, die auf Vorschlag des Ministers gewählt oder bestellt wurden, diesem zur Berichterstattung verpflichtet, was in Ländern und Gemeinden entsprechend galt[3]. In den 50er Jahren kam ferner die Diskussion auf, ob Satzung oder Vereinbarung der öffentlichen Hand besondere Prüfungsrechte gewähren können[4]. Im Rahmen der Aktienrechtsreform des Jahres 1965 griffen die Rechnungshöfe diese Frage auf, wobei einer Empfehlung des Haushaltsausschusses zufolge der öffentlichen Hand per Satzung die besonderen Prüfungsrechte des § 48 RHO eingeräumt werden sollten; das Verhältnis von aktienrechtlicher Verschwiegenheitspflicht und haushaltsrechtlichen Prüfungskompetenzen sollten die heutigen §§ 394, 395 festlegen. Die erforderliche Mehrheit fand sich im Rechtsausschuss indessen lediglich für die Einführung der §§ 394, 395, nicht aber für die Aufnahme der satzungsmäßigen Prüfungsrechte aus § 48 RHO[5]. Erst die Reform des Haushaltsrechts im Jahre 1969 brachte mit dem HGrG eine Neuregelung

---

1 *Kropff* in MünchKomm. AktG, Vorb. §§ 394, 395 Rz. 3.
2 Vgl. z.B. den 4. Beteiligungsbericht des Landes Schleswig-Holstein vom Februar 2003, S. 9 f. (unmittelbare Beteiligung an 22 GmbH, 8 Anstalten des öffentlichen Rechts, 1 Körperschaft des öffentlichen Rechts und 1 AG).
3 *Kropff* in MünchKomm. AktG, Vorb. §§ 394, 395 Rz. 10 f.
4 S. dazu ausführlich *Berkemann*, Die staatliche Beteiligung an Aktiengesellschaften, 1966, S. 143 ff., 171 ff.
5 Schriftlicher Bericht des Rechtsausschusses, zu BT-Drucks. IV/3296, S. 54.

der öffentlich-rechtlichen Sonderrechte[6]. Seitdem legen die §§ 53, 54 HGrG bei Mehrheitsbeteiligung der öffentlichen Hand besondere, im Vergleich zu § 48 RHO aber weniger weitreichende Prüfungsrechte der Gebietskörperschaft fest (dazu unten Rz. 17–34). Für die Beteiligung des Bundes sind zusätzlich die §§ 65–69 der Bundeshaushaltsordnung (BHO), bei Länderbeteiligung die entsprechenden Vorschriften in den Landeshaushaltsordnungen zu beachten (s. dazu unten Rz. 8).

Aus dem entstehungsgeschichtlichen Missstand, dass die §§ 394, 395 ihrem Inhalt nach Prüfungsrechte der öffentlichen Hand voraussetzen, die erst nach Einführung der Normen gesetzlich geregelt worden sind, und eine nachträgliche Abgleichung mit dem HGrG und den Haushaltsordnungen nicht stattgefunden hat, resultieren schwer lösbare Interpretationsprobleme (vgl. unten § 394 Rz. 10 ff.).

III. Beteiligung von Gebietskörperschaften an Aktiengesellschaften

1. Wirtschaftliche Betätigung der öffentlichen Hand

Ob und inwieweit sich die öffentliche Hand wirtschaftlich betätigen darf, ist keine Frage des Aktien-, sondern des Wirtschaftsverfassungs- und -verwaltungsrechts. Anders als noch die Weimarer Reichsverfassung (Art. 151 ff.) enthält das Grundgesetz der Bundesrepublik Deutschland keinen Abschnitt über das „Wirtschaftsleben". Auch legt es keine bestimmte Wirtschaftsordnung in Form eines Staatsziels oder eines Verfassungsprinzips fest. Wirtschaftsverfassungsrechtlich ist das Grundgesetz offen, so dass die staatliche Intervention im Wirtschaftsbereich keinen klaren Grenzen unterliegt[7]. Da der Staat aber Sorge für das Gemeinwohl trägt, ist die Neutralität des Grundgesetzes jedenfalls nicht im Sinne einer Staatsfreiheit, sondern als Gestaltungsoffenheit („relative Offenheit") zu verstehen[8]. Soweit einzelne Landesverfassungen Wirtschaftssysteme festschreiben (z.B. Art. 38 ThürVerf [„soziale und der Ökologie verpflichtete Marktwirtschaft"]), werden diese Regelungen „gebrochen", wenn der Bundesgesetzgeber von seiner Gesetzgebungszuständigkeit nach Art. 74 Abs. 1 GG (insbesondere Nr. 11) i.V.m. Art. 72 Abs. 2 GG Gebrauch macht (Art. 31 GG).

Mangels entgegenstehender verfassungsrechtlicher Vorgaben kann sich der Staat jedenfalls zur Verfolgung öffentlicher Zwecke, also im Bereich der Daseinsvorsorge, wirtschaftlich betätigen, indem er sich einer Organisationsform des privaten Rechts bedient. Die öffentliche Hand hat diesbezüglich Wahlfreiheit[9]. Die Betätigung kann entweder durch Gründung einer privatrechtlich organisierten Gesellschaft (Eigengesellschaft) oder Beteiligung an einer solchen (Beteiligungsgesellschaft) mittels Erwerbes eines oder mehrerer Gesellschaftsanteile erfolgen. Ob der Staat auch außerhalb öffentlich-rechtlicher Zweckerfüllung aus rein erwerbswirtschaftlichen, gewerblichen Motiven heraus unternehmerisch tätig werden darf, ist in höchstem Maße zweifelhaft[10]. Die Zulässigkeit rein gewinnmaximierender Betätigung wird unter an-

---

6 Dazu *Kropff* in MünchKomm. AktG, Vorb. §§ 394, 395 Rz. 15.

7 BVerfG v. 20.4.1954 – „Investitionshilfegesetz", BVerfGE 4, 7, 17 f.; BVerfG v. 1.3.1979 –„Mitbestimmung", BVerfGE 50, 290, 337; *Berg*, GewArch. 1990, 225, 227 f.; *Ehlers*, JZ 1990, 1089, 1089.

8 BVerfG v. 1.3.1979 –„Mitbestimmung", BVerfGE 50, 290, 338.

9 *Berg*, GewArch. 1990, 225, 225; *Ronellenfitsch*, Wirtschaftliche Betätigung des Staates, in Isensee/Kirchhof, Handbuch des Staatsrechts, Bd. III, 1988, § 84 Rz. 27; kritisch zur Wahlfreiheit *Ehlers*, Verwaltung in Privatrechtsform, 1984, S. 64 ff.

10 Ablehnend z.B. BVerfG v. 8.7.1982, BVerfGE 61, 82, 107 f.; BVerwG v. 22.2.1972, BVerwGE 39, 329 ff.; *Badura*, DÖV 1998, 818, 823; *Berg*, GewArch. 1990, 225, 228 ff.; *Grupp*, ZHR 140 (1976), 367, 370 ff.; *Ruffert*, VerwArch. 2001, 27, 41; *Schink*, NVwZ 2002, 129, 133 ff.; vgl.

derem mit der Begründung abgelehnt, dass das Verfassungsrang einnehmende Gebot der Wirtschaftlichkeit grundsätzlich gegenläufig zum Demokratieprinzip ist[11].

8 Insbesondere im Hinblick darauf, dass sich Gemeinwohlinteressen nicht immer optimal durch privatrechtlich organisierte Wirtschaftsunternehmen verwirklichen lassen, der Staat zur Sparsamkeit und Wirtschaftlichkeit verpflichtet ist und in unter Umständen unverhältnismäßige Wettbewerbskonkurrenz zu seinen Bürgern tritt[12], stellt das Wirtschaftsverwaltungs-, namentlich das Haushaltsrecht in den §§ 65–69 BHO bzw. entsprechenden Normen der jeweiligen Landeshaushalts- (z.B. § 112 Abs. 2 Satz 2 LHO-SH, der auf die §§ 65–69 BHO verweist; §§ 65–69 LHO-NW; Artt. 65–69 BayHO) oder Gemeindeordnungen (z.B. §§ 101 f. GO-SH; Artt. 87 ff., Artt. 92 ff. GO-BY; §§ 107 f. GO-NW) **Schranken für die Gründung von oder die Beteiligung an privatrechtlichen Gesellschaften** auf. § 65 Abs. 1 BHO und die entsprechenden Ländervorschriften sind im wesentlichen gleichlautend. Hiernach soll sich der Bund an einem Unternehmen nur dann beteiligen, wenn ein wichtiges Interesse des Bundes vorliegt und sich der angestrebte Zweck nicht besser und wirtschaftlicher auf andere Weise erreichen lässt (Nr. 1 [sog. Subsidiaritätsklausel]), die Einzahlungsverpflichtung des Bundes auf einen bestimmten Betrag begrenzt ist (Nr. 2), er einen angemessen Einfluss, insbesondere im Aufsichtsrat oder in einem entsprechenden Überwachungsorgan erhält (Nr. 3) und gewährleistet ist, dass der Jahresabschluss und der Lagebericht, soweit nicht weitergehende gesetzliche Vorschriften gelten oder andere Bestimmungen entgegenstehen, in entsprechender Anwendung der Vorschriften des Dritten Buchs des HGB für große Kapitalgesellschaften aufgestellt und geprüft werden[13].

2. Geltung des Aktienrechts

a) Allgemeines

9 Wie die Überschrift vor § 394 bestätigt, handelt es sich bei den §§ 394, 395 um *Sondervorschriften* bei Beteiligung der öffentlichen Hand an AGen. Für die §§ 53, 54 HGrG gilt selbiges[14]. Soweit diese Sonderregelungen nicht einschlägig sind, gelangt in Bezug auf die Innen- und Außenrechtsverhältnisse der Gesellschaft in vollem Umfang das Aktienrecht mit seiner Kompetenzordnung zur Anwendung. Die früher vertretene Ansicht, dass die Beteiligung der öffentlichen Hand das gesamte Wesen der AG verändert („öffentlich-rechtliche Indienstnahme") und sie dadurch zu einer staatlichen Institution umwandelt[15], ist nach heute einhelliger Auffassung überholt[16]. Abgesehen von den vorbenannten Sonderregelungen genießt die Gebietskörperschaft dem Grundsatz der Gleichbehandlung entsprechend in ihrer Gesellschafterstellung keinen Sonderstatus[17]; insbesondere bleibt der Vorstand berechtigt und verpflichtet, die Leitungsentscheidungen nach eigenem Ermessen unter Abwägung aller relevanten Interessen auszuüben (s. dazu § 76 Rz. 10). Als Leitungsorgan hat er das Span-

---

auch Art. 87 Abs. 1 Satz 2 und 3 GO-BY; a.A. *Otting*, Neues Steuerungsmodell und rechtliche Betätigungsspielräume der Kommunen, 1997, S. 166 ff.; *Otting*, DVBl. 1997, 1258, 1260.

11 So *Gersdorf*, Öffentliche Unternehmen im Spannungsfeld zwischen Demokratie- und Wirtschaftlichkeitsprinzip, 2000, S. 488 ff., 500.

12 *Zöllner* in KölnKomm. AktG, Vorb. § 394 Rz. 2; speziell zur wirtschaftlichen Betätigung des Staates und der Wettbewerbsfreiheit Privater *Storr*, Der Staat als Unternehmer, 2001, S. 152 ff.

13 Ausführlich zu § 65 BHO *Lohl*, AG 1970, 159, 160 ff.; *Zeichner*, AG 1985, 61, 61 ff.

14 *Kropff* in MünchKomm. AktG, Vorb. §§ 394, 395 Rz. 122.

15 So noch *Ipsen*, JZ 1955, 593, 598.

16 BGH v. 13.10.1977 – II ZR 123/76 – „VEBA/Gelsenberg", BGHZ 69, 334, 340 = AG 1978, 50; *Hüffer*, § 394 Rz. 2; *Kropff* in MünchKomm. AktG, Vorb. §§ 394, 395 Rz. 25; *Püttner*, Die öffentlichen Unternehmen, 2. Aufl. 1985, S. 234 f., m.w.N.

17 *Lutter/Grunewald*, WM 1984, 385, 385.

nungsverhältnis zwischen den Belangen des Gemeinwohls und den Bedürfnissen der Aktionäre und Gesellschafter zur Gewinnmaximierung aufzulösen, indem er sein Handeln stets an dem in der Satzung festgeschriebenen Zweck der Gesellschaft ausrichtet; ggf. ist dieser nach Beteiligung der öffentlichen Hand unter den Voraussetzungen des § 179 Abs. 2 zu ändern. Ein gesetzlicher Vorrang öffentlicher Interessen existiert auch bei modifizierter Zweckrichtung der Gesellschaft nicht[18]. Selbst als Alleinaktionärin kann die Beteiligungskörperschaft nur auf Verlangen des Vorstands über Fragen der Geschäftsführung beschließen, § 119 Abs. 2. Der Vorstand ist gegenüber öffentlichen Körperschaften nicht weisungsgebunden[19]. Selbiges gilt für die entsandten Aufsichtsratsmitglieder (dazu ausführlich unten Rz. 13 ff.). Lediglich gegenüber ihren zur Wahrnehmung von Aktionärsrechten bestellten Vertretern in der Hauptversammlung ist die öffentliche Hand weisungsbefugt[20].

Eine in den 50er Jahren im öffentlich-rechtlichen Schrifttum für staatliche Eigengesellschaften und Mehrheitsbeteiligungen entwickelte Ansicht[21] wollte das anzuwendende Gesellschaftsrecht angesichts erhöhter Gemeinwohlbindung und daraus erwachsender hoheitlicher Ingerenzpflicht im Wege verfassungskonformer Auslegung um verstärkte Interventionsmöglichkeiten der Gebietskörperschaft ergänzen und zu einem **„Verwaltungsgesellschaftsrecht"** modifizieren; das fundamentale Verfassungsgebot der demokratischen Legitimation staatlichen Handelns zwinge dazu, die öffentliche Hand zu berechtigen, aber auch zu verpflichten, das Leitungsorgan der AG in erhöhtem Maße zu kontrollieren[22]. Soweit es die Einwirkungsrechte und -pflichten der Kommunen und Länder betrifft, lässt sich mit der h.M. unter Hinweis auf die abschließenden Regelungen in den §§ 394, 395 gegen diese Lehre Art. 31 GG anführen[23]. Dieser Einwand greift allerdings weder für Beteiligungen des Bundes noch bezüglich übergeordneter verfassungsrechtlicher Prinzipien. Auch für Eigengesellschaften wird die Einschlägigkeit des Art. 31 GG bezweifelt, da sich die aktienrechtlichen Sondervorschriften dem Wortlaut nach lediglich auf die *Beteiligung* einer Gebietskörperschaft beziehen und ihnen deshalb der abschließende Charakter fehle[24]. Es wäre indessen sinnwidrig, die §§ 394, 395, die die entsandten Aufsichtsratsmitglieder von ihrer aktienrechtlichen Verschwiegenheitspflicht befreien, nicht auf Eigengesellschaften anzuwenden, wenn die öffentliche Hand bereits bei Minderheitsbeteiligungen von diesen Normen profitiert[25]. Kernfrage der Berechtigung der Lehre vom Verwaltungsgesellschaftsrecht ist, ob das Gesellschaftsrecht zwingend zu modifizieren ist. Sieht ein privatrechtliches Organisationsstatut die verfassungsrechtlich gebotenen Einwirkungsrechte und -pflichten des Staates nicht vor, verbleibt der öffentlichen Hand die Option, für ihre wirtschaftliche Betätigung eine andere Rechtsform zu wählen. Im Verhältnis zur Modifikation der aktienrechtlichen Kompetenzordnung

10

18 BGH v. 13.10.1977 – II ZR 123/76 – „VEBA/Gelsenberg", BGHZ 69, 334, 346 = AG 1978, 50;
BGH v. 17.3.1997 – II ZB 3/96 – „VW", BGHZ 135, 107, 113 f. = AG 1997, 374; *Hüffer*, § 394
Rz. 3; *Kropff* in MünchKomm. AktG, Vorb. §§ 394, 395 Rz. 28 ff.
19 *Zöllner* in KölnKomm. AktG, Vorb. § 394 Rz. 7 ff.
20 *Erichsen*, Die Vertretung der Kommunen in den Mitgliederorganen von juristischen Personen
des Privatrechts, 1990, S. 45 ff.; *Hüffer*, § 394 Rz. 3; *Gersdorf*, Öffentliche Unternehmen im
Spannungsfeld zwischen Demokratie- und Wirtschaftlichkeitsprinzip, 2000, S. 298 ff.; *Zeichner*, AG 1985, 61, 68.
21 Vgl. schon *Ipsen*, JZ 1955, 593, 598.
22 Dazu ausführlich *v. Danwitz*, AöR 120 (1995), 595, 596 ff.; *Kraft*, Das Verwaltungsgesellschaftsrecht, 1982, S. 5 ff.; *Mann*, Die öffentlich-rechtliche Gesellschaft, 2002, S. 269 ff. sowie
Schuppert, Verwaltungskooperationsrecht (Public Private Partnership), 2001.
23 Statt vieler *Hüffer*, § 394 Rz. 2a, m.w.N.
24 So z.B. *v. Danwitz*, AöR 120 (1995), 595, 617.
25 So z.B. auch *Mann*, Die öffentlich-rechtliche Gesellschaft, 2002, S. 281 f.; *Mann*, Verw. 2002,
463, 475 f.

ist dies eine gleichrangige Entscheidungsalternative, so dass eine verfassungskonforme Auslegung jedenfalls nicht zwingend geboten ist[26]. Überdies ergibt sich aus dem Demokratie- und Rechtsstaatsprinzip, dass jedes staatliche Eingreifen gesetzlicher Regelung bedarf (Parlamentsvorbehalt). Die Lehre vom Verwaltungsgesellschaftsrecht entbehrt daher de lege lata einer tragfähigen Begründung[27].

11 Eine Gebietskörperschaft kann **herrschendes Unternehmen im konzernrechtlichen Sinne (§§ 15 ff.)** sein. Während diese Frage im älteren Schrifttum zumeist unter Hinweis auf die fehlende Unternehmensqualität verneint wurde[28], geht die heute h.M.[29] im Anschluss an die VEBA/Gelsenberg-Entscheidung des BGH aus dem Jahre 1977[30] von der Anwendbarkeit der konzernrechtlichen Bestimmungen auf die öffentliche Hand aus. Der Streit darüber, ob der aktienrechtliche Unternehmensbegriff weit zu verstehen ist und jeden „Träger einer unternehmerischen Planungs- und Entscheidungsgewalt" erfasst (sog. funktionale Theorie)[31] oder aber eng ausgelegt werden und ein gewisses Mindestmaß an institutioneller Einrichtung vorliegen muss (sog. institutionelle Theorie)[32], ist zumindest in diesen Kategorien obsolet. In dem Urteil vom 13.10.1977 begründete der BGH die Unternehmensqualität der Gebietskörperschaft nämlich weniger mit dem tradierten Unternehmensbild als vielmehr mit dem Schutzzweck des Konzernrechts. Zur Bestätigung dieses normzweckorientierten Unternehmensbegriffs stellte das Gericht später in seiner „VW"-Entscheidung klar, dass die Beteiligungskörperschaft bereits dann Unternehmen im Sinne der §§ 15 ff. ist, wenn diese beherrschenden Einfluss auf *ein* privatrechtliches Unternehmen hat, ohne dass es auf die zusätzliche Verfolgung unternehmerischer Interessen außerhalb der Gesellschaft ankommt[33]. Als Konsequenz der Anwendbarkeit des Konzernrechts steht die AG unter dem Schutz der §§ 302 f., 304 f. Teilweise wird die Zulässigkeit des Abschlusses eines Beherrschungsvertrages durch Gebietskörperschaften indes wegen der unbegrenzten Ausfallhaftung des herrschenden Unternehmens (§ 303) und damit einhergehenden Verstoßes gegen § 65 Abs. 1 Nr. 2 BHO bezweifelt[34]. Dem steht entgegen, dass es sich bei § 65 BHO lediglich um eine Soll-Vorschrift handelt. Fehlt ein Beherrschungsvertrag, so verbieten die Schutzvorschriften der §§ 311 ff. jede nachteilige Einflussnahme des Staates ohne Nachteilsausgleich, sei es auch zu-

---

26 *Ehlers*, DVBl. 1997, 137, 139, 144; *Erichsen*, Die Vertretung der Kommunen in den Mitgliederorganen von juristischen Personen des Privatrechts, 1990, S. 25; *Gersdorf*, Öffentliche Unternehmen im Spannungsfeld zwischen Demokratie- und Wirtschaftlichkeitsprinzip, 2000, S. 262; *Habersack*, ZGR 1996, 544, 555 f.; *Hüffer*, § 394 Rz. 2a; *Mann*, Die öffentlich-rechtliche Gesellschaft, 2002, S. 280; *Spannowsky*, ZGR 1996, 400, 423 f.

27 S. auch *Mann*, Die öffentlich-rechtliche Gesellschaft, 2002, S. 280 f.; *Schmidt-Aßmann/Ulmer*, BB 1988, Beilage Nr. 13, S. 1, 13; *Schön*, ZGR 1996, 429, 432 (in Fn. 15) sowie zuletzt *Kiethe*, NZG 2006, 45, 48.

28 *Rittner* in FS Flume, Bd. II, 1978, S. 241, 246 ff.; *Wiedemann/Martens*, AG 1976, 197, 232; *Zöllner*, ZGR 1976, 1, 23 ff.

29 BGH v. 17.3.1997 – II ZB 3/96 – „VW", BGHZ 135, 107, 113 ff. = AG 1997, 374; OLG Köln v. 22.12.1977 – 2 W 32/76, AG 1978, 171, 172; OLG Hamburg v. 17.8.1979 – 11 W 2/79, AG 1980, 163, 164; *Bayer* in MünchKomm. AktG, § 15 Rz. 38; *Ehlers*, Verwaltung in Privatrechtsform, 1984, S. 141; *Emmerich* in Emmerich/Habersack, Aktien- und GmbH-Konzernrecht, § 15 Rz. 27 ff., m.w.N.

30 BGH v. 13.10.1977 – II ZR 123/76 – „VEBA/Gelsenberg", BGHZ 69, 334, 338 ff. = AG 1978, 50.

31 In diese Richtung gehend z.B. *Kropff*, BB 1965, 1281, 1285; vgl. aber auch *Brauksiepe*, BB 1966, 869, 871; *Kellmann*, BB 1969, 1509, 1512; *Möhring*, NJW 1967, 1.

32 So z.B. *Bolsenkötter*, DB 1967, 1098, 1101; *Nordmeyer*, Der Unternehmensbegriff im Konzernrecht, 1970, S. 78; *Schäfer*, NJW 1967, 1741.

33 BGH v. 17.3.1997 – II ZB 3/96 – „VW", BGHZ 135, 107, 113 = AG 1997, 374; offen hingegen noch BGH v. 13.10.1977 – II ZR 123/76 – „VEBA/Gelsenberg", BGHZ 69, 334, 337 f. = AG 1978, 50.

34 So *Paschke*, ZHR 152 (1988), 263, 280.

gunsten öffentlicher Interessen; das abhängige Unternehmen hat gem. § 312 Abhängigkeitsberichte zu erstatten[35]. Bei mehrheitlicher Beteiligung der öffentlichen Hand, greift die Konzernvermutung nach den §§ 17 Abs. 2, 18 Abs. 1 Satz 3 ein[36].

b) Anwendung des Aktienrechts auf Vertreter der Gebietskörperschaften im Aufsichtsrat

aa) Gleichstellung mit den anderen Aufsichtsratsmitgliedern. Als Ausdruck der generellen Anwendbarkeit der aktienrechtlichen Kompetenzordnung bei Beteiligung der öffentlichen Hand (s. oben Rz. 9 ff.) unterliegen auch diejenigen Aufsichtsratsmitglieder, die auf Veranlassung einer Gebietskörperschaft in den Aufsichtsrat gewählt oder entsandt worden sind, den §§ 95 ff., soweit nicht die Sonderregelung über ihre Verschwiegenheitspflicht in § 394 eingreift. Ihre Wahl erfolgt nach Maßgabe des § 101 Abs. 1, ihre Entsendung unter den Voraussetzungen des § 101 Abs. 2. Sie haben in der Gesellschaft **dieselben Rechte und Pflichten** wie die anderen Aufsichtsratsmitglieder. Ihre Vergütung haben die behördlichen Vertreter jedoch nach der Nebentätigkeits-VO des Bundes (§§ 6 f.) oder des jeweiligen Landes (z.B. §§ 8 ff. NtVO-SH; §§ 11 ff. NtVO-NW, §§ 9 ff. NtVO-BY) teilweise an die Gebietskörperschaft abzuführen. Mit Ausscheiden aus dem Dienstverhältnis endet nicht automatisch auch ihre Mitgliedschaft im Aufsichtsrat (§ 68 BBG); das Ende ihrer Amtszeit bestimmt sich ausschließlich nach den §§ 102, 103[37].

bb) Beamtenrechtliche Bindungen an Weisungen. Die Vertreter der Gebietskörperschaften treffen diverse Pflichten, die einander unter Umständen zuwiderlaufen. Das gilt insbesondere, wenn die Gebietskörperschaft Beamte in den Aufsichtsrat entsendet (§ 101 Abs. 2), die gegenüber ihren Dienstvorgesetzten nach § 55 Satz 2 BBG oder entsprechenden Ländervorschriften (§ 37 BRRG) weisungsgebunden sind. Diese Bindung kann indes mit der Pflicht zur eigenverantwortlichen Wahrnehmung des Gesellschaftsinteresses kollidieren. Ob der Beamte in dieser Konstellation die Anordnung seines Dienstvorgesetzten zu befolgen hat, ist umstritten. Die wohl h.M. sieht derartige Weisungen als unzulässig oder jedenfalls unverbindlich an, da das entsandte Aufsichtsratsmitglied von der beamtenrechtlichen Pflicht zur Befolgung von Weisungen befreit sei[38]. Nach der gegenteiligen, vornehmlich im öffentlichrechtlichen Schrifttum vertretenen Ansicht besteht die beamtenrechtliche Bindung an Weisungen stets auch bei Wahrnehmung eines Aufsichtsratsmandats[39]. Eine vermittelnde Auffassung erachtet etwaige Weisungen des Dienstvorgesetzten als verbindlich, soweit sie nach eigener Einschätzung des entsandten Aufsichtsratsmitglieds für die Gesellschaft nicht nachteilig sind[40].

12

13

---

35 Dazu BGH v. 17.3.1997 – II ZB 3/96 – „VW", BGHZ 135, 107, 111 = AG 1997, 374.
36 LG Köln v. 30.1.1976 – 29 T 7 [75], AG 1976, 244, 246; *Emmerich* in Emmerich/Habersack, Aktien- und GmbH-Konzernrecht, § 15 Rz. 32; a.A. *Rittner* in FS Flume, Bd. II, 1978, S. 241, 253; *Zöllner*, AG 1978, 40, 43.
37 *Kropff* in MünchKomm. AktG, Vorb. §§ 394, 395 Rz. 78 ff.
38 So z.B. *Gersdorf*, Öffentliche Unternehmen im Spannungsfeld zwischen Demokratie- und Wirtschaftlichkeitsprinzip, 2000, S. 306 ff.; *Hüffer*, § 394 Rz. 27 ff.; *Lutter/Grunewald*, WM 1984, 385, 396; *Meier*, NZG 2003, 54, 56; *Raiser/Heermann* in Ulmer, GmbHG, § 52 Rz. 146; *Raiser*, ZGR 1978, 391, 400 f.; *Säcker* in FS Rebmann, 1989, S. 781, 793; *R. Schmidt*, ZGR 1996, 345, 353 f.; *Veen*, Die Vereinbarkeit des Regierungsamts und Aufsichtsratsmandats in Wirtschaftsunternehmen, 1996, S. 50 f.; *Zeichner*, AG 1985, 61, 68 f.; zumindest für die auf Betreiben der Gebietskörperschaft gewählten Aufsichtsratsmitglieder auch *Zöllner* in KölnKomm. AktG, Vorb. § 394 Rz. 12.
39 Hierfür *Ipsen*, JZ 1955, 593, 597; *Lohl*, AG 1979, 159, 162 Fn. 25; *Stober*, NJW 1984, 449, 455.
40 So *Kropff* in MünchKomm. AktG, Vorb. §§ 394, 395 Rz. 104 ff.; *Mertens* in KölnKomm. AktG, § 101 Rz. 55; *Uwe H. Schneider*, ZGR 1977, 335, 339 f.; *Schwintowski*, NJW 1995, 1316, 1317 ff., 1321; *Schwintowski*, NJW 1990, 1009, 1013 f., 1015; *Zeichner*, AG 1985, 61, 65 sowie

14   Die heute wohl h.M. überzeugt. Mit Übernahme des Mandats erlangt das Aufsichtsratsmitglied eine spezielle Aufgaben- und Pflichtenstellung gegenüber der AG, der es nur gerecht werden kann, wenn es sich gegenüber der Gesellschaft loyal verhält und nicht zu ihrem Nachteil handelt. Ohne Anerkennung einer derartigen Loyalitätspflicht könnte die öffentliche Hand die Überwachungsfunktion des Aufsichtsrats und damit die aktienrechtliche Kompetenzordnung außer Kraft setzen, obgleich sie sich dieser durch ihre Entscheidung zur privatrechtlichen Betätigung unterworfen hat. Ist die öffentliche Hand nicht gewillt, sich nach gesellschaftsrechtlichen Vorschriften zu betätigen, so hat sie zumindest auf kommunaler Ebene die Option, Regie- oder Eigenbetriebe zu errichten, Zweckverbände zu gründen oder wirtschaftliche Unternehmen in Form von rechtsfähigen Anstalten des öffentlichen Rechts zu führen (vgl. z.B. §§ 106, 106a GO-SH; Art. 86 GO-BY; §§ 114, 114a GO-NW). Entschließt sie sich jedoch bewusst für eine privatrechtliche Gesellschaftsform, so ist es nur konsequent, sie in vollem Umfang den gesellschaftsrechtlichen Vorschriften zu unterstellen. Für die vermittelnde Auffassung bleibt insofern kein Raum. Die Anwendbarkeit des Aktienrechts bedeutet indes nicht, dass die beamtenrechtlichen Vorschriften von vornherein nicht eingreifen[41]; vielmehr stehen Aktien- und Beamtenrecht in einem Konkurrenzverhältnis zueinander, das zugunsten des Gesellschaftsrechts aufzulösen ist[42]. Im Ergebnis stimmt dies mit den Grundsätzen zum Entsendungsrecht überein, da die nach § 101 Abs. 2 entsandten Aufsichtsratsmitglieder gegenüber den entsendungsberechtigten Aktionären ebenfalls nicht weisungsgebunden sind (s. oben § 101 Rz. 21 ff.)[43].

15   Eine Weisungsgebundenheit der Beamten im Aufsichtsrat könnte der Gesetzgeber nur mittels Bundesgesetzes einführen. So enthielt die Deutsche Gemeindeordnung aus dem Jahre 1935 mit § 70 Abs. 1 Satz 2 eine Bestimmung, derzufolge der Bürgermeister das Recht hatte, sich durch weisungsgebundene (§ 70 Abs. 2 DGO 1935) Beamte oder Angestellte in den Mitgliederorganen der Unternehmen, an denen die Gemeinde beteiligt war, vertreten zu lassen. Gem. § 70 Abs. 1 Satz 1 DGO 1935 wurde die Gemeinde ihrerseits vom Bürgermeister vertreten. Der Streit, ob bei kommunalen Beteiligungen aus § 70 Abs. 2 DGO 1935 ein Weisungsrecht der Gemeinde gegenüber entsandten Aufsichtsratsmitgliedern resultiert, hat sich durch die Reform des Aktienrechts im Jahre 1965 und die abschließenden Sondervorschriften in den §§ 394, 395 erledigt[44]. Sofern die Gemeindeordnungen der Länder Weisungsrechte vorsehen (vgl. z.B. § 104 Abs. 2 i.V.m. § 25 Abs. 1 GO-SH), verstoßen sie in diesem Punkt gegen höherrangiges Recht und sind insoweit nichtig (Art. 31 GG). Anderes gilt für Weisungsrechte gegenüber Vertretern in der Hauptversammlung[45].

16   **cc) Berücksichtigung der besonderen Interessen der öffentlichen Hand.** Auch ohne Bindung der von der Gebietskörperschaft entsandten Aufsichtsratsmitglieder an von ihr erteilte Weisungen sind behördliche Vertreter berechtigt und in gewissem Maße auch verpflichtet, die besonderen Belange der öffentlichen Hand im Rahmen ihrer ei-

---

ausführlich *Berkemann*, Die staatliche Kapitalbeteiligung an Aktiengesellschaften, 1966, S. 209 ff.
41 So aber *Hüffer*, § 394 Rz. 29 mit der Begründung, dass die Aufsichtsratsmitglieder nicht im Rahmen des „dienstrechtlichen Pflichtenverhältnisses" tätig werden.
42 So im Ergebnis auch BGH v. 29.1.1962 – II ZR 1/61 – „HEW", BGHZ 36, 296, 306, 310.
43 BGH v. 26.3.1984 – II ZR 171/83 – „BuM/WestLB", BGHZ 90, 381, 398 = AG 1984, 181; *Hüffer*, § 101 Rz. 10; *Mertens* in KölnKomm. AktG, § 101 Rz. 55; *Säcker* in FS Rebmann, 1989, S. 781, 783 ff.; *Schwintowski*, NJW 1995, 1316, 1318; vgl. schon RG v. 12.10.1940, RGZ 165, 68, 79; zur GmbH z.B. *Raiser/Heermann* in Ulmer, GmbHG, § 52 Rz. 145.
44 *Fischer*, AG 1982, 85, 90 ff., 93; *Hüffer*, § 394 Rz. 30; *Raiser*, ZGR 1978, 391, 399 ff.; *Schwintowski*, NJW 1995, 1316, 1317; *Schmidt-Aßmann/Ulmer*, BB 1988, Beilage Nr. 13, S. 1, 4.
45 *Hüffer*, § 394 Rz. 30.

genverantwortlichen Mandatsausübung angemessen einzubeziehen, wenn und soweit dies nicht Gesellschaftsinteressen, namentlich Bestand und dauerhafte Rentabilität des Unternehmens, verletzt[46]. Normativer Anknüpfungspunkt hierfür ist § 65 Abs. 6 BHO, wonach der zuständige Bundesminister darauf hinwirken soll, dass die auf Veranlassung des Bundes gewählten oder entsandten Aufsichtsratsmitglieder bei ihrer Tätigkeit auch die besonderen Interessen des Bundes berücksichtigen, wobei die Wortwahl „auch" auf den Vorrang der Unternehmensinteressen hinweist. Um die Abgrenzung zur Weisungsgebundenheit gegenüber der Beteiligungskörperschaft zu gewährleisten, ist die genannte Verpflichtung der Aufsichtsratsmitglieder lediglich auf Konsultation und Verständigung zu beziehen, die nicht den Kern der Mandatsausübung darstellen; anderes gilt nur bei öffentlich-rechtlichem Auftragsverhältnis[47].

3. Sonderrechte der öffentlichen Hand nach dem Haushaltsgrundsätzegesetz

a) Anwendungsbereich und Zweck

Die besonderen Prüfungsrechte der öffentlichen Hand bei Beteiligung an einer AG sind in den §§ 53, 54 HGrG (zuvor § 48 RHO, s. oben Rz. 4) niedergelegt und ergänzen die §§ 394, 395[48]. Nach § 49 HGrG gelten die §§ 50 ff. HGrG einheitlich und unmittelbar für Bund und Länder. Es ist unstreitig, dass die Wortwahl „Länder" auch die Gemeinden erfasst[49]. Die verfassungsrechtliche Grundlage für diese einheitliche Regelung bildet Art. 109 Abs. 3 GG, wonach für das Haushaltsrecht von Bund und Ländern gemeinsam geltende Grundsätze aufgestellt werden können. **17**

Trotz vielfältiger Absicherung durch die Aufstellung von z.B. Haftungsbegrenzungen oder Wirtschafts- und Finanzplänen können die Haushalts- und Gemeindeordnungen nicht alle Risiken ausschließen, die mit der öffentlich-rechtlichen Aufgabenerfüllung durch privatrechtliche Beteiligungen der öffentlichen Hand verbunden sind, weil die das Gemeinwohl betreffenden Entscheidungen von den Gesellschaftsorganen und nicht von der öffentlichen Hand getroffen werden. Aus diesem Grund räumen die §§ 53, 54 HGrG der Beteiligungskörperschaft mittelbar über die Person des Abschlussprüfers bzw. unmittelbar über die Rechnungsprüfungsbehörden, namentlich die Rechnungshöfe des Bundes und der Länder, verstärkte Informations- und Kontrollrechte ein, mittels derer die besonderen öffentlichen Interessen in höherem Maße gewahrt werden können und die zudem eine parlamentarische Kontrolle der öffentlichen Finanzwirtschaft ermöglichen[50]. **18**

b) Mittelbare Prüfungsrechte (§ 53 HGrG)

aa) Norminhalt. § 53 HGrG gewährt der Gebietskörperschaft im Falle ihrer Mehrheitsbeteiligung an einer privatrechtlich organisierten Gesellschaft das Recht, eine erweiterte Abschlussprüfung (Abs. 1 Nr. 1, 2) sowie die Übersendung der Prüfungsberichte (Abs. 1 Nr. 3) verlangen zu können. Über die Person des Abschlussprüfers stehen ihr mittelbare Prüfungsrechte zu. Die Vorschrift lautet: **19**

---

46 BGH v. 13.10.1977 – II ZR 123/76 – „VEBA/Gelsenberg", BGHZ 69, 334, 339 = AG 1978, 50; BGH v. 29.1.1962 – II ZR 1/61 – „HEW", BGHZ 36, 296, 310; *Hüffer*, § 394 Rz. 31.
47 *Hüffer*, § 394 Rz. 32.
48 *Forster* in FS Schäfer, 1975, S. 289, 290; *Hüffer*, § 394 Rz. 5; *Lutter/Grunewald*, WM 1984, 385, 386 f.
49 *Giesen*, GHH 1989, 223, 223 ff.; *Hüffer*, § 394 Rz. 23; *Will*, DÖV 2002, 319, 319; vgl. auch diejenigen Gemeindeordnungen, die die Kommunen anhalten, ihre Rechte aus §§ 53, 54 HGrG geltend zu machen (z.B. Art. 94 Abs. 1 Nr. 3, 4 GO-BY).
50 *Bierwirth* in FS Ludewig, 1996, S. 123, 128; *Giesen*, GHH 1989, 223, 223; ausführlich zu der Zielsetzung der erweiterten Abschlussprüfung *Forster* in FS Schäfer, 1975, S. 289, 291 ff.

§ 53 Rechte gegenüber privatrechtlichen Unternehmen

(1) Gehört einer Gebietskörperschaft die Mehrheit der Anteile eines Unternehmens in einer Rechtsform des privaten Rechts oder gehört ihr mindestens der vierte Teil der Anteile und steht ihr zusammen mit anderen Gebietskörperschaften die Mehrzahl der Anteile zu, so kann sie verlangen, dass das Unternehmen

1. im Rahmen der Abschlussprüfung auch die Ordnungsmäßigkeit der Geschäftsführung prüfen lässt;

2. die Abschlussprüfer beauftragt, in ihrem Bericht auch darzustellen

a) die Entwicklung der Vermögens- und Ertragslage sowie die Liquidität und Rentabilität der Gesellschaft,

b) verlustbringende Geschäfte und die Ursachen der Verluste, wenn diese Geschäfte und die Ursachen für die Vermögens- und Ertragslage von Bedeutung waren,

c) die Ursachen eines in der Gewinn- und Verlustrechnung ausgewiesenen Jahresfehlbetrages;

3. ihr den Prüfungsbericht der Abschlussprüfer und, wenn das Unternehmen einen Konzernabschluss aufzustellen hat, auch den Prüfungsbericht der Konzernabschlussprüfer unverzüglich nach Eingang übersendet .

(2) Für die Anwendung des Absatzes 1 rechnen als Anteile der Gebietskörperschaft auch Anteile, die einem Sondervermögen der Gebietskörperschaft gehören. Als Anteile der Gebietskörperschaft gelten ferner Anteile, die Unternehmen gehören, bei denen die Rechte aus Absatz 1 der Gebietskörperschaft zustehen.

20 **bb) Voraussetzungen.** Die Gebietskörperschaft muss gem. § 53 Abs. 1, 1. Var. HGrG über die Mehrheit der Anteile an einem privatrechtlich organisierten Unternehmen verfügen. Anteilsmehrheit meint die Mehrheit der Kapitalanteile (s. dazu oben § 16 Rz. 4), deren Berechnung sich nach § 16 Abs. 2 richtet. Für die Mehrheitsbeteiligung reicht es gem. § 53 Abs. 1, 2. Var. HGrG auch aus, wenn die Gebietskörperschaft zumindest 25 % der Anteile hält und zusammen mit anderen Gebietskörperschaften die Mehrheit erreicht. Zu den Anteilen im Sinne des § 53 Abs. 1 HGrG zählen auch solche, die einem Sondervermögen der Gebietskörperschaft (wie z.B. einem Eigenbetrieb, § 113 BHO) gehören, § 53 Abs. 2 Satz 1 HGrG. Aus der Zurechnungsvorschrift in § 53 Abs. 2 Satz 2 HGrG ergibt sich, dass die besonderen Prüfungsrechte der öffentlichen Hand auch bei lediglich mittelbarer Beteiligung unmittelbar gegenüber dem Unternehmen geltend gemacht werden können; die Anteile der Tochter- und Enkelgesellschaften gelten als eigene Anteile der Beteiligungskörperschaft (Fiktion der unmittelbaren Beteiligung)[51].

21 Der Unternehmensbegriff (s. dazu schon oben Rz. 11) in § 53 HGrG ist rechtsformneutral (vgl. § 15 Rz. 32); AGen sind aber regelmäßig bereits nach § 316 Abs. 1 Satz 1 HGB prüfungspflichtig, es sei denn, es liegt eine kleine Kapitalgesellschaft im Sinne des § 267 Abs. 1 HGB vor. In diesem Fall können die Sonderrechte nach § 53 HGrG nur per Satzung begründet werden. Zudem muss es sich um ein inländisches Unternehmen (Sitz im Inland) handeln, da deutsche Gesetze ausländischen Unternehmen wegen des Territorialitätsprinzips keine Informationspflichten auferlegen können[52].

22 Letztlich muss die Gebietskörperschaft die Erweiterung der Abschlussprüfung oder die Übersendung der Prüfungsberichte „verlangen". Dies erfolgt gem. § 68 Abs. 1 BHO durch Erklärung des für die Beteiligung zuständigen Bundesministers gegenüber dem Unternehmen. Von der Ausübung der Rechte aus § 53 HGrG kann dieser nur nach Maßgabe des § 68 Abs. 2 BHO Abstand nehmen[53]. Soweit § 67 Satz 1 BHO den zuständigen Bundesminister bei fehlender Mehrheitsbeteiligung des Bundes dazu an-

---

51 S. hierzu *Giesen*, GHH 1989, 223, 225; *Lutter/Grunewald*, WM 1984, 385, 387 f.

52 *Kropff* in MünchKomm. AktG, Vorb. §§ 394, 395 Rz. 132; *Lutter/Grunewald*, WM 1984, 385, 389.

53 *Kropff* in MünchKomm. AktG, Vorb. §§ 394, 395 Rz. 139.

hält, auf die Einräumung der Befugnisse aus § 53 HGrG in Satzung oder Gesellschaftsvertrag hinzuwirken, wenn das Interesse der öffentlichen Hand dies erfordert, gilt dies nicht für AGen, Kommanditgesellschaften auf Aktien und Genossenschaften. Auf kommunaler Ebene finden sich Regelungen, nach denen die Gemeinden die Rechte aus § 53 HGrG wahrnehmen „sollen" (z.B. § 112 Abs. 1 Nr. 1 GO-NW) oder gar „müssen" (z.B. Art. 94 Abs. 1 Nr. 3 GO-BY für den Fall der Mehrheitsbeteiligung der öffentlichen Hand). Wird die Erweiterung der Abschlussprüfung verlangt, muss der Aufsichtsrat seinen Prüfungsauftrag (§ 111 Abs. 2 Satz 3 AktG, § 318 Abs. 1 Satz 4 HGB) entsprechend ausdehnen. Die Hauptversammlung wählt unabhängig von dem „Verlangen" den Abschlussprüfer aus (§ 119 Abs. 1 Nr. 4); die Gebietskörperschaft hat kein Recht zur Bestellung eines ihr genehmen Prüfers (anders noch § 48 RHO, s. oben Rz. 4).

cc) Sonderrechte im Einzelnen. (1) Prüfung der Ordnungsmäßigkeit der Geschäftsführung (§ 53 Abs. 1 Nr. 1 HGrG). Im Rahmen der Abschlussprüfung von Kapitalgesellschaften ist gem. § 317 HGB grundsätzlich nur die Ordnungsmäßigkeit der Buchführung, des Jahres- und Konzernabschlusses sowie des Lage- und Konzernlageberichtes festzustellen. Zusätzlich ist nach § 53 Abs. 1 Nr. 1 HGrG auch die Ordnungsmäßigkeit der Geschäftsführung in die Abschlussprüfung einzubeziehen, wenn die Gebietskörperschaft dies verlangt. 23

Die Prüfung der Geschäftsführung erstreckt sich auf ihre personelle Organisation, ihr Instrumentarium und die Tätigkeit selbst[54]. Die Geschäftsführung ist bei den öffentlichen Betrieben begrifflich zu trennen von den Teilaspekten der Abschlussprüfung, wenngleich auch die Ordnungsmäßigkeit von Buchführung, Jahresabschluss und Jahresbericht ein Indiz für eine gute Geschäftsführung sind[55]. Prüfungsmaßstab sind die kaufmännischen Grundsätze und die Sorgfalt eines ordentlichen und gewissenhaften Geschäftsführers (§ 43 Abs. 1 GmbHG, § 93 Abs. 1 Satz 1 AktG; s. auch oben § 93 Rz. 5 ff.)[56]. Nach den für die Beteiligung des Bundes aufgestellten „Grundsätzen für die Prüfung von Unternehmen nach § 53 HGrG"[57] ist auf die Vergangenheit bezogen unter anderem zu prüfen, ob „ungewöhnliche, risikoreiche oder nicht ordnungsgemäß abgewickelte Geschäftsvorfälle und erkennbare Fehldispositionen vorliegen". Die Erweiterung des Prüfungsgegenstandes nach § 53 Abs. 1 Nr. 1 HGrG bezieht sich allein auf den Einzelabschluss, wie sich per argumentum e contrario aus § 53 Abs. 1 Nr. 3 HGrG ergibt, der ausdrücklich den Konzernabschluss nennt. Allerdings ist die Geschäftsführung einer Konzernobergesellschaft zugleich Konzerngeschäftsführung, so dass deren Ordnungsmäßigkeit ohnehin zu prüfen ist. 24

(2) Erweiterung der Pflicht zur Berichterstattung. Weiterhin kann die Gebietskörperschaft gem. § 53 Abs. 1 Nr. 2 HGrG verlangen, die Berichte des Abschlussprüfers um die in der Norm genannten Punkte, insbesondere die Darstellung der Entwicklung von Vermögens- und Ertragslage sowie der Liquidität und Rentabilität der Gesellschaft, zu erweitern[58]. Auch dieses besondere Prüfungsrecht bezieht sich nur auf den Einzelabschluss (s. oben Rz. 24). Der im Jahre 2002 in § 321 Abs. 1 HGB eingefügte 25

---

54 *Giesen*, GHH 1989, 223, 224.

55 *Lenz*, WPg 1987, 669, 670 ff.; ausführlich zur Prüfung der Geschäftsführung nach § 53 HGrG *Karehnke*, AG 1970, 259 ff.; *Kaufmann*, Die Prüfung kommunaler Unternehmen gemäß § 53 Absatz 1 Haushaltsgrundsätzegesetz, 1995, S. 55 ff.; vgl. auch *Bolsenkötter*, WPg 1981, 505, 510 ff.; *Forster* in FS Schäfer, 1975, S. 289, 300 ff.; *Huppertz*, DB 1981, 150 ff.

56 *Bierwirth* in FS Ludewig, 1996, S. 123, 130 ff.; *Kropff* in MünchKomm. AktG, Vorb. §§ 394, 395 Rz. 144; *Lutter/Grunewald*, WM 1984, 385, 391.

57 GMinBl. 2001, 950, 965 ff.; dazu auch *Bierwirth* in FS Ludewig, 1996, S. 123, 132 f.

58 Näher dazu *Kaufmann*, Die Prüfung kommunaler Unternehmen gemäß § 53 Absatz 1 Haushaltsgrundsätzegesetz, 1995, S. 181 ff.

Satz 3, der ebenfalls eine Erweiterung der Berichtspflichten des Abschlussprüfers enthält, macht § 53 Abs. 1 Nr. 2 HGrG indes praktisch weitgehend bedeutungslos; er erstreckt die Prüfungspflichten auch auf den Konzern. Die Berichterstattung muss nach § 170 Abs. 3 allen Aufsichtsratsmitgliedern zugänglich gemacht werden. Einzelheiten der Berichterstattung legen Teil II und III der „Grundsätze für die Prüfung von Unternehmen nach § 53 HGrG" ausführlich nieder[59].

26 **(3) Übersendung der Prüfungsberichte (§ 53 Abs. 1 Nr. 3 HGrG).** Schließlich sind der Gebietskörperschaft gem. § 53 Abs. 1 Nr. 3 HGrG auf ihr Verlangen hin die Berichte der Abschlussprüfer und ggf. der Konzernabschlussprüfer unverzüglich nach ihrem Eingang zu übersenden[60]. „Unverzüglich" meint „ohne schuldhaftes Zögern" (§ 121 Abs. 1 Satz 1 BGB). Die Übersendung fällt in die Zuständigkeit des Vorstands[61] und hat gleichzeitig mit der Versendung an den Aufsichtsrat zu erfolgen (§ 170 Abs. 1 Satz 1)[62]. Die Gebietskörperschaft erhält die Informationen, ohne der Auskunftspflicht nach § 131 Abs. 1 Satz 4 zu unterliegen[63].

c) Recht auf unmittelbare Unterrichtung (§ 54 HGrG)

27 **aa) Norminhalt.** Der Rechnungsprüfungsbehörde der Gebietskörperschaft, die die Anteilsmehrheit an einer privatrechtlich organisierten Gesellschaft hält (s. dazu oben Rz. 20), gewährt § 53 HGrG unter gewissen Voraussetzungen das Recht, sich unmittelbar durch das Einsehen des Betriebs und seiner Bücher über die wirtschaftliche Betätigung des Unternehmens zu unterrichten. Die Vorschrift lautet:

§ 54 Unterrichtung der Rechnungsprüfungsbehörde

(1) In den Fällen des § 53 kann in der Satzung (im Gesellschaftsvertrag) mit Dreiviertelmehrheit des vertretenen Kapitals bestimmt werden, dass sich die Rechnungsprüfungsbehörde der Gebietskörperschaft zur Klärung von Fragen, die bei der Prüfung nach § 44 auftreten, unmittelbar unterrichten und zu diesem Zweck den Betrieb, die Bücher und die Schriften des Unternehmens einsehen kann.

(2) Ein vor dem Inkrafttreten dieses Gesetzes begründetes Recht der Rechnungsprüfungsbehörde auf unmittelbare Unterrichtung bleibt unberührt.

28 Das Recht der Rechnungsprüfungsbehörden auf Selbstunterrichtung ist vor dem Hintergrund zu sehen, dass der jeweilige Rechnungshof des Bundes oder des Landes nach § 44 Abs. 1 HGrG (und § 92 Abs. 1 BHO für den Bund) die Betätigung der Gebietskörperschaft bei unmittelbarer oder mittelbarer Beteiligung an einem Unternehmen in einer Rechtsform des privaten Rechts nach kaufmännischen Grundsätzen zu prüfen hat. Diese einfachgesetzliche Bestimmung ist (für den Bund) die Konsequenz aus Art. 114 Abs. 2 Satz 3 GG. Als Prüfungsgrundlage dienen dem Bundesrechnungshof dabei in erster Linie die Unterlagen und Berichte, die ihm der zuständige Bundesminister gem. § 69 BHO innerhalb von drei Monaten nach der Haupt- und Gesellschafterversammlung, die den Jahresabschluss feststellt, übersenden muss; für die Landesrechnungshöfe gilt entsprechendes. Die Unterrichtungsbefugnisse aus § 54 HGrG sollen etwaige Lücken dieser Prüfungsunterlagen schließen[64].

29 **bb) Voraussetzungen.** Neben der Mehrheitsbeteiligung einer Gebietskörperschaft (s. dazu oben Rz. 20) setzt das Recht auf Selbstunterrichtung nach § 54 Abs. 1 HGrG entgegen der früheren Gesetzeslage (zu § 48 RHO s. oben Rz. 4) eine mit Dreiviertel-

---

59 GMinBl. 2001, 950, 965 ff.
60 Dazu näher *Kaufmann*, Die Prüfung kommunaler Unternehmen gemäß § 53 Absatz 1 Haushaltsgrundsätzegesetz, 1995, S. 213 ff.
61 *Hüffer*, § 394 Rz. 12; *Weimar*, DÖV 1993, 2, 7.
62 *Bierwirth* in FS Ludewig, 1996, S. 123, 136.
63 *Kropff* in MünchKomm. AktG, Vorb. §§ 394, 395 Rz. 153.
64 *Kropff* in MünchKomm. AktG, Vorb. §§ 393, 394 Rz. 154.

mehrheit beschlossene Verankerung in der Satzung (oder im Gesellschaftsvertrag) voraus. Das Gesetz schafft also nicht das Recht als solches, sondern liefert lediglich eine rechtliche Grundlage zu dessen statutarischen Begründung. Es kann in der ursprünglichen Satzung oder durch Satzungsänderung eingeräumt werden. Mit dem Erfordernis einer Dreiviertelmehrheit orientiert sich das Gesetz an den für Satzungsänderungen bei Kapitalgesellschaften geltenden Voraussetzungen (§ 179 AktG, § 53 GmbHG, § 16 GenG). Die Änderung bedarf zusätzlich einer einfachen Stimmenmehrheit im Sinne des § 133 Abs. 1[65] und ist gem. § 179 Abs. 1 Satz 1 von der Hauptversammlung zu beschließen (ausführlich zur Satzungsänderung bei der AG oben §§ 53 ff.). Diese Erfordernisse sind als Konsequenz des § 23 Abs. 5 Satz 1 unabdingbar.

Bei mittelbaren Beteiligungen muss das Einsichtsrecht der Rechungsprüfungsbehörde in der Satzung der Tochter- oder Enkelgesellschaft begründet werden. Die beteiligte Gebietskörperschaft hat diesbezüglich selbst kein Stimmrecht[66]. Grundsätzlich entscheidet der Vorstand in der Hauptversammlung der Tochtergesellschaft eigenverantwortlich darüber, ob er für eine entsprechende Satzungsbestimmung votiert oder nicht; er ist gesetzlich nicht zur Unterstützung eines Unterrichtungsrechts verpflichtet[67]. Der Aufsichtsrat der Beteiligungsgesellschaft kann allerdings den zustimmungsbedürftigen Erwerb von Beteiligungen (§ 111 Abs. 4) von einer entsprechenden Satzungsgestaltung abhängig machen; nur in diesem Fall hat der Vorstand für die Satzung zu stimmen[68].   **30**

cc) Die Unterrichtungsbefugnis im Einzelnen. (1) Inhalt und Grenzen. Wenn und soweit Fragen im Rahmen der Prüfung nach § 44 HGrG offen bleiben (s. oben Rz. 28), darf sich die Rechnungsprüfungsbehörde[69], namentlich die Rechnungshöfe des Bundes und der Länder, unmittelbar und örtlich über das Unternehmen unterrichten, indem sie den Betrieb, die Bücher und die Schriften des Unternehmens einsehen. Abgesehen von der Einsicht in alle erforderlichen Unterlagen erstreckt sich dieses Recht auf das Betreten der Geschäftsräume, die Inanspruchnahme von Hilfsmitteln (z.B. Kopierer) sowie die Einholung von Auskünften[70]. Unterrichtungspflichtig ist ausschließlich der Vorstand, wenn dieser nicht nachgeordnete Mitarbeiter ausdrücklich zur Erteilung von Informationen anweist. Unterrichtung und Einsichtnahme rangieren nicht selbstständig nebeneinander, sondern stehen in dem Verhältnis von Mittel und Zweck zueinander („zu diesem Zweck"); die Einsichtnahme ist das Mittel zur Erreichung des Zwecks der Unterrichtung[71].   **31**

Das Recht auf Selbstunterrichtung endet, wenn die im Rahmen der Prüfung nach § 44 HGrG aufgetretenen Unklarheiten beseitigt sind. Prüfungsgegenstand ist die Frage, ob sich die Beteiligungskörperschaft nach kaufmännischen Grundsätzen betätigt. Wie sich aus § 395 Abs. 1, 3. Var. („Betätigung der Gebietskörperschaft als Aktionär") ergibt, ist hiermit jedenfalls die Betätigung der Körperschaft als Gesellschafter gemeint. Die Rechnungshöfe sehen indes grundsätzlich auch die Tätigkeit der auf Veranlassung der Gebietskörperschaft in den Aufsichtsrat gewählten oder entsandten Aufsichtsratsmitglieder als miterfasst an[72]. Für eine derart weite Auslegung des § 44   **32**

---

65 *Hüffer*, § 394 Rz. 14; *Kropff* in MünchKomm. AktG, Vorb. §§ 394, 395 Rz. 162.
66 *Lutter/Grunewald*, WM 1984, 385, 394.
67 Differenzierend dazu *Lutter/Grunewald*, WM 1984, 385, 394.
68 *Hüffer*, § 394 Rz. 15.
69 Näher zur Zuständigkeit *Schmidt*, ZögU 1981, 456, 469 ff.
70 *Kropff* in MünchKomm. AktG, Vorb. §§ 394, 395 Rz. 170.
71 *Schmidt-Aßmann/Ulmer*, BB 1988, Beilage Nr. 13, S. 1, 12 f.
72 *Zavelberg* in FS Forster, 1992, S. 725, 726.

HGrG spricht § 395 Abs. 1, 4. Var. („die Tätigkeit der...Aufsichtsratsmitglieder zu prüfen")[73].

33 **(2) Rechtsträgerschaft.** Das Recht auf örtliche Unterrichtung aus § 54 HGrG ist weniger eine Komponente der staatlichen Finanzkontrolle gegenüber dem Unternehmen[74] als vielmehr ein mitgliedschaftliches Vorzugsrecht, das den Grundsatz der Gleichbehandlung aller Aktionäre (§ 53a) relativiert[75], was wegen der Verfolgung von besonderen öffentlichen Interessen durch die Gebietskörperschaft gerechtfertigt ist. Träger des Sonderrechts ist folglich die Gebietskörperschaft, wenngleich die Ausübung allein der Rechnungsprüfungsbehörde überantwortet ist. Dies bestätigt der systematische Zusammenhang mit § 53 HGrG, der ebenfalls die Gebietskörperschaft berechtigt, sowie die Notwendigkeit, das Unterrichtungsrecht in der Satzung zu verankern. Da das Recht dazu dient, öffentliche Interessen zu verfolgen, unterliegt die Rechnungsprüfungsbehörde dem Grundsatz der Verhältnismäßigkeit sowie dem Verbot der Willkür[76].

34 Hält der Bund die Mehrheit der Anteile an einer Gesellschaft, ist er zur Wahrnehmung ihrer Befugnisse aus § 54 HGrG nicht nur berechtigt, sondern nach § 66 BHO auch verpflichtet. Auf kommunaler Ebene ist dies unterschiedlich geregelt; während z.B. Art. 94 Abs. 1 Nr. 4 GO-BY festlegt, dass die Gemeinde bei Mehrheitsbeteiligung darauf hinzuwirken „hat", dass ihr die Rechte aus § 54 HGrG eingeräumt werden, bestimmt z.B. § 112 Abs. 1 Nr. 2 GO-NW, dass sie dies lediglich „soll"[77]. Eine entsprechende „Soll"-Regelung enthält § 67 BHO für den Bund, wenn er nicht über die Mehrheit der Anteile im Sinne des § 53 HGrG verfügt (vgl. auch Art. 94 Abs. 2 GO-BY).

§ 394
Berichte der Aufsichtsratsmitglieder

Aufsichtsratsmitglieder, die auf Veranlassung einer Gebietskörperschaft in den Aufsichtsrat gewählt oder entsandt worden sind, unterliegen hinsichtlich der Berichte, die sie der Gebietskörperschaft zu erstatten haben, keiner Verschwiegenheitspflicht. Für vertrauliche Angaben und Geheimnisse der Gesellschaft, namentlich Betriebs- oder Geschäftsgeheimnisse, gilt dies nicht, wenn ihre Kenntnis für die Zwecke der Berichte nicht von Bedeutung ist.

I. Allgemeines	1	2. Veranlassung der Mitgliedschaft durch Gebietskörperschaft 7
1. Inhalt und Zweck der Norm	1	3. Berichtspflicht der Aufsichtsratsmitglieder 10
2. Aktienrechtliche Verschwiegenheitspflicht der Aufsichtsratsmitglieder ..	2	**IV. Rechtsfolge** 17
3. Interpretationsschwierigkeiten	4	1. Lockerung der Verschwiegenheitspflicht 17
II. Geltungsbereich	5	2. Adressaten des Berichts 20
III. Voraussetzungen	6	
1. Normadressaten	6	

---

73 *Hüffer*, § 394 Rz. 17.
74 *Hüffer*, § 394 Rz. 16; *Lohl*, AG 1970, 159, 165; *Zavelberg* in FS Forster, 1992, S. 723, 739.
75 *Lutter/Grunewald*, WM 1984, 385, 393; *Mann*, Die öffentlich-rechtliche Gesellschaft, 2002, S. 236; im Ergebnis auch *Kropff* in MünchKomm. AktG, Vorb. §§ 394, 395 Rz. 156.
76 *Hüffer*, § 394 Rz. 20.
77 S. dazu *Schmidt*, ZögU 1981, 456, 467.

Literatur: *Battke/Voigt,* Zur Zulässigkeit von gesellschaftsvertraglichen Auskunftsrechten des fakultativen Aufsichtsrates kommunaler Eigengesellschaften gegenüber dem Gemeinderat, SächsVBl. 2006, 273; *Engelstätter,* Verschwiegenheitspflicht der Rechnungsprüfungsbehörde bei Prüfung kommunaler Unternehmen, NordÖR 2003, 98; *Kropff,* Aktienrechtlicher Geheimnisschutz bei Beteiligung von Gebietskörperschaften, in FS Hefermehl, 1976, S. 327; *Martens,* Privilegiertes Informationsverhalten von Aufsichtsratsmitgliedern einer Gebietskörperschaft nach § 394 AktG, AG 1984, 29; *Martens,* Berichtspflicht beamteter Aufsichtsratsmitglieder aufgrund von § 55 BBG? – Eine Erwiderung, AG 1984, 212; *Noack,* Gesellschaftsrechtliche Fragen kommunaler Beteiligung an Gesellschaften des Privatrechts, Städte- und Gemeinderat 1995, 379; *Riegel,* Zur Verschwiegenheitspflicht von Aufsichtsratsmitgliedern in kommunalen Eigengesellschaften, Versorgungswirtschaft 2002, 53; *Schmidt-Aßmann/Ulmer,* Die Berichterstattung von Aufsichtsratsmitgliedern einer Gebietskörperschaft nach § 394 AktG. Eine aktien- und kommunalrechtliche Untersuchung ihrer Voraussetzungen und Schranken unter besonderer Berücksichtigung des nordrhein-westfälischen Gemeinderechts, BB 1988, Beilage Nr. 13, S. 1; *Schwintowski,* Verschwiegenheitspflicht für politisch legitimierte Mitglieder des Aufsichtsrats, NJW 1990, 1009; *v. Stebut,* Geheimnisschutz und Verschwiegenheitspflicht im Aktienrecht, 1972; *Thode,* Parlamentskontrolle und Geheimnisschutz bei öffentlichen Unternehmen, AG 1987, 547; *Vogel,* Die Verschwiegenheitspflicht der Vertreter kommunaler Gebietskörperschaften im Aufsichtsrat der GmbH, Städte- und Gemeinderat 1996, 252; *Will,* Informationszugriff auf AG-Aufsichtsratsmitglieder durch Gemeinden, VerwArch. 2003, 248; *Ziegelmeier,* Die Systematik der Haftung von Aufsichtsratsmitgliedern gegenüber der Gesellschaft, ZGR 2007, 144; *Zöllner,* Berichtspflicht beamteter Aufsichtsratsmitglieder nach § 55 BBG?, AG 1984, 147 sowie die Angaben Vorb. §§ 394, 395.

I. Allgemeines

1. Inhalt und Zweck der Norm

Um die unternehmerischen Geheimhaltungsinteressen zu schützen, verpflichtet das 1
Gesetz die Aufsichtsratsmitglieder einer AG in § 116 i.V.m. § 93 Abs. 1 Satz 3 dazu, über vertrauliche Angaben und Geheimnisse der Gesellschaft, die ihnen durch ihre Tätigkeit im Aufsichtsrat bekannt geworden sind, Stillschweigen zu bewahren (näher dazu unten Rz. 2), was jedoch mit den durch das Haushaltsrecht anerkannten Informations- und Berichtsinteressen einer an der Gesellschaft beteiligten Gebietskörperschaft kollidiert (dazu oben Vorb. §§ 394, 395 Rz. 1, 17–34). Als Antwort auf die Frage nach einer Interessengewichtung befreit § 394 Satz 1 die Aufsichtsratsmitglieder, die auf Veranlassung einer Beteiligungskörperschaft in den Aufsichtsrat gewählt oder entsandt worden sind, hinsichtlich der Berichte, die sie ihr zu erstatten haben, von der aktienrechtlichen Verschwiegenheitspflicht. Im Grundsatz genießt die öffentliche Hand damit ein Informationsprivileg. Nach § 394 Satz 2 bleibt die Pflicht zum Stillschweigen allerdings bestehen, wenn die Kenntnis der vertraulichen Angaben und Geheimnisse der Gesellschaft für die Zwecke der Berichte nicht von Bedeutung ist. Die entsandten Aufsichtsratsmitglieder sollen bzw. dürfen demnach sensible Unternehmensinterna nur dann an die Beteiligungsverwaltung weitergeben, wenn eine sachgerechte Berichterstattung dies erfordert. Die von § 394 bezweckte Lösung des Interessenkonflikts erfolgt also durch eine Lockerung der aktienrechtlichen Verschwiegenheitspflicht, die die unternehmerischen Geheimhaltungsinteressen weitestgehend wahrt und der öffentlichen Hand zugleich eine sachdienliche Berichterstattung sichert[1]; dies rechtfertigt sich dadurch, dass § 395 den Adressaten der Berichte eine Geheimhaltungspflicht auferlegt (näher dazu unten § 395 Rz. 1).

---

1 *Hüffer,* § 394 Rz. 1; *Schmidt-Aßmann/Ulmer,* BB 1988, Beilage Nr. 13, S. 1, 6; *Zöllner* in KölnKomm. AktG, § 394 Rz. 2.

2. Aktienrechtliche Verschwiegenheitspflicht der Aufsichtsratsmitglieder

2   Da der Aufsichtsrat einer AG zum einen vom Vorstand gem. § 90 umfassend über die Angelegenheiten der Gesellschaft in Kenntnis zu setzen ist und ihm außerdem zur Überwachung der Geschäftsführung nach § 111 Abs. 2 Satz 1 ein weitreichendes Einsichts- und Prüfungsrecht zusteht, verfügt er regelmäßig über vertrauliche bzw. geheime Informationen. Damit dieses Wissen nicht nach außen dringt und der Gesellschaft z.B. durch gezielte Aktionen etwaiger Konkurrenzunternehmen Schaden entsteht, haben die Aufsichtsratsmitglieder nach § 116 i.V.m. § 93 Abs. 1 Satz 3 über vertrauliche Angaben und Geheimnisse der Gesellschaft, namentlich Betriebs- und Geschäftsgeheimnisse, die ihnen durch ihre Tätigkeit im Aufsichtsrat bekanntgeworden sind, Stillschweigen zu bewahren (ausführlich zum Inhalt und Umfang der Verschwiegenheitspflicht oben § 93 Rz. 17 ff.). Das Gebot der Verschwiegenheit stellt eine spezielle Ausprägung der allgemeinen Treupflicht gegenüber dem Unternehmen dar[2], ist aber gleichwohl nicht als absolute Schweigepflicht zu verstehen. Vielmehr erfordert die pflichtgemäße und verantwortungsvolle Ausübung des Aufsichtsratsmandats für jedes Mitglied einen gewissen Freiraum, in dessen Rahmen es im Einzelfall sorgfältig und gewissenhaft abzuwägen hat, wann das Schweigen notwendig und in welchen Fällen es lediglich erlaubt oder möglicherweise gar untunlich ist. So kann es im Interesse des Unternehmens unter Umständen notwendig sein, unternehmensinterne Angelegenheiten öffentlich zu erörtern, um Mißverständnisse auszuräumen, Gerüchte zu bekämpfen oder das Bild der Gesellschaft in sonstiger Weise positiv zu beeinflussen[3].

3   Unter **vertraulichen Angaben** sind Informationen zu verstehen, deren diskrete Behandlung objektiv im Interesse der Gesellschaft liegt und deren Mitteilung sich nach außen nachteilig für sie auswirken kann; ob sie allgemein bekannt sind, spielt keine Rolle[4]. Für vertrauliche Berichte und vertrauliche Verhandlungen konkretisiert § 116 Satz 2 die Verschwiegenheitspflicht der Aufsichtsratsmitglieder (s. dazu oben § 116 Rz. 26). **Geheimnisse** sind nur einem eng begrenzten Personenkreis bekannte, also nicht offenkundige Tatsachen, für die sowohl ein objektives Bedürfnis als auch der subjektive Wille der Gesellschaft besteht, sie nicht weiterzuverbreiten[5]. Tatsachen können nicht nur objektive Umstände, sondern auch Ansichten, Meinungen und Wertungen (z.B. Produktionsvorhaben, Kalkulationen, Absatzpläne) sein[6]. Als Unterfälle nennt das Gesetz Betriebs- und Geschäftsgeheimnisse. Während sich erstere auf Informationen aus dem technischen Ressort (z.B. Fabrikationsverfahren) beziehen, schützen letztere Daten aus dem kaufmännischen Bereich (z.B. Preisberechnungen)[7]; ausführlich zum Vorstehenden oben § 93 Rz. 17 ff.

2   *Hefermehl/Spindler* in MünchKomm. AktG, § 93 Rz. 43; *Schwintowski*, NJW 1990, 1009, 1011.

3   BGH v. 5.6.1975 – II ZR 156/73, BGHZ 64, 325, 327, 331 f.; *Schwintowski*, NJW 1990, 1009, 1012.

4   BGH v. 5.6.1975 – II ZR 156/73, BGHZ 64, 325, 329; *Hefermehl/Spindler* in MünchKomm. AktG, § 93 Rz. 49; *Hopt* in Großkomm. AktG, § 93 Rz. 195; *Lutter*, Information und Vertraulichkeit im Aufsichtsrat, 3. Aufl. 2006, Rz. 452 ff.

5   BGH v. 5.6.1975 – II ZR 156/73, BGHZ 64, 325, 329; *Hopt* in Großkomm. AktG, § 93 Rz. 191; *Schwintowski*, NJW 1990, 1009, 1011; *Lutter*, Information und Vertraulichkeit im Aufsichtsrat, 3. Aufl. 2006, Rz. 410 ff.

6   *Hefermehl/Spindler* in MünchKomm. AktG, § 93 Rz. 46; *Lutter*, Information und Vertraulichkeit im Aufsichtsrat, 3. Aufl. 2006, Rz. 411; *v. Stebut*, Geheimnisschutz und Verschwiegenheitspflicht im Aktienrecht, 1972, S. 6.

7   *Engelstätter*, NordÖR 2003, 98, 100.

3. Interpretationsschwierigkeiten

Problematisch ist § 394 nicht nur wegen seines teilweise unklaren Wortlauts, sondern insbesondere auch im Hinblick auf den entstehungsgeschichtlichen Mißstand, dass er gewisse Prüfungsrechte der öffentlichen Hand voraussetzt, die im Zeitpunkt seiner Einführung nicht gesetzlich geregelt waren (s. oben Vorb. §§ 394, 395 Rz. 3–5). Die Unklarheit zum normativen Ausgangspunkt der Regelung führt zwangsläufig zu Verständnisschwierigkeiten im Hinblick auf den Tatbestand der Norm[8]. So ist in erster Linie streitig, ob die in § 394 vorausgesetzte Berichtpflicht der Aufsichtsratsmitglieder gegenüber der Gebietskörperschaft einer gesetzlichen Grundlage bedarf oder für ihre Begründung ein vertragliches Auftragsverhältnis mit den Auskunfts- und Rechenschaftspflichten in § 666 BGB genügt (s. unten Rz. 11). Ferner stellt sich die Frage, inwieweit die übrigen Tatbestandsmerkmale der Norm eng auszulegen sind, damit § 394 nicht „in ein unkontrollierbares Instrument zum Einstieg in die unternehmerische Geheimsphäre entartet und sich die Gebietskörperschaft der benötigten Informationen nahezu nach freiem Belieben bedienen kann"[9] (zu den Einzelheiten unten Rz. 12 ff.).

4

II. Geltungsbereich

Der Wortlaut des § 394 trifft unmittelbar keine Aussage darüber, welche Gesellschaftsformen die Vorschrift erfasst. Sie gilt jedenfalls für die **AG** und die **KGaA**, bei denen die Einrichtung eines Aufsichtsrats obligatorisch ist. Ob auch die Aufsichtsratsmitglieder einer **GmbH** § 394 unterstehen, ist zweifelhaft, da die Norm in den Verweisungsketten von § 52 Abs. 1 GmbHG, § 1 Abs. 1 Nr. 3 DrittelbG sowie § 25 Abs. 1 Satz 1 Nr. 2 MitbestG 1976 nicht erscheint. Gleichwohl wird teilweise vertreten, dass die Verweisung auf § 116 auch die diese Vorschrift ausfüllenden aktienrechtlichen Regelungen erfasst[10]. Eine derartige „konkludente" Verweisung erscheint jedoch im Hinblick auf den Charakter des § 394 als einer Sonderregelung sowie das wegen § 404 bestehende Bedürfnis der Aufsichtsratsmitglieder nach Rechtssicherheit problematisch. Zudem ist bereits im Ansatz zweifelhaft, ob die Aufsichtsratsmitglieder in einer GmbH gegenüber der Gemeinde als Gesellschafterin überhaupt verpflichtet sind, Stillschweigen zu wahren. Nach überwiegender Meinung besteht die Verschwiegenheitspflicht weder gegenüber der Gesellschafterversammlung (Gewährleistung einer reibungslosen Unternehmensleitung)[11] noch gegenüber einzelnen Gesellschaftern (arg. e § 51 a GmbHG)[12]. Deshalb verliert die Frage nach der Anwendbarkeit des § 394 auf Aufsichtsratsmitglieder in der GmbH an praktischer Relevanz.

5

---

8 S. *Martens*, AG 1984, 29, 30 f., der von einem „diffusen Tatbestand" spricht.

9 *Martens*, AG 1984, 29, 34.

10 So *Kropff* in MünchKomm. AktG, §§ 394, 395 Rz. 10 für den obligatorischen Aufsichtsrat (anders für den fakultativen Aufsichtsrat [s. Rz. 11]; dazu auch BayVGH v. 8.5.2006, BayVBl. 2006, 534, 535 ff.); vgl. auch *David*, Kommentar zur Verfassung der Freien und Hansestadt Hamburg, 1994, S. 385; a.A. *Pfeifer*, Möglichkeiten und Grenzen der Steuerung kommunaler Aktiengesellschaften durch ihre Gebietskörperschaften, 1993, S. 192 f., der einen ausdrücklichen Verweis fordert und auch eine analoge Anwendung des § 394 ablehnt, weil es sowohl an einer planwidrigen Regelungslücke als auch an einer vergleichbaren Interessenlage fehle.

11 BGH v. 6.3.1997 – II ZB 4/96, BGHZ 135, 48, 56; *Raiser/Heermann* in Ulmer, GmbHG, § 52 Rz. 143; *Lutter*, Information und Vertraulichkeit im Aufsichtsrat, 3. Aufl. 2006, Rz. 773; *Uwe H. Schneider* in Scholz, GmbHG, § 52 Rz. 342; *Witte*, ZGR 1998, 151, 164.

12 *Lutter/Hommelhoff*, GmbHG, § 52 Rz. 17; *Will*, VerwArch. 2003, 248, 265; *Witte*, ZGR 1998, 151, 164.

III. Voraussetzungen

1. Normadressaten

6   Mit § 394 lockert das Gesetz die Verschwiegenheitspflicht derjenigen Aufsichtsrats-mitglieder, die auf Veranlassung einer Gebietskörperschaft (dazu unten Rz. 7 f.) in den Aufsichtsrat gewählt oder entsandt worden sind. Die Wahl der Aufsichtsratsmit-glieder richtet sich nach § 101 Abs. 1; ihre Entsendung erfolgt nach § 101 Abs. 2 (aus-führlich zur Wahl bzw. Entsendung oben § 101 Rz. 4 ff.). Wie zwar nicht dem Wort-laut, wohl aber der Überschrift des Ersten Teils zu entnehmen ist, setzt § 394 nicht lediglich eine Einflussnahme auf die Auswahl der Aufsichtsratsmitglieder, sondern die Beteiligung der Gebietskörperschaft an der Gesellschaft voraus[13], wobei die mit-telbare Beteiligung der unmittelbaren (arg e § 67 Satz 2 BHO; § 53 Abs. 2 Satz 2 HGrG, § 16 Abs. 4 AktG)[14] gleichsteht. Eine Mehrheitsbeteiligung ist nicht erforder-lich[15]. Beteiligungskörperschaften können der Bund, Länder, Gemeinden oder Ge-meindeverbände sein[16].

2. Veranlassung der Mitgliedschaft durch Gebietskörperschaft

7   Die an der Gesellschaft beteiligte Gebietskörperschaft muss die Wahl oder Entsen-dung des Aufsichtsratsmitglieds, dessen Befreiung von der Verschwiegenheitspflicht in Frage steht, veranlasst haben. Hierfür genügt **jede (allein) kausale Einflussnahme** der Beteiligungskörperschaft auf die Wahl oder Entsendung des Aufsichtsratsmit-glieds, das infolgedessen als Repräsentant der öffentlichen Hand auftritt[17].

8   Der Kausalzusammenhang liegt jedenfalls dann vor, wenn das Aufsichtsratsmitglied dem Aufsichtsrat aufgrund eines statutarischen **Entsendungsrechts** der Gebietskör-perschaft gem. § 101 Abs. 2 angehört. Wird das Mitglied nach § 101 Abs. 1 von der Hauptversammlung **gewählt**, so muss die beteiligte Körperschaft den von ihr vorge-schlagenen Kandidaten mit der ihr zustehenden Stimmmehrheit (Hauptversamm-lungsmehrheit) wählen oder dessen Wahl aufgrund ausdrücklicher oder konkludenter Absprachen mit anderen Aktionären durchsetzen[18]. Einschränkend soll die Wahl des Aufsichtsratsmitgliedes nicht „unter allgemein-politischen Aspekten", sondern „aus Gründen der Beteiligungsverwaltung" erfolgen müssen[19], wofür das Gesetz jedoch keine tragfähigen Anhaltspunkte enthält.

9   Bei nur **mittelbarer Beteiligung der Gebietskörperschaft** ist die Feststellung eines Kausalzusammenhangs zwischen ihrer Einflussnahme und der Wahl von Aufsichts-ratsmitgliedern in Tochter- und Enkelgesellschaften ungleich schwieriger, weil die Ausübung des Stimmrechts bei der Wahl des Aufsichtsrats der Untergesellschaft dem Vorstand der Obergesellschaft obliegt, der dabei jedoch nach § 76 autonom ent-scheidet; anderes gilt nur im Anwendungsbereich von § 15 MitbestErgG, § 32 Mit-bestG. Außerhalb dieser Normen kann die Gebietskörperschaft den Vorstand der

---

13   *Hüffer*, § 394 Rz. 33; *Kropff* in MünchKomm. AktG, §§ 394, 395 Rz. 13; *Schmidt-Aßmann/Ul-mer*, BB 1988, Beilage Nr. 13, S. 1, 7; anders nur *v. Godin/Wilhelmi*, §§ 394, 395 Anm. 2, die § 394 auch dann anwenden wollen, wenn die Gebietskörperschaft nicht beteiligt ist.

14   *Kropff* in FS Hefermehl, 1976, S. 327, 330; *Schmidt-Aßmann/Ulmer*, BB 1988, Beilage Nr. 13, S. 1, 7.

15   *Hüffer*, § 394 Rz. 33; *Kropff* in FS Hefermehl, 1976, S. 327, 330; a.A. *Martens*, AG 1984, 29, 36.

16   *Hüffer*, § 394 Rz. 33.

17   *Kropff* in MünchKomm. AktG, §§ 394, 395 Rz. 15; *Schmidt-Aßmann/Ulmer*, BB 1988, Beilage Nr. 13, S. 1, 7; *Will*, VerwArch. 2003, 248, 252; vgl. auch *Zöllner* in KölnKomm. AktG, §§ 394, 395 Rz. 3.

18   *Kropff* in MünchKomm. AktG, §§ 394, 395 Rz. 18; *Will*, VerwArch. 2003, 248, 252.

19   So *Martens*, AG 1984, 29, 31.

Obergesellschaft lediglich ersuchen, von ihr benannte Personen zu wählen[20]. Jedenfalls spricht eine *Vermutung* für eine von der Gebietskörperschaft ausgehende Veranlassung, wenn ihre Vertreter de facto in den Aufsichtsrat der Tochtergesellschaft gewählt werden[21]. Nach einer im Schrifttum entwickelten engeren Ansicht soll der Kausalzusammenhang indes schon dann entfallen, wenn die Bitte der Beteiligungskörperschaft vom Vorstand der Obergesellschaft zwar „aufgegriffen, aber erst nach sorgfältiger und umfassender Prüfung in Form einer eigenen, autonom beschlossenen Entscheidung umgesetzt wird"[22]. Zudem können sich wegen fehlender Aktionärseigenschaft der öffentlichen Hand Schwierigkeiten in Bezug auf satzungsmäßige Vorschlags- oder Entsendungsrechte zum Aufsichtsrat der Enkelgesellschaft ergeben, wenn derartige Rechte ausschließlich Aktionären eingeräumt werden können (s. dazu oben § 101 Rz. 24)[23].

3. Berichtspflicht der Aufsichtsratsmitglieder

Die auf Veranlassung der Gebietskörperschaft gewählten oder entsandten Aufsichtsratsmitglieder müssen dieser schließlich Bericht zu erstatten haben. Nach allgemeiner Meinung statuiert § 394 nicht selbst eine derartige Berichtspflicht, sondern setzt deren Bestehen voraus[24].   10

Nach herrschender Auffassung im Schrifttum kann die Berichtspflicht der Aufsichtsratsmitglieder nur auf gesetzlicher Grundlage, nicht hingegen durch ein Vertragsverhältnis mit der Gebietskörperschaft begründet werden[25], wobei teilweise bereits die allgemeine beamtenrechtliche Weisungsbindung (§ 37 BRRG, § 55 BBG) eine ausreichende Basis darstellen soll[26], jedenfalls bedürfe es nicht einer „spezialgesetzlichen Berichtspflicht"[27]. Demgegenüber soll nach abweichender Ansicht ein vertragliches Auftragsverhältnis zwischen der Beteiligungskörperschaft und ihren Vertretern, bei denen die Auskunfts- und Rechenschaftspflicht des § 666 BGB eingreift, genügen[28].   11

Der im Schrifttum herrschenden Position ist wegen des zwingenden Charakters der Verschwiegenheitspflicht (§ 116 i.V.m. § 93 Abs. 1 Satz 3) zuzustimmen. Die Gegenansicht hat die unvertretbare Konsequenz, dass zwingendes Aktienrecht zur nahezu freien Disposition der Vertragsparteien, insbesondere der Gebietskörperschaft stünde. Da der von der Körperschaft zur Wahl oder Entsendung vorgesehene Kandidat regelmäßig mit dem Abschluss eines Auftragsverhältnisses einverstanden sein wird, könnte die öffentliche Hand die zwingende Verschwiegenheitspflicht der Aufsichts-   12

---

20 Dazu *Schmidt-Aßmann/Ulmer*, BB 1988, Beilage Nr. 13, S. 1, 8; so auch *Kropff* in Münch-Komm. AktG, §§ 394, 395 Rz. 20; a.A. *Martens*, AG 1984, 29, 36 Fn. 36, der auch im Anwendungsbereich des § 32 MitbestG eine Veranlassung seitens der Gebietskörperschaft ablehnt.
21 *Schmidt-Aßmann/Ulmer*, BB 1988, Beilage Nr. 13, S. 1, 8.
22 So *Martens*, AG 1984, 29, 32.
23 S. zum Ganzen *Schmidt-Aßmann/Ulmer*, BB 1988, Beilage Nr. 13, S. 1, 8.
24 *Hüffer*, § 394 Rz. 36; *Martens*, AG 1984, 29 30 f., 33; *Thode*, AG 1997, 547, 549; *Will*, VerwArch. 2003, 248, 250; *Zöllner* in KölnKomm. AktG, §§ 394, 395 Rz. 4.
25 So *Hüffer*, § 394 Rz. 36 ff.; *Lutter/Grunewald*, WM 1984, 385, 397; *Mann*, Die öffentlich-rechtliche Gesellschaft, 2002, S. 242 f.; *Martens*, AG 1984, 29, 33; *Martens*, AG 1984, 212, 212 ff.; *Schmidt-Aßmann/Ulmer*, BB 1988, Beilage Nr. 13, S. 1, 8, 10 ff.; *Schwintowski*, NJW 1990, 1009, 1014; *Will*, VerwArch. 2003, 248, 252 ff.; *Zöllner* in KölnKomm. AktG, §§ 394, 395 Rz. 4; *Zöllner*, AG 1984, 147, 148 f.; vgl. auch *Thode*, AG 1997, 547, 549, der sich für eine gesetzliche Berichtspflicht oder zumindest eine tarifvertragliche Grundlage ausspricht.
26 Hierfür *Lutter/Grunewald*, WM 1984, 385, 397; *Martens*, AG 1984, 29, 33; *Thode*, AG 1997, 547, 549; a.A. *Hüffer*, § 394 Rz. 40; *Schmidt-Aßmann/Ulmer*, BB 1988, Beilage Nr. 13, S. 1, 19 ff.; *Zöllner*, AG 1984, 147, 148 f.
27 Klarstellend *Zöllner*, AG 1984, 147, 148.
28 So *Kropff* in MünchKomm. AktG, §§ 394, 395 Rz. 27 ff.; *Kropff* in FS Hefermehl, 1976, S. 327, 328; *v. Stebut*, Geheimnisschutz und Verschwiegenheitspflicht im Aktienrecht, 1972, S. 130.

ratsmitglieder auf diese Weise nach Belieben aushöhlen. Ferner besteht wegen § 404, der die Verletzung der Verschwiegenheitspflicht unter Strafe stellt, auf Seiten der Aufsichtsratsmitglieder ein großes Bedürfnis nach Rechtssicherheit, dem eine gesetzliche Anordnung der Berichtspflicht in wesentlich höherem Maße gerecht wird als eine vertragliche Vereinbarung. Schließlich bestätigt auch die Entstehungsgeschichte der §§ 394, 395 das Erfordernis einer gesetzlich begründeten Pflicht zur Berichterstattung. Ging der Rechtsausschuss nach heute h.M.[29] auch irrtümlich davon aus, dass § 111 Abs. 1 Nr. 2 RHO, den die §§ 394, 395 aktienrechtlich umsetzen sollten (s. dazu oben Vorb. §§ 394, 395 Rz. 4), eine Berichtspflicht statuierte[30], zeigt sich hieran zumindest, dass der Gesetzgeber bei Schaffung des § 394 die Annahme einer gesetzlich begründeten Berichtspflicht zugrunde gelegt hat.

13 Als gesetzliche Grundlage einer Berichtspflicht kommt die **allgemeine beamtenrechtliche Weisungsbindung** nach § 37 BRRG oder § 55 BBG nicht in Betracht, weil die auf Veranlassung einer Gebietskörperschaft gewählten oder entsandten Aufsichtsratsmitglieder dieser nicht unterliegen (dazu näher oben Vorb. §§ 394, 395 Rz. 13 ff.)[31]. Unabhängig davon ist das beamtenrechtliche Dienstverhältnis lediglich als ein (öffentlich-rechtliches) Schuldverhältnis zu qualifizieren, so dass konsequenter Weise auch andere gesetzlich geregelte Schuldverhältnisse (z.B. Auftrag oder Arbeitsverhältnis) als Grundlage einer Berichtspflicht anzuerkennen wären, was jedoch den vorgenannten Bedenken ausgesetzt ist (s. oben Rz. 12). Zudem hätte die genannte Ansicht zur Folge, dass ausschließlich Beamte als Träger von Berichtspflichten und damit geeignete Mandatsträger im Sinne des § 394 angesehen werden könnten, was gerade im Hinblick auf die abnehmenden Verbeamtungen durch die öffentliche Hand in der Sache nicht begründbar ist; indirekt würde die Beamteneigenschaft zum ungeschriebenen Tatbestandsmerkmal des § 394 avancieren[32].

14 Auch **§ 69 Nr. 2 BHO** (bzw. entsprechende Landesregelungen), der dem früheren § 111 Abs. 1 Nr. 2 RHO entspricht, liefert keine tragfähige Grundlage für eine gesetzliche Berichtspflicht. Danach hat der zuständige Bundesminister dem Bundesrechnungshof die Berichte zu übersenden, welche die auf seine Veranlassung gewählten oder entsandten Mitglieder des Überwachungsorgans unter Beifügung aller ihnen über das Unternehmen zur Verfügung stehenden Unterlagen zu erstatten haben. Hieraus kann zwar eine Übersendungspflicht des Ministers, nicht aber eine Berichtspflicht der Aufsichtsratsmitglieder hergeleitet werden, da die BHO nach allgemeiner Ansicht nur bundesintern wirkendes Verwaltungsrecht enthält, welches nicht in die Rechtsposition der Mitglieder des Überwachungsorgans eingreift[33]; auch diese Norm statuiert die Berichtspflicht nicht, sondern setzt sie tatbestandlich voraus[34].

15 Ferner ist den Informations- und Kontrollrechten der Gebietskörperschaft aus den **§§ 53, 54 HGrG** keine Berichtspflicht der Aufsichtsratsmitglieder zu entnehmen. Die

---

29 *Martens*, AG 1984, 29, 30; *Schmidt-Aßmann/Ulmer*, BB 1988, Beilage Nr. 13, S. 1, 8; a.A. *Kropff* in MünchKomm. AktG, §§ 394, 395 Rz. 27, der bezweifelt, dass der Gesetzgeber in § 111 Abs. 1 Nr. 2 RHO eine Grundlage für die Berichtspflicht gesehen hat.

30 S. dazu den Schriftlichen Bericht des Rechtsausschusses, zu BT-Drucks. IV/3296, S. 53 („dieser Berichtspflicht").

31 Ebenso mit Recht *Hüffer*, § 394 Rz. 41.

32 Dies in Kauf nehmend *Martens*, AG 1984, 29, 33.

33 *Würdinger*, Aktienrecht und das Recht der verbundenen Unternehmen, 4. Aufl. 1981, S. 356 f., m.w.N.

34 *Martens*, AG 1984, 29, 30; *Lutter/Grunewald*, WM 1984, 385, 397; *v. Stebut*, Geheimnisschutz und Verschwiegenheitspflicht im Aktienrecht, 1972, S. 129; *Zöllner* in KölnKomm. AktG, §§ 394, 395 Rz. 4; a.A. *v. Godin/Wilhelmi*, §§ 394, 395 Anm. 1; s. auch den Schriftlichen Bericht des Rechtsausschusses, zu BT-Drucks. IV/3296, S. 53.

öffentliche Hand hat nach § 53 HGrG zwar das Recht, eine Erweiterung der Abschlussprüfung zu verlangen (Abs. 1 Nr. 1, 2) und sich die entsprechenden Berichte zusenden zu lassen (Abs. 1 Nr. 3) (näher dazu oben Vorb. §§ 394, 395 Rz. 19 ff.), besondere Berichtspflichten der einzelnen Aufsichtsratsmitglieder korrelieren mit diesen Befugnissen aber nicht; vielmehr verbleibt es bei den allgemeinen Pflichten des Aufsichtsrats nach §§ 170 f.[35] Auch dem Recht der Gebietskörperschaft auf Selbstunterrichtung in § 54 HGrG (näher dazu oben Vorb. §§ 394, 395 Rz. 27 ff.), das unter dem Vorbehalt der satzungsmäßigen Einrichtung steht und auf die im Rahmen der Betätigungsprüfung (§ 44 HGrG) offen gebliebenen Fragen begrenzt ist, entspricht keine umfassende Berichtspflicht der Aufsichtsratsmitglieder[36].

Im Ergebnis sind somit speziell auf § 394 zugeschnittene gesetzliche Anordnungen zu fordern, wie sie z.B. auf kommunaler Ebene § 113 Abs. 5 Satz 1 GO-NW (siehe hierzu aber unten Rz. 21) und Art. 93 Abs. 2 Satz 2 GO-BY enthalten[37]. So ordnet Art. 93 Abs. 2 Satz 2 GO-BY an, dass die Vertreter der Gemeinde vorbehaltlich entgegenstehender gesetzlicher Vorschriften diese über alle wichtigen Angelegenheiten möglichst frühzeitig zu unterrichten und ihr auf Verlangen Auskunft zu erteilen haben. Dass § 394 infolge der hier vertretenen Auffassung teilweise „leerläuft", solange der Gesetzgeber nicht Berichtspflichten gegenüber jeder Gebietskörperschaft statuiert, steht dieser nicht entgegen; es liegt in seinen Händen, den Anwendungsbereich der Norm zu erweitern[38]. 16

IV. Rechtsfolgen

1. Lockerung der Verschwiegenheitspflicht

Grundsätzlich haben Aufsichtsratsmitglieder gem. § 116 i.V.m. § 93 Abs. 1 Satz 3 über vertrauliche Angaben (einschließlich entsprechender Berichte und Verhandlungen) sowie Geheimnisse der Gesellschaft Stillschweigen zu bewahren (oben Rz. 2 f.). Hiervon sieht § 394 Satz 1 für die auf Veranlassung einer Gebietskörperschaft in den Aufsichtsrat gewählten oder entsandten Aufsichtratsmitglieder eine Ausnahme vor und befreit sie von ihrer Verschwiegenheitspflicht, wenn und soweit sie ihrer Gebietskörperschaft zur Berichterstattung verpflichtet sind (s. dazu oben Rz. 9 ff.). Dies gilt sowohl für schriftliche als auch für mündliche Berichte[39]. 17

Nach § 394 Satz 2 tritt ein Dispens von der Verschwiegenheitspflicht jedoch nicht ein, wenn die Kenntnis der vertraulichen Angaben und Geheimnisse für die Zwecke der Berichte nicht bedeutsam ist (zu den Begrifflichkeiten oben Rz. 3), wodurch das Informationsprivileg der öffentlichen Hand funktional gebunden ist (Maßstab der Erforderlichkeit). Die Verschwiegenheitspflicht nach § 116 i.V.m. § 93 Abs. 1 Satz 3 ist also mit der Sonderregelung in § 394 durch ein „Grundsatz-Ausnahme-Unterausnahme-System" verbunden[40]. Die Berichte bezwecken, der Gebietskörperschaft die für die sachgerechte Verwaltung ihres Beteiligungsbesitzes notwendigen Kenntnisse zu vermitteln und die haushaltsrechtliche Prüfung der Betätigung nach § 44 HGrG (s. 18

---

35 *Schmidt-Aßmann/Ulmer*, BB 1988, Beilage Nr. 13, S. 1, 11; *v. Stebut*, Geheimnisschutz und Verschwiegenheitspflicht im Aktienrecht, 1972, S. 129.
36 *Schmidt-Aßmann/Ulmer*, BB 1988, Beilage Nr. 13, S. 1, 12 f.; *v. Stebut*, Geheimnisschutz und Verschwiegenheitspflicht im Aktienrecht, 1972, S. 129.
37 Ausführlich zu der gesetzlichen Grundlage einer Berichtspflicht *Schmidt-Aßmann/Ulmer*, BB 1988, Beilage Nr. 13, S. 1, 10 ff.; *Will*, VerwArch. 2003, 248, 252 ff.
38 So auch *Hüffer*, § 394 Rz. 39, 41; *Will*, VerwArch. 2003, 248, 266.
39 *Kropff* in MünchKomm. AktG, §§ 394, 395 Rz. 35.
40 Vgl. *Thode*, AG 1997, 547, 548.

oben Vorb. §§ 394, 395 Rz. 28) zu ermöglichen[41]. Ob die Kenntnis der vertraulichen Angaben und Geheimnisse hierfür von Bedeutung sind, haben nicht die Gebietskörperschaften, sondern die Aufsichtsratsmitglieder nach pflichtgemäßem Ermessen durch sorgfältige Abwägung der Interessen im Einzelfall zu ermitteln[42]; sie fehlt regelmäßig, wenn Einzelheiten der Gesellschaftstätigkeit für die Gesamtwürdigung der Umstände, auf die es in dem Bericht ankommt, irrelevant sind[43]. Offenbart ein Aufsichtsratsmitglied ein Geheimnis der Gesellschaft, ohne dazu befugt zu sein, macht es sich nach § 404 strafbar (ausführlich dazu unten § 404).

19   Ob die Aufsichtsratsmitglieder der Gebietskörperschaft auch **vertraulichen Unterlagen**, die sie in ihrer Eigenschaft als Mandatsträger ausgehändigt erhielten, zur Verfügung stellen müssen, wird unterschiedlich beurteilt, da § 394 – im Unterschied zu § 69 Nr. 2 BHO – etwaige dem Bericht beizufügende Unterlagen nicht erwähnt. Die h.M. erachtet die Beifügung vertraulicher Unterlagen als zulässig[44]. Die Grenze der Aushändigung ist jedenfalls wie die der Berichterstattung funktional nach dem Maßstab der Erforderlichkeit zu bestimmen. Anderes gilt für die Prüfungsberichte der Abschlussprüfer, die den Aufsichtsratsmitgliedern nach § 170 Abs. 3 zu übersenden sind, da die einschränkenden Voraussetzungen des § 53 HGrG umgangen würden, ließe man die Weitergabe dieser Berichte an die Gebietskörperschaft zu[45].

2. Adressaten des Berichts

20   Den Adressaten der Berichtspflicht konkretisiert § 394 nur sehr abstrakt („Gebietskörperschaft"). Mittels Auslegung lässt sich der Kreis der in Betracht kommenden Adressaten jedoch präzisieren. Wegen des systematischen Zusammenhangs zwischen § 394 und § 395 kommen nur die in § 395 genannten Personen, denen die Norm eine Verschwiegenheitspflicht auferlegt, als Berichtsadressaten im Sinne des § 394 in Betracht, da anderenfalls die durch § 395 bezweckte Geheimhaltung (dazu unten § 395 Rz. 3) leerliefe[46].

21   Potentielle Berichtsadressaten sind deshalb ausschließlich die Bediensteten der Beteiligungsverwaltung sowie der Rechnungsprüfungsämter[47]; die Einzelheiten regelt das Organisationsrecht der Gebietskörperschaften. Soweit dieses allerdings – wie z.B. in § 113 Abs. 5 Satz 1 GO-NW – den Gemeinderat als Adressaten der Auskunftspflicht festlegt (vgl. auch § 71 Abs. 4 GO-MV: „Hauptausschuss oder Gemeindevertretung"), sind die Bestimmungen nichtig (Art. 31 GG), da bei ihm der Geheimnisschutz angesichts seiner großen Mitgliederzahl und der starken Transparenz nach außen trotz § 395 nicht sichergestellt ist; § 394 eröffnet keinen Informationsweg zu Parlamenten

---

41 *Hüffer*, § 394 Rz. 44; *Kropff* in MünchKomm. AktG, §§ 394, 395 Rz. 43; *Schmidt-Aßmann/Ulmer*, BB 1988, Beilage Nr. 13, S. 1, 9.

42 *Kropff* in MünchKomm. AktG, §§ 394, 395 Rz. 45; *Meier/Wieseler*, GHH 1993, 174, 176; *Schmidt-Aßmann/Ulmer*, BB 1988, Beilage Nr. 13, S. 1, 10.

43 *Meier/Wieseler*, GHH 1993, 174, 176.

44 So *Hüffer*, § 394 Rz. 45; *Kropff* in MünchKomm. AktG, §§ 394, 395 Rz. 37 ff.; *Kropff* in FS Hefermehl, 1976, S. 327, 335; *Lohl*, AG 1970, 159, 163 (Fn. 39); *Zavelberg* in FS Forster, 1992, S. 723, 732; a.A. *Martens*, AG 1984, 29, 36 ff.

45 *Hüffer*, § 394 Rz. 45; *Schmidt-Aßmann/Ulmer*, BB 1988, Beilage Nr. 13, S. 1, 12.

46 Aus diesem Grund wollen *Schmidt-Aßmann/Ulmer* (BB 1988, Beilage Nr. 13, S. 1, 9) die Gewährleistung der Geheimhaltung bei der Gebietskörperschaft zum ungeschriebenen Tatbestandsmerkmal des § 394 erheben.

47 *Engelstätter*, NordÖR 2003, 98, 100 f.; *Hüffer*, § 394 Rz. 43; *Schmidt-Aßmann/Ulmer*, BB 1988, Beilage Nr. 13, S. 1, 8 f.; *Schwintowski*, NJW 1990, 1009, 1014.

oder ihnen nach Zusammensetzung und Transparenz vergleichbaren Organen der Gebietskörperschaft[48].

§395
Verschwiegenheitspflicht

(1) Personen, die damit betraut sind, die Beteiligungen einer Gebietskörperschaft zu verwalten oder für eine Gebietskörperschaft die Gesellschaft, die Betätigung der Gebietskörperschaft als Aktionär oder die Tätigkeit der auf Veranlassung der Gebietskörperschaft gewählten oder entsandten Aufsichtsratsmitglieder zu prüfen, haben über vertrauliche Angaben und Geheimnisse der Gesellschaft, namentlich Betriebs- oder Geschäftsgeheimnisse, die ihnen aus Berichten nach §394 bekanntgeworden sind, Stillschweigen zu bewahren; dies gilt nicht für Mitteilungen im dienstlichen Verkehr.

(2) Bei der Veröffentlichung von Prüfungsergebnissen dürfen vertrauliche Angaben und Geheimnisse der Gesellschaft, namentlich Betriebs- oder Geschäftsgeheimnisse, nicht veröffentlich werden.

I. Allgemeines	1	a) Umfang (§395 Abs. 1 Halbsatz 1)	4
1. Inhalt und Zweck der Norm	1	b) Mitteilungen im dienstlichen Verkehr (§395 Abs. 1 Halbsatz 2)	7
2. Geltungsbereich	2	c) Veröffentlichung von Prüfungsergebnissen (§395 Abs. 2)	8
II. Voraussetzungen	3		
III. Rechtsfolgen	4	2. Verletzung der Verschwiegenheitspflicht	9
1. Verschwiegenheitspflicht	4		

Literatur: *Schäfer*, Zum Schutz Dritter bei der Rechnungsprüfung und der Berichterstattung der Rechnungshöfe, in FS Geiger, 1974, S. 623; *Zavelberg*, Die Prüfung der Betätigung des Bundes bei Unternehmen durch den Bundesrechnungshof, in FS Forster, 1992, S. 723 sowie die Angaben Vorb. §§ 394, 395.

I. Allgemeines

1. Inhalt und Zweck der Norm

Aufsichtsratsmitglieder, die auf Veranlassung einer Gebietskörperschaft in den Auf-   1
sichtsrat gewählt oder entsandt werden, sind unter den in § 394 genannten Voraussetzungen weithin von ihrer Verschwiegenheitspflicht (§ 116 i.V.m. § 93 Abs. 1 Satz 3) befreit (dazu oben § 394 Rz. 16 ff.). Um die aktienrechtlichen Grundsätze über den Schutz von vertraulichen Angaben und Geheimnissen zu wahren[1], statuiert § 395 als Korrelat zu § 394 eine Verschwiegenheitspflicht für diejenigen Personen, die ohne organrechtliche Stellung in der Gebietskörperschaft mit der Verwaltung der

---

48 *Hüffer*, § 394 Rz. 43; *Noack*, Städte- und Gemeinderat 1995, 379, 385 f.; *Schmidt-Aßmann/Ulmer*, BB 1988, Beilage Nr. 13, S. 1, 9; *Thode*, AG 1997, 547, 548; *Will*, VerwArch. 2003, 248, 263; a.A. *Vogel*, Städte- und Gemeinderat 1996, 252, 252 f., 255 f.; differenzierend *Battke/Voigt*, SächsVBl. 2006, 273, 276.

1 So der Schriftliche Bericht des Rechtsausschusses, zu BT-Drucks. IV/3296, S. 53 f.

Beteiligung oder der Prüfung der Berichte betraut und somit potentielle Berichtsadressaten im Sinne des § 394 sind (dazu oben § 394 Rz. 20 f.). Die Bediensteten der Beteiligungsverwaltung und der Rechnungsprüfungsämter haben über vertrauliche Angaben und Geheimnisse der Gesellschaft, die ihnen aus Berichten nach § 394 bekanntgeworden sind, Stillschweigen zu wahren (1. Halbsatz), wenn es sich nicht um Mitteilungen im dienstlichen Verkehr handelt (2. Halbsatz); zudem dürfen vorgenannte Unternehmensinterna im Rahmen von Prüfungsberichten nicht veröffentlicht werden (Abs. 2). Der Lockerung der Verschwiegenheitspflicht der Aufsichtsratsmitglieder stellt § 395 mit der Schweigepflicht des Informationsempfängers im Verwaltungsbereich ein Institut gegenüber, mittels dessen er den Vertraulichkeitsschutz der Gesellschaft wahrt[2].

2. Geltungsbereich

2   Eine Aussage darüber, welche Gesellschaftsformen § 395 erfasst, lässt sich der Norm nicht entnehmen. Wie § 394 gilt § 395 jedenfalls für die AG und die KGaA. Dazu, ob auch die Beteiligung der öffentlichen Hand an einer GmbH § 395 untersteht, s. oben § 394 Rz. 5.

II. Voraussetzungen

3   § 395 setzt voraus, dass die auf Veranlassung einer Gebietskörperschaft gewählten oder entsandten Aufsichtsratmitglieder dieser über die Angelegenheiten der Gesellschaft, an der sie beteiligt ist, Bericht erstattet haben (vgl. § 394). Der Verschwiegenheitspflicht nach § 395 unterliegen zunächst diejenigen Personen, die damit betraut sind, die Beteiligung einer Gebietskörperschaft zu verwalten. Hierzu gehören alle Bediensteten der Beteiligungsverwaltung; auf die dienstrechtliche Stellung oder die Rechtsform der Betrauung kommt es nicht an[3]. Ferner verpflichtet § 395 alle diejenigen Personen, die damit betraut sind, für eine Gebietskörperschaft die Gesellschaft, die Betätigung der Körperschaft als Aktionär oder die Tätigkeit der auf ihre Veranlassung gewählten oder entsandten Aufsichtsratmitglieder zu prüfen. Erfasst sind die ressortintern mit der Kontrolle der Beteiligungsverwaltung beauftragten Stellen, die Rechnungsprüfungsbehörden (Rechnungshöfe des Bundes und der Länder, Gemeindeprüfungsämter) sowie die zur Unterrichtung der Prüfungsbehörden Verpflichteten (vgl. § 69 BHO). Auch Abgeordnete oder Mitglieder der Gemeindevertretung/des Gemeinderates sind zur Verschwiegenheit verpflichtet, soweit sie in den zuständigen Ausschüssen die parlamentarische Kontrolle der Beteiligungsverwaltung ausüben[4].

III. Rechtsfolgen

1. Verschwiegenheitspflicht

a) Umfang (§ 395 Abs. 1 Halbsatz 1)

4   Die Informationsempfänger haben nach § 395 Abs. 1 Halbsatz 1 über die vertraulichen Angaben und Geheimnisse der Gesellschaft, namentlich Betriebs- oder Geschäftsgeheimnisse, die ihnen aus Berichten nach § 394 bekanntgeworden sind, Stillschweigen zu wahren. Die Vorschrift ist § 93 Abs. 1 Satz 3 nachgebildet. Dement-

---

2 *Hüffer*, § 395 Rz. 1; *Kropff* in FS Hefermehl, 1976, S. 327, 342; *Pfeifer*, Möglichkeiten und Grenzen der Steuerung kommunaler Aktiengesellschaften durch ihre Gebietskörperschaften, 1991, S. 183; *Will*, VerwArch. 2003, 247, 264; *Zöllner* in KölnKomm. AktG, §§ 394, 395 Rz. 2.
3 *Hüffer*, § 395 Rz. 2; *Kropff* in MünchKomm. AktG, §§ 394, 395 Rz. 51.
4 *Hüffer*, § 395 Rz. 2; *Kropff* in MünchKomm. AktG, §§ 394, 395 Rz. 55 ff.

sprechend sind unter **vertraulichen Angaben** alle Informationen zu verstehen, welche die Gesellschaft nach ihrem objektiv zu beurteilenden Interesse diskret behandeln will und deren Mitteilung nach außen sich nachteilig für sie auswirken kann (s. oben § 394 Rz. 3). **Geheimnisse** sind nicht offenkundige Tatsachen, für die sowohl das objektive Bedürfnis als auch der subjektive Wille der Gesellschaft besteht, sie nicht weiterzuverbreiten (näher dazu oben § 394 Rz. 3). Ob derartige geheime Informationen vorliegen, haben die Berichtsempfänger nach pflichtgemäßem Ermessen durch Betrachtung und Bewertung der für sie erkennbaren Gesellschaftsinteressen zu ermitteln; Wertungen des Vorstands und des Aufsichtsratsvorsitzenden sind als Entscheidungshilfen, nicht als verbindliche Maßgaben in die Beurteilung einzubeziehen[5].

Nach dem Wortlaut des § 395 Abs. 1 Halbsatz 1 besteht die Verschwiegenheitspflicht 5 nur für vertrauliche Angaben und Geheimnisse der Gesellschaft, die den Informationsempfängern aus Berichten nach § 394 bekanntgeworden sind. Der Schutzzweck der Norm zwingt indes dazu, die Schweigepflicht auch auf die den Berichten **beigefügten Unterlagen** (s. dazu oben § 394 Rz. 19), die **Prüfungsberichte**, die der Gebietskörperschaft nach § 53 Abs. 1 Nr. 3 HGrG auf ihr Verlangen hin zu übersenden sind (s. oben Vorb. §§ 394, 395 Rz. 19 ff., 26), sowie die sonstigen Informationen, welche die Körperschaft infolge der Ausübung ihres Rechts auf **Selbstunterrichtung** gem. § 54 Abs. 1 HGrG erhält (s. oben Vorb. §§ 394, 395 Rz. 27 ff., 31 f.), zu erstrecken[6].

Da die Aufsichtsratsmitglieder gegenüber Parlamenten oder ihnen nach Zusammen- 6 setzung und Transparenz vergleichbaren Organen der Gebietskörperschaft nicht berichtspflichtig sind (s. oben § 394 Rz. 21), unterliegen die Mitglieder dieser Gremien grundsätzlich keiner aktienrechtlichen Verschwiegenheitspflicht; anderes gilt wegen des von § 395 bezweckten Vertraulichkeitsschutzes, wenn die Aufsichtsratsmitglieder ihnen dennoch Bericht erstatten. **Nicht** zu den vorgenannten parlamentarischen Gremien gehören die gesetzgebenden Körperschaften, die mit der Prüfung der Beteiligungsverwaltung betraut sind und denen die Rechnungsprüfungsbehörden daher nach § 46 HGrG und § 97 BHO bzw. entsprechenden Ländervorschriften jährlich Bericht zu erstatten haben (Verfassungsauftrag nach Art. 114 Abs. 2 Satz 2 GG).

b) Mitteilungen im dienstlichen Verkehr (§ 395 Abs. 1 Halbsatz 2)

Eine Verschwiegenheitspflicht der Berichtsempfänger besteht nach § 395 Abs. 1 7 Halbsatz 2 nicht, soweit die erhaltenen Informationen „Mitteilungen im dienstlichen Verkehr" darstellen. Der Begriff entstammt dem Beamtenrecht (z.B. § 61 Abs. 1 Satz 2 BBG) und bezeichnet dort Angaben, Auskünfte und Vorlagen innerhalb des zuständigen Ressorts sowie auf Anforderung auch gegenüber anderen Behörden, sofern sie mit der Verwaltungsangelegenheit unmittelbar befasst sind[7]. Kontrovers wird die Frage diskutiert, ob er im Aktienrecht (genauso) eng auszulegen und als Informationsaustausch innerhalb der mit der Verwaltung bzw. Prüfung der Beteiligung betrauten Behörde zu verstehen ist[8] oder weit verstanden und auch die Mitteilung an die Legislative einbezogen werden muss[9]. Da parlamentarische Organe keine Adres-

---

5 *Kropff* in FS Hefermehl, 1976, S. 327, 343.
6 *Hüffer*, § 395 Rz. 4; *Kropff* in MünchKomm. AktG, §§ 394, 395 Rz. 59; anders mit Bezugnahme auf § 54 HGrG *Zöllner* in KölnKomm. AktG, §§ 394, 395 Rz. 9, der die Regelung nur für „de lege ferenda unbefriedigend" hält.
7 *Engelstätter*, NordÖR 2003, 98, 102; *Hüffer*, § 395 Rz. 7.
8 So *v. Godin/Wilhelmi*, § 395 Anm. 3; *Hüffer*, § 395 Rz. 7.
9 Hierfür *Klug* (in Großkomm. AktG, § 395 Rz. 2) unter der Prämisse, dass die Geheimhaltung von Rechts wegen gesichert ist; ebenso *Kropff* in MünchKomm. AktG, §§ 394, 395 Rz. 65 ff.; vgl. auch *Thode*, AG 1997, 547, 549 ff.

saten der Berichte im Sinne des § 394 sind (s. oben § 394 Rz. 21) und deswegen grundsätzlich nicht der Verschwiegenheitspflicht nach § 395 Abs. 1 Halbsatz 1 unterliegen (oben Rz. 6), wäre es im Hinblick auf den Schutzzweck des § 395 sinnwidrig, den Informationsfluss auf Gremien zu erstrecken, die nicht schweigepflichtig sind. Die enge Auslegung verdient daher den Vorzug.

c) Veröffentlichung von Prüfungsergebnissen (§ 395 Abs. 2)

8   Gem. § 395 Abs. 2 dürfen vertrauliche Angaben und Geheimnisse der Gesellschaft, namentlich Betriebs- oder Geschäftsgeheimnisse nicht als Prüfungsergebnisse veröffentlicht werden. Die Bestimmung nimmt Bezug auf § 46 HGrG und § 97 BHO (bzw. entsprechende Landesregelungen) (oben Rz. 6), da die Berichte der Rechnungsprüfungsbehörden als Parlamentsdrucksachen allgemein zugänglich sind[10]. Dem aktienrechtlichen Geheimnisschutz können die Rechnungshöfe nur genügen, indem sie ihre Bemerkungen „anonymisieren" und auf diese Weise Rückschlüsse auf sensible Unternehmensinterna verhindern; anderenfalls muss eine Veröffentlichung unterbleiben[11].

2. Verletzung der Verschwiegenheitspflicht

9   Bei einer Verletzung der Verschwiegenheitspflicht steht der geschädigten Gesellschaft ein Anspruch aus Amtshaftung (§ 839 BGB i.V.m. Art. 34 GG) gegen die jeweilige Gebietskörperschaft zu; bei Vorsatz oder grober Fahrlässigkeit ist ein Rückgriff gegenüber dem Beamten zulässig (Art. 34 Satz 2 GG). Strafrechtliche Sanktionen können sich zwar nicht aus § 404, wohl aber aus allgemeinen Strafgesetzen wie z.B. §§ 203 Abs. 2, 353b StGB ergeben; für Beamte kommen auch disziplinarrechtliche Folgen in Betracht.

---

10 *Hüffer*, § 395 Rz. 8; *Schäfer* in FS Geiger, 1974, S. 623, 636 ff.; *Zavelberg* in FS Forster, 1992, S. 723, 732 f.
11 Ausführlich dazu *Kropff* in MünchKomm. AktG, §§ 394, 395 Rz. 73 ff.

Zweiter Teil. Gerichtliche Auflösung

§ 396
Voraussetzungen

(1) Gefährdet eine Aktiengesellschaft oder Kommanditgesellschaft auf Aktien durch gesetzwidriges Verhalten ihrer Verwaltungsträger das Gemeinwohl und sorgen der Aufsichtsrat und die Hauptversammlung nicht für eine Abberufung der Verwaltungsträger, so kann die Gesellschaft auf Antrag der zuständigen obersten Landesbehörde des Landes, in dem die Gesellschaft ihren Sitz hat, durch Urteil aufgelöst werden. Ausschließlich zuständig für die Klage ist das Landgericht, in dessen Bezirk die Gesellschaft ihren Sitz hat.

(2) Nach der Auflösung findet die Abwicklung nach den §§ 264 bis 273 statt. Den Antrag auf Abberufung oder Bestellung der Abwickler aus einem wichtigen Grund kann auch die in Absatz 1 Satz 1 bestimmte Behörde stellen.

§ 397
Anordnungen bei der Auflösung

Ist die Auflösungsklage erhoben, so kann das Gericht auf Antrag der in § 396 Abs. 1 Satz 1 bestimmten Behörde durch einstweilige Verfügung die nötigen Anordnungen treffen.

§ 398
Eintragung

Die Entscheidungen des Gerichts sind dem Registergericht mitzuteilen. Dieses trägt sie, soweit sie eintragungspflichtige Rechtsverhältnisse betreffen, in das Handelsregister ein.

I. Allgemeines 1
1. Inhalt und Zweck der Normen 1
2. Verfassungsmäßigkeit des § 396 2
3. Verhältnis des § 396 zu ähnlichen Normen 3
II. Voraussetzungen der gerichtlichen Auflösung (§ 396 Abs. 1 Satz 1) 7
1. Gefährdung des Gemeinwohls 7
2. Gesetzwidriges Verhalten der Verwaltungsträger 8
3. Keine Abberufung der Verwaltungsmitglieder 9
4. Verhältnismäßigkeit 11

III. Auflösungsverfahren (§§ 396 Abs. 1 Satz 1 und 2, 397, 398) 12
1. Klage und Urteil (§ 396 Abs. 1 Satz 1 und 2) 12
2. Einstweilige Verfügung (§ 397) 14
3. Eintragung in das Handelsregister (§ 398) 15
a) Mitteilungspflicht (§ 398 Satz 1) .. 15
b) Eintragung (§ 398 Satz 2) 16
IV. Rechtsfolgen der Auflösung (§ 396 Abs. 2) 17
V. Entschädigung 20

Literatur: *Becker*, Zur Auflösung juristischer Personen wegen widerrechtlicher oder gemeinwohlgefährdender Zweckverfolgung nach schweizerischem und deutschem Recht, ZSR 1988, 613; *Hofmann*, Zur Auflösung einer GmbH, GmbHR 1975, 217; *v. Köhler*, § 62 GmbH-Gesetz und das Kartellrecht, NJW 1961, 1292; *Kohlmann*, Nulla poena nullum crimen sine lege, Art. 103 II GG und das Aktienrecht, AG 1961, 309; *Konow*, Die gerichtliche Auflösung der GmbH, GmbHR 1973, 217; *K. Schmidt*, Wettbewerbsrechtliche und vereinsrechtliche Instrumente gegen die Tätigkeit der Abmahnvereine, NJW 1983, 1520.

I. Allgemeines

1. Inhalt und Zweck der Normen

1 Regelungsinhalt der §§ 396–398, die mit engeren Voraussetzungen den §§ 288–290 AktG 1937 entsprechen, ist die behördlich initiierte **Auflösung** einer AG oder einer KGaA wegen Gefährdung des Gemeinwohls sowie das einzuhaltende Verfahren. Über Art. 63 SE-VO gelten die §§ 396–398 auch für eine **SE** mit Sitz in Deutschland. Die Vorschriften sind öffentlich-rechtlichen Charakters und gehören dem **Gefahrenabwehrrecht** an[1]. Mit der Auflösungsklage und einem entsprechenden Urteil wird dem Staat ein Instrument an die Hand gegeben, mittels dessen er juristische Personen, die er kraft Normativsystems anerkennt, im Falle des gemeinwohlgefährdenden Missbrauchs wieder auflösen kann, wobei der Normkomplex eine dem Rechtsstaatsprinzip gerecht werdende Absicherung der staatlichen Interventionsmöglichkeit bezweckt[2]. Letztere darf insbesondere im Hinblick auf die Grundrechte, die einer juristischen Person nach Maßgabe des Art. 19 Abs. 3 GG zustehen[3], nicht mit einem staatlichen Aufsichts- oder Überwachungsamt für das Aktienwesen gleichgesetzt werden. Vielmehr soll der Staat die Auflösungsklage nur als ultima ratio erheben, wenn andere Sanktionen wegen des gesetzwidrigen Verhaltens der Verwaltungsträger keinen Erfolg versprechen (näher unten Rz. 11)[4]. Ein Auflösungsverfahren nach § 396 ist bisher nicht bekannt geworden, so dass dessen Existenzberechtigung de lege ferenda vereinzelt in Zweifel gezogen wurde[5].

2. Verfassungsmäßigkeit des § 396

2 Die zu § 288 AktG 1937 geäußerten **rechtsstaatlichen Bedenken**, weil die Norm das gesetzwidrige Verhalten der Verwaltungsmitglieder noch nicht tatbestandsmäßig vorausgesetzt hatte[6], wurden durch die restriktive Neufassung der Norm hinfällig[7]. Keine Lösung brachte diese indessen für Zweifel an der Vereinbarkeit mit **Art. 103 Abs. 2 GG**, da die Unbestimmtheit des Tatbestandsmerkmals der Gemeinwohlgefährdung die in Art. 103 Abs. 2 GG verankerten Grundsätze „nulla poena sine lege" und „nullum crimen sine lege" verletze[8]. Dem steht entgegen, dass es sich bei § 396

---

1 Für die GmbH s. *Lutter/Kleindiek* in Lutter/Hommelhoff, GmbHG, § 62 Rz. 1; *Nerlich* in Michalski, GmbHG, § 62 Rz. 2; *K. Schmidt* in Scholz, GmbHG, § 62 Rz. 1; *Ulmer* in Hachenburg, GmbHG, § 62 Rz. 1.
2 *Hüffer*, § 396 Rz. 1; *Zöllner* in KölnKomm. AktG, § 396 Rz. 1 f.; für die GmbH *Ulmer* in Hachenburg, GmbHG, § 62 Rz. 1. Für eine rechtsfortbildende Uminterpretation in Richtung einer Verwaltungsermächtigung nunmehr *K. Schmidt* in Großkomm. AktG, §§ 396-398 Rz. 5 f., der sich hierfür auf einen Wandel der Normsituation beruft.
3 Zur wesensmäßigen Anwendbarkeit der Grundrechte auf juristische Personen statt vieler BVerfG v. 1.3.1979, BVerfGE 50, 290, 353.
4 *Klug* in Großkomm. AktG, 3. Aufl. 1975, § 396 Rz. 2; für die GmbH *Nerlich* in Michalski, GmbHG, § 62 Rz. 19.
5 So *Klug* in Großkomm. AktG, 2. Aufl. 1965, § 288 AktG 1937 Rz. 12.
6 Dazu insbesondere *Klug* in Großkomm. AktG, 2. Aufl. 1965, § 288 AktG 1937 Rz. 13.
7 S. auch *Reuter* in MünchKomm. BGB, §§ 43, 44 Rz. 6.
8 So etwa *Kohlmann*, AG 1961, 309, 309 ff., 313; i.E. auch *Konow*, GmbHR 1973, 217, 219.

nicht um einen Straftatbestand, sondern um eine Regelung zur Gefahrenabwehr handelt (vgl. oben Rz. 1). Auch wenn es für die betroffenen Gesellschafter unter Umständen „keine größere ‚Strafe' als die Auflösung der Gesellschaft" gibt[9], ist die Vorschrift rechtsdogmatisch keine Strafnorm, was die Systematik des Vierten Buchs zusätzlich dadurch bestätigt, dass es die Strafvorschriften erst im Dritten Teil ($§§ 399$ ff.) zusammenfasst. Ferner wurde für einen Verstoß gegen das Grundrecht der Aktionäre auf Eigentum aus **Art. 14 Abs. 1 Satz 1 GG** das Fehlen einer Aktionärsentschädigung angeführt[10]. Eine Auflösung der Gesellschaft nach $§ 396$ berührt zwar das Eigentum der Aktionäre, wenn und soweit letztere infolge vorrangiger Gläubigerbefriedigung im Abwicklungsverfahren einen Vermögensverlust hinnehmen müssen, verletzt es aber nicht. Da sich die Vorschrift nicht konkret und individuell an die Aktionäre richtet, ist sie keine Grundlage für eine (Legal-) Enteignung, die dann mangels Junktimklausel verfassungswidrig wäre, sondern vielmehr eine nichtentschädigungspflichtige Inhalts- und Schrankenbestimmung im Sinne des Art. 14 Abs. 1 Satz 2 GG[11]. Zudem herrscht Einigkeit darüber, dass eine Auflösung der Gesellschaft nur als ultima ratio unter Wahrung des Grundsatzes der Verhältnismäßigkeit erfolgen darf (vgl. unten Rz. 11), so dass etwaigen Härten auf Seiten der Aktionäre auf diese Weise entgegengewirkt werden kann. Deswegen haben sich verfassungsrechtliche Bedenken gegen $§ 396$ mit Recht nicht durchgesetzt[12].

3. Verhältnis des $§ 396$ zu ähnlichen Normen

Der Leitgedanke, dass gemeinwohlgefährdender Missbrauch von Rechtsinstituten der Regulierung durch staatliche Maßnahmen unterliegt, findet sich auch in **anderen Kodifikationen** für juristische Personen wie $§ 62$ GmbHG, $§§ 43, 44$ BGB und $§ 81$ GenG wieder, wenngleich die Verfahren unterschiedlich geregelt sind. Die genannten Parallelvorschriften finden im Aktienrecht weder analoge noch ergänzende Anwendung[13].
   3

AG und KGaA sind Vereine im Sinne des Art. 9 Abs. 1 GG. Das **Vereinsrecht** ist neben den $§§ 396$ ff. anwendbar, so dass die zuständige Behörde die Gesellschaft verbieten kann, wenn deren Zweck oder Tätigkeit gegen Strafgesetze zum Schutz des Staates verstößt oder sie sich gegen die verfassungsmäßige Ordnung oder den Gedanken der Völkerverständigung richtet, vgl. Art. 9 Abs. 2 GG, $§ 3$ i.V.m. $§§ 2, 17$ Nr. 1 VereinsG[14].
   4

Für **Kreditinstitute** gilt zusätzlich $§ 38$ KWG[15], wonach die Bundesanstalt für Finanzdienstleistungsaufsicht (BaFin) die Abwicklung der Gesellschaft herbeiführen kann, wenn die erteilte Erlaubnis zum Betreiben von Bankgeschäften aufgehoben wird oder erlischt.
   5

---

9 *Kohlmann*, AG 1961, 309, 312.
10 S. *Kohlmann*, AG 1961, 309, 313.
11 *Hüffer*, $§ 396$ Rz. 10; anders wohl *Kohlmann*, AG 1961, 309, 313.
12 *Hüffer*, $§ 396$ Rz. 1; *Kropff* in MünchKomm. AktG, $§ 396$ Rz. 6; *K. Schmidt* in Großkomm. AktG, $§§ 396$-398 Rz. 9; *Zöllner* in KölnKomm. AktG, $§ 396$ Rz. 3; wohl entgegen Vorauflage auch *Klug* in Großkomm. AktG, 3. Aufl. 1975, $§ 396$ Rz. 2; für die GmbH *Ulmer* in Hachenburg, GmbHG, $§ 62$ Rz. 1.
13 Für die allgemeine Ansicht *Hüffer*, $§ 396$ Rz. 1; *Kropff* in MünchKomm. AktG, $§ 396$ Rz. 3; *Zöllner* in KölnKomm. AktG, $§ 396$ Rz. 4.
14 *Kropff* in MünchKomm. AktG, $§ 396$ Rz. 4; *K. Schmidt* in Großkomm. AktG, $§§ 396$-398 Rz. 26 f.; *Zöllner* in KölnKomm. AktG, $§ 396$ Rz. 6 ff.
15 *Hüffer*, $§ 396$ Rz. 1; *Kropff* in MünchKomm. AktG, $§ 396$ Rz. 5; *K. Schmidt* in Großkomm. AktG, $§§ 396$-398 Rz. 28 f.; *Zöllner* in KölnKomm. AktG, $§ 396$ Rz. 5.

6 Bei **Versicherungsaktiengesellschaften** kann die Aufsichtsbehörde (Bundesaufsichtsamt für das Versicherungswesen) unabhängig von § 396 auf § 87 VAG (Widerruf der Erlaubnis) zurückgreifen. Ferner kann ein von dieser eingesetzter Sonderbeauftragter gem. § 83a VAG die Auflösung initiieren[16].

II. Voraussetzungen der gerichtlichen Auflösung (§ 396 Abs. 1 Satz 1)

1. Gefährdung des Gemeinwohls

7 Von der Gesellschaft muss eine Gefährdung des „Gemeinwohls" ausgehen. Dieser Begriff meint die rechtlich geschützten **Interessen der Öffentlichkeit** insgesamt oder zumindest größerer Bevölkerungskreise. **Einzelinteressen** wie z.B. die der Aktionäre oder der Gläubiger genügen nicht[17]. Dem Sprachgebrauch im Gefahrenabwehrrecht entsprechend sind die Interessen der Öffentlichkeit **gefährdet**, wenn die Lage bei vernünftiger Prognose und ungehindertem Geschehensablauf mit hinreichender Wahrscheinlichkeit in eine nachteilige Beeinträchtigung umzuschlagen droht[18]. Maßgebender **Zeitpunkt** für die Gefährdung ist die Entscheidung des zuständigen Gerichts über die Auflösung.

2. Gesetzwidriges Verhalten der Verwaltungsträger

8 Die Gemeinwohlgefährdung muss durch gesetzwidriges Verhalten der Verwaltungsträger hervorgerufen werden. Dieses liegt vor, wenn die Verwaltungsträger durch **positives Tun** oder **Unterlassen** Gesetzesverstöße gleich welcher Art begehen[19], wobei wegen Art. 2 EGBGB unter „Gesetz" **jede Rechtsnorm** zu verstehen ist. Eine Strafandrohung ist nicht erforderlich. Setzt der jeweilige Gesetzesverstoß **schuldhaftes Handeln** voraus, so bedarf es dieses auch im Rahmen des § 396 Abs. 1 Satz 1[20]. Zu den **Verwaltungsträgern** zählen ausschließlich die Mitglieder des Vorstandes und des Aufsichtsrates[21]; ein gesetzwidriges Verhalten aller Mitglieder beider Organe oder des jeweiligen Organs ist nicht notwendig. Zwischen dem gesetzwidrigen Verhalten der Verwaltungsträger und der Gemeinwohlgefährdung muss ein **Kausalzusammenhang** bestehen („durch").

3. Keine Abberufung der Verwaltungsmitglieder

9 § 396 Abs. 1 Satz 1 verlangt im Gegensatz zu § 288 AktG 1937, dass Aufsichtsrat und Hauptversammlung die Abberufung der gesetzwidrig handelnden Verwaltungsträger unterlassen. Aufsichtsrat und Hauptversammlung müssen dabei nicht zusammenwirken; der Wortlaut ist insofern mißverständlich. **Vorstandsmitglieder** kann bei ei-

---

16 *Kropff* in MünchKomm. AktG, § 396 Rz. 5; *Zöllner* in KölnKomm. AktG, § 396 Rz. 10.
17 *Hüffer*, § 396 Rz. 2; *Kropff* in MünchKomm. AktG, § 396 Rz. 8; *K. Schmidt* in Großkomm. AktG, §§ 396-398 Rz. 12; *Ulmer* in Hachenburg, GmbHG, § 62 Rz. 16; etwas weiter wohl *Klug* in Großkomm. AktG, 3. Aufl. 1975, § 396 Rz. 8, der die Gefährdung „allgemeiner Interessen der Volkswirtschaft" fordert, aber auch ausreichen lässt.
18 S. statt aller BVerwG v. 26.2.1974, BVerwGE 45, 51, 57.
19 *Klug* verweist in diesem Zusammenhang auf die Vorgängernorm des § 288 AktG 1937 und verlangt Gesetzesverletzungen von „einiger Erheblichkeit"; vgl. *Klug* in Großkomm. AktG, 3. Aufl. 1975, § 396 Rz. 9. Unerhebliche Gesetzesverstöße dürften allerdings regelmäßig schon keine Gemeinwohlgefährdung herbeiführen.
20 *Hüffer*, § 396 Rz. 3; *Zöllner* in KölnKomm. AktG, § 396 Rz. 15 f.; a.A. *K. Schmidt* in Großkomm. AktG, §§ 396-398 Rz. 11.
21 *Hüffer*, § 396 Rz. 3; *K. Schmidt* in Großkomm. AktG, §§ 396-398 Rz. 10; *Zöllner* in KölnKomm. AktG, § 396 Rz. 17; a.A. *Becker*, ZSR 1988, 613, 629, der auch Großaktionäre in den Kreis der Verwaltungsträger einbezieht.

nem wichtigen Grund im Sinne des § 84 Abs. 3 ausschließlich der Aufsichtsrat abberufen. Soweit die Hauptversammlung zuständig ist, gilt für **Mitglieder des Aufsichtsrates** § 103 Abs. 1. Vom Wortlaut des § 396 Abs. 1 Satz 1 nicht erfasst ist der Fall, dass für die Abberufung der Aufsichtsratsmitglieder **andere Zuständigkeiten** bestehen (entsandte Aufsichtsratsmitglieder [§ 103 Abs. 2], Arbeitnehmervertreter [§ 12 DrittelbG, § 23 MitbestG]). Insoweit ist eine ergänzende Auslegung des § 396 Abs. 1 Satz 1 in Betracht zu ziehen. Spätestmöglicher **Zeitpunkt** für die Abberufung ist derjenige der letzten mündlichen Verhandlung über die Auflösungsklage[22].

Die Einfügung des Tatbestandsmerkmals im Jahre 1965 erweist sich als verfehlt. In 10 der wohl primär relevanten Konstellation, dass die Abberufung der gesetzwidrig handelnden Verwaltungsträger die Gemeinwohlgefährdung beseitigen könnte, wäre die Auflösung der Gesellschaft nicht das mildeste Mittel und damit unverhältnismäßig (zu dieser Voraussetzung unten Rz. 11). Ein staatlicher Eingriff nach § 396 ließe sich deshalb nur dann unter Wahrung des Verhältnismäßigkeitsgrundsatzes vollziehen, wenn die Abberufung der Verwaltungsträger nicht geeignet wäre, die von der Gesellschaft ausgehende Gefährdung zu beenden[23]. Regelmäßig dürfte dann aber schon ein Kausalzusammenhang zwischen gesetzwidrigem Verhalten der Verwaltungsträger und Gemeinwohlgefährdung fehlen.

4. Verhältnismäßigkeit

Die Auflösung der Gesellschaft steht als gefahrenabwehrende Maßnahme im Ermes- 11 sen des Gerichts („kann"); sie muss dem rechtsstaatlichen Verhältnismäßigkeitsgrundsatz genügen[24], also **geeignetes** und zugleich **mildestes** Mittel zur Beseitigung der Gemeinwohlgefährdung sowie **angemessen** sein[25]. Das mildeste Mittel ist die Auflösung jedenfalls dann nicht, wenn die Gesellschaft zuvor keine eindeutige **Abmahnung** erfahren hat[26]. Im Rahmen der Angemessenheitsprüfung ist der Nutzen aus der Beseitigung der konkreten Gefährdung mit den Rechtsfolgen der Auflösung abzuwägen[27].

III. Auflösungsverfahren (§§ 396 Abs. 1 Satz 1 und 2, 397, 398)

1. Klage und Urteil (§ 396 Abs. 1 Satz 1 und 2)

Das Auflösungsverfahren muss die oberste Landesbehörde des Landes, in dem die Ge- 12 sellschaft ihren Sitz hat, durch Erhebung einer zivilprozessualen Klage gem. den §§ 253 ff. ZPO (**materiellrechtliche Gestaltungsklage**) einleiten[28]. Welche Behörde als oberste Landesbehörde anzusehen ist, unterliegt **landesrechtlicher Regelung**; zumeist ist dies das Wirtschaftsministerium. Für die Entscheidung ist nach § 396 Abs. 1 Satz 2 das Landgericht am **Sitz der Gesellschaft**, namentlich die Kammer für Handelssachen (§ 95 Abs. 2 GVG) ausschließlich zuständig. Die Rechtswegzuweisung an die Zivilgerichtsbarkeit ist angesichts des öffentlich-rechtlichen Charakters der Auf-

22 Statt vieler *Kropff* in MünchKomm. AktG, § 396 Rz. 10.
23 Dazu ausführlich *Zöllner* in Köln.Komm. AktG, § 396 Rz. 18.
24 *Hüffer*, § 396 Rz. 5; *K. Schmidt* in Großkomm. AktG, §§ 396-398 Rz. 16; *Ulmer* in Hachenburg, GmbHG, § 62 Rz. 6; s. auch Rz. 2 a.E.
25 Dazu allgemein *Stern*, Staatsrecht der Bundesrepublik Deutschland, III/2, 1994, S. 775 ff.
26 *Hüffer*, § 396 Rz. 5; *K. Schmidt* in Großkomm. AktG, §§ 396-398 Rz. 16; *Zöllner* in Köln-Komm. AktG, § 396 Rz. 19; a.A. *v. Godin/Wilhelmi*, § 396 Anm. 6, die die erfolglose Aufforderung zur Abberufung der Verwaltungsträger verlangen.
27 *Hüffer*, § 396 Rz. 5.
28 A.A. entgegen dem Wortlaut *K. Schmidt* in Großkomm. AktG, §§ 396-398 Rz. 18: Erlass eines Verwaltungsaktes und Rechtsschutz über den Verwaltungsrechtsweg.

lösung (dazu oben Rz. 1) nicht nur unzweckmäßig, sondern auch systemwidrig[29]; wie die Rechtslage im Vereinsrecht zeigt (Verwaltungsrechtsweg)[30], ist die gesetzliche Konzeption zudem in sich nicht stimmig.

13 Die Auflösung tritt erst mit **Rechtskraft** des der Klage stattgebenden Gestaltungsurteils ein[31]. Gegen dieses kann **Berufung** eingelegt werden (§§ 511 ff. ZPO). Vor der Neufassung des § 546 ZPO im Jahre 2001 war umstritten, ob die **Revision** der Zulassung durch das Oberlandesgericht bedarf[32]; diese ist nunmehr stets erforderlich (§§ 543, 544 ZPO).

2. Einstweilige Verfügung (§ 397)

14 Nach Erhebung der Auflösungsklage, aber vor Verkündung des Urteils kann das zuständige Landgericht gem. § 397 auf Antrag der obersten Landesbehörde (vgl. oben Rz. 12) durch einstweilige Verfügung (§§ 935 ff. ZPO) Anordnungen treffen, die zur Sicherung des Gemeinwohls nötig sind[33]. Diese dürfen zwingendem Aktienrecht nicht zuwiderlaufen und müssen – wie auch die Auflösung selbst – verhältnismäßig sein.

3. Eintragung in das Handelsregister (§ 398)

a) Mitteilungspflicht (§ 398 Satz 1)

15 In § 398 Satz 1 ordnet der Gesetzgeber für die gerichtlichen Entscheidungen eine von Amts wegen zu erfüllende Mitteilungspflicht des **Prozessgerichts** gegenüber dem Registergericht an. Dass das Prozessgericht Adressat der Mitteilungspflicht ist, ergibt sich aus der systematischen Stellung im Anschluss an die §§ 396, 397. Der Plural „Entscheidungen" zeigt, dass nicht nur das **Auflösungsurteil** selbst, sondern auch **Anordnungen** im Sinne des § 397, sofern sie getroffen wurden, mitteilungspflichtig sind. Die gerichtliche Entscheidung muss nicht rechtskräftig sein. Ferner ist es für das Bestehen der Mitteilungspflicht irrelevant, ob die Klage bzw. der Antrag der zuständigen obersten Landesbehörde Erfolg hatte oder – sei es auch als unzulässig – abgewiesen wurde. **Prozessleitende Entscheidungen** wie z.B. Terminbestimmungen sind nicht mitzuteilen[34]. Die h.M. erstreckt den Regelungsbereich des § 398 Satz 1 über den Wortlaut hinaus auf die **Klageerhebung** und begründet dies im Wesentlichen damit, dass die Mitteilung abweisender Entscheidungen wenig sinnvoll ist, wenn das Registergericht nicht bereits über die Einleitung des Verfahrens informiert worden ist[35]. Dagegen sprechen indes der Wortlaut des § 398 sowie ein systematischer Vergleich mit § 275 Abs. 4 Satz 2.

b) Eintragung (§ 398 Satz 2)

16 Das Registergericht trägt die Entscheidungen des Prozessgerichts, soweit sie **eintragungspflichtige Rechtsverhältnisse** betreffen, gem. § 398 Satz 2 von Amts wegen in

---

29 Konsequent deshalb der rechtsfortbildende Ansatz von *K. Schmidt* in Großkomm. AktG, §§ 396–398 Rz. 5 f., 18; sehr kritisch zur Rechtswegzuweisung ferner *Zöllner* in KölnKomm. AktG, § 396 Rz. 22; vgl. auch *K. Schmidt* in Scholz, GmbHG, § 62 Rz. 8.

30 *Reuter* in MünchKomm. BGB, §§ 43, 44 Rz. 15.

31 Vgl. *Hüffer*, § 396 Rz. 6.

32 Keine Zulassung fordernd noch *Kropff* in G/H/E/K, § 396 Rz. 12; *Zöllner* in KölnKomm. AktG, § 396 Rz. 23; a.A. *Klug* in Großkomm. AktG, 3. Aufl. 1975, § 396 Rz. 11.

33 A.A. konsequent *K. Schmidt* in Großkomm. AktG, §§ 396–398 Rz. 23, der rechtsfortbildend den Erlass einer einstweiligen Anordnung durch die Behörde selbst für möglich erachtet.

34 *Hüffer*, § 398 Rz. 2; *Zöllner* in KölnKomm. AktG, § 398 Rz. 2.

35 Anstatt vieler *Zöllner* in Großkomm. AktG, § 398 Rz. 2; anders noch *Baumbach/Hueck*, § 398 Anm. 2 („zweckmäßig").

das Handelsregister ein. Ob es sich um eintragungspflichtige Rechtsverhältnisse handelt, ist vom Registergericht festzustellen[36]. Primär dient die Regelung der Publizität der gerichtlichen Entscheidungen; für deklaratorische Eintragungen kommt die Vervollständigung des Handelsregisters, bei konstitutiven Eintragungen das Wirksamwerden der jeweiligen Maßnahme hinzu[37]. Um welche Art es sich handelt, richtet sich nach h.M. maßgeblich danach, ob die jeweilige Maßnahme bereits vor der Eintragung wirksam wird oder nicht[38]. Nach anderer Ansicht ist die Eintragung stets lediglich deklaratorisch[39]. Dieser Auffassung steht § 181 Abs. 3 entgegen, der für das Wirksamwerden einer Satzungsänderung die Eintragung in das Handelsregister voraussetzt.

IV. Rechtsfolgen der Auflösung (§ 396 Abs. 2)

Die Auflösung ist ein rechtsgestaltender staatlicher Eingriff. Nach Verkündung eines 17 stattgebenden Auflösungsurteils existiert die Gesellschaft in der Regel weiter und ist unter Abänderung ihres bisherigen Zwecks auf **Abwicklung** gerichtet[40]. Diese erfolgt nach Maßgabe der §§ 264–273 (§ 396 Abs. 2 Satz 1). Da § 274 aus der Verweisungsnorm ausgenommen ist, kann die **Fortsetzung** einer aufgelösten Gesellschaft nicht beschlossen werden[41]. Die Rechtskraft des Auflösungsurteils wird auch nicht durch Wegfall der von der Gesellschaft ausgehenden Gemeinwohlgefährdung oder durch Zustimmung der obersten Landesbehörde erschüttert[42].

Die Abwicklung besorgen gem. § 265 Abs. 1 die **Vorstandsmitglieder** als Abwickler. 18 Entstammt das gesetzwidrige Verhalten allerdings aus ihrem Kreise, erweist sich dies als sinnwidrig. Wohl in erster Linie für diese Konstellation ordnet § 396 Abs. 2 Satz 2 an, dass auch die für die Auflösung zuständige oberste Landesbehörde den Antrag auf Abberufung oder Bestellung der Abwickler aus wichtigem Grund (§ 265 Abs. 3 Satz 1) stellen kann.

Erst wenn die Gesellschaft vermögensmäßig abgewickelt ist, erlischt sie. Ihre **Been-** 19 **digung** tritt ausnahmsweise dann **ohne Abwicklungsverfahren** ein, wenn dieses gegenstandslos oder entbehrlich ist, weil z.B. abzuwickelndes Aktivvermögen fehlt.

V. Entschädigung

Der noch in § 291 AktG 1937 enthaltene Ausschluss aller Entschädigungsansprüche 20 wegen Auflösung der Gesellschaft wurde nicht übernommen. Ansprüche aus **Amts-pflichtverletzung** sind daher nicht ausgeschlossen, sofern die anspruchsbegründenden Voraussetzungen des § 839 BGB i.V.m. Art. 34 GG vorliegen. **Potentiell anspruchsberechtigt** sind die Gesellschaft und ihre Verwaltungsträger, die Aktionäre und sogar Gesellschaftsgläubiger[43]. Eine Enteignungsentschädigung kommt jedoch nicht in Betracht (vgl. oben Rz. 2).

---

36 *Zöllner* in Großkomm. AktG, § 398 Rz. 4.
37 *Hüffer*, § 398 Rz. 1.
38 *Hüffer*, § 396 Rz. 3; *Zöllner* in KölnKomm. AktG, § 398 Rz. 5.
39 So etwa *Klug* in Großkomm. AktG, 3. Aufl. 1975, § 398 Rz. 4.
40 *Hofmann*, GmbHR 1975, 217, 225; *K. Schmidt* in Großkomm. AktG, § 396 Rz. 3.
41 A.A. entgegen der h.M. jetzt *K. Schmidt* in Großkomm. AktG, §§ 396-398 Rz. 21.
42 *Hüffer*, § 396 Rz. 9; a.A. *K. Schmidt* in Großkomm. AktG, §§ 396-398 Rz. 21.
43 *Klug* in Großkomm. AktG, 3. Aufl. 1975, § 396 Rz. 13.

Dritter Teil. Straf- und Bußgeldvorschriften. Schlussvorschriften

Literatur: *Dierlamm*, Der faktische Geschäftsführer im Strafrecht – ein Phantom?, NStZ 1996, 153; *Enderle*, Blankettstrafgesetze: Verfassungs- und strafrechtliche Probleme von Wirtschafts-straftatbeständen, 2000; *Fuhrmann*, Die Bedeutung des „faktischen Organs" in der strafrechtlichen Rechtsprechung des Bundesgerichtshofs, in FS Tröndle, 1989, S. 139; *Gübel*, Die Auswirkungen der faktischen Betrachtungsweise auf die strafrechtliche Haftung faktischer GmbH-Geschäftsführer, 1994; *Hildesheim*, Die strafrechtliche Verantwortung des faktischen Mitgeschäftsführers in der Rechtsprechung des BGH, wistra 1993, 166; *Hirsch*, Der Strafrechtsschutz und die strafrechtliche Haftung der Arbeitnehmervertreter im Aufsichtsrat der Aktiengesellschaft, Diss. Köln 1966; *Kiethe*, Gesellschaftsstrafrecht – Zivilrechtliche Haftungsgefahren für Gesellschaften und ihre Organmitglieder, WM 2007, 722; *Kohlmann*, Nulla poena nullum crimen sine lege, Art. 103 II GG und das Aktienrecht, AG 1961, 309; *Meyer*, Die Strafvorschriften des neuen Aktiengesetzes, AG 1966, 109; *Schnellenbach*, Die vorgesehenen Änderungen des Aktienstrafrechts im Regierungsentwurf 1960, Diss. Köln 1963; *Schnellenbach*, Kritische Bemerkungen zum Aktienstrafrecht des Regierungsentwurfs eines Aktiengesetzes 1960, AG 1964, 57; *Zielinski*, Zur Verletzteneigenschaft des einzelnen Aktionärs im Klageerzwingungsverfahren bei Straftaten zum Nachteil einer Aktiengesellschaft, wistra 1993, 6.

§ 399
Falsche Angaben

(1) Mit Freiheitsstrafe bis zu drei Jahren oder mit Geldstrafe wird bestraft, wer

1. als Gründer oder als Mitglied des Vorstands oder des Aufsichtsrats zum Zweck der Eintragung der Gesellschaft über die Übernahme der Aktien, die Einzahlung auf Aktien, die Verwendung eingezahlter Beträge, den Ausgabebetrag der Aktien, über Sondervorteile, Gründungsaufwand, Sacheinlagen, Sachübernahmen und Sicherungen für nicht voll einbezahlte Geldeinlagen,

2. als Gründer oder als Mitglied des Vorstands oder des Aufsichtsrats im Gründungsbericht, im Nachgründungsbericht oder im Prüfungsbericht,

3. in der öffentlichen Ankündigung nach § 47 Nr. 3,

4. als Mitglied des Vorstands oder des Aufsichtsrats zum Zweck der Eintragung einer Erhöhung des Grundkapitals (§§ 182 bis 206) über die Einbringung des bisherigen, die Zeichnung oder Einbringung des neuen Kapitals, den Ausgabebetrag der Aktien, die Ausgabe der Bezugsaktien oder über Sacheinlagen,

5. als Abwickler zum Zweck der Eintragung der Fortsetzung der Gesellschaft in dem nach § 274 Abs. 3 zu führenden Nachweis oder

6. als Mitglied des Vorstands in der nach § 37 Abs. 2 Satz 1 oder § 81 Abs. 3 Satz 1 abzugebenden Versicherung oder als Abwickler in der nach § 266 Abs. 3 Satz 1 abzugebenden Versicherung

falsche Angaben macht oder erhebliche Umstände verschweigt.

(2) Ebenso wird bestraft, wer als Mitglied des Vorstands oder des Aufsichtsrats zum Zweck der Eintragung einer Erhöhung des Grundkapitals die in § 210 Abs. 1 Satz 2 vorgeschriebene Erklärung der Wahrheit zuwider abgibt.

I. Allgemeines 1

II. Objektiver Tatbestand 4

1. Täterkreis 4

2. Tathandlungen 9
  a) Falsche Angaben bzw. Verschwei-
     gen erheblicher Umstände 9
  b) Gründungsschwindel (§ 399 Abs. 1
     Nr. 1 und 2) 12
  c) Schwindel bei öffentlicher An-
     kündigung von Aktien (§ 399
     Abs. 1 Nr. 3) 14
  d) Kapitalerhöhungsschwindel (§ 399
     Abs. 1 Nr. 4) 15

e) Abwicklungsschwindel (§ 399
   Abs. 1 Nr. 5) 17
f) Abgabe unrichtiger Versicherungen (§ 399 Abs. 1 Nr. 6) 18
g) Abgabe wahrheitswidriger Erklärungen (§ 399 Abs. 2) 19

III. Subjektiver Tatbestand 20

IV. Vollendung 21

V. Rechtswidrigkeit 22

VI. Täterschaft und Teilnahme 23

VII. Irrtum 24

VIII. Konkurrenzen 25

Literatur: *Peter*, Die strafrechtliche Verantwortlichkeit von Kollegialorganmitgliedern der AG und der GmbH für das Nichteinschreiten bei Gründungsschwindelhandlungen anderer Kollegialorganmitglieder, 1990; *Schröder*, Aktienhandel und Strafrecht, 1994.

I. Allgemeines

Mit § 399 flankiert das Gesetz insbesondere die Einhaltung einzelner Publizitäts- 1 pflichten, die im Zusammenhang mit der Eintragung der Tatsachen in das Handelsregister stehen, und schützt das Vertrauen des Rechtsverkehrs in die Richtigkeit der eingetragenen oder öffentlich bekanntgegebenen Tatsachen. Geschütztes Rechtsgut ist deshalb der gute Glaube des Rechtsverkehrs, zu dem auch die Gesellschaftsgläubiger zählen, in die Richtigkeit und Vollständigkeit der mitgeteilten Tatsachen[1].

Da § 399 bereits für das Verschweigen oder die fehlerhafter Angabe die Strafbarkeit 2 androht, ist hierfür weder der Eintritt eines Vermögensschadens noch eine konkrete Vermögensgefährdung erforderlich; § 399 ist ein **abstraktes Gefährdungsdelikt.**[2] Ein hinzutretender Vermögensschaden kann zum Schadensersatz verpflichten, da § 399 **Schutzgesetz i.S. des § 823 Abs. 2 BGB** ist[3]. Voraussetzung hierfür ist jedoch, dass der Geschädigte im Vertrauen auf die Richtigkeit der Angaben Vermögensdispositionen getroffen und dadurch einen Schaden erlitten hat[4]. Die allgemeine Vorstellung, es sei „alles in Ordnung", reicht hierfür nicht aus[5].

Soweit § 399 die Mitteilungen bzw. Angaben durch bestimmte Personen unter Strafe 3 stellt, was mit Ausnahme des Tatbestandes in § 399 Abs. 1 Nr. 3 der Fall ist (s. Rz. 8), handelt es sich um **echte Sonderdelikte;** als taugliche Täter kommen ausschließlich die im Gesetz aufgezählten Personengruppen in Betracht (s. auch Rz. 24).

---

1 S. BGH v. 11.7.1988 – II ZR 243/87, BGHZ 105, 121, 124 f. = AG 1988, 331; BGH v. 26.9.2005 – II ZR 380/03, NJW 2005, 3721, 3722; *Fuhrmann* in G/H/E/K, § 399 Rz. 2; *Geilen* in KölnKomm. AktG, § 399 Rz. 15; *Otto* in Großkomm. AktG, § 399 Rz. 4.

2 *Fuhrmann* in G/H/E/K, § 399 Rz. 2; *Otto* in Großkomm. AktG, § 399 Rz. 6; *Schaal* in Münch-Komm. AktG, § 399 Rz. 7.

3 *Fuhrmann* in G/H/E/K, § 399 Rz. 3; *Geilen* in KölnKomm. AktG, § 399 Rz. 16; *Otto* in Großkomm. AktG, § 399 Rz. 5; s. auch BGH v. 11.7.1988 – II ZR 243/87, BGHZ 105, 121, 124 f. = AG 1988, 331; BGH v. 26.9.2005 – II ZR 380/03, NJW 2005, 3721, 3722.

4 BGH v. 26.9.2005 – II ZR 380/03, NJW 2005, 3721, 3723; OLG Hamburg v. 31.1.2006 – 5 U 4983/03.

5 BGH v. 26.9.2005 – II ZR 380/03, NJW 2005, 3721, 3723.

II. Objektiver Tatbestand

1. Täterkreis

4   Mit § 399 Abs. 1 Nr. 1 und 2 erfasst die Strafnorm falsche Angaben eines **Gründers**, wobei sich dieser Personenkreis nach den Feststellungen zur Satzung richtet (§ 28 i.V.m. § 2). Wer keine Aktien im eigenen Namen übernimmt, ist kein Gründer im Sinne des Gesetzes; bei offener **Stellvertretung** ist stets nur der Vertretene Gründer. Eine Strafbarkeit des Vertreters kommt nur als Teilnehmer in Betracht. Bei einer **verdeckten Treuhandschaft** bleibt der Handelnde Gründer[6], eine Strafbarkeit der Hintermänner ist nur als Teilnehmer (Anstifter oder Gehilfe) möglich[7], was beim undolos handelnden Strohmann zu einer Strafbarkeitslücke führt[8]. Treten juristische Personen als Gründer auf, richtet sich die Strafbarkeit nach § 14 Abs. 1 Nr. 1 StGB[9].

5   Für **Mitglieder des Vorstandes** begründet § 399 in Abs. 1 Nr. 1, 2, 4 und 5 sowie in Abs. 2 die Strafbarkeit. Erfasst sind alle Personen, die aufgrund rechtswirksamer Bestellung (§§ 84, 85) Mitglied des Vorstandes sind; die Bestellung zum stellvertretenen Vorstandsmitglied genügt wegen § 94[10]. Aufgrund des geschützten Rechtsguts berühren rechtliche **Mängel des Bestellungsaktes** nicht die Tätereigenschaft[11]. Nach verbreiteter Ansicht reicht auch die mit Wissen und Duldung des Aufsichtsrates erfolgende **faktische** Ausübung der Stellung als Vorstandsmitglied aus[12]; eine als ausreichend erachtete konkludente Bestellung[13] führt vielfach zu denselben Ergebnissen.

6   **Mitglieder des Aufsichtsrates** benennt § 399 Abs. 1 Nr. 1, 2, 4 sowie Abs. 2 ausdrücklich als mögliche Täter. Ob sie von Seiten der Anteilseigner oder der Arbeitnehmer bestellt bzw. gewählt worden sind ist unerheblich; auch **Arbeitnehmervertreter im Aufsichtsrat** können Täter der vorgenannten Straftatbestände sein[14]. Für **Ersatzmitglieder** gilt dies, wenn sie das Amt anstelle des gewählten Aufsichtsratsmitgliedes übernehmen[15].

7   Als **Abwickler** i.S. von § 399 Abs. 1 Nr. 5 und 6 kommen alle Personen in Betracht, die nach **§ 265** für die Liquidation der Gesellschaft bestellt werden können. Ob es sich um **geborene** (§ 265 Abs. 1), **gekorene** (§ 265 Abs. 2) oder **befohlene** (§ 265 Abs. 3) **Liquidatoren** handelt, ist unerheblich[16]. Soweit **juristische Personen** oder rechtsfähige Personengesellschaften zum Abwickler bestellt werden können (s. dazu oben § 265 Rz. 8), richtet sich die Täterschaft nach § 14 Abs. 1 Nr. 1 StGB.

8   Die Strafbarkeit nach **§ 399 Abs. 1 Nr. 3** ist nicht mit besonderen persönlichen Eigenschaften verknüpft; das Delikt kann von jedermann verwirklicht werden (**Allgemein-**

---

6   *Geilen* in KölnKomm. AktG, § 399 Rz. 21; *Otto* in Großkomm. AktG, § 399 Rz. 10; *Schaal* in MünchKomm. AktG, § 399 Rz. 17.
7   *Fuhrmann* in G/H/E/K, § 399 Rz. 8; *Geilen* in KölnKomm. AktG, § 399 Rz. 19; *Otto* in Großkomm. AktG, § 399 Rz. 10; *Schaal* in MünchKomm. AktG, § 399 Rz. 17.
8   *Geilen* in KölnKomm. AktG, § 399 Rz. 19; *Otto* in Großkomm. AktG, § 399 Rz. 11.
9   *Schaal* in MünchKomm. AktG, § 399 Rz. 18.
10   *Geilen* in KölnKomm. AktG, § 399 Rz. 34; *Otto* in Großkomm. AktG, § 399 Rz. 28; *Schaal* in MünchKomm. AktG, § 399 Rz. 20 f.
11   *Otto* in Großkomm. AktG, § 399 Rz. 22.
12   Für die ganz h.M. statt aller *Fuhrmann* in G/H/E/K, § 399 Rz. 10; *Schaal* in MünchKomm. AktG, § 399 Rz. 23 m.w.N.; kritisch dazu *Otto* in Großkomm. AktG, § 399 Rz. 25.
13   So *Geilen* in KölnKomm. AktG, § 399 Rz. 32; *Otto* in Großkomm. AktG, § 399 Rz. 23.
14   *Fuhrmann* in G/H/E/K, § 399 Rz. 12; *Otto* in Großkomm. AktG, § 399 Rz. 32; *Schaal* in MünchKomm. AktG, § 399 Rz. 28.
15   *Geilen* in KölnKomm. AktG, § 399 Rz. 35; *Otto* in Großkomm. AktG, § 399 Rz. 33.
16   S. *Fuhrmann* in G/H/E/K, § 399 Rz. 71; *Geilen* in KölnKomm. AktG, § 399 Rz. 144; *Otto* in Großkomm. AktG, § 399 Rz. 185 ff.

delikt)[17], sofern diesem die falschen Angaben oder das Verschweigen erheblicher Umstände zurechenbar sind.

2. Tathandlungen

a) Falsche Angaben bzw. Verschweigen erheblicher Umstände

Gemeinsam für die Tatbestände in § 399 Abs. 1 Nr. 1 bis 6 verlangt das Gesetz eine 9
Äußerung des Täter, deren Inhalt falsch ist, oder das Unterlassen entsprechender Angaben, sofern es sich hierbei um solche Umstände handelt, die im Lichte der Straftatbestände in § 399 Abs. 1 Nr. 1 bis 6 erheblich sind.

Zu den von § 399 Abs. 1 erfassten Angaben zählen nicht nur **tatsächliche Behauptungen**, sondern auch **Werturteile** wie z.B. Prognosen[18]. Falsch sind diese dann, wenn sie 10
mit der objektiven Wahrheit nicht übereinstimmen oder auf zutreffender Tatsachengrundlage falsche Folgerungen gezogen worden sind[19]. Maßgebend ist für diese Beurteilung stets der Zugang beim Erklärungsempfänger, in der Regel also der Eingang
beim Registergericht[20]. Die zusätzliche Einbeziehung des **Verschweigens erheblicher
Umstände** hat letztlich nur klarstellende Bedeutung, da Angaben gegenüber dem Registergericht auch dann falsch sind, wenn erhebliche Umstände verschwiegen werden[21]. Dabei beurteilt sich die Erheblichkeit danach, ob das Gesetz die Angabe vorschreibt oder aber diese für die zu treffende Entscheidung des Gerichts von Bedeutung ist[22].

Für die Tatbestände in Nr. 1, 4 und 5 tritt die Strafbarkeit bei den in Rz. 10 genannten 11
Angaben nur ein, wenn ihre Mitteilung zu einem bestimmten **Zweck** erfolgt. Hierfür
müssen die Angaben objektiv geeignet sein, die **Eintragung in das Handelsregister**
herbeizuführen und subjektiv die Absicht hinzutreten, mit den Angaben die Eintragung zu erreichen[23]. Erfolgen die Angaben zu anderen Zwecken oder gegenüber anderen Adressaten, so führt dies jedenfalls nicht zur Strafbarkeit nach § 399; eine Strafbarkeit nach den allgemeinen Vermögensdelikten (z.B. § 263 StGB) ist nicht ausgeschlossen.

b) Gründungsschwindel (§ 399 Abs. 1 Nr. 1 und 2)

Bezüglich der Strafbarkeit nach **§ 399 Abs. 1 Nr. 1** knüpft das Gesetz an Erklärungen 12
gegenüber dem Registergericht an, die im Zusammenhang mit der Eintragung zu machen sind. Im Einzelnen handelt es um diejenigen zur Übernahme der Aktien (s. § 37
Abs. 4 Nr. 1), zur Einzahlung auf Aktien (§ 37 Abs. 1 Satz 1 i.V.m. den §§ 36, 36a), zur
Verwendung eingezahlter Beträge (§ 37 Abs. 1 Satz 2 und 3), zum Ausgabebetrag der
Aktien (§ 37 Abs. 1 Satz 1 Halbs. 2) sowie Angaben zu Sondervorteilen, Gründungsvorteilen, Sacheinlagen und Sachübernahmen (§ 37 Abs. 4 Nr. 2 i.V.m. den §§ 26, 27).
Hinsichtlich etwaiger Erklärungen zu Sicherungen für nicht voll einbezahlte Geldeinlagen (§ 36 Abs. 2 Satz 2) soll wegen der durch Art. 1 Nr. 8 Buchst. c MoMiG beabsichtigen Aufhebung der maßgeblichen Vorschrift auch die Strafbarkeit entfallen
(Art. 5 Nr. 17 MoMiG-E).

---

17 *Otto* in Großkomm. AktG, § 399 Rz. 140 f.
18 *Otto* in Großkomm. AktG, § 399 Rz. 39; *Schaal* in MünchKomm. AktG, § 399 Rz. 56.
19 *Schaal* in MünchKomm. AktG, § 399 Rz. 55, 56.
20 So zuletzt BGH v. 29.9.2004 – 5 StR 357/04, wistra 2005, 68, 69 sowie *Otto* in Großkomm.
   AktG, § 399 Rz. 58; *Schaal* in MünchKomm. AktG, § 399 Rz. 58.
21 *Otto* in Großkomm. AktG, § 399 Rz. 60; *Schaal* in MünchKomm. AktG, § 399 Rz. 60.
22 BGH v. 8.12.1981 – 1 StR 706/81, BGHSt. 30, 285, 289; *Schaal* in MünchKomm. AktG, § 399
   Rz. 60.
23 *Schaal* in MünchKomm. AktG, § 399 Rz. 63.

13 Im Unterschied zu § 399 Abs. 1 Nr. 1, dessen Norminhalt die Richtigkeit der geforderten Angaben gegenüber dem Registergericht absichert und Falscheintragungen vermeiden soll, fehlt bei den in **§ 399 Abs. 1 Nr. 2** genannten Berichten der unmittelbare Bezug zur Registereintragung, wenngleich diese ebenfalls Bestandteil der Registerunterlagen sind (§§ 37 Abs. 4 Nr. 4, 52 Abs. 6). Die Strafbarkeit ist allerdings im Vergleich zu § 399 Abs. 1 Nr. 1 vorverlagert, um die inhaltliche Richtigkeit der Berichte abzusichern. Erfasst werden jedoch ausschließlich der von den Gründern zu erstellende **Gründungsbericht** (§ 32 Abs. 1), der **Nachgründungsbericht** des Aufsichtsrates (§ 52 Abs. 3) sowie der **Prüfungsbericht** durch Vorstand und Aufsichtsrat (§ 34 Abs. 2).

c) Schwindel bei öffentlicher Ankündigung von Aktien (§ 399 Abs. 1 Nr. 3)

14 Der Straftatbestand in § 399 Abs. 1 Nr. 3 ergänzt § 399 Abs. 1 Nr. 1, der wegen seines Charakters als Sonderdelikt nur eine eingeschränkte personelle Reichweite hat, die nicht mit der strengen Haftung in § 47 für die **öffentliche Ankündigung von Aktien** harmoniert. Ist dem Erklärenden die Unrichtigkeit oder Unvollständigkeit der gründungsrelevanten Angaben (§ 46 Abs. 1) bekannt und übernimmt er diese in die öffentliche Ankündigung, so tritt neben die zivilrechtliche Haftung die strafrechtliche Verantwortlichkeit. Im übrigen richtet sich der Inhalt des Straftatbestandes nach § 47 Nr. 3 sowie der dortigen Verweisung auf § 46 Abs. 1 (s. näher § 47 Rz. 9 ff., § 46 Rz. 7).

d) Kapitalerhöhungsschwindel (§ 399 Abs. 1 Nr. 4)

15 Der Straftatbestand in § 399 Abs. 1 Nr. 4 führt den konzeptionellen Ansatz in § 399 Abs. 1 Nr. 1 für bestimmte Angaben fort, die im Rahmen einer **Kapitalerhöhung** gegenüber dem Registergericht zu machen sind. Hinsichtlich der von § 399 Abs. 1 Nr. 4 erfassten Kapitalerhöhungen nimmt das AktG **abschließend** auf die in den **§§ 182 bis 206** Genannten Bezug. Hinsichtlich der **Kapitalerhöhung aus Gesellschaftsmitteln** (§§ 207 bis 221) richtet sich die Strafbarkeit nicht nach **§ 399 Abs. 1 Nr. 4**, sondern nach § 399 Abs. 2 (s. unten Rz. 19). Sofern der von § 399 Abs. 1 Nr. 4 geschützte Personenkreis einen Schaden erlitten hat, ist die Norm ein **Schutzgesetz i.S. des § 823 Abs. 2 BGB**[24].

16 Der Straftatbestand erfasst nicht alle Angaben, die im Rahmen einer Kapitalerhöhung gegenüber dem Registergericht abzugeben sind, sondern beschränkt sich auf einige in diesem Kontext besonders bedeutsame Umstände. Diese betreffen die Erbringung des bisherigen Kapitals (§§ 184 Abs. 2, 203 Abs. 3 Satz 4), die Zeichnung des neuen Kapitals (§§ 188 Abs. 1, Abs. 3 Nr. 1, 203 Abs. 1) sowie dessen Einbringung (§§ 188 Abs. 1, Abs. 2, 203 Abs. 1), den Ausgabebetrag der Aktien (§ 188 Abs. 2 i.V.m. § 37 Abs. 1 Satz 1 Halbs. 2), die Ausgabe der Bezugsaktien (§ 201) oder über die Sacheinlagen (§§ 188 Abs. 2, 37 Abs. 1 Satz 1, 36a Abs. 2).

e) Abwicklungsschwindel (§ 399 Abs. 1 Nr. 5)

17 Den Straftatbestand in § 399 Abs. 1 Nr. 5 kann ausschließlich der Abwickler einer Gesellschaft als Täter verwirklichen (s. auch oben Rz. 7) und betrifft die Fortsetzung einer aufgelösten Gesellschaft, die die Hauptversammlung nur beschließen kann, solange noch nicht mit der Verteilung des Vermögens unter den Aktionären begonnen worden ist (§ 274 Abs. 1 Satz 1). Bei der entsprechenden Anmeldung haben die Abwickler die Einhaltung dieser Voraussetzung gegenüber dem Registergericht nachzu-

---

24 BGH v. 11.7.1988 – II ZR 243/87, BGHZ 105, 121, 124 f. = AG 1988, 331; *Geilen* in Köln-
   Komm. AktG, § 399 Rz. 130; *Schaal* in MünchKomm. AktG, § 399 Rz. 153.

weisen. Machen sie in diesem Zusammenhang falsche Angaben oder verschweigen sie erhebliche Umstände, so unterfällt dies dem Straftatbestand in § 399 Abs. 1 Nr. 5.

f) Abgabe unrichtiger Versicherungen (§ 399 Abs. 1 Nr. 6)

Die von Mitgliedern des Vorstandes abzugebende Versicherung betrifft insbesondere 18 Umstände, die nach § 76 Abs. 3 Satz 3 und 4 ihrer Bestellung entgegenstehen (s. näher § 76 Rz. 27) und hat sowohl bei der Gründung der Gesellschaft (§ 37 Abs. 2 Satz 1) als auch bei jeder späteren Änderung des Vorstandes zu erfolgen. Mit dem Straftatbestand in § 399 Abs. 1 Nr. 6 sichert das Gesetz, dass die entsprechenden Angaben gegenüber dem Registergericht zutreffend sind. Wegen der Verweisung in § 265 Abs. 2 Satz 2 gilt dies auch für die Bestellung des Abwicklers (§ 266 Abs. 3 Satz 1); nach Art. 5 Nr. 17 MoMiG-E soll dies aufgrund einer Änderung von § 13f Abs. 2 HGB auch für Leitungsorgane ausländischer juristischer Personen gelten.

g) Abgabe wahrheitswidriger Erklärungen (§ 399 Abs. 2)

Der Straftatbestand in § 399 Abs. 2 ergänzt § 399 Abs. 1 Nr. 4 und betrifft die **Kapital-** 19 **erhöhung aus Gesellschaftsmitteln** (§§ 207 bis 220). Bei der Anmeldung des entsprechenden Beschlusses gegenüber dem Handelsregister ist auch zu erklären, dass zwischen dem der Bilanz zugrundegelegten Stichtag und dem Tag der Anmeldung keine Vermögensminderung eingetreten ist, die der Kapitalerhöhung entgegenstünde, wenn sie am Tag der Anmeldung beschlossen worden wäre (§ 210 Abs. 1 Satz 2). Die von § 399 Abs. 2 unter Strafe gestellten **wahrheitswidrigen Erklärungen** entsprechen den von § 399 Abs. 1 erfassten falschen Angaben bzw. verschwiegenen erheblichen Umständen (s. dazu oben Rz. 10)[25].

III. Subjektiver Tatbestand

Für die Strafbarkeit nach § 399 muss der Täter vorsätzlich gehandelt haben, wobei **be-** 20 **dingter Vorsatz** erforderlich, aber auch ausreichend ist. Der Täter muss deshalb zumindest mit der Möglichkeit rechnen, dass er dem jeweils erfassten Personenkreis angehört und die von ihm abgegebene Erklärung inhaltlich falsch oder unvollständig ist.

IV. Vollendung

Das Gesetz hat den Versuch nicht unter Strafe gestellt (s. § 23 Abs. 1 StGB), so dass 21 die Strafbarkeit nach § 399 von der Vollendung der Tat abhängt. Da es sich bei den jeweiligen Tatbeständen um **Äußerungsdelikte** handelt tritt die **Vollendung mit Zugang** der abzugebenden Erklärung bei dem jeweiligen Adressaten ein, in der Regel also mit Zugang beim Registergericht[26]. Lediglich bei der Erstellung der Berichte (§ 399 Abs. 1 Nr. 2) sowie der öffentlichen Ankündigung (§ 399 Abs. 1 Nr. 3) kommt es nicht hierauf, sondern auf den Zugang bei dritten Personen bzw. die Zugänglichkeit für die Öffentlichkeit an[27].

V. Rechtswidrigkeit

Bezüglich der Rechtswidrigkeit gelten die allgemeinen strafrechtlichen Grundsätze. 22

---

25 S. statt aller *Schaal* in MünchKomm. AktG, § 399 Rz. 222 ff.
26 So für § 399 Abs. 1 Nr. 1 OLG München v. 19.12.2003 – 21 U 5489/02, NZG 2004, 230, 231 = AG 2004, 149; näher dazu allg. *Schaal* in MünchKomm. AktG, § 399 Rz. 236 ff.
27 *Schaal* in MünchKomm. AktG, § 399 Rz. 239, 240.

VI. Täterschaft und Teilnahme

23 Mit Ausnahme von § 399 Abs. 1 Nr. 3 handelt es sich bei den in § 399 aufgezählten Tatbestände um **echte Sonderdelikte.** Personen, die die jeweils geforderten persönlichen Eigenschaften (Gründer, Mitglied des Vorstandes bzw. Aufsichtsrates oder Abwickler) nicht erfüllen, können lediglich als **Teilnehmer** strafbar sein.

VII. Irrtum

24 Bezüglich eines Irrtums sind die allgemeinen Bestimmungen des Strafrechts (§§ 16, 17 StGB) anzuwenden.

VIII. Konkurrenzen

25 Abhängig von den tatsächlichen Verhältnissen kann neben einer Strafbarkeit nach § 399 in Tateinheit oder Tatmehrheit die Verwirklichung der allgemeinen Vermögensdelikte (§§ 263, 266 StGB) in Betracht kommen. Entsprechendes gilt für die Urkundsdelikte (§§ 267 ff. StGB).

§ 400
Unrichtige Darstellung

(1) Mit Freiheitsstrafe bis zu drei Jahren oder mit Geldstrafe wird bestraft, wer als Mitglied des Vorstands oder des Aufsichtsrats oder als Abwickler

1. die Verhältnisse der Gesellschaft einschließlich ihrer Beziehungen zu verbundenen Unternehmen in Darstellungen oder Übersichten über den Vermögensstand, in Vorträgen oder Auskünften in der Hauptversammlung unrichtig wiedergibt oder verschleiert, wenn die Tat nicht in § 331 Nr. 1 oder 1a des Handelsgesetzbuchs mit Strafe bedroht ist, oder

2. in Aufklärungen oder Nachweisen, die nach den Vorschriften dieses Gesetzes einem Prüfer der Gesellschaft oder eines verbundenen Unternehmens zu geben sind, falsche Angaben macht oder die Verhältnisse der Gesellschaft unrichtig wiedergibt oder verschleiert, wenn die Tat nicht in § 331 Nr. 4 des Handelsgesetzbuchs mit Strafe bedroht ist.

(2) Ebenso wird bestraft, wer als Gründer oder Aktionär in Aufklärungen oder Nachweisen, die nach den Vorschriften dieses Gesetzes einem Gründungsprüfer oder sonstigen Prüfer zu geben sind, falsche Angaben macht oder erhebliche Umstände verschweigt.

I. Allgemeines	1	1. Strafbarkeit nach § 400 Abs. 1 Nr. 1	15
II. Objektiver Tatbestand	4	2. Strafbarkeit nach § 400 Abs. 1 Nr. 2	16
1. Strafbarkeit nach § 400 Abs. 1 Nr. 1	4	3. Strafbarkeit nach § 400 Abs. 2	17
a) Täterkreis	4	**IV. Vollendung**	18
b) Tathandlung	5	**V. Rechtswidrigkeit**	19
2. Strafbarkeit nach § 400 Abs. 1 Nr. 2	9	**VI. Täterschaft und Teilnahme**	20
3. Strafbarkeit nach § 400 Abs. 2	12	**VII. Irrtum**	21
a) Täterkreis	12	**VIII. Konkurrenzen**	22
b) Tathandlung	13		
III. Subjektiver Tatbestand	15		

Literatur: *Arnhold*, Auslegungshilfen zur Bestimmung einer Geschäftslagentäuschung im Rahmen der §§ 331 Nr. 1 HGB, 400 Abs. 1 Nr. 1 AktG, 82 Abs. 2 Nr. 2 GmbHG, 1993; *Kiethe*, Strafrechtlicher Anlegerschutz durch § 400 I Nr. 1 AktG, NStZ 2004, 73; *Klussmann*, Geschäftslagetäuschungen nach § 400 AktG, 1975; *Maul*, Geschäfts- und Konzernlagetäuschungen als Bilanzdelikte, DB 1989, 185; *Tiedemann*, Straftatbestand und Normambivalenz am Beispiel der Geschäftsberichtsfälschung, in FS Schaffstein, 1975, S. 195; *Trescher*, Strafrechtliche Aspekte der Berichterstattung des Aufsichtsrats, DB 1998, 1016.

I. Allgemeines

Wie § 399 (s. § 399 Rz. 1) schützt § 400 das Vertrauen in die Zuverlässigkeit und   1
Richtigkeit der in Abs. 1 Nr. 1 und 2 genannten Informationen[1]. In den **Schutzbereich der Norm** sind deshalb insbesondere die Gläubiger der Gesellschaft, deren Aktionäre, aber auch die von der Gesellschaft beschäftigten Arbeitnehmer einbezogen[2].

Im Hinblick auf den Personenkreis in Rz. 1 ist § 400 **Schutzgesetz i.S. des § 823**   2
Abs. 2 BGB[3]; das gilt insbesondere für **§ 400 Abs. 1 Nr. 1**[4]. Für eine deliktsrechtliche Inanspruchnahme ist neben der Verletzung der in § 400 Abs. 1 aufgezählten Pflichten die **Kausalität** des Pflichtverstoßes für den eingetretenen **Schaden** (Vertrauen in die Richtigkeit der Angaben[5]) sowie dessen Einbeziehung in den **Schutzbereich der Norm** erforderlich[6]. Vor allem bei Anlageentscheidungen bedarf es eines Nachweises durch den Geschädigten, dass er seine konkrete Entscheidung aufgrund der von § 400 Abs. 1 Nr. 1 erfassten Pflichtverletzung getroffen hat[7]. Dies setzt die Kenntnis des Geschädigten von dem Inhalt der jeweiligen und von § 400 Abs. 1 Nr. 1 erfassten Äußerungen voraus[8] und ist vom Geschädigten dazulegen und zu beweisen[9]. Dabei kommen ihm Beweiserleichterungen in Gestalt eines Anscheinsbeweises regelmäßig nicht zugute, da Übersichten und Darstellungen i.S. des § 400 Abs. 1 Nr. 1 in der Regel nicht geeignet sind, eine mit dem Emmissionsprospekt vergleichbare „Anlagestimmung" auszulösen[10]. Hinsichtlich des Umfanges des Schadensersatzes ist der Geschädigte so zu stellen, wie er bei zutreffender Unterrichtung stehen würde (Ersatz

---

1 BGH v. 19.7.2004 – II ZR 218/03, BGHZ 160, 134, 140 f. = AG 2004, 543; BGH v. 16.12.2004 –
   1 StR 420/03, NJW 2005, 445, 447; BGH v. 9.5. 2005 – II ZR 287/02, NJW 2005, 2450, 2451 =
   AG 2005, 609; OLG Stuttgart v. 8.2.2006 – 20 U 24/04, ZIP 2006, 511, 512; *Geilen* in Köln-
   Komm. AktG, § 400 Rz. 2; *Otto* in Großkomm. AktG, § 400 Rz. 3; *Schaal* in MünchKomm.
   AktG, § 400 Rz. 2.
2 BGH v. 17.9.2001 – II ZR 178/99, BGHZ 149, 10, 20 = AG 2002, 43; OLG Stuttgart v. 8.2.2006
   – 20 U 24/04, ZIP 2006, 511, 512; *Geilen* in KölnKomm. AktG, § 400 Rz. 3; *Otto* in Großkomm. AktG, § 400 Rz. 2; *Schaal* in MünchKomm. AktG, § 400 Rz. 2.
3 BGH v. 17.9.2001 – II ZR 178/99, BGHZ 149, 10, 20 f. = AG 2002, 43; *Geilen* in KölnKomm.
   AktG, § 400 Rz. 4; *Otto* in Großkomm. AktG, § 400 Rz. 4; *Schaal* in MünchKomm. AktG,
   § 400 Rz. 3.
4 BGH v. 17.9.2001 – II ZR 178/99, BGHZ 149, 10, 20 f. = AG 2002, 43; BGH v. 19.7.2004 – II ZR
   218/03, BGHZ 160, 134, 140 = AG 2004, 543; BGH v. 9.5.2005 – II ZR 287/02, NJW 2005,
   2450, 2451 = AG 2005, 609; OLG München v. 1.10.2002 – 30 U 855/01, NJW 2003, 144, 146 =
   AG 2003, 106; OLG Stuttgart v. 8.2.2006 – 20 U 24/04, ZIP 2006, 511, 513.
5 BGH v. 17.9.2001 – II ZR 178/99, BGHZ 149, 10, 21 = AG 2002, 43; *Schaal* in MünchKomm.
   AktG, § 400 Rz. 3.
6 Zum (weit zu bestimmenden) personellen Schutzbereich statt aller BGH v. 17.9.2001 – II ZR
   178/99, BGHZ 149, 10, 20 = AG 2002, 43; *Schaal* in MünchKomm. AktG, § 400 Rz. 3.
7 OLG Stuttgart v. 8.2.2006 – 20 U 24/04, ZIP 2006, 511, 514; s. auch OLG München v.
   11.1.2005 – 30 U 335/02, ZIP 2005, 298, 299.
8 BGH v. 17.9.2001 – II ZR 178/99, BGHZ 149, 10, 21 = AG 2002, 43.
9 BGH v. 17.9.2001 – II ZR 178/99, BGHZ 149, 10, 21 f. = AG 2002, 43.
10 Dazu BGH v. 19.7.2004 – II ZR 218/03, BGHZ 160, 134, 144 ff. = AG 2004, 543; OLG Frankfurt
   a.M. v. 17.3.2005 – 1 U 149/04, NZG 2005, 516, 517 = AG 2005, 401; zurückhaltender *Fleischer*, DB 2004, 2031, 2034.

des negativen Interesses)[11]; ggf. bedarf dessen Höhe einer richterlichen Schätzung (§ 287 ZPO)[12].

3 Mit § 400 bezweckt das Gesetz einen abstrakten Vermögensschutz, ohne einen Vermögensschaden oder eine konkrete Vermögensgefährdung vorauszusetzen[13]; die Strafbestimmung ist ein **abstraktes Gefährdungsdelikt**[14]. Dessen Strafandrohung richtet sich ausschließlich an den in § 400 Abs. 1 und 2 genannten Personenkreis, so dass die Norm ein **echtes Sonderdelikt** ist[15].

II. Objektiver Tatbestand

1. Strafbarkeit nach § 400 Abs. 1 Nr. 1

a) Täterkreis

4 Den Straftatbestand in § 400 Abs. 1 können ausschließlich die im Eingangssatz aufgezählten Personen verwirklichen, wobei das jeweilige Verständnis zu § 399 (s. § 399 Rz. 4 ff.) auch hier maßgeblich ist. Andere Personen kommen selbst dann nur als Teilnehmer in Betracht, wenn sie von einer der in § 400 Abs. 1 genannten Personen zur Vornahme der inkriminierten Tathandlung beauftragt worden sind[16].

b) Tathandlung

5 Unter Strafe stellt § 400 Abs. 1 die unrichtige Wiedergabe oder Verschleierung von Verhältnissen der Gesellschaft. **Unrichtig** ist die Wiedergabe, wenn sie mit der Wirklichkeit nicht übereinstimmt[17]. Das kommt bei **Tatsachen**, aber auch bei **Prognosen** und **Schätzungen** in Betracht, wenn diese auf objektiv unrichtigen Tatsachen beruhen oder aus zutreffender Tatsachengrundlage objektiv falsche Schlussfolgerungen gezogen werden[18]. Bei **unvollständigen Wiedergaben** liegt Unrichtigkeit i.S. des § 400 Abs. 1 Nr. 1 vor, wenn der Eindruck der Vollständigkeit erweckt wird[19]; die **Verweigerung von Angaben** ist hingegen nicht tatbestandsmäßig[20]. Durch **Unterlassen** kann eine Wiedergabe unrichtig sein, wenn eine in § 400 Abs. 1 genannte Person in deren Anwesenheit unrichtigen Erklärungen Dritter nicht widerspricht[21]; z.T. wird auch die **Verletzung einer Berichtspflicht** (z.B. gegenüber dem Aufsichtsrat, § 90 Abs. 1) einbezogen[22]. Ist die Wiedergabe der Verhältnisse der Gesellschaft zwar objektiv richtig, die Erkennbarkeit aber so stark erschwert, dass die Gefahr einer unzutreffenden

---

11 S. dazu BGH v. 9.5.2005 – II ZR 287/02, NJW 2005, 2450, 2451 = AG 2005, 609.
12 BGH v. 9.5.2005 – II ZR 287/02, NJW 2005, 2450, 2454 = AG 2005, 609.
13 *Otto* in Großkomm. AktG, § 400 Rz. 5.
14 *Geilen* in KölnKomm. AktG, § 400 Rz. 5; *Otto* in Großkomm. AktG, § 400 Rz. 5; *Schaal* in MünchKomm. AktG, § 400 Rz. 4.
15 BGH v. 16.12.2004 – 1 StR 420/03, NJW 2005, 445, 449; *Otto* in Großkomm. AktG, § 400 Rz. 9; *Schaal* in MünchKomm. AktG, § 400 Rz. 9, 54, 75.
16 *Otto* in Großkomm. AktG, § 400 Rz. 9, 11.
17 *Geilen* in KölnKomm. AktG, § 400 Rz. 26; *Otto* in Großkomm. AktG, § 400 Rz. 13; *Schaal* in MünchKomm. AktG, § 400 Rz. 34.
18 *Geilen* in KölnKomm. AktG, § 400 Rz. 26; *Otto* in Großkomm. AktG, § 400 Rz. 14; *Schaal* in MünchKomm. AktG, § 400 Rz. 35.
19 RG v. 3.6.1910, RGSt. 43, 407, 415; *Otto* in Großkomm. AktG, § 400 Rz. 15; *Schaal* in MünchKomm. AktG, § 400 Rz. 37.
20 *Otto* in Großkomm. AktG, § 400 Rz. 16.
21 BGH v. 17.9.2001 – II ZR 178/99, BGHZ 149, 10, 20 = AG 2002, 43; *Geilen* in KölnKomm. AktG, § 400 Rz. 34; *Otto* in Großkomm. AktG, § 400 Rz. 17; *Schaal* in MünchKomm. AktG, § 400 Rz. 38.
22 Hierfür *Schaal* in MünchKomm. AktG, § 400 Rz. 38.

Beurteilung im Hinblick auf die wirtschaftlichen Verhältnisse der Gesellschaft besteht, so greift als Tathandlung die **Verschleierung** ein[23].

Die Wiedergabe muss sich auf die **Verhältnisse der Gesellschaft** beziehen, was nicht **6** nur wirtschaftliche, sondern auch alle sonstigen (z.B. sozialen und politischen) Umstände meint, die sich auf die Lage der Gesellschaft und deren zukünftige Entwicklung auswirken[24]. Die hierdurch vermittelte Weite des Tatbestandes[25] wird durch die Tatmittel (Darstellungen und Übersichten über den Vermögensgegenstand; Vorträge oder Auskünfte in der Hauptversammlung) begrenzt. Jedenfalls betreffen Darstellungen in Zwischenbilanzen und Zwischen-(Quartals-)bilanzen die „Verhältnisse der Gesellschaft"[26].

Übersichten umfassen alle Zusammenstellungen von Zahlenmaterialien, die einen **7** Gesamtüberblick über die wirtschaftliche Situation des Unternehmens ermöglichen[27]. Hierzu zählt nicht nur die Bilanz oder ein Vermögensstatus, sondern zu den „Übersichten" gehören insbesondere Abschlüsse, die im Laufe eines Geschäftsjahres aufgestellt werden, aber auch die Gewinn- und Verlustrechnung[28]. Entsprechendes gilt für **Darstellungen**; derartige Berichte müssen ebenfalls ein Gesamtbild über die wirtschaftliche Lage der Aktiengesellschaft ermöglichen und den Eindruck der Vollständigkeit erwecken[29]. Wie Übersichten sind auch Darstellungen aufgrund des insoweit eindeutigen Wortlauts nur von § 400 Abs. 1 Nr. 1 erfasst, wenn sie sich auf den **Vermögensstand der Gesellschaft** beziehen[30]. Dazu ist auch die **Ertragslage** zu zählen, wie sie sich insbesondere aus Quartalsberichten ergibt (s. § 55 BörsZulV)[31]. In Betracht kommen zudem **Berichte des Vorstandes** an den Aufsichtsrat, aber auch **Berichte an die Öffentlichkeit**[32]; unrichtige **Ad-hoc-Mitteilungen** hingegen nur, wenn sich deren konkreter Inhalt auf den Vermögensstand der Gesellschaft bezieht[33] und nicht lediglich isoliert – wie in der Regel[34] – über einzelne Geschäftsvorgänge unterrichtet[35], mögen diese auch Auswirkungen auf den Vermögensstand der Gesellschaft entfalten.

23 *Otto* in Großkomm. AktG, § 400 Rz. 18.
24 *Geilen* in KölnKomm. AktG, § 400 Rz. 18; *Otto* in Großkomm. AktG, § 400 Rz. 28; *Schaal* in MünchKomm. AktG, § 400 Rz. 16; s. auch BVerfG v. 27.4.2006 – 2 BvR 131/05, ZIP 2006, 1096; BVerfG v. 15. 8. 2006 – 2 BvR 822/06, NZG 2006, 825, 826.
25 Offen im Hinblick auf eine wegen Art. 103 Abs. 2 GG gebotene einschränkende Auslegung BGH v. 16.12.2004 – 1 StR 420/03, NJW 2005, 445, 449; zu den diesbezüglich Bedenken s. *Geilen* in KölnKomm. AktG, § 400 Rz. 18 f. (verworfen von BVerfG v. 27.4.2006 – 2 BvR 131/05, ZIP 2006, 1096 f.; BVerfG v. 15.8.2006 – 2 BvR 822/06, NZG 2006, 825, 826) sowie aus anderem Blickwinkel *Otto* in Großkomm. AktG, § 400 Rz. 29.
26 BGH v. 16.12.2004 – 1 StR 420/03, NJW 2005, 445, 449.
27 BGH v. 19.7.2004 – II ZR 218/03, BGHZ 160, 134, 141 = AG 2004, 543.
28 BGH v. 16.12.2004 – 1 StR 420/03, NJW 2005, 445, 448.
29 BGH v. 19.7.2004 – II ZR 218/03, BGHZ 160, 134, 141 = AG 2004, 543.
30 BGH v. 19.7.2004 – II ZR 218/03, BGHZ 160, 134, 141 = AG 2004, 543; *Fleischer*, DB 2004, 2031, 2033; *Rieckers*, BB 2002, 1213, 1216; verfehlt die gegenteilige Ansicht der Regierungskommission Corporate Governance, s. *Baums* (Hrsg.), Bericht der Regierungskommission Corporate Governance, 2001, Rz. 184.
31 BGH v. 16.12.2004 – 1 StR 420/03, NJW 2005, 445, 447 f.
32 *Otto* in Großkomm. AktG, § 400 Rz. 35; *Schaal* in MünchKomm. AktG, § 400 Rz. 24; exemplarisch BGH v. 16.12.2004 – 1 StR 420/03, NJW 2005, 445, 448, für Zwischenberichte und Quartalsberichte.
33 Treffend BGH v. 16.12.2004 – 1 StR 420/03, NJW 2005, 445, 448 (bestätigt von BVerfG v. 27.4.2006 – 2 BvR 131/05, ZIP 2006, 1096 f.) sowie im Anschluss BGH v. 9.5.2005 – II ZR 287/02, NJW 2005, 2450, 2451 = AG 2005, 609; *Schaal* in MünchKomm. AktG, § 400 Rz. 25; ebenso bereits *Fleischer*, DB 2004, 2031, 2033.
34 S. insoweit auch BGH v. 19.7.2004 – II ZR 218/03, BGHZ 160, 134, 146 = AG 2004, 543.
35 BGH v. 19.7.2004 – II ZR 218/03, BGHZ 160, 134, 141 = AG 2004, 543.

8   Unrichtige **Angaben in der Hauptversammlung** sind nicht nur solche zum Vermö-
     gensstand der Gesellschaft, sondern alles was zu den „Verhältnissen der Gesell-
     schaft" zählt (s. oben Rz. 6)[36], insbesondere Antworten auf Fragen von Aktionären
     (§ 131 Abs. 1)[37]. Ob die Antwort über die Frage hinausgeht oder angesichts der inhalt-
     lichen Beschränkungen des Fragerechts hätte erteilt werden müssen, ist für die Straf-
     barkeit unerheblich[38]. Der Tatbestand erfasst nur Aussagen gegenüber der Hauptver-
     sammlung als Organ der Gesellschaft. Auskünfte **gelegentlich der Hauptversamm-
     lung** (z. B. in privaten Gesprächen) unterfallen § 400 Abs. 1 Nr. 1 nicht[39], es sei denn,
     es werden hierbei Darstellungen oder Übersichten zum Vermögensstand der Gesell-
     schaft eingesetzt[40].

     2. Strafbarkeit nach § 400 Abs. 1 Nr. 2

9   Die von § 400 Abs. 1 Nr. 2 erfasste Tathandlung ist im Hinblick auf die „**Verhältnisse
     der Gesellschaft**" mit § 400 Abs. 1 Nr. 1 identisch; zusätzlich stellt § 400 Abs. 1
     Nr. 2 auch „**falsche Angaben**" unter Strafe, wobei diese Tathandlung mit derjenigen
     in § 399 Abs. 1 übereinstimmt (s. oben § 399 Rz. 10). Die im Unterschied zu § 399
     Abs. 1 fehlende Einbeziehung des Verschweigens erheblicher Umstände führt in der
     Regel nicht zu einer Strafbarkeitslücke, weil der Täter entweder den Eindruck voll-
     ständiger Unterrichtung vermittelt oder aber auf Grund der Auskunftpflicht gegen-
     über dem Prüfer (s. unten Rz. 10) wegen eines Unterlassens strafbar ist[41].

10   Der Straftatbestand erfasst nicht alle vorgenannten Erklärungen; hinzukommen
     muss, dass es sich um Aufklärungen oder Nachweise handelt, die einem **Prüfer ge-
     genüber** zu erklären sind. Im Unterschied zu § 400 Abs. 1 Nr. 1 konkretisiert § 400
     Abs. 1 Nr. 2 hierdurch den Adressaten der Erklärungen. Die Begrenzung auf „Prüfer"
     ist nicht formal zu verstehen, einzubeziehen sind auch Angaben gegenüber Personen,
     die – wie z.B. **Gehilfen des Prüfers** – in der Sphäre des Prüfers und in Wahrnehmung
     seiner Aufgaben tätig werden[42].

11   Mit der Bezugnahme auf die „Vorschriften dieses Gesetzes" beschränkt § 400 Abs. 1
     Nr. 2 die Strafbarkeit auf solche „Aufklärungen und Nachweise", bezüglich derer das
     AktG eine **Auskunftpflicht gegenüber dem Prüfer** begründet[43]. Ist ein derartiges
     Recht auf Auskunft von einem Mitglied des Vorstandes bzw. Aufsichtsrates zu ver-
     neinen, so sind Aufklärungen oder Nachweise, die eine der in § 400 Abs. 1 Nr. 2 auf-
     gezählten Tathandlungen erfüllen, jedenfalls nicht nach dieser Norm strafbar[44].

     3. Strafbarkeit nach § 400 Abs. 2

     a) Täterkreis

12   Mit dem Straftatbestand in § 400 Abs. 2 knüpft das Gesetz an § 400 Abs. 1 Nr. 2 an,
     variiert jedoch den erfassten Täterkreis. Einbezogen werden nicht alle Personen, die
     gegenüber einem Gründungsprüfer oder sonstigen Prüfer Auskünfte erteilen oder

---

36 *Schaal* in MünchKomm. AktG, § 400 Rz. 27.
37 *Otto* in Großkomm. AktG, § 400 Rz. 39; *Schaal* in MünchKomm. AktG, § 400 Rz. 30.
38 *Geilen* in KölnKomm. AktG, § 400 Rz. 52; *Otto* in Großkomm. AktG, § 400 Rz. 40; *Schaal* in
    MünchKomm. AktG, § 400 Rz. 31.
39 *Otto* in Großkomm. AktG, § 400 Rz. 42; *Schaal* in MünchKomm. AktG, § 400 Rz. 32.
40 *Otto* in Großkomm. AktG, § 400 Rz. 42.
41 S. näher *Otto* in Großkomm. AktG, § 400 Rz. 67.
42 *Otto* in Großkomm. AktG, § 400 Rz. 72; im Grundsatz auch *Schaal* in MünchKomm. AktG,
    § 400 Rz. 60.
43 *Otto* in Großkomm. AktG, § 400 Rz. 69.
44 *Otto* in Großkomm. AktG, § 400 Rz. 64.

Umstände verschweigen, sondern nur solche, die als „ Gründer" oder „Aktionäre" zu qualifizieren sind. Für die als **Gründer** zu qualifizierenden Personen gelten die Grundsätze zu § 399 Abs. 1 (s. oben § 399 Rz. 4); **Aktionär** ist jeder, der eine Aktie übernommen hat[45].

b) Tathandlung

Bezüglich der Tathandlung (falsche Angaben, Verschweigen erheblicher Umstände) gelten die Grundsätze zu § 399 Abs. 1 (s. § 399 Rz. 10). Wie § 400 Abs. 1 Nr. 2 erfasst der Straftatbestand nur solche Mitteilungen an die in § 400 Abs. 2 genannten Prüfer, gegenüber denen der Gründer bzw. Aktionär **zur Auskunft verpflichtet** war[46]. Aus diesem Grunde müssen die angeforderten „Aufklärungen und Nachweise" für eine sorgfältige Prüfung notwendig sein[47].   13

Gründungsprüfer i.S. des § 400 Abs. 2 sind nicht alle Personen, die den Hergang der Gründung zu prüfen haben, sondern nur solche, die gem. § 33 Abs. 2 und 3 als Gründungsprüfer eingesetzt worden sind[48]. **Sonstige Prüfer** kommen im Rahmen einer Nachgründung (§ 52 Abs. 4) sowie einer Kapitalerhöhung mit Sachmitteln (§ 183 Abs. 3) in Betracht[49].   14

III. Subjektiver Tatbestand

1. Strafbarkeit nach § 400 Abs. 1 Nr. 1

In subjektiver Hinsicht ist für eine Strafbarkeit nach § 400 Abs. 1 Nr. 1 **dolus eventualis** erforderlich, aber auch ausreichend[50]. Hierfür genügt es, wenn aufgrund konkreter Anhaltspunkte die Gefahr unrichtiger Erklärungen erkannt wird[51].   15

2. Strafbarkeit nach § 400 Abs. 1 Nr. 2

Auch für eine Strafbarkeit nach § 400 Abs. 1 Nr. 2 genügt **bedingter Vorsatz**[52]. Insbesondere muss der Täter wissen, dass die von ihm erteilten Auskünfte und Mitteilungen falsch sind und ihr Thema zum Gegenstand der Prüfung zählt[53].   16

3. Strafbarkeit nach § 400 Abs. 2

Die subjektiven Voraussetzungen für eine Strafbarkeit nach § 400 Abs. 2 stimmen mit denen in § 400 Abs. 1 Nr. 2 überein (s. oben Rz. 16).   17

IV. Vollendung

Für die Strafbarkeit ist bei allen drei Tatbeständen in § 400 die Vollendung erforderlich; der Versuch steht nicht unter Strafe (vgl. § 23 Abs. 1 StGB). Gemeinsam ist den   18

---

45 Statt aller *Otto* in Großkomm. AktG, § 400 Rz. 84.
46 *Otto* in Großkomm. AktG, § 400 Rz. 84; *Schaal* in MünchKomm. AktG, § 400 Rz. 78.
47 *Schaal* in MünchKomm. AktG, § 400 Rz. 79.
48 *Geilen* in KölnKomm. AktG, § 400 Rz. 121; *Otto* in Großkomm. AktG, § 400 Rz. 86; *Schaal* in MünchKomm. AktG, § 400 Rz. 79.
49 *Geilen* in KölnKomm. AktG, § 400 Rz. 121; *Otto* in Großkomm. AktG, § 400 Rz. 86; *Schaal* in MünchKomm. AktG, § 400 Rz. 80.
50 *Schaal* in MünchKomm. AktG, § 400 Rz. 46 m.w.N.
51 *Otto* in Großkomm. AktG, § 400 Rz. 48; *Schaal* in MünchKomm. AktG, § 400 Rz. 46; ähnlich *Geilen* in KölnKomm. AktG, § 400 Rz. 62.
52 *Schaal* in MünchKomm. AktG, § 400 Rz. 71.
53 *Schaal* in MünchKomm. AktG, § 400 Rz. 71.

Tatbeständen, dass es sich um Äußerungsdelikte handelt, so dass die Vollendung eingetreten ist, wenn die von ihnen erfasste Erklärung dem Empfänger zugegangen sind[54].

V. Rechtswidrigkeit

19 Für die Rechtswidrigkeit gelten für alle drei Tatbestände des § 400 die allgemeinen strafrechtlichen Grundsätze. Eine (rechtfertigende) Einwilligung kommt jedoch allenfalls bezüglich § 400 Abs. 1 Nr. 2 und Abs. 2 in Betracht; hinsichtlich § 400 Abs. 1 Nr. 1 scheidet eine Einwilligung schon deshalb auch, weil sich die von der Norm inkriminierten Handlungen an die Öffentlichkeit richten[55]. Aus diesem Grunde sind die Folgen wahrheitsgemäßer bzw. vollständiger Mitteilungen für die Gesellschaft nicht in der Lage, die von § 400 unter Strafe gestellten Äußerungen zu rechtfertigen[56].

VI. Täterschaft und Teilnahme

20 Die Tatbestände in § 400 sind **echte Sonderdelikte** (s. oben Rz. 3); Täter können nur diejenigen sein, die die in § 400 genannten persönlichen Eigenschaften aufweisen. Liegt den inkriminierten Äußerungen ein **Beschluss des Kollegialorgans** zugrunde, so trifft die strafrechtliche Verantwortung grundsätzlich alle Mitglieder, selbst dann, wenn sie überstimmt worden sind. Eine Ausnahme gilt nur für diejenigen überstimmten Mitglieder, die später den unter Strafe gestellten Äußerungen des Organs widersprechen und zuvor alles unternommen haben, um diese zu verhindern[57]. Geben **andere Personen**, die bei der Gesellschaft angestellt sind (z.B. Buchhalter) die von § 400 unter Strafe gestellten Erklärungen ab, so kommt nur eine Strafbarkeit als **Teilnehmer**, insbesondere als Gehilfe (§ 27 StGB) in Betracht; erforderlich ist hierfür jedoch eine vorsätzliche Haupttat durch einen der in § 400 genannten Täter[58]. Fehlt diese, so kommt für den Gehilfen eine Strafbarkeit nur nach den allgemeinen Vorschriften in Betracht.

VII. Irrtum

21 Bezüglich des Tatbestandes in § 400 Abs. 1 Nr. 1 führt der **Irrtum über die Unrichtigkeit** der wiedergegeben Verhältnisse der Gesellschaft zum **Tatbestandsirrtum** (§ 16 Abs. 1 StGB)[59]; eine Bestrafung wegen Fahrlässigkeit (§ 16 Abs. 1 Satz 2 StGB) kommt nicht in Betracht (vgl. § 15 StGB). Ein den Vorsatz ausschließender **Tatbestandsirrtum** (§ 16 Abs. 1 StGB) kann bei dem Straftatbestand in § 400 Abs. 1 Nr. 2 insbesondere dann vorliegen, wenn der Täter zu Unrecht annimmt, er komme einer Auskunftspflicht nach[60].

---

54 *Otto* in Großkomm. AktG, § 400 Rz. 56, 78; *Schaal* in MünchKomm. AktG, § 400 Rz. 90.
55 *Schaal* in MünchKomm. AktG, § 400 Rz. 47.
56 S. RG v. 24.10.1905, RGSt. 38, 195, 198 (drohender Zusammenbruch der Gesellschaft); *Schaal* in MünchKomm. AktG, § 400 Rz. 47.
57 *Schaal* in MünchKomm. AktG, § 400 Rz. 97.
58 Treffend *Otto* in Großkomm. AktG, § 400 Rz. 80; *Schaal* in MünchKomm. AktG, § 400 Rz. 100.
59 *Schaal* in MünchKomm. AktG, § 400 Rz. 49.
60 *Otto* in Großkomm. AktG, § 400 Rz. 76; *Schaal* in MünchKomm. AktG, § 400 Rz. 73.

VIII. Konkurrenzen

Neben einer Strafbarkeit nach § 400 kommt eine solche nach den **Vermögensdelikten** 22
des StGB (§§ 263, 264a, 266 StGB) in Betracht, wobei diese in der Regel in Idealkonkurrenz hierzu stehen[61]. Bezüglich der in § 400 Abs. 1 Nr. 1 und 2 jeweils ausdrücklich angeordneten **Subsidiarität** zu einer Strafbarkeit nach § 331 Nr. 1 oder Nr. 1a bzw. Nr. 4 HGB ist zu beachten, dass die jeweiligen Tatbestände nicht deckungsgleich sind; eine Subsidiarität des § 400 Abs. 1 kommt deshalb nur in Betracht, wenn das Verhalten von den genannten Straftatbeständen des HGB erfasst ist; anderenfalls behält § 400 Abs. 1 Nr. 1 bzw. Nr. 2 eigenständige Bedeutung[62].

§ 401
Pflichtverletzung bei Verlust, Überschuldung oder Zahlungsunfähigkeit

(1) Mit Freiheitsstrafe bis zu drei Jahren oder mit Geldstrafe wird bestraft, wer es

1. als Mitglied des Vorstands entgegen § 92 Abs. 1 unterlässt, bei einem Verlust in Höhe der Hälfte des Grundkapitals die Hauptversammlung einzuberufen und ihr dies anzuzeigen, oder

2. als Mitglied des Vorstands entgegen § 92 Abs. 2 oder als Abwickler entgegen § 268 Abs. 2 Satz 1 unterlässt, bei Zahlungsunfähigkeit oder Überschuldung die Eröffnung des Insolvenzverfahrens zu beantragen.

(2) Handelt der Täter fahrlässig, so ist die Strafe Freiheitsstrafe bis zu einem Jahr oder Geldstrafe.

I. Allgemeines	1	IV. Vollendung	9
II. Objektiver Tatbestand	4	V. Rechtswidrigkeit	10
1. Strafbarkeit nach § 401 Abs. 1 Nr. 1, Abs. 2	4	VI. Täterschaft und Teilnahme	11
2. Strafbarkeit nach § 401 Abs. 1 Nr. 2, Abs. 2	6	VII. Irrtum	12
		VIII. Konkurrenzen	13
III. Subjektiver Tatbestand	8		

Literatur: *Baumgarte,* Die Strafbarkeit von Rechtsanwälten und anderen Beratern wegen unterlassener Konkursanmeldung, wistra 1992, 41; *Franzheim,* Der strafrechtliche Überschuldensbegriff, wistra 1984, 212; *Haack,* Überschuldung – ein deskriptives Tatbestandsmerkmal?, NJW 1981, 1353; *Joerden,* Grenzen der Auslegung des § 84 Abs. 1 Nr. 2 GmbH, wistra 1990, 1; *Lüderssen,* Der Begriff der Überschuldung in § 84 GmbHG, in GS A. Kaufmann, 1989, S. 675; *Pfeiffer,* Unterlassen der Verlustanzeige und des Konkurs- und Vergleichsantrags nach § 84 GmbHG, in FS Rowedder, 1994, S. 347; *K. Schmidt,* Die Strafbarkeit „faktischer Geschäftsführer" wegen Konkursverschleppung als Methodenproblem, in FS Rebmann, 1989, S. 419; *Stein,* Die Normadressaten der §§ 64, 84 GmbHG und die Verantwortlichkeit von Nichtgeschäftsführern wegen Konkursverschleppung, ZHR 148 (1984), 207.

---

61 *Schaal* in MünchKomm. AktG, § 400 Rz. 103.
62 *Otto* in Großkomm. AktG, § 400 Rz. 94; *Schaal* in MünchKomm. AktG, § 400 Rz. 104.

I. Allgemeines

1   Mit dem Straftatbestand in § 401 sichert das Gesetz die Einhaltung der insbesonderen den Vorstand treffenden Pflichten, wenn die Gesellschaft in eine Krise gerät, beschränkt sich insoweit jedoch auf die Pflicht zur Einberufung der Hauptversammlung nach § 92 Abs. 1 und diejenige in § 92 Abs. 2, die Eröffnung des Insolvenzverfahrens zu beantragen. Bezüglich der letztgenannten Pflicht ist allerdings im Rahmen des MoMiG beabsichtigt, diese in einer allgemeinen Bestimmung (§ 15a InsO) aufgehen zu lassen, die auch eine eigenständige Regelung zur Strafbarkeit enthält (§ 15a Abs. 4 und 5 InsO). Infolgedessen soll § 401 Abs. 1 Nr. 1 aufgehoben werden (Art. 5 Nr. 16 MoMiG-E). Wegen der unterschiedlichen Schutzrichtung der in der Norm genannten Pflichten ist das von § 401 geschützte **Rechtsgut** verschieden. Im Fall des § 401 Abs. 1 Nr. 1 sind dies die Vermögensinteressen der Gesellschaft und der Aktionäre[1], bei § 401 Abs. 1 Nr. 2 kommen die Vermögensinteressen der Gesellschaftsgläubiger sowie weiterer Personen, die rechtliche oder wirtschaftliche Beziehungen zu der Gesellschaft unterhalten oder aufnehmen wollen, hinzu[2] und schließen die Arbeitnehmer der Gesellschaft ein[3].

2   Hieraus leitet sich auch ab, in welchem Umfang § 401 als **Schutzgesetz i.S. des § 823 Abs. 2 BGB** zu qualifizieren ist und zu einem Ersatzanspruch führen kann. Während die Eigenschaft des § 401 Abs. 1 als Schutzgesetz im Grundsatz unstreitig ist[4], erweist sich der **Umfang des Ersatzanspruches** als problematisch. So wurde bei § 401 Abs. 1 Nr. 2 im Hinblick auf **Neugläubiger** bislang ein Ersatzanspruch verneint, wenn auch eine rechtzeitige Antragstellung nicht zu einer besseren Befriedigung im Insolvenzverfahren geführt hätte[5]. Nachdem die neuere Rechtsprechung des BGH zu § 64 Abs. 2 GmbHG die Beschränkung des Schadensersatzes bei Neugläubigern auf den **sog. Quotenschaden** aufgegeben hat[6], ist diese Grenzziehung indes obsolet. Vielmehr steht ihnen auf der Grundlage der höchstrichterlichen Rechtsprechung ein Anspruch auf Ausgleich des Schadens zu, der ihnen dadurch entsteht, dass sie in Rechtsbeziehungen zu einer überschuldeten oder zahlungsunfähigen Gesellschaft getreten sind (negatives Interesse)[7].

3   Da die Strafbarkeit nach § 401 weder den Eintritt eines Vermögensschadens noch einer Vermögensgefährdung voraussetzt, begründet die Norm ein **abstraktes Gefährdungsdelikt**[8] und wegen der Anknüpfung an das Unterlassen einer Handlungspflicht ein **echtes Unterlassungsdelikt**[9], das nur die in § 401 Abs. 1 genannten Per-

---

1 *Fuhrmann* in G/H/E/K, § 401 Rz. 2; *Otto* in Großkomm. AktG, § 401 Rz. 3; *Schaal* in MünchKomm. AktG, § 401 Rz. 6.

2 *Fuhrmann* in G/H/E/K, § 401 Rz. 2; *Otto* in Großkomm. AktG, § 401 Rz. 3; *Schaal* in MünchKomm. AktG, § 401 Rz. 6 sowie zu der Parallelnorm in § 84 GmbHG BGH v. 31.3.1982 – 2 StR 744/81, wistra 1982, 189, 191.

3 *Schaal* in MünchKomm. AktG, § 401 Rz. 6.

4 S. statt aller BGH v. 9.7.1979 – II ZR 118/77, BGHZ 75, 96, 107; BGH v. 17.12.1984 – II ZR 314/ 83, WM 1985, 384, 385; im Grundsatz auch OLG Düsseldorf v. 9.10.1980 – 6 U 67/80, ZIP 1980, 970, 972 sowie für das Schrifttum *Fuhrmann* in G/H/E/K, § 401 Rz. 3.

5 So für § 92 Abs. 2 BGH v. 17.12.1984 – II ZR 314/83, WM 1985, 384, 385 sowie für § 64 GmbHG BGH v. 16.12.1958 – VI ZR 248/57, BGHZ 29, 100, 104 ff.

6 S. BGH v. 6.6.1994 – II ZR 292/91, BGHZ 126, 181, 192 ff. sowie oben § 92 Rz. 18.

7 BGH v. 6.6.1994 – II ZR 292/91, BGHZ 126, 181, 198.

8 Für die allg. Ansicht *Fuhrmann* in G/H/E/K, § 401 Rz. 4; *Geilen* in KölnKomm. AktG, § 401 Rz. 9; *Otto* in Großkomm. AktG, § 401 Rz. 6; *Schaal* in MünchKomm. AktG, § 401 Rz. 10.

9 BGH v. 6.5.1960 – 2 StR 65/60, BGHSt. 14, 280, 281; *Fuhrmann* in G/H/E/K, § 401 Rz. 4; *Otto* in Großkomm. AktG, § 401 Rz. 7; *Schaal* in MünchKomm. AktG, § 401 Rz. 8.

sonen verwirklichen können und deshalb als **echtes Sonderdelikt** zu qualifizieren ist[10].

II. Objektiver Tatbestand

1. Strafbarkeit nach § 401 Abs. 1 Nr. 1, Abs. 2

Als **Täter** des Straftatbestandes kommen nur **Mitglieder des Vorstandes** in Betracht 4 (s. dazu oben § 399 Rz. 5); andere Personen können nur als Teilnehmer strafbar sein, so z. B. Mitglieder des Aufsichtsrates, wenn sie trotz entsprechender Kenntnis davon absehen, wegen der Untätigkeit des Vorstandes gem. § 111 Abs. 3 eine Hauptversammlung einzuberufen[11]. Da sich die Pflichten in § 92 Abs. 1 an den Vorstand als Organ richten, kommt eine Strafbarkeit des einzelnen Vorstandsmitgliedes auch dann in Betracht, wenn es nicht den Versuch unternimmt, den Aufsichtsrat zur Einberufung einer Hauptversammlung zu veranlassen[12]. Eine **Amtsniederlegung** berührt die Strafbarkeit jedenfalls dann nicht, wenn hierfür ein wichtiger Grund fehlte[13].

Wegen der Voraussetzungen für die Handlungspflicht sind die **Maßstäbe zu § 92** 5 **Abs. 1** heranzuziehen (s. dazu § 92 Rz. 3 ff.). Eine Strafbarkeit scheidet jedoch aus, wenn ex ante mit Sicherheit feststeht, dass auch pflichtgemäßes Handeln erfolglos geblieben wäre[14].

2. Strafbarkeit nach § 401 Abs. 1 Nr. 2, Abs. 2

Taugliche **Täter** können neben den **Mitgliedern des Vorstandes** auch die **Liquidatoren** 6 sein (s. oben § 399 Rz. 7). Nach überwiegender Ansicht berührt die **Amtsniederlegung** ohne wichtigen Grund selbst dann nicht die Strafbarkeit, wenn dies innerhalb der Frist zur Antragstellung geschieht[15]. Ebenso genügt es nach h.M., wenn die handelnde Person zwar nicht dem geschäftsführenden Organ angehört hat, tatsächlich aber wie ein solches tätig geworden ist (s. oben § 399 Rz. 5)[16]. Personen ohne die von § 401 Abs. 1 geforderten persönlichen Eigenschaften kommen nur als Anstifter (§ 26 StGB) oder Gehilfen (§ 27 StGB) in Betracht, müssen für eine Strafbarkeit jedoch den notwendigen Vorsatz bezüglich der Haupttat haben. Im Hinblick auf eine Teilnahme zu § 401 Abs. 1 Nr. 2 setzt dies zumindest die Erkenntnis voraus, dass der zum Handeln Verpflichtete die Stellung des Insolvenzantrages pflichtwidrig unterlässt[17]. Als Gehilfen kommen auch Mitglieder des Aufsichtsrates in Betracht, wenn sie bei entsprechender Kenntnis den Vorstand nicht zur Stellung des Antrages nach § 92 Abs. 2 drängen; die für die Strafbarkeit notwendige Garantenstellung ergibt sich bei ihnen aus der Überwachungspflicht in § 111 Abs. 1[18].

---

10 Statt aller *Fuhrmann* in G/H/E/K, § 401 Rz. 5, 12; *Otto* in Großkomm. AktG, § 401 Rz. 7; *Schaal* in MünchKomm. AktG, § 401 Rz 11, 31.
11 Zum Vorstehenden BGH v. 6.5.1960 – 2 StR 65/60, BGHSt. 14, 280, 281 f.; BGH v. 9.7.1979 – II ZR 118/77, BGHZ 75, 96, 107; *Fuhrmann* in G/H/E/K, § 401 Rz. 9.
12 Ebenso *Fuhrmann* in G/H/E/K, § 401 Rz. 9 a.E.; *Geilen* in KölnKomm. AktG, § 401 Rz. 11; *Otto* in Großkomm. AktG, § 401 Rz. 11.
13 So *Fuhrmann* in G/H/E/K, § 401 Rz. 5; *Geilen* in KölnKomm. AktG, § 401 Rz. 11; diff. *Otto* in Großkomm. AktG, § 401 Rz. 13; *Schaal* in MünchKomm. AktG, § 401 Rz. 17.
14 *Otto* in Großkomm. AktG, § 401 Rz. 20.
15 BGH 14.12.1951 – 2 StR 368/51, BGHSt. 2, 53, 54; *Geilen* in KölnKomm. AktG, § 401 Rz. 11, 26; *Schaal* in MünchKomm. AktG, § 401 Rz. 39; diff. *Otto* in Großkomm. AktG, § 401 Rz. 25.
16 BGH v. 9.7.1979 – II ZR 118/77, BGHZ 75, 96, 106.
17 BGH v. 9.7.1979 – II ZR 118/77, BGHZ 75, 96, 107.
18 Zum Vorstehenden *Fuhrmann* in G/H/E/K, § 401 Rz. 14.

7 Wegen der Verknüpfung des Straftatbestandes mit den Pflichten in § 92 Abs. 2 bzw. § 268 Abs. 2 Satz 1 ist das dortige Verständnis auch im Rahmen von § 401 Abs. 1 Nr. 2 maßgebend.

III. Subjektiver Tatbestand

8 Die Strafbarkeit begründet § 401 für vorsätzliche (Abs. 1) und fahrlässige (Abs. 2) Verwirklichung des Tatbestandes. **Bedingter Vorsatz** reicht für § 401 Abs. 1 aus, wobei es genügt, wenn der Täter aufgrund konkreter Anhaltspunkte die Gefahr erkennt, dass die in § 92 Abs. 1 und 2 genannten Pflichten zu erfüllen sind und gleichwohl die danach gebotenen Handlungen unterlässt[19]. **Fahrlässig** handelt, wer infolge der Verletzung der ihm möglichen Sorgfalt nicht erkennt, dass er den in § 92 Abs. 1 und 2 genannten Handlungspflichten genügen muss, wobei sich der Sorgfaltsmaßstab sowohl auf das Erkennen der Krisensituation als auch die Säumnis im Hinblick auf die von § 92 Abs. 1 und 2 geforderten Handlungen beziehen kann[20].

IV. Vollendung

9 Den **Versuch** stellt § 401 nicht unter Strafe (vgl. § 23 Abs. 1 StGB). Sowohl bei § 401 Abs. 1 als auch bei § 401 Abs. 2 knüpft die Strafbarkeit an die Nichtvornahme der vom Gesetz geforderten Handlung an. Die **Vollendung** der Tat bestimmt sich deshalb nach dem Zeitpunkt, zu dem erstmals die Pflicht zur Vornahme der in § 92 Abs. 1 bzw. 2 umschriebenen Handlungen eintritt. Vollendet ist die Tat bei § 401 Abs. 1 Nr. 2 deshalb spätestens nach Ablauf der Drei-Wochen-Frist; ggf. auch schon früher, wenn Maßnahmen zur Abwendung eines Insolvenzverfahrens aussichtslos erscheinen[21].

V. Rechtswidrigkeit

10 Von den allgemeinen Rechtfertigungsgründen kommt angesichts der vom Gesetzgeber vorgenommenen Interessenabwägung **§ 34 StGB** regelmäßig nicht in Betracht[22]. Eine **rechtfertigende Einwilligung** ist bei § 401 Abs. 1 Nr. 1 möglich, setzt aber voraus, dass alle Aktionäre auf die Einberufung der Hauptversammlung verzichten[23]. Bei § 401 Abs. 1 Nr. 2 scheidet eine rechtfertigende Einwilligung aufgrund der Vielzahl der geschützten Interessen (s. oben Rz. 1) aus[24].

VI. Täterschaft und Teilnahme

11 Wegen seiner Rechtsnatur als echtes Sonderdelikt (s. oben Rz. 3) kommen als Täter nur die in § 401 Abs. 1 genannten in Betracht. Bezüglich einer Teilnahme anderer gelten die allgemeinen Regeln (§§ 26, 27 StGB). Zur Teilnahme im Hinblick auf § 401 Abs. 1 Nr. 2 s. auch oben Rz. 6.

---

19 S. näher *Fuhrmann* in G/H/E/K, § 401 Rz. 10, 23.
20 S. *Otto* in Großkomm. AktG, § 401 Rz. 54; *Schaal* in MünchKomm. AktG, § 401 Rz. 65.
21 BGH v. 9.7.1979 – II ZR 118/77, BGHZ 75, 96, 111 f.; *Fuhrmann* in G/H/E/K, § 401 Rz. 25; *Schaal* in MünchKomm. AktG, § 401 Rz. 71.
22 S. *Otto* in Großkomm. AktG, § 401 Rz. 57; *Schaal* in MünchKomm. AktG, § 401 Rz. 29.
23 *Otto* in Großkomm. AktG, § 401 Rz. 55.
24 *Otto* in Großkomm. AktG, § 401 Rz. 56.

VII. Irrtum

Ein zum Ausschluss des Vorsatzes führender **Tatbestandsirrtum** (§ 16 Abs. 1 StGB) 12
kommt in Betracht, wenn der Täter nicht erkennt, dass sich die Gesellschaft in einer
der von § 92 Abs. 1 und 2 erfassten Krisensituation befindet[25]. War der Irrtum für den
Täter vermeidbar, kommt eine Strafbarkeit nach § 401 Abs. 2 in Betracht (§ 16 Abs. 1
Satz 2 StGB)[26]. Ein **Verbotsirrtum** (§ 17 StGB) kommt allenfalls in Betracht, wenn der
Täter irrig annimmt, den Pflichten in § 92 Abs. 1 und 2 nicht nachkommen zu müssen.

VIII. Konkurrenzen

Neben einer Strafbarkeit nach § 401 kommt eine solche nach den Vermögensdelikten 13
des StGB in Betracht, insbesondere bei § 401 Abs. 1 Nr. 2 kommt eine Strafbarkeit
nach den §§ 283 ff. StGB in Betracht; regelmäßig liegt insoweit Tatmehrheit vor[27].

§ 402
Falsche Ausstellung von Berechtigungsnachweisen

**(1) Wer Bescheinigungen, die zum Nachweis des Stimmrechts in einer Hauptver-
sammlung oder in einer gesonderten Versammlung dienen sollen, falsch ausstellt
oder verfälscht, wird mit Freiheitsstrafe bis zu drei Jahren oder mit Geldstrafe bestraft, wenn die Tat nicht in anderen Vorschriften über Urkundenstraftaten mit
schwererer Strafe bedroht ist.**

**(2) Ebenso wird bestraft, wer von einer falschen oder verfälschten Bescheinigung der
in Absatz 1 bezeichneten Art zur Ausübung des Stimmrechts Gebrauch macht.**

(3) Der Versuch ist strafbar.

I. Allgemeines	1		V. Rechtswidrigkeit		6
II. Objektiver Tatbestand	2		VI. Täterschaft und Teilnahme		7
III. Subjektiver Tatbestand	4		VII. Irrtum		8
IV. Vollendung	5		VIII. Konkurrenzen		9

I. Allgemeines

Die Strafbestimmung steht in einem unmittelbaren Zusammenhang mit der dem 1
Satzungsorgan eröffneten Möglichkeit, die Teilnahme an der Hauptversammlung
oder die Ausübung des Stimmrechts davon abhängig zu machen, dass die Berechtigung hierzu nachgewiesen wird (§ 123 Abs. 3), wobei die Legitimation auch mittels
einer früher notwendigen Hinterlegungsbescheinigung geführt werden kann (s. § 123
Rz. 18). Entsprechendes gilt für eine gesonderte Versammlung der Aktionäre (§ 138
Satz 2). Indem § 402 das falsche Ausstellen bzw. Verfälschen von Bescheinigungen
unter Strafe stellt, soll die Vorschrift ein **unverfälschtes Abstimmungsergebnis** si-

---

25 S. *Fuhrmann* in G/H/E/K, § 401 Rz. 24.
26 *Otto* in Großkomm. AktG, § 401 Rz. 63; *Schaal* in MünchKomm. AktG, § 401 Rz. 30.
27 Näher dazu *Schaal* in MünchKomm. AktG, § 401 Rz. 82

cherstellen[1]. Einen Erfolgseintritt setzt der Straftatbestand nicht voraus; § 402 ist ein **abstraktes Gefährdungsdelikt**, dass von jedermann verwirklicht werden kann (**Allgemeindelikt**)[2].

II. Objektiver Tatbestand

2 **Bescheinigungen** sind schriftliche Erklärungen, die dokumentieren, dass eine bestimmte Person Aktionär der Gesellschaft ist. Der Schriftform i.S. des § 126 BGB müssen sie – vorbehaltlich abweichender Satzungsbestimmung – nicht genügen[3], gleichwohl aber erkennen lassen, von wem die Bescheinigung herrührt; bei börsennotierten Gesellschaften muss die Bescheinigung jedoch der Textform (§ 126b BGB) genügen. Ferner muss die Bescheinigung zum Nachweis über das Stimmrecht in der Hauptversammlung bzw. einer gesonderten Versammlung dienen. Hierfür genügt es, wenn die Bescheinigung als solche geeignet ist, diesen Zweck zu erfüllen[4]. Damit hängt die Strafbarkeit nach § 402 indirekt davon ab, dass die Satzung der Gesellschaft überhaupt von der in § 123 Abs. 3 Satz 1 eröffneten Möglichkeit für die Ausübung des Stimmrechts Gebrauch gemacht hat[5]. Die Bezeichnung der Bescheinigung ist unerheblich; entscheidend ist deren Zweck, so dass auch eine „Stimmkarte" als Bescheinigung i.S. des § 402 Abs. 1 in Betracht kommen kann[6]. Zu anderen Zwecken (z.B. Kreditgewährung) erstellte Bescheinigungen werden nicht von § 402 erfasst[7]. Inhaltliche Mängel der Bescheinigung stehen der Strafbarkeit nicht entgegen, sofern die Bescheinigung unverändert ihre Kontrollfunktion erfüllen kann[8].

3 Als **Tathandlung** erfasst § 402 das falsche Ausstellen (Abs. 1 Alt. 1), das Verfälschen (Abs. 1 Alt. 2) sowie das Gebrauchmachen einer falsch ausgestellten oder verfälschten Bescheinigung (Abs. 2). **Falsch ausgestellt** ist diese insbesondere, wenn der in ihr angegebene nicht der wirkliche Aussteller ist oder ihr Inhalt unrichtig ist[9]. Für die **Verfälschung** bedarf es einer inhaltlichen Veränderung der Bescheinigung, so dass sie etwas anderes aussagt als der Aussteller erklärt hat[10]. Für das **Gebrauchmachen** einer falschen oder verfälschten Bescheinigung genügt es, wenn diese dem zu Täuschenden zugänglich ist und er die Möglichkeit hat, von ihrem Inhalt Kenntnis zu nehmen[11]. Für die **Vollendung** ist die tatsächliche Kenntnis durch den zu Täuschenden nicht erforderlich. Ebenso ist im Hinblick auf den Zweck der Strafnorm nicht notwendig, dass die Bescheinigung durch eine nach § 402 Abs. 1 strafbare Handlung entstanden ist[12].

---

1 *Fuhrmann* in G/H/E/K, § 402 Rz. 3; *Otto* in Großkomm. AktG, § 402 Rz. 4; im Grundsatz auch *Schaal* in MünchKomm. AktG, § 402 Rz. 4.
2 Statt aller *Geilen* in KölnKomm. AktG, § 402 Rz. 2; *Schaal* in MünchKomm. AktG, § 402 Rz. 7 f.
3 S. dazu *Otto* in Großkomm. AktG, § 402 Rz. 12.
4 *Otto* in Großkomm. AktG, § 402 Rz. 8; *Schaal* in MünchKomm. AktG, § 402 Rz. 9.
5 *Otto* in Großkomm. AktG, § 402 Rz. 9; *Schaal* in MünchKomm. AktG, § 402 Rz. 3.
6 *Fuhrmann* in G/H/E/K, § 402 Rz. 6; *Geilen* in KölnKomm. AktG, § 402 Rz. 4; *Otto* in Großkomm. AktG, § 402 Rz. 10; *Schaal* in MünchKomm. AktG, § 402 Rz 12.
7 *Otto* in Großkomm. AktG, § 402 Rz. 11.
8 *Geilen* in KölnKomm. AktG, § 402 Rz. 5; *Otto* in Großkomm. AktG, § 402 Rz. 13; im Grundsatz auch *Fuhrmann* in G/H/E/K, § 402 Rz. 7.
9 *Geilen* in KölnKomm. AktG, § 402 Rz. 9; *Otto* in Großkomm. AktG, § 402 Rz. 21; *Schaal* in MünchKomm. AktG, § 402 Rz. 15.
10 *Geilen* in KölnKomm. AktG, § 402 Rz. 11; *Otto* in Großkomm. AktG, § 402 Rz. 12; *Schaal* in MünchKomm. AktG, § 402 Rz. 19.
11 *Geilen* in MünchKomm. AktG, § 402 Rz. 12; *Otto* in Großkomm. AktG, § 402 Rz. 24; *Schaal* in MünchKomm. AktG, § 402 Rz. 22.
12 *Otto* in Großkomm. AktG, § 402 Rz. 27.

III. Subjektiver Tatbestand

In subjektiver Hinsicht ist für eine Strafbarkeit nach **§ 402 Abs. 1** Vorsatz erforder- 4
lich; **bedingter Vorsatz** ist ausreichend[13]. Für eine Strafbarkeit nach **§ 402 Abs. 2**
muss hinzukommen, dass der Täter mit der Absicht handelte, die Ausübung des
Stimmrechts zu ermöglichen[14].

IV. Vollendung

Für die Strafbarkeit muss die Vollendung der Tat nicht eingetreten sein; § 403 Abs. 3 5
stellt ausdrücklich auch den **Versuch** unter Strafe (vgl. § 23 Abs. 1 StGB)[15].

V. Rechtswidrigkeit

Bezüglich der Rechtswidrigkeit gelten die allgemeinen Grundsätze. 6

VI. Täterschaft und Teilnahme

Da § 402 ein **Allgemeindelikt** ist, gelten für Täterschaft und Teilnahme die §§ 25 bis 7
27 StGB ohne Einschränkungen[16].

VII. Irrtum

Für den Irrtum gelten die §§ 16, 17 StGB. 8

VIII. Konkurrenzen

Die praktische Bedeutung der Vorschrift ist infolge der **Subsidiaritätsklausel**, auf- 9
grund deren eine Bestrafung nach den allgemeinen Urkundsdelikten (§§ 267 ff. StGB)
vorgeht[17], erheblich eingeschränkt[18]. Eigenständige Bedeutung hat jedoch die Strafbarkeit nach § 402 Abs. 2.

§ 403
Verletzung der Berichtspflicht

**(1) Mit Freiheitsstrafe bis zu drei Jahren oder mit Geldstrafe wird bestraft, wer als
Prüfer oder als Gehilfe eines Prüfers über das Ergebnis der Prüfung falsch berichtet
oder erhebliche Umstände im Bericht verschweigt.**

**(2) Handelt der Täter gegen Entgelt oder in der Absicht, sich oder einen anderen zu
bereichern oder einen anderen zu schädigen, so ist die Strafe Freiheitsstrafe bis zu
fünf Jahren oder Geldstrafe.**

---

13 *Geilen* in KölnKomm. AktG, § 402 Rz. 15; *Otto* in Großkomm. AktG, § 402 Rz. 28; *Schaal* in
   MünchKomm. AktG, § 402 Rz. 24.
14 *Otto* in Großkomm. AktG, § 402 Rz. 30; *Schaal* in MünchKomm. AktG, § 402 Rz. 27.
15 Zu den Einzelheiten s. *Schaal* in MünchKomm. AktG, § 402 Rz. 32 ff.
16 Statt aller *Schaal* in MünchKomm. AktG, § 402 Rz. 36.
17 Dazu auch *Schaal* in MünchKomm. AktG, § 402 Rz. 37.
18 *Otto* in Großkomm. AktG, § 402 Rz. 41.

I. Allgemeines 1	V. Vollendung 9
II. Objektiver Tatbestand 3	VI. Rechtswidrigkeit 10
1. Täterkreis 3	VII. Täterschaft und Teilnahme 11
2. Tathandlung 5	VIII. Irrtum 12
III. Subjektiver Tatbestand 7	IX. Konkurrenzen 13
IV. Qualifizierte Deliktsverwirklichung (§ 403 Abs. 2) 8	

I. Allgemeines

1 Die Strafnorm soll vor einer unrichtigen Berichterstattung durch Personen schützen, die das Gesetz mit einer Prüfung zu den wirtschaftlichen Verhältnissen der Gesellschaft betraut. Damit dient § 403 dem **Vermögensschutz** infolge unrichtiger Berichterstattung, wobei nicht nur das Vermögen der Gesellschaft und der Aktionäre, sondern auch dasjenige aller Personen, die rechtliche Beziehungen zu der Gesellschaft unterhalten oder aufnehmen wollen, geschützt wird[1]. Diesen Schutz errichtet § 403 nur für die **Gründungs- sowie die Sonderprüfung**; hinsichtlich der **Abschlussprüfung** greifen die speziellen Strafbestimmungen in § 316 HGB sowie § 322 HGB ein, für Prüfungen im Rahmen einer **Umwandlung** gilt die Strafnorm des § 314 UmwG.

2 § 403 kommt grundsätzlich als **Schutzgesetz i.S. des § 823 Abs. 2 BGB** in Betracht[2]. Ein hierauf gestützter Schadensersatzanspruch setzt allerdings voraus, dass der Geschädigter auf die Richtigkeit der Berichterstattung vertraut und infolgedessen einen Vermögensschaden erlitten hat[3]; es muss ein innerer Zusammenhang zwischen dem durch § 403 bezweckten Schutz vor Vermögensschäden aus der falschen Berichterstattung und dem tatsächlich eingetretenen Schaden vorliegen[4]. Für die Strafbarkeit nach § 403 ist dieser nicht erforderlich, insoweit genügt eine durch die unrichtige Berichterstattung geschaffene Gefahrenlage; § 403 ist ein **abstraktes Gefährdungsdelikt**[5]. Dieses kann nicht von jedermann als Täter verwirklicht werden, sondern nur von den in § 403 genannten Personen (Prüfer und deren Gehilfen); § 403 ist ein **echtes Sonderdelikt**[6].

II. Objektiver Tatbestand

1. Täterkreis

3 Der Strafbarkeit nach § 403 unterliegen Prüfer nur, wenn sie als **Gründungsprüfer** (§§ 33, 52 Abs. 4) bestellt worden sind. Wegen des Zwecks der Strafnorm sind **rechtliche Mängel bei der Bestellung** unerheblich, solange der Prüfer im Einvernehmen mit

---

1 OLG Karlsruhe v. 7.2.1985 – 12 U 132/82, ZIP 1985, 409, 414 = AG 1985, 223; *Otto* in Großkomm. AktG, § 403 Rz. 2; *Schaal* in MünchKomm. AktG, § 403 Rz. 2; i.E. auch *Geilen* in KölnKomm. AktG, § 403 Rz. 5.
2 OLG Hamm v. 21.10.1998 – 25 U 95/97, GI 1999, 225; OLG Karlsruhe v. 7.2.1985 – 12 U 132/82, ZIP 1985, 409, 414 = AG 1985, 223.
3 *Otto* in Großkomm. AktG, § 403 Rz. 3; *Schaal* in MünchKomm. AktG, § 403 Rz. 3.
4 Deshalb im konkreten Fall einen Ersatzanspruch verneinend OLG Karlsruhe v. 7.2.1985 – 12 U 132/82, ZIP 1985, 409, 415 = AG 1985, 223, weil der Schaden infolge einer Vermögensstraftat herbeigeführt wurde.
5 *Otto* in Großkomm. AktG, § 403 Rz. 6; *Schaal* in MünchKomm. AktG, § 403 Rz. 5.
6 *Geilen* in KölnKomm. AktG, § 403 Rz. 7, 46; *Otto* in Großkomm. AktG, § 403 Rz. 4; *Schaal* in MünchKomm. AktG, § 403 Rz. 4.

dem dafür zuständigen Organ gehandelt hat[7]. **Abschlussprüfer** bzw. **Konzernab-schlussprüfer** werden von § 403 ebenso wenig erfasst wie Prüfer im Rahmen einer **Umwandlung** (s. oben Rz. 1). Wurde nicht eine natürliche Person, sondern eine **Prü-fungsgesellschaft** mit der Vornahme der Prüfung betraut, dann gilt bezüglich der Strafbarkeit § 14 Abs. 1 Nr. 1 StGB[8].

Bezüglich der **Gehilfen des Prüfers** bedarf der Straftatbestand angesichts der unter   4
Strafe gestellten Tathandlung einer restriktiven Auslegung, anderenfalls würden alle
Hilfspersonen des Prüfers (z. B. auch Schreibkräfte) erfasst[9]. Erforderlich ist deshalb,
dass auf Veranlassung des Prüfers Prüfungsaufgaben von Dritten wahrgenommen
werden und dessen Angaben in den Bericht des Prüfers einfließen[10].

2. Tathandlung

Die unter Strafe gestellten Tathandlungen müssen sich auf die von einem tauglichen   5
Täter vorzunehmende **Prüfung** beziehen, so dass § 34 für die Gründungsprüfung und
§ 142 für die Sonderprüfung nicht nur den Prüfungsgegenstand, sondern zugleich den
Umfang des Prüfungsberichts festlegen, dessen Richtigkeit § 403 sicherstellen soll.
Nur soweit der Inhalt der Prüfung reicht, sind Handlungen der in Rz. 3 und 4 genann-
ten Personen im Hinblick auf § 403 strafrechtlich relevant.

Mit dem **Bericht über das Ergebnis der Prüfung** meint § 403 Abs.1 den Prüfungsbe-   6
richt, der **unrichtig** ist, wenn dieser von den im Rahmen der Prüfung getroffenen
Feststellungen abweicht[11]. Ob diese und damit auch der Bericht der Wirklichkeit entsprechen, ist für eine Strafbarkeit nach § 403 unerheblich[12]. Waren bereits die
Prüfungsfeststellungen unrichtig, wurden diese jedoch zutreffend in den Bericht
übernommen, so kommt eine Bestrafung nach § 403 nicht in Betracht[13]. Mit dieser
Einschränkung steht der unter Strafe gestellte unrichtige Bericht mit dem gleichfalls
unter Strafe stehenden unvollständigen bzw. lückenhaften Bericht gleich, der auf
dem Verschweigen erheblicher Umstände beruht. Ob unterbliebene Angaben für den
Bericht über das Ergebnis der Prüfung erheblich sind, bestimmt sich vor allem nach
dem Umfang der Prüfung (s. oben Rz. 3).

III. Subjektiver Tatbestand

Die Strafbarkeit setzt in subjektiver Hinsicht **bedingten Vorsatz** voraus[14]; der Täter   7
muss zumindest mit der Möglichkeit rechnen, dass der Bericht von den Prüfungsfeststellungen abweicht oder diese unvollständig wiedergibt[15]. Tritt eine **Bereicherungs-**

---

7 *Otto* in Großkomm. AktG, § 403 Rz. 10; wohl auch *Geilen* in KölnKomm. AktG, § 403 Rz.
   15, der jedoch jegliche tatsächliche Wahrnehmung der Prüfungstätigkeit ausreichen lässt.
8 *Geilen* in KölnKomm. AktG, § 403 Rz. 20; *Schaal* in MünchKomm. AktG, § 403 Rz. 13.
9 Hierfür aber *Schaal* in MünchKomm. AktG, § 403 Rz. 14; dagegen jedoch *Geilen* in Köln-
   Komm. AktG, § 403 Rz. 18 f.
10 S. *Otto* in Großkomm. AktG, § 403 Rz. 9.
11 *Geilen* in KölnKomm. AktG, § 403 Rz. 24; *Otto* in Großkomm. AktG, § 403 Rz. 18; *Schaal* in
   MünchKomm. AktG, § 403 Rz. 24; exemplarisch OLG Karlsruhe v. 7.2.1985 – 12 U 132/82,
   ZIP 1985, 409, 415 = AG 1985, 223.
12 OLG Karlsruhe v. 7.2.1985 – 12 U 132/82, ZIP 1985, 409, 415 = AG 1985, 223; *Geilen* in Köln-
   Komm. AktG, § 403 Rz. 24; *Otto* in Großkomm. AktG, § 403 Rz. 18; *Schaal* in MünchKomm.
   AktG, § 403 Rz. 24.
13 *Schaal* in MünchKomm. AktG, § 403 Rz. 26.
14 *Geilen* in KölnKomm. AktG, § 403 Rz. 39; *Schaal* in MünchKomm. AktG, § 403 Rz. 30.
15 *Geilen* in KölnKomm. AktG, § 403 Rz. 42; *Otto* in Großkomm. AktG, § 403 Rz. 26; *Schaal* in
   MünchKomm. AktG, § 403 Rz. 30.

oder **Schädigungsabsicht** hinzu, so erfüllt der Täter die Qualifikation in § 403 Abs. 2 (s. unten Rz. 8).

IV. Qualifizierte Deliktsverwirklichung (§ 403 Abs. 2)

8   Einen erweiterten Strafrahmen legt § 403 Abs. 2 fest, wenn der Täter die Tathandlung gegen Entgelt (§ 11 Abs. 1 Nr. 9 StGB) oder in der Absicht vornimmt, einen rechtswidrigen Vermögensvorteil zu erzielen (Bereicherungsabsicht)[16] oder hierdurch einem Dritten einen Vermögensnachteil zufügen will (Schädigungsabsicht)[17]. Für die subjektiven Qualifikationen ist dolus directus 1. Grades erforderlich, so dass es dem Täter auf die Erzielung des Vermögensvorteils bzw. – Nachteils ankommen muss[18].

V. Vollendung

9   Die Tat ist ein Vergehen (§ 12 Abs. 1 StGB); wegen der fehlenden Strafbarkeit des Versuchs (§ 23 Abs. 1 StGB), kann nur die Vollendung der Tat nach § 403 bestraft werden. Das gilt sowohl für den Grundtatbestand in Abs. 1 als auch für die Qualifikationen in Abs. 2. Vollendet ist die Tat, wenn der Bericht dem zuständigen Empfänger zugegangen ist[19].

VI. Rechtswidrigkeit

10   Bezüglich der Rechtswidrigkeit gelten die allgemeinen strafrechtlichen Grundsätze.

VII. Täterschaft und Teilnahme

11   Der Deliktstatbestand ist ein **echtes Sonderdelikt** (s. Rz. 2) und kann nur von den in § 403 Abs. 1 Genannten (s. oben Rz. 3 f.) täterschaftlich verwirklicht werden; Dritte kommen lediglich als Anstifter (§ 26 StGB) oder Gehilfen (§ 27 StGB) in Betracht.

VIII. Irrtum

12   Hinsichtlich eines Irrtums greifen die allgemeinen Grundsätze ein. Ein Irrtum über die **Erheblichkeit des Umstandes** wird verbreitet als **Tatbestandsirrtum** eingeordnet[20].

IX. Konkurrenzen

13   Mit einer Strafbarkeit nach § 403 kann eine Teilnahme zu anderen Delikten (z.B. § 399 Abs. 1 Nr. 2) sowie allgemeinen Vermögensdelikten (§§ 263, 266 StGB) und den Insolvenzstraftaten (§§ 283 ff. StGB) einhergehen.

---

16 *Otto* in Großkomm. AktG, § 403 Rz. 32; a.A. *Schaal* in MünchKomm. AktG, § 403 Rz. 38, der auf die Rechtswidrigkeit des Vermögensvorteils verzichtet.
17 *Otto* in Großkomm. AktG, § 403 Rz. 35; ohne Beschränkung auf Vermögensnachteile aber *Schaal* in MünchKomm. AktG, § 403 Rz. 40.
18 *Otto* in Großkomm. AktG, § 403 Rz. 33.
19 Näher *Schaal* in MünchKomm. AktG, § 403 Rz. 42.
20 So *Otto* in Großkomm. AktG, § 403 Rz. 38; *Schaal* in MünchKomm. AktG, § 403 Rz. 34; diff. demgegenüber *Geilen* in KölnKomm. AktG, § 403 Rz. 4.

§ 404
Verletzung der Geheimhaltungspflicht

(1) Mit Freiheitsstrafe bis zu einem Jahr, bei börsennotierten Gesellschaften bis zu zwei Jahren, oder mit Geldstrafe wird bestraft, wer ein Geheimnis der Gesellschaft, namentlich ein Betriebs- oder Geschäftsgeheimnis, das ihm in seiner Eigenschaft als

1. Mitglied des Vorstands oder des Aufsichtsrats oder Abwickler
2. Prüfer oder Gehilfe eines Prüfers

bekanntgeworden ist, unbefugt offenbart; im Falle der Nummer 2 jedoch nur, wenn die Tat nicht in § 333 des Handelsgesetzbuchs mit Strafe bedroht ist.

(2) Handelt der Täter gegen Entgelt oder in der Absicht, sich oder einen anderen zu bereichern oder einen anderen zu schädigen, so ist die Strafe Freiheitsstrafe bis zu zwei Jahren, bei börsennotierten Gesellschaften bis zu drei Jahren, oder Geldstrafe. Ebenso wird bestraft, wer ein Geheimnis der in Absatz 1 bezeichneten Art, namentlich ein Betriebs- oder Geschäftsgeheimnis, das ihm unter den Voraussetzungen des Absatzes 1 bekanntgeworden ist, unbefugt verwertet.

(3) Die Tat wird nur auf Antrag der Gesellschaft verfolgt. Hat ein Mitglied des Vorstands oder ein Abwickler die Tat begangen, so ist der Aufsichtsrat, hat ein Mitglied des Aufsichtsrats die Tat begangen, so sind der Vorstand oder die Abwickler antragsberechtigt.

I. Allgemeines	1	IV. Vollendung	12
II. Objektiver Tatbestand	4	V. Rechtswidrigkeit	13
1. Geheimnis der Gesellschaft	4	VI. Täterschaft und Teilnahme	14
2. Täterkreis	5	VII. Irrtum	15
3. Tathandlung	7	VIII. Konkurrenzen	16
III. Subjektiver Tatbestand	11		

I. Allgemeines

Die Strafnorm in § 404 flankiert den Schutz der Geheimnisse der Gesellschaft, den 1 § 93 Abs. 1 Satz 3 für die Mitglieder des Vorstandes sowie mittels der Verweisung in § 116 Satz 1 für die Mitglieder des Aufsichtsrates begründet. Unstreitig zählt das Interesse der Gesellschaft an einer Geheimhaltung der Geheimnisse zu den **geschützten Rechtsgütern**, verbreitet werden auch die Interessen der Aktionäre an einer Geheimhaltung genannt[1]. Die Interessen der Gläubiger sind hingegen nach überwiegender Ansicht ebenso wenig einbezogen[2] wie das der Arbeitnehmer an einer Geheimhaltung[3]. Bedeutsam ist dies insbesondere, wenn infolge der unter Strafe gestellten Tathandlung ein Schaden eintritt. Zwar ist die Qualifizierung des § 404 als **Schutzgesetz i.S. des § 823 Abs. 2 BGB** im Grundsatz unstreitig[4], gegen eine Einbeziehung der Aktionäre, der Gesellschaftsgläubiger sowie der Arbeitnehmer in den personellen

---

1 Hierfür z.B. *Otto* in Großkomm. AktG, § 404 Rz. 2; *Schaal* in MünchKomm. AktG, § 404 Rz. 3.
2 *Geilen* in KölnKomm. AktG, § 404 Rz. 11; *Otto* in Großkomm. AktG, § 404 Rz. 2.
3 Wie hier *Otto* in Großkomm. AktG, § 404 Rz. 2; *Schaal* in MünchKomm. AktG, § 404 Rz. 3; a.A. *Geilen* in KölnKomm. AktG, § 404 Rz. 11.
4 So z.B. *Geilen* in KölnKomm. AktG, § 404 Rz. 11; *Otto* in Großkomm. AktG, § 404 Rz. 3; *Schaal* in MünchKomm. AktG, § 404 Rz. 4.

Schutzbereich spricht indes das fehlende Antragsrecht der vorgenannten Personen (§ 404 Abs. 3).

2　Den Tatbestand des § 404 Abs. 1 kann nur der dort aufgezählte Personenkreis verwirklichen, § 404 ist ein **echtes Sonderdelikt**[5]. Da dieses die Strafbarkeit bereits mit der unbefugten Offenbarung bzw. Verwertung (§ 404 Abs. 2 Satz 2) verknüpft, will die Strafnorm verhindern, dass es zu einer konkreten Gefährdung der Gesellschaft oder gar zum Eintritt eines Vermögensschadens kommt; die Norm ist als **abstraktes Gefährdungsdelikt** zu qualifizieren[6].

3　Die Tat wird nach § 404 Abs. 3 Satz 1 nur auf **Antrag** verfolgt, der in der Regel von dem **Vorstand** zu stellen ist. Nur wenn die Tat von einem Mitglied des Vorstandes begangen worden ist, übt der **Aufsichtsrat** – entsprechend dem Rechtsgedanken in § 112 – das Antragsrecht für die Gesellschaft aus. Hierüber muss der Aufsichtsrat einen wirksamen Beschluss fassen, den in der Regel der Vorsitzende ausführt[7].

II. Objektiver Tatbestand

1. Geheimnis der Gesellschaft

4　Die Strafbarkeit nach § 404 knüpft an ein „Geheimnis der Gesellschaft, namentlich ein Betriebs- oder Geschäftsgeheimnis" an, was der Formulierung in **§ 93 Abs. 1 Satz 3** entspricht, der die Verschwiegenheitspflicht bezüglich der vorgenannten Tatsachen begründet. Wegen der Gesetzessystematik und des gemeinsamen Schutzzwecks ist die Auslegung zu § 93 Abs. 1 Satz 3 auch für § 404 maßgebend (s. deshalb näher oben § 93 Rz. 17 ff.). Ein Vergleich mit § 93 Abs. 1 Satz 3 könnte den Schluss naheliegen, dass **„vertrauliche Angaben"** nicht in den Schutz der Strafnorm einbezogen sind; eine tatbestandliche Exklusivität wollte der Gesetzgeber indes in § 93 Abs. 1 Satz 3 nicht festschreiben, so dass eigenständig zu prüfen ist, ob eine vertrauliche Angabe die strengeren Anforderungen eines „Geheimnisses der Gesellschaft" erfüllt[8]. Einer formellen **Geheimhaltungserklärung** – wie für eine Strafbarkeit nach § 45 Abs. 1 Nr. 2, Abs. 2 Nr. 1 SEBG i.V.m. § 41 Abs. 2 SEBG erforderlich (s. *Oetker* in Lutter/Hommelhoff, SE-Kommentar, § 45 SEBG Rz. 4) – bedarf es für eine Strafbarkeit nach § 404 nicht[9]; sie dokumentiert jedoch den für den Geheimnischarakter unerlässlichen **Geheimhaltungswillen**.

2. Täterkreis

5　Wegen des Charakters als echtes **Sonderdelikt** (s. oben Rz. 2) kommen nur die in § 404 Abs. 1 abschließend aufgezählten Personen als Täter in Betracht. **Vorstandsmitglieder** zählen hierzu jedenfalls dann, wenn sie von dem Aufsichtsrat (§ 84) bzw. von einem Gericht (§ 85) rechtswirksam bestellt worden sind. Entsprechendes gilt für **Mitglieder des Aufsichtsrates** sowie **Abwickler** und **Prüfer** (s. auch oben § 399 Rz. 5 ff.). Im Hinblick auf das geschützte Rechtsgut ist die Strafbarkeit nicht streng akzessorisch zu der **Rechtswirksamkeit des Bestellungsaktes**; es genügt, wenn die Ämter faktisch wahrgenommen werden[10].

5　*Geilen* in KölnKomm. AktG, § 404 Rz. 12; *Otto* in Großkomm. AktG, § 404 Rz. 4; *Schaal* in MünchKomm. AktG, § 404 Rz. 5.
6　*Otto* in Großkomm. AktG, § 404 Rz. 5; *Schaal* in MünchKomm. AktG, § 404 Rz. 6.
7　*Schaal* in MünchKomm. AktG, § 404 Rz. 67.
8　Wie hier *Geilen* in KölnKomm. AktG, § 404 Rz. 37; *Otto* in Großkomm. AktG, § 404 Rz. 21.
9　*Geilen* in KölnKomm. AktG, § 404 Rz. 34.
10　*Geilen* in KölnKomm. AktG, § 404 Rz. 13; *Otto* in Großkomm. AktG, § 404 Rz. 7; *Schaal* in MünchKomm. AktG, § 404 Rz. 14.

Das Gesetz verlangt einen **zeitlichen und funktionalen Zusammenhang** zwischen   6
Kenntniserlangung und pflichtbegründender Sonderstellung. Dem Täter müssen
die Geheimnisse während seiner Amtstätigkeit bekannt geworden sein und dies
muss auf die Ausübung des Amtes zurückzuführen sein. Auch insoweit korrespondiert der Straftatbestand mit § 93 Abs. 1 Satz 3 (s. deshalb näher § 93 Rz. 17 ff.). Ob
der Täter hingegen im **Tatzeitpunkt**, also dem Offenbaren bzw. Verwerten, noch die
Amtsstellung innehatte, ist für die Strafbarkeit bedeutungslos[11]; der Strafrechtsschutz besteht nach Beendigung der Amtsstellung fort.

3. Tathandlung

Unter Strafe stellt das Gesetz sowohl die Offenbarung des Geheimnisses (§ 400   7
Abs. 1) als auch dessen Verwertung (§ 404 Abs. 2 Satz 2), versieht die letztgenannte
Tathandlung jedoch mit einer schärferen Strafandrohung (Freiheitsstrafe bis zu zwei
bzw. drei Jahren). Beide Tathandlungen stehen nur dann unter Strafe, wenn sich der
zur Verschwiegenheit Verpflichtete nicht auf eine Befugnis zur Offenbarung bzw.
Verwertung stützen kann.

Eine **Offenbarung des Geheimnisses** liegt vor, wenn der Täter dieses einem Dritten   8
zugänglich macht, wobei die tatsächliche Kenntnisnahme durch diesen wegen des
geschützten Rechtsgutes nicht notwendig ist; insoweit genügt bereits die Möglichkeit hierzu[12]. Kannte der Empfänger das Geheimnis bereits, so scheidet eine Offenbarung aus.

Die **Verwertung** des Geheimnisses stellt dessen Nutzung zum Zwecke der Gewinn-   9
erzielung unter Strafe, so dass die Verwendung zu anderen (z. B. politischen) Zwecken nicht unter die eigenständige Strafandrohung in § 404 Abs. 2 Satz 2 fällt[13].
Regelmäßig ist das Verhalten jedoch bereits nach § 404 Abs. 1 strafbar. Für eine Verwertung muss kein wirtschaftlicher Vorteil eingetreten sein, es genügt eine auf Gewinnerzielung gerichtete Tätigkeit[14]. Da die Offenbarung gegen Entgelt bereits die
Qualifikation in § 404 Abs. 2 Satz 1 erfüllt, erfasst § 404 Abs. 2 Satz 2 lediglich Ver-
wertungshandlungen, die auf andere Weise als durch Offenbarung erfolgen[15].

Sowohl Offenbarung als auch Verwertung eines Geheimnisses stellt das Gesetz nur   10
dann unter Strafe, wenn dieses **„unbefugt"** geschieht. Hierin liegt grundsätzlich ein
allgemeiner Hinweis auf die Rechtswidrigkeit[16], wobei strittig ist, ob die Befugnis
zur Offenbarung bzw. Verwertung erst die Rechtswidrigkeit oder bereits die Tatbe-
standsmäßigkeit entfallen lässt[17]. Die Befugnis muss von dem Träger des Geheimnisses, d. h. dem für die Geheimhaltung zuständigen Organ erteilt worden sein[18]; durch
einzelne Organmitglieder erklärte Gestattungen genügen hierfür nicht[19].

---

11 *Geilen* in KölnKomm. AktG, § 404 Rz. 16; *Otto* in Großkomm. AktG, § 404 Rz. 10; *Schaal* in
    MünchKomm. AktG, § 404 Rz. 18.
12 *Geilen* in KölnKomm. AktG, § 404 Rz. 52; *Otto* in Großkomm. AktG, § 404 Rz. 25.
13 *Geilen* in KölnKomm. AktG, § 404 Rz. 56 f.; *Otto* in Großkomm. AktG, § 404 Rz. 27; *Schaal*
    in MünchKomm. AktG, § 404 Rz. 48.
14 *Otto* in Großkomm. AktG, § 404 Rz. 28; *Schaal* in MünchKomm. AktG, § 404 Rz. 47.
15 *Otto* in Großkomm. AktG, § 404 Rz. 28.
16 So *Geilen* in KölnKomm. AktG, § 404 Rz. 74.
17 S. dazu *Schaal* in MünchKomm. AktG, § 404 Rz. 33.
18 *Schaal* in MünchKomm. AktG, § 404 Rz. 34.
19 A.A. *Schaal* in MünchKomm. AktG, § 404 Rz. 34, für das „zuständige" Vorstandsmitglied.

III. Subjektiver Tatbestand

11   Für den subjektiven Tatbestand ist **vorsätzliches Handeln** erforderlich[20]; die fahrlässige Offenbarung oder Verwertung von Geheimnissen steht nicht unter Strafe (vgl. § 15 StGB). Wie sich im Umkehrschluss aus § 404 Abs. 2 Satz 1 ergibt, ist eine mit der Tathandlung verfolgte Absicht nicht erforderlich; es genügt **bedingter Vorsatz**.

IV. Vollendung

12   Die versuchte Offenbarung bzw. Verwertung steht nicht unter Strafe (§ 23 Abs. 1 StGB)[21], so dass die Vollendung eingetreten sein muss. Bei der Offenbarung genügt hierfür, dass das Geheimnis derart in den Machtbereich des Empfängers gelangt ist, dass er von diesem Kenntnis nehmen kann[22]. Bei der Verwertung tritt die Vollendung bereits ein, wenn der Täter Handlungen vorgenommen hat, die nach seiner Ansicht der beabsichtigten Gewinnerzielung dienen[23].

V. Rechtswidrigkeit

13   Die Rechtswidrigkeit entfällt nicht nur nach Maßgabe der **allgemeinen Rechtfertigungsgründe**, insbesondere einem rechtfertigenden Notstand (§ 34 StGB), sondern bei einer Offenbarung auch dann, wenn eine **gesetzliche Verpflichtung zur Mitteilung** des Geheimnisses besteht. Neben der strafrechtlich bewehrten Pflicht zur **Anzeige schwerer Straftaten (§ 138 StGB)** sowie etwaigen **Aussagepflichten** in einem Zivil- oder Strafprozess[24] scheidet die Rechtswidrigkeit insbesondere auch aus, wenn kraft Gesetzes eine Pflicht zur Mitteilung von Geheimnissen der Gesellschaft besteht[25]. Hierzu zählen neben Auskunftspflichten des Vorstandes **gegenüber dem Aufsichtsrat**[26] auch Unterrichtungs- und Auskunftsrechte von **Arbeitnehmervertretungen**, wie sie z. B. § 106 Abs. 2 BetrVG im Verhältnis zum **Wirtschaftsausschuss** begründet[27]. Entsprechendes gilt für Auskunftspflichten die das **SEBG** gegenüber dem **BVG** bzw. einem **SE-Betriebsrat kraft Gesetzes** begründet, sofern nicht wegen § 41 Abs. 1 SEBG eine Weitergabe des Geheimnisses unterbleiben kann. In diesem Fall verstößt die Weitergabe des Geheimnisses an das BVG bzw. den SE-Betriebsrat kraft Gesetzes gegen § 404[28].

VI. Täterschaft und Teilnahme

14   Da § 404 ein echtes Sonderdelikt ist (s. oben Rz. 2), kommen nur die dort genannten Personen als Täter in Betracht. Eine Strafbarkeit außen Stehender als Anstifter (§ 26 StGB) oder Gehilfe (§ 27 StGB) schließt dies nicht aus[29].

---

20   *Schaal* in MünchKomm. AktG, § 404 Rz. 52.
21   *Schaal* in MünchKomm. AktG, § 404 Rz. 56.
22   *Geilen* in KölnKomm. AktG, § 404 Rz. 66; *Otto* in Großkomm. AktG, § 404 Rz. 32; *Schaal* in MünchKomm. AktG, § 404 Rz. 57.
23   *Geilen* in KölnKomm. AktG, § 404 Rz. 67; *Otto* in Großkomm. AktG, § 404 Rz. 33; *Schaal* in MünchKomm. AktG, § 404 Rz. 60.
24   S. statt aller *Schaal* in MünchKomm. AktG, § 404 Rz. 35 sowie zum Zeugnisverweigerungsrecht in § 383 Abs. 1 Nr. 6 ZPO OLG Koblenz v. 5.3.1987 – 6 W 38/87, ZIP 1987, 637 ff. = AG 1987, 184.
25   S. auch *Geilen* in KölnKomm. AktG, § 404 Rz. 78.
26   *Schaal* in MünchKomm. AktG, § 404 Rz. 36.
27   S. dazu ausführlich *Oetker* in FS Wißmann, 2005, S. 396 ff.
28   Näher *Oetker* in FS Wißmann, 2005, S. 396, 409 f.
29   *Geilen* in KölnKomm. AktG, § 404 Rz. 86; *Otto* in Großkomm. AktG, § 404 Rz. 51; *Schaal* in MünchKomm. AktG, § 404 Rz. 62.

VII. Irrtum

Bezüglich eines Irrtums des Täters gelten die allgemeinen Vorschriften (§§ 16, 17   15
StGB). Das gilt insbesondere, wenn der Täter rechtsirrig annimmt, er sei zur Offenbarung des Geheimnisses „befugt", weil er z. B. die Reichweite einer gesetzlichen Auskunftspflicht fehlerhaft einschätzt. Hierbei handelt es sich regelmäßig um einen Irrtum über einen Rechtfertigungsgrund, der als Verbotsirrtum i.S. des § 17 StGB zu
würdigen ist[30].

VIII. Konkurrenzen

Neben einer Strafbarkeit nach § 404 kann Tateinheit mit **§ 17 UWG** bestehen; offen-   16
bart der Täter eine **Insiderinformation** (§ 15 WpHG), kommt Tateinheit mit einer
Strafbarkeit nach **§ 38 Abs. 1 Nr. 2 WpHG** in Betracht[31].

§ 405
Ordnungswidrigkeiten

**(1) Ordnungswidrig handelt, wer als Mitglied des Vorstands oder des Aufsichtsrats
oder als Abwickler**

**1. Namensaktien ausgibt, in denen der Betrag der Teilleistung nicht angegeben ist,
oder Inhaberaktien ausgibt, bevor auf sie der Ausgabebetrag voll geleistet ist**

**2. Aktien oder Zwischenscheine ausgibt, bevor die Gesellschaft oder im Fall einer
Kapitalerhöhung die Durchführung der Erhöhung des Grundkapitals oder im Fall
einer bedingten Kapitalerhöhung oder einer Kapitalerhöhung aus Gesellschaftsmitteln der Beschluss über die bedingte Kapitalerhöhung oder die Kapitalerhöhung
aus Gesellschaftsmitteln eingetragen ist**

**3. Aktien oder Zwischenscheine ausgibt, die auf einen geringeren als den nach § 8
Abs. 2 Satz 1 zulässigen Mindestnennbetrag lauten oder auf die bei einer Gesellschaft mit Stückaktien ein geringerer anteiliger Betrag des Grundkapitals als der
nach § 8 Abs. 3 Satz 3 zulässige Mindestbetrag entfällt, oder**

**4. a) entgegen § 71 Abs. 1 Nr. 1 bis 4 oder Abs. 2 eigene Aktien der Gesellschaft er-
wirbt oder, in Verbindung mit § 71e Abs. 1, als Pfand nimmt**

b) zu veräußernde eigene Aktien (§ 71c Abs. 1 und 2) nicht anbietet oder

**c) die zur Vorbereitung der Beschlussfassung über die Einziehung eigener Aktien
(§ 71c Abs. 3) erforderlichen Maßnahmen nicht trifft.**

**(2) Ordnungswidrig handelt auch, wer als Aktionär oder als Vertreter eines Aktionärs
die nach § 129 in das Verzeichnis aufzunehmenden Angaben nicht oder nicht richtig
macht.**

(3) Ordnungswidrig handelt ferner, wer

**1. Aktien eines anderen, zu dessen Vertretung er nicht befugt ist, ohne dessen Ein-
willigung zur Ausübung von Rechten in der Hauptversammlung oder in einer gesonderten Versammlung benutzt**

2. zur Ausübung von Rechten in der Hauptversammlung oder in einer gesonderten

---

30 Näher dazu *Schaal* in MünchKomm. AktG, § 404 Rz. 42
31 Statt aller *Schaal* in MünchKomm. AktG, § 404 Rz. 64

Versammlung Aktien eines anderen benutzt, die er sich zu diesem Zweck durch Gewähren oder Versprechen besonderer Vorteile verschafft hat

3. Aktien zu dem in Nummer 2 bezeichneten Zweck gegen Gewähren oder Versprechen besonderer Vorteile einem anderen überlässt

4. Aktien eines anderen, für die er oder der von ihm Vertretene das Stimmrecht nach § 135 nicht ausüben darf, zur Ausübung des Stimmrechts benutzt

5. Aktien, für die er oder der von ihm Vertretene das Stimmrecht nach § 20 Abs. 7, § 21 Abs. 4, §§ 71b, 71d Satz 4, § 134 Abs. 1, §§ 135, 136, 142 Abs. 1 Satz 2, § 285 Abs. 1 nicht ausüben darf, einem anderen zum Zweck der Ausübung des Stimmrechts überlässt oder solche ihm überlassene Aktien zur Ausübung des Stimmrechts benutzt

6. besondere Vorteile als Gegenleistung dafür fordert, sich versprechen lässt oder annimmt, dass er bei einer Abstimmung in der Hauptversammlung oder in einer gesonderten Versammlung nicht oder in einem bestimmten Sinne stimme oder

7. besondere Vorteile als Gegenleistung dafür anbietet, verspricht oder gewährt, dass jemand bei einer Abstimmung in der Hauptversammlung oder in einer gesonderten Versammlung nicht oder in einem bestimmten Sinne stimme.

(4) Die Ordnungswidrigkeit kann mit einer Geldbuße bis zu fünfundzwanzigtausend Euro geahndet werden.

Literatur: *Kort*, Anwendbarkeit von § 405 AktG auf Wertpapierdarlehen?, DB 2006, 1546.

1   In § 405 sanktioniert das Gesetz die Verletzung einzelner Verhaltenspflichten als Ordnungswidrigkeit, wobei sich der Inhalt des inkriminierten Verhaltens erst aus einer Zusammenschau mit den einschlägigen aktienrechtlichen Vorschriften ergibt; § 405 hat deshalb den Charakter einer **Blankettnorm**, so dass sich auch das von § 405 geschützte **Rechtsgut** einer einheitlichen Festlegung entzieht.

2   Die Tatbestände in **Abs. 1 und 2** können nur von den dort jeweils aufgezählten **Sonderpflichtigen** erfüllt werden, wobei im Hinblick auf Abs. 1 das Begriffsverständnis zu § 399 maßgebend ist (s. § 399 Rz. 5 f.); bezüglich Abs. 2 gelten die Ausführungen zu § 400 (s. § 400 Rz. 12). Bei den Tatbeständen in **Abs. 3** handelt es sich hingegen um **Allgemeindelikte**[1]. Wegen des im Ordnungswidrigkeitenrecht maßgeblichen Einheitstäters (§ 14 OWiG) hat die vorstehende Differenzierung jedoch keine praktische Relevanz. Bei **juristischen Personen** oder rechtsfähigen Personengesellschaften gilt § 9 OWiG[2], daneben ermöglicht **§ 30 OWiG** die Verhängung einer Geldbuße gegen die juristische Person bzw. die rechtsfähige Personengesellschaft[3].

3   Die Tatbestände in **§ 405 Abs. 1 Nr. 1 bis 3** stehen im Zusammenhang mit der Ausgabe von Namens- oder Inhaberaktien vor der vollen Leistung des Nennbetrages (Nr. 1; s. § 10 Abs. 2), der Ausgabe von Aktien und Zwischenscheinen vor der Eintragung (Nr. 2; s. dazu §§ 41 Abs. 4, 191, 197, 203 Abs. 1, 219)[4] sowie der Ausgabe von Aktien oder Zwischenscheinen, die den Mindestnennbetrag nicht erreichen (Nr. 3). Demgegenüber betrifft **§ 405 Abs. 1 Nr. 4** Verhaltenspflichten im Zusammenhang mit dem Erwerb oder der Veräußerung eigener Aktien.

---

1 *Otto* in Großkomm. AktG, § 405 Rz. 17; *Schaal* in MünchKomm. AktG, § 405 Rz. 14.
2 *Schaal* in MünchKomm. AktG, § 405 Rz. 16.
3 *Geilen* in KölnKomm. AktG, § 405 Rz. 147; *Schaal* in MünchKomm. AktG, § 405 Rz. 16.
4 Exemplarisch BGH v. 19.10.1987 – II ZR 256/86, WM 1987, 1455, 1457.

Der Deliktstatbestand in **§ 405 Abs. 2** knüpft an das in § 129 geregelte **Teilnehmerverzeichnis** an und soll dessen Richtigkeit und Vollständigkeit sicherstellen. Bezüglich der nach § 129 aufzunehmenden Angaben s. § 129 Rz. 12 ff. Den Tatbestand kann nur ein **Aktionär** (s. oben § 400 Rz. 12) oder ein **Vertreter** verwirklichen. Zu den letztgenannten Personen zählen nicht nur gesetzliche Vertreter, sondern alle Personen, die der Aktionär mit der Wahrnehmung seiner Rechte als Aktionär betraut hat[5], insbesondere Bevollmächtigte i. S. des § 134 Abs. 4 oder Vertreter von Kreditinstituten und anderen Vereinigungen i. S. des § 135.   4

Die Deliktstatbestände in **§ 405 Abs. 3** sollen die Hauptversammlung bzw. gesonderte Versammlungen i.S. des § 138 vor illegalen Einflussnahmen bewahren und damit die unverfälschte Meinungsbildung in der Versammlung schützen. Zu diesem Zweck untersagt das Gesetz die Benutzung von Aktien ohne Vertretungsbefugnis oder Einwilligung (Nr. 1) bzw. gegen Gewährung oder Versprechung besonderer Vorteile (Nr. 2) oder Überlassung von Aktien aus den vorgenannten Gründen (Nr. 3). Inkriminiert wird ferner die Nutzung von Aktien zu einer im Widerspruch zu § 135 Abs. 3 Nr. 4 stehenden Stimmrechtsausübung (Nr. 4) sowie das Überlassen oder Benutzen von Aktien, die einem Stimmverbot unterliegen (Nr. 5). Schließlich sanktioniert das Gesetz den Verkauf (Nr. 6) sowie den Kauf (Nr. 7) von Stimmen.   5

Die **Zuständigkeit** zur Verfolgung des Verwaltungsunrechts richtet sich nach der allgemeinen Bestimmung in § 36 OWiG; die **Geldbuße** beträgt höchstens 25.000 Euro (§ 406 Abs. 2), mindestens aber 5 Euro (Art. 6 Abs. 1 Satz 1 EGStGB).   6

§ 406
Ordnungswidrigkeiten

(1) Ordnungswidrig handelt, wer vorsätzlich oder leichtfertig entgegen § 71 Abs. 3 Satz 3 die Bundesanstalt für Finanzdienstleistungsaufsicht nicht, nicht richtig, nicht vollständig oder nicht rechtzeitig unterrichtet.

(2) Die Ordnungswidrigkeit kann mit einer Geldbuße bis zu fünfundzwanzigtausend Euro geahndet werden.

(3) Verwaltungsbehörde (für die Ordnungswidrigkeiten nach Absatz 1) im Sinne des § 36 Abs. 1 Nr. 1 des Gesetzes über Ordnungswidrigkeiten ist die Bundesanstalt für Finanzdienstleistungsaufsicht.

Die Vorschrift betrifft die der Gesellschaft von der Hauptversammlung erteilte Ermächtigung zum **Erwerb eigener Aktien** (§ 71 Abs. 1 Nr. 8), von der diese die Bundesanstalt für Finanzdienstleistungsaufsicht (BaFin) zu unterrichten hat (§ 71 Abs. 3 Satz 3; dazu oben § 71 Rz. 85), und sichert die Einhaltung dieser **Unterrichtungspflicht**. Dieser hat die Gesellschaft unverzüglich **nach Erteilung der Ermächtigung** nachzukommen, wobei § 406 Abs. 1 nicht nur die unterbliebene und die verspätete, sondern auch die unrichtige sowie die unvollständige Unterrichtung erfasst.   1

---

5 *Otto* in Großkomm. AktG, § 405 Rz. 19; *Schaal* in MünchKomm. AktG, § 405 Rz. 13.

2   **Täter** kann jeder sein, den die Unterrichtungspflicht in § 71 Abs. 3 Satz 3 trifft. Dies sind die Mitglieder des Vorstandes (s. § 71 Rz. 84 f.)[1]; insoweit gelten die Grundsätze zu § 399 auch hier (s. näher § 399 Rz. 5).

3   In **subjektiver Hinsicht** kann – im Unterschied zu § 405 – nicht nur die **vorsätzliche**, sondern auch die **leichtfertige Pflichtverletzung** geahndet werden. Mit dem letztgenannten Verschuldensgrad erfasst das Gesetz auch denjenigen, der in grober Achtlosigkeit nicht erkennt, dass er die Unterrichtungspflicht verletzt, was einer auf die persönlichen Fähigkeiten des Täters bezogenen **groben Fahrlässigkeit** im zivilrechtlichen Sinne entspricht[2].

4   Während sich die **Zuständigkeit** zur Verfolgung des Verwaltungsunrechts bei den in § 405 aufgezählten Ordnungswidrigkeiten nach der allgemeinen Bestimmung in § 36 OWiG richtet, erklärt § 406 Abs. 3 hierfür die BaFin für zuständig. Die **Geldbuße** beträgt höchstens 25.000 Euro (§ 406 Abs. 2), mindestens aber 5 Euro (Art. 6 Abs. 1 Satz 1 EGStGB).

§ 407
Zwangsgelder

(1) Vorstandsmitglieder oder Abwickler, die § 52 Abs. 2 Satz 2 und 3, § 71c, § 73 Abs. 3 Satz 2, §§ 80, 90, 104 Abs. 1, § 111 Abs. 2, § 145, §§ 170, 171 Abs. 3 oder Abs. 4 Satz 1 in Verbindung mit Abs. 3, §§ 175, 179a Abs. 2 Satz 1 und 2, 214 Abs. 1, § 246 Abs. 4, §§ 248a, 259 Abs. 5, § 268 Abs. 4, § 270 Abs. 1, § 273 Abs. 2, §§ 293f, 293g Abs. 1, § 312 Abs. 1, § 313 Abs. 1, § 314 Abs. 1 nicht befolgen, sind hierzu vom Registergericht durch Festsetzung von Zwangsgeld anzuhalten; § 14 des Handelsgesetzbuchs bleibt unberührt. Das einzelne Zwangsgeld darf den Betrag von fünftausend Euro nicht übersteigen.

(2) Die Anmeldungen zum Handelsregister nach den §§ 36, 45, 52, 181 Abs. 1, §§ 184, 188, 195, 210, 223, 237 Abs. 4, §§ 274, 294 Abs. 1, § 319 Abs. 3 werden durch Festsetzung von Zwangsgeld nicht erzwungen.

1   Mit § 407 steht ein Instrumentarium zur Verfügung, um die Einhaltung einzelner Vorschriften des Gesetzes sicherzustellen, die die Norm im einzelnen auflistet und damit – wie sich aus § 407 Abs. 1 Satz 1 Halbs. 2 ergibt – **§ 14 HGB** ergänzt. Die Aufzählung in § 407 Abs. 1 Satz 1 hat **abschließenden Charakter**[1]. **Adressaten** der Norm sind ausschließlich Mitglieder des Vorstandes (s. dazu oben § 399 Rz. 5)[2] sowie Liquidatoren der Gesellschaft (s. dazu oben § 399 Rz. 7), nicht hingegen Mitglieder des Aufsichtsrates, sofern sie nicht nach § 105 Abs. 2 zu Stellvertretern des Vorstandes bestellt worden sind[3]. Ist eine **juristische Person** zum Liquidator bestellt worden oder nimmt diese bei der KGaA die Stellung eines persönlich haftenden Gesellschafters

---

1 *Schaal* in MünchKomm. AktG, § 405 Rz. 10.
2 S. zum Vorstehenden statt aller BGH v. 13.4.1960 – 2 StR 593/59, BGHSt. 14, 240, 255; *Schaal* in MünchKomm. AktG, § 406 Rz. 22.

1 *Hüffer* in MünchKomm. AktG, § 407 Rz. 2; *Otto* in Großkomm. AktG, § 407 Rz. 3; *Zöllner/Keyser* in KölnKomm. AktG, § 407 Rz. 3.
2 Bei der KGaA treten an deren Stelle die persönlich haftenden Gesellschafter; s. § 408 Satz 2.
3 *Hüffer* in MünchKomm. AktG, § 407 Rz. 10; *Otto* in Großkomm. AktG, § 407 Rz. 6.

ein, so richtet sich das Zwangsgeldverfahren gegen die Mitglieder des Vertretungsorgans der juristischen Person[4].

Mit § 407 Abs. 1 Satz 1 Halbs. 2 stellt das Gesetz klar, dass **§ 14 HGB** durch die im 2 1. Halbs. ermöglichte Erzwingung der aktienrechtlichen Pflichten unberührt bleibt, so dass das Registergericht die im Aktiengesetz geregelten Anmelde-, Zeichnungs- und Einreichungspflichten mittels eines nach § 14 HGB eingeleiteten Zwangsgeldverfahrens durchsetzen kann. Hiervon nimmt die abschließend formulierte Bestimmung in **§ 407 Abs. 2** einzelne **Anmeldepflichten** aus, bei denen wegen ihres **konstitutiven Charakters** eine Durchsetzung mittels des Registerzwanges entbehrlich ist[5].

Demgegenüber bleibt der Registerzwang bei den nicht in die Aufzählungen einbezo- 3 genen Anmeldepflichten bestehen, da diese keinen konstitutiven Charakter aufweisen und deshalb eines Instruments bedürfen, um deren Anmeldung durchzusetzen[6]. Entsprechendes gilt für die Pflichten zur **Zeichnung von Unterschriften** und zur **Einreichung von Schriftstücken**[7]. Unmittelbar anwendbar bleibt § 14 HGB zudem, wenn das Aktiengesetz die Verpflichtung zur Anmeldung mit der **Beifügung von Unterlagen** verknüpft und der anmeldepflichtige Vorgang trotz unvollständiger Unterlagen in das Handelsregister eingetragen wurde. In diesem Fall kann die **nachträgliche Einreichung der Unterlagen** über § 14 HGB erzwungen werden, da sich die Ausnahme von dem Registerzwang in § 407 Abs. 2 ausschließlich auf die „Anmeldung" bezieht[8].

Die **Durchführung des Zwangsgeldverfahrens** richtet sich nach den §§ 132 bis 139 4 FGG; die Zuständigkeit legt § 125 FGG fest und bestimmt sich im weiteren nach dem Sitz der Gesellschaft (§ 14). Nach § 3 Nr. 2 lit. d RPflG obliegt die Einleitung des Zwangsgeldverfahrens – vorbehaltlich § 17 RPflG – dem Rechtspfleger. Das Zwangsgeld darf – wie bei § 14 HGB – 5.000 Euro nicht übersteigen (§ 407 Abs. 1 Satz 2), muss aber mindestens 5 Euro betragen (Art. 6 Abs. 1 Satz 1 EGStGB).

§ 408
Strafbarkeit persönlich haftender Gesellschafter einer Kommanditgesellschaft auf Aktien

Die §§ 399 bis 407 gelten sinngemäß für die Kommanditgesellschaft auf Aktien. Soweit sie Vorstandsmitglieder betreffen, gelten sie bei der Kommanditgesellschaft auf Aktien für die persönlich haftenden Gesellschafter.

Mit § 408 stellt das Gesetz klar, dass die §§ 399 bis 407 nicht nur für die AG, sondern 1 auch für die KGaA Anwendung finden (Satz 1)[1]; ferner zieht die Gleichstellung in Satz 2 die notwendige Konsequenz aus der spezifischen Organisationsstruktur der

---

4 *Hüffer* in MünchKomm. AktG, § 407 Rz. 12.
5 Treffend *Hüffer* in MünchKomm. AktG, § 407 Rz. 2, 17.
6 S. *Hüffer* in MünchKomm. AktG, § 407 Rz. 16; *Otto* in Großkomm. AktG, § 407 Rz. 41.
7 *Hüffer* in MünchKomm. AktG, § 407 Rz. 16; *Otto* in Großkomm. AktG, § 407 Rz. 41.
8 RG v. 13.11.1930, RGZ 130, 248, 255 f.; *Hüffer* in MünchKomm. AktG, § 407 Rz. 2, 20; *Otto* in Großkomm. AktG, § 407 Rz. 56.

1 S. auch *Fuhrmann* in G/H/E/K, § 408 Rz. 1; *Schaal* in MünchKomm. AktG, § 408 Rz. 2; *Zöllner* in KölnKomm. AktG, § 408 Rz. 2.

KGaA, bei der die persönlich haftenden Gesellschafter die Aufgaben des Vorstandes einer AG übernehmen (s. §§ 278 Abs. 2, 282, 283).

2   Entgegen der amtlichen Überschrift betrifft die Verweisung in Satz 1 nicht nur die Strafbarkeit, sondern auch die Vorschriften zum Verwaltungsunrecht (§§ 405, 406) sowie zum Zwangsgeld (§ 407)[2]. Bei denjenigen Bestimmungen, die in ihrem Tatbestand an die Aktionärseigenschaft anknüpfen (z. B. §§ 400 Abs. 2, 405 Abs. 2), treten an die Stelle der Aktionäre die Kommanditaktionäre (§ 278 Abs. 1)[3].

3   Das Recht der KGaA kennt keinen Vorstand im Sinne der §§ 76 ff. Dessen Funktionen nehmen die persönlich haftenden Gesellschafter wahr (§ 278 Abs. 1 sowie die §§ 282, 283). Aus diesem Grunde war es für die Anwendung der §§ 399 bis 407 notwendig, die persönlich haftenden Gesellschafter einer KGaA den Vorstandsmitgliedern gleichzustellen[4]. Sofern eine juristische Person oder eine rechtsfähige Personengesellschaft die Stellung als persönlich haftender Gesellschafter einnimmt (s. dazu oben § 278 Rz. 7) richtet sich die strafrechtliche Verantwortlichkeit nach § 14 Abs. 1 StGB; entsprechendes gilt für den Ordnungswidrigkeitentatbestand in § 405 (s. § 9 OWiG)[5].

§ 409
Geltung in Berlin

(gegenstandslos)

§ 410
Inkrafttreten

Dieses Gesetz tritt am 1. Januar 1966 in Kraft.

---

2 *Schaal* in MünchKomm. AktG, § 408 Rz. 5.
3 *Fuhrmann* in G/H/E/K, § 408 Rz. 2; *Otto* in Großkomm. AktG, § 408 Rz. 2; *Schaal* in Münch-Komm. AktG, § 408 Rz. 5.
4 *Zöllner* in KölnKomm. AktG, § 408 Rz. 3.
5 *Fuhrmann* in G/H/E/K, § 408 Rz. 2; *Otto* in Großkomm. AktG, § 408 Rz. 4 f.; *Schaal* in MünchKomm. AktG, § 408 Rz. 8; *Zöllner* in KölnKomm. AktG, § 408 Rz. 4.

Stichwortverzeichnis

Halbfette Zahlen verweisen auf die §§, magere auf die Randzahlen innerhalb der §§,
Einl. auf die Einleitung, **IntGesR** auf Internationales Gesellschaftsrecht vor § 1.
§§ des **WpHG** sind im Anhang zu § 22 AktG kommentiert.

Abfindung s.a. Aktionäre – außenstehende; Be-
herrschungs-/Gewinnabführungsvertrag;
Squeeze-out – Barabfindung
- Besteuerung **305** 84 ff.; **327b** 23
- Delisting **71** 67; **119** 50; **320b** 6;
  Vor 327a 28
- Eingliederung **320b** 2 ff.; s.a. Eingliederung
  – Mehrheitsbeschluss
- Ergänzungsanspruch **305** 128; s.a. Spruch-
  verfahren
- Erwerb eigener Aktien **71** 61 ff.; s.a. dort
- Informationspflichtverletzung **243** 32 ff.
- Kapitalerhöhung **305** 19 ff.
- Kapitalherabsetzung, ordentliche
  224 6 f.
- KGaA **278** 30; **289** 32 f.
- qualifiziert faktischer Konzern **317** 65;
  318 11
- übertragende Auflösung **179a** 24 f.
- Umwandlung **71** 65 f.
- Verzinsung **305** 31, 119 ff.; **327b** 20 f.
- Vorstandsbezüge **87** 4, 7

Abgestimmtes Verhalten s. acting in concert

Abhängige Unternehmen s.a. Beherrschungs-/
Abhängigkeitsverhältnis; Beherrschungs-/
Gewinnabführungsvertrag
- Abfindung s. Beherrschungs-/Gewinnabfüh-
  rungsvertrag – Abfindung
- Abfindung, Eingliederung **320b** 10 f.
- Anteilszurechnung **16** 25
- Aufsichtsratsmandate **100** 9
- Ausgleichszahlung s. dort
- Begriff **15** 73 f.
- Einsichtsrechte d. Aufsichtsrats **111** 25
- Gesamtschuldnerschaft **310** 9
- Hauptversammlungskompetenzen
  119 32 ff.
- Kreditgewährung durch beherrschendes Un-
  ternehmen **89** 11
- Kumulation v. Mitbestimmungsrechten
  77 23
- Rücklagenbildung **58** 26
- Schutz **15** 13
- Selbstzeichnungverbot **56** 12 ff.
- Überwachungspflichten d. Aufsichtsrats
  111 23 f.
- Weisung bzgl. Abstimmung **17** 23 ff.;
  136 38 ff.; **293** 4 ff.; **299** 1 ff.
- Weisungsgebundenheit **76** 17
- Zustimmungsvorbehalte **111** 52 ff.

Abhängige Unternehmen – Haftung
- Ansprüche aus Vertragsverletzung
  309 40 ff.
- Ansprüche aus Weisungerteilung **309** 15;
  s.a. Beherrschendes Unternehmen – Haf-
  tung
- Doppelmandatsträgerschaft **308** 9; **309** 20
- Innenverhältnis **310** 1 ff.
- Klagerecht **310** 15
- konzernfeindliche Maßnahmen **308** 42
- Nachteilszufügung **318** 1 ff.
- pflichtwidrige Weisungsausführung
  308 37 ff.; **310** 3 f.
- Vorstandsmitglieder **93** 4
- Weisungsprüfung **308** 38; **310** 3, 5 f.
- Zurechnung bei Weisungsausführung
  308 41

Abhängigkeitsbericht
- Dauer d. Verpflichtung **312** 20
- Durchsetzung **312** 22 ff.
- Frist **312** 19
- Geheimhaltungsinteressen **312** 8
- Gewinnabführungsvertrag **316** 1 ff.
- Grundsätze ordnungsgemäßer Erstellung
  312 51 ff.
- Inhalt **312** 27 ff.
- Kostenersatz **312** 21
- Mangelhaftigkeit **312** 24 ff.
- Schadensersatzanspruch **312** 24, 26
- Schlusserklärung **312** 58 ff.
- Voraussetzungen **312** 9, 12 ff.; **313** 9, 24
- Zuständigkeit **312** 18
- Zwangsgeld **312** 22
- Zweck **312** 1 ff.

Abhängigkeitsbericht – Prüfung
- Aufsichtsrat, Bericht **314** 15 ff.
- Aufsichtsrat, Informationsrechte **314** 6 ff.
- Aufsichtsrat, Prüfungsumfang **314** 11 ff.
- Aufsichtsrat, Stellungnahme **314** 15, 22
- Bestätigungsvermerk **313** 37 ff., 43 ff.
- fehlender Bericht **313** 9, 24
- Prüferrechte **313** 26, 28, 29 ff.
- Prüfungsbericht **313** 33 ff.
- Prüfungsgegenstand **313** 12 ff.
- Sorgfaltsmaßstab **313** 25 f.
- Vorlage durch d. Prüfer **313** 10 f.
- Vorlage, Aufsichtsrat **314** 4 f.
- Vorlage, Prüfer **313** 8 f.
- Zusammenhang m. Jahresabschlussprü-
  fung **313** 4 ff.
- Zweck **313** 1 ff.

Abhängigkeitsbericht – Sonderprüfung
- Antragsberechtigung   315 12 ff.
- Bericht   315 27
- Ersetzung d. Prüfers   315 29 ff.
- Geheimhaltungsinteressen   315 27 f.
- Prüferbestellung   315 15 ff.
- Prüferhaftung   315 26
- Prüferrechte   315 25
- Prüfungsgegenstand   315 21 ff.
- Überblick   315 1 ff.
- Vergütung/Kostenersatz   315 26
- Voraussetzungen   315 5 ff.
Abhängigkeitsvermutung
- Beherrschungsvertrag m. Dritten   17 58
- Darlegungs-/Beweislastumkehr   17 51
- Entherrschungsvertrag   17 60 ff.
- Mehrheitsbeteiligung   16 14
- mehrstufige Abhängigkeit   17 59
- qualifizierte Mehrheitserfordernisse   17 54
- Stimmbindungsvertrag   17 55 f.
- Stimmrechtsverbot   17 57
- Stimmrechtsverzicht   17 55 f.
- Widerlegung   17 52 ff.
Abschlagszahlung
- Aufsichtsratszustimmung   59 9
- Bedeutung   56 1 f.
- Geschäftsjahr   59 6
- Haftung   59 17
- Höhe   59 10 ff.
- Rechtsfolgen   59 13 f.
- Rumpfgeschäftsjahr   59 6
- Satzungsermächtigung   59 5
- überhöhte   59 15
- unzulässige   59 16
- Verteilung   59 13
- Voraussetzungen   59 5 ff.
- Vorstandsbeschluss   59 8
- Zwischendividenden   59 4, 18
Abschlussprüfer
- Aufsichtsratsmandat   100 15
- Auskunftsrecht d. Aktionärs   131 45
- Berichtspflichten, Verletzung   403 1 ff.
- Bestellung   30 26 f., 29; 111 30; 124 28
- Feststellung d. Umsatzverhältnisses   98 16
- Funktion   111 29
- Informationsrechte, Verletzung   400 5 ff.
- Strafbarkeit   403 1 ff.; 404 5 f.
- Teilnahme an Hauptversammlung   118 43; 176 10 ff.
Abschlussprüfung s. Abhängigkeitsbericht – Prüfung; Jahresabschluss – Prüfung; Sonderprüfung   91
Abschlusspüfer s.a. Sonderprüfer
- Beauftragung   Vor 150 21
- Berichtspflichten   171 10
- Bestellung   30 26 ff.
- Nachtragsprüfung   173 12 ff.
- Prüfbericht, Vorlage   170 4; 313 8 ff.
- Teilnahme an Aufsichtsratssitzung   171 9
- Wahl   131 45; Vor 150 21
Abspaltungsverbot   8 27 ff.; 133 14; 134 38
- börsennotierte Inhaberaktien   12 7

- Gläubigerrechte   11 10 f.
- Stimmrecht   12 4, 6 f.
Abstimmung s. Hauptversammlung – Abstimmung; Stimmrecht – Ausübung
Abstimmungsvorschlag
- Eigeninteressen   128 16, 28
- Inhaberaktien   128 24 f.
- Kostenerstattung   128 34
- Kreditinstitute   128 14 ff.
- Namensaktien   128 26 f.
- Schadensersatzpflicht   128 33
- Transparenz   128 20 ff.
- Weisungen   128 17 ff., 32
Abtretung
- Aktienrechte   68 8
- Ausgleichszahlung   304 40
- Einlageforderung   63 22; 64 12; 66 24
- Garantiedividende   304 58
- Gläubigerrechte   11 10 f.
- gutgläubiger Erwerb   10 23
- Herausgabeanspruch g. Verwahrer   10 26
- Inhaberaktien   10 29
- unverbriefte Aktien   10 23
- Verlustübernahme   302 56
- Weisungsbefugnis   308 12
Abwickler
- Abberufung   265 4, 9
- Amtsbeendigung   265 4, 12; 274 8
- Arbeitsdirektor   265 13
- Bestellung durch Hauptversammlung   265 5, 7
- Bestellung durch Satzung   265 5 f.
- Bestellung, gerichtliche   265 9 ff.
- Durchführung d. Vermögensverteilung   272 11
- Gläubigeraufruf   267 1 ff.
- Handelsregisteranmeldung   266 1 ff.
- Leitungsfunktion   268 5
- Nachtragsabwickler   273 13
- Rechtsstellung   268 5 ff.
- Strafbarkeit   399 7, 17; 400 4; 404 5 f.
- Vertragsverhältnis   265 3, 11
- Vertretungsbefugnis   82 2; 269 1 ff.
- Vorstandsmitglieder   265 2 ff.
- Wettbewerbsverbot   88 4
Abwicklung
- Abschlussprüfung   270 6 f.
- anwendbare Normen   264 1, 4 ff.
- Aufbewahrungspflichten   273 8 f.
- Aufsichtsratsaufgaben   286 6
- Beendigung   273 1 ff.; 274 8
- Beendigung laufender Geschäfte   268 3
- Beendigung, Handelsregisteranmeldung   273 7
- Einberufung d. Hauptversammlung   268 7
- Entlastung   270 8
- Eröffnungsbilanz   270 3 ff.
- Forderungseinziehung   268 3
- gerichtliche Auflösung   398 17 ff.
- Geschäftskorrespondenz   268 8
- Gesellschaftsstatut   IntGesR 70
- Gläubigeraufruf   267 1 ff.

– Gläubigerbefriedigung 268 3
– Insolvenz 262 13; 264 3, 11
– Insolvenzantrag, abgelehnter 262 14;
  274 3
– Jahresabschlusserstellung 270 2 f., 5
– Jahresabschlussfeststellung 270 8
– KGaA 290 1 ff.
– Lagebericht 270 5
– Liquidation 268 1 ff.
– Löschung d. AG 273 2, 5 ff.
– Nachtragsabwicklung 264 13 ff.; s.a. dort
– Nichtigerklärung d. AG 277 3
– Rechnungslegung 270 1 ff.
– Satzungsänderung 179 3
– Schlussrechnung 270 1 f.; 272 11; 273 6
– Umwandlung 268 4
– Veräußerung d. Gesamtvermögens 268 4
– Vermögensverteilung s. dort
– Vermögensverwertung 268 3
– Zweck 264 2
Acting in concert
– Abhängigkeitsprüfung 17 26 ff.
– Nachgründung 52 16
– Stimmenzurechnung 16 30
– Stimmrechtsausübung d. Verkäufers
  123 27
– Verhältnis z. Aktionärsforum 127a 2
– im WpHG **Anh. 22, 22 WpHG** 25, 28, 30;
  Anh. 22, 28 WpHG 2
Ad-hoc-Mitteilung
– Jahresabschluss, Vorlage 170 7
– Klagezulassungsverfahren 149 16
– Squeeze-out **Vor 327a** 26
AG & Co. KG
– Gründerfähigkeit 2 5
– Zulässigkeit 4 47
Agio
– Aktienrückkauf 71 83
– Änderung 9 23 f.
– Begriff 9 14 ff.
– Festsetzung 9 18 ff.
– Gewinnverteilung 60 5, 8
– Höhe 9 18 ff.
– Kapitalerhöhung unter Bezugsrechtsaus-
  schluss 9 21
– Satzungsbestimmungen 23 28
– verdecktes 9 15
Aktien s.a. Bezugsrecht; Errichtung
– Abspaltungsverbot 8 27 ff.
– Abtretung 10 23
– ähnliche Genussrechte 221 80 ff.
– Arten 10 1 ff.
– Aufspaltungsverbot 8 24 ff.
– Begebungsvertrag 10 17
– Begriff 1 27; 8 2
– Besitzzeit 70 1 ff.
– Beteiligungsquote 1 28
– Börsennotierung 3 2, 6
– Bruchteilsgemeinschaft 69 3
– Coupon 13 3
– deklaratorische Wertpapiere 68 3
– Depot 128 14 ff.

– eigene s. Eigene Aktien; Erwerb eigener Ak-
  tien
– Einziehung s. dort
– Entsendeberechtigte 101 18
– Entstehung 10 16
– Erbengemeinschaft 69 3
– gemeinsamer Vertreter 69 7 f., 11
– Gütergemeinschaft 69 3
– Inhaberaktien 10 4 ff.
– Inpfandnahme 71e 1 ff.
– Kaduzierung 64 13 s.a. dort
– Kraftloserklärung 75 3 ff.; 226 6 ff.
– Kursgarantie 57 32
– Mitberechtigung 69 1 ff.
– Namensaktien 10 7 ff.
– Nennbetrag, Herabsetzung 222 30 ff.;
  224 5; 227 2; 228 1 ff.
– Nennbetragsaktien 1 28; s.a. dort
– nennbetragslose 8 3
– Quotenaktien 1 28; 8 3
– rechnerischer Wert 8 3
– Rechtsgemeinschaften 8 26; 69 1 ff.
– Satzungsbestimmungen 23 49
– schuldrechtliche Beteiligung 69 4
– Selbstzeichnung s. dort
– Stimmrecht 12 1 ff.
– stimmrechtslose 12 1, 10 ff.
– Stückaktien 1 28; s.a. dort
– Stückelung 1 29
– Talon 13 3
– teileingezahlte 10 1
– Teilrechte 213 1 ff.; 214 2
– treasury shares 71 9
– Typen 8 4 ff.
– Übergangsregelungen 8 23
– Umplatzierungsleistungen 57 29 ff.
– Umwandlung, Satzungsänderung 24 2 f.
– Umwandlung, Verlangen d. Aktionärs
  24 1, 4 ff.
– Unteilbarkeit 8 24 ff.
– unverbriefte 8 16 ff.; 10 23
– Verbriefung s. dort
– Vermögensrechte 8 28
– Verwaltungsrechte 8 28
– Vinkulierung s. dort
– Wahlfreiheit 8 4 f.
– Typen, Wechsel 8 22
– Zulassung am Markt 3 6
– Zurechnung b. Mitteilungspflichten 20 16,
  22 ff.
– Zusammenlegung 222 30 f., 34 ff.;
  226 3 ff.; 227 2
– Zwischenscheine 8 33 ff.; s.a. dort
Aktien – Ausgabe s.a. Emission
– Agio s. dort
– Ausgabebetrag, Änderung 9 23 f.
– Ausgabebetrag 9 1; 23 26 ff.
– Ausgabeverbot 41 32 ff.
– fehlendes Agio 9 19
– geringster Betrag 9 3
– gutgläubiger Erwerb 10 22
– Kapitalerhöhung 8 7 f.

– Nachlässe **9** 10 ff.
– Namensaktien **10** 11 ff.
– Provisionen **9** 10 ff.
– Skonti **9** 10 ff.
– Stellvertretung **10** 17
– Teilleistung **10** 11 f.
– Über-pari-Emision **9** 13 ff.
– Unter-pari-Emission **9** 1 ff.; s.a. dort
– unwirksame Urkunden **8** 19 ff.
– Vermögensrechte d. Alt-Aktionäre **11** 18
– Wiederausgabe **71** 9, 37 ff.

Aktien – Erwerb
– Erwerb eigener Aktien s. dort
– Fälligkeit d. Einlagen **63** 8
– Finanzierungsverbot s. dort
– Grundsatz d. freien Übertragbarkeit **68** 2
– gutgläubiger Erwerb **10** 18, 22 f., 28; **63** 9
– mittelbare Stellvertretung **56** 19 ff.
– Nachgründungsverfahren **52** 49
– Rückerwerb s. Erwerb eigener Aktien; Finanzierungsverbot
– Selbstzeichnung s. dort
– Übereignungsanspruch **70** 3 f.
– Übertragung, Beschränkung **68** 16
– Übertragung, Namensaktien **68** 7 ff.
– Veräußerung, Nebenleistungspflicht **55** 30
– Veräußerungsgeschäft **186** 51 ff.
– Wiederkaufpflicht **57** 32

Aktien – Gattungen
– Ausweis im Anhang **160** 5
– Ausweis in d. Bilanz **152** 3
– Begriff **11** 1 ff.
– Festsetzung **11** 4
– Kapitalerhöhung, Sonderbeschluss **182** 33 ff.
– Kapitalherabsetzung, Sonderbeschluss **222** 23 ff.
– KGaA **278** 14
– rechtliche Relevanz **11** 2
– Satzungsregelungen **11** 5 ff.
– Sonderbeschluss bei Veränderung **179** 48 ff.
– Vorzugsaktien s. dort

Aktien – Optionspläne
– Aufsichtsratmitglieder **71** 49
– Begünstigte **192** 21 ff.
– Erwerb eigener Aktien **71** 47 ff., 60
– Kapitalerhöhung, bedingte **192** 18 ff.
– Nachteilszufügung d. Muttergesellschaft **311** 33
– Zustimmung/Ermächtigung **192** 24; **193** 10 ff.

Aktien – Übernahme **29** 2
– Einheitsgründung **2** 13
– Einpersonen-AG **42** 3
– Erklärung, Inhalt **23** 25 ff.
– Erklärung, Rechtsnatur **23** 24
– Stufengründung **2** 13

Aktien – Urkunde
– Austausch **75** 2
– Begebungsvertrag **214** 6
– Dividenenschein/Coupon **58** 51

– Eingliederung **320a** 5, 9 ff.
– Einzelurkunde **10** 31
– Form **13** 11 ff.
– Formmängel **13** 15 f.
– Gründungsaufwand **26** 14
– Inhaltsmängel **13** 9 f.
– Kraftloserklärung **75** 3 ff.
– Mindestinhalt **13** 7 f.
– Nebenverpflichtungen, Änderung **180** 7
– Übergabe **214** 6
– unrichtig gewordene **75** 6 ff.
– Unterzeichnung **13** 1
– Verbriefung **10** 17 ff.
– Wirkung **68** 3

Aktien – Verwertung **226** 11 ff.
– Ausfallhaftung d. Aktionärs **65** 37
– Bekanntmachung **65** 32
– Börsenhandel **65** 29
– öffentliche Versteigerung **65** 30 ff.
– Rechtsfolgen **65** 34 ff.
– Übererlös **65** 38
– Unverkäuflichkeit **65** 39
– Verfahrensmängel **65** 42
– Verkaufspflicht **65** 26

Aktiendepot
– Stimmrechtsausübung **128** 14 ff.

Aktiengesellschaft s.a. Erwerb eigener Aktien; Klageerzwingungsverfahren; Klagezulassungsverfahren
– Aktienübernahmeerklärung **23** 1
– Änderung d. Gesellschaftszwecks **1** 3
– ausländische s. dort
– Bedeutung **Einl.** 2
– Begriff **Einl.** 1
– Bestandsschutz **179a** 2, 25
– Beteiligung v. Gebietskörperschaften s. Gebietskörperschaften
– Börsennotierung **3** 2, 6
– Delisting s. dort
– Entstehung **23** 23
– Errichtung **23** 1; s.a. dort
– Erwerb eigener Aktien s. dort
– Erwerb eigener Titel **221** 107 ff.
– europäisches Recht **Einl.** 11 ff.
– Finanzunternehmen s. dort
– Firma s. dort
– Genossenschaftszwecke **55** 2
– Geschäftsbriefe **80** 1 ff.; s.a. dort
– gesetzliche Struktur, Verstoß **241** 15 ff., 29
– Gründer/Gründung s. dort
– Grundsatz d. Kapitalerhaltung **Einl.** 9
– Grundsatz d. realen Kapitalaufbringung **Einl.** 9
– Grundsätze d. Unternehmensführung **3** 5
– Haftung **1** 11 ff.
– Handelsgesellschaft **1** 30
– Handelsgewerbe **3** 1
– Handelsregistereintragung **1** 4; **3** 1
– Handelsregisterlöschung **262** 15; **263** 4 ff.; **264** 3, 13 ff.; **273** 2 ff.; **275** 3
– Handlungsfähigkeit **76** 3
– interne Korrespondenz **80** 10

– Kapitalmarktrecht **Einl.** 16
– korporativer Charakter **1** 2 f.
– Kreditgewährung an Aufsichtsratsmitglieder **115** 1 ff.
– Nebenleistungs-AG **55** 2 ff.
– Offenlegung v. Beteiligungen **21** 1 ff.; s.a. Mitteilungspflichten – WpHG
– Organhaftung **1** 3
– Parteifähigkeit **1** 8; **78** 4
– Prozessfähigkeit **1** 8
– Rechtsentwicklung **Einl.** 3 ff.
– Rechtspersönlichkeit **1** 4 ff.
– REIT-AG **58** 55 f.
– Satzungsfeststellung **23** 1; s.a. Satzung – Feststellung
– Satzungsstrenge **Einl.** 9
– Unternehmensbegriff **15** 53 ff.
– Unternehmensgegenstand **3** 3 f.
– Verfassungsrecht **Einl.** 15
– Vermögen s. Gesellschaftsvermögen
– Vermögenslosigkeit **1** 5
– Verwaltungstruktur **76** 1 f.
– Vollbeendigung **103** 23
– Vor-AG s. dort
– vorsätzliche Schädigung s. Einflussnahme
– Wesen **1** 1 ff.
– Zurechnung v. Wissen/Handlungen d. Vorstandsmitglieder **76** 6
– Zweck **3** 3

Aktienhandel **3** 6
– amtlicher Handel **3** 6
– Delisting s. dort
– eigene Aktien **71** 50 ff.; s.a. Erwerb eigener Aktien
– Freiverkehr **3** 6
– geregelter Markt **3** 6
– Handelsbestand **71** 74 f.
– Handelstage **Anh. 22, 30 WpHG** 1 f.
– Neuer Markt **3** 6
– organisierter Markt **Anh. 22, 21 WpHG** 3
– staatlich anerkannte Stelle **3** 6
– Übermittlung v. Daten **67** 25 ff.

Aktienregister
– Aktienübertragungen **67** 14 ff.
– Auskunftsrecht **67** 41 f.
– Austragung **67** 20 f.
– Datenverwendung **67** 41 ff.
– Depotbank **67** 28 f.
– Eintragung, nach Mitteilung **67** 8, 14 ff.
– Eintragung, von Amts wegen **67** 8
– Eintragungsstopp **67** 23
– erfasste Aktien **67** 4 f.
– erfasste Daten **67** 9 ff.
– Errichtungsanspruch **67** 7
– Form d. Führung **67** 6
– freier Meldebestand **67** 22
– Kostenerstattung **67** 30
– Kreditinstitut **67** 24 ff.
– Löschung **67** 31 ff.
– Löschungsanspruch **67** 37 ff.
– Löschungswiderspruch **67** 33 f., 37
– Löschungswirkung **67** 35 f.

– Mitteilung **67** 15 f.
– Mitwirkungspflichten **67** 24 ff.
– Nachweis **67** 17 ff.
– Namensaktien **10** 9
– Neueintragung **67** 20 f.
– Platzhalter **67** 28 f.
– Stimmrecht **12** 6
– Stimmrechtsausübung durch Kreditinstitute **135** 39 ff.
– teileingezahlte Aktien **67** 22
– Übermittlung v. Daten **67** 25 ff.
– Umschreibung **67** 20 ff., 32
– unrichtige Eintragung **67** 32, 37
– Verfahren **67** 8 ff.
– Wertpapiersammelbank **67** 24 ff.
– Wirkung **67** 12 f.
– Zuständigkeit **67** 7
– Zweck **67** 1 ff.
– Zwischenscheine **67** 45

Aktionäre s.a. Bezugsrecht; Errichtung
– Abkauf v. Aktionärsrechten **76** 14
– Abschlagszahlung, Anspruch **59** 13
– Abspaltungsverbot **8** 27 ff.
– Abwicklung, Rechtsstellung **264** 6
– Aktiengattungen **11** 5 ff.
– Aktienregister s. dort
– Aktionärsforum s. dort
– Aktionärsklage s. Klageerzwingungsverfahren; Klagezulassungsverfahren
– Anfechtungsbefugnis **118** 17; s.a. dort
– Anlegerschutz b. Delisting **119** 50
– Antragsbefugnis im Spruchverfahren **98** 8
– Antragstellung in d. Hauptversammlung **133** 10 ff.
– Beeinträchtigung v. Gewinnansprüchen **216** 2 ff.
– Befreiung v. Verbindlichkeit **136** 24 f.; s.a. Stimmrecht – Verbot
– beherrschende Stellung **15** 45 ff.
– Bestandsschutz **179a** 2, 25
– Betreiben eines Unternehmens **15** 32, 41 ff.
– Bilanzansatz v. Kapitalerhöhungen **220** 1 ff.
– Bruchteilsgemeinschaft **69** 3
– Durchgriffshaftung **1** 13 ff.; s.a. dort
– eigene Aktien, Beteiligungsquote **71b** 5
– eigene Aktien, Erwerbsanrecht **71** 40 f.
– Einberufungsberechtigung **121** 20; **122** 7 ff., 38
– Einberufungsmangel, Genehmigung **242** 10 ff.
– Einlagepflicht s. dort
– Entlastungsbeschluss **120** 16
– Entsenderecht **101** 13 ff.; s.a. dort
– Erbengemeinschaft **69** 3
– Ermächtigung z. Einberufung **122** 38 ff.
– Gegenanträge **126** 1 ff.; s.a. dort
– Geltendmachung v. Ansprüchen g. Obergesellschaft **309** 32 ff.
– Geltendmachung v. Schadensersatzanspruch d. AG **117** 21

– gemeinsamer Vertreter **69** 7 f., 11
– Gewinnanspruch **172** 9; **174** 12 ff.
– Gläubigerrechte **11** 9 ff.
– Gleichbehandlung, s. Gleichbehandlungsgebot
– Gütergemeinschaft **69** 3
– gutgläubiger Erwerb v. Gewinnanteilen **62** 21 ff.
– Hauptpflicht **54** 1
– Hauptversammlungsteilnahme **121** 35 ff.; **123** 9 ff.
– Hilfspflichten **54** 16
– Hilfsrechte **118** 17
– Höhe d. Einlageverpflichtung **9** 1
– Klagerecht **119** 47; **140** 12; s.a. Anfechtungsklage; Klageerzwingungsverfahren; Klagezulassungsverfahren
– Klagezulassungsverfahren **117** 5, 21; s.a. dort
– Kontrollrechte **118** 17
– Legitimation **123** 2, 15 ff.
– maßgebliche Beteiligung **15** 44 ff.
– Mehrheitsaktionär s. dort; s.a. Mehrheitsaktionär; Mehrheitsbeteiligung
– Minderheitenrechte **118** 15; s.a. Minderheitsaktionär; Minderheitenschutz
– Mitteilungen vor d. Hauptversammlung **125** 16, 22 f.
– Nebenpflichten **54** 15 ff.; **55** 7 ff.; s.a. Aktionäre – Nebenpflichten
– Neueinteilung d. Grundkapitals **8** 32
– nicht versammlungsgebundene Rechte **118** 17 ff.
– Personen-/Kapitalgesellschaften **69** 5 f.
– Rederecht **118** 14, 23
– Rückabwicklungsanspruch **119** 47
– Rückgewähr verbotener Leistungen **62** 1 ff.; s.a. Rückgewährpflicht
– Rücksichtnahmegebot **243** 10
– schuldrechtliche Leistungspflichten **54** 17 ff.; **55** 38
– Sonderbeschluss, Erfordernis **11** 5, 8
– Sonderbeschlüsse s. dort
– Sonderprüfung, Antrag **142** 1, 38 ff.; s.a. Sonderprüfung
– Sonderrechte **118** 18, 20
– Spruchverfahren s. dort
– Teilnahme, virtuelle Hauptversammlung **118** 30 f., 46 ff.
– Teilnahmerecht **118** 13, 15, 23 ff.
– Teilnahmerechtsbeschränkung **118** 32
– Teilnahmerechtsverletzung **118** 33
– Treuepflicht **53a** 42 ff.; s.a. dort
– Unterlassungsanspruch **119** 47
– Verbriefung d. Mitgliedschaft **10** 1
– Verein **69** 5
– Verlangen auf Einberufung **122** 7 ff.
– Vermögensrechte **11** 9; **118** 17, 19
– Vermögensverwaltung **15** 42
– versammlungsgebundene Rechte **118** 14 f.
– Vertretung in d. Hauptversammlung **118** 16, 26 ff.

– Verwaltungsrechte **11** 9; s.a. dort
– Wahlvorschläge, Vorrecht **137** 1 ff.
– Wechsel, Anfechtungsbefugnis **245** 25 ff.
– Weisung bei Abstimmungsvorschlag **128** 17 ff., 32
– Weisungen an Stimmvertreter **135** 23 ff., 36 ff.; s.a. Kreditinstitut – Stimmrechtsausübung; Stimmrecht – Vollmacht
– Widerspruchsrecht g. Beschlüsse **118** 15
– Zuständigkeitsverstöße **119** 47
– Zustimmungserfordernisse s. Hauptversammlung – Zustimmung; Sonderbeschlüsse; Unternehmensverträge – Zustimmung
Aktionäre – Auskunftsrecht s.a. Sonderprüfung
– Abschlussprüferwahl **131** 45
– Adressat **131** 20
– Anfechtungsklage **131** 98; **132** 1, 40; s.a. dort
– Angelegenheiten d. AG **131** 25
– Ankündigung **131** 23
– Aufsichtsratswahl **131** 46
– Ausdehnung **131** 6
– Auskunftserteilung außerhalb d. Hauptversammlung **131** 77 ff., 85 ff.
– Auskunftserzwingungsverfahren **131** 97 f.; s.a. dort
– Auskunftsverlangen **131** 17 ff.
– Eingliederung **326** 1 ff.
– Einräumung v. Sondervorteilen **26** 7
– Entlastung **131** 44
– Entstehungsgeschichte **131** 2
– Erforderlichkeit **131** 26 ff., 40 ff.
– erweitertes **131** 84 ff.
– Form **131** 21 f., 51 f.
– Gewinnverwendung **131** 43
– Gleichbehandlungsgebot **131** 84
– Inhalt **131** 53
– innerer Zusammenhang m. Hauptversammlung **131** 1
– Jahresabschlussvorlage **131** 39, 41 f.
– Leistungsklage **132** 39
– Minderheitsbeteiligungen **131** 47 f.
– negative Feststellungsklage **132** 43
– Niederschrift d. Auskunft **131** 96
– Praxis **131** 9
– Rechtsausübung d. Dritte **131** 13
– Rechtsinhaber **131** 11 f.
– Rechtsmissbrauch **131** 80 ff.
– Rechtsnatur **131** 3 ff.
– Satzungsbestimmungen **131** 7 f.
– Schadensersatzpflicht **131** 99
– Sonderprüfung **131** 100
– TransPuG **131** 2
– Treuepflichtverletzung **131** 80 ff.
– UMAG **131** 2
– verbundene Unternehmen **131** 34 ff., 88 ff.
– Verhältnis z. anderen Informationsrechten **131** 10
– Verhältnis z. Treuepflicht **131** 5
– Verletzung **131** 97 ff.
– Verletzung, Anfechtung **243** 8, 26 ff.

- Verpflichtete **131** 14 ff.
- Verweigerung **131** 59 ff.; s.a. Auskunfts-
  verweigerung
- Vorbereitungspflicht d. Vorstands
  131 54 f.
- Widerspruch g. Beschlüsse **118** 15, 17
- Wiederholung d. Auskunft **131** 49, 93
- Zeitpunkt **131** 49 f.
- Zweck **131** 1
Aktionäre – Ausschluss
- Kaduzierung **64** 1 ff.; s.a. dort
Aktionäre – außenstehende
- Abfindungsanspruch **305** 1 ff., 13 ff.; s.a.
  Beherrschungs-/Gewinnabführungsvertrag –
  Abfindung
- Abfindungsbesteuerung **305** 84 ff.
- Abfindungsergänzungsanspruch **305** 24 f.,
  128, 145
- Ausgleichszahlung **304** 1 ff., 64 ff.; s.a.
  Ausgleichsanspruch
- Eingliederung, Abfindungsanspruch **320b** 3
- Garantiedividende **304** 48 ff.; s.a. Beherr-
  schungsvertrag – Garantiedividende
- Haftung d. abhängigen Unternehmens
  318 9
- Nachsteuerbetrachtung **304** 86; **305** 86
- nachträglicher Beitritt **307** 1 ff.
- Rechtsnachfolge **305** 26
- Unternehmensvertrag, Änderung **295** 23 ff.
- Verkaufs-/Tauschoption **305** 8 ff.
Aktionäre – Haftung
- Aktienregistereintragung **67** 13
- Haftungsübernahme **15** 43
- Kaduzierung **64** 41
- Rechtsgemeinschaft **69** 10
- Rückgewähr verbotener Leistungen
  62 1 ff.; s.a. Rückgewährpflicht
Aktionäre – Nebenleistungen s.a. Rückge-
  währpflicht
- korporative **55** 8; **61** 4
- Vergütung **57** 49; **61** 1 ff., 8, 10 f.
- vGA **61** 2
Aktionäre – Nebenpflichten
- Aktiengattungen **55** 7, 15
- Auferlegung durch Satzungsänderung
  180 1 ff.
- Aufhebung **180** 6
- Auflösung d. AG **55** 34
- Bedingung **55** 27
- Beendigung **55** 27 ff.
- Befristung **55** 27
- Beschränkung **180** 6
- Fortbestehen d. Einlagepflicht **55** 10
- freiwillige Leistungen **54** 23
- Gegenleistung **55** 17 f.; **61** 1 ff.
- Genossenschaftszwecke **55** 2
- gutgläubiger Erwerb v. belasteten Aktien
  55 26
- Hilfspflichten **54** 16
- Insolvenz **55** 35 f.
- Kapitalerhöhung aus Gesellschaftsmitteln
  216 21

- Kenntlichmachung d. Aktien **55** 19
- Kündigung **55** 32 f.
- Leistungspflichten, zulässige **55** 11 ff.
- Leistungsstörungen **55** 20, 31
- Nebenleistungsrecht **55** 16
- Rechtsnatur **55** 23 f.
- Rechtsvergleichung **55** 6
- Satzungsänderung **55** 28 f.
- Satzungsbestimmungen **54** 16; **55** 8 f.
- Satzungsvorbehalt **180** 4
- schuldrechtliche Leistungspflichten
  54 17 ff.; **55** 38
- Schuldübernahme **54** 21
- selbstständige **54** 15
- Sicherung d. Leistungspflicht **55** 21 f.
- Übergang **55** 25
- unselbstständige **54** 16
- Unwirksamkeit **55** 37
- Verkauf d. Aktien **55** 30
- Voraussetzungen **55** 7 ff.
- Zustimmungserfordernisse **180** 4 ff.
- Zuzahlungsverpflichtung **54** 20
Aktionärsforum
- acting in concert **127a** 2
- Aufforderung **127a** 8 ff.
- Begriff **127a** 3
- Missbrauch **127a** 12 f.
- Stellungnahme **127a** 11
- Unterlassungsanspruch **127a** 13
- zulässige Gegenstände **127a** 4 ff.
- Zweck **127a** 1
Aktionärsklage s. Klageerzwingungsverfahren;
  Klagezulassungsverfahren
Aktionärsrechterichtlinie 118 30; **Vor 121** 1 ff.;
  121 3; **122** 6; **124** 4; **125** 5; **126** 3; **128** 2;
  131 2; **134** 15, 40; **135** 70
Aktionärsvereinigungen
- Abstimmungsvorschlag **128** 29 f.
- Aktionärsforum **127a** 1 ff.
- Mitteilungen vor d. Hauptversammlung
  125 14, 18 ff.
- Mitteilungspflichten, Verletzung **243** 12
- Schadensersatzpflicht **128** 33
- Stimmrechtsausübung **135** 1 ff., 57, 62 ff.
- Stimmverbot **136** 7 f.
- Treuepflicht **135** 66 f.
- Weitergabe v. Mitteilungen **128** 11 f.
Allgemeine Geschäftsbedingungen
- Genussrechtsvereinbarungen **221** 74 f.
Amtlicher Handel
- Börsennotierung **3** 6
Amtsenthebung
- Vorstand **84** 59
Amtsgericht
- Zuständigkeit s. Funktionelle/Örtliche/
  Sachliche Zuständigkeit
Amtslöschung
- AG s. Löschung
**Amtslöschung – Hauptversammlungsbe-
  schluss**
- anfechtbarer Beschlüsse **241** 30
- Aussetzung **241** 28

– Beschlussmängelstreit **241** 28
– Eintragungsmängel **241** 34 f.
– Ermessensspielraum **241** 33
– Gründe **241** 29
– Löschungsentscheidung **241** 26
– nichtiger Beschlüsse **241** 27
– Nichtigkeitsfolge **241** 26
– Squeeze-out-Beschluss **327e** 27
– trotz Heilung **242** 18
– Unternehmensverträge **294** 27 f.
– Voraussetzungen **241** 29, 31 f.
– Widerspruch **241** 26
– Widerspruchsfrist **241** 26, 28
Amtsniederlegung
– Abwickler **290** 9
– Aufsichtsratsmandat **103** 24
– Aufsichtsratsvorsitzender **107** 17
– Vorstand **84** 56
Änderungskündigung
– Vorstandsmitglied **84** 69
Andienungsrecht 71 29 f.
Anfechtbarkeit
– Rücklagenbildung **58** 63
– Squeeze-out-Beschluss **327f** 4 ff.
Anfechtbarkeit – Hauptversammlungsbeschluss
– Amtslöschung **241** 30
– Beschlussfeststellung, fehlerhafte **243** 9
– Bestätigung durch neuen Beschluss **244** 1 ff.; s.a. Hauptversammlung – Bestätigungsbeschluss
– Betriebspacht/-überlassung **292** 53 ff.
– Beurkundung **241** 41
– Einberufungsmängel **243** 7
– Eingliederungsbeschluss **320b** 16 ff.
– Entlastungsbeschluss **120** 58
– Erstbeschluss **244** 17 f.
– Geschäftsordnungsverstoß **129** 11
– Gestaltungsklageprinzip **243** 1
– Gewinnverwendung **254** 1 ff.
– Gleichbehandlungsgebot **243** 6
– Informationspflichtverletzung **243** 8, 26 ff.; 32 ff.
– Kapitalerhöhung gegen Einlagen **255** 1 ff.
– KGaA **285** 25
– Mitteilungspflichten, Verletzung **243** 12
– Popularklage **243** 2
– Rücksichtnahmegebot **243** 10
– Satzungsverstöße **243** 13
– Schiedsgerichtsverfahren **246** 33 ff.
– schwebende Unwirksamkeit **243** 1
– Sondervorteile **243** 16 ff.
– Stimmbindungsverträge **243** 15
– Treuepflichtverletzung **243** 3 ff.
– treuwidriger Beschluss **53a** 71
– Verfahrensfehler d. Hauptversammlung **119** 47
– Zweitbeschluss **244** 17 f.
Anfechtung
– Aufsichtsratswahl **251** 1 ff.

– Ausschluss in Spruchverfahrensangelegenheiten **304** 110 f.; **305** 140 ff.
– Gründungssatzung **28** 5
– Sacheinlagevereinbarung **27** 43 f.
– Vorzugsaktionäre, Rechtsstellung **140** 12
Anfechtungsbefugnis – Hauptversammlungsbeschluss
– abwesende Aktionäre **245** 18 ff.
– Aktionärseigenschaft **245** 3 ff.
– Aktionärswechsel **245** 25 ff.
– Anspruchsgrundlage **245** 1
– anwesende Aktionäre **245** 11 ff.
– Bekanntmachungsfehler **245** 23
– Einberufungsfehler **245** 22
– Gewinnverwendung **254** 8 ff.
– Missbrauch **245** 36 ff.
– Saalverweis **245** 21
– Sondervorteile **245** 24
– systematische Einordnung **245** 2
– Verwaltungsmitglieder **245** 31 ff.
– Vorbesitzzeit **245** 6 ff.
– Vorstand **245** 28 ff.
– Wahlanfechtung **251** 7
– Widerspruch in d. Hauptversammlung **245** 12 ff.
Anfechtungsklage
– Abkauf **57** 33
– Aufsichtsratswahl **251** 1 ff., 7
– Aufsichtsratswahl, Streitwert **247** 7
– Kommanditaktionäre **285** 1
– Kostenübernahme **57** 33
– Streitwert s. dort
– übertragende Auflösung **179a** 27 ff.
– Verhältnis z. Sonderprüfung **258** 4
– Vorzugsaktionäre, Rechtsstellung **140** 12
Anfechtungsklage – Hauptversammlungsbeschluss
– Eingliederungsbeschluss **319** 36; **320b** 21 f.
– Erstbeschluss **244** 19 ff.
– erster Termin **246** 22
– Freigabeverfahren s. dort
– Fristversäumnis **246** 9
– Gewinnverwendungsbeschluss **254** 1 ff.
– Heilungsfrist, Verlängerung **242** 7 ff.
– Jahresabschlussfeststellung **257** 2 f.
– Kapitalerhöhung gegen Einlagen **255** 1 ff.
– Klageänderung **244** 19
– Klagefrist **246** 4 ff., 12
– Klagegegner **246** 13 ff.
– Klageschrift, Zustellung **246** 7
– Nachschieben v. Gründen **246** 11
– Nachteilszufügung d. Muttergesellschaft **311** 109
– Nebenintervention **246** 26 f.
– positive Beschlussfeststellungsklage **58** 44; **246** 29 ff.
– Prozesskostenhilfe **246** 10; **247** 26 f.
– Prozessverbindung **246** 23 f.; **246a** 35
– rechtliches Gehör **246** 25 ff.
– Rechtskrafterstreckung **246** 36
– Squeeze-out-Beschluss **327f** 2, 21
– Streitgegenstand **246** 1 ff.

– Streitwert s. dort
– Tenorierung **246a** 34
– Unbegründetheit, offensichtliche **246a** 3
– Ungleichbehandlung, niedriger Ausgabe-
 kurs **255** 3 ff.
– Unwirksamkeitsklage **249** 12 f.
– Unzulässigkeit **246a** 2
– Verbindung m. Nichtigkeitsklage **249** 8
– Verfahren, Wahlanfechtung **251** 8
– Verletzung d. Auskunftsrechts **131** 98
– Verteidigungspflicht **246** 20
– Vertretung d. AG, Aktionärsklage
 246 16 ff.
– Vertretung d. AG, Klage d. Verwaltung
 246 19
– Verweigerung d. Entlastung **120** 48
– Zulässigkeit s. Anfechtungsbefugnis; Frei-
 gabeverfahren
– Zuständigkeit **246** 8, 21
Anfechtungsklage – Urteil
– abweisendes Urteil **248** 4
– Aufsichtsratswahl **252** 1, 3
– Bekanntmachung **248a** 1 ff.
– Gestaltungswirkung **248** 5 f.
– Handelsregistereintragung, Freigabeverfah-
 ren **242** 19
– Nichtigkeitsfolge **241** 25
– Publizitätspflichten **248** 8 f.
– Rechtskraft **248** 2 ff., 7
– Rechtskrafterstreckung **248** 7
– Satzung, Neufassung **248** 9
– stattgebendes Urteil **248** 2 f., 6
Anforderungsberichte **90** 36 ff.
Angehörige
– Stimmrechtsvollmacht **135** 61
– Stimmverbot, Zurechnung **136** 18
Angemessenheit
– Vorstandsbezüge **87** 1 ff.
Angestellte, leitende
– Einräumung eines Bestellungsrechts **26** 9
Anhang
– Aktiengattungen **160** 5
– Aufsichtsratsvergütung **113** 5
– Besserungsscheine **160** 8
– Bezugsrechte **160** 7
– eigene Aktien **160** 4
– Entsprechenserklärung **161** 54
– fehlender **256** 8
– genehmigtes Kapital **160** 6
– Genussrechte **160** 8
– Gewinn-/Verlustrechnungs-Posten **158** 9 f.
– Kapitalherabsetzung **240** 8
– Mängel, Sonderprüfung **258** 10
– mitgeteilte Beteiligungen **160** 10
– Namensangaben **80** 1
– Offenlegung v. Gesellschaftskrediten **89** 1
– Schutzklausel **160** 11
– Sonderprüfung **259** 11 ff.
– Teil d. Jahresabschlusses **Vor 150** 8
– Veräußerung eigener Aktien **71c** 12
– Vorlage an d. Aufsichtsrat **170** 3 ff.
– Vorratsaktien **160** 2 f.

– Vorstandsbezüge **87** 16 f.
– wechselseitige Beteiligungen **160** 9
– Wertpapiere **160** 7
Anhörung
– gerichtliche Bestellung d. Vorstands **85** 6
– Kündigung d. Vorstandsanstellungsver-
 trags **84** 65
Anlagevermögen
– Bewertung d. Einlage **27** 18
– Verlustausgleich **229** 5 f.; **232** 1 ff.
Anlegerschutz
– Delisting **119** 50
– Erwerb eigener Aktien **71** 67
– Genussrechte **221** 88 f.
– WpHG **Anh. 22, Vor 21 WpHG** 4 ff.
Anschaffungskosten
– Kapitalerhöhung, Aktionärsbilanz **220** 1 ff.
Anscheinsvollmacht **78** 13
Anspruchsverzicht
– Abfindungen **305** 34
– Ersatzansprüche g. Vorstandsmitglieder
 93 53 ff.
– Forderungsverzicht, Krise **92** 3
– Gewinn **60** 20 f.
– Gleichbehandlungsgebot **53a** 37 f.
– Gründerhaftung **50** 1 ff.
– Haftung beherrschendes Unternehmen
 309 31
– Haftung wg. Einflussnahme **317** 37
– Squeeze-out **327b** 18
– Stimmrecht **17** 55 f.
– Treuepflicht, mitgliedschaftliche **53a** 60
– Verlustübernahme **302** 3, 67 ff.
– Widerspruch d. Minderheitsaktionärs **50** 7
Anteilsmehrheit s. Beherrschungs-/Abhängig-
 keitsverhältnis; Mehrheitsaktionär; Mehr-
 heitsbeteiligung
Arbeitnehmer
– Aktienoptionspläne **71** 47 ff.; **192** 18, 21
– Aktienrückerwerb d. AG **71** 58 f.; s.a. Er-
 werb eigener Aktien; Finanzierungsverbot
– Antragsbefugnis im Spruchverfahren **98** 13
– Einlage v. Forderungen aus Gewinnbeteili-
 gungen **194** 6; **205** 11 ff.
Arbeitnehmerbeteiligung
– Aktienausgabe, Satzungsermächtigung
 202 27 ff.
– Änderung d. Aufsichtratsmitgliederanzahl
 95 14 f.
– Bezugsrecht **221** 42
– Bezugsrechtsausschluss **202** 27 ff.;
 203 20 ff.
– Einlage v. Forderungen aus Gewinnbeteili-
 gungen **205** 11 ff.
– Einlageneinforderung **203** 35
– Finanzierungsverbot, Ausnahmen **71a** 21;
 s.a. Finanzierungsverbot
– Jahresüberschussverwendung **204** 1
– Kapitalerhöhung aus genehmigtem Kapital
 204 15 ff.
– Veräußerungspflicht gehaltener Aktien
 71c 3

– Zusammensetzung d. Aufsichtsrats
    96 1 ff.

Arbeitnehmervertreter
– Abberufung   103 21
– Drittelbeteiligungsgesetz   96 15
– erster Aufsichtsrat   30 8; 31 1 ff.
– freiwillige Zuwahl   96 23 f.
– Mitbestimmungsgesetz   96 3
– Montan-Mitbestimmungsergänzungsge-
    setz   96 12
– Montan-Mitbestimmungsgesetz   96 9
– Satzungsbestimmungen   100 21
– Stimmbindungsverträge   96 24
– Verschwiegenheitspflicht   90 42
– Wahl   101 3
– Wählbarkeit   100 20

Arbeitsdirektor   76 22 f.
– Abberufung   84 76
– Abwicklertätigkeit   265 13

Arrestverfahren
– Abwicklungsstadium   272 7

Audit Committee   107 32, 45

Aufgebotsverfahren
– Kraftloserklärung v. Aktien   75 3 ff.

Auflösende Bedingung
– Anstellungsvertrag   84 70

Auflösung
– Abwicklung s. dort
– Aufsichtsratsmandat   103 23
– Beschluss i.Zshg.m. Vermögensübertra-
    gung   179a 23 ff.
– Eingliederung   327 9, 11
– Fortsetzung d. AG   274 1 ff.
– Gesellschaftsstatut   IntGesR 70
– Handelsregistereintragung   242 22; 263 1 ff.
– Kapitalerhöhung aus genehmigtem Kapital
    202 32
– Kapitalerhöhung aus Gesellschaftsmitteln
    207 8
– Kapitalerhöhung, ordentliche   182 43
– Kapitalherabsetzung, ordentliche   222 37
– KGaA   289 1 ff.
– nach Nichtigerklärung   277 2, 5
– Nachtragsabwicklung   264 13 ff.; s.a. dort
– Nebenleistungspflicht   55 34
– Rücksichtnahmegebot   243 11
– Satzungsänderung   179 3
– übertragende   Vor 327a 10 ff.; s.a. Übertra-
    gende Auflösung
– Unternehmensverträge   264 10; 297 31
– Vertretungsbefugnis   82 2
– Vor-AG   41 22

Auflösung – gerichtliche
– Entschädigung   398 20
– Gemeinwohlgefährdung   398 7
– gesetzwidriges Verhalten   398 8
– Kreditinstitute   398 5
– Rechtsfolgen   398 17 ff.
– Unterlassen d. Abberufung   398 9 f.
– Vereinsrecht   398 4
– Verfahren   398 12 ff.
– Verfassungsmäßigkeit   398 2

– Verhältnismäßigkeit   398 11
– Versicherungsunternehmen   398 6
– Zweck   398 1

Auflösung – Gründe
– Gemeinwohlgefährdung   262 23; 274 3
– Hauptversammlungsbeschluss   262 8 ff.;
    274 2 f.
– Insolvenzablehnung mangels Masse
    262 14; 274 3
– Insolvenzeröffnung   262 13; 263 7
– Keinmann-AG   262 23
– Rücknahme d. Erlaubnis   262 23
– Satzungmängel   262 20 ff.; 274 2 f.
– Verbot   262 23
– Vermögenslosigkeit   262 15 ff.; 274 3
– Zeitablauf   262 4 ff.; 274 2 f.

Aufrechnung
– Einlagenrückgewähr   66 18
– Einlagepflicht   66 1 ff.
– Rückgewähranspruch bei Gesellschaftskre-
    dit   89 15
– Sacheinlage   66 20

Aufsichtsbehörde
– Teilnahme an Hauptversammlung
    118 44

Aufsichtspräsidium   107 32

Aufsichtsrat
– Abwicklungsstadium   264 8; 268 6
– Aktienoptionspläne, eigene Aktien   71 49
– Arbeitnehmervertretung   30 8; 31 1 ff.
– Beirat   109 2
– Berichte d. Vorstands   s. Vorstand – Be-
    richtpflichten
– Bevollmächtigung Einzelner   112 14 f.
– Bezeichnung   95 3
– Corporate Governance Kodex   107 3;
    161 49
– Doppelmandatsträgerschaft   311 34
– Durchsetzung d. Informationsanspruchs
    90 68 ff.
– Ehrenmitglieder   107 26; 109 7
– Ehrenvorsitzender   109 7
– Einberufung   110 1 ff.
– Einberufungsberechtigung   121 19
– Einsicht in Vorstandsprotokolle   90 48
– Entlastung   120 1 ff.; s.a. dort
– Erörterung v. Berichten   90 72
– erster   113 23
– Geschäftsführungsmitwirkung   82 16
– Geschäftskorrespondenz   80 1 ff.
– Geschäftsordnung   107 2, 37; 161 49
– Geschäftsordnung d. Vorstands   77 26
– Gleichbehandlungsgebot   53a 15 ff.
– Gremien   109 2
– Handelsregisteranmeldung s. Handelsregis-
    teranmeldung – Gründung
– Informationsfluss innerhalb   90 61 ff.
– Informationsmöglichkeiten   90 3 f.
– Informationsordnung   90 73
– Informationsschranken   90 39, 42 ff.
– innere Ordnung   107 1 ff.; s.a. Aufsichtsrat
    – Ausschüsse; Aufsichtsratsvorsitzender

– innergesellschaftliche Stellung 111 1; s.a. Aufsichtsrat – Aufgaben
– Krisensituation 92 11
– Nachgründungsbericht 52 29
– Nachweis d. Vertretungsmacht 112 16
– Personalkompetenz über Vorstand 77 26
– Rederecht 118 37
– Satzungsbestimmungen 107 2
– Schadensersatzpflicht beim Erwerb eigener Aktien 71 89
– Schikaneverbot 90 47
– Selbsteinberufung 110 13 ff.
– Teilnahmepflicht an d. Hauptversammlung 118 35 ff.
– Verantwortlichkeit i.V.z. Ausschüssen 107 37 f.
– Verschwiegenheitspflicht 90 42
– vertrauliche Informationen 90 30, 42 ff., 50, 58, 63
– Vertretungsmacht 112 1 ff.; 117 20
– Vor-AG 41 19
– Wechsel d. Mitglieder 106 1 ff.
– Weisung bzgl. Abstimmung 136 39

Aufsichtsrat – Aufgaben
– Abhängigkeitsbericht, Prüfung s. dort
– Abschlussprüfer, Beauftragung Vor 150 21
– Abschlussprüferbestellung 111 29 ff.
– Anstellungsvertrag d. Vorstände 84 24 f.
– Beratungsfunktion 111 13 f.
– Berichtsverlangen ggü. Vorstand 90 36 ff.; 111 7, 10
– Delegation v. Prüfungspflichten 111 27
– Einberufung d. Hauptversammlung 111 33 ff.
– Einsichtsrechte 111 25 ff.
– Entsprechenserklärung 161 17 f.; s.a. dort
– Geltendmachung v. Ersatzansprüchen 179 20 f.; 318 24 ff.
– Geltendmachung v. Ersatzansprüchen g. Vorstand 93 35
– Gesamtverantwortung 111 5
– Gründungsprüfung 32 1; 33 1 ff.; s.a. dort
– Gründungsstadium 30 15
– Informationsbeschaffung 111 25 ff.
– Jahresabschlussprüfung 111 9; Vor 150 15 f., 19 ff.
– Kreditgewährung 89 1; s.a. Gesellschaftskredite
– Krisensituation 111 19
– Lageberichtsprüfung 111 9
– Mitbestimmungsrecht 111 4
– Mitleitungsfunktion 76 11
– Ordnungsmäßigkeitskontrolle 111 16
– Personalkompetenz über Vorstand 84 1 ff., 8
– Rechtmäßigkeitskontrolle 111 11, 15
– Sachgründung 31 11
– Sachverständigenheranziehung 111 28
– Satzungsänderung 179 23 ff.
– Satzungsbestimmungen 111 3, 37 ff.
– Schadensersatzansprüche g. Vorstand 111 12

– Überwachung 111 4 ff.; 15 f., 17 ff.
– Überwachung im Konzern 111 21 ff.
– Vermittlung bei Vorstandsstreitigkeiten 77 8
– Vertretung ggü. Vorstandsmitgliedern 112 5 ff.
– Vorstandsbezüge, Angemessenheit 87 2, 9
– Vorstandsbezüge, Herabsetzung 87 12
– Widerruf v. Vorstandsbestellungen 84 46 ff.
– Wiederbesetzung d. Vorstands 76 3
– Zustimmungserfordernis 111 3, 37 ff.; s.a. Aufsichtsrat – Zustimmung
– Zweckmäßigkeitskontrolle 111 16

Aufsichtsrat – Ausschüsse
– Bedeutung 107 32 ff.
– Berichtspflichten 107 51
– Beschlussfassung 107 47
– Besetzung 107 40 ff.
– Corporate Governance Kodex 107 32
– Einsetzung 107 39
– Geschäftsordnung 107 35
– Informationsansprüche 107 50
– innere Ordnung 107 46 ff.
– Mitbestimmungsrecht 107 43 ff.
– nicht delegierbare Aufgaben 107 36 ff.
– Sitzungseinberufung 107 46
– Teilnahme an Sitzungen 109 14 f.
– Unterausschüsse 107 35
– Verantwortung d. einzelnen Aufsichtsratsmitglieder 116 5 f.
– Vorsitzender 107 46, 48
– Zulässigkeit 107 32 ff.

Aufsichtsrat – Beschlüsse
– Abstimmungsverfahren 108 13 ff.
– Abstimmungswiederholung 108 27
– Antragserfordernis 108 6
– Ausdrücklichkeit 108 4
– Berichtsverlangen 90 37
– Beschlussfassung 108 5 ff.
– Beschlussunfähigkeit 104 1 f.
– Beschlussvorschlag 124 14 ff.
– einfache Mehrheit 108 24
– Einsetzung v. Ausschüssen 107 39
– Entsprechenserklärung 161 19 ff.
– Fehlerhaftigkeit 108 29 ff.
– geheime Abstimmung 108 14 f.
– Geltendmachung v. Mängeln 108 34, 36
– gemischte Beschlussfassung 108 22 f.
– Geschäftsordnung 108 5, 25
– Herabsetzung v. Vorstandsbezügen 87 12
– Inhaltsmangel 108 32
– Jahresabschlussfeststellung 58 18
– Kreditgewährung 89 1, 7, 16; s.a. Gesellschaftskredite
– Kündigung d. Vorstandsanstellungsvertrags 84 60 f.
– minderschwere Mängel 108 35 f.
– mitbestimmungsrechtliche Mehrheitsregeln 108 28
– nachträgliche Abstimmung 108 22 f.
– Nichtigkeit 108 32 ff.

– offene Abstimmung **108** 13
– ohne Präsenzsitzung **108** 20 f.; **110** 19 f.
– Organwille **108** 2 f.
– Präsenzsitzung **108** 13 ff.
– qualifizierte Mehrheit **108** 25
– Satzungsbestimmungen **108** 5, 25 ff.
– schriftliche Abstimmung **108** 16 ff.
– schwerwiegender Mangel **108** 32 ff.
– Stichentscheid **108** 25
– Stimmberechtigung **108** 12
– Stimmbote **108** 19; **109** 17; **111** 56
– Stimmenthaltung **108** 26
– Stimmverbot **108** 12
– Verfahrensmangel **108** 33
– Verstoß g. Ordnungsvorschriften **108** 31
– Vertretung ggü. Vorstandsmitgliedern
  112 13
– Vorlageberichte **90** 3, 36 ff.
– Vorstandsbestellung **84** 9 ff., 15 ff.
– Zustimmungserteilung **111** 48 ff.; s.a. Auf-
  sichtsrat – Zustimmung
Aufsichtsrat – Beschlussfähigkeit
– fehlerhafte Besetzung **104** 2 f.; **108** 10
– gesetzliche Vorgaben **108** 8
– Mitbestimmungsrecht **108** 10 f.
– Sachgründung **31** 12 ff.
– Satzungsbestimmungen **108** 7
– Sollstärke **108** 8
– Teilnahme **108** 9
Aufsichtsrat – Besetzung
– Änderung **95** 9 ff., 23
– Arbeitnehmerbeteiligung **95** 14 f.
– Corperate Covernance Kodex **95** 2
– Dreiteilbarkeit **95** 6, 16
– Erhöhung d. Migliederzahl **95** 10 f.
– gesetzliche Höchstzahl **95** 7 f.
– gesetzliche Mindestzahl **95** 4
– Organstellung **95** 2
– Satzungsbestimmungen **95** 5 f.
– Statusverfahren **95** 15, 23; s.a dort
– Verminderung d. Mitgliederzahl **95** 12 ff.
– Verstöße **95** 16 ff.
– Zweck d. Regelung **95** 1
Aufsichtsrat – Bestellung
– Amtszeit nach Gründung **30** 9 ff.; **31** 25
– Anlagen z. Anmeldung **37** 25 ff.
– Beurkundung **30** 6
– Entsenderecht **30** 7
– Formwechsel in AG **31** 6
– Gründungsstadium **30** 3 ff.
– Neubesetzung im Gründungsstadium
  30 14
– Sachgründung **31** 1 ff., 21 ff.
Aufsichtsrat – Haftung s.a. Klageerzwingungs-
  verfahren; Klagezulassungsverfahren
– Abschlagszahlungen **59** 17
– Durchführung rechtwidriger Beschlüsse
  242 17
– Einberufung d. Hauptversammlung **111** 36
– Entsprechenserklärung **161** 63 ff.
– Gründungsstadium **46** 12, 18; **48** 1 ff.;
  51 1 ff.

– Haftung d. abhängigen Unternehmens
  310 1 ff.
– Handelndenhaftung **41** 23 ff.
– Mitverschulden v. Eintragung **46** 12, 18
– Nachgründung **53** 1 ff.
– schädigende Einflussnahme **117** 1 ff.
– verdeckte Sacheinlage **27** 57
Aufsichtsrat – Jahresabschlussprüfung
– Abschlussprüfer, Teilnahme **171** 9 f.; s.a.
  dort
– Ad-hoc-Mitteilung **170** 7
– Änderung d. Abschlusses s. Jahresabschluss
  – Änderung
– Bericht, Eintritt d. Bindungswirkung
  175 15 ff.
– Berichtpflicht **171** 11 ff., 17 f.; **172** 1, 21;
  176 4, 8
– Billigung **172** 14 f.; **173** 18 f.
– Ermächtigung d. Hauptversammlung
  172 18 ff.
– Feststellung s. Jahresabschluss – Feststel-
  lung
– Gewinnverwendung **170** 8 ff.; s.a. dort
– Konzernabschluss **171** 19; **172** 3
– Prüfbericht d. Abschlussprüfers, Vorlage
  170 4
– Recht auf Kenntnisnahme **170** 5, 16 ff.
– Rechtmäßigkeit **171** 4
– Sorgfaltsmaßstab **171** 5 ff.
– Übertragung auf Ausschuss **170** 18 f.;
  171 3
– Verfahrensfehler **170** 20 ff.
– Vorlage an d. Aufsichtsrat, Zeitpunkt
  170 6
– Vorlage durch d. Vorstand **170** 5; **172** 4
– Zweckmäßigkeit **171** 4
Aufsichtsrat – Sitzungen
– Berater **109** 8
– Beratungs-/Abstimmungsgeheimnis
  116 24
– Bote **109** 17
– ehemalige Mitglieder **109** 7
– Ehrenmitglieder **109** 7
– Ehrenvorsitzender **109** 7
– Einberufung, Form/Inhalt **110** 8, 10 f.
– Einberufung, Selbstvornahme **110** 13 ff.
– Einberufung, Zuständigkeit **110** 3
– Einberufungsfrist **110** 9
– Einberufungsmängel **110** 12
– Einberufungsverlangen **110** 4 ff., 13 ff.
– Hilfspersonen **109** 12; **116** 29
– Mindestturnus **110** 17 ff.
– Niederschriften **107** 27 ff.
– Präsenzsitzung **108** 13 ff.; **110** 19 f.
– Protokollabschriften **107** 31
– Protokollführer **107** 28
– Protokollinhalt **107** 29
– Protokollkorrektur **107** 30
– Protokollpflicht **107** 27
– Sachverständige **109** 8 ff.
– Stimmbote **108** 19; **109** 17; **111** 56
– Teilnahme Dritter **109** 7 ff., 16 f.

- Teilnahme v. Vorstandsmitgliedern **109** 5 f.
- Teilnahmepflicht **109** 3 f.
- Teilnahmerecht aufgrund anderer Gesetze **109** 18
- Telefon-/Videokonferenz **110** 19 f.
- verhinderte Mitglieder **109** 16 f.

Aufsichtsrat – Wahl
- Anfechtung, Streitwert **247** 7; s.a. dort
- Anfechtungsbefugnis **251** 7
- Anfechtungsgründe **251** 1 ff.
- Auskunftsrecht d. Aktionärs **131** 46
- Bekanntmachung **124** 30 ff.
- Beteiligung v. Gebietskörperschaften **394** 6
- Beurkundung, Mängel **250** 1
- Einberufungsmängel **250** 1
- Höchstzahl, Überschreitung **250** 4
- Inhaltsmängel **250** 1 ff.
- Kassation **250** 1
- Losentscheidung **133** 52
- Mehrheitserfordernisse **133** 50
- Mitteilungspflichten vor d. Hauptversammlung **125** 9 ff.
- Nichtigkeitsfolgen **250** 6
- Nichtigkeitsgründe **250** 1 ff.
- Stichentscheid **133** 51
- Verfahrensregelungen **133** 53 ff.
- Wahlvorschläge **127** 1 ff.; **137** 1 ff.; **250** 3
- wechselseitige Beteiligung, Stimmrechtsverbot **328** 21 ff.
- Zusammensetzungsregelungen **250** 2

Aufsichtsrat – Zusammensetzung
- Bekanntmachung **30** 17 ff.; **31** 17 ff., 24
- Bekanntmachung, Anfechtung **97** 16
- Drittelbeteiligungsgesetz **96** 13 ff.
- Einleitung d. Wahlverfahrens **97** 13
- freiwillige Zuwahl v. Arbeitnehmervertretern **96** 23 f.
- gerichtliche Entscheidung **97** 16; **98** 1 ff.
- Gründungsstadium **30** 8
- Kontinuitätsprinzip **96** 27; **97** 15; **98** 1, 17
- mitbestimmungsfreie Unternehmen **96** 20 f.
- Mitbestimmungsgesetz **96** 1 ff.
- Montan-Mitbestimmungsergänzungsgesetz **96** 10 ff.
- Montan-Mitbestimmungsgesetz **96** 7 ff.
- Neuzusammensetzung **97** 13
- Sachgründung **31** 7 ff., 17 ff.
- Satzungsbestimmungen, abweichende **97** 14
- Systeme **96** 2

Aufsichtsrat – Zustimmung
- Abschlagszahlung **59** 9
- Bestimmtheitsgrundsatz **111** 45 f.
- Einflussnahme **311** 108
- Ersetzung durch Hauptversammlungsbeschluss **111** 49 f.
- Erteilung **111** 48 ff.
- Festsetzungsermessen **111** 42 ff.
- Festsetzungskompetenz **111** 40 f.
- Geschäftsordnung **111** 40

- Kaduzierung **64** 14
- Kapitalerhöhung aus genehmigtem Kapital **202** 22; **204** 11
- Kapitalherabsetzung, ordentliche **222** 23 ff.
- Konzern **111** 52 ff.
- Kreditgewährung an Aufsichtsratsmitglieder **115** 8
- Mitbestimmungsrecht **111** 39
- Satzungsbestimmungen **111** 3, 37 ff.
- Übertragung vinkulierter Aktien **68** 27 f.
- Unterlassungsbegehren g. Vorstand **111** 47
- Unternehmensverträge **293** 9
- Verträge mit Mitgliedern **114** 1 ff., 15 ff.
- Zahlungsaufforderung bzgl. Einlagen **63** 12

Aufsichtsratsmitglieder
- Altverträge m. AG **114** 12
- Amtsbeendigung **103** 23
- Amtshandlungen bei nichtiger Bestellung **101** 31
- Amtsniederlegung **30** 12; **103** 24
- Anfechtungsbefugnis **245** 31 ff.
- Anstellungsverhältnis **101** 2
- Antragsbefugnis im Spruchverfahren **98** 7
- Berichtsverlangen einzelner **90** 40 f.
- Bestellungswiderruf im Gründungsstadium **30** 13
- Dienst-/Werkverträge **114** 1 ff.
- Ehrenmitglieder **107** 26
- Entsenderecht **26** 7
- Entsendung durch Gebietskörperschaften **Vor 394** 12 ff.; **394** 6 ff.
- Gesamtverantwortung **111** 5
- höchstpersönliche Mandatswahrnehmung **111** 55 f.
- Jahresabschluss, Kenntnisnahme **170** 5, 16 ff.
- Kenntnisnahme v. Berichten **90** 62 ff.
- Kreditbeziehungen zur AG **115** 1 ff.
- Mitteilungen vor d. Hauptversammlung **125** 17, 22 f.
- Protokollabschriften **107** 31
- Sachgründung **31** 1 ff.
- Selbsteinberufung **110** 13 ff.
- Sitzungsteilnahme **109** 3 f.
- Stellvertretung **101** 27
- Strafbarkeit **399** 6 ff.; **400** 4; **404** 5 f.
- Tätigkeit außerhalb d. Aufsichtsrats **114** 8 ff.
- Teilnahme an Ausschusssitzungen **109** 14 f.
- Tod **103** 23
- Verträge m. Tochtergesellschaften **114** 13 f.
- Vertretung v. Vorstandsmitgliedern **105** 13 ff.
- Wechsel **106** 1 ff.

Aufsichtsratsmitglieder – Abberufung
- Amtsbeendigung **103** 23
- Amtsniederlegung **103** 24
- Antrag d. Aktionäre **103** 18
- Arbeitnehmervertreter **103** 21

– durch das Gericht **103** 12 ff.
– durch Hauptversammlung bestellte **103** 2 ff.
– entsendeter **103** 8 ff.
– Ersatzmitglieder **103** 22
– erster Aufsichtsrat **103** 2
– Fehlen persönlicher Voraussetzungen **100** 22 f.
– gerichtliche **104** 24 f.
– gesetzwidriges Verhalten **398** 8 ff.
– Gründungsstadium **30** 13
– neutrales Mitglied **103** 2
– Unterscheidung nach Bestellungsalternativen **103** 2, 8, 12, 21 f.
– Verweigerung d. Entlastung **120** 43 f., 47
– wichtige Gründe **103** 14 ff.; **120** 44

Aufsichtsratsmitglieder – Bestellung
– Amtsbeginn **102** 5
– Amtsdauer bei gerichtlicher Bestellung **104** 21 ff.
– Amtsende **102** 6
– Amtszeit **102** 1 ff., 10 ff.
– Anfechtbarkeit **101** 32; **103** 23
– Annahme d. Wahl **101** 12
– Anstellungsverhältnis **101** 2
– Antrag auf gerichtliche **104** 4 ff.
– Arbeitnehmervertreter **101** 3; **102** 10
– beschlussunfähiger Aufsichtsrat **104** 2 f.
– Blockwahl **101** 9
– dauerhafte Verhinderung **104** 3
– Einzelwahl **101** 8, 11
– Entsenderecht **101** 13 ff.; s.a. dort
– Ergänzungsverfahren **104** 2 ff.
– Ersatzmitglieder **101** 28 ff.; **102** 12
– gerichtliche **104** 1 ff.
– gerichtliches Ermessen **104** 16 ff.
– gerichtliches Verfahren **104** 8 ff., 26 ff.
– Listenwahl **101** 10 f.; **133** 51
– Mitbestimmungsrecht **101** 3
– Satzungsbestimmungen **102** 7 ff.
– Stellvertreter **101** 27
– unvollständiger Aufsichtsrat **104** 12 ff.
– Unwirksamkeit **101** 31
– Vorsitzender **104** 13
– Wahlfreiheit **101** 4
– Wahlvereinbarungen **101** 5 ff.
– Wahlverfahren **101** 8 ff.; **133** 50 ff.
– Wiederbestellung **102** 11
– Zuständigkeit **101** 3

Aufsichtsratsmitglieder – Haftung s.a. Einflussnahme; Faktischer Konzern – Einflussnahme
– analoge Anwendung v. Vorschriften **93** 1
– Beweislastumkehr **116** 34
– Delegation an Ausschüsse **116** 5 f.
– Haftungsbegrenzung **116** 35
– Insiderinformationen **116** 23
– Nachteilszufügung **318** 7
– Pflichtverletzung **116** 30 ff.
– verdeckte Sacheinlage **27** 57
– Versicherbarkeit **116** 39

Aufsichtsratsmitglieder – Pflichten
– Arbeitseinsatz **116** 14
– Auskunft ggü. Sonderprüfer **145** 10 ff.
– Delegation **116** 5 f.
– Ermessensfreiheit **116** 4
– Gesamtverantwortung **116** 3
– Mitwirkungspflichten **116** 3, 8 f.
– Pflichtverletzung **116** 30 ff.
– Sorgfaltspflicht **116** 3
– Treuepflicht **116** 15 ff.
– Übernahmeverschulden **116** 7
– Überwachungspflicht **116** 3
– unternehmerische Entscheidungen **116** 4, 10 ff.
– Verschwiegenheitspflicht **116** 18 ff.

Aufsichtsratsmitglieder – Vergütung
– Aktienoptionen **113** 28 f.
– Angemessenheit **113** 15 ff.
– Anknüpfung an Erfolgszahlen **113** 28, 32
– Auslagenersatz **104** 26 f.; **113** 21 f.
– Bestandteile **113** 11 ff.
– Beteiligung am Jahresgewinn **113** 25 ff.
– Bewilligung durch Hauptversammlung **113** 10, 20
– Corporate Governance Kodex **113** 24
– D & O-Versicherung **113** 12
– erster Aufsichtsrat **113** 23
– gesetzwidrige **93** 44
– Gleichbehandlungsgebot **113** 14
– Grundsätze **113** 1 ff.
– Gründungsstadium **26** 14; **30** 16
– Herabsetzung **113** 20
– Kreditgewährung an Aufsichtsratsmitglieder **93** 45
– phantom stocks **113** 31
– Rechtsgrundlage **113** 6 ff.
– Risiken erfolgsabhängiger Vergütung **113** 32
– Rückgewähr **113** 4
– Satzungsbestimmungen **113** 6 ff.
– steuerliche Behandlung **113** 33 f.
– stock appreciation rights **113** 31
– Tantieme **113** 31
– Tätigkeit außerhalb d. Aufsichtsrats **114** 1 ff.
– Vergütung bei gerichtlicher Bestellung **104** 26 f.
– Wandel-/Optionsanleihen **113** 28, 30

Aufsichtsratsmitglieder – Voraussetzungen
– Abschlussprüfer **100** 15
– Arbeitnehmervertreter **100** 20
– Beamte **100** 15
– Corporate Governance Kodex **100** 18
– Fachkompetenz **100** 19
– Geschäftsfähigkeit **100** 3
– Handlungsbevollmächtigte **100** 14 7
– Höchstzahl v. Mandaten **100** 4 ff.
– Interessenkonflikte **100** 16 f.
– Kapitalanlagegesellschaft **100** 13
– Konkurrenzunternehmen **100** 16 f.; **103** 17
– Konzernprivileg **100** 7
– Mandat bei ausländischer Gesellschaft **100** 6

– natürliche Personen **100** 2
– Notare **100** 15
– politische Amtsträger **100** 15
– Prokurist **100** 14 5 f.
– Satzungsbestimmungen **100** 21, 23
– Überkreuzverflechtung **100** 10 ff.
– Unabhängigkeit **100** 18
– Unvereinbarkeit m. Leitungsfunktion **105** 3 ff.
– Verstoß bei Amtsantritt **100** 22
– Verstoß nach Amtsantritt **100** 23
– Vertretung v. Vorstandsmitgliedern **105** 13 ff.
– Vorsitzmandat **100** 8
– Vorstandsmitglieder **100** 14 3 f.
– Zeitpunkt **100** 22

Aufsichtsratsvorsitzender
– Amtsdauer **107** 15
– Amtsniederlegung **107** 17
– Anzahl **107** 5
– Aufgaben **107** 18 ff.
– Befugnisse **107** 18 f.
– Corporate Governance Kodex **107** 20
– doppelte Anrechnung **100** 8
– Ehrenvorsitzender **107** 26
– Einberufung d. Sitzung **110** 3 ff.
– Erklärungsvertreter **107** 21
– Funktionsträger **107** 4
– gerichtliche Bestellung **104** 13; **107** 12
– Geschäftsbriefe **107** 14
– Handelsregisteranmeldung **107** 13
– handelsregisterrechtliche Erklärungen **107** 22
– Hauptversammlungsleitung **107** 20
– Mitbestimmungsrecht **107** 10, 19
– Protokollführung **130** 23 ff.
– Protokollkorrektur **107** 30
– Protokollpflicht **107** 27
– Sonderberichte **90** 34
– Stellvertreter, Anzahl **107** 5, 11
– Stellvertretung **107** 23 ff.
– Stichentscheid **108** 25
– Teilnahme Dritter an Sitzungen **109** 13
– Vermittlungsausschuss **107** 19
– Wahl **107** 6 ff.
– Widerruf d. Bestellung **107** 16

Aufspaltungsverbot **8** 24 ff.
– Neueinteilung d. Grundkapitals **8** 31 f.

Aufwendungsersatz s.a. Auslagenersatz
– Kreditgewährung **89** 4
– Vorstandsbezüge **87** 4

Ausgabebetrag s. Aktien – Ausgabe

Ausgleichsanspruch
– Abtretung **304** 40
– außenstehende Aktionäre **304** 8 ff., 14, 20 ff., 64 ff.
– Beendigung **304** 25
– Beschlussmängel **304** 109 ff.
– Entstehung **304** 34 f.
– Fälligkeit **304** 34 f.
– Gläubiger **304** 20 ff.
– Rechtsnatur **304** 15

– Schuldner **304** 26 ff.
– Turnus **304** 18
– Überblick **304** 1 ff.
– Verhältnis z. Verzinsung d. Abfindung **305** 119 ff.
– Verjährung **304** 36
– Verpfändung **304** 40
– Unvereinbarkeit **304** 104 ff.
– Verzug **304** 37 ff.
– Zeitraum **304** 41 ff.
– Zweck **304** 8 ff.

Ausgleichsanspruch – Anpassung
– Aktienspaltung **304** 135
– Formwechsel **304** 132
– Gesamtrechtsnachfolge **304** 133
– Kapitalerhöhung aus Gesellschaftsmitteln **216** 19
– Kapitalmaßnahmen **216** 19; **304** 119 ff.
– Korrektur **304** 142
– Spruchverfahren **304** 141 f.
– steuerliche Änderungen **304** 139
– Verschmelzung **304** 134
– Vertragsänderung **304** 136 ff.
– wirtschaftliche Bedingungen **304** 140

Ausgleichsanspruch – Höhe
– Aktiengattungen **304** 83
– Anfechtungsausschluss **304** 110 f.
– Angemessenheit **304** 16, 110
– Ausschüttungserwartung **304** 75, 84 f.
– Bemessungsgrundlage **304** 17
– börsennotierte AG **304** 77
– Ertragslage **304** 79
– Ertragsprognose **304** 79
– fester Ausgleich **304** 75 ff.
– Kapitalerhöhung aus Gesellschaftsmitteln **216** 19
– Körperschaftsteuerbelastung **304** 88 ff.
– Korrektur **304** 142
– Liquidationswert **304** 79 ff.
– nicht betriebsnotwendiges Vermögen **304** 82
– Nullausgleich **304** 81
– Spruchverfahren s. dort
– stand alone **304** 78
– Steuerbelastung **304** 86 ff.
– Stichtag **304** 78
– Synergieeffekte **304** 78
– Unternehmenswert **304** 76; s.a. Unternehmensbewertung
– variabler Ausgleich **304** 19, 30 ff., 92 ff.
– Wurzeltheorie **304** 78
– Ytong-Entscheidung **304** 88 ff.

Ausgliederung
– Anfechtung, Streitwert **247** 10
– Hauptversammlungskompetenzen **119** 32
– Unternehmensverträge, Auswirkungen **297** 34

Auskunftserzwingungsverfahren
– Amtsermittlungsgrundsatz **132** 17
– Antragsberechtigung **132** 7
– Antragserfordernis **132** 6
– Antragsfrist **132** 11

– Antragsgegner **132** 12
– Auskunftsverweigerung **132** 8 f.
– Beschluss **132** 21
– Handelsregistereinreichung **132** 35
– Kostenerstattung **132** 38
– Prüfungsumfang **132** 18 ff.
– Rechtsfolgen **132** 30 f.
– Rechtskraft **132** 21, 28 f.
– Rechtsmittelverfahren **132** 22 ff.
– Rechtsschutzbedürfnis **132** 14
– Rücknahme **132** 13
– Verfahrenskosten **132** 36 f.
– Verfahrensregelungen **132** 15 ff.
– Verhaltensalternativen **131** 97 ff.;
  132 39 ff.
– Verhältnis z. anderen Rechtsmitteln
  132 39 ff.
– Widerspruch g. Beschlussfassung **132** 10
– Zuständigkeit **132** 3 f.
– Zuständigkeitsmängel **132** 5
– Zweck **132** 1
Auskunftsrecht s. Aktionäre – Auskunfts-
  recht; Hauptversammlung – Informations-
  recht; Sonderprüfung; Vorstand – Berichts-
  pflichten
Auskunftsverweigerung
– Auskunftserteilung außerhalb d. Hauptver-
  sammlung **131** 77 ff., 85 ff.
– Bilanzierungs-/Bewertungsmethoden
  131 70, 75 f.
– Erzwingungsverfahren **132** 1 ff.
– gerichtliche Überprüfbarkeit **131** 62
– Gründe **131** 63 ff.
– Nachteil d. AG **131** 63 ff.
– Rechtsmissbrauch **131** 80 ff.
– steuerliche Wertansätze/Steuerhöhe
  131 67 f.
– stille Reserven **131** 69
– Strafbarkeit d. Auskunftserteilung
  131 71 ff.
– Treuepflichtverletzung **131** 80 ff.
– Unrechtmäßigkeit **131** 97 ff.
– Zuständigkeit **131** 59
Auslagenersatz
– gerichtlich bestelltes Aufsichtsratsmit-
  glied **104** 26 f.; **113** 21 f.
– Sonderprüfer **142** 70, 72; **258** 27
– Vorstandsmitglieder **84** 34
Ausland
– Finanzdienstleistungsunternehmen, Mittei-
  lungspflicht **128** 13
– Gewinnabschlag **59** 4
– Hauptversammlungsort **121** 54 ff.
– Nebenpflichten d. Aktionäre **55** 6
– Satzungsfeststellung **23** 16 ff.
– Sitzverlegung **45** 18 ff., 30 ff.
– Zwischendividenden **59** 4, 18
Ausländische Gesellschaft
– Anerkennung im Inland **IntGesR** 58 ff.
– Aufsichtsratsmandat **100** 6
– Firmierung **4** 45
– Gründerfähigkeit **2** 4

– örtliche Zuständigkeit **14** 18
– Parteifähigkeit **IntGesR** 64 ff.
– Rechtsfähigkeit **IntGesR** 58 f., 64 ff.
– Sitzverlegung **45** 31 f., 37
– Überkreuzverflechtung **100** 11
– Verstoß gegen d. ordre public **IntGesR** 60
– wechselseitige Beteiligung **19** 21
Aussageverweigerung
– Sonderprüfung **145** 13 f.
Ausschüsse s. Aufsichtsrat – Ausschüsse
Außenseiterschutz
– Gleichordnungskonzern **18** 31
Aussonderung
– Sondervorteile **26** 6

BaFin s.a. Mitteilungspflichten
– Kenntnis über Sonderprüfung **142** 73 f.
– Offenlegung v. Aktienbesitz **Anh. 22, 21
  WpHG** 13; **26 WpHG** 6
– Ordnungswidrigkeiten **71** 89; **406** 1 ff.
– Richtlinienkompetenz **Anh. 22, 29
  WpHG** 1 f.
– Sonderprüfung, Meldung **261a** 1 f.
– Unterrichtung b. Aktienrückkauf **71** 85
Banken s. Finanzdienstleistungsunternehmen;
  Kreditinstitute
– Haftung b. verdeckter Sacheinlage **27** 57
– Mehrheitsbeteiligung **17** 44
Bareinlage s.a. Kapitalerhöhung
– Anwendungsbereich **54** 25 f.
– Bankbestätigung **37** 11 ff.
– Barzahlung **54** 28
– Einforderung **36** 16 f.
– Einlagepflicht **54** 10
– Einzahlung **36** 14 f., 18
– Empfangszuständigkeit **54** 33
– Erklärung ü. Einlageleistung **37** 3 ff.
– Fälligkeit **63** 1 f.
– freie Verfügbarkeit **54** 34
– freie Verfügung d. Vorstands **36** 19 ff.; **27** ff.
– Gewinnverteilung s. dort
– Gründungsstadium **54** 25
– gutgläubiger Erwerb **54** 11 ff.
– Handelsregisteranmeldung s. Handelsregis-
  teranmeldung – Gründung
– Kaduzierung **64** 8; s.a. dort
– Kontogutschrift **54** 29 ff.
– Kreditinstitut als Mitgründer **54** 32
– Mindestleistung b. Gründung **36a** 2
– Nachweis d. Verfügbarkeit **37** 7 ff.
– Prüfung durch Registergericht **38** 13 f.
– Unterbilanz-/Vorbelastungshaftung **37** 10
– Verjährung **54** 36 f.
– Verwendungsabreden **36** 23 ff.
– Vorrang **54** 24
– Währungsfragen **54** 31
– Zeitpunkt **54** 26
Beamte
– Aufsichtsratsmandat **100** 15
Bedingtes Kapital
– Bilanzierung **152** 4
– Eingliederung, Aktienausgabe **320b** 8 f.

– Kapitalerhöhung aus Gesellschaftsmitteln **218** 1 ff.

Bedingung
– Nebenleistungspflicht **55** 27

Befristung
– Nebenleistungspflicht **55** 27

Begebungsvertrag 10 17

Beherrschende Unternehmen s.a. Beherrschungs-/Abhängigkeitsverhältnis; Beherrschungsvertrag; Beherrschungs-/Gewinnabführungsvertrag; Faktischer Konzern
– Abfindung s. Beherrschungs-/Gewinnabführungsvertrag – Abfindung
– Anteilszurechnung **16** 25
– Aufsichtsratsmandate **100** 7
– Ausgleichszahlung s. dort
– Beendigung d. Beherrschung **15** 23
– Begriff d. herrschenden Einflusses **17** 4
– Begriff d. Kontrolle **17** 4
– Generalvollmacht **308** 6
– Hauptversammlungskompetenzen **119** 32 ff.
– Konzernleitung **76** 16; **93** 9
– Kreditgewährung an Aufsichtsratsmitglieder **115** 9
– Kreditgewährung an Vertreter abhängiger Unternehmen **89** 11
– Kumulation v. Mitbestimmungsrechte **77** 23
– Mehrmütterherrschaft **17** 45 ff.
– Rechte, Pflichten **15** 14, 16 ff.
– Rücklagenbildung **58** 27 ff.
– schädigende Einflussnahme **117** 30
– Überwachungspflichten d. Aufsichtsrats **111** 21 f.
– Vorstandsmitglieder, Haftung **93** 4
– Weisungsrecht, Vertragsbestand **299** 1 ff.
– Zustimmungsvorbehalte **111** 52 ff.; **308** 5; **311** 107

Beherrschende Unternehmen – Haftung
– Anspruchgrundlage **309** 41 ff.
– Doppelmandatsträgerschaft **308** 9; **309** 20, 45 ff.
– faktischer Konzern s. Einflussnahme – Schadensersatz
– Innenverhältnis **309** 48 ff.
– Regress **309** 50
– Schadenseintritt **309** 44
– Weisungsrecht, Pflichtverletzung s. Beherrschendes Unternehmen – Weisungsbefugnis

Beherrschende Unternehmen – Weisungsbefugnis
– Abgrenzung z. Zustimmungsvorbehalt **308** 5
– Abtretung **308** 12
– Begriff **308** 3
– Berechtigter **308** 11
– D & O-Versicherung **309** 30
– Delegation **308** 13
– Doppelmandatsträgerschaft **308** 7 ff.
– Einflussnahme **309** 3
– Empfänger **308** 18 ff.

– Existenzgefährdung **308** 31 ff.
– Generalvollmacht **308** 6
– Grenzen **308** 24 ff.
– Haftungsansprüche, Geltendmachung **309** 32 ff.
– Haftungsansprüche, Insolvenz **309** 37
– Haftungsansprüche, Vergleich **309** 31
– Haftungsansprüche, Verjährung **309** 38 f.
– Haftungsansprüche, Verzicht **309** 31
– Haftungsfreistellung **309** 30
– Informationsanspruch **308** 21
– konzernfeindliche Maßnahmen **308** 42
– Mehrmütterorganschaft **308** 14
– mehrstufiger Konzern **308** 15 f., 19
– nachteilige Einflussnahme **308** 26 ff.
– Pflichtverletzung **309** 21 ff.
– Pflichtverletzung, Anspruchsinhaber **309** 15
– Pflichtverletzung, Darlegungs-/Beweislast **309** 28 f.
– Pflichtverletzung, Gesamtschuldnerschaft **309** 27, 30
– Pflichtverletzung, Mehrmütterorganschaft **309** 9
– Pflichtverletzung, mehrstufiger Konzern **309** 11 ff.
– Pflichtverletzung, Verantwortlichkeit d. Untergesellschaft **310** 1 ff.
– Rechtnatur **308** 3
– Schadenseintritt **309** 24 ff.
– Übertragung **308** 17
– Umfang **308** 21 ff.
– Unterlassen **309** 17
– Verbindlichkeit **308** 4, 37 ff.
– Vertretungsorgane, Verantwortlichkeit **309** 6 ff.
– Vorliegen eines Vertrages **308** 2
– Zurechnung **308** 41
– Zustimmungserfordernisse **308** 43 f.

Beherrschungs-/Abhängigkeitsverhältnis
– Abhängigkeitsbericht s. dort
– acting in concert **17** 26 ff.
– Anteilserwerbsrecht **17** 35
– Anteilsübergang **17** 14
– Anteilszurechnung **17** 35 ff.
– Auskunftsrecht d. Aktionärs **131** 34 ff., 88 ff.
– Bankenbeteiligung **17** 44
– Begriff d. Abhängigkeit **17** 3
– Begriff d. herrschenden Einflusses **17** 4
– Blockade v. Grundlagegeschäften **17** 9
– Dauer d. Einflussnahmemöglichkeit **17** 11 ff.
– Eingliederung **17** 42 f.
– Einmann-AG **311** 13
– Erwerb v. Finanzierungstiteln **221** 108 f.
– Gegenstand d. Einflussnahmemöglichkeit **17** 6 ff.
– gemeinsame Beherrschung **17** 45 ff.
– Genussrechte **221** 92 f.
– GmbH **17** 66
– KGaA **17** 68

– Konsortialvereinbarung **17** 25
– Konzernleitungspflicht **93** 9
– mehrfache Abhängigkeit **17** 19
– Mehrmütterherrschaft **17** 45 ff.; **311** 15, 37
– mehrstufige Abhängigkeit **17** 18; **311** 14
– mehrstufiger, teilweise Abhängigkeitsver-
  hältnisse **311** 17 ff.
– Mitbestimmungsrecht **17** 7
– mittelbare Abhängigkeit **17** 18
– Möglichkeit d. Einflussnahme **17** 5
– Organbesetzung **17** 6, 10
– personelle Verflechtung **17** 16 f., 40 f.
– Personengesellschaften **17** 67
– qualifiziert wechselseitige Beteiligung
  19 14 ff.
– schuldrechtliche Begründung d. Einfluss-
  nahmemöglichkeit **17** 15 ff.
– Selbstzeichnungsverbot **56** 12 ff.
– Squeeze-out **Vor 327a** 18 f.
– Stimmbindungsvertrag/Stimmrechtsvoll-
  macht **17** 23 ff.
– Stimmenmehrheit in d. HV **17** 20 ff.
– Streitschlichtungsmechanismen **17** 47
– Treuhandverhältnis **17** 19
– Unternehmensverträge **17** 42 f.
– Verhältnis z. Konzernvermutung **17** 2
– Verlässlichkeit d. Einflussnahmemöglich-
  keit **17** 12, 48
– Vorstandsmitglieder, Haftung **93** 4
– Weisungen an d. Geschäftsleitung **17** 8
– Zufallsmehrheiten **17** 12, 20
Beherrschungs-/Gewinnabführungsvertrag s.a.
Faktischer Konzern
– Abgrenzung z. Betriebspacht/-überlassung
  292 39
– Ausfallhaftung **303** 28 f.
– Ausschluss d. Durchgriffshaftung **1** 19
– Beendigung **303** 4 ff.
– Beschlussmängel **304** 109 ff.
– Bürgschaft **303** 25 ff.
– Eintritt außenstehender Aktionäre
  307 1 ff.
– Erwerb eigener Aktien **71** 62 f.
– fehlerhafte **293** 40 ff.; **304** 109 ff.
– gesetzliche Rücklage **300** 6 ff., 32 f.
– Höchstbetrag **301** 9 f.
– Höchstbetrag, Berechnung **301** 15 ff.
– Informationspflichtverletzung **243** 32 ff.
– Kapitalerhaltungsvorschriften **291** 36, 59,
  70 f.
– Kapitalerhöhung, bedingte **192** 17
– Leitungsmacht s. Beherrschendes Unterneh-
  men – Weisungsbefugnis
– Nichtigkeit **304** 104
– Rücklagenauflösung **301** 1, 22 ff.
– Sicherheitsleistung **303** 12 ff.
– Verbot d. Einlagenrückgewähr **57** 46
– Verhältnis z. Genussrechten **221** 42
– Verlustübernahme **302** 12 ff.
– Vertragsmängel **304** 104 ff.
– Vertragsverletzungen, Haftung **309** 40 ff.
– Vorstandsbericht **293a** 4

– Zulässigkeit **291** 53
– Zustimmungserfordernisse s. Unterneh-
  mensverträge – Zustimmung
**Beherrschungs-/Gewinnabführungsvertrag –
  Abfindung**
– Abfindungsergänzungsanspruch **305** 24 f.,
  128, 145
– Anfechtungsausschluss **305** 140
– Angemessenheit **305** 64 f., 140
– Anpassung **305** 143 ff.
– Anspruch **305** 15 ff.
– Barabfindung **305** 35, 45, 52
– Befristung **305** 125 f., 157 ff.
– Beschlussmängel **305** 140
– Besteuerung **305** 84 ff.
– Entstehung **305** 29
– Fälligkeit **305** 29
– fehlende Regelung **305** 138
– Forderungsverpfändung **305** 32 f.
– Gewährung v. Aktien **305** 35 ff., 52
– Gläubiger **305** 13 ff.
– Höhe **305** 47 ff.; s.a. Ertragswertverfahren;
  Unternehmensbewertung
– Kapitalerhöhungsmaßnahmen **305** 19 ff.
– Kündigung, außerordentliche **305** 127 ff.
– Liquidationswert **304** 79 ff.
– Mehrmütterorganschaft **305** 46
– Optierung, Folgen **305** 145 f.
– Optierung, während d. Spruchverfahrens
  305 132 ff.
– Optionseinräumung **305** 8 ff.
– Schuldner **305** 27 f.
– Spitzenausgleich **305** 113 f.
– Spruchverfahren **305** 127 ff., 140 ff.
– Überblick **305** 1 ff.
– Verjährung **305** 30
– Verkauf d. Aktien **305** 14 ff.
– Verschmelzungsrelation **305** 52, 112 ff.
– Vertragsmängel **305** 138 f.
– Verzicht **305** 34
– Verzinsung **305** 31, 119 ff.
– Wahlrecht **305** 43 f.
**Beherrschungs-/Gewinnabführungsvertrag –
  Ausgleichszahlung**
– Ausgleichszahlung **216** 19; **304** 47; s.a.
  dort
Beherrschungsverhältnis
– Doppelmandate **76** 18
– Finanzierungsverbot beim Aktienrücker-
  werb **71a** 18; s.a. Finanzierungsverbot
– Konzernleitung **76** 16 f.
– Kreditgewährung an Vertreter abhängiger
  Unternehmen **89** 11
– Kumulation v. Mitbestimmungsrechte
  77 23
Beherrschungsvertrag
– Abfindung s. Beherrschungs-/Gewinnabfüh-
  rungsvertrag – Abfindung
– Abhängigkeitsvermutung **17** 60 ff.
– atypische **291** 27 ff.
– Ausfallhaftung **303** 28 f.
– Ausgleichsregelung **291** 24

- Beendigung **303** 4 ff.
- Beschlussmängel **304** 109 ff.
- Bürgschaft **303** 25 ff.
- Eintritt außenstehender Aktionäre **307** 1 ff.
- gesetzliche Rücklage **300** 26 ff.
- Gläubigerschutz **291** 48 f.
- Höchstbetragsregelung **301** 9
- Inhalt **291** 23 ff.
- Kapitalerhaltungsvorschriften **291** 36, 70 f.
- KGaA **291** 21
- Kombination mit Gewinnabführungsvertrag **291** 53; s.a. Beherrschungs-/Gewinnabführungsvertrag
- konzernfreundliches Verhalten **291** 37
- Leitungsmacht s. Beherrschendes Unternehmen – Weisungsbefugnis
- Mehrmütterkonzern **291** 35
- mehrstufiger Konzern **291** 34
- Nichtigkeit **304** 104
- Obergesellschaft **291** 22, 39 ff.
- Parteien **291** 21 ff.
- Sicherheitsleistung **303** 12 ff.
- steuerliche Relevanz **291** 13
- Teilbeherrschungsvertrag **291** 30 f.
- Übertragung d. Leitungsmacht **291** 23, 37, 40 ff.
- Untergesellschaft **291** 21, 36 ff.
- Verbot d. Einlagenrückgewähr **57** 46
- Verlustübernahme **302** 12 ff.
- Vertragsmängel **304** 104 ff.
- Vertragsverletzungen, Haftung **309** 40 ff.
- Vertrauenshaftung **291** 43 ff.
- Weisungsrecht **291** 32 ff., 37
- Zustimmungserfordernisse s. Unternehmensverträge – Zustimmung

Beherrschungsvertrag – Garantiedividende
- Abtretung **304** 58
- außenstehende Aktionäre **304** 48 ff.
- Entstehung **304** 55
- Fälligkeit **304** 55
- Gläubiger **304** 53
- Höhe **304** 75 ff.; s.a. Ausgleichsanspruch – Höhe
- Schuldner **304** 54
- variabler Ausgleich **304** 52, 92 ff., 97
- Verjährung **304** 56
- Verpfändung **304** 58
- Verzinsung **304** 57
- Zeitraum **304** 59 ff.
- Zusammenhang mit Gewinnauschüttungen **304** 49 ff.
- Zweck **304** 48

Beiladung
- Klagezulassungsverfahren **148** 1, 6, 49

Beirat
- Abgrenzung z. Aufsichtsrat **109** 2

Bekanntmachung
- Anfechtungsurteil **248a** 1 ff.
- Aufsichtsrat, zweiter **30** 17 ff.; **31** 17 ff., 24
- Aufsichtsratsmitgliederwechsel **106** 1 ff.
- Aufsichtsratswahl **124** 30 ff.
- Aufsichtsratswahlvorschläge **127** 2
- außerhalb d. Gesellschaftsblätter **25** 11
- Beschlussfassungsvoraussetzung **124** 44 ff.
- Beschlussvorschläge **124** 14 ff.
- Bezugsrechtsausschluss **186** 15
- Einberufung d. Hauptversammlung **121** 40 ff.; **122** 39
- fehlerhafte **25** 9
- freiwillige **25** 11
- Gläubigeraufruf **267** 1 ff.
- Gründungsaufwand **26** 14
- Handelsregistereintragung **39** 8
- Hauptversammlung zwecks Bezugsrechtsausschluss **124** 40
- Hauptversammlung zwecks Satzungsänderung **124** 39
- Hauptversammlung zwecks Vertragszustimmung **124** 34 ff.
- Hauptversammlung, Anfechtungsbefugnis **245** 23
- Hauptversammlung, Fehler **124** 58 f.
- Hauptversammlung, Gegenanträge **126** 14 ff.; s.a. Gegenanträge
- Hauptversammlung, Mängel **241** 9 f.
- Hauptversammlung, Unternehmenskonzeptvorstellung **124** 41
- Kapitalerhöhung **190** 1
- Kapitalerhöhung aus genehmigtem Kapital **203** 18
- Kapitalerhöhung, bedingte **196** 1
- Kapitalherabsetzung **223** 8; **225** 5
- KGaA, Gründung **280** 9; **282** 4
- Offenlegung v. Aktienbesitz **20** 32 ff., 47; **21** 1
- Pflichtmedium **25** 2 ff.
- Rechtsfolgen **25** 8 ff
- Satzungsänderung **181** 32 f.
- Satzungsbestimmungen **23** 51
- Sonderprüfungsbericht **259** 14
- Squeeze-out-Beschluss **327e** 25 f.
- Statusverfahren **97** 7 ff.; s.a. dort
- Tagesordnung **124** 5 ff.
- Versteigerung kaduzierter Aktien **65** 32
- weitere Medien **25** 5 ff.
- Zahlungsaufforderung bzgl. Einlagen **63** 18 f.

Berater
- Verträge mit Aufsichtsratsmitgliedern **114** 5 ff.

Berichtspflichten s. Vorstand – Berichtspflichten

Beschlussmängelklage s. Anfechtungsklage; Positive Beschlussmängelklage; Nichtigkeitsklage

Beschlussvorschläge
- Abschlussprüferbestellung **124** 28
- Abweichung **124** 16
- Aktionärsforum **127a** 1 ff.
- Alternativvorschlag **124** 15
- Bindung d. Verwaltung **124** 52 f.
- Entbehrlichkeit **124** 23 ff.
- Eventualvorschlag **124** 15

– Form **124** 15
– Gegenanträge **126** 1 ff.; s.a. dort
– Inhalt **124** 27 ff.
– Satzungsänderung **124** 29
– Tagesordnungspunkte **124** 14
– Verfahren **124** 17 ff.
– Verpflichtete **124** 21 f.
Beschwerde, einfache
– Registergerichtsverfügung **14** 14
Beschwerde, sofortige 14 14
Beschwerderecht
– Handelssachen **14** 14
Besicherung s. Sicherheitenbestellung **71a**
– Kreditgewährung an Aufsichtsratsmitglieder **115** 3
Besitzkonstitut 10 25, 29
Bestechungsgelder 76 14
Bestellscheine
– Angaben in Geschäftsbriefen **80** 8
Besteuerung s.a. Steuern
– Abfindungen **305** 84 f.; **327b** 23
– Aufsichtsratsvergütung **113** 33
– Gruppenbesteuerung **311** 61 f.
– Kapitalerhöhung **182** 53
– Nachsteuerbetrachtung **304** 86; **305** 51, 86
– Organschaft **291** 53
– Sachkapitalerhöhung **183** 33
– Umsatzsteuer s. dort
– Veräußerung v. Aktien/Bezugsrechten **186** 50 ff.
Beteiligung
– Gebietskörperschaften s. dort
Beteiligungserwerb s.a. Aktien – Erwerb; Erwerb eigener Aktien; Squeeze-out; Übertragende Auflösung
– Hauptversammlungskompetenzen **119** 33 f., 38 f.
– Nachgründung **52** 20 f.
– Satzungsbestimmungen **119** 39
Betriebsausgaben
– Aufsichtsratsvergütung **113** 34
Betriebsführungsvertrag
– Abgrenzung z. anderen Dauerschuldverhältnissen **292** 37 ff.
– Einordnung **292** 35 f.
Betriebspacht Abgrenzung z. anderen Dauerschuldverhältnissen **292** 37 ff.
– Abgrenzung z. Beherrschungs-/Gewinnabführungsvertrag **292** 39
– Arbeitsverhältnisse **292** 31
– Begriff **292** 30
– Kapitalerhaltungsvorschriften **292** 51 ff.
– Verlustübernahme **302** 2, 16, 59 ff.
Betriebsüberlassung
– Wirkung **292** 45 f.
Betriebsrat
– Antragsbefugnis im Spruchverfahren **98** 9, 11
Betriebsüberlassung
– Abgrenzung z. anderen Dauerschuldverhältnissen **292** 37 ff.

– Abgrenzung z. Beherrschungs-/Gewinnabführungsvertrag **292** 39
– Begriff **292** 32
– Gegenleistung **292** 33
– Kapitalerhaltungsvorschriften **292** 51 ff.
– Verlustübernahme **302** 2, 16, 59 ff.
– Vertretungsmacht **292** 34
Betriebsüberlassung
– Wirkung **292** 45 f.
Betriebsverfassungsgesetz 96 13
Beurkundung
– Abschlussprüferbestellung **30** 27
– Aufsichtsratbestellung **30** 6, 14
– Mängel **241** 13 ff.
– Mängel, Heilung **242** 2 ff.
– Notarpflichten **241** 41
– Satzungsfeststellung **23** 12 ff.
– Vorgründungsvertrag **23** 21 f.
Bewertung
– Auskunftsverweigerung d. Vorstands **131** 67 f., 70
– Sacheinlage **27** 17 ff.
Bezugsaktien
– Aktienausgabe, gesetzwidrige **93** 46
Bezugserklärung
– Erklärender **198** 8 ff.
– Form **198** 5
– Inhalt **198** 7
– Mängel **198** 15 ff.
– Rechtsfolge **198** 13 f.
– Rechtsnatur **198** 1 ff.
– Zeitpunkt **198** 12
Bezugsrecht
– Aktienoptionsplan **192** 19
– Arbeitnehmerbeteiligung **221** 42
– bedingte Kapitalerhöhung **192** 5; **197** 5
– Berechtigte **186** 4 ff.
– Besteuerung **186** 50 ff.
– Erlöschen **186** 12
– Geltendmachung **186** 8 ff.
– Genussrechte **221** 41 f., 94 ff.
– Gewinnschuldverschreibungen **192** 12; **221** 38, 94 ff.
– Inhalt **221** 94
– Kapitalerhöhung aus genehmigtem Kapital **203** 9 ff.
– Kapitalerhöhung aus Gesellschaftsmitteln **212** 1
– Kollision mit Finanzierungstiteln **221** 8 ff.
– mittelbares **186** 45 ff.
– Oprtionsanleihen **192** 13; **221** 30, 94 ff.
– Rechtsnatur **198** 1 ff.
– Squeeze-out, Abfindungsanspruch **327b** 13 ff.
– Teilgewinnabführungsvertrag **292** 25
– Übertragung **186** 11 f.
– Umfang **186** 7
– Veräußerung **186** 51 ff.
– Verfügungsverbot **191** 1, 3
– Vermögensrecht **11** 10, 14
– Vollstreckbarkeit **221** 94

– Vorzugsaktionäre, Rechtsstellung **140** 7 ff.; **141** 30 ff., 37
– Wandelschuldverschreibungen **192** 12; **221** 22 ff., 94 ff.
– Zeichnungsvertrag **186** 12
– Zeichnungsvorvertrag **187** 4
– Zusicherungen **187** 1 ff.; **192** 8; **203** 12
Bezugsrecht – Ausschluss 11 18
– Aktionärsgruppe **221** 95
– anleihebezogener **221** 95
– Arbeitnehmerbeteiligung **202** 27 ff.; **203** 20 ff.
– Bekanntmachung **186** 15
– Beschluss **186** 22 f.; **221** 96 ff.
– Erforderlichkeit **186** 34
– Ermächtigung, Satzungsbestimmungen **203** 20 ff.
– Ermächtigung, Verwaltungsorgane **203** 26 ff.
– faktischer **186** 14
– Folgen **186** 24 f.
– genehmigtes Kapital **186** 36
– Genussrechte **221** 100
– Hauptversammlung, Bekanntmachung **124** 40
– Kapitalerhöhung, ordentliche **186** 38
– Mehrheitserfordernisse **221** 96
– mittelbares Bezugsrecht **186** 45 ff.
– Nachkontrolle **203** 27 ff.
– Präventivkontrolle **203** 20 ff.
– Prüfung **221** 99
– Rücksichtnahmegebot **243** 10
– Sachkapitalerhöhung **186** 35, 37
– sachliche Rechtfertigung **221** 99
– sachlicher Grund **186** 26 ff.
– Ungleichbehandlung, niedriger Ausgabe-kurs **255** 3 ff.
– Verbindung m. Emissionsbeschluss **221** 97
– vereinfachter **221** 101 ff.
– Verhältnismäßigkeit **186** 34 ff.
– Voraussetzungen **186** 15 ff., 39 ff.
– Vorstandsbericht **186** 16 ff.
– Vorzugsaktionäre, Rechtsstellung **140** 8; **141** 37
– Zulässigkeit **186** 13
Bezugsrecht – mittelbares
– Ungleichbehandlung, niedriger Ausgabe-kurs **255** 11
Bilanz
– Beträge aus Kapitalherabsetzung **232** 2 ff.; **240** 1 ff.
– Erhöhungsbilanz **209** 1, 7 ff.
– Eröffnungsbilanz im Abwicklungsstadium **270** 3 ff.
– Kapitalerhöhung aus Gesellschaftsmitteln **209** 1 ff.
– Kapitalerhöhung, Rückwirkung **235** 1 ff.
– Kapitalherabsetzung, Rückwirkung **234** 1 ff.
– KGaA **286** 5 ff.
– Teil d. Jahresabschlusses **Vor 150** 8
– Vorlage an d. Aufsichtsrat **170** 3 ff.

Bilanzgewinn s.a. Dividende; Gewinnrückla-ge; Gewinnverteilung; Gewinnverwendung; Jahresabschluss
– Abschlagszahlung **59** 1 ff.; s.a. dort
– Begriff **58** 8; **170** 14
Bilanzierung s.a. Gesetzliche Rücklage; Ge-winn-/Verlustrechnung; Gewinnrücklage; Kapitalrücklage
– Abwicklungsstadium **270** 1 ff.
– Auskunftsverweigerung über Methoden **131** 70, 75 f.
– bedingtes Kapital **152** 4
– eigene Aktien **71** 79, 82
– Gewinnabführungsvertrag **291** 52
– Gewinnrücklage **152** 7; **158** 2
– gezeichnetes Kapital **152** 2
– Grundkapital **152** 2, 3
– HGB-Bilanz **Vor 150** 5 ff.
– IAS/IFRS **Vor 150** 3, 7, 9 ff.
– Kapitalerhöhung, Aktionärsbilanz **220** 1 ff.
– Kapitalherabsetzung **240** 1 ff.
– Kapitalrücklage **152** 6; **158** 2
– KGaA **278** 5
– Mehrstimmrechtsaktien **152** 5
– Pensionszahlungen **159**
– Rücklage f. eigene Aktien **71** 79; **71a** 22
– Rücklagenbildung **150** 1
– Sonderrücklage **58** 36
– Unternehmensbewertung, Methoden **305** 96 f.
– Wiederausgabe eigener Aktien **71** 46
Blankoindossament 68 9, 20
Board of Directors 76 4
Börsengang
– Hauptversammlungskompetenzen **119** 37
Börsenhandel
– Delisting **71** 67
– Finanzierungsinstrumente **221** 105 f.
– Handelsbestand **71** 74 f.
Börsenkurs
– Einflussnahme **311** 43
– Erwerb eigener Aktien s. dort
– Kursgarantie **57** 32; **71a** 13
– Kurspflegekostenübernahme **71a** 13
– Squeeze-out **327b** 3
– Unternehmensbewertung **305** 48, 98 ff.
Börsennotierte AG s.a. Corperate Governance Kodex; Konzern
– Ad-hoc-Mitteilung **149** 16
– ausländische **3** 6
– Begriff **3** 2, 6
– Bekanntmachung d. Haftungsklage **149** 1 ff.
– Einberufung d. Hauptversammlung **121** 1
– Einberufungsfrist **123** 36 f.
– Eingliederung, Delisting **320b** 6
– Entsprechenserklärung **161** 1 ff.; s.a. dort
– Legitimation b. Inhaberaktien **123** 20 ff.
– Mitteilung d. Sonderprüfung **261a** 1 f.
– Mitteilungspflichten s. BaFin; Mitteilungs-pflichten – WpHG
– Squeeze-out **Vor 327a** 24 ff.

– Stimmrecht **12** 7
– Unternehmenswert **304** 77
– wechselseitige Beteiligung, Stimmrechts-
  verbot **328** 21 ff.
Börsennotierte KGaA **278** 3
– Gewinnanteile, Offenlegung **286** 14
Börsenrückzug
– Delisting   s. dort
Bote
– Einsetzung als Aktionärsvertreter **118** 16
Break fee-Vereinbarung
– Finanzierungsverbot beim Aktienrücker-
  werb **71a** 12; s.a. Finanzierungsverbot
Bremer Vulkan-Entscheidung
– Durchgriffshaftung **1** 18
Bruchteilsgemeinschaft
– Aktienbesitz **8** 26
– Girosammelverwahrung **10** 27
– Stimmrechtsausübung **12** 8
– Wahrnehmung v. Mitgliedschaftsrechten
  69 3
Buchführungspflicht **Vor 150** 4
– Beginn **91** 5
– Delegation **91** 4
– Gesamtverantwortung d. Vorstands **91** 3
– Handelsbücher **91** 3
– Umfang **91** 5
– Verstoß **91** 17 f.
Buchsanierung
– Kapitalherabsetzung, vereinfachte **229** 1 ff.
Bundesanzeiger
– Aktionärsforum **127a** 3
– Bekanntmachung i.Zshg.m. Aufsichtsrats-
  zusammensetzung **97** 12
– Bekanntmachungen **25** 3 f.; s.a. dort
Bundespräsident
– Aufsichtsratsmandat **100** 15
Business judgement rule **93** 1, 10 ff.; **117** 5;
  119 17; **142** 54; **309** 22; **310** 8
– KGaA **283** 6

Cash Management
– Einlage d. Forderungstausch **27** 14
– Nachteilszufügung **311** 58
– verdeckte Gewinnausschüttung **57** 25 f.
– verdeckte Sacheinlage **27** 64
– Verlustverrechnung **302** 53 ff.
Centros **IntGesR** 12, 22, 26 ff.
Chief Executive Officer **77** 21; **84** 42
Clearstream Banking AG
– Stellvertretung **10** 17, 27
Controlling
– Risikomanagement **91** 2, 6 ff.
Corporate Governance Kodex
– Antrag auf Ergänzung d. Aufsichtsrats
  104 4
– Audit Committee **107** 32
– Aufsichtsrat, innere Ordnung **107** 3
– Aufsichtsratsmandat **100** 18
– Aufsichtsratsvorsitzender **107** 20
– Aufsichtsratzustimmungsvorbehalte
  111 43

– Bedeutung d. Aufsichtsrats **95** 2
– Bekanntmachungen **25** 1
– Entsprechenserklärung **161** 1 ff. 47 ff.; s.a.
  dort
– Prüfung durch Aufsichtsrat **171** 2, 10
– Rechtsentwicklung **Einl.** 10
– Risikomanagement/-controlling **91** 2
– Teilnahme an Aufsichtsratssitzung **109** 6
– variable Aufsichtsratsvergütung **113** 24
– Vorstand **76** 7, 11, 13, 19; **84** 12, 14, 36, 39;
  87 7; **89** 1; **90** 2, 73; **93** 6
Coupon **58** 51 ff.; s.a. Gewinnanteilsscheine
– Unterzeichnung **13** 3

D & O-Versicherung
– Aufsichtsratsmitglieder **113** 12; **116** 39
– Haftung d. beherrschenden Unternehmens
  309 30
– Vorstand **91** 14; **93** 70 ff.
Daily Mail-Entscheidung **IntGesR** 22 ff.
Darlehen s.a. Kreditgewährung
– der AG s. Gesellschaftskredite
– Einlagefähigkeit **27** 14
Datenschutz
– Aktienregister **69** 43 f.
DCF-Verfahren
– Zulässigkeit **305** 50
Delisting
– Abfindung **119** 50
– Arten **119** 49, 55
– Begriff **119** 49
– Eingliederung **320b** 6
– Erwerb eigener Aktien **71** 67
– Hauptversammlungsbeschluss **119** 50, 55
– Macrotron-Entscheidung **119** 52
– Mehrheitserfordernisse **119** 52
– Minderheitsaktionäre **119** 53
– Spruchverfahren **119** 50
– Squeeze-out **Vor 327a** 28
– unechtes **119** 55
– Widerrufantrag d. Vorstands
  119 49 f., 54
Depotbank
– Aktienregister **67** 28 f.
Deutscher Corporate Governance Kodex
  s. Corporate Governance Kodex
Dienstbarkeiten
– Einlagefähigkeit **27** 13
Dienstleistungen
– Einlagefähigkeit **27** 16
Dienstleistungsverträge
– Nachgründung **52** 19
Dienstvertrag
– Abschluss mit Aufsichtsratsmitgliedern
  114 5 ff.
Differenzhaftung
– Gründerhaftung **27** 24
Direktorium **76** 4 f.
Disclosure
– Gesellschaftskredite **89** 1
Discounted Cash-flow-Verfahren
– Zulässigkeit **305** 50

Dividende
– Abschlagszahlung **57** 49
– Abtretung **10** 23
– Aktienrückkauf **71** 6; s.a. Erwerb eigener Aktien
– Anspruch **172** 9; **174** 12 ff.
– ausländisches Recht **59** 4
– Ausschluss **58** 49
– Ausschüttungsverbot **233** 1 ff.; s.a. Kapitalherabsetzung – vereinfachte
– Beschluss **58** 38
– Beschlussmängel **58** 46
– Dividenenschein/Coupon **58** 51 ff.
– Erneuerungsschein/Talon **58** 54
– Fälligkeit **58** 47
– Gläubigerrechte **11** 10, 14
– Haftung, Vorstandsmitglieder **93** 39
– mitgliedschaftlicher Anspruch **58** 44
– Nichtigkeit d. Gewinnverwendungsbeschlusses **253** 7; s.a. Gewinnverwendung – Beschluss
– REIT-AG **58** 55 ff.
– Sachdividende **58** 57 ff.; s.a. dort
– schuldrechtlicher Anspruch **58** 45 ff.
– Unentziehbarkeit **58** 48
– Verbot sonstiger Vermögensverteilung **57** 44
– Verbriefung **58** 51 ff.
– Verlust **58** 50
– Vorschlag **170** 9 ff.
– Vorzugsdividende **139** 1, 10 ff.; s.a. dort
– Zusatzdividende **139** 14
Dividendenanteilsschein
– Unterzeichnung **13** 3
Domain
– Einlagefähigkeit **27** 15
Doppelmandatsträgerschaft
– Aufsichtsrat **311** 34
– Entsprechenserklärung **308** 10
– Haftung **308** 9; **309** 20
– Stimmrechtsverbot **308** 8
– Vertragsverletzungen, Haftung **309** 45 ff.
– Vorstand **76** 18; **311** 32
– Zulässigkeit **308** 7
Doppelsitz
– ausländischer **5** 18
– örtliche Zuständigkeit **14** 11
– Rechtsfolgen **5** 19
– Sitzverlegung **45** 17
– Zulässigkeit **5** 14 ff.
Drittelbeteiligungsgesetz
– Anwendbarkeit **96** 14
– Arbeitnehmervertreter **96** 15
– Aufsichtsratswahl **101** 3
– Besetzung d. Aufsichtsrats **96** 15
– Besetzung v. Ausschüssen **107** 44
– freiwillige Zuwahl v. Arbeitnehmervertretern **96** 23 f.
Duldungsvollmacht **78** 13
Durchgriffshaftung
– Aktionäre **1** 13 ff.
– Bremer Vulkan **1** 18

– Deliktsstatut **IntGesR** 50 f.
– Einpersonen-AG **1** 20
– faktischer Konzern **1** 18; **18** 36; **317** 41, 48 f.
– Gleichordnungskonzern **18** 34 ff.
– KGaA **278** 6
– Konzern **1** 19
– Unterkapitalisierung **1** 16 ff.
– Vermögensvermischung **1** 17
– Zurechnungsdurchgriff **1** 13
Effektenkredit
– Gesellschaft an Vorstandsmitglied **89** 4
Ehegatten
– Gründerfähigkeit **2** 8
– Kreditgewährung durch AG **89** 12
Ehrenmitglieder
– Teilnahme an Aufsichtsratssitzungen **109** 7
Ehrenvorsitzender
– Teilnahme an Aufsichtsratssitzungen **109** 7
EHUG
– Anmeldung d. Gründung **36** 4; **37** 2, 26 ff., 35 ff.
– Bekanntmachung d. Eintragung **39** 8
– Bekanntmachung v. Kapitalerhöhungen **190** 1
– Geschäftsbriefe **80** 8
– Handelsregistereinsichtnahme **39** 8
– Nachgründung **52** 5
– Zeichnung **81** 16
– Zweigniederlassungen **4** 44
Eigene Aktien s.a. Erwerb eigener Aktien
– Ausweis im Anhang **160** 4
– Einziehung **237** 6, 23 f.
– Halten **71** 9
– Kapitalerhöhung aus Gesellschaftsmitteln **215** 1 ff.
– Ordnungswidrigkeiten **405** 3
– Ruhen d. Stimmrechts **12** 17
Eigenkapital
– Rücklagen **150** 2; s.a. Gesetzliche Rücklage; Gewinnrücklage; Kapitalrücklage
Eigenkapitalersetzende Darlehen **57** 54 ff.
– Forderungsverzicht b. Krisensituation **92** 3
– MoMiG **57** 56
Einbringung s.a. Inferent
– Unternehmen **31** 1 ff.
Einflussnahme s.a. Beherrschungs-/Abhängigkeitsverhältnis; Faktischer Konzern; Aufsichtsratsmitglieder – Haftung; Vorstandsmitglieder – Haftung
– Aufhebung d. Ersatzpflicht **93** 48 ff.; **117** 27
– Aufsichtsrat **116** 2, 15
– Ausnahmen **117** 29 ff.
– beherrschende Gesellschaft **117** 30
– Bestimmen v. leitenden Angestellten **117** 7
– Bestimmen v. Organmitgliedern **117** 7
– Beweislast **117** 13 f.

– eigener Ersatzanspruch d. Aktionäre **117** 23 ff.
– Eingliederung **117** 30
– Ersatzpflichtige **117** 2 f., 6, 14 ff.
– Franchiseverträge **292** 44
– Gesamtschuldner **117** 14, 17, 19
– Großaktionär **117** 15, 18, 29
– Haftung d. beherrschenden Unternehmens **309** 3
– Haftung, Ausschluss **93** 48 ff.
– Haftung, Verzicht/Vergleich **93** 53 ff.
– Handeln zum Schaden d. AG **117** 8
– Handlung **117** 6
– KGaA-Komplementäre **283** 6
– Klageerzwingungsverfahren s. dort
– Klagezulassungsverfahren **117** 5, 21; s.a. dort
– Konzern **117** 30 f.
– langfristige Verträge **292** 41 ff.
– Mithaftung d. Organmitglieder **117** 14 ff.
– Normzweck **117** 1
– Nutznießer **117** 17 f.
– Rechtswidrigkeit **117** 9 f.
– Schadensersatzanspruch **117** 23 ff.
– Tatbestand **117** 6 ff.
– Verhältnis z. anderen Tatbeständen **117** 32 ff.
– Verjährung **117** 28
– Verschulden **117** 11 f., 14
Einführungsgesetz z. AktG
– Mehrstimmrecht **12** 20 f.
– Übergangsregelungen **8** 23
– Weisungsbefugnis s. dort; s.a. Beherrschungsvertrag; Faktischer Konzern; Geschäftsführungsvertrag; Gewinnabführungsvertrag
Eingliederung
– Abhängigkeitsprüfung **17** 42 f.
– Auflösung d. eingegliederten Gesellschaft **327** 11
– Auflösung d. Hauptgesellschaft **327** 9
– Auskunftsrecht d. Aktionäre **326** 1 ff.
– Beendigung **327** 1 ff.
– Beendigung, Handelsregistereintragung **327** 15 ff.
– Beteiligte **319** 6 ff.
– Eingliederungsbeschluss **319** 11 ff.; **327** 10
– Erwerb eigener Aktien **71** 62 f.
– Formwechsel **327** 11
– Freigabeverfahren **319** 36 ff.
– gesetzliche Rücklage **324** 2 ff.
– Gewinnabführung **324** 7 ff.
– Gläubigerschutz **321** 1 ff.
– Handelsregisteranmeldung **319** 29 ff.
– Handelsregistereintragung **242** 22; **319** 36 ff.
– Informationspflichten **319** 16 ff.
– Informationspflichten, Verletzung **243** 32 ff.
– Insolvenz **327** 12
– Kapitalerhaltungsvorschriften **323** 20; **324** 2 ff.

– Kapitalerhöhung, bedingte **192** 17
– KGaA **278** 47
– Leitungsmacht **323** 5 ff., 15
– Registerkontrolle **319** 36 ff.
– schädigende Einflussnahme **117** 30
– Sicherheitsleistung **321** 6 ff.
– Treuepflicht **323** 18
– Überblick **319** 1 ff.
– Unternehmensverträge, Auswirkungen **297** 37
– Verbot d. Einlagenrückgewähr **57** 47
– verbundene Unternehmen **15** 1
– Verlust d. Alleinaktionärseigenschaft **327** 8, 13 f.
– Weisungen, Bindungswirkung **323** 12 ff.
– Weisungen, fehlende **323** 15
– Weisungen, Haftung d. eingegliederten Gesellschaft **323** 19
– Weisungen, Haftung d. Hauptgesellschaft **323** 17 f.
– Weisungsbefugnis **76** 17; **323** 5 ff.
– Zustimmungsbeschluss **319** 16 ff.
– Zustimmungsbeschluss, Nichtigkeit **327** 10
Eingliederung – Haftung
– Akzessorietät **322** 3 ff.
– Einwendungen/Einreden **322** 11 ff.
– Gesamtschuldnerschaft **322** 1
– Hauptgesellschaft **1** 12; **322** 1 ff.
– Innenausgleich **322** 20 f.
– Leistungsverweigerungsrechte **322** 17 ff.
– Nachhaftung **327** 18 f.
– Sicherheitsleistung, Rückgewähr **327** 20
– Umfang **322** 6 ff.
– Weisungen **323** 17 ff.
– Zwangsvollstreckung **322** 22 ff.
Eingliederung – Mehrheitsbeschluss
– Abfindung, Aktienausgabe **320b** 5 ff.
– Abfindung, Angemessenheit **320b** 12 ff.
– Abfindungsangebot **320** 9 f.
– Abfindungsanspruch **320b** 2 ff.
– Abfindungszahlung, Wirkung **320a** 11
– Abgrenzung z. Squeeze-out **Vor 327a** 13 ff.
– abhängige Gesellschaft **320b** 10 f.
– Aktienurkunden, Eigentum **320a** 5, 9 ff.
– Aktienurkunden, Erwerb **320a** 11
– Anfechtungsausschluss **320b** 15 ff.
– anwendbare Vorschriften **320** 6, 11, 14; **320b** 20; **323** 17 ff.
– Delisting **320b** 6
– Eingliederungsbericht **320** 15
– Eingliederungsbeschluss **320** 7; **320b** 15 ff.
– Handelsregistereintragung **320a** 1 ff.
– Informationspflichten **320** 14 ff.
– Informationspflichten, Verletzung **243** 32 ff.
– Mindestbeteiligungsquote **320** 3 ff.
– Prüfung **320** 12 ff.
– Prüfungsbericht **320** 14
– Spruchverfahren **320b** 19
– Tagesordnung **320** 8
– Übergang d. Mitgliedschaften **320a** 3 ff.

– Wandlungs-/Optionsrechte **320a** 6 ff.; **320b** 7
– Zustimmungsbeschluss **320** 7; **320b** 21 f.
Einheitliche Leitung
– Gleichordnungskonzern **18** 22 ff.
– Unterordnungskonzern **18** 6 ff.
Einheitsgründung 23 23
Einkaufskommission
– Erwerb eigener Aktien **71** 68 ff.
Einkommensteuer s. Besteuerung; Steuern
Einkünfte aus Gewerbebetrieb
– Veräußerung v. Anteilen **186** 52
Einlagen
– Abtretung **63** 22; **64** 12
– Aktienregistereintragung **67** 13
– Fälligkeit **63** 1 ff.
– freie Verfügbarkeit **54** 34
– Gewinnverteilung s. dort
– Gleichbehandlungsgebot **63** 14 f.
– gutgläubiger Erwerb **54** 11 ff.
– Kontogutschrift **54** 29 ff.
– Pfändung/Verpfändung **63** 22; **64** 12; **66** 27
– Stimmbruchteile **134** 29 ff.
– Volleinzahlung bei Aktienrückkauf **71** 83
– Währungsfragen **54** 31
– Zinsverbot **57** 42 f.
– Zurückbehaltungsrecht **66** 17
Einlagen – ausstehende 63 23 ff.
– Ausschlussandrohung **64** 1, 21; s.a. Kaduzierung
– Befreiungs-/Aufrechnungsverbot **66** 1 ff.
– Bekanntmachung **64** 22 f.
– Insolvenz d. AG **63** 29 f.
– Insolvenz d. Aktionärs **63** 26 ff.
– Kapitalerhöhung aus genehmigtem Kapital **203** 31 ff.
– Kapitalerhöhung aus Gesellschaftsmitteln **215** 4 ff.; **216** 8 ff.
– Nachfristsetzung **64** 17 ff.; s.a. Kaduzierung
– Schadensersatz **63** 24
– Verbot d. Einlagenrückgewähr **57** 10
– Verhältnis z. Kapitalerhöhung **182** 36 ff.
– Vertragsstrafe **63** 25
– Zahlungsaufforderung **63** 11 ff.
Einlagen – Rückgewährverbot
– Abtretung d. Forderung **66** 24
– Abwicklungsstadium **272** 1
– Aktienrückkauf **71** 8; **71a** 7 ff.
– Ausnahmen **57** 45 ff.
– Befreiungs-/Aufrechnungsverbot **66** 18
– Begriff **57** 9
– Beherrschungs-/Gewinnabführungsvertrag **57** 46
– Durchbrechung **59** 1
– eigenkapitalersetzendes Aktionärsdarlehen **57** 54 ff.
– Eingliederung **57** 47
– Einlagenverzug **57** 10
– europäisches Recht **57** 7 f.
– faktischer Konzern **57** 48
– Gewinnabschlag **59** 1

– Gewinnausschüttung **57** 44
– Grundsatz d. Kapitalerhaltung **57** 1 ff.
– Gründungsaufwand **26** 8
– Haftung, Vorstandsmitglieder **93** 38
– MoMiG **57** 56
– Nebenleistungsvergütung **61** 1
– Reichweite **57** 10 ff.
– Rückgewähranspruch **57** 50 ff.
– Schadensersatzanspruch **57** 53
– Sondervorteile **26** 8
– verdeckte Leistungen **57** 11 ff.; s.a. Verdeckte Gewinnausschüttung
– wechselseitig beteiligte Unternehmen **57** 49
– Zinsverbot **57** 42 f.
Einlagepflicht
– Aufrechnung durch d. AG **66** 9 ff.
– Aufrechnungsverbot **66** 7 f.
– Bareinlagen **54** 10
– Barzahlung **54** 28
– Befreiung **225** 19; **230** 3
– Befreiungsverbot **66** 3 ff., 29
– EG-Recht **54** 3
– Empfangszuständigkeit **54** 33
– Entstehen **29** 2; **54** 4
– Erfüllbarkeit **63** 20
– Erfüllung **54** 25 ff.
– Gläubiger **54** 9
– Grundsatz d. realen Kapitalaufbringung **54** 1
– Gründungsstadium **54** 25
– Insolvenz **54** 37; **66** 28
– Kapitalherabsetzung **66** 21 ff.
– Kreditinstitut als Mitgründer **54** 32
– Leistung an Dritte **66** 25 f.
– Liquidation **66** 28
– Optionsanleihen **221** 34 ff.
– Rechtsnatur **54** 5
– Sacheinlagen **54** 13
– Schuldner **54** 10 ff.
– Umfang **54** 6 ff.
– Verjährung **54** 36 f.
– Verpfändung **66** 27
– Verstöße **54** 14, 35
– Vorrang d. Bareinlage **54** 24
– Wandelanleihen **221** 26
– Zeitpunkt **54** 26
Einpersonen-AG
– Abhängigkeitsverhältnis **311** 13
– Beschlussergebnis **133** 41, 44
– Durchgriffshaftung **1** 20
– Entlastung **120** 12
– Entstehung **42** 3
– Gründerzahl **2** 2
– Gründungsvertrag **2** 11
– Handelsregisteranmeldung **36** 36 ff.
– Mitteilungspflicht **42** 1 ff.
– Protokollführung **130** 5
– Selbstkontrahierungsverbot **42** 3
– Stimmverbot **136** 6
– Stückelung **1** 29
– Teilnehmerverzeichnis **129** 13

Einstweilige Verfügung
– Abwicklungsstadium **272** 7
– Verbindung m. Freigabeverfahren **246a** 37
Eintrittsrecht
– Wettbewerbsverstoß **88** 13
Einzelkaufmann
– stille Mehrheitsbeteiligung **16** 6
– Zurechnung v. Privatanteilen **16** 27
Einzelrechtsnachfolge
– übertragende Auflösung **179a** 1, 7; s.a. dort
Einzelveräußerungswert
– Sacheinlage **27** 18
Einzelvertretung
– Ermächtigung **78** 24
– Genehmigung **78** 27
– Rechtsnatur **78** 23
– Umfang **78** 25
– Widerruf **78** 26
– Willenserklärung ggü. Vorstandsmitglied **78** 18
– Zulässigkeit **78** 21a
Einziehung s.a. Kapitalherabsetzung – Aktien-einziehung
– Abgrenzung z. Squeeze-out **Vor 327a** 17
– Aktienarten **237** 8 f.
– Anordnung **237** 11 ff.
– eigener Aktien **71c** 11; **237** 6, 23 f.
– Einlagpflicht, Befreiungs-/Aufrechnungs-verbot **66** 19, 23
– Einziehungshandlung **238** 7
– Entgelt **237** 16 ff.
– Ermächtigung **237** 8 ff.
– Erwerb eigener Aktien **71** 72 f.
– Gestattung **237** 14 f.
– Gläubigerschutz **237** 25, 30 ff., 33, 48 ff.
– Hauptversammlungsbeschluss **237** 14 f.
– ordentliches Verfahren **237** 25 ff.
– Satzungsänderung **237** 3
– vereinfachtes Verfahren **237** 33 ff.
– Wirkung **237** 7
– Zulässigkeit **237** 4
– Zustimmung d. Aktionäre **237** 8
– Zustimmung Drittberechtigter **237** 8
– Zwangseinziehung **237** 6, 11 ff.
– Zweck **237** 2
Emission s.a. Aktien – Ausgabe
– Emittentenhaftung **47** 8 ff.; **50** 2; **51** 1 ff.
– Haftungsfreistellung **57** 28
– Handelsregistereintragung, falsche Angaben **399** 14 ff., 19
Emittent
– Handelsregistereintragung, falsche Angaben **399** 14 ff., 19
– Offenlegung v. Aktienbesitz **Anh. 22, 21 WpHG** 3, 13 ff.
– Veröffentlichungspflichten **Anh. 22, 26 WpHG** 1 ff.; **Anh. 22, 26a WpHG** 1 ff.
Enforcement
– Anwendungsbereich **258** 4
– Mitteilung d. Sonderprüfung **261a** 1 f.
– Vorrang d. Sonderprüfung **142** 73 f.
Entflechtung **77** 22

Entherrschungsvertrag
– Abhängigkeitsvermutung **17** 60 ff.
Entlastung
– Abstimmung **120** 20
– Abwicklungsstadium **270** 8
– Anfechtbarkeit **120** 58
– Anfechtung, Streitwert **247** 8 f.
– Auskunftsrecht d. Aktionärs **131** 44
– Bedeutung **120** 3, 8
– Begriff **120** 10
– Einmann-AG **120** 12
– Einzelentlastung **120** 21 ff.
– Einzelentlastung, Anordnung **120** 26
– Einzelentlastung, Rechtsmissbrauch **120** 28
– Entlastungskriterien **120** 30 ff.
– Entlastungszeitraum **120** 34 f.
– Ermessensausübung **120** 31 f.
– Ersatzansprüche **120** 42
– Frist **120** 13 f.
– Fristverletzung **120** 15
– Gesamtentlastung **120** 17 ff.
– Gewinnverwendungsbeschluss **120** 52
– Hauptversammlungsbeschluss **120** 1, 11 f., 16 ff., 22 ff.
– Mehrheitserfordernisse **120** 18
– Nichtigkeit **120** 57
– Rechenschaftspflicht **120** 53 ff.
– Rechtsfolgen **120** 27, 33 ff., 42
– Rechtsnatur **120** 9, 29
– Satzungsfestigkeit **120** 4
– Stimmverbot **136** 20 ff.; s.a. Stimmrecht – Verbot
– Teilentlastung **120** 38
– unter Vorbehalt **120** 39
– Verfahren **120** 51 ff.
– Verlangen d. Minderheitsaktionäre **120** 16, 25
– Vertagung **120** 40
– Verweigerung **120** 43 ff.
– Verweigerung, Rechtsschutz **120** 48 ff.
– Widerruf **120** 41
– Zuständigkeit **120** 1 f., 11 f.
Entsenderecht
– Abberufung **103** 8 ff.
– Aktiengattung **101** 18
– aktionärsbezogenes **101** 16
– Amtsannahme **101** 21
– Amtsdauer **101** 23; **102** 9
– Erklärung d. Berechtigten **101** 21
– Höchstzahl **101** 19 f.
– Personenmehrheiten **101** 17
– persönliches **101** 14 f.
– Rechtsverhältnis z. AG **101** 22
– Rechtsverhältnis z. Berechtigten **101** 24
– Rechtsverhältnis zw. AG und Berechtig-tem **101** 25 f.
– Satzungsbestimmungen **101** 13; **102** 9
– Sondervorteile **26** 7
Entsprechenserklärung
– Aktualisierung **161** 40, 43 f.
– Außenhaftung **161** 63, 67 ff.

– Begründungen **161** 42
– Beschlussfassung **161** 19 ff., 60
– Doppelmandatsträgerschaft **308** 10
– Erklärungspflichtige **161** 17 f.
– Erklärungszeitraum **161** 40 f.
– Form **161** 45 f.
– Formulierung **161** 30 ff.
– gemeinsame Erklärung **161** 23
– Hauptversammlung, Beteiligung **161** 27, 61 f.
– Inhalt **161** 12 ff., 28 ff.
– Innenhaftung **161** 63 ff.
– Mängel **161** 58 ff.
– Ordnungswidrigkeiten **161** 78
– Prüfung **161** 56 f.
– Rechtsnatur **161** 14 ff.
– Straftat **161** 79
– Turnus **161** 12, 39
– Zugänglichmachung **161** 51 ff.
– Zweck **161** 1 f.
Erbbaurecht
– Einlagefähigkeit **27** 13
Erben
– Stimmverbot, Zurechnung **136** 18
Erbengemeinschaft
– Einlagefähigkeit v. Anteilen **27** 13
– Gründerfähigkeit **2** 7
– Offenlegung v. Aktienbesitz **Anh. 22, 21 WpHG** 2
– Unternehmensbegriff **15** 65
– Wahrnehmung v. Mitgliedschaftsrechten **69** 3
Erhöhungsbilanz
– Kapitalerhöhung aus Gesellschaftsmitteln **209** 1, 7 ff.
Erneuerungsschein **58** 54; **75** 12
– Unterzeichnung **13** 3
Errichtung
– Aktienübernahme **2** 9, 13 f.; s.a. dort
– Mängel b. Gründungsaufwandfestsetzung **26** 19 f.
– Mängel b. Sondervorteilfestsetzung **26** 19 f.
– Mitwirkung ohne Aktienübernahme **2** 14
– Prüfung durch Registergericht **38** 9
– Satzungsfeststellung **2** 9 ff.
– Vor-AG **29** 1
– Zeitpunkt **29** 3
Ertragswert
– Sacheinlage **27** 18
Ertragswertverfahren
– Abfindungsbesteuerung, Einbeziehung **305** 84 ff.
– Aktiengattungen **305** 83
– Barwert je Aktie **305** 52
– DAT/Altana-Entscheidung **305** 47 f.
– DCF-Verfahren **305** 50
– Ertragslage **305** 73
– Ertragsprognose **305** 70 ff.
– Gewinnrücklagen **305** 78 f.
– Grundsätze ordnungsgemäßer Unternehmensbewertung **305** 49

– IDW S1 **305** 49 f.
– Inflationsabschlag **305** 59
– Kapitalisierungszinssatz **305** 55 ff.
– Liquidationswert **305** 80 f.
– Nachsteuerbetrachtung **305** 51, 86
– nicht betriebsnotwendiges Vermögen **305** 82
– Planungsphasen **305** 53
– Rechnungslegungsmethoden **305** 96 ff.
– Riskozuschlag **305** 55 ff.
– Schätzung durch d. Gericht **305** 61
– Spitzenausgleich **305** 113 f.
– stand alone **305** 66
– Stichtag **305** 66, 116 ff.
– stille Reserven **305** 75
– Synergieeffekte **305** 67 ff.
– Verfahrensmaximen **305** 63
– Verschmelzungsrelation **305** 52, 112 ff.
– Vollausschüttungshypothese **305** 72, 79
– Wertfortscheibung **305** 54
– Wurzeltheorie **305** 66
Erwerb eigener Aktien
– 10%-Schranke **71** 76 f.; **71c** 4 ff.
– Abfindung, Kapitalerhaltung **71** 65 f.
– Abfindung, konzernrechtliche Fälle **71** 61 ff., 67
– Abfindung, umwandlungsrechtliche Fälle **71** 64, 67
– Abwehr v. Übernahmeangeboten **71** 32, 57
– Agio **71** 83
– Aktiengattung **71** 36
– Aktienoptionspläne **71** 47 ff., 60
– Andienungsrechte **71** 29 f.
– Anfechtung, Streitwert **247** 11
– Anlegerschadensersatz **71** 67
– Arbeitnehmeraktien **71** 58 f.
– Arbeitnehmerbeteiligung, gescheiterte **71c** 3
– Auskauf einzelner Aktionäre **71** 31
– Auslösen hoher Stimmrechtsquote **71b** 5
– Auslösen von Mehrheitsbesitz **71b** 5
– Ausscheiden g. Abfindung **71** 6
– Bedeutung d. Eigenaktien **71** 5
– Begriff **71** 1 ff.
– Beweislast **71** 4, 90 ff.
– Bilanzansatz **71** 79 ff.
– Börsenhandel **71** 24
– Delisting **71** 67
– durch Dritte **71d** 1 ff.; **71e** 10
– Durchführung **71** 23 ff.
– Einfluss auf Kapitalmarkt **71** 50 ff.
– Einkaufskommission **71** 68 ff.
– Einziehung **71** 72 f.
– Einziehungsbeschluss **71** 33
– Einziehungsermächtigung **71** 33 ff.
– Einziehungspflicht **71c** 11
– Ermächtigung **71** 15 f., 84
– Ermächtigung, Aktiengattungen **71** 36
– Ermächtigung, Aktienoptionspläne **71** 47 ff.
– Ermächtigung, Einziehung **71** 33 ff.
– Ermächtigung, Erwerbsvolumen **71** 20

– Ermächtigung, Geltungsdauer **71** 18 f.
– Ermächtigung, Preisvorgaben **71** 21
– Ermächtigung, Unterrichtung **71** 84
– Ermächtigung, Wiederausgabe **71** 42 ff.
– Erwerbsanrecht eigener Aktien **71c** 10
– Finanzderivate **71** 3
– finanzielle Unterstützung **71a** 1 ff.
– finanzielles Risiko **71a** 10
– Finanzierungsverbot **71a** 1 ff.; s.a. dort
– für Rechnung d. AG **71d** 2 ff.
– für Rechnung d. Tochterunternehmens **71d** 21
– Gesamtrechtsnachfolge **71** 71
– Gewinnausschüttung **71b** 4
– Gleichbehandlungsgebot **71** 24 ff., 37 ff.
– Grundsatz d. Kapitalerhaltung **71** 7, 35, 65 f., 73, 79 ff.
– Gutglaubensschutz **71** 88
– Haftung, Vorstandsmitglieder **93** 40
– Halten eigener Aktien **71** 9
– Handelsbestand **71** 74 f.
– Informationspflichten **71** 84 f.
– Inpfandnahme **71e** 1 ff., 7 ff.
– Insiderinformation **71** 51 f.
– Kapitalmarktrecht **71** 50 ff.
– Kapitalrichtlinie **71a** 3 ff.
– Kursverluste **71** 56
– Leistungsklage **71** 91 f.
– Mitgliedschaftsrechte **71b** 1 ff.
– mittelbare Stellvertretung **71a** 23 ff.; **71d** 1 ff.; **71e** 10
– negotiated repurchase **71** 31
– Ordnungswidrigkeiten **405** 3
– Prospekthaftung **71** 67
– Regelungsgeschichte **71** 10 ff.
– Rückabwicklung **71** 87, 92
– Rückgewähr **71c** 9
– Rückkaufangebot **71** 26 ff.
– Rücklagenbildung **71** 79 ff.; **71a** 22
– Schadensabwendung **71** 55 ff.
– Schadensersatzpflicht **71** 89
– Schranken **71** 4
– schuldrechtliches Verpflichtungsgeschäft **71** 1
– Sicherungsübereignung **71** 2
– tender offer **71** 26 ff.
– Tochterunternehmen **71d** 1, 11 ff., 18; **71e** 10
– transferable put rights **71** 29 f.
– treasury shares **71** 9
– Übersicht **71** 4
– Umgehungsgeschäfte **71a** 1 ff.
– Unentgeltlichkeit **71** 68 ff.
– Unternehmensanteile anderer Gesellschaften **71** 2
– Unwirksamkeit **71** 86; **71c** 1 ff.
– Veräußerungsfrist **71c** 1, 4
– Veräußerungspflicht **71c** 1 ff.
– Verbot d. Einlagenrückgewähr **71** 8
– Verkaufsoption **71** 29 f.
– Verschmelzung **71** 67
– Volleinzahlung **71** 83

– wechselseitige Beteiligungen **71d** 19 f.
– Wertpapierhandelszwecke **71** 74 f.
– Wiederausgabe **71** 9, 37 ff., 46
– Zahlungsklage **71** 91 f.
Europäische Union
– Aktionärsrichtlinie **122** 6; **125** 5; **128** 2
– Einlagepflicht **54** 3
– Erwerb eigener Aktien **71** 11, 13
– Finanzierungsverbot **71a** 3 ff.; s.a. dort
– Gleichbehandlungsgebot **53a** 11
– Insolvenzverfahrensverordnung **IntGesR** 71
– Kapitalrichtlinie **8** 3; **71** 11, 13; s.a. dort
– Niederlassungsfreiheit **IntGesR** 12, 18 ff.; s.a. dort
– Protokollführung bei Einmann-AG **130** 5
– Publizitätsrichtlinie **80** 1
– Richtlinien-Vorentwurf z. Sitzverlegung **45** 25
– Rückgewähr verbotener Leistungen **62** 4
– Selbstzeichnungsverbot **56** 6 f.
– Sitzverlegung **45** 20 ff.
– Treuepflicht **53a** 43
Europäische wirtschaftliche Interessenvereinigung s. EWiV
Europäisches Recht
– Einfluss auf Aktienrecht **Einl.** 11 ff.
– Grundkapital, Mindestnennbetrag **7** 4
– Verbot d. Einlagenrückgewähr **57** 7 f.
EWiV
– Gründerfähigkeit **2** 8
Executive Committee **76** 5
Existenzvernichtender Eingriff
– Bremer Vulkan **1** 18
– Durchgriffshaftung **1** 18; **317** 41
– qualifiziert faktischer Konzern **18** 36
– qualifizierte Nachteilszufügung **317** 48 f.
– Sonderanknüpfung **IntGesR** 50 f.

Faktischer Konzern
– Abhängigkeitsbericht s. dort
– Abhängigkeitsverhältnis s. Beherrschungs-/ Abhängigkeitsverhältnis
– Anerkennung **311** 4 ff.
– Anwendungsbereich **311** 10 ff., 16 ff.
– Auskunftsrecht d. Aktionärs **131** 89
– Ausschluss d. Durchgriffshaftung **1** 19
– Begriff **311** 113
– Doppelmandate **76** 18
– Grundstruktur **311** 112 ff.
– Haftungsdurchgriff **1** 19; **18** 34 ff.; **317** 41, 48 f.
– Informationsrechte **311** 118
– Konzernbegriff **15** 8
– Konzerneingangskontrolle **311** 119 ff.
– Leitungsmacht **311** 114, 116 f.
– Nachteilsausgleich s. Einflussnahme – Nachteilsausgleich
– Nachteilszufügung s. Einflussnahme – Nachteil
– qualifizierte Nachteilszufügung s. Qualifiziert faktischer Konzern

– Reformüberlegungen **311** 8 ff.
– Schutznormen **311** 1 f.
– Squeeze-out **Vor 327a** 18 f.
– Überwachungspflichten d. Aufsichtsrats **111** 24
– Verbot d. Einlagenrückgewähr **57** 48
– Weisungsunabhängigkeit **76** 17
Faktischer Konzern – Einflussnahme
– Abhängigkeitsbericht s. dort
– Aktienoptionsprogramm **311** 33
– Aufsichtsratdoppelmandat **311** 34
– Aufsichtsratsbefugnisse **311** 108
– Auskunftsrecht d. Aktionäre **312** 8
– Befolgungspflicht **311** 95
– mehrstufiger Konzern **311** 38
– öffentliche Hand **311** 39
– Prüfungspflicht **311** 96 ff., 106
– Schranken **311** 1 ff.
– Veranlassung v. Maßnahmen **311** 23 ff.
– Verhältnis z. schädigenden Einflussnahme **311** 110
– Verhältnis z. Treuepflicht **311** 111
– Vorstandsdoppelmandat **311** 32
– Zustimmungsverweigerung **311** 36
Faktischer Konzern – Nachteilsausgleich
– Anforderungen **311** 72 ff.
– Arten **311** 83 ff.
– Ausgleichszeitpunkt **311** 79, 85 ff., 91
– Begründung v. Rechtsansprüchen **311** 84 ff.
– Bewertbarkeit **311** 74 f.
– Bewertungszeitpunkt **311** 79 ff.
– bilanzieller Ausgleich **311** 76
– Folgeschäden **311** 80
– Leistungsstörungen **311** 94
– Rechtsnatur **311** 92
– Verhältnis z. Kapitalerhaltungsvorschriften **311** 104 f.
– Vermögenzufluss **311** 83
– Verpflichteter **311** 78
– Verstoß s. Faktischer Konzern – Schadensersatz
Faktischer Konzern – Nachteilszufügung
– Bilanzpolitik **311** 66
– Börsenkurseinfluss **311** 43
– Cash Management **311** 58
– Erkennbarkeit d. Nachteilsfolgen **311** 46
– Ermittlung d. Nachteiligkeit **311** 48 ff.
– Gefährdung d. Vermögenslage **311** 44
– Gruppenbesteuerung **311** 61 f.
– Hauptversammlungsbeschlüsse **311** 67 ff., 109
– IFRS-Abschlusskosten **311** 60
– Kompensationsgeschäfte **311** 51
– konzernintegrative Maßnahmen **311** 64 f.
– Konzernumlagen **311** 59
– Kreditgewährung **311** 56
– Liefer-/Leistungsverkehr **311** 52 ff.
– Nachteil **311** 40 ff.
– nicht ausgleichsfähiger **311** 115; s.a. Qualifiziert faktischer Konzern

– qualifizierte Nachteilszufügung s. Qualifiziert faktischer Konzern
– Sorgfaltsmaßstab **311** 40
– Synergievorteile **311** 63
– Übernahme v. Sicherheiten **311** 57
Faktischer Konzern – Schadensersatz
– Anspruchsinhaber **317** 24 f., 29 ff.; **318** 10
– Anspruchsverzicht **317** 37
– anwendbare Vorschriften **317** 39 ff.; **318** 12 ff.
– Beweislast **317** 10 ff.
– Durchgriffshaftung **1** 19; **18** 36; **317** 41, 48 f.
– Geltendmachung **317** 24 ff.; **318** 10
– Gesamtschuldnerschaft **318** 8
– Haftung d. abhängigen Unternehmens **318** 1 ff.
– Haftung d. beherrschenden Unternehmens **317** 5 ff.
– Haftung d. gesetzlichen Vertreter **317** 32 ff.
– Haftungsausschluss **318** 15 f.
– Schadensersatzanspruch **317** 18 ff.
– Überblick **317** 1 ff.
– Unterlassungs-/Beseitigungsanspruch **317** 22 f.
– Vergleich **317** 37
– Verjährung **317** 38
– Voraussetzungen **317** 5 ff.
Feststellungsklage
– Beschlussfeststellungsklage **246** 29 ff.
– Hauptversammlungszuständigkeit **119** 47
– Kündigung d. Vorstandsanstellungsvertrags **84** 71
– Nichtbestehen e. Auskunftsverpflichtung **132** 43
– Nichtigkeit v. Beschlüssen **249** 10 f.; s.a. Nichtigkeitsklage – Hauptversammlungsbeschluss
– Unternehmensverträge, Anpassung **216** 13; **304** 142
– Unwirksamkeit d. Widerrufs **84** 53
– Unwirksamkeit v. Beschlüssen **241** 3; s.a. Anfechtungsklage – Hauptversammlungsbeschluss; Unwirksamkeit – Hauptversammlungsbeschluss
– Verweigerung d. Entlastung **120** 50
Finanzausschuss 107 32
Finanzderivate
– Erwerb eigener Aktien **71** 3
Finanzdienstleistungsinstitut
– Inpfandnahme eigener Aktien **71e** 6, 11
– Stimmrechtsausübung **135** 55, 62 ff.
– Stimmverbot **136** 7 f.
– Treuepflicht **135** 66 f.
Finanzdienstleistungsunternehmen
– Auskunftsverweigerung über Bilanzierungsmethoden **131** 75 f.
– Bestand an eigenen Aktien **71** 74 f.
– Finanzierungsverbot, Ausnahmen **71a** 20; s.a. Finanzierungsverbot
– Gesellschaftskredit an Vorstandsmitglieder **89** 3

– Mitteilungen vor d. Hauptversammlung
  125 13, 18 ff.
– Mitteilungspflichten, Verletzung **243** 12
– Weitergabe v. Mitteilungen **128** 13
Finanzierungsinstrumente **192** 12; **221** 1 ff.;
  s.a. Gewinnschuldverschreibungen; Op-
  tionsanleihen; Wandelanleihe
– derivativer Erwerb **221** 107
– Erwerb eigener Titel **221** 107 ff.
– Genussrechte **221** 41 ff., 76; s.a. dort
– Übertragung **221** 105 f.
Finanzierungsverbot – Aktienrückerwerb s.a.
  Erwerb eigener Aktien
– Arbeitnehmerbeteiligung **71a** 21
– Ausnahmen **71a** 20 ff.
– Beherrschungsverhältnis **71a** 18
– break fee-Vereinbarung **71a** 12
– Darlehenshingabe **71a** 11 ff.
– Finanzdienstleistungsunternehmen **71a** 20
– Grundsatz d. Kapitalerhaltung **71a** 7 ff., 22
– Kapitalrichtlinie **71a** 3 ff.
– Kreditinstitute **71a** 20
– Kursgarantien **71a** 13
– Kurspflegekostenübernahme **71a** 13
– leveraged buy out **71a** 2 ff.
– mittelbare Stellvertretung **71d** 3, 9 f.
– Nichtigkeitsfolge **71a** 15 ff.
– Pfandrechtserwerb **71e** 11
– Riskoabwälzung **71a** 10
– Rückgewähranspruch **71a** 15 ff.
– Schuldübernahme **71a** 12
– share deal **71a** 2
– Sicherheitenbestellung **71a** 11 ff.
– Übernahmekostenerstattung **71a** 12
– Verbot d. Einlagenrückgewähr **71a** 7 ff.
– Verhältnis z. § 71 **71a** 6
– verlorene Zuschüsse **71a** 13
– Verschmelzung **71a** 19
– Verstoß **71a** 14 ff.
– Vorschussgewährung **71a** 11 ff.
Finanzinstrumente
– Mitteilungspflichten **Anh. 22,**
  25 WpHG 1 ff.
Finanzunternehmen
– Bestand an eigenen Aktien **71** 74 f.
Firma
– abgeleitete **4** 45
– AG & Co. KG **4** 47
– Beendigung **4** 4
– Bildung **4** 3 ff.
– Buchstabenfolge **4** 17, 25
– Einladung z. Hauptversammlung **121** 25
– Einlagefähigkeit **27** 13
– Firmenbeständigkeit **4** 11, 38
– Firmeneinheit **4** 11
– Firmenfähigkeit **4** 4
– Firmenöffentlichkeit **4** 11
– Firmenwahrheit **4** 11
– fremdsprachige Bezeichnung **4** 15, 23, 34
– geografische Bezeichnung **4** 16, 24, 32 f.
– Irreführungsverbot **4** 3, 27 ff.
– Kennzeichnungseignung **4** 12 ff.

– KGaA **4** 47
– Markenschutz **4** 3
– Namen **4** 14, 22, 31
– Rechtsformabkürzung **4** 2
– Rechtsformzusatz **4** 1, 5 ff.
– Sachbezeichnung **4** 13, 21
– Satzungsbestimmungen **23** 31
– Unterscheidungskraft **4** 20 ff.
– Unzulässigkeit **4** 41 ff.
– Vor-AG **4** 4
– Werbeslogan **4** 14
– Zahlen/Zeichen **4** 18 f., 26
– Zeichnungsform d. Vorstands **79** 1 ff.
– Zweigniederlassung **4** 44 f.
Firmenfortführung
– HGB-Vorschriften **4** 39
– Rechtsformzusatz **4** 1
– UmwG-Vorschriften **4** 40
Forderungen s.a. Beherrschungs-/Gewinnab-
  führungsvertrag; Einlagen; Gläubigerschutz;
  Kapitalerhöhung
– Bewertung **27** 18
– Einlagefähigkeit **27** 14
– Tausch **27** 14
– verdeckte Sacheinlage **27** 59 ff.
– Verzicht, Krisensituation **92** 3
Forderungsausfall
– Verlustausgleich **229** 5 f.
Formkaufmann
– Unternehmensbegriff **15** 53 ff.
Formwechsel
– Abwicklungsstadium **268** 4
– Aufsichtsratbestellung **31** 6
– Aufsichtsratsmandat **103** 23
– Ausgleichszahlung, Anpassung **304** 132
– Eingliederung **327** 11
– Gründereigenschaft **28** 2
– Mängel, Heilung **242** 23
– Nachgründung **52** 8
– Satzungsänderung **179** 13
– Umgehung d. Finanzierungsverbots
  71a 19; s.a. Finanzierungsverbot
– Unternehmensverträge, Auswirkungen
  297 36
– Vor-AG **41** 18
Fortsetzung d. AG Beschluss **274** 2, 6 f.
– Gläubigerschutz **274** 4
– Handelsregisteranmeldung **274** 6
– Nachtragsabwicklung **274** 5
– Voraussetzungen **274** 2 f.
– Vorstandsbestellung **274** 8
Franchisevertrag
– Einflussnahme **292** 44
Freigabeverfahren
– Anfechtungsklage m. Schadensersatzklage
  246a 35
– Antragsgegner **246a** 15
– Antragstellung **246a** 11 ff.
– Auswirkungen auf Hauptverfahren
  246a 34 f.
– Beschluss, Antrag **246a** 9
– Bestandsschutz **246a** 9, 27 f., 32

- Eingliederungsbeschluss **319** 36 ff.
- einstweilige Verfügung **246a** 36 f.
- Entscheidung **246a** 9, 18
- Glaubhaftmachung **246a** 17
- Handelsregistereintragung **242** 19
- Handelsregistereintragung, Aussetzung **246a** 21 ff.
- Kapitalerhöhungsbeschlüsse **189** 7
- Kapitalmaßnahmen **246a** 1; **255** 12
- Kostenerstattung **246a** 31
- mündliche Verhandlung **246a** 9, 16
- rechtliches Gehör **246a** 33
- Rechtskraft **246a** 20
- Rechtsmittel **246a** 19
- Schadensersatzpflicht **246a** 29 ff.
- Squeeze-out-Beschluss **327e** 7 ff.
- Unternehmensverträge **246a** 1
- Verfahren **246a** 10
- Verfahrensverbindung **246a** 35, 37
- Vollzugsinteresse **246a** 4 ff.
- Voraussetzungen d. Freigabe **246a** 2 ff.
- Wirkung **246a** 25 ff.
- Zuständigkeit **246a** 10
Freiverkehr
- Börsennotierung **3** 6
Freiwillige Gerichtsbarkeit
- funktionelle Zuständigkeit **14** 3, 7
- örtliche Zuständigkeit **14** 1, 3 ff., 8
- sachliche Zuständigkeit **14** 13 f.
Fremdkapital
- Rückstellungen **150** 2; s.a. dort
Früherkennung s. Risikomanagement
Funktionelle Zuständigkeit
- Aufsichtsratszusammensetzung **14** 3, 7
- Registerverfahren **14** 3

GbR
- Gründerfähigkeit **2** 6
Gebietskörperschaften
- Aufsichtsratsmitglieder, Berichtspflicht **394** 10 ff., 20 f.; **395** 3
- Aufsichtsratsmitglieder, Gleichstellung **Vor 394** 12
- Aufsichtsratsmitglieder, Weisungsgebundenheit **Vor 394** 13 ff.; **394** 13
- Haushaltsgrundsätzegesetz **Vor 394** 17 ff.
- Interessenlage **Vor 394** 16
- Konzernverhältnis **Vor 394** 11
- Verhältnis v. Aktienrecht/Haushaltsrecht **Vor 394** 9 ff., 17 ff.
- Verschwiegenheitspflicht, Aufsichtsratsmitglieder **394** 2 f., 17 ff.
- Verschwiegenheitspflicht, Verletzung **395** 9
- Verschwiegenheitspflicht, Verwaltungsbedienstete/Prüfer **394** 20 f.; **395** 1 ff.
- vertrauliche Angaben **394** 3
- wirtschaftliche Betätigung **Vor 394** 6 ff.
Gebrauchsmuster
- Einlagefähigkeit **27** 13
Gebrauchsüberlassung
- Bewertung **27** 18

- Einlagefähigkeit **27** 15
Gegenanträge
- Begriff **126** 4 ff.
- Begründung **126** 9
- Berechtigung **126** 7 f.
- Form **126** 10
- Frist **126** 13
- Zugang **126** 11 f.
- Zugänglichmachen **126** 14 ff.; 18 ff.
- Zusammenfassung **126** 26
Gegenvorstellung
- Vorstandsmitglied **77** 11
Geheimhaltungsinteressen s.a. Insiderinformationen
- Abhängigkeitsbericht **312** 8
- Abhängigkeitsbericht, Sonderprüfung **315** 27 f.
- Abstimmung **116** 24; **134** 68 f.
- Auslegung v. Verträgen **119** 44
- Beteiligung v. Gebietskörperschaften **394** 1 ff.; **395** 1 ff.
- Geschäftsgeheimnis **93** 18
- Pflichtverletzung **404** 1 ff.
- Sonderprüfung **145** 25 ff.
- Verletzung, Strafbarkeit **404** 1 ff.
- Verschwiegenheitspflicht **93** 17 ff.; s.a. dort
Gelatine-Entscheidung **119** 28; **179a** 6
Gemeinnützige Organisationen
- Unternehmensbegriff **15** 72
Gemeinnützige Zuwendungen **76** 13
Gemeinschaftsunternehmen
- gemeinsame Beherrschung **17** 45 ff.
- Konzernvermutung **18** 21
- mehrfache Abhängigkeit **17** 19
Gemeinwohlgefährdung
- gerichtliche Auflösung **398** 7
Gemischte Sacheinlage
- Begriff **27** 29
- Behandlung **27** 29
- Handelsregisteranmeldung **36** 40
- Kaduzierung **64** 10
- Mischeinlage **27** 30
- Satzungsbestimmungen **27** 29
Generalvollmacht **78** 15
Genossenschaft Einlagefähigkeit v. Anteilen **27** 13
- Gründerfähigkeit **2** 4
Genussrechte
- AGB-Kontrolle **221** 74 f.
- aktienähnliche/-gleiche **221** 80 ff.
- Anerkennung als Eigenkapital **221** 68 f.
- Anlegerschutz **221** 88 f.
- Ausgabe unter Wert **221** 48 f.
- Begriff **221** 41
- Bezugsrecht **221** 42, 94 f.
- Einlage v. Dienstleistungen **221** 48
- Erwerb **221** 47 ff.
- Gewährung v. Dienstleistungen **221** 70
- Gewinnbeteiligung **221** 54 ff.
- Hauptversammlungsteilnahme **118** 13, 43 ff.

– Kapitalerhöhung aus Gesellschaftsmitteln **216** 17
– Kapitalherabsetzung, ordentliche **224** 6 f.
– Kollision mit Aktionärsrechten **221** 8 ff.
– Konzernverhältnis **221** 91 ff.
– Koppelung an Höhe d. Grundkapitals **221** 61 ff.
– Liquidationserlösbeteiligung **221** 54, 72 f.
– Mindestlaufzeit **221** 66
– Mitwirkungs-/Kontrollrechte **221** 77 ff.
– Nachrangabrede **221** 60
– nicht vermögensrechtliche Bestandteile **221** 51
– obligationsähnliche **221** 76
– Rechtsnatur **221** 43 ff.
– Sorgfaltspflichten **221** 52
– Teilgewinnabführungsvertrag **292** 26
– Umtauschrecht **221** 67
– Unterzeichnung **13** 4
– Verhältnis z. anderen Beteiligungsformen **221** 42
– Verhältnis z. Schuldverschreibungen **221** 13
– Verlustbeteiligung **221** 59, 62 ff.
– Vertrag **221** 47, 53
– Verzinsung **221** 54 ff., 71
– wertpapierrechtliche Behandlung **221** 90
– Zustimmungserfordernisse **221** 41

Geregelter Markt
– Börsennotierung **3** 6

Gerichtskosten s.a. Verfahrenskosten
– Gründungsaufwand **26** 14
– PKH **246** 10; **247** 26 f.

Gesamtgeschäftsführung **77** 2 ff.

Gesamthand Aktienbesitz **8** 26

Gesamtrechtsnachfolge
– Erwerb eigener Aktien **71** 71
– vinkulierte Namensaktien **68** 22

Gesamtschuldnerschaft
– Beherrschungs-/Abhängigkeitsverhältnis **309** 27, 30; **310** 9
– Einflussnehmer/Organmitglieder **117** 14, 17, 19
– Eingliederung, Haftung **322** 1
– faktischer Konzern **318** 8
– Gründung, Haftung **46** 23
– Rückgewährpflicht **62** 17

Gesamtvertretung
– Ausnahmen **78** 19 ff.
– autonome Regelung **78** 20
– gemeinschaftliche **78** 22
– gemischte **78** 28
– Genehmigung bei Alleinhandeln **78** 27
– Gestaltungsvarianten **78** 21 ff.
– Prinzip **78** 1, 16 f.
– unechte **78** 21b

Geschäfte
– erheblicher Bedeutung **90** 25 ff.
– Gang **90** 20 ff.

Geschäftsbericht
– Entsprechenserklärung **161** 54
– Namensangaben **80** 1

Geschäftsbesorgungsvertrag
– Abschlussprüfer **111** 30
– Anteilszurechnung **16** 26
– Rechtsverhältnis zw. Entsandtem und Entsendeberechtigtem **101** 24

Geschäftsbriefe
– Abwicklungsstadium **268** 8; **269** 6
– Aufsichtsratsvorsitzender **107** 14
– Bestellscheine **80** 8
– Empfängerhorizont **80** 8
– Geschäftsverbindung **80** 9
– gesellschaftsintern **80** 10
– Kapital **80** 5
– kapitalmarktrechtliche Vorschriften **80** 1
– KGaA **278** 6
– Namensangaben **80** 4
– Publizitätsrichtlinie **80** 1
– Rechtsform **80** 2
– Registergericht **80** 3
– Sitz **80** 2
– Verstoß g. Angabepflichten **80** 11
– Vordrucke **80** 9
– Zweigniederlassung **80** 6

Geschäftsfähigkeit
– Aufsichtsratsmitglieder **100** 3

Geschäftsführung s.a. Einzelvertretung; Gesamtvertretung; Vertretung; Vorstand; Willenserklärung
– Abkauf v. Aktionärsrechten **76** 14
– abweichende Vertretungsregelungen **77** 7
– Abwickler **268** 5
– Alleinentscheidung d. Vorsitzenden **77** 13
– Begriff **77** 4
– CEO-Modell **77** 21; **84** 42
– Corporate Governance-Bericht **76** 13
– Delegierung **77** 1
– Einstellungen in Gewinnrücklagen **58** 18 ff.
– Einstimmigkeitsprinzip **77** 8 f.
– Einziehung eigener Aktien **71** 33 ff.
– Erörterung i. d. Hauptversammlung **111** 34
– Erwerb eigener Aktien **71** 23 ff.
– Gefahr im Verzug **77** 6
– Gegenvorstellung **77** 11
– gemeinnützige Zuwendungen **76** 13
– Gesamtgeschäftsführung **77** 2 ff.
– Geschäftsordnung **77** 2 f., 17 f., 24 ff.; s.a. dort
– Geschäftsverteilung **77** 16 ff.
– gesetzliche Beschränkungen **77** 22 f.
– Gestaltungsgrenzen **77** 19 ff.
– Gremien **76** 5
– Haftung s. Aufsichtsrat – Haftung; Vorstand – Haftung; Klageerzwingungsverfahren; Klagezulassungsverfahren
– Hauptversammlungskompetenzen **119** 14 ff.
– Jahresabschlussprüfung **171** 3
– Kapitalerhöhung aus genehmigtem Kapital **202** 20 ff.; **204** 4 ff.
– Kenntnis **78** 12
– Konzernleitungspflicht **93** 9

– Leitungsgrundsätze **76** 12 ff.
– Leitungskompetenz **76** 8 ff.
– Mehrheitsbeschlüsse **77** 10 ff.
– Neutralitätspflicht **76** 15
– Ordnungsmäßigkeit **93** 7
– Patt-Situation **77** 12
– Rechtmäßigkeit **93** 6
– Satzungsbestimmungen **77** 2
– Schmiergeldzahlungen **76** 14
– Shareholder Value-Konzept **76** 12 f.
– Sonderbeschluss d. Aktionäre **138** 7; s.a.
  Sonderbeschlüsse
– Sonderprüfung **142** 14 ff.; s.a. Sonderprü-
  fung
– Sonderzahlungen an Wettbewerber **76** 14
– Sorgfaltsmaßstab **93** 5
– Squeeze-out **Vor 327a** 20
– Stakeholder **76** 12
– Stichentscheid **77** 12
– Überschreiten d. Befugnis **82** 19
– Unbundling **77** 22
– Unterlassungsbegehren d. Aufsichtsrats
  111 47
– Unternehmensinteressen **76** 12
– unternehmerische Entscheidungen **93** 12
– Vertretungsbefugnisse d. Aufsichtsrats
  112 1 ff.
– Veto-Recht **77** 14 f.
– Weisungsunabhängigkeit **76** 2, 10 f.
– Wiederausgabe eigener Aktien **71** 40 f.
– Willensbildung **77** 8 ff.
– Willensmängel **78** 11
– Wirtschaftlichkeit **93** 8
– Wissenszurechnung **78** 10 ff.
– Zurechnung v. Wissen/Handlungen **76** 6
– Zustimmungserteilung **77** 5, 9
– Zweckmäßigkeit **93** 8
– zweigliedrige Verwaltungsstruktur **76** 1

Geschäftsführung – Beschränkung
– Anstellungsvertrag **82** 18
– Aufsichtsratsmitwirkung **82** 16
– Geschäftsordnung **82** 17
– Grundsatz **82** 11
– Innenverhältnis **82** 1 f.
– Satzungsbestimmungen **82** 12 ff.

Geschäftsführungsvertrag
– Ausfallhaftung **303** 28 f.
– Ausgleichszahlung **304** 63; s.a. dort
– Beendigung **303** 4 ff.
– Begriff **291** 62
– Beschlussmängel **304** 109 ff.
– Bürgschaft **303** 25 ff.
– Eintritt außenstehender Aktionäre
  307 1 ff.
– gesetzliche Rücklage **300** 20
– Gewinnabführung, Höchstbetrag **301** 13
– Inhalt **291** 63 f.
– KGaA **291** 62
– Nichtigkeit **304** 104
– Sicherheitsleistung **303** 12 ff.
– Verlustübernahme **302** 15
– Vertragsmängel **304** 104 ff.

– Weisungsrecht **291** 65
– Wirkung **291** 65
– Zustimmungserfordernisse s. Unterneh-
  mensverträge – Zustimmung

Geschäftsgeheimnisse **93** 18
Geschäftsjahr
– Abschlagszahlung **59** 6
– Satzungsänderung **179** 15

Geschäftsordnung – Aufsichtsrat **107** 2,
  37
– Aufsichtsratsausschuss **107** 35
– Zustimmungsvorbehalte **111** 40

Geschäftsordnung – Hauptversammlung
– Änderung **129** 8
– Anträge **124** 54 ff.
– Bedeutung **129** 3
– Beschluss **129** 7
– Bild-/Tonübertragung d. Hauptversamm-
  lung **118** 46 ff.
– Fragerecht **129** 6
– Geltungsdauer **129** 9
– Inhalt **129** 4 ff.
– KonTraG **129** 4
– Rederecht **129** 6; **131** 56 f.
– unzulässige Regelungen **129** 10
– Verstoß g. Geschäftsordnung **129** 11

Geschäftsordnung – Vorstand
– Berichtspflichten d. Vorstands **90** 59
– Beschränkung d. Geschäftsführungsbefug-
  nis **82** 17
– Form **77** 28
– Geltungsdauer **77** 29
– Geschäftsverteilung **77** 17
– Inhalt **77** 24
– mitbestimmte AG **77** 30
– Satzungsbestimmungen **77** 27
– Wirkung **77** 29
– Zulässigkeit **77** 2 f.
– Zuständigkeit **77** 25 ff.
– Zuweisung v. Ressorts/Funktionen **84** 7

Geschäftspolitik
– Berichtspflichten d. Vorstands **90** 7 ff.

Geschäftszweig
– Wettbewerbsverbot **88** 7

Geschmacksmuster
– Einlagefähigkeit **27** 13

Gesellschaft bürgerlichen Rechts s. GbR
Gesellschaft mit beschränkter Haftung s.
  GmbH

Gesellschaftsanteile
– Einlagefähigkeit **27** 13

Gesellschaftsblätter
– Einberufung Hauptversammlung **121** 40
– Pflichtmedium **25** 2 ff.
– Satzungsbestimmungen **25** 5 ff.

Gesellschaftskredite
– an d. Aufsichtsrat **93** 45; **115** 9
– an Ehegatten/Lebenspartner **89** 12
– an Handlungsbevollmächtigte **89** 10
– an Kinder **89** 12
– an mittelbare Stellvertreter **89** 13
– an Prokuristen **89** 10

– an stellvertretendes Vorstandsmitglied
  89 6
– an Vertreter abhängiger Unternehmen
  89 11; **311** 56
– an Vorstandsmitglied   **89** 1 ff.; **93** 45
– Art d. Gewährung   **89** 4
– Aufrechnungsverbot   **89** 15
– Aufsichtsratsbeschluss   **89** 1, 7, 16
– Disclosure-Konzept   **89** 1
– Durchführung   **89** 8
– Kleinkredite   **89** 5; **115** 3
– Konditionen   **89** 4
– konkludente Zustimmung   **89** 1
– Offenlegung   **89** 1
– personelle Verpflichtung   **89** 14
– Rückgewähr   **89** 15 f.
– Umgehungsschutz   **89** 9 ff.
– Verstoß   **89** 15
– Zuständigkeit   **89** 1, 7
– zwecks Erwerb eigener Aktien   **71a** 11 ff.
Gesellschaftssitz s. Sitz
Gesellschaftsstatut
– Anknüpfung   **IntGesR** 2 ff., 11 f., 41 ff.
– ausländisches   **IntGesR** 58 ff.
– Gründungstheorie   **IntGesR** 2 ff., 18 ff.
– Haftungstatbestände   **IntGesR** 50 f.
– Insolvenzverfahren   **IntGesR** 52, 71
– Mitbestimmung   **IntGesR** 53, 69
– Parteifähigkeit   **IntGesR** 64 ff.
– Rechtsfähigkeit   **IntGesR** 64 ff.
– Reichweite   **IntGesR** 42 ff., 61 ff.
– Satzungsfeststellung   **23** 17
– Sitztheorie   **IntGesR** 2 ff., 12, 54 ff.
– Sitzverlegung   **45** 19 ff.
– Sonderanknüpfung   **IntGesR** 48 ff., 68 ff.
– Verhältnis z. Drittstaaten   **IntGesR** 41,
  54 ff.
– Wegzugsfreiheit   **IntGesR** 44 ff.
– Zuzugsfreiheit   **IntGesR** 44 ff.
Gesellschaftsvermögen
– Abgrenzung z. Grundkapital   **1** 24
– Haftung   **1** 11 f.
Gesellschaftsvertrag s.a. Satzung
– Begriff   **23** 2
– Satzungsfeststellung   **2** 9 ff.
Gesellschaftszweck
– Abgrenzung z. Unternehmensgegenstand
  23 34
– Satzungsänderung   **179** 10
Gesetzliche Rücklage
– Abgrenzung z. Rückstellungen   **150** 2
– Auflösung zwecks Kapitalherabsetzung
  229 9 ff.
– Ausschüttungsverbot   **230** 2 ff.; **233** 1 ff.
– Beherrschungsvertrag   **300** 26 ff.
– Bildung   **150** 4
– eingegliederte Gesellschaft   **324** 2 ff.
– Einstellungen aus Gewinnrücklage
  231 2 ff.; **233** 10
– Fehlbetrag, Ausgleich   **150** 12 f.
– freiwillige Einstellung   **150** 10
– Gewinnabführungsvertrag   **300** 6 ff., 32 f.

– Hauptversammlungskompetenz   **173** 7 ff.
– jährliche Einstellung   **150** 5
– Mehrbetrag   **150** 15 f.
– Mindestbetrag   **150** 11 ff.
– Obergrenze   **150** 6 ff.
– Teilgewinnabführungsvertrag   **300** 21 ff.,
  32 f.
– Verlustvortrag, Ausgleich   **150** 14
– Verstoß   **150** 17
– Verwendung   **150** 11 ff.
– Zweck   **150** 3
Gewerbesteuer s. Besteuerung; Steuern
Gewerkschaften
– Antragsbefugnis im Spruchverfahren
  98 14 f.
Gewinn
– Verlustausgleichspflicht   **324** 16 ff.
Gewinn-/Verlustrechnung
– Ausweis im Anhang   **158** 9 f.
– Bilanzgewinn/-verlust   **158** 8
– ergänzende Posten   **158** 1
– Gewinnabführung, Ausgleichszahlungen
  158 11
– Gewinnrücklage   **158** 2, 6 f.
– Gewinnvortrag   **158** 4
– Kapitalherabsetzung   **240** 3 ff.
– Kapitalrücklage   **158** 2, 5
– KGaA   **286** 10 f.
– Pensionszahlungen   **159**
– Sonderrücklage   **58** 36
– Teil d. Jahresabschlusses   **Vor 150** 8
– Verlustvortrag   **158** 4
– Vorlage an d. Aufsichtsrat   **170** 3 ff.
Gewinnabführungsvertrag
– Abfindung s. Beherrschungs-/Gewinnabfüh-
  rungsvertrag – Abfindung
– Abhängigkeitsbericht   **316** 1 ff.
– Abhängigkeitsverhältnis   **291** 61
– anwendbare Vorschriften   **291** 59, 61
– Ausfallhaftung   **303** 28 f.
– Ausgleichsleistung   **158** 11; **291** 51; s.a
  Ausgleichsanspruch
– Ausschluss d. Durchgriffshaftung   **1** 19
– Beendigung   **303** 4 ff.
– Begriff   **291** 50
– Beschlussmängel   **304** 109 ff.
– Bilanzierung   **291** 52
– Bürgschaft   **303** 25 ff.
– Eingliederung   **324** 7 ff.
– Eintritt außenstehender Aktionäre
  307 1 ff.
– fehlerhafte   **293** 47; **304** 109 ff.
– gesetzliche Rücklage   **300** 6 ff.
– Höchstbetrag   **301** 1 ff., 15 ff.
– Inhalt   **291** 51 ff., 60
– Kapitalerhaltungsvorschriften   **291** 59, 70 f.
– KGaA   **291** 50
– Kombination mit Beherrschungsvertrag
  291 53; s.a. Beherrschungs-/Gewinnabfüh-
  rungsvertrag
– Mehrmütterkonzern   **291** 57
– Nichtigkeit   **304** 104

– Organschaft, ertragsteuerliche **291** 53
– Rücklagenauflösung **301** 1, 22 ff.
– Rückwirkung **291** 54
– Sicherheitsleistung **303** 12 ff.
– Teilgewinnabführungsvertrag **291** 52
– Verbot d. Einlagenrückgewähr **57** 46
– Verhältnis z. Genussrechten **221** 42
– Verlustübernahme **291** 58
– verschleierter **291** 55
– Vertragsmängel **304** 104 ff.
– Weisungsrecht **291** 60
– zugunsten Dritter **291** 56

Gewinngemeinschaft
– Zustimmungserfordernisse s. Unternehmensverträge – Zustimmung

Gewinnanspruch **172** 9; **174** 12 ff.
– Abtretung **10** 23
– Aktienbesitzmitteilung **60** 23
– Beeinträchtigung durch Kapitalerhöhung **216** 2 ff.
– Gewinnabführungsvertrag **291** 59
– Kollision mit Finanzierungstiteln **221** 8 ff.

Gewinnanteilsscheine **58** 51 ff.
– Ausgabe nach Kraftloserklärung d. Aktien **75** 10
– Begriff **75** 9
– Erneuerungsscheine **75** 12
– Unterzeichnung **13** 3
– Verlust **75** 11

Gewinnausschüttung s.a. Dividende
– Abschlagszahlung **57** 49
– Aktienrückkauf **71** 6; s.a. Erwerb eigener Aktien
– REIT-AG **58** 55 ff.
– Sachdividende **58** 57 ff.; s.a. dort
– Verbot sonstiger Vermögensverteilung **57** 44
– Vorschlag **170** 9 ff.

Gewinnbeteiligung s.a. Genussrechte; Gewinnabführungsvertrag
– Angestellte **87** 4, 7 f.; **216** 15 ff.
– Anteilsschein **58** 51 ff.
– Einfluss d. Kapitalerhöhung **216** 18; **217** 1 ff.
– Einlage v. Forderungen durch Arbeitnehmer **194** 6; **205** 11 ff.
– Gewinnschuldverschreibungen **221** 39; s.a. dort
– Teilgewinnabführung, besondere Typen **292** 47 ff.; s.a. dort

Gewinnentnahme
– vorfällige **89** 4

Gewinnfeststellung s.a. Jahresabschluss – Feststellung
– KGaA **286** 2 ff.; **288** 1 ff.

Gewinngemeinschaft
– Abgrenzung z. Gleichordnungskonzern **292** 14
– Begriff **292** 3
– fehlerhafte Verträge **293** 47
– Rechtsnatur **292** 4
– Verhältnis z. Genussrechten **221** 42

– Verlustgemeinschaft **292** 13
– Vertragsinhalt **292** 5 ff.
– Zustimmungserfordernisse s. Unternehmensverträge – Zustimmung

Gewinnrücklage
– Abgrenzung z. Rückstellungen **150** 2
– abhängiges Unternehmen **58** 26
– Anfechtung **58** 63
– Auflösung zwecks Kapitalherabsetzung **229** 9 ff.; **230** 2 ff.
– Ausschüttungsverbot **230** 2 ff.; **233** 10
– beherrschendes Unternehmen **58** 27 ff.
– Bilanzierung **152** 7; **158** 2
– Einstellung durch Geschäftsführung **58** 18 ff.
– Einstellung durch Hauptversammlung **58** 11 ff.
– fehlender Überschuss **58** 34
– freiwillige Einstellung **150** 10
– gesetzliche Rücklage **150** 2 ff.; s.a. dort
– Gewinnverwendungsvorschlag **170** 12
– Hauptversammlungskompetenz **173** 7 ff.
– Kapitalerhöhung durch Umwandlung **208** 4 f.; s.a. Kapitalerhöhung – aus Gesellschaftsmitteln
– Kapitalerhöhung, Rückwirkung **235** 1 ff.
– Kapitalherabsetzung, Rückwirkung **234** 1 ff.
– Nichtigkeit **58** 62 ff.
– Satzungsermächtigung **58** 14 ff., 22 ff.
– Sonderrücklage **58** 31 ff.
– Umbuchung in gesetzliche Rücklage **231** 2 ff.

Gewinnschuldverschreibungen
– Aktienbezugsrecht **192** 12
– Begriff **221** 37
– Bemessungsgrundlage **221** 40
– Bezugserklärung **198** 3
– Bezugsrecht **221** 38, 94 ff.
– Börsenhandel **221** 105 f.
– Eigenerwerb d. AG **221** 107 ff.
– Einlage durch Arbeitnehmer **194** 6
– Hauptversammlungsteilnahme **118** 13, 43 ff.
– Kapitalerhöhung aus Gesellschaftsmitteln **216** 16
– Kollision mit Aktionärsrechten **221** 8 ff., 39
– Unterzeichnung **13** 4
– Verhältnis z. Genussrechten **221** 13
– Zustimmungserfordernisse **221** 38

Gewinnverteilung s.a. Dividende
– Gewinngemeinschaft **292** 3 ff.; s.a. dort
– Grundregel **60** 1
– gutgläubiger Erwerb v. Gewinnanteilen **62** 21 ff.
– Haftung, Vorstandsmitglieder **93** 39
– Kapitalerhöhung aus Gesellschaftsmitteln **216** 1 ff.; **217** 1 ff.
– KGaA **288** 4 ff.
– Sondervorteile **26** 6

– Verbot sonstiger Vermögensverteilung 57 44
– Vorzugsdividende 139 1, 10 ff.
– Zuständigkeit 60 2

Gewinnverteilung – gesetzliche
– Agio 60 5, 8
– Bareinlagen 60 6, 8
– gleichmäßige Einlageleistung 60 5 f.
– Grundkapitalanteil 60 5
– Kapitalerhöhung 60 11
– Nennbetragsaktien 60 5
– Sacheinlagen 60 6, 8
– Stückaktien 60 5
– ungleiche Einlageleistung 60 7 ff.
– Vorabdividende 60 9 f.
– Zeitpunkt d. Einlageleistung 60 7, 10 f.
– Zweck 60 4

Gewinnverteilung – satzungsmäßige
– Gestaltungen 60 18 f.
– Gewinnverzicht 60 20 f.
– Kapitalerhöhung 60 17
– Ruhen d. Mitgliedschaft 60 23
– Satzungsänderung 60 16
– Satzungsbestimmungen 60 14 f.
– Verlust d. Mitgliedschaft 60 22
– Vorrang 60 12 f.

Gewinnverwendung s.a. Gesetzliche Rücklage; Gewinnrücklage; Sonderrücklage 58
– Arbeitnehmerbeteiligung 204 1
– Auskunftsrecht d. Aktionärs 131 43
– Ausschüttung 170 9 ff.
– Beteiligungsquote beim Halten eigener Aktien 71b 4
– Bilanzgewinn, Ausweis 170 14
– Dividendenrecht 58 43 ff.; s.a. Dividende
– Gewinnanspruch 172 9; 174 12 ff.
– Gewinnvortrag 170 13
– Grundsatz d. Kapitalerhaltung 58 10
– gutgläubiger Erwerb v. Gewinnanteilen 62 21 ff.
– KGaA 283 14; 286 12
– Möglichkeiten 58 37 ff.
– Rücklagenbildung 170 12
– Vorschlag 170 8 ff.

Gewinnverwendung – Beschluss
– Änderung 174 13 f.
– Anfechtbarkeit 174 17 f.; 254 2
– Anfechtung, Befugnis 254 8 ff.
– Anfechtung, Gründe 254 3 ff.
– Ausschüttung 58 38, 49
– Einklagbarkeit 58 44
– Gewinnanspruch 172 9; 174 12 ff.
– Gewinnvortrag 58 40
– Grundlage 174 4, 11, 13
– Halten eigener Aktien 71b 4
– Hauptversammlung 175 1 ff.
– Heilung 253 8 f.
– Inhalt 174 5 ff.
– Klageverfahren 253 10
– Kompetenz 174 1, 3
– Mängel 58 46; 254 6
– nach Höherbewertung 261 11 f.

– Nichtigkeit 58 62 ff.; 174 15 f.
– Nichtigkeit d. Jahresabschlusses 253 1, 6
– Nichtigkeit, Folgen 253 7
– Nichtigkeit, Gründe 253 3 ff.
– positive Beschlussfeststellungsklage 58 44
– Rücklagenbildung 58 39
– Satzungsfestsetzungen 58 41 f.
– Sondervorteile 254 7
– Treuepflichtverletzung 254 6
– Überblick 58 1 ff.
– Verbindung m. Entlastung 120 52
– Wahlmöglichkeit 58 37
– Wirkung 174 11 f.

Gewinnverzicht 60 20 f.
Gewinnvorab s. Vorabdividende
Gewinnvortrag
– Gewinn-/Verlustrechnung 158 4

Gezeichnetes Kapital
– Bilanzierung 152 2
– Kapitalerhöhung, Rückwirkung 235 1 ff.
– Kapitalherabsetzung, Rückwirkung 234 1 ff.

Girosammelverwahrung 10 27
Gläubigeraufruf
– Abwicklung d. AG 267 1 ff.

Gläubigerschutz
– Eingliederung 321 1 ff.
– faktischer Konzern 311 3; 312 1 ff.
– Geltendmachung v. Schadensersatzanspruch d. AG 117 22
– Haftung d. Aktionärs bei Kaduzierung 64 33
– Hauptversammlungsteilnahme 118 13, 43 ff.
– Insolvenzeröffnungspflicht 92 12 ff.
– Konzern 291 48 f.
– Schadensersatzanspruch g. Sonderprüfer 144 22 ff.
– Schadensersatzanspruch g. Vorstandsmitglieder 93 57 ff., 68 f.

Gläubigerschutz – Abwicklung
– Arrestverfahren 272 7
– Berichtigung d. Verbindlichkeiten 272 5
– einstweilige Verfügung 272 7
– Fortsetzung d. AG 274 4 f.
– Gläubigeraufruf 267 1 ff.
– Hinterlegung 272 5
– Sicherheitsleistung 272 5
– Sperrjahr 272 3 f.
– Verstoß 272 7

Gläubigerschutz – Kapitalmaßnahmen
– Dauerschuldverhältnisse 225 8
– Einlageforderung, Befreiung 225 19
– Einziehung v. Aktien 237 25, 30 ff., 33, 48 ff.
– Forderung, bestrittene 225 10
– Forderungsinhaberschaft 225 6 ff.
– Kapitalerhöhung 182 11 f.; 216 12 ff.
– Kapitalherabsetzung, vereinfachte 229 1; 230 1; 232 1; 233 6 ff.
– Meldefrist 225 11 f.

– Nennbetragsherabsetzung unter Mindest-
  wert **228** 3
– Sicherheitsleistung **225** 1 ff., 13, 16
– Sicherheitsleistung, Ausschluss
  225 14 f.
– Sperre **225** 17 ff.
Gläubigerschutz – Unternehmensverträge
– Ausfallhaftung **303** 28 f.
– Bürgschaft **303** 25 ff.
– gesetzliche Rücklage **300** 1 ff.
– Haftung d. beherrschenden Unternehmens
  309 36
– Sicherheitsleistung **303** 1 ff.
– Verlustübernahme **302** 5 ff. s.a. dort
Gleichbehandlungsgebot
– Aufsichtsratsvergütung **113** 14
– Auskünfte an Aktionäre **131** 84
– Begünstigte **53a** 17
– EG-Recht **53a** 11
– Erwerb eigener Aktien **71** 24 ff.
– Geltungsbereich **53a** 18 ff.
– Gewinnverteilung **60** 4
– Hauptversammlungsbeschlüsse **53a** 21
– Kaduzierung **64** 16
– Kodifizierung **53a** 1
– Minderheitenschutz **53a** 5
– Mitgliedschaft **53a** 18 ff.
– nach Kapitalanteilen **53a** 25
– nach Köpfen **53a** 26
– Normadressaten **53a** 2
– Parallelregelungen **53a** 7 ff.
– Rechtsentwicklung **53a** 6
– Rechtsgrund **53a** 13
– Rechtsnatur **53a** 14
– Satzungsbestimmungen **53a** 32 f.
– Stimmrecht **134** 35
– Ungleichbehandlung, Arten **53a** 27 ff.
– Ungleichbehandlung, Rechtfertigung
  53a 34 ff.
– Ungleichbehandlung, Rechtsfolgen
  53a 39 ff.
– Ungleichbehandlung, zulässige **53a** 31 ff.
– Verhältnis z. Treuepflicht **53a** 12, 47
– Verletzung, Anfechtung **243** 6
– Verpflichtete **53a** 15 f.
– Verwaltungsmaßnahmen **53a** 22
– Verzicht **53a** 37 f.
– Wiederausgabe eigener Aktien **71** 37 ff.
– Zahlungsaufforderung bzgl. Einlagen
  63 14 f.
Gleichordnungskonzern
– Abgrenzung z. Gewinngemeinschaft
  292 14
– Außenseiterschutz **18** 31
– Begriff **15** 75; **291** 66
– einheitlicher Gesellschafterkreis **18** 25
– existenzvernichtender Eingriff **18** 36
– faktische einheitliche Leitung **18** 24
– fehlende Abhängigkeit **18** 22 f.
– Haftungsdurchgriff **18** 34 ff.
– praktische Bedeutung **18** 26
– qualifiziert faktischer Konzern **18** 34 ff.

– vertragliche Grundlage **18** 24
– Weisungsrecht **18** 27 ff.; **291** 69
– Wirkung **291** 67
– Zustimmung d. Hauptversammlung **18** 37
– Zustimmungsfreiheit **291** 67
Globalurkunden
– Aktienübertragung **68** 13 f.
– Begriff **68** 11 f.
– Übertragung, Prüfungspflicht d. AG
  68 39
GmbH
– Beherrschungs-/Abhängigkeitsverhältnis
  17 66
– Gründerfähigkeit **2** 4
– Nennkapital **16** 8
GmbH & Co. KG
– Gründerfähigkeit **2** 5
GmbH-Reform s. MoMiG
Going private s. Delisting
Going public s. Börsengang
Good will
– Einlagefähigkeit **27** 13
Gründer s.a. Gründung; Einlagen; Errichtung
– Abschlussprüferbestellung **30** 26 ff.; s.a.
  Abschlussprüfer, erster
– Aktienübernahme **29** 3
– Anzahl **2** 2
– Aufklärungsobliegenheiten **35** 2 ff.; s.a.
  Gründungsprüfung
– Aufsichtsrat, Bestellung **30** 3 ff.; s.a. Auf-
  sichtsrat, erster
– Ausgabeverbot **41** 32 ff.
– Begriff **23** 23; **28** 3 ff.
– Ehegatten **2** 8
– Erbengemeinschaft **2** 7
– Fähigkeit **2** 3 ff.
– Formwechsel **28** 2
– GbR **2** 6
– Geschäftsunfähigkeit **28** 6
– Gründerlohn **26** 15
– Gründungsbericht **32** 1 ff.; s.a. dort
– Haftung s. Gründung – Haftung
– Haftung b. Vor-AG **41** 10 ff.; s.a. Vor-AG –
  Haftung
– Handelsregisteranmeldung s. Handelsregis-
  teranmeldung – Gründung
– juristische Personen **2** 4
– Kaufmannseigenschaft **28** 4
– natürliche Personen **2** 3
– Personen ohne Einlageverpflichtung **23** 25
– Personenhandelsgesellschaft **2** 5
– Personenmehrheit **2** 4
– Sachübernahme **28** 4
– Strafbarkeit **399** 4, 12 f.; **400** 12 ff.
– Strohmann **28** 3
– Stufengründung **28** 4
– Treuhandverhältnis **28** 3
– Übertragungsverbot **41** 32 ff.
– Verschmelzung durch Neugründung **28** 2
– Versterben **28** 7
– Vorstandsbestellung **30** 22 ff.
– Zustimmungserfordernis b. Vor-AG **41** 6 f.

Grundkapital
- Abgrenzung z. Gesellschaftsvermögen **1** 24
- Angaben in Geschäftsbriefen **80** 5
- Bilanzierung **152** 2 ff.
- europäisches Recht **7** 4
- Funktionen **1** 22
- Grundsatz d. Kapitalerhaltung **1** 21, 26
- Grundsatz d. realen Kapitalaufbringung **1** 21
- Hauptversammlungseinberufung b. Krisensituation **92** 6 ff.
- Kapitalmehrheit **16** 7 ff.
- Mindesthöhe **1** 23
- Mindestnennbetrag **7** 1 ff.
- Nennbetrag **6** 1 ff.
- Neueinteilung d. Grundkapitals **8** 31 f.
- Nichtigkeitsklage **6** 7 f.
- Satzungsänderung **179** 12
- Satzungsbestimmung, fehlende **275** 6
- Satzungsbestimmungen **7** 7, 9; **23** 46 ff.
- Sonderbestimmungen **7** 6
- Über-pari-Emision **9** 13 ff.
- Unter-pari-Emission **9** 1 ff.
- Unterrichtung b. Krisensituation **92** 6
- Unterschreitung **7** 5, 8 f.
- Verlustanzeige **92** 1, 3
- Verlustfeststellung **92** 4 f.
- Währungsangabe **6** 5 ff.
- Währungsumstellung **6** 5 ff.
- Zerlegung in Aktien **1** 27; **6** 1 ff.

Grundschuld
- Einlagefähigkeit **27** 13

Grundstücksgleiche Rechte
- Einlagefähigkeit **27** 13

Gründung s.a. Errichtung; Gründung – Haftung; Vor-AG – Haftung
- Aktienübernahmeerklärung **23** 23 ff.
- Aufsichtsratsvergütung **113** 23
- Ausgabeverbot **41** 32 ff.
- Einheitsgründung **2** 13; **23** 23
- Einpersonen-AG **42** 3
- Emittentenhaftung **47** 8 ff.; **50** 2; **51** 1 ff.
- Entschädigungen **26** 14
- erster Abschlussprüfer **30** 26 f.
- erster Aufsichtsrat **30** 3 ff.
- erster Vorstand **30** 22 ff.
- Fälligkeit d. Einlagen **63** 10
- Haftung **41** 23 ff.
- Haftung d. Gründergenossen **47** 4 ff.; **50** 2; **51** 1 ff.
- Haftung d. Hintermänner **46** 22; **50** 2; **51** 1 ff.
- Handelsregisteranmeldung s. Handelsregisteranmeldung – Gründung
- Heilung v. Mängeln **39** 6
- Mischeinlage **27** 30
- Mitwirkung ohne Aktienübernahme **2** 14
- Nachgründungsverfahren **52** 1 ff.; s.a. dort
- Nichtigerklärung d. AG **275** 4
- Sacheinlage s. Sacheinlage – Gründung
- Sachgründung **27** 1 ff.

- Sachübernahme s. Sachübernahme – Gründung
- Sondervorteile **26** 1 ff.
- Stufengründung **2** 13
- Übertragungsverbot **41** 32 ff.
- Verlustdeckungspflicht **41** 14 ff.
- Vorbelastungshaftung **41** 10 ff.
- Vorgründungsvertrag **23** 21 f.
- Vorrang d. Bareinlage **27** 4

Gründung – Aufwand
- Anlagen z. Anmeldung **37** 24
- Begriff **26** 13
- Beispiele **26** 14
- Entschädigungen **26** 14
- Festsetzungsmängel **26** 19 f.
- Gründerlohn **26** 15
- Rechtsnatur **26** 13
- Satzungsänderung **26** 22 f.
- Satzungsbestimmungen **26** 16 f.
- überhöhter **26** 8
- Unwirksamkeit **26** 20
- Verbot d. Einlagenrückgewähr **26** 8
- verschleierter **26** 6
- vGA **26** 21

Gründung – Bericht
- Anlagen z. Anmeldung **37** 29
- Erstellungszeitpunkt **32** 2
- Inhalt **32** 4 ff.
- Nachtragsbericht **32** 17
- Prüfung durch Registergericht **38** 11 f.
- Sachgründung **32** 5 ff.
- Schriftform **32** 2
- Vertretung d. Gründer **32** 1 f.
- Zweck **32** 1

Gründung – Haftung s.a. Verlustdeckungspflicht; Vorbelastungshaftung
- Anspruchsinhaber **46** 4 f.
- Anspruchsverzicht **50** 1 ff.
- Aufsichtsrat **46** 12, 18; **48** 1 ff.
- Ausfallhaftung **46** 15 ff.
- Differenzhaftung **27** 24
- Einlageschuldner **46** 16, 24
- Emittenten **47** 8 ff.; **50** 2; **51** 1 ff.
- fehlende Verfügbarkeit **46** 11
- Gesamtschuldnerschaft **46** 23
- Gründer **46** 10 ff.
- Gründergenossen **47** 4 ff.; **50** 2; **51** 1 ff.
- Gründungsprüfer **49** 1 ff.
- Haftung d. Hintermänner **46** 22; **50** 2; **51** 1 ff.
- Handelsregistereintragung, falsche Angaben **399** 14 ff.
- Innenverhältnis **46** 24, 26
- Insolvenz **50** 5
- Konkurrenzen **46** 3
- Nachgründung **53** 1 ff.
- Rechtsnatur **46** 2
- Regress **46** 24, 26
- Schädigung d. Gesellschaft **46** 13 f.; **47** 7
- Umfang **46** 12
- ungeeignete Zahlstelle **46** 11
- unrichtige/-vollständige Angaben **46** 7 ff.

- Unterbilanzhaftung **41** 14 ff.
- Vergleich **50** 1 ff.
- verheimlichte Vergütung **47** 4 ff.
- Verjährung **51** 1 ff.
- Verschulden **46** 19 ff.
- Verstoß g. Ausgabeverbot **41** 35
- Vor-AG **41** 23 ff.
- Vorstand **46** 12, 18; **48** 1 ff.
- Zweck **46** 1

Gründung – Prüfung
- Befugnisse externer Prüfer **35** 2 ff.
- Berichtspflichtverletzung **403** 1 ff.
- Bestellung d. externen Prüfer **33** 10
- Eignung d. externen Prüfer **33** 11 ff.
- externe **33** 4 ff.
- Fehler i.R.d. Prüfung **33** 14
- Geheimhaltungspflichtverletzung **404** 5 f.
- Gründungsaufwand **26** 14
- Gründungsbericht **33** 1
- Haftung **49** 1 ff.
- Informationsrechte, Verletzung **400** 12 ff.
- Klagerecht s. Klageerzwingungsverfahren; Klagezulassungsverfahren
- Nachgründung **52** 29 ff.
- Prüfungsbericht **34** 10 ff.
- Prüfungspflichtige **33** 2 f.
- Prüfungsumfang **33** 2; **34** 1 ff.
- Rechtsbehelf b. externer Prüfung **35** 6 ff.
- Sachgründung **33** 8; **34** 6 ff.
- Sonderprüfung **142** 8 ff.; s.a. dort
- Strafbarkeit b. unrichtiger Darstellung **400** 12 ff.
- Vergütung externer Prüfer **35** 9 ff.

Gründungstheorie
- Sitzverlegung in d. Ausland **45** 28, 34
- Sitzverlegung in d. Inland **45** 23 f.

Gründungsvertrag s. Satzung – Feststellung; Satzung – Gründung

Gütergemeinschaft
- Wahrnehmung v. Mitgliedschaftsrechten **69** 3

Gutgläubiger Erwerb
- Aktien m. Nebenleistungspflicht **55** 26
- Aktienrückerwerb **71** 88
- Einlagen **54** 11 ff.
- Fälligkeit d. Einlagen **63** 9
- Inhaberaktien **10** 6, 28
- kaduzierte Aktien **64** 35
- Namensaktien **10** 8
- unverbriefte Aktien **10** 23
- unzulässige Aktienausgabe **10** 22
- verbotene Leistungen **62** 21 ff.
- Verbriefung **10** 18
- Zwischenscheine **10** 14

Haftung
- Gesellschaftsvermögen **1** 11 f.
- Hauptgesellschaft **1** 12
- Mantelverwendung **23** 44 f.
- Organhaftung **1** 3
- Selbstzeichnungsverbot **56** 29 ff.
- Trennungsprinzip **1** 11 f.

- überhöhte/unzulässige Abschlagszahlung **59** 17
- verdeckte Sacheinlage **27** 57

Haftungsklage
- Bekanntmachung **149** 1 ff.; s.a. Klagezulassungsverfahren

Haltefrist
- Verlangen auf Einberufung **122** 10

Handeln f. Rechnung d. AG
- Selbstzeichnungsverbot **56** 22 ff.

Handelndenhaftung
- Mantelverwendung **23** 44 f.

Handelsbilanz
- Unternehmensbewertung **305** 96 f.

Handelsbriefe **80** 8

Handelsgesellschaft **1** 30
- Firma **4** 1; s.a. dort
- Unternehmensbegriff **15** 33, 53 ff.
- Vor-AG **3** 1

Handelsgewerbe **3** 1
- Wettbewerbsverbot **88** 6

Handelsrecht
- Anwendbarkeit **1** 30

Handelsregisteranmeldung s.a. Handelsregistereintragung
- Abwickler **266** 1 ff.
- Auflösung d. AG **263** 1 ff.
- Aufsichtsratsmitgliederwechsel **106** 5
- Aufsichtsratsvorsitzender **107** 13
- Bezugsaktien, Ausgabe **201** 1 ff.
- Eingliederungsbeschluss **319** 29 ff.
- Fortsetzung d. AG **274** 6
- Kapitalerhöhung aus genehmigtem Kapital **203** 13 ff.
- Kapitalerhöhung aus Gesellschaftsmitteln **207** 15; **210** 1 ff.
- Kapitalerhöhung, Durchführung **188** 4 ff.
- Kapitalerhöhungsbeschluss **184** 1 ff.; **188** 32
- Kapitalherabsetzung, Beschluss **223** 1 ff.; **229** 15
- Kapitalherabsetzung, Durchführung **227** 3 ff.; **229** 15
- KGaA, Auflösung **289** 38 ff.
- Sachkapitalerhöhung, Beschluss **184** 6, 9; **188** 32
- Sachkapitalerhöhung, Durchführung **188** 4 f., 12 f.
- Satzungsänderung **179** 47; **180** 16; **181** 3 ff.
- Schluss d. Abwicklung **273** 7
- überholte Änderungen **81** 7
- Vertretungsänderungen **81** 6, 10
- Vorstandsänderung **81** 3 ff.

Handelsregisteranmeldung – Gründung s.a. Handelsregistereintragung
- Anlagen **37** 22 ff.
- Anmeldepflicht **36** 8 f.
- Anmeldungsmängel **37** 40
- Bankbestätigung **37** 11 ff.
- berufene Personen **36** 6 f., 11 f.
- EHUG **36** 4; **37** 2, 26 ff., 35 ff.
- Einforderung d. Bareinlage **36** 16 f.

– Einpersonen-Gründung **36** 36 ff.
– Einzahlung d. Bareinlage **36** 14 f., 18 ff.
– elektronische **36** 4; **37** 2, 26 ff., 35 ff.
– Erklärung ü. Einlageleistung **37** 3 ff.
– Erklärungen d. Vorstands **37** 15 ff.
– gemischte Einlagen **36** 40
– genehigungsbedürftiger Unternehmensge-
  genstand **37** 30 ff.
– Inhalt **37** 1 ff.
– Mindestleistung b. Bareinlagen **36a** 2
– Nachgründung **52** 35 ff.
– Nachweis d. Verfügbarkeit **37** 7 ff.
– Nachweis ü. Steuern/Gebühren **37** 14
– Prüfung durch d. Gericht **38** 10; s.a. Han-
  delsregistereintragung; Registergericht
– Rechtsnatur **36** 3
– Reformvorhaben **37** 41
– Rückabwicklung **36** 35
– Sacheinlagen **36a** 3 ff.
– Unterbilanz-/Vorbelastungshaftung
  37 10
– Verfügbarkeit d. Bareinlage **36** 19 ff.
– Vertretung d. Anmelder **36** 10
– Vertretungsbefugnisse **37** 19 ff.
– wertgleiche Deckung **37** 8 f.
– Widerruf **36** 13
– Zuständigkeit **36** 4
Handelsregistereintragung
– Anfechtungsurteil **248** 8
– Auflösung d. AG **263** 6 f.; **398** 15 f.
– Aufsichtsrat, erster **30** 3, 14; **31**
– Auskunftserzwingungsverfahren **132** 35
– Bekanntgabe **39** 7
– Bekanntmachung **39** 8
– Bezugsaktien, Ausgabe **201** 6
– Eingliederung, Beendigung **327** 15 ff.
– Eingliederung, Beschluss **319** 36 ff.;
  320a 1 ff.
– Einlageleistung **54** 26
– elektronische **37** 35 ff.; **39** 8
– Firmeneintragungsfähigkeit **4** 35, 37
– Firmenfähigkeit **4** 4
– Formkaufmann **3** 1
– freigegebene Beschlüsse **242** 19
– Gebühren **38** 21
– Gründungsmängel, Heilung **39** 6
– Gründungsprüfung, Fehler **33** 14
– Hauptversammlungsbeschlüsse **133** 49
– Heilungswirkung **242** 3 ff.
– Inhalt **39** 1 ff.
– Kapitalerhöhung aus genehmigtem Kapital
  203 13 ff.
– Kapitalerhöhung aus Gesellschaftsmitteln
  210 6 ff.; **242** 20
– Kapitalerhöhung, Beschluss **192** 7; **194** 11;
  195 1 ff.
– Kapitalerhöhung, Durchführung **188** 37 f.;
  191 1 ff.
– Kapitalherabsetzung aus Aktieneinzie-
  hung **237** 29, 46 f., 52; **238** 2; **239** 1 ff.
– Kapitalherabsetzung, Beschluss **223** 6;
  224 1 ff.; **228** 4 ff.; **229** 15

– Kapitalherabsetzung, Durchführung
  227 5 f.; **228** 4 ff.; **229** 15
– Kapitalherabsetzung, ordentliche **242** 20
– Kapitalherabsetzung, vereinfachte **242** 20
– KGaA **280** 8 f.; **282** 1 ff.
– KGaA, Hauptversammlungsbeschlüsse
  285 31 f.
– Löschung d. AG **262** 15; **263** 4 ff.; **264** 3,
  13; **273** 2 ff.; **275** 3
– Mängel **37** 40
– Mindestnennbetragsunterschreitung
  8 17 ff.
– Nachgründung **52** 37
– Prüfung d. Eintragungsvoraussetzungen
  38 4 ff.
– Rechtspersönlichkeit **1** 4
– Reformvorhaben **39** 11
– Sachkapitalerhöhung, Heilung **183** 24 ff.;
  189 5
– Satzungsänderung **179** 47; **180** 16;
  181 22 ff., 39 ff.
– Sitzbestimmung **5** 21
– Squeeze-out-Beschluss **327e** 1 ff.
– Unternehmensvertrag, Beendigung **297** 38;
  298 1 ff.
– Unternehmensverträge **293a** 30 f.; **294** 1 ff.
– Unter-pari-Emission **9** 9, 12
– Verfahrensmängel **241** 34 f.
– Verfahrensvorschriften **38** 20
– Vinkulierung durch Satzungsänderung
  180 16
– Wirkung **39** 6
– Zuständigkeit **38** 19
Handelsregisterverfahren
– Aussetzung **246a** 21 ff.
– Einpersonen-AG **42** 1 ff.
– Einsichtnahme **39** 8
– Entsprechenserklärung **161** 53, 57
– Freigabeverfahren s. dort
– Heilung v. Beschlüssen **242** 3 ff.; s.a. Hei-
  lung – Hauptversammlungsbeschluss
– Mängel **37** 40; **241** 34 f.
– Schutz d. guten Glaubens **399** 1; s.a. Straf-
  tatbestände
– Sonderprüfungsbericht **145** 32
– Vertretung d. AG durch Aufsichtsratsvorsit-
  zenden **107** 22
Handelstage Anh. 22, 30 WpHG 1 f.
Handelsunternehmen
– Unternehmensbegriff **15** 33
Handlungsbevollmächtigte
– Aufsichtsratsmandat **100** 14 7
– Kreditgewährung durch AG **89** 10
– schädigende Einflussnahme **117** 1 ff., 15
Hauptniederlassung
– Sitz **5** 2
Hauptversammlung
– Abschlussprüfer **118** 43
– Abwicklungsstadium **264** 9
– Anträge zur Geschäftsordnung **124** 54 ff.
– aufsichtsbehördliche Vertreter **118** 44
– außerordentliche **118** 7

- Beginn **121** 31
- Begriff **118** 6
- Beschlussfähigkeit **133** 7 f.
- beschlusslose **121** 11 f.
- Bild-/Tonübertragung **118** 46 ff.
- Bote **118** 16
- Dauer **121** 32 f.
- Festsetzung fehlenden Agios **9** 20
- Gegenanträge s. dort
- Geschäftsordnung **124** 54 ff.; s.a. dort
- Kapitalverlust **92** 3
- Legitimationsaktionär **118** 16
- Leitung s. Versammlungsleiter
- Leitung durch d. Aufsichtsratsvorsitzenden **107** 20
- Medienvertreter **118** 45
- Mehrheitserfordernisse b. Strukturmaßnahme **119** 45
- Mitteilungspflichten d. Vorstands s. dort
- Nichterscheinen, Anfechtungsbefugnis **245** 19
- Nichtzulassung, Anfechtungsbefugnis **245** 20
- Niederschrift **130** 1 ff.; s.a. dort
- Notar **118** 44
- ordentliche **118** 7
- Ordnungsmaßnahmen **118** 42
- Organstellung **118** 9 ff.
- Ort **121** 50 ff.
- Protokollführer **130** 21 ff.; s.a. dort
- Rechtsausübung **118** 14, 16
- Saalausweis, Anfechtungsbefugnis **245** 21
- Sonderprüfungsaufgaben **142** 22 ff.; s.a. Sonderprüfung
- Stimmrecht **118** 24
- Tagesordnung **121** 39; **122** 23, 25 ff.; s.a. dort
- Teilnahme Dritter **118** 43 ff.
- Teilnahme v. Gläubigern **118** 13
- Teilnahmebedingungen **121** 35 ff.; **123** 9 ff.
- Teilnahmerecht d. Aktionäre **118** 13, 15, 23 ff.
- Teilnahmerecht, Beschränkung **118** 32
- Teilnahmerecht, Verletzung **118** 33
- Teilnehmerverzeichnis s. dort
- unrichtige Darstellungen **400** 5 ff.
- Verlangen d. Vorstands **119** 15 ff., 22 ff.
- Vertrauensentzug ggü. Vorstand **84** 2, 50 f.
- Vertretungsmacht **118** 12
- virtuelle **118** 30 f., 46 ff.
- Vollversammlung **118** 8; **121** 58 ff.
- Vor-AG **41** 19
- Willensbildung **118** 11; **119** 4 ff.
- Zeitpunkt **121** 28 ff.

Hauptversammlung – Abstimmung
- Abstimmungsverlangen **133** 5
- Additionsverfahren **133** 23
- Antragstellung **133** 10 ff.
- Arten **134** 66 f.
- Aufruf d. Antrags **133** 15
- Auskunftspflichtverletzung **243** 26 ff.
- Beschlussfähigkeit **133** 7 f.

- Einstimmigkeit **133** 33
- Ergebnisermittlung **133** 22 ff.
- Ergebnisfeststellung **133** 37, 42; **243** 9
- Ergebnisverkündung **133** 38 ff.
- geheime **134** 68 f.
- Mehrheitserfordernisse **133** 1 ff.; s.a. Stimmenmehrheit
- Protokollierung **133** 43 ff.
- Satzungsänderung **179** 15
- Satzungsbestimmungen **133** 8, 32 ff.
- Stimmabgabe **133** 15
- Stimmabgabe, uneinheitliche **133** 19 ff.
- Stimmabgabe, Wirksamkeit **133** 17
- Stimmangabe, ungültige **133** 27
- Stimmenmehrheit **133** 25 ff.; s.a. Stimmenmehrheit
- Stimmbindungsvereinbarungen s. Stimmbindungsvertrag
- Stimmrecht s. dort
- Stimmverbot s. Stimmrecht – Verbot
- Subtraktionsverfahren **133** 24
- Übermittlung d. Stimmen **133** 16
- Verfahrensregelungen **133** 35, 65 ff.
- Wahlen **133** 50 ff.; s.a. Hauptversammlung – Wahlen
- Widerruf d. Stimmabgabe **133** 18
- Zustimmungsvorbehalte **133** 36

Hauptversammlung – Beschluss
- Abgrenzung zw. Bestätigung und Neuvornahme **244** 1
- Abstimmungsverlangen **133** 5
- Abwicklerbestellung **265** 5, 7
- Aktienoptionsplan **192** 24; **193** 10 ff.
- Anfechtung **53a** 71
- Arten **133** 3 ff.
- Auflösung d. AG **262** 8 ff.; **274** 2 f.
- Aufsichtsrat, Amtsdauer **102** 8
- Aufsichtsrat, Besetzung **95** 10, 17
- Aufsichtsrat, Zusammensetzung **96** 3 ff.
- Ausführung durch Vorstand **83** 10 ff.
- Begriff **133** 2
- Bekanntmachungsfehler bei d. Einberufung **124** 58 f.
- Beschlussfähigkeit **133** 7 f.
- Beschlusskompetenz **119** 1 f.
- Betriebspacht/-überlassung **292** 53 ff.
- Bezugsrechtsausschluss **186** 16 ff.; **203** 26 ff.; **221** 96 ff.
- Bindungswirkung ggü. Vorstand **76** 11
- Delisting **119** 50
- Durchführung, Haftung d. Vorstands **93** 48 ff.
- Durchführung, rechtwidriger **242** 17
- Durchsetzung v. Haftungsansprüchen **116** 36 ff.
- Einflussnahme **311** 67 ff., 109
- Eingliederungsbeschluss **319** 11 ff.; **320** 7; **320b** 21 f.; **327** 10
- Einlagepflicht, Befreiungs-/Aufrechnungsverbot **66** 29
- Einstimmigkeit **243** 4

– Einziehung eigener Aktien **71c** 11
– Einziehung v. Aktien **237** 14 f.
– Entlastung **120** 1 ff.; s.a. dort
– Entsprechenserklärung **161** 27
– Ersatzansprüche g. Vorstand, Vergleich **93** 56
– Ersetzung zustimmungsbedürftiger Maßnahmen **111** 49 f.
– Erwerb eigener Aktien **71** 15 ff., 84
– Fortsetzung d. AG **274** 2, 6 f.
– Freigabeverfahren **246a** 6
– Gegenanträge s. dort
– Geltendmachung v. Schadensersatzanspruch d. AG **117** 21
– Genussrechte **221** 41
– Geschäftsordnung **129** 7
– Gesetzmäßigkeitsprüfung **83** 12
– Gewinnschuldverschreibungen **221** 38
– Gewinnverwendung **120** 52; **174** 1 ff.; s.a. Gewinnverwendung – Beschluss
– Gleichbehandlungsgebot **53a** 15 ff.
– Gleichordnungskonzern **18** 37
– Handelsregistereintragung **133** 49; **241** 34 f.
– Heilung s. dort
– Höherbewertung, Ertragsverwendung **261** 11 f.
– Initiativrecht **83** 7
– Inpfandnahme eigener Aktien **71e** 3
– Kapitalerhöhung aus genehmigtem Kapital **202** 15 f., 27
– Kapitalerhöhung aus Gesellschaftsmitteln **207** 5 ff.
– Kapitalerhöhung, bedingte **192** 6, 29 ff.; **193** 1 ff.; **194** 7 ff.
– Kapitalerhöhung, ordentliche **182** 9 ff.; **222** 6 ff.; s.a. Kapitalerhöhung – ordentliche
– KGaA **283** 19
– Klageerzwingungsverfahren **147** 6 ff.
– materielle **133** 4
– Mitteilungspflicht **125** 24 ff.
– Nachgründung **52** 32 ff.
– negative **133** 3
– nicht heilbare **242** 13
– Nicht-Beschluss **133** 5
– Nichtigkeit, Auskunftsrechtsverletzung **131** 98; s.a. Nichtigkeit – Hauptversammlungsbeschluss; Nichtigkeitsklage
– Nichtigkeit, Einlagenbefreiungs-/Aufrechnungsverbot **66** 29
– Niederschrift **130** 1 ff.; s.a. dort
– ordnungsgemäße Bekanntmachung d. Einberufung **124** 44 ff.
– Paketabstimmung, Mängel **241** 38 ff.
– positive **133** 3
– Protokollierung **133** 43 ff.
– Registerkontrolle **241** 36
– Rücklagenbildung, Anfechtung **58** 63
– Sachdividende **58** 59
– Satzungsänderung **179** 22 ff.
– Satzungsdurchbrechung **179** 19 ff.
– Scheinbeschlüsse **133** 5

– Sonderbeschluss **133** 5, 29; **138** 5 f.; s.a. Sonderbeschlüsse
– Sonderprüfung **142** 22 ff.; s.a. Sonderprüfung
– Squeeze-out **327a** 21 ff.; **327d** 1 ff.
– Tagesordnung **119** 40; s.a. dort
– Treuwidrigkeit **53a** 64, 71
– übertragende Auflösung **179a** 7, 13 f., 17; s.a. dort
– Übertragung vinkulierter Aktien **68** 27 f.
– Unternehmenskonzept **119** 40
– Unternehmensverträge s. Unternehmensverträge – Zustimmung
– Unwirksamkeit s. dort
– Unwirksamkeitsklage **249** 12 f.
– Verträge **119** 40, 44; **124** 34 ff.; s.a. Unternehmensverträge – Zustimmung
– Verträge, Zustimmung **119** 40, 44; **124** 34 ff.; s.a. Unternehmensverträge – Zustimmung
– Verzicht auf Gründerersatzpflicht **50** 6
– Vorbereitung durch Vorstand **83** 4 ff., 13 f.
– Wahl d. Aufsichtsrats **101** 8 ff.; **133** 50 ff.; s.a. Aufsichtsrat – Wahl
– Wandelanleihe **192** 14
– Widersprüchlichkeit **241** 18
– Zustandekommen **133** 6 ff.; s.a. Hauptversammlung – Abstimmung; Stimmrecht – Ausübung

Hauptversammlung – Bestätigungsbeschluss
– Abgrenzung z. Neuvornahme **244** 1
– Aktualisierung v. Informationen **244** 12
– Änderung d. Sach-/Rechtslage **244** 8 ff.
– Anfechtung beider Beschlüsse **244** 17 ff.
– Begriff **244** 6
– Erfordernisse **244** 7
– erneute Bestätigung **244** 14
– Erstbeschluss **244** 2 ff.
– Erstbeschluss, Nichtigerklärung **244** 19 ff.
– Heilungswirkung **244** 15 f.
– Sonderbeschlüsse **244** 13
– Verfahrensfehlerkorrektur **244** 11
– Voraussetzungen **244** 2 ff.
– Wirkung **244** 15 ff.

Hauptversammlung – Einberufung
– Abwicklungsstadium **268** 7
– Aktionärsforum **127a** 1 ff.
– Aktionärsrichtlinie, Tagesordnung **124** 4
– Änderung **121** 63
– Anfechtbarkeit **243** 7
– Anmeldepflicht **123** 10 ff.
– Antrag auf Ergänzung d. Tagesordnung **122** 25 ff.; **124** 11 ff.
– Anträge zur Geschäftsordnung **124** 54 ff.
– Aufsichtsratswahl **124** 30 ff.
– Aufsichtsratswahl, Vorschläge **127** 1 ff.
– Bekanntmachung **121** 40 ff.; **122** 39; **124** 44 ff.
– Bekanntmachung, Mängel **124** 58 f.; **241** 9 f.
– bekanntmachungsfreie Vorhaben **124** 46 ff., 57

– Berechtigte **121** 16 ff.; **122** 7 ff.
– Beschlussvorschlag **124** 14 ff.
– Bezugsrechtsausschluss **124** 40
– börsennotierte AG **121** 1
– durch Aufsichtsrat **111** 33 ff.
– durch Unberechtigte **121** 22
– durch Unberechtigte, Nichtigkeitsfolge
  241 6 ff.
– Form **121** 40 ff.
– Frist **123** 6 ff., 33 ff.
– Gegenanträge **126** 1 ff.; s.a. dort
– gerichtliches Verfahren **122** 33 ff.
– Geschäftsführungsfragen **111** 34
– gesetzliche Gründe **121** 6 ff.; **122** 1 ff.
– gesonderte **121** 4
– Gewinnverwendung **175** 1 ff.
– Inhalt **121** 24 ff.
– Inhalt, Mängel **121** 27, 33, 34, 38; **241** 11
– Insolvenzfall **92** 9
– Jahresabschluss, Feststellung **172** 6
– Jahresabschluss, Verhandlung **175** 4 ff.
– Kapitalverlust **92** 6 ff.
– KGaA **283** 10
– Kosten **122** 41 f.
– Legitimation **123** 2, 15 ff.
– Mängel **250** 1; **254** 6
– Mängel, Anfechtungsbefugnis **245** 22
– Mängel, Heilung **242** 6 ff.
– Mängel, Heilung durch Genehmigung
  242 10 ff.
– Mängel, Nichtigkeitsfolge **241** 5 ff.
– Mitteilungsfrist, Beginn **121** 48 f.
– Mitteilungspflichten   s. dort
– mittels Einschreiben **121** 43 ff.
– mittels Email/Fax **121** 47
– Ort **121** 50 ff.
– Ortsangabe **121** 34
– Record Date **123** 3 f., 26 ff.
– Rücknahme **121** 64 ff.
– Satzungsänderung **124** 39
– satzungsmäßige Gründe **121** 13 f.
– Sonderbeschlüsse **121** 4
– Squeeze-out **327a** 19; **327c** 1 ff.
– Stimmrechts-Stripping **123** 4
– Tagesordnung **121** 39; **122** 23, 25 ff.;
  124 5 ff.; s.a. dort
– Teilnahmebedingungen **121** 35 ff.; **123** 9 ff.
– Übergehen v. Aktionären **242** 10 ff.
– Übernahmeangebot **121** 5
– UMAG **123** 1
– Unternehmenskonzeptvorstellung **124** 41
– Verlangen e. Minderheit **122** 1 ff.; s.a. Min-
  derheitenschutz
– Verstoß g. Einberufungspflichten **121** 14 f.
– Vollversammlung **121** 58 ff.; **241** 12
– zum Wohl d. Gesellschaft **121** 10 ff.
– Zustimmung z. Verträgen **124** 34 ff.
Hauptversammlung – Informationsrechte
– Abhängigkeitsberichtsprüfung **314** 6 ff.
– Bezugsrechtsausschluss **186** 16 ff.
– Eingliederung **319** 16 ff.
– Entlastung **120** 1 ff., 56

– Jahresabschlussprüfung **176** 1
– Kompetenzen, ungeschriebene **119** 41 ff.
– Tagesordnung **124** 1 ff.; s.a. dort
– Unternehmensverträge **293a** 1
– Verletzung durch unrichtige Darstellung
  400 1 ff.
Hauptversammlung – Jahresabschluss
– Änderung d. Abschlusses **173** 5 ff.; s.a. Jah-
  resabschluss – Änderung
– Berichtspflicht d. Aufsichtsrats **171** 11 ff.;
  172 1, 21
– Berichtspflicht d. Aufsichtsrats, Fristen
  171 17 f.
– Billigung **173** 18 f.
– Einberufung **175** 1 ff., 15 ff.
– Feststellung **58** 11 ff.; **Vor 150** 16; s.a. Jah-
  resabschluss – Feststellung
– Feststellung, Beschlussverfahren **173** 4
– Feststellung, Ermächtigung **172** 18 ff.
– Feststellung, Kompetenz **173** 1 ff., 10
– Feststellung, Mängel **173** 10 f.
– Gewinnverwendungsbeschluss **174** 1 ff.;
  s.a. Gewinnverwendung – Beschluss
– Konzernabschluss **171** 19; **172** 3
– Teilnahme d. Abschlussprüfers **176** 10 ff.
– Verhandlungsablauf **176** 1 ff.
– Verfahrensregelungen **133** 53 ff.
– Vorlage d. Berichte **176** 1 ff.
Hauptversammlung – Wahlen
– Abschlussprüfer, Wahl **Vor 150** 21
– Aufsichtsratswahl **101** 3; **133** 50 ff.; s.a.
  Aufsichtsrat – Wahl
– Losentscheidung **133** 52
– Mehrheitserfordernisse **133** 50
– Stichentscheid **133** 51
– Wahlvorschläge v. Aktionären **137** 1 ff.
Hauptversammlung – Widerspruch
– Entbehrlichkeit **245** 16
– Erklärung **245** 12 f.
– Gegenstand **245** 14
– Niederschrift **245** 17
– Zeitpunkt **245** 15
Hauptversammlung – Zuständigkeit
– ausdrückliche **119** 7 ff.
– Ausgliederung **119** 32
– Beteiligungserwerb/-veräußerung
  119 33 f., 38 f.
– Börsengang **119** 37
– Delisting **119** 50, 55
– Entlastung **120** 1, 11 f.; s.a. dort
– Geschäftsführungsangelegenheiten
  119 14 ff., 36
– Holzmüller-Entscheidung **119** 27 ff.
– Konzernumbildung **119** 35
– Leitungsmaßnahmen d. Obergesellschaft
  119 36
– regelmäßige Maßnahmen **119** 8 f.
– Satzungsbestimmungen **119** 2, 38 f.
– Sonderfälle **119** 12 f.
– Strukturmaßnahmen **119** 10 f.
– Umhängung **119** 32
– ungeschriebene **119** 26 ff.

– Unternehmensgegenstand **119** 38 f.
Haushaltsrecht
– Verhältnis z. Aktienrecht **Vor 394** 9 ff.,
  17 ff.
Heilung
– Gründungsmängel **39** 6
– Nachgründungsverfahren **52** 50 ff.
– Selbstzeichnung **56** 10 f.
Heilung – Hauptversammlungsbeschluss
– Amtslöschung **242** 18
– analoge Anwendung **242** 22
– Beurkundungsmängel **242** 2 ff.
– Bindungswirkung **242** 15 f.
– Einberufungsmängel **242** 6 ff.
– freigegebener Beschlüsse **242** 19
– Gründungssatzung **242** 24
– Haftung **242** 17
– Heilungsfrist **242** 6 ff.
– Inhaltsmängel **242** 6 ff.
– Kapitalmaßnahmen, verspätete Eintra-
  gung **242** 20
– nicht heilbare Beschlüsse **242** 13
– Umwandlungsrecht **242** 23
– unwirksamer Beschlüsse **242** 21
– Wirkung **242** 14 ff.
Hilfsgeschäfte
– Nachgründungsverfahren **52** 47
Hinterlegungsbescheinigung
– falsche Ausstellung/Verfälschung
  402 1 ff.
Holding
– Unternehmensgegenstand **23** 36
Holzmüller-Entscheidung
– Hauptversammlungskompetenzen
  119 27 ff.
– übertragende Auflösung **179a** 6
**Hughes de Lasteyrie du Saillant-Entschei-
dung IntGesR** 36 f.

IAS/IFRS
– Adressaten **Vor 150** 9 f.
– Erstellungskosten **311** 60
– Unternehmensbewertung **305** 96 f.
– Wahlrecht **Vor 150** 12
– Zweck **Vor 150** 3, 7
Immobilien-AG
– Gewinnausschüttung **58** 55 ff.
Indossament 68 8 ff.
– Legitimationsfunktion **68** 10
– Prüfungspflicht d. AG **68** 39
– Zwischenscheine **68** 40
Inferent s.a. Einbringung; Gründung; Sachein-
lage; Sachgründung
– Ausgleichshaftung **27** 24
– Handeln für Rechnung **27** 62
– Herausgabeanspruch b. verdeckter Sachein-
  lage **27** 56
Informationspflichten
– Erwerb eigener Aktien **71** 84 f.
Informationsrecht s. Aktionäre – Auskunfts-
recht; Hauptversammlung – Informations-
rechte; Vorstand – Berichtspflichten

Ingangsetzungskosten
– Gründungsaufwand **26** 14
Inhaberaktien
– Abgrenzung **68** 4
– Abtretung **10** 29
– anwendbare Vorschriften **10** 4
– Einziehung **237** 8
– gutgläubiger Erwerb **10** 6, 28
– Hauptversammlungsteilnahme **123** 2,
  15 ff.
– Kaduzierung **64** 11
– Legitimationswirkung **10** 5; **67** 3
– Liberationswirkung **10** 5
– Mitteilungspflicht d. Kreditinstitute
  128 6 f.
– Rechtsgemeinschaft **69** 2
– Satzungsbestimmungen **23** 49
– Stimmrecht b. Börsennotierung **12** 7
– Stimmrechtsausübung durch Depotbank
  128 24 f.
– Übertragung **10** 24; **68** 5 f.
– Übertragung b. Verwahrung **10** 26 f.
– Umwandlung auf Verlangen **24** 1 ff.
– Verbriefungsanspruch **10** 31
– widerrechtliche Ausgabe **10** 12
Inhaberpapiere 10 4
Inhaberschuldverschreibung
– Unterzeichnung **13** 3 f.
Initial Public Offering
– Hauptversammlungskompetenzen **119** 37
Innengesellschaft
– Unternehmensbegriff **15** 66 f.
Insiderinformationen
– Aufsichtsratstätigkeit **116** 23
– Handel m. eigenen Aktien **71** 51 f.
– Squeeze-out **Vor 327a** 25
– WpHG **Anh. 22, Vor 21 WpHG** 5
Insolvenz
– Ablehnung mangels Masse **1** 18; **262** 14;
  274 3
– Abwicklung **262** 13; **264** 3, 11
– Aufsichtsratsmandat **103** 23
– Bendigung d. Vorstandsanstellungsvertrags
  87 15
– Durchgriffshaftung **1** 18
– Eingliederung **327** 12
– Einlageforderung **63** 29 f.
– Einlagepflicht **54** 37; **66** 28
– Eröffnung **262** 13; **264** 3, 11
– Ersatzansprüche g. Vorstandsmitglieder
  93 62
– EU-Recht **IntGesR** 71
– Gründerhaftung **50** 5
– Haftung d. beherrschenden Unternehmens
  309 37
– Kaduzierung **64** 14
– Kaduzierungsverfahren **64** 43 f.
– Kapitalerhöhung aus genehmigtem Kapital
  202 33
– Kapitalerhöhung, ordentliche **182** 44 ff.
– Kapitalherabsetzung, ordentliche **222** 38
– KGaA **278** 6; **289** 8, 15; **290** 4, 19

– Kündigung d. Vorstandsanstellungsvertrags **84** 20
– Nachgründungsverfahren **52** 34
– Nachrangabrede **221** 60
– Nebenleistungspflichten **55** 35 f.
– örtliche Zuständigkeit **14** 3
– Pflichten d. Vorstands **92** 17
– richtiger Beklagter **246** 15
– Rückgewähr verbotener Leistungen **62** 33 f.
– Satzungsänderung **179** 4
– Sonderanknüpfung **IntGesR** 52, 71
– Überschuldung **92** 14 f.
– übertragende Auflösung **179a** 3
– Unternehmensverträge, Auswirkungen **297** 30
– Verfahrenseinstellung **274** 2 f.
– Verletzung v. Handlungspflichten **401** 1 ff.
– Verlustübernahme durch Obergesellschaft **302** 50 ff.
– Verzug m. Einlagen **63** 26 ff.
– vinkulierte Namensaktien **68** 22
– Zahlungsunfähigkeit **92** 13, 16
– Zahlungsverbot **92** 19 ff.
Insolvenzmasse
– Einlagefähigkeit **27** 13
Insolvenzverwalter
– Anfechtungsbefugnis **245** 29
– Geltendmachung v. Rückgewähransprüchen **62** 33 f.
– Kaduzierung **64** 14
– Kündigung d. Vorstandsanstellungsvertrags **84** 20
– Nachgründungsverfahren **52** 34
– Stimmrechtsausübung **134** 61
Inspire Art-Entscheidung **IntGesR** 12, 22, 33 ff.
Interessenkollision
– Stimmrecht **12** 18
Interims-Mangager **84** 14
Internationales Gesellschaftsrecht s.a. Gesellschaftsstatut
– Abwicklung **IntGesR** 70
– Anerkennung ausländischer Gesellschaften **IntGesR** 58 ff.
– Auflösung **IntGesR** 70
– Beendigung **IntGesR** 70
– Deliktsstatut **IntGesR** 50 f., 64, 70
– Errichtung **IntGesR** 61 ff.
– EuGH-Rechtsprechung **IntGesR** 22 ff.
– EU-Recht **IntGesR** 12, 18. ff
– Gesellschaftsorganisation **IntGesR** 68 f.
– Gesellschaftsstatut **IntGesR** 4 ff.; s.a. dort
– Regelungsgegenstände **IntGesR** 1
– Sitz **IntGesR** 2, 4 ff.
– Vertragsstatut **IntGesR** 64
– völkerrechtliche Verträge **IntGesR** 13 ff.
Internationales Privatrecht
– Anknüpfung **IntGesR** 2 ff., 11 f.
– Kollisionsrecht **IntGesR** 1
– Richtlinien-Vorentwurf z. Sitzverlegung **45** 25

– Satzungsfeststellung **23** 16 ff.
– Sitzverlegung **45** 19 ff.
– Vorrang internationaler Verträge **IntGesR** 13 ff.

Jahresabschluss s.a. Bilanzierung; Gesetzliche Rücklage; Gewinn-/Verlustrechnung; Gewinnrücklage; Kapitalrücklage; Lagebericht
– Abwicklungsstadium **270** 2 f., 5
– Anfechtung, Streitwert **247** 13
– Auskunftsrecht d. Aktionärs **131** 39, 41 f.
– Begriff **58** 7
– Bestandteile **Vor 150** 8
– Entlastung **120** 1 ff.; s.a. dort
– Entsprechenserklärung **161** 54
– Kapitalerhöhung, Rückwirkung **235** 1 ff.
– Kapitalherabsetzung, Rückwirkung **234** 1 ff.; **236** 1 f.
– KGaA **283** 13 ff.; **286** 2
– Krisensituation **92** 3 ff.
– Namensangaben **80** 1
– Nichtigkeit **150** 17; **170** 22; **253** 1, 6
– Offenlegung **Vor 150** 23 ff.
– Offenlegung, Kapitalherabsetzung **236** 1 f.
– Rechenschaftspflicht **120** 53 ff.
– vorläufiger **59** 7, 14
– Zuständigkeit **Vor 150** 14, 18
Jahresabschluss – Änderung
– durch Hauptversammlung **173** 5 ff.
– fehlerhafter **172** 26 f.
– Nachtragsprüfung **172** 23; **173** 12 ff.
– nicht festgestellter **172** 24 f.
– nichtiger **172** 24 f.
– Nichtigkeit, Feststellung **172** 24 f.
– vor Einberufung **172** 22
– wirksamer **172** 28 f.
Jahresabschluss – Feststellung
– Ablauf **172** 13 ff.
– Abwicklungsstadium **270** 8
– Änderung d. Abschlusses **172** 22 ff.
– Anfechtung **257** 2 f.
– Begriff **172** 7
– Beschlussmängel **172** 16 f.
– Bindungswirkung **174** 4, 11, 13
– durch Vorstand/Aufsichtsrat **58** 18
– Einstellungen in Gewinnrücklagen **58** 11 ff., 18 ff.
– Gewinnanspruch **172** 9; **174** 12 ff.
– Handelsregistereinreichung **172** 6
– Hauptversammlung, Einberufung **172** 6; **175** 1 f., 13 f.
– Hauptversammlung, Ermächtigung **172** 18 ff.
– Hauptversammlung, Wirkung **175** 15 ff.
– Hauptversammlungsbeschluss **58** 11 ff.
– Hauptversammlungsbeschluss, Anfechtung **257** 2 f.
– KGaA **286** 2 f.
– Mängel **173** 10 f.
– nichtiger **172** 24 f.
– Nichtigkeit **58** 62 f.
– Notkompetenz **173** 1

– Rechtsmissbrauch **257** 4
– Rechtsnatur **172** 10 f.
– Überblick **Vor 150** 16
– Unterzeichnung **172** 5
– Wirkung **172** 8 f.; **174** 12 ff.
– Zuständigkeit **172** 1

Jahresabschluss – Nichtigkeit
– Ansatzmängel **256** 6
– Bewertungsfehler **256** 14 ff.
– Erstreckung **256** 2
– fehlende Bestandteile **256** 8
– Feststellung nichtiger **172** 24 f.
– Folgen **256** 40 ff.
– Gliederungsmängel **256** 11 ff.
– Heilung **256** 33 ff.
– Inhaltsmängel **256** 5 ff.
– Nichtigkeitsklage **256** 37 ff.
– ordnungswidrige Buchführung **256** 7
– Prüfungsmängel **256** 22 ff.
– Rücklagen **256** 21
– Satzungsverletzung **256** 9
– Teilnichtigkeit **256** 32
– Überschussverwendung **58** 62 f.
– Unwirksamkeit ohne Heilungsmöglichkeit **256** 4
– Verfahrensmängel **256** 26 ff.

Jahresabschluss – Prüfung s.a. Abschlussprüfer; Aufsichtsrat – Jahresabschlussprüfung; Hauptversammlung – Jahresabschluss
– Abhängigkeitsbericht **313** 4 ff.
– Ad-hoc-Mitteilung **170** 7
– Aufsichtsrat **111** 9
– Auftrag **Vor 150** 21
– Billigung durch Hauptversammlung **173** 18 f.
– Billigung, Verweigerung **173** 18 f.
– KGaA **283** 15
– Mängel **256** 22 ff.
– Prüfbericht d. Abschlussprüfers, Vorlage **170** 4
– Rechenschaftspflicht **120** 53 ff.
– Rechnungsprüfungsämter **394** 21; **395** 8
– Risikomanagement **91** 16
– Überblick **Vor 150** 15, 19 ff.
– Übertragung auf Ausschuss **170** 18 f.
– Vorlage an d. Aufsichtsrat **170** 3 ff.; **172** 4

Jahresergebnis
– Begriff **58** 7

Jahresfehlbetrag
– Begriff **58** 7

Jahresüberschuss s.a. Bilanzgewinn; Gewinnverteilung
– Abschlagszahlung **59** 7, 14
– Begriff **58** 7
– fehlender **58** 34
– Gewinnabführung **301** 27 ff.
– Kapitalerhöhung aus Gesellschaftsmittel **208** 6

Juristische Personen
– Gründerfähigkeit **2** 4
– KGaA **278** 1

Kaduzierung
– Abgrenzung z. Squeeze-out **Vor 327a** 17
– Abtretung **64** 12
– Aktienübernehmer **64** 13
– Anwendungsbereich **64** 3 ff.
– Aufsichtsratszustimmung **64** 14
– Ausschlussandrohung **64** 21
– Bareinlagen **64** 8
– Behandlung d. Aktien **64** 37 ff.; s.a. Aktien – Verwertung
– Einlagepflicht, Befreiungs-/Aufrechnungsverbot **66** 1 ff., 19
– Ermessen **64** 15
– Fristsetzung **64** 17 ff.
– gemischte Einlagen **64** 10
– Gleichbehandlungsgebot **64** 16
– Grundsatz d. realen Kapitalaufbringung **64** 1; **65** 1
– Haftung d. Aktionärs **64** 41; **65** 37
– Inhaberaktien **64** 11
– Insolvenz d. AG **64** 44
– Insolvenz d. Aktionärs **64** 43
– Kapitalerhöhung **64** 13
– Nachfrist, Bekanntmachung **64** 22 f.
– Namensaktien **64** 11
– Nichtigkeit **64** 42
– Pfändung **64** 12
– Rechte Dritter **64** 33
– Rechtsfolgen **64** 29 ff.
– Sacheinlagen **64** 9
– schuldrechtliche Leistungspflichten **54** 22
– Veräußerung an Dritte **64** 35
– Verfahrensablauf **64** 4
– Verfahrensmängel **64** 42; **65** 40
– Verlustigerklärung **64** 4, 24 ff., 36 ff.
– Verpfändung **64** 12
– Verwertung d. Aktie **65** 1, 4, 26 ff.; s.a. Aktien – Verwertung
– Verzug m. Einlagen **64** 1
– Vormännerhaftung **65** 1 ff.; s.a. dort
– Zuordnung d. Mitgliedschaft **64** 36 ff.
– Zuständigkeit **64** 14 ff.

Kapital s. Eigenkapital; Fremdkapital; Grundkapital

Kapitalanlagegesellschaft
– Aufsichtsratsmandat **100** 13

Kapitalaufbringung Grundsatz d. realen **Einl.** 9
– Befreiungs-/Aufrechnungsverbot **66** 1 ff.
– Cash Pool **27** 14
– Einlagepflicht **54** 1
– Fälligkeit d. Einlagen **63** 1, 21
– Kapitalerhöhung aus Gesellschaftsmitteln **215** 2
– Nachgründung **52** 2
– Sachgründung **27** 3; s.a. dort
– Verbot d. Zeichnung eigener Aktien **56** 1 ff.
– Verhältnis z. Kapitalerhöhung **182** 36 ff.
– Verzug m. Einlagen **64** 1; s.a. Kaduzierung; Vormännerhaftung

Kapitalerhaltung Grundsatz der **Einl.** 9; s.a.
Einlagen – Rückgewährverbot; Verdeckte
Gewinnausschüttung
- Abfindung bei Umwandlung 71 65 f.
- Aktienrückkauf 71 7, 35, 65 f., 73, 79 ff.
- Beherrschungs-/Gewinnabführungsvertrag
  291 36, 59, 70 f.
- Betriebspacht/-überlassung 292 51 ff.
- Eingliederung 323 20
- Einziehung 71 73
- Finanzierungsverbot beim Aktienrücker-
  werb 71a 7 ff., 22; s.a. Finanzierungsverbot
- gesetzliche Rücklage 150 3
- Gewinnansprüche d. Aktionäre 58 10
- Gleichordnungskonzern 291 68
- Haftung, Vorstandsmitglieder 93 42
- Nachgründung 52 2
- Prinzip 1 21, 26
- Rückgewähr verbotener Leistungen
  62 1 ff.; s.a. Rückgewährpflicht
- Verhältnis z. Nachteilsausgleich 311 104 f.
Kapitalerhöhung
- Abfindungsanspruch, Auswirkungen
  305 19 ff.
- Ausgabebetrag 9 21
- Ausgleichszahlung, Anpassung 216 19;
  304 119 ff.
- Bekanntmachung 190 1
- Bezugsrecht s. dort
- Einfluss auf Nennbetrag 16 8
- Emittentenhaftung 47 14
- Fälligkeit d. Einlagen 63 1, 21
- fehlendes Agio 9 19
- Freigabeverfahren 255 12
- gegen Einlagen s. Kapitalerhöhung – ordent-
  liche
- Genussrechtsbedingungen 221 61 ff.
- Gewinnabführungsvertrag 300 14 ff.
- Gewinnverteilung 60 11, 17
- Handelsregistereintragung, falsche Anga-
  ben 399 14 ff., 19
- Kaduzierung 64 13; s.a. dort
- Mehrbetrag 9 17
- Mindestnennbetragsunterschreitung 8 20
- mittelbares Bezugsrecht 9 17; 186 45 ff.
- Nennbetragsaktien 8 7 f.
- Sachkapitalerhöhung 52 9; s.a. dort
- Stückaktien 8 13
- Unter-pari-Emission 9 9, 12
- Unterschreitung d. Mindestnennbetrags
  7 5, 8 f.
- Verbindung mit Kapitalherabsetzung
  228 1 ff.; 229 2; 235 1 ff.
- vinkulierte Altaktien 180 11 ff.
- Vorzugsaktionäre, Rechtsstellung
  141 13 f., 22
Kapitalerhöhung – aus Gesellschaftsmitteln
- Aktienausgabe, Aufforderung 214 1 ff.
- Aktienausgabe, Verbot 219 1 ff.
- Aktienausgabe, Verkaufsandrohung 214 7 f.
- Anteilsverhältnis 215 1 ff.; 216 1 ff., 12 ff.
- Auflösung d. AG 207 8

- Ausgleichsanspruch, Korrektur 216 19
- bedingtes Kapital, Anpassung 218 1 ff.
- Beschluss 207 5 ff.
- Beschluss, entgegenstehender 242 13
- Beschluss, Inhalt 207 12 f.
- Beschluss, Mängel 207 14
- Beschluss, Nichtigkeit 208 10; 212 3;
  242 13
- Beschluss, verspätete Eintragung 242 20
- Bezugsrecht 212 1
- Bilanzanforderungen 209 1 ff., 15 f.
- bilanzielle Behandlung 220 1 ff.
- Drittschutz 216 12 ff.
- eigene Aktien, Anteilsverhältnis 215 1 ff.
- Einlagen, ausstehende 215 4 ff.; 216 8 ff.
- Erhöhungsbilanz 209 1, 7 ff.
- Funktion 207 3
- Gewinnbeteiligung, Beginn 217 1 ff.
- Gewinnrücklage 207 1; 208 4 f.
- Grundsatz d. realen Kapitalaufbringung
  215 2
- Handelsregisteranmeldung 207 15
- Handelsregistereintragung 210 1 ff.
- Handelsregistereintragung, falsche Anga-
  ben 399 14 ff., 19
- Handelsregistereintragung, Wirkung
  211 1 ff.
- Jahresüberschussverwendung 208 6
- Kapitalrücklage 207 1; 208 1 ff.
- Kosten 207 16
- Mehrheitserfordernisse 207 9 ff.
- Mehrstimmrechtsaktien 216 7
- Nebenpflichten d. Aktionäre 216 21
- Registerkontrolle 212 4
- Schranken 208 7 f.
- Sonderrücklage infolge Kapitalerhöhung
  218 4 ff.
- Teilrechte 213 1 ff.; 214 2
- Übersicht 207 1 ff.
- Ungleichbehandlung, niedriger Ausgabe-
  kurs 255 3 ff.
- Verbindung mit ordentlicher 207 7
- Verkauf nicht abgeholter Aktien 214 7 ff.
- Versicherungsunternehmen 209 13
- Versteigerung unverbriefter Aktien 214 12
- Wirksamwerden 211 1 ff.
- Zuteilung 212 1 ff.; 214 1, 11 ff.; 216 2 ff.
Kapitalerhöhung – bedingte
- Aktienausgabe 192 7; 195 1
- Aktienausgabe, fehlerhafte 200 3 f.
- Aktienausgabe, Gegenleistung 199 1 ff.
- Aktienausgabe, gesetzwidrige 93 46
- Aktienausgabe, Handelsregisteranmel-
  dung 201 1 ff.
- Aktienausgabe, Verbot 197 1 ff.; 199 4, 8 f.,
  13
- Aktienausgabe, Wirkung 199 2; 200 1 ff.
- Aktienoptionspläne 192 18 ff.; 193 10 ff.
- Anfechtung 255 1 ff.
- Ausgabebetrag 193 8 f.
- Begründung d. Umtausch-/Bezugsrechte
  192 7

– Bekanntmachung **196** 1
– Beschluss **192** 6, 29 ff.; **193** 1 ff.; **194** 7 ff.
– Beschluss, Anleihenemission **192** 14, 29 ff.
– Beschluss, entgegenstehender **242** 13
– Beschluss, fehlerhafter **193** 16; **194** 9 f.
– Beschluss, Nichtigkeit **242** 13
– Bezugserklärung **198** 1 ff.; s.a. dort
– Bezugsrecht **192** 5; **193** 7; **197** 5
– Bezugszusicherungen **187** 1 ff.; **192** 8
– Einlage v. Forderungen aus Gewinnbeteiligungen **194** 6
– Funktion **192** 3 ff.; **193** 6; **199** 1
– Gewinnschuldverschreibungen **192** 12; **194** 6
– Grundkapitalerhöhung **218** 1 ff.
– Handelsregistereintragung **192** 7; **194** 11; **195** 1 ff.
– Höchstbeträge **192** 25 ff.
– Kosten **192** 33
– Mehrheitserfordernisse **192** 6; **193** 1 ff.
– Optionsanleihen **192** 13; **194** 5
– Prüfung **194** 11; **195** 6
– Registerkontrolle **194** 11; **195** 9; **201** 6
– Sacheinlage **194** 1 ff.; **195** 6
– Satzungsänderung **192** 9
– Sonderbeschluss **192** 8
– Umtauschrecht **192** 1 ff., 32
– Ungleichbehandlung, niedriger Ausgabekurs **255** 3 ff.
– Unternehmenszusammenschluss, Vorbereitung **192** 15 ff.
– Verfahren **192** 6 ff.
– Wandelanleihe **192** 12; **194** 5
– Wirksamwerden **199** 2; **200** 1 ff.
– Zeichnungsvertrag **192** 7; **198** 1 ff.
– Zeichnungsvorvertrag **187** 4
– Zulässigkeit **192** 10 ff.

Kapitalerhöhung – genehmigtes Kapital
– Aktienausgabe, anwendbare Vorschriften **203** 5 f.
– Aktienausgabe, Beschluss **202** 21
– Aktienausgabe, Frist **202** 20
– Aktienausgabe, Handelsregisteranmeldung **203** 13 ff.
– Aktienausgabe, Sacheinlage **205** 1 ff.
– Aktienausgabe, Verbot **203** 19
– Aktienausgabe, Zustimmung **202** 22
– Anfechtung **255** 1 ff.
– anwendbare Vorschriften **202** 3; **203** 5 f.
– Arbeitnehmerbeteiligung **202** 27 ff.; **203** 20 ff., 35; **204** 1
– Auflösung d. AG **202** 32
– Aufsichtsratszustimmung **204** 11
– Ausgabeverbot **191** 1, 4 ff.
– Bekanntmachung **203** 18
– Beschlussmängel **241** 39
– Bezugsrecht **186** 2; **203** 9 ff.; s.a. dort
– Bezugsrecht, Verfügungsverbot **191** 1, 3
– Bezugsrechtsausschluss **186** 36; **202** 27 ff.; **203** 20 ff.
– Bezugszusicherungen **187** 1 ff.; **203** 12
– Eingliederung, Aktienausgabe **320b** 8 f.

– Einlage v. Forderungen aus Gewinnbeteiligungen **205** 11 ff.
– Einlageneinforderung **203** 31 ff.
– Ermächtigung **202** 13 ff.
– Ermächtigung, fehlerhafte **202** 24 ff.
– Ermächtigung, Inhalt **202** 17 ff.
– Funktion **202** 2
– Gründungssatzung **202** 14
– Handelsregisteranmeldung **188** 2
– Handelsregistereintragung **188** 37 f.; **189** 1 ff.; **191** 1 ff.
– Insolvenz **202** 33
– Jahresüberschussverwendung **204** 1
– KGaA, Satzungsermächtigung **281** 5
– Kosten **202** 34 ff.
– Mitteilungspflichten **202** 23
– Registerkontrolle **188** 34 ff.; **203** 15
– Sacheinlageverpflichtung vor Gründung **206** 1 ff.
– Satzungsänderung **202** 15 f.
– Ungleichbehandlung, niedriger Ausgabekurs **255** 3 ff.
– Varianten **202** 11 f.
– Verfahren **202** 4 ff.
– Vorstand, Entscheidungsbefugnisse **204** 4 ff.
– Vorzugsaktien **204** 1, 3, 14
– Wirksamwerden **189** 1 ff.; **203** 17
– Zeichnungserklärung **203** 7 f.
– Zeichnungsvorvertrag **187** 4
– Zwischenscheine, Ausgabeverbot **191** 1, 4 ff.; **203** 19

Kapitalerhöhung – ordentliche
– Aktiengattungen **182** 17 f.
– Anfechtung **255** 1 ff.
– anwendbare Vorschriften **182** 1
– aufgelöste Gesellschaft **182** 43
– Ausgabebetrag **182** 19 ff.
– Ausgabeverbot **191** 1, 4 ff.
– Ausschluss **182** 33 ff.
– ausstehende Einlagen **182** 36 ff.
– Beschluss, Änderung **182** 32
– Beschluss, Aufhebung **182** 10, 31
– Beschluss, Handelsregisteranmeldung **184** 1 ff.; **188** 32
– Beschluss, Inhalt **182** 14 ff.
– Beschluss, Mängel **241** 38 ff.
– Beschluss, Nichtigkeit **189** 4, 7
– Beschluss, Versammlungseinberufung **182** 13
– Beschluss, Wirksamkeit **182** 35
– Besteuerung **182** 53
– Bezugsrecht **186** 1 ff.; s.a. dort
– Bezugsrecht, Verfügungsverbot **191** 1, 3
– Bezugsrechtsausschluss, Erleichterung **186** 39 ff.
– Bezugszusicherungen **187** 1 ff.
– Drittinteresse **182** 11 f.
– Durchführungsfrist **182** 25
– Erhöhungsbetrag **182** 15 f.
– Freigabeverfahren **189** 7
– Gewinnberechtigung, Zeitpunkt **182** 25

- Handelsregisteranmeldung **188** 4 ff.
- Handelsregistereintragung **188** 37 f.; **189** 1 ff.; **191** 1 ff.
- Inhaber-/Namensaktien **182** 18
- Insolvenz **182** 44 ff.
- Kosten **182** 48 ff.
- Mehrheitserfordernisse **182** 27 ff.
- mittelbares Bezugsrecht **186** 45 ff.
- Nennbetragsaktien **182** 17 f.
- Pari-Emission **182** 19
- Registerkontrolle **188** 34 ff.
- Sacheinlage **183** 1 ff.; s.a. Sachkapitalerhöhung
- Satzungsfestsetzungen **182** 29 f.
- Sonderbeschluss **182** 27, 33 ff.; **189** 4, 7
- Stückaktien **182** 17 f.
- Überpari-Emission **182** 19 f.
- Übersicht **182** 1 ff.
- Ungleichbehandlung, niedriger Ausgabekurs **255** 3 ff.
- Unterpari-Emission **182** 21
- Verbindung mit Umwandlung v. Gesellschaftsmitteln **207** 7
- Verfahren **182** 6 ff.
- Versicherungsunternehmen **182** 39
- Voreinzahlungen **188** 14 ff.
- Vorzugsaktien, stimmrechtslose **182** 33
- Wirksamwerden **182** 9, 31; **189** 1 ff.
- Zeichnungsfrist **182** 25
- Zeichnungsschein **185** 1 ff.; **189** 5; s.a. dort
- Zeichnungsvorvertrag **185** 29; **187** 4
- Zustimmungserfordernisse **182** 27, 33 ff.
- Zwischenscheine, Ausgabeverbot **191** 1, 4 ff.

Kapitalherabsetzung
- Änderung d. Aufsichtratsmitgliederanzahl **95** 9 ff., 23
- Arten **222** 30 ff.
- Ausgleichszahlung, Anpassung **304** 119 ff.
- Einlagepflicht, Befreiung **66** 21 ff.
- Genussrechtsbedingungen **221** 61 ff.
- Sonderprüfung **142** 20; s.a. dort
- Statusverfahren **95** 15; s.a dort
- Stimmrecht **136** 25
- Stückaktien **8** 13
- Verbindung mit Kapitalerhöhung **228** 1 ff.; **229** 2; **235** 1 ff.
- Verbot d. Einlagenrückgewähr **57** 49
- Vorzugsaktionäre, Rechtsstellung **141** 15 f., 21

Kapitalherabsetzung – Aktieneinziehung s.a. Einziehung
- Beschluss **237** 27 f., 43 ff., 53 f.
- Bilanzausweis **240** 1 ff., 7
- Einziehung, Mängel **238** 8
- Einziehungshandlung **238** 7
- Gläubigerschutz **237** 25, 30 ff., 33, 48 ff.
- Handelsregistereintragung **237** 29, 46 f., 52; **238** 2; **239** 1 ff.
- Stückaktien **237** 41 f.
- vereinfachte **237** 33 ff.
- Wirksamwerden **238** 1 ff.
- Zwangseinziehung **237** 51 f.

Kapitalherabsetzung – ordentliche
- Abfindungsansprüche **224** 6 f.
- Auflösungsstadium **222** 37
- Ausschüttungsverbot **225** 17 ff.
- Bekanntmachung **223** 8; **225** 5
- Beschluss, Aufhebung/Änderung **222** 22
- Beschluss, Inhalt **222** 9 ff.
- Beschluss, Mängel **222** 28
- Beschluss, Satzungsänderung **222** 6
- Beschluss, verspätete Eintragung **242** 20
- Bilanzausweis **240** 1 ff.
- Dauerschuldverhältnisse **225** 8
- Durchführung **227** 1 ff.
- Einlagepflicht, Befreiung **66** 22; **225** 19
- Genussrechte **224** 6 f.
- Gläubigerschutz **225** 1 ff.; s.a. Gläubigerschutz – Kapitalmaßnahmen
- Handelsregisteranmeldung, Beschluss **223** 6; **228** 4 ff.
- Handelsregisteranmeldung, Durchführung **227** 3 ff.
- Handelsregistereintragung, Durchführung **227** 5 f.; **228** 4 ff.
- Handelsregistereintragung, Wirkung **223** 6; **224** 3 ff.
- Insolvenz d. AG **222** 38
- Kosten **223** 9
- Kraftloserklärung d. Aktien **226** 6 ff.
- Mehrheitserfordernisse **222** 14 ff.
- Nennbetragsherabsetzung **222** 30 f., 34 ff.; **224** 5; **227** 2
- Nennbetragsherabsetzung unter Mindestwert **228** 1 ff.
- Optionsanleihen **224** 6 f.
- Registerkontrolle **223** 5
- sachliche Rechtfertigung **222** 18 ff.
- Sicherheitsleistung **225** 1 ff., 13 ff.
- Sonderbeschluss **222** 23 ff.
- Verbot d. Einlagenrückgewähr **57** 49
- Verwertung d. Aktien **226** 11 ff.
- Voraussetzungen **222** 1 ff.
- Wandelanleihen **224** 6 f.
- Wirksamwerden **224** 1 ff.
- Zulässigkeit **222** 26 f.
- Zusammenlegung v. Aktien **222** 30 ff.; **226** 3 ff.; **227** 2

Kapitalherabsetzung – vereinfachte
- Ausschüttungsverbot **230** 2 ff.; **232** 1 ff.; **233** 10
- Beschluss **229** 13 f.; **231** 1, 4
- Beschluss, Inhalt **229** 8
- Beschluss, über Rückwirkung **234** 4 ff.; **235** 1 ff.; **236** 1 f.
- Beschluss, verspätete Eintragung **242** 20
- Bilanzausweis **240** 5 f.
- Einlagenforderung, Befreiung **230** 3
- Gewinnausschüttungsverbot **233** 1 ff.
- Handelsregistereintragung **229** 15
- nicht verwendete Beträge **232** 1 ff.; **240** 5 f.
- Registerkontrolle **229** 15
- Rücklagenauflösung **229** 9 ff.; **230** 2 ff.

– Rückwirkung 234 1 ff.; 235 1 ff.; 236 1 f.
– Rückwirkung, Handelsregistereintragung
  234 10 ff.; 235 8 f.; 236 1 f.
– sachliche Rechtfertigung 229 4
– Umbuchung v. Grundkapital in Kapitalrück-
  klage 231 2 ff.
– Umbuchung zw. Gewinnrücklage und ge-
  setzlicher Rücklage 231 2 ff.; 233 1 ff.
– Unterschiedsbetrag nach Bilanzfeststel-
  lung 232 2 ff.; 240 5 f.
– Zulässigkeit 229 5 ff.
– Zweckbindung 229 1 ff.; 230 5 ff.

Kapitalkonten
– KGaA-Komplementäre 286 5 ff.; 288 10,
  13 f.

Kapitalmarkt
– Handel m. eigenen Aktien 71 50 ff.; s.a. Erwerb eigener Aktien

Kapitalmarktrecht
– §§ 21 ff. WpHG **Anh. 22**
– Auskunftsrecht 131 10, 73
– Einfluss auf Aktienrecht **Einl. 16**
– Entsprechenserklärung 161 75
– Erwerb eigener Aktien 71 50 ff.
– genehmigtes Kapital 202 4 ff.
– Gleichbehandlungsgebot 53a 8
– Haftung bei verdeckter Gewinnausschüt-
  tung 57 39 f.
– Kapitalmarktinformationshaftung 57 39
– Kapitalmarktintermediäre 67 24 ff.
– und Konzernrecht 17 26
– Squeeze-out **Vor § 327a** 24

Kapitalmaßnahmen
– Aktiengattung 11 4
– Anfechtung, Streitwert 247 12
– Ausgleichszahlung, Anpassung 216 19;
  304 119 ff.
– Beschlussmängel 241 38 ff.
– Freigabeverfahren 255 12
– Genussrechtsbedingungen 221 61 ff.
– Handelsregistereintragung, Aussetzung
  246a 21 ff.
– Rücksichtnahmegebot 243 10
– Sonderprüfung 142 20; s.a. dort
– Vorzugsaktionäre, Rechtsstellung 140 7 ff.;
  141 5 ff., 13 ff., 21 f.

Kapitalmehrheit s. Mehrheitsbeteiligung
– Abgrenzung z. Stimmenmehrheit 133 30 f.
– Höchststimmrechte 134 27

Kapitalnutzungsrecht
– Einlagefähigkeit 27 14

Kapitalrichtlinie
– 1976 7 4; 8 3; 36a 2; 53a 11; 56 4; 57 7;
  62 4; 71 11; 71a 3; 186 3; 188 3; 194 2; 195 1;
  205 2, 12; 221 5, 7; 222 4; 311 104
– 2006 71 13, 15; 71a 4

Kapitalrücklage
– Abgrenzung z. Rückstellungen 150 2
– Aufgeld 208 2
– Ausschüttungsverbot 230 2 ff.; 233 1 ff.
– Bilanzierung 152 6; 158 2
– Eigenkapital 150 2

– eingestellte Beträge 208 2
– Einstellungen aus Kapitalherabsetzung
  229 7, 9 ff.; 231 1 ff.; 233 10; 240 5 f.
– Kapitalerhöhung durch Umwandlung
  208 1 ff.; s.a. Kapitalerhöhung – aus Gesell-
  schaftsmitteln
– Kapitalerhöhung, Rückwirkung 235 1 ff.
– Kapitalherabsetzung, Rückwirkung
  234 1 ff.
– Umbuchung v. Grundkapital 231 2 ff.
– Unterschiedsbetrag aus Kapitalherabset-
  zung 232 2 ff.; 240 5 f.

Karenzentschädigung 88 16

Kaufoption
– Sondervorteile 26 6

Keinmann-AG 262 23

KG
– Gründerfähigkeit 2 5

KGaA
– Abhängigkeitsbericht 312 10
– Abwicklung 290 1 ff.
– Aktiengattungen 278 14
– Aktienkapital 278 5
– Anhang 286 13 f.
– anwendbare Vorschriften 278 33 ff., 44 ff.
– Auflösung, Gründe 289 4 ff.
– Auflösung, Handelsregisteranmeldung
  289 38 ff.
– Ausschüttungsverbote 288 9 ff.
– Beherrschungs-/Abhängigkeitsverhältnis
  17 68
– Beteiligung v. Gebietskörperschaften
  394 5; 395 2
– Betriebsführungsvertrag 292 35 f.
– Betriebsüberlassung 292 32
– Bilanzierung 283 13; 286 4 ff., 12
– Börsennotierung 278 3
– Eingliederung 278 47; 319 6
– Einheitsgesellschaft 278 13
– Einpersonen-KGaA 278 1, 15; 285 13
– faktischer Konzern 311 10, 13
– Firmierung 4 47; 279 1 ff.
– Fortsetzung 289 24; 290 17
– Geltendmachung v. Ersatzansprüchen
  283 12
– gerichtliche Auflösung 398 1
– Geschäftsbriefe 278 6
– Gesellschafter, Ausscheiden 289 25
– Gesellschafter, Ausschließung 289 30
– Gesellschafter, Austritt 289 26 ff.
– Gesellschaftsvermögen 278 4 ff.
– Gewinn-/Verlustrechnung 286 10 f.
– Gewinnfeststellung 288 1 ff.
– Gewinnverteilung 288 4 ff.
– Gewinnverwendung 283 14; 286 12
– GmbH & Co. KGaA 278 41; 279 3 f., 7 f.;
  285 2
– Gründerfähigkeit 2 4
– Gründung 280 1 ff.
– Gründung, Bericht 280 7
– Gründung, Formalien 280 3; 281 1
– Gründung, Organbestellung 280 6

- Gründung, Prüfung **280** 7; **283** 5
- Handelsregistereintragung **280** 8 f.; **282** 1 ff.
- Insolvenz **289** 8; **290** 4, 19
- Insolvenzantragspflicht **283** 20
- Jahresabschluss **283** 8, 13, 15; **286** 2 f.
- Kapitalerhöhung **283** 18
- Kaufmannseigenschaft **278** 3
- Kommanditaktionäre, Rechtsstellung **278** 10, 37; **281** 10
- Kommanditaktionäre, Treuepflicht **284** 11
- Kommanditaktionäre, Vertretung **287** 20
- Komplementäranteile **278** 5, 11 f.; s.a. KGaA – Komplementäre
- Konzernrechnungslegung **283** 16 f.
- Konzernrecht **278** 46
- Kreditgewährung **283** 9; **286** 9a
- Mitgliedschaft **278** 11 ff.
- Nachgründung **280** 10
- Nachtragsabwicklung **290** 18
- Organisation **278** 7 ff.
- Parteibezeichnung **287** 20
- Parteifähigkeit **278** 3
- Rechtsfähigkeit **278** 3
- Rechtsnatur **278** 1 f.
- Satzungsstrenge **278** 35; **281** 8
- Sonderprüfung **258** 1 ff.; **283** 11
- Squeeze-out **Vor 327a** 1; **327a** 1, 24
- Strafbarkeit d. persönlich haftenden Gesellschafter **408** 1 ff.
- Typen **278** 13, 15
- übertragende Auflösung **179a** 4
- Umwandlung **280** 1; **289** 35 ff.
- Unternehmensverträge **292** 1 ff.; s.a. Beherrschungsvertrag; Geschäftsführungsvertrag; Gewinnabführungsvertrag
- wechselseitige Beteiligung **328** 1, 8
- Wettbewerbsverbot, Kommanditaktionäre **284** 11
- Wettbewerbsverbot, Komplementäre **284** 1 ff.
- Zweigniederlassung **278** 48

KGaA – Aufsichtsrat
- Abberufung **287** 4
- Aufgaben **287** 13 ff.
- Beiräte **287** 1, 23 f.
- Beschlussausführung **287** 17 ff.
- Einsichtsrecht **283** 8
- Entsenderechte **287** 4, 7
- Entziehung d. Geschäftsführungsbefugnis **278** 40
- Gründungsprüfung **280** 7; **283** 5
- Haftung **287** 12
- herrschender Gesellschafter **287** 9
- Inkompatibilität **287** 4, 7 ff.
- Jahresabschlussprüfung **283** 15
- Kostentragung **287** 21
- Kreditgewährung an Aufsichtsratsmitglieder **283** 9
- Kreditgewährung an Komplementäre **283** 9; **288** 16
- Mitbestimmung **287** 5

- Organstellung **278** 8; **287** 1 f.
- Repräsentantenstellung **287** 16
- Stimmverbote **285** 15 f.
- Überwachungsfunktion **287**
- Vertragsabschlüsse **287** 20
- Vertretung d. Kommanditaktionäre **287** 20
- Wahl **287** 4, 6
- Zusammensetzung **287** 3

KGaA – Haftung
- Durchgriffshaftung **278** 6
- Firmierungsverstöße **279** 8
- Gründerhaftung **280** 4 f.
- Insolvenz **278** 6
- Organhaftung **283** 7
- persönliche **278** 6, 43
- Verbindlichkeiten **278** 6, 43

KGaA – Hauptversammlung
- Ablauf **285** 1
- Anfechtungsklagen **285** 1
- Ausführungsorgan **287** 17 ff.
- Beschlusskompetenz **278** 39
- Einberufung **283** 10
- fehlerhafte Beschlüsse **283** 19; **285** 1
- Gewinnverwendung **283** 14; **286** 12
- Handelsregistereintragung **285** 31 f.
- Jahresabschlussfeststellung **286** 2 f.
- Mehrheitserfordernisse **285** 1
- Organstellung **278** 9; **285** 1
- Satzungsänderung **281** 12 ff.
- Stimmrechte **285** 8 ff.
- Stimmverbote **285** 11 ff.
- Teilnahmerecht **285** 1, 4 ff.
- Zustimmungserfordernisse **285** 27 ff., 32

KGaA – Komplementär
- Abfindung **278** 30; **289** 32 f.
- Abwickler **290** 5
- Anteile **278** 5, 11 f.
- Anteilsübertragung **281** 18
- Anwachsung **278** 30
- Ausscheiden **278** 29 f.; **284** 7
- Ausschüttungsverbote **288** 9 ff.
- Austritt **289** 28 f.
- Austrittskündigung durch Gläubiger **289** 31
- Berichtpflichten **283** 8
- Beschlussausführung **287** 18
- Bilanz, Tätigkeitsvergütung **286** 12
- Einberufung d. Hauptversammlung **283** 10
- Einlagen **281** 7; **282** 7
- Eintritt **278** 28
- Einzelgeschäftsführung **278** 36
- Einzelrechtsnachfolge **278** 32
- Entnahmen **283** 9; **288** 7 f.
- Gesamtrechtsnachfolge **278** 31
- Geschäftsfähigkeit **278** 17 f.
- Geschäftsordnung **278** 36
- Gewinnanteile, Offenlegung **286** 11, 13 f.
- Gewinnverwendung, Vorschlagsrecht **286** 12
- Gründungsprüfung **280** 7; **283** 5
- Haftung s. KGaA – Komplementärhaftung
- Hauptversammlungsteilnahme **285** 4 ff.

– Insolvenz **289** 15
– Insolvenzantragspflicht **283** 20
– Jahresabschlussaufstellung **283** 13; **286** 2
– Jahresabschlussfeststellung, Zustimmung **286** 3
– Jahresabschlussvorlage **283** 8
– juristische Personen **278** 19 ff.
– Kapitalkonten **286** 5 ff.
– Kapitalkonten, negative **288** 10, 13 f.
– Kreditgewährung an nahestehende Dritte **286** 9a
– Kreditgewährung, Verbot **288** 16 f.
– Kreditnahme **283** 9; **286** 9a
– Lagebericht **283** 13
– Leitungsmacht **278** 7, 36 ff.; **283** 1 ff.
– Leitungsmacht, Entziehung **278** 40
– natürliche Personen **278** 16 ff.
– Organhaftung **283** 7
– Personalkompetenz **287** 14
– Rechtsstellung, Außenverhältnis **278** 42 f.
– Rechtsstellung, Innenverhältnis **278** 36 ff.
– Satzungsbestimmungen **278** 27; **281** 6, 9 ff.
– schädigende Einflussnahme **283** 6
– Sorgfaltspflichten **283** 6 f.
– Stimmbindungsvertrag **285** 12
– Tantieme **288** 19
– Tätigkeitsvergütung **288** 18
– Treuepflicht **284** 1 f.
– unfähige Gemeinschaften **278** 23 ff.
– Verschwiegenheitspflicht **283** 6
– Vertretungsmacht **278** 42; **282** 6; **283** 1 ff.
– Vetorecht **278** 36
– Weisungsgebundenheit **278** 41
– Wettbewerbsverbot **284** 1 ff.
– Wettbewerbsverbot, Befreiung **284** 15 ff.
– Wettbewerbsverbot, Konzern **284** 10
– Wettbewerbsverbot, Satzungsregelungen **284** 22 f.
– Wettbewerbsverbot, Verstoß **284** 18 ff.
– Zustimmungserfordernisse **285** 27 ff., 32
KGaA – Komplementärhaftung
– Durchgriffshaftung **278** 6
– Haftung, nach Ausscheiden **289** 34
– Insolvenz **278** 6
– Komplementärwechsel **278** 43
– persönliche **278** 6, 43
– Regress **278** 43
KGaA – Satzung
– Änderung **281** 12 ff.
– Änderung, Handelsregisteranmeldung/-eintragung **282** 3, 8 f.
– Aufgaben d. Aufsichtsrats **287** 13 ff.
– Beschlussausführung **287** 19
– Einlagen **281** 7
– genehmigtes Kapital **281** 5
– Gründung **280** 3, 5; **281** 5
– notwendiger Inhalt **281** 2 ff.
– Organe, fakultative **287** 1, 23 f.
– Sondervorteile **281** 5
– Stimmrechtsregelungen **285** 26
– Wettbewerbsverbot **284** 22 f.

Kinder
– Kreditgewährung durch AG **89** 12
Klageerzwingungsverfahren
– Anspruchsinhaber **147** 3, 5
– erfasste Ansprüche **147** 3
– Geltendmachung, Alternativen **147** 10
– Geltendmachung, Frist **147** 11
– Haftung d. beherrschenden Unternehmens **309** 33 ff.
– Hauptversammlungsbeschluss **147** 6 ff.
– Nebenintervention **147** 5
– UMAG **147** 1
– Verhältnis z. Klagezulassungsverfahren **147** 5; **148** 32 ff.
– Vertreter, Bestellung **147** 12 ff., 25 ff.
– Vertreter, Eignung **147** 20
– Vertreter, Rechtsstellung **147** 21 ff.
– Vertreter, Vergütung **147** 24
Klagezulassungsverfahren
– Ad-hoc-Mitteilung **149** 16
– Antragsbefugnis **148** 6
– Antragsgegner **148** 6
– Antragstellung **148** 10 f.; **149** 1 ff.
– Anwaltszwang **148** 7
– Beiladung **148** 1, 6, 49
– Bekanntmachung **149** 1 ff.
– Einflussnehmerhaftung **117** 5, 21
– Erhebung d. Klage **148** 31, 36 ff.; **149** 1 ff.
– Gerichtsentscheidung **148** 29 f.
– Gerichtsverfahren **148** 12, 40 f.
– Klageaufforderung d. Aktionäre **148** 42
– Klagebefugnis **148** 1, 36 ff.
– Klagefrist **148** 43
– Klagerücknahme **148** 33; **149** 20
– Kostentragung **148** 49 ff.
– Missbrauchsschutz **148** 3
– Nebenintervention **148** 6
– Parteiwechsel **148** 35
– Quorum **148** 8 ff.
– Rechtskrafterstreckung **148** 44
– Rechtsmittel **148** 30
– Subsidiarität **148** 32 ff.
– Übernahme d. Verfahrens **148** 35
– Vergleich **148** 45 ff.; **149** 20
– Verhältnis z. Klageerzwingungsverfahren **147** 5; **148** 32 ff.
– Verjährungshemmung **148** 11
– Zulassungsvoraussetzungen **148** 13 ff.
– Zuständigkeit **148** 12
– Zweck **148** 2
Kleinkredite
– Kreditgewährung an Aufsichtsratsmitglieder **115** 3
– Kreditgewährung an Vorstandsmitglieder **89** 5
Know-how
– Bewertung **27** 18
– Einlagefähigkeit **27** 13
Kollisionsrecht
– Satzungsfeststellung **23** 16 ff.

Kommunale Unternehmen
– wirtschaftliche Betätigung **Vor 394** 6 ff.;
s.a. Gebietskörperschaften
Konsortialvertrag
– Abhängigkeitsprüfung **17** 25
– Stimmbindungsvertrag **12** 22
KonTraG
– Berichtspflichten d. Vorstands **90** 1, 73
– Börsennotierung **3** 2
– Erwerb eigener Aktien **71** 12
– Hauptversammlung, Geschäftsordnung
129 4
– Rechtsentwicklung **Einl.** 10
– Risikomanagement/-controlling **91** 1
– Stimmrechtsausübung durch Kreditinstitu-
te **135** 30 ff.
– Verlangen auf Einberufung **122** 3
Konzern s.a. Beherrschungs-/Gewinnabfüh-
rungsvertrag; Faktischer Konzern; Gleich-
ordnungskonzern; Sonderprüfung; Unterord-
nungskonzern
– Anstellungsvertrag d. Vorstände **84** 26
– Aufsichtsratsmandat **100** 7
– Auskunftsrecht d. Aktionärs **131** 34 ff.,
88 ff.
– Begriff **18** 1 ff.
– Begründung **192** 17
– Beteiligung v. Gebietskörperschaften
Vor 394 11
– Bezugsrecht **186** 5
– Durchgriffshaftung **1** 19
– Genussrechte **221** 91 ff.
– Gläubigerschutz **291** 48 f.
– Hauptversammlungskompetenzen **119** 32 ff.
– Konzerneingangskontrolle **311** 119 ff.
– Konzernleitungspflicht **93** 9
– Kreditgewährung an Aufsichtsratsmitglie-
der **115** 9
– Leitungspflicht **76** 16
– Mehrmütterkonzern **291** 35
– mehrstufiger **291** 34; **293** 30 ff.
– mehrstufiger, Abhängigkeitsverhältnis
311 14, 17 ff.
– mehrstufiger, Haftung f. Weisungsertei-
lung **309** 11 ff.
– mehrstufiger, Veranlassung v. Maßnah-
men **311** 38
– mehrstufiger, Weisungsrecht **308** 15 f., 19
– Offenlegung v. Aktienbesitz **Anh. 22,
24 WpHG** 1 f.
– Risikomanagement/-controlling **91** 10
– Rücklagenbildung **58** 26 ff.
– schädigende Einflussnahme **117** 30 f.
– Sorgfaltspflichten d. Vorstands **93** 9
– Squeeze-out **Vor 327a** 18 f.
– Treuepflicht, mitgliedschaftliche **53a** 61
– Überwachungspflichten d. Aufsichtsrats
111 21 ff.
– Verschwiegenheitspflicht d. Aufsichtsrats-
mitglieder **116** 26
– Vertrauenshaftung **291** 43 ff.
– Vorstandsmitglieder, Haftung **93** 4

– Zurechnung v. Stimmrechten **134** 24 ff.
– Zustimmungsvorbehalte **111** 52 ff.
Konzernabschluss
– Billigung **172** 3
– Entsprechenserklärung **161** 54
– fehlender **258** 8
– Feststellung **Vor 150** 17
– HGB-Konzernabschluss **Vor 150** 13
– IAS/IFRS **Vor 150** 3, 7, 9 ff.
– KGaA **283** 16 f.
– Konsolidierungspflicht **Vor 150** 11
– Lagebericht **Vor 150** 11
– Nichtigkeit **256** 3
– Prüfung **171** 19
– Vorlage an d. Aufsichtsrat **170** 3
– Wahlrecht **Vor 150** 12
Konzernrecht
– Abgrenzung z. Privatpersonen **15** 28 ff.
– abhängiges Unternehmen **15** 73 f.
– aktienrechtliche Regelungen **291** 1 ff.
– Beendigung d. Beherrschung **15** 23
– Begriff **15** 8
– Begriff d. Abhängigkeit **17** 3
– Bildungskontrolle **15** 15
– Erwerb eigener Aktien **71** 62 f., 67
– europäisches **291** 15 f.
– faktischer Konzern **15** 8
– gleichgeordnetes Unternehmen **15** 75; s.a.
Gleichordnungskonzern
– intertemporäres **291** 72
– KGaA **278** 46
– Mehrheitsbeteiligung **16** 3; s.a. dort
– Organisationsformen **15** 10 ff.
– Recht und Pflichten d. beherrschenden Un-
ternehmens **15** 14, 16 ff.; s.a. Beherrschen-
de Unternehmen; Beherrschungs-/Abhän-
gigkeitsverhältnis
– Regelaufgaben **15** 9 ff.
– Schutz abhängiger Unternehmen **15** 13;
s.a. Abhängige Unternehmen; Beherr-
schungs-/Abhängigkeitsverhältnis
– selbstständiges Unternehmen **15** 28; s.a.
Unternehmen
– verbundene Unternehmen s. dort
– Vertragskonzern **291** 2 ff.
– wechselseitige Beteiligung **15** 75; s.a.
Wechselseitig beteiligte Unternehmen
– Zurechnungsfragen **15** 24
– Zweck **291** 5 ff.
Konzernunternehmen
– Begriff **18** 1
Konzernvermutung
– Unterordnungskonzern **18** 16 ff.
– Verhältnis z. Abhängigkeit **17** 2
Konzernverschmelzung
– Verlangen auf Einberufung **122** 5
Körperschaftsteuer s. Besteuerung; Steuern
Kosten s.a. Gerichtskosten; Verfahrenskosten
– Abhängigkeitsbericht **67** 30
– Abstimmungsvorschlag **128** 34
– Aktienregister **312** 21; **315** 26
– Aktienrückkauf **71a** 12

- Anschaffungskosten **220** 1 ff.
- Einberufung **122** 41 f.
- Jahresabschluss **311** 60
- Kapitalerhöhung **182** 48 ff.; **183** 32; **192** 33; **202** 34 ff.; **207** 16
- Kapitalherabsetzung **223** 9
- Kurspflege **71a** 13
- Mitteilungspflichten **128** 34
- Satzungsfeststellung **23** 63
- Sonderprüfung **143** 1 ff.; **258** 22

Kreditgewährung s.a. Darlehen
- der AG s. Gesellschaftskredite
- Effektenkredit **89** 4
- Einflussnahme **292** 41 ff.
- Finanzierungsverbot beim Aktienrückerwerb **71a** 11 ff.; s.a. Finanzierungsverbot
- KGaA **283** 9; **286** 9; **288** 16
- Kleinkredite **89** 5; **115** 3
- nachteilige Einflussnahme **56** 56
- zwecks Erwerb eigener Aktien **71a** 11 ff.

Kreditinstitute
- Abstimmungsvorschlag **128** 14 ff.
- Aktienregister **67** 24 ff.
- Auskunftsverweigerung über Bilanzierungsmethoden **131** 75 f.
- Bestand an eigenen Aktien **71** 74 f.
- Einlageerbringung **54** 32
- Finanzierungsverbot, Ausnahmen **71a** 20; s.a. Finanzierungsverbot
- Früherkennungsmaßnahmen **91** 6
- gerichtliche Auflösung **398** 5
- Gesellschaftskredit an Vorstandsmitglieder **89** 3
- Inpfandnahme eigener Aktien **71e** 6, 11
- Mitteilungen vor d. Hauptversammlung **125** 13, 18 ff.
- Mitteilungspflichten, Verletzung **243** 12
- Sonderprüfung **258** 12
- Squeeze-out, Gewährleistung **327b** 27 ff.
- Überschuldung **92** 2
- Verletzung d. Depotvertrages **128** 33
- Weitergabe v. Mitteilungen **128** 3 ff., 34

Kreditinstitute – Stimmrechtsausübung
- Angehörigenprivileg **135** 61
- Angestellte **135** 58
- Bestimmtheit d. Vollmacht **135** 9
- Dauervollmacht **135** 10
- Dokumentationserfordernis **135** 15 f.
- eigene Hauptversammlung **135** 28 ff.
- Formerfordernisse **135** 6 f.
- fremde Aktien **135** 5
- fremde Namensaktien **135** 39 ff.
- Hinweispflicht **135** 10, 17
- Inhalt d. Vollmacht **135** 12 ff.
- Kontrahierungszwang **135** 44 ff.
- Kritik/Perspektiven **135** 68 ff.
- Kumulation v. eigenen und stellvertretenen Stimmrechten **135** 30 ff.
- Legitimationsaktionär **135** 8; s.a. Kreditinstitute – Stimmrechtsausübung
- Offenlegung d. Vertretung **135** 20 ff.
- Ordnungswidrigkeit **135** 54
- Pflichtverletzung **135** 35, 51 ff.
- Prüfung durch Versammlungsleiter **136** 31
- Schadensersatzpflicht **135** 51 ff.
- Stimmrechtsvorschläge **135** 27, 36 ff.
- Stimmverbot **136** 7 f.
- Treuepflicht **135** 66 f.
- Untervollmacht **135** 18 f.
- verdeckte Vertretung **135** 20 ff.
- Vollmachtserteilung **135** 6 ff.
- Weisungen **135** 23 ff., 36 ff.
- Widerrufsrecht **135** 10 f.

Krisenabwehr
- Kapitalherabsetzung, vereinfachte **229** 1 ff.

Kundenstamm
- Einlagefähigkeit **27** 13

Lagebericht
- Abhängigkeitsschlussbericht **312** 62 f.
- Abwicklungsstadium **270** 5
- fehlender **258** 8
- KGaA **283** 13
- Konzern **Vor 150** 11
- Prüfung durch Aufsichtsrat **111** 9
- Rechenschaftspflicht **120** 53 ff.
- Teil d. Jahresabschlusses **Vor 150** 8
- Vorlage an d. Aufsichtsrat **170** 3 ff.

Landgericht
- Zuständigkeit s. Funktionelle/Örtliche/Sachliche Zuständigkeit

Laufende Geschäfte
- Nachgründungsverfahren **52** 44 ff.

Lebenspartner
- Kreditgewährung durch AG **89** 12

Legitimation
- Teilnehmerverzeichnis **129** 20

Leistungsklage
- Auskunftsrecht d. Aktionärs **132** 39
- Erwerb eigener Aktien **71** 91 f.
- Kündigung d. Vorstandsanstellungsvertrags **84** 71
- Unternehmensverträge, Anpassung **216** 13; **304** 142
- Verweigerung d. Entlastung **120** 49

Leistungsstörungen
- Aktionärsnebenpflichten **55** 20, 31
- Nachteilsausgleich **311** 94
- Sachgründung **27** 42 ff.
- Unternehmensvertrag **297** 4 ff.

Leitende Angestellte
- Aktienoptionspläne **71** 47 ff.; **192** 18
- Aktienrückerwerb d. AG **71** 58 f.
- schädigende Einflussnahme **117** 1 ff., 15
- Überwachung **111** 8

Leveraged buy out
- Finanzierungsverbot beim Aktienrückerwerb **71a** 2 ff.; s.a. Finanzierungsverbot
- Einflussnahme **292** 41 ff.

Liquidation s.a. Abwickler; Abwicklung
- Beschluss i.Zshg.m. Vermögensübertragung **179a** 23
- Einberufungsberechtigung **121** 21
- Einlagepflicht, Befreiungsverbot **66** 28

– Erlösbeteiligung **221** 54, 72 f.
– richtiger Beklagter **246** 14
– Sondervorteile **26** 6
– übertragende Auflösung **179a** 3, 23
– Unternehmenswert **305** 80 f.
– Verletzung v. Handlungspflichten **401** 6

Liquidität
– Ausfallhaftung **46** 15 ff.
– Zeitpunkt, Illiquidität **92** 13

Lizenzen
– Einlagefähigkeit **27** 13

Löschung
– von Amts wegen **263** 4 f.; **275** 3
– Vermögenslosigkeit **262** 15; **264** 3, 13 ff.
– Vollbeendigung nach Abwicklung **273** 2 ff.
– Wirkung **1** 5; **263** 6

Macrotron-Entscheidung
– Delisting **119** 52
– übertragende Auflösung **179a** 29

Management Information System **77** 18

Mantelverwendung Begriff **23** 41
– Haftung **23** 44 f.
– Vollzug **23** 42
– wirtschaftliche Neugründung **23** 41 ff.
– Zulässigkeit **23** 43

Marke
– Einlagefähigkeit **27** 13

Medienvertreter
– Teilnahme an Hauptversammlung **118** 45

Mehrheitsaktionär
– bestimmende Einflussnahme **15** 47
– privater **15** 34 f.
– Rücksichtnahmegebot **243** 10 f.
– unternehmerischer **15** 34 ff.

Mehrheitsbeteiligung s.a. Mehrheitsbesitz;
  Squeeze-out
– Abhängigkeitsvermutung **16** 13
– Anteilszurechnung **17** 35
– Berechnung d. Kapitalmehrheit **16** 7 ff.
– Berechnung d. Stimmenmehrheit **16** 16 ff.
– Beteiligungsquote, eigene Aktien **71b** 5
– dingliche Inhaberschaft **16** 5
– eigene Anteile **16** 10
– für Rechnung **16** 26
– Kapitalmehrheit **16** 7 ff.
– Mitteilungspflichten **20** 1, 28 ff.; **21** 5
– Nießbrauch **16** 30
– Öffentliche Hand **16** 28
– Recht z. Anteilserwerb **17** 35
– Selbstzeichnungsverbot **56** 12 ff.
– stille Gesellschaft **16** 6, 15
– Stimmbindung **16** 14, 29
– Stimmengesamtzahl **16** 17 ff.
– Stimmenmehrheit **16** 11 ff.
– Stimmenzurechnung **16** 14 ff.
– Stimmrechtsbeschränkungen **16** 17 ff.
– Treupflicht, mitgliedschaftliche **53a** 42 ff.
– Unternehmensverträge **293** 4 ff.
– Zurechnung **16** 22 ff.
– Zurechnung b. acting in concert **16** 30
– Zurechnung b. Anvertrautsein **16** 30

– Zurechnung b. Kaufoption **16** 30

Mehrmütterkonzern
– Abfindungsanspruch außenstehender Aktionäre **305** 46
– Abhängigkeitsverhältnis **311** 15
– Beherrschungsvertrag **291** 35
– gemeinsame Beherrschung **17** 45 ff.
– Gewinnabführungsvertrag **291** 57
– Haftung d. beherrschenden Unternehmens **309** 9
– variable Ausgleichszahlung **304** 32
– Veranlassung v. Maßnahmen **311** 37
– Weisungsbefugnis **308** 14

Mehrstimmrecht
– Erlöschen **12** 21
– Fortgeltung **12** 20
– Unzulässigkeit **12** 1
– Verbot **12** 19

Mehrstimmrechtsaktie **12** 19 ff.
– Bilanz **152** 5
– Kapitalmaßnahmen **216** 7

Minderheitsschutz s.a. Klagezulassungsverfahren
– Abstimmungsverlangen **133** 5
– Aktionärsforum **127a** 1
– Antrag auf Ergänzung d. Tagesordnung **122** 25 ff.; **124** 11 ff.
– Delisting **119** 53
– Durchsetzung v. Haftungsansprüchen **116** 36 ff.
– Entlastungsbeschluss **120** 16
– Gleichbehandlungsgebot **53a** 5
– Initiativrecht **83** 9
– KonTraG **122** 3
– Rücksichtnahmegebot **243** 10
– Sonderbeschlüsse s. dort
– Sonderprüfung, Antrag **142** 1 ff.; s.a. Sonderprüfung
– Treuepflicht **53a** 42; s.a. dort
– UMAG **122** 3
– Verlangen auf Einberufung, Berechtigung **122** 7 ff.
– Verlangen auf Einberufung, Form **122** 12 f., 20 f.
– Verlangen auf Einberufung, gerichtliches Verfahren **122** 33 ff.
– Verlangen auf Einberufung, Gründe **122** 18 f.
– Verlangen auf Einberufung, Inhalt **122** 14 ff.
– Verlangen auf Einberufung, Zweck **122** 15 ff.
– Vorzugsaktionäre, Rechtsstellung **140** 11
– Wahlvorschläge v. Aktionären **137** 1 ff.
– Widerspruchsrecht **83** 9

Minderheitsaktionäre – Ausschluss
– Barabfindung **179a** 24 f.
– Einziehung **Vor 327a** 17; s.a. dort
– Kaduzierung **Vor 327a** 17; s.a. dort
– Mehrheitseingliederung **Vor 327a** 13 ff.
– Rücksichtnahmegebot **243** 11

– übernehmerechtliches Ausschlussverfahren **Vor 327a** 6 ff., 27
– übertragende Auflösung **Vor 327a** 10 ff.
– wichtiger Grund **Vor 327a** 17; s.a. dort
Minderheitsbeteiligung
– Auskunftsrecht d. Aktionärs **131** 47 f.
– Mitteilungspflichten **20** 1, 19 ff.; **21** 4
– Treuepflicht, mitgliedschaftliche **53a** 42 ff.
– Widerspruch gg. Anspruchsverzicht **50** 7
Mindestnennbetrag
– Ausgabebetrag **9** 3 ff.
– Nennbetragsaktien **8** 6 ff.
– Stückaktien **8** 12 ff.
– Unterschreitung **7** 1 ff.; **8** 16 ff.; **228** 1 ff.
Mischeinlage **27** 30
Mitbestimmung s.a. Arbeitnehmervertretung
– Arbeitsdirektor **76** 22 f.
– Arbeitsdirektor als Abwickler **265** 13
– Begriff d. Abhängigkeit **17** 7
– Beschränkung d. Geschäftsführungs-/Vertretungsbefugnis **77** 23
– Eignungsvoraussetzungen d. Vertreter **76** 26
– freie Unternehmen **96** 20
– Geschäftsordnung d. Vorstands **77** 30
– grenzüberschreitende Verschmelzung **96** 16 ff.
– KGaA **287** 5
– Konzernvermutung **18** 20
– Kumulation v. Mitbestimmungsrechte **77** 23
– Missachtung, Nichtigkeitsfolge **241** 21 f.
– Satzungsbestimmungen **23** 69
– Sonderanknüpfung **IntGesR** 53, 69
– Veto-Recht v. Vorstandsmitgliedern **77** 15
Mitbestimmungsgesetz
– Anwendbarkeit **96** 3
– Arbeitnehmervertreter **96** 5 f.
– Aufsichtsratszustimmungsvorbehalte **111** 39
– Aufsichtsrat, Beschlussfähigkeit **108** 10 f.
– Aufsichtsrat, Mehrheitsregeln **108** 28
– Aufsichtsratswahl **101** 3
– Besetzung v. Ausschüssen **107** 45
– freiwillige Zuwahl v. Arbeitnehmervertretern **96** 23 f.
– gerichtliche Ergänzung d. Aufsichtsrats **104** 15
– paritätische Besetzung **96** 4
– Statusverfahren **97** 4
– stellvertretende Vorstandsmitglieder, Statusänderung **94** 4
– Vermittlungsausschuss **107** 33
– Vermittlungsausschussmitgliedschaft **107** 19
– Zusammensetzung d. Aufsichtsrats **96** 1 ff.
– Zweitstimmrecht **107** 19
Mitgliedschaft
– Erwerb nach Kaduzierung **65** 18, 34 f.
– Übertragungsverbot **41** 32 ff.

– Verlustigerklärung **64** 4, 24 ff.; s.a. Kaduzierung
Mitgliedschaftsrechte s.a. Aktien
– Abtretung **10** 23, 29
– Aktiengattungen **11** 5 ff.
– Aktienregistereintragung **67** 13
– Änderung **11** 12 f.
– Auskunftsanspruch s. Aktionäre – Auskunftsrecht
– Ausübungssperre **213** 3 ff.
– Bezugsrecht **11** 10, 14
– Dividendenanspruch **11** 10, 14
– eigene Aktien **71b** 1 ff.
– Einlagefähigkeit **27** 13
– Einschränkung **11** 16 ff.
– Gleichbehandlungsgebot **53a** 14 ff.
– Kapitalerhöhung aus Gesellschaftsmitteln **213** 1 ff.; **214** 2; **216** 1 ff.
– Personen-/Kapitalgesellschaften **69** 5 f.
– Rechtsgemeinschaft **69** 1 ff.
– Ruhen, Gewinnverteilung **60** 23
– Ruhen, Verletzung v. Mitteilungspflichten **12** 14 f.; **20** 38 ff.
– Stimmrecht **12** 1 ff.; s.a. dort
– Stimmrechtsausschluss **11** 16; s.a. dort
– Teilrechte **213** 1 ff.; **214** 2
– Verbriefung s. dort
– Verlust, Gewinnverteilung **60** 22
– Verlust, verbotene Aktienübernahme **56** 18, 26
– Vermögensrechte **11** 9; s.a. dort
– Verwaltungsrechte **11** 9, 15; s.a. dort
– Vorzugsaktionäre **139** 12, 16; **140** 1, 3 ff.
Mitteilungspflichten Aktionärsrichtlinie **128** 2
– Aktionärsvereinigungen **128** 11 f.
– Einpersonen-AG **42** 1 ff.
– Finanzdienstleistungsunternehmen **128** 13
– Kreditinstitute **128** 3 ff.
– Ruhen d. Stimmrechts **12** 14
– Sonderprüfung **142** 73 f.
– Verhältnis z. Auskunftsrecht d. Aktionärs **131** 10
– Vorzugsdividende **139** 12
– Weitergabepflicht **128** 3 ff.
Mitteilungspflichten – Aktienbesitz
– anderer Unternehmen **20** 1 ff.
– Bekanntmachungen **20** 32 ff., 47; **21** 1
– Berechnung **20** 19 ff.
– Beteiligungen d. AG **21** 1 ff.
– börsennotierter AG **20** 2; **21** 2; **Anh. 22, Vor 21 WpHG** 1 ff.
– einer Kapitalgesellschaft **20** 26 f.
– Empfänger **20** 17 f.; **21** 1
– Form **20** 12; **21** 3
– Gewinnanspruch **60** 23
– Inhalt **20** 8 f.; **21** 3
– Konkurrenz z. WpHG **20** 2 ff.
– Mehrheitsbeteiligung **20** 1, 28 ff.; **21** 5
– Minderheitsbeteiligung **20** 1, 19 ff.; **21** 4
– Mitteilungspflichtige **20** 13 ff.; **21** 1

– Nachweisanspruch **22** 1 ff.
– Ordnungswidrigkeit **20** 46
– Rechtsnatur **20** 7
– Rechtsverlust **20** 35 ff.
– Sanktionen **20** 35 ff.; **21** 7 f.
– Schadensersatz **20** 45; **21** 8
– Unterschreiten d. Beteiligungsschwelle **20** 31; **21** 6
– unzulässige Rechtsausübung **20** 44
– Verschulden **20** 43
– Zeitpunkt **20** 10 f.
– Zurechnung v. Aktien **20** 16, 22 ff.
– Zweck **20** 2 ff.

Mitteilungspflichten – nach d. HV
– gefasste Beschlüsse **125** 24 ff.

Mitteilungspflichten – vor d. HV
– Aktionärsrichtlinie **125** 5
– Aufsichtsratswahl **125** 9 ff.
– Empfänger **125** 13 ff.
– Form **125** 18, 22
– Frist **125** 19 ff., 23
– Inhalt **125** 6 ff.
– Zweck **125** 1

Mitteilungspflichten – WpHG
– abgestimmtes Verhalten **Anh. 22, 22 WpHG** 25 ff.
– Ad-hoc-Mitteilung **170** 7
– anvertraute Aktien **Anh. 22, 22 WpHG** 19 ff.
– Ausweis v. Beteiligungen im Anhang **160** 10
– BaFin-Mitteilung **Anh. 22, 21 WpHG** 13; **Anh. 22, 26 WpHG** 6
– Befreiungen **Anh. 22, 29a WpHG** 1 f.
– Bezugsrechte **Anh. 22, 25 WpHG** 2
– dingliche Rechtslage **Anh. 22, 21 WpHG** 10
– dingliches Übertragungsangebot **Anh. 22, 22 WpHG** 17 f.
– Emittenten **Anh. 22, 21 WpHG** 3; **Anh. 22, 26 WpHG** 1 ff.; **Anh. 22, 26a WpHG** 1 ff.
– Finanzinstrumente **Anh. 22, 25 WpHG** 1 ff.
– Halten für Rechnung **Anh. 22, 22 WpHG** 12 ff.
– Handelstage **Anh. 22, 30 WpHG** 1 f.
– Inhalt/Form **Anh. 22, 21 WpHG** 13 f.
– Kapitalerhöhung aus genehmigtem Kapital **202** 23
– Kettenzurechnung **Anh. 22, 22 WpHG** 23 f.
– Konzern **Anh. 22, 24 WpHG** 1 f.
– Meldepflichtige **Anh. 22, 21 WpHG** 1 f.
– Nachweisanspruch **Anh. 22, 27 WpHG** 1 f.
– Nichtberücksichtigung v. Stimmrechten **Anh. 22, 23 WpHG** 1 ff.
– Nießbrauch **Anh. 22, 22 WpHG** 16
– Options-/Festgeschäfte **Anh. 22, 25 WpHG** 2
– Ordnungswidrigkeit **Anh. 22, 28 WpHG** 6
– Rechtsverlust **Anh. 22, 28 WpHG** 1 ff.
– Schadensersatz **Anh. 22, 28 WpHG** 7 f.

– Schwellen **Anh. 22, 21 WpHG** 4 f., 9 ff.
– Sicherungsübereignung **Anh. 22, 22 WpHG** 15
– Sonderprüfung **Anh. 22, 142** 73 f.
– Stimmrechtsquote **Anh. 22, 21 WpHG** 6 ff.
– Stimmrechtsvollmacht **Anh. 22, 22 WpHG** 20 f.
– Termingeschäfte **Anh. 22, 25 WpHG** 2
– Tochterunternehmen **Anh. 22, 22 WpHG** 5 ff.
– Transparenzrichtlinie **Anh. 22, Vor 21 WpHG** 3; **22 WpHG** 4
– Überblick **Anh. 22, Vor 21 WpHG** 1 ff.
– Übertragungsgeschäft **Anh. 22, 21 WpHG** 9
– Unternehmensregister **Anh. 22, 26 WpHG** 5; **Anh. 22, 26a WpHG** 1 ff.
– Verhältnis z. anderen Meldepflichten **Anh. 22, Vor 21 WpHG** 7
– Zeitpunkt **Anh. 22, 21 WpHG** 9 ff., 15
– Zertifikate **Anh. 22, 21 WpHG** 2
– Zurechnung v. Stimmrechten **Anh. 22, 22 WpHG** 1 ff.; s.a. Stimmrechte – Zurechnung
– Zwischenberichterstattung **Vor 150** 30

MoMiG
– Bestellungshindernisse Vorstand **76** 27
– Darlehensgewährung **57** 23, 56
– Gründung **36** 36; **41**; **37** 18; **41**; **39** 11; **399** 12
– Insolvenz **92** 18a, 23; **93** 43
– Mehrstimmrechtsaktien **216** 7
– Rechtsentwicklung **Einl.** 10
– Satzungsänderung **181** 33
– Sitz **5** 1 ff.
– Versicherung d. Vorstands **37** 16
– Vertretung bei Führungslosigkeit **78** 15a; **112** 17 ff.
– Zeichnung durch Vorstandsmitglieder **79** 6

Montan-Mitbestimmungsergänzungsgesetz
– Anwendbarkeit **96** 10
– Arbeitnehmervertreter **96** 12
– Aufsichtsratswahl **101** 3
– Feststellung d. Umsatzverhältnisses **98** 16
– freiwillige Zuwahl v. Arbeitnehmervertretern **96** 23 f.
– gerichtliche Ergänzung d. Aufsichtsrats **104** 15
– neutrales Mitglied **103** 2
– paritätische Besetzung **96** 11
– Statusverfahren **97** 4

Montan-Mitbestimmungsgesetz
– Anwendbarkeit **96** 7
– Arbeitnehmervertreter **96** 9

Nachlassverwalter
– Aufsichtsratswahl **101** 3
– freiwillige Zuwahl v. Arbeitnehmervertretern **96** 23 f.
– gerichtliche Ergänzung d. Aufsichtsrats **104** 15
– Montan-Mitbestimmung **96** 7 ff.
– neutrales Mitglied **103** 2
– paritätische Besetzung **96** 8

– Statusverfahren **97** 4
– Vermittlungsausschuss **107** 33
MotoMeter-Entscheidung
– übertragende Auflösung **179a** 28 f.;
   Vor § 327a 10
Muttergesellschaft s.a. Beherrschungs-/Abhängigkeitsverhältnis; Konzern; Mehrmütterkonzern
– Aktienoptionsplan **192** 23
– Erwerb v. Finanzierungstiteln **221** 108 f.
– Genussrechte **221** 91 ff.
– mehrstufiger Konzern **291** 34
– Zustimmungserfordernisse **293** 30 ff.

Nachfristsetzung
– säumige Aktionäre **64** 20; s.a. Kaduzierung
Nachgründung
– Ausnahmen **52** 44 ff.
– Beteiligungserwerb **52** 20 f.
– Börsenhandel **52** 49
– Dienstleistungsverträge **52** 19
– fehlende **52** 41
– Formerfordernisse **52** 26 f.
– Formwechsel **52** 8
– Haftung **53** 1 ff.
– Hauptversammlungszustimmung **52** 32 ff.
– Höhe d. Gegenleistung **52** 24 f.
– Kaufvertrag unter Gründern **26** 6
– laufende Geschäfte **52** 44 ff.
– Nachgründungsbericht **52** 29
– Nachgründungsvertrag **52** 10 ff.
– Prüfungsverfahren **52** 29 f.
– Publizitätspflichten **52** 28
– Registerverfahren **52** 35 ff.
– Sacheinlagen **52** 7, 18
– Sachkapitalerhöhung **52** 9, 15
– Sachübernahme **52** 7, 18
– Spaltung **52** 8
– Tochtergesellschaft **52** 22
– unwirksame Satzungsfestsetzungen **27** 39
– Unwirksamkeit **52** 50 f.
– Verfahrenszweck **52** 1
– Verhältnis z. Sachkapitalerhöhung **183** 6 f.
– Verschmelzung durch Aufnahme **52** 8
– Vorrats-AG **52** 17
– Wirksamkeit **52** 38 ff.
– Zwangsvollstreckungserwerbe **52** 48
– Zweijahres-Frist **52** 23
Nachlass
– Einlagefähigkeit **27** 13
Nachlassverwalter
– Stimmrechtsausübung **134** 61
Nachmännerhaftung **65** 21
Nachteilszufügung s. Einflussnahme; Faktischer Konzern; Aufsichtsratsmitglieder – Haftung; Vorstandsmitglieder – Haftung
Nachtragsabwicklung
– Abgabe v. Erklärungen **264** 15
– Abwickler **264** 16
– Antrag **273** 11
– fehlende Vermögenslosigkeit **264** 13 f.
– Fortsetzung d. AG **274** 5

– Gesellschaftsfortbestand **273** 12
– Grund **273** 10
– Nachtragsabwickler **273** 13
– Rechtsmittel **273** 14
Nachweispflichten
– Aktienbesitz **22** 1 ff.
– Mitteilungspflichten, WpHG **Anh. 22, 27**
   WpHG 1 f.
Nahestehende Personen
– KGaA, Kreditgewährung **286** 9a
– Kreditgewährung an Aufsichtsratsmitglieder **115** 1, 6
– Vertretungsmacht d. Aufsichtsrats **112** 10
Naked Warrants **192** 13
– Bezugsrecht **221** 94
Namensaktien
– Abgrenzung **68** 4
– Abtretung **68** 8
– Aktienregister **10** 9; s.a. dort
– Ausgabe, Ordnungswidrigkeit **405** 2 f.
– Ausgabezwang **10** 11 ff.
– Blankoindossament **68** 9
– Einziehung **237** 8
– Globalurkunden **68** 11 ff.
– gutgläubiger Erwerb **10** 8
– Hauptversammlungsteilnahme **123** 2, 15 ff.
– Indossament **68** 8 ff.
– Kaduzierung **64** 11
– Legitimation **10** 8 f.; **67** 3, 12 f.
– Mitteilungspflicht d. Kreditinstitute **128** 8 ff.
– Rechtsgemeinschaft **69** 2
– Sammelverwahrung **68** 11 ff.
– Satzungsbestimmungen **23** 49
– Stimmrechtsausübung durch Banken **128** 26 f.; **135** 39 ff.
– Übertragung, Prüfungspflicht d. AG **68** 39
– Übertragung, unverbriefte **68** 5
– Übertragung, verbriefte **68** 6
– Umwandlung auf Verlangen **24** 1 ff.
– unverbriefte **68** 4
– Urkundenübereignung **68** 8
– verbriefte **68** 1, 7 ff.
– vinkulierte **10** 13; s.a. Vinkulierung
Nebenabreden
– Begriff **23** 64 f.
– Mitbestimmungsvereinbarungen **23** 69
– Rechtsnatur **23** 66
– Verhältnis z. Satzung **23** 68
Nebenintervention
– Anfechtungsprozess **246** 26 f.
– Klageerzwingungsverfahren **147** 5
– Klagezulassungsverfahren **148** 6
Negotiated repurchase **71** 31
Nennbetrag
– Aktienregister **67** 1 ff.; s.a. dort
– Änderung **8** 10
– Änderung, Aktienurkunde **75** 8
– Begriff **1** 28
– falscher **6** 7 f.
– geringster Ausgabebetrag **9** 3

- Gewinnverteilung **60** 5
- Kapitalerhöhung **8** 20; **16** 8; **182** 3; **183** 15
- Kapitalherabsetzung **222** 30 ff.; **224** 5; **227** 2
- Mindestnennbetrag **7** 1 ff.; **8** 6, 17 ff.; **228** 1 ff.
- Satzungsbestimmungen **23** 26, 47 f.
- Unteilbarkeit **8** 24 ff.; s.a. Auf-/Abspaltungsverbot
- Wechsel d. Aktientyps **8** 22
- Wertfestsetzung **8** 7, 9 f.
- Zweck **6** 1 ff.

Neuer Markt
- staatlich anerkannte Stelle **3** 6

Nichtigerklärung d. AG
- Abwicklung **277** 1
- Auflösungszeitpunkt **277** 2, 5
- Grundkapitalregelung, fehlende **275** 6
- Nichtigkeitsklage **275** 9 ff.
- Unternehmensgegenstand, fehlender **275** 7
- Unternehmensgegenstand, Heilung **276** 1 ff.
- Unternehmensgegenstand, nichtige Festsetzung **275** 8
- vor Eintragung d. AG **275** 4

Nichtigkeit – Hauptversammlungsbeschluss
- Beurkundungsmängel **241** 13 ff.
- Einberufungsmängel **241** 5 ff.
- Eingriff in Gläubigerrechte **241** 18 f.
- Eintritt **241** 37
- Enumerationsprinzip **241** 4
- Erstbeschluss **244** 17 f.
- Heilung **242** 1 ff.; s.a. Heilung – Hauptversammlungsbeschluss
- Kapitalerhöhungsbeschlüsse **241** 39 f.
- kraft Anfechtungsurteil **241** 25; s.a. dort
- Löschung von Amts wegen **241** 26 ff.; s.a. Amtslöschung – Hauptversammlungsbeschluss
- Mitbestimmungsrecht **241** 21 f.
- Prüfung durch d. Notar **241** 41
- Registerkontrolle **241** 36
- Sittenwidrigkeit **241** 23 f., 29
- Unvereinbarkeit mit d. Wesen d. AG **241** 15 ff., 29
- Vorschriften im öffentlichen Interesse **241** 20 ff.
- Widersprüchlichkeit **241** 18
- zusammenhängende Beschlüsse **241** 38 ff.

Nichtigkeitsklage
- Aufsichtsratswahl, Urteil **252** 1 f.
- Jahresabschlussfehler **256** 37 ff.
- Nichtigerklärung d. AG **275** 9 ff.
- Verhältnis z. Sonderprüfung **258** 4

Nichtigkeitsklage – Hauptversammlungsbeschluss
- anwendbare Vorschriften **249** 6
- Aufsichtsratswahl **250** 1 ff.
- Dritter **249** 10 f.
- Erstbeschluss **244** 19
- Freigabeverfahren **246a** s. dort
- gesetzliche Anordnung **241** 4

- Gewinnverwendungsbeschluss **254** 1 ff.
- Handelsregistereintragung, Freigabeverfahren **242** 19
- Heilungsfrist, Verlängerung **242** 7 ff.
- Klagebefugnis **249** 3 ff.
- Klagegegner **249** 6
- Nennbetragsangaben **6** 7 f.
- Parteifähigkeit, Wahlanfechtung **250** 7
- Prozessverbindung **249** 7 ff.
- Publizitätspflichten **248a** 1 ff.; **249** 6
- Rechtskraft **248** 2 ff, 7; **249** 6
- Rechtsnatur **249** 1
- Squeeze-out-Beschluss **327f** 2, 21
- Streitgegenstand **249** 2
- Streitwert s. dort
- Unwirksamkeitsklage **249** 12 f.
- Urteil **248** 1 ff.; **249** 6
- Verfahren, Wahlanfechtung **250** 8

Nichtzulassungsbeschwerde
- Auskunftserzwingungsverfahren **132** 23

Niederlassungsfreiheit
- Centros **IntGesR** 12, 22, 26 ff.
- Daily Mail **IntGesR** 22 ff.
- EuGH-Rechtsprechung **IntGesR** 22 ff.
- Gesellschaftsstatut **IntGesR** 12, 18 ff.
- Hughes de Lasteyrie du Saillant **IntGesR** 36 f.
- Inspire Art **IntGesR** 12, 22, 33 ff.
- Sevic Systems **IntGesR** 38 ff.
- Sitzverlegung **45** 20 ff.
- Überseering **IntGesR** 12, 22, 29 ff.

Niederschrift
- Abschriften **130** 51
- Anlagen **130** 43 ff.
- Aufsichtsratsvorsitzender **130** 23 ff.
- Auskünfte an Aktionäre **131** 96
- Berichtigung **130** 40 ff.
- Beurkundungsmängel **241** 14
- Bild-/Tonaufzeichnung **130** 53
- Einmann-AG **130** 5
- Erstellung **130** 35 ff.
- Formalien **130** 38 ff.
- gebotener Inhalt **130** 17 ff.
- Gestaltungsermessen **130** 17 ff.
- Handelsregistereinreichung **130** 49 f.
- Mindestinhalt **130** 6 ff.
- Mitwirkungsverbote **130** 26 ff.
- Notar **130** 21 f.; s.a. dort
- Protokollführer **130** 21 ff.
- Publizität **130** 49 ff.
- Übertragungsvertrag **179a** 22
- Widerspruch in d. Hauptversammlung **245** 17
- Wortprotokoll **130** 52

Nießbrauch
- Anteilszurechnung **16** 30
- Bezugsrecht **186** 6
- Einlagefähigkeit **27** 13
- Stimmrecht **12** 6; **134** 8
- vinkulierte Namensaktien **68** 21

Notar s.a. Beurkundung
- Aufsichtsratsmandat **100** 15

– Auslandsbeurkundung **130** 31
– Gründungsprüfung **33** 9; **35** 12
– Haftung b. verdeckter Sacheinlage **27** 57
– Mitwirkungsverbote bei Niederschrift
  130 26 ff.
– Pflichten i.Z.m. Hauptversammlung
  130 32 ff.
– Protokollführer **130** 2; s.a. Niederschrift
– Prüfungspflichten **241** 41
– Teilnahme an Hauptversammlung **118** 44
– Zeichnung d. Hauptversammlungsproto-
  kolls **130** 21 f., 39
Notarkosten
– Gründungsaufwand **26** 14

Obligatorische Nutzungsrechte
– Einlagefähigkeit **27** 15
Öffentliche Hand
– Anteilszurechnung **16** 28
– Unternehmensbegriff **15** 33, 68 ff.
– wirtschaftliche Betätigung **Vor 394** 6 ff.;
  s.a. Gebietskörperschaften
Öffentlich-rechtliche Körperschaft
– Gründerfähigkeit **2** 4
OHG
– Gründerfähigkeit **2** 5
Optionsanleihen
– Abgrenzung z. Wandelanleihe **221** 27, 32 f.
– Aktienausgabe **192** 12; **195** 1
– Begriff **192** 12; **221** 14, 28
– Bezugserklärung **198** 3; **221** 31
– Bezugsrecht **221** 30, 94 ff.
– Börsenhandel **221** 105 f.
– Eigenerwerb d. AG **221** 107 ff.
– Eingliederung **320a** 6 ff.; **320b** 7
– Einlageverpflichtung **221** 34 ff.
– Erwerb eigener Aktien **71** 3
– Hauptversammlungsteilnahme **118** 13,
  43 ff.
– Kapitalerhöhung aus Gesellschaftsmitteln
  216 15
– Kapitalherabsetzung, ordentliche **224** 6 f.
– Kollision mit Aktionärsrechten **221** 8 ff.
– Mischformen **221** 32 f.
– Optionsvertrag **221** 29
– Rücklageneinstellung **208** 2
– Sacheinlage **194** 5
– Sonderrücklage infolge Kapitalerhöhung
  218 6
– Squeeze-out, Abfindungsanspruch
  327b 13 ff.
Orderpapiere 10 7
– Unterzeichnung **13** 4
– Zwischenscheine **10** 1, 14
Ordnungswidrigkeiten
– Aktienausgabe **406** 1 ff.
– Entsprechenserklärung **161** 78
– Geldbuße **406** 6
– Meldepflichten ggü. BaFin **71** 89; **406** 1 ff.
– Mitteilungspflichten, WpHG **Anh. 22,
  28 WpHG** 6
– Offenlegung v. Aktienbesitz **20** 46

– Stimmrechtsausübung durch Kreditinstitu-
  te **135** 54
– Stimmrechtsverbot, Verstöße **136** 33;
  405 5
– Teilnehmerverzeichnis, falsche Angaben
  406 4
Organe
– Grundsatz gleicher Organrecht/-pflichten
  76 26
– Vorstand s. dort, s.a. Geschäftsführung
Organhaftung
– Entsprechenserklärung **161** 68
– schädigende Einflussnahme **117** 16
– Vorstand **78** 29
Organinnenhaftung s. Einflussnahme; Klageer-
  zwingungsverfahren; Klagezulassungsver-
  fahren
Organisationsstruktur
– Gesellschaftsstatut **IntGesR** 68 f.
Organisierter Markt
– Begriff **Anh. 22, 21 WpHG** 3
Örtliche Zuständigkeit
– aktienrechtliche Streitverfahren
  14 3, 5, 7
– Auslandsgesellschaft **14** 18
– Doppelsitz **14** 11
– FGG **14** 1, 3 ff., 8
– Insolvenzverfahren **14** 3
– neue Bundesländer **14** 15
– Ostgebiete **14** 16
– Registerverfahren **14** 3 f.
– Satzungssitz **14** 10
– Sitzverlegung **14** 6
– Spaltgesellschaft **14** 15
– Spruchverfahren **14** 7 f.
– streitige Gerichtsbarkeit **14** 3
– vor Eintragung **14** 10
– Zwangsvollstreckungsverfahren **14** 3
– Zweigniederlassung **4** 44; **14** 6

Pari-Emission
– Kapitalerhöhung, ordentliche **182** 19
Parteifähigkeit
– Abwicklungsstadium **273** 12
– Aktiengesellschaft **1** 8; **78** 4
– Gesellschaftsstatut **IntGesR** 64 ff.
Parteiwechsel
– Klagezulassungsverfahren **148** 35
Partnerschaftsgesellschaft
– Gründerfähigkeit **2** 8
Patente
– Bewertung **27** 18
– Einlagefähigkeit **27** 13
Pensionsrückstellungen 159
Personalausschuss 107 32
Personengesellschaft
– Beherrschungs-/Abhängigkeitsverhältnis
  17 67
– Nennkapital **16** 9
– Offenlegung v. Aktienbesitz **Anh. 22,
  21 WpHG** 2
– Stimmenmehrheit **16** 12

– Wahrnehmung v. Mitgliedschaftsrechten **69** 5 f.
– wechselseitige Beteiligung **19** 6, 20
Pfandrecht s. Verpfändung; Verwertung **68** 21
Pfändung s.a. Verpfändung
– eigene Aktien **71** 2; **71e** 1 ff.
– Einlageforderung **63** 22; **64** 12
– vinkulierte Namensaktien **68** 22
Phantom stocks
– Aufsichtsratsvergütung **113** 31
Politische Amtsträger
– Aufsichtsratsmandat **100** 15
Poolvertrag
– Stimmbindungsvertrag **12** 22
Positive Beschlussfeststellungsklage **246** 29 ff.
– Gewinnverwendungsbeschluss **58** 44
Präsidium 76 4
Privatpersonen
– anderweitige wirtschaftliche Interessenbindung **15** 41 ff.
– konzernrechtliche Abgrenzung **15** 28 ff.
Prokurist
– Aufsichtsratsmandat **100** 14 5 f.
– Kreditgewährung durch AG **89** 10
– schädigende Einflussnahme **117** 1 ff., 15
– Weisung bzgl. Abstimmung **136** 38
Prospekthaftung
– Entsprechenserklärung, fehlerhafte **161** 74
– Erwerb eigener Aktien **71** 67
– Haftung bei verdeckter Gewinnausschüttung **57** 39 f.
Protokollführer
– Aufsichtsratsvorsitzender **130** 23 ff.
– Mitwirkungsverbote **130** 26 ff.
– Notar **130** 21 f.
Provisionen
– Vorstandsbezüge **87** 4
Proxy-voting 134 55 ff.; **135** 69
Prozessfähigkeit
– Abwicklungsstadium **273** 12
– Aktiengesellschaft **1** 8
Prozesskostenhilfe
– Anfechtungsprozess **246** 10; **247** 26 f.
Prozessstandschaft
– Anfechtungsklage **246** 13
Prozessverbindung
– Anfechtungsklage **246** 23 f.
– Freigabeverfahren **246a** 37
– Nichtigkeitsklage m. Anfechtungsklage **249** 8
– Nichtigkeitsklagen **249** 7
Public Private Partnership 15 70
Publizität s.a. Bekanntmachung; Mitteilungspflichten
– Abstimmungsvorschlag **128** 20 ff.; s.a. dort
– Anfechtungsurteil **248** 8 f.
– Auflösung d. AG **263** 1
– Bekanntmachung d. Haftungsklage **149** 1 ff.
– Gesellschaftsblätter **25** 1 ff.

– Hauptversammlungsniederschrift **130** 49 ff.
– Nichtigkeitsurteil **248a** 1 ff.; **249** 6
– Offenlegung d. Jahresabschlusses **Vor 150** 23 ff.
– Offenlegung v. Aktienbesitz **20** 1; **21** 1
– Offenlegung v. Gesellschaftskrediten **89** 1
– Offenlegung v. Vorstandsbezügen **87** 16 f.
– Squeeze-out **Vor 327a** 26
– Teilnehmerverzeichis **129** 22 ff.; s.a. dort
– WpHG **Anh. 22, Vor 21 WpHG** 4

Qualifiziert faktischer Konzern
– Abfindung **317** 65; **318** 11
– Austrittsrecht **317** 64
– fehlende Ausgleichsfähigkeit **317** 48 ff.
– qualifizierte Nachteilszufügung **317** 44 ff.
– Unterlassungsanspruch **317** 66
– Verlustausgleich **317** 50 ff.; **318** 11
– Voraussetzungen d. Ausgleichs **317** 62 f.
Quartalsbericht 90 20 ff.

Rechnungslegung s.a. Bilanzierung; Gesetzliche Rücklage; Gewinn-/Verlustrechnung; Gewinnrücklage; Kapitalrücklage
– Abwicklungsstadium **270** 1 ff.
– Bilanzrichtliniengesetz **Vor 150** 1
– Buchführungspflicht **Vor 150** 4
– HGB-Bilanz **Vor 150** 5 ff.
– IAS/IFRS **Vor 150** 3, 7, 9 ff.
– KGaA **283** 13 ff.
– Konzernabschluss **Vor 150** 3, 7, 9 ff.
– Offenlegung **Vor 150** 23 ff.
– Verbindung m. Entlastung **120** 53 ff.
Rechtliches Gehör
– Anfechtungsprozess **246** 25 ff.
– Freigabeverfahren **246a** 33
Rechtsbeschwerde
– Spruchverfahren **99** 8
Rechtsfähigkeit
– Gesellschaftsstatut **IntGesR** 64 ff.
Rechtsmangel
– Sachgründung **27** 47
Rechtsmittel
– FGG **14** 14
– Registersachen **14** 14
Rechtsnachfolge
– Firma s. Firmenfortführung
Rechtspersönlichkeit
– Bedeutung **1** 6 ff.
– Beginn **1** 4
– Ende **1** 5
– Formkaufmann **1** 30
Record Date 67 23; **Vor 121** 11, 24 ff.; **123** 3 f., 26 ff.; **135** 22
Rederecht
– Aktionäre **118** 14, 23
– Beschränkungen **131** 56 f.
– Geschäftsordnung **129** 6
– Saalverweis **118** 42
– Verwaltung **118** 37
– Wortentzug **118** 42

Registergericht s.a. Sitz – Verlegung
– Angaben in Geschäftsbriefen **80** 3
– Durchsetzung v. Berichtspflichten **90** 68
– Gründungsanmeldung **36** 4
– Gründungsprüfungsbericht **34** 14 ff.
– Nachgründungsprüfung **52** 35 ff.
– Prüfung d. Eintragungsvoraussetzungen
38 4 ff.
– Prüfung v. Vertretungsregelungen **81** 12
– Prüfung v. Vorstandsänderungen **81** 12
REIT-AG **10** 35; **11** 2; **58** 55 f.
Rektapapiere
– Unterzeichnung **13** 4
Rentabilitätsbericht **90** 16 ff.
Ringverflechtung **19** 11
Risikomanagement
– Abschlussprüfung **91** 16
– bestandsgefährdende Entwicklungen
91 7 ff.
– Corporate Covernance Kodex **91** 2
– Früherkennung **91** 11
– Maßnahmen **91** 12
– Reichweite im Konzern **91** 10
– Überwachungssysteme **91** 13 ff.
– Verantwortliche **91** 6
Rückerwerb s. Erwerb eigener Aktien; Finan-
zierungsverbot
Rückgewährpflicht
– Anspruchskonkurrenz **62** 20
– Dienst-/Werkvertrag m. Aufsichtsratsmit-
glied **114** 18
– EG-Recht **62** 4
– Erwerb eigener Aktien **71a** 15 ff.; **71c** 9
– faktische Aktionäre **62** 14
– Geltendmachung **62** 19
– Geltendmachung d. AG-Gläubiger
62 27 ff.
– Geltendmachung d. Insolvenzverwalter
62 33 f.
– Gesamtschuldner **62** 17
– Gesellschaftskredit **89** 15 f.
– Gläubiger **62** 8
– Grundsatz d. Kapitalerhaltung **62** 1
– gutgläubiger Erwerb v. Gewinnanteilen
62 21 ff.
– Kreditgewährung an Aufsichtsratsmitglie-
der **115** 10 f.
– Nichtaktionäre **62** 13 ff.
– Rechtsnachfolge **62** 12
– Rechtsnatur **62** 5
– Schuldner **62** 9 ff.
– Strohmann **62** 9
– Treuhänder **62** 9
– Vergütung d. Aufsichtsratsmitglieds **113** 4
– Verjährung **62** 35 f.
– Vor-/Nachmänner **62** 16
– Voraussetzungen **62** 6 ff.
– Wertersatz **62** 18
– Zurechnung v. Drittempfängen **62** 10
Rücklagen s. Gesetzliche Rücklage; Gewinn-
rücklage; Kapitalrücklage
– Abgrenzung v. stillen Reserven **58** 9

– Auflösung zwecks Kapitalherabsetzung
229 9 ff.; **230** 2 ff.
– Einfluss auf Nennbetrag **16** 8
– Sonderrücklage infolge Kapitalerhöhung
218 4 ff.
Rückstellungen
– Abgrenzung z. Rücklagen **150** 2
– Einstellungen aus Kapitalherabsetzung
229 6
Rücktritt
– Unternehmensvertrag **297** 27
Rumpfgeschäftsjahr
– Abschlagszahlung **59** 6

Saalverweis **118** 42; **130** 17; **245** 21
Sachdividende
– Bewertung **58** 60
– Hauptversammlungsbeschluss **58** 59
– Mangelhaftigkeit **58** 61
– Satzungsbestimmungen **58** 58
– Zulässigkeit **58** 57
Sacheinlage s.a. Gemischte Sacheinlage; Sach-
kapitalerhöhung; Verdeckte Sacheinlage
– Anteile **27** 13
– Bankbestätigung **37** 11 ff.
– Begriff **27** 6
– beschränkt dingliche Rechte **27** 13
– Bewertbarkeit **27** 10 f.
– Bewertung **27** 18
– Bewertungsgrundsätze **27** 17 ff.
– Bewertungsstichtag **27** 19
– Cash Pool **27** 14
– Dienstleistungen **27** 16
– Domain-Namen **27** 15
– Einlage v. Forderungen aus Gewinnbeteili-
gungen **194** 6; **205** 11 ff.
– Einlagefähigkeit **27** 10 ff.
– Einlagepflicht **54** 13
– Einlagepflicht, Befreiungs-/Aufrechnungs-
verbot **66** 20
– Einzelveräußerungswert **27** 18
– Erklärung ü. Einlageleistung **37** 3 ff.
– Ertragswert **27** 18
– Fälligkeit **63** 1 ff.
– fingierte **27** 25
– Forderungen **27** 14
– Forderungstausch **27** 14
– Gewinnverteilung s. dort
– Gründerlohn **27** 14
– grundstücksgleiche Rechte **27** 13
– Gründungsprüfung **33** 8; **34** 6 ff.
– Gründungssatzung, Kapitalerhöhung
206 1 ff.
– gutgläubiger Erwerb **54** 11 ff.
– Handelsregisteranmeldung s. Handelsregis-
teranmeldung – Gründung
– Heilung **27** 38 ff.
– Immaterialgüter **27** 13
– Kapitalerhöhung aus genehmigtem Kapital
205 1 ff.
– Kapitalerhöhung, bedingte **194** 1 ff.; **195** 6
– Kapitalnutzungsrechte **27** 14

– Kennzeichen **27** 13
– Know-how **27** 13
– körperschaftliches Hilfsgeschäft **27** 8
– Leistung **54** 25
– Leistung b. Gründung **36a** 3 ff.
– Mischeinlage **27** 30
– Mitgliedschaftsrechte **27** 13
– Nachgründung **52** 7
– Nachweis d. Verfügbarkeit **37** 7 ff.
– obligatorische Nutzungsrechte **27** 15
– Prüfung durch Registergericht **38** 13 f.
– Sach-/Rechtsgesamtheiten **27** 13
– Sach-/Rechtsmangel **27** 47
– Sachen **27** 13
– Satzungsbestimmungen **27** 31 ff.
– Schuldübernahme/-tilgung **27** 14
– Überbewertung **9** 10; **27** 20 ff.
– Übergang v. Sach- zu Bareinlage **27** 41
– Übertragbarkeit **27** 11
– Unmöglichkeit **27** 45
– Unterbewertung **9** 16; **27** 20
– Unterbilanz-/Vorbelastungshaftung **37** 10
– Unternehmenseinbringung **31** 1 ff.
– Vereinbarung **27** 7 ff.
– Vergleichsmiete **27** 18
– Verzug **27** 46
– Vollzugsgeschäft **27** 9
– Vorrang d. Bareinlage **54** 24
– Wiederbeschaffungswert **27** 18
– Willensmängel **27** 43 f.
Sachen
– Bewertung **27** 18
– Einlagefähigkeit **27** 13
Sachgründung
– Arbeitnehmervertreter **30** 8; **31** 1 ff.
– Aufsichtsratbestellung **31** 1 ff., 21 ff.
– Formmängel **27** 31 ff., 42
– Formwechsel, Aufsichtsratbestellung **31** 6
– Grundsatz d. realen Kapitalaufbringung **27** 3
– Gründungsbericht **32** 5 ff.
– Gründungsprüfung **33** 8; **34** 6 ff.
– Heilung **27** 38 ff.
– Leistungsstörungen **27** 42 ff.
– Mischeinlage **27** 30
– Nachgründungsverfahren **27** 39; s.a. Nachgründung
– Nebenabrede **27** 33
– Sacheinlage s. Sacheinlage – Gründung
– Sachübernahme s. Sachübernahme – Gründung
– Satzungsbestimmungen, fehlerhafte **27** 34 ff.
– Umgehung **27** 49 ff.; s.a. Verdeckte Sacheinlage
– Voraussetzungen, förmliche **27** 31 ff.
– Vorrang d. Bareinlage **27** 4
Sachkapitalerhöhung
– Aktienstückzahl **183** 15
– aus genehmigtem Kapital **205** 1 ff.
– Ausgabebetrag **183** 13
– Ausgabeverbot **191** 1, 4 ff.

– Begriff **183** 4 f.
– Beschluss **183** 10 ff.
– Beschluss, fehlerhafter **183** 16 f.; **189** 4, 7
– Beschluss, Handelsregisteranmeldung **184** 6, 9; **188** 32
– Besteuerung **183** 33
– Bezugsrecht **186** 1 ff.; s.a. dort
– Bezugsrecht, Verfügungsverbot **191** 1, 3
– Bezugsrechtsausschluss, Verhältnismäßigkeit **186** 35, 37
– Bezugszusicherungen **187** 1 ff.
– Differenzhaftung **183** 8 f.
– fingierte Sacheinlage **183** 4
– Freigabeverfahren **189** 7
– Gegenstand **183** 11 ff.
– Handelsregisteranmeldung **188** 4 f., 12 f.
– Handelsregistereintragung **188** 37 f.; **189** 1 ff.; **191** 1 ff.
– Handelsregistereintragung, Wirkung **183** 24 ff.; **189** 5
– Heilung **183** 24 ff.; **189** 5
– Kosten **183** 32
– mittelbares Bezugsrecht **186** 45 ff.
– Nachgründung **52** 9, 15
– Nennbetrag **183** 15
– Person d. Einlegers **183** 14
– Prüfung **183** 27 ff.
– Registerkontrolle **188** 36
– Sacheinlagevereinbarung **183** 18 ff.; 21 f.; **189** 5
– Unterpari-Emission **183** 27
– Verhältnis z. Bareinlage **183** 2
– Verhältnis z. Nachgründung **183** 6 f.
– Wirksamwerden **189** 1 ff.
– Zeichnungsschein **185** 1 ff.; s.a. dort
– Zeichnungsvertrag **183** 18; **185** 24 ff.; **189** 6
– Zeichnungsvorvertrag **185** 29; **187** 4
– Zwischenscheine, Ausgabeverbot **191** 1, 4 ff.
Sachliche Zuständigkeit
– FGG **14** 13 f.
Sachmangel
– Sachgründung **27** 47
Sachübernahme
– Begriff **27** 25
– Gründungsprüfung **33** 8; **34** 6 ff.
– Heilung **27** 38 ff.
– Kaufvertrag unter Gründern **26** 6
– Leistungsstörungen **27** 48
– Nachgründung **52** 7
– Satzungsbestimmungen **27** 31 ff.
– Sondervorteile **26** 6
– Überbewertung **26** 6; **27** 28
– Unternehmenserwerb **31** 1 ff.
– Vereinbarung **27** 25 ff.
– Verrechnungsabrede **27** 26
Sachverständige
– Prüfungsauftrag **111** 28
– Teilnahme an Aufsichtsratssitzungen **109** 8 ff.
Sammelverwahrung
– Aktienübertragung **10** 27 f.

– Aktienübertragung **68** 13 f.
– Begriff **68** 11 f.
– Bruchteilsgemeinschaft **10** 27
– Übertragung, Prüfungspflicht d. AG **68** 39
Sanierung
– Voreinzahlungen **188** 14 ff.
Sanierungsmaßnahmen
– Kapitalherabsetzung, vereinfachte **229** 1 ff.
Sanierungsverhandlungen **92** 8
Sarbanes Oxley Act
– Gesellschaftskredite **89** 1
Satzung
– Anlagen z. Anmeldung **37** 22 f.
– Autonomie **5** 1, 8 ff.
– Begriff **23** 2
– Bekanntmachung **23** 51; **25** 1 ff.
– Bestandteile **23** 4 ff.
– Durchbrechung **179** 19 ff.; **243** 14
– Rechtsnatur **23** 3
– Satzungsstrenge **23** 53 ff.; s.a. dort
– Verbriefungsanspruch **10** 32 ff.
– Verletzung **179** 16 ff.
– Verletzung, Anfechtung **243** 13 ff.
– Vor-AG **41** 21, 31
Satzung – Änderung
– Aktiengattungen **11** 4; **179** 15, 48 ff.
– Änderung v. Mehrheitserfordernissen **179** 15
– Anfechtung, Streitwert **247** 10
– Anmeldepflicht **181** 8 ff.
– Arbeitnehmerbeteiligung **202** 27; **203** 22 ff.
– bedingte Kapitalerhöhung **192** 9
– Bekanntmachung **181** 32 f.
– Berichtigung **27** 41
– Beschluss, Änderung **179** 47
– Beschluss, Anfechtbarkeit **181** 26 f.
– Beschluss, Aufhebung **179** 47
– Beschluss, bedingter/befristeter **179** 35 ff.
– Beschluss, fehlerhafter **179** 26; **181** 10, 24 ff., 39 ff.
– Beschluss, positive Stimmpflicht **179** 45 f.
– Beschlussfassung **179** 27 ff.
– Beschlussvorschlag **124** 29
– Bezugsrechtsausschluss **203** 20 ff.
– Einlagepflicht, Befreiungs-/Aufrechnungs-verbot **66** 29
– Erschwerung **179** 5
– Erzwingung **179** 45 f.
– faktische **179** 16
– Fassungsänderung **179** 8 f., 23 ff.
– formelle Bestandteile **179** 8 f.
– Formwechsel **179** 13
– Geschäftsjahr **179** 15
– Gesellschaftsdauer **179** 14
– Gesellschaftszweck **179** 10
– Gewinnverteilung **60** 16
– Grundkapital **7** 7, 9; **179** 12
– Gründungsaufwand **26** 22 f.
– Handelsregistereintragung **179** 47; **180** 16; **181** 22 ff.
– Handelsregistereintragung, fehlerhafte **181** 40 ff.

– Handelsregistereintragung, Wirkung **181** 34 f.
– Hauptversammlung, Bekanntmachung **124** 39
– Kapitalerhöhung aus genehmigtem Kapital **202** 15 f.
– Kapitalherabsetzung aus Aktieneinzie-hung **237** 3
– Kapitalherabsetzung, ordentliche **222** 6
– Mängel s. Anfechtbarkeit; Nichtigkeit; Un-wirksamkeit
– materielle Bestandteile **179** 7
– Mindestbetragsunterschreitung **8** 19 ff.
– nach Eintragung **27** 41
– Nebenleistungspflicht **55** 28 f.
– Nebenverpflichtungen **180** 1 ff.
– Neueinteilung d. Grundkapitals **8** 31 f.
– Neufassung **248** 9
– Registerkontrolle **181** 22 ff.
– Rückwirkung **179** 41 ff.
– sachliche Rechtfertigung **179** 44
– Sitzanpassung **5** 24
– Sitzverlegung **5** 23; **181** 4
– Sonderbeschluss **179** 48
– Sonderbeschluss, fehlerhafter **179** 57 f.
– Sondervorteile **26** 22 f.
– Übergang v. Sach- zu Bareinlage **27** 41
– Unternehmensgegenstand **179** 11, 16 ff.
– Unternehmensgegenstand, Heilung **276** 1 ff.
– Verbot **179** 5
– Verbriefungsanspruch **10** 34
– Verhältnis z. übertragenden Auflösung **179a** 5
– Vinkulierung **180** 1, 8 ff.
– vor Eintragung **27** 41
– Vorzugsaktien **140** 22; **141** 4 ff., 20
– Wechsel d. Aktientyps **8** 22
– Wirksamkeitsvoraussetzungen **179** 31 ff., 48 ff.
– Wirksamwerden **179** 47
– Wirkung v. Handelsregistereintragung **81** 15
– Zeitpunkt **179** 2 ff.
– Zulässigkeit **179** 1 ff., 34 ff.
– Zuständigkeit **179** 22 ff.
– Zustimmungserfordernisse **179** 48 ff.
Satzung – Festsetzungen
– Abstimmungsverfahren **133** 35, 65 ff.
– Abweichungsbefugnis s. Satzungsstrenge
– Abwicklerbestellung **265** 5 f.
– Aktienart **10** 10; **23** 49
– Aktiengattung **11** 4
– Arbeitnehmervertreter **101** 21; **102** 10
– Auflösungsgründe **262** 4 ff., 12; **274** 2 f.
– Aufsichtsrat, Amtsdauer **102** 7 f.
– Aufsichtsrat, Besetzung **95** 5 f.
– Aufsichtsrat, innere Ordnung **107** 2
– Aufsichtsrat, Vergütung **113** 6 ff.
– Aufsichtsrat, Zustimmungserfordernisse **111** 3, 37 ff.; s.a. Aufsichtsrat – Zustim-mung

– Auskunftsrecht d. Aktionärs **131** 7 f.
– Auslegung **23** 9 f.
– Berichtspflichten d. Vorstands **90** 5
– Beschlussfähigkeit d. Hauptversammlung **133** 8
– Beschlussfassung d. Aufsichtsrats **108** 5, 25 ff.
– Bild-/Tonübertragung d. Hauptversammlung **118** 46 ff.
– Corperate Governance Kodex **161** 48
– eingezahlter Betrag **23** 29
– Einstellungen in Gewinnrücklagen **58** 14 ff., 22 ff.
– Einziehung v. Aktien **237** 11 ff.
– Entsenderechte **101** 13; **102** 9
– Entsprechenserklärung **161** 27
– ergänzender Inhalt **23** 57
– Firma **23** 31
– formelle Bestimmungen **23** 6 f., 10
– Fristbestimmung f. Amtsniederlegung **30** 12
– Geschäftsführung **77** 2
– Geschäftsordnung d. Vorstands **77** 27
– Gesellschaftsblätter **25** 1 ff.
– Gewinnverteilung **60** 12 ff.; s.a. dort
– Gewinnverwendung **58** 41 f.
– Grundkapital **7** 7
– Gründungsaufwand **26** 16 f.
– Hauptversammlung, Kompetenzen **119** 2, 38 f.
– Hauptversammlung, Leitung **107** 20
– Hauptversammlung, Ort **121** 53 ff.
– Hauptversammlung, Teilnahmebedingungen **121** 35 ff.; **123** 10 f.
– Heilung **276** 1 ff.
– Höchststimmrechte **134** 19 f.
– Höhe d. Grundkapitals **23** 46
– indifferente Bestimmungen **23** 8
– Kapitalerhöhung, Mehrheitserfordernisse **182** 29 f.
– Mängel **23** 59 ff.; **262** 20 ff.; **274** 2 f.
– Mängel, Nichtigkeit d. AG **275** 1 ff.
– materielle Bestimmungen **23** 5, 9
– Mehrheitserfordernisse **133** 32 ff.
– Mitbestimmungsvereinbarungen **23** 69
– Nebenabreden **23** 64 ff.
– Nebenpflichten **54** 16; **55** 8 f.; **180** 1 ff.; s.a. Aktionäre – Nebenpflichten
– notwendiger Inhalt **23** 30 ff.
– Notwendigkeit anderer Regelungen **23** 52
– Prüfung durch Registergericht **38** 15 ff.
– Rederechtbeschränkung **131** 56 f.
– Sachdividende **58** 58
– Sachgründung, Beschlussfähigkeit d. Aufsichtsrats **31** 15 f.
– Schiedsgerichtsklausel **246** 33
– Sitz **5** 1 ff.; **23** 31
– Sonderbeschlüsse **138** 8
– Sondervorteile **26** 10 f.
– Stimmkraft **134** 33 f.
– Übertragung vinkulierter Aktien **68** 27, 29

– Ungleichbehandlung **53a** 27 ff.; s.a. Gleichbehandlungsgebot
– Unternehmensgegenstand **23** 32 ff.; **119** 38 f.
– Vermögensverteilung nach Auflösung **272** 8
– Voraussetzungen d. Aufsichtsratsmandats **101** 21, 23
– Vorstandsbezüge **87** 6
– Vorstandsmitgliederzahl **23** 50
– Wettbewerbsverbote **88** 3
– Zerlegung d. Grundkapitals **23** 47 f.
– Zustimmungsvorbehalte **133** 36
– zwingender Inhalt **23** 55
Satzung – Feststellung
– Aktienübernahme **29** 3
– Aktienübernahmeerklärung **23** 23 ff.
– Anfechtung **28** 5
– Anlagen z. Anmeldung **37** 23
– Begriff **23** 11
– Errichtung d. Gesellschaft **29** 2
– Form **23** 12 ff.
– Geschäftsunfähigkeit **28** 6
– Gründungsvertrag **2** 10
– Kosten **23** 63
– Mitwirkung **29** 2 f.
– Tod eines Gründers **28** 7
– Vertretung **23** 20
– Vorgründungsvertrag **23** 21 f.
Satzung – Gründung s.a. Errichtung
– Änderung v. Festsetzungen **27** 41
– Anlagen z. Anmeldung **37** 24
– Arbeitnehmerbeteiligung **202** 28; **203** 21
– Berichtigung **27** 41
– Bezugsrechtsausschluss **203** 20 ff.
– fehlerhafte Sachgründungsfestsetzungen **27** 34 ff.
– Formmängel **27** 31 ff., 42
– Gründerbegriff **28** 3 f.
– Heilung b. Sachgründung **27** 38 ff.
– Kapitalerhöhung aus genehmigtem Kapital **202** 14
– Mängel, Heilung **242** 24
– Nachgründungsverfahren **27** 39; s.a. Nachgründung
– Sacheinlageverpflichtung, Kapitalerhöhung **206** 1 ff.
– Sachgründung **27** 31 ff.
– Strohmann **28** 3 f.
– Stufengründung **28** 4
– Treuhandverhältnis **28** 3 f.
Satzungsstrenge
– Abweichungsbefugnis **23** 53 ff.
– ergänzende Satzungsregelungen **23** 57
– Funktion **23** 53
– Grundsatz **Einl.** 9
– KGaA **278** 35; **281** 8
– Kritik **23** 53
– zwingende Regelungen **23** 55
Schachtelgesellschaft
– Mitteilungspflichten **20** 1

Schadensersatz s.a. Haftung; Klageerzwingungsverfahren; Klagezulassungsverfahren; Sonderprüfer – Haftung; Sonderprüfung, Kostentragung
- Aktienrückerwerb nach Haftung **71** 67
- Bekanntmachungspflicht i.Zshg.m. Aufsichtsratszusammensetzung **97** 9
- Buchführungspflichtverstoß **91** 17 f.
- Entsprechenserklärung, fehlerhafte **161** 63 ff.
- Ersatzansprüche g. Vorstandsmitglieder **93** 65 f., 69
- Erwerb eigener Aktien, unwirksamer **71** 89
- Freigabeverfahren **246a** 29 ff.
- Insolvenzverschleppung **92** 18
- Kapitalerhöhung, Verstoß g. Ausgabeverbot **191** 5 ff.; **197** 2 ff.; **199** 8 f., 13
- Mitteilungspflichten **20** 45; **21** 8
- Mitteilungspflichten, WpHG **Anh. 22, 28 WpHG** 7 f.
- Nichtgeltendmachung **89** 4
- schädigende Einflussnahme **117** 20 ff.
- Sorgfaltspflichtverletzung **93** 25 ff.
- Stimmrechtsausübung durch Kreditinstitute **135** 51 ff.
- Treuepflichtverletzung **53a** 70; **93** 25 ff.
- Ungleichbehandlung **53a** 41
- Unterlassen d. Verlustanzeige **92** 10
- Verletzung d. Auskunftsrechts **131** 99
- Versammlungsleiter, Pflichtverletzung **136** 32
- Verschwiegenheitspflichtverletzung **93** 24 ff.
- Verstoß g. Stimmbindungsvertrag **136** 46
- Verstoß g. Zahlungsverbot **92** 22
- Verzug m. Einlagen **63** 24
- Vorbereitungs-/Aufklärungspflicht d. Vorstands **83** 13 f.
- Wettbewerbsverstoß **88** 12

Schiedsgerichtsvereinbarung
- Rechtskrafterstreckung **246** 36
- Zulässigkeit **246** 33 ff.

Schikaneverbot **90** 47

Schmiergelder **76** 14

Schuldübernahme **54** 21
- Einlagefähigkeit **27** 14
- Finanzierungsverbot beim Aktienrückerwerb **71a** 12; s.a. Finanzierungsverbot
- Vor-AG **41** 29 f.

Schütt-aus-hol-zurück-Verfahren
- verdeckte Sacheinlage **27** 63

Schutzgemeinschaftsvertrag
- Stimmbindungsvertrag **12** 22

Selbstbezichtigungsverbot **90** 54

Selbstkontrahierungsverbot
- Einpersonen-AG **42** 3
- Vorstandsmitglieder **78** 8

Selbstzeichnung
- abhängige Unternehmen **56** 12 ff.
- derivativer **56** 3
- EG-Recht **56** 6 f.
- Haftung **56** 29 ff.
- Handeln f. Rechnung d. Gesellschaft **56** 22
- Mehrheitsbesitz **56** 12 ff.
- mittelbare **56** 12 ff.
- mittelbare Stellvertretung **56** 19 ff.
- nachträgliche Übernahme f. eigene Rechnung **56** 28
- Neuemission **56** 23
- Rechtsfolgen **56** 9 ff., 17 f., 24 ff.
- Tatbestand **56** 8, 12, 19 ff.
- Umgehungsschutz **56** 12 ff.
- verbotene Erwerbsarten **56** 16, 21
- Verbotsadressaten **56** 8, 13 ff.
- Verbotsnorm **56** 1 ff.

Sevic Systems-Entscheidung **IntGesR** 38 ff.

Share deal
- Finanzierungsverbot **71a** 2; s.a. dort

Shareholder Value
- Unternehmensinteressen **76** 12 f.

Sicherheitenbestellung
- Finanzierungsverbot beim Aktienrückerwerb **71a** 11 ff.; s.a. Finanzierungsverbot
- zu Gunsten Vorstandsmitglied **89** 4

Sicherungseigentum
- Stimmrecht **12** 6

Sicherungsübereignung
- Erwerb eigener Aktien **71** 2

Sitz s.a. Gesellschaftsstatut
- Auslandssitz **5** 1, 18
- Bedeutung **5** 2 ff.
- Doppelsitz **5** 14 ff.
- Einladung z. Hauptversammlung **121** 26
- Enteignungsmaßnahmen **14** 15
- Gründungstheorie **IntGesR** 2 ff., 18 ff.
- Internationales Gesellschaftsrecht **IntGesR** 2, 4 ff.
- Ostgebiete **14** 16
- Satzungsbestimmungen **23** 31
- Satzungssitz, Anpassung **5** 24
- Satzungssitz, Ausnahmen **5** 12 f.
- Satzungssitz, Maßgeblichkeit **5** 5 ff.
- Satzungssitz, Regel **5** 8 ff.
- Sitztheorie **IntGesR** 2 ff., 12, 54 ff.
- tatsächlicher **5** 1
- Unzulässigkeit **5** 20 ff.
- Verhältnis z. Drittstaaten **IntGesR** 54 ff.
- Verwaltungssitz **IntGesR** 2

Sitz – Verlegung **5** 23
- anderer Gerichtsbezirk **45** 4 ff.
- Anmeldung **45** 3
- Doppelsitz **45** 17
- Drittstaaten **45** 30 ff.
- innerhalb d. EU **45** 18 ff.
- innerhalb d. Gerichtsbezirks **45** 16
- örtliche Zuständigkeit **14** 6
- Registergericht, Heilung v. Beschlüssen **242** 5
- Richtlinien-Vorentwurf z. Sitzverlegung **45** 25
- Satzungsänderung **181** 4
- Tätigkeit d. bisherigen Gerichts **45** 5 ff.
- Tätigkeit d. neuen Gerichts **45** 10 ff.

– Zweigniederlassung **45** 1
Sitzgericht
– Abberufung v. Aufsichtsratsmitgliedern
103 19
– Aufsichtsratszusammensetzung, gerichtliche Entscheidung **98** 2 f.
– Ergänzungsverfahren **104** 8
– Vormännerhaftung **65** 16
Sitztheorie
– Sitzverlegung in d. Ausland **45** 28, 33
– Sitzverlegung in d. Inland **45** 22
Societas Europaea
– Eingliederung **319** 7
– Rechtsentwicklung **Einl.** 11
Sofortige Beschwerde **99** 6 f.
– Auskunftserzwingungsverfahren **132** 22 ff.
– gerichtliche Ergänzung d. Aufsichtsrats
104 10, 28
Sonderberichte
– Vorstand **90** 33 ff., 57, 67; s.a. Sonderprüfung
Sonderbeschluss
– bedingte Kapitalerhöhung **192** 8
– Bestätigung durch neuen Beschluss **244** 13
– Bestimmung d. Verfahrensart **138** 11
– Einberufung d. Versammlung **138** 11
– fehlerhafte **138** 21; **179** 57 f.
– gesetzliche **138** 4 ff.; **179** 48 ff.
– gesonderte Abstimmung **138** 2, 9, 12 ff.;
179 54
– gesonderte Versammlung **138** 2, 9, 16 f.;
179 54
– Kapitalherabsetzung, ordentliche
222 23 ff.
– Minderheitenschutz **138** 18 f.
– Satzungsänderung z.N.v. Aktiengattung
179 48 ff.
– satzungsrechtliche **138** 8
– Stimmrechtsausübung **138** 15
– über Geschäftsführungsmaßnahmen **138** 7
– über Hauptversammlungsbeschlüsse
138 5 f.; **179** 48
– Unternehmensverträge, Änderung
295 22 ff.
– Unternehmensverträge, Aufhebung
296 10 ff.
– Unternehmensverträge, Kündigung **297** 1
– vinkulierte neue Aktien **182** 27, 33 ff.
– Vorzugsaktionäre **141** 34 ff.; s.a. Vorzugsaktien – stimmrechtslose
– Wirkung **138** 20
Sonderprüfer
– Aufgaben **258** 13; **259** 1 ff.
– Rechtsstellung **258** 26
Sonderprüfer – Auswahl
– Ausschlussgründe, Einzelprüfer **143** 10 ff.
– Ausschlussgründe, Prüfungsgesellschaften
143 25 f.
– Ausschlussgründe, Verstöße **143** 27 ff.
– Eignung **143** 4 ff.
– Eignung, fehlende **143** 7 ff.; **144** 21
– Eignung, Zeitpunkt d. Vorliegens **143** 10

– Grundsätze **143** 1 f.
Sonderprüfer – Bestellung durch d. HV
– Auslegung d. Prüfungsauftrags **145** 4
– Beschlussfassung **142** 25
– Bestimmtheit **142** 26
– Ersetzung bestellter Prüfer **142** 63 ff., 77
– fehlerhafter **142** 33
– Mehrheitserfordernisse **142** 24
– Prüferauswahl **142** 26
– Stimmverbote **142** 27 ff.
– Verstoß g. Ausschlussgründe **143** 27 f.
– Vertragsschluss **142** 34 ff.
– Widerruf d. Bestellung **142** 75
– zeitlicher Rahmen **142** 22 f.
Sonderprüfer – gerichtliche Bestellung
– Aktienbesitzzeit **142** 42 ff.
– Anhörung **258** 20
– Antragsberechtigung **142** 38 ff.; **258** 14 f.
– Antragsfrist **142** 47, 66; **258** 17
– Auslagenersatz **142** 70, 72
– Ausschlussgründe **258** 25
– Entscheidung **258** 21 f.
– Ersetzung bestellter Prüfer **142** 63 ff., 77
– Form **142** 46; **258** 16
– Fünf-Jahres-Frist **142** 50 f.
– Kostentragung **146** 1 ff.
– Missbrauch **142** 57 ff.
– Mitteilung an d. BaFin **261a** 1 f.
– Qualifikation **258** 24
– Quorum **142** 7, 38, 64
– Rechtsmittel **142** 62, 69; **258** 23
– Satzungsverletzungen **142** 54
– Tatverdacht **142** 55 f.
– Unredlichkeiten **142** 52 f.
– Verfahren **142** 60 f., 67; **258** 19
– Verfahrenskosten **258** 22
– Vergütung **142** 71 f.
– Verhältnis z. Klageverfahren **258** 4
– Verhältnismäßigkeitsprüfung **142** 52
– Verstoß g. Ausschlussgründe
143 29 f.
– Vertragsschluss **258** 26
– Voraussetzungen, materielle **142** 48 ff.
– Widerruf **142** 76
– Zuständigkeit **142** 60
Sonderprüfer – Haftung **258** 27
– Beweislast **144** 18
– deliktische **144** 25
– Gewissenhaftigkeit **144** 7
– ggü. Dritten **144** 22 ff.
– ggü. Gesellschaft **144** 17 ff.
– Haftungsausschluss **144** 20
– Haftungsbegrenzung **144** 19, 24
– Personenkreis **144** 5, 18
– Schadensersatzpflicht **144** 19
– Sorgfaltsmaßstab **144** 1, 6, 18
– Unparteilichkeit **144** 8
– Verjährung **144** 20
– Verschwiegenheit **144** 9 ff.
– vertragliche **144** 2, 17 ff., 22 ff.
– Verwertungsverbot **144** 13 ff.
– vorvertragliche Haftung **144** 21 ff.

Sonderprüfer – Prüfungsvertrag
- Auflösung kraft Ersetzung **142** 68, 77
- Auskunftsrecht **258** 27
- Auslagenersatz **258** 27
- gerichtliche Bestellung **258** 26
- Pflichten d. Prüfers **144** 2
- Vergütung **258** 27
- Vertragsschluss **142** 34 ff.
- Widerruf d. Bestellung **142** 75

Sonderprüfung s.a. Klageerzwingungsverfahren; Klagezulassungsverfahren
- Abhängigkeitsbericht s. dort
- Anhangsmängel **258** 10 f.
- Anlass **258** 6
- Aufklärungs-/Nachweisrecht **145** 10 ff.
- Auskunftspflicht **145** 10 ff.
- Auskunftspflicht verbundener Unternehmen **145** 15 ff.
- Auskunftspflicht, Verletzung **145** 19 ff.
- Auslegung d. Prüfungsauftrags **145** 4
- Berichtspflichtverletzung **403** 1 ff.
- Einsichts-/Prüfungsrecht **145** 6 ff.
- Ermessensumfang **145** 4 f.
- Folgeentscheidungen **145** 34 f.
- Geheimhaltungsbedürfnis **145** 25 ff.
- Geheimhaltungspflichtverletzung **404** 5 f.
- Geschäftsführungsmaßnahmen **142** 14 ff.
- Gründungsvorgänge **142** 12 f.
- Historie **142** 3 ff.
- Jahresabschluss **142** 19
- Kapitalmaßnahmen **142** 20
- KGaA **283** 11
- Konzern **142** 3; **315** 1 ff.; s.a. Abhängigkeitsbericht – Sonderprüfung
- Kostentragung **146** 1 ff.
- Kreditinstitute **258** 12
- Mitteilungspflichten **142** 73 f.; **261a** 1 f.
- Prüfungsgegenstände **142** 8 ff.
- Quorum **258** 3, 14
- Regressanspruch g. Antragsteller **146** 2, 9 ff.
- Regressanspruch g. Schädiger **146** 18
- Überbewertungen **258** 7 f.; **259** 5
- verbundene Unternehmen **142** 18
- Vorrang ggü. Enforcement **142** 73 f.
- Zeugenstellung d. Prüfers **145** 35
- Zufallsfunde **145** 24
- Zweck **142** 1 f.; **258** 3

Sonderprüfung – Bericht **145** 35
- Abschriften **145** 33
- Anhangsprüfung **259** 11 ff.
- Auffassung d. Prüfers **145** 23
- Bekanntmachung **259** 14
- Erzwingung **145** 36
- Folgeentscheidungen **145** 34 f.
- Form **145** 22
- Geheimhaltungsbedürfnis **145** 25 ff.
- gerichtliche Überprüfung **260** 1 ff.
- Handelsregister **145** 32
- mehrere Prüfer **259** 2
- Überbewertungen **259** 5
- Umfang **145** 22

- Unterbewertung **259** 7 ff.
- Unterzeichnung **145** 32; **259** 2
- Vollständigkeit **259** 3
- Vorlage **145** 32; **259** 2, 4
- Vorlage an d. Aufsichtsrat **145** 33
- Zufallsfunde **145** 24
- Zweck **145** 22

Sonderprüfung – Unterbewertung
- Abschreibungsmethoden **259** 8
- Bericht **259** 7 ff.
- Bewertungsmethoden **259** 8
- Bilanzposten **258** 7
- Definition **258** 8
- Ertragsverwendung **261** 11 f.
- gerichtliche Überprüfung **260** 1 ff.
- Höchstansatz **259** 9
- Höherbewertung **261** 2 ff.
- Kompensation **258** 7
- Korrektur **261** 1 ff.
- maßgeblicher Zeitpunkt **259** 7
- Mindestansatz **259** 9
- Überbewertung **258** 7 f.
- Vorrang **142** 21; **258** 4
- Wesentlichkeit **258** 9; **259** 10

Sonderrücklage
- Bilanzansatz **58** 36, 63
- Einstellungsberechtigte **58** 35
- fehlender Überschuss **58** 34
- GuV **58** 36
- Passivposten d. Steuerbilanz **58** 33
- Wertaufholungen **58** 31 f.

Sonderverwahrung
- Abtretung d. Herausgabeanspruchs **10** 26

Sondervorteile
- Anfechtung **243** 16 ff.
- Anfechtungsbefugnis **245** 24
- angemessener Ausgleich **243** 21 ff.
- Begriff **26** 4 f.
- Bevorzugung **243** 17
- Einzelfälle **243** 18
- Erlöschen d. Anspruchs **26** 12
- Festsetzungsmängel **26** 19 f.
- Gegenleistung **26** 5
- Gewinnverwendung, Anfechtung **254** 7
- KGaA **281** 5
- nicht vemögensrechtliche **26** 7
- Rechtsnatur **26** 4 f.
- Satzungsänderung **26** 22 f.
- Satzungsbestimmungen **26** 10 f.
- Schaden d. AG **243** 19
- Schranken **26** 8 f.
- Unwirksamkeit **26** 20
- Verbot **12** 24; **243** 16 ff.
- Verbot d. Einlagenrückgewähr **26** 8
- verdeckte Zusage **26** 5
- vermögensrechtliche **26** 6
- Vorsatz **243** 20
- Zulässigkeit **26** 6 ff.

Sorgfaltspflicht
- Vorstandsmitglieder **93** 5 ff.

Spaltgesellschaft
- örtliche Zuständigkeit **14** 15

Spaltung
- Abwicklungsstadium **268** 4
- Informationspflichtverletzung **243** 32 ff.
- Kapitalerhöhung, bedingte **192** 17
- Mängel, Heilung **242** 23
- Nachgründung **52** 8
- Unternehmensverträge, Auswirkungen **297** 34
Spenden 76 13
- Geschäftsführungsangelegenheiten **93** 8
Sprecherausschuss
- Antragsbefugnis im Spruchverfahren **98** 10, 12
Spruchverfahren
- Abfindungsergänzungsanspruch **305** 128
- Abfindungshöhe **305** 141 f.
- Abfindungshöhe, Anpassung **305** 143 ff.
- Anhörung **99** 5
- Anpassung d. Ausgleichsanspruchs **304** 141 f.
- Antragsbefugnis **98** 8
- Antragsbekanntmachung **99** 4
- Bekanntmachungssperre **98** 17
- Delisting **119** 50
- Eingliederungsbeschluss **320b** 16 ff.
- Entscheidungsausspruch **98** 18 ff.
- Entscheidungswirkung **304** 115 ff.
- fehlende Abfindungsregelung **305** 138
- freiwillige Gerichtsbarkeit **99** 2 f.
- Kündigungsrecht **304** 116 f.; **305** 127 ff.
- örtliche Zuständigkeit **14** 7 f.
- Rechtskraft **99** 9
- Rechtsmittel **99** 6 ff.
- Schätzung d. Unternehmenswerts **305** 61
- schwebendes, Ausübung d. Option **305** 132 ff.
- Squeeze-out, Abfindung **327f** 22
- Streit über Umsatzverhältnis **98** 16
- übertragende Auflösung **179a** 29
- Verfahren **99** 1 ff.
- Verfahrenskosten **99** 12
- Wirkung d. gerichtlichen Entscheidung **99** 9 ff.
- Zulässigkeit **304** 110; **305** 140
- Zweck **304** 114
Squeeze-out
- Abgrenzung z. Ausschluss bei Übernahme **Vor 327a** 6 ff., 27
- Abgrenzung z. Einziehung **Vor 327a** 17
- Abgrenzung z. Kaduzierung **Vor 327a** 17
- Abgrenzung z. Mehrheitseingliederung **Vor 327a** 13 ff.
- Abgrenzung z. übertragenden Auflösung **Vor 327a** 10 ff.
- Abhängigkeitsverhältnis **Vor 327a** 18 f.
- Ablauf **Vor 327a** 4
- Abschriften **327c** 30
- Ad-hoc-Mitteilung **Vor 327a** 26
- Berichtspflichten **327c** 4 ff.; **327d** 3 f.
- Bestandsschutz **179a** 2, 25
- Beteiligungshöhe **327a** 5 ff.
- börsennotierte AG **Vor 327a** 24 ff.

- Delisting **Vor 327a** 28
- Freigabeverfahren **327e** 7 ff.
- Handelsregistereintragung **327e** 1 ff., 17 ff.
- Hauptaktionär, Begriff **327a** 3 ff.
- Hauptversammlung **327a** 19 f.; **327c** 1 ff.; **327d** 1 ff.
- Hauptversammlungsbeschluss **327a** 21 ff.; **327d** 1 ff.
- Hauptversammlungsbeschluss, Anfechtungsgründe **327f** 4 ff.
- Hauptversammlungsbeschluss, Mängel **327c** 10, 20, 31; **327e** 27; **327f** 7 f.
- Hauptversammlungsbeschluss, Negativerklärung **327e** 5 f.
- Hauptversammlungsbeschluss, Nichtigkeit **327f** 3
- Informationspflichtverletzung **243** 32 ff.
- Informationsrecht d. Aktionäre **327c** 4 ff., 26 ff.; **327d** 2, 5 ff.; **327f** 9
- KGaA **Vor 327a** 1; **327a** 1, 24
- Konzernverhältnis **Vor 327a** 18 f.
- Rechtsmissbrauch **327f** 13 ff., 20
- Rechtsnatur **Vor 327a** 20
- Rechtsschutz d. Minderheitsaktionäre **327f** 1 ff.
- Registerkontrolle **327e** 3
- Rücksichtnahmegebot **243** 11
- sale of assets s. Übertragende Auflösung
- Tagesordnung **327c** 2 f.
- Treuepflicht **327f** 10 f., 19
- Überblick **Vor 327a** 1
- Umgehung **179a** 25
- Verlangen, Erklärung **327a** 16 ff.
- Voraussetzungen **327a** 1 ff.
- Vorstand, Rechtsstellung **Vor 327a** 20, 21 ff.
- Zulässigkeit **Vor 327a** 5
- Zweck **Vor 327a** 2 f.
Squeeze-out – Barabfindung
- abzugsfähige Positionen **327b** 7 f.
- Anspruchsentstehung **327b** 19
- Anspruchsinhaber **327b** 12 ff., 27
- Bekanntmachung **327e** 25
- Besteuerung **327b** 23
- Bewertungsverfahren **327b** 2
- Bezugsrechtsinhaber **327b** 13 ff.
- Bindungswirkung **327b** 10 f.
- Börsenkurseinfluss **327b** 3
- Fälligkeit **327b** 19
- Festlegungszeitpunkt **327b** 9
- Gewährleistung, Bindungswirkung **327b** 48
- Gewährleistung, Erklärung **327b** 39 ff.
- Gewährleistung, Kreditinstitut **327b** 27 ff.
- Gewährleistung, Umfang **327b** 35 ff.
- Gewährleistung, Vertragsbeziehung **327b** 45 ff.
- Informationsrechte **327b** 24 ff.
- Prüfung **327c** 11 ff.; **327d** 10
- Sicherungsfall **327b** 33 f.
- Spruchverfahren **327f** 22
- Stichtag **327b** 4 f.

– Untergrenze **327b** 3, 6, 11
– Verjährung **327b** 22
– Verzicht/Stundung **327b** 18
– Verzinsung **327b** 20 f.
Staffelregress 65 10 ff.
Stakeholder 76 12
Stammaktien
– Einziehung **237** 8
Statusverfahren
– Ablauf **97** 1 ff.
– Anfechtung d. Bekanntmachung **97** 16
– Antragsberechtigung **98** 5 ff.
– Anwendungsbereich **97** 4 ff.
– Aufsichtsratsbesetzung **96** 15, 27
– Bekanntmachungsinhalt **97** 11
– Bekanntmachungspflicht **97** 7 ff.; **99** 11
– gerichtliche Entscheidung **97** 16; **98** 1 ff.
– unverzügliche Bekanntmachung **97** 10
– Wirksamkeit d. Bekanntmachung **97** 12
– Wirkungen d. Bekanntmachung **97** 13 ff.
Steering Committee 76 5
Stellvertretung
– Aktienerwerb **56** 19 ff.
– Aufsichtsratsmitglieder **101** 27
– Aufsichtsratsvorsitzender **107** 23 ff.
– Begebungsvertrag **10** 17
– Erwerb eigener Aktien **71a** 23 ff.; **71d** 1 ff.; **71e** 10
– Kreditgewährung durch AG **89** 13
– Vorstand **88** 4; **89** 6
– Vorstandsmitglied s. Vorstandsmitglieder – stellvertretende
Steuerbilanz
– Passivposten **58** 33; s.a. Bilanz
Steuern
– Auskunftsverweigerung d. Vorstands **131** 67 f.
– Gründungsaufwand **26** 14
Stichentscheid 77 12
– Aufsichtsratsvorsitzender **108** 25
Stiftung
– Gründerfähigkeit **2** 4
– Unternehmensbegriff **15** 65
Stille Gesellschaft
– atypische **292** 24
– Einlagefähigkeit v. Anteilen **27** 13
– fehlerhafte **293** 48 ff.
– Mehrheitsbeteiligung **16** 6, 15
– Teilgewinnabführungsvertrag **292** 23 ff.
Stille Reserven
– Auskunftsverweigerung d. Vorstands **131** 69
– Begriff **58** 9
– Beteiligung durch Genussrechte **221** 61, 73
Stimmbindungsvertrag
– Abhängigkeitsprüfung **17** 23 ff.
– Abhängigkeitsvermutung **17** 55 f.
– Anfechtbarkeit **243** 15
– Anteilszurechnung **16** 14, 29
– Durchsetzung **136** 46
– Erfüllungsklage **12** 23
– Formen **136** 37

– KGaA **285** 12
– Kündigung **136** 37
– Nichtigkeit **12** 22
– Schadensersatz **12** 23; **136** 46
– Schranken **136** 38 ff.
– Stimmbindungsverbot **12** 22
– Treupflicht **12** 24
– Verstoß **136** 37, 46
– Weisungen **136** 38 ff.
– Zulässigkeit **12** 22 f.; **136** 34 ff.
Stimmbote 134 63
– Aufsichtsratbeschluss **108** 19; **109** 17; **111** 56
Stimmenmehrheit s.a. Hauptversammlung – Abstimmung; Mehrheitsbeteiligung
– Abgrenzung z. Kapitalmehrheit **133** 30 f.
– Beherrschungs-/Abhängigkeitsverhältnis **17** 20 ff.; s.a. Mehrheitsbeteiligung
– stimmberechtigte Aktien **133** 9
Stimmenmehrheit – einfache
– Enthaltungen **133** 26
– Grundsatz **133** 1, 28
– Präsenzliste **133** 24
– ungültige Stimmen **133** 27
Stimmenmehrheit – qualifizierte
– Abberufung v. Aufsichtsratsmitgliedern **133** 29
– Einstimmigkeit **133** 33
– Satzungsbestimmungen **133** 32 ff.
– Sonderbeschlüsse **133** 29
– Verfahrensregelungen **133** 35, 65 ff.
Stimmrecht s.a. Abstimmungsvorschlag; Hauptversammlung – Einberufung/-Wahlen; Mehrheitsbeteiligung; Record Date
– Abspaltungsverbot **12** 4, 6 f.; **133** 14; **134** 38
– Aktienteilrecht **12** 8
– Aufleben, Vorzugsaktien **140** 13 ff.; **141** 2, 38
– Aufsichtsratsmitglieder **108** 12, 26
– aus fremden Aktien **135** 1 ff.; s.a. Kreditinstitute – Stimmrechtsausübung
– Ausübung **12** 8
– Ausübung außerhalb d. Hauptversammlung **118** 21
– Ausübungsbedingungen **121** 35 ff.; **123** 9 ff.
– Beginn **134** 9
– eigene Aktien **12** 17
– gesetzliche Vertretung **134** 60 f.
– Gleichbehandlungsgebot **53a** 24; **134** 35
– Grundsatz **12** 1
– Höchststimmrechte **12** 13; **134** 12 ff.
– Inhaber **134** 7
– Interessenkollision **12** 18
– Kauf/Verkauf **405** 5
– KGaA **285** 8 ff.
– Kumulierung **22 WpHG** 3
– Legitimation **123** 2, 15 ff.
– Legitimationsaktionär **134** 62; s.a. Kreditinstitute – Stimmrechtsausübung
– mehrere Aktien **12** 9

– Mehrstimmrecht **12** 1; s.a. dort
– Nichtausübung **133** 15
– Nießbrauch **134** 8
– Quotenerhöhung beim Halten eigener Aktien **71b** 6
– Ruhen **12** 14 ff.
– Stimmbindungsvertrag s. dort
– Stimmbote **134** 63
– Stimmkraft **12** 5; **134** 6, 9 f., 33 f.
– Stimmrechtsausübung d. Verkäufers **123** 27
– stimmrechtslose Vorzugsaktie **11** 16; **12** 10 ff.
– teilweise Einlagenerbringung **134** 29 ff.
– treuwidrige Ausübung **53a** 63
– verdeckte Vollmacht **135** 1 ff.; s.a. Kreditinstitute – Stimmrechtsausübung
– Vollmacht d. Erwerbers **123** 28
– Vorzugsaktien **133** 14; **139** 3
– Weisungen an Stimmvertreter **135** 23 ff., 36 ff.
– Wiedererlöschen d. Stimmrechts **140** 22
– Zurechnung **134** 21 ff.
– Zustimmungsvorbehalte **133** 36
Stimmrecht – Ausübung s.a. Hauptversammlung – Abstimmung
– Abgabe **133** 15
– Abstimmungsarten **134** 66 f.
– durch Dritte **133** 14; **134** 36 ff. s.a. Stimmrecht – Vollmacht
– Enthaltung **133** 15, 26
– Ergebnisermittlung **133** 22 ff.
– Ergebnisfeststellung **133** 37, 42
– Ergebnisverkündung **133** 38 ff.
– geheime Abstimmung **134** 68 f.
– Kreditinstitute **128** 14 ff.
– Nichtausübung **133** 15
– Ordnungswidrigkeiten **405** 5
– Sonderbeschlüsse **138** 15; s.a. dort
– Treuepflichtverletzung **243** 5
– Übermittlung d. Stimmen **133** 16
– uneinheitliche Stimmabgabe **133** 19 ff.
– ungültige **133** 27
– verdeckte **135** 1 ff.; s.a. Kreditinstitute – Stimmrechtsausübung
– Verfahrensregelungen **134** 35, 65 ff.
– Widerruf d. Stimmabgabe **133** 18
– Wirksamkeit **133** 17
Stimmrecht – Verbot
– Abhängigkeitsvermutung **17** 57
– Adressaten **136** 6 ff.
– Aktionäre in Fom beteiligter Gesellschaften **136** 10 f., 13, 16
– Aktionäre m. Drittgesellschaftsbeteiligung **136** 10 f., 12, 14
– Aktionäre, Angehörige/Erben **136** 18
– Aktionäre, Mitberechtigte **136** 17
– analoge Anwendung v. Vorschriften **136** 27 ff.
– Aufsichtsratsmitglieder **108** 12
– Befreiung v. Verbindlichkeit **136** 24 f.
– Doppelmandatsträgerschaft **308** 8

– Einmann-AG **136** 6
– Entlastungsbeschluss **136** 20 ff.
– Kapitalherabsetzung **136** 25
– KGaA **285** 11 ff.
– Ordnungswidrigkeit **136** 33; **405** 5
– Rechtsfolgen **136** 31
– Sicherheitengeber **136** 9
– Sonderprüfungsbeschluss **142** 27 ff.
– Stimmbevollmächtigte **136** 7 f.
– Teilausschluss **12** 11
– Verstoß **136** 31 ff.
– Zulässigkeit **12** 10
– Zustimmungserfordernis **12** 12
Stimmrecht – Verzicht
– Abhängigkeitsvermutung **17** 55 f.
Stimmrecht – Vollmacht
– Abhängigkeitsprüfung **17** 23 ff.
– Abspaltungsverbot **134** 38
– Aktionärsvereinigungen **135** 1 ff., 57, 62 ff.
– Amtswalter **134** 61
– Benennung durch AG **134** 55 ff.
– Bevollmächtigter **134** 50 ff.
– Erteilung **134** 39
– Finanzdienstleistungsinstitute **135** 55, 62 f.
– Formerfordernisse **134** 40 ff.
– geschäftsmäßig handelnde Vertreter **135** 59 f., 62 ff.
– gesetzliche Vertretung **134** 60 f.
– Gruppenvertreter **134** 54
– Haftung **134** 64
– Kreditinstitute **135** 1 ff.; s.a. Kreditinstitute – Stimmrechtsausübung
– Kritik/Perspektiven **135** 68 ff.
– Legitimationsaktionär **134** 62; s.a. Kreditinstitute – Stimmrechtsausübung
– Nachweis eigener Berechtigung **134** 46 ff.
– Ordnungswidrigkeiten **405** 5
– proxy-voting **134** 55 ff.; **135** 69
– Prüfung durch Versammlungsleiter **136** 31
– Rechtsentwicklung **135** 1 ff.
– Stimmbote **134** 62
– Stimmverbot **136** 7 f.
– Treuepflicht **135** 66 f.
– verdeckte **135** 1 ff.; s.a. Kreditinstitute – Stimmrechtsausübung
– Widerruf **134** 39
– Zulässigkeit **134** 36 ff.
– Zurechnung **134** 64
Stimmrechts-Stripping 123 4
Stock appreciation rights
– Aufsichtsratsvergütung **113** 31
Stock Options s.a. Aktienoptionen
– Bezugsrecht **221** 94
Straftatbestände
– Abschlussprüfer **403** 1 ff.; **404** 5 f.
– Abschlussprüfung, Berichtspflichtverletzung **403** 1 ff.
– Abwickler **399** 7, 17; **400** 4; **404** 5 f.
– Aufsichtsratsmitglieder **399** 6 ff.; **400** 4; **404** 5 f.
– Entsprechenserklärung **161** 79

– falsche Angaben **399** 9 ff.
– Geheimhaltungspflichtverletzung **404** 1 ff.
– Gründer **399** 4, 12 f.; **400** 12 ff.
– Gründungsprüfung, Berichtspflichtverletzung **403** 1 ff.
– Gründungsschwindel **399** 12 f.
– Hinterlegungsbescheinigungen, Fälschung **402** 1 ff.
– Insolvenz **401** 1 ff.
– Kapitalerhöhungsschwindel **399** 15 f., 19
– KGaA-Gesellschafter **408** 1 ff.
– öffentliche Ankündigung v. Aktien **399** 14
– Schutz d. guten Glaubens **399** 1
– Sonderprüfung, Berichtspflichtverletzung **403** 1 ff.
– Überschuldung **401** 1 ff.
– unrichtige Darstellung **400** 5 ff.
– Urkundsdelikte **402** 9
– Verletzung d. Auskunftsrechts **131** 100
– Verschweigen erheblicher Tatsachen **399** 10 f.
– Verschweigen erheblicher Verluste **401** 1 ff.
– Vorstandsmitglieder **399** 5 ff., 18; **400** 4; **401** 1 ff.; **404** 5 f.
– Zahlungsunfähigkeit **401** 1 ff.
Streifbanddepot
– Abtretung d. Herausgabeanspruchs **10** 26
Streitgenossenschaft
– Anfechtungsprozess **246** 26 f.
Streitschlichtung
– Einfluss auf Beherrschungsmöglichkeit **17** 47
Streitwert
– Entlastungsbeschluss **247** 8 f.
– Ermessen **247** 3 ff.
– Feststellung d. Unwirksamkeit d. Widerrufs **84** 54
– Höchstgrenze **247** 14 f.
– Jahresabschlussprüfung **247** 13
– Kapitalmaßnahmen **247** 12
– Klagehäufung **247** 16 f.
– mehrere Streitgegenstände **247** 1
– Prozesskostenhilfe **247** 26 f.
– Satzungsänderungen **247** 10
– Spaltung **247** 18 ff.
– Streitwertbemessung **247** 2 ff.
– Wahlbeschlüsse **247** 7
Strohmann
– Gründereigenschaft **28** 3
– Gründerhaftung **46** 22
– Gründungsprüfung **33** 6
– Rückgewähr verbotener Leistungen **62** 9
Stückaktien
– Begriff **1** 28; **8** 11
– Beteiligungsverhältnisse, Beibehaltung **182** 3
– Betragsänderung **8** 15
– Betragsfestsetzung **8** 14 f.
– Einziehung **237** 41 f.
– geringster Ausgabebetrag **9** 3
– Gewinnverteilung **60** 5

– Kapitalmehrheit **16** 7
– niedrigster Anteilswert **8** 12
– Satzungsbestimmungen **23** 27, 47 f.
– Unteilbarkeit **8** 24 ff.; s.a. Auf-/Abspaltungsverbot
– Vorteile **8** 5
– Wechsel d. Aktientyps **8** 22
Stufengründung
– Gründereigenschaft **28** 4
– Unzulässigkeit **29** 3
Stundung
– Ansprüche gg. Vorstandsmitglied **89** 4
Suspendierung
– Vorstand **84** 59

Tagesordnung
– Aktionärsrichtlinie, Tagesordnung **124** 4
– Bekanntmachung **124** 5 ff.
– Beschlussvorschlag **119** 40
– Einberufungsformalien **121** 39; **124** 5 ff.
– Ergänzung **122** 23, 25 f.; **124** 11 ff.
– ordnungsgemäße Bekanntmachung **124** 44 ff.
Talon **58** 54; **75** 12
– Unterzeichnung **13** 3
Tantieme
– Aufsichtsrat **113** 31 f.
– KGaA **288** 19
– Vorstandsbezüge **87** 4, 7 f.
Tätigkeitsverbot
– Vorstandsmitglieder s. Vorstandsmitglieder – Wettbewerbsverbot
Teilbeherrschungsvertrag
– Begriff **291** 30 f.
Teilgewinnabführungsvertrag
– abzuführender Gewinn **300** 25
– Begriff **291** 52, 55; **292** 15
– besondere Gestaltungen **292** 47 ff.
– einzelne Transaktionen **292** 28
– fehlerhafte **293** 47
– Genussrechte **221** 42; **292** 26
– gesetzliche Rücklage **300** 21 ff.
– Handelsregisteranmeldung **294** 5
– Höchstbetrag **301** 10 ff.
– stille Gesellschaft **292** 23 ff.
– Verlustübernahme, Geltungsbereich **302** 17
– Vertragsinhalt **292** 16 ff.
– Zinsabreden **292** 27
Teilnahmerecht s.a. Aktionäre; Aufsichtsrat – Sitzungen; Hauptversammlung
– Vorzugsaktionäre **140** 4 ff.
Teilnehmerliste
– Aktualisierung **133** 24
– verdeckte Stimmrechtsvertretung **135** 21
Teilnehmerverzeichnis
– Änderungen **129** 16
– Eigenbesitz **129** 18
– Einmann-AG **129** 13
– Form **129** 14
– Fremdbesitz **129** 19 f.
– Inhalt **129** 17 ff.

– Legitimationsaktionäre **129** 20
– Pflicht **129** 12
– Stellvertreter **129** 18
– Stellvertreter, verdeckte **129** 19
– unrichtige Angaben **405** 4
– Vollversammlung **129** 13
– Zeitpunkt **129** 15
– Zugänglichmachen **129** 22 ff.
Telefonkonferenz
– Aufsichtsratssitzung **110** 19 f.
Tender offer 71 26 ff.
Testamentsvollstrecker
– Stimmrechtsausübung **134** 61
Tochtergesellschaft s.a. Beherrschungs-/Abhängigkeitsverhältnis
– Aktienoptionsplan **192** 23
– Begriff **Anh. 22, 22 WpHG** 7 ff.
– Berichte d. Vorstands **90** 31 f.
– Erwerb v. Finanzierungstiteln **221** 108 f.
– Genussrechte **221** 91 ff.
– mehrstufiger Konzern **291** 34
– Nachgründung **52** 22
– Umhängung **119** 32, 35
– Verträge m. Aufsichtsratsmitgliedern **114** 13 f.
– Zurechnung v. Stimmrechten **Anh. 22, 22 WpHG** 5 ff.
– Zustimmung **111** 52 ff.; **293** 30 ff.
Transferable put rights 71 29 f.
Transparenzrichtlinie Anh. 22, Vor 21 WpHG 3; **Anh. 22, 22 WpHG** 4
TransPuG
– Auskunftsanspruch **131** 2
– Berichtspflichten d. Vorstands **90** 1, 31, 42
– Rechtsentwicklung **Einl.** 10
– Sachdividende **58** 57; s.a. dort
– Übertragung d. Hauptversammlung **118** 5
Treasury shares 71 9
Treuepflicht
– Eingliederung, Haftung **323** 18
– Gewinnverwendung, Anfechtung **254** 6
– KGaA-Komplementäre **284** 1 f.
– Kommanditaktionäre **284** 11
– Nachteilszufügung d. Muttergesellschaft **311** 111
– Squeeze-out **327f** 10 f., 19
– Verhältnis z. Auskunftsrecht **131** 5
– Verletzung, Anfechtung **243** 3 ff.
– Vorstandsmitglieder **76** 7
Treuepflicht – mitgliedschaftliche
– EG-Recht **53a** 43
– Förderpflicht **53a** 58
– Geltung zw. Aktionären **53a** 49 f., 54 ff.
– Geltung zw. Aktionären u. AG **53a** 48, 59
– Geltungsbereich **53a** 51 ff.
– Inhalt **53a** 54 f.
– Konzern **53a** 61
– Minderheitenschutz **53a** 42
– Rechtsgrund **53a** 45
– Rechtsnatur **53a** 46
– Rücksichtnahmepflicht **53a** 56
– Schrankenfunktion **53a** 57

– Stimmrecht **12** 24
– Stimmrechtsbevollmächtigte **135** 66 f.
– treuwidrige Maßnahmen **53a** 54 ff., 67 ff.
– treuwidrige Maßnahmen, Rechtsfolgen **53a** 62 ff.
– Verbot v. Sondervorteilen **12** 24
– Verhältnis z. Gleichbehandlungsgebot **53a** 12, 47
– Verpflichtete **53a** 51
– Verzicht **53a** 60
Treuepflicht – organschaftliche 53a 44
– Vorstandsmitglieder **93** 16
Treuhand
– Anteilszurechnung **16** 26
– Gründereigenschaft **28** 3
– mehrfache Abhängigkeit **17** 19
– Rückgewähr verbotener Leistungen **62** 9
– vinkulierte Namensaktien **68** 19
– Zurechnung v. Stimmrechten **Anh. 22, 22 WpHG** 13 f.
Treuhand ü. Aktien
– Stimmrecht **12** 6

Überleitungsverfahren s. Statusverfahren
Übernahme
– Ausschluss d. Minderheitsaktionäre **Vor 327** 6 ff., 27
Übernahmeangebot
– Abwehr **71** 32, 57
– Einberufung d. Hauptversammlung **121** 5
– Kostenerstattung **71a** 12
Über-pari-Emission s. Agio
– Kapitalerhöhung, ordentliche **182** 19 f.
Überschuldung
– Begriff **92** 14
– Haftung, Vorstandsmitglieder **93** 43
– Insolvenzantragspflicht **262** 13
– Insolvenzeröffnungsantrag **92** 12
– Pflichten d. Vorstands **92** 17
– Überschuldungsbilanz **92** 15
– Verletzung v. Handlungspflichten **401** 1 ff.
– Zahlungsverbot **92** 19 ff.
Überseering-Entscheidung IntGesR 12, 22, 29 ff.
Übertragende Auflösung
– Abfindung **179a** 24 f.
– Abgrenzung z. Squeeze-out **Vor 327a** 10 ff.
– Anfechtungsklage **179a** 27 ff.
– Auflösungsbeschluss **179a** 23
– Ausschlussquote **179a** 26
– Beschlussmangel **179a** 17
– Bestandsschutz **179a** 2, 25
– dingliche Erfüllung **179a** 12
– Erwerb durch Mehrheitsaktionär **179a** 24 ff.
– Gelatine-Doktrin **179a** 6
– gerichtliche Überprüfung **179a** 25 ff.
– Holzmüller-Grundsätze **179a** 6
– Informationspflichten **179a** 18 ff.
– Insolvenz **179a** 3
– KGaA **179a** 4
– Liquidation **179a** 3

- Macrotron-Entscheidung **179a** 29
- Mehrheitserfordernisse **179a** 15
- MotoMeter-Entscheidung **179a** 28 f.
- Niederschrift **179a** 22
- sachliche Rechtfertigung **179a** 16
- sale of assets squeeze out **179a** 1, 24 ff.
- Schutz d. Minderheitsaktionäre **179a** 2, 24 ff.
- Spruchverfahren **179a** 29
- Übertragungsvertrag **179a** 9 ff., 18 ff.
- Umgehung d. squeeze-out **179a** 25
- Umwandlung **179a** 3
- Verhältnis z. Satzungsänderung **179a** 5
- Vermögensübertragung **179a** 7 f.
- werbende Gesellschaft **179a** 3
- Zustimmungserfordernisse **179a** 7, 13 f., 17

Überwachungssysteme **91** 13 ff.

UMAG
- Aktionärsforum **127a** 1
- Auskunftsanspruch **131** 2
- Business Judgement Rule **93** 1, 10 ff.
- Einberufungsfrist **123** 1
- Klageerzwingungsverfahren **147** 1
- Rechtsentwicklung **Einl.** 10
- schädigende Einflussnahme **117** 4 f., 21
- Verlangen auf Einberufung **122** 3

Umhängung
- Hauptversammlungskompetenzen **119** 32, 35

Umlaufvermögen Bewertung d. Einlage **27** 18
- Verlustausgleich **229** 5 f.

Umplatzierung
- Leistungen, verdeckte Gewinnausschüttung **57** 29 ff.

Umsatzprovision
- Sondervorteile **26** 6, 8

Umsatzsteuer
- Aufsichtsratsvergütung **113** 33
- Identifizierungsnummer **80** 7

Umtauschrecht **192** 1 ff., 7, 32
- Erklärung **198** 7
- Genussrechte **221** 67

Umwandlung
- Abwicklungsstadium **268** 4
- Entstehung d. Einpersonen-AG **42** 3
- Erwerb eigener Aktien **71** 64, 67
- Mängel, Heilung **242** 23
- übertragende Auflösung **179a** 3

Unbundling **77** 22

Unmöglichkeit
- Sachgründung **27** 45

Unterausschüsse
- Zulässigkeit **107** 35

Unterbilanzhaftung
- Anmeldezeitpunkt **37** 10
- Gründerhaftung **41** 14 ff.

Unterkapitalisierung
- Durchgriffshaftung **1** 16
- Sonderanknüpfung **IntGesR** 50

Unterlassungsanspruch

- Wettbewerbsverstoß **88** 11

Unternehmen s.a. Konzernrecht
- abhängiges **15** 13, 73 f.; s.a. Abhängige Unternehmen; Beherrschungs-/Abhängigkeitsverhältnis
- anderweitige wirtschaftliche Interessenbindung **15** 32 f., 38 ff.
- Begriff **15** 28 ff.
- beherrschende Stellung **15** 14, 16 f.; s.a. Beherrschende Unternehmen; Beherrschungs-/Abhängigkeitsverhältnis
- Erbengemeinschaft **15** 65
- gemeinnützige Organisationen **15** 72
- gleichgeordnetes **15** 75; s.a. Gleichordnungskonzern
- Handelsgesellschaften **15** 33, 53 ff.
- Innengesellschaft **15** 66 f.
- Konzernkonflikt **15** 34
- konzernrechtliche Ausnahmen **15** 28 ff.
- Mehrheitsbeteiligung s. dort
- Öffentliche Hand **15** 33, 68 ff.
- Privilegierung d. unternehmerischen Aktionärs **15** 35 ff.
- Public Private Partnership **15** 70
- selbstständiges Unternehmen **15** 31
- Stiftung **15** 65
- Verein **15** 65
- wechselseitige Beteiligung **15** 75; s.a. Wechselseitig beteiligte Unternehmen
- Zwischenholding **15** 49 ff., 62 ff.

Unternehmensbewertung
- Börsenwert **305** 48, 98 ff.
- DAT/Altana-Entscheidung **305** 47 f.
- DCF-Verfahren **305** 50
- Ertragswertverfahren **305** 49 ff.; s.a. dort
- Grundsätze ordnungsgemäßer Unternehmensbewertung **305** 49
- IDW S1 **305** 49 f.
- Nachsteuerbetrachtung **304** 86
- Squeeze-out **327b** 2 ff.
- Untergrenze **305** 48, 99 ff.

Unternehmensgegenstand
- Abgrenzung z. Gesellschaftszweck **23** 34
- Abweichung **179** 16
- Änderung **23** 37 f.
- Genehmigungsbedürftigkeit **37** 30 ff.
- Mantelverwendung **23** 41 ff.
- nichtige Festsetzung **275** 8
- nichtige Festsetzung, Heilung **276** 1 ff.
- Satungsbestimmung, fehlende **275** 7
- Satzungsänderung **179** 11
- Überschreitung **179** 17
- Unterschreitung **179** 18
- Vorratsgründung **23** 40

Unternehmenskauf
- fremdfinanzierter **71a** 2 ff.; s.a. Finanzierungsverbot

Unternehmensleitung
- Begriff **76** 9; s.a. Geschäftsführung

Unternehmensplanung
- Berichtspflichten d. Vorstands **90** 7 ff.

Unternehmensregister Vor 150 23, 29
– Veröffentlichungspflichten **Anh. 22,**
 26 WpHG 5; Anh. 22, 26a WpHG 1 ff.
Unternehmensveräußerung
– Abwicklungsstadium 268 4
Unternehmensverträge s.a. Beherrschungsver-
 trag; Beherrschungs-/Gewinnabführungsver-
 trag; Faktischer Konzern; Geschäftsfüh-
 rungsvertrag; Gewinnabführungsvertrag;
 Konzernrecht
– Amtslöschung 294 27 f.
– Anfechtung 294 16 ff.; 304 104 ff.
– Anfechtungsklage 246a 1
– Begriff 291 17 ff.
– Betriebsführungsvertrag 292 35 f.
– Betriebspacht/-überlassung 292 30 ff.; s.a.
 dort
– fehlerhafte 293 40 ff.; 304 109 ff.
– Freigabeverfahren 246a 1 ff.; s.a. dort
– gesetzliche Rücklage 300 1 ff.
– Gewinngemeinschaft 292 3 ff.; s.a. dort
– Handelsregisteranmeldung 294 3 ff.
– Handelsregistereintragung 242 22; 294 1 ff.
– Handelsregistereintragung, Aussetzung
 246a 21 ff.
– Kreditverträge 292 41 ff.
– Leistungsstörungen 297 4 ff.
– Lieferverträge 292 41 ff.
– Registerkontrolle 294 12 ff.
– Schriftform 293 33
– Teilgewinnabführungsvertrag 292 15 ff.;
 s.a. dort
– Vertragsparteien 292 2
– Vertragsschluss 293 2 ff.
– Weisungsrecht, Vertragsbestand 299 1 ff.
– Wirksamwerden 294 1, 22 ff.
Unternehmensverträge – Änderung
– Abgrenzung z. Aufhebung/Neuabschluss
 295 10 ff.
– Ausgleichszahlung, Anpassung 304 136 ff.
– außenstehende Aktionäre 295 23 ff.
– Begriff 295 3 ff.
– Handelsregistereintragung, Sonderbe-
 schluss 295 32
– Kapitalerhöhung aus Gesellschaftsmitteln
 216 13 ff.
– Sonderbeschluss 295 22 ff.
– Weisung z. Änderung 299 1 ff.
– Zustimmungserfordernis 295 1, 21
Unternehmensverträge – Beendigung
– Abgrenzung zw. Änderung/Aufhebung
 295 10 ff.
– Abspaltung d. Vertrags 297 35
– Aufhebungsvertrag 296 3 ff.
– Auflösung d. AG 264 10; 297 31
– Ausfallhaftung 303 28 f.
– Ausgliederung 297 34
– Befristung 297 29
– Bürgschaft 303 25 ff.
– Eingliederung 297 37
– Eintritt außenstehender Aktionäre 307 1 ff.
– Formwechsel 297 36

– gerichtliche Ausgleichsfestsetzung
 304 116 f.
– Handelsregistereintragung 297 38; 298 1 ff.
– Insolvenz 297 30
– Kündigung, außerordentliche 297 3 ff., 38
– Kündigung, ordentliche 297 1, 20 ff., 38
– Leistungsstörungen 297 4 ff.
– Rücktritt 297 27
– Sicherheitsleistung 303 12 ff.
– Sonderbeschluss 296 10 ff.; 297 1, 38
– Spaltung 297 34
– Vermögensübertragung 297 36
– Verschmelzung 297 32 f.
– Weisung z. Beendigung 299 1 ff.
Unternehmensverträge – Prüfung
– betroffene Gesellschaft 293b 2
– Gegenstand 293b 5 f.
– Mängel 293b 7 f.
– Notwendigkeit 293b 3 f.
– Prüferauswahl 293d 2 ff.
– Prüferbestellung 293c 1 ff.
– Prüferhaftung 293d 7 ff.
– Prüfungsbericht 293e 1 ff.
– Prüfungsbericht, Vorlage 293f 1 ff., 8;
 293g 1 ff.
– Prüfungsrecht, Umfang 293d 5 f.
Unternehmensverträge – Vorstandsbericht
– Berichtslücken 293a 20 ff.
– Entbehrlichkeit 293a 23 ff.
– fehlerhafter 293a 27 ff.
– Form 293a 9 f.
– Handelsregistereintragung 293a 30 f.
– Informationspflichten 293g 5
– Inhalt 293a 11 ff.
– Mitwirkung d. Mitglieder 293a 5 f.
– Obergesellschaft 293a 4
– Untergesellschaft 293a 4
– Unterzeichnung 293a 5, 7 f.
– Vorlage 293f 1 ff, 8; 293g 1 ff.
Unternehmensverträge – Zustimmung
– Abschriften 293f 12 ff.
– Abstandnahme vor Vertragsschluss 293 20
– Anfechtung 293 37; 293b 7 f.; 304 109 ff.
– Anspruch d. Obergesellschaft 293 15 ff.
– anwendbare Vorschriften 293 23
– Aufsichtsratszustimmung 293 9
– Auskunftsrecht d. Aktionäre 293g 7 ff.
– Beschlussgegenstand 293 22
– in Vollzugsetzung 293 36
– Informationspflichten 293g 5
– Mängel 293 34 f.; 304 109 ff.
– Mehrheitsbeteiligung 293 4 ff.
– Mehrheitserfordernisse 293 24
– mehrstufiger Konzern 293 30 ff.
– Minderheitsaktionär 293 26
– Obergesellschaft 293 7, 29; 304 112
– Stimmrecht 293 25
– Teilzustimmung 293 38
– Untergesellschaft 293 4 ff., 21 ff.
– Unwirksamkeit, schwebende 293 10 ff., 36
– Vertragsänderung 295 1, 21
– Verweigerung 293 39

- Vorlagepflichten **293f** 1 ff.; **293g** 1 ff.
- Vorlagepflichten, Verletzung **293f** 16
- Weisungsbeschluss **293** 4 ff.

Unterordnungskonzern
- einheitliche Leitung **18** 6 ff.
- Gemeinschaftsunternehmen **18** 21
- Insolvenz d. Tochter **18** 19
- Konzernvermutung **18** 16 ff.
- Leitung d. Gleichordnungsunternehmen **18** 23
- mehrstufige/-fache Konzernbindung **18** 14 f.
- Mitbestimmungsrecht **18** 20
- Widerlegung **18** 18 ff.
- Bewertung v. Sacheinlagen **27** 21 ff.

Unter-pari-Emission
- Kapitalerhöhung, ordentliche **182** 21
- offene **9** 5 f., 8 f.
- Sachkapitalerhöhung **183** 27
- Sonderrücklage infolge Kapitalerhöhung **218** 4 ff.
- Verbot **36a** 9
- verdeckte **9** 7, 10 ff.

Unterschrift s.a. Vorstandsmitglieder – Zeichnung
- Aktienurkunde **13** 1
- Coupon/Talon **13** 3
- Genussrechte **13** 4
- Handelsregister **81** 16
- Jahresabschluss **172** 5
- Sonderprüfungsbericht **145** 32; **259** 2
- Unternehmensverträge **293a** 5, 7 f.
- Vorstandsmitglieder **79** 1 ff.
- Zwischenscheine **13** 2

Unwirksamkeit – Hauptversammlungsbeschluss
- Feststellung **241** 3
- Heilung **242** 21
- Klage auf Feststellung **249** 12 f.
- schwebende Unwirksamkeit **241** 3
- Sonderbeschlusserfordernis **241** 2
- Zustimmungserfordernisse **241** 2

Unzulässige Rechtsausübung
- Offenlegung v. Aktienbesitz **20** 44

Urheberrechte
- Bewertung **27** 18
- Einlagefähigkeit **27** 13

Urkundsdelikte **402** 9

US-GAAP
- Unternehmensbewertung **305** 96 f.

Venture Capital
- Zuzahlungsverpflichtung **54** 20

Verbindlichkeiten
- Haftung d. Aktiengesellschaft **1** 11

Verbriefung
- Anspruch **10** 31 ff.
- Ausschluss d. Satzung **10** 32 ff.
- Begebungsvertrag **10** 17
- Einzelurkunde **10** 31
- Form **10** 19 f.
- Globalverbriefung **10** 28, 33

- gutgläubiger Erwerb **10** 18
- Übertragung v. Aktien **10** 23 ff.
- Urkunde **10** 17 ff.
- Zeitpunkt **10** 2, 21 f., 31
- Zwischenscheine **10** 1

Verbundene Unternehmen
- Aktienoptionsplan **192** 18, 22 f.
- aktienrechtliche Relevanz **15** 4 ff.
- Auskunftsrecht d. Aktionärs **131** 34 ff., 88 ff.
- Berichte d. Vorstands **90** 31 f., 33, 38
- Eingliederung **15** 1
- Geltungsbereich **15** 2 ff.
- Informationspflichten, unrichtige Angaben **400** 5 ff.
- Klageerzwingungsverfahren **147** 4
- Klagezulassungsverfahren **148** 5
- Konzernrecht s. dort
- Kreditgewährung an Aufsichtsratsmitglieder **115** 7
- Rechtsformen **15** 2
- Sonderprüfung **142** 18; **145** 15 ff.

Verdeckte Gewinnausschüttung
- Anfechtungsklagen, Abkauf **57** 33
- Begriff **57** 11 f.
- Bestellung v. Sicherheiten **57** 27
- Beteiligung Dritter **57** 34 ff.
- betriebliche Rechtfertigung **57** 15 f.
- Cash Management **57** 25 f.
- Darlehensgewährung **57** 22 ff.
- Einzelfälle **57** 21 ff.
- freier Zutritt z. Gesellschaftseinrichtungen **57** 44
- Gründungsaufwand **26** 21
- Haftungsübernahme b. Emission **57** 28
- Kursgarantie **57** 32
- Leistungen z. Selbstkostenpreis **57** 14
- Marktvergleich **57** 12 f.
- MoMiG **57** 23
- Nebenleistungsvergütung **61** 2
- neutraler Bilanzausweis **57** 17 f.
- subjektive Voraussetzungen **57** 19 f.
- Übernahme v. Leistungspflichten **57** 21
- Umlatzierungsleistungen **57** 29 ff.
- Verhältnis z. kapitalmarktrechtlichen Haftung **57** 39 f.
- Verkehrswert, Maßgeblichkeit **57** 17 f.
- Vorstandsvergütung **57** 41
- Widerkaufpflicht **57** 32
- zeitliche Geltung **57** 38

Verdeckte Sacheinlage
- Abrede **27** 52 f.
- Altforderungen **27** 59
- Bareinlageanspruch **27** 54
- Beteiligung Dritter **27** 62
- Cash Pool **27** 64
- fehlende Sacheinlagefähigkeit **27** 61
- Forderungsverrechnung **27** 59 ff.
- Haftung **27** 57
- Heilung **27** 58
- Hin- und Herzahlen **27** 61
- Kapitalaufbringung **9** 10

– mittelbares Bezugsrecht **27** 63
– Nachgründung **52** 4
– Neuforderungen **27** 60
– Neuvornahme **27** 40
– Nichtigkeitsfolge **27** 49 f., 55
– Rückabwicklung **27** 56
– Schütt-aus-hol-zurück-Verfahren **27** 63
– stillschweigende Billigung **27** 52
– wirtschaftliche Betrachtung **27** 51
Verein
– Einlagefähigkeit v. Anteilen **27** 13
– gerichtliche Auflösung **398** 4
– Gründerfähigkeit **2** 4
– Unternehmensbegriff **15** 65
– Wahrnehmung v. Mitgliedschaftsrechten **69** 5
Verfahrenskosten s.a. Gerichtskosten
– Anfechtungsklage **57** 33
– Anstellungsverhältnis **84** 34
– Auskunftserzwingungsverfahren **132** 38
– Freigabeverfahren **246a** 31
– Klagezulassungsverfahren **148** 49 ff.
– PKH **246** 10; **247** 26 f.
– Sonderprüferbestellung **146** 1 ff.; **258** 22
– Spruchverfahren **99** 12
Verfassungsrecht
– Einfluss auf Aktienrecht **Einl.** 15
Verflechtung – personelle
– Kreditgewährung durch AG **89** 14
Vergleich
– Aktionärsklage **148** 45 ff.; **149** 20
– Ersatzansprüche g. Vorstandsmitglieder **93** 53 ff.
– Gründerhaftung **50** 1 ff.
Vergleichsmiete
– Sacheinlage **27** 18
Vergleichsverwalter
– Stimmrechtsausübung **134** 61
Verjährung
– Ausgleichsanspruch **304** 36
– Bareinlageanspruch nach fehlerhafter Sachgründung **27** 37
– Einlagepflicht **54** 36 f.
– Ersatzansprüche g. Vorstandsmitglieder **93** 63
– Haftung, Beherrschungsverhältnis **304** 56; **305** 30; **309** 38 f.
– Haftung, faktischer Konzern **317** 38
– Haftung, Sonderprüfung **144** 20
– Haftungsansprüche i. Gründerstadium **51** 1 ff.
– Hemmung **148** 11
– Rückgewähr verbotener Leistungen **62** 35 f.
– Schadensersatz wg. Einflussnahme **117** 28
– Squeeze-out, Abfindung **327b** 22
– Verlustübernahme **302** 4, 76 ff.
– Vermögensverteilung **272** 12
– Vormännerhaftung **65** 25
– Wettbewerbsverstoß **88** 15
Verlustausgleich
– Eingliederung **324** 16 ff.

Verlustdeckung
– Gründer **41** 14 ff.
– Kapitalherabsetzung, vereinfachte **229** 5 f.
Verluste
– Unterlassen d. Mitteilung **401** 1 ff.
Verlustgemeinschaft **292** 13
Verlustübernahme
– Abschlagszahlung **302** 48 ff.
– Anspruchsabtretung **302** 56
– Anspruchsentstehung **302** 41
– Anspruchsverjährung **302** 4, 76 ff.
– Anwendungszeitraum **302** 32 ff.
– Ausschluss d. Durchgriffshaftung **1** 19
– Betriebspacht/-überlassung **302** 2, 16, 59 ff.
– Erfüllung **302** 45 ff.
– Fälligkeit **302** 41 ff.
– Geltendmachung durch Dritte **302** 58
– Gewinnvortrag **302** 30
– Gewinrücklagen, Einbeziehung **302** 26 ff.
– Insolvenz **302** 50 ff.
– Jahresfehlbetrag **302** 18 ff.
– Kapitalherabsetzung **302** 31
– Vergleich **302** 3, 67 ff.
– Verlustvortrag **302** 25
– Verpfändung **302** 57 f.
– Vertrag **291** 58
– Verzicht **302** 3, 67 ff.
Verlustvortrag
– Gewinn-/Verlustrechnung **158** 4
– Rücklagenverwendung **150** 14
Vermittlungsausschuss
– Aufgabe **107** 33
– Aufsichtsratsvorsitzender **107** 19
– Besetzung **107** 43
Vermögen s. Gesellschaftsvermögen
Vermögenslosigkeit
– Auflösung d. AG **262** 15; **264** 3; **274** 3
– Nachtragsabwicklung **264** 13 ff.; s.a. dort
– Rechtspersönlichkeit **1** 5
Vermögensrechte
– Einschränkung **11** 17 f.
Vermögensübertragung
– Abwicklungsstadium **268** 4
Vermögensvermischung
– Durchgriffshaftung **1** 17
– Sonderanknüpfung **IntGesR** 50
Vermögensverteilung
– Anspruch **272** 8 f.
– Anspruch, Verjährung **272** 12
– Einlagenrückgewähr **272** 1
– Fortsetzung d. AG **274** 4 f.
– Gläubigerbefriedigung **272** 2 ff.
– Maßstäbe **272** 10
– Satzungsfestsetzungen **272** 8
– Schlussrechnung **272** 11; **273** 6
– Sperrjahr **272** 3 f.
– Zulässigkeit **272** 6
– Zuständigkeit **272** 11
Vermögensverwaltungsgesellschaft
– Zurechnung v. Stimmrechten **Anh. 22, 22 WpHG** 13 f.

Verpfändung s.a. Pfändung
- Aktien, Stimmrecht **12** 6
- Ausgleichsanspruch **304** 40
- Einlageforderung **63** 22; **64** 12; **66** 27
- Unternehmensvertrag, Ansprüche **304** 58; **305** 32 f.
- vinkulierte Namensaktien **68** 21

Versammlung
- gesonderte s. Sonderbeschlüsse

Versammlungsleiter
- Anordnung d. Einzelentlastung **120** 26
- Anträge zur Geschäftsordnung **124** 54 ff.
- Aufgabe **129** 36 ff.
- Befugnisse **129** 35
- Bestimmung durch Beschluss **129** 28
- Bestimmung durch Satzung **129** 29
- Bestimmung durch Wahl **129** 30 ff.
- Leitungsmaßnahmen **129** 38 ff.
- Ordnungsmaßnahmen **118** 42; **129** 44 ff.
- persönliche Voraussetzungen **129** 33 f.
- Pflichtverletzung, Schadensersatz **136** 32
- Prüfung v. Stimmrechten **136** 31
- Teilnahme **118** 43

Verschmelzung
- Abwicklungsstadium **268** 4
- Aufsichtsratsmandat **103** 23
- Ausgleichszahlung, Anpassung **304** 134
- Erwerb eigener Aktien **71** 67
- Informationspflichtverletzung **243** 32 ff.
- Mängel, Heilung **242** 23
- Mitbestimmung bei grenzüberschreitender **96** 16 ff.
- Umgehung d. Finanzierungsverbots **71a** 19; s.a. Finanzierungsverbot
- Unternehmensverträge, Auswirkungen **297** 32 f.
- Verlangen auf Einberufung **122** 5

Verschmelzung – Aufnahme
- Kapitalerhöhung **182** 41
- Kapitalerhöhung, bedingte **192** 17
- Nachgründung **52** 8

Verschmelzung – Neugründung
- Gründereigenschaft **28** 2

Verschwiegenheitspflicht s.a. Geheimhaltungsinteressen; Insiderinformationen
- Arbeitnehmervertreter **90** 42
- Aufsichtsratsmitglieder **116** 18 ff.
- Hilfspersonen **116** 29
- Konzern **116** 26
- Sonderprüfer **144** 9 ff.
- Verletzung, Strafbarkeit **404** 1 ff.
- Vorstandsmitglieder **93** 17 ff.
- Zivilprozess **93** 23

Versicherungsunternehmen
- gerichtliche Auflösung **398** 6
- Kapitalerhöhung **182** 8
- Kapitalerhöhung aus Gesellschaftsmitteln **209** 13
- Überschuldung **92** 2

Versorgungsanspruch
- Vorstandsmitglieder **84** 31; **87** 4, 14

Vertragskonzern
- aktienrechtliche Regelungen **291** 2 ff.

Vertragsstrafe
- Verzug m. Einlagen **63** 25
- Vorstandsmitglied **88** 14

Vertrauensentzug
- Vorstand **84** 2, 50 f.

Vertrauliche Angelegenheiten **93** 19

Vertretung
- Aktien v. Rechtsgemeinschaften **69** 7 f., 11
- Satzungsfeststellung **23** 20

Vertretung d. AG
- abweichende Geschäftsführungsbefugnis **77** 7
- Abwickler **269** 1 ff.
- aktive **78** 16 f.
- Änderung d. Satzungsänderung **81** 15
- Anfechtungsprozess **246** 13 ff.
- Anmeldepflicht z. Handelsregister **81** 6, 10
- außergerichtliche **78** 3
- Duldungs-/Anscheinsvollmacht **78** 13
- durch Aufsichtsrat **112** 1 ff.
- Einzelvertretung **78** 18, 21; s.a. dort
- Generalvollmacht **78** 15
- gerichtliche **78** 2 ff.
- Gesamtvertretung **78** 16 f.; s.a. dort
- gewillkürte **78** 14 f.
- ggü. Vorstandsmitgliedern **112** 1 ff.
- Insichgeschäft **78** 8
- Kenntnis **78** 12
- Klageerzwingungsverfahren **147** 12 ff.
- Missbrauch **82** 5 ff.
- Organhaftung **78** 29
- organschaftliche **78** 2 ff.
- passive **78** 18
- Rechtsgeschäfte m. Konzerngesellschaften **82** 9
- Rechtsgeschäfte m. Organpersonen **82** 8
- Umfang **78** 7 ff.
- Vertretungsmängel **112** 18 ff.
- Vollmachterteilung **78** 15
- Willenserklärung **78** 9
- Willensmängel **78** 11
- Wirkung **78** 9 ff.
- Wissenszurechnung **78** 10 ff.
- Zustimmungsvorbehalte **82** 10

Vertretung d. AG – Beschränkungsverbot
- aufgelöste AG **82** 2
- Ausnahmen **82** 5 ff.
- Holzmüller-Entscheidung **82** 4
- Vor-AG **82** 2
- Zustimmungsvorbehalte **82** 10
- Zweck **82** 2

Verwahrung s.a. Sammel-/Sonderverwahrung
- Clearstream Banking AG **10** 17, 27
- Mitteilungspflicht d. Kreditinstitute **128** 7
- Stellvertretung **10** 17
- Stimmrechtsausübung **128** 14 ff.

Verwaltungsrat **76** 4

Verwaltungsrechte
- Einschränkung **11** 16
- Stimmrecht **12** 3 f.; s.a. dort

Verwertung
- vinkulierte Namensaktien **68** 22
Verzug
- Einlagen **63** 23 ff.
- Sachgründung **27** 46
Videokonferenz
- Aufsichtsratssitzung **110** 19 f.
Vinkulierte Aktien **10** 13
Vinkulierung
- Aufhebung **180** 10
- Erleichterungen **180** 10
- Ermessensausübung **68** 31 ff., 36
- Gesamtrechtsnachfolge **68** 22
- Handelsregistereintragung **180** 16
- Insolvenz d. Aktionärs **68** 22
- Legitimationsübertragung **68** 21
- nachträgliche **180** 8 ff.
- Namensaktien **68** 17
- neuer Aktien, Zustimmungserfordernis **182** 27, 33 ff.
- Pfändung/Verwertung **68** 22
- Rechtsschutz **68** 36 ff.
- Rücktritt v. Vertrag **68** 26
- Satzungsbestimmungen **68** 18 ff.
- schuldrechtliche Auswirkungen **68** 25 f.
- Übertragungsbeschränkung **68** 16
- Wirkung **68** 19 ff.
- Zustimmung **180** 11 ff.
- Zustimmung, Erklärung **68** 35; **180** 14 f.
- Zustimmung, Klage **68** 37 f.
- Zustimmung, pauschale **68** 23
- Zustimmung, Verweigerung **68** 23 ff., 29, 34
- Zustimmung, Wirkungen **68** 23, 25 f.
- Zustimmung, Zuständigkeit **68** 27
- Zweck **68** 15
- Zwischenscheine **68** 40
Völkerrechtliche Verträge
- anwendbare Rechtsordnung **IntGesR** 13 ff.
Vollmacht
- Bevollmächtigung einzelner Aufsichtsratsmitglieder **112** 14 f.
- Duldungs-/Anscheinsvollmacht **78** 13
- Erteilung **78** 15
- Satzungsfeststellung **23** 20
Vollversammlung **121** 58 ff.
- Mängel **241** 12
- Teilnehmerverzeichnis **129** 13
Vorabdividende **60** 7 ff.
Vor-AG
- Abgrenzung z. Vorgründungsgesellschaft **41** 2
- Auflösung **41** 22
- Aufsichtsrat **41** 19
- Begriff **29** 4
- Einlage v. Forderungen gegen ~ **27** 14
- Entstehen **29** 1, 3 f.
- Firmenfähigkeit **4** 4
- Formwechsel durch Eintragung **41** 18
- Geschäftskorrespondenz **80** 1
- Handelsgesellschaft **3** 1
- Hauptversammlung **41** 19

- Mitgliederbestand **41** 32 ff.
- Rechtsfähigkeit **41** 3
- Rechtsnatur **41** 4 f.
- Satzung **41** 21
- Satzungsänderung **179** 2
- Schuldübernahme **41** 29 f.
- Verlustdeckungspflicht **41** 14 ff.
- Verpflichtungen ohne Satzungsfestsetzung **41** 31
- Vertretung **41** 6 f.
- Vertretung, unbeschränkbare **82** 2
- Vorbelastungsverbot **41** 6
- Vorstand **41** 19 f.
Vor-AG – Haftung **41** 8 f., 23 ff.
- Haftung d. Hintermänner **46** 22; **50** 2; **51** 1 ff.
- Handelndenhaftung **41** 23 ff.
- Vorbelastungshaftung **41** 10 ff.
Vorbelastungshaftung **41** 10 ff.
- Anmeldezeitpunkt **37** 10
- Mantelverwendung **23** 44 f.
- Verlustdeckungspflicht **41** 14 ff.
Vorbelastungsverbot
- Aufhebung **41** 6
Vorbesitzzeit
- Anfechtungsbefugnis **245** 6 ff.
- Berechnung **70** 1 ff.
- Sonderprüfungsantrag **142** 42 ff.
- Verlangen auf Einberufung **122** 9
Voreinzahlungen
- Offenlegung **188** 20
- Sanierungsfall **188** 16 f.
- Tilgungszweck **188** 18
- zeitlicher Zusammenhang **188** 19
- Zulässigkeit **188** 14 f.
Vorgesellschaft
- Gründerfähigkeit **2** 4
Vorgründungsgesellschaft
- Abgrenzung z. Vor-AG **41** 2
Vorgründungsvertrag **23** 21 f.
Vormännerhaftung
- Aushändigung d. Aktienurkunde **65** 20
- Einlagepflicht, Befreiungs-/Aufrechnungsverbot **66** 1 ff.
- Gerichtszuständigkeit **65** 16
- Haftungsfrist **65** 22 ff.
- Mitgliedschaftserwerb **65** 18
- Nachmännerhaftung **65** 21
- Rechtsfolgen **65** 18 ff.
- Regress d. Vormanns **65** 21
- Schuldner **65** 6 ff., 15
- Staffelregress **65** 10 ff.
- Umfang **65** 17
- Verfahrensmängel **65** 41
- Verjährung **65** 25
- Verlust d. Anspruchs **65** 36
- Voraussetzungen **65** 5 ff.
- zwingender Charakter **65** 2
Vorrats-AG
- Nachgründung **52** 17
Vorratsaktien
- Ausweis im Anhang **160** 2 f.

Vorratsgründung
– Begriff **23** 40
– Unternehmensgegenstand **23** 36
Vorschaltgesellschaft
– Weisung bzgl. Abstimmung **136** 42
– Zurechnung v. Stimmrechten **Anh. 22, 22 WpHG** 14
Vorschüsse
– Finanzierungsverbot beim Aktienrückerwerb **71a** 11 ff.; s.a. Finanzierungsverbot
Vorstand
– abhängiger AG **76** 17
– abweichende Vertretungsregelungen **77** 7
– Abwicklungsstadium **264** 7
– Alleinentscheidung d. Vorsitzenden **77** 13
– Anfechtungsbefugnis **245** 28 ff.
– Anmeldepflicht z. Handelsregister **81** 3 ff.
– Antragsbefugnis im Spruchverfahren **98** 6
– Arbeitsdirektor **76** 22 f.
– Auskunftsverweigerung **131** 59 ff.; s.a. dort
– Bezeichnung **76** 4
– Binnenstruktur **77** 19 ff.
– CEO-Modell **77** 21; **84** 42
– Corporate Governance Kodex **161** 49
– Delisting-Antrag **119** 49 f.
– Doppelmandate **76** 18
– eigenmächtiges Handeln **111** 51
– Einberufungsberechtigung **121** 16 ff.
– Einberufungspflicht **122** 22
– eingegliederter AG **76** 17
– Einstimmigkeitsprinzip **77** 8 f.
– Entlastung **120** 1 ff.; s.a. dort
– Gesamtgeschäftsführung **77** 2 ff.
– Geschäftskorrespondenz **80** 1 ff.
– Geschäftsordnung **77** 2 f., 17 f., 24 ff.; s.a. dort
– Geschäftsverteilung **77** 16 ff.
– Gestaltungsgrenzen **77** 19 ff.
– Gremien **76** 5
– herrschender AG **76** 16
– Holzmüller-Entscheidung **82** 4
– Kapitalherabsetzung, Durchführung **227** 2
– Konzernleitungspflicht **76** 16
– Leitungskompetenz s. Geschäftsführung
– Management Information System **77** 18
– Mehrheitsbeschlüsse **77** 10 ff.
– Mitgliederzahl **76** 19 ff.
– Mitteilungspflichten **121** 48 f.
– Mitteilungspflichten i.Z.m. Hauptversammlung s. dort
– Patt-Situation **77** 12
– Rederecht **118** 37
– Schadensersatzpflicht beim Erwerb eigener Aktien **71** 89
– Selbstbezichtigungsverbot **90** 54
– Selbstzeichnungsverbot **56** 29 ff.
– Stichentscheid **77** 12
– Teilnahmepflicht an d. Hauptversammlung **118** 35 ff.
– Überwachung leitender Angestellter **111** 8
– Unterlassungsanspruch g. Aktionärsforum **127a** 13

– Verschwiegenheitpflicht **90** 42
– Vertretung d. Ag ggü. Aufsichtsrat **117** 20
– Veto-Recht **77** 14 f.
– Vollmachterteilung **78** 15
– Vor-AG **41** 19 f.
– Vorbereitung d. Hauptversammlung **131** 54 f.
– Vorsitzender **77** 13
– Weisung bzgl. Abstimmung **136** 39, 41
– Weisungsempfang **308** 18 ff., 37 ff.
– Weisungsunabhängigkeit **76** 2, 10 f.
– Willensbildung **77** 8 ff.
– Willenserklärung **78** 9
– Wissenszurechnung **76** 6
– Zeichnungsform **79** 1 ff.
– Zusammensetzung **76** 19 ff.
Vorstand – Aufgaben
– Aktienregister **67** 7
– Anmeldepflicht z. Handelsregister **81** 8 ff.
– Anspruchsdurchsetzung i.F. verbotener Leistungen **62** 19
– Antrag auf Ergänzung d. Aufsichtsrats **104** 4
– Aufsichtsratszusammensetzung **97** 7 ff., 13
– Ausführungspflicht **83** 10 ff.
– Bekanntmachungspflicht **106** 1 ff.
– Buchführung **91** 1, 3 ff.; s.a. Buchführungspflicht
– Delegierung **77** 1
– Durchsetzung v. Haftungsansprüchen **116** 36 ff.
– Einberufung d. Hauptversammlung b. Krisensituation **92** 6 ff.
– Einforderung d. Bareinlage **36** 16 f.
– Einforderung d. Einlagen **63** 11 ff.
– Einziehung eigener Aktien **71** 33 ff.; **71c** 11
– Entsprechenserklärung **161** 17 f.; s.a. dort
– Erklärung b. Anmeldung **37** 15 ff.
– Erklärung ü. Vertretungsbefugnisse **37** 19 ff.
– Erwerb eigener Aktien **71** 23 ff.
– Früherkennungsmaßnahmen **91** 6 ff.; s.a. Risikomanagement
– Gesetzmäßigkeitsprüfung v. Hauptversammlungsbeschlüssen **83** 12
– Gewinnverteilungskompetenz **60** 2
– Gewinnverwendung, Vorschlag **170** 8 ff.
– Gründungsprüfung **32** 1; **33** 1 ff.; s.a. dort
– Gründungsstadium **30** 25
– Handelsregisteranmeldung s. Handelsregisteranmeldung – Gründung
– Handelsregistereintragung v. Satzungsänderungen **181** 6 ff.
– Holzmüller-Entscheidung **82** 4
– Insolvenzfall **92** 12 ff.
– Kapitalerhöhung aus genehmigtem Kapital **202** 20 ff.
– Kapitalverlust **92** 3 ff.
– Leitungsaufgaben **76** 9
– Mitteilung über Sonderprüfung **142** 73 f.

– Prüfung einflussnehmender Maßnahmen **311** 96 ff.
– Rechnungslegung **Vor 150** 14, 18
– Risikomanagement/-controlling **91** 6 ff.
– Sanierungsverhandlungen **92** 8
– Spruchverfahren **98** 1 ff.
– Übertragung vinkulierter Aktien **68** 27 ff.
– Unternehmensverträge **293** 3 ff., 8, 11 ff.
– Unterrichtung b. Krisensituation **92** 6
– Veräußerung eigener Aktien **71c** 10
– Verfahrensbestimmung bei Sonderbeschlüssen **138** 11
– Verlustfeststellung **92** 4 f.
– Vorbereitungspflicht s. Vorstand – Vorbereitungspflicht
– Vorlagepflicht **82** 4
– Wiederausgabe eigener Aktien **71** 40 f.
– Zahlungsunfähigkeit **92** 12 f., 16
– Zuweisung v. Ressorts/Funktionen **84** 7

Vorstand – Berichtspflichten
– Adressat **90** 34, 61
– Anforderungsberichte **90** 36 ff.
– Auskunftsrecht d. Aktionärs **131** 10; s.a. Aktionäre – Auskunftsrecht
– Berichtsverlangen einzelner **90** 40 f.
– Bezugsrechtsausschluss **186** 16 ff.; **203** 26 ff.
– Corporate Covernance Kodex **90** 2
– Eingliederung **319** 16 ff.; **320** 15 ff.
– Erstreckung auf Tochterunternehmen **90** 31 f.
– Erstreckung auf verbundene Unternehmen **90** 31 f., 33, 38
– Erwerb eigener Aktien **71** 84 f.
– Follow-up Berichterstattung **90** 14
– Form **90** 56 ff.
– Gang d. Geschäfte **90** 20 ff.
– Geschäfte v. erheblicher Bedeutung **90** 25 ff.
– Geschäftsordnung **90** 59
– Geschäftspolitik **90** 7 ff.
– Informationsordnung **90** 73
– Informationsschranken **90** 39, 42 ff.
– Jahresabschluss **175** 15 ff.; **176** 2 f., 5 ff.
– Jahresabschluss, Vorlage **170** 3 ff.; **172** 4; s.a. dort
– KonTraG **90** 1, 73
– Missbrauchskontrolle **90** 42 ff.
– Ordnungsgemäßheit **90** 51 ff., 60
– Ordnungsstrafe **90** 68
– periodische Berichte **90** 6 ff.
– Pflichtverstoß **90** 60
– Quartalsberichte **90** 20 ff.
– Regelberichte **90** 6 ff.
– Rentabilitätsbericht **90** 16 ff.
– Satzungsbestimmungen **90** 5
– Schikaneverbot **90** 47
– Selbstbezichtigungsverbot **90** 54
– Sitzungsprotokolle **90** 48
– Sonderberichte **90** 33 ff., 57, 67
– Stellungnahme d. Aufsichtsrats **90** 72
– TransPuG **90** 1, 31, 42

– Überwachungskompetenz d. Aufsichtsrats **111** 7
– ungeschriebene Hauptversammlungskompetenzen **119** 43
– unrichtige Darstellungen **400** 5 ff.
– Unternehmensplanung **90** 7 ff.
– Unternehmensverträge **293a** 1 ff.
– Veräußerung eigener Aktien **71c** 12
– Verschweigen erheblicher Verluste **401** 1 ff.
– Verstöße **90** 68 ff.; **243** 8, 26 ff.
– vertrauliche Informationen **90** 30, 42 ff., 50, 58, 63
– Vorlageberichte **90** 3
– Zeitpunkt **90** 15, 19, 24, 28 ff., 56 ff.

Vorstand – Beschlüsse
– Abschlagszahlung **59** 8
– Bekanntmachungspflicht i.Zshg.m. Aufsichtsratszusammensetzung **97** 7 ff.; **99** 11
– Beschlussvorschlag **124** 14 ff.
– Entsprechenserklärung **161** 19 ff.
– Jahresabschlussfeststellung **58** 18
– Jahresabschlussvorlage **172** 13
– Kaduzierung **64** 14 ff.
– Unternehmensverträge **293a** 6

Vorstand – Bestellung
– Anlagen z. Anmeldung **37** 25 ff.
– Fortsetzung d. AG **274** 8
– Gründungsstadium **30** 22 f.
– Hindernisse **37** 15 ff.

Vorstand – Haftung s.a. Klageerzwingungsverfahren; Klagezulassungsverfahren
– Abschlagszahlungen **59** 17
– Durchführung rechtwidriger Beschlüsse **242** 17
– Entsprechenserklärung **161** 63 ff.
– Geschäftsverteilung **77** 18
– Gründungsstadium **46** 12, 18; **48** 1 ff.; **51** 1 ff.
– Haftung d. abhängigen Unternehmens **310** 1 ff.
– Handelndenhaftung **41** 23 ff.
– Mitverschulden v. Eintragung **46** 12, 18
– Nachgründung **53** 1 ff.
– Organhaftung **78** 29
– rechtswidrige Maßnahmen **111** 12
– Schadensersatz **111** 12
– schädigende Einflussnahme **117** 1 ff.
– verdeckte Sacheinlage **27** 57
– verdeckte Sacheinlage **27** 57
– Verletzung d. Auskunftsrechts **131** 99

Vorstand – Vorbereitungspflicht
– geschäftsinterne Maßnahmen **83** 5
– Nichterfüllung **83** 13 f.
– Verlangen d. Hauptversammlung **83** 8
– wiederkehrende Beschlüsse **83** 5
– Zuständigkeit d. Hauptversammlung **83** 4
– zustimmungsbedürftige Verträge **83** 6 f.

Vorstandsausschuss **76** 5
Vorstandsmitglieder
– Abwicklertätigkeit **264** 16; **265** 2 ff.
– Aktienoptionsplan **192** 18, 21

- Amtsniederlegung **84** 56
- Anfechtungsbefugnis **245** 31 ff.
- Aufsichtsratsmandat **100** 14; **105** 3 f.
- Bereichszuständigkeit **77** 18
- einverständliches Ausscheiden **84** 57
- Festlegung d. Anzahl **23** 50
- Gegenvorstellung **77** 11
- Geschäfte mit d. AG **112** 1 ff.
- Geschäfte mit Dritten **112** 11
- Geschäftskorrespondenz **80** 1 ff.
- Interessenkollision bei Doppelmandaten **76** 18
- Kreditgewährung **89** 1 ff.; s.a. Gesellschaftskredite
- nahestehende Personen **112** 10
- Rechtsstellung **76** 6 f.
- Selbstkontrahierungsverbot **78** 8
- Sondervorteile **26** 9
- Stichentscheid **77** 12
- Strafbarkeit **399** 5 ff., 18; **400** 4; **401** 1 ff.; **404** 5 f.
- Suspendierung **84** 59
- Teilnahme an Aufsichtsratssitzungen **109** 5 f.
- Überkreuzverflechtung **100** 10 ff.
- Vertrauens-/Treuebindung **76** 7
- Vertretung d. AG ggü. Vorstand **112** 1 ff.
- Vertretung Dritter **112** 9
- Veto-Recht **77** 14 f.
- Willenserklärung **77** 9; **78** 9
- Zurechnung v. Wissen/Handlungen **76** 6
- Zustimmungserteilung **77** 5, 9

Vorstandsmitglieder – Abberufung
- Amtsfortführung **84** 55
- Arbeitsdirektor **84** 76
- Begriff **84** 45
- Durchsetzung v. Berichtspflichten **90** 69
- gerichtlich Bestellte **85** 10
- gesetzwidriges Verhalten **398** 8 ff.
- grobe Pflichtverletzung **84** 49
- Haftungsbeendigung **93** 2
- Rechtsschutz **84** 53 f.
- Streitwert **84** 54
- Unfähigkeit **84** 49
- Unwirksamkeit **84** 48, 52
- Verfahren **84** 47
- Verschulden **84** 49
- Verschwiegenheitspflichtverletzung **93** 24
- Vertrauensentzug **84** 50 f.
- Verweigerung d. Entlastung **120** 43 f., 46
- Vorbereitungs-/Aufklärungspflichtverletzung **83** 13
- wichtiger Grund **84** 48 f.; **120** 44
- Wirksamwerden **84** 52
- Zuständigkeit **84** 46

Vorstandsmitglieder – Anstellungsvertrag
- Änderung v. Zuständigkeitsbereichen **84** 37
- Arbeitszeugnis **84** 34
- Aufhebungsvertrag **84** 75
- Auslagenersatz **84** 34
- Begriff **84** 23

- Beschränkung d. Geschäftsführungsbefugnis **82** 18
- Corperate Governance Kodex **161** 50
- durch Dritte **84** 26
- Ersatz v. Geldbußen/-strafen **84** 34
- fehlerhafter **84** 38
- Form **84** 27
- gerichtliche Bestellung **85** 11
- Gründungsstadium **30** 24
- in Vollzugsetzung **84** 38
- konkludenter Vertragsschluss **84** 27, 29
- Kreditgewährung **89** 2
- Leitungspflicht **84** 35
- Nebenpflichten **84** 35 f.
- Rechtsnatur **84** 23
- Rechtsverfolgungskosten **84** 34
- stellvertretende Vorstandsmitglieder **94** 2
- Unmöglichkeit **84** 30
- Urlaubsanspruch **84** 33
- Vergütungsanspruch **84** 29
- Verlängerungsklausel **84** 28
- Versorgungsansprüche **84** 31
- Vertragsänderung **84** 37
- Vertragsdauer **84** 28
- Wettbewerbsverbot **88** 16
- Zuständigkeit **84** 24 f.

Vorstandsmitglieder – Bestellung
- Anmeldepflicht z. Handelsregister **81** 3 f., 9
- Beendigungsgründe **84** 48 ff., 56 ff.
- Begriff **84** 6
- Beschluss **84** 9 f.
- Beschränkung d. Widerrufsmöglichkeit **84** 4
- Bestellungsdauer **84** 3, 13 f.
- Dringlichkeit **85** 3
- durch Gericht **85** 1 ff.
- Eignungsprüfung **84** 12
- Ermessensausübung **84** 11, 14
- Fehlen eines Vorstandsmitglieds **85** 2
- gerichtliche Bestellung **76** 3
- Haftungsbeginn **93** 2
- stellvertretende Vorstandsmitglieder **94** 2

Vorstandsmitglieder – Eignung
- Auswahlrichtlinien **76** 25 f.
- Berufs-/Gewerbeverbot **76** 27
- Insolvenzstraftat **76** 27
- natürliche Personen **76** 24
- Steuerberatertätigkeit **76** 27
- Untreue **76** 27

Vorstandsmitglieder – Haftung s.a. Einflussnahme; Faktischer Konzern – Einflussnahme
- Aktienausgabe, gesetzwidrige **93** 46
- Anspruchsverfolgung durch Aktionäre **93** 64 ff.
- Anspruchsverzicht **93** 53 ff.
- Aufsichtsratsvergütung, gesetzwidrige **93** 44
- Ausschluss **93** 48 ff.
- Beginn **93** 2
- Beschränkung **93** 3

– Beweislastumkehr **93** 31 ff.
– Business Judgement Rule **93** 1, 10 ff.
– D & O-Versicherung **93** 70 f.
– Deliktsrecht **93** 65 f., 69
– Durchführung v. Hauptversammlungsbe-
schlüssen **93** 48 ff.
– Einlagenrückgewähr **93** 38
– Ende **93** 2
– erfasste Personen **93** 2
– Ersatzpflicht ggü. Dritten **93** 57 ff., 68 f.
– Erwerb eigener Aktien **93** 40
– Geltendmachung v. Ersatzansprüchen
93 35 f.
– Gewinnverteilung/Dividende **93** 39
– Grundsatz d. Kapitalerhaltung **93** 41
– Insolvenzfall **84** 20
– Interims-Manager **84** 14
– Kapitalerhaltung **93** 42
– Kausalität **93** 30
– Kreditgewährung an Aufsichtsratsmitglie-
der **93** 45
– Nachteilszufügung **318** 4 ff.
– Rechtsnatur **84** 6
– Schaden **93** 30
– Schadensersatzpflicht **93** 24 ff.
– Schadensvermutung **93** 37 ff.
– Sorgfaltspflichtverletzung **93** 25 ff.
– Treuepflichtverletzung **93** 25 ff.
– Überschuldung **93** 43
– Vergleich **93** 53 ff.
– Verjährung **93** 63
– Verletzung v. Mitgliedschaftsrechten **93** 65
– Verschulden **93** 29
– Verschwiegenheitspflichtverletzung
93 24 ff.
– Verstoß g. Zahlungsverbot **93** 41
– Zahlungsunfähigkeit **93** 43
Vorstandsmitglieder – Kündigung **93** 24
– Änderungskündigung **84** 37, 69
– Anhörung **84** 65
– Beweislast **84** 71
– Eigenkündigung **84** 72 ff.
– Einberufung d. Ausschusses **84** 64
– Fristbeginn **84** 64
– Gleichlaufklausel **84** 60, 70
– Herabsetzung d. Bezüge **87** 13
– Insolvenzfall **84** 20
– Kündigungsfrist **84** 63
– Rechtsbeschränkung **84** 62
– Rechtsfolgen **84** 68
– Rechtsschutz **84** 71
– Regelungstrias **84** 1
– schuldrechtliche Ebene **84** 5
– Trennungsprinzip **84** 60
– Unwirksamkeit **84** 21 f.
– Versicherung über Fehlen v. Hindernissen
81 14
– Verweigerung d. Entlastung **120** 45
– Verwirkungsfrist **84** 64
– Vorbereitungs-/Aufklärungspflichtverlet-
zung **83** 13
– Wettbewerbsverstoß **88** 14

– wichtiger Grund **84** 62, 66 f., 72 f.; **88** 14
– Wiederbestellung **84** 15 ff.
– Wirkung **84** 19
– Zuständigkeit **84** 8, 61
Vorstandsmitglieder – Pflichten
– Auskunft ggü. Sonderprüfer **145** 10 ff.
– Business Judgement Rule **93** 1, 10 ff.
– Haftungsbeschränkung **93** 3
– Schadensersatzpflicht **93** 24 ff.
– Sorgfaltspflicht **93** 5 ff.
– Treuepflicht **93** 16
– unternehmerische Entscheidungen **93** 12
– Veschwiegenheitspflicht **93** 17 ff.
Vorstandsmitglieder – stellvertretende
– Anstellung **94** 2
– Aufsichtsratsmitglied **105** 13 ff.
– Bestellung **94** 2
– Bewährungszeit **94** 1
– Dritte **112** 9
– Ernennung z. ordentlichen **94** 3
– Mitbestimmung bei Statusänderung **94** 4
– Rechtsstellung **94** 1 f.
Vorstandsmitglieder – Vergütung
– Abfindungen **87** 4, 7
– Angemessenheitsgebot **87** 1 ff.
– Angemessenheitsgebot, Verstoß **87** 10
– Angemessenheitsmaßstäbe **87** 5 f.
– Anspruch **84** 29
– Aufwandsentschädigung **87** 4
– Auslagenersatz **84** 34
– Ersatz v. Geldbußen/-strafen **84** 34
– Gesamtbezüge **87** 4
– Gewinnbeteiligung **87** 4, 7 f.
– Gründungsaufwand **26** 14; **30** 24
– Herabsetzung **87** 11 ff.
– Insolvenzfall **87** 15
– Nebenleistungen **87** 4
– Offenlegung **87** 16 f.
– Pfändungsschutz **84** 32
– Provision **87** 4
– Rechtsverfolgungskosten **84** 34
– Ruhegeld **84** 18
– Satzungsbestimmungen **87** 6
– Sondervergütung **87** 7
– Tantieme **87** 4, 7 f.
– Übergangsgeld **84** 18
– Unmöglichkeit d. Vertragserfüllung **84** 30
– verdeckte Gewinnausschüttung **57** 41
– Vergütungsbestandteile **87** 4
– Versicherungsentgelte **87** 4
– Versorgungsansprüche **84** 31; **87** 4, 14
Vorstandsmitglieder – Wettbewerbsverbot
– Abwickler **88** 4
– Amtsbeendigung **88** 5
– analoge Anwendung **88** 2
– anderweitige Geschäftsführung **88** 8
– Eintrittsrecht **88** 13
– Einwilligungserfordernis **88** 3, 9 f.
– Geschäftemachen **88** 7
– Geschäftszweig **88** 7
– Handelsgewerbe **88** 6
– Kündigung **88** 14

– Satzungsbestimmungen **88** 3
– Schadensersatz **88** 12
– Stellvertreter **88** 4
– Treuepflicht **88** 1
– Unterlassungsanspruch **88** 11
– Verjährung **88** 15
– Vertragsstrafe **88** 14
– Zuwiderhandlung **88** 11 ff.
– Zweck **88** 1
Vorstandsmitglieder – Zeichnung
– Anwendungsbereich **79** 2
– Form **79** 3 ff.
– Handelsregister **81** 16
– Zweck **79** 1
Vorstandsvorsitzender
– Chief Executive Officer **77** 21; **84** 42
– Ernennung **84** 39 f.
– Rechtsstellung **84** 41
– Vorstandssprecher **84** 43
– Widerruf d. Ernennung **84** 44
Vorzugsaktien
– Einziehung **237** 8
– mit Stimmrecht **139** 27
– stimmrechtslose **133** 14
– Zustimmungsrechte **133** 29
Vorzugsaktien – stimmrechtslose
– Anfechtungsrecht **140** 12
– Aufleben d. Stimmrechts **140** 13 ff.; **141** 2, 38
– Aufleben, Vorzugsaktien **140** 13 ff.; **141** 2, 38
– Ausgabe unter Beibehaltung d. Anteilsver-
  hältnisse **216** 3 f.
– Ausgabe zusätzlicher Vorzugsaktien
  141 24 ff.
– Ausgabeermächtigung **204** 3, 14
– Beeinträchtigung d. Vorzugsrechts
  141 5 ff., 24 ff.
– Beendigung d. Vorzugsrechts **139** 22 ff.;
  141 1
– Befristung/Bedingung **139** 23; **141** 4 ff., 19,
  39
– Bezugsrechte **140** 7 ff.; **141** 30 ff., 37
– Einfluss auf Stimmenmehrheit **16** 18
– Entstehen **139** 8 f.
– Funktion **139** 2
– Hauptversammlungsteilnahmeberechti-
  gung **118** 25
– Historie **139** 6
– Höchstgrenze **139** 1, 25 f.
– Kapitalmaßnahmen **140** 7 ff.; **141** 5 ff.,
  13 ff., 21 f.; **182** 33
– Minderheitenrechte **140** 11
– Mitgliedschaftsrechte **139** 12, 16; **140** 1,
  3 ff.
– Rechtsnatur **139** 7
– Satzungsänderung **139** 22; **141** 4 ff., 20
– Satzungsvorbehalt z. Ausgabe **141** 30 ff.
– Sonderbeschluss **140** 34 ff.
– Stimmrechtsausschluss **139** 3
– Stimmrechtsausschluss, Befristung **139** 5
– Stimmrechtsausschluss, teilweise **12** 11

– Teilnahmerecht **140** 4 ff.
– Verhältnis v. Schutzvorschriften **141** 20 ff.
– Verhältnis z. anderen Vorzugsaktienarten
  139 21
– Verhältnis z. Stammaktien **139** 19
– Verstoß g. Vorzugsrecht **139** 28
– Vorzugsdividende **139** 1, 10 ff.
– Wiedererlöschen d. Stimmrechts **140** 22
– Zulässigkeit **12** 10
– Zustimmungserfordernisse **141** 4, 17 f.,
  26 ff.
Vorzugsdividende
– Ausgleichsfunktion **139** 10
– Beeinträchtigung **141** 8 ff., 24 ff.
– Beendigung d. Vorzugsrechts **139** 22 ff.;
  141 1
– Befristung/Bedingung **139** 23; **141** 4 ff., 19,
  39
– Bilanzgewinn **139** 11
– Höhe **139** 13
– mitgliedschaftlicher Nachzahlungsan-
  spruch **139** 12, 16; **140** 23 f.
– Nachzahlungspflicht **139** 15 ff.; **140** 22 ff.;
  141 8 ff.
– Satzungsbestimmungen **139** 17 f., 20
– schuldrechtlicher Nachzahlungsanspruch
  139 12, 17; **140** 25 f.
– Verstoß g. Vorzugsrecht **139** 28
– Zusatzdividende **139** 14

Wahlen s.a. Aufsichtsrat – Wahl; Hauptver-
  sammlung – Wahlen
– Losentscheidung **133** 52
– Mehrheitserfordernisse **133** 50
– Stichentscheid **133** 51
– Verfahrensregelungen **133** 53 ff.
Währung
– Einlageleistung **54** 31
Wandelanleihe
– Abgrenzung z. Optionsanleihe **221** 27,
  32 f.
– Aktienausgabe **192** 12; **195** 1
– Aktienausgabe, Gegenleistung **199** 10 ff.
– Ausgabebeschluss **192** 14, 29 ff.
– Begriff **192** 12; **221** 14, 22
– Bezugsrecht **221** 94 ff.
– Börsenhandel **221** 105 f.
– Erwerb eigener Aktien **71** 3; **221** 107 ff.
– Hauptversammlungsteilnahme **118** 13,
  43 ff.
– Inhalt **221** 22
– Kapitalerhöhung aus Gesellschaftsmitteln
  216 15
– Kapitalherabsetzung, ordentliche
  224 6 f.
– Rücklageneinstellung **208** 2
– Sacheinlage **194** 5
– Sonderrücklage infolge Kapitalerhöhung
  218 4 ff.
– Umwidmung d. Anleihebetrages **221** 26
– Wandlungserklärung **221** 25
– Wandlungsrecht **221** 23 f.

Wandelanleihen
- Squeeze-out, Abfindungsanspruch **327b** 13 ff.

Wandelschuldverschreibung
- Begriff **221** 14 ff.
- Bezugsrecht **221** 94 ff.
- Börsenhandel **221** 105 f.
- Eigenerwerb d. AG **221** 107 ff.
- Eingliederung **320a** 6 ff.; **320b** 7
- Emittentenhaftung **47** 15
- europarechtliche Vorgaben **221** 7
- Hauptversammlungsteilnahme **118** 13, 43 ff.
- Kollision mit Aktionärsrechten **221** 8 ff.
- Rechtsnatur **221** 18 ff.
- Unterzeichnung **13** 4
- Verhältnis z. Genussrechten **221** 13

Warenbezugsoption
- Sondervorteile **26** 6

Warenkredit
- Gesellschaft an Vorstandsmitglied **89** 4
- Kreditgewährung an Aufsichtsratsmitglieder **115** 4

Warenzeichen
- Einlagefähigkeit **27** 13

Warrants s. Optionsanleihen

Wechselseitig beteiligte Unternehmen
- ausländische Gesellschaft **19** 21
- Ausübungssperre **328** 13 ff.
- Ausweis im Anhang **160** 9
- beiderseitige qualifizierte Beteiligung **19** 17 f.
- einfache Beteiligung **19** 5 ff.
- Erwerb eigener Aktien **71d** 19 f.
- Gefahren **19** 1
- Inlandssitz **19** 5
- Kapitalanteile **19** 8 ff.
- Kenntnis **328** 11 f.
- Mitteilung **328** 11, 19 f., 25
- Personengesellschaften **19** 6, 20
- qualifiziert wechselseitige Beteiligung **328** 2, 4, 7
- qualifizierte Beteiligung **19** 14 ff.
- Rechtsfolgen **19** 3, 12 f., 15 f.
- Ringverflechtung **19** 11
- Stimmrechtsverbot **328** 21 ff.
- Typen **19** 2
- Unternehmensbegriff **15** 75; **19** 7
- Verbot d. Einlagenrückgewähr **57** 49
- Vorgesellschaften **19** 6

Wegfall d. Geschäftsgrundlage
- Tantieme an Aufsichtsratsmitglieder **113** 32

Weisungsbefugnis
- Beherrschungs-/Abhängigkeitsverhältnis s. Beherrschendes Unternehmen – Weisungsbefugnis

Werkvertrag
- Abschluss mit Aufsichtsratsmitgliedern **114** 5 ff.

Wertaufholungen
- Begriff **58** 9

- Einstellung in Sonderrücklage **58** 31 f.

Wertminderungen
- Verlustausgleich **229** 5 f.; **232** 1 ff.

Wertpapierdienstleistungsgesellschaft
- Zurechnung v. Stimmrechten **Anh. 22, 22 WpHG** 10 f.

Wertpapiere
- deklaratorische **68** 3

Wertpapiererwerbsangebot
- Einberufung d. Hauptversammlung **121** 5

Wertpapierhandel
- Handelsbestand **71** 74 f.
- Handelstage **Anh. 22, 30 WpHG** 1 f.; s.a. Aktienhandel

Wertpapierhandelsgesetz (WpHG)
- Mitteilungspflichten **Anh. 22, Vor 21 WpHG** 1 ff.; s.a. dort

Wertpapierrecht
- ergänzende Anwendung **13** 5

Wertpapiersammelbank
- Aktienregister **67** 24 ff.

Wettbewerbsverbot
- KGaA-Komplementäre **284** 1 ff.
- nachvertragliches **88** 16
- Vorstandsmitglieders. Vorstandsmitglieder – Wettbewerbsverbot

Wiederbeschaffungswert
- Sacheinlage **27** 18

Willenserklärung
- Alleinvertretungsberechtigte **78** 9
- Aufsichtsratsvorsitzender **107** 21
- Gesamtvertretungsberechtigte **78** 9
- Kenntnis **78** 12
- Vorstandsmitglied **77** 5, 9
- Willensmängel **78** 11
- Wissenszurechnung **78** 10 ff.
- Zeichnungsform d. Vorstands **79** 1 ff.

Willensmängel
- Sachgründung **27** 43 f.

Wirkungsstatut
- Satzungsfeststellung **23** 17

Wirtschaftliche Neugründung
- Mantelverwendung **23** 41 ff.

Wissenszurechnung **78** 10 ff.

Wortentzug **118** 42

Zahlungsunfähigkeit
- Ausfallhaftung **46** 15 ff.
- Begriff **92** 13
- drohende **92** 16
- Durchgriffshaftung **1** 18
- Gründerhaftung **50** 5
- Haftung, Vorstandsmitglieder **93** 43
- Insolvenzantragspflicht **262** 13
- Insolvenzeröffnungsantrag **92** 12
- Pflichten d. Vorstands **92** 17
- Verletzung v. Handlungspflichten **401** 1 ff.
- Zahlungsverbot **92** 19 ff.

Zahlungsverbot
- Ausnahme **92** 21
- Beginn **92** 20
- Haftung, Vorstandsmitglieder **93** 43

– Umfang **92** 19
– Verstoß **92** 22
Zeichnungsschein
– doppelte Ausstellung **185** 9
– fehlerhafter **185** 19 ff.
– Form **185** 7 f.
– Heilung **185** 21 f.; **189** 5
– Inhalt **185** 4, 10 ff., 28
– Inhalt, fehlerhafter **185** 20 ff.; **189** 5
– Kapitalerhöhung aus genehmigtem Kapital **203** 7 f.
– Parteien **185** 5 f.
– Zeichnungsvertrag, Mängel **185** 24 ff.; **189** 6
– Zeichnungsvorvertrag **185** 29
Zeichnungsvertrag
– Bezugserklärung **198** 1 ff.; **199** 5; s.a. dort
– Kapitalerhöhung aus genehmigtem Kapital **203** 7 f.
Zeichnungsvorvertrag 185 29; **187** 4
Zertifikate
– Meldepflichten **Anh. 22, 21 WpHG** 2
Zwangsvollstreckung
– Auskunftserzwingungsverfahren **132** 32 ff.
– Nachgründungsverfahren **52** 48
Zwangsvollstreckungsverfahren
– örtliche Zuständigkeit **14** 3
Zweigniederlassung
– Angaben in Geschäftsbriefen **80** 6
– Anmeldung v. Satzungsänderungen **181** 5
– Begriff **5** 2
– Doppelsitz **5** 19
– EHUG **4** 44
– Firmenbildung **4** 44 f.

– KGaA **278** 48
– örtliche Zuständigkeit **4** 44; **14** 6
– Satzungsbestimmungen **23** 31
– Verlegung **45** 1
Zwischendividenden
– ausländisches Recht **59** 4, 18
– Unzulässigkeit **59** 18
Zwischenholding
– maßgebliche Beteiligung **15** 49 ff.
– Unternehmensbegriff **15** 62 ff.
Zwischenscheine
– Aktienregister **67** 45
– Ausgabe **8** 34
– Ausgabe, Ordnungswidrigkeit **405** 2 f.
– Ausgabe, Verbot **191** 1, 4 ff.; **203** 19, 31 ff.
– Begriff **8** 33
– Falsche Ausstellung/Verfälschung **402** 1 ff.
– Form **13** 6
– gutgläubiger Erwerb **10** 14
– Inhaberangabe **10** 15
– Inhalt **13** 6
– Kraftloserklärung **75** 3 ff.
– Legitimationswirkung **10** 14
– Namensnennung **10** 14
– Nebenpflichten d. Aktionäre **55** 1 ff., 19
– Nichtigkeit **10** 15
– Orderpapiere **10** 1, 14
– rechtliche Behandlung **8** 35
– Rechtsscheinwirkung **10** 14
– teileingezahlte Aktien **10** 1, 11
– Übertragung **68** 40
– Unterzeichnung **13** 3
– Urkundenaustausch **75** 2

Notizen

Notizen

Notizen

Notizen

Notizen

K. Schmidt/Lutter (Hrsg.), **AktG**

• Hinweise und Anregungen: _____

_____

_____

_____

_____

• Auf Seite _____ § _____ Rz. _____ Zeile _____ von oben/unten

muss es statt _____

_____

_____

richtig heißen _____

_____

_____

K. Schmidt/Lutter (Hrsg.), **AktG**

• Hinweise und Anregungen: _____

_____

_____

_____

_____

• Auf Seite _____ § _____ Rz. _____ Zeile _____ von oben/unten

muss es statt _____

_____

_____

richtig heißen _____

_____

_____

Absender

Informationen unter **www.otto-schmidt.de**

So können Sie uns auch erreichen:
lektorat@otto-schmidt.de

Wichtig: Bitte immer den Titel des Werkes
angeben!

Antwortkarte

Verlag Dr. Otto Schmidt KG
Lektorat
Gustav-Heinemann-Ufer 58
50968 Köln

Absender

Informationen unter **www.otto-schmidt.de**

So können Sie uns auch erreichen:
lektorat@otto-schmidt.de

Wichtig: Bitte immer den Titel des Werkes
angeben!

Antwortkarte

Verlag Dr. Otto Schmidt KG
Lektorat
Gustav-Heinemann-Ufer 58
50968 Köln